Kohlhammer
Deutscher Gemeindeverlag

D1692552

Schriftenreihe
Verwaltung in Praxis und Wissenschaft (vpw)

Herausgegeben von
Prof. Gerhard Banner, vorm. Vorstand der kommunalen Gemeinschaftsstelle für Verwaltungsvereinfachung, Köln

Prof. Dr. Ernst Pappermann, vorm. Geschäftsführendes Präsidialmitglied des Deutschen Städtetages, Köln

beide Honorarprofessoren an der Deutschen Hochschule für Verwaltungswissenschaften Speyer

Öffentliches Dienstrecht

Das Beamten- und Arbeitsrecht
für den öffentlichen Dienst

Dr. jur. Manfred Wichmann
Hauptreferent beim
Städte- und Gemeindebund NRW,
Düsseldorf

RA Karl-Ulrich Langer
Geschäftsführer beim
Kommunalen Arbeitgeberverband NRW,
Wuppertal

6., neu bearbeitete und wesentlich erweiterte Auflage

Fachhochschule Ludwigsburg
Hochschule für öffentliche Verwaltung und Finanzen
- Bibliothek -

Kohlhammer
Deutscher Gemeindeverlag

© 2007
Deutscher Gemeindeverlag GmbH und Verlag W. Kohlhammer GmbH
Verlagsort: Stuttgart
Gesamtherstellung: Deutscher Gemeindeverlag GmbH
Umschlag: Gestaltungskonzept Peter Horlacher
Nachdruck, auch auszugsweise, verboten – Alle Rechte vorbehalten
Recht zur fotomechanischen Wiedergabe nur mit Genehmigung des Verlages
ISBN 978-3-555-01383-1

Vorwort zur 6. Auflage

Die sechste Auflage dieses Werks, das mittlerweile zu einem Praxishandbuch erweitert wurde, zeigt die Innovationsfähigkeit des öffentlichen Dienstrechts. Sowohl der arbeitsrechtliche Teil mit der grundlegenden Reform des Tarifrechts durch den TVöD, als auch das Beamtenrecht mit den durch die Föderalismusreform erfolgten Änderungen beweisen Anpassungs- und Wandlungsfähigkeit. Entgegen anderslautenden Prophezeiungen wurde das Recht der öffentlichen Bediensteten nicht in das allgemeine Arbeitsrecht integriert und auch Beamte wird es weiterhin geben. Vielmehr zeigt der TVöD, daß Tarifvertragsparteien eigenständig in der Lage sind, einen für Dienstherren und Beschäftigte gleichermaßen wegweisenden Tarifvertrag zu schließen. Im Beamtenbereich hilft die Föderalismusreform dem Berufsbeamtentum, indem seine Existenz bekräftigt wird und sich der Bund zur Stärkung der Länderkompetenzen allein auf die Regelung der „Statusrechte und -pflichten" beschränkt. Der Bund übt seine Kompetenzen mit dem Beamtenstatusgesetz aus. Obwohl es weitestgehend erst zum 1.10.2008 in Kraft tritt, wird es hier bereits dargestellt, weil sich die Länder daran für ihre eigenen Vorschriften orientieren.

Wir haben das bewährte Konzept beibehalten, und im Gegensatz zu anderen Abhandlungen das gesamte Beamten- und Arbeitsrecht des öffentlichen Dienstes einschließlich sämtlicher Nebengebiete (Besoldungs-, Versorgungs-, Disziplinar- und Personalvertretungsrecht) dargestellt. Hieraus lediglich Teilbereiche zu schildern, erschien uns zu subjektiv und sachlich nicht begründbar. Dafür erhält der Leser alles aus einer Hand, wenngleich aus zwei Federn.

Soweit die behandelten Rechtsgebiete nicht ohnehin bundeseinheitlich geregelt sind, folgt die Darstellung dem nordrhein-westfälischen Recht sowie dem für Bundesbeamte. Auf wesentliche Abweichungen in anderen Ländern wird hingewiesen. Dabei wird die inhaltliche Ausgestaltung der neuen Länderkompetenzen insbesondere in den Bereichen Besoldung und Versorgung noch mindestens mehrere Jahre auf sich warten lassen.

An Anregungen und Kritik sind wir jederzeit interessiert. Unser besonderer Dank gilt dem gesamten Team des Kohlhammer-Verlags, speziell Tobias Durst, für die stets kompetente, zuverlässige und angenehme Betreuung bei der Herausgabe unseres Buchs.

Bonn/Dortmund, im Januar 2007 Die Verfasser

Inhaltsverzeichnis

Ausführliche Einzelübersichten befinden sich jeweils vor den drei Hauptteilen des Handbuches

	Seite	Rn
Vorwort	V	
Abkürzungsverzeichnis	IX	
Verzeichnis der grundlegenden Literatur	XXIII	

Teil I: Allgemeines Beamtenrecht (Wichmann)

		Seite	Rn
1. Abschnitt:	Einführung	9	1
2. Abschnitt:	Rechtsquellen des Beamtenrechts	31	11
3. Abschnitt:	Grundbegriffe des Beamtenrechts	73	44
4. Abschnitt:	Das Beamtenverhältnis	101	58
5. Abschnitt:	Die Ernennung	141	83
6. Abschnitt:	Laufbahnrecht	255	157
7. Abschnitt:	Änderungen des funktionellen Amtes und Maßnahmen bei der Umbildung von Behörden und Körperschaften	291	178
8. Abschnitt:	Rechtsstellung des Beamten	333	199
9. Abschnitt:	Folgen von Pflichtverletzungen	509	256
10. Abschnitt:	Die Beendigung des Beamtenverhältnisses	545	275
11. Abschnitt:	Beschwerdeweg und Rechtsschutz	607	297

Teil II: Besoldungs-, Versorgungs- und Disziplinarrecht (Wichmann)

		Seite	Rn
1. Abschnitt:	Grundzüge des Besoldungsrechts	643	319
2. Abschnitt:	Grundlagen der Beamtenversorgung	709	362
3. Abschnitt:	Grundzüge des Disziplinarrechts	761	398

Teil III: Arbeitsrecht (Langer)

		Seite	Rn
1. Abschnitt:	Einführung in das Arbeitsrecht	805	420
2. Abschnitt:	Rechtsquellen des Arbeitsrechts	811	426
3. Abschnitt:	Kollektives Arbeitsrecht (Tarifrecht)	825	443
4. Abschnitt:	Individualarbeitsrecht	839	459
5. Abschnitt:	Grundzüge des Betriebsverfassungs- und Personalvertretungsrechts	969	630

Sachwortverzeichnis 999

Abkürzungsverzeichnis

a.A.	= anderer Ansicht
a.a.O.	= am angegebenen Ort
ABC-Schutz-masken	= Schutzmasken gegen atomare, biologische und chemische Waffen
AbgG	= Gesetz über die Rechtsverhältnisse der Mitglieder des Deutschen Bundestages (Abgeordnetengesetz)
AbgG NW	= Gesetz über die Rechtsverhältnisse der Mitglieder des Landtags NW (Abgeordnetengesetz)
abl.	= ablehnend
Abs.	= Absatz
Abschn.	= Abschnitt
a.D.	= außer Dienst
ADA	= Allgemeines Dienstalter
ADV	= Automatische Datenverarbeitung
a.E.	= am Ende
a.F.	= alte Fassung
AFG	= Arbeitsförderungsgesetz
AG	= Aktiengesellschaft; Arbeitgeber
AGG	= Allgemeines Gleichbehandlungsgesetz
AG VwGO	= Ausführungsgesetz zur Verwaltungsgerichtsordnung
AIDS	= Acquired Immune Deficiency Syndrome (erworbenes Immunschwächesyndrom)
AktG	= Aktiengesetz
allg.	= allgemein
AllMBl.	= Allgemeines Ministerialblatt
Alt.	= Alternative
Amtsbl.	= Amtsblatt
AN	= Arbeitnehmer
ANErfG	= Gesetz über Arbeitnehmererfindungen
Anh.	= Anhang
Anm	= Anmerkung
AO	= Abgabenordnung
AöR	= Archiv für öffentliches Recht
AP	= Arbeitsrechtliche Praxis, Entscheidungssammlung, Nachschlagewerk des Bundesarbeitsgerichts
APO	= Ausbildungs- und Prüfungsordnung
AplSchG	= Arbeitsplatzschutzgesetz
ArbG	= Arbeitsgericht
ArbGG	= Arbeitsgerichtsgesetz
ArbZG	= Arbeitszeitgesetz
arg.	= argumentum
Art.	= Artikel

Abkürzungsverzeichnis

ATG	= Altersteilzeitgesetz
ATZV	= VO über die Gewährung eines Zuschlags bei der Altersteilzeit
Aufl.	= Auflage
AuR	= „Arbeit und Recht", Zeitschrift
AVmEG	= Altersvermögensergänzungsgesetz
AZVO	= VO über die Arbeitszeit der Beamten im Lande NW
AZVO Feu	= VO über die Arbeitszeit der Beamten des feuerwehrtechnischen Dienstes in den Feuerwehren der Gemeinden (GV) des Landes NW
AZVO Pol	= VO über die Arbeitszeit der Polizeivollzugsbeamten des Landes NW
BADK	= Bundesarbeitsgemeinschaft Deutscher Kommunalversicherer
BAG	= Bundesarbeitsgericht
BAGE	= Entscheidungssammlung des Bundesarbeitsgerichts
B.a.L.	= Beamter auf Lebenszeit, Beamtenverhältnis auf Lebenszeit
BAnz.	= Bundesanzeiger
B.a.P.	= Beamter auf Probe, Beamtenverhältnis auf Probe
BAT	= Bundesangestelltentarifvertrag
BauGB	= Baugesetzbuch
B.a.W.	= Beamter auf Widerruf, Beamtenverhältnis auf Widerruf
BayBG	= Bayerisches Beamtengesetz
BayNtV	= Bayerische Nebentätigkeitsverordnung
BayObLG	= Bayerisches Oberstes Landesgericht
BayVBl	= „Bayerische Verwaltungsblätter", Zeitschrift
BayVerfGH	= Bayerischer Verfassungsgerichtshof
B.a.Z.	= Beamter auf Zeit, Beamtenverhältnis auf Zeit
BB	= „Der Betriebsberater", Zeitschrift
BBankG	= Gesetz über die Deutsche Bundesbank
BBesG	= Bundesbesoldungsgesetz
BBesO	= Bundesbesoldungsordnung
BBG	= Bundesbeamtengesetz
BBiG	= Berufsbildungsgesetz
Bd.	= Band
BDA	= Besoldungsdienstalter
BDG	= Bundesdisziplinargesetz
BDH	= Bundesdisziplinarhof
BDHE	= Entscheidungssammlung des Bundesdisziplinarhofs
BDiszG	= Bundesdisziplinargericht
BDO	= Bundesdisziplinarordnung
BdSt	= Bund der Steuerzahler

Abkürzungsverzeichnis

BeamtStG	=	Gesetz zur Regelung des Statusrechts der Beamtinnen und Beamten in den Ländern (Beamtenstatusgesetz) i.d.F. BR-Drucks. 780/06 v. 3.11.06 (Entwurf)
BeamtVG	=	Beamtenversorgungsgesetz
BeamtVGÄndG	=	Änderungsgesetz zum Beamtenversorgungsgesetz
Begr.	=	Begründung, amtliche Begründung
Bek.	=	Bekanntmachung
BerlVerfGH	=	Berliner Verfassungsgerichtshof
BerzGG	=	Bundeserziehungsgeldgesetz
bes.	=	besondere, besonders
BeschFG	=	Beschäftigungsförderungsgesetz
Beschl.	=	Beschluß
BesGr	=	Besoldungsgruppe
BesO	=	Besoldungsordnung
BesVNG	=	Gesetz zur Vereinheitlichung des Besoldungsrechts in Bund und Ländern
BetrAVG	=	Gesetz über die betriebliche Altersversorgung
BetrVG	=	Betriebsverfassungsgesetz
BFH	=	Bundesfinanzhof
BGB	=	Bürgerliches Gesetzbuch
BGBl. I	=	Bundesgesetzblatt Teil I
BGBl. II	=	Bundesgesetzblatt Teil II
BGH	=	Bundesgerichtshof
BGHSt	=	Sammlung von Entscheidungen des Bundesgerichtshofes in Strafsachen
BGHZ	=	Sammlung von Entscheidungen des Bundesgerichtshofes in Zivilsachen
BGleiG	=	Bundesgleichstellungsgesetz
BHO	=	Bundeshaushaltsordnung
BKGG	=	Bundeskindergeldgesetz
BKomBesV	=	Kommunalbesoldungsverordnung des Bundes
Bl.	=	Blatt
BLV	=	Bundeslaufbahnverordnung
BMF	=	Bundesminister(ium) der Finanzen
BMI	=	Bundesminister(ium) des Innern
BMinG	=	Bundesministergesetz
BMT-G	=	Bundesmanteltarifvertrag für Arbeiter gemeindlicher Verwaltungen und Betriebe
BMVg	=	Bundesministerium der Verteidigung
BNotO	=	Bundesnotarordnung
BNtV	=	Bundesnebentätigkeitsverordnung
BPA	=	Bundespersonalausschuß
BPatG	=	Bundespatentgesetz
BPersVG	=	Bundespersonalvertretungsgesetz
B-Plan	=	Bebauungsplan

Abkürzungsverzeichnis

BPolBG	=	Bundespolizeibeamtengesetz
BRAO	=	Bundesrechtsanwaltsordnung
BR-Drucks.	=	Drucksache des Deutschen Bundesrats
BremBG	=	Bremisches Beamtengesetz
BremStHG	=	Bremischer Staatsgerichtshof
BRHG	=	Gesetz über Errichtung und Aufgaben des Bundesrechnungshofes
BRKG	=	Bundesreisekostengesetz
BRRG	=	Beamtenrechtsrahmengesetz
BSDG	=	Bundesdatenschutzgesetz
BSG	=	Bundessozialgericht
BSGE	=	Entscheidungssammlung des Bundessozialgerichts
BSHG	=	Bundessozialhilfegesetz
BStBl	=	„Bundessteuerblatt", Zeitschrift
BT-Drucks.	=	Drucksache des Deutschen Bundestages
BUKG	=	Bundesumzugskostengesetz
BuP	=	„Betrieb und Personal", Zeitschrift
BUrlG	=	Bundesurlaubsgesetz
BVerfG	=	Bundesverfassungsgericht
BVerfGE	=	Sammlung von Entscheidungen des Bundesverfassungsgerichts
BVerfGG	=	Gesetz über das Bundesverfassungsgericht
BVerwG	=	Bundesverwaltungsgericht
BVerwGE	=	Sammlung von Entscheidungen des Bundesverwaltungsgerichts
BVO	=	Beihilfenverordnung NW
BW	=	Baden-Württemberg
BWGO	=	Baden-Württembergische Gemeindeordnung
BWGZ	=	„Baden-Württembergische Gemeindezeitung"
BZPR	=	Bezirkspersonalrat
BZRG	=	Bundeszentralregistergesetz
bzw.	=	beziehungsweise
CDU	=	Christlich-Demokratische Union Deutschlands
CSU	=	Christlich-Soziale Union
d.	=	des
DAG	=	Deutsche Angestelltengewerkschaft
DB	=	„Der Betrieb", Zeitschrift
DBB	=	„Der Beamtenbund", Zeitschrift; Deutscher Beamtenbund
DBG	=	Deutsches Beamtengesetz
DDR	=	Deutsche Demokratische Republik
DDRZ	=	„Deutsch-deutsche Rechtszeitschrift"
Demo	=	„Demokratische Gemeinde", Zeitschrift
dens.	=	denselben
ders.	=	derselbe

Abkürzungsverzeichnis

DGB	=	Deutscher Gewerkschaftsbund
d.h.	=	das heißt
DIN	=	Deutsche Industrienorm; Deutsches Institut für Normung
Dipl.	=	Diplom
Disz. Sen.	=	Disziplinarsenat
DKP	=	Deutsche Kommunistische Partei
DÖD	=	„Der öffentliche Dienst", Zeitschrift
DÖV	=	„Die öffentliche Verwaltung", Zeitschrift
Dr.	=	Doktor-Titel
DRiG	=	Deutsches Richtergesetz
DSG	=	Datenschutzgesetz NW
DVBl	=	„Deutsches Verwaltungsblatt", Zeitschrift
DVP	=	„Deutsche Verwaltungspraxis", Zeitschrift
DVU	=	Deutsche Volks-Union, Partei
e.D.	=	einfacher Dienst
EFG	=	Ersatzschulfinanzgesetz NW
EG	=	Europäische Gemeinschaft
EGMR	=	Europäischer Gerichtshof zum Schutz der Menschenrechte und Grundfreiheiten
EGV	=	Vertrag über die Europäische Gemeinschaft
EingrVO	=	VO über die Eingruppierung der kommunalen Wahlbeamten auf Zeit und die Gewährung von Aufwandsentschädigungen durch die Gemeinden und Gemeindeverbände (Eingruppierungsverordnung NW)
Einl.	=	Einleitung
E-Government	=	electronic government
E-Mail	=	electronic mail
EMRK	=	Europäische Menschenrechtskonvention
Erl	=	Erläuterung
ErzUVO	=	Erziehungsurlaubsverordnung
EStG	=	Einkommensteuergesetz
ESVGH	=	Entscheidungssammlung des Verwaltungsgerichtshofs
etc.	=	et cetera
EU	=	Europäische Union
EuAbG	=	Gesetz über die Rechtsverhältnisse der Mitglieder des Europäischen Parlaments aus der Bundesrepublik Deutschland (Europaabgeordnetengesetz)
EuGH	=	Europäischer Gerichtshof
EuR	=	„Europarecht", Zeitschrift
EUV	=	Erholungsurlaubsverordnung
evtl.	=	eventuell
EWG	=	Europäische Wirtschaftsgemeinschaft

Abkürzungsverzeichnis

EWG-V	= Vertrag über die Europäische Wirtschaftsgemeinschaft
EWG-VO	= Verordnung der Europäischen Wirtschaftsgemeinschaft
EZulVO	= Erschwerniszulagenverordnung
EZVO	= Verordnung über die Elternzeit NW
f.	= folgende
F.A.Z.	= „Frankfurter Allgemeine Zeitung", Tageszeitung
FDGB	= Freier Deutscher Gewerkschaftsbund
ff.	= fortfolgende
FGG	= Gesetz über Angelegenheiten der freiwilligen Gerichtsbarkeit
FGO	= Finanzgerichtsordnung
FHGöD	= Fachhochschulgesetz öffentlicher Dienst
FHSöV NW	= Fachhochschule für öffentliche Verwaltung Nordrhein-Westfalen
FHVO Pol	= Verordnung über die freie Heilfürsorge der Polizei
FM	= Finanzminister(ium) NW
Fn	= Fußnote
FR	= „Frankfurter Rundschau", Tageszeitung
FS	= Festschrift
FSHG	= Gesetz über den Feuerschutz und die Hilfeleistung
G	= Gesetz
GbR	= Gesellschaft bürgerlichen Rechts
g.D.	= gehobener Dienst
gem.	= gemäß, gemeinsam
GemH	= „Der Gemeindehaushalt", Zeitschrift
GemHVO	= Gemeindehaushaltsverordnung
Ges.	= Gesetz
GeschO	= Geschäftsordnung
GeschO-LT NW	= Geschäftsordnung des Landtags NW
GewO	= Gewerbeordnung
Gez.	= Gezeichnet
GG	= Grundgesetz
ggf.	= gegebenenfalls
GK	= Gemeinschaftskommentar
GKG	= Gesetz über die kommunale Gemeinschaftsarbeit NW
GKöD	= Gesamtkommentar öffentliches Dienstrecht
GmbH	= Gesellschaft mit beschränkter Haftung
GMBl.	= Gemeinsames Ministerialblatt für Bundesministerien
GO	= Gemeindeordnung NW
GoA	= Geschäftsführung ohne Auftrag
GS	= Großer Senat
GV	= Gemeindeverband, Gemeindeverbände
GVG	= Gerichtsverfassungsgesetz

Abkürzungsverzeichnis

GV NW	=	Gesetz- und Verordnungsblatt für das Land Nordrhein-Westfalen
GVV	=	Versicherungsverband für Gemeinden und Gemeindeverbände
GWB	=	Gesetz über die Wettbewerbsbeschränkungen
HaftpflG	=	Haftpflichtgesetz
HAG	=	Heimarbeitsgesetz
HandwO	=	Handwerksordnung
Hbd.	=	Halbband
h.c.	=	honoris causa
h.D.	=	höherer Dienst
HdB	=	Handbuch
HeilvfVO	=	VO zur Durchführung des § 33 BeamtVG (Heilverfahrensverordnung)
hess.	=	hessisch, hessischer
HessBG	=	Hessisches Beamtengesetz
HG	=	Haushaltsgesetz
HGB	=	Handelsgesetzbuch
HIV	=	Human Immunodeficiency Virus (ein AIDS-Erreger)
h.M.	=	herrschende Meinung
HNtV	=	Hochschulnebentätigkeitsverordnung
HÖD	=	Handwörterbuch des öffentlichen Dienstes
HPR	=	Hauptpersonalrat
HRG	=	Hochschulrahmengesetz
Hrsg., hrsg.	=	Herausgeber, herausgegeben
Hs.	=	Halbsatz
HSGZ	=	„Hessische Städte- und Gemeinde-Zeitung"
HStruktG	=	Haushaltsstrukturgesetz
i.d.F.	=	in der Fassung
i.e.S.	=	im enge(re)n Sinn
ILO	=	International Labor Organisation (Internationales Arbeitsamt)
IM	=	Innenminister(ium) NW
InsO	=	Insolvenzordnung
IÖD	=	Informationsdienst öffentlicher Dienst
i.S.v.	=	im Sinn von
i.V.m.	=	in Verbindung mit
iwd	=	Informationsdienst des Instituts der deutschen Wirtschaft
i.w.S.	=	im weite(re)n Sinn
JA	=	„Juristische Arbeitsblätter", Zeitschrift
JAG	=	Juristenausbildungsgesetz
JMBl. NW	=	Justizministerialblatt für das Land Nordrhein-Westfalen
JR	=	„Juristische Rundschau", Zeitschrift

Abkürzungsverzeichnis

JugArbSchG	=	Jugendarbeitsschutzgesetz
JugArbSchVO	=	Jugendarbeitsschutzverordnung
jur. Diss.	=	juristische Dissertation
JuS	=	„Juristische Schulung", Zeitschrift
JW	=	„Juristische Wochenschrift", Zeitschrift
JZ	=	„Juristenzeitung"
Kap.	=	Kapitel
KAV	=	Kommunaler Arbeitgeberverband
KD	=	Kreisdirektor, Kreisdirektorin
KfzVO	=	Kraftfahrzeugverordnung NW
KGSt	=	Kommunale Gemeinschaftsstelle für Verwaltungsmanagement
KJ	=	„Kritische Justiz", Zeitschrift
KO	=	Konkursordnung
KOMBA	=	Kommunalbeamtengewerkschaft im DBB
KommJur	=	„Kommunaljurist", Zeitschrift
KorrG	=	Korruptionsbekämpfungsgesetz
krit.	=	kritisch
KrO	=	Kreisordnung NW
KSchG	=	Kündigungsschutzgesetz
ku	=	künftig umzuwandeln
kw	=	künftig wegfallend
KWahlG	=	Kommunalwahlgesetz NW
LABG	=	Lehrerausbildungsgesetz NW
LAG	=	Landesarbeitsgericht
LBesG	=	Landesbesoldungsgesetz NW
LBesO	=	Landesbesoldungsordnung
LBG	=	Landesbeamtengesetz NW
LBS	=	Eigenname; Bausparkasse der Sparkassen
LBV	=	Landesamt für Besoldung und Versorgung
LBWB	=	Bestimmungen über die Wohnungsfürsorge für Bedienstete des Landes NW
LDG	=	Landesdisziplinargesetz NW
lfd. Nr.	=	laufende Nummer
LGG	=	Landesgleichstellungsgesetz
LHO	=	Landeshaushaltsordnung NW
LKT	=	Landkreistag
LKV	=	„Landes- und Kommunalverwaltung", Zeitschrift
LMinG	=	Landesministergesetz NW
LOG	=	Landesorganisationsgesetz NW
LohnFG	=	Lohnfortzahlungsgesetz = LohnFG
LPA	=	Landespersonalausschuß NW
LPVG	=	Landespersonalvertretungsgesetz NW
LPZV	=	Leistungsprämien- und -zulagenverordnung NW
LRHG	=	Gesetz über den Landesrechnungshof NW

Abkürzungsverzeichnis

LRiG	=	Landesrichtergesetz NW
LRKG	=	Landesreisekostengesetz NW
LS	=	Leitsatz (eines Urteils oder Beschlusses)
LStV	=	Leistungsstufenverordnung NW
LUKG	=	Landesumzugskostengesetz NW
LVerf	=	Landesverfassung
LVerbO	=	Landschaftsverbandsordnung
LVO	=	Laufbahnverordnung NW
LVO Feu	=	Verordnung über die Laufbahnen der Beamten des feuerwehrtechnischen Dienstes im Lande NW
LVO Pol	=	Verordnung über die Laufbahn der Polizeivollzugsbeamten des Landes NW
LWG	=	Landeswahlgesetz NW
LZG	=	Landeszustellungsgesetz NW
LZulVO	=	VO über die Gewährung von Zulagen für Lehrkräfte mit besonderen Funktionen des Landes Nordrhein-Westfalen (Lehrzulagenverordnung)
M.	=	Main
MBl. NW	=	Ministerialblatt für das Land Nordrhein-Westfalen
m.D.	=	mittlerer Dienst
MDR	=	„Monatsschrift für Deutsches Recht", Zeitschrift
MfS	=	Ministerium für Staatssicherheit der ehemaligen DDR
Mio.	=	Million, Millionen
MitbG	=	Mitbestimmungsgesetz
MittNWStGB	=	Mitteilungen Nordrhein-Westfälischer Städte- und Gemeindebund
Mrd.	=	Milliarde(n)
MTA	=	Manteltarifvertrag für Auszubildende
MTB II	=	Manteltarifvertrag für die Arbeiter des Bundes
mtl.	=	monatlich
MTL II	=	Manteltarifvertrag für die Arbeiter der Länder
MTV	=	Manteltarifvertrag
MuSchG	=	Mutterschutzgesetz
MuSchVO	=	Mutterschutzverordnung für Beamtinnen
MVergVO	=	VO über die Gewährung von Mehrarbeitsvergütung für Beamte
m.w.N.	=	mit weiteren Nachweisen
NachwG	=	Nachweisgesetz
NBG	=	Niedersächsisches Beamtengesetz
Nds	=	Niedersachsen, niedersächsisch
NdsVBl	=	„Niedersächsische Verwaltungsblätter", Zeitschrift
n.F.	=	neue Fassung
NJ	=	„Neue Justiz", Zeitschrift
NJW	=	„Neue Juristische Wochenschrift", Zeitschrift
NKF	=	Neues Kommunales Finanzmanagement

Abkürzungsverzeichnis

NordÖR	= „Zeitschrift für öffentliches Recht in Norddeutschland"
NPD	= Nationaldemokratische Partei Deutschlands
NPM	= New Public Management (Verwaltungsmodernisierung)
Nr.	= Nummer
NRW	= Nordrhein-Westfalen
NS	= Nationalsozialismus
NStZ	= „Neue Zeitschrift für Strafrecht"
NtV	= Nebentätigkeitsverordnung NW
NVwZ	= „Neue Zeitschrift für Verwaltungsrecht"
NVwZ-RR	= NVwZ-Rechtsprechungsreport Verwaltungsrecht
NW	= Nordrhein-Westfalen
NWVBl	= „Nordrhein-Westfälische Verwaltungsblätter", Zeitschrift
NZA	= „Neue Zeitschrift für Arbeits- und Sozialrecht"
OB	= Oberbürgermeister, Oberbürgermeisterin
ÖTV	= Gewerkschaft Öffentliche Dienste, Transport und Verkehr
öff.-rechtl.	= öffentlich-rechtlich
OFD	= Oberfinanzdirektion
OVG	= Oberverwaltungsgericht
OVGE	= Sammlung von Entscheidungen des Oberverwaltungsgerichts
OWiG	= Gesetz über Ordnungswidrigkeiten
PC	= Personal Computer
PDS	= Partei des Demokratischen Sozialismus
PersV	= „Die Personalvertretung", Zeitschrift
PflVG	= Pflichtversicherungsgesetz
POG	= Polizeiorganisationsgesetz
PolG	= Polizeigesetz
PP	= Polizeipräsident
PR	= Personalrat
Prof.	= Professor-Titel
RA	= Rechtsanwalt
RdA	= „Recht der Arbeit", Zeitschrift
RdErl	= Runderlaß
RdSchr.	= Rundschreiben
RG	= Reichsgericht
RGBl.	= Reichsgesetzblatt
RGZ	= Sammlung von Entscheidungen des Reichsgerichts in Zivilsachen
RhPfBG	= Rheinland-Pfälzisches Beamtengesetz
RhPfNtV	= Rheinland-Pfälzische NebentätigkeitsVO
RiA	= „Recht im Amt", Zeitschrift
Rn	= Randnummer

Abkürzungsverzeichnis

RP	=	Regierungspräsident
RPA	=	Rechnungsprüfungsamt
RpflG	=	Rechtspflegergesetz
RuStAG	=	Reichs- und Staatsangehörigkeitsgesetz
RVO	=	Reichsversicherungsordnung
RVP	=	Regierungsvizepräsident
RWE	=	Rheinisch-Westfälisches Elektrizitätswerk
s.	=	siehe
S.	=	Seite; in Paragraphenzitaten: Satz
Saarl VerfGH	=	Saarländischer Verfassungsgerichtshof
SächsBG	=	Sächsisches Beamtengesetz
SächsVBl	=	„Sächsische Verwaltungsblätter", Zeitschrift
SchulG	=	Schulgesetz NW
SchwArbG	=	Gesetz zur Bekämpfung der Schwarzarbeit
SchwbG	=	Schwerbehindertengesetz
SED	=	Sozialistische Einheitspartei Deutschlands
SGB	=	Sozialgesetzbuch
SGG	=	Sozialgerichtsgesetz
SGV NW	=	Sammlung des bereinigten Gesetz- und Verordnungsblattes für das Land NW
SH	=	Schleswig-Holstein
SKZ	=	„Saarländische Kommunal-Zeitschrift"
SMBl NW	=	Sammlung des bereinigten Ministerialblattes für das Land NW
sog.	=	sogenannt
SPD	=	Sozialdemokratische Partei Deutschlands
SpKG	=	Sparkassengesetz
Städt.	=	Städtisch
StBAG	=	Steuerbeamten-Ausbildungsgesetz
StGB	=	Strafgesetzbuch
StGB NRW	=	Städte- und Gemeindebund Nordrhein-Westfalen
StGH	=	Staatsgerichtshof
StGR	=	„Städte- und Gemeinderat", Zeitschrift
StHG	=	Staatshaftungsgesetz
StOV-Gem.	=	Verordnung über die Festsetzung besonderer Stellenobergrenzen in den Gemeinden und Gemeindeverbänden (Stellenobergrenzenverordnung NW)
StPO	=	Strafprozeßordnung
str.	=	strittig
StrWG	=	Straßen- und Wegegesetz
StuG	=	„Stadt und Gemeinde", Zeitschrift
stv.	=	stellvertretend
StV	=	Staatsvertrag zur Währungs-, Wirtschafts- und Sozialunion zwischen der Bundesrepublik Deutschland und der Deutschen Demokratischen Republik

Abkürzungsverzeichnis

StVG	= Straßenverkehrsgesetz
StVO	= Straßenverkehrsordnung
SUrlVO	= Sonderurlaubsverordnung
SVG	= Soldatenversorgungsgesetz
SZG	= Gesetz über die Gewährung einer Sonderzahlung an Beamte, Richter und Versorgungsempfänger für das Land NW
TdL	= Tarifgemeinschaft deutscher Länder
TEVO	= Trennungsentschädigungsverordnung NW
ThürVBl	= „Thüringische Verwaltungsblätter", Zeitschrift
ThürVerfGH	= Thüringer Verfassungsgerichtshof
TilgV	= VO über die Tilgung von Eintragungen in Personalakten (Tilgungsverordnung NW)
TV	= Tarifvertrag
TV ATZ	= Tarifvertrag Altersteilzeit
TVG	= Tarifvertragsgesetz
TV-N NW	= Spartentarifvertrag Nahverkehrsbetriebe Nordrhein-Westfalen
TVöD	= Tarifvertrag öffentlicher Dienst
TVÜ	= Überleitungstarifvertrag
TV-V	= Tarifvertrag Versorgungsbetriebe
TzBfG	= Teilzeit- und Befristungsgesetz
u.	= und
U.	= Urteil
u.a.	= unter anderem; und andere
UEFA	= Union Européenne de Football Association; Europäischer Fußballverband
UGr.	= Unterstützungsgrundsätze
umstr.	= umstritten
UrlGG	= Gesetz über die Gewährung eines jährlichen Urlaubsgeldes
Urt.	= Urteil
usw.	= und so weiter
u.U.	= unter Umständen
UWG	= Gesetz gegen den unlauteren Wettbewerb
v.	= von, vom
VA	= Verwaltungsakt
VAPgD	= Verordnung über die Ausbildung und Prüfung für Laufbahnen des gehobenen nichttechnischen Dienstes im Lande NW und für den gehobenen Polizeivollzugsdienst des Landes NW
VAPmD	= Verordnung über die Ausbildung und Prüfung für die Laufbahn des mittleren allgemeinen Verwaltungsdienstes in den Gemeinden und Gemeindeverbänden des Landes NW
VBlBW	= „Verwaltungsblätter Baden-Württemberg", Zeitschrift

Abkürzungsverzeichnis

ver.di	=	Vereinte Dienstleistungsgewerkschaft
VerfGH	=	Verfassungsgerichtshof
Verg. Gr.	=	Vergütungsgruppe
VerglO	=	Vergleichsordnung
VermBG	=	Gesetz zur Förderung der Vermögensbildung der Arbeitnehmer
VersR	=	„Versicherungsrecht", Zeitschrift
VersTV-G	=	Tarifvertrag über die Versorgung der Arbeitnehmer kommunaler Verwaltungen und Betriebe
VerwArch	=	„Verwaltungsarchiv", Zeitschrift
VG	=	Verwaltungsgericht
VGH	=	Verwaltungsgerichtshof
vgl.	=	vergleiche
v.H.	=	vom Hundert
VHS	=	Volkshochschule
VKA	=	Vereinigung kommunaler Arbeitgeberverbände
VKZVKG	=	Gesetz über die kommunalen Versorgungskassen und Zusatzversorgungskassen
VO	=	Verordnung
VollstrVergVO	=	VO über die Vergütung für Beamte im Vollstreckungsdienst (Vollstreckungsvergütungsverordnung)
Vorbem.	=	Vorbemerkung
vorm.	=	vormals
VR	=	„Verwaltungsrundschau", Zeitschrift
VRL	=	Vorschußrichtlinien
VV	=	Verwaltungsvorschriften
VVDStrL	=	Veröffentlichungen der Vereinigung Deutscher Staatsrechtslehrer
VVG	=	Versicherungsvertragsgesetz
VwGO	=	Verwaltungsgerichtsordnung
VwVfG	=	Verwaltungsverfahrensgesetz
WDR	=	Westdeutscher Rundfunk
w.N.	=	weitere Nachweise
WpflG	=	Wehrpflichtgesetz
WRV	=	Weimarer Reichsverfassung
z.	=	zur
z.A.	=	zur Anstellung
z.B.	=	zum Beispiel
ZBR	=	„Zeitschrift für Beamtenrecht"
ZDG	=	Zivildienstgesetz
ZfG	=	„Zeitschrift für Gesetzgebung"
zfS	=	„Zeitschrift für Schadensrecht"
Ziff.	=	Ziffer
ZivSchG	=	Zivilschutzgesetz
ZPO	=	Zivilprozeßordnung

Abkürzungsverzeichnis

ZRP	=	„Zeitschrift für Rechtspolitik"
z.T.	=	zum Teil
ZTR	=	„Zeitschrift für Tarif-, Arbeits- und Sozialrecht des öffentlichen Dienstes"
zust.	=	zustimmend
zuzügl.	=	zuzüglich
z.Z.	=	zur Zeit

Verzeichnis der grundlegenden Literatur

Im folgenden aufgeführt ist grundlegende Literatur in den drei Hauptgebieten dieses Handbuches. Hinweise auf einschlägige Kommentare und vertiefende Einzeldarstellungen geben die Verfasser, soweit es ihnen erforderlich erschien, am Ende eines Kapitels bzw. unmittelbar nach der Darstellung der jeweiligen Problemkreise.

Teil I: Allgemeines Beamtenrecht

Battis	Beamtenrecht, in Achterberg/Püttner/Würtenberger, Besonderes Verwaltungsrecht II, 2. Aufl. 2000, zitiert: APW
Battis	Bundesbeamtengesetz, Kommentar, 3. Aufl. 2004, zitiert: Battis
Behrens	Beamtenrecht, 2. Aufl. 2001
Dahm	Beamtenrecht, 2. Aufl. 1993
Dürr/Dürr	Beamtenrecht, 6. Aufl. 2005
Fürst/Bauschke/Franke/Geis/Mühl/Lingens/Stadler/Strötz/Summer/Vogelgesang/Weiß/Wilhelm/Zängl	Beamtenrecht des Bundes und der Länder, Bd. I des Gesamtkommentars öffentliches Dienstrecht, Loseblattsammlung, zitiert: GKöD
Gerhardt	Landesbeamtenrecht für Baden-Württemberg, Loseblattsammlung
Gunkel/Pilz	Beamtenrecht in NRW und Tarifrecht für Angestellte im öffentlichen Dienst, 4. Aufl. 2003
Hildebrandt/Demmler/Bachmann	Kommentar zum Beamtengesetz für das Land NW, Loseblattsammlung
Hilg	Beamtenrecht, 3. Aufl. 1990
Höffken/Kohlen/Kleeberg/Keßler/Schürcks	Das Laufbahnrecht des Landes NRW, Kommentar, Loseblattsammlung
Juncker	Beamtenrecht für das Saarland, 2003
Kathke	Beamtenrecht, 2003
Kienzler	Beamtenrecht in Baden-Württemberg, 2002
Klostermann	Beamtenrecht in Niedersachsen, 2004
Köpp	Öffentliches Dienstrecht, in Steiner, Besonderes Verwaltungsrecht, 7. Aufl. 2003
Korn/Tadday	Beamtenrecht NW, Kommentar, Loseblattsammlung

Verzeichnis der grundlegenden Literatur

Kunig	Das Recht des öffentlichen Dienstes, in Schmidt-Aßmann, Besonderes Verwaltungsrecht, 6. Kap., 13. Aufl. 2005
Meier	Beamtenrecht Rheinland-Pfalz, 2005
Minz/Conze	Recht des öffentlichen Dienstes, 7. Aufl. 1998
Monhemius	Beamtenrecht, Grundriß, 1995
Müller/Beck	Das Beamtenrecht in Baden-Württemberg, Loseblattsammlung
Peine/Heinlein	Beamtenrecht, 2. Aufl. 1999
Plog/Wiedow/Lemhöfer/Bayer	Kommentar zum Bundesbeamtengesetz, Loseblattsammlung
Roetteken/Rothländer	Hessisches Bedienstetenrecht, Loseblattsammlung
Scheerbarth/Höffken/Bauschke/Schmidt	Beamtenrecht, 6. Aufl. 1992
Schenke	Fälle zum Beamtenrecht, 2. Aufl. 1990
Schnellenbach	Beamtenrecht in der Praxis, 6. Aufl. 2005, zitiert: Schnellenbach
Schröder/Lemhöfer/Krafft	Das Laufbahnrecht der Bundesbeamten, Loseblattsammlung
Schütz/Maiwald	Beamtenrecht des Bundes und der Länder, Kommentar, Loseblattsammlung
Schwerdtfeger	Öffentliches Recht in der Fallbearbeitung, Fallösungsanleitung, 10. Aufl. 1997
Senff/Sippel	Beamtenrecht in Thüringen, 1996 mit Nachtrag 1997
Sommer/Konert/Sommer	Niedersächsisches Beamtengesetz, 2001
Spieß	Öffentliches Dienstrecht Hessen, 2004
Stollberg	Beamtenrecht in der Fallbearbeitung, 2. Aufl. 1993
Strunk	Beamtenrecht, 3. Aufl. 1986
Ule	Beamtenrecht, Kommentar, in Brauchitsch/Ule, Verwaltungsgesetze des Bundes und der Länder, Bd. X, 1. Hbd., 1970
Ule	Öffentlicher Dienst, in Bettermann/Nipperdey/Scheuner, Die Grundrechte, Bd. IV, 2. Hbd., 1962

Verzeichnis der grundlegenden Literatur

Wagner	Beamtenrecht, 9. Aufl. 2006
Weber	Beamtenrecht, 2003
Weiß/Niedermaier/Summer/Zängl	Bayerisches Beamtengesetz, Kommentar, Loseblattsammlung
Weißhaar	Beamtenrecht, 4. Aufl. 1994
Wiese	Beamtenrecht (Handbuch des Öffentlichen Dienstes, Bd. II, Teil 1), 3. Aufl. 1988
Wolff/Bachof/Stober	Verwaltungsrecht, Bd. II, 5. Aufl. 1987 (in der 6. Aufl. 2000 wird der beamtenrechtliche Teil nicht mehr fortgeführt)
Woydera/Summer/Zängl	Sächsisches Beamtengesetz, Loseblattsammlung
Zeiler	Beamtenrecht, 1983

Teil II: Besoldungs-, Versorgungs-, Disziplinar- und Personalvertretungsrecht

Altvater/Coulin	Landespersonalvertretungsgesetz Baden-Württemberg, 2006
Altvater/Hamer/Ohnesorg/Peiseler	Bundespersonalvertretungsgesetz, 5. Aufl. 2004
Ballerstedt/Schleicher/Faber/Eckinger	Bayerisches Personalvertretungsgesetz, Kommentar, Loseblattsammlung
Bauschke/Weber	Bundesdisziplinargesetz, 2003
Bieler/Müller-Fritzsche	Niedersächsisches Personalvertretungsrecht, 11. Aufl. 2003
Bieler/Vogelgesang/Kleffner/Schipp	Landespersonalvertretungsgesetz Thüringen, Loseblattsammlung
Cecior/Vallendar/Lechtermann/Klein	Das Personalvertretungsrecht in NW, Kommentar, Loseblattsammlung
Claussen/Benneke/Schwandt	Das Disziplinarverfahren, 5. Aufl. 2003
Claussen/Janzen/Czapski	Bundesdisziplinarrecht, 9. Aufl. 2001
Clemens/Millack/Engelking/Lantermann/Henkel	Besoldungsrecht des Bundes und der Länder, Kommentar, Loseblattsammlung
Ebert	Das aktuelle Disziplinarrecht, 2. Aufl. 2005
Fischer/Goeres	Personalvertretungsrecht des Bundes und der Länder, Loseblattsammlung
Fricke/Dierßen/Ohnesorg/Otte/Sommer/Sommer	Niedersächsisches Personalvertretungsgesetz, 2. Aufl. 2005

Verzeichnis der grundlegenden Literatur

Gansen	Disziplinarrecht in Bund und Ländern, Kommentar, Loseblattsammlung
Gliech/Groß/Seidel/Vohs	Sächsisches Personalvertretungsgesetz, 2. Aufl. 2003
Gronimus/Krisam/Wienzeck	Die Beteiligungsrechte der Personalvertretungen, 5. Aufl. 2005
Havers	Landespersonalvertretungsgesetz NW, Kommentar, 9. Aufl. 1995
Hellstern/Kaufmann	Handbuch des Besoldungsrechts für Baden-Württemberg, Loseblattsammlung
Ilbertz	Personalvertretungsrecht des Bundes und der Länder, 13. Aufl. 2004
Ilbertz/Widmaier	Bundespersonalvertretungsgesetz, Kommentar, 10. Aufl. 2004
Kempf	Besoldungsrecht, 14. Aufl. 2003
Köhler/Ratz/Hummel/Mayer	BDG, 3. Aufl. 2003
Krieg/Orth/Welkoborsky	Landespersonalvertretungsgesetz NW, Kommentar, 5. Aufl. 1993
Kümmel/Pohl	Bundesbesoldungsrecht und Besoldungsrecht Niedersachsens, Loseblattsammlung
Leuze/Wörz/Bieler	Das Personalvertretungsrecht in Baden-Württemberg, Kommentar, Loseblattsammlung
Lorenzen/Etzel/Gerhold/ Schlatmann/Rehak/Faber	Bundespersonalvertretungsgesetz, Kommentar, Loseblattsammlung
Lümmen/Grunefeld/Kempf	Beamtenversorgung – Gesetzliche Regelungen und Private Altersvorsorge –, 2003
Marburger	Die Versorgung der Beamten und anderweitig Beschäftigten im öffentlichen Dienst, 2. Aufl. 2006
Minz	Praxis-Handbuch Beamtenversorgungsrecht, 2. Aufl. 2005
Reich	Bayerisches Personalvertretungsgesetz 2002
Reich	Bundespersonalvertretungsgesetz 2001
Reich	Personalvertretungsgesetz Sachsen-Anhalt, 3. Aufl. 2004
Schaufelberger	Landespersonalvertretungsgesetz Baden-Württemberg, 4. Aufl. 2005

Verzeichnis der grundlegenden Literatur

Schelter/Seiler	Bayerisches Personalvertretungsgesetz, 3. Aufl. 2000
Schinkel/Seifert	Besoldungsrecht des Bundes und der Länder, Bd. III des Gesamtkommentars öffentliches Dienstrecht, Loseblattsammlung
Schubert/Wirth	Besoldungsrecht in Nordrhein-Westfalen, Kommentar, Loseblattsammlung
Schütz	Disziplinarrecht des Bundes und der Länder, Kommentar, Loseblattsammlung
Schwandt	Das Disziplinarverfahren, 5. Aufl. 2003
Schwegmann/Summer	Bundesbesoldungsgesetz, Kommentar, Loseblattsammlung
Stegmüller/Schmalhofer/Bauer	Beamtenversorgungsrecht, Loseblattsammlung
Weiß	Disziplinarrecht des Bundes und der Länder, Bd. II des Gesamtkommentars öffentliches Dienstrecht, Loseblattsammlung
Wolf	Personalvertretungsrecht des Bundes, 2. Aufl. 2006

Teil III: Arbeitsrecht

Ascheid (Hrsg.)	Großkommentar zum Kündigungsrecht, 2000 (Zitiert: APS/Bearbeiter)
Böhm/Spiertz/Sponer/Steinherr	BAT Kommentar, 3. Auflage, 2001
Breier/Dr. Dassau/Dr. Kiefer/Lang, Dr. Langenbrinck	TVöD Tarifvertrag für den öffentlichen Dienst
Cecior/Vallendar/Lechtermann/Klein	Das Personalvertretungsrecht in Nordrhein-Westfalen, Kommentar, Stand: Oktober 2006
Clemens/Scheuring/Steingen/Westermann	BAT Kommentar, Stand: Oktober 2001
Dieterich/Hanau/Schaub (Hrsg.)	Erfurter Kommentar zum Arbeitsrecht, 1998 (Zitiert: ErfK/Bearbeiter)
Drespa/Meyer/Slawik	Altersteilzeit von Arbeitnehmern in öffentlichen Verwaltungen, Einrichtungen und Unternehmen und Sparkassen, Loseblattkommentar, März 2002

Verzeichnis der grundlegenden Literatur

Etzel u.a.	Gemeinschaftskommentar zum Kündigungsschutzgesetz und zu sonstigen kündigungsschutzrechtlichen Vorschrift, 6. Auflage, 2002 (Zitiert: KR – Bearbeiter)
Fitting/Kaiser/Heither/Engels	Betriebsverfassungsgesetz, 21. Auflage, 2006
Küttner	Personalbuch 2002, 9. Auflage
Leinemann (Hrsg.)	Kasseler Handbuch zum Arbeitsrecht, 1997 (Zitiert: Kasseler Handbuch/Bearbeiter)
Lorenzen/Schmitt	Bundespersonalvertretungsgesetz, Kommentar, Stand: März 2002
Meinel/Heyn/Herms	TzBfG, 2002
Müller	Arbeitsrecht im Öffentlichen Dienst, 5. Auflage, 2001
Oberthür/Lenze	Das neue Gesetz über Teilzeitarbeit und befristete Arbeitsverträge (Als e-book unter: www.pfa-arbeitsrecht.de)
Richardi/Wlotzke (Hrsg.)	Münchener Handbuch zum Arbeitsrecht, 2. Auflage, 2000 (Zitiert: MüHand – Bearbeiter)
Schaub	Arbeitsrechtshandbuch, 11. Auflage, 2006
Scheuring/Lang/Hoffmann	BMTG Bundesmanteltarifvertrag für Arbeiter gemeindlicher Verwaltungen und Betriebe, Kommentar, Stand: 12/2001
Uttlinger/Breier/Kiefer/ Hoffmann/Dassau	Bundesangestelltentarifvertrag -BAT-, Stand: April 2001 (CD-ROM: Mai 2002)
Wiedemann (Hrsg.)	Tarifvertragsgesetz, Kommentar, 6. Auflage 1999

Teil I: Allgemeines Beamtenrecht

Inhaltsverzeichnis

		Seite	Rn
1. Abschnitt: Einführung		9–30	1–10
1.	Ausgangslage.	9 f.	1
2.	Inhalte und Ziele der Dienstrechts„reform".	10 ff.	2 ff.
2.1	Dienstrechts„reform"gesetz	10 ff.	2
2.2	Versorgungsberichte 1996, 2001 und 2005	12 ff.	3
2.3	Versorgungsreformgesetze 1998 und 2001	15 ff.	4
3.	Öffentlicher Dienst und Verwaltungsmodernisierung.	19 ff.	5 ff.
3.1	Inhalte der Verwaltungsmodernisierung...	20 f.	6
3.2	Rechtliche Hindernisse bei der Verwaltungsmodernisierung.	21	7
3.3	Umfassende Beteiligung des Personals...	21 f.	8
3.4	Konkrete Maßnahmen der Personalwirtschaft	22 f.	9
3.5	Forderungen an den Gesetzgeber.	23 ff.	10
2. Abschnitt: Rechtsquellen des Beamtenrechts		31–72	11–43
1.	Verfassungsrechtliche Grundlagen	31 ff.	11 ff.
1.1	Der Beamte als Grundrechtsträger	32 ff.	12 ff.
1.2	Art. 33 GG	36 ff.	17 ff.
1.2.1	Leistungsgrundsatz und Gleichheitsprinzip	36 ff.	17 f.
1.2.2	Funktionsvorbehalt und institutionelle Garantie des Berufsbeamtentums	43 ff.	19 ff.
1.2.3	Hergebrachte Grundsätze des Berufsbeamtentums	50 ff.	23 ff.
1.2.3.1	Definition des Begriffs „hergebrachte Grundsätze"	50 f.	23
1.2.3.2	Inhalt der hergebrachten Grundsätze.	51 ff.	24 ff.
1.2.3.3	Bedeutung der hergebrachten Grundsätze	65 ff.	39
2.	Sonstige Rechtsquellen	67 ff.	40 ff.
2.1	Bundesbeamtenrecht.	69	40
2.2	Beamten-Bundesrecht	69 f.	41
2.3	Landesbeamtenrecht.	70	42
2.4	Kommunales Beamtenrecht.	70 ff.	43
3. Abschnitt: Grundbegriffe des Beamtenrechts		73–100	44–57
1.	Der Beamtenbegriff	73 ff.	44 ff.
1.1	– im staatsrechtlichen Sinn	73 f.	45

Teil I. Allgemeines Beamtenrecht

1.2	– im haftungsrechtlichen Sinn............	74 f.	46
1.3	– im strafrechtlichen Sinn	76 ff.	47
2.	Begriff des Amtes	80 ff.	48 ff.
2.1	Amt im Sprachgebrauch und im organisationsrechtlichen Sinn...........	80 f.	48
2.2	Amt im beamtenrechtlichen Sinn	81 ff.	49 ff.
2.2.1	Das statusrechtliche Amt	82 ff.	49
2.2.2	Das funktionelle Amt..................	84 ff.	50
2.2.3	Zum Unterschied: Die Planstelle.........	86 ff.	51 f.
3.	Dienstherrnfähigkeit und Organe des Dienstherrn.....................	88 ff.	53 ff.
3.1	Dienstherrnfähigkeit	88 ff.	53
3.2	Organe des Dienstherrn	90 ff.	54 ff.
3.2.1	Oberste Dienstbehörde................	91 f.	54
3.2.2	Dienstvorgesetzter	92 ff.	55
3.2.3	Vorgesetzter	97	56
3.2.4	Landespersonalausschuß als unabhängige Stelle...................	98 ff.	57

4. Abschnitt: Das Beamtenverhältnis 101–140   58–82

1.	Rechtsnatur des Beamtenverhältnisses ...	101 ff.	58 ff.
2.	Arten der Beamtenverhältnisse..........	103 ff.	61 ff.
2.1	Unterscheidung nach dem Dienstherrn....	103 f.	61
2.2	Unterscheidung nach der Dauer der Bindung........................	104 ff.	62 ff.
2.2.1	Beamter auf Lebenszeit	104 f.	62
2.2.2	Beamter auf Zeit	105 ff.	63
2.2.3	Beamter auf Probe	112 ff.	64 f.
2.2.4	Beamter auf Widerruf	117 ff.	66
2.3	Unterscheidung nach dem Umfang der Bindung........................	122 f.	67 ff.
2.4	Unterscheidung nach der Laufbahn	123	70
2.5	Unterscheidung nach dem wahrzunehmenden Amt............................	123 f.	71
2.6	Unterscheidung nach dem Haushaltsrecht.	124 f.	72
3.	Beamte mit besonderer Rechtsstellung ...	125 ff.	73 ff.
3.1	Kommunale Wahlbeamte	125 ff.	73 ff.
3.2	Politische Beamte	135 ff.	79
3.3	Hochschullehrer	137 f.	80
3.4	Polizeivollzugsbeamte.................	138 f.	81
3.5	Sonstige Beamte mit besonderer Rechtsstellung......................	140	82

5. Abschnitt: Die Ernennung 141–254   83–156

1.	Bedeutung, Begriff und Rechtsnatur der Ernennung	141 ff.	83

Teil I. Allgemeines Beamtenrecht

2.	Die Ernennungsfälle	145 ff.	84 ff.
2.1	Einstellung	145	84
2.2	Umwandlung	145 f.	85
2.3	Anstellung.	146 f.	86
2.4	Beförderung und Rangherabsetzung	147 f.	87
2.5	Aufstieg	148 f.	88
3.	Voraussetzungen der einzelnen Ernennungsfälle	150 ff.	89 ff.
3.1	Einstellung	150 ff.	90 ff.
3.2	Umwandlung des Beamtenverhältnisses	194	123
3.3	Anstellung.	195 ff.	124
3.4	Beförderung und beförderungsgleiche Maßnahmen	199 ff.	125 ff.
3.5	Rangherabsetzung	226 f.	133
3.6	Aufstieg	227 ff.	134
4.	Mängel der Ernennung und ihre Folgen	230 ff.	135 ff.
4.1	Fallgruppen von Ernennungsfehlern	230 ff.	136 ff.
4.1.1	Nichternennung (Nichtakt)	231 f.	137
4.1.2	Nichtige Ernennung	232 ff.	138
4.1.3	Rücknehmbare Ernennung	234 ff.	139 ff.
4.1.3.1	Obligatorische Rücknahme	235 f.	140
4.1.3.2	Soll-Rücknahme	237	141
4.2	Folgen von Ernennungsfehlern	237 ff.	142 ff.
4.2.1	Maßnahmen des Dienstherrn	237 f.	142
4.2.2	Rechtsfolgen im Innenverhältnis	238 f.	143
4.2.3	Rechtsfolgen im Außenverhältnis	239 ff.	144
5.	Ansprüche auf Ernennung	241 ff.	145 ff.
5.1	Anspruch auf ermessensfehlerfreie Entscheidung	241 ff.	145
5.2	Materiell-subjektive Rechte auf Ernennung	244 ff.	146 ff.
5.2.1	Sonderfälle von Ernennungsansprüchen	244 f.	146
5.2.2	Zusicherung	245 ff.	147 ff.
5.3	Verfahrensansprüche des Beamten bei der Ernennung	249 ff.	150 ff.

6. Abschnitt: Laufbahnrecht		**255–290**	**157–177**
1.	Bestimmungsfaktoren der Laufbahn	256 ff.	158 f.
1.1	Laufbahngruppe und Laufbahngruppensystem	257 ff.	158
1.2	Fachrichtung.	260 f.	159
2.	Die laufbahnrechtliche Befähigung	261 ff.	160 f.
2.1	Laufbahnbewerber	261 ff.	161 ff.
2.1.1	Regellaufbahnbewerber	261 f.	161
2.1.2	Bewerber besonderer Fachrichtung	262 ff.	162
2.1.3	Sonstige Fälle des Erwerbs der Befähigung	264	163
2.2	Anderer Bewerber	264 ff.	164

Teil I. Allgemeines Beamtenrecht

3.	Der Vorbereitungsdienst	268 f.	165
4.	Die Laufbahnprüfung	269 ff.	166
5.	Die laufbahnrechtliche Probezeit	271 ff.	167 ff.
5.1	Bedeutung der Probezeit	271 f.	167
5.2	Dauer der Probezeit	272 ff.	168
5.3	Rechte des Beamten im Hinblick auf die Probezeit	275 f.	169
6.	Der Laufbahnwechsel	276 ff.	170 ff.
6.1	Laufbahnwechsel mit Wechsel der Laufbahngruppe	276 ff.	171 f.
6.1.1	Der Aufstieg	276 ff.	171
6.1.2	Der Abstieg	281 ff.	172
6.2	Laufbahnwechsel ohne Wechsel der Laufbahngruppe	283 ff.	173 ff.
6.2.1	Abgrenzung denkbarer Fallkonstellationen	283 ff.	174
6.2.2	Wechsel in eine entsprechende Laufbahn	285	175
6.2.3	Wechsel in eine gleichwertige Laufbahn	286 f.	176
7.	Anwendung der Laufbahnverordnung	288 ff.	177

7. Abschnitt: Änderungen des funktionellen Amtes und Maßnahmen bei der Umbildung von Behörden und Körperschaften ... 291–332 178–198

1.	Änderung des funktionellen Amtes	291 ff.	178 ff.
1.1	Begriffsbestimmung, Rechtsnatur und Abgrenzung der möglichen Maßnahmen	291 ff.	179 ff.
1.2	Voraussetzungen und Rechtsfolgen der möglichen Maßnahmen	303 ff.	186 ff.
1.2.1	Versetzung	303 ff.	186 ff.
1.2.2	Abordnung	313 ff.	192 ff.
1.2.3	Umsetzung	317 ff.	195 f.
1.2.4	Organisationsverfügung	326 f.	197
2.	Maßnahmen bei der Umbildung oder Auflösung von Behörden und Körperschaften	328 ff.	198

8. Abschnitt: Rechtsstellung des Beamten 333–508 199–255

1.	Beamtenpflichten	335 ff.	200 ff.
1.1	Staatspolitische Pflichten	336 ff.	201 f.
1.1.1	Pflicht zur Verfassungstreue	336 f.	201
1.1.2	Mäßigungs- und Zurückhaltungspflicht bei der politischen Betätigung	337 f.	202
1.2	Pflichten mit Bezug auf das Amt	338 ff.	203 ff.
1.2.1	Pflicht zur Neutralität und Uneigennützigkeit	338 ff.	203
1.2.2	Pflicht zur vollen Hingabe im Beruf	343 ff.	204

Teil I. Allgemeines Beamtenrecht

1.2.3	Verschwiegenheitspflicht	355 ff.	205
1.2.4	Pflicht zu achtungswürdigem Verhalten im Dienst	358 ff.	206
1.2.5	Pflicht, eine bestimmte Dienstkleidung zu tragen	361 ff.	207
1.3	Pflichten ohne Amtsbezug	371 ff.	208 f.
1.3.1	Pflicht zu achtungswürdigem Verhalten außerhalb des Dienstes	371 ff.	208
1.3.2	Beschränkte Residenzpflicht	375 f.	209
1.4	Pflichten gegenüber Vorgesetzten, Mitarbeitern und Kollegen	376 ff.	210 f.
1.4.1	Pflicht zu vertrauensvollem Zusammenwirken	376 f.	210
1.4.2	Gehorsams-, Beratungs- und Unterstützungspflicht	377 ff.	210
1.4.3	Remonstrationspflicht	383 ff.	211
1.5	Pflichten gegenüber dem Bürger	385 ff.	212 ff.
1.5.1	Pflicht zu gesetzmäßigem Handeln	386 f.	213
1.5.2	Pflicht, unparteiisch und gerecht zu handeln	387	214
1.5.3	Pflicht zur Beachtung der Verfahrensvorschriften zum Schutz des Bürgers	387	215
1.5.4	Beratungs- und Auskunftspflicht	388	216
1.5.5	Allgemeine Umgangspflicht	388	217
2.	Nebentätigkeitsrecht	388 ff.	218 ff.
2.1	Problematik/Begriffsbestimmungen	388 ff.	218 f.
2.2	Voraussetzungen zur Übernahme einer Nebentätigkeit	399 ff.	220 ff.
2.3	Rechte und Pflichten des Beamten bei Nebentätigkeiten	414 ff.	223
3.	Personalaktenrecht	422 ff.	224 ff.
3.1	Begriff der Personalakten	423 ff.	224 ff.
3.2	Grundsätze bei der Führung der Personalakten	425 ff.	228
3.3	Rechte des Beamten im Hinblick auf seine Personalakte	427 ff.	229
4.	Dienstliche Beurteilung, Dienstzeugnis	429 ff.	230 ff.
4.1	Begriffsbestimmungen, Zweck	429 ff.	230
4.2	Rechtmäßigkeitsanforderungen an eine dienstliche Beurteilung	431 ff.	231 ff.
4.3	Rechte des Beamten im Hinblick auf die dienstliche Beurteilung	443 ff.	234
4.4	Dienstzeugnis	445 f.	235
5.	Rechte des Beamten	446 ff.	236 ff.
5.1	Grundlagen: Grundrechte und Fürsorgepflicht	446 ff.	236
5.2	Vermögenswerte Rechte (Überblick)	451 ff.	237

Teil I. Allgemeines Beamtenrecht

5.3	Nichtvermögenswerte Rechte............	458 ff.	238 ff.
5.3.1	Rechte aus dem Amt.................	458 ff.	238 ff.
5.3.1.1	Amtsangemessene Aufgaben, Beschäftigung......................	458 f.	238
5.3.1.2	Amtsbezeichnung....................	459 ff.	239
5.3.2	Gesetzlich oder durch Rechtsverordnung konkretisierte Einzelrechte.............	461 ff.	240 ff.
5.3.2.1	Erholungsurlaub.....................	461 f.	240
5.3.2.2	Sonderurlaub/Sondergesetzlicher Urlaub..	462 ff.	241 ff.
5.3.2.3	Elternzeit (früher Erziehungsurlaub genannt).......	470 ff.	244
5.3.2.4	Urlaub gemäß §§ 85a, 78e LBG, Beurlaubung kraft Gesetzes............	473 ff.	245
5.3.2.5	Teilzeitarbeit.......................	476 ff.	246 ff.
5.3.2.6	Fortbildung........................	496 ff.	249
5.3.2.7	Besondere Schutzvorschriften..........	498	250
5.3.3	Durch Verwaltungsvorschriften und Rechtsprechung vorgenommene Konkretisierungen der Fürsorgepflicht....	498 ff.	251 ff.
5.3.3.1	Anhörungs- und Beratungspflicht, Untersuchungsgrundsatz..............	498 ff.	251
5.3.3.2	Förderungspflicht....................	500	252
5.3.3.3	Schadenabwendungspflicht (Schutzpflicht)	500 ff.	253
5.3.3.4	Sonstiges.........................	504 ff.	254 f.
9. Abschnitt: Folgen von Pflichtverletzungen		**509–544**	**256–274**
1.	Pflichtverletzungen durch Beamte.......	509 ff.	256 ff.
1.1	Vermögensrechtliche Folgen...........	509 ff.	256 ff.
1.1.1	Schadenersatz.....................	509 ff.	256 ff.
1.1.1.1	Haftungssystem.....................	509	256
1.1.1.2	Haftung im Außenverhältnis............	509 ff.	257
1.1.1.3	Haftung im Innenverhältnis............	513 f.	258
1.1.1.4	Anspruchsvoraussetzungen............	514 ff.	259
1.1.1.5	Umfang der Ersatzpflicht, Beweisfragen...	521 f.	260
1.1.1.6	Geltendmachung der Schadenersatzforderung........................	522 ff.	261
1.1.2	Erstattungsansprüche................	524 ff.	262
1.1.3	Verlust der Dienstbezüge.............	526 ff.	263
1.2	Beamtenrechtliche Folgen.............	528 ff.	264
1.3	Strafrechtliche Folgen................	530 f.	265
2.	Pflichtverletzungen durch den Dienstherrn.	531 ff.	266 ff.
2.1	Erfüllungsansprüche des Beamten.......	531 f.	267 f.
2.1.1	Erfüllungsansprüche auf vermögenswerte Rechte..........................	531 f.	267
2.1.2	Erfüllungsansprüche auf nichtvermögenswerte Rechte......................	532	268
2.2	Folgenbeseitigungsanspruch...........	532 f.	269

Teil I. Allgemeines Beamtenrecht

2.3	Schadenersatzansprüche.	533 ff.	270 ff.
2.4	Verhältnis beamtenrechtlicher Spezialansprüche zur Staatshaftung	542 f.	273
2.5	Überblick über sonstige Ansprüche	543 f.	274

10. Abschnitt: Beendigung des Beamtenverhältnisses 545–606 275–296

1.	Beendigungsformen.	545 f.	275
2.	System der Voraussetzungen	546 ff.	276 ff.
3.	Spezielle Voraussetzungen und Rechtsfolgen der einzelnen Beendigungstatbestände	559 ff.	282 ff.
3.1	Entlassung.	559 ff.	282 ff.
3.1.1	Voraussetzungen der Entlassung	559 ff.	282 ff.
3.1.1.1	Entlassung durch einseitigen Verwaltungsakt aufgrund von Kann-Vorschriften.	559 ff.	282
3.1.1.2	Entlassung durch einseitigen gebundenen Verwaltungsakt	568 f.	283
3.1.1.3	Entlassung durch mitwirkungsbedürftigen Verwaltungsakt.	569 f.	284
3.1.1.4	Entlassung kraft Gesetzes	570 ff.	285
3.1.2	Rechtsfolgen der Entlassung	573 ff.	286
3.2	Eintritt in den Ruhestand	575 ff.	287 ff.
3.2.1	Dauernder Ruhestand	575 ff.	287 ff.
3.2.1.1	Voraussetzungen für den Eintritt in den dauernden Ruhestand	575 ff.	287 ff.
3.2.1.2	Rechtsfolgen des Eintritts in den dauernden Ruhestand	589 ff.	291
3.2.2	Einstweiliger Ruhestand.	596 f.	292
3.2.2.1	Voraussetzungen	596	292
3.2.2.2	Rechtsfolgen	596 f.	292
3.3	Verlust der Beamtenrechte.	597 ff.	293
3.4	Entfernung aus dem Beamtenverhältnis . .	600 f.	294
3.5	Abberufung kommunaler Wahlbeamter . . .	601 ff.	295
3.6	Verabschiedung der Ehrenbeamten.	605	296

11. Abschnitt: Beschwerdeweg und Rechtsschutz. 607–638 297–318

1.	Außergerichtliche Rechtsbehelfe	607 ff.	298 ff.
1.1	Formlose Rechtsbehelfe	608 ff.	299
1.2	Förmliche Rechtsbehelfe	610	300
1.3	Besonderheiten des beamtenrechtlichen Widerspruchsverfahrens	610 ff.	301 ff.
2.	Rechtsschutz vor den Gerichten	617 ff.	308 ff.
2.1	Klagen vor den Verwaltungsgerichten	617 ff.	308

Teil I. Allgemeines Beamtenrecht

2.2	Zuständigkeit des Disziplinargerichts.....	619	309
2.3	Rechtsweg zu den ordentlichen Gerichten (Zivilgerichte).......................	620	310
2.4	Rechtsweg zu den Sozialgerichten.......	620	311
2.5	Bundesverfassungsgericht/Europäischer Gerichtshof für Menschenrechte.........	620 f.	312
3.	Konkurrentenklage und sonstiger Rechtsschutz in Konkurrenzfällen........	621 ff.	313 ff.
3.1	Konkurrentenklage	621 ff.	313 ff.
3.1.1	Dienstpostenkonkurrenz...............	631 ff.	316
3.1.2	Status(amts)konkurrenz	633 ff.	317
3.2	Sonstiger Rechtsschutz	635 ff.	318

1. Abschnitt: Einführung

1. Ausgangslage

Der öffentliche Dienst des beginnenden 21. Jahrhunderts in Deutschland **1**
befindet sich in einem Zwiespalt. In Zeiten eines gesamtgesellschaftlichen Wertewandels mit dem Anspruch vermeintlicher Egalität, insbesondere aber wegen des dramatisch verschlechterten Arbeitsmarkts, erweckt ein angeblich privilegierender Sonderstatus Kritik oder gar Neid. Die Politik reagiert auf ihr strukturelles Defizit, angesichts bekannter oder zu erwartender Schwierigkeiten legislaturperiodenübergreifende Konzeptionen oder Lösungen vorzulegen, mit hektischem Aktionismus. Gewaltige Sparbemühungen, durch gravierende wirtschaftliche Probleme objektiv gerechtfertigt, treffen auch den öffentlichen Dienst und werden dort als grandiose „Reformen" des öffentlichen Dienstrechts verkauft. Die Lobby, der DBB und ver.di, verteidigt vehement den Status quo, fordert ritualisiert sogar gesamtwirtschaftlich unerfüllbare finanzielle Verbesserungen, ohne dabei den Wert eines krisensicheren Arbeitsplatzes zu berücksichtigen. Auf diese Weise erhält die Diskussion um die Eindämmung[1] oder gar Abschaffung von Sonderstatusverhältnissen[2] neue Nahrung. Der Beschäftigte im öffentlichen Dienst, der die strukturellen Versäumnisse perspektivischer Politik der politischen Parteien und ihrer Repräsentanten nicht oder allenfalls mittelbar als Wähler zu verantworten hat, haftet jedoch für sie mit Einbußen bei Besoldung und Versorgung. Zugleich setzt ihn das Verhalten seiner Interessenvertreter einer Kampagne um wirkliche oder angebliche Privilegien aus, der er deshalb nicht standhalten kann, weil sie neidgeprägt nicht um die Frage von wahr oder falsch kreist. Schließlich hat sich die Anspruchshaltung des Bürgers, der mit seinen Abgaben gerade diesen öffentlichen Dienst bezahlt, gewandelt. Er will „value for money", entsprechende Dienstleistungen für sein Steuergeld. Das fehlerfreie recht- und zweckmäßige Verwaltungshandeln, bei dem nach deutscher Verwaltungstradition bisher der Schwerpunkt lag, hat durch die vom Bürger geforderte Serviceorientierung seine Rolle als dominierender Faktor eingebüßt.

Deshalb nimmt es nicht wunder, wenn Analysen ergeben, daß sowohl die äußere als auch die innere Legitimationsbasis für das Berufsbeamtentum „zerbröckelt"[3]. In den Ergebnissen einer Umfrage des Allensbacher Insti-

---

[1] Antrag der Fraktion Bündnis 90/Die Grünen, „Modernisierung von Beamtenrecht und Beamtenversorgung", BT-Drucks. 13/9622 v. 14.1.98, 4 f.
[2] Bericht der NW-Regierungskommission „Zukunft des öffentlichen Dienstes – öffentlicher Dienst der Zukunft" v. 01/03, 143 ff.; sog. „Bull-Kommission", näher Rn 10.
[3] Noelle-Neumann, Des Staates treue Diener – Zur Krise des Berufsbeamtentums, F.A.Z. v. 12.2.97, 5.

1. Abschnitt: Einführung

tuts vom Januar 1997 überwog Skepsis gegenüber grundlegenden, das Beamtentum prägenden und tragenden Prinzipien. Von 13 beamtenrechtlichen Grundsätzen wollte die Bevölkerung neun mehrheitlich abschaffen; bei dreien waren die Auffassungen geteilt. Allein beim Streikverbot für Beamte fand sich eine deutliche Mehrheit von 47% für das Beibehalten gegenüber 38% für das Abschaffen. Hingegen wurden vermeintliche Privilegien problematisiert, nämlich daß Beamten nicht gekündigt werden könne (69% für Abschaffen, 21% für Beibehalten), daß sie keine eigene Krankenversicherung hätten und wie Privatpatienten behandelt würden (63% ./. 21%), daß sie keine Arbeitslosen- (75% ./. 15%) sowie Rentenversicherung (79% ./. 13%) zahlen müßten oder daß sich ihre Beförderung mehr nach Dienstalter als nach der Leistung richte (81% ./. 9%). Aber selbst hinsichtlich der inneren Legitimationsbasis des Berufsbeamtentums, den speziellen Beamtenpflichten, herrschte desillusionierte Skepsis. 62% der Bürger glaubten, daß Beamte im Staat ausschließlich einen Arbeitgeber sähen und sich ihm gegenüber nicht besonders verpflichtet fühlten; lediglich 21% beurteilten das anders. 56% meinten, daß die Beamten in Deutschland im allgemeinen beeinflußbar und bestechbar seien (gegen 25%). Schließlich hielten 57% Beamte für „out" und magere 14% für „in". Noelle-Neumann[4] konstatiert in ihrem Fazit bereits eine „Krise des Berufsbeamtentums".

Die skizzierte Ausgangslage stimmt nachdenklich. Der öffentliche Dienst wird im Kräftespiel zwischen Politik, Lobby und Bürger seine Rolle für das 21. Jahrhundert nur finden können, wenn er sich der Debatte stellt und Fehlentwicklungen vermieden werden. Nicht vergessen darf man dabei, daß ohne einen funktionierenden öffentlichen Dienst weder der Aufbau der Bundesrepublik Deutschland nach dem 2. Weltkrieg noch die trotz aller Unterschiedlichkeiten voranschreitende Vereinigung der beiden deutschen Staaten derart erfolgreich gelungen wäre.

Folgend werden einleitend manche aktuellen Entwicklungen dargestellt, die Diskussion, Rechtsentwicklung und Probleme prägen.

2. Inhalte und Ziele der Dienstrechtsreform

2.1 Dienstrechts„reform"gesetz

2 Das Gesetz zur Reform des öffentlichen Dienstrechts (Reformgesetz) vom 24.2.1997[5] ist vom Bundestag am 30.1.1997 und vom Bundesrat am 31.1.1997 beschlossen worden. Vorangegangen war ein langwieriges Einigungsverfahren zwischen Bund und Ländern im Vermittlungsausschuß. Das Gesetz trat zum 1.7.1997 in Kraft. Die Länder haben die vom Bund erlassenen Rahmenvorschriften des BRRG bis zum 31.12.1998 in Lan-

---

4 F.A.Z. v. 12.2.97, 5.
5 BGBl. I, 322.

2. Inhalte und Ziele der Dienstrechtsreform

desrecht umgesetzt (Art. 75 I S. 1 Nr. 1, III GG). Diese Verpflichtung bezog sich auf sämtliche Neuregelungen des BRRG durch das Reformgesetz. Hingegen gelten die wegen der konkurrierenden Gesetzgebungskompetenz des Bundes (Art. 74a I GG) erfolgten Änderungen bei der Besoldung und Versorgung für Länder und Kommunen unmittelbar. Schließlich räumt das Reformgesetz den Ländern eigenständige Kompetenzen für bestimmte Bereiche in Form von Verordnungsermächtigungen ein.

Wesentliches Ziel des Gesetzes ist es, den Leistungsgedanken in der öffentlichen Verwaltung zu stärken. Durch ein reformiertes Bezahlungssystem will man bessere Leistungen und größere Flexibilität erreichen. Besonders enttäuschend und demotivierend ist deshalb, daß diese sinnvollen Zielsetzungen kontraproduktiv allein unter dem Gesichtspunkt der Kostenneutralität umgesetzt wurden. Hierzu dienen Kappungsgrenzen bei den einzelnen leistungsbezogenen Elementen (maximal 10% der Beamten bei Leistungsprämien und -zulagen sowie höchstens 10% beim Aufsteigen in den Besoldungsstufen) sowie ihre summenmäßigen Begrenzungen. Primär soll also der Personalkostenaufwand reduziert werden, statt durch Prämien und Zulagen die Effizienz zu steigern.

Die Kappungsgrenzen sind systemwidrig, wenn man wirtschaftlichen Erfolg finanziell würdigen will. Darüber hinaus ist eine Quotierung der Zulagenberechtigten und eine Limitierung der Zulagenhöhe gerade dann nicht angebracht, wenn die Leistungen weiter gesteigert werden sollen. Personalwirtschaftlich sinnvoll wäre es gewesen, allen, die am wirtschaftlichen Gelingen mitwirken, ihren gebührenden Anteil zuzugestehen. Die haushaltsrechtlichen Vorbehalte hätten keine Kappung erfordert, da die schlechte Finanzsituation der öffentlichen Haushalte einen Mißbrauch verhindert hätte. Zudem bestehen gravierende Probleme gerade aus Sicht der kommunalen Praxis. Insbesondere kleinere Gemeinden beschäftigen so wenig Beamte, daß sie nicht vernünftig Leistungsanreize ausweisen können. Nach Berechnungen einer Mitgliedskommune des StGB NRW mit immerhin 55.000 Einwohnern kann man wegen der 10%-Grenze dort lediglich 8 Beamte zusätzlich finanziell honorieren. Angesichts dieser Zahlen stellt sich die Frage, ob sowohl die angestrebte Motivationswirkung als auch der hohe Verwaltungsaufwand bei der Vergabe noch in einem angemessenen Verhältnis stehen. Mittlerweile bemängelt ebenfalls der Erfahrungsbericht der Bundesregierung zur Dienstrechtsreform vom 20.6.2001, daß der organisatorische Aufwand groß sei[6] und viele Leistungsträger nicht berücksichtigt werden könnten[7].

Derartige Gängelungen mittels Limitierungen in Bezug auf Zahl und Umfang können anders als durch die in der für die inhaltliche Ausgestaltung des Dienstrechtsänderungsgesetzes nicht ganz unbedeutenden obersten Ministerialbürokratie institutionalisierbaren Unsicherheit von Vorgesetzten kaum erklärt werden. Solche Normen wären dann Ausfluß

---

6   S. 20.
7   S. 21.

1. Abschnitt: Einführung

einer vermuteten Führungsschwäche, sich lieber hinter Quoten zu verstecken als nach Leistung zu differenzieren und dies dem Mitarbeiter gegenüber zu verdeutlichen. Hierdurch motiviert man möglicherweise einen prozentual kleinen Anteil an Beamten, der unter die Quotierungen fällt oder sie zu erreichen glaubt. Hingegen wird der ganz überwiegende Teil entscheidend demotiviert.

Das Ergebnis der Dienstrechts„reform" ist für Städte und Gemeinden und deren Personal enttäuschend. Keine der fünf zentralen Forderungen der Bundesvereinigung der kommunalen Spitzenverbände (Führungspositionen auf Zeit für Kommunen, dienstrechtliche Experimentierklausel, Änderungen bei Leistungsprämien und -zulagen, Streichung der Stellenobergrenzenregelungen sowie der Kommunalbesoldungsverordnung des Bundes) wurde verwirklicht.[8]

Der Erfahrungsbericht der Bundesregierung zur Dienstrechtsreform vom 20.6.2001 bestätigt die festgestellten Defizite. Sie lassen sich gerade für die kommunale Ebene ebenfalls durch Erhebungen bei Städten und Gemeinden über die marginale Nutzung der neuen Instrumente belegen.[9] Einzelne Gesetzesinitiativen[10] haben den konstatierten Nachbesserungsbedarf inzwischen teilweise befriedigt.

2.2 Versorgungsberichte 1996, 2001 und 2005

3   Bereits 1989 wurde die Bundesregierung vom Deutschen Bundestag aufgefordert, in einem Versorgungsbericht die Entwicklung der Beamtenpensionen zu beschreiben. Seine Fertigstellung und Veröffentlichung hat das Bundesinnenministerium seither regelmäßig verschoben.

Am 4.10.1996 ist der **Versorgungsbericht 1996**[11] endlich vorgelegt worden. Den Wunsch des Bundestages, eine Prognose über die Belastung der Staatskasse durch Beamtenpensionen bis zum Jahre 2008 abzugeben, hat das Bundesinnenministerium ergänzt und sogar eine Rechnung bis zum Jahr 2040 aufgestellt. Die Einzelheiten finden sich in der vierten Auflage dieses Buches.[12]

Um aussagekräftige statistische Grundlagen für künftige Versorgungsberichte der Bundesregierung und damit für etwaige Änderungen des Beamtenversorgungsrechts zu erhalten, wurde mittlerweile mit Wirkung

---

8   Die Anforderungen an die Reform des öffentlichen Dienstrechts aus kommunaler Sicht und insbesondere die Wünsche der Bundesvereinigung der kommunalen Spitzenverbände in ihrer Stellungnahme vom 19.1.96 zum damaligen Entwurf eines Gesetzes zur Reform des öffentlichen Dienstrechts nennen Wichmann/v. Hausen/Löhr, die innovative verwaltung 96, 20.
9   Die Resultate einer Umfrage über die Umsetzung der Dienstrechtsreform in 227 nw Kommunen beschreibt Wichmann, StGR 10/00, 25.
10 Z.B. BR-Drucks. 589/99 v. 25.10.99; BT-Drucks. 14/3458 v. 26.5.00; Besoldungsstrukturgesetz v. 21.6.02, BGBl. I, 2138.
11 BT-Drucks. 13/5840 v. 17.10.96.
12 S. 8 ff.

2. Inhalte und Ziele der Dienstrechtsreform

vom 1.1.2000 in § 62a BeamtVG eine entsprechende Mitteilungspflicht der Dienstherren begründet.

Die Bundesregierung hat am 19.9.2001 den **Zweiten Versorgungsbericht 2001**[13] verabschiedet. Er stellte die Versorgungslasten im gesamten öffentlichen Dienst in Vergangenheit und Gegenwart dar und lieferte Modellrechnungen wie sich die Versorgungsausgaben bis zum Jahr 2040 entwickeln. Danach sollten die Versorgungsausgaben der Gebietskörperschaften für Beamte, Richter und Soldaten allein im früheren Bundesgebiet von 42,9 Mrd. DM bis zum Jahr 2040 auf 177,4 Mrd. DM steigen. Aus diesem Grund mußte man die Prognosen des Ersten Versorgungsberichts mit den erwarteten finanziellen Belastungen korrigieren. Grund hierfür war, daß die bisherigen Gesetzesänderungen nicht ausreichten, um die zusätzlichen Versorgungskosten durch eine erheblich steigende Zahl an Versorgungsempfängern auszugleichen. Bezogen auf das Jahr 2040 lag die Vorausberechnung mit über 1,266 Mio. Versorgungsempfängern deutlich über der bisherigen Schätzung von 1,06 Mio. Ursächlich hierfür war nach Angaben der Bundesregierung u.a. eine höhere durchschnittliche Lebenserwartung der Pensionäre sowie die Tatsache, daß sich das durchschnittliche Ruhestandseintrittsalter auf einem konstant niedrigen Niveau von rund 58,9 Jahren bewegt. Die Einzelheiten finden sich in der fünften Auflage dieses Buches (Rn 3).

Am 25.5.2005 hat die Bundesregierung ihren **Dritten Versorgungsbericht** vorgelegt.[14] Erschreckendes, und von den früheren Versorgungsberichten in diesem Umfang nicht vorhergesagtes Ergebnis ist, daß die steigende Zahl der Versorgungsempfänger zu erheblich wachsenden Versorgungsausgaben führen wird, selbst wenn man die Versorgungsbezüge nicht erhöht. Im einzelnen bestehen allerdings starke Unterschiede bei Bund, Ländern und Gemeinden.

Die **Zahl der Versorgungsempfänger** (Ruhegehaltsempfänger und Hinterbliebene) entwickelt sich bei Bund, Ländern und Gemeinden unterschiedlich. Ihre Zahl (derzeit insgesamt 888.600 bei Bund, Ländern und Gemeinden sowie 528.000 bei Bahn, Post und mittelbarem öffentlichen Dienst) ist in den Ländern seit 1970 kontinuierlich gestiegen (von 356.000 im Jahr 1970 auf 569.200 im Jahr 2003). Beim Bund ist sie im gleichen Zeitraum mit leichten Schwankungen zurückgegangen (von 320.000 auf 213.700), während sie bei den Kommunen seit 1975 stabil bei rund 105.000 liegt. Insgesamt beträgt die Zuwachsrate zwischen 1970 und 2003 bezogen auf Bund, Länder und Gemeinden 12,8% und in den übrigen Bereichen 25,1%.

Von den rund 1,6 Mio. Beamten mit Versorgungsanwartschaft (2002) bei den Gebietskörperschaften entfallen 189.100 auf den Bund (11,9%), 1,2 Mio. auf die Länder (76,7%) und 181.500 auf die Gemeinden (11,4%).

---

13 BT-Drucks. 14/7220 v. 19.10.01.
14 BT-Drucks. 15/5821 v. 22.6.05.

1. Abschnitt: Einführung

Die **Versorgungsausgaben** stiegen in allen Bereichen kontinuierlich von 6,6 Mrd. Euro (1970) auf 33,9 Mrd. Euro im Jahr 2002 (413%). Die Steigerung fiel unterschiedlich stark aus (beim Bund von 1,6 [1970] auf 5,0 Mrd. Euro [2002], bei den Ländern von 2,3 [1970] auf 16,2 Mrd. Euro [2002], und bei den Kommunen von 0,6 [1970] auf 2,8 Mrd. Euro [2002]). Von allen Versorgungsausgaben der Gebietskörperschaften tragen die Länder 67,5%, der Bund 20,8% und die Gemeinden 11,7%.

Von 1993 bis 1999 betrug das durchschnittliche **Ruhestandseintrittsalter** bei Beamten 58,9 Jahre; im Jahr 2002 ist es auf 60,3 Jahre gestiegen. Vergleicht man die Gebietskörperschaften, liegt es (wenn man die Soldaten unberücksichtigt läßt) bei den Kommunen mit 59 Jahren am niedrigsten (Bund: 61 Jahre; Länder: 60 Jahre). Wesentlicher Grund hierfür sind die Frühpensionierungen wegen Dienstunfähigkeit. 2002 sind lediglich 17,6% (1999 waren dies allerdings nur 9,0%) der Versorgungsneuzugänge mit der Regelaltersgrenze von 65 Jahren in den Ruhestand getreten. 30,4% traten wegen Dienstunfähigkeit vorzeitig in den Ruhestand. 17,7% wurden aufgrund Erreichens einer besonderen Altersgrenze in den Ruhestand versetzt. 22,3% gingen auf Antrag nach Vollendung des 63. Lebensjahres sowie 8,2% auf Antrag nach Vollendung des 60. Lebensjahres in den Ruhestand.

Der **durchschnittliche Ruhegehaltssatz** beträgt 71,9% (2003) und ist damit 0,8 Prozentpunkte geringer als 1994. Seit 1995 liegen die Ruhegehaltssätze der Neuzugänge regelmäßig unter dem Durchschnitt des Bestandes. Die Neuzugänge haben einen durchschnittlichen Ruhegehaltssatz von 70,1% (2003). Noch gut zwei Drittel der Ruhegehaltsempfänger erreichen den Höchstruhegehaltssatz.

Der Dritte Versorgungsbericht gibt folgende **Prognosen bis** zum Jahr **2050** ab:

Die Zahl der Versorgungsempfänger wird ihren Höchststand von ca. 1,591 Mio. um das Jahr 2040 erreichen. Gegenüber den 0,895 Mio. Versorgungsempfängern im Jahr 2003 ist dies eine gigantische Steigerung, die auch nicht in früheren Versorgungsberichten prognostiziert war. Damals ging man von einem Höchststand von ca. 1,4 Mio. um das Jahr 2030, sowie davon aus, daß zwischen 2030 und 2040 die Zahl der Versorgungsempfänger wieder auf unter 1,3 Mio. zurückgehen wird. Nunmehr soll die Zahl in etwa auf dem 2040 erreichten Niveau bis 2050 (1,587 Mio) verharren. Der Zuwachs der Versorgungsempfänger betrifft auch zukünftig in erster Linie die Länder. Dort wird sich deren Zahl bis 2030 gegenüber 2003 fast verdoppeln. Bei den Kommunen wird die Zahl der Versorgungsempfänger um ca. 57% zunehmen (2003: 106.000; 2030: 166.000). Nach einem weiteren Anstieg auf 175.000 (2035) wird er sich bis 2050 auf diesem Niveau bewegen. Beim Bund setzt sich zunächst die rückläufige Tendenz fort (2003: 211.000; 2015: 187.000), um dann wieder zu steigen (2030: 205.000; 2040: 201.000; 2050: 193.000).

Die Versorgungsausgaben werden in Zukunft stark wachsen. Für das tatsächliche Ausmaß ist neben der steigenden Zahl der Versorgungsemp-

2. Inhalte und Ziele der Dienstrechtsreform

fänger die Höhe der jährlichen Versorgungsanpassungen entscheidend. Hierzu liefert der Dritte Versorgungsbericht verschiedene Modellrechnungen (ohne Bezügeanpassungen, sowie solche von 1,5%, 2% und 3%). Selbst ohne Bezügeanpassungen werden die Ausgaben der Gebietskörperschaften bis 2030 um rund 50% steigen (2003: 24,3 Mio. Euro; 2030: 36,3 Mio. Euro), und zwar bei den Ländern um 70% (2003: 16,6 Mio. Euro; 2030: 28,0 Mio. Euro) und den Kommunen um 36% (2003: 2,8 Mio. Euro; 2030: 3,7 Mio. Euro). Nach 2035 sollen die Ausgaben relativ konstant bei 36,5 Mio. Euro bleiben.

Die Höhe der Ausgaben für Versorgung und Tendenzen für die Zukunft sind allein wenig aussagekräftig für die Frage, ob das System auch künftig finanzierbar bleibt. Wichtiger ist in diesem Zusammenhang, wie sich die Versorgungsausgaben im Verhältnis zum Bruttoinlandsprodukt und zu den Steuereinnahmen entwickeln. Hierzu ermittelt man die Versorgungs- und die Versorgungs-Steuer-Quote, denn diese spiegeln die zunehmende Inanspruchnahme des Bruttoinlandsprodukts bzw. der Steuereinnahmen durch die Versorgungsausgaben wider.

Die **Versorgungsquote**, verstanden als das in Prozent ausgedrückte Verhältnis der Versorgungsausgaben zum (künftigen) Bruttoinlandsprodukt, ging in der Vergangenheit von 1,29% (1970) nach einem vorübergehenden Anstieg auf 1,60% (1975) auf 1,07% (1999) zurück. Seit 1995 steigt die Quote erneut, und zwar selbst ohne Bezügeanpassungen von 1,15% (2003) auf prognostizierte 1,72 (2030). Danach soll sie bis 2050 bei 1,73% verharren.

Die **Versorgungs-Steuer-Quote**, verstanden als das in Prozent ausgedrückte Verhältnis der Versorgungsausgaben zu den (künftigen) Steuereinnahmen, steigt von 5,74% (2003) um 50% auf 8,64% (2035); sie soll danach dieses Niveau halten. Während sie beim Bund nahezu konstant bleibt, steigt die Versorgungs-Steuer-Quote der Länder von 9,3% (2003) um fast 70% auf 15,68% (2030) und 16,06% (2050). Bei den Kommunen steigt sie von 5,36% (2003) um 31% auf 6,99% (2030) und bewegt sich dann bis 2050 in diesem Bereich. Plastisch verdeutlicht bedeutet diese abstrakte Zahl: Hätten die Gemeinden im Jahr 2002 bereits die Versorgungsempfänger des Jahres 2030 zu versorgen gehabt, hätten sie 856 Mio. Euro mehr an Versorgung zahlen müssen.

2.3 Versorgungsreformgesetze 1998 und 2001

Der Bundestag hat am 3.4.1998 kurz vor Ende der Legislaturperiode im vereinfachten Verfahren das „Gesetz zur Umsetzung des Versorgungsberichts" (**Versorgungsreformgesetz 1998**)[15] verabschiedet. Der Bundesrat hat dem Gesetzesbeschluß des Bundestages am 8.5.1998 zugestimmt. Sein Ziel war, den Versorgungsbericht 1996 auf der Grundlage

---

15   BR-Drucks. 338/98 v. 17.4.98.

1. Abschnitt: Einführung

der vom Bundeskabinett am 18.6.1997 gebilligten Eckpunkte[16] weiter zu verwirklichen. Damit sollten die Kosten der öffentlichen Haushalte gedämpft werden.

Inhaltlich enthielt das Gesetz folgende status-, besoldungs- und versorgungsrechtliche Reformen:

- Neuordnung und Straffung des Zulagenwesens,
- Verlängerung der Wartefrist für die Versorgung aus einem Beförderungsamt,
- Verschärfung der Hinzuverdienstregelungen,
- Einschränkungen bei der Versorgung Politischer Beamter,
- Versorgungsabschläge auch beim vorzeitigen Ruhestand von Schwerbehinderten und Dienstunfähigen,
- Einführung einer Teildienstfähigkeit sowie
- Absenkung der Anwärterbezüge.

Darüber hinaus wird aus Eigenbeträgen der Beamten und Versorgungsempfänger eine Versorgungsrücklage gebildet. In den Jahren 1999 bis 2013 sollen die Besoldungs- und Versorgungsanpassungen um 0,2 Prozentpunkte geringer ausfallen als die jeweiligen Tariferhöhungen. Damit will man das Besoldungs- und Versorgungsniveau um bis zu 3 Prozent senken, um die Beamtenversorgung finanzieren zu können.

Die Einzelmaßnahmen des Gesetzes sollen von Kosten in Höhe von rd. 1,4 Mrd. DM bezogen auf das Jahr 2008 entlasten. Hinzu kommt die Versorgungsrücklage von 60 Mrd. DM im Jahr 2014, welche die Ausgaben der Gebietskörperschaften ab 2015 mindern soll.

Bewertet man das Gesetz aus kommunaler Sicht, ist folgendes festzustellen: Die Versorgungsberichte haben gezeigt, daß im kommunalen Bereich die künftigen Versorgungslasten wegen der unterschiedlichen Personalbestände insbesondere im Vergleich mit den Ländern wesentlich geringer sind. Angesichts dieser Fakten müßte man für Städte und Gemeinden nichts ändern. Die kritische Situation der Länder läßt sich nicht auf die Kommunen übertragen. Vielmehr sollte erhöhten Versorgungsaufwendungen der Länder durch einen Finanzausgleich zwischen Bund und Ländern begegnet werden und nicht durch undifferenzierte Reformen im Beamtenversorgungsrecht, die letztlich nur das schwächste Glied in der Kette, den einzelnen Beamten, treffen.

Zusammenfassend handelt es sich allerdings bei den Änderungen um gemäßigte Einschnitte in das Besoldungs- und Versorgungsrecht. Angesichts der realistischen Gefahr, statt dessen den zuvor politisch diskutierten Schreckenskatalog möglicher Verschärfungen (Kürzung oder sogar Wegfall der jährlichen Sonderzahlung, Senkung der bislang maximal mög-

---

16 Rundschreiben Deutscher Städte- und Gemeindebund 25/97 v. 27.6.97, 35.

lichen 75 Prozent Ruhegehalt, Bestimmung des Ruhegehalts nicht mehr nach dem letzten Amt, sondern nach dem Lebenseinkommen) zu verwirklichen, ist die Kritik interessierter Lobbyisten am Gesetzesvorhaben zwangsläufig pflichtschuldig, aber dankbar moderat ausgefallen. Ob die Reform jedoch die Versorgungslasten insbesondere der Länder nachhaltig senkt, bleibt mehr als zweifelhaft. Dies setzte voraus, daß die Annahmen der Versorgungsberichte verläßlich sind. Hieran hat nicht allein das Institut der deutschen Wirtschaft[17] wegen seiner eigenen Hochrechnung Zweifel. Entscheidend werde es darauf ankommen, wie sich die Pensionslasten im Vergleich zu den Steuereinnahmen entwickelten. Das Institut der deutschen Wirtschaft geht im Gegensatz zu den Versorgungsberichten davon aus, daß die Pensionslasten bis zum Jahre 2030 auf mehr als das Vierfache des Niveaus von 1995 steigen, sich aber die Steuereinnahmen lediglich verdreifachen. Ohne mit einer extremen prophetischen Gabe ausgestattet zu sein, kann man voraussagen, daß die Thematik weiter den Gesetzgeber beschäftigt. Die Reform der gesetzlichen Alterssicherungssysteme wird auf die Beamtenversorgung ausstrahlen. Der Bund der Steuerzahler weist schon auf den erheblichen Versorgungsvorsprung für Beamte selbst bei berücksichtigter Steuerpflicht für Pensionen (durchschnittliche Beamtenpension 4.752 DM/Monat, Eckrente 2.186 DM/Monat; Versorgungsquote [Altersbezüge in Relation zu den Aktivbezügen] 81% bei Beamten, 62% bei Rentnern) hin.[18] Auch deshalb scheint der – im Rentenreformgesetz als Gebot fixierte – politische Wille zu bestehen, diese „wirkungsgleich und systemgerecht"[19] – was immer das heißen mag – auf Beamte zu übertragen.

Als Ergebnis dieser Diskussion, und um die Konsequenzen aus dem Zweiten Versorgungsbericht zu ziehen, hat der Bundestag am 30.11.2001 das **Versorgungsänderungsgesetz 2001**[20] beschlossen, der Bundesrat am 20.12.2001. In seinen wesentlichen Teilen trat es am 1.1.2002 in Kraft; die Maßnahmen zur Niveauabsenkung der Beamtenversorgung sind zum 1.1.2003 in Kraft getreten.

Die wichtigsten Inhalte sind:

– Die Erhöhung der Versorgungsbezüge wird zwischen 2003 und 2010 um insgesamt 4,33% abgeflacht, so daß sich der Versorgungshöchstsatz von 75% auf 71,75% vermindert. Entsprechend sinkt der jährliche Steigerungssatz (1,79375% statt 1,875%). Hiervon sind sämtliche zukünftigen Versorgungsempfänger betroffen. Bei den vorhandenen Versorgungsempfängern werden jedoch weder die Versorgungsbezüge noch der Ruhegehaltssatz gekürzt. Vielmehr wird bei den acht ab 2003 folgenden Versorgungsanpassungen die Erhöhung der Versorgungs-

---
17 Iwd Nr. 25 v. 19.6.97, 6.
18 BdSt, Der Steuerzahler 11/00, 207.
19 So auch die Beschlußempfehlung des BT-Innenausschusses, BT-Drucks. 14/7681 v. 28.11.01.
20 V. 20.12.01, BGBl. I, 3926.

1. Abschnitt: Einführung

bezüge in gleichmäßigen Schritten abgeflacht. Wie dies erfolgt, regelt § 69e BeamtVG.

- Die aktiven Beamten werden in die gesetzliche Förderung einer privaten kapitalgedeckten Vorsorge einbezogen.

- Die zweite Stufe der Rentenreform ab 2011 wird durch die Versorgungsrücklage als Pendant zur Änderung des Rentenniveaus sowie zum Anstieg der Beitragsbelastungen der aktiven Arbeitnehmer bis 2030 umgesetzt.

- Um eine Doppelbelastung zu vermeiden, wird der weitere Aufbau der Versorgungsrücklage im Zeitraum der ersten Übertragungsstufe (2003 bis 2010) ausgesetzt. Ab 2011 soll die Versorgungsrücklage für sechs Jahre fortgeführt werden.

- Das Witwengeld wird analog zur Witwenrente von 60% auf 55% reduziert. Die Mindestversorgung bleibt unberührt. Das alte Recht gilt weiter für Ehen, die vor dem 1.1.2002 geschlossen wurden, wenn zumindest ein Ehegatte vor dem 2.1.1962 geboren ist (§ 69e V S. 2 BeamtVG).

- Schließlich wurden Zuschläge für Kindererziehungs- oder Pflegezeiten eingeführt.

Bezweifelt wird allerdings erneut, daß diese Maßnahmen ausreichen, um die Beamtenversorgung zukünftig als tragfähiges System zu erhalten; statt dessen werden weitere Einschnitte als „unausweichlich und zudem auch den Betroffenen zuzumuten" prognostiziert.[21] Eine anscheinend archaische Lust des Deutschen, dem Beamten alles zu neiden, scheint hier wiederum fröhliche Urstände gefeiert zu haben. Bar jeder Sachlogik wird eine „wirkungsgleiche" Anwendung gefordert und durchgesetzt, ohne zu fragen, ob die Strukturdefizite der gesetzlichen Rentenversicherung eins zu eins bei der Beamtenversorgung bestehen und deshalb übertragbar sind.[22] Dabei wird verkannt, daß es sich um zwei unterschiedliche Alterssicherungssysteme handelt, die jeweils endogen – unter Berücksichtigung ihrer eigenen Problemlagen – reformiert werden müssen. Ganz wichtig ist zudem, daß „die Bruttobezüge der aktiven Beamten von vornherein – unter Berücksichtigung ihrer künftigen Pensionsansprüche – niedriger festgesetzt sind".[23] Schon durch das Besoldungsreformgesetz von 1957 waren die Beamtengehälter um sieben Prozent mit der Maßgabe gekürzt worden, dies zur Pensionssicherung zu verwenden. Beamte haben somit durch ihre geringeren Aktivenbezüge zu ihrer eigenen amtsangemessenen Versorgung bereits finanziell beigetragen. Ihnen darf deshalb nicht

---

21 Fuest, Pensionen im öffentlichen Dienst – Entwicklung und Reformoptionen, Studie für Initiative Neue Soziale Marktwirtschaft (März 04), 7. Ähnlich Karl-Bräuer-Institut des BdSt, Stellungnahmen Nr. 30, Ausgaben für Beamtenpensionen eindämmen – Versorgungsrecht auf Nachhaltigkeit ausrichten, Januar 06, 19 ff.
22 Zu Recht kritisch VG Frankfurt/M., ZBR 06, 99 (101 f.).
23 BVerfG, NVwZ 05, 1294 (1300) = DVBl 05, 1441 (1448) = ZBR 05, 378 (389) = DÖD 06, 24 (29). Ähnlich BT-Drucks. 1/2846 v. 19.11.51, 35; BR-Drucks. 562/51, 60; BVerfGE 54, 11 (31 f.); 105, 73 (115).

zum Nachteil gereichen, wenn ihre Dienstherren die für die Beamtenversorgung angesammelten Beträge zweckentfremdet für den allgemeinen Haushalt ausgegeben haben. Dies wird in der öffentlichen Diskussion vielfach unterschlagen.

An dieser Tendenz der wirkungsgleichen Anwendung sind die Beamtengewerkschaften allerdings nicht ganz unschuldig. Wenn sie bei Verbesserungen im Angestelltenbereich stets fordern, diese müßten eins zu eins den Beamten zugute kommen, dürfen sie sich bei Verschlechterungen nicht wundern, wenn dieses Begehren „wirkungsgleich" zurückschlägt. Die gewerkschaftliche Gegenposition des DBB, durch Vorleistungen in den letzten zehn Jahren hätten Beamte bezogen auf 2008 bereits ein Sparvolumen von fast 34 Milliarden DM erbracht, wurde zwar aufgebaut[24], sie war jedoch erfolglos. Allemal zu denken geben sollte allerdings, daß jüngste Verschlechterungen bei Beamten (Wegfall des Urlaubsgeldes, Kürzung des Weihnachtsgeldes sowie Verlängerung der wöchentlichen Arbeitszeit) nicht „wirkungsgleich" die Angestellten im öffentlichen Dienst trafen.

In der Diskussion hat sich auch die Bundesvereinigung der Arbeitgeberverbände zu Wort gemeldet mit dem Ziel, „Beamtenprivilegien in der Altersversorgung (zu) beseitigen"[25]. Dazu müsse das Versorgungsniveau weiter reduziert werden, die Dienstbezüge sollten nur noch bis zu einer Höchstgrenze ruhegehaltsfähig sein, die Besserstellung der Beamten bei der Hinterbliebenenversorgung müsse beendet und der erhöhte Beihilfesatz von 70% für Pensionäre auf maximal 50% begrenzt werden. Zudem müßten die Reformen der Rentenversicherung zeit- und wirkungsgleich bei der Beamtenversorgung erfolgen.

Die geplante gesetzgeberische Reaktion auf den Dritten Versorgungsbericht hat mit dem **Entwurf eines „Versorgungsnachhaltigkeitsgesetzes"**[26] zwar stattgefunden, sie ist aber wegen des Diskontinuitätsgrundsatzes anläßlich der Neuwahl des Deutschen Bundestags im Herbst 2005 nicht erfolgreich abgeschlossen worden. Mit dem Gesetz wollte man speziell die Maßnahmen des Rentenversicherungsnachhaltigkeitsgesetzes wirkungsgleich auf die Beamtenversorgung übertragen.

3. Öffentlicher Dienst und Verwaltungsmodernisierung

Zunächst ausgelöst durch internationale Modernisierungsentwicklungen insbesondere in Ländern mit angelsächsisch geprägter Verwaltungskultur (neben Großbritannien vor allem in den U.S.A. und Neuseeland) sowie

---

24 KOMBArundschau NW 5/01, 3.
25 Strategiepapier v. 25.8.04.
26 BT-Drucks. 15/5796 v. 20.6.05.

den Niederlanden („Tilburger Modell") wird seit einiger Zeit auch eine spezifisch nationale Diskussion zur Modernisierung der öffentlichen Verwaltungen geführt.

Die aktuelle Situation ist bekannt: Der Bund, die Länder und die Gemeinden befinden sich in einer akuten Finanznot. Zugleich vermissen sie taugliche Instrumente, damit sie sich finanziell konsolidieren können. Die derzeitigen Verwaltungsstrukturen sind vielfach ungeeignet, die Probleme zu lösen. Insbesondere weiß man nicht oder nicht exakt genug, wieviel es kostet, bestimmte Dienstleistungen zu erbringen. Zur Finanznot kommt ein Umdenkprozeß bei den Mitarbeitern hinzu. Diese suchen verstärkt nach dem Sinn ihrer Arbeit und streben dabei, wie viele Menschen in der gesamten Gesellschaft, nach mehr Selbstverwirklichung. Pflicht- und Akzeptanzwerte werden in immer größerem Maß von Selbstentfaltungswerten abgelöst. Schließlich sind die Erwartungen der Bürger an die Erfüllung staatlicher Aufgaben gestiegen. Sie stellen höhere Ansprüche an Qualität und Quantität der Verwaltungsleistung. Die Verwaltung soll mehr leisten, darf aber keinesfalls mehr kosten.

3.1 Inhalte der Verwaltungsmodernisierung

6   Die geschilderte Lage zwingt den Bund, die Länder und die Gemeinden zum Handeln, zur Modernisierung ihrer Verwaltungen. Dabei haben Städte und Gemeinden im Vergleich zum Bund und vielen Ländern eine Vorreiterrolle übernommen. Deshalb soll hier der kommunale Weg zur Verwaltungsmodernisierung unter besonderer Berücksichtigung der Personalwirtschaft beschrieben werden. Gemeinsam ist den Bemühungen vieler Kommunen der Wunsch, die öffentliche Verwaltung dadurch zu modernisieren, daß das Verwaltungshandeln wirkungsvoller und wirtschaftlicher erfolgt. Effektives und effizientes Verwalten heißt, noch besser als in der Vergangenheit die Interessen der Bürger, diejenigen der gewählten Repräsentanten, aber auch die Bedürfnisse der Mitarbeiter im kommunalen öffentlichen Dienst zu wahren. Abstrakter ausgedrückt lautet die Fragestellung: Werden Kommunen optimal geführt, damit sie angesichts der vielfältigen Herausforderungen des anbrechenden 21. Jahrhunderts gerade im europäischen Wettbewerb der Regionen wettbewerbsfähig sind?

Inhalt der Verwaltungsmodernisierung ist zunächst, die Verwaltung zu einem Dienstleistungs„unternehmen" umzugestalten. Dabei wird eine leistungsfähige Administration als ein „weicher" Standortfaktor angesehen. Weiterhin sollen Verwaltungen bürgerfreundlicher sowie „kunden"orientierter agieren. Zudem soll flexibler, effektiver und wirtschaftlicher als bisher verwaltet werden, damit Verwaltungsdienstleistungen auf hohem Niveau trotz knapper finanzieller Mittel sichergestellt sind. Die gemeinsamen Ziele lassen sich auf folgenden Nenner bringen: Der öffentliche Dienst soll mehr leisten, weniger kosten und dabei vor allem bürgernäher handeln. Um dies zu erreichen, setzt man auch auf eine stärkere Leistungsorientierung der öffentlichen Personalpolitik, indem man finanzielle

Anreize gewährt und Handlungsverantwortung auf die zuständigen Mitarbeiter durch Änderungen der Aufbau- und Ablauforganisation verlagert.

3.2 Rechtliche Hindernisse bei der Verwaltungsmodernisierung

Allerdings steht das öffentliche Dienst- und Tarifrecht manchen Grundgedanken der Verwaltungsmodernisierung entgegen. Städte und Gemeinden können deshalb nur einige Reformüberlegungen verwirklichen. Viele Ansätze lassen sich lediglich durch Gesetzesänderungen in die Tat umsetzen. Dazu gehört die Forderung, Leistungen noch stärker als heute rechtlich möglich finanziell zu honorieren und die Stellenobergrenzenregelungen aufzuheben. Ebenfalls bleibt es dem Gesetzgeber vorbehalten, die Aufstiegsvoraussetzungen durchlässiger zu gestalten. Dasselbe gilt für die Verankerung von betriebswirtschaftlichen Grundkenntnissen in der Ausbildung sowie für Änderungen im Personalvertretungsrecht.

Zu den Punkten, die längst ohne rechtliche Schwierigkeiten realisiert werden können, gehören die Entwicklung oder Verfeinerung eines leistungsorientierten Beurteilungswesens und die Ausgestaltung einer Beförderungspraxis, die stärker an den erbrachten Leistungen eines Beschäftigten orientiert ist. Nivellierende Beurteilungen könnte man bereits jetzt vermeiden. Ebenso darf schon heute die Handlungsverantwortung stärker auf den einzelnen Mitarbeiter delegiert und der motivierende Anreiz einer Fachfortbildung genutzt werden.

Entgegenstehenden rechtlichen Hindernissen muß durch eine Experimentierklausel für das Beamtenrecht, den BAT, das Besoldungsrecht einschließlich des Stellenobergrenzenrechts sowie für das Personalvertretungsrecht begegnet werden, da die Dienstrechtsreform nicht die gewünschten Veränderungen gebracht hat.

3.3 Umfassende Beteiligung des Personals

Die Verwaltung kann ausschließlich mit den Beschäftigten zusammen erfolgreich modernisiert werden, nicht ohne sie und erst recht nicht gegen sie. Dies setzt eine frühzeitige Information und eine ständige Einbeziehung des Personals sowie der Personalvertretung voraus und schließt eine regelmäßige kritische Zieldiskussion über Auftrag, Produkte, Produktqualität und künftige Entwicklung ein. Der damalige sächsische Ministerpräsident Prof. Dr. Kurt Biedenkopf hat in anderem Zusammenhang – aber durchaus vergleichbar – bei der gewerkschaftspolitischen Arbeitstagung des DBB 1995 auf die besondere Bedeutung der Mitarbeiterbeteiligung hingewiesen: Geschehe dies nicht rechtzeitig und umfassend, werde das Personal seine gesamte Kreativität darauf verwenden, Reformen zu verhindern.

Man muß dem Personal insbesondere verdeutlichen, worin die Vorteile der neuen Führungs- und Steuerungsmodelle liegen. Die Zentralfrage nach dem „was bringt mir das?" kann beantwortet werden: Mitarbeiter gewinnen Entscheidungsspielräume durch eine Verwaltungsmodernisierung. Überträgt man größere Verantwortung, kann die Kreativität des Personals genutzt werden, das bestmögliche Ergebnis zu erreichen. Wirkt sich dies zudem in einer höheren Bezahlung sowie in besseren Aufstiegsmöglichkeiten aus, liegen hierin weitere Anreize. Motivation, Spaß an der Arbeit stellen sich ein.

3.4 Konkrete Maßnahmen der Personalwirtschaft

9 Die Leistungsfähigkeit der Verwaltung wird wesentlich durch den Antrieb und das Engagement des in ihr tätigen Personals bestimmt. Die Beschäftigten müssen durch mehr Eigenverantwortlichkeit bei der Aufgabenerledigung gefördert werden. Es gilt, sowohl Sparpotentiale zu nutzen als auch die Mitarbeiter zu qualifizieren und verstärkt anzuspornen. Städte und Gemeinden werden zukünftig zwar mit weniger, dafür aber im Durchschnitt höher qualifiziertem Personal ihre Aufgaben erfüllen. Dabei stellen kompetente Mitarbeiter einen wichtigen Wettbewerbsfaktor im Vergleich mit anderen Verwaltungen und der Privatwirtschaft dar. Die Aspekte Personalentwicklungsplanung (Potentialbeurteilung mit den Elementen Leistungsbeurteilung, regelmäßiges Mitarbeitergespräch, Tests, Arbeitsproben, Assessmentcenter; Rotation, externer Einsatz, Fortbildung), Eigenverantwortlichkeit, Führungsverhalten, Leistungsanreize und Förderung des Dienstleistungsbewußtseins sind hierbei besonders bedeutend. Das Personal als die wichtigste, zugleich aber auch als die teuerste Ressource einer Verwaltung ist zu hegen und zu pflegen. Dies kann durch die Delegation von Verantwortung mit anschließender Leistungskontrolle geschehen. Hierdurch erfolgt eine höhere Identifikation mit der jeweiligen Arbeit, die in mehr Zufriedenheit mit der Tätigkeit münden kann. Durch flachere Hierarchien, durch kleinere Einheiten sowie durch Teamarbeit können Entscheidungswege verkürzt werden.

Spezielle Bedeutung haben Leistungsanreizsysteme. Die Mitarbeiterbefragung der Stadt Herten vom November 1994 hat ergeben, daß monetäre Leistungsanreize bei den Beschäftigten die höchste Präferenz haben. 74% wünschen sich mehr Geld für bessere Leistungen, 41% flexiblere Arbeitszeiten, 38% leistungsabhängige Beförderungen, 31% Lob und Anerkennung sowie 25% persönliche Fortbildungsangebote.[27]

Werden die Etats für Aus- und Fortbildung erhöht, können zudem Mitarbeiter für die neuen Anforderungen, z.B. in betriebswirtschaftlicher Hinsicht oder in Bezug auf Kostenbewußtsein und Servicedenken, qualifiziert werden. In Herten macht z.Z. der Haushaltsansatz für Fortbildung 0,8% der Personalkosten aus; positiver ist schon die Situation in der Stadt Warstein (NW) mit einem Fortbildungsetat von 1,5% der Personalkosten. In vergleichbaren Betrieben der Wirtschaft liegt er jedoch regelmäßig über

---

27 Walendy, StGR 95, 205 (211).

3. Öffentlicher Dienst und Verwaltungsmodernisierung

3%. Schließlich sind die Information und Beteiligung der Beschäftigten von größter Relevanz. Ein solcher ständiger Informationsfluß setzt das Gespräch von Chefs mit ihrem Personal und die Preisgabe von „Herrschaftswissen" durch die Führungskräfte voraus, damit die gemeinsamen Ziele besser verwirklicht werden können. Somit stellt die Verwaltungsmodernisierung ebenfalls hohe Anforderungen an Vorgesetzte. Ihr Führungsverhalten sollte zudem Gegenstand kontinuierlicher Beurteilungen durch das Personal sein, damit frühzeitig Defizite erkannt und abgebaut werden.

Am Beispiel der Stadt Herten kann man verdeutlichen, worin die Handlungsprioritäten im Personalbereich liegen: Kurzfristig sollen dort die Felder Mitarbeiterinformation, Qualifizierungsprogramm, geänderte Personalauswahlverfahren sowie Organisationsentwicklung behandelt werden. Mittelfristig strebt man ein Personalentwicklungskonzept an mit den Schwerpunkten Aus- und Fortbildung, Managementschulung, Personalauswahlverfahren, Karriereberatung (Jobrotation und Laufbahngespräche), Frauenförderung, neues Beurteilungssystem, flexible Arbeitszeiten und leistungsorientierte Elemente der Besoldung. Das Personalauswahlverfahren soll durch eine interne Ausschreibung aller offenen Positionen, durch nachvollziehbare Stellenbesetzungen mit Kriterienkatalogen und Auswahlgesprächen sowie durch neue Auswahlmethoden bei Führungsämtern (Assessmentcenter bei allen, auch internen Stellenvergaben) geprägt werden.

Der Bund hat aus den kommunalen Erfahrungen bei der Personalentwicklung gelernt und in der BLV verpflichtende Vorgaben für Personalentwicklungskonzepte sowie Personalführungs- und -entwicklungsmaßnahmen gemacht (§ 1a I S. 1 BLV). Dazu gehören insbesondere die Fortbildung, die Beurteilung, Mitarbeitergespräche, Zielvereinbarungen, die Möglichkeit der Einschätzung der Vorgesetzten durch ihr Personal sowie ein die Fähigkeiten und Kenntnisse erweiternder Wechsel der Verwendung und speziell auch die Tätigkeit bei internationalen Organisationen (§ 1a I S. 2 BLV).

3.5 Forderungen an den Gesetzgeber

Zum Gelingen der Verwaltungsmodernisierung sind die Gesetzgeber in Bund und Ländern aufgerufen. Mit Reformen kommt man nur voran, wenn Dienstherren den entsprechenden gesetzlichen Rahmen insbesondere im öffentlichen Dienst- und Tarifrecht erhalten und beeinträchtigende Standards aufgehoben werden. Die Modernisierung der Verwaltungen ist zudem nicht allein eine Frage der internen Organisation, sondern auch eine solche nach dem Umfang öffentlicher Dienstleistungen und Aufgaben. Eine breite Diskussion darüber, welche Aufgaben der Staat hat, wie und mit welchem Personal (Beamte oder Angestellte) er sie erfüllen will, ist längst überfällig. Ein schlankerer Staat führt automatisch zu schlankeren Verwaltungen.

1. Abschnitt: Einführung

Diese Diskussion hat mittlerweile eingesetzt. Eine von der Landesregierung NW berufene Kommission „Zukunft des öffentlichen Dienstes – öffentlicher Dienst der Zukunft", nach ihrem Vorsitzenden Prof. Dr. Hans-Peter Bull als sog. **„Bull-Kommission"** bezeichnet, legte am 27.1.2003 nach zweijähriger Tätigkeit ihren Abschlußbericht vor. Ergebnis waren Vorschläge zum tiefgreifenden Umbau des öffentlichen Dienstes. Zu den Kernpunkten gehörten die Schaffung eines einheitlichen Dienstrechts statt der Unterscheidung zwischen Beamten, Angestellten und Arbeitern sowie die grundsätzliche Aufteilung der Bezahlung in eine feste Basisvergütung und in einen erheblichen variablen Leistungsanteil. Zudem sollten alle künftigen Arbeitsverhältnisse des öffentlichen Dienstes in die gesetzliche Rentenversicherung nebst einer neu zu gestaltenden Zusatzversorgung einbezogen werden. Für sämtliche Bediensteten sollte es einheitliche Arbeitsverträge geben. Besonders Verpflichtete (z.B. Polizisten) sollten einen arbeitsrechtlichen Sonderstatus mit erhöhtem Kündigungsschutz und Streikverbot erhalten. Art. 33 V GG sollte gestrichen und das Berufsbeamtentum abgeschafft werden.

Die soeben gewählte Vergangenheitsform zeigt, daß diese Vorschläge weder von der damaligen rot-grünen Landesregierung verwirklicht werden konnten, noch die schwarz-gelbe Nachfolgerregierung sie realisieren will. Dies ist auch gut so, denn die Ideen sind abzulehnen. Notwendige Änderungen in Teilbereichen rechtfertigen keinen derart radikalen, ja widersinnigen Schnitt. Man kann nicht – wie die Bull-Kommission – das Arbeitsrecht des öffentlichen Dienstes als unflexibel geißeln[28], um dann einen einheitlichen privatrechtlichen Beschäftigungsstatus gerade auf einer an das ähnlich unflexible allgemeine Arbeitsrecht angepaßten Grundlage zu fordern[29]. Dabei verkennt man zudem die Vorteile, die das Beamtenrecht bietet. Es hat den Anschein, daß die handverlesene Bull-Kommission aufgrund eines etwaigen vorauseilenden politischen Gehorsams gegenüber ihrem Auftraggeber zu einer sachlichen Expertise nicht willens oder wegen mangelnder konkreter Erfahrungen vieler ihrer Mitglieder mit öffentlichen Verwaltungen und Öffentlichem Dienstrecht hierzu nicht in der Lage war.

Am 4.10.2004 haben der damalige Bundesinnenminister (Otto Schily) gemeinsam mit den Vorsitzenden von DBB (Peter Heesen) und ver.di (Frank Bsirske) eine zusammen ausgehandelte Reform des Beamtenrechts vorgestellt. Ihr **Eckpunktepapier „Neue Wege im öffentlichen Dienst"**[30] strebt eine grundlegende Modernisierung des Beamtenrechts auf der Basis des in Art. 33 GG verankerten Berufsbeamtentums an. Innerhalb dieses Verfassungsrahmens werden zahlreiche Änderungen

---

28 Bericht der NW-Regierungskommission, Zukunft des öffentlichen Dienstes – öffentlicher Dienst der Zukunft v. 01/03, 52 ff.
29 Bericht der NW-Regierungskommission, Zukunft des öffentlichen Dienstes – öffentlicher Dienst der Zukunft v. 01/03, 143 ff.
30 Schily/Heesen/Bsirske, „Neue Wege im öffentlichen Dienst" – Eckpunkte für eine Reform des Beamtenrechts –, ZBR 05, 217.

im Beamtenrecht vorgeschlagen, um Bürgerorientierung, Qualität und Wirtschaftlichkeit der öffentlichen Aufgabenerfüllung zu verbessern und Eigenverantwortung, Motivation und Leistungsbereitschaft der Beschäftigten im öffentlichen Dienst zu stärken. Im Mittelpunkt steht ein **leistungsbezogenes Bezahlungssystem**. Das Einkommen soll aus einem Basisgehalt, das mit drei Erfahrungsstufen je nach 5, 10 und 20 Jahren steigt, und einer individuellen Leistungsstufe bestehen. Die Leistungsstufen werden temporär anhand von Leistungsbewertungen vergeben und sollen auch in der Versorgung berücksichtigt werden. Des weiteren strebt man eine **Laufbahnreform** an. Das Modell der Einstiegslaufbahn soll die bisherigen Laufbahngruppen mittlerer, gehobener und höherer Dienst ersetzen. Die Stufung ist nur noch für den Berufseinstieg relevant; die weitere Karriere wird durch die ursprüngliche Vorbildung nicht mehr begrenzt. Für die Beschäftigten eröffnen sich durch den Wegfall der Laufbahnschranken neue Karrieremöglichkeiten. Zudem will man die **Arbeitszeit flexibilisieren**. Die bestehenden Möglichkeiten sollen deutlich ausgebaut werden, um sowohl Bürgern als auch Beschäftigten entgegenzukommen. Überdies bieten intelligente Arbeitszeiten und Arbeitsformen viele Vorteile für Dienstherren. Aus Sicht der Länder und Kommunen besonders bedeutsam ist der Gedanke, **Bezahlungsbandbreiten** einzuführen. Danach kann das allgemeine Bezahlungsniveau für jede Bezahlungsebene innerhalb einer Bandbreite von 5% nach oben und 5% nach unten von Bund, Ländern und Gemeinden jeweils für den eigenen Bereich festgelegt werden. Diese Bezahlungsbandbreiten dienen ausschließlich arbeitsmarktbezogenen oder regionalen Differenzierungen. Schließlich soll die **Mitnahmefähigkeit beamtenrechtlicher Versorgungsansprüche** ermöglicht werden. Um die Mobilität zwischen privatem und öffentlichem Bereich zu fördern, sollen die im Beamtenverhältnis erworbenen Versorgungsansprüche bei einem Ausscheiden ungeschmälert mitgenommen werden können. Statt der Nachversicherung in der gesetzlichen Rentenversicherung werden die bis dahin erworbenen Versorgungsansprüche mit Erreichen der für Beamte geltenden gesetzlichen Altersgrenze gewährt.

An dem Eckpunktepapier ist besonders bedeutsam, daß es zum ersten Mal gelungen ist, gemeinsame Forderungen in einer Allianz von BMI, DBB und ver.di zu entwerfen. Das Eckpunktepapier zeigt, daß Änderungen im bestehenden beamtenrechtlichen System möglich sind. Das Beamtentum in seiner jetzigen Ausprägung wird zementiert. Mit diesem Resultat ist das Eckpunktepapier eine klare Absage an weitergehende Umbaukonzepte, die – wie die Bull-Kommission in NW – ein gemeinsames und vereinfachtes Arbeitsrecht für Beamte und Angestellte gefordert haben. Nach meiner Auffassung liegt die größte Schwierigkeit darin, die Leistungsbezahlung als das Kernstück der Reform rechtlich korrekt und praktisch handhabbar umzusetzen. Basis der Leistungsbezahlung sind die Leistungsfeststellung und -bewertung. Beide müssen juristisch nachvollziehbar, transparent und zeitnah erfolgen, um die notwendige Akzeptanz unter den Beteiligten sowie die gebotene Rechtssicherheit zu erreichen. Hierfür bieten sich unterschiedliche Methoden an, insbesondere Zielvereinbarungen oder strukturierte Bewertungsverfahren. Leistungsfeststellung und -bewertung erfordern allerdings eine umfassende Vorbereitung der Vorgesetzten sowie eine neue Führungs- und Kommunikationskultur. Dies kann nur durch eine intensive Schulung der Führungskräfte gelingen.

Mit dem Entwurf eines „**Gesetzes zur Reform der Strukturen des öffentlichen Dienstrechts**" (Strukturreformgesetz)[31] sollte das Eckpunktepapier rechtlich umgesetzt werden. Die Länder hatten sich jedoch Beratungszeit ausbedungen[32], so daß das Gesetzgebungsverfahren – zumal wegen der infolge der Bundestagswahl erfolgten politischen und personellen Veränderungen – zwar nicht der Diskontinuität zum Opfer gefallen ist, aber auch noch nicht erfolgreich abgeschlossen werden konnte. Ob es in seiner jetzigen Form verwirklicht wird, ist zumindest zweifelhaft. In den Koalitionsverhandlungen von CDU/CSU und SPD im November 2005 einigte sich eine Arbeitsgruppe zur **Föderalismusreform**, daß die Länder die Rechtssetzungskompetenz für die Besoldung und Versorgung sowie für das Laufbahnrecht ihrer jeweiligen Landes- und Kommunalbeamten erhalten sollen.[33] Dies beschlossen der Bundestag am 30.6.2006 und der Bundesrat am 7.7.2006. Zudem ist Art. 75 GG und damit die Rahmengesetzgebungskompetenz des Bundes ersatzlos entfallen sowie Art. 74a GG. Obwohl in diesen Bereichen die bundeseinheitlichen Regelungen aufgehoben wurden und den Ländern entsprechende Kompetenzen zuflossen, könnte der Strukturreformgesetzentwurf, so er denn für den Bund verabschiedet wird, Vorbild für entsprechende Ländergesetze sein.

Literatur:

Zur allgemeinen Lage des Beamtentums:

Quambusch, Statt Zielvereinbarungen Besinnung auf das Beamtenrecht – Ein Beitrag zur Leistungsmotivation –, VR 06, 153; Stein, Reform des öffentlichen Dienstes – 16. Bad Iburger Gespräche –, DVBl 06, 420; Bull, Das öffentliche Dienstrecht in der Diskussion, DÖV 04, 155; ders., Positionen, Interessen und Argumente im Streit um das öffentliche Dienstrecht, Die Verwaltung 04, 327; Czerwick/Willems, Der Staat als Arbeitgeber und die Entwicklung des öffentlichen Dienstes in Deutschland 1991–2001, VR 04, 82; Derlien/Frank, Öffentlicher Dienst und Gewerkschaftssystem im Wandel, Die Verwaltung 04, 295; Loschelder, Der Kampf um das Berufsbeamtentum – zum wievielten Mal?, ZBR 04, 12; Bülow, Beamtenstatus und Besoldungsrecht auf dem Prüfstand, Sachsenlandkurier 03, 129; Hartmann, Stolz auf öffentliche Verwaltung, DÖD 02, 237; Summer, Gehen wir vorwärts oder gehen wir zurück? – Gedanken zu beamtenpolitischen Modernismen –, ZBR 02, 109; Battis, Hergebrachte Grundsätze versus Ökonomismus: Das deutsche Beamtenrecht in der Modernisierungsfalle?, DÖV 01, 309; Derlien, Öffentlicher Dienst im Wandel, DÖV 01, 322; Jachmann, Das Berufsbeamtentum – Säule der Rechtsstaatlichkeit?, ZBR 00, 181; Merten, Das Berufsbeamtentum als Element deutscher Rechtsstaatlichkeit, ZBR 99, 1; Neumann, Zum Ansehensverlust der öffentlichen Verwaltung, DÖD 99, 145; Summer, Das Prinzip Verantwortung als Grundlage des Beamtenrechts, ZBR

---

31 Gesetzentwurf der Bundesregierung, BR-Drucks. 615/05 v. 12.8.05.
32 Beschluß des Bundesrates zu Drucks. 615/05 v. 23.9.05.
33 Die konkurrierende Gesetzgebung erstreckt sich nunmehr auf „die Statusrechte und -pflichten der Beamten der Länder, Gemeinden und anderen Körperschaften des öffentlichen Rechts sowie der Richter in den Ländern mit Ausnahme der Laufbahnen, Besoldung und Versorgung" (Art. 74 I Nr. 27 GG).

3. Öffentlicher Dienst und Verwaltungsmodernisierung

99, 181; Isensee, Affekt gegen Institutionen – überlebt das Berufsbeamtentum?, ZBR 98, 295; Sembdner, Aus Beamtensicht: Vierzig Jahre Wandel des öffentlichen Dienstes, PersV 98, 134; Vogelgesang, Ethos des Berufsbeamtentums in der Gegenwart, ZBR 97, 33; Lecheler, Die Zukunft des Berufsbeamtentums, ZBR 96, 1; Thiele, Wechselseitige Abhängigkeit zwischen der Verwaltung und dem Sinn des Staates, DÖD 94, 245; Quambusch, Die moralische Krise des öffentlichen Dienstes, DÖD 92, 97; Thiele, Berufsbeamtentum in der Bewährung, DÖD 91, 193; Kroppenstedt, Der öffentliche Dienst der Zukunft, ZBR 90, 197; Vogelgesang, Der öffentliche Dienst im vereinigten Deutschland – Gedanken zu einer neuen Struktur –, ZBR 90, 200.

Zur Dienstrechts„reform" *(einschließlich „Reform" des Versorgungsrechts):*

Battis, Verfassungsrechtliche Rahmenbedingungen für eine Reform des öffentlichen Dienstes, NdsVBl 06, 1; Czerwick, Der Gesetzentwurf zur Reform der Strukturen des öffentlichen Dienstrechts (Strukturreformgesetz – StruktRefG) vom 15. Juni 2005, DÖD 06, 45; Lorse, Dienstrecht im Umbruch – Das Eckpunktepapier „Neue Wege im öffentlichen Dienst" und begleitende gesetzliche Reformüberlegungen –, VBlBW 06, 81; ders., Führungshandeln im Spannungsfeld von Interessenvertretungen, DÖD 06, 93; Battis, Zum Entwurf eines Gesetzes zur Reform der Strukturen des öffentlichen Dienstrechts, ZBR 05, 325; Czerwick, Die Reform des öffentlichen Dienstrechts: Ökonomisierung durch Politisierung, ZBR 05, 24; Lorse, Eckpunktepapier „Neue Wege im Dienstrecht": Wie verbindet man Eckpunkte zu Grundlinien einer Reform?, DÖV 05, 445; Nicksch, Was braucht der öffentliche Dienst? – Zu Erwartungen an die Dienstrechtspolitik in der neuen Legislaturperiode –, ZBR 05, 285; Schily/Heesen/Bsirske, „Neue Wege im öffentlichen Dienst" – Eckpunkte für eine Reform des Beamtenrechts –, ZBR 05, 217; Löhr, Reform des öffentlichen Dienstes, in Oebbecke/Ehlers/Schink/Diemert, Kommunalverwaltung in der Reform, 2004, 99; Riotte, Reform des öffentlichen Dienstes, in Oebbecke/Ehlers/Schink/Diemert, Kommunalverwaltung in der Reform, 2004, 90; Bülow/Hugo, Leistung fördern – Führung verbessern, StuG 03, 204; Schönenbroicher, Zerschlagung des Berufsbeamtentums – sinnvoll und geboten?, DÖD 03, 149; Summer, Aussage durch Nichtaussage – Gedanken zu einem seltsamen Papier –, ZBR 03, 365; Kutscha, Die Flexibilisierung des Beamtenrechts, NVwZ 02, 942; Pechstein, Die Verfassungsmäßigkeit des Entwurfs für das Versorgungsänderungsgesetz 2001, ZBR 02, 1; Bülow, Dienstrecht kommunalfreundlicher gestalten, Sachsenlandkurier 01, 301; Collisi, Moderne Städte brauchen ein modernes Dienstrecht, Der Städtetag 3/01, 27; Lorse, Personalmanagement im öffentlichen Dienst, 2001; Schrapper, Erfahrungen mit der Dienstrechtsreform, DVP 01, 356; Burkhart, Motivationsreserven durch immaterielle Anreize, BWGZ 00, 726; Diers, Die Umsetzung des Gesetzes zur Reform des öffentlichen Dienstrechts in den neuen Bundesländern, LKV 00, 225; Lemhöfer, Versorgungsreformgesetz 1998 vor der verfassungsrechtlichen Bewährung: Zustimmung, Fragen, Einwendungen, ZBR 00, 335; Lübking/Bülow, Eine neue Reformrunde hat begonnen – Dienstrechtsreform 2001 – Anforderungen und Chancen, StuG 00, 431; Meier, Das Bundesbesoldungs- und -versorgungsanpassungsgesetz 1999, ZBR 00, 12; Summer, Gedanken zu aktuellen Fragen der Dienstrechtspolitik, PersV 00, 194; Wichmann, Reform des Dienstrechts brachte wenig Gewinn, StGR 10/00, 25; Bentmann, Das Bundesbesoldungs- und -versorgungsanpassungsgesetz 1998, ZBR 99, 191; Claus, Die Beamtenrechtsgesetzgebung des 13. Deutschen Bundestages von 1994 bis 1998, ZBR 99, 37; Hanau, Neue Tendenzen im öffentlichen Dienstrecht, PersV 99, 2; Schrapper, Neue Rechtsinstitute im Dienstrecht, DVP 99, 371; Schumacher, Finanzierung der Altersversorgung für Kommunalbeamte, Eildienst LKT NW Nr. 2-3/99, 43; Battis, Das Versorgungsreformgesetz 1998, NJW 98, 2653; Beus, Der öffentliche Dienst im Wandel, PersV 98, 37; Fleig, Neues im Beamtenrecht: Die Umsetzung des Bonner Dienstrechtsreformgesetzes in Baden-Württemberg, VBlBW 98, 281; Graf/Puskás, Versorgungsrücklagen – auch eine Pflicht der Städte, Der Städtetag 98, 358; Henneberger, Zur stärkeren Leistungsorientierung der Entlohnung im öffentlichen Dienst, PersV 98, 56; Krech, Leistungsanreize durch neues Beamtenrecht, LKV 98, 481; Lecheler/Determann, Verfassungswidrigkeit einer Beitragspflicht zur Beamtenversorgung – Anmerkung zum Entwurf eines Versorgungsreformgesetzes 1998, ZBR 98, 1; Lorse, Was leistet das Reformgesetz?, RiA 98, 1; Meier, Das Versorgungsreformgesetz 1998 – Die gesetzgeberische Umsetzung des Versorgungsberichts der Bundesregierung, NVwZ 98, 1246; Schnellenbach, Öffentliches Dienstrecht im Umbruch – Statusfragen und Leistungselemente, ZBR 98, 223; v. Zezschwitz, Kritische Bemerkungen zum geplanten Sonderfonds für

1. Abschnitt: Einführung

die Beamtenversorgung, Beilage zur ZBR 3/98, 109; ders., Versorgungsbeiträge der Beamtenschaft – Verfassungswidrigkeit des geplanten § 14a Bundesbesoldungsgesetz?, ZBR 98, 115; Battis, Das Dienstrechtsreformgesetz, NJW 97, 1033; Beus/Bredendiek, Das Gesetz zur Reform des öffentlichen Dienstrechts, ZBR 97, 201; Günther, Stärkung des Leistungsgesichtspunktes im Rahmen der Reform des öffentlichen Dienstrechts, VR 97, 51; Lecheler, Reform oder Deformation? – Zu den „Februar-Reformen" des öffentlichen Dienstrechts, ZBR 97, 206; Schnellenbach, Das Gesetz zur Reform des öffentlichen Dienstrechts (Reformgesetz), NVwZ 97, 521; Wichmann, Aktuelle Entwicklungen im Beamtenversorgungsrecht aus kommunaler Sicht, StuG 97, 242; ders., Beamtenversorgung – Die Länder trifft es am schlimmsten, StGR 97, 160; ders., Das neue Beamtenrecht – Mit großem Aufwand geringe Wirkung, StGR 97, 124; Ziemske, Öffentlicher Dienst zwischen Bewahrung und Umbruch, DÖV 97, 605; Bredendiek/Meier, Die Novelle des öffentlichen Dienstrechts: Reform oder Reförmchen?, NVwZ 96, 444; Ganßer, Mitarbeitermotivation – Förderung durch nicht-monetäre Faktoren, ZBR 96, 304; Merten, Alimentationsprinzip und Beamtengesetzgebung – Versorgungsbericht und Gesetzentwurf zur Begrenzung der Bezügefortzahlung bei Krankheit im Licht des Beamtenverfassungsrechts, ZBR 96, 353; Wichmann/v. Hausen/Löhr, Anforderungen an die Reform des Dienstrechts aus kommunaler Sicht, die innovative verwaltung 96, 20; Wolff, Der Gesetzentwurf zur Reform des öffentlichen Dienstrechts, ZRP 96, 479; Neyses, Denkanstöße für die neue Legislaturperiode – Neuer Anlauf für eine Dienstrechtsreform, DÖD 95, 49; Pohl, Alimentation und Leistungsprinzip in der künftigen Beamtenbesoldung, RiA 95, 261.

Zur Verwaltungsmodernisierung und einzelnen Elementen (insb. Personalwirtschaft):

Bull, Bürokratieabbau und Dienstrechtsreform, DÖV 06, 241; Henneberger/Sudjana, Einflüsse des New Public Management auf das Dienst- und Haushaltsrecht: Ein Rechtsvergleich zwischen der Schweiz und Deutschland, ZBR 06, 14; Pippke, Grundlagen der Kommunikation mit Mitarbeiter/innen, DÖD 06, 1; ders., Strukturierung eines Gespächs mit Mitarbeiter/innen, DÖD 06, 53; ders., Probleme mit Mitarbeiter/innen (Teil 3), DÖD 06, 75; Weidemann, Abbau von Beteiligungsrechten – Ein Schritt zur Verwaltungsmodernisierung?, PersV 06, 170; Hackl, Führungsdialog bei der Landeshauptstadt München – im Dialog und mit Zielvereinbarungen zu einer besseren Führung, DÖD 05, 97; Hartmann, Vorgesetztenbeurteilung bei der Kreisverwaltung Aachen – Ohne Konsequenzen geht es nicht!, DÖD 05, 102; Meixner, Brücken bauen durch (Ver-)Trauen – Das Mitarbeitergespräch, DÖD 05, 25; Neumann, Aufgabenkritik – Ein unverzichtbares Instrument zur öffentlichen Haushaltskonsolidierung –, DÖD 05, 213; Schürmann/Herzig, Erstellung und Umsetzung eines Personalentwicklungskonzepts: Stadt Bielefeld – ein Praxisbeispiel, DÖD 05, 49; Schwarting, Ein neues kommunales Haushaltsrecht – Weit mehr als nur ein neues Rechnungswesen! – Einige personal- und organisationsrelevante Aspekte des kommunalen Haushaltsrechtsreform, PersV 05, 92; Stehr, „Performancesteigerung durch Behördencoaching" – neue Aufgabe für Mittelbehörden, DÖD 05, 218; Frick, E-Government als Motor der kommunalen Verwaltungsreform, DÖD 04, 93; Hebeler, Neues Personalvertretungsrecht für eine „neue" Verwaltung? – Zur Reformbedürftigkeit des Personalvertretungsrechts im Hinblick auf die Verwaltungsmodernisierung –, ZBR 04, 80; Hilbertz, Effektive Verwaltung – motivierte Beschäftigte, StGR 6/04, 24; Hill, Bürokratieabbau und Verwaltungsmodernisierung, DÖV 04, 721; Krutoff, E-Government – Auswirkungen auf das Personal…, DÖD 04, 1; Lorse, Personalentwicklung im öffentlichen Dienst – Eine Zwischenbilanz, VR 04, 194; ders., Personalentwicklung und Systemsteuerung einer dezentralen Personalwirtschaft, RiA 04, 62; Schneider/Sadowsky, Performancemanagement in der öffentlichen Verwaltung – eine unlösbare Aufgabe?, Die Verwaltung 04, 377; Stadelmaier/Konzendorf, Verwaltungsmodernisierung und Bürokratieabbau in Rheinland-Pfalz, DÖV 04, 729; Zepf, Informelles Verwaltungshandeln – Ein Einfallstor für Korruption? – Unter Berücksichtigung von Überlegungen zur Verwaltungsreform –, DÖD 04, 5; Bäumer, Die Lust auf Leistung bei den Mitarbeitern fördern, Demo 3/03, 12; Collisi, Personal als zentrale strategische Ressource, Demo 3/03, 10; Drescher, Sinnvolle Investition in die Mitarbeiter, Demo 3/03, 13; Knirsch, Ohne Führung kein Erfolg, VR 03, 10; Krutoff, Personalmanagement: Impulse für E-Government, Demo 3/03, 15; Lorse, Der Einfluß der verwaltungsgerichtlichen Rechtsprechung auf die Entwicklung eines modernen Personalmanagements, DÖD 03, 249; ders., Kollegiale Führungsstrukturen in öffentlichen Verwaltungen – Rechtsgrundlagen, Gestaltungsperspektiven in der Verwaltungspraxis, ZBR 03, 185; Böhle, Kommunikationsfähigkeit ist eine Kernkompetenz,

3. Öffentlicher Dienst und Verwaltungsmodernisierung

Der Städtetag 3/02, 13; Bogumil, Die Umgestaltung des Verhältnisses zwischen Rat und Verwaltung – das Grundproblem der Verwaltungsmodernisierung, VerwArch 02, 129; Collisi, Bausteine für eine erfolgreiche Verwaltungssteuerung, Der Städtetag 3/02, 16; Fisch, Neue Führungsqualitäten für Leitungspositionen, nicht nur in der Administration, in Eberle/Ibler/Lorenz, Der Wandel des Staates vor den Herausforderungen der Gegenwart, FS für Winfried Brohm, 2002, 673; Fogt, Die Stadt der Zukunft braucht ein modernes Dienstrecht, Der Städtetag 3/02, 9; Kirchhoff, Öffentlicher Dienst: Reformen statt Reparaturen, Der Städtetag 3/02, 6; Lorse, Entwurf eines Führungskräftegesetzes – Stärkung oder Erosion individueller Führungsverantwortung?, ZBR 02, 162; ders., Personalmanagement im öffentlichen Dienst – Was determiniert das Anforderungsprofil von Führungskräften in der Verwaltungspraxis?, DÖD 02, 49; Mayer, Wie wird sich die Personalarbeit künftig entwickeln? – Grundlagen und Perspektiven des kommunalen Personalmanagements, Zeitung des Bayerischen Gemeindetags 02, 394; Palandt, Das Mitarbeiter-Vorgesetzten-Gespräch: ein vertrauensvoller und gleichberechtigter Dialog?, DÖD 02, 88; Prase, Einführung betriebswirtschaftlicher Steuerungsinstrumente in die öffentliche Verwaltung, VR 02, 293; Bull, Reinventing NPM: Verwaltungsmodernisierung im Rechtsstaat, DVBl 01, 1818; Bull/Bonorden, Personalrecht und Personalwirtschaft als Handlungsfelder der Verwaltungsreform, 2001; Drescher, Handbuch zur Personalauswahl in der modernen Kommunalverwaltung, 2001; Fogt, Die Reform in den Rathäusern kommt voran, Der Städtetag 3/01, 6; Geffken, Alter Kurs für Neues Steuerungsmodell?, RiA 01, 223; Grömig, Reform der Verwaltungen vor allem wegen Finanzkrise und überholter Strukturen, Der Städtetag 3/01, 11; Hornauer, Verwaltungsmodernisierung und Ausbau der Rechte von Personalvertretungen: Ein Widerspruch?, PersV 00, 500; Meixner, Ist die öffentliche Verwaltung unfähig für Reformen?, DÖD 00, 217; Schorsch-Brandt, Bewertung des KGSt-Berichtes 10/1997 – Personalvertretung im Neuen Steuerungsmodell –, PersV 00, 488; Unger, Personalvertretung und neues Steuerungsmodell, PersV 00, 483; Bruns/Mohnen, Eine Stadt ohne Bürger? Neue Steuerungsmodelle in Recht, Politik und Verwaltung – ein Appell für eine „bürgerbasierte" Verwaltungsreform, VR 99, 2; Georgi, Das Mitarbeitergespräch als Jahresfördergespräch, DÖD 99, 226; Kißler/Wiechmann, Gleichstellungspolitik und kommunale Verwaltungsreform, 1999; Oettle, Elemente der Ökonomisierung des Verwaltungshandelns, Die Verwaltung 99, 291; Schwarting, Qualität öffentlicher Dienstleistungen, PersV 99, 7; Walter, Organisation von gestern – Mitarbeiter von heute – Probleme von morgen, PersV 99, 98; Weidmann, Verwaltungsreform und öffentliches Dienstrecht, VR 99, 90; Burke, Verwaltungsmodernisierung in kleineren und mittleren Städten und Gemeinden, VR 98, 37; Ipsen, Grundfragen der kommunalen Verwaltungsreform, DVBl 98, 801; Leisner, Personaleinsparungen ohne Aufgabenreduktion?, ZBR 98, 73; Miller, Rechtsprobleme modernen Verwaltungshandelns, LKV 98, 421; Schäfer, Verwaltungsreform in anglo-amerikanischen Ländern – Phasen, Instrumente und Erfahrungen, VR 98, 253; Schwarting, Zu einigen personalpolitischen Aspekten im Neuen Steuerungsmodell, PersV 98, 127; Trogemann, Was bringt uns ein „Neues Steuerungsmodell" und was kommt danach?, RiA 98, 17; Banner, Die kommunale Modernisierungsbewegung, in Kommunales Management im Wandel, 1997, 11; Els, Mitarbeitermotivation in der Beamtenschaft, RiA 97, 162; Henneke, Verwaltungsmodernisierung in den Landkreisen, in Kommunales Management im Wandel, 1997, 265; Neumann, 40 Jahre Verwaltungsreform, VR 97, 338; Schöneich, Verwaltungsmodernisierung in Großstädten, in Kommunales Management im Wandel, 1997, 161; Wichmann, Verwaltungsmodernisierung in kleineren und mittleren Kommunen, in Kommunales Management im Wandel, 1997, 205; Wind, Auf dem Weg zur Verwaltungsreform – Stadt Kerpen, in Kommunales Management im Wandel, 1997, 229; König, Unternehmerisches oder exekutives Management – die Perspektive der klassischen öffentlichen Verwaltung, VerwArch 96, 19; Löhr/Potthast, in Dieckmann u.a.; Reformen im Rathaus, 1996, 33; Lüder, „Triumph des Marktes im öffentlichen Sektor?" – Einige Anmerkungen zur aktuellen Verwaltungsreformdiskussion, DÖV 96, 93; Meixner, Die Führungskraft als Promotor neuer Ideen – Vom Verwalter des Bestehenden zum Innovations- und Qualitätsmanager, PersV 96, 294; Pinkwart/Mengert/Nikolainka, Neue Steuerungsmodelle finden breite Anwendung in NW, StGR 96, 3; Sembdner, Kommunale Verwaltung im Umbruch, PersV 96, 289; Helmig, Das Neue Steuerungsmodell – Anlaß und Ziele, StGR 95, 417; Jann, Zukünftige Strukturen des öffentlichen Sektors, in Görner (Hrsg.), Lean Administration – Beamtenpolitisches Forum '95, Düsseldorf, 1995, 129; Karl-Bräuer-Institut des Bundes der Steuerzahler, Forderungen zur Verwaltungsreform, Stellungnahmen Nr. 26, 11/1995, Wiesbaden, 1995; Kommunale Gemeinschaftsstelle für Verwaltungsvereinfachung, Das Neue Steuerungsmodell in kleineren und mittleren Gemeinden, KGSt-Bericht 8/1995, Köln, 1995; Meixner, Die Führungskraft als

1. Abschnitt: Einführung

Erfolgsmanager: Wie gewinne ich Mitarbeiter zu Mitdenkern und Mitgestaltern?, DÖD 95, 121; Mrohs, Die Verwaltungsreform und das Besoldungssystem – Stellenobergrenzen vereiteln den Erfolg, PersV 95, 541; ders., Steuerungsreform und Besoldungsrecht – wie Stellenobergrenzen dem Trend entgegenwirken, VR 95, 370; Wind/Deckert, Das Neue Steuerungsmodell realisieren, StGR 95, 56; v. Richthofen, Verwaltungsmodernisierung in deutschen Städten durch Aus- und Weiterbildung, ZBR 90, 70.

2. Abschnitt: Rechtsquellen des Beamtenrechts

1. Verfassungsrechtliche Grundlagen

Die entscheidenden verfassungsrechtlichen Prinzipien zum Inhalt des Beamtenverhältnisses finden sich in **Art. 33 GG**. Er faßt Regelungen über staatsbürgerliche Rechte sowie Vorschriften über den öffentlichen Dienst im Bund, in den Ländern und Gemeinden zusammen. Art. 33 GG enthält teils grundrechtsähnliche Rechte, teils institutionelle Garantien sowie Vorgaben an den Gesetzgeber. 11

Art. 33 GG wird im folgenden gesondert behandelt. Soweit das Grundgesetz weitere Aussagen zur Gestaltung des Beamtenverhältnisses macht (z.B. in Art. 34, 36, 60, 131, 137, 143a, 143b GG), werden diese im jeweiligen Sachzusammenhang dargestellt, für dessen Regelung sie bedeutsam sind. **Das Grundgesetz gilt** mit dem darin enthaltenen Art. 33 GG **ebenfalls im Beitrittsgebiet** (Art. 3 des Einigungsvertrages). In Deutschland existiert somit ein einheitliches Beamtenrecht. Zudem ist die Wahrnehmung von öffentlichen Aufgaben sobald wie möglich Beamten zu übertragen (Art. 20 des Einigungsvertrages). Dies ist in den fünf neuen Bundesländern geschehen[1], die zudem eigene Landesbeamtengesetze verabschiedet haben. Die befristeten Übergangsregelungen für die Bediensteten der ehemaligen DDR (Übernahme als B.a.P. bei Bewährung auf vergleichbaren Dienstposten, Aus- und Fortbildungsmaßnahmen) sind mittlerweile ausgelaufen, so daß hierauf nicht mehr eingegangen werden muß. Richtig war, daß durch unterschiedliche Rechtsstandards kein ostdeutsches Sonderrecht länger als unvermeidlich aufrechterhalten wurde. Sonst wäre gerade das Trennende betont und die Herstellung der inneren Einheit erschwert worden.

Literatur: Battis, Verfassungsrechtliche Rahmenbedingungen für eine Reform des öffentlichen Dienstes, NdsVBl 06, 1; Janssen, Die zunehmende Privatisierung des deutschen Beamtenrechts als Infragestellung seiner verfassungsrechtlichen Grundlagen, ZBR 03, 113; Roeser, Beamtenrecht im Beitrittsgebiet – Betrachtungen zu ausgewählten Problemen, in Depenheuer/Heintzen/Jestaedt/Axer, Nomos und Ethos, Hommage an Josef Isensee zum 65. Geburtstag, 2002, 399; Battis/Lühmann, Die Beamtengesetze in den neuen Ländern, LKV 94, 197; Karpen/Maaß, Der schwierige Weg zur Einheit – Die Umsetzung der beamtenrechtlichen Regelungen des Einigungsvertrages in der Praxis, NVwZ 92, 942; Pohl, Grundlagen des Beamtenrechts im Beitrittsgebiet, RiA 92, 159; Püttner, Der öffentliche Dienst im geeinten Deutschland, DVBl 92, 204; Berger-Delhey, Mutterschutz- und Erziehungsgeldrecht im sogenannten Beitrittsgebiet, PersV 91, 264; Biel, Das Reisekostenrecht im beigetretenen Teil Deutschlands, PersV 91, 409; Günther, „Abwicklungs"-Beschluß mit „Ruhens"-Folge als Verwaltungsakt gegenüber den Beschäftigten?, DÖD 91, 221; Lecheler, Der öffentliche Dienst in den neuen Bundesländern

---

1 Wenngleich faktisch in den neuen Bundesländern wenig Verbeamtungen vorkommen.

2. Abschnitt: Rechtsquellen des Beamtenrechts

– Die Lösung neuer Aufgaben mit alten Strukturen?, ZBR 91, 48; Moritz, Die (Weiter-) Beschäftigung der ehemaligen Staatsdiener der DDR im öffentlichen Dienst des vereinigten Deutschlands, DÖD 91, 125; Schelo, Einführung des Beamten- und Laufbahnrechts in den neuen Bundesländern, PersV 91, 65; ders., Anerkennung von Bildungsabschlüssen aus der ehemaligen DDR, PersV 91, 298; Weiß, Das Übergangsrecht der Arbeitnehmer im öffentlichen Dienst des beigetretenen Teils Deutschlands – Entwicklung und Darstellung des seit dem 3. Oktober 1990 bestehenden Rechtszustandes auf der Grundlage des Einigungsvertrages, PersV 91, 97; ders., Wiedereinführung des Berufsbeamtentums im beigetretenen Teil Deutschlands – Entwicklung und Darstellung des seit dem 3. Oktober 1990 geltenden Beamtenrechts auf der Grundlage des Einigungsvertrages, ZBR 91, 1; Reiners, Der öffentliche Dienst in der DDR nach dem Beitritt, RiA 90, 283; Schimmelpfennig, Der öffentliche Dienst der früheren DDR im Übergang – Ein erster Überblick für Dienststellen und Personalvertretungen, PersV 90, 469.

Neben Art. 33 GG ist das Beamtenverhältnis hinsichtlich der Rechtsstellung des einzelnen Amtsträgers durch die **Grundrechte** geprägt.

1.1 Der Beamte als Grundrechtsträger

12 Nach allgemeiner Auffassung gelten die Grundrechte im Beamtenverhältnis.[2]

Einschlägig können insbesondere folgende Grundrechte sein (s. näher dazu die Fallgestaltungen speziell in Rn 199 ff.):

– Art. 2 I GG (allgemeine Handlungsfreiheit; Rn 15, 153, 199, 207 f., 210, 221 ff., 253, 284)

– Art. 2 II S. 1 GG (Schutz von Leben und körperlicher Unversehrtheit; Rn 15, 204, 303)

– Art. 3 I, III GG (Gleichheitssatz; Rn 18, 30, 102, 122, 146, 203, 207, 243, 335, 349)

– Art. 3 II S. 1 GG (Gleichberechtigung von Mann und Frau; Rn 122)

– Art. 4 I GG (Glaubens-, Gewissens- und Bekenntnisfreiheit; Rn 199, 204, 207 f., 210, 281)

– Art. 4 II GG (Freiheit der ungestörten Religionsausübung; Rn 107, 199, 207)

– Art. 5 I S. 1 GG (Recht der freien Meinungsäußerung; Rn 102, 199, 202, 205, 207 f., 210)

– Art. 5 III S. 1 GG (Freiheit von Wissenschaft, Forschung und Lehre; Rn 80)

– Art. 6 I GG (Schutz von Ehe und Familie; Rn 18, 196, 246, 319, 339). Das zum 1.8.2001 in Kraft getretene Lebenspartnerschaftsgesetz („Ehe" von gleichgeschlechtlichen Paaren) nimmt allerdings das Beamtenrecht ausdrücklich aus. In verschwindend geringen Teilbereichen (Beihilfen, Trennungsentschädigung, bestimmte anrechenbare Zeiten

---

[2] Battis, § 2 BBG, Rn 22; Büchner, RiA 91, 65 (71); Monhemius, Rn 39; Strunk, Rn 186; Dürr/Dürr, 33 f.

1. Verfassungsrechtliche Grundlagen

im Beamten- und Laufbahnrecht für Beförderungen und Anstellungen bei der Pflege von Lebenspartnern) ist jedoch in NW aufgrund des Lebenspartnerschaftsanpassungsgesetzes[3] eine Gleichstellung erfolgt.

– Art. 8 I GG (Versammlungsfreiheit; Rn 199, 204)
– Art. 9 I GG (Vereinigungsfreiheit; Rn 107, 204, 208)
– Art. 9 III GG (Streikrecht; Koalitionsfreiheit; Rn 33, 204, 208, 221)
– Art. 11 I GG (Freizügigkeit; Rn 209)
– Art. 12 I GG (Berufsfreiheit; Rn 66, 102, 117, 146, 222 f., 284, 291, 395)
– Art. 14 I GG (Eigentumsfreiheit; Rn 36, 273)
– Art. 17 GG (Petitionsrecht; Rn 299).

Streit besteht allerdings bei der Frage, ob sich der Beamte für alle Handlungen auf Grundrechte berufen darf, oder ob sie gegenständlich beschränkt sind und wie man die für notwendig gehaltenen Schranken theoretisch begründet. Hierzu werden verschiedene Ansichten vertreten.

Lehre vom Grund- und Betriebsverhältnis

Wegen der **Lehre vom Grund- und Betriebsverhältnis** galten Grundrechte nur bei der Begründung, Veränderung und Beendigung des Beamtenverhältnisses, nicht jedoch im laufenden Dienstbetrieb.[4] Seit dem grundlegenden Urteil des BVerfG[5] ist diese Position jedoch wegen Art. 1 III GG nicht haltbar, weil die Grundrechte alle Staatsgewalten als unmittelbar geltendes Recht binden. Damit entfällt die Grundlage der Differenzierung zwischen einem rechtlich geregelten Grundverhältnis und dem Betriebsverhältnis als rechtsfreiem Raum. 13

Lehre von der umfassenden Grundrechtsgeltung

Aufgrund einer anderen Auffassung **gelten Grundrechte umfassend**. Beamte sollen sich selbst gegenüber innerdienstlichen Anordnungen ohne Einschränkung auf sie berufen dürfen, also z.B. gegenüber einer Weisung, einen Vorgang in bestimmter Art zu bearbeiten.[6] 14

Eine umfassende Grundrechtsgeltung hinderte jedoch die Funktionsfähigkeit der Verwaltung, die zu gewährleisten der Beamte gerade zum Schutz der Grundrechte der Bürger berufen ist. Die Position ist somit abzulehnen.

---

3 V. 3.5.05, GV NW, 498.
4 Ule, VVDStRL 15 (1957), 133 (152).
5 E 33, 1 (9 ff.).
6 So Teufel, ZBR 81, 20 (26); aber auch Menger, VerwArch 77, 169 (177); Rottmann ZBR 83, 77 (87 ff.).

2. Abschnitt: Rechtsquellen des Beamtenrechts

Lehre, die zwischen personen- und amtsadressierten Maßnahmen unterscheidet

15 Diesen Konflikt vermeidet eine andere Meinung. Sie **unterscheidet** zwischen Maßnahmen, die sich an den **Beamten als Individualrechtssubjekt** wenden (wie z.B. Beförderungen oder die Erteilung von Urlaub), und solchen, die sich an den **Beamten als Amtswalter** (oder Organwalter) richten, d.h. an jemanden, der Wahrnehmungsbefugnisse, aber keine eigenen Rechte hat. Hier handelt der Beamte nicht für sich, sondern für die juristische Person, zu der sein Dienstverhältnis besteht (z.B. bei der Anordnung, einen Bescheid zu erlassen). Allein wenn der Beamte persönlich betroffen ist, soll er Grundrechtsträger sein, nicht jedoch soweit er in amtlicher Eigenschaft angesprochen wird.[7] Begründet wird diese Auffassung mit der Funktion der Grundrechte als Abwehrrechte gegen den Staat.[8]

Jedoch darf man nicht übersehen, daß sich die Grundrechte nicht in einer bloßen Abwehrfunktion erschöpfen. Vielmehr enthalten sie neben objektiv-rechtlichen Wertentscheidungen[9] auch Teilhaberechte. Daraus folgt, daß ebenfalls der Innenbereich des Staates – die Innenrechtsbeziehungen – der Wertordnung der Grundrechte entsprechen muß. Eine freiheitliche Gesellschaft kann nur von einer Verwaltung gestaltet werden, deren Amtsträger prinzipiell als Grundrechtssubjekte anerkannt sind.

Andererseits beruht die Handlungsmöglichkeit der Exekutive als grundgesetzlich konstituierte Staatsgewalt gerade auf den Handlungen ihrer Organe. Deshalb könnte man durch eine Berufung des Beamten auf Art. 2 I GG im Sinn der Auslegung dieser Vorschrift als Schutz der allgemeinen Handlungsfreiheit[10] letztlich die Frage, ob die Exekutive überhaupt agieren kann, zum Gegenstand einer gerichtlichen Auseinandersetzung machen.

Dennoch ist dieser Meinung in ihrem Bestreben zu folgen, Bereiche zu definieren, in denen eine Grundrechtsausübung zulässig ist und andererseits dort Schranken aufzustellen, wo sie im Interesse der Handlungsfähigkeit der Verwaltung und damit zum Schutz der Grundrechte der Bürger unzulässig ist. Für den Beamten kann demnach in seiner Funktion als Amts- oder Organwalter Art. 2 I GG nicht seine allgemeine Handlungsfreiheit schützen, da die Handlungsmöglichkeit der Exekutive auf der fehlenden allgemeinen Handlungsfähigkeit des Beamten als Amtsträger beruht.[11] Somit darf sich der Beamte beispielsweise nicht auf Art. 2 I GG berufen, wenn er angewiesen wird, einen Vorgang in bestimmter Weise zu bearbeiten. Der Amtsträger ist zwar Rechtssubjekt der Grundrechte.

---

7 Rupp, Grundfragen der heutigen Verwaltungsrechtslehre, 72; Schnapp, Amtsrecht und Beamtenrecht, 157, der bei diesen auch von „amtsadressierten Weisungen" spricht; so auch Battis, § 2 BBG, Rn 22; § 54 Rn 2; § 172 BBG, Rn 14: amtliche Weisung, und im Ergebnis Wiese, 24 f.
8 Erichsen, DVBl 82, 95 (99).
9 BVerfGE 35, 79 (114).
10 Grundlegend BVerfGE 6, 32 (36 ff.).
11 Weitergehend VGH Kassel, ZBR 85, 248 (249), der eine Inanspruchnahme von Grundrechten gegenüber der Erfüllung berufstypischer Pflichten als unzulässig ansieht.

1. Verfassungsrechtliche Grundlagen

Handelt er in dieser Eigenschaft als Amtsträger, gelten Grundrechte ausschließlich in dem durch Art. 19 III GG geschützten Kernbereich.[12] Dieses Ergebnis deckt sich mit der Formel des Bundesverwaltungsgerichts, nach der Rechtsschutz gegen Maßnahmen, welche allein die Gehorsamspflicht konkretisieren, nicht möglich ist.[13] Art. 2 I GG schützt objektiv-rechtlich lediglich einen Kernbereich der Persönlichkeitsentfaltung. Allerdings müssen die rechtsstaatlichen Begrenzungen von Weisungen zur Konkretisierung der Gehorsamspflicht beachtet werden (Rn 210). Sollte man für den beschriebenen Ausschluß der Grundrechtsgeltung nach der Wesentlichkeitstheorie[14] eine gesetzliche Regelung für notwendig halten, ist diese in § 58 S. 2 LBG (§ 55 S. 2 BBG) zu finden. Der Schutz des Kernbereichs der Persönlichkeitsentfaltung ergibt sich aus § 59 II S. 3 LBG (§ 56 II S. 3 BBG). Danach sind Anordnungen, welche die Würde des Menschen verletzen oder zu Straftaten bzw. Ordnungswidrigkeiten führen, nicht zu befolgen.

Die Problematik, inwieweit der Beamte Grundrechtsträger ist, hat Bedeutung für den Umfang der Weisungsbefugnisse des Vorgesetzten (Rn 210) und für die Frage, ob Rechtsschutz oder Remonstration zulässig sind (Rn 297).

Beispiel: Inspektor I wird vom Dienstvorgesetzten aufgegeben, in seiner Freizeit an der Volkszählung mitzuwirken und bei einer Dienstbesprechung zur Durchführung der Volkszählung keine von seinem Abteilungsleiter abweichenden Verfahrensvorschläge zu machen.

Die Teilnahme an der Volkszählung betrifft die Außenrechtsbeziehungen Beamter – Dienstherr. Somit sind nach jeder Auffassung die Grundrechte im vollen Umfang anzuwenden. Die Aufforderung, bei der Dienstbesprechung Vorschläge zu unterlassen, bezieht sich auf die amtliche Stellung des Beamten. Aufgrund der hier vertretenen Ansicht, die zwischen dem Beamten als Rechtsperson und als Amtsträger unterscheidet, sind keine Grundrechte tangiert. Eine Klage wäre daher unzulässig[15]; in Betracht käme nur Remonstration.

Weiteres **Beispiel:** Die Zuweisung eines Dienstzimmers berührt ausschließlich die dienstliche Stellung des Beamten und kann lediglich mit der Remonstration angegriffen werden. Sollte das Dienstzimmer jedoch feucht, kalt oder es in ihm laut sein, so daß dadurch die Gesundheit des Beamten gefährdet ist, könnte Art. 2 II S. 1 GG verletzt sein. Hiergegen darf sich der Beamte im Klageweg wehren.

Grundrechtsschranken im Beamtenverhältnis

Unabhängig vom Streit, in welchem Umfang Grundrechte im Beamtenverhältnis gelten, ist man sich jedoch einig über die **Möglichkeit, Grundrechte einzuschränken**. Ob diese unmittelbar aus Art. 33 V GG folgt[16], 16

---

12 Ähnlich für Art. 2 I GG Ule, in Die Grundrechte, IV 2, 622.
13 BVerwGE 14, 84 (85, 87); 19, 20 (20 f.).
14 BVerfG, DÖV 79, 49 (50).
15 Erichsen, DVBl 82, 95 (100).
16 BVerfGE 19, 303 (322); 39, 334 (366 ff.); PersV 02, 473 (474) = DÖD 03, 37 = ZBR 02, 353; BVerwGE 42, 79 (82); 56, 227 (228 f.); 116, 359 (364) = NJW 02, 3344 (3346) = DVBl 02, 1645 (1647) = PersV 03, 312 (314) = DÖD 03, 19 (21) = BayVBl 03, 376 (377) = ZBR 03, 37 (39) = JZ 03, 254 (255) = IÖD 02, 266 (268); Anm Michael, JZ 03, 256 (256 ff.); Anm Wiese, ZBR 03, 39 (39 ff.); Kunig in Schmidt-Aßmann, Rn 41; Battis, § 2 BBG, Rn 12, 17; Strunk, Rn 186.

2. Abschnitt: Rechtsquellen des Beamtenrechts

oder ob es wegen des differenzierten Systems grundrechtlicher Gesetzesvorbehalte[17], des verfassungsrechtlichen Bestimmtheitgrundsatzes und des Vorbehalts des Gesetzes, nach dem alle wesentlichen Entscheidungen vom Gesetzgeber selbst getroffen werden müssen[18], spezieller gesetzlicher Grundlagen bedarf, kann letztlich offenbleiben. Im Ergebnis decken sich die unterschiedlichen Begründungen.

Bei Grundrechten, die einem Beschränkungsvorbehalt durch den Gesetzgeber unterliegen (z.B. Recht auf freie Meinungsäußerung, allgemeine Handlungsfreiheit, Recht auf körperliche Unversehrtheit) sind die §§ 55 ff. LBG (§§ 52 ff. BBG) mit ihren detaillierten Pflichtenregeln die entsprechende gesetzliche Limitierung. Bei Grundrechten ohne ausdrücklichen Vorbehalt des Gesetzes (z.B. Art. 4 I, II, 5 III, 6 I, 8 I GG) ist sie ebenfalls – letztlich über Art. 33 V GG – rechtlich zulässig. Wenn es Natur und Zweck des Dienstverhältnisses erfordern, darf die Grundrechtsausübung des Beamten wegen seines freiwillig eingegangenen Rechts- und Pflichtenverhältnisses beschränkt werden.[19] Nähere Einzelheiten und Fälle hierzu finden sich in Rn 199, 207, 210.

Literatur: Lindner, Grundrechtssicherung durch das Berufsbeamtentum, ZBR 06, 1; Summer, Gedanken zum Gesetzesvorbehalt im Beamtenrecht, DÖV 06, 249 = ZBR 06, 120; Hofmann, Das Grundrecht auf Leben und körperliche Unversehrtheit eines Beamten (Art. 2 II 1 GG) im Verhältnis zu seinen dienstrechtlichen Verpflichtungen in Gefahrensituationen, ZBR 98, 196; Leuze, Das allgemeine Persönlichkeitsrecht des Beamten, ZBR 98, 187; Fleig, Das Gleichheitsprinzip im Grundgesetz, RiA 94, 213; Sachs, Zur Bedeutung der grundgesetzlichen Gleichheitssätze für das Recht des öffentlichen Dienstes, ZBR 94, 133.

1.2 Art. 33 GG

Diese Vorschrift enthält die zentralen Strukturprinzipien, mit denen das Beamtenrecht gestaltet wird.

1.2.1 Leistungsgrundsatz und Gleichheitsprinzip

17 Innerhalb des Art. 33 GG hat das in **Art. 33 II GG** enthaltene **Leistungsprinzip** sowohl für den Dienstherrn als auch für den Beamten oder Bewerber um ein Amt und schließlich für das gesamte Staatswesen herausragende Bedeutung. Öffentliche Ämter soll man ausschließlich nach Leistung durch eine Bestenauslese vergeben. Die Norm dient somit dem öffentlichen Interesse an einer bestmöglichen Stellenbesetzung.[20] Der

---

17 Dazu Schnapp, JuS 78, 729 (730).
18 BVerfG, DÖV 79, 49 (50). Dies bejaht das BVerfGE 108, 282 (306 ff.) = NJW 03, 3111 (3115 f.) = DVBl 03, 1526 (1531 ff.) = BayVBl 04, 107 (109 f.) = DÖV 04, 30 (33) = ZBR 04, 137 (141 f.) = JZ 03, 1164 (1169), für ein Kopftuchverbot; vgl. meine Kritik in Rn 207.
19 BayVerfGH, ZBR 91, 113 (117) = NJW 92, 226 (228).
20 BVerwG, IÖD 05, 158 (159) = NVwZ 05, 702 = DÖV 05, 694 = PersV 06, 60 (61) = ZBR 05, 244 (245) = E 122, 237 (239) = BayVBl 05, 667 (668) = DÖD 05, 165 (166) = RiA 05, 238 (239); DÖD 05, 162 (163) = NVwZ 05, 457 = ZBR 05, 162 = DVBl 05, 456 (457) = E 122, 147 (149) = RiA 05, 129 (130) = PersV 06, 222; OVG Münster, NVwZ-RR 06, 340 (341) = NWVBl 06, 139.

1. Verfassungsrechtliche Grundlagen

Dienstherr wird gezwungen, mit Blick auf eine sparsame und optimal arbeitende Verwaltung die am besten geeignete Person auszuwählen. Angesichts der Kosten eines Arbeitsplatzes im öffentlichen Dienst ist dies eine mehr als verständliche Vorgabe. Beispielsweise entstehen jährlich an Personalkosten (ohne Verwaltungsgemeinkostenzuschläge) für einen Dienstposten A 9 g.D. im Verwaltungsdienst der alten Bundesländer 41.400.– Euro, für einen solchen in A 13 h.D. 75.400.– Euro.[21] Ebenfalls erwartet der Staatsbürger, der mit seinen Steuergeldern den öffentlichen Dienst finanziert, daß das Leistungsprinzip eingehalten wird. Schließlich gewährt die individual-rechtliche Komponente des Art. 33 II GG Beamten und Bewerbern um ein Amt im öffentlichen Dienst ein subjektiv-öffentliches Recht, bei Auswahlentscheidungen lediglich nach den in Art. 33 II GG abschließend niedergelegten Kriterien beurteilt zu werden.[22] Aus Art. 33 II GG folgt jedoch kein Anspruch auf Übernahme in ein öffentliches Amt.[23] Die Norm ist allerdings ein **grundrechtsgleiches Individualrecht**.[24] Welche juristischen Konsequenzen sich daraus konkret ergeben, wie schwierig aber auch die Einhaltung des Art. 33 II GG im Einzelfall sein kann, wird nunmehr gezeigt.

Jeder Deutsche hat allein nach seiner Eignung, Befähigung und fachlichen Leistung gleichen Zugang zu jedem öffentlichen Amt (Art. 33 II GG). Damit stellt unsere Verfassung die Leistung als das entscheidende Zulassungskriterium für den öffentlichen Dienst heraus.[25] Im engen Zusammenhang mit Art. 33 II GG ist Art. 33 III GG zu sehen. Beide Vorschriften zusammen erfassen die vom Grundgesetz nicht gewollten Differenzierungsmerkmale bei Entscheidungen über die Vergabe von Ämtern in der öffentlichen Verwaltung. Mit „Eignung, Befähigung und fachliche Leistung" wird in Form von unbestimmten Rechtsbegriffen auf sachliche Auswahlprinzipien abgestellt. Die Norm enthält eine abschließende Positivliste derjenigen Gesichtspunkte, die zur Auswahl dienen dürfen.[26] Sie will sachfremde und sachwidrige Auswahlaspekte ausschließen sowie insbesondere Günst-

---

21 KGSt-Bericht 6/05, Kosten eines Arbeitsplatzes, 25.
22 BVerwG, DÖD 05, 162 (163) = NVwZ 05, 457 = ZBR 05, 162 = DVBl 05, 456 (457) = E 122, 147 (149) = RiA 05, 129 (130) = PersV 06, 222.
23 BVerfGE 108, 282 (295) = NJW 03, 3111 = DVBl 03, 1526 (1527) = ZBR 04, 137 (138) = JZ 03, 1164; E 39, 334 (370); BVerwGE 68, 109 (110) = NJW 84, 1248 = DVBl 84, 432.
24 BVerfG, DÖD 03, 17 = PersV 03, 147 = NordÖR 03, 30 (31) = DVBl 02, 1633 = ZBR 02, 427 (428) = NVwZ 03, 200; DVBl 03, 1524 = ZBR 04, 45; Anm Otte, ZBR 04, 46 (46 f.); E 108, 282 (295) = NJW 03, 3111 = DVBl 03, 1526 (1527) = BayVBl 04, 107 (108) = ZBR 04, 137 (138) = JZ 03, 1164; BVerwG, IÖD 05, 158 (159) = NVwZ 05, 702 = DÖV 05, 694 = PersV 06, 60 (61) = ZBR 05, 244 (245) = E 122, 237 (239) = BayVBl 05, 667 (668) = DÖD 05, 165 (166) = RiA 05, 238 (239); DVBl 06, 316 (317) = ZBR 06, 89 (90) = NVwZ 06, 212 = DÖV 06, 264 (265) = PersV 06, 193 (194) = RiA 06, 77; ThürVerfGH, NVwZ 04, 608; OVG Münster, NVwZ-RR 06, 340 (341) = NWVBl 06, 139.
25 BVerfGE 11, 203 (215); 56, 146 (163 f.); BVerwGE 24, 235 (239); DÖD 05, 162 (163) = NVwZ 05, 457 = ZBR 05, 162 = DVBl 05, 456 (457) = E 122, 147 (149) = RiA 05, 129 (130) = PersV 06, 222.
26 BVerwG, DÖD 05, 162 (163) = NVwZ 05, 457 = ZBR 05, 162 (163) = DVBl 05, 456 (457) = E 122, 147 (150) = RiA 05, 129 (130) = PersV 06, 222 (223); Wichmann, Parteipolitische Patronage, 61 m.w.N.

2. Abschnitt: Rechtsquellen des Beamtenrechts

lingswirtschaft, Ämterpatronage, konfessionellen, partei- und verbandspolitischen Proporz unterbinden.[27] Belange, die nicht im Leistungsgrundsatz verankert sind, können lediglich als immanente Grundrechtsschranke bei der Besetzung öffentlicher Ämter berücksichtigt werden, wenn sie ebenfalls Verfassungsrang haben.[28]

Das Verhältnis von Art. 33 II, III GG zu Art. 3 III GG ist umstritten. Nach einer Auffassung stehen die Vorschriften nebeneinander und können sich ergänzen.[29] Eine andere Meinung sieht in Art. 33 II, III eine Sonderregelung[30] für den Zugang zum öffentlichen Dienst.[31] Art. 33 II GG lasse ausschließlich Eignung, Befähigung und fachliche Leistung als Differenzierungskriterien zu. Damit seien alle anderen und insbesondere die in Art. 3 III S. 1, 2 GG verpönten Unterscheidungsmerkmale ohnehin ausgeschlossen, so daß man nicht auf Art. 3 GG zurückgreifen müsse. Diese Ansicht ist abzulehnen. Immerhin bietet Art. 3 GG, insbesondere Abs. 3, Anhaltspunkte für in Art. 33 II und III GG nicht genannte, jedoch juristisch gleichwohl unbeachtliche Aspekte.

Art. 33 II, III GG gilt nicht allein für den Zugang zum öffentlichen Dienst, sondern auch für alle Fälle, in denen Ämter übertragen werden, insbesondere für Beförderung, Aufstieg und für sämtliche Maßnahmen zur Änderung des funktionellen Amtes.[32] § 8 IV S. 1 LBG stellt klar, daß alle Ernennungen unter Berücksichtigung von § 7 I LBG (§ 8 I S. 2 BBG) vorzunehmen sind. Für Bundesbeamte ergibt sich zusätzlich aus § 1 I BLV, daß auch bei der „Übertragung von Dienstposten" nur nach Eignung,

---

27 OVG Berlin, NVwZ 96, 500.
28 BVerwG, DÖD 05, 162 (163) = NVwZ 05, 457 = ZBR 05, 162 = DVBl 05, 456 (457) = E 122, 147 (150) = RiA 05, 129 (130) = PersV 06, 222 (223); DVBl 06, 316 (317) = ZBR 06, 89 (90) = NVwZ 06, 212 = DÖV 06, 264 (265) = PersV 06, 193 (194) = RiA 06, 77.
29 BVerwGE 47, 330 (353); DÖV 79, 793 (794); Maunz in Maunz/Dürig, Art. 33 GG, Rn 4, 24.
30 BVerwG, IÖD 05, 158 (159) = NVwZ 05, 702 = DÖV 05, 694 (695) = PersV 06, 60 (61) = ZBR 05, 244 (245) = E 122, 237 (239) = BayVBl 05, 667 (668) = DÖD 05, 165 (166) = RiA 05, 238 (239).
31 Isensee in Benda/Maihofer/Vogel, Handbuch des Verfassungsrechts, 1149 (1163).
32 Wichmann, Parteipolitische Patronage, 60 ff.; Battis, § 8 BBG, Rn 2; VG Frankfurt/M., IÖD 04, 134 (143) = PersV 04, 299 (308); IÖD 02, 196 (197 f.). Ähnlich OVG Schleswig, NordÖR 00, 250 (251) = ZBR 00, 251 (251 f.), auf der Grundlage einer entsprechenden Dienstvereinbarung. Zumindest dann, wenn der Versetzung ein Auswahlverfahren (Ausschreibung bzw. Entgegennahme von Bewerbungen) vorausgegangen ist: VGH Kassel, ZBR 90, 24. A.A. VGH Mannheim, VBlBW 92, 189; OVG Münster, DÖD 92, 41 (42) = NVwZ-RR 92, 369 (370) = DVBl 91, 1211 (1212); OVG Lüneburg, NdsVBl 06, 110 (111): nicht für Versetzungen und Umsetzungen; Günther, RiA 05, 279 (280 f.). Differenzierend mittlerweile OVG Münster, NWVBl 03, 278 = RiA 03, 155; NVwZ-RR 06, 340 (341) = NWVBl 06, 139, sowie OVG Schleswig, NordÖR 03, 82: Bei Stellenbesetzungen mit Beförderungs- und Versetzungsbewerbern muß der Maßstab der Bestenauslese uneingeschränkt auf die Bewerber angewandt werden; bei solchen allein mit Versetzungsbewerbern nicht. A.A. BVerwG, DÖD 05, 162 (165) = NVwZ 05, 457 (458) = ZBR 05, 162 (164) = DVBl 05, 456 (458) = E 122, 147 (153 f.) = BayVBl 05, 669 (671) = RiA 05, 129 (132) = PersV 06, 222 (224); OVG Koblenz, NVwZ-RR 02, 364 = DÖD 02, 158 = IÖD 02, 77 (78): nicht bei Umsetzungen oder Versetzungen. Zur Anwendbarkeit des Leistungsprinzips bei Konkurrenzen von Anstellungs- und Versetzungsbewerbern äußert sich das VG Meiningen, ThürVBl 03, 88 (90).

1. Verfassungsrechtliche Grundlagen

Befähigung und fachlicher Leistung zu entscheiden ist.[33] Diese Vorschriften bestimmen das Leistungsprinzip als maßgeblichen Auslesefaktor.[34] Das OVG Schleswig[35] ist der Meinung, daß eine Versetzung, Abordnung oder Umsetzung, die für den Betroffenen gegenüber späteren potentiellen Mitbewerbern um einen Beförderungsdienstposten keine entscheidenden Vorteile mit sich bringe, nicht nach dem Maßstab der Bestenauslese vorzunehmen sei. Eine solche Auffassung wird allerdings zunächst nicht dem Wortlaut von Art. 33 II GG gerecht, wonach diese Grundrechtsnorm einschränkungslos für den Zugang zu „jedem" öffentlichen Amt gilt, ohne daß es darauf ankommt, wie es besetzt wird.[36] Zudem verkennt sie die über die individual-rechtliche Komponente hinausgehende Bedeutung des Art. 33 II GG als allgemeinen Strukturgedanken. Das Leistungsprinzip ist ebenfalls bei sämtlichen Maßnahmen zur Änderung des funktionellen Amtes zu beachten, weil die öffentlichen Dienstherren ihre Ämter optimal besetzen müssen. Selbst wenn eine Person für sich selbst aus einem bestimmten Amt keine entscheidenden Vorteile gegenüber anderen Mitbewerbern um einen Beförderungsdienstposten ziehen kann, hat dieser Beamte dennoch sein Amt im Interesse des Staatsganzen sehr gut auszufüllen. Deshalb muß der Dienstherr bei jeder Entscheidung, die ein funktionelles Amt betrifft, anhand der Kriterien des Art. 33 II GG prüfen, wer der am besten geeignete Amtswalter ist.[37] Die gegenteilige Position ist deshalb abzulehnen. Mittlerweile hat das BVerwG[38] zumindest für die Vergabe eines Beförderungsdienstpostens zu Recht entschieden, daß dabei die Anforderungen des Art. 33 II GG zu beachten seien. Die Auslese für Beförderungsämter werde auf die Auswahl unter den Kandidaten um den Beförderungsdienstposten vorverlagert.

Art. 33 II GG bezieht sich auf Beamte, Angestellte und Arbeiter, also auf alle öffentlichen Beschäftigten, gleichermaßen.[39] Kein Angestellter kann jedoch aus Art. 33 II GG beanspruchen, verbeamtet zu werden.[40] Aller-

---

33 VG Frankfurt/M., IÖD 02, 196 (197). Ähnlich ist es in Thüringen wegen § 2 I Thür LVO: OVG Weimar, DÖD 06, 17 (19) = ThürVBl 05, 134 (136).
34 Battis, § 8 BBG, Rn 2; VGH Kassel, ZBR 98, 57.
35 ZBR 95, 78 (79) = NVwZ-RR 95, 45 (46); ähnlich VGH Mannheim, VBlBW 92, 189; VG Hannover, NdsVBl 01, 295.
36 VG Frankfurt/M., IÖD 02, 196 (198).
37 Nach VGH Kassel, ZBR 90, 24, zumindest, wenn der Umsetzung oder Versetzung ein Auswahlverfahren vorausgegangen ist.
38 E 115, 58 (59) = DÖV 01, 1044 (1045) = DVBl 02, 132 (133) = NVwZ-RR 02, 47 (48) = DÖD 01, 279 (279 f.) = PersV 02, 21 (22) = ZBR 02, 207 (208) = IÖD 02, 50; ebenso OVG Koblenz, RiA 99, 153 (154); OVG Bautzen, SächsVBl 01, 216 = ZBR 02, 60; VGH Mannheim, VBlBW 99, 264; OVG Münster, RiA 02, 49 = DÖD 01, 127 (128); DÖV 92, 456; VGH Kassel, ZBR 86, 205 (206) = NVwZ 86, 766 (767).
39 BVerwGE 61, 325 (330); BAG, PersV 02, 313 (314); ZBR 04, 273 (274) = RiA 04, 32 (34) = PersV 03, 379 (381); ZBR 04, 271 (272) = RiA 04, 30 (31) = PersV 03, 377 (378); PersV 04, 73 (74); LAG Hannover, NVwZ-RR 95, 584 (585); OVG Münster, NVwZ-RR 04, 771 (772) = NWVBl 05, 180 = RiA 05, 37; OVG Weimar, DÖD 06, 17 (20) = ThürVBl 05, 134 (137); Maunz in Maunz/Dürig, Art. 33 GG, Rn 33; Wichmann, Parteipolitische Patronage, 60; Monhemius, Rn 32; Wagner, Rn 28; Kunig in Schmidt-Aßmann, Rn 45.
40 OVG Koblenz, RiA 00, 101 (103).

dings schaffe Art. 33 II GG kein Vorzugsrecht für Beamte. Werde eine Stelle gleichermaßen für Beamte und Angestellte ausgeschrieben, müßten an sie auch die gleichen Anforderungen gestellt werden.[41] Art. 33 II GG gilt ebenfalls für die Berufung von Richtern, sogar derjenigen der obersten Gerichtshöfe des Bundes.[42]

Wie die in dieser Norm genannten Unterscheidungsmerkmale Eignung, Befähigung und fachliche Leistung zu verstehen sind, wird in Rn 113 erläutert.

Die Vorschrift schützt mit ihren Vorgaben hinsichtlich fachlicher Qualifikation und demokratischer Zuverlässigkeit überragend wichtige Gemeinschaftsgüter. Davon hängt es ab, ob und wie sich die Verfassungsprinzipien in der täglichen Praxis bewähren. Deshalb durfte zu Recht auf diese Anforderungen nicht verzichtet werden, als der öffentliche Dienst der DDR in denjenigen der Bundesrepublik Deutschland eingegliedert wurde.[43] Somit wird Art. 33 II GG nicht verletzt, wenn man bei der Ernennung von früheren DDR-Richtern weitergehende Voraussetzungen als das bloße Fehlen von Handlungen mit stark repressivem oder schädigendem Charakter aufstellt.[44]

Das Leistungsprinzip dient nicht allein dem Interesse der Hoheitsträger an der bestmöglichen personellen Besetzung ihrer Dienststellen, sondern ist – wie Art. 93 I Nr. 4a GG zeigt – zugleich ein **subjektiv-öffentliches Recht** des Bewerbers. Es berücksichtigt seinen berechtigten Wunsch nach einem angemessenen beruflichen Fortkommen und begründet einen Anspruch auf rechtsfehlerfreie, ausschließlich anhand der Kriterien des Art. 33 II GG zu treffende Auswahl.[45] Wie sich diese Rechtsposition auf die Prüfung von Ernennungsfällen auswirkt, wird in Rn 121 erläutert.

Das Beamtenrecht hält allerdings den Leistungsgrundsatz nicht in reiner Form durch. So hängt z.B. nach dem **Alimentationsprinzip** (Rn 30) die Höhe der Besoldung nicht von der tatsächlichen Arbeitsleistung auf dem übertragenen Dienstposten, sondern vom statusrechtlichen Amt des Stelleninhabers ab (Rn 49).

---

41 BAG, PersV 02, 313 (314 f.).
42 BVerwGE 105, 89 (92) = DVBl 98, 196; OVG Schleswig, DVBl 02, 134 (135) = DÖD 02, 39 (40) = NordÖR 01, 456 (457) = NJW 01, 3495 (3496 f.); NordÖR 03, 118 = NVwZ-RR 03, 321 (322); NVwZ 96, 806: auch der Richterwahlausschuß müsse das Prinzip der Bestenauslese beachten. Ebenso VG Schleswig, NordÖR 06, 82.
43 BVerfGE 92, 140 (152).
44 BVerfG, NJW 98, 2592.
45 BVerfG, DÖD 03, 17 = PersV 03, 147 = NordÖR 03, 30 (31) = DVBl 02, 1633 = ZBR 02, 427 (428) = NVwZ 03, 200 (201); BVerwGE 81, 22 (24); E 115, 58 (59) = BayVBl 02, 500 = DÖV 01, 1044 = DVBl 02, 132 (133) = NVwZ-RR 02, 47 (48) = DÖD 01, 279 (279 f.) = PersV 02, 21 (22) = ZBR 02, 207 (208) = IÖD 02, 50; DVBl 82, 198; DÖV 96, 920 = NVwZ 97, 283 = ZBR 96, 310 (311) = E 101, 112 (115); OVG Koblenz, RiA 97, 258 (259) = DÖD 97, 161 (162); VGH Kassel, NVwZ 90, 284; OVG Schleswig, DVBl 02, 134 (137) = DÖD 02, 39 (42) = NordÖR 01, 456 (458) = NJW 01, 3495 (3496 f.).

1. Verfassungsrechtliche Grundlagen

Auch das **Laufbahnprinzip** mit seiner Unterscheidung der Laufbahngruppen (Rn 158) knüpft nur insofern an die Leistung an, als die Vorbildung maßgebend für die Zuordnung zur Laufbahngruppe ist. Diese strukturiert das weitere Fortkommen des Beamten jedoch dann noch, wenn die Vorbildung hinter die langjährige, durch berufliche Praxis erworbene Qualifikation immer mehr zurücktritt. Sie wird aber wieder relevant beim vertikalen Laufbahnwechsel (Rn 171).

In eng begrenzten gesetzlich vorgesehenen Ausnahmefällen wird das Leistungsprinzip vom **Sozialstaatsprinzip** überlagert. Dies gilt z.B. für Soldaten bei ihrer beruflichen Wiedereingliederung (§ 11a ArbeitsplatzschutzG bzw. § 9 Soldatenversorgungsgesetz [Eingliederungsschein]). Inhaber eines Eingliederungs- oder Zulassungsscheins haben – selbst wenn besser geeignete Bewerber vorhanden sind – einen Rechtsanspruch auf Einstellung in bestimmte vorbehaltene Stellen bei Erfüllung der beamtenrechtlichen Mindestanforderungen und auf Anstellung nach Erwerb der laufbahnrechtlichen Voraussetzungen (Laufbahnprüfung und Mindestprobezeit), nicht aber auf Beförderung.[46]

Schließlich modifiziert **Art. 36 I GG** den Leistungsgrundsatz. Danach sind bei den obersten Bundesbehörden Beamte aus allen Ländern in angemessenem Verhältnis zu verwenden (Satz 1). Die bei den übrigen Bundesbehörden beschäftigten Personen sollen in der Regel aus dem Lande genommen werden, in dem sie arbeiten (Satz 2).

Gegen keine Norm des Grundgesetzes wird wohl so häufig verstoßen wie gegen Art. 33 II GG. Klagen über eine politisch beeinflußte Ämtervergabe[47] (parteipolitische Patronage, **Ämterpatronage**) füllen seit Anbeginn der Bundesrepublik Deutschland unabhängig von der parteipolitischen Zusammensetzung der jeweiligen Regierung, aber auch losgelöst von der Verwaltungsebene (Bund, Länder, Gemeinden) Bände. Erscheinungsformen sind beschrieben, Gefahren aufgezeigt und Vorschläge vielleicht zur Lösung, sicherlich aber zur Eindämmung der Problematik gemacht worden.[48] Diese Passagen sollen deshalb ebenfalls an den früh verstorbenen Kölner Oberstadtdirektor Kurt Rossa erinnern, der mit Esprit und kritischem Geist unter Inkaufnahme massiver beruflicher Nachteile Politikern und Parteien den in der Ämterpatronage liegenden Verfassungsbruch vorhielt: „Politiker sind Treuhänder. Und vom Treuhänder muß verlangt werden, daß er sich nicht die Pfoten am Treuhandgut vergoldet. … Parteibuch ist kein Ersatz für Leistung".[49] Mahnungen und konstruktive Kritik appellieren an die Verantwortlichen, sich im Interesse der Leistungsfähigkeit des öffentlichen Dienstes sowie der Berufschancen des in ihm tätigen Personals zu bessern. Die (gerichtliche) Durchsetzung des Leistungsprinzips steht hingegen unabhängig vom Problem der Konkur-

18

---

46 Schütz/Maiwald, § 7 LBG, Rn 101; Schütz, DÖD 70, 121 (124).
47 Literaturnachweise bei Wichmann, Parteipolitische Patronage, 517 ff.; ders., ZBR 88, 365.
48 Wichmann, Parteipolitische Patronage; ders., ZBR 88, 365.
49 Rossa, Kölscher Klüngel, WDR-Fernsehen, 31.1.90.

2. Abschnitt: Rechtsquellen des Beamtenrechts

rentenklage (Rn 313 ff.) auf tönernen Füßen, weil Ernennungsentscheidungen sowohl mit Beurteilungsermächtigungen als auch mit Ermessensspielräumen verbunden sind (Rn 121). Ein Gegengewicht kann jedoch sein, die Verfahrensrechte von Bewerbern um Stellen im öffentlichen Dienst zu verbessern.[50] Aus Art. 33 II GG wird ein sog. Bewerbungsverfahrensanspruch (Rn 76) abgeleitet.[51] Danach besteht ein Anspruch auf eine faire, chancengleiche Behandlung mit fehlerfreier Ermessensausübung und unter Einhaltung des eventuell gesetzlich vorgeschriebenen Verfahrens einschließlich möglicher Anhörungs- und Beteiligungsrechte. Vielleicht können zudem neue Führungs- und Steuerungsmodelle bei der Verwaltungsmodernisierung die Besetzung von Amtsstellen nach Parteibuch oder anderen unsachlichen Kriterien eindämmen. Gemäß ihrer Philosophie lenkt die Politik die Verwaltung über Produkte und erhält durch ein Controllingsystem zusätzliche Transparenz. Werden dadurch nicht nur Einzeleingriffe in den Verwaltungsvollzug entbehrlich, könnte ebenfalls die bisher vermeintliche Notwendigkeit für die Politik entfallen, durch Stellenvergabe nach Parteibuch die Leistungserbringung der Verwaltung zu beeinflussen.

Quotenregelungen über den geschlechtsspezifischen Anteil bei Einstellungs- und Beförderungsentscheidungen werden in Rn 122, 132 behandelt.

Fälle:
(1) Die Gemeinde G gewährt bei Einstellungen generell allen einheimischen Bewerbern einen Bonus. Zu Recht?
Das hängt davon ab, ob dies mit dem Leistungsprinzip vereinbar ist. Art. 33 II GG nennt die positiven Unterscheidungsmerkmale, die bei einer Berufung in das Beamtenverhältnis herangezogen werden dürfen, während Art. 33 III GG, näher konkretisiert durch Art. 3 II und III GG, einen Negativkatalog unzulässiger Differenzierungskriterien enthält. Die Heimat oder Herkunft eines Bewerbers ist juristisch irrelevant (Art. 3 III S. 1 GG). Anders kann es sein, wenn (ausnahmsweise) eine besondere Vertrautheit mit den lokalen Verhältnissen objektiv als Eignungskriterium (Art. 33 II GG) anzusehen wäre und subjektiv der Bewerber dieses Merkmal erfüllt.[52]
Ortsansässige pauschal zu bevorzugen, genügt schon deswegen weder objektiven noch subjektiven Eignungsanforderungen, weil nicht für alle Aufgaben einer Kommune Ortskenntnis erforderlich ist. Zudem kann ein neu zugezogener Einheimischer schlechtere Ortskenntnisse haben als ein mit der Ortslage vertrauter Bewohner eines Nachbarortes.
Die Bonusregelung für Einheimische ist somit rechtswidrig.

(2) Die Bezirksregierung lehnt die Einstellung einer Lehrerin für eine öffentliche Gemeinschaftsschule unter Hinweis auf ihre Schwangerschaft und ihre Zugehörigkeit zur römisch-katholischen Kirche ab. Zu Recht?
Unabhängig davon, ob durch die Schwangerschaft die gesundheitliche Leistungsfähigkeit gemindert ist und ob bereits die Zeit des Beschäftigungsverbots (§ 2 II MuSchVO) begonnen hat, verbietet Art. 33 II GG, den zeitbedingten Faktor Schwangerschaft zu berücksichtigen. Das Beamtenverhältnis ist auf Lebenszeit angelegt. Deshalb kann es in Art. 33 II GG allein auf die

---

50 BGH, NJW 95, 2344 (2344 ff.); OLG Celle, NVwZ 95, 413, als Vorinstanz; näher beschrieben in Rn 150 ff.
51 BVerfG, DÖD 03, 17 = PersV 03, 147 = NordÖR 03, 30 (31) = DVBl 02, 1633 = ZBR 02, 427 (428) = NVwZ 03, 200; DVBl 03, 1524 = ZBR 04, 45; Anm Otte, ZBR 04, 46 (46 f.); OVG Münster, NVwZ-RR 06, 340 (341) = NWVBl 06, 139.
52 BVerwG, DÖV 79, 793.

1. Verfassungsrechtliche Grundlagen

dauernde Eignung der Bewerberin ankommen. Außerdem folgt aus Art. 6 IV GG, daß eine Schwangerschaft kein Differenzierungsgrund sein darf.[53] Zudem sind Fragen nach einer bestehenden oder geplanten Schwangerschaft unzulässig (§ 9 III LGG).

Art. 33 III GG besagt, daß die Zulassung zu öffentlichen Ämtern unabhängig vom religiösen Bekenntnis ist. Werden Lehrer für eine öffentliche Gemeinschaftsschule eingestellt, darf man deshalb nicht nach der Religion differenzieren.[54] Dies ist selbst bei der Bestellung des Rektors einer christlichen Gemeinschaftsschule ausgeschlossen.[55] Anders kann es bei sog. konfessionsgebundenen Ämtern sein (z.B. Professor für katholische Theologie).

Literatur: Bochmann, Theorie und Praxis des Leistungsgrundsatzes nach den Dienstrechtsreformen, ZBR 04, 405; Lindenschmidt, Zur Strafbarkeit der parteipolitischen Ämterpatronage in der staatlichen Verwaltung, 2004; Klieve, Parteipolitische Ämterpatronage – Eine verfassungsrechtliche Bewertung, VR 03, 183; Classen, Wahl contra Leistung? – Zu Wahlbeamten und Richterwahlen, JZ 02, 1009; Güntner, Beamtenbesoldung nach Leistung – Grenzen und Tendenzen, in Depenheuer/Heintzen/Jestaedt/Axer, Nomos und Ethos, Hommage an Josef Isensee zum 65. Geburtstag, 2002, 377; Kloepfer, Schutz vor Ämterpatronage, in Eberle/Ibler/Lorenz, Der Wandel des Staates vor den Herausforderungen der Gegenwart, FS für Winfried Brohm, 2002, 683; Zentgraf, Parteipolitische Ämterpatronage, das rathaus, 3/02, 52; Kloepfer, Politische Klasse und Ämterpatronage, ZBR 01, 189; Biehler, Ämterpatronage im diplomatischen Dienst, NJW 00, 2400; Bochmann, Führungsfunktionen auf Zeit gemäß § 12b BRRG und ihre Bedeutung für Berufsbeamtentum und Verwaltung unter besonderer Berücksichtigung des Problems der Ämterpatronage, 2000; Malinka, Leistung und Verfassung – Das Leistungsprinzip in der Rechtsprechung des Bundesverfassungsgerichts, 2000; Schuppert, Verwaltungswissenschaft, 2000, S. 653 ff.; Höfling, Verfahrensrechtliche Garantien des Art. 33 II GG, ZBR 99, 73; Spranger, Bestenauslese und landsmannschaftliche Verhältnisse nach Art. 36 II GG, RiA 98, 163; Schwidden, Förderung von Behinderten in den öffentlichen Dienst – Eine Bestandsaufnahme nach der Grundgesetzänderung, RiA 97, 70; Battis, Berufsbeamtentum und Leistungsprinzip, ZBR 96, 193; Berger-Delhey, Parteipolitische Betätigung in Dienststellen und Betrieben, PersV 95, 391; Günther, Beförderungserprobung von Beamten als Fraktionsassistenten, DÖD 94, 178; Schwidden, Der Anteil der Beamten aus den Ländern in den obersten Bundesbehörden gemäß Art. 36 Grundgesetz, RiA 94, 57; Hattenhauer, Beamtentum im Parteienstaat, ZBR 93, 1; Laubinger, Gedanken zum Inhalt und zur Verwirklichung des Leistungsprinzips bei der Beförderung von Beamten, VerwArch 92, 246; Lorig/Mayer-Schlöder, Die Parteipolitisierung des öffentlichen Dienstes, VR 92, 55; Harms, Vollzugsprobleme bei der Bestenauslese, PersV 90, 510. Grundlegend Wichmann, Parteipolitische Patronage, ZBR 88, 365; Rossa, Stadtverwaltung zwischen Leistungskraft und Vasallentreue, StGR 87, 239; Wichmann, Parteipolitische Patronage – Vorschläge zur Beseitigung eines Verfassungsverstoßes im Bereich des öffentlichen Dienstes, 1986; v. Arnim, Ämterpatronage durch politische Parteien, 1980; Eschenburg, Ämterpatronage, 1961.

1.2.2 Funktionsvorbehalt und institutionelle Garantie des Berufsbeamtentums

Während Art. 33 II, III GG sowohl für Beamte als auch für Angestellte und Arbeiter der öffentlichen Verwaltung gilt, enthält Art. 33 IV GG spezifische Aussagen zum Beamtenverhältnis.[56] Soweit **Art. 33 IV GG** davon spricht, daß hoheitsrechtliche Befugnisse in der Regel als ständige Aufgabe Angehörigen des öffentlichen Dienstes zu übertragen sind, die in einem öffentlich-rechtlichen Dienst- und Treueverhältnis stehen, wird ein objektiv-rechtlicher **Funktionsvorbehalt** zugunsten der Beamten bestimmt.

19

---

53 BVerfGE 44, 211 (215).
54 BVerwGE 81, 22 (25 f.).
55 VGH Mannheim, ESVGH 18, 31 (35 ff.).
56 Scheerbarth/Höffken/Bauschke/Schmidt, § 5 I vor 1.

2. Abschnitt: Rechtsquellen des Beamtenrechts

Allein diese befinden sich im geforderten öffentlich-rechtlichen Dienst- und Treueverhältnis. Der Funktionsvorbehalt sichert den Beamten auf Dauer ein Tätigkeitsfeld in der öffentlichen Verwaltung, das nur vorübergehend oder ausnahmsweise (z.B. von Lehrern im Angestelltenverhältnis [Umkehrschluß aus § 57 IV S. 2 SchulG] oder von Politessen) von Angestellten oder Arbeitern übernommen werden darf. Art. 33 IV GG verbietet nicht generell, hoheitliche Aufgaben durch Arbeitnehmer zu erfüllen.[57] Gestattet sind allerdings lediglich Ausnahmen. Übertrüge man die ständige Ausübung hoheitlicher Befugnisse in größerem Umfang auf Nichtbeamte, wäre dies mit dem Grundgesetz unvereinbar.[58] Art. 33 IV GG dient hingegen nicht dazu, für eine bestimmte Gruppe öffentlicher Bediensteter, die Beamten, diesen ein weites Betätigungsfeld verfassungsfest zu eröffnen.[59] Die Praxis, eine festgelegte Zahl von Beförderungsstellen aus haushaltsrechtlichen Erwägungen nur mit Beamten zu besetzen, verstieße gegen die Verfassung.[60] Infolge des Charakters der Vorschrift als objektiv-rechtliche Verfassungsregelung kann der einzelne Amtsinhaber aus Art. 33 IV GG keine subjektiven Rechte herleiten.[61] Ein Angestellter kann somit nicht aus Art. 33 IV GG beanspruchen, verbeamtet zu werden.[62] Wie umfangreich der den Beamten vorbehaltene Funktionsbereich ist, hängt zunächst von der Interpretation des Begriffs „hoheitsrechtliche Befugnisse" in Art. 33 IV GG ab.[63] Einigkeit besteht insoweit, daß die **Eingriffsverwaltung** (Polizei, Gewerbeaufsicht, Ordnungs- und Finanzverwaltung, Justiz, Militär, Staatsleitung [höhere Ministerialbürokratie]) als Anwendungsfall angesehen wird.[64] Hier steht der Staat dem Einzelnen obrigkeitlich, also mit einseitigem Zwang gebietend oder entscheidend, gegenüber. Hingegen müssen fiskalisches Handeln (Erwerbs- und Beschaffungsgeschäfte) und rein mechanische, technische oder untergeordnete Tätigkeiten ohne relevante Entscheidungsbefugnisse (Wartungs-, Reinigungs-, Schreibarbeiten, Telefon- oder Fahrdienste) nicht durch Beamte erfolgen.[65]

Ob der Funktionsvorbehalt für die **Leistungsverwaltung** (Daseinsvorsorge) gilt, herrscht Streit.[66] Er hat praktische Relevanz, weil der moderne Staat seine Tätigkeit gerade in der Leistungsverwaltung ausdehnt.[67] Sähe man die Daseinsvorsorge nicht als Anwendungsfall des Funktionsvorbehalts an, minderte sich die Bedeutung des Beamtentums für die öffentliche

---

57 BAG, ZBR 04, 271 (272) = RiA 04, 30 (31) = PersV 03, 377 (379).
58 BVerfGE 9, 268 (284).
59 LAG Hannover, NVwZ-RR 95, 584 (585).
60 BAG, ZBR 04, 271 (272) = RiA 04, 30 (32) = PersV 03, 377 (379).
61 BVerfG, NVwZ 88, 523; E 6, 376 (385); OVG Koblenz, RiA 00, 101 (102).
62 OVG Koblenz, RiA 00, 101 (102).
63 Die unterschiedlichen Positionen beschreiben Denninger/Frankenberg, 5 ff.
64 LAG Hannover, NVwZ-RR 95, 584 (585); Benndorf, DVBl 81, 23 (24) m.w.N.; Battis, § 4 BBG, Rn 7.
65 VGH München, ZBR 94, 350 (352); LAG Hannover, NVwZ-RR 95, 584 (585); Battis, § 4 BBG, Rn 8; Schütz/Maiwald, § 4 LBG, Rn 27, 36; Kunig in Schmidt-Aßmann, Rn 34.
66 Bejahend Battis, § 4 BBG, Rn 7; Darstellung bei Benndorf, DVBl 81, 23 (24 ff.).
67 Kunig in Schmidt-Aßmann, Rn 32 ff.

1. Verfassungsrechtliche Grundlagen

Verwaltung erheblich. Deshalb geht die h.M. davon aus, daß der Funktionsvorbehalt bei der Leistungsverwaltung jedenfalls insoweit gilt, als die Aufgaben in Form von öffentlich-rechtlichem Handeln erledigt[68] oder existentiell wichtige Leistungen, insbesondere solche mit Grundrechtsrelevanz, für den Bürger erbracht werden[69], bzw. wenn die Effizienz, Berechenbarkeit und Qualität des Handelns nur mit dem Status „Beamter" erreicht werden können.[70]

Problematisch ist diese Ansicht für die Daseinsvorsorge im weiteren Sinn und dort insbesondere bei Lehrern. Aufgrund der Rechtsprechung des EuGH übt ein **Lehrer** selbst dann keine hoheitlichen Befugnisse aus, wenn er Schüler benotet und an der Entscheidung über ihre Versetzung in die nächsthöhere Klasse mitwirkt.[71] Nach meiner Auffassung erscheint es sachgerecht, allein auf die einzelne Funktion abzustellen und zu fragen, ob gerade für ihre Aufgabenwahrnehmung die Besonderheiten des Beamtenverhältnisses in überwiegendem Maß, speziell um die Grundrechte zu gewährleisten, adäquat sind.[72] Ein Lehrer unterrichtet in erster Linie. Mit dieser primär pädagogischen Tätigkeit gestaltet er gerade nicht schwerpunktmäßig das Staat/Bürger-Verhältnis. Die Notenerteilung, die Mitwirkung an der Versetzungsentscheidung sowie an der Zulassung zu weiterführenden Schulen, an der Vergabe von Schulabschlüssen und an Ordnungsmaßnahmen bis hin zur Entlassung von der Schule sind hingegen marginal. Die hoheitlichen *Befugnisse* (und gerade nicht Aufgaben) sind eng auszulegen und klar von sonstigen Aufgaben der Verwaltung abzugrenzen.[73] Es ist nicht einsichtig, warum gerade das Berufsbeamtentum im Gegensatz zu Angestellten und Arbeitern speziellen statusrechtlichen Prinzipien unterworfen sein soll, wenn dem keine herausgehobene Qualität seiner Aufgaben gegenübersteht. Die besondere Prägung des Berufsbeamtentums bedingt eine bedeutsame Qualität seiner Funktionen, so daß für mich kein Lehrer (entsprechendes gilt für Hochschullehrer) Beamter sein muß.[74] Entscheidend ist, ob der Staat für eine Tätigkeit ein Wahrnehmungs*monopol* hat sowie welche Grundrechtsrelevanz die Tätigkeit aufweist.[75] Bezogen auf das Lehramt belegt die Tatsache, daß es in rechtlich zulässiger Weise (Art. 7 IV S. 1 GG) ebenfalls Privatschulen geben darf, daß der Staat hier gerade kein Wahr-

---

68 BVerwGE 37, 192 (194); Schütz/Maiwald, § 4 LBG, Rn 29; Battis, § 4 BBG, Rn 7.
69 VGH München, ZBR 94, 350 (352).
70 Kunig in Schmidt-Aßmann, Rn 34.
71 NJW 93, 2091 (2092); ähnlich für Lehrkräfte an Grundschulen: EuGH, NJW 96, 3199 (3200). Offengelassen von VG Schleswig, NordÖR 99, 246 (247). Seemann, ZBR 04, 147, will hieraus jedoch keine Rückschlüsse ziehen. Das Europarecht mache insoweit keine Vorgaben, in welchen Dienstverhältnissen die Mitgliedsstaaten ihren öffentlichen Dienst organisierten.
72 Kunig in v. Münch, GGK II, Art. 33, Rn 42.
73 Benndorf, DVBl 81, 23 (26); Denninger/Frankenberg, 7; offengelassen von Kunig in Schmidt-Aßmann, Rn 34; a. A. Battis/Schlenga, ZBR 95, 253 (256 f.); Leisner, ZBR 80, 361 (362 ff.).
74 Ebenso Denninger/Frankenberg, 11 ff.; Bull, DÖV 04, 155 (158 f.).
75 Denninger/Frankenberg, 7.

nehmungsmonopol hat. Auch aus diesem Gesichtspunkt heraus muß ein Lehrer kein Beamter sein. Selbst nach den Regelungen in Schleswig-Holstein, grundsätzlich keine Angestelltenlehrkräfte mehr zu verbeamten, ist zumindest das Regel-Ausnahme-Verhältnis des Art. 33 IV GG weiterhin gewahrt, weil Beamte zahlenmäßig erheblich überwiegen.[76]

Die weitere Frage, die sich beim Funktionsvorbehalt neben der Definition der hoheitsrechtlichen Befugnisse stellt, ist diejenige, ob er ein maximales oder minimales Einsatzgebiet für Beamte gewährleisten soll. Für mich bestimmt Art. 33 IV GG lediglich einen Kernbereich, der ausschließlich Beamten vorbehalten ist, damit die Institution des Berufsbeamtentums nicht ausgezehrt wird.[77] Keinesfalls gebietet Art. 33 IV GG einen extensiven Verbeamtungszwang.

In der gemeindlichen Praxis spielt der Funktionsvorbehalt eine untergeordnete Rolle. Dies zeigt der steigende Anteil von Angestellten an den Beschäftigten der öffentlichen Verwaltung, der speziell in Kommunen zu verzeichnen ist. Der öffentliche Dienst in Deutschland beschäftigt etwa 4,669 Mio. Personen, davon die Gemeinden, Städte und Kreise insgesamt 1,382 Mio. Hiervon sind rund 177.000, also nur 12,8%, kommunale Beamte. In NW-Gemeinden und Gemeindeverbänden beträgt die Beamtenquote 23,1% (55.578) gegenüber 54,8% Angestellten (132.068) und 22,1% Arbeitern (53.170). Gegenläufige Tendenzen wie in der Stadt Offenbach (Hessen), wo alle Angestellten zu Beamten ernannt werden sollten, bleiben Einzelfälle und dürfen nicht verallgemeinert werden. Faktisch haben auch dort von den 312 potentiell in Betracht kommenden Angestellten 112 der Stadt abgesagt.[78]

20 Im Kommunalbereich war insbesondere in kleineren Gemeinden die Frage virulent, ob anstelle des in verschiedenen Normen genannten „**für das Finanzwesen zuständigen Beamten**" ebenfalls ein fachlich gleich qualifizierter Angestellter mit dieser Aufgabe betraut werden könne. Der Gesetzgeber hat diese Problematik auf der Grundlage der in der 4. Aufl. dieses Buches vertretenen Rechtsauffassung[79] gelöst, und in den §§ 93 II und 104 III S. 2 GO das Wort „Beamter" durch „Verantwortlichen" ersetzt. Danach ist es in diesen Fällen zulässig, Angestellte zu verwenden. Hintergrund der Überlegungen war die gerade bei Beamten vielfach knappe Personaldecke, die einen flexibleren Personaleinsatz wünschenswert machte. Es kam vor, daß in einer Gemeinde der für das Finanzwesen zuständige Beamte in den Ruhestand versetzt worden ist und es keine anderen Beamten gab, die man hätte umsetzen können. Hätte die Stelle mit einem Beamten besetzt werden müssen, wäre die Kommune gezwungen gewesen, einen neuen Beamten einzustellen, obwohl es fachlich qualifizierte Angestellte gab. Bei der Zusammensetzung des Verwaltungs-

---

76 VG Schleswig, NordÖR 99, 246 (247 f.).
77 So auch Denninger/Frankenberg, 7.
78 FR v. 4.9.98, 27.
79 S. 25 f.

1. Verfassungsrechtliche Grundlagen

vorstands wurde hingegen die Formulierung „**Kämmerer**" gewählt (§ 70 I S. 1 GO). Selbst hier darf der Kämmerer, wenn er Angestellter ist, Mitglied des Verwaltungsvorstands sein. Der Verwaltungsvorstand übt keine hoheitsrechtlichen Befugnisse aus, wenn er an bestimmten Verwaltungsaufgaben lediglich „mitwirkt" (§ 70 II GO). Im übrigen übte das Kollegialorgan Verwaltungsvorstand hoheitsrechtliche Befugnisse aus und kein einzelnes Mitglied dieses Gremiums. Danach reichte es aus, wenn zumindest die Mehrheit des Verwaltungsvorstands Beamte sind, was aufgrund der Zusammensetzung (hauptamtliche Beigeordnete, Bürgermeister) der Fall ist.

Das IM teilt ausweislich eines Schreibens an die Geschäftsstelle des StGB NRW[80] nicht diese Ansicht und hält daran fest, daß mit derartigen Aufgaben allein ein Beamter betraut werden dürfe.[81]

Mittlerweile hat man die Unterscheidung zwischen den „für das Finanzwesen zuständigen Bediensteten" und dem „Kämmerer" aufgegeben und verwendet einheitlich den Begriff „Kämmerer".

Der Funktionsvorbehalt führt hinsichtlich des **Status des allgemeinen** 21 **Vertreters des Bürgermeisters** dazu, daß **grundsätzlich nur ein** anderer **Beamter** zum allgemeinen Vertreter bestellt werden darf, wenn es keinen Beigeordneten gibt. Das bestimmt § 68 I S. 4 GO zwar nicht ausdrücklich. Man kann es aber aus Art. 33 IV GG, § 4 II LBG folgern, wonach die Ausübung hoheitsrechtlicher Befugnisse als ständige Aufgabe in der Regel Beamten zu übertragen ist. Die Aufgaben des Bürgermeisters sind ganz überwiegend hoheitsrechtlicher Natur. Aus der Formulierung „als ständige Aufgabe in der Regel" in den genannten Vorschriften kann aber geschlossen werden, daß **ausnahmsweise auch ein Angestellter** als allgemeiner Vertreter denkbar ist.[82] Eine solche Ausnahme liegt zum Beispiel vor, wenn für eine vorübergehende Zeit eine Zwischenlösung bis zur Einstellung eines geeigneten Beamten gefunden werden muß.[83] Entsprechend wäre es rechtlich zulässig, einen Angestellten vorübergehend zum allgemeinen Vertreter zu bestellen, wenn er in absehbarer Zeit zum Beamten ernannt werden soll.

Ansonsten werden in Kommunen hoheitsrechtliche Befugnisse als ständige Aufgabe lediglich in der Eingriffsverwaltung (Ordnungsamt, Gewerbeaufsicht, Verkehrsüberwachung, Ausländerwesen) sowie im Melde- und Personenstandswesen (Standesamt) ausgeübt. Schließlich muß der Leiter des Rechnungsprüfungsamts Beamter sein (§ 104 III S. 1 GO). Allerdings können in den Bundesländern Baden-Württemberg, Hessen, Sachsen und Schleswig-Holstein qualifizierte Angestellte mit der Leitung

---

80 V. 7.7.97, III A 4 -37.00.20-4726/97.
81 Es handelte sich somit nicht um ein „rechtsfolgenloses Redaktionsversehen", wie Schmitz, VR 05, 344, meint.
82 Rehn/Cronauge/v. Lennep, GO NW-Kommentar, § 68, Erl II.
83 Held, GO-Kommentar, Anhang zu § 68, Anm 3.

2. Abschnitt: Rechtsquellen des Beamtenrechts

des RPA betraut werden; in Mecklenburg-Vorpommern sowie in Sachsen-Anhalt kann die Aufsichtsbehörde Ausnahmen zulassen.

22 Zusammen mit Art. 33 V GG enthält Art. 33 IV GG außerdem eine **institutionelle Garantie des Berufsbeamtentums**. Hoheitsrechtliche Befugnisse stehen notwendigerweise jedem Hoheitsträger zu und er braucht Beamte, um sie zu erfüllen. Die Mütter und Väter des Grundgesetzes haben sich bewußt für das Berufsbeamtentum entschieden.[84] Damit sollte ein dialektisches Spannungsverhältnis zwischen den auf Dynamik und Änderung angelegten politischen Kräften und einem unabhängigen, an Verfahrenskontinuität und Rechtsförmlichkeit orientierten Beamtentum geschaffen werden. Das Berufsbeamtentum muß man sich nach der Rechtsprechung des BVerfG gleichsam als ausgleichenden Faktor vorstellen. Es sei eine Institution, „die, gegründet auf Sachwissen, fachliche Leistung und loyale Pflichterfüllung, eine stabile Verwaltung sichern und damit einen ausgleichenden Faktor gegenüber den das Staatsleben gestaltenden politischen Kräften darstellen soll".[85] In diesem **Beamtenbild** klingt an, daß das Berufsbeamtentum zwischen Staat und Gesellschaft stehe und als ausgleichender Faktor ein Bollwerk gegen Partikularinteressen zum Schutz des Staatsinteresses darstelle. Man hat sich das Berufsbeamtentum also gleichermaßen als Schiedsrichter eines Fußballspiels vorzustellen, bei dem sich die gesellschaftlichen Kräfte auf dem Spielfeld gegenüberstehen, der bei Verstößen gelbe und rote Karten verteilt und dem sonst die Spielleitung obliegt. Dies ist aber nicht Aufgabe der Beamten. Das Berufsbeamtentum darf zumindest gegenüber zwei Institutionen keine Ausgleichsfunktion wahrnehmen, gegenüber der gesetzmäßigen Regierung und gegenüber dem Parlament. Vielmehr muß es ihren Weisungen nachkommen und nach den von der Regierung vor-

---

84 Stern, in König, Öffentlicher Dienst, FS für Carl Hermann Ule zum 70. Geburtstag, 1977, 193 (197 ff.).
85 BVerfGE 7, 155 (162); 8, 1 (16); ähnlich 11, 203 (216 f.); 39, 196 (201); 44, 249 (265) = NJW 77, 1869 (1870); 56, 146 (162); 64, 367 (379); 70, 69 (85) = NVwZ 85, 894 (895); 70, 251 (267) = DÖV 85, 1058 (1059); Anm Siedentopf, DÖV 85, 1060; NJW 89, 93; BayVerfGH, ZBR 91, 113 (117) = NJW 92, 226 (227); OVG Koblenz, RiA 00, 101 (102); DÖV 02, 960 = RiA 02, 304 (305) = ZBR 02, 366 (367) = NVwZ-RR 03, 133; Anm Summer, ZBR 02, 367 (367 f.); zust. Monhemius, Rn 30, und Wagner, Rn 4; mittlerweile ohne Hinweis auf die Ausgleichsfunktion anscheinend vorsichtiger BVerfG, NVwZ 03, 1506 = DVBl 03, 1525 (1526); E 99, 300 (315) = NJW 99, 1013 (1014) = DÖV 99, 381, wonach es Aufgabe des Berufsbeamtentums ist, „im politischen Kräftespiel eine stabile, gesetzestreue Verwaltung zu sichern"; ebenso BVerwGE 110, 363 (367) = IÖD 00, 218 (219) = DVBl 00, 1136 (1137) = NJW 00, 2521 (2522) = PersV 00, 358 (360) = ZBR 00, 209 (210) = RiA 02, 239 (241); Anm Bull, DVBl 00, 1773 (1773 f.); Anm Summer, ZBR 00, 211. Diesen Schwenk scheint die Instanzrechtsprechung der Obergerichte noch nicht mitbekommen zu haben; z.B. jüngst OVG Koblenz, DÖV 02, 960 = RiA 02, 304 (305) = NVwZ-RR 03, 133; Anm Summer, ZBR 02, 367 (367 f.); BayVerfGH, DVBl 05, 306 = NVwZ-RR 05, 830 (831) = BayVBl 05, 111 (112) = ZBR 05, 32 (33). Um so überraschender taucht die Ausgleichsfunktion dann wieder in BVerfG, NVwZ 05, 1294 (1298) = DVBl 05, 1441 (1445) = ZBR 05, 378 (386) = DÖD 06, 24 (25), auf.

1. Verfassungsrechtliche Grundlagen

gegebenen Zielen seine Arbeit verrichten. So falsch dieses überkommene Beamtenbild ist[86], so richtig ist jedoch folgende Feststellung:

Art. 33 IV, V GG sichert das Beamtentum als Einrichtung[87] der durch das Grundgesetz geschaffenen staatlichen Ordnung. Das Berufsbeamtentum könnte ausschließlich durch entsprechende Grundgesetzänderung beseitigt werden. Sie wäre bei Beachtung von Art. 79 I S. 1 und II GG möglich, ohne daß Art. 79 III GG entgegenstünde.[88] Diese Vorschrift erwähnt Art. 33 IV, V GG nicht ausdrücklich und erfaßt ihn auch nicht mittelbar. Zwar verweist Art. 79 III GG auf Art. 20 GG, der in Abs. 2 S. 2 die Gewaltentrennung und damit den Bestand der Exekutive und in Abs. 3 das Gesetzmäßigkeitsprinzip als Teil des Rechtsstaatsprinzips dauerhaft garantiert. Diese Norm regelt jedoch nicht, wie die Exekutive organisiert sein muß und daß gesetzmäßiges Handeln allein durch Beamte sichergestellt werden kann.[89] Allerdings – und das ist wichtig – gebieten die verfassungsänderungsfesten Prinzipien (Art. 79 III GG) „Rechtsstaat" und „Sozialstaat" des Art. 20 I, III GG, ggf. ein Dienstsystem zu schaffen, das deren Einhaltung sichert und somit seine Amtswalter ähnlich schützt wie Beamte.

Literatur: Lindner, Grundrechtssicherung durch das Berufsbeamtentum, ZBR 06, 1; Müller, Das Ende des Stadtkämmerers?, DÖD 05, 55; Remmert, Warum muß es Beamte geben?, JZ 05, 53; Hilp, „Den bösen Schein vermeiden" – zu Ethos und Recht des Amtes in Kirche und Staat, 2004; Janssen, Die zunehmende Privatisierung des deutschen Beamtenrechts als Infragestellung seiner verfassungsrechtlichen Grundlagen, ZBR 03, 113; Remmert, Private Dienstleistungen in staatlichen Verwaltungsverfahren, 2003; Badura, Katastervermessungen als der Vermessungsverwaltung vorbehaltene Aufgabe des Staates – Ein Beitrag zur Ausübung „hoheitsrechtlicher Befugnisse" durch die öffentliche Verwaltung (Art. 33 Abs. 4 GG), in Franke/Summer/Weiß, Öffentliches Dienstrecht im Wandel, FS für Walther Fürst, 2002, 29; Bauschke, Arbeitnehmer und Beamte – traditionelle Trennung und aktuelle Berührungen, in Franke/Summer/Weiß, Öffentliches Dienstrecht im Wandel, FS für Walther Fürst, 2002, 57; Di Fabio, Verantwortung als Verfassungsinstitut, in Knies, Staat – Amt – Verantwortung, FS für Friedrich Karl Fromme, 2002, 15; Isensee, Das antiquierte Amt – Erinnerung an eine Voraussetzung der Freiheit, in Knies, Staat – Amt – Verantwortung, FS für Friedrich Karl Fromme, 2002, 41; Loschelder, Amt und Status – oder: Warum sollen Professoren Beamte sein? – Bemerkungen zur Verflüchtigung des Amtsgedankens, in Franke/Summer/Weiß, Öffentliches Dienstrecht im Wandel, FS für Walther Fürst, 2002, 219; Pechstein, Die Vereinbarkeit des ÖTV-Entwurfs für ein neues Bundesbeamtengesetz („neuBBG") mit dem Grundgesetz, 2002; Simianer, „Treue" und Beamtenverhältnis, VBlBW 02, 195; Nordmeyer, Die Auslegung des Art. 33 IV GG und seine Verflechtung mit Gesichtspunkten der neueren Staatsdiskussion sowie der Freizügigkeit des europäischen Gemeinschaftsrechts, jur. Diss., Berlin, 2001; Pechstein, Zur Verfassungskonformität des ÖTV-Entwurfs für ein neues Bundesbeamtengesetz („neuBBG"), ZBR 01, 113; Sander, Art. 33 Abs. 4 GG im (Zwie-)Licht der Rechtsprechung, ZBR 01, 391; Schwidden, Grundfragen zur Besetzung von Beamtenstellen mit Arbeitnehmern, RiA 00, 267; Strauß, Funktionsvorbehalt und Berufsbeamtentum, 2000; Jachmann/Strauß, Berufsbeamtentum,

---

86 Nähere Kritik sowie die Beschreibung eines statusangemessenen Beamtenbildes finden sich bei Wichmann, Parteipolitische Patronage, 110 ff.
87 BVerfG, NVwZ 03, 1364 (1365) = DVBl 03, 1148 (1149) = PersV 03, 467 (469) = RiA 03, 295 (301) = RiA 04, 172 (178) = ZBR 03, 348 (349) = SächsVBl 03, 268 (270) = E 107, 218 (236); Anm Millgramm, SächsVBl 03, 276 (276 f.); Scheerbarth/Höffken/Bauschke/Schmidt, § 5 I 3.
88 Denninger/Frankenberg, 19.
89 Wagner, Rn 19.

Funktionsvorbehalt und der „Kaperbrief für den Landeinsatz", ZBR 99, 289; Manssen, Der Funktionsvorbehalt des Art. 33 Abs. 4 GG –Anmerkungen zu einem verfassungsrechtlichen Dauerproblem –, ZBR 99, 253; Merten, Das Berufsbeamtentum als Element deutscher Rechtsstaatlichkeit, ZBR 99, 1; Warbeck, Die Reichweite des Funktionsvorbehalts des Art. 33 Abs. 4 GG, RiA 98, 22; Denninger/Frankenberg, Grundsätze zur Reform des öffentlichen Dienstrechts, Rechtsgutachten, Frankfurt/M. Mai 1997; Rosemann/Schweer, Beamtete und angestellte Führungskräfte in bürokratischen Organisationen, VR 97, 37; Scholz, Verkehrsüberwachung durch Private?, NJW 97, 14; Badura, Die hoheitlichen Aufgaben des Staates und die Verantwortung des Berufsbeamtentums, ZBR 96, 321; Schnellenbach, Funktionsvorbehalt und Monopolausbildung, ZBR 96, 327; Stegmann, Beamte oder Angestellte? – Anmerkungen zu einem Kostenvergleich in Baden-Württemberg –, ZBR 96, 6; Battis/Schlenga, Die Verbeamtung der Lehrer, ZBR 95, 253; Berens/Hoffjan, Beamte oder Angestellte – Wer ist für den Arbeitgeber billiger?, ZBR 95, 139; Jakob, Personalkosten senken durch weniger Beamte?, StuG 95, 182; Lehnguth, Die Entwicklung des Funktionsvorbehalts nach Art. 33 Abs. 4 GG und seine Bedeutung in der heutigen Zeit, ZBR 91, 266.

1.2.3 Hergebrachte Grundsätze des Berufsbeamtentums

Während Art. 33 IV GG die Frage beantwortet, **ob** es ein **Berufsbeamtentum** geben muß, schreibt Art. 33 V GG vor, **wie** das **Beamtenverhältnis** inhaltlich **zu gestalten ist**.

1.2.3.1 Definition des Begriffs „hergebrachte Grundsätze"

23   Das Recht des öffentlichen Dienstes (gemeint ist hier das Beamten- und Richterrecht[90]) ist unter Berücksichtigung der hergebrachten Grundsätze des Berufsbeamtentums zu regeln (Art. 33 V GG). Diese Vorschrift führt zu verschiedenen Anwendungsproblemen. Zunächst ist fraglich, wie der Begriff „hergebrachte Grundsätze" auszulegen ist. Hergebrachte Grundsätze sind nicht alle Beamtenrechtsbestimmungen, die in der wechselvollen Geschichte des Beamtentums in Deutschland einmal gegolten haben. Vielmehr ist darunter allein ein **„Kernbestand von Strukturprinzipien, die allgemein oder doch ganz überwiegend und während eines längeren, traditionbildenden Zeitraums, mindestens unter der Reichsverfassung von Weimar, als verbindlich anerkannt und gewahrt worden sind"**, zu verstehen.[91] Es handelt sich dabei um solche Regeln, die das Bild des Beamtentums derart stark prägen, daß durch ihre Abschaffung auch das Berufsbeamtentum beseitigt würde und ein Bediensteter dann nur noch dem Namen nach Beamter wäre.[92]

---

90 BVerfGE 3, 162 (186); 12, 81 (87).
91 BVerfGE 8, 1 (16 f.); 8, 332 (343); 15, 167 (195 f.); 25, 142 (148); 38, 1 (12); 46, 97 (117) = NJW 78, 533 (535); 58, 68 (76 f.) = NJW 81, 1998 (1999); 62, 374 (383); 67, 1 (12); 70, 69 (79 f.) = NVwZ 85, 894 (895); 83, 89 (98) = NJW 91, 743 = DVBl 91, 201 (203); NVwZ 03, 1364 (1365) = DVBl 03, 1148 (1149) = PersV 03, 467 (469) = RiA 03, 295 (301) = RiA 04, 172 (178) = ZBR 03, 348 (349) = SächsVBl 03, 268 (270) = E 107, 218 (237); Anm Millgramm, SächsVBl 03, 276 (276 f.); NVwZ 05, 1294 (1296) = DVBl 05, 1441 (1443) = ZBR 05, 378 (385); BVerwGE 25, 83 (85); 60, 212 (218); BayVerfGH, DVBl 05, 306 (307) = NVwZ-RR 05, 830 (831) = BayVBl 05, 111 (112) = ZBR 05, 32 (33).
92 BVerfG, NVwZ 05, 1294 (1297) = DVBl 05, 1441 (1444) = ZBR 05, 378 (386); BayVerfGH, DVBl 05, 306 (306 f.) = NVwZ-RR 05, 830 (831) = BayVBl 05, 111 (112) = ZBR 05, 32 (33); Maunz in Maunz/Dürig, Art. 33 GG, Rn 53.

1. Verfassungsrechtliche Grundlagen

Mittlerweile ist aufgrund der Föderalismusreform Art. 33 V GG geändert und an den bisherigen Text sind die Wörter „und fortzuentwickeln" angefügt worden. Durch einen solchen Programmsatz ändert sich materiellrechtlich jedoch nichts.[93] Bereits bisher stand Art. 33 V GG keiner Fortentwicklung des Rechts des öffentlichen Dienstes entgegen[94], wenn dies – wie ebenfalls zukünftig – unter Berücksichtigung der hergebrachten Grundsätze erfolgte.

1.2.3.2 Inhalt der hergebrachten Grundsätze

Was zum **Katalog hergebrachter Grundsätze** gehört, ist umstritten, weil sich das Beamtenrecht weiterentwickeln können muß. Die im folgenden genannten Prinzipien sind jedoch als allgemein anerkannte hergebrachte Grundsätze akzeptiert:

a) Das **Lebenszeitprinzip**[95]

Das Beamtenverhältnis ist regelmäßig ein solches auf Lebenszeit (§ 5 II LBG; s. auch Rn 62), um dem Beamten die persönliche Unabhängigkeit zu geben, die er für eine rein sachorientierte Arbeit braucht. Ausschließlich ausnahmsweise, z.B. zur Ausbildung bzw. Erprobung (Rn 64 ff.), zur Sicherung einer im Einzelfall anerkannten politischen Gleichgestimmtheit leitender Beamter mit demokratisch legitimierten Entscheidungsgremien[96], aber auch um das Leistungsprinzip zu stärken, darf man andere Beamtenverhältnisse begründen (Rn 63). Gleichzeitig schützt das Lebenszeitprinzip zusammen mit dem Legalitätsgrundsatz (Rn 31) den Beamten davor, daß sein Beamtenverhältnis willkürlich beendet wird. Weiterhin bildet die Vollzeitbeschäftigung auf Lebenszeit und gerade nicht die Teilzeitarbeit seit jeher das Leitbild und den wesentlichen Strukturinhalt, der das Beamtenrecht im Licht von Art. 33 V GG kennzeichnet.[97] Diese Feststellung wirkt sich bei der Frage aus, ob eine sog. Zwangsteilzeit rechtlich zu beanstanden ist (Rn 247).

24

Führungsfunktionen auf Zeit zu vergeben, ist zulässig (Rn 63). Entscheidend kommt es darauf an, ob das Regel-Ausnahme-Verhältnis zwischen Lebenszeitbeamten (Regel) und B.a.Z. (Ausnahme) gewahrt ist. Angesichts der geringen Zahl an Funktionen, die selbst unter Einbeziehung der

---

93 Oder wie Battis, NJW 05, 800, es ausdrückt: „Eine Fortentwicklungsklausel eröffnet prinzipiell nicht mehr Reformmöglichkeiten, als es sie bisher schon gab".
94 Battis, § 2 BBG, Rn 11.
95 BVerfGE 9, 268 (286); 71, 255 (268).
96 BVerfG, NVwZ 94, 473 (474); BVerwGE 81, 318 (326) = NVwZ 89, 972 (973 f.); NVwZ 90, 772 (773).
97 BVerfGE 71, 39 (59 f.); 55, 207 (240) = DVBl 81, 450 (453 f.) = NJW 81, 971 (975); 44, 249 (262 f.) = NJW 77, 1869 (1870); 21, 329 (345); BVerwGE 82, 196 (202 f.) = ZBR 89, 338 (339) = NVwZ 89, 969 (970 f.) = DVBl 89, 1157 (1158); so auch mittlerweile BVerwGE 110, 363 (366 f.) = IÖD 00, 218 (219) = DVBl 00, 1136 = NJW 00, 2521 = PersV 00, 358 (360) = ZBR 00, 209 (210) = RiA 02, 239 (240); Anm Bull, DVBl 00, 1773 (1773 ff.); Anm Summer, ZBR 00, 211.

2. Abschnitt: Rechtsquellen des Beamtenrechts

Amtsleiterebene im kommunalen Bereich für eine Führungsfunktion auf Zeit in Betracht kommen, wird der Lebenszeitbeamte weiter mengenmäßig die Regel sein.

b) Die **hauptberufliche Bindung** des Beamten[98]

25 Dieser Grundsatz sichert ebenfalls die Unabhängigkeit des Beamten, indem Interessenkollisionen, die aus Nebenbeschäftigungen herrühren könnten, vermieden werden. Das Prinzip schränkt, modifiziert durch das Sozialstaatsprinzip sowie Art. 6 und 2 GG, die Möglichkeit ein, Teilzeitarbeit (Rn 68, 246) und Nebentätigkeiten zu gestatten (Rn 221 f.).

c) Das **Leistungsprinzip**[99]

26 Es ist bereits im beschriebenen Umfang Inhalt von Art. 33 II GG (Rn 17) und damit der einzige ausdrücklich im Grundgesetz erwähnte hergebrachte Grundsatz. Zudem zeigt Art. 128 I WRV („Alle Staatsbürger ohne Unterschied sind nach Maßgabe der Gesetze und entsprechend ihrer Befähigung und ihren Leistungen zu den öffentlichen Ämtern zuzulassen"), daß zumindest unter der Reichsverfassung von Weimar das Leistungsprinzip als verbindlich anerkannt wurde.

d) Das **Laufbahnprinzip**[100]

27 Danach muß ein Beamter eine spezielle Vorbildung und Ausbildung für die Ämter seiner Laufbahn haben, damit er die vielfältigen wechselnden Aufgaben, die ihm aufgrund seiner Laufbahnbefähigung übertragen werden können, kompetent erfüllen kann. Der Laufbahnbewerber ist der Regeltyp des Berufsbeamten.[101] Ob ebenfalls das Laufbahngruppenprinzip (Rn 158) zu den hergebrachten Grundsätzen gehört, ist umstritten.[102] Hingegen ist das aktuelle System an Laufbahnen nicht verfassungsrechtlich gesichert.[103]

Reformen müssen beachten, daß das Laufbahnprinzip eine spezielle Qualifikation für das wahrzunehmende Amt verlangt. Insoweit ist eine möglicherweise gewünschte horizontale und vertikale Flexibilität begrenzt. Hingegen schützt Art. 33 V GG nach meiner Auffassung nicht das Laufbahngruppenprinzip (einfacher, mittlerer, gehobener, höherer Dienst), so daß hier Änderungen zulässig sind.

---

98 BVerfGE 9, 268 (286); 55, 207 (236 f.) = DVBl 81, 450 (453) = NJW 81, 971 (975); 71, 39 (59 f.); BVerwGE 10, 253 (255).
99 BVerfGE 11, 203 (215); 38, 1 (12); 39, 196 (201); 56, 146 (163); 61, 43 (57) = NVwZ 83, 217; 64, 323 (351); 64, 367 (380); BVerwGE 36, 192 (209, 216).
100 BVerfGE 7, 155 (159); 9, 268 (286).
101 Battis, § 7 BBG, Rn 2.
102 Verneinend Scheerbarth/Höffken/Bauschke/Schmidt, § 5 II 1c 7.
103 Battis, § 15 BBG, Rn 2.

1. Verfassungsrechtliche Grundlagen

e) Die **Fürsorgepflicht** des Dienstherrn[104]

Aus ihr ergeben sich Anhörungs- und Beratungs-, Förderungs-, Schadenabwendungs- sowie Beistandspflichten bei dienstlich bedingten und außerdienstlichen Sonderbelastungen.[105] Kraft seiner Fürsorgepflicht muß der Dienstherr Vorkehrungen treffen, damit der amtsangemessene Lebensunterhalt der Beamten bei besonderen finanziellen Belastungen durch Krankheits-, Geburts- und Todesfälle nicht gefährdet wird. Wie er allerdings dieser Verpflichtung nachkommt, ob durch entsprechende Bemessung der Dienstbezüge, durch Sachleistungen, Zuschüsse oder auf andere Weise, ist seine Sache.[106] Wird hingegen zwischen Beamten und Angestellten differenziert, verstößt dies weder gegen die Fürsorgepflicht noch gegen den Gleichbehandlungsgrundsatz. Beide Personengruppen haben einen unterschiedlichen Status, so daß sie ihrer Eigenart entsprechend verschieden zu behandeln sind.[107] Zudem verpflichtet die Fürsorgepflicht den Dienstherrn, bei seinen Entscheidungen die wohlverstandenen Interessen des Beamten in gebührender Weise zu berücksichtigen.[108]

28

f) Die **Treuepflicht** des Beamten[109]

Die Treuepflicht des Beamten ist das Gegenstück zur Fürsorgepflicht des Dienstherrn. Sie verpflichtet den Beamten, sich für die Belange des Dienstherrn einzusetzen und fordert von ihm insbesondere die Treue zur Verfassung (Rn 102 ff.).

29

---

104 BVerfGE 8, 332 (356 f.); 43, 154 (165) = NJW 77, 1189; 46, 97 (117) = NJW 78, 533 (535); 83, 89 (99 ff.) = NJW 91, 743 (743 f.) = DVBl 91, 201 (203); NVwZ 90, 853; LKV 01, 509; RiA 05, 286 (287) = BayVBl 05, 659 = DÖD 06, 103; BVerwGE 13, 17 (23); 60, 212 (218); 112, 308 (309) = NVwZ 01, 685 = RiA 02, 147; OVG Bremen, NVwZ-RR 03, 578 (580) = NordÖR 02, 521 (522) = DÖD 03, 159 (160) = ZBR 03, 215 (216); Anm Summer, ZBR 03, 217; s. auch Rn 236.
105 Schnellenbach, VerwArch 01, 2 (8); näher dargelegt in Rn 236.
106 BVerfGE 83, 89 (100) = NJW 91, 743 (744) = DVBl 91, 201 (203); DVBl 02, 114 (115) = DÖD 02, 25 = NVwZ 02, 463 = PersV 02, 182 (183) = BayVBl 02, 144 (145) = ZBR 02, 351 (352).
107 BVerfG, PersV 00, 322 (323); BVerwG, NVwZ 95, 168 (168 f.); VerfGH Rheinland-Pfalz, DÖD 98, 203; BayVerfGH, BayVBl 95, 656 (657).
108 BVerfGE 43, 154 (165) = NJW 77, 1189; LKV 01, 509; RiA 05, 286 (287) = BayVBl 05, 659 = DÖD 06, 103.
109 BVerfGE 9, 268 (286); 39, 334 (346); BVerwGE 12, 273 (275); 21, 50 (53 f.).

2. Abschnitt: Rechtsquellen des Beamtenrechts

g) Das **Alimentationsprinzip**[110]

30 Hinsichtlich vermögensrechtlicher Ansprüche der Beamten wird Art. 14 GG durch Art. 33 V GG verdrängt.[111] Danach hat der Beamte einen Anspruch auf amtsangemessene Besoldung und Versorgung. Dieser leitet sich aus dem verliehenen Amt (Rn 49) ab und nicht aus dem Dienstposten, d.h. nicht aus der jeweiligen Tätigkeit oder gar der erbrachten Leistung. Durch die Beamtenbesoldung werden keine konkreten Dienste entgolten. Sie ist vielmehr Gegenleistung dafür, daß sich der Beamte seinem Dienstherrn „mit seiner ganzen Persönlichkeit zur Verfügung stellt und gemäß den jeweiligen Anforderungen seine Dienstpflicht nach Kräften erfüllt".[112] Dabei ist anerkannt, daß die strukturellen Unterschiede zwischen dem Recht der gesetzlichen Rentenversicherung (Zahlungen der Versicherten) und dem Beamtenversorgungsrecht (Versorgungsprinzip) verschiedenartige Regelungen rechtfertigen.[113] Diese Linie scheint das BVerfG[114] in zwei jüngeren Entscheidungen in zu kritisierender Weise aufzugeben. Nunmehr dürfe man bei der Bemessung der amtsangemessenen Versorgung auch Entwicklungen des Versorgungsniveaus aller Versorgungssysteme und damit des Niveaus der gesetzlichen Rentenversicherung berücksichtigen. Dies ist abzulehnen. Ob die Alimentation angemessen ist, bestimmt sich aufgrund des eigenständigen beamtenrechtlichen Besoldungs- und Versorgungssystems autonom und keinesfalls anhand der Einkommen oder Renten privatrechtlich beschäftigter Arbeitnehmer.[115]

---

110 BVerfGE 8, 1 (16); 11, 203 (216 f.); 16, 94 (115); 39, 196 (200 f.); 44, 249 (263, 266 f.) = NJW 77, 1869 (1870); 46, 97 (107) = NJW 78, 533 (535); 55, 207 (237) = DVBl 81, 450 (453) = NJW 81, 971 (975); 61, 43 (57, 62 f.) = NVwZ 83, 217; 70, 69 (79 f.) = NVwZ 85, 894 (895); 70, 251 (267) = DÖV 85, 1058 (1059); Anm Siedentopf, DÖV 85, 1060; 71, 39 (60); 81, 363 (375) = NVwZ 90, 1061 (1062) = DVBl 90, 817 (818) = ZBR 90, 297; Anm Summer, ZBR 90, 300 (300 f.) = JZ 90, 1125; Anm Lecheler, JZ 90, 1128 f.; 83, 89 (98) = NJW 91, 743 = DVBl 91, 201; 99, 300 (314) = NJW 99, 1013 (1014) = DÖV 99, 381; NVwZ 99, 1328 (1329); DVBl 01, 1667 = IÖD 01, 188 (188 f.) = NVwZ 01, 1393; BVerwGE 40, 229 (229 f.); 82, 196 (202 f.) = BVerfG 89, 338 (339) = NVwZ 89, 969 (971) = DVBl 89, 1157 (1159); 110, 363 (367) = IÖD 00, 218 (219) = DVBl 00, 1136 (1136 f.) = NJW 00, 2521 (2522) = PersV 00, 358 (360) = ZBR 00, 209 (210) = RiA 02, 239 (240); Anm Bull, DVBl 00, 1773 (1773 ff.); Anm Summer, ZBR 00, 211; DVBl 02, 114 (115) = DÖD 02, 25 (26) = NVwZ 02, 463 = PersV 02, 182 (183) = BayVBl 02, 144 (145) = ZBR 02, 351 (352); NVwZ 03, 1364 (1365) = DVBl 03, 1148 (1150) = PersV 03, 467 (469) = RiA 03, 295 (301) = RiA 04, 172 (178) = ZBR 03, 348 (349) = SächsVBl 03, 268 (270) = E 107, 218 (237); Anm Millgramm, SächsVBl 03, 276 (276 f.); NVwZ 05, 1294 (1298) = DVBl 05, 1441 (1445) = ZBR 05, 378 (386) = DÖD 06, 24 (25).
111 BVerfG, BayVBl 02, 495 = NVwZ 02, 467 = DVBl 02, 406 = DÖD 02, 97; E 76, 256 (295, 310) = NVwZ 88, 329 (334) = DVBl 88, 191 (192) = ZBR 88, 23 (31).
112 BVerfG, NVwZ 03, 1364 (1365) = DVBl 03, 1148 (1150) = PersV 03, 467 (469) = RiA 03, 295 (301) = RiA 04, 172 (178) = ZBR 03, 348 (349) = SächsVBl 03, 268 (270) = E 107, 218 (237); Anm Millgramm, SächsVBl 03, 276 (276 f.).
113 EGMR, DÖD 06, 22 (24).
114 ZBR 04, 47 (49); NVwZ 05, 1294 (1299 f.) = DVBl 05, 1441 (1446 ff.) = ZBR 05, 378 (387 ff.) = DÖD 06, 24 (26 ff.). Zustimmend hingegen Battis, NJW 06, 817.
115 VG Frankfurt/M., ZBR 06, 99 (101 f.).

1. Verfassungsrechtliche Grundlagen

Bei der Frage, welcher Lebensunterhalt angemessen ist, besitzt der Gesetzgeber einen weiten Spielraum politischen Ermessens.[116] Dieser umfasse die Möglichkeit, die Besoldung für die Zukunft sachgerecht herabzusetzen[117] oder den tatsächlichen Notwendigkeiten und der fortschreitenden Entwicklung anzupassen.[118] Gerichte dürften – abgesehen von evident sachwidrigen Fällen – nicht prüfen, ob die Legislative die gerechteste, zweckmäßigste und vernünftigste Lösung gewählt habe.[119] Dabei müsse sichergestellt sein, daß Besoldung und Versorgung einen grundsätzlich lebenslangen angemessenen Unterhalt (Alimentation) gewährleisten, der dem Dienstrang, der Verantwortung des Amtes, der Bedeutung des Berufsbeamtentums, den allgemeinen wirtschaftlichen und finanziellen Verhältnissen sowie dem allgemeinen Lebensstandard entspreche.[120] Der Beamte müsse ein „Minimum an Lebenskomfort" befriedigen kön-

---

116 BVerfGE 8, 1 (22 f.); 3, 58 (160); 11, 203 (215); 26, 141 (158); 44, 249 (267) = NJW 77, 1869 (1870); 49, 260 (271 f.); 56, 87 (95); 56, 145 (161); 56, 353 (361 f.); 58, 68 (78) = NJW 81, 1998 (1999); 61, 43 (57, 62 f.) = NVwZ 83, 217; 65, 141 (148) = NVwZ 84, 231; 76, 256 (295, 310) = NVwZ 88, 329 (335) = DVBl 88, 191 (193) = ZBR 88, 23 (32); 81, 363 (375 f.) = NVwZ 90, 1061 (1062) = DVBl 90, 817 (818) = ZBR 90, 297 (298); Anm Summer, ZBR 90, 300 (300 f.) = JZ 90, 1125; Anm Lecheler, JZ 90, 1128 f.; 99, 300 (315) = NJW 99, 1013 (1014) = DÖV 99, 381 (383); NVwZ 99, 1328 (1329); DVBl 01, 1667 = IÖD 01, 188 (189) = NVwZ 01, 1393; NVwZ 01, 669; DVBl 02, 114 (115) = DÖD 02, 25 = NVwZ 02, 463 = PersV 02, 182 (183) = BayVBl 02, 144 (145) = ZBR 02, 351 (352); NVwZ 03, 1364 (1365, 1367) = DVBl 03, 1148 (1150, 1152) = PersV 03, 467 (470) = RiA 03, 295 (301, 303) = RiA 04, 172 (178, 181) = ZBR 03, 348 (349, 351) = SächsVBl 03, 268 (270, 272) = E 107, 218 (237); Anm Millgramm, SächsVBl 03, 276 (276 f.); DVBl 04, 761 = NVwZ 04, 337 (338) = ZBR 04, 169 (170); DVBl 04, 1102 = NVwZ 05, 677 = ZBR 04, 391 = VR 04, 427 (429) = E 110, 353 (364); ThürVBl 04, 139 (140); DÖD 04, 140 (141) = ZBR 04, 100; NVwZ 05, 1294 (1298) = DVBl 05, 1441 (1445) = ZBR 05, 378 (386) = DÖD 06, 24 (25); BVerwG, NVwZ 05, 1078 (1080) = ZBR 05, 306 (308); DVBl 05, 1520 (1522) = ZBR 06, 92 (94) = RiA 05, 294 (296); VGH München, BayVBl 03, 407 = DÖD 03, 144 (145).
117 BVerfG, NVwZ 03, 1364 (1365) = DVBl 03, 1148 (1150) = PersV 03, 467 (470) = RiA 03, 295 (301) = RiA 04, 172 (178) = ZBR 03, 348 (349) = SächsVBl 03, 268 (270) = E 107, 218 (237 f.); Anm Millgramm, SächsVBl 03, 276 (276 f.); VGH München, BayVBl 03, 407 = DÖD 03, 144 (145); ZBR 04, 209 (209 f.).
118 BVerfG, DVBl 04, 761 = NVwZ 04, 337 (338) = ZBR 04, 169 (170); ThürVBl 04, 139 (140); DÖD 04, 140 (141) = ZBR 04, 100 (101); BVerwG, NVwZ 05, 1078 (1080) = ZBR 05, 306 (308).
119 BVerfG, DVBl 04, 761 = NVwZ 04, 337 (338) = ZBR 04, 169 (170); ThürVBl 04, 139 (140); DÖD 04, 140 (141) = ZBR 04, 100 (101); BVerwG, NVwZ 05, 1078 (1080) = ZBR 05, 306 (308).
120 BVerfGE 44, 249 (263, 265) = NJW 77, 1869 (1870); 99, 300 (314 f.) = NJW 99, 1013 (1014) = DÖV 99, 381 (382 f.); DVBl 01, 1667 = IÖD 01, 188 (189) = NVwZ 01, 1393; NVwZ 01, 669; DVBl 02, 114 (115) = DÖD 02, 25 = NVwZ 02, 463 = PersV 02, 182 (183) = BayVBl 02, 144 (145) = ZBR 02, 351 (352); NVwZ 03, 1364 (1365) = DVBl 03, 1148 (1150) = PersV 03, 467 (469) = RiA 03, 295 (301) = RiA 04, 172 (178) = ZBR 03, 348 (349) = SächsVBl 03, 268 (270) = E 107, 218 (238); Anm Millgramm, SächsVBl 03, 276 (276 f.).

2. Abschnitt: Rechtsquellen des Beamtenrechts

nen.[121] Ob die Dienstbezüge amtsangemessen seien, bestimme sich nach dem Nettoeinkommen.[122] Die Versorgung sei angemessen, wenn sie sich an den Dienstbezügen des vom Beamten vor Eintritt in den Ruhestand innegehabten Amtes orientiere.[123] Dabei existiert kein hergebrachter Grundsatz des Berufsbeamtentums, wonach der Höchstversorgungssatz nach 40 Dienstjahren mindestens 75% betragen muß[124] und Besoldung und Versorgung stets im Gleichklang anzupassen sind.[125] Allerdings ist die Alimentierung keine dem Umfang nach beliebig variable Größe, die sich nach den wirtschaftlichen Möglichkeiten der öffentlichen Hand oder nach den politischen Dringlichkeitsbewertungen hinsichtlich der verschiedenen vom Staat zu erfüllenden Aufgaben bemessen läßt.[126] Der Beamte hat einen Anspruch, an der allgemeinen Steigerung des Lebensstandards teilzunehmen. Das besondere Treueverhältnis verpflichte die Beamten nicht dazu, mehr als andere zur Konsolidierung der öffentlichen Haushalte beizutragen.[127] Allerdings darf der Gesetzgeber vom Staat zu bewältigende historische Ausnahmesituationen (Auswirkungen der Deutschen Einheit, Vertrag von Maastricht) bei seinem weiten Gestaltungsspielraum berücksichtigen.[128] Dabei darf die Alimentation der Beamten jedoch nicht „greifbar" hinter der materiellen Ausstattung der sonstigen Beschäftigten

---

121 BVerfGE 99, 300 (320) = NJW 99, 1013 (1014) = DÖV 99, 381 (383); 81, 363 (376); NVwZ 03, 1364 (1365) = DVBl 03, 1148 (1150) = PersV 03, 467 (469) = RiA 03, 295 (301) = RiA 04, 172 (178) = ZBR 03, 348 (349) = SächsVBl 03, 268 (270) = E 107, 218 (237); Anm Millgramm, SächsVBl 03, 276 (276 f.); BVerwG, NJW 04, 308 (309) = DVBl 03, 1554 (1556) = BayVBl 04, 88 (89) = ZBR 04, 49 (50) = PersV 04, 112 (114) = E 118, 277 (281); NVwZ 03, 869 (870) = BayVBl 03, 408 = DÖV 03, 456 (457) = ZBR 03, 212 (213) = E 117, 305 (308) = DVBl 03, 726 (727); DÖD 04, 82 (84); NVwZ 05, 1294 (1298) = DVBl 05, 1441 (1445) = ZBR 05, 378 (386) = DÖD 06, 24 (25).
122 BVerfGE 99, 300 (315) = NJW 99, 1013 (1014) = DÖV 99, 381 (382); NVwZ 05, 1294 (1297) = DVBl 05, 1441 (1444) = ZBR 05, 378 (386); NVwZ 03, 1364 (1365) = DVBl 03, 1148 (1150) = PersV 03, 467 (469) = RiA 03, 295 (301) = RiA 04, 172 (178) = ZBR 03, 348 (349) = SächsVBl 03, 268 (270) = E 107, 218 (237); Anm Millgramm, SächsVBl 03, 276 (276 f.); 81, 363 (376) = NVwZ 90, 1061 (1062) = DVBl 90, 817 (818) = ZBR 90, 297; Anm Summer, ZBR 90, 300 (300 f.) = JZ 90, 1125; Anm Lecheler, JZ 90, 1128 f.; 44, 249 (266) = NJW 77, 1869 (1870).
123 BVerwG, NVwZ 03, 869 (870) = BayVBl 03, 408 = DÖV 03, 456 (457) = ZBR 03, 212 (213) = E 117, 305 (309) = DVBl 03, 726 (727).
124 BVerfG, NVwZ 05, 1294 (1297) = DVBl 05, 1441 (1444) = ZBR 05, 378 (386) = DÖD 06, 24 (25); a. A. VG Frankfurt/M., ZBR 06, 99 (99 f.).
125 BVerfG, NVwZ 05, 1294 (1296) = DVBl 05, 1441 (1443) = ZBR 05, 378 (385) = DÖD 06, 24 (25).
126 BVerfGE 99, 300 (320) = NJW 99, 1013 (1015) = DÖV 99, 381 (382 f.); 44, 249 (264) = NJW 77, 1869 (1870); BVerwG, DVBl 97, 353 (355) = ZBR 97, 16 (18) = NVwZ 98, 76 (78); Anm Hufen, JuS 98, 1052; NVwZ 03, 869 (870) = BayVBl 03, 408 = DÖV 03, 456 (457) = ZBR 03, 212 (213) = E 117, 305 (308) = DVBl 03, 726 (728); NVwZ 05, 1294 (1299) = DVBl 05, 1441 (1446) = ZBR 05, 378 (387) = DÖD 06, 24 (26).
127 BVerwG, NVwZ 03, 869 (870) = BayVBl 03, 408 (409) = DÖV 03, 456 (457) = ZBR 03, 212 (213) = E 117, 305 (308) = DVBl 03, 726 (728).
128 BVerfGE 99, 300 (320) = NJW 99, 1013 (1015) = DÖV 99, 381 (383); NVwZ 03, 1364 (1365) = DVBl 03, 1148 (1150) = PersV 03, 467 (470) = RiA 03, 295 (301) = RiA 04, 172 (178) = ZBR 03, 348 (349) = SächsVBl 03, 268 (270) = E 107, 218 (238; 253); Anm Millgramm, SächsVBl 03, 276 (276 f.).

1. Verfassungsrechtliche Grundlagen

im öffentlichen Dienst zurückbleiben.[129] Dies bedeute allerdings nicht, daß die Ergebnisse der Tarifverhandlungen stets spiegelbildlich auf die Beamten zu übertragen seien. Keinesfalls dürfe der Gesetzgeber aber nur bestimmte Beamtengruppen (z.B. kinderreiche Beamte) heranziehen, um diese die Lasten tragen zu lassen. Hingegen gibt es kein Recht auf eine allgemeine, stets prozentual vollkommen gleiche und gleichzeitig wirksam werdende Besoldungs- und Versorgungsanpassung für alle Beamten.[130] Vielmehr wird ein sachlicher Grund für Differenzierungen benötigt. Danach sei es nicht sachwidrig, von Empfängern höherer Bezüge einen zeitlich begrenzten „Sparbeitrag" zu fordern, weil sie von der allgemeinen Teuerung, zu deren Ausgleich die Besoldungs- und Versorgungserhöhung beitragen soll, weniger stark betroffen seien. Weiterhin ist dem Gesetzgeber nicht verwehrt, die Höhe der Bezüge regional zu differenzieren, wenn hierfür sachlich vertretbare Gründe sprechen.[131] Dies verstoße ebenfalls nicht gegen das Verbot der Diskriminierung wegen der Heimat (Art. 3 III S. 1 GG), weil Beamte in den alten und den neuen Bundesländern unterschiedlich betroffen sind.[132] Andererseits berührt die Unterlassung einer Differenzierung der Besoldung nach den Lebenshaltungskosten des dienstlichen Wohnorts nicht den Kernbereich der Alimentationspflicht.[133] Äußerst bemerkenswert ist hingegen, daß allein die Senkung des Versorgungsniveaus wegen steigender Ausgaben bei der Beamtenversorgung kein sachlicher Grund für eine Verminderung der ruhegehaltsfähigen Dienstbezüge und des Versorgungssatzes sei.[134]

Wie hoch der Anspruch auf amtsangemessene Besoldung im Einzelfall ist, läßt sich zwar nicht auf Euro und Cent genau beziffern. Dennoch handelt es sich um keinen bloßen Programmsatz. Hält der Beamte seine Besoldung für nicht mehr angemessen, kann er einen Anspruch auf verfassungsgemäße (höhere) Besoldung verwaltungsgerichtlich mit der Folge geltend machen, daß das Verwaltungsgericht die Verfassungsmäßigkeit zu prüfen und, wenn es sie verneinen sollte, die Sache dem BVerfG vorzulegen hat (Art. 100 I GG).[135] Die Rechtsprechung[136] geht in einem Einzelfall sogar noch einen Schritt weiter und gewährt aus einer Entschei-

---

129 BVerwG, NVwZ 03, 869 (871) = BayVBl 03, 408 (409) = DÖV 03, 456 (457) = ZBR 03, 212 (213) = E 117, 305 (309) = DVBl 03, 726 (728).
130 BVerfG, DVBl 01, 1667 (1667 f.) = IÖD 01, 188 (189) = NVwZ 01, 1393; NVwZ 05, 1294 (1301) = DVBl 05, 1441 (1448) = ZBR 05, 378 (389) = DÖD 06, 24 (26).
131 BVerfG, NVwZ 03, 1364 (1365) = DVBl 03, 1148 (1150) = PersV 03, 467 (470) = RiA 03, 295 (304) = RiA 04, 172 (180) = ZBR 03, 348 (351 f.) = SächsVBl 03, 268 (273 f.) = E 107, 218 (238 ff.); Anm Millgramm, SächsVBl 03, 276 (276 f.): Akzeptiert für die niedrigere Besoldung in den neuen Bundesländern.
132 BVerfG, NVwZ 03, 1370 (1371) = ZBR 03, 353 (354) = E 107, 257 (269 f.) = RiA 04, 84 (88).
133 VGH München, ZBR 04, 209 (210), entschieden für den Ballungsraum München.
134 BVerfG, NVwZ 05, 1294 (1299) = DVBl 05, 1441 (1446) = ZBR 05, 378 (387) = DÖD 06, 24 (26).
135 BVerwG, DVBl 97, 353 (354) = ZBR 97, 16 (17) = NVwZ 98, 76 (77); Anm Hufen, JuS 98, 1052; ZBR 86, 279 (280 f.).
136 BVerwG, DVBl 04, 1416 (1416 ff.) = DÖV 05, 28 (28 ff.) = NVwZ 05, 344 (344 ff.) = DÖD 05, 107 (108 ff.) = ZBR 05, 36 (36 ff.) = E 121, 91 (92 ff.); VG Frankfurt/M., PersV 02, 468 (468 ff.).

dung des BVerfG[137] einen bereits einklagbaren Anspruch, ohne zunächst die Angelegenheit dem BVerfG vorzulegen. Grundsätzlich dürfen Besoldungs- und Versorgungsleistungen – selbst wenn sie verfassungswidrig zu niedrig bemessen sind – nur dann zugesprochen werden, wenn und soweit sie gesetzlich vorgesehen sind.[138]

Das Prinzip der funktionsgerechten Besoldung (§ 18 BBesG) widerspricht nicht dem Alimentationsgrundsatz. Mit Hilfe dieser Vorschrift soll allein erreicht werden, daß die Ämterhierarchie auf einer sachgerechten Bewertung fußt und nicht mehr oder weniger intuitiv aufgrund summarischer Erkenntnisse festgelegt wird. Die geforderte Abschaffung des Stellenobergrenzenrechts verstößt demnach nicht gegen Art. 33 V GG, wenn sämtliche Dienstposten in einem bestimmten Verfahren (z.B. durch eine analytische Stellenbewertung) sachgerecht bewertet wurden. Die rechtliche Zulässigkeit von Besoldungskorridoren wird sich daran messen lassen müssen, inwieweit die von ihnen umfaßten Ämter noch sachgerecht bewertet sind. Verfassungsrechtlich zulässige Beispiele für einen Besoldungskorridor gibt es bereits in Form der Bündelungsämter (z.B. A 13/A 14).

Außerdem verstößt der Haushaltsvorbehalt, wonach ein Amt nur zusammen mit einer besetzbaren Planstelle verliehen werden darf (§ 49 I BHO), nicht gegen das Alimentationsprinzip. Gibt es keine besetzbaren Planstellen, darf kein höherwertiges Amt verliehen werden, so daß daraus auch kein amtsangemessener Besoldungsanspruch folgen kann.

Die lebenslange Besoldung und Versorgung nach dem verliehenen und grundsätzlich nicht entziehbaren statusrechtlichen Amt (Rn 49) will die Unabhängigkeit des Beamten sichern. Ein ausschließlich funktionsbezogenes Grundgehalt oder gar ein reines Leistungsgehalt wären verfassungsrechtlich unzulässig. Aus dem Alimentationsprinzip ergibt sich selbst bei einem weiten Spielraum, daß die Besoldung stets primär statusamtsbezogen zu erfolgen hat und gerade nicht auf die konkrete Funktion oder Leistung des Amtsinhabers abstellen darf. Verfassungsrechtlich unproblematisch wäre es, die Dienstaltersstufen vollständig abzuschaffen und durch einen leistungsorientierten Besoldungsfaktor zu ersetzen. Die Dienstaltersstufen (verstanden als Alterszuschlag) stehen zu dem verliehenen Amt ebenso in keiner Relation wie ein Leistungszuschlag. Gleiches gilt für die verfassungsrechtliche Zulässigkeit, Leistungsprämien und -zulagen auszuweiten und entsprechende Quotierungen aufzuheben.

Der Gesetzgeber kann sich von seiner Alimentationspflicht dadurch entlasten, daß er Versorgungsberechtigte auf Einkünfte aus einer anderen

---

137 E 99, 300 (320) = NJW 99, 1013 (1014) = DÖV 99, 381 (383), wegen der in diesem Beschluß enthaltenen Vollstreckungsanordnung für den Zeitraum ab 1.1.00. Keinesfalls waren Dienstherren und Verwaltungsgerichte jedoch befugt, für eine davorliegende Periode Erhöhungsbeträge ohne gesetzliche Grundlage zu berechnen und zuzusprechen. So ausdrücklich das BVerwG, NVwZ 06, 605 (606).
138 BVerwG, DVBl 05, 1520 = ZBR 06, 92 (93) = RiA 05, 294 (295).

1. Verfassungsrechtliche Grundlagen

öffentlichen Kasse (z.B. Renten nach § 55 I S. 1, 2 BeamtVG) verweist, wenn ein eigenständiges, geschlossenes System der Beamtenversorgung erhalten bleibt.[139] Hingegen darf die Alimentationsverpflichtung nicht vollständig in die Sozialversicherung überführt werden.[140]

Zudem gibt es weder einen hergebrachten Grundsatz, daß alle Teile der Amtsbezüge ruhegehaltsfähig sein müssen[141], noch einen solchen, daß die Umwandlung nicht ruhegehaltsfähiger in ruhegehaltsfähige Zulagen für bestimmte Laufbahngruppen ebenfalls die Höhe der Bezüge der Versorgungsberechtigten dieser Laufbahngruppen verändern müßte.[142]

Die Anwärterbezüge unterfallen nicht dem Alimentationsprinzip und sind auch nicht auf Vollalimentation angelegt.[143] Ebenso gibt es keinen hergebrachten Grundsatz, Referendare im juristischen Vorbereitungsdienst zu alimentieren.[144]

Allerdings verlangt Art. 33 V GG, daß das Ruhegehalt regelmäßig auf der Grundlage der Dienstbezüge des letzten vom Beamten bekleideten Amtes berechnet wird.[145] Politische Überlegungen, die Versorgung wie in der gesetzlichen Rentenversicherung auf der Basis des Lebenseinkommens zu bestimmen, wären somit verfassungswidrig.

Schließlich verstößt die Einführung der Pflegeversicherung für Beamte nicht gegen das Alimentationsprinzip.[146] Die Beiträge zu dieser Versicherung seien nicht derart hoch, daß der amtsangemessene Lebensunterhalt nicht mehr gewährleistet werde.

Letztlich gehört die Ministerialzulage nicht zum Kernbestand beamtenrechtlicher Alimentation. Der Gesetzgeber muß von Verfassungs wegen keine Ministerialzulage gewähren, geschweige denn, sie an die allgemeinen Besoldungserhöhungen koppeln.[147] Gleiches gilt für Weihnachts- und Urlaubsgeld, die nicht verfassungsrechtlich durch den Alimentationsgrundsatz geschützt sind.[148]

Literatur: Wahlers, Das Gesetz zur Reform der Professorenbesoldung und der Grundsatz der amtsangemessenen Alimentation, ZBR 06, 149; Gärditz, Verwaltungsgerichtliche Kompensa-

---

139 BVerfGE 76, 256 (298) = ZBR 88, 23 (32) = DVBl 88, 191 (193) = NVwZ 88, 329 (332); DVBl 03, 1157 (1158) = LKV 03, 469; BVerwG, DVBl 06, 313 (314) = ZBR 06, 133 (134) = RiA 06, 85 (86) = NVwZ 06, 606 (607).
140 BVerfGE 44, 249 (269) = NJW 77, 1869 (1870); 76, 256 (319 f.) = NVwZ 88, 329 (335) = ZBR 88, 23 (32) = DVBl 88, 191 (193).
141 BVerfGE 44, 227 (244 f.).
142 BVerfG, NVwZ 01, 669; NVwZ 91, 662 (663).
143 BVerwG, NVwZ 93, 372 (375) = DVBl 92, 914 (917).
144 BVerwG; NVwZ 04, 347 (348) = DVBl 04, 320 (321) = ZBR 04, 203 (204); VGH München, NVwZ-RR 97, 417 (419).
145 BVerfGE 11, 203 (210); 61, 43 (58) = NVwZ 83, 217 (217 f.); NVwZ 01, 669; NVwZ 05, 1294 (1297) = DVBl 05, 1441 (1444) = ZBR 05, 378 (386).
146 BVerfG, DVBl 02, 114 (115) = DÖD 02, 25 (26) = NVwZ 02, 463 = PersV 02, 182 (183) = BayVBl 02, 144 (145) = ZBR 02, 351 (352).
147 BVerfG, ZBR 01, 204.
148 BVerfGE 44, 249 (263) = NJW 77, 1869; VG Berlin, ZBR 04, 180 (181).

2. Abschnitt: Rechtsquellen des Beamtenrechts

tion von Alimentationsdefiziten, ZBR 05, 288; Wolff, Der verfassungsrechtliche Rahmen des Alimentationsprinzips für Versorgungsabsenkungen, ZBR 05, 361; Fassbender, Die Entscheidungen des BVerfG über die Besoldung in den neuen Ländern, NJ 03, 568; Güntner, Beamtenbesoldung nach Leistung – Grenzen und Tendenzen, in Depenheuer/Heintzen/Jestaedt/Axer, Nomos und Ethos, Hommage an Josef Isensee zum 65. Geburtstag, 2002, 377; Pechstein, Die Versorgung aus dem letzten Amt: Eine Grenze für die Annäherung der Beamtenversorgung an die Rentenversicherung, in Franke/Summer/Weiß, Öffentliches Dienstrecht im Wandel, FS für Walther Fürst, 2002, 249.

h) Der **Legalitätsgrundsatz**

31 Das Prinzip der Formenstrenge bedeutet zunächst, daß ein gesetzlicher Typenzwang bei der Begründung bestimmter Arten von Beamtenverhältnissen besteht (Rn 61 ff.). Zudem hat er zum Inhalt, daß die Höhe der Besoldung und Versorgung durch Gesetz festgelegt werden muß.[149] Schließlich folgt daraus, daß man ein Beamtenverhältnis allein nach gesetzlich festgelegten Formen und Voraussetzungen beenden oder modifizieren darf.[150]

Weiterhin entnimmt man Art. 33 V GG für das Beamtenverhältnis eine eigenständige Ausprägung des normalerweise aus dem Rechtsstaatsprinzip (Art. 20 III GG) abgeleiteten **Rückwirkungsverbot**s.[151] Danach gebiete es der verfassungsrechtlich verbürgte Vertrauensschutz nicht, den von einer bestimmten Rechtslage Betroffenen vor jeder Enttäuschung seiner Erwartung in den Fortbestand zu bewahren. Allerdings ziehe er solchen Hoheitsakten enge Grenzen, die belastend in verfassungsmäßig gewährte Rechtspositionen eingriffen.

i) Das **Neutralitätsprinzip**[152]

32 Der Beamte dient der Gesamtheit, keiner Partei oder Interessengruppe (vgl. auch §§ 34 I S. 1 BeamtStG, 55 I LBG, 52 I S. 1 BBG; s. Rn 203). Dieser Grundsatz der unparteiischen und parteipolitisch neutralen Amtsführung war bereits in Art. 130 I WRV („Die Beamten sind Diener der Gesamtheit, nicht einer Partei") anerkannt.

j) Das **Koalitionsrecht**[153]

33 Dazu gehört das Recht, sich in Gewerkschaften und sonstigen Interessenverbänden zusammenzuschließen[154] sowie in der Personalvertretung

---

149 BVerfGE 8, 1 (15); 8, 28 (35); 81, 363 (386) = NVwZ 90, 1061 (1064) = DVBl 90, 817 (821) = ZBR 90, 297 (300); Anm Summer, ZBR 90, 300 (300 f.) = JZ 90, 1125; Anm Lecheler, JZ 90, 1128 f.; BVerwGE 18, 293 (295); NVwZ 06, 605; DVBl 05, 1520 = ZBR 06, 92 (93) = RiA 05, 294 (295); VGH Mannheim, VBlBW 03, 472 = ZBR 05, 55 = DÖD 03, 207 = RiA 04, 41 (42).
150 BVerfGE 7, 155 (163); 8, 332 (352 f.); VGH Mannheim, ZBR 05, 136 (139).
151 BVerwG, NJW 04, 308 (310) = DVBl 03, 1554 (1557 f.) = BayVBl 04, 88 (91) = ZBR 04, 49 (51) = PersV 04, 112 (116) = E 118, 277 (286); OVG Münster, NWVBl 04, 145 (146).
152 BVerfGE 7, 155 (162).
153 Art. 9 III GG; BVerfGE 7, 120 (127).
154 BVerfGE 19, 303 (312).

1. Verfassungsrechtliche Grundlagen

zu betätigen[155] (vgl. auch § 52 BeamtStG) und das nicht durch Art. 9 III GG, sondern allein durch Art. 33 V GG geschützte Recht auf eigene Personalvertretungen.[156]

Allerdings wird das Streikrecht nicht umfaßt.[157] Die Auffassung, daß der Beamte nicht streiken darf, ist richtig. Das Streikverbot hat seine Grundlage im Nötigungsverbot. Der Staat darf durch einen Streik seiner Beamten nicht genötigt werden, ein bestimmtes Gesetz (z.B. über die Besoldung) zu erlassen.

Literatur: Henneberger/Sudjana, Kollektivrechtliche Situation der Beamten in Deutschland, PersV 05, 364.

k) **Rechtsweggarantie** für vermögensrechtliche Ansprüche des Beamten[158]

Wegen der umfassenden Rechtsweggarantie (Art. 19 IV GG), im Hinblick auf Art. 34 S. 3 GG und § 54 BeamtStG hat dieser Grundsatz jedoch keine eigenständige Bedeutung mehr (Rn 301 ff.). **34**

l) Das **Haftungsprivileg** des Beamten

Dieses ergibt sich ebenfalls aus Art. 34 S. 1, 2 GG und dem einfachgesetzlich geregelten Beamtenrecht (Rn 256 ff.). Hingegen kann man den hergebrachten Grundsätzen des Berufsbeamtentums kein strafrechtliches Haftungsprivileg, wonach die allgemeinen Strafgesetze bei Amtsträgern nicht oder lediglich eingeschränkt gelten, entnehmen.[159] **35**

Insbesondere folgende Rechtsregeln sind **nicht als hergebrachte Grundsätze anerkannt**:

– **Wahrung des Besitzstandes**

Der Beamte ist nicht vor jeder Verschlechterung der Rechtslage geschützt.[160] Art. 33 V GG gibt ihm grundsätzlich keinen Anspruch darauf, daß eine Bestimmung, unter der er in das Beamtenverhältnis ein- oder in den Ruhestand getreten ist, unverändert bleibt.[161] Auch hinsichtlich des einmal erreichten Einkommens hat er keinen Besitzstand.[162] Zudem besteht kein schutzwürdiges Vertrauen, daß ein aufgrund der **36**

---

155 BVerfGE 28, 295 (305).
156 Art. 130 III WRV; Maunz in Maunz/Dürig, Art. 33 GG, Rn 76.
157 BVerfGE 8, 1 (17); BVerwGE 63, 158 (161); 69, 208 (212 f.) = NJW 84, 2713 (2714); DVBl 81, 500 (501); NJW 78, 178 (179); BGHZ 69, 128 (140); 70, 277 (279); VGH Kassel, NVwZ 90, 386 (386 f.); umstritten, eine Literaturübersicht für und gegen das Beamtenstreikrecht findet sich bei Battis, § 2 BBG, Rn 5; s. auch Rn 204.
158 BVerwGE 28, 1 (11).
159 BVerfG, NJW 95, 186 (187).
160 BVerfGE 8, 332 (352); 44, 249 (269) = NJW 77, 1869 (1870); BVerwGE 85, 22 (23).
161 BVerwGE 105, 226 (231) = DÖV 98, 206 (207) = ZBR 98, 207 (208) = NVwZ 98, 402 (403) = DVBl 98, 198 (199); NVwZ 05, 1294 (1298) = DVBl 05, 1441 (1445) = ZBR 05, 378 (386) = DÖD 06, 24 (25); VG Ansbach, NVwZ 04, 501 (503).
162 BVerfG, NVwZ 99, 1328 (1329); VGH München, ZBR 04, 209 (209 f.).

2. Abschnitt: Rechtsquellen des Beamtenrechts

ruhegehaltsfähigen Dienstzeit einmal erreichter Ruhegehaltssatz bis zum Eintritt in den Ruhestand ungekürzt erhalten bleibt.[163] Das Ruhegehalt unterliegt dem Vorbehalt seiner Abänderbarkeit.[164] Zulässig sind danach sachgerechte Regelungen, für die sich ein vernünftiger Grund finden läßt. Allein bereits fällig gewordene Ansprüche genießen über Art. 33 V GG den gleichen Schutz wie der hinter diese Norm zurücktretende Art. 14 GG gewähren würde.[165] Für die Zukunft hat der Beamte nur einen variablen Anspruch auf Besoldung und Versorgung.[166] Kürzungen müssen dem Alimentationsprinzip gerecht werden. Keinesfalls sind Weihnachts- und Urlaubsgeld, Überstundenvergütungen, Leistungszulagen und Essenskostenzuschüsse von Art. 33 V GG umfaßt.[167] Schließlich gibt es keinen hergebrachten Grundsatz, wonach die Arbeitszeit der Beamten ausschließlich dann verlängert werden dürfe, wenn sich auch die Bezüge erhöhen.[168]

– Recht am Amt; bestimmte Beamtengruppen

37   Bei der Frage, ob das Recht am Amt ein hergebrachter Grundsatz ist, muß man differenzieren: Dem Beamten darf eine durch Befähigung und Leistung erlangte, mittels Beförderung verliehene statusrechtliche Stellung grundsätzlich nicht genommen werden (sog. Recht am statusrechtlichen Amt[169]). Hieraus ergibt sich ebenfalls ein Anspruch auf eine amtsangemessene Amtsbezeichnung und Beschäftigung.[170] Statusamt und Funktion dürfen nicht auseinanderfallen.[171] Der Grundsatz der Ämterstabilität kann dazu führen, nicht im gewünschten Maß auf Leistungsminderungen oder gar -einbrüche seitens des Dienstherrn reagieren zu können. Sanktionsmechanismen im Einklang mit Art. 33 V GG liefert allein das Disziplinarrecht. Dies setzt allerdings voraus, daß der Dienstvorgesetzte seiner Führungsverantwortung gerecht wird.

Der Beamte hat hingegen keinen Anspruch auf die unveränderte und ungeschmälerte Ausübung des ihm übertragenen konkret-funktionellen Amtes.[172] Ein Anspruch besteht lediglich auf Übertragung eines seinem

---

163   OVG Lüneburg, NJW 03, 2042 = NdsVBl 03, 328.
164   BVerfG, NVwZ 05, 1294 (1301) = DVBl 05, 1441 (1449) = ZBR 05, 378 (389) = DÖD 06, 24 (29).
165   BVerfGE 16, 94 (115 f.); BVerwGE 39, 174 (178); 41, 316 (324).
166   BVerwG, ZBR 76, 349 (350).
167   BVerfGE 44, 249 (263) = NJW 77, 1869; VG Berlin, ZBR 04, 180 (181).
168   VerfGH Rheinland-Pfalz, DÖD 98, 203.
169   BVerfGE 64, 367 (385).
170   BVerfGE 38, 1 (12); 43, 154 (167) = NJW 77, 1189; 62, 374 (383); 64, 323 (351); BVerwG, NVwZ 92, 1096 (1097 f.).
171   BVerwGE 70, 251 (267 f.) = DÖV 85, 1058 (1059); Anm Siedentopf, DÖV 85, 1060.
172   BVerfGE 8, 332 (344); 17, 172 (187); 52, 303 (354); 56, 146 (162); BVerwGE 89, 199 (201) = NVwZ 92, 572 (573); 60, 144 (150) = DVBl 80, 882 (883) = NJW 81, 67 (68); 65, 270 (273) = DÖD 85, 28 (29); DVBl 81, 495 (496); DÖV 92, 495 (496) = NVwZ 92, 573 (574); E 122, 53 (56) = NVwZ 05, 458 (459); s. auch Rn 50.

1. Verfassungsrechtliche Grundlagen

Amt im statusrechtlichen Sinn entsprechenden funktionellen Amtes, eines „amtsgemäßen Aufgabenbereichs".[173]

Weiterhin ist weder die Einrichtung des Zeitbeamten, des Teilzeitbeamten, des Wahlbeamten sowie des Beamten im Vorbereitungsdienst von Art. 33 V GG garantiert noch muß man diese Beamtengruppen von Verfassungs wegen in ein Beamtenverhältnis berufen.[174]

- **Beihilfe/Prinzip der Vorsorgefreiheit**

Das gegenwärtige Beihilfesystem[175] gehört ebensowenig zu den hergebrachten Grundsätzen wie das Prinzip der freien Heilfürsorge.[176] Sie sind kein Bestandteil der verfassungsrechtlich geschuldeten Alimentation des Dienstherrn und könnten daher jederzeit geändert werden.[177] Insofern wäre es zulässig, Beamte in die gesetzliche Krankenversicherung einzubeziehen, oder den Unfallversicherungsträgern die Durchführung der Dienstunfallfürsorge zu übertragen. Art. 33 V GG ist zudem nicht verletzt, wenn keine Beihilfe für Aufwendungen für die persönliche Tätigkeit naher Angehöriger[178] oder für Krankenhauswahlleistungen[179] gewährt wird. Vielmehr findet die Beihilfe ihre Rechtsgrundlage in der Fürsorgepflicht

38

---

173 BVerwGE 49, 64 (67 f.); 70, 251 (266 f.) = DÖV 85, 1058 (1059); Anm Siedentopf, DÖV 85, 1060; 69, 208 (209 f.) = NJW 84, 2713; 65, 270 (273) = DÖD 83, 28 (29); 60, 144 (150) = DVBl 80, 882 (883) = NJW 81, 67 (68); DVBl 81, 495 (496); VGH Kassel, NVwZ-RR 90, 262 (263).
174 BVerfGE 44, 249 (262 f.) = NJW 77, 1869.
175 BVerfG, PersV 03, 261 (263) = BayVBl 03, 428 (429) = DÖD 03, 240 = ZBR 03, 203 (204) = E 106, 225 (232); Anm Summer, ZBR 03, 207 (207 f.); DVBl 02, 114 (115) = DÖD 02, 25 = NVwZ 02, 463 = PersV 02, 182 (183) = BayVBl 02, 144 (145) = ZBR 02, 351 (352); NJW 91, 743 = E 83, 89 (98) = DVBl 91, 201 (203); E 79, 223 (235); 58, 68 (77 f.) = NJW 81, 1998 (1999); 44, 249 (263) = NJW 77, 1869; BVerwG, NVwZ 06, 217 (218) = ZBR 05, 309 (310) = RiA 05, 196; NVwZ 05, 713 = DVBl 04, 1420 = NWVBl 05, 21 (22) = DÖV 05, 24 (25) = BayVBl 05, 345 (346) = DÖD 05, 133 (133 f.) = ZBR 05, 42 (43) = VersR 04, 1441 (1442) = E 121, 103 (106) = RiA 05, 122 (123); NJW 04, 308 = DVBl 03, 1554 (1555) = BayVBl 04, 88 (89) = ZBR 04, 49 (49 f.) = PersV 04, 112 (113) = E 118, 277 (279); BayVBl 04, 602 = ZBR 04, 172 = RiA 04, 290 (291); NVwZ 85, 908 = DVBl 84, 963; DÖD 04, 82 (83); E 77, 331 (334); 38, 134 (137); 20, 44 (46); OVG Münster, NWVBl 04, 194 (195) = NVwZ-RR 04, 546 = ZBR 05, 272; Saarl VerfGH, NVwZ-RR 97, 449 (454 f.).
176 VG Potsdam, LKV 02, 46 (47).
177 BVerfG, NJW 91, 743 = E 83, 89 (98) = DVBl 91, 201 (203); PersV 03, 261 (263) = BayVBl 03, 428 (429) = DÖD 03, 240 (241) = ZBR 03, 203 (204) = E 106, 225 (232); Anm Summer, ZBR 03, 207 (207 f.); BVerwG, NJW 04, 308 = DVBl 03, 1554 (1555) = BayVBl 04, 88 (89) = ZBR 04, 49 (50) = PersV 04, 112 (113) = E 118, 277 (282); DÖD 04, 82 (83); OVG Lüneburg, NdsVBl 03, 16 (17), als Vorinstanz; OVG Münster, NWVBl 04, 194 (195 f.) = NVwZ-RR 04, 546 = ZBR 05, 272.
178 BVerfG, DVBl 92, 1590 (1590 f.).
179 BVerfG, PersV 03, 261 (263) = BayVBl 03, 428 (429) = DÖD 03, 240 (242) = ZBR 03, 203 (204) = E 106, 225 (233); Anm Summer, ZBR 03, 207 (207 f.).

2. Abschnitt: Rechtsquellen des Beamtenrechts

des Dienstherrn.[180] Allerdings verlangt selbst die Fürsorgepflicht nicht, lückenlos jegliche Beihilfeaufwendungen zu erstatten[181]; dabei kann die rechtliche Ausgestaltung im Vergleich zum Bund oder anderen Ländern unterschiedlich sein.[182] Jedoch verbiete es das Alimentationsprinzip, dem Beamten Risiken aufzubürden, deren wirtschaftliche Auswirkungen nicht überschaubar seien. Diese Gefahr bestehe jedoch nicht, wenn die nicht versicherbare finanzielle Belastung auf einen Betrag begrenzt sei, der die angemessene Lebensführung nicht beeinträchtige.[183] Beihilfevorschriften als Verwaltungsvorschriften genügen allerdings nicht den verfassungsrechtlichen Anforderungen des Gesetzesvorbehalts und gelten deshalb nur noch für eine Übergangszeit weiter.[184] Hiervon sei selbst dann auszugehen, wenn die Beihilfevorschriften des Bundes durch Landesgesetz als Landesrecht inkorporiert worden seien. Dadurch verlören sie nicht den Charakter von Verwaltungsvorschriften.

Ob es ein von Art. 33 V GG geschütztes Prinzip der Vorsorgefreiheit gibt, hat das BVerfG[185] offengelassen. Zum beamtenrechtlichen Grundsatz der Vorsorgefreiheit gehört, daß der Beamte seine Krankenvorsorge frei wählt. Er entscheidet somit alleinverantwortlich darüber, ob er überhaupt für den Krankheitsfall vorsorgt und wenn ja, wie. Denkbar wäre, eigene Rücklagen zu bilden[186], oder sich bei Versicherungsunternehmen ganz oder teilweise gegen entsprechende Risiken abzusichern.[187] Die Heranziehung von heilfürsorgeberechtigten Beamten zu den Kosten ihrer Heilfürsorge durch Auszahlung eines geringfügig gekürzten Grundgehalts ver-

---

180 BVerfG, NJW 91, 743 (743 f.) = E 83, 89 (98) = DVBl 91, 201 (203); PersV 03, 261 (263) = BayVBl 03, 428 (429) = DÖD 03, 240 (241) = ZBR 03, 203 (204) = E 106, 225 (232); Anm Summer, ZBR 03, 207 (207 f.); DVBl 92, 1590; BVerwGE 112, 308 (310) = NVwZ 01, 685 = RiA 02, 147; NJW 04, 308 = DVBl 03, 1554 (1555) = BayVBl 04, 88 (89) = ZBR 04, 49 (50) = PersV 04, 112 (114) = E 118, 277 (280); BayVBl 04, 602 = ZBR 04, 172 = RiA 04, 290 (291); DÖD 04, 82 (83); OVG Lüneburg, NdsVBl 03, 16 (17), als Vorinstanz; VG Schleswig, NVwZ-RR 06, 205.
181 BVerfG, DVBl 02, 114 (115) = DÖD 02, 25 (26) = NVwZ 02, 463 = PersV 02, 182 (183) = BayVBl 02, 144 (145) = ZBR 02, 351 (352).
182 BVerwG, NJW 04, 308 (309) = DVBl 03, 1554 (1556) = BayVBl 03, 88 (89) = ZBR 04, 49 (50) = PersV 04, 112 (115) = E 118, 277 (282 f.).
183 BVerwG, NVwZ 05, 713 = DVBl 04, 1420 (1421) = NWVBl 05, 21 (22) = DÖV 05, 24 (25) = BayVBl 05, 345 (346) = DÖD 05, 133 (134) = ZBR 05, 42 (43) = VersR 04, 1441 (1442) = E 121, 103 (106 f.) = RiA 05, 122 (123); NJW 04, 308 (309) = DVBl 03, 1554 (1556) = BayVBl 04, 88 (89) = ZBR 04, 49 (50) = PersV 04, 112 (114) = E 118, 277 (282); DÖD 04, 82 (84); BayVBl 04, 602 = ZBR 04, 172 = RiA 04, 290 (291).
184 BVerwG, NVwZ 05, 713 (713 f.) = DVBl 04, 1420 (1422) = NWVBl 05, 21 (23) = DÖV 05, 24 (26 f.) = BayVBl 05, 345 (347) = DÖD 05, 133 (135) = ZBR 05, 42 (44) = VersR 04, 1441 (1442) = E 121, 103 (111) = RiA 05, 122 (124 f.); BayVBl 05, 347 (348); NVwZ-RR 05, 423 (424).
185 DVBl 02, 114 (115) = DÖD 02, 25 (26) = NVwZ 02, 463 (464) = PersV 02, 182 (184) = BayVBl 02, 144 (145) = ZBR 02, 351 (352); 79, 223 (232); 83, 89 (105) = NJW 91, 743 (744) = DVBl 91, 201 (203).
186 BVerfGE 20, 44 (51); NJW 91, 743 (744) = E 83, 89 (105) = DVBl 91, 201 (203); E 79, 223 (232).
187 BVerfGE 28, 174 (176); NJW 91, 743 (744) = E 83, 89 (105) = DVBl 91, 201 (203); E 79, 223 (232).

1. Verfassungsrechtliche Grundlagen

stieße jedenfalls dann nicht gegen einen etwaigen Grundsatz der Vorsorgefreiheit, wenn man zwischen Heilfürsorge- und Beihilfeberechtigung wählen könne.[188]

Literatur: Summer, Gedanken zum Gesetzesvorbehalt im Beamtenrecht, DÖV 06, 249 = ZBR 06, 120; Adam, Substitution der Beihilfe durch Einbeziehung der Beamten in die Gesetzliche Krankenversicherung? – Fiskalische Auswirkungen am Beispiel des Landes Niedersachsen, 2005; Tegethoff, Die beamtenrechtlichen Beihilfevorschriften im Lichte der Wesentlichkeit, BayVBl 05, 458; Unverhau, Endstation Bürgerversicherung? Betrachtungen zur Gesundheitspolitik – gestern und heute – aus beamtenrechtlicher Sicht, ZBR 05, 154; Wild, Beurteilung von Modellen der Einbeziehung von Beamten in die gesetzliche Krankenversicherung, 2005; Grün, Verfassungsrechtliche Vorgaben für die Beihilfe der Beamten, jur. Diss., Bonn, 2002; Leisner, Verwaltungsvorschriften im Beamtenrecht – Ein Beitrag zum Regelungsmonopol des Gesetzgebers, in Franke/Summer/Weiß, Öffentliches Dienstrecht im Wandel, FS für Walther Fürst, 2002, 185.

1.2.3.3 Bedeutung der hergebrachten Grundsätze

Nachdem wesentliche hergebrachte Grundsätze erörtert worden sind, muß noch geklärt werden, welche **Bedeutung** sie für das Beamtenrecht haben. Art. 33 V GG ist unmittelbar geltendes Recht[189] und **richtet sich an** den **Gesetzgeber**. 39

Für ihn enthält die Norm zunächst einen **Regelungsauftrag**, das Beamtenrecht entsprechend den hergebrachten Grundsätzen zu gestalten[190] und ihre Einhaltung laufend zu überwachen.[191] Ferner stellt Art. 33 V GG eine **institutionelle Garantie des Berufsbeamtentums** dar.[192]

Streitig ist, wie weit die Bindung geht. Obwohl das Grundgesetz einheitlich von „Berücksichtigung" spricht, differenziert das BVerfG zwischen besonders wichtigen Grundsätzen, die zu beachten und weniger bedeutsamen, die lediglich zu berücksichtigen sind.[193] Danach seien insbesondere der Laufbahngrundsatz, das Leistungs-, Lebenszeit- und Alimentationsprinzip sowie die Fürsorgepflicht zu beachtende hergebrachte Grundsätze. In der Literatur wird dagegen der Begriff „Berücksichtigung" überwiegend so

---

188 BVerwG, DVBl 04, 765 (766) = NVwZ-RR 04, 508 (509) = DÖD 04, 178 (179) = ZBR 04, 171 (172) = RiA 04, 288 (289).
189 BVerfGE 9, 268 (286); NVwZ 03, 1364 (1365) = DVBl 03, 1148 (1150) = PersV 03, 467 (469) = RiA 03, 295 (301) = RiA 04, 172 (178) = ZBR 03, 348 (349) = SächsVBl 03, 268 (270) = E 107, 218 (236); Anm Millgramm, SächsVBl 03, 276 (276 f.).
190 BVerfGE 43, 154 (165) = NJW 77, 1189 (1189 f.); 70, 69 (79) = NVwZ 85, 894 (895); NVwZ 03, 1364 (1365) = DVBl 03, 1148 (1149) = PersV 03, 467 (469) = RiA 03, 295 (301) = RiA 04, 172 (178) = ZBR 03, 348 (349) = SächsVBl 03, 268 (270) = E 107, 218 (236); Anm Millgramm, SächsVBl 03, 276 (276 f.).
191 OVG Berlin, OVGE 6, 105 (108); Maunz in Maunz/Dürig, Art. 33 GG, Rn 80.
192 BVerfG, NVwZ 03, 1364 (1365) = DVBl 03, 1148 (1149) = PersV 03, 467 (469) = RiA 03, 295 (301) = RiA 04, 172 (178) = ZBR 03, 348 (349) = SächsVBl 03, 268 (270) = E 107, 218 (236); Anm Millgramm, SächsVBl 03, 276 (276 f.).
193 BVerfGE 8, 1 (16 f.); 43, 154 (165) = NJW 77, 1189 (1189 f.); 46, 97 (107) = NJW 78, 533 (535); 62, 374 (383); 67, 1 (12); 70, 69 (79 f.) = NVwZ 85, 894 (895); 71, 255 (268); 81, 363 (375) = NVwZ 90, 1061 (1062) = DVBl 90, 817 (818) = ZBR 90, 297; Anm Summer, ZBR 90, 300 (300 f.) = JZ 90, 1125, Anm Lecheler, JZ 90, 1128 f.; 99, 300 (314) = NJW 99, 1013 (1014) = DÖV 99, 381 (381 f.).

2. Abschnitt: Rechtsquellen des Beamtenrechts

verstanden, daß sich der Gesetzgeber bei der Änderung beamtenrechtlicher Vorschriften zwar auf dem Boden der hergebrachten Grundsätze bewegen muß, aber eine weite Gestaltungsfreiheit hat, wie stark er einzelne zur Geltung bringt.[194] Diese Auslegung im Schrifttum entspricht dem Wortlaut des GG. Ihr ist deshalb zu folgen. Indem sie keine speziellen Regeln festschreibt, ermöglicht sie eine Adaption des Beamtenrechts an die Entwicklung des modernen Staates, jedoch keine völlige Aufgabe des Beamtenstatus. Allerdings gewährt auch das BVerfG den notwendigen Spielraum, das Beamtenrecht an neue Tendenzen anzupassen. Vom Gesetzgeber werde verlangt, nach einer sorgfältigen Abwägung der konkreten Belange des öffentlichen Dienstes und der Bedeutung der Neuregelung für das Wohl der Allgemeinheit zu entscheiden, ob und wieweit dem einzelnen hergebrachten Grundsatz beim konkreten gesetzgeberischen Vorhaben Rechnung zu tragen sei.[195] Außerdem betont das BVerfG, daß Art. 33 V GG im Zusammenhang mit dem Sozialstaatsprinzip und anderen Wertentscheidungen des GG gesehen werden müsse.[196]

In gleicher Weise wie an die Legislative richtet sich Art. 33 V GG an die **Exekutive**, wenn diese beamtenrechtliche Rechtsvorschriften erläßt und ihre Gestaltungsspielräume in Einzelfallentscheidungen, insbesondere beim Ermessen, ausfüllt.

Darüber hinaus gewährt Art. 33 V GG **subjektive Rechte** für den Beamten, nämlich ein **grundrechtsgleiches Individualrecht**[197], das er mit der Verfassungsbeschwerde verfolgen kann (Art. 93 I Nr. 4a GG, §§ 13 Nr. 8a, 90 ff. BVerfGG). Allerdings schützt Art. 33 V GG keine wohlerworbenen Rechte des Beamten dergestalt, daß nachteilige Veränderungen, insbesondere im Besoldungs- und Versorgungsrecht, ausgeschlossen sind.[198]

---

194 Battis, § 2 BBG, Rn 10 f.; weitergehend Ule, Grundrechte IV 2, 568 f.; kritisch zur Rechtsprechung des BVerfG auch Kunig in Schmidt-Aßmann, Rn 38, der die Tragweite jedes hergebrachten Grundsatzes gesondert ermitteln will.
195 BVerfGE 43, 242 (278).
196 BVerfGE 49, 260 (273); 44, 249 (263, 265) = NJW 77, 1869 (1870).
197 BVerfGE 8, 1 (17); 15, 298 (301); 43, 154 (165 ff.) = NJW 77, 1189; 99, 300 (314) = NJW 99, 1013 (1014) = DÖV 99, 381; DVBl 01, 1667 = IÖD 01, 188 = NVwZ 01, 1393; NVwZ 03, 1364 (1365) = DVBl 03, 1148 (1149) = PersV 03, 467 (469) = RiA 03, 295 (301) = RiA 04, 172 (178) = ZBR 03, 348 (349) = SächsVBl 03, 268 (270) = E 107, 218 (236); Anm Millgramm, SächsVBl 03, 276 (276 f.); BVerwGE 110, 363 (367) = IÖD 00, 218 (219) = DVBl 00, 1136 = NJW 00, 2521 (2522) = PersV 00, 358 (360) = ZBR 00, 209 (210) = RiA 02, 239 (240); Anm Bull, DVBl 00, 1773 (1773 ff.); Anm Summer, ZBR 00, 211; Battis, § 2 BBG, Rn 8 f.; zweifelnd Kunig in Schmidt-Aßmann, Rn 39.
198 BVerfGE 3, 58 (137); 8, 1 (11 f.); 64, 323 (351); 76, 256 (310) = NVwZ 88, 329 (333) = ZBR 88, 23 (32) = DVBl 88, 191 (193); BVerwGE 105, 226 (231) = DÖV 98, 206 (207) = ZBR 98, 207 (208) = NVwZ 98, 402 (403) = DVBl 98, 198 (199).

2. Sonstige Rechtsquellen

Schließlich ist Art. 33 V GG eine verfassungsrechtlich gesicherte **Grundrechtsschranke** und rechtfertigt im Einzelfall Grundrechtsbeschränkungen beim Beamten.[199]

Literatur: Lindner, Grundrechtssicherung durch das Berufsbeamtentum, ZBR 06, 1; Wolff, Der Kerngehalt des Alimentationsgrundsatzes als absolute Grenze für den Besoldungsgesetzgeber, ZRP 03, 305; Leisner, Am Ende der Alimentation – Die Beamten in der Entwicklung von der Werkleistungs- zur Dienstleistungsgesellschaft –, DÖV 02, 763; Merten, Das Berufsbeamtentum als Element deutscher Rechtsstaatlichkeit, ZBR 99, 1; Thiele, Amt, Berufsbeamtentum, Alimentationsprinzip – mißverstandene Begriffe, DÖD 97, 1; Edelmann, Das Staatsangehörigkeitserfordernis als hergebrachter Grundsatz des Berufsbeamtentums?, DÖD 93, 56; Summer, Die Amtsbezeichnung – hergebrachter Grundsatz des Berufsbeamtentums und statusbestimmendes Regelungselement, PersV 93, 342; ders., Die hergebrachten Grundsätze des Berufsbeamtentums – ein Torso, ZBR 92, 1; Warbeck, Die hergebrachten Grundsätze des Berufsbeamtentums im Wandel der Zeiten und ihre Bedeutung, RiA 90, 292; Lecheler, Die hergebrachten Grundsätze des Berufsbeamtentums in der Rechtsprechung des Bundesverfassungsgerichts und des Bundesverwaltungsgerichts, AöR 103. Bd., 349.

2. Sonstige Rechtsquellen

Schaubild Nr. 1

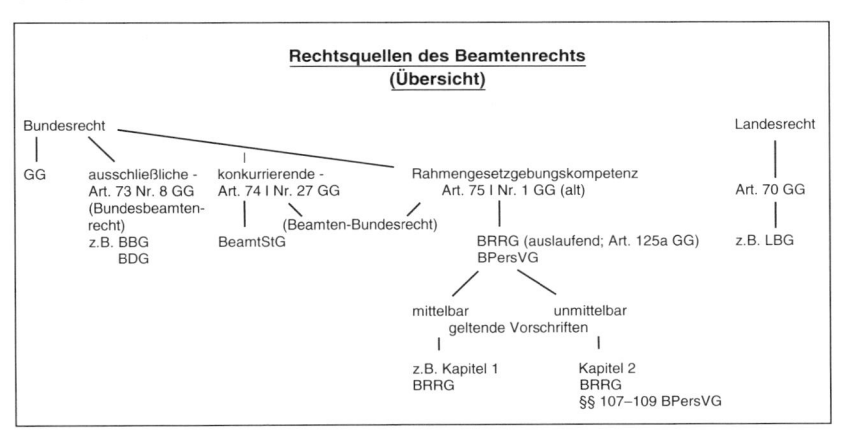

```
                    Rechtsquellen des Beamtenrechts
                              (Übersicht)

Bundesrecht                                                    Landesrecht
  |                                                                |
  GG    ausschließliche -   konkurrierende -   Rahmengesetzgebungskompetenz    Art. 70 GG
        Art. 73 Nr. 8 GG    Art. 74 I Nr. 27 GG   Art. 75 I Nr. 1 GG (alt)
        (Bundesbeamten-
        recht)                                   (Beamten-Bundesrecht)
        z.B. BBG            BeamtStG             BRRG (auslaufend; Art. 125a GG)   z.B. LBG
             BDG                                 BPersVG

                                              mittelbar        unmittelbar
                                                  geltende Vorschriften
                                                  |                |
                                              z.B. Kapitel 1    Kapitel 2
                                                  BRRG            BRRG
                                                              §§ 107–109 BPersVG
```

Zunächst können europäische Rechtsnormen und ihre Auslegung durch den EuGH und den EGMR das deutsche Beamtenrecht beeinflussen.[200]

---

199 BVerfGE 19, 303 (322); 39, 334 (366 ff.); PersV 02, 473 (474) = DÖD 03, 37 = ZBR 02, 353; PersV 02, 473 (474) = DÖD 03, 37 = ZBR 02, 353; BVerwGE 42, 79 (82); 56, 227 (228 f.); 116, 359 (364) = NJW 02, 3344 (3346) = DVBl 02, 1645 (1647) = PersV 03, 312 (314) = DÖD 03, 19 (21) = BayVBl 03, 376 (377) = ZBR 03, 37 (39); = JZ 03, 254 (255) = IÖD 02, 266 (268); Anm Michael, JZ 03, 256 (256 ff.); Anm Wiese, ZBR 03, 39 (39 ff.); Kunig in Schmidt-Aßmann, Rn 41; Battis, § 2 BBG, Rn 12, 17; Strunk, Rn 186; s. auch Rn 199. Dies verneint neuerdings das BVerfGE 108, 282 (306 ff.) = NJW 03, 3111 (3115 f.) = DVBl 03, 1526 (1531 ff.) = BayVBl 04, 107 (109 f.) = DÖV 04, 30 (33) = ZBR 04, 137 (141 f.) = JZ 03, 1164 (1169), hinsichtlich eines Kopftuchverbots; vgl. meine Kritik in Rn 207.

200 Näher dazu Kämmerer, EuR 01, 27 (27 ff.); Kunig in Schmidt-Aßmann, Rn 27 f.; Battis, Einleitung, Rn 31.

2. Abschnitt: Rechtsquellen des Beamtenrechts

Zwar bezieht sich die Rechtsprechung des EuGH in der Regel auf Arbeitnehmer. Das Gericht faßt Beamte jedoch unter diesen Begriff, so daß seine Entscheidungen für das Beamtenrecht relevant sind. Hier muß man verschiedene Einflußbereiche nennen: die Freizügigkeit der Arbeitnehmer (Rn 101, 146) und ihre Arbeitsschutzbedingungen (Rn 204), die Gleichberechtigung der Geschlechter (Rn 122) nebst Verhinderung von mittelbaren Diskriminierungen (Rn 204, 321, 349, 369) sowie die europäischen Wettbewerbsregeln. Letztere strahlen mittelbar auf das Beamtentum aus, indem sie den öffentlichen Sektor zurückdrängen und private Rechtsformen präferieren.[201]

Weiterhin wirkt sich der bundesstaatliche Aufbau der Bundesrepublik Deutschland (Art. 20 I GG) bei den Rechtsquellen des Beamtenrechts aus. Die Länder haben die Gesetzgebungszuständigkeit (Art. 70 I GG), soweit keine ausschließliche (Art. 71, 73 GG), konkurrierende (Art. 72, 74, 74a GG) oder Rahmengesetzgebungskompetenz (Art. 75 GG) des Bundes besteht.

Zwischenzeitlich kamen Diskussionen, insbesondere in der Föderalismuskommission auf, den Ländern umfangreichere Gesetzgebungsbefugnisse bei der Besoldung und Versorgung zu Lasten des Bundes einzuräumen. Ende des Jahres 2004 konnte man sich jedoch hierüber nicht einigen. Erst in den Koalitionsverhandlungen von CDU/CSU und SPD im November 2005 einigte sich eine Arbeitsgruppe zur Föderalismusreform, daß die Länder die Rechtssetzungskompetenz für die Besoldung und Versorgung sowie für das Laufbahnrecht ihrer jeweiligen Landes- und Kommunalbeamten erhalten sollen.[202] Dies beschlossen der Bundestag am 30.6.2006 und der Bundesrat am 7.7.2006. Zudem ist Art. 75 GG und damit die Rahmengesetzgebungskompetenz des Bundes ersatzlos entfallen sowie Art. 74a GG. Sämtliche Maßnahmen sind aus meiner Sicht verfassungsrechtlich bedenkenfrei zu verwirklichen. Zur Ausfüllung der dann konkurrierenden Gesetzgebungskompetenz des Bundes hinsichtlich der Statusrechte und -pflichten sowie zur Ablösung des BRRG werden erste gesetzgeberische Maßnahmen diskutiert.[203]

Somit gibt es folgende Struktur von Rechtsquellen des Beamtenrechts:

---

201 Kämmerer, EuR 01, 27 (35); Rn 185.
202 Die konkurrierende Gesetzgebung erstreckt sich nunmehr auf „die Statusrechte und -pflichten der Beamten der Länder, Gemeinden und anderen Körperschaften des öffentlichen Rechts sowie der Richter in den Ländern mit Ausnahme der Laufbahnen, Besoldung und Versorgung" (Art. 74 I Nr. 27 GG). Zudem wurden in einem Entschließungsantrag der Fraktionen der CDU/CSU und SPD sowie von Bundesländern (BR-Drucks. 180/06 v. 7.3.06) die „Statusrechte und -pflichten" definiert. Es sind dies: Wesen, Voraussetzungen, Rechtsform der Begründung, Arten, Dauer sowie Nichtigkeits- und Rücknahmegründe des Dienstverhältnisses; Abordnungen und Versetzungen der Beamten zwischen den Ländern und zwischen Bund und Ländern oder entsprechende Veränderungen des Richterdienstverhältnisses; Voraussetzungen und Formen der Beendigung des Dienstverhältnisses (vor allem Tod, Entlassung, Verlust der Beamten- und Richterrechte, Entfernung aus dem Dienst nach dem Disziplinarrecht); statusprägende Pflichten und Folgen der Nichterfüllung; wesentliche Rechte; Bestimmung der Dienstherrenfähigkeit; Spannungs- und Verteidigungsfall; Verwendungen im Ausland.
203 Entwurf für ein BeamtStG, BR-Drucks. 780/06 v. 3.11.06.

2. Sonstige Rechtsquellen

2.1 Bundesbeamtenrecht

Es wurde aufgrund von **Art. 73 Nr. 8 GG** erlassen. Diese Vorschrift räumt dem **Bund** eine **ausschließliche Gesetzgebungsbefugnis** ein, um die Rechtsverhältnisse der Bediensteten des Bundes und der bundesunmittelbaren Körperschaften des öffentlichen Rechts zu regeln. **40**

Auf der Norm beruhen zentrale Kodifikationen des Bundesbeamtenrechts wie das BBG, die BLV und das BDizG. Die dortigen Bestimmungen haben keine Bedeutung für Landes- und Kommunalbeamte.

2.2 Beamten-Bundesrecht

Dazu gehören alle auf Bundesebene erlassenen Normierungen, die einheitlich für Beamte in den Ländern und in den Gemeinden gelten.[204] Der **Bund** hat hier eine **konkurrierende Gesetzgebungskompetenz für Statusrechte und -pflichten mit Ausnahme der Laufbahnen, Besoldung und Versorgung (Art. 74 I Nr. 27 GG)**. Er hat sie mit dem BeamtStG ausgeübt. Das BeamtStG regelt einheitlich das Statusrecht der Landes- und Kommunalbeamten sowie der sonstigen der Aufsicht eines Landes unterstehenden Körperschaften, Anstalten und Stiftungen des öffentlichen Rechts (§ 1 BeamtStG). Zielsetzung ist, bestimmte beamtenrechtliche Grundstrukturen festzulegen, um die erforderliche Einheitlichkeit des Dienstrechts zu gewährleisten, damit speziell die bundesweite Mobilität von Beamten bei Dienstherrenwechseln sichergestellt ist.[205] **41**

Früher gehörten zum Beamten-Bundesrecht das BRRG, Kapitel II des BPersVG und die §§ 49 ff. HRG. Sie beruhen auf der (mittlerweile entfallenen) **Rahmengesetzgebungskompetenz** des Bundes (Art. 75 GG). Rahmenvorschriften des Bundes mußten, wenn auch nicht in allen einzelnen Bestimmungen, so doch als Ganzes durch Landesgesetzgebung ausfüllungsfähig und -bedürftig, jedenfalls auf eine solche Ausfüllung hin angelegt sein.[206] Darüber hinaus durften sie nicht ausschließlich Richtlinien für den Landesgesetzgeber, sondern ebenfalls unmittelbar geltende Rechtssätze zum Inhalt haben.[207] Allerdings mußte den Landesgesetzgebern Raum für eigene Regelungsmöglichkeiten von substantiellem Gewicht bleiben.[208] Demzufolge enthielt das Rahmenrecht mittelbar geltende Normierungen, die sich als Richtlinie an den Landesgesetzgeber wandten und in Landesrecht umgesetzt werden mußten (z.B. §§ 1–120 BRRG; 94-106 BPersVG). Ferner gab es unmittelbar und einheitlich im Bund sowie in den Ländern geltende Regeln (z.B. §§ 121 ff. BRRG; 107–109 BPersVG), die als Rechtsquellen für beamtenrechtliche Einzelentscheidungen heranzuziehen waren.

---

204 Scheerbarth/Höffken/Bauschke/Schmidt, § 7 III A 1; Wiese, 44.
205 Vgl. Vorblatt des Gesetzentwurfs für das BeamtStG, A „Problem und Ziel". BR-Drucks. 780/06 v. 3.11.06, S. 1 f.
206 BVerfGE 4, 115 (129).
207 BVerfGE 4, 115 (128).
208 BVerfGE 111, 226 (260) = ZBR 04, 424 (425).

2. Abschnitt: Rechtsquellen des Beamtenrechts

Ausgehend von der neuen konkurrierenden Gesetzgebungskompetenz des Bundes ersetzt das BeamtStG weitestgehend das BRRG. Lediglich das Kapitel II (§§ 121 bis 133f BRRG) und § 135 BRRG bleiben bestehen (§ 64 II S. 2, 2. Hs. BeamtStG). Im übrigen tritt das BeamtStG mit Ausnahme der Festlegung einer Altersgrenze für den Ruhestand (§ 26) und des Personalaktenrechts (§ 51) am 1.10.2008 in Kraft (§ 64 I S. 2 BeamtStG). Die Länder müssen das BeamtStG nicht mehr in ihr eigenes Landesrecht umsetzen, da es unmittelbar und ohne weiteren Umsetzungsakt direkt in den Ländern gilt. Trifft das BeamtStG keine erschöpfende Regelung, gilt das jeweilige Landesbeamtenrecht, an dessen Bestand sich durch den Wegfall des BRRG nichts ändert.

Das BBG wird die Regelungen zum Statusrecht (BeamtStG) unter Berücksichtigung der Besonderheiten des Bundes entsprechend übernehmen, um die Einheitlichkeit des Dienstrechts und die Mobilität zwischen Bund und Ländern ebenfalls zu gewährleisten.

2.3 Landesbeamtenrecht

42 Soweit kein Beamten-Bundesrecht besteht, haben die Länder die Gesetzgebungskompetenz (Art. 70 I GG). Dabei sind sie sowohl für die Regelung der Rechtsverhältnisse der Beamten des Landes als auch der ihrer Aufsicht unterstehenden Körperschaften, Anstalten und Stiftungen des öffentlichen Rechts zuständig (vgl. ebenfalls §§ 1, 2 LBG).
Folgende Kodifikationen bilden den Kern beamtenrechtlicher Bestimmungen: das LBG, die Laufbahnverordnungen, das LDG, das LPVG und das LBesG. Aufgrund der mit der Föderalismusreform erfolgten Neuordnung der Kompetenzen (Art. 74 I Nr. 27 GG) werden weitere Kodifikationen in den Bereichen Besoldung, Versorgung und Laufbahnen hinzukommen, für welche die Länder nunmehr die alleinige Gesetzgebungskompetenz haben. Erste Signale aus den Ländern zeigen jedoch, daß man sich damit mehrere Jahre Zeit lassen oder ohnehin weiter das Bundesrecht anwenden wird.
Eine Übersicht über die Rechtsquellen ist bei Scheerbarth/Höffken/Bauschke/Schmidt[209] abgedruckt. In diesem Buch werden sie bei den zu behandelnden Sachproblemen dargestellt.

2.4 Kommunales Beamtenrecht

43 Zum Selbstverwaltungsrecht der Gemeinden und Gemeindeverbände (Art. 28 II GG) gehört auch die Personalhoheit. Diese kann jedoch ausschließlich im Rahmen der Gesetze ausgeübt werden (Art. 28 II S. 1 GG), der im Beamtenrecht sehr eng gespannt ist. Es gibt **keine eigenständige Rechtssetzungsbefugnis der Gemeinden und Gemeindeverbände im materiellen Beamtenrecht**. Das ist sachlich notwendig, um durch einheitliche Rechtsgrundlagen eine reibungslose Personalrekrutierung und den Austausch von Beamten zwischen den Hoheitsträgern zu ermöglichen.

---

209 § 7 II (Schaubild 2).

2. Sonstige Rechtsquellen

Kommunen und Kreise haben **jedoch formelle Entscheidungsspielräume** bei der Frage, wer zuständig ist. Grundsätzlich ist der Bürgermeister/Landrat für die beamten-, arbeits- und tarifrechtlichen Entscheidungen zuständig (§§ 74 I S. 2 GO, 49 II S. 2 KrO), jedoch nicht in den Fällen der §§ 41 I S. 2 c) GO, 26 I S. 2 d) KrO (Wahl der Beigeordneten bzw. des allgemeinen Vertreters des Landrats und des Kreiskämmerers) und ebenfalls nicht bei der Bestellung und Abberufung des Leiters des Rechnungsprüfungsamtes und der Prüfer (§§ 104 II S. 1 GO, 26 I S. 2 p) KrO).

Der Rat/Kreistag kann es allerdings durch entsprechende Fassung der Hauptsatzung anders regeln (§§ 74 I S. 3 GO/49 II S. 3 KrO). Hierbei muß man jedoch folgendes beachten: Dem Bürgermeister/Landrat dürfen durch Hauptsatzung die personalpolitischen Kompetenzen weder völlig noch für wichtige Bereiche (z.B. sämtliche Beamten) entzogen werden.[210] Die gesetzliche Wertentscheidung (§§ 74 I S. 2 GO, 49 II S. 2 KrO) geht davon aus, daß die **Personalkompetenzen grundsätzlich beim Hauptverwaltungsbeamten** und gerade nicht bei einer anderen Stelle liegen sollen. Eine hiervon **abweichende Normierung in der Hauptsatzung** ist deshalb **nur soweit** zulässig wie der **Wesensgehalt** der Bestimmung und die daraus folgende Rechtsstellung des Hauptverwaltungsbeamten **nicht angetastet** werden. Die Normen müssen aufgrund der hervorgehobenen Stellung und der demokratischen Legitimation des Bürgermeisters/Landrats sowie wegen des Rechts auf amtsangemessene Beschäftigung (Art. 33 V GG) einschränkend interpretiert werden. Somit dürfte allein hinsichtlich einzelner Personalentscheidungen bestimmter Beamtengruppen (z.B. sämtliche Beförderungen von Beamten des höheren Dienstes) eine Übertragung auf den Rat/Kreistag rechtlich nicht zu beanstanden sein. Dabei kann nach der Größe einer Gemeinde, ihrer Aufbauorganisation oder ihrer Beschäftigungsstruktur differenziert werden. Die Satzungsermächtigung finde dort ihre Grenze, wo die Regelung derart vom gesetzlichen Leitbild der Alleinzuständigkeit des Bürgermeisters in Personalangelegenheiten abweiche, daß diesem keine seiner Verantwortlichkeit korrespondierende Zuständigkeit mehr verbleibe.[211] Das VG Aachen stellte im konkreten Fall, ergangen zu Gunsten des Bürgermeisters der Stadt Wassenberg, fest, daß diesem eine Mitentscheidungsbefugnis über die Ernennung und Entlassung von Beamten der Besoldungsgruppen A 1 bis A 10, von Angestellten der Vergütungsgruppen VI b BAT bis IV b BAT und von Arbeitern zustehe. Sie könne ihm nicht generell durch entsprechende Regelungen in der Hauptsatzung entzogen werden. Eine Entscheidung, mit der sich der Rat/Kreistag im Einzelfall bestimmte Kompetenzen vorbehält, ist keine von §§ 74 I S. 3 GO/49 II S. 3 KrO vorausgesetzte Regelung durch Hauptsatzung und insofern bereits deshalb rechtswidrig.[212]

---

210 VG Aachen, NWVBl 01, 482 (483) = DÖV 02, 39 (39 f.) = NVwZ-RR 02, 214 (215 f.) = VR 02, 175 (177); Klieve/Stibi, VR 01, 16 (19).
211 VG Aachen, NWVBl 01, 482 (484) = DÖV 02, 39 (40) = NVwZ-RR 02, 214 (215 f.) = VR 02, 175 (176).
212 VG Minden, Urt. v. 20.1.99, 10 K 5153/97.

2. Abschnitt: Rechtsquellen des Beamtenrechts

Darüber hinaus dürfen Rat oder Kreistag allgemeine Grundsätze für grundlegende beamtenrechtliche Entscheidungen aufstellen (§ 41 I S. 2 a) GO bzw. § 26 I S. 2 a) KrO). So könnten sie in der Hauptsatzung festlegen, daß über die geregelten Fälle (§§ 7 III LBG, 8 I S. 1 LGG, 71 II S. 3 GO bzw. § 47 II KrO) hinaus Stellen generell auszuschreiben sind. Im übrigen verbleibt es natürlich bei den personalpolitischen Kompetenzen, die der Rat/Kreistag in seiner Eigenschaft als oberste Dienstbehörde hat (Rn 54).

Fall: Dem Landtag liegen Gesetzesentwürfe der F-Fraktion vor:
a. § 11 I LBG soll um folgende Nr. 3 ergänzt werden:
„auf einer unwirksamen Wahl beruht."
b. § 3 LBesG soll folgender Absatz 3 angefügt werden:
„Die Grundgehaltssätze der nach dem 31.12.2004 eingestellten B.a.P. der Eingangsämter A 9 und höher bestimmen sich während der Probezeit und zwei Jahre nach der Anstellung aufgrund der jeweils niedrigeren Besoldungsgruppe".
c. § 12 VII S. 1 BVO soll wie folgt lauten:
„Die Beihilfe darf zusammen mit den erbrachten Leistungen einer Versicherung sowie Leistungen aufgrund von Rechtsvorschriften oder arbeitsvertraglichen Vereinbarungen die dem Grunde nach beihilfefähigen Aufwendungen nicht übersteigen."
Hat der Landtag die Kompetenz, die Gesetzesentwürfe zu verabschieden?
Eine Kompetenz besteht nach Art. 70 I GG, wenn kein vorrangiges Bundesrecht eine Regelung durch Landesrecht ausschließt.
a. Bei der geplanten Änderung von § 11 LBG, einer Vorschrift des allgemeinen Beamtenrechts, ist das BeamtStG zu beachten. In § 11 I Nr. 3 c) BeamtStG, der die Nichtigkeit von Ernennungen regelt, ist exakt der entsprechende Fall vorgesehen, daß eine der Ernennung zugrunde liegende Wahl unwirksam ist. Der Bund hat somit seine konkurrierende Gesetzgebungskompetenz ausgeübt, so daß für eine Entscheidung des Landesgesetzgebers kein Raum mehr ist.
b. Bei der Novellierung des LBesG bewegt sich der Landesgesetzgeber auf dem Gebiet seiner eigenen Gesetzgebungskompetenz (Art. 70 I GG), da die Materie „Besoldung" nicht von der konkurrierenden Gesetzgebungskompetenz des Bundes (Art. 74 I Nr. 27 GG) umfaßt wird. In diesem Fall kann Landesrecht erlassen werden.
c. Das Beamten-Bundesrecht enthält keine Bestimmung über die Beihilfe. Somit ist ihre Normierung Ländersache (Art. 70 I GG). Allerdings hat der Landesgesetzgeber in § 88 S. 4 LBG das FM ermächtigt, im Einvernehmen mit dem IM und bei Änderungen von grundsätzlicher Bedeutung im Benehmen mit dem Ausschuß für Innere Verwaltung des Landtages, das Beihilferecht durch Rechtsverordnung zu regeln. Deshalb kann allein das FM die gewollte Änderung vornehmen. Andererseits könnte der Landtag die Ermächtigungsgrundlage für die BVO (§ 88 S. 4 LBG) entsprechend ändern, und die Kompetenz des FM rückgängig machen. Allerdings ist der Landtag nicht verpflichtet, das Beihilferecht selbst durch Gesetz zu regeln.[213]

Literatur: Kämmerer, Das deutsche Berufsbeamtentum im Gravitationsfeld des Europäischen Gemeinschaftsrechts, Die Verwaltung 04, 353; Alber, Das europäische Recht und seine Auswirkungen auf den öffentlichen Dienst, ZBR 02, 225; Widmaier, Zur Bedeutung der EMRK – insbesondere aus der Sicht der Rechtsprechung des EGMR zu öffentlichen Bediensteten, ZBR 02, 244; Kämmerer, Europäisierung des öffentlichen Dienstrechts, EuR 01, 27.

---

213 BVerfG, ZBR 78, 37; krit. v. Zezschwitz, ZBR 78, 21 (21 ff.). Die BVO ist im parlamentarischen Verfahren geschaffenes Verordnungsrecht. So BVerfG, DVBl 05, 1513 (1514) = NVwZ 06, 322 (323). Hingegen genügen Beihilfevorschriften als Verwaltungsvorschriften (wie diejenigen des Bundes) allerdings nicht den verfassungsrechtlichen Anforderungen des Gesetzesvorbehalts und gelten deshalb nur noch für eine Übergangszeit weiter. So BVerwG, NVwZ 05, 713 (713 f.) = DVBl 04, 1420 (1422) = NWVBl 05, 21 (23) = DÖV 05, 24 (26 f.) = BayVBl 05, 345 (347) = DÖD 05, 133 (135) = ZBR 05, 42 (44) = VersR 04, 1441 (1442) = E 121, 103 (111) = RiA 05, 122 (124 f.); BayVBl 05, 347 (348); NVwZ-RR 05, 423 (424).

3. Abschnitt: Grundbegriffe des Beamtenrechts

Die beamtenrechtlichen Vorschriften verwenden ein weitgehend eigenständiges Begriffsystem, dessen Verständnis zur Normanwendung notwendig ist. Im folgenden Abschnitt werden diese Fachausdrücke erläutert.

1. Der Beamtenbegriff

Unserer Rechtsordnung liegt keine einheitliche Bezeichnung „Beamter" zugrunde. Wer dazu zu zählen ist, hängt vielmehr davon ab, welches Entscheidungsproblem im Einzelfall gelöst werden muß. **44**

Schaubild Nr. 2

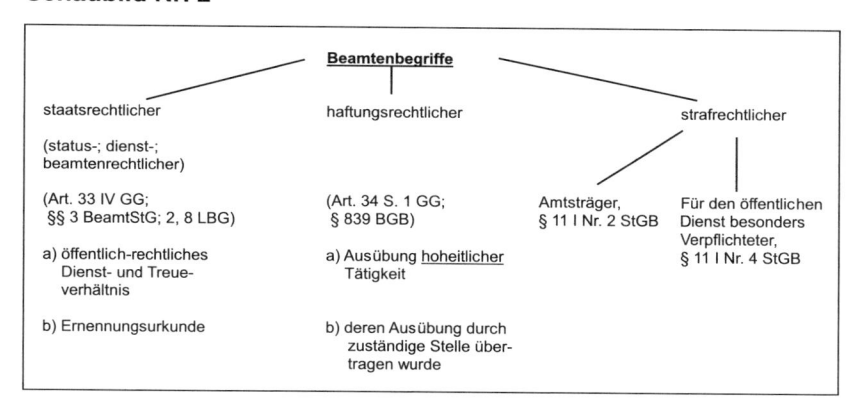

	Beamtenbegriffe		
staatsrechtlicher	haftungsrechtlicher	strafrechtlicher	
(status-; dienst-; beamtenrechtlicher)			
(Art. 33 IV GG; §§ 3 BeamtStG; 2, 8 LBG)	(Art. 34 S. 1 GG; § 839 BGB)	Amtsträger, § 11 I Nr. 2 StGB	Für den öffentlichen Dienst besonders Verpflichteter, § 11 I Nr. 4 StGB
a) öffentlich-rechtliches Dienst- und Treueverhältnis	a) Ausübung hoheitlicher Tätigkeit		
b) Ernennungsurkunde	b) deren Ausübung durch zuständige Stelle übertragen wurde		

1.1 Beamter im staatsrechtlichen Sinn

Beamter im staats-(status-, dienst-, beamten-)rechtlichen Sinn ist jemand, der unter Aushändigung einer **Ernennungsurkunde** in ein öffentlich-rechtliches Dienst- und Treueverhältnis zu einer dienstherrnfähigen juristischen Person des öffentlichen Rechts berufen worden ist.[1] Dieser Beamtenbegriff ist nicht ausdrücklich im Gesetz festgelegt. Er ergibt sich jedoch aus Art. 33 IV GG und den §§ 3 BeamtStG, 2 und 8 LBG. Nach dem Funktionsvorbehalt (Art. 33 IV GG; Rn 19 ff.) dürfen grundsätzlich Hoheitsaufgaben als Daueraufgaben nur solchen Angehörigen des öffentlichen Dienstes, die in einem öffentlich-rechtlichen Dienst- und Treueverhältnis, d.h. Beamtenverhältnis, stehen, übertragen werden. Wie aus den **45**

---

1 Scheerbarth/Höffken/Bauschke/Schmidt, § 9 I 1.

§§ 2 BeamtStG, 2 LBG zu entnehmen ist, kann dieses Dienstverhältnis ausschließlich zu einem dienstherrnfähigen Hoheitsträger bestehen. Es wird durch eine Ernennung begründet (§ 8 I Nr. 1 LBG), indem man eine Ernennungsurkunde aushändigt (§ 8 II S. 1 LBG). So ist z.B. der Inspektoranwärter Beamter im staatsrechtlichen Sinn, während der Angestellte oder Arbeiter einer Gemeinde aufgrund eines privatrechtlichen Arbeitsvertrages beschäftigt wird.

Die Formenstrenge, die § 8 II LBG (§ 6 II BBG) vorschreibt, findet ihre Rechtfertigung in den bedeutsamen Rechtsfolgen, die eintreten, wenn jemand Beamter im staatsrechtlichen Sinn ist. Er hat Ansprüche auf Besoldung und Versorgung (§§ 3 I BBesG, 4 BeamtVG), muß mit Disziplinarmaßnahmen bei Dienstvergehen rechnen (§§ 1 I, 5 ff., 17 LDG, 83 I LBG), und eine Vielzahl von Beamtenpflichten beachten (§§ 55 ff. LBG, 52 ff. BBG).

Auf den klassischen staatsrechtlichen Beamtenbegriff wird abgestellt, wenn man von „Beamtenrecht" spricht. Er ist in diesem Buch immer gemeint, wenn kein ausdrücklicher anderer Hinweis erfolgt.

Beispiel: M ist Mitglied des Kreisausschusses des Kreistages. Er gibt der Presse Auskunft über Gegenstände nichtöffentlicher Kreisausschußsitzungen. Muß er mit Disziplinarmaßnahmen rechnen?
Das setzt voraus, daß das LDG auf ihn anwendbar ist. Es gilt für Beamte im staatsrechtlichen Sinn (§ 1 I LDG). Unter den Voraussetzungen des § 62 KrO sind Mitglieder des Kreisausschusses zu Ehrenbeamten zu ernennen. Auch der Ehrenbeamte muß unter Aushändigung einer Ernennungsurkunde berufen werden (§§ 5 IV, 8 I Nr. 1, II S. 1 LBG). Damit ist er Beamter im staatsrechtlichen Sinn. § 183 LBG sieht keine Ausnahme vor, so daß das LDG anzuwenden ist. M muß mit Disziplinarmaßnahmen rechnen, falls er ein Dienstvergehen (§ 83 I LBG) begangen hat.

1.2 Beamter im haftungsrechtlichen Sinn

46 Für Ansprüche, die ein Bürger gegen einen Bediensteten der öffentlichen Verwaltung hat (§ 839 BGB), tritt der Staat ein, wenn der Bedienstete Beamter im haftungsrechtlichen Sinn ist. Jemand ist Beamter im haftungsrechtlichen Sinn (Art. 34 S. 1 GG), dem die zuständige Stelle die Ausübung eines öffentlichen Amtes anvertraut hat. Während es beim staatsrechtlichen Beamtenbegriff auf die Form der Berufung ankommt, ist nach dem haftungsrechtlichen Beamtenbegriff die **Rechtsnatur der Tätigkeit** maßgebend. Der **Amtsträger** übt ein öffentliches Amt aus, wenn er hoheitlich, d.h. öffentlich-rechtlich, handelt.[2] In der Literatur wird deshalb vorgeschlagen, von einem haftungsrechtlichen Amtsträger- und gerade nicht von einem haftungsrechtlichen Beamtenbegriff zu sprechen.[3]

So ist z.B. ein Angestellter, der Sozialhilfe gewährt und damit öffentlich-rechtlich handelt, ebenso wie der städtische Arbeiter, der ein Verkehrs-

---
2 BGHZ 11, 198 (200); BVerwGE 34, 123 (125 f.).
3 Schnapp, NWVBl 01, 79.

1. Der Beamtenbegriff

schild aufstellt und damit hoheitlich agiert, Beamter im haftungsrechtlichen Sinn. Die Rechtsnatur der Tätigkeit ist deswegen entscheidend, weil der Bürger darauf vertrauen darf, daß bei hoheitlichem Handeln der zuständige Hoheitsträger, der seinen Mitarbeiter die Aufgabe wahrnehmen läßt, bei Schäden haftet.[4] Ob dieser Bedienstete Beamter im staatsrechtlichen Sinn oder beispielsweise Angestellter ist, kann der Geschädigte nicht erkennen.

Schaubild Nr. 3

Schadenersatz- und Entschädigungsansprüche bei Handlungen von Amtsträgern (Übersicht)

Rechtsnatur der Tätigkeit	Ansprüche des Geschädigten gegen den Hoheitsträger	Ansprüche des Geschädigten gegen den Amtsträger
öffentlich-rechtlich	*I. Schadenersatz* 1. Vertragliche Ansprüche (z.B. § 62 S. 2 VwVfG i.V.m. BGB) 2. Ansprüche aus öffentlich-rechtlichen Sonderbeziehungen (z.B. aus schuldhafter Verletzung der Fürsorgepflicht; s. Rn 270 ff.; öffentlich-rechtliche GoA) 3. Art. 34 S. 1 GG, § 839 BGB (Amtshaftung) 4. Gefährdungshaftung (z.B. § 7 I StVG) *II. Entschädigung* 1. Spezialgesetzliche Ansprüche (z.B. § 39 OBG) 2. Verwaltungsverfahrensgesetzliche Ansprüche (z.B. §§ 49 VI, 48 III VwVfG) 3. Enteignung, enteignender Eingriff 4. Aufopferung	Der Amtsträger haftet nicht [1), 2)]
privatrechtlich	1. Vertragliche Schadenersatzansprüche i.V.m. § 278 BGB bzw. §§ 89, 31, 276 BGB 2. Gesetzliche Ansprüche Ist der Amtswalter verfassungsmäßig berufener Vertreter, greifen §§ 89, 31 BGB, sonst § 831 BGB	a) § 839 BGB bei Beamten im staatsrechtlichen Sinn (vgl. aber § 839 I S. 2 BGB) b) § 823 BGB bei sonstigen Amtswaltern

1) Ein Regreßanspruch des Sozialversicherungsträgers (§ 110 SGB VII; früher § 640 RVO) wird von Art. 34 GG nicht ausgeschlossen.[5]
2) Der Regreß wird in Rn 259 beschrieben.

Beispiel: Der Lehrer im Angestelltenverhältnis L (Umkehrschluß aus § 57 IV S. 2 SchulG) an einer Realschule vergießt im Chemieunterricht Salzsäure, welche die Kleidung eines Schülers zerfrißt. Worauf kann der Geschädigte seinen Anspruch stützen?
Anspruchsgrundlage könnte Art. 34 S. 1 GG i.V.m. § 839 BGB sein. Voraussetzung wäre, daß L öffentlich-rechtlich gehandelt hat. Bei der Erteilung von Unterricht handelt es sich um eine öffentlich-rechtliche Maßnahme, so daß Art. 34 S. 1 GG, § 839 BGB zur Anwendung kommen. Der Lehrer im Angestelltenverhältnis ist also Beamter im haftungsrechtlichen, nicht jedoch im staatsrechtlichen Sinn.

---

4 BGHZ (GS) 13, 88 (100 f.).
5 BGH, ZBR 85, 91 (92).

1.3 Beamter im strafrechtlichen Sinn

47 Nach den Legaldefinitionen (§ 11 I Nr. 2, 3 und 4 StGB) gibt es seit der Strafrechtsreform 75 keinen einheitlichen Beamtenbegriff im strafrechtlichen Sinn mehr. Der Gesetzgeber unterscheidet vielmehr zwischen Amtsträgern und für den öffentlichen Dienst besonders Verpflichteten.

Amtsträger (§ 11 I Nr. 2 StGB) ist, wer nach deutschem Recht

a) Beamter oder Richter ist.

Beamte (§ 11 I Nr. 2 StGB) sind nur die Beamten im staatsrechtlichen Sinn (Rn 45). Der staatsrechtliche Beamtenbegriff ist somit ein Unterfall des strafrechtlichen Amtsträgerbegriffs.

Richter sind, wie § 11 I Nr. 3 StGB zeigt, sowohl die Berufs- als auch die ehrenamtlichen Richter (z.B. § 19 VwGO).

b) in einem sonstigen öffentlich-rechtlichen Amtsverhältnis steht.

Nach dieser Bestimmung sind beispielsweise Notare (§ 1 BNotO), Minister (§ 1 BMinG) und parlamentarische Staatssekretäre (§ 1 III des Gesetzes über die Rechtsverhältnisse der Parlamentarischen Staatssekretäre v. 24.7.74) Amtsträger. Beamtete Staatssekretäre (§ 38 I Nr. 1 LBG) haben dagegen die Amtsträgereigenschaft (§ 11 I Nr. 2 a) StGB). Angestellte im öffentlichen Dienst stehen in einem privatrechtlichen Arbeitsverhältnis und sind daher keine Amtsträger (§ 11 I Nr. 3 b) StGB).

c) sonst dazu bestellt ist, bei einer Behörde oder einer sonstigen Stelle oder in deren Auftrag Aufgaben der öffentlichen Verwaltung unbeschadet der zur Aufgabenerfüllung gewählten Organisationsform wahrzunehmen.

Hierunter können Arbeiter und Angestellte im öffentlichen Dienst subsumiert werden, falls sie im Einzelfall Aufgaben der öffentlichen Verwaltung erfüllen. Diese können sowohl öffentlich-rechtlich als auch privatrechtlich ausgeführt werden. Demnach kommt es für den Amtsträgerbegriff im Gegensatz zum Beamtenbegriff im haftungsrechtlichen Sinn nicht auf die Rechtsnatur des Handelns an. Somit kann jemand ebenfalls bei zivilrechtlichem Tätigwerden Amtsträger im strafrechtlichen Sinn sein. Ausgenommen sind nur untergeordnete oder rein mechanische Hilfstätigkeiten[6], z.B. Reinigung der Dienstgebäude, Schreibarbeiten oder fiskalisches Handeln, das ausschließlich der Erwerbswirtschaft dient.[7]

Für den öffentlichen Dienst besonders Verpflichteter (§ 11 I Nr. 4 StGB) ist, wer ohne Amtsträger zu sein,

---

6 Tröndle/Fischer, StGB, § 11, Rn 23.
7 Kunig in Schmidt-Aßmann, Rn 34.

1. Der Beamtenbegriff

a) bei einer Behörde oder bei einer sonstigen Stelle, die Aufgaben der öffentlichen Verwaltung wahrnimmt, oder

b) bei einem Verband oder sonstigen Zusammenschluß, Betrieb oder Unternehmen, die für eine Behörde oder für eine sonstige Stelle Aufgaben der öffentlichen Verwaltung ausführen, beschäftigt oder für sie tätig ist und auf die gewissenhafte Erfüllung seiner Obliegenheiten aufgrund eines Gesetzes, d.h. des Verpflichtungsgesetzes v. 2.3.1974 (BGBl. I, 547), förmlich verpflichtet wurde.

Gemäß § 1 I **Verpflichtungsgesetz** sind Dienstherrn unter den dort genannten Voraussetzungen gehalten, eine Verpflichtung durchzuführen.

Verpflichtet werden können beispielsweise nach § 11 I Nr. 4 a) StGB i.V.m. § 1 I Nr. 1 Verpflichtungsgesetz Heizer, Putzfrauen, Boten in der öffentlichen Verwaltung, während § 11 I Nr. 4 b) StGB i.V.m. § 1 I Nr. 2 Verpflichtungsgesetz z.B. für Arbeitnehmer privater Firmen, die Leistungen für die öffentliche Verwaltung erbringen, anzuwenden ist.[8] Die aufgrund des Verpflichtungsgesetzes förmlich verpflichteten nichtbeamteten Personen in bestimmte Strafvorschriften einzubeziehen, ist dadurch gerechtfertigt, daß sie in gleicher Weise wie Amtsträger Einblick in oder Einflußmöglichkeiten auf das Verwaltungshandeln haben können. Damit soll die Tatsache berücksichtigt werden, daß der Staat in steigendem Maß auf nichtstaatliche Einrichtungen und auf die Dienste von Angestellten und Arbeitern angewiesen ist, um seine Aufgaben erfüllen zu können. Auch hier soll es einen Schutz vor Geheimnisverrat geben.[9] Hinsichtlich des Personenkreises, der verpflichtet werden soll (§ 11 I Nr. 4 b) StGB i.V.m. § 1 I Nr. 2 Verpflichtungsgesetz), ist es entscheidend, daß die betreffende Organisation für eine Behörde oder sonstige Stelle gleichsam als deren verlängerter Arm öffentliche Aufgaben der Verwaltung wahrnimmt.[10] Ein beauftragtes Planungs- oder Architekturbüro unterfällt zwanglos dieser Definition. Der Verpflichtete muß bei einer Behörde bzw. zwischengeschalteten Organisation beschäftigt sein oder für sie handeln. Danach mag ein Dauerbeschäftigungsverhältnis zwar die Regel, jedoch nicht unbedingt erforderlich sein. Vielmehr genügt bereits die gelegentliche oder vorübergehende Tätigkeit.[11] Weiterhin muß jeder einzelne Mitarbeiter, der bei einer Organisation, die für eine Behörde oder eine sonstige Stelle Aufgaben der öffentlichen Verwaltung ausführt, beschäftigt oder für sie tätig ist, auf die gewissenhafte Erfüllung seiner Obliegenheiten förmlich verpflichtet werden. Keinesfalls hat dies allein bei den Inhabern oder Leitern der beauftragten Gesellschaften zu geschehen. Dies widerspräche dem Sinn und Zweck, vor Geheimnisverrat zu schützen. Geheimnisse können nicht nur vom Inhaber oder Leiter einer Firma, sondern von ihrem

---

8 Lackner/Kühl, StGB, § 11, Rn 15.
9 Eser in Schönke/Schröder, StGB, § 11, Rn 34.
10 Eser in Schönke/Schröder, § 11, Rn 37; Lackner/Kühl, § 11, Rn 15; Tröndle/Fischer, § 11, Rn 25.
11 Eser in Schönke/Schröder, § 11, Rn 38.

sämtlichen Personal verraten werden. Die inhaltlichen Anforderungen an die Verpflichtung ergeben sich aus dem Verpflichtungsgesetz. Die Verpflichtung gerade auf die gewissenhafte Erfüllung der Obliegenheiten (§ 1 I Verpflichtungsgesetz) und der Hinweis auf die strafrechtlichen Folgen einer Pflichtverletzung (§ 1 II S. 2 Verpflichtungsgesetz) sind ihr wesentlicher Inhalt.[12] Ferner muß sie mündlich erfolgen (§ 1 II S. 1 Verpflichtungsgesetz). Über die Verpflichtung ist eine Niederschrift aufzunehmen, die der Verpflichtete mit unterzeichnet (§ 1 III S. 1 des Verpflichtungsgesetzes). Schließlich hat der Verpflichtete eine Abschrift der Niederschrift zu erhalten (§ 1 III S. 2 Verpflichtungsgesetz).

Sinn des weiten strafrechtlichen Beamtenbegriffs ist es, alle Personen zu erfassen, die Aufgaben der öffentlichen Verwaltung erfüllen. Damit will man sicherstellen, daß nicht staatliche Machtbefugnisse mißbraucht oder Aufgaben der öffentlichen Verwaltung nicht durch sachfremde Einflüsse bestimmt werden. Beamte im strafrechtlichen Sinn können sich eines Amtsdeliktes (§§ 331 ff. StGB) schuldig machen. Bei den **echten Amtsdelikten** ist der strafrechtliche Beamtenbegriff strafbegründendes Tatbestandsmerkmal. Echte Amtsdelikte sind die Vorteilsannahme (§ 331 StGB), die Bestechlichkeit (§ 332 StGB), die Rechtsbeugung (§ 339 StGB), die Aussageerpressung (§ 343 StGB), die Verfolgung Unschuldiger (§ 344 StGB), die Vollstreckung gegen Unschuldige (§ 345 StGB), die Falschbeurkundung im Amt (§ 348 StGB), die Abgabenüberhebung (§ 353 StGB), die Verletzung des Dienstgeheimnisses (§ 353b StGB) sowie die Verleitung eines Untergebenen zu einer Straftat (§ 357 II StGB). Nimmt beispielsweise ein Angestellter einer privaten Gesellschaft einen Vorteil für seine Dienstausübung an, so ist dieser Vorgang grundsätzlich – abgesehen von §§ 299, 300 StGB – strafrechtlich ohne Belang, während ein Amtsträger in diesem Fall mit einer Bestrafung (§ 331 StGB) rechnen muß. Bei **unechten Amtsdelikten** – Delikten, die auch von jedem anderen Bürger begangen werden können – verschärft die Tatsache, daß der Täter Beamter im strafrechtlichen Sinn ist, die Strafe. Unechte Amtsdelikte sind die Gefangenenbefreiung (§ 120 StGB), der Verwahrungsbruch (§ 133 StGB) und die Körperverletzung im Amt (§ 340 StGB). Verletzt ein Polizeibeamter jemanden bei einer privaten Auseinandersetzung, kann er wegen Körperverletzung (§ 223 StGB) bestraft werden. Begeht er dieselbe Tat beispielsweise bei der Anwendung von unmittelbarem Zwang (§§ 55, 57 ff. PolG), kann die Bestrafung aufgrund von § 340 StGB (Körperverletzung im Amt) erfolgen. Der Strafrahmen differiert: Freiheitsstrafe bis zu fünf Jahren oder Geldstrafe (§ 223 StGB) bzw. Freiheitsstrafe von drei Monaten bis zu fünf Jahren (§ 340 I S. 1 StGB).

Fälle:

(1) Bundesminister B, der mit einer Entscheidung in Angelegenheiten der Firma F befaßt ist, nimmt eine Spende von F entgegen.

---

12 BGH, NJW 80, 846; Tröndle/Fischer, § 11, Rn 26; Petri, NStZ 91, 471.

1. Der Beamtenbegriff

(2) Ratsmitglied R setzt sich für die Änderung eines B-Planes ein, die der Bauträgergesellschaft G nutzt. Als Gegenleistung erhält er von G einen erheblichen Preisnachlaß beim Bau seines Einfamilienhauses.
(3) Der Angestellte A beim Straßenverkehrsamt bekommt von einer Autofirma einen Preisnachlaß auf sein neues Fahrzeug als Dank dafür, daß er die von Mitarbeitern dieser Autofirma angemeldeten Wagen immer sofort zuläßt, trotz Besucherschlangen vor seinem Schalter.
Sind die Amtsdelikte anzuwenden?
Das setzt voraus, daß es sich bei den genannten Personen um Amtsträger handelt.
(1) Ein Minister ist zwar nicht Amtsträger (§ 11 I Nr. 2 a) StGB), da er kein Beamter ist. Er steht jedoch in einem öffentlich-rechtlichen Amtsverhältnis (§ 1 BMinG), so daß B Amtsträger (§ 11 I Nr. 2 b) StGB) ist.
(2) Ratsmitglieder sind Inhaber eines kommunalen Mandats (§§ 42, 43 GO). Diese könnten Amtsträger sein (§ 11 I Nr. 2 c) StGB). Es ist jedoch fraglich, ob sie Aufgaben der öffentlichen Verwaltung im Sinn dieser Vorschrift erfüllen. Aufgaben der Verwaltung müssen von den Aufgaben der Judikative und Legislative unterschieden werden.[13] Deshalb sind Abgeordnete des Bundestages und der Landtage als Angehörige der gesetzgebenden Gewalt keine Amtsträger. Demgegenüber liegt jedenfalls dem NW-Kommunalverfassungsrecht die Gewaltenteilung nicht zugrunde. Der Rat ist allzuständig (§ 41 I S. 1 GO) und nimmt somit ebenfalls Verwaltungsaufgaben wahr. Aus diesem Grund könnte man R als Amtsträger ansehen.[14]
(3) Bei der Zulassung von Kraftfahrzeugen handelt es sich um eine hoheitliche Tätigkeit, so daß A auch als Angestellter Amtsträger (§ 11 I Nr. 2 c) StGB) ist.

Schaubild Nr. 4

Abgrenzungskriterien der Beamtenbegriffe

Beamter im	Innenverhältnis Beamter-Dienstherr	Außenverhältnis Beamter-Bürger
staatsrechtlichen Sinn	förmliche Ernennung durch Aushändigung einer Ernennungsurkunde	Rechtsnatur des Handelns ohne Bedeutung
haftungsrechtlichen Sinn	Grundlage der Rechtsbeziehung (Ernennung oder Arbeitsvertrag) ist ohne Bedeutung	Erforderlich ist öffentlich-rechtliches Handeln
strafrechtlichen Sinn Amtsträger	Formlose Aufgabenzuweisung ist ausreichend	öffentlich-rechtliches <u>und</u> privatrechtliches Handeln
besonders Verpflichteter	Verpflichtung nach dem Verpflichtungsgesetz	Ausnahme: Ausschließlich erwerbswirtschaftliche Geschäfte

---

13 Tröndle/Fischer, § 11, Rn 23.
14 So Wolff/Bachof/Stober II, § 86, Rn 154. Ablehnend jüngst BGH, NJW 06, 2050 (2052 ff.), zu den Vorfällen in Wuppertal; Urt. v. 12.7.06, 2 StR 557/05 (Kölner Müllskandal).

2. Der Begriff des Amtes

Schaubild Nr. 5

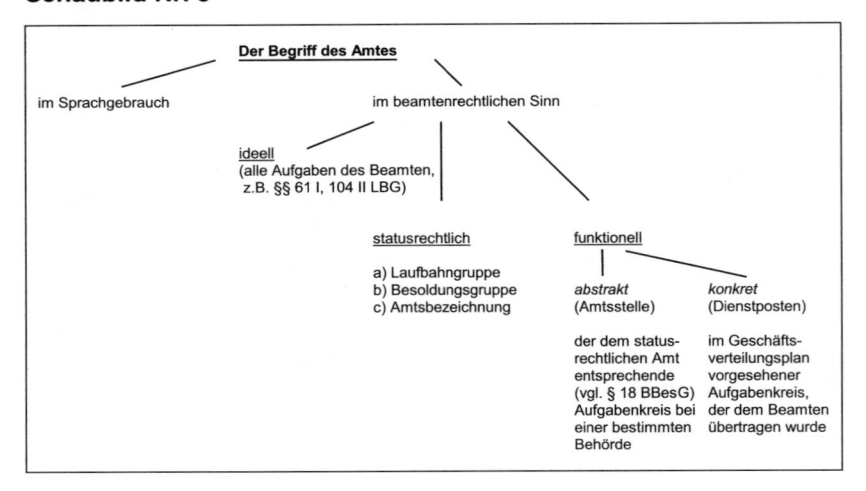

```
                        Der Begriff des Amtes
              /                              \
      im Sprachgebrauch              im beamtenrechtlichen Sinn
                              /                    |           \
                         ideell
                         (alle Aufgaben des Beamten,
                         z.B. §§ 61 I, 104 II LBG)

                                  statusrechtlich           funktionell
                                                              |
                                  a) Laufbahngruppe
                                  b) Besoldungsgruppe    abstrakt        konkret
                                  c) Amtsbezeichnung     (Amtsstelle)    (Dienstposten)

                                                         der dem status-    im Geschäfts-
                                                         rechtlichen Amt    verteilungsplan
                                                         entsprechende      vorgesehener
                                                         (vgl. § 18 BBesG)  Aufgabenkreis,
                                                         Aufgabenkreis bei  der dem Beamten
                                                         einer bestimmten   übertragen wurde
                                                         Behörde
```

2.1 Amt im Sprachgebrauch und im organisationsrechtlichen Sinn

48 Der Kernbestandteil des Wortes „Beamter" ist der Begriff „Amt". Ursprünglich wurde das „Amt" als „Dienst, Pflicht oder Aufgabe" charakterisiert. Der Sprachgebrauch verwendet es jedoch noch unter einem weiteren Aspekt. Im Wort „Bundeskanzleramt" wird mit dem „Amt" eine Behörde bezeichnet, während das Ordnungsamt lediglich ein Teil einer Behörde ist. Im organisationsrechtlichen Sinn wird unter „Amt" auch der Tätigkeitsbereich eines einzelnen Menschen in einer Behörde verstanden. Diese Definition ist der Anknüpfungspunkt für den Amtsbegriff im beamtenrechtlichen Sinn.

Allerdings liegt dem Beamtenrecht **kein einheitlicher Amtsbegriff** zugrunde.

§ 8 I Nr. 3 LBG, der von der ersten Verleihung eines Amtes spricht, meint das statusrechtliche Amt (d.h. die Rechtsstellung). Der Beamte hat sein Amt uneigennützig nach bestem Gewissen zu verwalten (§ 57 S. 2 LBG). Diese Vorschrift bezeichnet das Amt im funktionellen Sinn (d.h. die dem Beamten übertragene Aufgabe). Wenn der Beamte bei seinem Diensteid (§ 61 I LBG) schwört, das ihm übertragene Amt nach bestem Wissen und Können zu verwalten, wird der Begriff „Amt" im ideellen Sinn ausgelegt. Das sind alle Tätigkeiten, die der Beamte während seines Dienstes einmal übernehmen wird.

Die unterschiedliche Verwendung des Amtsbegriffs in den genannten Rechtsvorschriften kann nur nachvollzogen werden, wenn man berück-

2. Der Begriff des Amtes

sichtigt, daß der Beamte im Schnittpunkt zweier, sich in seiner Person treffender Rechtskreise, des Beamten- und des Organisationsrechts[15], steht.

Die Hoheitsträger (z.B. Bund, Länder) haben Aufgaben zu erfüllen. Zu diesem Zweck schaffen sie sich eine Organisation. Die Rechtsvorschriften, die den Aufbau der Organisation und das Zusammenwirken der Organe und Organwalter regeln (z.B. Geschäftsverteilungsplan, Dienstanweisung), werden als **Innenrecht** bezeichnet. Unter **Außenrecht** versteht man hingegen die Rechtsbeziehungen zwischen Organisation und Staatsbürger (z.B. Verwaltungsakt, öffentlich-rechtlicher Vertrag).

Aufgrund der organisationsrechtlichen Entscheidungen wird eine Aufbauorganisation eingerichtet (Dezernat, Amt, Fachbereich, Abteilung). Als kleinste Elemente dieser Organisation bildet man Ämter als abgegrenzte Aufgabenkreise, die von einer Person wahrgenommen werden können (z.B. die Bearbeitung von Personalangelegenheiten der Angestellten). Ein solches Amt im organisationsrechtlichen Sinn besteht unabhängig von Einzelpersonen.[16] Aufgaben werden vielmehr nach sachlichen Gesichtspunkten zusammengefaßt (z.B. nach dem KGSt-Aufgabengliederungsplan für Gemeinden). Damit die in einem Amt gebündelten Aufgaben aber erledigt werden können, muß man Menschen rekrutieren, die sie wahrnehmen. Hierbei sind folgende Schritte zu unterscheiden.

Zunächst muß man eine Person als Außenrechtssubjekt überhaupt für die Verwaltung gewinnen. Dieser Vorgang schafft die Rechtsbeziehung zwischen der einzelnen Person und dem Träger der öffentlichen Verwaltung, zu dem das Dienstverhältnis besteht. Sie ist durch den allgemeinen und den besonderen Status des Beamten gekennzeichnet.[17] Der **allgemeine Status** ist die Art des Beamtenverhältnisses (§ 5 I LBG). So kann z.B. ein B.a.L. oder B.a.P. begründet werden (im einzelnen Rn 62 ff.). Der **besondere Status** wird durch das statusrechtliche Amt definiert (Rn 49). Nachdem eine Person Beamter geworden ist, wird ihr ein Kreis von Aufgaben (funktionelles Amt) zur Wahrnehmung übertragen. Man ordnet den Beamten an bestimmter Stelle in die Organisation ein. Dadurch wird die Innenrechtsbeziehung zwischen der Organisation und dem Amtswalter (Organwalter, Amtsträger) festgelegt.

2.2 Amt im beamtenrechtlichen Sinn

Der vorstehend skizzierte Vorgang wird durch die Elemente des beamtenrechtlichen Amtsbegriffs näher bestimmt. Hierzu gehören das statusrechtliche und das funktionelle Amt.

---

15 Schnapp, Amtsrecht und Beamtenrecht, 83 ff.
16 Wolff/Bachof/Stober II, § 109, Rn 4.
17 BVerwGE 49, 64 (67).

3. Abschnitt: Grundbegriffe des Beamtenrechts

2.2.1 Das statusrechtliche Amt

49 Das statusrechtliche Amt wird **durch drei Bestandteile definiert**[18]:

a) die Laufbahngruppe,
b) das Endgrundgehalt der Besoldungsgruppe,
c) die Amtsbezeichnung.

So ist z.B. das Amt des Stadtinspektors ein Amt im statusrechtlichen Sinn. In der BBesO (Anlage I zum BBesG) ist es mit der Amtsbezeichnung Inspektor der Besoldungsgruppe A 9 zugeordnet und gehört zur Laufbahn des gehobenen Dienstes (§ 23 I Nr. 3 BBesG). Dem Amt des Regierungsrats entspricht die Besoldungsgruppe A 13. Es gehört zum höheren Dienst (§ 23 I Nr. 4 BBesG).

Der Stadtinspektoranwärter hat ebenso wie der Referendar (§ 14 II S. 1, 2. Alt. LVO) noch kein Amt im statusrechtlichen Sinn. Er wird vielmehr grundsätzlich B.a.W. (§ 5 I Nr. 4a LBG; vgl. aber auch § 14 I, 2. Hs. LVO), damit er den Vorbereitungsdienst leistet, der Voraussetzung für seine Berufung in das B.a.P. ist. Auch der Inspektor z.A. hat noch kein Amt im statusrechtlichen Sinn. Der Zusatz „z.A." verdeutlicht vielmehr, daß dieser Beamte zur Anstellung ansteht (§ 8 I LVO). Gerade durch die Anstellung wird erstmals ein Amt verliehen (§ 8 I Nr. 3 LBG).

Der Dienstherr hat eine weite organisatorische Gestaltungsfreiheit, wenn er einzelne Dienstposten bestimmten Statusämtern wertend zuordnet.[19]

Die **Bedeutung** des statusrechtlichen Amtes besteht darin, daß dadurch die besondere Rechtsstellung des Amtsinhabers gegenüber dem Dienstherrn (Rn 53) festgelegt wird. Hieraus folgen vor allem drei Rechte[20]:

– der Anspruch auf die dem Amt entsprechende Besoldung und Versorgung.

Im Gegensatz zum Arbeiter und Angestellten leitet sich der Besoldungsanspruch des Beamten nicht aus seiner Tätigkeit, sondern aus der ihm verliehenen Rechtsstellung ab. So hat z.B. der Inspektor, der die Aufgaben eines mit A 11 BBesO (Amtmann) bewerteten Amtes wahrnimmt, allein einen Anspruch aus dem ihm verliehenen statusrechtlichen Amt (A 9),

– der Anspruch auf die Amtsbezeichnung (§ 92 II LBG; im einzelnen Rn 239),

---

18 BVerwG, ZBR 75, 226 (227); E 60, 144 (150) = DVBl 80, 882 (883) = NJW 81, 67 (68); E 65, 270 (272) = DÖD 83, 28; E 87, 310 (313) = NJW 91, 2980 (2981); VGH Kassel, NVwZ-RR 90, 262 (263); VGH Mannheim, DVBl 87, 1174; OVG Bautzen, LKV 99, 329 = SächsVBl 99, 163; ähnlich Scheerbarth/Höffken/Bauschke/Schmidt, § 9 III 5a.
19 OVG Koblenz, DÖV 03, 1042 = RiA 04, 49 (51).
20 Günther, ZBR 78, 73 (74).

2. Der Begriff des Amtes

- der Anspruch auf eine amtsangemessene Aufgabe[21] (abstrakt-funktionelles Amt, s. Rn 50).

Allerdings erstreckt sich dieser Anspruch auf keine bestimmte Tätigkeit (konkret-funktionelles Amt; Rn 50), sondern ausschließlich auf einen angemessenen Tätigkeitsbereich. Die wahrzunehmende Aufgabe muß von ihrer Bedeutung dem statusrechtlichen Amt entsprechen. Das konkrete Tätigkeitsfeld des Beamten kann sich deshalb ändern, wenn die neue Aufgabe nach ihrer Bewertung mit dem statusrechtlichen Amt übereinstimmt.[22] Der Beamte darf nicht ohne seine Zustimmung gar nicht oder auf Dauer unterwertig beschäftigt werden.[23] Dies ist nicht der Fall, wenn auf dem Dienstposten sowohl höher- als auch unterwertige Tätigkeiten anfallen.[24] Zur unterwertigen Besetzung eines Dienstpostens nimmt das OVG Münster[25] Stellung; der VGH Kassel[26] äußert sich zum Anspruch eines Ministerialdirigenten im Landesdienst auf amtsangemessene Beschäftigung. Ein beamteter Lokführer ist nicht verpflichtet, während der fahrplanmäßigen Stehzeiten die Züge grob zu reinigen.[27] Anders kann es sein, wenn ein vorübergehender Notfall (Katastrophen, hoher Krankenstand, Personalengpaß) vorliegt[28], oder wenn durch die Maßnahme eine Zurruhesetzung wegen Dienstunfähigkeit vermieden wird (§ 45 III S. 4 LBG). Dem Beamten kann danach unter Beibehaltung seines Amtes **ohne seine Zustimmung auch** eine **geringerwertige Tätigkeit** innerhalb seiner Laufbahngruppe im Bereich seines Dienstherrn übertragen werden. Voraussetzung ist, daß eine andere Verwendung unmöglich und ihm die neue Aufgabe unter Berücksichtigung seiner bisherigen Tätigkeit zuzumuten ist.

Ein Inspektor kann deswegen nur auf Stellen, die mit A 9 oder höherbewertet sind, eingesetzt werden, wenn keine der vorstehend genannten Ausnahmen vorliegt. Bei B.a.P., denen noch kein Amt verliehen ist, tritt an die Stelle der amtsgemäßen die laufbahngemäße Beschäftigung.[29]

---

21 BVerwG, NVwZ 92, 1096 (1097 f.); DVBl 81, 495 (496); E 87, 310 (315) = NJW 91, 2980 (2981); 60, 144 (150) = DVBl 80, 882 (883) = NJW 81, 67 (68); 65, 270 (273) = DÖD 83, 28 (29); 49, 64 (67 f.); OVG Münster, NWVBl 02, 62 = RiA 03, 43; VGH Mannheim, IÖD 02, 122 (122 f.).
22 BVerwGE 60, 144 (146 ff.) = DVBl 80, 882 (884) = NJW 81, 67 (68).
23 BVerfGE 70, 251 (266) = DÖV 85, 1058 (1059); BVerwGE 87, 310 (315) = NJW 91, 2980 (2981); NVwZ 85, 416 (417); 65, 270 (273) = DÖD 83, 28 (29); 60, 144 (150 f.) = DVBl 80, 882 (883) = NJW 81, 67 (68); ZBR 71, 305 (306); VGH Kassel, DÖD 90, 150; VGH Mannheim, IÖD 02, 122 (123); Battis, § 26 BBG, Rn 2.
24 OVG Greifswald, ZBR 02, 405 (406).
25 DÖD 93, 90 (90 ff.) = DÖV 92, 456 (456 f.).
26 DÖD 90, 150 (150 f.).
27 BVerwG, NVwZ-RR 05, 643 (644) = DÖV 05, 738 (739) = DVBl 05, 1136 (1137) = ZBR 05, 344 (345 f.) = DÖD 06, 58 (60 f.).
28 BVerwGE 98, 334 (339) = ZBR 95, 374 (375) = NVwZ 97, 72 (73); 69, 208 (210) = NJW 84, 2713; VGH Kassel, NVwZ-RR 90, 262 (265); OVG Münster, NWVBl 02, 62 = RiA 03, 43; VGH Mannheim, IÖD 02, 122 (123); GKöD, § 54 BBG, Rn 4.
29 OVG Münster, NWVBl 02, 62 = RiA 03, 43.

Hingegen folgt aus dem Recht auf eine dem statusrechtlichen Amt entsprechende amtsangemessene Beschäftigung nicht, daß ein Beamter nicht mit der Wahrnehmung eines höherwertigen Dienstpostens betraut werden könnte. Ein Beamter muß auch eine solche Funktion übernehmen.[30] Er hat **kein Recht, eine überwertige Tätigkeit zu verweigern.**

Bei der Frage, ob nach der Bahnreform **der Deutschen Bahn AG zugewiesene Beamte** amtsangemessen beschäftigt werden, hat die Deutsche Bahn AG eine weitergehende organisatorische Gestaltungsfreiheit als üblich, um ihre unternehmerisch-wirtschaftlichen Ziele verwirklichen zu können.[31] Gleiches gelte hinsichtlich der Deutschen Post AG.

Das statusrechtliche Amt kann allein durch Ernennung begründet werden (§ 8 I Nr. 3 LBG). Gleiches gilt grundsätzlich für die Änderung (§ 8 I Nr. 4 und 5 LBG; Rn 87). Ausnahmsweise[32] kann die Änderung des statusrechtlichen Amtes[33] auch durch einen begünstigenden Verwaltungsakt erfolgen, der keine Ernennung ist.[34]

Der Beamte hat ein **Recht am statusrechtlichen Amt**. Somit kann es ohne seine Zustimmung ausschließlich aufgrund im einzelnen festgelegter gesetzlicher Tatbestände negativ verändert (durch Rangherabsetzung; Rn 87) oder entzogen werden (§ 30 LBG; s. Rn 264). Das Land NW hat mit §§ 25a, 25b LBG die Ermächtigung der §§ 12a, 12b BRRG genutzt und im dort genannten Umfang Führungspositionen auf Probe und auf Zeit eingeführt. Hierin liegt jedoch keine gesetzliche Ermächtigung, ein einmal begründetes statusrechtliches Amt im B.a.L. ohne Einverständnis des Beamten in ein solches auf Probe oder Zeit umzuwandeln. Kein Beamter kann hierzu gegen seinen Willen gezwungen werden. Die Vergabe von Funktionen auf Probe oder Zeit wird deshalb immer erst bei neu zu besetzenden Ämtern rechtlich zulässig sein, sieht man vom Fall der Zustimmung ab.

Literatur: Böhm/Schneider, Statusgarantie als Hindernis für flexiblen Personaleinsatz? – Zur amtsangemessenen und unterwertigen Beschäftigung bei der Deutschen Bahn AG –, ZBR 04, 73; Schlegelmilch, Amtsunangemessene Beschäftigung am Beispiel der Deutschen Bahn AG. Das Ende einer beamtenrechtlichen Statusgarantie?, ZBR 02, 79; Kersten, Status ohne Amt – Zur rechtlichen Stellung des Rechtsreferendars im Spannungsverhältnis zwischen den hergebrachten Grundsätzen des Berufsbeamtentums (Art. 33 Abs. 5 GG) und der Berufsfreiheit (Art. 12 Abs. 1 GG), DÖD 99, 128.

2.2.2 Das funktionelle Amt

50 Während das statusrechtliche Amt die besondere Rechtsstellung des Beamten festlegt, bestimmt das funktionelle Amt den Aufgabenkreis. Dabei

---

30 Monhemius, Rn 90.
31 OVG Koblenz, DÖD 97, 162 (163) = NVwZ 98, 538; DÖV 03, 1042 = RiA 04, 49 (51).
32 Z.B. bei einer beförderungsgleichen Maßnahme, § 25 I S. 1 Nr. 2, 3 LBG; Scheerbarth/Höffken/Bauschke/Schmidt, § 12 IV 3a.
33 BVerwGE 40, 229 (230).
34 Schütz/Maiwald, § 25 LBG, Rn 2f; s. Rn 87.

2. Der Begriff des Amtes

wird zwischen dem abstrakt- und dem konkret-funktionellen Amt unterschieden.

Das **abstrakt-funktionelle Amt** (Amtsstelle) ist ein mit dem statusrechtlichen Amt korrespondierender Aufgabenkreis bei einer bestimmten Behörde.[35] Dem statusrechtlichen Amt Inspektor entspricht z.B. das abstrakt-funktionelle Amt Sachbearbeiter bei einer Stadtverwaltung; dem statusrechtlichen Amt Regierungsrat die Funktion Dezernent bei einer Bezirksregierung. Das abstrakt-funktionelle Amt muß dem aus dem statusrechtlichen Amt folgenden Anspruch des Beamten, amtsangemessen eingesetzt zu werden, genügen.

Das **konkret-funktionelle Amt** (Dienstposten) ist der spezielle Aufgabenkreis des Beamten in einer Behörde.[36] So kann etwa ein Inspektor (statusrechtliches Amt) bei der Stadt Sachbearbeiter (abstrakt-funktionelles Amt) für die laufende Hilfe zum Lebensunterhalt im Sozialamt sein (konkret-funktionelles Amt). Oder dem Regierungsrat wird der Aufgabenbereich Abgrabungsrecht im Dezernat 51 der Bezirksregierung übertragen. Die **rechtliche Bedeutung** des funktionellen Amtes unterscheidet sich wesentlich von der des statusrechtlichen Amtes. Aus dem statusrechtlichen Amt folgen persönliche (subjektive) Rechte des Beamten. Aus dem funktionellen Amt erwachsen grundsätzlich keine persönlichen Ansprüche, sondern lediglich organisationsrechtliche Wahrnehmungszuständigkeiten. Auch dem B.a.P. kann ein konkret-funktionelles Amt übertragen werden.[37] Die Handlungen, die der Beamte in seinem konkret-funktionellen Amt ausführt (d.h. als Organwalter, auch Amtswalter, Amtsträger), werden nicht ihm persönlich, sondern der Organisation, die ihm den Dienstposten übertragen hat, zugerechnet. Läßt z.B. ein Polizeibeamter ein Kfz sicherstellen, so kann der Abschleppunternehmer die Kosten der Maßnahme ausschließlich vom Land verlangen.

Der Beamte hat grundsätzlich (Ausnahmen Rn 71) keinen Anspruch, seinen einmal übertragenen Dienstposten beizubehalten[38], selbst wenn damit Amtsleitungsfunktionen verbunden sind. Ebenfalls gibt es kein solches Recht aus dem abstrakt-funktionellen Amt. Ein Beamter kann ohne Zustimmung versetzt werden, wenn das neue Amt zum Bereich desselben Dienstherrn gehört und derselben Laufbahn angehört wie das bisherige Amt und mit mindestens demselben Endgrundgehalt verbunden ist (§ 28 I S. 2, 1. Hs. LBG). Stellenzulagen gelten hierbei nicht als Bestandteile

---

35 BVerwGE 87, 310 (314) = NJW 91, 2980 (2981); 65, 270 (272) = DÖD 85, 28 (29); 40, 104 (107); OVG Bautzen, LKV 99, 329 = SächsVBl 99, 163; VGH Kassel, PersV 03, 430 (431); Günther, ZBR 78, 73 (75); verfehlt Kunig in Schmidt-Aßmann, Rn 70, der das abstrakt-funktionelle Amt als Planstelle definiert. Kritisch dazu Summer, ZBR 04, 290 (291).
36 BVerwGE 87, 310 (315) = NJW 91, 2980 (2981); 65, 270 (272) = DÖD 85, 28 (29); 40, 104 (107); ZBR 75, 226 (227); OVG Bautzen, LKV 99, 329 = SächsVBl 99, 163; VGH Kassel, PersV 03, 430 (432).
37 OVG Münster, ZBR 86, 89.
38 Kein Recht am Amt im konkret-funktionellen Sinn; BVerfGE 8, 332 (344); 17, 172 (187); 56, 146 (162); BVerwG, DVBl 80, 882 (884); DÖV 92, 495 (496) = NVwZ 92, 573 (574).

3. Abschnitt: Grundbegriffe des Beamtenrechts

des Grundgehalts (§ 28 I S. 2, 2. Hs. LBG). Nur ganz ausnahmsweise kann aus der Bewährung auf einem Dienstposten in Verbindung mit der Fürsorgepflicht ein Anspruch auf Beförderung (d.h. auf Änderung des statusrechtlichen Amtes) folgen (Rn 145).

Die **Übertragung** des funktionellen Amtes erfolgt durch den Organisations- oder Geschäftsverteilungsplan sowie durch Zuweisung oder Beauftragung im Einzelfall. Das funktionelle Amt ändert man durch Versetzung, Abordnung, Umsetzung und Organisationsverfügung[39] (Rn 178 ff.). Es kann endgültig ausschließlich zusammen mit dem statusrechtlichen Amt entzogen werden, da der Beamte aus diesem einen Anspruch auf ein entsprechendes funktionelles Amt hat. Vorübergehend entzogen oder eingeschränkt werden kann es bei Interessenkollision (§§ 62 LBG, 20 VwVfG), Befangenheit (§ 21 VwVfG), Pflichtverletzung (§ 38 LDG) oder aus zwingenden dienstlichen Gründen (§ 63 LBG).

2.2.3 Zum Unterschied: die Planstelle

51 Die Planstelle ist kein **Begriff** des Beamten-, sondern **des Haushaltsrechts**. Wenn § 49 LHO jedoch bestimmt, daß ein Amt (d.h. im statusrechtlichen Sinn) nur zusammen mit der Einweisung in eine besetzbare Planstelle verliehen werden darf, wird deutlich, daß ein Zusammenhang besteht. Aus dem Amt im statusrechtlichen Sinn folgt ein Anspruch auf amtsangemessene Besoldung. Somit muß im Haushaltsplan eine Planstelle ausgebracht werden (§ 17 V LHO), um die Verwaltung zu ermächtigen, die entsprechende Ausgabe zu leisten (§ 3 I LHO). Der Beamte kann hingegen nicht beanspruchen, daß man für ihn Planstellen einrichtet.[40] Planstellen im öffentlichen Dienst zu schaffen, zu bewerten und zu besetzen, dient allein dem öffentlichen Interesse an einer bestmöglichen Erfüllung der öffentlichen Aufgaben, liegt im Rahmen der organisatorischen Gestaltungsfreiheit des Haushaltsgesetzgebers und erfolgt nicht in Wahrnehmung der Fürsorgepflicht des Dienstherrn.[41] Dadurch werden keine subjektiven Rechte des Beamten berührt. Ob überhaupt[42] und wie der Dienstherr eine freie Planstelle besetzt, ob durch Einstellung, Beförderung, Versetzung, Abordnung oder Umsetzung, liegt ebenfalls in

---

39 BVerwG, DÖV 92, 495 (496) = NVwZ 92, 573 (574); DVBl 81, 495.
40 BVerwG, DÖV 96, 920 = NVwZ 97, 283 = ZBR 96, 310 (311) = E 101, 112 (115); ZBR 85, 195 (196); OVG Bremen, NVwZ 86, 496.
41 BVerwG, DÖV 01, 1044 = DVBl 02, 132 (133) = NVwZ-RR 02, 47 (48) = DÖD 01, 279 = PersV 02, 21 (22) = BayVBl 02, 500 = E 115, 58 (59) = ZBR 02, 207 (208) = IÖD 02, 50 (51); NVwZ-RR 00, 172 (173) = DVBl 00, 485 = PersV 00, 122 (123) = ZBR 00, 40 (41) = DÖD 00, 87 (88); DÖV 96, 920 = NVwZ 97, 283 = ZBR 96, 310 (311) = E 101, 112 (115); NVwZ 91, 375 = DVBl 90, 1235 = ZBR 90, 347; ZBR 85, 195 (196); E 15, 3 (8) = DVBl 63, 511 (512); Anm Tietgen, DVBl 63, 513; VGH Kassel, NVwZ-RR 98, 446 (447); VGH Mannheim, NJW 01, 2899 (2900) = ZBR 01, 374 (376) = VBlBW 01, 441 (442); OVG Münster, NWVBl 05, 214 (215) = RiA 06, 33 (34); OVG Koblenz, DÖD 02, 103; RiA 02, 307 = IÖD 02, 230; VGH Kassel, ZBR 05, 96; OVG Lüneburg, RiA 04, 203 (208); OVG Schleswig, NordÖR 00, 130 (131 f.); Battis, § 15a BBG, Rn 4.
42 OVG Münster, PersV 05, 394 (395).

2. Der Begriff des Amtes

seinem freien personalwirtschaftlich bestimmten Ermessen.[43] Unberührt bleibt sogar die Möglichkeit, einen Beamten in einer freien Planstelle für eine höhere Besoldungsgruppe zu führen. Die Befugnis, eine Stelle unbesetzt zu lassen, schließt das Recht ein, sie unterzubesetzen.[44] Allerdings ist eine einmal erfolgte Ernennung selbst dann wirksam, wenn keine Planstelle vorhanden war, da durch den Haushaltsplan Ansprüche weder begründet noch aufgehoben werden können (§ 3 II LHO). Eine Planstelle kann erst künftig wegfallen (kw-Vermerk, § 47 II LHO) oder umgewandelt werden (ku-Vermerk, § 47 III LHO), wenn sie freigeworden ist. Auf ihr darf somit kein Beamter mit einem entsprechenden Besoldungsanspruch mehr geführt werden. Eine rückwirkende Einweisung in eine Planstelle ist unter bestimmten Voraussetzungen (Rn 329 f.) zulässig. Dies ist eine haushaltsrechtliche Begleitmaßnahme, die mit der statusverändernden Ernennung nicht gleichbedeutend ist.[45]

Ein weiterer – mittelbarer – Zusammenhang zwischen dem statusrechtlichen Amt, der Planstelle und dem konkret-funktionellen Amt ergibt sich aus der **Dienstpostenbewertung**. Bei ihr werden die Anforderungen, die das konkret-funktionelle Amt an den Amtswalter stellt, entweder analytisch oder summarisch bewertet.[46] Sie dient als Grundlage, um die Planstellen funktionsgerecht im Haushaltsplan auszuweisen. Haushaltsrechtlich kann danach lediglich dann ein Amt im statusrechtlichen Sinn verliehen werden, wenn eine entsprechende Planstelle besteht. Allerdings muß man die Beförderungsstelle nicht derjenigen Einheit zuweisen, in der die am besten bewerteten Bediensteten tätig sind.[47]

52

Die Dienstpostenbewertung ist kein Verwaltungsakt.[48] Sie wirkt sich unmittelbar weder negativ noch positiv[49] auf die Besoldung aus. Der Besoldungsanspruch wird allein durch das statusrechtliche Amt festgelegt.[50] Der Beamte hat zudem keinen Anspruch auf eine bestimmte Bewertung des ihm übertragenen Dienstpostens.[51] Dies gilt selbst nach einer erfolgten analytischen Dienstpostenbewertung.[52] Sollte ein Dienstposten höherbewertet worden sein, folgt daraus kein Anspruch des bisherigen In-

---

43 BVerwG, RiA 04, 35 (36); OVG Münster, NWVBl 03, 278 = RiA 03, 155; OVG Schleswig, DÖD 99, 94 (95); OVG Lüneburg, NdsVBl 06, 110 (111).
44 BVerwG, NVwZ-RR 00, 172 (174) = PersV 00, 122 (125) = DVBl 00, 485 (486) = ZBR 00, 40 (42) = DÖD 00, 87 (88); OVG Münster, NWVBl 04, 60 = RiA 04, 46.
45 VGH Kassel, ZBR 04, 279.
46 Im einzelnen Scheerbarth/Höffken/Bauschke/Schmidt, § 11 VI 3c m.w.N.
47 BVerwG, ZBR 93, 151; Rn 130.
48 BVerwGE 36, 192 (194 ff.).
49 BVerwG, ZBR 78, 199 (199 f.).
50 BVerwG, ZBR 76, 148.
51 BVerwG, PersV 00, 122 (123) = NVwZ-RR 00, 172 (173) = DVBl 00, 485 (486) = ZBR 00, 40 (42) = DÖD 00, 87 (88); DÖV 96, 920 = NVwZ 97, 283 = ZBR 96, 310 (311) = E 101, 112 (115); ZBR 92, 176 (177) = DÖV 92, 495 (496) = NVwZ 92, 573 (574); OVG Bremen, DÖD 95, 35 (37); VGH Kassel, NVwZ-RR 98, 446 (447); OVG Münster, MittNWStGB 80, lfd. Nr. 26; NVwZ-RR 03, 50 (51); näher Rn 145.
52 BVerwG, NVwZ 91, 375 = DVBl 90, 1235 = ZBR 90, 347.

habers auf Verbleib auf diesem Dienstposten und Beförderung; er hat auch keinen sonstigen rechtlichen Vorrang vor anderen Kandidaten.[53]

Fälle:
(1) Oberinspektor O wird Amtmann. Gleichzeitig gibt er sein Aufgabengebiet im Sozialamt ab und wechselt ins Personalamt.
(2) Die Stelle von Regierungsdirektor R im Dezernat 31 der Bezirksregierung wird im neuen Haushaltsplan wie folgt ausgewiesen: A 15 ku A 14.
(3) Regierungsrat Z wechselt endgültig von der Abteilung K der FHSöV ins IM.
(4) Inspektor I aus dem Ordnungsamt übernimmt ein Aufgabengebiet im Tiefbauamt seiner Stadt, für das im Haushaltsplan eine A 11-Stelle ausgewiesen ist.
Welche Auswirkungen haben die genannten Maßnahmen auf das Amt im beamtenrechtlichen Sinn?
(1) Bei der Beförderung (§ 8 I Nr. 4 LBG) vom Oberinspektor zum Amtmann wandeln sich die Amtsbezeichnung und das Endgrundgehalt (jetzt A 11), somit das statusrechtliche Amt. Zusätzlich modifiziert sich das konkret-funktionelle Amt, da O ein neues Aufgabengebiet im Personalamt übernimmt.
(2) In diesem Fall wird nur der Dienstposten neu bewertet. Im Haushaltsplan mußte die Stelle weiter mit A 15 ausgewiesen werden, da R aus dem ihm verliehenen Amt des Regierungsdirektors einen Anspruch auf die Besoldung nach A 15 BBesO hat. Der ku-Vermerk kann erst in die Tat umgesetzt werden, wenn die Stelle frei wird (§ 47 III LHO). R muß sobald wie möglich eine seinem Amt im statusrechtlichen Sinn entsprechende Aufgabe zugewiesen werden, da er nunmehr unterwertig eingesetzt ist.
(3) In diesem Fall wird die Zugehörigkeit des Z zu seiner bisherigen Dienststelle beendet. Er erhält ein neues abstrakt-funktionelles Amt. Außerdem wird ihm der alte Dienstposten entzogen. Er muß im IM ein neues konkret-funktionelles Amt bekommen. Aufgrund dieses Vorgangs verliert Z seine Lehrzulage (§§ 42 III S. 1, 44 BBesG).
(4) I wird ein neues Aufgabengebiet innerhalb der Stadtverwaltung, der er angehört, übertragen. Deshalb ändert sich allein das konkret-funktionelle Amt. Die Tatsache, daß für diesen Dienstposten eine A 11-Stelle ausgewiesen ist, ist rechtlich ohne Bedeutung. Wenn I die Voraussetzungen für eine Beförderung erfüllt und kein leistungsstärkerer Konkurrent vorhanden ist, *kann* er auf dieser Stelle zunächst (§§ 25 IV LBG, 10 I S. 2, 1. Hs. LVO) Oberinspektor werden. Hierzu ist jedoch eine Ernennung erforderlich (§ 8 I Nr. 4 LBG).

Literatur: Isensee, Transformation von Macht in Recht – das Amt, ZBR 04, 3; Gröpl, Verfassungsrechtliche Fragen einer Flexibilisierung und Dezentralisierung der Personalbewirtschaftung, DÖV 03, 231; Summer, Organisationsfreiheit – ein schrankenloses Dienstherrenrecht?, PersV 03, 14; Frank, Dienstpostenbewertung und Bestenauslese, DÖD 01, 8; Petzold, Analytische Dienstpostenbewertung und Beförderungsverfahren, NordÖR 00, 226.

3. Dienstherrnfähigkeit und Organe des Dienstherrn

3.1 Dienstherrnfähigkeit

53 Die Dienstherrnfähigkeit ist die **Fähigkeit, Beamte zu haben**. Aus dem Funktionsvorbehalt des Art. 33 IV GG (Rn 19 ff.) folgt, daß sie lediglich juristischen Personen des öffentlichen Rechts als Ausfluß ihrer Hoheitsgewalt zusteht.

---

53 OVG Münster, NVwZ-RR 03, 50 (51); im einzelnen in Rn 145 beschrieben.

3. Dienstherrnfähigkeit und Organe des Dienstherrn

Der **Bund, die Länder, die Gemeinden und die Gemeindeverbände** besitzen Dienstherrnfähigkeit (§ 2 Nr. 1 BeamtStG). Gemeindeverbände sind die Kreise (§ 1 II KrO) und die Landschaftsverbände.[54] Die 1,765 Mio. Beamten in Deutschland verteilen sich auf den Bund mit 320.000, auf die Länder mit 1,268 Mio. und auf die Gemeinden und Gemeindeverbände mit 177.000. Die aus der Dienstherrngewalt folgenden Befugnisse sind unteilbar, so daß die Dienstherrneigenschaft nicht aufgespalten werden kann.[55] Werden Bahnbeamte der Deutschen Bahn AG zugewiesen, ist damit kein Dienstherrnwechsel verbunden. Der Bund ist nach wie vor ihr Dienstherr.[56] Hinsichtlich der Post- und Telekombeamten bleibt der Bund ebenfalls weiterhin Dienstherr.[57]

Die sonstigen juristischen Personen (Körperschaften, Anstalten und Stiftungen) des öffentlichen Rechts haben Dienstherrnfähigkeit (§ 2 Nr. 2 BeamtStG), wenn sie entweder

a) dieses Recht bereits bei Inkrafttreten des BeamtStG besaßen, oder
b) dieses Recht durch Landesrecht verliehen wird.

Dienstherrnfähigkeit kraft Besitzstandes (oben a) weisen beispielsweise die Industrie- und Handelskammern oder die Landesversicherungsanstalten auf.[58] Dienstherrnfähigkeit durch Verleihung besitzt in NW u.a. der Erftverband.[59] Im übrigen hat auch die Anstalt des öffentlichen Rechts das Recht, Dienstherr von Beamten zu sein, wenn sie aufgrund einer Aufgabenübertragung nach § 114a III GO hoheitliche Befugnisse ausübt (§ 114a IX S. 1 GO). Dies kann z.B. der Fall sein, wenn ihr das Recht eingeräumt wurde, Satzungen für das übertragene Aufgabengebiet zu erlassen (§ 114a III S. 2, 1. Hs., 2. Alt. GO).

Hingegen haben die privatrechtlich als eingetragene Vereine organisierten kommunalen Spitzenverbände in NW und in anderen Bundesländern (Landkreistag, Städtetag, Städte- und Gemeindebund) keine Dienstherrnfähigkeit. Anders ist es lediglich in Bayern. Die dortigen kommunalen Spitzenverbände sind Körperschaften des öffentlichen Rechts.

Nur eine juristische Person hat die Dienstherrnfähigkeit. Deshalb besteht das Beamtenverhältnis immer mit dem Dienstherrn, nicht etwa mit seinen Organen. So ist z.B. Dienstherr eines Stadtinspektoranwärters die Stadt, die ihn eingestellt hat (§§ 2, 8 I Nr. 1 LBG), und nicht der Hauptverwaltungsbeamte.

---

54 Scheerbarth/Höffken/Bauschke/Schmidt, § 10 I 2.
55 BVerwGE 69, 303 (306).
56 BVerwGE 108, 274 (276) = PersV 00, 225 (226) = DVBl 99, 1422 (1423) = NVwZ 00, 329 = NWVBl 99, 388 (389); VG Ansbach, NVwZ-RR 00, 178.
57 BVerwGE 103, 375 (377) = ZBR 97, 50 = NVwZ 97, 584 (585) = DÖD 97, 191; 111, 231 (232).
58 Schütz/Maiwald, § 2 LBG, Rn 6.
59 Schütz/Maiwald, § 2 LBG, Rn 7.

3. Abschnitt: Grundbegriffe des Beamtenrechts

Fälle:

(1) Die Kölner-Verkehrsbetriebe-AG möchte einen altgedienten Kontrolleur zum Beamten ernennen.

(2) Die Kreissparkasse Köln möchte alle Kassierer zu Beamten ernennen.

(3) Die Verwaltungsgeschäfte des Volkshochschulzweckverbandes der Gemeinden A, B und C sollen von eigens für den Zweckverband eingestellten Beamten erledigt werden.
Wären die genannten Maßnahmen rechtlich möglich?
Voraussetzung ist, daß die aufgeführten juristischen Personen Dienstherrnfähigkeit haben.

Im Fall (1) scheitert das schon daran, daß es sich um eine AG, eine juristische Person des privaten Rechts, handelt, während allein juristische Personen des öffentlichen Rechts Dienstherrnfähigkeit besitzen können (§ 2 BeamtStG). Bei der Kreissparkasse (Beispiel [2]) handelt es sich zwar um eine rechtsfähige Anstalt des öffentlichen Rechts (§ 2 SpkG). Mangels Dienstherrnfähigkeit kraft Besitzstands ist jedoch weiter die Verleihung der Dienstherrnfähigkeit Voraussetzung (§ 2 Nr. 2 BeamtStG). Sparkassen können ausschließlich noch Angestellte oder Arbeiter haben (§ 23 I SpkG). Dienstherrnfähigkeit zur Begründung neuer Beamtenverhältnisse besteht somit nicht. Beispiel (3): Der Zweckverband ist ein Gemeindeverband (§ 5 II, 1. Hs. GKG). Er weist deshalb bereits Dienstherrnfähigkeit (§ 2 Nr. 1 BeamtStG) auf. Zudem hat der Volkshochschulzweckverband die Dienstherrnfähigkeit kraft Verleihung durch Gesetz (§ 2 Nr. 2 BeamtStG), da er Körperschaft des öffentlichen Rechts ist (§ 5 I S. 1 GKG) und in § 17 II S. 1 GKG das Recht ausgesprochen wird, Beamte zu ernennen.

Literatur: Pompey, Die Kommune als Dienstherr der Kommunalbeamten und als Arbeitgeber der kommunalen Angestellten und Arbeiter, 2004.

3.2 Organe des Dienstherrn

Als juristische Person kann der Dienstherr allein durch seine Organe agieren. Handelnde Organe gegenüber den Beamten sind die oberste Dienstbehörde, der Dienstvorgesetzte sowie der Vorgesetzte. Darüber hinaus trifft der LPA bestimmte beamtenrechtliche Entscheidungen mit Wirkung für Dienstherrn und Beamten.

Schaubild Nr. 6

Organe des Dienstherrn und Funktionen nach dem Landesorganisations- und Kommunalverfassungsrecht

LOG	GO/KrO	LBG und ÜbertragungsVO
–	Vertretung (Rat/Kreistag), § 40 II S. 1 GO; §§ 8, 25, 26 KrO	oberste Dienstbehörde, § 3 I S. 1 Nr. 2 LBG
IM – oberste Landesbehörde, § 3 LOG	–	höchster Dienstvorgesetzter für Beamte nachgeordneter Behörden Dienstvorgesetzter für die Beamten des IM, § 3 II S. 1 Nr. 1 LBG i.V.m. § 1 ÜbertragungsVO IM
Bezirksregierungen – Landesmittelbehörde, § 7 II LOG	–	höherer Dienstvorgesetzter für Beamte nachgeordneter Behörden und Dienstvorgesetzter für Beamte seiner Behörde
Landrat als untere Landesbehörde, § 9 II LOG i.V.m. §§ 58 ff. KrO	–	Dienstvorgesetzter der Polizeibeamten, § 3 III LBG i.V.m. § 1 ÜbertragungsVO IM
–	Bürgermeister (§ 62 GO) bzw. Landrat (§ 42 KrO)	Dienstvorgesetzter der Kommunalbeamten, § 3 II S. 1 Nr. 2 LBG i.V.m. § 73 II GO bzw. § 49 I KrO

3. Dienstherrnfähigkeit und Organe des Dienstherrn

3.2.1 Oberste Dienstbehörde

Wer oberste Dienstbehörde eines Beamten ist, hängt davon ab, ob dieser Landes-, Gemeinde- oder Körperschaftsbeamter ist (§ 3 I LBG). 54

Oberste Dienstbehörde des **Bundesbeamten** ist die oberste Behörde seines Dienstherrn, in deren Dienstbereich er ein Amt bekleidet (§ 3 I BBG).

Bei **Landesbeamten** ist oberste Dienstbehörde die oberste Landesbehörde, in deren Geschäftsbereich sie ein Amt bekleiden (§ 3 I S. 1 Nr. 1 LBG). Oberste Landesbehörden sind die Landesregierung, der Ministerpräsident und die Landesministerien (§ 3 LOG). Die Geschäftsbereiche der obersten Landesbehörden werden nach § 4 II und III LOG bekanntgegeben. Oberste Dienstbehörde eines Lehrers ist demnach das Ministerium für Schule und Weiterbildung, oberste Dienstbehörde eines Polizeibeamten das IM. Von der Regelung (§ 3 I S. 1 Nr. 1 LBG) gibt es aber Ausnahmen (z.B. §§ 182 I S. 3, 184 S. 2 LBG). Sie gilt jedoch für einen Beamten ohne Amt entsprechend (§ 3 I S. 2 LBG).

Oberste Dienstbehörde eines **Kommunalbeamten** ist die Vertretung (§ 3 I S. 1 Nr. 2 LBG), somit der Rat (§ 40 II S. 1 GO) oder der Kreistag (§§ 8, 25, 26 KrO). Folglich müßte an sich auch die Landschaftsversammlung als oberste Dienstbehörde angesehen werden. Wegen der anderen Aufgabenstruktur des Landschaftsverbandes hat diese Funktion jedoch der Landschaftsausschuß.[60] Oberste Dienstbehörde eines Kreisinspektoranwärters ist demnach der Kreistag; oberste Dienstbehörde des städtischen Rechtsrats ist der Stadtrat. Anders ist es im Disziplinarrecht. Hier gilt das IM als oberste Dienstbehörde (§ 79 II S. 2, 1. Hs. LDG).

Unter **Körperschaftsbeamten** werden alle Beamten verstanden, deren Dienstherr die Dienstherrnfähigkeit (§ 2 Nr. 2 BeamtStG) hat. Bei ihnen ist oberste Dienstbehörde das jeweils nach Gesetz oder Satzung zuständige Organ (§ 3 I S. 1 Nr. 3 LBG).

Für einen Ruhestandsbeamten, einen früheren Beamten und die Hinterbliebenen gilt als oberste Dienstbehörde die letzte oberste Dienstbehörde des Beamten (§ 3 I S. 3 LBG). Ist keine oberste Dienstbehörde vorhanden, bestimmt die oberste Aufsichtsbehörde hinsichtlich der Beamten der Gemeinden, der Gemeindeverbände und der sonstigen der Aufsicht des Landes unterstehenden Körperschaften, Anstalten und Stiftungen des öffentlichen Rechts, wer die Aufgaben der obersten Dienstbehörde wahrnimmt (§ 3 I S. 4 LBG).

Die **Aufgaben** der obersten Dienstbehörde liegen nicht im einzelnen fest. Sie ist aber das höchste Organ des Dienstherrn, dem zahlreiche wesentliche Entscheidungen vorbehalten sind. So entscheidet sie u.a. über Widersprüche von Beamten (§ 54 III S. 1 BeamtStG) sowie bei bestimmten

---

60 Schütz/Maiwald, § 3 LBG, Rn 6a.

laufbahn- (§ 12 III S. 3, IV S. 1, 1. Hs. LVO), besoldungs- (§§ 9a II S. 2, 12 II S. 3, 27 IV S. 2, 28 III Nr. 3, 42a II S. 7, 45 III, 66 I, 72 IV BBesG) oder versorgungsrechtlichen (§§ 5 III S. 2, 1. Hs., 49 I S. 1, 60 S. 2 BeamtVG) Fragen. Sie setzt zudem die Amtsbezeichnung der Kommunalbeamten fest (§ 92 I S. 2 LBG). Sie ist letzte Instanz bei außergerichtlichen Rechtsbehelfen (§ 179 I S. 2 LBG), kann Beurteilungsrichtlinien erlassen (§ 104 I S. 2, 2. Hs. LBG) und hat Kompetenzen im Disziplinarrecht (§§ 17 I S. 2, 32 II, 34 II S. 1, 35 II, 1. Hs., 81 S. 1 LDG). Des weiteren entscheidet sie im Bund über die Ausgestaltung von Personalentwicklungskonzepten (§ 1a II S. 1 BLV). Die Zuständigkeiten der obersten Dienstbehörde dürfen nur dann delegiert werden, wenn dies die entsprechende Norm (z.B. §§ 54 III S. 2 BeamtStG, § 49 I S. 2 BeamtVG, § 28 III Nr. 3 BBesG, § 1a II S. 2 BLV, § 12 IV S. 1, 2. Hs. LVO) ausdrücklich vorsieht. Hingegen hat die oberste Dienstbehörde nicht automatisch das Antragsrecht auf Ausnahmen von laufbahnrechtlichen Vorschriften (§ 84 I S. 1 LVO), da in den Gemeinden und Gemeindeverbänden an ihre Stelle der Dienstherr tritt (§ 67 II Nr. 2 LVO). Wer für den Dienstherrn handelt, bestimmt sich nach den kommunalverfassungsrechtlichen Vorschriften.

3.2.2 Dienstvorgesetzter

55 Dienstvorgesetzter ist, wer die beamtenrechtlichen **Entscheidungen in persönlichen Angelegenheiten** des Beamten trifft (§§ 3 II S. 1 BBG, 3 IV S. 1, 1. Hs. LBG). Was persönliche Angelegenheiten sind, wird deutlich, wenn man an die Ausführungen zum Begriff des Amtes (Rn 48) zurückdenkt. Vereinfacht gesprochen, handelt es sich um alle Entscheidungen, die sich nicht allein auf die Ausübung der mit dem konkret-funktionellen Amt verbundenen Befugnisse erstrecken. Die Wahrnehmungszuständigkeiten aus dem konkret-funktionellen Amt stehen dem Beamten nicht als Person, sondern als Amtswalter (oder auch Organwalter, Amtsträger) zu.

Persönlich berühren den Beamten die Einstellung, die Verleihung des statusrechtlichen Amtes, die Übertragung und Veränderung des funktionellen Amtes, Gewährung von Urlaub oder Sonderurlaub, Genehmigung von Nebentätigkeiten, dienstliche Beurteilung. Weiterhin nimmt der Dienstvorgesetzte die Disziplinarbefugnisse wahr (§ 32 I LDG). Er ist allerdings nicht für alle Entscheidungen zuständig, sondern nur für solche, die nicht der obersten Dienstbehörde oder einer sonstigen Stelle vorbehalten sind (§ 32 II, III LDG). Die Aufgaben des Dienstvorgesetzten auszuüben, zählt zu seinen Pflichten, denen er sich nicht grundlos verweigern kann. Eine Delegation dieser Kompetenzen ist deshalb unzulässig. Lediglich dann, wenn der Dienstvorgesetzte rechtlich (Befangenheit; §§ 62 LBG, 20, 21 VwVfG) oder tatsächlich (Urlaub, Erkrankung) gehindert ist, darf der allgemeine Vertreter entscheiden.

Wer Dienstvorgesetzter ist, legt § 3 II S. 3 BBG bzw. § 3 II, III LBG fest.

Bei **Bundesbeamten** bestimmt sich dies nach dem Aufbau der öffentlichen Verwaltung (§ 3 II S. 3, 1. Hs. BBG). Ist kein Dienstvorgesetzter

3. Dienstherrnfähigkeit und Organe des Dienstherrn

vorhanden, nimmt die zuständige oberste Bundesbehörde die Befugnisse des Dienstvorgesetzten wahr (§ 3 II S. 3, 2. Hs. BBG).

Bei **Landesbeamten** ist Dienstvorgesetzter an sich die oberste Dienstbehörde (§ 3 II S. 1 Nr. 1 LBG), d.h. das jeweilige Fachministerium, zu dessen Ressort sie gehören (§ 3 I S. 1 Nr. 1 LBG). § 3 II S. 1 Nr. 1, III LBG räumen den obersten Dienstbehörden jedoch die Befugnis ein, die Aufgaben des Dienstvorgesetzten zu delegieren. Das ist weitgehend geschehen.[61] Diese Aufgabenübertragung soll exemplarisch für den Geschäftsbereich des IM dargestellt werden. Dienstvorgesetzter ist der Leiter der Behörde oder Einrichtung, bei welcher der Beamte ein Amt bekleidet (§ 1 I S. 1 der Verordnung über beamtenrechtliche Zuständigkeiten im Geschäftsbereich des IM). Das gilt entsprechend für Beamte ohne Amt, also für Anwärter und Beamte z.A. (§ 1 I S. 2). Aufgrund des dreistufigen Aufbaus der Landesverwaltung (Schaubild Nr. 6) kann der Beamte mehrere Dienstvorgesetzte haben. So ist z.B. unmittelbarer Dienstvorgesetzter des Polizeimeisters der Landrat als Kreispolizeibehörde, sein höherer Dienstvorgesetzter ist der Regierungspräsident, höchster Dienstvorgesetzter der IM. Unmittelbarer Dienstvorgesetzter des Regierungsamtmanns bei einer Bezirksregierung ist der RP, höherer und höchster Dienstvorgesetzter ist der IM. Soweit die Ausübung dienstrechtlicher Befugnisse gesetzlich nicht ausdrücklich bestimmten Dienstvorgesetzten übertragen ist, besteht eine Mehrfachzuständigkeit. Sie können von jedem (unmittelbaren, höheren und höchsten) Dienstvorgesetzten wahrgenommen werden.[62]

Bei **Kommunalbeamten** regelt das Kommunalverfassungsrecht, wer Dienstvorgesetzter ist (§ 3 II S. 1 Nr. 2 LBG). Dies sind der Bürgermeister für die Beamten der Gemeinde (§ 73 II GO) sowie der Landrat für die Beamten des Kreises (§ 49 I KrO). Anders ist es im Disziplinarrecht. Für Gemeindebeamte gilt hinsichtlich des Disziplinarverfahrens als höherer Dienstvorgesetzter die Aufsichtsbehörde (Landrat als untere staatliche Verwaltungsbehörde für kreisangehörige Gemeinden [§ 120 I GO] bzw. Bezirksregierung für kreisfreie Städte [§ 120 II GO] sowie Kreise [§ 57 I S. 1, 1. Alt. KrO]).

Der **Bürgermeister oder Landrat hat** hingegen aufgrund seiner kommunalverfassungsrechtlichen Stellung **keinen Dienstvorgesetzten**.[63] Hierdurch entstehen in der Praxis häufig **Probleme**, wenn ihre eigenen persönlichen Angelegenheiten, beispielsweise bei der Genehmigung von Nebentätigkeiten oder Dienstreisen sowie bei der Gewährung von Reisekosten oder Trennungsentschädigung, entschieden werden sollen. Fraglich ist, wer in diesen Fällen die Aufgaben eines Dienstvorgesetzten wahrnimmt. Bei den Beamten der Gemeinden und Gemeindeverbänden richtet

---

61 Vgl. die unter der Gliederungs-Nr. 2030 SGV NW abgedruckten Rechtsverordnungen.
62 OVG Schleswig, ZBR 95, 46.
63 A.A. zu Unrecht Korn/Tadday, § 195 LBG, Anm 6: „Allgemeiner Dienstvorgesetzter des Bürgermeisters ist der Rat."

3. Abschnitt: Grundbegriffe des Beamtenrechts

sich die Zuständigkeit für beamtenrechtliche Entscheidungen über die persönlichen Angelegenheiten nach dem Kommunalverfassungsrecht (§ 3 IV S. 2, 1. Alt. LBG). § 3 II S. 1 Nr. 2 LBG definiert demgemäß, daß Dienstvorgesetzter die durch das Kommunalverfassungsrecht bestimmte Stelle ist. Sollte – wie hier – im Kommunalverfassungsrecht nicht geregelt worden sein, wer Dienstvorgesetzter ist, gilt § 3 II S. 3 LBG. Danach bestimmt für die Beamten der Gemeinden und Gemeindeverbände die oberste Aufsichtsbehörde, wer die Aufgaben des Dienstvorgesetzten wahrnimmt. Dies entspricht dem allgemeinen beamtenrechtlichen Grundsatz, daß es immer jemanden geben muß, der die Aufgaben eines Dienstvorgesetzten ausübt (so auch § 3 II S. 3, 2. Hs. BBG). Die oberste Aufsichtsbehörde der Gemeinden und Gemeindeverbände ist das IM (§ 120 IV GO). Mit Erlaß[64] hat das IM angeordnet, daß der Rat/Kreistag „im Einzelfall Aufgaben des Dienstvorgesetzten wahr(nimmt), z.B. bei umfangreichen Nebentätigkeiten und längeren Auslandsdienstreisen". Leider hat sich das IM bei seiner Festlegung nicht davon leiten lassen, daß es zur Vermeidung parteipolitischer und damit unsachlicher Einflüsse auf allein nach juristischen Maßstäben zu treffende Rechtsakte über persönliche Angelegenheiten zweckmäßig ist, den allgemeinen Vertreter des Hauptverwaltungsbeamten oder den Verwaltungsvorstand und gerade nicht den Rat oder Kreistag handeln zu lassen. Darüber hinaus ist nicht erkennbar, was „umfangreiche Nebentätigkeiten" sind und warum dies nicht generell gilt. In einem weiteren Erlaß[65] hat das IM – ohne seine Kompetenz aus § 3 II S. 3 LBG zu erkennen – definiert, wann eine Nebentätigkeit umfangreich ist. Dies sei dann der Fall, wenn die „zeitliche Beanspruchung in der Woche mehr als ein Zehntel der regelmäßigen wöchentlichen Arbeitszeit" betrage oder wenn „die durch die Nebentätigkeit erzielten Einkünfte (Vergütungen) die Höchstgrenzen nach § 13 NtV" überschritten.[66] Der Verfasser kann diese Unterscheidung juristisch nicht nachvollziehen. Weder das kommunale Verfassungsrecht noch das Beamtenrecht gestatten, nach wichtigen und unwichtigen Aufgaben eines Dienstvorgesetzten zu differenzieren. Vielmehr muß es generell jemanden geben, der sie wahrnimmt. Selbst der von Gesetzes wegen unabhängige Richter untersteht einer Dienstaufsicht, wenn dadurch seine Unabhängigkeit nicht beeinträchtigt wird (§ 26 I DRiG). In der Genehmigung von Nebentätigkeiten bei Richtern wird keine Beeinträchtigung ihrer richterlichen Unabhängigkeit gesehen. Um so mehr gilt dies bei Hauptverwaltungsbeamten, denen der Gesetzgeber rechtlich keine der richterlichen Unabhängigkeit entsprechende Autonomie zugebilligt hat. Wegen dieser juristischen Widersprüche und um parteipolitisch geprägte Entscheidungen zu vermeiden, ist dem IM nicht zu folgen. In NW sollten vielmehr der allgemeine Vertreter oder bei grund-

---

64 V. 17.12.94, III A 1 – 10.10.10 – 3942/94.
65 V. 28.4.1998.
66 Pikanterweise übersieht das IM in einem weiteren Erlaß zu „Gremientätigkeiten von Hauptverwaltungsbeamten" v. 9.4.03, 31-37.02.40-3932/02, bei seinen Ausführungen unter „IV. Fehlender Dienstvorgesetzter" diese bereits getroffene bindende Festlegung auf den Rat/Kreistag als Dienstvorgesetzten bei der Genehmigung von Nebentätigkeiten.

3. Dienstherrnfähigkeit und Organe des Dienstherrn

sätzlicheren Angelegenheiten der Verwaltungsvorstand entscheiden. Ebenfalls verbietet sich eine Kompetenz der Aufsichtsbehörde, da es sich um eine aus der Personalhoheit folgende Selbstverwaltungsangelegenheit handelt. In anderen Bundesländern nimmt – je nach Aufgabe sogar unterschiedlich – die (Rechts-)Aufsichtsbehörde (Baden-Württemberg, Hessen, Rheinland-Pfalz, Saarland), der Rat (Bayern, Niedersachsen, Saarland, Schleswig-Holstein) oder der allgemeine Vertreter (Rheinland-Pfalz, Saarland) die Aufgaben des Dienstvorgesetzten wahr.[67]

Hingegen wäre es, auch ohne einen solchen Spruch des IM, **unzulässig, den Hauptverwaltungsbeamten in eigenen Angelegenheiten selbst entscheiden zu lassen**. Dem deutschen Rechtssystem wohnt ein Grundsatz inne, daß Entscheidungen in eigenen Angelegenheiten zu unterbleiben haben. Für das Verwaltungsverfahren ergibt sich das bereits aus der Befangenheitsvorschrift des § 20 I S. 1 Nr. 1 VwVfG. Danach darf für eine Behörde in einem Verwaltungsverfahren nicht handeln, wer selbst Beteiligter ist. Beteiligter ist ebenfalls der Antragsteller (§ 13 I Nr. 1 VwVfG). Stellt somit der Hauptverwaltungsbeamte einen Antrag, der auf Erlaß eines Verwaltungsaktes gerichtet ist (§ 9 VwVfG), ist er befangen. Beamtenrechtlich ergibt sich das Prinzip, keine Entscheidung in eigenen Angelegenheiten treffen zu sollen, aus § 62 I LBG. Danach ist der Beamte von Amtshandlungen zu befreien, die sich gegen ihn selbst oder einen Angehörigen richteten.

Schließlich finden sich **spezialgesetzliche Ausprägungen** dieses Grundsatzes. Über Beihilfeanträge des Dienstvorgesetzten entscheidet sein allgemeiner Vertreter (§ 15 I S. 2 BVO). In § 195 VI S. 2, X LBG ist hinsichtlich der Bürgermeister/Landräte zudem angeordnet, daß die Aufsichtsbehörde die Aufgaben des Dienstvorgesetzten in den Fällen der §§ 46 I, 47 I, 64 LBG sowie des § 45 III BeamtVG wahrnimmt. Sie ist ferner im Disziplinarrecht gegenüber den Hauptverwaltungsbeamten der Gemeinden und Gemeindeverbände Dienstvorgesetzter (§ 79 I S. 2 LDG). Als höherer Dienstvorgesetzter gilt hier bei ihm die Aufsichtsbehörde (§ 79 II S. 1 LDG) und als oberste Dienstbehörde das IM (§ 79 II S. 2, 1. Hs. LDG).

In Hessen ist die Problematik durch die Kommunale Dienstaufsichtsverordnung vom 10.8.1998 gelöst worden. Nach ihrem § 2 I nimmt die Verwaltungsbehörde, also der Gemeindevorstand oder der Magistrat, die Aufgaben der obersten Dienstbehörde bei der Verpflichtung zur Übernahme von Nebentätigkeiten und bei der Genehmigung von Nebentätigkeiten wahr. Gleiches gilt für die Aufgaben des Dienstvorgesetzten bei der Anzeige von Nebentätigkeiten und bei der Abrechnung von Nebentätigkeitsvergütungen (§ 3 IV Nr. 6 der VO). In Rheinland-Pfalz ist die Aufsichtsbehörde für die Genehmigung/Untersagung von Nebentätigkeiten sowie für die Entgegennahme von Anzeigen zuständig (§ 181 I S. 1, 2. Alt. RhPfBG). In Baden-Württemberg ist für die Entgegennahme der vom Bür-

---

67 Übersicht bei Schütz/Maiwald, § 3 LBG, Rn 22.

3. Abschnitt: Grundbegriffe des Beamtenrechts

germeister als dienstrechtliche, nicht kommunalrechtliche Verpflichtung[68] abzugebende Nebentätigkeitserklärung die Rechtsaufsichtsbehörde (§ 134 Nr. 4 S. 1 LBG BW i.V.m. § 8 NtV BW) zuständig. Dies gilt auch für die Kontrolle der Ablieferungspflicht (§ 134 Nr. 4 S. 1 LBG BW i.V.m. §§ 8 Nr. 3, 5 III S. 1 NtV BW).

Bei **Körperschaftsbeamten** ist die Frage nach dem Dienstvorgesetzten durch Gesetz oder Satzung zu regeln (§ 3 II S. 1 Nr. 3 LBG).

Für einen Ruhestandsbeamten, einen früheren Beamten und die Hinterbliebenen gilt als Dienstvorgesetzter der letzte Dienstvorgesetzte des Beamten (§ 3 II S. 2 LBG). Ist keine oberste Dienstbehörde vorhanden, bestimmt die oberste Aufsichtsbehörde hinsichtlich der Beamten der Gemeinden, der Gemeindeverbände und der sonstigen der Aufsicht des Landes unterstehenden Körperschaften, Anstalten und Stiftungen des öffentlichen Rechts, wer die Aufgaben der obersten Dienstbehörde wahrnimmt (§ 3 II S. 3 LBG).

Fälle:

(1) R wird zum Regierungsinspektor, G zum Gemeindeinspektor ernannt.

(2) Stadtamtmann A vom Tiefbauamt und Polizeimeister P von der Kreispolizeibehörde erhalten zu Weihnachten von einer Privatfirma eine Flasche Fernet Branca.

(3) Regierungsrat B bei der Bezirksregierung und Stadtoberrechtsrat O beantragen eine Nebentätigkeitsgenehmigung.

Wer trifft die jeweilige Entscheidung?

(1) Die Landesregierung entscheidet über die Ernennung des Landesbeamten R (§ 10 I S. 1 LBG). Sie kann jedoch ihre Befugnis delegieren (§ 10 I S. 2 LBG). In § 2 S. 1 der Verordnung über die Ernennung, Entlassung und Zurruhesetzung der Beamten und Richter des Landes NW (ÜbertragungsVO) wurde von der Delegationsermächtigung Gebrauch gemacht und das Ernennungsrecht außer bei den in § 1 ÜbertragungsVO genannten Fällen (Ämter ab B 3 und R 3 aufwärts) auf die obersten Landesbehörden übertragen. R erhält ein Amt der Besoldungsgruppe A 9, so daß an sich der IM zuständig wäre. Die obersten Landesbehörden wurden jedoch ermächtigt, diese Befugnis weiter zu delegieren, sofern es sich nicht um Ämter ab B 2 oder höher als R 2 handelt (§ 3 I der ÜbertragungsVO). Dementsprechend wurde in § 2 I Nr. 1 der VO über beamtenrechtliche Zuständigkeiten im Geschäftsbereich des IM für den gehobenen Dienst das Ernennungsrecht u.a. auf die Bezirksregierungen übertragen. Demnach ist der RP zuständig, weil R Inspektor wird. Bei G entscheidet der Bürgermeister, da dieser für die beamten-, arbeits- und tarifrechtlichen Entscheidungen zuständig ist (§ 74 I S. 2 GO). Der Rat kann dies allerdings durch entsprechende Fassung der Hauptsatzung anders regeln (§ 74 I S. 3 GO).

(2) A und P dürfen das Geschenk nur mit Zustimmung des Dienstvorgesetzten annehmen (§ 76 LBG). A ist Kommunalbeamter. Wer sein Dienstvorgesetzter ist, ergibt sich aus § 3 II S. 1 Nr. 2 LBG i.V.m. § 73 II GO. Somit muß A die Zustimmung des Bürgermeisters einholen. Dienstvorgesetzter des P ist an sich der IM (§§ 3 II S. 1 Nr. 1 i.V.m. I S. 1 Nr. 1 LBG, 3 LOG). Er kann diese Stellung allerdings übertragen (§ 3 II S. 1 Nr. 1, III LBG). Das ist geschehen (§ 1 I S. 1 der ÜbertragungsVO IM). Nach dieser Vorschrift ist der Leiter der Kreispolizeibehörde Dienstvorgesetzter des P, also der Landrat oder der PP (§ 2 I Nr. 1, 3 POG). P muß dessen Zustimmung einholen.

(3) In § 68 LBG und § 6 NtV ist nicht bestimmt, wer die Nebentätigkeitsgenehmigung erteilt. Demnach ist auf die allgemeine Regelung in § 3 IV LBG zurückzugreifen. Hinsichtlich B entscheidet der Dienstvorgesetzte (§ 3 IV S. 1, 1. Hs. LBG). Das ist der RP (§ 3 II S. 1 Nr. 1, I S. 1 Nr. 1, III LBG sowie § 1 I S. 1 ÜbertragungsVO IM). Allerdings könnte es in den §§ 1 II, 4

---

68   VGH Mannheim, NVwZ 02, 229 (230) = VBlBW 02, 196 (196 f.).

3. Dienstherrnfähigkeit und Organe des Dienstherrn

ÜbertragungsVO IM gerade hinsichtlich der Nebentätigkeitsgenehmigung anders geregelt worden sein. Für Beamte der Bezirksregierungen ist das jedoch nicht der Fall (§ 4 I Nr. 1 ÜbertragungsVO IM). Bei O richtet sich die Zuständigkeit nach dem Kommunalverfassungsrecht (§ 3 IV S. 2, 1. Alt. LBG). Somit entscheidet der Dienstvorgesetzte, also der Bürgermeister (§ 74 I S. 2 GO).

Literatur: Müller, Organisations-, Personal- und personalvertretungsrechtliche Zuständigkeiten des hauptamtlichen Bürgermeisters nach der neuen nordrhein-westfälischen Gemeindeordnung – mit einem Exkurs über die beamtenrechtliche Stellung des Bürgermeisters, PersV 96, 205.

3.2.3 Vorgesetzter

Vorgesetzter ist, **wer einem Beamten für seine dienstliche Tätigkeit Anordnungen erteilen kann** (§§ 3 II S. 2 BBG, 3 V S. 1 LBG). 56

Anordnungen für dienstliche Tätigkeiten sind Weisungen, welche die Wahrnehmung des konkret-funktionellen Amtes betreffen. Sie richten sich nicht an den Beamten als Rechtsperson, sondern an den Amts- oder Organwalter. Man nennt sie auch amtsadressierte oder amtliche Weisungen.[69] Beispiele hierfür sind die Bitte um Rücksprache, die Anordnung, einen Vorgang abzugeben oder zügig bzw. in bestimmter Weise zu entscheiden.

Wer Vorgesetzter ist, bestimmt sich nach dem Aufbau der Verwaltung (§§ 3 II S. 3, 1. Hs. BBG, 3 V S. 2 LBG). Danach ist z.B. bei einem Sachbearbeiter im Dezernat 12 der Bezirksregierung unmittelbarer Vorgesetzter der Dezernent, nächsthöherer Vorgesetzter der Abteilungsleiter 1 (= RVP), höchster Vorgesetzter der RP. Bei einem Sachbearbeiter in der Abteilung 1 des Amtes 21 der Stadtverwaltung ist Vorgesetzter der Abteilungsleiter, nächsthöhere Vorgesetzte sind der Amtsleiter 21, der Dezernent II, der Erste Beigeordnete und der Bürgermeister. Aus diesem Beispiel ergibt sich, daß der Dienstvorgesetzte immer zugleich Vorgesetzter ist. Der Dienstweg folgt der Vorgesetztenhierarchie. Leitende Beamte aus anderen Teilen der Verwaltung haben deshalb keine Weisungsbefugnisse gegenüber Beamten ihnen nicht unterstellter Abteilungen.

Schaubild Nr. 7

Unterscheidung Dienstvorgesetzter – Vorgesetzter

Organ des Dienstherrn	Entscheidungen	Einlegen außergerichtlicher Rechtsbehelfe
Dienstvorgesetzter	Persönliche Angelegenheiten des Beamten (§ 3 IV S. 1, 1. Hs. LBG)	Formlose und förmliche Rechtsbehelfe (insbesondere Widerspruch)
	und	und
Vorgesetzter	in der Sache	Remonstration, § 59 II S. 1 LBG Beschwerden, § 179 II LBG

---

69 Wolff/Bachof/Stober II, § 109, Rn 12.

3. Abschnitt: Grundbegriffe des Beamtenrechts

3.2.4 Landespersonalausschuß als unabhängige Stelle

57 Die beamten- und laufbahnrechtlichen Vorschriften sehen zahlreiche Ausnahmen vor. Entschieden hierüber die bisher besprochenen Organe des Dienstherrn (oberste Dienstbehörde, Dienstvorgesetzter), bestünde die Möglichkeit, Ausnahmeregelungen zu sachfremden Zwecken wie der parteipolitischen Patronage zu nutzen. Denn die Organwalter, die derartige Entscheidungen träfen, sind Politiker (Minister) oder Amtsträger im Grenzbereich zwischen Politik und Verwaltung, wie der RP als Politischer Beamter oder die kommunalen Wahlbeamten. Deshalb wurden unabhängige Stellen eingerichtet, um die Personalverwaltung zu objektivieren. Diese Aufgabe hat in NW der LPA (im Bund der BPA). Er ist Exekutivorgan des Staates[70] und damit kein Organ des einzelnen Dienstherrn. Dieser muß sich allerdings des LPA bedienen, damit bestimmte beamtenrechtliche Maßnahmen überhaupt vorgenommen werden können.

Die Mitglieder des LPA (§ 108 LBG) sind bei ihren Entscheidungen unabhängig (§ 109 LBG). Soweit dem LPA eine Entscheidungsbefugnis zusteht (§ 110 I LBG), sind seine Beschlüsse verbindlich (§ 115 II LBG). Gegenüber Beamten sind diese Entscheidungen rechtlich als verwaltungsinterne Maßnahmen anzusehen, die man nur im Zusammenhang mit der letztlich von den Organen des Dienstherrn zu treffenden Entscheidung überprüfen lassen kann.[71]

Gegenüber Gemeinden sind Entscheidungen des LPA als Eingriffe in die Personalhoheit Verwaltungsakte[72]; gegenüber allen anderen Behörden sind sie mangels Außenwirkung kein VA.[73] Eine ohne die gesetzlich vorgeschriebene Beteiligung des LPA zustande gekommene Ernennung ist nichtig (§ 11 I Nr. 2 LBG). Anders ist es im Bund. Dort ist die Ernennung lediglich rechtswidrig, weil es keine Norm gibt, die eine Nichtigkeit anordnet.

Die **Aufgaben** des LPA ergeben sich aus § 110 LBG (die des BPA aus § 98 I BBG). Besondere Bedeutung hat dabei die Entscheidungsbefugnis über Ausnahmen von beamten- und laufbahnrechtlichen Vorschriften (§ 110 I Nr. 1 LBG) und über die Befähigung anderer Bewerber (§ 110 I Nr. 2 LBG).

Im einzelnen ist er zuständig für:

– die Feststellung der Befähigung anderer Bewerber für Laufbahnen, in denen sie verwendet werden sollen (§§ 22 III LBG, 5 II, 2. Hs. LVO),

– die Kürzung der Probezeit anderer Bewerber (§§ 23 II S. 2, 2. Hs. LBG, 84 I S. 1 Nr. 2, III S. 1, 1. Alt., 46 I, III LVO),

---

70 BVerwGE 84, 102 (107); 31, 345 (350).
71 BVerwGE 84, 102 (105); OVG Bremen, NVwZ-RR 03, 578 (580) = NordÖR 02, 521 (522) = DÖD 03, 159 (161) = ZBR 03, 215 (216); Anm Summer, ZBR 03, 217; OVG Koblenz, ZBR 87, 56; Battis, § 21 BBG, Rn 6.
72 BVerwGE 31, 345 (350).
73 Battis, § 98 BBG, Rn 4 m.w.N.

3. Dienstherrnfähigkeit und Organe des Dienstherrn

- die Anerkennung der bei anderen Bewerbern durch eine unabhängige Stelle des Bundes oder eines anderen Landes festgestellten Befähigung für eine Laufbahn als Befähigung für die entsprechende Laufbahn in NW (§ 81 IV LVO),
- Ausnahmen vom Beförderungsverbot während der Probezeit (§§ 23 VII S. 2 LBG, 84 I S. 1 Nr. 4, III S. 1, 1. Alt., 10 II a) LVO) oder während der Dauer einer Kürzung der Dienstbezüge (§ 8 IV S. 4 LDG),
- Ausnahmen vom Anstellungsverbot in einem anderen als dem Eingangsamt der Laufbahn (§§ 24 S. 3 LBG, 84 I S. 1 Nr. 3, III S. 1, 1. Alt., 9 I S. 2 LVO),
- Ausnahmen vom Beförderungsverbot vor Ablauf eines Jahres seit der Anstellung oder der letzten Beförderung (§§ 25 II, V LBG, 84 I S. 1 Nr. 4, III S. 1, 1. Alt., 10 II b) LVO),
- Ausnahmen vom Verbot der Beförderung vor Feststellung der Eignung für einen höherbewerteten Dienstposten in einer Erprobungszeit (§§ 25 III; V LBG, 84 I S. 1 Nr. 4, III S. 1, 1. Alt., 10 IV LVO),
- Ausnahmen vom Verbot der Sprungbeförderung (§§ 25 IV, V LBG, 84 I S. 1 Nr. 3, III S. 1, 1. Alt., 10 I S. 1 LVO),
- Ausnahmen vom Personenkreis, der in Ämter auf Probe oder auf Zeit berufen werden darf (§§ 25a IV S. 1, 25b II LBG),
- die Mitwirkung bei der allgemeinen Anerkennung von Prüfungen (§ 110 II S. 1 LBG),
- Vorschläge zur Änderung beamtenrechtlicher Vorschriften und ihrer Handhabung (§ 110 II S. 2 LBG),
- Ausnahmen vom Verbot der Einstellung oder Anstellung in einem Amt mit höherem als dem bisherigen Endgrundgehalt während der Dauer einer Kürzung der Dienstbezüge (§ 8 V S. 3, IV S. 4 LDG),
- Ausnahmen von den Rechtsfolgen der Zurückstufung (§ 9 III S. 2, IV S. 3 LDG),
- Ausnahmen vom Verbot einer erneuten Ernennung zum Beamten nach der Entfernung aus dem Beamtenverhältnis durch Disziplinarurteil (§ 10 VI S. 1, 2. Hs. LDG).

Der LPA darf weder mit dem Personalrat (§ 1 I LPVG), der Interessenvertretung der Beschäftigten einer Dienststelle, ist, noch mit dem Personalausschuß als Ausschuß des Rates (§ 57 GO) verwechselt werden. Der Rat kann die Befugnis zu beamtenrechtlichen Entscheidungen auf den Personalausschuß übertragen (nach Maßgabe der §§ 74 I S. 3 und 41 GO). Es handelt sich beim LPA, dem Personalrat und dem Personalausschuß um drei rechtlich völlig verschiedene Einrichtungen, die unterschiedliche Kompetenzen haben.

Fälle:
(1) Verwaltungsrat V ist Leiter des Büros des Oberbürgermeisters der Großstadt S. Seine Stelle ist im Haushaltsplan mit A 16 BBesO ausgewiesen. V soll zum Leitenden Verwaltungs-

3. Abschnitt: Grundbegriffe des Beamtenrechts

direktor (A 16 BBesO) befördert werden, da er seine Aufgaben zur vollsten Zufriedenheit des OB erledigt.

(2) Versicherungskaufmann K (Abitur, Versicherungslehre) ist langgedienter Vorsitzender der F-Fraktion im Rat der Gemeinde G. Ihn drängt es unter das schützende Dach der öffentlichen Verwaltung, da er in die Jahre kommt. Seine Fraktion möchte ihn deshalb auf einer freien Stelle zum Verwaltungsrat (A 13 BBesO) ernennen.

(3) Der Angestellte im öffentlichen Dienst A soll einziger Beigeordneter in der kreisangehörigen Gemeinde Z werden.

Sind diese Entscheidungen rechtlich zulässig?

(1) Die Beförderung des V von A 13 nach A 16 wäre eine Sprungbeförderung. Diese ist verboten (§§ 25 IV LBG, 10 I S. 1 LVO). Mit Zustimmung des LPA wäre sie jedoch möglich (§§ 25 V LBG, 84 I S. 1 Nr. 3, III S. 1, 1. Alt., 10 I S. 1 LVO). Für eine solche Ausnahme besteht allerdings keine Veranlassung.

(2) Die Ernennung zum Verwaltungsrat verlangt u.a. nach § 6 II S. 1 LBG, daß K die Befähigung für den höheren Dienst hat. Dazu ist u.a. ein Vorbereitungsdienst und das Bestehen der Laufbahnprüfung erforderlich (§§ 20 I Nr. 4 LBG, 37, 38 LVO). K erfüllt diese Voraussetzungen nicht, so daß er nicht als Laufbahnbewerber eingestellt werden kann. Es bleibt allerdings die Möglichkeit, ihn als sog. anderen Bewerber zu übernehmen (§ 6 II S. 2, 1. Hs. LBG). Das setzt voraus, daß der LPA die Befähigung für die angestrebte Laufbahn feststellt (§ 22 III, 1. Hs. LBG).

(3) Der LPA darf die Befähigung für die Laufbahn in den Fällen des § 6 II S. 2, 2. Hs. LBG nicht feststellen (§ 22 III, 2. Hs. LBG). Als anderer Bewerber darf nicht berufen werden, wenn für die Wahrnehmung von Aufgaben durch Gesetz oder Verordnung eine bestimmte Vorbildung und Ausbildung vorgeschrieben ist (§ 6 II S. 2, 2. Hs. LBG). In § 71 III S. 3 GO findet sich eine solche Norm, wonach in kreisangehörigen („übrigen") Gemeinden mindestens einer der Beigeordneten die Befähigung für die Laufbahn des gehobenen allgemeinen Verwaltungsdienstes besitzen muß. A soll einziger Beigeordneter werden, so daß kein anderer Beigeordneter die entsprechende Laufbahnbefähigung hat. A weist als Angestellter keine Laufbahnbefähigung für den gehobenen allgemeinen Verwaltungsdienst auf. Er darf somit nicht Beigeordneter werden.

Gleiches gilt für kreisfreie Städte und Große kreisangehörige Städte (§ 71 III S. 2 GO). Dort muß mindestens einer der Beigeordneten die Befähigung zum Richteramt oder zum höheren Verwaltungsdienst haben. Hier darf der LPA ebenfalls keinem „anderen Bewerber" die Befähigung zum Richteramt oder zum höheren Verwaltungsdienst zuerkennen. Ebenso wenig darf er im umgekehrten Fall einem Bewerber, der die Befähigung zum Richteramt oder zum höheren Verwaltungsdienst hat, als anderem Bewerber die Befähigung für die Laufbahn derselben Fachrichtung in der nächstniedrigeren Laufbahngruppe zuerkennen. Rechtswidrig im Licht dieser Rechtsprechung ist deshalb die Entscheidung des LPA NW.[74]

---

74 Erlaß IM v. 6.2.01, III A 4 – 37.00.20 – 3821/01.

4. Abschnitt: Das Beamtenverhältnis

1. Rechtsnatur des Beamtenverhältnisses

Das Beamtenverhältnis ist ein **öffentlich-rechtliches Dienst- und Treueverhältnis** (Art. 33 IV GG, §§ 3 BeamtStG, 2 LBG). Als öffentlich-rechtliches Rechtsverhältnis unterscheidet es sich zunächst wesentlich vom privatrechtlichen Dienstverhältnis der Angestellten und Arbeiter der öffentlichen Verwaltung.[1] Während deren Rechtsbeziehungen zu einem Träger öffentlicher Gewalt als Arbeitgeber auf Tarifverträgen und Einzelarbeitsverträgen beruhen, für die Vertragsfreiheit besteht, wird das Beamtenverhältnis durch gesetzlich festgelegte Typen gestaltet (Rn 61 ff.), die nicht zur Disposition stehen. Das Beamtenverhältnis wird zudem nicht durch Vertrag, sondern durch Verwaltungsakt begründet.   58

Sein öffentlich-rechtlicher Charakter wird ebenfalls dadurch deutlich, daß man Streitigkeiten aus dem Beamtenverhältnis grundsätzlich (Ausnahmen: Art. 34 S. 3 GG) vor dem Verwaltungsgericht austragen muß (§ 54 I BeamtStG; Einzelheiten unten Abschnitt 11). Schließlich ist das VwVfG als allgemeines Verfahrensrecht für öffentlich-rechtliche Verwaltungstätigkeit im Beamtenrecht nur subsidiär anzuwenden.[2]

Herkömmlich wurde das Beamtenverhältnis als **ein besonderes Gewaltverhältnis** angesehen, als eine Beziehung, die nicht rechtlich geregelt war und in der belastende Maßnahmen allein aufgrund der Gewaltunterworfenheit des Beamten ohne gesetzliche Grundlage erfolgen konnten. Diese Theorie limitierte den Geltungsbereich des Vorbehalts des Gesetzes, die Grundrechte und den Rechtsschutz des Beamten. Allerdings waren derartige Einschränkungen im Beamtenverhältnis praktisch weniger relevant als etwa im Schulwesen, weil die Beamtengesetze schon seit jeher das Beamtenverhältnis weitgehend normiert hatten. Aufgrund der Lehre vom Grund- und Betriebsverhältnis[3] war im übrigen Rechtsschutz gegen Entscheidungen, welche die Begründung, wesentliche Änderungen und die Beendigung des Beamtenverhältnisses betrafen, möglich. Darum sind die Entwicklungen, die sich nach dem Abschied von der Theorie vom besonderen Gewaltverhältnis[4] im Beamtenrecht ergeben haben, weniger bedeutsam als etwa die Veränderungen im Schulrecht.   59

Durch die **Aufgabe der Lehre vom besonderen Gewaltverhältnis** ist klargestellt, daß alle Entscheidungen im Beamtenrecht rechtliche Entscheidungen sind. Inwieweit diese auch auf einem förmlichen Gesetz   60

---

1 BVerfG, PersV 00, 322 (323).
2 Scheerbarth/Höffken/Bauschke/Schmidt, § 6 I 1a aa; Kunig, ZBR 86, 253 (253 ff.).
3 Ule, VVDStRL 15 (1957), 133 (152).
4 BVerfGE 33, 1 (9 ff.); 34, 165 (192 f.); BVerwGE 52, 193 (197 f.).

4. Abschnitt: Das Beamtenverhältnis

beruhen müssen (Parlamentsvorbehalt), hängt nach der sog. **Wesentlichkeitstheorie** von ihrer Grundrechtsrelevanz[5] und der Intensität ab, mit der Grundrechte des Regelungsadressaten betroffen werden.[6] Wendet man diese Grundsätze auf das Beamtenrecht an, kann festgehalten werden, daß die vielfältigen detaillierten Regelungen den Anforderungen der Wesentlichkeitstheorie, die auf dem Rechtsstaats- und Demokratieprinzip beruht, prinzipiell entsprechen.

Zweifel ergeben sich jedoch

a) bei der Praxis, den Vorbereitungsdienst durch Ausbildungs- und Prüfungsordnungen zu regeln[7] und

b) wegen der zum Teil äußerst unbestimmten Normierung vieler Beamtenpflichten in den §§ 55 ff. LBG.[8] Deswegen muß im Einzelfall geprüft werden, ob die jeweilige Vorschrift das Ausmaß der Einschränkung deckt.

c) Außerdem kann es mit der Wesentlichkeitstheorie kollidieren, bestimmte hergebrachte Grundsätze als unmittelbar gegenüber den Beamten geltendes, ihre Grundrechte limitierendes Recht direkt aus Art. 33 V GG zu entnehmen.[9]

Inzwischen sind Bemühungen zu erkennen, die Lehre vom besonderen Gewaltverhältnis – wenn auch in geläuterter Form – wiederaufleben zu lassen.[10]

Literatur: Summer, Gedanken zum Gesetzesvorbehalt im Beamtenrecht, DÖV 06, 249 = ZBR 06, 120; Sachs, Wiederbelebung des besonderen Gewaltverhältnisses?, NWVBl 04, 209; Merten, Das besondere Gewaltverhältnis, Schriftenreihe der Hochschule Speyer, 1985; Loschelder, Vom besonderen Gewaltverhältnis zur öffentlich-rechtlichen Sonderbindung, 1982.

Fall: Wegen der Verdienstmöglichkeiten in der Privatwirtschaft und als Selbständiger gelingt es der öffentlichen Gesundheitsverwaltung kaum, Ärzte für den öffentlichen Gesundheitsdienst zu gewinnen. Deshalb soll die Bewerberin, Ärztin Heike Sch, aufgrund eines öffentlich-rechtlichen Vertrages eingestellt werden, womit diese unmittelbar zur Kreismedizinaldirektorin ernannt und mit ihr eine Vergütung vereinbart wird, die 500.– Euro mehr als A 15 BBesO beträgt. Sch verpflichtet sich, dafür zehn Jahre im öffentlichen Dienst zu bleiben. Dürfte der Kreis einen solchen Vertrag schließen?

Der Kreis dürfte dies dann, wenn keine Rechtsvorschriften entgegenstehen (§§ 56, 54 VwVfG). Insoweit könnte der Vertrag bereits als **Handlungsform** ausgeschlossen sein. Ein Beamtenverhältnis kann allein durch Ernennung, d.h. durch einen Verwaltungsakt begründet werden

---

5 BVerfGE 40, 237 (249).
6 BVerfG, DÖV 82, 239 (241).
7 Vgl. aber § 16 II LBG, der zum Erlaß von Rechtsverordnungen ermächtigt. Auf dieser Norm beruht der Erlaß der VAPgD. Die Problematik wird näher in Rn 166 erörtert.
8 Zu Anforderungen an grundrechtsbeschränkende Generalklauseln für Beamtenpflichten äußern sich BVerfG, NVwZ 85, 410; E 19, 303 (322); PersV 02, 473 (474) = DÖD 03, 37 = ZBR 02, 353; BVerwGE 42, 79 (82).
9 Hierin liegt die besondere, allerdings zu kritisierende Bedeutung (Rn 207) des „Kopftuch"-Urteils des BVerfG, E 108, 282 (306 ff.) = NJW 03, 3111 (3115 f.) = DVBl 03, 1526 (1531 ff.) = BayVBl 04, 107 (109 f.) = DÖV 04, 30 (33) = ZBR 04, 137 (141 f.) = JZ 03, 1164 (1169); a.A. bisher BVerfGE 9, 268 (286); 43, 154 (165) = NJW 77, 1189.
10 Insbesondere Sachs, NWVBl 04, 209 (211 ff.), folgert aus der Argumentation der Senatsminderheit im „Kopftuch"-Urteil des BVerfG eine Wiederauferstehung des besonderen Gewaltverhältnisses.

(§ 8 I Nr. 1 LBG; das gilt auch für die Anstellung, § 8 I Nr. 3 LBG), so daß ein öffentlich-rechtlicher Vertrag jedenfalls in Form des Verfügungsvertrages unzulässig ist.[11]

Aber auch **inhaltlich** bestehen Bedenken gegen das Vorgehen. Einmal darf der Beamte nur im Eingangsamt seiner Laufbahn angestellt werden (§§ 24 LBG, 9 I S. 2 LVO), das wäre hier das Amt der Kreismedizinalrätin (§ 23 I Nr. 4 BBesG); zum anderen kann die Anstellung erst nach einer erfolgreichen Probezeit erfolgen (§ 9 I S. 1 LVO). Zwar sind Ausnahmen möglich, aber hinsichtlich des Eingangsamts lediglich aufgrund einer Entscheidung des LPA (§§ 24 S. 3 LBG, 84 I S. 1 Nr. 3, III S. 1, 1. Alt., 9 I S. 2 LVO) und in Bezug auf die Kürzung der Probezeit (§§ 84 I S. 1 Nr. 2, III S. 2 Nr. 3, 1. Alt. LVO) durch die Aufsichtsbehörde. Schließlich verstößt eine höhere Besoldung als A 15 BBesO gegen § 2 I BBesG und die Zehn-Jahres-Verpflichtung von Sch begegnet wegen § 33 LBG Bedenken. Der Vertrag darf somit nicht geschlossen werden.

Könnte Sch aus einem gleichwohl geschlossenen Vertrag Ansprüche herleiten? Das wäre nicht möglich, wenn der rechtswidrige Vertrag auch unwirksam, also nichtig wäre.[12] Die Einstellung unter gleichzeitiger Anstellung als Kreismedizinaldirektorin könnte nichtig sein (§ 59 II Nr. 1 VwVfG). Dann müßte ebenfalls ein Verwaltungsakt mit entsprechendem Inhalt nichtig sein. Wie gezeigt, hätten die genannten Entscheidungen ausschließlich mit einer Ausnahmeregelung durch den LPA getroffen werden können. Zwar wird der Verwaltungsakt nicht wegen der fehlenden Mitwirkung eines Ausschusses nichtig (§ 44 III Nr. 3 VwVfG). Diese Norm tritt subsidiär hinter § 11 I Nr. 2 LBG zurück (§ 1 VwVfG). Die fehlende Mitwirkung des LPA führt aber zur Nichtigkeit (§ 11 I Nr. 2 LBG). Somit wäre die Ernennung der Sch nichtig, so daß dies auch für den Vertrag gilt. Hinsichtlich der höheren Besoldung ist § 59 VwVfG subsidiär zu § 2 II S. 1 BBesG. Nach dieser Vorschrift sind Vereinbarungen, die dem Beamten eine höhere als die gesetzliche Besoldung verschaffen sollen, unwirksam. Demnach hat Sch keine Ansprüche aus dem Vertrag.

Wenn das Beamtenverhältnis als Dienst- und Treueverhältnis bezeichnet wird, will man damit verdeutlichen, daß es sich um kein bloßes Austauschverhältnis von Leistung und Gegenleistung wie in einem Arbeitsvertrag handelt. Das Beamtenverhältnis nimmt vielmehr den Dienstherrn und den Beamten umfassend rechtlich in Anspruch.[13] Treuepflicht des Beamten und Fürsorgepflicht des Dienstherrn stehen sich gegenüber, nicht Arbeit und Entgelt (Einzelheiten s. Rn 28 f., 236).

2. Arten der Beamtenverhältnisse

Welche Arten von Beamtenverhältnissen begründet werden dürfen, ist abschließend geregelt. Der beamtenrechtliche Typenzwang erlaubt nur gesetzlich festgelegte Beamtenverhältnisse.[14] Je nachdem, auf welches Merkmal man abstellt, lassen sich folgende Arten gliedern:

2.1 Unterscheidung nach dem Dienstherrn

Unterscheidet man das Beamtenverhältnis danach, zu welchem Dienstherrn es besteht, gibt es

---

11 Anders wäre z.B. eine Rückzahlungsvereinbarung zu sehen, BVerwGE 30, 65 (69 ff.), oder eine Vertragsstrafe, BVerwG, ZBR 87, 17; nicht aber die Rückzahlung laufender Dienstbezüge, BVerwG, ZBR 87, 23.
12 Stelkens/Bonk/Sachs, VwVfG, § 59 VwVfG, Rn 5 f.
13 BVerfGE 44, 249 (264) = NJW 77, 1869 (1870).
14 Wiese, 57.

4. Abschnitt: Das Beamtenverhältnis

Bundesbeamte,
Landesbeamte,
Kommunalbeamte und
Körperschaftsbeamte.

Bei den Bundesbeamten wird – allerdings ohne große praktische Konsequenz – zwischen unmittelbaren (Beamte der Bundesministerien und der nachgeordneten Behörden) und mittelbaren (Beamte, deren Dienstherr eine bundesunmittelbare rechtsfähige Körperschaft, Anstalt oder Stiftung des öffentlichen Rechts ist) differenziert (§ 2 II BBG). Für Bundesbeamte gilt das BBG. Landesbeamte sind die Beamten der Bundesländer. Unter Kommunalbeamten werden die Beamten der Gemeinden, Kreise, Landschaftsverbände und kommunalen Zweckverbände verstanden.[15] Körperschaftsbeamte sind alle, deren Dienstherr nach § 2 Nr. 2 BeamtStG dienstherrnfähig ist.[16]

Bis auf B.a.W. und Ehrenbeamte kann jeder Beamte lediglich einen Dienstherrn haben (§ 32 I S. 1 Nr. 2 LBG).

Beispiel: Die Stadt S händigt Kreisinspektor K eine Ernennungsurkunde aus, in der er zum Stadtoberinspektor ernannt wird. Durfte diese Ernennung erfolgen? Ja, denn durch die Entgegennahme der Urkunde wurde K Beamter von S (§ 8 I Nr. 1, II LBG). Deswegen wurde das Beamtenverhältnis zum Kreis kraft Gesetzes beendet (§ 32 I S. 1 Nr. 2, 1. Hs. LBG).

2.2 Unterscheidung nach der Dauer der Bindung

Hinsichtlich der Dauer der Bindung kann man zwischen B.a.L., B.a.Z., B.a.P. und B.a.W. unterscheiden.

2.2.1 Beamter auf Lebenszeit

62 B.a.L. ist, wer auf Dauer hoheitsrechtliche Befugnisse wahrnehmen soll (§§ 4 S. 1 Nr. 1 BeamtStG, 5 I Nr. 1 LBG). Die Berufung für die gesamte Dauer des Erwerbslebens und der danach folgende Versorgungsanspruch (§ 14 BeamtVG) sichern den Beamten existentiell. Dadurch gewinnt er die Unabhängigkeit, die notwendig ist, sich unter Abwehr interessenbedingter Einflüsse allein auf die sachliche Aufgabenerfüllung zu konzentrieren (Rn 203). Deshalb bildet das B.a.L. die Regel (§§ 4 S. 2 BeamtStG, 5 II LBG).

Voraussetzungen zur Berufung in das B.a.L. sind neben den allgemeinen Ernennungsvoraussetzungen des § 6 LBG (Rn 89 ff.) die Vollendung des 27. Lebensjahres und die Bewährung in einer Probezeit (§ 9 I LBG). Von den möglichen Beamtenverhältnissen gewährt das B.a.L. die **stärkste Rechtsstellung**. Die Entlassung eines B.a.L. ist nur in den Fällen der §§ 31 Nr. 1, 3 und 4, 32, 32a und 33 LBG möglich.

---

15 Schütz/Maiwald, § 1 LBG, Rn 15.
16 Scheerbarth/Höffken/Bauschke/Schmidt, § 10 II 2.

2. Arten der Beamtenverhältnisse

Fall: Die fachlichen Leistungen von Amtsinspektor A, B.a.L., nehmen immer stärker ab. Seine Vorgesetzten müssen alle seine Entwürfe intensiv überarbeiten, bevor sie abgesandt werden können. A wird zu einer Belastung des Arbeitsablaufs seiner Behörde. Welche Maßnahmen sind möglich?
a) Eine Entlassung des A scheidet aus. Mangelnde fachliche Leistungen sind ausschließlich beim B.a.P. Entlassungsgrund (§ 34 I Nr. 2 LBG).
b) Auch eine Rangherabsetzung (Rn 133) ist nach geltendem Recht im vorliegenden Fall nicht möglich.
c) Ob die Übertragung eines neuen Aufgabengebietes durch Umsetzung weiterhilft, bleibt abzuwarten.
d) Weiterhin ist zu überlegen, ob Leistungsfähigkeit und -bereitschaft des A durch Maßnahmen der Personalführung gesteigert werden können.
e) Schließlich muß geprüft werden, ob A vorwerfbar Minderleistungen unter Verstoß gegen § 57 S. 1 LBG erbracht hat. Dann wäre ein Disziplinarverfahren einzuleiten (§ 17 I S. 1 LDG).

2.2.2 Beamter auf Zeit

Für die Rechtsverhältnisse der B.a.Z. gelten die Vorschriften für B.a.L. entsprechend, soweit durch Landesrecht nichts anderes bestimmt ist (§ 6 BeamtStG). B.a.Z. ist ein Beamter, bei dem eine Verwendung auf bestimmte Dauer erfolgen (§ 4 S. 1 Nr. 2 a) BeamtStG), oder dem ein Amt mit leitender Funktion zunächst auf bestimmte Zeit übertragen werden soll (§ 4 S. 1 Nr. 2 b) BeamtStG). Während das B.a.L. die Regel darstellt, kann ein B.a.Z. nur ausnahmsweise in im einzelnen gesetzlich festgelegten Fallgruppen begründet werden (§ 5 III LBG).

63

Bei den B.a.Z. hat das Dienstrechtsänderungsgesetz des Bundes vom 24.2.1997 Veränderungen bewirkt. Für die Länder schafft § 12b BRRG die Möglichkeit, in personell und zeitlich beschränktem Umfang **Führungsfunktionen auf Zeit** zu vergeben. Dies haben bislang der Bund und die Bundesländer Baden-Württemberg, Mecklenburg-Vorpommern, Rheinland-Pfalz, Saarland und Thüringen nicht genutzt. Das Land NW hat ausweislich § 25b LBG von der Ermächtigung des § 12b BRRG Gebrauch gemacht und in engem Umfang (§ 25b VII LBG) Führungspositionen auf Zeit ermöglicht. Sie dürfen lediglich an Lebenszeitbeamte verliehen werden, welche die laufbahnrechtlichen Voraussetzungen erfüllen (§ 25b II LBG verweist auf § 25a II LBG; Rn 65). Kommunale Wahlbeamte, Politische Beamte, Mitglieder des Landesrechnungshofs sowie der in § 25a VIII Nr. 1.5 LBG genannte Personenkreis sind ausgeschlossen (§ 25b VIII LBG). Das Beamtenverhältnis ist als Doppelbeamtenverhältnis ausgestaltet. Dasjenige auf Lebenszeit ruht (§§ 25b II, 25a III S. 1, 1. Hs. LBG) und es wird ein B.a.Z. vergeben. Dabei handelt es sich um eine Ernennung, bei der das B.a.L. in ein solches anderer Art (B.a.Z.) umgewandelt wird (Rn 85).[17] Der Führungsfunktion entspricht zwar ein Beförderungsamt. Mangels Übertragung im Lebenszeitbeamtenverhältnis liegt jedoch keine Beförderung vor.[18] Hingegen ist eine Beförderung im bereits begründeten B.a.Z. zulässig (§ 25b III S. 1 LBG); damit beginnt eine neue erste Amtszeit (§ 25b III S. 2, 1. Hs. LBG). In diesem Fall sind zwei Er-

---

17 A.A. Schütz/Maiwald, § 25b LBG, Rn 28: Begründung eines Beamtenverhältnisses.
18 Schütz/Maiwald, § 25b LBG, Rn 28; a.A., aber abzulehnen, Korn/Tadday, § 25b LBG, Anm 2.1.

nennungsurkunden erforderlich: eine für die Beförderung und eine zweite für die damit neu beginnende erste Amtszeit im B.a.Z. Die Besoldung erfolgt aus dem B.a.Z. (§ 25b V S. 1, 1. Hs. LBG). Es gibt keinen selbständigen Anspruch auf Versorgung (§ 15a II, 1. Hs. BeamtVG), sondern allein einen zeitanteiligen Unterschiedsbetrag (§ 15a III BeamtVG). Anders ist es bei einem Dienstunfall (§ 15a II, 2. Hs. BeamtVG). Es können zwei Amtszeiten gebildet werden, die insgesamt eine Dauer von zehn Jahren nicht überschreiten dürfen (§ 25b I S. 1 LBG). Eine Amtszeit dauert fünf Jahre (§ 25b I S. 2, 1. Hs. LBG). Abweichend davon beträgt bei Leitern öffentlicher Schulen oder Studienseminare die erste Amtszeit zwei Jahre, die zweite acht (§ 25b I S. 2, 2. Hs. LBG). Zeiten, in denen dem Beamten die leitende Funktion bereits übertragen worden ist, können bis zu einer Dauer von höchstens zwei Jahren auf die erste Amtszeit angerechnet werden (§ 25b I S. 3 LBG). Mit Ende der ersten Amtszeit ist es ausgeschlossen[19], dem Beamten das Amt auf Dauer im B.a.L. zu übertragen (§ 25b I S. 4, 1. Alt. LBG). Vielmehr hat der Dienstherr ein sachgerecht auszuübendes Ermessen, ob eine erneute Übertragung erfolgt oder ein anderer Beamter ernannt wird.[20] Dieses Ermessen muß im Licht des Leistungsprinzips (Art. 33 II GG, §§ 25 VI S. 1, 7 I LBG) ausgeübt werden, da es sich bei der Übertragung des Amtes für eine zweite Amtszeit um eine beförderungsgleiche Maßnahme handelt. Die erfolgreiche Tätigkeit während der vorangegangenen Amtszeit ist jedoch wegen des Leistungsgrundsatzes zu berücksichtigen.[21] Aus diesem Grund wird das Ermessen regelmäßig reduziert sein.[22] Sinnvoll ist es, bereits zur Mitte der ersten Amtszeit eine Leistungseinschätzung, beispielsweise in einem qualifizierten Mitarbeitergespräch, vorzunehmen; jedoch ist keine förmliche Beurteilung erforderlich. Mit Ablauf der zweiten Amtszeit „soll" ihm das Amt auf Dauer im B.a.L. übertragen werden (§§ 12b III S. 2 BRRG, 25b I S. 4, 2. Alt. LBG). „Soll" bedeutet im öffentlichen Recht und damit auch im Beamtenrecht „Muß", wenn man kann (solange also kein atypischer Fall vorliegt).[23] Mit Ablauf der zweiten Amtszeit existiert somit ein Anspruch auf Übertragung. Dahinter steht die Konzeption der Führungsfunktion auf Zeit als Vorstufe zu einer Verleihung des Amtes auf Lebenszeit.[24] Anders wäre es nur in atypischen Ausnahmefällen, wenn beispielsweise aufgrund einer Organisationsentscheidung des Dienstherrn eine ganze Hierarchieebene (z.B. die Gruppenleiterebene im Ministerium), in der sich das auf Dauer zu übertragende Amt befindet, ersatzlos entfallen soll. Mit Ablauf der Amtszeit oder wegen der anderen in § 25b IV S. 1 LBG genannten Fälle endet das B.a.Z. automatisch. Der Beamte fällt grundsätzlich in das frühere Lebenszeitbeamtenverhältnis zurück (§ 25b V S. 2 LBG). Sollte das B.a.L. beendet werden, ist man damit ebenfalls aus dem B.a.Z. ent-

---

19 Anders ist es nach dem Rahmenrecht, wo dem Beamten mit Ablauf der ersten Amtszeit das Amt übertragen werden „kann" (§ 12b III S. 1 BRRG).
20 Schrapper, DVP 99, 371 (374): keine Anwartschaft auf eine weitere Amtszeit.
21 VGH Kassel, NVwZ 97, 157 (159).
22 Ähnlich Schrapper, DVP 99, 371 (374).
23 BVerwGE 90, 275 (278); NJW 00, 160 (163); VGH Mannheim, VBlBW 03, 286.
24 Schrapper, DVP 01, 356 (357).

2. Arten der Beamtenverhältnisse

lassen (§ 25b IV S. 1 g) LBG). Sinnvoll wäre es, in der Entlassungsverfügung beide Beamtenverhältnisse zu nennen. Für Führungspositionen auf Zeit kommen der **Besoldungsordnung B** angehörende **Ämter mit leitender Funktion**, mindestens der **Besoldungsgruppe A 16** angehörende **Ämter der Leiter von Behörden, Ämter der Leiter öffentlicher Schulen** sowie **Ämter der Leiter von Teilen von Behörden der Gemeinden und Gemeindeverbände** in Betracht (§ 12b V BRRG). Allerdings dürfen sie keine richterliche Unabhängigkeit besitzen. Für den Landesdienst ist der Personenkreis in § 25b VII Nr. 1 LBG festgelegt. Im Dienst der sonstigen der Aufsicht des Landes unterstehenden Körperschaften, Anstalten und Stiftungen des öffentlichen Rechts sind es die Ämter, die nach Maßgabe einer von der zuständigen obersten Aufsichtsbehörde zu erlassenden Rechtsverordnung dazu bestimmt werden (§ 25b VII Nr. 3 LBG). Deshalb darf die Anstalt des öffentlichen Rechts keine Führungsfunktionen auf Zeit vergeben. Das IM als oberste Aufsichtsbehörde (§§ 114a XI, 120 IV GO) hat bislang keine derartigen Rechtsverordnungen erlassen. In NW dürfen im Kommunalbereich (unbeschadet der §§ 5 III, 195, 196 LBG) seit dem 1.1.2004 auch Führungsfunktionen auf Zeit für die Ämter der Leiter von Organisationseinheiten, die dem Hauptverwaltungsbeamten oder einem anderen Wahlbeamten oder diesem in der Führungsfunktion vergleichbaren Beschäftigten unmittelbar unterstehen, vergeben werden (§ 25b VII Nr. 2 LBG). In der Hauptsatzung muß allerdings allgemein für diese Ämter eine Übertragung auf Zeit bestimmt sein. Der Rat darf frei entscheiden, ob er überhaupt Ämter mit leitender Funktion auf Zeit übertragen will. Sollte er sich hierzu entschließen, muß die Formulierung in der Hauptsatzung lauten: „Ämter mit leitender Funktion (§ 25b VII Nr. 2 LBG) werden auf Zeit übertragen". Mit dieser Neuregelung kann der abweichenden Personalstruktur in den Kommunen angemessener Rechnung getragen werden. Sie ermöglicht, Führungsfunktionen auf Zeit an Amtsleiter unabhängig von ihrer Besoldungsgruppe zu vergeben.

Dem Gesetzgeber gebührt für seine prinzipielle Entscheidung, die zeitlich begrenzte Vergabe von Führungsfunktionen im Beamtenrecht zu verankern, Dank. Er entspricht damit jahrzehntelangen Forderungen der Literatur[25] sowie der kommunalen Praxis. Die Neuerung hat sich bewährt. Tatsächlich ist es in 11 Bundesländern zu 333 Anwendungsfällen gekommen; Spitzenreiter ist NW mit 106 vergebenen Führungsfunktionen auf Zeit. Wegen der positiven Resultate hat der Gesetzgeber das bereits mehr als einen Spalt breit offene Einfallstor noch weiter geöffnet und den Kreis der Führungspositionen auf Zeit in § 12b V Nr. 3 BRRG – wie geschildert – hinsichtlich der Amtsleiterebene vergrößert. Erforderlich ist jedoch, daß die Bundesländer die rahmenrechtliche Ermächtigung in Landesrecht umsetzen. NW hat dies getan; allerdings ist die Gesetzesänderung erst seit dem 1.1.2004 in Kraft, so daß bislang keine verallgemeinerungsfähigen Erfahrungen vorliegen.

---

25 Wichmann, Parteipolitische Patronage, 368 (402 ff.), und ders., ZBR 88, 365 (372 ff.), jeweils m.w.N.

4. Abschnitt: Das Beamtenverhältnis

Die **vehemente juristische**, teils leider nur polemische[26] **Diskussion** über die rechtliche Zulässigkeit der Vergabe von Spitzenpositionen auf Zeit[27] sollte zum Zweck intellektueller Redlichkeit folgendes anerkennen: Eine Übertragung ohne die Verleihung des entsprechenden statusrechtlichen Amtes ist unzulässig.[28] Dieser rechtlichen Vorgabe genügt jedoch § 12b BRRG, weil dem Beamten das statusrechtliche Amt zwar befristet, aber gerade für diesen Zeitraum fest übertragen wird. Ob andere Verfassungsgrundsätze verletzt sind, ist umstritten, im Ergebnis aber zu verneinen. In seiner Entscheidung zum Bremischen Schulverwaltungsgesetz hat das BVerfG die Frage der Vereinbarkeit einer Vergabe von Ämtern auf Zeit mit dem GG ausdrücklich offengelassen.[29] Insbesondere der BayVerfGH sieht in der Vergabe von Ämtern mit leitender Funktion zunächst nur im B.a.Z. einen Verstoß gegen den hergebrachten Grundsatz (Art. 33 V GG, 95 I S. 2 Bay Verfassung) der Übertragung eines Amtes auf Lebenszeit.[30] Diesen einzuhalten sei elementar, um die Unabhängigkeit der Beamten zu schützen.

Für mich stehen **Führungsfunktionen auf Zeit nicht im Widerspruch zu hergebrachten Grundsätzen**. Das Lebenszeitprinzip (Rn 24) besagt, daß Beamte „in der Regel" (also nicht stets) auf Lebenszeit ernannt werden sollen. Hierdurch will man Beamte gegen den (politischen) Mißbrauch bei der Stellenvergabe schützen und ihre Unabhängigkeit sichern. Die Kritiker gehen somit von einem richtigen Ansatzpunkt aus. Nur am Rande sei bemerkt, daß es das Lebenszeitprinzip bisher nicht verhindern konnte, daß speziell herausgehobene Ämter nach unsachlichen (meist parteipolitischen) Aspekten vergeben wurden und werden. Vielmehr stellte es gerade eher einen Anreiz für parteipolitische Patronage dar, wirkt doch das verfassungsrechtlich verpönte Kriterium „Parteibuch" allein wegen des Lebenszeitprinzips noch weit über den Herrschaftszeitraum von Regierungen hinaus. Verfassungsrechtlich entscheidend ist jedoch folgendes: Vom „Prinzip" lebenslanger Anstellung kann man in rechtlich zulässiger Weise abweichen, solange nicht das Regel-Ausnahme-Verhältnis

---

26 So Summer, ZBR 01, 306 (307), der die Begründungen der Befürworter als „Sprechblasen" und „Argumente für Durchblicklose" qualifiziert und sich damit wissenschaftlich disqualifiziert.
27 Ablehnend BayVerfGH, DVBl 05, 306 (306 ff.) = NVwZ-RR 05, 830 (831 ff.) = DÖV 05, 341 (341 ff.) = BayVBl 05, 111 (112 ff.) = ZBR 05, 32 (33 ff.); zust. Anm Bochmann, ZBR 05, 126 (127 f.); Lemhöfer, in Franke/Summer/Weiß, Öffentliches Dienstrecht im Wandel, FS für Walther Fürst, 2002, 205 (215); Battis, § 24a BBG, Rn 12; Günther, ZBR 96, 65 (70 ff.), jeweils m.w.N. Für rechtlich zulässig erachtend Nds StGH, NdsVBl 96, 184 (189) = NVwZ 97, 267 (271): Regelungen, nach denen höherwertige Beförderungsämter mit Schulleitungsaufgaben zeitlich begrenzt übertragen werden können, sind mit der niedersächsischen Verfassung vereinbar; VG Gelsenkirchen, Urt. v. September 05, 1 K 3053/02; Wichmann, Parteipolitische Patronage, 432 ff.; ders., ZBR 88, 365 (373 ff.), jeweils m.w.N.
28 BVerfGE 70, 251 (265) = DÖV 85, 1058 (1058 ff.); Anm Siedentopf, DÖV 85, 1060; zust. Ule, DVBl 86, 1029 (1029 ff.); krit. Schwerdtner, NVwZ 86, 721 (721 f.).
29 BVerfGE 70, 251 (266) = DÖV 85, 1058 (1059 f.).
30 BayVerfGH, DVBl 05, 306 (307 ff.) = NVwZ-RR 05, 830 (831 ff.) = DÖV 05, 341 (341 ff.) = BayVBl 05, 111 (112 ff.) = ZBR 05, 32 (33 f.); zust. Anm Bochmann, ZBR 05, 126 (127 f.).

2. Arten der Beamtenverhältnisse

zwischen Lebenszeitprinzip als Regel und Anstellung auf Zeit als Ausnahme verändert wird.[31] Angesichts der verschwindend geringen Zahl an Funktionen (prinzipiell allein Ämter der B-Besoldung), die selbst unter Einbeziehung der Amtsleiterebene im kommunalen Bereich für eine Führungsfunktion auf Zeit in Betracht kommen, wird der Lebenszeitbeamte weiter mengenmäßig eindeutig die Regel sein. Das Regel-Ausnahme-Verhältnis wird somit nicht umgekehrt.

Zudem ist die Unabhängigkeit der Beamten ausreichend gesichert. Den Beamten, denen eine Führungsfunktion auf Zeit übertragen wird, bleibt der Status des Lebenszeitbeamten erhalten. Spitzenfunktionen auf Zeit darf man lediglich an Lebenszeitbeamte verleihen, welche die laufbahnrechtlichen Voraussetzungen erfüllen (§ 25b II LBG verweist auf § 25a II LBG; Rn 65). Das Beamtenverhältnis ist als Doppelbeamtenverhältnis ausgestaltet. Dasjenige auf Lebenszeit ruht (§§ 25b II, 25a III S. 1, 1. Hs. LBG), und es wird ein B.a.Z. vergeben. Der beamtenrechtliche Grundstatus mit seiner lebenslangen Anstellung bleibt davon unberührt[32]; schlimmstenfalls fällt der Beamte in sein B.a.L. zurück. Selbst das neue B.a.Z. sichert hinreichend die Unabhängigkeit, da es regelmäßig für einen Zeitraum von fünf Jahren (mit der Möglichkeit einer entsprechenden Übertragung für weitere fünf Jahre) fest übertragen, der Beamte aus dem B.a.Z. heraus (regelmäßig finanziell besser) alimentiert wird (§ 25b V S. 1, 1. Hs. LBG), und die Zeiten im B.a.Z. zwar zu keinem selbständigen Anspruch auf Versorgung (§ 15a II, 1. Hs. BeamtVG), aber immerhin zu einem zeitanteiligen Unterschiedsbetrag (§ 15a III BeamtVG) führen. Spätestens nach Ablauf des 10-Jahres-Zeitraums muß man dem Beamten bei Bewährung ohnehin das bislang im B.a.Z. innegehabte Amt nunmehr im B.a.L. fest übertragen.

Ein vermeintlicher Anspruch auf Beibehaltung bestimmter Aufstiegschancen oder das Verbot jeglicher Korrekturmöglichkeit bei Nichtbewährung zählen hingegen nicht zu den hergebrachten Grundsätzen des Berufsbeamtentums.

Mangels Verstoßes gegen hergebrachte Grundsätze des Berufsbeamtentums kommt es für mich nicht mehr darauf an, ob ein solcher möglicherweise durch einen in der Abwägung stärker zu gewichtenden anderen hergebrachten Grundsatz gerechtfertigt wäre. Der BayVerfGH[33] nennt hier das Leistungsprinzip, um es mit äußerst apodiktischer Begründung zu verneinen.[34] Schließlich ist das im Rahmen eines obiter dictums gemachte Kompromißangebot des BayVerfGH wenig stringent und der personalwirtschaftlichen Realität widersprechend, zum Ausgleich von Feh-

---

31 Scheuring, PersV 78, 59 (62); Mayer, in Studienkommission für die Reform des öffentlichen Dienstrechts, Bd. 5, 557 (651); Herzog, LT-Drucks. Baden-Württemberg 8/2515, 4; Dagtoglou, in Studienkommission für die Reform des öffentlichen Dienstrechts, Bd. 6, 13 (58).
32 Hierauf weist Ruge, Der Landkreis 04, 727 (728), zu Recht hin.
33 BayVerfGH, DVBl 05, 306 (308) = NVwZ-RR 05, 830 (832) = DÖV 05, 341 (343) = BayVBl 05, 111 (114) = ZBR 05, 32 (34): „lediglich eine gewisse Effektivierung des Leistungsprinzips".
34 Ausführlich gerade diesen Aspekt beleuchtend Ruge, Der Landkreis 04, 727 (728).

4. Abschnitt: Das Beamtenverhältnis

lerprognosen genüge ein Zweijahreszeitraum wie bei der Vergabe von Führungsfunktionen auf Probe.[35] Böse Zungen behaupten deshalb hinter vorgehaltener Hand, dem BayVerfGH sei es nicht um die Rettung des Berufsbeamtentums sondern vielmehr darum gegangen, sich an der Bayerischen Staatsregierung für die Abschaffung des BayObLG zu rächen.[36]

Ob Führungspositionen auf Zeit **verfassungspolitisch** überhaupt **sinnvoll** sind, etwa weil durch sie Ämterpatronage gefördert werde[37], ist diskussionswürdig, im Ergebnis allerdings zu bejahen. Führungspositionen im öffentlichen Dienst nur noch auf Zeit zu besetzen, ist im Interesse einer leistungsfähigen und bürgernah arbeitenden Verwaltung geboten. Hierdurch erreicht man, daß sich die Verwaltungen des Bundes, der Länder und der Gemeinden stärker als bisher dem Leistungsgedanken unterwerfen und auf Mängel schneller und flexibler reagieren. In der Vergangenheit konnten mögliche Leistungseinbrüche bei Stelleninhabern aufgrund des beamtenrechtlichen Prinzips lebenslanger Ämtervergabe fast nicht sanktioniert werden. Außerdem wird leistungsbereites Personal mit der Aussicht motiviert, ihm eine besser bezahlte Tätigkeit rascher zu übertragen.

Wichtig ist, die Führungsämter auf Zeit ausschließlich anhand der bereits gesetzlich vorgesehenen Qualifikationskriterien zu besetzen. Vergibt man die Stellen strikt nach dem Leistungsprinzip (Art. 33 II GG, § 7 I LBG), beugt man der verständlichen, aber unrichtigen Befürchtung vor, bei zeitlich begrenzten Positionen nähme parteipolitische Patronage zu.[38] Richtig ist zwar, daß der Einfluß des Parteibuches nicht ausgeschlossen werden kann. Diese Gefahr besteht jedoch bei jeder Ernennung und ist gerade kein Spezifikum einer Führungsfunktion auf Zeit. Wer zu Recht vor einer Politisierung des Berufsbeamtentums warnt, sollte allerdings nicht übersehen, daß gerade die befristete Vergabe dieser Ämter die schlimmsten Auswirkungen der Parteibuchwirtschaft verhindern kann. Die Herrschaft einer (Regierungs-)Partei endet mit ihrer Wahlzeit. Aufgrund der lediglich befristet berufenen Mitarbeiter wirkt sich eine Auswahl nicht mehr jahrzehntelang aus. Unterbringungsaktionen oder lebenslange Belohnungen sind nicht mehr möglich, weil das Personal am Ende seiner Amtszeit in der Führungsfunktion auf Zeit entweder den öffentlichen Dienst verlassen (wenn es bisher nicht in ihm war) oder in die alte Position zurückkehren muß. Durch Führungsfunktionen auf Zeit stärkt man gerade das demokratische Prinzip der Herrschaft auf Zeit. Dadurch vermeidet man System-

---

35 BayVerfGH, DVBl 05, 306 (309) = NVwZ-RR 05, 830 (832 f.) = DÖV 05, 341 (342) = BayVBl 05, 111 (113) = ZBR 05, 32 (35).
36 Der Auflösungsbeschluß des Landtags datiert vom 20.10.04, die Entscheidung des BayVerfGH vom 26.10.04.
37 Deshalb abl. Battis, § 24a BBG, Rn 13: „Hemmschwelle für die verfassungswidrige Ämterpatronage ... herabsetzt"; Bochmann, 159 ff.; Summer, ZBR 01, 306 (307): „Entfesselung politischer Macht (, die) die Motivation der Führungskräfte nur in Richtung eines kritiklosen Anpassens steiger(t)"; Kunig in Schmidt-Aßmann, Rn 63; Huber, SächsVBl 02, 310.
38 Entgegen Battis, § 25 BBG, Rn 14, soll damit gerade nicht nur „der Umfang der ohnehin grassierenden Ämterpatronage rechtlich nachgezeichnet" werden.

2. Arten der Beamtenverhältnisse

widrigkeiten, die bei einem prinzipiell auf Lebenszeit ausgerichteten öffentlichen Dienst durch parteipolitische Einflußnahmen ausschließlich zeitlich legitimierter politischer Kräfte entstehen.

Wichtigstes Beispiel eines B.a.Z. ist der **kommunale Wahlbeamte** (Landrat/Bürgermeister, Beigeordneter etc.; §§ 195 II S. 1, X, 196 II S. 1 LBG, 44 VI KrO, 62 I S. 1, 71 GO). Für ihn gelten weitere Sonderregelungen (Rn 73 ff.).

Schließlich ist die **Ermächtigung in § 12b BRRG** zur Vergabe von Führungspositionen auf Zeit **nicht abschließend**. Dies zeigt bereits die Formulierung „unbeschadet des § 5 III und des § 196 (LBG)" (§ 25b VII Nr. 2 LBG), aber auch der trotz §§ 12b BRRG, 25b LBG weiter bestehende § 5 III S. 2 LBG und die nicht aufgehobene VO über Fälle und Voraussetzungen der Ernennung von B.a.Z. in den Gemeinden und Gemeindeverbänden. Vielmehr können weitere Ämter auf Zeit übertragen werden. In NW zählen hierzu Leitende Kommunalbeamte (§ 5 III S. 2 LBG i.V.m. der **VO über Fälle und Voraussetzungen der Ernennung von B.a.Z. in den Gemeinden und Gemeindeverbänden**), die Landesbeauftragte für Datenschutz und Informationsfreiheit (§ 21 II S. 1 DSG) sowie Professoren (§ 201 II S. 1 LBG), die Hochschuldozenten, wissenschaftlichen und künstlerischen Assistenten, Oberassistenten und Oberingenieure (§§ 203 ff. LBG).

Voraussetzungen zur Berufung in das B.a.Z. sind nach § 9 II LBG die allgemeinen Ernennungsvoraussetzungen (§ 6 LBG). Im Gegensatz zum B.a.L. wird vom B.a.Z. keine Probezeit gefordert. Die **Rechtsstellung** des B.a.Z. ist ähnlich der des B.a.L. und darf ausschließlich gesetzlich festgelegte Abweichungen haben. Er darf grundsätzlich nur unter den gleichen Voraussetzungen wie beim B.a.L. entlassen werden (Rn 62). B.a.Z. sind jedoch zusätzlich zu entlassen, wenn sie sich weigern, eine zulässige (s. aber z.B. § 201 II S. 2 LBG) erneute Berufung zu befolgen (§ 31 Nr. 2 LBG). Nach ihrer Amtszeit treten sie in den Ruhestand, sofern sie insgesamt eine ruhegehaltsfähige Dienstzeit von mindestens zehn Jahren (§§ 6 ff. BeamtVG) haben; sonst sind sie entlassen (§§ 196 III S. 2, 44 II S. 2 LBG). Eine Sonderregelung gilt für Bürgermeister und Landräte (§ 195 IV S. 2, 3, X LBG).

Literatur: Britz, Beamte auf Zeit – mehr Demokratie durch „kurze Leine"?, PersV 04, 170; Kramer, Hauptberufliche Beamtenverhältnisse auf Zeit im Lichte des Rahmenrechts, 2004; Ruge, Führungsposition auf Zeit verfassungswidrig – Auswirkungen auf die angestrebte Modernisierung des Beamtenrechts –, Der Landkreis 04, 727; Bochmann, Führungsfunktionen auf Zeit gemäß § 12b BRRG und ihre Bedeutung für Berufsbeamtentum und Verwaltung unter besonderer Berücksichtigung des Problems der Ämterpatronage, 2000; Bayer, Ämter mit leitender Funktion, PersV 99, 338; Schrapper, Neue Rechtsinstitute im Dienstrecht, DVP 99, 371; Fleig, Für eine „Ehe auf Zeit" im Beamtenrecht, ZRP 97, 177; Neßler, Führungspositionen auf Zeit, RiA 97, 157; Studenroth, Zeitlich begrenzte Ernennungen im Beamtenrecht – Zur Zulässigkeit und Notwendigkeit der Vergabe von Führungspositionen auf Zeit im Rahmen der Dienstrechtsreform, ZBR 97, 212; Summer, Nochmals: Funktion auf Zeit, ZBR 97, 119; Böhm, Besetzung von Spitzenpositionen auf Zeit, DÖV 96, 403; Günther, Führungsamt auf Zeit: unendliche Geschichte?, ZBR 96, 65; Hofe, Von der „Wiedererfindung" des deutschen Beamtenrechts – Bemerkungen zur Vergabe von Führungsfunktionen auf Zeit –, Kritische Justiz 96, 197; Leisner, Leitungsämter auf Zeit, ZBR 96, 289; Wichmann, Parteipolitische Patronage,

4. Abschnitt: Das Beamtenverhältnis

ZBR 88, 365 (373 ff.); Thieme, Führungsämter auf Zeit in der öffentlichen Verwaltung, DÖV 87, 933; Ule, Befristete Übertragung von Führungspositionen in der staatlichen Verwaltung, ZBR 87, 1; Summer, Die Spitzenposition auf Zeit im Beamtenrecht – verfassungskonforme Fortentwicklung oder grundgesetzwidriger Systembruch?, DÖV 86, 713; Wichmann, Parteipolitische Patronage – Vorschläge zur Beseitigung eines Verfassungsverstoßes im Bereich des öffentlichen Dienstes, 1986, 402 ff.; Siedentopf, Führungsfunktionen auf Zeit in der staatlichen Verwaltung, DÖV 85, 1033.

2.2.3 Beamter auf Probe

64 In das B.a.P. wird berufen, wenn zur späteren Verwendung auf Lebenszeit (§ 4 S. 1 Nr. 3 a) BeamtStG) oder zur Übertragung eines Amts mit leitender Funktion (§ 4 S. 1 Nr. 3 b) BeamtStG) eine Probezeit zurückzulegen ist. Das B.a.P. (§ 5 I Nr. 3 LBG) ist ein notwendiges Durchgangsstadium zum B.a.L. (Ausnahme: § 201 III LBG) oder zur dauerhaften Übertragung eines Amtes mit leitender Funktion, da beides nur nach erfolgreicher Probezeit geschehen kann (§ 9 I Nr. 3 LBG). Es ist also ein Bewährungsdienstverhältnis.[39] Ob er jemanden als B.a.P. einstellt, entscheidet der Dienstherr nach pflichtgemäßem Ermessen unter Beachtung des Leistungsprinzips (Art. 33 II GG).[40]

Das B.a.P. kennzeichnet den allgemeinen beamtenrechtlichen Status. Der Status Probebeamter endet mit der Berufung in das B.a.L. Diese kann aber erst erfolgen, wenn die Voraussetzungen von § 9 I LBG vorliegen. Die **statusrechtliche Probezeit** (die Zeit, in der das B.a.P. besteht) wird somit durch die Berufung zum B.a.L. beendet. Von der statusrechtlichen ist die **laufbahnrechtliche Probezeit** (§ 7 LVO) zu unterscheiden. In ihr muß sich der Beamte bewähren und nachweisen, daß er die ihm übertragenen Aufgaben erfüllt. Sie endet durch die erste Verleihung eines Amtes (Anstellung; § 9 I S. 1 LVO). Allerdings entfällt das bislang im BRRG geregelte Rechtsinstitut der Anstellung zum 1.10.2008 (§ 64 I S. 2 BeamtStG) vollständig (§ 8 I, III BeamtStG). Während der laufbahnrechtlichen Probezeit führen die B.a.P. als Dienstbezeichnung die Amtsbezeichnung ihres Eingangsamtes mit dem Zusatz „zur Anstellung (z.A.)" (§ 8 I LVO), also z.B. Inspektor z.A., Regierungsrat z.A. (vgl. auch das Schaubild Nr. 8). Nach erfolgter Anstellung fällt das „z.A." weg. Dennoch bleibt das B.a.P. bestehen, bis es in ein solches auf Lebenszeit umgewandelt wird (§ 9 V LVO). **Voraussetzung** für die Berufung in das B.a.P. ist neben den allgemeinen Ernennungsvoraussetzungen (Rn 89 ff.) die Befähigung als Laufbahn- oder anderer Bewerber (§ 6 II LBG). Bei Laufbahnbewerbern (§ 6 II S. 1 LBG) hängen die Einstellungsvoraussetzungen von der Laufbahngruppe ab (§ 20 LBG; s. auch Rn 161 ff.). Bei den sog. anderen Bewerbern (§ 6 II S. 2, 1. Hs. LBG; Rn 164) kann ausschließlich der LPA die Befähigung feststellen (§ 22 III, 1. Hs. LBG). Die **Rechtsstellung** des B.a.P. ist naturgemäß schwächer als die des B.a.L. Der B.a.P. kann außer in den beim B.a.L. genannten Fällen (Rn 62) ebenfalls unter den Voraus-

---

39 Wiese, 66.
40 OVG Münster, NWVBl 05, 379 = DÖD 06, 38 (39) = NVwZ-RR 06, 194. Vgl. näher zu Voraussetzungen und Verfahren Rn 90 ff.

2. Arten der Beamtenverhältnisse

setzungen des § 34 LBG entlassen werden. Beim Entlassungsgrund des § 34 I Nr. 2 LBG (mangelnde Bewährung in der Probezeit) ist zu beachten, daß es sich hier allein um die laufbahnrechtliche Probezeit handelt. Sollte der B.a.P. hingegen angestellt worden sein, ist eine Entlassung (§ 34 I Nr. 2 LBG) nicht mehr zulässig. Sind die Voraussetzungen des § 9 I LBG erfüllt, ist das B.a.P. spätestens nach fünf Jahren in ein solches auf Lebenszeit umzuwandeln (§ 9 III S. 1 LBG). Ausnahmsweise ist es möglich, daß der B.a.P. bei Dienstunfähigkeit nicht entlassen wird (§ 34 I Nr. 3 LBG), sondern in den Ruhestand tritt (§ 49 LBG).

In den neuen Bundesländern können Personen, die dort im öffentlichen Dienst beschäftigt oder weiterbeschäftigt werden sollen, bei entsprechender Eignung ohne die laufbahnrechtlichen Voraussetzungen zum B.a.P. ernannt werden. In diesen Fällen dient das Probebeamtenverhältnis nicht lediglich der Erprobung, sondern ebenfalls dem Erwerb der vom Laufbahnrecht vorausgesetzten Qualifikation.

Fall: Dem B.a.P. Inspektor z.A. I ist bis jetzt nicht der „Durchbruch" gelungen. Seine fachlichen Leistungen waren so wenig zufriedenstellend, daß seine Probezeit mehrfach bestandskräftig um insgesamt drei Jahre verlängert wurde. Selbst am Ende dieser Zeit vermochte er noch nicht zu überzeugen, so daß sein Dienstherr ihn entlassen will. Wäre das möglich?
I könnte entlassen werden, wenn die Voraussetzungen des § 34 I Nr. 2 LBG vorliegen. I ist B.a.P., der sich nicht bewährt hat. Zweifelhaft ist, ob er in der Probezeit ist. Mit „Probezeit" könnte einmal die **statusrechtliche Probezeit** gemeint sein. Diese dauert bis zur Berufung in das B.a.L., so daß I noch in dieser Probezeit ist. Gegen die Annahme, § 34 I Nr. 2 LBG gehe von der statusrechtlichen Probezeit aus, spricht aber schon die sprachliche Gestaltung dieser Vorschrift. Nach ihr kann der B.a.P. wegen mangelnder Bewährung in der Probezeit entlassen werden. Durch die zweifache Erwähnung des Wortstammes „Probe" wird deutlich, daß die Formulierung „in der Probezeit" einschränkend gemeint ist. Demnach kann ausschließlich der Probebeamte entlassen werden, der noch in der **laufbahnrechtlichen Probezeit** ist (§ 34 I Nr. 2 LBG). Dafür, daß man der mangelnde Bewährung in der laufbahnrechtlichen Probezeit meint, spricht ebenfalls die Wahl des Wortes „Bewährung" in § 34 I Nr. 2 LBG. Sie entspricht der Formulierung in § 7 I LVO, der die laufbahnrechtliche Probezeit regelt.[41] I könnte entlassen werden, wenn er noch in der laufbahnrechtlichen Probezeit ist. Bedenken daran bestehen, weil die laufbahnrechtliche Probezeit nur um höchstens zwei Jahre verlängert werden (§ 7 VI S. 1 LVO) und fünf Jahre nicht überschreiten darf (§ 7 VI S. 2 LVO). Die Regelprobezeit von I dauerte zwei Jahre und sechs Monate (§ 29 II S. 1 LVO), so daß durch die Verlängerung von drei Jahren sowohl § 7 VI S. 1 als auch S. 2 LVO verletzt wurde. Man darf aber nicht übersehen, daß die Verlängerung zwar rechtswidrig, jedoch bestandskräftig und damit wirksam war (§ 43 II VwVfG). Demnach war I noch in der Probezeit und konnte entlassen werden, wenn nicht der Rechtsgedanke von § 9 III S. 1 LBG entgegensteht. Sinn der Beschränkung der Probezeit auf in der Regel fünf Jahre ist es, Probebeamten nach einer angemessenen Zeit Klarheit über ihren weiteren Berufsweg zu geben.[42] Eine Entlassung muß allerdings immer dann möglich sein, wenn sich der B.a.P. in der wirksam verlängerten laufbahnrechtlichen Probezeit befindet.[43] Es widerspräche dem Leistungsprinzip (Art. 33 II GG), diesen Probebeamten allein aufgrund des Zeitablaufs wie einen B.a.L. zu behandeln. Außerdem konnte I wegen ständig negativer Beurteilungen nicht darauf vertrauen, im Beamtenverhältnis zu bleiben. Also kann I gemäß § 34 I Nr. 2 LBG entlassen werden.

Das Dienstrechtsänderungsgesetz des Bundes vom 24.2.1997 hat ebenfalls den Kreis der B.a.P. verändert. Gemäß § 12a BRRG können die   **65**

---

41 BVerwGE 26, 228 (231).
42 BVerwGE 26, 228 (231).
43 BVerwG, NJW 93, 2546 (2547) = E 92, 147 (150 f.) = ZBR 93, 243 (244) = DÖD 93, 283 (284) = RiA 94, 24 (25) = DVBl 93, 952 (954); GKöD, § 9 BBG, Rn 15.

4. Abschnitt: Das Beamtenverhältnis

Länder diejenigen **Ämter mit leitender Funktion** bestimmen, die **zunächst im B.a.P. übertragen** werden. Dies haben bislang die Bundesländer Brandenburg, Bremen, Hamburg, Niedersachsen, Saarland und Thüringen nicht genutzt. Der Kreis der Ämter, in denen zunächst probeweise die neue Funktion übertragen werden kann, ist rahmenrechtlich nicht mehr limitiert. Die Neuregelungen sind verfassungsrechtlich unbedenklich.[44] Sie bringen den Dienstherren jedoch kaum Vorteile. Deshalb hat nur eine verschwindend geringe Zahl an Kommunen[45] davon Gebrauch gemacht. Gleiches gilt für den Bund (267 Beamte; davon wurde bisher 109 Personen die Führungsfunktion auf Dauer übertragen und lediglich in einem einzigen Fall [BMVg] abgelehnt). In den Bundesländern sind 1760 Beamte in ein B.a.P. berufen worden. Davon wurde bisher 753 Personen die Führungsfunktion auf Dauer übertragen und in 10 Fällen abgelehnt. Eine Vergabe auf Probe hilft dann nicht weiter, wenn es erst nach der Erprobung zu einem erheblichen und dauerhaften Leistungsabfall kommt. Man hätte daher die Voraussetzungen schaffen müssen, Führungspositionen generell befristet übertragen zu können. Die personalwirtschaftlichen Möglichkeiten, Mitarbeiter, die den Anforderungen ihrer Führungsposition nicht gerecht werden, abzulösen und durch geeignetere zu ersetzen, wären dadurch im Interesse sowohl der unterstellten Beschäftigten als auch des Dienstherrn entscheidend verbessert worden.

Das Land NW hat ausweislich § 25a LBG die Ermächtigung des § 12a BRRG genutzt; der Bund hat es inhaltsgleich in § 24a BBG geregelt. Für den Landesdienst ist der Personenkreis in § 25a VIII Nr. 1 LBG festgelegt. Im Dienst der sonstigen der Aufsicht des Landes unterstehenden Körperschaften, Anstalten und Stiftungen des öffentlichen Rechts sind es die Ämter, die nach Maßgabe einer von der zuständigen obersten Aufsichtsbehörde zu erlassenden Rechtsverordnung dazu bestimmt werden (§ 25a VIII Nr. 3 LBG). Deshalb darf die Anstalt des öffentlichen Rechts keine Führungsfunktionen auf Probe vergeben. Das IM als oberste Aufsichtsbehörde (§§ 114a XI, 120 IV GO) hat bislang keine derartigen Rechtsverordnungen erlassen.

Für den Kommunalbereich sind es die Ämter der Leiter von Organisationseinheiten, die dem Hauptverwaltungsbeamten oder einem anderen Wahlbeamten oder diesem in der Führungsfunktion vergleichbaren Beschäftigten unmittelbar unterstehen, sofern in der Hauptsatzung allgemein für diese Ämter die Übertragung auf Probe bestimmt ist (§ 25a VIII Nr. 2 LBG). Diese Formulierung bedeutet, daß Kommunen in der Hauptsatzung festlegen können, ob sie die Ämter der Amtsleiter (oder einer vergleichbaren Funktionsebene) zunächst nur auf Probe vergeben wollen. Der Rat darf frei entscheiden, ob er überhaupt Ämter mit leitender Funktion auf Probe übertragen will. Sollte er sich hierzu entschließen, muß die Formulierung in der Hauptsatzung lauten: „Ämter mit leitender Funktion (§ 25a VIII Nr. 2 LBG) werden auf Probe übertragen". Weiterhin darf sich aus der

---

44 Battis, § 24a BBG, Rn 2.
45 In NW 2 von 227; so Wichmann, StGR 10/00, 25.

2. Arten der Beamtenverhältnisse

Hauptsatzung (aber auch nicht aus anderen Rechtsquellen) keine Beschränkung auf eine bestimmte Besoldungsgruppe ergeben. Vielmehr müssen dann alle Ämter mit leitender Funktion, also alle Amtsleiter unabhängig von ihrer besoldungsrechtlichen Eingruppierung, davon erfaßt werden.[46] Sinn und Zweck sind, daß jeder Amtsleiter einmal eine Probezeit in *einem* Amt mit leitender Funktion geleistet haben muß. Deshalb werden diese Bestimmungen nicht relevant bei funktionsentsprechenden Wechseln in der Verwaltung (Hauptamtsleiter wird Kämmereileiter) und ebenfalls nicht bei Beförderungen (Hauptamtsleiter A 13 wird nach A 14 befördert). Zudem können Amtsleiter, denen bereits das Amt übertragen wurde (Altamtsinhaber), aus Besitzstandsgründen nicht gezwungen werden, ein B.a.P. einzugehen. Führungspositionen auf Probe können sich deshalb ausschließlich bei neu zu besetzenden Amtsleiterfunktionen auswirken.

In ein Amt mit leitender Funktion darf nur berufen werden, wer sich in einem B.a.L. befindet (§ 25a II S. 1 Nr. 1 LBG) und in dieses Amt auch als B.a.L. berufen werden könnte (§ 25a II S. 1 Nr. 2 LBG). Dies bedeutet, daß die Führungsposition auf Probe ausschließlich an Lebenszeitbeamte verliehen werden kann, welche die laufbahnrechtlichen Voraussetzungen hierfür erfüllen. Dabei gelten die allgemeinen Beförderungsverbote (Rn 126 ff.). Abzulehnen ist die ersichtlich nur von einem Einzigen[47] ohne Begründung vertretene Auffassung, wonach während des Laufs der Probezeit in ein höherwertiges Amt befördert werden dürfe und das Beförderungsverbot des § 23 VII S. 1, 1. Hs. LBG in einer Probezeit gemäß § 25a LBG nicht greife. Vielmehr sind sämtliche Beförderungsverbote ebenfalls bei § 25a LBG anzuwenden. Hierfür spricht, daß lediglich das Beförderungsverbot des § 25 III S. 1 LBG durch die ausdrückliche Regelung in § 25a VII LBG aufgehoben wird. Hätte der Gesetzgeber weitere Beförderungsverbote ausnehmen wollen, hätte er es hier entsprechend geregelt oder regeln müssen. Auch vom Sinn und Zweck der Vorschrift des § 25a LBG, in einer regelmäßigen Probezeit von zwei Jahren die Geeignetheit eines Beamten für ein Amt mit leitender Funktion festzustellen, folgt die Anwendbarkeit des Beförderungsverbots des § 23 VII S. 1, 1. Hs. LBG. Mit jeder Beförderung wird nämlich zugleich ausgesagt, daß sich der Beamte bewährt habe, weil Beförderungen allein nach Eignung, Befähigung und fachlicher Leistung vorzunehmen sind (§ 25 VII S. 1 LBG). Wird somit jemand während seiner regelmäßigen Probezeit in einem Amt mit leitender Funktion befördert, wird hierdurch gleichzeitig seine Bewährung festgestellt. Dann ist es jedoch sinnlos, die Probezeit weiterzuführen. Beamtenrechtlich korrekt wäre, anstelle einer Beförderung die regelmäßige Probezeit zu verkürzen (§ 25a I S. 3 LBG).

Das Beamtenverhältnis ist als Doppelbeamtenverhältnis ausgestaltet. Das alte Lebenszeitbeamtenverhältnis ruht (§ 25a III S. 1, 1. Hs. LBG) und ein neues Probebeamtenverhältnis wird begründet. Dazu sind eine Ernennungsurkunde sowie eine Einweisungsverfügung erforderlich. Die

---

46 Schrapper, DVP 99, 371 (372).
47 Korn/Tadday, § 25a LBG, Anm 7.

4. Abschnitt: Das Beamtenverhältnis

Besoldung erfolgt aus dem Probeamt (Argument aus § 25a VI S. 2 LBG). Hingegen gewährt § 15a II, 1. Hs. BeamtVG keinen selbständigen Anspruch auf Versorgung aus dem Probeamt. Anders ist es bei einem Dienstunfall (§ 15a II, 2. Hs. BeamtVG). Die regelmäßige Probezeit beträgt zwei Jahre (§ 25a I S. 2 LBG). Die oberste Dienstbehörde kann sie allerdings verkürzen (§ 25a I S. 3, 1. Hs. LBG); die Mindestprobezeit ist jedoch ein Jahr (§ 25a I S. 3, 2. Hs. LBG) und darf nicht unterschritten werden. Es wird empfohlen, von der Verkürzung zurückhaltend Gebrauch zu machen, weil es um einen speziellen Eignungsnachweis in einer ganz bestimmten Führungsfunktion geht.[48] Weiterhin kann man Zeiten, in denen einem Beamten bereits eine leitende Funktion übertragen war, auf die Probezeit anrechnen (§ 25a I S. 4 LBG). Hierunter dürfte ebenfalls zu subsumieren sein, wenn dem Beamten bereits einmal ein (anderes) Führungsamt auf Probe übertragen war.[49] Bei der Anrechnung muß im Unterschied zur Verkürzung keine Mindestprobezeit beachtet werden.[50] Begründen kann man diese Position damit, daß der Wortlaut in Satz 3 von „Verkürzung" der Probezeit und derjenige von Satz 4 von „Anrechnung" spricht. Zudem regelt allein Satz 3 aufgrund der systematischen Stellung die bei der Verkürzung zu beachtende Mindestprobezeit. Sie bezieht sich nicht auch noch auf die Anrechnung nach Satz 4. Schließlich sprechen Sinn und Zweck für die hier vertretene Ansicht. In der Probezeit soll beurteilt werden, ob jemand für eine Führungsfunktion geeignet ist. Um präzise Erkenntnisse über eine längere Periode zu erlangen, wird man ihn mindestens ein Jahr beobachten müssen. War dem Beamten hingegen schon eine leitende Funktion übertragen, hat der Dienstherr bereits hinreichend sichere Informationen über seine Leistungsfähigkeit in leitenden Funktionen. Dann ist es nicht mehr zwingend geboten, ihn über einen Mindestzeitraum von einem Jahr noch weiter zu begutachten. Nur wenn sich der Beamte in dieser Probezeit bewährt, wird ihm das Amt auf Dauer im B.a.L. verliehen (§ 25a VI S. 1, 1. Hs. LBG). Die Feststellung der Bewährung ist ein VA.[51] Die Ernennungsurkunde für eine nachfolgende Beförderung muß nicht erneut die Formulierung „unter Berufung in das Beamtenverhältnis auf Lebenszeit" enthalten. Mit Ablauf der Probezeit oder wegen der anderen in § 25a V S. 1 LBG genannten Fälle endet das B.a.P. automatisch. Man fällt in das frühere Lebenszeitbeamtenverhältnis zurück (§ 25a VI S. 4, V S. 1 a) bis e) LBG). Eine Verlängerung der Probezeit ist unzulässig (§ 25a I S. 5 LBG). Ämter mit leitender Funktion auf Probe dürfen nicht an kommunale Wahlbeamte und Politische Beamte sowie an Mitglieder des Landesrechnungshofes vergeben werden (§ 25a IX LBG).

Fall: Die Stadt S möchte gerne den Leiter ihres Rechnungsprüfungsamts L in ein B.a.P. (§ 25a I S. 1 LBG) berufen. L will sich dagegen wehren und fragt nach seinen Erfolgsaussichten.
L ist schon Leiter des Rechnungsprüfungsamts. Deshalb darf ihm keine Führungsfunktion auf Probe übertragen werden. Amtsleiter, denen bereits das Amt übertragen wurde (Altamtsinhaber), können aus Besitzstandsgründen nicht gezwungen werden, ein B.a.P. einzugehen. Füh-

---

48 Schrapper, DVP 99, 371 (373).
49 Schrapper, DVP 99, 371 (372).
50 Schrapper, DVP 99, 371 (372); Korn/Tadday, § 25a LBG, Anm 1, jeweils ohne Argument.
51 Battis, § 24a BBG, Rn 10.

2. Arten der Beamtenverhältnisse

rungsfunktionen auf Probe können deshalb ausschließlich bei neu zu besetzenden Amtsleiterfunktionen eingerichtet werden.

Variante: In S soll die Stelle des Rechnungsprüfungsamtsleiters in einem B.a.P. (§ 25a I S. 1 LBG) vergeben werden. L, der bislang Sachbearbeiter im Rechnungsprüfungsamt war, interessiert sich für die Position. Er möchte allerdings wissen, ob wegen der Unabhängigkeit des Leiters des Rechnungsprüfungsamts die Vergabe als Führungsfunktion auf Probe überhaupt rechtlich zulässig ist.

Vom Sinn und Zweck der Führungsfunktionen auf Probe kann durchaus selbst die Amtsleitung des Rechnungsprüfungsamts erfaßt werden. Sie liegen darin, in der regelmäßigen Probezeit innerhalb des B.a.P. zu beurteilen, ob jemand für eine Führungsfunktion geeignet ist. Darin unterscheidet sich die Norm nicht von anderen im Beamtenrecht geregelten Tatbeständen, nach denen der Beamte erprobt werden soll. Beispielsweise ist eine Erprobungszeit Voraussetzung jeder mit einem Dienstpostenwechsel verbundenen Beförderung (Erprobung vor der Beförderung; §§ 25 III S. 1 LBG, 10 IV S. 1 LVO; Rn 126). Der Gesetzgeber läßt es somit zu, daß Beamte zunächst eine gewisse Zeit hinsichtlich ihrer Eignung, Befähigung und fachlichen Leistung für ein bestimmtes Amt vom Dienstherrn begutachtet werden dürfen, bevor man ihnen das Amt auf Lebenszeit überträgt. Diesem Sinn und Zweck steht nicht entgegen, daß der Beamte möglicherweise aufgrund anderer Rechtsnormen eine gesteigerte Unabhängigkeit genießt. Selbst einem Richter, der hinsichtlich seiner Amtsstellung in der bundesdeutschen Beamten- und Richterrecht die größte Unabhängigkeit hat, kann ein Amt gemäß § 25a LBG unter bestimmten Voraussetzungen übertragen werden (§ 25a II S. 2 LBG). Dann muß dies erst recht für den Leiter des Rechnungsprüfungsamts gelten, dessen Unabhängigkeit geringer ist. Dies zeigt auch § 25a IX LBG, wonach abschließend diejenigen Ämter genannt sind, denen kein Amt mit leitender Funktion übertragen werden darf. Die Leitung eines Rechnungsprüfungsamts findet sich hier nicht. Schließlich ist auf den Gedanken hinzuweisen, daß sämtliche Ämter mit leitender Funktion, also alle Amtsleiter unabhängig von ihrer Funktion und besoldungsrechtlichen Eingruppierung, davon erfaßt werden müssen, wenn sich der Rat dafür entscheidet, Ämter mit leitender Funktion auf Probe zu übertragen.

Dagegen könnte allerdings der Wortlaut von § 25a VIII Nr. 2 LBG sprechen, wonach im Dienst der Gemeinden nur die Ämter der Leiter von Organisationseinheiten, die dem Hauptverwaltungsbeamten „unmittelbar" unterstehen, als Führungsfunktion auf Probe übertragen werden dürfen. Das Rechnungsprüfungsamt ist jedoch dem Rat unmittelbar verantwortlich und in seiner sachlichen Tätigkeit ihm unmittelbar unterstellt (§ 104 I S. 1 GO). Demzufolge bestellt der Rat den Leiter und die Prüfer des Rechnungsprüfungsamts und beruft sie ab (§ 104 II S. 1 GO). Nach meiner Ansicht stellt jedoch § 25a VIII Nr. 2 LBG mit dem Erfordernis der Unmittelbarkeit nicht auf die sachliche Unmittelbarkeit (wie in § 104 GO) ab, sondern auf die dienstrechtliche Unmittelbarkeit. Von dieser ist aber der Leiter des Rechnungsprüfungsamts nicht ausgenommen. Vielmehr ist er hinsichtlich der dienstrechtlichen Entscheidungen weiterhin unmittelbar seinem Dienstvorgesetzten, dem Bürgermeister (§ 73 II GO), unterstellt.

Somit ist die Vergabe der Leitung des Rechnungsprüfungsamts als Führungsfunktion auf Probe rechtlich zulässig.

Literatur: Schröder, Verkürzung der Probezeit und Anrechnung von Dienstzeiten bei Leitungsämtern auf Probe nach § 25 a LBG NW, NWVBl 02, 369; Bayer, Ämter mit leitender Funktion, PersV 99, 338; Schrapper, Neue Rechtsinstitute im Dienstrecht, DVP 99, 371; Günther, Probezeit – Probebeamtenzeit, DÖD 85, 148.

2.2.4 Beamter auf Widerruf

Es bestehen **zwei Möglichkeiten**, ein B.a.W. zu begründen (§§ 4 S. 1 Nr. 4 BeamtStG, 5 I Nr. 4 LBG). **66**

B.a.W. kann jemand werden, der den üblichen oder vorgeschriebenen **Vorbereitungsdienst** zu leisten hat **(§§ 4 S. 1 Nr. 4 a) BeamtStG, 5 I Nr. 4 a) LBG)**. Der Vorbereitungsdienst (Einzelheiten Rn 165) ist notwendige Voraussetzung, um die Befähigung eines (Regel-) Laufbahnbewerbers zu erhalten (§§ 20 LBG, 5 I a) LVO), während beim Bewerber besonderer Fachrichtung (z.B. Bibliothekar, Anlage 2 zu § 32 I LVO) an die Stelle des Vorbereitungsdienstes eine hauptberufliche Tätigkeit tritt (§ 21 II, 1. Hs. LBG) und beim anderen Bewerber (§ 6 II S. 2, 1. Hs. LBG) auf einen Vorbereitungsdienst ganz verzichtet wird (§ 22 I LBG). Der (Regel-)Laufbahnbewerber erwirbt seine Befähigung als B.a.W. Für ihn ist das B.a.W. notwendiges Vorstadium zum B.a.P. Demgegenüber treten der Bewerber besonderer Fachrichtung und der andere Bewerber direkt in das B.a.P. ein. Mittlerweile gibt es zudem die Möglichkeit, in Monopolausbildungsgängen (Juristen, Lehrer) den Vorbereitungsdienst nicht im B.a.W. sondern in einem öffentlich-rechtlichen Ausbildungsverhältnis zu absolvieren (§§ 16 I S. 1, 2. Hs. LBG, 5 I a) LVO). Monopolausbildungsgänge sind solche, in denen man zugleich einen berufsqualifizierenden Abschluß für Berufe erwirbt, die außerhalb eines Beamtenverhältnisses ausgeübt werden. Soweit der Vorbereitungsdienst in einem öffentlich-rechtlichen Ausbildungsverhältnis durchgeführt wird, ist er einem im B.a.W. geleisteten gleichgestellt (§ 14 I, 2. Hs. LVO). Die Ausbildung im B.a.W. ist für den Auszubildenden unentgeltlich.[52]

Hingegen darf man von einem Staatsangehörigen eines EU-Mitgliedsstaates, der ein Diplom erlangt hat, das zum unmittelbaren Zugang zu einem Beruf im öffentlichen Dienst des Herkunftslandes berechtigt, der mit dem Berufsbild einer Laufbahn im wesentlichen übereinstimmt, weder ein Vorbereitungsdienst noch die für den Erwerb der Befähigung für die Laufbahn besonderer Fachrichtung vorgeschriebene hauptberufliche Tätigkeit fordern (§ 21a I LBG). Um welche Diplome es sich handelt, bestimmt § 21a II LBG, wobei das IM in einer Rechtsverordnung weitere Festlegungen treffen darf (§§ 21a IV LBG, 15 I S. 3 LVO) und auch getroffen hat. Allerdings muß man die deutsche Sprache in Wort und Schrift beherrschen, um zur Laufbahn zugelassen zu werden (§ 21a III LBG).

Voraussetzung zur Begründung eines B.a.W. ist neben den allgemeinen Ernennungskriterien (Rn 89 ff.) insbesondere die für die einzelnen Laufbahnen geforderte Vorbildung (§ 19 LBG).

Der B.a.W. hat die **schwächste beamtenrechtliche Rechtsstellung**. Außer in den beim B.a.L. genannten Fällen (Rn 62) kann er jederzeit entlassen werden (§ 35 I LBG). Dies bedeutet, daß man ihn aus jedem sachlichen Aspekt entlassen darf.[53] Dabei muß der sachliche Grund jedoch solches Gewicht haben, daß die Entlassung nicht dem Verhältnismäßigkeitsprinzip widerspricht. Denkbar sind beispielsweise ungenügende Leistungen, erhebliche gesundheitliche Eignungsmängel, jedenfalls Dienstunfähigkeit[54], sowie die Verletzung von Dienstpflichten. Bei mehreren Entlassungsgründen darf der Dienstherr wählen, auf welchen Tatbestand er die Entlassung stützt.[55] Allerdings muß er beachten, daß

---

52 BVerwG, NVwZ 04, 347 (348) = DVBl 04, 320 (321) = ZBR 04, 203 (203 f.): keine Gebühr für die Teilnahme eines Rechtsreferendars im B.a.W. an der 2. jur. Staatsprüfung; OVG Berlin, DÖD 02, 315 (315 ff.), als Vorinstanz. Dazu Leupold, DÖD 02, 293 (293 ff.).
53 BVerwG, DÖV 68, 419 (420).
54 BVerwGE 22, 215 (219 f.).
55 VGH Kassel, NVwZ-RR 00, 236 (237).

2. Arten der Beamtenverhältnisse

B.a.W. im Vorbereitungsdienst Gelegenheit gegeben werden soll, den Vorbereitungsdienst zu leisten und die Laufbahnprüfung abzulegen (§ 35 II S. 1 LBG). „Soll" bedeutet im öffentlichen Recht ein „Muß".[56] Allerdings sind bei atypischen Situationen aus besonderen Gründen des Einzelfalls Ausnahmen möglich.[57] Dabei ist zu berücksichtigen, daß der Vorbereitungsdienst als Ausbildungszeit von Art. 12 I S. 1 bzw. Art. 33 II GG geschützt wird. Das bedeutet, daß den B.a.W. – auch weniger Qualifizierten – Gelegenheit zu geben ist, die Laufbahnprüfung abzulegen.[58] Eine Ausnahme liegt aber bei schwerwiegenden in der Person des Beamten bestehenden Gründen vor, die den Sinn des Vorbereitungsdienstes gefährden. Dies können insbesondere erhebliche Dienstpflichtverletzungen oder völlig unzulängliche Leistungen sein.[59] Sie müssen es unwahrscheinlich erscheinen lassen, daß das Ziel des Vorbereitungsdienstes, die Befähigung für die angestrebte Laufbahn zu erwerben, erreicht werden kann.[60] Für die Entlassung eines B.a.W. gilt § 34 III, IV, V LBG entsprechend (§ 35 I S. 2 LBG). Danach sind grundsätzlich bestimmte Fristen bei der Entlassung einzuhalten. Keine Fristen sind hingegen bei den in § 35 II S. 2 LBG normierten Fallgestaltungen zu beachten.

Ist der Vorbereitungsdienst zudem Voraussetzung für die Ausübung eines Berufes außerhalb des öffentlichen Dienstes, endet das B.a.W. mit dem Bestehen oder endgültigen Nichtbestehen der Prüfung; bei den übrigen Vorbereitungsdiensten nur, wenn dies durch Gesetz, Rechtsverordnung oder allgemeine Verwaltungsanordnung bestimmt ist (§ 35 II S. 2 LBG). Eine solche Regelung findet sich beispielsweise in § 27a VAPgD, § 29a I, 1. Hs. VAPmD oder in § 31 I S. 1 JAG. Selbst wenn keine entsprechende Normierung existiert, darf der Beamte wegen des Charakters des Beamtenverhältnisses als notwendigem Durchgangsstadium nicht lebenslang B.a.W. bleiben. Der Dienstherr muß in angemessener zeitlicher Nähe zur Laufbahnprüfung entscheiden, den B.a.W. zu entlassen oder zum B.a.P. zu ernennen. Erfolgt keine rechtzeitige Entlassung, hat der B.a.W. einen Anspruch auf Ernennung zum B.a.P.

Fall: Gemeindeinspektoranwärter I im Fachbereich Sozialer Verwaltungsdienst hat trotz Wiederholung des ersten Studienjahres (§ 13 IV S. 5 VAPgD) den Punktwert von „5,00" (§ 13 II S. 3 VAPgD) nicht erreicht.

Kann oder muß I entlassen werden?

Zunächst käme eine Entlassung gemäß § 8 I Nr. 2 VAPgD in Betracht. Aufgrund dieser Vorschrift ist ein B.a.W. zu entlassen, wenn er die geforderten Leistungsbewertungen (§ 13 II VAPgD) nicht erbringt. Es ist jedoch zweifelhaft, ob die Entlassung als grundrechtsrelevante Maßnahme auf die VAPgD, eine Rechtsverordnung, gestützt werden kann. Nach der Wesentlichkeitstheorie (Rn 60) muß der Gesetzgeber die Voraussetzungen der Entlassung als einschneidende Maßnahme für das Grundrecht aus Art. 12 I GG selbst regeln (Parlamentsvor-

---

56 BVerwGE 90, 275 (278); VGH Mannheim, VBlBW 03, 286.
57 OVG Koblenz, DÖD 04, 273.
58 Battis, § 32 BBG, Rn 4.
59 OVG Lüneburg, RiA 98, 155; VGH Kassel, NVwZ-RR 00, 236 (237 f.); OVG Koblenz, DÖD 04, 273.
60 OVG Koblenz, DÖD 04, 273; Schütz/Maiwald, § 35 LBG, Rn 23 ff.

4. Abschnitt: Das Beamtenverhältnis

behalt). Er darf dies nicht der Exekutive überlassen.[61] Hat der Gesetzgeber aber in einem formellen Gesetz die wesentlichen Entscheidungen selbst getroffen, kann er den Verordnungsgeber ermächtigen, alle weiteren Einzelheiten zu fixieren. Insoweit ist neben dem Parlamentsvorbehalt (demokratischer Vorbehalt des Gesetzes) auch der rechtsstaatliche Vorbehalt des Gesetzes zu beachten (Art. 80 I S. 2 GG, 70 S. 2 LVerf NW). Dieser fordert, daß die dem Verordnungsgeber überlassene Entscheidungskompetenz nach Inhalt, Zweck und Ausmaß bestimmt ist. Wendet man diese Grundsätze auf § 8 I Nr. 2 VAPgD an, ist festzustellen, daß der Gesetzgeber in § 16 II LBG als Ermächtigung für die VAPgD die Entlassung nicht ausdrücklich geregelt hat. § 16 II S. 2 Nr. 3 LBG spricht lediglich von der Dauer des Vorbereitungsdienstes. Diese Ermächtigung wurde durch § 8 VAPgD ausgefüllt. Auch in § 16 II S. 1 i.V.m. § 15 I S. 2 Nr. 3 LBG ist nur eine Aussage zur Kürzung und Verlängerung des Vorbereitungsdienstes, nicht jedoch über seine (vorzeitige) Beendigung erfolgt. § 8 I VAPgD ist als selbständige Ermächtigung zur Entlassung eines B.a.W. deshalb nicht von § 16 II LBG gedeckt. Allerdings hat diese Vorschrift – wie noch zu zeigen sein wird – eine wesentliche Bedeutung bei der Anwendung von § 35 II S. 1 LBG.

Demnach muß man untersuchen, ob I nach § 35 I LBG unter Beachtung von Abs. 2 dieser Norm i.V.m. § 8 I Nr. 2 VAPgD entlassen werden kann.

Ein B.a.W. kann „jederzeit" entlassen werden (§ 35 I S. 1 LBG). Dies bedeutet, daß eine Entlassung aus jedem sachlichen Grund möglich ist.[62] Solche sind auch die im vorliegenden Fall gegebenen nicht ausreichenden Leistungen. Somit liegen die Voraussetzungen von § 35 I S. 1 LBG vor. Es ist jedoch zu beachten, daß I B.a.W. im Vorbereitungsdienst ist. Einem solchen Beamten soll Gelegenheit gegeben werden, den Vorbereitungsdienst zu leisten und die Laufbahnprüfung abzulegen (§ 35 I S. 1 LBG). Diese Sollvorschrift ist als „Muß" zu verstehen, es sei denn, daß ein atypischer Fall vorliegt.[63] Deshalb fragt es sich, ob aufgrund der bisher gezeigten unzureichenden Leistungen eine Sachlage gegeben ist, bei welcher der Vorbereitungsdienst ausnahmsweise ohne Abschluß durch eine Laufbahnprüfung beendet werden kann. Hierbei ist zu bedenken, daß es sich beim Vorbereitungsdienst um eine besondere Form der Berufsausbildung handelt, die dem B.a.W. eine Lebensexistenzgrundlage als späterer B.a.L. bieten soll (Schutzbereich von Art. 12 I S. 1 GG).

Somit muß man auch weniger qualifizierten Beamten die Möglichkeit eröffnen, ihren Vorbereitungsdienst abzuschließen.[64] Allerdings nicht übersehen werden, daß die Ausbildungskapazitäten der öffentlichen Verwaltung beschränkt sind und nicht alle geeigneten Bewerber berücksichtigt werden können. Außerdem darf der Vorbereitungsdienst kein Selbstzweck werden. Darum ist ein Ausnahmefall, der den Dienstherrn zur Beendigung des Vorbereitungsdienstes berechtigt, gegeben, wenn die Leistungen des B.a.W. derart unzulänglich sind, daß ernsthafte Zweifel bestehen, ob er das Ziel des Vorbereitungsdienstes, die Laufbahnbefähigung zu erwerben, überhaupt erreichen kann.[65]

I hat das erste Studienjahr ohne Erfolg absolviert und es deswegen wiederholt. Er hat ebenfalls den für das Bestehen der Zwischenprüfung notwendigen Mindestpunktwert von 5,00 bei der fachpraktischen Beurteilung nicht erreicht. Deshalb muß man die Leistungen des I jedenfalls in den fachpraktischen Studienzeiten als so unzureichend ansehen, daß der Erfolg des Vorbereitungsdienstes ernsthaft gefährdet erscheint. Ob I seine Leistungsschwäche durch positive Arbeitsergebnisse in den fachwissenschaftlichen Studienzeiten zu kompensieren vermag, kann man mangels entsprechender Hinweise im Sachverhalt nicht entscheiden. Dies erscheint jedoch wegen der §§ 10, 11, 12 VAPgD äußerst zweifelhaft. Nach diesen Vorschriften ist der Vorbereitungsdienst als Einheit zwischen Theorie und Praxis zu verstehen. Somit liegt hier ein Ausnahmefall vor. Demgemäß sind die tatbestandlichen Voraussetzungen für eine Entlassung des I gegeben. Diese steht im Ermessen des Dienstherrn (§ 35 I S. 1 LBG: „kann"). Der Dienstherr muß sein Ermessen sachgerecht ausüben. Deshalb darf er aus besonderen Gründen (z.B. längere Krankheit des I, spezielle Belastungen während der maßgeblichen Zeit) von der Entlassung absehen.

---

61 BVerfGE 58, 257 (275).
62 BVerwG, DÖV 68, 419 (420).
63 BVerwGE 90, 275 (278); VGH Mannheim, VBlBW 03, 286.
64 Battis, § 32 BBG, Rn 4; Schütz/Maiwald, § 35 LBG, Rn 44.
65 BVerwG, ZBR 82, 81; Battis, § 32 BBG, Rn 4; Schütz/Maiwald, § 35 LBG, Rn 46.

2. Arten der Beamtenverhältnisse

In unserem Fall liegen allerdings die Voraussetzungen von § 8 I Nr. 2 VAPgD vor. Ihr Inhalt deckt sich mit den vorstehenden Überlegungen und stellt gleichsam einen typisierten Fall der Sollregelung in § 35 II S. 1 LBG dar. Somit ist die Rechtsfolgenseite dieser Vorschrift zu beachten. § 8 I Nr. 2 VAPgD („ist zu entlassen") räumt gerade keinen Ermessensspielraum ein. Daher muß I entlassen werden.
Über besondere Gründe für eine Verlängerung des Vorbereitungsdienstes (z.B. Krankheit) wäre vorher zu entscheiden gewesen (§§ 5 II S. 1, 6 IV S. 2 VAPgD).

B.a.W. kann ebenfalls jemand werden, **der hoheitliche Aufgaben nur vorübergehend oder nebenbei wahrnehmen soll (§§ 4 S. 1 Nr. 4 b) BeamtStG, 5 I Nr. 4 b) LBG).** Diese Möglichkeit hat kaum praktische Bedeutung.[66] Beispiele sind der Posthalter oder der Schlachthoftierarzt bei Schlachthöfen kleinerer Gemeinden.[67]

Literatur: Leupold, Zur Rechtswidrigkeit der Erhebung einer Gebühr für die Abnahme der zweiten juristischen Staatsprüfung, DÖD 02, 293; Schautes/Mävers, Angestellte Rechtsreferendare, Nebentätigkeit und Verfassungsrecht, VR 02, 37; Lecheler, Die verfassungsrechtliche Zulässigkeit der Umgestaltung der Referendarausbildung vom Beamtenverhältnis auf Widerruf in ein öffentlich-rechtliches Ausbildungsverhältnis und die rechtlichen Konsequenzen, ZBR 00, 325; Günther, Beamtenverhältnis auf Widerruf, DÖD 87, 7, 51.

Schaubild Nr. 8

Entwicklung der Rechtsstellung eines Beamten (Regellaufbahnbewerber)

Art des Beamtenverhältnisses	Alter und Zeitdauer	Ernennungsfall und Inhalt des Beamtenverhältnisses	Dienst- bzw. Amtsbezeichnung
Einstellung B.a.W.	z.B. 19 Jahre 3 Jahre	- Einstellung (§ 8 I Nr. 1 LBG) - Vorbereitungsdienst, §§ 20 I Nr. 3 LBG, 14, 26, 27 LVO - Laufbahnprüfung, §§ 20 I Nr. 3 LBG, 28 LVO	Inspektoranwärter, § 14 II S. 1 LVO
	22 Jahre	Einstellung (§ 8 I Nr. 1 LBG)	
B.a.P. statusrechtliche Probezeit	2,5 Jahre	Laufbahnrechtliche Probezeit (§§ 23 LBG, 7, 29 II S. 1 LVO)	Inspektor z. A., § 8 I LVO
	24,5 Jahre	Anstellung (§ 8 I Nr. 3 LBG)	
	25,5 Jahre	evtl.: Beförderung (§§ 8 I Nr. 4 LBG, 10 LVO)	Inspektor (evtl. Oberinspektor)
	27 Jahre	Umwandlung (§ 8 I Nr. 2 LBG)	
B.a.L.			

---

66 Schütz/Maiwald, § 5 LBG, Rn 81.
67 Scheerbarth/Höffken/Bauschke/Schmidt, § 9 II 3d bb.

4. Abschnitt: Das Beamtenverhältnis

2.3 Unterscheidung nach dem Umfang der Bindung

67 Nach dem Umfang der Bindung kann zwischen Berufs-, Teilzeit- und Ehrenbeamten unterschieden werden. Aufgrund der hergebrachten Grundsätze ist das Beamtenverhältnis als Lebens- und Hauptberuf zu verstehen (Rn 62). Deswegen ist der **Berufsbeamte,** der seine gesamte Arbeitskraft einem Dienstherrn zur Verfügung stellt, der **Regelfall**.

68 **Teilzeitbeamte** gab es bislang **ausnahmsweise** aus familiären Gründen (§ 85a LBG [alt]) oder wegen arbeitsmarktpolitischer Aspekte (§ 78b LBG [alt]). Auf der Basis des Dienstrechtsänderungsgesetzes des Bundes vom 24.2.1997 können Beamte jetzt auf ihren Antrag hin Teilzeitbeschäftigung bis zur Hälfte der regelmäßigen Arbeitszeit und **ohne besonderen Grund** ausüben, soweit **dienstliche Belange nicht entgegenstehen** (voraussetzungslose Antragsteilzeit). Im Land NW ist nunmehr § 78b I LBG alleinige Anspruchsgrundlage für die **voraussetzungslose Antragsteilzeit**. In diese Neufassung wurde die bisher gegebene Möglichkeit, Teilzeitbeschäftigung aus arbeitsmarktpolitischen Gründen zu bewilligen, integriert. Die voraussetzungslose Antragsteilzeit ist wegen der damit verbundenen flexibleren Arbeitszeitregelungen sowie der frauen-, familien- und arbeitsmarktpolitischen Aspekte sinnvoll.

Darüber hinaus kann man **Teilzeitbeschäftigung aus familienpolitischen Gründen** (§ 85a LBG) beantragen. Bei der tatsächlichen Betreuung oder Pflege eines Kindes unter 18 Jahren oder eines Angehörigen ist Teilzeitbeschäftigung in der Weise zu bewilligen, daß die Arbeitszeit bis auf die Hälfte der regelmäßigen Arbeitszeit ermäßigt wird, wenn **zwingende dienstliche Belange nicht entgegenstehen** (§ 85a I Nr. 1 LBG).

Den Ländern wird zudem freigestellt, die Teilzeitbeschäftigung zu regeln (§ 44 BeamtStG). Hierdurch ermöglicht der Rahmengesetzgeber eine sog. „**Zwangsteilzeit**" (Einstellungsteilzeit; Rn 247).

69 Jemand kann zum **Ehrenbeamte**n berufen werden, wenn er hoheitliche Aufgaben unentgeltlich wahrnehmen soll (§§ 5 I BeamtStG, 5 IV LBG). Die Rechtsverhältnisse der Ehrenbeamten können zudem durch Landesrecht abweichend von den für Beamte allgemein geltenden Vorschriften geregelt werden, soweit es deren besondere Rechtsstellung erfordert. (§ 5 II BeamtStG). Im Unterschied zur ehrenamtlichen Tätigkeit ist das Ehrenbeamtenverhältnis ein Beamtenverhältnis zu einem Dienstherrn. Hierdurch will man die Bürgernähe der Verwaltung verbessern. Deshalb sind Ehrenbeamtenverhältnisse überwiegend bei der Kommunalverwaltung vorgesehen. So ist z.B. der mit der Erledigung bestimmter Geschäfte der laufenden Verwaltung beauftragte Ortsvorsteher zum Ehrenbeamten zu ernennen (§ 39 VII S. 3, 2. Hs. GO), ebenso wie Mitglieder des Kreisausschusses (§ 62 KrO) oder Leiter der freiwilligen Feuerwehr und ihre Stellvertreter (§ 11 I S. 2 FSHG), Kreis- (§ 34 I S. 1 FSHG) und Bezirksbrandmeister (§ 34 II S. 1 FSHG) sowie ihre Stellvertreter. Die **Voraussetzungen** für die Berufung von Ehrenbeamten ergeben sich neben den allgemeinen Ernennungsvoraussetzungen (§ 183 I LBG; s. auch Rn 89 ff.)

2. Arten der Beamtenverhältnisse

aus Spezialgesetzen (z.B. aus § 34 I, II FSHG für Kreis- und Bezirksbrandmeister). Laufbahnrechtliche Bestimmungen finden jedoch keine Anwendung.[68] Nach seiner **Rechtsstellung** ist der Ehrenbeamte entweder B.a.Z. (z.B. für eine Wahlperiode; § 62 KrO) oder B.a.W. (§ 183 I Nr. 1 S. 2 LBG). Die beamtenrechtlichen Vorschriften gelten eingeschränkt auch für ihn (§ 183 I Nr. 2 S. 4 LBG). Diese Norm klammert insbesondere die Beamtenpflichten der §§ 55 ff. LBG nicht aus. Deshalb kann grundsätzlich bei Verdacht eines Dienstvergehens disziplinar eingeschritten werden, zumal das LDG den Ehrenbeamten ebenfalls nicht ausschließt (§ 1 I LDG). Allerdings hat er keine Besoldungs-, Versorgungs- und Beihilfeansprüche, wohl aber Dienstunfallschutz (§ 68 BeamtVG). Ein Ehrenbeamtenverhältnis kann neben einem anderen Beamtenverhältnis begründet werden. Der Beamte ist bei einem Eintritt in ein Ehrenbeamtenverhältnis gerade nicht kraft Gesetzes entlassen (§ 32 I S. 1 Nr. 2, 2. Hs., II LBG). Ein zweites Beamtenverhältnis wird hier ausnahmsweise erlaubt, um die ehrenamtliche Aufgabenerledigung sicherzustellen. Allerdings kann ein Ehrenbeamtenverhältnis nicht in ein Beamtenverhältnis anderer Art, ein solches Beamtenverhältnis nicht in ein Ehrenbeamtenverhältnis umgewandelt werden (§ 5 III BeamtStG).

Fall: In einer Beanstandung der Kommunalaufsicht wird gerügt, daß Personal der privatrechtlich organisierten Stadtwerkegesellschaft Zahlungsanordnungen für die Stadt unterzeichnet. Das Verfahren verstoße gegen die Gemeindekassenverordnung, wonach dies allein Mitarbeitern der Stadt erlaubt sei. Wie könnte diese Praxis dennoch beibehalten werden?
Rechtlich zulässig wäre, einen Beschäftigten der Stadtwerke zum Ehrenbeamten (§ 5 IV LBG) zu berufen. Er könnte dann die hoheitliche Tätigkeit, Auszahlungsanordnungen für die Stadt zu fertigen, ehrenamtlich wahrnehmen. Mit der Berufung zum Ehrenbeamten tritt er in ein Beamtenverhältnis zur Stadt und wird somit deren Bediensteter.

Literatur: Stober, Der Ehrenbeamte in Verfassung und Verwaltung, 1981.

2.4 Unterscheidung nach der Laufbahn

Laufbahnrechtlich ergeben sich zwei Unterscheidungskriterien für das Beamtenverhältnis, die Laufbahngruppe (§ 17 II S. 1 LBG) und die Befähigung (§ 5 LVO). 70

Das geltende Laufbahnrecht kennt vier Laufbahngruppen, den einfachen, mittleren, gehobenen und höheren Dienst (§ 17 II S. 1, 1. Hs. LBG; Einzelheiten Rn 158).

Die Befähigung kann man entweder als Laufbahnbewerber (§§ 6 II S. 1 LBG, 5 I LVO) oder als anderer Bewerber (§§ 6 II S. 2 LBG, 5 II, 1. Hs. LVO) erwerben (Einzelheiten Rn 161 f., 163 f.).

2.5 Unterscheidung nach dem wahrzunehmenden Amt

Grundsätzlich wird der Beamte für die Wahrnehmung aller Aufgaben seiner Laufbahn ausgebildet. Er hat deswegen keinen Anspruch auf ein 71

---

68 Korn/Tadday, § 183 LBG, Anm 2.

bestimmtes konkret-funktionelles Amt (Rn 50). Vielmehr muß er alle Dienstposten wahrnehmen, für die er befähigt ist. Er ist **Ämterbeamter**.[69] Ausnahmsweise ist das Amt im statusrechtlichen Sinn mit einem Anspruch auf eine gewisse Funktion verbunden. Der Amtsinhaber hat dann ein subjektiv-öffentliches Recht auf ein spezielles konkret-funktionelles Amt. In diesem Fall spricht man von einem **Amtsbeamten**. Amtsbeamte sind z.B. der Bürgermeister und in kreisfreien Städten der Stadtkämmerer (§ 71 IV GO); sonstige Beigeordnete jedoch nur, wenn sie ausschließlich für ein bestimmtes Aufgabengebiet gewählt wurden. Dies ist selten, da in Ausschreibungen regelmäßig darauf hingewiesen wird, daß eine Änderung des Aufgabenbereichs vorbehalten bleibt. Amtsbeamte darf man ohne ihre Zustimmung weder versetzen noch abordnen oder umsetzen. Sie haben funktionsgebundene Ämter inne. Die Besonderheit dieser Ämter besteht darin, daß das statusrechtliche Amt nicht abstrakt umschrieben wird, sondern nach der damit verbundenen Funktion.[70] Keine Amtsbeamtin ist die hauptamtliche Gleichstellungsbeauftragte. Ihre Bestellung kann ohne weitere sachliche Voraussetzungen widerrufen werden.[71] Die von ihr ausgeübte Funktion endet automatisch, wenn ihre Anstellungskörperschaft nicht mehr existiert (z.B. weil sie aufgelöst und mit einer anderen Körperschaft zusammengelegt wurde[72]).

Literatur: Klieve, Die Rechtsstellung des Kämmerers nach der Einführung des NKF in Nordrhein-Westfalen, GemH 05, 49; Müller, Das Ende des Stadtkämmerers?, DÖD 05, 55.

2.6 Unterscheidung nach dem Haushaltsrecht

72 Haushaltsrechtlich ist zwischen planmäßigen und nichtplanmäßigen Beamten zu differenzieren. Für **planmäßige Beamte** weist der Stellenplan Planstellen aus. Planmäßige Beamte sind B.a.L., B.a.Z. und B.a.P. nach der Anstellung. Der Stellenplan ist Anlage des Haushaltsplans (§ 79 II S. 2, 2. Hs. GO). Sein Inhalt ergibt sich aus § 6 GemHVO. Innerhalb seines Rechts den Haushaltsplan mit allen seinen Anlagen zu verabschieden (§ 80 IV S. 1 GO), hat der Rat die Kompetenz, den als Anlage des Haushaltsplans ebenfalls zu beschließenden Stellenplan zu ändern. Er darf danach freie Stellen im Stellenplan streichen, um somit faktisch eine Wiederbesetzungssperre zu erreichen. Dem Stellenplan sind Übersichten über die vorgesehene Aufteilung der Stellen auf die Ämter beizufügen (§ 6 III GemHVO). Solche informatorischen Übersichten werden jedoch nicht Bestandteil des Stellenplans dergestalt, daß sie nur der Rat verändern dürfte. Vielmehr hat der Bürgermeister als Dienstvorgesetzter wegen seiner Organisationsgewalt die Kompetenz zu Umsetzungen und damit auch zu Änderungen in der Verteilung der Stellen auf die einzelnen Ämter einer Verwaltung (vgl. ebenfalls Rn 130).

---

69 Wolff/Bachof/Stober II, § 109, Rn 3.
70 BVerwGE 40, 229 (230).
71 OVG Schleswig, NVwZ-RR 98, 187 (188).
72 VG Gießen, NVwZ-RR 98, 189.

Nichtplanmäßige Beamte sind Ehrenbeamte, B.a.P. vor der Anstellung und B.a.W. Für letztere finden sich jedoch in den Erläuterungen zum Haushaltsplan Stellen (§ 17 VI S. 1 LHO).

3. Beamte mit besonderer Rechtsstellung

Die folgenden Beamtenverhältnisse können alle unter die in § 5 I LBG erwähnten Arten (B.a.L., B.a.Z., B.a.P., B.a.W.) subsumiert werden. Wegen der besonderen Aufgabenstellung dieser Beamten weicht jedoch ihre Rechtsstellung zum Teil erheblich von den genannten Grundtypen ab.

3.1 Kommunale Wahlbeamte

Kommunale Wahlbeamte sind die Hauptverwaltungsbeamten der Gemeinden und Gemeindeverbände (Bürgermeister und Landräte, Direktoren der Landschaftsverbände) sowie Beigeordnete (§ 71 GO), Landesräte (§ 20 II LVerbO) und Kreisdirektoren, sofern die Hauptsatzung das vorsieht (§ 47 I KrO).

Grund für die besondere Rechtsstellung der kommunalen Wahlbeamten ist der Umstand, daß sie nicht nur ihre Aufgaben allein nach fachlichen Aspekten bewältigen. Sie stehen ebenfalls im politischen Wirkungsfeld der kommunalen Selbstverwaltung und müssen daher das Vertrauen der Bevölkerung oder des Rates besitzen.[73] Man spricht insoweit von der notwendigen Gleichgestimmtheit zwischen der Gemeindevertretung und den leitenden Kommunalbeamten.[74]

Eine **Auslese** der vom Rat oder Kreistag zu wählenden kommunalen Wahlbeamten (Beigeordnete, Kreisdirektoren) **auch nach (partei-)politischen Gesichtspunkten** ist **zulässig**. Begründet wird diese Auffassung mit mehreren Erwägungen: Sie werden lediglich auf Zeit berufen, sind dem Rat/Kreistag politisch verantwortlich und können von ihm jederzeit abgewählt werden. Dies ist der entscheidende Unterschied zu den restlichen Beamten einer Kommune, für die das Lebenszeitprinzip gilt. Bei den kommunalen Wahlbeamten spielt ähnlich wie bei den Politischen Beamten die Umsetzung der „Regierungs"politik, hier der Beschlüsse des Kommunal„parlaments", in das Verwaltungshandeln eine Rolle. Sie befinden sich an der Nahtstelle zwischen Politik und Verwaltung und sind dem Rat/Kreistag für die Durchführung seiner Entscheidungen politisch verantwortlich. Zwar sind sie dem Bereich Verwaltung zuzuordnen und nicht dem Bereich der Regierung. Aber dennoch kann es wegen des

---

73 BVerwG, DÖV 79, 220 (222).
74 BVerfGE 7, 155 (167); NVwZ 94, 473 (474); BVerwG, NVwZ 90, 772 (773); OVG Bautzen, LKV 06, 82 (86); das BVerwG, LKV 06, 82, hat die gegen die Nichtzulassung der Revision gerichtete Beschwerde zurückgewiesen.

Gedankens einer vertrauensvollen und effektiven Zusammenarbeit mit dem Rat/Kreistag wichtig sein, einen Gleichklang der politischen Überzeugungen herbeizuführen. Gerade die Bestellung auf Zeit zeigt, daß die gesetzlichen Vorschriften nicht davon ausgehen, daß ein kommunaler Wahlbeamter jedem Rat/Kreistag zu dienen in der Lage sein muß. Vielmehr ist bei sich ändernden Mehrheiten oder aus anderen Gründen eine Anpassung zulässig, damit die Vertrauensbeziehung gesichert bleibt.[75] Die demokratische Legitimation des Rats/Kreistags, die Verantwortlichkeit der kommunalen Wahlbeamten diesem Gremium gegenüber sowie ihre Bestellung lediglich auf Zeit können ein Eindringen politischer Gesichtspunkte in die Auswahl rechtfertigen. Dadurch darf das Leistungsprinzip (Art. 33 II GG, § 7 I LBG) in zulässiger Weise überlagert werden. Ein anderer Gedanke geht dahin, den Begriff „Eignung" (Art. 33 II GG, § 7 I LBG) bei kommunalen Wahlbeamten so zu interpretieren, daß darunter auch die Erfüllung (partei)politischer Aspekte fallen kann. Die Eignung ist immer konkret zu bestimmen als Geeignetheit für ein spezielles Amt. Für Stellen der kommunalen Wahlbeamten kommt es gerade darauf an, daß man mit den politischen Zielen der Rats- oder Kreistagsmehrheit fortdauernd übereinstimmt. Deshalb ist jemand geeignet, der dies aufweist. Eine Komponente bei der Eignung für das Amt des kommunalen Wahlbeamten wären demnach auch die politischen Ansichten.[76]

Wenn die kommunalen Wahlbeamten durch Volkswahl in ihr Amt gekommen sind (wie die Bürgermeister und die meisten Landräte), gelten hinsichtlich ihrer Auswahl die Leitgedanken des Art. 33 II GG, § 7 I LBG erst recht nicht. Sie werden vom Demokratieprinzip überlagert. Das in Art. 20 I GG niedergelegte und in seinem Abs. 2 konkretisierte Demokratieprinzip führt zu Ausnahmen von Art. 33 II GG. Der Beamte erhält seine Legitimation durch den Wahlakt des Volkes. Ausschlaggebend ist zum einen die Vorstellung, der Bürger wähle in jedem Fall den besten Bewerber. Zum anderen kann vom Souverän nicht verlangt werden, daß er seine Wahlentscheidung an den gleichen Kriterien (Art. 33 II GG: „Eignung, Befähigung und fachliche Leistung") auszurichten hat, denen staatliche Organe unterworfen sind.[77]

Der geschilderte politische Einschlag bei der Auswahl ändert **allerdings** nichts daran, daß die kommunalen Wahlbeamten – wie jeder andere Beamte auch – die **beamtenrechtlichen Pflichten beachten** und insbesondere ihr Amt unabhängig und unparteiisch führen müssen.[78]

74 Problematisch ist, ob für den in Urwahl gewählten Bürgermeister oder Landrat eine **Gesundheitsprüfung** verlangt werden darf. Zwar sind hinsichtlich der Bürgermeister und Landräte die für die Beamten allgemein

---

75 BVerfG, NVwZ 94, 473 (474); BVerwGE 81, 318 (326) = NVwZ 89, 972 (973 f.); NVwZ 90, 772 (773).
76 VG Dresden, LKV 05, 34 (37); Wichmann, ZBR 88, 365 (369); ders., Parteipolitische Patronage, 87 ff.
77 Wichmann, ZBR 88, 365 (369); ders., Parteipolitische Patronage, 87 ff.
78 OVG Bautzen, LKV 06, 82 (86).

3. Beamte mit besonderer Rechtsstellung

geltenden Vorschriften des LBG anzuwenden (§ 195 I LBG). Dazu zählt § 7 I LBG mit seiner vom Begriff „Eignung" umfaßten und geforderten gesundheitlichen Geeignetheit.[79] Dennoch steht die Norm nicht allein, sondern muß im Regelungsgeflecht sämtlicher Rechtsgrundsätze gesehen werden. Für die durch Volkswahl in das Amt gekommenen Bürgermeister und Landräte darf keine Gesundheitsprüfung gefordert werden, da der Beamte ausschließlich durch den Wahlakt des Volkes legitimiert wird. Wie in Rn 73 gesehen, überlagert hier das Demokratieprinzip die Auswahlkriterien des Art. 33 II GG, § 7 I LBG.

Die **Besonderheit** der Rechtsstellung **des kommunalen Wahlbeamten** 75 **(mit Ausnahme des Bürgermeisters/Landrats)** zeigt sich insbesondere in folgenden Bestimmungen: Grundlage ihrer Einstellung ist eine Berufung für die Dauer von acht Jahren; sie werden zum B.a.Z. ernannt (§§ 196 II S. 1, 8 I Nr. 1 LBG). Über ihre Berufung darf frühestens sechs Monate vor Freiwerden der Stelle entschieden werden (§ 196 II S. 2 LBG). Bei ihrer ersten Berufung dürfen sie nicht älter als 56 Jahre sein (§ 196 II S. 3 LBG). Vor dem Sinn und Zweck der Norm, eine volle Amtszeit von acht Jahren zu gewährleisten, reicht es, wenn Kandidaten noch nicht 57 Jahre alt geworden sind, also noch nicht das 57. Lebensjahr vollendet haben. Sie sind verpflichtet, das Amt nach einer ersten und zweiten Wiederwahl weiterzuführen (§ 196 II S. 4 LBG); aus diesem eindeutigen Wortlaut ergibt sich, daß sie sich nicht zur Wiederwahl stellen, sich also nicht aktiv bewerben, sondern lediglich eine erfolgte Wiederwahl annehmen müssen. Die Berufung in das Beamtenverhältnis ist nichtig, wenn die ihr zugrundeliegende Wahl unwirksam ist (§ 196 II S. 5 LBG). Laufbahnrechtliche Vorschriften brauchen nicht erfüllt zu werden (§ 15 II LBG[80]).

Allerdings sind spezielle **Voraussetzungen** des kommunalen Verfassungsrechts zu beachten (§§ 71 GO, 47 KrO, 20 II LVerbO). In formeller Hinsicht ist zu berücksichtigen, daß eine **Stellenausschreibung** notwendig ist (§§ 7 III LBG, 71 II S. 3, 1. Alt. GO, 47 II KrO, 20 II S. 2 LVerbO). Über sie beschließt der Rat (Kreistag; die Landschaftsversammlung).[81] Außerdem steht den Ratsmitgliedern das organschaftliche Recht zu, sich über sämtliche Bewerber (und zwar nicht nur anonymisiert) zu informieren, um dadurch die Möglichkeit zu einer eigenverantwortlichen Eignungseinschätzung zu erhalten. Dies verbietet eine Geheimhaltung gegenüber dem Rat, die es hier selbst dann nicht geben darf, wenn die Gewinnung und Auswahl unter Hinzuziehung eines privaten Personalberatungsunternehmens oder einer Findungskommission erfolgt.[82] Zudem darf der Rat das Auswahlverfahren jederzeit abbrechen. Dies gilt selbst in der entscheidenden Ratssitzung, wenn bereits ein Wahlgang stattgefunden, aber kein

---

79 OVG Münster, NVwZ-RR 90, 623 (624).
80 So zu Recht auch OVG Lüneburg, OVGE 43, 290 (292 f.) = NVwZ 93, 1124 (1125), dort fälschlicherweise als OVG Schleswig bezeichnet.
81 Rehn/Cronauge/v. Lennep, GO NW-Kommentar, § 71, Erl III 1; Held, GO-Kommentar, § 71, Anm 6.1; Klieve/Stibi, VR 01, 16 (17).
82 OVG Münster, NVwZ-RR 03, 225 (227) = DÖV 02, 705 (707) = NWVBl 02, 381 (383).

4. Abschnitt: Das Beamtenverhältnis

Kandidat die erforderliche Mehrheit erzielt hat. Weiterhin darf die Ernennungsurkunde nur ausgehändigt werden, wenn die Wahl nicht innerhalb eines Monats beanstandet (§§ 10 II S. 2, 1. Alt. LBG, 54 II, 122 GO, 39 II, 57 KrO, 19, 26 LVerbO) oder beim KD (§§ 10 II S. 2, 2. Alt. LBG, 47 I S. 4 KrO) bestätigt worden ist. Der Personalrat muß nicht beteiligt werden (§§ 72 I S. 2, 2. Hs. Nr. 4, 65 II S. 2, 2. Hs. LPVG). Ebenfalls sind die bei personellen Maßnahmen grundsätzlich bestehenden Kompetenzen der Gleichstellungsbeauftragten (Unterrichtung und Anhörung; § 18 II i.V.m. § 17 I, 2. Hs. Nr. 1 LGG) bei kommunalen Wahlbeamten ausgeschlossen. Sie beziehen sich ausschließlich auf die Beschäftigten einer Dienststelle. Kommunale Wahlbeamte sind aber gerade keine Beschäftigten im Sinn des LGG (§ 3 II S. 2 LGG).

In formeller Hinsicht hat der Rat das Recht, den **Geschäftskreis der Beigeordneten** erstmalig festzulegen[83] (§ 73 I GO). Ob von dieser Kompetenz auch weitere Änderungen erfaßt werden, hat das OVG Münster[84] zwar offengelassen; es spreche jedoch viel dafür, daß dann der Bürgermeister aufgrund seiner Kompetenz zur Verteilung der Geschäfte (§ 62 I S. 3 GO) befugt sei, den Geschäftskreis (Dezernatszuschnitt) der Beigeordneten neu zu regeln.[85] Materiell besteht grundsätzlich freies Ermessen, einem Beigeordneten einen anderen Geschäftsbereich zuzuweisen. Dies gilt insbesondere, wenn man sich schon bei der Ausschreibung oder der Ernennung der Beigeordneten ausdrücklich eine andere Dezernatsverteilung vorbehalten hat.[86] Stets müssen Änderungen der Geschäftsbereiche aber zur Erreichung ihrer Zwecke (z.B. gleichmäßige Aufgabenverteilung, bessere Koordinierung mehrerer Ämter, schnellerer Entscheidungsablauf) geeignet sein. Auch die neue Dezernatsverteilung muß sicherstellen, daß dem Beigeordneten ein Geschäftskreis zugeordnet wird, in dem Verwaltungsaufgaben zusammengefaßt sind, die nach Art und Umfang und der Zahl der zu ihrer Bearbeitung eingesetzten Bediensteten eine eigene Leitungsfunktion tragen. Der Geschäftskreis muß ein solches Gewicht haben, daß er eine kommunalverfassungsrechtlich herausgehobene Führungsposition darstellt.[87] Wenn unter Einhaltung dieser Bedingungen das Motiv des Rates für den Neuzuschnitt des Geschäftskreises politischer Natur gewesen sein sollte, sei dies unschädlich. Hat man in einem konkreten Fall dem Beigeordneten seinen bisherigen Aufgabenbereich „Personal" weggenommen und durch den Geschäftsbereich „zur besonderen Verwendung" ersetzt, wäre dies rechtswidrig. Dem neuen Geschäftskreis

---

[83] Vgl. zu etwaigen Gründen für eine Rechtswidrigkeit OVG Münster, Beschl. v. 10.6.02, 1 B 755/02; zust. Anm Beckmann, DVP 02, 524 (524 f.).
[84] NWVBl 04, 348 (349) = DÖD 04, 222 (223).
[85] So auch VG Düsseldorf, Beschl. v. 9.3.04, 26 L 326/04, Beschlußumdruck S. 3. Zur Mitwirkung der Stadtvertretung bei der Zuweisung von Dezernatsbereichen an Beigeordnete durch den Oberbürgermeister in Mecklenburg-Vorpommern vgl. OVG Greifswald, DÖV 05, 214 (214 f.) = NordÖR 04, 404 (405).
[86] VG Düsseldorf, Beschl. v. 9.3.04, 26 L 326/04, Beschlußumdruck S. 3 f.
[87] OVG Münster, Eildienst Städtetag NW 91, 399 (400); VG Düsseldorf, Beschl. v. 9.3.04, 26 L 326/04, Beschlußumdruck S. 4.

3. Beamte mit besonderer Rechtsstellung

„z.b.V." können definitionsgemäß niemals ständige Verwaltungsaufgaben zugeordnet sein, die nach Art und Umfang eine eigene Leitungsfunktion tragen. Anders wäre es, wenn der Beigeordnete für Personal z.B. Kämmerer würde. Ist einem Beigeordneten hingegen ein konkreter Geschäftsbereich wirksam zugesichert worden, gehört dieser zum Inhalt seiner persönlichen Rechtsstellung als Beamter. Er kann ihm nur entzogen werden, wenn schwerwiegende Gründe des öffentlichen Interesses dies erfordern.[88] Durch den Text einer Stellenausschreibung allein erfolgt keinesfalls eine derartige bindende wirksame Zusicherung.

Bei der Auswahl der kommunalen Wahlbeamten bestehen weitere Pflichten. Grundlegend ist insofern ein Urteil des BGH[89], mit dem er den sog. **Bewerbungsverfahrensanspruch** (Art. 33 II, 19 IV GG) sichert. Dieser dient dazu, daß ein übergangener Kandidat rechtzeitig vorläufigen Rechtsschutz in Anspruch nehmen kann. Der Bewerbungsverfahrensanspruch besteht unabhängig von der Art der zu besetzenden Stelle. Er gilt somit auch für die Ämter der vom Rat oder Kreistag zu wählenden kommunalen Wahlbeamten.[90] Deshalb ist die Entscheidung des OVG Frankfurt/Oder[91] falsch, nach der Wahlen kommunaler Wahlbeamter in Brandenburg (dort ging es um einen vom Amtsausschuß gewählten Amtsdirektor) inhaltlich nicht auf Antrag unterlegener Mitbewerber überprüfbar seien.

76

Ebenfalls juristisch verfehlt ist die Ansicht, wonach der unterlegene Bewerber nicht geltend machen könne, er sei in seinem **Anspruch auf fehlerfreie Ermessensausübung und gleichen Zugang zu öffentlichen Ämtern (Art. 33 II GG)** verletzt.[92] Das Gebot, daß ein kommunaler Wahlbeamter die für sein Amt erforderliche Eignung, Befähigung und Sachkunde besitzen müsse, diene lediglich dem öffentlichen Interesse und nicht dem Schutz der Konkurrenten. Das OVG Lüneburg verkennt den individual-rechtlichen Gehalt des Art. 33 II GG. Seine individual-rechtliche Komponente gewährt Beamten und Bewerbern um ein Amt im öffentlichen Dienst ein subjektiv-öffentliches Recht, bei einer Auswahl ausschließlich nach den in Art. 33 II GG abschließend niedergelegten Kriterien beurteilt zu werden. Man geht allgemein davon aus, daß Art. 33 II GG als grundrechtsgleiches Recht dem Kandidaten für jedes öffentliche Amt (hierzu zählen ebenfalls Wahlbeamtenstellen) einen solchen Anspruch gibt.[93]

---

88 OVG Münster, ZBR 58, 309 (310).
89 NJW 95, 2344 (2344 ff.); OLG Celle, NVwZ 95, 413, als Vorinstanz.
90 VG Weimar, ThürVBl 05, 21 (22).
91 LKV 97, 173 (173 f.).
92 OVG Lüneburg, OVGE 43, 290 (292 f.) = NVwZ 93, 1124 (1125), dort fälschlicherweise als OVG Schleswig bezeichnet; VG Dresden, LKV 05, 34 (37); Dürr/Dürr, 17. Offengelassen von OVG Bremen, NordÖR 02, 131 (132).
93 BVerfG, DÖD 03, 17 = PersV 03, 147 = NordÖR 03, 30 (31) = DVBl 02, 1633 = ZBR 02, 427 (428) = NVwZ 03, 200; DVBl 03, 1524 = ZBR 04, 45; Anm Otte, ZBR 04, 46 (46 f.); BVerwG, DÖV 96, 920 = NVwZ 97, 283 = ZBR 96, 310 (311) = E 101, 112 (115); OVG Hamburg, NVwZ-RR 92, 669 = DÖD 93, 45 (46); VGH Kassel, NVwZ-RR 92, 34 (35) = DÖD 92, 211; NVwZ-RR 98, 446 (447); OVG Weimar, NVwZ-RR 04, 52 (53) = ThürVBl 03, 256 (258); OVG Berlin, NVwZ-RR 04, 627 (629); OVG Münster, NVwZ-RR 06, 340 (341) = NWVBl 06, 139; VG Weimar, ThürVBl 05, 21 (22); Rothfuchs, LKV 06, 114 (115).

4. Abschnitt: Das Beamtenverhältnis

Dies erkennt das OVG Lüneburg[94] inzidenter auch an, wenn es formuliert: „Das bedeutet indessen nicht, daß der Rat seine Wahlbeamten willkürlich und unter Außerachtlassung der Grundsätze des Art. 33 II GG ... allein oder vorrangig nach der Parteizugehörigkeit der Bewerber auswählen könnte. Die 'Demokratisierung' des Auswahlverfahrens führt nicht zu einer Befreiung von materiell-rechtlichen Bindungen". Noch unverständlicher wird es, wenn das OVG Lüneburg davon spricht, daß die entsprechenden Normen der niedersächsischen GO „anders als Art. 33 II GG" nur öffentlichen Interessen, nicht aber dem Interesse der Mitbewerber dienten. Nach einer solchen Formulierung hätte es mehr als nahegelegen, dem Individualrechtscharakter des Art. 33 II GG entsprechend, den Anspruch auf fehlerfreie Ausübung des Beurteilungsspielraums direkt aus Art. 33 II GG herzuleiten. Das OVG Lüneburg begeht den unverzeihlichen Fehler, die zu bejahende Frage nach einem Anspruch auf Überprüfung des Beurteilungsspielraums bei der Zugangsentscheidung mit der weiteren Problematik, ob und wann dieser verletzt ist, zu vermengen.[95]

Ein davon strikt zu trennender und nach anderen Kriterien zu beurteilender Aspekt ist die materiell-rechtliche Überprüfung, ob im konkreten Einzelfall gegen Auswahlkriterien verstoßen wurde. Bei seiner Entscheidung, wen er zum kommunalen Wahlbeamten beruft, hat der **Rat** (Kreistag, die Landschaftsversammlung) einen **weiten Beurteilungsspielraum**.

Es müssen nur **bestimmte gesetzliche Mindestqualifikationen** vorliegen. Der kommunale Wahlbeamte (mit Ausnahme des Bürgermeisters/Landrats) muß die für sein Amt erforderlichen fachlichen Voraussetzungen erfüllen und zusätzlich eine ausreichende Erfahrung nachweisen (§ 71 III S. 1 GO für Beigeordnete; ähnlich § 47 I S. 3 KrO für den Kreisdirektor: „eine mehrjährige praktische Erfahrung in einer dem Amt angemessenen hauptamtlichen Verwaltungstätigkeit"; lediglich vom Direktor des Landschaftsverbandes und den Landesräten wird rechtlich keinerlei Erfahrung verlangt; § 20 II S. 3 LVerbO). Es reicht, wenn jemand aufgrund des bisherigen Werdegangs und der beruflichen Tätigkeit Kenntnisse erworben hat, die ihn befähigen, die Position wie ein fachlich vorgebildeter Beamter auszufüllen.[96] Dabei wird ebenso wenig eine spezielle (juristische) Ausbildung gefordert wie der Kreis nicht allein auf Laufbahnbeamte begrenzt ist. Der Bewerber muß als Verwaltungsexperte aufgrund seines fachlichen Wissens und beruflichen Könnens den ihm gestellten Aufgaben gewachsen sein, wobei die Anforderungen im Einzelfall vom zu übertragenden Tätigkeitsbereich abhängen. Die ausreichende Erfahrung muß als Ernennungsvoraussetzung spätestens zum Zeitpunkt vorliegen, in dem das Amt übertragen wird.[97]

---

94 OVGE 43, 290 (292) = NVwZ 93, 1124 (1125), dort fälschlicherweise als OVG Schleswig bezeichnet.
95 Battis, § 5 BBG, Rn 11, teilt meine Kritik an der Entscheidung des OVG Lüneburg.
96 VG Minden, DÖV 61, 551 (553).
97 Rehn/Cronauge/v. Lennep, GO NW-Kommentar, § 71, Erl IV 2.

3. Beamte mit besonderer Rechtsstellung

Trotz des weiten Beurteilungsspielraums muß aber ein übergangener Bewerber verfahrensrechtlich wegen Art. 33 II, 19 IV GG die Gelegenheit haben, die Einhaltung dieser Mindestanforderungen gerichtlich überprüfen zu lassen, bevor die Stelle endgültig besetzt wird. Hieraus ergeben sich **für Kommunalverwaltungen folgende Pflichten**: Sämtliche abgelehnten Kandidaten müssen darauf hingewiesen werden, daß sie nicht genommen worden sind und die Stellenbesetzung nach einer bestimmten Zeit erfolgt. Sinnvoll wäre hier der ohnehin (§ 10 II S. 2, 1. Alt. LBG) einzuhaltende Mindestzeitraum von einem Monat. Den Inhalt der **Mitteilung** läßt der BGH[98] offen. Was nach meiner Ansicht geboten ist, wird in Rn 152 näher beschrieben. Wegen des weiten Beurteilungsspielraums bei der Besetzung von Stellen kommunaler Wahlbeamter muß man hier nicht detailliert begründen, warum man gerade diesen Bewerber ausgewählt hat.

Die Besoldungsgruppe der kommunalen Wahlbeamten hängt grundsätzlich von der Einwohnerzahl ihrer Gemeinde oder ihres Kreises ab. Dies regelt die Eingruppierungsverordnung. Die sonstige Rechtsstellung entspricht der des B.a.Z., allerdings mit der wesentlichen Ausnahme, daß eine Abberufung möglich ist (§§ 30 I S. 2 LBG, 71 VII S. 1 GO, 47 III S. 1 KrO, 20 III S. 1 LVerbO). In diesem Fall wird der kommunale Wahlbeamte wie ein in den einstweiligen Ruhestand versetzter Beamter behandelt (§§ 37a, 196 III S. 1 LBG, 66 VIII BeamtVG).

Die **Rechtsstellung des Bürgermeisters bzw. Landrats** nach Einführung der Einheitsspitze ergibt sich aus § 195 LBG. Der Bürgermeister/Landrat wird von den Bürgern gewählt (§§ 65 I S. 1 GO/44 I S. 1 KrO). Bis auf die von §§ 65 V GO/44 V KrO geforderten Anforderungskriterien müssen weitere, insbesondere laufbahnrechtliche Vorgaben nicht erfüllt werden (§ 15 II LBG). Sie werden in ein B.a.Z. berufen (§ 195 II S. 1, X LBG). Das Beamtenverhältnis der direkt gewählten Bürgermeister und Landräte wird mit dem Tage der Annahme der Wahl, frühestens mit Beginn der Wahlzeit des Rates/Kreistages, begründet. Es bedarf keiner Ernennung (§ 195 III S. 1, 2. Alt., X LBG) und damit auch keiner Ernennungsurkunde. Sonst sind auf die Bürgermeister und Landräte die für die Beamten allgemein geltenden Vorschriften des LBG anzuwenden, sofern § 195 LBG nichts anderes bestimmt (§ 195 I, X LBG).

77

Fall: In einer Stadt mit 39.000 Einwohnern ist die Stelle des Stadtkämmerers (Beigeordneter nach B 2 BBesO) ausgeschrieben. Der Stadtrat wählt den 32-jährigen Amtsrat A, der bis dahin Leiter der dortigen Kämmerei war, für dieses Amt. Was wird der Bürgermeister veranlassen?
Er wird zunächst überlegen, ob er dem A die notwendige Ernennungsurkunde (§§ 8 I Nr. 1, 32 II, 8 II S. 1 LBG) aushändigt. Das ist möglich, wenn die formellen und materiellen Ernennungsvoraussetzungen vorliegen (Einzelheiten Rn 89 ff.). In formeller Hinsicht ist zunächst zu prüfen, ob der Stadtrat zuständig war. Beigeordnete werden vom Rat gewählt (§ 10 II S. 1 LBG i.V.m. § 71 I GO). Somit hat hier die zuständige Stelle die im übrigen nicht delegierbare (§ 41 I S. 2 c) GO) Entscheidung getroffen, die vom Bürgermeister (§ 62 II S. 2 GO) ausgeführt wird. Die vorgeschriebene Ausschreibung (§ 71 II S. 3, 1. Alt. GO) ist erfolgt. Dem Personalrat steht

---

98   NJW 95, 2344.

4. Abschnitt: Das Beamtenverhältnis

kein Mitbestimmungsrecht zu (§ 72 I S. 2, 2. Hs. Nr. 4 LPVG). In verfahrensmäßiger Hinsicht ist zu beachten, daß die Urkunde erst ausgehändigt werden darf, wenn die Monatsfrist für eine mögliche Beanstandung (§ 10 II S. 2, 1. Alt. LBG) verstrichen ist. Im vorliegenden Fall wird der Bürgermeister nach erneuter Prüfung die Wahl jedenfalls insoweit beanstanden (§ 54 II S. 1 GO), als A in ein Amt der Besoldungsgruppe B 2 gewählt worden ist. Ein Beigeordneter einer Stadt von 39.000 Einwohnern darf nur nach A 15 oder A 16 besoldet werden (§ 2 II EingrVO). Zwar erlaubt § 2 IV EingrVO die Eingruppierung des Kämmerers in die Höchstbesoldungsgruppe (§ 2 II EingrVO). Das ist jedoch A 16 und nicht B 2. Außerdem könnte der Landrat den Bürgermeister anweisen, die Wahl zu beanstanden (§§ 54 II S. 1, 122 I S. 1 GO).

Allerdings könnte dem Rat empfohlen werden, die Wahl des A zu bestätigen und lediglich die vorgesehene Besoldung in A 16 BBesO zu ändern, wenn A die materiellen Ernennungsvoraussetzungen erfüllt. Ein Amt der Besoldungsgruppe A 16 ist dem höheren Dienst zuzuordnen (§ 4 III S. 2 LVO). Als Beamter des gehobenen Dienstes könnte A die erforderliche Befähigung allein durch Aufstieg erwerben (§§ 5 I c), 40 LVO). A soll jedoch Beigeordneter und damit kommunaler Wahlbeamter werden (§§ 5 III S. 1 LBG, 71 I GO). Deshalb sind in seinem Fall keine laufbahnrechtlichen Vorschriften anzuwenden (§ 15 II LBG). A muß vielmehr die für sein Amt erforderlichen fachlichen Voraussetzungen erfüllen und eine ausreichende Erfahrung für dieses Amt nachweisen (§ 71 III S. 1 GO). Dabei wird keine spezielle Ausbildung gefordert. Der Bewerber muß als Verwaltungsexperte aufgrund seines fachlichen Wissens und beruflichen Könnens den ihm gestellten Aufgaben gewachsen sein, wobei die Anforderungen im Einzelfall vom zu übertragenden Tätigkeitsbereich abhängen. Als ausgebildeter Verwaltungsbeamter des gehobenen Dienstes und Leiter der Kämmerei, dem wichtigsten Amt des Dezernats des Stadtkämmerers, dürfte A diese Kriterien erfüllen.

78 In kreisfreien und Großen kreisangehörigen Städten muß mindestens einer der Beigeordneten die **Befähigung zum Richteramt oder zum höheren Verwaltungsdienst** haben (§ 71 III S. 2 GO; entsprechendes gilt für den Kreisdirektor [§ 47 I S. 3, 1. Alt. KrO] sowie für den Direktor des Landschaftsverbandes oder einen der Landesräte [§ 20 II S. 3 LVerbO]). Ob jemand die entsprechende Befähigung aufweist, bemißt sich nach §§ 5 I DRiG, 1 S. 1 JAG bzw. §§ 5, 36 ff. LVO. § 71 III S. 2 GO fordert ausschließlich die Befähigung zum höheren Verwaltungsdienst und gerade nicht zum höheren allgemeinen Verwaltungsdienst. Zum höheren Dienst zählt auch der technische Dienst (§ 36 LVO). Der Wortlaut von § 71 III S. 2 GO („Befähigung zum höheren Verwaltungsdienst") ist insoweit eindeutig sowie abschließend. Er darf deshalb nicht weiter ausgelegt werden. Verfehlt ist die Ansicht von Held[99], der eine „Gleichsetzung von Richterdienst und höherem Verwaltungsdienst" annimmt und daraus folgert, daß lediglich der allgemeine höhere Verwaltungsdienst und kein anderer wie der technische gemeint sei. Hätte der Gesetzgeber dies gewollt, hätte er in § 71 III S. 2 GO nicht die Befähigung zum Richteramt erwähnen müssen, da jeder Richter automatisch ebenfalls die Befähigung zum höheren allgemeinen Verwaltungsdienst hat (§ 1 S. 1 JAG). Es hätte also gereicht, allein die Befähigung zum höheren allgemeinen Verwaltungsdienst zu fordern. Indem jedoch die Befähigung zum Richteramt oder zum höheren Verwaltungsdienst verlangt wird, liegt darin keine Tautologie. Vielmehr eröffnet die Norm zwei unterschiedliche, keinesfalls gleichsetzbare Befähigungsstränge.

---

99 GO-Kommentar, § 71, Anm 4.2.

3. Beamte mit besonderer Rechtsstellung

In den übrigen Gemeinden muß mindestens einer der Beigeordneten die **Befähigung für die Laufbahn des gehobenen *allgemeinen* Verwaltungsdienstes** besitzen (§ 71 III S. 3 GO). Abgesehen davon, daß es in NW keinen gehobenen allgemeinen Verwaltungsdienst, sondern nur einen gehobenen nichttechnischen oder technischen Verwaltungsdienst (in der allgemeinen Verwaltung oder in den Gemeinden oder Gemeindeverbänden) bzw. Beamte besonderer Fachrichtungen gibt, entstehen zwei weitere Probleme: Aufgrund dieser Formulierung reicht keine höherwertige Qualifikation für den höheren *technischen* Verwaltungsdienst. Die in ihrem Wortlaut eindeutige Vorschrift ist keiner weiteren Auslegung zugänglich. Keinesfalls darf davon ausgegangen werden, daß die Laufbahnbefähigung für den höheren technischen Verwaltungsdienst diejenige für den gehobenen allgemeinen Verwaltungsdienst umfaßt.[100] Des weiteren genügt ebenfalls nicht die Befähigung zum höheren allgemeinen Verwaltungsdienst oder zum Richteramt, um die geforderte **Qualifikation für den *gehobenen* allgemeinen Verwaltungsdienst** zu erfüllen. Die Befähigung für die höhere Laufbahngruppe umfaßt nicht automatisch diejenige der nächstniedrigeren, wenn beide nicht fachrichtungsgleich sind (zur Problematik Rn 161). Rechtswidrig im Licht der Rechtsprechung des OVG Koblenz[101], wonach ein Beamter des gehobenen Dienstes nicht als anderer Bewerber in eine Laufbahn des höheren Dienstes aufsteigen darf, ist deshalb die Entscheidung des LPA NW.[102] Dieser hat im umgekehrten Fall einem Bewerber, der die Befähigung zum Richteramt oder zum höheren Verwaltungsdienst hat, als anderem Bewerber die Befähigung für die Laufbahn derselben Fachrichtung in der nächstniedrigeren Laufbahngruppe zuerkannt. Der LPA darf die Befähigung für die Laufbahn in den Fällen des § 6 II S. 2, 2. Hs. LBG gerade nicht feststellen (§ 22 III, 2. Hs. LBG). Als anderer Bewerber darf nicht berufen werden, wenn für die Wahrnehmung von Aufgaben durch Gesetz oder Verordnung eine bestimmte Vorbildung und Ausbildung vorgeschrieben ist (§ 6 II S. 2, 2. Hs. LBG). In § 71 III S. 3 GO findet sich eine solche Norm, wonach in kreisangehörigen („übrigen") Gemeinden (die nicht Große kreisangehörige Stadt sind) mindestens einer der Beigeordneten die Befähigung für die Laufbahn des *gehobenen* allgemeinen Verwaltungsdienstes besitzen muß. Schließlich hat ein Bewerber mit der Angestelltenprüfung I oder II keine Laufbahnbefähigung für den gehobenen oder höheren Dienst.

Problematisch ist weiterhin die Anwendung von § 71 III S. 3 GO bei der **Wiederwahl** eines Beigeordneten, der die dort genannten Anforderungen nicht erfüllt. In der kommunalen Praxis wird mit Billigung des IM die Ansicht vertreten, daß bei einer Wiederwahl (nicht jedoch bei einer Neuwahl) auf die von § 71 III S. 3 GO vorausgesetzte Qualifikation verzichtet werden könne. Vertrauensschutzaspekte für den Amtsinhaber, seine Verpflich-

---

100 Rehn/Cronauge/v. Lennep, GO NW-Kommentar, § 71, Erl IV 4; Held, GO-Kommentar, § 71, Anm 4.2.
101 NVwZ-RR 95, 341.
102 Erlaß IM v. 6.2.01, III A 4 – 37.00.20 – 3821/01.

4. Abschnitt: Das Beamtenverhältnis

tung zur Annahme der Wiederwahl sowie seine tatsächliche Bewährung in derselben Funktion dienen zur Begründung. Diese Argumente sind juristisch nicht tragfähig. Es gibt keinen Vertrauensschutz, da ein Beigeordneter weder einen Anspruch auf Wiederwahl noch auf Beurteilung allein nach den im Zeitpunkt seiner ersten Wahl geltenden rechtlichen Kriterien hat. Angesichts des eindeutigen und abschließenden Wortlauts von § 71 III S. 3 GO darf er gar nicht erst wiedergewählt werden, wenn er die Voraussetzungen für das Amt nicht erfüllt. Mangels Wiederwahlmöglichkeit kann er auch nicht verpflichtet sein, die Wiederwahl anzunehmen. Seine tatsächliche Bewährung in derselben Funktion ist rechtlich unbeachtlich, da ihrer Berücksichtigung ein Ernennungshindernis in Form von § 71 III S. 3 GO entgegensteht.

§ 71 III S. 3 GO ist zwar gültiges Recht und deshalb von Kommunen zu beachten. Die Norm ist jedoch nicht minder rechtspolitisch verfehlt. Die Widersprüchlichkeit zeigt sich daran, daß in kreisfreien und Großen kreisangehörigen Städten die Qualifikation beispielsweise für den höheren technischen Verwaltungsdienst ausreicht. In der jüngeren Vergangenheit haben sich bei kreisangehörigen Gemeinden folgende Fälle gehäuft: Ein hoch qualifizierter Techniker, der die Laufbahnbefähigung für den höheren technischen Verwaltungsdienst hatte und zudem bereits in einer größeren Stadt jahrelang Beigeordneter war, durfte in einer kleineren Kommune nicht Beigeordneter werden, weil ihm die Laufbahnbefähigung für den gehobenen allgemeinen Verwaltungsdienst fehlte. Selbst wenn es rechtspolitisch sinnvoll sein mag, einem möglicherweise verwaltungsunerfahrenen Bürgermeister einen verwaltungserfahrenen Beigeordneten an die Seite zu stellen, muß dies nicht mit den Widersprüchlichkeiten des § 71 III S. 3 GO geschehen. De lege ferenda sollte man deshalb das Wort „allgemein" in § 71 III S. 3 GO ersatzlos streichen. Im übrigen ist die geschilderte Entscheidung des LPA zwar juristisch falsch, aber rechtspolitisch sinnvoll. Es ist faktisch nicht einzusehen, warum jemand mit einer Befähigung für die höhere Laufbahngruppe nicht zugleich die geringerwertigen Anforderungen der nächstniedrigeren Laufbahngruppe zu erfüllen vermag. De lege ferenda sollte in § 71 III S. 3 GO die Formulierung *„zumindest* die Befähigung für die Laufbahn des gehobenen Verwaltungsdienstes" aufgenommen werden.

Literatur: Brüning, Haftung der Gemeinderäte, Hauptverwaltungsbeamten und Beigeordneten – Amtshaftung, Eigenhaftung, Regreß, Sanktionen, 2006; Jaeckel, Der kommunale Beigeordnete zwischen fachlicher Verwaltung und politischer Willensbildung – Eine Erörterung unter Berücksichtigung kommunalverfassungsrechtlicher und beamtenrechtlicher Aspekte –, VerwArch 06, 220; Rothfuchs, Das Vorschlagsrecht zur Wahl des Beigeordneten im Land Brandenburg – (einstweiliger) Rechtsschutz des übergangenen Bewerbers und der Grundsatz der Bestenauslese, LKV 06, 114; Goerlich/Schmidt, Politischer Proporz bei der Besetzung kommunaler Gremien und Ämter, LKV 05, 7; Jordans, Der Beigeordnete zwischen Stadtrat und Bürgermeister am Beispiel der Gemeindeordnung von Nordrhein-Westfalen, KommJur 04, 49; Allgaier, Untreuehandlungen eines Bürgermeisters, DÖD 03, 121; Lange/Daschkewitz, Der praktische Fall: Wahl eines Beigeordneten, VR 03, 67; Classen, Wahl contra Leistung? – Zu Wahlbeamten und Richterwahlen, JZ 02, 1009; Klieve/Stibi, Rat versus Ober(Bürgermeister) – Ein Fall „kommunaler Kohabitation", VR 01, 16; Lübken, Wählbarkeitsvoraussetzungen von Beigeordneten – Ansatzpunkt politischer Eingriffe in die Personalhoheit der Gemeinden?,

3. Beamte mit besonderer Rechtsstellung

Kommunalpolitische Blätter 3/01, 54; 4/01, 68; Gern/Schneider, Auswahl und Wahl der Beigeordneten, VBlBW 99, 281; Kunzmann, Darf das Volk in Sachsen Stasi-Mitarbeiter als Landtagsabgeordnete oder Bürgermeister wählen?, SächsVBl 98, 149; Aden, Professionalisierung des Besetzungsverfahrens für kommunale Wahlbeamte, StGR 97, 55; Müller, Organisations-, Personal- und personalvertretungsrechtliche Zuständigkeiten des hauptamtlichen Bürgermeisters nach der neuen nordrhein-westfälischen Gemeindeordnung – mit einem Exkurs über die beamtenrechtliche Stellung des Bürgermeisters, PersV 96, 205; Gerner, Rechtsstellung der Beigeordneten nach der Kommunalverfassung des Landes Brandenburg, LKV 95, 20; Müller, Der Beigeordnete – Beamter zwischen Beamtenrecht und Kommunalverfassungsrecht, PersV 95, 4; Kirchhof, Festlegung des Geschäftskreises der kommunalen Beigeordneten, NWVBl 91, 114; Stober, Zur Stellung von Beigeordneten und Rat bei der Dezernatsverteilung, RiA 90, 157.

3.2 Politische Beamte

Die Länder haben die rechtliche Gestaltungsfreiheit, den Kreis der Politischen Beamten unterschiedlich zu bestimmen.[103] Dies ist verfassungsrechtlich[104] und bundesrechtlich[105] nicht zu beanstanden. In § 38 I LBG sind die in NW möglichen Politischen Beamten abschließend aufgezählt. Danach sind der Chef der Staatskanzlei, Staatssekretäre, Regierungs- und Polizeipräsidenten, der Leiter der für den Verfassungsschutz zuständigen Abteilung sowie der Regierungssprecher Politische Beamte. Hinzukommt der Direktor beim Landtag (§ 182 II LBG). Politische Beamte sind entweder B.a.L. oder, sofern sie bei ihrer Berufung die Voraussetzungen von § 9 I LBG noch nicht erfüllen, B.a.P. Als B.a.L. können sie jederzeit in den einstweiligen Ruhestand versetzt werden (§ 38 I LBG). Als B.a.P. ist ihre Entlassung jederzeit möglich (§ 34 II LBG). Grund für die besondere Rechtsstellung der Politischen Beamten ist die diesen zukommende Mittlerfunktion zwischen jeweiligem Verfassungsorgan (in der Regel Regierung) und Verwaltung. Sie haben sicherzustellen, daß die politischen Ansichten und Ziele der Regierung verwirklicht werden.[106] Um eine solche Transformationsfunktion zu erfüllen, müssen sie immer das volle Vertrauen des Verfassungsorgans haben.[107] Vor diesem Hintergrund muß die in den §§ 34 II, 38 I LBG genannte Voraussetzung für die Beendigung des Beamtenverhältnisses des Politischen Beamten verstanden werden. „Jederzeit" bedeutet, daß Bedenken gegen die Fähigkeit und Bereitschaft des Politischen Beamten vorliegen müssen, die fortdauernde Übereinstimmung seiner Amtsführung mit der Regierungspolitik zu sichern.[108] Bei der Beurteilung dieser Frage besteht ein weiter Ermessens-

79

---

103 OVG Berlin, NVwZ 03, 882 (883).
104 BVerfG, NVwZ 03, 1506 = DVBl 03, 1525 (1526).
105 BVerwG, DVBl 02, 203 (205) = NVwZ 02, 604 (605) = ZBR 02, 178 (180) = DÖV 02, 299 (300) = E 115, 89 (95) = RiA 03, 33 (34 f.) = NordÖR 02, 129 (131), hinsichtlich der Einbeziehung des Direktors bei der Bremischen Bürgerschaft in den Kreis der Politischen Beamten.
106 BVerfGE 7, 155 (166); 8, 332 (347).
107 BVerwG, DVBl 02, 203 (205) = NVwZ 02, 604 (606) = ZBR 02, 178 (180) = DÖV 02, 299 (300) = E 115, 89 (95) = RiA 03, 33 (35) = NordÖR 02, 129 (131); OVG Münster, NWVBl 04, 145 (147).
108 BVerwGE 52, 33 (35); OVG Münster, NWVBl 04, 145 (147).

spielraum mit dem Willkürverbot als Grenze. Es ist verletzt, wenn die Versetzung in den einstweiligen Ruhestand aus Gründen erfolgt, die mit der fortdauernden Übereinstimmung der Amtsführung mit der Regierungspolitik nichts zu tun haben. Willkürlich wäre es, einen Beamten in den einstweiligen Ruhestand zu versetzen, weil er keine Lust mehr hat zu arbeiten („kein Recht auf Faulheit" [Gerhard Schröder]), um ihn in den Genuß günstiger Versorgungsregelungen kommen zu lassen oder damit er eine andere (besser dotierte) Tätigkeit ergreifen kann. Hierdurch umginge man das gesetzlich allein vorgesehene beamtenrechtliche Instrumentarium eines Urlaubs ohne Dienstbezüge oder einer Entlassung. Neben der Möglichkeit, ihr Beamtenverhältnis jederzeit zu beenden, gilt für den Politischen Beamten die Sonderregelung, daß über beamtenrechtliche Ausnahmen nicht der LPA, sondern die Landesregierung entscheidet (§ 38 II LBG). Ebenfalls sind die bei personellen Maßnahmen grundsätzlich bestehenden Kompetenzen der Gleichstellungsbeauftragten (Unterrichtung und Anhörung; § 18 II i.V.m. § 17 I, 2. Hs. Nr. 1 LGG) bei Politischen Beamten ausgeschlossen. Sie beziehen sich ausschließlich auf die Beschäftigten einer Dienststelle. Politische Beamte sind aber gerade keine Beschäftigten im Sinn des LGG (§ 3 II S. 2 LGG).

Abzulehnen ist hingegen die Position des OVG Münster[109], der Gesetzgeber dürfe auch bereits im Dienst befindliche B.a.L. zu Politischen Beamten machen und somit ihre (jederzeitige) Versetzung in den einstweiligen Ruhestand einführen. Dem Status B.a.L. als dem rechtlich am stärksten gerade zur Sicherung der Unabhängigkeit geschützten Beamtenverhältnis ist es immanent, von derartigen Eingriffen in ein bestehendes B.a.L. verschont zu bleiben. Gesetzliche Änderungen sind nicht hinsichtlich der Alt-Amtsinhaber zulässig. Zudem öffnete die Ansicht des OVG Münster Manipulationen und Ämterpatronage Tür und Tor. Dem Gesetzgeber wäre danach gestattet, beispielsweise die gesamte Abteilungsleiterebene in Ministerien (die bislang mit Ausnahme des Leiters der für den Verfassungsschutz zuständigen Abteilung keine Politischen Beamten sind) zu Politischen Beamten zu machen. So hätte eine neu gewählte Landesregierung die Möglichkeit, sämtliche von der alten Landesregierung berufenen Abteilungsleiter in den einstweiligen Ruhestand zu versetzen und durch neues Personal zu ersetzen.

Fall: Der scheidende Regierungschef Peer S des Landes NW ordnet als eine seiner letzten Amtshandlungen die Versetzung des Regierungssprechers Peter H (Besoldungsgruppe B 3) in den einstweiligen Ruhestand an. Er fürchtet, daß der von ihm persönlich berufene H kein Vertrauensverhältnis zur neuen Landesregierung mit Ministerpräsident Dr. Jürgen R an der Spitze finden könne. Ist die Versetzung in den Ruhestand rechtmäßig?
Bedenken bestehen schon an der Zuständigkeit des S. Die Landesregierung ist für diese Entscheidung zuständig (§ 50 I S. 1 i.V.m. § 10 I S. 1 LBG). Sie kann ihre Befugnisse zwar delegieren (§ 10 I S. 2 LBG). § 1 S. 2 i.V.m. S. 1 der Verordnung über die Ernennung, Entlassung und Zurruhesetzung der Beamten und Richter des Landes NW sieht keine Übertragung der Entscheidungszuständigkeit bei Ämtern der Besoldungsgruppen B 3 und höher vor. Das Amt des Regierungssprechers gehört jedoch zur Besoldungsgruppe B 3. Somit hätte das

---

109 NWVBl 04, 145 (146).

3. Beamte mit besonderer Rechtsstellung

Kabinett unter Vorsitz des Ministerpräsidenten entscheiden müssen (Art. 54 I LVerf NW). Neben diesem formellen Fehler könnte die Versetzung in den einstweiligen Ruhestand zudem materiell rechtswidrig sein, wenn die Voraussetzungen von § 38 I LBG nicht vorliegen. Danach kann der Regierungssprecher als Politischer Beamter jederzeit in den einstweiligen Ruhestand versetzt werden. Obwohl diese Norm keine konkreten Beendigungskriterien nennt, darf man den Politischen Beamten aber nicht ohne Grund in den einstweiligen Ruhestand versetzen.[110] Aus dem Sinn und Zweck dieser Bestimmung (vgl. ebenfalls § 31 I BeamtStG) folgt vielmehr, daß als Grund für die Versetzung in den einstweiligen Ruhestand allein Bedenken an der fortdauernden Übereinstimmung zwischen der Regierungspolitik und der Amtsführung von H zählen. Zwischen der Regierung und dem Politischen Beamten muß ein Vertrauensverhältnis existieren, das die Transformation der Regierungspolitik in die Verwaltungsarbeit sichert. Ob dies der Fall ist, kann allerdings nicht prognostisch vom scheidenden Regierungschef, zu dem ein solches Verhältnis besteht, sondern lediglich von der neuen Landesregierung unter Ministerpräsident R festgestellt werden. Die Entscheidung war deswegen auch materiell rechtswidrig.

Literatur: Brinktrine, Prozessuale und materiell-rechtliche Fragen bei Versetzung „politischer Beamter" in den einstweiligen Ruhestand, RiA 03, 15; Oldiges/Brinktrine, Der Landtagsdirektor als „politischer Beamter", DÖV 02, 943; Franz, Gilt für die Ernennung von sog. politischen Beamten das Leistungsprinzip nicht?, DÖD 99, 49; Schwidden, Aktuelle Fragen zur Sonderstellung und finanziellen Absicherung der politischen Beamten, RiA 99, 13; Otremba, Der Personalaustausch bei den politischen Beamten nach dem Regierungswechsel im Oktober 1998, DÖD 99, 265; Grigoleit, Zur Stellung des Landtagsdirektors in Nordrhein-Westfalen, ZBR 98, 128; Kremer, Politische Beamte und einstweiliger Ruhestand – eine historisch-aktuelle Rückbesinnung, DÖD 98, 269; Priebe, Die vorzeitige Beendigung des aktiven Beamtenverhältnisses bei politischen Beamten und kommunalen Wahlbeamten, 1997. Grundlegend Kugele, Der politische Beamte, 2. Aufl. 78.

3.3 Hochschullehrer

Die Sonderregeln für wissenschaftliches und künstlerisches Personal an Hochschulen (§§ 199 ff. LBG) haben ihren Grund in Art. 5 III S. 1 GG. Die in dieser Norm garantierte Freiheit von Forschung und Lehre gewährt diesen Beamten ein individuelles Freiheitsrecht.[111] Auf die beamtenrechtliche Stellung wirkt es sich so aus, daß Hochschullehrer eine besondere Unabhängigkeit haben.[112] Professoren können grundsätzlich nur mit ihrer Zustimmung versetzt oder abgeordnet werden (§ 202 II S. 1 LBG). Auch die Vorschriften über die Laufbahnen, den einstweiligen Ruhestand und die Arbeitszeit gelten nicht (§ 202 I S. 1 LBG). Nach dem HRG besteht ein sog. Typenzwang für einzelne Gruppen von Lehrkräften. Danach gibt es Professoren (§§ 201 f. LBG, 45 ff. Hochschulgesetz), Hochschuldozenten (§§ 203 LBG, 52 Hochschulgesetz), wissenschaftliche und künstlerische Assistenten (§§ 203a LBG, 56 Hochschulgesetz) sowie Oberassistenten und Oberingenieure (§§ 204 LBG, 57 f. Hochschulgesetz). Die §§ 32 ff. BBesG regeln die Besoldung. Durch das Gesetz zur Professorenbesoldung auf der Grundlage des Gesetzentwurfs der Bundesregierung[113] mit dem Vorschlag des Vermittlungsausschusses[114] wurde auf die

---

110 BVerwGE 19, 332 (335).
111 BVerfGE 30, 173 (188); 35, 79 (112).
112 Wiese, 228.
113 BT-Drucks. 14/6852 v. 31.8.01.
114 BT-Drucks. 14/7777 v. 12.12.01.

bisherigen altersabhängigen Stufen bei den Grundgehältern sowie auf Zuschüsse anläßlich von Berufungs- und Bleibeverhandlungen verzichtet. Vielmehr schuf man eine neue Besoldungsordnung W (Wissenschaft). In der Besoldungsgruppe W 1 (Juniorprofessor) wird ein festes Grundgehalt gezahlt (§ 32 S. 1 BBesG i.V.m. Anlage 2). In den Besoldungsgruppen W 2 und W 3 sollen neben einem festen Grundgehalt als Mindestbezug variable Besoldungsbestandteile vergeben werden, die von der Bewertung der Leistung des einzelnen Hochschullehrers abhängen (§§ 33 BBesG, 12 LBesG). Bei den Umwandlungen der statusrechtlichen Ämter der bisherigen BBesO C in diejenigen der BBesO W handelt es sich um ernennungsähnliche Verwaltungsakte.[115] Zur Berechnung der Versorgung sind die §§ 67, 69 I Nr. 4 und 91 BeamtVG zu beachten.

Literatur: Kempen, Die W-Besoldung der Professoren: Vorgeschmack auf den Besoldungspartikularismus, ZBR 06, 145; Lindner, Der ernennungsähnliche Verwaltungsakt im Beamtenrecht – Ein praxisbedeutsamer Aspekt der Professorenbesoldungsreform, NVwZ 06, 543; Wahlers, Das Gesetz zur Reform der Professorenbesoldung und der Grundsatz der amtsangemessenen Alimentation, ZBR 06, 149; Knopp, Die „Juniorprofessur" auf dem Prüfstand des Bundesverfassungsgerichts, ZBR 05, 145; Lindner, Normwiderspruch zwischen Statusrecht und Besoldungsrecht – ein Problem der Professorenbesoldungsreform –, ZBR 05, 145; Waldeyer, Die Einschränkung der Freiheitsrechte der Professoren im neueren Hochschulrecht, in Baumann/v. Dickhuth-Harrach/Marotzke, Gesetz – Recht – Rechtsgeschichte, FS für Gerhard Otte zum 70. Geburtstag, 2005, 427; Knopp, Neue Personalstrukturen an den Hochschulen und neue Professorenbesoldung – Hochschulrecht im Umbruch –, ZBR 03, 149; Detmer, Der Referentenentwurf zum Hochschulrahmengesetz – Juniorprofessur versus Habilitation, ZBR 01, 244; Quambusch, Hochschuldienst und Dienstbesprechung – Zur Rolle der Professoren zwischen Selbst- und Fremdbestimmtheit –, RiA 99, 173; Maurer, Sind die Professoren der FH Bund in Laufbahnämter der Bundesverwaltung versetzbar?, DÖD 96, 153.

3.4 Polizeivollzugsbeamte

81 Polizeivollzugsbeamte sind Polizeibeamte beginnend mit dem Polizei- oder Kriminalmeister im mittleren Dienst und endend mit dem Inspekteur der Polizei bzw. dem Landeskriminaldirektor im höheren Dienst (§ 185 II LBG i.V.m. § 2 III LVO Pol). Die Notwendigkeit von Sonderregelungen für diese Beamtengruppe ergibt sich aus der Eigenart des Polizeivollzugsdienstes, zu dem auch die Anwendung von unmittelbarem Zwang (§§ 55 ff. PolG) gehört. Die Laufbahn der Polizei wird in den §§ 187 I S. 1 LBG, 2 I S. 1 LVO Pol als **Einheitslaufbahn** bezeichnet. Das bedeutete jedoch, daß alle Polizeibeamten im untersten Amt eingestellt werden müßten und das höchste Amt der Laufbahn durch Beförderung erreichen könnten. Hiergegen spricht § 4 LVO Pol, der die Befähigungen für die Einstellung in die einzelnen Laufbahnabschnitte nennt. Die „Einheitslaufbahn" gliedert sich in die Laufbahnabschnitte I bis III (§ 2 I S. 2 LVO Pol). Soweit dienstrechtliche Vorschriften anzuwenden sind, die auf Laufbahngruppen abstellen, gilt der Laufbahnabschnitt I als eine Laufbahn des mittleren Dienstes, der Laufbahnabschnitt II als eine Laufbahn des gehobenen und der Laufbahnabschnitt III als eine des höheren Dienstes (§ 2

---

115 Lindner, NVwZ 06, 543 (544 f.).

3. Beamte mit besonderer Rechtsstellung

II LVO Pol). Die Einstellungsvoraussetzungen finden sich für Laufbahnabschnitt I in § 9 LVO Pol, für Laufbahnabschnitt II in § 11 LVO Pol und für Laufbahnabschnitt III in § 18 LVO Pol. Die Laufbahn der Polizei entspricht hingegen in einem Fall einer Einheitslaufbahn: Polizisten, welche die I. Fachprüfung bestanden haben, können ohne das Ablegen der II. Fachprüfung in Ämter des Laufbahnabschnitts II bis zur Besoldungsgruppe A 11 aufsteigen (§ 4 III LVO Pol). Hierbei handelt es sich um einen prüfungsfreien Verwendungsaufstieg vom mittleren in den gehobenen Dienst, dessen Rechtfertigung sich aus polizeispezifischen Gründen ergeben soll. Dies wirft natürlich die Frage auf, warum der Gesetzgeber bewährtem Personal im allgemeinen Verwaltungsdienst des Landes oder der Gemeinden, das bereits länger erfolgreich höherwertige Funktionen wahrgenommen hat, keine entsprechende motivierende Möglichkeit einräumt (Rn 171). Geplant ist für NW bei der Polizei die sog. **zweigeteilte Laufbahn**, wonach es nur noch Polizeivollzugsbeamte im gehobenen und höheren Dienst geben soll.

Ein Wechsel in andere Laufbahnen ist möglich (§§ 86, 12 LVO). Neben den Sondervorschriften für die Laufbahn ist zudem die Arbeitszeit des Polizeivollzugsbeamten speziell geregelt (§ 187 III LBG, AZVO Pol). An seine Dienstfähigkeit werden erhöhte Anforderungen gestellt (§§ 3 I Nr. 3 LVO Pol, 194 LBG). Weitere Spezialnormen ergeben sich aus den §§ 185 ff. LBG; sie bestehen u.a. für die Pflicht zum Wohnen in einer Gemeinschaftsunterkunft (§ 188 LBG), die Dienstkleidung (§ 189 I LBG), die Heilfürsorge (§ 189 II LBG, FHVO Pol), die vorläufige Dienstenthebung (§ 190 LBG) sowie den Eintritt in den Ruhestand (§ 192 LBG).

Fall: Kriminalkommissarin z.A. K verunglückt 3 Monate nach ihrer Ernennung bei einem privaten Unfall so schwer, daß ihr ein Arm amputiert werden muß. Der Polizeiarzt stellt daraufhin ihre Polizeidienstunfähigkeit fest. Welche Entscheidung soll der Sachbearbeiter vorschlagen?

In Betracht kommt die Zurruhesetzung (§ 49 LBG). Es handelt sich um keinen Dienstunfall, so daß eine Zurruhesetzung lediglich aufgrund von § 49 II S. 1 LBG erfolgen kann. Dann müßte K zunächst eine Dienstzeit von mindestens fünf Jahren haben (§§ 37a LBG und 4 I S. 1 Nr. 1 BeamtVG). Die ruhegehaltsfähige Dienstzeit beginnt grundsätzlich mit der ersten Berufung in das Beamtenverhältnis (§§ 4 I S. 2, 6 BeamtVG). Diese lag hier drei Jahre (§ 12 I LVO Pol) und 3 Monate (seit der Ernennung) zurück. Also ist eine Zurruhesetzung aus Rechtsgründen ausgeschlossen.

Denkbar ist weiterhin eine Entlassung (§ 34 I Nr. 3 LBG). Dabei ist jedoch zu beachten, daß ein polizeidienstunfähiger Polizeivollzugsbeamter, falls keine zwingenden dienstlichen Gründe entgegenstehen, in ein Amt einer anderen Laufbahn versetzt werden soll, wenn die Voraussetzungen des § 28 I, II LBG erfüllt sind (§ 194 III S. 1 LBG). K ist zwar polizeidienstunfähig. Es sprechen jedoch keine Gründe gegen ihre allgemeine Dienstfähigkeit (§ 45 LBG). Deshalb stehen keine zwingenden dienstlichen Gründe entgegen, sie in ein Amt einer anderen Laufbahn zu versetzen. Voraussetzung dazu wäre allerdings, daß K die Befähigung für die neue Laufbahn hat (§ 28 I S. 1 LBG). Diese kann nur nach den §§ 86, 5 I e), 12 LVO (gleichwertige Laufbahn) bzw. §§ 5 I e), 12 VI LVO (keine gleichwertige Laufbahn) erworben werden. Ein polizeidienstunfähiger Polizeivollzugsbeamter ist verpflichtet (§ 194 III S. 2 LBG), die ihm eröffnete Gelegenheit wahrzunehmen, ergänzende Kenntnisse und Fähigkeiten für die neue Laufbahn zu erwerben. Entsprechendes bestimmt § 28 III LBG, wonach ein Beamter ohne Befähigung für die andere Laufbahn an Maßnahmen für den Erwerb der neuen Befähigung teilnehmen muß. Sofern die Versetzung mit einem Dienstherrnwechsel verbunden wäre, müßte K bei Vorliegen der Voraussetzungen des § 28 II S. 1 LBG nicht zustimmen. Somit scheidet eine Entlassung (§ 34 I Nr. 3 LBG) als ultima ratio aus.

4. Abschnitt: Das Beamtenverhältnis

3.5 Sonstige Beamte mit besonderer Rechtsstellung

82 Ähnliche Spezialbestimmungen wie für Polizeivollzugsbeamte gelten für Beamte des feuerwehrtechnischen Dienstes (§ 197 LBG). Die Laufbahn dieser Beamtengruppe regelt die LVO Feu. Die Arbeitszeit ergibt sich aus der AZVO Feu.

Für Beamte bei den Justizvollzugsanstalten ist § 198 LBG anzuwenden. Weitere Sonderregelungen bestehen für Beamte des Landtages (§ 182 LBG) und für Beamte im Geschäftsbereich des Landesrechnungshofs (§§ 184 LBG, 5 I LRHG).

Bei Fällen, die Beamte mit besonderer Rechtsstellung betreffen, ist zunächst von den allgemeinen Vorschriften des LBG auszugehen und bei den einzelnen Problemen jeweils zu überlegen, inwieweit spezielle Normierungen existieren.

Literatur: Oldiges/Brinktrine, Der Landtagsdirektor als „politischer Beamter", DÖV 02, 943; Grigoleit, Zur Stellung des Landtagsdirektors in Nordrhein-Westfalen, ZBR 98, 128.

5. Abschnitt: Die Ernennung

1. Bedeutung, Begriff und Rechtsnatur der Ernennung

Wie im letzten Abschnitt festgestellt wurde, kann man verschiedene Arten von Beamtenverhältnissen begründen. 83

Das zwischen einem Dienstherrn und seinem Beamten eingegangene Dienstverhältnis bestimmt den allgemeinen Status des Beamten. Ob jemand z.B. B.a.L. oder B.a.P. ist, hat elementare Bedeutung für seine Rechtsstellung gegenüber dem Dienstherrn. Der allgemeine Status des Beamten wird durch die Ernennung festgelegt. Daneben wird auch der besondere Status, das statusrechtliche Amt (Rn 49), im wesentlichen durch eine Ernennung begründet und verändert (Ausnahmen Rn 87, 125). Die Rechtsbeziehungen Beamter – Dienstherr werden demnach maßgeblich durch die Ernennung gestaltet. Sie ist somit die grundlegende und entscheidende Maßnahme für die Art und den Inhalt des Rechtsverhältnisses des einzelnen Beamten.

Ihrer Rechtsnatur nach ist die Ernennung ein **rechtsgestaltender, mitwirkungsbedürftiger und formgebundener Verwaltungsakt**, dessen Erlaß im Ermessen des zuständigen Organs des Dienstherrn liegt. Selbst ohne ausdrückliche gesetzliche Regelung muß man die Ernennung wegen der dem Dienstherrn zustehenden Personalgewalt als Ermessensentscheidung ansehen (Rn 121).

Rechtsgestaltungswirkung entfaltet sie, indem sie das Beamtenverhältnis begründet oder verändert. Als rechtsgestaltender Verwaltungsakt ist sie bedingungsfeindlich[1] und kann nicht vollstreckt werden.

Fall: R soll zum Regierungsinspektoranwärter ernannt werden. Bei seinen Einstellungsunterlagen fehlt noch das amtsärztliche Gesundheitszeugnis. R wird vorbehaltlich der gesundheitlichen Eignung berufen, da die Zeit drängt. Ist die Ernennung des R wirksam?

Es liegt eine Bedingung vor (§ 36 II Nr. 2 VwVfG), da hier von R kein bestimmtes Verhalten verlangt (§ 36 II Nr. 4 VwVfG, Auflage), sondern die Wirksamkeit der Ernennung von der Feststellung seiner gesundheitlichen Eignung, einem künftigen ungewissen Ereignis, abhängig gemacht wird. Sinn der beamtenrechtlichen Vorschriften über die Ernennung ist, Rechtsklarheit zu schaffen. Deshalb war die Bedingung unzulässig. Die Ernennung ist als rechtsgestaltender Verwaltungsakt bedingungsfeindlich. Also ist die Ernennung unwirksam.[2] Eine Ernennungsurkunde darf nur ausgehändigt werden, wenn alle Ernennungsvoraussetzungen zweifelsfrei geklärt sind.[3]

---

1 BVerwGE 27, 263 (266).
2 Battis, § 6 BBG, Rn 15.
3 BGH, ZBR 83, 336 (338).

5. Abschnitt: Die Ernennung

Eine Ernennung ist durch die **Aushändigung der Urkunde** existent und vollzogen.[4] Der Dienstvorgesetzte (oder bei Verhinderung sein Vertreter) muß die Urkunde aushändigen. Im Rechtssinn bedeutet „Aushändigung", daß die Originalurkunde nach dem Willen der zuständigen Behörde in die Hände des zu Ernennenden gelangt. Daran mangelt es, wenn lediglich eine Abschrift überreicht oder nur Einblick in die Originalurkunde gewährt wird.[5]

Fall: Die Sachbearbeiterin in der Personalabteilung des Auswärtigen Amtes, Leila C, fertigt noch kurz vor Dienstschluß eine Ernennungsurkunde für die Beförderung der Kollegin K. Um ihre montägliche Konditionsgymnastik mit Musik und netten Mitturnern nicht zu verpassen, verläßt sie hektisch ihr Dienstzimmer. Dabei vergißt sie, die Ernennungsurkunde ordnungsgemäß zu verschließen. Dort wird die Urkunde von der ghanaischen Putzfrau Lizzy L gefunden, die sie freudestrahlend, aber zugleich feierlich der noch anwesenden K überreicht. Ist K wirksam befördert worden?
Die Beförderung ist wirksam erfolgt, wenn die Originalurkunde nach dem Willen der Behörde in die Hände der K gelangt ist. Im vorliegenden Fall hat das Auswärtige Amt als zuständige Behörde die Verfügungsmacht über die Ernennungsurkunde ohne seinen Willen durch schlichte Wegnahme seitens der L verloren. Als Putzfrau war L insofern auch nicht befugt, das Auswärtige Amt zu vertreten. Deshalb fand keine Aushändigung der Urkunde im Rechtssinn statt, so daß K nicht wirksam befördert wurde.

Als **mitwirkungsbedürftiger Verwaltungsakt** bedarf die Ernennung der Zustimmung des zu Ernennenden (Ausnahme Rn 133). Diese liegt regelmäßig in der vorbehaltlosen Entgegennahme der Urkunde.[6]

Die Zustimmung ist eine verwaltungsrechtliche Willenserklärung.[7] Ob die fehlende Zustimmung zur schwebenden Unwirksamkeit oder zur Nichtigkeit der Ernennung führt[8], ist ebenso umstritten wie die Frage, inwieweit die §§ 104 ff. BGB anzuwenden sind.

Unabhängig vom generellen Meinungsstreit über die Rechtsfolgen fehlender Mitwirkung bei Verwaltungsakten, sollte man im Beamtenrecht die Mitwirkung wegen der Rechtssicherheit als Tatbestandsvoraussetzung einer Ernennung ansehen. Dies hat zur Folge, daß ohne eine wirksame Zustimmung (§§ 104 ff. BGB analog, außer § 108 BGB) zum Zeitpunkt der Aushändigung der Urkunde keine Ernennung vorliegt (Nichtakt; Rn 137). Alle anderen Rechtsfolgen, insbesondere die schwebende Unwirksamkeit bis zur Genehmigung (§ 108 BGB), widersprächen der notwendigen Rechtsklarheit bei der Ernennung. Es kann ebenfalls nicht hingenommen werden, daß die Wirksamkeit einer Ernennung von der ungewissen Erklärung eines Dritten abhängt. Umstritten ist, ob die Zustimmung des Ernannten durch wirksame Anfechtung (§§ 119 ff. BGB) rückwirkend (§ 142 I BGB) beseitigt werden kann.[9] Die Rechtssicherheit und -klarheit von Ernennungen steht einer Anfechtung insofern nicht ent-

---

4 BVerwGE 55, 212 (214 f.) = DVBl 78, 628 (629) = ZBR 78, 333 = DÖD 78, 272 (273).
5 Monhemius, Rn 166.
6 BVerwGE 34, 168 (171).
7 Battis, § 6 BBG, Rn 6.
8 Scheerbarth/Höffken/Bauschke/Schmidt, § 12 I 2b.
9 Bejahend Battis, § 6 BBG, Rn 6; Kunig in Schmidt-Aßmann, Rn 73; Scheerbarth/Höffken/ Bauschke/Schmidt, § 12 I 2b m.w.N. zum Streitstand.

1. Bedeutung, Begriff und Rechtsnatur der Ernennung

gegen, als eine unverzügliche Anfechtungserklärung (§ 121 I S. 1 BGB) eindeutige Aussagen über das Bestehen oder Nichtbestehen des Beamtenverhältnisses zuläßt.

Fall: Der wirksam ernannte Gemeindeinspektoranwärter G stellt während der fachwissenschaftlichen Ausbildung an der FHSöV fest, daß er sich sein Beamtendasein doch anders vorgestellt habe. Er überlegt jetzt, wie er sich am schnellsten von seinem Dienstherrn trennen kann, um ein Studium an einer „richtigen Hochschule" aufzunehmen. Welche Möglichkeiten bieten sich an?

Es wäre zu prüfen, ob G seine Ernennung durch rückwirkende Aufhebung seiner Zustimmung unwirksam machen kann.

Denkbar wäre eine Anfechtung (§ 119 I BGB). Ihr dürften jedoch keine beamtenrechtlichen Sondernormen entgegenstehen. Die Wirksamkeit von Ernennungen regeln an sich abschließend die entsprechenden beamtenrechtlichen Vorschriften (Rn 135). Allerdings muß beachtet werden, daß der numerus clausus der Unwirksamkeitsgründe nur im Interesse des Ernannten an der Rechtssicherheit seiner Ernennung besteht und dieser folglich seine Mitwirkung bei der Ernennung anfechten kann.[10] Somit ist § 119 I BGB anzuwenden. Die Rechtsfolge (§ 142 I BGB) tritt lediglich dann ein, wenn ein Anfechtungsgrund gegeben ist. In Frage kommt hier allein ein Inhaltsirrtum (§ 119 I BGB). G müßte bei seiner Einstellung eine Erklärung abgegeben haben, die objektiv anders verstanden wurde, als er sie subjektiv gemeint hatte. Es ist aber nicht anzunehmen, daß G überhaupt nicht Beamter werden wollte. Er hat sich vielmehr über die nähere Ausgestaltung des Beamtenverhältnisses geirrt, die nicht Gegenstand des Ernennungsvorganges gewesen sein dürfte. Folglich liegt ein unbeachtlicher Motivirrtum vor[11] und auch die Voraussetzungen von § 119 II BGB greifen nicht. G kann seine Zustimmung zur Ernennung deshalb nicht rückwirkend beseitigen. G ist somit unanfechtbar wirksam ernannt. Deshalb muß er einen Entlassungsantrag (§ 33 LBG) stellen, um sich von seinem Dienstherrn zu lösen.

Variante: G wird am 15.8.05 die Ernennungsurkunde mit Wirkung zum 1.9.05 ausgehändigt. Am 20.8.05 überlegt er sich, lieber an einer Universität zu studieren. Reicht es aus, die Ernennungsurkunde zurückzugeben, um die Ernennung aus der Welt zu schaffen?

Ist in der Urkunde ein späterer Tag (1.9.) für den Eintritt der Wirksamkeit bestimmt (§ 10 III S. 1 LBG) und liegt dieser Tag noch nicht vor (20.8.), darf man die Ernennung allein unter den Voraussetzungen der §§ 11, 12 LBG rückgängig machen. Durch die Aushändigung der Urkunde am 15.8. ist die entscheidende äußere Wirksamkeit der Ernennung bereits eingetreten, während der in der Urkunde genannte spätere Tag (1.9.) nur den Zeitpunkt des Eintretens der inneren Wirksamkeit betrifft.[12] G muß demgemäß selbst dann einen Antrag auf Entlassung (§ 33 LBG) stellen, wenn er sich vor dem in der Urkunde bestimmten Termin vom Beamtenverhältnis lossagen will. Die Ernennung kann nicht durch Rückgabe der Urkunde aus der Welt geschafft werden. Gibt G die Urkunde zurück, ist dieses Verhalten allenfalls als Anfechtung seiner Zustimmung auszulegen. Mangels Anfechtungsgrund kann er seine Zustimmung zur Ernennung jedoch nicht rückwirkend beseitigen.

Die Ernennung ist ein **formbedürftiger Verwaltungsakt**. Deshalb muß die Ernennungsurkunde den in § 8 II S. 2 LBG (§§ 8 II BeamtStG, 6 II S. 2 BBG) vorgesehenen Inhalt haben. Fehler der Ernennungsurkunde führen zu den Folgen des § 8 III LBG bzw. der §§ 11 I Nr. 1 BeamtStG, 6 II S. 3 BBG (Rn 135 ff.). Die Formstrenge der Ernennung erklärt sich aus der eingangs geschilderten grundlegenden Bedeutung dieses Verwaltungsaktes für Art und Inhalt des Beamtenverhältnisses. Aus diesem Grund muß man die Wirksamkeit ausschließlich nach beamtenrechtlichen Vorschriften beurteilen. Ein Rückgriff auf das VwVfG scheidet aus.

---

10 Kunig in Schmidt-Aßmann, Rn 73; Wagner, Rn 83.
11 OVG Lüneburg, ZBR 64, 366.
12 BVerwGE 55, 212 (215 f.) = DVBl 78, 628 (629) = ZBR 78, 333 = DÖD 78, 272 (273).

5. Abschnitt: Die Ernennung

Fall: S hatte sich vor Jahren als B.a.L. aus dem Schuldienst entlassen lassen. Nachdem ihre Kinder erwachsen sind, wird sie erneut eingestellt. Dabei wird ihr eine Urkunde ausgehändigt, in der es heißt:
„Frau S wird zur Lehrerin ernannt." Kann S aufgrund dieses Vorgangs Bezüge beanspruchen?

Ein Anspruch auf Besoldung setzt eine wirksame Ernennung voraus (§ 3 I S. 2 BBesG). Dazu ist die Aushändigung einer formgerechten Ernennungsurkunde erforderlich (§ 8 II LBG). Ihr Inhalt hängt davon ab, welcher Ernennungsfall des § 8 I LBG vorliegt.

S stand zum Zeitpunkt der Entscheidung in keinem Beamtenverhältnis mehr. Deshalb handelte es sich um eine Einstellung (§ 8 I Nr. 1 LBG). In diesem Fall muß die Urkunde die Worte „unter Berufung in das Beamtenverhältnis" enthalten (§ 8 II S. 2 Nr. 1 LBG). Diese fehlten, so daß keine Ernennung vorlag (§ 8 III S. 1 LBG). S wurde nicht wirksam ernannt, so daß kein Anspruch aus § 3 I S. 1 BBesG besteht.

Schaubild Nr. 9

Muster einer Ernennungsurkunde

Herr

LUKAS PODOLSKI

wird

unter Berufung

in das Beamtenverhältnis auf Probe

zum

<u>Stadtinspektor zur Anstellung</u>

ernannt.

<u>Köln, den 1. April 2006</u>

Fritz Schramma

Oberbürgermeister

Einzelheiten zu den Formalien von Ernennungsurkunden und weitere Muster finden sich in der Verwaltungsverordnung über die Ernennung, die Entlassung und den Eintritt in den Ruhestand der Beamten und Richter im Lande NW (SMBl NW 20300).

Für Kommunen regelt § 74 III S. 1 GO die Unterzeichnung der Urkunde eines Gemeindebeamten, wobei der Bürgermeister die Unterschriftsbefugnis durch Dienstanweisung übertragen kann (74 III S. 2 GO). Dabei darf die Unterschriftsbefugnis ebenfalls auf Angestellte und nicht allein auf Beamte delegiert werden.

Literatur: Summer, Die Ernennung – Urkundeninhalt, Aushändigung, Einwilligung –, PersV 84, 223.

2. Die Ernennungsfälle

Wegen der beschriebenen Formenstrenge der Ernennung, der Rechtsfolgen einer nicht formgerechten Urkunde (§§ 11 I Nr. 1 BeamtStG, 8 III LBG I, 6 II S. 3 BBG) und der Abhängigkeit des Urkundentextes von der Frage, welcher Ernennungsfall vorliegt (§§ 8 II S. 2 LBG/BeamtStG, 6 II S. 2 BBG), müssen die möglichen Ernennungsfälle genau festgelegt werden. § 8 I BeamtStG sieht vier, §§ 8 I LBG, 6 I BBG sehen fünf Fallgruppen vor.

2.1 Einstellung

Mit der **Einstellung** (§§ 8 I Nr. 1 LBG/BeamtStG, 6 I Nr. 1 BBG) wird ein Beamtenverhältnis begründet. Sie ist nur dann als Ernennung anzusehen, wenn die besonderen Rechtsbeziehungen zwischen dem Dienstherrn und dem Bewerber erst entstehen sollen. Das setzt voraus, daß ein Beamtenverhältnis noch nicht oder nicht mehr existiert.[13] Mit der Begründung eines B.a.P., B.a.L. und B.a.Z. wird gleichzeitig ein Amt verliehen (§ 8 III BeamtStG).

84

Beispiele: Abiturient A wird zum Stadtinspektoranwärter ernannt. Frau F, die auf Antrag aus dem Beamtenverhältnis entlassen worden war (§ 33 LBG), wird erneut eingestellt.
Sofern die beamtenrechtlichen Voraussetzungen im einzelnen vorliegen, kann man durch Einstellung ein B.a.L., B.a.Z., B.a.P., B.a.W. oder als Ehrenbeamter begründen (§§ 8 II S. 2 Nr. 1 LBG, 6 II S. 2 Nr. 1 BBG).

2.2 Umwandlung

Die **Umwandlung** (§§ 8 I Nr. 2 LBG/BeamtStG, 6 I Nr. 2 BBG) setzt begrifflich voraus, daß ein Beamtenverhältnis bereits besteht und ohne Unterbrechung sowie ohne Dienstherrnwechsel in ein Beamtenverhältnis anderer Art umgestaltet wird.[14] Als Umwandlungsfälle sind denkbar:

85

(1) Die Ernennung eines B.a.W. zum B.a.P. oder B.a.L. Letzteres ist wegen der notwendigen Probezeit (§ 9 I Nr. 3 LBG) nur ausnahmsweise möglich (z.B. nach § 201 LBG).

(2) Die Ernennung eines B.a.P. zum B.a.L.

(3) Die Ernennung eines B.a.Z. zum B.a.L.[15]

---

13 BVerwG, ZBR 81, 64 (LS).
14 BVerwG, ZBR 81, 64 (LS); OVG Münster, ZBR 77, 129 (130); Battis, § 6 BBG, Rn 8.
15 Schütz/Maiwald, § 8 LBG, Rn 7.

5. Abschnitt: Die Ernennung

(4) Die Umwandlung eines B.a.L. oder B.a.Z. in ein solches auf Probe oder Widerruf ist ebenso wie die Umwandlung eines B.a.P. in ein solches auf Widerruf allein mit Zustimmung des Beamten zulässig.[16] Ein Beamtenverhältnis kann lediglich in ein solches mit größerem, nicht jedoch in eins mit geringerem Bestandsschutz umgewandelt werden.[17] Neuerdings gibt es darüber hinaus unter den Voraussetzungen der §§ 25a, 25b LBG die Möglichkeit, ein B.a.L. in ein B.a.P. (§ 25a I S. 1 LBG) oder B.a.Z. (§ 25b I S. 1 LBG) umzuwandeln.[18] Das B.a.L. besteht allerdings dem Grunde nach weiter.

Eine Umwandlung liegt ausschließlich vor, wenn ein Beamtenverhältnis ohne Unterbrechung verändert wird. Es fragt sich, welche Auswirkungen § 32 II LBG auf die vorstehend geschilderten Umwandlungsfälle hat. Nach dieser Regelung ist ein Beamter mit der Ernennung zum B.a.L., B.a.Z. oder B.a.P. aus einem anderen Beamtenverhältnis zu demselben Dienstherrn kraft Gesetzes entlassen, sofern gesetzlich nichts anderes bestimmt ist. Eine Umwandlung setzt aber begrifflich voraus, daß ein Beamtenverhältnis ohne Unterbrechung umgestaltet wird. Die Entlassung kraft Gesetzes unterbricht jedoch das Ursprungsbeamtenverhältnis. Deshalb ist es in NW prinzipiell nicht möglich, ein B.a.L., B.a.Z. oder B.a.P. durch Umwandlung zu begründen.[19] Ausnahmen lassen hingegen §§ 25a III S. 1, 25b II LBG zu. Dadurch wird die Übertragung von Führungsämtern auf Probe bzw. Zeit im Status B.a.P. bzw. B.a.Z. bei gleichzeitigem Weiterbestehen („Ruhen") des zugrundeliegenden B.a.L. ermöglicht. Das B.a.P. bzw. B.a.Z. überlagert insofern das B.a.L.

Es ist ebenfalls unzulässig, ein Ehrenbeamtenverhältnis in ein solches anderer Art oder dieses in ein Ehrenbeamtenverhältnis umzuwandeln (§§ 183 I Nr. 2 S. 6 LBG, 177 I Nr. 3 BBG).

Fall: Inspektoranwärter I besteht die Laufbahnprüfung an der FHSöV. Er soll nun unter Berufung in das B.a.P. zum Inspektor z.A. ernannt werden. Welcher Ernennungsfall liegt vor?
Es könnte sich um eine Umwandlung (§ 8 I Nr. 2 LBG) handeln. I war bereits B.a.W. Deshalb kommt es nur noch darauf an, ob er ohne Unterbrechung B.a.P. wird. Fraglich könnte sein, ob ein Fall von § 35 II S. 2, 2. Alt. LBG gegeben ist. Nach dieser Vorschrift wird das B.a.W. mit dem Bestehen der Prüfung kraft Gesetzes beendet, wenn dies in der VAPgD vorgesehen ist. Das B.a.W. endet beim Bestehen der Laufbahnprüfung (§ 27a Nr. 1, 1. Hs. VAPgD). Deshalb scheidet die Umwandlung (§ 8 I Nr. 2 LBG) begrifflich aus. Es liegt vielmehr eine Einstellung (§ 8 I Nr. 1 LBG) vor.

Abwandlung: I besteht die Prüfung für eine Laufbahn des mittleren Dienstes.
In diesem Fall endet das B.a.W. ebenfalls aufgrund der entsprechenden Ausbildungs- und Prüfungsordnung (§ 29a I, 1. Hs. VAPmD).

2.3 Anstellung

86 Bei der **Anstellung** (§§ 8 I Nr. 3 LBG, 6 I Nr. 3 BBG) handelt es sich um die erste Verleihung eines Amtes im statusrechtlichen Sinn. Der B.a.P.

---

16 Korn/Tadday, § 8 LBG, Anm 2.
17 Scheerbarth/Höffken/Bauschke/Schmidt, § 12 IV 1a bb.
18 A.A. Schütz/Maiwald, § 25b LBG, Rn 28: Begründung eines Beamtenverhältnisses.
19 BVerwG, ZBR 81, 64 (LS); Scheerbarth/Höffken/Bauschke/Schmidt, § 12 IV 1a bb.

2. Die Ernennungsfälle

wird nach erfolgreicher Probezeit angestellt (§ 9 I LVO; Rn 167). Allerdings entfällt das bislang im BRRG geregelte Rechtsinstitut der Anstellung zum 1.10.2008 (§ 64 I S. 2 BeamtStG) vollständig (§ 8 I, III BeamtStG). Nunmehr ist gesetzlich (§ 8 III BeamtStG) bestimmt, daß mit Begründung eines B.a.L., B.a.P. oder B.a.Z. ein Amt verliehen wird. Somit bedarf es bei einem Probebeamtenverhältnis keiner gesonderten Ernennung mehr bei der Verleihung des ersten Amts.

Beispiel: Nach Bewährung in einer Regelprobezeit von 2,5 Jahren (§ 29 II S. 1 LVO) wird der Inspektor z.A. angestellt (Ernennung; § 8 I Nr. 3 LBG). Hat er zu diesem Zeitpunkt bereits das siebenundzwanzigste Lebensjahr vollendet (§ 9 I Nr. 2 LBG), kann er gleichzeitig zum B.a.L. ernannt werden (§ 8 I Nr. 1 LBG). In diesem Fall liegen zwei Ernennungsfälle vor.

2.4 Beförderung und Rangherabsetzung

§ 8 I Nr. 4 LBG (§ 6 I Nr. 4 BBG) regelt zwei weitere Gruppen der Ernennung, die Beförderung und die Rangherabsetzung. Das Tatbestandsmerkmal „anderes Endgrundgehalt" erfaßt sowohl die Erhöhung als auch die Verringerung des Endgrundgehaltes. Eine **Beförderung** liegt nur vor, wenn sich die Amtsbezeichnung ändert und ein höheres Endgrundgehalt gewährt wird, wobei Amtszulagen (§ 42 I S. 1 BBesG) als Bestandteile des Grundgehaltes gelten (§§ 42 II S. 2 BBesG, 25 I S. 2 LBG). Zukünftig wird kein kumulatives Vorliegen von anderer Amtsbezeichnung und anderem Grundgehalt mehr gefordert. Vielmehr bedarf zur Rechtsklarheit jede Verleihung eines anderen Amts mit anderem Grundgehalt (§ 8 I Nr. 3 BeamtStG) einer Ernennung. Gleiches gilt zur Verleihung eines anderen Amts mit anderer Amtsbezeichnung, soweit Landesrecht dies bestimmt (§ 8 I Nr. 4 BeamtStG). 87

Beispiel: Inspektor wird Oberinspektor, Oberregierungsrat wird Regierungsdirektor.

Von den in § 25 LBG genannten Beförderungsfällen ist § 25 I S. 1 Nr. 1 LBG als Ernennung (§ 8 I Nr. 4 LBG) anzusehen, während es sich bei der Variante des § 25 I S. 1 Nr. 4 LBG um eine Ernennung (§ 8 I Nr. 5 LBG) handelt (Aufstieg). Nur in diesen beiden Fällen muß eine Urkunde ausgehändigt werden. Die normierten Maßnahmen (§ 25 I S. 1 Nr. 2 und 3 LBG) sind begünstigende Verwaltungsakte[20], die dem Beamten schriftlich mitzuteilen sind.

Um den Unterschied zu verdeutlichen, wird in den Fallgestaltungen des § 25 I S. 1 Nr. 2–4 LBG von **beförderungsgleichen Maßnahmen**[21] oder laufbahnrechtlichen Beförderungen gesprochen, während es sich bei § 25 I S. 1 Nr. 1 LBG um eine statusrechtliche Beförderung handelt.[22] Die beförderungsgleichen Maßnahmen werden mit der statusrechtlichen Beförderung gleichgestellt, um auch hier sicherzustellen, daß man die Beförderungsvoraussetzungen beachtet (Rn 125 ff.).

---

20 Schütz/Maiwald, § 25 LBG, Rn 2f.
21 Scheerbarth/Höffken/Bauschke/Schmidt, § 13 VI 3a.
22 Schütz/Maiwald, § 25 LBG, Rn 2e.

5. Abschnitt: Die Ernennung

Beispiele: § 25 I S. 1 Nr. 2 LBG regelt die Fälle, in denen für mehrere Besoldungsgruppen nur eine Amtsbezeichnung vorgesehen ist; z.b. Ministerialrat A 16 wird Ministerialrat B 2; Bürgermeister B 3 wird Bürgermeister B 4, weil sich die Einwohnerzahl ändert (§ 2 I EingrVO).

In dem in Rn 60 geschilderten Fall wäre es möglich, die Bewerberin mit Zustimmung des LPA zur Kreismedizinaldirektorin z.A. zu ernennen (§§ 25 I S. 1 Nr. 3, 23 VII S. 2 LBG).

§ 25 I S. 1 Nr. 4 LBG regelt den Aufstieg: Oberamtsrat O wird Verwaltungsrat.

Fall: Der Hauptlehrer H einer Grundschule mit 90 Schülern wird Rektor einer Grundschule mit 190 Schülern. Muß eine Ernennungsurkunde ausgehändigt werden?

Das hängt davon ab, ob es sich um eine statusrechtliche Beförderung oder um eine beförderungsgleiche Maßnahme handelt. Eine statusrechtliche Beförderung setzt voraus, daß sich Amtsbezeichnung und Endgrundgehalt ändern (§ 8 I Nr. 4 LBG).

H erhält eine neue Amtsbezeichnung. Er war vorher Hauptlehrer und wird nun Rektor. Fraglich ist jedoch, ob sich auch das Endgrundgehalt ändert. Beide Ämter gehören zur Besoldungsgruppe A 13. Allerdings bekommt der Rektor einer Grundschule mit mehr als 180 Schülern eine Amtszulage (Anlage I BBesG, Besoldungsgruppe A 13 BBesO, Fn 7 i.V.m. Anlage IX). Amtszulagen gelten als Bestandteile des Endgrundgehaltes (§ 42 II S. 2 BBesG). Somit erhöht sich das Endgrundgehalt um den Betrag der Amtszulage. Folglich liegt eine statusrechtliche Beförderung vor. Diese kann nur durch Aushändigung einer Ernennungsurkunde erfolgen (§ 8 II S. 2 Nr. 3 LBG).

In den Fällen **gesetzlicher Überleitung** (z.B. Eingangsamt A 5 m.D. entfällt durch entsprechende gesetzliche Anordnung; alle Beamten in A 5 erhalten ein Amt der Besoldungsgruppe A 6) ist entgegen des Wortlauts von § 8 I Nr. 4 LBG (§ 6 I Nr. 4 BBG) keine neue Ernennungsurkunde auszuhändigen, obwohl sich Amtsbezeichnung und Endgrundgehalt ändern. Durch die gesetzgeberische Entscheidung ist die Beförderung vollzogen und bedarf keines (ohnehin nur deklaratorisch möglichen) Akts des Dienstherrn mehr. Es genügt vielmehr die Mitteilung an den Beamten, daß er ab dem vom Gesetzgeber angeordneten Zeitpunkt ein anderes Amt kraft Gesetzes inne hat.

Eine **Rangherabsetzung** (z.B. Amtmann wird Oberinspektor) als Übertragung eines anderen Amtes mit geringerem Endgrundgehalt und anderer Amtsbezeichnung, die § 8 I Nr. 4 LBG (§ 6 I Nr. 4 BBG) ebenfalls erfaßt, ist als Entzug des statusrechtlichen Amtes nur ausnahmsweise möglich (Rn 133).

2.5 Aufstieg

88 Als letzte Ernennungsfallgruppe regelt § 8 I Nr. 5 LBG (§ 6 I Nr. 5 BBG) den **Aufstieg**. Man wechselt die Laufbahngruppe (§ 17 II S. 1 LBG), wenn ein Beamter entweder aus dem einfachen in den mittleren, aus dem mittleren in den gehobenen oder aus dem gehobenen in den höheren Dienst aufsteigt. Allerdings setzt der Aufstieg nicht immer voraus, daß bereits das Spitzenamt der niedrigeren Laufbahn erreicht wurde (z.B. § 40 S. 1 Nr. 1 LVO). Somit sind in bestimmten Aufstiegskonstellationen ebenfalls die Voraussetzungen des § 8 I Nr. 4 LBG (§ 6 I Nr. 4 BBG) gegeben. Die

2. Die Ernennungsfälle

Sonderregelung für den Aufstieg in § 8 I Nr. 5 LBG (§ 6 I Nr. 5 BBG) trägt jedoch dem speziellen Charakter dieser Maßnahme als Laufbahnwechsel (Rn 171) Rechnung. Sie erlaubt, alle Aufstiegsfälle einheitlich zu erfassen.

Beispiel: Regierungsoberamtsrat O wird zum Regierungsrat ernannt. Welcher Ernennungsfall ist dies?

Die Amtsbezeichnung des O ändert sich. Sollte O zudem ein höheres Endgrundgehalt erhalten, handelt es sich um eine Beförderung (§ 8 I Nr. 4 LBG). Beide Ämter sind der Besoldungsgruppe A 13 BBesO zugeordnet. Allerdings könnte man an eine Steigerung des Endgrundgehaltes denken, weil sich die Rechtsgrundlage für die Zulage von Anlage I BBesG, Vorbemerkungen zur BBesO, Nr. 27 I Buchstabe b) nach c) ändert. Wie sich aus Anlage IX BBesG ergibt, beträgt die Zulage in beiden Fällen 68,17 Euro, so daß die Bezüge gleich sind. Selbst bei einer Erhöhung der Zulage läge keine Beförderung vor. Zulagen nach Anlage I BBesG, Vorbemerkungen zur BBesO, Nr. 27 sind Stellenzulagen. Sie gelten im Gegensatz zu den Amtszulagen nicht als Bestandteile des Grundgehaltes (Umkehrschluß aus § 42 II S. 2 BBesG). Folglich erhöht sich das Endgrundgehalt nicht. Demgemäß ist keine Ernennung gemäß § 8 I Nr. 4 LBG, sondern nach Nr. 5 dieser Vorschrift gegeben.

Schaubild Nr. 10

Die Ernennungsfälle

Ernennungsfälle nach § 8 I LBG				kein Ernennungsfall nach § 8 I LBG
Nr. 1	Einstellung (§ 3 I LVO)	B.a.W. (§ 5 I Nr. 4 LBG) B.a.P. (§ 5 I Nr. 3 LBG) B.a.L. (§ 5 I Nr. 1, II LBG) B.a.Z. (§ 5 I Nr. 2, III LBG) Ehrenbeamter (§ 5 IV LBG)		
Nr. 2	Umwandlung	B.a.L. → B.a.Z./B.a.P. Nur zulässig nach §§ 25a III S. 1, 25b II LBG. B.a.L./B.a.Z./B.a.P. → B.a.W.[1)]		B.a.W. → B.a.L./B.a.Z./B.a.P. B.a.P. → B.a.L./B.a.Z. B.a.Z. → B.a.L./B.a.P. Sämtliche Varianten sind in NW unzulässig (§ 32 II LBG) Ehrenbeamter B.a.W. B.a.P. B.a.L. B.a.Z. in NW ausgeschlossen (§ 183 I Nr. 2 S. 6 LBG)
Nr. 3	Anstellung (§§ 3 II, 9 LVO)			
Nr. 4	Beförderung nach §§ 25 I S. 1 Nr. 1 LBG, 3 III S. 1 Nr. 1 LVO Rangherabsetzung (Zurückstufung)	Umkehrschluß § 28 I S. 2 LBG[1)] § 28 II S. 2 LBG § 9 LDG		Beförderung gemäß §§ 25 I S. 1 Nr. 2–4 LBG, 3 III S. 1 Nr. 2–4 LVO (beförderungsgleiche Maßnahmen) Die Zurückstufung (§ 9 LDG) wird mit Unanfechtbarkeit der gerichtlichen Entscheidung wirksam, so daß es keiner Ernennung bedarf.
Nr. 5	Aufstieg (§ 12 V LVO)	e.D. → m.D. m.D. → g.D. g.D. → h.D.		

1) Lediglich mit Zustimmung des Beamten möglich.

5. Abschnitt: Die Ernennung

3. Voraussetzungen der einzelnen Ernennungsfälle

89 Im folgenden sind die Ernennungsvoraussetzungen zur besseren Merkfähigkeit wegen der Klausurrelevanz dieses Themengebietes in Anlehnung an die im allgemeinen Verwaltungsrecht entwickelten Lösungsschemata dargestellt.[23] Die formellen und materiellen Kriterien werden unabhängig von der Frage geprüft, welche Rechtsfolgen eintreten, wenn eine der erforderlichen Ernennungsvoraussetzungen nicht vorliegt (dazu Rn 135 ff.).

3.1 Einstellung

I. Formelle Ernennungsvoraussetzungen

1. Zuständigkeit

90 Die Zuständigkeit für die Ernennung hängt davon ab, wer Dienstherr des Beamten ist.

Bei **Bundesbeamten** wird differenziert: Ein Beamter kann den Bund zum Dienstherrn haben (unmittelbarer Bundesbeamter; § 2 II S. 1 BBG). Dies sind die Beamten der Bundesministerien, der ihnen nachgeordneten Bundesbehörden, des Bundesrechnungshofs, des Bundestages und Bundesrates, die Richter an den Bundesgerichten sowie am BVerfG, der Bundesanstalt für Post und Telekommunikation und die bei der Deutschen Bahn AG und den privatisierten Postunternehmen beschäftigten Bundesbeamten.[24] Ein Beamter kann aber auch eine bundesunmittelbare Körperschaft, Anstalt oder Stiftung des öffentlichen Rechts zum Dienstherrn haben (mittelbarer Bundesbeamter; § 2 II S. 2 BBG). Insbesondere kommen hier die Deutsche Bundesbank, die Bundesversicherungsanstalt für Angestellte, die Bundesagentur für Arbeit und die Stiftung Preußischer Kulturbesitz als Dienstherr in Betracht.[25]

Bei **Landesbeamten** ist die Landesregierung für die Ernennung zuständig (§ 10 I S. 1 LBG). Sie hat jedoch die Delegationsbefugnis in § 10 I S. 2 LBG genutzt und ihre Zuständigkeit zum Teil auf die obersten Dienstbehörden (Rn 54) übertragen und diese ermächtigt, in bestimmten Fällen das Ernennungsrecht weiter auf die nachgeordneten Behörden zu delegieren. Hiervon wurde Gebrauch gemacht.[26] Das Delegationssystem ist exemplarisch für den Geschäftsbereich des IM im Fall 1 in Rn 55 dargestellt.[27]

---

23 Dazu Wind, VR 81, 348 (349) m.w.N.
24 Battis, § 2 BBG, Rn 29.
25 Battis, § 2 BBG, Rn 30.
26 Übersicht bei Korn/Tadday, § 10 LBG, Anm 1.
27 Hierzu auch der Fall in Rn 79.

3. Voraussetzungen der einzelnen Ernennungsfälle

Bei **Kommunalbeamten** richtet sich die Ernennungszuständigkeit nach dem Kommunalverfassungsrecht (§ 10 II S. 1 LBG).

Die Beamten des jeweiligen Dienstherrn werden vom Bürgermeister/Landrat (§§ 74 I S. 2 GO, 49 II S. 2 KrO), Beamte der Landschaftsverbände vom Landschaftsausschuß ernannt (§ 20 IV S. 2 LVerbO). Die Hauptsatzung kann eine andere Regelung vorsehen (§§ 74 I S. 3 GO, 49 II S. 3 KrO, 20 IV S. 4 LVerbO), jedoch nicht in den Fällen der §§ 41 I S. 2 c) GO, 26 I S. 2 d) KrO, 7 I c LVerbO.

Sollte die Ernennungszuständigkeit beim Rat/Kreistag/Landschaftsausschuß oder bei der Landes-/Bundesregierung liegen, muß man diese in die Lage versetzen, in materieller Hinsicht eine selbständige Eignungsbeurteilung vorzunehmen. In einer Beschlußvorlage müßten dementsprechend sämtliche Bewerber aufgeführt und eine Übersicht über ihre Schul- und Berufsausbildung sowie über ihren beruflichen Werdegang beigefügt werden. Bei Beförderungen oder Übertragungen höherwertiger Dienstposten sei zudem hinsichtlich derjenigen Kandidaten, die in die nähere Wahl kämen, zusammenfassend zumindest der wesentliche Inhalt zeitnaher dienstlicher Beurteilungen wiederzugeben.[28] Wieviele Informationen erforderlich sind, hängt davon ab, wie groß die jeweiligen Eignungs- und Leistungsunterschiede zwischen den Bewerbern sind.

Bei **Körperschaftsbeamten** (Rn 54) ergibt sich die Zuständigkeit aus Spezialregelungen (§ 10 II S. 1 LBG).

2. Form und Bestimmtheit

2.1 Wird ein Beamtenverhältnis begründet, muß die erforderliche Ernennungsurkunde (§ 8 II S. 1 LBG) zwingend die Worte enthalten „**unter Berufung in das Beamtenverhältnis**" mit dem die Art des Beamtenverhältnisses bestimmenden Zusatz „auf Lebenszeit", „auf Probe", „auf Widerruf", „als Ehrenbeamter" oder „auf Zeit" nebst Angabe der Zeitdauer der Berufung (§ 8 II S. 2 Nr. 1 LBG). Enthält die Ernennungsurkunde statt der Worte „unter Berufung in das Beamtenverhältnis" die Worte „unter Berufung in *ein* Beamtenverhältnis", so liegt ein einer offenbaren Unrichtigkeit vergleichbarer Fehler vor, der unschädlich ist.[29] Der unbestimmte Artikel „ein" lasse keine andere Auslegung zu. Die Unterzeichnung von Urkunden der Kommunalbeamten ist in den §§ 74 III S. 1 GO (Bürgermeister oder allgemeiner Vertreter), 49 IV S. 1 KrO (Landrat oder allgemeiner Vertreter) geregelt. Die Unterschriftsbefugnis kann allerdings durch Dienstanweisung übertragen werden (§§ 74 III S. 2 GO, 49 IV S. 1 KrO). Weitere Förmlichkeiten ergeben sich aus der Verwaltungsverordnung über die Ernennung, die Entlassung und den Eintritt in den Ruhestand der Beamten und Richter im Lande NW (SMBI NW 20300). Die Beachtung dieser Formalien kann in Klausuren nicht verlangt werden. Es kommt allein

91

---

28 VGH Kassel, DÖV 93, 206 (207); ZBR 95, 107 (108) = RiA 95, 188; RiA 04, 147 (148) = ZBR 05, 426 (427); RiA 05, 308 (309).
29 OVG Schleswig, NVwZ 95, 1139 (1140).

5. Abschnitt: Die Ernennung

darauf an, den sich aus den gesetzlichen Vorschriften ergebenden Inhalt zu kennen. Aus dem Begriff „Urkunde" in § 8 II LBG ist zu folgern, daß die Ernennung nur durch ein vom zuständigen Beamten eigenhändig unterschriebenes Schriftstück erfolgen kann.[30]

Gerade keiner Ernennung bedarf es beim in Urwahl gewählten Bürgermeister/Landrat (§ 195 III S. 1, X LBG) und damit auch keiner Ernennungsurkunde.

92 2.2 Aus haushaltsrechtlichen Gründen (§ 49 LHO) muß man neben der Urkunde eine **Begleitverfügung** aushändigen, wenn erstmalig ein Amt oder ein anderes Amt verliehen wird. In ihr erfolgt die Einweisung in die Planstelle (s. dazu Rn 51). Die Begleitverfügung hat auf die Wirksamkeit der Ernennung keinen Einfluß.

3. Wirksamkeitsfrist

93 Die Ernennung wird entweder am Tag der Aushändigung der Ernennungsurkunde oder zum in der Urkunde bestimmten späteren Zeitpunkt wirksam (§ 10 III S. 1 LBG). Eine Ernennung auf einen zurückliegenden Zeitpunkt ist unzulässig und insoweit unwirksam (§§ 8 IV BeamtStG, 10 III S. 2 LBG). Statusverändernde Maßnahmen können nach allgemeinen beamtenrechtlichen Grundsätzen nur Rechtswirkungen für die Zukunft entfalten.[31] Deswegen ist der Tag der Aushändigung aktenkundig zu machen, in der Regel durch Empfangsbekenntnis. Das **Rückwirkungsverbot** gilt lediglich für die Ernennung, nicht für die Einweisung in die Planstelle. Diese kann rückwirkend erfolgen, regelmäßig jedoch nur vom ersten Tage des Monats an, in dem die Ernennung wirksam wird (§§ 3 I S. 3, 2. Alt. BBesG, 3 I S. 1 LBesG). In Ausnahmefällen (§ 3 I S. 2 LBesG) kann um höchstens 3 Monate rückwirkend eingewiesen werden (Rn 329).

Fall: A wird mit folgender Urkunde eingestellt: „Herr A wird mit Wirkung vom 1.11.04 unter Berufung in das B.a.W. zum Kriminalkommissar-Anwärter ernannt." Die Urkunde wurde am 15.10.04 unterschrieben und wegen Krankheit des Bewerbers am 15.12.04 ausgehändigt. Wurde A wirksam ernannt?
Zunächst könnte sich die Unwirksamkeit aus § 8 III S. 1 LBG ergeben. Die Urkunde entspricht jedoch der in § 8 II S. 2 Nr. 1 LBG für die hier vorliegende Einstellung (§ 8 I Nr. 1 LBG) vorgesehenen Form. Die Urkunde könnte allerdings deshalb unwirksam sein, weil die Aushändigung nicht dem in der Urkunde bestimmten Eintritt der Wirksamkeit erfolgte. Eine rückwirkende Ernennung ist nicht möglich (§ 10 III S. 2 LBG). Allerdings führt die vorschriftswidrig angeordnete Rückwirkung zu keiner völligen Unwirksamkeit der Ernennung. Durch das Wort „insoweit" (§ 10 III S. 2 LBG) wird vielmehr deutlich, daß diese allein für den zurückliegenden Zeitraum eintritt. Somit ist A vom Tag der Aushändigung der Urkunde (15.12.04) an wirksam ernannt.

Das **Beamtenverhältnis des direkt gewählten Bürgermeisters/Landrats** wird mit dem Tag der Annahme der Wahl, frühestens mit Beginn der Wahlzeit des Rates/Kreistages, begründet („**Amtsantritt**"; § 195 III S. 1, X LBG). Schwierigkeiten können dann auftreten, wenn der Amtsinhaber

---

30 Battis, § 6 BBG, Rn 4.
31 OVG Lüneburg, ZBR 98, 64 (65).

3. Voraussetzungen der einzelnen Ernennungsfälle

erst mit Erreichen der Altersgrenze in den Ruhestand tritt (§ 195 IV S. 2, 1. Hs. LBG), sein Nachfolger aber schon vor diesem Zeitpunkt gewählt wurde, etwa um längere Vakanzen zu vermeiden. Das Beamtenverhältnis eines Bürgermeisters wird durch seine rechtsgültige Wahl formell begründet. Wirksam wird es hingegen erst mit dem Amtsantritt.[32] Der Tag der Annahme der Wahl sollte deshalb nicht vor dem Zeitpunkt liegen, in dem der Amtsinhaber in den Ruhestand tritt. Ist dies nicht der Fall, endet die Amtszeit des alten Bürgermeisters infolge der gesetzlichen Anordnung in § 195 II S. 2 LBG bereits mit dem Amtsantritt des Nachfolgers und damit vor dem Ende des Monats, in dem die Altersgrenze erreicht wurde.

4. Verfahren

4.1 Ausschreibung/Vorstellungsgespräch

Im Gegensatz zum Bundesbeamtenrecht (§§ 8 I S. 1 BBG, 4 I, II BLV) ist in NW eine Stellenausschreibung nur erforderlich, wenn dies durch Gesetz oder Rechtsverordnung vorgeschrieben ist (§ 7 III LBG). Das ist zunächst für die Stellen der dort genannten kommunalen Wahlbeamten (§ 20 II S. 2 LVerbO) bzw. der Beigeordneten (§ 71 II S. 3, 1. Alt. GO) oder Kreisdirektoren (§ 47 II KrO), der Professoren an wissenschaftlichen und Fachhochschulen (§§ 48 I S. 1 Hochschulgesetz, 19 I S. 1 FHGöD), der Schulleiter und ihrer Stellvertreter (§ 61 I S. 4 SchulG; zukünftig § 61 I S. 1) sowie der Abteilungsleitungen an der FHSöV (§ 17 II S. 1 FHGöD) bestimmt. In diesen gesetzlich geregelten Fällen kann unter keinem Gesichtspunkt von einer Ausschreibung abgesehen werden; selbst dann nicht, wenn ein Stelleninhaber die Inhalte seines Amtes beibehält und es lediglich in eine Wahlbeamtenposition umgewandelt werden soll. Ein Ausschreibungsverzicht findet im Gesetz keine Stütze.[33] Zudem verkennt die gegenteilige Ansicht die überragende Schutzfunktion des Art. 33 II GG. Lediglich bei Wiederwahl eines Beigeordneten kann von einer Ausschreibung abgesehen werden (§ 71 II S. 3, 2. Alt. GO). Den Umwandlungsfall darf man jedoch juristisch nicht mit einer Wiederwahl gleichsetzen. Der Stelleninhaber, dessen Stelle in eine Wahlbeamtenstelle umgewandelt werden soll, setzt nämlich anders als bei einer Wiederwahl nicht sein bisheriges Beamtenverhältnis fort. Aufgrund der gesetzlichen Anordnung in § 32 II LBG endet vielmehr sein B.a.L. und es muß ein neues B.a.Z. begründet werden.

94

Zwischenzeitlich kam durch § 8 LGG eine Ausschreibungspflicht unter weiteren Voraussetzungen hinzu. In Bereichen, in denen Frauen nach Maßgabe des § 7 LGG unterrepräsentiert sind, müssen zu besetzende Stellen in allen Dienststellen des Dienstherrn zunächst verwaltungsintern

---

32 Korn/Tadday, § 195 LBG, Anm 3.
33 A.A. sind Rehn/Cronauge/v. Lennep, GO NW-Kommentar, § 71, Erl III 3, sowie Held, GO-Kommentar, § 71, Anm 6.4, unter Bezugnahme auf zwei Erlasse des IM. Diese in den Erlassen dokumentierte Rechtsauffassung wird vom IM seit Anfang 04 nicht mehr vertreten.

ausgeschrieben werden (§ 8 I S. 1 LGG). Liegen danach keine Bewerbungen von Frauen mit der geforderten Qualifikation vor, soll die Ausschreibung öffentlich einmal wiederholt werden (§ 8 II S. 1 LGG). Öffentlich ist eine Ausschreibung in der Tages- oder Wochenzeitung sowie in einschlägigen Fachzeitschriften, nicht jedoch auf der Internet Homepage.[34] Ausnahmen, unter denen von einer Ausschreibung abgesehen werden kann, regeln § 8 I S. 3, II S. 2, III S. 3, VIII LGG.

In der Literatur wird wegen des Leistungsprinzips (Art. 33 II GG) und der auch sozialstaatlich begründbaren Chancengleichheit der Bewerber eine **allgemeine Ausschreibungspflicht gefordert**.[35] Dieser Auffassung ist das Bundesverwaltungsgericht in ständiger Rechtsprechung mit der Begründung entgegengetreten, die Ausschreibung sei nicht die einzig mögliche Form, dem Leistungsprinzip zu entsprechen.[36] Danach steht die Ausschreibung in den gesetzlich nicht geregelten Fällen im Ermessen der Behörde, das sich allerdings durch Verwaltungsvorschriften und aus einer gefestigten Verwaltungsübung wegen der dadurch geschaffenen Selbstbindung der Verwaltung zur Ausschreibungspflicht verdichten kann.[37] Der Ausschluß externer Bewerber könne sachlich gerechtfertigt sein[38]; zur internen Ausschreibungspflicht vor der Besetzung von Dienstposten s. Rn 125. Zudem gehöre es zur organisatorischen Gestaltungsfreiheit des Dienstherrn, den Kreis der für eine freie Planstelle möglichen Beamten gemäß den Verwaltungserfordernissen zu bestimmen.[39]

Die Judikatur ist abzulehnen. Jedes Grundrecht oder grundrechtsgleiche Recht, also auch das Recht auf Bewerbung (Art. 33 II GG), muß vom Adressaten ausgeübt werden können. Dies setzt aber denknotwendig die Kenntnis von einer freien Stelle voraus. Hat ein Kandidat keine Informationen über freie Ämter, vermag er das aus Art. 33 II GG fließende Recht auf Bewerbung nicht geltend zu machen. Das Verfahren wird zum notwendigen Element, die materiell-rechtliche Rechtsposition überhaupt verwirklichen zu können. Es gibt keine anderen Möglichkeiten als Ausschreibungen, den Kreis der potentiellen Bewerber auf eine freie Stelle hinzuweisen.[40] Die Personal- und Organisationshoheit des Dienstherrn muß im Sinn praktischer Konkordanz zurücktreten. Sie ist nur soweit schützenswert, wie durch sie das Recht auf Bewerbung aus Art. 33 II GG nicht ausgeschlossen wird. Gleiches gilt für den erheblichen Verwaltungs-

---

34 VG Berlin, PersV 03, 221: Kein Medium, das vom interessierten und anzusprechenden Personenkreis der potentiellen Bewerber als allgemeiner Stellenmarkt betrachtet wird.
35 Battis, § 8 BBG, Rn 5 m.w.N.; Wichmann, Parteipolitische Patronage, 158 ff.; grundlegend v. Hippel, Gleicher Zugang zu öffentlichen Ämtern durch Stellenausschreibung, jur. Diss., Bonn, 1970.
36 BVerwGE 49, 232 (235); 56, 324 (327).
37 BVerwG, ZBR 79, 176 (177); VGH Kassel, NVwZ-RR 92, 34 (35) = DÖD 92, 211; OLG Hamm, NVwZ-RR 98, 535 (536).
38 VGH Kassel, NVwZ-RR 03, 664.
39 OVG Münster, DÖD 04, 252 (253).
40 So mittlerweile auch BremStGH, NVwZ-RR 93, 417 (418); OVG Schleswig, DVBl 02, 134 (137) = DÖD 02, 39 (42) = NordÖR 01, 456 (459) = NJW 01, 3495 (3498).

3. Voraussetzungen der einzelnen Ernennungsfälle

aufwand, der naturgemäß mit einer Ausschreibung verbunden ist. Einen anderen Ansatz wählt das OVG Bautzen[41], um wie der Verfasser zur einzelfallangemessenen Ausschreibungspflicht zu gelangen. Das Gericht stellt den kompensatorischen Aspekt in den Vordergrund. Die weitgehend fehlende gerichtliche Kontrolle der Ernennung infolge der Einschätzungsprärogative des Dienstherrn müsse man durch das Verfahren ausgleichen, um der grundrechtsgleichen Gewährleistung aus Art. 33 II GG überhaupt Geltung verschaffen zu können.

Damit der Ernennungsvorgang transparent wird, sollte man Stellen ausschreiben. Zuständig hierfür ist auf kommunaler Ebene der Hauptverwaltungsbeamte aufgrund seiner Organisationsgewalt (§ 62 I S. 3 GO).[42] Eine in der Ausschreibung genannte **Bewerbungsfrist** ist Ordnungs- und **nicht Ausschlußfrist**.[43] Selbst später eingehende Bewerbungen dürfen berücksichtigt werden, sie müssen aber nicht. Bei Stellenausschreibungen hat der Personalrat ein Mitwirkungsrecht (§ 73 Nr. 6 LPersVG); dies gilt auch für Stellenausschreibungen, die sich auf Beamtenstellen beziehen, die normalerweise der Mitbestimmung der Personalvertretung entzogen sind (§ 72 I S. 2, 2. Hs. LPersVG).[44]

Erfolgt eine Ausschreibung, muß sie korrekt die Inhalte und Konditionen des zu besetzenden Amts wiedergeben sowie die Anforderungen nennen. Bei seiner weiten organisatorischen Dispositionsbefugnis darf der Dienstherr den Bewerberkreis sachbezogen abgrenzen und verengen.[45] Dies verbietet allerdings, geeignete und befähigte Bewerber auszuschließen.[46] Ermessensfehlerfrei wäre es, einen Beamten, der die Ausbildung zum mittleren Dienst nicht erfolgreich hat beenden können, nicht zur Auswahlprüfung für den gehobenen Dienst zuzulassen.[47] Schreibt man eine Stelle gleichermaßen für Beamte und Angestellte aus, besteht zudem kein Funktionsvorbehalt für Beamte und kommen deshalb sowohl Angestellte als auch Beamte in Frage, darf man keine Anforderungen stellen, die allein eine Statusgruppe erfüllen kann. Ebenfalls ist es untersagt, die Ausschreibung auf eine bestimmte Person zuzuschneiden.[48] Weiterhin muß die Stellenausschreibung geschlechtsneutral erfolgen.[49] Schließlich gibt es für das konkrete Stellenbesetzungsverfahren eine Selbstbindung dergestalt, daß hiervon nicht mehr abgewichen werden darf.[50] Allein dadurch

---

41 ZBR 01, 368 (369) = SächsVBl 01, 196 (197); ZBR 01, 372 (373).
42 OVG Münster, NWVBl 94, 218 (219).
43 Battis, § 8 BBG, Rn 7.
44 OVG Münster, PersV 05, 20 (21).
45 OVG Münster, DÖD 04, 205 (206) = RiA 04, 152 (153); RiA 05, 253 (255) = DÖD 06, 104 (106).
46 BAG, PersV 02, 313 (314 f.).
47 OVG Bremen, NordÖR 04, 404.
48 VG Wiesbaden, NVwZ-RR 03, 582 (583): Rechtsfolge wäre eine ermessensfehlerhafte Auswahl.
49 VG Frankfurt/M., NVwZ 02, 505 (506): rechtswidrige Benachteiligung männlicher Bewerber durch die Formulierung „Pressesprecherin".
50 OVG Münster, NWVBl 03, 14 (15) = RiA 03, 45. Zu Unrecht a.A. OVG Schleswig, DÖD 99, 94 (95).

5. Abschnitt: Die Ernennung

kann man verhindern, daß der Leistungsgrundsatz verletzt wird. Will der Dienstherr nicht mehr an den Kriterien der Ausschreibung festhalten, muß er das bisherige Stellenbesetzungsverfahren abbrechen und ein neues mit geänderter Ausschreibung einleiten.

Beispiel: Es wird eine A 13 Stelle ausgeschrieben. Bewerber B wird ausgewählt und soll entgegen der Ausschreibung nunmehr eine A 15 Stelle erhalten. Dies verstößt gegen das Leistungsprinzip (Art. 33 II GG), den am besten geeigneten Bewerber auszuwählen. Hätte man eine A 15 Stelle ausgeschrieben, hätte sich ein anderer Personenkreis beworben, für den eine Ausschreibung nach A 13 inhaltlich und finanziell nicht interessant genug ist, um sich darauf zu bewerben. Mit diesem (regelmäßig besser qualifizierten) Personenkreis hätte sich B dann vergleichen lassen müssen. Dabei kann man nicht davon ausgehen, daß er denknotwendig auch in diesem Fall der am besten geeignete Bewerber gewesen wäre.

Sollten Gründe der Personalplanung es erfordern, kann die Ausschreibung aufgehoben werden, beispielsweise wenn eine Stelle nicht mehr besetzt oder der Bewerberkreis durch eine zweite Ausschreibung erweitert werden soll.[51] Zudem darf man das mit einer Stellenausschreibung eingeleitete Ernennungsverfahren jederzeit aus sachlichen Gründen beenden.[52] Zur Rechtssicherheit muß ein Mindestmaß an Transparenz eingehalten und auf derartige bedeutende Verfahrensänderungen hingewiesen werden.[53]

Kommt es zum **Vorstellungsgespräch**, wozu keine rechtliche Verpflichtung existiert, hat es Art. 33 II GG zu genügen. Alle Bewerber müssen tatsächlich die gleiche Chance haben, ihre fachliche und persönliche Eignung unter Beweis zu stellen.[54] Zum Vorstellungsgespräch sind in Bereichen, in denen Frauen unterrepräsentiert sind, mindestens ebenso viele Frauen wie Männer oder alle Bewerberinnen einzuladen, wenn sie die geforderte Qualifikation für das zu übertragende Amt besitzen (§ 9 I LGG). Hinsichtlich der inhaltlichen Ausgestaltung hat der Dienstherr ein weites Ermessen, das sachgerecht auszuüben und durch das Willkürverbot begrenzt ist.[55] Dabei dürfen keine Fragen nach einer bestehenden oder geplanten Schwangerschaft sowie zur Betreuung von Kindern neben der Berufstätigkeit gestellt werden (§ 9 III LGG). Die Anforderungen an ein Vorstellungsgespräch nennen das OVG Schleswig[56] und das OVG Münster.[57] Man verstößt gegen den Grundsatz der fairen Verfahrensgestaltung, wenn statt eines angekündigten persönlichen Gesprächs ein Auswahlgespräch vor einer Kommission geführt wird.[58] Personalrat (§ 65 II S. 2, 1. Hs. LPVG) und Gleichstellungsbeauftragte (§ 17 I, 2. Hs. Nr. 1 LGG) dürfen an Vorstellungsgesprächen teilnehmen. Sie müssen persön-

---

51 OVG Saarlouis, NVwZ-RR 03, 48 = IÖD 02, 232; VG Wiesbaden, ZBR 87, 16 (16 f.).
52 OVG Schleswig, DÖD 99, 94 (95); OVG Münster, DÖD 04, 205 (205 f.) = RiA 04, 152; VGH München, NVwZ-RR 06, 344 (345); Rn 121.
53 OVG Münster, NVwZ-RR 06, 340 (341) = NWVBl 06, 139 (140).
54 OVG Schleswig, DVBl 98, 1093; VG Schleswig, NordÖR 06, 82 (84).
55 OVG Münster, NVwZ-RR 06, 343.
56 DVBl 98, 1093.
57 NVwZ-RR 06, 343 (343 f.).
58 OVG Bautzen, NVwZ-RR 05, 372 (373).

3. Voraussetzungen der einzelnen Ernennungsfälle

liche Eindrücke von den Bewerbern gewinnen, um überhaupt inhaltlich die ihnen eingeräumten Rechte wahrnehmen zu können.

Literatur: Budde, Der Anstellungsbetrug – Täuschungen des Bewerbers im Arbeitsrecht, Beamtenrecht und Strafrecht, 2005; Gourmelon, Personalauswahl im öffentlichen Sektor, 2005; Krüper, Zum Recht auf erneute Ausschreibung eines (Beförderungs-) Dienstpostens „nach Zeitablauf", VBlBW 05, 95; Mickisch, Zulässigkeit eines Vorstellungsgesprächs im Rahmen der Personalauswahl für die Besetzung von Beförderungsdienstposten – insbesondere bei Statuskonkurrenz einzelner Bewerber –, DÖD 05, 271; Schaller, Die Pflicht zur Wahrheit und das Recht zur Lüge, RiA 05, 231; Braun, Zulässigkeit und Grenzen der Informationsbeschaffung im Bewerbungsverfahren, DÖD 04, 52; ders., Anstellungsbetrug, RiA 03, 218; Carl, Dienstpostenausschreibung und Bewerberauswahl im öffentlichen Dienst, ZBR 03, 343; Drescher, Handbuch zur Personalauswahl in der modernen Kommunalverwaltung, 2001; Koll, Verfassungsrechtliches Leistungsprinzip und Ausschreibung, LKV 01, 394; Günther, Ausschreibung, ZBR 87, 321.

4.2 Ausnahmen

Die Ernennung ist als rechtsgestaltender Verwaltungsakt **bedingungsfeindlich** (Rn 83). Deshalb müssen eventuell notwendige Ausnahmen von beamten-, laufbahn-, disziplinar- oder haushaltsrechtlichen Vorschriften *vor* Aushändigung der Urkunde durch die zuständige Stelle erteilt worden sein. 95

Beispiel: Ein in der Bundesrepublik geborener Türke T, der die übrigen Einstellungsvoraussetzungen erfüllt, soll zum Polizeimeister-Anwärter ernannt werden. § 3 Nr. 1 LVO Pol verweist für die Einstellung in den Polizeivollzugsdienst auf die allgemeinen Voraussetzungen nach dem LBG. Grundsätzlich kann nur ein Deutscher oder ein Staatsangehöriger eines anderen Mitgliedsstaates der Europäischen Union Beamter werden (§ 6 I Nr. 1 LBG). Deshalb müßte das IM vor der Einstellung des T eine Ausnahme zugelassen haben (§ 6 IV LBG). Auch zur Beachtung des Gesetzmäßigkeitsprinzips ist es notwendig, Ausnahmen vorher einzuholen. Das Beamtenrecht kennt allerdings nur die abschließend geregelten Unwirksamkeitsgründe (Rn 135 ff.). Wird eine Ausnahme versagt, ist es somit denkbar, daß die Ernennung zwar rechtswidrig, jedoch wirksam ist.

4.3 Beteiligung

4.3.1 Die Ernennung ist ein **mitwirkungsbedürftiger Verwaltungsakt** (Rn 83). Deshalb muß der zu Ernennende zustimmen. Dies kann konkludent durch die Entgegennahme der Urkunde erfolgen oder in einer Bewerbung zu sehen sein. Bei Minderjährigen (§ 106 BGB) muß die Einwilligung (§ 107 BGB analog) oder die Ermächtigung (§ 113 I S. 1 BGB analog) des gesetzlichen Vertreters vorliegen.[59] 96

Beispiel: Rn 83.

4.3.2 Die Einstellung ist mitbestimmungspflichtig (§ 72 I S. 1 Nr. 1 LPVG). Sie kann daher allein mit **Zustimmung des Personalrats** erfolgen (§ 66 I LPVG; Ausnahmen: § 72 I S. 2 LPVG). Die **Gleichstellungsbeauftragte** ist durch Unterrichtung und Anhörung zu beteiligen (§ 18 II S. 1 i.V.m. § 17 I, 2. Hs. Nr. 1 LGG). Sie hat ein Widerspruchsrecht (§ 19 I S. 1, 1. Hs.

---

[59] BVerwG, DVBl 96, 1143 (1144).

5. Abschnitt: Die Ernennung

LGG). Zu den Kompetenzen der Frauenbeauftragten nach hessischem Recht äußert sich der VGH Kassel.[60] Die **Schwerbehindertenvertretung** ist zu hören, wenn ein Schwerbehinderter beteiligt ist (§ 95 II S. 1, 1. Hs. SGB IX). Unterbleibt die Anhörung, führt dies nicht zur Rechtswidrigkeit der Einstellung, wenn auszuschließen ist, daß auch bei durchgeführter Anhörung die Auswahl zugunsten des Schwerbehinderten ausgefallen wäre.[61]

Fall: Der Personalratsvorsitzende Gundolf B, dem beim Vorstellungstermin die Anwesenheit gestattet war[62], hatte Bedenken gegen den Bewerber Z geäußert. Dennoch wurde Z ohne Beteiligung des Personalrats durch formgültige Urkunde ernannt. Ist die Ernennung des Z wirksam geworden?
Wegen der fehlenden Zustimmung des Personalrats (§§ 72 I S. 1 Nr. 1, 66 I LPVG) war die Ernennung rechtswidrig. Sie wäre jedoch nur unwirksam, wenn das LBG entsprechendes regelte. In dem hier allein in Frage kommenden § 11 LBG ist für die fehlende Personalratsbeteiligung nicht die Nichtigkeit als Rechtsfolge angeordnet. Somit ist Z zwar rechtswidrig, aber wirksam ernannt.

4.3.3 Bei den in § 110 I LBG genannten Fällen entscheidet der **LPA** über das Vorliegen bestimmter Ernennungsvoraussetzungen.

Beispiel: Der andere Bewerber (§ 6 II S. 2, 1. Hs. LBG) B wurde ohne Befassung des LPA zum Regierungsrat z.A. ernannt. Ist die Ernennung des B wirksam?
Der LPA entscheidet, ob ein anderer Bewerber die erforderliche Befähigung hat (§§ 110 I Nr. 2, 22 III, 1. Hs. LBG, 5 II, 2. Hs. LVO). Der LPA wurde hier nicht beteiligt. Das führt dazu, daß die Ernennung nichtig ist (§ 11 I Nr. 2 LBG).
Fall: Rn 57.

4.3.4 Bei der Ernennung von kommunalen Wahlbeamten muß die **Aufsichtsbehörde** beteiligt werden (§ 10 II S. 2 LBG). Grundsätzlich hat sie ein **Beanstandungsrecht**, das innerhalb eines Monats nach der Wahl auszuüben ist. Hierbei handelt es sich um eine **Ausschlußfrist**. Die Prüfung durch die Aufsichtsbehörde, ob jemand qualifiziert genug ist, ist innerhalb eines Monats möglich. Sie muß auch in diesem Zeitraum erfolgen, damit die Stelle besetzt werden kann. Das Gesetz sieht keine Verlängerung der Frist vor. Die Beanstandung muß somit innerhalb eines Monats geschehen, will sie rechtliche Wirkung entfalten. Ansonsten hätte die Kommune das Recht, die Ernennungsurkunde auszuhändigen. Hingegen bedarf die Wahl des Kreisdirektors (§ 47 I S. 4 KrO) der Bestätigung, die positiv vorliegen muß. Ein Beanstandungsrecht der Aufsichtsbehörde entfällt beim Bürgermeister/Landrat, der in Urwahl direkt gewählt wird (§ 10 II S. 2 LBG). § 10 II S. 2 LBG setzt die Aushändigung einer Ernennungsurkunde voraus. Beim in Urwahl gewählten Bürgermeister/Landrat bedarf es aber gerade keiner Ernennung (§ 195 III S. 1, 2. Alt., X LBG).
Fall: Rn 77.

---

60   RiA 98, 152 (152 f.) = NVwZ-RR 98, 186.
61   OVG Lüneburg, NVwZ-RR 04, 434 (435).
62   Es besteht kein solches Recht: BVerwG, PersV 79, 504 (505 f.); anders in NW (§ 65 II S. 2, 1. Hs. LPVG, und bei der Gleichstellungsbeauftragten (§ 17 I, 2. Hs. Nr. 1 LGG).

3. Voraussetzungen der einzelnen Ernennungsfälle

4.3.5 Bei speziellen Ernennungsfällen kann schließlich die **Beteiligung einer sonstigen Stelle** erforderlich sein. So muß bei der Ernennung eines Schulleiters, der Landesbeamter ist (§ 57 IV S.1, 1.Hs., S. 2 SchulG), der Schulträger (Kommune oder Kreis) einbezogen werden (§ 61 I S. 1 SchulG). Das Vorschlagsrecht des Schulträgers hat in der Praxis geringe Bedeutung, da sich die Entscheidung der Schulaufsichtsbehörde (§ 61 III S. 1 SchulG) ausschließlich am Leistungsprinzip orientieren muß.[63] Zudem wird dadurch auch in Ansehung des Selbstverwaltungsrechts des kommunalen Schulträgers keine einklagbare Rechtsposition von Städten und Gemeinden begründet.[64] Auf der Basis von § 61 II S. 1 des Entwurfs eines 2. Schulrechtsänderungsgesetzes NW soll zukünftig die Schulkonferenz den Schulleiter wählen. Sofern dieser die Zustimmung des Schulträgers erhält, wird er von der oberen Schulaufsichtsbehörde ernannt. Im Fall einer zweiten Zustimmungsverweigerung durch den Schulträger trifft die obere Schulaufsichtsbehörde die Auswahlentscheidung.

Literatur: Pechstein, Zur Verfassungsmäßigkeit der Wahl des Schulleiters durch die Schulkonferenz als Beamter auf Zeit gemäß § 61 2. Schulrechtsänderungsgesetz NW, ZBR 06, 159; Hoffmann, Zur Änderung des kommunalen Vorschlagsrechts bei Personalentscheidungen des Landes, NWVBl 95, 241.

4.4 *Aushändigung der Urkunde*

Durch diesen Vorgang wird das Ernennungsverfahren beendet. Auch in der Frage des Wirksamwerdens der Ernennung weicht das Beamtenrecht vom allgemeinen Verwaltungsrecht ab. Während dort die Wirksamkeit eines Verwaltungsaktes (§ 43 I S. 1 VwVfG) von der Bekanntgabe abhängt, deren Form mangels besonderer Regelung (§ 41 VwVfG) im Ermessen der Behörde steht (§ 10 S. 1 VwVfG), schreibt § 8 II S. 1 LBG die Aushändigung der Urkunde vor. Dies bedeutet grundsätzlich die **gewollte Übergabe von Hand zu Hand** zwischen dem Dienstvorgesetzten oder seinem Beauftragten[65] und dem zu ernennenden Bewerber persönlich[66]. Deshalb ist eine Ernennung in elektronischer Form ausgeschlossen (§§ 5 II S. 3 BRRG, 5 II S. 4 BBG, 8 II S. 3 LBG). Das BeamtStG verbietet dies nicht mehr. Aus der Begründung zu § 8 II BeamtStG ist sogar zu entnehmen, daß hier die elektronische Form zugelassen sein soll, wenn man eine qualifizierte elektronische Signatur benutzt. Wegen der erforderlichen Übergabe der Originalurkunde von Hand zu Hand läuft die Verwendung der elektronischen Form jedoch leer; sie sollte somit unterbleiben.

97

Ausnahmsweise soll die Aushändigung durch persönlich zuzustellenden Einschreibebrief mit Rückschein oder Postzustellungsurkunde unter Ausschluß der Ersatzzustellung[67] sowie durch Boten des Dienstherrn gegen

---

63 OVG Münster, MittNWStGB 00, lfd. Nr. 336.
64 VGH Mannheim, DÖV 04, 1049 (1050).
65 OVG Münster, OVGE 7, 131 (134).
66 Battis, § 6 BBG, Rn 5; Monhemius, Rn 166.
67 Scheerbarth/Höffken/Bauschke/Schmidt, § 12 I 2d; Wagner, Rn 79; Kunig in Schmidt-Aßmann, Rn 73; Battis, § 6 BBG, Rn 5.

5. Abschnitt: Die Ernennung

persönlich zu unterzeichnendes Empfangsbekenntnis des zu Ernennenden erfolgen können. Diese Handhabung findet allerdings im Gesetzeswortlaut keine Stütze, ist aber von ihrem Sinn und Zweck zu rechtfertigen.

Schließlich liegt der Zeitpunkt der Aushändigung im Ermessen des Dienstherrn. Allerdings sollte man die Urkunde in zeitlicher Nähe zum Ernennungstermin aushändigen und nicht von sog. Wirkungsurkunden, die sehr frühzeitig übergeben werden (manchmal über sechs Monate vor der Ernennung) Gebrauch machen.

Fall: Auf dem Weg zur Dienststelle, wo ihm die Einstellungsurkunde ausgehändigt werden soll, verunglückt der Bewerber B tödlich. Gibt es beamtenrechtliche Ansprüche?

a) Ansprüche auf Unfallfürsorge (§§ 30 ff. BeamtVG) setzen voraus, daß B Beamter ist (§ 30 I S. 1 BeamtVG). Mangels Aushändigung der Urkunde (§ 8 II S. 1 LBG) ist das nicht der Fall.

b) Ein Anspruch aus schuldhafter Verletzung der Fürsorgepflicht[68] scheidet ebenfalls aus. Die Fürsorgepflicht existiert ausschließlich gegenüber Beamten (§ 85 LBG). Selbst wenn man im vorliegenden Fall eine Vorwirkung annehmen sollte[69], fehlt es am Verschulden.

c) Das gleiche gilt mangels Verschulden für Ansprüche aus culpa in contrahendo. Bei diesen ist außerdem fraglich, ob sie hier anzuwenden sind.[70] Zwar sind sie grundsätzlich im öffentlichen Recht anwendbar.[71] Zwischen Dienstherrn und Beamten besteht jedoch gerade keine vertragliche Beziehung. Die Ernennung erfolgt vielmehr durch Verwaltungsakt.

d) Ansprüche aus Art. 34 S. 1 GG, § 839 BGB setzen eine hier nicht gegebene Amtspflichtverletzung voraus.

Somit liegen keine beamtenrechtlichen Ansprüche vor.

Literatur: Kersten, Elektronische Kommunikation im Beamtenrecht, ZBR 06, 35.

4.5 Diensteid

98 Beamte haben einen Diensteid zu leisten (§§ 39 I S. 1 BeamtStG, 61 I LBG, 58 I BBG). Der Diensteid hat eine Verpflichtung auf das Grundgesetz zu enthalten (§ 39 I S. 2 BeamtStG). Er muß nicht erfolgen, damit die Ernennung wirksam ist. Die Eidesleistung ist, wie § 6 LBG (§§ 7 BeamtStG/BBG) zeigt, keine Voraussetzung für eine Ernennung. Außerdem ist ein nicht geleisteter Eid ebenfalls kein Nichtigkeits- oder Rücknahmegrund (§§ 11, 12 BeamtStG/LBG/BBG). Selbst ohne Diensteid existiert ein Beamtenverhältnis, wie sich aus §§ 24 I S. 1 Nr. 1 BeamtStG, 31 Nr. 1 LBG, 28 Nr. 1 BBG („der Beamte") ergibt. Vielmehr ist die Weigerung, den Diensteid zu leisten, zwingender Entlassungsgrund. Das auch ohne Diensteid bestehende Beamtenverhältnis wird beendet (§§ 22 Nr. 1 BeamtStG, 30 I S. 1 Nr. 1 LBG, 28 Nr. 1, 1. Alt. BBG). Entsprechendes gilt für ein verweigertes Gelöbnis (§§ 24 I S. 1 Nr. 1, 2. Alt. BeamtStG, 28 Nr. 1, 2. Alt. BBG), wenn es statt eines Eides vorgeschrieben war (§ 39 II BeamtStG).

---

68 BVerwGE 13, 17 (23 f.); Rn 270.
69 Verneinend VGH München, ZBR 85, 167.
70 Bejahend Schenke, 28; Kellner, DVBl 04, 207 (209).
71 BGHZ 71, 386 (392).

3. Voraussetzungen der einzelnen Ernennungsfälle

II.   Materielle Ernennungsvoraussetzungen

1.   Sachliche Voraussetzungen

1.1   Dienstherrnfähigkeit

Die juristische Person, deren Organ die Ernennung vornimmt, muß dienstherrnfähig sein (Rn 53; weiterer Fall nachstehend). **99**

1.2   Wahrnehmung von Hoheitsaufgaben

Ein Beamtenverhältnis darf nur zur Wahrnehmung hoheitsrechtlicher Aufgaben begründet werden (§ 4 I, 1. Alt. LBG). Der Begriff „Hoheitsaufgaben" ist hier wie beim Funktionsvorbehalt zu verstehen. § 4 I, 2. Alt. LBG sieht darüber hinaus vor, ein Beamtenverhältnis einzugehen, wenn der Bewerber Aufgaben übernimmt, die wegen der Sicherung des Staates oder des öffentlichen Lebens nicht ausschließlich Personen übertragen werden dürfen, die in einem privatrechtlichen Arbeitsverhältnis stehen. Diese Voraussetzung ist z.B. bei Verkehrs- und Versorgungsbetrieben der öffentlichen Hand erfüllt.[72] **100**

Danach könnte man beispielsweise ebenfalls Fluglotsen zu Beamten ernennen.

Fall: Bei der Verkehrsbetriebs-AG, die zu 100% der Stadt gehört, haben die Busfahrer häufig bei Tarifauseinandersetzungen gestreikt. Deshalb möchte eine Fraktion im Stadtrat die Fahrer zu Beamten ernennen. Wäre das rechtlich möglich?
Beim Personennahverkehr handelt es sich um eine Aufgabe i.S.v. § 4 I, 2. Alt. LBG. Deshalb wäre es an sich denkbar, die Busfahrer ins Beamtenverhältnis zu berufen. Diese Maßnahme scheitert jedoch daran, daß die Verkehrsbetriebs-AG als juristische Person des Privatrechts nicht dienstherrnfähig ist (§ 2 Nr. 2 BeamtStG).

2.   Persönliche Voraussetzungen

2.1   Staatsangehörigkeit

Nur jemand, der Deutscher (Art. 116 GG) ist, oder die Staatsangehörigkeit eines anderen Mitgliedsstaats der Europäischen Union bzw. eines anderen Vertragsstaats des Abkommens über den Europäischen Wirtschaftsraum (Island, Liechtenstein und Norwegen) oder eines Drittstaats, dem Deutschland und die Europäische Union vertraglich einen entsprechenden Anspruch auf Anerkennung von Berufsqualifikationen eingeräumt haben (z.B. Schweiz), besitzt, kann Beamter werden (§§ 7 I Nr. 1 BeamtStG, 6 I Nr. 1 LBG). Um die Freizügigkeit der Arbeitnehmer in der EU zu gewährleisten, steht demnach dem genannten Personenkreis der Zugang zum Beamtenstatus offen. Den Erwerb der deutschen Staatsangehörigkeit regelt das RuStAG. Von diesen Voraussetzungen kann der IM Ausnahmen zulassen, wenn für die Gewinnung des Beamten ein dringendes dienstliches Interesse besteht, oder wenn bei der Berufung von Hochschullehrern sowie wissenschaftlichen und künstlerischen Mitarbeitern **101**

---

[72] Battis, § 4 BBG, Rn 9.

5. Abschnitt: Die Ernennung

andere wichtige Gründe vorliegen (§§ 7 III BeamtStG, 6 IV, 200 I LBG; Beispiel Rn 95). Dienstliche Interessen sind solche der jeweiligen Verwaltung, für die der Beamte vorgesehen ist.

Wenn die Aufgaben es erfordern, darf lediglich ein Deutscher (Art. 116 GG) in ein Beamtenverhältnis berufen werden (§§ 6 III LBG, 7 II BeamtStG). In Kommunalverwaltungen kann es allerdings keine derartigen, allein Deutschen vorbehaltenen Ämter geben. § 65 V S. 1 GO bestimmt, daß prinzipiell auch in Deutschland wohnhafte Personen mit der Staatsangehörigkeit eines anderen Mitgliedsstaates der EU zum Amt des Bürgermeisters passiv wählbar sind. Es ist kein Grund ersichtlich, warum dann ein zum Bürgermeister gewählter Staatsangehöriger eines anderen Mitgliedsstaates der EU nicht in das dafür vorgesehene B.a.Z. berufen werden sollte. Darf somit sogar der Leiter der Kommunalverwaltung die Staatsangehörigkeit eines Mitgliedsstaates der EU haben, gibt es erst recht kein sachliches Argument, im nachgeordneten Bereich seiner Verwaltung Ämter Deutschen vorzubehalten.[73]

Literatur: Kämmerer, Europäisierung des öffentlichen Dienstrechts, EuR 01, 27; Hailbronner, Öffentlicher Dienst und EG-Freizügigkeit, VBlBW 00, 129; Thiele, Ausnahmen des Freizügigkeitsrechts der Europäischen Union zugunsten der Verwaltung (Art. 48 Abs. 4), PersV 98, 379; Hillgruber, Die Entwicklung des deutschen Beamtenrechts unter der Einwirkung des europäischen Gemeinschaftsrechts, ZBR 97, 1; Hölscheidt/Baldus, Unionsbürger im öffentlichen Dienst anderer Mitgliedsstaaten, NWVBl 97, 41; Schwidden, Die europäische Freizügigkeit im öffentlichen Dienst nach nationalem Recht und nach europäischem Gemeinschaftsrecht, RiA 96, 166; Fischer, Unionsbürger als Beamte in Deutschland, RiA 95, 105; Edelmann, Die Öffnung von Beamtenstellen für EG-Angehörige, DÖD 94, 188; Kathke, Wie weit geht die Öffnung des Berufsbeamtentums für EU-Bürger? – Erster Versuch der Darstellung mit Beispielen aus einer Landesverwaltung, ZBR 94, 233; Schotten, Der Zugang von Unionsbürgern zum deutschen Beamtenverhältnis, DVBl 94, 567; Rieckhoff, Die Entwicklung des Berufsbeamtentums in Europa, 1993; Summer, Die deutsche Staatsangehörigkeit und das Beamtenverhältnis – zugleich Versuch einer Fortschreibung der Rechtsfigur der öffentlich-rechtlichen Sonderbindung, ZBR 93, 97; Becker, Europäisches Gemeinschaftsrecht und deutsches Berufsbeamtentum, Diss., Münster, 1992; Büchner/Gramlich, Das Beamtenrecht im Internationalen, vor allem Europäischen Kontext, RiA 92, 110; Eschmann, Die Freizügigkeit der EG-Bürger und der Zugang zur öffentlichen Verwaltung, 1992; Schimmelpfennig, Zur Freizügigkeit der Arbeitnehmer im öffentlichen Dienst in Europa, PersV 92, 457; Lecheler, Die Konsequenzen des Art. 48 Abs. 4 EWGV für den nationalen öffentlichen Dienst, ZBR 91, 97; Loschelder, Der Staatsangehörigkeitsvorbehalt des deutschen Beamtenrechts und die gemeinschaftsrechtliche Freizügigkeit der Arbeitnehmer: zu den verfassungsrechtlichen Grenzen supranationaler Definitionsmacht, ZBR 91, 102; Ziekow, Die Freizügigkeit nach europäischem Gemeinschaftsrecht im Bereich des öffentlichen Dienstes, DÖD 91, 11; Battis, Freizügigkeit und Beschäftigung in der öffentlichen Verwaltung, PersV 90, 193; Everling, Zur Rechtsprechung des Europäischen Gerichtshofs über die Beschäftigung von EG-Ausländern in der öffentlichen Verwaltung, DVBl 90, 225; Müller, Auswirkungen des EG-Binnenmarktes auf die öffentliche Verwaltung, RiA 90, 53; Thiele, Zum Problem der Freizügigkeit von Arbeitnehmern und Beamten in der Europäischen Gemeinschaft; Zugang zu nationalen Ämtern, DÖD 90, 229.

2.2 Verfassungstreue

102 Diese Einstellungsvoraussetzung (§ 6 I Nr. 2 LBG) führt zur **umstrittenen Frage im Grenzbereich zwischen Verfassungs- und Beamtenrecht.**

---

73 Im Sinn einer restriktiven Auslegung auch Kämmerer, EuR 01, 27 (36 ff.).

3. Voraussetzungen der einzelnen Ernennungsfälle

Quelle der vielfältigen Einzelprobleme ist der Widerspruch zwischen dem Opportunitätsprinzip, das für den Verbotsantrag gilt (Art. 21 II S. 2 GG, § 43 BVerfGG)[74], und dem Legalitätsprinzip, das bei der Prüfung der Einstellungskriterien zu beachten ist (Art. 33 V GG, § 6 I Nr. 2 LBG).

Von den diversen Detailfragen werden hier nur solche behandelt, die sich auf die Feststellung der Verfassungstreue als persönliches Eignungsmerkmal des Bewerbers[75] beziehen.

a) Zunächst ist schon zweifelhaft, ob § 6 I Nr. 2 LBG wegen Art. 21 II, 5 I S. 1, 12 I S. 1, 33 II, 3 III S. 1 GG überhaupt als gültig angesehen werden kann. **103**

Dabei ist jedoch zu berücksichtigen, daß § 6 I Nr. 2 LBG auf Art. 33 V GG beruht, da die Pflicht zur Verfassungstreue ein hergebrachter Grundsatz des Berufsbeamtentums ist.[76] Die Vorschrift vermag daher die genannten Normen des GG zu begrenzen. Art. 21 II GG widerspricht nicht Art. 33 V GG, weil sie unterschiedliche Anwendungsbereiche haben. Während Art. 21 II GG die allgemeine politische Betätigung des Bürgers in der Gesellschaft betrifft, regelt Art. 33 V GG die gesteigerten Anforderungen an einen Beamten und soll verhindern, daß die geltende Verfassungsordnung von innen unterlaufen und aufgehoben wird.[77] Art. 5 I S. 1 GG hindert ebenfalls nicht die Prüfung der Verfassungstreue. Davon werden zwar politische Meinungsäußerungen eines Beamten gedeckt, aber nicht gerade solche, die unvereinbar mit der Treuepflicht (Art. 33 V GG) sind.[78] Die Rechtsprechung legt den Begriff Beruf (Art. 12 I S. 1 GG) weit aus.[79] Deshalb erfaßt sein Schutzbereich auch einen Beruf im öffentlichen Dienst. Allerdings erlaubt Art. 33 GG weithin Sonderregelungen.[80] Nach der Stufentheorie[81] handelt es sich bei der Gewähr für die Verfassungstreue um eine subjektive Zulassungsvoraussetzung. Diese ist aus Gründen des Gemeinwohls zulässig.[82] Solche sind hier gegeben. Die Funktionsfähigkeit des Staates in einer freiheitlich-demokratischen Grundordnung beruht darauf, daß seine Beamten aktiv für diese Grundordnung eintreten und sie nicht bekämpfen.[83] Sinn der Pflicht ist, eine verläßliche, für den Staat vor allem in Krisenzeiten und in ernsthaften Konfliktsituationen aktiv eintretende Beamtenschaft zu garantieren.[84] Das Verbot aus Art. 3 III S. 1 GG, jemanden wegen seiner politischen Anschauung zu benachteiligen, wird durch Art. 33 II GG modifiziert. Zur Eignung im Sinn dieser Vorschrift zählt auch die Verfassungstreue. Dazu gehört

---

74 BVerfGE 40, 287 (291).
75 BVerwGE 47, 330 (347).
76 BVerfGE 39, 334 (349, 352); BVerwG, NJW 82, 779; DVBl 81, 455.
77 BVerfGE 39, 334 (357 ff.); BVerwG, DVBl 81, 460 (461).
78 BVerfGE 39, 334 (366 ff.).
79 BVerfGE 7, 377 (397 f.); 39, 334 (369).
80 Wiese, 33.
81 BVerfGE 7, 377 (405 ff.).
82 BVerfGE 7, 377 (406 f.).
83 BVerfGE 39, 334 (370 f.).
84 BVerwGE 113, 118 (124) = DÖD 98, 67 (68) = NVwZ 98, 1306 (1309).

die Fähigkeit und die innere Bereitschaft, die dienstlichen Aufgaben nach den Grundsätzen der Verfassung wahrzunehmen, insbesondere die Freiheitsrechte der Bürger zu wahren und rechtsstaatliche Regeln einzuhalten.[85] Das formalisierte Differenzierungsverbot (Art. 3 III S. 1 GG) gilt daher allein für Mitglieder solcher Organisationen, die auf dem Boden der Verfassung stehen.[86]

Ebenfalls verstößt § 6 I Nr. 2 LBG nicht gegen internationales Recht. Der EGMR[87] hat klargestellt, daß nationale Staaten die Kompetenz hätten, von ihren Beamten die Treue zu den grundlegenden Verfassungsprinzipien zu verlangen. Einer Bewertung des deutschen „Systems als solchen" enthielt er sich.[88]

Somit bestehen gegen § 6 I Nr. 2 LBG keine durchgreifenden verfassungsrechtlichen Bedenken.

104 b) Bei der Subsumtion unter die Tatbestandsmerkmale des § 6 I Nr. 2 LBG ist zunächst folgendes zu beachten: Die Einstellungsbehörde darf durch Inzidentprüfung feststellen, ob die Organisation, der ein Bewerber angehört, verfassungsfeindliche Ziele verfolgt. Dies gilt selbst dann, wenn diese Organisation noch nicht verboten worden ist. Das Parteienprivileg in Art. 21 II S. 2 GG behält allein das Verbot als solches dem BVerfG vor.[89]

Unter **freiheitlich-demokratischer Grundordnung** (§ 6 I Nr. 2 LBG) wird ebenso wie in Art. 21 II S. 1 GG eine rechtsstaatliche Herrschaftsordnung verstanden, die unter Ausschluß jeglicher Gewalt und Willkürherrschaft auf der Grundlage der Selbstbestimmung des Volkes nach dem Willen der jeweiligen Mehrheit und der Freiheit und Gleichheit aufgebaut ist. Zu ihren grundlegenden Prinzipien sind mindestens zu rechnen: Die Achtung vor den im GG konkretisierten Menschenrechten, vor allem vor dem Recht der Persönlichkeit auf Leben und freie Entfaltung, die Volkssouveränität, die Gewaltenteilung, die Verantwortlichkeit der Regierung, die Gesetzmäßigkeit der Verwaltung, die Unabhängigkeit der Gerichte, das Mehrparteienprinzip und die Chancengleichheit für alle politischen Parteien mit dem Recht auf verfassungsmäßige Bildung und Ausübung von Opposition.[90]

Für ein **„Eintreten"** reicht keine formal korrekte, im übrigen uninteressierte, kühle innerlich distanzierte Haltung. Ein Bewerber muß sich vielmehr mit der Idee der freiheitlichen demokratischen, rechts- und sozialstaatlichen Ordnung identifizieren, der er als Beamter dienen soll.[91] Von ihm wird also ein aktives Eintreten für die freiheitlich-demokratische Grundordnung verlangt.

Die größten Schwierigkeiten in der Praxis macht die Subsumtion unter das Tatbestandsmerkmal **„Gewähr bieten"**. Generell kann dieses Krite-

---

85 BVerfGE 92, 140 (151).
86 BVerfGE 39, 334 (368, 369).
87 NJW 96, 375 (377) = ZBR 96, 174 (177).
88 EGMR, NJW 96, 375 (377) = ZBR 96, 174 (177).
89 BVerfGE 39, 334 (360); BVerwGE 47, 330 (344); BAG, ZBR 76, 306 (309).
90 BVerfGE 2, 1 (13); 5, 85 (140); BVerwGE 47, 330 (335).
91 BVerfGE 39, 334 (347 f.); BVerwGE 55, 232 (237).

3. Voraussetzungen der einzelnen Ernennungsfälle

rium nur verneint werden, wenn der Bewerber gegen die Verfassungsgrundsätze nach den Begriffsbestimmungen des § 92 II StGB verstoßen hat oder einer verbotenen Partei oder Vereinigung angehört.[92] Bei Mitgliedern nicht verbotener Organisationen ist eine einzelfallbezogene prognostische Persönlichkeitsbeurteilung notwendig.[93] Ein Kandidat bietet dann keine Gewähr seiner Verfassungstreue, wenn die für seine Einstellung Verantwortlichen berechtigte Zweifel an der künftigen Erfüllung dieser Pflicht haben.[94] Diese Zweifel können auf äußere Verhaltensweisen gestützt werden.[95] Es ist nicht notwendig, die innere Einstellung zu ermitteln.[96] Sie kann aber dazu führen, daß aus Fakten hergeleitete Zweifel des Dienstherrn zerstreut werden.[97] Allerdings sind ausschließlich solche Zweifel beachtlich, die auf Umständen von gewissem Gewicht beruhen und bei objektiver Betrachtung geeignet sind, die ernste Besorgnis an der künftigen Erfüllung der Verfassungstreue zu begründen.[98] Hingegen reicht nicht aus, eine Überzeugung bloß zu haben und sie mitzuteilen[99], die Lektüre extremer Schriften oder bei Demonstrationen anwesend zu sein. Umstände von hinreichendem Gewicht liegen nur vor, „wenn der Beamtenbewerber Anlaß zu der ernsten Besorgnis gibt, daß er aus seiner politischen Überzeugung auch nach seiner Berufung in das Beamtenverhältnis Folgerungen für seine Einstellung gegenüber der verfassungsmäßigen Ordnung der Bundesrepublik Deutschland, für die Art der Erfüllung seiner Dienstpflichten, für den Umgang mit seinen Mitarbeitern oder für politische Aktivitäten ziehen wird".[100] Selbst die Mitgliedschaft in einer Partei mit verfassungsfeindlichen Zielen schließt nicht zwingend ein verfassungstreues Verhalten aus.[101] Sie ist aber ein mögliches Beurteilungselement. Dabei sind jedoch die Umstände des Erwerbs der Mitgliedschaft, die Kenntnisse von und das Bekenntnis zu verfassungsfeindlichen Zielen der Partei und die Aktivitäten des Bewerbers für sie (z.B. Teilnahme am Parteileben, Kandidaturen) mitzubewerten.[102] Zweifel an der Verfassungstreue gründen sich auf eine Vielzahl von Fall zu Fall wechselnder Beurteilungsaspekte[103], wobei jedoch mehrere Elemente, die je für sich kein negatives Urteil stützen könnten, in ihrer Gesamtheit rechtserhebliche Zweifel auslösen können (**Summeneffekt**[104]).

Die Bewertung, ob ein Bewerber verfassungstreu ist, enthält ein **prognostisches Urteil** über seine Persönlichkeit. Deshalb besteht eine **Beurtei-**

---

92 Battis, § 7 BBG, Rn 15 f.
93 BVerfGE 39, 334 (335, 359); BVerwGE 52, 313 (336).
94 BVerwG, DVBl 81, 455 (456).
95 BVerwG, DVBl 81, 455 (457).
96 BVerwGE 52, 313 (335).
97 BVerwG, DVBl 81, 455 (457).
98 BVerwG, DVBl 81, 455 (457).
99 VG Münster, DVBl 95, 630 (631).
100 BVerfGE 39, 334 (351); BVerwG, DVBl 81, 455 (457).
101 BVerfGE 39, 334 (355, 359); DVBl 81, 1053 (1054); BVerwG, NJW 82, 779 (783); DVBl 81, 455 (457); BVerwG, DVBl 81, 460 (461); Kunig in Schmidt-Aßmann, Rn 81.
102 BVerwG, DVBl 81, 455 (457); NJW 82, 779 (783).
103 BVerfGE 39, 334 (353); BVerwGE 52, 313 (336).
104 BVerwG, DVBl 81, 460 (463).

5. Abschnitt: Die Ernennung

lungsermächtigung des Dienstherrn.[105] Bei einer stets notwendig einzelfallorientierten Würdigung müssen insbesondere einbezogen werden:

- die gegenwärtige oder frühere Zugehörigkeit eines Kandidaten zu einer Organisation, deren Zielsetzungen Prinzipien der freiheitlich-demokratischen Grundordnung widerstreiten,
- seine gegenwärtigen oder früheren Aktivitäten für eine derartige Organisation,
- die sonstigen Verhaltensweisen, soweit sie Rückschlüsse auf seine Haltung gegenüber der freiheitlich-demokratischen Grundordnung zulassen, sowie
- seine Äußerungen im Einstellungsverfahren.

Der Dienstherr hat das Recht, aber auch die Pflicht, die einzelnen tatsächlichen Beurteilungselemente für die Prognoseentscheidung zusammenzutragen. Ein entscheidendes Element für weitere Nachforschungen ist dabei die **Frage nach der Mitgliedschaft** in einer Organisation, deren Zielsetzungen im Widerspruch zu Prinzipien der freiheitlich-demokratischen Grundordnung stehen. Demzufolge hat die Rechtsprechung entschieden, daß der Dienstherr im Vorstellungsgespräch dem Bewerber sachdienliche Fragen einschließlich solcher nach der Mitgliedschaft in einer Organisation mit der Verfassungsordnung widerstreitender Zielsetzung stellen kann. Bei einer Weigerung, derartige Fragen in der Sache zu beantworten und ggf. in persönlicher Rede und Gegenrede zu vertiefen, dürfe der Dienstherr ohne weitere Versuche einer sonstigen Klärung des Sachverhalts davon ausgehen, die erforderliche Grundlage für eine Überzeugung von der künftigen Verfassungstreue habe nicht gewonnen werden können.[106] Die entsprechende **Frage nach der Zugehörigkeit** zu einer bestimmten Organisation oder nach Aktivitäten für sie ist nicht nur bei Bewerbern, sondern **gleichfalls bei einem bereits ernannten Beamten zulässig**. Bei ihm gehört das Verfassungstreueerfordernis zu seinen allgemeinen Dienstpflichten und er kann bei Verstößen disziplinar belangt werden. Durch die Frage nach der Zugehörigkeit kann man somit ermitteln, ob der Beamte schuldhaft seine Dienstpflichten verletzt hat und deshalb ein Disziplinarverfahren einzuleiten ist. Aus der Zulässigkeit der Frage folgt, daß man sie wahrheitsgemäß beantworten muß. Es handelt sich gerade nicht um den Fall, daß auf eine unzulässige Frage unwahr geantwortet werden darf. Eine bejahende Antwort führt jedoch nicht automatisch dazu, daß ein Bewerber für öffentliche Ämter ungeeignet ist bzw. ein Dienstvergehen vorliegt. Vielmehr muß man dies in jedem Einzelfall anhand der soeben dargelegten Kriterien insbesondere unter Berücksichtigung des angestrebten oder innegehabten Amtes mit seinem jeweiligen Aufgabenbereich abwägen.

Das Verwaltungsgericht kann die Beurteilungsermächtigung allein daraufhin überprüfen, ob die Verwaltung den anzuwendenden Begriff oder den

---

105 BVerwG, DVBI 81, 455 (458); 460 (462); bestätigend BVerfG, DVBI 81, 1053 (1054).
106 BVerwG, ZBR 83, 181.

3. Voraussetzungen der einzelnen Ernennungsfälle

gesetzlichen Rahmen, in dem sie sich frei bewegen kann, verkannt hat, oder ob sie von einem unrichtigen Sachverhalt ausgegangen ist, allgemein gültige Wertmaßstäbe nicht befolgt, sachfremde Erwägungen angestellt oder gegen Verfahrensvorschriften verstoßen hat.[107]

Die allgemein gültigen Wertmaßstäbe sind nur beachtet, wenn man die einzelnen Beurteilungselemente sachgerecht gewichtet. Insbesondere müssen Aktivitäten als Jugendlicher oder solche, die zeitlich zurückliegen, mit der gebotenen Zurückhaltung bewertet werden, wobei – obwohl die Anforderungen an den Inhalt der Verfassungstreue für alle Beamtenarten einheitlich sind[108] – für die Übernahme in den Vorbereitungsdienst als Ausfluß des Verhältnismäßigkeitsprinzips eine „vorläufige" Beurteilung ausreicht.[109]

In verfahrensmäßiger Hinsicht ist umstritten, ob bei jeder Ernennung, welche die Verfassungstreue voraussetzt (Einstellung, Anstellung, Lebenszeiternennung), eine Anfrage bei den Staatsschutzbehörden erfolgen muß (Regelanfrage). Dieser Streit ist nur negativ für die Einstellung in den Vorbereitungsdienst entschieden.[110] In den sonstigen Fällen fordert das BVerwG[111], daß die Behörden Anhaltspunkten für Zweifel nachgehen.[112] Diese Regelung entspricht § 24 VwVfG. Der Untersuchungsgrundsatz nach Absatz 1 dieser Vorschrift setzt nicht voraus, daß alle möglichen Tatsachen aufgeklärt werden, sondern allein die für den Einzelfall erheblichen[113], wobei die zuständige Behörde Art und Umfang der Ermittlungen bestimmt (§ 24 I S. 2 VwVfG). Geht man von einer grundsätzlichen Vermutung der Verfassungstreue des Bewerbers aus, kann es keine Regelanfrage, sondern nur eine im Ausnahmefall begründete Einzelanfrage geben.[114]

105

Den Bewerber anzuhören, wird von der Rechtsprechung als rechtlich nicht erforderlich[115], aber zweckmäßig[116] erachtet. Nr. IV 1.4.2 der Richtlinien zur Prüfung der Verfassungstreue schreibt dies jedoch grundsätzlich vor. Die Grundsätze für die Prüfung der Verfassungstreue von Bewerbern für

---

107 BVerwG, DVBl 81, 455 (458); a.A. Kunig in Schmidt-Aßmann, Rn 84, nach dem eine volle richterliche Kontrolle möglich sei. Ihm ist jedoch nicht zu folgen. Die einzelfallbezogene Prognoseentscheidung, die Geeignetheit zu ermitteln, ist ein allein dem Dienstherrn vorbehaltener Akt wertender Erkenntnis. Zudem unterscheidet sich der Eignungsaspekt „Verfassungstreue" nicht von anderen zu beurteilenden Eignungsanforderungen, die anerkanntermaßen lediglich eingeschränkt überprüft werden dürfen (vgl. Rn 150).
108 BVerfGE 39, 334 (355, 371 f., 374); BVerwGE 47, 330 (341 ff.).
109 BVerfGE 39, 334 (356); BVerwG, NJW 82, 784 (786).
110 BVerfGE 39, 334 (356); BVerwG, DVBl 81, 455 (457); vgl. auch die Grundsätze für die Prüfung der Verfassungstreue von Bewerbern für den öffentlichen Dienst, SMBl NW 203020.
111 DVBl 81, 455 (457).
112 S. auch Nr. IV 1.4 der in Fn 110 erwähnten Grundsätze.
113 Stelkens/Bonk/Sachs, VwVfG, § 24 VwVfG, Rn 8.
114 Zum Streitstand Battis, § 7 BBG, Rn 22 f.
115 BVerfGE 39, 334 (352).
116 BVerwG, DVBl 81, 455 (458); BGH, NJW 79, 2041 (2042).

5. Abschnitt: Die Ernennung

den öffentlichen Dienst in NW aus dem Beitrittsgebiet finden sich im RdErl IM.[117]

106 Anhand der obigen Ausführungen sind die einzelnen Parteien zu bewerten. Hinsichtlich der **SED-Nachfolgepartei PDS** kann man aufgrund des Parteiprogramms und der Parteiarbeit nicht ausschließen, daß diese verfassungsfeindliche Ziele verfolgt.[118] Eine Mitgliedschaft in der PDS reicht somit, um Zweifel zu wecken, ob der Bewerber die Gewähr bietet, jederzeit für die freiheitlich-demokratische Grundordnung im Sinn des Grundgesetzes einzutreten. Die Einstellungsbehörde darf deshalb Bewerber nach der Zugehörigkeit zur PDS, zu Aktivitäten in ihr sowie nach seinen konkreten politischen Zielen befragen, und hieraus gemäß der soeben geschilderten Kriterien Rückschlüsse auf die Verfassungstreue ziehen. Entsprechendes gilt für die Zugehörigkeit zu den am rechten oder linken Rand des politischen Spektrums angesiedelten Organisationen wie **DVU, NPD**[119] und **DKP**[120]. Ob die **Republikaner** verfassungsfeindlich sind, ist strittig.[121] Hiervon ist für mich jedoch wegen der Beobachtung durch den Verfas-

---

117 V. 28.10.91, MBl NW 91, 1474 (1474 f.), geändert durch RdErl v. 26.6.00, MBl NW, 796.
118 Vorsichtiger in der 4. Aufl.: Schnellenbach, Rn 18, Fn 85; ab der 5. Aufl. hat er keine Meinung mehr zu dieser Frage. Meine Position ablehnend Battis, § 7 BBG, Rn 20, nach dem dies jedoch „im Einzelfall wegen des Engagements für eine z.B. antiparlamentarische Strömung in der Partei anders sein" könne.
119 BVerwGE 83, 158 (160 ff.) = NJW 86, 3096 (3097 ff.) = RiA 86, 136 (136 ff.) = DVBl 86, 947 (947 ff.); NJW 84, 813 (813 ff.); VG Berlin, ZBR 06, 102 (103 ff.).
120 BVerwGE 76, 157 (160 ff.) = DVBl 84, 955 (956 ff.); 73, 263 (265 ff.) = ZBR 82, 22 (22 ff.); NJW 85, 503 (504 ff.); NJW 87, 2691 (2691 ff.); 86, 99 (112) = NJW 89, 2554 (2557) = DVBl 89, 763 (766) = ZBR 89, 303 (305).
121 Hinsichtlich der Verfassungstreue von Parteimitgliedern der Republikaner ist die Judikatur zwar verwirrend vielfältig. Dies ist aber juristisch korrekt, da Gerichte allein anhand der Umstände des jeweiligen Einzelfalls entscheiden. BVerwG, Urt. v. 17.9.03, 6 C 4/03: Ausplanung eines Reserveoffiziers wegen Funktionen in der Partei „Die Republikaner" nicht willkürlich, da man wegen der Beobachtung der Partei durch das Bundesamt für Verfassungsschutz und wegen entsprechender Ausführungen im Verfassungsschutzbericht begründete Zweifel an der Verfassungstreue haben dürfe; Urt. v. 28.11.01, WD 42.43.00: keine Disziplinarmaßnahmen gegen Berufssoldaten, die Funktionäre der Republikaner sind; DVBl 02, 122 (123, 125): keine Verletzung der politischen Treuepflicht zweier Soldaten durch aktive Mitgliedschaft; NVwZ 00, 80 (81): Mitgliedschaft bei den Republikanern begründet Zweifel an der Verfassungstreue und stellt einen Eignungsmangel für die Verwendung als Redaktionsoffizier bei der Bundeswehr dar; E 113, 267 (269 ff.): Funktionsträger der Republikaner als Sicherheitsrisiko für die Bundeswehr; NJW 02, 980 (983) = E 114, 258 (268 f.) = ZBR 02, 316 (319): Bewertung des Verfassungsschutzes vermag den mit konkreten Beweismitteln zu führenden Nachweis, daß eine Partei eine verfassungsfeindliche Zielsetzung verfolgt, nicht zu ersetzen; VGH Kassel, NVwZ 99, 904 (906 f.): Mitgliedschaft bei den Republikanern ist kein Dienstvergehen, wenn sich der Beamte dafür einsetzt, daß die Partei nicht in die Verfassungsfeindlichkeit abgleitet; VGH Mannheim, VBlBW 00, 162 (162 f.): Zweifel an der Eignung eines Kriminalkommissars für eine Beförderung wegen dessen Aktivitäten bei den Republikanern; OVG Koblenz, NVwZ 98, 874 (875): Zweifel an der Verfassungstreue eines Polizeibeamten, der für die Republikaner ein Stadtratsmandat errungen, dies aber nach seinem Parteiaustritt nicht zurückgegeben hatte; VG Münster, NVwZ 00, 709 (710): Beamter darf für die Republikaner bei der Landtagswahl kandidieren; DVBl 95, 630: Lehrer darf für Republikaner kandidieren. Mangels Entscheidungserheblichkeit offengelassen von BVerfG, DVBl 02, 471 (471 f.) = NVwZ 02, 847 (848) = DÖD 02, 96 (96 f.).

3. Voraussetzungen der einzelnen Ernennungsfälle

sungsschutz[122], ebenso wie bei der PDS, auszugehen. Dadurch weckt der Bewerber die erforderlichen Zweifel an seiner Verfassungstreue, die zu einer einzelfallbezogenen prognostischen Persönlichkeitsbeurteilung seitens des Dienstherrn führen müssen. Wie diese jedoch ausgeht, ist damit keinesfalls determiniert; dies zeigt deutlich die gerade dargestellte disperse Rechtsprechung zur Mitgliedschaft bei den Republikanern.

Aus beamtenrechtlicher Sicht ist weiterhin die Frage nach einer Mitgliedschaft in der **Scientology-Organisation** oder einer ihrer Unterorganisationen bzw. nach einer festen Beziehung zu Scientology oder einer ihrer Unterorganisationen rechtlich zulässig. Dies gilt sowohl bei Neueinstellungen als auch bei bereits vorhandenen Beamten. Die Grundsätze der Entscheidung des BVerfG[123] sind hier ebenfalls anwendbar. Bei Scientology handelt es sich um eine Gruppe, deren Zielsetzungen Prinzipien der freiheitlich-demokratischen Grundordnung widerstreiten. Der Begriff der freiheitlich-demokratischen Grundordnung ist vom Bundesverfassungsgericht verbindlich ausgelegt worden. Er bezeichne eine „rechtsstaatliche Herrschaftsordnung auf der Grundlage der Selbstbestimmung des Volkes nach dem Willen der jeweiligen Mehrheit und der Freiheit und Gleichheit." Als tragende Prinzipien dieser Ordnung seien (mindestens) „die Achtung vor den ... Menschenrechten..., die Volkssouveränität, die Gewaltenteilung, die Verantwortlichkeit der Regierung, die Gesetzmäßigkeit der Verwaltung, die Unabhängigkeit der Gerichte, das Mehrparteiensystem und die Chancengleichheit für alle politischen Parteien ..." anzusehen.[124] Ein ausführliches Gutachten[125] gelangt zur klaren und nachvollziehbaren Feststellung, daß das Menschen- und Gesellschaftsbild von Scientology diesen elementaren Grundsätzen der Gesellschafts- und Werteordnung des Grundgesetzes widerspreche. Hierfür seien insbesondere der Absolutheitsanspruch sowie die totale Disziplinierung und Unterwerfung unter Ziele der Organisation ausschlaggebend. Es handele sich dabei nicht nur um einzelne punktuelle Überschreitungen des von der Verfassung gezogenen Rahmens. Vielmehr erscheine das Scientology-Gedankengut durchgängig als verfassungsfeindlich und nicht bloß als verfassungsfremd.[126]

107

Eine **Befragung durch den Dienstherrn verstößt auch nicht gegen Art. 4 GG.** Durch Beschluß des BAG[127] ist festgestellt worden, daß Scientology keine Religions- und Weltanschauungsgemeinschaft sei, weil sie kommerziell und damit auf Gewinnerzielung angelegt sei. Die Organisa-

---

122 Richtigerweise rechtfertigt eine solche Beobachtung „allein" keine negative Beurteilung: Battis, § 7 BBG, Rn 17; BVerwG, NJW 02, 980 (983) = E 114, 258 (268 f.) = ZBR 02, 316 (319).
123 E 39, 334 (347 ff.); näher Rn 103 ff.
124 BVerfGE 2, 1 (12 f.); 5, 85 (140).
125 Abel, Ist das Menschen- und Gesellschaftsbild der Scientology-Organisation vereinbar mit der Werte- und Rechtsordnung des Grundgesetzes?, 1996.
126 So auch die Bund-Länder-Arbeitsgruppe Scientology der Verfassungsschutzbehörden v. Oktober 98, F.A.Z. v. 19.12.98, 7.
127 NJW 96, 143.

5. Abschnitt: Die Ernennung

tion selbst kann somit nicht erfolgreich einen Verstoß gegen Art. 4 GG rügen. Hinsichtlich des einzelnen Beamten berührt die Frage nach der Mitgliedschaft ebenfalls nicht den Schutzbereich von Art. 4 GG. Durch diese Frage allein hindern oder beeinträchtigen staatliche Stellen keine Religionsausübung.

Gemäß Kabinettsbeschluß[128] hat sich die **Bayerische Staatsregierung** auf den Text eines **Fragebogens** geeinigt, der seit dem 1.1.1996 Kandidaten für den bayerischen Staatsdienst vorgelegt wird und deren Beziehungen zu Scientology klären soll. Gefragt wird, ob der Bewerber der Vereinigung angehöre, ob er geschäftlich mit ihr zu tun oder an einer ihrer Veranstaltungen teilgenommen habe, ob er nach Scientology-Methoden geschult worden sei, ob er ihren Weisungen unterliege und ob er die Vereinigung finanziell oder ideell unterstütze.[129]

Literatur: Diringer, Die Nichtzulassung von Mitgliedern der Scientology-Organisation zum öffentlichen Dienst, NVwZ 03, 901; Schwarz, MfS-Mitarbeit und Beamtenrecht, LKV 03, 77; Catenhusen, Die Stasi-Überprüfung im öffentlichen Dienst der neuen Bundesländer, Diss., Berlin, 1999; Fleig, Rechtsextremismus und öffentlicher Dienst, DÖD 99, 217; Trute, Rechtsprechung zur Vergangenheitsbewältigung – Rechtsprechung im Übergang, SächsVBl 99, 261; Cremer/Kelm, Mitgliedschaft in sog. „Neuen Religions- und Weltanschauungsgemeinschaften" und Zugang zum öffentlichen Dienst, NJW 97, 832; Häde/Jachmann, Mitglieder extremistischer Parteien im Staatsdienst, ZBR 97, 8; Zuck, Scientology – na und, NJW 97, 697; Strehle, Verschweigen einer Tätigkeit für das frühere Ministerium für Staatssicherheit bei Neueinstellungen im öffentlichen Dienst, RiA 94, 128; Kathke, Verfassungstreueprüfung nach der deutschen Wiedervereinigung – dargestellt anhand einiger Beispiele, ZBR 92, 344.

2.3 Spezifische Voraussetzungen für die Art des zu begründenden Beamtenverhältnisses

2.3.1 Beamtenverhältnis auf Widerruf

2.3.1.1 B.a.W. im Vorbereitungsdienst (§ 5 I Nr. 4 a) LBG; Rn 165)

108 **Voraussetzung** zur Berufung in das Beamtenverhältnis ist, **daß der Bewerber die für seine Laufbahn geforderte Vorbildung hat**. § 19 LBG regelt Mindestanforderungen, die durch die Laufbahnvorschriften und durch Ausbildungs- und Prüfungsordnungen (§§ 15 I S. 2 Nr. 2 LBG, 15 I S. 2 LVO) erhöht werden können.[130] Dabei ist es unerheblich, bei welchem Dienstherrn diese Voraussetzungen erworben wurden.

Ein Bewerber **für den einfachen Dienst** muß den erfolgreichen Besuch einer Hauptschule oder einen als gleichwertig anerkannten Bildungsstand nachweisen (§§ 19 I S. 1 Nr. 1 LBG, 16, 1. Hs. LVO; z.B. abgeschlossener Besuch der 9. Klasse eines Gymnasiums, falls in einer APO anerkannt[131]).

---

128 V. 29.10.1996, AllMBl Nr. 21/96, 699.
129 Battis, § 7 BBG, Rn 11, hat an dieser Praxis wegen der Entscheidung des EGMR, NJW 96, 375 = ZBR 96, 174, Zweifel. Allerdings hat der EGMR in den Urteilsgründen ausdrücklich darauf abgestellt, daß die Meinungsfreiheit durch (beamten)gesetzliche Normen zur politischen Treuepflicht i.V.m. der Rechtsprechung des BVerfG und BVerwG eingeschränkt werden dürfe.
130 Korn/Tadday, § 19 LBG, Anm 1.
131 Schütz/Maiwald, § 19 LBG, Rn 4.

3. Voraussetzungen der einzelnen Ernennungsfälle

Als gleichwertig gilt auch ein Bildungsstand, der auf geeigneter Bildungsgrundlage durch eine besondere berufliche Aus- oder Weiterbildung erworben worden ist (§ 16, 2. Hs. LVO).

Für den mittleren Dienst ist als Vorbildung entweder ein erfolgreicher Besuch der Realschule oder ein als gleichwertig anerkannter Bildungsstand oder der Hauptschulabschluß und zusätzlich eine abgeschlossene Berufsausbildung oder eine abgeschlossene Ausbildung in einem öffentlich-rechtlichen Ausbildungsverhältnis vorgeschrieben (Aufbaupraktikum; §§ 19 I S. 1 Nr. 2 LBG, 19 LVO).

B.a.W. im Vorbereitungsdienst für eine **Laufbahn des gehobenen Dienstes** kann nur werden, wer eine zum Hochschulstudium berechtigende Schulbildung oder einen als gleichwertig anerkannten Bildungsstand hat (z.B. Fachhochschulreife; §§ 19 I S. 1 Nr. 3 LBG, 26 LVO).

Als Einstellungsvoraussetzung für den Vorbereitungsdienst ist **im höheren Dienst** ein geeignetes, abgeschlossenes Studium an einer Universität, einer technischen Hochschule oder einer anderen gleichstehenden Hochschule erforderlich (§§ 19 I S. 1 Nr. 4a LBG, 36 LVO). Während früher allein dies genügte, reicht mittlerweile auch ein mit einem Magister-/Mastergrad abgeschlossenes, in einem Akkreditierungsverfahren als ein für den höheren Dienst geeignet eingestuftes Studium an einer Fachhochschule (§ 19 I S. 1 Nr. 4b LBG).

Einzelheiten ergeben sich aus den jeweiligen Ausbildungs- und Prüfungsordnungen.[132]

Hingegen dürfen von einem Staatsangehörigen eines EU-Mitgliedsstaates, der ein Diplom erlangt hat, das zum unmittelbaren Zugang zu einem Beruf im öffentlichen Dienst des Herkunftslandes berechtigt, der mit dem Berufsbild einer Laufbahn im wesentlichen übereinstimmt, weder ein Vorbereitungsdienst noch die für den Erwerb der Befähigung für die Laufbahn besonderer Fachrichtung vorgeschriebene hauptberufliche Tätigkeit gefordert werden (§ 21a I LBG). Um welche Diplome es sich handelt, bestimmt § 21a II LBG, wobei das IM in einer Rechtsverordnung weitere Festlegungen treffen darf (§§ 21a IV S. 1 LBG, 15 I S. 3 LVO) und auch getroffen hat. Allerdings ist die Beherrschung der deutschen Sprache in Wort und Schrift Voraussetzung für die Zulassung zur Laufbahn (§ 21a III LBG).

2.3.1.2 Sonstige B.a.W. (§ 5 I Nr. 4 b) LBG)

Im LBG sind keine speziellen Einstellungskriterien vorgesehen. Man wird jedoch eine gleiche Befähigung (Rn 160 ff.) wie bei den Beamten fordern müssen, die entsprechende Aufgaben dauernd wahrnehmen. So muß eine Aushilfslehrerin die Voraussetzungen des § 50 LVO erfüllen.

---

132 Übersicht bei Schütz/Maiwald, § 16 LBG, Rn 6.

5. Abschnitt: Die Ernennung

2.3.2 Beamtenverhältnis auf Probe

2.3.2.1 Laufbahnbewerber

109 Ein Laufbahnbewerber muß die für seine Laufbahn vorgeschriebene oder übliche Vorbildung besitzen (§ 6 II S. 1 LBG).

Die dort geforderte **Laufbahnbefähigung** wird in § 20 LBG konkretisiert und richtet sich nach der Laufbahngruppe. Der Regellaufbahnbewerber erwirbt die Laufbahnbefähigung in drei Stufen: Vorbildung (Rn 108), Vorbereitungsdienst (Rn 165) und Laufbahnprüfung (Rn 166). Einzelheiten zum Erwerb der Befähigung und andere Alternativen werden in Rn 160 ff. behandelt.

2.3.2.2 Andere Bewerber

Während der Regellaufbahnbewerber eine speziell auf seine Laufbahn bezogene Vorbildung als B.a.W. im Vorbereitungsdienst erhält, kann der andere Bewerber die erforderliche Befähigung durch **Lebens- und Berufserfahrung** innerhalb oder außerhalb des öffentlichen Dienstes erwerben (§ 6 II S. 2, 1. Hs. LBG). Von ihm darf die für die Laufbahn vorgeschriebene Vorbildung nicht gefordert werden (§ 22 I LBG). Allerdings **muß** seine **Befähigung vom LPA festgestellt werden** (§ 22 III, 1. Hs. LBG). Dies ist aber unzulässig (§ 22 III, 2. Hs. LBG), wenn nach der Eigenart der wahrzunehmenden Aufgabe eine besondere laufbahnmäßige Vorbildung und Fachausbildung zwingend erforderlich ist (z.B. bei Medizinal- und Veterinärbeamten oder Justitiaren[133]). Dem anderen Bewerber sind ebenfalls solche Ämter verschlossen, für die kraft Gesetzes die Befähigung zum höheren Verwaltungsdienst gefordert ist (§ 5 III LVO; z.B. die Ämter des Kreisdirektors [§ 47 I S. 3 KrO] bzw. der Beigeordneten in kreisfreien Städten oder Großen kreisangehörigen Städten [§ 71 III S. 2 GO]). Entsprechendes gilt für die Ämter, für die kraft Gesetzes die Befähigung für die Laufbahn des gehobenen allgemeinen Verwaltungsdienstes vorausgesetzt wird (§§ 22 III, 2. Hs. LBG, 6 II S. 2, 2. Hs. LBG, 45 II LVO; mindestens ein Beigeordneter in kreisangehörigen Gemeinden [§ 71 III S. 3 GO]). Allerdings ist hier eine Ergänzung insoweit geplant, daß die Befähigung als anderer Bewerber reicht, wenn für bestimmte Ämter die Befähigung für die Laufbahn des gehobenen allgemeinen Verwaltungsdienstes gefordert wird (§ 5 III S. 2 LVO [neu]).

2.3.3 Beamtenverhältnis auf Lebenszeit

110 Die **Voraussetzungen** für die Berufung zum B.a.L. ergeben sich aus **§§ 10 BeamtStG, 9 I LBG**. Die Ernennung zum B.a.L. ist nur zulässig, wenn sich der Beamte in einer Probezeit von mindestens sechs Monaten und höchstens fünf Jahren bewährt hat (§ 10 S. 1 BeamtStG). Das Landesrecht kann jedoch Ausnahmen von der Mindestprobezeit bestimmen (§ 10 S. 2 BeamtStG). § 9 I LBG zeigt zudem, daß im Regelfall das B.a.L. nur nach

---

[133] Korn/Tadday, § 6 LBG, Anm 9.

3. Voraussetzungen der einzelnen Ernennungsfälle

dem Durchlaufen des B.a.W., in dem der Bewerber die Laufbahnbefähigung erwirbt (§ 9 I Nr. 3 a) LBG), und nach dem wegen der Probezeit (§ 9 I Nr. 3 i.V.m. § 23 LBG; s. auch Rn 167) erforderlichen B.a.P. (Rn 64) begründet werden kann. Andere Bewerber (Rn 164) und Bewerber besonderer Fachrichtung (§ 21 LBG; Rn 162) treten dagegen als B.a.P. in das Beamtenverhältnis ein. Neben der Bewährung in der Probezeit muß der Beamte das 27. Lebensjahr vollendet haben (§ 9 I Nr. 2 LBG) und die Anforderungen des § 6 LBG erfüllen (§ 9 I Nr. 1 LBG; Rn 89 ff.).

Wegen der genannten Kriterien kann man ein B.a.L. durch Einstellung beispielsweise bei der Reaktivierung eines in den einstweiligen Ruhestand versetzten Beamten (§ 48 I LBG) oder dann begründen, wenn der Bewerber die Voraussetzungen bei demselben oder einem anderen Dienstherrn bereits erworben hat. Die einmal erfüllten Anforderungen gehen nicht verloren (§ 83 LVO).

2.3.4 Beamtenverhältnis auf Zeit

111 Für die Begründung eines B.a.Z. existieren unterschiedliche Voraussetzungen (Rn 63) im Vergleich zum B.a.L. (§§ 9 II, 25b LBG). Sie betreffen jedoch nicht die kommunalen Wahlbeamten (§ 15 II LBG; nähere Einzelheiten Rn 73 ff.). § 9 II LBG verweist lediglich auf § 9 I Nr. 1 LBG. Demzufolge gelten allein die in § 6 genannten Anforderungen, nicht jedoch diejenigen in § 9 I Nr. 2 und 3. Die Vollendung des 27. Lebensjahres kann ebenso wenig verlangt werden wie die Bewährung in einer Probezeit.

2.3.5 Ehrenbeamtenverhältnis

112 Abgesehen von allgemeinen persönlichen Kriterien, die in den Rn 101 ff. dargestellt sind, sieht das LBG **keine speziellen Ernennungsvoraussetzungen** für Ehrenbeamte vor. Insbesondere gelten die Laufbahnvorschriften nicht für Ehrenbeamte.[134]

Allerdings sind Spezialgesetze zu beachten (z.B. §§ 11 I, III, 34 I, II FSHG, 62 KrO).

Fall: Der NW-Regierungschef Dr. Helmut K möchte seine langgediente Sekretärin, die Angestellte Juliane W zur Regierungsdirektorin z.A. ernennen. W hat die Hochschulreife und kann auf langjährige Erfahrungen als Sekretärin zurückblicken. Läßt das Beamtenrecht diese Maßnahme zu?

W war bisher Angestellte. Deshalb handelt es sich bei der geplanten Ernennung um eine Einstellung (§ 8 I Nr. 1 LBG), durch die das privatrechtliche Arbeitsverhältnis zum Dienstherrn beendet würde (§ 10 IV LBG). Fraglich ist, ob W die für die Art des hier einzugehenden Beamtenverhältnisses geforderte Befähigung hat. Aus dem Zusatz „z.A." bei der Amtsbezeichnung ergibt sich, daß ein B.a.P. begründet werden soll (§ 8 I LVO). In der BBesO ist das Amt des Regierungsdirektors der Besoldungsgruppe A 15 zugeordnet. Wie aus § 4 III S. 2 LVO folgt, gehört das Amt des Regierungsdirektors zur Laufbahngruppe „höherer Dienst". W kann daher als B.a.P. eingestellt werden (§ 6 II S. 1 LBG), wenn sie die Laufbahnbefähigung des höheren Dienstes hat. Hierfür sind ein Vorbereitungsdienst von mindestens zwei Jahren und das Bestehen der Laufbahnprüfung erforderlich (§§ 20 I Nr. 4 LBG, 37 I, 38 I LVO). Diese Voraussetzungen erfüllt W nicht. Aufgrund ihrer Vorbildung könnte sie auch nicht B.a.W. im

---
134 Korn/Tadday, § 183 LBG, Anm 2.

5. Abschnitt: Die Ernennung

Vorbereitungsdienst für eine Laufbahn des höheren Dienstes werden (§ 19 I S. 1 Nr. 4 LBG), sondern Inspektoranwärterin im gehobenen Dienst (§§ 19 I S. 1 Nr. 3 LBG, 14 II S. 1, 1. Alt. LVO). Die beabsichtigte Maßnahme verstieße daher gegen Laufbahnvorschriften. W kann somit nicht als Laufbahnbewerberin berufen werden. Allerdings läßt § 6 II S. LBG die Berufung anderer Bewerber zu. Das ist jedoch nur möglich, wenn der LPA die Befähigung der W feststellt (§ 22 III, 1. Hs. LBG). Insoweit bestehen im Hinblick auf § 4 der Verfahrensordnung des LPA (SMBl NW 20304) und wegen § 45 I LVO erhebliche Zweifel. Nach der genannten Vorschrift müßte W nicht allein die Aufgaben, die ihr übertragen werden sollen, sondern ebenfalls die sonstigen Aufgaben der Laufbahn erledigen können (§ 1 IV Nr. 3 der Verfahrensordnung des LPA).

Sollte der LPA dennoch die Befähigung feststellen, wäre die Einstellungsbehörde lediglich berechtigt, W zur Regierungsrätin z.A. zu ernennen. Die Gewährung von Dienstbezügen einer Besoldungsgruppe mit höherem Endgrundgehalt gilt als Beförderung (§ 25 I S. 1 Nr. 3 LBG), die in der Probezeit nur ausnahmsweise möglich ist (§ 23 VII S. 1, 1. Hs. LBG). In Betracht käme eine weitere Ausnahmeentscheidung des LPA (§§ 23 VII S. 2 LBG, 84 III S. 1, 1. Alt., 10 II a) LVO), damit man die geplante Ernennung durchführen kann.

Alternative: Könnte W unmittelbar zur B.a.L. ernannt werden? Sie müßte sich vorher in einer Probezeit bewährt haben (§ 9 I Nr. 3 LBG). Diese Probezeit ist im B.a.P. zurückzulegen (§ 5 I Nr. 3 a) LBG). W war bisher Angestellte, so daß eine solche Entscheidung allenfalls ausnahmsweise möglich wäre. § 23 II S. 2 LBG sieht ausschließlich eine Verkürzung, allerdings keinen völligen Verzicht auf die Probezeit vor (§ 23 V LBG). Demnach müßte W auf jeden Fall zunächst B.a.P. werden.

2.4 Eignung i.w.S.

113 Mit den Zugangskriterien „**Eignung, Befähigung und fachliche Leistung**" (Art. 33 II GG, § 7 I LBG) wird in Form von **unbestimmten Rechtsbegriffen** auf **sachliche Auswahlprinzipien** abgestellt. § 8 IV S. 1 LBG stellt klar, daß auch die dort genannten Ernennungen unter Berücksichtigung von § 7 I LBG zu erfolgen haben; für Beförderungen ergibt es sich aus § 25 VI S. 1 LBG. Art. 33 II GG, § 7 I LBG legen das **Leistungsprinzip** als maßgeblichen Auslesefaktor fest. Sie enthalten eine **abschließende Positivliste** derjenigen Gesichtspunkte, nach denen allein ausgewählt werden darf.[135] Die in Art. 3 III S. 1 GG als unbeachtlich genannten Aspekte dürfen ebenfalls nicht bei Art. 33 II GG, § 7 I LBG herangezogen werden, um die Eignung i.w.S. zu beurteilen. Danach ist die Auslese der Bewerber ausschließlich gemäß Eignung, Befähigung und fachlicher Leistung ohne Rücksicht auf Geschlecht, Abstammung, Rasse, Glauben, religiöse oder politische Anschauung, Herkunft oder Beziehungen vorzunehmen. Gleiches gilt gemäß § 9 BeamtStG, der diese Kriterien noch in Anlehnung an §§ 11, 1 des Allgemeinen Gleichbehandlungsgesetzes um die Merkmale ethnische Herkunft, Behinderung, Religion oder Weltanschauung und sexuelle Identität ergänzt. Rechtstatsächlich besonders relevant werden diese Verbote bei der Ämterpatronage, der Besetzung von Ämtern im öffentlichen Dienst nach Parteibuch. Sie läßt außer acht, daß aufgrund der grundgesetzlichen Vorgaben insbesondere parteipolitische Auswahlkriterien verpönt sind. Anders kann es nur dann sein, wenn die (partei-)politische Geeignetheit Amtsinhalt und damit Eignungskrite-

---

135 BVerwG, DÖD 05, 162 (163) = NVwZ 05, 457 = ZBR 05, 162 (163) = DVBl 05, 456 (457) = E 122, 147 (150) = RiA 05, 129 (130) = PersV 06, 222 (223); Wichmann, Parteipolitische Patronage, 61 m.w.N.

3. Voraussetzungen der einzelnen Ernennungsfälle

rium ist. Die Eignung ist immer konkret zu bestimmen als Geeignetheit für ein spezielles Amt. Für bestimmte Stellen, wie beispielsweise bei Politischen Beamten oder kommunalen Wahlbeamten, kommt es gerade darauf an, daß man mit den politischen Zielen der Regierung oder des Rates fortdauernd übereinstimmt. Deshalb ist jemand geeignet, der dies aufweist. Eine Komponente bei der Eignung für das Amt eines Politischen Beamten oder kommunalen Wahlbeamten können demnach dessen politische Ansichten sein.[136] Sie verbieten sich hingegen bei Positionen, die zwar möglicherweise tatsächlich ein Vertrauensverhältnis voraussetzen, zu deren Amtsinhalt rechtlich jedoch keine (partei-)politische Geeignetheit zählt, wie bei persönlichen Referenten, Pressesprechern oder Fraktionsassistenten, um nur einige zu nennen. Ihre Auswahl nach parteipolitischen Gesichtspunkten verstößt gegen den Leistungsgedanken und ist rechtswidrig. Bei diesen Positionen sowie bei höchsten Führungsfunktionen dürfen jedoch allgemein die Vertrauenswürdigkeit und Loyalität als ungeschriebene Anforderungsmerkmale herangezogen werden.[137]

Im Beamtenrecht der neuen Bundesländer[138] ist die Tätigkeit in herausgehobener Funktion für Parteien der ehemaligen DDR ein Kriterium, aufgrund dessen die fehlende Eignung vermutet wird. Die Bedeutung dieses Kriteriums kann sich jedoch durch erheblichen Zeitablauf relativieren.[139] Ob jemand dort in herausgehobener Funktion tätig war, darf von den Verwaltungsgerichten in vollem Umfang überprüft werden.[140]

Den Aspekt „Ausländer" oder soziale Gesichtspunkte („Arbeitslosigkeit") zu berücksichtigen, ist ebenfalls ausgeschlossen. Sollte sich innerhalb des grundsätzlich berufungsfähigen Personenkreises (§ 6 I Nr. 1 LBG) nach einer leistungsorientierten Auswahl unter den Bewerbern für ein öffentliches Amt herausstellen, daß ein Staatsangehöriger eines anderen Mitgliedsstaates der Europäischen Union der am besten geeignete Bewerber ist, wäre er zu ernennen. Die Staatsangehörigkeit darf somit weder positiv noch negativ bei der Ernennungsentscheidung eine Rolle spielen. Die Kriterien des Art. 33 II GG, § 7 I LBG gelten für sämtliche öffentlichen Ämter und Ernennungsvorgänge. Sie sind deshalb auch bei der Einstellung von Beamtenanwärtern, die im B.a.W. erfolgt (§ 5 I Nr. 4 a) LBG), zu beachten. Der Antrag eines kommunalen Ausländerbeirats, bei jeder Einstellung von Beamtenanwärtern anteilig ausländische Mitbürger zu berücksichtigen, wäre somit rechtswidrig. Ebenso wenig darf auf den möglicherweise andersartigen Verlauf der beruflichen Entwicklung ostdeutscher Bewerber privilegierend abgestellt werden.[141] Schließlich ist es

---

136 Das Vorstehende nach Wichmann, ZBR 88, 365 (369); ders., Parteipolitische Patronage, 80 ff., 87 ff.
137 OVG Münster, RiA 05, 253 (255) = DÖD 06, 104 (108 f.); NVwZ-RR 06, 340 (342) = NWVBl 06, 139 (141).
138 Vgl. z.B. § 6 III S. 1 SächsBG.
139 OVG Greifswald, RiA 04, 304 (307): hier mehr als 25 Jahre.
140 OVG Bautzen, SächsVBl 00, 267 (verneint für einen ehemaligen Sekretär einer SED-Grundorganisation).
141 OVG Bautzen, SächsVBl 01, 216 (217) = ZBR 02, 60 (61).

5. Abschnitt: Die Ernennung

ein leistungs- und eignungsfremder Gesichtspunkt und damit verboten, die Einstellung in das Beamtenverhältnis von der Zahlung einer Geldsumme abhängig zu machen.[142]

Zur Eignung i.w.S. gehören neben den allgemeinen Ernennungsvoraussetzungen die Befähigung, die fachliche Leistung und die Eignung im engeren Sinn.[143] Sie müssen spätestens vorliegen, wenn die Auswahl getroffen wird und nicht erst zum Zeitpunkt der Ernennung. Andernfalls wäre keine sachgerechte Entscheidung möglich.

Beispiel: Rechtsreferendar R bewirbt sich auf eine Ausschreibung für die Stelle eines Volljuristen. Die Stelle soll zum 1.1.2006 besetzt werden; die Auswahl findet am 1.10.2005 statt. R wird sein 2. juristisches Staatsexamen voraussichtlich am 15.11.2005 ablegen.

Die Auswahl des R verstieße gegen Art. 33 II GG, § 7 I LBG. Er hat im Zeitpunkt der Auswahl keine nach Stellenausschreibung geforderte laufbahnrechtliche Qualifikation als Volljurist. Der Dienstherr weiß nicht, ob und ggf. mit welcher Note R das 2. juristische Staatsexamen bestehen wird. Somit kann er bei seiner Auswahl gar nicht den im Vergleich mit anderen Kandidaten am besten geeigneten Bewerber ermitteln. Gerade die Note des 2. juristischen Staatsexamens hat hinsichtlich der Eignungsbeurteilung eine überragende Bedeutung.

Die **Eignung i.e.S.** erfaßt Persönlichkeit und charakterliche Eigenschaften.[144] Sie wird als die körperliche (gesundheitliche[145]), geistige und charakterliche Eignung (§ 7 II LBG) verstanden. Hierunter fallen anlage- und entwicklungsbedingte Persönlichkeitsmerkmale, wie Begabung, physische und psychische Kräfte, emotionale und intellektuelle Voraussetzungen der Persönlichkeit im allgemeinen. Geeignet ist allein, wer dem angestrebten Amt in körperlicher, psychischer und charakterlicher Hinsicht gewachsen ist.[146] Dies muß man aufgrund einer Prognose feststellen, die eine konkrete und einzelfallbezogene Würdigung der gesamten Persönlichkeit voraussetzt.[147] Gesundheitlich geeignet ist man, wenn nicht überwiegend wahrscheinlich ist, daß man künftig erkrankt oder vor Erreichen der Altersgrenze dienstunfähig wird.[148] Erste Bedenken hinsichtlich der gesundheitlichen Geeignetheit werden oft aus dem Body-Mass-Index (Körpergewicht in Kilo dividiert durch Quadrat der Körpergröße) entnommen, wobei ein solcher von über 30 problematisch ist.[149] Hingegen dürfen

---

142 OVG Lüneburg, NdsVBl 02, 160 (161) = RiA 02, 205 (207) = IÖD 02, 183 (184 f.).
143 Battis, § 8 BBG, Rn 12.
144 BVerwG, DÖD 05, 162 (164) = NVwZ 05, 457 = ZBR 05, 162 (163) = DVBl 05, 456 (457) = E 122, 147 (150) = BayVBl 05, 669 (670) = RiA 05, 129 (131) = PersV 06, 222 (223); OVG Weimar, ThürVBl 02, 139 (140); VG Weimar, ThürVBl 04, 15 (16).
145 OVG Münster, NVwZ-RR 90, 623 (624).
146 BVerfGE 92, 140 (151).
147 BVerfGE 92, 140 (155); E 108, 282 (296) = NJW 03, 3111 (3112) = DVBl 03, 1526 (1527) = ZBR 04, 137 (138) = JZ 03, 1164 (1165).
148 Vom VG Darmstadt, NVwZ-RR 06, 566 (569), bejaht beim Morbus Huntington. Bestehe die Wahrscheinlichkeit exakt 50%, daß ein Bewerber Träger eines bestimmten, eine Erkrankung mit hoher Wahrscheinlichkeit hervorrufenden Gens sei, dürfe man allein daraus nicht auf die fehlende gesundheitliche Eignung schließen.
149 OVG Greifswald, NordÖR 99, 237 (239), bei einem Body-Mass-Index von 33,2.

3. Voraussetzungen der einzelnen Ernennungsfälle

Bewerber nicht zu Gentests gezwungen werden, da dies einer Beweislastumkehr gleichkommt. Die körperliche Eignung wird durch ein amtsärztliches Gesundheitszeugnis, die geistige Eignung z.B. bei einem Einstellungsgespräch oder durch wissenschaftlich fundierte Auswahltests[150], die charakterliche Eignung anhand eines Führungszeugnisses und der Erklärung, daß der Bewerber in geordneten wirtschaftlichen Verhältnissen lebt, überprüft. Dabei ist insbesondere zu berücksichtigen, daß auch ein Verhalten die Eignung zu verneinen vermag, selbst wenn es keine Straftat darstellt. Zunächst kann ein staatsanwaltschaftliches Ermittlungsverfahren Zweifel an der Eignung wecken.[151] Weiterhin bezieht sich ein Einstellungsbeschluß (§ 170 Abs. 2 S. 1 StPO) nur auf die Frage, ob genügend Anlaß bestand, eine Straftat anzunehmen. Die einer Anzeige zugrunde liegenden Vorgänge, selbst wenn sie keine Straftat sind, können dennoch Beurteilungselemente für die Prognose sein, ob jemand als Beamter geeignet ist. Dies gilt speziell dann, wenn es bereits weitere Vorfälle entsprechender Art in der Vergangenheit gegeben hat, so daß sich das entsprechende Verhalten wie ein roter Faden durch das Leben des Bewerbers als persönlichkeitsprägendes Merkmal zieht. Beispielsweise ist ein Behördenleiter aufgrund enger, auch privater Kontakte zu einer Mitarbeiterin und wegen des Verdachts sexueller Belästigungen ungeeignet.[152] Einem Bewerber für die Stelle der Sachgebietsleitung „Rechnungsprüfung" mangelt es an der Eignung, solange ein Strafbefehl gegen ihn wegen Untreue trotz Einspruchs nicht aufgehoben ist.[153]

Zur Eignung gehört ebenfalls die uneingeschränkte Verwendungsfähigkeit des Bewerbers für die angestrebte Laufbahn. Deshalb dürfen gegen seinen Einsatz keine Sicherheitsbedenken vorliegen.[154] Schließlich zählt zur Eignung die Wahrung des Erscheinungsbildes des öffentlichen Dienstes in der Öffentlichkeit. Dieses stehe in engem Zusammenhang mit der Aufrechterhaltung des Vertrauens der Bürger in die Integrität der Amtsinhaber.[155] Ob solche Eignungszweifel ausgeräumt wurden, unterliegt der vollen verwaltungsgerichtlichen Kontrolle.[156]

Damit der Dienstherr die (gesundheitliche) Geeignetheit feststellen kann, muß der Bewerber mitwirken. Er muß Fragen beantworten, sich amtsärztlich untersuchen lassen und Ärzte von der Schweigepflicht entbinden.[157] Seine Mitwirkungspflicht beschränkt sich jedoch nur auf solche Fragen,

---

150 BVerwG, DVBl 82, 198 (199).
151 OVG Münster, RiA 05, 253 (254) = DÖD 06, 104.
152 OVG Koblenz, NVwZ-RR 04, 669 (670) = DÖD 05, 195 (195 f.) = RiA 05, 50 (51 f.).
153 VG Gießen, NVwZ-RR 05, 557 (558).
154 OVG Münster, RiA 90, 92 (93).
155 BVerfG, LKV 02, 179 = DVBl 02, 403 (404). Verneint für einen Leiter des Kommissariats K 1 bei Volkspolizeikreisämtern wegen „der damit notwendigen verbundenen Weitergabe von Informationen an das MfS".
156 OVG Greifswald, RiA 04, 304 (306).
157 OVG Greifswald, DÖD 99, 43 (44).

5. Abschnitt: Die Ernennung

auf die er antworten muß, oder Untersuchungen, denen er rechtlich korrekt unterworfen werden darf.[158]

Die **Befähigung** stellt spezieller auf die angestrebte Tätigkeit ab als die Eignung i.e.S. Sie besteht aus zwei Elementen, einmal aus der mehr abstrakten Laufbahnbefähigung (§ 20 LBG) und zum anderen aus der individuellen Befähigung (Fähigkeiten, Fertigkeiten, Kenntnisse, fachrelevantes Allgemeinwissen, persönliche Merkmale) des Kandidaten, bestimmte Dienstposten auszufüllen.[159] Somit darf beispielsweise ein Richter nicht auf einem Beförderungsdienstposten der Verwaltung befördert werden, weil er nicht die laufbahnrechtlichen Voraussetzungen erfüllt und solche Dienstposten allein Beamten vorbehalten sind.[160] Ein Dienstposten ist dann optimal besetzt, wenn das Befähigungsprofil des Bewerbers weitgehend mit dem Anforderungsprofil des Dienstpostens übereinstimmt. Während die Befähigung prognostisch das Leistungsvermögen berücksichtigt (Verwendungsbeurteilung), werden die fachlichen Leistungen rückschauend aufgrund der erbrachten Arbeitsergebnisse ermittelt (Leistungsbeurteilung).

Fachliche Leistungen sind anwendungsbezogene, in der Praxis nachgewiesene und in Zukunft zu erwartende Befähigungen. Sie beziehen sich auf das tatsächlich erbrachte Arbeitsresultat, auf Fachwissen und Fachkönnen unter Berücksichtigung der Anforderungen des ausgeübten Amtes.[161] Deshalb können sie kaum bei der Einstellung, sondern vornehmlich bei Beförderungen und beim Aufstieg berücksichtigt werden.

Fall: C bewirbt sich auf eine ausgeschriebene Stelle und soll bei der Stadt K als B.a.W. eingestellt werden. K verlangt einen Aids-Test vor der Einstellung. C weigert sich. Wie ist die Rechtslage?

Nach der Rechtsprechung des EuGH[162] stellt das Recht auf Achtung des Privatlebens (Art. 8 EMRK) ein von der Gemeinschaftsrechtsordnung geschütztes Grundrecht dar. Es umfaßt das Recht einer Person, ihren Gesundheitszustand geheimzuhalten. Insbesondere rechtfertigt das legitime Interesse eines Dienstherrn an einer Einstellungsuntersuchung keine Beschränkung dieses Grundrechts dahingehend, daß eine Untersuchung gegen den Willen des Betroffenen

---

158 Beispielsweise müßten Kandidaten an keiner Blutgruppenbestimmung teilnehmen und auch nicht ihre Blutgruppe nennen. Das in Japan – u.a. auf der Basis der Veröffentlichungen von Masahiko und Toshitaka Nomi – genutzte Instrument, anhand der Blutgruppe auf gewisse Persönlichkeits- und Charaktereigenschaften zu schließen, wäre in Deutschland mangels hinreichender Validität von daraus zu folgernden Schlüssen auf die Geeignetheit ein unzulässiges Verfahren.
159 BVerwG, DÖD 05, 162 (164) = NVwZ 05, 457 = ZBR 05, 162 (163) = DVBl 05, 456 (457) = E 122, 147 (150) = BayVBl 05, 669 (670) = RiA 05, 129 (130 f.) = PersV 06, 222 (223); OVG Weimar, ThürVBl 02, 139 (140); VG Schleswig, NordÖR 06, 82 (84).
160 VG Hamburg, NordÖR 04, 210 (211).
161 BVerwG, DÖD 05, 162 (164) = NVwZ 05, 457 = ZBR 05, 162 (163) = DVBl 05, 456 (457) = E 122, 147 (150) = BayVBl 05, 669 (670) = RiA 05, 129 (130) = PersV 06, 222 (223); VGH Mannheim, VBlBW 97, 185; OVG Weimar, ThürVBl 02, 139 (140); VG Schleswig, NordÖR 06, 82 (84); VG Weimar, ThürVBl 04, 15 (16).
162 NJW 94, 3005 (3006); zust. Anm Cloidt-Stotz, NJW 94, 3006 (3007).

3. Voraussetzungen der einzelnen Ernennungsfälle

erfolgen darf. Ein verdeckter **Aids-Test (HIV-Test)** wäre also ebenso unzulässig wie eine Analyse, die gegen den ausdrücklichen Willen des Bewerbers vorgenommen wird. Die Judikatur des EuGH verlangt also eine ausdrückliche Einwilligung des Betroffenen zur Durchführung des Tests. Weil C sich weigert, darf kein Aids-(HIV)-Test stattfinden.

Mit diesem Ergebnis ist aber noch nichts darüber ausgesagt, welche Möglichkeiten der Dienstherr bei einer derartigen Weigerung hat. Der EuGH[163] erkennt an, daß es erforderlich sein kann, eine gesundheitliche Untersuchung und damit auch einen Aids-(HIV)-Test vorzunehmen. Hierdurch wird der **Dienstherr** in die Lage versetzt, beurteilen zu können, ob ein Kandidat für die Ausübung des von ihm angestrebten Amtes körperlich (gesundheitlich) geeignet ist. Weigert sich ein Bewerber hingegen, am zulässigen Aids-(HIV)-Test mitzuwirken, **darf** die Behörde **allein aus** dieser **Weigerung Schlußfolgerungen ziehen**. Kein Dienstherr ist verpflichtet, das mit der Einstellung einer solchen Person verbundene Risiko einzugehen. K könnte somit rechtsfehlerfrei die Einstellung des C allein aufgrund dessen Weigerung, sich einem Aids-(HIV)-Test zu unterziehen, ablehnen. Die Zulässigkeit von Aids-(HIV)-Tests ist in der beamtenrechtlichen Literatur umstritten.[164] Zur rechtsaufsichtlichen Weisung des Staates gegenüber einem kommunalen Dienstherrn, bei jedem Beamtenbewerber einen Aids-(HIV)-Test durchzuführen, äußert sich der VGH München.[165]

Literatur: Weber, HIV-Infektion und Aids im öffentlichen Dienstrecht, 2002; Pöllmann, Die gesundheitliche Eignung als Einstellungsvoraussetzung im Beamtenrecht am Beispiel des HIV-Tests, jur. Diss., München, 2001.

Um die Eignung i.w.S. zu beurteilen, hat der Dienstherr wegen seiner größeren Sachnähe und der Unvertretbarkeit des notwendig wertenden Urteils eine Beurteilungsermächtigung.[166] Deshalb dürfen Verwaltungsgerichte die Eignungsbeurteilung durch den Dienstherrn nur eingeschränkt überprüfen (näher Rn 121, 150). Zudem besteht kein Vorbehalt des Gesetzes, die Kriterien für die Einstellung durch Gesetze oder Rechtsverordnungen festzulegen.[167] Vielmehr ist der Dienstherr frei, welche Gesichtspunkte er bei einer Auswahl heranzieht und wie er sie gewichtet, solange er sich in dem von Art. 33 II GG, § 7 I LBG vorgegebenen Rahmen hält.[168]

Für Frauen, deren Bewerbung um Einstellung in den öffentlichen Dienst sich wegen der Geburt eines Kindes verzögert hat, bleiben frühere günstigere fachliche Eignungsanforderungen erhalten. Verzögerungen durch eine anderweitige Ausbildung vor Beginn der für die Einstellung erforderlichen Ausbildung stehen dieser Vergünstigung nicht entgegen.[169]

---

163 NJW 94, 3005 (3006).
164 Wie hier Battis, § 8 BBG, Rn 15 m.w.N.; Scheerbarth/Höffken/Bauschke/Schmidt, § 12 III 3c. Abl. Lichtenberg/Winkler, DVBl 90, 10 (12 ff.); Wagner, Rn 68: „unverhältnismäßig", allerdings leider ohne Begründung, worin die Unverhältnismäßigkeit zu sehen ist.
165 ZBR 89, 343 (343 f.).
166 BVerfGE 108, 282 (296) = NJW 03, 3111 (3112) = DVBl 03, 1526 (1527) = ZBR 04, 137 (138) = JZ 03, 1164 (1165); BVerwGE 56, 31 (47); 59, 213 (216).
167 Hess. StGH, ZBR 92, 356 (357), hinsichtlich der Übernahme angestellter Lehrer in das Beamtenverhältnis.
168 BVerwG, DÖD 05, 162 (164) = NVwZ 05, 457 = ZBR 05, 162 (163) = DVBl 05, 456 (457) = E 122, 147 (151) = BayVBl 05, 669 (670) = RiA 05, 129 (131) = PersV 06, 222 (223).
169 VGH München, NVwZ-RR 98, 247; OVG Greifswald, ZBR 02, 405.

5. Abschnitt: Die Ernennung

2.5 Geschäftsfähigkeit

114 Der Bewerber muß geschäftsfähig sein.[170] Dieses Erfordernis ergibt sich aus dem Umstand, daß die Ernennung ein mitwirkungsbedürftiger Verwaltungsakt ist (Rn 83).

Ob die Geschäftsfähigkeit gegeben ist, richtet sich nach § 104 BGB.

2.6 Amtsfähigkeit

115 Rechtsgrundlage für diese Anforderung ist § 11 II Nr. 2 LBG. Den Verlust der Amtsfähigkeit regeln §§ 45, 12 I StGB als Nebenfolge einer strafgerichtlichen Verurteilung und § 39 II BVerfGG als zusätzliche Anordnung bei einem Verfahren nach Art. 18 GG.

Fall: Der ehemalige Amtmann A war nach seiner Entlassung aus dem Beamtenverhältnis als Angestellter einer Privatfirma auf die „schiefe Bahn" geraten und wegen Diebstahls zu einer Freiheitsstrafe von einem Jahr auf Bewährung verurteilt worden. Er bewirbt sich nun auf eine A 11-Stelle bei der Stadtkasse der Stadt S. Hat A die Amtsfähigkeit?

Jemand verliert die Amtsfähigkeit, der wegen eines Verbrechens zu einer Freiheitsstrafe von mindestens einem Jahr verurteilt wurde (§ 45 I StGB). Wann eine Tat als Verbrechen anzusehen ist, regelt § 12 I StGB. Nach dieser Vorschrift hängt die Einordnung einer Tat als Verbrechen davon ab, ob sie mit einer Mindestfreiheitsstrafe von einem Jahr *bedroht* ist. § 242 I StGB (Diebstahl) sieht keine Mindeststrafe vor, so daß es sich beim Diebstahl um kein Verbrechen handelt. Folglich hat A die Amtsfähigkeit aufgrund der Vorstrafe wegen Diebstahls nicht verloren. Gleiches gilt für den Fall des besonders schweren Diebstahls (§ 243 StGB). Hierfür ist eine Freiheitsstrafe von mindestens drei Monaten und gerade nicht von einem Jahr vorgesehen (§ 243 I S. 1 StGB).

2.7 Amtswürdigkeit

116 § 12 I LBG regelt **zwei Gruppen**, wann Bewerber als amtsunwürdig anzusehen sind.

2.7.1 Das ist einmal der Fall, wenn der Kandidat wegen eines Verbrechens oder Vergehens rechtskräftig zu einer Strafe verurteilt und er deswegen als unwürdig anzusehen ist (§ 12 I Nr. 2 LBG). Ob es sich bei einer Straftat um ein Verbrechen oder Vergehen handelt, ist legaldefiniert (§ 12 I, II StGB). Zu den Voraussetzungen, unter denen man die Ernennung zurücknehmen muß (§ 12 I Nr. 2 LBG), äußert sich das OVG Koblenz.[171] Das Tatbestandsmerkmal „unwürdig" sei ein unbestimmter Rechtsbegriff ohne Beurteilungsspielraum und hänge von der Art der Straftat, der Person des Täters, seiner Motivation und der Art seiner Verwendung ab. Bei der Entscheidung über die Rücknahme der Ernennung müsse zudem das Verwertungsverbot (§ 51 I BZRG) beachtet werden.[172]

---

170 Scheerbarth/Höffken/Bauschke/Schmidt, § 12 III 3d.
171 NVwZ-RR 94, 595.
172 OVG Koblenz, NVwZ-RR 94, 595 (595 f.).

3. Voraussetzungen der einzelnen Ernennungsfälle

Beispiel: Wie ist im vorstehenden Fall (Rn 115) über die Amtswürdigkeit des A zu befinden? Bei dem mit Mindestfreiheitsstrafe unter einem Jahr bzw. mit Geldstrafe bedrohten Diebstahl handelt es sich um ein Vergehen (§ 12 II StGB). Die Einstellung des A scheitert, wenn er wegen dieser Tat als unwürdig anzusehen ist (§ 12 I Nr. 2 LBG).
Das hängt u.a. von der Beurteilung der Tat und der geplanten Verwendung des Bewerbers ab. Der Diebstahl ist eine Vorsatztat und ein Eigentumsdelikt, das auf jeden Fall den Einsatz des A als Kassenbeamter ausschließt. Außerdem indiziert § 51 I S. 1 Nr. 1 LBG die Unwürdigkeit. Endet bei einem bereits ernannten Beamten kraft Gesetzes das Beamtenverhältnis, wenn er zu einer Freiheitsstrafe von mindestens einem Jahr wegen einer Vorsatztat verurteilt wurde, so darf man *erst recht* keinen solchen Bewerber einstellen. Aufgrund des Wortlauts von §§ 12 I Nr. 2, 51 I S. 1 Nr. 1 LBG muß auch der Umstand, daß eine Strafaussetzung zur Bewährung erfolgte, außer Betracht bleiben.[173] Somit ist A amtsunwürdig und darf nicht eingestellt werden.

2.7.2 Der Bewerber kann ebenfalls amtsunwürdig sein, wenn er in einem Disziplinarverfahren aus dem Beamtenverhältnis entfernt (§ 10 LDG) oder ihm das Ruhegehalt aberkannt (§ 12 LDG) wurde (§ 12 II LBG). § 12 II LBG ist nicht entsprechend heranzuziehen, wenn ein Beamter der möglichen Entfernung aus dem Beamtenverhältnis durch einen Entlassungsantrag zuvorgekommen ist.[174] Gegen die analoge Anwendung von § 12 II LBG spricht, daß die genannten Maßnahmen allein durch Richterspruch nach einem gerichtlichen Disziplinarverfahren verhängt werden können (§ 35 I LDG). Die Frage, ob eine solche Maßnahme verhängt worden wäre, entzieht sich deshalb wegen der besonderen Schutzfunktion des gerichtlichen Disziplinarverfahrens der Beurteilung durch den Dienstherrn.

2.8 Alter

Der Kandidat darf nicht älter oder jünger sein als gesetzlich vorgeschrieben. **117**

2.8.1 Mindestalter

Für die Ernennung zum B.a.L. ist ein **Mindestalter** von 27 Jahren festgelegt (§ 9 I Nr. 2 LBG). Weitere Mindestaltersgrenzen sind für andere Bewerber vorgesehen (§ 45 III LVO) oder können sich aus Ausbildungs- und Prüfungsordnungen (§ 15 I S. 1 LVO) ergeben.

2.8.2 Höchstalter

Beamtenrechtliche Altersgrenzen haben zum Ziel, den „gesunden Altersaufbau" einer Verwaltung zu sichern und wollen den Dienstherrn vor „unbilligen Versorgungslasten" schützen.[175] Sie dienen dem öffentlichen Interesse an einer sparsamen Personalwirtschaft.[176] Dabei habe der Gesetzgeber Gestaltungsfreiheit und müsse keine einheitliche Altersgrenze für alle Beamten bestimmen. Als subjektive Zulassungsvoraussetzungen für die Berufswahl betreffen sie nicht lediglich die Berufsausübung; sie

---

173 BVerwG, ZBR 80, 381 (381 f.).
174 Plog/Wiedow/Lemhöfer/Bayer, § 12 BBG, Rn 12; Schütz/Maiwald, § 12 LBG, Rn 9.
175 VG Chemnitz, LKV 04, 380 (381) = DÖD 04, 274 (275).
176 OVG Koblenz, RiA 05, 310 (311) = ZBR 06, 57 (58).

sind jedoch als hergebrachte Grundsätze des Berufsbeamtentums rechtlich nicht zu beanstanden.

2.8.2.1 Die **absolute Höchstaltersgrenze** ist den §§ 44 III S. 1 und I bzw. 192, 198 LBG zu entnehmen. Niemand, der die Altersgrenze (65. bzw. 60. Lebensjahr) erreicht hat, darf ernannt werden.

Kommunale Wahlbeamte mit Ausnahme der Bürgermeister und Landräte dürfen bei ihrer ersten Berufung nicht älter als 56 Jahre alt sein (§ 196 II S. 3 LBG). Die Norm bezieht sich auf die erste Berufung in das B.a.Z. Der Wortlaut „bei ihrer ersten Berufung" (§ 196 II S. 3 LBG) muß im Zusammenhang mit dem vorangehenden Satz 1 des Absatzes 2 ergänzend interpretiert werden. Dort ist von der Berufung in das B.a.Z. die Rede. Indem die beiden Sätze anknüpfen und Satz 3 ausdrücklich die erneute Wortwahl „Berufung" verwendet, kann man darunter nur die erste Berufung in ein B.a.Z. verstehen. Zudem liegen Sinn und Zweck der Vorschrift darin, den kommunalen Wahlbeamten zu ermöglichen, zumindest eine volle Amtszeit in ihrem Amt als Wahlbeamter zu leisten. Insofern dürfen sie wegen der Amtszeit von acht Jahren bei ihrer ersten Berufung in das B.a.Z. nicht älter als 56 Jahre sein, damit sie die allgemeine Altersgrenze der Vollendung des 65. Lebensjahres (§ 44 I S. 1 LBG) nicht überschreiten. Wenn jemand 56 ist, darf man ihn noch berufen. Mit Vollendung des 56. Lebensjahres, also wenn er 57 Jahre alt wird, ist die Ernennung unzulässig. § 196 II S. 3 LBG kann sich nicht auf ein B.a.L. beziehen. Ein solches besteht mit der Begründung eines neuen B.a.Z. gerade nicht mehr (§ 32 II LBG). Nach dieser Norm ist ein Beamter auch mit der Begründung eines neuen B.a.Z. aus seinem bisherigen Beamtenverhältnis zu demselben Dienstherrn kraft Gesetzes entlassen.

Für Bürgermeister und Landräte ist hingegen das vollendete 68. Lebensjahr die Altersgrenze (§ 195 IV S. 1, X LBG). Anders ist die Regelung in Niedersachsen. Dort stellt § 61 IV NdsGO eine Höchstaltersgrenze von 65 Jahren für eine Kandidatur zur Bürgermeisterwahl auf. Diese Höchstaltersgrenze ist verfassungsgemäß, da sie im Interesse der Allgemeinheit an einer kontinuierlichen und effektiven Amtsführung über die gesamte Amtszeit liegt.[177] Gleiches gilt für Brandenburg mit seiner Altersgrenze von 62 Jahren.[178]

2.8.2.2 **Relative Höchstaltersgrenzen** folgen aus § 6 LVO. Beispielsweise dürfen Laufbahnbewerber für den höheren Dienst danach grundsätzlich nicht älter als 35 Jahre sein, wenn sie in das B.a.P. eingestellt oder übernommen werden (§§ 6 I S. 1, 39 I LVO). Im einfachen, mittleren und gehobenen nichttechnischen Dienst liegt sie bei 30 Jahren (§§ 6 I S. 1, 18 I, 22 I, 25 I, 29 I a) LVO), im gehobenen technischen Dienst bei 32 (§§ 6 I S. 1, 29 I b) LVO) und in allen Lehrerlaufbahnen bei 35 (§§ 6 I S. 1, 52 I LVO). Bei Kinderbetreuungszeiten sowie bei Pflege naher Angehöriger kann man die Altersgrenze überschreiten (§ 6 I S. 3 bis 5 LVO).

---

177 BVerfG, NVwZ 97, 1207 = ZBR 97, 397 (398 f.).
178 BVerfG, LKV 93, 423.

3. Voraussetzungen der einzelnen Ernennungsfälle

Dies setzt allerdings voraus, daß sich der Bewerber anstelle der Berufsausbildung oder -ausübung ganz oder überwiegend der Betreuung gewidmet hat[179], somit also ein Kausalzusammenhang zwischen Kinderbetreuungszeiten und Einstellungs- (nicht Bewerbungs-[180])verzögerung besteht[181]. Sinn und Zweck der relativen Höchstaltersgrenzen liegen darin, daß der Kandidat dem Dienstherrn für einen der jeweiligen Laufbahn angepaßten möglichst langen Lebensabschnitt zur Verfügung steht und somit das Versorgungsaufkommen mindert.[182] Deshalb darf der Dienstherr bei der Frage, ob er bei zur Verbeamtung anstehenden Angestellten im öffentlichen Dienst Ausnahmen von der Höchstaltersgrenze zuläßt, die Auswirkungen auf die von ihm zu tragenden Versorgungslasten berücksichtigen.[183]

Entscheidend ist jedoch allein, daß der Laufbahnbewerber in ein B.a.P. eingestellt oder übernommen werden soll. Keine relativen Höchstaltersgrenzen bestehen, wenn ein Bewerber bereits die Laufbahnbefähigung hat und man ihn in ein B.a.L. einstellen oder übernehmen will.

Literatur: König, Das Verbot der Altersdiskriminierung – ein Diskriminierungsverbot zweiter Klasse?, in Gaitanides/Kadelbach/Iglesias, Europa und seine Verfassung, FS für Manfred Zuleeg, 2005, 341.

2.9 Inkompatibilität

Art. 137 GG erlaubt, die **Wählbarkeit von Beamten** gesetzlich zu **beschränken**, um Interessenkollisionen zu vermeiden. Dementsprechend verweist § 60 LBG auf besondere Gesetze und Verordnungen, in denen sich solche Einschränkungen finden. Bei der Annahme des Mandats ruhen die Rechte und Pflichten aus dem Beamtenverhältnis (§§ 5 I S. 1 AbgG, 8 III EuAbgG, 32 I S. 2 AbgG NW). Deshalb ist es unzulässig, einen Kandidaten in diesem Fall einzustellen (Argument aus § 31 Nr. 3 LBG), es sei denn, er legt sein Mandat nieder.[184] Eine ähnliche Regelung trifft § 13 I, III und IV KWahlG. Bei einer Unvereinbarkeit von Amt und Mandat scheidet der Bewerber aufgrund seiner Ernennung aus der Vertretung aus (§ 13 IV KWahlG).

118

Beispiele: Ein Bundestagsabgeordneter kann nicht Beamter werden (§§ 5 I S. 2 AbgG, 31 Nr. 3 LBG). Ein Inspektor der Stadtverwaltung in S kann allein dann die Wahl zum Rat von S annehmen, wenn er die Beendigung seines Dienstverhältnisses nachweist (§ 13 I S. 1 a), III S. 1 KWahlG).

---

179 BVerwG, NVwZ-RR 99, 132 (133) = ZBR 98, 419 (420); NVwZ-RR 97, 107 = ZBR 96, 261 (262) = DVBl 96, 1134.
180 BVerwG, NWVBl 02, 143 (144). Dies erfordere zudem die Feststellung, daß eine ohne die Kinderbetreuung mögliche frühere Bewerbung um Einstellung hätte Erfolg haben können. OVG Münster, IÖD 02, 98 (99): Hat der Dienstherr Unterlagen über frühere Auswahlverfahren vernichtet, trägt er die materielle Beweislast dafür, daß der Kandidat ungeachtet der Kinderbetreuung damals nicht ausgewählt worden wäre.
181 OVG Münster, NVwZ-RR 04, 122 = DÖD 04, 27 (28).
182 OVG Lüneburg, RiA 02, 83 (84).
183 OVG Münster, OVGE 48, 203 (205) = NVwZ 02, 614.
184 Wiese, 77.

5. Abschnitt: Die Ernennung

Literatur: Werres, Beamtenstatus und kommunales Mandat, ZBR 04, 384; Schwidden, Beamte und kommunales Mandat, RiA 01, 77; Schlaich, Wählbarkeitsbeschränkungen für Beamte nach Art. 137 I GG und die Verantwortung des Gesetzgebers für die Zusammensetzung der Parlamente, AöR 80, 188.

3. Spezialregelungen für Beamte mit besonderer Rechtsstellung

119 Bei bestimmten Arten von Beamten weicht deren Rechtsstellung zum Teil erheblich von den allgemeinen Vorschriften ab (Rn 73 ff.). Diese Besonderheiten sind in die Prüfung der Ernennungsvoraussetzungen einzubeziehen. Beispielsweise kann jemand nur B.a.Z. werden, wenn die sachlichen Voraussetzungen (§§ 5 III S. 1 und 2, 25b LBG) vorliegen. Beim Politischen Beamten entscheidet an Stelle des LPA die Landesregierung (§ 38 II LBG). Für kommunale Wahlbeamte gelten keine Laufbahnvorschriften (§ 15 II LBG). Solche und ähnliche Abweichungen müssen in einer Klausurbearbeitung bei dem Prüfungspunkt angesprochen werden, für den die Sonderregelung besteht.

4. Haushaltsrechtliche Voraussetzungen

120 **Planmäßige Beamte** (Rn 72) dürfen nur dann ernannt werden, wenn eine besetzbare **Planstelle** vorhanden ist (§ 49 LHO bzw. § 74 II S. 1, 1. Hs. GO). Für **nichtplanmäßige Beamte** werden zwar keine Planstellen ausgewiesen, ihre Stellen müssen jedoch in den **Erläuterungen zum Haushaltsplan** ausgebracht sein (§ 17 VI S. 1 LHO). Wieviele Planstellen ein Dienstherr einrichtet, ist eine personalpolitische Entscheidung, die gerichtlich nicht überprüft werden kann.[185] Im übrigen gibt es keine Mitbestimmungsbefugnis des Personalrats, sondern lediglich ein Anhörungsrecht (§ 75 I Nr. 1 LPVG). Die Gleichstellungsbeauftragte ist durch Unterrichtung und Anhörung zu beteiligen (§ 18 II S. 1 i.V.m. § 17 I, 2. Hs. Nr. 1 LGG). Ihr ist Gelegenheit zur Stellungnahme zu geben (§ 18 II S. 2 LGG). Sie hat ein Widerspruchsrecht (§ 19 I S. 1, 1. Hs. LGG).

5. Ausübung des Ernennungsermessens

121 Zunächst besteht **Entschließungsermessen**, ob eine ausgewiesene Planstelle überhaupt besetzt werden soll (auch Organisationsermessen[186]). Diese Kompetenz folgt schon aus dem Haushaltsrecht, wonach der Haushaltsplan keine Ansprüche begründet (§ 3 II LHO) sowie sparsam und wirtschaftlich auszuführen ist (§§ 7 I, 34 II S. 1 LHO).

Will der Dienstherr eine freie Planstelle besetzen, ist der nächste Prüfungsschritt, bei jedem einzelnen Bewerber festzustellen, ob er die Voraussetzungen für die Ernennung erfüllt.[187] Art. 33 II GG vermittelt ein

---

[185] Maunz in Maunz/Dürig, Art. 33 GG, Rn 17; VG Augsburg, DÖV 78, 367; krit. Kind, DÖV 78, 369 (369 ff.).
[186] VGH Mannheim, NVwZ-RR 04, 199 (200) = ZBR 04, 362 = RiA 04, 200 (202); OVG Lüneburg, NdsVBl 06, 110 (111); OVG Münster, PersV 05, 394 (395); Günther, ZBR 79, 93 (101).
[187] OVG Bautzen, ZBR 02, 62 = NVwZ-RR 02, 56 (57).

3. Voraussetzungen der einzelnen Ernennungsfälle

grundrechtsgleiches Recht auf leistungsgerechte Einbeziehung in die Bewerberauswahl. Kandidaten können verlangen, daß Dienstherren Bewerbungen nur aus Gründen zurückweisen, die durch das Leistungsprinzip gedeckt sind.[188] Dies ist keine Ermessens-, sondern eine tatbestandliche Rechtsfrage ohne Ermessensspielraum, jedoch zum Teil mit **Beurteilungsermächtigungen**. Die Beurteilung von Eignung, Befähigung und fachlicher Leistung ist ein Akt wertender Erkenntnis. Dieser kann von einem Gericht nur beschränkt daraufhin untersucht werden, ob die Behörde den anzuwendenden Begriff verkannt, der Beurteilung einen unrichtigen Sachverhalt zugrunde gelegt, allgemein gültige Wertmaßstäbe nicht beachtet oder sonst sachwidrige Erwägungen angestellt hat.[189] Ein unrichtiger Sachverhalt ist auch ein unvollständiger.[190] Zum vollständigen Sachverhalt gehöre insbesondere, die eigens aus Anlaß für die aktuelle Bewerbung gefertigten Beurteilungen zu berücksichtigen. Hiergegen verstößt man, wenn das Beurteilungsverfahren erst während des die Auswahlentscheidung betreffenden gerichtlichen Beschwerdeverfahrens abgeschlossen wird.[191]

Ernennungen müssen zwar ausschließlich nach Eignung, Befähigung und fachlicher Leistung erfolgen (Art. 33 II GG, § 7 I LBG). Hingegen bleibt es der pflichtgemäß vorzunehmenden Beurteilung des Dienstherrn überlassen, welchen sachlichen Umständen er bei der Auswahl das größere Gewicht beimißt und wie er den Grundsatz des gleichen Zugangs zu jedem öffentlichen Amt ausschließlich aufgrund von Eignung, Befähigung und fachlicher Leistung verwirklicht, sofern nicht das Prinzip der Bestenauslese selbst in Frage gestellt ist.[192] Dabei kann er seinen Beurteilungsspielraum einengen. Die im Interesse einer einheitlichen Handhabung erlassenen Verwaltungsvorschriften binden den Erlaßgeber wegen des

---

188 BVerwG, DVBl 06, 316 (317) = ZBR 06, 89 (90) = NVwZ 06, 212 = DÖV 06, 264 (265) = PersV 06, 193 (194) = RiA 06, 77.
189 BVerfGE 108, 282 (296) = NJW 03, 3111 (3112) = DVBl 03, 1526 (1527) = ZBR 04, 137 (138) = JZ 03, 1164 (1165); BVerwG, ZBR 00, 303 (304); E 80, 224 (225 f.); OVG Münster, NWVBl 05, 379 (379 f.) = DÖD 06, 38 (39) = NVwZ-RR 06, 194; DÖD 95, 141; VGH Kassel, NVwZ-RR 98, 446 (448); DVBl 94, 593 (594) = ZBR 94, 347 (348); NVwZ-RR 94, 525 (526); OVG Bautzen, ZBR 02, 62 = NVwZ-RR 02, 56 (57); SächsVBl 01, 123 (125); SächsVBl 05, 120 (121); SächsVBl 93, 278 (279); OVG Greifswald, NVwZ-RR 02, 52; NordÖR 04, 208 (209); OVG Bremen, NordÖR 03, 461; NordÖR 04, 404; NordÖR 02, 214; NordÖR 99, 248 (249); VGH Mannheim, NVwZ-RR 05, 585 = VBlBW 06, 59; OVG Lüneburg, NVwZ-RR 04, 197 (197 f.); NdsVBl 05, 302 = NordÖR 05, 388 (388 f.); OVG Weimar, DÖD 06, 17 (19) = ThürVBl 05, 134 (136); VG Weimar, ThürVBl 99, 119 (120); ThürVBl 04, 15 (16); ThürVBl 04, 47.
190 OVG Greifswald, NVwZ-RR 03, 577 = NordÖR 02, 420 (421).
191 OVG Lüneburg, NVwZ-RR 04, 197 (198).
192 BVerwG, DVBl 94, 118 (119) = ZBR 94, 52; OVG Münster, DÖD 01, 312; DÖD 00, 137 (139) = RiA 01, 97 (99); PersV 05, 394 (398); VGH München, ZBR 95, 204; ZBR 94, 350 (351); OVG Lüneburg, RiA 99, 251 (252); OVG Greifswald, NVwZ-RR 02, 52; NordÖR 04, 208 (209); VGH Mannheim, NVwZ-RR 05, 585 = VBlBW 06, 59; NVwZ-RR 04, 199 (200) = RiA 04, 200 (202); Hess. StGH, ZBR 92, 356 (358); OVG Bautzen, ZBR 01, 368 (371) = SächsVBl 01, 196 (198); ZBR 01, 372 (373); SächsVBl 05, 120 (121); OVG Bremen, NordÖR 03, 461; OVG Weimar, DÖD 06, 17 (19) = ThürVBl 05, 134 (136); VG Weimar, ThürVBl 04, 15 (16); ThürVBl 04, 47; ThürVBl 06, 44 (45).

5. Abschnitt: Die Ernennung

Gleichbehandlungsgebots (Art. 3 I GG), sofern sachliche Gründe kein Abweichen gebieten.[193]

Wenn sich als Ergebnis dieser Prüfung herausstellt, daß mehrere Kandidaten im wesentlichen **gleich geeignet** sind, besteht wegen des Leistungsprinzips **Auswahlermessen**, bei dem **weiter nach sachgerechten Kriterien** zu **differenzieren** ist.[194] Wie dies zu geschehen hat, wird ausführlich in Rn 132 geschildert.

Umstritten ist, ob das Entschließungsermessen mit der Einleitung und Durchführung des Stellenbesetzungsverfahrens verbraucht ist[195], oder ob selbst dann noch von einer Besetzung der Stelle abgesehen werden kann, wenn sich ein geeigneter Kandidat herauskristallisiert hat.[196] Der Dienstherr ist befugt, ein Auswahlverfahren jederzeit (z.B. selbst noch in der Ratssitzung) aus sachlichen Gründen abzubrechen.[197] Zuständig hierfür ist auf kommunaler Ebene der Hauptverwaltungsbeamte wegen seiner Organisationsgewalt (§ 62 I S. 3 GO). Die **Beendigung des Auswahlverfahrens** berührt grundsätzlich nicht die Rechtsstellung von Bewerbern[198] und auch nicht diejenige des Rates. Wegen der Organisationshoheit des Dienstherrn muß dieser Ansicht zugestimmt werden. Ein sachlicher Aspekt wäre, wenn man nach korrekter Prüfung zur Auffassung gelangt, daß die vorgesehene Ernennung den Maßstäben von Eignung, Befähigung und fachlicher Leistung nicht gerecht wird und/oder dem Grundsatz der Bestenauslese für den zu besetzenden Dienstposten zuwiderläuft.[199] Weiterhin liegt ein sachlicher Grund für einen Abbruch vor, wenn der Dienstherr bei Überprüfung seiner Rechtsposition in einem Verfahren auf Erlaß einer einstweiligen Anordnung zur rechtlich vertretbaren

---

193 BVerwG, NJW 85, 1041; OVG Münster, NVwZ-RR 90, 493 (494).
194 BVerwGE 80, 123 (126) = NJW 89, 538 = DVBl 89, 199 (200) = ZBR 89, 172 (173); OVG Lüneburg, DÖV 95, 962 (963) = NVwZ 96, 497 (498); OVG Koblenz, ZBR 02, 64; Wichmann, Parteipolitische Patronage, 107 ff. m.w.N.; ders., ZBR 88, 365 (370); Günther, ZBR 79, 93 (99).
195 Günther, ZBR 79, 93 (99) m.w.N.
196 BVerfGE 39, 334 (354); BVerwGE 15, 3 (7) = DVBl 63, 511 (512); Anm Tietgen, DVBl 63, 513; 26, 31 (33); DÖV 96, 920 = NVwZ 97, 283 = ZBR 96, 310 (311) = E 101, 112 (115); VGH Kassel, ZBR 93, 210; ZBR 93, 337; OVG Münster, NWVBl 05, 214 (215 f.) = RiA 06, 33 (34).
197 BVerwG, NVwZ-RR 00, 172 (173) = PersV 00, 122 (124) = DVBl 00, 485 (486) = ZBR 00, 40 (42) = DÖD 00, 87 (88); OVG Bautzen, ZBR 01, 368 (369) = SächsVBl 01, 196 (197); ZBR 01, 372 (373); OVG Münster, DÖD 04, 205 (205 f.) = RiA 04, 152; NWVBl 03, 14 (15) = RiA 03, 45; RiA 02, 95 (96); NVwZ-RR 02, 362 (363) = DÖD 02, 260 (261); VGH München, NVwZ-RR 06, 344 (345); VGH Mannheim, VBlBW 06, 62 (63).
198 BVerwG, NVwZ-RR 00, 172 (173) = PersV 00, 122 (124) = DVBl 00, 485 (486) = ZBR 00, 40 (42) = DÖD 00, 87 (88); DÖV 96, 920 = NVwZ 97, 283 = ZBR 96, 310 (311) = E 101, 112 (115); OVG Schleswig, DÖD 99, 94 (95); VGH Kassel, NVwZ-RR 94, 525 (526); ZBR 90, 24; VGH Mannheim, DVBl 95, 1253 (1253 f.); VBlBW 06, 62 (63); OVG Saarlouis, NVwZ-RR 03, 48 = IÖD 02, 232; OVG Münster, NWVBl 05, 214 (215) = RiA 06, 33 (34 f.); NVwZ-RR 02, 362 (363) = DÖD 02, 260 (262); OLG Hamm, NVwZ-RR 98, 535 (537).
199 BVerwG, DÖV 96, 920 = NVwZ 97, 283 (284) = ZBR 96, 310 (311) = E 101, 112 (115).

3. Voraussetzungen der einzelnen Ernennungsfälle

Einschätzung kommt, in dem Auswahlverfahren seien Rechte des Konkurrenten verletzt worden, und er ihn deshalb klaglos stellen will[200], oder wenn ein Gericht eine Auswahlentscheidung beanstandet[201]. Die wesentlichen Erwägungen für den Verfahrensabbruch sind schriftlich niederzulegen, um entsprechend dem Gebot des effektiven Rechtsschutzes eine gerichtliche Überprüfung zu ermöglichen.[202] Im übrigen müssen die Mitbewerber über die Beendigung des Auswahlverfahrens informiert werden.[203]

Abschließend ist zu beachten, daß grundsätzlich **kein Anspruch auf Ernennung** besteht.[204] Selbst eine Entscheidung des EGMR, wonach die Entlassung einer Beamtin wegen Mitgliedschaft in der DKP rechtswidrig sei, entfalte keine Wirkungen für erneute Einstellungsbegehren anderer Personen. Insoweit werde das **Recht auf Einstellung** in den öffentlichen Dienst **nicht von** der **EMRK erfaßt**.[205] Ein Einstellungsanspruch ist allein bei einer Ermessensreduzierung auf Null denkbar. Dazu muß sich nach den Verhältnissen des Einzelfalls jede andere Entscheidung als die Einstellung als rechtswidrig oder ermessensfehlerhaft erweisen und mithin die Einstellung die einzig rechtmäßige Entscheidung darstellen.[206]

Literatur: Adam, Der sog. Beurteilungsspielraum und die Personalauswahl im öffentlichen Dienst, RiA 05, 225; Gourmelon, Personalauswahl im öffentlichen Sektor, 2005; Battis/Kersten, Personalvermittlung in der öffentlichen Verwaltung am Beispiel des hessischen Zukunftssicherungsgesetzes, DÖV 04, 596; Drescher, Handbuch zur Personalauswahl in der modernen Kommunalverwaltung, 2001; Höfling, Verfahrensrechtliche Garantien des Art. 33 II GG, ZBR 99, 73; Hofmann, Der Beitrag der neueren Rechtsprechung des BVerfG zur Dogmatik des Beurteilungsspielraums, NVwZ 95, 740.

6. Einschränkung des Ernennungsermessens (Frauenförderung)

Frauen muß man bei gleicher Eignung bevorzugt einstellen, sofern nicht **122** in der Person des Mitbewerbers liegende Gründe überwiegen, solange im Zuständigkeitsbereich der Ernennungsbehörde in der angestrebten Laufbahn weniger Frauen als Männer sind (§ 8 IV S. 2, 1. Hs. LBG, § 7 I S. 1 LGG). Bei dieser Vorschrift handelt es sich um eine durch die Einzel-

---

200 VGH Kassel, ZBR 93, 210.
201 OVG Bautzen, LKV 05, 223 (224) = DÖD 05, 116 (117) = SächsVBl 04, 240 (241); a.A. VGH München, NVwZ-RR 06, 344 (345).
202 VGH Kassel, ZBR 93, 337 (338).
203 VGH Kassel, ZBR 93, 337 (338).
204 Hess. StGH, ZBR 92, 356 (358); OVG Münster, NWVBl 05, 214 (215) = RiA 06, 33 (34); OVG Bautzen, SächsVBl 93, 278 (279); s. hierzu näher Rn 132, 145 ff.
205 VG Sigmaringen, NVwZ 98, 1104 (1105).
206 Battis, § 8 BBG, Rn 33 m.w.N.

5. Abschnitt: Die Ernennung

fallgerechtigkeit eingeschränkte **Frauenquote**. Ihre Zulässigkeit ist umstritten.[207]

In **Grundsatzentscheidungen** hat sich der **EuGH** zur Rechtmäßigkeit von Frauenquoten mit dem Gemeinschaftsrecht geäußert. Dabei ist zu **differenzieren**.

Ein **automatischer Vorrang** der Frau (sog. **„harte Quote"**) wird vom EuGH[208] als **europarechtswidrig** verworfen. Art. 2 I, IV der Richtlinie 76/207/EWG des Rates vom 9.2.1976 zur Verwirklichung des Grundsatzes der Gleichbehandlung von Männern und Frauen hinsichtlich des Zugangs zur Beschäftigung, zur Berufsbildung und zum beruflichen Aufstieg sowie in Bezug auf die Arbeitsbedingungen stehe einer nationalen Regelung wie in § 4 des Bremischen Landesgleichstellungsgesetzes entgegen. Nach dieser Vorschrift sollte bei gleicher Qualifikation von Kandidaten unterschiedlichen Geschlechts in Bereichen, in denen Frauen unterrepräsentiert sind, den weiblichen Bewerbern automatisch der Vorrang eingeräumt werden. Eine nationale Norm, die Frauen bei Einstellungen oder Beförderungen unbedingt vorziehe, gehe über die Förderung der Chancengleichheit hinaus und diskriminiere Männer aufgrund des Geschlechts.[209] Aus diesem Spruch des EuGH hatte das OVG Münster[210] noch gefolgert, daß die Entscheidungsgründe nichts enthielten, wonach eine Öffnungsklausel einer Vorrangregel die gemeinschaftsrechtlich unzulässige Automatik nehmen könnte. Diese Einschätzung hinsichtlich der Unzulässigkeit einer sog. „weichen Quote" sollte sich jedoch nicht bewahrheiten.

Nach einer weiteren Entscheidung des EuGH steht Art. 2 I, IV der Richtlinie 76/207/EWG des Rates vom 9.2.1976 einer nationalen Normierung, wie sie in §§ 8 IV S. 2, 25 VI S. 2 LBG, 7 I LGG (sog. **„weiche Quote"**) getroffen

---

207 **Bejahend** BAG, PersV 04, 73 (75); OVG Saarlouis, NVwZ-RR 00, 31 (32 ff.); OVG Lüneburg (2. Senat), ZBR 97, 188 (190 f.); VGH Mannheim, VBlBW 00, 121 (122); VBlBW 96, 464 (465); OVG Koblenz, DVBl 99, 1445 (1445 f.); VG Gelsenkirchen, ZBR 00, 64 (66); VG Bremen, NJW 88, 3224 (3224 ff.); mittlerweile auch OVG Münster, DÖD 00, 137 = RiA 02, 50 (51); NVwZ-RR 00, 176 (177 f.); RiA 99, 144 (145); IÖD 98, 256 (257 f.); Benda, Gutachten, 210 ff.; Pfarr, Quoten und Grundgesetz, 1988; **verneinend** OVG Lüneburg (5. Senat), DÖV 95, 962 (963) = NVwZ 96, 497 (498); ZBR 96, 184 (185); VGH Kassel, NVwZ 94, 1229; OVG Schleswig, NVwZ 94, 1229 (1230); NVwZ 99, 261 (263) = DÖV 98, 554 (556) = PersV 99, 277 (282 f.); OVG Münster, MittNWStGB 96, lfd. Nr. 55 = NVwZ 96, 494; NVwZ 96, 495; NWVBl 92, 401; NWVBl 92, 321 (322); OVG Saarlouis, IÖD 98, 110 (111); OVG Berlin, DVBl 92, 919; VG Berlin, DÖD 98, 169 (169 f.); NVwZ-RR 06, 348 (349); Stober, ZBR 89, 289 (289 ff.); **offengelassen** vom OVG Saarlouis, NVwZ-RR 99, 260 (261); OVG Münster, NWVBl 98, 490 (491).

208 „Kalanke"; NJW 95, 3109 (3109 f.) = DVBl 95, 1231 (1231 ff.) = JZ 96, 196 (196 f.); Anm Starck, JZ 96, 197 (197 ff.); Biletzki, BayVBl 96, 687 (687 ff.).

209 EuGH, NJW 95, 3109 (3110) = DVBl 95, 1231 (1232) = JZ 96, 196 (197); so auch OVG Lüneburg, ZBR 96, 184 (185), für Niedersachsen, das wie Bremen ebenfalls keine Härte- oder Öffnungsklausel aufwies.

210 MittNWStGB 96, lfd. Nr. 55 = NVwZ 96, 494.

3. Voraussetzungen der einzelnen Ernennungsfälle

wurde, nicht entgegen.[211] Danach sollen bei gleicher Qualifikation von Bewerbern unterschiedlichen Geschlechts weibliche Kandidaten bevorzugt befördert werden, sofern nicht in der Person eines männlichen Mitbewerbers liegende Gründe überwiegen. Als Voraussetzung stellt der EuGH lediglich auf, daß die Regelungen Männern, welche die gleiche Qualifikation besitzen, in jedem Einzelfall eine objektive Beurteilung garantieren müssen. Hierbei seien alle Aspekte zu berücksichtigen. Der Frauen eingeräumte Vorrang müsse entfallen, wenn einer oder mehrere dieser Gesichtspunkte zugunsten des männlichen Bewerbers überwiegen und solche Kriterien gegenüber den weiblichen Bewerbern keine diskriminierende Wirkung haben. Keine Rolle spielt es, ob diese Gründe schwerwiegend sind.[212] Im Licht dieser Anforderungen **beanstandet der EuGH gerade nicht die nw Regelungen wegen der in ihnen enthaltenen Öffnungsklausel**.[213] Derartige Normierungen könnten dazu beitragen, ein Gegengewicht zu den nachteiligen Auswirkungen zu schaffen, die sich für die weiblichen Kandidaten aus vorurteilsbehafteten Einstellungen und Verhaltensmustern immer noch ergeben. Sie verringern damit in der sozialen Wirklichkeit bestehende faktische Ungleichheiten.[214]

Diese in der Marschall-Entscheidung gefundene Position bekräftigt der EuGH in einem weiteren Spruch.[215] Allerdings greift der EuGH nicht die bei Marschall gefundene Formulierung auf, wonach der weiblichen Bewerbern eingeräumte Vorrang entfallen müsse, wenn eines der Kriterien zugunsten des männlichen Kandidaten überwiege. Damit weicht er aber wohl nicht von seinen dort aufgestellten Grundsätzen ab.

Nach hier vertretener Ansicht ist eine solchermaßen praktizierte **Frauenförderung per Quote** wegen Verstoßes gegen Art. 33 II, 3 II, III S. 1 GG **verfassungswidrig**. Art. 3 III S. 1 GG verbietet es, jemanden wegen seines Geschlechts zu benachteiligen oder zu bevorzugen. Das Geschlecht darf grundsätzlich kein Anknüpfungspunkt für eine rechtliche Ungleichbehandlung sein.[216] Dies gelte auch dann, wenn eine Regelung nicht auf eine nach Art. 3 III S. 1 GG verbotene Ungleichbehandlung angelegt sei, sondern in erster Linie andere Ziele verfolge. Selbst die sog. „weiche Quote" (§§ 8 IV S. 2, 25 VI S. 2 LBG, 7 I LGG), bei der neben der Gleichgeeignetheit immer noch zu prüfen ist, ob in der Person des männ-

---

211 „Marschall"; EuGH, ZBR 98, 132 (134) = NJW 97, 3429 (3430) = NWVBl 98, 56 (57) = RiA 98, 37 (38 f.) = DVBl 98, 183 = MDR 98, 349 (350) = JZ 98, 139 (139 f.); Anmerkungen von Fischer, RiA 98, 39 (39 f.); Starck, JZ 98, 140 (140 f.); Hohaus, MDR 98, 351 (351 f.); Sachs, JuS 98, 552 (552 f.); sowie ders., DVBl 98, 184 (184 f.).
212 OVG Münster, IÖD 98, 256 (257 f.).
213 Anders OVG Schleswig, NVwZ-RR 99, 261 (263) = DÖV 98, 554 (556) = PersV 99, 277 (282 f.), zum schleswig-holsteinischen Recht, da §§ 5, 6 des dortigen Gleichstellungsgesetzes keine Öffnungsklausel habe, die eine Prüfung im Einzelfall gebiete.
214 EuGH, ZBR 98, 132 (134) = NJW 97, 3429 (3430) = NWVBl 98, 56 (57) = RiA 98, 37 (38) = DVBl 98, 183 = MDR 98, 349 (350) = JZ 98, 139 (139 f.); so mittlerweile auch OVG Münster, RiA 99, 144 (146); IÖD 98, 256 (258).
215 „Badeck"; NJW 00, 1549 (1551 f.) = JZ 00, 667 (668) = PersV 01, 183 (186 ff.); Anm Starck, JZ 00, 670 (670 ff.), und Sachs, JuS 00, 812 (812 f.).
216 BVerfG, NJW 92, 964 (965).

5. Abschnitt: Die Ernennung

lichen Mitbewerbers liegende Gründe überwiegen, steht mit dem Leistungsprinzip nicht in Einklang.[217] Bei einer Gleichgeeignetheit muß nach sachgerechten, dem Leistungsgrundsatz entsprechenden Aspekten weiter differenziert werden (vgl. die Argumentation soeben in Rn 121). Dem Leistungsprinzip (Art. 33 II GG) widerspricht es hingegen, wenn an einer Stelle des Auswahlverfahrens ein vom Grundgesetz in Art. 3 III S. 1 GG ausdrücklich für jedwede Unterscheidung verbotener Gesichtspunkt, wie hier das Geschlecht, nunmehr hilfsweise zur weiteren Differenzierung positiv für Frauen und negativ für Männer herangezogen wird. Das verbotene (Hilfs-) Kriterium darf weder privilegieren noch diskriminieren.[218] Abzulehnen ist deshalb die Ansicht des VGH Mannheim[219], wonach die Geschlechtszugehörigkeit bei gleicher oder sogar "annähernd gleicher" Geeignetheit ein vorrangiges Hilfskriterium sein müsse. Im übrigen stellt sich die Frage nach dem Ethos von Politikern, die als Gesetzgeber glauben, den einen Verfassungsverstoß durch einen anderen kompensieren zu können. Eine in der Vergangenheit vorgekommene Verletzung der Auswahlprinzipien des Art. 33 II GG bei Frauen rechtfertigt juristisch keinesfalls einen ebensolchen Verstoß an unbeteiligten, hierfür gänzlich unverantwortlichen Männern. Solche diskriminierende Gruppenverfolgung einer Ämterpatronage durch Geschlecht ist verfassungswidrig und auch nicht wegen Art. 3 II S. 2 GG gestattet.[220] Diese Position steht nicht im Gegensatz zur Ansicht des EuGH. Er hat sich lediglich zur Vereinbarkeit von Quoten mit europäischem Gemeinschaftsrecht geäußert, nicht jedoch zu einer solchen mit nationalem Verfassungsrecht.[221]

Unabhängig vom Meinungsstreit muß allerdings bei konkreten Ernennungsentscheidungen davon ausgegangen werden, daß **§§ 8 IV S. 2, 25 VI S. 2 LBG, 7 I LGG gültig** sind. Die Verwaltung ist an Gesetz und Recht gebunden (Art. 20 III GG). §§ 8 IV S. 2, 25 VI S. 2 LBG, 7 I LGG sind formell ordnungsgemäß zustande gekommen. Sie stellen trotz erheblicher verfassungsrechtlicher Bedenken bis zur gegenteiligen Entscheidung des Bundesverfassungsgerichts gültiges und damit anzuwendendes Gesetz dar. Der **einzelne Dienstherr hat keine Normverwerfungskompetenz**.[222] Dieses frauenpolitisch gewollte widersinnige Resultat muß man(n) leider verfassungsrechtlich hinnehmen.

---

217 OVG Münster, NWVBl 92, 401; NWVBl 92, 321 (322).
218 Wichmann, ZBR 88, 365 (370).
219 VBlBW 96, 464 (465).
220 Ähnlich OVG Münster, NVwZ 96, 495 (496); OVG Saarlouis, NVwZ-RR 00, 31 (34 f.); VG Berlin, DÖD 98, 169; NVwZ-RR 06, 348 (349).
221 So auch Sachs, JuS 00, 812 (813). Seemann, ZBR 04, 147, ist hingegen zuzugeben, daß die Auslegung des Gemeinschaftsrechts durch den EuGH das größere Gewicht haben werde, falls in Zukunft die Tendenz entstehen sollte, gemeinschaftsrechtliche Vorschriften und nationalstaatliche Verfassungsnormen mit gleicher Zielsetzung auch gleich zu interpretieren. Nur soweit sind wir noch nicht. Ähnlich wie Seemann ebenfalls Kunig in Schmidt-Aßmann, Rn 87. Battis, § 8 BBG, Rn 20, sieht in der gemeinschaftsrechtlichen Billigung der Verfahrensquote ein Beispiel für die Europäisierung des deutschen Beamtenrechts.
222 OVG Saarlouis, NVwZ-RR 99, 260 (261).

3. Voraussetzungen der einzelnen Ernennungsfälle

Im Licht der EuGH-Rechtsprechung zur weichen Quote[223] sollte bei Ernennungen in jedem Einzelfall folgendes **Prüfungsraster** eingehalten werden:

- Allein anhand des Leistungsprinzips (Art. 33 II GG) muß man **den am besten geeigneten Bewerber suchen**. Sollte er gefunden werden, ist er unabhängig vom Geschlecht zu ernennen. Keine Benachteiligung wegen des Geschlechts liegt vor, wenn ein Kandidat aus geschlechtsunspezifischen Gründen abgelehnt wird, weil er beispielsweise als B.a.P. sofort nach seiner Ernennung einen Urlaub zur Kinderbetreuung antreten will.[224]

- Sind zwei Personen gleich geeignet[225], muß weiter differenziert werden[226]. Zunächst ist der Bessere mittels **leistungsnäherer Hilfskriterien**, z.B. der Leistungsentwicklung oder -konstanz[227], herauszufiltern. Keine Gleichgeeignetheit liegt jedoch vor, wenn sie auf der Grundlage einer rechtswidrigen dienstlichen Beurteilung beruht.[228]

- Sollte hier ebenfalls ein rechtlich korrekt ermittelter Gleichstand herrschen, muß man **leistungsfernere Hilfskriterien**, wie Dienst- oder Lebensalter etc. (Rn 121), heranziehen.[229] Auch sie zählen zu den nach der EuGH-Rechtsprechung zu berücksichtigenden Aspekten, durch die bei gleicher Qualifikation den Männern in jedem Einzelfall eine objektive Beurteilung garantiert wird. Der Frauen eingeräumte Vorrang müsse entfallen, wenn einer oder mehrere dieser Gesichtspunkte zugunsten des männlichen Bewerbers überwiegen und solche Kriterien gegenüber den weiblichen Bewerbern nicht diskriminierend wirken. Leistungsfernere Hilfskriterien wie Dienst- oder Lebensalter sind jedoch geschlechtsunabhängig, so daß ihre Anwendung Frauen nicht diskrimi-

---

223 ZBR 98, 132 (134) = NJW 97, 3429 (3430) = NWVBl 98, 56 (57) = RiA 98, 37 (38 f.) = DVBl 98, 183 = MDR 98, 349 (350) = JZ 98, 139 (139 f.); NJW 00, 1549 (1551 f.) = JZ 00, 667 (668 f.) = PersV 01, 183 (186 ff.).
224 BVerwG, NJW 96, 474.
225 Kunig in Schmidt-Aßmann, Rn 87, äußert zu Recht Zweifel an der Prämisse, ob zwei Bewerber überhaupt „gleich" geeignet sein könnten.
226 Wobei Kunig in Schmidt-Aßmann, Rn 87, korrekterweise die noch zu beantwortende Frage aufwirft, ob und mit welchem Ergebnis es nicht grundrechtlich sogar geboten sei, „die bei gleicher Qualifikation den Frauenförderungsautomatismus abwendenden Beurteilungskriterien zugunsten gleichqualifizierter männlicher Bewerber gesetzlich festzulegen". Von meiner Seite soll hier nur das Stichwort „Wesentlichkeitstheorie" genannt werden (vgl. näher Rn 60).
227 OVG Saarlouis, NVwZ-RR 00, 31; NVwZ-RR 99, 260; OVG Münster, ZBR 99, 316 = NWVBl 99, 272; ZBR 99, 316 = NWVBl 99, 187; DVBl 99, 934 (934 f.) = NWVBl 99, 271 = RiA 99, 253 (253 f.) = ZBR 99, 354 (355); a.A. OVG Münster, NVwZ-RR 02, 53 = DÖD 02, 226; NWVBl 01, 305 (306) = RiA 02, 94 (95); NWVBl 00, 230; zum Meinungsstreit Rn 132.
228 BVerwG, DVBl 04, 317 (319) = NJW 04, 870 (872) = BayVBl 04, 472 (474) = ZBR 04, 101 (102 f.) = E 118, 370 (377) = RiA 04, 37 (39); Anm Schnellenbach, ZBR 04, 104 (104 f.); OVG Lüneburg, DÖD 02, 102 = NdsVBl 02, 217 = NordÖR 02, 85 (86).
229 OVG Schleswig, DÖV 98, 554 (555) = NVwZ-RR 99, 261 (262) = PersV 99, 277 (280 f.); OVG Münster, ZBR 99, 316 = NWVBl 99, 272; ansatzweise ebenfalls VG Gelsenkirchen, ZBR 00, 64 (66).

5. Abschnitt: Die Ernennung

niert. Enger beurteilen es das OVG Saarlouis[230], für das allein das Ziel der Frauenförderung selbst ein beim Mann gegebenes Übergewicht anderer Hilfskriterien ausgleiche und mittlerweile das OVG Münster[231], wonach deutliche Unterschiede für den Mann sprechen müßten. Seine Zurücksetzung dürfe allerdings keine unerträgliche oder besonders schwere Benachteiligung sein. Bislang war das OVG Münster[232] davon ausgegangen, daß die privilegierende Geschlechtszugehörigkeit als „lediglich ein weiteres" Auswahlmerkmal heranzuziehen sei. Ohne dies als starre Anwendungsregel gelten lassen zu wollen, hat das OVG Münster[233] jedoch ein fünf Jahre höheres Dienstalter eines Mannes im Vergleich mit konkurrierenden Mitkandidatinnen als einen hinreichend deutlichen Vorsprung angesehen.

– Läßt sich selbst dann kein am besten geeigneter Bewerber finden, können **leistungsfremde Hilfskriterien** (wie Schwerbehinderung oder Geschlecht) entscheiden. Die Frauenquote kommt als nachrangigster Aspekt (als „Hilfs-Hilfskriterium"[234]) zum Tragen. Allein durch dieses Verständnis der EuGH-Rechtsprechung zur weichen Quote wird eine Verfassungskonformität mit innerstaatlichem deutschen Recht erreicht, zu der sich der EuGH nicht geäußert hat und es auch nicht mußte. Das Geschlecht wird sich deshalb bei Beförderungen fast nie auswirken[235], weil es im Fall der Gleichgeeignetheit genügend andere leistungsnahe und -ferne Hilfsgesichtspunkte gibt. Lediglich bei Einstellungen sind derartige Hilfsaspekte nicht so zahlreich, so daß die Frauenquote dort öfter, aber sicherlich nicht oft zur Anwendung gelangen dürfte, handelte man juristisch korrekt.

Im übrigen sind Dienstherrn verpflichtet, für jeweils drei Jahre einen **Frauenförderplan** aufzustellen, wenn die Dienststelle mindestens zwanzig Beschäftigte hat (§ 5a I S. 1, 1. Hs. LGG). Seine Inhalte ergeben sich aus § 6 LGG. Der Frauenförderplan ist erstmals innerhalb von zwölf Monaten nach Inkrafttreten des LGG zu erstellen (§ 26 II S. 1 LGG). Sanktioniert wird ein Verstoß gegen diese Frist dadurch, daß dann Einstellungen, Beförderungen und Übertragungen höherwertiger Tätigkeiten im Tarifbereich bis zum Inkrafttreten des Frauenförderplans auszusetzen sind (§ 26 II S. 3, 1. Hs. LGG). Dies gilt nicht für Einstellungen, die aus zwingenden dienstlichen Gründen geboten sind (§ 26 II S. 3, 2. Hs. LGG). Finden dennoch Einstellungen oder Beförderungen unter Mißachtung von § 26 II

---

230 NVwZ-RR 00, 31 (34).
231 NVwZ-RR 00, 176 (177).
232 RiA 99, 144 (146).
233 DÖD 00, 137 = RiA 02, 50 (51).
234 Sachs, DVBl 98, 184 (185); OVG Koblenz, DVBl 99, 1445 (1446); OVG Schleswig, DÖV 98, 554 (555) = NVwZ-RR 99, 261 (262 f.) = PersV 99, 277 (282 f.); a.A. OVG Saarlouis, NVwZ-RR 00, 31 (34); OVG Münster, NVwZ-RR 00, 176 (178): „gewichtiges Hilfskriterium"; Battis, § 8 BBG, Rn 23.
235 So auch Sachs, DVBl 98, 184 (185).

3. Voraussetzungen der einzelnen Ernennungsfälle

S. 3, 1. Hs. LGG statt, sind diese zwar rechtswidrig, aber nicht nichtig. Es gibt keinen entsprechenden Nichtigkeitsgrund (§ 11 LBG). Sie sind damit wirksam. Wenn die Zielvorgaben des Frauenförderplans hinsichtlich Einstellungen und Beförderungen von Frauen nicht innerhalb des dort vorgesehenen Zeitraums verwirklicht worden sind, ist bis zu ihrer Erfüllung bei jeder Einstellung und Beförderung eines Mannes in einem Bereich, in dem Frauen unterrepräsentiert sind, eine besondere Begründung notwendig (§ 6 VI LGG).

Literatur: Braun, Chancengleichheit im öffentlichen Dienst – Weiterentwicklung der Frauenförderung am Beispiel des Chancengleichheitsgesetzes für Baden-Württemberg, RiA 06, 21; Sacksofsky, Die Gleichberechtigung von Mann und Frau – besser aufgehoben beim Europäischen Gerichtshof oder beim Bundesverfassungsgericht?, in Gaitanides/Kadelbach/Iglesias, Europa und seine Verfassung, FS für Manfred Zuleeg, 2005, 323; Bräutigam, Verfassungs- und europarechtskonforme Auslegung von §§ 8, 9 BGleiG, RiA 04, 19; Braun, Die Pflicht des öffentlichen Arbeitgebers zur Einladung schwerbehinderter Bewerber, RiA 04, 261; Graue, Der deutsche und europäische öffentliche Dienst zwischen rechtlicher und faktischer Gleichberechtigung der Geschlechter, 2003; Vetter, Die Förderung von Frauen und Schwerbehinderten als normativer Zielkonflikt, VBlBW 00, 213; Wohland, Sanfter Druck durch Frauenförderplan, StGR 5/00, 30; Kißler/Wiechmann, Gleichstellungspolitik und kommunale Verwaltungsreform, 1999; Burmeister, Quoten-Querelen auf verschlungenen Prozeßpfaden, NWVBl 98, 419; Lenz, Konsequent und auf der Linie der Mehrheit: Zum Urteil Marschall des EuGH, NJW 98, 1619; Ott, Die Frauenförderungsgesetze der Länder und des Bundes am Maßstab der Kalanke-/Marschall-Rechtsprechung des EuGH, ZBR 98, 121; Schnellenbach, Einige Bemerkungen zur Frauenförderung, NWVBl 98, 417; Schnupp, Frauenförderung, Gleichberechtigung, Gleichstellung, DÖD 98, 173; Di Fabio, Die Gleichberechtigung von Mann und Frau, AöR 122. Bd. (97), 404; Burmeister, Die niedersächsische „Quotenregelung" – Rechtsprechungspraxis sowie Perspektiven nach der Grundgesetzänderung und dem Luxemburger Urteil –, PersV 96, 145; Deinert, Frauenförderung beim Zugang zu Ämtern: Beamtenrechtlicher Konkurrentenstreit als Möglichkeit des Rechtsschutzes für nichtberücksichtigte Bewerber?, RiA 96, 5; Doering, Frauenquoten und Verfassungsrecht, 1996; Graue, Das EuGH-Urteil vom 17.10.1995 zu leistungsabhängigen Quoten im öffentlichen Dienst des Landes Bremen, RiA 96, 80; Henneberger, Frauenbeschäftigung im öffentlichen Dienst, PersV 96, 167; Jachmann, Die Quotenregelung im öffentlichen Dienst – Chancengleichheit, fürsorgliche Diskriminierung oder ungerechtfertigte Bevorzugung der Frau im Beruf?, ZBR 96, 161; Laubinger, Die „Frauenquote" im Öffentlichen Dienst, VerwArch 96, 305 (Teil 1), 473 (Teil 2); Sacksowsky, Das Grundrecht auf Gleichberechtigung, 2. Aufl. 96; Schiek/Buhr, Frauengleichstellungsgesetz, 1996; Schwidden, Regelungen zur Förderung von Frauen im öffentlichen Dienst, RiA 96, 105; Hofmann, Bevorzugung von Frauen bei Stellenbesetzungen?, NVwZ 95, 662; König, Die Grundgesetzänderung in Art. 3 Abs. 2 GG, DÖV 95, 837; Kokott, Zur Gleichstellung von Mann und Frau – Deutsches Verfassungsrecht und europäisches Gemeinschaftsrecht, NJW 95, 1049; Lashöfer, Frauenförderpläne in der Kommunalverwaltung, StuG 93, 264; Schumacher, Frauenförderung durch Quoten?, StuG 93, 260; Battis/Schulte-Trux/Weber, Frauenquoten und Grundgesetz, DVBl 91, 1165; Becker, Frauenquoten im öffentlichen Dienst?, RiA 91, 292; Günther, Zu Pflichten des Dienstherrn im Kontext Begründung des Beamtenverhältnisses, ZBR 91, 257; Harms, Frauenförderung im öffentlichen Dienst – rechtliche und personalwirtschaftliche Grenzen, DÖD 91, 49; Frohn, Frauenförderung im öffentlichen Dienst, DÖD 90, 105; Krimphove, Frauenförderung durch Gesetz, DÖD 90, 164; Meixner, Personalpolitische Herausforderungen der Frauenförderung in der Verwaltung – Chancen und Grenzen der Quotenphilosophie am Beispiel der Nachwuchsgewinnung –, PersV 90, 162.

3.2 Umwandlung des Beamtenverhältnisses

123 Welche Umwandlungsfälle denkbar sind, ist in Rn 85 dargestellt.

I. Formelle Voraussetzungen

Um die formellen Voraussetzungen der Umwandlung eines Beamtenverhältnisses zu prüfen, sollte man den bei der Einstellung (Rn 90 ff.) vorgestellten Aufbau entsprechend anwenden. Dabei weicht die Umwandlung von der Einstellung in folgenden Punkten ab:

1. Der **Inhalt der Urkunde** bestimmt sich gemäß § 8 II S. 2 Nr. 2 i.V.m. Nr. 1 LBG. Deshalb muß man die Worte „unter Berufung in das Beamtenverhältnis" nicht nochmals in die Urkunde aufnehmen.

Beispiel: I erhielt bei seiner Einstellung eine Urkunde mit dem Text: „Herr I wird unter Berufung in das Beamtenverhältnis auf Widerruf zum Stadtinspektoranwärter ernannt." Nach erfolgreicher Laufbahnprüfung kann ihm folgende Urkunde ausgehändigt werden: „Herr Stadtinspektoranwärter I wird unter Verleihung der Eigenschaft eines Beamten auf Probe zum Stadtinspektor zur Anstellung ernannt."

2. Bei der Umwandlung des Beamtenverhältnisses ist eine **Beteiligung des Personalrats** vorgesehen (§ 72 I S. 1 Nr. 1 LPVG). Die **Gleichstellungsbeauftragte** ist durch Unterrichtung und Anhörung zu beteiligen (§ 18 II i.V.m. § 17 I, 2. Hs. Nr. 1 LGG). Sie hat ein Widerspruchsrecht (§ 19 I S. 1, 1. Hs. LGG). Die **Schwerbehindertenvertretung** ist zu hören, wenn ein Schwerbehinderter beteiligt ist (§ 95 II S. 1, 1. Hs. SGB IX).

II. Materielle Voraussetzungen

Auch insoweit kann auf die Ausführungen bei der Einstellung verwiesen werden. In Klausuren erübrigt es sich, erneut hierauf einzugehen, falls keine Anhaltspunkte bestehen, daß einzelne sachliche und persönliche Voraussetzungen inzwischen entfallen sind. Diese wurden bereits bei der Einstellung untersucht.

Beispielsweise ist vor der Umwandlung eines Beamtenverhältnisses in ein solches auf Lebenszeit die gesundheitliche Eignung nur zu prüfen, wenn das bei der Einstellung nicht geschah oder wenn der Gesundheitszustand des Beamten dazu Veranlassung gibt.

Allerdings muß man immer die speziellen Anforderungen der jeweils zu begründenden Art des Beamtenverhältnisses prüfen. Diese wurden in Rn 108 ff. dargestellt. Das gleiche gilt für die Erfordernisse Eignung, Geschäftsfähigkeit und Amtsfähigkeit. Wenn z.B. ein B.a.P. nunmehr B.a.L. werden soll, müssen die in § 9 I LBG genannten Kriterien erfüllt sein und das Ernennungsermessen ausgeübt werden, das allerdings durch § 9 III LBG beschränkt sein kann.

3. Voraussetzungen der einzelnen Ernennungsfälle

3.3 Anstellung

Für die Prüfung der formellen und materiellen Voraussetzungen der Anstellung gilt das Vorstehende entsprechend.

124

I. Besonders zu beachten ist in formeller Hinsicht:

1) Der **Inhalt der Urkunde** ergibt sich aus § 8 II S. 2 Nr. 3 LBG und lautet z.B. wie folgt: „Herr Regierungsrat z.A. R wird zum Regierungsrat ernannt." Erfüllt der Beamte zum Zeitpunkt der Anstellung ebenfalls die Voraussetzungen für die Berufung in das B.a.L., könnte gleichzeitig eine Umwandlung (§ 8 I Nr. 2 LBG) vorgenommen werden.[236] In diesem Fall hätte die Urkunde folgenden Inhalt: „Herr Regierungsrat z.A. R wird unter Verleihung der Eigenschaft eines Beamten auf Lebenszeit zum Regierungsrat ernannt."

2) Bei der Anstellung besteht ein **Mitbestimmungsrecht des Personalrats** (§ 72 I S. 1 Nr. 1 LPVG). Die **Gleichstellungsbeauftragte** ist durch Unterrichtung und Anhörung zu beteiligen (§ 18 II i.V.m. § 17 I, 2. Hs. Nr. 1 LGG). Sie hat ein Widerspruchsrecht (§ 19 I S. 1, 1. Hs. LGG). Die **Schwerbehindertenvertretung** ist zu hören, wenn ein Schwerbehinderter beteiligt ist (§ 95 II S. 1, 1. Hs. SGB IX).

II. In materieller Hinsicht existieren folgende Besonderheiten:

1) Die Anstellung eines Beamten ist nur im **Eingangsamt** zulässig (§ 24 S. 1 LBG). Das Eingangsamt bestimmt sich nach dem Besoldungsrecht (§ 24 S. 2 LBG). Es hängt von der Laufbahngruppe ab (§ 23 I BBesG). Dies sind im einfachen Dienst das Amt des Oberamtsgehilfen (BesGr A 2), des Hauptamtsgehilfen (A 3) oder des Amtsmeisters (A 4). Im mittleren Dienst ist es das Amt des Sekretärs (A 6) oder des Obersekretärs (A 7). Im gehobenen Dienst ist es das Amt des Inspektors (A 9) und im höheren Dienst das des Rats (A 13). Neuerdings räumt das Besoldungsrecht weitergehende Möglichkeiten ein (Rn 158). Gesetzliche Vorschriften sehen Ausnahmen vor[237], z.B. für den technischen Dienst (§ 23 II BBesG, Art. 2 Nr. 1 HStruktG. v. 18.12.75) oder bei Sonderlaufbahnen (Rn 158). Einzelfallausnahmen muß der LPA zulassen (§§ 24 S. 3 LBG, 84 I S. 1 Nr. 3, III S. 1, 1. Alt., 9 I S. 2 LVO).

2) Laufbahnrechtlich setzt die Anstellung die **Bewährung in der Probezeit** voraus (§ 9 I S. 1 LVO). Die Bewährung ermittelt man anhand einer dienstlichen Beurteilung (§ 104 I S. 1 LBG). Die Dauer der Probezeit findet sich in Rn 168. Die Elternzeit darf das berufliche Fortkommen grundsätzlich nicht beeinträchtigen.[238] Dies gilt hinsichtlich der bei der Anstellung zu beantwortenden Frage, ob sich ein Beamter in der Probezeit bewährt hat, wenn dem Dienstherrn aufgrund der Länge der

---

236 Ob eine solche Umwandlung in NW zulässig ist, wird in Rn 85 behandelt.
237 Übersicht bei Korn/Tadday, § 24 LBG, Anm 4.
238 OVG Münster, NWVBl 05, 391 (392) = ZBR 05, 393 = RiA 05, 203 (204).

5. Abschnitt: Die Ernennung

tatsächlich geleisteten Probezeit genügend Erkenntnisse vorliegen, um eine Entscheidung zu treffen. Kann der Dienstherr noch nicht sicher beurteilen, ob sich der Beamte bewährt hat, muß er die Probezeit über die Elternzeit hinaus verlängern. Ohne eine Probezeit werden kommunale Wahlbeamte (§§ 9 II, 15 II LBG) angestellt. Bei Hochschullehrern (§ 201 I, III LBG) und früheren Beamten sowie Beamten anderer Dienstherrn (§ 83 II LVO) kann auf eine (erneute) Probezeit verzichtet werden. Ausnahmsweise kann man einen Beamten bereits während der Probezeit anstellen (§ 9 II LVO).[239]

Im Anwendungsbereich des **ArbeitsplatzschutzG** wird § 9 I S. 1 LVO durch § 9 VIII S. 4 ArbeitsplatzschutzG überlagert mit der Folge, daß die Anstellung zum Ausgleich der Wehrdienstverzögerung während bzw. schon zu Beginn der Probezeit zu dem Zeitpunkt zu erfolgen hat, in dem der Beamte zur Anstellung herangestanden hätte, wenn er keinen Wehrdienst geleistet hätte. Dem Beamten dürfen aus der Abwesenheit, die durch den **Wehrdienst** veranlaßt war, keine dienstlichen Nachteile erwachsen (§ 9 VII ArbeitsplatzschutzG). Die Vorschriften des ArbeitsplatzschutzG gelten ebenfalls für den **Zivildienst** anerkannter Kriegsdienstverweigerer, nicht jedoch bei einem freiwilligen sozialen Jahr (§ 78 I Nr. 1, II ZDG). In welcher Form und in welchem Umfang Nachteile bei der Anwendung laufbahnrechtlicher Vorschriften auszugleichen sind, regeln die §§ 9 bis 13, 16a ArbeitsplatzschutzG abschließend. Zum Ausgleich der wehrdienstbedingten Verzögerung des beruflichen Werdeganges darf nach Erwerb der Befähigung als Laufbahnbewerber „die Anstellung nicht über den Zeitpunkt hinausgeschoben werden, zu dem der Beamte ohne Ableisten des Wehrdienstes zur Anstellung herangestanden hätte" (§ 9 VIII S. 4 ArbeitsplatzschutzG). Diese Vorschrift gilt entsprechend für einen Soldaten, der die Befähigung als Laufbahnbewerber für eine Laufbahn mit eingerichtetem Vorbereitungsdienst erwerben will und die für die Laufbahn vorgeschriebene Vorbildung besitzt, wenn er sich bis sechs Monate nach dem Grundwehrdienst oder einer Wehrübung um Einstellung als Beamter beworben hat und aufgrund dieser Bewerbung in den Vorbereitungsdienst eingestellt worden ist (§ 12 III ArbeitsplatzschutzG). Um nun das Datum der vorgezogenen Anstellung zu ermitteln, ist der Zeitpunkt zu errechnen, zu dem der Beamte anzustellen wäre, wenn er keinen Wehrdienst geleistet hätte.

Fall: A besteht am 1.7.97 sein Abitur. Der nächste jährliche Einstellungstermin für den gehobenen Dienst bei der Stadt S ist am 1.9.97. Mit Bescheid vom 21.11.97 wird A zum 1.1.98 zum Wehrdienst einberufen. Während des Wehrdienstes erkennt er, daß ihm eine Inspektorenlaufbahn bei der Stadt S Freude und Genugtuung verschaffen könnte. Der Wehrdienst endet am 31.12.98. Er bewirbt sich bei S im März 99 und wird zum 1.9.99 als B.a.W. eingestellt. Wann ist A anzustellen?

Nach Erwerb der Befähigung als Laufbahnbewerber darf „die Anstellung nicht über den Zeitpunkt hinausgeschoben werden, zu dem der Beamte ohne Ableisten des Wehrdienstes zur Anstellung herangestanden hätte" (§ 9 VIII S. 4 ArbeitsplatzschutzG). Diese Vorschrift gilt

---

239 Übersicht bei Korn/Tadday, § 23 LBG, Anm 3.

3. Voraussetzungen der einzelnen Ernennungsfälle

entsprechend für einen Soldaten, der die Befähigung als Laufbahnbewerber für eine Laufbahn mit eingerichtetem Vorbereitungsdienst erwerben will und die für die Laufbahn vorgeschriebene Vorbildung besitzt, wenn er sich bis sechs Monate nach dem Grundwehrdienst oder einer Wehrübung um Einstellung als Beamter beworben hat und aufgrund dieser Bewerbung in den Vorbereitungsdienst eingestellt worden ist (§ 12 III ArbeitsplatzschutzG). A erfüllt diese Voraussetzungen. Bei der Berechnung des Anstellungszeitpunktes ist von folgendem auszugehen: Wenn A keinen Wehrdienst geleistet hätte, wäre er zum 1.9.98 als dem nächsten jährlichen Termin in den Vorbereitungsdienst eingestellt worden. Demgemäß hätte er fiktiv drei Jahre später die Laufbahnprüfung zum 1.9.01 bestanden und wäre fiktiv mit gleichem Datum zum Gemeindeinspektor z.A. ernannt worden. Unter Berücksichtigung einer Probezeit von 2,5 Jahren (§ 29 II S. 1 LVO) wäre er fiktiv zum 1.3.04 angestellt worden. Sollte sich A darauf berufen, er hätte zum 1.9.97 in den Vorbereitungsdienst eingestellt werden können, wäre dies rechtlich unbeachtlich. Eine solche Verzögerung wäre nicht durch den Wehrdienst erfolgt, da der Einberufungsbescheid erst auf den 21.11.97 datiert. Vielmehr liegt sie allein in der eigenverantwortlichen Entscheidung des A begründet, sich nicht direkt nach seinem Abitur als Anwärter für den gehobenen Dienst beworben zu haben. Somit ist von einem vorgezogenen Anstellungszeitpunkt auf den 1.3.04 auszugehen.

Abwandlung: In den Jahren 97 und 98 finden bei S keine Einstellungen für den gehobenen Dienst statt. Der nächste Einstellungstermin ist der 1.9.99.

Hier hat es keine wehrdienstbedingten Verzögerungen gegeben, die auszugleichen wären. Selbst ohne Wehrdienst wäre A erst zum 1.9.99 eingestellt worden.

Bei der Ermittlung des vorgezogenen Anstellungszeitpunktes (§ 9 VIII S. 4 ArbeitsplatzschutzG) ergeben sich Schwierigkeiten, wenn ein Beamter mit Wehrdienstverzögerung die Laufbahnprüfung mit einem **Prädikatsexamen** bestanden hat. Eine Probezeitkürzung ist bei einem Prädikatsexamen nur zulässig, wenn sich der Beamte nach der Berufung in das B.a.P. innerhalb der vorgeschriebenen Mindestzeit dienstlich besonders bewährt hat (§§ 22 II S. 2, 29 II S. 2, 39 II S. 2 LVO). Der **Bund** bejaht eine sofortige zusammenfassende Berücksichtigung der Wehrdienstverzögerung (§ 9 VIII S. 5 ArbeitsplatzschutzG) und der laufbahnrechtlichen Kürzungsvorschriften. Die obersten Landesbehörden in **NW** vertreten demgegenüber die Auffassung, daß der Beamte mit Prädikatsexamen in der Laufbahnprüfung zunächst nur unter Berücksichtigung der Wehrdienstverzögerung, nicht aber zugleich auch unter Anwendung der §§ 22 II S. 2, 29 II S. 2, 39 II S. 2 LVO vorzeitig angestellt werden könne.[240] Dieser Ansicht ist aufgrund des Wortlauts sowie Sinn und Zwecks der Normen zu folgen. Die besondere dienstliche Bewährung kann und darf erst „nach" der Berufung in das B.a.P. „innerhalb einer vorgeschriebenen Mindestzeit" ermittelt werden. Erst nach diesen selbst bei Prädikatsexamina vorgeschriebenen Mindestzeiten kann bei besonderer Bewährung beurteilt werden, daß sich die Anstellung wegen des Wehrdienstes weiter verzögert hat. In diesen Fällen ist zum Ausgleich der nachträglich festgestellten Verzögerung für den weiteren Laufbahnverlauf, insbesondere für die Berechnung der Frist für die Beförderung in das erste Beförderungsamt und für andere Dienstzeitfristen (z.B. für den Aufstieg) von einem fiktiven Anstellungszeitpunkt auszugehen, der sich durch die Nachzeichnung der Laufbahnentwicklung ergibt. Nach dem so gefundenen fiktiven Anstellungszeitpunkt richten sich die Beförderungsfristen und andere laufbahn-

---

240 Höffken/Kohlen/Kleeberg/Keßler/Schürcks, Anhang zu § 9, 150.

5. Abschnitt: Die Ernennung

rechtlich vorgeschriebene Dienstzeiten.[241] Keinesfalls darf man den Anstellungszeitpunkt selbst zurückverlegen. Dies verstieße gegen das Verbot einer rückwirkenden Ernennung.[242]

Die **Probezeit wird durch die** gemäß § 9 VIII S. 4 ArbeitsplatzschutzG **vorgezogene Anstellung nicht berührt** (§ 9 VIII S. 5 ArbeitsplatzschutzG). Der Beamte setzt daher die Probezeit nach der vorgezogenen Anstellung bis zu ihrer Beendigung fort. Beamte, die aufgrund des ArbeitsplatzschutzG während der Probezeit angestellt werden, soll man in der **Begleitverfügung zur Ernennungsurkunde** darüber informieren, daß die regelmäßige oder im Einzelfall festgesetzte Probezeit durch die Anstellung nicht beendet wird. Dies kann auch durch einen Hinweis auf den Zeitpunkt der Beendigung der Probezeit geschehen.[243]

Ebenfalls können Verzögerungen wegen Kinderbetreuung oder der Pflege naher Angehöriger zur Anstellung während der Probezeit führen (§ 9 II, III LVO). In begründeten Ausnahmefällen kann der LPA bei anderen Bewerbern zudem eine Kürzung, jedoch keinen Verzicht auf die Probezeit zulassen (§§ 23 II S. 2, 2. Hs., V LBG, 84 I S. 1 Nr. 2, III S. 1, 1. Alt., 46 I, III LVO). Bei den übrigen Beamten geschieht dies unter denselben Voraussetzungen (§§ 23 IV, V LBG, 22 II S. 1, IV, 29 II S. 1, IV, 39 II S. 1, IV LVO) durch die in § 84 I S. 1 Nr. 2, III S. 2 LVO bestimmte Behörde.

3) Haushaltsrechtlich gesehen darf die Anstellung ausschließlich unter gleichzeitiger Einweisung in eine freie **Planstelle** erfolgen (§ 49 LHO bzw. § 74 II S. 1, 1. Hs. GO). Als rein haushaltstechnischer Akt müssen bei der Einweisung in eine Planstelle weder der Personalrat noch die Gleichstellungsbeauftragte beteiligt werden.

4) Schließlich stellt sich die Frage, zu welchem **Zeitpunkt** die Anstellung vorzunehmen ist. Der Beamte soll nach Bewährung in der regelmäßigen oder im Einzelfall festgesetzten Probezeit angestellt werden (§ 9 I S. 1 LVO). Liegen die geforderte Bewährung (erfolgreiche Probezeit) sowie die laufbahn-, haushalts- und personalvertretungsrechtlichen Voraussetzungen vor, besteht ein Anspruch auf Anstellung. „Soll" (§ 9 I S. 1 LVO) ist für den Dienstherrn „muß", wenn er kann.[244] Es ist kein sachlicher Grund ersichtlich, warum dem Dienstherrn weitere Zeit zugestanden werden müßte, z.B. um irgendetwas zu überprüfen. Sollten mehrere Beamte zur Anstellung anstehen, jedoch nicht ausreichend Planstellen vorhanden sein, muß man zwischen ihnen nach den Grundsätzen des Art. 33 II GG auswählen. § 2 LVO verweist ausdrücklich auch für die Anstellung auf das Leistungsprinzip. Zum Ermessensspielraum für Anstellungen in Beförderungsämtern im Beitrittsgebiet äußert sich das VG Potsdam.[245]

---

241 Höffken/Kohlen/Kleeberg/Keßler/Schürcks, Anhang zu § 9, 150 f.
242 VGH Kassel, NVwZ-RR 98, 766.
243 Höffken/Kohlen/Kleeberg/Keßler/Schürcks, Anhang zu § 9, 147.
244 BVerwGE 90, 275 (278); NJW 00, 160 (163); VGH Mannheim, VBlBW 03, 286.
245 ZBR 98, 288.

3. Voraussetzungen der einzelnen Ernennungsfälle

Allerdings entfällt das bislang im BRRG geregelte Rechtsinstitut der Anstellung zum 1.10.2008 (§ 64 I S. 2 BeamtStG) vollständig (§ 8 I, III BeamtStG).

Literatur: Simianer, Anstellung der Bundesbeamten bei Kinderbetreuung, ZBR 02, 193.

3.4 Beförderung und beförderungsgleiche Maßnahmen

Hinsichtlich des Prüfungsaufbaus gelten zunächst die vorstehenden Ausführungen. **125**

*I. Folgende Besonderheiten sind **in formeller Hinsicht** zu beachten:*

1) Für zu besetzende Stellen findet sich eine interne **Ausschreibungspflicht** unter den dort genannten Voraussetzungen in § 8 I S. 1 LGG, eine externe in § 8 II S. 1 LGG. Selbst wenn die Kriterien für eine Ausschreibung nicht erfüllt sind, muß der Dienstherr **zumindest** alle für die Betrauung mit dem höherwertigen Dienstposten bzw. für die Beförderung laufbahnrechtlich in Betracht kommenden Beamten der Dienststelle **von Amts wegen** in das Auswahlverfahren **einbeziehen**.[246] Schreibt er eine Stelle nicht aus, nimmt er regelmäßig potentiellen Bewerbern die Möglichkeit, ihren Bewerbungsverfahrensanspruch geltend zu machen. Dies widerspräche Art. 33 II GG und der Fürsorgepflicht. Auch das BVerwG[247] erkennt mittlerweile eine Pflicht zur dienststelleninternen Ausschreibung an, wenn eine Auswahl unter verschiedenen fachlich und persönlich geeigneten Beschäftigten denkbar ist. **Zuständig** für die Stellenausschreibung ist im Kommunalbereich der **Hauptverwaltungsbeamte** wegen seiner Organisationsgewalt (§ 62 I S. 3 GO).[248] Ausschließlich der für die Besetzung der Stelle verantwortliche Dienstvorgesetzte hat darüber zu entscheiden, wen er für am geeignetsten hält. Er ist nicht an die Beurteilung der Leistung und Eignung eines in ein anderes Bundesland abgeordneten Beamten durch den dortigen Dienstvorgesetzten gebunden.[249] Ein ordnungsgemäßes Auswahlverfahren setzt voraus, daß das für die Personalentscheidung zuständige Organ in materieller Hinsicht eine selbständige Eignungsbeurteilung hinsichtlich der Besetzung des höherwertigen Dienstpostens vornehmen kann.[250] Dies bedingt, daß es über alle in

---

246 VGH Kassel, NVwZ-RR 03, 664; NVwZ-RR 98, 446 (447); RiA 95, 188 = ZBR 95, 107 (108); NVwZ-RR 92, 34 (35) = DÖD 92, 211 (212); OVG Münster, RiA 02, 49 (50) = DÖD 01, 127 (128); OVG Schleswig, DÖV 93, 962 (963); NVwZ-RR 94, 527 (528); OVG Koblenz, DÖD 02, 103; Wind, ZBR 84, 167 (177).
247 E 79, 101 (109) = ZBR 88, 256 (257) = PersV 89, 73 (76) = DVBl 88, 695 (698) = NVwZ 89, 563 (565).
248 OVG Münster, NWVBl 94, 218 (219).
249 OVG Münster, NWVBl 95, 384.
250 OVG Schleswig, NordÖR 99, 253 (254).

Betracht kommenden Kandidaten Erkenntnisse hat.[251] Über die **Vorauswahl von Bewerbern**, die dem Anforderungsprofil einer ausgeschriebenen Stelle oder eines Dienstpostens nicht entsprechen, muß ebenfalls das für die Personalauswahl zuständige Organ entscheiden.[252] Sie dürfe nur delegiert werden, wenn der Ausschluß einzelner Bewerber wegen bestimmter Merkmale des Anforderungsprofils unzweifelhaft sei. Somit ist es geboten, in einer Vorlage sämtliche Kandidaten zumindest aufzuführen, eine Übersicht über ihre Schul- und Berufsausbildung sowie ihren beruflichen Werdegang beizufügen und hinsichtlich derjenigen Bewerber, die in die engere Wahl kommen, den wesentlichen Inhalt zeitnaher dienstlicher Beurteilungen zusammenfassend wiederzugeben.[253] Eine Geheimhaltung darf es hier selbst dann nicht geben, wenn die Gewinnung und Auswahl unter Hinzuziehung eines privaten Personalberatungsunternehmens oder einer Findungskommission erfolgt.[254]

2) Bei einer Beförderung hat die **Urkunde** den in § 8 II S. 2 Nr. 3 LBG vorgesehenen Inhalt, z.B.: „Frau Regierungsoberinspektorin R wird zur Regierungsamtfrau ernannt." Beförderungsgleiche Maßnahmen sind keine Ernennungen (Rn 87). Sie werden also nicht durch Urkunden, sondern durch schriftliche Mitteilungen vollzogen.

Aus der Fürsorgepflicht des Dienstherrn, günstige bereits getroffene Personalentscheidungen so schnell wie möglich herbeizuführen, folgt ein Anspruch des Beamten auf unverzügliche Aushändigung der Ernennungsurkunde.[255]

3) Der **Personalrat** hat ein Mitbestimmungsrecht (§ 72 I S. 1 Nr. 2 LPVG). Die **Gleichstellungsbeauftragte** ist durch Unterrichtung und Anhörung zu beteiligen (§ 18 II i.V.m. § 17 I, 2. Hs. Nr. 1 LGG). Sie hat ein Widerspruchsrecht (§ 19 I S. 1, 1. Hs. LGG). Die **Schwerbehindertenvertretung** ist zu hören, wenn ein Schwerbehinderter beteiligt ist (§ 95 II S. 1, 1. Hs. SGB IX). Unterbleibt die Anhörung, führt dies nicht zur Rechtswidrigkeit der Beförderung, wenn auszuschließen ist, daß auch bei durchgeführter Anhörung die Auswahl zugunsten des Schwerbehinderten ausgefallen wäre.[256]

Literatur: Carl, Dienstpostenausschreibung und Bewerberauswahl im öffentlichen Dienst, ZBR 03, 343.

---

251 OVG Schleswig, NVwZ-RR 94, 527 (528); VGH Kassel, RiA 05, 308 (309); RiA 04, 147 (148) = ZBR 05, 426 (427); OVG Münster, NWVBl 02, 266 (267) = NVwZ-RR 02, 291 (292).
252 VGH Kassel, ZBR 95, 107 (108) = RiA 95, 188.
253 VGH Kassel, ZBR 95, 107 (108) = RiA 95, 188; RiA 04, 147 (148) = ZBR 05, 426 (427); RiA 05, 308 (309).
254 OVG Münster, NVwZ-RR 03, 225 (227) = DÖV 02, 705 (707) = NWVBl 02, 381 (383); OVG Hamburg, NordÖR 99, 251 (252).
255 BGH, ZBR 83, 336 (337); Kunig in Schmidt-Aßmann, Rn 72.
256 OVG Lüneburg, NVwZ-RR 04, 434 (435).

3. Voraussetzungen der einzelnen Ernennungsfälle

*II. **In materieller Hinsicht** ist eine Beförderung oder beförderungsgleiche Maßnahme allein unter folgenden Voraussetzungen möglich:*

1) **Nichtvorliegen von Beförderungsverboten**

Beförderungsverbote können sich aus einer Vielzahl von Vorschriften ergeben.

a) **Beamtenrechtliche Beförderungsverbote** 126

– Zunächst ist eine **Erprobungszeit** vor jeder mit einem Dienstpostenwechsel verbundenen Beförderung zu absolvieren (Erprobung vor der Beförderung; §§ 25 III S. 1 LBG, 10 IV S. 1 LVO, 11 S. 1 BLV). Danach darf der Beamte vor Feststellung der Eignung für einen höherbewerteten Dienstposten aufgrund einer derartigen Erprobungszeit nicht befördert werden. Dies gilt nicht für die Beförderung in Ämter, deren Inhaber richterliche Unabhängigkeit besitzen, Staatsanwälte, Beamte i.S.v. § 38 LBG oder Wahlbeamte sind (§§ 25 III S. 2, 1. Hs. LBG, 10 IV S. 2, 1. Hs. LVO). Sie gilt ebenfalls nicht für Fälle des Aufstiegs, wenn diesem eine Prüfung (§§ 23 und 30 LVO) vorausgeht (§§ 25 III S. 2, 2. Hs. LBG, 10 IV S. 2, 2. Hs. LVO) oder beim prüfungserleichterten Aufstieg in den höheren Dienst (§ 40 S. 2 Nr. 3, 2. Hs. LVO), sowie mangels Funktionswechsels in einen höherbewerteten Dienstposten auch nicht für bandbreitenbewertete Ämter[257] und schließlich nicht, wenn Ämter nach § 25a LBG vergeben werden (§ 25a VII LBG). Hingegen befreit das personalvertretungsrechtliche Benachteiligungsverbot ein freigestelltes Personalratsmitglied nicht von diesem Erfordernis.[258] Um den Leistungsgesichtspunkt im öffentlichen Dienst zu stärken, hängen Beförderungen, bei denen ein höherbewerteter Dienstposten übertragen wird, davon ab, daß zuvor die Eignung des Beamten für das angestrebte Amt in einer Erprobungszeit auf dem höherbewerteten Dienstposten nachgewiesen worden ist. Unter den Bedingungen praktischer Tätigkeit soll der Beamte die Prognose bestätigen, daß er den Anforderungen des Beförderungsamtes genügen wird. Für die Erprobung reicht es, daß der Beamte mit Wissen und Wollen des Dienstherrn „einen" höherwertigen Dienstposten innehat. Dieser muß ihm nicht förmlich oder rechtmäßig übertragen worden[259] und nicht notwendigerweise derjenige Dienstposten sein, auf dem er nach Feststellung seiner Geeignetheit auch befördert werden soll.[260] Eine Erprobung scheidet allerdings aus, wenn der Beamte wegen eines Urlaubs keinen Dienst leistet.[261]

---

257 OVG Koblenz, PersV 05, 149; Schrapper, DVP 99, 371 (375); z.B. A 13/A 14.
258 OVG Koblenz, PersV 05, 149 (150 f.).
259 BVerwG, DÖD 01, 305 (306) = IÖD 02, 64 (65); OVG Münster, NWVBl 03, 13 (14) = NVwZ-RR 03, 135 (136). Mangels Regelung handelt es sich bei der Übertragung eines höherwertigen Dienstpostens zur Erprobung um keinen VA; str., vgl. zum Meinungsstand Battis, § 23 BBG, Rn 17.
260 OVG Koblenz, DÖD 02, 103.
261 BVerwG, DÖD 03, 21 (22) = ZBR 03, 136 = IÖD 02, 242 (243) = NVwZ-RR 02, 855 (856).

5. Abschnitt: Die Ernennung

Der Eigenschaft als Beförderungsverbot (§ 25 III S. 1 LBG : „vor Feststellung der Eignung ... in einer Erprobungszeit ... darf der Beamte nicht befördert werden") entsprechend, führt eine erfolgreiche Erprobungszeit nicht automatisch zum Anspruch auf anschließende Beförderung. Allerdings darf die Beförderung nicht mehr mit dem Argument einer mangelnden Eignung für den höherwertigen Dienstposten abgelehnt werden. Zum Umfang der gerichtlichen Überprüfbarkeit äußert sich das BVerwG[262]. Die **Dauer** richtet sich nach der Laufbahngruppe. Sie beträgt in Laufbahngruppen des einfachen und mittleren Dienstes drei Monate, des gehobenen Dienstes sechs Monate und des höheren Dienstes neun Monate (§ 10 IV S. 3 LVO; anders § 11 S. 2, 1. Hs. BLV: „mindestens drei" im e.D. und m.D., „mindestens sechs" im g.D. und h.D.). Es ist zweckmäßig, die Frist festzusetzen und beispielsweise in der Umsetzungsverfügung darauf hinzuweisen[263]. Der LPA kann Ausnahmen vom Verbot der Beförderung vor Feststellung der Eignung für einen höherbewerteten Dienstposten in einer Erprobungszeit zulassen (§§ 25 III, V, 1. Alt. LBG, 84 I S. 1 Nr. 4, III S. 1, 1. Alt., 10 IV S. 3 LVO). Die rechtlichen Konsequenzen eines Verstoßes werden in Rn 138 behandelt.

– Während der laufbahnrechtlichen Probezeit (§ 23 VII S. 1, 1. Hs. LBG) und innerhalb eines Jahres seit der Anstellung (§ 25 II, 1. Hs. LBG) darf ein Beamter nicht befördert werden. Aus dem Zusammenhang mit § 25 II LBG ergibt sich, daß hier die laufbahnrechtliche Probezeit gemeint ist. Nach dieser Vorschrift kann ein Beamter frühestens ein Jahr nach der Anstellung befördert werden. Auch zu diesem Zeitpunkt kann er statusrechtlich noch B.a.P. sein.

Beispiel: Inspektor z.A. I ist mit 24 Jahren angestellt worden. Mit 25 Jahren kann I frühestens befördert werden, obwohl er erst nach zwei weiteren Jahren B.a.L. werden kann (§ 9 I Nr. 2 LBG).

Die §§ 23 VII S. 1, 1. Hs., 25 II, 1. Hs. LBG gelten nicht für solche Beamte, die keine Probezeit zu leisten haben oder während der Probezeit angestellt werden können (Rn 124) oder für die der LPA eine Ausnahme zugelassen hat (§§ 23 VII S. 2, 25 II, V, 1. Alt. LBG, 84 I S. 1 Nr. 4, III S. 1, 1. Alt., 10 II a), b) LVO).

– Zwischen jeder Beförderung muß die Dienstzeit von einem Jahr liegen (§ 25 II, 1. Hs., 2. Alt. LBG: „oder der letzten Beförderung"), wenn nicht der LPA eine Ausnahme gestattet (§§ 25 V LBG, 84 I S. 1 Nr. 4, III S. 1, 1. Alt., 10 II b) LVO). Die Dienstzeit berechnet sich gemäß § 11 LVO. Betreuungszeiten von Kindern und solche der Pflege naher Angehöriger sowie Teilzeitbeschäftigungen müssen in bestimmtem Umfang angerechnet werden (§§ 25 II, 2. Hs. LBG, 11 III S. 2 Nr. 4 LVO) ebenso wie ein freiwilliges soziales Jahr (§ 11 II Nr. 2 LVO).

---

262 ZBR 00, 303 (304).
263 Schrapper, DVP 99, 371 (375), der hierfür Fürsorgegesichtspunkte anführt.

3. Voraussetzungen der einzelnen Ernennungsfälle

- § 25 IV LBG regelt das Verbot der Sprungbeförderung. Regelmäßig zu durchlaufen sind nach § 10 I S. 2, 1. Hs. LVO grundsätzlich ausschließlich die Ämter der Besoldungsordnung A (Anlage I zum BBesG). So kann beispielsweise ein Beamter des gehobenen Dienstes nur stufenweise vom Inspektor zum Oberinspektor und danach zum Amtmann usw. befördert werden. Für den Aufstiegsbeamten ist das Eingangsamt der nächsthöheren Laufbahn derselben Fachrichtung ein solches regelmäßig zu durchlaufendes Beförderungsamt, das nicht übersprungen werden darf (§ 26 I S. 2 LBG). Allerdings sind Ausnahmen möglich, z.B. beim Aufstieg in den mittleren und gehobenen Dienst (Rn 171), oder wenn der LPA zustimmt (§§ 25 V, 2. Alt. LBG, 84 I S. 1 Nr. 3, III S. 1, 1. Alt., 10 I S. 1 LVO). Dem Verbot der Sprungbeförderung unterfällt allein die Verleihung des statusrechtlichen Amtes, nicht jedoch die Übertragung eines Beförderungsdienstpostens.[264]

Ein spezielles Beförderungsverbot besteht für bestimmte Abgeordnete (§ 8a BBG/LBG; Verbot der Mandatsbeförderung).

Weiterhin darf kein Beamter in der **Freistellungsphase der Altersteilzeit** befördert werden[265] (Rn 131, 246). Hingegen folgt aus der Tatsache, daß sich ein **Beamter in der Elternzeit** befindet, kein Beförderungsverbot. Vielmehr darf die Elternzeit das berufliche Fortkommen auch in Bezug auf eine Beförderung grundsätzlich nicht beeinträchtigen.[266]

Schließlich darf kein Beamter befördert werden, der sich in einer leitenden Funktion auf Probe befindet (Rn 65).

Literatur: Lange, Der praktische Fall: Ernennung eines Beamten, VR 05, 273; Sommer, Konkurrentenschutz vor und nach der Erprobung für Beförderungen, NdsVBl 98, 81.

b) Laufbahnrechtliche Beförderungsverbote 127

§ 10 I S. 1, II a) und b) LVO wiederholen bereits beamtenrechtlich festgelegte Beförderungsverbote. Folgende laufbahnrechtliche Normen schreiben jedoch über das LBG hinausgehende Verbote vor:

- Niemand darf innerhalb zwei Jahre vor dem Eintritt in den Ruhestand wegen Erreichens der Altersgrenze (§ 44 I LBG) befördert werden (§ 10 II c) LVO; Verbot der Altersbeförderung). Mit dieser Regelung solle dem

---

264 OVG Bautzen, SächsVBl 01, 216 = ZBR 02, 60.
265 OVG Lüneburg, RiA 06, 32 (33) = NdsVBl 06, 27 (28) = NordÖR 05, 535 (536).
266 OVG Münster, NWVBl 05, 391 (392) = ZBR 05, 393 = RiA 05, 203 (204). A.A. VGH Mannheim, NVwZ-RR 92, 494 (495), wonach es rechtlich nicht zu beanstanden sei, wenn man aus familiären Gründen beurlaubte Beamte während des Urlaubs nicht befördere. Der Beamte dürfe also befördert werden, er müsse es aber nicht. Dieser Ansicht ist jedoch nicht zu folgen. Sie verkennt, daß zu dem gesetzlichen Gebot, aus der Geburt und der Betreuung von Kindern erwachsende Nachteile auszugleichen, ebenfalls gehört, Beförderungen allein aus diesem Grund nicht zu verzögern.

5. Abschnitt: Die Ernennung

Leistungsprinzip genügt werden, wonach der Beamte im Interesse des Dienstherrn und zum Nutzen der Allgemeinheit die ihm übertragenen Aufgaben des höherbewerteten Amtes noch eine längere Zeit wahrzunehmen habe.[267] Anders könne es allein in einem atypischen Ausnahmefall sein.[268] Ausgehend von der allgemeinen Altersgrenze (§ 44 I S. 1 LBG) ist dies der letzte Tag des Monats, an dem das 63. Lebensjahr vollendet wird und gerade nicht die Vollendung des 63. Lebensjahres.[269] Die Beamten treten erst mit dem Ende des Monats, in dem sie die Altersgrenze erreichen, in den Ruhestand (§ 44 II S. 1 LBG).

Beispiel: Der am 10.5.40 geborene Beamte vollendet sein 65. Lebensjahr am 9.5.05 und erreicht deshalb die Altersgrenze (§ 44 I S. 1 LBG). In den Ruhestand tritt er mit Ablauf des 31.5.05 (§ 44 II S. 1 LBG). Weil er nicht mehr innerhalb zweier Jahre vor dem Eintritt in den Ruhestand (und gerade nicht vor dem Erreichen der Altersgrenze) befördert werden darf (§ 10 II c) LVO), ist der 31.5.03 letztmöglicher Zeitpunkt für eine Beförderung.

— Bei gewissen Ämtern ordnet die Laufbahnverordnung Wartezeiten an (§§ 31, 41 LVO). So kann beispielsweise ein Amtmann erst nach einer Dienstzeit (§ 11 LVO) von acht Jahren Oberamtsrat oder ein Oberrat erst nach einer Dienstzeit (§ 11 LVO) von vier Jahren Direktor werden. Derartige Vorgaben sind in der BLV mittlerweile ersatzlos entfallen. Zu Ausnahmen und Sonderregelungen s. Rn 177.

128 **c) Disziplinarrechtliche Beförderungsverbote**

Bei bestimmten Disziplinarmaßnahmen (§ 5 I Nr. 3, 4 LDG) sind Beförderungsverbote vorgesehen (§§ 8 IV S. 1, 9 III S. 1 LDG). So darf z.B. ein Beamter für die Dauer einer Kürzung der Dienstbezüge nicht befördert werden.

129 **d) Beförderungsverbote aufgrund von Verwaltungsvorschriften**

Nach dem Beschluß der Landesregierung vom 26.1.1993 über die Beförderung in das erste Beförderungsamt[270] bestehen folgende über die bereits genannten Vorschriften hinausgehenden Mindestwartezeiten:

Laufbahngruppe	Wartezeit
g.D.	1,5 Jahre
h.D.	2 Jahre

---

267 VGH Mannheim, VBlBW 03, 286; VGH Kassel, NVwZ 03, 240 (241): Die zweijährige Beförderungssperre vor Erreichen der Altersgrenze gelte ebenfalls für Richter.
268 VGH Mannheim, VBlBW 03, 286 (287): Der Beamte müßte den höherwertigen Dienstposten, auf dem eine Beförderung zulässig gewesen wäre, schon längere Zeit vor Beginn der Frist ausgeübt haben, seine Beförderung jedoch wegen einer aus haushaltsrechtlichen Gründen angeordneten Stellenbesetzungssperre rechtzeitig vor Beginn der Frist nicht möglich gewesen sein.
269 Lange, VR 94, 230; falsch Höffken/Kohlen/Kleeberg/Keßler/Schürcks, § 10, Anm 5b.
270 SMBl NW 203000.

3. Voraussetzungen der einzelnen Ernennungsfälle

Solche Verwaltungsvorschriften sind zulässig[271], wenn sie maßvoll[272] sind. Dort geregelte Mindestwartezeiten gelten jedoch nur für Landesbeamte und gerade nicht für den Kommunalbereich. Ein Beschluß der Landesregierung kann Städte und Gemeinden aufgrund ihrer eigenen Personal- und Organisationshoheit nicht binden.

e) **Haushaltsrechtliche oder frauenpolitisch motivierte Beförderungsverbote** 130

Die Beförderung setzt eine **freie Planstelle** voraus (§ 49 LHO bzw. § 74 II S. 1, 1. Hs. GO). Diese muß sich nicht in derjenigen Verwaltungsgliederung (Dezernat, Abteilung, Amt, Fachbereich) befinden, welcher der zu befördernde Beamte angehört[273] bzw. nicht die Stelle sein, auf der er bereits geführt wird.[274] Vielmehr müßte man ihm dann das Beförderungsamt per Umsetzung übertragen bzw. die Beförderungsplanstelle durch Organisationsverfügung dem Aufgabenbereich des Beamten zuweisen, wenn dies von der Wertigkeit der Aufgaben her möglich ist. Der Stelleninhaber selbst hat keinen Rechtsanspruch, daß (ausschließlich) er befördert wird.[275] Vielmehr muß der Dienstherr allein anhand des Leistungsprinzips den am besten geeigneten Bewerber auswählen (nachfolgend Rn 131). Sollte es sich dabei um den Stelleninhaber handeln, könnte er befördert werden. Sollte der Dienstherr anhand des Leistungsprinzips keinen Kandidaten als geeignet ermitteln, darf er niemanden befördern. Vielmehr bleibt die Stelle dann hinsichtlich ihres höherwertigen Teils unbesetzt. Die Befugnis, eine Stelle völlig unbesetzt zu lassen, schließt das Recht ein, sie unterzubesetzen.[276] Gegen das Leistungsprinzip verstieße eine Praxis, denjenigen Beamten zu befördern, der am längsten auf einem höherwertigen Dienstposten gearbeitet und auf seine Beförderung gewartet hat.[277]

Das Besoldungsrecht schränkt die Befugnis ein, Beförderungsstellen zu schaffen. Grundsätzlich sind nur Funktionsbeförderungen zulässig (§ 25 BBesG). § 26 BBesG legt Obergrenzen für Beförderungsämter fest. Entsprechende Obergrenzen finden sich ebenfalls in der auf der Grundlage von § 26 III S. 1 BBesG erlassenen Verordnung zur Fest-

---

271 OVG Koblenz, ZBR 81, 378.
272 BGH, BayVBl 03, 348 (349) = NVwZ 03, 502 (503) = DVBl 03, 609 (610): nicht mehr bei Wartezeiten von zehn bis zwölf Jahren. Ähnlich BVerwG, DÖD 05, 162 (164) = NVwZ 05, 457 (458) = ZBR 05, 162 (163) = DVBl 05, 456 (458) = E 122, 147 (151 f.) = BayVBl 05, 669 (670) = RiA 05, 129 (131) = PersV 06, 222 (223 f.), hinsichtlich der Wartezeit von zehn Jahren für die Beförderungsmöglichkeit zum Polizeihauptmeister.
273 BVerwG, ZBR 93, 151; unrichtig Held, GO-Kommentar, § 68, Anm 4; Klieve/Stibi, VR 01, 16 (19).
274 VGH Kassel, NVwZ-RR 92, 34 (35) = DÖD 92, 211 (212); OVG Koblenz, RiA 97, 258 (259); OVG Münster, NVwZ-RR 03, 50 (51).
275 OVG Münster, NVwZ-RR 03, 50 (51).
276 BVerwG, NVwZ-RR 00, 172 (174) = PersV 00, 122 (125) = DVBl 00, 485 (486) = ZBR 00, 40 (42) = DÖD 00, 87 (88); OVG Münster, NWVBl 04, 60 = RiA 04, 46: gleiches gilt für die Unterbesetzung eines Dienstpostens.
277 BAG, ZBR 04, 271 (272) = RiA 04, 30 (32) = PersV 03, 377 (379).

5. Abschnitt: Die Ernennung

setzung besonderer Stellenobergrenzen in den Gemeinden und Gemeindeverbänden (StOV-Gem.). Schließlich sind unterwertig eingesetzte Beamte (Unterbringungsfälle) vorrangig zu berücksichtigen.

Man muß einen **Frauenförderplan** erstmals innerhalb von zwölf Monaten nach Inkrafttreten des LGG erstellen (§ 26 II S. 1 LGG). Sanktioniert wird ein Verstoß gegen diese Frist dadurch, daß dann Einstellungen, Beförderungen und Übertragungen höherwertiger Tätigkeiten im Tarifbereich bis zum Inkrafttreten des Frauenförderplans auszusetzen sind (§ 26 II S. 3, 1. Hs. LGG). Dies gilt nicht für Einstellungen, die aus zwingenden dienstlichen Gründen geboten sind (§ 26 II S. 3, 2. Hs. LGG). Finden dennoch Einstellungen oder Beförderungen unter Mißachtung von § 26 II S. 3, 1. Hs. LGG statt, sind diese zwar rechtswidrig, aber nicht nichtig. Es gibt keinen entsprechenden Nichtigkeitsgrund (§ 11 LBG). Sie sind damit wirksam.

2) Beachtung der Beförderungsgrundsätze

131 Das **Leistungsprinzip** gilt für Beförderungen, aber auch für die Vergabe höherwertiger Dienstposten (Art. 33 II GG, §§ 8 IV S. 1, 25 VI S. 1, 7 I LBG).[278] Zunächst ist darauf hinzuweisen, daß die Anforderungen der Rechtsprechung an ein ordnungsgemäßes Beförderungsverfahren gerade im Licht des hohen Schutzgutes des Art. 33 II GG von der Verwaltung nichts Unzumutbares verlangen.[279] Von mehreren Kandidaten, bei denen keine Beförderungsverbote vorliegen, darf nur der am besten Geeignete befördert werden bzw. den höherwertigen Dienstposten erhalten (zur Eignung s. Rn 113). Der Einzelne hat somit einen sog. **Bewerbungsverfahrensanspruch**, wonach über seine Bewerbung ausschließlich anhand der Kriterien des Art. 33 II GG, §§ 8 IV S. 1, 25 VI S. 1, 7 I LBG (§§ 8 I S. 2, 23 BBG) zu entscheiden ist.[280] Dazu gehöre das Recht auf faire und chancengleiche Behandlung unter Beachtung des Leistungs-

---

278 BVerwG, DÖV 01, 1044 (1045) = DVBl 02, 132 (133) = NVwZ-RR 02, 47 (48) = DÖD 01, 279 (279 f.) = PersV 02, 21 (22) = BayVBl 02, 500 = E 115, 58 (59) = ZBR 02, 207 (208) = IÖD 02, 50 (51); OVG Bautzen, SächsVBl 01, 216 = ZBR 02, 60; OVG Koblenz, RiA 99, 153 (154); VGH Mannheim, VBlBW 99, 264; OVG Münster, RiA 02, 49 = DÖD 01, 127 (128); NWVBl 04, 463; OVG Lüneburg, NVwZ-RR 04, 197 (199); OVG Weimar, NVwZ-RR 04, 52 (53) = ThürVBl 03, 256 (258).
279 VGH Kassel, DVBl 94, 593 (595) = ZBR 94, 347 (348).
280 BVerfG, DÖD 03, 17 = PersV 03, 147 = NordÖR 03, 30 (31) = DVBl 02, 1633 = ZBR 02, 427 (428) = NVwZ 03, 200; DVBl 03, 1524 = ZBR 04, 45; Anm Otte, ZBR 04, 46 (46 f.); BVerwG, DVBl 82, 198; DÖV 96, 920 = NVwZ 97, 283 = ZBR 96, 310 (311) = E 101, 112 (115); DVBl 04, 317 = NJW 04, 870 = BayVBl 04, 472 (473) = ZBR 04, 101 (102) = E 118, 370 (373) = RiA 04, 37; Anm Schnellenbach, ZBR 04, 104 (104 f.); BayVBl 04, 696 (697) = NVwZ 04, 1257 = DÖD 04, 250 (251); OVG Hamburg, NVwZ-RR 92, 669 = DÖD 93, 45 (46); VGH Kassel, NVwZ-RR 92, 34 (35) = DÖD 92, 211; NVwZ-RR 98, 446 (447); OVG Weimar, NVwZ-RR 04, 52 (53) = ThürVBl 03, 256 (258) = DÖD 06, 17 (19) = ThürVBl 05, 134 (136); OVG Münster, NWVBl 03, 14 (15) = RiA 03, 45; NWVBl 05, 138; PersV 05, 394 (395); NWVBl 02, 236 (237) = IÖD 02, 147 (148); RiA 03, 256 (257) = IÖD 02, 208; VGH Mannheim, NVwZ-RR 04, 120; IÖD 02, 159; OVG Berlin, NVwZ-RR 04, 627 (629); VG Weimar, ThürVBl 04, 15 (16); ThürVBl 04, 47; VG Potsdam, LKV 04, 574 (575); Rn 76.

3. Voraussetzungen der einzelnen Ernennungsfälle

prinzips sowie unter Einhaltung des (eventuell gesetzlich) vorgeschriebenen Verfahrens einschließlich etwaiger Anhörungs- und Beteiligungsrechte.[281] Reine Verfahrensfehler sind jedoch nur beachtlich, wenn sie nach ihrer Art die Annahme stützen, daß der vom Dienstherrn getroffenen Auswahl eine hinreichende Orientierung an den materiellen Kriterien der Bestenauslese fehlen könnte.[282] Außerdem darf der Dienstherr den Beamten nicht aus unsachlichen Erwägungen in seinem beruflichen Aufstieg behindern. Schließlich begründet Art. 33 II GG ein Recht, pflichtgemäß und sachgerecht über einen gestellten Beförderungsantrag zu befinden.[283] Art. 33 II GG vermittelt ein grundrechtsgleiches Recht auf leistungsgerechte Einbeziehung in die Bewerberauswahl. Kandidaten können verlangen, daß Dienstherren Bewerbungen nur aus Gründen zurückweisen, die durch das Leistungsprinzip gedeckt sind.[284] Der Bewerbungsverfahrensanspruch beschränkt sich auf das konkrete Auswahlverfahren.[285]

Will man den Leistungsgedanken wahren, muß man zunächst das spezifische **Anforderungsprofil** der zu besetzenden Stelle **bestimmen**.[286] Dadurch werden die Kriterien verbindlich festgelegt, anhand derer die Bewerberauswahl stattfinden soll.[287] Wie der Dienstherr das Anforderungsprofil definiert, liegt in seinem Organisationsermessen.[288] Es muß allerdings leistungsbezogen sein und sich an den Anforderungen des zu besetzenden Amtes orientieren.[289] Das Anforderungsprofil kann sich jedoch bereits aus gesetzlichen Regelungen, Verwaltungsvorschriften, Geschäftsverteilungsplänen oder Stellenbeschreibungen ergeben.[290] Es kann im gleichen (limitierten) Umfang gerichtlich überprüft werden, wie

---

281 VG Weimar, ThürVBl 99, 119 (120); ThürVBl 04, 47; ThürVBl 05, 21 (22); VG Frankfurt/M., NVwZ 02, 505 (506).
282 OVG Münster, NWVBl 05, 183 (184).
283 BVerwGE 68, 109 (110) = NJW 84, 1248 = DVBl 84, 432; Anm Schoch, DVBl 84, 434 (434 ff.).
284 BVerwG, DVBl 06, 316 (317) = ZBR 06, 89 (90) = NVwZ 06, 212 = DÖV 06, 264 (265) = PersV 06, 193 (194) = RiA 06, 77.
285 VGH München, NVwZ-RR 98, 120 (121).
286 BAG, ZBR 04, 273 (274) = RiA 04, 32 (33 f.) = PersV 03, 379 (381); VGH Kassel, NVwZ-RR 94, 525 (526); DVBl 94, 593 = ZBR 94, 347 (348); VGH München, BayVBl 01, 214 (215) = DVBl 00, 1040 (1042); OVG Bautzen, ZBR 01, 368 (370) = SächsVBl 01, 196 (197); ZBR 01, 372 (373); SächsVBl 05, 295 (296); OVG Weimar, NVwZ-RR 04, 52 (53) = ThürVBl 03, 256 (258); ThürVBl 02, 139 (140); DÖD 06, 17 (19) = ThürVBl 05, 134 (136); OVG Schleswig, NVwZ 96, 806; OVG Bremen, NordÖR 02, 214; OVG Münster, NWVBl 04, 463 (464); VGH Mannheim, IÖD 02, 159 (161); VG Weimar, ThürVBl 06, 44; VG Frankfurt/M., NVwZ 02, 505 (506).
287 OVG Münster, NWVBl 05, 138; NWVBl 04, 463 (464); VGH Mannheim, IÖD 02, 159 (161).
288 OVG Münster, IÖD 02, 172 (173) = DÖD 02, 285 (286); OVG Bautzen, SächsVBl 05, 295 (297).
289 VG Weimar, ThürVBl 06, 44.
290 OVG Weimar, ThürVBl 02, 139 (140); DÖD 06, 17 (19 f.) = ThürVBl 05, 134 (136).

5. Abschnitt: Die Ernennung

die Auswahl selbst.[291] Man muß es vorher aufstellen[292], dokumentieren[293] und darf es im Stellenbesetzungsverfahren nicht mehr ändern.[294] Um Manipulationen zu vermeiden, ist ebenfalls unzulässig, ein unterbliebenes Anforderungsprofil durch nachträgliche Festlegung zu heilen.[295] Aus dem Anforderungsprofil muß sich klar ergeben, ob der Bewerberkreis auf bestimmte Beamte (z.B. solche, die im Wege der Beförderung oder Versetzung das Statusamt bekleiden können) beschränkt ist.[296] Findet sich keine derartige Regelung, wären auch Kandidaten in das Auswahlverfahren einzubeziehen, denen der höherbewertete Dienstposten noch nicht übertragen werden könnte. Ein Anforderungsprofil, durch das bewährte geeignete Personen von vornherein ausgeschlossen werden, verstößt gegen den Grundsatz der Bestenauslese (Art. 33 II GG).[297] Wird das rechtmäßig aufgestellte Anforderungsprofil von einem Bewerber in wesentlichen Punkten nicht erfüllt, darf er nicht berücksichtigt werden.[298] Eine weitere Vorabgewichtung seiner einzelnen Merkmale ist dem Anforderungsprofil nicht immanent.[299]

Weiterhin sind **allgemeine Beförderungsgrundsätze** zu **beachten**. Danach **verstößt die Auswahl eines** seit einem Jahr **dienstunfähig erkrankten Beamten**, der bereits drei Wochen nach der Auswahl in den Ruhestand versetzt wurde, gegen das Leistungsprinzip.[300] Die gesundheitliche Geeignetheit ist nicht nur bei der Einstellung oder Anstellung, sondern auch bei späteren Beförderungen eine zwingend zu beachtende Voraussetzung der Personalentscheidung.[301] Hingegen ist ein eingeschränkt polizeidienstfähiger Beamter nicht allein deswegen von Beförderungen ausgeschlossen, weil es Funktionen geben kann, die keine

---

291 OVG Lüneburg, NVwZ-RR 96, 677; OVG Koblenz, DÖD 94, 294 (295); OVG Münster, DÖD 03, 107 (108) = RiA 03, 201 (201 f.); VGH Mannheim, IÖD 02, 159 (161); OVG Bautzen, SächsVBl 05, 295 (297); Rn 150.
292 OVG Weimar, DÖD 06, 17 (20) = ThürVBl 05, 134 (136).
293 BAG, ZBR 04, 273 (274) = RiA 04, 32 (34) = PersV 03, 379 (381).
294 BVerwG, DÖV 01, 1044 (1045) = DVBl 02, 132 (133) = NVwZ-RR 02, 47 (48) = DÖD 01, 279 (280) = PersV 02, 21 (22 f.) = BayVBl 02, 500 (501) = E 115, 58 (60 f.) = ZBR 02, 207 (208) = IÖD 02, 50 (51); OVG Münster, NVwBl 04, 60 = RiA 04, 46; NVwBl 03, 14 (15) = RiA 03, 45; DÖD 03, 107 (108) = RiA 03, 201 (202); VGH Mannheim, NVwZ-RR 04, 120; OVG Bautzen, SächsVBl 01, 216 (217) = ZBR 02, 60 (61); OVG Weimar, NVwZ-RR 04, 52 (53) = ThürVBl 03, 256 (258); ThürVBl 02, 139 (140); VG Potsdam, ZBR 05, 62 (63).
295 VGH München, BayVBl 01, 214 (216) = DVBl 00, 1040 (1042).
296 OVG Münster, NVwBl 04, 60 = RiA 04, 46.
297 OVG Münster, NVwBl 04, 258 = ZBR 04, 277 = NVwZ-RR 04, 236: hier wurden die in einem Ministerium erprobten und bewährten Kandidaten ausgeschlossen.
298 OVG Münster, DÖD 03, 107 = RiA 03, 201; NWVBl 04, 463 (464); OVG Bautzen, SächsVBl 05, 295 (296).
299 OVG Bautzen, SächsVBl 05, 295 (296 f.).
300 BVerwGE 102, 33 (35) = DÖD 98, 27 = NJW 97, 1321; OVG Münster, NVwZ-RR 04, 629 (630): entschieden hinsichtlich eines dauernd dienstunfähigen, schwer erkrankten Beamten. Zur Bedeutung von langen Krankenfehlzeiten für eine Auswahl vgl. im übrigen OVG Lüneburg, NVwZ-RR 05, 588 (589 f.).
301 OVG Münster, NVwZ-RR 04, 629 (630).

3. Voraussetzungen der einzelnen Ernennungsfälle

uneingeschränkte Polizeidiensttauglichkeit erfordern.[302] **Mit Art. 33 II GG unvereinbar** sind **Beförderungen in der Freistellungsphase der Altersteilzeit**.[303] Durch eine Beförderung soll der Beamte nicht in erster Linie für gute Dienste in der Vergangenheit belohnt werden. Vielmehr kommt es entscheidend auf eine in die Zukunft gerichtete Leistungsperspektive an, ein höherwertiges statusrechtliches Amt bestmöglich wahrzunehmen. Der Leistungsgrundsatz verlange, daß der Beamte im Interesse des Dienstherrn und zum Nutzen der Allgemeinheit die ihm übertragenen Aufgaben des höherbewerteten Amtes noch für eine längere Zeitdauer wahrnehmen werde.[304] Dazu muß der Beamte jedoch zur Dienstleistung zur Verfügung stehen. In der Freistellungsphase der Altersteilzeit leistet der Beamte aber faktisch keinen Dienst und man benötigt zudem für ihn keine Planstelle mehr (Rn 246). Ferner rechtfertigen weder ein höheres Dienst- und Lebensalter noch die Rücksicht auf das mit dem 63. Lebensjahr eintretende grundsätzliche Beförderungsverbot die Beförderung vor einem vom Dienstherrn nach seiner Leistung um eine volle Notenstufe besser beurteilten, gleichfalls bereits auf einem Beförderungsdienstposten verwendeten Beamten.[305] Die zweijährige Beförderungssperre vor Erreichen der Altersgrenze ist eine Ausprägung des Leistungsprinzips.[306] Zudem vermag das personalpolitische Interesse an ausgewogenen Altersstrukturen mangels verfassungsrechtlicher Relevanz das Leistungsprinzip nicht einzuschränken.[307] Weiterhin ist es unzulässig, jemanden aufgrund seiner Tätigkeit in einer Personal-, Richter- oder Staatsanwaltsvertretung auszuwählen.[308]

Man verletzt den aus Art. 33 II GG abgeleiteten Grundsatz, den am besten geeigneten Bewerber ausfindig zu machen, wenn es sich bei den in einer **Stellenausschreibung** genannten juristischen Aufgaben im Verhältnis zum übrigen Aufgabenbereich um einen ganz wesentlichen Tätigkeitsbereich handelt, der die Stellenbesetzung mit einem Nichtjuristen als sachwidrig erscheinen ließe.[309] Gegen den Bewerbungsverfahrensanspruch kann zudem verstoßen worden sein, wenn man entgegen des Leistungsprinzips Bewerber zuläßt, die schon laufbahnmäßig dem Anforderungsprofil der ausgeschriebenen Stelle nicht gerecht werden können.[310] In einem Beförderungssystem, in dem der Gedanke der beruflichen Bewährung durch die Vergabe von Beförderungspunkten bereits berücksichtigt ist, schränken **Mindestbewährungszeiten** als strikt und formal wirkende

---

302 OVG Koblenz, RiA 02, 308 (309) = IÖD 02, 254 = NVwZ-RR 03, 134.
303 OVG Lüneburg, RiA 06, 32 (33) = NdsVBl 06, 27 (28) = NordÖR 05, 535 (536).
304 VGH Mannheim, VBlBW 03, 286; OVG Lüneburg, RiA 06, 32 (33) = NdsVBl 06, 27 (28) = NordÖR 05, 535 (536).
305 BVerwG, DVBl 94, 118 (119) = ZBR 94, 52 (53).
306 VGH Kassel, NVwZ 03, 240 (241).
307 BVerwG, DÖD 05, 162 (165) = NVwZ 05, 457 (458) = ZBR 05, 162 (163) = DVBl 05, 456 (458) = E 122, 147 (153) = BayVBl 05, 669 (670) = RiA 05, 129 (131) = PersV 06, 222 (224).
308 VGH Kassel, NVwZ 02, 876 (877).
309 VGH München, ZBR 94, 350 (351).
310 VGH München, ZBR 94, 350 (352); VGH Mannheim, NVwZ-RR 04, 120.

5. Abschnitt: Die Ernennung

Beförderungssperren den Leistungsgrundsatz unverhältnismäßig und systemwidrig ein.[311] Mit den Erfordernissen herausgehobener Funktionen ist es außerdem unvereinbar, **Stellen als „fliegend" aus**zuschreiben und ohne Rücksicht auf das Anforderungsprofil der jeweiligen herausgehobenen Funktion nach den Gesichtspunkten „Schwerbehinderung, Frauenförderung, Dienst- und Lebensalter" zu besetzen.[312] „Fliegend" bedeutet, daß die Beförderungsstellen keiner bestimmten Dienststelle und Funktion zugeordnet sind, sondern daß sie nach allgemeinen Beförderungsgrundsätzen unter den für eine Beförderung in Betracht kommenden Beamten ohne Berücksichtigung spezieller Anforderungen eines Amtes im funktionellen Sinn vergeben werden. Grundsätzlich ist für einen höherwertigen, herausgehobenen Dienstposten ein geeigneter Beamter zu suchen, nicht jedoch ein geeigneter Beamter zu befördern und erst dann der Dienstposten zu schaffen.[313] Schließlich rechtfertigt es die **besonders enge persönliche Beziehung aufgrund einer eheähnlichen Lebensgemeinschaft** zwischen einer Beamtin und ihrem unmittelbaren Vorgesetzten wegen des darin liegenden innerdienstlichen Konfliktpotentials, die Bewerbung der Lebenspartnerin um eine bestimmte freie Stelle wegen der engen Beziehung zum Vorgesetzten abzulehnen.[314] Diese Entscheidung stellt zu Recht darauf ab, daß die Geeignetheit für einen Dienstposten immer konkret ermittelt werden muß und sich aus den Anforderungen des zu besetzenden Amtes ergibt. Gerade in Bezug auf die Ausübung organisatorischer oder dienstaufsichtlicher Befugnisse bestehe bei engen persönlichen Bindungen wie durch eine eheliche Gemeinschaft des Vorgesetzten mit einem der ihm unterstellten Beamten leicht die Gefahr einer – wenn auch unbewußten – Ungleichbehandlung. Schon der Anschein einer wie immer gearteten, sachlich nicht gerechtfertigten Bevorzugung einzelner Beamter im dienstlichen Umgang könne aber das innerbehördliche Arbeitsklima und damit die Leistungsfähigkeit der Behörde erheblich beeinträchtigen. Der Dienstherr dürfe deshalb bei seiner Eignungsbeurteilung den gegenüber Außenstehenden möglichen Eindruck des Einflusses privater Interessen auf die Amtsausübung berücksichtigen.[315] Das Fehlen eines solchen familiären Konfliktpotentials stellt ein ungeschriebenes Merkmal des Anforderungsprofils dar.[316]

Es verletzt den Bewerbungsverfahrensanspruch eines befähigten Kandidaten, der nicht der Behörde angehört (sog. Außenbewerber), wenn der Dienstherr die Auswahl allein deshalb zugunsten des konkurrierenden

---

311 OVG Koblenz, ZBR 98, 60 = NVwZ-RR 98, 246 (247) = DÖV 97, 880 (881).
312 OVG Münster, DVBl 95, 207 (208); ZBR 93, 274 (275).
313 OVG Münster, DVBl 95, 207 (208); ZBR 93, 274 (275).
314 OVG Berlin, NVwZ 96, 500.
315 OVG Berlin, NVwZ 96, 500.
316 VGH München, DÖD 02, 71 (72) = BayVBl 02, 215 (216). Verneint bei einem Bewerber um die Stelle eines Zweiten Konrektors, wenn er Bruder der Ehegattin des Ersten Konrektors und außerdem Ehegatte einer an dieser Schule beschäftigten Lehrerin ist.

3. Voraussetzungen der einzelnen Ernennungsfälle

Inhabers des Beförderungsdienstpostens trifft, weil dieser aus haushaltsrechtlichen Gründen bereits auf der zu vergebenden Planstelle geführt wird und die Dienststelle keine weiteren freien Planstellen hat.[317] Dienstherren dürfen sich also **nicht gegen Außenbewerber abschotten**. Welchen Anforderungen die Personalauswahl eines privaten Arbeitgebers, der Teile des Personals im Beamtenverhältnis beschäftigt, genügen muß, damit sie bei einer Konkurrenz von Angestellten und Beamten um eine Stelle dem Leistungsprinzip (Art. 33 II GG) gerecht wird, beschreibt der VGH Kassel[318]. Hingegen dürfen Dienstherren den Kreis der nach Eignung, Befähigung und fachlicher Leistung zu vergleichenden Kandidaten nach sachlichen Erwägungen einengen.[319] Anders als für das BVerfG[320] ist für mich die Rücksichtnahme auf die Interessen anderer Dienstherren kein solcher sachlicher Grund. Im konkreten Fall hätte das Bundesland Niedersachsen einen Beamten nur dann in ein Auswahlverfahren einbezogen, wenn das Bundesland Sachsen-Anhalt seiner Versetzung zugestimmt hätte. Hier gibt es keinerlei personalpolitische Interessen eines Dienstherrn, auf die Rücksicht zu nehmen wäre. Ein Dienstherr hat kein rechtlich geschütztes Interesse, einen Wechsel zu verhindern. Der Beamte kann allein – selbst ohne die Zustimmung seines alten Dienstherrn – bei einem anderen Dienstherrn ein Beamtenverhältnis begründen: Entweder läßt er sich entlassen und neu ernennen oder das ursprüngliche Beamtenverhältnis erlischt durch die Aushändigung der Ernennungsurkunde seitens des neuen Dienstherrn automatisch (§ 32 I S. 1 Nr. 2, 1. Hs. LBG). Hat der Beamte diese rechtlichen Möglichkeiten, ist es im Licht des Leistungsprinzips unsachlich, ihn von vornherein aus dem Bewerberkreis auszusondern. Unsachlich wäre es auch, ihn allein deswegen auszugrenzen, weil er nicht einem bestimmten Amt (hier Sozialamt) angehört.[321] Beamte werden für ein breites Aufgabenspektrum ausgebildet, das sie zur Tätigkeit in jedem einschlägigen Zweig der Verwaltung befähigt.

Gleichfalls ist ein Dienstherr weder berechtigt noch verpflichtet, einen Dienstposteninhaber allein deswegen zu befördern, weil er die Obliegenheiten des höherwertigen Aufgabenbereichs bereits wahrnimmt (**keine Abschottung gegen**[322] **bzw. innerhalb der Innenbewerber**). Die Ein-

---

317 OVG Koblenz, RiA 97, 258 (259) = DÖD 97, 161 (162); VGH Kassel, NVwZ-RR 92, 34 (35) = DÖD 92, 211 (212).
318 NVwZ-RR 94, 525.
319 BVerfG, ZBR 00, 377; BVerwG, ZBR 81, 228 (228 f.); E 68, 109 (113); OVG Münster, RiA 02, 49 (50) = DÖD 01, 127 (128); OVG Koblenz, DÖD 94, 294 (295); VGH Kassel, RiA 95, 188 = ZBR 95, 107 (108); VG Meiningen, ThürVBl 03, 88 (90). Eine derartige Einengung hatte der Dienstherr im Fall des VG Meiningen in der Stellenausschreibung gerade nicht vorgenommen, so daß diese Entscheidung für mich rechtswidrig ist.
320 ZBR 00, 377.
321 OVG Münster, RiA 02, 49 (50) = DÖD 01, 127 (128).
322 VGH Kassel, NVwZ-RR 92, 34 (35) = DÖD 92, 211 (212); OVG Münster, RiA 02, 49 = DÖD 01, 127 (128).

stufung eines Dienstpostens, den der Beamte zur Zeit der Auswahlentscheidung inne hat, stellt kein leistungsbezogenes Kriterium dar. Bei mehreren Bewerbern mit unterschiedlich eingestuften Dienstposten darf deshalb auf keinen Leistungsvergleich zwischen ihnen verzichtet werden.[323] Allenfalls wenn bereits bei der Besetzung des Dienstpostens den Anforderungen des Art. 33 II GG genügt wurde, darf man den ausgewählten Beamten nach erfolgreichem Abschluß einer Bewährungszeit ohne nochmaliges Auswahlverfahren befördern.[324]

Schließlich ist verboten, geeignete und befähigte Bewerber auszuschließen.[325] Schreibe man eine Stelle gleichermaßen für Beamte und Angestellte aus, bestehe zudem kein Funktionsvorbehalt für Beamte und kämen deshalb sowohl Angestellte als auch Beamte in Frage, dürfe man keine Anforderungen stellen, die allein eine Statusgruppe erfüllen könne. Ein Auswahlverfahren, in dem Angestellte und Beamte um dasselbe Amt konkurrieren, muß unabhängig vom Status der Bewerber nach denselben Grundsätzen durchgeführt werden.[326] Zudem begeht man einen Verfahrensfehler, der zur Rechtswidrigkeit der Beförderungsentscheidung führt, wenn man die Stelle nicht geschlechtsneutral ausschreibt.[327]

Vor einer Beförderung ist ein aktueller Leistungs- und Eignungsvergleich der Kandidaten vorzunehmen. Man muß sie auf der Grundlage des gesamten für die persönliche und fachliche Einschätzung bedeutsamen Inhalts der Personalakten im Hinblick auf das spezifische Anforderungsprofil des zu besetzenden Dienstpostens vergleichen.[328] Die **Personalakten** sind somit **beizuziehen**.[329]

Die Eignung wird normalerweise durch eine **zeitnahe**[330] und aussagekräftige, d.h. auf hinreichend differenzierten und gleichen Bewertungsmaßstäben beruhende[331] **dienstliche Beurteilung** festgestellt (§ 104 I S. 1 LBG; Rn 230). Diese ist die maßgebende Basis, auf der mehrere

---

323 BVerwG, DVBl 06, 316 (317) = ZBR 06, 89 (90) = NVwZ 06, 212 (212 f.) = DÖV 06, 264 (265) = PersV 06, 193 (195) = RiA 06, 77 (78).
324 BVerwG, DVBl 06, 316 (317) = ZBR 06, 89 (90 f.) = NVwZ 06, 212 = DÖV 06, 264 (265) = PersV 06, 193 (195) = RiA 06, 77 (78).
325 BAG, PersV 02, 313 (314 f.).
326 OVG Weimar, DÖD 06, 17 (20) = ThürVBl 05, 134 (137).
327 VG Frankfurt/M., NVwZ 02, 505 (506): rechtswidrige Benachteiligung männlicher Bewerber durch die Formulierung „Pressesprecherin".
328 VGH Kassel, DVBl 94, 593 = ZBR 94, 347 (348); VGH München, BayVBl 01, 214 (215) = DVBl 00, 1040 (1042); OVG Bautzen, ZBR 02, 62 = NVwZ-RR 02, 56 (57).
329 VGH Kassel, NVwZ-RR 92, 34 (35) = DÖD 92, 211 (212); ZBR 89, 378.
330 BAG, ZBR 04, 273 (274) = RiA 04, 32 (34) = PersV 03, 379 (382).
331 BVerwG, DÖD 05, 162 (164) = NVwZ 05, 457 = ZBR 05, 162 (163) = DVBl 05, 456 (457) = E 122, 147 (151) = BayVBl 05, 669 (670) = RiA 05, 129 (131) = PersV 06, 222 (223).

3. Voraussetzungen der einzelnen Ernennungsfälle

Bewerber zu vergleichen sind.[332] Deshalb bietet es sich an, für alle Kandidaten eine Bedarfs- (Anlaß-)beurteilung zu erstellen, sofern man nicht aktuelle und im Hinblick auf das zu besetzende Amt aussagekräftige Regelbeurteilungen hat.[333] Regel- und Anlaßbeurteilungen sind insoweit gleichwertig.[334] Im Rahmen ordnungsgemäßer Personalbewirtschaftung hat der Dienstherr nämlich dafür zu sorgen, daß seine Beamten regelmäßig dienstlich beurteilt werden.[335] Zeitlich aktuell ist eine Regelbeurteilung, wenn sie sich auf einen Beurteilungszeitraum bezieht, der zum Zeitpunkt der Auswahl jedenfalls noch nicht länger als drei Jahre zurückliegt.[336] Allerdings sei diese Drei-Jahres-Grenze nicht starr und sklavisch genau einzuhalten.[337] Zudem dürfen die Beurteilungen mehrerer Bewerber keine erheblichen Unterschiede hinsichtlich ihrer Aktualität aufweisen.[338] Kaum handhabbar und damit wenig hilfreich für die Praxis sind Entscheidungen

---

332 BVerwG, NVwZ 03, 1397 = DVBl 03, 1548 = ZBR 03, 420 = DÖD 03, 202 (203) = BayVBl 03, 693 (694); BayVBl 04, 696 (698) = NVwZ 04, 1257 (1258) = DÖD 04, 250 (252); DVBl 94, 112 (113) = ZBR 94, 54 (55); DVBl 04, 317 (319) = NJW 04, 870 (872) = BayVBl 04, 472 (474) = ZBR 04, 101 (103) = E 118, 370 (377) = RiA 04, 37 (39); Anm Schnellenbach, ZBR 04, 104 (104 f.); E 21, 127 (129); OVG Lüneburg, NVwZ-RR 05, 588; NVwZ-RR 03, 878 (879) = NdsVBl 03, 238 (239) = NordÖR 03, 311 (313); NdsVBl 01, 19 (20); RiA 99, 143 (144); NVwZ-RR 04, 197 (198); OVG Koblenz, RiA 99, 153 (154); NVwZ-RR 98, 245 (246) = ZBR 98, 59 = DÖV 97, 881 (882); NVwZ-RR 96, 456; IÖD 94, 38 = NVwZ-RR 94, 225 (226); VGH Mannheim, VBlBW 97, 185; NVwZ-RR 04, 199 (200) = ZBR 04, 362 = RiA 04, 200 (202); NVwZ-RR 04, 120 (121); NVwZ-RR 05, 585 (586) = VBlBW 06, 59 (60); OVG Schleswig, ZBR 96, 339; OVG Münster, RiA 02, 49 (50) = DÖD 01, 127 (128); DÖD 01, 315 = NVwZ-RR 02, 594 (595) = NWVBl 02, 113 (114); DÖD 00, 137 (138) = RiA 01, 97 (98); DVBl 99, 934 = NWVBl 99, 271 = RiA 99, 253 = ZBR 99, 354 (355); IÖD 98, 108 = ZBR 98, 256 (257); NVwZ-RR 95, 100; NVwZ-RR 04, 771 (772) = NWVBl 05, 180 = RiA 05, 37; ZBR 86, 276; VGH Kassel, ZBR 98, 57 = NVwZ-RR 98, 446 (447); DVBl 94, 593 = ZBR 94, 347 (349); NVwZ-RR 94, 347 (348 f.); NVwZ-RR 96, 49 (50); OVG Hamburg, NVwZ-RR 92, 669 = DÖD 93, 45 (46); DÖD 91, 257 (257 f.); OVG Saarlouis, NVwZ-RR 99, 260; VGH München, NVwZ-RR 04, 871 = RiA 04, 295 (298); DÖD 00, 111 (112); DVBl 97, 380; OVG Bautzen, ZBR 02, 62 = NVwZ-RR 02, 56 (57); ZBR 01, 368 (370) = SächsVBl 01, 196 (198); ZBR 01, 372 (373); SächsVBl 01, 123 (125); OVG Weimar, NVwZ-RR 04, 52 (53) = ThürVBl 03, 256 (258); OVG Berlin, NVwZ-RR 04, 627 (629); OLG Hamm, NVwZ-RR 98, 535 (536); VG Kassel, IÖD 94, 39 (40); VG Weimar, ThürVBl 99, 119 (120).

333 OVG Münster, DÖD 01, 315 = NVwZ-RR 02, 594 (595) = NWVBl 02, 113 (114); OVG Hamburg, DÖD 91, 257 (257 f.); OVG Schleswig, NordÖR 03, 465; VG Weimar, ThürVBl 99, 119 (120).

334 BayVerfGH, ZBR 06, 46 (48) = BayVBl 05, 657 (658).

335 BVerwG, DVBl 04, 317 (319) = NJW 04, 870 (872) = BayVBl 04, 472 (474) = ZBR 04, 101 (103) = E 118, 370 (376 f.) = RiA 04, 37 (39); Anm Schnellenbach, ZBR 04, 104 (104 f.).

336 VGH Mannheim, NVwZ-RR 04, 120 (121); OVG Münster, DÖD 01, 315 = NVwZ-RR 02, 594 (595) = NWVBl 02, 113 (114). Zu weit VGH München, NVwZ-RR 04, 871 (874) = RiA 04, 295 (303): selbst mehr als drei Jahre alte Beurteilungen.

337 OVG Münster, NWVBl 03, 184 (185) = IÖD 03, 130 (132) = DÖD 03, 167 (168). Ähnlich OVG Lüneburg, NdsVBl 05, 302 (303) = NordÖR 05, 388 (389): „Eine starre zeitliche Grenze, bei der die erforderliche Aktualität einer Beurteilung verlorengeht, kann nicht generell festgelegt werden."

338 Verneint bei einem Zeitunterschied von etwa acht Monaten: VGH München, BayVBl 04, 664. Großzügiger ist das VG Potsdam, LKV 04, 574 (575), das lediglich verlangt, daß es sich um die jeweils letzte Beurteilung handelt.

5. Abschnitt: Die Ernennung

anderer Gerichte[339], die sich nicht konkret festlegen bzw. gleich auf die Umstände des jeweiligen Einzelfalls abstellen[340], oder zu kurze Fristen aufstellen[341]. Deshalb verdient die Drei-Jahres-Grenze den Vorzug.

Das Verfassungsgebot der Bestenauslese gebietet aber auch hinreichend differenzierte Beurteilungen.[342] Eine Beurteilungspraxis, die diesen Anforderungen nicht gerecht werde (weil man beispielsweise eine große Zahl von Bewerbern ausnahmslos mit der Spitzennote beurteilt hat), verstoße gegen Art. 33 II GG. Dabei sind verbale Zusätze zur abgestuften Bewertung innerhalb von Gesamtnoten (sog. Binnendifferenzierungen[343]) zulässig, wenn sie einheitlich verwendet werden und eine eindeutige Aussage treffen.[344] Sollte es durch die Ausgestaltung von Beurteilungsrichtlinien in der Verwaltungspraxis dazu kommen, daß die Mehrzahl der beurteilten Beamten ein überdurchschnittliches Gesamturteil erhält, wäre dies mit dem Leistungsgrundsatz unvereinbar.[345] Dies hätte zur Folge, daß Hilfs- (s. Rn 132) und gerade nicht Leistungsaspekte ausschlaggebend wären. Hingegen verletzt ein hohes („übersteigertes") Beurteilungsniveau keine Rechte von Bewerbern, wenn es einheitlich ist (hier gewährleistet durch einen einzigen Beurteiler) und nach Ansicht des Beurteilenden dadurch eine sachgerechte und angemessene Abstufung erfolgt.[346]

Weiterhin muß die Beurteilung formell und materiell rechtmäßig sein (vgl. hierzu Rn 231 ff.). Genügt sie nicht diesen Anforderungen, fehlt es an einer tragfähigen, dem Gebot der Bestenauslese entsprechenden Grundlage für die Auswahl.[347] Dies ist der Fall, wenn die Anlaßbeurteilung nicht vom zuständigen Beurteiler erstellt worden und damit verfahrensfehlerhaft zustande gekommen ist.[348] Die Regelbeurteilung für ein vom Dienst freigestelltes Personalratsmitglied, bei welcher der Beurteilungsstichtag auf den Beförderungstermin fällt, muß man bei der Auswahl nicht mehr berücksichtigen.[349] Die Eignungsbeurteilung muß aus der Leistungsbeurtei-

---

339 OVG Hamburg, DÖD 91, 257 (258); OVG Lüneburg, RiA 99, 143 (144): nicht mehrere Jahre zurückliegend.
340 OVG Lüneburg, DÖD 00, 116 (117).
341 OVG Schleswig, NordÖR 00, 250 (252) = ZBR 00, 251 (252): nicht länger als ein Jahr; bis zu zwei Jahre lediglich bei besonderen Gründen.
342 BVerfG, DVBl 03, 1524 (1525) = ZBR 04, 45 (46); Anm Otte, ZBR 04, 46 (46 f.); VGH München, NVwZ-RR 04, 871 (873) = RiA 04, 295 (300); RiA 04, 239 (243).
343 OVG Münster, NVwZ-RR 04, 626 = DÖD 05, 11 (12) = RiA 04, 248 (249).
344 BVerwG, NVwZ 03, 1397 = DVBl 03, 1548 (1549) = ZBR 03, 420 (421) = DÖD 03, 202 (203) = BayVBl 03, 693 (694): anerkannt für die Zusätze „obere(r)" bzw. „untere(r) Grenze/Bereich". In Thüringen darf hierauf jedoch nicht abgestellt werden, da ein solcher verbaler Zusatz aufgrund der dortigen Rechtsvorschriften keine zulässige echte Binnendifferenzierung ist. So VG Weimar, ThürVBl 04, 47 (48).
345 VGH Kassel, NVwZ-RR 94, 347 (348 f.); NVwZ-RR 96, 49 (51).
346 VGH München, BayVBl 04, 664.
347 OVG Berlin, NVwZ-RR 04, 627 (629).
348 OVG Lüneburg, NdsVBl 01, 19 (20).
349 OVG Saarlouis, NVwZ-RR 95, 407 (409).

3. Voraussetzungen der einzelnen Ernennungsfälle

lung abgeleitet werden.[350] Eine Anlaßbeurteilung ist materiell rechtswidrig, wenn sie nur deswegen schlechter ausfällt, „um die unbotmäßige Aufrechterhaltung einer Bewerbung abzustrafen".[351] Verwertet ein Dienstherr bei der Personalauswahl Informationen, die für einen Bewerber ungünstig sind und die sich nicht aus dem Inhalt der Personalakte ergeben, muß er ihm zuvor Gelegenheit zur Stellungnahme geben. Geschieht dies nicht, dürfen die Erkenntnisse keine Rolle spielen.[352] Zudem müssen Beurteilungen hinsichtlich der statusrechtlichen Ämter vergleichbar sein.[353] Ob dies bei Beurteilungen eines Beamten und eines Angestellten der Fall ist, behandelt das OVG Lüneburg[354]. Allerdings soll es zulässig sein, das Hauptmerkmal „Mitarbeiterführung" selbst dann zu berücksichtigen, wenn nicht alle Beförderungskonkurrenten hierzu beurteilt wurden.[355]

Schließlich sind die Eignungsfeststellungen und die maßgeblichen Auswahlerwägungen schriftlich niederzulegen, damit sie ggf. entsprechend dem Gebot effektiven Rechtsschutzes gerichtlich überprüft werden können.[356] Dieses **Dokumentationsgebot** ist für die Transparenz der Auswahlentscheidung unverzichtbar.[357] Informationen über einen Kandidaten, die im Widerspruch zur über ihn erstellten Beurteilung stehen, darf man jedoch nicht ohne weiteres (z.B. Anhörung) zu seinen Lasten verwerten.[358] Will der Dienstherr von einer Beurteilung abweichen, muß er hierfür nachvollziehbare Gründe nennen. Dabei sind die Anforderungen an die Begründung um so strenger, je stärker die Abweichung ist.[359] Dieses Prinzip gelte nicht nur für Beurteilungen, sondern auch für vorbereitende Feststellungen wie Besetzungsvorschläge oder -vermerke. Der Dienstherr kann selbst noch während eines anhängigen vorläufigen Rechtsschutzverfahrens wegen der Dienstpostenbesetzung eine der ermessensfehlerfreien Auswahl entsprechende **Begründung** für die Entscheidung, insbesondere einen aktuellen Leistungs- und Eignungsvergleich der Bewerber, nachreichen[360] oder einen Beurteilungsfehler beheben, indem er sich ausdrücklich davon distanziert[361]. Bei Identität von Ausgangs- und Widerspruchsbehörde kann eine unzureichende Auswahlentscheidung noch bis zum Abschluß des Widerspruchsverfahrens geheilt werden.[362]

---

350 OVG Münster, NVwZ-RR 95, 100.
351 OVG Münster, NWVBl 04, 258 (259) = ZBR 04, 277 (278 f.) = NVwZ-RR 04, 236 (237).
352 VGH Kassel, NVwZ-RR 96, 161 (162).
353 VGH München, BayVBl 01, 214 = DVBl 00, 1040 (1042).
354 NdsVBl 95, 179 (180).
355 OVG Münster, ZBR 06, 63 (64) = NVwZ-RR 06, 347 (347 f.).
356 BAG, ZBR 04, 273 (274) = RiA 04, 32 (34) = PersV 03, 379 (382); VGH München, BayVBl 06, 91 = NVwZ-RR 06, 346 (347); VGH Kassel, NVwZ-RR 98, 446 (447); NVwZ-RR 94, 525 (526); DVBl 94, 593 (593 ff.) = ZBR 94, 347 (349); NVwZ 90, 284 (285); OVG Münster, NWVBl 04, 463 (465 f.); VG Weimar, ThürVBl 04, 47 (48).
357 BAG, ZBR 04, 273 (274) = RiA 04, 32 (34) = PersV 03, 379 (382).
358 OVG Hamburg, NVwZ-RR 92, 669 = DÖD 93, 45 (46).
359 OVG Bautzen, ZBR 02, 62 (62 f.) = NVwZ-RR 02, 56 (57).
360 VGH Kassel, NVwZ 93, 284.
361 OVG Bautzen, ZBR 02, 62 (63) = NVwZ-RR 02, 56 (58); SächsVBl 05, 23.
362 VG Weimar, ThürVBl 04, 15 (16).

5. Abschnitt: Die Ernennung

Äußerst instruktiv zur Frage, was bei einer Beförderung alles zu beachten ist und was ein Dienstherr falsch machen kann, ist die Entscheidung des OLG Hamm[363].

3) Ausübung des Beförderungsermessens

132 Nach ständiger Rechtsprechung[364] hat der Beamte **weder einen Rechtsanspruch auf Übertragung eines höherwertigen Dienstpostens noch auf Beförderung.** Er darf lediglich verlangen, daß der Dienstherr die Auswahl nach pflichtgemäßem Ermessen allein sachbezogen vornimmt. Über seine Beförderung muß ohne Rechtsfehler entschieden werden und man darf nicht von angewendeten ermessensbindenden Richtlinien zu seinem Nachteil grundlos abweichen. Insbesondere darf der Dienstherr nicht das Leistungsprinzip (Art. 33 II GG, §§ 25 VI S. 1, 7 I LBG) verletzen.[365] Dabei bleibt es allerdings allein der Entscheidung des Dienstherrn vorbehalten, welchem der zum Leistungsgrundsatz (Eignung, Befähigung und fachliche Leistung) zählenden Umstände er das größere Gewicht beimißt (Gewichtungsspielraum).[366] Wird ein „Versetzungsbewerber" neben Beförderungskandidaten in ein Personalauswahlverfahren einbezogen, kann er sich zumindest dann auf die Einhaltung des Grundsatzes der Bestenauslese berufen, wenn der Dienstherr einen Dienstposten

---

363 NVwZ-RR 98, 535 (536 ff.).
364 BVerwG, NVwZ 03, 1397 = DVBl 03, 1548 = ZBR 03, 420 = DÖD 03, 202 (203) = BayVBl 03, 693 (694); DÖD 01, 305 (306) = IÖD 02, 64 (65); DVBl 94, 118 (119) = ZBR 94, 52; DÖD 88, 118 (119); VGH München, ZBR 95, 204; ZBR 94, 350 (351); NVwZ 90, 285 (286); OVG Münster, RiA 02, 49 = DÖD 01, 127 (128); DÖD 00, 137 (138) = RiA 01, 97 (98); NWVBl 95, 384; NVwZ-RR 95, 100; DÖD 93, 90 = DÖV 92, 456; NWVBl 92, 172 (173); OVG Schleswig, DÖD 96, 168 (169); NVwZ-RR 94, 527 (528); NVwZ 94, 1229; VGH Kassel, NVwZ-RR 96, 49; ZBR 95, 109; DÖD 92, 210; NVwZ-RR 92, 34 (35) = DÖD 92, 211; NVwZ 90, 284; OVG Lüneburg, NVwZ-RR 95, 276; OVG Hamburg, NordÖR 99, 251; NVwZ-RR 92, 669 = DÖD 93, 45 (46); DÖD 91, 257; OVG Koblenz, RiA 00, 101 (102); VGH Mannheim, NVwZ-RR 04, 199 (200) = ZBR 04, 362 = RiA 04, 200 (201); NVwZ-RR 04, 120; IÖD 02, 159; OVG Bautzen, SächsVBl 93, 278 (279); OVG Weimar, DÖD 06, 17 (19) = ThürVBl 05, 134 (136); OLG Hamm, NVwZ-RR 98, 535 (536); VG Potsdam, LKV 04, 574 (575).
365 BVerwG, DVBl 94, 118 (119) = ZBR 94, 52; OVG Münster, NWVBl 95, 384; DÖD 93, 90 (91) = DÖV 92, 456; OVG Koblenz, NVwZ-RR 96, 456 (456 f.); VGH Kassel, NVwZ-RR 96, 49; VGH Mannheim, NVwZ-RR 04, 199 (200) = ZBR 04, 362 = RiA 04, 200 (201); IÖD 02, 159.
366 BVerwG, DVBl 94, 118 (119) = ZBR 94, 52; OVG Münster, DÖD 01, 312; DÖD 00, 137 (139) = RiA 01, 97 (99); PersV 05, 394 (398); VGH München, ZBR 95, 204; ZBR 94, 350 (351); OVG Lüneburg, RiA 99, 251 (252); OVG Greifswald, NVwZ-RR 02, 52; NordÖR 04, 208 (209); VGH Mannheim, NVwZ-RR 05, 585 = VBlBW 06, 59; NVwZ-RR 04, 199 (200) = RiA 04, 200 (202); Hess. StGH, ZBR 92, 356 (358); OVG Bautzen, ZBR 01, 368 (371) = SächsVBl 01, 196 (198); ZBR 01, 372 (373); SächsVBl 05, 120 (121); OVG Bremen, NordÖR 03, 461; OVG Weimar, DÖD 06, 17 (19) = ThürVBl 05, 134 (136); VG Weimar, ThürVBl 04, 15 (16); ThürVBl 04, 47; ThürVBl 06, 44 (45).

3. Voraussetzungen der einzelnen Ernennungsfälle

durch eine an diesem Prinzip orientierte Auswahl vergibt.[367] Dem schließt sich das BVerwG[368] mit folgenden Erwägungen an: Zwar habe der Dienstherr im Rahmen seiner Organisationsfreiheit die Möglichkeit, Stellen durch Umsetzung, Versetzung oder Beförderung zu vergeben. Entscheide er sich jedoch für ein Auswahlverfahren, an dem sowohl Beförderungs- als auch reine Umsetzungs- bzw. Versetzungsbewerber teilnähmen, beschränke er durch diese „Organisationsgrundentscheidung" seine Freiheit. Vielmehr müsse er dann aus Gründen der Gleichbehandlung die Auswahlkriterien des Art. 33 II GG auf sämtliche Kandidaten und nicht nur auf die Beförderungsbewerber anwenden. Nach meiner Auffassung[369] gilt dies sogar in jedem Fall. Die gegenteilige Ansicht verkennt die überragende Bedeutung des Leistungsprinzips (Art. 33 II GG) für alle Ämtervergaben im öffentlichen Dienst unabhängig, ob sie in Form der Einstellung, Beförderung oder anderer funktioneller Maßnahmen (Versetzung, Abordnung, Umsetzung) erfolgen. Zur Funktion innerdienstlicher Verfahrensvorschriften sowie dienstlicher Beurteilungen und der Ergebnisse eines Vorstellungsgesprächs für die Beurteilung der Eignung von Bewerbern zur Besetzung eines ausgeschriebenen Beförderungsdienstpostens äußern sich mehrere Obergerichte.[370] Dabei ist zu beachten, daß der Dienstherr seine Beförderungsentscheidung nicht allein nach dem Eindruck eines Auswahlgesprächs treffen darf.[371] Hierdurch kann lediglich das Bild eines Kandidaten abgerundet werden. Die Ergebnisse von Gesprächen und psychologischen Eignungsuntersuchungen müssen zudem in rational nachvollziehbarer, gerichtlich verwertbarer Weise schriftlich

---

367 OVG Münster, NWVBl 03, 278 = RiA 03, 155; NVwZ-RR 06, 340 (341) = NWVBl 06, 139; NVwZ-RR 02, 362 (363) = DÖD 02, 260 (261): in der Vornahme einer Ausschreibung allein sei allerdings noch nicht die Einleitung eines am Prinzip der Bestenauslese orientierten Verfahrens zu sehen; OVG Greifswald, NVwZ-RR 03, 577 = NordÖR 02, 420 (421); OVG Schleswig, NVwZ-RR 97, 373; NVwZ-RR 02, 289; OVG Koblenz, NVwZ-RR 02, 364 = DÖD 02, 158 = IÖD 02, 77 (78); OVG Lüneburg, NdsVBl 06, 110 (111); a.A. zu Unrecht OVG Lüneburg, OVGE 48, 502 (504) = NdsVBl 02, 48; NdsVBl 05, 73 (73 f.) = RiA 05, 142 (143); VGH München, NVwZ-RR 97, 368; OVG Münster, DÖD 92, 41 (42) = NVwZ-RR 92, 369 (370) = DVBl 91, 1211 (1212); Günther, RiA 05, 279 (280 f.); OVG Koblenz, DÖD 85, 48, hinsichtlich einer Umsetzung. Offengelassen von OVG Bautzen, SächsVBl 05, 120. Zur Anwendbarkeit des Leistungsprinzips bei Konkurrenzen von Anstellungs- und Versetzungsbewerbern äußert sich das VG Meiningen, ThürVBl 03, 88 (90). Zudem gibt es keinen automatischen Vorrang eines Versetzungs- vor einem Beförderungsbewerber bei im wesentlichen gleicher Leistung. So VGH Mannheim, VBlBW 00, 121 (122).
368 IÖD 05, 158 (160) = NVwZ 05, 702 (703) = DÖV 05, 694 (696) = PersV 06, 60 (62) = ZBR 05, 244 (246) = E 122, 237 (242) = BayVBl 05, 667 (669) = DÖD 05, 165 (167) = RiA 05, 238 (240 f.); RiA 04, 35 (36).
369 Zur Begründung vgl. Rn 17. Ähnlich OVG Schleswig, NordÖR 00, 250 (251) = ZBR 00, 251 (251 f.), auf der Grundlage einer entsprechenden Dienstvereinbarung.
370 OVG Münster, NWVBl 95, 465; OVG Lüneburg, NVwZ-RR 05, 588 (589); VGH München, NVwZ-RR 06, 344.
371 OVG Münster, NVwZ-RR 95, 100; NVwZ-RR 04, 771 (772) = NWVBl 05, 180 = RiA 05, 37 (38): „nur zur Abrundung"; OVG Lüneburg, NVwZ-RR 05, 588 (589): zulässige Erkenntnisquelle bei im wesentlichen gleich beurteilten Bewerbern; ebenso OVG Bautzen, NVwZ-RR 05, 372 (373); VGH München, NVwZ-RR 06, 344; OLG Hamm, NVwZ-RR 98, 535 (536).

5. Abschnitt: Die Ernennung

begründet sein[372]; hingegen besteht keine Pflicht, Auswahlgespräche zu protokollieren.[373]

Das Beförderungsermessen ist ein **Unterfall des Ernennungsermessens**. Seine Prüfung folgt deshalb dem bereits in Rn 121 dargestellten Grundraster. Zunächst besteht **Entschließungsermessen**, ob eine freie Beförderungsstelle überhaupt besetzt werden soll. Ferner ist auf der Tatbestandsseite ein **Beurteilungsspielraum** hinsichtlich der unbestimmten Rechtsbegriffe „Eignung, Befähigung und fachliche Leistung" gegeben. Schließlich liegt ein **Auswahlermessen** ausschließlich dann vor, wenn man mehrere **im wesentlichen gleich geeignete Bewerber** hat. In diesem Fall – und nur dann – muß man nach sachgerechten leistungsbezogenen (Hilfs-)Kriterien weiter differenzieren. Auf Hilfsaspekte darf allein abgestellt werden, wenn sich der Dienstherr zuvor bemüht hat, mit Hilfe abgestufter Wertungen anhand der rechtlich gebotenen Leistungskriterien eine Bestenauslese vorzunehmen.[374] Der Rückgriff auf Hilfsgesichtspunkte muß die Ausnahme bleiben, insbesondere wenn diese leistungsferner bzw. leistungsfremder Natur sind.[375]

Der **Leistungsvergleich** zur Verwirklichung des Grundsatzes der Bestenauslese erfordert, die **Informationen** des Dienstherrn **vollständig auszuwerten**.[376] Hier muß man **zunächst** auf die **aktuellste Beurteilung** und das darin enthaltene Gesamturteil abstellen.[377] Der Dienstherr ist verpflichtet, dienstliche Beurteilungen inhaltlich auszuschöpfen („**qualitative Ausschärfung**") mit dem Ziel, Anhaltspunkte für einen Qualitätsvorsprung eines der Bewerber zu ermitteln.[378] Dabei haben rechtswidrige

---

372 VGH Kassel, NVwZ-RR 94, 525 (527).
373 OVG Bautzen, NVwZ-RR 05, 372 (374). A.A. OVG Hamburg, NordÖR 00, 250, hinsichtlich der Fragen und Fachthemen, nicht jedoch für die Antworten, sowie generell VG Schleswig, NordÖR 06, 82 (84).
374 OVG Schleswig, ZBR 96, 339 (340); VGH Kassel, ZBR 95, 109; NVwZ-RR 96, 279 (280); NVwZ-RR 96, 49 (51); NVwZ 94, 1229; NVwZ-RR 94, 347 (349); OVG Bautzen, SächsVBl 05, 295.
375 OVG Schleswig, ZBR 96, 339 (340); VGH Kassel, NVwZ-RR 96, 49 (51).
376 OVG Koblenz, ZBR 97, 193 (194).
377 BVerwG, DVBl 06, 316 (317) = ZBR 06, 89 (90) = NVwZ 06, 212 = DÖV 06, 264 (265) = PersV 06, 193 (195) = RiA 06, 77 (78); NVwZ 03, 1397 = DVBl 03, 1548 (1549) = ZBR 03, 420 = DÖD 03, 202 (203) = BayVBl 03, 693 (694); NVwZ 03, 1398 (1399) = DVBl 03, 1545 (1546) = ZBR 03, 359 (360) = DÖD 03, 200 (201); DVBl 04, 317 (319) = NJW 04, 870 (872) = BayVBl 04, 472 (474) = ZBR 04, 101 (103) = E 118, 370 (376) = RiA 04, 37 (39); Anm Schnellenbach, ZBR 04, 104 (104 f.); BayVBl 04, 696 (698) = NVwZ 04, 1257 (1258) = DÖD 04, 250 (252); OVG Schleswig, NordÖR 01, 500 = ZBR 03, 284 (285); NordÖR 99, 253 (254); OVG Lüneburg, NdsVBl 05, 302 (303) = NordÖR 05, 388 (389); DÖD 04, 164 (165); OVG Münster, NWVBl 04, 469 (471); DÖD 03, 294; DÖD 04, 171 (172); PersV 05, 394 (397); DÖD 06, 15; NVwZ-RR 06, 343; VGH München, RiA 04, 239 (243); OVG Bremen, NordÖR 02, 214; OVG Bautzen, SächsVBl 05, 295; OVG Weimar, DÖD 06, 17 (20) = ThürVBl 05, 134 (137); VG Weimar, ThürVBl 06, 44; VG Schleswig, NordÖR 06, 82 (83); VG Berlin, NVwZ-RR 06, 348.
378 OVG Münster, NVwZ-RR 04, 626 (627) = DÖD 05, 11 (12) = RiA 04, 248 (249); ähnlich OVG Münster, NWVBl 06, 189; NWVBl 05, 138 (139): weitere Eignungsbewertung und -gewichtung anhand einzelner Leistungs- und/oder Befähigungsmerkmale, die speziell für den angestrebten Dienstposten relevant sein können.

3. Voraussetzungen der einzelnen Ernennungsfälle

dienstliche Beurteilungen keine Aussagekraft.[379] Allerdings besteht keine Pflicht, vor der Auswahlentscheidung zunächst den Ausgang eines Rechtsstreits über die Beurteilung abzuwarten.[380] Weiterhin muß der Dienstherr Beurteilungen, die von verschiedenen Beurteilern stammen oder Leistungen, die auf Dienstposten mit unterschiedlichen Aufgaben erbracht wurden, selbständig werten und im Vergleich einander zuordnen.[381] Das allgemein größere Gewicht der Beurteilung des Inhabers eines höherwertigen Amtes kann u.U. im Einzelfall durch die besondere Eignung des Mitbewerbers für das angestrebte Amt ausgeglichen werden.[382] Ein Beförderungssystem, bei dem nach Leistungskriterien schwächere Bewerber allein deshalb vorrangig befördert werden sollen, weil ihre Dienstposten höherbewertet worden sind (wie bei der Polizei in Schleswig-Holstein), begegnet im Hinblick auf Art. 33 II GG erheblichen verfassungsrechtlichen Bedenken.[383]

Sind die Beurteilungen verschiedener Bewerber trotz dieser Vorgehensweise immer noch gleich oder im wesentlichen gleich, muß man **danach unmittelbar leistungsbezogene Kriterien** heranziehen, wie **ältere Beurteilungen**.[384] Sie stellen kein Hilfskriterium dar. Bei ihrer Auswertung hat der Dienstherr einen Entscheidungsspielraum.[385] Sollten **dann** immer noch zwei Kandidaten gleich oder im wesentlichen gleich sein, sind **Hilfskriterien** anzuwenden.[386]

Eine beamtenrechtliche Auswahl ist fehlerhaft, wenn der Dienstherr allein die letzte dienstliche Beurteilung zugrunde gelegt und sodann ohne wei-

---

379 BVerwG, DVBl 04, 317 (319) = NJW 04, 870 (872) = BayVBl 04, 472 (474) = ZBR 04, 101 (103 f.) = E 118, 370 (377) = RiA 04, 37 (39); Anm Schnellenbach, ZBR 04, 104 (104 f.); OVG Lüneburg, DÖD 02, 102 = NdsVBl 02, 217 = NordÖR 02, 85 (86); OVG Bautzen, SächsVBl 05, 23.
380 OVG Bautzen, SächsVBl 05, 23.
381 VGH Mannheim, ZBR 02, 99.
382 OVG Münster, NVwZ-RR 01, 254 = RiA 02, 303 (304).
383 BVerfG, NordÖR 00, 245 (246), gegen OVG Schleswig, NordÖR 00, 130 (131 f.), das dabei zu Unrecht keine Bedenken hatte. Das BVerwG, DVBl 06, 316 (317 f.) = ZBR 06, 89 (90 f.) = NVwZ 06, 212 (212 f.) = DÖV 06, 264 (265) = PersV 06, 193 (195) = RiA 06, 77 (78), wertet dies ebenfalls als Verstoß gegen Art. 33 II GG.
384 BVerwG, NVwZ 03, 1397 (1398) = DVBl 03, 1548 (1549) = ZBR 03, 420 (421) = DÖD 03, 202 (204) = BayVBl 03, 693 (694); NVwZ 03, 1398 (1399) = DVBl 03, 1545 (1546) = ZBR 03, 359 (360) = DÖD 03, 200 (201); DVBl 04, 317 (319) = NJW 04, 870 (872) = BayVBl 04, 472 (474) = ZBR 04, 101 (103) = E 118, 370 (377) = RiA 04, 37 (39); Anm Schnellenbach, ZBR 04, 104 (104 f.); BayVBl 04, 696 (698) = NVwZ 04, 1257 (1258) = DÖD 04, 250 (252); OVG Lüneburg, NVwZ-RR 04, 197 (198); DÖD 04, 164 (165); NordÖR 04, 39 (40); NVwZ-RR 03, 878 (879) = NdsVBl 03, 238 (239) = NordÖR 03, 311 (313); NdsVBl 05, 302 (303) = NordÖR 05, 388 (389); OVG Schleswig, NordÖR 01, 500 = ZBR 03, 284 (285); VGH Mannheim, NVwZ-RR 05, 585 (586) = VBlBW 06, 59 (60); OVG Bremen, NordÖR 05, 386 (387); OVG Münster, NWVBl 04, 469 (471); NVwZ-RR 04, 874 (875); DÖD 04, 171 (172); PersV 05, 394 (397); DÖD 06, 15; VGH München, RiA 04, 239 (243); BayVBl 06, 91 = NVwZ-RR 06, 346 (347); OVG Bautzen, SächsVBl 05, 295; VG Schleswig, NordÖR 06, 82 (83); VG Berlin, NVwZ-RR 06, 348 (349).
385 OVG Münster, DÖD 05, 277.
386 BVerwG, NVwZ 03, 1397 (1398) = DVBl 03, 1548 (1549) = ZBR 03, 420 (421) = DÖD 03, 202 (204) = BayVBl 03, 693 (694); VGH München, RiA 04, 239 (243).

5. Abschnitt: Die Ernennung

tere Eignungserwägungen auf das leistungsfernere Hilfskriterium des allgemeinen Dienstalters abgestellt hat.[387] Wird aufgrund früherer dienstlicher Beurteilungen eine positive oder negative Entwicklung eines Bewerbers deutlich erkennbar, muß der Dienstherr dies mit abwägen.[388] Bevor man auf Hilfskriterien abstellt, ist die Leistungsentwicklung nachzuzeichnen.[389] Ein Quervergleich der dienstlichen Beurteilungen zu bestimmten Stationen der Dienstlaufbahn ist selbst dann sachgerecht, wenn die Beurteilungszeiträume nicht übereinstimmen.[390] Ebenso ist es zulässig, bei gleichen Leistungsbeurteilungen von einem rechnerisch ermittelten Durchschnittswert der Befähigungsbeurteilungen (Quotientenmethode) auszugehen.[391] Die in den dienstlichen Beurteilungen erteilten Gesamtnoten sind ausschlaggebend für die Einschätzung, ob die Kandidaten im wesentlichen gleich beurteilt worden sind oder nicht. Haben sie unterschiedliche Notenstufen erreicht, muß grundsätzlich der Bewerber mit der besseren Gesamtnote ausgewählt werden.[392]

Bei **gleicher Beurteilungslage** hat eine in einem höheren statusrechtlichen Amt erlangte dienstliche Beurteilung regelmäßig[393] ein größeres Gewicht als eine in einem geringerwertigen Amt erteilte.[394] Gleiches gilt, wenn der eine Bewerber im Vergleich mit anderen Kandidaten bei gleichem Statusamt und gleich guter Beurteilung auf einem Dienstposten mit (deutlich) höheren Schwierigkeiten oder Bewertungen[395] oder über einen längeren Beurteilungszeitraum[396] tätig ist. Zudem darf man auf Einzelmerkmale in der Beurteilung zurückgreifen, die hinsichtlich des Anforderungsprofils der zu besetzenden Stelle besondere Bedeutung haben.[397] In diesen Fällen wäre es mangels Gleichgeeignetheit fehlerhaft, bereits jetzt auf Hilfskriterien zurückzugreifen. Ein (statusmäßiger) Unterschied kann sich wegen des Anforderungsprofils der zu besetzenden Stelle dergestalt relativieren, daß der andere Bewerber aufgrund spezieller Lei-

---

387 VGH Kassel, ZBR 95, 109; NVwZ-RR 96, 279 (280); NVwZ-RR 94, 347 (349).
388 VGH Kassel, ZBR 95, 109; NVwZ-RR 96, 279 (280).
389 BVerwG, DVBl 04, 317 (319) = NJW 04, 870 (872) = BayVBl 04, 472 (474) = ZBR 04, 101 (103) = E 118, 370 (377) = RiA 04, 37 (39); Anm Schnellenbach, ZBR 04, 104 (104 f.); OVG Lüneburg, DÖD 04, 164 (165).
390 OVG Münster, DÖD 01, 312 (313 f.).
391 VGH Mannheim, ZBR 98, 58 (58 f.) = VBlBW 97, 185 (186).
392 OVG Schleswig, NJW 01, 3210 (3210 f.); OVG Lüneburg, RiA 99, 143.
393 OVG Münster, NWVBl 06, 189.
394 OVG Koblenz, ZBR 02, 64; OVG Greifswald, NVwZ-RR 03, 577 (578) = NordÖR 02, 420 (422); OVG Schleswig, NVwZ-RR 95, 45 (46); NordÖR 03, 118 (119) = NVwZ-RR 03, 321 (322); OVG Münster, NWVBl 03, 278 (279) = RiA 03, 155 (156); Beschl. v. 30.9.96, 12 B 951/96, zitiert nach OVG Münster, DÖD 00, 137 (138) = RiA 01, 97 (98); DÖD 92, 41 (42) = NVwZ-RR 92, 369 (370) = DVBl 91, 1211 (1212); DÖD 06, 15 (16); OVG Lüneburg, NdsVBl 95, 179 (180); VGH München, NVwZ-RR 98, 120 (121); VG Weimar, ThürVBl 06, 44 (46 f.).
395 BVerwG, DÖD 81, 279 (280) = ZBR 81, 315 (316); OVG Koblenz, DÖD 83, 286 (287); VG Trier, NVWZ-RR 98, 449: allerdings hätten zunächst die letzten dienstlichen Beurteilungen Vorrang.
396 OVG Saarlouis, DÖD 05, 106 = RiA 05, 152.
397 OVG Münster, IÖD 02, 172 (173) = DÖD 02, 285 (286).

3. Voraussetzungen der einzelnen Ernennungsfälle

stungsmerkmale geeigneter oder zumindest gleich geeignet ist. Das allgemein größere Gewicht der Beurteilung des Inhabers eines höherwertigen Amtes kann u.U. im Einzelfall durch die besondere Eignung des Mitbewerbers für das angestrebte Amt aufgrund spezieller Einzelleistungs- und -befähigungsmerkmale ausgeglichen werden.[398] Geringfügige Beurteilungsunterschiede rechtfertigen keinen entscheidenden Eignungsvorsprung.[399] Allerdings ist dies nicht der Fall, wenn ein mit der Note „2 plus" beurteilter Bewerber einem Kandidaten gleichgestellt wird, der die Note „2 minus" erhalten hat[400], oder bei einem Gesamturteil „sehr gut geeignet" im Vergleich zu „besonders gut geeignet"[401] und erst recht nicht, wenn einer der Bewerber um eine oder mehrere Notenstufen besser beurteilt wurde[402]. Zudem ist die Leistung nicht im wesentlichen gleich, wenn sich die Beurteilung um einen Punkt bei einem von 1 bis 8 Punkten reichenden Bewertungssystem unterscheidet.[403] Beurteilungsunterschiede von einer vollen Notenstufe können zudem nicht durch den positiven Eindruck eines Auswahlgesprächs ausgeglichen werden.[404]

Sind Beamte im wesentlichen gleich beurteilt worden, weil sie die gleiche Gesamtnote aufweisen, und ist auf der Basis der Gesamtbeurteilungen keine weitere „qualitative Ausschärfung" und damit keine Differenzierung mehr möglich (Situation des **non liquet**), muß man wie folgt verfahren: In dieser Lage (und nur dann) eröffnet sich dem auswählenden Dienstherrn die Möglichkeit, über die einzelnen Beurteilungen hinaus zu gehen und weitere, den Leistungsgrundsatz wahrende (Hilfs-)Kriterien oder Auswahlmethoden heranzuziehen.[405] Erst in diesem Fall darf er **Ergebnisse eines Assessmentcenters oder von Auswahlgesprächen**, die denknotwendig im Vergleich zu Beurteilungen lediglich Momentaufnahmen sind, ergänzend (abrundend) berücksichtigen.[406] Bei der Bestimmung des nachrangigen Auswahlkriteriums ist es dem pflichtgemäß auszuübenden **weiten Ermessen** des Dienstherrn überlassen, welche **sachliche**n **Umstände** er bei der Auswahl stärker gewichtet und wie er den Grundsatz des gleichen Zugangs zu jedem öffentlichen Amt allein nach Eignung,

---

398 OVG Münster, NVwZ-RR 01, 254 = RiA 02, 303 (304); OVG Lüneburg, NordÖR 04, 39 (40); OVG Schleswig, NordÖR 99, 253 (254).
399 VGH Mannheim, ZBR 98, 58; NVwZ-RR 96, 279.
400 OVG Koblenz, NVwZ-RR 96, 456 (457).
401 OVG Schleswig, NordÖR 01, 500 (501) = ZBR 03, 284 (285); OVG Münster, DÖD 06, 15 (16).
402 OVG Lüneburg, NVwZ-RR 04, 197 (198); OVG Schleswig, NVwZ-RR 02, 289; VG Weimar, ThürVBl 04, 47 (48).
403 VGH Mannheim, NVwZ-RR 04, 199 (201) = ZBR 04, 362 = RiA 04, 200 (202).
404 VG Osnabrück, NVwZ-RR 05, 823.
405 BVerwG, NVwZ-RR 97, 41 = ZBR 96, 310; OVG Lüneburg, RiA 99, 251 (252); DÖV 95, 962 (963) = NVwZ 96, 497 (498); OVG Saarlouis, NVwZ-RR 99, 260; VG Berlin, NVwZ-RR 06, 348 (349).
406 OVG Weimar, NVwZ-RR 04, 52 (54) = ThürVBl 03, 256 (259); OVG Münster, NVwZ-RR 06, 343; NWVBl 02, 266 (268) = NVwZ-RR 02, 291 (292); OVG Lüneburg, DÖD 04, 164 (165); OVG Bremen, NordÖR 99, 249 (250); OVG Münster, NWVBl 04, 463 (465); VG Potsdam, ZBR 05, 62 (63); VG Schleswig, NordÖR 06, 82 (83); VG Berlin, NVwZ-RR 06, 348 (349).

5. Abschnitt: Die Ernennung

Befähigung und fachlicher Leistung verwirklicht, sofern dadurch das zwingend zu beachtende Leistungsprinzip selbst nicht in Frage gestellt wird.[407] Sein Ermessen bezieht sich allein auf die Wahl zwischen mehreren den Leistungsgrundsatz wahrenden Auswahlmethoden, zwischen mehreren leistungsbezogenen Hilfskriterien. Es reicht nicht so weit, daß er anstelle leistungsbezogener Hilfskriterien andere Gesichtspunkte heranziehen könnte, die keinerlei Affinität zum Leistungsprinzip mehr haben. Hierdurch will man vornehmlich dem öffentlichen Interesse an einer bestmöglichen Besetzung von öffentlichen Ämtern dienen, jedoch auch das berechtigte Interesse eines Beamten an einem angemessenen beruflichen Weiterkommen schützen. Deshalb hat ein Bewerber Anspruch auf rechtsfehlerfreies Handeln.[408] Selbst wenn man dem Dienstherrn mit der h.M. hierbei ein weites Ermessen einräumt, ist er dennoch nach Ansicht des Verfassers gehalten, stets das im Hinblick auf den zu besetzenden Dienstposten **sachnächste leistungsbezogene Kriterium zu wählen**.[409] Die gegenteilige Auffassung[410], wonach der Dienstherr – allein limitiert durch das Willkürverbot – frei sei, welches Hilfskriterium er nehme und keine Reihenfolge nach Gesichtspunkten der Leistungsbezogenheit aufstellen müsse, ist abzulehnen. Sie verkennt das Leistungsprinzip (Art. 33 II GG), das auch auf die Bedeutung und Rangfolge von Hilfskriterien bei der Personalauswahl ausstrahlt. Stellte der Dienstherr sogleich auf leistungsferne oder gar leistungsfremde Hilfsaspekte ab, verwirklichte er gerade nicht den verfassungsrechtlich geschützten Grundsatz der Bestenauslese, selbst wenn er das Willkürverbot noch nicht verletzte. Er übte somit sein Ermessen nicht pflichtgemäß aus. Hingegen hat ein Kandidat keinen Anspruch darauf, daß der Dienstherr seiner Entscheidung ein bestimmtes Hilfskriterium zugrunde legt.[411] Anders ist es, wenn die Behörde eine ständige Verwaltungspraxis begründet und Art sowie Reihenfolge der Hilfskriterien festgelegt hat. Will man eine solche ständige Verwaltungs-

---

407 BVerwGE 80, 123 (126) = NJW 89, 538 = DVBl 89, 199 (200) = ZBR 89, 172 (173); DVBl 94, 118 (119) = ZBR 94, 52; OVG Koblenz, ZBR 02, 64; RiA 99, 153 (155); OVG Münster, DÖD 01, 312; DÖD 00, 137 (139) = RiA 01, 97 (99); ZBR 99, 316 = NWVBl 99, 272; NWVBl 02, 236 (237) = IÖD 02, 147 (148); OVG Lüneburg, NdsVBl 01, 19 (20); RiA 99, 143; 251 (252); VGH Mannheim, ZBR 98, 58; VBlBW 99, 264; VBlBW 97, 185 (186); NJW 96, 2525 (2526); NVwZ-RR 04, 199 (200) = ZBR 04, 362 = RiA 04, 200 (201 f.); OVG Schleswig, NVwZ-RR 97, 373 (374); NVwZ-RR 94, 527 (528); VGH München, DÖD 00, 111; ZBR 94, 350 (351); OVG Bautzen, DÖD 01, 368 (371) = SächsVBl 01, 196 (198); ZBR 01, 372 (373); OVG Bremen, NordÖR 03, 461; OVG Saarlouis, SKZ 04, 38 (40) = NVwZ-RR 04, 361 (362); VG Weimar, ThürVBl 04, 47.
408 VGH München, BayVBl 01, 214 = DVBl 00, 1040 (1042).
409 So auch VGH Kassel, NVwZ-RR 94, 347 (349); OVG Münster, DVBl 99, 934 = NWVBl 99, 271 = RiA 99, 253 = ZBR 99, 354 (355).
410 BAG, PersV 04, 73 (75); OVG Münster, NVwZ-RR 02, 53 = DÖD 02, 226 (227); NWVBl 01, 305 (306) = RiA 02, 94 (95); NWVBl 00, 230; OVG Schleswig, NordÖR 99, 253 (254). Zu Recht einschränkend OVG Münster, NWVBl 02, 236 (237) = IÖD 02, 147 (149): insbesondere sei es dem Dienstherrn verwehrt, das jeweils „passende" Hilfskriterium heranzuziehen; vielmehr müsse er auf eine „einheitliche Linie" achten.
411 OVG Schleswig, NVwZ 94, 1229 (1229 f.).

3. Voraussetzungen der einzelnen Ernennungsfälle

praxis im Einzelfall durchbrechen, muß man es besonders sachlich rechtfertigen.[412]

Als **Hilfsaspekte** sind in der Rechtsprechung[413] u.a. allgemein **Besetzungsberichte oder -vorschläge**, das **Beförderungsdienst- oder Lebensalter**, **besondere Erfahrungen** aufgrund der Anforderungen des zu besetzenden Dienstpostens (Erfüllung eines bestimmten Anforderungsprofils) oder **spezielle**, durch eine Nebentätigkeit erworbene **Fähigkeiten** anerkannt. Gerade die dem Beurteilungszeitraum **vorangehende Leistungsentwicklung** stellt ein besonders leistungsnahes Hilfskriterium bei gleicher Geeignetheit dar.[414] Dabei ist der Dienstherr frei, wie er die Leistungsentwicklung bestimmt.[415] Aber selbst das Dienst- und Lebensalter dürfen bei gleich beurteilten Beamten berücksichtigt werden. Aus ihnen kann sich eine umfassendere praktische Berufserfahrung ableiten, so daß dies mit dem Leistungsprinzip vereinbar wäre.[416] Festzuhalten ist jedoch, daß bei Beförderungsentscheidungen das Dienst- und/oder Lebensalter ausschließlich als Hilfskriterium herangezogen werden darf.[417] Gleiches gilt für das Datum der Fachprüfung.[418] Zudem können einer gedeihlichen Zusammenarbeit abträgliche **Spannungen** zwischen dem Kandidaten und der Behörde ein sachgerechtes Hilfskriterium sein, ihn abzulehnen.[419] Auch können sich eine **längere Berufserfahrung**[420] oder die längere Wahrnehmung des höherwertigen Dienstpostens[421] auf das Beförderungsermessen auswirken. Die Berufserfahrung ist ein sachgerechtes,

---

412 OVG Münster, NWVBl 02, 236 (237) = IÖD 02, 147 (149).
413 BVerwGE 80, 123 (126) = NJW 89, 538 = DVBl 89, 199 (200) = ZBR 89, 172 (173); NVwZ-RR 97, 41 = ZBR 96, 310; DÖD 05, 162 (164) = NVwZ 05, 457 = ZBR 05, 162 (163) = DVBl 05, 456 (457) = E 122, 147 (151) = BayVBl 05, 669 (670) = RiA 05, 129 (131) = PersV 06, 222 (223); OVG Schleswig, ZBR 96, 339 (340); OVG Münster, RiA 94, 153 (154); OVG Koblenz, DVBl 99, 1445; RiA 99, 153 (155); RiA 88, 109 (110); VGH Kassel, NJW 85, 1103 (1104); NVwZ-RR 96, 279 (280); NVwZ-RR 98, 766 (767).
414 OVG Saarlouis, NVwZ-RR 99, 260; OVG Münster, ZBR 99, 316 = NWVBl 99, 272; ZBR 99, 316 = NWVBl 99, 187; DVBl 99, 934 (934 f.) = NWVBl 99, 271 = RiA 99, 253 (253 f.) = ZBR 99, 354 (355); OVG Lüneburg, RiA 99, 143 (144); OVG Bremen, NordÖR 03, 461 (462); OVG Bautzen, SächsVBl 05, 120 (122). Zu Unrecht a.A. OVG Münster, DÖD 02, 226.
415 OVG Münster, DÖD 01, 312 (313).
416 BVerwGE 80, 123 (126) = NJW 89, 538 = DVBl 89, 199 (200) = ZBR 89, 172 (173). Nach BAG, PersV 04, 73 (76), reicht jedoch ein 56 Monate höheres Dienstalter nicht aus, um gegen eine Gleichgeeignetheit im Rahmen der Frauenförderung zu sprechen. Dies erscheint mir nicht sachgerecht.
417 BVerwG, DÖD 05, 162 (164) = NVwZ 05, 457 = ZBR 05, 162 (163) = DVBl 05, 456 (457) = E 122, 147 (151) = BayVBl 05, 669 (670) = RiA 05, 129 (131) = PersV 06, 222 (223); OVG Schleswig, DÖD 96, 168 (169); VGH Kassel, ZBR 95, 109; verneinend hinsichtlich der Möglichkeit, generell auf das Lebensalter abzustellen VGH Kassel, NVwZ-RR 96, 279 (280): „nur in seltenen Ausnahmefällen"; letzteres abl. BVerwGE 80, 123 (126) = NJW 89, 538 = DVBl 89, 199 (200) = ZBR 89, 172 (173): wegen der hieraus zu folgernden umfassenderen praktischen Berufserfahrung mit dem Leistungsprinzip vereinbar.
418 VGH Kassel, DÖD 92, 210.
419 OVG Münster, ZBR 99, 316 = NWVBl 99, 272.
420 VGH Kassel, ZBR 86, 205 (206) = NVwZ 86, 766 (767), zum Sündenfall des damals verantwortlichen Ministers Joseph [„Joschka"] Fischer.
421 VGH Mannheim, NVwZ-RR 04, 199 (201) = ZBR 04, 362 = RiA 04, 200 (202 f.).

mit Art. 33 II GG konformes Auswahlhilfsmittel.[422] Je größer der Unterschied zwischen der Besoldungsgruppe des ausgeübten Amtes des Bewerbers und der zu besetzenden Stelle ist, desto weniger ist die Prognose gerechtfertigt, der Kandidat aus der niedrigeren Besoldungsgruppe sei für das ausgeschriebene Amt geeignet.[423] Im Fall des VGH München waren es drei Besoldungsgruppen Differenz. Bei Soldaten soll es zudem zulässig sein, die Häufigkeit der Standortwechsel und deren Entfernung voneinander zu berücksichtigen.[424] Dadurch beweise man eine höhere Leistungsfähigkeit. Im Schulbereich dürfe es zudem darauf ankommen, ob für die durch einen Bewerber unterrichteten Fächer Bedarf bestehe.[425]

Anhaltspunkte für **von der Verfassung verpönte Differenzierungsmaßstäbe** liefert Art. 3 III S. 1 GG. Die Merkmale „Parteibuch" oder „Geschlecht" haben, von Ausnahmefällen abgesehen, in denen das Anforderungsprofil des zu besetzenden Dienstpostens durch eine parteipolitische Nähe oder wegen geschlechtsspezifischer Eigenschaften geprägt ist, keinerlei Bezug zum Leistungsgrundsatz (Art. 33 II GG).[426] Der Familienstand ist grundsätzlich ebenso wenig ein zulässiges Hilfskriterium[427] wie die Zahl der Kinder[428]. Eine Vorschrift wie § 10 I S. 2 LGG trägt dem Rechnung, um ihre Verfassungswidrigkeit zu vermeiden. Danach sollen bei der Qualifikationsbeurteilung Erfahrungen und Fähigkeiten aus der Betreuung von Kindern und Pflegebedürftigen allein dann einbezogen werden, „soweit diese für die zu übertragende Aufgabe von Bedeutung sind." Weiterhin ist auch eine „möglicherweise letzte Beförderungschance" gemessen am Leistungsprinzip kein rechtlich zulässiges Hilfskriterium.[429]

Das Schwerbehindertengesetz gibt keinem **Schwerbehinderten** unabhängig von allen anderen Hilfskriterien einen Anspruch auf vorrangige Auswahl für ein Beförderungsamt allein wegen seiner Schwerbehinderung.[430] §§ 81 f. SGB IX verlangten keine solche Bevorzugung. Mit der Fürsorgepflicht sei es unvereinbar, wenn man Beamte nur wegen ihrer Schwerbehinderung, deren Folgen es lediglich auszugleichen gelte, allen anderen Bewerbern unabhängig von sonstigen Hilfsgesichtspunkten vorzöge. Aus einem Benachteiligungsverbot lasse sich kein Bevorzugungs-

---

422 VGH Mannheim, NVwZ-RR 92, 494 (496).
423 VGH München, ZBR 94, 350 (352).
424 BVerwG, ZBR 04, 260 (261).
425 OLG Hamm, NVwZ-RR 02, 522 (524).
426 OVG Lüneburg, DÖV 95, 962 (963) = NVwZ 96, 497 (498); VG Berlin, NVwZ-RR 06, 348 (349).
427 EuGH, NJW 00, 1549 (1551) = JZ 00, 667 (668) = PersV 01, 183 (187 f.); Schnellenbach, NWVBl 98, 417.
428 Zu Recht OVG Münster, NWVBl 00, 150 (151); abl. Anm Bockey, NWVBl 00, 151.
429 OVG Münster, NWVBl 02, 236 (238) = IÖD 02, 147 (150).
430 BVerwGE 86, 244 (249 f.) = NVwZ-RR 90, 489 (489 f.); OVG Münster, DÖD 00, 137 (139) = RiA 01, 97 (99); ZBR 00, 100 = DÖD 99, 281; DVBl 95, 207 (208); OVG Lüneburg, NVwZ-RR 04, 434 (435); NdsVBl 95, 275 (275 f.); OVG Koblenz, RiA 99, 153 (155); OLG Hamm, NVwZ-RR 98, 535 (536).

3. Voraussetzungen der einzelnen Ernennungsfälle

gebot herleiten.[431] Dabei hätten Hilfskriterien wie Leistungsentwicklung und Dienstalter (aufgrund der erworbenen Berufserfahrung) sogar noch einen gewissen Leistungs- und Eignungsbezug.[432] Die Schwerbehinderung dürfe (ähnlich wie nach Meinung des Verfassers das Geschlecht) ausschließlich dann herangezogen werden, wenn ein Gleichstand hinsichtlich sämtlicher leistungsnaher und -ferner Hilfskriterien existiert.[433] Hingegen ist das Vorliegen einer Promotion gegenüber einer Schwerbehinderteneigenschaft nicht vorrangig zu gewichten.[434]

Unter dem Gesichtspunkt der **Frauenförderung** ist eine gebundene Entscheidung zu treffen (§§ 25 VI S. 2 LBG, 7 I S. 2 LGG). Die Verfassungsmäßigkeit einer derartigen „weichen" Quote wurde bereits in Rn 122 diskutiert und im Ergebnis verworfen. Zur rechtlichen Bedeutung solcher Quotenregelungen bei der Beförderung sowie zum Prüfungsaufbau wird auf die dortigen Ausführungen verwiesen. Wenn die Zielvorgaben eines Frauenförderplans hinsichtlich Einstellungen und Beförderungen von Frauen nicht innerhalb des dort vorgesehenen Zeitraums verwirklicht worden sind, ist bis zu ihrer Erfüllung bei jeder Einstellung und Beförderung eines Mannes in einem Bereich, in dem Frauen unterrepräsentiert sind, eine besondere Begründung notwendig (§ 6 VI LGG).

Ob schließlich ein Beförderungsverfahren abgebrochen werden darf, bestimmt sich nach den in Rn 121, 145 genannten Kriterien.

Fall: Dr. Werner Gierschlund (G) ist Bürgermeister der kreisangehörigen Stadt B. Zu Beginn des Haushaltsjahres 2005 ist die Haushaltssatzung noch nicht bekanntgemacht („vorläufige Haushaltsführung", § 82 GO). G möchte zum 1.1.2005 die am besten geeignete Stadtoberinspektorin S zur Stadtamtfrau befördern. Wie ist die Rechtslage?

G ist als Bürgermeister für die beamtenrechtlichen Entscheidungen, hier die Beförderung, zuständig (§ 74 I S. 2 GO). S ist auch die am besten geeignete Beamtin. Somit ist davon auszugehen, daß die Beförderungsgrundsätze (Art. 33 II GG, §§ 25 VI S. 1, 7 I LBG) beachtet wurden. Fraglich bleibt jedoch, ob ein haushaltsrechtliches Beförderungsverbot vorliegt. Eine Kommune darf, wenn bei Beginn des Haushaltsjahres die Haushaltssatzung noch nicht bekanntgemacht ist, ausschließlich Aufwendungen entstehen lassen und Auszahlungen leisten, zu denen sie rechtlich verpflichtet ist oder die für die Weiterführung notwendiger Aufgaben unaufschiebbar sind (§ 82 I Nr. 1, 1. Hs. GO). Solange kein ordnungsgemäß bekanntgemachter Haushalt vorliegt, sind personalwirtschaftliche Maßnahmen wie alle haushaltsrelevanten Aktivitäten nur unter restriktiven Voraussetzungen (§ 82 I Nr. 1, 1. Hs. GO) zulässig. Es gibt aber gerade keine Rechtspflicht zur Beförderung. Nach ständiger Rechtsprechung (Rn 132) hat der Beamte weder einen Rechtsanspruch auf Übertragung eines höherwertigen Dienstpostens noch auf Beförderung. Ebenfalls ist die Beförderung der S nicht unaufschiebbar erforderlich, um notwendige Aufgaben weiterzuführen. Demnach besteht ein haushaltsrechtliches Beförderungsverbot. G darf die S nicht befördern.

Variante: Wie wäre der Fall zu beurteilen, wenn B ein genehmigtes Haushaltssicherungskonzept hätte?

---

431 BVerwGE 86, 244 (249 f.) = NVwZ-RR 90, 489 (489 f.); OVG Lüneburg, NdsVBl 95, 275 (276); OVG Saarlouis, SKZ 04, 38 (41) = NVwZ-RR 04, 361 (363).
432 OVG Münster, DVBl 95, 207 (208); OVG Koblenz, RiA 99, 153 (155).
433 OVG Münster, DÖD 00, 137 (139) = RiA 01, 97 (99); OVG Lüneburg, NVwZ-RR 04, 434 (435).
434 VGH München, ZBR 06, 137 (138).

5. Abschnitt: Die Ernennung

Städte und Gemeinden mit genehmigten Haushaltssicherungskonzepten dürfen innerhalb des vom Haushaltssicherungskonzept vorgegebenen haushaltswirtschaftlichen Spielraums befördern. Soweit der Stellenplan und die im Haushaltssicherungskonzept veranschlagten Mittel für die Personalausgaben eine Beförderung ermöglichen, existieren keine weitergehenden haushaltsrechtlichen Einschränkungen.

Literatur: Schweiger, Feststellung der Nichteignung von Lebenszeitbeamten für ein Amt im abstrakt funktionellen Sinne nach „erfolgloser" Teilnahme an einem Assessment-Verfahren, ZBR 06, 25; Adam, Der sog. Beurteilungsspielraum und die Personalauswahl im öffentlichen Dienst, RiA 05, 225; Günther, Zum Anspruch des Versetzungsbewerbers als Konkurrent, RiA 05, 279; Mickisch, Zulässigkeit eines Vorstellungsgesprächs im Rahmen der Personalauswahl für die Besetzung von Beförderungsdienstposten – insbesondere bei Statuskonkurrenz einzelner Bewerber –, DÖD 05, 271; Schmiemann, Anforderungsprofil versus Bestenauslese – Grenzen gerichtlicher Überprüfung –, in Birk/Kunig/Sailer, Zwischen Abgabenrecht und Verfassungsrecht, Hans-Joachim Driehaus zum 65. Geburtstag, 2005, 388; Kaligin, Bedeutung des „Assessment Centers" in Beförderungsauswahlverfahren?, ZBR 04, 421; Lemhöfer, Zugang zu öffentlichen Ämtern und Gestaltungsfreiheit des Dienstherrn – Zur Konkurrenz zwischen Beschäftigten verschiedener Statusgruppen sowie zwischen und unter Beteiligung von Versetzungsbewerbern –, RiA 04, 1; Tölle, Beförderungen während der vorläufigen Haushaltsführung, VR 04, 233; Zimmerling, Konkurrenz zwischen Angestellten und Beamten im Beförderungsgeschehen, RiA 02, 165; Mann, Das Anforderungsprofil als Auswahlkriterium im Beamtenrecht, NordÖR 01, 341; Vetter, Die Beförderung der Beamten – Beschränkung des Bewerberfeldes auf bestimmte Dienstposteninhaber –, PersV 01, 482; Petzold, Analytische Dienstpostenbewertung und Beförderungsverfahren, NordÖR 00, 226; Höfling, Verfahrensrechtliche Garantien des Art. 33 II GG, ZBR 99, 73; Schnellenbach, Kriterien der Bewertung richterlicher Leistung, RiA 99, 161; Hetzer, Der Bewerbungsverfahrensanspruch, VR 98, 116; Schnellenbach, Einige Bemerkungen zur Frauenförderung, NWVBl 98, 417; ders., Konkurrenzen um Beförderungsämter – geklärte und ungeklärte Fragen, ZBR 97, 169; Muschal, Stellenobergrenzen für Beförderungsämter, RiA 96, 114; Günther, Beförderungserprobung von Beamten als Fraktionsassistenten, DÖD 94, 178; ders., Diskurs über Aspekte objektiver Beweislast in Beförderungsprozessen, DÖD 94, 14, 55; Lange, Das Verbot der Altersbeförderung nach der Laufbahnverordnung NW, VR 94, 230; Günther, Gesetzliche Auswahlmaßstäbe für Dienstpostenvergabe bei Konkurrenz von Beförderungsbewerbern und Inhabern adäquaten Statusamtes, DÖD 93, 162; Stoermer, Beförderungspraxis als Führungselement im öffentlichen Dienst, PersV 92, 241; Wagner, Die Beförderung in der aktuellen Rechtsprechung, ZBR 90, 120.

3.5 Rangherabsetzung

133 Auch hier folgt die Prüfung der Voraussetzungen dem Aufbau bei den vorstehenden Ernennungsfällen.

I. In formeller Hinsicht ist an folgendes zu denken:

1) Der **Inhalt der Urkunde** ergibt sich aus § 8 II S. 2 Nr. 3 LBG. Somit ist beispielsweise zu formulieren: „Herr Amtsrat A wird zum Amtmann ernannt". Vor Aushändigung dieser Urkunde muß dem Beamten eine Rangherabsetzungsverfügung zugestellt worden sein[435], die unanfechtbar oder sofort vollziehbar ist. Ändern sich bei der Rangherabsetzung nicht Endgrundgehalt *und* Amtsbezeichnung, wird keine Urkunde ausgehändigt (Umkehrschluß aus § 8 I S. 2 Nr. 3 LBG; Beispiel: Ministerialrat B 2 wird Ministerialrat A 16).

---

435 Scheerbarth/Höffken/Bauschke/Schmidt, § 12 IV 5c.

3. Voraussetzungen der einzelnen Ernennungsfälle

2) Der **Personalrat** hat bei der Übertragung eines anderen Amtes mit niedrigerem Endgrundgehalt ein **Mitbestimmungsrecht** (§ 72 I S. 1 Nr. 2 LPVG). Die **Gleichstellungsbeauftragte** ist durch Unterrichtung und Anhörung zu beteiligen (§ 18 II S. 1 i.V.m. § 17 I, 2. Hs. Nr. 1 LGG). Sie hat ein Widerspruchsrecht (§ 19 I S. 1, 1. Hs. LGG). Die **Schwerbehindertenvertretung** ist zu hören, wenn ein Schwerbehinderter beteiligt ist (§ 95 II S. 1, 1. Hs. SGB IX).

3) Ein Widerspruch gegen eine die Rangherabsetzung eines Beamten betreffende Verfügung hat keine aufschiebende Wirkung.[436]

*II. Bei der **Prüfung der materiellen Voraussetzungen** ist zu beachten, daß die Rangherabsetzung als Entzug des statusrechtlichen Amtes allein in gesetzlich festgelegten Fällen möglich ist, und zwar:*

– Mit Zustimmung des Beamten (Umkehrschluß aus § 28 I S. 2 LBG).

§ 28 I S. 2 LBG regelt also in diesem Fall nicht die Änderung des funktionellen, sondern die Voraussetzung für die Übertragung eines anderen statusrechtlichen Amtes.

Der Beamte wird beispielsweise die Zustimmung zu seiner Rangherabsetzung dann geben, wenn er unterwertig eingesetzt ist (A 15 Beamter auf A 14 Stelle), eine gleichwertige Aufgabe ihm ausnahmsweise nur nach der Versetzung an einen anderen Dienstort übertragen werden kann, und für ihn das Bleiben am bisherigen Dienstort günstiger ist.

– Bei der Auflösung oder einer wesentlichen Änderung des Aufbaus oder der Aufgaben einer Behörde oder der Verschmelzung von Behörden (§§ 28 II S. 2, 39 S. 1 LBG).

Beispiel: Die Behörde der Bezirksregierung in D wird aufgelöst. Ihre Aufgaben werden von der Bezirksregierung in M übernommen.

Hier besteht ein Mitwirkungsrecht des Personalrats (§ 73 Nr. 7 LPVG). Die Gleichstellungsbeauftragte ist durch Unterrichtung und Anhörung zu beteiligen (§ 18 II S. 1 i.V.m. § 17 I, 2. Hs. Nr. 1 LGG). Sie hat ein Widerspruchsrecht (§ 19 I S. 1, 1. Hs. LGG).

– Schließlich ist eine Rangherabsetzung auch als Disziplinarmaßnahme möglich (Zurückstufung, § 9 LDG). Dabei muß man jedoch keine Ernennungsurkunde aushändigen, sondern die Maßnahme wird mit Rechtskraft des Urteils wirksam.[437]

3.6 Aufstieg

Die Prüfung des Aufstiegs (Rn 171) folgt dem bei der Einstellung dargelegten System.   **134**

---

436 VG Schwerin, DÖD 03, 214 (214 f.) = LKV 04, 47 (48) = ZBR 03, 395; Anm Summer, ZBR 03, 396.
437 Scheerbarth/Höffken/Bauschke/Schmidt, § 12 IV 5b.

5. Abschnitt: Die Ernennung

I. **In formeller Hinsicht** *ist besonders zu beachten:*

1) Die erforderliche **Urkunde** (§ 8 I Nr. 5 LBG) hat den sich aus § 8 II S. 2 Nr. 3 LBG ergebenden Inhalt. So wird z.b. beim Aufstieg vom gehobenen in den höheren Dienst formuliert: „Herr Oberamtsrat O wird zum Regierungsrat ernannt."

2) Bei der Zulassung zum Aufstieg besteht ein **Mitbestimmungsrecht** des Personalrats (§ 72 I S. 1 Nr. 2 LPVG), ebenso wie für den actus contrarius, den Widerruf der Zulassung zum Aufstieg. Die **Gleichstellungsbeauftragte** ist durch Unterrichtung und Anhörung zu beteiligen (§ 18 II S. 1 i.V.m. § 17 I, 2. Hs. Nr. 1 LGG). Sie hat ein Widerspruchsrecht (§ 19 I S. 1, 1. Hs. LGG). Die **Schwerbehindertenvertretung** ist zu hören, wenn ein Schwerbehinderter beteiligt ist (§ 95 II S. 1, 1. Hs. SGB IX).

II. **In materieller Hinsicht** *ergeben sich folgende Voraussetzungen:*

1) Der Beamte hat zwar **keinen Anspruch auf Zulassung zum Aufstieg** oder zu einem Auswahlverfahren für die Zulassung zum Aufstiegslehrgang. Allerdings verschaffen ihm § 2 LVO, Art. 33 II GG ein Recht auf fehlerfreien Gebrauch des Auswahlermessens. Dabei erfordert der **Leistungsgrundsatz** eine aktuelle dienstliche Beurteilung über Eignung, Befähigung und fachliche Leistung der Kandidaten beim Auswahlverfahren zur Zulassung zum Aufstiegslehrgang für eine höhere Laufbahn.[438] Eine Auswahl, der keine zeitnahe Beurteilung zugrunde gelegt wurde, verletzt das Recht auf fehlerfreien Gebrauch der dem Dienstherrn eingeräumten Beurteilungsermächtigung und des Auswahlermessens.[439] Die Entscheidung über eine Zulassung zum Aufstieg ist ein Verwaltungsakt, der dem Dienstherrn und nicht einer etwaigen Auswahlkommission zugerechnet wird.[440] Ein Beamter könne sich darauf beschränken, diese Entscheidung anzufechten; er müsse nicht auf Zulassung klagen.

Die Ernennungskriterien des Art. 33 II GG müssen vorliegen (Rn 113). Zweifel an der Verfassungstreue eines Beamten können ihn für den Aufstieg ungeeignet erscheinen lassen.[441]

2) Es ist nur ein Aufstieg in die nächsthöhere Laufbahngruppe möglich (§ 26 I S. 1 LBG), z.B. vom mittleren in den gehobenen Dienst. Der Bewerber braucht jedoch nicht die Einstellungsvoraussetzungen (§ 19 LBG) zu erfüllen.

---

438 VGH Kassel, ZBR 98, 57.
439 VGH Kassel, ZBR 98, 57 (58); VGH München, DVBl 97, 380; OVG Koblenz, IÖD 94, 38 = NVwZ-RR 94, 225 (226).
440 OVG Münster, NVwZ-RR 90, 621.
441 OVG Koblenz, NVwZ 98, 874 (874 f.).

3. Voraussetzungen der einzelnen Ernennungsfälle

3) Nach näherer Bestimmung der LVO ist für den Aufstieg in den mittleren und den gehobenen Dienst in der Regel eine erfolgreiche Aufstiegsprüfung notwendig (§ 26 II LBG).

4) Die laufbahnrechtlichen Anforderungen nennen die §§ 5 I c), III, 23, 30, 40, 47 LVO (dazu Rn 170 ff.). Für Bundesbeamte gibt es den Ausbildungsaufstieg (§ 33a BLV) und den Praxisaufstieg (§ 33b BLV).

5) Der **Dienstherr hat das Recht, eine Zulassung zum Aufstiegsverfahren zu beenden.** Aufstiegsbeamte scheiden aus der Aufstiegseinführung bzw. Ausbildung aus, wenn sie die Anforderungen nicht erfüllen oder sonst ein wichtiger Grund vorliegt (§ 8 II i.V.m. I VAPgD). Dies können auch die Verletzung von Dienstpflichten oder derart unzulängliche Leistungen sein, so daß das Ziel der Ausbildung nach sachgerechter Einschätzung der Behörde nicht mehr erreicht werden kann. Die Zulassung zum Aufstieg darf bereits vor Beginn der Ausbildung widerrufen werden, wenn der Dienstherr erkennt, daß sich der Beamte für die höhere Laufbahngruppe (z.B. wegen der ausländerfeindlichen Äußerung „Scheiß Kanaken"[442]) als ungeeignet erweist.

Gegen diese grundsätzliche Möglichkeit des Dienstherrn, ein Aufstiegsverfahren zu beenden, spricht nicht § 27 I VAPgD. Danach kann eine nicht bestandene Prüfung einmal wiederholt werden. Hieraus folgt jedoch weder ein Anspruch des Aufstiegsbeamten, überhaupt die Prüfung abzulegen noch eine einmal nicht bestandene Prüfung erneut wiederholen zu dürfen. Die Norm regelt nur, daß die Wiederholung einer nicht bestandenen Prüfung **zulässig** ist.[443] Zu einem solchen Anspruch vermag ebenfalls keine Analogie zu § 35 II S. 1 LBG zu führen. Nach der ratio legis soll auch weniger qualifizierten Beamten ermöglicht werden, den Vorbereitungsdienst durch Ablegen der Prüfung zu beenden, insbesondere wenn sich hierdurch Verwendungschancen außerhalb des öffentlichen Dienstes eröffnen.[444] Diesen Sinn und Zweck, einen berufsqualifizierenden Abschluß zu erhalten, darf man allerdings nicht auf die Situation eines Aufstiegsbeamten übertragen. Er hat bereits eine berufsqualifizierende Ausbildung für den mittleren Dienst. Anders als der B.a.W. stünde er ohne eine erfolgreiche Beendigung des Vorbereitungsdienstes nicht auf der Straße. Vielmehr kann er in sein altes Amt in der Laufbahngruppe des mittleren Dienstes zurückkehren. Aufgrund Verschiedenartigkeit der Regelungssachverhalte verbietet sich deshalb, den Grundgedanken des § 35 II S. 1 LBG für Aufstiegsbeamte heranzuziehen.

Literatur: Günther, Aufstieg, DÖD 90, 11.

---

442 OVG Schleswig, NVwZ-RR 98, 507 (508).
443 Höffken/Kohlen/Kleeberg/Keßler/Schürcks, § 38, Anm 4.
444 Schütz/Maiwald, § 35 LBG, Rn 44 f.

4. Mängel der Ernennung und ihre Folgen

135 Wegen der grundlegenden Bedeutung der Ernennung für die Rechtsstellung des Beamten (s. Rn 83) und dem sich daraus ergebenden Erfordernis der Rechtsklarheit ist diese nicht nur förmlich ausgestaltet (§ 8 II LBG). Vielmehr sind die Fälle, in denen eine **Ernennung unwirksam** ist, abweichend vom allgemeinen Verwaltungsrecht **abschließend im Landesbeamtengesetz geregelt**. Man muß von einem numerus clausus der Unwirksamkeitsgründe sprechen. Ein Rückgriff auf die §§ 43 ff. VwVfG ist ausgeschlossen (§ 1 I, letzte Alt. VwVfG: „soweit nicht Rechtsvorschriften des Landes ... entgegenstehende Bestimmungen enthalten").

Ein Meinungsstreit über den abschließenden Charakter der Unwirksamkeitsvorschriften des Beamtenrechts besteht allerdings bei zwei Sachverhalten: bei einem Rechtsstreit zwischen Konkurrenten um eine beamtenrechtliche Ernennung (dazu Rn 313 ff.) und bei der Frage, ob ein bereits ernannter Bewerber seine Mitwirkung, die eine verwaltungsrechtliche Willenserklärung ist, anfechten kann (Rn 83).

Die abschließenden Regeln über die Unwirksamkeit der Ernennung sind ebenfalls anzuwenden, wenn in der Urkunde ein späterer Tag für den Eintritt der Wirksamkeit bestimmt und dieser Tag noch nicht eingetreten ist. Durch die Aushändigung der Urkunde ist die entscheidende äußere Wirksamkeit der Ernennung bereits eingetreten, während der in der Urkunde genannte spätere Tag allein den Zeitpunkt des Eintretens der inneren Wirksamkeit betrifft.[445]

Wegen des Grundsatzes der Ämterstabilität gelten die beamtenrechtlichen Sonderregeln über die Unwirksamkeit der Ernennung auch für beförderungsgleiche Maßnahmen.[446]

4.1 Fallgruppen von Ernennungsfehlern

136 Ernennungsfehler lassen sich in **drei Fallgruppen** aufteilen: die Nichternennung (Nichtakt), die nichtige und die rücknehmbare Ernennung. Diese Unterscheidung ist aus folgenden Gründen bedeutsam. Liegt ein Nichtakt vor, können Fehler lediglich durch eine neue Ernennung korrigiert werden, bei der das Rückwirkungsverbot (§ 10 III S. 2 LBG) zu beachten ist. Hingegen kann man eine nichtige Ernennung u.U. heilen (§ 11 III LBG). Schließlich wird die rücknehmbare Ernennung durch einen rechtsgestaltenden Verwaltungsakt ex tunc („von Anfang an") unwirksam (§ 14 I LBG).

---

445 BVerwGE 55, 212 (215) = DVBl 78, 628 (629) = ZBR 78, 333 = DÖD 78, 272 (273).
446 BVerwG, ZBR 89, 341; zum Begriff Rn 87.

4. Mängel der Ernennung und ihre Folgen

4.1.1 Nichternennung (Nichtakt)

Diese Variante der Unwirksamkeit liegt vor, wenn dem Ernennungsakt eine wesentliche Tatbestandsvoraussetzung fehlt.[447] § 8 III S. 1 LBG verweist auf die Anforderungen des § 8 II S. 2 LBG. Sind sie nicht erfüllt, ist ein Nichtakt gegeben. Das BeamtStG zählt dies zu den nichtigen Ernennungen (§ 11 I Nr. 1 BeamtStG). **137**

Das ist der Fall, wenn keine Urkunde (§ 8 II S. 1 LBG) oder eine fehlerhafte Urkunde, für die gesetzlich keine heilende Auslegung zugelassen ist, ausgehändigt wurde. Fehlerhaft in diesem Sinn ist z.B. eine Urkunde ohne handschriftliche Unterschrift oder ohne die Worte „unter Berufung in das Beamtenverhältnis". Enthält die Ernennungsurkunde bei der Begründung des Beamtenverhältnisses statt der Formulierung „unter Berufung in *das* Beamtenverhältnis" die Worte „unter Berufung in *ein* Beamtenverhältnis", liegt hingegen ein einer offenbaren Unrichtigkeit vergleichbarer Fehler vor, der unschädlich ist.[448] Die Verwendung des unbestimmten Artikels „ein" lasse keine andere Auslegung zu. Hingegen muß man eine Nichternennung annehmen, wenn bei der Verleihung eines Amtes die Amtsbezeichnung falsch ist. Will man ein Amt der Besoldungsgruppe A 15 verleihen und wählt die Amtsbezeichnung eines Amtes der Besoldungsgruppe A 14, ist dies ein Nichtakt.

Fehlen bei der Begründung des Beamtenverhältnisses in der Ernennungsurkunde die Zusätze „auf Lebenszeit", „auf Probe", „auf Widerruf" oder „auf Zeit" mit der Angabe der Dauer der Berufung, gilt der Ernannte als B.a.W. (§ 8 III S. 2, 1. Hs. LBG). Die formwidrige Ernennung bleibt zwar Nichternennung; allerdings ist allein die gewollte Ernennung nicht erfolgt. Anders als im BBG, dem dies fremd ist, gibt es im Landesrecht (mit Ausnahme von Bremen) eine solche „Fiktion einer Ernennung modifizierten Inhalts".[449] Fehlt der Zusatz „auf Zeit" oder die Angabe der Zeitdauer der Berufung, gilt dieser Mangel als geheilt, wenn die Zeitdauer durch Gesetz oder Verordnung bestimmt ist (§ 8 III S. 2, 2. Hs. LBG).

Beispiel: B erhält bei seiner Einstellung folgende Urkunde: „Herr B wird unter Berufung in das Beamtenverhältnis zum Inspektor ernannt." Der die Art des Beamtenverhältnisses bestimmende Zusatz fehlt, so daß B zum B.a.W. ernannt worden ist (§ 8 III S. 2, 1. Hs. LBG).

Eine Nichternennung liegt ebenfalls vor, wenn es an einer Aushändigung, d.h. einer willentlichen Übergabe der Urkunde durch einen zuständigen Amtsträger fehlt.

Hierzu Beispiel „Leila C", Rn 83.

Ein weiterer Fall der Nichternennung ist gegeben, wenn sie von einer Stelle ohne Dienstherrnfähigkeit ausgesprochen wurde.[450]

---

447 Wolff/Bachof/Stober II, § 111, Rn 17.
448 OVG Schleswig, NVwZ 95, 1139 (1140).
449 Kunig in Schmidt-Aßmann, Rn 95.
450 Scheerbarth/Höffken/Bauschke/Schmidt, § 12 V 2.

5. Abschnitt: Die Ernennung

Beispiel: Die Städt. Verkehrsbetriebs-AG händigt die Urkunde aus.

Schließlich ist eine Ernennung unter einer Bedingung ein Nichtakt.[451] Ob das gleiche für eine Ernennung ohne wirksame Zustimmung des zu Ernennenden gilt, ist umstritten, aber letztlich zu bejahen (Rn 83).

4.1.2 Nichtige Ernennung

138 Die Fälle, in denen die Ernennung nichtig ist, sind **abschließend in §§ 11, 195 III S. 2, 1. Hs., 196 II S. 5 LBG (§ 11 I BeamtStG) aufgeführt:**

a) Die von einer **sachlich unzuständigen Behörde** ausgesprochene Ernennung ist nichtig (§§ 11 I Nr. 2 BeamtStG, 11 I Nr. 1 LBG, 11 I S. 1 BBG).

Beispiel: Der IM ernennt den Inspektor bei der Bezirksregierung in Köln zum Oberinspektor. Der IM hat die Ernennungszuständigkeit auf die Bezirksregierungen übertragen (§ 2 I Nr. 1 der ÜbertragungsVO IM). Somit ist der RP sachlich zuständig.

Ein unbeachtlicher Verstoß gegen die örtliche Zuständigkeit läge hingegen vor, wenn die Bezirksregierung Köln einen Beamten der Bezirksregierung Düsseldorf befördert hätte.

Der Gesetzgeber stellt ausdrücklich darauf ab, daß die Ernennung von der sachlich unzuständigen Behörde ausgesprochen wurde. Behörde ist jede Stelle, die Aufgaben der öffentlichen Verwaltung nach außen wahrnimmt (§§ 1 II, 9 VwVfG). Deshalb ist die Ernennung eines Kommunalbeamten nur dann nichtig, wenn sie nicht vom Hauptverwaltungsbeamten oder seinen Beauftragten ausgeführt wurde.[452] Nicht ausschlaggebend ist, ob das funktional zuständige Organ vorher einen entsprechenden Beschluß gefaßt hat. Wann die Ernennung eines kommunalen Wahlbeamten nach mecklenburg-vorpommerschem Beamtenrecht nichtig ist, beschreibt das VG Greifswald[453]. Dort hatte die sachlich unzuständige Behörde (Landrat) anstelle der sachlich zuständigen (Kreistag, vertreten durch den Präsidenten des Kreistages allein oder durch den Vorstand) gehandelt.

b) Ebenfalls ist eine Ernennung **ohne** die **gesetzlich vorgesehene Mitwirkung des LPA oder einer Aufsichtsbehörde** nichtig (§ 11 I Nr. 2 LBG). Anders ist es im Bund. Dort ist die Ernennung lediglich rechtswidrig, weil es keine Norm gibt, die eine Nichtigkeit anordnet. Zukünftig führt es zu einer rücknehmbaren Ernennung, wenn eine durch Landesrecht vorgeschriebene Mitwirkung einer unabhängigen Stelle oder einer Aufsichtsbehörde unterblieben ist und nicht nachgeholt wurde (§ 12 I Nr. 4 BeamtStG). „Gesetzlich" muß hier im materiellen Sinn verstanden werden, d.h. die Mitwirkung kann in einem förmlichen Gesetz oder in einer Rechtsverordnung vorgeschrieben sein.[454] Die Mitwirkung des LPA ist in § 84 III S. 1, 1. Alt. LVO (Rn 57), diejenige der Aufsichtsbe-

---

451 Beispiel: Rn 83.
452 OVG Münster, OVGE 7, 131 (134); a.A. Schütz/Maiwald, § 11 LBG, Rn 3; Rn 90.
453 ZBR 93, 283.
454 Korn/Tadday, § 11 LBG, Anm 4.

4. Mängel der Ernennung und ihre Folgen

hörde ist z.B. bei der Bestätigung der Wahl des Kreisdirektors (§ 47 I S. 4 KrO) und bei laufbahnrechtlichen Ausnahmen angeordnet (§ 84 III S. 2 Nr. 3, 4 LVO). Kein derartiger Fall ist die bloße Nichtbeanstandung aus § 10 II S. 2, 1. Alt. LBG.[455]

Beispiel: Kein Beamter darf vor Feststellung seiner Eignung für einen höherbewerteten Dienstposten in einer Erprobungszeit befördert werden (§ 10 IV S. 1 LVO). Die Erprobungszeit ist je nach Laufbahngruppe unterschiedlich lang (§ 10 IV S. 3 LVO). Für den gehobenen Dienst dauert sie beispielsweise sechs Monate (§ 10 IV S. 3 b) LVO). Wollte man nun einen Beamten bereits nach vier Monaten Erprobungszeit befördern, müßte der LPA eine entsprechende Ausnahme zulassen (§§ 25 V LBG, 84 I S. 1 Nr. 4, III S. 1, 1. Alt., 10 IV LVO). Liegt diese nicht vor, ist die Ernennung ohne die gesetzliche Mitwirkung des LPA erfolgt und damit nichtig (§ 11 I Nr. 2 LBG).

Eine Ernennung ist auch dann nichtig, wenn der Gesetzgeber bereits selbst anstelle des LPA die Befähigung von Bewerbern für ein Amt ausgeschlossen hat.[456] Einen derartigen Fall behandeln die §§ 6 II S. 2, 2. Hs. LBG, 45 II LVO. Danach dürfen keine anderen Bewerber in das Beamtenverhältnis berufen werden, wenn hierfür eine bestimmte Vorbildung oder Ausbildung durch Gesetz oder Verordnung vorgeschrieben ist (s. z.B. Rn 57, 78, 164). Würde nun jemand trotz des Verbotes der Ernennung anderer Bewerber gleichwohl ernannt, ist die Ernennung nichtig. Um Wertungswidersprüche zu vermeiden, muß hier ebenfalls die Rechtsfolge des § 11 I Nr. 2 LBG eintreten.[457] Sonst käme man zu dem untragbaren Resultat, daß die grundsätzlich mögliche Ernennung eines anderen Bewerbers ohne die gesetzlich vorgeschriebene Mitwirkung des LPA nichtig wäre, hingegen der gravierendere Fall eines Ausschlusses jedweder Ernennungsmöglichkeit durch den Gesetzgeber selbst folgenlos bliebe.

Fall: Inspektor z.A. I war vor seinem Vorbereitungsdienst vier Jahre lang Soldat auf Zeit. Seine Probezeit (§ 29 II S. 1 LVO) betrug 30 Monate (Regelprobezeit). Nach 15 Monaten Probezeit wurde er angestellt, weil sein Dienstherr, die kreisfreie Stadt S, in seinem Fall irrtümlich § 9 VIII S. 4 ArbeitsplatzschG entgegen § 16a I Nr. 2 dieses Gesetzes heranzog. Die Anstellung darf nicht über den Zeitpunkt hinausgeschoben werden, zu dem der Beamte ohne den Wehrdienst zur Anstellung herangestanden hätte (§ 9 VIII S. 4 ArbeitsplatzschG). Das gilt jedoch nur für Soldaten auf Zeit mit einer maximalen Dienstzeit von zwei Jahren (§ 16a I Nr. 2 ArbeitsplatzschG). Ist wirksam angestellt worden?
Bei der Anstellung handelt es sich um eine Ernennung (§ 8 I Nr. 3 LBG). Hier regelt das LBG die Unwirksamkeitsfälle abschließend. In Frage kommt die Nichtigkeit aufgrund von § 11 I Nr. 2 LBG. Das setzt voraus, daß die Anstellung ohne die gesetzlich vorgeschriebene Mitwirkung der Aufsichtsbehörde erfolgte. Problematisch ist allerdings, daß das Arbeitsplatzschutzgesetz, das der Dienstherr seiner Entscheidung zugrunde legte, für das Vorziehen der Anstellung keine Mitwirkung einer anderen Stelle verlangt und somit S nach ihrer Vorstellung allein entscheiden durfte. Objektiv gesehen war jedoch die Entscheidung der Bezirksregierung als Aufsichtsbehörde über kreisfreie Städte (§ 120 II GO) herbeizuführen (§ 84 I S. 1 Nr. 2 und III S. 2 Nr. 3, 1. Alt. LVO). Diese wurde nicht beteiligt. Deswegen hängt die Entscheidung, ob § 11 I Nr. 2 LBG anzuwenden ist, davon ab, ob die Erfor-

---

455 Korn/Tadday, § 11 LBG, Anm 4.
456 Hierzu näher Lange, VR 95, 141.
457 Lange, VR 95, 141 (142).

5. Abschnitt: Die Ernennung

lichkeit der Beteiligung der Aufsichtsbehörde oder des LPA (§ 11 I Nr. 2 LBG) subjektiv aus der Sicht des zuständigen Organs des Dienstherrn oder objektiv aus der zutreffenden rechtlichen Würdigung des Sachverhalts beurteilt werden muß. Aus der Formenstrenge des Beamtenrechts und wegen der Bedeutung des LPA als unabhängiger Stelle ergibt sich, daß objektive Kriterien heranzuziehen sind.[458] Das gleiche muß für die Mitwirkung der Aufsichtsbehörde gelten. Somit hätte S die Aufsichtsbehörde beteiligen müssen. Das geschah nicht, so daß die Ernennung nichtig (§ 11 I Nr. 2 LBG) und I nicht wirksam angestellt worden ist.

c) Die Ernennung ist ferner nichtig, wenn der Bewerber kein Deutscher ist oder nicht die Staatsangehörigkeit eines anderen Mitgliedsstaats der EU bzw. eines anderen Vertragsstaats des Abkommens über den Europäischen Wirtschaftsraum oder eines Drittstaats, dem Deutschland und die EU vertraglich einen entsprechenden Anspruch auf Anerkennung von Berufsqualifikationen eingeräumt haben, besitzt und der IM keine Ausnahme zugelassen hat (§§ 11 I Nr. 3 a) BeamtStG, 11 II Nr. 1 LBG/BBG).[459]

d) Weiterhin ist die Ernennung einer Person, die keine Fähigkeit zur Bekleidung öffentlicher Ämter hat, nichtig (§§ 11 I Nr. 3 b) BeamtStG, 11 II Nr. 2 LBG/BBG; Rn 115).

e) Einen **Sonderfall** regelt § 195 III S. 2, 1. Hs., X LBG für den in Urwahl gewählten Bürgermeister/Landrat. Danach ist die Berufung in das Beamtenverhältnis nichtig, wenn die ihr zugrunde liegende Wahl unwirksam ist (§11 I Nr. 3 c) BeamtStG). Gleiches gilt für die übrigen kommunalen Wahlbeamten (§ 196 II S. 5 LBG). Danach wäre beispielsweise eine Wahl aufgrund Verstoßes gegen die Höchstaltersgrenze (§ 196 II S. 3 LBG) unwirksam und die Berufung in das Beamtenverhältnis nichtig (§ 196 II S. 5 LBG).

4.1.3 Rücknehmbare Ernennung

139 Unter den Voraussetzungen des § 12 I LBG (§§ 12 I BeamtStG, 12 I BBG) „ist" die Ernennung mit Wirkung für die Vergangenheit zurückzunehmen (gebundene Entscheidung), während sie bei § 12 II BeamtStG zurückgenommen werden „soll". Die Normen regeln die Gründe für eine Rücknahme abschließend; ein Rückgriff auf § 48 VwVfG verbietet sich.[460] Zur Rücknahme berufen ist in sämtlichen Fällen der für den Erlaß des Ausgangsakts (Ernennung) Zuständige. Mangels ausdrücklicher gesetzlicher Anordnung muß er ebenfalls den actus contrarius (Rücknahme der Ernennung) vornehmen.

---

458 BVerwG, ZBR 81, 67 (68).
459 Ausnahmen nennen Korn/Tadday, § 11 LBG, Anm 5.
460 Kunig in Schmidt-Aßmann, Rn 98.

4. Mängel der Ernennung und ihre Folgen

4.1.3.1 Obligatorische Rücknahme

a) Eine Ernennung **ist zurückzunehmen**, wenn sie durch Zwang (§ 240 StGB), arglistige Täuschung (§ 123 BGB) oder Bestechung (§§ 331 ff. StGB) herbeigeführt wurde (§§ 12 I Nr. 1 LBG, 12 I Nr. 1 BeamtStG, 12 I Nr. 1 BBG). Eine Täuschung ist arglistig, wenn der Täuschende erkennt oder jedenfalls damit rechnet und billigend in Kauf nimmt, daß die ernennende Stelle aufgrund seines Verhaltens der Ernennung hinderliche Umstände als nicht gegeben erachtet, obgleich solche vorliegen, und dadurch zu einer für den Beamten günstigen Entscheidung bestimmt wird.[461] Der Einsatz der genannten unerlaubten Mittel muß ursächlich für die Ernennung geworden sein.[462] Zum Ursachenzusammenhang zwischen Täuschung und Ernennung äußert sich das BVerwG.[463] Unrichtige Angaben sind stets eine Täuschung.[464] Eine solche kann man zudem durch Verschweigen verursachen. Voraussetzung ist allerdings eine Pflicht, die maßgebliche Tatsache zu offenbaren. Sie besteht, wenn der Bewerber in zulässiger Weise gefragt wurde.[465] Unzulässig ist beispielsweise eine Frage, mit der durch Art. 33 II GG verbotene Differenzierungsgründe erforscht werden sollen (Rn 17 f.; zur Ausnahme bei der Frage nach der Verfassungstreue Rn 104, 106 f.) oder hinsichtlich der Bereitschaft zur Teilzeitbeschäftigung als Einstellungsbedingung.[466] Antwortet man wahrheitswidrig auf eine unzulässige Frage, täuscht man nicht arglistig.[467] Die Frage nach einer früheren Tätigkeit für das MfS ist grundsätzlich zulässig.[468]

Zweifelhaft ist, **ob ein Bewerber ungefragt Auskünfte geben muß**. Nach überwiegender Auffassung wird das bejaht, wenn der Bewerber weiß oder bewußt in Kauf nimmt, daß die Auskunft für die Entscheidung der Ernennungsbehörde von Belang ist oder sein kann.[469] Eine andere Meinung sieht hier jedoch nur eine Offenbarungspflicht, wenn der Bewerber erkennt, daß die Behörde von Umständen ausgeht, die nicht vorliegen.[470] Für diese Ansicht spricht, daß den Bewerber im Fall von

140

---

461 BVerwG, ZBR 04, 356 (357).
462 BVerwGE 16, 340 (342).
463 ZBR 00, 37 (38) = LKV 00, 116.
464 OVG Bautzen, SächsVBl 04, 129 (130) = SächsVBl 04, 53 (55).
465 OVG Bautzen, SächsVBl 04, 129 (130) = SächsVBl 04, 53 (55).
466 OVG Lüneburg, NdsVBl 01, 222 (222 f.).
467 OVG Lüneburg, NdsVBl 01, 222 (223); OVG Bautzen, DÖD 98, 42 (44) = ZBR 99, 233 (234); Battis, § 12 BBG, Rn 6; a.A. OVG Weimar, LKV 98, 285 = ZBR 99, 140.
468 BVerfG, ZBR 99, 379; ZBR 99, 120 (121); E 96, 171 (188 f.) = NJW 97, 2307 (2309); BVerwG, ZBR 00, 37 (38) = LKV 00, 116; E 102, 178 (181).
469 BVerwGE 13, 156 (158); 18, 276 (279); ZBR 86, 52 (53) = DÖD 86, 198 (199); ZBR 97, 97; OVG Greifswald, DÖD 99, 43 (44); OVG Bautzen, DÖD 98, 42 = ZBR 99, 233 (235); SächsVBl 04, 129 (130) = SächsVBl 04, 53 (55); Schütz/Maiwald, § 12 LBG, Rn 5 m.w.N.
470 Plog/Wiedow/Lemhöfer/Bayer, § 12 BBG, Rn 4.

5. Abschnitt: Die Ernennung

§ 8 I Nr. 1 LBG keine beamtenrechtliche Treuepflicht, die Grundlage einer Offenbarungspflicht ist, trifft. Er ist gerade noch nicht Beamter. Bei der Prüfung der Ernennungsvoraussetzungen gilt das Legalitätsprinzip.[471] Es zwingt die Behörde, alle notwendigen Auskünfte selbst zu erforschen, ggf. also konkret zu fragen.

Sogar eine lange Zeit zurückliegende **inoffizielle Tätigkeit für das MfS der ehemaligen DDR** kann man bei der Rücknahme der Ernennung wegen arglistiger Täuschung berücksichtigen.[472] Dabei dürfen allerdings die Grundsätze des BVerfG[473], wonach bei der Kündigung eines Arbeitsverhältnisses nach dem Einigungsvertrag wegen unzutreffender Beantwortung von Fragen nach Tätigkeiten für das MfS in der DDR nicht auf vor dem Jahr 1970 abgeschlossene Vorgänge abgestellt werden darf, nicht auf die Rücknahme einer Beamtenernennung wegen arglistiger Täuschung übertragen werden.[474]

b) Auch bei Amtsunwürdigkeit (§§ 12 I Nr. 2 LBG, 12 I Nr. 2 BeamtStG, 12 I Nr. 2 BBG) ist die Ernennung zurückzunehmen (Einzelheiten und Beispiel Rn 116). Eine Rücknahme darf nur erfolgen, wenn die Vorstrafe nicht bekannt war. Diese Rücknahmeregelung erfaßt ausschließlich solche Ernennungen, durch die ein Beamtenverhältnis erstmals begründet worden ist.[475]

c) Weiterhin ist die Ernennung zurückzunehmen, wenn der Beamte kein Deutscher ist, es aber hätte sein müssen (§ 7 II BeamtStG), keine Ausnahme (§ 7 III BeamtStG) zugelassen war und sie nicht nachträglich erteilt wird (§ 12 I Nr. 3 BeamtStG). Summer[476] weist hier zu Recht auf den Wertungswiderspruch zu § 11 II Nr. 1 BBG/LBG (§ 11 I Nr. 3 a) BeamtStG) hin, wo die Ernennung bei einem entsprechenden Mangel (fehlende Deutscheneigenschaft) nichtig und nicht nur zurückzunehmen ist.

d) Schließlich ist die Ernennung zurückzunehmen, wenn eine durch Landesrecht vorgeschriebene Mitwirkung einer unabhängigen Stelle oder einer Aufsichtsbehörde unterblieben ist und nicht nachgeholt wurde (§ 12 I Nr. 4 BeamtStG).

---

471 BVerfGE 39, 334 (358).
472 OVG Bautzen, DÖD 98, 42 = ZBR 99, 233 (234).
473 E 96, 171 (188 f.) = NJW 97, 2307; ZBR 99, 120 (121).
474 OVG Weimar, LKV 98, 285 = ZBR 99, 140.
475 OVG Greifswald, LKV 05, 131 (132).
476 ZBR 05, 284.

4. Mängel der Ernennung und ihre Folgen

4.1.3.2 Soll-Rücknahme

Die Ernennung **soll zurückgenommen werden**, wenn nicht bekannt war, daß gegen die ernannte Person in einem Disziplinarverfahren auf Entfernung aus dem Beamtenverhältnis oder auf Aberkennung des Ruhegehalts erkannt worden war (§ 12 II S. 1 BeamtStG; Rn 116). Dies gilt auch, wenn die Entscheidung gegen einen Beamten der EU oder eines Staats nach § 7 I Nr. 1 BeamtStG ergangen ist (§ 12 II S. 2 BeamtStG). **141**

4.2 Folgen von Ernennungsfehlern

Untersucht man die Folgen von Ernennungsfehlern, ist zwischen den erforderlichen Maßnahmen des Dienstherrn sowie den Rechtsfolgen im Innenverhältnis (Dienstherr-Bewerber) und Außenverhältnis (Dienstherr-Bürger) zu unterscheiden.

4.2.1 Maßnahmen des Dienstherrn

Für den **Fall des Nichtaktes** sieht das Gesetz keine Maßnahmen vor. Wegen der Rechtsklarheit muß man jedoch **§ 13 I LBG (§ 14 S. 1 BBG)**, der das Vorgehen bei einer nichtigen Ernennung regelt, **analog** anwenden.[477] Erfüllt der Bewerber jedoch die Ernennungsvoraussetzungen und ist die Ernennung allein aus formalen Gründen gescheitert, wäre zu überlegen, ob die Nichternennung mit Wirkung für die Zukunft (§ 10 III LBG) durch eine formgültige Ernennung ersetzt werden kann. Die **nichtige Ernennung** ist von Anfang an als wirksam anzusehen, wenn aus der Urkunde oder dem Akteninhalt eindeutig hervorgeht, daß die für die Ernennung zuständige Stelle ein bestimmtes Beamtenverhältnis begründen oder ein bestehendes Beamtenverhältnis in ein solches anderer Art umwandeln wollte, für das die sonstigen Voraussetzungen vorliegen, und die für die Ernennung zuständige Stelle die Wirksamkeit schriftlich bestätigt (§ 11 II Nr. 1 S.1 BeamtStG). Das Gleiche gilt, wenn die Angabe der Zeitdauer fehlt, durch Landesrecht aber die Zeitdauer bestimmt ist (§ 11 II Nr. 1 S. 2 BeamtStG). Eine nichtige Ernennung ist ebenfalls von Anfang an als wirksam anzusehen, wenn die sachlich zuständige Behörde die Ernennung durch eine sachlich unzuständige Behörde bestätigt (§ 11 II Nr. 2 BeamtStG). Gleiches gilt im Fall des Fehlens der Eigenschaft als Deutscher (§§ 11 I Nr. 3 a), 7 I Nr. 1 BeamtStG), wenn eine Ausnahme (§ 7 III BeamtStG) zugelassen war (§ 11 II Nr. 3 BeamtStG). **142**

Bei der nichtheilbaren Nichtigkeit ist die Nichtigkeit festzustellen, mitzuteilen (§ 13 I S. 1, 1. Hs. LBG) und das Verbot jeder weiteren Führung der Dienstgeschäfte auszusprechen (§ 13 I S. 2, 1. Hs. LBG).

---

477 Kunig in Schmidt-Aßmann, Rn 105.

5. Abschnitt: Die Ernennung

Bei der **rücknehmbaren Ernennung** muß man zwischen der gebundenen und der Soll-Rücknahme differenzieren. Bei der gebundenen Rücknahme besteht eine Pflicht zur Rücknahme („ist ... zurückzunehmen"). Bei der Soll-Rücknahme muß man abwägen, ob das Beamtenverhältnis etwa wegen der inzwischen gezeigten Leistungen des Ernannten bestehen bleiben kann, oder ob es durch die Rücknahme von Anfang an beseitigt wird (§ 14 I LBG). Die Rücknahme ist auch nach Beendigung des Beamtenverhältnisses zulässig (§ 12 III LBG). Sie muß jedoch innerhalb einer Frist von 6 Monaten nach Kenntnis des Rücknahmegrundes erfolgen (§ 13 II S. 1 LBG). Sollten Rat oder Kreistag für die Ernennung zuständig gewesen sein und besteht die Befürchtung, daß die Frist abläuft, ohne daß bis zu diesem Zeitpunkt der Rat oder Kreistag zusammentreten, wäre eine Dringlichkeitsentscheidung herbeizuführen.

4.2.2 Rechtsfolgen im Innenverhältnis

143 In allen Fällen der endgültigen (Umkehrschlüsse aus § 11 III LBG) Unwirksamkeit **hat von Anfang an kein Beamtenverhältnis bestanden**. Bei der Nichternennung und der nichtigen Ernennung (arg. § 43 III VwVfG) ergibt sich diese Folge aus der Parallelität zu den Grundsätzen des allgemeinen Verwaltungsrechts. Für die durch Rücknahme beseitigte Ernennung ist das in § 14 I LBG klargestellt. Falls es sich bei der unwirksamen Ernennung um einen der in § 8 I Nr. 2 bis 5 LBG genannten Fälle handelt, ergeben sich keine weiteren Probleme. Die früheren wirksamen Ernennungen bleiben unberührt. Aus ihnen folgt das zwischen dem Dienstherrn und dem Beamten bestehende Rechtsverhältnis.[478] Hingegen werden im umgekehrten Fall bei Rücknahme der das Beamtenverhältnis begründenden Ernennung alle weiteren innerhalb dieses Beamtenverhältnisses erfolgten Ernennungen wirkungslos. Das gilt grundsätzlich auch, wenn ein bestehendes Beamtenverhältnis in ein solches anderer Art umgewandelt und die das Beamtenverhältnis begründende Ernennung zurückgenommen wird.[479]

Weitere Schwierigkeiten existieren bei der Begründung eines Beamtenverhältnisses (§ 8 I Nr. 1 LBG). Ginge man hier von der Nichtexistenz jeglicher Rechtsbeziehung aus, blieben die Fragen nach den Rechten (insbesondere Besoldungsanspruch) und Pflichten (z.B. Amtsverschwiegenheit) ungeklärt, wenn es bereits zum Leistungsaustausch gekommen ist. Deshalb hat es eine Vielzahl von Konstruktionsversuchen gegeben, wie man eine fehlgeschlagene Ernennung rechtlich abwickelt. Die sachgerechteste Lösung führt zur **Umdeutung** (§ 47 VwVfG) **der fehlerhaften Ernennung in ein faktisches öffentlich-rechtliches Dienstverhält-**

---

478 VGH Kassel, NVwZ-RR 96, 340 (341).
479 OVG Bautzen, DÖD 98, 42 (45) = ZBR 99, 233 (236).

4. Mängel der Ernennung und ihre Folgen

nis.[480] Das faktische öffentlich-rechtliche Dienstverhältnis liefert den Rechtsgrund für die gewährte Besoldung und steht einem öffentlich-rechtlichen Erstattungsanspruch entgegen. § 14 II S. 2 LBG (§ 14 S. 2 BBG), wonach bereits gewährte Bezüge belassen werden können, ist wegen des Sozialstaatsprinzips (Art. 20 I, 28 I S. 1 GG) so auszulegen, daß lediglich über die tatsächlichen Dienstleistungen hinausgehende Bezüge zurückzufordern sind. Das BVerwG[481] hält eine derartige Konstruktion für entbehrlich und berücksichtigt die erbrachte Arbeitsleistung beim auszuübenden Ermessen (§ 12 II S. 3 BBesG). Anspruchsgrundlage für noch nicht gewährte Bezüge ist § 3 BBesG analog.[482] Bei Amtspflichtverletzungen kann zwar kein Disziplinarverfahren gegen den Nichternannten durchgeführt werden.[483] Allerdings sind Ansprüche analog einer positiven Vertragsverletzung denkbar. Für die Zeitdauer des faktisch öffentlich-rechtlichen Dienstverhältnisses muß man den Beamten nachversichern.[484] Eine Ernennungsurkunde ist zurückzugeben (§ 52 S. 2 VwVfG entsprechend).

4.2.3 Rechtsfolgen im Außenverhältnis

Amtshandlungen unwirksam ernannter Bewerber sind bis zum Verbot der Führung der Dienstgeschäfte oder bis zur Zustellung der Rücknahmeerklärung in gleicher Weise gültig, wie wenn sie ein Beamter ausgeführt hätte (§ 14 II S. 1 LBG). Sie sind somit nach den §§ 43 ff. VwVfG zu beurteilen. § 14 II S. 1 LBG spricht zwar nicht ausdrücklich die Nichternennung an. Diese Vorschrift muß jedoch wegen der Rechtssicherheit und des Vertrauens der Allgemeinheit auf den Bestand von Amtshandlungen[485], unabhängig von der Kenntnis des betroffenen Bürgers vom Mangel der Ernennung, entsprechend gelten.[486] Schließlich kommt es bei der Amtshaftung nicht auf die Rechtsbeziehungen im Innenverhältnis, sondern auf die Rechtsnatur des Handelns an. Der Dienstherr haftet demgemäß auch bei einer unwirksamen Ernennung nach allgemeinen Grundsätzen (Rn 256 ff.).

Literatur: Günther, Die Tatbestände nichtiger, zurückzunehmender oder rücknehmbarer Ernennung, DÖD 90, 281.

---

480 H.M. Hilg/Müller, 150; Scheerbarth/Höffken/Bauschke/Schmidt, § 12 V 5; Kunig in Schmidt-Aßmann, Rn 104; a.A. Battis, § 14 BBG, Rn 3, nach dem die spezielle Vorschrift des § 14 S. 2 BBG dem pauschalen Rückgriff auf das faktische öffentlich-rechtliche Dienstverhältnis vorgehen soll. Dies ist zwar für die eng begrenzte Regelungsmaterie des § 14 S. 2 BBG („die gezahlten Dienstbezüge können belassen werden"; entsprechend § 14 II S. 2 LBG) nicht von der Hand zu weisen, obwohl man auch hier das faktisch öffentlich-rechtliche Dienstverhältnis benötigt, um – wie von mir vorgeschlagen – zu einer Ermessensreduzierung zu gelangen. Zur Lösung sämtlicher weiterer Fragen bei der Abwicklung von fehlgeschlagenen Ernennungen wird dieses Rechtsinstitut ohnehin gebraucht.
481 DÖV 83, 898 (900) = ZBR 83, 192 (192 f.).
482 Hilg/Müller, 150.
483 Scheerbarth/Höffken/Bauschke/Schmidt, § 12 V 5.
484 Scheerbarth/Höffken/Bauschke/Schmidt, § 30 II 2a.
485 Kunig in Schmidt-Aßmann, Rn 105.
486 Plog/Wiedow/Lemhöfer/Bayer, § 14 BBG, Rn 14.

5. Abschnitt: Die Ernennung

Schaubild Nr. 11

Folgen einer fehlerhaften Ernennung

Art der Unwirksamkeit	Maßnahmen des Dienstherrn	Rechtswirkungen bei § 8 I Nr. 1 LBG Innenverhältnis	Außenverhältnis
1. Nichternennung, § 8 III S. 1 LBG	entweder neue Urkunde (§§ 8 II, 10 III LBG), wenn Bewerber die Ernennungsvoraussetzungen erfüllt, oder § 13 I LBG analog (Klarstellungsfunktion)	1. Besoldung → Bezüge sind gewährt / Bezüge sind noch nicht gewährt → faktisches öffentlich-rechtliches Dienstverhältnis; § 14 II S. 2 LBG analog in begrenztem Umfang; 2. Versorgung: Nachversicherung	§ 14 II S. 1 LBG analog (Rechtssicherheit, Vertrauen in den Bestand von Amtshandlungen)
2. nichtige Ernennung, § 11 LBG	§ 13 I S. 1, 1. Hs. LBG: Feststellung und Mitteilung der Nichtigkeit; § 13 I S. 2, 1 Hs. LBG: Verbot, Dienstgeschäfte zu führen; heilbare Nichtigkeit: § 13 I S. 2, 2. Hs., § 11 III LBG; (−) § 13 I S. 3 und S. 2 LBG ; (+) Mitteilung über wirksame Ernennung (§ 11 III S. 1 LBG)	wie oben, jedoch § 14 II S. 2 LBG unmittelbar (in begrenztem Umfang)	§ 14 II S. 1 LBG
3. rücknehmbare Ernennung, § 12 I LBG, § 12 II BeamtStG	§§ 13 II, 12 III, 14 I LBG; Soll → §§ 13 II, 12 III, 14 I LBG; Keine Rücknahme		

5. Ansprüche auf Ernennung

5.1 Anspruch auf ermessensfehlerfreie Entscheidung

Alle Ernennungsfälle sind Entscheidungen, bei denen auf der Tatbestandsseite wegen der unbestimmten Rechtsbegriffe „Eignung, Befähigung und fachliche Leistung" (Art. 33 II GG) ein Beurteilungsspielraum und auf der Rechtsfolgenseite Ermessen besteht. Maßgebendes Beurteilungskriterium ist das **Leistungsprinzip** (Art. 33 II GG). §§ 25 VI S. 1, 8 IV S. 1 LBG stellen klar, daß es bei sämtlichen dort genannten Ernennungen zu beachten ist.

145

Das Leistungsprinzip **dient vorrangig dem öffentlichen Interesse** an der bestmöglichen Besetzung der Dienststellen als Voraussetzung einer effektiven Arbeit der öffentlichen Verwaltung.[487] Deshalb gibt es keinen individuell durchsetzbaren Anspruch auf ein bestimmtes Auswahlverfahren bei der Besetzung von Beförderungsstellen.[488] Dies liegt allein in der Organisationsgewalt des Dienstherrn.

In zweiter Linie muß man **jedoch auch das persönliche Interesse des Bewerbers** an seinem Fortkommen **berücksichtigen**.[489] Der Leistungsgrundsatz ist zumindest ebenfalls dem Interesse des Bewerbers zu dienen bestimmt. Dies bedeutet folgendes: Erst und nur wenn der Dienstherr eine Stelle tatsächlich besetzen will, muß er die dafür erforderliche Ernennung nach dem Leistungsprinzip (Art. 33 II GG) vornehmen.[490] Somit folgt aus ihm ein Recht auf sachgerechte Bewertung der Bewerbung, keinesfalls jedoch ein solches auf Vornahme der Ernennung. Der Kandidat, der die Ernennungsvoraussetzungen erfüllt, hat daher ausschließlich ein **formellsubjektives Recht auf ermessensfehlerfreie Entscheidung über**

---

[487] BVerwG, IÖD 05, 158 (159) = NVwZ 05, 702 = DÖV 05, 694 = PersV 06, 60 (61 f.) = ZBR 05, 244 (246) = E 122, 237 (239) = BayVBl 05, 667 (668) = DÖD 05, 165 (166) = RiA 05, 238 (239); VG Weimar, ThürVBl 06, 44 (47).
[488] BVerwG, DÖV 96, 920 = NVwZ 97, 283 = ZBR 96, 310 (311) = E 101, 112 (115); OVG Schleswig, DÖV 93, 962 (963).
[489] BVerwGE 49, 232 (237); DÖV 96, 920 = NVwZ 97, 283 = ZBR 96, 310 (311) = E 101, 112 (115); OVG Münster, RiA 02, 49 = DÖD 01, 127 (128).
[490] OVG Münster, NWVBl 05, 214 (215) = RiA 06, 33 (34).

5. Abschnitt: Die Ernennung

seine Ernennung.[491] Dies kann durch eine einstweilige Anordnung (§ 123 I S. 1 VwGO) gesichert werden.[492] Vorläufiger Rechtsschutz ist nur zu versagen, wenn es ausgeschlossen erscheint, daß der Antragsteller nach Beseitigung des Mangels den Vorzug erhält.[493] Nach der neueren Rechtsprechung des BVerwG[494] kommt es zur Umkehr der Beweislast, wenn der Dienstherr die Auswahl auf fehlerhafte Grundlagen gestützt hat und es nicht mehr möglich ist, eine gesicherte Vergleichsbasis zu rekonstruieren. Dann trage der Dienstherr die materielle Beweislast dafür, daß der nicht ernannte Kandidat auch nach einem fehlerfreien Auswahlverfahren ohne Erfolg geblieben wäre.

Hingegen kann der Dienstherr einen Beamten für längere Zeit in einer höherbewerteten Funktion beschäftigen, ohne daß sich daraus eine Verpflichtung zur Beförderung ergäbe, selbst wenn er sämtliche Voraussetzungen hierfür erfüllte. Die schlichte Wahrnehmung einer Funktion gewährt keinen Anspruch auf statusrechtliche Übertragung des Amtes.[495] Auch aus dem Gesichtspunkt der Fürsorgepflicht folgt grundsätzlich kein Anspruch darauf, daß der Dienstherr eine Beförderungsmöglichkeit schaffen muß.[496] Eine etwaige Fürsorgepflicht besteht nur in den Grenzen des bereits bekleideten statusrechtlichen Amtes.[497] Das gilt ebenfalls prinzipiell für die Wahrnehmung eines funktionsgebundenen Amtes.[498]

---

491 BVerfG, DÖD 03, 17 = PersV 03, 147 = ZBR 02, 427 (428) = DVBl 02, 1633 = NVwZ 03, 200; DVBl 03, 1524 = ZBR 04, 45; Anm Otte, ZBR 04, 46 (46 f.); BVerwG, DVBl 82, 198; DÖV 96, 920 = NVwZ 97, 283 = ZBR 96, 310 (311) = E 101, 112 (115); DVBl 04, 317 = NJW 04, 870 = BayVBl 04, 472 (473) = ZBR 04, 101 (102) = E 118, 370 (373) = RiA 04, 37; Anm Schnellenbach, ZBR 04, 104 (104 f.); BayVBl 04, 696 (697) = NVwZ 04, 1257 = DÖD 04, 250 (251); BGH, DVBl 05, 312 = NVwZ-RR 05, 152 (153) = VersR 05, 1582 (1583) = BayVBl 05, 673; ThürVerfGH, NVwZ 04, 608; OVG Münster, NWVBl 04, 258 = ZBR 04, 277 = NVwZ-RR 04, 236; NVwZ-RR 04, 436 (437) = DVBl 03, 1558 (1560) = DÖD 04, 25 (26 f.) = ZBR 04, 178 = RiA 03, 254 (256); DÖD 05, 61; NWVBl 04, 463 (464); RiA 02, 49 = DÖD 01, 127 (128); DÖD 00, 137 (138) = RiA 01, 97 (98); NWVBl 02, 111 (112); VGH München, DVBl 97, 380; OVG Hamburg, DÖD 91, 257; OVG Berlin, NVwZ-RR 04, 627 (629); OVG Bautzen, SächsVBl 93, 278 (279); VG Weimar, ThürVBl 04, 15 (15 f.); ThürVBl 06, 44; VG Potsdam, LKV 04, 574 (575); Kunig in Schmidt-Aßmann, Rn 88.
492 BVerfG, DVBl 03, 1524 = ZBR 04, 45; Anm Otte, ZBR 04, 46 (46 f.); VGH Kassel, NVwZ-RR 96, 49; NVwZ-RR 92, 34 (35) = DÖD 92, 211 (212); OVG Münster, RiA 94, 153; NWVBl 04, 60 (61) = RiA 04, 46 (47); NWVBl 04, 258 = ZBR 04, 277 = NVwZ-RR 04, 236; PersV 05, 394 (396); RiA 02, 49 = DÖD 01, 127 (128); NWVBl 02, 111 (112); DÖD 00, 137 (138) = RiA 01, 97 (98); NWVBl 04, 463 (464); OVG Hamburg, NVwZ-RR 92, 669; OVG Bautzen, ZBR 02, 62 = NVwZ-RR 02, 56 (57); VG Weimar, ThürVBl 04, 15 (15 f.).
493 OVG Münster, NWVBl 02, 111 (112).
494 DVBl 04, 317 (320) = NJW 04, 870 (872 f.) = BayVBl 04, 472 (474 f.) = ZBR 04, 101 (104) = E 118, 370 (378 f.) = RiA 04, 37 (40); Anm Schnellenbach, ZBR 04, 104 (104 f.).
495 OVG Bremen, NVwZ-RR 03, 578 (579) = DÖD 03, 159 (160) = ZBR 03, 215 (216); Anm Summer, ZBR 03, 217.
496 A.A. OVG Bremen, NVwZ-RR 03, 578 (579) = DÖD 03, 159 (160) = ZBR 03, 215 (216); Anm Summer, ZBR 03, 217.
497 BVerwGE 15, 3 (7) = DVBl 63, 511 (512); Anm Tietgen, DVBl 63, 513; VGH München, NVwZ 90, 285 (286).
498 BVerwG, ZBR 85, 195 (196).

5. Ansprüche auf Ernennung

Der Beamte kann weiterhin nicht beanspruchen, daß man für ihn Planstellen einrichtet.[499] Planstellen im öffentlichen Dienst zu schaffen sowie zu besetzen, dient allein dem öffentlichen Interesse an einer bestmöglichen Erfüllung der öffentlichen Aufgaben und liegt im Rahmen der organisatorischen Gestaltungsfreiheit des Haushaltsgesetzgebers.[500] Damit werden keine subjektiven Rechte des Beamten berührt. Hierdurch nimmt der Dienstherr keine Fürsorgepflicht gegenüber seinen Beamten wahr.[501] Allerdings verletzt er seine Fürsorgepflicht, wenn er die Beförderungschance eines Beamten vereitelt, die dieser bei sachgerechter Planstellenverteilung hätte.[502] Im übrigen hat der Beamte weder aus der Fürsorgepflicht noch aufgrund des Gleichheitssatzes einen Anspruch auf eine bestimmte Bewertung des ihm übertragenen Dienstpostens.[503] Dies gilt selbst nach erfolgter analytischer Dienstpostenbewertung.[504] Die rechtliche Bewertung eines Dienstpostens, also seine Zuordnung zu statusrechtlichen Ämtern einer bestimmten Besoldungsgruppe, geschieht aufgrund der gesetzlichen Vorgaben des Besoldungs- und Haushaltsrechts durch den Dienstherrn allein gemäß dessen organisatorischer Gestaltungsfreiheit.[505] Etwaige Abwägungsfehler berühren grundsätzlich keine subjektiven Rechte von Beamten. Anders könne es nur dann sein, wenn der Dienstherr seine Freiheit mißbraucht, indem er die Bewertung manipuliert[506], oder wenn eine Beförderungsanwartschaft gegeben ist.[507]

---

499 BVerwG, DÖV 96, 920 = NVwZ 97, 283 = ZBR 96, 310 (311) = E 101, 112 (115); ZBR 85, 195 (196); OVG Bremen, NVwZ 86, 496; Battis, § 15a BBG, Rn 4.

500 BVerwG, DÖV 01, 1044 = DVBl 02, 132 (133) = NVwZ-RR 02, 47 (48) = DÖD 01, 279 = PersV 02, 21 (22) = BayVBl 02, 500 = E 115, 58 (59) = ZBR 02, 207 (208) = IÖD 02, 50 (51); NVwZ-RR 00, 172 (173) = DVBl 00, 485 = PersV 00, 122 (123) = ZBR 00, 40 (41) = DÖD 00, 87 (88); VGH Mannheim, NJW 01, 2899 (2900) = ZBR 01, 374 (376) = VBlBW 01, 441 (442); NVwZ-RR 04, 120; IÖD 02, 159; OVG Koblenz, DÖD 02, 103; OVG Münster, NWVBl 05, 214 (215) = RiA 06, 33 (34); OVG Lüneburg, NdsVBl 06, 110 (112).

501 BVerwG, DÖV 01, 1044 = DVBl 02, 132 (133) = NVwZ-RR 02, 47 (48) = DÖD 01, 279 = PersV 02, 21 (22) = BayVBl 02, 500 = E 115, 58 (59) = ZBR 02, 207 (208) = IÖD 02, 50 (51); NVwZ-RR 00, 172 (173) = PersV 00, 122 (123) = DVBl 00, 485 = ZBR 00, 40 (41) = DÖD 00, 87 (88); DÖV 96, 920 = NVwZ 97, 283 = ZBR 96, 310 (311) = E 101, 112 (115); NVwZ 91, 375 = DVBl 90, 1235 = ZBR 90, 347; ZBR 85, 195 (196); E 15, 3 (8) = DVBl 63, 511 (512); Anm Tietgen, DVBl 63, 513; VGH Kassel, NVwZ-RR 98, 446 (447); VGH Mannheim, NJW 01, 2899 (2900) = ZBR 01, 374 (376) = VBlBW 01, 441 (442); OVG Münster, NWVBl 05, 214 (215) = RiA 06, 33 (34); Battis, § 15a BBG, Rn 4.

502 OVG Bremen, ZBR 91, 153; VGH Kassel, NVwZ-RR 98, 446 (447): bei einem Rechtsmißbrauch.

503 BVerwG, PersV 00, 122 (123) = NVwZ-RR 00, 172 (173) = DVBl 00, 485 (486) = ZBR 00, 40 (42) = DÖD 00, 87 (88); DÖV 96, 920 = NVwZ 97, 283 = ZBR 96, 310 (311) = E 101, 112 (115); DÖV 92, 495 (496) = NVwZ 92, 573 (574); OVG Münster, MittNWStGB 80, den lfd. Nr. 26; NVwZ-RR 03, 50 (51); OVG Bremen, DÖD 95, 35 (37); VGH Kassel, NVwZ-RR 98, 446 (447).

504 BVerwG, NVwZ 91, 375 = DVBl 90, 1235 = ZBR 90, 347.

505 BVerwG, DÖV 92, 495 (496) = NVwZ 92, 573 (574); VGH Kassel, NVwZ-RR 98, 446 (447); OVG Münster, NVwZ-RR 03, 50 (51).

506 BVerwG, DÖV 92, 495 (497) = NVwZ 92, 573 (574); VGH Mannheim, VBlBW 04, 187 (189); VGH Kassel, NVwZ-RR 98, 446 (447); OVG Münster, NVwZ-RR 03, 50 (51).

507 Hierzu BVerwGE 36, 192 (207, 217).

5. Abschnitt: Die Ernennung

Schließlich berührt der Abbruch eines Auswahlverfahrens nicht die Rechtsstellung von Bewerbern, sofern er aus sachlichen Gründen erfolgt.[508] Selbst wenn sich der Dienstherr nach Durchführung eines Auswahlverfahrens und selbst nach Auswahl eines bestimmten Kandidaten dazu entschließt, dennoch keine Beförderung vorzunehmen, beeinträchtigt diese aus dem Organisationsrecht folgende organisationspolitische Entscheidung keine Bewerberrechte.[509] Die Grenze ist erst überschritten, wenn die Motive des Dienstherrn jeglichen Sachbezug vermissen lassen oder dadurch ein Beamter bewußt bzw. gewollt benachteiligt wird.[510] Allerdings hat die nach einem Auswahlverfahren ausgewählte Person einen Anspruch darauf, daß eine erneute Ausschreibung unterbleibt, wenn hierfür keine sachlichen Gründe vorliegen.[511]

5.2 Materiell-subjektive Rechte auf Ernennung

Die vorstehenden Ausführungen zeigen, daß neben dem Ausnahmefall einer Ermessensreduzierung auf Null ein echter Ernennungsanspruch daher allein gegeben sein kann, wenn bestimmte weitere Voraussetzungen hinzukommen.

5.2.1 Sonderfälle von Ernennungsansprüchen

146 a) Hat der Staat ein Ausbildungsmonopol, ist der Vorbereitungsdienst Ausbildungsstätte (Art. 12 I S. 1 GG).[512] Hier folgt aus dieser Vorschrift in Verbindung mit Art. 3 I GG und dem Sozialstaatsprinzip[513] ein Teilhaberecht auf gleichen Zugang zum Vorbereitungsdienst. Dies ist z.B. zu bejahen für den juristischen Vorbereitungsdienst oder den für Lehrer aller Schulformen.[514] In Monopolausbildungsgängen (Juristen, Lehrer) kann nunmehr grundsätzlich der Vorbereitungsdienst außerhalb eines Beamtenverhältnisses in einem öffentlich-rechtlichen Ausbildungsverhältnis eigener Art geleistet werden (§§ 16 I S. 1, 2. Hs. LBG, 5 I a) LVO). Für die Juristenausbildung ist dies bereits umgesetzt worden (§ 30 I S. 1 JAG). Sonderregelungen können zudem für den Vorbereitungsdienst von Staatsangehörigen eines Mitgliedsstaates der EU ergehen (§ 15 I S. 3 LVO).

---

508 BVerwG, NVwZ-RR 00, 172 (173) = PersV 00, 122 (124) = DVBl 00, 485 (486) = ZBR 00, 40 (42) = DÖD 00, 87 (88); DÖV 96, 920 = NVwZ 97, 283 = ZBR 96, 310 (311) = E 101, 112 (115); OVG Münster, NWVBl 03, 14 (15) = RiA 03, 45; NWVBl 05, 214 (216) = RiA 06, 33 (34 f.); NVwZ-RR 02, 362 (363) = DÖD 02, 260 (261); OVG Bautzen, LKV 05, 223 (224) = DÖD 05, 116 (116 f.) = SächsVBl 04, 240 (241); VGH München, NVwZ-RR 06, 344 (345).
509 OVG Münster, NWVBl 05, 214 (215 f.) = RiA 06, 33 (34).
510 OVG Münster, NWVBl 05, 214 (216) = RiA 06, 33 (35).
511 OVG Lüneburg, NVwZ-RR 95, 276.
512 BVerfGE 39, 334 (372).
513 BVerfG, NJW 72, 1561 (1564).
514 Scheerbarth/Höffken/Bauschke/Schmidt, § 12 I 4d dd.

5. Ansprüche auf Ernennung

Abwegig ist es jedoch, wenn in der Literatur[515] die Auffassung vertreten wird, ein Anwärter mit bestandener Laufbahnprüfung habe einen Anspruch auf Übernahme in das B.a.P. Die Ausbildung in einem B.a.W. schafft gerade keinen entsprechenden Vertrauenstatbestand, übernommen zu werden.

Literatur: Baßlsperger, Übernahmepflicht bei staatlicher Bedarfsausbildung?, PersV 05, 213; Menger, Der Anspruch auf Zulassung zum Vorbereitungsdienst und dessen Beschränkbarkeit, VerwArch 82, 86.

b) Der B.a.P., der die Ernennungsvoraussetzungen erfüllt, hat nach fünf Jahren einen Anspruch auf Berufung ins B.a.L. (§ 9 III S. 1 LBG). Der Sinn dieser Regelung besteht darin, dem Beamten in einem angemessenen Zeitraum Klarheit über seinen weiteren Lebensweg zu geben. Deshalb ist nach der Frist eine Entlassung grundsätzlich ausgeschlossen.[516]

c) Der kommunale Wahlbeamte hat nach Annahme und Nichtbeanstandung bzw. Bestätigung seiner Wahl ebenfalls einen Anspruch auf Ernennung.[517]

5.2.2 Zusicherung

Wie sich aus einem Umkehrschluß aus den §§ 2 II BBesG, 3 II BeamtVG ergibt, kann es Zusicherungen im Beamtenrecht geben. Mangels einer näheren Regelung in beamtenrechtlichen Bestimmungen ist § 38 VwVfG bei beamtenrechtlichen Zusicherungen anzuwenden. Aus einer rechtsverbindlichen Zusicherung kann sich ausnahmsweise ein Ernennungsanspruch ergeben.[518] Zusagen sind ebenfalls außerhalb des Anwendungsbereichs dieser Norm möglich[519], beispielsweise wenn die Behörde gerade keinen Verwaltungsakt, sondern eine organisatorische Maßnahme ohne Verwaltungsaktqualität erlassen will. Um Wertungswidersprüche zu vermeiden, sind jedoch die Voraussetzungen des § 38 VwVfG entsprechend heranzuziehen. **147**

Ein Bewerber kann sich danach nur erfolgreich auf eine Zusicherung berufen, wenn sie wirksam ist, ihre Bindungswirkung (§ 38 III VwVfG) nicht entfällt und sie nicht durch Rücknahme oder Widerruf (§ 38 II, 3. Hs. VwVfG) beseitigt worden ist.

I. Formelle Voraussetzungen

1. Eine Zusicherung ist nur wirksam, wenn sie die **zuständige Behörde** erteilt hat (§ 38 I S. 1 VwVfG). Das Beamtenrecht besagt nicht, wer für **148**

---

515 Baßlsperger, PersV 05, 213 (215).
516 Ausnahmen nennt das BVerwG, DÖV 74, 853; ZBR 73, 81 (82 ff.); s. auch den Fall in Rn 65.
517 OVG Münster, OVGE 13, 237 (240 f.).
518 BVerwGE 15, 3 (7) = DVBl 63, 511 (512); Anm Tietgen, DVBl 63, 513.
519 BVerwGE 102, 81 (84); 106, 129 (132) = NVwZ 98, 1082 = DVBl 98, 640 (641).

5. Abschnitt: Die Ernennung

die Zusicherung von Ernennungen zuständig ist. Wegen ihres Sachzusammenhangs zur Ernennung kann zuständig für die Zusicherung ausschließlich die gleiche Stelle sein, die auch über die Ernennung zu entscheiden hat.[520] Danach darf der Bürgermeister die Zusicherung abgeben (§ 74 I S. 2 GO), sofern die Hauptsatzung nichts anderes bestimmt hat (§ 74 I S. 3 GO). Gleiches gilt für den Landrat (§ 49 II S. 2 KrO). Dort kann es ebenfalls die Hauptsatzung anders regeln (§ 49 II S. 3 KrO).

Allerdings sollte man nicht übersehen, daß § 38 I S. 1 VwVfG die Wirksamkeit der Zusicherung nicht von der Entscheidungszuständigkeit, sondern von der **Zuständigkeit zur Erteilung** abhängig macht. In der neuen Gemeindeordnung stellt sich das frühere Problem nicht mehr. Entscheidende (§ 74 I S. 2 GO/§ 49 II S. 2 KrO) und erteilende Stelle (§§ 62 I, III, 63 I, 64 GO/§§ 42 a), e), 43 I S. 2 KrO) sind in Person des Bürgermeisters/ Landrats regelmäßig identisch und zwar dann, wenn die Hauptsatzung keine andere Regelung enthält. Hingegen setzt die Wirksamkeit der Zusicherung nicht die Zuständigkeit der handelnden Person in der Behörde voraus.[521]

2. Weiterhin schreibt § 38 I S. 1 VwVfG die **Schriftform** zwingend vor. Das Schriftformerfordernis ist erfüllt, wenn die erlassende Behörde erkennbar und das Schreiben vom Behördenleiter, seinem Vertreter oder Beauftragten unterschrieben ist (§ 37 III VwVfG). § 37 III VwVfG ist anwendbar. Bei der Zusicherung handelt es sich um einen Verwaltungsakt, weil die Behörde einen Anspruch einräumen und somit eine Regelung treffen will.[522] Damit ist klargestellt, daß eine Zusicherung von einem zeichnungsberechtigten, verantwortlichen Bediensteten unterschrieben sein muß.

3. Man streitet, ob **in verfahrensmäßiger Hinsicht** die **Beteiligung** etwa des **LPA**, des **Personalrats** (§ 72 I S. 1 Nr. 1 LPVG: „Nebenabreden") oder einer **Aufsichtsbehörde** (Rn 96) Wirksamkeitsvoraussetzung der Zusicherung ist.[523] Dagegen spricht schon der Wortlaut von § 38 I VwVfG. Während in Satz 1 dieser Vorschrift die Zuständigkeit und die Schriftform ausdrücklich als Wirksamkeitsvoraussetzungen genannt sind, ordnet Satz 2 an, daß die Zusicherung erst nach der Beteiligung abgegeben werden darf. Aufgrund des Gesetzmäßigkeitsprinzips kann dieser Hinweis lediglich als Klarstellung verstanden werden, daß die für den zugesagten Verwaltungsakt vorgeschriebene Beteiligung ebenfalls bei der Zusicherung zu beachten ist. Diese Beteiligung wird vor Abgabe der Zusicherung angeordnet, um zu verhindern, daß die Behörde an eine wegen der fehlenden Beteiligung rechtswidrige, aber gleichwohl wirksame Zusicherung gebunden wird. Auch der Hinweis in § 38 II, 2. Alt. VwVfG auf die Heilung (§ 45 I Nr. 3–5 VwVfG) spricht gegen die Unwirksamkeit der Ernennung bei Be-

---

520 Battis, § 183 BBG, Rn 8; zur Ernennungszuständigkeit s. Rn 90.
521 VG Gera, NVwZ-RR 05, 271 (272).
522 Günther, ZBR 82, 193 (203).
523 Zum Streitstand Günther, ZBR 82, 193 (198).

5. Ansprüche auf Ernennung

teiligungsfehlern, da allein ein wirksamer Verwaltungsakt geheilt werden kann (§§ 45 I, 44, 43 III VwVfG).

Warum gerade bei der Zusicherung von dem Grundsatz abgewichen werden soll, nach dem Beteiligungsfehler keine Nichtigkeit zur Konsequenz haben[524], ist nicht ersichtlich. Schließlich kann man einen Erst-Recht-Schluß aus § 11 I Nr. 2, III S. 2 LBG gegen die Unwirksamkeit der Zusicherung heranziehen. Wenn schon bei der formstrengen Ernennung eine Heilung durch die nachträgliche Beteiligung des LPA oder der Aufsichtsbehörde möglich ist, muß das auf jeden Fall für die Zusicherung gelten, bei der die Begründung eines Beamtenverhältnisses lediglich beabsichtigt ist. Nach allgemeinem Verwaltungsrecht, das für die Zusicherung gilt, können nur anfechtbare Verwaltungsakte geheilt werden. Deshalb führt die **fehlende Beteiligung** zu keiner Unwirksamkeit (d.h. Nichtigkeit), sondern zur **Anfechtbarkeit**.

II. Materielle Voraussetzungen

149 1. Die Zusicherung ist **unwirksam**, wenn sie an einem in § 44 II VwVfG genannten oder einem **schwerwiegenden, offenkundigen** (§ 44 I VwVfG) **Fehler** leidet (§ 38 II, 1.Alt. i.V.m. §§ 44, 43 III VwVfG).[525] Eine Vereinbarung, durch die sich ein Dienstherr von einem Angestellten eine monatliche Zahlung als Gegenleistung für die Zusage der späteren Ernennung zum Beamten versprechen läßt, ist wegen Verletzung des Koppelungsverbots (§ 56 I S. 2 VwVfG) nichtig.[526] Weiterhin darf die Zusicherung nicht gegen höherrangiges Recht, insbesondere gegen Art. 33 II GG, verstoßen. Sichert beispielsweise ein Dienstherr einem Beamten zu, ihm eine Stelle freizuhalten, darf die Stellenbesetzung trotz der Zusicherung allein aufgrund von Eignung, Befähigung und fachlicher Leistung nach Auswahl unter sämtlichen nunmehr vorhandenen Bewerbern erfolgen.[527] Außer in diesen Fällen muß die Zusicherung wegen der besonderen Regelung des Beamtenrechts ebenfalls dann unwirksam sein, wenn die zugesagte Ernennung nach § 11 II LBG oder § 12 I LBG nichtig bzw. zwingend zurückzunehmen ist. Die Nichtigkeit des zugesicherten Verwaltungsakts führt zur Nichtigkeit der Zusicherung.[528] Die Beachtlichkeit materiell-rechtlicher Anforderungen des späteren Verwaltungsakts folge daraus, daß rechtmäßigerweise lediglich rechtmäßiges Verhalten zugesichert werden könne. Die Verpflichtung einer Behörde, eine letztlich (§ 14 I LBG; s. auch Rn 140) unwirksame Ernennung durchzuführen, wäre sinnlos.[529]

---

524 § 44 III Nr. 3 VwVfG; Günther, ZBR 82, 193 (198).
525 Günther, ZBR 82, 193 (197).
526 BVerwG, NVwZ-RR 03, 874 (875) = NdsVBl 03, 236 (237 f.) = DVBl 03, 1550 (1551 f.) = DÖD 04, 60 (62) = ZBR 03, 315 (316 f.) = RiA 04, 143 (145); Anm Linke, NdsVBl 04, 96 (96 ff.).
527 BVerwGE 106, 129 (133) = NVwZ 98, 1082 (1083) = DVBl 98, 640 (641).
528 BVerwGE 26, 31 (37 f.); Kopp/Ramsauer, § 38 VwVfG, Rn 18.
529 Günther, ZBR 82, 193 (199).

5. Abschnitt: Die Ernennung

2. Damit die Zusicherung wirksam ist, muß die Behörde mit **Bindungswillen** handeln. § 38 VwVfG nennt zwar nicht ausdrücklich dieses Erfordernis. Es ergibt sich jedoch aus dem Verwaltungsakt-Charakter der Zusicherung. Die erforderliche „Regelung" (§ 35 S. 1 VwVfG) ist ausschließlich dann gegeben, wenn die Behörde verbindlich entscheiden und nicht nur eine Auskunft bzw. einen Hinweis auf die Rechtslage geben, etwas Unverbindliches ankündigen oder etwas vorbereiten wollte.[530] Was der Fall ist, muß unter Würdigung aller Umstände im Einzelfall durch Auslegung ermittelt werden.[531] Im „Ruf" eines Bewerbers um eine Professorenstelle liegt keine Zusicherung.[532]

3. Selbst wenn eine Zusicherung wirksam war, kann ihre **Bindungswirkung** bei einer wesentlichen Änderung der Sach- oder Rechtslage **entfallen** (§ 38 III VwVfG). Beispiele hierfür sind, daß der Kandidat die Ernennungsvoraussetzungen verliert, kein Bedarf mehr für die Besetzung der Stelle wegen einer Aufgabenänderung besteht, eine Aufsichtsbehörde die Maßnahme beanstandet oder zwischenzeitlich Rechtsänderungen eintreten. Die Bindungswirkung entfällt kraft Gesetzes; Widerruf oder Rücknahme sind nicht erforderlich.[533]

4. Schließlich kann die Behörde ihre Verpflichtung, die Zusicherung zu erfüllen, durch deren **Rücknahme oder Widerruf** beseitigen (§ 38 II, 3. und 4. Alt. VwVfG). Dabei wird die Frage nach der **Rechtmäßigkeit der Zusicherung** bedeutsam. Eine Zusicherung ist nur rechtmäßig, wenn neben den Voraussetzungen für ihre Wirksamkeit zugleich die sonstigen formellen und materiellen Ernennungsvoraussetzungen vorliegen.[534]

Literatur: Günther, Konkurrentenstreit um Zusicherungen?, ZBR 88, 181; ders., Über Einstellungs- und Beförderungszusicherungen, ZBR 82, 193.

Fall: Inspektoranwärter I hört nach erfolgreichem Abschluß der Staatsprüfung, daß seine Anstellungskörperschaft (die Stadt A) plane, ihn mangels Personalbedarfs nicht zu übernehmen. Deshalb stellt er einen Antrag auf Ernennung zum Inspektor z.A. unter Berufung in das B.a.P.

I beruft sich darauf, daß er bei seiner Einstellung auf entsprechende Anfrage ein Schreiben, unterzeichnet vom Leiter des Personalamtes, erhalten habe. Darin hieß es u.a.: „Hinsichtlich Ihrer weiteren Berufsaussichten kann ich Ihnen mitteilen, daß in unserer Stadt bisher alle Beamtenanwärter, welche die Laufbahnprüfung bestanden haben, ins B.a.P. übernommen wurden. Bei der diesjährigen Beschlußfassung über die Einstellung von Anwärtern hat der Stadtrat bewußt die Zahl der Einzustellenden trotz weitergehender Anträge derart beschränkt, daß nach der bisherigen Planung Ihre Weiterbeschäftigung als gesichert erscheint."

Kann I seine Ernennung zum Inspektor z.A. beanspruchen? In der Stadt A gibt es eine Hauptsatzung mit folgender Bestimmung: Über Einstellungen und Beförderungen von Beamten ab der Besoldungsgruppe A 9 entscheidet der Rat.

Das B.a.W. ist kraft Gesetzes beendet (§ 35 II S. 2, 2. Alt. LBG i.V.m. § 27a Nr. 1, 1. Hs. VAPgD). I kann daher nur durch Ernennung (§ 8 I Nr. 1 LBG) Inspektor z.A. werden. Obwohl

---

530 Einzelheiten bei Günther, ZBR 82, 193 (194).
531 Battis, § 183 BBG, Rn 6.
532 BVerwGE 106, 187 (190 f.) = DVBl 98, 643 (644).
533 Battis, § 183 BBG, Rn 15.
534 Rn 90 ff.; Einzelheiten Günther, ZBR 82, 193 (200 f.).

5. Ansprüche auf Ernennung

er die Voraussetzungen hierfür erfüllt (s. Rn 108), ist sein Dienstherr nicht gezwungen, ihn zu ernennen, da eine solche Entscheidung im Ermessen des Dienstherrn steht. Dieser hätte sein Ernennungsermessen jedoch auf Null reduziert, wenn er sich durch eine wirksame Zusicherung gebunden hätte.

Eine Zusicherung ist ausschließlich dann wirksam, wenn sie

a) von der zuständigen Behörde erteilt wurde. Zuständig für die Entscheidung über eine Ernennungszusage kann mangels besonderer Regelung im LBG allein die Stelle sein, die auch für die Ernennung zuständig ist. Das ist der Rat (§§ 10 II S. 1 LBG, 74 I S. 3 GO) wegen der speziellen Regelung in der Hauptsatzung für Einstellungen ab Besoldungsgruppe A 9 (Inspektor). Der Rat war mit der Frage der Übernahme von Anwärtern nach erfolgreicher Prüfung befaßt; allerdings war die Erteilung von Zusicherungen kein ausdrücklicher Beratungsgegenstand. Deshalb ist schon zweifelhaft, ob die zuständige Stelle entschieden hat. Allerdings muß man beachten, daß der Rat jedenfalls im vorliegenden Fall nicht selbst nach außen handelt, sondern der Bürgermeister (§ 62 II S. 2 GO). Dieser muß dann als Behörde (§ 38 I S. 1 VwVfG) angesehen werden, weil man unter Behörde (§ 1 II VwVfG) nur Stellen versteht, die nach außen, d.h. gegenüber dem Bürger handeln (§ 9 VwVfG). Demnach könnte der Bürgermeister eine Zusicherung abgeben. Diese Frage kann jedoch offenbleiben, wenn aus anderen Gründen keine wirksame Zusicherung vorliegt.
b) Weitere Voraussetzung einer wirksamen Zusicherung ist die Schriftform (§ 38 I S. 1 VwVfG). I erhielt eine schriftliche Mitteilung. Diese war vom Leiter des Personalamtes unterschrieben. Beschlüsse des Rates werden zwar vom Bürgermeister ausgeführt (§ 62 II S. 2 GO). Er dürfte jedoch in der Allgemeinen Geschäftsanweisung das Zeichnungsrecht für derartige Fälle auf den Leiter des Personalamtes delegiert haben. Deshalb sind die in § 37 III VwVfG vorgesehenen Erfordernisse erfüllt.
c) Die fehlende Personalratsbeteiligung zieht keine Unwirksamkeit der Zusicherung nach sich, sondern bewirkt lediglich ihre Anfechtbarkeit (dazu Rn 148).
d) Weil I die Ernennungsvoraussetzungen erfüllt, kann auch kein Rechtsfehler vorliegen, der so schwerwiegend wäre, daß er zur Nichtigkeit (§ 38 II, 1. Alt. i.V.m. § 44 I VwVfG) und damit zur Unwirksamkeit (§ 43 III VwVfG) der Zusage führte.
e) Schließlich setzt eine wirksame Zusage einen Bindungswillen der Behörde voraus. Dies ist deswegen problematisch, weil hier der Rat entschieden und die Verwaltung gegenüber I gehandelt hat. Der Rat war nicht ausdrücklich mit der Entscheidung befaßt, ob den einzustellenden Bewerbern eine Weiterbeschäftigung zugesagt werden sollte. Insoweit liegt kein Bindungswille vor. Er könnte sich allerdings aus dem an I gesandten Schreiben ergeben. Dies setzt mindestens voraus, daß I die Erklärung der Behörde bei verständiger Würdigung aller Umstände so verstehen durfte, als ob sich die Behörde binden wollte. Aus dem Hinweis, man habe bisher alle Anwärter übernommen, kann gerade nicht gefolgert werden, daß das ebenfalls zukünftig so bleiben soll. Die Aussage, daß die Zahl der Einstellungen derart gering gehalten wurde, daß eine Weiterbeschäftigung nach „der bisherigen Planung als gesichert erscheint", kann nur als unverbindliches In-Aussicht-Stellen interpretiert werden, das auch noch vorbehaltlich der bisherigen Planung ausgesprochen wurde. Somit liegt mangels Bindungswillen keine wirksame Zusicherung vor.

Das Ernennungsermessen ist zudem nicht dadurch eingeschränkt, daß bisher alle Anwärter übernommen wurden. Eine Selbstbindung der Verwaltung schließt es nicht aus, die frühere Praxis für die Zukunft zu ändern. Der sachliche Grund ist hier der mangelnde Personalbedarf.

Im übrigen kann man aus der Fürsorgepflicht keine Notwendigkeit zur langfristigen Personalbedarfsplanung herleiten.

I hat somit keinen Anspruch auf Ernennung zum Inspektor z.A.

5.3 Verfahrensansprüche des Beamten bei der Ernennung

150 Die Ernennung steht im Ermessen der Behörde. Sie ist an Tatbestandsvoraussetzungen geknüpft, bei denen, insbesondere bei der entscheidungserheblichen Eignung des Bewerbers, der Dienstherr Beurteilungsermächtigungen hat. Die Entscheidung darüber, wer die Voraussetzungen eines Anforderungsprofils am besten erfüllt, ist ein dem Dienstherrn vor-

5. Abschnitt: Die Ernennung

behaltener Akt wertender Erkenntnis, der gerichtlich nur beschränkt überprüfbar ist.[535] Die **limitierte gerichtliche Kontrolle** von Ernennungsentscheidungen beschränkt sich darauf, ob die Behörde den rechtlichen Rahmen und die anzuwendenden Begriffe zutreffend würdigt, ob sie richtige Sachverhaltsannahmen zugrunde legt und ob sie allgemein gültige Wertmaßstäbe oder von ihr selbst aufgestellte Verfahrensvorschriften beachtet sowie sachfremde Erwägungen unterläßt.[536]

Deswegen, aber auch im Hinblick auf die existentielle Wichtigkeit insbesondere der Entscheidung über die Einstellung eines Kandidaten, hat ein rechtsstaatlich durchgebildetes Ernennungsverfahren erhöhte Bedeutung. Dieses ist aufgrund der Subjektivität von Eignungsbeurteilungen die einzig objektiv meßbare Legitimation von Ernennungen (**Legitimation durch Verfahren**). Das Verfahren wird zum notwendigen Element, damit man die materiell-rechtliche Rechtsposition verwirklichen kann.[537] Dies bedeutet jedoch nicht, daß Dienstherren bestimmte Normen für Personalauswahlverfahren (z.B. DIN 33430) einhalten müssen. Mit der Normung der „Anforderungen an Verfahren und deren Einsatz bei berufsbezogenen Eignungsbeurteilungen" (DIN 33430) schlägt das Deutsche Institut für Normung neue Standards für die Personalauswahl vor. Diese mögen zur Arbeitsbeschaffung für Psychologen dienen; rechtlich ist ihre Anwendung hingegen nicht geboten. Vorschriften des DIN haben als eigengesetzte Normierungen eines privatrechtlichen Vereins keinen rechtsverbindlichen Charakter.[538] Selbst zur Auslegung der unbestimmten Rechtsbegriffe „Eignung, Befähigung und fachliche Leistung" (Art. 33 II GG) sind die in der DIN 33430 beschriebenen Vorgehensweisen nicht heranziehen. Bei Einstellungsverfahren gibt es eine Fülle sachnaher Auswahlmethoden und -kriterien (Rn 121 f.). Bei Beförderungen kommt es entscheidend auf die dienstliche Beurteilung an (Rn 131 f.). Insbesondere der hohe Abstraktionsgrad der DIN 33430 schließt es in der täglichen Auswahlpraxis nahezu aus, sie anzuwenden.[539]

---

535 BVerwG, DÖV 01, 1044 (1045) = DVBl 02, 132 (133) = NVwZ-RR 02, 47 (48) = DÖD 01, 279 (280) = PersV 02, 21 (22) = BayVBl 02, 500 (501) = E 115, 58 (60) = ZBR 02, 207 (208) = IÖD 02, 50 (51); OVG Schleswig, NVwZ-RR 97, 373 (374); OVG Lüneburg, NVwZ-RR 96, 677; NdsVBl 06, 110 (111); VGH Mannheim, NVwZ-RR 04, 120; VBlBW 06, 62 (63); OVG Koblenz, DÖD 94, 294 (295); OVG Münster, DÖD 03, 107 (108) = RiA 03, 201 (202).
536 BVerfGE 108, 282 (296) = NJW 03, 3111 (3112) = DVBl 03, 1526 (1527) = ZBR 04, 137 (138) = JZ 03, 1164 (1165); BVerwG, ZBR 00, 303 (304); E 80, 224 (225 f.); OVG Schleswig, NVwZ-RR 97, 373 (374); NordÖR 03, 118 (119) = NVwZ-RR 03, 321 (322): ebenfalls hinsichtlich Entscheidungen des Richterwahlausschusses; VGH Mannheim, NJW 96, 2525 (2526); NVwZ-RR 04, 120; VBlBW 06, 62 (63); OVG Lüneburg, NVwZ-RR 96, 677; NdsVBl 95, 275; NdsVBl 05, 302 = NordÖR 05, 388 (388 f.); NordÖR 04, 39 (40); NdsVBl 06, 110 (111); OVG Koblenz, DÖD 94, 294 (295); VGH Kassel, NVwZ-RR 98, 446 (447); DVBl 94, 593 (594) = ZBR 94, 347 (348); OVG Bremen, NordÖR 99, 248 (249); OVG Bautzen, ZBR 02, 62 = NVwZ-RR 02, 56 (57); SächsVBl 93, 278 (279); OVG Weimar, ThürVBl 02, 139 (140); OVG Greifswald, NVwZ-RR 02, 52.
537 OVG Schleswig, DÖV 93, 962.
538 Burkhart, BWGZ 02, 885; unrichtigerweise a.A. Gourmelon, VR 01, 289 (290).
539 Burkhart, BWGZ 02, 885.

5. Ansprüche auf Ernennung

Literatur: Gourmelon, Personalauswahl im öffentlichen Sektor, 2005; ders., Die DIN 33430 und ihre Folgen für die Personalauswahl, VR 04, 313; Blasweiler, Gesichtspunkte der Personalauswahl, VR 03, 289; Gourmelon, Praxis der Personalauswahl nach DIN 33430, VR 03, 292.

a) Zweifelhaft ist zunächst, ob man den Bewerber **vor einer Ablehnung** anhören muß (§ 28 I VwVfG). Bedenken bestehen, weil diese Vorschrift eine **Anhörung** allein dann vorschreibt, wenn ein Verwaltungsakt in die Rechte eines Beteiligten eingreift und die bloße Ablehnung einer erstrebten Begünstigung kein solcher Eingriff ist.[540] Allerdings darf nicht übersehen werden, daß der Kandidat wegen des Leistungsprinzips (Art. 33 II GG) einen Anspruch auf sachgerechte, fehlerfreie Entscheidung über seine Ernennung hat. Diese Rechtsposition wird durch das mit der Ablehnung verbundene Ausscheiden aus dem Bewerberkreis beendet. Außerdem bedingt gerade eine sachgerechte Ermessensentscheidung, den Beteiligten anzuhören. Deshalb gilt § 28 I VwVfG im Ernennungsverfahren.[541]   151

b) Wird eine Ernennung – wie in der Praxis üblich – schriftlich abgelehnt, ist § 39 VwVfG zu beachten. Der übergangene Bewerber muß die maßgeblichen Gründe erfahren. Lediglich dann kann er seine Rechte sachgemäß verteidigen. Die **Begründung** muß so substantiiert sein, daß sie unter Beachtung der Beurteilungsermächtigung bei der Eignungsbeurteilung und des Auswahlermessens zwischen mehreren geeigneten Kandidaten überprüfbar ist.[542] Nach hier vertretener Ansicht gebietet die Verpflichtung, effektiven Rechtsschutz zu gewähren, zumindest stets die **Nennung des erfolgreichen Bewerbers mit Namen**.[543] Wer sich in eine Konkurrenzsituation begibt, muß sich namentlich seinen Mitkandidaten präsentieren und in Kauf nehmen, daß diese einen Leistungsvergleich anstellen.[544] Außerdem ist die Auswahl grob zu begründen, damit der Unterlegene abschätzen kann, ob vorläufiger Rechtsschutz überhaupt Aussicht auf Erfolg hat. Hiergegen spricht gerade angesichts des hohen Schutzguts (Art. 33 II, 19 IV GG) nicht der mögliche große Verwaltungsaufwand.[545] Selbst bei Massenbeförderungen muß der Dienstherr die hierfür nicht Vorgesehenen rechtzeitig vor den Ernennungen der anderen über das Auswahlergebnis und die maßgebenden Gründe unterrichten.[546] Weiterhin sind die **entscheidenden Wertungsfaktoren**[547] mitzuteilen. Ebenfalls muß deutlich wer-   152

---

540 Stelkens/Bonk/Sachs, VwVfG, § 28 VwVfG, Rn 27.
541 So auch Günther, ZBR 79, 93 (105); abl. allerdings BVerwGE 66, 184 (186); s. ebenfalls Rn 222 am Ende.
542 BVerwG, DVBl 82, 198 (199); die ablehnende Mitteilung wird nunmehr ausdrücklich vom BVerwG als Verwaltungsakt qualifiziert; E 80, 127 (129 f.) = NVwZ 89, 158 (158 f.); ebenso VGH Kassel, DÖD 95, 256; VG Gelsenkirchen, NVwZ-RR 97, 109.
543 So auch OLG Celle, NVwZ 95, 413 (414); VG Frankfurt/M., NVwZ 91, 1210 (1211); VG Gelsenkirchen, NVwZ-RR 97, 109.
544 VG Frankfurt/M., NVwZ 91, 1210 (1211).
545 So aber VG Frankfurt/M., NVwZ 91, 1210.
546 BVerwG, BayVBl 04, 696 (697) = NVwZ 04, 1257 = DÖD 04, 250 (251 f.).
547 OLG Hamm, NVwZ-RR 98, 535 (536); VG Leipzig, NVwZ-RR 05, 590 (591) = SächsVBl 05, 74.

5. Abschnitt: Die Ernennung

den, ob dem erfolgreichen Bewerber aus qualifikationsbezogenen Erwägungen oder wegen eines oder mehrerer (zu nennender) Hilfskriterien der Vorrang eingeräumt wurde.[548] Die schlichte Erklärung, die Auswahl sei „leider" nicht auf den Kandidaten gefallen, erfüllt keine den Anforderungen effektiven Rechtsschutzes entsprechende Mitteilungspflicht.[549] Sie genügt insbesondere nicht § 39 I S. 3 VwVfG. Erfolgt die Ablehnung mündlich, hat der Bewerber einen Anspruch aus § 37 II S. 2 VwVfG.

153 c) Insbesondere in Konkurrenzfällen (ausführlich Rn 313 ff.) ist der **Umfang des Akteneinsichtsrechts** für einen effektiven Rechtsschutz wichtig. Die Rechtsprechung gewährt ein Einsichtsrecht in Vorgänge, die Aufschluß darüber liefern, warum ein Mitbewerber den Vorzug erhalten hat.[550] Wesentliche Grundlagen für eine Auswahl ergeben sich gerade aus den Personalakten bzw. Bewerbungsunterlagen, die Angaben über schulische und berufliche Aus- und Fortbildung einschließlich der Abschluß- und Laufbahnprüfungen sowie über den beruflichen Werdegang enthalten. Ein Konkurrent muß deshalb Gelegenheit bekommen, sich über „Brüche" und Widersprüchlichkeiten zu informieren, damit er sie zur Wahrung seines Bewerbungsverfahrensanspruchs rügen kann.[551]

Bei der Einstellung ist das Einsichtsrecht nach § 29 VwVfG zu beurteilen, da noch keine Personalakten bestehen. Das in Abs. 1 S. 1 dieser Vorschrift geforderte rechtliche Interesse dürfte beim Mitbewerber zu bejahen sein. Die in § 29 II VwVfG vorgesehene Einschränkung des Einsichtsrechts bei berechtigtem Interesse eines Beteiligten mag sich beispielsweise auf ein Gesundheitszeugnis beziehen. Ein berechtigtes Interesse, die für die Auswahl maßgebenden Tatsachen gegenüber dem Konkurrenten geheimzuhalten, kann schon wegen des übergeordneten Interesses des übergangenen Kandidaten nicht bejaht werden.[552]

Maßstab ist das **Gebot effektiven Rechtsschutzes**. Akteneinsicht in Personalakten und insbesondere in dort enthaltene Beurteilungsvorgänge muß aus Sicht eines vernünftig und verständig denkenden Konkurrenten für seine Rechtsverfolgung erforderlich sein. Mit einem umfassenden Akteneinsichtsrecht werde das informationelle Selbstbestimmungsrecht der Bewerber aus Art. 2 I GG erheblich eingeschränkt. Deshalb dürften Privatpersonen keine Fotokopien fertigen. Zulässig sei

---

548 OVG Schleswig, DÖV 93, 962; VG Gelsenkirchen, NVwZ-RR 97, 109.
549 BGH, NJW 95, 2344; VG Leipzig, NVwZ-RR 05, 590 (590 f.) = SächsVBl 05, 74.
550 BVerwGE 49, 89 (94 f.); vgl. aber BVerwG, DVBl 84, 53 (55).
551 VGH Kassel, DÖV 94, 127 (128).
552 In diesem Sinn BVerwGE 35, 225 (228); anders aber in DVBl 84, 55 (56); dazu Rn 227; VGH Kassel, DÖV 94, 127 (128); bejahend Günther, ZBR 79, 93 (105); Hilg/Müller, 369; a.A. Scheerbarth/Höffken/Bauschke/Schmidt, § 6 V 9.

5. Ansprüche auf Ernennung

lediglich, sich die Personalakten anzusehen und Notizen zu machen.[553] Anders ist es bei Rechtsanwälten, die Organe der Rechtspflege sind.

Schließlich gewährt die Rechtsprechung einen aus der Schutz- und Fürsorgepflicht abgeleiteten beamtenrechtlichen **Auskunftsanspruch** auf Unterrichtung über die Beförderungspraxis des Dienstherrn und insbesondere über die dabei herangezogenen Beurteilungsnoten.[554] Er ist mit der allgemeinen Leistungsklage, gerichtet auf die Erteilung der begehrten Auskunft, durchzusetzen.

Literatur: Berger-Delhey, Stellenbesetzung und Akteneinsicht, PersV 97, 299.

154 d) Wegen des höchstpersönlichen Charakters der Eignungsbeurteilung eines Bewerbers darf man **keinen Bevollmächtigten oder Beistand (§ 14 VwVfG) bei Einstellungsgesprächen** hinzuziehen.[555] Bei Eignungstests ergibt sich das schon aus § 2 III Nr. 2 VwVfG. Gleiches gilt für sonstige **Personalgespräche** zwischen der Dienststelle und dem Beamten. Hier darf der Beamte aufgrund des höchstpersönlichen und internen Charakters ebenfalls keinen Beistand mitbringen. Lediglich der Personalrat kann auf Wunsch des Beamten an derartigen Besprechungen teilnehmen, wenn dabei beteiligungspflichtige Angelegenheiten berührt werden (§ 65 III S. 3 LPVG) ebenso wie die Gleichstellungsbeauftragte (§ 18 IV S. 2 LGG).

155 e) Ausschreibungen sind allein unter den genannten Voraussetzungen (Rn 94, 125) zwingend vorgeschrieben. Dennoch muß der Dienstherr selbst ohne Ausschreibung **von Amts wegen alle Beamten in das Auswahlverfahren einbeziehen**, welche die Anforderungen für die zu treffende Entscheidung erfüllen und gemäß ihrer organisatorischen Zuordnung innerhalb der Organisation des Dienstherrn von der Fürsorgepflicht des jeweils zuständigen Organs erfaßt werden.[556] Daraus folgt, daß die oben genannten Informationsansprüche nicht nur für einen konkreten Bewerber, sondern für jeden potentiell in Betracht kommenden Beamten bestehen.[557]

156 f) Die unterlegenen Mitbewerber sind so **rechtzeitig zu informieren**, daß einstweiliger Rechtsschutz möglich ist.[558] Ein Konkurrent kann deshalb verlangen, angemessene Zeit vor der Beförderung eines Kollegen über

---

553 VGH Kassel, DÖV 94, 127 (128).
554 VG Lüneburg, NdsVBl 97, 91 (92).
555 BVerwG, ZBR 81, 314 (314 f.); Scheerbarth/Höffken/Bauschke/Schmidt, § 6 V 3.
556 VGH Kassel, NVwZ-RR 03, 664; NVwZ-RR 98, 446 (447); RiA 95, 188 = ZBR 95, 107 (108); NVwZ-RR 92, 34 (35) = DÖD 92, 211 (212); OVG Münster, RiA 02, 49 (50) = DÖD 01, 127 (128); OVG Schleswig, DÖV 93, 962 (963); NVwZ-RR 94, 527 (528); Wind, ZBR 84, 167 (177).
557 OVG Münster, PersV 05, 394 (396).
558 BVerfG, NJW 90, 501 = DVBl 89, 1247 (1247 f.); Anm Hufen, JuS 90, 756 (757); BGH, NJW 95, 2344; OLG Celle, NVwZ 95, 413 (413 f.), als Vorinstanz; OVG Münster, PersV 05, 394 (396); VGH Kassel, NVwZ 94, 1231; OVG Bautzen, ZBR 01, 368 (371) = SächsVBl 01, 196 (199); ZBR 01, 372 (373).

5. Abschnitt: Die Ernennung

Auswahl und Verfahren sowie über die zugrundeliegenden Wertungsfaktoren unterrichtet zu werden.[559] Dabei reichen zwei Wochen.[560]

Literatur: Günther, Mittelbare Effektivierung beförderungsrechtlicher Informationspflicht: Zivilrechtspraxis als Motor?, DÖD 95, 265; Busch, Anmerkung zu BVerfG, 2 BvR 1576/88, vom 19.9.89 (Mitteilungspflichten der Behörde an nicht ausgewählte Bewerber), DVBl 90, 106.

---

[559] OVG Schleswig, DÖV 93, 962 (963). Rechtsgrundlage hierfür ist Art. 33 II i.V.m. 19 IV GG: BVerfG, NJW 90, 501 = DVBl 89, 1247 (1247 f.); Anm Hufen, JuS 90, 756 (757).
[560] BGH, NJW 95, 2344 (2345); VGH Kassel NVwZ 94, 398 (399); OVG Bautzen, ZBR 01, 368 (372) = SächsVBl 01, 196 (200); ZBR 01, 372 (373).

6. Abschnitt: Laufbahnrecht

Das **Laufbahnprinzip ist einer der hergebrachten Grundsätze des Berufsbeamtentums** (Rn 27). Bewerber sollen abhängig von ihrer Vorbildung und dem Aufgabenzweig der Verwaltung, in dem sie verwendet werden, so für ihre spätere Aufgabe ausgebildet werden, daß sie diese trotz zeitbedingter Änderungen der Aufgabeninhalte sachlich richtig auf einer bestimmten Stufe der Behördenhierarchie wahrnehmen können. Im Regelfall verläuft die gesamte berufliche Entwicklung des Beamten in seiner Laufbahn in formalisierten Schritten: Vorbereitungsdienst, Laufbahnprüfung, Probezeit, Anstellung, Beförderung, ggf. Aufstieg, Eintritt in den Ruhestand. Der **Laufbahnbewerber** ist der **Regeltyp** des Berufsbeamten; ihm kommt deshalb gegenüber sog. anderen Bewerbern ein Vorrang zu. Dies gilt selbst in denjenigen Ländern, die einen solchen Vorrang nicht statuieren, sowie im Bund aufgrund einer verfassungskonformen Auslegung unter Berücksichtigung der hergebrachten Grundsätze des Berufsbeamtentums (Art. 33 V GG).[1]

157

Zwischenzeitlich kamen Diskussionen, insbesondere in der Föderalismuskommission auf, den Ländern umfangreichere Gesetzgebungsbefugnisse zu Lasten des Bundes einzuräumen. Ende des Jahres 2004 konnte man sich jedoch hierüber nicht einigen. Erst in den Koalitionsverhandlungen von CDU/CSU und SPD im November 2005 einigte sich eine Arbeitsgruppe zur Föderalismusreform, daß die Länder die Rechtssetzungskompetenz für das Laufbahnrecht ihrer jeweiligen Landes- und Kommunalbeamten erhalten sollen. Dies beschlossen der Bundestag am 30.6.2006 und der Bundesrat am 7.7.2006. Materiell-rechtlich dürften damit keine gravierenden Änderungen verbunden sein. Das Laufbahnrecht wurde bereits bisher ganz überwiegend durch eigenständige landesrechtliche Regelungen ausgestaltet und hergebrachte Grundsätze wie das Laufbahnprinzip dürfen ohnehin nicht zur Disposition der Länder gestellt werden.

Allerdings waren bisher Bund und Länder verpflichtet, zur Wahrung der Einheitlichkeit von laufbahnrechtlichen Zulassungsvoraussetzungen sowie zur Sicherung des Prinzips, daß eine einmal erworbene Laufbahnbefähigung gegenüber allen Dienstherren gilt (§ 122 II BRRG), zusammenzuwirken (§ 13 III S. 4 BRRG). Dadurch stellte man – zumindest in den grundlegenden Fragen der Relevanz von Bildungsgängen für die Zulassung zu Laufbahnen, für Abschlüsse sowie für die daraus resultierende besoldungsmäßige Einstufung – eine weitestgehende Übereinstimmung des Laufbahnrechts von Bund und Ländern sicher. Hierdurch wurde rechtlich eine größtmögliche Mobilität aller Beamten im Bundesgebiet erreicht. Diese sinnvolle Regelung sollten die Dienstherren auch nach der Föderalismusreform praktizieren.

---

1 Battis, § 7 BBG, Rn 2.

6. Abschnitt: Laufbahnrecht

Literatur: Bochmann, Die rahmenrechtliche Neuordnung des Laufbahnwesens im Entwurf für das Gesetz zur Reform der Strukturen des öffentlichen Dienstrechts, ZBR 06, 69; Flümann, „Ist der prüfungsabhängige Laufbahnaufstieg obsolet?", PersV 06, 92.

1. Bestimmungsfaktoren der Laufbahn

Die Laufbahn wird durch zwei Faktoren festgelegt, die Laufbahngruppe und die Fachrichtung. Die **Laufbahngruppe** ist das übergeordnete Gliederungsprinzip, während die **Fachrichtung** ein Unterscheidungsmerkmal von Laufbahnen innerhalb einer Laufbahngruppe ist.

So gehören zum Beispiel zur Laufbahngruppe gehobener Dienst die Fachrichtungen nichttechnischer Dienst in der allgemeinen Verwaltung im Land NW, nichttechnischer Dienst in den Gemeinden und Gemeindeverbänden im Land NW, Justizdienst, Polizeivollzugsdienst (Laufbahnabschnitt II).

Schaubild Nr. 12

Das Laufbahngruppensystem

Grundamtsbezeichnung	Besoldungsgruppe	entspricht BAT (§ 11)	entspricht TVöD[1]
Staatssekretär	B 11		
	B 1 - 10		
Leitender Direktor	A 16	I	15 Ü
Direktor	A 15	Ia	15
Oberrat	A 14	Ib	15/14
Rat	A 13	IIb, IIa, II	14/13/12
Oberamtsrat			
Amtsrat	A 12	III	12/11
Amtmann	A 11	IVa	11/10
Oberinspektor	A 10	IVb	10/9
Inspektor	A 9	Vb, Va	10/9
Amtsinspektor			
Hauptsekretär	A 8	Vc	8
Obersekretär	A 7	VIb, VIa	6
Sekretär	A 6	VII	5
Oberamtsmeister	A 5	Beförderung VIII	3
Amtsmeister	A 4		
Hauptamtsgehilfe	A 3	IXa	2
Oberamtsgehilfe	A 2	IX, IXb	2
Amtsgehilfe[2]	A 1	X	2
		Rangherabsetz.	Laufbahngruppe[3]
		e.D. m.D. g.D. h.D.	
		Abstieg ← → Aufstieg	

1) Die Zuordnung der Vergütungsgruppen zu den Entgeltgruppen ergibt sich aus dem TVÜ-VkA.
2) Entfallen (Art. 1 Nr. 13 des Vierten Gesetzes zur Änderung besoldungsrechtlicher Vorschriften).
3) Vorbereitungsdienst und Probezeit gehören bereits zur Laufbahn (§ 4 I, 2. Hs. LVO).

1. Bestimmungsfaktoren der Laufbahn

1.1 Laufbahngruppe und Laufbahngruppensystem

Es gibt **vier Laufbahngruppen**, den **einfachen**, den **mittleren**, den **gehobenen** und den **höheren Dienst** (§ 17 II S. 1, 1. Hs. LBG). Sie knüpfen mit Einschränkungen an die Abschlüsse unseres Bildungssystems an: Hauptschule, Realschule, Gymnasium, Hochschule (§ 19 I S. 1 LBG; s. auch Rn 108). Während früher allein ein Abschluß einer Universität, einer technischen Hochschule oder einer anderen gleichstehenden Hochschule genügte, reicht mittlerweile auch ein mit einem Magister-/Mastergrad abgeschlossenes, in einem Akkreditierungsverfahren als ein für den höheren Dienst geeignet eingestuftes Studium an einer Fachhochschule (§ 19 I S. 1 Nr. 4 b) LBG). Die Zugehörigkeit zu einer Laufbahngruppe wird durch das **Eingangsamt** festgelegt (§ 17 II S. 1, 2. Hs. LBG). Es ist das erste Amt einer Laufbahn, in dem der Beamte regelmäßig angestellt wird (§ 24 S. 1 LBG) und bestimmt sich nach dem Besoldungsrecht (§§ 24 S. 2 LBG, 4 III LVO). Gemäß § 23 I BBesG ist das Eingangsamt bei **Regellaufbahnen:**

158

– des einfachen Dienstes: A 2 (Oberamtsgehilfe), A 3 (Hauptamtsgehilfe) oder A 4 (Amtsmeister); § 23 I Nr. 1 BBesG,

– des mittleren nichttechnischen Dienstes: A 6 (Sekretär); § 23 I Nr. 2, 1. Alt. BBesG,

– des mittleren technischen Dienstes: A 6 (Sekretär) oder A 7 (Obersekretär); § 23 I Nr. 2, 2. Alt. BBesG,

– des gehobenen Dienstes: A 9 (Inspektor; § 23 I Nr. 3 BBesG) oder A 10 (Oberinspektor; § 23 I Nr. 3, II BBesG, allerdings nur im gehobenen technischen Dienst),

– des höheren Dienstes: A 13 (Rat; §§ 23 I Nr. 4 BBesG, 4 III S. 2 LVO).

In **Sonderlaufbahnen** kann das Eingangsamt einer höheren Besoldungsgruppe zugewiesen werden (§§ 24 BBesG, 17 II S. 2 LBG).

In der Sonderlaufbahn ist das Eingangsamt somit ein Beförderungsamt der Regellaufbahn. Beispiele von Sonderlaufbahnen sind: der mittlere Polizeivollzugsdienst (Laufbahnabschnitt I), das Eingangsamt ist der Besoldungsgruppe A 7 (Polizeimeister, Kriminalmeister) zugeordnet; das Lehramt an der Grund- und Hauptschule (§ 50 I Nr. 1 LVO) im gehobenen Dienst, das Eingangsamt ist hier die Besoldungsgruppe A 12 und die Laufbahn des Gerichtsvollziehers im mittleren Dienst (Eingangsamt: A 8).

Die Festlegung des Eingangsamtes bei Sonderlaufbahnen muß in den Besoldungsordnungen gekennzeichnet werden (§ 24 I S. 2 BBesG).

Während das Eingangsamt den Beginn der Laufbahngruppe markiert, kennzeichnet das **Endamt** oder Spitzenamt ihr Ende. Das Endamt kann mit Ausnahme des höheren Dienstes nicht mittels Beförderung, sondern allein durch den Wechsel der Laufbahngruppe (Aufstieg; Rn 171) verlassen werden. Endämter sind:

– im einfachen Dienst: A 5 (Oberamtsmeister),

6. Abschnitt: Laufbahnrecht

- im mittleren Dienst: A 9 (Amtsinspektor) mit Amtszulage nach Fn 3 zur BesGr. A 9 BBesO,
- im gehobenen Dienst: A 13 (Oberamtsrat),
- im höheren Dienst: das in den Besoldungsordnungen A oder B jeweils ausgewiesene höchste Amt; zur Zeit A 16 (Leitender Direktor) und B 11 (Staatssekretär).

Alle Ämter mit höherem Endgrundgehalt als das Eingangsamt einer Laufbahngruppe einschließlich des Endamtes sind **Beförderungsämter**. Im gehobenen Dienst also A 10 (Oberinspektor), A 11 (Amtmann), A 12 (Amtsrat), A 13 (Oberamtsrat). Die Beförderungsämter, die zur A-Besoldung gehören, dürfen nicht übersprungen werden (§ 10 I S. 1 LVO). Die Beförderung vollzieht sich daher in den Stufen der Beförderungsämter. Will man Beförderungsämter einrichten, muß man die §§ 25, 26 BBesG beachten. In Sonderlaufbahnen kann das Endamt und damit das durch Beförderung erreichbare Amt in die nächsthöhere Laufbahn übergreifen. So ist z.B. das Endamt der Laufbahn des Lehrers an Grund- und Hauptschulen A 14 (Rektor) und demzufolge ein Amt des höheren Dienstes. Das Eingangsamt bestimmt jedoch die Laufbahngruppe, so daß ein Pädagoge, der das Endamt als Rektor einer Grundschule mit mehr als 360 Schülern erreicht hat, Beamter des gehobenen Dienstes ist.

Das Endamt einer Laufbahngruppe entspricht in seiner Besoldungsgruppe prinzipiell dem Eingangsamt der nächsthöheren Laufbahngruppe. Deshalb nennt man es auch **Verzahnungsamt**. So gehören z.B. zur Besoldungsgruppe A 13 das Amt des Regierungs-Oberamtsrates als Endamt der Laufbahngruppe gehobener Dienst und das Amt des Regierungsrates als Eingangsamt des höheren Dienstes.

Die Einheitslaufbahn des Polizeivollzugsdienstes (§ 2 I S. 1 LVO Pol) ist eine Ausnahme vom Laufbahngruppensystem. In ihr sind alle Ämter dieser Laufbahn vom Polizeimeister/Kriminalmeister (A 7) bis zum Inspekteur der Polizei/Landeskriminaldirektor (B 4) zusammengefaßt (§ 2 III LVO Pol). Wie allerdings die Möglichkeit des Seiteneinstiegs von Bewerbern mit der zweiten juristischen Staatsprüfung oder der zweiten Staatsprüfung für den höheren allgemeinen Verwaltungsdienst in den Laufbahnabschnitt III (höherer Dienst; §§ 4 IV, 2 II, 18 I Nr. 3 LVO Pol) und die Notwendigkeit des Bestehens einer II. Fachprüfung für den höheren Polizeivollzugsdienst (§19 I Nr. 1 LVO Pol) zeigen, handelt es sich um eine Einheitslaufbahn mit gewissen Einschränkungen.

Literatur: Biesecke, Die Amtsanwaltschaft – Eine Sonderlaufbahn des gehobenen Dienstes, RiA 05, 12; Güntner, Laufbahnbewerber und Außenseiter – Das Laufbahnprinzip als Regulativ von Zugang und Aufstieg im Berufsbeamtentum, 2005; Kollmar/Flümann, Das Auswahl- und Aufstiegsverfahren vom gehobenen in den höheren Dienst des Bundes nach der Novellierung der Bundeslaufbahnverordnung, PersV 05, 44; Waldeyer, Die laufbahnrechtliche Einordnung der Studienabschlüsse der Universitäten und allgemeinen Fachhochschulen, ZBR 03, 17; Murmann, Grundlagen des Laufbahnrechts; dargestellt anhand der im Bund geltenden Regelungen, RiA 91, 157; Rothemund, Verordnung über die Laufbahnen der bayerischen Beamten, ZBR 90, 6; Schelo, Höherer allgemeiner Verwaltungsdienst – keine Laufbahn wie jede andere, PersV 87, 503.

1. Bestimmungsfaktoren der Laufbahn

Schaubild Nr. 13

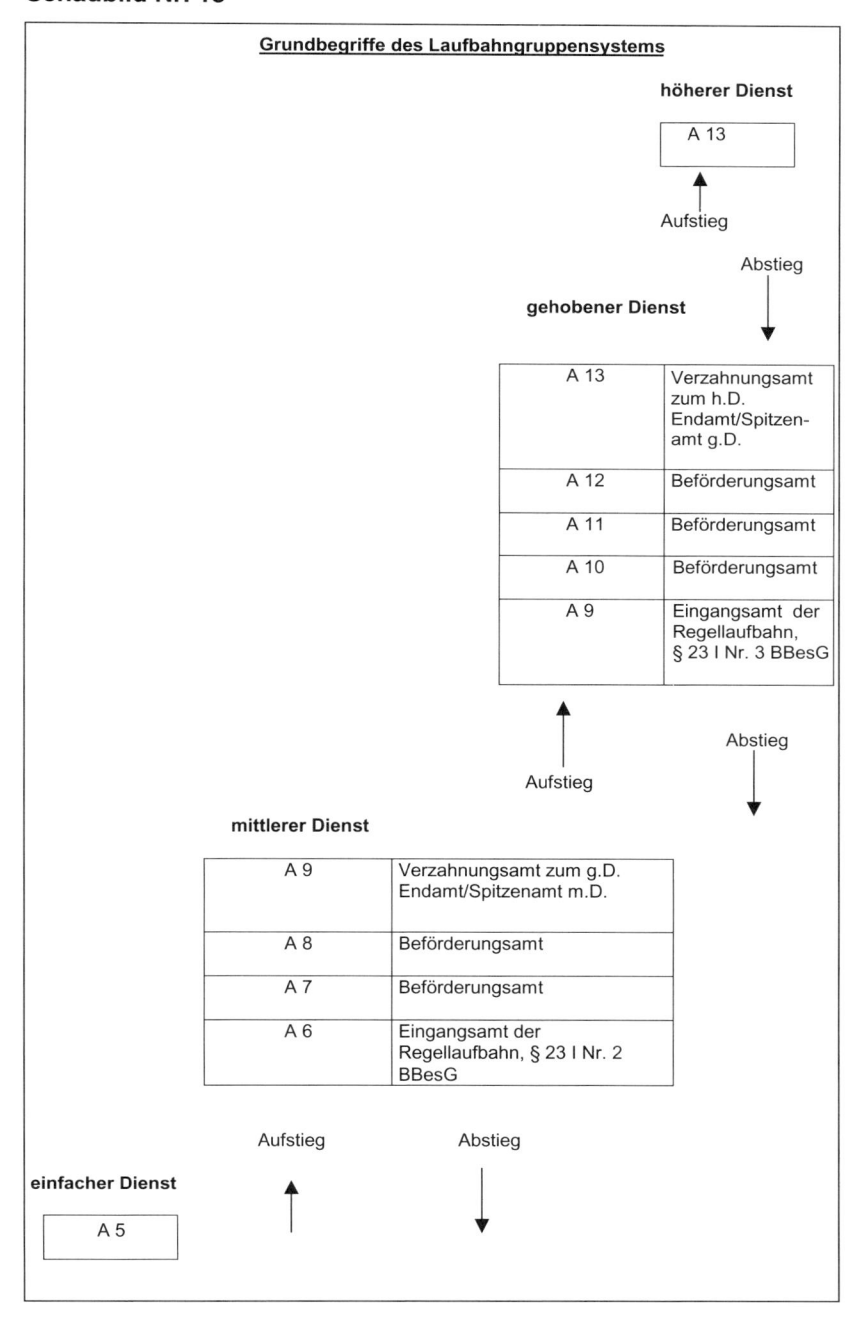

Grundbegriffe des Laufbahngruppensystems

höherer Dienst

A 13

↑ Aufstieg   Abstieg ↓

gehobener Dienst

A 13	Verzahnungsamt zum h.D. Endamt/Spitzenamt g.D.
A 12	Beförderungsamt
A 11	Beförderungsamt
A 10	Beförderungsamt
A 9	Eingangsamt der Regellaufbahn, § 23 I Nr. 3 BBesG

↑ Aufstieg   Abstieg ↓

mittlerer Dienst

A 9	Verzahnungsamt zum g.D. Endamt/Spitzenamt m.D.
A 8	Beförderungsamt
A 7	Beförderungsamt
A 6	Eingangsamt der Regellaufbahn, § 23 I Nr. 2 BBesG

↑ Aufstieg   Abstieg ↓

einfacher Dienst

A 5

1.2 Fachrichtung

159 Während die Laufbahngruppe des Beamten durch seine Vorbildung festgelegt wird, **hängt** die Fachrichtung **von seiner Ausbildung ab**. Die Laufbahn umfaßt alle Ämter derselben Fachrichtung, die eine gleiche Vorbildung und Ausbildung voraussetzen (§ 17 I, 1. Hs. LBG). Unter Ausbildung im Sinn dieser Vorschrift ist die Vermittlung und Aneignung von Fachwissen zu verstehen, durch das der Beamte die Anforderungen, die im Laufe seines Berufes an ihn gestellt werden, erfüllen kann. Die Ausbildung erfolgt in der Regel im Vorbereitungsdienst (Rn 165). Die öffentliche Verwaltung hat jedoch ein differenziertes Aufgabenspektrum zu erfüllen. Deshalb gibt es keine einheitliche Ausbildung für Beamte einer Laufbahngruppe. Vielmehr wird der Beamte für einen bestimmten Zweig der öffentlichen Verwaltung ausgebildet (z.B. allgemeine Verwaltung, Finanz-, Justiz-, Kommunalverwaltung, Polizeivollzugsdienst). Den Bezug der Ausbildung zu diesen Aufgabengebieten nennt man Fachrichtung. Deswegen gibt es in der Laufbahngruppe des gehobenen Dienstes z.B. die Fachrichtungen nichttechnischer Dienst in den Gemeinden und Gemeindeverbänden, nichttechnischer Dienst in der allgemeinen Verwaltung im Land NW, Polizeivollzugsdienst usw. Diese Fachrichtungen haben dazu geführt, daß an der FHSöV NW für die fachwissenschaftliche Studienzeit der nach § 1 I VAPgD an dieser Einrichtung auszubildenden Beamten verschiedener Fachrichtungen unterschiedliche Fachbereiche eingerichtet wurden (staatlicher sowie kommunaler Verwaltungsdienst, Sozialer Verwaltungsdienst, Polizeivollzugsdienst). In ihnen werden die Anwärter aufgrund unterschiedlicher Studienordnungen ausgebildet. Die besonderen Anforderungen der Fachrichtungen spiegeln sich deshalb deutlich in den Ausbildungsinhalten wider; den Gemeinsamkeiten trägt man mittlerweile durch ein sog. integratives Studium Rechnung.

Die öffentliche Verwaltung muß flexibel auf die gesellschaftliche Entwicklung reagieren. Dies führt zur ständigen Aufgabenänderung und -schwerpunktverlagerung. Darum muß die Ausbildung so angelegt sein, daß der Beamte diesen Anforderungen gerecht werden kann. Ausbildungsziel ist ein universell verwendungsfähiger Generalist mit der Fähigkeit, sich rasch in unbekannte Sachverhalte einzuarbeiten. Um diese Zielsetzung zu erreichen, aber auch um betriebswirtschaftliches Gedankengut verstärkt in die Ausbildungsinhalte einfließen zu lassen, ist an der FHSöV NW eine Studienreform erfolgt. Zudem wird diskutiert, ob die Ausbildung notwendigerweise an internen Fachhochschulen oder nicht besser an externen stattfinden muß sowie welche neuen Studiengänge (z.B. akkreditierte Bachelor- und Masterstudiengänge) angeboten werden sollten.

Die Fachrichtung des Beamten ist im übrigen bedeutsam beim Laufbahnwechsel (Rn 170 ff.).

Literatur: Stober, Situation der Ingenieure im öffentlichen Dienst – Zur Konnexität zwischen Aufgaben- und Bezahlungsverantwortung –, ZBR 05, 181; Gourmelon, Sozial- und Managementkompetenzen des Beamtennachwuchses, VR 05, 366; ders., Berufswahlmotive von Nachwuchsbeamten und deren Einfluß auf Studienleistungen, DÖD 05, 265; Collisi, Ausbildung –

2. Die laufbahnrechtliche Befähigung

Für die Städte eine Pflicht auch ohne Gesetz, DÖD 04, 218; Stober, Ingenieure und Naturwissenschaftler im Konflikt des öffentlichen Bezahlungssystems, ZBR 02, 373; Weidmann, Ausbildung für den gehobenen nichttechnischen Dienst – intern oder extern?, DÖD 01, 79; ders., Wissenschaft und Praxis an den FHöD, DÖD 99, 194.

2. Die laufbahnrechtliche Befähigung

Die **Befähigung ist der grundlegende Begriff des Laufbahnrechts.** Sie entscheidet über die Stellung des Beamten im horizontal durch die Laufbahngruppe und vertikal durch die Fachrichtung gegliederten System von Laufbahnen. Wie bereits gezeigt (Rn 109), kann die für die Einstellung als B.a.P. erforderliche Befähigung (§ 6 II LBG) entweder als Laufbahnbewerber (§§ 20 LBG, 5 I LVO) oder als anderer Bewerber (§§ 22 LBG, 5 II LVO) erworben werden. Die Befähigungsvoraussetzungen umfassen die für die jeweilige Laufbahn geforderten Vor- und Ausbildungsanforderungen (den Vorbildungsabschluß), den Vorbereitungsdienst und – soweit vorgeschrieben – die Laufbahnprüfung.[2] 160

2.1 Laufbahnbewerber

§ 5 I LVO sieht verschiedene Möglichkeiten vor, die Befähigung als Laufbahnbewerber zu erlangen:

2.1.1 Regellaufbahnbewerber

Der Regelfall ist dabei die in § 5 I a) LVO genannte Alternative, die Befähigung durch einen Vorbereitungsdienst und das Bestehen der Laufbahnprüfung zu erhalten. Wie noch zu zeigen ist (Rn 165), wird die Befähigung in diesem Fall durch eine speziell auf die Laufbahngruppe und die Fachrichtung des Beamten bezogene Ausbildung erworben, die er als B.a.W. (Rn 66) innerhalb der öffentlichen Verwaltung erfährt. Die Befähigung des Regellaufbahnbewerbers wird also nicht durch allgemeine Bildungseinrichtungen, sondern durch die öffentliche Verwaltung selbst vermittelt. Das gilt auch für Studierende an der FHSöV, die eine Einrichtung des Landes ist (§ 2, 1. Hs. FHGöD). Beispiele für Regellaufbahnbewerber sind alle im B.a.W. stehenden Inspektoranwärter und Kommissar-Anwärter an der FHSöV sowie die Sekretäranwärter. Regellaufbahnbewerber sind ebenfalls die juristischen Referendare und die Lehramtsanwärter, obwohl ihr Vorbereitungsdienst mittlerweile nicht mehr in einem B.a.W. durchgeführt werden muß. Im Monopolausbildungsgang der Juristen wird nunmehr der Vorbereitungsdienst außerhalb eines Beamtenverhältnisses in einem öffentlich-rechtlichen Ausbildungsverhältnis eigener Art absolviert (§ 30 I S. 1 JAG). Soweit der Vorbereitungsdienst in einem öffentlich-rechtlichen Ausbildungsverhältnis erfolgt, ist er einem im B.a.W. geleisteten gleich- 161

---

2 BVerwGE 101, 116 (118); LKV 00, 308 (309).

gestellt (§ 14 I, 2. Hs. LVO). Dies hat zur Folge, daß der im öffentlich-rechtlichen Ausbildungsverhältnis absolvierte Vorbereitungsdienst und die dort abgelegten Prüfungen nach wie vor zur entsprechenden Laufbahnbefähigung führen.

Obwohl eine ausdrückliche Regelung fehlt, wird man zum Regellaufbahnbewerber auch denjenigen zählen müssen, der die Befähigung für eine höhere Laufbahngruppe derselben Fachrichtung erworben hat, sofern die Ausbildungsstrukturen in beiden Laufbahnen übereinstimmen. Er hat somit stets die Laufbahnbefähigung für die nächstniedrigere Laufbahngruppe, ohne daß dies besonders anerkannt werden muß.[3] Richtigerweise wird mit einem Erst-Recht-Schluß zu §§ 5 I f), 21 III, 28 III, 7 VI S. 3, 2. Hs. LVO argumentiert. Wenn danach jemand die Laufbahnbefähigung für die nächstniedrigere Laufbahngruppe derselben Fachrichtung erwerben kann, obwohl er die Laufbahnprüfung nicht bestanden oder sich nicht in der Probezeit bewährt hat, müsse dies erst recht für eine Person gelten, welche die Laufbahnprüfung bestanden oder sich in der Probezeit bewährt hat. Nicht fachrichtungsgleich sind allerdings die Laufbahnen des höheren allgemeinen Verwaltungsdienstes und des gehobenen nichttechnischen Dienstes, da es im Geltungsbereich der LVO keine *allgemeine* Laufbahn des gehobenen nichttechnischen Dienstes gibt.[4] Hieraus folgt, daß beispielsweise ein Volljurist, der aufgrund seines zweiten Staatsexamens die Laufbahnbefähigung für den höheren allgemeinen Verwaltungsdienst (§ 1 S. 1 JAG) hat, damit nicht zugleich diejenige für den gehobenen nichttechnischen Dienst besitzt. Die Strukturen einer Ausbildung zum Volljuristen und derjenigen zum Diplom-Verwaltungswirt weisen große Unterschiede auf. Schwerpunkte der Ausbildung zum gehobenen Dienst sind neben juristischen Themen vor allem das Haushalts-, Rechnungs- und Kassenwesen sowie betriebswirtschaftliche Elemente. Diese werden in der juristischen Ausbildung kaum gelehrt. Deshalb hat das IM mit Erlaß vom 6.2.2001 an seiner Auffassung der mangelnden Gleichwertigkeit festgehalten und lediglich für den Fall des § 71 III S. 3 GO auf der Basis einer Entscheidung des LPA für Beigeordnete, nicht jedoch für Laufbahnbeamte eine Ausnahme zugelassen (Rn 78). Die Absolventen des Angestelltenlehrgangs II oder die Inhaber eines Verwaltungsdiploms der Verwaltungs- und Wirtschaftsakademien sind hingegen keine Regellaufbahnbewerber.

Literatur: Reich, Die beschäftigungsrechtliche Gestaltung des Vorbereitungsdienstes bei der Reform der Juristenausbildung, RiA 05, 3.

2.1.2 Bewerber besonderer Fachrichtung

162 Man kann die Laufbahnbefähigung als Bewerber besonderer Fachrichtung bekommen (§ 5 I b) LVO). Dieser unterscheidet sich vom Regellaufbahnbewerber, weil an die Stelle des Vorbereitungsdienstes und der Laufbahnprüfung als Befähigungsnachweis eine im Mindestmaß festzu-

---

3 Höffken/Kohlen/Kleeberg/Keßler/Schürcks, § 5, Anm 4c.
4 Höffken/Kohlen/Kleeberg/Keßler/Schürcks, § 5, Anm 4c.

2. Die laufbahnrechtliche Befähigung

legende **hauptberufliche Tätigkeit** tritt (§ 21 II, 1. Hs. LBG). Laufbahnen besonderer Fachrichtung darf man jedoch nur einrichten, wenn die Ausbildungsinhalte eines Vorbereitungsdienstes mindestens gleichwertig durch Kenntnisse und Fertigkeiten aus einer hauptberuflichen Tätigkeit ersetzt werden können (§ 21 I LBG). Die Laufbahnbefähigung als Bewerber besonderer Fachrichtung muß zuerkannt werden (§ 36 BLV). Die Ablehnung der Zuerkennung ist wegen fehlender Außenwirkung kein Verwaltungsakt, sondern eine (rechtlich nicht selbständig anfechtbare) Teilentscheidung eines einheitlichen mehrstufigen Verwaltungsakts (Ablehnung der Ernennung).[5]

So ist z.B. Voraussetzung zur Berufung als Kreismedizinalrat z.A. im zahnärztlichen Dienst (besondere Fachrichtung nach Ziff. 1.8 der Anlage 3 zu § 42 I LVO):

a) das mit einer Ersten Staatsprüfung oder Hochschulprüfung abgeschlossene Fachstudium an einer Universität, einer technischen Hochschule oder einer anderen gleichstehenden Hochschule (§ 42 II Nr. 1 LVO). Bei integrierten Studien kommen die Absolventen mit Langzeitstudien (Regelstudienzeit = 8 Semester, auf die individuelle Studiendauer kommt es nicht an) für die Laufbahnen des höheren Dienstes in Betracht. Dagegen ist für Absolventen eines integrierten Studiums mit sechssemestriger Regelstudienzeit der Zugang zum höheren Dienst verschlossen. Hier herrscht die Auffassung vor, diese Studien weisen weit stärkere formale und inhaltliche Affinitäten zu Fachhochschulen als zu Universitäten auf[6],

b) eine hauptberufliche Tätigkeit nach erfolgreichem Abschluß des Fachstudiums, die der Vorbildung des Bewerbers entspricht und ihm die Eignung zur selbständigen Tätigkeit in seiner Laufbahn vermittelt hat (§ 42 II Nr. 2 LVO) und zwar für die Dauer von zwei Jahren und sechs Monaten (§ 43 III S. 1 LVO) nach der Erteilung der Approbation als Zahnarzt.

Durch Laufbahnen besonderer Fachrichtung will man Bewerber gewinnen, die auf speziellen Gebieten Kenntnisse erworben haben, die zur Erfüllung der Aufgaben einer modernen Verwaltung notwendig sind, jedoch nicht von Angehörigen der Verwaltung selbst vermittelt werden können. Häufig ist die Zahl der benötigten Dienstkräfte mit solchen Spezialkenntnissen derart gering, daß es sich nicht lohnt, einen eigenen Vorbereitungsdienst einzurichten.[7]

In NW sind die Laufbahnen besonderer Fachrichtung abschließend in den §§ 24 I, 32 I, 42 I LVO und den Anlagen 1–3 zur LVO genannt. Bewerber besonderer Fachrichtung können beispielsweise sein:

---

5 Battis, § 20 BBG, Rn 4.
6 Höffken/Kohlen/Kleeberg/Keßler/Schürcks, § 42, Anm 7a.
7 Scheerbarth/Höffken/Bauschke/Schmidt, § 13 IV 3a.

- im mittleren Dienst in den technischen Diensten Gesellen und Facharbeiter in ihren jeweiligen Berufen,
- im gehobenen Dienst beim Dienst im Gartenbau, in der Grünordnung, in der Landschaftspflege und im Naturschutz Ingenieure (Gartenbau, Landespflege); Bibliothekare oder Informationswirte im Dienst in Bibliotheken, Dokumentationsstellen und vergleichbaren Einrichtungen,
- im höheren Dienst Ärzte im ärztlichen Dienst; Zahnärzte im zahnärztlichen Dienst; Geographen im geographischen Dienst.

Literatur: Steinhauer, Die Ausbildung der Wissenschaftlichen Bibliothekare und das Laufbahnrecht, Bibliotheksdienst 05, 654.

2.1.3 Sonstige Fälle des Erwerbs der Befähigung

163 Die in § 5 I c) bis g) LVO genannten Fälle unterscheiden sich insofern von den bisher besprochenen Alternativen, weil man die Befähigung nicht originär erwirbt. Entweder wird auf einer Laufbahnbefähigung aufgebaut (Buchst. c, d und e) oder einem erfolglosen Bewerber wird die Befähigung für eine Laufbahn unterhalb der angestrebten Laufbahngruppe zugesprochen (Buchst. f). Schließlich können aufgrund europäischer Richtlinien Ausbildungen und Befähigungsnachweise anerkannt werden (Buchst. g).

Dies zeigt, daß das **Laufbahngruppensystem nicht starr** ist. Beim Aufstieg (§ 5 I c) LVO) ermöglicht es **Durchlässe** nach oben, d.h. in die nächsthöhere Laufbahngruppe (Rn 171). Beim Wechsel in eine gleichwertige Laufbahn (§ 5 I d) LVO) werden auch seitliche Übergänge in Laufbahnen anderer Fachrichtungen zugelassen (Rn 173). Schließlich ist es beim Abstieg (§ 5 I f) LVO) möglich, dem Bewerber die Befähigung für eine Laufbahn seiner Fachrichtung in der nächstniedrigeren Laufbahngruppe u.a. aus sozialen Gründen zuzuerkennen, wenn die Leistungen dies rechtfertigen und ein dienstlicher Bedarf besteht (Rn 172).

2.2 Anderer Bewerber

164 Während sich beim Laufbahnbewerber an eine festgelegte Vorbildung eine Ausbildung anschließt, die in der Regel innerhalb der öffentlichen Verwaltung erfolgt und ausnahmsweise beim Bewerber besonderer Fachrichtung außerhalb durchgeführt wird, dürfen solche Voraussetzungen von anderen Bewerbern gerade nicht gefordert werden (§ 22 I LBG und Schaubild Nr. 14). Maßgebend für die Befähigung sind ihre Lebens- und Berufserfahrung, die sie innerhalb oder außerhalb des öffentlichen Dienstes erworben haben können (§ 6 II S. 2, 1. Hs. LBG). **Sinn** der Zulassung anderer Bewerber ist einmal, **das starre Laufbahnsystem** mit seinen formalen Qualifikationen auch zum Arbeitnehmerbereich hin **durchlässig zu gestalten**.[8] Außerdem kann es von dienstlichem Vorteil sein, für be-

---

8 Battis, § 21 BBG, Rn 5.

2. Die laufbahnrechtliche Befähigung

stimmte Aufgaben Beamte zu gewinnen, deren **spezielle Berufserfahrung** wertvoller ist, als die allgemeinere Ausbildung des Laufbahnbewerbers.[9] Schließlich berücksichtigt die Zulassung anderer Bewerber den Gedanken, daß Lebens- und Berufserfahrung mit einer entsprechenden Ausbildung zumindest gleichwertig sein können.[10] Eine leistungsfähige Verwaltung mit einem differenzierten Aufgabensystem und einer Vielzahl von zu beachtenden Normen braucht jedoch einen speziell geschulten Verwaltungsfachmann. Deshalb kann **der andere Bewerber im Verhältnis zum Laufbahnbewerber immer nur** eine **Ausnahmeerscheinung** sein.[11] Insbesondere darf ein Beamter des gehobenen Dienstes nicht als anderer Bewerber in eine Laufbahn des höheren Dienstes aufsteigen.[12] Rechtswidrig im Licht dieser Rechtsprechung ist deshalb die Entscheidung des LPA NW[13], im umgekehrten Fall einem Bewerber, der die Befähigung zum Richteramt oder zum höheren Verwaltungsdienst hat, als anderem Bewerber die Befähigung für die Laufbahn derselben Fachrichtung in der nächstniedrigeren Laufbahngruppe zuzuerkennen.

Fall: Dr. Werner Gierschlund (G) ist Bürgermeister der kreisangehörigen Stadt B. G plant, sämtliche Angestellten seiner Stadtverwaltung zu verbeamten. Hierdurch will er, weil Beamte seiner Ansicht nach kostengünstiger als Angestellte seien, jährlich Millionen sparen. Wäre es rechtmäßig, die Überlegungen zu verwirklichen?

Prinzipiell ist es rechtlich zulässig, Angestellte über das Institut des sog. anderen Bewerbers zu Beamten zu ernennen. Dabei muß man allerdings beachten, daß der Laufbahnbewerber der Regeltyp des Berufsbeamten ist. Andere Bewerber dürfen lediglich in Ausnahmefällen in das Beamtenverhältnis berufen werden, wenn dies für die dienstlichen Belange von besonderem Vorteil ist oder wenn ein dienstliches Interesse vorliegt und keine geeigneten Laufbahnbewerber zur Verfügung stehen.[14] Es kann regelmäßig davon ausgegangen werden, daß geeignete Laufbahnbewerber vorhanden sind. Selbst wenn dies nicht der Fall wäre, existiert kein dienstliches Interesse. Bei den Sparwünschen handelt es sich um ein fiskalisches Ziel der Stadt, das mit dienstlichen Interessen nicht gleichgesetzt werden darf. Dieses Fiskalinteresse ist zudem gesamtgesellschaftlich betrachtet zumindest sehr zweifelhaft wegen der damit verbundenen Gefährdungen der allgemeinen sozialen Sicherungssysteme für Angestellte und Arbeiter. Der Solidargemeinschaft der Renten- und Arbeitslosenversicherung sowie der Zusatzversorgung entzöge man Beitragszahler. Schießlich steht der Plan nicht mit Art. 33 IV GG in Einklang. Die Tatsache, daß die Tätigkeiten bislang von Angestellten wahrgenommen wurden, zeigt, daß es ganz überwiegend keine hoheitlichen Funktionen sind. Die geplante Massenernennung ist somit rechtswidrig. In jedem Einzelfall müßte man anhand der skizzierten Kriterien prüfen, ob *ausnahmsweise* ein Angestellter als anderer Bewerber Beamter werden kann.

Die **Befähigung** des anderen Bewerbers **kann allein vom LPA festgestellt werden** (§§ 22 III, 1. Hs. LBG; 5 II, 2. Hs. LVO; Rn 57). Sie wird immer nur für eine bestimmte Laufbahn ausgesprochen und setzt voraus, daß der Bewerber nicht ausschließlich die ihm konkret zu übertragenden, sondern alle Aufgaben seiner Laufbahn erledigen kann (§ 45 I, 2. Alt.

---

9 Schütz/Maiwald, § 6 LBG, Rn 41.
10 Schröder/Lemhöfer/Krafft, § 38 BLV, Anm 1.
11 Scheerbarth/Höffken/Bauschke/Schmidt, § 13 II 3; Schütz/Maiwald, § 6 LBG, Rn 41.
12 OVG Koblenz, NVwZ-RR 95, 341.
13 Erlaß IM v. 6.2.01, III A 4 – 37.00.20 – 3821/01.
14 Scheerbarth/Höffken/Bauschke/Schmidt, § 13 II 3; Battis, § 7 BBG, Rn 2.

6. Abschnitt: Laufbahnrecht

LVO).[15] Der andere Bewerber hat prinzipiell Zugang zu Laufbahnen besonderer Fachrichtung wie zu den durch Vorbereitungsdienst und Prüfung geordneten Laufbahnen.[16] Für die Einstellung anderer Bewerber sind Mindestaltersgrenzen (§ 45 III S. 1 LVO: Grundsatz 30 Jahre; im höheren Dienst 34 Jahre) und Höchstaltersgrenzen vorgeschrieben (§ 6 III LVO: 35 Jahre im gehobenen bzw. 39 im höheren Dienst). Dem anderen Bewerber darf allerdings nicht die Befähigung zur Wahrnehmung solcher Aufgaben zugesprochen werden, für die eine bestimmte Vorbildung oder Ausbildung durch besondere Rechtsvorschrift vorgeschrieben ist oder die ihrer Eigenart nach eine besondere laufbahnmäßige Vorbildung und Fachausbildung zwingend erfordern (§§ 6 II S. 2, 2. Hs. LBG, 45 II LVO). Spezielle Rechtsvorschriften in diesem Sinn können ausschließlich andere als Laufbahnvorschriften der LVO sein.[17] So kann ein anderer Bewerber für den höheren bautechnischen Dienst beispielsweise nicht als Medizinal- oder Veterinärbeamter verwendet werden. Die für gewisse Ämter geforderte Befähigung zum höheren Verwaltungsdienst (z.B. für das Amt des Kreisdirektors; § 47 I S. 3 KrO) oder *eines* Beigeordneten (§ 71 III S. 2 und 3 GO) ist mit dem Erwerb der Befähigung für die Laufbahn des höheren Verwaltungsdienstes als anderer Bewerber nicht verbunden (§ 5 III LVO). Allerdings ist hier eine Ergänzung insoweit geplant, daß die Befähigung als anderer Bewerber reicht, wenn für bestimmte Ämter die Befähigung für die Laufbahn des gehobenen allgemeinen Verwaltungsdienstes gefordert wird (§ 5 III S. 2 LVO [neu]). Schließlich darf der andere Bewerber lediglich im Eingangsamt der jeweiligen Laufbahngruppe eingestellt werden. Etwaige Beförderungen und sein Aufstieg richten sich nach § 47 LVO.

---

15 Vgl. ebenfalls die Geschäftsordnung und die Verfahrensordnung des LPA v. 5.12.01, SMBl NW 2304.
16 Höffken/Kohlen/Kleeberg/Keßler/Schürcks, § 42, Anm 3.
17 BVerwG, ZBR 85, 338 (339).

2. Die laufbahnrechtliche Befähigung

Schaubild Nr. 14

Grundraster des Befähigungserwerbs

Art des Bewerbers	Vorbildung	Vorbereitungsdienst	Laufbahnprüfung	Einstellung als
Laufbahnbewerber Regelbewerber	(+)	(+)	(+)	B.a.W
Bewerber besonderer Fachrichtung	(-) aber mittelbar in den §§ 24 II Nr. 1, 32 II Nr. 1, 42 II Nr. 1 LVO vorgesehen	(-) an deren Stelle tritt jedoch eine im Mindestzeitmaß festzulegende hauptberufliche Tätigkeit, § 21 II, 1. Hs. LBG	(-)	B.a.P.
Anderer Bewerber	(-) § 22 I LBG ausreichend sind Lebens- und Berufserfahrung, für die ein zeitliches Mindestmaß durch die Festlegung von Mindestaltersgrenzen vorgeschrieben ist (§§ 6 II S. 2, 1. Hs., 22 II LBG, 45 III LVO) und die Feststellung der Befähigung durch den LPA (§§ 22 III, 1. Hs. LBG, 5 II, 2. Hs. LVO)	(-) § 22 I LBG	(-) § 22 I LBG	B.a.P

6. Abschnitt: Laufbahnrecht

3. Der Vorbereitungsdienst

165 Der Regellaufbahnbewerber erlangt die für seine Laufbahn notwendigen Kenntnisse und Fertigkeiten als Teil der Befähigungsanforderungen während eines Vorbereitungsdienstes (§ 20 I LBG).

Er wird regelmäßig in das B.a.W. berufen (§ 14 I, 1. Hs. LVO, s. aber auch Rn 66, 161) und trägt die Dienstbezeichnung „Anwärter", im höheren Dienst „Referendar" mit einem die Fachrichtung oder die Laufbahn bezeichnenden Zusatz (§ 14 II S. 1 LVO; z.b. Stadtinspektoranwärterin, Sekretäranwärter, Baureferendar).

Jemand kann nur als B.a.W. eingestellt werden, wenn er neben den allgemeinen Ernennungsvoraussetzungen (Rn 90 ff.) insbesondere die notwendige Vorbildung hat (§ 19 LBG; Einzelheiten Rn 108). Für die Gestaltung des Vorbereitungsdienstes enthalten das LBG (§§ 16, 18, 20) und die LVO (§ 15) im wesentlichen lediglich Rahmenvorschriften (vgl. aber § 15a LVO), die durch Rechtsverordnungen über die Ausbildung und Prüfung konkretisiert werden.[18] Für bestimmte Laufbahnen existieren jedoch Ausbildungsregelungen in Gesetzesform (z.B. LABG, StBAG, JAG, RpflG[19]).

Die regelmäßige bzw. **Mindestdauer** des Vorbereitungsdienstes beträgt im
einfachen Dienst 6 Monate (§§ 20 I Nr. 1 LBG, 17 I, 1. Hs. LVO),
mittleren Dienst bis zu zwei Jahren (§§ 20 I Nr. 2 LBG, 20 I LVO),
gehobenen Dienst drei Jahre (§§ 20 I Nr. 3 LBG, 27 I LVO),
höheren Dienst mindestens zwei Jahre (§§ 20 I Nr. 4 LBG, 37 I LVO).

Zeiten, in denen der Anwärter förderliche Kenntnisse für den Vorbereitungsdienst erworben hat, **können** auf diesen **angerechnet werden**, wenn dadurch das Ausbildungsziel nicht gefährdet wird (§§ 20 II bis IV LBG, 20 II S. 1, 27 III S. 2, 37 II LVO). Nähere Voraussetzungen enthält die jeweilige Rechtsverordnung nach § 16 II LBG. Die VAPgD sieht keine Kürzungsmöglichkeiten vor. Diese Regelung findet ihren Sinn in der Gestaltung des Vorbereitungsdienstes, die im Wechsel zwischen fachpraktischen Studienzeiten bei der Einstellungsbehörde und den fachwissenschaftlichen Abschnitten an der FHSöV mit Leistungsnachweisen in den fachwissenschaftlichen Studienabschnitten besteht (§§ 10 ff. VAPgD).

Der Vorbereitungsdienst **verlängert** sich entweder kraft Gesetzes (z.B. um die Zeit des Grundwehrdienstes; § 9 VIII S. 1 ArbeitsplatzschG) oder kann durch Verwaltungsakt verfügt werden.[20] Zwar enthält die zur Zeit gültige LVO keine entsprechende Ermächtigung (vgl. aber § 15 I S. 2 Nr. 3 LBG). Diese Maßnahme muß aber wegen der sonst nur denkbaren Ent-

---

18 Aufzählung bei Schütz/Maiwald, § 16 LBG, Rn 6.
19 Übersicht bei Schütz/Maiwald, § 15 LBG, Rn 4.
20 Scheerbarth/Höffken/Bauschke/Schmidt, § 13 IV 2b bb.

4. Die Laufbahnprüfung

lassung (§ 35 I LBG) als geringer belastender Eingriff zulässig sein. Eine Verlängerung ist unter den dort genannten Voraussetzungen (§ 6 IV VAPgD) möglich oder beim ersten Nichtbestehen der Laufbahnprüfung (§ 27 II S. 1 VAPgD). Bei einer selbstzuverantwortenden Verlängerung der Ausbildung muß der Anwärter mit der Kürzung seiner Anwärterbezüge rechnen (§ 66 BBesG). Der Vorbereitungsdienst und das B.a.W. **enden** auf jeden Fall, wenn er die Laufbahnprüfung endgültig (d.h. nach Wiederholung) nicht besteht (§§ 35 II S. 2 LBG, 21 II, 28 II, 38 II LVO). Es kann auch vorgesehen werden, daß das B.a.W. oder das öffentlich-rechtliche Ausbildungsverhältnis beim Bestehen der Prüfung endet (§ 35 II S. 2 LBG, so z.B. in § 31 I S. 1 JAG und §§ 27a Nr. 1 VAPgD, 29a I, 1. Hs. VAPmD).

4. Die Laufbahnprüfung

In der Regel legt der Laufbahnbewerber nach erfolgreichem Abschluß seines Vorbereitungsdienstes eine Laufbahnprüfung ab (§§ 21 I, 28 I, 38 I LVO). Manchmal findet sie bereits während des Vorbereitungsdienstes statt (z.B. § 17 II S. 1 LABG). Bei Laufbahnbewerbern des einfachen Dienstes ist keine Laufbahnprüfung vorgeschrieben. **166**

In der Laufbahnprüfung soll der Bewerber den Nachweis liefern, daß er für seine Laufbahn befähigt ist (§ 16 I VAPgD), also die erforderlichen Kenntnisse und Fertigkeiten erworben hat.

Die Gestaltung der Prüfung ergibt sich bis auf die rudimentäre Bestimmung der Prüfungsnoten in § 15 V LVO aus Rechtsverordnungen gemäß § 16 II LBG. Nach der Judikatur[21] muß die Laufbahnprüfung von Beamtenanwärtern in ihren wesentlichen Teilen (vor allem für Bestehen und Nichtbestehen) durch förmliches Gesetz oder Rechtsverordnung festgelegt werden. Dieses Gebot folgt aus dem Rechtsstaats- und Demokratieprinzip, wonach der Gesetzgeber wesentliche Entscheidungen selbst treffen muß und sie nicht der Verwaltung überlassen darf. Die VAPgD als Rechtsverordnung genügt dieser Anforderung, ebenso wie die Ausbildungs- und Prüfungsordnung für Juristen[22]. Regeln allerdings Verwaltungsvorschriften Fragen, die einer Normierung bedürfen, ist für eine Übergangszeit weiterhin von der bisherigen Praxis auszugehen.[23]

Wesentliche Elemente einer Laufbahnprüfung sind in § 16 II S. 2 Nr. 7 bis 13 LBG als Ermächtigung für Rechtsverordnungen über Ausbildungs- und Prüfungsinhalte angesprochen. Dazu gehören vor allem:

---

21 BVerwGE 98, 324 (327) = DVBl 95, 1243 = NVwZ 97, 73 (74) = DÖD 96, 61 (62 ff.); VGH Kassel, DÖD 98, 290; anders noch OVG Münster, NVwZ-RR 90, 493 (493 f.).
22 VGH München, BayVBl 04, 597.
23 BVerwGE 98, 324 (328) = DVBl 95, 1243 (1243 f.) = NVwZ 97, 73 (74) = DÖD 96, 61 (62 f.); VGH Kassel, DÖD 98, 290 (291); NVwZ-RR 96, 654 (655).

6. Abschnitt: Laufbahnrecht

a) Die **Prüfungsinhalte** (§ 16 II S. 2 Nr. 7 LBG), wobei die Prüfung aus einem schriftlichen und mündlichen Teil bestehen kann (§ 16 II, III VAPgD) und die Art der Prüfungsleistungen (z.B. 6 Klausuraufgaben, § 20 I S. 1 VAPgD, und 3 Prüfungsgebiete in der mündlichen Prüfung, § 23 I S. 3 VAPgD).

b) Das **Prüfungsverfahren** (§ 16 II S. 2 Nr. 8 LBG). Es beginnt mit der Meldung zur Prüfung (§ 17 VAPgD). Zum Verfahren gehören die Zusammensetzung der Prüfungskommissionen (§ 15 II VAPgD) und der formale Ablauf (z.B. Reihenfolge der Prüfungsleistungen, Zahl der in der mündlichen Prüfung gleichzeitig zu prüfenden Kandidaten). Wichtigste Anforderung an das Prüfungsverfahren ist die Beachtung der Chancengleichheit der Kandidaten.[24]

c) Die **Ermittlung und Feststellung des Prüfungsergebnisses** (§ 16 II S. 2 Nr. 9, 11 LBG). Dazu zählt die Frage nach der Anrechenbarkeit von Vorleistungen (z.B. ist eine rechnerisch ermittelte Anrechnung ausgeschlossen; § 24 III S. 3 VAPgD), nach dem Gewicht der einzelnen Prüfungsleistungen (z.B. § 24 II Nr. 1 und 2 VAPgD) und bei mathematisierter Errechnung der Gesamtnote[25] nach der Festlegung der Punktwert-Notenrelation (z.B. § 19 I VAPgD).

d) Die **Mitteilung des Prüfungsergebnisses** (z.B. §§ 24 I, 26 S. 2 VAPgD).

Obwohl die Entscheidung über das Ergebnis der Laufbahnprüfung ein Verwaltungsakt ist, wird jedoch regelmäßig (zu Unrecht) auf eine Rechtsbehelfsbelehrung verzichtet.

Eine nicht bestandene Laufbahnprüfung darf man grundsätzlich einmal wiederholen (z.B. nach § 27 I VAPgD). Kandidaten, welche die Laufbahnprüfung nicht oder endgültig nicht schaffen, kann die Befähigung für die Laufbahn der nächstniedrigeren Laufbahngruppe derselben Fachrichtung zuerkannt werden (§ 5 I f) LVO[26]).

Rechtsschutz ist nach einem Widerspruchsverfahren durch Anfechtungsklage oder zur Verbesserung des Prüfungsergebnisses durch Widerspruch und Verpflichtungsklage anzustreben (Rn 300 ff.). Bei unterbliebener Rechtsbehelfsbelehrung kann der Widerspruch innerhalb eines Jahres (§§ 70 II, 58 II S. 1 VwGO), sonst muß er innerhalb eines Monats (§ 70 I S. 1 VwGO) erhoben werden. Innerhalb eines Monats bedeutet nicht innerhalb von vier Wochen. Ergreift ein Prüfling Rechtsschutz, müssen zunächst die Prüfungsleistungen unter maßgeblicher Beteiligung der ursprünglichen Prüfer von diesen erneut überdacht werden. Hierbei handelt es sich um einen allgemeinen prüfungsrechtlichen Grundsatz, der ebenfalls bei beamtenrechtlichen Laufbahnprüfungen zu beachten ist.[27]

---

24 BVerwGE 41, 34 (35); generell zum Prüfungsverfahren VGH Kassel, ZBR 88, 261.
25 Dazu BVerfG, NJW 78, 536 (LS); BVerwGE 38, 105 (111 f.).
26 Dazu OVG Münster, ZBR 88, 188.
27 BVerwGE 98, 324 (330) = DVBl 95, 1243 (1244) = NVwZ 97, 73 (74 f.) = DÖD 96, 61 (63 ff.).

Literatur: Müller, Laufbahnprüfungen – ein kurzer Überblick anhand der Rechtsprechung, PersV 97, 49; Niehues, Schul- und Prüfungsrecht, 2. Aufl. 93; Felderhoff, Die Abschlußprüfung für Laufbahnen des gehobenen nichttechnischen Bundesdienstes: Rechtliche Aspekte der Prüfung sowie des Prüfungs- und Bewertungsverfahrens, allgemeingültige Bewertungsgrundsätze, ZBR 88, 80; Seebass, Die Prüfung – ein rechtsschutzloser Freiraum des Prüfers?, NVwZ 85, 521.

5. Die laufbahnrechtliche Probezeit

5.1 Bedeutung der Probezeit

Nach erfolgreicher Laufbahnprüfung und dem damit verbundenen Erwerb der Befähigung kann (Fall in Rn 149) der Regellaufbahnbewerber in das B.a.P. (Rn 64) übernommen werden. Für Bewerber besonderer Fachrichtung und für andere Bewerber ist kein Vorbereitungsdienst vorgesehen, so daß diese ihre Laufbahn als B.a.P. beginnen. **167**

Die laufbahnrechtliche Probezeit ist die Zeit im B.a.P., während der sich ein Beamter **nach Erwerb der Laufbahnbefähigung bewähren** muß (§ 7 I LVO).

Er muß zeigen, daß er die Aufgaben seiner Laufbahn nach einer Einarbeitungszeit selbstverantwortlich erfüllen kann. Die Feststellung der Bewährung ist eine Eignungsbeurteilung. Daher hat der Dienstherr eine Beurteilungsermächtigung.[28] Während der laufbahnrechtlichen Probezeit führt der Beamte als Dienstbezeichnung die Amtsbezeichnung des Eingangsamtes mit dem **Zusatz „z.A."** (zur Anstellung; § 8 I LVO). Sie endet mit der Anstellung (§ 9 I S. 1 LVO; Rn 124). Hingegen **wird die von der laufbahnrechtlichen streng zu unterscheidende statusrechtliche Probezeit erst durch** die **Berufung in das B.a.L. beendet** (§ 9 V LVO; Einzelheiten Rn 64). Zwischen beiden Zeiten besteht jedoch ein Zusammenhang. Die erfolgreiche Probezeit ist sowohl Voraussetzung für die Anstellung als auch für die Berufung in das B.a.L. (§ 9 I Nr. 3 LBG). Erfüllt ein B.a.P., der sich in der Probezeit bewährt hat, ebenfalls die sonstigen Voraussetzungen zur Berufung in das B.a.L., wird er in einem Ernennungsvorgang angestellt (§ 8 I Nr. 3 LBG) und ihm gleichzeitig die Eigenschaft eines B.a.L. verliehen (§ 8 I Nr. 2 LBG; allerdings nur, wenn dies zulässig ist; Rn 85). In diesem Fall dauern status- und laufbahnrechtliche Probezeit gleich lang.

Beispiele: Der 27-jährige Assessor A wird unter Berufung in das B.a.P. zum Regierungsrat z.A. ernannt. Nach erfolgreicher Regelprobezeit von drei Jahren (§ 39 II S. 1 LVO) weist er sowohl die Voraussetzungen von § 9 I S. 1 LVO für die Anstellung als auch die des § 9 I LBG zur Berufung in das B.a.L. auf. Beide rechtlich zu trennenden Entscheidungen erfolgen in einem Vorgang. A erhält folgende Urkunde (Auszug): „Herr Regierungsrat z.A. A wird unter Verleihung der Eigenschaft eines Beamten auf Lebenszeit zum Regierungsrat ernannt."

---

28 BVerwGE 15, 39 (40).

6. Abschnitt: Laufbahnrecht

Der 23-jährige Inspektor z.A. I erfüllt nach erfolgreicher Regelprobezeit von 2,5 Jahren (§ 29 II S. 1 LVO) mit 25,5 Jahren allein die Kriterien für eine Anstellung. Bis zur Vollendung des 27. Lebensjahres bleibt er B.a.P. (§ 9 V LVO).

5.2 Dauer der Probezeit

168 Die Dauer der Probezeit ergibt sich aus folgender Übersicht:

Laufbahn-gruppe	Regellaufbahnbewerber		Bewerber bes. Fachrichtung		Anderer Bewerber	
	Regel-probezeit	Mindest-probezeit	Regel-probezeit	Mindest-probezeit	Regel-probezeit	Mindest-probezeit
einfacher Dienst	1 Jahr: § 18 II LVO	---	---	---	3 Jahre: § 46 I Nr. 1 LVO	---
mittlerer Dienst	2 Jahre: § 22 II S. 1 LVO	6 Monate: § 22 IV LVO	2 Jahre: § 25 II LVO	6 Monate: § 25 IV LVO	3 Jahre: § 46 I Nr. 1 LVO	6 Monate: § 46 III LVO
gehobener Dienst	2,5 Jahre: § 29 II S. 1 LVO	1 Jahr: § 29 IV LVO	2,5 Jahre: § 35 II LVO	1 Jahr: § 35 IV LVO	4 Jahre: § 46 I S. 2 LVO	1 Jahr: § 46 III LVO
höherer Dienst	3 Jahre: § 39 II S. 1 LVO	1 Jahr: § 39 IV LVO	3 Jahre: § 44 II LVO	1 Jahr bzw. 3 Monate: § 25 IV LVO	4 Jahre: § 46 I S. 2 LVO	1 Jahr: § 46 III LVO

Regelprobezeit ist die Probezeit, die alle Beamten leisten müssen, bei denen keine Kürzungstatbestände vorliegen. Bei der Berechnung der Probezeit zählen die Zeiten einer Teilzeitbeschäftigung mit mindestens der Hälfte der regelmäßigen Arbeitszeit in vollem Umfang (§ 7 V S. 1 LVO). Eine Spezialregelung findet sich in § 7 V S. 2 LVO für unterhälftige Teilzeit.

Die **Mindestprobezeit** darf selbst dann nicht unterschritten werden, wenn die Voraussetzungen für entsprechende Kürzungen vorliegen. Die individuelle Probezeit des Beamten wird nach unten durch die Mindestprobezeit begrenzt. Sie kann nach oben zwar über die Regelprobezeit hinausgehen, darf aber nicht länger als fünf Jahre dauern (§§ 9 III S. 1, 23 II S. 1 LBG, 7 VI S. 2 LVO).

Durch begünstigenden Verwaltungsakt kann bzw. soll die Probezeit in folgenden Fällen **gekürzt** werden:

a) bei guten oder sehr guten Ergebnissen in der Laufbahnprüfung und besonderer dienstlicher Bewährung (§§ 22 II S. 2, 29 II S. 2, 39 II S. 2 LVO[29]),

b) bei Dienstzeiten im öffentlichen Dienst, wenn die Tätigkeit nach Art und Bedeutung mindestens der Tätigkeit in einem Amt der Laufbahn entsprochen hat (§§ 18 III, 22 III, 25 III, 29 III, 35 III, 39 III, 44 III, 46 II LVO).

---

29 Vgl. auch RdErl IM v. 8.2.74, SMBl NW 20301.

5. Die laufbahnrechtliche Probezeit

Sie muß den wahrzunehmenden Funktionen, dem Schwierigkeitsgrad, dem Maß der damit verbundenen Verantwortung sowie nach den Forderungen an den Vor- und Ausbildungsstand dem gleichen, was für ein Amt der Laufbahn vorausgesetzt wird.[30] Einen Anhalt hierfür gibt die tarifrechtliche Eingruppierung. Für ein Amt im höheren Dienst muß es sich mindestens um eine Tätigkeit nach Vergütungsgruppe BAT IIa oder einer entsprechenden Vergütungsgruppe eines anderen Tarifvertrages für Angestellte des öffentlichen Dienstes gehandelt haben. Zeiten einer geringerwertigen Tätigkeit sind nicht anrechenbar.[31]

Beispiel: Inspektor z.A. I war nach erfolgreicher Laufbahnprüfung vor der Berufung in das B.a.P. zunächst 6 Monate lang als Angestellter mit der Verg. Gr. Vb beschäftigt worden. § 11 BAT zeigt, daß die Verg.Gr. V b der Besoldungsgruppe A 9 vergleichbar ist. Deshalb sollen (d.h. in der Regel müssen) diese 6 Monate auf die Probezeit angerechnet werden (§ 29 III LVO).

Zudem sind Dienstzeiten im öffentlichen Dienst auf die Probezeit nur anrechenbar, wenn sie hauptberuflich erbracht worden sind.[32] Damit scheiden Ausbildungs- und Referendarzeiten aus,

c) bei speziellen hauptberuflichen Tätigkeiten, Dienstzeiten im öffentlichen Dienst oder Zeiten beruflicher Tätigkeit an bestimmten Einrichtungen (§ 7 II S. 1, III LVO), unter besonderer Berücksichtigung einer unterhälftigen Teilzeitbeschäftigung (§ 7 II S. 2 LVO).

Beispiel: Regierungsrat z.A. Dr. S. war vor seiner Berufung in das B.a.P. Assistent der Landtagsfraktion der C-Partei,

d) bei Sonderurlaub in überwiegendem dienstlichen oder öffentlichen Interesse (§ 7 IV S. 2, 1. Hs. LVO),

e) durch Ausnahmeentscheidung mit Zustimmung des LPA (§§ 23 II S. 2, 2. Hs. LBG, 84 I S. 1 Nr. 2, III S. 1, 1. Alt., 46 I, III LVO) oder der zuständigen Behörde (§ 84 I S. 1 Nr. 2, III S. 1, 2. Alt., S. 2 LVO).

Eine **Verlängerung** der Probezeit ist sowohl kraft Gesetzes als auch durch belastenden Verwaltungsakt möglich.

a) **Kraft Gesetzes** verlängert sich die Probezeit

aa) um die Zeit des Grundwehrdienstes (§ 9 VIII S. 1 ArbeitsplatzschG[33]) oder des Zivildienstes (§ 78 I Nr. 1 ZDG i.V.m. § 9 VIII S. 1 ArbeitsplatzschG) oder der Mitgliedschaft in Parlamenten (z.B. § 34 IV AbgG NW),

bb) um Urlaubszeiten ohne Dienstbezüge und Krankheitszeiten von mehr als 3 Monaten (§ 7 IV S. 1 LVO). Diese ist die Zeit, während welcher der Beamte wegen Krankheit dienstunfähig ist und deshalb seinen Dienst nicht ausübt. Ob die Krankheit selbst verschuldet ist

---

30 Höffken/Kohlen/Kleeberg/Keßler/Schürcks, § 7, Anm 5b cc.
31 Höffken/Kohlen/Kleeberg/Keßler/Schürcks, § 39, Anm 4.
32 Höffken/Kohlen/Kleeberg/Keßler/Schürcks, § 39, Anm 4.
33 Dazu VGH Mannheim, ZBR 86, 18 (18 f.).

6. Abschnitt: Laufbahnrecht

oder nicht, ist unerheblich. Zu berücksichtigen sind allein die Arbeitstage, an denen der Beamte vollständig dem Dienst ferngeblieben ist.[34] Mutterschutzzeiten führen nicht mehr zu Verlängerung.

b) **Durch Verwaltungsakt** kann man die Probezeit verlängern, wenn die Bewährung bis zum Ende der individuellen Probezeit noch nicht festgestellt werden konnte. Die Probezeit darf in diesem Fall um höchstens zwei Jahre verlängert werden. Sie darf jedoch insgesamt fünf Jahre nicht überschreiten (§ 7 VI S. 1, 2 LVO). Die §§ 28 I, 39 I, 41 VwVfG, 72 I S. 1 Nr. 1 („Verlängerung der Probezeit") LPVG sind zu beachten.

Fall: Stadtinspektoranwärter I bestand die Laufbahnprüfung mit „gut" und wurde zum Stadtinspektor z.A. ernannt. Nach dem Abitur hatte er seinen damals noch 15-monatigen Grundwehrdienst geleistet und war unmittelbar danach B.a.W. geworden. Kurz nach seiner Berufung in das B.a.P. war er wegen einer Operation 5 Monate lang dienstunfähig. Im Anschluß daran nahm er seinen Dienst wieder auf. Dort bewährte sich I vorbildlich. Er fragt, wie lange seine Probezeit dauert?

Alternativen:

(1) Wie wäre der im übrigen gleiche Fall zu entscheiden, wenn I Bewerber besonderer Fachrichtung wäre und nach erfolgreichem Abschluß des Fachhochschulstudiums (Note: „gut") in der Fachrichtung Bauingenieurwesen vier Jahre als Angestellter der Verg. Gr. IVb bei der Stadt S im straßenbautechnischen Dienst war und danach als Stadtoberinspektor z.A. (§§ 4 III S. 1 LVO, 23 II BBesG) in das B.a.P. berufen worden wäre?

(2) Wie wäre es, wenn I anderer Bewerber war und gerade sein 30. Lebensjahr vollendet hat?

Im *Ausgangsfall* ist bei der Berechnung der Probezeit des I, einem Beamten des gehobenen Dienstes, von einer Regelprobezeit von 30 Monaten auszugehen (§ 29 II S. 1 LVO). Wegen des Prüfungsergebnisses „gut" und der besonderen Bewährung („dort bewährte sich I vorbildlich"), kann die Probezeit um 10 auf 20 Monate gekürzt werden (§ 29 II S. 2 LVO).

Der Grundwehrdienst könnte zur Verkürzung führen (§ 29 III LVO). Allerdings leistet man als Wehrpflichtiger keinen Dienst, der nach Art und Bedeutung der Tätigkeit eines Beamten des gehobenen Dienstes entspricht (vgl. auch § 9 VIII S. 1 ArbeitsplatzSchG und Argument aus § 9 IV LVO). Diese Zeit wirkt sich somit nicht auf die Probezeit aus (wohl jedoch auf die Zeit bis zur Anstellung; § 9 VIII S. 4 ArbeitsplatzSchG).

Damit bleibt es bei der Kürzung auf 20 Monate. Die fünfmonatige Dienstunfähigkeit führt zwar zu keiner Verlängerung der Probezeit, aber zur zeitlichen Verschiebung der Anstellung um zwei Monate (§ 7 IV S. 1 LVO). Nach ihrem Wortlaut („Krankheitszeiten von mehr als drei Monaten"), kann diese Vorschrift nur so verstanden werden, daß lediglich solche Krankheitszeiten, die über drei Monate hinausgehen, nicht als Probezeit gelten. Demnach wird I wegen seiner fünfmonatigen Dienstunfähigkeit 2 Monate später angestellt. Deshalb dauert die Probezeit des I insgesamt 20 Monate, wobei drei Monate seiner fünfmonatigen Dienstunfähigkeit auf die Probezeit angerechnet werden, die weiteren zwei Monate nicht. Dadurch verschiebt sich der Zeitpunkt der Anstellung entsprechend.

Alternative (1): Hier ist bei der Berechnung von § 35 II LVO auszugehen. Die Probezeit beträgt in der Regel 30 Monate.

Allerdings räumt die LVO für das Examen mit „gut" keine Kürzungsmöglichkeit ein. Der Grund liegt darin, daß es keine Laufbahnprüfung gibt (§§ 21 II, 1. Hs. LBG, 32 II LVO). Jedoch kann die Probezeit gekürzt werden, wenn I Dienstzeiten im öffentlichen Dienst zurückgelegt hat, die über die für den Erwerb der Befähigung vorgeschriebene Zeit einer hauptberuflichen Tätigkeit hinaus geleistet worden sind und nach Art und Bedeutung mindestens der Tätigkeit in einem Amt der Laufbahn entsprochen haben (§ 35 III LVO).

---

34 Höffken/Kohlen/Kleeberg/Keßler/Schürcks, § 7, Anm 6c.

5. Die laufbahnrechtliche Probezeit

Im Fall des I ist eine hauptberufliche Tätigkeit von 30 Monaten vorgeschrieben (§§ 32 II Nr. 2, 33 I LVO). Er war vier Jahre Angestellter. Somit können 18 Monate angerechnet werden, wenn die Tätigkeit nach Art und Bedeutung einem Amt der Laufbahn entsprochen hat. I war als Angestellter nach Verg. Gr. IVb BAT im straßenbautechnischen Dienst der Stadt eingesetzt. Die Tätigkeit als Angestellter nach Verg. Gr. IVb BAT ist einer Tätigkeit nach Besoldungsgruppe A 10 vergleichbar (s. § 11 BAT). I soll gerade zum Stadtoberinspektor z.A. (= Besoldungsgruppe A 10) berufen werden. Demnach verkürzt sich die Probezeit des I auf die Mindestzeit (§ 35 IV LVO) von einem Jahr.

Alternative (2): Die Probezeit eines anderen Bewerbers im gehobenen Dienst beträgt vier Jahre (§ 46 I Nr. 2 LVO). Zeiten für eine Kürzung (§ 46 II LVO) sind nicht ersichtlich, da I gerade erst sein 30. Lebensjahr vollendet hat (§ 45 III S. 1 LVO).

5.3   Rechte des Beamten im Hinblick auf die Probezeit

Der Beamte muß in der laufbahnrechtlichen Probezeit seine Bewährung nachweisen. Deshalb ist der Dienstherr verpflichtet, den Beamten so einzusetzen, daß ihm dies gelingen kann. Allerdings hat der Beamte keinen Anspruch darauf, seine individuelle Probezeit ganz zu leisten. Steht schon vorher fest, daß er sich nicht bewähren wird, darf man ihn bereits innerhalb der Probezeit entlassen.[35] Auch eine Verlängerung der Probezeit setzt voraus, daß der Nachweis der Bewährung noch erwartet werden kann.[36] Steht die Nichtbewährung endgültig fest, gibt es kein Ermessen, den B.a.P. im Dienst zu belassen.[37] Die am Ende der Probezeit möglichen Entscheidungen Anstellung, Entlassung und Verlängerung der Probezeit liegen ansonsten im pflichtgemäß auszuübenden Ermessen der Behörde. Sie können sogar in einer angemessenen Bedenkzeit nach Ablauf der Probezeit erfolgen.[38] Die Dauer der Überlegungsfrist hängt vom Einzelfall ab; die Verwaltung muß den Entscheidungsprozeß jedoch ohne schuldhaftes Zögern vorantreiben.[39] Das setzt einen gewissen zeitlichen Zusammenhang mit der Probezeit voraus sowie weiterhin, daß auch tatsächlich geprüft und eine Entscheidung vorbereitet wird.[40] § 7 VI S. 3, 1. Hs. LVO, wonach Beamte, die sich nicht bewähren, zu entlassen sind, kann nur dann als ein Fall der Ermessensreduzierung auf Null verstanden werden, wenn eine (weitere) Verlängerung der Probezeit wegen der Fristen aus § 7 VI S. 1, 2 LVO nicht mehr möglich ist.[41]

---

35 BVerwGE 11, 139 (141).
36 Schröder/Lemhöfer/Krafft, § 7 BLV, Rn 5.
37 BVerwGE 85, 177 (184) = DVBl 90, 1228 (1230) = NVwZ 91, 170 (172); VGH Mannheim, VBlBW 95, 360 (361).
38 BVerwG, NVwZ-RR 02, 130 (131) = ZBR 02, 400 (401) = IÖD 02, 86 (87) = DÖD 02, 120; NJW 93, 2546 (2546 f.) = E 92, 147 (148) = ZBR 93, 243 (244) = DÖD 93, 283 (284) = RiA 94, 24 (25) = DVBl 93, 952 (954); E 19, 344 (347 f.).
39 BVerwG, NVwZ-RR 02, 130 (131) = ZBR 02, 400 (401) = IÖD 02, 86 (87) = DÖD 02, 120; NJW 93, 2546 (2547) = E 92, 147 (150) = ZBR 93, 243 (244) = DÖD 93, 283 (285) = RiA 94, 24 (25) = DVBl 93, 952 (954); Plog/Wiedow/Lemhöfer/Bayer, § 31 BBG, Rn 13a.
40 BVerwG, NJW 93, 2546 (2547) = E 92, 147 (151) = ZBR 93, 243 (245) = DÖD 93, 283 (285) = RiA 94, 24 (25) = DVBl 93, 952 (954).
41 Ähnlich Schröder/Lemhöfer/Krafft, § 7 BLV, Rn 29.

Unterläßt man eine **Entscheidung innerhalb angemessener Frist** nach der Probezeit, darf der Beamte in der Regel (sofern nicht besondere Umstände entgegenstehen), darauf vertrauen, daß der Dienstherr des Beamten Bewährung festgestellt habe.[42] Positiv und ausdrücklich muß stets die Nichtbewährung des Beamten ermittelt und ihm mitgeteilt werden. Trifft der Dienstherr keine derartige Feststellung und damit auch keine Entscheidung über die Entlassung, und verlängert er ebenfalls nicht die laufbahnrechtliche Probezeit, steht dies der positiven Feststellung der Bewährung gleich.[43] Eine **stillschweigende Verlängerung der Probezeit** ist hingegen **ausgeschlossen**. Sie verletzte den Grundsatz der Formenstrenge des Beamtenrechts und entspräche nicht den Anforderungen der Rechtssicherheit hinsichtlich Bestimmtheit und Eindeutigkeit statusrechtlicher Verfügungen. Ebenfalls gebietet es die Fürsorgepflicht, daß Maßnahmen, welche die statusrechtliche Stellung des Beamten verschlechtern, nicht durch schlüssiges Handeln ergehen.[44]

Literatur: Kurr, Beamten- und verwaltungsrechtliche Aspekte der Probezeit, ZBR 00, 158.

6. Der Laufbahnwechsel

170 Eine Laufbahn wird durch die Laufbahngruppe und die Fachrichtung bestimmt. Demzufolge gibt es **zwei Gruppen** des Laufbahnwechsels: Eine solche, bei der sich die Laufbahngruppe ändert und eine andere, bei welcher der Beamte zwar in seiner Laufbahngruppe bleibt, jedoch die Fachrichtung wechselt.

6.1 Laufbahnwechsel mit Wechsel der Laufbahngruppe

Zwei Fälle sind denkbar, nämlich der Eintritt in die nächsthöhere Laufbahngruppe (Aufstieg) und der Wechsel in die nächstniedrigere Laufbahngruppe (Abstieg).

6.1.1 Der Aufstieg

171 **Sinn** der Vorschriften über den Aufstieg ist es, das durch die Vorbildung bestimmte starre **Laufbahngruppensystem aufzulockern**. Jemandem, der sich dienstlich bewährt hat, soll die Möglichkeit gegeben werden, höherwertige Ämter auszufüllen.

Dementsprechend bestimmt § 26 I S. 1 LBG, daß der Aufstieg in die nächsthöhere Laufbahngruppe derselben Fachrichtung möglich ist, ohne die Einstellungsvoraussetzungen zu erfüllen. So kann z.B. ein Regie-

---

42 BVerwG, NJW 93, 2546 (2547) = E 92, 147 (151) = ZBR 93, 243 (244 f.) = DÖD 93, 283 (284 f.) = RiA 94, 24 (25) = DVBl 93, 952 (954); Schnellenbach, Rn 175 (Fn 121).
43 BVerwG, NJW 93, 2546 (2547) = E 92, 147 (151) = ZBR 93, 243 (244) = DÖD 93, 283 (284) = RiA 94, 24 (25) = DVBl 93, 952 (954); VGH Mannheim, NVwZ-RR 96, 454 (454 f.); Monhemius, Rn 113.
44 Höffken/Kohlen/Kleeberg/Keßler/Schürcks, § 7, Anm 4c.

6. Der Laufbahnwechsel

rungsoberamtsrat ohne das geforderte Studium (§ 19 I S. 1 Nr. 4 LBG) Regierungsrat werden. Allerdings sind dem Aufstiegsbeamten ausschließlich solche Ämter geöffnet, für die nicht durch Rechtsvorschrift eine bestimmte Vorbildung, Ausbildung oder Prüfung vorgeschrieben ist.[45] Ein Rechtspfleger (gehobener Justizdienst) kann beispielsweise nicht durch Aufstieg Richter werden, da §§ 5 I, 5a I S. 1, 1. Hs. DRiG u.a. ein Jurastudium von grundsätzlich dreieinhalb Jahren verlangen. Die Ausbildung für den gehobenen Justizdienst oder für den gehobenen nichttechnischen Verwaltungsdienst kann jedoch bis zu 18 Monaten nach Maßgabe des § 5c I S. 1 DRiG bei der Richterausbildung angerechnet werden. Schließlich kann man per Aufstieg keine gesetzlich für bestimmte Ämter geforderte Befähigung zum höheren Verwaltungsdienst (so z.B. für das Amt des Kreisdirektors, § 47 I S. 3 KrO, oder *eines* Beigeordneten, § 71 III S. 2 und 3 GO) erwerben (§ 5 III LVO). Allerdings ist hier eine Ergänzung insoweit geplant, daß die Befähigung als Aufstiegsbeamter reicht, wenn für bestimmte Ämter die Befähigung für die Laufbahn des gehobenen allgemeinen Verwaltungsdienstes gefordert wird (§ 5 III S. 2 LVO [neu]).

Die **Voraussetzungen** des Aufstiegs ergeben sich aus den §§ 23, 30 und 40 LVO. Sie gelten auch beim anderen Bewerber (§ 47 LVO). Der Aufstieg ist eine der Möglichkeiten zum Erwerb der Befähigung für eine bestimmte Laufbahn (§ 5 I c) LVO). Beamte haben **keinen Anspruch auf Zulassung zum Aufstieg**, wie sich aus den Formulierungen „können aufsteigen" (§§ 23 I S. 1, 30 I S. 1 LVO) bzw. „darf verliehen werden" (§ 40 S. 1 LVO) herleiten läßt.

Der Aufstiegsbeamte hat schon einen bestimmten Status (so ist z.B. der Aufstiegsbeamte aus dem gehobenen Dienst wegen § 40 LVO bereits B.a.L.). Deshalb vollzieht sich der Aufstieg auf der Grundlage der erreichten Rechtsstellung. Das wird ebenfalls deutlich an der Terminologie der LVO bei den Aufstiegsvoraussetzungen. Die **Einführungszeit** ist die Zeit, in welcher der Bewerber mit den Aufgaben der neuen Laufbahn vertraut gemacht wird. Sie ähnelt also dem Vorbereitungsdienst. In der **Aufstiegsprüfung** muß er die Befähigung für die neue Laufbahn nachweisen. Sie entspricht somit der Laufbahnprüfung (z.B. § 23 III LVO). Schließlich mußte sich der Bewerber nach Erwerb der Befähigung für die neue Laufbahn bewähren, bevor ihm erstmals ein Amt dieser Laufbahn verliehen werden konnte. Diese **Bewährungszeit** war vergleichbar mit der Probezeit. Sie ist jedoch mittlerweile in NW ersatzlos entfallen, da sie in der Praxis keine Rolle gespielt hat.

Sogar nach erfolgreichem Bestehen hat der Beamte **keinen Anspruch auf Übertragung eines entsprechenden Amtes der neuen Laufbahn**. Dies steht immer unter dem Vorbehalt, daß ein solches Amt überhaupt existiert und besetzbar ist. Der Beamte kann nicht verlangen, daß Ämter im Stellenplan geschaffen werden. Einen solchen Anspruch kann er weder aus § 30 V LVO noch aus der Fürsorgepflicht herleiten. § 30 V LVO nennt

---

45 Korn/Tadday, § 26 LBG, Anm 3.

6. Abschnitt: Laufbahnrecht

lediglich die Mindestanforderungen, unter denen z.B. ein Amt des gehobenen Dienstes Beamten übertragen werden „darf". Selbst wenn sämtliche Voraussetzungen vorliegen, gibt es keine Rechtspflicht des Dienstherrn, entsprechend zu verfahren.[46] Dieses Ergebnis ist auch nicht unter Fürsorgegesichtspunkten unbillig. Aus einer bestandenen Aufstiegsprüfung erwirbt der Beamte kein subjektiv-öffentliches Recht auf Übertragung eines entsprechenden Amtes. Der Beamte hat hierdurch vielmehr nur die Befähigung für den Aufstieg erlangt. Damit wird er in die Lage versetzt, beispielsweise bei anderen Behörden mit besseren Aufstiegschancen seinen Aufstieg zu verwirklichen.

Weiterhin hat der Dienstherr einen Beurteilungsspielraum bei der Frage, ob die Kriterien von Eignung, Befähigung und fachlicher Leistung aus Art. 33 II GG, § 7 I LBG für die Übertragung des Amtes vorliegen. Wie bei allen Ämterübertragungen müssen diese allein maßgeblichen Auswahlgrundsätze ebenfalls beim Aufstieg gegeben sein.[47] Hierbei kann es jedoch weniger auf eine fachliche Eignung für das angestrebte Amt ankommen. Sie dürfte der Beamte bereits durch Bestehen der Laufbahnprüfung nachgewiesen haben. Allerdings kann jederzeit geprüft werden, ob der Beamte die erforderliche charakterliche bzw. gesundheitliche Eignung aufweist.

Im einzelnen ergeben sich folgende **Voraussetzungen für den Aufstieg**:

Aufstieg in den	Eignung/ Bewährung	Mindestdienstzeit in der bisherigen Laufbahn	Zulassungsverfahren	Einführungszeit	Aufstiegsprüfung
mittleren Dienst, § 23 LVO	Eignung nach Persönlichkeit und Leistung, § 23 I S. 1 LVO	-------	ausdrückliche Zulassung durch den Dienstherrn, § 23 I LVO	erforderlich, § 23 II S. 1 LVO; mindestens ein Jahr, § 23 II S. 2 LVO	erforderlich, § 23 III LVO
gehobenen Dienst, §§ 30, 15 IV LVO i.V.m. §§ 29 ff. VAPgD	Eignung nach Persönlichkeit und Leistung, § 30 II S. 1 LVO, mit mindestens überdurchschnittlicher Note, § 30 III VAPgD	vier Jahre mit Kürzungsmöglichkeiten um insgesamt zwei Jahre, § 30 II LVO	§ 30 I LVO und Zulassungsverfahren nach §§ 29 ff. VAPgD bei § 30 IV Nr. 1 LVO	erforderlich sind im nicht-technischen Dienst drei Jahre, im technischen Dienst grundsätzlich mindestens zwei Jahre, § 30 III LVO	erforderlich, § 30 I S. 1 LVO
höheren Dienst, § 40 LVO	1) Eignung nach Persönlichkeit und Leistung (§ 40 I S. 1 LVO), 2) Jeweils bestmögliche Beurteilung in den beiden letzten dienstlichen Beurteilungen, die mindestens zwei Jahre auseinanderliegen müssen (§ 40 S. 1 Nr. 3 LVO), 3) 58. Lebensjahr noch nicht vollendet (§ 40 S. 1 Nr. 4 LVO)	1) Zwölf Jahre (§ 40 S. 1 Nr. 2 LVO), 2) Seit mindestens einem Jahr ein Amt der BesGr A 12 oder höher verliehen (§ 40 S. 1 Nr. 1 LVO)	-------	-------	-------

---

46 A.A. Battis, § 25 BBG, Rn 2, der von einem Rechtsanspruch auf Verleihung eines Beförderungsamtes ausgeht, sofern die haushaltsmäßigen Voraussetzungen (freie und besetzbare Stelle) vorliegen.
47 Höffken/Kohlen/Kleeberg/Keßler/Schürcks, § 23, Anm 2.

6. Der Laufbahnwechsel

Beim Aufstieg in den mittleren (§ 23 IV LVO) und den gehobenen Dienst (§ 30 I S. 2 LVO) gilt kein Verbot der Sprungbeförderung. Ein Beamter in Besoldungsgruppe A 7 darf somit beispielsweise direkt in ein Amt der Besoldungsgruppe A 9 befördert werden. Anders ist es mangels entsprechender ausdrücklicher Normierung beim Aufstieg vom gehobenen in den höheren Dienst. Hier müssen die Ämter bis zur Besoldungsgruppe A 12 einschließlich durchlaufen worden sein, nicht jedoch das Spitzenamt A 13 gD.

Beim Aufstieg handelt es sich um einen Ernennungsfall (§ 8 I Nr. 5 LBG). Zur formellen und materiellen Prüfung dieses Vorganges siehe Rn 134.

Beim **prüfungserleichterten Aufstieg** bestehen geringere Anforderungen (§§ 23 V, 30 V, 40 S. 2 LVO). Bei ihm ist die Einführungszeit verkürzt (§§ 23 VI S. 1, 30 VI S. 1 LVO) und die Anforderungen bei der Aufstiegsprüfung sind abgemildert (§§ 23 VI S. 3, 30 VI S. 3 LVO). Sie sind jedoch immer noch zu hoch, damit gerade kleinere Verwaltungen das Instrument sinnvoll nutzen können. Dort ist es organisatorisch nicht möglich, auf einen qualifizierten Beamten längere Zeit zu verzichten, damit dieser den Aufstiegslehrgang absolvieren kann. Deshalb fordert der StGB NRW, aber auch die KOMBA NW, einen prüfungsfreien Aufstieg von dienst- und lebensälteren Beamten des mittleren Verwaltungsdienstes in den allgemeinen gehobenen Verwaltungsdienst zu ermöglichen. Damit beseitigte man auch die Widersprüchlichkeit, daß mit dem Gesetz zur Überleitung vom mittleren in den gehobenen Polizeivollzugsdienst vom 16.10.1992 (GV NW, 372) ein solcher prüfungsfreier Übergang bei der Polizei geschaffen wurde. Der prüfungsfreie Aufstieg in anderen Bundesländern ist zudem verfassungskonform.[48]

Im einzelnen ergeben sich folgende **Voraussetzungen für den prüfungserleichterten Aufstieg**:

---

48 Für Bayern entschieden vom BayVerfGH, ZBR 03, 355 (356 ff.); zust. Anm Summer, ZBR 03, 359.

6. Abschnitt: Laufbahnrecht

Aufstieg in den	Eignung/ Bewährung; Alter	Mindestdienstzeit in der bisherigen Laufbahn	Zulassungsverfahren	Einführungszeit	Aufstiegslehrgang und -prüfung
mittleren Dienst, § 23 V LVO	1.) Eignung für m.D. nach Persönlichkeit und Leistung, § 23 V LVO. 2.) Mindestens 45. Lebensjahr vollendet, aber noch nicht das 58., § 23 V Nr. 2 LVO	mindestens seit zwei Jahren ein Amt der Besoldungsgruppe A 5 (e.D.), § 23 V Nr. 1 LVO	ausdrückliche Zulassung durch den Dienstherrn, § 23 I S. 1 LVO	erforderlich, § 23 V Nr. 3, 1. Alt. LVO; mindestens fünf Monate, § 23 VI S. 1 LVO	erforderlich, § 23 V Nr. 3, 2. Alt. LVO
gehobenen Dienst, § 30 V LVO	1.) Eignung für g.D. nach Persönlichkeit und Leistung, § 30 V LVO, 2.) Mindestens 45. Lebensjahr vollendet, aber noch nicht das 58., § 30 V Nr. 2 LVO, 3.) Bestbeurteilung in der letzten dienstlichen Beurteilung vor Zulassung zur Einführung, § 30 V Nr. 3, 1. Hs. LVO, oder zweitbeste Beurteilung, wenn diese auf Beurteilungsrichtlinien mit Richtsätzen beruht, § 30 V Nr. 3, 2. Hs. LVO	seit mindestens zwei Jahren mindestens ein Amt der Besoldungsgruppe A 9 (m.D.) verliehen, § 30 V Nr. 1, 1. Alt. LVO, oder wahrgenommen haben, § 30 V Nr. 1, 2. Alt. LVO	ausdrückliche Zulassung durch den Dienstherrn, § 30 I S. 1 LVO	erforderlich, § 30 V Nr. 4, 1. Alt. LVO; mindestens zehn Monate, § 30 VI S. 1 LVO	erforderlich, § 30 V Nr. 4, 2. Alt. LVO
höheren Dienst, § 40 S. 2 LVO	vor der erfolgreichen Teilnahme am Auswahlverfahren beste Beurteilungsnote in der letzten dienstlichen Beurteilung nach Verleihung eines Amtes der BesGr A 12 oder höher, § 40 S. 2 Nr. 1 LVO	-------	erfolgreiche Teilnahme an einem durch die oberste Dienstbehörde geregelten Auswahlverfahren, § 40 S. 2 Nr. 2 LVO. Bei Gemeinden tritt an die Stelle der obersten Dienstbehörde der Dienstherr, § 67 II Nr. 2 LVO	mindestens zehn Monate Erprobung in den Aufgaben der neuen Laufbahn, § 40 S. 2 Nr. 3, 1. Hs. LVO; allerdings keine Erprobungszeit mehr gemäß § 10 IV S. 3c) LVO (§ 40 S. 2 Nr. 3, 2. Hs. LVO)	-------

Fall: Die 19-jährigen A, B und C haben gerade ihr Abitur bestanden. Alle drei streben als erstes Großziel ihrer Berufsplanung das Amt des Regierungs- bzw. Verwaltungsdirektors (A 15 BBesO) oder ein anderes Amt dieser Besoldungsgruppe an.

A möchte möglichst schnell Beamter werden, während sich B zunächst einmal auf der Universität umschauen will. C schließlich möchte zuerst in die freie Wirtschaft, beginnt eine Lehre als Bankkaufmann und ist gleichzeitig kommunalpolitisch tätig. Wer kann – vorausgesetzt die regelmäßigen Zeiten werden jeweils durchlaufen – als erster am Ziel sein? Prüfungszeiten sollen unberücksichtigt bleiben.

1.) A muß als B.a.W. im gehobenen Dienst beginnen (§§ 19 I S. 1 Nr. 3 LBG, 26 LVO, 17 II S. 1 LBG, 23 I Nr. 3 BBesG, A 9 BBesO, § 5 I Nr. 4 a) LBG). Zunächst muß er einen Vorbereitungsdienst von drei Jahren erfolgreich abschließen (§§ 20 I Nr. 3, 1. Hs. LBG, 27 I, 28 I LVO). An die Berufung in das B.a.P. (§§ 5 I Nr. 3 a), 6 II S. 1 LBG), die im Ermessen des Dienstherrn steht, schließt sich eine Probezeit von 2,5 Jahren an (§ 29 II S. 1 LVO). Danach wird A angestellt (§ 9 I S. 1 LVO).

Von diesem Zeitpunkt an rechnen seine Dienstzeiten (§ 11 I S. 1 LVO). Das Amt des Regierungsdirektors gehört zur Laufbahngruppe des höheren Dienstes (§ 23 I Nr. 4 BBesG). Deshalb muß A den Aufstieg schaffen. Dazu braucht er eine Dienstzeit (§ 11 LVO) von zwölf Jahren (§ 40 S. 1 Nr. 2 LVO). Die weitere Voraussetzung (§ 40 S. 1 Nr. 1 LVO), wonach A vorher mindestens ein Jahr ein Amt der Besoldungsgruppe A 12 innegehabt haben muß, führt zu keiner Zeitverlängerung, da er ein Jahr nach der Anstellung Oberinspektor sowie nach jeweils einem weiteren Jahr Amtmann und Amtsrat (§ 25 II, 1. Hs. LBG) werden könnte. A könnte also nach 17,5 Jahren ein Amt des höheren Dienstes und zwar das Eingangsamt (A 13 BBesO) verliehen werden (§ 24 S. 1, 2 LBG). Erst ab diesem Zeitpunkt rechnet seine Dienstzeit in der Laufbahngruppe des höheren Dienstes (§ 11 I S. 1 LVO). Aus diesem Grund muß er weitere vier Jahre, insgesamt also 21,5 Jahre, warten,

6. Der Laufbahnwechsel

bevor er Regierungsdirektor werden könnte (§ 41 I LVO). Ohne Ausnahmeregelungen kann er aus eigener Kraft diese Zeiten bei sehr guter Laufbahnprüfung um maximal ein Jahr und drei Monate kürzen (§ 29 II S. 2, 1. Alt. LVO).

2.) Für B bieten sich verschiedene Studiengänge an Universitäten oder Hochschulen an (§§ 19 I S. 1 Nr. 4 LBG, 36 LVO). Auch heute noch wird, trotz erheblicher Bedenken wegen der Verwaltungsferne der Ausbildungsschwerpunkte, überwiegend das Jurastudium gewählt. B muß grundsätzlich ein Studium von dreieinhalb Jahren (in der Praxis jedoch wesentlich länger) mit einer ersten Staatsprüfung erfolgreich abschließen, an die sich ein Vorbereitungsdienst von zwei Jahren und eine zweite Staatsprüfung anschließen (§§ 5 I, 5a I S. 1, 1. Hs., 5b I S. 1 DRiG, 20 I Nr. 4 LBG, 37 I LVO, 5 I Nr. 4 a) LBG). Danach kann er als Regierungsrat z.A. in das B.a.P. übernommen werden (§§ 5 I Nr. 3 a), 6 II S. 1 LBG). Die dann zurückzulegende Regelprobezeit beträgt drei Jahre (§ 39 I S. 1 LVO). Anschließend erfolgt die Anstellung und nach weiteren vier Jahren (§ 41 I LVO) kann ihm frühestens das Amt des Regierungsdirektors verliehen werden. Insgesamt braucht B ohne Ausnahmeregelungen mindestens 12,5 Jahre. Die Kürzungsmöglichkeit (§ 39 II S. 2 LVO) wird durch die nicht berücksichtigte Prüfungszeit für die beiden Staatsprüfungen kompensiert.

B hat rein zeitlich gesehen einen deutlichen Vorsprung gegenüber A.

3.) C schließlich kann mangels der geforderten Laufbahnbefähigung (§§ 20 I Nr. 4 LBG, 37 LVO) nur als anderer Bewerber (§ 6 II S. 2, 1. Hs. LBG) für die angestrebte Laufbahn eingestellt werden. Zweifelhaft ist in seinem Fall, ob der LPA die erforderliche Befähigung feststellt. Dies ist aber möglich (§ 22 I LBG). Zum Zeitpunkt der Entscheidung des LPA muß er das 34. Lebensjahr vollendet haben (§ 45 III S. 1, 2. Alt. LVO). Das bedeutet, daß er vom 19. Lebensjahr an 15 Jahre warten muß. Nach Anerkennung der Befähigung durch den LPA würde er in das B.a.P. berufen (§ 5 I Nr. 3 a) LBG) und müßte eine Probezeit von vier Jahren leisten (§ 46 I Nr. 2 LVO). Danach folgt, wie bei B, die Anstellung und nach einer Wartezeit von vier weiteren Jahren könnte er frühestens zum Regierungsdirektor ernannt werden (§§ 47, 41 I LVO).

Insgesamt braucht C eine Zeit von 23 Jahren. Seine kommunalpolitische Tätigkeit könnte ihm hilfreich sein, ein anderes Amt der Besoldungsgruppe A 15 BBesO zu erreichen, und zwar als Beigeordneter (§ 2 II EingrVO). Dieser ist kommunaler Wahlbeamter auf Zeit (§ 5 I Nr. 2, III S. 1 LBG i.V.m. § 71 GO). Für eine Ernennung muß C die Voraussetzungen (§ 9 II, I Nr. 1 LBG i.V.m. § 6 I LBG) nachweisen. Er braucht jedoch keine laufbahnrechtlichen Voraussetzungen zu erfüllen (§ 15 II LBG). Allerdings muß er die erforderlichen fachlichen Voraussetzungen haben und eine ausreichende Erfahrung für das angestrebte Amt nachweisen (§ 71 III S. 1 GO); sonst könnte die Aufsichtsbehörde seine Wahl beanstanden (§ 10 II S. 2 LBG). Unter günstigen Umständen könnte C das Ziel bereits nach wenigen Jahren mit Abstand als erster erreichen.

Im **Bund** gibt es den **Ausbildungsaufstieg** (§ 33a BLV) und den **Praxisaufstieg** (§ 33b BLV).

Literatur: Witt, Der Aufstieg vom gehobenen in den höheren allgemeinen Verwaltungsdienst in Schleswig-Holstein, PersV 06, 56; Weidemann, Aufstieg in Niedersachsen – Neuordnung der beamtenrechtlichen Aufstiegsregelungen, NdsVBl 02, 95; Dürr, Probleme beim Regelaufstiegsverfahren der Bundeslaufbahnverordnung, DVBl 85, 1207.

6.1.2   Der Abstieg

§ 5 I f) LVO regelt die **Alternativen** des Abstiegs.   172

a.) Zunächst ist die **Zuerkennung der Befähigung für die nächstniedrigere Laufbahn** derselben Fachrichtung möglich (§ 7 VI S. 3, 2. Hs. LVO), **wenn sich der Beamte nicht in der Probezeit bewährt hat**. Diese Lösung ist eine Alternative zur sonst hier nur noch möglichen Entlassung (§ 34 I Nr. 2 LBG; Rn 282). Sie setzt jedoch die Zustimmung des Beamten, seine entsprechende Eignung und ein dienstliches Interesse voraus.

6. Abschnitt: Laufbahnrecht

Die geforderte Zustimmung des Beamten (§ 7 VI S. 3, 2. Hs. LVO) ist schon wegen § 28 I S. 2 LBG notwendig.[49] Ob es sich rechtstechnisch bei diesem Fall des Abstiegs um eine Rangherabsetzung (§ 8 I Nr. 4 LBG) handelt (Rn 133)[50], ist zweifelhaft. Diese Vorschrift erfordert, daß ein anderes Amt verliehen wird. Der B.a.P. ist zu diesem Zeitpunkt noch nicht Inhaber eines Amtes. Jedenfalls wäre es aber möglich, den Beamten auf Antrag zu entlassen (§ 33 LBG) und ihn erneut einzustellen (§ 8 I Nr. 1 LBG).

Im übrigen kann man ihn zum B.a.P. in der nächstniedrigeren Laufbahn derselben Fachrichtung ernennen (§ 8 I Nr. 1 LBG), wobei er kraft Gesetzes (§ 32 II LBG) aus dem früheren Beamtenverhältnis entlassen ist.

Eine Ausgleichszulage (§ 13 II S. 1 BBesG) wird in keinem Fall gewährt. Nach dieser Vorschrift muß der Beamte aus einem Amt ausscheiden. Hier ist das statusrechtliche Amt gemeint (Rn 49), das dem B.a.P. erst nach der laufbahnrechtlichen Probezeit erstmalig verliehen wird (§ 9 I S. 1 LVO). Gerade diese Entscheidung ist an der mangelnden Bewährung des Bewerbers gescheitert.

Beispiel: Inspektor z.A. I hat trotz Verlängerung seiner Probezeit nicht den Nachweis führen können, daß er die Aufgaben seiner Laufbahn erfüllen kann. Wegen seiner Chancenlosigkeit auf dem Arbeitsmarkt stimmt er seiner Entlassung zu und wird aufgrund einer entsprechenden Zusicherung unter Berufung in das B.a.P. zum Sekretär z.A. ernannt. Oder I stimmt seiner Ernennung zum Sekretär z.A. zu (§ 8 I Nr. 1 LBG) und ist mit dieser Ernennung kraft Gesetzes entlassen (§ 32 II LBG).

b.) Bei der weiteren Abstiegsalternative aus § 5 I f) LVO handelt es sich um die Fälle, in denen dem Beamten, der die **Prüfung nicht oder endgültig nicht besteht**, die Befähigung für die nächstniedrigere Laufbahn derselben Fachrichtung zuerkannt werden kann (§§ 21 III, 28 III LVO).

Beispiel: Stadtinspektoranwärter I besteht auch nach Wiederholung nicht die Laufbahnprüfung. Wenn die nachgewiesenen Kenntnisse ausreichen (§ 28 III LVO) und man ihn für befähigt für die Laufbahn des mittleren nichttechnischen Dienstes hält, kann ihm diese Befähigung auf Antrag zuerkannt werden. Über die Zuerkennung der Befähigung entscheidet die Einstellungskörperschaft nach Beiziehung der Prüfungsarbeiten (§ 27 IV VAPgD).
In diesem Fall endet das B.a.W. kraft Gesetzes (§§ 35 II S. 2 LBG, 28 II LVO, § 27a Nr. 3, 1. Hs. VAPgD). Der Dienstherr kann den Anwärter in das B.a.P. berufen und zum Sekretär z.A. ernennen (§ 8 I Nr. 1 LBG).

c.) Eine weitere Abstiegsalternative ergibt sich aus § 28 I S. 1 und 2 LBG. Aus dem Zusammenspiel dieser Vorschriften ist zu ersehen, daß ein Beamter auf **Antrag** in ein Amt einer niedrigeren Laufbahn, für das er die Befähigung hat, versetzt werden kann.[51]

---

49 Schröder/Lemhöfer/Krafft, § 7 BLV, Anm 30.
50 So wohl Plog/Wiedow/Lemhöfer/Bayer, § 26 BBG, Rn 20.
51 Scheerbarth/Höffken/Bauschke/Schmidt, § 13 VII 4a cc.

6. Der Laufbahnwechsel

Dabei handelt es sich um eine Rangherabsetzung (§ 8 I Nr. 4 LBG).[52] Hier bietet sich ebenfalls die Möglichkeit der §§ 8 I Nr. 1, 32 II LBG.

Beispiel: Amtmann A fühlt sich aufgrund einer schweren Erkrankung den Anforderungen seines Amtes nicht mehr gewachsen. A ist jedoch nicht dienstunfähig und beantragt, ihm ein Amt der Laufbahngruppe des mittleren Dienstes gleicher Fachrichtung zu übertragen. Die §§ 13 II BBesG, 5 V BeamtVG sind zu beachten.

6.2 Laufbahnwechsel ohne Wechsel der Laufbahngruppe

Bei Aufstieg und Abstieg handelt es sich um Fälle des vertikalen Laufbahnwechsels. Der Beamte steigt eine Gruppe höher oder niedriger im vierstufigen Laufbahngruppensystem. Dabei ändert sich die Laufbahngruppe als der erste Bestimmungsfaktor der Laufbahn (Rn 158). In den jetzt zu behandelnden Konstellationen des horizontalen Laufbahnwechsels steht die Frage im Mittelpunkt, ob dieser Wechsel angesichts der Fachrichtung, als dem zweiten Bestimmungsfaktor der Laufbahn eines Beamten (Rn 159), zulässig ist. In der Fachrichtung kommt der Aufgabenbereich der öffentlichen Verwaltung zum Ausdruck, für den der Beamte ausgebildet wurde. Deshalb muß man beachten, ob mit der Ausbildung für die bisherige Laufbahn ebenfalls die Anforderungen auf Dienstposten der neuen Laufbahn sachgerecht erfüllt werden können. Läßt man dieses Problem beim Laufbahnwechsel außer acht, wird das durch eine Vielzahl von Ausbildungs- und Prüfungsvorschriften differenzierte Ausbildungssystem der öffentlichen Verwaltung nachträglich konterkariert. Gleichwohl ist zu bedenken, daß die Art der Aufgabenwahrnehmung und die dazu gebrauchten Fertigkeiten in verschiedenen Zweigen der öffentlichen Verwaltung, abgesehen von Spezialkenntnissen, die sich aber der entsprechend geschulte Beamte aneignen kann, gleich sind. Vor diesem Hintergrund sind folgende Fälle zu unterscheiden:

173

6.2.1 Abgrenzung denkbarer Fallkonstellationen

a) Der Beamte bleibt in seiner Fachrichtung und hat die Befähigung nach den gleichen Ausbildungs- und Prüfungsvorschriften wie vergleichbare Beamte anderer Dienstherren im Geltungsbereich des § 1 I LBG erworben. In diesem Fall kann er den Dienstherrn wechseln, ohne daß ein Laufbahnwechsel vorliegt. Der **Beamte bleibt** vielmehr **in derselben Laufbahn**.

174

Beispiele: Gemeindeinspektor I aus der Laufbahn des gehobenen nichttechnischen Dienstes in den Gemeinden und Gemeindeverbänden im Lande NW wechselt von der Gemeinde G zur Stadt S.[53] Oberregierungsrat O aus der Laufbahn des höheren allgemeinen Verwaltungsdienstes mit juristischer Vorbildung wechselt von der Stadt S in den Dienst des Landes NW.[54]

---

52 Plog/Wiedow/Lemhöfer/Bayer, § 26 BBG, Rn 20.
53 Schütz/Maiwald, § 17 LBG, Rn 9.
54 Scheerbarth/Höffken/Bauschke/Schmidt, § 13 VII 1b.

6. Abschnitt: Laufbahnrecht

b) Der Beamte bleibt in seiner Fachrichtung, hat jedoch seine Befähigung aufgrund gleicher Vorbildung durch eine im wesentlichen gleiche Ausbildung oder beim Bewerber besonderer Fachrichtung im wesentlichen gleiche praktische und hauptberufliche Tätigkeit außerhalb des Geltungsbereiches des Landesbeamtengesetzes und der auf ihm fußenden LVO erworben (§§ 81 I, II, 1 I LVO). Ob jemand seine Laufbahnbefähigung in einem anderen Bundesland erworben hat, ist rechtlich unerheblich.[55] Hier handelt es sich um den **Wechsel in eine entsprechende Laufbahn (§ 81 III LVO).**

Beispiel: Die Augsburger Stadtamtsrätin Eva-Maria K aus der Laufbahn des gehobenen nichttechnischen Dienstes in den Gemeinden und Gemeindeverbänden im Lande Bayern wechselt in die entsprechende Laufbahn im Land NW zur Stadt Köln.

c) Der Beamte wechselt die Fachrichtung, hat jedoch eine im wesentlichen gleiche Vorbildung und Ausbildung wie ein Bewerber der neuen Laufbahn oder kann die Befähigung aufgrund seiner Vorbildung, Ausbildung und Tätigkeit durch Unterweisung erwerben. Dies ist ein **Wechsel in eine gleichwertige Laufbahn (§ 12 II LVO).**

Beispiel: Regierungsinspektor I aus der Laufbahn des gehobenen nichttechnischen Dienstes in der allgemeinen Verwaltung im Lande NW wechselt aus der Landesverwaltung zur Stadtverwaltung S und übernimmt einen Dienstposten der Laufbahn des gehobenen nichttechnischen Dienstes in den Gemeinden und Gemeindeverbänden (Nr. 2.1 RdErl IM v. 9.6.82; SMBl NW 203001).

d) Der Beamte wechselt die Fachrichtung und strebt den Dienstposten einer Laufbahn an, für die eine bestimmte Vorbildung, Ausbildung oder Prüfung durch Rechtsvorschrift vorgeschrieben oder nach ihrer Eigenart zwingend erforderlich ist. Dies ist **nicht durch Laufbahnwechsel** möglich (§ 12 II S. 3 LVO). Das gilt ebenfalls, wenn der Ausbildungsweg so unterschiedlich ist, daß die Gleichwertigkeit der Laufbahnen verneint werden muß.

Beispiel: Regierungsinspektor I möchte Lehrer an einer Grund- oder Hauptschule werden (§ 50 I Nr. 1 LVO). I muß die Befähigung auf dem in Rn 161 (Regellaufbahnbewerber) geschilderten Weg erwerben (vgl. ebenfalls § 50 LVO). Selbst wenn dem Beamten zu diesem Zweck Sonderurlaub ohne Besoldung (§ 12 I S. 1 SUrlVO) gewährt werden sollte, müßte er spätestens wegen der gemäß §§ 52 LVO, 9 I Nr. 3 a) LBG notwendigen Probezeit im B.a.P. (§ 5 I Nr. 3 a) LBG) aus dem bisherigen Beamtenverhältnis ausscheiden (§ 32 I S. 1 Nr. 2 bzw. II LBG). Er beginnt damit eine neue Laufbahn ohne die Möglichkeit der Anrechnung vorher bereits im Beamtenverhältnis zurückgelegter Zeiten auf die Probezeit (§§ 83 VI, 52 III LVO).

Fall: Gabriela G, Stadtinspektorin z.A. bei der Stadt Bonn, will Lehrerin an der Grundschule Niederkassel-Mondorf werden. G hat das zweite Staatsexamen für das Lehramt an Grundschulen. Welche beamtenrechtlichen Möglichkeiten gibt es?
Zunächst könnte sich G bei der Stadt Bonn entlassen (§ 33 LBG) und als Lehrerin einstellen lassen (§ 8 I Nr. 1 LBG). Weiter besteht die Möglichkeit, sich direkt zur Lehrerin ernennen zu lassen. Dadurch wird ein neues B.a.P. begründet. Dies führt hinsichtlich des ursprünglichen

---

55 BVerwGE 68, 109 (111) = NJW 84, 1248 (1249) = DVBl 84, 432 (433); Anm Schoch, DVBl 84, 434 (434 ff.).

6. Der Laufbahnwechsel

Beamtenverhältnisses zur Stadt Bonn zu einer Entlassung kraft Gesetzes (§ 32 I S. 1 Nr. 2, 1. Hs. LBG). Schließlich ist ein Laufbahnwechsel denkbar (§ 12 I LVO). G hat mit dem zweiten Staatsexamen die Befähigung für die neue Laufbahn. Es handelt sich hier um den seltenen Fall des Laufbahnwechsels in eine Laufbahn, die weder gleichwertig noch entsprechend ist. Weist der Beamte jedoch zwei Laufbahnbefähigungen auf, ist ein derartiger Laufbahnwechsel zulässig. Er wird durch Versetzung (§ 28 IV i.V.m. I S. 1 LBG) vollzogen.

Entsprechendes gilt für einen Beamten im gehobenen nichttechnischen Verwaltungsdienst, der von seinem Dienstherrn beurlaubt wurde (§ 12 I S. 1 SUrlVO), um zu studieren sowie das erste und zweite juristische Staatsexamen (nach einem Vorbereitungsdienst im öffentlich-rechtlichen Ausbildungsverhältnis, § 30 I S. 1 JAG) abzulegen. Mit bestandener Prüfung erwirbt er die Laufbahnbefähigung für den höheren allgemeinen Verwaltungsdienst (§ 1 S. 1 JAG), so daß ein Laufbahnwechsel in eine Laufbahn, die weder gleichwertig noch entsprechend ist, in Betracht kommt.

6.2.2 Wechsel in eine entsprechende Laufbahn

Als **Voraussetzung** für diese Form des Laufbahnwechsels muß der Beamte die **Befähigung** für die neue Laufbahn haben (§ 12 I LVO). Der Bewerber besaß die Befähigung **für entsprechende Laufbahnen** bei allen Dienstherren im Geltungsbereich des BRRG (§ 122 II BRRG). Laufbahnen entsprechen einander (§ 81 III LVO), wenn sie 175

a) zu derselben Laufbahngruppe gehören,

b) Ämter derselben Fachrichtung umfassen und

c) eine gleiche Mindestvorbildung und im wesentlichen gleiche Ausbildung bzw. bei Laufbahnen besonderer Fachrichtung eine gleiche Vorbildung und im wesentlichen gleiche praktische und hauptberufliche Tätigkeit voraussetzen.

Wegen der systematischen Stellung von § 81 III LVO ist erforderlich, daß die genannten Voraussetzungen außerhalb des Geltungsbereichs der LVO erworben wurden.[56]

Der Wechsel in entsprechende Laufbahnen ist nach den genannten Vorschriften ohne weitere Formalitäten möglich; der Personalrat muß jedoch zustimmen (§§ 66 I, 72 I S. 1 Nr. 3 LPVG). Die Gleichstellungsbeauftragte ist durch Unterrichtung und Anhörung zu beteiligen (§ 18 II S. 1 i.V.m. § 17 I, 2. Hs. Nr. 1 LGG). Sie hat ein Widerspruchsrecht (§ 19 I, 1. Hs. LGG). Beamtenrechtlich vollzieht sich der Wechsel in eine entsprechende Laufbahn durch eine Versetzung (§§ 28 I S. 1 LBG, 15 BeamtStG; Rn 186 ff.) oder eine Neueinstellung (§ 8 I Nr. 1 LBG; Rn 90 ff.), ohne (§ 32 I S. 1 Nr. 2, 1. Hs., 2. Alt. LBG) oder mit (§§ 32 I S. 1 Nr. 2, 1. Hs., 1. Alt., 33 LBG) vorheriger Entlassung beim ehemaligen Dienstherrn. § 83 LVO ist zu beachten. Der Beamte, der seine Befähigung als **anderer Bewerber** erworben hat, kann ausschließlich mit Anerkennung des LPA in eine entsprechende Laufbahn wechseln (§ 81 IV S. 1 LVO).

---

[56] Zum Terminologieproblem äußern sich Schröder/Lemhöfer/Krafft, § 43 BLV, Rn 7 m.w.N.

6. Abschnitt: Laufbahnrecht

6.2.3 Wechsel in eine gleichwertige Laufbahn

176 Anknüpfungspunkt ist auch hier § 12 I LVO. Der Beamte **ändert** allerdings in diesem Fall seine **Fachrichtung**. Deshalb muß die Befähigung für die neue Laufbahn förmlich anerkannt werden (§ 12 II S. 1 LVO). Darüber entscheidet die für die Ordnung der neuen Laufbahn zuständige oberste Dienstbehörde (§ 12 IV S. 1, 1. Hs. LVO). Bei Kommunalbeamten tritt an deren Stelle die Bezirksregierung (§ 67 II Nr. 1 b) LVO), bei Körperschaftsbeamten die oberste Aufsichtsbehörde (§ 79 I LVO). Diese Anerkennung ist nur möglich, wenn es sich um gleichwertige Laufbahnen handelt (§ 12 II S. 1 LVO). § 12 II S. 2 LVO regelt die Anforderungen an die Gleichwertigkeit. Um den Laufbahnwechsel zu vereinfachen, hat der IM durch Erlaß vom 9.6.82 (SMBl NW 203001) die Gleichwertigkeit einer Vielzahl von Laufbahnen generell anerkannt und den Bezirksregierungen empfohlen, wegen ihrer Zuständigkeit entsprechende Regelungen zu erlassen. In den genannten Bestimmungen sind z.B. die Laufbahnen des gehobenen nichttechnischen Dienstes in der allgemeinen Verwaltung im Lande NW und in den Gemeinden und Gemeindeverbänden in NW, im Dienst der Bergverwaltung des Landes NW, im Dienst der Finanzverwaltung und des Justizdienstes (Rechtspfleger) als untereinander gleichwertig anerkannt worden. Ein **anderer Bewerber** kann allein dann in eine gleichwertige Laufbahn wechseln, **wenn** zuvor der **LPA seine Befähigung** für die neue Laufbahn **anerkannt hat**.[57] Das ergibt sich aus § 12 II, III LVO. Ein Wechsel in eine gleichwertige Laufbahn ist nach dem Wortlaut von § 12 II, III LVO lediglich für Laufbahnbewerber möglich, so daß für den anderen Bewerber hier § 22 III LBG gilt.

Fall: Regierungsamtsrat A möchte zum 1.1.01 vom Bergamt in die Stadtverwaltung seines Wohnorts wechseln. A ist am 1.1.95 angestellt, am 1.1.97 zum Oberinspektor, am 1.1.98 zum Amtmann und am 1.1.99 zum Amtsrat befördert worden. Erfüllt er die Voraussetzungen des § 28 I S. 1 LBG? Könnte er nach einer Erprobungszeit von sechs Monaten als Oberamtsrat übernommen werden?

Nach § 28 I S. 1 LBG müßte A für die neue Laufbahn befähigt sein. Das ist deswegen zweifelhaft, weil er seine Befähigung im Bereich eines anderen Dienstherrn (Land) erworben hat und er nunmehr in die Kommunalverwaltung wechseln will. Ein solcher Wechsel ist möglich, wenn A auch die Befähigung für die neue Laufbahn hat (§ 12 I LVO). Das ist der Fall, wenn die Laufbahnen des gehobenen nichttechnischen Dienstes in der Bergverwaltung einerseits und in der Kommunalverwaltung andererseits entsprechende Laufbahnen sind. Laufbahnen entsprechen sich u.a. dann, wenn sie Ämter derselben Fachrichtung umfassen (§ 81 III LVO). Bei der Bergverwaltung und der Kommunalverwaltung handelt es sich aber um verschiedene Aufgabenzweige der öffentlichen Verwaltung. Deshalb wechselt A die Fachrichtung. Somit liegt kein Wechsel in eine entsprechende Laufbahn vor. Dennoch könnte A in den Dienst der Stadt S treten, wenn die genannten Laufbahnen gleichwertig wären (§ 12 II S. 1, 2 LVO). Über die Anerkennung der Gleichwertigkeit darf der neue Dienstherr nicht selbst entscheiden. A soll Kommunalbeamter werden. Deshalb ist vielmehr die örtlich zuständige Bezirksregierung hierzu berufen (§§ 12 IV S. 1, 1. Hs., 67 II Nr. 1 b) LVO). Diese dürfte entsprechend Nr. 2.42 f) RdErl IM v. 9.6.82 (SMBl NW 203001) die generelle Anerkennung der Gleichwertigkeit beider Laufbahnen geregelt haben. Somit erfüllt A die Kriterien des § 28 I S. 1 LBG (weitere Einzelheiten zur Versetzung s. Rn 186 ff.).

---

57 Scheerbarth/Höffken/Bauschke/Schmidt, § 13 VII 2c cc.

6. Der Laufbahnwechsel

Bei der Versetzung wird das Beamtenverhältnis mit dem neuen Dienstherrn fortgesetzt (§ 28 IV S. 1 LBG). A tritt seinen Dienst bei der Stadt als „Amtsrat" an (vgl. auch § 83 VI, IV S. 1, 1. Hs. LVO für den Fall der Neueinstellung). Ob er Oberamtsrat werden kann, hängt davon ab, ob er die Voraussetzungen für diese Beförderung (§ 8 I Nr. 4 LBG) erfüllt, wobei die beim früheren Dienstherrn bereits zurückgelegten Zeiten berücksichtigt werden können (§ 28 IV S. 1, 2. Hs. LBG bzw. § 83 IV S. 1 LVO). Zwar erfüllt er die Anforderungen aus den §§ 25 II, 1. Hs. LBG, 10 II b), IV S. 3 b) LVO, nicht jedoch die Dienstzeit (§ 31 LVO) von acht Jahren. A kann deswegen ausschließlich dann zum 1.1.01 zum Oberamtsrat befördert werden, wenn die Aufsichtsbehörde eine Ausnahme (§ 84 I S. 1 Nr. 5, III S. 2 Nr. 3, 1. Alt. LVO) zuläßt. In diesem Fall wäre neben der Versetzung auch eine Ernennung (§ 8 I Nr. 4 LBG) vorzunehmen (Rn 125 ff.).

Schaubild Nr. 15

Laufbahnwechsel ohne Wechsel der Laufbahngruppe

Lauf-bahnen	Alte Laufbahn (im gehobenen Dienst)	Maßnahme	Übergang	Neue Laufbahn (im gehobenen Dienst)	Art der Änderung
im Geltungs-bereich der nw LBG und der nw LVO	Nichttechnischer Dienst in der allgemeinen Verwaltung des Landes NW	Versetzung von der Bezirksregierung Köln zur Bezirksregierung Münster	→	Nichttechnischer Dienst in der allgemeinen Verwaltung des Landes NW	Verbleiben in der bisherigen Laufbahn
		Versetzung von der Bezirksregierung Köln zur Stadt Köln	↑		Wechsel in eine entsprechende Laufbahn, § 81 III LVO
		Versetzung von der Bezirksregierung Köln an die Grundschule S-Straße in Köln			
	Nichttechnischer Dienst in den Gemeinden und Gemeindeverbänden		→	Nichttechnischer Dienst in den Gemeinden und Gemeindeverbänden	Wechsel in eine gleichwertige Laufbahn, § 12 II S. 1 LVO
	Lehramt an der Grund- und Hauptschule (§ 50 I Nr. 1 LVO)				Grundsätzlich kein Wechsel möglich, da sich die Laufbahnen weder entsprechen noch gleichwertig sind. Anders ist es, wenn der Beamte die entsprechende Laufbahnbefähigung hat.
	sonstige Laufbahn				
Laufbahnen eines anderen Bundeslandes	Nichttechnischer Verwaltungsdienst in der bayerischen allgemeinen inneren Verwaltung	Versetzung von der Bezirksregierung Schwaben zur Bezirksregierung Köln			

6. Abschnitt: Laufbahnrecht

7. Anwendung der Laufbahnverordnung

177 Das Laufbahnrecht besteht aus vielen Detailregelungen, die nicht im einzelnen in der Ausbildung beherrscht werden müssen. Kennt man die in diesem Abschnitt erläuterten Grundbegriffe, kann man die Einzelheiten jedoch unschwer den Vorschriften des Laufbahnrechts entnehmen, wenn folgende Regelungsstruktur beachtet wird:

a) Bei der LVO handelt es sich um eine Rechtsverordnung. In § 15 I LBG ist die notwendige **Ermächtigung** enthalten, welche durch die §§ 17 bis 26 LBG näher konkretisiert wird. Allerdings enthalten diese Normen auch Regelungsinhalte, die keiner Umsetzung in der LVO mehr bedürfen (z.B. § 22 III LBG).

b) Über die **Anwendbarkeit** der LVO entscheidet § 1 LVO. Hierbei ist zu berücksichtigen, daß es

  aa) **laufbahnfreie Bewerber** gibt, für die keine Laufbahnvorschriften existieren (z.B. Hochschullehrer, § 1 II Nr. 1 LVO, und kommunale Wahlbeamte, § 1 II Nr. 2 LVO), und daß

  bb) **für bestimmte Beamte spezielle Rechtsverordnungen** gelten (§ 1 III LVO) und zwar für Polizeivollzugsbeamte die LVO Pol und für Beamte des feuerwehrtechnischen Dienstes die LVO Feu.

c) **Im allgemeinen Teil** der LVO sind **die für alle Bewerber einheitlichen Vorschriften** vor die Klammer gesetzt (§§ 2 bis 13 für alle Laufbahngruppen; § 48 Fortbildung; §§ 81 und 82 Anerkennung bei einer bestimmten Befähigung; § 83 Rechtsstellung Wiedereingestellter und Beamter anderer Dienstherren).

d) In den §§ 14 bis 15a folgen gemeinsame Vorschriften für alle Laufbahnbewerber sowie in den §§ 16 bis 44 **Laufbahngruppenbestimmungen** mit allgemeinen Regelungen für die Beamten der einzelnen Laufbahngruppen. Am Ende der Laufbahngruppenbestimmungen sind jeweils Besonderheiten für Bewerber besonderer Fachrichtung normiert.

e) Weiterhin enthält die LVO **Sonderregelungen** für andere Bewerber (§§ 45 ff.), für spezielle Beamtenarten (§§ 67 bis 79 LVO; z.B. Kommunalbeamte, Beamte der Körperschaften, Anstalten und Stiftungen des öffentlichen Rechts), für bestimmte Beamte mit besonderer Rechtsstellung (§§ 49 ff.; z.B. Lehrer, wissenschaftliche Mitarbeiter und Lehrkräfte für besondere Aufgaben an Hochschulen) und für gewisse Beamtengruppen und Richter (§§ 86 ff.).

f) Schließlich ist § 84 LVO eine **Ausnahmevorschrift** von fast allen laufbahnrechtlichen Normen.

Beispiele:
(1) Polizeiobermeister P möchte in eine gleichwertige Laufbahn des mittleren nichttechnischen Dienstes wechseln. P ist im Laufbahnabschnitt I und damit dienstrechtlich Beamter des mittleren Polizeivollzugsdienstes (§ 2 III i.V.m. II LVO Pol). Er hat auch seine Befähigung für diese Laufbahn erworben (§ 4 I LVO Pol). Es handelt sich um einen Laufbahnwechsel (§ 12 LVO). § 12 LVO ist gemäß § 86 I LVO anzuwenden. Diese Vorschrift wird durch die

7. Anwendung der Laufbahnverordnung

Sonderregelung in § 86 II S. 1 LVO ergänzt. Der beabsichtigte Laufbahnwechsel ist demnach nur nach erfolgreich absolvierter Unterweisungszeit, die mindestens zwei Drittel des für die neue Laufbahn jeweils vorgeschriebenen Vorbereitungsdienstes beträgt, möglich. Entsprechendes gilt für einen Laufbahnwechsel von Polizeivollzugsbeamten im gehobenen Dienst (§ 86 III S. 1 LVO). Für den Wechsel von Polizeivollzugsbeamten in nicht gleichwertige Laufbahnen gelten §§ 5 I e), 12 VI LVO.

(2) §§ 5 I e), 12 VI LVO finden ebenfalls Anwendung für den Wechsel vom mittleren feuerwehrtechnischen in den mittleren allgemeinen Verwaltungsdienst. Nach Auffassung des IM[58] kann die Laufbahnbefähigung für den mittleren allgemeinen Verwaltungsdienst im Einzelfall durch eine Unterweisungszeit (§ 12 III LVO) zuerkannt werden. Diese sollte einen Zeitraum von zwei Jahren nicht unterschreiten. Gerade lebensjüngeren Feuerwehrbeamten kann auf diese Weise eine entsprechende Weiterverwendungsmöglichkeit eröffnet werden, um eine Versetzung in den Ruhestand wegen Dienstunfähigkeit zu vermeiden.

(3) I hatte die Laufbahnprüfung mit sehr gut bestanden und wurde am 1.1.04 unter Verleihung der Eigenschaft eines B.a.P. zum Gemeindeinspektor z.A. ernannt. Wegen besonderer Leistungen soll er schon zum 1.3.05 angestellt werden. Wäre das möglich?

Nach § 9 I S. 1 LVO setzt die Anstellung des I die Bewährung in der Regel- oder der im Einzelfall festgesetzten Probezeit voraus. Die Regelprobezeit eines Beamten des gehobenen Dienstes (§ 4 II, III LVO) dauert 30 Monate (§ 29 II S. 1 LVO). Wegen seines Examensergebnisses und der besonderen dienstlichen Leistungen wäre eine Kürzung um ein Jahr und drei Monate auf 15 Monate möglich (§ 29 II S. 2, 1. Hs. LVO). Aus § 29 III LVO und § 7 II, III LVO ergeben sich keine weiteren Kürzungsmöglichkeiten. Danach kann die Anstellung lediglich dann zum 1.3.05 erfolgen, wenn der Landrat als Aufsichtsbehörde eine entsprechende Ausnahme zuläßt (§ 84 I S. 1 Nr. 2, III S. 2 Nr. 3, 1. Alt. LVO i.V.m. § 120 I, 1. Hs. GO).

Literatur: Maurer, Sind die Professoren der FH Bund in Laufbahnämter der Bundesverwaltung versetzbar?, DÖD 96, 153; Baßlsperger, Laufbahnwechsel, ZBR 94, 111; Schelo, Anerkennung von Bildungsabschlüssen aus der ehemaligen DDR, PersV 91, 298.

---

58 MittNWStGB 96, lfd.Nr. 501.

7. Abschnitt: Änderungen des funktionellen Amtes und Maßnahmen bei der Umbildung von Behörden und Körperschaften

1. Änderungen des funktionellen Amtes

Man kann nicht nur die Rechtsstellung (statusrechtliches Amt; Rn 49), sondern ebenfalls die Aufgabe des Beamten ändern. Die Unterscheidung der möglichen Maßnahmen beruht auf dem Begriff des Amtes im funktionellen Sinn (Rn 50). Das BeamtStG regelt nur landesübergreifende Abordnungen, Versetzungen und Umbildungen von Körperschaften (§ 13 BeamtStG).

178

1.1 Begriffsbestimmung, Rechtsnatur und Abgrenzung der möglichen Maßnahmen

Als organisationsrechtliche Änderungen des funktionellen Amtes kommen Versetzung, Abordnung, Umsetzung oder Organisationsverfügung (Änderung des Geschäftsverteilungsplanes) in Frage. Will der Dienstherr einen freien Dienstposten besetzen, kann er zwischen den verschiedenen Personalmaßnahmen wählen[1], sofern ihre jeweiligen Voraussetzungen erfüllt sind. Nach den durch das achte Gesetz zur Änderung dienstrechtlicher Vorschriften erfolgten Neuregelungen können Versetzung und Abordnung öfter als bisher und selbst ohne Zustimmung des Beamten erfolgen. Damit soll ein flexibler Personaleinsatz vor allem in Bereichen, die von Stellenabbau und Umstrukturierung betroffen sind, ermöglicht werden. Zur Unterstützung dieses personalwirtschaftlichen Ziels ist durch die unmittelbar in Bund und Ländern geltende Vorschrift des § 54 IV BeamtStG bestimmt, daß Widerspruch und Anfechtungsklage gegen Versetzung und Abordnung keine aufschiebende Wirkung haben. Ein Beamter muß somit trotz eingelegter Rechtsmittel der Verfügung Folge leisten. Davon unberührt kann er jedoch beim Verwaltungsgericht die Anordnung der aufschiebenden Wirkung beantragen (§ 80 V S. 1, 1. Alt. VwGO).

---

1 OVG Schleswig, DÖD 99, 94 (95); VGH Kassel, ZBR 90, 24; VGH Mannheim, VBlBW 92, 189.

7. Abschnitt: Änderungen des funktionellen Amtes

Schaubild Nr. 16

Änderungen des funktionellen Amtes

Maßnahme	Änderungen			Zweck	Rechtsnatur
	abstrakt-	konkret-funktionelles Amt	Dienststelle		
Versetzung	+	+	+	endgültige Übertragung eines neuen Aufgabenkreises	Verwaltungsakt
Abordnung	–	+	+	vorübergehende Übertragung eines Dienstpostens bei Personalengpaß oder zur Erprobung	Verwaltungsakt
Umsetzung	–	+	–	endgültige oder vorübergehende Maßnahme zur Aufgabenumverteilung	h.M.: kein Verwaltungsakt, sondern hoheitliche Maßnahme ohne Außenwirkung
Organisationsverfügung	–	nur bestimmte Aufgabeninhalte ändern sich	–	Maßnahme zur Aufgabenverteilung	hoheitliche Maßnahme ohne Außenwirkung
Überweisung (zum Unterschied)	–	–	–	Beginn eines neuen Ausbildungsabschnitts eines Anwärters	hoheitliche Maßnahme ohne Außenwirkung

179 Bei der **Versetzung** handelt es sich um die auf Dauer angelegte Übertragung eines abstrakt-funktionellen Amtes bei einer anderen Behörde desselben oder eines anderen Dienstherrn (sog. **organisationsrechtliche** Versetzung[2]). Innerhalb der Kommunalverwaltung gibt es keine anderen Behörden, so daß bei dortigen Amtswechseln keine Versetzung, sondern eine Umsetzung gegeben ist.[3] Als eigenständige Behörden werden hingegen Schulen und sich in der Trägerschaft der öffentlichen Hand befindende Krankenhäuser und Kliniken angesehen.[4] Bei der Versetzung verliert der Beamte seine bisherige Amtsstelle und erhält ein neues abstrakt-funktionelles Amt. Er wird auf einer Planstelle seiner neuen Behörde geführt. Allerdings sind Versetzungen auch ohne Behördenwechsel denkbar, wenn man dem Beamten ein anderes statusrechtliches Amt überträgt (sog. **statusberührende** Versetzung[5]).

Beispiele: Regierungsrat R wechselt auf Dauer von der Bezirksregierung in A zur Abteilung G der FHSöV. Kreisamtmann A übernimmt auf Dauer Aufgaben der Gemeinde G (beides Versetzungen). Obergerichtsvollzieher O (A 9 BBesO) beim Amtsgericht in D wird in den Innendienst versetzt und mit den Aufgaben eines Justizamtsinspektors (A 9 BBesO) betraut. Hierbei handelt es sich um eine statusberührende Versetzung aus der Sonderlaufbahn des Gerichtsvollziehers in die Laufbahn des mittleren Justizdienstes, die möglich ist (§ 28 I S. 2 LBG).[6]

---

2   BVerwGE 87, 310 (312) = NJW 91, 2980 (2980 f.); 69, 303 (307) = NVwZ 85, 197 (198); 65, 270 (276) = DÖD 83, 28 (30); OVG Münster, DVBl 05, 325 (326) = NVwZ 05, 354 (355) = ZBR 05, 97 (98).
3   VGH München, ZBR 92, 111 (112).
4   BVerwGE 87, 310 (313) = NJW 91, 2980 (2981); VGH Mannheim, ZBR 87, 63 (64); OVG Münster, RiA 83, 198.
5   BVerwGE 65, 270 (276) = DÖD 83, 28 (30).
6   BVerwGE 65, 270 (276) = DÖD 83, 28 (30).

1. Änderungen des funktionellen Amtes

Die **Abordnung** ist die vorübergehende Übertragung eines neuen konkret-funktionellen Amtes bei einer anderen Dienststelle desselben oder eines anderen Dienstherrn.[7] Der Beamte behält sein bisheriges abstrakt-funktionelles Amt und wird weiter auf seiner alten Planstelle geführt. Sein konkret-funktionelles Amt ist hingegen das ihm während der Abordnung übertragene. Somit unterliegt er der Dienstaufsicht und Weisungsbefugnis des Leiters der Abordnungsbehörde.[8] Unter Dienststelle ist eine organisatorisch selbständige Verwaltungseinheit mit örtlich und sachlich bestimmtem Aufgabenkreis zu verstehen.[9]

180

Danach handelt es sich z.B. bei der Verwaltung einer Stadt um eine einheitliche Dienststelle, so daß innerhalb der Stadtverwaltung keine Abordnung möglich ist. Bestrebungen, einen Beamten innerhalb der eigenen Verwaltung abzuordnen statt umzusetzen, weil die rechtlichen Voraussetzungen für eine Abordnung geringer sind, wären rechtswidrig.

Hingegen ist der Beamte zum Besuch von dienstlichen Fortbildungsveranstaltungen bei anderen Dienststellen im Abordnungswege und nicht durch eine Dienstreise zu entsenden. Die Vermittlung des Gegenstandes der Fortbildungsveranstaltung gehört nicht zu den Aufgaben der regelmäßigen Dienststelle des Beamten. Dieser erledigt während der Teilnahme an der Fortbildungsveranstaltung folglich keine auswärtigen Dienstgeschäfte für seine regelmäßige Dienststelle.[10]

Beispiele: Oberregierungsrat O von der Bezirksregierung in K werden zur Erprobung seiner Eignung die Aufgaben eines Referenten im IM übertragen. Stadtamtmann A übernimmt wegen eines Personalengpasses ein Aufgabengebiet im Wohnungsbauförderungsamt des Kreises.

Die **Umsetzung** ist die kurzfristige oder auf Dauer angelegte Übertragung eines anderen konkret-funktionellen Amtes innerhalb derselben Behörde.[11] Der Beamte behält sein abstrakt-funktionelles Amt, seine Planstelle und bleibt innerhalb seiner bisherigen Behörde. Er übernimmt ausschließlich einen neuen Dienstposten.[12]

181

Beispiele: Regierungsrat R wechselt vom Dezernat 31 (Kommunalaufsicht) zum Dezernat 11 (Organisations- und Personalangelegenheiten) der Bezirksregierung in D. Kreisoberinspektor O, der bisher Aufgaben im Amt 32 (Ordnungsamt) wahrnahm, übernimmt einen Tätigkeitsbereich im Amt 20 (Kämmerei) der Kreisverwaltung in K.

---

7 Günther, ZBR 78, 73 (81).
8 Schnellenbach, Rn 123; Dürr/Dürr, 84.
9 BVerwGE 27, 41 (44).
10 Lewer/Stemann, Reisekostenrecht des Landes NW, § 1 TrennungsentschädigungsVO, Rn 15.
11 OVG Bautzen, LKV 99, 329 = SächsVBl 99, 163.
12 VGH Kassel, PersV 03, 430 (432).

7. Abschnitt: Änderungen des funktionellen Amtes

182 Die **Organisationsverfügung** ändert die Aufgabeninhalte des konkret-funktionellen Amtes.[13] Der Beamte behält sein abstrakt- und konkret-funktionelles Amt, seine Planstelle und bleibt bei seiner bisherigen Behörde. Es ändern sich allein bestimmte Aufgaben seines Arbeitsgebietes. Im Gegensatz zur Umsetzung, bei welcher der Beamte einen anderen Dienstposten erhält, kommt bei der Geschäftsplanänderung die neue Aufgabe zum Beamten.[14] Er muß in seinem Referat zukünftig andere Aufgaben bearbeiten. Dem entspricht die Änderung des Geschäftsverteilungsplanes einer Behörde.[15]

Beispiel: Der Leiter des Hauptamtes der Stadt S war bisher unter anderem für die Vorbereitung der Ratssitzungen sowie für die Öffentlichkeitsarbeit der Stadt zuständig. Diese Teilaufgaben werden ihm entzogen und einem Beamten im Büro des Oberbürgermeisters übertragen.

183 Die genannten **Maßnahmen unterscheiden sich in ihrer Rechtsnatur**. Während **Versetzung und Abordnung Verwaltungsakte** sind[16], handelt es sich bei **Umsetzung**, jedenfalls **nach h.M.**, und **Organisationsverfügung um schlicht hoheitliche Maßnahmen ohne Verwaltungsaktqualität**.[17] Diese Differenzierung wird wie folgt begründet: Versetzung und Abordnung seien Rechtsinstitute, die über den innerbehördlichen Bereich hinauswirkten. Mit ihnen sei ein über die konkrete Arbeitszuteilung wesentlich hinausgehender Eingriff in die individuelle Rechtssphäre des Beamten verbunden. Deswegen seien sie gesetzlich geregelt und an die Erfüllung bestimmter Voraussetzungen geknüpft.[18] Bei der Umsetzung fehle es dagegen am Merkmal „unmittelbare Rechtswirkung nach außen" im Sinn der Legaldefinition des Verwaltungsakt-Begriffs in § 35 S. 1 VwVfG. Eine Umsetzung sei nicht darauf gerichtet, Außenwirkung zu entfalten. Vielmehr handele es sich um eine behördeninterne Maßnahme, die sich allein an den Beamten als Amtsträger und Glied der Verwaltung wende und auf organisationsinterne Wirkung ziele. Sie gehöre ihrem objektiven Sinngehalt nach zu den Anordnungen, welche die dienstliche Verrichtung des Beamten beträfen und sich in ihren Auswirkungen auf die

---

13 BVerwGE 98, 334 (335 f.) = ZBR 95, 374 = NVwZ 97, 72; DÖV 92, 495 (496) = NVwZ 92, 573 (574); DVBl 81, 495 (495 f.).
14 Dürr/Dürr, 79.
15 VGH München, ZBR 82, 33 (LS).
16 BVerwGE 60, 144 (146 ff.) = DVBl 80, 882 (883) = NJW 81, 67 (68).
17 BVerwGE 102, 81 (83); 98, 334 (335) = ZBR 95, 374 = NVwZ 97, 72; 89, 199 (200) = NVwZ 92, 572 (573); DÖV 92, 495 (496) = NVwZ 92, 573 (574); 60, 144 (146 ff.) = DVBl 80, 882 (882 f.) = NJW 81, 67 (68); DVBl 81, 495 (495 f.); VGH Mannheim, VBlBW 04, 187; OVG Saarlouis, ZBR 95, 47; SKZ 01, 78 (79); OVG Münster, RiA 95, 200; VGH Kassel, NVwZ-RR 90, 262; OVG Bautzen, DÖD 04, 225; Monhemius, Rn 135, 180; Kunig in Schmidt-Aßmann, Rn 113.
18 BVerwGE 60, 144 (146 ff.) = DVBl 80, 882 (883) = NJW 81, 67 (68).

1. Änderungen des funktionellen Amtes

organisatorische Einheit beschränkten, welcher der Beamte angehöre.[19] Das gleiche gelte erst recht für die Organisationsverfügung.[20] In den genannten Entscheidungen stellt das BVerwG Umsetzung und Organisationsverfügung rechtlich auf die gleiche Stufe wie die dienstliche Weisung, z.B. einen Vorgang in bestimmter Weise zu bearbeiten. Dagegen spricht jedoch, daß aus dem statusrechtlichen Amt ein Anspruch auf eine amtsangemessene Aufgabe folgt (Rn 49), der bei der Aufgabenzuweisung und -umverteilung (Aufbauorganisation) im Gegensatz zur bloßen Abwicklung der übertragenen Aufgaben (Ablauforganisation; Rn 303) zu beachten ist. Insofern bestehen zwischen Versetzung, Abordnung, Umsetzung und Organisationsverfügung Parallelen, die sie von Maßnahmen, die der Remonstration unterliegen (§ 59 II LBG; Rn 211), unterscheidet. Warum dennoch nur bei der Versetzung und Abordnung „in der Regel"[21] in die individuelle Rechtsstellung des Beamten eingegriffen werde, hat das Gericht nicht begründet. Geht man aber von der Überlegung aus, daß der Dienstherr bei allen Maßnahmen der Aufgabenverteilung rechtmäßig handeln will, so wird er die Rechte aus dem statusrechtlichen Amt beachten und zumindest mit regeln wollen. Demnach hätten alle Institute Rechtswirkungen im Sinn der Verwaltungsakt-Definition. Das Merkmal „Außenwirkung" des Verwaltungsakt-Begriffs muß hingegen nach der Abkehr von der Lehre vom besonderen Gewaltverhältnis organisatorisch verstanden werden, d.h. über die Verwaltungseinheit, welcher der Beamte angehört, hinausgehend.[22] Somit fehlt es bei Umsetzung und Organisationsverfügung als innerbehördlichen Maßnahmen an diesem Element des Verwaltungsakt-Begriffs. Deshalb ist der h.M., wonach Umsetzung und Geschäftsplanänderung keine Verwaltungsakte sind, zu folgen.

Im Gegensatz dazu sind Versetzung und Abordnung als mit einem Behördenwechsel verbundene Entscheidungen Verwaltungsakte.

Wie sich diese Unterscheidung auf den Rechtsschutz auswirkt, wird in Rn 303 beschrieben. Ob die Umsetzung bei Entzug von Leitungsfunktionen, d.h. bei Geschäften, die üblicherweise nicht durch bloße Geschäftsverteilung vergeben werden (z.B. Leitung einer Landesanstalt, Leitung eines Kreisgesundheitsamtes) ausnahmsweise als Verwaltungsakt anzusehen ist, hat das BVerwG[23] offengelassen. Dies wäre aber mangels Außenwirkung ebenfalls zu verneinen.

---

19 BVerwGE 60, 144 (146 ff.) = DVBl 80, 882 = NJW 81, 67 (68); krit. Erichsen, DVBl 82, 95 (100).
20 BVerwGE 98, 334 (335 f.) = ZBR 95, 374 = NVwZ 97, 72; DVBl 81, 495 (496); VGH Mannheim, VBlBW 04, 187.
21 BVerwGE 60, 144 (146 ff.) = DVBl 80, 882 (883) = NJW 81, 67 (68).
22 Wie Teufel, ZBR 81, 20 (24).
23 E 60, 144 (152 f.) = DVBl 80, 882 (884) = NJW 81, 67 (68).

7. Abschnitt: Änderungen des funktionellen Amtes

184 Grenzt man die Maßnahmen zur Änderung des funktionellen Amtes untereinander und zu den Änderungen des statusrechtlichen Amtes ab, muß man folgendes beachten. Bei den Änderungen des statusrechtlichen Amtes erhält der Beamte eine andere Rechtsstellung gegenüber dem Dienstherrn (Rn 49), z.b. indem der Oberinspektor Amtmann wird. Hingegen werden ihm bei den Änderungen des funktionellen Amtes lediglich neue Aufgaben zugeteilt. Bleibt der Beamte dabei in seiner bisherigen Behörde und bekommt er ein anderes Aufgabengebiet, handelt es sich um eine Umsetzung (der Oberinspektor wechselt von Sozialamt zum Ordnungsamt). Ändern sich nur Teilaufgaben, liegt eine Organisationsverfügung vor (der Oberinspektor im Sozialamt gibt eines seiner Tätigkeitsfelder, z.B. Hilfe in besonderen Lebenslagen, ab und bearbeitet statt dessen zusätzlich die Überleitung von Unterhaltsansprüchen). Verläßt der Beamte seine Behörde zur vorübergehenden Übernahme eines Aufgabengebietes, stellt dies eine Abordnung dar (der Regierungsoberinspektor der Bezirksregierung D übernimmt zeitweilig Aufgaben im LBV). Verläßt er seine Behörde auf Dauer, ist es eine Versetzung (der Stadtoberinspektor wechselt endgültig von der Stadt S zur Gemeinde G). Andere als die genannten Kriterien, also auch die Frage nach einem möglichen Ortswechsel, sind bei der Abgrenzung beamtenrechtlich irrelevant.

Es ist jedoch möglich, daß sich in einem Lebensvorgang zwei juristisch streng zu trennende Maßnahmen verbinden. Denkbar wäre, daß ein Stadtoberinspektor zur Gemeinde G wechselt und dort zum Amtmann befördert wird. Hier handelt es sich um eine Versetzung und um eine anschließende Ernennung in Form der Beförderung (§ 8 I Nr. 4 LBG). Die Beförderung ist nach den in Rn 125 ff. dargestellten Voraussetzungen, die Versetzung gemäß den in Rn 186 ff. erörterten zu prüfen.

Bei der Ermächtigung für eine Versetzung (§ 28 LBG) ist ferner darauf zu achten, daß der Gesetzgeber dort unter dem gleichen Begriff der Versetzung als Änderung des abstrakt-funktionellen Amtes auch die Voraussetzungen der Rangherabsetzung regelt (in § 28 I S. 1 und II S. 2 LBG). Dabei handelt es sich ebenfalls um eine Ernennung (§ 8 I Nr. 4 LBG; Rn 87).

Maßnahmen zur Änderung des funktionellen Amtes können gegenüber allen Beamten erfolgen, die ein solches Amt haben (Rn 50). Somit kann dies sogar gegenüber B.a.P., nicht jedoch bei B.a.W. im Vorbereitungsdienst geschehen. Diese werden durch **Überweisung** mit anderen Ausbildungsaufgaben betraut.[24] Hierbei sind die Ausbildungsvorschriften zu beachten.

185 Die gerade geschilderten Maßnahmen zur Aufgabenänderung sind nur zulässig, wenn der Rechtsträger der neuen Stelle dienstherrnfähig ist.

---

24 Scheerbarth/Höffken/Bauschke/Schmidt, § 14 III 1b bb, V, VI 1; Schütz/Maiwald, vor §§ 28 f., Rn 43, 254.

1. Änderungen des funktionellen Amtes

Sollte dies nicht der Fall sein, sind zunächst ein (einvernehmlicher) **Urlaub** oder die **Überlassung von Dienstleistungen eines Beamten an Privatrechtsträger (Personalgestellungs- bzw. Dienstleistungsüberlassungsverträge)** denkbar, wenn das bisherige Dienstverhältnis fortbesteht und die Organe des Dienstherrn für die personenbezogenen Entscheidungen zuständig bleiben.[25] Man darf die In-Sich-Beurlaubung eines Beamten, die zur Ausübung einer Tätigkeit im Angestelltenverhältnis (beispielsweise bei der Deutschen Telekom AG) erteilt wurde, nicht widerrufen, wenn der Dienstherr die Gründe hierfür rechtsmißbräuchlich herbeiführt.[26] Das IM weist mit Erlaß[27] darauf hin, daß es Anträgen auf eine sog. Gewährleistungsentscheidung (§ 5 I S. 1, 2 SGB VI) nicht entsprechen werde, wenn anstelle eines Urlaubs des in Betracht kommenden Beamten eine Zuweisung (§ 21 BeamtStG) möglich sei. Keinesfalls dürfen die Instrumente der Personalgestellungs- oder Dienstleistungsüberlassungsverträge jedoch dazu mißbraucht werden, die nunmehr eingeführte gesetzliche Regelung des § 21 BeamtStG ohne die Zustimmung des Beamten zu umgehen. Dies wäre allein auf freiwilliger Basis möglich, wie die folgende Begründung zeigt.

Mittlerweile hat der Gesetzgeber das Instrument der **Zuweisung** (§ 21 BeamtStG) geschaffen. Die Norm regelt drei Fälle, die Zuweisung zu einer öffentlichen (§ 21 I S. 1 BeamtStG) oder anderen, also privaten (§ 21 I S. 2 BeamtStG; bis zum 1.10.2008 § 123a BRRG) Einrichtung ohne Dienstherrneigenschaft und die Zuweisung bei einer Privatisierung (§ 21 II BeamtStG). Einem Beamten kann im dienstlichen oder öffentlichen Interesse mit seiner Zustimmung vorübergehend ganz oder teilweise eine seinem Amt entsprechende Tätigkeit bei einer öffentlichen Einrichtung ohne Dienstherrneigenschaft zugewiesen werden (§ 21 I S. 1 BeamtStG). Die Zuweisung einer Tätigkeit bei einer anderen Einrichtung ist zulässig, wenn öffentliche Interessen sie erfordern (§ 21 I S. 2 BeamtStG). Dafür ist ebenfalls seine Zustimmung erforderlich.[28] Aus dem Schweigen des Gesetzes kann man nicht folgern, daß hier die Zustimmung entbehrlich ist. Hätte der Gesetzgeber dies ausreichen lassen wollen, hätte er es wie in § 21 II BeamtStG („auch ohne ihre Zustimmung") wegen der bewußt eingegangenen Bindung des Beamten zu einem einzigen Dienstherrn im Licht des von Art. 33 V GG umfaßten Treueverhältnisses (Rn 188) ausdrücklich anordnen müssen. Somit ist die in § 21 I S. 1 BeamtStG enthaltene Vorgabe („mit ihrer Zustimmung") zugleich auf den in Satz 2 dieses Absatzes geregelten Fall anzuwenden.[29] Fehlt die Zustimmung, ist die

---

25 BVerwG, ZBR 85, 61 (62).
26 OVG Münster, ZBR 06, 58 (59) = NWVBl 06, 190 (191).
27 V. 24.4.98, III A 4 – 38.70.10 – 9805/98 (9).
28 Schütz/Maiwald, Vor §§ 28 f. LBG, Rn 145; Kathke, ZBR 99, 325 (342); Battis, § 27 BBG, Rn 8.
29 Ähnlich Battis, § 27 BBG, Rn 8: Satz 2 ist keine eigenständige Regelung, sondern eine Erweiterung der Grundregelung des Satzes 1.

Zuweisung rechtswidrig, jedoch nicht nichtig.[30] Die Entscheidung über eine Zuweisung trifft mangels ausdrücklicher Regelung der Dienstvorgesetzte und nicht – wie bisher (§ 123a I S. 2, 2. Hs. BRRG) – die oberste Dienstbehörde. Weiterhin kann dem Beamten einer Dienststelle, die ganz oder teilweise in eine öffentlich-rechtlich organisierte Einrichtung ohne Dienstherrneigenschaft oder in eine privatrechtlich organisierte Einrichtung der öffentlichen Hand – z.B. in eine Stadtwerke GmbH – umgewandelt wird, auch ohne seine Zustimmung ganz oder teilweise eine seinem Amt entsprechende Tätigkeit bei dieser Einrichtung zugewiesen werden, wenn öffentliche Interessen es erfordern (§ 21 II BeamtStG). Diese Fälle treffen auf eine Zuweisung zur Anstalt des öffentlichen Rechts regelmäßig nicht zu. § 21 I BeamtStG scheitert, weil die Anstalt öffentlichen Rechts Dienstherrnfähigkeit hat und gerade keine andere (private) Einrichtung ist. § 21 II BeamtStG scheidet aus, weil die Anstalt des „öffentlichen" Rechts definitionsgemäß gerade nicht privatrechtlich organisiert ist und zudem regelmäßig Dienstherrneigenschaft hat. Durch Zuweisung kann man somit lediglich dann Beamte zu einer Anstalt öffentlichen Rechts transferieren, wenn diese keine Dienstherrnfähigkeit hat.

Mit § 21 BeamtStG sind die Anforderungen für Zuweisungen gesenkt worden. Während früher dringende öffentliche Interessen für die Zuweisung verlangt wurden (§ 123a I S. 2, 1. Hs., II BRRG), reichen jetzt öffentliche Interessen. Die Änderung in § 21 II BeamtStG ist verfassungswidrig. Wegen der bewußt eingegangenen Bindung des Beamten zu einem einzigen Dienstherrn erscheint sie im Licht des von Art. 33 V GG umfaßten Treueverhältnisses (Rn 188) nur verfassungskonform, wenn als Korrektiv für diesen schwerwiegenden Eingriff entweder der Beamte zustimmen muß (wie in § 21 I BeamtStG) oder ein „dringendes" öffentliches Interesse besteht. Ein oktroyierter Wechsel muß wegen des Treueverhältnisses ultima ratio sein oder mit Zustimmung des Beamten erfolgen und nicht bereits schon dann, wenn es öffentliche Interessen erfordern. Eine gegenteilige Ansicht verstieße gegen die Inhaltsbestimmung des Beamtenverhältnisses als einem Dienst- und Treueverhältnis zu einem einzigen Dienstherrn. Dienstherren sollten somit entweder die Zustimmung des Beamten einholen oder an der bisherigen Voraussetzung eines dringenden öffentlichen Interesses festhalten, um rechtswidrige Zuweisungen zu vermeiden.

Öffentliche Interessen liegen vor, wenn durch die Zuweisung Methoden aus Bereichen außerhalb des öffentlichen Dienstes erlernt und Erfahrungen gesammelt werden können. Durch die Neuregelung will man nämlich den Personalaustausch zwischen öffentlichem Dienst und Privatwirtschaft verstärken.

Hingegen sind dringende öffentliche Interessen unabweisbare öffentliche Bedürfnisse, speziell diesen Beamten der anderen Einrichtung zuzuwei-

---

30 Schütz/Maiwald, Vor §§ 28 f. LBG, Rn 145; Kathke, ZBR 99, 325 (342); Kotulla, ZBR 95, 168 (169).

1. Änderungen des funktionellen Amtes

sen. Sie können sich aus seiner besonderen Fachkunde oder Ausbildung sowie dem Interesse der Öffentlichkeit gerade an der dortigen Tätigkeit des Beamten (z.B. Zuweisung eines Polizeibeamten an die Auslandsstationen der Deutschen Lufthansa AG, um die Sicherheit zu gewährleisten) ergeben.[31] Dringende öffentliche Interessen, einen Beamten einer privatisierten Einrichtung zuzuweisen, sind gleichfalls eng zu verstehen. Danach muß die privatisierte Einrichtung weiterhin wichtige öffentliche Aufgaben erfüllen und ohne den genau zugewiesenen Beamten in ihrer Tätigkeit gefährdet sein.[32] Rein fiskalische Interessen oder die Schwierigkeit, daß eine anderweitige Verwendung des Beamten organisatorische Probleme verursacht, genügen nicht, um ein „dringendes" öffentliches Interesse annehmen zu können.[33]

Zuweisungen dürfen ausschließlich vorübergehend sein. Für § 21 I BeamtStG findet sich dies bereits im Wortlaut von § 21 I S. 1 BeamtStG. Bei Zuweisungen nach § 21 II BeamtStG schweigt die Norm. Selbst sie können nicht auf Dauer erfolgen.[34] Andernfalls wäre der schwere Eingriff in das geschützte statusrechtliche Amt des Beamten, das er ohne jedwedes Zustimmungserfordernis durch eine ständige Zuweisung zu einer Einrichtung ohne Dienstherrnfähigkeit beim Vorliegen lediglich öffentlicher Interessen verlöre, nicht zu rechtfertigen. Zudem muß man hier wiederum auf das Argument abstellen, daß man die bewußt eingegangene Beziehung eines Beamten zu einem einzigen Dienstherrn zerstörte und somit gegen das von Art. 33 V GG umfaßte Treueverhältnis verstieße (Rn 188). Schließlich spricht § 21 III BeamtStG für diese Auffassung. Danach bleibt die Rechtsstellung des Beamten unberührt. Aufgrund der systematischen Stellung dieser Regelung in einem eigenständigen letzten Absatz der Norm bezieht sie sich auf alle drei Varianten. Bei einem dauernd einer privaten oder öffentlichen Einrichtung ohne Dienstherrnfähigkeit zugewiesenen Beamten machte es keinen Sinn, das Beamtenverhältnis zum bisherigen Dienstherrn andauern zu lassen, weil er dann ohnehin nicht mehr dorthin zurückkehre. Seine Rechtsstellung bliebe somit nicht unberührt.

Vielmehr wird der Beamte lediglich zeitweise an die privatrechtlich organisierte Einrichtung zur Dienstleistung ausgeliehen.[35] Die Zuweisung ist ein abordnungsähnlicher Urlaub[36], also eine „vorübergehende" Maßnahme (§§ 27 I, II S. 1 BBG; 29 I, II S. 1 LBG). Sämtliche Rechte und Pflichten aus dem Beamtenverhältnis existieren weiter; der Beamte wird so behandelt, wie wenn er bei seinem Dienstherrn geblieben wäre.[37] Wich-

---

31 Schütz/Maiwald, Vor §§ 28 f. LBG, Rn 138.
32 Schütz/Maiwald, Vor §§ 28 f. LBG, Rn 139.
33 Schütz/Maiwald, Vor §§ 28 f. LBG, Rn 139.
34 Schnellenbach, Rn 136: aus Gründen des Systemzusammenhangs; a.A. Steuck, ZBR 99, 150 (152): Umkehrschluß zu § 123a I BRRG; sowie ohne Begründung Kathke, ZBR 99, 325 (342); Schütz/Maiwald, Vor §§ 28 f. LBG, Rn 142; Battis, § 27 BBG, Rn 9: „möglicherweise für die Dauer seiner weiteren beruflichen Tätigkeit".
35 Dürr/Dürr, 85.
36 Schütz/Maiwald, vor §§ 28 f. LBG, Rn 120; Battis, § 27 BBG, Rn 7.
37 Schütz/Maiwald, vor §§ 28 f. LBG, Rn 161.

tig ist, daß hinsichtlich der Bezüge, die der Beamte aus der Verwendung nach § 21 BeamtStG erhält, der unmittelbar anzuwendende § 9a II BBesG gilt. Derartige anderweitige Bezüge werden auf seine Besoldung angerechnet (§ 9a II S. 1 BBesG). Sind sie höher als die ursprünglichen Dienstbezüge, erfolgt die Anrechnung allein bis zu dieser Höhe; den übersteigenden Betrag darf der Beamte behalten.[38] Für diese Auffassung spricht zudem der Wortlaut „angerechnet". Hätte der Gesetzgeber eine vollständige Abführung verlangt, hätte er nicht von Anrechnen sondern von Abführen gesprochen. Außerdem kann die oberste Dienstbehörde im Einvernehmen mit dem für das Besoldungsrecht zuständigen Ministerium (in NW im Kommunalbereich der Rat/Kreistag im Einvernehmen mit dem FM) von der Anrechnung ganz oder teilweise absehen (§ 9a II S. 2 BBesG). Dabei ist aber zu berücksichtigen, daß man eine Überalimentierung grundsätzlich vermeiden muß.[39]

Ein **Mitbestimmungsrecht** des Personalrats existiert nur bei Zuweisungen für mehr als drei Monate und bei ihrer Aufhebung (§ 72 I S. 1 Nr. 6 LPVG).

Letztlich kann sich der Beamte **entlassen lassen** und einen privatrechtlichen Arbeitsvertrag mit der privaten Einrichtung schließen.

Mit den Gesetzen zur Neuordnung des Eisenbahnwesens sowie des Postwesens und der Telekommunikation wurden **Bahn und Post privatisiert**. Hierdurch gingen die Teilsondervermögen Deutsche Bundespost Postdienst, Deutsche Bundespost Postbank und Deutsche Bundespost Telekom auf die jeweiligen Aktiengesellschaften über. Die Beschäftigung von Beamten in diesen Unternehmen erfolgt durch Dienstleistungszuweisung (Art. 143a I S. 3 GG; Bahn) oder Beleihung der Unternehmen mit der Ausübung der Dienstherrenbefugnisse (Art. 143b III GG; Post). Die Beamten der Deutschen Bundesbahn übernahm das Eisenbahnbundesamt (§ 2 IV S. 1 des Gesetzes über die Eisenbahnverkehrsverwaltung des Bundes) und lieh sie an die Bahn AG aus. Die Regelungen wirken sich allein auf die vorhandenen Beamten aus; die privatisierten Einrichtungen dürfen keine neuen Beamtenverhältnisse mehr begründen. Strittig ist der Rechtsweg für Klagen dieser Beamten aus Sozialplänen[40] oder Sozialtarifverträgen[41]. Mit der Zuweisung der Bahnbeamten an die Deutsche Bahn AG verlieren sie nicht ihren Status als Beamter.[42] Zudem wechseln sie nicht ihren Dienstherrn. Dies ist nach wie vor der Bund; das Bundeseisenbahnvermögen ist passivlegitimiert.[43] Für Beförderungen ist somit das Bundeseisenbahnvermögen zuständig, für die Übertragung eines höher

---

38 Kotulla, ZBR 95, 168 (170); Schwegmann/Summer, § 9a BBesG, Anm 16h; Clemens/Millack/Engelking/Lantermann/Henkel, § 9a BBesG, Anm 4.
39 Clemens/Millack/Engelking/Lantermann/Henkel, § 9a BBesG, Anm 5.
40 BAG, NVwZ 98, 1108 (1109): VG.
41 VGH Mannheim, NVwZ-RR 96, 540 (540 f.): ordentlicher Rechtsweg.
42 BVerwG, NVwZ 03, 1400 = DÖD 04, 34 (35) = ZBR 03, 386 = PersV 03, 382 (383).
43 BVerwGE 108, 274 (275 f.) = PersV 00, 225 (226) = DVBl 99, 1422 (1422 f.) = NVwZ 00, 329 = NWVBl 99, 388 (389); OVG Koblenz, ZBR 05, 428; VG Ansbach, NVwZ-RR 00, 178.

1. Änderungen des funktionellen Amtes

bewerteten Dienstpostens die Deutsche Bahn AG.[44] Hinsichtlich der Post- und Telekombeamten bleibt der Bund ebenfalls weiterhin Dienstherr.[45]

In jüngerer Zeit sind Fragen aufgetreten, unter welchen Voraussetzungen Beamte zu den neu gebildeten **Arbeitsgemeinschaften im Rahmen von Hartz IV** (gemeinsam von der Bundesagentur für Arbeit und den Kreisen bzw. kreisfreien Städten getragene Job-Center; § 44b SGB II) transferiert werden können. Dies zeigt die nachfolgende Übersicht, wobei die beamtenrechtlichen Möglichkeiten ausschließlich von der rechtlichen Ausgestaltung der Arbeitsgemeinschaften abhängen.

Rechtsnatur der Arbeitsgemeinschaft	Maßnahmen Abordnung, § 29 LBG	Versetzung, § 28 LBG	Umsetzung	Zuweisung, § 21 I S. 1 BeamtStG	Zuweisung, § 21 I S. 2 BeamtStG	Zuweisung, § 21 II BeamtStG	Übertritt/ Übernahme, § 16 I-III BeamtStG	Übertritt/ Übernahme, § 16 IV BeamtStG
Privatrecht								
GmbH	Nein (1)	Nein (1)	Nein (1)	Nein (2)	Ja (4)	Ja (6)	Nein (8)	Nein (8)
GbR	Nein (1)	Nein (1)	Nein (1)	Nein (2)	Ja (4)	Ja (6)	Nein (8)	Nein (8)
Öffentliches Recht								
Zweckverband (§§ 4 ff. GkG)	Ja, § 29 III S. 2 LBG (13)	Ja, § 28 II S. 1 LBG (13)	Nein (11)	Nein (3)	Nein (5)	Nein (7)	Nein (9)	Nein (10)
Zweckvereinbarung/ öffentlich-rechtlicher Vertrag	Nein (12)	Nein (12)	Ja (14)	Nein (2)	Nein (12)	Ja (6)	Nein (8)	Nein (8)
Arbeitsgemeinschaft (§§ 2 f. GkG)	Nein (1)	Nein (1)	Ja (14)	Nein (12)	Nein (12)	Ja (6)	Nein (8)	Nein (8)

---

44 OVG Saarlouis, ZBR 98, 285.
45 BVerwGE 103, 375 (377) = ZBR 97, 50 = NVwZ 97, 584 (585) = DÖD 97, 191; 111, 231 (232).

7. Abschnitt: Änderungen des funktionellen Amtes

Öffentlich-rechtliche Vereinbarung (§ 23 II S. 1 GkG: Übernahme der Aufgabe)	Ja, § 29 III S. 2 LBG	Ja, § 28 II S. 1 LBG	Ja (14)	Nein (3)	Nein (5)	Nein (7)	Nein (9)	Ja, § 16 IV, 4. Alt. BeamtStG
Anstalt öffentlichen Rechts	Ja, § 29 III S. 2 LBG	Ja, § 28 II S. 1 LBG	Nein (11)	Nein (3)	Nein (5)	Nein (7)	Nein (9)	Nein (10)

(1) Keine Dienstherrnfähigkeit
(2) Keine (andere) öffentliche Einrichtung
(3) Keine öffentliche Einrichtung ohne Dienstherrnfähigkeit
(4) Mit Zustimmung
(5) Keine andere Einrichtung
(6) Wenn die Dienststelle ganz oder teilweise umgewandelt wird sowie ein besonders zu begründendes dringendes öffentliches Interesse vorliegt
(7) Keine privatrechtlich organisierte Einrichtung bzw. keine ohne Dienstherrneigenschaft
(8) Keine Körperschaft
(9) Keine vollständige oder teilweise Eingliederung einer Körperschaft
(10) Kein vollständiger oder teilweiser Übergang der Aufgaben, sondern nur der Aufgabenwahrnehmung
(11) Anderer Dienstherr
(12) Keine (andere) rechtsfähige (eigenständige) Einrichtung
(13) Wenn Dienstherrnfähigkeit durch Landesrecht (Satzung) verliehen worden ist, vgl. § 2 Nr. 2 BeamtStG
(14) Ausschließlich hinsichtlich des eigenen Personals: z.B. dürfen Beamte des Kreises zur auf Kreisebene gebildeten Arbeitsgemeinschaft umgesetzt werden, nicht jedoch Beamte der kreisangehörigen Kommunen.

Literatur: Hilg, Beamtenrechtliche Zuständigkeiten im Abordnungsverhältnis und abordnungsähnlichen Verhältnis, ZBR 06, 109; Stehr, Beamte als Reinigungskräfte? Zur amtsangemessenen Beschäftigung von „privatisierten" Beamten, VR 05, 417; Vogelgesang, Beteiligungsrechtliche Probleme bei der Privatisierung, PersV 05, 4; Battis/Kersten, Personalvermittlung in der öffentlichen Verwaltung am Beispiel des hessischen Zukunftssicherungsgesetzes, DÖV 04, 596; Böhm/Schneider, Statusgarantie als Hindernis für flexiblen Personaleinsatz? – Zur amtsangemessenen und unterwertigen Beschäftigung bei der Deutschen Bahn AG –, ZBR 04, 73; Britz, Zur Übertragung amtsangemessener Aufgaben, PersV 04, 284; Mickisch, Hartz IV – Möglichkeiten und Grenzen der Personalüberleitung auf Arbeitsgemeinschaften nach § 44 b SGB II, DÖD 04, 189; Pechstein, Wohin mit den wirtschaftlich nicht einsetzbaren Beamten der Post-Nachfolgeunternehmen? – Zuweisung an dritte Unternehmen oder subsidiäre Beschäftigungs-/Kostentragungspflicht des Bundes? –, ZBR 04, 293; Böhm/Schneider, „Beamtenprivatisierung" bei der Deutschen Bahn AG, 2002; Sterzel, Der Schutz des Privatisierungsbeamten gemäß Art. 143b III GG, 2003; Lorse, Ist die Bundeswehr privatisierbar? – Rechtliche Gestaltungsmöglichkeiten des Reformprozesses –; RiA 02, 16; Schönrock, Die Zuweisung von Beamten an privatisierte Einrichtungen, ZBR 02, 306; Wolff, Die Wahrung der Rechtsstellung von Beamten, die bei den privatisierten Unternehmen von Bahn und Post beschäftigt sind, AöR 127. Bd. (02), 72; Schönrock, Beamtenüberleitung anläßlich der Privatisierung von öffentlichen Unternehmen, jur. Diss., Berlin, 2000; Blanke/Sterzel, Privatisierungsrecht für Beamte, 1999; Di Fabio, Privatisierung und Staatsvorbehalt, JZ 99, 291; Kathke, Versetzung, Umsetzung, Abordnung und Zuweisung – Mobilität und Flexibilität im Beamtenverhältnis –, ZBR 99, 325; Krutisch, Der Status der Beamten der ehemaligen Deutschen Bundespost unter besonderer Würdigung disziplinarrechtlicher, besoldungsrechtlicher und betriebsverfassungsrechtlicher Regelungen, jur. Diss., Saarbrücken, 1999; Menzel, Neue Rechtsform für kommunale Betriebe, StGR 12/99, 29; Ossenbühl/Ritgen, Beamte in privaten Unternehmen, 1999; Pechstein, Öffnungsklauseln im Beamtenrecht, 1999; Steuck, Zur Beschäftigung von Beamten

1. Änderungen des funktionellen Amtes

in einer privatisierten Einrichtung – Möglichkeiten und Grenzen des neuen § 123a Abs. 2 BRRG –, ZBR 99, 150; Ziekow, Veränderungen des Amts im funktionellen Sinne – eine Betrachtung nach Inkrafttreten des Dienstrechtsreformgesetzes, DÖD 99, 7; Allgaier, Zur strafrechtlichen und disziplinarrechtlichen Verantwortung von Beamten privatisierter Unternehmen, DÖD 98, 125; Britz, Die Rechtsstellung der Beamten bei den Postunternehmen, PersV 98, 372; Landskron, Kein wirksamer Vertrauensschutz für Beamte bei Privatisierungen?, ThürVBl 98, 241; v. Arnauld, Grundrechtsfragen im Bereich von Postwesen und Telekommunikation, DÖV 98, 437; Wernicke, Bundesbahn – wo sind deine Beamten geblieben?, ZBR 98, 266; Ronellenfitsch, Privatisierung und Regulierung des Eisenbahnwesens, DÖV 96, 1028; Weiß, Disziplinarrecht bei den privaten Bahn- und Postunternehmen, ZBR 96, 225; Benz, Die verfassungsrechtliche Zulässigkeit der Beleihung von Aktiengesellschaften mit Dienstherrnbefugnissen, 1995; ders., Postreform II und Bahnreform – Ein Elastizitätstest für die Verfassung, DÖV 95, 679; Bull, Privatisierung öffentlicher Aufgaben, VerwArch 95, 621; Kotulla, Rechtliche Instrumentierung der Personalsteuerung im Brandenburgischen Beamtengesetz – Implikationen im Zusammenhang mit Versetzung, Abordnung, vorübergehender Zuweisung und Umsetzung, ZBR 95, 359; ders., Rechtsfragen im Zusammenhang mit der vorübergehenden Zuweisung eines Beamten nach § 123a BRRG, ZBR 95, 168; Lorenzen, Die Postreform II – Dienst- und personalvertretungsrechtliche Regelungen, PersV 95, 99; Fromm, Die Reorganisation der Deutschen Bahnen, DVBl 94, 187; Gramlich, Von der Postreform zur Postneuordnung, NJW 94, 2785; Kirchhof, Schuldübergang und Haftung bei der Privatisierung der Postunternehmen, NVwZ 94, 1041; Lorenzen, Die Bahnreform – Neuland für Dienst- und Personalvertretungsrecht, PersV 94, 145; Sellmann, Zum „Besitzstandsschutz" bei Beurlaubungen von Bundesbahnbeamten zu Nahverkehrsunternehmen, ZBR 94, 71; Günther, Maßgebender Zeitpunkt für die Beurteilung der Rechtmäßigkeit von Versetzung und Abordnung?, DÖD 93, 9; Leisner, Versetzung und Abordnung im Beamtenrecht, ZBR 89, 193; Kremer, Versetzung, Abordnung, Umsetzung und Geschäftsplanänderung, NVwZ 83, 6; weitere Literaturangaben bei den einzelnen Maßnahmen.

1.2 Voraussetzungen und Rechtsfolgen der einzelnen Maßnahmen

Im folgenden werden die Anforderungen an die Änderung des funktionellen Amtes nach einem einheitlichen Raster dargestellt. Der Prüfungsaufbau unterscheidet sich von demjenigen bei Ernennungen (Rn 89 ff.). Die Entscheidungen zur Änderung des funktionellen Amtes weisen eine größere Nähe zu den Vorschriften des allgemeinen Verwaltungsrechts auf.

1.2.1 Versetzung

I.   Formelle Voraussetzungen   186

1.   Zuständigkeit

Ist die Versetzung mit einem Dienstherrnwechsel verbunden (z.B. Wechsel von der Landes- in die Kommunalverwaltung), wird sie vom abgebenden im Einverständnis mit dem aufnehmenden Dienstherrn verfügt (§§ 28 IV S. 2, 1. Hs. LBG, 15 III S. 1 BeamtStG). Zuständig zum Erlaß der Versetzungsverfügung ist der abgebende Dienstherr. Für die Dienstherren handeln die jeweils zuständigen Organe (§ 3 IV LBG; Rn 54 ff.). Bei Versetzungen innerhalb der Landesverwaltung (z.B. von der Bezirksregierung in K zur Bezirksregierung in M) entscheidet der abgebende im Einvernehmen mit dem aufnehmenden Dienstvorgesetzten (§ 3 IV S. 1, 1. Hs. LBG mit der Möglichkeit der Delegation (§ 3 III LBG; z.B. § 3 der ÜbertragungsVO IM; zum System der Übertragung s. Rn 55).

7. Abschnitt: Änderungen des funktionellen Amtes

2. Form und Bestimmtheit

2.1 Schriftform

Für Versetzungen innerhalb der Landesverwaltung können Verwaltungsvorschriften die Schriftform vorschreiben. Bei Versetzungen mit Dienstherrnwechsel ergibt sich ihre Notwendigkeit aus § 28 IV S. 2, 3 LBG („Verfügung").

2.2 Begründung, Bestimmtheit

Insoweit sind die §§ 39, 37 I VwVfG zu beachten, da – wie in Rn 183 ausgeführt – Versetzungen Verwaltungsakte sind. In der Versetzungsverfügung ist das Einverständnis des aufnehmenden Dienstherrn zu erwähnen (§ 28 IV S. 3 LBG).

2.3 Urkunde

Anders als bei der Ernennung ist bei der Versetzung keine Urkunde vorgeschrieben. Maßgebend ist hier die Versetzungsverfügung. Liegt neben der Versetzung auch eine Ernennung vor (z.B. Versetzung unter gleichzeitiger Beförderung; Versetzung eines B.a.L. und Begründung eines B.a.P.), hat der neue Dienstherr für die Ernennung eine Urkunde auszuhändigen. Ändert sich im Zuge der Versetzung die Amtsbezeichnung (z.B. Kreisinspektor wird Stadtinspektor), muß dies schriftlich mitgeteilt werden, ebenso wie die Besoldungsgruppe und die Planstelleneinweisung.

2.4 Rechtsbehelfsbelehrung

Wegen der §§ 70 II, 58 II VwGO sollte man der Versetzungsverfügung, die nicht auf einen Antrag des betroffenen Beamten zurückgeht, eine Rechtsbehelfsbelehrung beifügen.

3. Verfahren

3.1 Anhörung

Der Beamte ist vor jeder Versetzung zu hören (§ 28 I S. 3 LBG). § 28 VwVfG tritt hinter diese Vorschrift subsidiär zurück (§ 1 I, letzter Satzteil VwVfG: „soweit nicht Rechtsvorschriften des Landes inhaltsgleiche oder entgegenstehende Bestimmungen enthalten"). Unabhängig davon, auf welcher Rechtsgrundlage eine Anhörung erfolgt ist, kann ein Anhörungsfehler geheilt werden (§ 45 I Nr. 3 VwVfG).[46]

3.2 Beteiligung

3.2.1 Es besteht ein **Mitbestimmungsrecht des Personalrats der abgebenden und der aufnehmenden Dienststelle**, wenn die Versetzung auf einem Zusammenwirken dieser Dienststellen beruht und letztere einen

---

46 OVG Bautzen, NVwZ-RR 02, 53 (54).

1. Änderungen des funktionellen Amtes

bestimmenden Einfluß ausübt (§ 72 I S. 1 Nr. 5 LPVG).[47] Sollen beurlaubte Beschäftigte nach Beendigung ihrer Beurlaubung zu einer anderen Dienststelle versetzt werden, muß auch der Personalrat der abgebenden Dienststelle mitbestimmen.[48] Die Gleichstellungsbeauftragten beider Dienststellen sind durch Unterrichtung und Anhörung zu beteiligen (§ 18 II S. 1 i.V.m. § 17 I, 2. Hs. Nr. 1 LGG). Sie haben ein Widerspruchsrecht (§ 19 I S. 1, 1. Hs. LGG).

3.2.2 Bei der Versetzung mit Dienstherrnwechsel handelt es sich um einen mehrstufigen Verwaltungsakt, da das **Einverständnis des aufnehmenden Dienstherrn** notwendig ist (§§ 28 IV S. 2, 1. Hs. LBG, 15 III S. 1 BeamtStG). Das Einverständnis – selbst kein Verwaltungsakt[49] – muß vor Erlaß der Versetzungsverfügung vorliegen; andernfalls ist die Versetzung nichtig, da dieser Mangel nicht geheilt werden kann.[50] Wegen der speziellen beamtenrechtlichen Vorschrift des 15 III BeamtStG sind sowohl die verwaltungsverfahrensrechtlichen Vorschriften über die Rücknahme und Nichtigkeit von Verwaltungsakten sowie über die Heilung von Form- und Verfahrensfehlern als auch die zivilrechtlichen Normen über die Anfechtung von Willenserklärungen wegen Irrtums oder Täuschung unanwendbar.[51]

Wegen der Personalhoheit des aufnehmenden Dienstherrn und der ihm zustehenden Eignungsbeurteilungsermächtigung sowie des Aufnahmeermessens trifft dieser nach pflichtgemäßem Ermessen[52] gegenüber dem zu versetzenden Beamten eine eigenständige Eignungsentscheidung. Er hat somit eine Teilregelungsbefugnis. Sein Einverständnis ist daher kein bloßes Verwaltungsinternum. Vielmehr stellt sie gegenüber dem Bewerber einen Verwaltungsakt dar. Wird es verweigert, kann dieser daher Verpflichtungsklage gegen den aufnehmenden Dienstherrn erheben.[53]

Sein Einverständnis kann der aufnehmende Dienstherr nicht durch Verwaltungsakt zurücknehmen. Es kann es aber durch Erklärung gegenüber dem abgebenden Dienstherrn nach den Regeln über die Rücknahme einer Ernennung beseitigen.[54]

---

47 BVerwG, ZBR 88, 173 (173 f.); Ausnahmen: § 72 I S. 2 LPVG.
48 VG Frankfurt/M., ZBR 05, 60 (61).
49 BVerwG, NVwZ-RR 05, 343 = DÖD 05, 130 (131) = ZBR 05, 128 (129) = DVBl 05, 450 (451) = E 122, 58 (60) = RiA 05, 126 (128).
50 BVerwG, DVBl 03, 616 (616 f.) = DÖV 03, 509 = NVwZ-RR 03, 370 (370 f.) = RiA 03, 240 (241) = ZBR 03, 275 (276); NVwZ-RR 05, 343 (344) = DÖD 05, 130 (132) = ZBR 05, 128 (129) = DVBl 05, 450 (452) = E 122, 58 (63) = RiA 05, 126 (128); a.A. VGH Mannheim, IÖD 02, 99 (101 f.).
51 BVerwG, DVBl 03, 616 (617) = DÖV 03, 509 = NVwZ-RR 03, 370 (371) = RiA 03, 240 (241) = ZBR 03, 275 (276); NVwZ-RR 05, 343 (344) = DÖD 05, 130 (132) = ZBR 05, 128 (130) = DVBl 05, 450 (452) = E 122, 58 (64) = RiA 05, 126 (129); a.A. VGH Mannheim, IÖD 02, 99 (103).
52 OVG Lüneburg, OVGE 48, 502 (504) = NdsVBl 02, 48.
53 OVG Münster, ZBR 85, 351.
54 BVerwG, NVwZ-RR 05, 343 (344) = DÖD 05, 130 (131) = ZBR 05, 128 (130) = DVBl 05, 450 (452) = E 122, 58 (64) = RiA 05, 126 (128).

7. Abschnitt: Änderungen des funktionellen Amtes

3.2.3 Auch **sonstige Stellen** können zu beteiligen sein; so z.b. der LPA beim geplanten Laufbahnwechsel eines anderen Bewerbers mittels Versetzung oder die Aufsichtsbehörde beim Wechsel in eine gleichwertige Laufbahn (Rn 176) sowie die Schwerbehindertenvertretung (§ 95 II S. 1 SGB IX).

3.3 Bekanntgabe

Hier gilt § 41 VwVfG.

187 *II. Materielle Voraussetzungen*

1. Ermächtigungsgrundlage

Ermächtigung für die Versetzung als Änderung des funktionellen Amtes ist § 28 I und II LBG (bzw. § 15 I, II BeamtStG bei länderübergreifenden Versetzungen oder solchen zum Bund).

1.1 Anwendbarkeit

Vor der Subsumtion unter diese Normen ist zu untersuchen, ob es sich bei der zu prüfenden Maßnahme um eine Versetzung handelt. Ggf. ist sie von den anderen Maßnahmen zur Änderung des funktionellen Amtes abzugrenzen (Rn 179 ff.). Außerdem ist zu klären, ob die Versetzung über den Bereich des Landes NW hinausführt (§ 1 I LBG). Dann ist die inhaltlich übereinstimmende Regelung des § 15 BeamtStG heranzuziehen.

1.2 Subsumtion

Die Voraussetzungen der Versetzung hängen davon ab, ob sie mit einem Dienstherrnwechsel verbunden ist, und ob der betroffene Beamte zustimmt oder nicht. Daher muß die Prüfung anhand des jeweiligen Sachverhalts erfolgen. Schweigt er hierzu, muß alternativ untersucht werden.

1.2.1 Befähigung

Zunächst muß der Beamte die Befähigung für die neue Laufbahn, der das Amt angehört, in das er versetzt werden soll, haben (§§ 15 I BeamtStG, 28 I S. 1 LBG). Der Erwerb der Befähigung, insbesondere durch Laufbahnwechsel, ist in den Rn 161 ff., 171 ff. behandelt.

1.2.2 Versetzung mit und ohne Zustimmung des Beamten

188 *1.2.2.1* **Liegen die Zustimmung oder ein Antrag des Beamten vor**, muß **keine weitere Anforderung** mehr erfüllt sein. Diese ersetzen das sonst notwendige dienstliche Bedürfnis (§§ 15 I BeamtStG, 28 I S. 1 LBG).

Soweit die Zustimmung Voraussetzung der Versetzung ist, ist diese ein **mitwirkungsbedürftiger Verwaltungsakt**. Über die **Rechtsfolgen einer fehlenden Mitwirkung** herrscht Streit. Anders als bei der formstrengen Ernennung (Rn 83) ist es bei der Versetzung möglich, ihn nach den im allgemeinen Verwaltungsrecht entwickelten Grundsätzen zu entscheiden.

1. Änderungen des funktionellen Amtes

Danach hat eine fehlende Mitwirkung ausnahmsweise die Rechtsfolge der Nichtigkeit (§ 44 I VwVfG), wenn es sich um eine unabdingbare Verfahrenshandlung handelt und der ohne Antrag erlassene Verwaltungsakt den Beamten wenigstens überwiegend belastet. Demzufolge führt die nicht eingeholte Zustimmung zur Nichtigkeit. Eine Heilung (§ 45 I Nr. 1 VwVfG) ist daher ausgeschlossen.[55]

1.2.2.2 Liegen Zustimmung oder Antrag nicht vor, muß ein **dienstliches Bedürfnis** gegeben sein (§§ 15 I BeamtStG, 28 I S. 1 LBG: „oder"). Bei diesem Erfordernis handelt es sich um einen unbestimmten Rechtsbegriff ohne Beurteilungsermächtigung, der gerichtlich voll überprüfbar ist.[56] Allerdings kann das dienstliche Bedürfnis maßgebend durch Faktoren geprägt werden, wie z.B. die Eignung für eine bestimmte Aufgabe oder sonstige wertende Einschätzungen, für die ihrerseits ein Beurteilungsspielraum besteht.[57]

Das dienstliche Bedürfnis kann sich u.a. ergeben:

– aus der Personalsituation (z.B. Nichtbesetzung wichtiger Dienstposten bei einer anderen Behörde),

– aus der Person des Beamten (z.B. besondere Eignung oder Nichteignung für einen Dienstposten, fachliche Fehlleistungen, Verlust des Vertrauens in seine Amtsführung, ohne allerdings alleiniges Mittel der Bestrafung zu sein[58], rechtskräftige disziplinarrechtliche Verurteilung[59],

– aus dem Haushaltsrecht (kw-, ku-Vermerk),

– aus der Zusammenarbeit des Dienstposteninhabers mit anderen Bediensteten (z.B. Spannungen zwischen Beamten[60]). Dabei ist ein dienstliches Bedürfnis bereits aufgrund der objektiven Beteiligung des Beamten an einem Spannungsverhältnis unabhängig von der Verschuldensfrage zu bejahen.[61] Kein rechtlich zulässiges dienstliches Bedürfnis wird hingegen dadurch begründet, daß bestehende Differenzen zwischen einem Staatsminister und einem Amtschef zur Versetzung eines den Amtschef stützenden Beamten aus dem alleinigen Grund führen, dem Amtschef zu schaden[62],

---

55 A.A. Hilg/Müller, 245; Battis, § 26 BBG, Rn 13.
56 VG Gera, ThürVBl 96, 284 (285); Günther, ZBR 78, 73 (78).
57 BVerwGE 26, 65 (67); Battis, § 26 BBG, Rn 11 (zur Versetzung); ders., § 27 BBG, Rn 11 (zur Abordnung).
58 BVerwGE 26, 65 (67); 65, 270 (278) = DÖD 83, 28 (30).
59 BVerwG, DÖV 00, 200 (201) = E 109, 292 (293 f.) = NVwZ-RR 00, 232.
60 BVerwGE 26, 65 (67); OVG Münster, ZBR 04, 397; VG Gera, ThürVBl 96, 284 (285); weitere Beispiele nennt Günther, ZBR 78, 73 (78).
61 BVerwGE 26, 65 (67); OVG Münster, ZBR 04, 397; VG Gera, ThürVBl 96, 284 (285).
62 OVG Bautzen, NVwZ-RR 02, 53 (54).

7. Abschnitt: Änderungen des funktionellen Amtes

– aus der Zusammenarbeit des Beamten mit Dritten, wodurch die Erfüllung dienstlicher Obliegenheiten gestört wird[63].

Schließlich muß der neue Aufgabenbereich des Beamten seinem abstrakt-funktionellen und statusrechtlichen Amt entsprechen (§ 28 I S. 2 LBG).[64] Zudem darf man ihm keine unterwertige Beschäftigung übertragen.[65] Ebenfalls ist eine „Versetzung zur Untätigkeit" unzulässig.[66] Das statusrechtliche Amt wird durch die Zugehörigkeit zu einer Laufbahngruppe, das Endgrundgehalt der Besoldungsgruppe und die verliehene Amtsbezeichnung bestimmt.[67] Der Begriff des Lehramts ist mit dem statusrechtlichen Amt nicht identisch.[68] Die Einkünfte eines Arztes aus einem gewährten Recht zur Privatliquidation bleiben unberücksichtigt. Dabei handelt es sich um eine mit dem funktionellen Amt verbundene Nebentätigkeit, die für den Rang der Beamtenstellung nicht maßgebend ist.[69] Die gesetzliche Vorgabe hinsichtlich des Endgrundgehalts kommt nur bei einer statusberührenden Versetzung zum Tragen, da eine organisationsrechtliche Versetzung das Statusamt und das Endgrundgehalt ohnehin unberührt läßt.[70]

Literatur: Lechtermann, „Versetzung" in die Untätigkeit? – Zum Problem der Zuweisung von Beamten zur Personalservice-Agentur (jetzt Vivento) der Deutschen Telekom AG –, DVBl 05, 1334; Stehr, Die unzulässige Zuweisung von Beamten zu „Vivento" – rote Karte für die Deutsche Telekom?, NVwZ 05, 285; ders., Beamte als Reinigungskräfte? Zur amtsangemessenen Beschäftigung von „privatisierten" Beamten, VR 05, 417; ders., Bundesweit flexibler Einsatz von „privatisierten" Beamten – Beispiel Deutsche Telekom AG, RiA 05, 66.

1.2.2.3 Für den Fall, daß der **Beamte seine Zustimmung verweigert**, hat das Dienstrechtsreformgesetz des Bundes vom 24.2.1997 und seine Umsetzung im achten Gesetz zur Änderung dienstrechtlicher Vorschriften in NW vom 10.2.1998 **weitere Erleichterungen** gebracht. Ihr Ziel liegt

---

63 OVG Koblenz, NVwZ-RR 05, 476 (476 f.) = DÖD 05, 251 (252 f.). Danach durfte eine Schulleiterin wegen dienstlichen Bedürfnisses versetzt werden. Sie war Mitglied in der Vereinigung „Zentrum des Lichts", deren Gedankengut mit dem staatlichen Erziehungsauftrag kollidiert. Dies hat das Vertrauen bei Eltern und Lehrerkollegen tiefgreifend gestört.
64 BVerwGE 49, 64 (67 f.); 65, 270 (276) = DÖD 83, 28 (29); 87, 310 (315) = NJW 91, 2980 (2981); Rn 49.
65 BVerfGE 70, 251 (266) = DÖV 85, 1058 (1059); BVerwGE 87, 310 (315) = NJW 91, 2980 (2981); NVwZ 85, 416 (417); 65, 270 (273) = DÖD 83, 28 (29); 60, 144 (150 f.) = DVBl 80, 882 (883) = NJW 81, 67 (68); ZBR 71, 305 (306); Ausnahme in § 45 III S. 4 LBG.
66 VGH Kassel, NVwZ-RR 05, 124 (125); VG Frankfurt/M., IÖD 04, 134 (138 f.) = PersV 04, 299 (304). Entschieden für die Versetzung ehemaliger Postbeamter, die im Postnachfolgeunternehmen beschäftigt sind, zur Personalservice-Agentur der Deutschen Telekom AG, die heute den Namen Vivento trägt. Ähnlich OVG Münster, DVBl 05, 325 (326 f.) = NVwZ 05, 354 (355 ff.) = ZBR 05, 97 (98 ff.), mangels Rechtsgrundlage, da dem Beamten bei Vivento kein abstrakter Aufgabenkreis zugewiesen werde und erst recht keiner, welche der Wertigkeit seines statusrechtlichen Amtes entspreche.
67 BVerwGE 60, 144 (150) = DVBl 80, 882 (883) = NJW 81, 65, 270 (272) = DÖD 83, 28; 87, 310 (313) = NJW 91, 2980 (2981); VGH Kassel, NVwZ-RR 90, 262 (263); VGH Mannheim, DVBl 87, 1174.
68 VGH Kassel, NVwZ-RR 90, 262 (264).
69 BVerfGE 47, 327 (412); BVerwGE 87, 310 (315) = NJW 91, 2980 (2981).
70 OVG Bautzen, NVwZ-RR 02, 53 (54).

1. Änderungen des funktionellen Amtes

darin, eine flexiblere Personalwirtschaft zu ermöglichen. Gegen die Neuregelung werden erhebliche beachtliche verfassungsrechtliche Bedenken geltend gemacht.[71]

§ 28 II S. 1 LBG erlaubt nunmehr die **zustimmungsfreie Versetzung aus dienstlichen Gründen**

- in ein Amt nicht nur derselben, sondern auch einer gleichwertigen oder anderen Laufbahn,
- mit demselben Endgrundgehalt (Stellenzulagen gehören nicht dazu),
- ebenfalls zu einem anderen Dienstherrn.

§ 28 II S. 1, 1. Hs. LBG gestattet den Wechsel in eine gleichwertige Laufbahn. Deshalb ist es denkbar, daß sich beim Laufbahnwechsel das statusrechtliche Amt durch Versetzung ändert, ohne daß eine Ernennung vorliegt (statusberührende Versetzung[72]), falls das neue Amt das gleiche Endgrundgehalt hat.

Landesübergreifende Versetzungen oder solche zum Bund sind ohne Zustimmung zulässig, wenn das neue Amt mit mindestens demselben Grundgehalt verbunden ist wie das bisherige Amt (§ 15 II S. 2 BeamtStG). Stellenzulagen gelten dabei nicht als Bestandteile des Grundgehalts (§ 15 II S. 3 BeamtStG).

Beispiel: Ein Gerichtsvollzieher (A 8 BBesO) wird Justizhauptsekretär (A 8 BBesO) und mit entsprechenden Aufgaben betraut. Als gleichwertig (§ 28 II S. 1, 1. Hs. LBG) muß erst recht ein Amt einer entsprechenden Laufbahn angesehen werden. Somit ist in allen Fällen, in denen ein Laufbahnwechsel ohne Wechsel der Laufbahngruppe (Rn 173 ff.) möglich ist, ebenfalls die Versetzung erlaubt, wenn das neue Amt mit mindestens demselben Endgrundgehalt einschließlich der Amtszulage (§ 42 II S. 2 BBesG) verbunden ist.

Bei der **Auflösung** oder einer wesentlichen Änderung des Aufbaus oder der Aufgaben einer Behörde oder der Verschmelzung von Behörden kann ein Beamter, dessen Aufgabengebiet davon berührt wird, sogar ohne seine Zustimmung (§ 28 II S. 2 LBG)

- in ein anderes Amt derselben oder einer gleichwertigen Laufbahn,
- mit geringerem Endgrundgehalt (mindestens das Endgrundgehalt des Amtes, das der Beamte vor dem bisherigen Amt innehatte),
- im Bereich desselben Dienstherrn

versetzt werden, wenn eine seinem bisherigen Amt entsprechende Verwendung nicht möglich ist.

Hieraus lasse sich der Grundsatz entnehmen, daß eine Organisationsveränderung notfalls sogar Folgen für den Status des einzelnen Beamten haben könne, und sich aus der bisherigen Rechtsstellung des Beamten

---

71 Günther, ZBR 96, 299 (300 ff.).
72 BVerwGE 65, 270 (276) = DÖD 83, 28 (30).

7. Abschnitt: Änderungen des funktionellen Amtes

keine Einschränkungen der Organisationsgewalt des Dienstherrn ergäben.[73]

§§ 15 II BeamtStG, 28 II LBG müssen im Licht von Art. 33 V GG **einschränkend interpretiert werden.** Eine zustimmungsfreie Versetzung zu einem anderen Dienstherrn darf wegen der damit verbundenen Schwere des Eingriffs in das Berufsbild und der bewußt eingegangenen persönlichen Bindung des Beamten zu seinem Dienstherrn ausschließlich stattfinden, wenn objektiv keine Weiterverwendung im Bereich seines Dienstherrn möglich ist.[74] Dies kann lediglich der Fall sein bei einem drastischen Aufgabenwegfall, entsprechender Aufgabenverlagerung oder einer Behördenauflösung.[75] In der Person des Beamten liegende Aspekte scheiden aus. Ein „oktroyierter Wechsel muß wegen des Treueverhältnisses ultima ratio bilden".[76]

Eine weitere Möglichkeit besteht mit der näher in Rn 288 beschriebenen **Versetzung aus gesundheitlichen Gründen** (§ 45 III S. 4 LBG).

Hat der Beamte keine Befähigung für die andere Laufbahn, trifft ihn eine **Umschulungsverpflichtung** und er muß an Maßnahmen für den Erwerb der neuen Befähigung teilnehmen (§ 28 III LBG).

189 2. *Nichtvorliegen von im Einzelfall entgegenstehenden Regelungen*

2.1 *Aus der besonderen Rechtsstellung des Beamten*

Ehrenbeamte dürfen nicht versetzt werden (§ 183 I Nr. 2 S. 4 LBG). Eingeschränkt versetzbar sind Hochschullehrer (§ 202 II S. 1 LBG) und Mitglieder des Landesrechnungshofes (§ 5 I S. 3 LRHG). Weder die Freiheit der Wissenschaft und Lehre noch der Gleichheitssatz gebieten es, die hauptamtlichen Lehrpersonen der bayerischen Beamtenfachhochschule ebenso wie Professoren von den allgemeinen beamten- und laufbahnrechtlichen Vorschriften über Versetzung, Beurteilung und Besoldung auszunehmen.[77] Selbst Inhaber von funktionsgebundenen Ämtern sind bei entsprechendem dienstlichen Bedürfnis versetzbar.[78] Hingegen darf kein Beamter, der Inhaber eines nichtpolitischen Amtes ist, gegen seinen Willen in das Amt eines Politischen Beamten versetzt werden.[79] Zwischen beiden Beamtengruppen bestünden grundlegende Unterschiede, die den Politischen Beamten als ein völlig anders geartetes, eng begrenztes eigenständiges Statusverhältnis erscheinen ließen.

---

73 BVerwGE 87, 310 (317) = NJW 91, 2980 (2982).
74 Günther, ZBR 96, 299 (303).
75 Günther, ZBR 96, 299 (302).
76 Günther, ZBR 96, 299 (303); zust. Battis, § 26 BBG, Rn 17.
77 BayVerfGH, DÖD 97, 189; zu FHSöV-Dozenten äußert sich das OVG Koblenz, ZBR 86, 19 (19 f.).
78 BVerwG, DÖV 00, 200 (201) = E 109, 292 (293 f.) = NVwZ-RR 00, 232; OVG Koblenz, NVwZ-RR 05, 476 = DÖD 05, 251 (252).
79 OVG Koblenz, DÖV 02, 960 (960 f.) = RiA 02, 304 (305 f.) = ZBR 02, 366 (366 f.) = NVwZ-RR 03, 133 (133 f.); Anm Summer, ZBR 02, 367 (367 f.).

1. Änderungen des funktionellen Amtes

2.2 Aus besonderen Schutzvorschriften

Man darf Mitglieder des Personalrats gegen ihren Willen nur aus wichtigen dienstlichen Gründen und mit Zustimmung des Personalrats versetzen (§ 43 S. 1 LPVG). Bei der Versetzung einer schwangeren Beamtin ist § 3 MuSchVO zu beachten. Die Gleichstellungsbeauftragte und ihre Stellvertreterin dürfen wegen ihrer Tätigkeit nicht benachteiligt werden (§ 16 III, 1. Hs. LGG).

2.3 Aus dem Haushaltsrecht

Wird die Altersgrenze von 40 bzw. 45 Lebensjahren überschritten, muß der FM der Versetzung in den Landesdienst zustimmen.[80] Im übrigen gehört die Verfügbarkeit einer freien und besetzbaren Planstelle zu den innerdienstlichen Anforderungen an die Versetzung eines B.a.L. aus dem Bereich eines anderen Dienstherrn.[81] Fehlt diese haushaltsrechtliche Voraussetzung in Form der Planstelle, und wird deswegen die Versetzung abgelehnt, sind keine subjektiven Rechte des Beamten verletzt.

3. Ausübung des Versetzungsermessens

Die Versetzung ist eine **Ermessensentscheidung**.[82] Der Beamte hat bis auf die seltene Ermessensreduzierung auf Null lediglich einen Anspruch auf ermessensfehlerfreie Entscheidung über die von ihm beantragte oder von Amts wegen veranlaßte Versetzung. Der Dienstherr muß folgendes beachten: **190**

3.1 Er hat die allgemeinen Ermessensvoraussetzungen richtig zu handhaben. Er darf also weder sein Ermessen unterschreiten noch überschreiten und auch keinen Ermessensfehlgebrauch begehen.

3.2 Speziell auf die Versetzung bezogen, besteht jedoch ein **weiter Ermessensspielraum**. Der Beamte wird für ein breites Aufgabenfeld ausgebildet (Rn 159). Er muß immer mit seiner Versetzung rechnen[83] und hat keinen Anspruch auf ein abstrakt-funktionelles Amt bei einer bestimmten Behörde[84]. Maßgebendes Ermessenskriterium ist daher die **Verwaltungseffizienz**. Allerdings muß das **Leistungsprinzip** (Art. 33 II GG) be-

---

80 Korn/Tadday, § 28 LBG, Anm 5, unter Verweis auf § 48 I LHO i.V.m. RdErl v. 21.7.72, SMBl NW 631.
81 OVG Koblenz, RiA 00, 153.
82 OVG Koblenz, NVwZ 94, 1230 = ZBR 95, 77 (78).
83 Battis, § 26 BBG, Rn 15.
84 Günther, ZBR 78, 73 (79).

7. Abschnitt: Änderungen des funktionellen Amtes

achtet werden.[85] Für Bundesbeamte ergibt sich dies bereits aus § 1 I BLV, wonach auch bei der „Übertragung von Dienstposten" nur nach Eignung, Befähigung und fachlicher Leistung zu entscheiden ist.[86] Die gegenteilige Ansicht überzeugt nicht.[87] Bei der Frage, welcher Beamte in **Spannungssituationen** zur Wahrung des Betriebsfriedens versetzt werden soll, hat der Dienstherr ebenfalls ein weites Ermessen. Ermessensfehlerhaft kann es jedoch sein, ohne Vorliegen weiterer Gründe gerade denjenigen Beamten zu versetzen, den ersichtlich kein Verschulden trifft und der sich stets verständigungsbereit gezeigt hat.[88]

3.3 Bei den durch eine sachgerechte Personalplanung gezogenen Grenzen ist für die Ermessensausübung ebenfalls die **Fürsorgepflicht** zu beachten. Dabei können das Interesse des Beamten an seinem persönlichen Fortkommen oder gesundheitliche Schwächen bedeutsam sein.[89] Im Einzelfall wird also zwischen den dienstlichen Belangen und den persönlichen Aspekten des Beamten abgewogen. Dabei wird der Dienstherr die Wahrscheinlichkeit einer erheblichen Gesundheitsbeeinträchtigung durch den mit der Versetzung verbundenen Ortswechsel oder gar eine vorzeitige Dienstunfähigkeit nicht in Kauf nehmen dürfen.[90] Zieht der Dienstherr verheiratete Beamte vor, ist er nicht verpflichtet, ihnen Beamte gleichzustellen, die in eheähnlichen Verhältnissen leben.[91] Für außergewöhnliche Härten, in denen die Fürsorgepflicht eine Versetzung ge- oder verbieten kann, gilt ein strenger Maßstab. Ein kommunalpolitisches Engagement außerhalb des derzeitigen Dienstortes[92] reicht hierfür ebensowenig wie das Bestehen einer nichtehelichen Lebensgemeinschaft[93]

---

85 Wichmann, Parteipolitische Patronage, 60 ff.; VG Frankfurt/M., IÖD 04, 134 (143) = PersV 04, 299 (308); IÖD 02, 196 (197 f.). Zumindest dann, wenn der Versetzung ein Auswahlverfahren (Ausschreibung bzw. Entgegennahme von Bewerbungen) vorausgegangen ist: VGH Kassel, ZBR 90, 24. Differenzierend mittlerweile BVerwG, IÖD 05, 158 (160) = NVwZ 05, 702 (703) = DÖV 05, 694 (696) = PersV 06, 60 (61 f.) = ZBR 05, 244 (246) = E 122, 237 (242) = BayVBl 05, 667 (669) = DÖD 05, 165 (167) = RiA 05, 238 (240 f.); OVG Münster, NWVBl 03, 278 = RiA 03, 155: Bei Stellenbesetzungen mit Beförderungs- und Umsetzungs-/Versetzungsbewerbern muß der Maßstab der Bestenauslese uneingeschränkt auf alle Bewerber angewandt werden; bei solchen allein mit Umsetzungs-/Versetzungsbewerbern nicht. Ähnlich OVG Schleswig, NordÖR 03, 82: Wenn der Dienstherr den ausgeschriebenen Dienstposten durch eine am Grundsatz der Bestenauslese orientierte Auswahl vergeben will. Die Anwendung des Leistungsprinzips bei Versetzungen lehnen vollständig ab: BVerwG, DÖD 05, 162 (165) = NVwZ 05, 457 (458) = ZBR 05, 162 (164) = DVBl 05, 456 (458) = E 122, 147 (153 f.) = BayVBl 05, 669 (671) = RiA 05, 129 (132) = PersV 05, 222 (224); VGH Mannheim, VBlBW 92, 189 (190); OVG Münster, DVBl 91, 1211 (1212) = DÖD 92, 41 (42) = NVwZ-RR 92, 369 (370); Günther, RiA 05, 279 (280 f.).
86 VG Frankfurt/M., IÖD 02, 196 (197).
87 Begründung und meine Kritik finden sich in Rn 17.
88 BVerwGE 26, 65 (69); OVG Münster, ZBR 04, 397; VG Gera, ThürVBl 96, 284 (285).
89 OVG Saarlouis, IÖD 02, 170 = IÖD 02, 182 = DÖD 02, 125; Battis, § 26 BBG, Rn 15 m.w.N.
90 BVerfG, RiA 05, 286 (287) = BayVBl 05, 659 = DÖD 06, 103; OVG Saarlouis, IÖD 02, 170 = IÖD 02, 182 = DÖD 02, 125.
91 OVG Koblenz, NVwZ 94, 1230 (1230 f.) = ZBR 95, 77 (78).
92 OVG Koblenz, NVwZ 94, 1230 (1230 f.) = ZBR 95, 77 (78); a. A. BVerwG, NVwZ 85, 831, wonach dies berücksichtigt werden dürfe.
93 Offengelassen von OVG Lüneburg, NVwZ-RR 06, 197.

1. Änderungen des funktionellen Amtes

III. Rechtsfolgen der Versetzung

Das Beamtenverhältnis wird mit dem neuen Dienstherrn fortgesetzt (§ 15 III S. 2 BeamtStG). Wird ein Beamter im Bereich desselben Dienstherrn versetzt, ändert sich neben dem abstrakt-funktionellen Amt in der Regel auch das konkret-funktionelle Amt. Anders wäre es, wenn sich die Versetzung an eine Abordnung anschließt. Der Beamte bekommt neue Dienstvorgesetzte und Vorgesetzte. Eventuell hat er Ansprüche nach dem BUKG/LUKG. Beim Dienstherrnwechsel wird das Beamtenverhältnis mit dem neuen Dienstherrn fortgesetzt (§§ 28 IV S. 1, 1. Hs. LBG, 83 I, 1. Hs. LVO). Ggf. erhält er eine andere Amtsbezeichnung (qualifizierte Versetzung).[94]

191

Widerspruch und Anfechtungsklage gegen die Versetzung haben keine aufschiebende Wirkung (§ 54 IV BeamtStG). Unberührt bleibt jedoch die Möglichkeit, beim Verwaltungsgericht die Anordnung der aufschiebenden Wirkung zu beantragen (§ 80 V S. 1, 1. Alt. VwGO).

Literatur: Günther, Der Aspekt Gesundheitsgefährdung des Beamten bei Versetzung und bei Abordnung, RiA 06, 67; ders., Zum Anspruch des Versetzungsbewerbers als Konkurrent, RiA 05, 279; Waldeyer, Die Einschränkung der Freiheitsrechte der Professoren im neueren Hochschulrecht, in Baumann/v. Dickhuth-Harrach/Marotzke, Gesetz – Recht – Rechtsgeschichte, FS für Gerhard Otte zum 70. Geburtstag, 2005, 427; Kathke, Versetzung, Umsetzung, Abordnung und Zuweisung – Mobilität und Flexibilität im Beamtenverhältnis –, ZBR 99, 325; Ziekow, Veränderungen des Amts im funktionellen Sinne – eine Betrachtung nach Inkrafttreten des Dienstrechtsreformgesetzes, DÖD 99, 7; Haratsch, Die Rechtsfolgen einer dienstherrenübergreifenden Versetzung eines Beamten, ZBR 98, 277; Günther, Anmerkungen zur Versetzung mit oktroyiertem Dienstherrnwechsel, ZBR 96, 299; ders., Vollziehbarkeit von Versetzung und Abordnung: Geltendes Recht und Reformgesetzentwurf – Skizze mit Schwerpunkt Eilrechtsschutz –, DÖD 96, 173; ders., „Einverständnis" des aufnehmenden Dienstherrn mit der Versetzung: Rechtsschutzfragen, ZBR 93, 353; Els, Die Versetzung – Abgrenzung, Bedeutung und Folgerungen, RiA 91, 1.

1.2.2 Abordnung

I. Formelle Voraussetzungen

Die Ausführungen bei der Versetzung gelten entsprechend, da auch die Abordnung ein Verwaltungsakt ist (Rn 183). Die Zuständigkeit ergibt sich aus §§ 14 IV S. 1 BeamtStG, 29 V S. 1, 1. Hs. LBG.

192

Es besteht eine **Anhörungspflicht** (§ 29 IV LBG). Ein **Mitbestimmungsrecht** des Personalrats existiert allein bei Abordnungen für mehr als drei Monate und bei ihrer Aufhebung (§ 72 I S. 1 Nr. 6 LPVG). Die Gleichstellungsbeauftragte ist durch Unterrichtung und Anhörung zu beteiligen (§ 18 II S. 1 i.V.m. § 17 I, 2. Hs. Nr. 1 LGG). Sie hat ein Widerspruchsrecht (§ 19 I S. 1, 1. Hs.LGG).

---

94 Scheerbarth/Höffken/Bauschke/Schmidt, § 14 VI 1a, z.B. der Abteilungsdirektor bei einer Bezirksregierung (B 2) wird Polizeipräsident (B 2).

7. Abschnitt: Änderungen des funktionellen Amtes

II. Materielle Voraussetzungen

193 Die Struktur der Entscheidung (Tatbestand, Ausnahmen, Ermessen) entspricht der Versetzung, so daß auf die dortigen Passagen des Buches verwiesen werden kann. Allerdings hat die Abordnung wegen ihres Charakters als vorübergehende Maßnahme **leichter zu bejahende Tatbestandsvoraussetzungen**. Im einzelnen erfordert sie:

1) Ein **dienstliches Bedürfnis** wie bei der Versetzung (Rn 188) **und eine dem bisherigen Amt entsprechende Tätigkeit** (§ 29 I LBG). Dies gilt nicht bei funktionsgebundenen Ämtern.[95] Anders als bei der Versetzung ist eine Abordnung ebenfalls möglich, wenn das neue Amt zu keiner gleichwertigen Laufbahn gehört.[96] Aber auch bei der Abordnung darf der Beamte (abgesehen von Ausnahmefällen; § 29 II S. 1, 2 LBG) nicht unterwertig beschäftigt werden. Ob er angemessen eingesetzt wird, beurteilt sich nach dem ihm verliehenen statusrechtlichen Amt.[97] Danach ist es beispielsweise unzulässig, einen Amtsrat auf den Dienstposten eines Oberinspektors abzuordnen. Die Abordnung kann vorübergehend ganz oder teilweise an eine **andere Dienststelle eines Dienstherrn im Geltungsbereich des LBG** erfolgen (§ 29 I LBG). Führt die Abordnung über den Bereich des Landes NW hinaus (§ 1 I LBG), ist die inhaltlich übereinstimmende Regelung des § 14 BeamtStG heranzuziehen.

2) **Aus dienstlichen Gründen** kann der Beamte vorübergehend ganz oder teilweise ebenfalls **zu keiner seinem Amt entsprechenden Tätigkeit** abgeordnet werden, wenn ihm die neue Tätigkeit aufgrund seiner Vorbildung oder Berufsausbildung zuzumuten ist (§§ 14 II S. 1 BeamtStG, 29 II S. 1 LBG). Dienstliche Gründe sind allein solche, die aus erheblichen organisatorischen Problemen des Dienstherrn erwachsen. Hierzu zählen Schwierigkeiten wegen der Auflösung, wesentlichen Änderung des Aufbaus oder der Verschmelzung von Behörden.[98] Diese Gründe müssen in der jeweiligen Verwaltung vorliegen, in welcher der Beamte tätig ist bzw. werden soll. Hingegen dürfen sie nicht auf personenbezogene Anlässe gestützt werden. Diese darf man nur bei § 29 I LBG berücksichtigen.[99] Dabei ist weiterhin die Abordnung zu einer Tätigkeit, die keinem Amt mit demselben Endgrundgehalt entspricht, zulässig (§§ 14 II S. 2 BeamtStG, 29 II S. 2 LBG). Diese Form der Abordnung benötigt allerdings die Zustimmung des Beamten, wenn sie zwei Jahre übersteigt (§ 29 II S. 3 LBG). Anders ist es bei landesübergreifenden Abordnungen und solchen zum Bund. Dort muß der Beamte bei Abordnungen zu Tätigkeiten, die nicht einem Amt mit demselben Grundgehalt entsprechen und die ihm nicht zuzumuten sind, unabhän-

---

95 OVG Koblenz, DÖD 02, 156 (157).
96 OVG Koblenz, ZBR 86, 298 (298 f.); Scheerbarth/Höffken/Bauschke/Schmidt, § 14 III 2a cc.
97 BVerwG, ZBR 81, 315 (316); OVG Münster, ZBR 04, 397.
98 OVG Koblenz, DÖD 02, 156 (157).
99 OVG Koblenz, DÖD 02, 156 (157).

1. Änderungen des funktionellen Amtes

gig von ihrer Dauer zustimmen (§ 14 III S. 1 BeamtStG). Ähnlich wie bei der Versetzung zu einem anderen Dienstherrn oder einer laufbahnübergreifenden Versetzung ohne Zustimmung des Beamten wird hier ebenfalls erheblich in seine Rechtsstellung eingegriffen. Deshalb müssen besondere Voraussetzungen, wie z.B. beachtliche organisatorische Schwierigkeiten vorliegen, damit eine unterwertige Abordnung gerade wegen des Verhältnismäßigkeitsgrundsatzes gerechtfertigt ist. Dadurch vermeidet man Wertungswidersprüche insbesondere zur Umsetzung, die grundsätzlich allein in ein entsprechendes statusrechtliches Amt, also gerade nicht unterwertig, zulässig ist. Allerdings ist die Abordnung definitionsgemäß vorübergehender Natur, so daß an die speziellen Gründe keine derart strengen Anforderungen wie bei der Versetzung zu einem anderen Dienstherrn zu stellen sind.

3) Die Abordnung ist tatbestandsmäßig **ausschließlich** als **vorübergehende Maßnahme** denkbar. Deswegen muß ihre Dauer voraussehbar begrenzt sein.[100] Zwar ist keine Befristung geboten.[101] Allerdings darf die Abordnung nicht sachlich der dauernden Übertragung eines neuen abstrakt-funktionellen Amtes gleichkommen. Es ist jedoch möglich, eine auf Dauer angelegte Aufgabenänderung (Abordnung mit dem Ziel der Versetzung) zunächst wegen einer erforderlichen Erprobung mit einer Abordnung zu beginnen (versetzungsgleiche Abordnung).[102] In der Abordnungszeit muß lediglich eine Rückkehrmöglichkeit bestehen.[103]

4) Die Abordnung zu einem anderen Dienstherrn bedarf der **Zustimmung des Beamten** (§§ 14 III BeamtStG, 29 III S. 1 LBG). Sie ist nicht erforderlich, wenn die neue Tätigkeit zuzumuten ist sowie einem Amt mit demselben Grundgehalt entspricht und die Abordnung fünf Jahre nicht übersteigt (§§ 14 III S. 2 BeamtStG, 29 III S. 2 LBG). Damit wird nicht nur eine Abordnung zu einem anderen Dienstherrn im Geltungsbereich des LBG, sondern zu jedem Dienstherrn in der Bundesrepublik Deutschland ermöglicht. Wegen des Charakters der Abordnung als vorübergehende Maßnahme macht es keinen Unterschied, ob man zu einem Dienstherrn im Geltungsbereich des LBG NW abgeordnet wird oder nicht. § 14 I BeamtStG ermöglicht länderübergreifende Abordnungen oder solche zum Bund.

5) Der Beamte hat keinen Anspruch auf die Beibehaltung einmal übertragener Aufgaben, d.h. kein Recht am Amt im konkret-funktionellen Sinn (Rn 50). Deshalb besteht bei der Abordnung ein **weiter Ermessensspielraum**. Der Dienstherr muß allerdings dienstliche und individuelle Aspekte korrekt abwägen. Dabei kann er sich eines von ihm aufgestellten Kriterienkatalogs bedienen, der die betroffenen persönlichen und

---

100 Günther, ZBR 78, 73 (83).
101 Battis, § 27 BBG, Rn 4.
102 Scheerbarth/Höffken/Bauschke/Schmidt, § 14 III 2a bb; Battis, § 26 BBG, Rn 5.
103 Battis, § 26 BBG, Rn 5.

sozialen Belange entsprechend gewichtet. Dies ist ein sachgerechtes Hilfsmittel, um das Ermessen im Einzelfall auszuüben und dient der Transparenz der Entscheidungsfindung.[104] Welches Gewicht einzelne Gesichtspunkte (Eigenheim, Berufstätigkeit des Ehepartners, Erkrankungen in der Familie, vielfältige private Aktivitäten, lange Fahrtdauer) haben, beschreibt der VGH München.[105] Es gibt zudem keinen Anspruch auf Abordnung auf einen bestimmten Dienstposten.[106] Existieren substantiierte Anhaltspunkte für eine Gesundheitsschädigung des Beamten müssen diese aus Fürsorgegesichtspunkten angemessen berücksichtigt werden.[107]

Hingegen ist eine Abordnung bei einem Amtsbeamten (Rn 71) wegen der besonderen Funktionsgebundenheit des Amtes rechtlich ausgeschlossen.[108]

III. Rechtsfolgen

194 Außer dem neuen konkret-funktionellen Amt erhält der Beamte andere Vorgesetzte. Er bleibt jedoch Angehöriger seiner bisherigen Behörde. Somit behält er seine ehemaligen Dienstvorgesetzten und bekommt neue dazu.

Diese teilen sich die Zuständigkeiten für beamtenrechtliche Entscheidungen. Die Dienstvorgesetzten seiner Stammdienststelle treffen weiter grundlegende Entscheidungen, wie Ernennungen, oder erstellen Beurteilungen (nach Beurteilungsbeiträgen durch die neuen Dienstvorgesetzten). Die neuen Dienstvorgesetzten entscheiden über die mit der konkreten Dienstausübung verbundenen persönlichen Angelegenheiten (z.B. Urlaub, Sonderurlaub, Dienstbefreiung). Grundsätzlich zahlt der alte Dienstherr das Gehalt. Allerdings ist hierzu „auch" der Dienstherr verpflichtet, zu dem der Beamte abgeordnet ist (§§ 14 IV S. 3 BeamtStG, 29 V S. 3 LBG).

Soweit bei der landesübergreifenden Abordnung oder einer zum Bund die Dienstherren nichts anderes vereinbart haben, sind die für den Bereich des aufnehmenden Dienstherrn geltenden Vorschriften über die Beamtenpflichten und -rechte mit Ausnahme derjenigen über Diensteid, Amtsbezeichnung, Zahlung von Bezügen, Krankenfürsorgeleistungen und Versorgung entsprechend anzuwenden (§ 14 IV S. 2 BeamtStG).

Schließlich bestimmt § 54 IV BeamtStG, daß Widerspruch und Anfechtungsklage gegen eine Abordnung keine aufschiebende Wirkung haben. Unberührt bleibt jedoch die Möglichkeit, beim Verwaltungsgericht die Anordnung der aufschiebenden Wirkung zu beantragen (§ 80 V S. 1, 1. Alt.

---

104 VGH München, ZBR 94, 158.
105 ZBR 94, 158 (159).
106 OVG Schleswig, ZBR 95, 78 (79) = NVwZ-RR 95, 45 (46).
107 BVerfG, RiA 05, 286 (287) = BayVBl 05, 659 = DÖD 06, 103.
108 VG Potsdam, LKV 03, 574 (575), hinsichtlich eines Amtsdirektors als kommunaler Wahlbeamter.

1. Änderungen des funktionellen Amtes

VwGO). Allerdings hat der Widerspruch gegen eine nachträglich und durch gesonderten Bescheid erfolgte Befristung einer Abordnung keine aufschiebende Wirkung.[109]

Literatur: Günther, Der Aspekt Gesundheitsgefährdung des Beamten bei Versetzung und bei Abordnung, RiA 06, 67; Hilg, Beamtenrechtliche Zuständigkeiten im Abordnungsverhältnis und abordnungsähnlichen Verhältnis, ZBR 06, 109; Kathke, Versetzung, Umsetzung, Abordnung und Zuweisung – Mobilität und Flexibilität im Beamtenverhältnis –, ZBR 99, 325; Ziekow, Veränderungen des Amts im funktionellen Sinne – eine Betrachtung nach Inkrafttreten des Dienstrechtsreformgesetzes, DÖD 99, 7; Günther, Vollziehbarkeit von Versetzung und Abordnung: Geltendes Recht und Reformgesetzentwurf – Skizze mit Schwerpunkt Eilrechtsschutz –, DÖD 96, 173; Müssig, Rechtsprobleme der beamtenrechtlichen Abordnung, ZBR 90, 109.

1.2.3 Umsetzung

I. Formelle Voraussetzungen

1) **Zuständig** für Umsetzungen **ist der Dienstvorgesetzte** (§ 3 IV LBG; Rn 55). So ist z.B. der Bürgermeister zuständig für die Umsetzung eines Stadtamtmannes (§ 3 IV S. 2, 1. Alt. LBG i.V.m. § 73 II GO), aber auch einer Gleichstellungsbeauftragten[110]. Die Umsetzung ist eine Maßnahme, die auf der Organisationsgewalt beruht, so daß sich die Zuständigkeit des Bürgermeisters ebenfalls auf § 62 I S. 3 GO stützen läßt. Der Stadtrat hat angesichts der Organisationshoheit des Hauptverwaltungsbeamten keine rechtliche Handhabe, diesen zu zwingen, einen bestimmten Beamten auf eine spezielle Stelle umzusetzen. Selbst wenn der Rat durch Regelung in der Hauptsatzung für Einstellungen zuständig ist, wäre der Bürgermeister nicht gehindert, die konkrete Stelle durch Umsetzung zu besetzen. Das Recht des Rates beschränkte sich darauf, generell über die Einstellung eines externen Bewerbers zu entscheiden. Angesichts der Organisationsgewalt des Hauptverwaltungsbeamten darf damit keine konkrete Aufgabenzuweisung durch den Rat an diesen Kandidaten verbunden sein.

195

2) Umsetzungen sind an **keine bestimmte Form** gebunden. **Praxisüblich** ist die **Schriftform**.[111] Die Umsetzung ist kein Verwaltungsakt.[112] Deshalb darf man die §§ 28, 37, 39 VwVfG nicht anwenden. Allerdings gebietet es die Fürsorgepflicht des Dienstherrn, den Beamten mit keiner für seine berufliche Tätigkeit bedeutsamen Entscheidung zu überraschen. Somit ist eine vorherige **Anhörung** notwendig.[113] Bei Umsetzungen von mehr als drei Monaten oder solchen, die mit einem Wechsel des Dienstortes verbunden sind, besteht ein **Mitbestimmungsrecht** des Personalrats (§ 72 I S. 1 Nr. 5 LPVG). Fehlt die Zustimmung des Personalrats, kann die rechtswidrige Umsetzung nur dadurch wirksam rückgängig gemacht

---

109 OVG Greifswald, NVwZ-RR 03, 665 (665 f.) = DÖD 04, 136 (136 f.).
110 OVG Saarlouis, SKZ 05, 303 (304).
111 Scheerbarth/Höffken/Bauschke/Schmidt, § 14 II 3b.
112 BVerwGE 89, 199 (200) = NVwZ 92, 572 (573); OVG Saarlouis, ZBR 95, 47; OVG Münster, RiA 95, 200.
113 OVG Münster, ZBR 86, 274; Monhemius, Rn 189.

7. Abschnitt: Änderungen des funktionellen Amtes

werden, daß man den ursprünglichen Zustand wiederherstellt.[114] Die Schwerbehindertenvertretung muß gehört werden (§ 95 II S. 1, 1. Hs. SGB IX)[115]. Die Gleichstellungsbeauftragte ist durch Unterrichtung und Anhörung zu beteiligen (§ 18 II S. 1 i.V.m. § 17 I, 2. Hs. Nr. 1 LGG). Sie hat ein Widerspruchsrecht (§ 19 I S. 1, 1. Hs. LGG). Anders als beim Personalrat führen unterbliebene Anhörungen hier nicht zur Rechtswidrigkeit der getroffenen Maßnahmen.[116] Wird eine Beschäftigte erstmals zur Gleichstellungsbeauftragten bestellt, ist dies als Umsetzung mitbestimmungspflichtig, weil ihre in der Dienststelle wahrzunehmenden Aufgaben eine neue, andere Prägung erfahren.[117] Gleiches muß für den actus contrarius, die Abberufung einer Gleichstellungsbeauftragten, gelten. Auch dies ist eine Umsetzung wegen der damit verbundenen wesentlichen Aufgabenänderung.

II. Materielle Voraussetzungen

196 Das Landesbeamtengesetz regelt die Umsetzung im Gegensatz zur Versetzung (§ 28 LBG) und Abordnung (§ 29 LBG) nicht. Daher fragt es sich, ob die Umsetzung nach der Abkehr von der Lehre vom besonderen Gewaltverhältnis[118] unter Beachtung der **Wesentlichkeitstheorie**[119] gesetzlich normiert werden muß. Gemäß dieser Theorie besteht jedoch nur ein Entscheidungsbedarf des Gesetzgebers in Form des Parlamentsvorbehalts für solche Bereiche, die für die Grundrechtsverwirklichung wesentlich sind. Dabei ist hinsichtlich der Umsetzung zu beachten, daß unabhängig von der Frage nach dem Geltungsumfang von Grundrechten im Beamtenverhältnis (Rn 12 ff.) hier ausschließlich der Schutzbereich von Art. 2 I GG als Garantie der allgemeinen Handlungsfreiheit tangiert ist.[120] Art. 2 I GG regelt als Auffanggrundrecht keine wesentlichen Freiheitsbeschränkungen.[121] Außerdem beruht die Wesentlichkeitstheorie auf dem Demokratieprinzip, das eine Kompetenzverteilung zwischen Legislative und Exekutive fordert, wonach wesentliche Fragen vom Parlament zu entscheiden sind. Daraus folgt im Umkehrschluß, daß unwesentliche Entscheidungen oder solche, die originär in den Aufgabenbereich der Exekutive als einer vom Grundgesetz konstituierten Staatsgewalt fallen, dieser vorbehalten sind. Die Umsetzung ist eine **innerorganisatorische Maßnahme**. Sie stellt sicher, daß die Exekutive ihre Funktionen erfüllen kann, indem ein bestimmter Aufgabenausschnitt einem Beamten zur Erledigung zugewiesen wird. Diese Entscheidung gehört zur ureigenen Kompetenz der Exekutive. Es ist daher **keine gesetzliche Regelung erforderlich**.

---

114 BVerwGE 75, 138 (140 f.).
115 Heilungsmöglichkeiten beschreibt der VGH Mannheim, ZBR 86, 20 (20 f.).
116 BVerwG, DVBl 90, 259.
117 BVerwG, ZBR 04, 59.
118 Grundlegend BVerfGE 33, 1 (10 f.).
119 BVerfGE 40, 237 (249); 58, 257 (268 f.); BVerwGE 52, 193 (197); Rn. 15, 60.
120 BVerfGE 6, 32 (36).
121 So auch Merten, JuS 82, 365 (366).

1. Änderungen des funktionellen Amtes

Gleichwohl muß man folgende **ungeschriebene Voraussetzungen beachten**:

1) Prägender Grundsatz des Beamtenrechts ist das **Leistungsprinzip** (Art. 33 II GG, § 7 I LBG), Stellen lediglich nach Eignung, Befähigung und fachlicher Leistung zu besetzen. Die Normen enthalten eine abschließend zu verstehende Positivliste derjenigen Kriterien, die allein zur Auswahl herangezogen werden dürfen. Sie sind ebenfalls bei Umsetzungen zu befolgen.[122] Für Bundesbeamte ergibt sich dies bereits aus § 1 I BLV, wonach auch bei der „Übertragung von Dienstposten" nur nach Eignung, Befähigung und fachlicher Leistung zu entscheiden ist.[123] Die gegenteilige Ansicht überzeugt nicht.[124] Der Fall einer rechtswidrigen Umsetzung aus parteipolitischen Gründen findet sich im Beschluß des OVG Saarlouis[125].

2) Die Umsetzung muß **zur Aufgabenerfüllung notwendig** sein, wobei kein dienstliches Bedürfnis wie bei Versetzung und Abordnung erforderlich ist.[126] Es reicht vielmehr jeder sachliche Grund.[127] Ein solcher ist z.B. zu bejahen, wenn gegen einen Polizeibeamten wegen in dienstlichem Zusammenhang begangener Straftaten oder Dienstvergehen ermittelt wird und diese Ermittlungen öffentlich bekanntgeworden sind, um hierdurch einen etwaigen Ansehensverlust der Polizei zu vermeiden.[128]

3) Der Aufgabenbereich des neuen Dienstpostens des Beamten muß dem abstrakten Aufgabenbereich seines statusrechtlichen Amtes entsprechen.[129] Dabei kommt es ausschließlich auf die haushaltsmäßige Einstufung der Stelle an. Diese muß allerdings korrekt sein.[130] Somit ist eine **Umsetzung, die zu unterwertiger Beschäftigung führt, unzulässig**. Ausnahmen sind aber zulässig, wenn sich der Beamte mit der Übertragung der unterwertigen Funktion einverstanden erklärt hat[131],

---

122 Wichmann, Parteipolitische Patronage, 64 f. Zumindest dann, wenn der Umsetzung ein Auswahlverfahren (Ausschreibung bzw. Entgegennahme von Bewerbungen) vorausgegangen ist: VGH Kassel, ZBR 90, 24. Die Anwendung des Leistungsprinzips bei Umsetzungen lehnen vollständig ab: BVerwG, DÖD 05, 162 (165) = NVwZ 05, 457 (458) = ZBR 05, 162 (164) = DVBl 05, 456 (458) = E 122, 147 (153 f.) = BayVBl 05, 669 (671) = RiA 05, 129 (132) = PersV 05, 222 (224); VGH Mannheim, VBlBW 92, 189 (190); OVG Münster, DVBl 91, 1211 (1212) = DÖD 92, 41 (42) = NVwZ-RR 92, 369 (370); OVG Koblenz, ZBR 99, 284.
123 VG Frankfurt/M., IÖD 02, 196 (197).
124 Begründung und meine Kritik finden sich in Rn 17.
125 ZBR 95, 47 (48).
126 BVerwG, ZBR 75, 226 (228); OVG Hamburg, NVwZ-RR 05, 125.
127 BVerwG, ZBR 68, 218 (219); OVG Hamburg, NVwZ-RR 05, 125.
128 OVG Koblenz, RiA 02, 306.
129 BVerwGE 49, 64 (67 f.); DVBl 80, 882 (884); 89, 199 (201 f.) = NVwZ 92, 572 (573); OVG Bautzen, SächsVBl 01, 297 (298) = DÖV 02, 870 = ZBR 02, 437 (438) = PersV 02, 323 = DÖD 02, 126; VGH München, ZBR 92, 111 (112).
130 OVG Bautzen, SächsVBl 01, 297 (298) = DÖV 02, 870 (871) = ZBR 02, 437 (438) = PersV 02, 323 (324) = DÖD 02, 126 (127).
131 Plog/Wiedow/Lemhöfer/Bayer, § 26 BBG, Rn 47.

7. Abschnitt: Änderungen des funktionellen Amtes

oder wenn durch die Umsetzung eine Zurruhesetzung wegen Dienstunfähigkeit vermieden wird (§ 45 III S. 4 LBG). Als zu weitgehend ist die Position abzulehnen, ein *besonderer* dienstlicher Grund vermöge einen unterwertigen Einsatz des Beamten bei der Umsetzung zu rechtfertigen[132], etwa um eine auf Einsparungen gerichtete Organisationsänderung durchzuführen[133]. Gestatte man dies, könnte man über schlichte Kostenaspekte das statusrechtliche Amt zur inhaltsleeren Hülle mutieren lassen. Von einem Gericht darf und wird überprüft werden, ob es sich um einen dem statusrechtlichen Amt entsprechenden Aufgabenbereich handelt. Eine Planstelle, die diesen Anforderungen nicht genügt, stellt kein entsprechendes Amt dar, selbst wenn sie rechtswidrig höherbewertet und ausgewiesen ist.[134] Dabei seien allerdings die Zahl der Mitarbeiter und die Eigenschaft als Vorgesetzter für sich allein genommen keine die Wertigkeit des Statusamtes prägenden Faktoren. Allerdings liegt keine unterwertige Beschäftigung vor, wenn auf dem Dienstposten sowohl höher- als auch unterwertige Tätigkeiten anfallen.[135]

Beim sog. Amtsbeamten (Rn 71) ist die Umsetzung ausgeschlossen. Sie ist ebenfalls rechtlich unzulässig, wenn der Beamte ein Amt einer anderen Fachrichtung erhält, für das er keine Laufbahnbefähigung hat. Dies liegt vor, wenn man einem Angehörigen des nichttechnischen Verwaltungsdienstes z.B. die Leitung des Tiefbaureferats überträgt, für die ausweislich des Stellenplans bzw. der Stellenbeschreibung die Laufbahnbefähigung des technischen Verwaltungsdienstes vorausgesetzt wird. Sollte keine spezielle Befähigung verlangt werden, wäre eine entsprechende Umsetzung rechtlich nicht zu beanstanden.

4) Besondere **Schutzvorschriften** zugunsten des Beamten sind einzuhalten (z.B. § 43 S. 1 LPVG, SGB IX, MuSchVO).

5) Das **Umsetzungsermessen** muß unter **Beachtung der Fürsorgepflicht** korrekt ausgeübt werden. Dabei ist zu berücksichtigen, daß der Beamte für alle Aufgaben seiner Laufbahn ausgebildet wird. Er hat deshalb kein Recht am konkret-funktionellen Amt, verstanden als unveränderte und ungeschmälerte Ausübung des einmal erhaltenen Dienstpostens.[136] Somit besteht bei der Umsetzung ein weiter Ermessensspielraum.[137] Keinesfalls kann aus dem Fürsorgegedanken die

---

132 So aber Schnellenbach, Rn 145.
133 OVG Lüneburg, NVwZ-RR 05, 124 = NdsVBl 05, 72 = RiA 05, 141 (142).
134 OVG Bautzen, SächsVBl 01, 297 (298) = DÖV 02, 870 (871) = ZBR 02, 437 (438) = PersV 02, 323 (324) = DÖD 02, 126 (127).
135 OVG Greifswald, ZBR 02, 405 (406).
136 BVerfGE 8, 332 (344); 17, 172 (187); 52, 303 (354); 56, 146 (162); BVerwGE 89, 199 (201) = NVwZ 92, 572 (573); 60, 144 (150) = DVBl 80, 882 (883) = NJW 81, 67 (68); 65, 270 (273) = DÖD 85, 28 (29); DVBl 81, 495 (496); DVBl 80, 882 (884); DÖV 92, 495 (496) = NVwZ 92, 573 (574); OVG Bautzen, SächsVBl 01, 297 = DÖV 02, 870 = ZBR 02, 437 (438) = PersV 02, 323 = DÖD 02, 126; OVG Saarlouis, ZBR 95, 47; OVG Lüneburg, NVwZ-RR 05, 124 = NdsVBl 05, 72 = RiA 05, 141; VGH München, ZBR 92, 111 (112).
137 BVerwG, DVBl 80, 882 (884); VGH München, ZBR 92, 111 (112); Schnellenbach, Rn 143.

1. Änderungen des funktionellen Amtes

Pflicht des Dienstherrn abgeleitet werden, für den Beamten einen geeigneten und zumutbaren Dienstposten zu schaffen, um eine Umsetzung zu vermeiden.[138] Das Ermessen kann eingeschränkt sein, wenn gewichtige Grundrechte des Beamten berührt sind[139], wenn entsprechende Zusicherungen vorliegen, oder wenn dem Beamten Aufgaben entzogen werden sollen, die nicht durch bloße Geschäftsverteilung übertragen worden sind und zudem besondere fachliche Anforderungen stellen („Leitungsfunktion"; z.B. Leiter einer Landesanstalt, Leiter des Kreisgesundheitsamtes).[140] Es handelt sich aber ausschließlich dann um derartige Leitungsfunktionen, falls sich der Beamte gerade auf diesen leitenden Posten beworben und der Dienstherr ihn aufgrund seiner fachlichen Qualifikation ausdrücklich dafür eingestellt hat.[141] Hierzu zählt nicht die **Funktion des allgemeinen Vertreters** des Bürgermeisters, die einem Laufbahnbeamten durch den Rat übertragen wird (§ 68 I S. 4 GO). Ein **Laufbahnbeamter** wird nicht ausdrücklich hierfür eingestellt, sondern befindet sich bereits in der Verwaltung. Beamtenrechtlich erhält der allgemeine Vertreter seine Funktion durch eine Umsetzung, so daß sie ihm unter den für eine Umsetzung geltenden Voraussetzungen wieder entzogen werden kann. Man müßte ihm also insbesondere einen der Wertigkeit seines statusrechtlichen Amtes entsprechenden anderen Aufgabenbereich zuweisen. Dies wird vor allem in kleineren Gemeinden problematisch, wenn kein gleichwertiges Amt mehr vorhanden ist. Anders ist es hingegen bei einem Beigeordneten, der als **kommunaler Wahlbeamter** auf Zeit explizit zum allgemeinen Vertreter ernannt wird. Wie sich aus § 2 II EingruppierungsVO ergibt, bekommt der zum allgemeinen Vertreter des Bürgermeisters bestellte Beigeordnete ein besoldungsrechtlich speziell ausgewiesenes Amt, das im Vergleich mit den sonstigen Beigeordneten der Kommune herausgehoben ist, sowie eine andere Amtsbezeichnung („zum allgemeinen Vertreter des Bürgermeisters bestellter Beigeordneter")[142] und ein anderes Endgrundgehalt hat. Beamtenrechtlich vollzieht sich die Übertragung durch eine Ernennung, entweder als Einstellung (§§ 196 II S. 1, 8 I Nr. 1 LBG) oder als Beförderung (§§ 196 II S. 1, 8 I Nr. 4 LBG). Ein Entzug der Funktion ist deshalb nur unter den engen Voraussetzungen zulässig, unter denen dem B.a.Z. das statusrecht-

---

138 OVG Hamburg, NVwZ-RR 05, 125 (126), hinsichtlich der Umsetzung eines der Deutschen Bahn AG und Tochtergesellschaften zugewiesenen Beamten an einen anderen Dienstort.
139 OVG Hamburg, NVwZ-RR 05, 125 (126), nennt hier Art. 6 I GG (Schutz von Ehe und Familie).
140 BVerwGE 60, 144 (152 f.) = DVBl 80, 882 (884) = NJW 81, 67 (68).
141 Schnellenbach, Rn 143.
142 Anders ist es in Mecklenburg-Vorpommern, wo sich keine Amtsbezeichnung „Erster Beigeordneter" findet: OVG Greifswald, DÖD 03, 23 (26) = ZBR 03, 179 (179 f.) = NordÖR 02, 264 (266) = NordÖR 02, 331 (333). Zukünftig stellt sich das Problem nicht mehr, da es in jedem Fall einer Ernennung bedarf zur „Verleihung eines anderen Amts mit anderem Grundgehalt" (§ 8 I Nr. 3 BeamtStG). Auf eine etwaige andere Amtsbezeichnung kommt es dann nicht mehr an.

liche Amt entzogen werden darf (regelmäßig Abwahl; §§ 71 VII GO, 47 III KrO, 20 III LVerbO). Ein Widerruf der Bestellung durch den Rat/ Kreistag/Landschaftsversammlung ist beamtenrechtlich ausgeschlossen.[143] Hingegen darf man sowohl beim allgemeinen Vertreter als auch bei den sonstigen Beigeordneten die Inhalte des konkret-funktionellen Amts ändern.[144] Ein Beigeordneter mit dem Sachgebiet Personal hat beispielsweise kein Recht zu verhindern, daß er für Finanzen zuständig werden soll. Die Grenze ist allein darin zu sehen, daß ihm ein seinem statusrechtlichen Amt entsprechender Aufgabenbereich verbleiben muß.

Der Dienstherr kann den Aufgabenbereich des Beamten **aus jedem sachlichen Grund** ändern, solange dieser einen dem statusrechtlichen Amt entsprechenden Dienstposten behält. Besonderheiten der bisherigen Position, wie beispielsweise Vorgesetztenfunktion, bestimmte Funktionsbezeichnung ohne statusrechtliche Bedeutung, Zahl der Mitarbeiter, Beförderungsmöglichkeiten oder ein mit dem Amt verbundenes wirkliches oder vermeintliches gesellschaftliches Ansehen, limitieren nicht das Ermessen des Dienstherrn.[145] Im Kommunalbereich hat der Beamte insbesondere keinen Anspruch, eine Amtsleiterfunktion oder gar die Leitung eines bestimmten (vermeintlich oder wirklich wichtigen) Amtes (z.B. Hauptamt) bzw. sonstige Funktionen (z.B. Gleichstellungsbeauftragte) zu behalten. Dieser rechtliche Gesichtspunkt mag hilfreich sein, um neue Führungs- und Steuerungsmodelle bei der Verwaltungsmodernisierung praktisch umzusetzen. Anders kann es sich hinsichtlich bestimmter Leitungsfunktionen, wie derjenigen des Leiters des Rechnungsprüfungsamts, darstellen. Grundsätzlich steht die partielle Unabhängigkeit des RPA-Leiters seiner Abberufung wegen Mängeln in der persönlichen Eignung als Amtsleiter nicht entgegen.[146] Die Abberufung ist Teil einer Umsetzung.[147] Der Entzug der Leitung des RPA ist jedoch nur zulässig, wenn die ordnungsgemäße Erfüllung seiner Aufgaben nicht mehr gewährleistet ist (§ 109 IV BW GO). Diese Norm fordert ein dem Beurteilungsspielraum unterliegendes Eignungsurteil, das so umfassend sein muß, wie dasjenige, das der Bestellung zum Leiter zugrunde lag. Demnach dürfen allein solche Eignungsmängel berücksichtigt werden, die sich nach der Bestellung ergeben haben.[148]

---

143 Zu Unrecht a.A. VG Düsseldorf, Urt. v. 2.12.05, 1 K 2396/05, 1 K 2985/05, wonach der Bestellungsbeschluß mit einfacher Mehrheit widerrufen werden könne.
144 OVG Münster, NWVBl 04, 348 (350) = DÖD 04, 222 (224).
145 BVerwGE 89, 199 (201) = NVwZ 92, 572 (573); 60, 144 (151, 153) = DVBl 80, 882 (884) = NJW 81, 67 (68); OVG Saarlouis, ZBR 95, 47; OVG Münster, RiA 95, 200; OVG Lüneburg, NVwZ-RR 05, 124 = NdsVBl 05, 72 = RiA 05, 141 (141 f.); OVG Bautzen, DÖD 04, 225; VG Chemnitz, ZBR 04, 285; Schnellenbach, Rn 143; Monhemius, Rn 173.
146 OVG Saarlouis, SKZ 01, 78 (81); VGH Mannheim, DÖD 04, 134 (135).
147 OVG Münster, NWVBl 02, 266 (268) = NVwZ-RR 02, 291 (293).
148 VGH Mannheim, VBlBW 92, 268.

1. Änderungen des funktionellen Amtes

Sachliche Gründe können beispielsweise Auseinandersetzungen oder das Betriebsklima im betreffenden Amt sein.[149] Bei innerbehördlichen Spannungen ist die Frage, wer die Störung schuldhaft verursacht hat, in die Ermessenserwägungen einzubeziehen.[150] Regelmäßig reduziert sich das Ermessen jedoch nicht so stark, daß von mehreren am Konflikt Beteiligten stets der Störer umgesetzt werden muß. Entscheidend ist, wie man die Funktions- und Leistungsfähigkeit der Verwaltung am besten wahren kann. Deshalb wird es wegen der Schwierigkeit, Dienstvorgesetzte umzusetzen prinzipiell nicht rechtsmißbräuchlich sein, den Untergebenen umzusetzen. Weiterhin wäre es denkbar, einem Beamten wegen mangelnder Eignung eine weniger öffentlichkeitswirksame Funktion zuzuweisen. Allerdings müssen die Sachverhalte, auf welche die Umsetzung gestützt wird, der Wahrheit entsprechen. Sonst wäre sie rechtswidrig.[151]

Personalwirtschaftlich zu kritisieren sind Personalkonzepte für Führungskräfte, „bei denen die Auserwählten durch viele Dienstposten gejagt werden und den Dienstposten jeweils wieder zu verlassen haben, bevor sie verstanden haben, was ihnen zur Unterschrift vorgelegt worden ist." [152] In einem solchen Extremfall läge für mich kein sachlicher Grund für eine Umsetzung vor.

Bei einer Umsetzung muß man zwischen der Entbindung vom bisherigen Dienstposten (sog. **Wegsetzung**) und der Übertragung des neuen Dienstpostens (sog. **Hinsetzung**) unterscheiden. Rechtsfehler können auf die Wegsetzung oder die Hinsetzung beschränkt sein sowie beide erfassen.[153] Aus diesem Grund sind die soeben erwähnten Voraussetzungen für eine Umsetzung hinsichtlich beider Elemente zu prüfen.

Regelmäßig wird kein Anordnungsgrund für eine einstweilige Anordnung gegen eine Umsetzung gegeben sein, weil dem Beamten ohne die Gewährung vorläufigen Rechtsschutzes keine schweren und unzumutbaren Nachteile drohen.[154] Anders kann es sein, wenn eine unterwertige Beschäftigung über mehrere Laufbahnstufen geplant ist.

Sollte eine Umsetzung rechtswidrig sein, hat der Beamte einen Anspruch auf den actus contrarius, die Rückumsetzung auf seinen bisherigen Dienstposten.[155] Grundlage hierfür ist der statusrechtliche Abwehranspruch. Eine Rückumsetzung ist selbst dann möglich, wenn der

---

149 OVG Münster, RiA 95, 200 (201); VGH München, ZBR 92, 111 (112).
150 Tendenziell a.A. ist zu Unrecht der VGH Mannheim, DÖD 04, 134 (135).
151 OVG Bautzen, DÖD 04, 225; VG Chemnitz, ZBR 04, 285; Schnellenbach, Rn 143 (Fn 187).
152 Seemann, ZBR 04, 147 (148).
153 OVG Saarlouis, ZBR 95, 47.
154 OVG Münster, DÖD 01, 314.
155 OVG Bautzen, SächsVBl 01, 297 (298) = DÖV 02, 870 = ZBR 02, 437 (438) = PersV 02, 323 (324) = DÖD 02, 126 (127); a.A. OVG Münster, ZBR 84, 282 (283): lediglich im Fall der Ermessensreduzierung auf Null.

7. Abschnitt: Änderungen des funktionellen Amtes

alte Dienstposten zwischenzeitlich mit einem anderen Beamten besetzt wurde.[156]

III. Rechtsfolgen

Der Beamte erhält ein neues Aufgabengebiet und andere Vorgesetzte. Bei einem Wechsel des Dienstortes besteht eventuell Anspruch auf Umzugskostenvergütung (§ 3 I Nr. 1 BUKG i.V.m. § 1 I LUKG). Widerspruch und Anfechtungsklage gegen die Umsetzung haben keine aufschiebende Wirkung.[157] Dies folgt zwar nicht aus § 54 IV BeamtStG, der lediglich bei Versetzungen und Abordnungen die aufschiebende Wirkung eines Widerspruchs oder einer Anfechtungsklage ausschließt. Vielmehr ist die Umsetzung kein Verwaltungsakt (Rn 183), so daß § 80 I S. 1 VwGO, der die aufschiebende Wirkung von Widerspruch und Anfechtungsklage allein bei Verwaltungsakten anordnet, nicht anzuwenden ist. Zum Rechtsschutz siehe Rn 301 ff.

Literatur: Leupold, Rechtsschutz bei beamtenrechtlichen Umsetzungen – Zur Bedeutung des § 126 III BRRG –, DÖD 02, 136; Leuze, Umsetzung innerhalb einer in mehrere Dienststellen aufgeteilten Behörde, PersV 01, 402; Grigoleit, Zur Ablösung eines Funktionsbeamten – zugleich eine Besprechung des Urteils des Bundesverwaltungsgerichts vom 2.9.1999, SächsVBl 00, 125; Kathke, Versetzung, Umsetzung, Abordnung und Zuweisung – Mobilität und Flexibilität im Beamtenverhältnis –, ZBR 99, 325; Ziekow, Veränderungen des Amts im funktionellen Sinne – eine Betrachtung nach Inkrafttreten des Dienstrechtsreformgesetzes, DÖD 99, 7; Franz, Zum Umfang des Rechtsschutzes gegen Umsetzungen im Beamtenverhältnis, ZBR 86, 14; Kremer, Versetzung, Abordnung, Umsetzung und Geschäftsplanänderung, NVwZ 83, 6; Erichsen, Die Umsetzung von Beamten, DVBl 82, 95; Menger, Zur Rechtsnatur und verwaltungsgerichtlichen Überprüfbarkeit von Umsetzungen, VerwArch 81, 149; Teufel, Die Umsetzung, ZBR 81, 20.

Fall: Der bereits bekannte Dr. Werner Gierschlund (G) ist Bürgermeister der Stadt B. Er plant, den Chef seines Bürgermeisterbüros L mit einer neuen wichtigen Aufgabe zu betrauen und ihm deswegen schnellstmöglich die Leitung der neu geschaffenen Projektgruppe „Neue Führungs- und Steuerungsmodelle" in der Stadtverwaltung B zu übertragen. Fachbereichsleiter L ist B.a.L. im höheren nichttechnischen Verwaltungsdienst und wird gemäß Besoldungsgruppe A 15 besoldet. Die Planstelle für die Projektgruppenleitung ist ebenfalls nach A 15 ausgewiesen. Aufgrund der Stellenbeschreibung handelt es sich um eine Aufgabe, die erhebliche Führungserfahrung und konzeptionelle Qualitäten verlangt. Die allgemeine Dienst- und Geschäftsanweisung der B stellt zudem Leiter von Projektgruppen und Fachbereichsleiter gleich. L hat sich an die angenehme Tätigkeit im Zentrum der Macht als Leiter des Bürgermeisterbüros mit 12 Mitarbeitern und einer haushaltsrechtlichen Verantwortlichkeit von ca. 20 Mio. Euro gewöhnt und möchte nicht wechseln. Er geht deshalb zum Fachanwalt für Verwaltungsrecht Prof. Konrad R und läßt sich juristisch beraten. Prof. R schreibt G, die Versetzung von L sei rechtswidrig, weil das Ermessen unter Beachtung der Fürsorgepflicht nicht korrekt ausgeübt worden sei. Zudem hätte sich – was korrekt ist – L auf die Stellenausschreibung hin direkt auf die Büroleiterstelle beworben und sei daraufhin eingestellt worden. Schließlich werde seine neue Stelle weder seiner bisherigen personellen und haushaltsrechtlichen Verantwortung gerecht und schmälere außerdem sein gesellschaftliches Ansehen in B, was Frau L besonders kränke.

X ist Rechtsreferendar in der Stadtverwaltung B. G bittet X, sich in einem Vermerk zu den Einwänden des Rechtsanwalts zu äußern.

---

156 OVG Saarlouis, KommJur 05, 67 (69).
157 Battis, § 26 BBG, Rn 28; Schnellenbach, Rn 151; a.A. Leupold, DÖD 02, 136 (138 ff.).

1. Änderungen des funktionellen Amtes

Vermerk:
Zu den Einwänden des Rechtsanwalts Prof. R wird wie folgt Stellung genommen:

1. Zunächst ist darauf hinzuweisen, daß die geplante Maßnahme nach ihrer Rechtsnatur keine Versetzung ist, wovon Prof. R fälschlicherweise ausgeht. Bleibt der Beamte in seiner bisherigen Behörde und bekommt er ein anderes Aufgabengebiet, handelt es sich um eine Umsetzung. Eine Versetzung ist gerade durch einen Behördenwechsel gekennzeichnet. Dieser liegt hier nicht vor, da L weiter in der Stadtverwaltung B tätig ist.

2. Das Umsetzungsermessen muß unter Beachtung der Fürsorgepflicht korrekt ausgeübt werden. Dabei ist zu berücksichtigen, daß der Beamte für alle Aufgaben seiner Laufbahn ausgebildet wird. Er hat daher kein Recht am Amt im Sinn eines bestimmten konkretfunktionellen Amtes auf eine unveränderte und ungeschmälerte Ausübung des ihm einmal übertragenen Dienstpostens. Es ist zwar richtig, daß die Umsetzungsermessen eingeschränkt sein kann, wenn eine entsprechende Zusicherung vorliegt. Insbesondere muß die Behörde mit Bindungswillen gehandelt haben. Aus der bloßen Tatsache, daß sich jemand auf eine bestimmte ausgeschriebene Stelle bewirbt und daraufhin auch eingestellt wird, kann kein solcher Bindungswille gefolgert werden. Die Behörde hat sich hierdurch nicht dahingehend binden wollen, daß der Beamte sein gesamtes Berufsleben lang allein diese einzige Funktion ausüben soll.

3. Des weiteren kann das Ermessen eingeschränkt sein, wenn dem Beamten Aufgaben entzogen werden sollen, die nicht durch bloße Geschäftsverteilung übertragen worden sind. Hierbei handelt es sich jedoch ausschließlich um solche Leitungsfunktionen, welche die Leitung einer Behörde beinhalten. Die Funktion eines Bürodirektors im Büro des Bürgermeisters ist mit einer derartigen Behördenleiterfunktion nicht gleichzusetzen. Behördenleiter ist gerade der Bürgermeister und nicht sein Bürodirektor. Das Umsetzungsermessen des Dienstherrn ist somit nicht eingeschränkt.

4. Der Dienstherr kann deshalb aus jedem sachlichen Grund den Aufgabenbereich des Beamten ändern, solange diesem ein dem statusrechtlichen Amt entsprechender Dienstposten verbleibt. Besonderheiten, wie beispielsweise Vorgesetztenfunktion, bestimmte Funktionsbezeichnung ohne statusrechtliche Bedeutung, Zahl der Mitarbeiter oder Beförderungsmöglichkeiten oder ein etwaiges mit dem Amt verbundenes wirkliches oder vermeintliches gesellschaftliches Ansehen, schränken das Ermessen des Dienstherrn nicht ein. Im Kommunalbereich hat der Beamte insbesondere keinen Anspruch darauf, eine Fachbereichsleiterfunktion zu behalten. Der Einwand des Rechtsanwalts, L habe bisher als Fachbereichsleiter erhebliche personelle (12 Mitarbeiter) und haushaltsrechtliche Verantwortung (ca. 20 Mio. Euro) gehabt, geht deshalb fehl. Die Kränkung von Frau L stellt ebenfalls keinen rechtserheblichen Aspekt dar.

5. Bei einer Umsetzung muß unterschieden werden zwischen der Entbindung vom bisherigen Dienstposten (sog. Wegsetzung) und der Übertragung des neuen Dienstpostens (sog. Hinsetzung). Rechtsfehler können auf die Wegsetzung oder die Hinsetzung beschränkt sein oder beide erfassen.

   a) Für die Wegsetzung bedarf es eines sachlichen Grundes. Er ist darin zu sehen, daß aufgrund der besonderen Wichtigkeit der neu geschaffenen Stelle diese wegen der damit vorrangig zu verwirklichenden Aufgaben schnellstmöglich besetzt werden soll.

   b) Hinsichtlich der Hinsetzung auf den neuen Dienstposten muß der Aufgabenbereich des neuen Dienstpostens des Beamten dem abstrakten Aufgabenbereich seines statusrechtlichen Amtes entsprechen. Mithin ist die Umsetzung, die zu unterwertiger Beschäftigung führt, unzulässig.
   L erhält jedoch eine amtsangemessene Beschäftigung. Zunächst ist festzustellen, daß ihm wiederum ein statusrechtliches Amt der Besoldungsgruppe A 15 übertragen werden soll. Auch inhaltlich läßt die Stellenbeschreibung keine unterwertige Beschäftigung im Vergleich zum vormals ausgeübten Aufgabenbereich erkennen. Es handelt sich um eine Aufgabe, die Führungsqualitäten verlangt. Sie steht im Zusammenhang mit der wichtigen Umsetzung der neuen Führungs- und Steuerungsmodelle. Weiterhin beinhaltet sie konzeptionelle Tätigkeiten. Nach diesseitiger Einschätzung handelt es sich um ein herausgehobenes Aufgabenfeld, das inhaltlich und von seiner Bewertung her der ebenfalls herausgehobenen Stellung des Fachbereichsleiters des Bürgermei-

7. Abschnitt: Änderungen des funktionellen Amtes

sterbüros entspricht. Dies zeigt im übrigen auch die allgemeine Dienst- und Geschäftsanweisung. L als Leiter einer Projektgruppe wird danach den Fachbereichsleitern in Rechten und Pflichten gleichgestellt.

Die Einwände von Prof. R sind juristisch zu entkräften. Die geplante Umsetzung ist somit rechtmäßig.

Gez. X (Rechtsreferendar)

1.2.4 Organisationsverfügung (Geschäftsplanänderung)

197 Die Ausführungen zur Umsetzung gelten bei der Organisationsverfügung entsprechend. Die Bestimmung oder Änderung des Aufgabenbereichs stellt ebenso wie die Umsetzung eine bloße innerorganisatorische Maßnahme ohne Verwaltungsaktqualität dar.[158] Dies ist unabhängig davon, ob im Einzelfall tatsächlich Rechte des Beamten betroffen werden oder nicht.[159] Bei der Geschäftsplanänderung erfolgt ein geringfügigerer Eingriff als bei der Umsetzung. Deshalb kann das Ermessen des Dienstherrn im allgemeinen ausschließlich darauf überprüft werden, ob es durch einen Ermessensmißbrauch maßgebend geprägt ist.[160] Der Dienstherr hat eine nahezu unbeschränkte organisatorische Dispositionsbefugnis. Besonderheiten des übertragenen Amtes, wie z.B. Vorgesetztenfunktionen oder vermeintliches gesellschaftliches Ansehen, limitieren nicht sein Ermessen bei der Organisationsverfügung.[161] Der Beamte muß allerdings einen amtsangemessenen Aufgabenbereich behalten.[162] Dies gilt in zwei Richtungen, also sowohl hinsichtlich einer unterwertigen als auch einer überwertigen Beschäftigung. Lediglich im Not- oder Katastrophenfall könne es gerechtfertigt sein, ihm vorübergehend eine unterwertige Beschäftigung zu übertragen[163], sowie als zeitweilige Folge einer Verwaltungsreform[164]. Zudem darf ihm keine vom Aufgabenumfang her übermäßig belastende überwertige Tätigkeit auf Dauer übertragen werden.

Beispiel: Es wäre unzulässig, einem Juristen, der die Stabsstelle Recht leitet, durch Geschäftsplanänderung zusätzlich noch die Leitung der Ämter Ordnungswesen/Standesamt und Bürgerservice zu übertragen.

---

158 BVerwGE 98, 334 (335) = ZBR 95, 374 = NVwZ 97, 72; 89, 199 (200) = NVwZ 92, 572 (572 f.); DÖV 92, 495 (496) = NVwZ 92, 573 (574); 102, 81 (83).
159 BVerwGE 98, 334 (336) = ZBR 95, 374 = NVwZ 97, 72.
160 BVerwG, DVBl 81, 495 (497); E 89, 199 (202) = NVwZ 92, 572 (573); DÖV 92, 495 (496) = NVwZ 92, 573 (574); VGH Mannheim, VBlBW 04, 187 (188); OVG Koblenz, ZBR 99, 284.
161 BVerwG, DÖV 92, 495 (496) = NVwZ 92, 573 (574); VGH Mannheim, VBlBW 04, 187 (188).
162 BVerwGE 49, 64 (67 f.); NVwZ 92, 1096 (1097 f.); 98, 334 (337) = ZBR 95, 374 = NVwZ 97, 72; VGH Mannheim, VBlBW 04, 187 (188); VGH Kassel, DÖD 90, 150 (150 f.).
163 BVerwGE 98, 334 (339) = ZBR 95, 374 (375) = NVwZ 97, 72 (73); 69, 208 (210) = NJW 84, 2713.
164 VGH Mannheim, VBlBW 04, 187 (190).

1. Änderungen des funktionellen Amtes

Der Personalrat muß nicht beteiligt werden. Es gibt selbst kein Anhörungsrecht (§ 75 I Nr. 1 LPVG). Die bloße Änderung des Geschäftsverteilungsplanes gehört nicht zu den dort genannten Maßnahmen.[165] Hingegen muß die Gleichstellungsbeauftragte unterrichtet und angehört werden (§ 18 II S. 1 i.V.m. § 17 I, 2. Hs. Nr. 1 LGG: „organisatorische Maßnahme"). Sie hat ein Widerspruchsrecht (§ 19 I S. 1, 1. Hs. LGG). Erfaßt aber die Veränderung den überwiegenden Teil des Aufgabengebietes, liegt eine Umsetzung vor.[166]

Rechtsschutz gegen eine Organisationsverfügung wird durch die Leistungsklage gewährt. Diese muß darauf gerichtet sein, die Änderung des Aufgabenbereichs rückgängig zu machen und den Kläger amtsgemäß, also seinem Amt im statusrechtlichen und abstrakt-funktionellen Sinn entsprechend, zu beschäftigen.[167]

Fall: Aufgrund des schlechten Betriebsklimas im Dezernat 11 der Bezirksregierung in M haben sich fünf Sachbearbeiter entlassen lassen. Deren Sachgebiete sollen nun wie folgt neu besetzt bzw. wahrgenommen werden:

(1) Unter den restlichen Sachbearbeitern wird ein Aufgabengebiet aufgeteilt. Jeder erhält ein Viertel der Aufgaben des ausgeschiedenen Beamten.

(2a) Ein Aufgabengebiet wird Oberinspektor O aus dem Dezernat 12 der Bezirksregierung in M,

(2b) ein anderes Amtmann A von der Kreisverwaltung in S auf Dauer übertragen.

(3a) Schließlich soll ein Beamter aus dem IM vorübergehend ein Sachgebiet wahrnehmen, welches dann

(3b) Inspektoranwärter I nach erfolgreicher Prüfung zugewiesen werden soll.

(4) Das letzte Aufgabengebiet erhalten drei Inspektoranwärter, die den Ernst der späteren Sachbearbeitung einmal hautnah erleben sollen.

Um welche Art von Personalverteilungsmaßnahmen handelt es sich jeweils?

(1) Die Sachbearbeiter behalten ihre Aufgaben und bekommen ein neues Aufgabengebiet hinzu, so daß es Organisationsverfügungen sind.

(2a) O wechselt das konkret-funktionelle Amt innerhalb der Behörde, der er zugeordnet ist. Somit liegt eine Umsetzung vor.

(2b) Das abstrakt-funktionelle Amt sowie der Dienstposten und die Behörde, der A zugeordnet war, ändern sich. Demnach handelt es sich um eine Versetzung.

(3a) Dies stellt einen Wechsel des Dienstpostens und der Behörde, deshalb eine Abordnung dar.

(3b) Hierbei handelt es sich um die erste Zuweisung eines Dienstpostens, da ein Beamtenanwärter noch kein funktionelles Amt innehat.

(4) Diese Maßnahme ist die Überweisung in einen anderen Ausbildungsabschnitt.

---

165 Havers, § 75 LPVG, Erl 1.
166 Havers, § 72 LPVG, Erl 12.
167 BVerwGE 98, 334 (336) = ZBR 95, 374 = NVwZ 97, 72; VGH Mannheim, VBlBW 04, 187.

2. Maßnahmen bei der Umbildung oder Auflösung von Behörden und Körperschaften

198 Um Aufgaben rationell und bürgernah wahrzunehmen, kann es notwendig werden, den Aufbau der öffentlichen Verwaltung zu ändern. Beispielsweise war es u.a. Sinn der kommunalen Neugliederung in NW, Verwaltungseinheiten von einer solchen Größenordnung zu bilden, daß eine sachgerechte Aufgabenerfüllung durch qualifiziertes Verwaltungspersonal ermöglicht wurde. Personelle Maßnahmen erfolgten hier auf Basis der §§ 128 ff. BRRG (Umbildung von Körperschaften). Hingegen konnte die 1998 erfolgte Zusammenfassung kleinerer Abteilungen der FHSöV NW mit größeren Abteilungen personalwirtschaftlich durch Umsetzungen erreicht werden, da die FHSöV NW eine einzige Behörde ist. Ist in absehbarer Zeit mit einer Umbildung zu rechnen, können die obersten Aufsichtsbehörden der beteiligten Körperschaften anordnen, daß Beamte, deren Aufgabenbereich davon voraussichtlich berührt wird, nur mit ihrer Genehmigung ernannt werden dürfen (fortgeltender § 131 S. 1 BRRG). Die Norm ist eng auszulegen wegen der damit verbundenen Einschränkung der generellen Personalhoheit des Dienstherrn.[168]

Sollte eine Behörde aufgelöst oder aufgrund eines Gesetzes oder einer Verordnung mit einer anderen verschmolzen oder in ihrem Aufbau wesentlich verändert werden, sind verschiedene personelle **Maßnahmen (§§ 16 ff. BeamtStG, 28 II S. 2 LBG)** denkbar. Was in Betracht kommt, hängt entscheidend davon ab, inwieweit die Struktur der ursprünglichen Körperschaft verändert wird. Dabei ist weiterhin zu beachten, daß die §§ 16 ff. BeamtStG nur bei landesübergreifenden Umbildungen gelten (§ 13 BeamtStG).

– Eine Körperschaft wird vollständig in eine andere Körperschaft eingegliedert (§ 16 I BeamtStG): Das Land A wird in das Land B eingegliedert.

– Eine Körperschaft wird vollständig in mehrere andere Körperschaften eingegliedert (§ 16 II S. 1 BeamtStG): Das Land A wird in die Länder B, C und D eingegliedert.

– Eine Körperschaft wird teilweise in eine (oder mehrere) andere Körperschaft(en) eingegliedert: Eine Landesanstalt wird in eine Bundesanstalt eingegliedert (§ 16 III S. 1 BeamtStG).

– Eine Körperschaft wird mit einer oder mehreren anderen Körperschaften zu einer neuen Körperschaft zusammengeschlossen (§ 16 IV, 1. Alt. BeamtStG), oder ein oder mehrere Teile verschiedener Körperschaften werden zu einem oder mehreren neuen Teilen einer Körperschaft zusammengeschlossen (§ 16 IV, 2. Alt. BeamtStG), oder aus Teilen einer Körperschaft werden eine oder mehrere neue Körperschaften gebildet (§ 16 IV, 3. Alt. BeamtStG): Das Land A wird mit dem Land

---

168 VG Potsdam, LKV 04, 143 (144).

2. Maßnahmen bei der Umbildung oder Auflösung von Behörden und Körperschaften

B zu einem neuen Land C zusammengeschlossen; die Straßenbauämter der Landschaftsverbände werden zu einem Teil des Bundesstraßenbauamts zusammengeschlossen; aus einer Bundesanstalt werden zwei neue Anstalten des öffentlichen Rechts der Länder.

- Aufgaben einer Körperschaft gehen vollständig oder teilweise auf eine (oder mehrere) andere Körperschaft(en) über (§ 16 IV, 4. Alt. BeamtStG): Die bisher vom Land wahrgenommene Kontrolle der Bahnhöfe geht auf die Bundespolizei über.

- Auflösung, wesentliche Änderung des Aufbaus oder der Aufgaben einer Behörde sowie Verschmelzung von Behörden (§ 28 II S. 2 LBG). Wesentliche Aufbauänderungen liegen vor, wenn die Behörde in ihrer Organisation tiefgreifend nach neuartigen Gesichtspunkten gestaltet wird. Der Begriff ist eng auszulegen.[169] Dies kann ebenfalls durch die Ausgliederung von größeren Aufgabengebieten geschehen[170]: Organisationseinheiten der Kommune oder Aufgaben werden in erheblichem Umfang verändert (verschiedene Ämter oder wesentliche Aufgaben gehen auf eine andere Einrichtung über; Fachbereiche werden aufgelöst). Die wesentliche Änderung im Behördenaufbau muß zu einem Aufgabenrückgang sowie zu einem daraus resultierenden Personalüberhang geführt haben.[171] Andernfalls wäre der erhebliche, in einer möglichen Rangherabsetzung liegende Eingriff in das statusrechtliche Amt nicht zu rechtfertigen. Bei Strukturveränderungen im Landes- oder Kommunalbereich muß § 28 II S. 2 LBG herangezogen werden. Ist die Norm tatbestandlich nicht einschlägig, darf man nicht mehr auf § 16 BeamtStG zurückgreifen.[172] Beispielsweise ist § 28 II S. 2 LBG nicht bei einem Wechsel zu anderen Dienstherren anzuwenden, da hiernach nur eine Versetzung im Bereich desselben Dienstherrn, also der Kommune, möglich ist. Mit dem Wegfall der §§ 128 ff. BRRG werden die Länder hier eigene Normen schaffen müssen. Bis dies der Fall sein wird, können sie die weitergeltenden §§ 128 ff. BRRG anwenden (§ 64 II BeamtStG).

Körperschaften sind alle juristischen Personen des öffentlichen Rechts mit Dienstherrnfähigkeit (§ 16 I BeamtStG).

Bei § 16 I BeamtStG treten die Beamten kraft Gesetzes mit der Umbildung in den Dienst der aufnehmenden Körperschaft über. Das Beamtenverhältnis wird mit dem neuen Dienstherrn fortgesetzt (§ 17 I BeamtStG). Deshalb bedarf es keiner Ernennung oder Versetzung. Dem Beamten ist von seinem neuen Dienstherrn die Fortsetzung des Beamtenverhältnisses schriftlich zu bestätigen (§ 17 II BeamtStG). Eine durch Rechtsvorschrift

---

169 VG Schwerin, DÖD 03, 214 (215) = LKV 04, 47 (48) = ZBR 03, 395; Anm Summer, ZBR 03, 396.
170 Schütz/Maiwald, § 28 LBG, Rn 236.
171 VG Schwerin, DÖD 03, 214 (215) = LKV 04, 47 (48) = ZBR 03, 395; Anm Summer, ZBR 03, 396.
172 Anders als bisher ist dies mittlerweile ausdrücklich in § 13 BeamtStG geregelt.

7. Abschnitt: Änderungen des funktionellen Amtes

angeordnete Schriftform kann, soweit nicht durch Rechtsvorschrift etwas anderes bestimmt ist, durch die elektronische Form ersetzt werden (§ 3a II S. 1 VwVfG). In diesem Fall ist das elektronische Dokument mit einer qualifizierten elektronischen Signatur nach dem Signaturgesetz zu versehen (§ 3a II S. 2 VwVfG).

Liegt einer der Fälle des § 16 II bis IV BeamtStG vor, vollzieht sich der Dienstherrnwechsel durch eine Übernahmeverfügung seitens der übernehmenden Körperschaft (§ 17 III S. 1, IV BeamtStG). Der Beamte muß nicht zustimmen. Die Übernahmeverfügung, ein konstitutiver Verwaltungsakt, wird mit Zustellung an den Beamten wirksam (§ 17 III S. 2 BeamtStG). Der Beamte muß die Übernahmeverfügung befolgen (§ 17 III S. 3 BeamtStG). Kommt er ihr nicht nach, ist er zu entlassen (§ 17 III S. 4 BeamtStG).

Im Fall des § 28 II S. 2 LBG geschieht der Wechsel durch Versetzung.

Unter den Voraussetzungen des § 16 II bis IV BeamtStG ist ein Dienstherr verpflichtet, Personal eines anderen Dienstherrn zu übernehmen. Die übernehmende Körperschaft hat ein Recht auf Auswahl.[173] Von welchen Körperschaften anteilig die einzelnen Beamten zu übernehmen sind, darüber haben die beteiligten Körperschaften innerhalb einer Frist von sechs Monaten das Einvernehmen zu erzielen (§ 16 II S. 2 BeamtStG). Die Herstellung des Einvernehmens kann zwar nicht durch Gerichte, sondern allein durch die Dienstaufsicht erzwungen werden.[174] Dies bedeutet jedoch nicht, daß im Fall eines nicht erzielten Einvernehmens kein verwaltungsgerichtlicher Rechtsschutz möglich wäre. Vielmehr kann ein einzelner Beamter eine Verpflichtungsklage zur Personalübernahme erheben. Eine gegenteilige Auffassung verstieße gegen Art. 19 IV GG, da sonst die Übernahmeverpflichtung (§ 16 II bis IV BeamtStG) als subjektiv-öffentliches Recht des einzelnen Beamten (§ 18 i.V.m. § 16 BeamtStG) regeln gerade die „Rechtsstellung des Beamten") niemals durchgesetzt werden könnte.

Die in diesen Vorschriften geregelten Maßnahmen sind ausschließlich gegenüber solchen Beamten zulässig, deren Aufgabengebiet vom Aufgabenübergang berührt wird.[175]

Die beamtenrechtliche Rechtsstellung, die der von der Umbildung betroffene Beamte erlangt hat, muß möglichst gewahrt bleiben. Sie darf nur insoweit geändert und beeinträchtigt werden, als dies wegen der Umbildung und deren Folgen unumgänglich ist.[176]

Dabei sind Entscheidungen stärker beeinträchtigender Art lediglich dann zulässig, wenn solche auf der geringer belastenden Stufe nicht durchgeführt werden können, insbesondere weil keine entsprechende Planstelle

---

173 Die Problematik wird umfassend in MittNWStGB 95, lfd. Nr. 413, behandelt.
174 OVG Münster, Beschl. v. 26.2.03, 1 B 73/03.
175 Vgl. den Fall BVerwG, ZBR 81, 312 (313).
176 BVerwGE 49, 64 (66).

2. Maßnahmen bei der Umbildung oder Auflösung von Behörden und Körperschaften

vorhanden ist[177] oder ein besser geeigneter Bewerber für eine freie Stelle zur Verfügung steht.[178] Unter Berücksichtigung dieses Grundsatzes sind folgende Maßnahmen möglich:

(1) Verwendung der Beamten in gleichzubewertenden Ämtern,

(2) Versetzung in kein gleichzubewertendes Amt,

(3) Versetzung in den einstweiligen Ruhestand bzw. Entlassung (§§ 39 S. 1[179], 34 I Nr. 4 LBG).

Zu (1) Ob ein Amt gleichzubewerten ist, beurteilt sich nach dem statusrechtlichen Amt.[180] Maßgebend sind nicht allein objektive (funktionsbezogene) Merkmale. Man erfaßt den bereits erlangten Status insoweit, als er von personenbezogenen Anknüpfungspunkten abhängig ist.[181] Hat z.B. ein kommunaler Wahlbeamter nach seiner Wiederwahl eine höhere Besoldungsgruppe erlangt (§ 2 III, 2. Alt. EingrVO), ist diese für die Bewertung seines Amtes maßgebend.

Rechtstechnisch ist die **Verwendung in einem gleichwertigen Amt** bei der Umbildung von Behörden eine Versetzung (§ 28 I LBG; Rn 179). Bei der Umbildung von Körperschaften handelt es sich entweder um eine Übernahme kraft Gesetzes (§ 16 I BeamtStG), wobei die schriftliche Bestätigung (§ 17 II BeamtStG) ausschließlich deklaratorische Bedeutung hat[182], oder um eine Übernahme mittels Übernahmeverfügung (§ 17 III BeamtStG). Diese ist rechtsbegründender Verwaltungsakt.[183]

In beiden Fällen liegen also keine Ernennungen vor, so daß die für sie geltenden Förmlichkeiten unbeachtlich sind.

Zu (2) Die **Versetzung in ein nicht gleichzubewertendes Amt** ist unter den Voraussetzungen der §§ 28 II S. 2 LBG bzw. 18 I S. 2, 3 BeamtStG möglich. Dabei erhalten die Beamten eine Ausgleichszulage (§ 13 I S. 1 Nr. 1 BBesG) und nach Maßgabe von § 5 V BeamtVG Ruhegehalt aus dem früheren Amt.

Der betroffene Beamte darf neben der neuen die alte Amtsbezeichnung mit dem Zusatz a.D. führen (§§ 92 II S. 3, 2. Hs. LBG, 18 I S. 4 BeamtStG). Rechtstechnisch sind beide Fälle als Rangherabsetzung (Rn 133) einzuordnen, die einer Ernennungsurkunde bedarf.[184]

---

177 BVerwGE 40, 323 (330).
178 BVerwG, DVBl 81, 1063 (1065).
179 Zu den Anforderungen an die Versetzung eines Städtischen Veterinärdirektors als Leiter des städtischen Schlachthofs in den einstweiligen Ruhestand (§ 39 LBG) nach Schließung des Schlachthofs äußert sich das OVG Münster, DVBl 91, 1210 (1210 f.).
180 BVerwGE 49, 64 (68); Rn 49.
181 BVerwG, DVBl 81, 1063 (1065).
182 Scheerbarth/Höffken/Bauschke/Schmidt, § 14 VII 2a cc.
183 Scheerbarth/Höffken/Bauschke/Schmidt, § 14 VII 2 b.
184 VG Braunschweig, ZBR 06, 62 (62 f.).

7. Abschnitt: Änderungen des funktionellen Amtes

Zu (3) Die **Versetzung in den einstweiligen Ruhestand** hat anhand der §§ 18 II, 32 I S. 1 BeamtStG, 39 LBG zu erfolgen. Es muß vorher geprüft werden, ob eine anderweitige Verwendung durch Versetzung (§ 15 BeamtStG bzw. § 28 LBG) möglich ist (§§ 32 I S. 1 BeamtStG, 39 S. 1 LBG). Eine Versetzung in den einstweiligen Ruhestand aus Anlaß der Umbildung oder Auflösung von Behörden darf lediglich stattfinden, wenn der betroffene Beamte überhaupt nicht anderweitig – auch bei keinem anderen Dienstherrn (§ 28 II S. 1, 1. Hs. LBG) – verwendet werden kann. Wegen des aus dem Lebenszeitprinzip folgenden Anspruchs auf Beschäftigung grundsätzlich bis zur Altersgrenze und aus Fürsorgegründen ist eine anderweitige Verwendungsmöglichkeit stets vorrangig vor der Versetzung in den Ruhestand. Dabei können die Länder zusätzliche Voraussetzungen regeln (§ 32 I S. 2 BeamtStG). Der betroffene Beamte erhält für den Monat, in dem ihm die Versetzung in den einstweiligen Ruhestand mitgeteilt wurde, sowie für weitere drei Monate Dienstbezüge (§ 4 I S. 1 BBesG), danach (§ 4 II, 2. Alt. BeamtVG) Versorgungsbezüge (§ 14 VI BeamtVG) und schließlich sein erdientes Normalruhegehalt[185]. B.a.P. können statt dessen entlassen werden (§§ 34 I Nr. 4 LBG, 24 III S. 1 Nr. 3 BeamtStG). B.a.W. im Vorbereitungsdienst soll jedoch Gelegenheit gegeben werden, den Vorbereitungsdienst zu beenden und die Prüfung abzulegen (§§ 24 IV S. 2 BeamtStG, 35 II S. 1 LBG). Der in den einstweiligen Ruhestand versetzte Beamte ist verpflichtet, einer erneuten Berufung in das B.a.L. Folge zu leisten, wenn ein der bisherigen Tätigkeit entsprechendes Amt zu besetzen ist, für das er geeignet ist (§§ 32 II BeamtStG, 42 S. 1 LBG). Gleiches gilt für einen B.a.Z. (§ 42 S. 2 LBG). Nach Ablauf von fünf Jahren seit Beginn des einstweiligen Ruhestands ist eine erneute Berufung in das Beamtenverhältnis allein mit Zustimmung des Beamten zulässig, wenn er das 55. Lebensjahr vollendet hat (§ 42 S. 3 LBG).

Die Vorschriften der §§ 16 I, II, 17 BeamtStG gelten entsprechend für die im Zeitpunkt der Umbildung bei der abgebenden Körperschaft vorhandenen Versorgungsempfänger (§ 19 I BeamtStG). In den Fällen des § 16 III BeamtStG bleiben die Ansprüche der im Zeitpunkt der Umbildung vorhandenen Versorgungsempfänger gegenüber der abgebenden Körperschaft bestehen (§ 19 II BeamtStG). Schließlich gelten § 19 I, II BeamtStG entsprechend in den Fällen des § 16 IV BeamtStG (§ 19 III BeamtStG).

Literatur: Peine, Ein neuer Träger für die Universität – die Rechtsposition des Beamten, ZBR 06, 233; Seeck, Beamtenrechtliche Aspekte von Fusionen/Kooperationen – Auswirkungen im Status-, Besoldungs- und Versorgungsrecht, Die Gemeinde SH 06, 101.

---

185 Stegmüller/Schmalhofer/Bauer, § 14 BeamtVG, Erl 10 (4.1).

8. Abschnitt: Rechtsstellung des Beamten

Grundlegend für das Verständnis der Rechtsstellung des Beamten ist die **199** Charakterisierung des **Beamtenverhältnis**ses als **Dienst- und Treueverhältnis** (Rn 58) mit seinen jeweils konkret auf nachweisbaren Sätzen der positiven Rechtsordnung (z.B. LBG) beruhenden Rechten und Pflichten. **Andererseits** ist jedoch zu beachten, daß insbesondere die Pflichten, die das LBG dem Beamten auferlegt, ihn als **Grundrechtsträger** treffen (Rn 12 ff.). Die Regelung der hergebrachten Grundsätze des Berufsbeamtentums (Art. 33 V GG) ist aber imstande, grundrechtsbegrenzende Wirkung zu entfalten.[1] Die Dienst- und Treuepflicht des Beamten gehört zu den hergebrachten Grundsätzen (Rn 29). Deshalb handelt es sich bei den §§ 55 ff. LBG, welche die Dienst- und Treuepflicht (wenn auch nicht abschließend) konkretisieren[2], um zulässige Grundrechtsschranken. Allerdings sind bloß solche Grundrechtsbeschränkungen gestattet, die durch den Sinn und Zweck des jeweiligen Beamtenverhältnisses gefordert werden.[3] Deshalb muß zwischen den Normierungen über die Beamtenpflichten, die Grundrechte limitieren, und den durch sie eingeschränkten Grundrechten eine Wechselwirkung stattfinden. Zwar stellen die §§ 55 ff. LBG gesetzliche Schranken für Grundrechte dar. Die beamtenrechtlichen Vorschriften sind jedoch wiederum unter Berücksichtigung der Grundrechte auszulegen. Dies führt dazu, daß im Einzelfall aufgrund einer Güterabwägung zu entscheiden ist, welches Rechtsgut jeweils den Vorrang hat. Die widerstreitenden Rechtspositionen sollen einen möglichst schonenden Ausgleich erfahren.[4] Die Norm, die danach das geringere Gewicht hat, darf – allerdings unter Wahrung mindestens ihres Grundgehalts – zurückgedrängt werden.[5] Indem das Übermaßverbot und die Wechselwirkungstheorie beachtet werden, kann man einen Ausgleich zwischen den dienstlichen Erfordernissen und den Rechten der Beamten im Sinn einer praktischen Konkordanz[6] finden. Das **Prinzip praktischer Konkordanz** gebiete es, verfassungsrechtlich geschützte Rechtsgüter einander so zuzuordnen, daß „jedes von ihnen Wirklichkeit gewinnt". Wie die geforderte Abwägung zu geschehen hat, kann man allein im jeweiligen Einzelfall beurteilen und wird nachfolgend geschildert.

---

1 BVerwGE 42, 79 (82); 56, 227 (228 f.); Kunig in Schmidt-Aßmann, Rn 41.
2 GKöD, vor § 52 BBG, Rn 2.
3 BVerfGE 19, 303 (322); PersV 02, 473 (474) = DÖD 03, 37 = ZBR 02, 353; BVerwGE 42, 79 (82); NJW 00, 88 (89).
4 BVerfGE 28, 243 (260 f.) = NJW 70, 1729 (1730); 41, 29 (50 f.) = NJW 76, 947 (948 f.); 52, 223 (247, 251) = NJW 80, 575 (576 f.); 93, 1 (22) = NJW 95, 2477 (2479); BVerwG, NJW 00, 88 (89); VGH Mannheim, NJW 01, 2899 (2900) = ZBR 01, 374 = VBlBW 01, 441 (444).
5 BVerfGE 28, 191 (202); DÖV 70, 708 (709); BVerwGE 42, 79 (83).
6 Hesse, Grundzüge des Verfassungsrechts der Bundesrepublik Deutschland, 20. Aufl. 95, § 10, Rn 325.

8. Abschnitt: Rechtsstellung des Beamten

Fall: NW-Ministerialrat Dr. Manfred W aus Bonn ist seit frühester Jugend begeisterter Anhänger der Fußballmannschaft von Eintracht Frankfurt. Nach einem Wellental der Gefühle in der abgelaufenen Erstligasaison will W den grandiosen Vizepokalsieg „seiner" Eintracht bei der Nichtabstiegsfeier am 8.5.06 auf dem Frankfurter Römerberg feierlich begehen. Er hofft, bei dieser Gelegenheit den Garanten des Erfolges, Trainer Friedhelm Funkel und Vorstandsvorsitzenden Heribert Bruchhagen, seinen Dank zum Klassenerhalt und zur neuen Bescheidenheit bei der Eintracht[7], aber auch seine eigene Meinung zur Ansicht vieler anderer Fans über die „Pokalverpfeife" sagen zu können. Außerdem will er den langjährigen Kapitän Alexander Schur zu dessen Karriereende würdig verabschieden. Schließlich ist W sicher, durch seine Anwesenheit bei der machtvollen Demonstration zehntausender Gleichgesinnter dazu beitragen zu können, daß der Eintracht für die schweren Zeiten in der Bundesliga und im Uefa-Pokal der Rücken gestärkt wird. W, der seinen Jahresurlaub bereits verbraucht hat, beantragt Sonderurlaub zur Teilnahme an der Feier während seiner Dienstzeit. Dieser Antrag wird, für W völlig unverständlich, abgelehnt. Zu Recht?

Einem Beamten *kann* Sonderurlaub ohne Besoldung gewährt werden, wenn ein wichtiger Grund vorliegt und dienstliche Gründe nicht entgegenstehen (§ 12 I S. 1 SUrlVO). Selbst wenn man die tatbestandlichen Voraussetzungen dieser Norm als gegeben ansehen sollte, ist zu beachten, daß auf der Rechtsfolgenseite Ermessen eingeräumt wird.

Der Antrag wurde dann ermessensfehlerfrei abgelehnt, wenn dies mit den betroffenen Grundrechten des Beamten im Einklang steht. Bei den geplanten Verhaltensweisen des W bei der Feier handelt es sich um eine Meinungskundgabe, so daß zunächst der Schutzbereich von Art. 5 I S. 1, 1. Alt. GG betroffen ist. Art. 5 I S. 1, 1. Alt. GG schützt nicht nur „wertvolle" Meinungen. Allerdings findet dieses Grundrecht seine Schranken in den allgemeinen Gesetzen (Art. 5 II, 1. Alt. GG). Allgemeine Gesetze im Sinn dieser Vorschrift sind Bestimmungen, die dem Schutz eines schlechthin, ohne Rücksicht auf eine bestimmte Meinung zu schützenden Rechtsguts dienen.[8] Das LBG enthält generelle Pflichtenregelungen. Deshalb ist es ein allgemeines Gesetz und vermag Art. 5 I S. 1, 1. Alt. GG einzuschränken.[9] Die Ablehnung des Sonderurlaubs kann dabei auf § 57 S. 1 LBG gestützt werden, wonach sich der Beamte seinem Beruf mit voller Hingabe zu widmen hat. Dazu gehört als Mindestvoraussetzung die Anwesenheit während der Dienststunden.[10] Allerdings muß man beachten, daß § 57 S. 1 LBG als eine das Grundrecht aus Art. 5 I S. 1, 1. Alt. GG einschränkende Norm im Licht des Grundrechts auszulegen ist (Wechselwirkung). Zudem finden Grundrechtsschranken dort ihre Grenze, wo der Kernbereich des Grundrechts beginnt. Zwar handelt es sich beim Klassenerhalt und Vizepokalsieg von Eintracht Frankfurt um eine Thematik von großer Bedeutung. W wird jedoch nicht daran gehindert, in der dienstfreien Zeit seine Meinung hierzu mit Nachdruck zu vertreten. Die Meinungsfreiheit fordert somit nicht, die Dienstpflicht einzuschränken. Demnach wurde Art. 5 I S. 1, 1. Alt. GG durch die Ablehnung des Sonderurlaubs nicht verletzt.

Soweit durch diese Entscheidung der Schutzbereich von Art. 8 I GG betroffen ist, gilt das gleiche Ergebnis. Dabei kann offenbleiben, ob es sich hier um eine Versammlung (Art. 8 I GG) handelt. Darunter werden allein „örtliche Zusammenkünfte mehrerer Personen zwecks gemeinschaftlicher Erörterung und Kundgebung mit dem Ziel der Teilhabe an der öffentlichen Meinungsbildung" verstanden.[11] Das Grundrecht auf Versammlungsfreiheit berechtigt keinen Beamten, während der Dienstzeit an einer Demonstration teilzunehmen.[12] Die gerade im Interesse des einzelnen Bürgers bestehende Leistungsfähigkeit der öffentlichen Verwaltung wäre gefährdet, wenn Beamte dies jederzeit und möglicherweise in großer Zahl dürften. Zwar

---

7 Vgl. noch die damalige Kritik in der 5. Aufl. 02, Rn 199, in der es hieß: „Vielleicht täte der Eintracht ein wenig von der beharrenden Kontinuität des Beamtentums gut, statt durch Großspurigkeit den Blick für jegliche Realität zu verlieren."
8 BVerfGE 7, 198 (209).
9 BVerfG, NJW 89, 93; NJW 83, 2691; NVwZ 94, 477; BVerwGE 78, 216 (221) = ZBR 88, 128 (129) = NJW 88, 1748 (1749); bestätigt durch BVerfGE, NJW 89, 93 (93 f.); 86, 321 (325 f.); NVwZ-RR 93, 638 (639); BayVerfGH, ZBR 91, 113 (117) = NJW 92, 226 (227); GKöD, § 52 BBG, Rn 13 f.
10 BVerwGE 42, 79 (83).
11 BVerfG, DVBl 01, 1351 (1352).
12 BVerwGE 42, 79 (83).

handelt es sich beim LBG um kein Gesetz, das aufgrund von Art. 8 II GG Schranken der Versammlungsfreiheit zu regeln bezweckt. Die Dienstleistungspflicht ist allerdings Bestandteil der hergebrachten Grundsätze, so daß das Recht auf Versammlungsfreiheit eine Schranke in Art. 33 V GG findet.

Ebenso wird die allgemeine Handlungsfreiheit des W (Art. 2 I GG) wirksam durch die aus Art. 33 V GG folgende Dienstleistungspflicht eingeschränkt.

Der Antrag wurde somit zu Recht abgelehnt.

Entsprechende Überlegungen gelten für Anträge auf **Dienstbefreiung zur Religionsausübung oder für die Teilnahme an politischen Demonstrationen**. Maßstab für die Frage, ob einem Beamten zu diesen Zwecken Dienstbefreiung zu gewähren ist, sind ausschließlich die dienstlichen Belange, in welche die gesamte Tätigkeit des Beamten eingebunden ist.[13] Danach könne sich z.b. ein Lehrer wegen des vorrangigen dienstlichen Belangs, keinen Unterricht ausfallen zu lassen, nicht erfolgreich auf seine Grundrechte aus Art. 4 I GG (Glaubens-, Gewissens- und Bekenntnisfreiheit) oder Art. 4 II GG (ungestörte Religionsausübung) berufen.

1. Beamtenpflichten

Die Dienst- und Treuepflicht ist Grundlage für die Regelung der Beamtenpflichten in den §§ 55 ff. LBG (§§ 34 ff. BeamtStG, 52 ff. BBG). Diese Vorschriften konkretisieren die Dienst- und Treuepflicht, ohne allerdings nach h.M.[14] abschließend zu sein. Die Frage, inwieweit diese Auffassung mit der Wesentlichkeitstheorie[15] in Einklang steht, hat keine große praktische Bedeutung. Aus der Treuepflicht allein werden nur noch weniger bedeutende Obliegenheiten hergeleitet[16], wie z.B. die Pflicht, Besoldungsmitteilungen zu überprüfen[17].

200

Versucht man, die Beamtenpflichten zu systematisieren, kann man zwischen allgemeinen staatspolitischen Pflichten, Pflichten mit und ohne Bezug auf das Amt und solchen gegenüber Vorgesetzten, Kollegen und dem Bürger unterscheiden. Diese Reihenfolge bedeutet keine Wertung, sondern entspricht dem System des Beamtenrechts, das primär die Rechtsbeziehung Dienstherr-Beamter und damit den staatlichen Innenbereich und nicht die Außenrechtsbeziehungen zum Bürger regelt.

Literatur: Leisner, Gesellschaftliche Verpflichtungen als Dienstpflichten?, ZBR 05, 371; Thäle, Polizeibeamtinnen und -beamte im Spannungsfeld zwischen Pressefreiheit und ihrem eigenen Persönlichkeitsschutz, VBlBW 99, 48; Fleig, Aktuelle Fragen aus dem Bereich der Beamtenpflichten, RiA 96, 226.

---

13 VGH München, NJW 91, 1319.
14 GKöD, vor § 52 BBG, Rn 2; BVerfGE 15, 167 (194); a.A. Wiese, 103.
15 BVerfGE 33, 1 (11); DVBl 78, 263 (268).
16 Lecheler, DVBl 78, 585 (588).
17 BVerwGE 40, 212 (218).

8. Abschnitt: Rechtsstellung des Beamten

1.1 Staatspolitische Pflichten

Sie kennzeichnen allgemein die Stellung des Beamten in der Wechselwirkung zwischen seiner dienstlichen Position und seinen Bürgerrechten. Dazu gehören:

1.1.1 Pflicht zur Verfassungstreue

201 Der Beamte muß sich durch sein gesamtes inner- und außerdienstliches Verhalten zur freiheitlich-demokratischen Grundordnung im Sinn des Grundgesetzes bekennen und für deren Erhaltung eintreten (§§ 34 I S. 3 BeamtStG, 52 II BBG, 55 II LBG).[18] Die Mißachtung dieser Pflicht ist ein Einstellungshindernis und kann zur Entlassung (Rn 282) oder zur Entfernung aus dem Beamtenverhältnis (Rn 294) führen. Ein pflichtwidriger Verstoß kann nur in Aktivitäten bestehen. Das bloße Haben einer Überzeugung und die schlichte Mitteilung, daß man sie habe, sind noch keine Pflichtverletzung.[19] Hingegen könne ein Beamter gegen seine Treuepflicht verstoßen, wenn er in einer gerichtlicherseits als verfassungsfeindlich eingestuften Partei Ämter übernimmt und für sie bei Wahlen kandidiert. Entscheidend sei jedoch, daß die Verfassungsfeindlichkeit einer Partei feststehe, der Beamte dies erkenne und sich dennoch nicht von der Partei distanziere.[20] Aber auch die Mitgliedschaft in einer Partei mit verfassungsfeindlichen Zielen schließt nicht zwingend ein verfassungstreues Verhalten aus.[21]

Ein Beamter verletzt seine dienstrechtliche Treuepflicht, wenn er sich bewußt in den Einflußbereich eines gegen die Bundesrepublik Deutschland gerichteten Geheimdienstes (hier Staatssicherheitsdienst der DDR) begibt. Die Weitergabe von sicherheitsrelevanten Informationen ist dafür nicht erforderlich.[22] Gegen die politische Treuepflicht wird ebenfalls verstoßen, wenn ein Beamter bei einer privaten politischen Betätigung Abhandlungen mit deutlich erkennbarem verfassungsfeindlichen Inhalt verteilt, selbst wenn sie nicht von ihm stammen.[23] Gleichfalls verletzt er seine Pflicht, sich eindeutig von gegen die freiheitlich-demokratische Grundordnung gerichteten Aktivitäten zu distanzieren, wenn er Papiere („Strategische Skizze zur Entausländerung Deutschlands") verschickt und mit dem Aufdruck seines Namens den Eindruck einer Identifikation erweckt.[24] Entsprechendes gilt für einen Soldaten, der auf Fotos vor NS-Symbolen po-

---

18 BVerwGE 83, 158 (161) = NJW 86, 3096 = RiA 86, 136 = DVBl 86, 947; 86, 99 (112) = NJW 89, 2554 (2557) = DVBl 89, 763 (766) = ZBR 89, 303 (305); Anm Hufen, JuS 90, 665; NVwZ-RR 98, 47; Einzelheiten Rn 102 ff.
19 BVerfGE 39, 334 (351); BVerwG, DVBl 81, 455 (457); VG Münster, DVBl 95, 630 (631).
20 VG Münster, DVBl 95, 630 (631); s. auch Rn 105.
21 BVerfGE 39, 334 (355, 359); DVBl 81, 1053 (1054); BVerwG, NJW 82, 779 (783); DVBl 81, 455 (457); DVBl 81, 460 (461); näher Rn 104.
22 BVerwGE 113, 118 (124 ff.) = DÖD 98, 67 = NVwZ 98, 1306 (1308).
23 BVerwG, NJW 00, 231; Anm Hufen, JuS 00, 718 (719).
24 BVerwGE 113, 347 (354) = NVwZ-RR 98, 47 (48) = ZBR 99, 416 (417) = NJW 00, 231 (233).

siert[25] oder während eines Auslandseinsatzes den „Hitler-Gruß" ausführt[26]. Hingegen verstößt ein Polizeibeamter nicht gegen seine Pflicht zur Verfassungstreue, wenn er an Feiern und Konzerten der Skinhead-Szene teilnimmt.[27]

1.1.2 Mäßigungs- und Zurückhaltungspflicht bei der politischen Betätigung

Der Beamte hat bei politischer Betätigung diejenige Mäßigung und Zurückhaltung zu wahren, die sich aus seiner Stellung gegenüber der Allgemeinheit und aus der Rücksicht auf die Pflichten seines Amtes ergeben (§§ 34 II BeamtStG, 53 BBG, 56 LBG). Diese Normen legen allein das „wie" der politischen Betätigung fest. Die Frage, „ob" sich der Beamte politisch betätigen darf, wird dort nicht ausdrücklich angesprochen, sondern vielmehr vorausgesetzt.[28] Der Beamte darf sich dabei nicht nur allgemein-, sondern außerhalb des Dienstes auch parteipolitisch betätigen.[29] Allerdings sind folgende Grenzen zu beachten: **202**

a) die Pflicht zur Verfassungstreue (Rn 102 ff.),
b) die Vorschriften über die Unvereinbarkeit von Amt und Mandat (§§ 89a BBG, 60 LBG; Rn 118),
c) die Pflichten in Bezug auf das Amt (Rn 203),
d) das Gebot zur Mäßigung und Zurückhaltung.

Dieses Gebot stellt – bezogen auf das Grundrecht der freien Meinungsäußerung – ein allgemeines, auf keine bestimmte politische Meinung bezogenes Gesetz dar, so daß es grundsätzlich geeignet ist, Art. 5 I S. 1 GG zu beschränken.[30] Es muß dabei allerdings im Licht von Art. 5 I S. 1 GG ausgelegt werden. Deshalb sind dem Beamten kritische Äußerungen zu Fragen, die seinen Dienstherrn betreffen, möglich. Sie können bis hin zur Forderung nach dem Rücktritt des zuständigen Ressortministers gehen[31], finden ihre Grenze jedoch dort, wo ihre Form in Gehässigkeit, Agitation oder Aufhetzung umschlägt.[32] Zudem darf er durch politische Auseinandersetzungen mit Kollegen nicht das Betriebsklima gefährden und auch nicht im Dienst planmäßig Mitglieder für eine politische Partei werben.[33] Hingegen darf der Dienstherr nicht verbieten, daß ein Beamter außerhalb des Dienstes in Partei- oder Fraktionsgremien vorträgt, sofern er dabei nicht gegen die Verschwiegenheitspflicht verstößt. Für Soldaten gelten schärfere Anforderungen, um die Kameradschaft, die Gemeinsamkeit des Dienstes und die Erfüllung der Verteidigungsaufgabe zu gewähr-

---

25 BVerwG, ZBR 02, 141 (142).
26 BVerwG, NVwZ 03, 350 (351).
27 BVerwG, IÖD 02, 41 (42 f.) = DÖD 02, 144 (145 f.) = NJW 01, 1410 (1411 ff.).
28 VGH Mannheim, NJW 83, 1215 (1216).
29 Schütz/Maiwald, § 56 LBG, Rn 3.
30 BayVerfGH, ZBR 91, 113 (117) = NJW 92, 226 (227 f.).
31 BVerwGE 63, 37 (39 ff.) = NJW 78, 2109 (2110); ZBR 93, 59.
32 Plog/Wiedow/Lemhöfer/Bayer, § 53 BBG, Rn 4.
33 Strunk, Rn 199.

leisten (§ 15 I S. 1, II Soldatengesetz). Aus diesem Grund darf man einem Soldaten untersagen, an der Tür seines Dienstzimmers Aushänge mit privaten politischen Meinungsäußerungen anzubringen.[34]

Trägt ein Lehrer eine **Anti-Atomkraft-Plakette** während des Schuldienstes, verstößt er gegen das Gebot der Zurückhaltung bei politischer Betätigung.[35] Der Schutzzweck besteht darin, die Funktionsfähigkeit des Beamtentums zu sichern. Im Dienst will man störende politische Auseinandersetzungen vermeiden. Zudem sollen die politische Neutralität der Amtsführung und das Vertrauen der Öffentlichkeit hierauf nicht gefährdet oder auch nur in Zweifel gezogen werden.[36] Dabei steht das demonstrative, ständige Herausstellen einer Meinung und die damit verbundene Werbung durch Tragen einer Plakette in ihrer beabsichtigten Wirkung einer gezielten Ansprache oder dem Verteilen von Schriften als der Bekanntgabe einer eigenen politischen Überzeugung gleich.[37] Diese Grundsätze gelten für sämtliche Beamten. Bei einem Lehrer kommt erschwerend hinzu, daß sich die Schüler wirklich oder vermeintlich einem gewissen Anpassungsdruck an die zur Schau getragene Meinung des Lehrers ausgesetzt sehen können, damit sie schulische Nachteile vermeiden.[38]

Literatur: Britz, Loyalität und Meinungsfreiheit, PersV 05, 56; Hagenah, Die Pflicht von Beamten zur Zurückhaltung bei politischer Tätigkeit und öffentlichen Äußerungen, 2002; Widmaier, Zum Grundrecht des Soldaten auf freie Meinungsäußerung aus disziplinarrechtlicher Sicht unter Einbeziehung allgemeiner Aspekte des Europäischen Gerichtshofs für Menschenrechte und des Gerichtshofs der Europäischen Gemeinschaften, in Franke/Summer/Weiß, Öffentliches Dienstrecht im Wandel, FS für Walther Fürst, 2002, 407; Schwandt, Freiheit und Grenzen der Meinungsäußerung von Soldaten, ZBR 99, 402; Thiele, Politische Rechte des Beamten, PersV 87, 183.

1.2 Pflichten mit Bezug auf das Amt

1.2.1 Pflicht zur Neutralität und Uneigennützigkeit

203 Diese wird vom Beamten in zweifacher Weise gefordert:

a) Der Beamte dient dem ganzen Volk, keiner Partei (§§ 34 I S. 1 BeamtStG, 52 I S. 1 BBG, 55 I S. 1 LBG). Er muß sich im Dienst **parteipolitisch neutral verhalten** und darf sich nicht als Vollstrecker des Willens einer Partei verstehen. Das kann jedoch nicht bedeuten, daß der Beamte unpolitisch handelt. Vielmehr hat die jeweilige Mehrheitspartei die Möglichkeit, ihr Programm im rechtlich vorgesehenen Verfahren in Rechtsnormen umzusetzen, an die der Beamte gebunden ist. Der Beamte agiert also mittelbar politisch. Allerdings kann er politische Auffassungen nicht unmittelbar verwirklichen, sondern nur soweit sie in für seine Handlungen maßgebende Rechtsregeln transformiert worden

---

34 BVerwGE 111, 51 (52 ff.).
35 BVerwGE 84, 292 = NJW 90, 2265 (2266) = DÖV 90, 703 (703 f.).
36 BVerwGE 84, 292 (294) = NJW 90, 2265 = DÖV 90, 703.
37 BVerwGE 84, 292 (295) = NJW 90, 2265 = DÖV 90, 703 (704).
38 BVerwGE 84, 292 (296) = NJW 90, 2265 (2266) = DÖV 90, 703 (704).

sind. Hierdurch entsteht eine Wechselbeziehung zwischen Politik und Beamtenschaft. Diese bildet das auf Rechtsförmlichkeit und Kontinuität angelegte beharrende Element, während die Politik dynamisch auf Änderung hin orientiert ist. Dabei können allerdings Beamte aus ihrer Sachkenntnis Änderungen anstoßen, die dann im politischen Entscheidungsprozeß verwirklicht werden. Das differenzierte Beamtenbild und seine Ausprägungen beschreibt Wichmann.[39] Die beamtenrechtliche Pflicht zur Neutralität (§§ 34 I S. 1 BeamtStG, 52 I S. 1 BBG, 55 I S. 1 LBG) gilt für sämtliche Beamte unabhängig von ihrer Funktion oder Besoldungsgruppe. Ihr sind sogar Wahlbewerber für ein parlamentarisches Mandat unterworfen. Es ist verboten, hoheitliche Autorität, die selbst demokratischer Legitimation bedarf, einzusetzen, um Wahlen als Akt demokratischer Legitimationsverschaffung zu beeinflussen.[40] Demnach darf ein Beamter keine Einrichtungen des Dienstherrn (wie z.B. ein Diensttelefon) nutzen, um sein Wahlbewerbungsrecht auszuüben oder sich politisch für eine Partei zu betätigen und auch nicht, um angerufen zu werden.[41] Dies führe dazu, daß dem Beamten untersagt werden könne, auf privatem Werbematerial seine dienstliche Telefonnummer anzugeben. Außerdem darf ein Bürgermeister als gemeindliches Organ (in amtlicher Eigenschaft) keine unzulässige Wahlbeeinflußung zugunsten bestimmter Bewerber (wozu auch seine eigene Person zählt) begehen, beispielsweise durch Wahlaufrufe oder durch gemeindliche Öffentlichkeitsarbeit in Form von städtischen Presseerklärungen.[42] Hingegen ist es zulässig, auch auf Wahlplakaten oder sonstigen Wahlwerbungen eine korrekte Amtsbezeichnung (z.B. Bürgermeister, Erster Beigeordneter[43]) zu verwenden. Nähere Einzelheiten zur „beamtenrechtliche(n) Neutralitäts-, Mäßigungs- und Zurückhaltungspflicht in Wahlkampfzeiten" finden sich in einem RdErl des IM.[44]

b) Bei seiner Aufgabenerfüllung muß der Beamte **unparteiisch, gerecht und gemeinwohlorientiert handeln** (§§ 34 I S. 2 BeamtStG, 52 I S. 2 BBG, 55 I S. 2 LBG). Er darf sich weder von der Zugehörigkeit zu oder der Ablehnung einer Interessengruppe (Verband, Verein, Unternehmen) noch von persönlichen Überlegungen leiten lassen. Von ihm wird zudem eine weltanschauliche Neutralität verlangt. Dieses Ziel erreicht man durch exakte Subsumtion des zu entscheidenden Falles unter die Normen, wobei der Beamte die für seinen Aufgabenbereich ergangene Rechtsprechung kennen muß. Unbestimmte Rechtsbegriffe sind gemäß den allgemeinen Regeln auszulegen. Verstößt der Beamte gegen

---

39 Parteipolitische Patronage, 110 ff.
40 OVG Münster, NWVBl 06, 182 (183).
41 BVerwG, IÖD 99, 74.
42 VGH München, NVwZ-RR 04, 440 (440 f.) = BayVBl 04, 562 (562 f.); VerfGH Rheinland-Pfalz, RiA 02, 242 (244); VG Gießen, Urt. v. 22.6.04, 8. Kammer, das deshalb die Oberbürgermeisterwahl in Gießen für ungültig erklärte. Anders mittlerweile VGH Kassel, NVwZ 06, 610 (611 ff.), für den zwar auch Unregelmäßigkeiten vorgekommen sind, die allerdings nicht auf das Wahlergebnis von Einfluß gewesen sein könnten.
43 VGH Kassel, NVwZ 06, 610 (611).
44 V. 8.8.05, 24-1.20.01-14.

die Neutralität, wird seine Entscheidung unsachlich und damit ermessensfehlerhaft. Nach der Rechtsprechung ist er verpflichtet, den Anschein der Parteilichkeit zu vermeiden.[45] Die §§ 34 I S. 2 BeamtStG, 52 I S. 2 BBG, 55 I S. 2 LBG wollen Befangenheitssituationen vermeiden. Der Beamte darf demgemäß nicht handeln, wenn dies mit persönlichen Vorteilen für ihn verbunden ist.

c) Schließlich muß der Beamte seine Aufgaben uneigennützig nach bestem Gewissen wahrnehmen (§§ 35 S. 2 BeamtStG, 54 S. 2 BBG, 57 S. 2 LBG). Er ist zu **uneigennütziger Amtsausübung** verpflichtet. Dabei sind ihm Amtshandlungen untersagt, die dem eigenen Vorteil dienen. Beamte sind verpflichtet, bereits den Anschein einer eigennützigen Amtsausübung zu vermeiden.

Beispiele: Ein Vorgesetzter erteilt einer ihm unterstellten Mitarbeiterin eine Anweisung in seiner eigenen privaten Dienstangelegenheit. Ein Beamter bittet Personen, mit denen er in dienstlicher Verbindung steht, wiederholt um private Darlehen in erheblicher Höhe.[46]

Um **Interessenkollisionen zu verhindern**, hat der Gesetzgeber folgende Regeln aufgestellt:

– Der **Beamte muß von Amtshandlungen**, die sich gegen ihn selbst oder einen Angehörigen richten würden, **befreit werden** (§§ 59 I BBG, 62 I LBG). Diese Vorschrift gibt ihm einen Anspruch auf Befreiung von der Amtshandlung.[47] Wegen des Sinn und Zwecks, Interessenkollisionen zu vermeiden, muß die Norm weit ausgelegt werden. Eine Amtshandlung richtet sich gegen den Beamten oder Angehörigen, wenn sie ihm Nachteile *oder* Vorteile bringt.[48] Eine Beschränkung auf Nachteile allein läßt sich aus dem Wortlaut nicht entnehmen und wird zudem der Pflicht zur uneigennützigen Amtsausübung (§§ 54 S. 2 BBG, 57 S. 2 LBG) nicht gerecht.[49] Auch der Erlaß eines begünstigenden Verwaltungsakts, der vorteilhaft für einen Beamten oder seinen Angehörigen ist, ist eine Amtshandlung, die sich „gegen" den Beamten selbst oder einen Angehörigen richtet.
§ 20 I VwVfG geht allerdings noch weiter. Danach ist der Beamte **kraft Gesetzes** im Verwaltungsverfahren **ausgeschlossen**. § 20 I VwVfG gilt nicht allein für Maßnahmen, die dem Beamten oder Angehörigen zugute kommen, wenn sie Beteiligte sind (§§ 20 I S. 1 Nr. 1, 2; 13 I VwVfG), sondern ebenfalls, wenn durch die Tätigkeit oder Entscheidung ein unmittelbarer Vor- oder Nachteil erlangt werden kann (§ 20 I S. 2 VwVfG). Es ist nicht davon auszugehen, daß §§ 59 I BBG, 62 I LBG hier Handlungen des Beamten zulassen wollten (vgl. zudem §§ 59 III BBG, 62 III LBG), so daß § 20 I VwVfG anzuwenden ist. Weiterhin ist der danach erfaßte Personenkreis größer als der in §§ 59 II BBG, 62 II LBG (§ 20 I S. 1 Nr. 3 bis 6 VwVfG). Als allgemeinen Rechtsge-

---

45 BVerwG, ZBR 68, 279 (279 f.).
46 OVG Münster, IÖD 02, 186 (186 f.).
47 Schütz/Maiwald, § 62 LBG, Rn 5.
48 Korn/Tadday, § 62 LBG, Anm 2.
49 Zu Unrecht a.A. Battis, § 59 BBG, Rn 2 f.

1. Beamtenpflichten

danken und zum Schutz der Lauterkeit der Verwaltung sollte man § 20 I VwVfG über das Verwaltungsverfahren (§ 9 VwVfG) hinaus auch in Fällen anwenden, in denen der Beamte auf andere Art und Weise agiert, indem er beispielsweise zivilrechtliche Verträge aushandelt oder schließt. Hier ist er in gleicher Weise wie im Verwaltungsverfahren Interessenkollisionen ausgesetzt.

Gibt es keinen ausdrücklichen Ausschließungs- oder Befreiungsgrund, treffen den Beamten dennoch aus der Treuepflicht abgeleitete **dienstrechtliche Offenbarungspflichten**. Hierfür muß ein Grund existieren, der geeignet ist, Mißtrauen gegen seine unparteiische Amtsausübung zu erwecken.[50] Ein solcher liegt regelmäßig vor, wenn zwischen ihm und einem Verfahrensbeteiligten verwandtschaftliche Beziehungen bestehen, die nicht unter § 20 VwVfG fallen.[51]

Beispiel: Amtmann A ist zuständig für die Erteilung von Gaststättenerlaubnissen (§ 2 I GaststättenG). Darf er auch seinem Vetter V eine Erlaubnis erteilen?
Er muß von dieser Amtshandlung befreit werden, wenn sein Vetter Angehöriger (§ 62 II LBG i.V.m. § 52 I StPO) ist (§ 62 I LBG). V ist Angehöriger des A, wenn er mit ihm in der Seitenlinie bis zum dritten Grad verwandt ist (§ 52 I Nr. 3 StPO). Der Grad der Verwandtschaft in Seitenlinie wird durch die Zahl der vermittelnden Geburten bestimmt (§ 1589 S. 2 und 3 BGB). Demnach sind V und A als Geschwisterkinder untereinander im 4. Grad der Seitenlinie verwandt. Somit ist § 62 I LBG nicht anzuwenden. Auch aufgrund von § 20 I S. 1 Nr. 2 VwVfG, der unmittelbar (§ 62 III LBG) oder subsidiär (§ 1 I, letzter Satzteil VwVfG) gilt, ist A nicht ausgeschlossen. V ist nicht das Kind seiner Geschwister (§ 20 V S. 1 Nr. 5 VwVfG). Demnach verbietet § 20 I S. 1 Nr. 2 VwVfG die sog. „Vetternwirtschaft" nicht.[52] Wegen der Verwandtschaft in Seitenlinie besteht jedoch eine Besorgnis der Befangenheit. Somit muß A seinen Behördenleiter oder dessen Beauftragten über diesen Umstand unterrichten (§ 21 I S. 1 VwVfG). Dieser entscheidet, ob A die Amtshandlung vornehmen darf.

– Er darf **keine Nebentätigkeit** übernehmen, **die** seinen **Dienstpflichten widerstreitet** oder seine Unparteilichkeit oder Unbefangenheit beeinflußt (§§ 66 II S. 3 BBG, 69 II S. 1 LBG). Danach darf z.B. ein Lehrer keine Nachhilfe für solche Schüler geben, die er selbst unterrichtet. Ein Beamter bei der Bauaufsicht darf keine privaten Baugenehmigungsanträge stellen, die er selbst bearbeiten muß. Die lediglich abstrakte Möglichkeit einer Interessenkollision reicht dabei nicht. Vielmehr muß eine konkrete Gefahr bestehen.

– Beamte dürfen, auch nach Beendigung des Beamtenverhältnisses, **keine Belohnungen, Geschenke oder sonstigen Vorteile** für sich oder einen Dritten in Bezug auf ihr Amt fordern, sich versprechen lassen oder annehmen (§§ 43 I S. 1 BeamtStG, 70 S. 1 BBG, 76 S. 1 LBG). Ausnahmen bedürfen der Zustimmung des (gegenwärtigen oder letzten) Dienstherrn (§ 43 I S. 2 BeamtStG). Allerdings dürfen nur das Sichversprechenlassen und die Annahme nicht geforderter Vorteile genehmigt werden (vgl. § 331 III StGB). Hingegen verstößt das Fordern von Vorteilen gegen die Pflicht zur uneigennützigen Amtsführung (§ 35 BeamtStG) und schädigt das Ansehen des Berufsbeamtentums, so

---

50 BVerwG, ZBR 03, 94 (98).
51 BVerwG, ZBR 03, 94 (98).
52 Stelkens/Bonk/Sachs, VwVfG, § 21 VwVfG, Rn 3.

8. Abschnitt: Rechtsstellung des Beamten

daß hier keine Zustimmung zulässig ist. Dieses gesetzliche Verbot konkretisiert die Treuepflicht des Beamten sowie seine Pflicht zur uneigennützigen Amtsführung. Dadurch will man Korruption bekämpfen.[53] Belohnungen oder Geschenke sind alle wirtschaftlichen Vorteile, die dem Beamten unmittelbar oder mittelbar gewährt werden.[54] Dies gilt auch für die Annahme einer Erbschaft[55] oder für ein mit einer wissenschaftlichen Ehrung verbundenes Preisgeld.[56] „In Bezug auf das Amt" ist ein Vorteil stets dann, wenn die zuwendende Person sich davon leiten läßt, daß der Beamte ein bestimmtes Amt bekleidet oder bekleidet hat. Es ist kein Bezug zu einer bestimmten Amtshandlung erforderlich. Vorteile, die ausschließlich mit Rücksicht auf Beziehungen innerhalb der privaten Sphäre des Beamten gewährt werden, erfolgen nicht in Bezug sein Amt. Sie dürfen aber nicht mit Erwartungen hinsichtlich seiner dienstlichen Tätigkeit verknüpft sein. Unbestechlichkeit und Uneigennützigkeit gehörten zu den grundlegenden Prinzipien des öffentlich-rechtlichen Dienst- und Treueverhältnisses. Dabei hat sich eine Bagatellgrenze (5 Euro) eingebürgert, bis zu der die Zustimmung als erteilt gilt.[57] Mit einer solchermaßen richtigerweise unterstellten generellen Zustimmung erfaßt man insbesondere die beamtenrechtlich unproblematischen sozialtypischen Geschenke (**„Neujährchen"** für Briefträger etc.), bei denen man keine Gefährdung der Objektivität befürchten muß.[58] Gleiches gilt für Geschenke aus dem Mitarbeiterkreis (z.B. anläßlich eines Geburtstages, Dienstjubiläums oder einer Hochzeit bzw. anderen familiären Ereignisses) im herkömmlichen Umfang sowie für übliche und angemessene Bewirtungen[59] bei Veranstaltungen, an denen der Beamte aus dienstlichen Gründen teilnimmt.

---

53 BVerwGE 115, 389 (391) = NJW 02, 1968 = DVBl 02, 1218 (1218 f.) = DÖD 02, 170 = ZBR 02, 356 (357) = IÖD 02, 146 = DÖV 02, 782.
54 BVerwGE 103, 36 (39); NVwZ 02, 1515 (1516 f.) = ZBR 03, 176 (177) = DÖD 02, 280 (281) = RiA 03, 180 (181) = IÖD 02, 176 (177 f.): Ein Geschenk in Bezug auf das Amt liegt auch vor, wenn der Beamte unter Hinweis auf seine Dienststellenzugehörigkeit beim Zuwender den wahrheitswidrigen Eindruck erweckt, auf die begehrte Entscheidung Einfluß nehmen zu können, und dafür einen „Freundschaftspreis" fordert und erhält.
55 BVerwG, NJW 96, 2319 (2320) = E 100, 172 (175 f.).
56 BVerwG, PersV 00, 356 (357 f.) = RiA 01, 141 (142).
57 Scheerbarth/Höffken/Bauschke/Schmidt, § 15 II 1; Battis, § 70 BBG, Rn 5; a.A. Schütz/Maiwald, § 76 LBG, Rn 46.
58 Wagner, Rn 205; Monhemius, Rn 236.
59 Wozu geradezu lächerlich engstirnige Bürokratenhirne in der Lage sind, zeigt der BMF-Erlaß v. 16.2.05, Z B 1-P 1011-9/04. Danach darf bei Beamten im Geschäftsbereich des BMF mit prüfenden, kontrollierenden oder überwachenden Tätigkeiten (z.B. Zollabfertigung, Betriebsprüfungs- oder Fahndungs- und Vollstreckungsdienst, Finanzkontrolle Schwarzarbeit) von keiner stillschweigenden Zustimmung zur Annahme von Erfrischungsgetränken (Kaffee, Tee, Wasser etc.) ausgegangen werden. Welches Beamtenbild herrscht eigentlich im BMF zu meinen, ein Beamter könne sich durch ein alkoholfreies Getränk beeinflußen lassen und seinen Pflichten untreu werden? Für mich fallen diese Fälle unter die Bagatellgrenze von 5 €. Hier gebietet es die Korruptionsbekämpfung gerade nicht, sie zu verhindern, das normale menschliche Miteinander aber stets, sie zu gewähren und auch anzunehmen.

1. Beamtenpflichten

Verstöße gegen das Verbot der Annahme von Belohnungen und Geschenken können nebeneinander dienst-, disziplinar- und strafrechtliche Folgen haben. Sie stellen ein schwerwiegendes Dienstvergehen dar.[60] Wer gegen dieses Verbot (§ 43 I BeamtStG) verstößt, hat das aufgrund des pflichtwidrigen Verhaltens Erlangte dem Dienstherrn herauszugeben, soweit nicht der Verfall angeordnet wurde oder es auf andere Weise auf den Staat übergegangen ist (§ 43 II BeamtStG). Der Herausgabeanspruch verjährt in drei Jahren (§ 195 BGB). Hat der Beamte für eine dienstliche Tätigkeit beispielsweise **Schmiergelder** erhalten, muß er diese an seinen Dienstherrn herausgeben, sofern im Strafverfahren nicht ihr Verfall angeordnet wurde.[61] Für Beamte, die der Deutschen Bahn AG zugewiesen sind, darf allein der Bund diese Herausgabeansprüche geltendmachen und sie zudem nicht abtreten.[62]

Beispiel: Regierungspräsident Franz-Josef A steht der nw Bezirksregierung in K vor. Er pflegt gute Kontakte nach Kuba. Vom dortigen Staatschef Fidel C erhielt A einen kubanischen Ehrenorden. Unter welchen Voraussetzungen durfte er ihn annehmen?

Der Beamte darf Titel, Orden und Ehrenzeichen von einem ausländischen Staatsoberhaupt oder einer ausländischen Regierung oder von anderen Stellen außerhalb des Geltungsbereichs des Grundgesetzes nur mit Genehmigung des Ministerpräsidenten annehmen (§ 77, 1. Hs. LBG). Das gilt nicht, soweit der Bundespräsident die Annahme genehmigt hat (§ 77, 2. Hs. LBG). Als Politischer Beamter (§ 38 I Nr. 2 LBG) unterfällt er § 77 LBG. A hätte den Orden des ausländischen Staatsoberhaupts Fidel C ausschließlich mit Genehmigung des Minister- oder Bundespräsidenten annehmen dürfen. Sollte die Genehmigung nicht vorgelegen haben, hat A mit der Ordensannahme eine schuldhafte Verletzung seiner Pflichten und damit ein Dienstvergehen (§ 83 I S. 1 LBG) begangen.

Literatur: Fiebig/Junker, Korruption und Untreue im öffentlichen Dienst, 2. Aufl. 05; Meier, Die Entgegennahme von Geschenken und Belohnungen gem. § 76 LBG bzw. § 10 BAT aus steuerrechtlicher Sicht, RiA 05, 1; Schaller, Maßnahmen zur Verhütung und Bekämpfung von Korruption, RiA 04, 267; Zetzsche, Zum Ausschluß der Verfallsanordnung gegenüber öffentlich Bediensteten bei Bestechungsdelikten, DÖD 04, 270; ders., Die Ablieferungspflicht des Beamten bezüglich angenommener „Schmiergelder" – eine neue Einnahmequelle des Dienstherrn?, DÖD 03, 225; Bonzelius, Korruption als Herausforderung der Personalführung, StGR 1-2/02, 18; Lemhöfer, Die Loyalität des Beamten – Bedeutung, Inhalt, Gefährdungen, in Franke/Summer/Weiß, Öffentliches Dienstrecht im Wandel, FS für Walther Fürst, 2002, 205; Müller-Eising, Disziplinare Konsequenzen von Korruption, StGR 1-2/02, 12; Quambusch, Die staatlich angeleitete Korruption, PersV 00, 346; Leuze, Die politischen Pflichten des Beamten in Theorie und Praxis, DÖD 94, 125.

1.2.2 Pflicht zur vollen Hingabe im Beruf

Der Beamte hat sich mit vollem persönlichen Einsatz seinem Beruf zu widmen (§§ 35 S. 1 BeamtStG, 54 S. 1 BBG, § 57 S. 1 LBG). Diese Vorschriften stellen zunächst eine Ermächtigung dar, für bestimmte Beamtengruppen (Polizei-, Feuerwehr-, Justizvollzugsbeamte) das Grundrecht auf Leben und körperliche Unversehrtheit (Art. 2 II S. 1 GG) zu beschrän-

---

60 OVG Münster, IÖD 02, 186 (188).
61 BVerwGE 115, 389 (391 f.) = NJW 02, 1968 = DVBl 02, 1218 (1218 f.) = DÖD 02, 170 = ZBR 02, 356 (357) = IÖD 02, 146 (147) = DÖV 02, 782; OVG Münster, NWVBl 02, 471 (472) = IÖD 02, 245 (246) = NVwZ-RR 03, 136 (137).
62 OVG Koblenz, ZBR 05, 428 (429).

8. Abschnitt: Rechtsstellung des Beamten

ken.[63] Bei typischen Gefahren des Amtes oder der Aufgabe sind sie verpflichtet, ihre Gesundheit oder sogar ihr Leben einzusetzen, wenn es dienstliche Erfordernisse gebieten. Gleiches gilt hinsichtlich Art. 4 I GG. Somit dürfen Polizisten nicht aus Gewissensgründen das Tragen und Gebrauchen von Schußwaffen ablehnen.[64] Nach der „Kopftuch"-Entscheidung des BVerfG[65] wird die Diskussion zu Recht aufflammen, ob nicht ganz bedeutsame Grundsatzfragen im Beamtenverhältnis, wie die bis heute überwiegend ohne explizite Normierung akzeptierte Verpflichtung für verschiedene Beamtengruppen zum Einsatz von Leib und Leben, gesetzlich geregelt werden müssen.[66] Auf der Basis dieses Urteils wäre es wegen der Schwere der Grundrechtsbeeinträchtigung nur stringent, im Licht der Wesentlichkeitstheorie erst recht dann einen Parlamentsvorbehalt zu statuieren, wenn man dies bereits beim geringer (weil nicht das Leben kostenden) belastenden Kopftuchverbot verlangt.

Allerdings ist der **Beamte** entgegen früherer Auffassungen **nicht immer im Dienst**. Vielmehr bezieht sich die Hingabepflicht primär auf die in der Arbeitszeitverordnung und ähnlichen Vorschriften[67] festgelegten Dienstzeiten.[68] Während der regelmäßigen Dienstzeit muß der Beamte in der Dienststelle anwesend sein und dort seinen Dienst leisten.[69] Über Abweichungen entscheidet der Dienstvorgesetzte aufgrund seines Organisationsermessens. Es hat sich am Auftrag der jeweiligen Einrichtung und ihren dienstlichen Interessen zu orientieren. Diese sind vorrangig vor den privaten Interessen des Beamten, beispielsweise (Tele-) Heimarbeit leisten zu wollen. Bei Lehrern hat der Dienstherr eine Einschätzungsprärogative, welchen Umfang die Unterrichtsverpflichtung haben soll.[70] Es gebe dabei keinen hergebrachten Grundsatz, wonach die wöchentliche Unterrichtsverpflichtung aus Altersgründen ermäßigt werden müsse. Zudem wird durch eine älteren Lehrern gewährte Ermäßigung der Unterrichtsverpflichtung nicht ihre Arbeitszeit gekürzt.[71]

Die Arbeitszeit wird durch Landesrecht geregelt. In NW gilt z.Z. grundsätzlich die 41-Stunden-Woche (§ 78 I S. 1, 1. Hs. LBG); diese Regelung ist bis zum 31.12.2008 befristet (§ 78 I S. 1, 2. Hs. LBG). Aufgrund der Ermächtigung des § 78 III S. 2 Nr. 1 LBG findet sich in § 2 I S. 1 AZVO

---

63 Dürr/Dürr, 41; Strunk, Rn 190; Battis, § 54 BBG, Rn 5; a.A. Sachs, NWVBl 04, 209 (214); Hofmann, ZBR 98, 196 (199 ff.).
64 BVerwGE 56, 227 (228 f.).
65 NJW 03, 3111 (3111 ff.) = DVBl 03, 1526 (1526 ff.) = BayVBl 04, 107 (107 ff.) = DÖV 04, 30 (30 ff.) = ZBR 04, 137 (137 ff.) = E 108, 282 (294 ff.) = JZ 03, 1164 (1164 ff.); vgl. meine Kritik in Rn 207.
66 Worauf Sachs, NWVBl 04, 209 (214), hinweist.
67 Überblick bei Korn/Tadday, § 78 LBG, Anm 3.
68 BVerwG, NJW 70, 2313; OVG Münster, NVwZ-RR 04, 870 (871); VG Mainz, NVwZ-RR 02, 206.
69 BVerwGE 111, 153 (155) = NVwZ-RR 01, 251; OVG Koblenz, NVwZ-RR 04, 50 (51) = DÖD 04, 103 = RiA 04, 251 (252).
70 BVerwG, DVBl 04, 772 (773) = DÖV 04, 881 (882) = NVwZ-RR 04, 593 = DÖD 04, 163 (164) = ZBR 04, 324 (324 f.) = RiA 04, 228 (229).
71 BVerwG, DÖV 06, 35 (36 f.).

1. Beamtenpflichten

eine Altersstaffelung, nach der Beamte mit Vollendung des 55. Lebensjahres 40 Stunden und mit Vollendung des 60. Lebensjahres oder bei einem Grad der Schwerbehinderung von mindestens 80 v.H. 39 Stunden bzw. mindestens 50 v.H. 40 Stunden arbeiten müssen. Den Ländern sind eigenständige Regelungen erlaubt. 41 Stunden müssen Beamte in Baden-Württemberg, im Bund und in Schleswig-Holstein arbeiten. In Bayern und Hessen gibt es eine 42-Stunden-Woche mit Altersstaffelung (in Hessen mit Vollendung des 50. Lebensjahres 41 Stunden und des 60. Lebensjahres 40 Stunden), in Thüringen ohne Altersstaffelung. In allen anderen Bundesländern gilt die 40-Stunden-Woche. Derartige Abweichungen – auch wenn sie allein für Beamte und nicht für Angestellte gelten (weil sie in den Tarifverträgen nicht eins zu eins nachvollzogen werden) – verstoßen weder gegen den Gleichheitssatz (Art. 3 I GG) noch gegen die Fürsorgepflicht. Sie stehen zudem mit den hergebrachten Grundsätzen des Berufsbeamtentums in Einklang, selbst wenn die Bezüge nicht gleichzeitig erhöht werden.[72] Im übrigen sind unterschiedliche Arbeitszeiten von Beamten und Arbeitnehmern im öffentlichen Dienst nicht unüblich und verstoßen nicht gegen den Gleichheitssatz.[73] Allerdings haben die im Beitrittsgebiet tätigen Bundesbeamten, die wegen einer unrichtigen Auslegung des Einigungsvertrages bis zum 31.12.2000 Dienst mit einer regelmäßigen Arbeitszeit von 40 Stunden in der Woche leisten mußten (statt 38,5), aus Treu und Glauben einen Ausgleichsanspruch hinsichtlich der zuviel geleisteten Arbeit von einer Stunde pro Monat in Form von Dienstbefreiung[74], jedoch keinen auf Mehrarbeitsvergütung oder auf Schadenersatz und selbst dann nicht, wenn sie sich inzwischen im Ruhestand befinden und deshalb keine Dienstbefreiung mehr erhalten können.[75] Es besteht zudem kein hergebrachter Grundsatz des Berufsbeamtentums, daß der Umfang der wöchentlichen Arbeitszeit nicht über 40 Stunden hinausgehen und daß die Lebensarbeitszeit nicht phasenweise unterschiedlich bestimmt werden darf.[76] Außerdem dürften Erhöhungen oder Ermäßigungen der Arbeitszeit vollzeitbeschäftigter Beamter auf Teilzeitbeschäftigte nicht nur proportional übertragen werden. Diese Rechtsprechung ermöglicht es, sog. **Arbeitszeitkonten** einzurichten. Allerdings haben Erben (Witwen) genauso wenig einen kommerzialisierbaren Anspruch bei Arbeitszeitüberschüssen des verstorbenen Beamten wie der Dienstherr gegen die Erben bei Arbeitszeitdefiziten. Die AZVO gestattet hingegen keine abstrakte Festlegung einer Jahresarbeitszeit für Beamte.[77] Dies ist lediglich bei Experimenten zulässig (§ 17 S. 1 AZVO). Die wöchentliche Arbeitszeit soll 48 Stunden, die tägliche zehn Stunden nicht

---

72 VerfGH Rheinland-Pfalz, DÖD 98, 203; BayVerfGH, BayVBl 95, 656 (657).
73 BVerwG, DVBl 06, 648 (650).
74 BVerwG, DÖV 03, 1035 (1036) = DVBl 03, 1552 (1553 f.) = BayVBl 04, 218 (219) = PersV 04, 231 (232 f.) = LKV 04, 268 = ZBR 03, 383 (384) = RiA 04, 190 (192); Anm Summer, ZBR 03, 385; DÖD 04, 36 (36 f.).
75 OVG Koblenz, LKV 05, 131.
76 BVerwG, NdsVBl 03, 152 (153) = DVBl 03, 613 (614) = DÖV 03, 459 (460 f.) = ZBR 03, 210 (211).
77 OVG Koblenz, NVwZ-RR 03, 221 (222) = DÖD 03, 220 (221).

8. Abschnitt: Rechtsstellung des Beamten

überschreiten (§ 2 V S. 3 AZVO). Eine Regelung, die eine wöchentliche Arbeitszeit von mehr als 48 Stunden einschließlich der Arbeitsbereitschaft erlaubt, verstößt jedoch gegen die Richtlinie 93/104/EG (Arbeitszeit; mittlerweile Richtlinie 2003/88/EG).[78] Zudem berechtigt die beabsichtigte rückwirkende Aufhebung einer Arbeitszeitregelung den Dienstherrn mangels Ermächtigung nicht, bereits gegenwärtig durch Erlaß die Arbeitszeit im Vorgriff auf das künftige Recht zu gestalten.[79]

Gestattet der Dienstherr **Gleitzeitregelungen**, ist er zugleich berechtigt, ihre Einhaltung zu kontrollieren. Kommt ein Beamter seiner Pflicht nicht nach, das Zeiterfassungsgerät zu bedienen, darf ihn der Dienstherr anweisen, Dienstbeginn bzw. Dienstende bei seinem unmittelbaren Dienstvorgesetzten anzuzeigen.[80]

Beamte sind verpflichtet, ohne Vergütung über die regelmäßige Arbeitszeit hinaus Dienst zu tun, wenn zwingende dienstliche Verhältnisse es erfordern (§ 10 AZVO). Dabei ist es möglich, dienstlich angeordnete oder genehmigte Mehrarbeit auszugleichen. Mehrarbeit darf nur angeordnet oder genehmigt werden, wenn die Umstände, welche die Mehrarbeit im Einzelfall zwingend erfordern, vorübergehender Natur sind und eine Ausnahme gegenüber den sonst üblichen Verhältnissen darstellen[81]; sie soll auf zwingende Einzelfälle beschränkt bleiben.[82] Über Anordnungen und Genehmigungen von Mehrarbeit entscheidet allein der Dienstherr im Rahmen seines Ermessens. Dabei muß er prüfen, ob aufgrund dienstlicher Erfordernisse überhaupt Mehrarbeit nötig ist und welchem Beamten sie übertragen werden soll.[83] Eine solche einzelfallbezogene Ausübung seines Ermessens kann man nicht im Aufstellen von Dienstplänen sehen.[84] Zudem muß die vom Dienstherrn bei einer Genehmigung zu treffende Ermessensentscheidung in einem engen zeitlichen Zusammenhang mit den Umständen, die den Freizeitausgleich konkret rechtfertigen sollen, sachgerecht erfolgen.[85] Der Beamte leistet lediglich Mehrarbeit im Sinn der Norm, wenn er zur Wahrnehmung der Obliegenheiten seines Hauptamtes über die regelmäßige Arbeitszeit hinaus Dienst verrichtet. Ist die Grenze von fünf Stunden überschritten, muß der Freizeitausgleich ebenfalls für die ersten fünf Stunden gewährt werden.[86] Ein Anspruch auf einen Freizeitausgleich besteht ausschließlich bei einer dienstlich ange-

---

78 EuGH, NJW 04, 3547 (3548); Vorlagebeschluß des BVerwG, ZBR 04, 197 (197 ff.); BAG, PersV 04, 149 (151 ff.); OVG Münster, DÖV 06, 347.
79 BVerwG, DVBl 06, 648 (649 f.).
80 VG Mainz, NVwZ-RR 02, 206 (206 f.).
81 OVG Münster, RiA 00, 147 (150).
82 OVG Münster, NWVBl 04, 320.
83 BVerwG, DÖV 03, 1035 = DVBl 03, 1552 = BayVBl 04, 218 (219) = PersV 04, 231 = LKV 04, 268 = ZBR 03, 383 (384) = RiA 04, 190 (191); Anm Summer, ZBR 03, 385; DÖD 04, 36; BayVBl 04, 217 (218) = DÖD 04, 38 = ZBR 03, 385 (385 f.) = LKV 03, 561; ZBR 05, 166 = DVBl 05, 453 (454); DÖD 05, 223 (224); OVG Münster, Urt. v. 18.8.05, 1 A 2722/04, Urteilsumdruck S. 17 f.; OVG Schleswig, ZBR 05, 276 (277).
84 OVG Münster, Urt. v. 18.8.05, 1 A 2722/04, Urteilsumdruck S. 18.
85 OVG Münster, RiA 00, 147 (149).
86 BVerwG, ZBR 74, 258 (259).

1. Beamtenpflichten

ordneten oder genehmigten Mehrarbeit von mehr als fünf Stunden im Monat (§ 78a I S. 2 LBG i.V.m. § 10 III S. 1 AZVO; § 72 II S. 2 BBG). Nur wenn eine Dienstbefreiung aus zwingenden dienstlichen Gründen nicht möglich ist, kann Beamten in Besoldungsgruppen mit aufsteigenden Gehältern (also nicht Beamten in der B-Besoldung) für längstens 480 Stunden im Jahr eine Mehrarbeitsvergütung gewährt werden (§ 78a II S. 1 LBG i.V.m. § 3 II MVergVO; § 72 II S. 3 BBG). Mehrarbeit ist allein vergütungspflichtig und damit auch vergütungsfähig, wenn sie ausdrücklich als solche, als Mehrarbeit, angeordnet worden ist.[87] Dabei ist zu beachten, daß es keinen allgemeinen Grundsatz gibt, daß jede Mehrarbeit eines Beamten zu einem zusätzlichen Vergütungsanspruch führt.[88] Mehrarbeit zu vergüten ist eine eng begrenzte Ausnahme vom Prinzip, daß der Beamte bei zwingenden dienstlichen Erfordernissen entschädigungslos auch über die regelmäßige Arbeitszeit hinaus Dienst leisten muß[89]; einen Ausgleich sollte man – soweit überhaupt – durch Freizeit schaffen.[90] Der Zeitraum, innerhalb dessen der Ausgleich durch Freizeit vorgenommen werden muß, beträgt mittlerweile ein Jahr (§§ 78a I S. 2 LBG, 72 II S. 2 BBG). Hingegen haben Lehrkräfte, die im Beamtenverhältnis teilzeitbeschäftigt sind, aufgrund von Art. 141 EG-Vertrag einen Anspruch auf Zahlung einer anteiligen Besoldung für vergütungspflichtige Mehrarbeitsstunden.[91] Diese lediglich nach der MVergVO zu bezahlen, verstieße gegen Europarecht. Die Teilnahme an mehrtägigen Klassenfahrten ist jedoch tatbestandlich keine Mehrarbeit, sondern gehört zum normalen Arbeitsumfang eines Lehrers.[92] Ähnliche Probleme bestehen hinsichtlich der Regelung, nach der Beamten keine Vergütung für Mehrarbeit gewährt wird, wenn die Mehrarbeit eine bestimmte Stundenzahl im Kalendermonat nicht übersteigt und hierdurch erheblich mehr Frauen als Männer betroffen werden, ohne daß dies aus geschlechtsunabhängigen Gründen gerechtfertigt werden könnte.[93] §§ 72 II S. 2 BBG, 10 III S. 1 AZVO, die unterschiedslos bei Voll- und Teilzeitbeschäftigten von bis zu fünf Stunden honorierungsfreier Mehrarbeit ausgehen, ohne die Arbeitszeit entsprechend proportional zu verringern, betreffen hinsichtlich der Teilzeitbeschäftigten erheblich mehr Frauen. Sie dürften somit gegen Art. 141 EG-Vertrag verstoßen.

---

87 VGH Mannheim, VBlBW 98, 268 (269).
88 BVerwG, ZBR 05, 166 (167) = DVBl 05, 453 (454 f.); DÖD 05, 223 (224).
89 BVerwG, BayVBl 04, 217 (218) = DÖD 04, 38 = ZBR 03, 385 (386) = LKV 03, 561; NVwZ 04, 1255 = BayVBl 04, 634 = DVBl 04, 1374 = PersV 04, 437 (437 f.) = DÖD 04, 277 (278) = ZBR 04, 431 (432) = RiA 04, 237 (238); OVG Münster, Urt. v. 18.8.05, 1 A 2722/04, Urteilsumdruck S. 18.
90 BVerwGE 88, 60 (64); BayVBl 04, 217 (218) = DÖD 04, 38 (38 f.) = ZBR 03, 385 (386) = LKV 03, 561.
91 OVG Münster, NWVBl 04, 104 (104 f.) = ZBR 04, 63 (64) = OVGE 49, 173 (174 ff.).
92 BVerwG, ZBR 05, 166 = DVBl 05, 453 (454); DÖD 05, 223 (224); OVG Schleswig, ZBR 05, 276 (277 f.).
93 EuGH, ZBR 04, 314 (315).

8. Abschnitt: Rechtsstellung des Beamten

Zudem darf sich der Dienstherr auf keine ständige Mehrarbeit seiner Beschäftigten einstellen.[94] Sollte die Rechtsprechung des BVerwG in der Praxis verwirklicht werden, brächen einzelne Verwaltungszweige (Krankenhaus, Polizei, Feuerwehr) mangels einsetzbaren Personals zusammen.[95] Möglicherweise beschleunigen Urteile des EuGH[96], die sich zur Anerkennung von Bereitschaftszeiten als Arbeitszeit äußern, daß die öffentlichen Verwaltungen mit Planstellen ausgestattet werden, die annähernd dem Arbeitsanfall entsprechen. Bereitschaftszeiten (Arbeitsbereitschaft und Bereitschaftsdienst, nicht jedoch Rufbereitschaft) sind danach als Arbeitszeit anzuerkennen. Das OVG Münster[97] und das VG Minden[98] haben bereits die Folgerung aus der EuGH-Rechtsprechung gezogen, und den Bereitschaftsdienst eines Feuerwehrbeamten vollständig als Arbeitszeit gewertet. Anders ist es hingegen beim Bereitschaftsdienst von Lehrern, den diese zur kurzfristigen Übernahme von Vertretungen leisten. Hier konkretisiert der Dienstherr die für Lehrer geltende durchschnittliche Wochenarbeitszeit, so daß kein Bereitschaftsdienst außerhalb der wöchentlichen Höchstarbeitszeit wie in den Fällen des EuGH vorliegt.[99] Das BVerwG[100] ist ebenfalls der Ansicht, daß Bereitschaftsdienst Arbeitszeit ist. Das BAG[101] bejaht im Ergebnis ebenfalls die Frage, ob Zeiten eines Bereitschaftsdienstes Arbeitszeit sind und zwar unabhängig von der jeweiligen Berufsgruppe. Allerdings gibt es bereits einen Vorschlag der EU-Kommission für eine Neufassung der Arbeitszeitrichtlinie.[102] Danach soll eine neue Kategorie von Bereitschaftsdienstzeit, die „inaktive" Bereitschaftsdienstzeit eingeführt werden. Diese Zeit, in der ein Mitarbeiter zwar am Arbeitsplatz anwesend ist, jedoch keine Arbeitsverrichtungen ausführt, will man zukünftig nicht mehr als Arbeitszeit werten. Deutlich muß man jedoch darauf hinweisen, daß die genannte Rechtsprechung des EuGH nicht für die Rufbereitschaft, sondern allein für die Arbeitsbereitschaft und den Bereitschaftsdienst gilt, und sich zudem nur zu den arbeitsschutzrechtlichen, nicht jedoch zu den besoldungsrechtlichen Konsequenzen[103] äußert.

---

94 BVerwGE 88, 60 (62, 64): hier leistete ein Assistenzarzt 1.859 Überstunden in vier Jahren und neun Monaten; BayVBl 04, 217 (218) = DÖD 04, 38 = ZBR 03, 385 (386) = LKV 03, 561.
95 Darauf weisen Dürr/Dürr, 93, zu Recht hin.
96 ZBR 01, 29 (30); DVBl 03, 1379 (1381 f.) = PersV 03, 453 (455 ff.) = ZBR 04, 93 (93 ff.); Anm Franke, ZBR 04, 98 (98 f.); NJW 04, 3547 (3548); DVBl 06, 174 (176).
97 DÖV 06, 347 (348).
98 Urt. v. 21.11.01, 4 K 3162/00, Urteilsumdruck S. 7 f.; ähnlich hinsichtlich eines Justizvollzugsbeamten: VG Minden, ZBR 04, 66 (66 f.).
99 OVG Münster, NWVBl 06, 188 (188 f.).
100 PersV 99, 133 f. (133); ZBR 04, 197 (200).
101 ZBR 04, 360 (361); PersV 04, 149 (155); Beschl. v. 18.2.03, 1 ABR 2/02.
102 F.A.Z. v. 23.9.04, S. 13.
103 BVerwG, NVwZ 04, 1255 (1256) = BayVBl 04, 634 = DVBl 04, 1374 (1375) = PersV 04, 437 (438) = DÖD 04, 277 (279) = ZBR 04, 431 (432) = RiA 04, 237 (239); BAG, ZBR 04, 360 (361); PersV 04, 149 (155).

1. Beamtenpflichten

Hingegen ist die Zeit der Rufbereitschaft zu einem Achtel durch Dienstbefreiung anderer Art auszugleichen (§ 6 II S. 2 AZVO). Beamte haben hingegen keinen Anspruch mehr[104] auf Vergütung einer Rufbereitschaft. Schlägt die Rufbereitschaft in Dienst um, löst erst eine über fünf Stunden hinausgehende dienstlich angeordnete oder genehmigte Mehrarbeit einen Anspruch auf Freizeitausgleich aus. Auch hier wird nur dann, wenn eine Dienstbefreiung aus zwingenden dienstlichen Gründen nicht möglich ist, eine Mehrarbeitsvergütung gewährt (§ 78a II S. 1 LBG i.V.m. § 3 I Nr. 3 MVergVO). Die Bestimmungen der AZVO und der MVergVO sind nicht „verhandelbar" und keiner abweichenden Regelung zugänglich.

Mittlerweile ist ebenfalls die Anrechnung der Reisezeit bei Dienstreisen erweitert worden. Sie wird innerhalb des am jeweiligen Tag geltenden Arbeitszeitrahmens mit ihrer tatsächlichen Dauer berücksichtigt (§ 11 I S. 2 AZVO). Bei den jeweiligen Arbeitszeitrahmen überschreitenden Reisezeiten zählt die Hälfte dieser Zeit als Arbeitszeit (§ 11 I S. 3, 2. Hs. AZVO).

Der Beamte erfüllt seine Pflicht zur vollen Hingabe im Beruf nicht durch seine schlichte Anwesenheit im Dienst. Er muß vielmehr seinen Dienstobliegenheiten mit „Eifer und wachem Interesse" nachgehen.[105] Von ihm wird nicht ein generell durchschnittlicher, sondern der individuell optimale Einsatz verlangt.[106] Allerdings lassen sich viele **„innere Kündigungen"**, die oft aus Führungsfehlern von Vorgesetzten entstanden sind, bloß schwer belegen und damit kaum sanktionieren.

Außerdem muß sich der Beamte während der Dienstzeit in vollem Umfang dienstlichen Interessen widmen. Deshalb darf er während der Dienstzeit keine Privatanrufe mit dem Diensttelefon tätigen und sich ebenfalls nicht anrufen lassen[107], es sei denn, der Dienstherr gestattet dies ausdrücklich oder stillschweigend (z.B. durch eine gesonderte Abrechnungsmöglichkeit für Privatgespräche mit Diensttelefonen). Gleiches gilt für die private Nutzung des Internets[108] und des E-Mail-Verkehrs. Der StGB NRW hat eine entsprechende „Muster-Dienstanweisung über die Internetnutzung und den E-Mail-Verkehr" vom März 2003 herausgegeben. Der Beamte darf **nicht** dazu übergehen, **die Dienstzeit (auch) für private Zwecke zu nutzen** und mit einer insoweit entfalteten Tätigkeit in den Diensträumen – sei es mit, sei es ohne Benutzung dienstlicher Geräte – in Konkurrenz zu privaten Mitbewerbern treten. Deshalb ist beispielsweise die **Vermittlung von Versicherungsverträgen** während der Dienstzeit durch Angehörige des öffentlichen Dienstes mit entsprechenden Beamtenpflichten, aber auch wettbewerbsrechtlich mit § 1 UWG unvereinbar.[109]

---

104 Zum Rechtszustand vor dem 1.8.06 vgl. Rn 204 der 5. Aufl. dieses Buchs.
105 Wolff/Bachof/Stober II, § 114, Rn 10.
106 BVerwG, ZBR 81, 199 (201).
107 BVerwG, IÖD 99, 74.
108 OVG Greifswald, NordÖR 01, 75.
109 BGH, NJW 94, 2096.

8. Abschnitt: Rechtsstellung des Beamten

Um Interessenkollisionen zu vermeiden, darf der Dienstherr die **private Nutzung von mitgebrachten Mobiltelefonen (Handys) während der Dienstzeit** untersagen. Hierdurch wird sichergestellt, daß der Beamte während der Dienstzeit nicht privat telefoniert, sondern sich vielmehr – seinen Beamtenpflichten entsprechend – in vollem Umfang dienstlichen Zwecken widmet. Eine Ausnahme ist lediglich für Pausenzeiten zuzulassen. Abzulehnen ist deshalb die Auffassung des OVG Münster[110], wonach der Dienstherr kein Verbot, im Dienst private Telefongespräche zu führen, anordnen dürfe. Es mag zwar richtig sein, daß sich dies nicht auf das Hausrecht stützen läßt. Das OVG Münster verkennt hier die Pflicht des Beamten zur vollen Hingabe im Beruf als ausreichende Ermächtigung für entsprechende Untersagungen.

Ebenfalls sind **Privatgespräche im Dienst** verboten, wenn sie die Betriebssicherheit (Lokführer, Fluglotse etc.) oder die Erbringung der Dienstleistung, insbesondere beim Kontakt mit dem Publikum, beeinträchtigen können.[111]

Eng mit der Pflicht zur vollen Hingabe im Beruf hängen folgende Pflichten zusammen:

– Der Beamte **darf nicht streiken**.[112] Dies gilt für alle Arten einer gegen den Dienstherrn gerichteten kollektiven Dienstverweigerung, also auch für Demonstrations-, Protest- und Warnstreiks.[113] Art. 8 I, 9 GG sind wirksam durch die Treuepflicht des Beamten als hergebrachtem Grundsatz (Art. 33 V GG) eingeschränkt. Falsch wäre hingegen die Ansicht, § 57 S. 1 LBG (§§ 35 S. 1 BeamtStG, 54 S. 1 BBG) limitiere Art. 9 III GG.[114] Keine einfachgesetzliche Norm vermag die grundgesetzlich garantierte Koalitionsfreiheit zu begrenzen. Weiterhin darf der Beamte **keine streikähnlichen Maßnahmen** (go sick, go slow [Bummelstreik], Dienst nach Vorschrift) **ergreifen**.[115] Dienst nach Vorschrift bedeutet, daß er alle Dienstvorschriften peinlich genau beachtet, um hierdurch die Arbeit einer Verwaltung zu beeinträchtigen. Man vermeidet zwar eine offene Arbeitsniederlegung, erzielt jedoch durch Umgehungsmaßnahmen einen Effekt, welcher der Wirkung eines Streiks entspricht. Der Dienst nach Vorschrift verstößt gegen § 57 S. 1 LBG (§§ 35 S. 1 BeamtStG, 54 S. 1 BBG).[116] Der einzelne Beamte ist nicht berechtigt, die durch Dienstvorschriften dokumentierte Legalität der Verwaltung gegen

---

110 RiA 93, 202 (203 f.).
111 Strunk, Rn 199.
112 H.M. BVerfGE 8, 1 (17); 44, 249 (264); BVerwGE 63, 158 (161); 69, 208 (212 f.) = NJW 84, 2713 (2714); DVBl 81, 500 (501); NJW 78, 178 (179); BGHZ 69, 128 (140 f.); 70, 277 (279); VGH Kassel, NVwZ 90, 386; Battis, § 2 BBG, Rn 5; § 91 BBG, Rn 3; Kunig, in Schmidt-Aßmann, Rn 173; Monhemius, Rn 251; zum Meinungsstand s. Battis, § 2 BBG, Rn 5; vgl. zudem die Passagen im arbeitsrechtlichen Teil, Rn 452 ff.
113 Strunk, Rn 204.
114 Dürr/Dürr, 88.
115 Strunk, Rn 204, Kunig, in Schmidt-Aßmann, Rn 173.
116 BVerwG, NJW 78, 178 (179).

1. Beamtenpflichten

ihre Effektivität auszuspielen.[117] Sollte der Beamte einzelne Normierungen für ungeeignet und unpraktikabel halten, wäre nicht Dienst nach Vorschrift sondern der Hinweis an seine Vorgesetzten wegen seiner Beratungs- und Unterstützungspflicht (§§ 36 S. 1 BeamtStG, 55 S. 1 BBG, 58 S. 1 LBG) der beamtenrechtlich korrekte Weg.

Der Beamte ist nicht berechtigt, Streikarbeit abzulehnen.[118] Als Abwehrmöglichkeiten stehen dem Beamten Remonstration (§§ 37 II BeamtStG, 56 II BBG, 59 II LBG) und der Rechtsweg offen (Rn 297 ff.). Hingegen ist dem Dienstherrn bei einem rechtmäßigen Streik der **Einsatz von Beamten auf bestreikten Arbeitsplätzen ohne gesetzliche Grundlage** wegen des darin liegenden Eingriffs in die Koalitionsfreiheit der Gewerkschaften **untersagt**.[119] Der Gesetzgeber ist verpflichtet, in grundlegenden normativen Bereichen, zumal bei der Grundrechtsausübung, alle wesentlichen Entscheidungen selbst zu treffen (sog. Wesentlichkeitstheorie; Rn 15, 60, 196). Der Einsatz von Beamten auf bestreikten Arbeitsplätzen kann ohne rechtliche Basis allenfalls zulässig sein, um Notdienste oder Erhaltungsarbeiten durchzuführen. Diese Frage wurde jedoch vom BVerfG[120] ausdrücklich nicht beantwortet. Richtig ist jedoch, daß dem Staat die Anordnung eines solchen Beamteneinsatzes wegen seiner verfassungsrechtlichen Pflicht, für das Gemeinwohl Sorge zu tragen, gestattet sein muß.[121]

- **Nebentätigkeiten** sind nur unter bestimmten Voraussetzungen möglich (Rn 218 ff.). Solange der Beamte seine dienstlichen Aufgaben in qualitativer und quantitativer Hinsicht ordnungsgemäß erfüllt, verletzt er allerdings durch sonstige Aktivitäten nicht die Pflicht zur vollen Hingabe an den Beruf.[122] Hingegen verstößt eine Nebentätigkeit hiergegen, wenn durch sie die dienstliche Einsatzfähigkeit des Beamten eingeschränkt wird.[123]

- Der **Beamte muß sich fortbilden** (§ 48 I LVO).

- Er **darf dem Dienst nicht unentschuldigt fernbleiben** (§§ 73 I S. 1 BBG, 79 I S. 1 LBG; Rn 263).
  Dienstunfähigkeit infolge Krankheit ist auf Verlangen nachzuweisen (§§ 73 I S. 2 BBG, 79 I S. 2 LBG). Dies begründet Mitwirkungspflichten des Beamten.[124] Aus gegebenem Anlaß kann der Dienstvorgesetzte jederzeit ein ärztliches Attest verlangen, d.h. selbst bei einer Krankheitsdauer von weniger als drei Tagen, bei der regelmäßig von

---

117 Strunk, Rn 204.
118 BVerfG, DVBl 95, 192 (193) = NVwZ 95, 680 (681); wie das BVerfG ebenso das BVerwGE 69, 208 (212 f.) = NJW 84, 2713 (2714); krit. zu diesem Urteil Mayer, RiA 84, 241 (241 ff.); Müller, DB 85, 867 (867 ff.); BAG, ZBR 85, 304 (306).
119 BVerfG, NJW 93, 1379 (1379 f.) = BVerfGE 88, 103 (116 f.); DVBl 95, 192 (193) = NVwZ 95, 680 (681).
120 NJW 93, 1379 (1380) = E 88, 103 (116 f.).
121 Kunig in Schmidt-Aßmann, Rn 189.
122 BVerfG, NVwZ 03, 1504 (1505) = DÖD 04, 112 (113).
123 BVerfG, NVwZ 03, 1504 (1505) = DÖD 04, 112 (113).
124 OVG Lüneburg, NdsVBl 05, 274 (275) = RiA 06, 87 (89).

8. Abschnitt: Rechtsstellung des Beamten

der Vorlage eines Attestes abgesehen wird.[125] Dabei hat ein amtsärztliches Gutachten hinsichtlich seiner Objektivität regelmäßig einen größeren Beweiswert als ein privatärztliches, falls es sich mit dem privatärztlichen Gutachten inhaltlich kritisch auseinandersetzt.[126] Ist ein Beamter nach dem vorrangigen amts- oder betriebsärztlichen Urteil dienstfähig und ist ihm dies bekannt, muß er unverzüglich seinen Dienst antreten, ohne daß es zuvor einer speziellen dienstlichen Aufforderung bedarf.[127] Eine etwaige an einen Beamten ergangene Weisung zum Dienstantritt ist als behördeninterne Maßnahme, welche die ohnehin gesetzlich bestehende Pflicht zur Dienstverrichtung konkretisiert, kein Verwaltungsakt.[128] Somit richtet sich der vorläufige Rechtsschutz dagegen nach § 123 VwGO.[129] Allerdings muß ein krankgeschriebener Beamter seine Krankheit – sofern dies nicht medizinisch geboten ist – nicht am Dienst- oder Wohnort auskurieren.[130] Auch bedürfe er keines Urlaubs, wenn er den Dienst- oder Wohnort verlassen wolle. Er müsse lediglich vorher seinen Dienstvorgesetzten hierüber informieren und den Aufenthaltsort angeben. Hingegen muß er sicherstellen, daß ihn Mitteilungen seiner Dienststelle unverzüglich erreichen können.[131]

Weiterhin ist kein Beamter verpflichtet, an einem **Betriebsausflug** teilzunehmen[132] oder bei seiner Nichtteilnahme einen Urlaubstag einzusetzen. Eine solche enge Verknüpfung von Ausflug und Urlaubsanspruch ist rechtswidrig. Vielmehr muß der Beamte seine Dienstleistung erbringen und der Dienstherr ihm hierzu Gelegenheit geben. Geschieht dies nicht, darf er dem Dienst fernbleiben. Hingegen steht eine freiwillige Teilnahme am Betriebsausflug dienstlicher Tätigkeit zumindest gleich und bedeutet keine Inanspruchnahme generell gewährten Urlaubs.[133]

– Schließlich muß er seine Dienstfähigkeit erhalten und wiederherstellen (**Gesunderhaltungspflicht**)[134] sowie alles vermeiden, was seiner Leistungsfähigkeit schaden könnte.[135] Die Pflicht zur Erhaltung der Gesundheit gilt nur für aktive und nicht für Ruhestandsbeamte.[136] Aktive

---

125 OVG Koblenz, ZBR 85, 153 (153 f.); Monhemius, Rn 414.
126 BVerwG, NVwZ-RR 03, 289 (290) = ZBR 03, 174 (175) = RiA 03, 135 (137) = DÖD 03, 105 (107); ZBR 01, 297 (298) = DÖD 02, 147 (148 f.) = RiA 02, 138 (140) = BayVBl 02, 345 (345 f.); VGH München, NVwZ-RR 02, 764 (765) = IÖD 02, 92 (93); OVG Berlin, NVwZ-RR 02, 762 (762 f.) = DÖD 02, 175 (176); OVG Koblenz, NJW 90, 788 (789); Schütz/Maiwald, § 45 LBG, Rn 48.
127 BVerwG, NVwZ-RR 03, 289 (290) = ZBR 03, 174 (175) = RiA 03, 135 (137) = DÖD 03, 105 (107).
128 BVerwG, ZBR 99, 424.
129 BVerwG, ZBR 99, 424; OVG Koblenz, NVwZ-RR 03, 223 (224) = DÖD 02, 318 (319) = RiA 03, 51 = IÖD 02, 268 (269).
130 VG Ansbach, BayVBl 91, 699.
131 BVerwG, NVwZ-RR 06, 47 (48) = ZBR 05, 315.
132 OVG Münster, NVwZ-RR 04, 870 (871).
133 OVG Münster, NVwZ-RR 04, 870.
134 BVerfG, NVwZ 03, 1504 (1505) = DÖD 04, 112 (113); BVerwGE 63, 322 (324) = NJW 80, 1347 (1348); OVG Münster, NVwZ-RR 98, 765; Battis, § 54 BBG, Rn 4.
135 BVerwGE 32, 241 (253).
136 OVG Münster, ZBR 04, 214 (215) = DÖD 04, 180 (182).

1. Beamtenpflichten

Beamte dürfen jedoch die üblichen Sportarten betreiben und auch Genußmittel (Tabak, Alkohol) in normalem Umfang zu sich nehmen.[137] Als Pflichtverletzungen sind übermäßige unvernünftige Belastungen oder mutwillige Gesundheitsschädigungen anzusehen.[138] Die Gesunderhaltungspflicht kann ebenfalls durch die Ausübung von Nebentätigkeiten verletzt werden.[139] Der Beamte muß nämlich alles ihm Zumutbare tun, um rasch seine Arbeitsfähigkeit wieder herzustellen.[140] Die Pflicht zur vollen Hingabe im Beruf ist insbesondere verletzt, wenn ein dienstunfähig erkrankter Beamter dennoch nach außen sichtbar Tätigkeiten ausübt, die von einem neutralen Beobachter als Arbeitsleistung aufgefaßt werden können.[141] Hingegen begeht ein Postzustellbeamter, der aus gesundheitlichen Gründen nicht mehr sein Zustellpensum erfüllen kann, keine Dienstpflichtverletzung, wenn er deswegen einen Zustellgang abbricht.[142] In diesem Fall muß er jedoch seinen Dienstvorgesetzten davon unverzüglich unterrichten.

Einem kranken Beamten kann es zugemutet werden, selbst außerhalb der gesetzlich geregelten Fälle (dauernde Dienstunfähigkeit, krankheitsbedingtes Fernbleiben vom Dienst, Heilverfahren beim Dienstunfall [§ 33 II S. 2, III BeamtVG]) an der für den ordnungsgemäßen Dienstbetrieb erforderlichen Klärung seines Gesundheitszustandes (beispielsweise hinsichtlich alkoholbedingter Trunksucht) mitzuwirken. Deshalb muß er sich **ärztlich untersuchen lassen**.[143] Voraussetzung ist, daß der Dienstherr berechtigte Zweifel an der Dienstfähigkeit hat, und er diese Zweifel auf konkrete, nicht aus der Luft gegriffene Umstände stützen kann.[144] Allerdings dürften die Anforderungen nicht überspannt werden. Die Aufforderung zur ärztlichen Untersuchung ist ein Verwaltungsakt.[145] Im Einzelfall ist es sinnvoll, dessen sofortige Vollziehung anzuordnen (§ 80 II S. 1 Nr. 4 VwGO), um aussagekräftige Ergebnisse (z.B. in Bezug auf einen übermäßigen Alkoholkonsum) zu erhalten, aber auch zum Schutz des Beamten aufgrund der Fürsorgepflicht. Zur Prävention kann der Abschluß einer Dienstvereinbarung über die Hilfe für alkoholkranke, alkoholgefährdete oder sonstige suchtgefährdete Mitarbeiter sinnvoll sein.[146] Zudem ist ein im Einzelfall gegenüber einem als alkoholgefährdet geltenden Beamten behördenintern ausgesprochenes Alkoholverbot im Dienst nicht diskriminierend, sondern vielmehr wegen der Fürsorgepflicht des Dienstherrn und im

---

137 Strunk, Rn 122.
138 Schütz/Maiwald, § 57 LBG, Rn 3.
139 BVerfG, NVwZ 03, 1504 (1505) = DÖD 04, 112 (113); BVerwG, ZBR 00, 47 (48).
140 BVerwG, ZBR 00, 47 (48).
141 OVG Koblenz, DÖD 05, 91 (93); NVwZ-RR 06, 270.
142 BVerwG, RiA 02, 141 (143).
143 BVerwGE 43, 305 (308); ZBR 81, 220 = DVBl 81, 502 (503); OVG Koblenz, NVwZ-RR 90, 154; VGH München, ZBR 85, 230.
144 OVG Koblenz, NVwZ-RR 90, 154.
145 OVG Berlin, NVwZ-RR 02, 762 = DÖD 02, 175 (176); OVG Koblenz, NVwZ-RR 90, 154.
146 Ein gutes Beispiel hierfür liefert die entsprechende Dienstvereinbarung der Stadt Schwäbisch Hall (BW) v. 17.6.98.

Interesse eines geordneten Dienstbetriebs geboten.[147] Verletzt der Beamte seine Pflicht zur Mitwirkung an der Feststellung seines Gesundheitszustandes (z.B. indem er sich weigert, die Ärzte von ihrer Schweigepflicht zu entbinden[148] oder sich bestandskräftig angeordneten vertrauensärztlichen Untersuchungen nicht unterzieht), kann dies ein wichtiges Indiz dafür sein, daß er dienstfähig war.[149]

Sollte sich ein behandlungsbedürftiges Krankheitsbild ergeben, **hat sich** der Beamte zur Wiederherstellung der vollen Dienstfähigkeit **einer zumutbaren erfolgversprechenden Heilbehandlung** einschließlich Operation **zu unterziehen**.[150] Keine derartige Pflicht besteht, wenn die Therapie mit einer beträchtlichen Gefahr für sein Leben oder seine Gesundheit verbunden wäre oder unzumutbare Schmerzen zur Folge hätte.[151] Lediglich dann vermag § 57 S. 1 LBG (§§ 35 S. 1 BeamtStG, 54 S. 1 BBG) nicht das dem Beamten zustehende Grundrecht aus Art. 2 II S. 1 GG wirksam zu beschränken. Was zumutbar ist, kann man nicht grundsätzlich, sondern allein nach Maßgabe der konkreten Umstände des Einzelfalls beantworten.[152] Dabei sind insbesondere die Notwendigkeit, die Geeignetheit und die Erfolgsaussichten zu berücksichtigen. Aber selbst finanzielle Gründe können es dem Beamten unzumutbar erscheinen lassen, sich einer Behandlung zu unterziehen.[153] Allerdings hat die Verfassungsmäßigkeit der Aufforderung, eine **Operation** vornehmen zu lassen, **nicht** zur Folge, daß die Anordnung gegen den Willen des Beamten **erzwingbar** ist. Seine Weigerung kann ausschließlich disziplinar- oder versorgungsrechtliche Konsequenzen haben.[154]

Literatur: Honsa, Alkohol- und Drogenmißbrauch im öffentlichen Dienst, 2. Aufl. 06; Quambusch, Statt Zielvereinbarungen Besinnung auf das Beamtenrecht – Ein Beitrag zur Leistungsmotivation –, VR 06, 153; Kutzki/Hackemann, Internet und E-Mail am Arbeitsplatz, RiA 04, 69; Leisner-Egensperger, Arbeitszeitverlängerung für Beamte und Alimentationsgrundsatz, ZBR 04, 333; Sachs, Wiederbelebung des besonderen Gewaltverhältnisses?, NWVBl 04, 209; Stauf, Treu und Glauben – auch im Beamtenrecht, DÖD 04, 150; Wahlers, Die „Restumsetzung" der gemeinschaftsrechtlichen Arbeitszeitrichtlinie in das Arbeitszeitgesetz, DÖD 04, 117; Adam, Der Einsatz von Beamten auf bestreikten Arbeitsplätzen, RiA 03, 124; Braun, Das Urteil des EuGH zum Bereitschaftsdienst, RiA 03, 283; Britz, Betriebsvereinbarungen über ein absolutes Alkoholverbot, PersV 03, 244; Franke, Bereitschaftsdienst der Beamten im Lichte europäischen Rechts, ZBR 03, 329; Honsa, Dienstvereinbarungen als Chance für suchtkranke Beschäftigte, PersV 03, 248; Wahlers, „Aspekte der Arbeitszeitgestaltung" – Bereitschaftsdienst als Arbeitszeit, PersV 03, 444; Honsa, Alkohol- und Drogenmißbrauch im öffentlichen Dienst, DÖD 02, 167; Schwandt, Alkoholismus – Die beamtenrechtliche Pflicht gegen die Sucht anzukämpfen, und der Führungsauftrag des Dienstvorgesetzten, RiA 02, 3; Heimlich, Rechtliche Rahmenbedingungen der Arbeitszeit beamteter Lehrkräfte, ZBR 01, 381; Wahlers,

---

147 BVerwG, DÖD 00, 157 (158).
148 OVG Bautzen, ZBR 06, 174 (175).
149 OVG Lüneburg, NVwZ-RR 04, 432 (433) = NdsVBl 04, 24 (26) = RiA 04, 254 (258); NdsVBl 05, 274 (275) = RiA 06, 87 (89).
150 BVerwG, DVBl 90, 878 (879) = NJW 91, 766 = RiA 91, 310 = ZBR 90, 261; VGH Mannheim, DVBl 97, 377 (378); OVG Münster, NVwZ-RR 98, 765; NJW 90, 2950.
151 Schnellenbach, Rn 222.
152 BVerwG, DVBl 90, 878 (879) = NJW 91, 766 = RiA 91, 310 = ZBR 90, 261.
153 VGH Mannheim, DVBl 97, 377 (378).
154 OVG Münster, NJW 90, 2950.

1. Beamtenpflichten

Europarechtliche „Aspekte der Arbeitszeitgestaltung" in Krankenhäusern öffentlich-rechtlicher Träger, PersV 01, 251; Ziemske, Alimentation und Arbeitszeit, ZBR 01, 1; Eckstein, Beamten- und dienstrechtliche Konsequenzen von Alkoholmißbrauch, VBlBW 99, 452; Fuhrmann, Beamteneinsatz bei Streiks von Arbeitnehmern im öffentlichen Dienst, Diss., Gießen, 1999; Hofmann, Das Grundrecht auf Leben und körperliche Unversehrtheit eines Beamten (Art. 2 II 1 GG) im Verhältnis zu seinen dienstrechtlichen Pflichten in Gefahrensituationen, ZBR 98, 196; Strehle, Alkoholbedingtes Fehlverhalten im öffentlichen Dienst, RiA 95, 168; Jachmann, Der Einsatz von Beamten auf bestreikten Arbeitsplätzen, ZBR 94, 1; Beckmann/Vahle, Verbot, im Dienst private Telefongespräche zu führen, RiA 93, 178; Lopacki, Anordnung der Attestvorlage durch den Dienstvorgesetzten bei häufiger Dienstabwesenheit des Beamten infolge Krankheit, ZBR 92, 193; Günther, Leistungssport und Beamtenpflicht, DÖD 89, 7.

1.2.3 Verschwiegenheitspflicht

Der Beamte muß, auch nach Beendigung seines Beamtenverhältnisses, über die bei seiner amtlichen Tätigkeit bekanntgewordenen Angelegenheiten innerhalb (d.h. gegenüber nicht zu beteiligenden Kollegen[155]) und außerhalb des Dienstes schweigen (§§ 38 I S. 1 BeamtStG, 61 I S. 1 BBG, 64 I S. 1 LBG). Das gilt ebenfalls über den Bereich eines Dienstherrn hinaus (§ 38 I S. 2 BeamtStG). Amtlich bekanntgeworden sind Dinge, wenn ihre Kenntnis auf Amtskausalität beruht.[156] Der Beamte muß die Fakten bei seiner Aufgabenwahrnehmung oder sonst im Dienst erfahren haben. Nicht vertraulich sind allein solche Tatsachen, die offenkundig sind (z.B. durch Presseveröffentlichungen), oder die wegen ihrer Bedeutung keiner Geheimhaltung bedürfen (z.B. Speiseplan der Kantine) sowie Mitteilungen im dienstlichen Verkehr (§§ 38 I S. 3 BeamtStG, 64 I S. 2 LBG, 61 I S. 2 BBG). Zudem geht die gesetzlich begründete Pflicht des Beamten, in engem Umfang (geplante) Straftaten zu offenbaren oder anzuzeigen (Rn 210), der Verschwiegenheitspflicht vor (§ 38 VI, 1.Alt. BeamtStG).[157] Schließlich gilt keine Verschwiegenheitspflicht, soweit gegenüber der zuständigen obersten Dienstbehörde oder einer Strafverfolgungsbehörde ein durch Tatsachen begründeter Verdacht einer Korruptionsstraftat (§§ 331 bis 337 StGB) angezeigt wird (§ 38 I S. 4 BeamtStG). Durch Landesrecht können weitere Behörden oder außerdienstliche Stellen (z.B. Ombudsleute) bestimmt werden, denen gegenüber eine solche Korruptionsstraftat angezeigt werden kann (§ 38 I S. 5 BeamtStG).

205

Für Aussagen in dienstlichen Angelegenheiten, die der Verschwiegenheitspflicht unterliegen, bei Gerichten oder sonstigen Stellen braucht der Beamte eine **Aussagegenehmigung** (§§ 38 II S. 1 BeamtStG, 61 II S. 1 BBG, 64 II S. 1 LBG). Die Genehmigung erteilt der Dienstherr oder der letzte Dienstherr, wenn das Beamtenverhältnis beendet ist (§ 38 II S. 2 BeamtStG). Hat sich der Vorgang, der den Gegenstand der Äußerung bildet, bei einem früheren Dienstherrn ereignet, darf die Genehmigung nur mit dessen Zustimmung erteilt werden (§ 38 II S. 3 BeamtStG). Durch Landesrecht kann bestimmt werden, daß an die Stelle der gerade genannten Dienstherrn eine andere Stelle tritt (§ 38 II S. 4 BeamtStG). Unerheblich

---

155 BGHZ 34, 184 (187).
156 Battis, § 61 BBG, Rn 6.
157 Battis, § 61 BBG, Rn 8.

8. Abschnitt: Rechtsstellung des Beamten

ist, vor welcher Stelle der Beamte aussagen oder Erklärungen abgeben will, ob vor einem Gericht eines beliebigen Gerichtszweiges, der Polizei, der Staatsanwaltschaft oder einem parlamentarischen Untersuchungsausschuß.[158] Die Genehmigung, als Zeuge auszusagen, darf ausschließlich versagt werden, wenn die Aussage dem Wohl des Bundes oder eines deutschen Landes erhebliche Nachteile bereiten oder die Erfüllung öffentlicher Aufgaben ernstlich gefährden oder erheblich erschweren würde (§§ 38 III BeamtStG, 65 LBG, 62 BBG). Hierbei handelt es sich um einen Verwaltungsakt. Ansprüche auf Genehmigung bestehen bei einer entsprechenden gesetzlichen Verpflichtung oder wenn ihre Erteilung die alleinige ermessensgerechte Entscheidung ist.[159] Dabei ist das Interesse an der Wahrheitsfindung höher zu gewichten als der Aspekt der Geheimhaltung.[160] Für die Versagung der Aussagegenehmigung genügt es nicht, daß die Aussage dem Wohl einer Gemeinde oder eines Gemeindeverbandes Nachteile bereitete. § 65 I, 1. Alt. LBG ermöglicht dies lediglich hinsichtlich des Bundes oder eines Bundeslandes. Auf kommunaler Ebene ist deshalb nur die Variante einschlägig, daß die Aussagegenehmigung versagt werden darf, wenn durch die Aussage die Erfüllung dienstlicher Aufgaben ernstlich gefährdet oder erheblich erschwert würde (§ 65 I, 2. Alt. LBG). Bei einem evtl. Rechtsstreit liegt abweichend vom Wortlaut dieser Norm selbst dann eine Streitigkeit nach § 54 I BeamtStG vor, wenn der Kläger kein Beamter ist.[161] Keiner Aussagegenehmigung bedürften Mitteilungen im dienstlichen Verkehr mit anderen Behörden, wenn diese bei der Amtshilfe erfolgten, zu der die Behörde verpflichtet sei. Amtshilfe gebe es gemäß Art. 35 I GG ebenfalls gegenüber Gerichten.[162] Wenn es um eine Aussagegenehmigung für einen Strafprozeß geht, ist zusätzlich folgendes zu beachten. Zwischen dem durch § 64 I S. 1 LBG (§§ 38 I S. 1 BeamtStG, 61 I S. 1 BBG) geschützten Interesse der Allgemeinheit an der zuverlässigen Aufgabenerfüllung und dem aus dem Rechtsstaatsprinzip (Art. 20 III GG) i.V.m. dem allgemeinen Freiheitsrecht (Art. 2 I GG) abgeleiteten Anspruch des Angeklagten auf ein faires, rechtsstaatliches Strafverfahren besteht ein Spannungsverhältnis.[163] Bei schweren Straftaten mit erheblichen Nachteilen für den Angeklagten kann es deshalb einen **Anspruch auf Erteilung** einer Aussagegenehmigung geben.[164] Dem trägt das BeamtStG Rechnung. Sind Beamte Partei oder Beschuldigte in einem gerichtlichen Verfahren, oder soll ihr Vorbringen der Wahrnehmung ihrer berechtigten Interessen dienen, darf die Genehmigung auch dann, wenn die Voraussetzungen des § 38 III S. 1 BeamtStG erfüllt sind, nur versagt werden, wenn die dienstlichen Rücksichten dies unabweisbar erfordern (§ 38 IV S. 1 BeamtStG). Wird sie versagt, ist

---

158 Battis, § 61 BBG, Rn 9.
159 BVerwG, NVwZ-RR 91, 381.
160 BVerwG, NJW 00, 160 (163).
161 BVerwG, DVBl 82, 1195.
162 BayObLG, NJW 90, 1857 (1858), für das vormundschaftsgerichtliche Verfahren nach § 1666 BGB.
163 BVerfGE 57, 250 (283).
164 BVerfG, DVBl 82, 1195 (1196).

1. Beamtenpflichten

Beamten der Schutz zu gewähren, den die dienstlichen Rücksichten zulassen (§ 38 IV S. 2 BeamtStG).

Durch Landesrecht kann bestimmt werden, daß die Verweigerung der Genehmigung zur Aussage vor Untersuchungsausschüssen des Bundestags oder der Volksvertretung eines Landes einer Nachprüfung unterzogen werden kann (§ 38 III S. 2 BeamtStG). Schließlich kann die Genehmigung, ein Gutachten zu erstatten, versagt werden, wenn dies für dienstliche Interessen nachteilig wäre (§ 38 III S. 3 BeamtStG).

Eine weitere Konsequenz aus der Verschwiegenheitspflicht regelt § 66 LBG (§ 63 BBG). **Auskünfte zur Unterrichtung der Öffentlichkeit** werden nur vom Behördenleiter oder dem von ihm bestimmten Beamten erteilt (in der Regel wird dazu ein Pressesprecher benannt).

Soweit Personen ein **Akteneinsichtsrecht** (§ 29 VwVfG oder § 55 GO) zusteht, existiert ihnen gegenüber **keine Pflicht zur Amtsverschwiegenheit**.

Selbst zur Bekämpfung von Mißständen darf der Beamte **nicht sofort** die sog. **Flucht in die Öffentlichkeit**, auch nicht in Form eines offenen Briefes an alle Mitarbeiter der Verwaltung, antreten. Grundsätzlich wird dies bei innerdienstlichen Meinungsverschiedenheiten mit Vorgesetzten als Verstoß gegen die dem Dienstherrn geschuldete Loyalität und ggf. gegen die Pflicht zur Amtsverschwiegenheit gewertet.[165] Vielmehr muß er zunächst seine Vorstellungen durch Remonstration (§§ 37 II BeamtStG, 56 II BBG, 59 II LBG), Beschwerden auf dem Dienstweg (§§ 171 BBG, 179 I, II LBG) oder direkt an den Landtag (§ 179 III LBG) sowie durch Rechtsbehelfe verwirklichen. Weiterhin darf sich der Beamte in Gleichstellungsangelegenheiten unmittelbar an die zuständige(n) Gleichstellungsbeauftragte(n) wenden (§ 20 LGG). Sollten diese Möglichkeiten erfolglos sein, darf man ihm die Unterrichtung der Öffentlichkeit nicht versagen.[166] Die unmittelbare Information der Öffentlichkeit ist ausschließlich bei schweren Verstößen gegen die verfassungsmäßige Ordnung i.S.d. freiheitlich-demokratischen Grundordnung zulässig.[167] Weiterhin ist sie durch Art. 5 I S. 1, 1. Alt. GG gerechtfertigt, wenn der dienstliche Vorgang bereits – ohne Zutun des Beamten – Gegenstand der öffentlichen Diskussion ist.[168]

Sollte ein innerhalb einer Behörde tätiger **Arzt** eine schwerwiegende Erkrankung eines Beamten feststellen, die dessen Dienstverhältnis berührt, kann dies zu einer Verpflichtung des Beamten führen, den Arzt von seiner beruflichen Schweigepflicht zu befreien. Darüber hinaus ist in einem solchen Fall auch der Arzt gehalten, den Beamten rechtzeitig hierzu aufzufordern und ggf. den Dienstherrn auf diese Notwendigkeit hinzuweisen.[169]

---

165 BVerwG, DVBl 95, 1248 (1249); NVwZ 90, 762 (762 f.); VGH Mannheim, VBlBW 05, 30 (31); NJW 83, 1215 (1216).
166 BVerfGE 28, 191 (204); Wagner, Rn 216; anders VGH Mannheim, VBlBW 05, 30 (33), und Battis, § 63 BBG, Rn 3: „in der Regel unzulässig".
167 BGH, ZBR 77, 106 (108); BGHSt 20, 342 (370); Scheerbarth/Höffken/Bauschke/Schmidt, § 19 I; Dürr/Dürr, 40.
168 BVerfG, NJW 70, 1267 (1267 f.).
169 VGH München, NJW 97, 1655.

Aus § 22 III S. 1 der Geschäftsordnung der Bundesregierung folgt ein besonderes Gebot zur Verschwiegenheit für **Kabinetts- und Parlamentsbeamte im Bundeskanzleramt**, dessen sachlicher Geltungsbereich über die beamtenrechtliche Verschwiegenheitspflicht hinausgeht.[170]

Hat der Stadtrat dem **Rechnungsprüfungsamt** die Prüfung der Verwaltung auf „Sauberkeit" übertragen (§ 103 II GO), begründet dies keine Kompetenz des Leiters des Rechnungsprüfungsamts, sich im Fall von festgestellten Straftaten direkt an die Strafverfolgungsbehörden zu wenden. Dies wäre ein Verstoß gegen die dem Dienstherrn geschuldete Loyalität und die Pflicht zur Amtsverschwiegenheit. Die Frage der Kompetenz (§ 103 II GO) ist strikt davon zu trennen, wie der Leiter des RPA mit den ermittelten Ergebnissen umzugehen hat. Dabei unterscheidet er sich nicht von anderen Beamten, denen bei ihrer amtlichen Tätigkeit Angelegenheiten bekanntgeworden sind. Handelt es sich dabei um derartige, verschwiegen zu behandelnde (§ 64 I S. 1 LBG), darf er ohne Genehmigung des Dienstvorgesetzten weder vor Gericht noch außergerichtlich aussagen oder Erklärungen abgeben.

Literatur: Sauer, „Whistleblowing" – notwendiger Bestandteil moderner Personalpolitik?, DÖD 05, 121; Lohse, Deliktische Haftung für Meinungsäußerungen und Flucht in die Öffentlichkeit, ZBR 03, 235; Vetter, Zur Auskunftspflicht eines Beamten vor einem parlamentarischen Untersuchungsausschuß bei drohender disziplinarrechtlicher Verfolgung, ZBR 91, 225; Pickuth, Zum Auskunftsverweigerungsrecht eines Beamten bei Gefahr disziplinarer Verfolgung, PersV 90, 517; Thiele, Die sogenannte Flucht in die Öffentlichkeit, DÖD 85, 145.

1.2.4 Pflicht zu achtungswürdigem Verhalten im Dienst

206 Diese Pflicht folgt aus § 57 S. 3 LBG (§§ 35 S. 3 BeamtStG, 54 S. 3 BBG). Sie verlangt vom Beamten, seine Lebensführung nach den geltenden Moralanschauungen auszurichten, „also grundsätzlich die Gebote, die sich aus Sitte, Ehre und Anstand ergeben, jedenfalls soweit zu beachten, wie dies die dienstliche Stellung erfordert".[171] Allerdings läßt die Formulierung in der Vorschrift, „sein Verhalten muß der Achtung und dem Vertrauen gerecht werden, die sein Beruf erfordert", sehr an Bestimmtheit zu wünschen übrig.[172] Dennoch gilt die Norm als **Generalklausel** für das Verhalten eines Beamten. Sie erfaßt derart unterschiedliche Tatbestände wie die Wahrheitspflicht bei dienstlichen Äußerungen, die Überprüfung des Zeiterfassungsgeräts hinsichtlich des Arbeitsstundensaldos sowie auf Fehler hinzuweisen[173], die Auskunftserteilung u.U. ohne Befragung[174] – allerdings begrenzt durch die Gefahr eigener straf- oder disziplinarrechtlicher Verfolgung[175] –, das Verbot der Trunkenheit im Dienst[176], die Pflicht Straftaten oder Ordnungswidrigkeiten im Dienst zu unterlassen[177] bis zum

---

170 BVerwG, NJW 92, 1713 = DÖV 92, 580 (581 f.).
171 BVerfG, NVwZ 03, 1504 (1505) = DÖD 04, 112 (113 f.).
172 Zu Recht krit. Wolff/Bachof/Stober II, § 114, Rn 27.
173 OVG Greifswald, NordÖR 03, 79 (81).
174 BVerwG, ZBR 72, 222 (223).
175 OVG Münster, OVGE 15, 147.
176 Battis, § 54 BBG, Rn 10.
177 Schütz/Maiwald, § 57 LBG, Rn 8.

1. Beamtenpflichten

Gebot, keine herabsetzenden oder verächtlichen Äußerungen zu machen[178]. Der Beamte darf allerdings seine Interessen gegenüber dem Vorgesetzten mit Nachdruck und Kritik verfolgen.[179] Wegen der verfassungsrechtlichen Unschuldsvermutung verstößt ein Beamter nicht gegen § 57 S. 3 LBG, wenn er den Eindruck erweckt, jemand habe ein Dienstvergehen begangen.[180] Allerdings darf er keine Strafanzeige erstatten, wenn er nicht vorher alles Zumutbare unternommen hat, um die Angelegenheit verwaltungsintern zu klären.[181] Des weiteren verstoßen wissentlich unwahre oder leichtfertig in schwerwiegender Weise verdächtigende Strafanzeigen eines Beamten gegen Vorgesetzte oder Kollegen gegen § 54 S. 3 BBG.[182] Hinsichtlich der Wahrheitspflicht bei dienstlichen Äußerungen ist zu betonen, daß sich der Beamte niemals selbst belasten oder anzeigen muß, sondern vielmehr die Auskunft verweigern darf. Sagt er aber von sich aus oder auf Anforderung hin aus, muß er vollständig und wahrheitsgemäß antworten.[183] § 57 S. 3 LBG verlangt demnach überwiegend **Selbstverständlichkeiten im zwischenmenschlichen Umgang**. Seine Unbestimmtheit kann dann hingenommen werden, wenn man sich im Zweifel für die Freiheit entscheidet. Der Beamte soll kein Duckmäuser sein, der auf einem schmalen Grat von Erlaubtem balanciert, sondern eine Person, die ihre Aufgaben ernst nimmt, zügig entscheidet, kritisch hinterfragt und ihre Belange im Dienst nach der Maxime „höflich, aber bestimmt" vertritt. Eine Überschreitung dieser Grenze des Zumutbaren nimmt zu Recht die Entscheidung des OVG Koblenz[184] an. Dort hatte ein Professor an einer Fachhochschule in einer Vorlesung den für ihn zuständigen Fachbereich als „korrupten Sauhaufen" bezeichnet. Umso mehr liegt ein ernstzunehmendes Dienstvergehen vor, wenn ein Soldat in einer Dezernatsrunde davon spricht, „die Kapazität der Gaskammern" sei „nicht ausreichend" gewesen.[185] Selbst das Fehlverhalten eines „in-sich-beurlaubten" Beamten der Deutschen Post AG kann geeignet sein, das Ansehen des Beamtentums zu beeinträchtigen und gegen § 54 S. 3 BBG verstoßen.[186]

---

178 OVG Koblenz, 3 A 12863/98; OVG Lüneburg, ZBR 68, 112 (114 f.).
179 BDiszG, DÖD 79, 202 (203).
180 BVerwG, NJW 01, 3645 = IÖD 02, 7 (8 f.) = PersV 02, 16 (17).
181 BVerwG, ZBR 02, 139 (140).
182 BVerwG, ZBR 02, 139 (140).
183 Schütz/Maiwald, § 57 LBG, Rn 9.
184 3 A 12863/98.
185 BVerwG, NVwZ-RR 02, 204 = ZBR 02, 214 (geahndet mit einer Kürzung der Dienstbezüge).
186 BVerwG, NVwZ 02, 1519 (1520) = IÖD 02, 138 (139 f.) = ZBR 02, 398 (399), mit geradezu für ein Gericht ungewöhnlich deutlicher Charakterisierung einer im Sommer 95 als Abteilungsleiterin Personal und Recht bei der Direktion der Deutschen Post AG tätigen Beamtin: „Die Beamtin hat sich in der Hauptverhandlung als eine Person dargestellt, die trotz ihrer unverkennbaren Kenntnislücken im Dienstrecht sehr von sich überzeugt ist und es nicht verträgt, wenn sie anderen Anlaß gegeben hat, ihre Qualifikation, die sie selbstkritisch zu hinterfragen nicht im Stande ist, in Zweifel zu ziehen" (S. 1522 in der NVwZ, S. 400 in der ZBR); ZBR 03, 94 (97); NVwZ-RR 04, 867 (868) = ZBR 05, 53 (53 f.) = RiA 05, 96 (97): dort allerdings verneint; Anm Stehr, RiA 05, 98 (98 f.).

8. Abschnitt: Rechtsstellung des Beamten

Zum Themenkomplex **„sexuelle Belästigung"** ist folgendes festzuhalten: Nicht jeder Annäherungsversuch mit sexuellem Hintergrund verstößt gegen die Pflicht zu achtungs- und vertrauenswürdigem Verhalten. Beamte überschreiten jedoch die Grenze des juristisch Tolerierbaren, wenn sie gegenüber männlichen oder weiblichen Bediensteten (und umgekehrt) trotz ablehnender Haltung aus sexuellen Gründen zudringlich werden.[187] Ein Anspruch auf Schutz vor sexueller Belästigung besteht ebenfalls aufgrund des Beschäftigungsschutzgesetzes.[188] Sexuelle Belästigung ist danach jedes vorsätzliche, sexuell bestimmte Verhalten, das die Würde von Beschäftigten am Arbeitsplatz verletzt; hierzu gehören auch Bemerkungen sexuellen Inhalts, die von den Betroffenen erkennbar abgelehnt werden (§ 2 II). Sexuelle Belästigung am Arbeitsplatz ist ein Dienstvergehen (§ 2 III). Der Betroffene hat dabei das Beschwerderecht an die zuständigen Stellen der Dienststelle (§ 3 I S. 1). Der Dienstvorgesetzte muß die Beschwerde prüfen und geeignete Maßnahmen treffen, um die Fortsetzung einer festgestellten Belästigung zu unterbinden (§ 3 II). Man darf sogar seine Tätigkeit am betreffenden Arbeitsplatz ohne Verlust der Bezüge einstellen, wenn der Dienstvorgesetzte keine oder offensichtlich ungeeignete Maßnahmen zur Unterbindung der sexuellen Belästigung ergreift (§ 4 II). Schließlich darf der Dienstvorgesetzte die belästigten Beschäftigten nicht benachteiligen, weil sich diese gegen eine sexuelle Belästigung gewehrt und in zulässiger Weise ihre Rechte ausgeübt haben (§ 4 III).

Das BVerwG[189] nimmt an, daß **sexuelle Beziehungen** eines stv. Behördenleiters zu einer Putzfrau seines Amtes eine schwere Dienstpflichtverletzung darstellten. Diese rechtfertige die Entfernung aus dem Beförderungsamt.[190] Obwohl die Entscheidung nur wenig über 20 Jahre zurückliegt, darf man heute aufgrund gewandelter Moralvorstellungen richtigerweise nicht zwangsläufig davon ausgehen, daß sexuelle Beziehungen von Vorgesetzten und Untergebenen stets ein Dienstvergehen sind. Entscheidend wird es dabei auf das Element der Freiwilligkeit ankommen. Zudem darf kein besonderes Abhängigkeitsverhältnis (z.B. Lehrer/Schüler) bestehen. Stets anders ist es bei Soldaten, weil der Zusammenhalt der Truppe empfindlich gestört werden würde, wenn man (hetero- und homo)sexuelle Beziehungen mit all ihren emotionalen Implikationen duldete.[191] Weiterhin stellt das einmalige außerdienstliche „Busengrapschen" kein disziplinar zu ahndendes außerdienstliches Dienstvergehen dar.[192]

---

187 BVerwGE 113, 151 (154 f.) = ZBR 98, 177 (179) = PersV 99, 134 (135) = NJW 98, 1656 (1657).
188 Gesetz zum Schutz der Beschäftigten vor sexueller Belästigung am Arbeitsplatz v. 24.6.94, BGBl. I, 1406 (1412 f.).
189 NJW 84, 936 (936 f.).
190 BVerwG, NJW 84, 936 (938).
191 BVerwGE 115, 174 (176) = ZBR 03, 170 (171); NJW 02, 3722 = DÖV 02, 868 (869).
192 BVerwG, NVwZ-RR 04, 867 (868) = ZBR 05, 53 (53 f.) = RiA 05, 96 (97); Anm Stehr, RiA 05, 98 (98 f.).

1. Beamtenpflichten

Der Dienstherr kann die Pflicht zu achtungswürdigem Verhalten im Dienst als Rechtsgrundlage für ein **allgemeines Rauchverbot** in öffentlichen Einrichtungen nutzen, um die Gesundheit anderer zu schützen. Zielsetzung könnte ebenfalls sein, die Vorbildfunktion des Beamten zu betonen, damit er beispielsweise Kindern in städtischen Horten kein schlechtes Beispiel für Suchtverhalten gibt. Mittlerweile kann ein Anspruch auf Schutz zudem direkt aus § 5 Arbeitsstättenverordnung hergeleitet werden.

Schließlich verletzt ein Beamter, der Menschen jüdischer Abstammung eine eigene Schuld an dem ihnen im Dritten Reich widerfahrenen Schicksal zuweist, das Gebot zu achtungs- und vertrauenswürdigem Verhalten.[193] Gleiches gilt für einen Polizeibeamten, der in der Freizeit einen Siegelring mit SS-Runen trägt.[194]

Literatur: Hornauer, Nichtraucherschutz/rauchfreie Stadtverwaltung, PersV 05, 171; Honsa/Paasch, Mobbing und sexuelle Belästigung im öffentlichen Dienst, 2004; Mayer, Zur Ansehensschädigung des öffentlichen Dienstes und beamtenrechtlichen Wohlverhaltenspflicht in Disziplinarverfahren, NVwZ 04, 949; Biletzki, Beamtenrechtliche Pflicht zu würdevollem Verhalten?, ZBR 98, 84; Wischnath, Der Raucher muß vor dem Nichtraucher zurückstehen, DÖD 94, 258.

1.2.5 Pflicht, eine bestimmte Dienstkleidung zu tragen

Aus den Normen der §§ 82, 58 S. 2 LBG (§§ 76, 55 S. 2 BBG) werden **drei Kompetenzen** des Dienstherrn hergeleitet.

Er kann zunächst **Regelungen über Dienstkleidung erlassen**. Diese können grundsätzlich auch als Verwaltungsvorschriften ergehen.[195] Im Bundesland Bayern existiert für Polizisten keine dementsprechende Rechtsgrundlage in Form einer Anordnung der obersten Dienstbehörde, des IM.[196] Mit der Dienstkleidung wird der Beamte als Angehöriger einer bestimmten Verwaltung oder als Träger einer gewissen staatlichen Funktion gekennzeichnet.[197] Dabei soll die Person des Beamten hinter die staatliche Funktion zurücktreten.[198]

Des weiteren darf der Dienstherr **das sonstige äußere Erscheinungsbild des Beamten regeln**. Das Recht anzuordnen, daß der Beamte im Dienst Dienstkleidung anzuziehen hat, schließt die Befugnis ein, festzulegen, welche persönlichen Accessoires er dazu wegen der Wahrung der Einheitlichkeit des äußeren Erscheinungsbildes nicht tragen darf.[199] Dabei wäre ein in den Dienstkleidungsvorschriften festgelegtes Verbot für männliche Zollbeamte, zur Dienstkleidung **Ohrschmuck** zu verwenden, zumin-

---

193 BVerwG, NJW 02, 155 (157) = RiA 02, 197 (200) = E 114, 37 (45 f.).
194 BVerwG, IÖD 02, 41 (43 f.) = DÖD 02, 144 (146 f.) = NJW 01, 1410 (1412 f.).
195 BVerwGE 84, 287 (289) = NJW 90, 2266 (2267); 67, 222 (229).
196 BVerwG, PersV 00, 125 (126) = VR 99, 441 (442); anders zu Unrecht VGH München, PersV 99, 123, als Vorinstanz.
197 VGH Kassel, NJW 96, 1164 (1165); Battis, § 76 BBG, Rn 2.
198 OVG Koblenz, RiA 06, 35 (36).
199 BVerwGE 84, 287 (290) = NJW 90, 2266 (2267); OVG Koblenz, NJW 03, 3793 (3794) = DÖD 04, 104 (105).

8. Abschnitt: Rechtsstellung des Beamten

dest nach den Anschauungen des Jahres 1986 rechtmäßig.[200] Die Ermächtigung der §§ 82, 58 S. 2 LBG (§§ 76, 55 S. 2 BBG) ist jedoch im Licht von Art. 2 I GG auszulegen. Ein derartiges Verbot schränkt den Beamten nur geringfügig ein für die Zeit, während der er Dienst verrichtet. Gerade dann unterliegt er aber in seiner allgemeinen Handlungsfreiheit den verfassungsrechtlich zulässigen Einschränkungen, die sich aus seiner Stellung als Beamter ergeben. Dazu gehört auch die Limitierung der Freiheit, seine Kleidung zu wählen, die durch das Verfassungsrang beanspruchende Erfordernis einer sachgerechten Aufgabenerledigung gerechtfertigt ist.[201] Allerdings wird betont, daß der Dienstherr gehalten sei, die Entwicklung der tatsächlichen Verhältnisse im Auge zu behalten und jeweils zu prüfen, ob die Voraussetzungen noch existierten.[202] Der Verfasser kann zwar eine gewandelte Anschauung in der Bevölkerung empirisch nicht nachweisen. Dennoch ist nach hier einfließender Lebenserfahrung Anfang des 21. Jahrhunderts eine größere Toleranz gerade auch angesichts modischer Weiterentwicklungen (**Piercing, Tattooes**[203]) festzustellen. Diese läßt den – wenn überhaupt noch getragenen, dann doch inzwischen klassischen – Ohrschmuck nicht mehr mit einer Dienstkleidung unvereinbar erscheinen.[204] Dienstliche Gründe, etwa um die Funktion der Dienstkleidung zu sichern, und nicht bloß rein ästhetische liegen ausschließlich in ganz speziellen Fällen vor.[205] Sie können gegeben sein, wenn angeordnet wird, daß die **Haare eine bestimmte Länge nicht überschreiten** dürfen. Bei Soldaten oder Feuerwehrbeamten wäre dies beispielsweise rechtlich nicht zu beanstanden, wenn dadurch die Funktionsfähigkeit der Ausrüstung (z.B. ABC-Schutzmasken, Atemschutzgeräte) gewährleistet wird. Hier dürfen jedoch weibliche und männliche Beamte im Licht von Art. 3 I GG nicht anders behandelt werden, da sich der dienstliche Belang einer funktionierenden Ausrüstung geschlechtsunspezifisch bei Männern und Frauen gleichermaßen stellt.[206]

---

200 BVerwGE 84, 287 (291) = NJW 90, 2266 (2267); bestätigt durch BVerfG, NJW 91, 1477 (1477 f.).
201 BVerwGE 84, 287 (291) = NJW 90, 2266 (2267).
202 BVerfG, NJW 91, 1477 (1478).
203 OVG Koblenz, RiA 06, 35 (36 f.), zur Pflicht eines Justizvollzugsbeamten, nach Art und Größe auffällige Tätowierungen beim Tragen der Dienstkleidung zu verbergen.
204 So auch OVG Münster, RiA 90, 96 (97), hinsichtlich eines Bediensteten des Justizvollzugsdiensts.
205 A.A. OVG Koblenz, NJW 03, 3793 (3794) = DÖD 04, 104 (105 f.); VG Neustadt/Weinstraße, VR 04, 215 (215 f.); zust. Anm Heinke, VR 04, 216. Danach sei der dienstliche Grund nicht auf die Sicherstellung der Einsatzfähigkeit beschränkt. Vielmehr reiche aus, die Akzeptanz einer behördlichen Maßnahme durch den Bürger mittels Dienstkleidung, zu der auch die Haartracht gehöre, zu gewährleisten („Repräsentationsfunktion"). Jüngst richtigerweise anders BVerwG, IÖD 06, 158 (161 f.) = DÖV 06, 694 (694 ff.), wonach eine Regelung der obersten Dienstbehörde, die uniformierten Polizisten vorschreibt, die Haare in Hemdkragenlänge zu tragen, gegen Art. 2 I GG verstößt.
206 Zu Unrecht a.A. BVerwG, NJW 94, 2632 (2632 f.); abl. Dürr/Dürr, 41. Im Ergebnis dem BVerwG zust. OVG Koblenz, NJW 03, 3793 (3795) = DÖD 04, 104 (106), das die Ungleichbehandlung von Polizisten und Polizistinnen allein mit der unterschiedlichen Akzeptanz in der Bevölkerung rechtfertigt, je nachdem ob längere Haare von Frauen oder Männern getragen werden.

1. Beamtenpflichten

Schließlich hat der Dienstherr die **Kompetenz**, grundsätzlich selbst ohne Bezugnahme auf eine bestimmte Dienstkleidung, **das Tragen bestimmter Bekleidungs- oder Schmuckstücke zu untersagen**. Dabei ist jedoch immer abzuwägen zwischen den Grundrechten des Beamten (z.B. Art. 4 I, 5 I S. 1, 2 I GG) und den aus Sicht des Dienstherrn schützenswerten Rechtsgütern. Breiten Raum nahmen zunächst das sichtbare Tragen einer Halskette mit dem Bild des Bhagwan durch einen Lehrer[207] oder das Tragen bhagwan-typischer (orangeroter) Kleidung im Schulgebäude[208] ein. Die Gerichte gewichteten die dienstlichen Belange, Spannungen zwischen Lehrern, Schülern und Eltern zu vermeiden, die den Unterrichtserfolg beeinträchtigen, höher als beispielsweise die Ausübung der Bekenntnisfreiheit des Lehrers. Dieser müsse im Unterricht auf seine bhagwantypische Kleidung verzichten, damit der Unterrichtsauftrag seiner Schule (Art. 7 I GG) nicht durch Ablehnung seitens der Schüler oder Eltern gefährdet werde.[209]

Neuerdings spielt sich die Problematik dank einer multikulturellen Gesellschaft bei der Frage ab, ob eine Muslima ihren Dienst als Beamtin verschleiert oder mit Kopftuch ausüben darf.[210] Fraglich ist deshalb, ob das, was dem Bhagwan-Jünger recht ist, der Muslima billig sein muß.

Fall[211]: Die deutsche Bewerberin um ein Lehramt an Grund- und Hauptschulen, die im islamischen Glauben erzogene Fereshta Ludin (L), will an einer Gemeinschaftsgrundschule Lehrerin im B.a.P. werden. Die zuständige Schulbehörde verweigert die Einstellung unter Hinweis darauf, daß L verbindlich erklärt habe, im Unterricht ständig ein religiös motiviertes Kopftuch („islamisches Kopftuch") zu tragen. Prüfen Sie materiell-rechtlich, ob L zu Recht abgelehnt wurde.

---

207 OVG Hamburg, ZBR 85, 92 (93 f.) = NVwZ 86, 406 (407 f.) = DVBl 85, 456 (456 ff.); VG München, ZBR 85, 82.
208 BVerwG, ZBR 88, 218 (218 f.) = NVwZ 88, 937 (938); VGH München, ZBR 86, 82 (82 f.) = NVwZ 86, 405 (405 f.).
209 BVerwG, ZBR 88, 218 (219) = NVwZ 88, 937 (938).
210 Bejahend VG Lüneburg, NJW 01, 767 (770 f.) = ZBR 01, 183 (184 f.); Alan/Steuten, ZRP 99, 209 (212 f.); Böckenförde, NJW 01, 723; verneinend BVerwGE 116, 359 (359 ff.) = NJW 02, 3344 (3344 ff.) = DVBl 02, 1645 (1645 ff.) = PersV 03, 312 (312 ff.) = DÖD 03, 19 (19 ff.) = BayVBl 03, 376 (376 f.) = ZBR 03, 37 (38 f.) = JZ 03, 254 (254 ff.) = IÖD 02, 266 (266 ff.); Anm Michael, JZ 03, 256 (256 ff.); Anm Wiese, ZBR 03, 39 (39 ff.); VGH Mannheim, NJW 01, 2899 (2899 ff.) = ZBR 01, 374 (374 ff.) = VBlBW 01, 441 (441 ff.); VG Stuttgart, NVwZ 00, 959 (960) = DÖV 00, 560 (561) = ZBR 01, 66 (66 ff.), als Vorinstanzen; OVG Lüneburg, VR 03, 246 (246 ff.) = DÖD 03, 58 (58 ff.) = NordÖR 02, 259 (259 ff.) = NdsVBl 02, 212 (212 ff.) = NVwZ-RR 02, 658 (658 ff.); EGMR, NJW 01, 2871 (2871 ff.) = VBlBW 01, 439 (440 f.); VG Köln, Beschl. v. 25.6.98, 19 L 1992/98, hinsichtlich des Kopftuchtragens beim staatsanwaltschaftlichen Sitzungsdienst einer Referendarin; differenzierend BVerfG, NJW 03, 3111 (3115) = DVBl 03, 1526 (1531) = BayVBl 04, 107 (109) = DÖV 04, 30 (32) = ZBR 04, 137 (141) = E 108, 282 (309) = JZ 03, 1164 (1168), ob der Landesgesetzgeber ein entsprechendes gesetzliches Verbot erlassen hat.
211 Nach BVerwGE 116, 359 (359 ff.) = NJW 02, 3344 (3344 ff.) = DVBl 02, 1645 (1645 ff.) = PersV 03, 312 (312 ff.) = DÖD 03, 19 (19 ff.) = BayVBl 03, 376 (376 f.) = ZBR 03, 37 (38 f.) = JZ 03, 254 (254 ff.) = IÖD 02, 266 (266 ff.); Anm Michael, JZ 03, 256 (256 ff.); Anm Wiese, ZBR 03, 39 (39 ff.); VGH Mannheim, NJW 01, 2899 (2899 ff.) = ZBR 01, 374 (374 ff.) = VBlBW 01, 441 (441 ff.); VG Stuttgart, NVwZ 00, 959 (959 ff.) = DÖV 00, 560 (560 ff.) = ZBR 01, 66 (66 ff.), als Vorinstanzen.

8. Abschnitt: Rechtsstellung des Beamten

Jeder Bewerber um ein Amt im öffentlichen Dienst muß fachlich und persönlich geeignet sein (Art. 33 II GG, § 7 I LBG). Aus dem Sachverhalt lassen sich keine Zweifel an der fachlichen Geeignetheit von L entnehmen. Fraglich ist deshalb, ob Bedenken gegen ihre persönliche Eignung ausschließlich aus dem Tragen eines islamischen Kopftuchs während des Unterrichts hergeleitet werden können.

Zur Eignung gehört auch die Erwartung des Dienstherrn, der Bewerber werde seine Pflichten als Beamter erfüllen.[212] Zu untersuchen ist, ob L durch ihr geplantes Verhalten gegen das Gebot des Grundgesetzes zur neutralen Amtsführung und ihre beamtenrechtlichen Pflichten zur Neutralität und Mäßigung aus den §§ 55, 56 LBG verstößt. Jeweils einzelfallbezogen auf das konkret angestrebte Amt muß der spezifische Inhalt und Umfang der Pflichten ermittelt und eine Prognose abgegeben werden, ob der Beamte die Gewähr dafür bietet, die Pflichten zu befolgen.

Der Staat hat die Pflicht zur religiös neutralen Amtswahrung (Art. 33 V GG). Lehrer sind als Beamte Teil des Staates und müssen den staatlichen Erziehungs- und Bildungsauftrag im Licht dieser grundlegenden Wertentscheidung zur weltanschaulich-religiös neutralen Amtswahrung verwirklichen.[213] Ihre konkreten Handlungen und Verhaltensweisen im Dienst werden dem Staat zugerechnet. Neutralität kann hier allein distanzierend-negativ verstanden werden und fordert, daß der Staat religiöse Inhalte grundsätzlich aus allen ihm zurechenbaren Bekundungen fernhalten muß.[214] Nur mit diesem Verständnis von Neutralität läßt sich die Schule als staatliche Zwangsinstitution (Art. 7 I GG) rechtfertigen. Lehrer haben somit alles zu unterlassen, was als Beeinflussung von Schülern im Sinn bestimmter Glaubensüberzeugungen verstanden werden könnte. Das islamische Kopftuch ist ein deutlich sichtbares religiöses Symbol, das auf Schüler wirkt und dem sie sich nicht entziehen können. Grundschüler dürfen dem Unterricht nicht fernbleiben, sie können sich ihre Lehrer nicht aussuchen und müssen diese zudem ständig im Blick haben. Auch könnte das Kopftuchtragen wegen der Vorbildfunktion von Lehrern gerade bei jüngeren Kindern in der Grundschule zur Folge haben, daß sie die mit dem Kopftuch verbundenen religiösen Vorstellungen nachahmen sowie alters- und entwicklungsbedingt unüberlegt zu eigen machen.[215] Durch ihre Verhaltensweise verstieße L als Beamtin und damit Repräsentantin des Staates gegen die staatliche Neutralitätspflicht in religiösen Angelegenheiten. Zudem beeinträchtigte sie die negative Religionsfreiheit der Schüler oder ihrer Eltern aus Art. 4 I GG, deren Recht nicht staatlicherseits ohne Ausweichmöglichkeit Glaubensbekundungen, kultischen Handlungen oder religiösen Symbolen ausgesetzt zu sein. Damit verletzte L ebenfalls die von ihr geforderten beamtenrechtlichen Dienstpflichten, insbesondere die Pflichten zur Mäßigung und Neutralität.[216] L bietet prognostisch somit keine Gewähr, die ihr als Beamtin obliegenden Pflichten zu befolgen. Die Schulbehörde hat zu Recht Zweifel an der persönlichen Geeignetheit von L.

---

212 BVerwGE 116, 359 = NJW 02, 3344 = DVBl 02, 1645 = PersV 03, 312 = DÖD 03, 19 = BayVBl 03, 376 = ZBR 03, 37 (38) = JZ 03, 254 = IÖD 02, 266 (268); Anm Michael, JZ 03, 256 (256 ff.); Anm Wiese, ZBR 03, 39 (39 ff.); VGH Mannheim, NJW 01, 2899 (2900) = ZBR 01, 374 = VBlBW 01, 441 (442).
213 VGH Mannheim, NJW 01, 2899 (2900) = ZBR 01, 374 (374 f.) = VBlBW 01, 441 (442).
214 BVerfGE 93, 1 (16, 22) = NJW 95, 2477 (2478 f.); a.A. OVG Lüneburg, VR 03, 246 (247) = DÖD 03, 58 (59 f.) = NordÖR 02, 259 (260 f.) = NdsVBl 02, 212 (213) = NVwZ-RR 02, 658 (659); zu den Begriffspaaren „respektierend-übergreifend" versus „distanzierend-negativ" näher Rennert, DVBl 01, 504 (511 f.).
215 „Signalwirkung"; VGH Mannheim, NJW 01, 2899 (2903 f.) = ZBR 01, 374 (375) = VBlBW 01, 441 (445); EGMR, NJW 01, 2871 (2873) = VBlBW 01, 439 (440 f.); BVerwGE 116, 359 (362 f.) = NJW 02, 3344 (3345) = DVBl 02, 1645 (1646) = PersV 03, 312 (313) = DÖD 03, 19 (20 f.) = BayVBl 03, 376 (377) = ZBR 03, 37 (39) = JZ 03, 254 (255) = IÖD 02, 266 (267); Anm Michael, JZ 03, 256 (256 ff.); Anm Wiese, ZBR 03, 39 (39 ff.).
216 VGH Mannheim, NJW 01, 2899 (2901 f.) = ZBR 01, 374 (374 f.) = VBlBW 01, 441 (444 f.); OVG Lüneburg, VR 03, 246 (247) = DÖD 03, 58 (59) = NordÖR 02, 259 (260) = NdsVBl 02, 212 (212 f.) = NVwZ-RR 02, 658 (659); VG Stuttgart, NVwZ 00, 959 (960) = DÖV 00, 560 (561) = ZBR 01, 66 (66 f.); a.A. VG Lüneburg, NJW 01, 767 (770) = ZBR 01, 183 (185): erst wenn jede Toleranzgrenze ganz eindeutig überschritten und dadurch der Schulfriede nachhaltig gestört werde.

1. Beamtenpflichten

Es reicht jedoch nicht aus, einen Pflichtenverstoß zu bejahen. Möglicherweise hat L eigene Grundrechte, die das Tragen eines islamischen Kopftuchs im Unterricht rechtfertigen und damit Zweifel an ihrer Geeignetheit ausräumen. Die positive Glaubens- und Bekenntnisfreiheit aus Art. 4 I GG steht unabhängig vom jeweiligen Bekenntnis ebenfalls Beamten und deshalb L, die B.a.P. werden will, zu.[217] Der Schutzbereich des Grundrechts ist berührt, so daß mittels einer Abwägung nach dem Grundsatz praktischer Konkordanz[218] festzustellen ist, ob Art. 4 I GG oder die Neutralitätspflicht Vorrang hat. Zunächst ist zu konstatieren, daß Grundrechtsbeschränkungen, die durch Sinn und Zweck des konkreten Dienst- und Treueverhältnisses gefordert werden, aufgrund von Art. 33 V GG zulässig sind.[219] Zudem verlangt Art. 4 I GG nicht vom Staat, daß er die religiöse Betätigung gerade als Lehrer im Schuldienst ermöglichen muß.[220] Selbst ohne Ernennung zur Beamtin kann L ihren Glauben bekennen. Aus Art. 4 I GG kann zudem kein vorrangiges Recht abgeleitet werden, sich im Dienst, also während des Unterrichts, zum Glauben zu bekennen. Im öffentlich-rechtlichen Dienst- und Treueverhältnis hat der staatliche und beamtenrechtliche Pflichtenkanon Vorrang vor der Ausübung von Grundrechten, wenn es – wie oben dargelegt – um die Gewährleistung zentraler staatlicher Prinzipien wie das der staatlichen Neutralitätspflicht geht. Eigene Grundrechte der L stehen demnach zurück.[221] Das Verbot, Kleidungsstücke religiösen Charakters im Staatsdienst zu tragen, verstößt im übrigen nicht gegen Art. 9 EMRK (Religionsfreiheit) und ist auch keine von Art. 14 EMRK untersagte Diskriminierung wegen des Geschlechts, da es Männer in gleicher Weise treffen kann.[222] Der Staat habe hier eine weite Regelungsfreiheit entsprechend seinem konkreten innerstaatlichen Verhältnis und Verständnis von Religion und Staat.[223]

Schließlich ist zu untersuchen, ob der Grundsatz der Verhältnismäßigkeit berührt ist. Dabei ist fraglich, ob es ein milderes Mittel als die Nichteinstellung gibt. L hat verbindlich erklärt, im Unterricht ständig ein islamisches Kopftuch tragen zu wollen. Somit liegen genügend konkrete Anhaltspunkte für die Prognose vor, daß L durch ihr Verhalten keine Gewähr dafür bietet, für die Berufung in das Beamtenverhältnis geeignet zu sein. Insbesondere ist die Schulbehörde weder zu umfangreichen organisatorischen Maßnahmen verpflichtet noch muß sie die L als B.a.P. ernennen, um zu testen, wie ihre religiösen Bekundungen auf die dem Staat zur Erzie-

---

[217] BVerwGE 116, 359 (360) = NJW 02, 3344 (3344 f.) = DVBl 02, 1645 (1645 f.) = PersV 03, 312 = DÖD 03, 19 = BayVBl 03, 376 = ZBR 03, 37 (38) = JZ 03, 254 (255) = IÖD 02, 266 (267); Anm Michael, JZ 03, 256 (256 ff.); Anm Wiese, ZBR 03, 39 (39 ff.); VGH Mannheim, NJW 01, 2899 (2901) = ZBR 01, 374 = VBlBW 01, 441 (443); OVG Lüneburg, VR 03, 246 = DÖD 03, 58 (59) = NordÖR 02, 259 (260) = NdsVBl 02, 212 = NVwZ-RR 02, 658; VG Stuttgart, NVwZ 00, 959 = DÖV 00, 560 (561) = ZBR 01, 66 (67); VG Lüneburg, NJW 01, 767 (769) = ZBR 01, 183 (184).

[218] BVerwGE 116, 359 (363) = NJW 02, 3344 (3345) = DVBl 02, 1645 (1647) = PersV 03, 312 (313 f.) = DÖD 03, 19 (21) = BayVBl 03, 376 (377) = ZBR 03, 37 (39) = JZ 03, 254 (255) = IÖD 02, 266 (268); Anm Michael, JZ 03, 256 (256 ff.); Anm Wiese, ZBR 03, 39 (39 ff.); OVG Lüneburg, VR 03, 246 = DÖD 03, 58 (59) = NordÖR 02, 259 (260) = NdsVBl 02, 212 (213) = NVwZ-RR 02, 658 (659); hierzu auch Heintzen, DVBl 04, 721 (726).

[219] BVerwGE 116, 359 (364) = NJW 02, 3344 (3346) = DVBl 02, 1645 (1647) = PersV 03, 312 (314) = DÖD 03, 19 (21) = BayVBl 03, 376 (377) = ZBR 03, 37 (39) = JZ 03, 254 (255) = IÖD 02, 266 (268); Anm Michael, JZ 03, 256 (256 ff.); Anm Wiese, ZBR 03, 39 (39 ff.).

[220] VG Stuttgart, NVwZ 00, 959 (960) = DÖV 00, 560 (562) = ZBR 01, 66 (67).

[221] BVerwGE 116, 359 (363 f.) = NJW 02, 3344 (3345 f.) = DVBl 02, 1645 (1646 f.) = PersV 03, 312 (313) = DÖD 03, 19 (21) = BayVBl 03, 376 (377) = ZBR 03, 37 (39) = JZ 03, 254 (255) = IÖD 02, 266 (268); Anm Michael, JZ 03, 256 (256 ff.); Anm Wiese, ZBR 03, 39 (39 ff.); VGH Mannheim, NJW 01, 2899 (2902 f.) = ZBR 01, 374 (375 ff.) = VBlBW 01, 441 (443 ff.).

[222] EGMR, NJW 01, 2871 (2873) = VBlBW 01, 439 (440 f.); DVBl 06, 167 (168 ff.), entsprechend für ein Kopftuchverbot an einer türkischen Universität; Anm Weber, DVBl 06, 173 (173 f.).

[223] EGMR, DVBl 06, 167 (169); Anm Weber, DVBl 06, 173 (173 f.).

8. Abschnitt: Rechtsstellung des Beamten

hung anvertrauten Schüler wirken.[224] Die Gesetz und Recht unterworfene Schulverwaltung (Art. 20 III GG) darf nicht den zwangsläufig drohenden Verstoß gegen die staatlichen und beamtenrechtlichen Neutralitätspflichten ausblenden. Die Dienstpflichtverletzung und die darin liegende mangelnde Eignung der L ist bereits durch das Tragen eines religiös motivierten Kopftuchs im Unterricht erfüllt, ohne daß es auf etwaige Reaktionen der Schüler oder Eltern ankäme.[225] Einen Pflichtenverstoß muß man ausschließlich objektiv und gerade nicht subjektiv aus Sicht des insbesondere im Schulbetrieb häufig wechselnden Adressatenkreises beurteilen.

Allein wegen des geplanten Tragens eines islamischen Kopftuchs während des Unterrichts bestehen nicht ausräumbare Bedenken gegen die persönliche Eignung von L. Ihre Einstellung wurde zu Recht abgelehnt.

Mit diesem Ergebnis hätte es – juristisch korrekt – sein Bewenden haben können, wäre nicht noch eine Entscheidung des BVerfG[226] ergangen. In ihrem Spruch stellt zumindest die Senatsmehrheit die mit der Wesentlichkeitstheorie begründete These auf, es mangele im konkreten Fall an einer hinreichend bestimmten gesetzlichen Grundlage für Grundrechtseinschränkungen.[227] Diese Position ist im Einklang mit der Senatsminderheit[228] zu kritisieren und abzulehnen.[229] Ohne überzeugende Begründung[230] fordert das BVerfG in Abkehr seiner bisherigen Rechtsprechung

---

224   BVerwGE 116, 359 (364) = NJW 02, 3344 (3346) = DVBl 02, 1645 (1647) = PersV 03, 312 (314) = DÖD 03, 19 (21) = BayVBl 03, 376 (377) = ZBR 03, 37 (39) = JZ 03, 254 (255 f.); Anm Michael, JZ 03, 256 (256 ff.); Anm Wiese, ZBR 03, 39 (39 ff.): kein schonenderer Ausgleich möglich; VGH Mannheim, NJW 01, 2899 (2904 f.) = ZBR 01, 374 (376) = VBlBW 01, 441 (446); OVG Lüneburg, VR 03, 246 (248 f.) = DÖD 03, 58 (60) = NordÖR 02, 259 (263) = NdsVBl 02, 212 (216) = NVwZ-RR 02, 658 (661); so aber VG Lüneburg, NJW 01, 767 (771) = ZBR 01, 183 (185). Böckenförde, NJW 01, 723 (728), nennt diesen Gedankengang des VG Lüneburg zu Recht „Pferdefuß des Urteils und eine praxisferne Selbstberuhigung des Gerichts", um ihm im Ergebnis dann doch zuzustimmen.
225   VG Stuttgart, NVwZ 00, 959 (961) = DÖV 00, 560 (562) = ZBR 01, 66 (67).
226   NJW 03, 3111 (3111 ff.) = DVBl 03, 1526 (1526 ff.) = BayVBl 04, 107 (107 ff.) = DÖV 04, 30 (30 ff.) = ZBR 04, 137 (137 ff.) = E 108, 282 (294 ff.) = JZ 03, 1164 (1164 ff.); Anm Engelken, DVBl 03, 1539 (1539 ff.).
227   BVerfG, NJW 03, 3111 (3115 f.) = DVBl 03, 1526 (1531 ff.) = BayVBl 04, 107 (109 f.) = DÖV 04, 30 (33) = ZBR 04, 137 (141 f.) = E 108, 282 (306 ff.) = JZ 03, 1164 (1169). Dem BVerfG folgend OVG Bremen, NordÖR 05, 485 (487).
228   Abweichende Meinung der Richter Jentsch, Di Fabio und Mellinghoff; NJW 03, 3117 (3117 ff.) = DVBl 03, 1533 (1533 ff.) = DÖV 04, 34 (34 ff.) = E 108, 314 (314 ff.) = JZ 03, 1170 (1170 ff.).
229   So auch Battis, § 2 BBG, Rn 17; § 8 BBG, Rn 29 m.w.N.; krit. im übrigen aus den verschiedensten Gründen Engelken, DVBl 03, 1539 (1541); Baer/Wrase, Jus 03, 1162 (1163 ff.); Winkler, JA 04, 358 (358 ff.); Schwerdtner, VBlBW 04, 137 (138 f.); Bader, NJW 04, 3092 (3092 ff.); Ipsen, NVwZ 04, 1210 (1211 f.); Kästner, JZ 03, 1178 (1178 ff.); Pfeiffer, VR 04, 415 (418); Schwabe, DVBl 04, 616 (616 f.). Hingegen der Senatsmehrheit zustimmend Adenau, NWVBl 04, 289 (289 ff.); Zuck, ZRP 03, 420 (421); Sachs, NWVBl 04, 209 (210 ff.); Kunig, in Schmidt-Aßmann, Rn 46 (Fn 119); Czermak, NVwZ 04, 943 (943 ff.). Die Entscheidung ohne eigene Meinung lediglich referierend Schnellenbach, Rn 225; Dürr/Dürr, 18. Zwiespältig Sacksofsky, NJW 03, 3297 (3301); Neureither, ZRP 03, 465 (465 f.).
230   Entscheidendes Argument ist, daß das „unvermeidliche Spannungsverhältnis ... zu lösen, ... dem demokratischen Landesgesetzgeber (obliegt), der im öffentlichen Willensbildungsprozeß einen für alle zumutbaren Kompromiß zu suchen hat". So BVerfG, NJW 03, 3111 (3113) = DVBl 03, 1526 (1529) = BayVBl 04, 107 (108) = DÖV 04, 30 (31) = ZBR 04, 137 (140) = E 108, 282 (302) = JZ 03, 1164 (1166).

1. Beamtenpflichten

zur Funktion von Art. 33 V GG[231] eine gesetzliche Basis für Grundrechtseinschränkungen. Zunächst „irritiert" der im Zusammenhang mit einem vorbehaltslosen Grundrecht wie Art. 4 GG verlangte Gesetzesvorbehalt.[232] Zudem liefert die Berufung auf den Parlamentsvorbehalt bei Grundrechtslimitierungen gerade im konkreten Fall keine tragfähige Begründung. Inwieweit Grundrechtseinschränkungen auf einem förmlichen Gesetz beruhen müssen (Parlamentsvorbehalt), hängt nach der Wesentlichkeitstheorie von ihrer Grundrechtsrelevanz[233] und der Intensität ab, mit der Grundrechte des Regelungsadressaten betroffen werden[234]. Wendet man diese Prinzipien an, stellt man folgendes fest:

Mit den gesetzlich geregelten Beamtenpflichten zur religiös neutralen Amtsführung (§§ 34 I, II, 35 BeamtStG, 52 I, 53, 54 BBG, 55 I, 56, 57 LBG)[235], zumindest jedoch mit Art. 33 V GG, gibt es eine hinreichend bestimmte, den Anforderungen der Wesentlichkeitstheorie entsprechende Ermächtigung, etwaige Grundrechte von Beamten oder Bewerbern um ein öffentliches Amt einzuschränken. Und überhaupt darf die Grundrechtsausübung des Beamten wegen seines freiwillig eingegangenen Rechts- und Pflichtenverhältnisses beschränkt werden, wenn es Natur und Zweck des Dienstverhältnisses erfordern.[236] Diese Freiwilligkeit gestattet eine stärkere Inpflichtnahme des Beamten seitens des Dienstherrn im Interesse der effektiven Wahrnehmung staatlicher Aufgaben.[237]

Des weiteren sind die von der Wesentlichkeitstheorie verlangten Grundrechtsrelevanz und -intensität zu verneinen. Der Beamte wird durch ein Kopftuchverbot ausschließlich in seiner Funktion als Organwalter betroffen. Er muß gerade in seinem Amt die Grundrechte der Bürger gewährleisten. Dies kann er nur, wenn er sich in einem etwaigen Konflikt als Amtsträger selbst neutral verhält, und nicht durch sein dem Staat zuzurechnendes Auftreten vor der Klasse polarisiert und Grundrechte anderer verletzt. Der Staat hat die Pflicht zur weltanschaulich-religiös neutralen

---

231 Bisher war vom BVerfG anerkannt, daß Art. 33 V GG eine dem Parlamentsvorbehalt entsprechende, hinreichend bestimmte und damit zulässige gesetzliche Grundrechtsschranke ist. Vgl. Rn 16, 39, 60; BVerfGE 9, 268 (286); 19, 303 (322); 39, 334 (366 ff.); 43, 154 (165) = NJW 77, 1189; PersV 02, 473 (474) = DÖD 03, 37 = ZBR 02, 35.
232 Heintzen, DVBl 04, 721 (726, Fn 55).
233 BVerfGE 40, 237 (249).
234 BVerfG, DÖV 82, 239 (241).
235 Die Rechtsprechung billigt gerade die Verwendung von Generalklauseln, um grundrechtsbegrenzende Beamtenpflichten zu bestimmen, wenn dies durch Sinn und Zweck des konkreten Dienst- und Treueverhältnisses gefordert wird. BVerfGE 19, 303 (322); PersV 02, 473 (474) = DÖD 03, 37 = ZBR 02, 353; BVerwGE 42, 79 (82); Rn 199.
236 BayVerfGH, ZBR 91, 113 (117) = NJW 92, 226 (228).
237 OVG Koblenz, NJW 03, 3793 (3795).

8. Abschnitt: Rechtsstellung des Beamten

Amtswahrung (Art. 7 I GG).[238] Dies sollte auch in der Kleidung der Lehrer, die den Staat repräsentieren, zum Ausdruck kommen.[239] Lehrer sind als Beamte Teil des Staates und müssen den staatlichen Erziehungs- und Bildungsauftrag im Licht dieser grundlegenden Wertentscheidung verwirklichen.[240] Ihr Rechtsstatus darf hier nicht von ihren subjektiven Grundrechten her gedeutet werden, sondern vom anvertrauten öffentlichen Amt, dessen Inhalt und Zweck der schützenswerte Unterrichts- und Erziehungsauftrag, keinesfalls jedoch die religiöse Selbstverwirklichung des Lehrers sind.[241]

Ob ein Beamtenbewerber bzw. Beamte überhaupt in der Lage sind, diese staatliche Neutralität und damit auch die negative Glaubensfreiheit der Schüler (Art. 4 I GG) sowie das elterliche Erziehungsrecht (Art. 6 II GG) durch strikte eigene religiöse und weltanschauliche Neutralität zu gewährleisten, darf der Staat prognostisch untersuchen. Hierfür wird ebenfalls keine explizite gesetzliche Grundlage benötigt. Dies ist vielmehr Ausfluß der aus dem Leistungsprinzip (Art. 33 II GG) folgenden Dienstherrenbefugnisse, ausschließlich solchen Bewerbern ein öffentliches Amt übertragen zu dürfen, die dafür geeignet, befähigt und aufgrund fachlicher Leistungen in der Lage sind. Zudem wird vom Dienstherrn verlangt, dies in jedem Einzelfall prognostisch zu überprüfen und einzuschätzen, will er nicht gegen die Verfassung (Art. 33 II, 20 III GG) verstoßen.

Ist somit nach meiner Auffassung keine spezielle gesetzliche Ermächtigung für Grundrechtsbeschränkungen erforderlich und deshalb der Position des BVerfG nicht zu folgen, stellt sich dies für die Dienstherren von Bund, Ländern und Gemeinden anders dar. Die tragenden Gründe des BVerfG, wonach ein Verbot für Lehrer, in Schule und Unterricht ein Kopftuch zu tragen, keine hinreichend bestimmte gesetzliche Grundlage habe, sind von diesen zu beachten (§ 31 I BVerfGG). Acht Gesetzgeber haben bereits reagiert. So verabschiedeten die Bundesländer Baden-Württemberg, Bayern, Bremen, Niedersachsen, NRW und Saarland (allein für Schulen) sowie Berlin und Hessen (für den gesamten öffentlichen Dienst) entsprechende Gesetze. In anderen Bundesländern wäre ein Kopftuchverbot im Einzelfall ohne gesetzliche Grundlage rechtswidrig. Dennoch sollten Dienstherren dem BVerfG im Interesse der Weiterentwicklung des

---

238 Und zwar nicht im Sinne einer „offene (n) und übergreifende(n), die Glaubensfreiheit für alle gleichermaßen fördernden Haltung". So aber der Zweite Senat des BVerfG, NJW 03, 3111 (3113) = DVBl 03, 1526 (1528) = BayVBl 04, 107 (108) = DÖV 04, 30 (30) = ZBR 04, 137 (139) = E 108, 282 (300) = JZ 03, 1164 (1166). Dies steht im Gegensatz zur bisherigen, in der „Kopftuch"-Entscheidung überhaupt nicht erwähnten Position des Ersten Senats des BVerfG (E 93, 1 [16, 22] = NJW 95, 2477 [2478 f.]) im Kruzifix-Beschluß, wonach Neutralität hier allein distanzierend-negativ verstanden werden könne und erfordere, daß der Staat religiöse Inhalte grundsätzlich aus allen ihm zurechenbaren Bekundungen fernhalten müsse. Kritisch zu diesen Widersprüchen ebenfalls Pofalla, NJW 04, 1218 (1218 ff.).
239 Maurer, in Eberle/Ibler/Lorenz, Der Wandel des Staates vor den Herausforderungen der Gegenwart, FS für Winfried Brohm, 2002, 455 (469).
240 VGH Mannheim, NJW 01, 2899 (2900) = ZBR 01, 374 (374 f.) = VBlBW 01, 441 (442).
241 Isensee, Grundrechtseifer und Amtsvergessenheit, F.A.Z. v. 8.6.04, 11.

1. Beamtenpflichten

Rechts erneut Gelegenheit zu einer Entscheidung geben. Das „Kopftuch"-Urteil ist mit der knappsten Mehrheit überhaupt ergangen, mittlerweile ist zudem der der Senatsmehrheit angehörende Berichterstatter Sommer aus dem Gericht ausgeschieden, und das Urteil hat eine überwiegend negative Resonanz in der Literatur gefunden.

Das ergänzte Schulgesetz von Baden-Württemberg stand schon auf dem Prüfstand des BVerwG und wurde von diesem als verfassungsrechtlich korrekt bewertet[242]; ebenso begegnete § 59b IV, V des novellierten Bremischen Schulgesetzes keinen verfassungsrechtlichen Bedenken seitens des OVG Bremen[243]. Die Frage, ob man in Gesetzen nicht unterschiedslos alle Religionen gleichbehandeln müsse[244], wurde vom BVerwG dahingehend beantwortet, daß das Gesetz keine Bevorzugung christlicher Religionen enthalte.[245] Dies ist für mich unverständlich, grenzt § 38 II S. 3 BW Schulgesetz doch gerade die „Darstellung christlicher und abendländischer Bildungs- und Kulturwerte" von den verbotenen Bekundungen ab und bezeichnet sie als der Wahrnehmung des dem Neutralitätsverbot verpflichteten Erziehungsauftrags nicht widersprechend. In derartigen Begünstigungsklauseln für das Christentum liegt erheblicher verfassungsrechtlicher Sprengstoff.[246] Der Problematik wird man in einem weltanschaulich und religiös neutralen Staat nur korrekt begegnen, wenn sämtliche Formen des Tragens religiös motivierter Symbole (die Kopfbedeckung der Juden [Kippa], das Kreuz an der Halskette der Christin oder die Ordensschwester im Habit) in die rechtliche Regelung einbezogen

---

242 BVerwG, DVBl 04, 1424 (1426 ff.) = NJW 04, 3581 (3583 f.) = VBlBW 04, 476 (477 ff.) = DÖV 04, 1039 (1041 ff.) = ZBR 04, 428 (430 f.) = JZ 04, 1178 (1179 ff.) = DÖD 05, 158 (161 f.); Anm Böckenförde, JZ 04, 1181 (1181 ff.).
243 NordÖR 05, 485 (487 ff.).
244 So das BVerfG, NJW 03, 3111 (3116) = DVBl 03, 1526 (1533) = BayVBl 04, 107 (110) = DÖV 04, 30 (33) = ZBR 04, 137 (142) = E 108, 282 (313) = JZ 03, 1164 (1169): Eine Dienstpflicht, die es Lehrern verbietet, in ihrem äußeren Erscheinungsbild ihre Religionszugehörigkeit erkennbar zu machen kann „in verfassungsmäßiger – unter anderem mit Art. 33 III GG vereinbarer – Weise nur begründet und durchgesetzt werden ..., wenn Angehörige unterschiedlicher Religionsgemeinschaften dabei gleichbehandelt werden".
245 BVerwG, DVBl 04, 1424 (1427 f.) = NJW 04, 3581 (3584) = VBlBW 04, 476 (479) = DÖV 04, 1039 (1042 f.) = ZBR 04, 428 (431) = JZ 04, 1178 (1181) = DÖD 05, 158 (162) = E 121, 140 (151).
246 Böckenförde, JZ 04, 1181 (1181 f.), und Battis/Bultmann, JZ 04, 581 (587), halten den von Baden-Württemberg eingeschlagenen Weg einer Ausnahme für christliche Religionen für zu Recht verfassungsrechtlich bedenklich. § 59b IV, V des Bremischen Schulgesetzes enthält keine derartige Klausel. VG Stuttgart, Urt. v. 7.7.06, 18 K 3562/05, wonach eine Lehrerin mit Kopftuch durch die Praxis der Rechtsanwendung zu § 38 II BW Schulgesetz deshalb gleichheitswidrig verletzt werde, weil man gegen den Unterricht einer Nonne in Ordenstracht nicht vorgegangen sei. Das Urteil überzeugt weder im Ergebnis noch in der Begründung. Statt § 38 II BW Schulgesetz verfassungsrechtlich zu problematisieren, hält das VG Stuttgart die Norm für verfassungsgemäß. Mit dem Argument eines Verstoßes gegen das Gleichheitsrecht verkennt das Gericht, daß es keine Gleichheit im Unrecht gibt. Selbst wenn an einer anderen Schule (zu Unrecht) nicht gegen Unterricht einer Nonne in Ordenstracht vorgegangen wurde, erwirbt die Klägerin daraus kein subjektiv-öffentliches Recht, daß man gegen sie ebenfalls nicht vorgehen und ihr nicht das Tragen der Kopfbedeckung verbieten dürfe.

8. Abschnitt: Rechtsstellung des Beamten

werden.[247] Nach hier vertretener Auffassung ist es bei der gebotenen Gleichbehandlung unter Beachtung der staatlichen Neutralitätspflicht unterschiedslos unzulässig, als Beamter im Dienst religiöse Symbole zu tragen. Interpretationsfähig ist damit bloß, ab wann ein Kettchen mit Kreuz ein religiöses Symbol und bis wann es ein Schmuckstück ist. Dabei ist entscheidend, ob das Tragen sozial üblich ist, so daß es in erster Linie als Schmuck- oder Kleidungsstück ohne wesentlichen religiösen Bezug wahrgenommen wird.[248]

Literatur: Gartner, Der Islam im religionsneutralen Staat, 2006; Kögl, Religionsgeprägte Kleidung des Lehrers – Eine Betrachtung der Neutralitätspflicht des Staates und der Religionsfreiheit im Sonderstatusverhältnis, 2006; Summer, Gedanken zum Gesetzesvorbehalt im Beamtenrecht, DÖV 06, 249 = ZBR 06, 120; Battis, „Das Kreuz mit dem Kopftuch" – eine Zwischenbilanz, in Bräcklein/Meyer/Scherf, Politisches Denken ist, FS für Margot v. Renesse, 2005, 113; Baer/Wrase, Staatliche Neutralität und Toleranz in der „christlich-abendländischen Wertewelt" – Zur aktuellen Entwicklung im Streit um das islamische Kopftuch, DÖV 05, 243; Ekardt, Gerät die Kopftuchdebatte auf Abwege?, ZRP 05, 225; Gasser, Kopftuch und Kruzifix in der Schule – Zwei Seiten einer Medaille?, in Aschke/Hase/Schmidt-De Caluwe, Selbstbestimmung und Gemeinwohl, FS für Friedrich v. Zezschwitz, 2005, 68; Röper, Frau mit Kopftuch ungeeignet als Lehrerin und Beamte, VBlBW 05, 81 ff.; v. Münch, Kleidung und Recht, 2005; Adenau, Die Schule im Spannungsfeld zwischen kulturchristlicher Prägung und staatlicher Neutralität am Beispiel des „Kopftuchstreits", NWVBl 04, 289; Bader, Cuius regio – eius religio – Wessen Land, dessen Religion, NJW 04, 3092; Battis/Bultmann, Was folgt für die Gesetzgeber aus dem Kopftuchurteil des BVerfG?, JZ 04, 581; Czermak, Kopftuch, Neutralität und Ideologie, NVwZ 04, 943; Engelken, Nach dem Kopftuchurteil des Bundesverfassungsgerichts – Bindungswirkung des Urteils und Entscheidungsmöglichkeiten der Länder, BayVBl 04, 97; ders., Schulgesetzregelungen der Länder zum Kopftuch, 2004; Hassemer, Religiöse Toleranz im Rechtsstaat – Das Beispiel Islam, 2004; Hufen, Der Regelungsspielraum des Landesgesetzgebers im „Kopftuchstreit", NVwZ 04, 575; Mahlmann, Dienstrechtliche Konkretisierung staatlicher Neutralität, ZRP 04, 123; Mann, Das Kopftuch der muslimischen Lehramtsanwärterin als Eignungsmangel im Beamtenrecht, 2004; Pfeiffer, Das Kopftuch muß zu Hause bleiben, VR 04, 415; Pofalla, Kopftuch ja – Kruzifix nein?, NJW 04, 1218; Sachs, Wiederbelebung des besonderen Gewaltverhältnisses?, NWVBl 04, 209; Schwabe, Literaturecho, DVBl 04, 616; Schwerdtner, Das Kopftuch ein Beschäftigungshindernis?, VBIBW 04, 137; Sydow, Religiöse Symbole im öffentlichen Dienst – Eine verfassungs- und europarechtliche Kritik gegenwärtiger Restriktionstendenzen, ZfG 04, 313; Baer/Wrase, Staatliche Neutralität und Toleranz: Das Kopftuch-Urteil des BVerfG – BVerfG, NJW 2003, 3111, JuS 03, 1162; Bertrams, Lehrerin mit Kopftuch? – Islamismus und Menschenbild des Grundgesetzes, DVBl 03, 1225; Britz, Das verfassungsrechtliche Dilemma doppelter Fremdheit: Islamische Bekleidungsvorschriften für Frauen und Grundgesetz, KJ 03, 95; Goos, Kruzifix und Kopftuch – Anmerkungen zur Religionsfreiheit von Lehrerinnen und Lehrern, ZBR 03, 221; Heinig/Morlok, Von Schafen und Kopftüchern – Das Grundrecht auf Religionsfreiheit in Deutschland vor den Herausforderungen religiöser Pluralisierung –, JZ 03, 777; Ipsen, Karlsruhe locuta, causa non finita – Das BVerfG im so genannten „Kopftuch-Streit", NVwZ 03, 1210; Lanzerath, Religiöse Kleidung und öffentlicher Dienst – Zur Zulässigkeit dienstrechtlicher Bekleidungsverbote in Schule, Gerichtsbarkeit und Polizei, 2003; Laskowski, Der Streit um das Kopftuch geht weiter – Warum das Diskriminierungsverbot wegen der Religion nach nationalem und europäischem Recht immer bedeutsamer wird, KJ 03, 420; Morlock/Krüper, Auf dem Weg zum „forum neutrum"? – Die „Kopftuch-Entscheidung" des BVerwG, NJW 03, 1020; Neureither, Ein neutrales Gesetz in einem neutralen Staat, ZRP 03, 465; ders., Kopftuch, JuS 03, 541; Quambusch, Kopftuch verboten – Sexappeal erlaubt? – Zum Problem angemessener Kleidung im Dienst, aufgezeigt am Beispiel der Lehrerinnen, VR 03, 224; ders., Erotisierende Kleidung im öffentlichen Dienst – Die Anforderungen des Amtes als Bekleidungsmaßstab –, RiA 03, 1; Sacksofsky, Die Kopftuch-Entscheidung – von der religiösen zur föderalen Vielfalt, NJW 03, 3297; Welti, Der praktische

---

247 Woran Rennert, DVBl 01, 504 (511), richtigerweise erinnert.
248 VGH Mannheim, NJW 01, 2899 (2904) = ZBR 01, 374 (376) = VBlBW 01, 441 (446).

1. Beamtenpflichten

Fall: Kopftuch und Kreuz, VR 03, 20; Zuck, „Das Gericht hat sich nicht gedrückt" – Der Kopftuch-Streit gehört vor die Landesparlamente, ZRP 03, 420; Adam, Religiöse Kleidung im öffentlichen Dienst, RiA 02, 212; Maurer, Religionsfreiheit in der multikulturellen Gesellschaft, in Eberle/Ibler/Lorenz, Der Wandel des Staates vor den Herausforderungen der Gegenwart, FS für Winfried Brohm, 2002, 455; Summer, Die Suren 24 und 33 des Koran und das deutsche Beamtenrecht, in Franke/ders./Weiß, Öffentliches Dienstrecht im Wandel, FS für Walther Fürst, 2002, 327; Triebel, Kopftuch und staatliche Neutralität, BayVBl 02, 624; Böckenförde, „Kopftuchstreit" auf dem richtigen Weg?, NJW 01, 723; Debus, Machen Kleider wirklich Leute? – Warum der „Kopftuch-Streit" so „spannend" ist, NVwZ 01, 1355; Goerlich, Religionspolitische Distanz und kulturelle Vielfalt unter dem Regime des Art. 9 EMRK, NJW 01, 2862; Janz/Rademacher, Das Kopftuch als religiöses Symbol oder profaner Bekleidungsgegenstand?, JuS 01, 440; Mückl, Religionsfreiheit und Sonderstatusverhältnisse – Kopftuchverbot für Lehrerinnen?, Der Staat, 40. Bd. 01, 96; Rennert, Entwicklungen in der Rechtsprechung zum Schulrecht, DVBl 01, 504; Wittinger, „Kopftuchstreit auf europäisch": Aspekte des europäischen Grund- und Menschenrechtsschutzes, VBlBW 01, 425; Günther, Die freie Entfaltung der Persönlichkeit im Dienst – „Piercings", ein (Schein-)Problem des öffentlichen Dienstrechts?, ZBR 00, 401; Halfmann, Der Streit um die „Lehrerin mit Kopftuch", NVwZ 00, 862; Schnupp, Rechtsprechung zum Erscheinungsbild der Beamten im Wandel, PersV 00, 98; Alan/Steuten, Kopf oder Tuch – Überlegungen zur Reichweite politischer und sozialer Akzeptanz, ZRP 99, 209; Hillgruber, Der deutsche Kulturstaat und der muslimische Kulturimport, JZ 99, 538; Janz/Rademacher, Islam und Religionsfreiheit, NVwZ 99, 706; Bader, Darf eine muslimische Lehrerin in der Schule ein Kopftuch tragen?, VBlBW 98, 361; Kunz, Die Kleiderordnung des öffentlichen Dienstes, RiA 93, 21.

1.3 Pflichten ohne Amtsbezug

1.3.1 Pflicht zu achtungswürdigem Verhalten außerhalb des Dienstes

Das außerdienstliche Verhalten des Beamten muß ebenfalls der Achtung und dem Vertrauen gerecht werden, die sein Beruf erfordert (§§ 35 S. 3 BeamtStG, 54 S. 3 BBG, 57 S. 3 LBG). Dieses Gebot zur Mäßigung und Zurückhaltung ist im Licht der Grundrechte einschränkend auszulegen. Deshalb folgt aus der Meinungsäußerungsfreiheit (Art. 5 I S. 1, 1. Alt. GG), der Vereinigungsfreiheit (Art. 9 I GG), der Koalitionsfreiheit (Art. 9 III GG) sowie der allgemeinen Handlungsfreiheit (Art. 2 I GG) das Recht des Beamten, sich außerhalb des Dienstes in Vereinen, Gewerkschaften oder politischen Parteien zu engagieren und dort sogar Funktionen zu übernehmen.[249] Die Glaubens-, Gewissens- und Bekenntnisfreiheit (Art. 4 I GG) berechtigt den Beamten zudem, außerhalb des Dienstes in Zivilkleidung für eine Religionsgemeinschaft öffentlich zu werben.[250] Außerhalb des Dienstes darf sich der Beamte wegen der Meinungsfreiheit kritisch über seinen Dienstherrn äußern. Grenzen werden in diesem Zusammenhang nur überschritten, wenn die Form der Meinungsäußerung in Gehässigkeit, Agitation oder Aufhetzung umschlägt. Sachliche und sogar deutlich pointierte Kritik an Entscheidungen seines Dienstherrn oder seiner Organe sowie bestimmter Personen verletzt keine Pflicht.[251] Aus diesem

208

---

249 BVerwGE 78, 216 (221 f.) = ZBR 88, 128 (129) = NJW 88, 1748 (1749); bestätigt durch BVerfGE, NJW 89, 93 (93 f.); BVerwG, NJW 87, 82 (83).
250 BVerwGE 30, 29 (30 ff.), hinsichtlich der Zeugen Jehovas.
251 BVerwG, NJW 87, 82 (83); NJW 85, 160 (161).

8. Abschnitt: Rechtsstellung des Beamten

Grund durften sich beispielsweise Angehörige des Auswärtigen Dienstes kritisch in der Öffentlichkeit zur vom damaligen Minister Joseph („Joschka") Fischer angeordneten Nachrufpraxis äußern. Selbst nachdrücklicher Protest in Uniform („Wenn Sie wüßten, wie viele Polizeibeamte nachts im Westerwald zur Verfügung stehen, würden Sie nicht mehr ruhig schlafen") ist einem gewerkschaftlich tätigen Polizisten auf einer Kundgebung der Polizeigewerkschaft gestattet.[252] Das Uniformtragen darf jedoch durch entsprechende Anzugs- und Kleiderordnung beschränkt werden.[253] Weder das Recht auf freie Meinungsäußerung noch die Vereinigungs- oder Versammlungsfreiheit erforderten, sie gerade in Uniform auszuüben. Zudem darf kein Beamter seine Amtsstellung (seinen Amtsbonus) ausdrücklich in Anspruch nehmen, um dadurch seiner Privatmeinung größere Bedeutung zu verleihen.[254] Deshalb darf man nicht unter Angabe der Amtsbezeichnung in einer Zeitungsanzeige gegen geplante Entscheidungen der Politik protestieren.[255]

Eine Pflichtverletzung liegt lediglich unter den Voraussetzungen des § 83 I S. 2 LBG (§§ 48 I S. 2 BeamtStG, 77 I S. 2 BBG) vor. Danach muß aus Sicht eines unvoreingenommenen Beobachters das zu prüfende Verhalten des Beamten aufgrund der Umstände des Einzelfalls in besonderem Maß geeignet sein, das Vertrauen in einer für sein Amt bedeutsamen Weise zu beeinträchtigen.[256] Das Amt ist dabei konkret-funktional zu bestimmen.[257] Der **Pflichtenkreis außerhalb des Amtes wird vielfach überdehnt**. Nicht jeder außerdienstliche Verstoß gegen die Rechtsordnung führe notwendigerweise zu einer Ansehens- und Vertrauensschädigung des Beamten in seiner dienstlichen Eigenschaft.[258] Nach heutigem Verständnis werde vom Beamten kein wesentlich anderes Sozialverhalten erwartet als vom Durchschnittsbürger. Jener sei nicht erzieherisches Vorbild für die Gesellschaft.[259] Anders es zunächst, wenn der Beamte außerdienstlich gegen solche Rechtsnormen verstößt, die wichtige Gemeinschaftsinteressen schützen.[260] Weiterhin besteht die Pflicht des Beamten zu einem bestimmten außerdienstlichen Verhalten, wenn ihre Nichterfüllung die sachgerechte Aufgabenerledigung erschwerte oder ver-

---

252 OVG Koblenz, 2 A 11514/98.
253 VG Wiesbaden, ZBR 04, 363 = DÖD 04, 175 (176 f.).
254 BVerwGE 78, 216 (222 f.) = ZBR 88, 128 (129 f.) = NJW 88, 1748 (1749); bestätigt durch BVerfGE, NJW 89, 93 (93 f.).
255 BVerwGE 78, 216 (222 f.) = ZBR 88, 128 (129 f.) = NJW 88, 1748 (1749): Richter; ZBR 88, 128 = NJW 88, 1747: Staatsanwalt; beide bestätigt durch BVerfGE, NJW 89, 93 (93 f.).
256 BVerwGE 112, 19 (26 ff.) = ZBR 01, 39 (41) = IÖD 01, 63 (65 f.) = DÖD 01, 147 (149) = NJW 01, 1080 (1081); IÖD 02, 80 (81) = ZBR 02, 212 (213); zur Normstruktur der §§ 54 S. 3, 77 I S. 2 BBG; OVG Koblenz, DÖD 90, 67 (68); Battis, § 77 BBG, Rn 14.
257 BVerwGE 112, 19 (25 f.) = ZBR 01, 39 (40) = IÖD 01, 63 (65 f.) = DÖD 01, 147 (149) = NJW 01, 1080 (1081); IÖD 02, 80 (81) = ZBR 02, 212 (213).
258 BVerwGE 112, 19 (27) = ZBR 01, 39 (40 f.) = IÖD 01, 63 (65) = DÖD 01, 147 (149) = NJW 01, 1080 (1081 f.); IÖD 02, 80 (81) = ZBR 02, 212 (213).
259 BVerwGE 112, 19 (26) = ZBR 01, 39 (41) = IÖD 01, 63 (66) = DÖD 01, 147 (149) = NJW 01, 1080 (1081).
260 BVerfG, PersV 02, 473 (474) = DÖD 03, 37 = ZBR 02, 353.

1. Beamtenpflichten

hinderte. Es muß also eine **Berufserforderlichkeit** gegeben sein.[261] Diese hängt von der Amtsstellung sowie den räumlichen (örtlichen) und sozialen Beziehungen des Beamten ab.[262] Danach treffen z.B. einen Behördenleiter, der zudem noch am Dienstort wohnt, größere Pflichten als einen Sachbearbeiter des gehobenen Dienstes, der außerhalb des Dienstortes lebt. Im Zweifel ist zugunsten der Handlungsfreiheit des Beamten eine Pflichtverletzung zu verneinen. So wird angesichts heutiger Moralvorstellungen das Nacktfoto einer Polizistin, das eine Boulevardzeitung bei der Aktion „Spindluder des Monats" veröffentlicht, kaum zu einem Vertrauensverlust in die Fähigkeiten der Polizei führen und ihr Ansehen (zumindest bei einem zahlenmäßig großen Teil der männlichen Bevölkerung) eher stärken. Keinesfalls wird durch das Nacktfoto die sachgerechte Erledigung der Polizeiaufgaben in Frage gestellt. Die Berufserforderlichkeit muß man jedoch annehmen, wenn ein Finanzbeamter eigene Wertpapiere auf Konten in Luxemburg transferiert und auf diese Weise Zinsertragsteuer in beträchtlicher Höhe[263] hinterzieht. Ein solches Steuerdelikt eines Finanzbeamten eignet sich für einen unvoreingenommenen Beobachter besonders, Achtung vor der und Vertrauen in die Finanzverwaltung zu zerstören, mündet es doch in die Frage, warum der Bürger steuerehrlicher als ein Finanzbeamter sein soll.

Pflichtverletzungen liegen u.U. vor:

(1) Bei Eigentumsdelikten.[264]

(2) Bei unkontrolliertem Alkoholgenuß.[265]

(3) Wenn der Beamte bei privaten Äußerungen, z.B. als Verbandsfunktionär, diesen den Anschein einer dienstlichen Stellungnahme gibt. Er verletzte seine Pflicht, wenn er das Amt und das mit diesem verbundene Ansehen und Vertrauen ausdrücklich in Anspruch nähme und einsetzte, um seiner Meinung in der politischen Auseinandersetzung eine größere Überzeugungskraft zu verschaffen.

(4) Wenn ein Polizeibeamter, der in einer kleineren überschaubaren örtlichen Gemeinschaft lebt, dort im Fastnachtskostüm („in Nachthemd und Zipfelmütze") am Karnevalsumzug in seiner Heimatkommune teilnimmt, obwohl er seit längerer Zeit dienstunfähig erkrankt ist. Einem unbefangenen Beobachter könnten hierdurch Zweifel an der Integrität des Beamten und der Beamtenschaft insgesamt aufkommen.[266] Dieses Verhalten diskreditiert nicht allein den Beamten, der einerseits zu krank ist, um Dienst leisten zu können, aber nicht krank genug, um in der Öffentlichkeit zu feiern. Vielmehr ist es in besonderer Weise

---

261 Wolff/Bachof/Stober II, § 114, Rn 28.
262 OVG Koblenz, DÖD 90, 67 (68); Battis, § 54 BBG, Rn 8; § 77 BBG, Rn 14.
263 401.312 DM in zehn Jahren, zitiert nach Focus 33/01 v. 13.8.01, 50. Vgl. hierzu auch OVG Koblenz, ZBR 05, 430 (430 f.) = DÖD 06, 89 (89 ff.) = RiA 05, 206 (206 ff.).
264 BVerwG, DÖD 73, 242 (242 f.).
265 BVerwG, ZBR 92, 58 (59); OVG Saarlouis, ZBR 75, 159 (160).
266 OVG Koblenz, DÖD 90, 67 (68).

8. Abschnitt: Rechtsstellung des Beamten

geeignet, das Ansehen des Beamtentums in der öffentlichen Wahrnehmung zu schädigen. Die Öffentlichkeit sieht ihre entsprechenden Vorurteile („faule Beamte") bestätigt.

(5) Bei leichtfertigem Schuldenmachen.[267]

(6) Wenn der Beamte genehmigungspflichtige Nebentätigkeiten ausübt, ohne zuvor eine Genehmigung eingeholt zu haben.[268]

Sie **liegen u.a. nicht vor** bei leichten Verkehrsdelikten. Anders kann es jedoch bei außerdienstlicher Trunkenheit am Steuer sein.[269]

Fall: Polizist P von der Kreispolizeibehörde AC im nw Regierungsbezirk K schreibt in seiner Freizeit und ohne auf seine Amtsstellung hinzuweisen einen Leserbrief, in dem er seinen nächsthöheren Dienstvorgesetzten (§ 5 I Nr. 2 POG), den Regierungspräsidenten Franz-Josef A, der für seine drastische Ausdrucksweise bekannt ist, wie folgt charakterisiert: „Da ist er wieder, der rote Kurfürst, einer der größten Steuerverschwender des Landes ... Statt selbst Steuergelder zu sparen und auf seine erfolglosen Selbstdarstellungs-Autobahnkontrollen zu verzichten, greift der Balkonwinzer aus der Kölner Innenstadt lieber Stammtischparolen auf ..."[270]. Der PP von AC, Dienstvorgesetzter des P, spricht diesem einen Verweis (§ 6 I S. 1 LDG) aus. Liegt eine Pflichtverletzung vor?

Eine Pflichtverletzung des P könnte durch seine zugespitzten Formulierungen im Leserbrief zu sehen sein. Das außerdienstliche Verhalten des Beamten muß der Achtung und dem Vertrauen gerecht werden, die sein Beruf erfordert (§ 57 S. 3 LBG). Die Norm legt dem Beamten ein Mäßigungsgebot auf, das jedoch nicht schrankenlos ist. Als Staatsbürger hat der Beamte in seiner Freizeit dieselben Rechte wie jeder andere Bürger. Außerhalb des Dienstes darf sich der Beamte wegen der Meinungsfreiheit (Art. 5 I S. 1, 1. Alt. GG) kritisch über seinen Dienstherrn äußern. Grenzen werden nur überschritten, wenn die Form der Meinungsäußerung in Gehässigkeit, Agitation oder Aufhetzung umschlägt. Durch sachliche und sogar polemisch pointierte Kritik an Entscheidungen oder Verhaltensweisen bestimmter Personen, selbst wenn es sein Dienstvorgesetzter ist, verletzt ein Beamter keine Pflichten. Mit seinem Leserbrief nutzt P die grundgesetzlich garantierte Meinungsfreiheit. Seine Äußerungen sind zwar deutlich. Wortwahl und Inhalt überschreiten jedoch noch nicht die Grenze zur Gehässigkeit, Agitation oder Aufhetzung. In diesem Zusammenhang muß man nämlich weiterhin berücksichtigen, daß laut des Sachverhalts der Regierungspräsident selbst ein Verfechter deutlicher Worte ist. Im politischen Meinungsstreit darf dann gerade auf einen groben Klotz ein grober Keil gehören. Somit liegt keine Pflichtverletzung des P vor, die einen Verweis gerechtfertigt hätte.[271]

Literatur: v. Rechenberg, Die außerdienstliche Wohlverhaltenspflicht des Soldaten im Spiegel der Rechtsprechung des Bundesverwaltungsgerichts, 2004; Lorse, Die fachliche Meinungs- und Publikationsfreiheit des Beamten – Wieviel Kritik ist erlaubt?, BayVBl 02, 417.

---

267 BVerwGE 103, 343 (345); ZBR 92, 209 (209 f.); ZBR 02, 434.
268 BVerwG, ZBR 92, 375 (376).
269 BVerwG, IÖD 02, 16 (17) = NJW 01, 3565 (3566 ff.) = E 114, 212 (215): Zweittäter ja; E 112, 19 (27) = IÖD 01, 63 (64 ff.) = ZBR 01, 39 (40 ff.) = DÖD 01, 147 (148 ff.) = NJW 01, 1080 (1080 ff.); Anm Weiß, ZBR 01, 42 (42 ff.): Ersttäter nein, unter Aufgabe der bisherigen Rechtsprechung; IÖD 02, 80 (81 ff.) = ZBR 02, 212 (213): Ersttäter selbst dann nicht, wenn die Trunkenheitsfahrt mit dem Führen eines Kraftfahrzeugs ohne Fahrerlaubnis einhergeht, obwohl der Beamte durch ein unerlaubtes Entfernen vom Unfallort vorbelastet war; Rn 406.
270 Zitiert nach Kölner Stadt-Anzeiger v. 11.9.98, 12.
271 A.A. im konkreten Fall IM Dr. Fritz Behrens, der die vom Aachener PP ausgesprochene Mißbilligung für gerechtfertigt hält (zitiert nach Kölner Stadt-Anzeiger v. 11.9.98, 12).

1.3.2 Beschränkte Residenzpflicht

209 Das Beamtenrecht kennt keine allgemeine strenge Residenzpflicht mehr.[272] **Der Beamte** hat seine Wohnung so zu nehmen, daß er in der ordnungsgemäßen Wahrnehmung seiner Dienstgeschäfte nicht beeinträchtigt wird (§§ 74 I BBG, 80 I LBG). Er **muß** somit **nicht am Dienstort wohnen, sondern in angemessener Entfernung** in dessen Einzugsbereich.[273] Dort braucht er lediglich eine Wohnung, nicht aber seinen Wohnsitz (d.h. den Mittelpunkt seiner Lebensverhältnisse) zu haben. Der Dienstherr darf diese Beamtenpflichten hinsichtlich der Wohnungswahl nicht durch eine vom Beamten eingeforderte entsprechende Erklärung zwangsweise erweitern. Ob man zu einer solchen Zusage bereit ist oder nicht, stellt keinen rechtmäßigen Eignungs- oder sonstigen Gesichtspunkt dar.[274] Selbst wenn ein Beamter erklären sollte, seine Wohnung oder sogar seinen Wohnsitz in einer Stadt zu nehmen, wäre ein Verstoß dagegen nicht sanktionierbar.

Sollten es dienstliche Verhältnisse erfordern, kann er angewiesen werden, in bestimmter Entfernung von seiner Dienststelle oder in einer Dienstwohnung zu wohnen (§§ 74 II BBG, 80 II LBG, z.B. bei einem Beamten der Berufsfeuerwehr). Weitere Einschränkungen erlauben §§ 75 BBG, 81 LBG. Danach kann vom Beamten verlangt werden, sich während der dienstfreien Zeit erreichbar in der Nähe seines Dienstortes aufzuhalten, wenn besondere dienstliche Verhältnisse es dringend erfordern (z.B. Katastrophengefahr). Die **Rufbereitschaft** findet ebenfalls ihre Rechtsgrundlage in diesen Vorschriften.[275] Von Rufbereitschaft spricht man, wenn sich der Beamte an keiner vom Dienstherrn bestimmten Stelle bereithalten, sondern bloß jederzeit erreichbar sein muß, um seine Dienstgeschäfte auf Abruf unmittelbar wahrnehmen zu können. Rufbereitschaft ist von Arbeitsbereitschaft und Bereitschaftsdienst abzugrenzen. **Arbeitsbereitschaft** liegt vor, wenn man dem Dienstherrn am Arbeitsplatz zur Verfügung stehen und sich ständig bereithalten muß, um im Bedarfsfall von sich aus tätig werden zu können. Schließlich ist **Bereitschaftsdienst** dadurch gekennzeichnet, daß sich der Beamte innerhalb oder außerhalb der Dienststelle an einem vom Dienstherrn bestimmten Ort auf Anforderung zur sofortigen Dienstaufnahme bereithalten muß.[276]

Dabei kann die Entscheidung, auch Beamte, die bisher nicht in einem entsprechenden Amt (hier Ordnungsamt) waren, zur Rufbereitschaft heranzuziehen, nicht zu beanstanden sein, wenn sie in einer entsprechenden Laufbahngruppe (hier gehobener Dienst) sind.[277] Die Angehörigkeit zu einer Laufbahngruppe läßt auf eine breite Einsetzbarkeit schließen. Ob Bereitschaftszeiten (Arbeitsbereitschaft und Bereitschaftsdienst, nicht

---

272 BVerwG, NVwZ-RR 04, 668 (669).
273 BVerwG, DVBl 91, 646 = NVwZ-RR 92, 87 (88) = ZBR 91, 180; Wagner, Rn 218.
274 BVerwG, DVBl 91, 646 = NVwZ-RR 92, 87 (88) = ZBR 91, 180.
275 VG Minden, MittNWStGB 95, lfd. Nr. 467.
276 EuGH, DVBl 06, 174 (176).
277 VG Minden, MittNWStGB 95, lfd. Nr. 467.

jedoch Rufbereitschaft) als Arbeitszeit zu werten sind, dazu äußert sich der EuGH[278]. Das VG Minden[279] hat bereits die Konsequenz aus der EuGH-Rechtsprechung gezogen, und den 24-Stunden-Schichtdienst eines Feuerwehrbeamten vollständig als Arbeitszeit deklariert. Das BVerwG[280] ist der Ansicht, daß Arbeitszeit i.S.d. EZulVO ebenfalls Volldienst und Bereitschaftsdienst sind. Näheres zum Freizeitausgleich und zur Vergütung bei Rufbereitschaft findet sich in Rn 204.

Aus § 80 I LBG ergibt sich i.V.m. § 57 S. 1 LBG (§§ 74 I, 54 S. 1 BBG bei Bundesbeamten) auch eine **Folgepflicht bei der Verlegung einer Dienststelle**.[281] Bei einer vollständigen Verlagerung hat der Dienstherr – anders als bei der Versetzung eines einzelnen Beamten – kein Auswahlermessen unter mehreren, hierfür grundsätzlich in Betracht kommenden Personen. Er kann lediglich von der Folgepflicht absehen, falls ein außergewöhnlicher Härtefall vorliegt.[282] Interessant ist in diesem Zusammenhang, daß es anläßlich des Bonn-Berlin-Umzugs infolge der Verlegung von Parlament und Regierung anscheinend keine gerichtlichen Entscheidungen gegeben hat. Erklären kann man diesen angesichts der hinlänglich bekannten Neigung der Deutschen zu gerichtlichen Auseinandersetzungen höchst bemerkenswerten Umstand wohl allein damit, daß der Dienstherr seinen Beamten mehr als nur entgegengekommen sein dürfte.

Die §§ 80, 81 LBG (§§ 74, 75 BBG) limitieren in rechtlich nicht zu beanstandender Weise die grundgesetzlich geschützte Freizügigkeit (Art. 11 I GG) des Beamten, um eine ordnungsgemäße Erfüllung des Dienstbetriebs sicherzustellen.

Literatur: Braun, Das Urteil des EuGH zum Bereitschaftsdienst, RiA 03, 283; Wahlers, „Aspekte der Arbeitszeitgestaltung" – Bereitschaftsdienst als Arbeitszeit, PersV 03, 444; Lecheler, Das dienstrechtliche Begleitgesetz zum Beschluß des Deutschen Bundestages vom 20.6.1991 zur Vollendung der Einheit Deutschlands, LKV 98, 137; Schwidden, Zur Frage einer Folgepflicht für Beamte und Arbeitnehmer anläßlich der vorgesehenen Verlegung von Parlament und Regierung, RiA 95, 53; Günther, Residenzpflicht, ZBR 93, 225.

1.4 Pflichten gegenüber Vorgesetzten, Mitarbeitern und Kollegen

1.4.1 Pflicht zu vertrauensvollem Zusammenwirken

210 Aus § 57 S. 3 LBG (§§ 35 S. 3 BeamtStG, 54 S. 3 BBG) folgt zunächst die **Pflicht zu kollegialem, vertrauensvollen Zusammenwirken** des Beamten **mit allen Bediensteten**. Der Vorgesetzte ist dabei als Vorbild

---

278 ZBR 01, 29 (30); DVBl 03, 1379 (1381 f.) = PersV 03, 453 (455 ff.) = ZBR 04, 93 (95 ff.); Anm Franke, ZBR 04, 98 (98 f.); NJW 04, 3547 (3548).
279 Urt. v. 21.11.01, 4 K 3162/00, Urteilsumdruck S. 7 f.; ähnlich hinsichtlich eines Justizvollzugsbeamten VG Minden, ZBR 04, 66 (66 f.).
280 PersV 99, 133.
281 VGH München, NVwZ-RR 95, 683 (684).
282 VGH München, NVwZ-RR 95, 683 (684).

strengeren Anforderungen unterworfen.[283] Insbesondere muß er sich eines korrekten, achtungs- und vertrauenswürdigen Auftretens, speziell eines angemessenen Umgangstons gegenüber seinen Untergebenen, befleißigen.[284] Diese Pflicht wird durch Intrigen („**Mobbing**") verletzt.[285] Mobbing ist die systematische und fortgesetzte Beleidigung, Schikanierung und Diskriminierung eines Untergebenen.[286] Dies kann zu einem Amtshaftungsanspruch führen. Schließlich muß die Zusammenarbeit maßgebend vom Anliegen bestimmt werden, die gemeinsamen Aufgaben bestmöglich zu erfüllen. Die Einhaltung des Dienstweges ist dabei Bestandteil dieses sachorientierten Zusammenwirkens.

Literatur: Honsa, Quo vadis Mobbing-Rechtsprechung?, DÖD 06, 69; Schwan, Mobbing und Fürsorgepflicht im Beamtenverhältnis, ThürVBl 06, 25; Honsa/Paasch, Mobbing und sexuelle Belästigung im öffentlichen Dienst, 2004; Bochmann, Mobbing und die hergebrachten Grundsätze des Berufsbeamtentums, ZBR 03, 257; Braun, Grundsatzentscheidung zum Mobbing, RiA 02, 209; ders., Verschärfte Arbeitgeberhaftung bei Mobbing durch das Schadensersatzrechtsänderungsgesetz, RiA 02, 280; ders., Mobbing, DÖD 02, 265; Wittinger/Herrmann, Mobbing und Beamtenrecht, ZBR 02, 337; Schimmelpfennig/Schimmelpfennig, Mobbing als Problem für Kollegen, Vorgesetzte und Personalvertretung, PersV 98, 260, 299.

1.4.2 Gehorsams-, Beratungs- und Unterstützungspflicht

Gegenüber dem **Vorgesetzten** (Rn 56) hat der Beamte eine **Gehorsams-, Beratungs- und Unterstützungspflicht** (§§ 36 S. 1 und 2 BeamtStG, 55 BBG, 58 LBG). Ihre Zusammenfassung in einer Rechtsvorschrift zeigt, daß die Mitwirkung des Beamten an der Erfüllung öffentlicher Aufgaben nicht so gedacht ist, daß er aus der Behördenhierarchie kommende Weisungen nur umsetzen muß. Vielmehr hat der Beamte die Pflicht, ebenfalls von sich aus insbesondere aufgrund seiner speziellen Sachkenntnis in seinem Aufgabengebiet gewonnene Erfahrungen und Erkenntnisse an seine Vorgesetzten weiterzugeben. Verbesserungsvorschläge oder offene und konstruktive Kritik sind kennzeichnend für einen demokratischen Willensbildungsprozeß, an dem auch der Beamte als Amtsträger, verstanden als eigenständig denkendes und kritisches Subjekt[287], mitwirkt. Diese aus der Beratungs- und Unterstützungspflicht abgeleitete **Unterrichtungspflicht** fordert vom Beamten, daß er seine Vorgesetzten über sämtliche wesentlichen Vorgänge aus seinem Arbeitsbereich informiert.[288] Weiterhin wird aus der in § 58 LBG (§§ 36 S. 1 und 2 BeamtStG, 55 BBG) geregelten Pflicht eine **Auskunftspflicht (Offenbarungspflicht)** der aktiven Beamten über dienstliche und außerdienstliche Vorgänge hergeleitet, soweit der Dienstvorgesetzte ein dienstliches

---

283 Battis, § 54 BBG, Rn 8.
284 BGH, DÖV 03, 293 = DVBl 02, 1639 (1640) = ZBR 03, 57 (58) = NJW 02, 3172 (3173) = DÖD 02, 283; Anm Herrmann, ZBR 03, 59 = VersR 03, 67 = MDR 02, 1368 (1369).
285 Battis, § 54 BBG, Rn 10.
286 BGH, DÖV 03, 293 (294) = DVBl 02, 1639 (1641) = ZBR 03, 57 (58) = NJW 02, 3172 (3173) = DÖD 02, 283 (284); Anm Herrmann, ZBR 03, 59 = VersR 03, 67 (68); OLG Stuttgart, VersR 04, 786 (787) = ZBR 04, 282 (283).
287 Kunig in Schmidt-Aßmann, Rn 78.
288 Korn/Tadday, § 58 LBG, Anm 1; Schütz/Maiwald, § 58 LBG, Rn 2.

8. Abschnitt: Rechtsstellung des Beamten

Interesse an diesen Informationen hat.[289] Hieraus folgt die Kompetenz, die Abgabe von dienstlichen Erklärungen verlangen zu können. Danach muß beispielsweise ein Beamter seinen Dienstvorgesetzten unterrichten, wenn bei ihm eine Schwerbehinderung eintritt. Diese Kenntnis liegt im dienstlichen Interesse, da die Verwendungs- und Einsatzbreite des Beamten hierdurch berührt sein kann. Zudem hat der Dienstherr ein dienstliches Interesse an dieser Information, um den Beamten aus Fürsorgegesichtspunkten entsprechend zu schützen, indem er ihm schwerbehindertengerechte Tätigkeiten zuweist. Hingegen besteht grundsätzlich keine Dienstpflicht des Beamten, geplante oder bereits geschehene **Straftaten**, von denen er erfährt, zu **offenbaren oder anzuzeigen**. Der Dienstvorgesetzte hat daran prinzipiell kein dienstliches Interesse. Man kann sogar durch ein solches Verhalten gegen eine etwaige Verschwiegenheitspflicht verstoßen (Rn 205). Anders ist es allein dann, wenn eine Straftat aus dem Katalog des § 138 I StGB vorliegt oder begangen werden soll.[290] Die Schwere der Tat indiziert hier das dienstliche Interesse.

Die auf dem Dienst- und Treueverhältnis beruhende **Gehorsamspflicht** gehört zu den hergebrachten Grundsätzen des Berufsbeamtentums und bildet eine der Grundpflichten im Beamtenverhältnis.[291] Die daraus resultierende **Pflicht, Weisungen zu befolgen** (§§ 36 S. 2 und 3 BeamtStG, 55 S. 2 BBG, 58 S. 2 LBG), besteht unter folgenden **Voraussetzungen**[292]:

a) Der Vorgesetzte muß sachlich und örtlich zuständig sein,

b) der angewiesene Beamte muß für die auszuführende Weisung ebenfalls sachlich und örtlich zuständig sein, und

c) es muß sich um eine amtliche Anordnung für die dienstliche Tätigkeit handeln.

Diese Anforderung ergibt sich daraus, daß § 58 LBG Weisungen des Vorgesetzten regelt und dieser nach § 3 V S. 1 LBG ausschließlich Anordnungen für die dienstliche Tätigkeit des Beamten treffen kann. Zwar ist der Dienstvorgesetzte stets Vorgesetzter (Rn 56). In dieser Eigenschaft hat er aber nur dessen Befugnisse.

Dienstliche Anordnungen sind sachliche Weisungen für die dienstliche Tätigkeit des Beamten[293] und beziehen sich auf die Art und Weise der dienstlichen Verrichtung. Sie ergehen an den Beamten als Amtsträger und regeln die Wahrnehmung des funktionellen Amtes (Rn 50). Postzustellvorschriften sind beispielsweise derartige dienstliche Anordnungen.[294] In der Terminologie der Organisationslehre handelt es sich um Entscheidungen zur Ablauforganisation. Man spricht von **amtlichen**

---

289 Schütz/Maiwald, § 58 LBG, Rn 8.
290 Battis, § 61 BBG, Rn 8.
291 BVerfG, NVwZ 03, 1504 (1505) = DÖD 04, 112 (114).
292 Scheerbarth/Höffken/Bauschke/Schmidt, § 15 II 4b.
293 Scheerbarth/Höffken/Bauschke/Schmidt, § 7 I 3c.
294 BVerwG, NJW 00, 88.

1. Beamtenpflichten

Weisungen im Gegensatz zu dienstlichen Weisungen, die den Beamten als Person betreffen.[295] Daraus und aus der Tatsache, daß der Beamte Grundrechtsträger ist, ergeben sich folgende **Einschränkungen für den Umfang der Weisungsbefugnisse des Vorgesetzten**:

Weisungen müssen **zur Aufgabenerfüllung oder zum Schutz des Beamten erforderlich** sein. Unzulässig sind daher private Aufträge des Vorgesetzten wie Einkaufen gehen oder Kaffee kochen.[296] Ein Verbot, Kurs- oder Seminarmaterialien der Scientology-Organisation und ihrer Unterorganisationen bei dienstlichen Verrichtungen zu benutzen, wäre hingegen zur Wahrung der Integrität und Funktionsfähigkeit der Verwaltung sowie insbesondere der freiheitlich-demokratischen Grundordnung geboten und damit zur Aufgabenerfüllung erforderlich. Die Anordnung, eine Dienstreise in Form eines Sammeltransports im Dienstfahrzeug durchzuführen, kann zum Schutz des Beamten bei einem besonderen Unfallrisiko (Schnee oder Glatteis, extrem lange Dienstreise, Rückreise von einer Veranstaltung, auf der üblicherweise Alkohol getrunken wird [Betriebsausflug[297]]) ausnahmsweise geboten sein, nicht jedoch um Haushaltsmittel zu sparen oder einen pünktlichen Beginn des Dienstgeschäfts sicherzustellen.[298]

Weisungen müssen in ihren Wirkungen als Berufsausübungsregelungen **im Einklang mit den Schutzbereichen der Art. 12 I S. 2 und 2 I GG** stehen. Das ist lediglich der Fall, wenn es sich um typische Pflichten des durch die Laufbahn geprägten Berufsbildes handelt.[299] Ein ziviler Verwaltungsbeamter des Bundesgrenzschutzes ist beispielsweise nicht aufgrund der allgemeinen Gehorsamspflicht gehalten, an der Anwendung des unmittelbaren Zwangs oder an Schießübungen mitzuwirken.[300] So kann der Vorgesetzte einem Sachbearbeiter nicht die Weisung erteilen, auf einer Dienstbesprechung keine von seinen Vorstellungen abweichende Auffassung zu dienstlichen Fragen zu vertreten (Schutzbereich Art. 5 I S. 1, 1. Alt. GG) oder keine Meinungsplakette zu tragen. Hierdurch ist zwar der allgemeine Dienstbetrieb, aber nicht die unmittelbare Aufgabenerfüllung betroffen. Deswegen ist **der Dienstvorgesetzte zuständig**. Rechtsgrundlage für seine Entscheidung ist nicht § 58 S. 2 LBG[301], sondern können allein die §§ 55 I, 56 und 57 S. 3 LBG sein. Die Annahme, § 58 S. 2 LBG könne Ermächtigungsnorm sein, führte zu einer rechtsstaatlich bedenklichen unbegrenzten Weisungsgebundenheit des Beamten selbst in persönlichen Fragen.[302]

---

295 Wolff/Bachof/Stober II, § 114, Rn 16.
296 Plog/Wiedow/Lemhöfer/Bayer, § 55 BBG, Rn 6.
297 OVG Münster, DÖD 84, 178.
298 OVG Münster, NVwZ-RR 91, 372 (373).
299 BVerwG, ZBR 79, 202.
300 VGH Kassel, ZBR 85, 248 (249 f.).
301 Merten, JuS 82, 365 (367).
302 So ebenfalls Strunk, Rn 134 m.w.N. für abweichende Auffassungen.

8. Abschnitt: Rechtsstellung des Beamten

Die dienstliche Weisung an einen Polizeivollzugsbeamten, in Uniform keinen sog. "**Lagerfeld-Zopf**" zu tragen, kann nur durch Haarschnitt befolgt werden. Sie betrifft daher ebenfalls die private Lebensgestaltung. Darin kann im Einzelfall ein unzulässiger Eingriff in das Grundrecht auf freie Entfaltung der Persönlichkeit (Art. 2 I GG) oder körperliche Unversehrtheit (Art. 2 II S. 1 GG) liegen.[303] Zwar gehört zur sachgerechten Aufgabenerfüllung der uniformierten Polizei die uneingeschränkte Einsatzfähigkeit jedes einzelnen Beamten. Diese wird, anders als möglicherweise bei Soldaten (z.B. Funktionsverlust von ABC-Schutzmasken wegen langer Haare), bei Polizeibeamten nicht in Frage gestellt. Sollte die Haartracht hingegen erhöhte Angriffsmöglichkeiten bei tätlichen Auseinandersetzungen bieten und hierin der (nachvollziehbare) dienstliche Grund liegen, müßte die Haarlänge bei männlichen und weiblichen Polizisten gleichermaßen reglementiert werden. Die Anschauungen in der Gesellschaft über die männliche Haartracht als Mode sind – wie die Modeerscheinung selbst – einem steten Wandel unterworfen. Die Gesellschaft legt mittlerweile zumindest vorherrschend eine weitgehende Toleranz hinsichtlich andersartiger Formen des äußeren Erscheinungsbildes oder wenigstens eine Gleichgültigkeit an den Tag.[304] Gerade deshalb wird die angemessene Repräsentation und Ausübung staatlicher Funktionen wegen eines bestimmten Haarschnitts nicht denknotwendig beeinträchtigt.[305] Die gleichen Überlegungen gelten naturgemäß für andere Frisuren (**Irokesen-Schnitt** etc.) oder **Haarfärbungen**.

Schließlich dürfen sie den **Inhalt des funktionellen Amtes nicht ändern**. Für die Umverteilung von Aufgaben ist vielmehr der Dienstvorgesetzte zuständig. Ausgenommen sind kurzfristige Vertretungsregelungen.

d) Der Beamte darf **nicht ausnahmsweise weisungsungebunden** sein. Eine derartige Weisungsunabhängigkeit genießen beispielsweise Mitglieder des LPA (§ 109 I S. 1 LBG) oder Mitglieder einer staatlichen Prüfungskommission.[306]

e) Die Weisung darf **kein Verhalten** verlangen, **das** erkennbar **strafbar oder ordnungswidrig ist oder** die **Würde des Menschen verletzt** (§§ 37 II S. 4 BeamtStG, 56 II S. 3, 1. Hs. BBG, 59 II S. 3, 1. Hs. LBG).

---

303 BVerwG, IÖD 06, 158 (161 f.) = DÖV 06, 694 (695 f.); VGH Kassel, NJW 96, 1164; VGH München, BayVBl 03, 212 (214); Stehr, VR 05, 234 (235 f.). Verneint von OVG Koblenz, NJW 03, 3793 (3795) = DÖD 04, 104 (106); VG Neustadt/Weinstraße, VR 04, 215 (215 f.); zust. Anm Heinke, VR 04, 216.
304 BVerwG, IÖD 06, 158 (161) = DÖV 06, 694 (695 f.). A.A. OVG Koblenz, NJW 03, 3793 (3795) = DÖD 04, 104 (106), unter Berufung auf verschiedene Umfragen; VG Neustadt/Weinstraße, VR 04, 215 (216); zust. Anm Heinke, VR 04, 216.
305 BVerwG, IÖD 06, 158 (161 f.) = DÖV 06, 694 (695 f.); VGH Kassel, NJW 96, 1164 (1165); Stehr, VR 05, 234 (235 f.); a.A. OVG Koblenz, NJW 03, 3793 (3795) = DÖD 04, 104 (106); VG Neustadt/Weinstraße, VR 04, 215 (215 f.); zust. Anm Heinke, VR 04, 216.
306 BVerwGE 14, 31 (34).

1. Beamtenpflichten

Bei verfassungswidrigen Weisungen entfällt die Gehorsamspflicht, wenn ein evidenter, besonders schwerer Verfassungsverstoß vorliegt.[307] Die Gehorsamspflicht des Beamten besteht grundsätzlich auch bei rechtswidrigen Weisungen, sofern sie nicht willkürlich sind. Hiervon kann sich der Beamte durch eine ausdrückliche Ausnahmegenehmigung lösen.[308] Ob sie zu erteilen sei, müsse man unter Abwägung der dienstlichen Belange und der Anforderungen der Fürsorgepflicht sowie aufgrund des Verhältnismäßigkeitsprinzips entscheiden.[309] Zur Frage, wann ein gegenüber einem Berufssoldaten erteilter Befehl während des Irakkrieges wegen Verstoßes gegen die Gewissensfreiheit rechtlich unverbindlich ist, äußert sich das BVerwG[310] in einer instruktiven Entscheidung. Hingegen darf sich kein Postbeamter unter Berufung auf sein Gewissen weigern, bestimmte Postsendungen (hier Postwurfsendungen der Scientology-Organisation) zuzustellen, wenn er nicht vorher zumutbare Möglichkeiten ergriffen hat, seinen Gewissenskonflikt mit Mitteln des Beamtenrechts (Remonstration, Antrag auf Umsetzung) zu lösen.[311]

Eine weitere Einschränkung der Gehorsamspflicht folgt aus dem **Rechtsstaatsprinzip**, in dessen Licht der in § 59 II S. 3, 1. Hs. LBG mit Vorrang versehene Grundsatz der Funktionsfähigkeit der Verwaltung auszulegen ist. Danach kann der Beamte nicht verpflichtet sein, offensichtlich und besonders schwerwiegend fehlerhafte Weisungen zu befolgen.[312] Um zu beurteilen, ob es sich um eine solche Weisung handelt, muß man § 44 VwVfG heranziehen.[313]

Weisungen können im Einzelfall gegenüber dem speziell betroffenen Beamten oder generell durch Dienstvorschriften ergehen. Eine allgemeine Dienstverfügung kann beispielsweise regeln, wer mit welchen Farben oder Stiftarten (Füller, Kugelschreiber) Schriftstücke unterzeichnen darf. Der Beamte hat im übrigen die Möglichkeit, seinen Vorgesetzten in jedem konkreten Einzelfall um eine Weisung zu ersuchen, wie zu verfahren sei. Hierdurch kann er sich in zweifelhaften Fragen die notwendige Sicherheit verschaffen, um richtig zu entscheiden. Der Beamte verletzt die Beratungs- und Unterstützungspflicht, wenn er eine Weisung befolgt, um den Vorgesetzten im Hinblick auf deren Wirkungen „auflaufen" zu lassen.

Fall: Regierungspräsident Franz-Josef A steht der Bezirksregierung in K vor. Einen Schwerpunkt seiner Tätigkeit sieht er in der Verkehrspolitik, insbesondere bei der Verbesserung der Verkehrssicherheit. Zu diesem Zweck ordnet er im Amtlichen Schulblatt vom Januar 98 u.a. an, daß Lehrer, die Klassenfahrten begleiten, die Geschwindigkeit des Busses während der

---

307 BVerfG, DVBl 95, 192 (193) = NVwZ 95, 680 (681).
308 BVerwG, DÖV 78, 101 = DÖD 78, 74 (74 f.); OVG Münster, NVwZ-RR 91, 372.
309 OVG Münster, NVwZ-RR 91, 372.
310 DVBl 05, 1455 (1455 ff.) = RiA 05, 288 (289 ff.); Anm Battis, DVBl 05, 1462 (1462 f.), und Lemhöfer, RiA 05, 292 (292 ff.).
311 BVerwG, NJW 00, 88 (88 ff.).
312 BVerwG, ZBR 02, 139 (140 f.); Günther, ZBR 88, 297 (306 f.) m.w.N.
313 Ähnlich wohl VG Berlin, ZBR 89, 125.

8. Abschnitt: Rechtsstellung des Beamten

Fahrt überprüfen und sich den Fahrtenschreiber ansehen sollen. Auf Kritik aus Lehrerverbänden läßt sich A ein, Pädagogen „könnten sich nicht als Gepäck verstehen, das bei der Reise keine Verantwortung habe".[314]

Die stets ein wenig weltfremd in anderen Sphären schwebende Lehrerin Ursel v. H (H) aus B im Regierungsbezirk K soll mit ihrer Klasse im Bus auf Klassenfahrt gehen. H hält sich jedoch für so ungeschickt, daß sie sich nicht in der Lage sieht, die Anordnungen von A zu befolgen. Kann sie sich mit Erfolg dagegen wehren?

A ist als nächsthöherer Dienstvorgesetzter der Lehrer in seinem Regierungsbezirk somit auch Dienstvorgesetzter der H. Als solcher hat er ebenfalls die Vorgesetzteneigenschaft. A ist somit sachlich und örtlich zuständig und darf der H mittels Einzelweisung oder wie hier durch allgemeine Anordnung amtliche Weisungen für ihre dienstliche Tätigkeit erteilen. Die Klassenfahrt stellt eine dienstliche Tätigkeit der H dar. Die Weisung ist zudem für die Aufgabenerfüllung notwendig. Als Lehrerin obliegt der H nicht bloß die pädagogische Ausbildung der ihr anvertrauten Schüler, sondern auch deren Schutz während der Unterrichts- und Schulzeiten, beispielsweise in Form von Aufsichten.[315] Die Klassenfahrt ist gerade nicht Freizeit sondern Schulzeit. Die Anordnung ist zudem geeignet, erforderlich und verhältnismäßig i.e.S. Durch die regelmäßige Kontrolle der Geschwindigkeit von Fahrzeugen kann zu schnelles Fahren vermieden und damit können schwere Unfälle verhindert werden. Durch Überprüfungen des Fahrtenschreibers kann man feststellen, ob die erforderlichen Pausen- und Ruhezeiten eingehalten wurden. Kontinuierliche Überwachungen der Geschwindigkeit und des Fahrtenschreibers können bewirken, daß sich der Busfahrer korrekt an die verkehrsrechtlichen Vorgaben hält. Wegen des hohen Schutzguts von Leib und Leben der Schüler und bereits häufiger Busunfälle wegen Geschwindigkeits- und Lenkzeitüberschreitungen sind sie ebenfalls erforderlich und hinsichtlich des hohen Schutzguts kaum belastend. Es sind keine milderen Mittel ersichtlich. H ist hier auch nicht weisungsungebunden, da A mit seiner Anordnung nicht in die pädagogische Freiheit der H eingreift. Außerdem wird von H keine Straftat oder Ordnungswidrigkeit verlangt. Weiterhin verletzt die Anordnung nicht ihre Menschenwürde. In Betracht kommt lediglich eine Einschränkung ihrer allgemeinen Handlungsfreiheit aus Art. 2 I GG, die aber durch die höherwertigen Erfordernisse des Schutzes anvertrauter Schüler gerechtfertigt ist. Schließlich kann sich H nicht auf ihre mangelnde Kompetenz berufen. Selbst wenn ein Lehrer nicht alles, sondern alles nur besser weiß, wird sich selbst der ungeschickteste Pädagoge einen Fahrtenschreiber und den Tachometer eines Busses anschauen können, damit er bei der Überschreitung von gewissen Parametern (Geschwindigkeit) warnend darauf hinweisen kann. H kann sich somit nicht mit Erfolg gegen die Weisung wehren. Auf einem anderen Blatt steht, ob der Busfahrer verpflichtet ist, das Fahrtenschreiberschaublatt zu präsentieren. Eine Rechtsgrundlage für ein solches Verlangen könnte sich allein aus einer ausdrücklichen Regelung im Beförderungsvertrag ergeben. Die Rechtsfolge, daß sich der Busfahrer mangels rechtlicher Grundlage weigern könnte, führt jedoch nicht zur Rechtswidrigkeit der Weisung gegenüber H.

Literatur: Droege/Fischer-Lescano, Gewissensfreiheit in der Bundeswehr – Berufung auf die Völkerrechtswidrigkeit des Irakkrieges als Ungehorsamsgrund?, NVwZ 06, 171; Kühn (Unverzagt), Das Lehrerhasserbuch, 2005; Stehr, Zopf ab? Zur aktuellen Rechtsprechung zum äußeren Erscheinungsbild von Polizeibeamten, VR 05, 234; Simianer, Gehorsam und Verantwortung im Beamtenverhältnis, ZBR 04, 149; Wißmann, Funktionsfreiheiten in der öffentlichen Verwaltung – Prozessualer Schutz von Verwaltungskompetenzen –, ZBR 03, 293; Henrichs, Zur beamtenrechtlichen Pflicht insbesondere von Uniformträgern der Polizei zu einem angemessenen äußeren Erscheinungsbild, ZBR 02, 84; Rux, Die pädagogische Freiheit des Lehrers, 2002; Schwandt, Die unantastbare Würde des Menschen im Dienst- und Disziplinarrecht der Soldaten, in Franke/Summer/Weiß, Öffentliches Dienstrecht im Wandel, FS für Walther Fürst, 2002, 289; Muckel, Die Grenzen der Gewissensfreiheit, NJW 00, 689.

---

314 Kölner Stadt-Anzeiger v. 6.3.98, S. 32.
315 Deshalb können Lehrer kraft dienstlicher Weisung zur Aufsicht an einer Schulbushaltestelle herangezogen werden, wenn diese auf dem Schulgelände liegt oder unmittelbar daran grenzt: OVG Koblenz, RiA 05, 149 (149 f.).

1. Beamtenpflichten

1.4.3 Remonstrationspflicht

Bei unzweckmäßigen[316] oder rechtswidrigen Weisungen besteht eine **211**
Remonstrationspflicht des Beamten. Dies ergibt sich hinsichtlich der
Unzweckmäßigkeit aus der Beratungspflicht in § 58 S. 1 LBG (§§ 36 S. 1
BeamtStG, 55 S. 1 BBG) und bei der Rechtswidrigkeit aus § 59 II S. 1
LBG (§§ 37 II S. 1 BeamtStG, 56 II S. 1 BBG). Sonst tragen Beamte für
die Rechtmäßigkeit ihrer dienstlichen Handlungen die volle persönliche
Verantwortung (§ 37 I BeamtStG). Bedenken gegen die Rechtmäßigkeit
haben Beamte unverzüglich auf dem Dienstweg geltend zu machen (§ 37
II S. 1 BeamtStG). Aus der Formulierung „Bedenken gegen die Rechtmäßigkeit" folgt, daß die Remonstrationspflicht bereits existiert, wenn der
Beamte die Weisung als möglicherweise rechtswidrig ansieht. Unverzüglich remonstriert man „ohne schuldhaftes Zögern" (§ 121 I S. 1 BGB). Die
Remonstration verläuft in **Stufen**. Zunächst muß der Beamte Bedenken
gegen die Rechtmäßigkeit einer dienstlichen Anordnung beim unmittelbaren Vorgesetzten erheben (§ 37 II S. 1 BeamtStG). Bleibt dieser bei
seiner Anordnung und bestehen die Bedenken fort, hat sich der Remonstrierende an den nächsthöheren Vorgesetzten zu wenden, falls ein solcher vorhanden ist (§ 37 II S. 2 BeamtStG). Wird sie ebenfalls von diesem
bestätigt oder gibt es keinen nächsthöheren Vorgesetzten, muß der
Beamte sie ausführen und wird von der eigenen Verantwortung befreit
(§ 37 II S. 3 BeamtStG). Dies gilt nicht, wenn das aufgetragene Verhalten
die Menschenwürde verletzt oder strafbar bzw. ordnungswidrig ist und die
Strafbarkeit oder Ordnungswidrigkeit für den Beamten erkennbar ist (§ 37
II S. 4 BeamtStG). Die Bestätigung hat auf Verlangen schriftlich zu erfolgen
(§ 37 II S. 5 BeamtStG). Wird vom Beamten die sofortige Ausführung der
Anordnung verlangt, weil Gefahr im Verzug besteht und die Entscheidung
des höheren Vorgesetzten nicht rechtzeitig herbeigeführt werden kann,
gilt § 37 II S. 3 BeamtStG entsprechend (§ 37 III BeamtStG).

Die Remonstrationspflicht ergänzt die Gehorsamspflicht und hat eine
Doppelfunktion. Als Mittel der **behördeninternen Selbstkontrolle** hilft
sie, das Rechtsstaats- und Demokratieprinzip zu verwirklichen. Sie dient
zugleich der **haftungs- und disziplinarrechtlichen Entlastung des Beamten** bei rechtswidrigen Weisungen.[317] Deshalb kann er verlangen, daß
die Weisung schriftlich schriftlich bestätigt wird (§§ 56 II S. 4 BBG, 59 II
S. 4 LBG). Unzulässig wäre es, statt einer Remonstration oder nach der
Bestätigung die Ausführung der amtlichen Weisung zu unterlassen. Der
Beamte kann allerdings nach der Remonstration seine abweichende Meinung im Entwurf dadurch deutlich machen, daß er vor seiner Paraphe den
Zusatz schreibt „auf Anordnung entworfen".[318] Falls er zeichnungsbefugt
für das Original ist, kann er statt „Im Auftrag" „Auf Anordnung" unterschreiben. § 59 I, II S. 1 LBG zwingt den Beamten, mit „Rückgrat" seinen Dienst

---
316 Wolff/Bachof/Stober II, § 114, Rn 16.
317 Battis, § 56 BBG, Rn 2.
318 Scheerbarth/Höffken/Bauschke/Schmidt, § 15 II 4b.

8. Abschnitt: Rechtsstellung des Beamten

zu verrichten, damit er die Gefahr der disziplinaren Ahndung oder des Schadenersatzes vermeidet. Herrscht in seiner Behörde jedoch kein offenes, sachliches und vertrauensvolles Klima, und haben seine Vorgesetzten (wie so oft) nicht die menschliche Größe, Widerspruch als notwendig und fruchtbar anzusehen, kann der Beamte zwar nicht existentiell gefährdet, wohl aber in seinem Fortkommen behindert werden. Widerspricht ein Beamter oder klagt er gar gegen seinen Dienstherrn, tritt vielfach der schon sprichwörtliche **Edeka-Effekt** ein, *Ende der Karriere*. Rechtlich darf sich selbst das wiederholte Ergreifen von Rechtsschutz durch einen Beamten nicht negativ hinsichtlich ihn betreffender zukünftiger Besetzungs- und Beförderungsentscheidungen auswirken. Dies wäre „grob rechtswidrig und seitens jedes beteiligten Amtsträgers grob pflichtwidrig. Von einer an Gesetz und Recht gebundenen Verwaltung muß erwartet werden, daß ein solcher Rechtsverstoß stets eindeutig ausgeschlossen bleibt"[319]. Sollte er dennoch vorkommen, müsse er eben wiederum durch die Inanspruchnahme von Rechtsschutz abgewehrt werden. Faktisch lassen sich diese hehren Ziele jedoch kaum durchsetzen. Die externen Kontrollen für belastende Maßnahmen, insbesondere beim B.a.L., sind wesentlich besser ausgebildet als die Überprüfungsmöglichkeiten bei der Versagung begünstigender Entscheidungen. Das ergibt sich aus der durchweg gegebenen Kombination von Beurteilungsermächtigungen mit Ermessensspielräumen (Rn 121).

Die Remonstrationspflicht wird durch das **Widerstandsrecht**, das auch den Beamten („alle Deutschen") zusteht, ergänzt (Art. 20 IV GG[320]).

Fall: Der Landrat ordnet als Leiter der Kreispolizeibehörde an,
(1) die Polizeibeamten A und B müßten auf einer Feier zum Volkstrauertag der Stadt S den Kranz des Landrates tragen,
(2) Radarkontrollen ausschließlich an solchen Standorten vorzunehmen, wo besonders viele Verstöße und entsprechende Einnahmen, die dem Kreishaushalt zufließen, zu erwarten seien. Andere Gefahrenpunkte mit geringerer Verkehrshäufigkeit sollen trotz der Schwere der dort drohenden Gefahren nicht berücksichtigt werden.
Sind die Anordnungen rechtmäßig?
(1) Rechtsgrundlage für die erste Anordnung könnte § 58 S. 2 LBG sein. Dann müßte es sich um eine amtliche Anordnung handeln. Amtliche Anordnungen sind sachliche Weisungen für die dienstliche Tätigkeit der Beamten. Sie müssen zur Aufgabenerfüllung erforderlich sein. Hier handelt es sich jedoch um die Veranstaltung eines anderen Hoheitsträgers (Stadt S). Zudem ist es keine Aufgabe der Polizei (§ 1 I PolG), eine Feier zu gestalten. Es liegt auch keine Amts- (§§ 4 ff. VwVfG) oder Vollzugshilfe (§ 1 III PolG) vor. Deshalb wird der dienstliche Pflichtenkreis überschritten. § 58 S. 2 LBG ist somit keine Rechtsgrundlage für die Anordnung, den Kranz zu tragen. Die sonstigen beamtenrechtlichen Rechtsvorschriften ermöglichen ebenfalls keine solche Weisung, so daß sie rechtswidrig ist.[321]
(2) Es handelt sich um eine Aufgabe der Polizei (§§ 1 IV PolG, 36 V S. 1 StVO, 53 I S. 1 OWiG). Somit ist die Anordnung eine amtliche Weisung. Maßgebender Grund für die Einsatzentscheidung war allerdings die Verbesserung der Einnahmen des Kreises, nicht die Gefahrenabwehr an Unfallschwerpunkten. Deshalb ist das Entschließungsermessen von sachfremden Gründen geprägt. Somit war die Entscheidung ermessensfehlerhaft und folglich rechtswidrig.

---

319 BVerwG, IÖD 98, 254 (256) = NJW 98, 3288.
320 Dazu Plog/Wiedow/Lemhöfer/Bayer, § 56 BBG, Rn 15.
321 Ebenfalls OVG Münster, ZBR 70, 367 (368).

1. Beamtenpflichten

Muß der Beamte die Anordnungen befolgen?

Die Maßnahme zu

(1) betrifft den Beamten nicht in amtlicher Eigenschaft, sondern als Person. Deshalb kann er Widerspruch einlegen. Sofern man die Entscheidung als Verwaltungsakt ansieht, hat der Widerspruch aufschiebende Wirkung (§ 80 I S. 1 VwGO). Der Beamte muß sie nur dann befolgen, wenn deren sofortige Vollziehung angeordnet wird (§ 80 II S. 1 Nr. 4 VwGO) und sein Antrag nach § 80 V S. 1 VwGO erfolglos bleibt.

Die Anordnung zu

(2) ergeht an den Beamten als Organ oder Amtsträger. Sie beschränkt allein seine allgemeine Handlungsfreiheit, so daß kein Rechtsschutz, sondern Remonstration in Frage kommt.[322] Der Beamte muß Bedenken gegen die Rechtmäßigkeit erheben (§ 59 II S. 1 LBG). Er ist jedoch verpflichtet, die Weisung nach der Bestätigung durch den nächsthöheren Vorgesetzten zu befolgen (§ 59 II S. 2, 3 LBG). Die Remonstration hat also keine aufschiebende Wirkung. Ein Antrag nach § 80 V S. 1 VwGO wäre unzulässig, da der Beamte nicht als Außenrechtssubjekt, sondern als Amtsträger betroffen ist.[323]

Literatur: Quambusch, Die unakzeptierte Remonstrationspflicht – Über ein Krankheitssymptom des Rechtsstaats –, PersV 03, 364; Rux, Zu den Voraussetzungen für die Verbindlichkeit dienstlicher Anordnungen, DÖV 02, 985; Czisnik, Ein Vorschlag zur Verwirklichung des verfassungsrechtlichen Ziels eines eigenverantwortlich handelnden Beamten, ZBR 00, 397; Günther, Otto Mayer und der „Dienstbefehl" – Skizze zur fachlichen Weisung mit Exkursen, DÖD 00, 169, 227, 248, 278; Felix/Schwarplys, Die Notwendigkeit der allgemeinen Gestaltungsklage am Beispiel der dienstlichen Weisung im Beamtenrecht, ZBR 96, 33; Leuze, Hierarchie, Gehorsams- und Remonstrationspflicht des Beamten, DÖD 95, 1; Thieme, Beamtentum und Hierarchie, DÖD 95, 176; Felix, Die Bedeutung des Remonstrationsverfahrens für den Rechtsschutz des Beamten, ZBR 94, 18; Weiß, Gehorsamspflicht und Remonstration – Zur Geltungsbreite des Remonstrationsrechts und zur Befolgungspflicht nicht remonstrationsfähiger Anordnungen, ZBR 94, 325; Felix, Das Remonstrationsrecht und seine Bedeutung für den Rechtsschutz, jur. Diss., Passau, 1993; Günther, Folgepflicht, Remonstration und Verantwortlichkeit des Beamten – Eine Skizze zur fachlichen Weisung, ZBR 88, 297.

1.5 Pflichten gegenüber dem Bürger

Auffallend ist, daß die Vorschriften in den Beamtengesetzen, welche die Pflichten des Beamten festlegen, nicht ausdrücklich und unmittelbar den einzelnen Bürger als Adressat der Pflichterfüllung ansehen. Das mag historisch darin begründet liegen, daß man die Haftung für die Folgen von Pflichtverletzungen gegenüber dem Bürger als Privatangelegenheit des Beamten und nicht als Angelegenheit des Staates ansah.[324] Es führt bei der Prüfung der zivilrechtlichen Haftungsgrundnorm des § 839 I BGB (Rn 46) immer zu dem Problem, inwieweit die verletzte Amtspflicht auch gegenüber dem einzelnen Bürger besteht.[325] Der wesentliche Grund ist jedoch darin zu sehen, daß Beamtenrecht das Innenrecht im Verhältnis Dienstherr-Beamter ist, während die Pflichten gegenüber dem Bürger zum Außenrecht im Verhältnis Dienstherr-Bürger gehören. Diese Rechtsbeziehungen wurden erst in jüngerer Zeit umfassend, u.a. durch die Verwaltungsverfahrensgesetze, kodifiziert. Sie regeln im wesentlichen die

---

322 S. auch Scheerbarth/Höffken/Bauschke/Schmidt, § 10 IV 2.
323 So im Ergebnis OVG Bremen, DÖD 81, 92.
324 Vogel, DVBl 78, 657 (658).
325 BGHZ 26, 232 (234).

Rechtmäßigkeit des Verfahrens. Obwohl die Beachtung der Rechtmäßigkeitsvoraussetzungen ein hoher Wert ist, genügt sie nicht allein, damit im sozialen und demokratischen Rechtsstaat das notwendige Vertrauensverhältnis zwischen dem Bürger und seiner Verwaltung gesichert wird. Das fehlerfreie recht- und zweckmäßige Verwaltungshandeln, bei dem nach deutscher Verwaltungstradition bisher der Schwerpunkt lag, hat wegen der vom Bürger geforderten Serviceorientierung seine Rolle als dominierender Faktor eingebüßt. Angesichts der Komplexität der von der Administration anzuwendenden Vorschriften gehört zu den Beamtenpflichten, die Entscheidungen für den Bürger nachvollziehbar zu gestalten. In der täglichen Praxis muß der Beamte durch sein Verhalten deutlich machen, daß die Verwaltung für den Bürger da ist und nicht umgekehrt. Der Bürger muß erkennen können, daß seine Belange ernst genommen und gerecht mit öffentlichen Interessen abgewogen werden (Pflicht zum bürgerfreundlichen Verhalten[326]). Der Beamte befindet sich im Schnittpunkt der Außen- und Innenrechtsbeziehungen. Deshalb wäre es geboten, ebenfalls ausdrückliche Normierungen über Pflichten gegenüber dem Bürger in den Katalog der Beamtenpflichten aufzunehmen. Es sollte nicht der Rechtsanwendung überlassen bleiben, diese aus generalklauselartigen Formeln zu interpretieren.

Insbesondere hat der Beamte (auch) gegenüber dem einzelnen Bürger folgende Pflichten:

1.5.1 Pflicht zum gesetzmäßigen Handeln

213 Daraus ergibt sich die allgemeine Dienstpflicht, die Gesetze und Verordnungen zu beachten mit der Folge, daß eine straf-, zivil- und disziplinarrechtliche Verantwortlichkeit bei schuldhaften Verstößen bestehen kann. Der Beamte hat sich die für die Führung des Amtes erforderlichen Rechts- und Verwaltungskenntnisse zu verschaffen.[327] Bevor er dienstlich tätig wird, muß er die Rechtmäßigkeit seiner dienstlichen Handlung prüfen. Um Normen auslegen zu können, muß er die für seinen Aufgabenbereich maßgebende Rechtsprechung kennen[328] und sie beachten. Das bedeutet nicht, daß er sich ihr immer anschließen müßte. Vielmehr kann es wegen aktueller Erkenntnisse im Einzelfall geboten sein, die Gerichte erneut entscheiden zu lassen.[329] Bei Gesetzesinterpretation und Rechtsanwendung muß der Beamte mit den verfügbaren Hilfsmitteln die Rechtslage sorgfältig und gewissenhaft untersuchen und sich danach aufgrund vernünftiger Überlegungen eine Rechtsmeinung bilden.[330] Kommt er trotz sorgfältiger Prüfung zu einer objektiv irrigen, aber vertretbaren Rechtsauffassung und hält er daran bis zur gerichtlichen Klärung fest, kann ihm daraus kein

---

326 OVG Koblenz, NJW 90, 465 (466).
327 Battis, § 56 BBG, Rn 3.
328 Battis, § 52 BBG, Rn 9.
329 Plog/Wiedow/Lemhöfer/Bayer, § 56 BBG, Rn 4.
330 BGHZ 36, 144 (150).

1. Beamtenpflichten

Schuldvorwurf gemacht werden.[331] Dies gilt insbesondere, wenn die Rechtsfrage nicht einfach zu beurteilen ist und weder durch die Rechtsprechung geklärt noch im Schrifttum abschließend behandelt worden war.[332]

1.5.2 Pflicht, unparteiisch und gerecht zu handeln

Dieses Gebot ergibt sich aus § 55 I S. 2 LBG (§§ 34 I S. 2 BeamtStG, 52 I S. 2 BBG). Sein Inhalt wird in erster Linie durch Gesetze und Verwaltungsvorschriften ausgefüllt. Es ist eine Folge des Gleichbehandlungsgrundsatzes aus Art. 3 I GG. Die Formulierung „gerecht" zu handeln, deutet auf Art. 20 III GG hin. Der Beamte muß bedenken, daß das geschriebene Recht unter besonderen Umständen zu ungerechten Ergebnissen führen kann und unanwendbar ist.[333] Gerade in einer Zeit, in der Verwaltungsabläufe immer stärker automatisiert und technisiert sind, soll der Beamte erinnert werden, eine strenge Einzelfallprüfung vorzunehmen.   **214**

Seine Pflicht, unparteiisch und gerecht zu handeln, verletzt der Leiter eines Personalreferats, wenn er sich über Menschen fremder Herkunft oder über Juden in einer Weise äußert, welche die Besorgnis rechtfertigt, er werde diesen Personenkreis in seiner täglichen Dienstausübung benachteiligen.[334]

1.5.3 Pflicht zur Beachtung der Verfahrensvorschriften zum Schutz des Bürgers

Dazu gehören insbesondere die Anhörungspflicht (§ 28 I VwVfG), der Untersuchungsgrundsatz (§ 24 VwVfG[335]) und die Begründungspflicht (§ 39 I VwVfG) beim Erlaß von Verwaltungsakten. Allerdings scheinen die Möglichkeiten zur Heilung (§ 45 VwVfG) und die Unbeachtlichkeit bestimmter Verfahrens- oder Formfehler (§ 46 VwVfG) den Eindruck zu vermitteln, beim Ausgangsbescheid könne man sich noch diesen oder jenen Fehler erlauben, da im Widerspruchsbescheid vieles korrigierbar sei (§ 45 II VwVfG). Leider trägt auch die Rechtsprechung, z.B. zur Heilung einer unterlassenen Anhörung durch den Widerspruchsbescheid[336], dazu bei, diese Auffassung zu bestärken. Hierbei muß jedoch klargestellt werden, daß zwar die Heilung von Verfahrensfehlern den Verwaltungsakt unaufhebbar macht. Andererseits war es aber pflichtwidrig, die geheilte Verfahrenshandlung zunächst zu unterlassen[337], so daß der Beamte demnach mit den in Rn 256 ff. geschilderten Konsequenzen rechnen muß (s. auch § 80 I S. 2 VwVfG).   **215**

---

331 BGHZ 36, 344 (347).
332 BVerwG, DVBl 06, 316 (318) = ZBR 06, 89 (91) = NVwZ 06, 212 (213) = PersV 06, 193 (195).
333 BVerfG, NJW 76, 2123 (2125).
334 BVerwG, NJW 02, 155 (157 f.) = RiA 02, 197 (200 f.) = E 114, 37 (47 f.).
335 Dazu BGH, ZBR 88, 347.
336 BVerwG, DVBl 82, 1149 (1149 f.).
337 Stelkens/Bonk/Sachs, VwVfG, § 45 VwVfG, Rn 25 ff.

8. Abschnitt: Rechtsstellung des Beamten

1.5.4 Beratungs- und Auskunftspflicht

216 Der Beamte soll den Bürger beraten, damit dieser Erklärungen so abgibt und Anträge so stellt oder berichtigt, daß er seine Ansprüche voll ausschöpfen kann (§ 25 S. 1 VwVfG). Auf Befragen muß der Beamte dem Bürger Auskunft über seine verfahrensmäßigen Rechte im konkreten Verwaltungsverfahren geben (§ 25 S. 2 VwVfG). Auskünfte müssen richtig, klar, unmißverständlich und vollständig sein, so daß der Auskunftsempfänger zuverlässig disponieren kann.[338] Sie müssen sorgfältig erteilt werden. Eine schuldhafte Verletzung dieser Vorgaben führt zu Haftungsansprüchen.[339] Selbst außerhalb eines konkreten Verfahrens sollte der Beamte, der besser über den Behördenaufbau orientiert ist, den Bürger auf die für dessen Begehren zuständige Stelle hinweisen.

1.5.5 Allgemeine Umgangspflicht

217 Der Beamte soll im Umgang mit dem Bürger **bestimmt, sachlich, höflich, zuvorkommend und hilfsbereit** sein.[340] Er sollte ihm ermöglichen, den Grund für eine bestimmte Entscheidung zu verstehen.

Literatur: Depenheuer, Die „volle persönliche Verantwortung" des Beamten für die Rechtmäßigkeit seiner dienstlichen Handlungen, DVBl 92, 404.

2. Nebentätigkeitsrecht

2.1 Problematik/Begriffsbestimmungen

218 Das **Nebentätigkeitsrecht** befindet sich im **Spannungsfeld unterschiedlich geprägter Interessen**. Der Beamte möchte gerne seine Arbeitskraft auch außerhalb der hauptberuflichen Beamtentätigkeit entgeltlich verwerten. Sein Dienstherr sieht in Nebentätigkeiten einerseits flexible Instrumente, bestimmte im dienstlichen oder öffentlichen Interesse liegende Aufgaben wahrnehmen zu lassen; andererseits will er aber ebenfalls die Arbeitskraft des Beamten für dessen Hauptberuf erhalten. Zudem möchte er zusätzliche Einnahmen aus abzuführenden Einkünften erzielen. Und schließlich äußert der Bürger Unverständnis, oft gar Neid, wenn gut bezahlte Beamte nach Dienstschluß noch Kraft und Muße haben, aus ihrer gesicherten beruflichen Stellung heraus mit anderen Personen um das knappe Gut Arbeit zu konkurrieren. Rechtstatsächliche Hinweise über die anscheinend überragende finanzielle Relevanz von Nebentätigkeiten (im untechnischen Sinn), beispielsweise bei bestimmten kommunalen Wahlbeamten, liefern die aus Rheinland-Pfalz bekanntgewordenen Fälle[341]. Sie führten dort zur Einsetzung einer „Unabhängigen Experten-

---

338 BGH, MDR 05, 1166 = VersR 05, 1584 (1585 f.) = DÖD 06, 63 (65).
339 BGH, MDR 05, 1166 = VersR 05, 1584 (1585 f.) = DÖD 06, 63 (65 f.); Rn 257.
340 VGH Mannheim, VBlBW 94, 283 (284); Plog/Wiedow/Lemhöfer/Bayer, § 54 BBG, Rn 11.
341 F.A.Z., Der Ablieferungspflicht entzogen, v. 16.9.98, 4.

2. Nebentätigkeitsrecht

kommission Nebentätigkeitsrecht", die entsprechende gesetzliche Konsequenzen anregte.[342] Dafür, daß sich die Situation in Rheinland-Pfalz im Vergleich mit anderen Bundesländern völlig anders darstellt, ist bisher nichts vorgetragen worden.[343]

Das BeamtStG macht – anders als noch das BRRG – den Ländern keine inhaltlichen Vorgaben. Lediglich die Übernahme jeder Nebentätigkeit bedarf der vorherigen Genehmigung, soweit keine Verpflichtung zu deren Wahrnehmung besteht (§ 41 BeamtStG).

Das Beamtenrecht definiert den Begriff „Nebentätigkeit" nicht ausdrücklich. Eine solche **Begriffsbestimmung** ist jedoch geboten, um die Nebentätigkeit von der Fülle an Tätigkeiten abzugrenzen, die ein Mensch täglich insbesondere als Freizeitaktivitäten ausübt, und die sich einer juristischen Regelung im beamten„recht"lichen Nebentätigkeits„recht" entziehen.[344] Bereits wegen des Wortlauts „Neben"tätigkeit, aber auch nach dem rechtlichen Standort der Normen im Spannungsfeld zwischen Sicherung der Funktionsfähigkeit des öffentlichen Dienstes (Art. 33 V GG) und der außerdienstlichen Freiheit der ebenfalls für Beamte geltenden Persönlichkeitsentfaltung (Art. 2 I GG) sowie aufgrund des daraus resultierenden Sinn und Zwecks, können als beamtenrechtlich relevante Nebentätigkeiten allein solche angesehen werden, die eine gewisse Parallelität zum Beamtendienst aufweisen. Sie müssen quasi „neben" den Beamtendienst treten.[345] Die Nebentätigkeit eines Beamten kann in der Wahrnehmung eines Nebenamtes oder einer Nebenbeschäftigung bestehen (§§ 64 S. 1 BBG, 1 I BNtV; 67 S. 1 LBG, 2 I NtV). Bei Nebenbeschäftigungen, also bei Tätigkeiten, die kein Nebenamt darstellen und auch außerhalb des öffentlichen Dienstes ausgeübt werden können, muß die Tätigkeit ihrer Art nach typischerweise auf Erwerb gerichtet sein[346], um als Nebentätigkeit im Rechtssinn angesehen werden zu können. Aktivitäten, die der persönlichen Lebensgestaltung des Beamten dienen, wie Freizeitbeschäftigungen, nicht erwerbsorientierte Mitarbeit in Vereinen oder anderen Organisationen, sind juristisch keine Nebentätigkeit. Unerheblich ist dabei, auf welcher rechtlichen Grundlage (privatrechtlicher Vertrag, Arbeitsvertrag, Dienst- oder Werkvertrag, Geschäftsbesorgungsvertrag, Auftrag) oder in welcher Beschäftigungsform (selbständig oder unselbständig) man eine solche Tätigkeit ausübt.[347] Entscheidend ist bloß, ob diese Tätigkeit

---

342 Abschlußbericht v. 10.12.99, 7 ff.
343 In diese Richtung geht auch die Kleine Anfrage 2206 v. 22.2.05, LT-Drucks. NW 13/6635, der Abgeordneten Priggen, Groth und Remmel (Grüne); vgl. dazu ebenfalls die Antwort der Landesregierung v. 22.3.05, LT-Drucks. NW 13/6809, sowie die Kleine Anfrage 2205 v. 21.2.05, LT-Drucks. NW 13/6628, der Abgeordneten Haußmann (Grüne), „Die Nebentätigkeiten des Landrats des Kreises Düren", nebst diesbezüglicher Antwort der Landesregierung v. 22.3.05, LT-Drucks. NW 13/6808. Zudem berichtet die Presse über Aktivitäten von diversen nw Hauptverwaltungsbeamten; s. Schraven, „Streit um Nebeneinkünfte der NRW-Bürgermeister", Welt am Sonntag v. 13.11.05.
344 Plog/Wiedow/Lemhöfer/Bayer, § 65 BBG, Rn 3; Battis, § 65 BBG, Rn 3.
345 Plog/Wiedow/Lemhöfer/Bayer, § 65 BBG, Rn 3, vor § 64 BBG, Rn 14 f.
346 Plog/Wiedow/Lemhöfer/Bayer, § 65 BBG, Rn 3, vor § 64 BBG, Rn 15.
347 Plog/Wiedow/Beck/Lemhöfer, § 65 BBG, Rn 4.

8. Abschnitt: Rechtsstellung des Beamten

typischerweise auf Erwerb gerichtet ist, wobei es nicht darauf ankommt, ob der Beamte überhaupt eine Erwerbsabsicht hat.[348] Beispielsweise ist die Mitgliedschaft in Beiräten einer Aktiengesellschaft lediglich dann typischerweise auf Erwerb gerichtet, wenn sie von ihrem Umfang, ihrem Inhalt und ihrer Honorierung einer Erwerbstätigkeit entspricht. Ebenfalls weisen Verhaltensweisen von Mitgliedern, die in Gremien von politischen Parteien, Gewerkschaften, Kirchengemeinden, Verbänden oder Vereinen an der Tagesordnung sind, nicht den Charakter einer Erwerbstätigkeit auf.[349] Eine geringe zeitliche Belastung und der Inhalt der Tätigkeit reichen allerdings nicht aus. Hinzukommen muß, daß auch die Honorierung keiner Erwerbstätigkeit entspricht.[350] Der weitergehenden Ansicht von Günther[351], wonach die Mitgliedschaft in Gremien unabhängig von der Höhe der Honorierung[352] keine Nebentätigkeit, sondern Freizeitbeschäftigung ohne Rechtsqualität sei, soll hier wegen ihrer uferlosen Weite zur Wahrung der durch Art. 33 V GG geschützten Prinzipien nicht gefolgt werden.

Der Rechtsfrage, ob es sich um eine Nebentätigkeit handelt, ist weiterhin die **Abgrenzung zwischen Hauptamt und Nebentätigkeit** vorgelagert. Wenn eine Tätigkeit bereits dem Hauptamt zugewiesen oder zuzuordnen ist, kann sie nicht Nebentätigkeit sein.[353] Mit dem Begriff „**Hauptamt**" knüpft das Nebentätigkeitsrecht an das konkret-funktionelle Amt, an den Dienstposten des Beamten, an.[354] Man muß also fragen, ob die Tätigkeit an das Amt geknüpft ist (dann Hauptamt) oder an die Person des (jeweiligen) Amtsinhabers (dann Nebentätigkeit). Die Aufgaben, die zum Hauptamt zählen, werden durch Gesetz, Verordnung oder Satzung[355] (ausdrückliche gesetzliche Wertentscheidungen) sowie aufgrund der Organisationsgewalt des Dienstherrn[356] per Verwaltungsvorschrift, Geschäftsverteilungsplan oder Einzelanweisung (beispielsweise aufgrund eines Ratsbeschlusses) festgelegt. Für die Frage, ob eine bestimmte Tä-

---

348 Plog/Wiedow/Lemhöfer/Bayer, § 65 BBG, Rn 4, vor § 64 BBG, Rn 15.
349 Günther, ZBR 89, 164 (166), unterscheidet demgemäß zu Recht, daß „Vorstands-, Geschäftsführer- oder ähnliche Arbeit" Nebentätigkeit sei, um wörtlich auszuführen: „Bloße Mitgliedschaft ist hingegen irrelevant".
350 So richtig Plog/Wiedow/Lemhöfer/Bayer, § 65 BBG, Rn 4; Battis, § 65 BBG, Rn 3.
351 ZBR 89, 164 (166).
352 ZBR 89, 164 (166), Fn 29: „Selbst wenn die Zugehörigkeit per se entlohnt werden sollte: Entgegennahme von Geld ist keine Nebentätigkeit".
353 Müller, Nebentätigkeitsrecht NW, § 2, Rn 1; Köster, DÖD 05, 189 (190).
354 BVerwGE 72, 160 (162); OVG Münster, RiA 01, 199 (200); Thiedemann, in Birk/Kunig/Sailer, Zwischen Abgabenrecht und Verfassungsrecht, Hans-Joachim Driehaus zum 65. Geburtstag, 2005, 409 (414).
355 Scheerbarth/Höffken/Bauschke/Schmidt, § 16 I 4; Köster, DÖD 05, 189 (190); Thiedemann, in Birk/Kunig/Sailer, Zwischen Abgabenrecht und Verfassungsrecht, Hans-Joachim Driehaus zum 65. Geburtstag, 2005, 409 (414).
356 BVerwG, DÖV 98, 881 (882) = E 106, 324 (326) = PersV 99, 120 (122) = NVwZ 98, 1304 = VR 99, 108 = DVBl 98, 1077 (1078); NVwZ-RR 96, 337; ZBR 82, 274 = DÖD 82, 87 = NVwZ 82, 506; OVG Koblenz, NVwZ 03, 889 (890) = VR 04, 70 = DÖV 03, 381 (382) = DVBl 03, 617 (618) = RiA 03, 204 (205); Anm Jeromin/Wesemann, DVBl 03, 620 (620 ff.); OVG Münster, RiA 01, 199 (200); VGH Kassel, NVwZ-RR 96, 338; Battis, § 64 BBG, Rn 9; Thiedemann, in Birk/Kunig/Sailer, Zwischen Abgabenrecht und Verfassungsrecht, Hans-Joachim Driehaus zum 65. Geburtstag, 2005, 409 (414).

2. Nebentätigkeitsrecht

tigkeit zum übertragenen Hauptamt gehört, kommt es somit in den Fällen, in denen nicht bereits normativ eine ausdrückliche Zuweisung zum Hauptamt erfolgt ist, auf die organisatorische Ausgestaltung an, die der Dienstherr kraft seiner Organisationsgewalt vorgenommen hat. Inhalt und Gegenstand des Hauptamtes ergeben sich aus Stellen- und Organisationsplänen in Verbindung mit Stellenbeschreibungen oder Dienstanweisungen. Ebenfalls ist die Zustimmung des Stadtrats zu Gesellschaftsverträgen, welche die Aufsichtsratstätigkeit an das Amt des jeweiligen Bürgermeisters knüpfen, als organisatorische Entscheidung des Dienstherrn für eine Zuordnung dieser Tätigkeit zum Hauptamt zu verstehen.[357] Weiterhin sind dem Hauptamt alle Obliegenheiten zuzurechnen, die sich von den aus ihm resultierenden Pflichten nicht sinnvoll trennen lassen oder die mit ihnen in engem, unmittelbaren Zusammenhang stehen.[358] Grundsätzlich bleibt es der Organisationsgewalt des Dienstherrn überlassen, wie er das Hauptamt abgrenzt.[359] Diese Entscheidungsbefugnis hat ausschließlich der Dienstherr. Er besitzt bei der Gestaltung von Ämtern und Nebentätigkeiten einen weiten Ermessensspielraum.[360] Dieser kann gerichtlich nur daraufhin überprüft werden, ob die Entscheidung durch einen Mißbrauch des Ermessens maßgebend geprägt ist.[361] Ermessensmißbräuchlich wäre es, wenn man eine Tätigkeit allein deswegen einem Nebenamt zuordnete, um eine Vergütungsmöglichkeit zu schaffen. Schließlich kann kein Anderer definieren, was zum Hauptamt gehört. Sollte der Inhalt des Hauptamtes nicht ausdrücklich bestimmt worden sein, ist dies durch Auslegung zu ermitteln.[362] Hierbei besteht eine Vermutung, daß eine Tätigkeit im Zweifel zum Hauptamt zählt (vgl. auch §§ 3 BNtV, 5 S. 1 BayNtV[363]).[364] Ein Beamter stellt wegen seines Dienst- und Treueverhältnisses dem Dienstherrn, also seinem Hauptamt, die gesamte Arbeitskraft zur Verfügung. Das Hauptamt ist Grundlage für sämtliche Aktivitäten des Beamten. Jede Abweichung hiervon bedarf einer gesonderten Rechtfertigung[365], damit man juristisch eine Nebentätigkeit annehmen kann.

Fall: In einer vom Rat beschlossenen Ausschreibung für die Stelle eines Beigeordneten wird zum Ausdruck gebracht, daß der Geschäftsbereich des Kämmerers zugleich die Geschäftsführung der städtischen Wirtschaftsförderungs-GmbH, deren alleinige Gesellschafterin die

---

357 OVG Koblenz, NVwZ 03, 889 (890) = VR 04, 70 = DÖV 03, 381 (382) = DVBl 03, 617 (618) = RiA 03, 204 (205); Anm Jeromin/Wesemann, DVBl 03, 620 (620 ff.); VG Koblenz, Urt. v. 27.2.02, 6 K 2816/01.KO, Urteilsumdruck S. 8 f., als Vorinstanz; Köster, DÖD 05, 189 (191); Thiedemann, in Birk/Kunig/Sailer, Zwischen Abgabenrecht und Verfassungsrecht, Hans-Joachim Driehaus zum 65. Geburtstag, 2005, 409 (415).
358 Köster, DÖD 05, 189 (190).
359 GKöD, § 64 BBG, Rn 15.
360 VGH Kassel, NVwZ-RR 96, 338 (339).
361 VGH Kassel, NVwZ-RR 96, 338 (339).
362 OVG Münster, RiA 01, 199 (200).
363 Danach sind Aufgaben, die für den Bund oder für Gemeinden (bzw. andere staatliche Einrichtungen) wahrgenommen werden, grundsätzlich in ein Hauptamt einzuordnen.
364 So mittlerweile ebenfalls Köster, DÖD 05, 189 (190).
365 Battis, § 64 BBG, Rn 8.

8. Abschnitt: Rechtsstellung des Beamten

Stadt ist, umfaßt. Auf diese Ausschreibung hin erhält A die Beigeordnetenstelle. Bei der anschließenden Beschlußfassung über die Dezernatsverteilung wird beim Dezernat des Kämmerers die Geschäftsführertätigkeit bei der Wirtschaftsförderungsgesellschaft hervorgehoben und im Geschäftsverteilungsplan festgelegt. Welche Konsequenzen ergeben sich hieraus für A?

Die Geschäftsführertätigkeit bei der Wirtschaftsförderungsgesellschaft ist dem Hauptamt des A durch die Dezernatsverteilung und den Geschäftsverteilungsplan zugeordnet worden. Auch die Tätigkeit bei einer Gesellschaft privaten Rechts kann zum Hauptamt eines städtischen Beamten zählen.[366] Die Ausübung hoheitsrechtlicher Befugnisse ist als ständige Aufgabe in der Regel Angehörigen des öffentlichen Dienstes zu übertragen, die in einem öffentlich-rechtlichen Treueverhältnis stehen (Art. 33 IV GG, § 4 II LBG). Es kommt auf den Aufgabenschwerpunkt an, ob ein Stelleninhaber den Status eines Beamten oder Angestellten aufweisen muß. Nur dann, wenn die Ausübung hoheitsrechtlicher Befugnisse im Vordergrund steht, ist eine Stelle mit einem Beamten zu besetzen. Das schließt jedoch nicht aus, daß der Beamte in Teilbereichen ebenfalls nichthoheitliche Aufgaben wahrnimmt. Bei den zuzuordnenden Aufgaben muß es sich jedoch immer um Aufgaben des Dienstherrn handeln, seien es solche kraft eigenen Rechts oder kraft Auftrags.[367] Hier gehört die Wahrnehmung der Rechte als Alleingesellschafterin zu den Aufgaben des Dienstherrn. Juristisch unerheblich ist weiterhin, daß A keinerlei Vergütung für die Geschäftsführertätigkeit erhalten darf und ob sich aus dem GmbH-Recht ein anderes Haftungsrisiko ergibt. Der Beamte, der sich auf eine Stellenausschreibung hin beworben hat, in der erwähnt wurde, daß zum Geschäftsbereich des Kämmerers neben verschiedenen anderen Aufgaben die Geschäftsführung der Wirtschaftsförderungsgesellschaft gehört, hat in diesem Punkt kein schützenswertes Vertrauen. Wenn ihm das Haftungsrisiko zu groß und die Hinzuverdienstmöglichkeiten zu gering erscheinen, hätte er die Annahme der Ernennungsurkunde zum B.a.Z. verweigern können. Keinesfalls kann er sich im Nachhinein darauf berufen, daß dieser Bereich aus seinem Hauptamt ausgegliedert werden muß. Schließlich bleiben Zumutbarkeitsgesichtspunkte bei der Entscheidung über die Frage, ob eine Aufgabe dem Hauptamt zuzuordnen ist, außer Betracht.[368] Somit wird A die Tätigkeiten in seinem Hauptamt als Kämmerer wahrzunehmen haben.

Andere **Beispiele:** Die Tätigkeit als Werkleiter des eigenbetriebsähnlichen Regiebetriebs „Stadtentwässerung" wird dem Hauptamt eines Beigeordneten zugeordnet[369]; hinsichtlich des Leiters der Kommunalabteilung im IM wird bestimmt, daß er das Land in der landeseigenen Entwicklungsgesellschaft zu vertreten habe.

§ 113 II S. 2, III S. 3 GO ist eine **ausdrückliche gesetzliche Wertentscheidung.**[370] Diese Norm stellt eine gesetzliche Bestimmung über die Inhalte des Amtes eines Bürgermeisters dar. Nach ihr ist („muß") der hauptamtliche Bürgermeister der geborene Vertreter der Kommune in bestimmten Gremien (z.B. Aufsichts- oder Verwaltungsräten kommunaler Unternehmen oder Sparkassen, Beiräte von Kommunalstiftungen), wenn zwei oder mehr Positionen zu besetzen sind. Sind zwei oder mehr Vertreter zu benennen, hat der Dienstherr stets den Bürgermeister zu berücksich-

---

366 A.A. Engelken, VBlBW 96, 451 (453).
367 Schütz/Maiwald, § 3 LBG, Rn 13.
368 VG Koblenz, Urt. v. 27.2.02, 6 K 2816/01.KO, Urteilsumdruck S. 10.
369 Vgl. zu etwaigen Gründen für eine Unzulässigkeit OVG Münster, Beschl. v. 10.6.02, 1 B 755/02; zust. Anm Beckmann, DVP 02, 524 (524 f.).
370 So auch OVG Koblenz, NVwZ 03, 889 (890 f.) = VR 04, 70 = DÖV 03, 381 (382) = DVBl 03, 617 (618) = RiA 03, 204 (205); Anm Jeromin/Wesemann, DVBl 03, 620 (620 ff.), für § 88 I GO Rheinland-Pfalz; Noack, StuG 99, 269 (272); Köster, DÖD 05, 189 (191); a.A. Beckmann/Hagmann, DÖV 04, 937 (942 f.); Meier, VR 03, 237 (238); Fischer/Grittmann, VBlBW 04, 324 (325 f.), für den Aufsichtsrat einer Gesellschaft mit kommunaler Beteiligung in Baden-Württemberg gem. § 104 II, II GO BW, nicht jedoch für die Vertretung der Gemeinde in der Hauptversammlung einer AG oder GmbH nach § 104 I GO BW; RdErl IM v. 9.4.03, 31-37.02.40-3932/02, S. 3.

2. Nebentätigkeitsrecht

tigen. Man muß also fragen, ob damit die Tätigkeit an das Amt geknüpft ist (dann Hauptamt) oder an die Person des (jeweiligen) Amtsinhabers (dann Nebentätigkeit). Wird die Funktion deshalb dem Bürgermeister übertragen, ist sie Bestandteil seines Hauptamtes. Entsendet der Rat den Bürgermeister durch Beschluß, übt der Dienstherr auf diese Weise die ihm zustehende Organisationsgewalt aus und legt hierdurch den Aufgabenkreis des Hauptverwaltungsbeamten fest.[371] Für einen weiteren eigenverantwortlichen Organisationsakt des Dienstherrn, die Amtsinhalte anders zu definieren, ist wegen der gesetzlichen Wertentscheidung kein Raum. Aufgrund von § 113 II S. 2, III S. 3 GO wird die Tätigkeit nicht lediglich durch die Funktion als Hauptverwaltungsbeamter vermittelt, sondern zwingend mit ihr verbunden. Folgende Kontrollfrage mag dies verdeutlichen: Was passierte hinsichtlich der übertragenen Tätigkeit, falls der Bürgermeister abgewählt werden würde? Dann ist automatisch der neue Bürgermeister zu entsenden (§ 113 II S. 2, III S. 3 GO). Weil dies der Fall ist und niemand anderes die ursprünglich dem alten Bürgermeister übertragenen Funktionen wahrnehmen darf, besteht eine zwingende Verknüpfung mit dem Hauptamt als Bürgermeister und gerade nicht mit der Person des (jeweiligen) Amtsinhabers. Keine gegenteilige rechtliche Beurteilung kann aus der dem Bürgermeister übertragenen Kompetenz, statt seiner Person einen anderen Beamten oder Angestellten der Gemeinde vorzuschlagen, gefolgert werden.[372] Dabei wird übersehen, daß der Bürgermeister ("ein von *ihm* Vorgeschlagener") und nicht der Rat diese Befugnis hat. Sie setzt gerade voraus, daß die Vertretung der Gemeinde zum Hauptamt des Bürgermeisters gehört. Er allein darf dann kraft dieser Kompetenz einzelne Bestandteile seines Hauptamtes anderen Personen zur inhaltlichen Ausübung übertragen, um sich selbst zu entlasten. Insofern unterscheidet sich die Rechtslage hinsichtlich der früheren Vorschrift des § 55 II GO (alt), wonach die Vertretung in den Gremien gerade nicht zum Aufgabenbereich des Stadtdirektors gehörte. Deshalb zählte beispielsweise die Mitgliedschaft im kommunalen Beirat der Provinzial nicht automatisch zum Inhalt des Hauptamtes eines Stadtdirektors, hingegen gehört sie zu demjenigen eines Bürgermeisters.

Wie § 113 II S. 2, III S. 3 GO ist § 15 II S. 1, 2. Hs. GKG, wonach der Bürgermeister bzw. Landrat in die Verbandsversammlung des Zweckverbandes zu entsenden sind, eine derartige gesetzliche Wertentscheidung für die Wahrnehmung im Hauptamt.[373]

§ 16 II S. 1, 1. Alt. SpKG ist eine weitere gesetzliche Wertentscheidung. Danach zählt die Tätigkeit des Hauptverwaltungsbeamten im Kreditausschuß zu den Aufgaben seines Hauptamtes. Ebenso ist es bei seiner Mitwirkung im Verwaltungsrat der Sparkasse, wie die in §§ 9 I a), 10 I SpKG geregelte Zusammensetzung zeigt, sowie im Bilanzprüfungsaus-

---

371 Thiedemann, in Birk/Kunig/Sailer, Zwischen Abgabenrecht und Verfassungsrecht, Hans-Joachim Driehaus zum 65. Geburtstag, 2005, 409 (415).
372 Köster, DÖD 05, 189 (191).
373 Köster, DÖD 05, 189 (191).

schuß und dessen Hauptausschuß als Unterausschüsse des Verwaltungsrats (§ 14 VII SpKG).[374] Entsprechendes gilt hinsichtlich Zweckverbandssparkassen wegen der gesetzlichen Zuweisung der Funktion an den Hauptverwaltungsbeamten (§§ 10 I S. 2, 16 II S. 2 SpKG).

Keine entsprechende gesetzliche Wertentscheidung wie in § 113 II S. 2, III S. 3 GO für den hauptamtlichen Bürgermeister besteht hinsichtlich der Laufbahnbeamten. Insofern hat der Dienstherr hier die Kompetenz, die Inhalte des Hauptamtes durch eigenverantwortliche Organisationsentscheidung zu bestimmen. Er kann insofern festlegen, ob die jeweiligen Vertretungsfunktionen als Bestandteil des Hauptamtes oder durch Nebentätigkeit wahrzunehmen sind. Gleiches gilt für den Fall, daß die gesetzliche Wertentscheidung (§ 113 II S. 2, III S. 3 GO) für den hauptamtlichen Bürgermeister deshalb nicht eingreift, weil bloß ein Vertreter der Gemeinde zu entsenden ist. Entscheidet sich der Rat hier für den Bürgermeister, muß untersucht werden, ob dieser die Tätigkeit im Hauptamt oder als Nebentätigkeit ausübt. Sollte die Benennung des Bürgermeisters nach § 113 II S. 1, III S. 1, IV GO erfolgen, er also der einzige Vertreter der Kommune sein, muß man den jeweiligen Ratsbeschluß, der die Bestellung vornimmt, auslegen. Wird danach die Vertretung der Gemeinde ausdrücklich als Nebentätigkeit deklariert, findet sie nicht im Hauptamt statt. Schweigt der Ratsbeschluß, gilt die oben beschriebene Vermutung für das Hauptamt.

Sollte schließlich ein Dritter einen Beamten gebeten haben, bei ihm eine Funktion zu übernehmen (z.B. das RWE bittet einen Beamten, im RWE-Kommunalbeirat tätig zu werden; der GVV möchte einen Bürgermeister für eine Mitarbeit in GVV-Gremien gewinnen), muß der Dienstherr prüfen, ob er dies zum Hauptamt zählen will. Ausschließlich der Dienstherr und niemand anderes hat die Kompetenz, die Inhalte des Hauptamtes zu definieren.[375] Schweigt der Dienstherr, kommt wiederum die Vermutung für das Hauptamt zum Tragen, da der Dritte regelmäßig die Tätigkeit im Hinblick auf die dienstliche Stellung des Beamten an diesen herangetragen haben wird. Er ist somit am Amt, nicht an der Person interessiert. Anders ist es, wenn sich aus den Bestellungsmodalitäten rechtssicher ergibt, daß kein Automatismus mit dem Hauptamt besteht, beispielsweise weil die Mitgliedschaft in den Beiräten oder Gremien nicht zwangsläufig mit dem Hauptamt endet, sondern unabhängig von dessen Innehabung ist.

Die **Entscheidung, ob** eine Funktion zum **Hauptamt** zu zählen ist **oder Nebentätigkeit** darstellt, **hat weitreichende Konsequenzen finanzieller Art.** Gehört eine Tätigkeit zum Hauptamt des Beamten, hat dieser keinen Anspruch auf Vergütungen, die seine gesetzlich festgelegte Besoldung

---

374 Köster, DÖD 05, 189 (191).
375 Thiedemann, in Birk/Kunig/Sailer, Zwischen Abgabenrecht und Verfassungsrecht, Hans-Joachim Driehaus zum 65. Geburtstag, 2005, 409 (415).

2. Nebentätigkeitsrecht

übersteigen.[376] Wegen § 2 I BBesG ist es unzulässig, Geldleistungen mit Besoldungscharakter ohne gesetzliche Grundlage zu gewähren. Eine Mehrfachalimentation widerspräche dem Alimentationsprinzip, wonach der Beamte vollständig und allein aus seinem statusrechtlichen Amt alimentiert wird.[377] Für die ihm im öffentlichen Dienst insgesamt obliegende Pflichterfüllung habe der Beamte nur einmal den Anspruch auf angemessenen Unterhalt in Form der Dienstbezüge. Er solle öffentliche Kassen nicht doppelt beanspruchen.[378] Vergütungen sind alle wirtschaftlichen Vorteile, die dem Beamten unmittelbar oder mittelbar für die jeweilige hauptamtliche Tätigkeit gewährt werden.[379] Durch die gesetzlich zustehende Besoldung sind alle Tätigkeiten abgegolten, die zum Hauptamt gehören (§ 2 II S. 1 BBesG). Im Fall des VGH Mannheim[380] war der Bürgermeister während seiner Dienstzeit in Personalunion Kurdirektor des Ortes. Dafür bekam er vom Gemeinderat bewilligte zusätzliche Leistungsbezüge und Aufwandsentschädigungen in Höhe von 600.– DM monatlich. Nach Auffassung der Aufsichtsbehörde hätten diese zusätzlichen Aufgaben bei der Bürgermeistertätigkeit übernommen werden müssen. Dafür erhalte der Bürgermeister bereits eine pauschale Dienstaufwandsentschädigung. Für eine weitere Leistungszulage bestehe keine gesetzliche Grundlage. Daraufhin forderte die Gemeinde 18.600.– DM vom Bürgermeister zurück. Der VGH Mannheim bestätigte diese Rechtsansicht. Der Gemeinderat sei nicht befugt, über derartige Zulagen zu entscheiden. Der Bürgermeister hätte zudem wissen müssen, daß die Besoldung von Beamten gesetzlich geregelt sei. Von ihm sei eine Vertrautheit mit den Grundsätzen des Besoldungsrechts zu erwarten. Die Entscheidung des OVG Koblenz[381] bejahte einen Ablieferungsanspruch dem Grunde nach beim ehemaligen Oberbürgermeister der Stadt Neuwied, der Aufsichtsratsvorsitzender der Stadtwerke GmbH und der Gemeinnützigen Siedlungsgesellschaft war, deren alleinige Gesellschafterin die Stadt ist. Aufgrund der Gesellschaftsverträge ist der jeweilige Oberbürgermeister kraft seines Amtes Mitglied im Aufsichtsrat. Für die Teilnahme an Sitzungen im Zeitraum von Mitte 1990 bis Mitte 2000 erhielt er Sitzungsgelder in Höhe von ca. 112.000.– DM.

---

376 BVerwGE 106, 324 (325 f.) = DÖV 98, 881 (882) = PersV 99, 120 (121) = NVwZ 98, 1304 (1304 f.) = VR 99, 108 = DVBl 98, 1077 (1078); 102, 29 (32) = NVwZ 97, 582 (583); VGH Mannheim, VBlBW 96, 460 (461); OVG Münster, NVwZ-RR 97, 484 (484 f.); Noack, StuG 99, 269 (270); Engelken, VBlBW 96, 451 (453); Thiedemann in Birk/Kunig/Sailer, Zwischen Abgabenrecht und Verfassungsrecht, Hans-Joachim Driehaus zum 65. Geburtstag, 2005, 409 (413 f.).
377 BVerfGE 55, 207 (238 f.) = DVBl 81, 450 (453) = NJW 81, 971 (975).
378 BVerwG, NVwZ-RR 04, 49 (50) = DÖD 04, 79 (80) = ZBR 04, 52 (53); ZBR 04, 53 (54).
379 BVerwG, DÖV 98, 881 (882) = E 106, 324 (327) = PersV 99, 120 (122) = NVwZ 98, 1304 (1305) = VR 99, 108 = DVBl 98, 1077 (1078).
380 VBlBW 96, 460.
381 NVwZ 03, 889 = VR 04, 70 = DÖV 03, 381 = DVBl 03, 617 = RiA 03, 204; Anm Jeromin/Wesemann, DVBl 03, 620 (620 ff.); ebenso VG Koblenz, Urt. v. 27.2.02, 6 K 2816/01.KO, Urteilsumdruck S. 8 f., als Vorinstanz.

8. Abschnitt: Rechtsstellung des Beamten

Festzuhalten ist demnach, daß über das Besoldungsrecht hinausgehende finanzielle Leistungen aus Mitteln der Gemeinde für eine zum Hauptamt des Beamten gehörende Tätigkeit nicht gezahlt werden dürfen. Damit ist noch nicht die Frage entschieden, inwieweit Geld für eine zum Hauptamt des Beamten zählende Funktion angenommen werden darf, wenn die finanziellen Vergütungen durch Dritte und gerade nicht aus Mitteln der Gemeinde erfolgen. Es spricht hier alles für eine Gleichbehandlung. Prägender beamtenrechtlicher Grundsatz ist, daß der Beamte einen Anspruch auf amtsangemessenen Unterhalt aus öffentlichen Mitteln hat. Der Lebensunterhalt eines Beamten wird bereits durch die im Hauptamt erhaltene Besoldung sichergestellt. Finanzielle Zuwendungen darf der Beamte ausschließlich von seinem Dienstherrn erhalten, der ihn dadurch unterhält, damit er insbesondere die seinem Hauptamt zugehörigen Aufgaben wahrnimmt.[382] Der Beamte hat keinen Anspruch auf weitere Bezüge, Aufwandsentschädigungen oder Sitzungsgelder. Dies ist unabhängig davon, wer diese Zahlungen vornimmt. Der Beamte hat seinem ihn im Hauptamt alimentierenden Dienstherrn derartige Gelder vollständig abzuliefern.[383] Die Vergütung ist ebenfalls an den Dienstherrn abzuführen, wenn der Beamte eine Tätigkeit, die zu seinen dienstlichen Aufgaben (Hauptamt, Nebenamt) gehört, wie eine Nebenbeschäftigung gegen Vergütung ausübt (§ 75a LBG). Zum gleichen Ergebnis gelangt man, wenn man auf die Verpflichtung des Beamten abstellt, keine Belohnungen oder Geschenke in Bezug auf sein Amt anzunehmen (§§ 43 I S. 1 BeamtStG, 76 S. 1 LBG, 70 S. 1 BBG).

Schließlich ist § 21 S. 1, 1. Hs. SpKG keine gesetzliche Ermächtigung, um Sitzungsgelder für die Tätigkeit des Bürgermeisters im Verwaltungsrat (§§ 9 ff. SpKG), im Kreditausschuß (§§ 16 f. SpKG) oder im Bilanzprüfungsausschuß bzw. Hauptausschuß (§ 14 VII SpKG) der Sparkasse nicht abführen zu müssen. Der Wortlaut regelt allein, daß die Mitglieder der Gremien ein Sitzungsgeld „erhalten", nicht jedoch, daß sie es auch „behalten" dürfen. Für letzteres wäre eine ausdrückliche Rechtsgrundlage erforderlich gewesen.[384] Deshalb ist es juristisch unerheblich, ob die Vor-

---

382 VG Koblenz, Urt. v. 27.2.02, 6 K 2816/01.KO, Urteilsumdruck S. 7.
383 Insoweit ausdrücklich § 75a LBG, und BVerwG, DÖV 98, 881 (882) = E 106, 324 (325 f.) = PersV 99, 120 (121) = NVwZ 98, 1304 (1304 f.) = VR 99, 108 = DVBl 98, 1077 (1078), zur Rechtslage im Saarland; OVG Koblenz, NVwZ 03, 889 (891) = VR 04, 70 = DÖV 03, 381 (383) = DVBl 03, 617 (618) = RiA 03, 204 (206 f.); Anm Jeromin/Wesemann, DVBl 03, 620 (620 ff.), zur Rechtslage in Rheinland-Pfalz; Noack, StuG 99, 269 (270).
384 Noack, StuG 99, 269 (271); Köster, DÖD 05, 189 (192); zu Unrecht a.A. IM, Erlaß v. 25.2.05, 31-41.01.18-3-3932/05, S. 4, das aufgrund der besonderen Erwähnung der Hauptverwaltungsbeamten in der gesetzlichen Regelung zur Sitzungsgeldzahlung davon ausgeht, daß die von § 21 SpKG erfaßten Sitzungsgelder von den Abführungspflichten ausgenommen sind. Anders geregelt ist es in Bayern, wo sich bei kommunalen Wahlbeamten, die Vorsitzender oder Stellvertreter des Verwaltungsrats einer Sparkasse sind, die Abführungsfreigrenzen sogar verdoppeln bzw. verdreifachen (§ 11 II BayNtV). Diese Vorschrift widerspricht jedoch dem Grundsatz, wonach Aufgaben, die für öffentlichrechtliche Körperschaften wahrgenommen werden, in ein Hauptamt einzuordnen sind (§ 5 S. 1 BayNtV). Dieses grundlegende Strukturprinzip hat Vorrang, so daß selbst in Bayern derartige Sitzungsgelder an den Dienstherrn des Hauptamtes abzuführen sind.

2. Nebentätigkeitsrecht

schrift lex specialis zum Nebentätigkeitsrecht der Beamten ist. Entsprechendes gilt hinsichtlich Zweckverbandssparkassen.

Nebentätigkeit ist die **Wahrnehmung eines Nebenamtes oder einer Nebenbeschäftigung** (§§ 64 S. 1 BBG, 1 I BNtV; 67 S. 1 LBG, 2 I NtV). 219
Schaubild Nr. 17

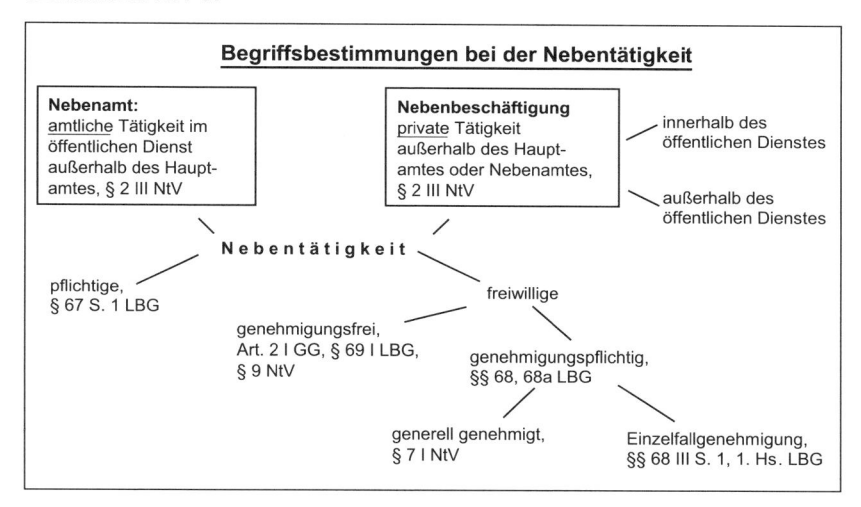

```
                   Begriffsbestimmungen bei der Nebentätigkeit

  Nebenamt:                      Nebenbeschäftigung
  amtliche Tätigkeit im          private Tätigkeit           ─── innerhalb des
  öffentlichen Dienst            außerhalb des Haupt-            öffentlichen Dienstes
  außerhalb des Haupt-           amtes oder Nebenamtes,
  amtes, § 2 III NtV             § 2 III NtV                 ─── außerhalb des
                                                                 öffentlichen Dienstes
                         N e b e n t ä t i g k e i t
      pflichtige,                    freiwillige
      § 67 S. 1 LBG
                          genehmigungsfrei,
                          Art. 2 I GG, § 69 I LBG,
                          § 9 NtV               genehmigungspflichtig,
                                                §§ 68, 68a LBG

                              generell genehmigt,    Einzelfallgenehmigung,
                              § 7 I NtV              §§ 68 III S. 1, 1. Hs. LBG
```

Ein **Nebenamt** ist ein nicht zum Hauptamt gehörender Kreis von Aufgaben, der aufgrund eines öffentlich-rechtlichen Dienst- oder Amtsverhältnisses wahrgenommen wird (§§ 1 II BNtV, 2 II NtV). Nebenamtlich handelt z.B. ein Prüfer in der Staatsprüfung, ein Beamter als Mitglied des LPA, ein Regierungsrat als Leiter einer Referendar-Arbeitsgemeinschaft (zumindest dann, wenn er durch das Hauptamt voll ausgelastet ist und hinsichtlich der AG-Leiter-Tätigkeit nicht angemessen entlastet wird[385]), ein Ermittlungsführer im Disziplinarverfahren (§ 4 II LDG) sowie ein Professor als Richter im Nebenamt.

Der Begriff des Nebenamtes fußt auf dem Begriff des konkret-funktionellen Amtes. Das Nebenamt umfaßt daher einen Kreis von Aufgaben, die ein Dienstherr einem Beamten wegen seiner Organisationsgewalt übertragen kann und die nicht organisatorisch einem Hauptamt zugeordnet sind, aber zugeordnet werden können.[386]

Eine **Nebenbeschäftigung** ist jede nicht zu einem Hauptamt oder einem Nebenamt zählende Nebentätigkeit innerhalb oder außerhalb des öffentlichen Dienstes (§§ 1 III BNtV, 2 III NtV). Eine Nebenbeschäftigung außerhalb des öffentlichen Dienstes ist z.B. die Erteilung von Nachhilfeunterricht durch einen Lehrer oder die Fertigung einer Bauzeichnung durch

---

[385] BVerwGE 40, 104 (109 f.).
[386] BVerwG, ZBR 86, 172 (173).

einen Baureferendar. Eine Nebenbeschäftigung innerhalb des öffentlichen Dienstes (§§ 2 I BNtV, 3 I NtV) oder eine ihr gleichstehende ist z.b. die Geschäftsführung der Strukturförderungsgesellschaft, deren Kapital zu 90% in Händen des Kreises ist (§ 3 II Nr. 1 NtV).

Es kommen selbständige und unselbständige Tätigkeiten als Nebenbeschäftigung in Betracht. Beispielsweise ist die selbständige landwirtschaftliche Erwerbstätigkeit im Nebenberuf (Nebenerwerbslandwirt) Nebentätigkeit.[387]

Der Unterschied zwischen nebenamtlicher Tätigkeit und Nebenbeschäftigung liegt darin, daß es sich beim Nebenamt um eine amtliche Tätigkeit handelt, bei der öffentlich-rechtliche Befugnisse und Pflichten bestehen. Hingegen ist die Nebenbeschäftigung eine private Tätigkeit, die dem Beamten selbst zugerechnet wird.[388]

Keine Nebentätigkeiten sind die abschließend in § 2 IV NtV (bzw. für den Bund in § 1 IV BNtV) genannten Beschäftigungen (z.b. die Wahrnehmung eines Stadtratmandats, die Mitgliedschaft im Bezirksplanungsrat, die ehrenamtliche Mitgliedschaft in Organen von Sozialversicherungsträgern und ihrer Verbände sowie der Bundesanstalt für Arbeit, die Tätigkeit als ehrenamtlicher Richter und als Mitglied einer Einigungsstelle nach dem Personalvertretungsrecht, die Mitgliedschaft in bestimmten WDR-Gremien sowie in der Rundfunkkommission, die Tätigkeit als Pflegeperson, Ehrenbeamter oder sonstiger ehrenamtlicher Angehöriger in Organisationen für den Feuer- und Katastrophenschutz). Keine privilegierten Ehrenämter sind demzufolge die in Rn 218 geschilderten Mitgliedschaften in Aufsichts- oder Verwaltungsräten kommunaler Unternehmen oder Sparkassen sowie in Beiräten von Kommunalstiftungen etc. Sonderregelungen enthält die HNtV. Anders ist es in Niedersachsen, wo der Vorsitzende und die Mitglieder des Verwaltungsrats der Sparkasse ehrenamtlich tätig sind (§ 10 II Nds SpKG).

Das Nebentätigkeitsrecht behandelt das kommunale Mandat (§ 44 II S. 1 GO) und die vom Rat veranlaßten Tätigkeiten (§ 44 II S. 2, 2. Alt. GO) sachlich differenziert. Insofern „gelten" die Tätigkeiten als Mitglied von Vertretungen und ihren Ausschüssen nicht als Nebentätigkeit (§ 2 IV Nr. 1 a) NtV). Das Nebentätigkeitsrecht erfaßt sie also nicht. Diese wertende Regelung nimmt damit die Mandatstätigkeit von den weiten Definitionen des § 2 I bis III NtV aus. Die Vorschrift des § 2 IV Nr. 1 NtV bezieht sich jedoch allein auf solche Ausschüsse, die nach öffentlichem Recht (Kommunalverfassungsrecht oder Sondergesetzen) gebildet werden. Hingegen unterliegt die vom Rat veranlaßte Tätigkeit in Gremien gemäß § 113 GO den jeweiligen Nebentätigkeitsregeln. Hieraus folgt, daß die Tätigkeit von Beamten in Funktionen, die durch ein kommunales Mandat lediglich vermittelt werden (der Rat entsendet ein Ratsmitglied, der Beamter ist, in

---

387 Plog/Wiedow/Lemhöfer/Bayer, § 65 BBG, Rn 4; Dierksmeyer, ZBR 86, 326 (326 ff.).
388 Hilg/Müller, 311; Scheerbarth/Höffken/Bauschke/Schmidt, § 16 I 2.

2. Nebentätigkeitsrecht

eine bestimmte Funktion), eine Nebenbeschäftigung darstellen. Es handelt sich dabei z.B. um Tätigkeiten in Verwaltungs-, Aufsichts-, Beiräten oder entsprechenden anderen Organen in den mit den Kommunen verbundenen Körperschaften, Anstalten, Einrichtungen, Unternehmen und juristischen Personen oder Personenvereinigungen. Die Wahrnehmung von Mitgliedschaftsrechten einer Kommune in einem kommunalen Spitzenverband ist somit eine Nebentätigkeit. Für Beamte, die mit derartigen Funktionen aufgrund der Beschlußfassung ihrer kommunalen Vertretungskörperschaft betraut werden, gelten ebenfalls uneingeschränkt die Bestimmungen des Nebentätigkeitsrechts.

2.2 Voraussetzungen zur Übernahme einer Nebentätigkeit

Dabei muß man zunächst zwischen pflichtigen und freiwilligen Nebentätigkeiten unterscheiden.

Der Beamte ist verpflichtet, eine Nebentätigkeit im öffentlichen Dienst auf Verlangen seines Dienstvorgesetzten (§ 64 S. 1 BBG: oberste Dienstbehörde) unter bestimmten Voraussetzungen zu übernehmen und fortzuführen (§ 67 S. 1 LBG). Bei **pflichtigen Nebentätigkeiten** geht die Initiative vom Dienstherrn aus. Hierbei hat er einen gewissen Ermessensspielraum.[389] Der Dienstherr muß § 4 I NtV (ähnlich § 3 S. 2 BNtV) beachten. Danach sollen dem Beamten keine Aufgaben seiner Behörde als Nebentätigkeit übertragen werden. Angesichts der hohen Arbeitslosigkeit muß man intensiv untersuchen, ob nicht bisher durch Nebentätigkeit wahrgenommene Aufgaben zu neuen Stellen zusammengefaßt werden können (für Aufgaben einer anderen Behörde vgl. § 4 II S. 1 NtV). Anders ist nach der Rechtsprechung die Rechtslage in Baden-Württemberg. Dort gebe es keinen allgemein gültigen beamtenrechtlichen Grundsatz, wonach der Dienstherr verpflichtet sei, Aufgaben, die mit dem Hauptamt eines Beamten in Zusammenhang stünden, auch dem Hauptamt zuzuordnen. Außerdem existiere kein generelles beamtenrechtliches Prinzip, wonach es dem Dienstherrn untersagt sei, dem Beamten eine solche Tätigkeit als Nebentätigkeit zu übertragen.[390] Diese Judikatur ist jedoch abzulehnen, weil sie den Ermessensspielraum des Dienstherrn überdehnt und Mißbrauchsmöglichkeiten eröffnet.[391]

220

Fall: Die Bundesstadt B genehmigt ihren Standesbeamten eine Nebentätigkeit an Samstagen als Standesbeamte, um hierdurch den häufig geäußerten Wunsch der Bevölkerung nach Trauungen an Samstagen zu erfüllen. Wie ist die Rechtslage?

Das Verfahren verstößt gegen § 4 I NtV. Danach sollen keine Aufgaben einer Behörde oder Einrichtung einem Beamten zur Erledigung als Nebentätigkeit übertragen werden. Vielmehr ist der Beamte hierzu aufgrund seines Hauptamtes verpflichtet. Die Formulierung „soll" im öffentlichen Recht bedeutet „muß", wenn man kann.[392] Ein atypischer Fall, der ein Abweichen von der Soll-Vorschrift rechtfertigen könnte, liegt nicht vor. Die Behörde ist durchaus in der

---

389 OVG Münster, RiA 01, 199 (201).
390 VGH Mannheim, DÖV 95, 118 (119).
391 Diese Gefahr sieht im übrigen selbst der VGH Mannheim, DÖV 95, 118 (120).
392 BVerwGE 90, 275 (278); NJW 00, 160 (163); VGH Mannheim, VBlBW 03, 286.

8. Abschnitt: Rechtsstellung des Beamten

Lage, dem berechtigten Anliegen der Bürger zu entsprechen. Der Dienstherr darf die Arbeitszeit des Standesbeamten auf sechs Kalendertage (Montag bis Samstag) verteilen (§ 3 I, II S. 1 AZVO). Die Gemeinden regeln die Dienststunden nach den örtlichen Erfordernissen (§ 18 II AZVO). Im übrigen besteht die Möglichkeit, Mehrarbeit anzuordnen (§ 78a I LBG). Daraus entstünden Ansprüche auf Dienstbefreiung oder auf Vergütung der Mehrarbeit (§ 78a II S. 1 LBG) nur dann, wenn der Beamte durch eine dienstlich angeordnete oder genehmigte Mehrarbeit mehr als fünf Stunden im Monat über die regelmäßige Arbeitszeit hinaus beansprucht wird (§ 78a I S. 1 LBG).

Weiterhin ist die Übertragung einer vergüteten (pflichtigen) Nebentätigkeit im öffentlichen Dienst ausgeschlossen, wenn sie dem Beamten im Hauptamt übertragen oder ihm eine angemessene Entlastung im Hauptamt gewährt werden kann.[393] Damit korrespondiert das Verbot, hierfür eine Vergütung zu zahlen, wenn der Beamte für die Nebentätigkeit angemessen entlastet wird (§ 12 III a) NtV; ähnlich § 6 I S. 2 BNtV) oder ihm die zu erledigenden Aufgaben im Hauptamt zugewiesen werden können (§ 12 III b) NtV).

Ob eine Nebentätigkeit im öffentlichen Dienst stattfindet, beurteilt sich nach der Legaldefinition des § 3 NtV (§ 2 BNtV). Nebentätigkeit im öffentlichen Dienst ist jede für den Bund, ein Land, eine Gemeinde, einen Gemeindeverband oder andere Körperschaften, Anstalten oder Stiftungen des öffentlichen Rechts oder für Verbände von solchen ausgeübte Nebentätigkeit[394] (§ 3 I S. 1, 1. Hs. NtV). Ausgenommen ist die Tätigkeit für Kirchen und öffentlich-rechtliche Religionsgemeinschaften oder ihre Verbände (§ 3 I S. 1, 2. Hs. NtV). Bestimmte Nebentätigkeiten stehen einer Nebentätigkeit im öffentlichen Dienst gleich (§ 3 II Nr. 1 bis 3 NtV). Bedeutsam ist § 3 II Nr. 1 NtV. Danach steht jede Nebentätigkeit für Vereinigungen, Einrichtungen und Unternehmen, deren Kapital (Grund-, Stammkapital) sich unmittelbar oder mittelbar zu mehr als 50% in öffentlicher Hand befindet oder die fortlaufend in dieser Höhe aus öffentlichen Mitteln unterhalten werden, einer Nebentätigkeit im öffentlichen Dienst gleich. Dieser Norm unterfallen beispielsweise Gesellschaften, die sich mehrheitlich unmittelbar oder mittelbar im kommunalen Besitz und damit in öffentlicher Hand befinden. Dabei kommt es nicht darauf an, ob das von der öffentlichen Hand gehaltene Kapital unmittelbar oder mittelbar (in Form einer Schachtelbeteiligung) der Kapitalgesellschaft zur Verfügung steht.[395] Um die Nebentätigkeit dem öffentlichen Dienst zuzuordnen, genügt zudem, daß der Empfänger der vom Beamten erbrachten Leistung eine juristische Person des öffentlichen Rechts ist.[396] Ebenfalls wichtig ist § 3 II Nr. 3, 2. Alt. NtV. Danach steht jede Nebentätigkeit, die der Beamte im Hinblick auf seine dienstliche Stellung ausübt, einer Nebentätigkeit im öffentlichen Dienst gleich. Dafür muß ein enger sachlicher Zusammen-

---

393 VV 2 zu § 67 LBG.
394 Hierunter fallen auch Gremientätigkeiten für Sparkassen- und Giroverbände und für weitere Anstalten des öffentlichen Rechts, an denen die Sparkassen- und Giroverbände beteiligt sind (z.B. Westdeutsche Landesbausparkasse, Provinzial, LBS, Landesbank NW); so IM, Erlaß v. 25.2.05, 31-41.01.18-3-3932/05, S. 4 f.
395 OVG Saarlouis, ZBR 03, 252 (253).
396 BVerwG, NVwZ-RR 04, 49 = DÖD 04, 79 = ZBR 04, 52 (52 f.); ZBR 04, 53 (54).

2. Nebentätigkeitsrecht

hang zwischen ausgeübter Nebentätigkeit und innegehabtem Hauptamt bestehen, etwa weil das Hauptamt Anlaß für die Berufung ist. Unter diese Vorschrift ist beispielsweise der Fall zu subsumieren, daß ein Hauptverwaltungsbeamter in erster Linie wegen seines Amtes als Bürgermeister Mitglied eines Gremiums wird[397], sofern man dies nicht bereits dem Hauptamt des Bürgermeisters zugeordnet hat (Rn 218).

Außerdem muß die Nebentätigkeit der Vorbildung oder Berufsausbildung des Beamten entsprechen, darf ihn nicht über Gebühr belasten und keine dienstlichen Interessen beeinträchtigen (§ 67 S. 1, 2 LBG; ähnlich § 64 S. 1 BBG). Um den unbestimmten Rechtsbegriff der Beeinträchtigung dienstlicher Interessen auszufüllen, sollte man die Regelversagungsgründe des § 68 II S. 2 Nr. 1 bis 6 LBG (§ 65 II S. 2 Nr. 1 bis 6 BBG) heranziehen. Zur Definition der Belastung über Gebühr dient insbesondere die Fünftel-Vermutung des § 68 II S. 3 LBG (§ 65 II S. 4 BBG). Ergibt sich eine solche Beeinträchtigung während der Ausübung der Nebentätigkeit, ist das Verlangen zu widerrufen (§ 67 S. 3 LBG). Werden beispielsweise dem Fachbeamten für das Finanzwesen die Aufgaben des Werkleiters eines gemeindlichen Eigenbetriebs als Nebentätigkeit übertragen, ist hierin nicht ohne weiteres ein Fehlgebrauch der Organisationsgewalt des Bürgermeisters einer ca. 13.000 Einwohner zählenden Gemeinde zu sehen.[398] Allerdings verkennt der Senat nicht, daß die Organisationsgewalt immer mißbraucht werden kann, wenn der Bürgermeister zum finanziellen Nutzen eines Gemeindebeamten diesem zu einer vom Gesetz nicht vorgesehenen Vergütung verhilft, indem er den Aufgabenbereich des Hauptamtes reduziert und ein entsprechendes Nebenamt schafft.[399]

In formeller Hinsicht ist der Dienstvorgesetzte zuständig (im Bund die oberste Dienstbehörde, allerdings mit der Möglichkeit der Delegation; § 64 S. 2 BBG). Es handelt es sich bei der Zuweisung von Nebentätigkeiten um Verwaltungsakte, da der Umfang der durch das funktionelle Amt festgelegten persönlichen Dienstleistungspflichten erweitert wird.[400] Somit sind insbesondere die §§ 28, 39 VwVfG zu beachten. Beispielsweise hat die Rechtsprechung[401] entschieden, daß die Übertragung von Aufgaben des kaufmännischen Betriebsleiters eines Eigenbetriebs an einen Beamten als Nebentätigkeit ein Verwaltungsakt ist.

Beispiel: Um den entsprechenden Bedarf an nebenamtlichen Lehrkräften zu decken, verlangt Bürgermeister B von seinem Personalamtsleiter Amtsrat P, einen Lehrauftrag an der Fachhochschule für öffentliche Verwaltung zu übernehmen. Diesen darf P sogar innerhalb der Arbeitszeit ausüben (Umkehrschluß aus § 70 I S. 1 LBG).

---

397 Das IM, Erlaß v. 25.2.05, 31-41.01.18-3-3932/05, S. 2 f., bejaht dies für Tätigkeiten in den RWE-Beiräten und im RWE-Aufsichtsrat. Zweifelnd Fischer/Grittmann, VBlBW 04, 324 (327).
398 VGH Mannheim, DÖV 95, 118 (119).
399 VGH Mannheim, DÖV 95, 118 (120).
400 VGH Kassel, NVwZ-RR 96, 338; Korn/Tadday, § 67 LBG, Anm 2; Scheerbarth/Höffken/Bauschke/Schmidt, § 16 II 2.
401 VGH Kassel, NVwZ-RR 96, 338.

221 Freiwillige Nebentätigkeiten werden im Interesse des Beamten übernommen. Hierbei ist zwischen genehmigungsfreien und genehmigungspflichtigen Nebentätigkeiten zu unterscheiden. **Genehmigungsfrei** (Auflistung in den §§ 66 I BBG, 69 I LBG, 9 NtV) sind z.B. die Verwaltung oder die Nutznießung des eigenen Vermögens[402], schriftstellerische, wissenschaftliche, künstlerische oder Vortragstätigkeit (jedoch nicht die Erteilung von Unterricht; § 9 I S. 4 NtV), die unentgeltliche Tätigkeit von Organen in Genossenschaften sowie die Gutachtertätigkeit von bestimmten Beamtengruppen. § 69 I Nr. 4 LBG stellt zudem klar, daß die Tätigkeit zur Wahrung von Berufsinteressen *in* Gewerkschaften (Schutzbereich des Art. 9 III S. 1 GG), Berufsverbänden oder Organen von Selbsthilfeeinrichtungen genehmigungsfrei ist. Hingegen ist eine Tätigkeit *für* eine Selbsthilfeeinrichtung (z.b. Werber, Vertrauensmann, Kassierer) genehmigungspflichtig.

Genehmigungsfrei ist beispielsweise die *Gründung* einer GmbH, da sie keine Nebentätigkeit darstellt. Vielmehr darf der Beamte wegen der allgemeinen Handlungsfreiheit (Art. 2 I GG) Gesellschaften gründen. Er muß jedoch seinem Dienstvorgesetzten diese genehmigungsfreien Nebentätigkeiten (z.B. auch schriftstellerische, wissenschaftliche, künstlerische oder Vortragstätigkeiten) vor ihrer Aufnahme schriftlich **anzeigen** (§ 10 I S. 1, 1. Hs. NtV, § 66 II S. 1, 1. Hs. BBG). Diese Anzeigepflicht ist verfassungsgemäß.[403] Weigert sich der Beamte, eine genehmigungsfreie Tätigkeit anzuzeigen, kann sie ihm allein deswegen untersagt werden.[404] In seiner Anzeige muß der Beamte Art und Dauer der Nebentätigkeit, den zeitlichen Umfang in der Woche, den Auftraggeber und die Höhe der zu erwartenden Vergütung angeben (§§ 75 S. 2 Nr. 3 LBG, 10 II NtV, § 66 II S. 1, 1. Hs. BBG). Allerdings dürfen selbst genehmigungsfreie Nebentätigkeiten keine dienstlichen Interessen beeinträchtigen (§§ 66 II S. 3 BBG, 69 II S. 1 LBG). Beispielsweise muß der Beamte die von ihm geforderte Pflicht beachten, daß sein Verhalten ebenfalls außerhalb des Dienstes der Achtung und dem Vertrauen gerecht wird, die sein Beruf erfordert (§§ 35 S. 3 BeamtStG, 54 S. 3 BBG, 57 S. 3 LBG). Ergibt sich eine solche Beeinträchtigung, sind sie ganz oder teilweise zu untersagen (§§ 66 II S. 3 BBG, 69 II S. 2 LBG). Eine teilweise Untersagung ist zulässig. Somit kann eine genehmigungsfreie Nebentätigkeit weiter ausgeübt werden, wenn der verbleibende Rest keine dienstlichen Interessen beeinträchtigt.

Genehmigungspflichtig sind im Bund sämtliche Nebentätigkeiten, die nicht genehmigungsfrei sind (§ 66 I BBG) oder zu deren Wahrnehmung der Beamte gemäß § 64 BBG verpflichtet ist (§ 65 I S. 1 BBG). Das Land

---

402 Hierzu zählt jedoch nicht die Führung eines zum Vermögen in Form eines hälftigen Geschäftsanteils gehörenden Betriebes. So zu Recht OVG Münster, NVwZ-RR 04, 594.
403 VGH München, IÖD 02, 2 (2 ff.). Von der Verfassungswidrigkeit gehen Ossenbühl/Cornils, 117 ff., Badura, ZBR 00, 109 (114 f.), Battis, in Franke/Summer/Weiß, Öffentliches Dienstrecht im Wandel, FS für Walther Fürst, 2002, 45 (49 f.), und Mirbach, ZBR 95, 64 (66), aus. Zum Streitstand vgl. Battis, § 66 BBG, Rn 15.
404 VGH Kassel, 1 UE 783/02.

2. Nebentätigkeitsrecht

NW ist gesetzestechnisch einen anderen Weg gegangen, indem es in den §§ 68, 68a LBG einzelne genehmigungspflichtige Aktivitäten aufgelistet hat. Deshalb ist beispielsweise die *Tätigkeit für eine GmbH* unter den Voraussetzungen des § 68 I Nr. 3 oder 4 LBG genehmigungspflichtig. Der Beamte bedarf der vorherigen Genehmigung zum Eintritt in den Vorstand, Aufsichtsrat, Verwaltungsrat oder in ein sonstiges Organ einer Gesellschaft oder eines in anderer Rechtsform betriebenen Unternehmens, das einen wirtschaftlichen Zweck verfolgt, sowie zur Übernahme einer Treuhänderschaft (§ 68 I Nr. 4 LBG). Hierzu zählt ebenfalls die Tätigkeit als Geschäftsführer, da dieser Organ der Gesellschaft ist (§§ 6 I, 35 ff. GmbHG). Rechtlich kommt es nicht darauf an, ob die Gesellschaft bereits in Vollzug gesetzt wurde oder nicht. Entscheidend ist allein der Eintritt des Beamten in das entsprechende Organ der Gesellschaft.

Allerdings ist nicht stets eine Genehmigung einzuholen. Vielmehr sind solche Nebentätigkeiten **generell genehmigt**, die insgesamt einen geringen Umfang haben, dienstliche Interessen nicht beeinträchtigen, außerhalb der Arbeitszeit ausgeübt und nicht oder mit weniger als 100.– Euro monatlich vergütet werden (§§ 5 I S. 1, 2 BNtV, 7 I NtV). Gerichte sind an die Definition, wann der Umfang der Nebentätigkeit als gering anzusehen ist, gebunden.[405] Allerdings muß der Beamte seinem Dienstvorgesetzten diese generell genehmigten Nebentätigkeiten vor ihrer Aufnahme schriftlich **anzeigen** (§§ 5 I S. 3 BNtV, 7 II S. 1 NtV).

Die sonstigen **genehmigungspflichtigen Nebentätigkeiten bedürfen** einer **Genehmigung**. Sie ist für jede einzelne Nebentätigkeit zu erteilen (§§ 65 I S. 1 BBG, 68 III S. 1, 1. Hs. LBG, 6 I S. 1 NtV), auf längstens fünf Jahre zu befristen (§§ 65 II S. 5, 1. Hs. BBG, 68 III S. 1, 1. Hs. LBG, 6 I S. 2 NtV) und erlischt bei Versetzung zu einer anderen Dienststelle (§§ 68 III S. 2 LBG, 6 V NtV). Eine vor dem 1.6.1999 erteilte Genehmigung erlischt mit Ablauf von fünf Jahren nach ihrer Erteilung, frühestens aber mit Ablauf des 31.12.1999 (Art. IX, § 1 des Gesetzes v. 20.4.99, GV NW, 148; § 23 III NtV; ähnlich § 65 VII S. 1 BBG). Im Lauf von fünf Jahren ist somit spätestens bis zum 31.12.2004 der gesamte Altbestand an Nebentätigkeitsgenehmigungen auf Null gefahren worden. In seinem schriftlichen Antrag muß der Beamte die Art und Dauer der Nebentätigkeit, den zeitlichen Umfang in der Woche, den Auftraggeber und die Höhe der zu erwartenden Vergütung und geldwerten Vorteile angeben (§§ 65 VI S. 2, 1. Hs. BBG, 70 II S. 1, 2, 1. Hs. LBG, 6 I S. 3, 4 NtV). Zudem sind nachträgliche Änderungen unverzüglich schriftlich anzuzeigen (§§ 65 VI S. 2, 2. Hs. BBG, 70 II S. 2, 2. Hs. LBG, 6 I S. 5 NtV).

In formeller Hinsicht gilt beim Antrag auf Genehmigung einer Nebentätigkeit folgendes: Zuständig ist der Dienstvorgesetzte (§ 3 IV LBG) bzw. die oberste Dienstbehörde (§ 65 IV S. 1 BBG mit Delegationsmöglichkeit; § 65 IV S. 2 BBG). Rn 55 beantwortet, wer bei hauptamtlichen Bürgermeistern/Landräten, die keinen Dienstvorgesetzten haben, die Aufgaben

---

405 BVerwG, ZBR 92, 375 (376).

8. Abschnitt: Rechtsstellung des Beamten

des Dienstvorgesetzten wahrnimmt. Wegen der grundsätzlichen Bedeutung der Genehmigung einer Nebentätigkeit sollte hier der Verwaltungsvorstand entscheiden.[406] Die Problematik wird auch von der Unabhängigen Expertenkommission Nebentätigkeitsrecht in Rheinland-Pfalz gesehen. Sie schlägt allerdings vor, daß die Aufsichtsbehörde für die Genehmigung von Nebentätigkeiten kommunaler Wahlbeamter ohne Dienstvorgesetzten zuständig werden soll.[407] Antrag und Entscheidung bedürfen der Schriftform (§ 70 II S. 1 LBG). Bei der Entscheidung über eine beantragte Nebentätigkeit handelt es sich um einen Verwaltungsakt[408], so daß die entsprechenden Verfahrensvorschriften des VwVfG gelten. Legt der Beamte trotz Aufforderung keine zur Prüfung der Nebentätigkeit erforderlichen Nachweise vor, darf der Dienstherr den Antrag nach Aktenlage ablehnen.[409]

Ob eine **Anhörung** notwendig ist, hängt von der Auslegung des Halbsatzes „der in Rechte eines Beteiligten eingreift" in § 28 I VwVfG ab. Die Rechtsprechung des BVerwG[410] bejaht das nur bei belastenden Verwaltungsakten. Nach gegenteiliger Ansicht in der Literatur gilt die Anhörungspflicht ebenfalls, wenn ein begünstigender Verwaltungsakt abgelehnt wird.[411] Teilweise wird differenziert: Handele es sich um die Ablehnung einer Erlaubnis von einem präventiven Verbot, sei eine Anhörung notwendig.[412] Hingegen setze eine Ausnahmebewilligung von einem repressiven Verbot keine Anhörung voraus, da sie den Rechtskreis erweitere. Für eine Pflicht zur Anhörung spricht für mich ein Schluß aus § 28 II Nr. 3 VwVfG. Die dort vorgesehene Ausnahme von der Anhörungspflicht beim Antrag auf Erlaß eines Verwaltungsakts wäre nicht sinnvoll, wenn der Gesetzgeber nicht im Grundsatz ebenfalls bei beantragten begünstigenden Verwaltungsakten von einer Anhörung ausginge.

Bei der Versagung oder dem Widerruf einer Nebentätigkeitsgenehmigung besteht ein Mitbestimmungsrecht des Personalrats (§ 72 I S. 1 Nr. 12

---

406 A.A. zu Unrecht RdErl IM v. 9.4.03, 31-37.02.40-3932/02, S. 5, das es Obliegenheit gegen sich selbst ansieht „im wohl verstandenen Interesse" die Unterlagen zur Personalakte zu geben. Dabei übersieht das IM seinen Erlaß v. 17.12.94, in dem es die Zuständigkeit des Rates/Kreistages angeordnet hatte (Rn 55). In NW ist dies seit dem 1.3.05 mit § 18 I S. 1 KorrG positiv-rechtlich dahingehend geregelt, daß alle Hauptverwaltungsbeamten verpflichtet sind, dem Rat bzw. dem Kreistag eine Tätigkeit nach § 68 I LBG (genehmigungspflichtige Nebentätigkeit) vor Übernahme anzuzeigen. Der Gesetzgeber durchbricht hier in systemwidriger Weise die bewährte Unterscheidung von genehmigungs- und lediglich anzeigepflichtigen Nebentätigkeiten und unterwirft selbst die genehmigungspflichtigen Nebentätigkeiten nur der Anzeigepflicht. Er schafft dadurch ein nicht sachlich begründbares Sonderrecht für eine bestimmte Beamtengruppe, die kommunalen Hauptverwaltungsbeamten.
407 Abschlußbericht v. 10.12.99, 10, 23, 27. Mittlerweile regelt dies § 181 I S. 1, 2. Alt. RhPfBG.
408 BVerwGE 31, 241 (243): „Verpflichtungsklage".
409 OVG Koblenz, NVwZ-RR 98, 248.
410 E 66, 184 (186).
411 Badura in Erichsen/Ehlers, Allgemeines Verwaltungsrecht, 12. Aufl. 02, § 35, Rn 15; Korn/Tadday, § 68 LBG, Anm 1.7; Kunig, ZBR 86, 253 (257).
412 Maurer, Allgemeines Verwaltungsrecht, § 19, Rn 20.

2. Nebentätigkeitsrecht

LPVG). Die Gleichstellungsbeauftragte ist durch Unterrichtung und Anhörung zu beteiligen (§ 18 II S. 1 i.V.m. § 17 I, 2. Hs. Nr. 1 LGG). Sie hat ein Widerspruchsrecht (§ 19 I S. 1, 1. Hs. LGG).

In materieller Hinsicht hat der Beamte aus Art. 2 I und 12 I S. 1 GG das grundsätzliche Recht, seine Arbeitskraft entgeltlich zu verwerten. Die grundlegende Entscheidung des BVerwG[413] räumt der freien Entfaltung der Persönlichkeit im öffentlich-rechtlichen Dienst- und Treueverhältnis eine entsprechende Bedeutung ein. Allerdings findet dies seine Grenzen in der verfassungsmäßigen Ordnung, zu der die Vorschriften des Beamtenrechts sowie Art. 33 V GG gehören. Die hierdurch geschützten Belange des öffentlichen Dienstes schränken das Recht des Beamten ein, seine Freizeit für entgeltliche Nebentätigkeiten zu nutzen. Der Beamte muß es hinnehmen, zumal er sich den hergebrachten Grundsätzen durch den freiwilligen Eintritt in das Beamtenverhältnis unterworfen hat.[414] Beamte wie Richter unterliegen einer besonderen Pflichtbindung, aus der sich Beeinträchtigungen der Grundrechtsausübung aus Rücksicht auf dienstliche Belange ergeben.[415] Unabdingbare Voraussetzung ist allerdings, daß die Nebentätigkeit geschützte Belange des öffentlichen Dienstes berührt. Das hat zur Folge, daß der Beamte grundsätzlich einen **Rechtsanspruch auf eine Nebentätigkeitsgenehmigung** hat, **sofern** seine Nebentätigkeit **kein**e dienstlichen Interessen beeinträchtigt.[416] Dabei reicht keine generelle Besorgnis. Vielmehr muß sie durch konkrete Umstände des Einzelfalles belegt werden.[417] Bei der Genehmigung von Nebentätigkeiten handelt es sich wegen des Rechts auf entgeltliche Verwertung der Arbeitskraft um eine gebundene Erlaubnis.[418] Allerdings enthält § 68 II LBG einen umfangreichen, nicht abschließenden Versagungskatalog. Die Genehmigung darf nur versagt werden, wenn ein ausdrücklich genannter **Versagungsgrund vorliegt**. Dafür ist der Dienstherr darlegungs- und beweispflichtig. Er hat bei dieser Entscheidung weder Ermessen noch ist ihm ein Beurteilungsspielraum eröffnet. Vielmehr sind die Versagungsgründe unbestimmte Rechtsbegriffe, die verwaltungsgerichtlich voll nachgeprüft werden dürfen.[419] Geht der Beamte nachhaltig einer unerlaubten Nebentätigkeit nach, begeht er ein schweres Dienstvergehen, das zur Entfernung aus dem Dienst führen kann.[420]

Entscheidender Versagungsgrund ist eine mögliche Konfliktsituation mit dienstlichen Interessen. Demgemäß bestimmt § 68 II S. 1 LBG (§ 65 II

222

---

413 E 60, 254 (255 f.) = ZBR 81, 31.
414 BVerwGE 60, 254 (256) = ZBR 81, 31; 31, 241 (244) = ZBR 69, 211 (212); 56, 227 (229).
415 BVerwG, NJW 06, 1538 (1540) = DVBl 06, 637 (640).
416 Kunig in Schmidt-Aßmann, Rn 133.
417 BVerwGE 60, 254 (256 f.) = ZBR 81, 31; 31, 241 (248) = ZBR 69, 211 (213); 40, 11 (16).
418 BVerwGE 60, 254 (255) = ZBR 81, 31; Ausnahme: §§ 65 II S. 5, 2. Hs. BBG, 68 III S. 1, 2. Hs. LBG.
419 BVerwGE 60, 254 (255) = ZBR 81, 31.
420 OVG Koblenz, NVwZ-RR 02, 858 (859) = DÖD 02, 319 (319 ff.) = IÖD 02, 166 (166 ff.) = ZBR 03, 143; DÖD 05, 91 (92 f.); NVwZ-RR 06, 270; OVG Münster, NVwZ-RR 04, 594 (596). Vgl. zu den Sachverhaltsgestaltungen Rn 406.

S. 1 BBG), daß die Nebentätigkeit zu versagen ist, wenn sie **dienstliche Interessen beeinträchtigen** kann. Unter diesem Begriff sind die mit der unmittelbaren Erledigung dienstlicher Aufgaben zusammenhängenden Interessen zu verstehen. Für die Beurteilung dienstlicher Interessen können der dem jeweiligen Beamten übertragene Dienstposten oder die einer bestimmten Beamtengruppe zugewiesenen Aufgaben bedeutsam sein.[421] Hierzu zählt das für ein reibungsloses Funktionieren einer sauberen Verwaltung unbedingt erforderliche Vertrauen der Öffentlichkeit in die Unbefangenheit und Unparteilichkeit der Verwaltungsmitarbeiter. Somit kann auch eine mögliche Beeinflußung anderer Beamter, etwa aus kollegialer Rücksichtnahme, relevant sein.[422] Hingegen tangiert der etwaige Neid anderer Beamter keine dienstlichen Interessen und ist deshalb kein Versagungsgrund.[423] Die Besorgnis ist bloß berechtigt, wenn bei verständiger Würdigung der gegenwärtig erkennbaren Umstände unter Berücksichtigung der erfahrungsgemäß zu erwartenden Entwicklung eine Beeinträchtigung dienstlicher Interessen wahrscheinlich ist.[424]

Gesetzestechnisch liefert § 68 II S. 2 Nr. 1 bis 6 LBG (§ 65 II S. 2 Nr. 1 bis 6 BBG) **Regelbeispiele**, wann dienstliche Interessen insbesondere berührt sind.

Als Versagungsgrund kommt eine derart **starke Arbeitsbelastung** des Beamten durch die Nebentätigkeit in Frage, daß er seine dienstlichen Aufgaben nicht mehr erfüllen kann (§ 68 II S. 2 Nr. 1 LBG). Danach muß die Nebentätigkeit im Einzelfall nach Art und Umfang die Arbeitskraft des Beamten so stark in Anspruch nehmen, daß die ordnungsgemäße Erfüllung seiner dienstlichen Pflichten im Hauptamt behindert werden kann. Dies kann sowohl durch eine Nebentätigkeit im öffentlichen Dienst als auch durch eine außerhalb des öffentlichen Dienstes geschehen, weil die menschliche Leistungsfähigkeit natürlicherweise begrenzt ist. In seiner Freizeit soll sich der Beamte in erster Linie erholen. Die Voraussetzung des § 68 II S. 2 Nr. 1 LBG gilt in der Regel als erfüllt, wenn ein Fünftel der regelmäßigen wöchentlichen Arbeitszeit (das sind bei einer 38,5-Stunden-Woche 7 Stunden 42 Minuten, bei einer 39-Stunden-Woche 7 Stunden 48 Minuten, bei einer 40-Stunden-Woche 8 Stunden, bei einer 41-Stunden-Woche 8 Stunden 12 Minuten etc.) überschritten wird (§§ 68 II S. 3 LBG, 65 II S. 4 BBG). Allerdings gibt es keinen Automatismus, daß die Nebentätigkeit bei einem Unterschreiten dieser zeitlichen Grenze stets ausgeübt werden darf. Hingegen ist wegen dieser abschließenden eigenständigen Regelungen § 3 Arbeitszeitgesetz auf Beamte nicht anzuwenden und auch nicht in Verbindung mit der Europäischen Arbeitszeitrichtlinie. Hierdurch vermeidet man zudem eine Kollision mit Art. 2 I und 12 I S. 1 GG. Bei der begrenzten Dienstfähigkeit (§ 46 LBG) ist von der redu-

---

421 BVerwGE 60, 254 (257) = ZBR 81, 31.
422 OVG Greifswald, DVBl 05, 324 = DÖD 05, 86 (87) = NordÖR 04, 410 (411).
423 BVerwG, ZBR 77, 27 (29).
424 BVerwGE 60, 254 (256 f.) = ZBR 81, 31 (31 f.); NJW 06, 1538 (1539) = DVBl 06, 637 (638); OVG Greifswald, DVBl 05, 324 = DÖD 05, 86 (86 f.) = NordÖR 04, 410 (410 f.).

2. Nebentätigkeitsrecht

zierten Arbeitszeit auszugehen (§ 46 II LBG). Bei einer Teilzeitbeschäftigung darf man die hierdurch freiwerdende Zeit bei der Beurteilung der dienstlichen Beanspruchung nicht berücksichtigen.[425] Wird eine gewerbliche Nebentätigkeit ausgeübt, kommt es nicht allein auf die rein zeitliche Belastung (z.B. durch Ladenöffnungszeiten) an. Die Tätigkeit eines Geschäftsinhabers verlangt über diese Zeiten hinaus umfangreiche Vor- und Nacharbeiten für Bestellungen und Abrechnungen. Der Beamte, der eine gewerbliche Tätigkeit ausübt oder einen Gewerbebetrieb eröffnet, wird regelmäßig so stark in Anspruch genommen, daß dies nur schwer mit seinen dienstlichen Pflichten in Einklang gebracht werden kann.[426] Insofern seien auch die Schwierigkeit der Tätigkeit, der Aufwand an Konzentration, das Maß an Verantwortung sowie die damit einhergehende psychische Belastung zu bedenken.[427] Insbesondere bei Nebentätigkeiten in der Urproduktion will man zugunsten von Nebenerwerbslandwirten berücksichtigen, ob die zeitliche Belastung als minder schwer erscheint.[428]

Abgesehen von der gesetzlichen Vermutung des § 68 II S. 3 LBG ist entscheidend, ob wegen der Umstände des Einzelfalles die Besorgnis besteht, daß der Beamte seine Pflichten, die körperliche Leistungsfähigkeit zu wahren, seine dienstlich notwendigen Kenntnisse auf dem neuesten Stand zu halten und sich fortzubilden, verletzt.[429] Ein hoher Krankenstand kann Indiz dafür sein, daß der Beamte nebentätigkeitsbedingt seine Freizeit nicht genutzt hat, damit er körperlich leistungsfähig bleibt.

Ein weiterer Regelversagungsgrund liegt vor, wenn die Nebentätigkeit den Beamten in einen **Widerstreit mit** seinen **dienstlichen Pflichten** bringen kann (§ 68 II S. 2 Nr. 2 LBG). Dadurch sollen Loyalitätskonflikte zwischen Amtspflichten und Nebentätigkeiten vermieden werden.[430] Es wird auf eine konkrete objektive, nicht fernliegende Möglichkeit abgestellt.[431] Die Nebentätigkeit eines Oberstudienrats als Geschäftsführer einer GmbH, die ein Reisebüro betreibt, kann die Besorgnis einer Beeinträchtigung dienstlicher Interessen insbesondere dann begründen, wenn über das Reisebüro gerade Klassenfahrten und Ausflüge dieser Schule organisiert werden.[432] Ein Beamter, der Aufträge vergeben darf, gelangt in Widerstreit mit seinen dienstlichen Pflichten, wenn er bei einer Nebentätigkeit als Geschäftsführer einer GmbH tätig werden will, die um derartige Aufträge konkurriert. Ebenfalls kann eine konkret gesundheitsgefährdende Nebentätigkeit versagt werden, wenn aufgrund der speziellen Fallgestaltung die Besorgnis besteht, daß der Beamte gegen die Pflicht zur Erhaltung seiner Dienstfähigkeit (§ 57 S. 1 LBG; Rn 204) verstoßen wird. Ein solcher

---

425 VGH Mannheim, BWGZ 03, 808 (809).
426 Tadday, NebentätigkeitsVO, § 6, Anm 47, 50.
427 OVG Koblenz, ZBR 90, 185 (186).
428 Plog/Wiedow/Lemhöfer/Bayer, § 65 BBG, Rn 16, nennen weitere Erleichterungen.
429 GKöD, § 65 BBG, Rn 22.
430 BVerwGE 60, 254 (258, 260) = ZBR 81, 31 (32).
431 Plog/Wiedow/Lemhöfer/Bayer, § 65 BBG, Rn 19; GKöD, § 65 BBG, Rn 25.
432 OVG Koblenz, ZBR 90, 185 (186).

8. Abschnitt: Rechtsstellung des Beamten

Aspekt dürfte insbesondere zum Tragen kommen, wenn an die Gesundheit und körperliche Leistungsfähigkeit besondere Anforderungen gestellt werden, wie bei Polizei- und Feuerwehrbeamten. Konflikte mit dienstlichen Interessen sind zudem zu befürchten, wenn der Beamte seine Nebentätigkeit aufgrund ihres Umfangs auch während des Dienstes erledigen muß und sich somit seinem Beruf nicht mehr mit voller Hingabe widmen kann.[433]

Weiterhin ist eine Nebentätigkeit zu untersagen, wenn sie in einer **Angelegenheit** ausgeübt wird, **in der die Behörde oder Einrichtung, der der Beamte angehört, tätig wird oder werden kann** (§ 68 II S. 2 Nr. 3 LBG). Das hier ausgesprochene Verbot berührt generalisierend erheblich das Vorfeld möglicher Interessenkonflikte oder nur ihres Anscheins. Diese Typisierung gehe zwar weit. Sie sei aber wegen der speziellen Bedeutung einer ungeteilten und zweifelsfreien Loyalität des Beamten verfassungsrechtlich noch zulässig.[434] Sinn und Zweck des Verbots liegen darin, daß ein Beamter hinsichtlich seiner privaten Nebentätigkeit nicht als Konkurrent zu seiner Behörde hinsichtlich deren Aufgaben auftritt.[435] Dadurch sollen zunächst Kollisionen mit Dienstpflichten ausgeschlossen werden, gerade auch um Korruption zu bekämpfen. Hierfür genüge das schlichte Zusammentreffen von Behördenzuständigkeit und Nebentätigkeit, ohne daß es auf die konkrete Wahrscheinlichkeit eines Interessenkonflikts ankomme.[436] Hingegen will der Schutzbereich der Versagungsnorm keinesfalls Situationen verhindern, die mit der Nebentätigkeit in keinem Zusammenhang stehen und in denen der Beschäftigungsgeber der Nebentätigkeit der Behörde des Beamten wie jeder andere Dritte gegenübertritt. In diesen Fällen kann das schützenswerte Vertrauen des Bürgers in die Integrität der Behörde gar nicht berührt sein, weil der Beamte keinesfalls als Mitglied der Behörde einerseits und daneben als deren privater Konkurrent in Erscheinung tritt. Etwaigen hierbei entstehenden Gefahren versucht die Rechtsordnung durch die Versagungsgründe der Beeinflussung der Unparteilichkeit/Unbefangenheit oder des Widerstreits mit dienstlichen Pflichten bzw. über die Befangenheitsvorschriften zu begegnen.

Die Formulierung „tätig werden könnte" (§ 68 II S. 2 Nr. 3 LBG) ist einschränkend auszulegen. Es ist denkbar, daß Städte und Gemeinden wegen ihrer Aufgabenallzuständigkeit in örtlichen Angelegenheiten[437] irgendwann einmal im Bereich einer Nebentätigkeit agieren werden. Diese potentielle Möglichkeit reichte jedoch nicht aus, um bereits jetzt schon eine zur Versagung der Nebentätigkeit führende Konkurrenzsituation annehmen zu können. Eine solche Interpretation würde das aus Art. 28 II

---

[433] OVG Koblenz, VR 03, 358 = NVwZ-RR 02, 860 (861) = ZBR 03, 142 (143) = IÖD 02, 161 (162) = DÖD 02, 289 (289 f.).
[434] OVG Münster, RiA 93, 151 (152) = ZBR 93, 339; ähnlich OVG Koblenz, ZBR 93, 340; VGH Mannheim, DÖV 03, 300 (301) = NVwZ-RR 03, 224; Plog/Wiedow/Lemhöfer/Bayer, § 65 BBG, Rn 18.
[435] Schütz/Maiwald, § 68 LBG, Rn 30; Schnellenbach, Rn 258; Plog/Wiedow/Lemhöfer/Bayer, § 65 BBG, Rn 18.
[436] VGH Mannheim, DÖV 03, 300 (301) = NVwZ-RR 03, 224.
[437] Hierzu näher BVerfGE 79, S. 123 ff. (143 ff.).

2. Nebentätigkeitsrecht

S. 1 GG folgende kommunale Selbstverwaltungsrecht in Abwägung mit der allgemeinen Handlungsfreiheit des Art. 2 I GG nicht richtig gewichten. Wenn Kommunen nämlich aufgrund des kommunalen Selbstverwaltungsrechts alle Angelegenheiten der örtlichen Gemeinschaft selbst regeln dürfen sowie hieraus eine Allzuständigkeit hergeleitet wird, und dies bereits für eine Versagung der Nebentätigkeit ausreiche, dürften Kommunalbeamte nahezu keine Nebentätigkeiten mehr ausüben. Eine solche Position ist bislang richtigerweise weder von der Rechtsprechung noch der Literatur eingenommen worden. Hinsichtlich aller Nebentätigkeiten mit Ausnahme alleiniger staatlicher Aufgaben (die aber ohnehin nicht als Nebentätigkeit ausgeübt werden dürften) wäre es nämlich potentiell möglich, daß die Kommune in dieser Angelegenheit irgendwann einmal tätig werden kann. Eine solche Auslegung würde die Bedeutung der allgemeinen Handlungsfreiheit (Art. 2 I GG) verkennen, weil sie allein Kommunalbeamte von Nebentätigkeiten ausschlösse. Sie wäre zudem nicht zum Schutz der hergebrachten Grundsätze des Berufsbeamtentums (Art. 33 V GG) erforderlich. Diese wären erst bei einer Konkurrenzsituation gefährdet. Die Frage, wann eine Behörde in einer Angelegenheit tätig werden „kann", hat die Rechtsprechung deshalb korrekterweise limitierend dahingehend beantwortet, daß die Behörde hierzu „in der Lage und bereit" sein muß.[438]

Beispielsweise soll verhindert werden, daß sowohl der Beamte selbst seine eigenen, in Nebentätigkeit erstellten Anträge bearbeitet (Sachbearbeiter im Bauamt, der über Bauanträge entscheidet; keine Nebentätigkeit als Architekt), als auch dessen Kollegen. Ebenfalls darf nicht gestattet werden, daß ein Beamter bei einem kommerziellen Bürgerservicebüro Dienstleistungen gegen Entgelt anbietet, die von seiner Verwaltung durch ihre normale Dienstleistungsfunktion kostenlos erbracht werden. Die Gemeinden sind in den Grenzen ihrer Verwaltungskraft den Einwohnern bei der Einleitung von Verwaltungsverfahren behilflich, selbst wenn für deren Durchführung eine andere Behörde zuständig ist (§ 22 I S. 1 GO). Diese kostenlose Hilfestellung gehört zum Inhalt der Pflichten von Kommunen gegenüber Einwohnern, so daß die Behörde, welcher der Beamte angehört, in dieser Angelegenheit tätig wird. Das Vertrauen gerade der Einwohner in die Sauberkeit der Verwaltungsführung könnte leiden, wenn eine kostenfrei zu erbringende Verwaltungsleistung von einem Beamten als Teil dieser Verwaltung gegen Entgelt als Nebentätigkeit erbracht wird. Gleichfalls wäre die Wahrnehmung eines Aufsichtsratsmandats in einer privaten Wirtschaftsförderungsgesellschaft zu untersagen, wenn die Kommune im Bereich der Wirtschaftsförderung ebenfalls tätig wird oder zumindest, wenn sie in dieser Angelegenheit tätig werden kann, also hierzu in der Lage und bereit ist.

Die von einem Polizeibeamten in dessen Dienstbezirk während der Freizeit gegen Vergütung wahrgenommene Kontrolltätigkeit als Mitarbeiter im

---

438 BVerwG, ZBR 93, 149 (150).

8. Abschnitt: Rechtsstellung des Beamten

Rundfunkgebührenwesen[439] kann ebenso dienstliche Interessen beeinträchtigen wie seine Funktion als gerichtlich bestellter Zwangsverwalter[440] oder die eines Nachlaßrichters als Testamentsvollstrecker[441]. Hier überschneiden sich die Tätigkeitsfelder der Nebentätigkeit und des Hauptamtes. Entsprechendes gilt hinsichtlich der beabsichtigten Nebentätigkeiten eines Polizeibeamten als Warenhausdetektiv[442], einer (beurlaubten) Rechtspflegerin in einem Notariat am Dienstort[443] sowie eines Hochschullehrers, der Aufträge ausführen will, die auch das Hochschulinstitut, dem er angehört, erledigen kann und will.[444]

Ferner darf die Nebentätigkeit die **Unparteilichkeit oder Unbefangenheit** des Beamten **nicht beeinflussen** (§ 68 II S. 2 Nr. 4 LBG), und auch zu **keiner** wesentlichen **Einschränkung der künftigen dienstlichen Verwendbarkeit** führen (§ 68 II S. 2 Nr. 5 LBG). Durch die Versagung der Nebentätigkeitsgenehmigung soll hier von vornherein verhindert werden, daß der Beamte überhaupt in einen Widerstreit mit seinen dienstlichen Pflichten gerät.[445] Dies wäre beispielsweise der Fall, wenn der Beamte eine mit erheblichem Entgelt verbundene Tätigkeit für Interessenten seines dienstlichen Handelns ausübte und sich damit von diesen hinsichtlich ins Gewicht fallender Einkünfte wirtschaftlich abhängig machte.[446] Unbefangenheit und Unparteilichkeit als möglicherweise beeinträchtigte Dienstpflichten sind konkret aus der objektiven Sicht des jeweiligen Dienstherrn zu bestimmen.[447] Das Problem einer wesentlichen Einschränkung der künftigen dienstlichen Verwendbarkeit stellt sich hingegen nicht beim Bürgermeister. Er ist ein sog. „Amtsbeamter" (Rn 71). Der Bürgermeister wird von vornherein für einen festen Zeitraum in ein bestimmtes Amt gewählt. Seine Funktion ist nicht auf einen Wechsel angelegt. Eine künftige Änderung seiner Verwendung ist damit ausgeschlossen, so daß kein Loyalitätskonflikt entstehen kann.

Schließlich ist eine Nebentätigkeit zu untersagen, wenn sie dem **Ansehen der öffentlichen Verwaltung abträglich** sein kann (§ 68 II S. 2 Nr. 6 LBG). Dies ist ist anzunehmen, wenn ein Strafvollzugsbeamter eine Videothek mit gewaltverherrlichenden und pornographischen Filmen betreibt.[448] Kann ein Verhalten den Anschein einer behördlich geduldeten Vermengung dienstlicher und privater Interessen erwecken, kann es zu einem Ansehensverlust der Beamtenschaft führen und somit dem Ansehen der öffentlichen Verwaltung schaden.[449] Dies gilt insbesondere, wenn

---

439 OVG Koblenz, ZBR 93, 340.
440 OVG Koblenz, NVwZ-RR 98, 248 (249).
441 VGH Mannheim, DÖV 03, 300 (301) = NVwZ-RR 03, 224.
442 OVG Schleswig, ZBR 92, 95.
443 OVG Münster, RiA 93, 151 (152) = ZBR 93, 339.
444 BVerwG, ZBR 93, 149 (150).
445 BVerwGE 60, 254 (257 f.) = ZBR 81, 31 (31 f.).
446 BVerwGE 84, 194 (201); Plog/Wiedow/Lemhöfer/Bayer, § 65 BBG, Rn 19.
447 Battis, § 65 BBG, Rn 11; GKöD, § 65 BBG, Rn 25.
448 VG Hannover, NJW 88, 1162.
449 OVG Koblenz, ZBR 93, 340.

2. Nebentätigkeitsrecht

der Umfang der Nebentätigkeit in der Bevölkerung den Eindruck hervorruft, der Beamte gehe seinem eigentlichen Beruf nur untergeordnet und nicht mit voller Hingabe nach.[450] Ob das von einem Beamten betriebene Bordell nach heutigen Wertmaßstäben, gerade auch wegen der dahinterstehenden sozialhygienischen Funktion, dem Ansehen der öffentlichen Verwaltung abträglich ist, möchte der Verfasser verneinen. Keinesfalls schadet es dem Ansehen der Justiz, wenn Richter Nebentätigkeiten bei privaten Repetitorien ausüben, um Referendare auf das Examen vorzubereiten.[451] Neben der Art der Tätigkeit kann im Einzelfall ebenfalls eine erheblich unangemessene Vergütungshöhe das Ansehen der öffentlichen Verwaltung beeinträchtigen.[452] Dies wird jedoch lediglich beim Vorliegen ganz besonderer Umstände angenommen, wenn beispielsweise die Vergütung die sonst für vergleichbare Leistungen übliche Höhe ohne erkennbaren sachlichen Grund erheblich übersteigt.[453] Im Beamtenrecht einiger Bundesländer wird als Grenze die Überschreitung von 30% der Jahresdienstbezüge des Beamten angesehen (Art. 73 III S. 4 BayBG und § 79 II S. 5 HessBG). Eine andere Ansicht[454] mißt die Ansehensbeeinträchtigung anhand der Maßstäbe der §§ 134, 138 BGB, also des Wuchers.

Die Regelungen über die gebotene Versagung einer Nebentätigkeitsgenehmigung dienen ausschließlich den dort genannten dienstlichen Interessen. Ihre Einhaltung kann der Beamte nicht als eigenes Recht geltend machen.[455]

Werden nach der Erteilung der Nebentätigkeitsgenehmigung derartige dienstliche Interessen beeinträchtigt, ist die Genehmigung zu widerrufen (§ 68 IV LBG bzw. § 65 II S. 7 BBG).

Die Verfassungsmäßigkeit von **arbeitsmarktpolitisch motivierten Nebentätigkeitsversagungsgründen** wird infrage gestellt, da die Einschränkungen keinen dienstlichen Grund hätten. Das Sozialstaatsprinzip als Verfassungsprinzip umfasse jedoch auch die Sozialpflichtigkeit der Glieder des Gemeinwesens untereinander.[456] Wegen der Sonderrechtsbeziehung der Beamten zum Staat könne von ihnen ein größerer Beitrag zur Bekämpfung der Arbeitslosigkeit als von Arbeitnehmern der Privatwirtschaft gefordert werden. Die Rechtsprechung vertritt nicht diese Ansicht. Sie stellt allein darauf ab, daß Versagungsgründe nur Interessen des Dienstherrn oder der Allgemeinheit, die einen Bezug zur Amtsführung des Beamten haben, betreffen dürfen.[457] Danach sind arbeitsmarktpoliti-

---

450 OVG Koblenz, VR 03, 358 = NVwZ-RR 02, 860 (861) = ZBR 03, 142 (143) = IÖD 02, 161 (162) = DÖD 02, 289 (290).
451 BVerwGE 78, 211 (215).
452 Plog/Wiedow/Lemhöfer/Bayer, § 65 BBG, Rn 21a; GKöD, § 65 BBG, Rn 19.
453 Plog/Wiedow/Lemhöfer/Bayer, § 65 BBG, Rn 21a; GKöD, § 65 BBG, Rn 19.
454 Schnellenbach, Rn 261a.
455 BVerwG, DVBl 95, 1250 (1251) = NJW 96, 139 (140).
456 Hesse, Grundzüge des Verfassungsrechts der Bundesrepublik Deutschland, 20. Aufl. 95, § 7, Rn 213.
457 BVerwGE 84, 299 (302) = NVwZ 90, 766 (767) = DVBl 90, 647 (648); OVG Münster, NVwZ-RR 93, 316.

8. Abschnitt: Rechtsstellung des Beamten

sche Belange bei § 68 II LBG unerheblich, sofern nicht durch die genehmigte Nebentätigkeit des Beamten gleichzeitig und unmittelbar dienstliche Interessen beeinträchtigt werden.[458] Der Judikatur ist zu folgen. Das allgemeine öffentliche Interesse an einer Verringerung der Arbeitslosigkeit ist kein spezifisches dienstliches Interesse, um eine im übrigen zulässige Nebentätigkeit zu versagen. Von den Beamten darf man aus dienstlichen Gründen kein Sonderopfer zum Abbau der Arbeitslosigkeit verlangen. Für das berliner Recht wurde entschieden, daß aus dem Begriff „dienstliche Interessen" im Nebentätigkeitsrecht kein arbeitsmarktpolitischer Versagungsgrund hergeleitet werden dürfe, um eine entsprechende Verfassungswidrigkeit zu vermeiden.[459]

Letztlich sind entsprechende (hessische) Regelungen verfassungsgemäß, wonach **Richtern** die Nebentätigkeitsgenehmigung zu versagen ist, wenn eine bestimmte Vergütungsgrenze überschritten wird.[460] Auch hierdurch kann man das Vertrauen der Öffentlichkeit in die Integrität von Richtern und in die Funktionsfähigkeit der Justiz gewährleisten.[461] Es werde der Anschein vermieden, Richter könnten ihr Hauptamt vernachlässigen, um durch die Nebentätigkeit hohe Zusatzeinkünfte zu erzielen.

Fall[462]: I ist Inspektor bei der Finanzverwaltung und als Umsatzsteuersonderprüfer eingesetzt. Er wurde von einem Lohnsteuerhilfeverein gebeten, diesen für 200.– Euro monatlich drei Stunden wöchentlich zu beraten. Ist der Antrag zu genehmigen?

Eine Genehmigungspflicht (§ 68 I Nr. 2 LBG) scheidet aus, weil ein Nebenamt (§ 2 II NtV) bloß aufgrund öffentlich-rechtlicher Dienst- oder Amtsverhältnisse wahrgenommen werden kann, und ein Verein eine juristische Person des Privatrechts ist (§§ 21 ff. BGB). Allerdings besteht hier eine Genehmigungspflicht nach § 68 I Nr. 3 LBG, da es sich um eine Nebenbeschäftigung gegen Vergütung handelt. Jedoch bedarf nicht jede genehmigungspflichtige Nebentätigkeit einer Einzelgenehmigung; vielmehr sind bestimmte Tätigkeiten generell genehmigt (§ 7 I NtV). I erhält allerdings eine Vergütung von mehr als 100.– Euro monatlich. Deshalb liegt keine allgemeine Genehmigung vor (§ 7 I Nr. 4 NtV). Demnach muß I einen schriftlichen Antrag auf Genehmigung stellen (§ 70 II S. 1 LBG).

Weiterhin ist zu untersuchen, ob über diesen Antrag positiv entschieden werden muß? Die Genehmigung ist zu versagen, wenn die Nebentätigkeit dienstliche Interessen beeinträchtigen *kann* (§ 68 I S. 1 LBG). Bei dieser Vorschrift muß man aber beachten, daß durch die Versagung der Nebentätigkeit eine grundgesetzlich geschützte Rechtsposition berührt wird. Aus dem Recht auf freie Entfaltung der Persönlichkeit (Art. 2 I GG), aber auch aus der Berufsausübungsfreiheit des Art. 12 I S. 2 GG folgt das Recht auf entgeltliche Verwertung der Arbeitskraft, das selbst dem Beamten zusteht.[463] Es wird allerdings durch die hergebrachten Grundsätze des Berufsbeamtentums (Art. 33 V GG) begrenzt. Dazu gehört die Pflicht des Beamten, sich mit „voller Hingabe" seinem Hauptamt zu widmen (§ 57 S. 1 LBG). Im allgemeinen muß er seine Arbeitskraft nur nach Maßgabe der Arbeitszeitvorschriften zur Verfügung stellen, so daß ihm freie Zeit bleibt. Obwohl er sich darin in erster Linie erholen soll, darf er sie daneben für

---

458 BVerwGE 84, 299 (303 ff.) = NVwZ 90, 766 (767) = DVBl 90, 647 (648); OVG Münster, NVwZ-RR 93, 316; VG Arnsberg, NWVBl 96, 274 (275).
459 OVG Berlin, ZBR 90, 58.
460 BVerwG, NJW 06, 1538 (1538 ff.) = DVBl 06, 637 (638 ff.).
461 BVerwG, NJW 06, 1538 (1540) = DVBl 06, 637 (640).
462 Nach BVerwGE 60, 254 (254 ff.) = ZBR 81, 31 (31 ff.).
463 BVerwGE 60, 254 (255) = ZBR 81, 31; VG Arnsberg, NWVBl 96, 274; Haller, DÖD 98, 59; Monhemius, Rn 352.

2. Nebentätigkeitsrecht

entgeltliche Nebentätigkeiten verwenden.[464] Die Genehmigung für eine derartige Tätigkeit kann jedoch versagt werden, wenn die nicht lediglich abstrakte und generelle Besorgnis besteht, daß die durch die hergebrachten Grundsätze geschützten Interessen des öffentlichen Dienstes wahrscheinlich beeinträchtigt werden.[465] Eine fernliegende Gefahr reicht nicht; andererseits muß die Beeinträchtigung nicht in absehbarer Zeit in hohem Maße wahrscheinlich sein.[466] Im vorliegenden Fall ist denkbar, daß die Unparteilichkeit oder die Unbefangenheit des I durch die geplante Nebentätigkeit beeinträchtigt werden kann (§ 68 II S. 2 Nr. 4 LBG). Dabei ist zu beachten, daß I als Beamter unter Beachtung des Gesetzmäßigkeitsprinzips als Sachwalter der Steuerverwaltung ein möglichst hohes Steueraufkommen anstreben und bei seiner Nebentätigkeit die Steuerschuld gerade möglichst gering halten muß. Zwar ist die Steuerschuld gesetzlich fixiert. Der Wille des Gesetzgebers ist aber nicht immer eindeutig, so daß es unabhängig von Bewertungsfragen verschiedene Gestaltungsmöglichkeiten gibt. Ein Steuerbeamter wäre gezwungen, im Hauptamt eine andere Einstellung als bei der Nebenbeschäftigung zu zeigen.[467]

Allerdings rechtfertigt Art. 33 V GG allein dem Übermaßverbot entsprechende Schranken der allgemeinen Handlungsfreiheit. Deshalb darf die Beeinträchtigung dienstlicher Interessen, die zur Versagung der Genehmigung führen kann, auf keine abstrakt-generellen Überlegungen gestützt werden.[468] Vielmehr muß ein vernünftiger Grund für die Annahme bestehen, daß eine solche Beeinträchtigung im konkreten Fall voraussichtlich eintreten wird, während eine bloß nicht auszuschließende Möglichkeit nicht ausreicht.[469] Dabei muß man beachten, daß I nicht für die Lohnsteuersachbearbeitung, sondern als Umsatzsteuersonderprüfer eingesetzt ist, und somit die von ihm bearbeiteten Erstattungsanträge nicht selbst prüft. Er muß jedoch in jedem Bereich der Finanzverwaltung die Interessen seines Dienstherrn vertreten. I kennt die internen Anweisungen über die Bearbeitung von Lohnsteuerjahresausgleichsanträgen. Der Dienstherr ist daran interessiert, daß diese nicht eigennützig gegen Entgelt verwertet werden.[470] Somit besteht ein vernünftiger Grund, einen Interessenkonflikt anzunehmen. Auflagen zur Vermeidung der Interessenkollision sind nicht möglich.[471] Somit muß die Nebentätigkeit versagt werden (§ 68 II S. 2 Nr. 4 LBG). Außerdem liegt der Versagungsgrund des § 68 II S. 2 Nr. 5 LBG vor, da gegen eine Umsetzung des I auf einen Dienstposten für die Lohnsteuerbearbeitung Ausschlußgründe gemäß §§ 82 I Nr. 6 S. 1 und 83 I AO (§§ 20 I S. 1 Nr. 6, 21 VwVfG) sprächen. Der Antrag ist demnach abzulehnen.

Ein Versagungsgrund für eine beabsichtigte Nebentätigkeit kann sich auch aus anderen als beamtenrechtlichen Rechtsnormen ergeben. Eine solche Vorschrift stellt § 7 Nr. 10 BRAO dar, wonach ein Bewerber, der Beamter ist, nicht zur Rechtsanwaltschaft zugelassen werden darf. Diese Unvereinbarkeit hat ihren Ursprung im Berufsbild der freien Advokatur, das durch äußere und innere Unabhängigkeit geprägt ist. Dagegen steht der Beamte in einem öffentlich-rechtlichen Treueverhältnis zu seinem Dienstherrn, das ihn hinsichtlich der Übernahme außerhalb seines Berufs liegender Tätigkeiten einschränkt und von der Genehmigung seines Dienstherrn abhängig macht. Die **Zulassung zur Rechtsanwaltschaft** ist sogar einem bis zum Beginn des Ruhestandes ohne Dienstbezüge beurlaubten Beamten zu versagen.[472] Trotz des Urlaubs kann dieser

---

464 BVerwGE 60, 254 (256) = ZBR 81, 31; VG Arnsberg, NWVBl 96, 274.
465 BVerwGE 60, 254 (256) = ZBR 81, 31; 31, 241 (248) = ZBR 69, 211 (213).
466 BVerwGE 60, 254 (257) = ZBR 81, 31; 40, 11 (16).
467 BVerwGE 60, 254 (258 f.) = ZBR 81, 31 (32).
468 BVerfG, DVBl 81, 450 (454); BVerwGE 60, 254 (256) = ZBR 81, 31; 31, 241 (248) = ZBR 69, 211 (213); a.A. Scheerbarth/Höffken/Bauschke/Schmidt, § 16 III 2.
469 BVerwGE 60, 254 (257) = ZBR 81, 31.
470 BVerwGE 60, 254 (259) = ZBR 81, 31 (32).
471 BVerwGE 31, 241 (247 f.) = ZBR 69, 211 (213).
472 BGH, DÖD 98, 71 (72) = ZBR 00, 66 (67).

8. Abschnitt: Rechtsstellung des Beamten

Beamte nicht frei über den Einsatz seiner Arbeitskraft entscheiden. Anders ist es hingegen bei Beamten im Ruhestand. Diese können als Rechtsanwälte zugelassen werden, weil das Beamtenverhältnis mit dem Eintritt in den Ruhestand endet (§ 30 II LBG).[473] Ebenfalls dürfen Angestellte zur Anwaltschaft zugelassen werden, selbst wenn sie sog. Dienstordnungsverträge haben, in denen das Beamtenrecht für entsprechend anwendbar erklärt wird.[474]

2.3 Rechte und Pflichten des Beamten bei der Nebentätigkeit

223   Der Beamte hat aus Art. 2 I und 12 I GG das grundsätzliche **Recht, seine Arbeitskraft entgeltlich zu verwerten** (Rn 221). Allerdings sieht § 78b II LBG (§ 72a II S. 3 BBG) bei der voraussetzungslosen Teilzeitbeschäftigung vor, daß für die Genehmigung von Nebentätigkeiten die zeitliche Grenze des § 68 II S. 3 LBG (§ 65 II S. 4 BBG) mit der Maßgabe gilt, daß von der regelmäßigen wöchentlichen Arbeitszeit ohne Rücksicht auf die Bewilligung von Teilzeitbeschäftigung auszugehen ist (also z. B. von 41 Std und nicht von 20,5 Std bei hälftiger Teilzeit; d.h. ein teilzeitbeschäftigter Beamter darf eine Nebentätigkeit von 8 Stunden 12 Minuten wöchentlich ausüben). Beim Urlaub aus arbeitsmarktpolitischen Gründen (§§ 72e BBG, 78e LBG) muß sich der Beamte hingegen verpflichten, während der Dauer des Bewilligungszeitraums auf die Ausübung genehmigungspflichtiger Nebentätigkeiten gegen Vergütung zu verzichten und Tätigkeiten nach § 69 I LBG (§ 66 I BBG) gegen Vergütung ausschließlich in dem Umfang auszuüben, wie er sie bei Vollzeitbeschäftigung ohne Verletzung dienstlicher Pflichten ausüben könnte (§§ 72e II S. 1 BBG, 78e II S. 1 LBG). Im Gegensatz dazu gibt es bei Teilzeitbeschäftigung, Urlaub aus familienpolitischen Gründen sowie Elternzeit (§§ 60 II S. 2, 85a, 86 II LBG) die Einschränkung, daß bloß solche Nebentätigkeiten genehmigt werden dürfen, die dem Zweck der Freistellung nicht zuwiderlaufen (§ 68a LBG). Die kontinuierliche Betreuung oder Pflege müssen trotz der Nebentätigkeit noch sichergestellt sein.[475] Deshalb wird man bei der familienpolitischen Teilzeit von der zeitlichen Grenze des § 68 II S. 3 LBG ausgehen müssen, beim familienpolitischen Urlaub von derjenigen des § 3 S. 1 EZVO (bis zu 30 Stunden in der Woche). Allein dieser Gleichklang vermeidet Wertungswidersprüche zu anderen Normen.

Ob die Verbote wegen der Fragwürdigkeit von Grundrechts- und Grundrechtsausübungsverzichten[476] rechtlich zulässig sind[477], mag bezweifelt werden. Angesichts der prekären Situation auf dem Arbeitsmarkt kann es

---

473   BGH, DÖD 98, 71 (72) = ZBR 00, 66 (67).
474   Haller, DÖD 98, 59 (61 ff.).
475   Schütz/Maiwald, § 68a LBG, Rn 7.
476   Abl. Benndorf, ZBR 81, 84 (87 f.) m.w.N.
477   Abl. mittlerweile Scheerbarth/Höffken/Bauschke/Schmidt, § 16 III 2 m.w.N.

2. Nebentätigkeitsrecht

jedoch an der politischen Sinnhaftigkeit einer solchen Maßnahme keinen Zweifel geben.

Wenn man außerdem berücksichtigt, daß die Gestattung von Nebentätigkeiten nicht zu den hergebrachten Grundsätzen des Berufsbeamtentums gehört[478] und selbst bei der Konkretisierung dieser Grundsätze das Sozialstaatsprinzip zu berücksichtigen ist[479], muß eine solche Regelung inhaltlich zulässig sein. Normierungen wie in §§ 72a II S. 1 BBG, 78e II S. 1 LBG, wonach dem Antrag auf Teilzeitbeschäftigung bzw. Urlaub nur entsprochen werden darf, wenn der Beamte erklärt, während der Dauer des Bewilligungszeitraums auf die Ausübung entgeltlicher Nebentätigkeiten zu verzichten, sind deshalb verfassungsgemäß.[480] Anders als durch die Einschränkung von Nebentätigkeiten sei die arbeitsmarktpolitische Zielsetzung dieser Normen nicht zu erreichen.[481] Zudem könne der Beamte frei entscheiden, ob er überhaupt einen entsprechenden Antrag auf Teilzeitbeschäftigung oder Urlaub stellen wolle.[482]

Weitere Rechte bei der Nebentätigkeit sind der Anspruch auf Vergütung in bestimmten Fällen (§§ 6 I S. 1 BNtV, 12 II NtV), die Möglichkeit zur (entgeltlichen) Inanspruchnahme des Behördenapparates (§§ 65 V BBG, 72 LBG, 9 ff. BNtV, 16 ff. NtV) und die Ersatzpflicht des Dienstherrn (§§ 67 BBG, 73 LBG). Bei der Nebentätigkeit besteht Dienstunfallschutz, wenn sie im öffentlichen (oder ihm gleichgestellten) Dienst sowie auf Verlangen, Vorschlag oder Veranlassung des Dienstvorgesetzten stattfindet.[483]

Der Beamte darf Nebentätigkeiten lediglich außerhalb seiner Dienstzeit ausüben, es sei denn, er hat sie auf Verlangen, Vorschlag oder Veranlassung seines Dienstvorgesetzten übernommen oder es besteht ein öffentliches Interesse daran (§§ 65 III S. 1 BBG, 70 I S. 1 LBG). Ein solches öffentliches Interesse, die Nebentätigkeit auszuüben, kann es beispielsweise bei Lehraufträgen oder bei der Leitung von Referendar-Arbeitsgemeinschaften geben.

Andererseits hat der Beamte folgende **Pflichten**: Eine **Auskunftspflicht** für sämtliche Nebentätigkeiten (§§ 65 VI S. 1, 2 BBG, 66 II S. 2 BBG, 70 II S. 2, 1. Hs., IV LBG, 6 I S. 4, 5 NtV). Danach muß er die für Entscheidungen erforderlichen Nachweise, insbesondere über Art und Umfang der Nebentätigkeit sowie über die Entgelte oder geldwerten Vorteile hieraus, erbringen und jede Änderung unverzüglich schriftlich anzeigen. Weiterhin eine **Meldepflicht** über Nebeneinnahmen hinsichtlich genehmigungspflichtiger sowie nicht genehmigungspflichtiger Nebentätigkeiten gemäß § 10 NtV verbunden mit der **Pflicht**, eine **Aufstellung** über Vergütungen aus diesen Nebentätigkeiten am Ende eines Rechnungsjahres **vorzule-**

---

478 BVerfGE 44, 249 (263).
479 BVerfGE 44, 249 (267).
480 BGH, DÖD 98, 71 (72) = ZBR 00, 66 (67); BVerwG, DÖD 93, 179.
481 BGH, DÖD 98, 71 (72) = ZBR 00, 66 (67); BVerwG, DÖD 93, 179.
482 BGH, DÖD 98, 71 (72) = ZBR 00, 66 (67).
483 Stegmüller/Schmalhofer/Bauer, § 31 BeamtVG, Erl 6.

gen, wenn sie insgesamt 1.200.– Euro (§ 8 S. 1 BNtV: 500.– Euro) jährlich überschreiten (§§ 71 LBG, 15 NtV bzw. § 8 BNtV). Neu daran ist, daß nunmehr selbst Einnahmen aus nicht genehmigungspflichtigen Nebentätigkeiten außerhalb des öffentlichen Dienstes gemeldet werden müssen, wenn sie die Höchstgrenze des § 15 NtV überschreiten. Durch die Offenlegungspflichten soll auch die Korruption bekämpft werden. Die Auskunfts-, Melde- und Aufstellungspflicht wird gegenüber dem Dienstvorgesetzten erfüllt. Der hauptamtliche Bürgermeister/Landrat, der keinen Dienstvorgesetzten hat, ist deswegen jedoch nicht davon befreit. Vielmehr muß er seinen Pflichten gegenüber dem allgemeinen Vertreter nachkommen, der in diesen Angelegenheiten innerer Verwaltung ohne grundsätzliche Bedeutung die Aufgaben eines Dienstvorgesetzten wahrnimmt.[484] Schließlich muß der Beamte Vergütungen, welche über den in § 13 I NtV festgelegten Höchstsatz (6.000.– Euro; mittlerweile anders als beispielsweise im Bund [§ 6 II S. 1 BNtV] oder in Bayern [§ 9 III S. 1 BayNtV] unterschiedslos für alle Besoldungsgruppen) hinausgehen, **abführen** (§ 13 II S. 1 NtV; das gilt nicht für B.a.W. im Vorbereitungsdienst, § 13 V NtV). Einzubeziehen in die Berechnung sind sämtliche erhaltenen Geldleistungen und geldwerten Vorteile.[485] Hierbei handelt es sich um einen Bruttobetrag.[486] § 13 III NtV (§ 6 III S. 2 BNtV) normiert abschließend die Absetzungsmöglichkeiten von der für eine Nebentätigkeit bezogenen Vergütung. Steuern aller Art dürfen danach nicht abgezogen werden.[487] Beinhalten die erhaltenen Vergütungen Umsatzsteuer, muß der Gesamtbetrag abgeführt werden, sofern er die Höchstgrenze übersteigt. Sollte ein Unternehmen die Vergütung bereits direkt versteuert haben, ist zu prüfen, in welchem Umfang hierdurch für den Beamten ein geldwerter Vorteil, beispielsweise durch ersparte eigene Einkommensteuer, entstanden ist. Dieser zu beziffernde geldwerte Vorteil zählt dann bei der Ermittlung, ob die Höchstgrenze überschritten wurde, mit. Ausnahmen enthält § 14 NtV (§ 7 BNtV), wonach beispielsweise bestimmte Lehr- und Prüfungstätigkeiten insofern privilegiert werden als sie vom Vergütungsverbot, der Höchstbetragsbegrenzung und der Abführungspflicht ausgenommen sind (§§ 7 Nr. 1 BNtV, 14 I Nr. 1 NtV). Nach Ansicht der Landesregierung NW gelten Ausnahmen von der Abführungspflicht ebenfalls für Sitzungsgelder im Verwaltungsrat oder Kreditausschuß einer

---

[484] Hinsichtlich der Regelungen in anderen Bundesländern s. Rn 55. In NW ist dies seit dem 1.3.05 mit § 18 II KorrG positiv-rechtlich dahingehend geregelt, daß alle Hauptverwaltungsbeamten verpflichtet sind, dem Rat bzw. dem Kreistag eine Aufstellung über Nebeneinnahmen (§ 71 LBG) bis zum 31.3. des dem Rechnungsjahr folgenden Jahres vorzulegen. Schutzwürdige private Interessen, dies beispielsweise in nichtöffentlicher Sitzung zu machen, sind für mich angesichts des überragend wichtigen Gesetzeszwecks, Korruption zu bekämpfen nicht ersichtlich, so daß die Vorlage öffentlich erfolgen muß.
[485] IM, Erlaß v. 25.2.05, 31-41.01.18-3-3932/05, S. 5.
[486] BVerwG, NVwZ-RR 04, 49 (50) = DÖD 04, 79 (80) = ZBR 04, 52 (53); NVwZ-RR 06, 259 (260); ZBR 04, 53 (54); vgl. auch § 6 II S. 1 BNtV.
[487] Tadday, NebentätigkeitsVO, § 13, Anm 3. Anders ist es in Bayern. Dort gilt die vereinnahmte Umsatzsteuer nicht als abführungspflichtige Vergütung (§ 2 IV S. 2 Nr. 3 BayNtV).

2. Nebentätigkeitsrecht

Sparkasse.[488] Diese Position ist jedoch als völlig verfehlt abzulehnen, weil sich derartige Tätigkeiten auch nicht ansatzweise unter die abschließend in § 14 NtV enumerativ aufgezählten Fälle subsumieren lassen und zudem nicht wegen § 21 S. 1, 1. Hs. SpKG ausgenommen sind.[489]

Die Abführungspflicht ist verfassungsrechtlich nicht zu beanstanden.[490] Sie rechtfertigt sich aus dem Prinzip, daß der Beamte seine ganze Arbeitskraft dem Hauptamt zu widmen hat. Man will dem Anreiz, Nebentätigkeiten zu übernehmen, entgegenwirken, indem die Verdienstmöglichkeiten beschränkt werden.[491] Zudem sollen die öffentlichen Haushalte in ihrer Gesamtheit nicht dadurch doppelt belastet werden, daß man dem Beamten sowohl Besoldung als auch zusätzlich eine Vergütung für die Nebentätigkeit im öffentlichen Dienst zahlt.[492] Hierbei ist zu beachten, daß § 13 I NtV allein eine Abführungspflicht für Vergütungen der in § 1 I NtV genannten juristischen Personen bestimmt. Daraus folgt, daß privatrechtlich erzielte Einkünfte regelmäßig nicht abzuführen sind.[493] Erhält ein Beamter hingegen Vergütungen für Nebentätigkeiten im öffentlichen Dienst oder für andere Nebentätigkeiten, die er auf Vorschlag oder Veranlassung seines Dienstvorgesetzten ausübt, hat er sie an seinen Dienstherrn im Hauptamt abzuführen, wenn sie für die in einem Kalenderjahr ausgeübten Tätigkeiten zusammengerechnet die Höchstgrenze nach § 13 I NtV (§ 6 II S. 1 BNtV) übersteigen (§ 13 II S. 1 NtV bzw. § 6 III S. 1 BNtV). Hierbei ist es unerheblich, ob sie im öffentlichen Dienst oder nicht ausgeübt werden. Selbst bei privatrechtlich erzielten Einkünften besteht die Abführungspflicht. Die entsprechende Legaldefinition für öffentlichen Dienst findet sich durch die Verweisung des § 13 II S. 1 NtV in § 3 NtV (§ 6 III

---

488 Antwort der Landesregierung vom 22.3.05, LT-Drucks. NW 13/6809, zu Frage 3 auf die Kleine Anfrage 2206 v. 22.2.05, LT-Drucks. NW 13/6635, der Abgeordneten Priggen, Groth und Remmel (Grüne).
489 Vgl. Rn 218.
490 BVerfGE 55, 207 (236 ff.) = NJW 81, 971 (975) = DVBl 81, 450 (453 f.); BVerwG, NVwZ-RR 04, 49 (50) = DÖD 04, 79 (80) = ZBR 04, 52 (53); ZBR 04, 53 (54); ZBR 73, 309 (310 f.); Anm Görg, ZBR 73, 312 (312 f.); Thiedemann, in Birk/Kunig/Sailer, Zwischen Abgabenrecht und Verfassungsrecht, Hans-Joachim Driehaus zum 65. Geburtstag, 2005, 409 (417 ff.). Mittlerweile sehr krit. mit beachtlicher Argumentation Thieme, DVBl 01, 1025 (1026 ff.); Fischer/Grittmann, VBlBW 04, 324 (327 f.).
491 BVerwG, NJW 06, 1538 (1540) = DVBl 06, 637 (640); VGH Mannheim, NVwZ 02, 229 (230) = VBlBW 02, 196 (197); OVG Saarlouis, ZBR 03, 252 (253); Köster, DÖD 05, 189 (192).
492 BVerfGE 55, 207 (239) = NJW 81, 971 (975) = DVBl 81, 450 (454); BVerwG, NVwZ-RR 04, 49 (50) = DÖD 04, 79 (80) = ZBR 04, 52 (53); ZBR 04, 53 (54); Thiedemann, in Birk/Kunig/Sailer, Zwischen Abgabenrecht und Verfassungsrecht, Hans-Joachim Driehaus zum 65. Geburtstag, 2005, 409 (418).
493 Thieme, DVBl 01, 1025 (1029), sieht hierin einen Verstoß gegen den Gleichheitssatz; a. A. BVerfGE 27, 364 (374); 33, 44 (51 f.); BVerwG, NVwZ-RR 04, 49 (50) = DÖD 04, 79 (80) = ZBR 04, 52 (53); ZBR 04, 53 (54), die diese Unterscheidung wegen des Sinn und Zwecks der Abführungspflicht, Doppelvergütungen im öffentlichen Dienst zu vermeiden, für verfassungsgemäß halten; Köster, DÖD 05, 189 (192).

8. Abschnitt: Rechtsstellung des Beamten

S. 1 i.V.m. § 2 BNtV).[494] Um die Frage zu beantworten, ob es sich um eine Nebentätigkeit im öffentlichen Dienst oder eine ihr gleichgestellte Tätigkeit handelt, kommt es juristisch hingegen nicht darauf an, ob der Beamte durch einen Ratsbeschluß oder eine Entscheidung von Gremien des Unternehmens in die entsprechende Funktion berufen wurde. § 13 II S. 1 NtV enthält zwei Varianten, entweder die Nebentätigkeit im öffentlichen Dienst oder die Nebentätigkeit auf Vorschlag oder Veranlassung des Dienstvorgesetzten. Die Verknüpfung durch die Wortwahl „oder" zeigt, daß beide Fallgestaltungen nicht zusammen vorliegen müssen, sondern unabhängig nebeneinander einzeln existieren. Der Höchstbetrag, bei dessen Überschreiten eine Abführungspflicht entsteht, hat sich an der höchsten Besoldungsgruppe zu orientieren.[495] Mit 6.000.– Euro scheint er sich in NW noch innerhalb des verfassungsrechtlich Zulässigen zu bewegen.

Eine Besonderheit findet sich im hessischen Nebentätigkeitsrecht. Wegen § 2 II der dortigen NtV gilt eine Tätigkeit nach § 79 I Nr. 4 des HessBG (die Norm ähnelt § 68 I Nr. 4 LBG), die der Beamte mit Rücksicht auf seine dienstliche Stellung ausübt, als auf Verlangen, Vorschlag oder Veranlassung seines Dienstherrn übernommen. Mit dieser Fiktion lassen sich viele Unsicherheiten bei der Abführungspflicht von Einkünften kommunaler Wahlbeamter lösen. Selbst wenn sich nicht eindeutig nachweisen läßt, daß die Tätigkeit zum Hauptamt zählt, wird sie jedoch regelmäßig durch das Hauptamt vermittelt und deshalb mit Rücksicht auf die dienstliche Stellung als Bürgermeister/Landrat ausgeübt. Gilt sie dann als eine solche, die auf Verlangen, Vorschlag oder Veranlassung des Dienstherrn übernommen wurde, sind Gelder nach Überschreiten der Höchstgrenze abzuführen, selbst wenn sie von Gesellschaften des Privatrechts gezahlt werden.

Die abzuführenden Beträge werden drei Monate nach Ablauf des Kalenderjahres **fällig** (§ 13 IV, 1. Alt. NtV). Dies besteht unabhängig davon, ob der Beamte eine Aufstellung über Nebeneinnahmen vorgelegt hat und ist ebenfalls unabhängig von einer Beschlußfassung oder Festsetzung seitens des Dienstherrn. Der Anspruch des Dienstherrn auf Ablieferung der Nebentätigkeitsvergütung, aber auch für im Hauptamt erhaltene Gelder verjährte als regelmäßig wiederkehrende Leistung in vier Jahren (§ 197 BGB).[496] Nach der Novellierung des **Verjährung**srechts verjährt er nunmehr in drei Jahren (§ 195 BGB). Anders ist es in Rheinland-Pfalz, wo

---

494 Näher Rn 220. Der Begriff „öffentlicher Dienst" ist vor dem Hintergrund, Doppelalimentationen möglichst zu vermeiden, weit auszulegen. Er umfaßt nicht nur Arbeitgeber mit Dienstherrneigenschaft, sondern auch von der öffentlichen Hand wirtschaftlich beherrschte Arbeitsstellen. So OVG Münster, NVwZ-RR 97, 484.
495 BVerwG, ZBR 73, 309 (311 f.); Anm Görg, ZBR 73, 312 (312 f.).
496 BVerwGE 115, 218 (219 f.) = DÖV 03, 291 (292) = NVwZ 02, 608 (608 f.) = IÖD 02, 88 (88 ff.) = DVBl 02, 778 (778 ff.) = DÖD 02, 149 (150 f.).

2. Nebentätigkeitsrecht

eine spezielle beamtenrechtliche Verjährungsfrist von vier Jahren gelten soll (§ 105a S. 1 RhPfBG).[497]

Weiterhin seien der Ablieferungspflicht **zusätzliche Grenzen** gesetzt, die sich **aus allgemeinen rechtsstaatlichen Prinzipien** (Vertrauensschutz, Berechenbarkeit hoheitlichen Handelns, Treu und Glauben) ergäben. Hierzu zählten eine langjährige Unklarheit über die rechtliche Einordnung der Tätigkeit von Wahlbeamten in kommunalen Wirtschaftsunternehmen sowie die ständige, von den Aufsichtsbehörden unbeanstandet gebliebene Praxis vieler Kommunen, die Abführung von Vergütungen nicht einzufordern.[498] Dieses Ergebnis der Rechtsprechung des OVG Koblenz ist juristisch falsch und deshalb abzulehnen.[499] Zunächst kommt es nicht darauf an, ob der Beamte die Rechtswidrigkeit der Zuwendung kannte oder nicht bzw. ob er sich darüber Gedanken gemacht hat. Mit der Ablieferungspflicht wird kein subjektiv pflichtwidriges Verhalten geahndet. Vielmehr sollen objektiv Vermögensvorteile ausgeglichen werden, ohne daß darin eine Mißbilligung oder ein Werturteil über das Verhalten des Beamten liegt.[500] Für einen irgendwie gearteten unentschuldbaren „Verbotsirrtum" ist deshalb kein Raum. Zudem war die Rechtslage nicht unklar.[501] Selbst wenn es so gewesen sein sollte, hätte sich der Beamte nicht darauf berufen und die Vergütung stillschweigend behalten dürfen. Vielmehr hätte er aufgrund seiner Dienst- und Treuepflicht beim Dienstherrn nachfragen und um Entscheidung bitten müssen, wie zu verfahren sei. Interessanterweise findet sich im Sachverhalt des Urteils nirgendwo der Hinweis, daß der Bürgermeister jemals versucht hätte, die eingenommenen Sitzungsgelder abzuliefern und dies von der Verwaltung zurückgewiesen wurde. Es gibt keinen Rechtsgrundsatz des Vertrauensschutzes aus Unwissenheit, Unsicherheit oder gar Dreistigkeit. Ob eine Nichtablieferung seitens kommunaler Wahlbeamter gängige Praxis in vielen Kommunen gewesen sei, wovon das OVG Koblenz[502] unter ausdrücklicher Zitierung

---

497 OVG Koblenz, NVwZ 03, 889 (891) = VR 04, 70 = DÖV 03, 381 (383) = DVBl 03, 617 (618 f.) = RiA 03, 204 (206); zu Recht krit. Anm Jeromin/Wesemann, DVBl 03, 620 (621). Die Verjährung wurde zu Unrecht überhaupt nicht problematisiert von der Vorinstanz VG Koblenz, Urt. v. 27.2.02, 6 K 2816/01.KO.

498 OVG Koblenz, NVwZ 03, 889 (891 f.) = VR 04, 70 (70 f.) = DÖV 03, 381 (383) = DVBl 03, 617 (619 f.) = RiA 03, 204 (206); zu Recht krit. Anm Jeromin/Wesemann, DVBl 03, 620 (621 f.).

499 So auch Jeromin/Wesemann, DVBl 03, 620 (621 f.). Anders RdErl IM v. 9.4.03, 31-37.02.40-3932/02, S. 2.

500 VG Koblenz, Urt. v. 27.2.02, 6 K 2816/01.KO, Urteilsumdruck S. 8.

501 Hierzu näher Jeromin/Wesemann, DVBl 03, 620 (621): Bereits auf seiner Sitzung am 11./12.10.84 habe sich der AK III der Innenministerkonferenz für eine volle Ablieferungspflicht ausgesprochen ebenso wie das BVerwGE 106, 324 (325 f.) = DÖV 98, 881 (882) = PersV 99, 120 (121) = NVwZ 98, 1304 (1304 f.) = VR 99, 108 = DVBl 98, 1077 (1078). Nicht zuletzt in diesem Werk wird bereits seit der 4. Aufl. 98 ausdrücklich darauf hingewiesen, daß derartige Gremientätigkeiten kommunaler Wahlbeamter in kommunalen Gesellschaften dem Hauptamt unterfallen und somit Sitzungsgelder abzuliefern sind (S. 208 f.).

502 NVwZ 03, 889 (891) = VR 04, 70 (71) = DÖV 03, 381 (383) = DVBl 03, 617 (620) = RiA 03, 204 (206); zu Recht krit. Anm Jeromin/Wesemann, DVBl 03, 620 (621).

8. Abschnitt: Rechtsstellung des Beamten

der Erfahrungen des Städtetags Rheinland-Pfalz ausgeht, kann dahinstehen. Angesichts der eindeutigen beamtenrechtlichen Grundsätze (Alimentationsprinzip), des § 2 II S. 1 BBesG sowie der ganz h.M. in Rechtsprechung und Literatur stellten derartige rechtswidrigen Verhaltensweisen von Städten und Gemeinden keinen Rechtsgrund für ein Nichtabliefern durch konkludentes Behalten dar. Eine solche Gleichheit im Unrecht ist bislang immer zu Recht abgelehnt worden. Zudem führt das bloße Nichtgeltendmachen seitens des Dienstherrn keineswegs dazu, daß der Ablieferungsanspruch nie mehr durchgesetzt werden darf, sofern nicht besondere schutzwürdige vertrauensbildende Umstände für den Beamten hinzukommen.[503] Diese sind jedoch nicht ersichtlich. Schließlich wirkt sich ein Unterlassen der Kommunalaufsicht allenfalls im Verhältnis zwischen Kommune und Aufsichtsbehörde aus.[504] Der einzelne Beamte kann hieraus kein schützenswertes Vertrauen schöpfen, zumal die Aufsichtsbehörde bei der Frage, ob sie einschreitet, Ermessen hat (§§ 122, 123 I GO: „kann") und damit ebenfalls Zweckmäßigkeitserwägungen anstellen darf. Über diese juristischen Unzulänglichkeiten hinaus setzt die Entscheidung zudem ein falsches personalwirtschaftliches Signal. Statt die Vorbildfunktion der höchsten Repräsentanten einer Verwaltung bei der Ablieferung von Einnahmen aus Tätigkeiten im Rahmen des Hauptamtes zu betonen (vielleicht auch, damit sie einen kleinen finanziellen Eigenbeitrag zur Milderung der vielbeklagten schlechten Haushaltslage leisten), sucht sie gerade für diesen privilegierten Personenkreis nach (fernliegenden) Schlupflöchern. Ich wage die Prognose, daß man sich hinsichtlich der Ablieferungspflicht eines Beamten des mittleren oder gehobenen Dienstes keinerlei Gedanken gemacht und diese ohne jedwede weitere Erwägung von Vertrauensschutzaspekten bejaht hätte.[505]

Fall: Dr. Werner Gierschlund (G) ist Bürgermeister der Stadt B. Außerdem ist er Präsident eines kommunalen Spitzenverbandes in NW, der in Form eines eingetragenen Vereins organisiert ist. Für diese Tätigkeit erhält er im Jahr 15.000.– Euro Aufwandsentschädigung. Muß G das Geld an die Stadt B abführen?
G muß das Geld abführen, wenn es sich um eine Nebentätigkeit im öffentlichen Dienst handelt und der Betrag die Höchstgrenze (§ 13 I NtV) übersteigt (§ 13 II S. 1, 1. Alt. NtV). Nebentätigkeit im öffentlichen Dienst ist jede für eine Körperschaft des öffentlichen Rechts oder für Verbände von solchen ausgeübte Nebentätigkeit (§ 3 I S. 1 NtV). Die kommunalen Spitzenverbände in NW sind als Verbände von Gemeinden oder Gemeindeverbänden Verbände von Körperschaften des öffentlichen Rechts. Dies gilt unabhängig von der Tatsache, daß die kommunalen Spitzenverbände selbst keine Körperschaft des öffentlichen Rechts sind, sondern privatrechtlich organisierte eingetragene Vereine. Zu diesem Ergebnis gelangt man gleichfalls durch eine Anwendung von § 3 II Nr. 1 NtV. Danach steht eine Nebentätigkeit im öffentlichen Dienst einer Nebentätigkeit für Vereinigungen, die fortlaufend ganz oder überwiegend aus öffentlichen Mitteln unterhalten werden, gleich. Die Haushalte der kommunalen Spitzenverbände auf Landesebene finanzieren sich ganz überwiegend aus den Beiträgen ihrer darin zusammengeschlossenen Mitglieder, der Gemeinden, Städte und Kreise, und somit aus öffentlichen Mitteln. Bei der Funktion eines Präsidenten handelt es sich auch um eine Nebentätigkeit. Dieser Begriff ist weit zu verstehen als jede sonstige Tätigkeit innerhalb und außerhalb des öffentlichen Dienstes, die nicht zu einem Nebenamt oder Hauptamt gehört. Zum Inhalt des Hauptamtes

---

503 Jeromin/Wesemann, DVBl 03, 620 (622).
504 Jeromin/Wesemann, DVBl 03, 620 (622).
505 So wie zu Recht das VG Koblenz, Urt. v. 27.6.02, 6 K 2816/01.KO, als Vorinstanz im Fall des ehemaligen Neuwieder Oberbürgermeisters.

2. Nebentätigkeitsrecht

eines Bürgermeisters zählt gerade nicht die Präsidentschaft bei einem kommunalen Spitzenverband. Aus dem Mitgliedschaftsrecht der Stadt B im kommunalen Spitzenverband ergibt sich zwar, daß die satzungsmäßig festgelegten Rechte der Kommune (Teilnahme an der Mitgliederversammlung) wahrgenommen werden dürfen. Hieraus folgt allerdings kein Recht der Kommune, den Präsidenten zu stellen, zumal dieser kein Bürgermeister sein muß.

Die Präsidentenfunktion des G stellt demgemäß eine Nebentätigkeit im öffentlichen Dienst dar, für die er eine Vergütung in Form einer Aufwandsentschädigung erhält. G hat folglich den die Höchstgrenze von 6.000.– Euro übersteigenden Betrag in Höhe von 9.000.– Euro an die Stadt B abzuführen.

Anders ist die Rechtslage in den Bundesländern Bayern und Rheinland-Pfalz. § 3 II Nr. 5, 2. Alt. BayNtV bzw. § 2 S. 1 Nr. 5 RhPfNtV deklarieren die Tätigkeit in den kommunalen Spitzenverbänden ausdrücklich als ein öffentliches Ehrenamt, dessen Ausübung keine Nebentätigkeit sein soll. Dies zeigt im Umkehrschluß, daß ohne eine solche normative Regelung in den anderen Bundesländern juristisch nicht davon ausgegangen werden darf, die Wahrnehmung von Funktionen für kommunale Spitzenverbände sei ehrenamtliche Tätigkeit und gelte deshalb nicht als Nebentätigkeit.

Endet das Beamtenverhältnis, **enden grundsätzlich** ebenfalls die **Nebenämter und Nebenbeschäftigungen**, die dem Beamten im Zusammenhang mit dem Hauptamt übertragen wurden oder die er auf Verlangen, Vorschlag oder Veranlassung seines Dienstvorgesetzten übernommen hatte (§§ 68 BBG, 74 LBG). Sollte im Einzelfall etwas anderes bestimmt worden sein und sollten sie nicht enden, treffen den Ruhestandsbeamten dieselben Pflichten wie einen aktiven Beamten.

Literatur: Biewald/Klatka, Nebentätigkeit von Richtern als Vorsitzende einer Einigungsstelle gem. § 45 SGB II, ThürVBl 05, 105; Köster, Genehmigungs-, Anzeige- und Abführungspflichten für Nebentätigkeiten kommunaler Verwaltungsbeamter in Nordrhein-Westfalen, DÖD 05, 189; Neukirchen, Nebentätigkeitsrecht Sachsen, Kommentar, 2005; Thiedemann, Pflicht der kommunalen Wahlbeamten zur Ablieferung von Nebentätigkeitsvergütungen an den Dienstherrn, in Birk/Kunig/Sailer, Zwischen Abgabenrecht und Verfassungsrecht, Hans-Joachim Driehaus zum 65. Geburtstag, 2005, 409; Baßlsperger, Nebentätigkeiten von Beamten: Rechtsprobleme – Lösungsansätze, ZBR 04, 369; Beckmann/Hagmann, Die Wahrnehmung von Nebentätigkeiten durch kommunale Spitzenbeamte, DÖV 04, 937; Fischer/Grittmann, Ablieferungspflicht von Vergütungen für Aufsichtsratstätigkeiten in kommunalen Unternehmen?, VBlBW 04, 324; Baßlsperger, Die Begrenzung von Nebentätigkeiten der Beamten in Bund und Ländern, 2003; Gruber, Die zuständige Genehmigungsbehörde für Nebentätigkeiten abgeordneter Beamter, RiA 03, 288; Meier, Zur Abführungspflicht von Aufwandsentschädigungen und Sitzungsgeldern für Aufsichtsrat- und sonstige Gremientätigkeiten in kommunalen Beteiligungsgesellschaften, VR 03, 237; Battis, Begrenzung und Kontrolle von Nebentätigkeiten, in Franke/Summer/Weiß, Öffentliches Dienstrecht im Wandel, FS für Walther Fürst, 2002, 45; Bültmann/Niebler/Kohn, Der Nebenverdienst, 6. Aufl. 01; Kahl, Art. 2 Abs. 1 GG im Beamtenrecht – Eine grundrechtsdogmatische Untersuchung unter besonderer Berücksichtigung des Nebentätigkeitsrechts, ZBR 01, 225; Thieme, Die Doppelalimentation, DVBl 01, 1025; v. Zwehl, Nebentätigkeitsrecht im öffentlichen Dienst, 2. Aufl. 01; Badura, Die Anzeigepflicht für eine schriftstellerische oder wissenschaftliche Nebentätigkeit von Beamten, ZBR 00, 109; Lippert, Neues aus dem Nebentätigkeitsrecht im öffentlichen Dienst, PersV 00, 402; Meier, Kann ein Kommunalbeamter zur Übernahme der Aufgabe eines Wahlvorstandes im Rahmen des § 67 LBG NW verpflichtet werden?, RiA 99, 275; Noack, Nebentätigkeit von kommunalen Wahlbeamten, StuG 99, 269; Ossenbühl/Cornils, Nebentätigkeit und Grundrechtsschutz, 1999; Battis, Das Zweite Nebentätigkeitsbegrenzungsgesetz, NVwZ 98, 34; Engelken, Vorzensur für schriftstellerische, wissenschaftliche, künstlerische und Vortrags-Nebentätigkeiten?, ZRP 98, 50; Haller, Anspruch von Mitarbeitern des öffentlichen Dienstes auf Zulassung als Nebentätigkeits-Rechtsanwalt, DÖD 98, 59; Guldi, Vollzugsdefizite und Abgrenzungsfragen bei der Anwendung des Nebentätigkeitsrechts, VBlBW 97, 130; Meier, Vertretung der Gemeinden in Unternehmen und Einrichtungen, StGR 97, 16; Paal, Anwendung des § 113 GO aus der Sicht des NWStGB, StGR 97, 16; Engelken, Abgrenzung zwischen Haupt- und Nebenamt und Abgeltungswirkung der Dienstaufwandsentschädigung eines Bürgermeisters, VBlBW 96, 451; Mirbach, Der Umfang der Auskunftspflicht des Beamten bei genehmigungsfreien Nebentätigkeiten, ZBR 95, 64;

8. Abschnitt: Rechtsstellung des Beamten

Rinze, Die Anrechnung von Zusatzleistungen und Nebentätigkeitsentgelten auf die Anwärterbezüge von Rechtsreferendaren und anderen Beamtenanwärtern, ZBR 95, 193; Allgaier, Zur Frage der Freistellung vom Dienst unter Fortzahlung oder Fortfall der Bezüge bei einer ehrenamtlichen Prüfertätigkeit sowie bei privat veranlaßten Terminen, DÖD 94, 108; Summer, Neues Nebentätigkeitsrecht in Bayern – Probleme radikaler Ablieferungspflichten, ZBR 94, 223; Meier, Zur Genehmigungspflicht von Nebentätigkeiten kommunaler Spitzenbeamter, Der Gemeindehaushalt 93, 230; Günther, Nebentätigkeitsrecht in der Praxis – Eine Untersuchung zur Interessenkollision an Hand von Berichten über das Bundesgesundheitsamt –, ZBR 89, 164; ders., Unterbindung von Nebenbeschäftigung bei Kollision mit dienstlichen Interessen, DÖD 88, 78; Summer, Rechtes Augenmaß – rechtes Verfassungsmaß – eine Studie zum neuen Nebentätigkeitsrecht, ZBR 88, 1; Günther, Nebenamt, ZBR 86, 97; Ehlers, Die Verfassungsmäßigkeit der Neuregelung des Nebentätigkeitsrechts in NW, DVBl 85, 879; Schwandt, Maßnahmen zur Begrenzung der Nebentätigkeit von Beamten, ZBR 85, 101, 141; Tadday, NebentätigkeitsVO NW, 2. Aufl. 85; Papier, Versagung der Nebentätigkeitsgenehmigung aus arbeitsmarktpolitischen Gründen, DÖV 84, 536; Müller, Nebentätigkeitsrecht in NW, 1982; Keymer/Kolbe/Braun, Das Nebentätigkeitsrecht des Bundes und der Länder, Loseblattsammlung.

3. Personalaktenrecht

Mit dem sechsten Gesetz zur Änderung dienstrechtlicher Vorschriften vom 6.7.1993 wurde das bislang lediglich punktuell geregelte Personalaktenrecht überarbeitet und umfassend normiert. Ziele der Novelle waren, das Persönlichkeitsrecht (insbesondere Datenschutzrecht) des Beamten zu stärken und eine effektive Personalaktenverwaltung zu sichern.[506]

Das BeamtStG macht den Ländern lediglich folgende Vorgaben: Für jeden Beamten ist eine Personalakte zu führen (§ 51 I S. 1 BeamtStG). Dazu gehören alle Unterlagen, die den Beamten betreffen, soweit sie mit dem Dienstverhältnis in einem unmittelbaren inneren Zusammenhang stehen (Personalaktendaten; § 51 I S. 2 BeamtStG). Die Personalakte ist vertraulich zu behandeln (§ 51 I S. 3 BeamtStG). Personalaktendaten dürfen nur für Zwecke der Personalverwaltung oder Personalwirtschaft verwendet werden, es sei denn, der Beamte willigt in die anderweitige Verwendung ein (§ 51 I S. 4 BeamtStG). Das Nähere, insbesondere der Schutz von Personalaktendaten, ist durch Landesgesetz zu regeln (§ 51 II S. 1 BeamtStG). Dieses kann Ausnahmefälle für eine von § 51 I S. 4 BeamtStG abweichende Verwendung vorsehen (§ 51 II S. 2 BeamtStG).

Schaubild Nr. 18

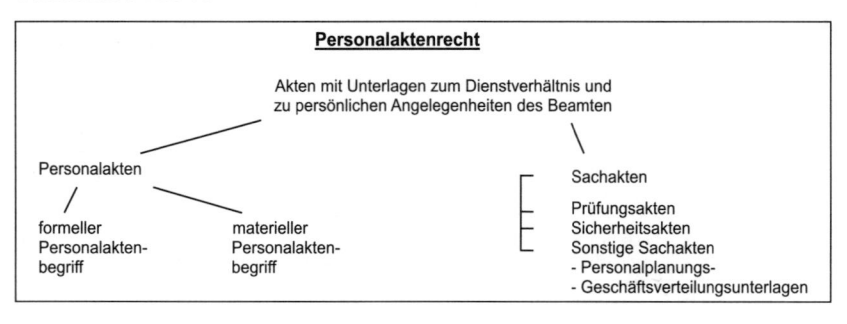

```
                    Personalaktenrecht

          Akten mit Unterlagen zum Dienstverhältnis und
          zu persönlichen Angelegenheiten des Beamten

    Personalakten                              ┌─ Sachakten
       /      \                                │
      /        \                               ├─ Prüfungsakten
  formeller   materieller                      ├─ Sicherheitsakten
  Personalakten- Personalakten-                └─ Sonstige Sachakten
  begriff      begriff                           - Personalplanungs-
                                                 - Geschäftsverteilungsunterlagen
```

---

506 Wagner, Rn 254; Monhemius, Rn 362.

3. Personalaktenrecht

3.1 Begriff der Personalakten

Personalakten im formellen Sinn (**formeller Personalaktenbegriff**) sind in einer Akte oder mehreren Beiakten unter der Bezeichnung „Personalakten" zusammengefaßte Vorgänge über einen Beamten.[507] Die Personalakte kann nach sachlichen Gesichtspunkten in Grundakte und Teilakten gegliedert werden (§§ 90 II S. 1 BBG, 102 II S. 1 LBG). So sehen z.B. die „Richtlinien über die äußere Form und Gliederung der Personalakten der Beamtinnen und Beamten in der allgemeinen und inneren Verwaltung"[508] vor, daß die Personalakten aus bis zu fünf Unterordnern bestehen können. Unterordner A (rot): Vorgänge über die Begründung, Gestaltung und Beendigung des Dienstverhältnisses (z.B. Einstellung, Anstellung, Beförderung); Unterordner B (grün): Vorgänge über wiederkehrende Angelegenheiten (z.B. Besoldung, Beihilfe, Urlaub); Unterordner C (violett): Vorgänge über Aus- und Fortbildung während des Dienstverhältnisses; Unterordner D (grau): Vorgänge über Dienstpflichtverletzungen; Unterordner E (gelb): Vorgänge, die zur rechtmäßigen Aufgabenerledigung der Beschäftigungsbehörde oder sonst zuständigen Behörde erforderlich sind.

224

Unterlagen über Beihilfen sind stets als Teilakten zu führen (§§ 90a S. 1 BBG, 102a S. 1 LBG). Diese sind von der übrigen Personalakte getrennt aufzubewahren (§§ 90a S. 2 BBG, 102a S. 2 LBG). Der besondere Personaldatenschutz bei Beihilfeangelegenheiten gebietet es zudem, die Beihilfeakten in einer von der übrigen Personalverwaltung getrennten Organisationseinheit zu bearbeiten (§§ 90a S. 3, 1. Hs. BBG, 102a S. 3, 1. Hs. LBG). Hierdurch soll verhindert werden, daß sich Informationen über Krankheiten auf Personalentscheidungen auswirken. Zugang zur Beihilfeakte sollen nur Beschäftigte dieser speziellen Organisationseinheit erhalten (§§ 90a S. 3, 2. Hs. BBG, 102a S. 3, 2. Hs. LBG). Diese Regelungen gelten entsprechend für Unterlagen über Heilfürsorge und Heilverfahren (§§ 90a S. 5 BBG, 102a S. 5 LBG).

Unter einer Personalakte im materiellen Sinn (**materieller Personalaktenbegriff**) werden gemäß § 102 I S. 2, 1. Hs. LBG (§ 90 I S. 2, 1. Hs. BBG) alle Unterlagen einschließlich der in Dateien gespeicherten verstanden, die den Beamten betreffen, soweit sie mit seinem Dienstverhältnis in einem unmittelbaren inneren Zusammenhang stehen (**Personalaktendaten**).

225

Hierzu zählen unabhängig vom Aufbewahrungsort alle Aktenvorgänge, selbst wenn sie nicht Inhalt der formellen Personalakten sind, welche die persönlichen oder dienstlichen Verhältnisse des Beamten berühren und mit seinem Beamtenverhältnis in einem inneren Zusammenhang stehen.[509] Zur Personalakte gehören sämtliche amtlichen oder in den amt-

---

507 BVerwG, ZBR 65, 215.
508 RdErl IM v. 23.5.95, SMBl NW 203034.
509 BVerwGE 36, 134 (138).

8. Abschnitt: Rechtsstellung des Beamten

lichen Bereich gelangten Schriftstücke, Drucksachen und Vermerke, die Angaben oder Aufzeichnungen über die Person oder Arbeit des Beamten enthalten, welche für seine dienstliche Beurteilung relevant sind oder werden können[510], also auch Beschwerden über den Beamten. Danach sind z.B. negative Vorgänge bei einer erfolglosen Bewerbung eines Assessors für den höheren Justizdienst nicht Bestandteil seiner Referendarpersonalakte, da das frühere B.a.W. bereits beendet war. Angesichts der fehlgeschlagenen Bewerbung besteht zudem keine Notwendigkeit, die Personalakte im neuen Beamtenverhältnis fortzuführen.[511] Personalaktendaten dürfen ausschließlich für Zwecke der Personalverwaltung oder Personalwirtschaft verwendet werden, es sei denn der Beamte willigt in die andere Verwendung ein (§§ 90 I S. 3 BBG, 102 I S. 3 LBG).

Außerdem darf der Dienstherr personenbezogene Daten über Bewerber, Beamte und ehemalige Beamte bloß erheben, soweit dies zur Begründung, Durchführung, Beendigung oder Abwicklung des Dienstverhältnisses oder zur Durchführung organisatorischer, personeller und sozialer Maßnahmen, insbesondere auch zu Zwecken der Personalplanung und des Personaleinsatzes, erforderlich ist oder eine Rechtsvorschrift dies erlaubt (§§ 90 IV S. 1 BBG, 102 IV S. 1 LBG).

Bei Personalakten im materiellen Sinn wurde früher zwischen Vorgängen, die aufgenommen werden müssen (obligatorischer Inhalt), und solchen, die aufgenommen werden können (fakultativer Inhalt), unterschieden. Diese Differenzierung läßt sich angesichts des Wortlauts von § 102 I S. 2, 1. Hs. LBG (§ 90 I S. 2, 1. Hs. BBG) nicht mehr aufrechterhalten.[512] Alles was den Beamten in einem unmittelbaren inneren Zusammenhang mit seinem Dienstverhältnis betrifft, muß in die Personalakte aufgenommen werden. Andere Unterlagen darf die Personalakte nicht enthalten (§§ 90 I S. 2, 2. Hs. BBG, 102 I S. 2, 2. Hs. LBG). Dies verbietet es beispielsweise, private Dankschreiben zu den Personalakten zu nehmen.[513] Zwar hätten diese eine Beziehung zum Dienstverhältnis oder könnten sie erlangen; es mangele jedoch am unmittelbaren inneren Zusammenhang.

226 Kein Bestandteil der Personalakten sind Unterlagen, die besonderen, von der Person und dem Dienstverhältnis sachlich zu trennenden Zwecken dienen (**Sachakten**), insbesondere Prüfungs-, Sicherheits- und Kindergeldakten (§§ 90 I S. 4 BBG, 102 I S. 4 LBG). Kindergeldakten können mit Besoldungs- und Versorgungsakten verbunden geführt werden, wenn diese von der übrigen Personalakte isoliert sind und von einer von der Personalverwaltung getrennten Organisationseinheit bearbeitet werden (§§ 90 I S. 5, 1. Hs. BBG, 102 I S. 5, 1. Hs. LBG). Einfache, auf die Amtsführung bezogene mißbilligende Äußerungen des Dienstvorgesetzten

---

510 Schütz/Maiwald, § 102 LBG, Rn 19 ff.
511 BVerwGE 50, 301 (306 f.).
512 Schütz/Maiwald, § 102 LBG, Rn 26; Battis, § 90 BBG, Rn 9; Schnellenbach, Rn 495; Dürr/Dürr, 85.
513 Battis, § 90 BBG, Rn 9.

3. Personalaktenrecht

sind kein zulässiger Gegenstand der Personalakte. Sie beziehen sich weder auf die Rechtsstellung noch auf die dienstliche Verwendung des Beamten.[514] Weiterhin sind die sog. Sicherheitsakten keine Personalakten. Sie werden für Beamte, die im sicherheitsempfindlichen Bereich von lebens- und verteidigungswichtigen Einrichtungen beschäftigt sind, angelegt.[515] Es fehlt ein innerer Zusammenhang mit dem konkreten Beamtenverhältnis, weil diese Akten nicht das Dienstverhältnis des Beamten, sondern das Sicherheitsinteresse des Staates zum Gegenstand haben.

Hingegen gehören **Vorgänge über Ausleseverfahren** (sog. Besetzungsberichte) zu den Personalakten, und zwar selbst dann, wenn sie bei einer Bewerbung entstanden sind und auch andere Bewerber betreffen.[516] Anders hat mittlerweile das BVerwG[517] entschieden. Nach diesen Urteilen zählen Besetzungsberichte nicht zu den Personalakten. Das BVerwG begründet diese Auffassung damit, daß der notwendige innere Zusammenhang zwischen dem Besetzungsbericht und dem konkreten Beamtenverhältnis fehle. Hauptzweck und demnach entscheidend für die Zuordnung des Besetzungsberichtes zu den Sachakten sei die Tatsache, daß bei seiner Erstellung die zu besetzende Stelle und deren Kriterien im Mittelpunkt stehe und nicht die Person des Bewerbers. Gegen diese Begründung spricht folgende Überlegung: Für den Besetzungsbericht sind nicht die Anforderungen der Position entscheidend. Diese werden vielmehr durch die Stellenbeschreibung, die Stellenbewertung (Dienstpostenbewertung) und die Ausbringung der Stelle im Haushaltsplan festgelegt. Derartige Maßnahmen sind stellenbezogen, während im Besetzungsbericht die Kandidaten an den Vorgaben der Stelle und untereinander gemessen werden. Der notwendige innere Zusammenhang zum Dienstverhältnis liegt daher vor.[518] Außerdem widerspricht die geänderte Rechtsprechung des BVerwG dem Sinn der Personalakten. Er besteht darin, den Beamten sachgerecht einzusetzen und seinen Individualanspruch auf Behandlung nach dem Leistungsgrundsatz sichern zu helfen. Demnach ist die Ansicht des BVerwG abzulehnen. **227**

3.2 Grundsätze bei der Führung der Personalakten

Über jeden Beamten ist eine Personalakte zu führen; sie ist vertraulich zu behandeln und vor unbefugter Einsicht zu schützen (§§ 90 I S. 1 BBG, 102 I S. 1 LBG). Diese Normierung ist so zu lesen, daß über jeden Beamten „bloß" eine einzige Personalakte zu führen ist (Verbot mehrerer Personalakten). **228**

---

514 OVG Koblenz, DÖD 96, 92 (94) = NVwZ-RR 95, 342 (343).
515 BVerwG, NJW 78, 1643 (1643 f.); krit. Anm Wiese, DVBl 78, 1003 (1003 ff.).
516 BVerwGE 49, 89 (93 ff.); Wagner, Rn 254; vermittelnd Schnellenbach, Rn 499: „sowohl zur Sachakte … als auch mindestens auszugsweise … zur Personalakte"; a.A. Schütz/Maiwald, § 102 LBG, Rn 31 = Sachakte.
517 DVBl 84, 53 (54); DVBl 84, 55 (56) = E 67, 300 (301 ff.).
518 So auch Günther, ZBR 84, 161 (163).

8. Abschnitt: Rechtsstellung des Beamten

Ein weiterer Gedanke, der die Personalaktenführung bestimmt, ist das **Prinzip der Offenheit**.[519] Danach ist es verboten, geheime Personalakten zu führen.[520] Zudem beherrscht der **Grundsatz der Vertraulichkeit** die Personalaktenführung. Personalakten unterliegen einer besonderen Geheimhaltung.[521] Zugang dürfen ausschließlich Beschäftigte haben, die bei der Personalverwaltung mit der Bearbeitung von Personalangelegenheiten beauftragt sind, und auch nur, soweit dies zu Zwecken der Personalverwaltung oder der Personalwirtschaft erforderlich ist. Dies gilt ebenfalls für den Zugriff im automatisierten Abrufverfahren (§§ 90 III S. 1 BBG, 102 III S. 1 LBG). Des weiteren haben Beauftragte des Dienstherrn, soweit sie zur Wahrnehmung besonderer Belange an Personalentscheidungen zu beteiligen sind, Zugang (§ 102 III S. 2 LBG). Schließlich haben Zugang zur Personalakte die mit Angelegenheiten der Innenrevision beauftragten Beschäftigten, soweit sie die zur Durchführung ihrer Aufgaben erforderlichen Erkenntnisse andernfalls allein mit unverhältnismäßigem Aufwand oder unter Gefährdung des Prüfzwecks gewinnen könnten (§ 102 III S. 3 LBG). Ohne Einwilligung des Beamten dürfen Auskünfte an Dritte aus Personalakten dann erteilt bzw. Personalakten Dritten vorgelegt werden, wenn die strengen Voraussetzungen des § 102d LBG (§ 90d BBG) erfüllt sind. Weiterhin ergeben sich unter bestimmten Voraussetzungen **kommunalverfassungsrechtliche Einsichtsrechte** für einen Ratsausschuß, für einzelne von diesem beauftragte Mitglieder (§ 55 III S. 2 GO) oder für einzelne Ratsmitglieder (§ 55 IV S. 1 GO) bzw. für Ausschuß- oder Bezirksvertretungsmitglieder (§ 55 IV S. 2 GO). Der **Personalrat** darf hingegen allein mit Zustimmung des Beamten Einblick in dessen Personalakte nehmen (§§ 68 II S. 3 BPersVG, 65 III S. 1, 1. Hs. LPVG). Dies gilt allerdings nicht für listenmäßig aufgeführte Personaldaten, die regelmäßig Entscheidungsgrundlage in beteiligungspflichtigen Angelegenheiten sind (§ 65 III S. 1, 2. Hs. LPVG).

Das OVG Münster[522] hat eine wichtige Entscheidung zum Umfang des **Akteneinsichtsrechts der Gleichstellungsbeauftragten** getroffen. Dabei hat es festgestellt, daß zu den Personalakten ausschließlich Beschäftigte Zugang haben dürfen, die bei der Personalverwaltung mit der Bearbeitung von Personalangelegenheiten beauftragt sind. Zu diesem Personenkreis gehöre die Gleichstellungsbeauftragte. Sie trage dazu bei, Personalangelegenheiten zu bearbeiten, indem sie Gesichtspunkte zur Entscheidungsfindung liefere. Rechtsgrundlage für das Einsichtsrecht sei § 102 III S. 2 LBG. Diese Norm konkretisiere das Einsichtsrecht dahin, daß die Gleichstellungsbeauftragte Zugang zur Personalakte nur habe, soweit sie zur Wahrnehmung besonderer Belange an der Personalentscheidung zu beteiligen sei. Lediglich dann sei es erforderlich. Personalentscheidungen seien individuelle Maßnahmen gegenüber den

---

519 BVerwG, NJW 78, 1643.
520 Wagner, Rn 254; Monhemius, Rn 371.
521 BVerwGE 19, 179 (185).
522 NVwZ-RR 95, 98.

3. Personalaktenrecht

Beschäftigten im Gegensatz zu personalwirtschaftlichen oder gar personalpolitischen Sachverhalten. Deshalb sei eine Akteneinsicht allein dann geboten, soweit durch eine Personalentscheidung Belange weiblicher Beschäftigter betroffen seien, weil sich beispielsweise Frauen beworben hätten. Bloß in diesem Fall lasse sich ein Eingriff in das Persönlichkeitsrecht der Bewerber rechtfertigen. § 18 I S. 1 LGG normiert mittlerweile das Personalakteneinsichtsrecht der Gleichstellungsbeauftragten; es gilt ebenfalls für Bewerbungsunterlagen, selbst wenn Kandidaten nicht in die engere Auswahl einbezogen werden (§ 18 I S. 2, 2. Alt. LGG). Nach Bundesrecht haben die Gleichstellungsbeauftragten Zugang zu den entscheidungsrelevanten Teilen der Personalakte, soweit dies zur Wahrnehmung ihrer Aufgaben erforderlich ist (§ 90 III S. 2 BBG).

Die Führung von Personalakten stellt **keine drittbezogene Amtspflicht** zum Schutz von anderen Einstellungskörperschaften dar. Diese können keine Amtshaftungsansprüche gegen einen vormaligen Dienstherrn geltend machen, wenn sich in der Personalakte keine Hinweise auf mangelhafte Leistungen oder Krankheiten finden lassen.

Personalakten sind nach ihrem Abschluß von der personalaktenführenden Behörde fünf Jahre **aufzubewahren** (§§ 90f I S. 1 BBG, 102g I S. 1 LBG); Versorgungsakten sogar mindestens zehn Jahre (§§ 90f III, 1. Hs. BBG, 102g III, 1. Hs. LBG).

3.3 Rechte des Beamten im Hinblick auf seine Personalakte

Der Beamte ist zu Beschwerden, Behauptungen und Bewertungen, die für ihn ungünstig sind oder ihm nachteilig werden können, **anzuhören** (§§ 90b S. 1 BBG, 102b S. 1 LBG). Gleiches gilt für dienstliche Beurteilungen vor deren Aufnahme in die Personalakte (§ 104 I S. 5 LBG).

229

Seine Gegenäußerung ist zur Personalakte zu nehmen (§§ 90b S. 2 BBG, 102b S. 2 LBG). Das gilt auch in Bezug auf dienstliche Beurteilungen (§ 104 I S. 6 LBG).

Er hat ein Recht, jederzeit (sogar nachdem das Beamtenverhältnis beendet ist) seine vollständigen Personalakten einzusehen (§§ 90c I BBG, 102c I LBG), ohne dies begründen zu müssen. Dies ist ein hergebrachter Grundsatz des Berufsbeamtentums (Art. 33 V GG).[523] Er kann ebenfalls einen Bevollmächtigten (§§ 90c II S. 1 BBG, 102c II S. 1 LBG) oder ein Mitglied der Personalvertretung einsehen lassen (§§ 68 II S. 3 BPersVG, 65 III S. 1, 1. Hs. LPVG). Schließlich dürfen Hinterbliebene, wenn ein berechtigtes Interesse geltend gemacht wird, und deren Bevollmächtigte die Personalakte des Verstorbenen einsehen (§§ 90c II S. 2 BBG, 102c II S. 2 LBG).

---

523 Battis, § 90 BBG, Rn 2 m.w.N.

Allerdings bestimmt die personalaktenführende Behörde, wo dies gewährt wird (§§ 90c III S. 1 BBG, 102c III S. 1 LBG). Soweit dienstliche Gründe nicht entgegenstehen, können Auszüge, Abschriften, Ablichtungen oder Ausdrucke gefertigt werden; zudem ist dem Beamten ein Ausdruck der zu seiner Person automatisiert gespeicherten Personalaktendaten zu überlassen (§§ 90c III S. 2 BBG, 102c III S. 2 LBG).

Der Beamte hat zunächst einen **Anspruch auf Berichtigung** von unrichtigen Personalaktendaten. Deshalb muß beispielsweise der Familienstand „ledig" im Fall einer eingetragenen Lebenspartnerschaft geändert werden.[524]

Aus dem Prinzip der Vollständigkeit der Personalakten hatte das BVerwG bislang hergeleitet, daß Unterlagen, die zur materiellen Personalakte gehören, nicht entfernt, sondern nur berichtigt werden können.[525] Dies gelte trotz des Rechts auf „informationelle Selbstbestimmung".[526] Dem entsprach es, sämtliche in der Personalakte befindlichen Vorgänge unabhängig von ihrer Richtigkeit dort zu belassen. Dieser Rechtsprechung hat der Gesetzgeber mit der Neufassung des Personalaktenrechts eine klare Absage erteilt und der Personalaktenwahrheit den Vorrang eingeräumt. Nunmehr hat der Beamte unter den Voraussetzungen des § 102e I S. 1 LBG (§ 90e I S. 1 BBG) einen **Anspruch auf Tilgung**. Danach sind Unterlagen über Beschwerden, Behauptungen und Bewertungen, auf welche die Tilgungsvorschriften des Disziplinarrechts nicht anwendbar sind,

- falls sie sich als unbegründet oder als falsch erwiesen haben, mit Zustimmung des Beamten unverzüglich aus der Personalakte zu entfernen und zu vernichten,

- falls sie für den Beamten ungünstig sind oder ihm nachteilig werden können, auf Antrag des Beamten nach drei Jahren zu entfernen und zu vernichten; dies gilt nicht für dienstliche Beurteilungen. Dabei dürfte es sich vor allem um Vorgänge handeln, die sich auf die Beurteilung von Eignung, Befähigung und fachlicher Leistung negativ auswirken und demnach für die weitere Laufbahn des Beamten nachteilig sein können, ohne daß damit der Vorwurf einer schuldhaften Pflichtverletzung verbunden wird.

Die Vorschrift gilt bloß für Personalakten, nicht jedoch für Sachakten. Sie erfaßt zudem Unterlagen, die sich vor Inkrafttreten des Änderungsgesetzes bereits in der Personalakte befanden. Materielle Voraussetzung des Tilgungsanspruchs (§§ 102e I S. 1 Nr. 1 LBG, 90e I S. 1 Nr. 1 BBG) ist weiterhin, daß die Unterlagen nachweislich unbegründet oder falsch sind. Dieser Anspruch besteht von Amts wegen, derjenige nach § 102e I S. 1 Nr. 2 LBG (§ 90e I S. 1 Nr. 2 BBG) auf Antrag des Beamten. Sieht die personalaktenführende Stelle die rechtlichen Voraussetzungen für die

---

524 BVerwG, NVwZ 04, 626 (627).
525 BVerwGE 59, 355 (357).
526 BVerwG, ZBR 89, 375 (375 f.).

Entfernung eines Vorgangs als nicht erfüllt an, schlägt das IM[527] vor, dies dem Beamten durch feststellenden Verwaltungsakt mitzuteilen, um ihm hierdurch eine Klagemöglichkeit zu eröffnen.

Weiterhin hat der Beamte einen Anspruch auf Entfernung der Eintragung von Disziplinarmaßnahmen, strafgerichtlichen Verurteilungen, Ermittlungen und Ordnungswidrigkeiten sowie berufsgerichtlichen Verfahren nach den §§ 102e II S. 1 LBG, 6, 7 TilgV (ähnlich § 90e II S. 1 BBG).

Die näheren Voraussetzungen für die **Verarbeitung von Personalaktendaten in der automatischen Datenverarbeitung** regelt § 102f LBG (§ 90g BBG). Dabei muß man als Recht des Beamten insbesondere hervorheben, daß beamtenrechtliche Entscheidungen nicht ausschließlich auf Informationen und Erkenntnisse gestützt werden dürfen, die unmittelbar durch die automatisierte Verarbeitung personenbezogener Daten gewonnen werden (§§ 90g IV BBG, 102f IV LBG). Hierdurch will man sicherstellen, daß Personalentscheidungen zumindest auch nach persönlichen Eindrücken (z.B. in Form von Gesprächen) und nicht allein nach Aktenlage getroffen werden. Die ADV hat hier lediglich eine dienende Funktion.[528]

Literatur: Lopacki, Vorlage von Personalakten an das Strafgericht im Kontext mit Straftaten im Amt, DÖD 05, 125; ders., Veröffentlichung personenbezogener Daten von Beschäftigten des öffentlichen Dienstes im Internet, PersV 05, 134; ders., Vorlage von Personalakten an Verwaltungsgerichte, DÖD 04, 237; Kammerer, Personalakte und Abmahnung, 3. Aufl. 2001; Lopacki, Die personalaktenrechtliche Datenerhebung bei Bewerbern um ein öffentliches Amt hinsichtlich der Unterstützung des DDR-Unrechtssystems im Kontext mit der Verfassungstreue, DÖD 02, 1; Lampert, Der Beamte und seine Personalakte, VR 00, 410; Lopacki, Einsicht in Personalakten durch Datenschutzbeauftragte, PersV 98, 368; v. Mutius/Behrndt, Dezentralisierung kommunaler Personalarbeit und Personalaktenrecht, ZBR 97, 65; Rogosch, Der Beamte im Amtsbereich, im Dienstverhältnis und im Privatbereich – Anmerkung zum Urteil des OVG Rheinland-Pfalz vom 28.10.1994, DÖD 1996, Seite 92 ff. –, DÖD 96, 81; Gola, Der Personalaktendatenschutz im öffentlichen Dienst, RiA 94, 1; Eckl, Das neue Personalaktenrecht – ein Gesetz für die Praxis?, BayVBl 93, 614; Gola, Das neue Personalaktenrecht der Beamten und das Bundesdatenschutzgesetz, NVwZ 93, 552; Horst, Personalakteneinsichtsrecht der Frauenbeauftragten?, DÖD 93, 49; Marburger, Zweifelsfragen im Zusammenhang mit dem Datenschutz im Personalbereich, PersV 93, 532; Schnupp, Neuregelung des Personalaktenrechts, RiA 93, 123; Gola, Der „neue" Personaldatenschutz für Beamte, DÖD 92, 221; Kunz, Personalaktenrecht des Bundes, ZBR 92, 161; Streit, Das neue Personalaktenrecht, DÖD 92, 269; Globig, Grenzen des informationellen Selbstbestimmungsrechts für Amtsträger, DÖD 91, 217; Rapsch, Einsichtnahme in Personalakten, ZBR 89, 234; Günther, Heimlichkeit von Besetzungsberichten?, ZBR 84, 161.

4. Dienstliche Beurteilung und Dienstzeugnis

4.1 Begriffsbestimmungen, Zweck

In einer dienstlichen Beurteilung werden Eignung, Befähigung und fachliche Leistung des Beamten (zu den Begriffen Rn 113) beurteilt (§ 104 I

230

---

527 Erlaß v. 17.5.01, II A 1 – 1.38.02 – 57/01.
528 Monhemius, Rn 375.

8. Abschnitt: Rechtsstellung des Beamten

S. 1 LBG). Sie ist Grundlage einer am Leistungsprinzip orientierten optimalen Personalplanung.[529] Auf ihr können ebenfalls Entscheidungen zur Übertragung oder Änderung des funktionellen Amtes[530] beruhen. Außerdem kann sie maßgebend für das dienstliche Fortkommen, insbesondere durch Beförderung sein.[531] Hingegen dienen Beurteilungen nicht vorrangig dazu, den Beamten beruflich zu fördern. Vielmehr ermöglichen sie dem Dienstherrn einen Vergleich der Beamten untereinander.[532] Beamte, bei denen diese Zielsetzungen nicht erreicht werden können, wie z.B. kommunale Wahlbeamte, dürfen nicht beurteilt werden. Einem Bürgermeister ist somit untersagt, Beurteilungen über Beigeordnete zu erstellen. Hingegen sind dienstliche Beurteilungen von Richtern mit ihrer verfassungsrechtlich garantierten Unabhängigkeit (Art. 97 I GG) vereinbar.[533]

Die Zweckbestimmung von dienstlichen Beurteilungen entfällt nicht dadurch, daß der Beamte erneut beurteilt oder befördert wurde.[534] Vielmehr können selbst frühere dienstliche Beurteilungen für künftige Verwendungs- und Auswahlentscheidungen wichtig sein (Rn 132).

Man unterscheidet zwischen **Regelbeurteilungen**, die in regelmäßigen Zeitabständen erfolgen müssen (§§ 104 I S. 2, 1. Hs., 1. Alt. LBG, 40 I S. 1, 1. Alt. BLV, 10a I, 1. Hs. LVO) und **sonstigen** Beurteilungen (Anlaßbeurteilungen), die aus Anlaß bestimmter beamtenrechtlicher Entscheidungen vorgenommen werden, z.B. vor einer Anstellung (§ 104 I S. 1 LBG), Beförderung oder Versetzung (§ 104 I S. 2, 1. Hs., 2. Alt. LBG). Die **Leistungsbeurteilung** ergeht auf der Basis der in der bisherigen Funktion gezeigten Arbeitsergebnisse, während die **Verwendungsbeurteilung** die Eignung des Beamten für neue Aufgaben betrifft. Beide Aussagen sind in einer dienstlichen Beurteilung verknüpft (§ 104 I S. 3 LBG).[535] Im Hinblick auf die Form ist zwischen freien (ohne vorgegebene Bewertungsmerkmale), gebundenen und teilgebundenen Beurteilungen zu differenzieren. Bei letzteren sind vorgegebene Beurteilungselemente vom Beurteilenden nur noch anzukreuzen.

---

529 BVerwG, DÖV 01, 293 (294); OVG Koblenz, NVwZ-RR 93, 420 (421) = DÖD 92, 262 = ZBR 93, 90; Anm Zängl, ZBR 93, 91 (91 f.); OVG Münster, NVwZ-RR 90, 623; RiA 02, 92 (93) = NWVBl 02, 158 (159); NWVBl 04, 353 (354) = DÖD 05, 9 = PersV 04, 317 (318) = RiA 05, 44 (45); NVwZ-RR 04, 874 (878); OVG Bautzen, SächsVBl 05, 278 (283) = NVwZ 06, 222 (224); VG Weimar, ThürVBl 04, 47 (49); VG Berlin, DÖD 03, 64 (65) = NVwZ-RR 03, 139.
530 BVerwG, DÖV 01, 293 (294); Einsatzzweck; Rn 50.
531 BVerwG, DÖV 01, 293 (294); Förderungszweck.
532 BVerwG, DÖV 01, 293 (294); DÖD 02, 99 = IÖD 02, 74 = ZBR 02, 211 = NVwZ-RR 02, 201 (202) = BayVBl 02, 373; VG Weimar, ThürVBl 04, 47 (49): Klärung einer Wettbewerbssituation.
533 BGH, ZBR 02, 215 (216); Anm Jestaedt, ZBR 02, 217 (217 ff.).
534 BVerwG, NVwZ 03, 1398 = DVBl 03, 1545 (1546) = ZBR 03, 359 (360) = DÖD 03, 200; OVG Münster, NWVBl 04, 353 (354) = DÖD 05, 9 = PersV 04, 317 (318) = RiA 05, 44 (45).
535 Gesamturteil und Vorschlag für die weitere dienstliche Verwendung; BVerwG, ZBR 81, 197 (198).

4. Dienstliche Beurteilung und Dienstzeugnis

Die dienstliche Beurteilung erfolgt statusamtsbezogen. Sie muß also an die Anforderungen des statusrechtlichen Amtes und die Leistungen der Beamten in derselben Besoldungsgruppe und Laufbahn anknüpfen.[536]

Die oberste Dienstbehörde hat – bei großer Gestaltungsfreiheit[537] – die Kompetenz, **Beurteilungsrichtlinien** zu erlassen (§ 104 I S. 2, 2. Hs. LBG). Ihr Zweck und Inhalt werden in Rn 232 beschrieben. Die oberste Dienstbehörde legt zudem die Stichtage fest, zu denen die Regelbeurteilungen abgegeben werden müssen, wobei der Zeitabstand grundsätzlich drei Jahre beträgt (§ 10a I LVO; im Bund mindestens alle fünf Jahre: § 40 I S. 1, 1. Alt. BLV). Diese Vorgabe gilt nicht für Gemeinden und Gemeindeverbände (§ 67 III LVO) und auch nicht für Lehrer (§ 49 III LVO), Körperschaftsbeamte (§ 79 II LVO) sowie Richter und Staatsanwälte (§§ 87 I S. 2, 88 II LVO). Werden Beurteilungsrichtlinien aufgestellt oder geändert, hat der Personalrat ein Mitbestimmungsrecht (§ 72 IV S. 1 Nr. 16 LPVG). Ändert der Dienstherr seine Auswahl- und Beförderungspraxis, stellt dies als solche allerdings keine Änderung bestehender Beurteilungsrichtlinien dar.[538] Schließlich kann die oberste Dienstbehörde zur Erprobung neuer Beurteilungsmodelle im Einvernehmen mit dem IM zeitlich befristete Ausnahmen von § 104 I S. 2, 3 LBG (§ 104 I S. 7 LBG) und von § 10a I bis III LVO (§ 10a IV S. 1 LVO) zulassen. Dabei muß gewährleistet sein, daß es zu differenzierten und aussagekräftigen Beurteilungen kommt (§ 10a IV S. 2 LVO). § 10a IV LVO ist bis zum 31.12.2010 befristet (§ 10a V LVO).

4.2 Rechtmäßigkeitsanforderungen an eine dienstliche Beurteilung

Das Beurteilungsverfahren ist ebenso wie etwa ein Prüfungsverfahren aus dem Grundsatz der Chancengleichheit heraus und wegen des Rechtsstaatsprinzips (Art. 20 III GG) „fair" zu gestalten.[539]

231

Zuständig ist in der Regel **der unmittelbare Dienstvorgesetzte**.[540] Der Dienstherr kann jedoch wegen seiner organisatorischen Gestaltungsfreiheit einen anderen Vorgesetzten mit diesen Aufgaben betrauen.[541] Dies ist nicht zulässig, wenn lediglich die Beurteilung eines einzigen Beamten übertragen werden soll, weil dann kein gleichmäßiges Beurteilungssystem mehr gewährleistet wird.[542] Beurteilungen vorzunehmen, zählt zu den Pflichten des Vorgesetzten, denen er sich nicht grundlos verweigern kann.

---

536 OVG Koblenz, NVwZ-RR 98, 245 (246) = ZBR 98, 59 = DÖV 97, 881 (882); OVG Münster, DÖD 03, 139 (140 f.): eine Zusammenfassung von drei Besoldungsgruppen (A 13, 14 und 15) wäre unzulässig.
537 BVerwG, DVBl 81, 1062 = NVwZ 82, 101.
538 OVG Münster, RiA 99, 54 (55).
539 OVG Münster, DÖD 97, 43 (45); VGH München, ZBR 91, 275.
540 OVG Weimar, DÖD 06, 17 (21) = ThürVBl 05, 134 (138); Schütz/Maiwald, § 104 LBG, Rn 309.
541 BVerwG, ZBR 86, 294; OVG Münster, DÖD 91, 210.
542 VG Meiningen, LKV 02, 45 (46).

8. Abschnitt: Rechtsstellung des Beamten

Ein Vorgesetzter darf lediglich von dieser Pflicht, sein Personal zu beurteilen, befreit werden, wenn der Tatbestand einer Ausschluß- oder Befangenheitsvorschrift (§§ 62 LBG, 20, 21 VwVfG) gegeben ist bzw. der Vorgesetzte verhindert war und hätte vertreten werden müssen.[543] Bei einer dienstherrenübergreifenden Abordnung bleibt allein der abordnende Dienstherr für die Beurteilung zuständig; er darf allerdings auf Beurteilungsbeiträge der aufnehmenden Behörde zurückgreifen.[544]

Allerdings kann die vorgesetzte Dienstbehörde sogar außerhalb eines Rechtsbehelfsverfahrens die Beurteilung ändern, wenn eine entsprechende auf gesetzlicher Basis beruhende Ermächtigung und Zuständigkeitsregelung besteht[545]; keine solche Grundlage gibt es zur Zeit in NW.[546]

Üblicherweise fertigt der unmittelbare Vorgesetzte den Beurteilungsentwurf. Er ist aus eigener Anschauung am besten in der Lage, die Leistung des Beamten zu würdigen. Insbesondere bei größeren Behörden wäre es für den Dienstvorgesetzten ohne einen auf dem Dienstweg vorgelegten Entwurf kaum möglich, die Leistungen sachgerecht zu bewerten.[547] Allerdings setzt eine sachgerechte Beurteilung nicht voraus, daß bereits bei Beginn eines mehrstufigen Beurteilungsverfahrens ein Beurteilungsentwurf erstellt wird.[548] Weder der Zweit-[549] noch der Endbeurteiler[550] müssen den zu Beurteilenden persönlich kennen. Ihre Aufgaben können im wesentlichen darin bestehen, die Einheitlichkeit der Beurteilungsmaßstäbe zu wahren.[551] Der Dienstvorgesetzte darf zur Vorbereitung und Unterstützung seiner Beurteilung ebenfalls Berichte und Auskünfte von anderer Seite einholen[552], speziell Fachkundige hinzuziehen[553] oder Beurteilungsbeiträge von Vorgesetzten verwerten.[554] Dabei dürfen sich Zuständigkeit und Verantwortlichkeit nicht verschieben. Die Beurteilung muß das alleinige höchstpersönliche Werturteil des zuständigen Beurteilers bleiben; von ihm unterstützend herangezogene Personen dürfen nicht an seine Stelle treten.[555] Hingegen liegt es im gerichtlich nur eingeschränkt kontrollierbaren Verantwortungsbereich des Beurteilenden, welche Bedeutung er seinen Informationsquellen beimißt[556]; der Endbeurteiler ist an die

---

543 VG Meiningen, LKV 02, 45 (46).
544 VG Berlin, DÖD 03, 64 (65) = NVwZ-RR 03, 139.
545 BVerwG, ZBR 85, 53 (54).
546 BVerwG, ZBR 86, 294.
547 BVerwG, DVBl 63, 552; OVG Münster, ZBR 73, 177 (178).
548 OVG Münster, ZBR 99, 425 (426).
549 BVerwG, NVwZ 03, 1398 (1399) = ZBR 03, 359 (360) = DÖD 03, 200 (202).
550 OVG Münster, NWVBl 02, 351 (352); VGH Kassel, ZBR 06, 173 (174).
551 BVerwG, NVwZ 03, 1398 (1399) = ZBR 03, 359 (360) = DÖD 03, 200 (202).
552 BVerwGE 62, 135 (139); OVG Münster, DÖD 03, 63 (64); VGH Mannheim, NVwZ-RR 05, 585 (587) = VBlBW 06, 59 (61): neben Berichten von dritter Seite beispielsweise Arbeitsplatzbeschreibungen oder schriftliche Arbeiten des zu Beurteilenden; ähnlich OVG Bremen, NordÖR 05, 386 (388); OVG Weimar, ThürVBl 06, 66 (68).
553 BVerwG, ZBR 87, 15 (16).
554 BVerwG, ZBR 93, 89 (90).
555 OVG Münster, DÖD 03, 63 (64).
556 BVerwG, ZBR 93, 89 (90).

4. Dienstliche Beurteilung und Dienstzeugnis

Bewertungen anderer Beurteiler nicht gebunden[557]. Bei einem Vorgesetztenwechsel hat der frühere Vorgesetzte einen qualifizierten Beurteilungsbeitrag in schriftlicher Form zu erstellen, wenn der vor dem Wechsel liegende Beurteilungszeitraum erheblich ist. Das ist der Fall, wenn er ein Jahr und mehr beträgt.[558] Zur Frage, welches Gewicht ein solcher Beurteilungsbeitrag hat, äußert sich das BVerwG.[559] Im übrigen gibt es keinen Rechtsgrundsatz, wonach ein Beamter, der hinsichtlich seiner Aufgabenbereiche verschiedenen Vorgesetzten untersteht, stets von demjenigen Vorgesetzten beurteilt werden muß, dem er mit dem überwiegenden Aufgabenbereich unterstellt ist.[560] Hier verbiete sich jegliche Schematisierung, da es auch sachgerecht sein könne, auf den vom Umfang her kleineren, aber anspruchsvolleren Teil abzustellen. Wechselt der Beamte zeitweilig die Behörde oder sogar den Dienstherrn (beispielsweise bei Abordnungen oder Zuweisungen), bietet es sich an, daß der für die Beurteilung weiterhin zuständige unmittelbare Dienstvorgesetzte der Stammdienststelle (Rn 194) einen Beurteilungsbeitrag vom neuen unmittelbaren Dienstvorgesetzten einholt.

Sind Stellungnahmen von weiteren Vorgesetzten vorgeschrieben, haben diese gleichfalls den Charakter von Beurteilungen und müssen entsprechend behandelt werden.[561] Wurde eine derartige Stellungnahme des nächsthöheren Vorgesetzten zu einer dienstlichen Beurteilung aufgehoben, so ist sie nach den Beurteilungsbestimmungen ebenso wie eine dienstliche Beurteilung selbst nachzuholen. Ist sie wegen Befangenheit aufgehoben worden, ist sie durch den nächsthöheren Vorgesetzten nachzuholen, der nicht befangen ist.[562]

Der Dienstherr verletzt das Gebot eines fairen Verfahrens, wenn die Beurteilung durch einen Beurteilungs- bzw. Bewerbungskonkurrenten erstellt wird.[563] Er mißachtet die hiernach gebotene Unparteilichkeit, zumal dienstliche Beurteilungen die zweckmäßigste Verwendung und den Rechtsanspruch des Beamten, bei der Auslese sachgerecht behandelt zu werden, sichern sollen. Dabei genügt für den Ausschluß von einer Mitwirkung am Beurteilungsverfahren allein der „böse Schein", also die Tatsache, daß ein (abstraktes) Konkurrenzverhältnis besteht.[564] Gleiches gilt in Anbetracht des Beurteilungszwecks, ein möglichst objektives Leistungsurteil zu erhalten, für eine Selbstbeurteilung.[565] Wird die Beurteilung von einem unzuständigen Beurteiler gefertigt, ist sie verfahrensfehlerhaft und vermag keine Auswahl zu rechtfertigen.[566] Hingegen ist es nicht verboten, Beamte derselben oder einer niedrigeren Besoldungs-

---

557 OVG Münster, RiA 02, 92 (94) = NWVBl 02, 158 (160).
558 OVG Schleswig, DÖD 96, 265 (266).
559 E 107, 360 (361 ff.).
560 OVG Münster, DÖD 91, 210 (210 f.).
561 BVerwG, ZBR 94, 279.
562 BVerwG, ZBR 94, 279.
563 OVG Weimar, DÖD 06, 17 (22) = ThürVBl 05, 134 (138).
564 OVG Münster, DÖD 97, 43 (45); VGH München, ZBR 91, 275.
565 OVG Weimar, DÖD 06, 17 (22) = ThürVBl 05, 134 (138).
566 OVG Lüneburg, NdsVBl 01, 19 (20).

gruppe am Beurteilungsverfahren mitwirken zu lassen, indem der Beurteiler sie als Informationsquelle nutzt.[567]

Die **Form** ist regelmäßig durch Verwaltungsvorschriften festgelegt. Beurteilungen sind mit einem Gesamturteil abzuschließen und sollen einen Vorschlag für die weitere dienstliche Verwendung enthalten (§ 104 I S. 3 LBG). Das Gesamturteil bildet sowohl für die Dienstherrn als auch für den Beamten eine zuverlässige Erkenntnisquelle über den Standort des einzelnen Beamten im Leistungswettbewerb mit anderen. Es ermöglicht den Vergleich unter den Bewerbern, auf den es bei der sachgerechten Auslese zur Vorbereitung personalrechtlicher Maßnahmen (Anstellung, Übertragung höherwertiger Dienstposten, Beförderung, Einbeziehung in das Auswahlverfahren für den Aufstieg) ankommt.[568] Dabei erfordert der Leistungsgrundsatz eine aktuelle dienstliche Beurteilung über Eignung, Befähigung und fachliche Leistung der Bewerber im Auswahlverfahren (Rn 131). Dienstliche Beurteilungen, die aus sich heraus keinen Quervergleich zwischen Bewerbern um ein Beförderungsamt ermöglichen, obwohl diese Beamten im selben Statusamt beurteilt wurden, sind für die Personalauswahl ungeeignet.[569]

In verfahrensmäßiger Hinsicht ist den Beamten Gelegenheit zu geben, **vor Aufnahme** seiner Beurteilung **in die Personalakte** (§ 104 I S. 4 LBG) von dieser **Kenntnis** zu **nehmen** und sie mit dem Vorgesetzten zu besprechen (§ 104 I S. 5 LBG). Hierdurch soll eine weitere vertrauensvolle Zusammenarbeit gefördert und die Beurteilung objektiviert[570] sowie eine Gelegenheit geboten werden, Unstimmigkeiten auszuräumen (Klärungsfunktion).[571] Dieses Ziel wird bloß erreicht, wenn der Beurteilte die Chance zu Gegenvorstellungen erhält. Bei berechtigten Einwänden muß die Beurteilung berichtigt, ergänzt und evtl. die Gesamtnote geändert werden.[572] Erfolgt dies nicht, ist die Beurteilung fehlerhaft und man muß sie wiederholen.[573] Somit ist keine Heilung (§ 45 I Nr. 3 VwVfG) – unabhängig von der Anwendbarkeit dieser Vorschrift gemäß § 2 III Nr. 2 VwVfG[574] – möglich. Anders ist es jedoch, wenn sich ein Beamter weigert, angehört zu werden. Sollte er mehrere Anhörungstermine genannt bekommen haben und ist er ohne Grund nicht erschienen, ist die Beurteilung sogar ohne Anhörung wirksam. Andernfalls könnte ein Beamter durch schlichte Weigerung verhindern, daß über ihn jemals eine Beurteilung erstellt wird. Hingegen gehört die einem Vorgesetzten dauerhaft obliegende Aufgabe, mit den Beamten fördernde Gespräche über deren Leistungen zu führen, nicht zum Beurteilungsverfahren. Verletzt ein Vorgesetzter diese Pflicht,

---

567 OVG Münster, RiA 06, 79 (80).
568 BVerwGE 97, 128 (130) = NVwZ-RR 95, 340 = ZBR 95, 145 (145 f.); Anm Schnellenbach, ZBR 95, 237 (237 f.); VGH Kassel, ZBR 98, 57.
569 OVG Koblenz, NVwZ-RR 98, 245 (246) = ZBR 98, 59 = DÖV 97, 881 (882).
570 Schröder/Lemhöfer/Krafft, § 40 BLV, Rn 24.
571 BVerwG, ZBR 76, 117 (118).
572 Schröder/Lemhöfer/Krafft, § 40 BLV, Rn 24.
573 OVG Münster, NWVBl 03, 395 (396) = DÖD 03, 292 (293); a.A. OVG Bremen, ZBR 85, 82 (83).
574 Dazu BVerwGE 62, 169 (172).

4. Dienstliche Beurteilung und Dienstzeugnis

wird die Beurteilung nicht rechtswidrig; er verstößt jedoch u.U. gegen seine Fürsorgepflicht, was zu Schadenersatzansprüchen führen kann.[575] Gibt es Beurteilungsbesprechungen, ist die Gleichstellungsbeauftragte dort gleichberechtigtes Mitglied (§ 17 I, 2. Hs. Nr. 1, 2. Hs. LGG). Ziel derartiger Konferenzen ist es, Fragen der Quotierung oder einheitlichen Anwendung von Beurteilungskriterien in verschiedenen Organisationseinheiten allgemein zu erörtern. Dies bietet sich in großen Behörden mit vielen Beurteilern an, um vergleichbare Beurteilungen zu erreichen. In Kommunalverwaltungen mit überschaubarem Beamtenbestand und zumeist nur einem Beurteiler sind keine Beurteilungsbesprechungen erforderlich. Hat die Gleichstellungsbeauftragte nicht an einer Beurteilungsbesprechung teilgenommen[576] oder ist entgegen der Beurteilungsrichtlinien gar keine Beurteilungsbesprechung erfolgt[577], sind die gleichwohl erstellten Beurteilungen rechtswidrig. Der Umstand, daß die verletzte Verfahrensvorschrift keinen rechtlich geschützten Interessen eines einzelnen männlichen Beamten diene, stehe dem nicht entgegen. Es könne sich nicht ausschließen lassen, daß die Beurteilung bei ordnungsgemäßem Verfahrensgang besser ausgefallen wäre. Mit der Fürsorgepflicht des Dienstherrn korrespondiere das Recht des Beamten, allein objektiv rechtmäßige Beeinträchtigungen seiner beamtenrechtlichen Rechtsstellung hinnehmen zu müssen.[578]

Bevor die Beurteilung in vollem Wortlaut eröffnet und besprochen wird, handelt es sich objektiv um keine Beurteilung, sondern um einen Beurteilungsentwurf. Diesen darf man nicht zur Personalakte nehmen. Wird die Beurteilung zur Personalakte genommen, muß dies ebenfalls mit einer (noch nicht ausgeräumten) Gegenäußerung geschehen (§ 104 I S. 6 LBG).

Die Regelbeurteilung schwerbehinderter Beamter stellt in Ermangelung einer „Regelung" mit bestimmten unmittelbaren Rechtswirkungen keine Entscheidung im Sinn des § 25 II S. 1 SchwerbehindertenG (alt; nunmehr § 95 II S. 1, 1. Hs. SGB IX) dar.[579] Deshalb ist der Dienststellenleiter nicht verpflichtet, der Schwerbehindertenvertretung Beurteilungsentwürfe zur Stellungnahme (Anhörung) und ihr die abschließend gefertigten Beurteilungen vorzulegen.[580] Weder aus § 13 BLV/LVO noch aus § 95 II S. 1, 1. Hs. SGB IX ergibt sich, daß bei einer dienstlichen Beurteilung eines schwerbehinderten Beamten die Schwerbehindertenvertretung beteiligt werden muß.[581] Ebensowenig muß die Gleichstellungsbeauftragte mitwirken.[582]

---

575 OVG Münster, NWVBl 03, 395 (396) = DÖD 03, 292 (293).
576 OVG Münster, Urt. v. 13.2.01, 6 A 3438/00, Urteilsumdruck S. 11 ff.
577 OVG Münster, RiA 02, 87.
578 OVG Münster, Urt. v. 13.2.01, 6 A 3438/00, Urteilsumdruck S. 18 f.
579 OVG Münster, ZBR 95, 81 (82).
580 OVG Münster, ZBR 95, 81 (82).
581 BVerwGE 106, 318 (323) = NVwZ 98, 1302 (1303) = ZBR 00, 417 (418) = DÖD 98, 282 (283); Anm Kröninger, DÖD 98, 283 (283 ff.); a.A. zu Unrecht OLG Hamm, NVwZ-RR 98, 535 (536), und OVG Greifswald, NordÖR 03, 462 (463).
582 OVG Saarlouis, PersV 99, 328 (329) = ZBR 99, 390.

8. Abschnitt: Rechtsstellung des Beamten

In welchem Umfang der Dienstvorgesetzte eine dienstliche Beurteilung **mit Tatsachen begründen** muß, hängt davon ab, welche Aussagen er trifft. Fakten bedürfen zunächst einer konkreten Darlegung, wenn der Dientsherr historische Einzelvorgänge aus dem gesamten Verhalten des Beamten ausdrücklich in der dienstlichen Beurteilung erwähnt.[583] Stützt er zudem Wertungen ganz oder teilweise auch inzidenter auf bestimmte Tatsachen, muß er diese darlegen und notfalls beweisen.[584] Handelt es sich hingegen um reine Werturteile, muß man diese soweit plausibel substantiieren, daß sie keine formelhaften Behauptungen bleiben, sondern für den Beamten einsichtig und für Außenstehende nachvollziehbar werden.[585] Der Beamte muß Gründe und Argumente erfahren. Er soll den Weg, der zu dem Urteil geführt hat, erkennen.[586] Das BVerfG[587] schließt sich dieser Position an. Hingegen bedarf eine geringfügige Verschlechterung einer Beurteilung gegenüber der vorherigen keiner Begründung durch Nennung konkreter Umstände in der Beurteilung.[588] Eine mündliche Erörterung reicht insofern.

232 **In materieller Hinsicht** sind dienstliche Beurteilungen **persönlichkeitsbedingte Werturteile**, inwieweit der Beamte den vom Dienstherrn zu bestimmenden zahlreichen fachlichen und persönlichen Anforderungen des konkreten Amtes und der Laufbahn entspricht. Bei diesem **Akt wertender Erkenntnis** besteht notwendigerweise eine **Beurteilungsermächtigung des Dienstherrn**, die nur beschränkt gerichtlich überprüfbar ist.[589] An dieser zutreffenden Ansicht hat das BVerwG[590] auch in Kenntnis der zur Kontrolle berufsbezogener Prüfungsentscheidungen ergangenen Beschlüsse des BVerfG[591] festgehalten. Das BVerfG[592] teilt diese Hal-

---

583 BVerwG, DVBl 93, 956; VGH Mannheim, VBlBW 06, 62 (66).
584 BVerwG, DVBl 93, 956; E 60, 245 (248) = DVBl 81, 497 (498); VGH Mannheim, VBlBW 06, 62 (66).
585 BVerwG, DVBl 93, 956; VGH Mannheim, VBlBW 06, 62 (66); OVG Münster, NWVBl 02, 111 (113); OVG Bautzen, SächsVBl 05, 23 (24); OVG Saarlouis, DÖD 05, 36 (38).
586 BVerwGE 60, 251 (252).
587 DVBl 02, 1203 (1204) = PersV 02, 470 (472) = DÖD 03, 82 (83) = NVwZ 02, 1368.
588 BVerwG, ZBR 00, 269 (270) = DÖD 00, 108 (109).
589 BVerfG, DVBl 02, 1203 (1204) = PersV 02, 470 (471 f.) = DÖD 03, 82 = NVwZ 02, 1368; ZBR 03, 31 (34) = NVwZ-RR 02, 802 (803); BVerwGE 60, 245 (246) = DVBl 81, 497; DVBl 81, 1062 = NVwZ 82, 101; 97, 128 (129) = NVwZ-RR 95, 340 = ZBR 95, 145 (145 f.); Anm Schnellenbach, ZBR 95, 237 (237 f.); NVwZ-RR 00, 621; ZBR 00, 269 (270) = DÖD 00, 108 (109); DVBl 94, 112 = ZBR 94, 54; DÖD 93, 179; DÖD 87, 178; NVwZ 03, 1398 (1399) = ZBR 03, 359 (360) = DÖD 03, 200 (201); ZBR 02, 133 (134); NVwZ 06, 465 = DVBl 06, 641; OVG Münster, NVwZ-RR 02, 58 = OVGE 48, 189 (191); RiA 02, 92 = NWVBl 02, 158; OVGE 48, 86; DÖD 00, 161; DÖD 97, 43 (44); NWVBl 04, 353 (354) = DÖD 05, 9 (10) = PersV 04, 317 (319) = RiA 05, 44 (46); OVG Koblenz, IÖD 02, 134 (134); RiA 00, 200 (202); NVwZ-RR 93, 420 (421) = DÖD 92, 262 = ZBR 93, 90; Anm Zängl, ZBR 93, 91 (91 f.); OVG Lüneburg, NVwZ-RR 03, 878 (880) = NdsVBl 03, 238 (240) = NordÖR 03, 311 (313); DÖD 04, 164; OVG Greifswald, NordÖR 03, 462 (463); OVG Schleswig, NordÖR 01, 501 (502); OVG Bautzen, SächsVBl 05, 278 (282) = NVwZ 06, 222 (224); SächsVBl 05, 23 (24); OVG Bremen, NordÖR 05, 386 (387); NordÖR 02, 214 (215); OVG Weimar, ThürVBl 06, 66 (67).
590 DVBl 93, 956.
591 E 84, 34 (35 ff.) = DVBl 91, 801 (801 ff.); E 84, 59 (60 ff.) = DVBl 91, 805 (805 ff.).
592 DVBl 02, 1203 (1204) = PersV 02, 470 (472) = DÖD 03, 82 = NVwZ 02, 1368.

4. Dienstliche Beurteilung und Dienstzeugnis

tung. Die verwaltungsgerichtliche Überprüfung darf nicht dazu führen, daß das Gericht die fachliche oder persönliche Beurteilung des Beamten in vollem Umfang nachvollzieht oder gar durch eine eigene ersetzt.[593] Allerdings existiert diese Einschränkung allein gegenüber Gerichten und nicht im Verhältnis zur vorgesetzten Dienst- oder Widerspruchsbehörde.[594]

In ihrem Kern ist die Beurteilung als Wertentscheidung subjektiv[595] und nicht gänzlich rational. Deshalb ist es notwendig, etwa durch gleichmäßig anzuwendende Beurteilungsrichtlinien[596] oder durch lediglich geringfügig über- oder unterschreitbare Richtsätze für das anteilige Verhältnis von Gesamtnoten, in hinreichend großen Verwaltungsbereichen (z.B. OFD-Bezirk) Grundlagen zur besseren Transparenz und Vergleichbarkeit der dienstlichen Beurteilungen zu schaffen. Es begegnet keinen rechtlichen Bedenken, wenn der Dienstherr durch die Angabe eines anteiligen Verhältnisses der Noten deren von ihm gewollten Inhalt näher bestimmt.[597] In der Bundesverwaltung wirkt man der Konzentration auf Spitzennoten durch eine Vorgabe von allgemeinen Richtwerten (Quote) entgegen. Als **Beurteilungsquoten** sollen für maximal 15% die höchste und für maximal 35% die zweithöchste Note vergeben werden (§ 41a S. 1 BLV). In NW sollen für Regelbeurteilungen **Vergleichsgruppen** gebildet werden (§ 10a II S. 1 LVO). Die Zugehörigkeit bestimmt sich in erster Linie nach der Besoldungsgruppe der zu beurteilenden Beamten oder nach der Funktionsebene, der die zu beurteilenden Beamten angehören (§ 10a II S. 2 LVO). Der Anteil der Beamten einer Vergleichsgruppe soll bei der besten Note 10% und bei der zweitbesten Note 20% nicht überschreiten (§ 10a III S. 1 LVO). Ist die Anwendung dieser Richtwerte wegen einer zu geringen Zahl der einer Vergleichsgruppe zuzuordnenden Beamten nicht möglich, sind die Beurteilungen in Anlehnung an diese Richtwerte entsprechend zu differenzieren (§§ 41a S. 2 BLV, 10a III S. 2 LVO). Damit wird die Forderung der Rechtsprechung aufgegriffen, wonach die jeweilige Vergleichsgruppe hinreichend groß und homogen sein muß.[598] Die genannten **Bestimmungen gelten** jedoch **nicht für Gemeinden** und Gemeindeverbände (§ 67 III LVO) und ebenfalls nicht für Lehrer (§ 49 III LVO), Körperschaftsbeamte (§ 79 II LVO) sowie Richter und Staatsanwälte (§§ 87 I S. 2, 88 II LVO). Weitere Ausnahmen zur Erprobung neuer Beurteilungsmodelle werden in Rn 230 beschrieben. Stellt der Dienstherr Richtsätze für das anteilige Verhältnis der Gesamtnoten der dienstlichen Beurteilungen auf und führt diese Quotierungsempfehlung richtliniengemäß dazu, daß 86% der beurteilten Beamten eine überdurchschnittliche Beurteilung erhalten, so liegt darin nicht ohne weiteres eine Änderung der Beurteilungsmaßstäbe.[599]

---

593 BVerwG, DVBl 93, 956; VGH München, ZBR 94, 84.
594 BVerwG, DÖV 79, 791 (792).
595 Schröder/Lemhöfer/Krafft, § 40 BLV, Rn 13.
596 BVerwG, NVwZ 82, 101 = DVBl 81, 1062.
597 BVerwG, DVBl 98, 638; ZBR 02, 133 (134); NJW 85, 1095 (1097 f.); ZBR 81, 197 (198 f.).
598 BVerwG, NVwZ 06, 465 (466) = DÖV 06, 345 (346) = DVBl 06, 641 (642).
599 OVG Koblenz, RiA 93, 314.

8. Abschnitt: Rechtsstellung des Beamten

233 Vom Beurteilenden sind insbesondere **folgende, auch gerichtlich überprüfbare Grenzen der Beurteilungsermächtigung streng zu beachten**[600]:

– Er muß den **anzuwendenden Begriff oder den gesetzlichen Rahmen**, in dem er sich frei bewegen kann, **richtig auslegen**. Ein Fehler läge z.b. vor, wenn das Gesamturteil „gut" nach der festgelegten Notendefinition nur „befriedigend" hätte lauten dürfen. Zur Frage, an welchem Profil sich eine Leistungsbeurteilung zu orientieren habe, besagt die Rechtsprechung, daß hier das nach Qualität und Quantität tatsächlich erbrachte Arbeitsergebnis entscheidend sein müsse.[601] Es sei unter Berücksichtigung der Anforderungen des Arbeitsplatzes im Vergleich zu anderen Beamten der Besoldungsgruppe und der Laufbahn zu bewerten. Kriterium solle sein, was von einem gedachten durchschnittlichen Beamten erwartet werde und werden könne. Der Dienstherr habe einen Beurteilungsspielraum, bei dem er generell höhere oder niedrigere Ansprüche stellen könne. Ist das solchermaßen definierte Anforderungsprofil jedoch erst einmal objektiv festgelegt, müsse man es einheitlich bei Beurteilungen berücksichtigen. Fehlerhaft wäre es deshalb, zum Maßstab der dienstlichen Leistung das (vom Dienstherrn stärker eingeschätzte) subjektive Leistungsvermögen des konkreten Beamten zu machen.[602] Zur Relevanz einer nebenamtlichen Tätigkeit bei der dienstlichen Beurteilung nimmt das OVG Koblenz[603] Stellung. Die Nebentätigkeit wird insbesondere dann heranzuziehen sein, wenn sie statusamtsbezogene Rückschlüsse auf die allgemeine Eignung, Befähigung und fachliche Leistung des Beamten erlaubt. Weiterhin ist es fehlerhaft, Beanstandungen in einem mengenmäßig geringen Aufgabenbereich unverhältnismäßig stark zu gewichten.[604] Außerdem darf der Dienstherr in einer Beurteilung nicht die bloße Zahl der Krankheitstage erwähnen, wenn er diese in keinen Zusammenhang mit Wertungen

---

600 BVerfG, DVBl 02, 1203 (1204) = PersV 02, 470 (471 f.) = DÖD 03, 82 = NVwZ 02, 1368; ZBR 03, 31 (34) = NVwZ-RR 02, 802 (803); BVerwGE 60, 245 (246) = DVBl 81, 497; 97, 128 (129) = NVwZ-RR 95, 340 = ZBR 95, 145 (145 f.); Anm Schnellenbach, ZBR 95, 237 (237 f.); NVwZ 03, 1398 (1399) = ZBR 03, 356 (360) = DÖD 03, 200 (201); ZBR 02, 133 (134); NVwZ-RR 00, 621; ZBR 00, 269 (270) = DÖD 00, 108 (109); DVBl 94, 112 = ZBR 94, 54; NVwZ 06, 465 = DVBl 06, 641; BAG, PersV 04, 73 (74); OVG Lüneburg, NVwZ-RR 03, 878 (880) = NdsVBl 03, 238 (240) = NordÖR 03, 311 (313); NdsVBl 01, 19 (20); DÖD 04, 164 (164 f.); OVG Münster, OVGE 48, 86 (86 f.); DÖD 00, 161; DÖD 97, 43 (44); NVwZ-RR 90, 623; NWVBl 04, 353 (354 f.) = DÖD 05, 9 (10) = PersV 05, 317 (319) = RiA 05, 44 (46); NVwZ-RR 04, 874 (875); VGH München, ZBR 94, 84; OVG Koblenz, IÖD 02, 134 (134); RiA 00, 200 (202); NVwZ-RR 93, 420 (421) = DÖD 92, 262 = ZBR 93, 90; Anm Zängl, ZBR 93, 91 (91 f.); RiA 93, 314; OVG Bautzen, ZBR 01, 368 (370); 372 (373); SächsVBl 05, 278 (282) = NVwZ 06, 222 (224); SächsVBl 05, 23 (24); OVG Greifswald, NordÖR 03, 462 (463); OVG Schleswig, NordÖR 01, 501 (502); OVG Weimar, ThürVBl 06, 66 (67); OVG Bremen, NordÖR 05, 386 (387); NordÖR 02, 214 (215).
601 OVG Münster, NWVBl 95, 385.
602 OVG Münster, NWVBl 95, 385.
603 NVwZ-RR 93, 420 (421) = DÖD 92, 262 (263) = ZBR 93, 90; Anm Zängl, ZBR 93, 91 (91 f.).
604 OVG Münster, RiA 92, 317 (318).

4. Dienstliche Beurteilung und Dienstzeugnis

hinsichtlich der gesundheitlichen Geeignetheit oder Leistungsfähigkeit stellt.[605] Schließlich hat eine Gleichstellungsbeauftragte, die wegen ihrer Freistellung lediglich in geringem Umfang sachbearbeitend tätig ist, in der Regelbeurteilung einen Anspruch auf umfassende Bewertung ihrer Arbeit als Gleichstellungsbeauftragte.[606] Letztlich muß auch der Schwierigkeitsgrad berücksichtigt werden, der sich aus den mit dem übertragenen konkret-funktionellen Amt verbundenen Aufgaben ergibt.[607] Hingegen folgen aus § 9 I S. 1 BGleiG keine zusätzlichen Anforderungen an dienstliche Beurteilungen.[608]

− Der Beurteilung darf **kein unrichtiger Sachverhalt** zugrunde liegen. Dabei ist allerdings zu beachten, daß − soweit die Beurteilung aus reinen Werturteilen besteht − keine bestimmte Tatsachenbasis festgestellt werden kann. Vielmehr ist aufgrund einer längeren Kette von im einzelnen nicht trennbaren Vorkommnissen ein persönliches Werturteil entstanden.[609] Tatsächliche Grundlagen, auf denen Werturteile beruhen, sind deshalb nicht notwendig aufzunehmen.[610] Andererseits kann der Dienstherr einzelne zu erwähnende Tatsachen oder Vorkommnisse im Beurteilungszeitraum aufgreifen und aus ihnen wertende Schlußfolgerungen ziehen, wenn dies für die Charakterisierung des Beamten besonders typisch erscheint.[611] Ausreichend wäre jedoch, wenn er sich auf zusammenfassende Werturteile aufgrund einer unbestimmten Vielzahl nicht benannter Einzeleindrücke beschränkte. Diese sind ihrerseits von Dritten oder Gerichten so nicht nachvollziehbar.[612]

− Der Beurteilende muß **allgemein gültige Wertmaßstäbe beachten**. Diese sind aus dem Rechtsstaatsprinzip, den Grundrechten und dem Gebot der Verhältnismäßigkeit abzuleiten. Sie verlangen u.a. ein faires Beurteilungsverfahren und verbieten unsachliche Kritik.[613] Dies bedeutet zunächst, daß die Beurteilung die im Beurteilungszeitraum gezeigten Leistungen möglichst zutreffend wiederzugeben hat.[614] Hiergegen verstößt eine Anlaßbeurteilung, wenn sie nur deswegen schlechter ausfällt, „um die unbotmäßige Aufrechterhaltung einer Bewerbung abzustrafen".[615] Das Verfassungsgebot der Bestenauslese gebietet zudem

---

605 OVG Münster, NVwZ-RR 90, 623 (624).
606 VG Oldenburg, NdsVBl 03, 136 (137 f.).
607 OVG Lüneburg, RiA 04, 203 (206).
608 VGH Kassel, ZBR 06, 173.
609 BVerwGE 60, 249 (249 f.).
610 OVG Münster, NVwZ-RR 04, 874 (875). Werturteile können (im Bestreitensfall müssen) bei der Eröffnung und Besprechung der Beurteilung, im Widerspruchsverfahren und selbst noch in einem etwaigen verwaltungsgerichtlichen Verfahren näher konkretisiert werden.
611 VGH München, ZBR 94, 84.
612 OVG Saarlouis, DÖD 05, 36 (38).
613 BVerwG, NJW 78, 2408.
614 OVG Münster, RiA 02, 92 (93) = NWVBl 02, 158 (159).
615 OVG Münster, NWVBl 04, 258 (259) = ZBR 04, 277 (278 f.) = NVwZ-RR 04, 236 (237).

8. Abschnitt: Rechtsstellung des Beamten

hinreichend differenzierte Beurteilungen.[616] Eine Beurteilungspraxis, die diesen Anforderungen nicht gerecht werde (weil man beispielsweise eine große Zahl von Bewerbern ausnahmslos mit der Spitzennote beurteilt hat), verstoße gegen Art. 33 II GG. Gerade in der hohen Zahl von guten Beurteilungen wird der Hauptgrund für die zahlreichen Konkurrentenklagen gesehen.[617] Weiterhin hat der Dienstherr die Pflicht, den Beamten gerecht, unvoreingenommen und möglichst objektiv zu beurteilen.[618] Ein Beurteiler sei tatsächlich voreingenommen und eine Beurteilung deshalb fehlerhaft, wenn er nicht willens oder in der Lage sei, den Beamten sachlich und gerecht zu beurteilen. Daraus folgt weiterhin, daß sich das Gesamturteil denkfehlerfrei auf die einzelnen Beurteilungselemente stützen muß[619], sowie das Gebot der Chancengleichheit. Maßgeblich ist die objektive Voreingenommenheit des Beurteilers, nicht die aus der subjektiven Sicht des Beurteilten begründete Besorgnis der Befangenheit.[620] Im übrigen muß der ratio des Beurteilungswesens entsprochen werden. Hierzu zählt zunächst, den gewählten Beurteilungsmaßstab auch tatsächlich gleichmäßig auf alle konkurrierenden Beamten anzuwenden.[621] Dies kann durch die Beteiligung des Präsidenten des OVG an den dienstlichen Beurteilungen der erstinstanzlichen Richter erreicht werden.[622] Zudem wird eine höchstmögliche Vergleichbarkeit grundsätzlich durch einen gemeinsamen Stichtag und den gleichen Beurteilungszeitraum erreicht.[623] Deshalb sei ein Dienstherr auch nicht daran gehindert, trotz vorangehender Anlaßbeurteilung bei einer nachfolgenden Regelbeurteilung ebenfalls den Zeitraum einzubeziehen, den die Anlaßbeurteilung bereits umfaßt habe. Sinn und Zweck der Regelbeurteilung liegen darin, die Leistungen und Fähigkeiten des Beamten periodisch zu bewerten, damit rechtzeitig Rückschlüsse auf die Leistungsfähigkeit auch im Vergleich mit anderen Beamten gezogen werden können. Diese allgemein gültige Zielsetzung verfehlte ein Dienstherr, wenn er einen im Jahre 2000 erstellten Beurteilungsentwurf fünf Jahre später 2005 als Beurteilung deklarieren und zur Personalakte nehmen würde. Inzwischen ist ein extrem langer Zeitraum vergangen, in dem sich die Leistungsfähigkeit des Beamten sowie

---

616 BVerfG, DVBl 03, 1524 (1525) = ZBR 04, 45 (46); Anm Otte, ZBR 04, 46 (46 f.); OVG Münster, DÖD 03, 139 (140).
617 Wittkowski, in Hohm/Schunder/Stahl, Verwaltungsgericht im Wandel der Zeit – 50 Jahre Verwaltungsgericht Frankfurt am Main, 2004, 234 (241 f.).
618 BVerwGE 106, 318 (319) = NVwZ 98, 1302 (1303) = ZBR 00, 417 (417 f.) = DÖD 98, 282 (282 f.); Anm Kröninger, DÖD 98, 283 (283 ff.); ZBR 03, 31 (34) = NVwZ-RR 02, 802 (803); OVG Weimar, ThürVBl 06, 66 (67).
619 BVerwGE 21, 127 (134 f.).
620 OVG Schleswig, NVwZ-RR 02, 289 (290); OVG Münster, RiA 05, 253 (255) = DÖD 06, 104 (106); OVG Weimar, ThürVBl 06, 66 (67).
621 OVG Lüneburg, NdsVBl 99, 184 (185); OVG Bautzen, SächsVBl 05, 278 (283) = NVwZ 06, 222 (224 f.); OVG Münster, DÖD 03, 138; VG Weimar, ThürVBl 04, 47 (49); VG Potsdam, LKV 04, 574 (575).
622 BGH, ZBR 02, 215 (217); abl. Anm Jestaedt, ZBR 02, 217 (218).
623 BVerwG, DÖD 02, 99 (100) = IÖD 02, 74 (75) = ZBR 02, 211 = NVwZ-RR 02, 201 (202) = BayVBl 02, 373 (373 f.).

4. Dienstliche Beurteilung und Dienstzeugnis

seine Aufgabenstellung geändert haben können. Eine 2005 bezogen auf 2000 erstellte Beurteilung vermag weder für den Dienstherrn noch für den Beamten aussagekräftige Feststellungen zu treffen. Das „Liegenlassen" von Beurteilungsentwürfen über einen Zeitraum von fünf Jahren kann man zudem nicht mit einer Arbeitsüberlastung rechtfertigen.

Gleiches gilt für eine erst im Nachhinein erstellte Beurteilung, der bereits eine aktuellere vorausgeht. Jene Beurteilung kann nicht den Anforderungen gerecht werden, die an sie zu stellen sind. Eine Beurteilung hat leistungs- und zeitnah zu erfolgen. Eine nachträgliche Beurteilung widerspricht dem, wenn schon eine neuere vorliegt. Sie ist für den Beurteilenden zwecklos. Die dienstliche Beurteilung ist mit einem Gesamturteil abzuschließen und soll einen Vorschlag für die weitere dienstliche Verwendung enthalten (§§ 41 II BLV, 104 I S. 3 LBG). Dieser ist zukunftsorientiert. Eine im Nachhinein zu erstellende Prognose ist jedoch tatsächlich unmöglich, da sie durch die Realität der mittlerweile vergangenen Jahre überholt worden ist. Im übrigen kann der Dienstherr die Aktualität einer lange zurückliegenden Beurteilung nicht dadurch „konservieren", daß er allgemein bei Änderungen des Leistungsbildes Anlaßbeurteilungen vorsieht und im konkreten Fall ohne nähere Begründung darauf verweist, daß solche nicht erstellt worden sind.[624] Ebenfalls ist eine Regelbeurteilung, die sich objektiv auf einen Zeitraum von fünf Jahren erstreckt, tatsächlich aber lediglich einen solchen von drei Jahren und zwei Monaten umfaßt, fehlerhaft. Sie unter Hinweis auf die Bedeutungslosigkeit des unberücksichtigt gebliebenen Zeitabschnitts aufrechtzuerhalten, beruht jedenfalls dann auf sachfremden Erwägungen, wenn vom Beurteilten geltend gemacht wird, während dieses Zeitraums überdurchschnittliche Leistungen erbracht zu haben.[625] Zudem liegt ein Verfahrensfehler vor, wenn der Anlaß für eine Bedarfsbeurteilung während des Beurteilungsvorgangs entfällt, aber dennoch eine Beurteilung eröffnet wird.[626] Hat schließlich ein beförderter Beamter seine Leistungen nicht gesteigert, muß die Beurteilung im neuen Amt schlechter ausfallen als im bisherigen, selbst wenn er auf demselben Dienstposten befördert wurde.[627]

− Es dürfen **keine sachfremden Erwägungen** angestellt werden. Sachfremd wären Überlegungen, die durch negative bzw. positive, persönliche, politische oder wirtschaftliche Beziehungen bestimmt sind.[628] Zur Befangenheit eines Vorgesetzten für die Beurteilung äußert sich das BVerwG[629], zum Fall einer rechtswidrigen Beurteilung wegen Befan-

---

624 OVG Koblenz, IÖD 94, 38 = NVwZ-RR 94, 225 (226).
625 OVG Münster, DÖD 97, 43 (44 f.).
626 OVG Saarlouis, IÖD 02, 112 (113).
627 VGH Mannheim, RiA 05, 136 (136 f.); OVG Koblenz, NVwZ-RR 01, 255; VGH Kassel, ZBR 06, 173.
628 BVerwG, DVBl 64, 321 (322 f.).
629 ZBR 80, 290; ZBR 88, 63 (63 f.).

genheit des Zwischenbeurteilers das VG Köln[630]. Gestattet ist es, in einer dienstlichen Beurteilung zu erwähnen, ob jemand in einer Personal-, Richter- oder Staatsanwaltsvertretung tätig ist.[631]

- Schließlich muß **das vorgeschriebene Verfahren ein**gehalten werden. Der Gleichheitssatz verpflichtet den Dienstherrn, seine in Beurteilungsrichtlinien oder durch eine Beurteilungspraxis festgelegten Beurteilungsmaßstäbe auf alle Beamten einheitlich anzuwenden.[632] Dabei darf nicht gegen Verwaltungsvorschriften (Richtlinien), welche die Behörde den Beurteilungen zugrunde legt, verstoßen werden.[633] Beurteilungsrichtlinien sind als Verwaltungsvorschriften nicht nach ihrem Wortlaut, sondern gemäß der vom Urheber gebilligten oder geduldeten tatsächlichen Verwaltungspraxis auszulegen.[634] Im übrigen müssen sie mit höherrangigem Recht in Einklang stehen. Dies ist nicht der Fall, wenn das vorgesehene Gesamturteil (§ 41 II BLV) durch zwei Teilnoten ersetzt oder das Gesamturteil aus dem arithmetischen Mittel von Einzelnoten gebildet werden soll.[635] Ein Verfahrensverstoß läge beispielsweise ebenfalls vor, wenn der Dienstvorgesetzte entgegen der Verwaltungsvorschrift keinen Vorgesetzten an der Erstellung der Beurteilung beteiligt. Zum Beurteilungsbeitrag eines anderen Vorgesetzten nimmt das BVerwG[636] Stellung. Ist ein Beamter während des vom Dienstvorgesetzten festgesetzten Beurteilungszeitraums befördert worden, so sind bei der Regelbeurteilung sämtliche vom Beamten während dieser Periode erbrachten Leistungen am Maßstab der Anforderungen des am Beurteilungsstichtag innegehabten Amtes zu würdigen, wenn Beurteilungsrichtlinien und Beurteilungspraxis dies vorsehen.[637] Selbst wenn sie es nicht vorschreiben, ist eine Beurteilung, die in zeitlicher Hinsicht nicht lückenlos den gesamten Zeitraum der dienstlichen Tätigkeit eines Beamten erfaßt, rechtswidrig.[638] Zur Bedeutung der Erstbeurteilung sowie zur Weisungsfreiheit des Erstbeurteilers in einem nach Beurteilungsrichtlinien vorgesehenen zweistufigen Beurteilungsverfahren äußert sich das OVG Münster[639] ebenso wie zu den Anforderungen einer Abweichungsbegründung, wenn die Endbeurteilung

---

630 ZBR 02, 100 (100 ff.); zust. Anm Summer, ZBR 02, 102.
631 VGH Kassel, NVwZ 02, 876 (877).
632 OVG Lüneburg, NdsVBl 99, 184 (185); OVG Bautzen, SächsVBl 05, 278 (283) = NVwZ 06, 222 (224 f.); OVG Münster, NVwZ-RR 01, 254 = RiA 02, 303 (304); VG Potsdam, LKV 04, 574 (575).
633 BVerwGE 97, 128 (129) = NVwZ-RR 95, 340 = ZBR 95, 145 (145 f.); Anm Schnellenbach, ZBR 95, 237 (237 f.); NVwZ 03, 1398 (1399) = ZBR 03, 359 (360) = DÖD 03, 200 (201); OVG Münster, NVwZ-RR 02, 58 = OVGE 48, 189 (191); DÖD 97, 43 (44); DÖD 91, 210; OVG Bremen, NordÖR 05, 386 (387).
634 BVerwG, DVBl 95, 627; OVG Münster, NWVBl 00, 184 = DÖD 00, 162 (163).
635 BVerwG 97, 128 (130 f.) = NVwZ-RR 95, 340 (340 f.) = ZBR 95, 145 (145 f.); Anm Schnellenbach, ZBR 95, 237 (237 f.).
636 ZBR 80, 290 (290 f.).
637 BVerwG, DVBl 94, 112 (113) = ZBR 94, 54 (55).
638 OVG Koblenz, IÖD 02, 134 (134 f.): zumindest wenn der Beamte nach seiner Beförderung mit teilweise gleichen Aufgaben betraut war und kein Laufbahnwechsel stattfand.
639 NVwZ-RR 02, 58 (59 f.) = OVGE 48, 189 (193 ff.).

4. Dienstliche Beurteilung und Dienstzeugnis

von der Erstbeurteilung um zwei Notenstufen abweicht.[640] Die wesentliche Relevanz der Erstbeurteilung liegt darin, dem Zweitbeurteiler wegen der beim Erstbeurteiler vorhandenen Kenntnis der Person und seiner Arbeitsergebnisse eine sachgerechte Grundlage für die abschließende Note zu verschaffen.[641]

Eine dienstliche Beurteilung, die sich im Rahmen des geschilderten Beurteilungsspielraums bewegt, ist vom Beamten hinzunehmen, selbst wenn dadurch sein subjektives Wertgefühl beeinträchtigt wird.[642] Eine solche zwar deutlich bewertende, aber innerhalb des Beurteilungsspielraums liegende Beurteilung stellt kein Mobbing dar und löst somit auch keinen Amtshaftungsanspruch aus.[643] Insofern ist die arbeitsgerichtliche Rechtsprechung zum Wohlwollensgebot bei der Erstellung qualifizierter Dienstzeugnisse nicht auf Beurteilungen übertragbar.[644] Der Beamte müsse einzelne unangemessene, saloppe, ungeschickte oder mißglückte Formulierungen hinnehmen, nicht jedoch ehrenrührige Aussagen.[645]

4.3 Rechte des Beamten im Hinblick auf die dienstliche Beurteilung

Hält der Beamte seine Beurteilung für falsch oder das in Rn 231 geschilderte Verfahren für verletzt, kann er **Rechtsschutz** ergreifen. Allerdings ist die Beurteilung kein Verwaltungsakt.[646] Es fehlt das Merkmal „Regelung" (§ 35 S. 1 VwVfG). Die Rechtsstellung des Beamten bleibt von der Beurteilung unberührt.[647] Sie wird weder verändert noch festgestellt. Insbesondere auch die Bedarfsbeurteilung ist nur eine vorbereitende Maßnahme für spätere Verwaltungsakte (z.B. die Anstellung). Verneint man die Verwaltungsaktqualität, schmälert man hierdurch jedoch nicht die Rechtsschutzmöglichkeiten.[648] Richtige Klageart ist die Leistungsklage (§ 43 II S. 1 VwGO) nach einem Widerspruchsverfahren (§ 54 II BeamtStG). Sie setzt gerade nicht voraus, daß ein Verwaltungsakt vorliegt. Der Beamte hat kein Rechtsschutzinteresse, seine Beurteilung gerichtlich überprüfen zu lassen, wenn deren maßgeblicher Zweck, Grundlage für am Leistungsprinzip orientierte künftige Personalentscheidungen zu sein, nicht mehr gegeben ist.[649] Ein auf die Änderung der dienstlichen Beurtei-

234

---

640 DÖD 05, 61 (61 f.).
641 OVG Münster, RiA 03, 256 (258) = IÖD 02, 208 (210).
642 OLG Stuttgart, VersR 04, 786 (787) = ZBR 04, 282 (284).
643 OLG Stuttgart, VersR 04, 786 (787) = ZBR 04, 282 (284).
644 OVG Saarlouis, RiA 05, 155 = KommJur 05, 181.
645 OVG Saarlouis, RiA 05, 155 (156) = KommJur 05, 181 (182).
646 BVerwGE 28, 191 (192 f.); 49, 351 (353 ff.); Battis, § 23 BBG, Rn 12; Monhemius, Rn 388; mittlerweile auch Schütz/Maiwald, § 104 LBG, Rn 180.
647 Günther, ZBR 81, 77 (79 f.).
648 OVG Greifswald, NordÖR 03, 462 (463).
649 OVG Lüneburg, NdsVBl 01, 196, entschieden für den Fall, daß bei einem wegen Dienstunfähigkeit in den Ruhestand versetzten Beamten dessen Dienstherr selbst im Fall der Reaktivierung nicht mehr auf die dienstliche Beurteilung zurückgreifen darf.

lung eines Beamten gerichtetes Verwaltungsstreitverfahren erledigt sich demnach nicht durch eine der Beurteilung folgende Beförderung[650] oder erneute Beurteilung[651]. Als Basis für künftige Personalentscheidungen kommt es sehr wohl auf ältere Beurteilungen an, die als zusätzliches Erkenntnismittel dienen können (Rn 132). Hingegen verliert eine aus Anlaß einer Bewerbung von der Dienststelle abgegebene Stellungnahme zur Eignung für einen ausgeschriebenen Dienstposten, die eine Auslese vorbereiten soll, mit der Auswahl ihre rechtliche Relevanz. Somit kann der Beamte nicht mehr verlangen, sie aufzuheben oder zu ändern.[652] Zum Verwaltungs- und zum gerichtlichen Verfahren nach einem Antrag des Beamten auf Änderung einer ihm erteilten dienstlichen Beurteilung äußert sich das OVG Koblenz.[653] Die Verwaltungsgerichte müssen über den rechtlich unteilbaren Streitgegenstand der Rechtmäßigkeit einer dienstlichen Beurteilung einheitlich entscheiden. Dies schließt sowohl eine Teilaufhebung als auch die Verpflichtung zu einer auf Teile der Beurteilung beschränkten Neubescheidung aus.[654] Vorläufiger Rechtsschutz gegen eine Beurteilung ist nur zu versagen, wenn es ausgeschlossen erscheint, daß der Antragsteller nach Beseitigung des Mangels den Vorzug erhält.[655] Die gegenteilige Auffassung, wonach eine Verbesserung des Beurteilungsergebnisses erheblich wahrscheinlich[656] oder der Mangel offensichtlich[657] sein muß, ist im Licht von Art. 19 IV GG als zu weitgehend abzulehnen.

Verlangt es der betroffene Beamte, ist die dienstliche Beurteilung dem **Personalrat** vorzulegen (§§ 68 II S. 4 BPersVG, 65 III S. 2 LPVG).

Schließlich ist es aus dem Gesichtspunkt des Personaldatenschutzes rechtlich unzulässig, wenn **Durchschriften von Beurteilungen** außerhalb der Personalakte verbleiben. Vielmehr sind Beurteilungen zu den Personalakten des Beamten zu nehmen (§ 104 I S. 4 LBG). Danach sind Entwürfe, Notizen oder Datensätze (wenn die Beurteilung computergestützt erstellt wurde) zu vernichten oder zu löschen. Diese Grundsätze sind ebenfalls auf Beurteilungsbeiträge anzuwenden.

Literatur: Lorse, Führungskräfte des Bundes im Spiegel dienstlicher Beurteilungen – eine vergleichende Studie, ZBR 05, 109; Titze, Beurteilungsrichtlinien des Bundes und der Länder für den öffentlichen Dienst – Art. 33 Abs. 2 GG und seine Anwendung in der Praxis, RiA 05, 177; Kathke, Frauen-/Gleichstellungsbeauftragte und dienstliche Beurteilungen, ZBR 04, 185; Mauch, Dienstliche Beurteilung, 2004; Neubert, Dienstliche Beurteilung, 2004; Städteverband

---

650 BVerwG, NVwZ 03, 1398 = DVBl 03, 1545 (1546) = ZBR 03, 359 (360) = DÖD 03, 200; OVG Münster, NWVBl 04, 353 (354) = DÖD 05, 9 = PersV 04, 317 (318) = RiA 05, 44 (45); zu Unrecht a.A. NWVBl 94, 310.
651 OVG Bremen, NordÖR 05, 386 (387).
652 OVG Münster, DÖD 91, 118 (120).
653 RiA 00, 200 (201 f.); NVwZ-RR 93, 313 (313 f.).
654 BVerwG, DÖV 01, 293.
655 OVG Münster, NWVBl 02, 111 (112); ähnlich OVG Weimar, ThürVBl 06, 66 (67): wenn die Beanstandung der Beurteilung aussichtsreich ist.
656 OVG Bremen, NordÖR 02, 214.
657 OVG Bautzen, SächsVBl 05, 23.

4. Dienstliche Beurteilung und Dienstzeugnis

Schleswig-Holstein, Das kommunale Beurteilungswesen in Schleswig-Holstein, Schriftenreihe Heft 11, 2004; Schnellenbach, Zur Plausibilisierung von Werturteilen in dienstlichen Beurteilungen, ZBR 03, 1; Bieler, Die dienstliche Beurteilung, 4. Aufl. 02; Franßen-de la Cerda/Fritsche, Eckpunkte der Reform des Berliner Beurteilungswesens, RiA 02, 183; Schnellenbach, Zur Typologie der Gesamturteile in dienstlichen Beurteilungen, in Franke/Summer/Weiß, Öffentliches Dienstrecht im Wandel, FS für Walther Fürst, 2002, 275; Volz, Einige Schwierigkeiten bei der Umsetzung neuer Beurteilungsrichtlinien sowie Ansätze zu ihrer Beseitigung, DVP 01, 417; Wagner, Überblick über die Neuregelungen im Sächsischen Beurteilungswesen unter Berücksichtigung der neuen Leistungselemente, LKV 01, 152; Lorse, Die dienstliche Beurteilung – Instrument der Leistungsfeststellung und Personalentwicklung von Führungskräften in der Bundesverwaltung – eine kritische Bestandsaufnahme –, ZBR 00, 361; Schnellenbach, Richtwertvorgaben bei dienstlichen Beurteilungen, DÖD 99, 1; Mehde, Die gerichtliche Überprüfung dienstlicher Beurteilung nach der Neufassung des Personalaktenrechts, RiA 98, 65; ders., Das dienstliche Beurteilungswesen vor der Herausforderung des administrativen Modernisierungsprozesses, ZBR 98, 229; Herber, Beurteilung in der öffentlichen Verwaltung, PersV 97, 8; Oechsler, Ist Leistung objektiv meßbar? Anforderungen an die Leistungsbeurteilung als Voraussetzung für die Einführung von Leistungsanreizen, ZBR 96, 202; Hofmann, Der Beitrag der neueren Rechtsprechung des BVerfG zur Dogmatik des Beurteilungsspielraums, NVwZ 95, 740; Becker, Überlegungen zur „Neuzeit des Prüfungsrechts", NVwZ 93, 1129; Huber, Verfahrensrechtliche Anforderungen an die Erstellung dienstlicher Regelbeurteilungen, ZBR 93, 361; Rob, Das Recht der dienstlichen Beurteilung, PersV 93, 241, 316; Schmidbauer, Aktuelle Tendenzen der Rechtsprechung zum beamtenrechtlichen Beurteilungswesen, DÖD 93, 265; Allgaier, Gehorsam und Eigenverantwortlichkeit im Beamtenrecht – Zur gezielten Einflußnahme der Hierarchie bei Beurteilungen, ZBR 92, 369; Allgaier, Gaußsche Normalverteilung und dienstliche Beurteilung, DÖD 90, 27; Köhler, Richtwerte, Regelprädikate und Ranglisten im beamtenrechtlichen Beurteilungswesen, RiA 90, 11; Schnellenbach, Zur Überprüfung dienstlicher Beurteilungen der Beamten und der Richter, RiA 90, 120; Günther, Plausibelmachen dienstlicher Beurteilungen, DÖD 87, 123; Günther, Dienstleistungsberichte – Anmerkungen zur Beurteilungsermächtigung und der Kontrollpraxis der Verwaltungsgerichte, ZBR 84, 353; Schnellenbach, Die dienstliche Beurteilung der Beamten und der Richter, 3. Aufl., Loseblattsammlung.

4.4 Dienstzeugnis

Der Beamte hat auf Antrag bei berechtigtem Interesse Anspruch auf ein Dienstzeugnis (§ 104 II S. 1 LBG). Ein solches Interesse liegt bei Beendigung des Beamtenverhältnisses, z.B. infolge Berufswechsels, vor. Wird der Beamte hingegen zu einem anderen Dienstherrn versetzt, scheidet er nicht aus dem weiterbestehenden Beamtenverhältnis aus. Somit besteht kein Anspruch auf Erteilung eines Dienstzeugnisses.[658] Das berechtigte Interesse ergibt sich in diesem Fall auch nicht aus der Fürsorgepflicht. Beim Dienstherrnwechsel genügt die Vorlage der Personalakten, die sämtliche Informationen über den Beamten und insbesondere die Beurteilung enthalten. Sie geben wesentlich besser und umfänglicher Auskunft als dies ein Dienstzeugnis je vermag. Anders ist es im Bundesrecht, wo kein berechtigtes Interesse verlangt wird (§ 92 S. 1 BBG). Grundsätzlich finden sich im nicht formbedürftigen Dienstzeugnis nur Informationen, für wie lange und für welche Funktionen der Beamte eingesetzt war (**einfaches Dienstzeugnis**[659]). Auf Verlangen des Beamten muß ein **qualifi-**

235

---

[658] Korn/Tadday, § 104 LBG, Anm 11.3; Müssig, ZBR 92, 136 (138).
[659] Schütz/Maiwald, § 104 LBG, Rn 691 ff.

ziertes **Dienstzeugnis** (§§ 92 S. 2 BBG, 104 II S. 2 LBG[660]) ausgestellt werden. Dieses enthält Angaben über die im einzelnen wahrgenommenen Aufgaben, die Eignung des Beamten sowie über Eigenschaften positiver (Fleiß, Gründlichkeit) und negativer Art nebst seiner Führung. Für den Zeugnisinhalt gilt die Wahrheitspflicht. Allerdings gehören einmalige positive oder negative, nicht charakteristische Vorgänge nicht in das Dienstzeugnis.[661] Das Dienstzeugnis muß **vom Wohlwollen** gegenüber dem Beamten **getragen** sein und darf sein Fortkommen nicht ohne Grund erschweren. Andererseits darf es aber zugunsten eines anderen Dienstherrn nicht diejenigen Vorkommnisse unberücksichtigt lassen, welche die Beurteilung des Gesamtbildes des Beamten in wesentlicher Weise beeinflussen.[662] Näher zum Zeugnisinhalt äußert sich BVerwG.[663]

Literatur: Müssig, Rechtsprobleme des Dienstzeugnisses, ZBR 92, 136; van Venrooy, Das Dienstzeugnis, 1984.

5. Rechte des Beamten

In den Beamtengesetzen sind die Normen über die Beamtenpflichten denjenigen über die Beamtenrechte aus guten Gründen vorangestellt. Jene stehen deswegen im Vordergrund, weil Zweck der Berufung von Beamten die Erfüllung öffentlicher Aufgaben ist, deren sachgerechte Erledigung durch pflichtgemäß handelnde Beamte gesichert wird. Die persönlichen Wünsche des Beamten werden durchaus anerkannt. Man muß sie jedoch im Licht des staatlichen Interesses an einem optimalen Grad der Aufgabenerfüllung (einschränkend) auslegen.

5.1 Grundlagen: Grundrechte und Fürsorgepflicht

236 Die Rechte des Beamten werden maßgebend von seiner Stellung als Grundrechtsträger und der Fürsorgepflicht des Dienstherrn geprägt. Die Rolle der Grundrechte im Beamtenverhältnis ist bereits ausführlich dargestellt worden (insbesondere Rn 12 ff., 199). Bei der **Fürsorgepflicht** handelt es sich um einen hergebrachten Grundsatz des Berufsbeamtentums (Art. 33 V GG).[664] Ihr Inhalt verpflichtet den Dienstherrn, für das Wohl des Beamten und seiner Familie zu sorgen, ohne daß damit konkret festgelegt ist, wie dies zu geschehen habe. Lediglich das „gänzliche Ausblenden oder das völlige Verkennen" könne verfassungsrechtlich relevant

---

660 Schütz/Maiwald, § 104 LBG, Rn 698 ff.
661 Scheerbarth/Höffken/Bauschke/Schmidt, § 17 IV 5c.
662 Monhemius, Rn 437.
663 E 12, 29 (32) = DÖD 61, 153.
664 BVerfGE 8, 332 (356 f.); 43, 154 (165) = NJW 77, 1189; 44, 249 (263) = NJW 77, 1869; 46, 97 (117) = NJW 78, 533 (535); 83, 89 (98) = NJW 91, 743 (743 f.) = DVBl 91, 201 (203); NvwZ 90, 853; 112, 308 (309) = NVwZ 01, 685 = RiA 02, 147; LKV 01, 509.

5. Rechte des Beamten

sein.[665] Korrelat zur Fürsorgepflicht des Dienstherrn ist die Treuepflicht des Beamten.[666] Bereits in einer sehr frühen Entscheidung hatte das BVerfG[667] ausgeführt, daß der allgemeine Grundsatz von Treu und Glauben im Beamtenrecht eine besondere Ausprägung erfahren habe. Aus der Fürsorgepflicht des Staates und der Treuepflicht des Beamten lasse sich regelmäßig das ableiten, was sonst mit dem allgemeinen Hinweis auf Treu und Glauben gerechtfertigt zu werden pflege. Die Fürsorgepflicht gebiete es, daß der Dienstherr den Beamten gegen unberechtigte Angriffe in Schutz nimmt, ihn entsprechend seiner Eignung und Leistung fördert sowie bei Entscheidungen die wohlverstandenen Interessen des Beamten in gebührender Weise berücksichtigt.[668]

§ 85 S. 1 LBG (§§ 46 S. 1 BeamtStG, 79 S. 1 BBG) umschreibt die Fürsorgepflicht als Sorgepflicht des Dienstherrn für das Wohl des Beamten und seiner Familie, auch für die Zeit nach der Beendigung des Beamtenverhältnisses. Weiterhin schützt er ihn bei der amtlichen Tätigkeit (§§ 46 S. 2, 1. Alt. BeamtStG, 79 S. 2, 1. Alt. BBG, 85 S. 2, 1. Hs., 1. Alt. LBG) und in seiner Stellung als Beamter (§§ 46 S. 2, 2. Alt. BeamtStG, 79 S. 2, 2. Alt. BBG, 85 S. 2, 1. Hs., 2. Alt. LBG). Diese Vorschrift ist als **Generalklausel** formuliert.[669] Sie kann daher nur als grundlegendes Auffangrecht des Beamten angesehen werden.[670] Dabei ist wie folgt zu verfahren:

a) Zunächst ist zu untersuchen, ob sich ein denkbarer Inhalt der Fürsorgepflicht bereits in rechtlichen Bestimmungen findet. Beispielsweise hat eine Belehrung über die Rechtsfolgen langfristigen Urlaubs oder ermäßigter Arbeitszeit stattzufinden (§§ 72c BBG, 78f, 85a V LBG), unabhängig ob es sich um eine Einstellungsteilzeit (§ 78c LBG) oder eine andere Form der Teilzeitbeschäftigung handelt. § 78f LBG (§ 72c BBG) präzisiert im dortigen Umfang die beamtenrechtliche Fürsorgepflicht.[671] Allerdings verpflichtet das Rahmenrecht Bund und Länder nicht mehr dazu, über die negativen Folgen von Teilzeit und Urlaub zu informieren (Streichung des § 44c BRRG). Konkretisiert der Dienstherr seine Fürsorgepflicht durch Verwaltungsvorschriften, bindet ihn der Gleichheitssatz dergestalt, daß er in allen vergleichbaren Fällen danach verfahren muß.[672]

---

665 Schnellenbach, VerwArch 01, 2 (15); innovativer in einem obiter dictum das OVG Münster, NWVBl 04, 194 (196) = NVwZ-RR 04, 546 (548) = ZBR 05, 272 (273), wonach durchaus auch ein schleichendes, durch ein stetiges, immer weiteres Absenken ergänzender fürsorgerischer Leistungen einseitig zu Lasten der Beamten geprägtes Verhalten verfassungsrechtlich relevant werden könnte.
666 BVerfGE 43, 154 (165) = NJW 77, 1189.
667 E 3, 58 (157).
668 BVerfGE 43, 154 (165) = NJW 77, 1189; LKV 01, 509; RiA 05, 286 (287) = BayVBl 05, 659 = DÖD 06, 103; zum „Anspruch des Beamten auf Schutz seiner Ehre durch den Dienstherrn" äußert sich die gelungene Bonner Dissertation von Tiedemann, 2004.
669 Plog/Wiedow/Lemhöfer/Bayer, § 79 BBG, Rn 1.
670 Scheerbarth/Höffken/Bauschke/Schmidt, § 17 II 1a.
671 Schütz/Maiwald, § 78f LBG, Rn 2; Korn/Tadday, § 78f LBG.
672 VG Köln, NVwZ-RR 90, 268 (269).

8. Abschnitt: Rechtsstellung des Beamten

b) Gibt es positiv-rechtliche Normierungen, können aus der Fürsorgepflicht grundsätzlich keine Ansprüche hergeleitet werden, die über diejenigen hinausgehen, die das Beamtenrecht selbst speziell und abschließend regelt.[673] Beispielsweise stellt die Fürsorgepflicht keine allgemeine Rechtsgrundlage für Ansprüche des Beamten auf Ersatz von Vermögensbeeinträchtigungen dar, die durch rechtswidrige Maßnahmen des Dienstherrn im Zusammenhang mit der Beihilfegewährung verursacht wurden.[674] Derartige Nachteile könnten bloß unter den Voraussetzungen eines Schadenersatzanspruchs ausgeglichen werden. §§ 32 BeamtVG, 91 LBG regeln auch den Ersatz von Sachschäden bei Dienstreisen und -gängen spezialgesetzlich erschöpfend.[675]

c) Ob trotz abschließender gesetzlicher Regelungen Leistungen oder Maßnahmen ausnahmsweise unmittelbar gestützt auf die Fürsorgepflicht verlangt werden können, wenn diese Pflicht sonst in ihrem Wesenskern verletzt oder dem Gebot gleichmäßiger Fürsorge nicht entsprochen würde, ist strittig.[676] Obwohl die Rechtsprechung zunächst einen solchen Anspruch gewährt hatte[677], wurde die Wesenskernverletzung in der Folgezeit stets geprüft, jedoch fast immer zu Recht abgelehnt.[678] Entschieden wurde allerdings, daß Beihilfe zu den Kosten einer zwangsweise angeordneten Alkoholentwöhnungskur der Ehefrau zu gewähren sei.[679] Im Hinblick auf die Krankheitsvorsorge für den Beamten konkretisieren die Beihilfevorschriften abschließend die Für-

---

673 BVerwGE 24, 92 (96); DÖV 01, 296 (297); 112, 308 (310) = NVwZ 01, 685 = RiA 02, 147; NVwZ 01, 328.
674 BVerwGE 112, 308 (309 f.) = NVwZ 01, 685 = RiA 02, 147.
675 VGH Mannheim, NVwZ-RR 91, 653.
676 Bejahend BVerwGE 38, 134 (138); 60, 212 (220); 64, 333 (343) = NVwZ 82, 627 (630); 66, 330 (334); 79, 249 (253); NJW 85, 1041 (1042); NVwZ-RR 91, 416 (417 f.); NVwZ-RR 00, 99; RiA 02, 147; DÖV 03, 1035 = DVBl 03, 1552 (1553) = BayVBl 04, 218 (219) = PersV 04, 231 (232) = LKV 04, 268 = ZBR 03, 383 (384) = RiA 04, 190 (191); Anm Summer, ZBR 03, 385; DÖD 04, 36; VGH Mannheim, NVwZ-RR 91, 653; OVG Münster, DÖD 77, 28 (29); ZBR 04, 279 (280); Urt. v. 18.8.05, 1 A 2722/04, Urteilsumdruck S. 23; OVG Koblenz, RiA 05, 204 (206); OVG Lüneburg, DÖD 05, 168 (170) = NordÖR 04, 301 (303) = NdsVBl 04, 241 (243); VG Köln, NVwZ-RR 90, 268 (269); abl. Schnellenbach, ZBR 81, 301 (303).
677 Z.B. wurde der Kauf eines Spezialdreirades wegen der Folgen einer Hüfterkrankung trotz entgegenstehender Beihilfevorschriften als beihilfefähig anerkannt: BVerwG, ZBR 71, 23. Jüngst bejahte das OVG Münster, ZBR 04, 279 (280 f.), einen Beihilfeanspruch unmittelbar aus der Fürsorgepflicht, wenn bei einer Verhinderung der Pflegeperson ein gewerbsmäßiger Pflegedienst zu bezahlen ist.
678 So für Versorgungsempfänger mit niedrigen Versorgungsbezügen hinsichtlich eines Anspruchs auf Erhöhung des festgelegten Beihilfebemessungssatzes trotz gestiegener Krankenversicherungskosten; BVerwGE 60, 212 (214 ff.); ebenfalls BVerwG, DÖV 82, 1033 (1033 ff.). Oder wenn die wöchentliche Arbeitszeit um 1,5 Stunden überschritten wird und 40 Stunden erreicht, aber dabei immer noch deutlich unter der gesetzlich höchstzulässigen Wochenarbeitszeit von 44 Stunden liegt: BVerwG, DÖV 03, 1035 = DVBl 03, 1552 (1553) = BayVBl 04, 218 (219) = PersV 04, 231 (232) = LKV 04, 268 = ZBR 03, 383 (384) = RiA 04, 190 (191); Anm Summer, ZBR 03, 385; DÖD 04, 36.
679 BVerwGE 79, 249 (253).

5. Rechte des Beamten

sorgepflicht.[680] Die notwendige Korrektur bei generellen Problemen dieser Art ist durch eine Anpassung der Besoldung oder Versorgung vorzunehmen.[681] Kraft seiner Fürsorgepflicht muß der Dienstherr zwar Vorkehrungen treffen, daß der amtsangemessene Lebensunterhalt des Beamten bei Eintritt besonderer finanzieller Belastungen durch Krankheits-, Geburts- und Todesfälle nicht gefährdet wird. Ob er dieser Pflicht durch eine entsprechende Bemessung der Dienstbezüge, über Sachleistungen, Zuschüsse oder in sonstiger Weise genügt, bleibt von Verfassungs wegen allein der Entscheidung des Dienstherrn überlassen.[682] Im Einzelfall sehen bisweilen auch bestimmte Rechtsnormen die Möglichkeit von Billigkeitsentscheidungen vor (z.B. § 12 IV bis VI BVO). Schließlich verstößt die Einführung der Pflegeversicherung für Beamte nicht gegen die Fürsorgepflicht.[683] Diese verlange keine lückenlose Erstattung jedweder Aufwendung.[684]

Wie im folgenden gezeigt wird (Rn 237), wurde inzwischen ein detailliertes System von vermögenswerten Leistungen geschaffen. Wenn keines dieser Begehren durchdringt, muß man grundsätzlich davon ausgehen, daß der Nachteil zur Risikosphäre des Beamten gehört. Demzufolge wurden Ansprüche aus der Fürsorgepflicht auf den Abschluß einer **Regreßhaftpflichtversicherung**[685], auf **Erstattung von Kontoführungsgebühren**[686] sowie auf Ersatz von Parkschäden bei Fahrrädern[687] abgelehnt.

Fall: Eine Beamtin, die sich in der Elternzeit befindet, kommt mit dem Geld nicht aus und meint, ihr Dienstherr müsse ihr wegen der Fürsorgepflicht einen angemessenen Betrag zahlen, damit sie nicht der Sozialhilfe anheim falle. Wie ist die Rechtslage?

---

680 BVerwGE 112, 308 (310) = NVwZ 01, 685 = RiA 02, 147; NVwZ-RR 00, 99; 64, 333 (343) = NVwZ 82, 627 (630); 60, 212 (215). Beihilfevorschriften als Verwaltungsvorschriften genügen allerdings nicht den verfassungsrechtlichen Anforderungen des Gesetzesvorbehalts und gelten deshalb nur noch für eine Übergangszeit weiter. So BVerwG, NVwZ 05, 713 (713 f.) = DVBl 04, 1420 (1422) = NWVBl 05, 21 (23) = DÖV 05, 24 (26 f.) = BayVBl 05, 345 (347) = DÖD 05, 133 (135) = ZBR 05, 42 (43 f.) = VersR 04, 1441 (1442); NVwZ-RR 05, 423 (424) = E 121, 103 (109 f.) = RiA 05, 122 (123); BayVBl 05, 347 (348). Dies gelte selbst dann, wenn die Beihilfevorschriften des Bundes durch Landesgesetz als Landesrecht inkorporiert worden seien. Hierdurch verlören sie nicht den Charakter von Verwaltungsvorschriften.
681 BVerfG, ZBR 81, 310.
682 BVerfG, NJW 91, 743 (744) = E 83, 89 (101 ff.) = DVBl 91, 201 (203); PersV 03, 261 (263) = BayVBl 03, 428 (429) = DÖD 03, 240 (241) = ZBR 03, 203 (204) = E 106, 225 (232); Anm Summer, ZBR 03, 207 (207 f.); BVerwG, DVBl 04, 765 (766) = NVwZ-RR 04, 508 = DÖD 04, 178 (179) = ZBR 04, 171 = RiA 04, 288 (288 f.); BayVBl 04, 602 = ZBR 04, 172 = RiA 04, 290 (291).
683 BVerfG, DVBl 02, 114 (115) = DÖD 02, 25 (26) = NVwZ 02, 463 = PersV 02, 182 (183) = BayVBl 02, 144 (145) = ZBR 02, 351 (352).
684 BVerfG, DVBl 02, 114 (115) = DÖD 02, 25 (26) = NVwZ 02, 463 = PersV 02, 182 (183) = BayVBl 02, 144 (145) = ZBR 02, 351 (352); PersV 03, 261 (263) = BayVBl 03, 428 (429) = DÖD 03, 240 (242) = ZBR 03, 203 (204) = E 106, 225 (233); Anm Summer, ZBR 03, 207 (207 f.): keine Wahlleistungen in der Krankenhausversorgung.
685 BVerwG, DÖD 81, 159.
686 BVerwG, DÖD 80, 253 (253 ff.).
687 VGH Mannheim, NVwZ-RR 91, 653.

8. Abschnitt: Rechtsstellung des Beamten

Aus der Fürsorgepflicht läßt sich keine Verpflichtung des Dienstherrn ableiten, an Beamte zur Vermeidung von Sozialhilfeleistungen Ausgleichsbeträge zu zahlen. Dabei ist zu berücksichtigen, daß es sich um eine freiwillige Entscheidung des Beamten handelt, von den Möglichkeiten der Elternzeit Gebrauch zu machen. Entscheidet er sich für die Elternzeit, die ein Urlaub ohne Besoldung ist, muß er die daraus entstehenden finanziellen Konsequenzen tragen. Keinesfalls kann er in einem derartigen Fall den Dienstherrn zur Zahlung von Ausgleichsleistungen mit dem Argument verpflichten, der Dienstherr müsse auf diese Weise seiner beamtenrechtlichen Fürsorgepflicht nachkommen. Im übrigen sind die vermögenswerten Leistungen des Dienstherrn bei der Elternzeit (hierzu im einzelnen Rn 244) detailliert und insoweit abschließend geregelt, so daß für die Fürsorgepflicht kein Raum mehr ist.

d) Sofern keine gesetzliche Bestimmung vorhanden ist, kann die Fürsorgepflicht zur **Ausfüllung von Gesetzeslücken** herangezogen werden.[688] Dabei ist zu beachten, daß eine Gesetzeslücke nur unter folgenden Voraussetzungen anerkannt werden kann: Der Gesetzgeber wollte es vollständig regeln, hat jedoch unbewußt (z.B. durch Übersehen eines Problems) oder bewußt (beispielsweise durch Übertragung der Lösung auf die Rechtspraxis) entscheidungserhebliche Fragen offengelassen.

Eine Lücke scheidet aus, wenn der Gesetzgeber bestimmte Ansprüche nicht normiert hat, gerade weil er sie nicht gewähren wollte. In diesem Fall liegt keine Lückenfüllung, sondern eine unzulässige Kompetenzanmaßung durch Verwaltung oder Gerichte vor.[689]

Füllt man Gesetzeslücken mit Hilfe der Fürsorgepflicht aus, ist zwischen den öffentlichen Interessen des Dienstherrn und den Einzelinteressen von Beamten abzuwägen[690], wobei auch fiskalische Interessen beachtet werden müssen.[691] Anhaltspunkte liefern die bereits durch die Rechtsprechung vorgenommenen Konkretisierungen.

e) Jedenfalls spielt die Fürsorgepflicht eine bedeutsame Rolle als **Richtlinie für die Auslegung unbestimmter Rechtsbegriffe und die Ermessensausübung**.[692] Der Dienstherr muß sich bei allen Handlungen und Maßnahmen vom Wohlwollen gegenüber dem Beamten leiten lassen und sich bemühen, ihn vor Nachteilen und Schaden zu bewahren.[693] Das bedeutet jedoch nicht, daß bei mehreren Entscheidungsalternativen immer die für den Beamten günstigere gewählt werden muß. Die Fürsorgepflicht gebietet vielmehr nur, die Belange des Beamten angemessen zu berücksichtigen. Allerdings muß der Dienstherr Anträge des Beamten vor allem dann zügig bearbeiten, wenn diesem durch Zeitablauf absehbar Nachteile drohen, die bei einer fürsorglichen Behandlung vermeidbar gewesen wären.[694]

---

[688] Schnellenbach, ZBR 81, 301.
[689] Die Erfahrung zeigt, daß „Lücken" viel zu oft vorschnell (und deshalb fehlerhaft) angenommen werden.
[690] Battis, § 79 BBG, Rn 8.
[691] BVerwGE 1, 45 (47 f.).
[692] Schnellenbach, ZBR 81, 301.
[693] BVerwGE 44, 27 (31 f.); VGH München, NVwZ 83, 755 (756) = DÖV 83, 391 (392).
[694] OVG Koblenz, NVwZ-RR 03, 517.

5. Rechte des Beamten

f) Soweit aus der Fürsorgepflicht bestimmte Rechte abgeleitet werden können, besteht ein Erfüllungsanspruch.[695] Er kann bei schuldhafter Nichterfüllung in einen Schadenersatzanspruch umschlagen (Rn 259).

g) Neuerdings ist die Rechtsprechung sogar soweit gegangen, aus dem Rechtsgrundsatz von **Treu und Glauben (§ 242 BGB)** Ansprüche in den Fällen herzuleiten, in denen sie keine Wesenskernverletzung der Fürsorgepflicht festzustellen vermochte.[696] Dieses Prinzip gelte auch im öffentlichen Recht und insbesondere im Beamtenrecht. Es vermöge im engen, auf Dauer angelegten Rechtsverhältnis, in dem Dienstherr und Beamter verbunden seien, die nach der jeweiligen Interessenlage gebotenen Nebenpflichten (hier Ausgleich von Zuvielarbeit) zu begründen.

Literatur: Stauf, Treu und Glauben – auch im Beamtenrecht, DÖD 04, 150; Tiedemann, Der Anspruch des Beamten auf Schutz seiner Ehre durch den Dienstherrn, jur. Diss., Bonn, 2004; Schnellenbach, Die Fürsorgepflicht des Dienstherrn in der Rechtsprechung des Bundesverfassungsgerichts, VerwArch 01, 2; Summer, Neue Aspekte der Fürsorgepflicht – Einerseits Entzauberung, andererseits weitere Anwendungen, ZBR 98, 151.

5.2 Vermögenswerte Rechte (Überblick)

Den vermögenswerten Rechten des Beamten liegt folgende Systematik zugrunde. 237

Aufgrund des **Alimentationsprinzip**s hat er einen **Anspruch auf amtsangemessenen Unterhalt**.[697] Die Alimentation ist dadurch gekennzeichnet, daß sie laufend und ohne Bezug zu bestimmten Bedürfnissen des Beamten geleistet wird und grundsätzlich die Auslagen für die gesamte Lebensführung umfaßt.[698] Sie wird durch die **Besoldung und** die **Versorgung** (Rn 319, 363) erfüllt.

Zudem werden **in Konkretisierung der Fürsorgepflicht weitere Leistungen** erbracht, die aus besonderem Anlaß und zu bestimmten Zwecken gewährt werden. Sie stellen, wie z.B. die **Beihilfe**, einen angemessenen Ausgleich für Aufwendungen oder Belastungen dar, die individuell verschieden und von der Besoldung oder Versorgung nicht gedeckt sind.[699] Gleiches gilt für die freie Heilfürsorge (z.B. bei Polizeibeamten).[700] Das Beihilferecht ergänzt nach seiner Konzeption, die dem verfassungsverbürgten Fürsorgeprinzip genügt, lediglich die mit eigenen Mitteln zu

---

695 Schütz/Maiwald, § 85 LBG, Rn 11.
696 BVerwG, DÖV 03, 1035 (1036) = DVBl 03, 1552 (1553) = BayVBl 04, 218 (219) = PersV 04, 231 (232) = LKV 04, 268 = ZBR 03, 383 (384) = RiA 04, 190 (191); Anm Summer, ZBR 03, 385; DÖD 04, 36.
697 BVerfGE 99, 300 (314 f.) = NJW 99, 1013 (1014) = DÖV 99, 381; 44, 249 (263) = NJW 77, 1869 (1870); Rn 30.
698 BVerwGE 60, 212 (217 f.).
699 BVerwGE 19, 48 (54); 22, 160 (164).
700 BVerwG, DVBl 04, 765 = NVwZ-RR 04, 508 = DÖD 04, 178 (179) = ZBR 04, 171 (172) = RiA 04, 288.

8. Abschnitt: Rechtsstellung des Beamten

betreibende Eigenvorsorge. Die Fürsorgepflicht verlangt gerade keine lückenlose Erstattung jeglicher Aufwendungen.[701] Deshalb bringt die Einführung der 100%-Grenze mit der sich daraus ergebenden Konsequenz des Ausschlusses von Übererstattungen das Subsidiaritätsprinzip im Beihilferecht folgerichtig zur Geltung.[702] Die Beihilfe muß bloß sicherstellen, daß der Beamte nicht mit erheblichen Aufwendungen belastet bleibt, die für ihn unabwendbar sind und denen er sich nicht entziehen kann[703], indem er sie beispielsweise über eine zumutbare Eigenvorsorge selbst absichert.[704] Nach der Rechtsprechung ist es juristisch nicht zu beanstanden, wenn keine Beihilfen zu Aufwendungen für die persönliche Tätigkeit naher Angehöriger gewährt[705], oder ärztliche Wahlleistungen von einem geringen Zuzahlungsbetrag (hier 13 Euro) abhängig gemacht werden.[706] Zudem ist die in den Bundesländern eingeführte sog. **Kostendämpfungspauschale** (nach Besoldungsgruppen gestaffelte Kürzung der Beihilfe, § 12a BVO) **verfassungsgemäß**.[707] Vor allem wegen der geringen Höhe der Pauschale gemessen am Einkommen (in NW in keiner Besoldungsgruppe mehr als 1%; z.B. Besoldungsgruppen A 7 bis A 11 150.- Euro/Jahr, A 12 bis A 15 300.- Euro/Jahr) könne darin keine besoldungsrechtliche Regelung erblickt werden, für die ein Landesgesetzgeber unzuständig sei. Von einer verfassungsrechtlich relevanten Verfälschung des bundesrechtlich intendierten Spannungsverhältnisses zwischen den Besoldungsgruppen durch den Landesgesetzgeber sei deshalb nicht auszugehen.[708] Ein solcher Nachweis wird auch schwerlich gelingen.[709] Der amtsangemessene Lebensunterhalt bleibe gewahrt, wenn der eigene Beitrag, den ein Beamter zu seinen Aufwendungen in Krankheitsfällen zu leisten habe, weniger als ein Prozent seiner Jahresbezüge ausmache.[710] Außerdem wird der Gleichheitssatz nicht verletzt, wenn man bei einer

---

701 BVerfG, DVBl 92, 1590.
702 BVerfG, NJW 91, 743 (744 ff.) = E 83, 89 (102 ff.) = DVBl 91, 201 (203).
703 BVerfG, DVBl 92, 1590; NJW 91, 743 (744 ff.) = E 83, 89 (101) = DVBl 91, 201 (203); BVerwG, BayVBl 04, 602 = ZBR 04, 172 = RiA 04, 290 (291); OVG Lüneburg, NdsVBl 03, 16 (18).
704 BVerwG, NJW 04, 308 (309) = DVBl 03, 1554 (1555) = BayVBl 04, 88 (89) = ZBR 04, 49 (50) = PersV 04, 112 (114) = E 118, 277 (282); DÖD 04, 82 (84); BayVBl 04, 602 = ZBR 04, 172 = RiA 04, 290 (291).
705 BVerfG, DVBl 92, 1590.
706 BVerwG, NVwZ 06, 217 (218) = ZBR 05, 309 (310) = RiA 05, 196.
707 BVerfG, NVwZ 00, 1036 = ZBR 01, 206 (207) = DVBl 00, 1117 (1118) = PersV 00, 378 (380 f.); BVerwG, NJW 04, 308 (308 f.) = DVBl 03, 1554 (1555 f.) = BayVBl 04, 88 (89 ff.) = ZBR 04, 49 (49 ff.) = PersV 04, 112 (112 ff.) = E 118, 277 (278 ff.); DÖD 04, 82 (83 ff.); OVG Lüneburg, NdsVBl 03, 16 (17), als Vorinstanz; OVG Münster, NWVBl 04, 194 (195) = NVwZ-RR 04, 546 (547) = ZBR 05, 272 (272 ff.); VG Oldenburg, NdsVBl 01, 172 (172 ff.); VG Berlin, ZBR 06, 135 (136 f.); a.A. VG Düsseldorf, DÖD 00, 69 (70), in seinem Vorlagebeschluß an das BVerfG; zust. Anm Kakeldey, DÖD 00, 71 (71 f.); Neuhäuser, NVwZ 99, 824 (826 ff.).
708 A.A. Neuhäuser, NVwZ 99, 824 (827).
709 Schnellenbach, VerwArch 01, 2 (23).
710 BVerwG, NJW 04, 308 (309) = DVBl 03, 1554 (1556) = BayVBl 04, 88 (89 f.) = ZBR 04, 49 (50) = PersV 04, 112 (114) = E 118, 277 (281); DÖD 04, 82 (84); OVG Lüneburg, NdsVBl 03, 16 (17), als Vorinstanz.

5. Rechte des Beamten

nach Besoldungsgruppen gestuften Kostendämpfungspauschale Beamte mit je nach Dienstalter geringeren Bezügen anteilig stärker heranzieht.[711] Allerdings bringt Schnellenbach[712] einen interessanten Gedanken ein, der über das Beihilferecht hinaus verallgemeinerungsfähig ist: Die einzelfallbezogene Beurteilung von Leistungskürzungen im Licht der Verfassung werde stets zu einer Verneinung der Verfassungswidrigkeit führen. Durch die konkrete gesetzgeberische Maßnahme sei immer nur ein geringer Prozentsatz der Besoldung und Versorgung betroffen und damit der amtsangemessene Lebensunterhalt noch gewährleistet. Schnellenbach schlägt deshalb zu Recht vor, bei einer „notwendigen umfassenden Sicht der Dinge" sämtliche finanziellen Kürzungen, denen Beamte in der Vergangenheit ausgesetzt waren, zu berücksichtigen. Allein so könne man die Frage, ob noch ein amtsangemessener Lebensunterhalt gewährt werde, korrekt beantworten. Schließlich ist die Kostendämpfungspauschale keine Steuer.[713] Im übrigen hat das BVerfG[714] einen Vorlagebeschluß (Art. 100 I S. 1 GG) eines nordrhein-westfälischen VG mangels Zulässigkeit verworfen. Die Instanzgerichte könnten selbst entscheiden, weil die BVO kein (wie von Art. 100 I S. 1 GG vorausgesetzt) formelles Gesetz sei, sondern im parlamentarischen Verfahren geschaffenes Verordnungsrecht. Dies gelte selbst, wenn die BVO durch ein förmliches Gesetz geändert werde. Weiterhin ist die sog. „Praxisgebühr" verfassungskonform.[715]

Der Beihilfeanspruch ist höchstpersönlicher Natur, nicht übertragbar und keiner Pfändung[716] unterworfen. Es ist verboten, gegen Beihilfeansprüche aufzurechnen (§§ 851 I ZPO, 394 S. 1 BGB).[717] Der Anspruch auf Beihilfe richtet sich ausschließlich gegen den Dienstherrn. Prinzipiell sind ebenfalls Aufwendungen eines nicht selbst beihilfeberechtigten Ehegatten eines Beihilfeberechtigten beihilfefähig (§ 2 I S. 1 Nr. 1 b) BVO). Dies gilt in NW mittlerweile auch für die nach dem Lebenspartnerschaftsgesetz formell geschlossenen Lebenspartnerschaften („Ehe" von gleichgeschlechtlichen Paaren) aufgrund des Lebenspartnerschaftsanpassungsgesetzes[718]; anders ist es in denjenigen Bundesländern, die keine derartige ausdrückliche gesetzliche Regelung haben.[719]

---

711 BVerwG, NJW 04, 308 (310) = DVBl 03, 1554 (1557) = BayVBl 04, 88 (90 f.) = ZBR 04, 49 (51) = PersV 04, 112 (114) = E 118, 277 (285); DÖD 04, 82 (85).
712 VerwArch 01, 2 (24); bereits im Ansatz aufgegriffen vom OVG Münster, NWVBl 04, 194 (197 f.) = NVwZ-RR 04, 546 (547 f.) = ZBR 05, 272 (273 f.), und vom VGH Mannheim, NVwZ-RR 05, 195 (196).
713 OVG Münster, NWVBl 04, 194 (200) = NVwZ-RR 04, 546 (551).
714 DVBl 05, 1513 (1514) = NVwZ 06, 322 (323 f.).
715 VG Berlin, ZBR 06, 64.
716 BGH, DÖV 05, 346 (346 f.) = DÖD 05, 231 (232), jedenfalls dann, wenn nicht wegen einer Forderung gepfändet wird, die dem konkreten Beihilfeanspruch zugrundeliegt.
717 BVerwG, ZBR 98, 31 (32) = NJW 97, 3256 (3256 f.).
718 V. 3.5.05, GV NW, 498.
719 VG Schleswig, NVwZ-RR 06, 205 (206).

8. Abschnitt: Rechtsstellung des Beamten

Es ist **rechtlich unzulässig**, die **Bearbeitung des Beihilfeantrags einer anderen Kommune** durch öffentlich-rechtliche Vereinbarung (§§ 23 ff. GKG) **zu übertragen**.[720] Wegen des Grundrechts auf informationelle Selbstbestimmung (Art. 2 I i.V.m. 1 I GG) sowie des Rechts auf Schutz der personenbezogenen Daten (Art. 4 II S. 1 LVerf NW) bedürften die in der Übertragung liegenden Eingriffe wie die Weitergabe oder Überlassung von Beihilfedaten einer (formal-)gesetzlichen Ermächtigung. Daran fehle es zur Zeit. Weder die §§ 102 ff. LBG noch die §§ 23 ff. GKG und auch nicht § 88 LBG i.V.m. § 15 II BVO reichten hierfür aus. Letztere Normen regelten allein die organisationsrechtliche Zulässigkeit der Übertragung von Beihilfebearbeitung; sie enthielten jedoch keine Ermächtigung zur Weitergabe von Daten des Beihilfeberechtigten an Stellen außerhalb des Dienstherrn. Somit darf man weder anderen Dienstherren, anderen Gemeinden oder Gemeindeverbänden, und auch nicht den in § 15 II, 1. Alt. BVO ausdrücklich genannten kommunalen Versorgungskassen die Beihilfedaten weitergeben bzw. überlassen und ihnen ebenfalls nicht die Beihilfebearbeitung übertragen.

Jedoch kann man in rechtlich zulässiger Weise bestimmen, daß die Zuständigkeit für die Entscheidung über Beihilfeanträge der Angehörigen eines Ministeriums ab einem bestimmten Zeitpunkt vom Ministerium auf eine nachgeordnete Behörde übergeht.[721] Entscheidend ist, daß es sich um denselben Dienstherrn handelt.

Nach Ansicht der **Rechtsprechung darf** zudem **keine private Gesellschaft mit der Beihilfebearbeitung und -abrechnung betraut werden**.[722] Für das VG Aachen[723] folge aus §§ 15 I S. 1, 1. Hs., II BVO ein Festsetzungsmonopol der Gemeinden und Gemeindeverbände bzw. der kommunalen Versorgungskassen. Hieraus ergebe sich ein spezialgesetzliches Verbot einer Auslagerung der Beihilfebearbeitung auf Private.[724] Die §§ 13 ff. BVO differenzierten im übrigen nicht zwischen Bearbeitungs- und Festsetzungsstellen. Nirgendwo werde auf die Berechnung, Bearbeitung oder Auszahlung von Beihilfebeträgen als selbständige, einzeln übertragbare Arbeitsschritte abgestellt. Vielmehr werde der Begriff der Festsetzung als Inbegriff der Entscheidung über den Beihilfeanspruch einschließlich der die Entscheidung vorbereitenden Bearbeitung gebraucht.[725] Dem Regelungssystem des Beihilferechts sei die Einrichtung einer privaten „Beihilfeberechnungsstelle" fremd und stelle deshalb eine

---

720 OVG Münster, NWVBl 06, 13 (14 ff.) = RiA 06, 46 (46 f.); VG Arnsberg, Urt. v. 5.12.03, 13 K 3076/03, Urteilsumdruck, S. 4 ff., als Vorinstanz; a.A. Landesregierung NW, LT-Drucks. 13/1591 v. 20.9.01.
721 VGH Kassel, RiA 95, 144.
722 OVG Koblenz, ZBR 02, 368 (368 f.); zust. Anm Werres, ZBR 02, 369; OVG Münster, ZBR 04, 325 (325 f.); zust. Anm Werres, ZBR 04, 326 (326 f.); ZBR 98, 146 = NJW 98, 1809; VG Aachen, Urt. v. 12.2.98, 4 K 3193/97; Werres, ZBR 01, 429 (430 f.).
723 Urteilsumdruck S. 5.
724 Urteilsumdruck S. 8.
725 Urteilsumdruck S. 7.

5. Rechte des Beamten

Umgehung dar.[726] Im übrigen sei hierfür eine spezielle Rechtsgrundlage erforderlich.[727]

Dieser **Auffassung ist zuzustimmen**.[728] Die Rechtsprechung hat recht, daß der Dienstherr Anspruchsgegner des Beihilfeberechtigten ist. Er muß weiterhin ausschließlich Herr des Verfahrens bleiben und hat das Festsetzungsmonopol. Man darf somit dem privaten Unternehmen keinerlei Entscheidungsbefugnisse übertragen. Von der Beihilfefestsetzung ist jedoch die Vorbereitung dieser Entscheidung durch die Beihilfebearbeitung zu unterscheiden. Aus dem Festsetzungsmonopol folgt kein Bearbeitungsmonopol. Grundsätzlich darf der Dienstherr Hilfstätigkeiten bei der Berechnung und Auszahlung von Anderen vornehmen lassen. Hierfür benötigt er allerdings wegen des in der Überlassung bzw. Weitergabe liegenden Eingriffs in das Grundrecht auf informationelle Selbstbestimmung eine (formal-)gesetzliche Ermächtigung. Diese existiert in NW[729] zur Zeit noch nicht; sie sollte rechtspolitisch jedoch möglichst schnell geschaffen werden. Derartige technische Erfüllungsgehilfen (Verwaltungshelfer) einzuschalten, ist geboten, damit der gesetzlichen Verpflichtung zur sparsamen und wirtschaftlichen Haushaltsführung (§ 75 I S. 2 GO) entsprochen wird. Die Beihilfeberechnung und Auszahlung durch Dritte ist wirtschaftlicher, kostengünstiger und effizienter als die Erledigung durch eigenes von den Dienstherren vorzuhaltendes Personal, zumal § 102a S. 3, 1. Hs. LBG gerade eine Trennung der früher mit Synergieeffekten oft verbundenen Personal- und Beihilfebearbeitung gebietet. Durch die Auslagerung der Beihilfeberechnung wird insbesondere in kleineren Kommunen Datenschutzbelangen sogar besser Rechnung getragen. Hierdurch kann die im Interesse des Datenschutzes wünschenswerte Abschottung der Beihilfebearbeitung von der Personalverwaltung effektiver erreicht werden.[730]

Allerdings kann man heute bereits auch personalakten- und datenschutzrechtlichen Belangen in rechtlich nicht zu beanstandender Weise Rechnung tragen. Die Beihilfeakte darf weitergegeben werden, wenn der Beihilfeberechtigte eingewilligt hat (§ 102a S. 4, 1. Alt. LBG). Dieser Grundsatz entspricht dem Prinzip des § 4 I S. 1 b) DSG, wonach die Bearbeitung personenbezogener Daten nur zulässig ist, wenn das Landesdatenschutzgesetz oder eine andere Rechtsvorschrift sie erlaubt *oder* der Betroffene eingewilligt hat. Der Beamte als mündiger Staatsbürger muß nicht vor sich selbst geschützt werden. Allein seine **Einwilligung** reicht, das Grundrecht auf informationelle Selbstbestimmung zu wahren und ermöglicht die Weitergabe der Beihilfedaten selbst an private Gesellschaften. Zudem können **Personalgestellungsverträge** mit anderen Dienstherren geschlossen werden, wonach diese Mitarbeiter zur Verfü-

---

726 OVG Münster, ZBR 98, 146 = NJW 98, 1809.
727 OVG Koblenz, ZBR 02, 368 (368 f.); zust. Anm Werres, ZBR 02, 369.
728 A.A. Rapsch, ZBR 87, 168 (171); Battis/Kersten, ZBR 00, 145 (148 ff.).
729 Anders ist es in Rheinland-Pfalz wegen der mittlerweile geschaffenen §§ 90 II, 90a LBG.
730 So auch Schütz/Maiwald, § 102a LBG, Rn 24.

gung stellen, um nach Weisung und unter Verantwortung des nachfragenden Dienstherrn dessen Beihilfeanträge zu bearbeiten (z.B. werden Bedienstete des Kreises durch Personalgestellungsvertrag gegen Entgelt bei einer kreisangehörigen Kommune zeitweilig zur Beihilfebearbeitung tätig).

Schließlich sind bloße **Beihilferück(ablöse)versicherungen** oder ein reines **EDV-Outsourcing** rechtlich unproblematisch.[731]

Zuwendungen können zudem durch dienstliche oder außerdienstliche Sonderbelastungen begründet sein.[732]

Für **dienstliche Sonderbelastungen** werden im wesentlichen folgende Leistungen gewährt:

– Reisekostenentschädigung nach dem LRKG,
– Umzugskostenvergütung nach dem BUKG/LUKG,
– Trennungsentschädigung nach der TEVO,
– Dienstunfallfürsorge (§§ 30 ff. BeamtVG),
– Sachschadenersatz (§ 91 LBG),
– Mehrarbeitsvergütung nach MVergVO,
– Erschwerniszulagen nach der EZulVO,
– Sachleistungen, wie Dienstwohnung, Dienst- oder Schutzkleidung,
– Sonstige Leistungen, wie Aufwandsentschädigung, Nebentätigkeitsvergütung.

Art. 14 des Gesetzes zur Stärkung der Leistungsfähigkeit der Kreise, Städte und Gemeinden in NW vom 25.11.1997 hat die JubiläumszuwendungsVO mit Wirkung vom 1.1.1998 aufgehoben. In der Folgezeit wurde mit § 90 LBG ebenfalls die Ermächtigung für die JubiläumszuwendungsVO gestrichen. Die Einspareffekte sind gering. In der Landesverwaltung belaufen sie sich auf ca. 8 Mio. DM und damit auf 0,002% der Haushaltssumme, die das Land für Personalmaßnahmen aufbringt. Im Kommunalbereich sind die eingesparten Summen noch niedriger. Nach der ersatzlosen Streichung gibt es in NW (anders als im Bund, § 80b S. 1 BBG) keinerlei rechtlich zulässige Möglichkeit mehr, **Jubiläumszuwendungen** an Beamte zu zahlen.[733] Entsprechende Zahlungen verstießen gegen § 6 I S. 1 LBesG NW. Wegen dieser Norm dürfen sonstige Geldzuwendungen an Beamte der Gemeinden nur insoweit gewährt werden, als sie die Geldzuwendungen aufgrund der für die Beamten des Landes geltenden Regelungen nicht übersteigen. Für Beamte des Landes besteht aber gerade keine Rechtsgrundlage, Zuwendungen für Dienstjubiläen zu zahlen. Sonstige Geldzuwendungen sind Geld und geldwerte Leistungen, welche die Beamten unmittelbar oder mittelbar von ihrem Dienstherrn erhalten (§ 6 I S. 2 LBesG NW). Dabei ist juristisch unerheblich, aus wel-

---

731 OVG Münster, ZBR 04, 325 (326); zust. Anm Werres, ZBR 04, 326 (326 f.).
732 Schütz/Maiwald, § 85 LBG, Rn 22 ff.
733 Verkannt von Schneider/Gern, VBlBW 98, 164 (165).

5. Rechte des Beamten

chem Haushaltstitel (z.B. Verfügungsmittel) die Geldzuwendung stammt. Die Rechtsänderung enthält keinerlei Übergangsvorschriften.

Selbst nach Fortfall der JubiläumszuwendungsVO können Beamte bei Vollendung einer Dienstzeit von 25, 40 und 50 Jahren mit einer Urkunde geehrt werden. Zudem kann man sie aus diesem Anlaß an einem Arbeitstag vom Dienst freistellen (§ 11 I SUrlVO). Schließlich darf ein Blumenstrauß oder ein Buchgeschenk übergeben werden, solange es sich in einem finanziellen Rahmen von ca. 25.– Euro bewegt. Hierin dürfte noch keine geldwerte Leistung (§ 6 I S. 2 LBesG NW) zu sehen sein, sondern vielmehr eine sozial adäquate Ehrung nach der Verkehrssitte. Hingegen darf eine Leistungsprämie bloß gewährt werden, wenn der Beamte eine herausragende besondere Leistung erbringt oder erbracht hat. Im Leisten einer längeren Dienstzeit allein liegt keine herausragende Leistung, so daß man keine Leistungsprämie bei einer Dienstzeit von 25, 40 oder 50 Jahren zahlen darf. Bei der Problematik, durch wen ein Bürgermeister/Landrat zu ehren ist, erscheint ein pragmatisches Vorgehen angebracht. Hauptverwaltungsbeamte haben keine Dienstvorgesetzten, die ansonsten für persönliche Angelegenheiten zuständig sind. Die Aufgaben des Dienstvorgesetzten (Einladung zum offiziellen Empfang, Ansprache, Unterzeichnung einer Ehren„urkunde") sollten, da sie keine Rechtsakte sind, von derjenigen Person wahrgenommen werden, von der sich der zu Ehrende am meisten geehrt fühlt. Ob dies der stv. Bürgermeister, der allgemeine Vertreter oder sogar der Landrat/Regierungspräsident/IM ist, sollte man der jeweiligen Bedeutung des Jubilars angemessen im Einzelfall entscheiden.

Für **außerdienstliche Sonderbelastungen** kommen u.a. folgende Zuwendungen in Frage:

- Beihilfen in Geburts-, Krankheits- und Todesfällen nach der BVO,
- Vorschüsse auf laufende Bezüge, z.B. bei Wohnungswechsel, Verlust von Hausrat nach den VRL[734],
- Unterstützungen bei Bedürftigkeit und Würdigkeit in Notfällen nach den UGr.[735]

Ob neben den genannten Leistungen in Härtefällen unmittelbar auf die Fürsorgepflicht gestützte Geldansprüche möglich sind, ist umstritten (Rn 236), aber im Ergebnis mit den jüngeren Entscheidungen des BVerwG zu verneinen. Wegen § 2 I BBesG ist es weiterhin unzulässig, Geldleistungen mit Besoldungscharakter ohne gesetzliche Grundlage zu gewähren. Angesichts des Gesetzmäßigkeitsprinzips (hier Vorbehalt des Gesetzes), das auch für Leistungen der Verwaltung gilt[736], ist zumindest eine Bereitstellung im Haushaltsgesetz erforderlich.[737] Dementsprechend be-

---

734 RdErl FM v. 2.6.76, SMBl NW 203204.
735 Tabellarischer Überblick bei Scheerbarth/Höffken/Bauschke/Schmidt, § 23 I, sowie in der Inhaltsübersicht bei Schütz/Maiwald, § 94 LBG, vor Rn 1.
736 BVerfGE 49, 89 (126).
737 BVerwGE 58, 45 (48).

8. Abschnitt: Rechtsstellung des Beamten

stimmt § 51 LHO, daß Personalausgaben, die nicht auf Gesetz oder Tarifvertrag beruhen, nur geleistet werden dürfen, wenn Ausgabemittel besonders zur Verfügung gestellt sind (vgl. auch die §§ 52, 53 LHO).

Literatur: Voßschmidt, Beihilfen binnen Jahresfrist, RiA 06, 61; Perne, Verfassungsrechtliche Grenzen beihilferechtlicher Kostendämpfungsvorschriften, DÖD 04, 45; Leisner, Verwaltungsvorschriften im Beamtenrecht – Ein Beitrag zum Regelungsmonopol des Gesetzgebers, in Franke/Summer/Weiß, Öffentliches Dienstrecht im Wandel, FS für Walther Fürst, 2002, 185; Hoddick, Die Kostendämpfungspauschale nach § 12a der Beihilfenverordnung des Landes Nordrhein-Westfalen – Anmerkungen zur Steuerhoheit, DÖD 01, 215; Werres, Das Outsourcing der Beihilfebearbeitung aus verfassungsrechtlicher Sicht, ZBR 01, 429; Battis/Kersten, Das Outsourcing der Beihilfebearbeitung, ZBR 00, 145; Hoddick, Ist die Kostendämpfungspauschale nach § 12a der Beihilfenverordnung des Landes Nordrhein-Westfalen eine Steuer?, DÖD 00, 130; v. Komorowski, Grundlagen des gemeindlichen Dienstwohnungsrechts, RiA 00, 237; Neuhäuser, „Kostendämpfungspauschalen" im Beihilferecht im Licht der Rechtsprechung, NVwZ 99, 824; Schneider/Gern, Die Zulässigkeit kommunaler Jubiläumsgaben an Beamte, VBlBW 98, 164; Jachmann, Zur Rechtsnatur der Beihilfevorschriften, ZBR 97, 342; Fleig, Die Alimentationspflicht des Dienstherrn in beamtenrechtlichen Grenzsituationen, DÖD 96, 127; Marburger, Leistungen der gesetzlichen Krankenversicherung und Beihilfeansprüche – Welche Beihilfeansprüche bestehen neben den einzelnen gesetzlichen Leistungen?, DÖD 96, 73; Ritgen, Fürsorgepflicht und Dienstwohnung – zum Schutz der Angehörigen eines Beamten, ZBR 96, 386; Günther, Vererblichkeit von Beihilfeansprüchen, DÖD 92, 158; Biel, Das Reisekostenrecht in beigetretenen Teil Deutschlands, PersV 91, 409; ders., Zur Neufassung der reisekosten- und umzugskostenrechtlichen Verordnungen des Bundes, RiA 91, 217; Gawel, 100%-Grenze im Beihilferecht: Anmerkungen aus gesundheitsökonomischer Sicht, ZBR 91, 337; Gerbrand, Ist die Beihilfeabwicklung durch die kommunalen Dienstherrn reformbedürftig?, StGR 91, 154; Pühler, Die 100%-Grenze im Beihilferecht – das Ende der Diskussion – zugleich eine Besprechung des Beschlusses des Bundesverfassungsgerichts vom 13.11.1990, ZBR 91, 129; Schnellenbach, Neue Entwicklungen im Beihilferecht, NVwZ 88, 40; Rapsch, Übertragung von Beihilfeaufgaben auf Private, ZBR 87, 168; Lewer/Stemann, Reisekostenrecht des Landes NW, Loseblattsammlung; Mildenberger, Beihilfevorschriften Bund, Länder, Kommentar, Loseblattsammlung.

5.3 Nichtvermögenswerte Rechte

Im folgenden werden solche Rechte nicht mehr eigens erwähnt, die bereits im Zusammenhang mit anderen Problemkreisen behandelt wurden, wie z.B. Nebentätigkeiten (Rn 218 ff.) oder das Recht auf politische und gewerkschaftliche Betätigung (Rn 202).

5.3.1 Rechte aus dem Amt

5.3.1.1 Amtsangemessene Aufgaben, Beschäftigung

238 Aus dem Amt im statusrechtlichen Sinn, das dem Beamten verliehen wurde, folgt ein Anspruch auf eine angemessene Aufgabe. Der Beamte kann zwar kein bestimmtes konkret-funktionelles Amt verlangen, aber ein seiner Rechtsstellung gleichwertiges (Rn 50). Er hat darüber hinaus ein Recht, beschäftigt zu werden. Allein aus zwingenden dienstlichen Gründen kann ihm vorübergehend verboten werden, die Dienstgeschäfte zu führen (§§ 60 I S. 1 BBG, 63 I S. 1 LBG). Sie liegen vor, wenn schwerwiegende dienstliche Nachteile für den Dienstherrn, den Beamten selbst oder einen Dritten unausweichlich zu befürchten sind, sollte der Beamte

5. Rechte des Beamten

weiter seinen Dienst ausüben.[738] Hierzu können z.b. eine Verdunkelungsgefahr, die naheliegende Möglichkeit weiterer Dienstpflichtverletzungen sowie der dringende Verdacht einer Straftat oder eines Dienstvergehens zählen, wenn sich diese zwangsläufig auf die weitere Dienstausübung auswirken. Ein bloßer „Vertrauensverlust" oder eine (vermeintlich) negative Wirkung in der Presse oder Öffentlichkeit genügen nicht. Wegen des erheblichen Eingriffs in die persönliche Rechtssphäre des Beamten muß man die Norm einschränkend interpretieren. Weiterhin darf es kein milderes Mittel, wie beispielsweise eine Umsetzung oder Geschäftsverteilungsplanänderung geben, mit dem die drohenden dienstlichen Nachteile abgewendet werden können.[739] Je länger man mit dem Verbot der Führung der Dienstgeschäfte wartet, desto stärker relativiert sich zudem die Bedeutung der zwingenden dienstlichen Gründe. Das Verbot ist eine Überbrückungsmaßnahme von lediglich vorübergehender Dauer. Es erlischt, sofern nicht bis zum Ablauf von drei Monaten gegen den Beamten das Disziplinarverfahren oder ein sonstiges auf Rücknahme der Ernennung oder auf Beendigung des Beamtenverhältnisses gerichtetes Verfahren eingeleitet worden ist (§§ 60 I S. 2 BBG, 63 I S. 2 LBG). Diese Erlöschensautomatik soll ebenfalls dann eintreten, wenn ein solches Verfahren zwar eingeleitet wurde, der Erlaß einer Beendigungsverfügung jedoch mangels Vorliegen der tatbestandlichen Voraussetzungen scheitert.[740] Zuständig ist der Dienstvorgesetzte[741], also auf kommunaler Ebene der Bürgermeister/Landrat (§§ 3 IV S. 2, 1. Alt., II S. 1 Nr. 2 LBG, 73 II GO, 49 I KrO). Wird oder ist ein Disziplinarverfahren eingeleitet, ist bei entsprechendem dienstlichen Bedürfnis ebenfalls eine vorläufige Dienstenthebung möglich (§ 38 LDG; näher Rn 414).

Literatur: Günther, Zwangsurlaub und vorläufige Dienstenthebung, ZBR 92, 321.

5.3.1.2 Amtsbezeichnung

Nach den hergebrachten Grundsätzen des Berufsbeamtentums hat der **239** Beamte ein **Recht auf Führung einer** seinem statusrechtlichen Amt entsprechenden angemessenen **Amtsbezeichnung**.[742] Angemessen ist sie nur, wenn sie wirklichkeitsgerecht ist. Sie muß ausweisen, wohin der Amtsinhaber nach seiner Befähigung und Leistung im Gefüge der Ämter gehört. Die Amtsbezeichnung hat somit eine Doppelfunktion. Sie verdeutlicht nach außen die Bedeutung des Amtes unter Berücksichtigung des Amtsinhalts, damit es von anderen Ämtern unterschieden werden kann. Außerdem kennzeichnet sie den Amtsinhaber, daß er befähigt ist, ein Amt

---

738 VG Halle, SächsVBl 05, 75 (76); Plog/Wiedow/Lemhöfer/Bayer, § 60 BBG, Rn 7; Korn/Tadday, § 63 LBG, Anm 4.
739 VG Halle, SächsVBl 05, 75 (76).
740 VGH Mannheim, DÖD 05, 197.
741 A.A. ohne Begründung und unrichtig Korn/Tadday, § 63 LBG, Anm 5: oberste Dienstbehörde.
742 BVerfGE 38, 1 (12); 43, 154 (167) = NJW 77, 1189; 62, 374 (383).

8. Abschnitt: Rechtsstellung des Beamten

dieses Inhalts wahrzunehmen.[743] Entsprechend dieser Grundsätze hat das BVerfG[744] die einheitliche Amtsbezeichnung „Professor" für alle Hochschullehrer verworfen. Die Amtsbezeichnung der Kommunalbeamten wird von den obersten Dienstbehörden festgesetzt (§ 92 I S. 2 LBG; im Bund ist es grundsätzlich der Bundespräsident mit Delegationsmöglichkeit, § 81 I BBG).

Das Recht auf Amtsbezeichnung gilt sowohl für den Dienst als auch außerhalb des Dienstes (§§ 92 II S. 1 LBG, 81 II S. 1 BBG; z.B. auf Briefbögen, Visitenkarten). Es wird jedoch relativiert durch § 92 II S. 2 LBG. Danach hat der Beamte **keinen Anspruch auf Anrede mit der Amtsbezeichnung**. Deshalb ist es strittig, ob der Dienstherr verpflichtet ist, beispielsweise an Türschildern oder in Behördentelefonverzeichnissen, die Amtsbezeichnung zu nennen.[745] Sofern Mitteilungen dieser Art den Bürger informieren sollen, muß man beachten, daß die abstrakte Amtsbezeichnung, z.B. Regierungsamtmann, verbunden mit einer Dezernatsnummer kaum Erkenntniswert nach außen hat. Was den Bürger interessiert, ist die vom Beamten wahrgenommene Aufgabe. Die Grundamtsbezeichnungen ergeben sich im wesentlichen aus den Bundesbesoldungsordnungen A, B, W und R (vgl. ebenfalls die §§ 92 I, 93 LBG, 81 BBG) und den Landesbesoldungsordnungen. Beamtinnen führen die Amtsbezeichnung, soweit möglich, in weiblicher Form. Die Amtsbezeichnung kennzeichnet das statusrechtliche Amt. Somit haben Beamte vor der Anstellung keine Amts-, sondern **Dienstbezeichnungen** (Inspektoranwärter, Regierungsrat z.A.). Das Amt im funktionellen Sinn wird durch **Funktionsbezeichnungen** gekennzeichnet (Sachbearbeiter, Dezernent, Rechtspfleger).[746] Zum Führen einer **Diplomierungsbezeichnung** im Dienst äußert sich das OVG Münster.[747]

Fall: Bürgermeister Dr. Werner Gierschlund (G) ist nach einer zehnjährigen Wahlzeit als Bürgermeister nicht wiedergewählt worden. Mittlerweile aus seinem Amt geschieden, beantragt er bei seinem letzten Dienstherrn (der Stadt B) die Erlaubnis, die Amtsbezeichnung „Bürgermeister a.D." führen zu dürfen. Wie ist die Rechtslage?

Ruhestandsbeamte dürfen die ihnen bei Eintritt in den Ruhestand zustehende Amtsbezeichnung mit dem Zusatz „außer Dienst" weiterführen (§ 92 III S. 1, 1. Alt. LBG). Fraglich ist somit, ob G Ruhestandsbeamter ist. Bürgermeister treten in den Ruhestand, wenn sie als B.a.Z. eine Gesamtdienstzeit von acht Jahren erreicht haben (§ 195 IV S. 3 Nr. 3, 1. Hs. LBG). Laut des Sachverhalts hat G eine zehnjährige Wahlzeit als Bürgermeister, also als B.a.Z. (§ 195 II S. 1 LBG). Er ist somit Ruhestandsbeamter und darf die ihm zustehende Amtsbezeichnung „Bürgermeister" mit dem Zusatz „a.D." weiterführen, ohne daß es einer gesonderten Erlaubnis der B bedarf.

Alternative: Wäre der Fall rechtlich anders zu beurteilen, wenn G lediglich eine Wahlzeit als Bürgermeister von fünf Jahren und keine sonstigen ruhegehaltsfähigen Dienstzeiten hätte?

---

743 BVerfG, ZBR 83, 180.
744 E 62, 374 (382 ff.).
745 Bejahend VG Braunschweig, ZBR 77, 30 (31); verneinend VGH Mannheim, ZBR 76, 256 (256 f.). M.E. ist keine solche Pflicht anzunehmen.
746 BVerfG, ZBR 83, 59.
747 ZBR 85, 224 (224 f.).

5. Rechte des Beamten

Einem entlassenen Beamten kann die Erlaubnis erteilt werden, die Amtsbezeichnung mit dem Zusatz „außer Dienst" zu führen (§ 92 IV S. 1, 1. Alt. LBG). Bei G handelt es sich um einen Beamten (§ 195 II S. 1 LBG). Dieser ist auch entlassen worden, da er mit fünf Jahren keine der in § 195 IV S. 3 Nr. 1-3, 1. Hs. LBG abschließend genannten erforderlichen Amtszeiten erreicht hat (§ 195 IV S. 3, 2. Hs. LBG). Die tatbestandlichen Voraussetzungen des § 92 IV S. 1, 1. Alt. LBG liegen somit vor. Demgemäß ist die Rechtsfolge in das Ermessen („kann") des letzten Dienstherrn, der B, gestellt. G hat insoweit einen Anspruch auf ermessensfehlerfreie Entscheidung über seinen Antrag. Laut der Rechtsprechung des VG Köln[748] ist bei der Ermessensausübung maßgeblich zu berücksichtigen, daß nach Sinn und Zweck der Bestimmungen über das Führen der Amtsbezeichnung mit dem Zusatz außer Dienst diese nach außen die Verbundenheit des Beamten mit seinem Amt und seinem Dienstherrn bekunden soll. Ermessenskriterien für die Entscheidung über das Erteilen der Erlaubnis können deshalb z.B. sein: Dauer der Dienstzeit, Leistungen eines Beamten, Gründe der Entlassung und Bedeutung der Weiterführung der Amtsbezeichnung für den Beamten. Ein Versagen der Erlaubnis muß auf beamtenrechtlichen Erwägungen beruhen. Sachfremde Gründe dürfen nicht herangezogen werden. Der Sachverhalt nennt keinerlei derartige Aspekte, warum die Erlaubnis versagt werden könnte. Folglich kann eine rechtmäßige Ermessensausübung ausschließlich dazu führen, dem Antrag des G stattzugeben.

Literatur: Summer, Die Amtsbezeichnung – hergebrachter Grundsatz des Berufsbeamtentums und statusbestimmendes Regelungselement, PersV 93, 342.

5.3.2 Gesetzlich oder durch Rechtsverordnung konkretisierte Einzelrechte

5.3.2.1 Erholungsurlaub

Beamten steht jährlicher **Erholungsurlaub** unter Fortgewährung der Bezüge zu (§ 45 BeamtStG). Er dient zur Erhaltung der Gesundheit und Leistungsfähigkeit des Beamten in seinem eigenen und im Interesse des Dienstherrn.[749] Deshalb soll er möglichst im Lauf des Urlaubsjahres in bis zu zwei Abschnitten voll ausgenutzt werden (§ 8 I EUV). Mangels entsprechender Ermächtigung wären allerdings eigenständige Regelungen der Dienstherren rechtswidrig, daß lediglich eine bestimmte Zahl an Urlaubstagen auf das nächste Urlaubsjahr übertragen werden darf. Der Urlaub muß spätestens bis zum 30. September des nächsten Urlaubsjahres vollständig genommen und nicht nur angetreten worden sein (§ 8 II S. 1 EUV). Sonst **verfällt** er (§ 8 II S. 1 EUV), **ohne daß die Möglichkeit einer Geldabfindung**[750] **oder eines nachträglichen Freizeitausgleichs besteht**, und zwar auch nicht in den Fällen von Erkrankung und Dienstunfähigkeit. Dies gilt selbst, wenn der Erholungsurlaub wegen der Dauer eines den Urlaubsanspruch betreffenden Widerspruchs- und Klageverfahrens nicht rechtzeitig angetreten werden konnte[751] oder der Beamte kurzfristig vorzeitig in den Ruhestand versetzt wird[752] oder ausscheidet. Auf möglicherweise anderslautende arbeitsrechtliche Regelungen können sich Beamte nicht erfolgreich berufen.[753] Demzufolge scheidet ein Anspruch auf Zu-

240

---

748 Urt. v. 27.4.94, 19 K 2827/92, zitiert nach Korn/Tadday, § 92 LBG, Anm 8.
749 Battis, § 89 BBG, Rn 4.
750 BVerwG, DÖD 77, 224 (225) = RiA 77, 138 (139 f.).
751 VGH Kassel, DÖD 90, 191 (193).
752 VG Köln, DÖD 78, 207.
753 BVerwG, DÖD 77, 224 (225) = RiA 77, 138 (140).

satzurlaub bei Schwerbehinderten aus, wenn die Schwerbehinderung zwar rückwirkend zuerkannt wurde, aber die Übertragungsfristen bereits verstrichen sind. Ebenfalls haben Erben (Witwen) keinen kommerzialisierbaren Anspruch auf nicht genommenen Erholungsurlaub des verstorbenen Beamten. Während des Urlaubs werden die Bezüge fortgezahlt (§ 1 I EUV). Die vom Lebensalter abhängige Urlaubsdauer und weitere Modalitäten ergeben sich aus der EUV. Beginnt oder endet das Beamtenverhältnis im Lauf des Urlaubsjahres, besteht ein Urlaubsanspruch von einem Zwölftel des Jahresurlaubs für jeden vollen Monat der Dienstzugehörigkeit (§ 5 III S. 1 EUV). Endet das Beamtenverhältnis wegen Erreichens der Altersgrenze (§ 44 LBG), existiert ein Anspruch auf den halben Jahresurlaub, wenn es in der ersten Jahreshälfte und ein voller Urlaubsanspruch, wenn es in der zweiten Jahreshälfte endet (§ 5 III S. 2 EUV). Diese Möglichkeit scheidet bei einer Zurruhesetzung wegen Dienstunfähigkeit aus. Hat der Beamte wegen lang andauernder Krankheit eine geringe oder gar keine Dienstleistung erbracht, kann er dennoch rechtsmißbrauchsfrei Erholungsurlaub beanspruchen.[754] Hinsichtlich der Urlaubsansprüche gilt das „Ganztagsprinzip". Es besagt, daß nach Tagen bemessene Urlaubsansprüche in ganzen Tagen zu erfüllen sind. Man darf sie nicht in Bruchteile eines Tages aufteilen. Wegen der Einheit des öffentlichen Dienstes verliert kein Beamter, der zu einem anderen Dienstherrn wechselt, seinen Urlaubsanspruch. Der neue Dienstherr hat den alten Urlaubsanspruch zu erfüllen; dabei ist bereits erhaltener Erholungsurlaub anzurechnen (§ 7 EUV).

Der Beamte darf nicht dem Dienst fernbleiben, wenn sein Urlaubsantrag abgelehnt wird. Ist er damit nicht einverstanden, muß er weiter Dienst leisten und ggf. Rechtsbehelfe in Anspruch nehmen.[755]

Der Ersatzanspruch eines Bundesbeamten oder Soldaten, der nach Widerruf der Urlaubsgenehmigung die zuvor für ihn und seine Begleiterin gebuchte **Urlaubsreise stornieren** muß, richtet sich nach § 19 BRKG i.V.m. § 8 I S. 2 EUV (Bund). Angemessene Kosten für eine Reisebegleitung können selbst dann zu erstatten sein, wenn vom Beamten nicht gesetzlich gefordert war, die Verbindlichkeit einzugehen.[756] Freiwillige vertragliche Verpflichtungen reichen somit aus; es ist keine Unterhaltspflicht erforderlich.

Literatur: Weber/Banse/Krämer, Das Urlaubsrecht des öffentlichen Dienstes, Loseblattsammlung.

5.3.2.2 Sonderurlaub/Sondergesetzlicher Urlaub

241 Sonderurlaub wird nach der SUrlVO entweder mit oder ohne Fortzahlung von Bezügen gewährt. Er ist z.B. aus persönlichen Gründen (Eheschließung, Wohnungswechsel) sowie u.a. für staatsbürgerliche, fachliche oder

---

754 BVerwG, ZBR 86, 333 (334).
755 OVG Saarlouis, DÖD 98, 121 = ZBR 98, 320.
756 BVerwG, DÖD 96, 66.

5. Rechte des Beamten

gewerkschaftliche Zwecke möglich. Sofern eine oder mehrere dieser Beurlaubungen ohne Dienstbezüge 30 Tage insgesamt im Kalenderjahr nicht überschreiten, werden für ihre Dauer Beihilfen gewährt (§ 101 II S. 2 LBG).

Zudem hat das Land NW § 12 I, IV SUrlVO für eine sog. **„58er-Regelung"** genutzt. Durch Beschluß der Landesregierung vom 10.8.1999 war es mit Ausnahme des Schulbereichs zulässig, Beamte ab dem 58. Lebensjahr bei Personalüberhängen zu beurlauben. Dabei wurden 70% der Besoldung bis zum Eintritt in den Ruhestand fortgezahlt. Zu Beginn des Sonderurlaubs mußte der Beamte das 58. Lebensjahr vollendet und einen Ruhegehaltssatz von 75% erreicht haben. Bei Personen, bei denen wegen Kinderbetreuung oder Pflege von Angehörigen dies nicht der Fall war, genügte ein Ruhegehaltssatz von 70%. Weiterhin mußte der Beamte verbindlich erklären, seine Versetzung in den Ruhestand zum frühestmöglichen Zeitpunkt (Antragsaltersgrenze, § 45 IV S. 1 LBG) zu beantragen. Die Möglichkeit war bis zum Inkrafttreten einer bundesgesetzlichen Vorruhestandsregelung aufgrund der NW-Bundesrats-Initiative, längstens jedoch bis zum 31.12.2004 befristet. Sie ist mittlerweile ausgelaufen. Juristisch ist dieses Vorgehen des Landes NW zu kritisieren. § 12 I, IV SUrlVO liefern keine Rechtsgrundlagen, einen generellen Vorruhestand für einen gruppenmäßig bestimmten Personenkreis einzuführen. Rechtlich handelte es sich um eine Sonderurlaubsregelung und nicht um eine dem vorzeitigen Ruhestand ähnliche Rechtsfigur.[757]

Zur Vorbereitung bestimmter Wahlen wird Sonderurlaub ebenso erteilt wie für kommunalpolitische Tätigkeit (§§ 89 III BBG, 101 IV LBG). Stimmt ein Beamter seiner Aufstellung als Bewerber für die Wahl zum Europäischen Parlament, zum Bundestag, zum Landtag, zu der gesetzgebenden Körperschaft eines anderen Landes oder zu einer kommunalen Vertretungskörperschaft zu (§ 89 II S. 2 BBG: lediglich für Wahlen zum Bundes- oder Landtag), ist ihm auf seinen Antrag innerhalb der letzten zwei Monate vor dem Wahltag der zur Vorbereitung seiner Wahl erforderliche Urlaub ohne Besoldung zu gewähren (§ 101 III S. 1 LBG). Die Vorschrift gilt nur für die dort genannten Fälle und erfaßt nicht den **Wahlkampf eines Beamten zur Wahl des hauptamtlichen Bürgermeisters**. Dieser kandidiert gerade nicht für einen Sitz in der kommunalen Vertretungskörperschaft. Auch der Sinn und Zweck der Norm, Kandidaturen zu politischen Ehrenämtern zu fördern, gebieten keine entsprechende Anwendung. Insofern bewirbt sich der Beamte nicht um ein Ehrenamt, sondern um eine hauptberufliche Tätigkeit. Weder der Dienstherr noch der Staat haben ein Interesse daran, den Berufswechsel ihres Personals durch die Gewährung von Sonderurlaub zu erleichtern und dadurch zugleich die Wettbewerbsbedingungen im Wahlkampf von beamteten Kandidaten im Vergleich zu nicht beamteten Bewerbern zu verzerren. Zudem ist der einzelne Beamte nicht schützenswert, kann er doch seinen Erholungsurlaub einsetzen oder

---

757 OVG Schleswig, DÖD 05, 112 (113); Anm Busch, DÖD 05, 114 (114 ff.).

8. Abschnitt: Rechtsstellung des Beamten

sich unter Fortfall von Geld- und Sachbezügen beurlauben lassen (§ 12 I S. 1 SUrlVO).

Dienstliche Gründe stehen einem Urlaub entgegen, wenn dadurch die ordnungsgemäße Erfüllung der dem Beamten obliegenden Dienstaufgaben beeinträchtigt oder gefährdet wird.[758] Sonderurlaub ist zu gewähren, wenn der Beamte aufgrund staatsbürgerlicher Pflichten in Angelegenheiten dritter Personen einen **gerichtlichen Termin** (z.B. als Zeuge oder Sachverständiger) wahrnehmen muß (§ 3 I Nr. 2 SUrlVO). Hingegen ist die Teilnahme an einem Strafverfahren als Angeklagter eine private Angelegenheit und damit nicht sonderurlaubsfähig.[759] Sieht sich ein Beamter gezwungen, die **Betreuung seines** nicht erkrankten **minderjährigen Kindes** zu übernehmen, liegt ein wichtiger Grund für Urlaub unter Fortzahlung der Dienstbezüge grundsätzlich allein dann vor, wenn das Kind das achte Lebensjahr noch nicht vollendet hat.[760] Um die von § 11 I SUrlVO geforderten „wichtigen persönlichen Gründe" zu bestimmen und das eingeräumte Ermessen sachgerecht auszuüben, darf für Beamte auf die vergleichbare Regelung des § 52 BAT zurückgegriffen werden.

Fall: Dr. Werner Gierschlund (G) ist Bürgermeister der Stadt B und Präsident eines kommunalen Spitzenverbandes in NW, der in Form eines eingetragenen Vereins organisiert ist. In einem bevorstehenden Gerichtsverfahren wird gegen ihn über den strafrechtlichen Vorwurf der Untreue verhandelt. Zwar wollte die Staatsanwaltschaft die Angelegenheit mit einem Strafbefehl aus der Welt schaffen; die Richterin ist jedoch der Ansicht, daß die im Strafbefehl ausgesprochene Verwarnung mit Strafvorbehalt wegen des „Eigennutzes" von G „nicht schuldangemessen" ist (§§ 407 II S. 1 Nr. 1, 408 III S. 2 StPO). G habe Bauarbeiten an seinem Privathaus im Wert von 27.500.– Euro durch eine Baufirma ohne Bezahlung erbringen lassen, der zur gleichen Zeit von G öffentliche Bauaufträge in Millionenhöhe übertragen wurden. G habe den eingebauten Marmor in Italien selbst ausgesucht. Zudem hätten städtische Gärtner die Erdarbeiten an den Außenanlagen der Privatvilla erledigt. Für die Zeit der Hauptverhandlung vor dem Strafgericht beabsichtigt G, „sein Amt als Bürgermeister ruhenzulassen". Seine Funktion als Präsident des kommunalen Spitzenverbandes wolle er weiter ausüben. Was ist von diesen Plänen des G beamtenrechtlich zu halten?

G ist als Bürgermeister B.a.Z. (§ 195 II S. 1 LBG). Damit sind auf ihn die für die Beamten allgemein geltenden Vorschriften des LBG anzuwenden, soweit nichts anderes bestimmt ist (§ 195 I LBG).

Für seine Idee, das Amt als Bürgermeister ruhenzulassen, hat G keine Rechtsgrundlage im Beamtenrecht. Ein Beamter ist zur Dienstleistung verpflichtet. Er hat sich mit voller Hingabe seinem Beruf zu widmen (§ 57 S. 1 LBG). G darf sich von diesen elementaren Pflichten des Beamten nicht einseitig lösen. Es offenbart ein falsches Amtsverständnis, wenn G als Staats„diener" meint, er könne bestimmen, wann er sein Amt ausübt und wann es ruhen läßt.

Ausschließlich der Dienstherr kann einem Beamten die Ausübung der Dienstgeschäfte vorläufig untersagen. Nur aus zwingenden dienstlichen Gründen kann ihm vorübergehend die Führung der Dienstgeschäfte verboten werden (§ 63 I S. 1 LBG). Sie liegen vor, wenn schwerwiegende Nachteile für den Dienstherrn, den Beamten selbst oder einen Dritten zu befürchten sind, sollte der Beamte weiter seinen Dienst ausüben (z.B. dringender Verdacht einer Straftat oder eines Dienstvergehens[761]). Hinsichtlich G besteht der dringende Verdacht einer Untreue, also einer berufsbezogenen Straftat zu Lasten gerade seines Dienstherrn. Die Richterin hält

---

758 BVerwG, ZBR 93, 26.
759 VG Frankfurt/M., DÖD 90, 100 (101).
760 OVG Koblenz, ZBR 92, 21.
761 Plog/Wiedow/Lemhöfer/Bayer, § 60 BBG, Rn 7.

5. Rechte des Beamten

den ursprünglich vorgesehenen Strafbefehl nicht für schuldangemessen, so daß der Verdacht auch erheblich und damit dringend ist. Die zwingenden dienstlichen Gründe sind gegeben. G kann vorübergehend die Führung der Dienstgeschäfte verboten werden (§ 63 I S. 1 LBG). Hierfür ist der Dienstvorgesetzte zuständig. Wie bereits gesehen (Rn 55), hat der Bürgermeister keinen Dienstvorgesetzten. Es muß deshalb jemand die Aufgaben des Dienstvorgesetzten wahrnehmen. Für den konkreten Fall erscheint es mit den in Rn 55 angestellten Erwägungen sachgerecht, wenn dies der Verwaltungsvorstand ist.

Wird oder ist ein gerichtliches Disziplinarverfahren eingeleitet, ist bei entsprechendem dienstlichen Bedürfnis zudem eine vorläufige Dienstenthebung durch die Aufsichtsbehörde zulässig (§ 38 LDG; näher Rn 411). Im Disziplinarrecht gilt sie gegenüber den Hauptverwaltungsbeamten der Gemeinden und Gemeindeverbände als Dienstvorgesetzter (§ 79 I S. 2 LDG).

Schließlich kann G auch nicht für die Zeit der Hauptverhandlung Sonderurlaub erhalten. Die Teilnahme an einem Strafverfahren als Angeklagter ist eine private Angelegenheit und damit nicht sonderurlaubsfähig.[762] Vielmehr gibt es bloß die Möglichkeit, daß die Stadt B G zur Teilnahme an der Hauptverhandlung als Angeklagter vom Dienst freistellt und er die versäumte Dienstzeit nacharbeiten muß. Schließlich hat G ebenfalls das Recht, seinen Erholungsurlaub für die Zeit der Hauptverhandlung zu nehmen.

G's Überlegung, die Funktion als Präsident des kommunalen Spitzenverbandes weiter auszuüben, ist beamtenrechtlich wie folgt zu bewerten: Bei diesem „Amt" handelt es sich nicht um ein Amt im beamtenrechtlichen Sinn, da der kommunale Spitzenverband als eingetragener Verein privatrechtlich organisiert ist. Maßnahmen nach §§ 63 I S. 1 LBG, 38 LDG verbieten sich deshalb. Hingegen ist die Tätigkeit des G für den kommunalen Spitzenverband eine Nebentätigkeit. Solange sie keine Nebentätigkeit im öffentlichen Dienst auf Verlangen des Dienstherrn darstellt, wovon im konkreten Fall nicht ausgegangen werden kann, darf G beamtenrechtlich frei entscheiden, ob er sie ruhen läßt oder weiter ausübt. Rechtsgrundlage für die Nebentätigkeit sind vielmehr die Vereinbarungen zwischen G und dem Spitzenverband, die nicht bekannt sind. Allein danach beurteilen sich seine Pflichten.

242 Dem Beamten ist zur Ausübung eines Mandats in der Vertretung einer Gemeinde oder eines Gemeindeverbandes oder einer Bezirksvertretung sowie für die Tätigkeit als Mitglied eines nach Kommunalverfassungsrecht gebildeten Ausschusses der erforderliche Urlaub unter Belassung der Leistungen des Dienstherrn zu gewähren (§§ 89 III S. 1 BBG, 101 IV S. 1 LBG). Zur Ausübung eines Mandats in der Vertretung einer Gemeinde zählt auch die Tätigkeit als ehrenamtlicher Bürgermeister, da sie denknotwendig nur durch ein Ratsmitglied erfolgen darf. Diesen Normen kann keine Einschränkung, daß freiwillig übernommene Sonderfunktionen wie die des ehrenamtlichen Bürgermeisters ihnen nicht unterfallen, entnommen werden. Es handelt sich hierbei um einen sondergesetzlichen **Urlaub zur Ermöglichung einer kommunalpolitischen Tätigkeit**. Dadurch wird im Statusrecht der Beamten spezialgesetzlich der bereits kommunalverfassungsrechtlich (§ 44 II S. 1 GO) gegebene Freistellungsanspruch festgelegt. Um den unbestimmten Rechtsbegriff „erforderlich" des § 101 IV S. 1 LBG (§ 89 III S. 1 BBG) auszulegen, muß man die grundsätzliche Wertentscheidung in § 44 II S. 2 GO heranziehen. Danach ist eine Freistellung in der Regel als erforderlich anzusehen, wenn die Tätigkeit mit dem Mandat in unmittelbarem Zusammenhang steht oder auf Veranlassung des Rates, der Bezirksvertretung oder des Ausschusses geschieht und nicht während der arbeitsfreien Zeit ausgeübt werden kann. Diese Definition strahlt auf die Inhaltsbestimmung im Statusgesetz (§§ 89 III S. 1

---

762 VG Frankfurt/M., DÖD 90, 100 (101).

BBG, 101 IV S. 1 LBG) aus, da primär das Mandat und seine Ausübung geschützt werden sollen. Mit dieser Überlegung sind Fälle zu lösen, in denen der Beamte in einem Bundesland Beamter ist und in einem anderen Bundesland sein kommunales Mandat hat. Als Regelung zum Schutz des Mandats kommt es zur Bestimmung des Umfangs immer auf die kommunalverfassungsrechtliche Normierung desjenigen Bundeslandes an, in dem das Mandat ausgeübt wird. Praktisch wird das Problem hauptsächlich im Bundesland Hessen mit seinen im Vergleich zu anderen Bundesländern (insbesondere zum benachbarten Bundesland Rheinland-Pfalz) großzügigeren Freistellungsvorschriften.

Dennoch besteht **kein unbegrenzter Freistellungsanspruch**. §§ 89 III S. 1 BBG, 101 IV S. 1 LBG sind als Ausnahme vom Grundsatz der vollen Dienstleistungspflicht eng auszulegen.[763] Hinsichtlich des zeitlichen Umfangs ist davon auszugehen, daß die Tätigkeit für eine Kommunalvertretung ein **Ehrenamt** ist, das nicht dazu führen darf, daß es den regulären Beruf verdrängt. Die Ratsmitglieder sind gehalten, ihr Mandat soweit wie möglich in der Freizeit auszuüben. Beamte können Urlaub für die Ausübung einer kommunalpolitischen Tätigkeit nur verlangen, wenn diese zeitlich in ihrem Dienst liegt. Für Aktivitäten außerhalb der Dienststunden gibt es keinen Urlaubsanspruch, z.B. für die Gemeinderatstätigkeit eines Lehrers außerhalb des Unterrichts.[764] Führt man die Überlegungen konsequent zu Ende, hat dies bei flexiblen Arbeitszeiten zur Folge, daß ein Anspruch auf Freistellung ausschließlich dann besteht, wenn die Mandatsausübung mit der Kernarbeitszeit kollidiert. Schlichtweg rechtswidrig wäre, den mit dem Mandat verbundenen Zeit- und Arbeitsaufwand durch eine Verringerung der Dienstleistungsverpflichtungen zu kompensieren, beispielsweise bei einem Lehrer das Stundendeputat pauschal um drei Unterrichtsstunden zu ermäßigen. Eine vollständige oder partielle Reduktion der regelmäßigen wöchentlichen Arbeitszeit oder Dienstleistungspflicht zum Ausgleich des Zeit- oder Arbeitsaufwandes für eine Tätigkeit in kommunalen Gremien ist unzulässig.[765]

Hieraus folgt zum Umfang des Freistellungsanspruchs eines ehrenamtlichen Bürgermeisters, daß ihm grundsätzlich der Zeitaufwand für die Wahrnehmung repräsentativer Veranstaltungen in Ausführung seines Amtes unterfällt. Dabei wird das Volumen der wahrzunehmenden Tätigkeiten im Vergleich mit einem schlichten Ratsmitglied höher sein. Allerdings muß berücksichtigt werden, daß viele Aktivitäten auch in der dienstfreien Zeit, bei Beamten im Schichtdienst also insbesondere außerhalb der Schicht oder bei Lehrern am Nachmittag, wahrgenommen werden können. Beispielsweise ist es nicht erforderlich, zu Geburtstagen oder anderen Ehrentagen gerade während der Dienstzeit zu gratulieren. Re-

---

763 BVerwGE 72, 289 (290 f.) = DVBl 86, 241 (241 f.) = ZBR 86, 269 (270).
764 BVerwGE 72, 289 (290 f.) = DVBl 86, 241 (241 f.) = ZBR 86, 269 (270).
765 BVerwGE 72, 289 (290 f.) = DVBl 86, 241 (241 f.) = ZBR 86, 269 (270); OVG Koblenz, DÖD 92, 47 (47 f.); OVG Lüneburg, ZBR 89, 311 (311 f.); OVG Saarlouis, RiA 86, 231 (232); VGH Mannheim, DÖV 84, 257 (257 f.).

5. Rechte des Beamten

gelmäßig sind Glückwünsche nicht allein zu einer fest bestimmten Tageszeit, sondern zu vielen Zeitpunkten möglich, die durchaus außerhalb der Dienststunden liegen können.

Ein Freistellungsanspruch besteht für Sitzungen des Rates, der Bezirksvertretung, der Ausschüsse (soweit der Betreffende ihnen angehört), der Fraktionen und sonstigen Gremien, deren Mitglied der Beamte ist (beispielsweise Arbeitskreise, Ausschüsse oder Vollversammlungen der kommunalen Spitzenverbände). Darüber hinaus ist er gegeben, wenn ein Rats- oder Ausschußmitglied im Auftrag des Rates oder eines Ausschusses in einem konkreten Fall kommunale Interessen wahrzunehmen hat (Teilnahme an Besprechungen, Sitzungen, Besichtigungen, Empfängen oder sonstigen Veranstaltungen). Demgegenüber darf man nicht für Parteitermine freigestellt werden, da sie nicht zu den Aufgaben des Ehrenamtes als Ratsmitglied zählen. Zu Mitgliedern der Ausschüsse können neben Ratsmitgliedern auch sachkundige Bürger, die dem Rat angehören können, bestellt werden (§ 58 III S. 1 GO). Ein solcher sachkundiger Bürger ist demnach Mitglied eines nach Kommunalverfassungsrecht gebildeten Ausschusses, so daß § 101 IV S. 1 LBG (§ 89 III S. 1 BBG) anzuwenden ist. Hingegen darf für die Teilnahme eines sachkundigen Bürgers an Fraktionssitzungen keine Freistellung erfolgen. Fraktionen sind freiwillige Vereinigungen von Mitgliedern des Rates (§ 56 I S. 1 GO). Hingegen sind sachkundige Bürger gerade keine Mitglieder des Rates. Sie können deshalb nicht Mitglied einer Fraktion sein.

Zur Geltendmachung eines Freistellungsanspruchs ist der Beamte verpflichtet, bei seinem Dienstvorgesetzten für jeden Einzelfall einen Antrag zu stellen. Dabei kann der Dienstvorgesetzte grundsätzlich Belege verlangen, daß der Urlaub der Wahrnehmung des Mandats dient. Fehlt ein Nachweis, darf er die Freistellung ablehnen. In Bezug auf Rats-, Ausschuß- und Fraktionssitzungen muß man regelmäßig davon ausgehen, daß es sich um eine Mandatstätigkeit handelt. Ist der Beamte Ratsmitglied und wurde dies dem Dienstherrn mitgeteilt, reicht eine ordnungsgemäße Einladung zur Ratssitzung. Eine namentliche Einladung auf dem Briefpapier der Kommune kann nicht gefordert werden. Wie die Gemeinde zu Ratssitzungen einlädt, bleibt ihrem organisatorischen Ermessen überlassen. Der Dienstvorgesetzte hat keinen Anspruch darauf, daß ihm in einer bestimmten Art und Weise oder Form ein derartiger Beleg übermittelt wird. Allerdings sollte der Dienstvorgesetzte auch bei anderen Terminen als Rats-, Ausschuß- und Fraktionssitzungen nur zurückhaltend Nachweise verlangen. Anlaß hierfür könnte der Verdacht eines Mißbrauchs, z.B. durch die Angabe eines außergewöhnlichen Grundes, sein. Der Dienstvorgesetzte darf zumindest auf einer Begründung im Urlaubsantrag bestehen, warum der Termin nicht in der dienstfreien Zeit wahrgenommen werden kann. Erfüllt der Antrag die soeben geschilderten Formalien, ist der Dienstvorgesetzte verpflichtet, ihn positiv zu bescheiden.

Urlaub ohne Besoldung kann bewilligt werden, wenn ein wichtiger Grund vorliegt und keine dienstlichen Gründe entgegenstehen (§§ 13 I S. 1 SUrlVO des Bundes, 12 I S. 1 SUrlVO). 243

8. Abschnitt: Rechtsstellung des Beamten

Ein **wichtiger Grund** setzt voraus, daß die Belange des Beamten bei objektiver Betrachtung gewichtig und schutzwürdig sind. Je länger der Urlaub dauern soll, desto höher werden die Anforderungen, vom öffentlichen Interesse an der grundsätzlich vollen Dienstleistung abzuweichen.[766] Gerade bei gewünschtem längeren Urlaub muß der Beamte in einer Ausnahmesituation sein, die sich als wirkliche und nicht von ihm zu vertretende Zwangslage darstellt.[767] Deshalb erscheint es mir unzulässig, einem amtsmüden Bürgermeister, der nach beruflichen Alternativen sucht, einen langfristigen Sonderurlaub zu gewähren, damit er seinen Anspruch auf Versorgungsbezüge nicht verliert.[768] Die **Aufnahme eines Studiums** sollte nur dann gestattet werden, wenn der Dienstherr damit konkrete dienstliche Zwecke verfolgt, beispielsweise um einen Beamten gezielt einzusetzen; die bloße Nützlichkeit der im Studium erworbenen Kenntnisse reicht nicht.[769]

Dienstliche Gründe sind gegeben, wenn die Erfüllung der dienstlichen Aufgaben, für die der Beamte an sich vorgesehen ist, ohne ihn erheblich beeinträchtigt oder gar verhindert würde.[770] Der unbestimmte Rechtsbegriff der dienstlichen Gründe darf – ebenso wie der wichtige Grund – gerichtlich voll überprüft werden.[771] Der Dienstherr muß die tatsächlichen Umstände darlegen, aus denen sich das dienstliche Hindernis herleitet. Das Gericht hat ggf. diese Gesichtspunkte nachvollziehend zu würdigen, damit es die Annahme von wichtigen und dienstlichen Gründen bestätigen oder verwerfen kann.[772] Dienstliche Gründe können eine knappe Personaldecke, urlaubs- und krankheitsbedingte personelle Engpässe sowie Arbeitsrückstände sein. Sofern eine oder mehrere Sonderbeurlaubungen ohne Dienstbezüge insgesamt 30 Tage im Kalenderjahr nicht überschreiten, werden für die Dauer dieser Urlaube Beihilfen gewährt (§ 101 II S. 2 LBG). Ein Urlaub für mehr als sechs Monate bedarf der Zustimmung der obersten Dienstbehörde (§§ 13 I S. 2 SUrlVO des Bundes: mehr als drei Monate, 12 I S. 2 SUrlVO). Im Kommunalbereich sollte man die Ausnahmevorschrift nicht übersehen, daß anstelle der obersten Dienstbehörde darüber der Dienstvorgesetzte entscheidet (§ 18 SUrlVO).

Ein Beamter hat nach § 12 III S. 1 SUrlVO des Bundes (§ 11 I SUrlVO) keinen Anspruch auf bezahlten Sonderurlaub bei der **Niederkunft seiner Lebensgefährtin**.[773] Die Fürsorgepflicht gebiete dem Dienstherrn nicht,

---

766 BVerwG, NVwZ 97, 71.
767 BVerwG, NVwZ 97, 71: verneint bei einem Sanitätsoffizierarzt, der die ärztliche Praxis seiner erkrankten Ehefrau als Existenzgrundlage erhalten und über einen Zeitraum von sieben Monaten hinaus Sonderurlaub haben wollte. Diese Rechtsprechung zeigt, daß der wichtige Grund nur selten zu bejahen sein wird.
768 Im Ergebnis ähnlich Groß, HSGZ 02, 156 (157 ff.).
769 Battis, § 89 BBG, Rn 12.
770 Günther, DÖD 80, 22 (26).
771 BVerwG, NVwZ 97, 71.
772 Günther, DÖD 80, 22 (26 f.).
773 BVerwGE 105, 94 (97) = ZBR 98, 25 (26) = NJW 97, 3184 (3184 f.) = DÖV 97, 920; krit. Anm Brüning, ZBR 98, 98 (98 f.); bestätigt durch BVerfG, IÖD 98, 134 = NJW 98, 2043.

5. Rechte des Beamten

allen besonderen zeitlichen Anforderungen, die dem Beamten aus seiner persönlichen Lebenssphäre erwachsen, durch Sonderurlaub unter Fortzahlung der Bezüge Rechnung zu tragen. Demgemäß sei es regelmäßig Sache des Beamten, privaten Terminen in seiner Freizeit gerecht zu werden, ggf. unter vertretbarer Inanspruchnahme von Erholungsurlaub oder von Sonderurlaub ohne Besoldung. Selbst wenn der Dienstherr seinen Beamten bezahlten Sonderurlaub für die Niederkunft der Ehefrau gewährt, gilt dies nicht entsprechend für die Niederkunft der Lebensgefährtin. Der Gleichheitssatz des Art. 3 I GG ist nicht verletzt. Er gebietet nicht, Beamte als Partner einer nichtehelichen Lebensgemeinschaft in jeder dienstrechtlichen Hinsicht verheirateten Beamten gleichzustellen.[774] Allein in der Ehe bestehe eine rechtliche Pflicht zur ehelichen Lebensgemeinschaft (§ 1353 I S. 2, 1. Hs. BGB). Im übrigen sei für den Dienstherrn lediglich das Vorliegen einer Ehe rechtlich zweifelsfrei feststellbar. Wenngleich dieses Argument ebenfalls für die nach dem Lebenspartnerschaftsgesetz formell geschlossenen Lebenspartnerschaften („Ehe" von gleichgeschlechtlichen Paaren) herangezogen werden kann, nimmt das zum 1.8.2001 in Kraft getretene Lebenspartnerschaftsgesetz allerdings das Beamtenrecht ausdrücklich aus.

Sonderurlaub für einen **Sanatoriumsaufenthalt** gemäß § 11 III SUrlVO (§ 12 II SUrlVO des Bundes) scheidet aus. Der Sanatoriumsaufenthalt ist weder eine Heilkur noch eine Badekur und auch keine beim Heilverfahren bewilligte Kur. In diesem Fall bleibt es dem Beamten jedoch unbenommen, für den Zeitraum des Sanatoriumsaufenthalts Erholungsurlaub zu nehmen bzw. einen Antrag auf Sonderurlaub ohne Besoldung zu stellen. Für eine Nachkur gibt es mittlerweile keinen Sonderurlaub mehr, da der Gesetzgeber diese Möglichkeit ersatzlos gestrichen hat.

Sollte das Urlaubsbegehren seinem Grunde nach nicht in der Sonderurlaubsverordnung oder anderen sondergesetzlichen Normen geregelt sein, besteht auf Urlaub aus anderem Anlaß grundsätzlich kein Rechtsanspruch.[775] Vielmehr steht er im Ermessen des Dienstherrn, so daß nur eine Ermessensreduzierung auf Null zu einem Anspruch des Beamten führen kann. Innerhalb des Ermessens liegt es, wenn der Dienstherr wegen des Ausbruchs des Golfkrieges und der Einschränkung von Karnevalsveranstaltungen davon abgesehen hat, in jenem Jahr Dienstbefreiung am **Rosenmontag** zu gewähren.[776]

Literatur: Groß, Ist es zulässig, einem Bürgermeister langfristigen Sonderurlaub zu gewähren?, HSGZ 02, 156.

---

774 BVerwGE 105, 94 (97) = ZBR 98, 25 (26) = NJW 97, 3184 (3185) = DÖV 97, 920.
775 OVG Münster, NJW 91, 1502.
776 OVG Münster, NJW 91, 1502.

8. Abschnitt: Rechtsstellung des Beamten

5.3.2.3 Elternzeit (früher Erziehungsurlaub genannt)

244 Elternzeit ist sicherzustellen (§ 47 BeamtStG). § 86 II LBG i.V.m. der EZVO regelt Inanspruchnahme, Dauer und Entlassungsschutz. Die Bewilligung von Elternzeit ist ein antragsbedürftiger Verwaltungsakt; fehlt der Antrag, ist eine gleichwohl erlassene Bewilligung rechtswidrig.[777] Keinesfalls dürfe die Behörde den Erziehungsurlaub in einem anderen als dem beantragten Umfang bewilligen.

Unter den Voraussetzungen des § 2 EZVO haben Beamte Anspruch auf Elternzeit. Einem Beamten mit Dienstbezügen kann sogar während einer Elternzeit **Teilzeitbeschäftigung mit weniger als der Hälfte der regelmäßigen Arbeitszeit** bewilligt werden, wenn zwingende dienstliche Belange nicht entgegenstehen (§ 85a III LBG). Beamte in Elternzeit dürfen Teilzeitbeschäftigung oder Teilzeitarbeit bis zu einer wöchentlichen Arbeitszeit von maximal 30 Stunden bei ihrem eigenen Dienstherrn leisten, wenn keine dringenden dienstlichen Gründe dagegen sprechen (§ 3 S. 1 EZVO). Mit Zustimmung des Dienstvorgesetzten darf die Arbeit im selben zeitlichen Umfang auch bei einem anderen Dienstherrn oder Arbeitgeber erfolgen. Diese zeitliche Grenze ist für die Ausübung einer selbständigen Arbeit in der Elternzeit entsprechend heranzuziehen. Tätigkeiten mit stärkeren zeitlichen Belastungen dürfen hingegen nicht stattfinden, weil dadurch der Zweck der Elternzeit, die Betreuung des Kindes, vereitelt wird. Ein Erziehungsurlaub unterbricht oder verlängert hingegen keine bereits zeitlich befristet bewilligte Teilzeitbeschäftigung.[778]

Die Elternzeit **kann sich auf** die jährliche Sonderzahlung (**Weihnachtsgeld**) **auswirken**. Für die Dauer einer Elternzeit unterbleibt die Verminderung des Grundbetrages bis zur Vollendung des zwölften Lebensmonats des Kindes, wenn am Tage vor dem Antritt der Elternzeit ein Anspruch auf Bezüge bestanden hat (§ 6 III S. 6 SZG). Im übrigen steht die Sonderzahlung einem Beamten ebenfalls dann zu, wenn während der Elternzeit ein zweites Kind geboren und mit ihrem Ablauf wegen des zweiten Kindes eine neue Elternzeit gewährt wird.[779]

Beamte haben während der Elternzeit **Anspruch auf Leistungen der Krankenfürsorge in entsprechender Anwendung der Beihilferegelungen** für Beamte mit Dienstbezügen (§§ 86 II S. 3, 85a IV S. 1 LBG). Diese Leistungen sind ausgeschlossen, wenn der Beamte berücksichtigungsfähiger Angehöriger eines Beihilfeberechtigten (§ 2 I Nr. 1 b), 1. Hs. BVO) wird oder Anspruch auf Familienhilfe nach § 10 SGB V hat (§ 85a IV S. 2 LBG).

Das Sozialgericht Aachen hat mit Urteil vom 18.8.1997[780] entschieden, daß **Beamte während der Elternzeit familienversichert** sind **(§ 10 I**

---

777 OVG Münster, NVwZ-RR 04, 126 (127) = DÖD 04, 101 (101 f.).
778 VG Karlsruhe, NVwZ-RR 04, 278 (279).
779 BVerwG, ZBR 96, 263 = NVwZ-RR 96, 585 (586); ähnlich OVG Münster, DÖD 93, 65, für den Fall, daß dies während des Urlaubs nach § 85a I Nr. 2 LBG eintritt.
780 S 6 Kr 67/96.

5. Rechte des Beamten

SGB V), weil die positiven und negativen Tatbestandsmerkmale dieser Norm erfüllt seien. Insbesondere liege die Tatbestandsvoraussetzung des § 10 I S. 1 Nr. 3 SGB V nach Ansicht der Kammer ebenfalls vor. Die Versicherungsfreiheit sei bereits wegen des Gesetzeswortlauts nicht gegeben und eine entsprechende Anwendung der Vorschrift gemäß der Rechtsprechung des Bundessozialgerichts scheide wegen einer inzwischen geänderten Rechtslage aus. Die Versicherungsfreiheit (§ 6 I Nr. 2 SGB V) setze bei Krankheit einen nach beamtenrechtlichen Vorschriften oder Grundsätzen bestehenden Anspruch auf Fortzahlung der Bezüge und auf Beihilfe voraus. Elternzeit sei jedoch Urlaub ohne Bezüge. Eine analoge Anwendung des § 6 I Nr. 2 SGB V aufgrund des Beamtenstatus entfalle, weil nach den ab 1.1.96 gültigen landesrechtlichen Vorschriften während der Elternzeit kein *direkter* Beihilfeanspruch existiere und der Beamte deshalb keinem beamtenrechtlichen Sicherungssystem angehöre. Hingegen sieht das BSG dies differenzierter. Der 12. Senat hat mit Urteil vom 18.3.1999[781] entschieden, daß in der Elternzeit keine Familienversicherung bestehe. Hingegen sagt der 4. Senat des BSG, daß dies im familienpolitischen Urlaub der Fall sei.[782]

Beamte haben für die Elternzeit einen Anspruch auf Erstattung der Beiträge für die Krankenversicherung von monatlich 31 Euro, wenn die Dienst- und Anwärterbezüge vor Beginn der Elternzeit die Versicherungspflichtgrenze in der gesetzlichen Krankenversicherung nicht überschritten haben (§ 7 S. 1 EZVO).

Die **Elternzeit kann vorzeitig beendet oder verlängert werden**, wenn der Dienstvorgesetzte zustimmt (§ 4 IV S. 1 EZVO). Aus dem Wortlaut dieser Norm läßt sich nicht entnehmen, daß man einen Anspruch auf die Zustimmung des Dienstvorgesetzten in Form einer gebundenen Entscheidung hat. Dieses Ergebnis wird durch einen Umkehrschluß im Vergleich von § 4 IV S. 1 mit S. 4 EZVO bestätigt. Nach Satz 4 kann eine Verlängerung verlangt werden, wenn ein vorgesehener Wechsel in der Anspruchsberechtigung aus einem wichtigen Grund nicht erfolgen kann. Dieser aufgrund seiner systematischen Stellung folgende Satz 4 bestimmt ausdrücklich für einen Einzelfall, daß bei Vorliegen bestimmter Voraussetzungen eine Verlängerung verlangt werden kann. Hieraus ist im Umkehrschluß zu folgern, daß es bei ihrem Nichtvorliegen keinen derartigen Anspruch gibt. Dieses Resultat wird ebenfalls vom Sinn und Zweck der Norm getragen. Der Dienstvorgesetzte muß prüfen dürfen, ob eine Verlängerung aus dienstlichen Gründen praktikabel ist. Die Verlängerung unterscheidet sich gerade von dem ursprünglich gemäß § 2 I EZVO beantragten Urlaub, weil sie erneut dienstliche Belange berühren kann. Besteht somit kein Recht auf Verlängerung der Elternzeit, hat der Beamte jedoch einen Anspruch auf fehlerfreie Ermessensentscheidung über

---

781 B 12 KR 13/98 R.
782 BSGE 79, 184 (186 ff.).

seinen Antrag.[783] Dabei wird man an das Vorliegen dienstlicher Belange höhere Anforderungen stellen müssen, weil grundsätzlich nach § 2 I EZVO dem Antrag bis zur maximal zulässigen Dauer ohne Würdigung der dienstlichen Interessen bei erster Beantragung zu entsprechen ist. Der Dienstherr darf allein personalwirtschaftliche Gründe, jedoch keine fiskalischen Erwägungen heranziehen.[784]

Ein bereits zur Kinderbetreuung beurlaubter Beamter kann nach der Geburt eines weiteren Kindes Elternzeit beanspruchen, wenn der ursprüngliche Urlaub vorzeitig beendet wird. Die Entscheidung hierüber liegt im pflichtgemäßen Ermessen des Dienstherrn. Er muß dabei berücksichtigen, daß der Elternzeit Vorrang vor dem allgemein zur Kinderbetreuung gewährten Urlaub zukommt. Sollten im Einzelfall keine ermessensgerechten Ablehnungsgründe vorliegen, ist dem Antrag auf vorzeitige Beendigung dieses Urlaubs, damit er durch die Elternzeit ersetzt wird, stattzugeben.[785] Elternzeit setzt jedoch stets einen Antrag innerhalb einer bestimmten Frist voraus (§ 4 I S. 1 EZVO). Ohne Antrag kann kein Wechsel in der Anspruchsgrundlage stattfinden; die Elternzeit hat nicht automatisch Vorrang vor dem familienpolitischen Urlaub (§ 85a LBG). Ein rückwirkender Antrag ist unzulässig.[786] Der Dienstherr kann sich zudem allein auf die Nichteinhaltung der Frist des § 4 I S. 1 EZVO berufen, ohne darlegen zu müssen, ob und ggf. welche personalpolitischen Erwägungen dem Antrag vor Fristablauf entgegengestanden hätten.[787]

Entscheidet der Dienstherr nicht rechtzeitig über einen Antrag auf Umwandlung von Urlaub ohne Bezüge in Erziehungsurlaub, kann dies Schadenersatzansprüche auslösen (z.B. für Mehraufwendungen für eine private Krankenversicherung).[788]

Nach dem Ende der Elternzeit hat der Beamte lediglich einen Anspruch auf eine seinem statusrechtlichen Amt entsprechende Weiterbeschäftigung bei seinem Dienstherrn, nicht jedoch auf ein bestimmtes konkretfunktionelles Amt. Ihm muß also nicht sein alter, vor Beginn der Elternzeit innegehabter Arbeitsplatz erneut übertragen werden. Vom Dienstherrn kann man nicht verlangen, daß dieser einen Dienstposten bis zu drei Jahre unbesetzt läßt oder ihn wieder freimacht. Solange sich der Beamte in der Elternzeit befindet, wird für ihn keine Planstelle benötigt, so daß seine Planstelle wieder besetzt werden darf. Es sind nur die im jeweiligen Haushaltsjahr erforderlichen Stellen auszuweisen (§ 6 I S. 1 GemHVO). Erst wenn der Beamte nach beendeter Elternzeit seinen Dienst wieder aufnimmt oder in der Elternzeit eine unterhälftige Teilzeitbeschäftigung ausübt, muß für ihn eine entsprechende Planstelle vorhanden sein.

---

783 VGH Kassel, NVwZ-RR 99, 48 = DVBl 98, 1089.
784 VGH Kassel, NVwZ-RR 99, 48 (49) = DVBl 98, 1089 (1090).
785 BVerwG, ZBR 96, 215 = NVwZ 97, 284; a.A. OVG Münster, ZBR 95, 312 (313).
786 OVG Münster, DÖD 98, 265 (265 f.).
787 OVG Münster, DÖD 98, 265 (266).
788 VG Stuttgart, NVwZ-RR 05, 835 (836) = KommJur 05, 184 (185).

5. Rechte des Beamten

Schließlich darf die Elternzeit das berufliche Fortkommen auch in Bezug auf eine Beförderung grundsätzlich nicht beeinträchtigen.[789] Gleiches gilt hinsichtlich der bei der Anstellung zu beantwortenden Frage, ob sich ein Beamter in der Probezeit bewährt hat, wenn dem Dienstherrn aufgrund der Länge der tatsächlich geleisteten Probezeit genügend Erkenntnisse vorliegen, um dies zu entscheiden. Kann der Dienstherr noch nicht sicher beurteilen, ob sich der Beamte bewährt hat, muß er die Probezeit über die Elternzeit hinaus verlängern.

Literatur: Allgaier, Zur Frage des Zusammentreffens von Krankheit/Dienstunfähigkeit/Schwangerschaft einerseits und Erziehungsurlaub andererseits, DÖD 03, 288; Eichner, Erziehungsurlaub ab dem 1.1.2001, PersV 01, 58.

5.3.2.4 Urlaub (§§ 85a, 78e LBG), Beurlaubung kraft Gesetzes

Beurlaubung ist durch Landesrecht zu regeln. In NW kann nach § 85a LBG oder aufgrund von § 78e LBG **Urlaub ohne Dienstbezüge** bewilligt werden. Die Normen unterscheiden sich hinsichtlich ihrer **Voraussetzungen** erheblich. 245

Bei der **familienpolitischen Urlaubskomponente** des § 85a I Nr. 2 LBG kann auf Antrag Urlaub ohne Dienstbezüge bis zur Dauer von drei Jahren zur tatsächlichen Betreuung oder Pflege von Kindern unter 18 Jahren oder von pflegebedürftigen sonstigen Angehörigen gewährt werden. Dabei besteht die Möglichkeit der Verlängerung. Der Urlaub ist zu erteilen, wenn **zwingende dienstliche Belange** (zur Definition s. Rn 248) nicht entgegenstehen. Nebentätigkeiten dürfen nur beschränkt ausgeübt werden (§ 68a LBG). Urlaub aus familienpolitischen Gründen darf auch im Zusammenhang mit Urlaub aus arbeitsmarktpolitischen Gründen zwölf Jahre nicht überschreiten (§ 85a II S. 1 LBG). Elternzeit wird dabei nicht auf diese Höchstdauer angerechnet. Im Bund und im Land NW kann sogar einem Beamten mit Dienstbezügen im familienpolitischen Urlaub Teilzeitbeschäftigung mit weniger als der Hälfte der regelmäßigen Arbeitszeit bis zur Dauer von insgesamt zwölf Jahren bewilligt werden, wenn keine zwingenden dienstlichen Belange entgegenstehen (§ 72a V S. 1 BBG bzw. § 85a III LBG). Weitere Ansprüche ergeben sich aus § 14 II bis VIII LGG. Um effektiven Rechtsschutz zu gewährleisten, kann hier die Vorwegnahme der Hauptsache durch Erlaß einer einstweiligen Anordnung geboten sein, wenn eine bestimmte Regelung (z.B. Beurlaubung zur Pflege eines pflegebedürftigen Angehörigen) kurzfristig schlechterdings notwendig ist, weil die sonst zu erwartenden Nachteile für den Antragsteller unzumutbar wären.[790] Dabei müsse allerdings ein hoher Grad an Wahrscheinlichkeit für einen Erfolg auch in der Hauptsache sprechen.

In Bereichen, in denen wegen der Arbeitsmarktsituation ein außergewöhnlicher Bewerberüberhang besteht und deshalb ein dringendes öffentliches Interesse daran gegeben ist, verstärkt Bewerber im öffentlichen Dienst zu

---

789 OVG Münster, NWVBl 05, 391 (392) = ZBR 05, 393 = RiA 05, 203 (204).
790 OVG Saarlouis, RiA 05, 153 (154).

beschäftigen, kann auf Antrag Urlaub ohne Dienstbezüge bis zur Dauer von insgesamt höchstens sechs Jahren gewährt werden (**arbeitsmarktpolitische Komponente**, §§ 72e I Nr. 1 BBG, 78e I Nr. 1 LBG). Ob die Voraussetzungen vorliegen, muß jeder Dienstherr selbst aufgrund seiner regionalen Verhältnisse entscheiden. Die Möglichkeiten, dieses Urlaubsbegehren abzulehnen, sind größer, denn lediglich **dienstliche Belange**[791] (und gerade keine zwingenden oder dringenden dienstlichen Belange) dürfen nicht entgegenstehen. Darüber hinaus kann unter den soeben genannten Voraussetzungen Urlaub ohne Dienstbezüge nach Vollendung des 55. Lebensjahres auf Antrag bewilligt werden, wobei sich dieser bis zum Beginn des Ruhestandes erstrecken muß (§§ 72e I Nr. 1 BBG, 78e I Nr. 2 LBG). Die rahmenrechtliche Vorgabe des § 44b V S. 1 BRRG gestattete sogar bis zum 31.12.2004 befristet, daß durch Gesetz bestimmt werden kann, diesen Urlaub bereits nach Vollendung des fünfzigsten Lebensjahres zu bewilligen. Entsprechend hatten dies alle Bundesländer bis auf Baden-Württemberg, Hamburg und Sachsen geregelt. Diese Befristung ist in NW mittlerweile aufgehoben worden (§ 78e IV S. 1 LBG).

Beim Urlaub aus arbeitsmarktpolitischen Gründen **muß** sich **der Beamte** sogar verpflichten, während der Dauer des Bewilligungszeitraums **auf die Ausübung genehmigungspflichtiger Nebentätigkeiten gegen Vergütung** zu **verzichten** und Tätigkeiten gemäß § 69 I LBG (§ 66 I BBG) gegen Vergütung ausschließlich in dem Umfang auszuüben, wie er sie bei Vollzeitbeschäftigung ohne Verletzung dienstlicher Pflichten ausüben könnte (§§ 72e II S. 1 BBG, 78e II S. 1 LBG). Derartige Regelungen sind verfassungsgemäß.[792] Anders als durch die Einschränkung von Nebentätigkeiten könnte man ihre arbeitsmarktpolitischen Ziele nicht erreichen.[793]

Eine Rückkehr aus dem Urlaub kann zugelassen werden, wenn dem Beamten die Fortsetzung des Urlaubs nicht zuzumuten ist und keine dienstlichen Belange entgegenstehen (§§ 72e II S. 4 BBG, 78e II S. 3 LBG). Urlaub aus arbeitsmarktpolitischen Gründen darf auch im Zusammenhang mit Urlaub aus familienpolitischen Gründen nicht länger als zwölf Jahre dauern (§§ 72e III S. 1 BBG, 78e III S. 1 LBG), beim Urlaub aufgrund von § 78e I Nr. 2 LBG nicht länger als fünfzehn Jahre (§ 78e IV S. 2 LBG).

Die Normen beziehen sich allgemein nur auf Beamte mit Dienstbezügen. Das sind B.a.L., B.a.Z., B.a.P. sowie diejenigen B.a.W., die nicht im Vorbereitungsdienst stehen und nicht nebenbei beschäftigt werden, also auch keine Ehrenbeamten sind. Es muß sich also um einen Beamten handeln, der dem Grundsatz nach Ansprüche auf Dienstbezüge hat.

Die Entscheidung über den Urlaub ist ein mitwirkungsbedürftiger Verwaltungsakt.[794] Der **Antrag** auf Urlaub **kann** vom Beamten **nicht** mehr wirksam **zurückgenommen werden**, wenn er **positiv beschieden und** ihm

---

791 Definiert in Rn 248.
792 BGH, DÖD 98, 71 (72) = ZBR 00, 66 (67); BVerwG, DÖD 93, 179.
793 BGH, DÖD 98, 71 (72) = ZBR 00, 66 (67); BVerwG, DÖD 93, 179.
794 VGH Mannheim, ZBR 86, 334.

5. Rechte des Beamten

der **Bescheid** bereits **bekanntgegeben** wurde.[795] Der Dienstherr muß schon einige Zeit vor dem Eintritt der Rechtswirkungen, dem Beginn des bewilligten Urlaubszeitraums, im Interesse der Funktionsfähigkeit der Verwaltung personalwirtschaftliche Maßnahmen ergreifen, damit der beurlaubte Beamte ersetzt werden kann.[796] Das gilt unabhängig davon, ob überhaupt und inwieweit im konkreten Einzelfall Vorkehrungen getroffen und ob die Rechtswirkungen des Urlaubs bereits eingetreten sind. Der Antrag auf langfristigen Urlaub ohne Dienstbezüge kann allein mit Zustimmung des Dienstherrn rechtswirksam zurückgenommen werden.[797] Wird der beantragte Urlaub rechtswidrig abgelehnt, verursacht dies nur dann adäquat kausal einen Schaden, wenn bei pflichtgemäßem Verhalten der Urlaub wahrscheinlich (voraussichtlich) hätte genehmigt werden müssen.[798] Hierfür trägt der Kläger die Darlegungs- und Beweislast.

Bei der Ablehnung von Urlaub gemäß §§ 78e oder 85a LBG besteht ein Mitbestimmungsrecht des Personalrats (§ 72 I S. 1 Nr. 13 LPVG). Die Gleichstellungsbeauftragte ist durch Unterrichtung und Anhörung zu beteiligen (§ 18 II S. 1 i.V.m. § 17 I, 2. Hs. Nr. 1 LGG). Sie hat ein Widerspruchsrecht (§ 19 I S. 1, 1. Hs. LGG).

Beamte haben während der Zeit eines Urlaubs ohne Dienstbezüge nach § 85a I Nr. 2 i.V.m. II S. 1 LBG Anspruch auf Leistungen der Krankenfürsorge in entsprechender Anwendung der Beihilferegelungen für Beamte mit Dienstbezügen (§ 85a IV S. 1 LBG). Diese Leistungen sind ausgeschlossen, wenn der Beamte berücksichtigungsfähiger Angehöriger eines Beihilfeberechtigten (§ 2 I Nr. 1 b), 1. Hs. BVO) wird oder Anspruch auf Familienhilfe gemäß § 10 SGB V hat (§ 85a IV S. 2 LBG). Anders als bei der Elternzeit sehen die gesetzlichen Krankenkassen die Voraussetzungen für die Versicherung nach § 10 SGB V bei Beamten als erfüllt an, die sich im Urlaub nach § 85a I Nr. 2 i.V.m. II S. 1 LBG (Urlaub aus familiären Gründen) befinden.

Der Urlaub aus familiären Gründen darf das berufliche Fortkommen nicht beeinträchtigen (§§ 85a V, 78g, 1. Hs. LBG). Eine unterschiedliche Behandlung von Beamten mit gegenüber solchen ohne Urlaub ist lediglich zulässig, wenn zwingende sachliche Gründe sie rechtfertigen (§§ 85a V, 78g, 2. Hs. LBG). Zudem muß man Beamte über die Rechtsfolgen langfristigen Urlaubs belehren (§§ 85a V, 78f LBG). § 78f LBG konkretisiert im dortigen Umfang die beamtenrechtliche Fürsorgepflicht.[799] Hierfür reicht jedoch, dem Beamten die „Hinweise zu Teilzeitbeschäftigung und

---

795 BVerwGE 104, 375 (378) = ZBR 98, 26 (27) = DÖD 98, 33 (34) = DÖV 97, 918 (919) = NVwZ 98, 401 (401 f.); OVG Münster, NWVBl 96, 305 (306 f.).
796 BVerwGE 104, 375 (379) = ZBR 98, 26 (27) = DÖD 98, 33 (35) = DÖV 97, 918 (919) = NVwZ 98, 401; OVG Münster, NWVBl 96, 305 (307).
797 BVerwGE 104, 375 (378 f.) = ZBR 98, 26 (27) = DÖD 98, 33 (34) = DÖV 97, 918 (919) = NVwZ 98, 401.
798 OVG Schleswig, NordÖR 99, 240 (241).
799 Schütz/Maiwald, § 78f LBG, Rn 2; Korn/Tadday, § 78f LBG.

8. Abschnitt: Rechtsstellung des Beamten

Beurlaubung im öffentlichen Dienst, Elternzeit"[800] auszuhändigen. Solange der Beamte beurlaubt ist, wird für ihn keine Planstelle benötigt. Allein die im jeweiligen Haushaltsjahr erforderlichen Stellen sind auszuweisen (§ 6 I S. 1 GemHVO).

Literatur: Eckstein, Die Möglichkeiten von Beurlaubung und Teilzeitbeschäftigung für Beamte in Baden-Württemberg, VBlBW 06, 86.

5.3.2.5 Teilzeitarbeit

246 Teilzeitbeschäftigung ist zu ermöglichen (§ 44 BeamtStG). In NW kann gemäß § 85a LBG oder nach § 78b LBG Teilzeitbeschäftigung bewilligt werden (im Bund aufgrund von § 72a BBG). Allerdings geht das BVerfG in ständiger Rechtsprechung davon aus, daß „nicht die Teilzeitbeschäftigung, sondern die Vollzeitbeschäftigung auf Lebenszeit ... seit jeher das Leitbild und den wesentlichen Strukturinhalt, der das Beamten- und Richterverhältnis kennzeichnet ..., (bildet)".[801] Teilzeitregelungen negieren deshalb rechtlich grundsätzlich das beamtenrechtliche Ideal eines auf Lebenszeit vollzeitbeschäftigten Beamten. Aber auch faktisch hat sich dieser Wandel vollzogen, wenn beispielsweise die Teilzeitquote in der Bundesverwaltung von 4,9% im Jahr 1995 auf 9,5% (1999) und in den Ländern von 11,2% auf 15,3% gestiegen ist. Die Möglichkeiten der Teilzeitbeschäftigung wurden mit Blick auf die gewandelten gesellschaftlichen Verhältnisse und individuellen Lebensbedürfnisse der Beamten unter Neubewertung des hergebrachten Grundsatzes der Hauptberuflichkeit auf Lebenszeit erleichtert und erweitert. Dies soll außerdem den Arbeitsmarkt entlasten (Wunsch nach Neueinstellungen). Während die familienpolitische Teilzeit im Hinblick auf die in Art. 6 I GG besonders geschützte Familie verfassungsrechtlich selbst im Licht der hergebrachten Grundsätze des Berufsbeamtentums (Art. 33 V GG) unproblematisch ist, begegnet die Variante der Einstellungsteilzeit erheblichen rechtlichen Bedenken (dazu später mehr in Rn 247). Sämtliche Stellen einschließlich der Funktionen mit Vorgesetzten- und Leitungsaufgaben sind zur Besetzung ebenfalls in Teilzeit auszuschreiben, soweit keine zwingenden dienstlichen Belange entgegenstehen (§ 8 VI LGG). Beim Wechsel von der Vollzeit- zur Teilzeitbeschäftigung (und umgekehrt) kann kein Anspruch auf Beibehaltung eines bestimmten konkret-funktionellen Amtes hergeleitet werden, und zwar auch nicht aus dem Benachteiligungsverbot des § 78g LBG.

Die Normen unterscheiden sich hinsichtlich ihrer Voraussetzungen erheblich.

---

800 Gem. RdErl IM u. FM v. 31.1.04, SMBl NW 203033. Zu den Hinweispflichten bei Anträgen auf Teilzeitbeschäftigung oder auf langfristige Beurlaubung vgl. zudem OVG Münster, DÖD 03, 146. Die allgemeine Fürsorgepflicht gebiete nicht, den Beamten auf eine möglichst lange Ausnutzung der Möglichkeiten zur Inanspruchnahme einer Beurlaubung unter Berücksichtigung der individuellen Lebensumstände hinzuweisen.
801 BVerfGE 71, 39 (59 f.); 55, 207 (240) = DVBl 81, 450 (453 f.) = NJW 81, 971 (975); 44, 249 (262 f.) = NJW 77, 1869 (1870).

5. Rechte des Beamten

§ 85a I Nr. 1 LBG (§ 72a IV S. 1 Nr. 1 BBG) bietet die Möglichkeit zur **Teilzeitbeschäftigung aus familiären Gründen.** Einem Beamten mit Dienstbezügen ist danach auf Antrag Teilzeitbeschäftigung in der Weise zu gestatten, daß die Arbeitszeit bis auf die Hälfte der regelmäßigen Arbeitszeit ermäßigt wird, wenn er mindestens ein Kind unter 18 Jahren oder einen pflegebedürftigen sonstigen Angehörigen tatsächlich betreut oder pflegt. Man muß Teilzeitbeschäftigung bewilligen, wenn **zwingende dienstliche Belange** nicht entgegenstehen. Es bestehen gewisse Einschränkungen, Nebentätigkeiten auszuüben (§ 68a LBG; Rn 223). Bei der familienpolitischen Teilzeitbeschäftigung gibt es mittlerweile in NW (anders als im Bund) eine gesetzliche Höchstdauer von fünf Jahren mit der Möglichkeit der Verlängerung.

§ 78b I LBG (§ 72a I BBG) regelt die **voraussetzungslose Antragsteilzeit**. Sie ist mit den hergebrachten Grundsätzen des Berufsbeamtentums zu vereinbaren, weil der Gesetzgeber einen hier nicht überschrittenen Raum zur Fortentwicklung des Beamtenrechts im Rahmen des gegenwärtigen Staatslebens hat.[802] Anders als bei der Teilzeitbeschäftigung aus familiären Gründen muß überhaupt kein Grund für eine Teilzeitbeschäftigung vorliegen. Beamten mit Dienstbezügen kann auf freiwilligen Antrag Teilzeitbeschäftigung bis auf die Hälfte der regelmäßigen Arbeitszeit und bis zur jeweils beantragten Dauer ohne zeitliche Höchstgrenze gestattet werden, wenn keine **dienstlichen Belange** entgegenstehen. Allerdings sieht § 78b II LBG (§ 72a II S. 3 BBG) vor, daß für die Genehmigung von Nebentätigkeiten die zeitliche Grenze des § 68 II S. 3 LBG (§ 65 II S. 4 BBG) mit der Maßgabe gilt, daß von der regelmäßigen wöchentlichen Arbeitszeit ohne Rücksicht auf die Bewilligung von Teilzeitbeschäftigung auszugehen ist (Rn 223). Eine zeitlich befristet bewilligte Teilzeitbeschäftigung wird nicht durch einen in diesem Zeitraum begonnenen Erziehungsurlaub unterbrochen oder verlängert.[803] Im Bund und in einigen Bundesländern (nicht jedoch in NW) gibt es die Besonderheit, daß die Bewilligung von Teilzeitbeschäftigung zu widerrufen ist, falls die Verpflichtung des § 72a II S. 3 BBG verletzt wird (§ 72a II S. 4 BBG). Diese Regelung ist rechtspolitisch verfehlt. Durch einen Verstoß gegen die zeitlichen Grenzen für Nebentätigkeiten könnten nämlich Beamte eine Rückkehr zur Vollbeschäftigung erreichen, die ihnen aufgrund der einschränkenden Normierung des § 72a III S. 2 BBG sonst verwehrt bliebe. Richtige beamtenrechtliche Reaktion wäre in diesem Fall die Einleitung eines Disziplinarverfahrens und die Weisung, die Nebentätigkeit auf ein zeitlich zulässiges Maß zu reduzieren; keinesfalls sollten Dienstherren § 72a II S. 4 BBG anwenden, wenn sie nicht ohnehin wollen, daß der Beamte wieder vollbeschäftigt wird.

Die §§ 85a I Nr. 1, 78b I LBG (§ 72a IV S. 1 Nr. 1, I BBG) sprechen davon, daß die Arbeitszeit „bis auf die Hälfte" der regelmäßigen Arbeitszeit er-

---

[802] VGH Mannheim, BWGZ 03, 808 (809); Franke, in dies./Summer/Weiß, Öffentliches Dienstrecht im Wandel, FS für Walther Fürst, 2002, 101 (108 ff.).
[803] VG Karlsruhe, NVwZ-RR 04, 278 (279).

mäßigt wird. Diese Formulierung bedeutet, daß eine halbe Stelle die Untergrenze für Teilzeitbeschäftigung ist und nicht denknotwendig „halbe Arbeit". Die regelmäßige Arbeitszeit kann vielmehr auch um ein Drittel, ein Viertel oder einen sonstigen über der Hälfte liegenden Zeitraum reduziert werden.[804] Im **Bund und im Land NW** kann sogar einem Beamten mit Dienstbezügen im familienpolitischen Urlaub oder in der Elternzeit **Teilzeitbeschäftigung mit weniger als der Hälfte der regelmäßigen Arbeitszeit** bis zur Dauer von insgesamt zwölf Jahren bewilligt werden, wenn keine zwingenden dienstlichen Belange entgegenstehen (§ 72a V S. 1 BBG bzw. § 85a III LBG). Dauerurlaub (§ 72a IV S. 1 Nr. 2 BBG) wird auf die zwölf Jahre angerechnet (§ 72a V S. 2 BBG), nicht aber Zeiten einer voraussetzungslosen Teilzeitbeschäftigung (§ 72a IV S. 1 Nr. 1 BBG)[805] und auch nicht maximal drei Jahre Elternzeit (pro Kind). Bloß die Bundesländer Baden-Württemberg, Niedersachsen und Saarland haben keine unterhälftige familienpolitische Teilzeit eingeführt.

Weiterhin kann man die Teilzeitarbeitsregelungen nutzen, um ein **Sabbatjahr** anzusparen. Das Sabbatical ist eine ungleichmäßig verteilte Teilzeitbeschäftigung, wobei dem Beamten gestattet wird, auf die Dauer von drei bis sieben Jahren die Arbeitszeit auf zwei Drittel bis sechs Siebtel der regelmäßigen Arbeitszeit mit der Maßgabe zu ermäßigen, daß er zwei bis sechs Jahre voll beschäftigt und anschließend ein ganzes Jahr voll vom Dienst freigestellt wird (§ 78b IV S. 1 LBG). Diese Regelung gilt entsprechend, wenn die angestrebte volle Freistellung weniger als ein Jahr betragen soll (§ 78b IV S. 2, 1. Alt. LBG). „Anschließend" bedeutet, daß die Freistellung direkt nach der Vollbeschäftigung und nicht erst später angetreten werden muß. Der heute 47jährige, der ein ganzes Jahr gespart hat, darf die Freistellung also nicht erst nach 15 Jahren antreten, um z.B. die Antragsaltersgrenze vorzuverlegen. Während des Sabbatjahres kann der Beamte befördert werden. Er hat zudem einen Beihilfeanspruch (Rn 245).

Schließlich gestatten Bund und Länder (mit Ausnahme der Bundesländer Baden-Württemberg, Mecklenburg-Vorpommern und Saarland) **Altersteilzeit** (§§ 72b BBG, 78d LBG, Art. 80d BayBG). Sie macht in der Bundesverwaltung bereits 26,6% der Teilzeitquote von 9,5% aus. In den Ländern beträgt sie lediglich 2,7% von 15,3%, weil die Ermächtigungsnormen später eingeführt wurden. Die Tendenz ist allerdings ebenfalls dort steigend. Insgesamt nutzen 19% der Beamten im Alter von 55 Jahren oder älter die Altersteilzeit[806]; 2004 waren es bereits 21%[807]. Damit haben Dienstherren ein verfassungskonformes[808] Personalsteuerungsinstrument erhalten, durch das eigene arbeitsmarktpolitische Beiträge möglich sind. Man kann hierdurch Impulse geben, um die Arbeitsmarkt- und insbesondere die Ausbildungsplatzsituation zu verbessern. Allerdings be-

---

804 Korn/Tadday, § 85a LBG, Anm 5.
805 Battis, § 72a BBG, Rn 28.
806 Pressemitteilung des Statistischen Bundesamts v. 23.7.04, 314/04.
807 Pressemitteilung des Statistischen Bundesamts v. 2.12.05, 505/05.
808 Battis, § 72b BBG, Rn 3.

5. Rechte des Beamten

kommen Dienstherren – anders als im Angestellten- und Arbeiterbereich – keine Zuschüsse, wenn sie eine Beamten-Altersteilzeitstelle wiederbesetzen.

Im einzelnen sind folgende **Voraussetzungen** zu erfüllen: Einem Beamten mit Dienstbezügen kann auf seinen Antrag, der sich auf die Zeit bis zum Beginn des Ruhestandes erstrecken muß, Teilzeitbeschäftigung als Altersteilzeit mit der Hälfte der in den letzten fünf Jahren vor Beginn der Arbeitszeit durchschnittlich zu leistenden Arbeitszeit bewilligt werden, wenn er

– das fünfundfünfzigste Lebensjahr vollendet hat,
– die Altersteilzeitbeschäftigung vor dem 1.1.2010 beginnt und
– dringende dienstliche Belange nicht entgegenstehen (§ 78d I S. 1 LBG).

Im Bund und in anderen Bundesländern (z.B. Bremen) besteht – anders als in NW – ab vollendetem 60. Lebensjahr sogar ein Anspruch auf Altersteilzeit (§§ 72b II BBG, 71b I BremBG). Altersteilzeit kann ein reines **Teilzeitmodell** (§§ 72b I S. 1 BBG, 78d I S. 1 LBG) sein. Sie kann zudem in der Weise bewilligt werden, daß der Beamte die bis zum Beginn des Ruhestandes zu erbringende Dienstleistung vollständig und vorab leistet und anschließend voll vom Dienst freigestellt wird (sog. **Blockmodell**, § 72b I S. 1 BBG i.V.m. § 2a S. 1 ATZV; § 78d II S. 1 LBG). Wichtig ist, daß die Freistellung am Ende liegen und sich bis zum Beginn des Ruhestands erstrecken muß. Der Beamte hat somit keine Rückkehrmöglichkeit. Die grundsätzlich eröffnete Wahlfreiheit, ob die Teilzeitbeschäftigung bis zum Ruhestand gleichmäßig oder im Blockmodell geleistet wird, ist allerdings eingeschränkt. Altersteilzeitbeschäftigung mit weniger als der Hälfte der regelmäßigen Arbeitszeit soll allein im Blockmodell bewilligt werden (§ 78d II S. 2, 1. Hs. LBG). Dabei muß der Beamte in der Phase der vorab zu erbringenden Dienstleistung mit mindestens der Hälfte der regelmäßigen Arbeitszeit, bei der unterhälftigen Teilzeitbeschäftigung während eines Urlaubs aus familienpolitischen Gründen (§ 85a III LBG) im Umfang der bisherigen Teilzeitbeschäftigung, Dienst leisten (§ 78d II S. 2, 2. Hs. LBG).

§ 78d I S. 1, II S. 1 LBG (§ 72b I S. 1, II BBG) bezieht sich auf keinen bestimmten Ruhestand, so daß darunter sowohl die gesetzliche Altersgrenze (§§ 41 I S. 1 BBG, 44 I S. 1, 2, 192 I, 195 IV S. 1, X, 197 III S. 1, 198 I LBG; Rn 287) als auch die Antragsaltersgrenze (§§ 42 IV BBG, 45 IV S. 1, 192 IV, 198 III LBG) verstanden werden kann.[809] Anders ist es in Bayern, wo vom Gesetzgeber eine Kombination von Altersteilzeit im Blockmodell und Antragsaltersgrenze ausgeschlossen wurde, hingegen eine solche mit Altersteilzeit im Teilzeitmodell gestattet ist. Diese Differenzierung verstößt nicht gegen die Bayerische Verfassung.[810]

---

[809] Battis, § 72b BBG, Rn 5.
[810] BayVerfGH, BayVBl 03, 14 (15 f.) = DVBl 02, 1637 (1638 f.) = ZBR 02, 429 (430 f.).

8. Abschnitt: Rechtsstellung des Beamten

Beispiele: Ein 55 jähriger Beamter beantragt zehn Jahre Altersteilzeit im Blockmodell. Dann muß er fünf Jahre vollen Dienst leisten (von 55 bis 60) und ist danach für fünf Jahre bis zum Beginn des gesetzlichen Ruhestands vollständig von der Dienstleistungspflicht befreit (von 60 bis 65).

Ein 57 jähriger Beamter beantragt sechs Jahre Altersteilzeit im Blockmodell. Er hat drei Jahre vollen Dienst zu leisten (von 57 bis 60) und ist danach für drei Jahre bis zum Beginn seines Ruhestands in Form der Antragsaltersgrenze vollständig von der Dienstleistungspflicht befreit (von 60 bis 63).

Ob **dringende dienstliche Belange** entgegenstehen, ist anhand der in Rn 248 gefundenen Definition zu entscheiden und damit regelmäßig zu verneinen. Hierbei handelt es sich um einen unbestimmten Rechtsbegriff ohne Beurteilungsspielraum für den Dienstherrn. Er unterliegt somit der vollen gerichtlichen Überprüfung.[811] Altersteilzeit gefährdet allerdings grundsätzlich nicht die Funktionsfähigkeit der Verwaltung. Dies wäre anders, wenn es die angespannte Haushaltslage nicht gestattete, die durch Altersteilzeit freiwerdenden Beamtenstellen nachzubesetzen.[812] Es ist nicht fehlerhaft, wenn man aus sachlichen Gründen (z.B. schlechte Finanzlage, Kostenneutralität [insbesondere bei Kommunen mit Haushaltssicherungskonzept] oder aus Erfordernissen der Unterrichtsversorgung[813]) Anträge auf Altersteilzeit ablehnt.

Liegen sämtliche Voraussetzungen (§ 72b I S. 1 BBG bzw. § 78d I S. 1 LBG) vor, muß der Dienstherr ermessensfehlerfrei („kann") über den Antrag entscheiden. Das (weite[814]) **Ermessen** wird nur dann korrekt ausgeübt, wenn man die Entscheidung begründet und die Gesichtspunkte sachgerecht und nicht willkürlich sind. Hat man keine entgegenstehenden dringenden dienstlichen Belange vorgebracht, darf dieser Aspekt beim Ermessen nicht mehr berücksichtigt werden.[815] Anders ausgedrückt: Hier wäre für die Entscheidung, ob einem Beamten *überhaupt* Altersteilzeit bewilligt werden soll, kein Raum. Ermessen hat der Dienstherr jedoch regelmäßig hinsichtlich der Modalitäten der Bewilligung (Block- oder Teilzeitmodell, Verteilung der Dienstzeit beim Teilzeitmodell auf bestimmte

---

[811] BVerwG, DVBl 04, 1375 (1376) = NVwZ-RR 04, 863 = ZBR 04, 393 = E 120, 382 (384) = RiA 05, 28 (29); ZBR 05, 88 = DÖD 05, 84 = RiA 05, 99 (100); OVG Schleswig, NordÖR 03, 315 (317), als Vorinstanz; OVG Münster, NWVBl 05, 375 (376). Allerdings unterlägen die verwaltungspolitischen Entscheidungen des Dienstherrn, mit denen er in Ausübung seines Organisationsrechts die dienstlichen Belange maßgebend prägt, nur beschränkter gerichtlicher Überprüfung; VG Weimar, ThürVBl 03, 231.

[812] BVerwG, StGR 7-8/04, 30 = DVBl 04, 1375 (1376) = NVwZ-RR 04, 863 = ZBR 04, 393 (394) = E 120, 382 (385 f.) = RiA 05, 28 (29); ZBR 05, 88 (88 f.) = DÖD 05, 84 (85) = RiA 05, 99 (101); OVG Schleswig, NordÖR 03, 315 (318), als Vorinstanz; VG Potsdam, NVwZ-RR 04, 277 (278). Nach der Entscheidung des BVerwG ist die Entscheidung der schleswig-holsteinischen Landesregierung, die Altersteilzeit in der unmittelbaren Landesverwaltung weitgehend auszusetzen, vom Gesetz gedeckt. Ähnliches praktiziert die nordrhein-westfälische Landesregierung, welche die Altersteilzeitregelungen bei Landesbeamten weitestgehend nicht mehr anwendet.

[813] OVG Lüneburg, DÖD 05, 168 (169) = NordÖR 04, 301 (302) = NdsVBl 04, 241 (242).

[814] VG Weimar, ThürVBl 03, 231 (233).

[815] Battis, § 72b BBG, Rn 9.

5. Rechte des Beamten

Tage oder Zeiträume etc.).[816] Innerhalb des Ermessens läge auch, eine bestimmte Mindestdauer (z.B. ein Jahr) zwischen dem Zeitpunkt der Antragstellung und dem Beginn des Ruhestandes zu verlangen, damit sich der Dienstherr organisatorisch darauf einstellen kann. Ermessensfehlerhaft wären beispielsweise Aspekte, die von persönlichen Animositäten geprägt sind. Eine Ermessensreduzierung auf Null, Altersteilzeit gewähren zu müssen, liegt allein bei einer Selbstbindung der Verwaltung durch entsprechende Verwaltungspraxis vor. Eine solche Verwaltungspraxis kann jedoch für die Zukunft geändert werden.[817] Der Antrag ist allein für die Zukunft zulässig; eine rückwirkende Beantragung von Altersteilzeit ist denknotwendig ausgeschlossen. Für den kommunalen Dienstherrn handelt bei dieser beamtenrechtlichen Entscheidung der Bürgermeister bzw. Landrat (§ 74 I S. 2 GO/§ 49 II S. 2 KrO), es sei denn, die Hauptsatzung regelt es anders.

Die oberste Dienstbehörde kann **von der Anwendung der Altersteilzeitregelung ganz absehen oder sie** auf bestimmte Verwaltungsbereiche (z.B. nichttechnischer Dienst, Feuerwehr etc.) oder Beamtengruppen (beispielsweise gehobener Dienst, höherer Dienst, alle Beamten außer B.a.Z.) **beschränken** (§ 78d III S. 1 LBG; im Bund nicht zulässig). Insofern ist der generelle Ausschluß von Lehrern vor Vollendung des 59. Lebensjahres als eine dahinter zurückbleibende Limitierung nicht zu beanstanden.[818] Des weiteren kann die oberste Dienstbehörde allgemein oder für bestimmte Verwaltungsbereiche oder Beamtengruppen vorschreiben, daß Altersteilzeit ausschließlich im Blockmodell oder in einem bestimmten Umfang bewilligt werden darf (§ 78d III S. 2 LBG; im Bund besteht keine derartige Möglichkeit). Eine solche Entscheidung wirkt immer nur für den betreffenden Dienstherrn. Sie ist Ausdruck des Organisationsermessens und kann von Gerichten lediglich eingeschränkt überprüft werden.[819] Sollte beispielsweise das Land die Altersteilzeitregelungen nicht anwenden, bedeutet dies keinesfalls, daß nunmehr auch andere Dienstherren (z.B. Städte und Gemeinden) gehindert sind, Altersteilzeit zu gewähren. Gegen die Kompetenz des § 78d III LBG werden erhebliche verfassungsrechtliche Bedenken aus dem Aspekt der Wesentlichkeitstheorie (Rn 15, 60, 196) und des Vorbehalts des Gesetzes geäußert.[820] Die zugelassenen Ausnahmen oder das Absehen von einer Anwendung überhaupt seien an keinerlei tatbestandliche Voraussetzungen geknüpft und überließen die Normanwendung der Exekutive.[821] Dies sei jedoch verfassungsrechtlich

---

816 Battis, § 72b BBG, Rn 9.
817 OVG Lüneburg, DÖD 05, 168 (169) = NordÖR 04, 301 (302) = NdsVBl 04, 241 (242).
818 OVG Münster, NVwZ-RR 05, 53.
819 OVG Koblenz, NVwZ 02, 495 (496) = DÖD 02, 158 (159) = RiA 02, 252 (253): Überprüfung allein darauf, ob sich ein Mißbrauch des Organisationsermessens aufdrängt oder ob man der Maßnahme die objektive Zwecktauglichkeit absprechen kann.
820 OVG Schleswig, NordÖR 03, 315 (316 f.). Keine derartigen Probleme hat Franke, in dies./Summer/Weiß, Öffentliches Dienstrecht im Wandel, FS für Walther Fürst, 2002, 101 (113).
821 OVG Schleswig, NordÖR 03, 315 (316).

unzulässig. Zudem fordere § 44a BRRG, die Teilzeitbeschäftigung für Beamte durch *Gesetz* zu regeln[822] und nicht nur aufgrund eines Gesetzes. Es spricht viel dafür, daß § 78d III LBG nichtig ist, und der Gesetzgeber die wesentlichen Fragen der Altersteilzeit durch Gesetz regeln muß.[823]

Für die grundsätzlichen Entscheidungen im Rahmen von § 78d III LBG ist im Kommunalbereich der Rat (§ 3 I S. 1 Nr. 2 LBG i.V.m. § 40 II S. 1 GO) bzw. der Kreistag (§ 3 I S. 1 Nr. 2 LBG i.V.m. § 25 I KrO) in der Eigenschaft als oberste Dienstbehörde zuständig. Erforderlich ist ein für die Zukunft wirkender Beschluß, die Möglichkeiten des § 78d LBG nicht zu nutzen oder sie zu beschränken. Hierin liegt die Freiheit der Dienstherren. Diese kann wegen des darin zum Ausdruck kommenden Organisationsermessens gerichtlich bloß beschränkt (auf Mißbrauch und objektive Zweckuntauglichkeit) überprüft werden.[824] Es erscheint nicht mißbräuchlich oder objektiv zweckuntauglich, den Begriff „Beamtengruppe" nicht allein i.S.v. Laufbahngruppe, sondern weiter zu interpretieren. Auch alle Beamten, die beispielsweise das 60. Lebensjahr vollendet haben, gehören in diesem Sinne einer bestimmten Beamtengruppe, nämlich den Beamten über 60 an. Des weiteren sind finanzielle Gründe sachliche Aspekte. Wenn der Dienstherr bereits die Freiheit hat, von der Altersteilzeitregelung ganz abzusehen (§ 78d III S. 1 LBG), stellt eine aus fiskalischen Gesichtspunkten gerechtfertigte teilweise Anwendung der Regelung ab einem bestimmten Lebensalter keinen Mißbrauch dar. Sie ist zudem objektiv im Vergleich zur vollständigen Freigabe geeignet, die finanziellen Belastungen zu minimieren.

Solange kein solches Votum gefaßt wird, dürfen Beamte Altersteilzeit beantragen. Hierüber ist unter den Voraussetzungen des § 78d I S. 1 LBG zu entscheiden. Für die Zukunft tritt kein Vertrauenstatbestand aufgrund bereits in der Vergangenheit genehmigter Anträge ein. Ein anderer Beamter hat kein schützenswertes Vertrauen, daß die Rechtslage für alle Zeit unverändert bleibt.

Die Frage, ob genehmigte Altersteilzeitverhältnisse geändert werden können bzw. müssen, ist differenziert zu beantworten: Zunächst ist festzuhalten, daß eine antragsgemäß bewilligte Altersteilzeit nicht mehr ohne die Zustimmung des Dienstherrn zurückgenommen werden kann.[825] Weiterhin sind Abweichungen vom Umfang grundsätzlich unzulässig.[826] Der Beamte, dem Altersteilzeitbeschäftigung gewährt wird, übt eine Teilzeit-

---

[822] OVG Schleswig, NordÖR 03, 315 (317).
[823] A.A. BVerwG, DVBl 04, 1375 (1377) = NVwZ-RR 04, 863 (864) = ZBR 04, 393 (394) = E 120, 382 (386 f.) = RiA 05, 28 (30); ZBR 05, 88 (89) = DÖD 05, 84 (86) = RiA 05, 99 (100), wonach lediglich der Erlaß einer Rechtsverordnung und die komplette Nichtanwendung der Norm im gesamten Anwendungsbereich des Landesrechts von keiner Ermächtigung gedeckt seien, nicht jedoch der Erlaß ermessensleitender Richtlinien, um eine gleichmäßige Ausübung des Ermessens sicherzustellen.
[824] OVG Koblenz, DÖV 02, 169.
[825] OVG Bremen, NordÖR 04, 78.
[826] Korn/Tadday, § 78d LBG, Anm 1.1.

5. Rechte des Beamten

beschäftigung mit der Hälfte der regelmäßigen Arbeitszeit aus. Hingegen spielt es juristisch keine Rolle, wenn sich während einer bewilligten Altersteilzeit das zu leistende Arbeitszeitvolumen ändert (z.B. Erhöhung der wöchentlichen Dienstzeit von 38,5 auf 40 Stunden). Die erhöhte Wochenarbeitszeit gilt für Beamte, die sich in der Arbeitsphase befinden, automatisch entsprechend. Für Beamte in der Freistellungsphase ist sie hingegen ohne Belang.[827] Lediglich in analoger Anwendung des § 78b III S. 2 LBG können bei vom Beamten nachzuweisender Unzumutbarkeit Änderungen im Umfang oder eine Rückkehr zur Vollzeitbeschäftigung erfolgen, sofern keine dienstlichen Belange entgegenstehen (Rn 248).[828] Hingegen darf man die Anspruchsgrundlage für den Ruhestand (von der gesetzlichen Altersgrenze hin zur Antragsaltersgrenze oder innerhalb der Antragsaltersgrenze von 63 Jahre auf 60 Jahre bei Schwerbehinderten) nachträglich wechseln, sofern dadurch – bezogen auf die dann verkürzte Gesamtdauer der Altersteilzeit – der gesetzlich festgelegte Umfang der Teilzeitbeschäftigung (die Hälfte der regelmäßigen Arbeitszeit) nicht geändert wird.[829] Dem umgekehrten Fall (von der Antragsaltersgrenze hin zur gesetzlichen Altersgrenze) dürften regelmäßig dienstliche Belange entgegenstehen.[830] Der Dienstherr wird sich in seiner Personalplanung auf das frühere Ausscheiden des Beamten eingestellt haben.

Besoldungsrechtlich bekommen Beamte unabhängig von der Form der Altersteilzeit während des gesamten Zeitraums entsprechend der Verminderung der Arbeitszeit die Hälfte der bisherigen Bezüge. Daneben wird ein Zuschlag gezahlt, durch den das Gehalt auf 83%[831] der Nettobesoldung eines vollzeitbeschäftigten Beamten aufgestockt wird (§ 6 II BBesG i.V.m § 2 I S. 1 ATZV).

Der Altersteilzeitzuschlag wird errechnet aus der Differenz zwischen 83% der Nettobesoldung, die nach der bisherigen Arbeitszeit zustehen würde (fiktive Nettobesoldung), und der Nettobesoldung, die sich nach § 6 I BBesG ergibt (§ 2 I ATZV). Der Altersteilzeitzuschlag berechnet sich folgendermaßen: Zunächst ist die fiktive bisherige Nettobesoldung zu ermitteln, von der 83% gezahlt werden. Basis hierfür ist die Bruttobesoldung; § 2 II ATZV enthält hierzu eine abschließende Definition. Brutto- und Nettobesoldung im Sinne des § 2 I ATZV sind das Grundgehalt, der Familienzuschlag, Amtszulagen, Stellenzulagen sowie die jährlichen Sonderzahlungen. Zur Ermittlung der Nettobesoldung ist die Bruttobesoldung um die Lohnsteuer entsprechend der individuellen Steuerklasse, den Solidaritätszuschlag und um einen Abzug von 8% der Lohnsteuer (Kirchensteuerhebesatz) zu vermindern (§ 2 I S. 2, 1. Hs. ATZV) und zwar ohne

---

827 So auch die nw Übergangsregelung in Art. 7, § 8 des Zehnten Gesetzes zur Änderung dienstrechtlicher Vorschriften.
828 Korn/Tadday, § 78d LBG, Anm 1.1.
829 Korn/Tadday, § 78d LBG, Anm 2.2.
830 Korn/Tadday, § 78d LBG, Anm 2.2.
831 In Einzelfällen sogar auf 88% (§§ 6 II S. 3 BBesG, 2 IV ATZV).

8. Abschnitt: Rechtsstellung des Beamten

Rücksicht darauf, ob der Beamte kirchensteuerpflichtig ist.[832] Auf der Lohnsteuerkarte eingetragene Freibeträge und sonstige individuelle steuerliche Merkmale werden bei der Berechnung der fiktiven Nettobesoldung nicht berücksichtigt (§ 2 I S. 2, 2. Hs. ATZV). In einem zweiten Schritt ist die Nettobesoldung zu errechnen, die sich aus dem Umfang der Teilzeitbeschäftigung ergibt. Im Unterschied zur fiktiven bisherigen Nettobesoldung wird bei der Ermittlung der arbeitsanteiligen Nettobesoldung das Teilzeitbrutto (§ 6 I BBesG) vermindert um die individuellen gesetzlichen Abzüge (Lohnsteuer entsprechend der auf der vorgelegten Lohnsteuerkarte eingetragenen Steuerklasse, Solidaritätszuschlag und ggf. Kirchensteuer, wenn der Beamte tatsächlich einer kirchensteuerberechtigten Religionsgemeinschaft angehört). Auch auf der Lohnsteuerkarte eingetragene Freibeträge sind zu berücksichtigen. Bei der Ermittlung der Teilzeit-Nettobesoldung bleibt die steuerliche Mehrbelastung aufgrund des Progressionsvorbehalts des § 32b EStG unberücksichtigt.[833] In einem dritten Schritt ist nun der Altersteilzeitzuschlag als Differenz zwischen 83% der fiktiven Nettobesoldung und der arbeitsanteiligen Nettobesoldung, die sich aus § 6 I BBesG ergibt, zu errechnen. Die vermögenswirksamen Leistungen des Dienstherrn werden – wie bei anderen Teilzeitbeschäftigten – stets nur zur Hälfte gewährt. Bei der Berechnung des Altersteilzeitzuschlages bleiben sie sowohl bei der fiktiven Nettobesoldung als auch bei der Nettoteilzeitbesoldung unberücksichtigt, während sie bei der Zahlung der Nettoteilzeitbezüge berücksichtigt werden. Der Altersteilzeitzuschlag ist steuerfrei (§ 3 Nr. 28 EStG), unterliegt aber dem Progressionsvorbehalt (§ 32b I Nr. 2g EStG). Das bedeutet, daß der steuerfreie Altersteilzeitzuschlag beim Jahressteuersatz berücksichtigt wird. Durch den Altersteilzeitzuschlag erhöht sich das zu versteuernde Einkommen und folglich der individuelle Steuersatz. Im Ergebnis wird der Altersteilzeitzuschlag in der Regel dazu führen, daß Steuern nachgezahlt werden müssen.

Versorgungsrechtlich rechnet die Zeit zu 90% (§ 6 I S. 3, 2. Hs. BeamtVG) und nicht bloß zu 50%. Nebentätigkeiten während der Altersteilzeit, auch in der Freistellungsphase, sind im üblichen Umfang und unter den sonst geltenden Voraussetzungen zulässig (§§ 72b III BBG, 78d I S. 3 LBG). Zur Frage, wie der Urlaubsanspruch in dem Jahr, in dem der Beamte in die Freistellungsphase eintritt, berechnet wird, nimmt das VG Weimar[834] Stellung.

§ 78d LBG äußert sich ebenso wie § 72b BBG nicht dazu, wie in **„Störungs"fälle**n (Tod, längere Krankheit, Dienstunfähigkeit, Entlassung, Beendigung des Dienstverhältnisses) zu verfahren ist. § 6 II S. 4, 1. Alt. BBesG i.V.m. § 2a S. 1 ATZV regelt ausschließlich den Fall, daß das

---

832 BVerwG, DÖV 02, 781 (782) = NVwZ-RR 02, 590 (590 f.) = DÖD 02, 253 = RiA 03, 186 (187) = ZBR 02, 322 (323) = IÖD 02, 198 (199 f.).
833 BVerwG, DÖV 02, 781 = NVwZ-RR 02, 590 = DÖD 02, 253 = RiA 03, 186 (187) = ZBR 02, 322 (323) = IÖD 02, 198 (199).
834 LKV 03, 245 (245 f.) = ThürVBl 02, 167 (167 ff.).

5. Rechte des Beamten

Blockmodell vorzeitig endet und die insgesamt gezahlten Altersteilzeitbezüge geringer sind als die Besoldung, die nach der tatsächlichen Beschäftigung zugestanden hätte. Lediglich dann ist ein Ausgleich in Höhe des Unterschiedsbetrages zu gewähren. Dabei bleiben Zeiten ohne Dienstleistung in der Arbeitsphase, soweit sie sechs Monate überschreiten, unberücksichtigt (§ 2a S. 2 ATZV). Hier hat der Beamte selbst dann einen Anspruch für höchstens sechs Monate, wenn er in der Arbeitsphase überhaupt keinen Dienst geleistet hat.[835] Für diese Zeitspanne übernehme der Dienstherr als „Rechtswohltat"[836] das vollständige Risiko eines unplanmäßigen Verlaufs der Altersteilzeit.

Weitere Störfälle sind nicht geregelt. Geld oder geldwerte Leistungen dürfen Beamten jedoch nur auf gesetzlicher Grundlage gewährt werden (§ 2 I, II S. 1 BBesG). Insofern besteht keine rechtliche Kompetenz, entsprechende Fallgestaltungen bei der Altersteilzeit durch Erlaß[837] zu regeln. Derartige Normierungen sind juristisch nichtig und rechtspolitisch nicht erforderlich. Das Beamtenverhältnis ist ein Dienst- und Treueverhältnis, bei dem definitionsgemäß keine Leistungen und Gegenleistungen ausgetauscht werden. Deshalb liegt ein etwaiges Risiko allein in der Sphäre desjenigen, bei dem es auftritt. Über den Fall des § 6 II S. 4, 1. Alt. BBesG i.V.m. § 2a S. 1, 2 ATZV hinausgehende Störungen in der Arbeitsphase trägt der Beamte allein.[838] Hat er weiterhin im Blockmodell bereits die bis zum Beginn des Ruhestands zu erbringende Dienstleistung vollständig und vorab geleistet, gehen Beeinträchtigungen in der Freistellungsphase ohne Ausgleich ebenfalls zu seinen Lasten. Selbst die Fürsorgepflicht gebietet keine andere rechtliche Beurteilung, da sie mit § 2a S. 1, 2 ATZV bereits hinreichend konkretisiert worden ist.[839] Allerdings bleibt abweichendes Landesrecht unberührt (§§ 6 II S. 4, 2. Alt. BBesG, 2a S. 3 ATZV). Deshalb ist es in den Bundesländern anders, die – wie Bayern[840] (Art. 80d II S. 2 BayBG) – für Störungsfälle gesetzliche Ausgleichsregelungen geschaffen haben. Danach muß man im Blockmodell einen besoldungsrechtlichen Ausgleich vornehmen. Dieser führt im Ergebnis dazu, daß der Beamte wegen Wegfalls der Geschäftsgrundlage den erhaltenen Altersteilzeitzuschlag verliert, jedoch die tatsächliche Dienstzeit vergütet erhält. Im Blockmodell arbeite der Beamte seine Arbeitszeit im voraus herein und übererfülle sie um 100%. Er trage dabei das Risiko, dies später noch durch die Freistellungsphase kompensieren

---

835 BVerwG, DÖV 03, 461 (462) = NVwZ-RR 03, 371 = ZBR 03, 248 (249) = DÖD 03, 89 (89 f.) = PersV 03, 386 (387). Zum Berechnungsmodus vgl. OVG Koblenz, DÖD 05, 15 (15 f.) = NVwZ-RR 05, 50 (50 f.).
836 OVG Koblenz, DÖD 05, 15 (16) = NVwZ-RR 05, 50 (51).
837 Z.B. der sog. „Störungsfall-Erlaß" des FM.
838 OVG Koblenz, DÖD 05, 15 (16) = NVwZ-RR 05, 50: Realisierung des allgemeinen Lebensrisikos, vergleichbar der Situation, daß ein Beamter „kurz vor Erreichen der Altersgrenze stirbt und damit gar nicht mehr in den Genuß von Versorgungsbezügen kommt, die er sich während seines langen Erwerbslebens an sich ‚erdient' hatte".
839 BVerwG, DÖV 03, 461 (462) = NVwZ-RR 03, 371 (371 f.) = ZBR 03, 248 (249) = DÖD 03, 89 (90) = PersV 03, 386 (387).
840 Oder Sachsen; Wagner, LKV 03, 105 (107).

8. Abschnitt: Rechtsstellung des Beamten

zu können. Im Teilzeitmodell bleibe hingegen die bereits gewährte Besoldung (Teilzeitvergütung zuzüglich Altersteilzeitzuschlag) unangetastet.[841] Hierin sei keine unzulässige Ungleichbehandlung und auch kein Verstoß gegen das Willkürverbot zu sehen.

Während der Zeit einer unterhälftigen Altersteilzeitbeschäftigung besteht ein Anspruch auf Leistungen der Krankenfürsorge in entsprechender Anwendung der Beihilferegelungen für Beamte mit Dienstbezügen (§ 78d IV LBG).

Die Regelungen über Altersteilzeit gelten ebenfalls für kommunale Wahlbeamten (Bürgermeister, Landrat, Beigeordneter etc.). Für sie finden die für die Beamten allgemein geltenden Vorschriften des LBG Anwendung, soweit – wie in § 78d LBG – nichts anderes bestimmt ist (§§ 195 I, X, 196 I LBG). Danach kann man Beamten mit Dienstbezügen unter den oben geschilderten Voraussetzungen Altersteilzeit bewilligen. Ein B.a.Z. ist ein Beamter mit Dienstbezügen, so daß Altersteilzeitnormen auf ihn angewendet werden dürfen. Man kann sich rechtspolitisch darüber streiten, ob es sinnvoll ist, herausgehobene Beamtenfunktionen, die zudem nur auf Zeit berufen sind, an den Segnungen der Altersteilzeit teilhaben zu lassen. Diese rechtspolitische Fragestellung ändert jedoch nichts am juristischen Ergebnis. Der Wortlaut von § 78d LBG ist insoweit abschließend und keiner weiteren Auslegung, vor allem nach Sinn und Zweck, zugänglich. Insbesondere besteht keine Verpflichtung der kommunalen Wahlbeamten, ihre Amtszeit auch vollumfänglich zu leisten. Vielmehr dürfen sie die ihnen nach Beamtenrecht zustehenden Rechte nutzen, selbst wenn es ihre Amtszeit verkürzt. Dies zeigt vor allem § 33 I S. 1 LBG, wonach jeder Beamte zu jeder Zeit seine Entlassung verlangen kann. Bloß der Dienstherr darf die gesetzliche Amtszeit eines kommunalen Wahlbeamten nicht einseitig verkürzen, um dessen Unabhängigkeit zu schützen. Allerdings hat die oberste Dienstbehörde die Möglichkeit, von der Anwendung der Vorschrift über Altersteilzeit ganz abzusehen oder sie auf bestimmte Beamtengruppen (z.B. alle Beamten außer B.a.Z.) zu beschränken (§ 78d III LBG). Rechtlich zulässig wäre zudem, bei herausgehobenen Beamtenfunktionen entgegenstehende dienstliche Belange (§ 78d I S. 1 Nr. 3 LBG) vorzubringen.

Haushaltsrechtlich muß man im Stellenplan keine Teilzeitstellen nach ihrem Umfang differenziert festlegen. Der juristisch zwingend gebotene Inhalt des Stellenplans ergibt sich aus § 6 GemHVO. Es sind lediglich die Stellen auszuweisen (§ 6 I S. 1 GemHVO). Der Stellenplan ist nach Besoldungs-, Vergütungs- und Lohngruppen aufzuteilen (§ 6 II S. 1 GemHVO). Eine Unterteilung nach dem Umfang von Teilzeitstellen wird nicht gefordert. Von dieser Problematik muß man jedoch die weitere Frage strikt trennen, ob für Altersteilzeitbeschäftigte überhaupt Stellen im Stellenplan benötigt werden. Hierbei ist zu differenzieren.

---

841 VG Regensburg, NVwZ-RR 03, 883 (884 f.).

5. Rechte des Beamten

In der Freistellungsphase braucht der Beamte keine Planstelle. Zwar ist der Beamte während der Freistellungsphase statusrechtlich weiterhin als aktiver Beamter anzusehen[842]; seine Pflicht zur Dienstleistung endet jedoch faktisch mit dem Ende der Ansparphase.[843] Sinn und Zweck der Altersteilzeit sind, Dienstherren personalwirtschaftliche Spielräume zu gewähren, z.B. um Nachwuchskräfte einzustellen. Ältere Beamte sollen dazu veranlaßt werden, durch eine Teilzeitbeschäftigung, die sich auf die Zeit bis zum Beginn des Ruhestands erstreckt, Jüngeren Platz zu machen.[844] Diese ratio legis kann allein dann erreicht werden, wenn der bisherige Amtsinhaber seine Stelle frei macht, stellenplanmäßig nicht mehr geführt wird und damit auch nicht mehr bei der Berechnung der Stellenobergrenzen oder anderer limitierender Bestimmungen (z.B. hinsichtlich beförderungsgleicher Maßnahmen wie die Vergabe von Amtszulagen) zu berücksichtigen ist.[845] Jedwede andere Auslegung führte dazu, daß Dienstherren infolge der noch über Jahre besetzten Stelle gerade kein neues Personal einstellen oder befördern dürften. Meine Interpretation ist deshalb nicht sachwidrig, weil der Beamte im Blockmodell zunächst die während des gesamten Bewilligungszeitraums geschuldete Dienstleistung vollständig – obwohl de jure nur auf einer halben Stelle sitzend[846] – erbracht hat, so daß er während der Freistellungsphase keiner Planstelle mehr bedarf. **Mit Art. 33 II GG unvereinbar sind** schließlich **Beförderungen in der Freistellungsphase der Altersteilzeit**[847] (Rn 126, 131).

Anders ist es hingegen bei Beamten, die sich nicht in der Freistellungsphase befinden oder denen eine Teilzeitbeschäftigung aus einem anderen Rechtsgrund bewilligt wurde. Für sie, die weiter in der Verwaltung tätig sind, ist entsprechend des Umfangs ihrer Teilzeitbeschäftigung eine Planstelle erforderlich.

Wird Teilzeitarbeit (§§ 78b, 78d oder 85a LBG) im Einzelfall abgelehnt, muß der Personalrat mitbestimmen[848] (§ 72 I S. 1 Nr. 13 LPVG). Dies gilt jedoch nicht für die Grundsatzentscheidung (§ 78d III S. 1 LBG). Die Gleichstellungsbeauftragte ist durch Unterrichtung und Anhörung zu be-

---

842 Battis, § 72b BBG, Rn 10.
843 BayVerfGH, BayVBl 03, 14 (15) = DVBl 02, 1637 (1638) = ZBR 02, 429 (430); Battis, § 72b BBG, Rn 3; § 89 BBG, Rn 3: eine Art vorgezogener Ruhestand, keinesfalls jedoch Urlaub. Ähnlich OVG Schleswig, NordÖR 03, 315 (317): sich „der Sache nach auch als Regelung eines vorgezogenen Ruhestandes begreifen läßt"; OVG Lüneburg, RiA 06, 32 (33) = NdsVBl 06, 27 (28) = NordÖR 05, 535 (536): „Rechtlich befindet sich ein solcher Beamter nicht im Ruhestand; allerdings ist dies de facto der Fall."; VG Weimar, LKV 03, 245 (246) = ThürVBl 02, 167 (169): „Charakter einer echten Vorruhestandsregelung"; Franke, in dies./Summer/Weiß, Öffentliches Dienstrecht im Wandel, FS für Walther Fürst, 2002, 101 (113). Kritisch zu diesem Verständnis Huber, SächsVBl 02, 310.
844 VG Bremen, NVwZ-RR 02, 61; Schrapper, DVP 99, 371 (377); Schütz/Maiwald, § 78d LBG, Rn 6.
845 Zust. Battis, § 72b BBG, Rn 10.
846 Schrapper, DVP 01, 356 (359).
847 OVG Lüneburg, RiA 06, 32 (33) = NdsVBl 06, 27 (28) = NordÖR 05, 535 (536).
848 A.A. OVG Greifswald, DÖV 04, 888 (888 f.), für Mecklenburg-Vorpommern.

8. Abschnitt: Rechtsstellung des Beamten

teiligen (§ 18 II S. 1 i.V.m. § 17 I, 2. Hs. Nr. 1 LGG). Sie hat ein Widerspruchsrecht (§ 19 I S. 1, 1. Hs. LGG).

Bei beamtenrechtlichen Streitigkeiten eines Beamten, der sich in der Freistellungsphase der Altersteilzeit befindet, ist das für seinen bürgerlich-rechtlichen Wohnort zuständige Gericht örtlich zuständig.[849]

Fall: Beamter Konrad B (Jahrgang 1946) befindet sich seit dem 1.7.01 in Altersteilzeit. Seine Arbeitsphase würde noch bis zum 30.6.06 dauern. B beantragt nunmehr Sonderurlaub vom 1.7.04 bis zum 30.6.06, um seinen pflegebedürftigen Vater betreuen zu können. Ist Sonderurlaub während der Altersteilzeit rechtlich zulässig?

Der Beamte in Altersteilzeit übt eine Teilzeitbeschäftigung mit der Hälfte der regelmäßigen Arbeitszeit aus. Abweichungen von diesem Volumen sind grundsätzlich unzulässig.[850] Mit der Entscheidung für die Altersteilzeit bindet sich der Beamte bis zum Beginn des Ruhestands. Bei dem hier in Rede stehenden Blockmodell kommt als zusätzliche Besonderheit hinzu, daß der Beamte – trotz der Teilzeitbeschäftigung – für eine bestimmte Zeit ungekürzt Dienst leistet und anschließend für einen gleichlangen Zeitraum bis zum Beginn des Ruhestands vom Dienst freigestellt wird. Dagegen verstieße der von B gewünschte Sonderurlaub. B ist seit dem 1.7.01 in Altersteilzeit. Seine Arbeitsphase dauerte noch bis zum 30.6.06. Erhielte er nunmehr vom 1.7.04 bis zum 30.6.06 Sonderurlaub, leistete er für diesen Zeitraum in der Arbeitsphase keinen Dienst und würde trotzdem für zwei Jahre in der Freistellungsphase freigestellt, obwohl er in der Arbeitsphase vom zeitlichen Umfang keine Leistung erbracht hat, die der Freistellung zeitlich entspricht. Konsequenz wäre zudem, daß der Dienstherr in der Freistellungsphase zwei Jahre lang finanzielle Leistungen zu erbringen hätte, denen keine Leistung in der Arbeitsphase gegenüberstünde. Ließe man außerdem das Begehren des B zu, könnten Beamte die Versorgungsabschläge bei einer vorzeitigen Zurruhesetzung (§ 14 III S. 1, 1. Hs. BeamtVG) umgehen. Danach vermindert sich das Ruhegehalt um 3,6 v.H. für jedes Jahr, um das der Beamte vor Ablauf des Monats, in dem er die für ihn geltende gesetzliche Altersgrenze erreicht (grundsätzlich das 65. Lebensjahr) in den Ruhestand versetzt wird. Eine Versetzung in den Ruhestand vor Erreichen der gesetzlichen Altersgrenze hätte entsprechende Versorgungsabschläge zur Folge. Lediglich beim Institut der Altersteilzeit entstehen sie nicht, weil durch den im Blockmodell vollständig erbrachten Dienst während der Arbeitsphase fingiert wird, daß der Beamte bis zum Beginn des Ruhestandes tätig ist.

Sonderurlaub während der Altersteilzeit ist somit rechtlich unzulässig.

Alternative: Wie könnte die Problematik insbesondere aus Fürsorgeaspekten gelöst werden?

Hier bieten sich zwei Möglichkeiten an:

Die dem B gewährte Altersteilzeit wird mit Wirkung für die Vergangenheit widerrufen, weil ein besonderer Härtefall (Betreuung des pflegebedürftigen Vaters) vorliegt. Eine solche Regelung findet sich beispielsweise ausdrücklich für den Fall des familienpolitischen Urlaubs in Art. 80d II S. 3 bis 5 BayBG.[851] Dies hätte zur Folge, daß die gewährten Leistungen ausgeglichen werden müßten. Der Beamte müßte das erhaltene reduzierte Gehalt zurückzahlen und bekäme für den Zeitraum vom 1.7.01 bis zum 30.6.04 sein volles Gehalt. Danach könnte ihm Sonderurlaub längstens bis zum Erreichen der gesetzlichen Altersgrenze gewährt werden (§ 12 I S. 1 SUrlVO).

B erhält vom 1.7.04 bis zum 30.6.08 Sonderurlaub. Ab dem 1.7.08 tritt er in die bis zum 30.6.2011 dauernde Freistellungsphase. Diese Lösung berücksichtigt zu seinen Gunsten, daß er bereits drei Jahre in der Arbeitsphase der Altersteilzeit vollständig Dienst geleistet hat.

Literatur: Rothländer, Altersteilzeit, 2005; Braun, Neuerungen bei der Altersteilzeit durch das Dritte Gesetz für moderne Dienstleistungen am Arbeitsmarkt, DÖD 04, 213; Engler, Strukturelle Diskriminierung und substantielle Chancengleichheit, 2004; Burmeister, Altersteilzeit bei nie-

---

849 VG München, NVwZ-RR 05, 662 = DÖD 06, 43 = BayVBl 06, 94.
850 Korn/Tadday, § 78d LBG, Anm 1.1.
851 Hierzu näher Schütz/Maiwald, § 78d, Rn 18.

5. Rechte des Beamten

der sächsischen Beamten, NdsVBl 03, 7; Braun, Teilzeitarbeit, RiA 02, 120; Carl, Die Altersteilzeit der Beamten und das Steuerrecht, ZBR 02, 127; Franke, Teilzeitbeschäftigung im Wandel, in dies./Summer/Weiß, Öffentliches Dienstrecht im Wandel, FS für Walther Fürst, 2002, 101; Minssen, Altersteilzeitregelung für Beamte in Niedersachsen, Ermessensbetätigung nach § 80b Abs. 1 NBG in Zeiten knapper Finanzen, Altersgrenze, ZBR 01, 357; Quambusch, Rückforderung von Dienstbezügen nach bewilligter Altersteilzeit, PersV 01, 489; Wagner/Bienk-Koolmann, Die Regelungen über die Altersteilzeit für Beamte in Sachsen, LKV 01, 534; Loschelder, Gestaltungsspielräume der Länder bei der Regelung der Altersteilzeit für Landesbeamte – Anmerkung zu v. Redecker/Rieger, ZBR 00, 89; Mehde, Altersteilzeit im Beamtenrecht als föderales Problem, RiA 00, 157; Strohmeyer, Die Europarechtswidrigkeit beamtenrechtlicher Altersteilzeitregelungen, ZBR 00, 73; v. Redecker/Rieger, Altersteilzeit für Landesbeamte – Zur statusrechtlichen Bindungswirkung des § 6 Abs. 2 BBesG, ZBR 00, 82; Lemhöfer, Altersteilzeit – Blockmodell für Bundesbeamte ohne Gesetz?, ZBR 99, 109.

247 Mittlerweile steht den Ländern wegen des Dienstrechtsänderungsgesetzes des Bundes vom 24.2.1997 die Regelung der Teilzeitbeschäftigung frei (§ 44a BRRG [alt]; jetzt § 44 BeamtStG). Diese sprachlich zunächst nichtssagende Formulierung hat weitreichende juristische Konsequenzen. Sie ermöglicht den Ländern, eine (zwangsweise) Einstellungsteilzeit einzuführen. Der Bund macht hiervon ebenso wie die Bundesländer Baden-Württemberg, Bayern, Berlin, Bremen, Hessen, Mecklenburg-Vorpommern, Rheinland-Pfalz, Sachsen und Schleswig-Holstein keinen Gebrauch. Das Land NW hat geregelt, daß bis zum 31.12.2007 Bewerber für Laufbahnen des gehobenen und des höheren Dienstes, soweit für sie ein Amt der Besoldungsgruppe A 12 oder höher Eingangsamt der Laufbahn ist, auch unter der Voraussetzung einer Teilzeitbeschäftigung von mindestens drei Vierteln der regelmäßigen Arbeitszeit eingestellt werden können (§ 78c I LBG). Damit wird im gehobenen Dienst eine Zwangsteilzeit für Lehrer und im höheren Dienst für alle Eingangsämter ermöglicht, die im Ermessen des Dienstherrn steht. Einstellungsteilzeit kann allein erfolgen, wenn volle und besetzbare Planstellen geteilt werden. Allerdings ist in NW die Teilzeitbeschäftigung spätestens nach fünf Jahren auf Antrag des Beamten in eine Vollzeitbeschäftigung umzuwandeln (§ 78c II LBG); in anderen Bundesländern gibt es keinen solchen Anspruch.

Die Ermäßigung der Arbeitszeit eines neu eingestellten Beamten aufgrund eines von ihm verlangten Antrags bei der Neueinstellung war bisher rechtswidrig, wenn keine Möglichkeit bestand, sich für eine Vollzeitbeschäftigung zu entscheiden.[852] Danach bilde die Vollzeitbeschäftigung auf Lebenszeit und gerade nicht die Teilzeitbeschäftigung seit jeher das Leitbild und den wesentlichen Strukturinhalt, der das Beamtenrecht im Licht von Art. 33 V GG kennzeichne.[853] Eine Teilzeitbeschäftigung gegen den

---

852 BVerwGE 82, 196 (202 ff.) = ZBR 89, 338 (338 ff.) = NVwZ 89, 969 (970 f.) = DVBl 89, 1157 (1158 f.); Anm Ule, DVBl 89, 1160; VGH Kassel, DÖD 96, 216 (217); a. A. OVG Lüneburg, DVBl 88, 361 (362 ff.).
853 BVerfGE 71, 39 (59 f.); 55, 207 (240) = DVBl 81, 450 (453 f.) = NJW 81, 971 (975); 44, 249 (262 f.) = NJW 77, 1869 (1870); BVerwGE 82, 196 (202 f.) = ZBR 89, 338 (339) = NVwZ 89, 969 (970 f.) = DVBl 89, 1157 (1158); Anm Ule, DVBl 89, 1160; so auch mittlerweile BVerwGE 110, 363 (366 f.) = IÖD 00, 218 (219) = DVBl 00, 1136 (1137) = PersV 00, 358 (360) = ZBR 00, 209 (210) = RiA 02, 239 (240) = NJW 00, 2521; Anm Summer, ZBR 00, 211; Anm Bull, DVBl 00, 1773 (1773 ff.).

8. Abschnitt: Rechtsstellung des Beamten

auf volle Beschäftigung gerichteten Willen greife unvertretbar in diese Grundsätze ein. Das gelte sowohl hinsichtlich der Verpflichtung des Beamten zum Einsatz seiner gesamten Persönlichkeit, Arbeitskraft und Lebensleistung für den Dienstherrn als auch für seinen Anspruch auf vollen amtsangemessenen Lebensunterhalt durch den Dienstherrn. Ein dem Beamten aufgezwungener Verzicht auf Vollalimentation beeinträchtigte die Sicherung seines Lebensunterhalts und der gebotenen wirtschaftlichen Unabhängigkeit. Dies stünde weder mit dem verfassungsrechtlich geschützten Interesse des Beamten selbst noch mit dem öffentlichen Interesse an der Unabhängigkeit und Leistungsfähigkeit des Berufsbeamtentums in Einklang.[854] Zur neuen Rechtslage äußert sich das VG Frankfurt/M.[855] und bringt einen weiteren Aspekt ein. Seiner Meinung verstoße die Zwangsteilzeit gegen Art. 6 I des Internationalen Pakts über wirtschaftliche, soziale und kulturelle Rechte vom 19.12.1966, der ein Recht auf Arbeit gewähre. Hiermit seien jedoch staatliche Regelungen unvereinbar, die Arbeitssuchende auf Dauer davon abhielten, in ihrer Arbeit eine Vollzeitbeschäftigung entsprechend der marktüblichen regelmäßigen Arbeitszeit erreichen zu können. Teilzeitbeschäftigung beruhe stets auf dem Grundsatz der Freiwilligkeit. Mittlerweile haben das BVerwG[856] sowie mehrere Obergerichte[857] entschieden, daß Beamte nicht zur Teilzeitbeschäftigung mit verringerter Besoldung gezwungen werden dürfen. Dabei läßt es das BVerwG[858] zwar auf sich beruhen, ob ein Verstoß gegen den Internationalen Pakt vom 19.12.1966 vorliege. Jedenfalls sei die Zwangsteilzeit nicht mit dem Leistungsprinzip, der hauptberuflichen vollen Dienstleistungspflicht sowie der verfassungsrechtlich gebotenen Unabhängigkeit des Berufsbeamtentums zu vereinbaren.[859] Die Teilzeitbeschäftigung eines neu eingestellten Beamten dürfe bei verfassungskonformer Auslegung auch aus arbeitsmarktpolitischen Gründen bloß angeordnet werden, wenn dem Bewerber die Möglichkeit zur freiwilligen Wahl der vollen Beschäftigung eingeräumt worden sei.

Nach dieser Judikatur, der sich der Verfasser anschließt, ist die sog. **„Zwangsteilzeit" rechtswidrig**.[860] Mit der Einstellungsteilzeit erreicht

---

854 BVerwGE 82, 196 (203 f.) = ZBR 89, 338 (340) = NVwZ 89, 969 (970 f.) = DVBl 89, 1157 (1158 f.); Anm Ule, DVBl 89, 1160; 70, 251 (267) = DÖV 85, 1058 (1059).
855 NVwZ-RR 99, 325 (327 ff.) = ZBR 99, 96 (98 ff.); abl. Anm Gundel, ZBR 99, 103 (103 f.). Ähnlich VG Frankfurt/M., NVwZ-RR 02, 596.
856 E 110, 363 (366 ff.) = IÖD 00, 218 (219 f.) = DVBl 00, 1136 (1136 ff.) = PersV 00, 358 (359 ff.) = ZBR 00, 209 (210 f.) = RiA 02, 239 (240 f.) = NJW 00, 2521 (2521 f.); Anm Summer, ZBR 00, 211; Anm Bull, DVBl 00, 1773 (1773 ff.).
857 OVG Hamburg, IÖD 00, 260 = ZBR 01, 340 = NordÖR 01, 76 (76 f.); OVG Münster, NVwZ-RR 04, 438 (439) = DÖD 04, 228 (228 f.).
858 E 110, 363 (365) = IÖD 00, 218 = DVBl 00, 1136 = PersV 00, 358 (359) = ZBR 00, 209 = RiA 02, 239 (240) = NJW 00, 2521; Anm Summer, ZBR 00, 211; Anm Bull, DVBl 00, 1773 (1773 ff.).
859 BVerwGE 110, 363 (367) = IÖD 00, 218 (219 f.) = DVBl 00, 1136 (1137) = PersV 00, 358 (360 f.) = ZBR 00, 209 (210) = RiA 02, 239 (241) = NJW 00, 2521 (2522); Anm Summer, ZBR 00, 211; Anm Bull, DVBl 00, 1773 (1773 ff.).
860 Ebenso Franke, in dies./Summer/Weiß, Öffentliches Dienstrecht im Wandel, FS für Walther Fürst, 2002, 101 (111 f.); a.A. Schrapper, DVP 99, 371 (376 f.).

5. Rechte des Beamten

man eine qualitativ völlig neue Stufe des Abweichens von den hergebrachten Grundsätzen des Berufsbeamtentums, die nicht durch andere Verfassungsprinzipien gerechtfertigt ist. Die Zwangsteilzeit stellt eine staatlich verordnete ebenso lange Zwangsteilzeitarbeitslosigkeit dar. Zudem schreckt man mit ihr die besten Bewerber ab. Mit dieser Überlegung verletzt die Zwangsteilzeit jedoch nicht Art. 33 II GG. Ebenso wenig wie Art. 33 II GG einen individual-rechtlichen Anspruch des Einzelnen schafft, überhaupt ein Amt übertragen zu bekommen, verpflichtet er den Staat nicht, die Einstellungsbedingungen so interessant zu gestalten, daß sich die jeweils Besten angesprochen fühlen. Der Verstoß gegen Art. 33 II GG ist allerdings darin zu sehen, daß Bewerber nicht nach eignungs- und leistungsfremden Gesichtspunkten ausgewählt werden dürfen, und zwar danach, ob sie zu einem Verzicht auf Vollbeschäftigung und amtsgemäße Besoldung bereit sind.[861]

Eine zwangsweise Teilzeitbeschäftigung soll aber nicht nichtig, sondern lediglich rechtswidrig sein.[862] Bereits eingestellte Beamte hätten somit allein einen Anspruch auf ermessensfehlerfreie Entscheidung über ein Wiederaufgreifen des Verfahrens (§ 51 VwVfG). Eine Rücknahme der Ernennung scheide aus, da keiner der abschließenden Rücknahmegründe des § 12 LBG vorliege. Deshalb könne ein Zwangsteilzeitbeamter nur entlassen und wieder mit einer vollen Stelle neu eingestellt werden. Anders sieht es das BVerwG.[863] Für das Gericht ist nicht die Ernennung rechtlich zu beanstanden, sondern die getroffene Anordnung der Teilzeit. Dieser Verwaltungsakt sei rechtswidrig und deshalb aufzuheben (§ 113 I S. 1 VwGO). Ernennung und Teilzeitbeschäftigung seien zwei eigenständige Verwaltungsakte, deren Rechtswirksamkeit nicht einander in der Weise bedinge, daß die Wirksamkeit der Ernennung von der Rechtmäßigkeit der Arbeitszeitregelung abhänge und umgekehrt.[864] Die Aufhebung beseitige den Verwaltungsakt rückwirkend. Damit entfielen zudem rückwirkend die Verringerung der Besoldung und die versorgungsrechtlichen Auswirkungen. Dies habe zur Folge, daß dem Beamten die Besoldungsdifferenz trotz nicht erbrachter vollständiger Dienstleistung nachzuzahlen sei. Mangels Rechtsgrundlage sei der Beamte nicht verpflichtet, die Zeit nachzuarbeiten, um die teilweise unterbliebene Dienstleistung auszugleichen. Der Ansicht des BVerwG ist zuzustimmen. Die Zwangs-

---

861 BVerwGE 110, 363 (368) = IÖD 00, 218 (220) = DVBl 00, 1136 (1137) = PersV 00, 358 (361) = ZBR 00, 209 (210) = RiA 02, 239 (241) = NJW 00, 2521 (2522); Anm Summer, ZBR 00, 211; Anm Bull, DVBl 00, 1773 (1773 ff.); 82, 196 (204) = ZBR 89, 338 (340) = NVwZ 89, 969 (971) = DVBl 89, 1157 (1159); Anm Ule, DVBl 89, 1160; OVG Lüneburg, IÖD 02, 110 (110 f.) = NdsVBl 02, 130 (131) = NordÖR 02, 134 (135).
862 VGH Mannheim, NVwZ-RR 91, 490; OVG Münster, NVwZ-RR 90, 90 (90 f.) = DÖD 90, 195 (196); OVG Lüneburg, DVBl 88, 361 (361 ff.); VG Frankfurt/M., NVwZ-RR 02, 596.
863 E 110, 363 (370) = IÖD 00, 218 (221) = DVBl 00, 1136 (1137) = PersV 00, 358 (362) = ZBR 00, 209 (211) = RiA 02, 239 (241) = NJW 00, 2521 (2522); Anm Summer, ZBR 00, 211; Anm Bull, DVBl 00, 1773 (1773 ff.); 82, 196 (198) = ZBR 89, 338 (338 ff.) = NVwZ 89, 969 (970) = DVBl 89, 1157 (1157 ff.); Anm Ule, DVBl 89, 1160.
864 BVerwGE 82, 196 (198) = ZBR 89, 338 = NVwZ 89, 969 (970) = DVBl 89, 1157; Anm Ule, DVBl 89, 1160.

8. Abschnitt: Rechtsstellung des Beamten

teilzeit wird gerade nicht durch Ernennung angeordnet. Der Beamte wird durch Ernennung in ein Beamtenverhältnis berufen, wobei in der Ernennungsurkunde ausschließlich noch der die Art des Beamtenverhältnisses bestimmende Zusatz „auf Probe" etc. enthalten sein darf (§ 8 II S. 2 Nr. 1 LBG). Sämtliche Folgeentscheidungen, wie auch die Gewährung oder Anordnung von Teilzeit, erfolgen durch einen gesonderten Verwaltungsakt.

Neben der rechtlichen Unzulässigkeit einer Zwangsteilzeit wären Länder und Kommunen aus praktischen Erwägungen heraus gut beraten, die Kompetenz zur Einstellungsteilzeit nicht zu gebrauchen. Eine Zwangsteilzeit führte gerade in den unteren Besoldungsgruppen dazu, Nebentätigkeiten auszuüben.[865] Dies deutet bereits der Gesetzgeber an, wenn er in § 78c III LBG gestattet, daß die zeitliche Höchstgrenze für Nebentätigkeiten noch einmal um 25% (den Unterschied zwischen der regelmäßigen [100%] und der herabgesetzten Arbeitszeit [75%]) erhöht wird. Auf dem Arbeitsmarkt konkurrierten diese beamteten Nachfrager nach Nebentätigkeiten mit nicht beamteten Arbeitslosen und Sozialhilfeempfängern um das knappe Gut Arbeit. Durch eine Zwangsteilzeit verschärfte sich eher die Lage auf dem Arbeitsmarkt, als daß sie sich – wie gesellschaftspolitisch gewünscht („Halbierung der Arbeitslosenzahlen bis zum Jahr 2000" [Helmut Kohl]) – entspannte. Nicht durchdacht ist deshalb die Forderung der Bundesvereinigung der kommunalen Spitzenverbände, für alle Laufbahngruppen (also sogar für den einfachen und mittleren Dienst) eine Einstellungsteilzeit zu ermöglichen.

248 Der Antrag ist zu genehmigen, wenn keine **„zwingenden dienstlichen Belange"** dagegen sprechen (§§ 72a III S. 1, IV S. 1, V S. 1 BBG, 85a I, III, 78b III S. 1 LBG). Mit dem unbestimmten Rechtsbegriff, der gerichtlich voll überprüft werden darf[866], meint man schwerwiegende Nachteile für die Funktionsfähigkeit der Verwaltung.[867] Lediglich solche Gründe sind „zwingend", wenn ihre Beachtung wegen ihrer besonderen Bedeutung für die Aufrechterhaltung und/oder Ordnung des Dienstbetriebs alternativlos ist.[868] Mit dem negativen Tatbestandsmerkmal der „zwingenden" dienstlichen Belange soll erreicht werden, die Versagung auf wenige Ausnahmefälle zu beschränken. Zwingende dienstliche Belange werden allein betroffen sein, wenn die mit einer Freistellung verbundenen dienstlichen

---

865 A.A. Schuppert, LT-Drucks. 12/2520, 6 f.; Schrapper, DVP 99, 371 (377): nicht zwingend bei einem Ledigen mit Dreiviertelstelle und ca. 3.000.– DM Nettogehalt.
866 BVerwG, DVBl 04, 1375 (1376) = NVwZ-RR 04, 863 = ZBR 04, 393 = E 120, 382 (384) = RiA 05, 28 (29); DÖD 05, 88 = DÖD 05, 84 = RiA 05, 99 (100); OVG Münster, NWVBl 05, 375 (376). Allerdings unterlägen die verwaltungspolitischen Entscheidungen des Dienstherrn, mit denen er in Ausübung seines Organisationsrechts die dienstlichen Belange maßgebend prägt, nur beschränkter gerichtlicher Überprüfung. Ebenso OVG Koblenz, DÖD 05, 170 (171) = NVwZ-RR 05, 51 (51 f.) = RiA 05, 150 (151).
867 VG Bremen, NVwZ-RR 02, 61 (61 f.).
868 OVG Münster, NWVBl 05, 375 (376).

5. Rechte des Beamten

Nachteile in keinem Verhältnis zum Zweck eines Urlaubs oder einer Teilzeitbeschäftigung stehen[869], so daß die Funktionsfähigkeit der Verwaltung gefährdet wird.[870] Hierfür ist der Dienstherr darlegungs- und beweispflichtig. Sollten sie vorliegen, müssen etwaige persönliche Belange des Beamten zurücktreten.[871] Ein allgemeiner Personalnotstand ist kein zwingender dienstlicher Belang; anders ist es hingegen dann, wenn der Dienstherr unabdingbar auf das Fachwissen und die Arbeitskraft gerade eines speziellen Beamten angewiesen ist.[872]

Von den zwingenden dienstlichen Belangen sind die **dringenden dienstlichen Belange** (z.B. §§ 78d I S. 1 Nr. 3 LBG, 72b I S. 1 Nr. 4 BBG) als inhaltlich und qualitativ andere Kategorie zu unterscheiden.[873] „Dringende" dienstliche Belange sind solche aus dem allgemeinen Dienstbetrieb resultierenden Bedürfnisse, deren Bedeutung über das Normalmaß hinausgeht, damit man einen effektiven dienstlichen Betrieb gewährleisten kann. Sie liegen zwar noch unterhalb der Schwelle der zwingenden dienstlichen Belange, sind ihnen jedoch bereits angenähert.[874] Zu bejahen wären sie, wenn es die angespannte Haushaltslage nicht gestattete, die durch Teilzeitarbeit freiwerdenden Beamtenstellen nachzubesetzen, diese aber zur Aufgabenerfüllung besetzt bleiben müssen[875], oder bei Personalengpässen, die fortlaufend in erheblichem Umfang Überstunden und Mehrarbeit anfallen lassen.[876] Der Anspruch des Beamten wird nicht schon durch die regelmäßig und generell, also typischerweise mit Teilzeitbeschäftigung verbundenen personalwirtschaftlichen und organisatorischen Belastungen des Dienstherrn (der betreffende Beamte steht nicht mehr zur Verfügung, neue Mitarbeiter müssen eingestellt und eingearbeitet werden, Umorganisationen sind erforderlich, eine einfache Änderung von Arbeitsabläufen ist nötig) ausgeschlossen.[877] Zudem sind gewisse finanzielle Mehrbelastungen hinzunehmen, weil sonst der gesamte Re-

---

869 Schütz/Maiwald, § 85a LBG, Rn 8.
870 VG Bremen, NVwZ-RR 02, 61.
871 VG Frankfurt/M., NVwZ-RR 03, 54.
872 OVG Saarlouis, RiA 05, 153 (155).
873 BVerwG, DVBl 04, 1375 (1376) = NVwZ-RR 04, 863 = ZBR 04, 393 = E 120, 382 (384) = RiA 05, 28 (29); ZBR 05, 88 = DÖD 05, 84 (85) = RiA 05, 99 (100); OVG Münster, NWVBl 05, 375 (376).
874 BVerwG, DVBl 04, 1375 (1376) = NVwZ-RR 04, 863 = ZBR 04, 393 = E 120, 382 (384) = RiA 05, 28 (29); ZBR 05, 88 = DÖD 05, 84 (85) = RiA 05, 99 (100).
875 BVerwG, StGR 7-8/04, 30 = DVBl 04, 1375 (1376) = NVwZ-RR 04, 863 = ZBR 04, 393 (394) = E 120, 382 (385) = RiA 05, 28 (29); ZBR 05, 88 = DÖD 05, 84 (85) = RiA 05, 99 (100); OVG Schleswig, NordÖR 03, 315 (318), als Vorinstanz.
876 VG Frankfurt/M., NVwZ-RR 03, 54, entschieden für das Bundesgrenzschutzamt Flughafen Frankfurt/M. (Personalengpaß von etwa 15%); ähnlich VG Potsdam, NVwZ-RR 04, 277 (278).
877 BVerwG, DVBl 04, 1375 (1376) = NVwZ-RR 04, 863 = ZBR 04, 393 (394) = E 120, 382 (385) = RiA 05, 28 (29); ZBR 05, 88 = DÖD 05, 84 (85) = RiA 05, 99 (100); OVG Schleswig, NordÖR 03, 315 (318), als Vorinstanz; VG Bremen, NVwZ-RR 02, 61; Battis, § 72a BBG, Rn 18.

8. Abschnitt: Rechtsstellung des Beamten

gelungszweck leerliefe.[878] Schließlich darf sich der Dienstherr auf keine entgegenstehende Verwaltungspraxis berufen. Wenn er in der Vergangenheit derartige Anträge negativ beschieden hat, handelte er rechtswidrig. Hieran ist der Dienstherr jedoch nicht gebunden. Letztlich ist selbst der Wunsch, einen Präzedenzfall überhaupt zu vermeiden, kein dringender dienstlicher Belang.[879]

Dienstliche Belange (z. B. §§ 72a I, III S. 2, 72e I BBG, 78b I, 78b III S. 2, 78e I LBG) sind schließlich solche, die aus besonderen personalwirtschaftlichen, organisatorischen und fachlichen Aspekten herrühren. Sie beschreiben das engere öffentliche, d.h. dienstliche Interesse an einer sachgemäßen und reibungslosen Erfüllung der Verwaltungsaufgaben.[880] Hierzu zählen nicht die allgemein mit der Teilzeitbeschäftigung typischerweise verbundenen zusätzlichen Anforderungen an Organisation und Personalwirtschaft einschließlich Besoldung und Fürsorgeleistungen.[881] Wollte man dies annehmen, könnte man Teilzeitbeschäftigung generell verweigern, da hierdurch stets zusätzliche Anforderungen an die Organisation gestellt werden. Dies entspräche jedoch nicht dem gesetzlichen Leitbild, Teilzeitbeschäftigungen grundsätzlich zuzulassen und ist somit abzulehnen.

Hingegen hat der Beamte mangels entsprechender Rechtsgrundlage keinen Anspruch, daß seine teilzeitreduzierte Arbeitszeit auf bestimmte Tage oder Zeiträume verteilt wird. Hier hat der Dienstvorgesetzte Ermessen, das er mit Rücksicht auf die Fürsorgepflicht wohlwollend ausüben muß. Dabei sollte man den Wünschen des Beamten entgegenkommen, soweit keine dienstlichen Belange entgegenstehen.

Die Teilzeitbeschäftigung darf unabhängig von der Teilzeitart das berufliche Fortkommen nicht beeinträchtigen (§§ 72d, 1. Hs. BBG, 85a V, 78g, 1. Hs. LBG), sich also auch nicht negativ auf dienstliche Beurteilungen oder Beförderungschancen auswirken.[882] Beamte mit ermäßigter Arbeitszeit dürfen gegenüber solchen mit regelmäßiger Arbeitszeit nur dann unterschiedlich behandelt werden, wenn zwingende sachliche Gründe dies rechtfertigen (§§ 72d, 2. Hs. BBG, 85a V, 78g, 2. Hs. LBG). Zudem muß man über die Rechtsfolgen ermäßigter Arbeitszeit belehren, unabhängig ob es sich um eine Einstellungsteilzeit (§ 78c LBG) oder eine andere Form der Teilzeitbeschäftigung handelt (§§ 72c BBG, 78f, 85a V LBG). Die

---

878 VG Potsdam, NVwZ-RR 04, 277 (278). Z.B. einzelfallbezogene Steigerungen der Beihilfe-, Besoldungs- und Pensionslasten infolge Altersteilzeit: BVerwG, DVBl 04, 1375 (1376) = NVwZ-RR 04, 863 = ZBR 04, 393 (394) = E 120, 382 (385) = RiA 05, 28 (29); ZBR 05, 88 = DÖD 05, 84 (85) = RiA 05, 99 (100).
879 OVG Münster, NWVBl 05, 375 (376).
880 BVerwG, DVBl 04, 1375 (1376) = NVwZ-RR 04, 863 = ZBR 04, 393 = E 120, 382 (384) = RiA 05, 28 (29); ZBR 05, 88 = DÖD 05, 84 (85) = RiA 05, 99 (100); OVG Koblenz, DÖD 05, 170 (171) = NVwZ-RR 05, 51 = RiA 05, 150 (151): Personalmangel infolge der beantragten Teilzeitbeschäftigung, der die Funktionsfähigkeit der Dienststelle erheblich beeinträchtigte; Battis, § 72a BBG, Rn 18.
881 VG Weimar, ThürVBl 03, 231 (232); Battis, § 72a BBG, Rn 18.
882 Battis, § 72a BBG, Rn 21.

5. Rechte des Beamten

Normen konkretisieren in den dortigen Fällen die beamtenrechtliche Fürsorgepflicht[883]; dies ist allerdings nach Streichung von § 44c BRRG nicht mehr gefordert. § 13 V LGG wiederholt diese Verpflichtung.

§ 78b III S. 2 LBG (§ 72a III S. 2 BBG) gilt entsprechend (§ 85a II S. 5 LBG). Danach soll die zuständige Dienstbehörde eine **Änderung des Umfangs der Teilzeitbeschäftigung** oder den Übergang zur Vollzeitbeschäftigung zulassen, wenn dem Beamten die Teilzeitbeschäftigung im bisherigen Umfang nicht mehr zugemutet werden kann und keine dienstlichen Belange entgegenstehen. Soweit es um die Aspekte des Beamten geht, wird es sich um Fälle einer einschneidenden, nicht voraussehbaren Änderung der Lebensverhältnisse handeln, bei denen der Lebensunterhalt des Beamten und seiner Angehörigen ohne die erstrebte Änderung gefährdet ist.[884] Dies muß der Beamte darlegen und beweisen.[885] Eine Erkrankung gehört nicht hierzu, weil dadurch der Lebensunterhalt nicht gefährdet wird. Des weiteren dürfen der Änderung des Umfangs der Teilzeitbeschäftigung keine dienstlichen Belange entgegenstehen. Hier fordert ein Teil der Literatur[886] eine stärkere Pflicht des Dienstherrn, sich um eine Lösung im Interesse des Beamten zu bemühen. Die angespannte Finanzlage ist ebenso ein dienstlicher Belang wie eine etwaige Rückkehr von Mitarbeitern aus Elternzeiten. Zudem muß man für eine Erhöhung des Umfangs der Teilzeitbeschäftigung aus haushaltsrechtlichen Gründen freie Planstellenanteile haben. Dafür, daß die tatsächliche Situation so ist, ist der Dienstherr darlegungs- und ggf. beweispflichtig. Wird der Antrag auf Änderung des Umfangs der Teilzeitarbeit im Einzelfall abgelehnt, muß der Personalrat nicht mitbestimmen. § 72 I S. 1 Nr. 13 LPVG bezieht sich von seinem Wortlaut ausschließlich auf den Fall, daß der Antrag auf Teilzeitbeschäftigung abgelehnt wird, nicht jedoch, daß bei einer bereits gewährten Teilzeitbeschäftigung keine Änderungen am zeitlichen Umfang zugelassen werden. Hingegen ist die Gleichstellungsbeauftragte durch Unterrichtung und Anhörung zu beteiligen (§ 18 II S. 1 i.V.m. § 17 I, 2. Hs. Nr. 1 LGG). Sie hat ein Widerspruchsrecht (§ 19 I S. 1, 1. Hs. LGG).

Schließlich wird die Bewilligung einer Teilzeitbeschäftigung mit dem Eintritt in den Ruhestand gegenstandslos.[887]

Literatur: Eckstein, Die Möglichkeiten von Beurlaubung und Teilzeitbeschäftigung für Beamte in Baden-Württemberg, VBlBW 06, 86; Castringius, Die verfassungsrechtliche Zulässigkeit der Freistellung vom Dienst im Beamtenrecht, 2003; Schlacke, Teilzeitbeschäftigung gegen den Willen des Beamten, NordÖR 02, 345; Baßlsperger, Beurlaubung und Teilzeitbeschäftigung im Beamtenrecht, ZBR 01, 417; Bürger, Verfassungswidrigkeit der obligatorischen Teilzeitbeschäftigung von neu eingestellten Beamten, ZBR 01, 153; Kutscha, Die Einstellungsteilzeit – Rechtslage und Praxis, ZBR 01, 156; Tilp, Einstellungsteilzeit – Ende oder Wende?, ZBR 01,

---

883 Schütz/Maiwald, § 78f LBG, Rn 2; Korn/Tadday, § 78f LBG.
884 Schütz/Maiwald § 78b LBG, Rn 17.
885 Korn/Tadday, § 78b LBG, Anm 3.
886 Schütz/Maiwald § 78b LBG, Rn 17.
887 BVerwG, ZBR 98, 102 (103).

8. Abschnitt: Rechtsstellung des Beamten

161; Barlage, Teilzeit und Führung – ein Widerspruch?, ZBR 00, 259; Schafft, Neues zur Einstellungsteilzeit, RiA 00, 172; Battis, Das Bundesbesoldungs- und -versorgungsanpassungsgesetz 1998, NJW 99, 192; Schafft, Die Einstellungsteilzeit – ein rechtmäßiges Mittel zur Bekämpfung der Massenarbeitslosigkeit –, RiA 99, 282; Körting, Teilzeitbeschäftigung für Beamte in den Ländern nach dem Reformgesetz vom 24.2.1997, LKV 98, 41; Lecheler, Die Zulässigkeit der Einstellungsteilzeit für Beamte im Lande Thüringen, ThürVBl 98, 25; Battis/Grigoleit, Zur Öffnungsklausel des § 44a BRRG – Bedeutung – Zulässigkeit – Rechtsfolgen, ZBR 97, 237; Gola/Hügel, Teilzeitarbeit im öffentlichen Dienst, DÖD 96, 97; Hanau, Arbeitszeitflexibilisierung im öffentlichen Dienst, ZBR 96, 199; Raap, Teilzeitbeschäftigung für Soldaten?, DÖD 96, 192; Haldenwang, Die Neugestaltung der Teilzeitregelungen im Beamtenrecht, ZBR 95, 61; Huber, Teilzeitbeschäftigung im öffentlichen Dienst, 1995; O'Callaghan, Teilzeitarbeit – eine Form der Arbeitszeitflexibilisierung, PersV 94, 158; v. Tiling, Zu den Kosten der Einführung von Teilzeitarbeit im Öffentlichen Dienst, DÖD 93, 207; Weber, Die Arbeitszeit der Bundesbeamten – Erläuterungen zur Arbeitszeitverordnung, PersV 93, 49, 112; Strunz, Die Kosten der Einführung von Teilzeitarbeit im Öffentlichen Dienst, DÖD 92, 60; Battis, Teilzeitbeschäftigung und Beamtenrecht, ZBR 91, 353; v. Mutius/Röh, Obligatorische Teilzeitbeschäftigung im Beamtenrecht, ZBR 90, 365.

5.3.2.6 Fortbildung

249 §§ 85 S. 2, 2. Hs. LBG, 48 II LVO (§ 1a I S. 2 Nr. 1 BLV) legen dem Dienstherrn die Pflicht auf, die Beamten fortzubilden. Diese Regelungen ergänzen die Verpflichtung des Beamten, sich fortzubilden (§§ 42 II S. 1 BLV, 48 I LVO). Zudem sollen bei der beruflichen Aus- und Fortbildung von Beschäftigten im öffentlichen Dienst die Problematik der sexuellen Belästigung am Arbeitsplatz, der Rechtsschutz für die Betroffenen sowie die Handlungsverpflichtungen des Dienstvorgesetzten berücksichtigt werden (§ 5 S. 1 Beschäftigungsschutzgesetz[888]).

Bei der sog. **Anpassungsfortbildung** besteht das Ziel, die zur Wahrnehmung von Aufgaben auf der bisherigen Funktionsebene notwendige Qualifikation zu erhalten und zu verbessern. Die **Förderungsfortbildung** hingegen erfolgt zur Übernahme höherwertiger Dienstposten.[889] Aus der Pflicht zur vollen Hingabe zum Beruf folgt die Pflicht, an Fortbildungsveranstaltungen teilzunehmen.[890] Der Beamte hat einen Anspruch auf sachgerechte Auslese unter Berücksichtigung des Leistungsprinzips bei der Frage, wer zu einer Fortbildungsmaßnahme entsandt wird.[891] Im übrigen sind weibliche Beschäftigte mindestens entsprechend ihres Anteils an den Bewerbungen zur Fortbildungsmaßnahme zuzulassen (§ 11 I LGG).

Der Personalrat hat ein Mitbestimmungsrecht bei der Auswahl der Teilnehmer (§ 72 IV S. 1 Nr. 17 LPVG), wenn die Fortbildung eine zusätzliche Qualifikation vermittelt, die über den bloßen Erwerb von Kenntnissen zur Aufrechterhaltung des bisherigen Wissensstands hinausgeht.[892] Die Gleichstellungsbeauftragte ist zu unterrichten und anzuhören (§ 18 II S. 1

---

888 V. 24.6.94, BGBl. I, 1406 (1413).
889 Vgl. auch § 42 BLV; zu weiteren Fortbildungsarten s. Scheerbarth/Höffken/Bauschke/Schmidt, § 11 V 3.
890 Scheerbarth/Höffken/Bauschke/Schmidt, § 15 II 3c.
891 Strunk, Rn 224 m.w.N.
892 BVerwG, Der Personalrat 92, 147 (150); abl. Anm Gillengerten/Spoo, Der Personalrat 92, 151 (152).

5. Rechte des Beamten

i.V.m. § 17 I, 2. Hs. Nr. 1 LGG). Sie hat ein Widerspruchsrecht (§ 19 I S. 1, 1. Hs. LGG). Haben Beamte durch die Teilnahme an Fortbildungsmaßnahmen notwendige Kosten für die Betreuung von Kindern unter zwölf Jahren, sind diese vom Dienstherrn zu erstatten (§ 11 III S. 2 LGG). Notwendig sind die Kosten dann nicht, wenn die Kinder von einem Ehepartner oder einem Verwandten in gerader Linie betreut werden. Diese sind verpflichtet, einander Unterhalt zu gewähren (§ 1601 BGB), jene gemäß § 1360 S. 1 BGB, so daß keine Kosten entstehen können. Erfolgreiche Absolventen von Fortbildungsveranstaltungen sollen nach Möglichkeit ihre Kenntnisse in höherbewerteten Dienstgeschäften anwenden (§§ 42 IV S. 2 BLV, 48 III S. 1 LVO).

Fall: Bürgermeister Dr. Werner Gierschlund (G) will zur Kräftigung des Zusammengehörigkeitsgefühls unter den Amtsleitern/innen seiner Verwaltung am letzten Wochenende im September eine „Fortbildungsveranstaltung" in München durchführen. Das Fachprogramm beträgt 3 bis 4 Stunden am Tag; in der restlichen Zeit sollen „zur Stärkung der Beziehungsebene" das Oktoberfest und ein Heimspiel des FC Bayern besucht werden. Amtsleiterin Meike A trinkt neben Apfelschorle – wenn überhaupt – Wein, haßt Fußball und insbesondere den FC Bayern. Ist A zur Teilnahme verpflichtet? Unterstellen Sie, daß das Fachprogramm genauso gut unter der Woche hätte stattfinden können.

Beamte können bloß sehr eingeschränkt zur Teilnahme an Fortbildungsveranstaltungen am Wochenende verpflichtet werden. Zwar besteht eine grundsätzliche Pflicht der A zur Fortbildung (§ 48 I LVO). Aus der Pflicht zur vollen Hingabe zum Beruf (§ 57 S. 1 LBG) folgt ihre Pflicht, an Fortbildungsveranstaltungen teilzunehmen. Die Pflicht zur Fortbildung besteht jedoch lediglich innerhalb der Arbeitszeitvorschriften. G kann als Leiter der Dienststelle Dienst an Sonn- und Feiertagen oder zu anderen dienstfreien Zeiten anordnen, soweit es die dienstlichen Verhältnisse zwingend erfordern (§§ 18 I, 3 II S. 1, I AZVO). Nach den Angaben des Sachverhalts verlangen es die dienstlichen Verhältnisse gerade nicht, die Fortbildungsveranstaltung an Sonn- und Feiertagen oder zu anderen dienstfreien Zeiten durchzuführen. Das Fachseminar hätte auch während der Woche abgehalten werden können. A muß somit nicht teilnehmen.

Alternative: Wäre der Sachverhalt rechtlich anders zu beurteilen, wenn die Veranstaltung am Dienstag und Mittwoch mit ähnlichem Programm (3 bis 4 Stunden Fachprogramm, Oktoberfest, Champions-League-Spiel) hätte stattfinden sollen, eine Anreise per Flugzeug angeordnet worden wäre und A latente Flugangst hat?

Wie bereits dargelegt, ist A verpflichtet, an einer Fortbildungsveranstaltung an Wochentagen teilzunehmen. Die Auswahl des Seminarortes liegt dabei in der nicht limitierten Organisationsgewalt des Dienstherrn. Jedoch stellt eine Veranstaltung, deren Ziel allein oder überwiegend die „Stärkung der Beziehungsebene" in der geschilderten Form ist, keine Fortbildungsveranstaltung dar. Anders wäre es, wenn die Teamgeiststärkung nicht in Form eines durch Alkohol unterstützten geselligen Beisammenseins auf dem Oktoberfest erfolgt, sondern A beispielsweise in Vorträgen und praktischen Übungen zu Themen wie Coaching, Mitarbeitermotivation oder Konfliktmanagement fortgebildet wird. Zudem ist die Beamte allein gehalten, am Fachprogramm (hier also an 3 bis 4 Stunden) anwesend zu sein. Nur dieses dient der Fortbildung, zu der sie als Beamtin verpflichtet ist. Ihre Präsenz am „Unterhaltungsprogramm" ist hingegen aus Fortbildungsgesichtspunkten nicht erforderlich und kann somit beamtenrechtlich nicht durchgesetzt werden.

Weiterhin ist es prinzipiell rechtlich unzulässig, dem Beamten eine bestimmte Transportform vorzuschreiben (Rn 210). Die Anordnung, ein Flugzeug zu benutzen, wäre jedoch rechtmäßig, wenn sich der Seminarort nicht regelmäßig verkehrenden anderen öffentlichen Beförderungsmitteln in angemessener Zeit erreichen läßt. Der Autor geht dabei aufgrund einschlägiger eigener Erfahrungen davon aus, daß sich innerhalb der Bundesrepublik Deutschland nahezu jeder Tagungsort – und gerade München – in angemessener Zeit mit stündlich verkehrenden Zügen der Deutschen Bahn AG erreichen läßt, selbst wenn man die ständigen Verspätungen der DB („Deutsche Bummelbahn") berücksichtigt. Die Anordnung zu fliegen, ist bereits aus diesem Grund rechtswidrig. Sollte sich der Seminarort allerdings bloß mit dem Flugzeug in angemessener Zeit erreichen lassen, wäre die Flugangst von A lediglich dann rechtlich relevant, wenn sie krankhaft ist und dies ärztlich bescheinigt wird.

Literatur: Hutter/Markert/Ribbe, Das Bahnhasser-Buch, 2003; Müller, Fortbildungsbedarf in der öffentlichen Verwaltung, RiA 96, 117.

5.3.2.7 Besondere Schutzvorschriften

250 Die Landesregierung NW hat aufgrund von § 87 I S. 1 LBG durch Rechtsverordnung[893] geregelt, daß die nach §§ 18, 19 **Arbeitsschutzgesetz** erlassenen Rechtsverordnungen für Beamte entsprechend gelten. Das **Jugendarbeitsschutzgesetz** ist für jugendliche Beamte ebenfalls sinngemäß anzuwenden (§ 87 II S. 1 LBG), wobei hinsichtlich jugendlicher Polizeivollzugsbeamter Ausnahmen unter bestimmten Voraussetzungen zulässig sind (§ 87 II S. 2 LBG). Durch diese Normierungen werden die Vorschriften des Arbeitsschutzgesetzes und des Jugendarbeitsschutzgesetzes in angemessener Weise auf den öffentlichen Dienst übertragen. Zudem ist die Richtlinie 89/391/EWG (Arbeitsschutz) anzuwenden.

Mutterschutz ist sicherzustellen (§ 47 BeamtStG). Besonderen Schutz, beispielsweise durch Arbeitserleichterungen und Entlassungsverbote, bietet die MuSchVO für schwangere Beamtinnen. Beispielsweise darf für die einer Beamtin nach Mutterschutzrecht zustehende, in die Dienstzeit fallende **Stillzeit** kein den Arbeitsausfall ausgleichendes Nacharbeiten angeordnet werden.[894] Insbesondere mittels Arbeitszeit-, Pausen- und Nachtruheregelungen werden jugendliche Beamte unter 18 Jahren in der JugArbSchVO und schwerbehinderte Beamte durch das SGB IX geschützt.

Literatur: Krutoff, Betriebliches Gesundheitsmanagement als Teil eines zukunftsorientierten Personalmanagements, DÖD 05, 145; Müller-Petzer, Fürsorgepflichten des Arbeitgebers nach europäischem und nationalen Arbeitsschutzrecht, 2003; Graßl/Zakrzewski, Arbeitssicherheit und Unfallverhütung im öffentlichen Dienst – Ein Überblick über Rechtsgrundlagen und Verantwortlichkeiten, DÖD 01, 49; Geffken, Fragebogen oder Regelung? – Zur Umsetzung des Arbeitsschutzgesetzes in der öffentlichen Verwaltung, RiA 98, 265; Kollmer, Zur Bedeutung des Arbeitsschutzgesetzes (ArbSchG) für Beamtentum und öffentlichen Dienst, ZBR 97, 265; Schaller, EG-Richtlinien zum Arbeitsschutz im öffentlichen Dienst – Geltung von nicht fristgerecht umgesetzten Richtlinien im nationalen Bereich, RiA 96, 18; Nöthlichs, Arbeitsschutz und Arbeitssicherheit, Loseblattsammlung.

5.3.3 Durch Verwaltungsvorschriften und Rechtsprechung vorgenommene Konkretisierungen der Fürsorgepflicht

5.3.3.1 Anhörungs- und Beratungspflicht, Untersuchungsgrundsatz

251 Die Fürsorgepflicht gebietet dem Dienstherrn, Beamte anzuhören, bevor er aus Tatsachen nachteilige Schlüsse zieht.[895] Fraglich ist allerdings, wie sich dies zu § 28 VwVfG verhält. Das VwVfG tritt nur subsidiär zurück,

---

893 V. 9.6.98, GV NW, 428.
894 OVG Lüneburg, ZBR 92, 253 (253 f.).
895 BVerfGE 8, 332 (356 f.); Schnellenbach, ZBR 81, 301 (304) m.w.N.

5. Rechte des Beamten

soweit Rechtsvorschriften inhaltsgleiche oder entgegenstehende Bestimmungen enthalten (§ 1 I, letzter Satzteil VwVfG). Die allgemeine **Anhörungspflicht** ist jedoch nicht in § 85 LBG erwähnt, sondern durch die Rechtsprechung konkretisiert. Deshalb gilt folgende Systematik: Soweit das LBG eine Anhörungspflicht speziell regelt (z.B. in § 28 I S. 3 LBG), muß diese Norm herangezogen werden. In den anderen Fällen ist § 28 VwVfG anzuwenden.[896] Soweit § 28 VwVfG nicht greift, insbesondere weil die vorgesehene Maßnahme keinen Verwaltungsakt darstellt, muß man auf die Fürsorgepflicht mit dem beschriebenen Inhalt abstellen. Dieses über § 28 VwVfG hinausgehende Anhörungsrecht rechtfertigt sich aus der Eingliederung des Beamten in die Staatsorganisation und den damit verbundenen Möglichkeiten des Dienstherrn, dessen Individualrechte einzuschränken. Dann muß der Dienstherr ihn zumindest aus Fürsorgegesichtspunkten vor geplanten Maßnahmen anhören.

Ähnlich verhält es sich mit der **Beratungspflicht** des Dienstherrn. Dabei ist § 25 VwVfG als Mindeststandard anzusehen, der im Einzelfall durch die Fürsorgepflicht erweitert wird. Allerdings muß man beachten, daß der Beamte, der nicht allein für seine speziellen Aufgaben ausgebildet wurde, sondern ebenfalls darüber hinausgehende allgemeine Kenntnisse der Verwaltungsabläufe hat, weniger schutzbedürftig als ein Bürger sein kann. Deshalb gibt es grundsätzlich keine Pflicht des Dienstherrn, seine Beamten von sich aus auf Vorschriften hinzuweisen[897], zumal wenn sie sich durch die Lektüre von Gesetz-, Verordnungs- oder Verwaltungsblättern unschwer informieren können.[898] Der Dienstherr kann die dem Beamten zumutbaren rechtlichen Kenntnisse regelmäßig voraussetzen.[899] Erst recht muß er keinen Volljuristen über rechtliche Konsequenzen von Handlungen aufklären, die sich aus dem klaren Wortlaut einer einfach zu verstehenden Norm ergeben. Anders ist es, wenn sich in Bestimmungen (wie beispielsweise §§ 72c BBG, 78f LBG) eine ausdrückliche Belehrungspflicht über Rechtsfolgen findet, wenn der Beamte ersichtlich irrt[900] bzw. Gründe für die Annahme vorhanden sind, daß er die Sach- oder Rechtslage nicht oder nicht in ihrer ganzen Tragweite erfaßt[901], oder wenn eine entsprechende allgemeine Verwaltungspraxis begründet wurde[902]. Keine Belehrungspflichten bestehen hingegen beim sog. „Bewerbungsrechtsverhältnis" anläßlich der Anbahnung eines Beamtenverhältnisses.[903]

---

896 So wohl auch Scheerbarth/Höffken/Bauschke/Schmidt, § 17 II 2b; ähnlich Kunig, ZBR 86, 253 (257); a.A. Schnellenbach, ZBR 81, 301 (304).
897 OVG Münster, NVwZ-RR 02, 860 = DÖD 02, 287.
898 BVerwG, ZBR 85, 22 (23); E 65, 197 (203); ZBR 93, 182 (183); NVwZ 98, 400 = ZBR 97, 231 (232); BGH, NVwZ 85, 936 (937); VGH Mannheim, VBlBW 03, 472 (475) = ZBR 05, 55 (58) = DÖD 03, 207 (209) = RiA 04, 41 (44).
899 Schütz/Maiwald, § 33 LBG, Rn 39.
900 BVerwG, ZBR 90, 127; E 65, 197 (203); ZBR 93, 182 (183).
901 BVerwG, DVBl 05, 1138 (1143) = ZBR 05, 339 (343) = RiA 05, 297 (303); OVG Bremen, NordÖR 03, 308 (311); VG Bremen, NordÖR 99, 242 (245), als Vorinstanzen.
902 BVerwG, DVBl 05, 1138 (1143) = ZBR 05, 339 (343) = RiA 05, 297 (303); NVwZ 98, 400 = ZBR 97, 231 (232).
903 OVG Münster, NVwZ-RR 02, 860 = DÖD 02, 287.

8. Abschnitt: Rechtsstellung des Beamten

Fragt der Beamte jedoch, ist der Dienstherr verpflichtet, ihn über seine Rechte und Pflichten richtig, vollständig sowie sachgemäß zu beraten und über die Rechtsfolgen und Tragweite seiner Anträge aufzuklären.[904] Diese Pflicht geht über § 25 S. 2 VwVfG hinaus, weil sie unabhängig von einem konkreten Verwaltungsverfahren besteht und sogar materielle Rechte umfaßt.

Auch beim **Untersuchungsgrundsatz** (§ 24 I S. 1 VwVfG) kann die Fürsorgepflicht den Umfang der Ermittlungen (§ 24 I S. 2, 1. Hs. VwVfG) erweitern.

Schließlich muß der Dienstherr Anträge des Beamten aus dem Gedanken der Fürsorge heraus vor allem dann zügig bearbeiten, wenn diesem durch Zeitablauf absehbar Nachteile drohen, die bei einer fürsorglichen Behandlung vermeidbar gewesen wären.[905]

5.3.3.2 Förderungspflicht

252 Zunächst muß man die Personalsachbearbeitung so gestalten, daß die für den Beamten günstigen Entscheidungen jeweils zum frühestmöglichen Zeitpunkt getroffen werden können. Die dienstliche Beurteilung ist unter Ausschöpfung aller Erkenntnismöglichkeiten gerecht, unvoreingenommen und möglichst objektiv zu gestalten.[906] Berufsanfänger sollen auf allen für ihren Dienstbereich und ihre Laufbahn typischen Dienstposten eingesetzt werden, um ihre besonderen Stärken und Schwächen zu erkennen. Behebbare Mängel der Amtsführung darf man nicht erst in einer dienstlichen Beurteilung rügen.[907] Nach der Rechtsprechung folgt aus der Fürsorgepflicht hingegen nicht, daß der Dienstherr auf eine Beförderung durch aktives Handeln hinwirken muß. Die Fürsorgepflicht bestehe ausschließlich in den Grenzen des bekleideten Amtes.[908] Ausnahmsweise existiert ein Anspruch auf richtige, d.h. richtliniengetreue Dienstpostenbewertung aufgrund der Fürsorgepflicht, wenn aus der Bewertung eine konkrete, rechtlich nicht zu ignorierende Beförderungschance folge.[909]

5.3.3.3 Schadenabwendungspflicht (Schutzpflicht)

253 Der Dienstherr muß Leben und Gesundheit des Beamten schützen.[910] Dazu gehören u.a.,

---

904 BVerwGE 65, 197 (203); ZBR 93, 182 (183); DVBl 05, 1138 (1143) = ZBR 05, 339 (343) = RiA 05, 297 (303); OVG Bremen, NordÖR 03, 308 (311); VG Bremen, NordÖR 99, 242 (245), als Vorinstanzen.
905 OVG Koblenz, NVwZ-RR 03, 517.
906 Schnellenbach, ZBR 81, 301 (305) m.w.N.
907 OVG Lüneburg, OVGE 3, 138 (143).
908 BVerwGE 15, 3 (7) = DVBl 63, 511 (512); Anm Tietgen, DVBl 63, 513 (513 ff.); 19, 332 (338); DVBl 65, 331.
909 „Beförderungsanwartschaft": BVerwGE 36, 192 (207, 217); DÖV 79, 58; Anm Seewald, DÖV 79, 59 (59 f.); Battis, § 23 BBG, Rn 18.
910 BVerwGE 25, 138 (141).

5. Rechte des Beamten

- den Gesundheitszustand bei Maßnahmen zur Änderung des funktionellen Amtes einzubeziehen[911],
- die ordnungsgemäße Beschaffenheit der Diensträume nebst Zugängen und der Dienstgeräte.[912] Zu den Ansprüchen eines Lehrers gegen die den Schulaufwand tragende Gebietskörperschaft äußert sich der VGH München[913]. Er stellt dabei grundsätzlich fest, daß Ansprüche aus beamtenrechtlicher Fürsorgepflicht allein gegen den Dienstherrn (das Land) und nicht gegen die Gemeinde bestehen. Andererseits werde dadurch bei der Beschädigung von in das Schulgebäude eingebrachtem Eigentum des Lehrers keine Haftung des Schulaufwandträgers aus Verwahrung, aus Amtspflichtverletzung oder aus Verletzung einer Verkehrssicherungspflicht ausgeschlossen. Dieser hafte jedoch bei Verwahrung nur für diligentia quam in suis (Sorgfalt in eigenen Angelegenheiten)[914],
- Schutzvorkehrungen vor Berufsgefahren[915],
- ein **Rauchverbot** in Großraumbüros.[916] Nach der Rechtsprechung hat ein Beamter aufgrund der Fürsorgepflicht des Dienstherrn lediglich einen Anspruch darauf, an seinem jeweiligen Arbeitsplatz vor gesundheitlichen Beeinträchtigungen durch Tabakrauch geschützt zu werden.[917] Ihm steht hingegen kein Anspruch auf Erlaß eines allgemeinen Rauchverbots zu[918],
- sonstige geeignete Mittel zur Abhilfe schon beim ernsthaften Verdacht einer Gesundheitsbeeinträchtigung durch Passivrauchen zu ergreifen.[919] Insbesondere haben Raucher nicht das Recht, andere, wie z.B. Nichtraucher, in ihrer Gesundheit zu beeinträchtigen. Das Recht auf Rauchen (Art. 2 I GG) wird insoweit durch die Fürsorgepflicht des Dienstherrn gegenüber Nichtrauchern wirksam eingeschränkt. Mittlerweile kann ein Anspruch auf Schutz direkt aus § 5 I Arbeitsstättenverordnung hergeleitet werden. Für welche Maßnahmen sich der Dienstherr allerdings entscheidet, liegt in seinem pflichtgemäßen Ermessen.[920] Jedenfalls geht der Schutz vor gesundheitlichen Gefahren nicht so weit, daß ein Beamter bei einer Dienstreise einen Anspruch auf ein Einzelzimmer hat, um das ihm vom Dienstherrn angebotene Doppelzimmer nicht mit einem starken Raucher und Schnarcher teilen zu müssen.[921]

---

911 BVerwG, Buchholz 232, § 26 BBG, Nr. 11, 4, und § 79 BBG, Nr. 44, 27 (29 f.).
912 RGZ 137, 81 (82 f.); VGH München, NVwZ-RR 06, 199 (200).
913 ZBR 98, 66 = NVwZ 98, 421.
914 BVerwGE 52, 247 (254).
915 Battis, § 79 BBG, Rn 11.
916 VG Köln, NJW 78, 2354 (2354 f.); umstr., vgl. Battis, § 79 BBG, Rn 12, und BVerwG, ZBR 88, 217 (218) = NJW 88, 783 (784).
917 BVerwG, DÖD 93, 180 = NVwZ 93, 692 (693).
918 BVerwG, DÖD 93, 180 (181) = NVwZ 93, 692 (693).
919 BVerwG, ZBR 85, 21 = NJW 85, 876 (877).
920 BVerwG, DÖD 93, 180 = NVwZ 93, 692 (693).
921 VGH Kassel, DÖD 91, 37 (39); zu Recht abl. Anm Klein, DÖD 91, 39.

Staatsdiener müssen öffentliches Vertrauen in einem von ungebührlichen Störungen freien Umfeld genießen, um ihre Aufgaben erfolgreich wahrnehmen zu können.[922] Deshalb gebietet die aus der Fürsorgepflicht folgende Schutzpflicht weiterhin, den Beamten bei seiner amtlichen Tätigkeit und in seiner Stellung als Beamter gegen unberechtigte Angriffe zu verteidigen.[923] Allerdings sind die Grenzen für zulässige Kritik an Angehörigen des öffentlichen Dienstes, die in amtlicher Eigenschaft tätig werden, weiter als an Privatpersonen, jedoch nicht so weit wie bei Politikern.[924] Der Dienstherr muß sich vor seine Beamten stellen.[925] Hierzu gehört ebenfalls, den Beamten vor unwahren oder entstellenden Presseberichten in Schutz zu nehmen. Dazu können der Gegendarstellungsanspruch (§ 11 LandespresseG) oder das Strafantragsrecht (§ 194 III StGB) dienen. Zudem kann man die ehrenrührige Handlungsweise zurückweisen, Tatsachen richtigstellen sowie eine Ehrenerklärung zugunsten des Beamten abgeben.[926] Die Schutzpflicht vermittelt allerdings keinen Anspruch auf bestimmte Maßnahmen. Der Dienstherr hat vielmehr nach seinem pflichtgemäßen Ermessen jeweils darüber zu befinden, wie er ihr genügen will. Geeignet ist bei strafbaren Handlungen eine Anzeige an die Strafverfolgungsbehörde, die allerdings im Ermessen des Dienstvorgesetzten liegt.[927] Werden Amtsträger beleidigt, hat der Dienstvorgesetzte im öffentlichen Interesse ein eigenes selbständiges Strafantragsrecht (§ 194 III S. 1 StGB). Dies sollte genutzt werden, sofern eine Strafverfolgung zweckmäßig erscheint. Gleichfalls muß der Dienstherr den Namen eines Denunzianten nennen, wenn dieser einen Beamten leichtfertig oder wider besseres Wissen der Korruption bezichtigt, selbst wenn ihm Vertraulichkeit zugesichert worden war.[928]

Im übrigen verbietet es die beamtenrechtliche Fürsorgepflicht dem Dienstherrn, den Beamten durch Kritik an seiner Amtsführung gegenüber Dritten ohne rechtfertigenden Grund bloßzustellen. Das gilt sowohl für nachteilige Tatsachenbehauptungen als auch für mißbilligende Werturteile. Dabei ist nicht erforderlich, daß der Beamte namentlich genannt wird.[929] Im Fall unzulässiger Kritik nach außen kann der Beamte beanspruchen, daß der Dienstherr die Ansehensbeeinträchtigung für die Zukunft durch eine geeignete, nach Form und Adressatenkreis der diskriminierenden Äußerung entsprechende Erklärung ausräumt.[930]

---

922 EGMR, ZBR 99, 376 (378).
923 BVerfGE 43, 154 (165) = NJW 77, 1189; LKV 01, 509.
924 EGMR, NJW 06, 1645 (1649).
925 Strunk, Rn 225; Schütz/Maiwald, § 85 LBG, Rn 36 ff.
926 Weitere Möglichkeiten untersucht Tiedemann, 151 ff.
927 BVerwG, PersV 06, 115 (117) = NVwZ-RR 06, 53 (54) = ZBR 05, 252 (254).
928 BVerwG, NWVBl 03, 340 (341) = DÖV 03, 769 (770) = NJW 03, 3217 (3218) = DVBl 03, 1546 (1547) = ZBR 04, 56 (57) = DÖD 03, 238 (239) = E 118, 10 (13 f.); OVG Münster, IÖD 02, 163 (164 ff.), als Vorinstanz.
929 BVerwG, DVBl 95, 1248 = NJW 96, 210; VGH Mannheim, VBlBW 05, 30 (31).
930 BVerwG, DVBl 95, 1248 (1250) = NJW 96, 210 (212); VGH Mannheim, VBlBW 05, 30 (35).

5. Rechte des Beamten

Literatur: Otto, Der strafrechtliche Schutz vor ehrverletzenden Meinungsäußerungen, NJW 06, 575; Hornauer, Nichtraucherschutz/rauchfreie Stadtverwaltung, PersV 05, 171; Tiedemann, Der Anspruch des Beamten auf Schutz seiner Ehre durch den Dienstherrn, jur. Diss., Bonn, 2004; Haas, Die Ehre als Ausdruck der Würde des Menschen – Ehrenschutz im Beamtenrecht, in Franke/Summer/Weiß, Öffentliches Dienstrecht im Wandel, FS für Walther Fürst, 2002, 159; Wischnath, Der Raucher muß vor dem Nichtraucher zurückstehen, DÖD 94, 258.

Fall: Lutz T ist Beamter im Ordnungsamt der Stadt B. Er beantragt bei seinem Dienstvorgesetzten Bürgermeister Dr. Werner Gierschlund (G), ihn mit einer schußsicheren Weste auszustatten, weil er von der Polizei zu Durchsuchungen hinzugezogen werden könne und ihm dort Gefahren drohten. G fragt, ob T einen Anspruch auf eine schußsichere Weste hat. Die Stadt B hat keine Dienst- bzw. Schutzkleidungsvorschriften erlassen.

Ein solcher Anspruch auf Ausstattung der Beamten des Ordnungsamtes mit schußsicheren Westen ist denkbar, wenn in einer Dienstkleidungsvorschrift ausdrücklich angeordnet wurde, daß derartige schußsichere Westen als Schutzkleidung zu tragen sind. Laut des Sachverhalts wurde jedoch gerade keine Dienst- bzw. Schutzkleidungsvorschrift erlassen.

Ein Anspruch auf Ausstattung mit schußsicheren Westen könnte sich weiterhin aus der Fürsorgepflicht des Dienstherrn ergeben. Zur Fürsorgepflicht gehört ebenfalls die Schadenabwendungspflicht als Schutzpflicht. Danach muß der Dienstherr Leben und Gesundheit des Beamten schützen. Hierzu zählen auch Schutzvorkehrungen vor Berufsgefahren. Auf welche Art und Weise allerdings der Dienstherr seiner Schutzpflicht nachkommt, liegt in seinem pflichtgemäßen Ermessen. T hat lediglich dann einen Anspruch auf eine bestimmte Maßnahme, wenn das Ermessen auf Null reduziert ist. Eine solche Ermessensreduzierung auf Null, Beamte des Ordnungsamtes mit schußsicheren Westen auszustatten, ist gegeben, wenn eine derartige Berufsgefahr naheliegt und ihr allein mit dieser Schutzmaßnahme begegnet werden kann.

Hier bestehen bereits erhebliche Zweifel, ob die drohenden Gefahren naheliegen. Dies kann jedoch offenbleiben, weil die Ausstattung mit schußsicheren Westen nicht die einzig denkbare Schutzmöglichkeit ist und somit keine Ermessensreduzierung auf Null vorliegt. Die Zuständigkeit des Gemeindepersonals bei Durchsuchungen ist eine subsidiäre. In § 105 II S. 1 StPO heißt es nämlich, daß ein Gemeindebeamter oder zwei Mitglieder der Gemeinde „wenn möglich" hinzuziehen sind. Eine sinn- und zweckentsprechende Interpretation dieser Norm kann ausschließlich zum Ergebnis führen, daß in Gefahrensituationen die Hinzuziehung von Gemeindepersonal nicht möglich ist. Dabei muß man beachten, daß kommunale Beamte des Ordnungsamtes anders als Polizisten für den Umgang mit gefährlichen Situationen nicht geschult sind. Bei jeder Anforderung des Personals durch die Polizei sollte demzufolge zunächst die Polizei Bürgermeister G gegenüber eine rechtsverbindliche Erklärung abgeben, daß bei der Durchsuchung Gefahrensituationen nach menschlichem Ermessen ausgeschlossen sind. Sollte diese rechtsverbindliche Erklärung nicht vorliegen, ist für die Durchsuchung kein gemeindliches Personal zu stellen, weil dies dann nicht möglich (§ 105 II S. 1 StPO) wäre. Sollte die rechtsverbindliche Erklärung von der Polizei gegeben sowie gemeindliches Personal hinzugezogen werden und entsteht die nicht vorherzusehende Gefahr erst während des Einsatzes, kann man dieser auch ohne schußsichere Westen begegnen. In diesem Fall ist die entsprechend ausgestattete Polizei verpflichtet, das von ihr hinzugezogene gemeindliche Personal durch situationsangemessene polizeiliche Maßnahmen zu schützen. Zudem sollte sich das gemeindliche Personal beim Auftreten der kleinsten Gefahr sofort zurückziehen und in Sicherheit abwarten, bis die Polizei wiederum rechtsverbindlich erklärt, daß nach menschlichem Ermessen keine Gefahren mehr drohen. Aufgrund der Zuständigkeitsordnung, aber auch der Ausrüstung und Ausbildung ist es die primäre Aufgabe der Polizei, bei Gefahren tätig zu werden. Solange eine Situation gefährlich ist, muß der Dienstvorgesetzte Beamte dadurch schützen, daß er ihnen jegliches Tätigwerden verbietet. Die subsidiäre Zuständigkeit des Gemeindepersonals besteht bloß bei ungefährlichen Einsätzen.

T hat somit keinen Anspruch auf eine schußsichere Weste.

5.3.3.4 Sonstiges

254 Die Fürsorgepflicht fordert nicht, den Beamten kostenlose **Parkmöglichkeiten für Kraftfahrzeuge** anzubieten.[931] Deshalb verletzt die Anordnung einer Behörde, die Nutzung ihres Behördenparkplatzes durch ihre Bediensteten von dem Besitz eines „**Job-Tickets**" für die öffentlichen Nahverkehrsmittel abhängig zu machen, kein höherrangiges Recht. Es ist grundsätzlich Sache des Beamten selbst, entweder mit öffentlichen Verkehrsmitteln – falls nicht zu Fuß oder mit dem Fahrrad – oder motorisiert zum Dienst und vom Dienst nach Hause zu kommen. Falls er ein Kraftfahrzeug benutzt, muß er sich selbst um einen Parkplatz bemühen. Deshalb besteht kein Rechtsanspruch des Beamten, ihm eine kostenlose Parkmöglichkeit bereitzuhalten. Andererseits ist der Dienstherr rechtlich nicht gehindert, in Konkretisierung der ihm obliegenden Fürsorgepflicht entsprechende Parkplätze anzubieten.[932] Dies bietet sich beispielsweise bei schwerbehinderten Beamten und solchen an, die das Auto im dienstlichen Interesse benutzen.[933]

Ebenfalls verstößt die – wegen der Überprüfung der Haushaltsmittel und der Telefonkosten erfolgende – automatische **Registrierung der dienstlichen Telefongespräche** nach Nebenstellennummer, gewählter Rufnummer, Datum, Uhrzeit und Dauer des Gesprächs nicht gegen Rechte der Beamten.[934] Dabei läßt das Gericht offen, ob dies auch für Richter unter dem Gesichtspunkt der richterlichen Unabhängigkeit gilt.

255 Die aus der Fürsorgepflicht des Dienstherrn abgeleitete Beistandspflicht kann dazu führen, die notwendigen **Kosten der Rechtsverteidigung** zu übernehmen.[935] Dafür ist Voraussetzung, daß eine dienstliche Verrichtung oder ein Verhalten im Zusammenhang mit einer dienstlichen Tätigkeit zu einem Verfahren gegen den Beamten führt. Sinn und Zweck der Kostenerstattung liegen darin, daß sich der Beamte nicht aus Angst vor etwaigen gerichtlichen Verfahren gehemmt oder gehindert sieht, Dienstaufgaben zu übernehmen und ordnungsgemäß zu erfüllen. Ein Anspruch scheidet aus, wenn der Dienstherr selbst ein Verfahren gegen den Beamten wegen des Verdachts auf Straftaten im Amt eingeleitet hat.[936] Des weiteren hat kein Beamter einen Anspruch bei Verfahren, die er selbst anstrengt. Ebenso wenig darf der Dienstherr die Kosten für Rechtsschutzversicherungen seiner Beamten tragen (§ 6 I LBesG). Es gehört zur privaten Lebensführung, daß sich ein Beamter gegen die Wechselfälle des Lebens ggf. durch Versicherungen absichert und die hierdurch entstehenden Kosten selbst begleicht. Gleichfalls dürfen die Rechtsschutzaufwendun-

---

931 OVG Lüneburg, NJW 96, 2591 (2592) = RiA 97, 39 (40); OVG Saarlouis, ZBR 04, 213.
932 OVG Lüneburg, NJW 96, 2591 (2592) = RiA 97, 39 (40).
933 Battis, § 79 BBG, Rn 14.
934 VGH Mannheim, NJW 91, 2721 (2721 f.).
935 BVerwG, NJW 85, 1041; OVG Koblenz, DÖD 01, 179 (180); NVwZ-RR 95, 456; VGH Kassel, NVwZ-RR 97, 43 (44); RiA 95, 194 (195) = NVwZ-RR 94, 596 (597); VG Schwerin, NVwZ-RR 98, 508; Schnellenbach, Rn 403 m.w.N.
936 OVG Koblenz, DÖD 01, 179 (180 f.).

5. Rechte des Beamten

gen nicht erstattet werden, wenn eine Rechtsschutzversicherung sie übernimmt.[937] Hingegen kann man den Eigenanteil einer privaten Rechtsschutzversicherung erstatten.[938]

Der Bund und die Länder haben Verwaltungsvorschriften erlassen, nach denen dem Beamten unter bestimmten Voraussetzungen auf seinen Antrag zur Bestreitung der notwendigen Kosten seiner Rechtsverteidigung ein Vorschuß oder ein Darlehen zu gewähren sind. Der Rechtsschutz für Landesbedienstete in Strafsachen und Bußgeldverfahren ist für das Land NW durch RdErl[939] geregelt. Es bestehen juristisch keine Bedenken, wenn Kommunen die Grundzüge dieses Erlasses heranziehen, um die Frage zu beantworten, ob sie wegen der Fürsorgepflicht verpflichtet sind, ein Darlehen auf die zu erwartenden Rechtsverteidigungskosten zu geben. Das wäre nur dann ermessensfehlerhaft, wenn sie in der Vergangenheit bereits eine andere Verwaltungspraxis begründet gehabt hätten.

Nach den entsprechenden Bestimmungen des RdErl muß ein Antrag formell entscheidungsreif und materiell begründet sein.

Formell soll ein Darlehen auf die Rechtsverteidigungskosten gewährt werden, wenn im Zusammenhang mit der dienstlichen Tätigkeit des Beamten ein strafrechtliches Ermittlungsverfahren oder ein Bußgeldverfahren eingeleitet, öffentlich Klage im strafgerichtlichen Verfahren oder Privatklage (§ 374 StPO) oder Nebenklage (§ 395 StPO) erhoben wurde, der Erlaß eines Strafbefehls beantragt oder eine Strafverfügung oder ein Bußgeldbescheid erlassen worden sind (Nr. 1 S. 1). Sobald die Staatsanwaltschaft durch eine Anzeige oder auf anderem Wege vom Verdacht einer Straftat Kenntnis erhält, hat sie zu ihrer Entschließung darüber, ob die öffentliche Klage zu erheben ist, den Sachverhalt zu erforschen und somit ein strafrechtliches Ermittlungsverfahren einzuleiten (§ 160 I StPO). Demzufolge steht einem Beamten bereits zu diesem Zeitpunkt ein Darlehen auf die Rechtsverteidigungskosten zu. Der Beamte hat seinem unmittelbaren Dienstvorgesetzten folgendes vorzulegen bzw. mitzuteilen (Nr. 2 S. 2):

- das Aktenzeichen der Ermittlungsbehörde, der Verwaltungsbehörde oder des Gerichts und möglichst auch eine Abschrift der bisher ergangenen Entscheidungen (Ziff. 1),
- eine kurzgefaßte Schilderung des Sachverhalts unter Darlegung des Verteidigungsvorbringens des Rechtsschutzsuchenden (Ziff. 2),
- die Gründe, welche die Verteidigungsmaßnahme geboten erscheinen lassen (Ziff. 3),
- Namen und Anschrift des vorgesehenen oder bereits beauftragten Verteidigers (Ziff. 4) sowie
- die voraussichtlichen Kosten des Rechtsschutzes (Ziff. 5).

---

937 OVG Lüneburg, OVGE 47, 387 (389 ff.).
938 OVG Koblenz, DÖD 01, 179 (180).
939 Des IM und FM i.d.F. v. 16.9.81, MBl. NW, 2092.

8. Abschnitt: Rechtsstellung des Beamten

Materiell ist Voraussetzung (Nr. 1 S. 2), daß

– ein dienstliches Interesse an einer zweckentsprechenden Rechtsverteidigung besteht (Ziff. 1),
– die Verteidigungsmaßnahme (z.B. Bestellung eines Verteidigers, Einholung eines Gutachtens) wegen der Eigenart der Sach- oder Rechtslage geboten erscheint (Ziff. 2),
– nach den Umständen des Falles anzunehmen ist, daß den Rechtsschutzsuchenden kein oder nur ein geringes Verschulden trifft (Ziff. 3),
– die Verauslagung der Kosten dem Rechtsschutzsuchenden nicht zugemutet werden kann (Ziff. 4) und
– von anderer Seite – ausgenommen von Berufsverbänden – kostenfreier Rechtsschutz nicht zu erlangen ist (Ziff. 5).

Fall: Der nicht wiedergewählte Bürgermeister der Stadt B (Rn 239), der bereits mehrfach in Erscheinung getretene Dr. Werner Gierschlund (G), Volljurist in der Besoldungsgruppe B 8, hat bei seiner Abschiedsrede in einer öffentlichen Ratssitzung ausweislich des stenographischen Protokolls folgendes ausgeführt: „Nicht nachzutrauern brauche ich andererseits denjenigen politisch Verantwortlichen, die es mit erstaunlich hohem Aufwand an Zeit und schon fast krimineller Energie geschafft haben, Tatsachen zu erfinden, zu verdrehen und zu entstellen und Menschen, weil sie eigenen Ambitionen und dem Postenschacher sprichwörtlich ‚im Wege standen', ohne Hemmungen in den Schmutz zu ziehen. Es handelt sich nur um ein kleines Häuflein von erstmalig aus dem 1994er Wahlergebnis hervorgegangenen sogenannten ‚Volksvertretern', die es allerdings verstanden haben, so viele andere für ihre ‚Mission' zu gewinnen und ‚scharf zu machen', daß Vernunft und Besonnenheit auf breiter Front auf der Strecke blieben. Getroffen haben die Rufmörder und deren Gefolgsleute damit nicht nur meine Person, sondern meine ganze Familie. Das was X, Y & Co. (hier wurden die Namen vollständig genannt) mit ihrer monatelangen Kampagne meiner Frau und meinen Kindern angetan haben, ist unverzeihlich!"

X und Y stellen Strafantrag gegen G. Dieser beantragt bei B die Übernahme der notwendigen Kosten der Rechtsverteidigung. Die Stadt wendet die im RdErl des Landes NW niedergelegten Richtlinien an. Wie wird B materiell-rechtlich entscheiden?

G hat die inkriminierenden Äußerungen bei seiner Verabschiedung in öffentlicher Ratssitzung gemacht. Eine Rede in einer Ratssitzung steht mit seiner dienstlichen Tätigkeit als Bürgermeister in Verbindung (Nr. 1 S. 2 Ziff. 1). Es ist jedoch weitere Voraussetzung, daß dem Rechtsschutzsuchenden nicht zugemutet werden kann, die Kosten auszulegen (Nr. 1 S. 2 Ziff. 4). Hier kann ermessensfehlerfrei davon ausgegangen werden, daß einem in den Ruhestand versetzten Bürgermeister mit der Besoldungsgruppe B 8 wegen der Höhe seiner Versorgungsbezüge finanziell zuzumuten ist, die Rechtsverfolgungskosten zunächst selbst zu bezahlen. Bereits aus diesem Gesichtspunkt könnte B den Antrag des G ablehnen. Ferner ist Voraussetzung, daß nach den Umständen des Falles anzunehmen ist, daß den Rechtsschutzsuchenden kein oder bloß ein geringes Verschulden trifft (Nr. 1 S. 2 Ziff. 3). Aufgrund der inhaltlichen Verknüpfungen in der Rede des G liegt die Einschätzung nicht fern, daß zwei benannte Ratsmitglieder als „Rufmörder" tituliert werden, die mit „schon fast krimineller Energie" lügen und die Ehre anderer Menschen verletzen. In diesem Fall ist die Annahme jedenfalls nicht ermessensfehlerhaft, daß den G als Rechtsschutzsuchenden wegen der wissentlichen und willentlichen Bezeichnung von zwei namentlich erwähnten Personen als „Rufmörder" mit „schon fast krimineller Energie" nicht lediglich ein geringes Verschulden trifft. Als Volljurist hätte er die mehr als naheliegende Möglichkeit, durch seine Worte eine Beleidigung (§ 185 StGB) oder üble Nachrede (§ 186 StGB) zu begehen, erkennen müssen. Unterläßt er trotz dieser Erkenntnismöglichkeit seine Äußerungen nicht, übersteigt dies das geforderte geringe Verschulden. B wird deshalb den Antrag des G ablehnen.

Abweichend von der Gebührenordnung für Rechtsanwälte können höhere Gebühren für anwaltliche Leistungen im Einzelfall übernommen werden

5. Rechte des Beamten

(Nr. 4 S. 5). Danach ist eine anteilige Übernahme von Auslagen aus einer **Honorarvereinbarung** prinzipiell zulässig, wenn die vereinbarte Gebühr den Grundsätzen des § 12 I BRAGO (nunmehr § 14 I Rechtsanwaltsvergütungsgesetz) entspricht. Bestehen Zweifel über die Angemessenheit der vereinbarten Gebühr, so ist der Mittelwert der in Frage kommenden Rahmengebühr zugrunde zu legen, wenn nicht besondere Umstände einen höheren oder geringeren Wert rechtfertigen oder der Beamte die Berechtigung der vereinbarten Gebühr durch Gerichtsentscheidung nachweist.

Wird der Beamte im Strafverfahren freigesprochen, kann auf die Rückzahlung des Darlehens verzichtet werden, soweit dem Beamten überhaupt noch selbst zu tragende Kosten bleiben; wird er hingegen verurteilt, hat er das Darlehen, u.U. in Raten, zurückzuzahlen (Nr. 4 S. 1).[940]

Die geschilderten **Grundgedanken** hinsichtlich des Rechtsschutzes in Strafsachen und Bußgeldverfahren **gelten entsprechend für zivilgerichtliche Verfahren**. Geht ein von Amtshandlungen Betroffener zivilgerichtlich gegen den Beamten persönlich vor, ist eine Hilfeleistung des Dienstherrn insbesondere durch volle oder teilweise Übernahme der Kosten einer angemessenen Rechtsverteidigung auf Darlehensbasis denkbar. Gleiches wäre unter engen Voraussetzungen ebenfalls bei einem sachgerechten zivilrechtlichen Vorgehen gegen eine stark dienstbezogene Ehrverletzung geboten.[941]

Literatur: Leuze, Urheberrechte der Beschäftigten im öffentlichen Dienst, 2. Aufl. 03; Häde, Beamtenrechtliche Fürsorgepflicht und Rechtsschutzkosten, BayVBl 99, 673; Leuze, Das allgemeine Persönlichkeitsrecht des Beamten, ZBR 98, 187; ders., Urheberrechte im Beamtenverhältnis, ZBR 97, 37; Els, Zur Strafanzeige des Dienstherrn, RiA 93, 229; Hösgen und Zapka, Anmerkungen zu BVerwG, Urt. vom 25.2.93, 2 C 14.91 (Schutz vor Tabakrauch), DÖD 93, 181; Thiele, Rechte und Pflichten der Beamten, DÖD 88, 273; Schick, Strafrechtsschutz für Beamte? – Überlegungen anläßlich einer neuen Verwaltungsregelung, ZBR 86, 33; Schnellenbach, Inhalt und Grenzen der Fürsorgepflicht im Beamtenrecht, ZBR 81, 301.

---

940 Zu den näheren Einzelheiten äußert sich das OVG Koblenz, NVwZ-RR 95, 456.
941 VGH Kassel, RiA 95, 194 (195 f.) = NVwZ-RR 94, 596 (597); Plog/Wiedow/Lemhöfer/Bayer, § 79 BBG, Rn 20.

9. Abschnitt: Folgen von Pflichtverletzungen

1. Pflichtverletzungen durch Beamte

Bei Pflichtverletzungen muß der Beamte mit vermögens-, beamten- und strafrechtlichen Folgen rechnen.

1.1 Vermögensrechtliche Folgen

Pflichtverletzungen eines Beamten können sich finanziell in Form von Schadenersatz- und Erstattungsansprüchen sowie durch den Verlust der Dienstbezüge auswirken.

1.1.1 Schadenersatz

1.1.1.1 Haftungssystem

Weil das Staatshaftungsgesetz als Ganzes durch das BVerfG[1] für nichtig befunden wurde, stellt sich die Haftung des Beamten systematisch wie folgt dar: **256**

Anspruchsberechtigt können sowohl Dritte (z.B. der Bürger, gegenüber dem die Pflichtverletzung erfolgte; Haftung im Außenverhältnis) als auch der Dienstherr sein, dessen Vermögen geschädigt wurde (Haftung im Innenverhältnis).

1.1.1.2 Haftung im Außenverhältnis

Im Außenverhältnis kann der **Beamte von Dritten** grundsätzlich **nur bei privatrechtlicher Tätigkeit** in Anspruch genommen werden (Art. 34 S. 1 GG). Insoweit spricht man von der **Eigenhaftung des Beamten.**[2] In diesem Fall haften Dienstherr und Beamter nach außen als Gesamtschuldner (Schaubild Nr. 3). **257**

Hingegen werden bei einer hoheitlichen Tätigkeit die **Ansprüche des geschädigten Dritten** grundsätzlich **auf den Dienstherrn übergeleitet** (Art. 34 S. 1 GG; Beispiele und Übersicht Rn 46). Ihm bleibt der Rückgriff beim Beamten vorbehalten, wenn dieser vorsätzlich oder grob fahrlässig (Rn 259) gehandelt hat (Art. 34 S. 1 GG).

Die **Haftungsvoraussetzungen** nennt § 839 I S. 1 BGB. Danach muß ein **Beamter (im haftungsrechtlichen Sinn**; Rn 46) in Ausübung eines

---

1 NJW 83, 25 (25 ff.).
2 Battis, § 78 BBG, Rn 5.

9. Abschnitt: Folgen von Pflichtverletzungen

ihm anvertrauten Amtes vorsätzlich oder fahrlässig die ihm einem Dritten gegenüber obliegende **Amtspflicht verletzen.** Privatrechtliches Handeln begründet keine Haftung gemäß § 839 I S. 1 BGB. Amtspflichten können sich aus Gesetzen oder anderen Rechtsvorschriften sowie aus allgemeinen Dienst- oder Verwaltungsanordnungen ergeben.[3] Bejaht wurde eine Amtspflichtverletzung bei unrichtiger Auskunft über die Höhe der Besoldung, speziell weil der Auskunftsempfänger an das Ergebnis erkennbar weitreichende Dispositionen knüpfen wollte.[4] Eine Amtspflichtverletzung kommt weiterhin in Betracht, wenn Vorgesetzte ihre Pflicht zu Unvoreingenommenheit verletzen oder die Ehre einer Person pflichtwidrig beeinträchtigen. Die bloße Anordnung disziplinarer Vorermittlungen sowie die Erstattung einer Strafanzeige zählen jedoch grundsätzlich nicht dazu.[5] Anders kann es sein, wenn ein Dienstvergehen bereits aus Rechtsgründen ausgeschlossen ist, oder auf einer unvollständigen Sachverhaltsermittlung beruht sowie bei einer sachwidrigen Schädigungsabsicht. Einem Dritten gegenüber besteht die Amtspflicht allein dann, wenn sie mindestens auch die Wahrnehmung der Interessen des einzelnen bezweckt.[6] Eine öffentlich-rechtliche Körperschaft ist lediglich Dritter, wenn es sich um Amtspflichten handelt, die erkennbar ihrem Schutz dienen, oder ihr der für die haftungspflichtige Behörde tätige Beamte in einer Weise gegenübertritt, wie sie für das Verhältnis zwischen einem Beamten und seinem Dienstherrn einerseits und dem Staatsbürger andererseits charakteristisch ist.[7] Danach ist eine Kommune als Schulträger hinsichtlich der Haftung einer Lehrkraft kein Dritter im Sinn des Amtshaftungsrechts. Vielmehr seien die Anstellungskörperschaft des Lehrers und der Schulträger faktisch so eng zu einer einheitlichen Organisation zusammengefaßt, daß ihre Beziehung untereinander einem Außenstehenden als „Internum" erscheine. Deshalb sei die Verpflichtung eines Lehrers, die ihm von der Gemeinde als Schulträger zur Verfügung gestellten Gegenstände sachgemäß zu behandeln, keine drittgerichtete Amtspflicht. Wenngleich in diesem Fall keine Haftung im Außenverhältnis gegeben ist, so kann der Lehrer dennoch im Innenverhältnis haften (§ 84 I S. 1 LBG), wenn er Sachmittel für den Unterricht, die im Eigentum der Stadt stehen, mindestens grob fahrlässig beschädigt. Das Land könne den Schadenersatz über eine Schadensliquidation im Drittinteresse geltend machen.[8] Anderer Ansicht ist Hoffmann[9], der allerdings über § 823 BGB zum gleichen Ergebnis einer Haftung des Beamten gegenüber der Gemeinde ab grob fahrlässiger Pflichtverletzung gelangt. Und schließlich zieht das OLG

---

3 Thomas, in Palandt, BGB, § 839 BGB, Rn 32.
4 BGH, MDR 05, 1166 = VersR 05, 1584 (1585 f.) = DÖD 06, 63 (65).
5 OLG Schleswig, NordÖR 00, 255 (256 f.).
6 Thomas, in Palandt, § 839 BGB, Rn 47.
7 BGHZ 60, 371 (373) = NJW 73, 1461 = ZBR 73, 283; BGHZ 116, 312 (315); NVwZ 03, 634 (635: sogar bei begünstigenden Maßnahmen, die von einer Kommune gegenüber der Kommunalaufsicht angestrebt werden); OLG Köln, DVBl 90, 311.
8 VGH Mannheim, ZBR 85, 115 (117); OVG Koblenz, NVwZ-RR 05, 477 (478).
9 SchulRecht 00, 75 (78 f.).

1. Pflichtverletzungen durch Beamte

Köln[10] einen sich aus dem Gemeinschaftsverhältnis von Land und kommunalem Schulträger ergebenden Ausgleichsanspruch bei grob fahrlässigem oder vorsätzlichem Handeln in Betracht. Unabhängig von der jeweils gewählten juristischen Konstruktion gelangen alle Auffassungen zum Resultat, daß eine grob fahrlässig oder vorsätzlich geschädigte Kommune hierfür Ersatz beanspruchen kann. Die Grundsätze der für das Zivilrecht entwickelten Drittschadensliquidation sollten m.E. auf diese gleich gelagerte öffentlich-rechtliche Fallkonstellation angewendet werden.[11] Das Land als Anstellungskörperschaft des Lehrers hat gegen diesen einen Anspruch (§ 84 I S. 1 LBG), aber keinen Schaden.[12] Hingegen hat die Kommune als Schulträger einen Schaden, aber mangels Verletzung einer drittbezogenen Amtspflicht keinen Anspruch.

Das Erstellen eines Gesundheitszeugnisses für einen Beamten ist keine Amtspflicht gegenüber einem Dritten (§ 839 BGB), wenn dieser Behörde ist.[13]

Der Dienstherr (und nicht der Beamte) haftet für Schäden, die dadurch entstehen, daß ein Vorgesetzter im Rahmen der gemeinsamen Dienstausübung einen Untergebenen systematisch und fortgesetzt schikaniert und beleidigt (Mobbing).[14]

Durch den Pflichtverstoß muß ein Schaden rechtswidrig und schuldhaft verursacht werden. Erforderlich sind eine objektive **Pflichtverletzung**, die **kausal für einen Schaden** ist, sowie ein Verschulden. Grundsätzlich muß der Kläger dies darlegen und beweisen. Dabei kann jedoch eine Beweiserleichterung (§ 287 ZPO) herangezogen werden bis hin zur Umkehr der Beweislast.[15] Verletzt der Beamte seine Pflichten, ist dies in der Regel rechtswidrig. **Schuldhaftes Handeln** liegt vor, wenn die gesetzlich obliegenden und durch die Rechtsprechung konkretisierten Pflichten einer ordnungsgemäßen und auch zumutbaren Amtsausübung unter Verstoß gegen die erforderliche Sorgfalt verletzt wurden. Vorsatz ist bei wissentlicher und willentlicher Verletzung der Amtspflicht gegeben, Fahrlässigkeit dann, wenn der Beamte die im Verkehr erforderliche Sorgfalt außer acht läßt (§ 276 II BGB).

Keine Ersatzpflicht tritt ein, wenn es der Verletzte vorsätzlich oder fahrlässig unterlassen hat, den Schaden durch ein Rechtsmittel abzuwenden (§ 839 III BGB). Fällt dem Amtsträger bei einer Amtspflichtverletzung ausschließlich Fahrlässigkeit zur Last, kann die Anstellungskörperschaft nur

---

10 DVBl 90, 311 (312).
11 So auch BVerwG, NJW 95, 978 = ZBR 95, 107; OVG Koblenz, NVwZ-RR 05, 477 (478); Schütz/Maiwald, § 84 LBG, Rn 68; Dürr/Dürr, 101.
12 A.A. OLG Köln, DVBl 90, 311 (312), das im zu regulierenden Ersatzanspruch des Schulträgers bereits den Schaden sieht.
13 BGHZ 148, 139 (147, 149) = ZBR 02, 219 (219 ff.).
14 BGH, DÖV 03, 293 (293 f.) = DVBl 02, 1639 (1640) = VersR 03, 67 = MDR 02, 1368 (1369) = BayVBl 03, 183 (183 f.) = ZBR 03, 57 (58) = NJW 02, 3172 (3173) = DÖD 02, 283 (284); Anm Herrmann, ZBR 03, 59.
15 OLG Hamm, NVwZ-RR 98, 535 (538).

dann in Anspruch genommen werden, wenn der Verletzte nicht auf andere Weise Ersatz zu erlangen vermag (§ 839 I S. 2 BGB; sog. Verweisungsprivileg). Für den Anspruch ist der Rechtsweg zu den ordentlichen Gerichten eröffnet (Art. 34 S. 3 GG).[16] Der Anspruch auf Ersatz des durch eine unerlaubte Handlung entstandenen Schadens verjährt in 30 Jahren, wenn er auf der Verletzung des Lebens, des Körpers, der Gesundheit oder der Freiheit beruht (§ 199 II BGB). Sonstige Schadenersatzansprüche, wie z.B. wegen einer Eigentumsverletzung, verjähren ohne Rücksicht auf die Kenntnis oder grob fahrlässige Unkenntnis in zehn Jahren von ihrer Entstehung an (§ 199 III S. 1 Nr. 1 BGB) und ohne Rücksicht auf ihre Entstehung und die Kenntnis oder grob fahrlässige Unkenntnis in 30 Jahren von der Begehung der Handlung, der Pflichtverletzung oder dem sonstigen, den Schaden auslösenden Ereignis an (§ 199 III S. 1 Nr. 2 BGB).

Unter bestimmten Voraussetzungen kann sich bei einer **fehlerhaften privatrechtlichen Tätigkeit** des Beamten eine **Einstandspflicht des Dienstherrn** nach den allgemeinen Regeln des Zivilrechts ergeben. Der Dienstherr haftet, wenn der Beamte als verfassungs- (satzungs-) mäßiger Vertreter des Dienstherrn in Ausführung der ihm zustehenden Verrichtungen (§§ 89 I, 31 BGB) oder in Ausführung einer Verrichtung, zu der er bestellt ist (§ 831 BGB), einen Dritten durch eine **unerlaubte Handlung** (§§ 823 ff. BGB) schädigt.

Hinsichtlich der Verantwortlichkeit für Organe (**§§ 89 I, 31 BGB**) ist es erforderlich, daß ein **verfassungsmäßiger Vertreter** der juristischen Person eine zum Schadenersatz verpflichtende Handlung verursacht hat. Von der Vorschrift werden alle Personen erfaßt, denen durch die Organisationsregelungen der juristischen Person bedeutsame wesensmäßige Funktionen zur selbständigen Erledigung übertragen sind, so daß auf diese Weise die juristische Person repräsentiert wird.[17] Der Anwendungsbereich der Norm deckt sich ungefähr mit dem Begriff des leitenden Angestellten im Sinn des Arbeitsrechts.[18] Im Kommunalbereich wird man hierzu den Bürgermeister und den Landrat, u.U. auch die Beigeordneten und den Kreisdirektor, zählen müssen.

Denkbar ist eine Haftung, wenn die Person wegen ihrer Stellung lediglich **Verrichtungsgehilfe** ist (**§ 831 I S. 1 BGB**). Davon ist auszugehen, wenn Dienstherren Einflußmöglichkeiten auf die konkrete Ausübung der privaten Tätigkeit haben. Der Verrichtungsgehilfe muß bei seiner Tätigkeit vom Willen des Dienstherrn abhängig sein. Dafür ist ausreichend, daß der Geschäftsherr die Verrichtung jederzeit beschränken, untersagen oder nach Zeit und Umfang bestimmen kann.[19] In einem solchen Fall gründete sich die Haftung des Geschäftsherrn (des Dienstherrn) auf die Vermutung

---

16 BVerwGE 18, 181 (183).
17 Heinrichs, in Palandt, BGB, § 89 BGB, Rn 4; § 31 BGB, Rn 6.
18 Heinrichs, in Palandt, § 31 BGB, Rn 6.
19 Thomas, in Palandt, § 831 BGB, Rn 6.

1. Pflichtverletzungen durch Beamte

seines eigenen Verschuldens bei der Auswahl, Überwachung und Leitung des Verrichtungsgehilfen oder bei der Beschaffung der erforderlichen Vorrichtungen oder Geräte.[20] Diese Annahme kann der Dienstherr aber dadurch entkräften, daß er den Verrichtungsgehilfen sorgfältig auswählt, ihn überwacht und keine sonstigen Organisationsmängel vorkommen (§ 831 I S. 2 BGB).

Gleiches gilt für eine **Verletzung von vertraglichen Pflichten**, wenn der Beamte als verfassungs- (satzungs-) mäßiger Vertreter (§§ 89 I, 31 BGB) oder als Erfüllungsgehilfe des Dienstherrn (§ 278 S. 1 BGB) gehandelt hat.

Kommt der Dienstherr hier seiner Einstandspflicht nach, kann er beim Beamten – wie nachfolgend geschildert – Rückgriff nehmen.

1.1.1.3 Haftung im Innenverhältnis

Von der **Haftung** im Außenverhältnis ist diejenige **im Innenverhältnis** 258 zwischen dem Beamten und dem Dienstherrn zu unterscheiden. Sie **regelt § 84 LBG** (§§ 78 I BBG, 49 BeamtStG) ausschließlich und **abschließend**. Auf zivilrechtliche Haftungsnormen (insbesondere auf die §§ 823 ff. BGB) darf daher nicht mehr zurückgegriffen werden.[21] Zu Schäden beim Dienstherrn kann es auf zweifache Weise kommen:

(a) Durch die Pflichtverletzung des Beamten kann das Vermögen des Dienstherrn unmittelbar geschädigt werden. Das ist beispielsweise möglich, wenn ein Beamter Einrichtungsgegenstände im Dienstgebäude beschädigt oder einen über den gesetzlichen Anspruch hinausgehenden Geldbetrag auszahlt. Diese Schäden nennt man **Eigenschäden**. Sie können sowohl bei privatrechtlichem Tätigwerden (z.B. die Betriebssportgruppe zerstört den Fußball des Dienstherrn; ein Beamter beim LBV überweist eine zu hohe Gehaltszahlung an einen Angestellten) als auch bei hoheitlichem Handeln entstehen (z.B. ein Funkstreifenwagen wird bei einer Einsatzfahrt beschädigt; es erfolgt eine Überzahlung von Besoldungsbezügen an einen Beamten).

(b) Außerdem kann der Dienstherr mittelbar geschädigt werden. Das ist der Fall, wenn ein Beamter einem Dritten einen Schaden zufügt, der vom Dienstherrn zu ersetzen ist (ein Polizeibeamter zerstört z.B. bei einem Warnschuß die Fensterscheibe eines Privathauses; eine Baugenehmigung wird zu Unrecht versagt und dadurch werden die Planungskosten vergebens aufgewandt). Hier spricht man von **Fremd- oder Drittschäden**. Fremdschäden können bei privatrechtlichem Handeln (beispielsweise Schäden durch falsche Auskunft bei einer Grundstücksveräußerung oder durch die Verletzung einer nicht öffentlich-rechtlichen Verkehrssicherungspflicht) sowie bei hoheitlichem Tätigwerden auftreten (z.B. ein Funkstreifenwagen beschädigt ein Drittfahrzeug bei einer Einsatzfahrt; aufgrund mangelnder Straßenunterhal-

---

20 Thomas, in Palandt, § 831 BGB, Rn 1.
21 BVerwGE 52, 255 (256 f.); VG Meiningen, ThürVBl 05, 209 (211).

9. Abschnitt: Folgen von Pflichtverletzungen

tung, die in NW öffentlich-rechtlich geregelt ist [§ 9a I S. 1 StrWG], kommt es zum Verkehrsunfall mit Sachschäden).

1.1.1.4 Anspruchsvoraussetzungen

259 Anspruchsgrundlage sowohl für Eigen- als auch für Fremdschäden des Dienstherrn ist § 84 I S. 1 LBG (§§ 78 I S. 1 BBG, 49 S. 1 BeamtStG). Der Anspruch besteht unter folgenden **Voraussetzungen**:

a) Der **Anspruchsgegner** muß **Beamter** sein und zwar **im staatsrechtlichen Sinn**.[22] Die Art des Beamtenverhältnisses ist unerheblich.[23] Die beamtenrechtlichen Haftungsregelungen sind entsprechend auf einen Fall anzuwenden, bei dem kein Beamtenverhältnis zustande gekommen ist, aber von beiden Seiten gewollt und zunächst als existent angesehen wurde.[24] Die Rückgriffsbeschränkung (Art. 34 S. 1 GG) gilt hingegen nicht für als Verwaltungshelfer herangezogene selbständige private Unternehmer.[25]

Anspruchsberechtigt ist der **Dienstherr, dessen Aufgaben der Beamte wahrgenommen hat**. Das muß nicht derjenige sein, der den Beamten angestellt hat.[26] Verletzt ein Gemeindebeamter bei einer Auftragsangelegenheit des Landes schuldhaft die ihm obliegenden Pflichten, kann der Dienstherr (die Gemeinde) den Beamten für den Schaden des Landes in Anspruch nehmen.[27] Der im Rahmen der Auftragsverwaltung tätige Kommunalbeamte nimmt Aufgaben seines eigenen Dienstherrn, der Gemeinde, wahr. Die Ausführung von Landesgesetzen ist bei der Auftragsverwaltung der Anstellungskörperschaft und nicht dem einzelnen Beamten übertragen. Haftungsrechtlich besteht für den handelnden Beamten kein Unterschied, ob er in Erfüllung seiner Dienstpflichten gegenüber der Anstellungskörperschaft im konkreten Fall eigene Aufgaben der Gemeinde oder eine ihr übertragene Aufgabe erfüllt. Die finanzielle Verantwortung des Beamten für die Folgen einer grob fahrlässigen oder gar vorsätzlichen Dienstpflichtverletzung gegenüber seinem Dienstherrn kann nicht deshalb entfallen, weil sie wegen des gegliederten Staats- und Verwaltungsaufbaus einen anderen Dienstherrn treffen als den, dessen Aufgaben er wahrgenommen hat.[28] So ist zum Beispiel ein Anspruch gegen den hauptamtlichen Landrat, der Kommunalbeamter ist, denkbar, wenn dieser dem Land bei seinem Handeln als untere staatliche Verwaltungsbehörde einen Schaden zufügt.[29] Dagegen besteht kein Anspruch einer Stadt als Schulträger gegen einen Lehrer nach § 84 I S. 1 LBG, wenn dieser

---

22 BGHZ 42, 176 (178 f.); Rn 45.
23 Schütz/Maiwald, § 84 LBG, Rn 29.
24 BVerwG, NJW 96, 2175 (2176).
25 BGHZ 161, 6 (12) = DÖD 05, 207 (208).
26 BGH, ZBR 56, 327 (328).
27 BVerwG, NJW 95, 978 = ZBR 95, 107.
28 BVerwG, NJW 95, 978 = ZBR 95, 107.
29 BVerwGE 24, 225 (231 ff.).

1. Pflichtverletzungen durch Beamte

Sachmittel für den Unterricht, die im Eigentum der Stadt stehen, beschädigt. Die Pflicht des Lehrers, Sachmittel des Schulträgers pfleglich zu behandeln, ist ihm vom Land als Dienstherrn übertragen worden. Er nimmt somit Aufgaben des Landes wahr.[30] Das Land kann den Schadenersatz durch Drittschadensliquidation geltend machen. Die Grundsätze der Drittschadensliquidation sollten richtigerweise ebenfalls auf diese Fallkonstellation angewendet werden (näher Rn 257). Zur Haftung der Schule oder einer Lehrkraft für Bargeld, das diese zur Finanzierung eines Klassenausflugs eingesammelt und aufbewahrt hat, äußert sich das OVG Lüneburg[31].

b) Weitere Anspruchsvoraussetzung ist eine **Pflichtverletzung**. Die Pflichten des Beamten sind in den Rn 200 ff. dargestellt. Häufig betroffen ist die Pflicht, bei der Amtsführung das Vermögen des Dienstherrn und Dritter vor Schäden zu bewahren.[32]

Fall: Dem Beamten B wird bei einem Einbruchsdiebstahl in seine ordnungsgemäß verschlossene Wohnung der Generalschlüssel für das Dienstgebäude entwendet. Eine entsprechende Hausrat- oder Schlüsselverlustversicherung hatte er nicht abgeschlossen. Die Behörde muß daraufhin die gesamte Schließanlage mit Kosten in Höhe von 5.000.– Euro auswechseln. Besteht ein Schadenersatzanspruch gegen B?
Als Rechtsgrundlage kommt § 84 I S. 1 LBG in Betracht. Die Norm setzt eine mindestens grob fahrlässige Pflichtverletzung voraus. B, der seine Privatwohnung ordnungsgemäß gesichert hatte, kann bereits allein deswegen kein Vorwurf einer Pflichtverletzung gemacht werden.
Ferner ist eine Nebenpflichtverletzung des Dienstverhältnisses zu prüfen. Grundsätzlich gibt es Nebenpflichten des Beamten in Form von Schutzpflichten gegenüber seinem Dienstherrn. Hieraus könnte die Pflicht des Beamten erwachsen, in erforderlichem Umfang für Versicherungsschutz gegen den **Schlüsselverlust** zu sorgen. Die Frage, ob tatsächlich eine solche Versicherungspflicht für den Beamten existiert, ist lediglich dann positiv zu beantworten, wenn der Beamte diese Verpflichtung vertraglich übernommen hat. Nur wenn er bei der Aushändigung des Schlüssels schriftlich über die Risiken eines Schlüsselverlustes, insbesondere über die Höhe der Austauschkosten, belehrt und vertraglich mit ihm der Abschluß einer entsprechenden Versicherung vereinbart worden wäre, bestünde eine solche Versicherungspflicht. Sofern der Dienstherr nicht durch eine zusätzliche schriftliche Regelung verlangt hat, daß der Beamte eine derartige Versicherung abschließt, haftet B nicht für den Nichtabschluß der Schlüsselverlustversicherung. Mit der Entgegennahme eines Generalschlüssels werden zwar konkludent Obhuts- und Verwahrungspflichten hinsichtlich dieses Schlüssels übernommen. Daraus kann man jedoch nicht herleiten, daß der Beamte auch zum Abschluß einer Schlüsselverlustversicherung verpflichtet ist.
Gegenüber B besteht somit ausschließlich dann ein Schadenersatzanspruch, wenn sein Dienstherr mit ihm eine Versicherungspflicht vereinbart gehabt hätte. Für diesen Fall wäre der Nichtabschluß einer Versicherung hinsichtlich des ausgehändigten Schlüssels mindestens als grob fahrlässige Pflichtverletzung anzusehen.

c) Die Pflichtverletzung führt regelmäßig dazu, daß das Verhalten **rechtswidrig** ist. Ausnahmsweise kann das Vorgehen des Beamten durch Rechtfertigungsgründe (z.B. Notwehr) gerechtfertigt sein. Ob durch den Rechtfertigungsgrund schon das Tatbestandsmerkmal „Pflichtver-

---

30 BVerwG, ZBR 85, 337 = DÖD 86, 35 = NVwZ 85, 904 (905).
31 ZBR 92, 123.
32 OVG Koblenz, NVwZ-RR 04, 366 (367) = DÖD 05, 43 (44) = RiA 04, 250 (251); Plog/Wiedow/Lemhöfer/Bayer, § 78 BBG, Rn 20.

9. Abschnitt: Folgen von Pflichtverletzungen

letzung" entfällt[33], oder ob es sich selbst in diesem Fall um eine Pflichtverletzung, jedoch um kein rechtswidriges Vorgehen handelt, ist umstritten.[34]

Dieser Meinungsstreit ist allerdings theoretischer Natur, da ein rechtmäßiges Verhalten keinen Schadenersatzanspruch (§ 84 I S. 1 LBG) auslöst.

d) Ein Schaden des Dienstherrn muß adäquat kausale Folge der Pflichtverletzung sein.[35]

Für beamtenrechtliche Schadenersatzansprüche ist der Schadensbegriff maßgebend, der den §§ 249 ff. BGB zugrunde liegt[36], also der normative. Danach versteht man im Sinn der herkömmlichen Differenzmethode als **Schaden** den Unterschied zwischen der Vermögenslage des Dienstherrn, wie sie sich infolge der schuldhaften Dienstpflichtverletzung gestaltet hat, und derjenigen, wie sie ohne dieses Ereignis bestünde.[37] Geldersatz ist allein bei einem Vermögensschaden, nicht jedoch bei einem immateriellen zu leisten.[38] Dem Dienstherrn ist z.B. ein Schaden entstanden, wenn sich ein Staatsanwalt Geld oder Schecks, die ihm zur Erfüllung von Auflagen (§ 153a I S. 2 Nr. 2 StPO) für eine gemeinnützige Einrichtung übergeben werden, zueignet.[39] Ebenfalls kann ein Beamter zur Zahlung einer Nutzungsentschädigung wegen des Verlusts der Gebrauchsmöglichkeit eines Dienstfahrzeugs (hier Polizeiwagen) an seinen Dienstherrn verpflichtet sein. Grundsätzlich sei dies auch bei Behördenfahrzeugen möglich.[40] Dies gelte allerdings lediglich, wenn der Geschädigte einen „fühlbaren" wirtschaftlichen Nachteil erlitten habe.[41] Es komme nicht in Betracht, wenn das Fahrzeug aus unfallbedingten Gründen während der Reparaturzeit ohnehin nicht eingesetzt worden wäre[42] und ebenfalls nicht

---

33 Plog/Wiedow/Lemhöfer/Bayer, § 78 BBG, Rn 21.
34 Den Streitstand stellen Hilg/Müller, 341, dar.
35 Battis, § 78 BBG, Rn 12.
36 BVerwG, DÖV 03, 1035 = DVBl 03, 1552 (1553) = PersV 04, 231 (232) = LKV 04, 268 = ZBR 03, 383 (384) = RiA 04, 190 (191); Anm Summer, ZBR 03, 385; DÖD 04, 36 (37); ZBR 05, 166 (168) = DVBl 05, 453 (456) = DÖD 05, 223 (226); OVG Koblenz, NVwZ 04, 1013 (1014) = DÖV 04, 670 = DÖD 04, 231 = RiA 04, 310 (311).
37 BVerwGE 115, 15 (16) = DVBl 02, 200 = IÖD 02, 26 = DÖD 01, 306 (307) = PersV 02, 26 (27) = NWVBl 02, 30 (31) = RiA 03, 144 (145) = ZBR 02, 315; Anm Summer, ZBR 03, 396; ZBR 98, 44 = NJW 97, 3455; BayVBl 04, 217 (218) = DÖD 04, 38 (39) = ZBR 03, 385 (386) = LKV 03, 561; OVG Münster, NWVBl 97, 98, als Vorinstanz; NVwZ 90, 1171 (1172); E 69, 331 (333); VGH Mannheim, VBlBW 01, 20; Schütz/Maiwald, § 84 LBG, Rn 10.
38 BVerwG, DÖV 03, 1035 = DVBl 03, 1552 (1553) = PersV 04, 231 (232) = LKV 04, 268 = ZBR 03, 383 (384) = RiA 04, 190 (192); Anm Summer, ZBR 03, 385; DÖD 04, 36 (37); BayVBl 04, 217 (218) = DÖD 04, 38 (39) = ZBR 03, 385 (386) = LKV 03, 561; ZBR 05, 166 (168) = DVBl 05, 453 (456); DÖD 05, 223 (226); OLG Schleswig, NordÖR 00, 255 (256).
39 BVerwG, ZBR 98, 44 = NJW 97, 3455; OVG Münster, NWVBl 97, 98, als Vorinstanz.
40 BGH, NJW 85, 2471; BVerwGE 69, 331 (334).
41 VGH Mannheim, VBlBW 01, 20.
42 BGH, NJW 85, 2471.

1. Pflichtverletzungen durch Beamte

bei einem militärischen Zwecken dienenden Kraftboot[43]. Der zu ersetzende Schaden umfaßt eine Vermögenseinbuße wegen Zinsverlustes[44]; auch hinsichtlich der Darlehenszinsen, die zu Lasten der Deutschen Post AG entstanden sind, nachdem eine Schadenersatzverpflichtung auf das ehemalige Teilsondervermögen Deutsche Bundespost Postdienst übergegangen war[45]. Hingegen sind der Aufwand von Zeit und Arbeitskraft, um einen zusätzlichen Dienst zu leisten, sowie der damit verbundene Verlust an Freizeit kein durch Geld zu ersetzender materieller Schaden[46] und selbst dann nicht, wenn sich Beamte inzwischen im Ruhestand befinden und deshalb eine ihnen eigentlich zustehende Dienstbefreiung nicht mehr in Anspruch nehmen können[47].

Aufgrund der Adäquanztheorie ist ein Schaden **ursächlich** auf die Pflichtverletzung zurückzuführen, wenn diese nicht hinweggedacht werden kann, ohne daß der Erfolg entfiele und sein Eintritt nicht außerhalb aller Wahrscheinlichkeit liegt.[48] Eine Kausalität zwischen Pflichtverletzung und Schadenentstehung ist gegeben, wenn im allgemeinen und beim regelmäßigen Verlauf der Dinge und nicht bloß bei eigenartigen und besonders gelagerten Umständen die Handlung oder Unterlassung des Beamten geeignet war, den Schaden in einem adäquaten Kausalzusammenhang herbeizuführen.[49] Den Ursachenzusammenhang zwischen Pflichtverletzung und Schaden muß derjenige darlegen und beweisen, der sich als Anspruchsteller eines Regreßanspruches darauf beruft[50], also der Dienstherr. Bejaht wurde die Adäquanz bei den aus der Einschaltung eines Detektivbüros entstandenen Kosten, wenn der Beamte aufgrund seines Verhaltens dem Dienstherrn hinreichenden Anlaß zu Ermittlungen gegeben hat und der Dienstherr diese nicht mit eigenem Personal durchführen konnte.[51]

Die Adäquanz dürfte nur ausnahmsweise zu verneinen sein, z.B. wenn eine Dienstreise pflichtwidrig zu früh angetreten wird und die Fahrt zum gewählten Zeitpunkt nicht gefährlicher ist als zur angeordneten

---

43 BVerwGE 69, 331 (334).
44 BVerwGE 115, 15 (16) = DVBl 02, 200 = IÖD 02, 26 (26 f.) = DÖD 01, 306 (307) = PersV 02, 26 (27) = NWVBl 02, 30 (31) = RiA 03, 144 (145) = ZBR 02, 315; a.A. OVG Lüneburg, NVwZ-RR 02, 94 (95): nur bei ursächlichem Zusammenhang mit der Pflichtverletzung.
45 BVerwG, NVwZ 03, 872 = ZBR 03, 249 (249 f.).
46 BVerwG, DÖD 03, 1035 = DVBl 03, 1552 (1553) = PersV 04, 231 (232) = LKV 04, 268 = ZBR 03, 383 (384) = RiA 04, 190 (192); Anm Summer, ZBR 03, 385; DÖD 04, 36 (37); BayVBl 04, 217 (218) = DÖD 04, 38 (39) = ZBR 03, 385 (386) = LKV 03, 561; DÖV 06, 35 (37); ZBR 05, 166 (168) = DVBl 05, 453 (456); DÖD 05, 223 (226); OVG Münster, Urt. v. 18.8.05, 1 A 2722/04, Urteilsumdruck S. 22.
47 OVG Koblenz, LKV 05, 131.
48 BGHZ 3, 261 (266); OVG Koblenz, NVwZ 04, 1013 (1014) = DÖV 04, 670 (671) = DÖD 04, 231 = RiA 04, 310 (311); Deutsch, JA 81, 205 (206).
49 Schütz/Maiwald, § 84 LBG, Rn 41.
50 Schütz/Maiwald, § 84 LBG, Rn 41.
51 OVG Koblenz, NVwZ 04, 1013 (1014) = DÖV 04, 670 (671) = DÖD 04, 231 (232) = RiA 04, 310 (311).

Zeit[52] oder bei einer Verkettung ungewöhnlicher Umstände[53]. Ein anderes Beispiel für mangelnde Adäquanz ist der Fall, daß ein Beamter einen Gerichtstermin versäumt. Denkt man sich einmal die mögliche Pflichtverletzung, nicht für den Dienstherrn zum Verhandlungstermin bei Gericht zu erscheinen oder kein Rechtsmittel gegen das Urteil einzulegen, weg, so steht beim regelmäßigen Verlauf der Dinge keinesfalls fest, daß hierdurch die Rechtsposition des Dienstherrn verbessert worden wäre. Dies kann allein angenommen werden, wenn nach sorgfältiger Rechtsprüfung davon auszugehen ist, daß der Dienstherr ohne die Pflichtverletzung vor Gericht obsiegt hätte oder lediglich geringer als nunmehr unterlegen wäre.

e) Schließlich muß der schädigende Beamte **vorsätzlich oder zumindest grob fahrlässig gehandelt** haben (Art. 34 S. 2 GG, § 84 I S. 1 LBG). Der Vorwurf richtet sich nach seinen individuellen Fähigkeiten und Kenntnissen.[54] Für leichte Fahrlässigkeit haftet er nicht (Haftungsprivileg). Hierdurch will man seine Entschlußkraft und Verantwortungsfreude bei der Erfüllung von dienstlichen Aufgaben stärken.[55] Der Beamte soll nicht in der Schnelligkeit seiner Entscheidungen durch die Angst vor negativen finanziellen Konsequenzen beeinflußt werden. Außerdem dient dies der Fürsorgepflicht.[56] Anders als nach dem bisherigen Rechtszustand ist es zudem unbeachtlich, ob der Beamte hoheitlich oder nicht hoheitlich gehandelt hat.[57]

Vorsätzlich handelt ein Beamter, indem er bewußt und gewollt den Tatbestand verwirklicht, der seine Pflichtverletzung ausmacht und der sich der Pflichtwidrigkeit seines Verhaltens bewußt ist.[58]

Bei grober Fahrlässigkeit verletzt der Beamte die erforderliche Sorgfalt in besonders schwerem Maß und beachtet somit nicht, was jedem hätte einleuchten müssen.[59] Dasjenige, das im gegebenen Fall jedem und zwar nicht erst nachträglich, sondern schon im Augenblick der Sorgfaltsverletzung[60] hätte klar sein müssen, wenn man nur die einfachsten und ganz naheliegenden Erwägungen angestellt hätte[61], muß

---

52 Plog/Wiedow/Lemhöfer/Bayer, § 78 BBG, Rn 44.
53 OVG Koblenz, NVwZ 04, 1013 (1014) = DÖV 04, 670 (671) = DÖD 04, 231 = RiA 04, 310 (311).
54 BVerwG, ZBR 91, 246 (247).
55 BVerwGE 52, 255 (261); BGHZ 161, 6 (13) = DÖD 05, 207 (208); VG Gießen, NVwZ-RR 97, 429 (430); Monhemius, Rn 618; Dürr/Dürr, 97; Kunig in Schmidt-Aßmann, Rn 145.
56 BGHZ 161, 6 (13) = DÖD 05, 207 (208).
57 Battis, § 78 BBG, Rn 2; Dürr/Dürr, 97.
58 Battis, § 78 BBG, Rn 8.
59 VGH München, DÖD 97, 205 (206); ZBR 92, 189 (190); VGH Mannheim, DÖD 92, 39 (40); OVG Koblenz, DÖD 99, 162; DÖD 92, 286 (287); NVwZ-RR 05, 477 (479); Battis, § 78 BBG, Rn 8 m.w.N.
60 Schütz/Maiwald, § 84 LBG, Rn 45.
61 BVerwGE 19, 243 (248); OVG Koblenz, DÖD 99, 162; NVwZ-RR 04, 366 (367) = DÖD 05, 43 (44) = RiA 04, 250 (251); NVwZ-RR 05, 477 (479); VGH Mannheim, DÖD 92, 39 (40); VGH München, ZBR 92, 189 (190).

1. Pflichtverletzungen durch Beamte

unbeachtet geblieben sein. Berücksichtigt man die konkreten Umstände des Einzelfalles, kann grobe Fahrlässigkeit z.B. dann vorliegen, wenn der Beamte grundlos von einer klaren Weisung abweicht oder wegen überhöhter Geschwindigkeit auf die Gegenfahrbahn gerät.[62] Ebenfalls handelt ein Streifenwagenführer, der ohne rechtzeitige und ausreichende Sondersignale (Blaulicht, Martinshorn) in eine durch Rotlicht für ihn gesperrte Kreuzung einfährt, grob fahrlässig.[63] Betankt ein Beamter seinen Dienstwagen mit falschem Kraftstoff (hier Superbenzin statt Diesel) handelt er grob fahrlässig.[64] Billigt ein mit mehreren Rechtskundigen besetztes Kollegialgericht hingegen das Verwaltungshandeln, schließt dies ein Verschulden regelmäßig aus (sog. Kollegialitätsgerichtsregel).[65] Dies gilt jedoch nicht, wenn die Annahme des Kollegialgerichts, die Amtshandlung sei rechtmäßig, auf einer unzureichenden tatsächlichen oder rechtlichen Grundlage beruht, etwa weil das Gericht den Sachverhalt nicht sorgfältig und erschöpfend gewürdigt hat.[66]

Ansprüche nach § 84 I LBG **verjähren in drei Jahren** von dem Zeitpunkt an, in dem der Dienstherr von dem Schaden und der Person des Ersatzpflichtigen Kenntnis erlangt hat; ohne Rücksicht auf diese Kenntnis in zehn Jahren von der Begehung der Handlung an (§ 84 II S. 1 LBG). Kenntnis des Dienstherrn liegt vor, wenn der einzelne Amtsträger, der zuständig ist, Kenntnis von Schaden und Person des Ersatzpflichtigen dergestalt hat, daß aufgrund der ihm bekannten Tatsachen die Schadenersatzklage gegen einen bestimmten Beamten mit einigermaßen sicherer („hinreichender") Aussicht auf Erfolg geltend gemacht werden kann.[67] Hierfür genügt ebenfalls die Kenntniserlangung der für die Überwachung des Beamten zuständigen Fachaufsichtsbehörde.[68]

Fall: Die Frankfurter Finanzmaklerin Sandra F wirbt bei Kreisen, Städten und Gemeinden mit einem angeblich unschlagbar renditestarken Anlagesystem („besser als der Lotto-Jackpot"). Dabei handelt es sich um die Anlage kurzfristiger, zum Teil nur für wenige Tage laufender Termingelder, die über F zwischen einer Vielzahl von Kommunen und kommunalen Gebietskörperschaften vermittelt werden. Seitens der Maklerin erfolgt eine Nachricht an die geldgebende Kommune, die dann der geldnehmenden Kommune Termingelder zu entsprechenden Tageskonditionen überläßt. Die Rückzahlung geschieht allerdings nicht durch die geldnehmende Gemeinde, sondern durch eine weitere dritte, die sich der Dienstleistung der F ebenfalls

---

62 Weitere Beispiele bei Plog/Wiedow/Lemhöfer/Bayer, § 78 BBG, Rn 25 ff.
63 VGH München, DÖD 97, 205 (206); Schütz/Maiwald, § 84 LBG, Rn 47.
64 OVG Koblenz, NVwZ-RR 04, 366 (367) = DÖD 05, 43 (44) = RiA 04, 250 (251).
65 BGH, DVBl 05, 312 (313) = NVwZ-RR 05, 152 (153) = VersR 05, 1582 (1583) = BayVBl 05, 673; BVerwG, ZBR 98, 316 (317); ZBR 97, 229 (230); ZBR 86, 149; OVG Lüneburg, NdsVBl 01, 196 (197); OVG Schleswig, NordÖR 99, 240 (241); VGH München, NVwZ-RR 91, 33 (34); Schütz/Maiwald, § 84 LBG, Rn 43, § 85 LBG, Rn 47; zu Ausnahmen s. BVerwG, DVBl 91, 51 (52); VGH Mannheim, RiA 99, 206 (206 f.); OVG Koblenz, RiA 99, 153 (156).
66 BGH, DVBl 05, 312 (313) = NVwZ-RR 05, 152 (153) = VersR 05, 1582 (1583) = BayVBl 05, 673.
67 BVerwG, NJW 96, 2175 (2176); OVG Koblenz, DÖD 99, 162 (163); VG Meiningen, ThürVBl 05, 209 (210).
68 VG Meiningen, ThürVBl 05, 209 (210).

9. Abschnitt: Folgen von Pflichtverletzungen

bedient. Bald beteiligen sich bundesweit ca. 350 Kommunen. Auch der Bürgermeister der kreisangehörigen Stadt B, Dr. Werner Gierschlund (G), dem die Dollarzeichen in den Augen blinken, investiert bei F mehrere Jahre lang für B monatlich einen Betrag von 100.000.– Euro.
Zwischenzeitlich haben die Aufsichtsbehörden vom Verhalten der Kommunen erfahren. Daraufhin hat sich der zuständige Landrat als untere staatliche Verwaltungsbehörde durch Erlaß an alle Städte und Gemeinden seines Kreises gewandt, und einen Erlaß des IM über die rechtliche Unzulässigkeit dieser Anlagepraxis mit der Bitte um „Kenntnisnahme und Beachtung" weitergeleitet. G ignoriert den Erlaß, obwohl er dessen Tragweite erkennt. Er legt weiter Geld auf die geschilderte Weise an, um durch die hohen Zinsen die Einnahmen der B zu mehren. Ungefähr ein Jahr später bricht das System zusammen, weil sich F mit einem Großteil der eingenommenen Gelder trotz ihrer Spinnenangst nach Namibia absetzt. Daraufhin verklagt die Stadt X, ebenfalls Systembeteiligte, erfolgreich die Stadt B auf Rückzahlung von 1 Mio. Euro. Das Urteil wird rechtskräftig. B zahlt die Summe und kann weder bei F noch bei den anderen Systemmitgliedern Rückgriff nehmen. Hat B wenigstens einen Regreßanspruch gegen G?

Verletzt ein Beamter vorsätzlich oder grob fahrlässig die ihm obliegenden Pflichten, so hat er dem Dienstherrn, dessen Aufgabe er wahrgenommen hat, den daraus entstehenden Schaden zu ersetzen (§ 84 I S. 1 LBG). Fraglich ist, ob die Voraussetzungen dieser Anspruchsgrundlage erfüllt sind.

G ist als Bürgermeister Beamter im staatsrechtlichen Sinn (§§ 62 I S. 1 GO, 195 II S. 1 LBG). Mit der Geldanlage hat er Aufgaben seines Dienstherrn, der Stadt B, wahrgenommen. Nicht entscheidend ist, ob er hoheitlich gehandelt hat.

Zunächst ist zu prüfen, ob eine Pflichtverletzung vorliegt. Sie könnte darin gesehen werden, daß G einen aufsichtsbehördlichen Erlaß ignoriert. Der Landrat übt als untere staatliche Verwaltungsbehörde die allgemeine Aufsicht über die seinem Kreis angehörenden Kommunen, und damit auch gegenüber B, aus (§ 120 I, 1. Hs. GO). Durch seinen Erlaß hat der Landrat als untere staatliche Verwaltungsbehörde mit der Bitte um Kenntnisnahme und Beachtung übersandt. Im Erlaß des IM wird die Anlage von nicht benötigten Kassenmitteln der Städte und Gemeinden bei anderen Gemeinden rechtlich beurteilt. Das IM gelangt laut des Sachverhalts zum Ergebnis, daß eine derartige Praxis „rechtlich unzulässig" ist. Das Schreiben des Landrats als untere staatliche Verwaltungsbehörde mit der Bitte um Kenntnisnahme und Beachtung des IM-Erlasses beinhaltet eine aufsichtsbehördliche Weisung. Diese verpflichtet Städte und Gemeinden, ihre Verfahrensweise unverzüglich zu ändern, mit der weiteren Folge, daß eine Fortführung der bisherigen Verwaltungspraxis jedenfalls ab Zugang der Weisung einen Rechtsverstoß darstellt.[69] Indem G, der an Gesetz und Recht gebunden ist (Art. 20 III GG), den Erlaß ignoriert und das Anlagesystem weiter praktiziert, verletzt er seine Pflichten.

Dies ist ebenfalls rechtswidrig. Insbesondere ist kein Rechtfertigungsgrund darin zu sehen, daß G wegen der guten Zinskonditionen die Einnahmen der B mehren wollte. Eine Gewinnmaximierung um jeden Preis unter Verstoß gegen die einschlägigen haushalts- und gemeindewirtschaftsrechtlichen Vorschriften ist nicht gerechtfertigt.

Weiterhin muß man untersuchen, ob die Pflichtverletzung kausal für den daraus entstandenen Schaden ist. B hat infolge der rechtskräftigen Verurteilung zur Rückzahlung von 1 Mio. Euro an X einen Schaden in dieser Höhe. Für B bestehen ebenfalls keine Regreßmöglichkeiten gegen F oder andere Systemmitglieder. Nach der Adäquanztheorie ist ein Schaden dann ursächlich auf die Pflichtverletzung zurückzuführen, wenn diese nicht hinweggedacht werden kann, ohne daß der Erfolg entfiele. Hätte sich G an die aufsichtsbehördliche Weisung gehalten, wäre zumindest zum Zeitpunkt des Erlasses kein Schaden eingetreten, da das System erst ungefähr ein Jahr später zusammenbrach. Die Termingelder wären somit noch pünktlich und in vollem Umfang zurückgezahlt worden. Die Pflichtverletzung des G ist demnach kausal für den Schaden bei B.

Schließlich muß der Pflichtenverstoß zumindest grob fahrlässig erfolgt sein. Hier ist er sogar vorsätzlich. Kennt ein Beamter die aufsichtsbehördliche Weisung und widersetzt er sich ihr, indem er die bisherige Verwaltungspraxis weiterführt, handelt er mit Wissen und Wollen. Dadurch verwirklicht er vorsätzlich gerade den Tatbestand, der seine Pflichtwidrigkeit ausmacht.

---

69 OVG Münster, ZBR 98, 146 f. (147).

1. Pflichtverletzungen durch Beamte

Indem er die Tragweite des Erlasses erkennt und ihn dennoch ignoriert, ist er sich der Pflichtwidrigkeit seines Verhaltens bewußt.

Folglich hat B einen Regreßanspruch gegen G (§ 84 I S. 1 LBG).

1.1.1.5 Umfang der Ersatzpflicht, Beweisfragen

Haben **mehrere Beamte** den Schaden gemeinsam verursacht, **haften sie als Gesamtschuldner** (§§ 78 I S. 2 BBG, 84 I S. 2 LBG, 49 S. 2 BeamtStG) und zwar grundsätzlich jeder in voller Höhe.[70] Dennoch ist der Dienstherr nicht frei in seiner Entscheidung, welchen Beamten er zum Ersatz des gesamten Schadens heranzieht. Vielmehr muß er aufgrund seiner Fürsorgepflicht bei pflichtgemäßer Ermessensausübung prüfen, wen er insbesondere nach Art und Maß des Verursachungsbeitrags und des Verschuldens auf welchen Schadensanteil in Anspruch nimmt.[71] Ein Haftungsausschluß oder eine Haftungseinschränkung kann in diesem Fall gegenüber dem Dienstherrn nicht auf den Rechtsgedanken der Berücksichtigung eines „Verschuldens gegen sich selbst" (§ 254 BGB) gestützt werden.[72] Dieses Prinzip ist aber anzuwenden, wenn der Beamte, der für den Dienstherrn gegenüber dem schädigenden Beamten z.B. in Erfüllung der Fürsorgepflicht handelt, eine im Hinblick auf den Schädiger bestehende Dienstpflicht verletzt.[73] Ein solches Mitverschulden ist denkbar, wenn ein Antragsformular zur Geltendmachung von Geldansprüchen unklar und mißverständlich formuliert ist.[74] Wegen des Untersuchungsgrundsatzes im Verwaltungsverfahren (§ 24 VwVfG) stellt sich die Frage, wer die Folgen der Ungewißheit trägt, wenn sich der Sachverhalt trotz aller von der Behörde zu veranlassenden Ermittlungen nicht aufklären läßt.[75] Die materielle **Beweislast** trifft in Anwendung des in § 282 BGB a.F. (jetzt § 280 I S. 2 BGB) enthaltenen, auch im öffentlichen Recht anwendbaren Grundsatzes[76] den Beamten.[77] Danach muß der Beamte beweisen, daß er nicht grob fahrlässig gehandelt hat. Allerdings wird der Entlastungsbeweis oft schon als erbracht anzusehen sein, wenn wahrscheinlich ist, daß der Beamte den Fehler nicht zu vertreten hat und er beweist, daß er alle ihm obliegende Sorgfalt beachtet hat. Dieser Beweis kann bereits dann geführt sein, wenn z.B. ein Kassenbeamter bisher immer sorgfältig gearbeitet hat und es während eines regen Geschäftsbetriebes zu geringfügigen Kassenfehlbeständen kam.[78] § 280 I S. 2 BGB

260

---

70 Plog/Wiedow/Lemhöfer/Bayer, § 78 BBG, Rn 39.
71 OVG Münster, DÖD 90, 277; NVwZ 92, 597 (598).
72 BVerwGE 50, 102 (108 f.).
73 Offenlassend BVerwG, ZBR 78, 236 (237); bejahend Battis, § 78 BBG, Rn 13; Plog/Wiedow/Lemhöfer/Bayer, § 78 BBG, Rn 49 m.w.N.
74 Ein entgegengesetzter Sachverhalt lag der Entscheidung BVerwG, ZBR 78, 236 (237), zugrunde.
75 BVerwG, DÖV 78, 105 (107).
76 OVG Saarlouis, DÖD 05, 44 (46); Heinrichs, in Palandt, BGB, § 280 BGB, Rn. 10.
77 BVerwGE 37, 192 (199); 52, 255 (261); NVwZ 99, 77 (79) = NWVBl 98, 475 (476) = PersV 99, 126 (129); OVG Saarlouis, DÖD 05, 44 (46); zum Umfang der Beweislast BVerwG, ZBR 86, 252.
78 BVerwG, DÖV 78, 105 (107 f.).

9. Abschnitt: Folgen von Pflichtverletzungen

ist jedoch nicht bei Kassenfehlbeträgen heranzuziehen, wenn der Beamte den mit der Kassenführung verbundenen Gefahrenbereich nicht ausschließlich beherrscht.[79] Ein Rückgriff bei einem Verkehrsunfall mit einem Dienstwagen ist nur möglich, wenn die Schadenersatzleistungen die Mindestversicherungssummen des Pflichtversicherungsgesetzes übersteigen (§ 2 II S. 4 PflVG).[80]

Unabhängig von den soeben geschilderten Haftungsbeschränkungen ist es in Härtefällen aus Billigkeitsgründen denkbar, die Schadenersatzforderung zu erlassen. Darüber hinaus kann die Fürsorgepflicht die Reduzierung der Ersatzforderung auf einen zumutbaren Teil gebieten[81] oder dazu führen, daß der Dienstherr zuerst bei einem Dritten Ersatz suchen muß.[82]

1.1.1.6 Geltendmachung der Schadenersatzforderung

261 Der Dienstherr hat hierzu **drei Möglichkeiten**:

a) Die Ersatzforderung kann mit Besoldungs- oder Versorgungsansprüchen aufgerechnet werden (§§ 11 II BBesG, 51 II BeamtVG). Zuvor ist der Haftungsbetrag durch Verwaltungsakt festzustellen. Die **Aufrechnung** darf man erst nach Unanfechtbarkeit dieses Verwaltungsakts erklären.

b) Der zweite Weg ist der **Leistungsbescheid**. Dies entspricht ständiger Rechtsprechung.[83] Das BVerwG hat die Zulässigkeit eines Leistungsbescheides unter Hinweis auf das Über- und Unterordnungsverhältnis zwischen Beamten und Dienstherrn, in dem der Erlaß eines Verwaltungsaktes die grundsätzliche Handlungsform sei[84], begründet. In der Literatur ist diese Judikatur wegen der fehlenden gesetzlichen Grundlage für einen Leistungsbescheid und dem damit gegebenen Verstoß gegen den Vorbehalt des Gesetzes sowie als fürsorgepflichtwidrig abgelehnt worden.[85] Diesen Bedenken wird hier im Einklang mit der Rechtsprechung nicht gefolgt. § 5 des Erstattungsgesetzes[86] liefert eine spezielle Ermächtigung für die Erstattung von Kassenfehlbeständen durch Leistungsbescheid. Ein Leistungsbescheid ist ebenfalls gegenüber ausgeschiedenen Beamten zulässig, wenn der Dienstherr noch Ansprüche aus dem Beamtenverhältnis hat, weil dann das frühere Beamtenverhältnis fortwirkt.[87] Wie man Ansprüche gegenüber

---

79 BVerwG, NVwZ 99, 77 (79) = NWVBl 98, 475 (476) = PersV 99, 126 (129).
80 BGH, ZBR 86, 16 (17).
81 Püttner, JA 81, 532 (536).
82 OVG Münster, ZBR 77, 156 (157).
83 BVerwG, DVBl 96, 1143 (1144); E 52, 183 (185 f.); OVG Münster, NWVBl 96, 69; VG Meiningen, ThürVBl 05, 209.
84 BVerwGE 18, 283 (285); 34, 97 (100).
85 Nachweise bei Battis, § 78 BBG, Rn 22, und Achterberg, JA 80, 468 in Fn 81.
86 Gesetz über das Verfahren für die Erstattung von Fehlbeständen an öffentlichem Vermögen; aufgehoben im Bundesland Bayern.
87 BVerwGE 52, 70 (72); 71, 354 (357).

1. Pflichtverletzungen durch Beamte

Erben per Leistungsbescheid geltend macht, wird in Rn 360 ausgeführt.

Durch Leistungsbescheid können ausschließlich öffentlich-rechtliche Forderungen geltend gemacht werden. Wegen Art. 34 S. 3 GG ist kein Leistungsbescheid möglich, wenn der Dienstherr, wie bei der mittelbaren Schädigung, Rückgriff aufgrund eines bei hoheitlicher Tätigkeit entstandenen Fremdschadens nimmt.[88]

Der Dienstvorgesetzte erläßt den Leistungsbescheid. Mangels besonderer Regelung im LBG gilt für das Verfahren das VwVfG. Darum ist der Leistungsbescheid aufzuheben, wenn er nicht bestimmt genug ist. Er muß somit eine Begründung enthalten. In ihr sind die wesentlichen tatsächlichen und rechtlichen Gründe mitzuteilen, welche die Behörde zu ihrer Entscheidung bewogen haben. Dieses Erfordernis dient der Rechtsklarheit und der Rechtssicherheit. Hierdurch soll gewährleistet werden, daß genau feststeht, wofür die Leistung verlangt wird.[89] Es besteht zudem ein Mitbestimmungsrecht des Personalrats auf Antrag des Beschäftigten (§ 72 IV S. 1 Nr. 11, S. 2, 1. Hs. LPVG).

c) Die letzte Alternative zur Geltendmachung der Ersatzforderung stellt die **Leistungsklage** dar. Diese ist außer beim vorstehend erwähnten Regreß für Fremdschäden infolge hoheitlicher Tätigkeit, für den die Landgerichte zuständig sind (Art. 34 S. 3 GG, § 71 II Nr. 1 GVG), vor dem VG zu erheben (§ 54 I BeamtStG). Die Möglichkeit des Leistungsbescheides nimmt der Klage nicht das Rechtsschutzinteresse.[90] Zum einen kann selbst dem Leistungsbescheid eine gerichtliche Auseinandersetzung folgen.[91] Zum andern vermeidet man bei der Leistungsklage, den ersatzpflichtigen Beamten in die Klägerrolle zu drängen.

Literatur: Brüning, Haftung der Gemeinderäte, Hauptverwaltungsbeamten und Beigeordneten – Amtshaftung, Eigenhaftung, Regreß, Sanktionen, 2006; Budde, Der Anstellungsbetrug – Täuschungen des Bewerbers im Arbeitsrecht, Beamtenrecht und Strafrecht, 2005; Beckmann, Zum Schadensersatzanspruch des Dienstherrn gegen den Beamten, ZBR 04, 109; Perzanowska, Die Verantwortlichkeit des Beamten – Eine rechtsvergleichende Untersuchung zu den Spannungsverhältnissen bei der Aufgabenwahrnehmung im öffentlichen Dienst in Polen und Deutschland, Diss., Halle (Saale), 2004; Zetzsche, Zur Beschränkung der Schadensersatzpflicht des öffentlich Bediensteten gegenüber seinem Dienstherrn, ZBR 04, 130; Braun, Anstellungsbetrug, RiA 03, 218; Beckmann, Die Haftung des Beamten gegenüber seinem Dienstherrn, jur. Diss., Göttingen, 2002; Hoffmann, Eine „Schlüssel-Frage" oder: Wenn Lehrer Schuleigentum beschädigen, SchulRecht 00, 75; Stelkens, Die persönliche Verantwortlichkeit der Bediensteten für fehlerhafte Vergabe von Zuwendungen in den neuen Bundesländern, LKV 99, 161; Siebelt, Die unmittelbare Wirkung von Rahmengesetzen am Beispiel des § 46 BRRG, NVwZ 96, 122; Thiele, Ruhestandsbeamter und Schadensersatzpflicht, DÖD 96, 49; Woltering, Haftung der Kommune als Schulträger bei Verlust von Gegenständen in der Schule, KommunalPraxis N 96, 168; Siebelt, Verschärfter Rückgriff des Dienstherrn bei Kfz-Unfällen, DÖD 95, 75; Wahlers, Ersatzansprüche des Dienstherrn bei Amtsmißbrauch, PersV 95, 274; Kaster, Rechtsfragen der Haftung für den Verlust von Schlüsseln zu Schließanlagen öffentlicher

---

88 Plog/Wiedow/Lemhöfer/Bayer, § 78 BBG, Rn 61.
89 OVG Münster, NWVBl 96, 69.
90 BVerwGE 24, 225 (227); 29, 310 (312).
91 OVG Münster, DVBl 74, 596.

9. Abschnitt: Folgen von Pflichtverletzungen

Gebäude durch Bedienstete, NWVBl 94, 121; Schnupp, Neuerungen im Haftungsrecht der Beamten – Inanspruchnahme und Rückgriff nicht mehr bei einfacher Fahrlässigkeit, PersV 94, 66; Möx, Die Haftung Bediensteter von Bundesbehörden nach § 78 Bundesbeamtengesetz, RiA 93, 105; Simianer, Vermögensrechtliche Haftung des Beamten dem Dienstherrn gegenüber, ZBR 93, 33; Günther, Zur Handlungsform des beamtenrechtlichen Leistungsbescheides, DÖD 91, 159; Meyer, Grenzen der Inanspruchnahme des Beamten nach § 78 BBG, RiA 91, 62; Riedmaier, Zur Haftung des Beamten gegenüber seinem Dienstherrn, DÖV 89, 386; Wörz, Haftungsfragen bei Beschädigung von Eigentum des kommunalen Schulträgers durch Lehrer an öffentlichen Schulen, ZBR 87, 237; Petersen, Die Haftung von Prüfungsbeamten in den Vorprüfungsstellen, ZBR 85, 162.

1.1.2 Erstattungsansprüche

262 Liegt eine Pflichtverletzung des Beamten vor, die dazu führt, daß ihm Leistungen des Dienstherrn zu Unrecht gewährt werden – z.B. über die zustehende Besoldung hinausgehende Zahlungen aus einer höheren Dienstaltersstufe oder Unterstützungen ohne das Vorliegen der Anspruchsvoraussetzungen – existieren neben[92] Schadenersatzansprüchen Erstattungsansprüche. Anspruchsgrundlage bei überhöhten Besoldungs- oder Versorgungszahlungen sind die §§ 12 II BBesG bzw. 52 II BeamtVG, bei allen sonstigen Leistungen (z.B. Vorschüssen) § 98 LBG i.V.m. § 12 II BBesG.

Ein öffentlich-rechtlicher Erstattungsanspruch, der auf dem Gesetzmäßigkeitsprinzip beruht und gegeben ist, wenn die Gerechtigkeit einen Ausgleich der mit der Rechtslage nicht mehr übereinstimmenden Vermögenslage erfordert[93], ist gegenüber dem gesetzlichen Anspruch (§ 98 LBG) subsidiär.

Wird hingegen ein Beamter oder Versorgungsberechtigter oder einer ihrer Angehörigen durch einen Dritten körperlich verletzt oder getötet, geht ein gesetzlicher Schadenersatzanspruch, der diesen Personen gegen den Dritten zusteht, unter den Voraussetzungen des § 99 LBG (§ 87a BBG) auf den Dienstherrn über. Wegen dieser Bestimmung geht der gesetzliche Schadenersatzanspruch, der beispielsweise einem Beamten aufgrund einer Körperverletzung gegen einen Dritten zusteht (§§ 823, 845 BGB), insoweit auf den Dienstherrn über, als dieser während einer auf der Körperverletzung beruhenden Aufhebung der Dienstfähigkeit oder infolge der Körperverletzung zur Gewährung von Leistungen verpflichtet ist. Danach hat der Dienstherr einen Anspruch gegen den Schädiger hinsichtlich beim Dienstherrn entstandener Aufwendungen für Beihilfe sowie auf gezahlte Besoldung[94] für den Zeitraum einer Dienstunfähigkeit. Dies gilt jedoch mangels Ursächlichkeit nicht für Beihilfeleistungen, die der Dienstherr aufgrund nicht unfallbedingter Heilmaßnahmen zu erbringen hat.[95]

---

92 VG Meiningen, ThürVBl 05, 209 (212).
93 BVerwGE 48, 279 (286).
94 Dies ist die Bruttobesoldung, also einschließlich der vom Beamten zu zahlenden Steuern. BGHZ 127, 391 (393 ff.); 42, 76, (78 ff.); Battis, § 87a BBG, Rn 7.
95 BGH, DVBl 03, 610 (611) = NVwZ 03, 635 = MDR 03, 388 (389) = ZBR 03, 166 (167) = BGHZ 153, 223 (230 f.).

1. Pflichtverletzungen durch Beamte

Eine Spezialvorschrift (§ 99a RhPfBG) findet sich in Rheinland-Pfalz für den Ersatz von Schäden bei Gewaltakten gegen Beamte. Der nach § 99a S. 1 RhPfBG erforderliche Zusammenhang zwischen dem erlittenen Gewaltakt und der pflichtgemäßen Ausübung des Dienstes oder der dienstlichen Stellung eines Beamten kann im Wege des Anscheinsbeweises nachgewiesen werden.[96]

Fall: Bei Beamtin Bettina G-T wurde in der Zeiterfassung nicht berücksichtigt, daß ihr eine Erhöhung des Umfang ihrer Teilzeitarbeitszeit genehmigt worden war. Über längere Zeit baute daraufhin G-T ihre rechnerisch angefallene genehmigte Mehrarbeit durch Freizeitausgleich ab. Nach zwei Jahren merkt das Personalamt – für alle Beteiligten völlig überraschend –, daß G-T 1.000 Stunden Freizeitausgleich zuviel erhalten hat. Der Dienstherr möchte von G-T den zu Unrecht erhaltenen Freizeitausgleich erstattet bekommen. Wie ist die Rechtslage?

Eine Rückforderung von Bezügen (§ 12 II S. 1 BBesG) scheidet aus. G-T wurden keinerlei Bezüge zuviel gezahlt. Vielmehr hat sie die rechnerisch angefallene Mehrarbeit durch Freizeitausgleich abgebaut. Beim Freizeitausgleich handelt es sich jedoch nicht um Bezüge (vgl. hierzu die Legaldefinition des § 1 II BBesG).

Weiterhin kommt ein Regreß in Betracht (§ 84 I S. 1 LBG). Dazu muß ein Schaden vorliegen. Aufgrund des normativen Schadensbegriffs (§ 249 I BGB) ist im Sinn der herkömmlichen Differenzmethode als Schaden der Unterschied zwischen der Vermögenslage des Dienstherrn, wie sie sich infolge der schuldhaften Dienstpflichtverletzung gestaltet hat, und derjenigen, wie sie ohne dieses Ereignis bestünde, zu verstehen. Hätte G-T keinen Freizeitausgleich erhalten, wäre die Vermögenslage des Dienstherrn jedoch gleich geblieben. Dies hängt damit zusammen, daß Urlaub oder Freizeitausgleich im Beamtenrecht wegen der Eigenschaft des Beamtenverhältnisses als Dienst- und Treueverhältnis nicht kommerzialisierbar sind. Demgemäß ist bereits kein Schaden gegeben.

Im übrigen erfolgte eine etwaige Pflichtverletzung nicht zumindest grob fahrlässig. Dies setzt voraus, daß G-T überhaupt bemerkt hat, daß die Zeiterfassung zu ihren Gunsten nicht geändert worden ist oder sie dies grob fahrlässig nicht erkannt hat. Laut des Sachverhalts wurde der Fehler jedoch „für alle Beteiligten völlig überraschend" erst nach zwei Jahren festgestellt, so daß keine grobe Fahrlässigkeit anzunehmen ist. Ein Regreß scheidet somit aus.

Schließlich ist an eine Rückforderung (§ 98 LBG) zu denken. Die Norm erklärt § 12 II BBesG für entsprechend anwendbar bei der Rückforderung sonstiger Leistungen. Dies sind Leistungen des Dienstherrn, die weder zur Besoldung noch Versorgung gehören[97], also ebenfalls der erhaltene Freizeitausgleich. Die Rückforderung zuviel erbrachter sonstiger Leistungen richtet sich nach den Vorschriften des BGB über die Herausgabe einer ungerechtfertigten Leistung (§ 12 II S. 1 BBesG). Der Dienstherr hat somit die Möglichkeit einer sog. Leistungskondiktion (§ 812 I S. 1, 1. Alternative BGB). G-T hat nämlich durch seine Leistung auf dessen Kosten den Freizeitausgleich erhalten, ohne daß hierfür ein objektiv höherer Sollarbeitszeit ein rechtlicher Grund bestand. Demzufolge ist G-T dem Dienstherrn zur Herausgabe des zu viel erhaltenen Freizeitausgleichs verpflichtet. Dazu muß die Zahl an zu viel erhaltenen Freizeitausgleichsstunden ermittelt und gleichzeitig mit G-T eine Regelung darüber getroffen werden, in welchem zeitlichen Umfang die Herausgabe gestreckt werden sollte. Aus Fürsorgegesichtspunkten können die zu viel erhaltenen 1.000 Stunden Freizeitausgleich nicht in einem Jahr herausgegeben werden. Diese Summe ist nämlich nahezu die Hälfte der jährlich zu leistenden Arbeitszeit. Man könnte sich deshalb vorstellen, daß G-T bezogen auf einen Fünf-Jahres-Zeitraum den zu viel erhaltenen Freizeitausgleich durch entsprechende Mehrarbeit ausgleicht.

Variante: G-T hat einen Schaden in Höhe von 5.000 Euro verursacht. Der Dienstherr schlägt G-T vor, für eine bestimmte Zeit Mehrarbeit zu leisten, statt diese Summe in Geld zu zahlen. Wäre dies rechtmäßig?

---

96 OVG Koblenz, DÖD 02, 290 = RiA 03, 50 = ZBR 02, 405.
97 Schütz/Maiwald, § 98 LBG, Rn 3 f.

9. Abschnitt: Folgen von Pflichtverletzungen

Beim hier gegebenen Vermögenschaden (5.000 Euro) ist allein Schadenersatz in Geld zu leisten. Ansonsten verstieße man gegen das Verständnis des Beamtenverhältnisses als einem öffentlich-rechtlichen Dienst- und Treueverhältnis, in dem die Dienstleistung nicht kommerzialisierbar ist. Zudem übersähe man, daß der Beamte grundsätzlich zur Mehrarbeit ohne finanziellen Ausgleich verpflichtet ist (Rn 204). Mehrarbeit darf ebenfalls ausschließlich dann angeordnet werden, wenn sie aus dienstlichen Gründen erforderlich ist und nicht, um einen Geldschaden auszugleichen. Schließlich könnten durch die Idee des Dienstherrn weitere Probleme entstehen. Ein Beamter könnte während seiner normalen Dienstzeit Arbeit liegenlassen. Der solchermaßen selbst geschaffene Arbeitsstau könnte dazu dienen, in Form von Mehrarbeit Geld zu seiner Beseitigung zu erhalten. Die Pflichtverletzung, Arbeit nicht zu erledigen, belohnte der Dienstherr dann noch in Geld. Der Vorschlag ist somit rechtswidrig.

Literatur: Graf, Beamtenrechtliche Erstattungsansprüche gegen Hinterbliebene – ein Rechtswegproblem, ZBR 96, 380.

1.1.3 Verlust der Dienstbezüge

263 Besteht die Pflichtverletzung in einem schuldhaften Fernbleiben vom Dienst, verliert der Beamte seine Bezüge für die Zeit des Fernbleibens (§§ 79 II LBG [bzw. § 73 II BBG], 9 S. 1 BBesG). Dies gilt auch bei einem Fernbleiben vom Dienst für Teile eines Tages (§ 9 S. 2 BBesG). Der Verlust der Bezüge ist festzustellen (§ 9 S. 3 BBesG). Die materielle Beweislast für den Sachverhalt, der den Wegfall der Dienstbezüge begründet einschließlich des Verschuldens, liegt beim Dienstherrn.[98] Die kleinste Zeiteinheit, für die der Verlust der Dienstbezüge ausgesprochen werden kann, ist die Stunde.[99] Der Begriff „Dienst" ist weit auszulegen.[100] Hierzu könne selbst eine unterwertige Beschäftigung gehören, wenn der Beamte dagegen keine Rechtsmittel eingelegt habe, oder eine Heimbereitschaft mit Anwesenheitspflicht. Rechtsreferendare bleiben dem Dienst fern, wenn sie an den zeitlich und örtlich festgelegten Ausbildungsveranstaltungen nicht teilnehmen oder sich zu Beginn eines Ausbildungsabschnitts nicht beim Ausbilder vorstellen.[101] Ein Verschulden liegt bereits vor, wenn der Beamte leicht fahrlässig gehandelt hat. Zum Problem, daß sich die Rückkehr des Beamten aus seinem Urlaub transportmittelbedingt verzögert (z.B. weil der Rückflug ausfällt oder überbucht ist), äußert sich das OVG Münster[102]. Ungenehmigtes, schuldhaftes Fernbleiben vom Dienst ist abzulehnen, wenn der Beamte zwar zum Dienst erscheint, seine Dienstleistungspflicht aber ausgeschlossen oder erheblich gemindert ist, wie etwa wegen Mitbringens seiner 17 Monate alten Tochter.[103] Ist der Beamte dienstunfähig, stellt dies ebenfalls kein schuldhaftes Fernbleiben vom Dienst dar, selbst wenn er die Dienstunfähigkeit verschuldet hat.[104] Verletzt allerdings der Beamte seine Pflicht, an der Feststellung seines Gesundheitszustands mitzuwirken, kann dies ein wichtiges Indiz dafür sein,

---

98 VGH München, ZBR 05, 58 (59); NVwZ-RR 02, 764 = IÖD 02, 92 (93).
99 VGH München, ZBR 85, 62 (63).
100 BVerwG, ZBR 05, 209 (210 f.).
101 BVerwG, NVwZ-RR 04, 273 (274) = RiA 04, 188 (190).
102 ZBR 83, 243.
103 BDiszG, NVwZ-RR 93, 502.
104 BVerwGE 73, 27 (28).

1. Pflichtverletzungen durch Beamte

daß er dienstfähig und sein Fernbleiben vom Dienst unerlaubt war.[105] Ebenso ist die fehlende Therapierbarkeit aufgrund geringer Arbeitsmotivation bei ansonsten amts- und fachärztlich festgestellter allgemeiner Dienstfähigkeit als Arbeitsverweigerung und schuldhaftes Fernbleiben vom Dienst zu werten.[106] Sollte der Beamte hingegen ein niedergelegtes Schriftstück, in dem sich das die Dienstfähigkeit bescheinigende Resultat der amtsärztlichen Untersuchung befindet, nicht abholen, bleibt er dem Dienst nicht schuldhaft unerlaubt fern.[107] Durch die Niederlegung werde keine Kenntnisnahme fingiert. Anders ist es, wenn er trotz amtsärztlicher Untersuchung, die seine Dienstfähigkeit zum Ergebnis hat, durch Vorlage privatärztlicher Bescheinigungen seine krankheitsbedingte Dienstunfähigkeit nachzuweisen versucht.[108] Ein amtsärztliches Gutachten hat hinsichtlich seiner Objektivität regelmäßig einen größeren Beweiswert.[109] Tritt während eines schuldhaft ungenehmigten Fernbleibens vom Dienst die Dienstunfähigkeit des Beamten ein, endet der Verlust der Dienstbezüge ab diesem Zeitpunkt wegen der fehlenden Tatbestandsmäßigkeit seines Verhaltens.[110] Es gibt keinen allgemeinen Rechtsgrundsatz, daß der Verlust der Dienstbezüge beim nachträglichen Eintritt eines die Dienstaufnahme hindernden Ereignisses immer erst dann aufhört, wenn der Beamte seine Dienstbereitschaft erklärt.[111] Zudem bleibt ein Beamter ohne oder gar verweigerter Urlaubsbewilligung schuldhaft dem Dienst fern.[112] Schließen sich an Zeiten unerlaubten Fernbleibens vom Dienst dienstfreie Tage an, verliert der Beamte ebenfalls für diese Tage seine Bezüge. Allerdings muß hier aufgrund besonderer Umstände die Annahme gerechtfertigt sein, daß der Beamte sein Verhalten, das zum Fernbleiben vom Dienst geführt hat, auch an diesen Tagen fortsetzte. Die Zeit des Fernbleibens müsse mit den dienstfreien Tagen als ein zusammengehörender Vorgang anzusehen sein.[113]

Sollte sich der Beamte in (Untersuchungs-) Haft befinden, bleibt er nicht ohne Genehmigung dem Dienst fern. Er ist während seines Gefängnisaufenthalts nicht dienstpflichtig, so daß er keine Dienstleistungspflicht verletzt.[114] Demzufolge hat er während der Zeit seiner Inhaftierung Anspruch auf Dienstbezüge. Die Inhaftierung liefert insofern einen Rechtfertigungsgrund für das Fernbleiben.[115] Anders ist es, wenn der Beamte diesen Rechtfertigungsgrund schuldhaft (zumindest bedingt vorsätzlich)

---

105 OVG Lüneburg, NVwZ-RR 04, 432 (433) = NdsVBl 04, 24 (26) = RiA 04, 254 (258).
106 BVerwG, NVwZ-RR 03, 660 = ZBR 03, 276.
107 BVerwG, NVwZ-RR 03, 289 (290) = ZBR 03, 174 (175) = RiA 03, 135 (137) = DÖD 03, 105 (107).
108 OVG Koblenz, NJW 90, 788 (789).
109 Schütz/Maiwald, § 45 LBG, Rn 48.
110 BVerwG, ZBR 94, 77 (78) = DÖD 94, 119 (120).
111 BVerwG, ZBR 94, 77 (78) = DÖD 94, 119 (120).
112 OVG Saarlouis, DÖD 98, 121 = ZBR 98, 320.
113 BVerwG, ZBR 94, 77 (78) = DÖD 94, 119 (121).
114 BVerwGE 33, 257 (262); OVG Münster, DÖV 96, 299; ZBR 93, 220.
115 BVerwG, NVwZ-RR 95, 96 (97) = ZBR 94, 383 (384).

9. Abschnitt: Folgen von Pflichtverletzungen

herbeigeführt hat, etwa dadurch, daß er den Widerruf einer Strafaussetzung zur Bewährung bewirkt.[116]

Der Beamte kann nicht gezwungen werden, seinen Dienstleistungspflichten nachzukommen. Der grundsätzlich mögliche Katalog an Zwangsmitteln (Zwangsgeld oder -haft) ist bei der Verurteilung zur Leistung von Diensten aus einem Dienstverhältnis nicht anzuwenden (§ 888 III, 3. Alt. ZPO). Dieser Rechtsgedanke gilt ebenfalls im Beamtenverhältnis. Tritt somit beispielsweise ein Beamter nach einem Urlaub seinen Dienst nicht an, scheiden Zwangsmittel aus. Es bleibt bei den Sanktionen, den Verlust der Dienstbezüge festzustellen oder disziplinare Maßnahmen zu ergreifen.

Beispiel: Inspektor I wird aufgrund eines Autounfalles dienstunfähig. Der Eintritt der Dienstunfähigkeit hätte vermieden werden können, wenn I einen Sicherheitsgurt angelegt hätte (§ 21a S. 1 StVO). Verliert er für die Zeit der Dienstunfähigkeit seine Dienstbezüge?

Dafür muß er dem Dienst schuldhaft ferngeblieben sein (§ 9 S. 1 BBesG). Zweifelhaft ist, ob dieses Tatbestandsmerkmal vorliegt, wenn das Fernbleiben vom Dienst auf einer schuldhaft herbeigeführten Dienstunfähigkeit beruht. Nach der Rechtsprechung des BVerwG[117] setzt § 9 BBesG die Dienstfähigkeit des Beamten voraus. Es soll unerheblich sein, daß die Dienstfähigkeit z.B. durch Alkoholmißbrauch schuldhaft entfallen ist. Demzufolge eignet sich die Verletzung der Anschnallpflicht nicht, die Rechtsfolgen aus § 9 BBesG zu begründen.[118]

Literatur: Summer, Probleme zu schuldhaften Fernbleiben vom Dienst, PersV 04, 416; Günther, Doch kein besoldungsrelevantes Fernbleiben, falls der abwesende Beamte wenigstens „Dienstaufgaben" verrichtet?, ZBR 00, 368; ders., Verspätete Urlaubsrückkehr und Besoldungsverlust, ZBR 98, 345; ders., Besoldungsrechtlich unerlaubtes, schuldhaftes Fernbleiben bei Wahrnehmung justitieller Pflichten, Obliegenheiten, Rechte?, ZBR 97, 107; ders., Bleibt der Beamte dem Dienst besoldungsrechtlich unerlaubt fern, welcher rechtswidrige Zuweisung unterwertiger Tätigkeit mißachtet?, DÖD 95, 128; ders., Zur Geschichte der Figur „schuldhaft unerlaubtes Fernbleiben vom Dienst", ZBR 95, 285; Lopacki, Feststellung des Verlustes der Dienstbezüge als Folge schuldhaft unerlaubten Fernbleibens vom Dienst, DÖD 92, 197.

1.2 Beamtenrechtliche Folgen

264 Hier kommen eine Mißbilligung, Disziplinarmaßnahmen, die Beendigung des Beamtenverhältnisses oder sonstige personelle Maßnahmen in Betracht.

a) Bei geringfügigen Pflichtverletzungen, die keine der im Katalog des § 5 I LDG aufgeführten Disziplinarmaßnahmen rechtfertigen, kann eine **Mißbilligung** angebracht sein. Rechtsgrundlage hierfür ist die Geschäftsleitungs-, Weisungs- und Aufsichtsbefugnis des Dienstherrn.[119] Wie § 6 I S. 2 LDG klarstellt, handelt es sich bei der Mißbilligung um keine Disziplinarmaßnahme, sondern um eine Maßnahme eigener Art.[120] Gegen sie sind Widerspruch und Anfechtungsklage

---

116 BVerwG, NVwZ-RR 95, 96 (97) = ZBR 94, 383 (384).
117 ZBR 82, 381 (LS).
118 MittNWStGB 82, lfd. Nr. 101.
119 VGH Mannheim, VBlBW 94, 283.
120 BVerwG, NJW 02, 155 (159) = RiA 02, 197 (203).

1. Pflichtverletzungen durch Beamte

möglich.[121] Hierbei muß man allerdings beachten, daß einfache, auf die Amtsführung bezogene mißbilligende Äußerungen des Dienstvorgesetzten grundsätzlich keine subjektiv-öffentlichen Rechte des Beamten berühren. Ihm steht deshalb kein verwaltungsgerichtlicher Rechtsschutz zu.[122]

b) Wenn die Pflichtverletzung ein Dienstvergehen ist (§ 83 LBG), muß der Beamte mit einem **Disziplinarverfahren** rechnen (Rn 403). Die Einzelheiten werden gesondert im Teil 2 (3. Abschnitt) dieses Buches (Rn 398 ff.) umfassend beschrieben, so daß hier der Hinweis darauf genügen mag.

c) Weiterhin kann die Pflichtverletzung zur **Beendigung des Beamtenverhältnisses** (Rn 275, 293 f.) führen. So muß ein Beamter, der sich weigert, den Diensteid zu leisten, oder als B.a.Z. das Amt nach der Amtszeit weiterzuführen, entlassen werden (§ 31 Nr. 1, 2 LBG bzw. § 28 Nr. 1 BBG). Außerdem ist er kraft Gesetzes entlassen, wenn er bei Übertragung eines Amtes, das kraft Gesetzes mit dem Mandat unvereinbar ist, Mitglied des Europäischen Parlaments, des Bundestages oder des Landtages war und nicht innerhalb der von der obersten Dienstbehörde gesetzten angemessenen Frist sein Mandat niedergelegt (§§ 28 Nr. 2 BBG, 31 Nr. 3 LBG). Schließlich ist der Beamte zu entlassen, wenn er ohne Genehmigung des Dienstvorgesetzten seinen Wohnsitz oder dauernden Aufenthalt im Ausland nimmt (§§ 28 Nr. 3 BBG, 31 Nr. 4 LBG). Bei schweren Pflichtverletzungen können B.a.P. und B.a.W. entlassen werden (§§ 34 I Nr. 1, 35 LBG, 5 III S. 2 LDG bzw. §§ 31 I S. 1 Nr. 1, 32 BBG, 5 III S. 2 BDG). Die näheren Einzelheiten werden im 10. Abschnitt (Rn 282, 294) dargestellt.

d) Die Vorgänge über Dienstpflichtverletzungen einschließlich der Vorermittlungen sind in die Personalakte aufzunehmen (§ 3 I S. 1 TilgV) und dürfen in die dienstliche Beurteilung einfließen (§ 4 I S. 2 TilgV). Sie können ebenfalls zu Änderungen des funktionellen Amtes führen, wenn der Beamte aufgrund der Pflichtverletzung auf seinem bisherigen Dienstposten nicht mehr tragbar ist[123], z.B. bei Dauerspannungsverhältnissen mit Kollegen[124].

Außerdem kann eine **Zwangsbeurlaubung** (Verbot der Amtsführung, §§ 63 I S. 1 LBG, 60 I S. 1 BBG, bzw. vorläufige Dienstenthebung, §§ 38 LDG/BDG) gerechtfertigt sein. Beamten kann aus zwingenden dienstlichen Gründen die Führung der Dienstgeschäfte verboten werden (§ 40 S. 1 BeamtStG). Das Verbot erlischt, wenn nicht bis zum Ablauf von drei Monaten gegen den Beamten ein Disziplinarverfahren oder ein sonstiges auf Rücknahme der Ernennung oder auf Beendigung des Beamtenverhältnisses gerichtetes Verfahren eingeleitet

---

121 BVerwG, DÖD 71, 76 (77); OVG Münster, DVBl 68, 84 (85 f.).
122 OVG Koblenz, DÖD 96, 92 (93) = NVwZ-RR 95, 342.
123 Scheerbarth/Höffken/Bauschke/Schmidt, § 18 IV 3.
124 BVerwGE 26, 65 (67).

9. Abschnitt: Folgen von Pflichtverletzungen

worden ist (§ 40 S. 2 BeamtStG). Das Verbot der Dienstgeschäfte ist eine Sofortmaßnahme von nur vorübergehender Dauer.[125] Eine weitere Ausübung der Dienstgeschäfte durch den Beamten dürfe nicht mehr vertretbar sein und keine mildere Möglichkeit (Umsetzung, Änderung der Geschäftsverteilung etc.) bestehen. Zudem müßten schwerwiegende Nachteile für den Dienstherrn oder Dritte zu befürchten sein. Allerdings hat der dienstenthobene Beamte – ebenso wie bei einem ausgesprochenen Verbot der Führung der Dienstgeschäfte – grundsätzlich weiterhin alle Rechte und Pflichten aus dem Beamtenverhältnis. Somit darf sein Anspruch auf Erholungsurlaub nicht anteilig für die Zeit der Suspendierung gekürzt werden. Hinsichtlich der Pflichten muß man ihn wie jeden anderen Beamten auch behandeln. Sollte er beispielsweise eine Nebentätigkeitsgenehmigung für die Zeit der vorläufigen Dienstenthebung beantragen, gilt für ihn ebenfalls § 68 II S. 2 Nr. 1, S. 3 LBG (Rn 222). Der vorläufig vom Dienst suspendierte Beamte soll keine weitergehende Nebentätigkeit ausüben dürfen, als sie aktiven Beamten gestattet ist.[126] Anders ist es, wenn es eine gesetzliche Ermächtigung für bestimmte Maßnahmen des Dienstherrn gibt, wie bei der Einbehaltung von Teilen der Bezüge (§§ 39 LDG/BDG). Hinsichtlich der Frage, in welcher Höhe Bezüge einbehalten werden dürfen, darf man den Beamten nicht darauf verweisen, eigenes Vermögen einzusetzen.[127] Auch bei einer vorläufigen Dienstenthebung existiere das Beamtenverhältnis mit einem – dem Grunde nach unveränderten – Anspruch auf amtsangemessene Besoldung weiter. Beim Bürgermeister bezieht sich der Zwangsurlaub allein auf seine beamtenrechtlichen Dienstgeschäfte und nicht auf seine kommunalverfassungsrechtliche Stellung.[128] Bei ihm wäre eine vorläufige Dienstenthebung gerechtfertigt, um weitere Ermittlungen im Fall des Verbleibens im Dienst nicht zu gefährden.[129]

Literatur: Allgaier, Zur strafrechtlichen und disziplinaren Verantwortlichkeit bei Zueignungs-, Fälschungs-, Betrugsdelikten und bei Minderleistungen, DÖD 00, 150; Rogosch, Der Beamte im Amtsbereich, im Dienstverhältnis und im Privatbereich – Anmerkung zum Urteil des OVG Rheinland-Pfalz vom 28.10.1994, DÖD 1996, Seite 92 ff. –, DÖD 96, 81; Lopacki, Die schriftliche mißbilligende Äußerung des Dienstvorgesetzten, PersV 95, 49; Haller/Steffens, Die beamtenrechtliche Mißbilligung, DÖD 94, 224; Fleig, Nochmals: Mißbilligende Äußerungen im Beamten- und im Disziplinarrecht, DÖD 93, 54; ders., Mißbilligende Äußerungen im Beamtenrecht und im Disziplinarrecht, DÖD 92, 129.

1.3 Strafrechtliche Folgen

265 Wie jeder Bürger muß der Beamte bei rechtswidriger und schuldhafter Verwirklichung von Straftatbeständen mit einer Bestrafung rechnen. Dar-

---

125 VG Halle, SächsVBl 05, 75 (76).
126 OVG Münster, NVwZ-RR 04, 594 (595).
127 OVG Münster, DÖD 03, 165 (166).
128 VG Schwerin, DÖV 02, 1003 = DÖD 02, 323 (324).
129 VG Meiningen, ThürVBl 04, 265 (267).

über hinaus kommen für ihn spezielle Straftatbestände in Form der Amtsdelikte in Betracht (Rn 47). Dabei hat der Dienstvorgesetzte ein pflichtgemäß auszuübendes Ermessen, ob er eine Straftat anzeigt. Anders ist es allein dann, wenn eine Straftat aus dem Katalog des § 138 I StGB vorliegt oder begangen werden soll.[130] Die Schwere der Tat indiziert hier die dienstliche Pflicht zur Anzeige.

Weitere Folgen von Straftaten können ein Verlust der Beamtenrechte (§§ 25 I BeamtStG, 48 BBG, 51 I LBG) oder eine disziplinare Ahndung sein, die neben der Bestrafung möglich ist.[131] Dabei ist jedes Amtsdelikt als Dienstpflichtverletzung anzusehen, sonstige Straftaten jedoch nur unter den Voraussetzungen des § 83 I S. 2 LBG (§ 77 I S. 2 BBG).[132]

2. Pflichtverletzungen durch den Dienstherrn

Die als Folge von Pflichtverletzungen entstehenden Ansprüche des Beamten gegen den Dienstherrn sind Amts- bzw. Staatshaftungsansprüche.[133] Weil das Staatshaftungsgesetz durch das BVerfG insgesamt für verfassungswidrig befunden wurde[134], gilt wieder die Rechtslage vor Inkrafttreten des StHG.

266

In der folgenden Übersicht wird auf die beamtenrechtlichen Besonderheiten bei Ansprüchen gegen den Staat eingegangen. Diese sind vor allem durch spezialgesetzliche Anspruchsgrundlagen, den eigenständigen Anspruch aus schuldhafter Fürsorgepflichtverletzung und die Zulässigkeit des Verwaltungsrechtsweges für bestimmte Ansprüche geprägt.

2.1 Erfüllungsansprüche des Beamten

Erfüllungsansprüche sind denkbar, sofern Leistungen des Dienstherrn noch nicht erbracht wurden, jedoch auch nach ihrer Fälligkeit noch möglich sind. Sie können sich auf vermögenswerte und nichtvermögenswerte Rechte beziehen.

2.1.1 Erfüllungsansprüche auf vermögenswerte Rechte

Es besteht ein **dreistufiges System** von Anspruchsgrundlagen:

267

(1) Ansprüche aus den gesetzlichen Konkretisierungen des Alimentationsprinzips in den §§ 3, 1 II BBesG, 4 II, 2 BeamtVG auf Besoldung und Versorgung (Rn 319, 363).

---

130 Battis, § 61 BBG, Rn 8.
131 BVerfGE 21, 378 (383 ff.); Rn 402.
132 Scheerbarth/Höffken/Bauschke/Schmidt, § 18 I 3.
133 Zur Begriffsbildung vgl. Maurer, Allgemeines Verwaltungsrecht, § 25, Rn 1 ff.
134 BGBl 82 I, 1493; NJW 1983, 25 (25 ff.).

9. Abschnitt: Folgen von Pflichtverletzungen

(2) Konkretisierte Ansprüche zum Ausgleich besonderer Belastungen, z.B. auf Beihilfe, auf Unfallfürsorge (§§ 30 ff. BeamtVG) oder auf Ersatz von Sachschäden, die bei der Dienstausübung entstanden sind (§ 91 LBG).

(3) Unmittelbare Ansprüche aus der Fürsorgepflicht in Härtefällen, deren Vernachlässigung die beamtenrechtliche Fürsorgepflicht in ihrem Wesenskern verletzte.[135]

2.1.2 Erfüllungsansprüche auf nichtvermögenswerte Rechte

268 Diese lassen sich wie folgt systematisieren:

(1) Spezielle Ansprüche (z.B. Anspruch auf Entlassung, §§ 30 BBG, 33 LBG), auf Fortführung der Amtsbezeichnung nach Zurruhesetzung oder Entlassung (§§ 81 BBG, 92 III, IV LBG) sowie auf Einsicht in die vollständigen Personalakten (§§ 90c BBG, 102c LBG).

(2) Ansprüche auf Ernennung (z.B. Einstellung, Beförderung); Einzelheiten finden sich in Rn 145 ff.

(3) Ansprüche auf Erfüllung der Fürsorgepflicht.

Rechtsgrundlage hierfür ist § 85 LBG (§ 79 BBG). Der Anspruch setzt voraus, daß ein konkret feststellbarer Inhalt der Fürsorgepflicht (Rn 236) (noch) nicht erfüllt wurde. Dies erfordert kein Verschulden des Dienstherrn.[136] Ziel des Erfüllungsanspruchs kann z.B. die rechtzeitige Vorlage eines Beförderungsvorschlages, die Teilnahme an einer Fortbildungsveranstaltung oder die Einbeziehung des Beamten in ein laufendes, noch nicht abgeschlossenes Beförderungsverfahren sein.

2.2 Folgenbeseitigungsanspruch

269 Der Folgenbeseitigungsanspruch ist in § 113 I S. 2 VwGO anerkannt, seine dogmatische Basis jedoch umstritten. Das BVerwG[137] neigt dazu, ihn aus den Freiheitsgrundrechten und dem Vorbehalt des Gesetzes herzuleiten. Voraussetzung ist, daß ein rechtswidriger Verwaltungsakt oder rechtswidriges schlicht hoheitliches Handeln[138] bereits vollzogen wurden, deren Folgen noch andauern, oder daß ein ursprünglich rechtmäßiger Zustand durch Zeitablauf rechtswidrig wird.[139] Beruht die Lage auf einem Verwaltungsakt, muß hinzukommen, daß dieser nicht oder nicht mehr wirksam ist. Wegen der Bestandskraft von Verwaltungsakten können

---

135 BVerwGE 38, 134 (138); 60, 212 (220); 64, 333 (343) = NVwZ 82, 627 (630); 79, 249 (253); RiA 02, 147; VGH Mannheim, NVwZ-RR 91, 653; OVG Münster, ZBR 77, 104 (106); umstritten, s. Rn 236.
136 Battis, § 79 BBG, Rn 22; Plog/Wiedow/Lemhöfer/Bayer, § 79 BBG, Rn 24.
137 DÖV 71, 857 (858).
138 BVerwG, DÖV 71, 857 (859).
139 Ossenbühl, Staatshaftungsrecht, 313.

2. Pflichtverletzungen durch den Dienstherrn

diese auch Rechtsgrundlage für rechtswidrige Zustände sein (§ 43 II VwVfG).

Allerdings kann es nicht Rechtsfolge eines Folgenbeseitigungsanspruchs sein, eine Situation herzustellen, die vorher noch nicht bestanden hat. Ist z.B. eine B.a.W. zu Unrecht nicht in das B.a.P. berufen worden, darf man sie im Entlassungsverfahren nicht als B.a.P. behandeln.[140] Ebenfalls kann ein rechtswidrig übergangener Bewerber seine Beförderung unabhängig von den Rechtsfragen der Konkurrentenklage (dazu Rn 313 ff.) nicht mit einem Folgenbeseitigungsanspruch erstreiten.

2.3 Schadenersatzansprüche

Anspruchsgrundlage kann zunächst ein **Anspruch wegen schuldhafter Verletzung der Fürsorgepflicht** sein. Er ist gesetzlich nicht geregelt, sondern wurde vom BVerwG[141] in ständiger Rechtsprechung unmittelbar aus dem Beamtenverhältnis und den in den §§ 276, 278, 618 III BGB enthaltenen allgemeinen Rechtsgrundsätzen hergeleitet. In der Literatur wird er auf § 79 BBG (§ 85 LBG) gestützt.[142] Allerdings bietet die Fürsorgepflicht keine allgemeine Rechtsgrundlage für Ansprüche auf Ersatz von Vermögensnachteilen, die durch rechtswidrige Maßnahmen des Dienstherrn entstanden sind.[143] Weiterhin kann nicht nur die Verletzung der Fürsorgepflicht, sondern auch diejenige **sonstiger Pflichten** aus dem öffentlich-rechtlichen Dienstverhältnis Ansprüche auf Ersatz der dadurch verursachten Schäden begründen.[144] Das BVerwG[145] hat beispielsweise bei der Verletzung des Anspruchs auf rechtsfehlerfreie Entscheidung über ein Beförderungsbegehren (Art. 33 II GG, §§ 25 VI S. 1, 7 I LBG) hieraus einen direkten Schadenersatzanspruch ohne Rückgriff auf das Rechtsinstitut der Fürsorgepflichtverletzung als möglich angesehen. Voraussetzung des Anspruchs wegen Verletzung der Fürsorge- bzw. einer sonstigen Pflicht des Dienstherrn gegenüber dem Beamten ist ein Schaden, der als adäquat kausale Folge einer schuldhaften Pflichtverletzung eingetreten ist.[146] Es gibt somit keine verschuldensunabhängige Haftung des Dienstherrn. Dies zu normieren, wäre ausschließlich Sache des Gesetzge-

270

---

140 BVerwGE 28, 155 (164).
141 DVBl 06, 316 = ZBR 06, 89 (90) = NVwZ 06, 212 = DÖV 06, 264 = PersV 06, 193 (194) = RiA 06, 77; E 13, 17 (18 ff.); 28, 353 (355 ff.); zust. BGHZ 43, 178 (184 f.).
142 Battis, § 79 BBG, Rn 28; Kunig in Schmidt-Aßmann, Rn 152, 156.
143 BVerwG, RiA 02, 147.
144 BVerwGE 112, 308 (310) = NVwZ 01, 685 (686) = RiA 02, 147 (148).
145 E 80, 123 (124 f.) = NJW 89, 538 = DVBl 89, 199 = ZBR 89, 172 (173); NJW 92, 927 (928); zust. Schnellenbach, NVwZ 89, 435 (435 f.); krit. Günther, NVwZ 89, 837 (837 ff.); jüngst erneut BVerwGE 107, 29 (31 f.) = NJW 98, 3288 (3289) = VR 99, 34; 102, 33 (35) = DÖD 98, 27 = NJW 97, 1321 (1322); IÖD 98, 254 (255) = NJW 98, 3288; OVG Koblenz, RiA 99, 153 (154).
146 BVerwGE 15, 3 (9 f.) = DVBl 63, 511 (512 f.); Anm Tietgen, DVBl 63, 513; 80, 123 (125) = NJW 89, 538 = DVBl 89, 199 (199 f.) = ZBR 89, 172 (173); NJW 92, 927 (928); 112, 308 (312 f.) = NVwZ 01, 685 (686) = RiA 02, 147 (148 f.); OVG Schleswig, NordÖR 99, 240; VG Gera, NVwZ-RR 05, 271.

9. Abschnitt: Folgen von Pflichtverletzungen

bers.[147] Dabei gilt der allgemeine zivilrechtliche Verschuldensmaßstab (§ 276 II BGB).[148] Billigt ein mit mehreren Rechtskundigen besetztes Kollegialgericht hingegen das Verwaltungshandeln, schließt dies ein Verschulden regelmäßig aus (sog. Kollegialitätsgerichtsregel).[149] Dies gilt jedoch nicht, wenn die Annahme des Kollegialgerichts, die Amtshandlung sei rechtmäßig, auf einer unzureichenden tatsächlichen oder rechtlichen Grundlage beruht, etwa weil das Gericht den Sachverhalt nicht sorgfältig und erschöpfend gewürdigt hat.[150] Diese Prinzipien sind auch im Verfahren des vorläufigen Rechtsschutzes anzuwenden.[151]

Somit sind mehrere Voraussetzungen zu erfüllen, nämlich erstens die objektive Pflichtverletzung, die zweitens auf einem Verschulden des Dienstherrn beruhen muß, wodurch drittens adäquat kausal ein Schaden entsteht und viertens es nicht schuldhaft unterlassen wurde, den Schaden durch Gebrauch eines Rechtsmittels abzuwenden.[152] Verletzt ein Dienstherr (bzw. einer seiner Beamten) seine gegenüber dem Bewerber obliegenden Pflichten durch Unterlassen eines sachgerechten Verfahrens bei der Auswahl, erfolgt dies lediglich dann adäquat kausal, wenn die Behörde ohne den Verstoß „voraussichtlich" zugunsten des Kandidaten entschieden hätte.[153] Eine Umkehr der grundsätzlich den Beamten treffenden Beweislast ist denkbar. Aus Art. 19 IV S. 1 i.V.m. Art. 33 II GG folgt, daß man dem Beamten nicht die Beweislast für diejenigen zur Beurteilung des hypothetischen Kausalverlaufs erforderlichen Tatsachen auferlegen darf, deren Ermittlung ihm aus tatsächlichen Gründen (beispielsweise Vor-

---

147 BVerwGE 112, 308 (314) = NVwZ 01, 685 (686) = RiA 02, 147 (148); NVwZ 99, 424.
148 BVerwG, DVBl 06, 316 (317) = ZBR 06, 89 (91) = NVwZ 06, 212 (213) = DÖV 06, 264 (265) = PersV 06, 193 (195) = RiA 06, 77 (78).
149 BGH, DVBl 05, 312 (313) = NVwZ-RR 05, 152 (153) = VersR 05, 1582 (1583) = BayVBl 05, 673; BVerwG, DVBl 06, 316 (318) = ZBR 06, 89 (91) = NVwZ 06, 212 (213) = DÖV 06, 264 (266) = PersV 06, 193 (196) = RiA 06, 77 (78); ZBR 98, 316 (317); ZBR 97, 229 (230); ZBR 86, 149; OVG Lüneburg, NdsVBl 01, 196 (197); OVG Schleswig, NordÖR 99, 240 (241); VGH München, NVwZ-RR 91, 33 (34); Schütz/Maiwald, § 84 LBG, Rn 43, § 85 LBG, Rn 47; zu Ausnahmen s. BVerwG, DVBl 91, 51 (52); VGH Mannheim, RiA 99, 206 (206 f.); OVG Koblenz, RiA 99, 153 (156).
150 BGH, DVBl 05, 312 (313) = NVwZ-RR 05, 152 (153) = VersR 05, 1582 (1583) = BayVBl 05, 673.
151 BVerwG, DVBl 06, 316 (317) = ZBR 06, 89 (91) = NVwZ 06, 212 (213) = DÖV 06, 264 (265) = PersV 06, 193 (195) = RiA 06, 77 (78).
152 BVerwG, DVBl 06, 316 (90) = ZBR 06, 89 (91) = NVwZ 06, 212 (213) = DÖV 06, 264 = PersV 06, 193 (194) = RiA 06, 77; OVG Münster, PersV 05, 394 (399).
153 BVerwG, DVBl 06, 316 (319) = ZBR 06, 89 (92) = NVwZ 06, 212 (214) = DÖV 06, 264 (266) = PersV 06, 193 (197); NJW 92, 927 (928) = DÖD 92, 238 (239) = ZBR 92, 106 (107); DÖD 03, 21 (22) = ZBR 03, 136 = IÖD 02, 242 = NVwZ-RR 02, 855; BayVBl 02, 675 = DVBl 02, 1641 (1642); DÖD 03, 137 = DÖD 02, 250 (251) = RiA 03, 310 (312) = NVwZ-RR 02, 620 = DÖV 02, 865 (866) = IÖD 02, 243 (244); BayVBl 04, 696 (697) = NVwZ 04, 1257 = DÖD 04, 250 (252); OVG Münster, NWVBl 03, 433 (434) = NVwZ-RR 03, 881 (882); NWVBl 04, 471 (472) = NVwZ-RR 05, 269; PersV 05, 394 (399). Als zu weitgehend sind die Ansichten anderer Gerichte abzulehnen: OVG Bremen, ZBR 93, 189: „mit an Sicherheit grenzender Wahrscheinlichkeit"; OLG Karlsruhe, NVwZ-RR 91, 596: „mit erheblicher Wahrscheinlichkeit"; OLG Hamm, BADK-Information 1/06, 52 (53): „mit deutlich überwiegender Wahrscheinlichkeit"; OVG Schleswig, DÖD 96, 168 (169): „wahrscheinlich".

2. Pflichtverletzungen durch den Dienstherrn

gänge aus dem alleinigen Bereich des Dienstherrn) unmöglich ist.[154] Kann man den hypothetischen Kausalverlauf nicht feststellen, weil der Dienstherr seiner Mitwirkungspflicht bei der Aufklärung interner Vorgänge nicht nachgekommen ist, haftet er demjenigen Bewerber auf Schadenersatz, dessen Beförderung ohne den schuldhaften Verstoß gegen Art. 33 II GG „nach Lage der Dinge ernsthaft möglich gewesen wäre".[155]

Der Anspruch ist auf Ersatz des materiellen Schadens beschränkt. Es wird kein Schmerzensgeld gewährt.[156] Seine Höhe kann durch ein mitwirkendes Verschulden des geschädigten Beamten vermindert werden (§ 254 BGB analog).[157] Er kann ganz entfallen, wenn es der Beamte vorsätzlich oder fahrlässig versäumt, den Schaden durch ein Rechtsmittel (bzw. eine Gegenvorstellung) abzuwenden (Rechtsprinzip des § 839 III BGB)[158], oder wenn sich dem Beamten die Fehlerhaftigkeit einer Auskunft hätte aufdrängen müssen. Zutiefst blauäugig (und blond, sorry ...) ist jedoch die Begründung des BVerwG, selbst das wiederholte Ergreifen von Rechtsschutz durch einen Beamten dürfe sich nicht negativ hinsichtlich ihn betreffender zukünftiger Besetzungs- und Beförderungsentscheidungen auswirken. Sollte dies dennoch der Fall sein, müsse eben ein solcher Verstoß wiederum durch die Inanspruchnahme von Rechtsschutz abgewehrt werden.[159] Im übrigen muß man den **Einwand der Verwirkung** beachten. Dieser Rechtsgedanke ist als Unterfall des Grundsatzes von Treu und Glauben auch im Beamtenrecht anwendbar.[160] Anders als bei der Verjährung genüge hierfür jedoch nicht allein der Zeitablauf. Vielmehr sei zusätzlich ein bestimmtes Verhalten des Berechtigten erforderlich, das geeignet sei, beim Verpflichteten die Vorstellung auszulösen, der Anspruch werde nicht mehr geltend gemacht. Zudem müsse sich der Verpflichtete auf diese geweckte Vorstellung hin berechtigterweise eingerichtet haben.

Der Schadenersatzanspruch eines bei einer Beförderung aufgrund fehlerhafter Auswahl rechtswidrig übergangenen Beamten **verjährt in drei Jahren** seit dem Jahr der Fälligkeit der jeweils entgangenen Dienst- und Versorgungsbezüge.[161] Im Beamtenrecht gelten ebenfalls die entspre-

---

154 BVerwG, DVBl 06, 316 (319) = ZBR 06, 89 (92) = NVwZ 06, 212 (214) = DÖV 06, 264 (266) = PersV 06, 193 (197).
155 BVerwG, DVBl 06, 316 (319) = ZBR 06, 89 (92) = NVwZ 06, 212 (214) = DÖV 06, 264 (267) = PersV 06, 193 (197).
156 BVerwG, NJW 65, 929.
157 OVG Koblenz, ZBR 79, 87 (88).
158 BVerwGE 102, 33 (36) = DÖD 98, 27 (28) = NJW 97, 1321 (1322); IÖD 98, 254 (255) = NJW 98, 3288; ZBR 86, 179 (180) = NVwZ 86, 481 (481 f.); OVG Greifswald, RiA 98, 203 (204); OVG Schleswig, ZBR 05, 276 (278); NordÖR 99, 240 (241); OVG Münster, PersV 05, 394 (399); VG München, IÖD 02, 76; VG Stuttgart, NVwZ-RR 05, 835 (836) = KommJur 05, 184 (185).
159 BVerwG, IÖD 98, 254 (256) = NJW 98, 3288.
160 BVerwGE 102, 33 (36) = DÖD 98, 27 (28) = NJW 97, 1321 (1322); VG Gera, NVwZ-RR 05, 271 (272).
161 BVerwGE 102, 33 (38) = DÖD 98, 27 (28) = NJW 97, 1321 (1322); in der Entscheidung waren es noch vier Jahre, da zum damaligen Zeitpunkt die §§ 197, 198, 201 BGB dies so vorsahen.

9. Abschnitt: Folgen von Pflichtverletzungen

chenden Bestimmungen des Zivilrechts, wonach Ansprüche auf wiederkehrende Leistungen in drei Jahren, jeweils zum Jahresende, verjähren (§ 195 BGB). Hierunter fallen auch Schadenersatzansprüche, die aufgrund ein und desselben schädigenden Ereignisses an die Stelle von Erfüllungsansprüchen treten.[162]

Der Anspruch auf Schadenersatz wegen schuldhafter Verletzung der Fürsorgepflicht bzw. einer sonstigen Pflicht ist nach erfolgtem Widerspruchsverfahren vor dem VG einzuklagen. Dabei muß der Beamte die Pflichtverletzung nachweisen und der Dienstherr sein fehlendes Verschulden.[163] Die Schadenersatzklage eines Beamten aus dem Dienstverhältnis setzt allerdings einen vor Klageerhebung an den Dienstherrn zu stellenden **Antrag als nicht nachholbare Klagevoraussetzung** voraus.[164] Der Beamte darf es nicht vorsätzlich oder grob fahrlässig unterlassen haben, den Schaden durch Gebrauch eines Rechtsmittels gegen das nunmehr beanstandete staatliche Verhalten abzuwenden (in Anlehnung an den Rechtsgedanken des § 839 III BGB).[165] Dabei sind nicht nur die Rechtsbehelfe des verwaltungsgerichtlichen Primärrechtsschutzes gemeint, sondern vielmehr auch der Antrag an den Dienstherrn, befördert zu werden.[166] Dies müsse der Beamte selbst dann machen, wenn er bereits seine dienstliche Beurteilung angegriffen habe. Letzteres hindere den Beamten ebensowenig, sich um ein Beförderungsamt zu bewerben, wie es den Dienstherrn verpflichte, ein Beförderungsverfahren auszusetzen.

Verursacht ein Beamter bei einer dienstlichen Benutzung seines Kraftfahrzeugs einen Verkehrsunfall, dann zählt der **Rabattverlust in der Kraftfahrzeughaftpflichtversicherung** nicht zu dem vom Dienstherrn zu ersetzenden Schaden.[167] Dies gilt ebenfalls für einen weiteren privaten Unfallschaden, der aufgrund eines zuvor erfolgten Dienstreiseunfalls zu einer nunmehr höheren Rückstufung führt.[168] In der dem Beamten zustehenden Wegstreckenentschädigung ist eine anteilige Beteiligung des Dienstherrn an den Kosten der Haftpflichtversicherung in pauschalierter Form enthalten.[169] Der Verfasser vermag deshalb nicht die vom OVG

---

162 BVerwGE 102, 33 (36 f.) = DÖD 98, 27 (28) = NJW 97, 1321 (1322); VG Gera, NVwZ-RR 05, 271 (272); Battis, § 23 BBG, Rn 35.
163 BVerwGE 13, 17 (24 f.); OVG Schleswig, NordÖR 99, 240 (241).
164 BVerwG, ZBR 98, 46; E 74, 303 (306); VGH München, NVwZ-RR 06, 199 (200): die Dienstunfallmeldung ist wegen Verschiedenartigkeit kein solcher Antrag. A.A. OVG Münster, NWVBl 04, 471 (472) = NVwZ-RR 05, 269: nur Widerspruchsverfahren, keinen Antrag.
165 BVerwG, DÖD 03, 21 (22) = ZBR 03, 136 = IÖD 02, 242 (243) = NVwZ-RR 02, 855 (856); BayVBl 02, 675 = DVBl 02, 1641 = ZBR 03, 137 = DÖD 02, 250 (251) = RiA 03, 310 (311) = NVwZ-RR 02, 620 = DÖV 02, 865 (866) = IÖD 02, 243 (244); OVG Schleswig, ZBR 05, 276 (278).
166 BVerwG, BayVBl 02, 675 = DVBl 02, 1641 = ZBR 03, 137 = DÖD 02, 250 (251) = RiA 03, 310 (311) = NVwZ-RR 02, 620 = DÖV 02, 865 (866) = IÖD 02, 243 (244).
167 BVerwG, DÖV 94, 608 (609) = NJW 95, 411 (412) = DÖD 94, 141; VGH München, ZBR 93, 93 (94) = DÖD 93, 142; VG Gera, ThürVBl 02, 290 (291) = NVwZ-RR 03, 55 (55 f.); a.A. OVG Lüneburg, NVwZ-RR 94, 601.
168 OVG Saarlouis, DÖD 06, 81 (82).
169 VG Gera, ThürVBl 02, 290 (291) = NVwZ-RR 03, 55.

2. Pflichtverletzungen durch den Dienstherrn

Lüneburg[170] herangezogene Wesenskernverletzung der Fürsorgepflicht zu erkennen. Dem Nachteil beim Beamten steht gerade ein Vorteil in Form der Wegstreckenentschädigung gegenüber. Zudem wäre in einer unterbliebenen individuellen Information des Beamten über diese Rechtslage keine Verletzung der Fürsorgepflicht des Dienstherrn zu sehen.[171] Anders wurde es hingegen der Fürsorgepflicht gerecht, wenn der Dienstherr bei der **Vollkaskoversicherung** anstelle des unmittelbaren Sachschadens den Rabattverlust trug. Zum einen umfaßte die Wegstreckenentschädigung zum damaligen Zeitpunkt keinen anteiligen Betrag für die Vollkaskoversicherung; zum anderen beruht der Rabattverlust bei der Vollkaskoversicherung gerade auf dem Unfallereignis und ist deshalb als adäquate Folge der Fahrzeugbeschädigung anzusehen.[172] Mittlerweile findet sich in § 6 I S. 3 LRKG der Passus, wonach mit den Pauschalsätzen der Wegstreckenentschädigung die Kosten der Fahrzeugvollversicherung abgegolten sind. Damit ist der Dienstherr seiner Fürsorgepflicht gegenüber dem Beamten nachgekommen. Ein Anspruch des Beamten gegen den Dienstherrn auf Ersatz des Sachschadens scheidet aus, da der Beamte mit der erhöhten Wegstreckenentschädigung anteilig Geld zum Abschluß einer Vollkaskoversicherung erhalten hat. Schließt er sie dennoch nicht ab, muß er die daraus entstehenden Risiken selbst tragen. Allein einen Selbstbehalt bei der Vollkaskoversicherung von 650.– DM darf der Dienstherr erstatten.[173]

Hingegen ist die vom Land Berlin in Konkretisierung seiner beamtenrechtlichen Fürsorgepflicht getroffene Ermessensregelung rechtmäßig, wonach Schäden an einem zur dienstlichen Verwendung anerkannten Kraftfahrzeug eines Beamten lediglich ersetzt werden, wenn sie während einer Dienstreise oder eines Dienstganges, nicht aber während des Bereithaltens hierfür entstanden sind.[174] In Rheinland-Pfalz hat der Beamte einen Anspruch auf Ersatz des an seinem privaten Fahrzeug entstandenen Sachschadens, wenn der dienstliche Einsatz des Wagens genehmigt war.[175]

Sind in Ausübung des Dienstes Kleidungsstücke oder sonstige Gegenstände, die üblicherweise im Dienst mitgeführt werden, beschädigt bzw. zerstört worden oder abhanden gekommen, kann dafür Ersatz geleistet werden (§ 91 I S. 1 LBG; Fall Eva-Maria K, Rn 274). Dazu gehören solche Gegenstände, die im Dienst benötigt werden. Dies ist bei einem privaten Handy einer Lehrerin, das in den Schulunterricht mitgebracht wurde, ebenso wenig der Fall[176] wie bei einem privaten Handy eines Polizeibe-

---

170 NVwZ-RR 94, 601 (602).
171 VG Gera, ThürVBl 02, 290 (292) = NVwZ-RR 03, 55 (56).
172 BVerwG, DÖV 94, 608 (609) = NJW 95, 411 (412) = DÖD 94, 141.
173 Nr. 32.1.3.2 des RdErl FM Bund v. 6.2.81 i.d.F. des RdErl v. 21.6.90, zur Durchführung des Beamtenversorgungsgesetzes.
174 BVerwG, RiA 96, 191 (192).
175 OVG Koblenz, KommJur 04, 310 (311).
176 OVG Lüneburg, NdsVBl 05, 188 = NVwZ-RR 05, 479 (479 f.).

9. Abschnitt: Folgen von Pflichtverletzungen

amten[177] und auch nicht bei abgestellten Privatfahrzeugen auf behördeneigenen Parkplätzen.[178] Das Zurücklegen des Weges nach und von der Dienststelle zählt ebenfalls nicht dazu (§ 91 I S. 2 LBG). Anträge auf Gewährung von Sachschadenersatz sind innerhalb einer Ausschlußfrist von drei Monaten zu stellen (§ 91 I S. 2 LBG). Im Bundesrecht ist anders als in § 91 I S. 1 LBG keine Regelung für den Ersatz von Sachschäden bei Dienstunfällen oder dienstunfallähnlichen Ereignissen getroffen worden. Die Rechtsprechung leitet in diesem Fall eine entsprechende Verpflichtung unmittelbar aus der Fürsorgepflicht (§ 79 S. 1 BBG) ab.[179] Damit sei kein genereller Ausschluß von durch Diebstähle verursachten Sachschäden (hier gestohlener Reisekostenvorschuß in bar) aus dem Kreis der einer Erstattung zugänglichen Schadensereignisse zu vereinbaren. Die Fürsorgepflicht erstrecke sich auf Sachen des Beamten, die dieser notwendig und im üblichen Rahmen zum Dienst mitbringe.[180]

Zahlt schließlich ein Dienstherr einem Beamten nachträglich Besoldung als Schadenersatz, so liegt darin ein deklaratorisches **Anerkenntnis** eines Schadenersatzanspruchs dem Grunde nach.[181] Ob in diesem Fall die Voraussetzungen für einen Schadenersatzanspruch wegen Fürsorgepflichtverletzung gegeben seien, müsse wegen des Anerkenntnisses nicht mehr geprüft werden.

271 Der Beamte kann einen Schadenersatzanspruch auch auf **Art. 34 GG i.V.m. § 839 BGB** stützen. Hierfür ist der Rechtsweg zu den ordentlichen Gerichten eröffnet (Art. 34 S. 3 GG)[182], während der Anspruch aus der Fürsorgepflichtverletzung vor dem VG einzuklagen ist. Somit kann der Beamte bei Schadenersatzansprüchen, obwohl sie auf dem gleichen Sachverhalt beruhen, verschiedene Gerichte anrufen.[183] Unabhängig von der Rechtswegfrage unterscheiden sich die genannten Anspruchsgrundlagen u.a., weil bei Ansprüchen aus § 839 BGB auch Schmerzensgeld gewährt wird.[184] Bei einer Verletzung des Persönlichkeitsrechts ist dies jedoch nur der Fall, wenn es in schwerer Weise schuldhaft geschah und sich die erlittene Beeinträchtigung nicht in anderer Weise befriedigend ausgleichen läßt.[185] Weitere Unterschiede der genannten Anspruchsgrundlagen beschreibt Strunk.[186]

Fall[187]: Der Bürgermeister der Stadt B, Dr. Werner Gierschlund (G), möchte kurz vor dem Ende seiner Amtszeit (Rn 255) noch die Parteifreundin P von der C-Partei in seiner Stadtver-

---

177 VG Oldenburg, NVwZ-RR 04, 130.
178 OVG Saarlouis, ZBR 04, 213.
179 VGH Kassel, NVwZ-RR 97, 637 (638).
180 BVerwGE 94, 163 (164) = NJW 95, 271; DÖV 94, 300 = DVBl 94, 582; VGH Kassel, NVwZ-RR 97, 637 (638).
181 OVG Lüneburg, NdsVBl 02, 46 = NVwZ-RR 02, 164 (165) = DÖD 02, 220 (221) = ZBR 04, 65 = RiA 02, 247 (248 f.).
182 BVerwGE 18, 181 (183).
183 Beispiel bei OLG Düsseldorf, ZBR 82, 303 (304).
184 OLG Schleswig, NordÖR 00, 255 (256).
185 BGH, ZBR 77, 106 (107).
186 Rn 233.
187 BGH, NJW 95, 2344 (2344 ff.), nachgebildet.

2. Pflichtverletzungen durch den Dienstherrn

waltung unterbringen. Hierzu dient ihm eine ausgeschriebene A 16-Stelle. P ist 31 Jahre jung, ledig, weiblich, Assessorin und bisher als B.a.P. in der Verwaltung der benachbarten Gemeinde Bad S tätig. Auf die ausgeschriebene Stelle hatten sich insgesamt 18 Personen beworben, darunter auch der 42 jährige Jurist J, der bereits über ein Jahrzehnt in der Kommunalverwaltung K gearbeitet hat. Aus der örtlichen Zeitung erfuhr J, daß die Stelle an P vergeben werden sollte. Daraufhin legte er Widerspruch gegen die Entscheidung ein und bat G, ihm den für die Ernennung der Beamtin vorgesehenen Termin zu nennen, damit er rechtzeitig den Rechtsweg beschreiten könne. Diesen Termin teilte ihm G einen Tag, bevor der Rat entscheiden wollte, mit. Die Auswahl fiel – wie nicht anders zu erwarten – zugunsten der P aus, der von G unmittelbar nach der Ratssitzung die Ernennungsurkunde ausgehändigt wurde. Hat J einen Anspruch aus § 839 BGB?

J hat einen Anspruch, wenn sich G amtspflichtwidrig verhalten hat (§ 839 I S. 1 BGB). Zur Amtspflicht des G gehört es, den J innerhalb einer für dessen Rechtsschutzentscheidung ausreichenden Zeitspanne vor der Ernennung von P davon in Kenntnis zu setzen, daß beabsichtigt sei, die ausgeschriebene Stelle Frau P zu übertragen. Diese Amtspflicht ergibt sich aus Art. 33 II, 19 IV GG.[188] Wurde eine Stelle ausgeschrieben, müssen unterlegene Kandidaten mindestens zwei Wochen Zeit haben, die Erfolgsaussichten einer Klage zu prüfen.[189] Solange hätte G der P die Ernennungsurkunde nicht aushändigen dürfen. Der BGH wies im übrigen darauf hin, daß nicht die mindeste Notwendigkeit bestanden habe, durch die Übergabe der Ernennungsurkunde vollendete Tatsachen zu schaffen. Liegt eine entsprechende Amtspflichtverletzung vor, kommt es nach dem BGH zur Beweislastumkehr. J müsse nicht erklären, daß und warum er jedem seiner 17 Mitbewerber hätte vorgezogen werden müssen. Vielmehr müsse die Stadt B als Anstellungskörperschaft nachvollziehbar darlegen, wie sie zu der Auswahl gekommen sei. Dies kann G aber gerade nicht wegen der Parteibuchwirtschaft. Demzufolge besteht ein Anspruch des J (§ 839 I S. 1 BGB).

Auf der Grundlage von § 839 BGB kann somit **Schadenersatz wegen Verletzung von Verfahrensrechten bei der Stellenbesetzung** geltend gemacht werden. Bei Ernennungen bestehen bestimmte Verfahrensrechte in Form von Mitteilungspflichten der Behörde. Kandidaten können verlangen, daß ihre Bewerbung um einen ausgeschriebenen Dienstposten ordnungsgemäß behandelt wird. Ebenfalls haben sie Anspruch darauf, daß man nachvollziehbar begründet, warum sie nicht ausgewählt wurden.[190] Überdies müssen sie so rechtzeitig von der Ablehnung ihrer Bewerbung unterrichtet werden, daß sie Rechtsschutz in Anspruch nehmen können.[191] Ist ihnen dies durch die Behörde abgeschnitten worden, dann trifft die Anstellungskörperschaft die Beweislast dafür, daß sie ihr Auswahlermessen richtig ausgeübt hat. Sie muß substantiiert darlegen, wie sich die Dinge bei pflichtgemäßem Verhalten entwickelt hätten und wie sie zu der Auswahl gekommen sei. Grundlegend ist insofern das Urteil des BGH.[192] Mit dieser Entscheidung sichert der BGH den sog. **Bewerbungsverfahrensanspruch** aus Art. 33 II, 19 IV GG ab, damit von einem übergangenen Bewerber rechtzeitig vorläufiger Rechtsschutz erreicht

272

---

188 BVerfG, NJW 90, 501 = DVBl 89, 1247 (1247 f.); Anm Hufen, JuS 90, 756 (756 f.); VGH Kassel, NVwZ-RR 92, 34 (35) = DÖD 92, 211 (212).
189 BGH, NJW 95, 2344 (2344 f.); VGH Kassel, NVwZ 94, 398 (399); OVG Bautzen, ZBR 01, 368 (372); 372 (373).
190 VG Leipzig, NVwZ-RR 05, 590 (591) = SächsVBl 05, 74.
191 BVerfG, NJW 90, 501 = DVBl 89, 1247 (1247 f.); Anm Hufen, JuS 90, 756 (756 f.); BGH, NJW 95, 2344; OLG Celle, NVwZ 95, 413 (413 f.), als Vorinstanz; VGH Kassel, NVwZ-RR 92, 34 (35) = DÖD 92, 211 (212); NVwZ 94, 1231; OVG Greifswald, NordÖR 03, 32 = DÖD 03, 115.
192 NJW 95, 2344 (2344 ff.); OLG Celle, NVwZ 95, 413, als Vorinstanz.

9. Abschnitt: Folgen von Pflichtverletzungen

werden kann. Dieser Bewerbungsverfahrensanspruch besteht unabhängig von der Art der zu besetzenden Stelle. Eine hiervon strikt zu trennende und nach anderen Gesichtspunkten zu beurteilende Frage ist jedoch die materiell-rechtliche Überprüfung, ob im konkreten Einzelfall Auswahlkriterien verletzt wurden. Bei seiner Entscheidung, wen er ernennt, hat der Dienstherr einen weitestgehenden Beurteilungsspielraum. Gleichwohl muß aber ein übergangener Kandidat verfahrensrechtlich die Gelegenheit haben, selbst die Einhaltung dieser Anforderungen gerichtlich überprüfen zu lassen, bevor die Stelle endgültig besetzt wird. Hieraus ergeben sich **für die Dienstherren bestimmte Pflichten**. An sämtliche abgelehnten Bewerber muß eine **Mitteilung** ergehen, daß sie nicht ausgewählt worden sind und die Stellenbesetzung nach einem gewissen Zeitraum erfolgt. Ausreichend wären zwei Wochen.[193] Den Inhalt der Mitteilung läßt der BGH[194] offen. Das Gericht mußte nicht abschließend entscheiden, wie sie im einzelnen ausgestaltet sein müsse. Insbesondere könne dahingestellt bleiben, ob der erfolgreiche Bewerber stets benannt werden müsse und/oder ob es erforderlich und ausreichend sei, zumindest in groben Zügen die Gründe für die Entscheidung darzulegen. Für den BGH genügte die Feststellung, daß die bloße Erklärung, die Auswahl sei (meist noch mit dem Zusatz „leider") nicht auf den Kandidaten gefallen, für sich allein genommen keine ordnungsgemäße, den Anforderungen effektiven Rechtsschutzes genügende Erfüllung dieser Mitteilungspflicht sei.

Nach hier vertretener Ansicht gebietet die Gewährleistung effektiven Rechtsschutzes zumindest stets die **Nennung** des erfolgreichen Bewerbers **mit Namen**.[195] Wer sich in eine Konkurrenzsituation begibt, muß sich namentlich seinen Mitbewerbern stellen und in Kauf nehmen, daß diese einen Leistungsvergleich anstellen.[196] Außerdem ist die Auswahl **grob zu begründen**, damit der übergangene Kandidat abschätzen kann, ob vorläufiger Rechtsschutz überhaupt Aussicht auf Erfolg verspricht. Ebenfalls muß deutlich werden, ob der erfolgreichen Person aus qualifikationsbezogenen Erwägungen oder wegen eines oder mehrerer (zu nennender) Hilfskriterien der Vorrang eingeräumt wurde.[197] Gegen diese Anforderung spricht gerade angesichts des hohen Schutzguts (Art. 33 II, 19 IV GG) nicht der mögliche große Verwaltungsaufwand.[198] Selbst bei Massenbeförderungen muß der Dienstherr die hierfür nicht Vorgesehenen rechtzeitig vor den Ernennungen der anderen über das Auswahlergebnis und die maßgebenden Gründe unterrichten.[199] Die **Mitteilungspflicht** besteht sowohl bei internen als auch bei externen Bewerbern und **bei internen**

---

193 So wie der BGH, NJW 95, 2344 (2345), auch VGH Kassel, NVwZ 94, 398 (399); OVG Bautzen, ZBR 01, 368 (372); 372 (373).
194 NJW 95, 2344.
195 So auch OLG Celle, NVwZ 95, 413 (414); VG Frankfurt/M., NVwZ 91, 1210 (1210 f.); VG Gelsenkirchen, NVwZ-RR 97, 109.
196 VG Frankfurt/M., NVwZ 91, 1210 (1211).
197 OVG Schleswig, DÖV 93, 962; VG Gelsenkirchen, NVwZ-RR 97, 109.
198 So aber VG Frankfurt/M., NVwZ 91, 1210.
199 BVerwG, BayVBl 04, 696 (697) = NVwZ 04, 1257 = DÖD 04, 250 (251 f.).

2. Pflichtverletzungen durch den Dienstherrn

sowie externen Stellenbesetzungsverfahren. Zwar ging es im Urteil des BGH um die Besetzung einer öffentlich ausgeschriebenen Stelle. Das Leistungsprinzip (Art. 33 II GG) i.V.m. der Verpflichtung, effektiven Rechtsschutz zu sichern (Art. 19 IV GG), stellen jedoch überragende Strukturprinzipien unserer Verfassung dar. Sie sind wegen ihrer Grundgedanken auch auf interne Stellenbesetzungsverfahren anzuwenden. Eine **Stellenbesetzung** darf **nicht vor Ablauf von mindestens 14 Tagen nach erfolgter Mitteilung** vorgenommen werden.[200] Unterbleiben derartige Informationen kann man dem Beamten nicht vorwerfen, er habe die Inanspruchnahme primären Rechtsschutzes schuldhaft versäumt (§ 839 III BGB).[201]

Der geschilderte Bewerbungsverfahrensanspruch, verstanden als verfassungsrechtliches Transparenzgebot, gilt trotz eines weiten Beurteilungsspielraums ebenfalls für das Verfahren der Richterwahlausschüsse und ihrer Entscheidungen. Diese sind einer gerichtlichen Nachprüfung nicht entzogen.[202]

Hingegen gibt es den **Informationsanspruch** nur bei angestrebten Ernennungen, **nicht** jedoch **bei Auswahlverfahren zur Besetzung eines höherwertigen Dienstpostens ohne gleichzeitige oder zeitlich direkt nachfolgende Ernennung**.[203] Anders als bei einer Ernennung führe die Übertragung eines Dienstpostens nicht zu endgültigen Verhältnissen i.S.v. Ämterstabilität. Es sei keine rechtzeitige Information notwendig, um dem unterlegenen Kandidaten effektiven Rechtsschutz zu gewährleisten.

Ein übergangener Beamter um die Beförderungsstelle eines Studiendirektors, für die der kommunale Schulträger ein Vorschlagsrecht hatte, kann einen Amtshaftungsanspruch gegen den kommunalen Schulträger dann geltend machen, wenn der Schulträgervorschlag gegenüber dem unterlegenen Bewerber nicht dem Prinzip der Bestenauslese entspricht.[204]

Die **Höhe des Schadens** besteht in der Differenz zwischen der Besoldung nach der innegehabten Besoldungsgruppe und der angestrebten.[205] Zudem muß der Beamte in jeglicher Hinsicht (z.B. bei Beförderungsdienstzeiten, Wartezeiten nach der LVO etc.) so gestellt werden, wie er stünde, wenn er befördert worden wäre. Der Schaden entfällt, sobald dem Beamten ein entsprechendes statusrechtliches Amt, für das er sich beworben hatte, übertragen wird.

---

200 VGH Kassel, NVwZ 94, 398 (399).
201 BVerwG, BayVBl 04, 696 (697) = NVwZ 04, 1257 = DÖD 04, 250 (252).
202 BVerfG, NJW 98, 2592; BVerwGE 105, 89 (92) = DVBl 98, 196; OVG Schleswig, DVBl 02, 134 (136 f.) = DÖD 02, 39 (40) = NordÖR 01, 456 (457) = NJW 01, 3495 (3496 f.); VG Schleswig, DVBl 01, 1693 (1694, 1696) = NJW 01, 3206 (3208 f.), als Vorinstanz; a.A. noch OVG Schleswig, ZBR 00, 134 (135), mit zu Recht abl. Anm Gundel, ZBR 00, 135 (136 f.).
203 VGH Kassel, NVwZ 92, 195.
204 BGH, NWVBl 94, 394 (395) = NVwZ 94, 825.
205 BGH, NJW 95, 2344 (2346); OLG Celle, NVwZ 95, 413 (415), als Vorinstanz.

9. Abschnitt: Folgen von Pflichtverletzungen

Schließlich will Kellner[206] sogar einen Schadenersatzanspruch aus culpa in contrahendo im Beamtenrecht geben, wenn Treuepflichten aus einem Anbahnungsrechtsverhältnis verletzt werden.

Nach der neueren Rechtsprechung des BVerwG[207] kommt es zur Umkehr der Beweislast, wenn der Dienstherr die Auswahl auf fehlerhafte Grundlagen gestützt hat und es nicht mehr möglich ist, eine gesicherte Vergleichsbasis zu rekonstruieren. Dann trage der Dienstherr die materielle Beweislast dafür, daß der nicht ernannte Kandidat auch nach einem fehlerfreien Auswahlverfahren ohne Erfolg geblieben wäre.

Ein Amtshaftungsanspruch wegen rechtswidrig unterlassener Beförderung setzt allerdings voraus, daß zuvor die Rechtsschutzmittel gegen die Auswahlentscheidung voll ausgeschöpft wurden.[208] Hierzu gehöre auch, eine Beschwerde gegen die erstinstanzliche Entscheidung eines Verwaltungsgerichts einzulegen.

Literatur: Kellner, Die so genannte culpa in contrahendo im Beamtenrecht, DVBl 04, 207; Stauf, Treu und Glauben – auch im Beamtenrecht, DÖD 04, 150; Günther, Alte und neue Bedeutung von Schadensersatz zur Gewähr des Leistungsprinzips bei Beförderung, in Franke/Summer/Weiß, Öffentliches Dienstrecht im Wandel, FS für Walther Fürst, 2002, 141; Nissen, Haftungsfreistellung durch den Dienstherrn wegen der Mitgliedschaft von Beamten in Gläubigerausschüssen, RiA 02, 125; Czybulka/Biermann, Amtshaftung des Dienstherrn bei voreiliger Stellenbesetzung – BGH, NJW 1995, 2344, JuS 98, 601; Berger-Delhey, Stellenbesetzung und Akteneinsicht, PersV 97, 299; Günther, Mittelbare Effektivierung beförderungsrechtlicher Informationspflicht: Zivilrechtspraxis als Motor?, DÖD 95, 265; Nolte, Schadensersatz wegen zu spät gezahlter Dienst- oder Versorgungsbezüge, ZBR 93, 239; Czermak, Abschließendes zum Beurteilungsspielraum?, NJW 92, 2612; Günther, Petitum des Beamten an den Dienstherrn als „nicht nachholbare Klagevoraussetzung", ZBR 92, 66; Herzog, Verfassung und Verwaltungsgerichte – zurück zu mehr Kontrolldichte?, NJW 92, 2601; Martens, Wettbewerb bei Beförderungen, ZBR 92, 129; Reidt, Behördlicher Beurteilungsspielraum und Grundrechtsschutz, DÖV 92, 916; Busch, Anmerkung zu BVerfG, 2 BvR 1576/88, vom 19.9.89 (Mitteilungspflichten der Behörde an nicht ausgewählte Bewerber), DVBl 90, 106.

2.4 Verhältnis beamtenrechtlicher Spezialansprüche zur Staatshaftung

273 Die Ansprüche aus Fürsorgepflicht- und Amtspflichtverletzung existieren nebeneinander.[209] Grundsätzlich stehen dem Beamten auch die sonstigen Staatshaftungsansprüche zu (Enteignung, Aufopferung etc.). Diese werden allerdings durch die spezielleren beamtenrechtlichen Bestimmungen verdrängt. So ist bei im Dienst eingetretenen Gesundheitsschäden nicht an einen Aufopferungsanspruch zu denken, sondern an Unfallfürsorgeansprüche (§§ 30 ff. BeamtVG).

---

206 DVBl 04, 207 (209 ff.).
207 DVBl 04, 317 (320) = NJW 04, 870 (872 f.) = BayVBl 04, 472 (475) = ZBR 04, 101 (104) = E 118, 370 (378 f.) = RiA 04, 37 (40); Anm Schnellenbach, ZBR 04, 104 (104 f.).
208 OLG München, NVwZ-RR 06, 228 (229).
209 BVerwGE 13, 17 (18 ff.); BGHZ 43, 178 (184 f.).

2. Pflichtverletzungen durch den Dienstherrn

Finanzpolitisch bedingte Kürzungen der Besoldung oder Versorgung sind nicht als Enteignung zu klassifizieren, sondern nach dem Alimentationsprinzip (Art. 33 V GG) zu beurteilen.[210] Allerdings genießen bereits fällig gewordene Ansprüche nach dieser Vorschrift keinen geringeren Schutz als bei der Anwendung von Art. 14 GG. Für die Zukunft ist die Besoldung und Versorgung jedoch disponibel, sofern sie amtsangemessen bleibt (hierzu näher Rn 30).

2.5 Überblick über sonstige Ansprüche

Der Beamte hat zudem bestimmte Möglichkeiten, drohenden Pflichtverletzungen durch einen **Unterlassungsanspruch** zuvorzukommen. Dieser kann auch im öffentlichen Recht auf den in den §§ 1004, 862, 12 BGB zum Ausdruck gekommenen Rechtsgedanken[211] oder auf die Grundrechte[212] gestützt werden. Schließlich kann der Beamte verhindern, daß Pflichtverletzungen zu eventuell nicht durch Naturalrestitution ausgleichbaren Schäden führen, indem er beispielsweise durch eine **Sicherungsanordnung** (§ 123 I S. 1 VwGO) seine Einbeziehung in ein laufendes Beförderungsverfahren erstreitet (ausführlich Rn 315 ff.).

274

Fall[213]: Stadtamtfrau Eva-Maria K hat sich einen „flotten Fummel", ein Designerkleid zum Preis von 750.– Euro, angeschafft. Dieses trägt sie zur Freude ihrer Kollegen sowie der männlichen „Kundschaft" im Sozialamt der Stadt A auch im Dienst, bis ihr folgendes Mißgeschick zustößt. Bei einer Dienstbesprechung im Sitzungszimmer des Sozialamts nimmt sie Platz auf einem lederbezogenen Stuhl, der noch am Vortag ohne Beanstandung benutzt worden ist. Durch den Lederbezug drückt sich beim Niedersetzen ein Nagel. K spürt ihn, springt erschrocken hoch und reißt dabei ein Loch in das Kleid, das nicht genäht werden kann. Sie wendet sich an das Personalamt und beantragt, ihr 750.– Euro zum Erwerb eines gleichwertigen Kleides zu überweisen. Zu Recht?

(1) Ein Anspruch auf 750.– Euro könnte sich zunächst aus § 91 I S. 1 LBG ergeben. Danach besteht ein Ersatzanspruch, wenn Kleidungsstücke in Ausübung des Dienstes beschädigt worden sind. Damit sind alle Tätigkeiten „im Banne des Dienstes" geschützt.[214] Es muß daher eine räumliche und zeitliche Einheit zwischen dem Dienst und dem Schaden bestanden haben.[215] Das schädigende Ereignis müsse sich als unmittelbare Folge des Dienstes darstellen, was hier aufgrund der Dienstbesprechung der Fall ist. Allerdings räumt die genannte Norm dem Dienstherrn Ermessen ein („*kann* dafür Ersatz geleistet werden") hinsichtlich der Frage, ob und in welcher Höhe Ersatz geleistet wird. Für die Ausübung des Ermessens verweist Nr. 1.1 S. 2 der VV zu § 91 LBG auf die zu § 32 BeamtVG ergangene Verwaltungsvorschrift. Bei Schäden an besonders wertvollen Gegenständen ist beim Ersatz der Wert vergleichbarer Gegenstände mittlerer Art und Güte zugrunde zu legen (Nr. 1.4 S. 5 der VV zu § 32 BeamtVG). Beachtet man diesen Grundsatz, kann für das Kleid, selbst wenn es noch ganz neu ist, maximal 150.– Euro Ersatz gewährt werden.

(2) K könnte jedoch den geltend gemachten Betrag in voller Höhe verlangen, falls die Voraussetzungen eines Anspruchs aus schuldhafter Verletzung der Fürsorgepflicht vorliegen (Rn 267). Zweifelhaft ist hier bereits, ob ein entsprechender Inhalt der Fürsorgepflicht exi-

---

210 BVerfGE 17, 337 (355).
211 Bettermann, DÖV 55, 528 (534).
212 BVerwG, DÖV 71, 857 (858).
213 OVG Münster, ZBR 77, 104 (104 ff.), nachgebildet.
214 Hildebrandt/Demmler/Bachmann, § 91 LBG, Rn 2; Günther, ZBR 90, 97 (104).
215 VGH Kassel, NVwZ-RR 97, 427 (428); OVG Münster, NWVBl 94, 383 = DÖV 94, 615; Korn/Tadday, § 91 LBG, Anm 1.

9. Abschnitt: Folgen von Pflichtverletzungen

stiert. Zwar folgt aus der Fürsorgepflicht eine Schutzpflicht, dem Beamten ordnungsgemäße Arbeitsmittel zur Verfügung zu stellen (Rn 253). Der Mangel am Stuhl hatte sich jedoch am Vortag noch nicht gezeigt. Deshalb ist davon auszugehen, daß der Stuhl ursprünglich in Ordnung war. Den Dienstherrn trifft keine Verpflichtung, die Fehlerfreiheit von Einrichtungsgegenständen laufend zu überprüfen, wenn dafür kein besonderer Anlaß besteht.[216] Somit kann man keine Fürsorgepflichtverletzung bejahen.

(3) Aus den genannten Gründen muß zudem eine Amtspflichtverletzung verneint werden, so daß ebenfalls kein Anspruch (Art. 34 S. 1 GG, § 839 BGB) gegeben ist.

(4) Schließlich bleibt zu untersuchen, ob die geforderte Summe unmittelbar aus dem Gesichtspunkt der Erfüllung der Fürsorgepflicht verlangt werden kann (Rn 270). Es ist schon fraglich, ob ein solcher Anspruch in einem Härtefall bejaht werden kann, dessen Vernachlässigung die beamtenrechtliche Fürsorgepflicht in ihrem Wesenskern verletzte (zum Streitstand s. Rn 236). Zwar handelt es sich bei dem beschädigten Kleid um ein vergleichsweise kostspieliges Exemplar. Allerdings muß K in der Lage sein, sich von ihren Bezügen (A 11 BBesO) ein neues, wenn auch billigeres Kleid anzuschaffen. Die Fürsorgepflicht gebietet es nicht, das von der Beamtin selbst eingegangene Risiko, mit besonders teurer Bekleidung am Arbeitsplatz im Sozialamt zu erscheinen, auf den Dienstherrn zu verlagern. Somit kann der Anspruch nicht aus dem Gesichtspunkt eines Härtefalls bejaht werden.

Nach allem kann K keinen über 150.- Euro hinausgehenden Geldbetrag beanspruchen.

Vgl. ebenfalls die instruktiven Entscheidungen VGH München[217] zum Problem eines Entschädigungsanspruchs für Aufwendungen bei privaten Freizeitbetätigungen (hier Tanzkurs) eines Beamten wegen unvorhergesehener dienstlicher Inanspruchnahme sowie OVG Münster[218] zum Schadenersatzanspruch eines Polizisten, der eine eigene wertvolle Kamera im Dienst verwendet.

Fall: Aus den Diensträumen der Behörde ist bereits mehrfach Geld entwendet worden. Daraufhin weist der Dienstvorgesetzte die Beamten an, mitgebrachtes privates Geld ordnungsgemäß zu sichern. Die Beamtin C läßt ihre Handtasche mit Portemonnaie offen im Dienstzimmer stehen. Sie schließt lediglich den Haupteingang zu ihrem Büro ab. Durch eine unverschlossene Seitentür zum Nebenraum gelangt ein Täter in ihr Zimmer und entwendet die Geldbörse. Hat C einen Ersatzanspruch gegen ihren Dienstherrn?

Anspruchsgrundlage ist § 91 I S. 1 LBG. Zu den dort genannten sonstigen Gegenständen, die üblicherweise im Dienst mitgeführt werden, gehört auch Geld.[219] Allerdings ist als ungeschriebenes Tatbestandsmerkmal stets zu prüfen, ob ein Verschulden des Beamten vorliegt. Dies ist dann anzunehmen, wenn der Beamte zumindest grob fahrlässig gehandelt hat. Der Diebstahl war nicht der erste in der Behörde. Vielmehr sind die Beamten schon bei den früheren Vorfällen darauf hingewiesen worden, mitgebrachtes Geld ordnungsgemäß zu sichern. Wenn C angesichts der vorherigen Diebstähle und der Weisung ihre Handtasche mit Portemonnaie offen im Dienstraum stehenläßt und ausschließlich die Haupttür zu ihrem Büro abschließt, handelt sie grob fahrlässig. Sie läßt in besonderer Weise die im Verkehr erforderliche Sorgfalt außer acht. Ein sorgfältiger Beamter hätte erkannt, daß man trotz abgeschlossener Haupttür in das Büro der C durch einen Seiteneingang zum Nebenzimmer kommen kann. Dieser Beamte hätte dementsprechend entweder ebenfalls diese Tür abgesperrt oder die Geldbörse in einem verschlossenen Behältnis (Schrank, Schreibtisch etc.) deponiert. Wegen ihres grob fahrlässigen Verhaltens hat C keinen Ersatzanspruch gegen ihren Dienstherrn.

Literatur: Günther, Sachschadenersatz, ZBR 90, 97.

---

216 OVG Münster, ZBR 77, 104 (105).
217 ZBR 85, 226 (226 f.).
218 NWVBl 94, 383 = DÖV 94, 615.
219 Günther, ZBR 90, 97 (98); Korn/Tadday, § 91 LBG, Anm 3.

10. Abschnitt: Die Beendigung des Beamtenverhältnisses

1. Beendigungsformen

Das Beamtenverhältnis kann ausschließlich in den Formen und unter den Voraussetzungen beendet werden, die gesetzlich zugelassen sind. Dieser schon aus dem Gesetzmäßigkeitsprinzip folgende, als hergebracht anerkannt geltende Grundsatz (Art. 33 V GG) schützt den Beamten vor willkürlicher Beendigung seines Beamtenverhältnisses. Er trägt dazu bei, seine persönliche Unabhängigkeit zu sichern. Diese ist Voraussetzung für eine sachorientierte Aufgabenerfüllung.

275

Die wesentlichen **Beendigungsformen** sind in § 30 LBG (§§ 28 ff. BBG, 22 BeamtStG) aufgeführt. Eine weitere ergibt sich aus § 183 I S. 1 Nr. 1 LBG. Danach sind außer dem Tod folgende Beendigungsfälle möglich:

– Entlassung,
– Eintritt oder Versetzung in den Ruhestand,
– Verlust der Beamtenrechte,
– Entfernung aus dem Beamtenverhältnis,
– Abberufung kommunaler Wahlbeamter.

Ihre Voraussetzungen lassen sich im wesentlichen aus den §§ 31 ff. LBG (§§ 28 ff. BBG), jedoch auch aus den §§ 17 III S. 4, 23 BeamtStG, 71 VII S. 1 GO, 7 V und VI Eignungsübungsgesetz entnehmen.

Die Beendigungsfälle müssen strikt von beamtenrechtlichen Entscheidungen unterschieden werden, in denen das Beamtenverhältnis mit einem anderen Dienstherrn fortgesetzt wird, wie bei der Versetzung (§ 28 IV S. 1, 1. Hs. LBG), der Übernahme (§§ 17 ff. BeamtStG), oder bei denen dem Beamten die Wahrnehmung des funktionellen Amts untersagt wird (§§ 63 I S. 1 LBG, 38 LDG/BDG, 40 BeamtStG) bzw. ein Urlaub kraft Gesetzes eintritt (§§ 9 I, II ArbPlSchG, 7 I Eignungsübungsgesetz). Schließlich ruhen die Rechte und Pflichten aus dem Beamtenverhältnis bei der Übernahme bestimmter Mandate (§ 60 LBG; Rn 118). Der Beamte ist vielmehr auf seinen Antrag, der innerhalb dreier Monate seit der Beendigung der Mitgliedschaft im Landtag zu stellen ist, spätestens drei Monate nach der Antragstellung wieder in das frühere Beamtenverhältnis zurückzuführen (§ 33 I S. 2 AbgG NW). Stellt er keinen Antrag oder nicht innerhalb der Frist, ruhen die im Beamtenverhältnis begründeten Rechte und Pflichten weiter bis zum Eintritt in den Ruhestand (§ 33 II S. 1 AbgG NW). Hier liegt somit keine Beendigung vor.

Die Beendigungstatbestände sind ebenfalls nicht anzuwenden, wenn die Ernennung unwirksam ist. Hier bestand entweder kein Beamtenverhältnis

10. Abschnitt: Die Beendigung des Beamtenverhältnisses

(§§ 8 III S. 1, 11 LBG), oder es wurde rückwirkend beseitigt (§§ 14 I, 12 LBG). Hingegen wird bei den Beendigungsfällen ein rechtswirksames Beamtenverhältnis für die Zukunft aufgehoben.

Fall: Zahnarzt Dr. Markus M hatte sich als Student langfristig zur Dienstleistung bei der Bundeswehr verpflichtet und dafür erhebliche Studienförderungsmittel erhalten. Um sich von dieser Verpflichtung zu lösen, ließ er sich zum Kreismedizinalrat z.A. ernennen und beantragte kurze Zeit später – wie von Anfang an geplant – seine Entlassung, die antragsgemäß ausgesprochen wurde. Darauf gründete er eine Privatpraxis. Ist der Plan von Dr. M aufgegangen?

Sein Plan könnte erfolgreich sein, wenn ein wirksames Beamtenverhältnis zum Kreis begründet und als Folge dieser Ernennung das Soldatenverhältnis kraft Gesetzes (§ 125 I S. 2 BRRG) beendet worden wäre. Dann hätte auch eine Entlassung (§ 33 I S. 1 LBG) ausgesprochen werden dürfen, weil Dr. M Beamter gewesen wäre. Allerdings setzt dieser Beendigungstatbestand (§ 30 I S. 1 Nr. 1 LBG) voraus, daß Dr. M wirksam zum Kreismedizinalrat z.A. ernannt wurde. Dr. M ging dieses Beamtenverhältnis nur ein, weil er sich von der Bindung an die Bundeswehr lösen wollte. Deshalb hat er den neuen Dienstherrn über seine wahren Absichten arglistig getäuscht, so daß diese Ernennung zurückzunehmen ist (§§ 12 I Nr. 1, 13 II S. 1 LBG). Dies hat als Konsequenz der Rücknahme zur Folge, daß von Anfang kein Beamtenverhältnis bestanden hat (§ 14 I LBG). Somit war ebenfalls seine Beendigung ausgeschlossen. Außerdem sind die Rechtsfolgen aus § 125 I S. 2 BRRG nicht eingetreten.[1] Dr. M ist nach wie vor Soldat. Er muß eine Aufforderung zum Dienstantritt befolgen, weil die Ernennung zum Kreismedizinalrat z.A. zurückgenommen wurde.

2. System der Voraussetzungen für die Beendigung des Beamtenverhältnisses

276 Wie noch zu zeigen sein wird, unterscheiden sich die Beendigungstatbestände vornehmlich durch ihre **unterschiedlichen Rechtsfolgen**. Ihre Voraussetzungen treten entweder durch Gesetz bzw. einen einseitigen oder mitwirkungsbedürftigen rechtsgestaltenden Verwaltungsakt aufgrund zwingender oder Ermessensvorschriften ein. In besonderen Fällen ist ein Richterspruch (§ 52 II S. 2 Nr. 1 LDG) oder ein Rats- bzw. Kreistagsbeschluß Basis der Beendigung (§§ 71 VII S. 1, 5 GO, 47 III S. 1, 5 KrO). Diese verschiedenen Rechtsgrundlagen sind bei der Prüfung von Beendigungsfällen zu beachten. Aber selbst dann, wenn die Beendigung des Beamtenverhältnisses bereits im Gesetz angeordnet ist (z.B. in §§ 51 I LBG, 48 BBG, 25 I BeamtStG), kann ein feststellender Verwaltungsakt erforderlich werden, damit man verbindlich klarstellt, zu welchem Zeitpunkt dies tatsächlich geschehen ist. Beispielsweise endet ein Beamtenverhältnis kraft Gesetzes, wenn ein Beamter durch ein strafgerichtliches Urteil wegen einer Vorsatztat zu einer Freiheitsstrafe von mindestens einem Jahr verurteilt wurde (§§ 25 I S. 1 Nr. 1 BeamtStG, 51 I S. 1 Nr. 1 LBG, 48 I S. 1 Nr. 1 BBG), mit Rechtskraft des Urteils. In diesem Fall tritt die rechtsgestaltende Beendigungswirkung aufgrund des Strafurteils durch Gesetz ein. Dennoch bedarf es eines feststellenden Verwaltungsaktes, damit der Zeitpunkt der Beendigung des Beamtenverhältnisses festgesetzt werden kann. Das maßgebende Datum ergibt sich weder aus

---

1 BVerwG, ZBR 83, 192.

2. System der Voraussetzungen für die Beendigung des Beamtenverhältnisses

dem Gesetz noch aus dem Urteil, da beide keine Aussage über den Tag des Eintritts der Rechtskraft machen.² Daraus folgt, daß das Grundraster zur Prüfung der Beendigungsvoraussetzungen dem der formellen und materiellen Rechtmäßigkeitsvoraussetzungen eines Verwaltungsaktes entspricht.

Schaubild Nr. 19

Die Beendigung des Beamtenverhältnisses (§ 30 LBG)

Art der Beendigung	Grundlage der Beendigung¹⁾					Rechtsfolgen⁴⁾
	kraft Gesetzes²⁾	durch VA³⁾ obligatorisch	Fakultativ	Antrag	sonstige	
1. **Entlassung** § 30 I S. 1 Nr. 1 LBG	§ 32 I S. 1 Nr. 1–2 LBG; § 125 I BRRG; §§ 32 II; 35 II S. 2 LBG; §§ 37a S. 2, 44 II S. 2, 2. Hs.; 34 V, 35 I S. 2 i.V.m. 34 V LBG; § 7 V und VI Eignungsübungsgesetz	§§ 31 Nr. 1 bis 4, 44 IV S. 2 LBG; § 17 III S. 4 BeamtStG	§ 34 I LBG § 35 I S. 1 LBG	§ 33 I S. 1 LBG	§§ 25a V S. 1, 25b IV S. 1 LBG bei leitenden Funktionen auf Zeit oder Probe. Fortsetzung des B.a.L. Sonst keine weiteren Rechtsfolgen.	**Ansprüche des Beamten** Grundsatz: § 37 S. 1 LBG. Ausnahmen: § 15 BeamtVG oder § 47 BeamtVG oder § 38 BeamtVG. Nachversicherung (§§ 8, 181 SGB VI). **Rechte und Pflichten** Rechte: §§ 37 S. 2, 3, 85 S. 1, 102c I, 104 II S. 1 LBG. Pflichten: §§ 64 I, III, 65, 75b, 76 LBG.
2. a) **Eintritt in den Ruhestand** § 30 II LBG	§§ 44 I, 44 II S. 1, 2, 1. Hs. LBG; §§ 18 II BMinG, 15 II LMinG	§ 45 I LBG § 49 I LBG	§ 49 II S. 1 LBG		§§ 49 III, 45 IV LBG	§ 14 BeamtVG oder Unfallruhegehalt: §§ 36, 37 BeamtVG. Rechte wie bei der Entlassung, außerdem § 92 III S. 1 LBG „a.D.". Pflichten wie bei der Entlassung, außerdem §§ 48, 83 II LBG, 5 II, 11, 12 LDG, 60 BeamtVG.
2. b) **einstweiliger Ruhestand** §§ 38 I, 39 LBG, 31, 32 BeamtStG			§§ 38 I, 39 LBG, 31, 32 BeamtStG			§ 4 I BBesG. § 14 VI BeamtVG. §§ 42 f. LBG.
3. **Verlust der Beamtenrechte** § 30 I S. 1 Nr. 2 LBG	§ 51 I LBG					§ 52 S. 1 LBG Nachversicherung (§§ 8, 181 SGB VI). Gnadenerweis, § 53 LBG. Keine Leistungen nach dem BeamtVG (Ausnahme: § 38 BeamtVG); sonst wie Entlassung (Ausnahme: § 52 S. 2 LBG).

---

2 BVerwGE 34, 353 (354 f.); umstr., s. auch Rn 293.

10. Abschnitt: Die Beendigung des Beamtenverhältnisses

Art der Beendigung	Grundlage der Beendigung[1]					Rechtsfolgen[4]
	kraft Gesetzes[2]	durch VA[3] obligatorisch	Fakultativ	Antrag	sonstige	
4. Entfernung aus dem Beamtenverhältnis § 30 I S. 1 Nr. 3 LBG					Disziplinargericht, §§ 5 I Nr. 5, 10, 35 I, 52 ff. LDG	Wie Verlust der Beamtenrechte. Ausnahme: § 76 I LDG.
5. Verabschiedung des Ehrenbeamten § 183 I S. 1 Nr. 1 LBG		§ 183 I S. 1 Nr. 1, S. 3, 1. Hs. LBG	§ 183 I S. 1 Nr. 1, S. 2 LBG			§§ 183 II LBG, 68 BeamtVG. Zu Rechten und Pflichten vgl. § 183 I S. 1 Nr. 2 S. 4 LBG.
6. a) Abberufung der kommunalen Wahlbeamten §§ 30 I S. 2 LBG		§§ 196 III S. 1, 40 LBG			§ 71 VII S. 1 GO: Rat (Beigeordnete), § 47 III S. 1 KrO: Kreistag (Kreisdirektor), § 20 III S. 1 LVerbO: Landschaftsversammlung (Direktor und Landesräte)	§§ 196 III S. 1, 40 LBG, 4 III S. 1, I BBesG, 66 VIII BeamtVG (zunächst einstweiliger Ruhestand); dann §§ 196 III S. 2, 44 II LBG: Ruhestand (Versorgung; § 66 I BeamtVG) oder Entlassung (Nachversicherung; §§ 8, 181 SGB VI).
6. b) Abwahl des Bürgermeisters/ Landrats § 66 GO (Bürgermeister) § 45 KrO (Landrat)	§ 66 S. 7 GO § 45 S. 7 KrO					§§ 195 V S. 1, X, 40, 43 LBG, 4 III S. 1, I BBesG, 66 VIII BeamtVG (zunächst einstweiliger Ruhestand); dann §§ 195 V S. 2, IV, X LBG: Ruhestand (Versorgung, § 66 I BeamtVG) oder Entlassung (Nachversicherung; §§ 8, 181 SGB VI). Ansonsten bei beiden wie Eintritt in den Ruhestand.

1) Die unterschiedlichen Rechtsgrundlagen der Beendigung sind relevant für
   – das einzuhaltende Verfahren
   – den Rechtsschutz des Beamten.
2) Wird die Beendigung des Beamtenverhältnisses bereits im Gesetz angeordnet, hat eine entsprechende Mitteilung des Dienstherrn prinzipiell allein deklaratorische Bedeutung. Sie kann lediglich mit der Feststellungsklage angegriffen werden, wenn kein feststellender VA ergeht oder notwendig ist.
3) Beruht die Entlassung auf einem VA, gelten die §§ 28, 35 ff. VwVfG subsidiär. Richtige Klageart gegen die Entlassungsverfügung ist die Anfechtungsklage.
4) Eine möglicherweise auszuhändigende Urkunde hat bei der Beendigung des Beamtenverhältnisses ausschließlich deklaratorische Relevanz.

2. System der Voraussetzungen für die Beendigung des Beamtenverhältnisses

Anders als bei der Ernennung, die eine detaillierte Spezialregelung im LBG erfahren hat, kann man bei der Untersuchung der Beendigungsvoraussetzungen vielfach auf die Regeln des VwVfG zurückgreifen. Dabei sind allerdings beamtenrechtliche Modifikationen zu beachten. Dieses Grundschema wird im folgenden dargestellt. Bei den einzelnen Beendigungstatbeständen (Rn 282 ff.) werden danach ausschließlich Abweichungen erörtert.

Literatur: Wagner, Die Anwendung des Verwaltungsverfahrensgesetzes des Bundes im Beamtenrecht, DÖV 88, 277; Kunig, Das Verhältnis des Beamtenrechts zum Verwaltungsverfahrensrecht, ZBR 86, 253.

Im einzelnen ergeben sich folgende Voraussetzungen:

I. Formelle Rechtmäßigkeit 277

1. Zuständigkeit

Zuständig für die entsprechende Verfügung ist die **Behörde**, die nach § 10 I, II S. 1 LBG **für die Ernennung** des Beamten zuständig wäre (§§ 36 S. 1, 50 I S. 1 LBG; Rn 90). Eine **Ausnahme** gibt es **beim hauptamtlichen Bürgermeister/Landrat**. Die Aufsichtsbehörde nimmt die Aufgaben der für die Ernennung zuständigen Stelle bei der Entlassung (§ 36 LBG) und der Versetzung in den Ruhestand (§ 50 LBG) wahr, soweit gesetzlich nichts anderes bestimmt ist (§ 195 VI S. 1, X LBG). Der Grund hierfür ist, daß es beim urgewählten hauptamtlichen Bürgermeister/Landrat keiner Ernennung bedarf (§ 195 III S. 1, X LBG) und es deshalb keine für die Ernennung zuständige Behörde gibt.

2. Form und Bestimmtheit

2.1 Schriftform

Die Beendigungsverfügung muß regelmäßig **schriftlich** ergehen. Das folgt aus dem Zustellungserfordernis (§§ 36 S. 3 1, 50 I S. 2, 1. Hs., II S. 1 i.V.m. § 181 LBG). Nur schriftliche Verwaltungsakte können zugestellt werden. Mangels Regelung im LBG ergeben sich die bei der Schriftform zu beachtenden Erfordernisse aus § 37 III, IV VwVfG. Eine maschinenschriftliche Namenswidergabe wahrt die Schriftform[3]; sie ist jedoch stillos.[4] Eine durch Rechtsvorschrift angeordnete Schriftform kann, soweit nicht durch Rechtsvorschrift etwas anderes bestimmt ist, durch die elektronische Form ersetzt werden (§ 3a II S. 1 VwVfG). Hier ist jedoch die elektronische Form ausgeschlossen worden (§§ 36 S. 2, 50 I S. 3 LBG, 47 I S. 2, 1. Hs. BBG). Der Bund und die Länder haben die Kompetenz zu einem solchen Ausschluß der elektronischen Form, da das BeamtStG dies nicht verbietet.

Literatur: Kersten, Elektronische Kommunikation im Beamtenrecht, ZBR 06, 35.

---

3 VGH Mannheim, ZBR 99, 213.
4 Battis, § 47 BBG, Rn 4.

10. Abschnitt: Die Beendigung des Beamtenverhältnisses

2.2 Begründung

Die Anforderungen an die **Begründung** der Beendigungsverfügung regelt § 39 VwVfG. Wegen der Besonderheiten beim Politischen Beamten (Rn 79) ist eine Begründung für seine Vesetzung in den einstweiligen Ruhestand immer dann zu geben, wenn der Sinn des Instituts, die politische Entscheidungsautonomie in personeller Hinsicht zu erhalten, nicht gerade durch eine Begründung nachhaltig beeinträchtigt wird.[5]

2.3 Urkunde

Anders als bei der Ernennung, wo die **Urkunde** Wirksamkeitsvoraussetzung ist (Rn 83), **hat** sie hier auch in den Beendigungsfällen, bei denen sie ausgehändigt wird, immer **nur deklaratorische Bedeutung**.

Schaubild Nr. 20

Muster einer deklaratorischen Zurruhesetzungsurkunde

Herr
Rektor
Thomas Gottschalk

wird
in den Ruhestand
versetzt.

Für seine treuen Dienste werden ihm

DANK UND ANERKENNUNG

ausgesprochen.

Köln, den 1. April 2006

IM NAMEN DER LANDESREGIERUNG
NORDRHEIN-WESTFALEN
Für das Ministerium für Schule und Weiterbildung

Die Bezirksregierung

Günther Jauch

---

[5] Kunig in Schmidt-Aßmann, Rn 119.

2. System der Voraussetzungen für die Beendigung des Beamtenverhältnisses

2.4 Bestimmtheit

Weiterhin ist das **Bestimmtheitsgebot** (§ 37 I VwVfG) zu beachten. Der Beamte muß insbesondere erkennen können, welcher Beendigungsfall vorliegt und zu welchem Zeitpunkt die Beendigung eintritt.

Wegen der unterschiedlichen Voraussetzungen und Rechtsfolgen der einzelnen Beendigungstatbestände ist keine Umdeutung (§ 47 VwVfG) zugelassen worden.[6] Insbesondere muß klar zum Ausdruck kommen, ob eine fristlose oder fristgerechte Entlassung gewollt ist.[7] Die Umdeutung einer fristlosen Entlassung in eine fristgerechte ist dann unzulässig, wenn die verfahrensmäßigen Voraussetzungen für eine fristgerechte Entlassung (z.B. Beteiligung des Personalrats) nicht vorlagen.[8]

2.5 Rechtsbehelfsbelehrung

Die **Rechtsbehelfsbelehrung** sollte schon wegen der §§ 70 II, 58 II VwGO beigefügt werden, wenn die Entlassung nicht auf Antrag erfolgt.

3. Frist

Bei einzelnen Beendigungsfällen ist eine **Frist** einzuhalten (§§ 35 I S. 2, 34 III LBG).

4. Verfahren

4.1 Anhörung

Vor der Entscheidung über die Beendigung muß man § 28 VwVfG beachten. Die **Anhörung** ist insbesondere bedeutsam, wenn die Beendigung auf einem einseitigen Verwaltungsakt beruht, der im Ermessen der Behörde steht.[9] Wer davon ausgeht, hier sei das allgemeine Verwaltungsverfahrensrecht subsidiär, muß dennoch wegen der beamtenrechtlichen Fürsorgepflicht anhören.[10]

4.2 Beteiligung

4.2.1 Personalrat

Bei manchen Beendigungstatbeständen besteht ein **Mitbestimmungsrecht** (§ 72 I S. 1 Nr. 8, 9, 10, S. 4 LPVG) oder ein Anhörungsrecht (§ 74 S. 1 LPVG) **des Personalrates**. Das im Bund bei vorzeitiger Versetzung in den Ruhestand vorgesehene Mitwirkungsrecht des Personalrats (§ 78 I Nr. 5 BPersVG) umfaßt auch die Entlassung des B.a.L. wegen Dienst-

---

6 BVerwGE 109, 68 (73 f.) = LKV 00, 112.
7 OVG Münster, ZBR 82, 33 (LS), das auch eine spätere Klarstellung für unzulässig hält; zur evtl. Umdeutung Battis, § 31 BBG, Rn 4.
8 VGH Mannheim, NVwZ 90, 789 (790), hinsichtlich eines B.a.P.
9 Dazu auch BVerfGE 43, 154 (166, 174) = NJW 77, 1189 (1191), mit der Kritik von Niedermaier/Günther, ZBR 77, 238 (238 ff.); Battis, § 31 BBG, Rn 15.
10 Kunig in Schmidt-Aßmann, Rn 119.

unfähigkeit.[11] Die Aufhebung einer Maßnahme wegen eines Fehlers im personalvertretungsrechtlichen Beteiligungsverfahren kann ausgeschlossen sein, wenn sich der Mangel nicht ausgewirkt hat.[12] Formale Mängel des Mitwirkungsverfahrens selbst, die der Dienststellenleiter zu vertreten hat, führen in der Regel nicht zur Rechtswidrigkeit der Entlassung[13], anders als inhaltliche Fehler[14]. Bei der Entlassung eines B.a.P. kann die erforderliche Beteiligung der Personalvertretung bis zum Abschluß des Vorverfahrens nachgeholt werden.[15]

Literatur: Zimmerling, Auswirkungen der fehlerhaften Personalratsbeteiligung auf das Beamtenverhältnis, PersV 00, 250.

4.2.2 Gleichstellungsbeauftragte

Die Gleichstellungsbeauftragte ist durch **Unterrichtung** und **Anhörung** zu beteiligen[16] (§ 18 II S. 1 i.V.m. § 17 I, 2. Hs. Nr. 1 LGG). Sie hat ein **Widerspruchsrecht** (§ 19 I S. 1, 1. Hs. LGG).

4.2.3 Integrationsamt/Schwerbehindertenvertretung

Bei der vorzeitigen Zurruhesetzung eines schwerbehinderten B.a.L. oder der Entlassung eines schwerbehinderten Beamten muß das **Integrationsamt** zustimmen (§ 85 SGB IX). Außerdem ist die **Schwerbehindertenvertretung** zu **hören** (§ 95 II S. 1, 1. Hs. SGB IX). Die Behörde kann ihrer Anhörungspflicht auch noch nach Abschluß des gesamten, der abschließenden Entscheidung vorangehenden Verwaltungsverfahrens bis zum Ausspruch der Zurruhesetzung genügen.[17] Danach ist die Anhörung nicht mehr durch Nachholung heilbar.[18] Die Integrationsämter sind in NW bei den Landschaftsverbänden angesiedelt.

4.2.4 Sonstige Stelle

Die Zurruhesetzung eines B.a.P. bedarf, sofern er **Landesbeamter** ist, der **Zustimmung des FM** (§ 49 II S. 2 LBG).

Bei Bundesbeamten muß die Versetzung in den Ruhestand wegen Dienstunfähigkeit (§ 42 I BBG) im **Einvernehmen mit der obersten Dienstbehörde** erfolgen (§ 47 I S. 1, 2. Hs. BBG). Dies gilt entsprechend, wenn das B.a.L. wegen Dienstunfähigkeit nicht durch Versetzung in den

---

11 BVerwGE 110, 173 (175 f.) = ZBR 00, 242 (243).
12 BVerwGE 110, 173 (180) = ZBR 00, 242 (244). Zur Heilung der unterbliebenen Beteiligung (Anhörung: nein; Mitwirkung: ja) vgl. BVerwG, ZBR 85, 347; krit. Wind, VR 84, 350 (350 ff.).
13 BVerwG, ZBR 90, 19 (19 f.).
14 BVerwG, ZBR 90, 85 (86) = NVwZ 90, 768 (769) = E 82, 356 (361 ff.).
15 OVG Greifswald, NordÖR 99, 237 (238); OVG Bautzen, SächsVBl 04, 238 (239); PersV 04, 351 (353 f.).
16 Anders ist es in Hessen in Ermangelung eines LGG. Dort ist die Frauenbeauftragte allein auf Antrag des Beamten zu beteiligen: VGH Kassel, NVwZ-RR 05, 646 (646 f.) = RiA 05, 137 (138).
17 BVerwG, DVBl 90, 259.
18 BVerwGE 17, 279 (281 ff.); 34, 133 (138).

2. System der Voraussetzungen für die Beendigung des Beamtenverhältnisses

Ruhestand sondern durch Entlassung beendet wird (§ 35 S. 2 BBG), weil die Voraussetzungen des § 4 I BeamtVG nicht erfüllt sind.[19]

4.3 Besonderes Verfahren

Vor der Entlassung von B.a.P. und B.a.W. ist ein **Untersuchungsverfahren** erforderlich, wobei der Sachverhalt entsprechend der §§ 21 bis 30 LDG aufzuklären ist (§§ 5 III S. 2 LDG, 34 IV S. 2, 35 I S. 2 LBG).

Eine einseitige vorzeitige Zurruhesetzung ist ausschließlich durch ein Zwangspensionierungsverfahren möglich (§ 47 LBG; Rn 288).

Literatur: Fleig, Das Untersuchungsverfahren bei der Entlassung von Probebeamten und Widerrufsbeamten, RiA 99, 265.

II. Materielle Rechtmäßigkeit   278

1. Rechtsgrundlage

Das Beamtenverhältnis darf nur in den durch Gesetz vorgeschriebenen Formen und unter den dort genannten Voraussetzungen beendet werden (§§ 31 ff. LBG bzw. 28 ff. BBG, 22 ff. BeamtStG).

1.1 Anwendbarkeit der Rechtsgrundlage

Die Vorschriften über den Eintritt in den Ruhestand können allein auf der Basis des § 24 I S. 1 Nr. 2 BeamtStG (§§ 37a LBG, 35 BBG) angewendet werden.

Beispiel: Regierungsinspektor z.A. R verunglückt zwei Monate nach der Ernennung bei einer Privatfahrt mit seinem PKW so schwer, daß er dienstunfähig wird.
Welche Entscheidung wird sein Dienstherr treffen?
In Betracht kommen entweder die Entlassung des R (§ 34 I Nr. 3 LBG) oder seine Zurruhesetzung (§ 49 II S. 1 LBG). Beide Entscheidungen stehen im Ermessen der Behörde. Diese kann sich lediglich dann für die Zurruhesetzung entscheiden, wenn die Voraussetzungen von § 4 I BeamtVG erfüllt sind (§ 37a S. 2 LBG). Nach der hier ausschließlich anwendbaren Nr. 1 von § 4 I S. 1 BeamtVG muß der Beamte eine ruhegehaltsfähige (§§ 4 I S. 2, 2. Alt., 6 I S. 1 BeamtVG) Dienstzeit von fünf Jahren haben, bevor ihm ein Ruhegehalt gewährt werden kann. Diese Zeit rechnet vom Tag der ersten Berufung in das Beamtenverhältnis an (§ 4 I S. 2, 1. Alt. BeamtVG). Legt man für R einen normalen Ablauf beim Erwerb der Laufbahnbefähigung zugrunde, ist er drei Jahre vor seiner Ernennung zum Inspektor z.A. erstmalig in das Beamtenverhältnis als B.a.W. berufen worden (§§ 5 I Nr. 4 a), 8 I Nr. 1, 20 I Nr. 3 LBG, 27 I LVO). R war zwei Monate B.a.P. Deshalb kann er selbst unter Berücksichtigung einer längeren Dauer des Vorbereitungsdienstes durch den Prüfungstermin (§ 28 I LVO) mangels weiterer anrechenbarer Zeiten (§§ 7 ff. BeamtVG) noch keine ruhegehaltsfähige Dienstzeit von fünf Jahren aufweisen.
Somit kann R nicht in den Ruhestand versetzt, sondern nur entlassen werden (§ 37a S. 2 LBG). Hinsichtlich der im Beamtenverhältnis verbrachten Zeiten ist er von seinem Dienstherrn in der gesetzlichen Rentenversicherung nachzuversichern (§§ 8, 181 SGB VI).
Ansonsten können bei der Frage, ob man § 34 I Nr. 3 oder § 49 II S. 1 LBG anwendet, beachtliche Umstände des Einzelfalls wie das Lebens- und Dienstalter, die wirtschaftliche Lage, besonders der Grad der Versorgungsbedürftigkeit des Beamten, seine Bewährung und Würdigkeit, aber auch haushaltsmäßige Überlegungen herangezogen werden.[20]

---

19 OVG Münster, RiA 02, 88 (89) = NVwZ-RR 02, 520.
20 BVerwG, ZBR 90, 209 (210); NVwZ 90, 770.

10. Abschnitt: Die Beendigung des Beamtenverhältnisses

1.2 Subsumtion unter die tatbestandlichen Voraussetzungen der Rechtsgrundlage

An dieser Stelle sind die Voraussetzungen des im Einzelfall betroffenen Beendigungstatbestandes zu prüfen. Diese sind in den Rn 276 ff. dargestellt.

1.3 Beachtung von entgegenstehenden Normierungen und Sonderregelungen

1.3.1 **Schutzvorschriften** untersagen für besondere Beamtengruppen bestimmte Formen der Beendigung des Beamtenverhältnisses. So darf z.B. eine schwangere B.a.P. oder B.a.W. während der Schwangerschaft und vier Monate nach der Geburt gegen ihren Willen grundsätzlich nicht entlassen werden (§ 11 I S. 1 MuSchVO). Das gilt prinzipiell auch für die Dauer der Elternzeit (§ 6 EZVO). Bei schwerbehinderten Beamten besteht jedoch kein Entlassungsschutz, wie das Zustimmungsrecht der in Rn 277 genannten Stellen zeigt. Ein Entlassungsverbot folgt hingegen aus § 9 VI ArbeitsplatzschutzG (i.V.m. § 78 I Nr. 1 ZDG) bei der Einberufung zum Wehr- bzw. Zivildienst.

1.3.2 **Sonderregelungen** existieren **für Polizeivollzugsbeamte** (§ 194 I LBG). Dort ist eine **besondere Dienstunfähigkeit** legaldefiniert (Polizeidienstunfähigkeit). Danach ist der Polizeivollzugsbeamte dienstunfähig, wenn er den besonderen gesundheitlichen Anforderungen für den Polizeivollzugsdienst nicht mehr genügt und nicht zu erwarten ist, daß er seine volle Verwendungsfähigkeit innerhalb zweier Jahre wiedererlangt (§ 194 I, 1. Alt. LBG). Dies wird durch ärztliches Gutachten festgestellt.[21] Anders ist es, wenn die auszuübende Funktion bei B.a.L. diese besonderen gesundheitlichen Anforderungen auf Dauer nicht mehr uneingeschränkt erfordert (§ 194 I, 2. Alt. LBG). Sollte dies der Fall sein, darf man ihn weiter im Polizeivollzugsdienst verwenden.[22] Bei dieser Prognose kann der Dienstherr weitreichende organisatorische und personalpolitische Erwägungen anstellen.[23]

Werden Polizeivollzugsbeamte polizeidienstunfähig, ist das Beamtenverhältnis in der Regel nicht zu beenden, sondern in einer anderen Laufbahn fortzusetzen (§ 194 III S. 1 LBG; Fall Rn 81). Der Dienstherr ist grundsätzlich verpflichtet, das Beamtenverhältnis eines polizeidienstunfähig gewordenen Polizeivollzugsbeamten fortzusetzen und eine Zurruhesetzung wegen Polizeidienstunfähigkeit ausschließlich vorzunehmen, wenn der Laufbahnwechsel aus einem anderen Grund als dem der Polizeidienstunfähigkeit scheitert.[24] Ein Polizeivollzugsbeamter, der auf einem Ohr an Taubheit grenzend und auf dem anderen Ohr gering- bis mittelgradig schwerhörig ist, ist polizeidienstunfähig.[25]

---

21 OVG Lüneburg, NdsVBl 05, 274 = RiA 06, 87.
22 BVerwG, DÖV 05, 784 (784 f.) = ZBR 05, 308 (309) = DÖD 06, 79 (80).
23 OVG Münster, NWVBl 04, 58.
24 BVerwG, NVwZ 96, 183 (184).
25 OVG Münster, DÖD 94, 235.

2. System der Voraussetzungen für die Beendigung des Beamtenverhältnisses

Eine weitere Sonderregelung besteht **für Professoren**. Diese können nicht in den einstweiligen Ruhestand versetzt werden (§ 202 I S. 1 LBG).

1.4 Berücksichtigung des Verhältnismäßigkeitsprinzips und anderer gesetzlicher Neuregelungen

Die Beendigung des Beamtenverhältnisses ist die schwerwiegendste Maßnahme gegenüber einem Beamten. Dieser Umstand gebietet es, den **Grundsatz der Verhältnismäßigkeit streng** zu **beachten**. Sie ist lediglich dann verhältnismäßig i.w.S., wenn sie tauglich, notwendig und angemessen ist.[26] Insbesondere ist eine Zurruhesetzung wegen Dienstunfähigkeit nicht notwendig, wenn der dienstunfähige Beamte in einem anderen Amt derselben oder einer anderen Laufbahn, in die ein Laufbahnwechsel möglich ist, verwendet werden kann. Ein solcher Wechsel trägt sowohl dem Interesse des Beamten an einer Weiterbeschäftigung als auch demjenigen der Allgemeinheit an der Ersparnis von Versorgungsaufwendungen mehr Rechnung, als das Beamtenverhältnis zu beenden.

279

Durch **gesetzliche Neuregelungen** erfolgt zur Senkung der Versorgungslasten eine vorzeitige Versetzung in den Ruhestand wegen nachgewiesener Dienstunfähigkeit grundsätzlich nur noch, wenn der Beamte auf anderen, möglicherweise sogar geringerwertigen Arbeitsplätzen nicht mehr eingesetzt werden kann. Damit sind Laufbahnwechsel und Umschulungsverpflichtungen verbunden sein. Um sich hohe Kosten für die Versorgung zu ersparen, muß vor jeder Versetzung in den Ruhestand wegen Dienstunfähigkeit zunächst geprüft werden, ob keine andere Verwendung möglich ist. § 45 III LBG (§§ 27 I S. 3, II, III BeamtStG, 42 III BBG) geht von diesem Grundsatz der „**Rehabilitation und Weiterverwendung vor Versorgung**" aus. Von der Versetzung des Beamten in den Ruhestand wegen Dienstunfähigkeit soll abgesehen werden, wenn ihm ein anderes Amt derselben oder einer anderen Laufbahn übertragen werden kann (§§ 27 II S. 1, I S. 3 BeamtStG, 45 III S. 1 LBG, 42 III S. 1 BBG). Diese Sollvorschrift beläßt dem Dienstherrn ein Restermessen.[27] „Andere Laufbahn" ist sowohl eine gleichwertige als auch eine nicht gleichwertige Laufbahn; dabei wird ausschließlich der horizontale Laufbahnwechsel erfaßt.[28] Dies ist selbst ohne Zustimmung des Beamten zulässig, wenn das neue Amt zum Bereich desselben Dienstherrn gehört, es mindestens mit demselben Grundgehalt verbunden ist wie das bisherige Amt und zu erwarten ist, daß die gesundheitlichen Anforderungen des neuen Amts erfüllt werden (§§ 27 II S. 2 BeamtStG, 45 III S. 2 LBG, 42 III S. 2 BBG). Hingegen ist die nächsthöhere Laufbahngruppe derselben Fachrichtung keine andere Laufbahn.[29] Gleichzeitig werden **Umschulungspflichten** begrün-

---

26 Zur Terminologie vgl. OVG Münster, NJW 80, 2210.
27 OVG Münster, ZBR 05, 101 (102) = DÖD 04, 166 (171) = OVGE 49, 222 (234).
28 OVG Münster, DÖV 03, 1044 (1045); ZBR 05, 101 (103) = DÖD 04, 166 (171) = OVGE 49, 222 (235).
29 OVG Münster, DÖV 03, 1044 (1045); ZBR 05, 101 (102) = DÖD 04, 166 (171) = OVGE 49, 222 (235).

det. Hat der Beamte keine Befähigung für die andere Laufbahn, muß er an Maßnahmen für ihren Erwerb teilnehmen (§§ 45 III S. 3, 194 III S. 2, 3 LBG, 12 VI S. 1 LVO; §§ 42 III S. 3 BBG, 6 III BLV; § 27 II S. 3 BeamtStG). Art und Umfang der Umschulung legt die für die Ordnung der neuen Laufbahn zuständige oberste Dienstbehörde allgemein durch Rechtsverordnung nach § 16 LBG oder im Einzelfall fest (§ 12 VI S. 2 LVO; vgl. z.B. § 30 I VAPmD hinsichtlich des Befähigungserwerbs durch feuerwehrdienstuntaugliche Beamte). Bei Kommunalbeamten tritt an deren Stelle die Bezirksregierung (§ 67 II Nr. 1 b) LVO). Generelle Regelungen kann das Laufbahnrecht nicht treffen, da es speziell auf die Unterschiede zwischen Herkunfts- und Ziellaufbahn ankommt. Allerdings darf keine Laufbahnprüfung gefordert werden (§ 12 VI S. 4 LVO). Die Maßnahmen müssen sich somit unterhalb dieses Niveaus bewegen. Der Bund hat für seine Beamten die Dauer der Unterweisungszeit nach Laufbahngruppen gestaffelt festgelegt (§ 6 III S. 2 BLV). Dem Beamten kann zur Vermeidung seiner Versetzung in den Ruhestand unter Beibehaltung seines Amts **ohne seine Zustimmung sogar** eine **geringerwertige Tätigkeit** innerhalb seiner Laufbahngruppe im Bereich seines Dienstherrn übertragen werden. Dann muß keine andere Verwendung möglich und ihm die neue Aufgabe unter Berücksichtigung seiner bisherigen Tätigkeit zuzumuten sein (§§ 27 III BeamtStG, 42 III S. 4 BBG, 45 III S. 4 LBG).

Neuerdings kann einem Beamten im Anschluß an eine länger dauernde Krankheit vorübergehend (längstens bis zu zwölf Monaten) eine Ermäßigung der regelmäßigen Arbeitszeit unter Fortzahlung der Dienstbezüge bewilligt werden, wenn dies nach amtsärztlicher Feststellung aus gesundheitlichen Gründen zur Wiedereingliederung in den Arbeitsprozeß geboten ist (§ 2 VI AZVO). Ein derartiger **Arbeitsversuch** ist aus dem Gesichtspunkt der Verhältnismäßigkeit geboten und ebenfalls sinnvoll, um krankheitsbedingt leistungsgeminderte Beamte nach und nach an die Anforderungen des Amts zu gewöhnen. Rechtlich war er bisher unzulässig, da ein Beamter entweder dienstfähig oder dienstunfähig, nicht jedoch kurzzeitig vermindert dienstfähig war. Während des Arbeitsversuchs hat der Beamte sämtliche Rechte und Pflichten; ihm darf somit auch Erholungsurlaub gewährt werden.

280 Mit dem Versorgungsreformgesetz 1998 führte man ein neues Rechtsinstitut in das Beamtenrecht ein, die sog. **Teildienstfähigkeit**. Damit durchbrach man den Grundsatz, wonach auch eine bloß eingeschränkte Dienstfähigkeit zur (vollständigen) Zurruhesetzung führen muß.[30] Von der Versetzung des Beamten in den Ruhestand wegen Dienstunfähigkeit soll nunmehr abgesehen werden, wenn der Beamte unter Beibehaltung seines Amts seine Dienstpflichten noch während mindestens der Hälfte der regelmäßigen Arbeitszeit erfüllen kann (§ 28 I BeamtStG und die entsprechend erlassenen Umsetzungen in den Beamtengesetzen des Bundes und der Länder, §§ 42a I BBG, 46 I LBG; „begrenzte Dienstfähigkeit"). Sie

---

30 Schrapper, DVP 99, 371 (375).

2. System der Voraussetzungen für die Beendigung des Beamtenverhältnisses

wird vergleichbar zur Dienstunfähigkeit durch ärztliches Gutachten und in dem dort vorgesehenen Verfahren ermittelt, da man mit der begrenzten Dienstfähigkeit gleichzeitig eine Teildienstunfähigkeit feststellt (§§ 46 I S. 3 LBG, 42a IV S. 1 BBG). Es handelt sich gerade um keine Teilzeitbeschäftigung, weil der Beamte die ihm mögliche Dienstleistung vollständig und nicht teilweise erbringt.[31] Das Rechtsinstitut der begrenzten Dienstfähigkeit ist damit Ausdruck des hergebrachten Grundsatzes des Berufsbeamtentums, wonach der Beamte dem Dienstherrn seine gesamte Persönlichkeit und volle Arbeitskraft zur Verfügung stellen muß.[32] Man darf somit nicht die Normierungen zur Teilzeitarbeit heranziehen. Die Arbeitszeit des Beamten ist entsprechend der begrenzten Dienstfähigkeit herabzusetzen (§§ 28 II S. 1 BeamtStG, 42a II S. 1 BBG, 46 I S. 2 LBG). Für die zeitliche Grenze der §§ 65 II S. 4 BBG, 68 II S. 3 LBG bei Nebentätigkeiten ist von der reduzierten Arbeitszeit auszugehen (§§ 42a IV S. 2 BBG, 46 II LBG). Die Dienstbezüge werden im gleichen Verhältnis wie die Arbeitszeit gekürzt, aber es erfolgt eine Besitzstandswahrung (§§ 72a I, 6 I BBesG). Der Beamte soll kein geringeres Gehalt haben, als wenn er wegen Dienstunfähigkeit in den Ruhestand versetzt worden wäre. Er erhält Dienstbezüge mindestens in Höhe des Ruhegehalts, das danach ihm zustehen würde (§ 72a I S. 2 BBesG). Entsprechende verfassungsrechtliche Bedenken werden in Rn 329 geschildert. Versorgungsrechtlich ist die Zeit einer begrenzten Dienstfähigkeit grundsätzlich in dem Umfang ruhegehaltsfähig, der dem Verhältnis der ermäßigten zur regelmäßigen Arbeitszeit entspricht, mindestens jedoch im Umfang des § 13 I S. 1 BeamtVG (§ 6 I S. 6 BeamtVG). Der Beamte kann mit seiner Zustimmung auch in einer nicht seinem Amt entsprechenden Tätigkeit eingeschränkt verwendet werden (§§ 28 II S. 2 BeamtStG, 42a II S. 2 BBG, 46 I S. 4 LBG). Die Teildienstfähigkeit ermöglicht, daß der Dienstherr bei einer begrenzten Dienstfähigkeit die restliche Arbeitskraft des Beamten einsetzen kann, soweit sie nicht mehr als 50 Prozent eingeschränkt ist. Die Feststellung der begrenzten Dienstfähigkeit ist mitbestimmungspflichtig (§ 72 I S. 1 Nr. 9 LPVG). Die Teildienstfähigkeit ist subsidiär gegenüber dem Prinzip der „Rehabilitation und Weiterverwendung vor Versorgung" (§§ 42 III BBG, 45 III LBG). Durchführungshinweise gibt das BMI-Rundschreiben vom 25.1.1999 (GMBl. 99, 190).

Neben dem Interesse des Dienstherrn, die personellen Ressourcen möglichst gut zu nutzen, können ebenfalls die Belange des Betroffenen berücksichtigt werden. Der Beamte, der bisher wegen lediglich eingeschränkter Dienstfähigkeit in den Ruhestand versetzt werden mußte, erhält die Chance, weiterhin am Arbeitsleben teilzunehmen. Die Möglichkeit einer „begrenzten Dienstfähigkeit" ist zu begrüßen. Zwar wird dadurch das Verständnis des Beamtenverhältnisses als einem Dienst- und Treueverhältnis, das vom uneingeschränkten Einsatz der gesamten Arbeitskraft

---

31 Schrapper, DVP 99, 371 (375).
32 BVerwG, DVBl 05, 1520 (1521) = ZBR 06, 92 (93) = RiA 05, 294 (295) = DÖV 06, 33 (34).

10. Abschnitt: Die Beendigung des Beamtenverhältnisses

und Persönlichkeit für den Dienstherrn auf Lebenszeit geprägt ist[33], ein weiteres Mal durchbrochen. Freizeitausgleich, Mehrarbeitsvergütung und Teilzeitbeschäftigung bis hin zur Einstellungszwangsteilzeit sind Stichworte für frühere Aufweichungen. Durch die „begrenzte Dienstfähigkeit" paßt man aber in rechtlich zulässiger Weise das Beamtenrecht aus Fürsorgegesichtspunkten für den betroffenen Beamten und schützenswerten Erwägungen des Dienstherrn den geänderten Verhältnissen an. Frühpensionierungen haben einen wesentlichen Einfluß auf die Versorgungs- „lasten". Je eher ein Beamter in den Ruhestand versetzt wird, desto höher sind wegen der längeren Laufzeit der Versorgung die Kosten des Dienstherrn. Deshalb kann das Institut der „begrenzten Dienstfähigkeit" die zukünftigen Versorgungsaufwendungen reduzieren, indem man einer vorzeitigen Versetzung in den Ruhestand entgegenwirkt. Tatsächlich sollte man allerdings nicht zu viel erwarten. Das Modell funktioniert nur, wenn es noch eine zumindest zur Hälfte vorhandene Arbeitskraft gibt, und dies Mediziner bestätigen. Positiv ist jedoch, daß mittlerweile die Altersgrenze (50. Lebensjahr), ab der überhaupt erst die begrenzte Dienstfähigkeit angewendet werden konnte, ersatzlos gestrichen wurde.

Bei B.a.P. oder B.a.W. ist vor einer Entlassung (beispielsweise wegen mangelnder Eignung) zunächst zu prüfen, ob nicht die Probezeit oder der Vorbereitungsdienst verlängert werden oder geringer belastende Maßnahmen ihre Leistungsfähigkeit und -bereitschaft steigern können.

Literatur: Mende/Summer, Der Arbeitszeitstatus der begrenzten Dienstfähigkeit – nunmehr eine Dauerlösung, ZBR 05, 122; Ganser-Hillgruber, Teildienstfähigkeit, Reaktivierung und Altersteilzeit von Beamten – Chance oder Risiko für das Berufsbeamtentum?, ZBR 00, 115; Schrapper, Neue Rechtsinstitute im Dienstrecht, DVP 99, 371.

1.5 Anordnung der Rechtsfolge

281 Schließlich ist zu beachten, ob es sich beim Beendigungstatbestand um eine gebundene (z.B. §§ 28 BBG, 31 LBG: „*ist* zu entlassen") oder um eine Ermessensentscheidung handelt (beispielsweise §§ 31 I S. 1 BBG, 34 I LBG: „*kann ... entlassen werden*"). In diesem Fall müssen Ermessensfehler vermieden (Rn 190) und die Fürsorgepflicht beachtet werden (Rn 236).

Ein gutes Beispiel zur **Ermessensausübung** bei der Entlassung eines Polizeibeamten auf Probe, der sich aus religiösen Gründen weigert, Schußwaffen gegen Menschen einzusetzen und an Samstagen sowie Feiertagen Dienst zu tun, liefert die Entscheidung des VG Sigmaringen[34]. Zwar wird betont, daß sowohl die Pflicht, dem Dienstherrn jederzeit bei Bedarf zur Verfügung zu stehen, als auch die Pflicht, die Dienstwaffe gegen Menschen zu richten, dem Polizeidienst wesensgemäß seien, so daß das Grundrecht aus Art. 4 I GG zurückstehen müsse.[35] Entspre-

---

33 BVerfGE 71, 39 (59 f.); 61, 43 (56) = NVwZ 83, 217; 55, 207 (236 f.) = DVBl 81, 450 (453 f.) = NJW 81, 971 (975); VGH Mannheim, VBlBW 96, 231.
34 NVwZ 91, 199 (199 ff.).

chende Weigerungen führten zum Versagen im Kernbereich elementarster Pflichten und könnten grundsätzlich eine Entlassung eines B.a.P. (§ 34 I Nr. 1 LBG) rechtfertigen. Selbst nachdem man die tatbestandlichen Voraussetzungen der Entlassungsnorm bejaht hat, muß man immer noch auf der Rechtsfolgenseite das eingeräumte Ermessen („kann") ausüben. Auch wenn es unwahrscheinlich ist, daß man zu einer anderen Entscheidung gelangt, ist stets zu überlegen, ob andere, weniger belastende Maßnahmen möglich sind. Im konkreten Fall hätte die Behörde prüfen müssen, ob es, z.B. im Innendienst, eine andere Stelle für den Polizeibeamten gibt, wo sich seine Vorbehalte nicht negativ auf die Funktionsfähigkeit der Polizei auswirken bzw. in einem für den Dienstherrn zumutbaren Rahmen bleiben.[36] Art und Maß der zulässigen Rechtsfolge kann zudem durch die Ausstrahlungswirkung eines Grundrechts beeinflußt werden. Im Sinn praktischer Konkordanz sollen widerstreitende Verfassungsgüter (hier sowohl Art. 4 I GG als auch die in Art. 33 V GG geschützte Funktionsfähigkeit der Verwaltung) möglichst beiderseitig wirken.

In Klausuren, aber ebenfalls in der Praxis (wie der Fall des VG Sigmaringen zeigt), werden hier häufig Fehler begangen, indem man die Prüfung des eingeräumten Ermessens schlichtweg unterläßt, sobald man die Tatbestandsseite einer Norm bejaht hat. In Klausuren und Bescheiden sollten sich deshalb immer schriftliche Ausführungen finden, die erkennen lassen, daß man das eingeräumte Ermessen gesehen und mit welchen Gesichtspunkten man es ausgeübt hat.

3. Spezielle Voraussetzungen und Rechtsfolgen der einzelnen Beendigungstatbestände

3.1 Entlassung

3.1.1 Voraussetzungen der Entlassung

3.1.1.1 Entlassung durch einseitigen Verwaltungsakt aufgrund Kann-Vorschriften

Unter folgenden Voraussetzungen ist es möglich, B.a.P. oder B.a.W. zu entlassen. **282**

Der **B.a.P.** kann entlassen werden, wenn alternativ („oder") einer der folgenden Gründe gegeben ist:

– Ein Verhalten, das bei einem B.a.L. mindestens eine Kürzung der Dienstbezüge zur Folge hätte (§§ 24 III S. 1 Nr. 1 BeamtStG, 34 I Nr. 1 LBG, 31 I S. 1 Nr. 1 BBG).

---

35 VG Sigmaringen, NVwZ 91, 199 (200).
36 VG Sigmaringen, NVwZ 91, 199 (201).

10. Abschnitt: Die Beendigung des Beamtenverhältnisses

Bejaht wurde dies für Verstöße gegen die Pflicht zu achtungs- und vertrauenswürdigem Verhalten im Dienst sowie gegen die Treuepflicht wegen Nichtüberprüfen des Zeiterfassungsgerätes und unterbliebenen Hinweises auf Unrichtigkeiten an seinen Dienstherrn speziell bei gleitender Arbeitszeit[37] oder beim wiederholten außerdienstlichen Cannabiskonsum eines Polizeibeamten[38]. Eine Entlassung kann nur verfügt werden, nachdem ein Untersuchungsverfahren durchgeführt wurde. Dabei ist der Sachverhalt entsprechend der §§ 21 bis 30 LDG aufzuklären (§§ 5 III S. 2 LDG, 34 IV S. 2 LBG). Allerdings ist nicht erforderlich, dem Beamten das Schlußgehör zu gewähren. Die Entlassung ist auch noch nach dem Ende der laufbahnrechtlichen Probezeit möglich.[39]

Fall[40]: Polizeimeister P, B.a.P., wird rechtskräftig wegen Straßenverkehrsgefährdung durch Trunkenheit am Steuer und wegen Verkehrsunfallflucht mit Geldstrafe bestraft. Nach einem Untersuchungsverfahren wird P fristlos entlassen. Zu Recht?

Die fristlose (§ 34 IV LBG) Entlassung ist rechtmäßig, wenn die Voraussetzungen von § 34 I Nr. 1 LBG vorliegen. Die außerdienstliche Trunkenheitsfahrt eines Polizeibeamten ist als Dienstvergehen (§ 83 I S. 2 LBG) anzusehen.[41] Insbesondere weil die Verkehrsunfallflucht hinzukam, hätte dieses schwerwiegende Dienstvergehen bei einem B.a.L. mit der erforderlichen Sicherheit mindestens zu einer Kürzung der Dienstbezüge geführt. Somit sind die Voraussetzungen für eine Entlassung (§ 34 I Nr. 1 LBG) gegeben.

Auch § 14 I Nr. 2 LDG steht dieser Entscheidung nicht entgegen. Die Vorschrift ist Ausdruck des Verhältnismäßigkeitsgrundsatzes und schließt eine disziplinare Ahndung dann aus, wenn die besonderen Funktionen des Disziplinarverfahrens (Pflichtenmahnung, Wahrung des Ansehens des öffentlichen Dienstes) bereits durch die Strafe erfüllt sind.[42] Hingegen ist es Sinn der Berufung in das B.a.P., solche Beamten vom B.a.L. fernzuhalten, die nicht in jeder – insbesondere in charakterlicher – Hinsicht geeignet sind.

Ein Polizeibeamter, der mit einem Polizeifahrzeug schuldhaft einen Verkehrsunfall verursacht (§ 315c I Nr. 1 a) StGB) und eine Unfallflucht (§ 142 I StGB) begeht, kann als B.a.P. selbst dann entlassen werden, wenn er später an den Unfallort zurückkehrt.[43] Liegt hingegen allein eine außerdienstlich begangene fahrlässige Gefährdung des Straßenverkehrs wegen alkoholbedingter Fahruntüchtigkeit ohne weitere erschwerende Besonderheiten (Rückfalltäter, Unfallflucht, Körperverletzung durch den Unfall) vor, kann man nicht mit der erforderlichen Sicherheit davon ausgehen, daß die Straftat bei einem B.a.L. mindestens zu einer Kürzung der Dienstbezüge geführt hätte.[44]

– Weiterer Grund für die Entlassung eines B.a.P. ist seine mangelnde Bewährung (Eignung, Befähigung, fachliche Leistung) in der Probezeit (§§ 24 III S. 1 Nr. 2 BeamtStG, 34 I Nr. 2 LBG). Dies gilt ebenfalls bei Bundesbeamten, obwohl § 31 I S. 1 Nr. 2 BBG keine Beschränkung

---

37 OVG Greifswald, NordÖR 03, 79 (80 f.).
38 OVG Bautzen, SächsVBl 04, 238 (239).
39 BVerwG, ZBR 90, 85 (85 f.) = NVwZ 90, 768 = E 82, 356 (358); OVG Bremen, NVwZ-RR 02, 131 (132).
40 Nach BVerwG, DÖD 83, 19 (19 ff.); ein ähnlicher Fall liegt dem Beschluß des OVG Greifswald, DÖD 98, 40, zugrunde.
41 BVerwGE 33, 123 (124); 63, 148 (149); OVG Münster, DÖD 02, 155 (155 f.) = NVwZ-RR 02, 763.
42 BVerwG, DÖD 83, 19 (20 f.).
43 OVG Greifswald, DÖD 98, 40 (41 f.).
44 OVG Münster, DÖD 02, 155 (156) = NVwZ-RR 02, 763 (764).

3. Spezielle Voraussetzungen und Rechtsfolgen der einzelnen Beendigungstatbestände

auf die Probezeit vornimmt.[45] Die Norm reicht als Ermächtigung im Licht der verfassungsrechtlichen Anforderungen an die Bestimmtheit einer Vorschrift sowie den Vorbehalt des Gesetzes.[46] Bewährung ist ein komplexer Rechtsbegriff, welcher der Behörde hinsichtlich der tatbestandlichen Voraussetzungen eine in die Zukunft gerichtete Einschätzungsprärogative einräumt.[47] Um die Bewährung zu verneinen, genügen berechtigte Zweifel des Dienstherrn, ob der Beamte geeignet und befähigt ist sowie die fachlichen Leistungen erbringt, die für eine Ernennung zum B.a.L. geboten sind.[48] Auf ein Verschulden des B.a.P. komme es nicht an. Entscheidend ist jedoch allein das Verhalten des Beamten in der Probezeit.[49] Gerichte dürfen eine solche Entscheidung ausschließlich daraufhin überprüfen, ob der Begriff der mangelnden Bewährung und die gesetzlichen Grenzen des Beurteilungsspielraums verkannt worden sind, ob ein unrichtiger Sachverhalt zugrunde liegt sowie ob allgemeine Wertmaßstäbe mißachtet oder sonst sachfremde Erwägungen angestellt bzw. Verfahrensvorschriften verletzt wurden.[50] Hingegen ist Gerichten verwehrt, den Akt wertender Erkenntnis, ob sich der Beamte in der Probezeit bewährt habe, selbst anstelle des Dienstherrn zu treffen.[51]

Unter Eignung, Befähigung und fachlicher Leistung ist das gleiche wie bei Art. 33 II GG, §§ 8 I S. 2 BBG, 7 I LBG zu verstehen.[52] Dazu gehört somit auch die gesundheitliche Eignung.[53] Die Entlassungstatbestände in § 34 I Nr. 2 und 3 LBG (§ 31 I S. 1 Nr. 2 und 3 BBG) stehen selbständig nebeneinander.[54] Wegen der Ausstrahlungswirkung von Nr. 3 auf Nr. 2 darf man an den Entlassungstatbestand „mangelnde gesundheitliche Eignung" keine zu hohe Anforderungen stellen.[55] Die gesundheitliche Geeignetheit kann bereits dann nicht festgestellt werden, wenn prognostisch die Möglichkeit künftiger Erkrankungen oder des Eintritts dauernder Dienstunfähigkeit vor Erreichen der Altersgrenze nicht mit einem

---

45 Schnellenbach, Rn 174.
46 BVerwG, NVwZ 99, 75 (76) = E 106, 263 (266 ff.) = DVBl 98, 1073 (1075) = VR 99, 66 (67).
47 BVerwG, ZBR 02, 48 (50) = RiA 02, 235 (237); NVwZ 99, 75 (76) = E 106, 263 (267 f.) = DVBl 98, 1073 (1074) = VR 99, 66 (67); OVG Bautzen, RiA 02, 154 (155); OVG Greifswald, NordÖR 03, 79 (81).
48 OVG Münster, RiA 92, 210 (211); VGH Mannheim, VBlBW 95, 360 (361).
49 BVerwG, IÖD 02, 14 = NVwZ-RR 02, 49 = ZBR 02, 184 = DÖD 02, 219 (220).
50 BVerwG, IÖD 02, 14 = NVwZ-RR 02, 49 = ZBR 02, 184 = DÖD 02, 219 (220); NVwZ 99, 75 (76) = E 106, 263 (266 f.) = DVBl 98, 1073 (1074) = VR 99, 66 (67); E 85, 177 (180) = DVBl 90, 1228 = NVwZ 91, 170 (171); DVBl 84, 440; OVG Münster, RiA 92, 210 (211); VGH Mannheim, VBlBW 95, 360 (361); OVG Bautzen, RiA 02, 154 (155); SächsVBl 00, 10 (11); SächsVBl 00, 268 (269); OVG Greifswald, NordÖR 03, 79 (81); VGH München, ZBR 99, 237 (240).
51 OVG Greifswald, NordÖR 03, 79 (81).
52 BVerwG, NVwZ 99, 75 (76) = E 106, 263 (266 f.) = DVBl 98, 1073 (1075) = VR 99, 66 (67); Rn 113.
53 BVerwG, IÖD 02, 14 (14 f.) = NVwZ-RR 02, 49 = ZBR 02, 184 = DÖD 02, 219 (220); E 41, 75 (79); VGH Mannheim, VBlBW 95, 360.
54 OVG Münster, RiA 92, 210 (211); VGH Mannheim, VBlBW 95, 360 (361); VGH München, ZBR 99, 237 (240).
55 VGH Kassel, ZBR 90, 57 (57 f.).

hohen Grad an Wahrscheinlichkeit ausgeschlossen werden kann.[56] Zweifel an der gesundheitlichen Geeignetheit können sich nicht nur aus ärztlichen Gutachten, sondern auch anderen Umständen, insbesondere aus langen Erkrankungen in der Probezeit, ergeben.[57] Ein B.a.P. mit einem Gewicht von 40% über dem Normalgewicht kann wegen mangelnder Bewährung aus dem Beamtenverhältnis entlassen werden. Ein solches Übergewicht läßt statistisch erwarten, daß in erhöhtem Maß Sekundärschäden auftreten.[58] Bedenken lassen sich zudem aus dem Body-Mass-Index (Körpergewicht in Kilo dividiert durch Quadrat der Körpergröße) entnehmen, wobei ein solcher von über 30 problematisch ist.[59] Ist allerdings ein Bewerber als B.a.P. eingestellt worden, obwohl ein solcher Risikofaktor in Form des Übergewichts vorhanden war, dann hat er sich in der laufbahnrechtlichen Probezeit gesundheitlich bewährt, wenn er nicht deswegen erkrankt ist.[60] Zumindest muß der Dienstherr in seine Abwägung einbeziehen, ob das Gesundheitsrisiko schon zum Zeitpunkt der Berufung in das B.a.P. bestand und wie es sich seitdem entwickelt hat.[61] Mit „Befähigung" ist gerade nicht die Laufbahnbefähigung (Rn 160 ff.) gemeint, da diese bereits Voraussetzung für die Berufung in das B.a.P. ist (§ 6 II S. 1 LBG). Charakterlich ungeeignet ist ein Lehrer, der ständig (selbst zu seiner Verbeamtungslehrprobe) zu spät zum Unterricht kommt und diesen zu früh beendet, sowie ein Berufsschullehrer als Mitgesellschafter einer Sexfilmbar[62]. Gleiches gilt für jemanden, der kinderpornographische Darstellungen auf seinem PC gespeichert hat.[63] Die arglistige Täuschung über eine Tätigkeit für das frühere MfS muß dazu führen, die Bewährung zu verneinen.[64]

Selbst die Anerkennung als Schwerbehinderter entbindet einen B.a.P. nicht davon, seine Bewährung, wenn auch unter Berücksichtigung der Schwerbehinderung, in der laufbahnrechtlichen Probezeit nachzuweisen.[65]

---

56 BVerwG, IÖD 02, 14 = NVwZ-RR 02, 49 = ZBR 02, 184 = DÖD 02, 219 (220); NJW 93, 2546 (2547) = E 92, 147 (149) = ZBR 93, 243 (244) = DÖD 93, 283 (284) = RiA 94, 24 = DVBl 93, 952 (953); VG Gera, ThürVBl 02, 284 (287); VG Saarlouis; NVwZ-RR 04, 368 (369).
57 BVerwG, IÖD 02, 14 (15) = NVwZ-RR 02, 49 = ZBR 02, 184 (185) = DÖD 02, 219 (220).
58 VG Braunschweig, NVwZ-RR 93, 260; VG Frankfurt/M., NVwZ-RR 04, 367 (368). A.A. VG Saarlouis, NVwZ-RR 04, 368 (369); VG Gelsenkirchen, ZBR 92, 28 (28 f.), hinsichtlich der Risikoeinschätzung bei einem 187 cm großen Mann mit 104 kg Gewicht; zust. Summer, ZBR 92, 29 (29 f.), der die gesundheitliche Eignung nur verneinen will, wenn man den Bewerber selbst nicht als Schwerbehinderten übernehmen kann. Diese Ansicht ist jedoch als zu weitgehend abzulehnen.
59 OVG Greifswald, NordÖR 99, 237 (239), bei einem Body-Mass-Index von 33,2.
60 VGH Mannheim, NVwZ-RR 96, 454 (455).
61 VG Gera, ThürVBl 02, 284 (287).
62 VGH Kassel, ZBR 92, 115 (116).
63 OVG Magdeburg, ZBR 02, 65; OVG Lüneburg, NVwZ 05, 350 (351).
64 BVerwG, ZBR 02, 48 (50) = RiA 02, 235 (237).
65 VGH Mannheim, VBlBW 95, 360 (361).

3. Spezielle Voraussetzungen und Rechtsfolgen der einzelnen Beendigungstatbestände

Unter Probezeit ist hier die laufbahnrechtliche Probezeit zu verstehen (Rn 167). In Klausuren wird häufig übersehen, daß ein B.a.P. wegen mangelnder Bewährung **nur in der Probezeit** entlassen werden kann (wörtlich § 34 I Nr. 2 LBG; entsprechend § 31 I S. 1 Nr. 2 BBG, § 24 III S. 1 Nr. 2 BeamtStG). Ist hingegen die Probezeit beendet und der Beamte aufgrund von § 9 I S. 1 LVO angestellt worden (Wegfall des „z.A."; § 8 I LVO), darf seine Entlassung jedenfalls nicht mehr auf § 34 I Nr. 2 LBG gestützt werden.

Der Beamte kann nicht beanspruchen, seine individuell festgelegte Probezeit (Rn 168) bis zum Ende zu leisten.[66] Zeigt sich vielmehr schon im Lauf dieser Zeit, daß er ungeeignet ist, kann es die Fürsorgepflicht gebieten, ihn bereits während der Probezeit zu entlassen. Hierdurch erhält er alsbald Klarheit über seinen künftigen Berufsweg.[67] Die vorzeitige Feststellung der Nichtbewährung muß allerdings in engem zeitlichen Zusammenhang mit den gezeigten (Fehl-)Leistungen stehen.[68] Hingegen ist der Dienstherr über die regelmäßigen Beurteilungen hinaus grundsätzlich nicht verpflichtet, den Beamten formell auf Bedenken hinzuweisen und auf die Abstellung von Mängeln hinzuwirken.[69] Auch ohne eine etwaige Rechtspflicht wird dies eine moderne, auf die Kommunikation setzende Personalführung jedoch tun. Steht die Nichtbewährung endgültig fest, hat der Dienstherr kein Ermessen mehr, den B.a.P. im Dienst zu belassen.[70] Aus der Entlassungsverfügung müssen sich die Erwägungen ergeben, warum der Dienstherr nicht den vollen Zeitraum der Probezeit ausgeschöpft hat.[71]

Existieren Zweifel an der Eignung, kann der Dienstherr – auch im Interesse des Beamten – bis zum Ende der Probezeit warten und die Entlassung in einer **angemessenen Überlegungsfrist** nach der Probezeit verfügen.[72] Wegen der Fürsorgepflicht darf die Entscheidung nicht lange hinausgezögert werden.[73] Nach der Fünf-Jahres-Frist (§ 9 III S. 1 LBG) darf der Beamte jedenfalls dann entlassen werden, wenn die entsprechende Absicht dem Beamten vor Fristablauf mitgeteilt und seine Anhörung eingeleitet wurde.[74] Zeiten bei einem anderen Dienst-

---

66 BVerwGE 11, 139 (141).
67 BVerwGE 85, 177 (183) = DVBl 90, 1228 (1229) = NVwZ 91, 170 (171); OVG Koblenz, ZBR 88, 264; OVG Bautzen, SächsVBl 00, 268 (271).
68 OVG Bautzen, SächsVBl 00, 268 (271).
69 OVG Bautzen, SächsVBl 00, 10 (11).
70 BVerwGE 85, 177 (184) = DVBl 90, 1228 (1230) = NVwZ 91, 170 (172); NVwZ 99, 75 (77) = E 106, 263 (266 f.) = DVBl 98, 1073 (1076) = VR 99, 66 (67 f.); E 108, 64 (70) = NJW 99, 2536 (2538); VGH Mannheim, VBlBW 95, 360 (361).
71 OVG Münster, RiA 92, 210 (213).
72 BVerwGE 92, 147 (148) = NJW 93, 2546 (2547) = ZBR 93, 243 (244) = DÖD 93, 283 (284) = RiA 94, 24 (25) = DVBl 93, 952 (954); 19, 344 (348); OVG Bautzen, SächsVBl 00, 268 (270).
73 BVerwGE 85, 177 (183) = DVBl 90, 1228 (1229) = NVwZ 91, 170 (171); NVwZ 99, 75 (77) = 106, 263 (266 f.) = DVBl 98, 1073 (1075) = VR 99, 66 (67); 41, 75 (78); VGH München, ZBR 99, 237 (240).
74 BVerwG, DÖV 74, 853; weitergehend OVG Koblenz, ZBR 86, 331 (331 f.).

herrn sind nicht auf die Frist anzurechnen, wenn das ursprüngliche Beamtenverhältnis durch Entlassung beendet wurde.[75] Ist noch keine Entscheidungsreife gegeben, beispielsweise weil die Dienstunfähigkeit nicht bis zum Ablauf der Statusdienstzeit abschließend geklärt werden konnte, wird der Ablauf der Fünf-Jahres-Frist gehemmt. Der Dienstherr darf allerdings die Aufklärung nicht ungebührlich verzögern.[76] Sonst dürfte der Beamte von seiner Bewährung ausgehen und annehmen, daß der Dienstherr von der Möglichkeit der Entlassung absehen werde.[77]

In den Fällen des § 34 I Nr. 1 LBG kann zugleich die mangelnde charakterliche Eignung (§ 34 I Nr. 2 LBG) zu bejahen sein.[78]

Fall: Bei Durchsicht der Personalakte von Regierungsinspektorin I aus Anlaß ihrer Berufung in das B.a.L. erkennt der Sachbearbeiter, daß sich das in der Akte befindende amtsärztliche Gutachten nichts darüber aussagt, ob Frau I B.a.L. werden kann. In einem neuen Gutachten stellt der Amtsarzt daraufhin fest, daß I zur Zeit zwar dienstfähig sei. Sie leide jedoch an Epilepsie. Deshalb könne ihre Berufung in das B.a.L. nicht befürwortet werden. Was ist zu veranlassen?

Zu prüfen ist, ob I entlassen werden kann. Zwar gehört zur Bewährung (§ 34 I Nr. 2 LBG) die gesundheitliche Eignung. Dennoch ist diese Vorschrift nicht mehr anzuwenden. I ist Inspektorin und nicht mehr Inspektorin z.A. (§ 8 I LVO). Sie muß daher die laufbahnrechtliche Probezeit schon beendet haben (§§ 9 I S. 1, 7 LVO). Selbst wenn die unzureichende gesundheitliche Eignung bereits während der Probezeit bestand, ist jedenfalls die Überlegungsfrist abgelaufen, in der ein solcher Mangel eine Entlassung nach der Probezeit hätte rechtfertigen können.

Eine Entlassung (§ 34 I Nr. 3 LBG) scheitert daran, daß die I zur Zeit dienstfähig ist. Aus dem gleichen Grund scheidet eine Versetzung in den Ruhestand (§ 49 LBG) aus.

Eine einseitige Beendigung des Beamtenverhältnisses durch den Dienstherrn ist daher ausgeschlossen. Einen Antrag nach § 33 I S. 1 LBG dürfte I wohl kaum stellen.

Zu untersuchen ist deshalb weiterhin, ob I in das B.a.L. berufen werden muß. Entläßt der Dienstherr den Probebeamten nicht spätestens am Ende der laufbahnrechtlichen Probezeit wegen mangelnder Bewährung (wozu ebenfalls diejenige in gesundheitlicher Hinsicht gehört), kann er ihm aus diesem Grund die Übernahme in das B.a.L. nach der für die Probestatusdienstzeit vorgesehenen Frist nicht mehr verwehren.[79] Positiv und ausdrücklich muß stets die Nichtbewährung des Beamten ermittelt und ihm mitgeteilt werden. Trifft der Dienstherr keinen derartigen Befund und damit auch keine Entscheidung über die Entlassung, und verlängert er zudem nicht die laufbahnrechtliche Probezeit, so steht dies der positiven Feststellung der Bewährung gleich.[80] Nach der laufbahnrechtlichen oder sogar der statusrechtlichen Probezeit gewonnene neue Erkenntnisse hinsichtlich der Leistungsfähigkeit bzw. -bereitschaft oder der gesundheitlichen Eignung, die, wären sie in der laufbahnrechtlichen Probezeit aufgetreten, die Bewährung in Frage gestellt hätten, dürfen nicht das

---

75 BVerwGE 41, 75 (77).
76 BVerwG, NVwZ-RR 02, 130 (131) = ZBR 02, 400 (401) = IÖD 02, 86 (87) = DÖD 02, 120; E 41, 75 (78, 80); 26, 228 (232); OVG Lüneburg, OVGE 48, 488 (490) = DÖD 02, 223; OVG Bremen, NVwZ-RR 02, 131 (133).
77 BVerwGE 85, 177 (183) = DVBl 90, 1228 (1229) = NVwZ 91, 170 (171).
78 BVerwG, DÖD 83, 19 (21).
79 BVerwG, NJW 93, 2546 (2547) = E 92, 147 (148 f.) = ZBR 93, 243 (244) = DÖD 93, 283 (285) = RiA 94, 24 (25) = DVBl 93, 952 (954).
80 BVerwG, NJW 93, 2546 (2547) = E 92, 147 (151) = ZBR 93, 243 (244) = DÖD 93, 283 (284) = RiA 94, 24 (25) = DVBl 93, 952 (954); VGH Mannheim, NVwZ-RR 96, 454 (454 f.); Monhemius, Rn 113.

3. Spezielle Voraussetzungen und Rechtsfolgen der einzelnen Beendigungstatbestände

einmal (selbst stillschweigend) getroffene positive Urteil über die Bewährung in der Probezeit verändern.[81] Die Figur des lebenslangen Probebeamten gibt es, anders als noch in der 3. Auflage vertreten, nicht. Demgemäß hat das BVerwG die anderslautende Entscheidung des OVG Münster[82] als Vorinstanz aufgehoben. I muß deshalb in das B.a.L. berufen werden.

Ebenfalls führt die mangelnde Verfassungstreue[83], aber auch die Zusammenarbeit mit dem MfS[84], zur Verneinung der Eignung. Erkenntnisse des Verfassungsschutzes dürfen allerdings bei der Entlassung eines B.a.P. wegen Zweifeln an der Verfassungstreue nicht verwertet werden, wenn es für eine entsprechende Regelanfrage an das Verfassungsschutzamt keine Rechtsgrundlage gibt.[85] Man muß jedenfalls das Verfahren zügig durchführen, sobald der Dienstherr Anhaltspunkte erfährt, aufgrund derer eine Entlassung „wegen Verstrickung in die Machenschaften des MfS" denkbar ist.[86] Allerdings gilt bei einer auf den Einigungsvertrag gestützten Entlassung keine Frist von sechs Monaten seit Kenntnis des Dienstherrn von den die Entlassung rechtfertigenden Tatsachen.[87]

Gründe, die dem Dienstherrn bereits bei der Ernennung bekannt waren oder sein mußten, können hingegen eine Entlassung allein nicht rechtfertigen. Sie dürfen allenfalls ergänzend berücksichtigt werden.[88]

– Eine Entlassung des B.a.P. kann bei Eintritt seiner Dienstunfähigkeit (§§ 45, 194 I LBG) in Frage kommen, sofern er nicht in den Ruhestand versetzt wird (§§ 24 III S. 1 Nr. 2 BeamtStG, 34 I Nr. 3, 49 LBG, 31 I S. 1 Nr. 3 BBG; s. näher Rn 289). Vor der Entlassung des B.a.P. ist stets zu prüfen, ob nicht die Entlassung vermieden werden kann (§§ 27 II BeamtStG, 45 LBG, 42 BBG). Dies gilt für den Fall der Nichtbewährung in der Probezeit jedoch nur bei mangelnder gesundheitlicher Eignung (§ 24 III S. 2 BeamtStG). Bei allein fehlender gesundheitlicher Geeignetheit ist aus Fürsorgegründen die anderweitige Verwendung vorrangig vor der Entlassung. Eine anderweitige Verwendung ist möglich, wenn dem Beamten ein anderes Amt derselben oder einer anderen Laufbahn übertragen werden kann (§§ 27 II S. 1 BeamtStG, 45 III S. 1 LBG, 42 III S. 1 BBG). Entscheidend ist dabei nicht, ob der B.a.P. fähig ist, die Pflichten eines einzigen anderen Dienstpostens zu erfüllen. Vielmehr muß der Dienstherr prüfen, ob der B.a.P. für einen hinreichend breiten Teil seiner oder einer gleichwertigen Laufbahn gesundheitlich geeignet ist.[89] Der Dienstherr ist allerdings bei der Entlassung eines

---

81 BVerwG, NJW 93, 2546 (2547) = E 92, 147 (152) = ZBR 93, 243 (245) = DÖD 93, 283 (285) = RiA 94, 24 (25) = DVBl 93, 952 (954); VGH Mannheim, NVwZ-RR 96, 454 (455).
82 NWVBl 91, 88 (88 f.).
83 BVerwG, DVBl 81, 460 (461); Rn 102 ff.
84 BVerfG, LKV 02, 179 = DVBl 02, 403 (404).
85 VGH Mannheim, NVwZ 91, 695.
86 BVerfG, LKV 02, 179 = DVBl 02, 403 (404).
87 BVerfG, LKV 01, 509 (510).
88 Battis, § 31 BBG, Rn 8.
89 VGH Kassel, NVwZ-RR 93, 652; VGH München, ZBR 99, 237 (240).

B.a.P. wegen Dienstunfähigkeit nicht verpflichtet, die Dienstunfähigkeit in dem für die Zwangspensionierung vorgeschriebenen Verfahren festzustellen.[90]

– Bei bestimmten Maßnahmen zur Änderung der Behördenorganisation (§§ 34 I Nr. 4, 28 II S. 2 LBG; § 31 I S. 1 Nr. 4 BBG) oder bei der Umbildung von Körperschaften (§ 32 I i.V.m. § 24 III S. 1 Nr. 3 BeamtStG) kann ein B.a.P. entlassen werden, wenn keine andere Verwendung möglich ist (Beispiele für solche Maßnahmen finden sich in Rn 198).

– Schließlich kann ein Politischer Beamter, sofern er noch Probebeamter ist, jederzeit entlassen werden (§§ 31 II BeamtStG, 31 II BBG, 34 II LBG). Zur Auslegung des Begriffs „jederzeit" siehe Rn 79 und den dortigen Fall.

– Hingegen findet sich im Bundesland Sachsen keine Rechtsgrundlage, um einen B.a.P. wegen dessen früherer Tätigkeit für das MfS zu entlassen.[91] Vielmehr müsse eine Rücknahme der Ernennung erfolgen. Sachsen hatte – ebenso wie Brandenburg und Berlin und anders als Mecklenburg-Vorpommern, Sachsen-Anhalt und Thüringen – die Regelungen des Einigungsvertrages über die Entlassung eines Beamten wegen Tätigkeiten für das MfS nicht in sein Beamtengesetz übernommen. Diese waren zum 1.1.1997 außer Kraft getreten.[92] Die Frage, wann das Festhalten am Beamtenverhältnis nach dem Einigungsvertrag „unzumutbar" ist, muß anhand einer Einzelfallwürdigung beantwortet werden.[93] Prinzipiell begründet die Beschäftigung eines früher in die menschenverachtenden Machenschaften des MfS verstrickten Beamten berechtigte Zweifel an dessen rechtsstaatlicher und demokratischer Integrität.[94] Allerdings könne auch hier die „Jugendsündentheorie" anzuwenden sein.[95] Wegen Bestimmungen des Einigungsvertrages ist die Entlassung von B.a.P. an keine Erklärungsfrist gebunden. Sie ist mit der gebotenen Beschleunigung auszusprechen. Ob dies erfüllt wurde, hängt wesentlich vom Umfang der im Einzelfall erforderlichen Prüfung ab.[96]

Die Anordnung der sofortigen Vollziehung[97] der Entlassung kann mit dem fiskalischen Interesse des Dienstherrn gerechtfertigt werden, nicht Bezüge weiterzahlen zu müssen, die er aller Wahrscheinlichkeit nach später wieder zurückfordern muß, wenn im Hauptsacheverfahren die Entlassung als rechtmäßig bestätigt wird.[98] Ebenfalls darf man auf das

---

90 BVerwG, ZBR 90, 209.
91 BVerwGE 109, 68 (69 f.) = LKV 00, 112; a.A. OVG Bautzen, SächsVBl 00, 131 (131 ff.).
92 BVerwG, ZBR 02, 48 (49) = RiA 02, 235 (236).
93 BVerwGE 108, 64 (68 f.) = NJW 99, 2536 (2537); 109, 59 (64 f.) = LKV 00, 113 (115); OVG Bautzen, SächsVBl 04, 129 (132) = SächsVBl 04, 53 (56 f.); SächsVBl 00, 131 (134).
94 BVerwGE 109, 59 (64) = LKV 00, 113 (115).
95 BVerwGE 109, 59 (67 f.) = LKV 00, 113 (116).
96 BVerwG, LKV 00, 111 (111 f.) = ZBR 99, 276.
97 Zu den näheren Voraussetzungen an die Begründung vgl. Rn 291.
98 VGH München, ZBR 99, 237 (240).

3. Spezielle Voraussetzungen und Rechtsfolgen der einzelnen Beendigungstatbestände

Interesse der Allgemeinheit an einer Planstellenbesetzung mit voll leistungsfähigen Beamten sowie auf das Interesse des Beamten an schnellstmöglicher Klarheit über seine weitere berufliche Zukunft abstellen.[99] Bei der Entscheidung über einen Antrag auf Wiederherstellung der aufschiebenden Wirkung bei Sofortvollzug der Entlassung eines Probebeamten ohne Weiterzahlung von Dienstbezügen ist der Grundsatz der Fürsorgepflicht zu beachten. Danach sei eine Regelung für den Fall zu treffen, daß die wirtschaftliche Lage des von der Entlassung betroffenen Beamten vor rechtskräftiger Entscheidung in unvertretbarem Maß bis zur Notlage sinke.[100] Der Dienstherr sollte deshalb dem Beamten bis zu dem in § 80b I VwGO bestimmten Zeitpunkt mindestens die Hälfte seiner Bezüge belassen.[101] Hingegen ist es für die Bewährung unerheblich, daß ein Beamter aufgrund der Wiederherstellung der aufschiebenden Wirkung seines Widerspruchs gegen die Entlassungsverfügung über den Ablauf der festgesetzten Probezeit hinaus Dienst geleistet hat. Hierdurch wird nicht die Probezeit verlängert, sondern der Entlassungsverfügung aus Gründen des Rechtsschutzes vorläufig die Wirkung entzogen.[102]

Literatur: Schwarz, MfS-Mitarbeit und Beamtenrecht, LKV 03, 77; Lopacki, Die Entlassung von Beamten auf Probe im Kontext mit nachgewiesener Stasi-Biografie, PersV 02, 530; Lotz, Die Beendigung der beamtenrechtlichen Probezeit bei mangelnder gesundheitlicher Eignung, VR 00, 234; Allgaier, Zur Frage der Entlassung bzw. Zurruhesetzung von Probebeamten wegen Dienstunfähigkeit nach §§ 46 Abs. 1 und 2, 31 Abs. 1 Nr. 3 BBG, DÖD 99, 222; Bongartz/Rogmann, Gibt es den „ewigen Beamten auf Probe"?, RiA 94, 9; Bartha, Die Entlassung eines Beamten auf Probe wegen eines Dienstvergehens, ZBR 85, 217; Günther, Spezifika der Entlassung von Probebeamten, ZBR 85, 321.

Der **B.a.W.** kann jederzeit, d.h. aus jedem sachlichen Grund, entlassen werden (§§ 24 IV S. 1 BeamtStG, 32 I S. 1 BBG, 35 I S. 1 LBG). Städte und Gemeinden sind deshalb wegen ihrer Personalhoheit weitestgehend frei in der Entscheidung, ob sie B.a.W. nach bestandener Laufbahnprüfung zu B.a.P. ernennen oder entlassen, falls sie nicht bereits ohnehin kraft Gesetzes entlassen sind. Sachliche Aspekte können mangelnde Eignung oder fachliche Leistungen des B.a.W. sowie eine schlechte Stellensituation sein (Rn 66). Eine Entlassung mangels Beamtenstellen wäre selbst dann nicht fehlerhaft, wenn man ihn sofort als Angestellter weiterbeschäftigt. Ist er B.a.W. im Vorbereitungsdienst (§ 5 I Nr. 4 a) LBG), soll ihm Gelegenheit gegeben werden, den Vorbereitungsdienst zu leisten und die Laufbahnprüfung abzulegen (§§ 24 IV S. 2 BeamtStG, 32 II S. 1 BBG, 35 II S. 1 LBG). Zur Problematik, ob und unter welchen Voraussetzungen er sogar vorher entlassen werden kann (muß), finden sich Ausführungen in Rn 66. Wird die Entlassung auf ein Dienstvergehen gestützt, muß man zuvor ein Untersuchungsverfahren durchführen.[103] Dabei ist der Sachver-

---

99 VGH München, ZBR 99, 237 (241).
100 BVerfG, NVwZ 90, 853; VGH Kassel, NVwZ-RR 96, 340 (341); OVG Münster, RiA 92, 310 (311 f.).
101 Schnellenbach, VerwArch 01, 2 (25).
102 BVerwG, NVwZ 99, 75 (77) = E 106, 263 (266 f.) = DVBl 98, 1073 (1075) = VR 99, 66 (67); E 85, 177 (181) = DVBl 90, 1228 (1229) = NVwZ 91, 170 (171).
103 VG Meiningen, LKV 98, 286.

10. Abschnitt: Die Beendigung des Beamtenverhältnisses

halt entsprechend der §§ 21 bis 30 LDG aufzuklären (§§ 5 III S. 2 LDG, 35 I S. 2, 34 IV S. 2 LBG). Dies ist hingegen nicht erforderlich, wenn die Entlassung wegen mangelnder Eignung aufgrund eines Verhaltens erfolgt, das zugleich die Merkmale eines Dienstvergehens erfüllt.[104] Bei mehreren Entlassungsgründen habe der Dienstherr ein Wahlrecht, auf welchen Tatbestand er die Entlassung stützen wolle. Zur Entlassung eines B.a.W. können allerdings keine Umstände herangezogen werden, die dem Dienstherrn schon bei der Einstellung bekannt waren.[105]

Literatur: Günther, Entlassung von Beamten auf Widerruf (§ 32 BBG), ZBR 87, 129.

Schließlich können Beamte entlassen werden, wenn sie in den Fällen der §§ 7 II BeamtStG, 7 II BBG bzw. 6 III LBG die Eigenschaft als Deutscher verlieren (§§ 24 II BeamtStG, 29 II BBG, 32a LBG). Die Entscheidung obliegt dem Dienstherrn. Er muß die Umstände des Einzelfalls würdigen, insbesondere die weiteren Verwendungsmöglichkeiten als Beamter trotz des Verlusts der deutschen Staatsangehörigkeit.

3.1.1.2 Entlassung durch einseitigen gebundenen Verwaltungsakt

283 Unter diesen Voraussetzungen ist der Beamte zu entlassen:

– wenn er sich weigert, den Diensteid (oder ein an dessen Stelle vorgeschriebenes Gelöbnis) zu leisten (§§ 24 I S. 1 Nr. 1 BeamtStG, 28 Nr. 1 BBG, 31 Nr. 1 LBG),

– wenn der B.a.Z. seine Verpflichtung, nach der Amtszeit das Amt weiterzuführen, nicht erfüllt (§ 31 Nr. 2 LBG). Dieses Gebot besteht gemäß §§ 5 III S. 5, 196 II S. 4 LBG. Es kann jedoch bei kommunalen Wahlbeamten eingeschränkt sein (§§ 71 V GO, 47 II KrO). §§ 71 V GO, 47 II KrO regeln als speziellere Normen die Einzelheiten, unter welchen Voraussetzungen die generelle Pflicht (§§ 5 III S. 5, 196 II S. 4 LBG) existiert. Zum wichtigen Grund für die Nichtannahme der Wahl äußert sich das BVerwG[106],

– bei der Unvereinbarkeit von Amt und Mandat (§§ 28 Nr. 2 BBG, 31 Nr. 3 LBG),

– wenn er ohne Genehmigung seinen Wohnsitz oder dauernden Aufenthalt im Ausland nimmt (§§ 28 Nr. 3 BBG, 31 Nr. 4 LBG),

– wenn er nach Erreichen der Altersgrenze berufen wurde (§§ 24 I S. 1 Nr. 5 BeamtStG, 41 IV S. 2 BBG, 44 IV S. 2 LBG); zur Altersgrenze s. Rn 287,

– wenn er bei Umbildungen von Körperschaften einer Übernahmeverfügung nicht Folge leistet (§ 17 III S. 4 BeamtStG; Beispiele Rn 198).

---

104 VGH Kassel, NVwZ-RR 00, 236 (237).
105 OVG Lüneburg, DVBl 51, 677 (677 f.); OVG Koblenz, OVGE 1, 69 (70); Battis, § 32 BBG, Rn 3.
106 ZBR 86, 207 (207 ff.).

3. Spezielle Voraussetzungen und Rechtsfolgen der einzelnen Beendigungstatbestände

- wenn er nicht in den Ruhestand oder einstweiligen Ruhestand versetzt werden kann, weil eine versorgungsrechtliche Wartezeit nicht erfüllt ist (§ 24 I S. 1 Nr. 2 BeamtStG). Die Versetzung in den Ruhestand setzt nämlich die Erfüllung einer versorgungsrechtlichen Wartezeit (Rn 367) voraus (§ 33 BeamtStG),
- wenn er dauernd dienstunfähig ist und das Beamtenverhältnis nicht durch Versetzung in den Ruhestand endet (§ 24 I S. 1 Nr. 3 BeamtStG). In diesem Fall ist § 27 II BeamtStG entsprechend anzuwenden (§ 24 I S. 2 BeamtStG).

3.1.1.3 Entlassung durch mitwirkungsbedürftigen Verwaltungsakt

Der Beamte kann jederzeit seine Entlassung verlangen (§§ 30 I S. 1 BBG, **284** 33 I S. 1 LBG). Dies ist ein Fall der Entlassung durch Verwaltungsakt (§ 24 I S. 1 Nr. 4 BeamtStG). Die Normen gelten aufgrund ihres Wortlauts einschränkungslos für alle Beamten. Sie sind ebenfalls auf Bürgermeister und Landräte (§ 195 I, X LBG) und auf alle übrigen kommunalen Wahlbeamten anwendbar (§ 196 I LBG). Selbst diese Beamtengruppen dürfen bereits wegen der allgemeinen Handlungsfreiheit (Art. 2 I GG) sowie der Berufsfreiheit (Art. 12 I S. 1 GG) nicht gezwungen werden, ein einmal übertragenes Amt ständig auszuüben. Vielmehr können sie wie alle anderen Beamten jederzeit ihre Entlassung verlangen. Eine durch Rechtsvorschrift angeordnete Schriftform kann, soweit nicht durch Rechtsvorschrift etwas anderes bestimmt ist, durch die elektronische Form ersetzt werden (§ 3a II S. 1 VwVfG). Hier ist jedoch die elektronische Form ausgeschlossen worden (§§ 30 I S. 2 BBG, 33 I S. 2 LBG). Der Bund und die Länder haben die Kompetenz zu einem solchen Ausschluß der elektronischen Form, da das BeamtStG dies nicht verbietet. Der Antrag ist eine verwaltungsrechtliche Willenserklärung, auf welche die §§ 104 ff. BGB analog anzuwenden sind. Er ist bedingungsfeindlich, da er auf eine Rechtsgestaltung abzielt.[107] Der Antrag kann unter bestimmten Voraussetzungen zurückgenommen werden (§§ 30 I S. 3 BBG, 33 I S. 3 LBG), in Mecklenburg-Vorpommern bis zur wirksamen Zustellung der Entlassungsverfügung.[108] Falls dies nicht mehr möglich ist, kann er analog §§ 119, 123 BGB angefochten werden. Hierfür gilt nicht § 124 BGB.[109] Die Antragsrücknahme ihrerseits ist unwiderruflich.[110] Ein Widerruf des Widerrufs ist also unzulässig. Vielmehr muß der Beamte einen neuen Entlassungsantrag stellen.

Die Entlassungsverfügung ist nichtig, wenn der Entlassungsantrag wirksam zurückgenommen[111] oder angefochten worden ist[112]. § 33 LBG (§ 30 BBG) gewährt dem Beamten einen **Entlassungsanspruch**. Die Fürsor-

---

107 Battis, § 30 BBG, Rn 3.
108 OVG Greifswald, NVwZ-RR 99, 591.
109 OVG Münster, DVBl 52, 605 (607).
110 BVerwG, ZBR 85, 204.
111 Schütz/Maiwald, § 33 LBG, Rn 58, 77.
112 Wolff/Bachof/Stober II, § 113, Rn 14.

gepflicht gebietet es nicht, ihn vor dem Ausspruch der Entlassung auf deren Folgen (§§ 34 BBG, 37 LBG) hinzuweisen.[113] Sie verbietet es allerdings, den Antrag anzunehmen, wenn er z.B. im Zustand heftiger seelischer Erregung gestellt wurde.[114] Vielmehr müsse man warten, bis sich der Beamte beruhigt habe, um dann mit ihm ein Gespräch über die Konsequenzen des Entlassungsantrags zu führen. Gleiches gilt, wenn sich der Beamte erkennbar im Irrtum über die Folgen seines Antrags befindet oder ihn sonstige außergewöhnliche Umstände zur Antragstellung veranlaßt haben und bei verständiger Würdigung des Sachverhalts anzunehmen ist, daß er den Antrag bei vernünftiger und reichlicher Überlegung nicht gestellt hätte.[115]

Die Entlassung ist für den beantragten Zeitpunkt auszusprechen (§§ 30 II S. 1, 1. Hs. BBG, 33 II S. 1 LBG). Der Beamte muß angehört werden, wenn die Entlassung nicht zu diesem Zeitpunkt erfolgen soll (§§ 30 II S. 1, 2. Hs. BBG, 33 II S. 2 LBG, 28 I, II VwVfG). Der Dienstherr hat die Möglichkeit, die Entlassung solange hinauszuschieben, bis der Beamte seine Amtsgeschäfte ordnungsgemäß erledigt hat (§§ 30 II S. 1, 2. Hs. BBG, 33 II S. 2, 1. Hs. LBG). Allerdings darf er dabei eine Frist von drei Monaten nicht überschreiten (§§ 30 II S. 1, 2. Hs. BBG, 33 II S. 2, 2. Hs. LBG). Die Drei-Monats-Frist rechnet ab dem Zeitpunkt, zu dem die Entlassung gewünscht und nicht ab demjenigen, an dem der Entlassungsantrag gestellt wurde.[116]

Literatur: Kersten, Elektronische Kommunikation im Beamtenrecht, ZBR 06, 35; Günther, Entlassung auf Antrag, ZBR 94, 197.

3.1.1.4 Entlassung kraft Gesetzes

285 Hier besteht insofern ein Unterschied zu den eingangs beschriebenen Fällen. Die rechtsgestaltende Beendigung des Beamtenverhältnisses beruht nicht auf einem Verwaltungsakt, sondern wird bereits im Gesetz angeordnet. Gleichwohl handelt es sich z.B. bei der in den §§ 32 III S. 1 und 2, 181 LBG vorgeschriebenen schriftlichen Mitteilung um keinen bloßen Hinweis auf die Rechtslage. Sie ist vielmehr die verbindliche Feststellung, ob und wann das Beamtenverhältnis beendet wurde, und demgemäß ein feststellender Verwaltungsakt.[117] Der Dienstvorgesetzte (im Bund die oberste Dienstbehörde) entscheidet, ob die Voraussetzungen vorliegen, und stellt den Tag der Beendigung des Beamtenverhältnisses

---

113 BVerwG, DVBl 05, 1138 (1143) = ZBR 05, 339 (343) = RiA 05, 297 (303); OVG Bremen, NordÖR 03, 308 (311); VG Bremen, NordÖR 99, 242 (245), als Vorinstanzen; OVG Lüneburg, NVwZ-RR 06, 197 (198) = KommJur 05, 182 (183); zu Unrecht a.A. Schütz/Maiwald, § 33 LBG, Rn 40.
114 Schütz/Maiwald, § 33 LBG, Rn 40.
115 OVG Lüneburg, NVwZ-RR 06, 197 (198) = KommJur 05, 182 (183).
116 Korn/Tadday, § 33 LBG, Anm 2; Schütz/Maiwald, § 33 LBG, Rn 68.
117 Battis, § 29 BBG, Rn 6; a.A. Plog/Wiedow/Lemhöfer/Bayer, vor § 28 BBG, Rn 3; widersprüchlich Schütz/Maiwald, § 30 LBG, Rn 15: einerseits nur deklaratorische Bedeutung, andererseits aber als feststellender Verwaltungsakt angreifbar.

3. Spezielle Voraussetzungen und Rechtsfolgen der einzelnen Beendigungstatbestände

fest (§§ 29 III S. 1 BBG, 32 III S. 1 LBG). Diese Entscheidung ist dem Beamten mitzuteilen (§ 32 III S. 2 LBG) und somit zuzustellen (§ 181 LBG). Dabei ist das in Rn 277 ff. dargestellte Prüfungsraster anzuwenden. Ist ein Bevollmächtigter bestellt und hat er eine schriftliche Vollmacht vorgelegt, muß die Zustellung an ihn erfolgen (§ 7 I S. 2 LZG). Sollte dies nicht der Fall sein, muß ein Beamter Zustellungen unter der Anschrift, die er seinem Dienstvorgesetzten angezeigt hat, gegen sich gelten lassen (§ 11 I S. 1 LZG). Hat der Beamte unter der angezeigten Anschrift keine Wohnung, steht der Versuch einer Zustellung der Zustellung gleich (§ 11 I S. 2 LZG). Verfügungen und Entscheidungen, die einem Beamten zuzustellen sind, können ihm auch in der Weise zugestellt werden, daß sie ihm mündlich oder durch Einsichtgewährung bekanntgegeben werden (§ 11 II S. 1 LZG). Hierüber muß man eine Niederschrift fertigen (§ 11 II S. 2 LZG).

In **folgenden Fällen** tritt die Entlassung kraft Gesetzes ein:

– Wenn der Beamte seine Eigenschaft als Deutscher (Art. 116 GG) oder die Staatsangehörigkeit eines anderen Mitgliedsstaats der EU bzw. eines anderen Vertragsstaats des Abkommens über den Europäischen Wirtschaftsraum oder eines Drittstaats, dem Deutschland und die Europäische Union vertraglich einen entsprechenden Anspruch auf Anerkennung von Berufsqualifikationen eingeräumt haben, verliert (§§ 23 I Nr. 1, 7 I Nr. 1 BeamtStG, 29 I S. 1 Nr. 1 BBG, 32 I S. 1 Nr. 1 LBG). Sollte er jedoch noch die Staatsangehörigkeit eines sonstigen Mitgliedsstaates der EU besitzen, tritt keine Entlassung kraft Gesetzes ein (§§ 29 I S. 2 BBG, 32 I S. 2 LBG).

– Wenn ein öffentlich-rechtliches Dienst- (z.B. als Beamter, Soldat oder Richter, jedoch nicht als B.a.W. oder Ehrenbeamter) oder Amtsverhältnis (z.B. als Minister, Datenschutzbeauftragter) zu einem anderen Dienstherrn oder zu einer Einrichtung ohne Dienstherrneigenschaft begründet wird (§§ 23 II S. 1 BeamtStG, 29 I S. 1 Nr. 2, 1. Hs. BBG, 32 I S. 1 Nr. 2, 1. Hs. LBG), sowie wenn der Beamte nach einer Wehrübung als freiwilliger Soldat bei den Streitkräften bleibt oder die Eignungsübung unter bestimmten Voraussetzungen freiwillig fortsetzt (§ 7 V, VI Eignungsübungsgesetz), oder wenn ein Soldat Beamter wird (fortgeltender § 125 I S. 2 BRRG). Dies gilt nicht, wenn im Einvernehmen mit dem neuen Dienstherrn oder der Einrichtung die Fortdauer des Beamtenverhältnisses neben dem neuen Dienst- oder Amtsverhältnis angeordnet oder durch Landesrecht etwas anderes bestimmt wird (§ 23 II S. 1 BeamtStG).

Beispiel: Die Beamtin B der Kommune K wechselt zur von K gegründeten dienstherrnfähigen Anstalt des öffentlichen Rechts A und tritt dort in ein Beamtenverhältnis. Die Entlassung aus dem Beamtenverhältnis zu K erfolgt kraft Gesetzes mit Begründung des Beamtenverhältnisses zu A (§ 32 I S. 1 Nr. 2, 1. Hs. LBG). Ein „Doppelbeamtenverhältnis" ist rechtlich unzulässig.

Kritisch zur bundesrechtlichen Praxis, einen Beamten, der zur EU-Kommission wechselt und dort B.a.L. wird, dennoch im alten Beamtenver-

10. Abschnitt: Die Beendigung des Beamtenverhältnisses

hältnis zu belassen, äußert sich das OVG Münster[118]. Rechtssystematisch sei diese Begründung eines doppelten Beamtenverhältnisses eine „Anormalität". Sollte sich das andere öffentlich-rechtliche Dienst- oder Amtsverhältnis später als nichtig erweisen oder mit Rückwirkung zurückgenommen werden, lebt das frühere Beamtenverhältnis zum alten Dienstherrn wieder auf. Die Entlassung (§§ 29 I S. 1 Nr. 2, 1. Hs. BBG, 32 I S. 1 Nr. 2, 1. Hs. LBG) hat als Rechtsgrundlage die wirksame Begründung eines neuen Dienst- oder Amtsverhältnisses.[119]

Beispiel: Ein Beamter wird Bürgermeister. Damit endet sein (früheres) Beamtenverhältnis zum anderen Dienstherrn (§ 32 I S. 1 Nr. 2, 1. Hs. LBG) oder zu demselben Dienstherrn (§ 32 II LBG) automatisch durch Entlassung kraft Gesetzes mit Begründung des Beamtenverhältnisses als Bürgermeister. Sinn und Zweck liegen darin, daß es keine zwei Beamtenverhältnisse geben darf. Sollte sich das Beamtenverhältnis als Bürgermeister später als nichtig erweisen (§ 195 III S. 2, 1. Hs. LBG) oder mit Rückwirkung zurückgenommen werden, lebt das frühere Beamtenverhältnis zum alten Dienstherrn wieder auf. Diese Rechtslage kann beim alten Dienstherrn zu organisatorischen und haushaltsrechtlichen Schwierigkeiten führen.

Keine Entlassung gibt es u.a. bei B.a.W. und Ehrenbeamten (§§ 23 II S. 2 BeamtStG, 29 I S. 1 Nr. 2, 2. Hs. BBG, 32 I S. 1 Nr. 2, 2. Hs. LBG) oder Ministern (§§ 18 I BMinG, 15 I LMinG) sowie bei einer Ausnahmeregelung nach § 32 III S. 3 LBG bzw. § 29 III S. 2 BBG (wegen dieser Norm konnte das OVG Münster[120] das Verhalten des Bundes rechtlich nicht beanstanden).

- Wenn er die Altersgrenze erreicht, ohne die Voraussetzungen für ein Ruhegehalt zu erfüllen (§§ 23 I Nr. 2 BeamtStG, 37a S. 2, 44 II S. 2, 2. Hs., 34 V, 35 I S. 2 LBG, 35 S. 2, 31 V, 32 I S. 2 BBG).

Erforderlich ist grundsätzlich eine ruhegehaltsfähige Dienstzeit von mindestens fünf Jahren (§§ 37a S. 2 LBG, 4 I S. 1 Nr. 1, 6 ff. BeamtVG, Fall Rn 278; s. aber § 221 LBG). Beim B.a.Z. ist eine ruhegehaltsfähige Dienstzeit von zehn Jahren notwendig (§ 44 II S. 2, 1. Hs. LBG; s. aber die Ausnahme in § 229 LBG). Anders ist es jedoch beim hauptamtlichen Bürgermeister/Landrat. Hier reicht eine achtjährige ruhegehaltsfähige Dienstzeit (§ 195 IV S. 2, 1. Hs., X LBG).

- Bei unberechtigter Ablehnung der Rückführung in das Beamtenverhältnis nach Ablauf bestimmter parlamentarischer Mandate (§§ 6 II S. 2, 2. Hs. AbgG, 8 III EuAbgG, 33 II S. 2, 2. Hs. AbgG NW).

- Bei Ernennung zum B.a.L., B.a.Z. oder B.a.P. beim gleichen Dienstherrn (§ 32 II LBG); der Stadtoberverwaltungsrat wird z.B. Beigeordneter seiner Stadt. Sollte sich die Ernennung später als nichtig erweisen oder rückwirkend zurückgenommen werden, lebt das frühere Beamtenverhältnis wieder auf. Die Entlassung (§ 32 II LBG) hat als Rechts-

---

118   NWVBl 97, 100 (102).
119   Schütz/Maiwald, § 32 LBG, Rn 27 f.; Plog/Wiedow/Lemhöfer/Bayer, § 29 BBG, Rn 8.
120   NWVBl 97, 100 (102).

3. Spezielle Voraussetzungen und Rechtsfolgen der einzelnen Beendigungstatbestände

grundlage die wirksame Begründung eines neuen Beamtenverhältnisses.[121]

- Für B.a.W. ist darüber hinaus vorgesehen, daß ihr Beamtenverhältnis mit Ablauf des Tages der Ablegung oder dem endgültigen Nichtbestehen der für die Laufbahn vorgeschriebenen Prüfung endet, sofern durch Landesrecht nichts anderes bestimmt ist, oder mit Beendigung der vorübergehend wahrgenommenen Aufgaben (§§ 23 III BeamtStG, 35 II S. 2 LBG). Mit dem Bestehen der Laufbahnprüfung oder ihrem endgültigen Nichtbestehen endet z.B. das B.a.W. des Inspektorenanwärters (§ 27a Nr. 1, 3, 1.Hs. VAPgD; ähnlich § 29a I, 1. Hs. VAPmD für den mittleren Dienst). Die Beendigung des Beamtenverhältnisses ist vom rechtlichen Bestand der Prüfung unabhängig.[122]

  Anders ist es im Bund. Dort ist der B.a.W. automatisch mit Ablauf des Tages aus dem Beamtenverhältnis entlassen, an dem ihm das Bestehen oder endgültige[123] Nichtbestehen der Prüfung bzw. das endgültige Nichtbestehen einer vorgeschriebenen Zwischenprüfung bekanntgegeben wird (§ 32 II S. 2 BBG).

- Mit dem Bestehen der 2. juristischen Staatsprüfung oder ihrem endgültigen Nichtbestehen endet schließlich das öffentlich-rechtliche Ausbildungsverhältnis des juristischen Referendars (§ 31 I S. 1 JAG).

- Das B.a.P. in einem Amt mit leitender Funktion endet mit Ablauf der Probezeit oder mit Versetzung zu einem anderen Dienstherrn (§ 23 IV BeamtStG). Die Sonderfälle der §§ 25a V S. 1, 25b IV S. 1 LBG stehen einer Entlassung kraft Gesetzes gleich. Dort ist der Beamte, dem eine leitende Funktion auf Zeit oder Probe übertragen wurde, unter bestimmten Voraussetzungen aus dem B.a.P. oder B.a.Z. entlassen. Er setzt jedoch das frühere B.a.L. fort (§ 25a VI S. 4, V S. 1 a) bis e) LBG bzw. § 25b V S. 2, IV S. 1 a) bis f) LBG). Deshalb treffen ihn auch nicht die nunmehr geschilderten Rechtsfolgen der Entlassung.

3.1.2 Rechtsfolgen der Entlassung

Die Rechtsfolgen der Entlassung treten, jedenfalls wenn diese auf einem rechtsgestaltenden Verwaltungsakt beruht, nur ein, wenn der zugrundeliegende Verwaltungsakt wirksam wird. Dabei ist der **Eintritt der äußeren Wirksamkeit**, die mit der Bekanntgabe beginnt (§ 43 I S. 1 VwVfG) und die Rechtsbehelfsfrist in Gang setzt, **von der inneren Wirksamkeit** (Gestaltungswirkung) **zu unterscheiden**. Die Gestaltungswirkung entsteht zum im Verwaltungsakt angegebenen oder gesetzlich festgelegten Zeit-

286

---

121 Schütz/Maiwald, § 32 LBG, Rn 35.
122 BVerwG, ZBR 86, 170 (171); VGH München, NVwZ-RR 97, 417.
123 Die mögliche Ermessensentscheidung, eine zweite Wiederholung zuzulassen (§ 32 II, 2. Hs. BLV), soll dabei außer Acht bleiben. So Schnellenbach, Rn 193. A.A. zu Recht Battis, § 32 BBG, Rn 7, da eine solche Interpretation mit dem klaren Wortlaut der Norm „endgültiges" Nichtbestehen unvereinbar sei.

10. Abschnitt: Die Beendigung des Beamtenverhältnisses

punkt (§§ 36 S. 3 LBG, 33 BBG) unabhängig von der Bestandskraft.[124] Die Entlassung tritt im Fall des § 31 Nr. 1 LBG mit der Zustellung der Entlassungsverfügung, im Fall des § 31 Nr. 2 LBG mit dem Ablauf der Amtszeit sowie im übrigen mit dem Ende des Monats ein, der auf den Monat folgt, in dem die Entlassungsverfügung dem Beamten zugestellt worden ist (§ 36 S. 3 LBG). Dies gilt nicht, soweit durch Gesetz, Verordnung oder Satzung etwas anderes bestimmt ist (§ 36 S. 4 LBG). Wird z.B. ein B.a.P. auf der Grundlage von § 34 III S. 1, 2. Alt. LBG durch Verfügung, zugestellt am 3.2., mit Wirkung vom 31.3. entlassen, tritt die äußere Wirksamkeit am 3.2. und die innere Wirksamkeit mit Ablauf des 31.3. ein. Wird die Entlassungsverfügung angefochten, bedeutet das nicht, daß die innere Wirksamkeit der Entlassung hinausgeschoben ist. Der Dienstherr ist lediglich gehindert, den Beamten belastende Folgerungen aus der Entlassung zu ziehen, solange über Rechtsbehelfe noch nicht unanfechtbar entschieden ist.[125] Die Vertreter der Wirksamkeitstheorie[126] gehen hingegen davon aus, daß die Rechtsgestaltungswirkung erst bei Unanfechtbarkeit anzunehmen ist.

Die durch rechtskräftige Entscheidung oder Wiederaufgreifen (§ 51 VwVfG) klargestellte Rechtslage greift jedoch rückwirkend Platz.[127] Abhängig vom Ausspruch ist entweder ein Beamtenverhältnis nie beendet worden mit der Folge, daß das ursprüngliche Beamtenverhältnis in Wahrheit fortbestand. Bei gegenteiligem Ergebnis ist es am Tag des Eintritts der inneren Wirksamkeit als rückwirkend erloschen anzusehen. In diesem Fall muß der Beamte mit der Rückforderung der Besoldungsbezüge (§ 12 II BBesG) rechnen und kann sich regelmäßig nicht auf den Wegfall der Bereicherung berufen (§ 820 I BGB).[128] Allerdings kann die zu treffende Billigkeitsentscheidung (§ 12 II S. 3 BBesG) dazu führen, daß abhängig von der Lage im Zeitpunkt der Rückabwicklung[129] auf die Forderung ganz oder teilweise verzichtet bzw. Ratenzahlung eingeräumt wird.

Die Entlassung hat folgende **Rechtsfolgen**. Der Beamte hat grundsätzlich keinen Anspruch auf Leistungen des Dienstherrn (§ 94 LBG) mehr, soweit gesetzlich nichts anderes bestimmt ist (§§ 34 S. 1 BBG, 37 S. 1 LBG). Etwas anderes ist in folgenden Vorschriften festgelegt:

(1) § 15 BeamtVG (Unterhaltsbeitrag für B.a.L. und B.a.P. sowie evtl. § 26 BeamtVG),

(2) § 47 BeamtVG (Übergangsgeld für B.a.L., B.a.Z. [vgl. aber § 66 III BeamtVG] und B.a.P., nicht jedoch für B.a.W.),

---

124 BVerwGE 13, 1 (7).
125 BVerwG, ZBR 83, 191 (192); sog. Vollziehbarkeitstheorie (h.M., Scheerbarth/Höffken/Bauschke/Schmidt, § 21 II 4 m.w.N.).
126 Schmidt in Eyermann, VwGO, § 80 VwGO, Rn 6 m.w.N.
127 BVerwG, ZBR 83, 191 (192).
128 BVerwG, ZBR 83, 192 (192 f.); a.A. Hilg/Müller, 273; Scheerbarth/Höffken/Bauschke/Schmidt, § 21 II 4; Rn 360.
129 BVerwG, ZBR 83, 192 (193).

(3) § 38 BeamtVG (Unterhaltsbeitrag nach Dienstunfall),

(4) §§ 8, 181 SGB VI (Nachversicherung, sofern diese nicht aufzuschieben ist [§ 184 SGB VI]).[130] Dabei ist es verfassungsrechtlich unbedenklich, daß einem entlassenen Beamten außer der Nachversicherung keine weiteren Anwartschaften auf Versorgungsansprüche zustehen.[131]

Grundsätzlich erlöschen alle Beamtenrechte und -pflichten mit folgenden Ausnahmen:

Die **Pflichten** zur Amtsverschwiegenheit (§§ 38 I BeamtStG, 61 I, 62 BBG, 64 I, 65 LBG), zur Herausgabe amtlicher Unterlagen (§§ 38 V BeamtStG, 61 III BBG, 64 III LBG) und das Verbot der Annahme von Belohnungen oder Geschenken in Bezug auf sein Amt (§§ 43 BeamtStG, 70 BBG, 76 LBG) bleiben bestehen. Hierdurch soll auch die Korruption bekämpft werden. Erhält er Leistungen nach dem BeamtVG, gilt § 83 II LBG (§ 77 II BBG) für Dienstvergehen. Zudem unterliegt er dann als früherer Beamter mit Versorgungsbezügen hinsichtlich zukünftiger Tätigkeiten gewissen Restriktionen (§§ 42 BeamtStG, 69a BBG, 75b LBG; Rn 291). Die **Rechte** auf Einsicht in seine Personalakte (§§ 90c I BBG, 102c I LBG), auf ein Dienstzeugnis (§§ 92 S. 1 BBG, 104 II S. 1 LBG) sowie auf Fürsorge (§§ 46 BeamtStG, 79 S. 1 BBG, 85 S. 1 LBG) existieren weiter. Der Beamte darf seine frühere Amtsbezeichnung und im Zusammenhang mit dem Amt verliehene Titel allein mit Genehmigung weiterführen (§§ 34 S. 2 BBG, 37 S. 2 LBG). Bezüge für den laufenden Monat können belassen werden (§ 37 S. 3 LBG).

3.2 Eintritt in den Ruhestand

3.2.1 Dauernder Ruhestand

3.2.1.1 Voraussetzungen für den Eintritt in den dauernden Ruhestand

a) Eintritt in den Ruhestand kraft Gesetzes

Hier tritt die rechtsgestaltende Beendigung des Beamtenverhältnisses durch Gesetz ein (§ 30 II LBG). Deshalb bedarf es keines Verwaltungsaktes.[132]

287

Die Mitteilung über den Grund und den Zeitpunkt des Ruhestandsbeginns ist lediglich als Hinweis auf die Rechtslage und nicht als rechtsgestaltende Regelung anzusehen.[133]

---

130 Dazu Scheerbarth/Höffken/Bauschke/Schmidt, § 30 II 2a.
131 OVG Hamburg, NordÖR 00, 248.
132 Battis, § 41 BBG, Rn 3; Korn/Tadday, § 44 LBG, Anm 6.
133 Im Ergebnis auch Scheerbarth/Höffken/Bauschke/Schmidt, § 22 II 2b; von deklaratorischer Bedeutung sprechen Schütz/Maiwald, § 30 LBG, Rn 15, um dann widersprüchlich festzustellen, daß sie als feststellender Verwaltungsakt angegriffen werden könne.

10. Abschnitt: Die Beendigung des Beamtenverhältnisses

Der Personalrat oder die Gleichstellungsbeauftragte sind in diesem Fall nicht zu beteiligen. Die auszuhändigende Urkunde hat ausschließlich deklaratorische Relevanz (Rn 277). Ähnlich wie in dem in Rn 291 (1. Fall) geschilderten Sachverhalt kann im Konfliktfall eine verbindliche Feststellung der Behörde über den Zeitpunkt des Ruhestandes gewollt sein. Dann lägen die Voraussetzungen des § 35 S. 1 VwVfG vor. Ein solcher Streit könnte sich z.B. bei einem am ersten Kalendertag eines Monats geborenen Beamten ergeben. Dieser vollendet das 65. Lebensjahr mit Ablauf des letzten Tages des Vormonats. Er tritt mit dem Ende des Vormonats in den Ruhestand (§ 44 I S. 1, II S. 1 LBG)[134], ein am 1.2. geborener Beamter also mit Ablauf des 31.1.

Der Ruhestand kraft Gesetzes entsteht bei B.a.L. und B.a.Z.

– bei Erreichen der Altersgrenze (§§ 26 BeamtStG, 41 I S. 1 BBG, 44 I S. 1, II S. 1 LBG). Die Altersgrenze wird – anders als bisher in § 25 I S. 2 BRRG – nicht bundeseinheitlich vorgegeben. Vielmehr kann sie das jeweilige Landesrecht bestimmen. Weiterhin dürfen die Landesgesetzgeber festlegen, ob und unter welchen Voraussetzungen der Eintritt in den Ruhestand hinausgeschoben werden kann oder eine Versetzung in den Ruhestand vor Erreichen der Altersgrenze zulässig ist.

In NW ist das 65. Lebensjahr die allgemeine Altersgrenze. Gesetzliche Ausnahmen gibt es u.a. für Polizeivollzugsbeamte (62. Lebensjahr[135], § 192 I LBG), für andere Beamte mit besonderer Rechtsstellung (§§ 197 III S. 1, 198 I LBG; § 41a BBG) und für den hauptamtlichen Bürgermeister/Landrat (68. Lebensjahr, § 195 IV S. 1, X LBG). Selbst bei kommunalen Wahlbeamten auf Zeit ist somit nicht entscheidend, für welchen Zeitraum sie (noch) gewählt sind, sondern allein das Erreichen der Altersgrenze.

Der Zeitpunkt des Ruhestandsbeginns ist grundsätzlich das Ende des Monats, in dem das maßgebende Lebensjahr vollendet wird (§ 41 I S. 1 BBG; § 44 II S. 1 LBG: „erreichen"). Ein Lebensjahr wird vollendet mit Ablauf des dem Geburtstag vorangehenden Kalendertages[136], ein am 1.5. Geborener beispielsweise am 30.4. Auch insoweit existieren Ausnahmen (z.B. in § 202 III LBG für Professoren an Hochschulen [Ende des Semesters] oder aufgrund von § 44 I S. 2 LBG für Lehrer [Ende des Schulhalbjahres]).[137] Allerdings darf die Versetzung eines *beurlaubten* Lehrers nicht nach § 44 I S. 2 LBG bis zum Schuljahresende hinausgeschoben werden.[138],

---

134 BVerwG, ZBR 69, 21 (21 f.); Schütz/Maiwald, § 44 LBG, Rn 17.
135 Eine Heraufsetzung der Altersgrenze von 60 auf 62 Jahre ist verfassungsgemäß: OVG Koblenz, RiA 05, 310 (310 f.) = ZBR 06, 57.
136 Schütz/Maiwald, § 44 LBG, Rn 17.
137 Übersicht bei Korn/Tadday, § 44 LBG, Anm 2 f.
138 VG Darmstadt, NVwZ-RR 98, 55 (56).

3. Spezielle Voraussetzungen und Rechtsfolgen der einzelnen Beendigungstatbestände

- bei Ablauf der Amtszeit von B.a.Z. (§ 44 II S. 2, 1. Hs. LBG).

  Das gilt jedoch nicht bei Wiederernennung (§ 229 LBG) oder falls sie zu entlassen sind (§ 44 II S. 2, 2. Hs. LBG),

- nach der Mitgliedschaft in der Bundes- oder Landesregierung, sofern der Minister nicht als B.a.L. oder B.a.Z. weiterverwendet wird (§ 18 II BMinG, 15 II LMinG).

Wenn dringende dienstliche Gründe im Einzelfall die Fortführung der Dienstgeschäfte erfordern, kann die für die Versetzung in den Ruhestand zuständige Stelle mit Zustimmung der obersten Dienstbehörde und des Beamten den Eintritt in den Ruhestand für eine bestimmte Dauer, die jeweils ein Jahr und insgesamt drei Jahre nicht übersteigen darf, hinausschieben (§ 44 III S. 1 LBG; ähnlich § 41 III S. 1 BBG). Das dienstliche Interesse ist der Wunsch des Dienstherrn nach einer sachgemäßen und reibungslosen Aufgabenerfüllung; es beinhaltet also spezielle personalwirtschaftliche oder amtsbezogene Aspekte.[139] Darüber befindet er ohne Beurteilungsspielraum, so daß es gerichtlich voll überprüft werden darf.[140] Bei Wahlbeamten bedarf diese Entscheidung einer Zweidrittelmehrheit der gesetzlichen Mitgliederzahl des betreffenden Wahlgremiums (§ 44 III S. 2 LBG). Dies gilt jedoch lediglich für Beigeordnete und nicht für Bürgermeister/Landräte. Mit der Altersgrenze des § 195 IV S. 1, X LBG hat der Gesetzgeber eine abschließende Regelung getroffen, von der keine Ausnahmen gemacht werden dürfen. Dagegen spricht zudem, daß es beim urgewählten Bürgermeister/Landrat nicht das von § 44 III S. 2 LBG vorausgesetzte Wahl„gremium" in Form des Rates/Kreistages gibt.

Eine Spezialregelung trifft § 195 IV, X LBG für **hauptamtliche Bürgermeister/Landräte**. Danach treten sie in den **Ruhestand**

- mit Erreichen der Altersgrenze, wenn sie insgesamt eine ruhegehaltsfähige Dienstzeit von mindestens acht Jahren haben (§ 195 IV S. 2, 1. Hs. LBG),

- mit Ablauf der Amtszeit, wenn sie

- insgesamt eine mindestens ruhegehaltsfähige Dienstzeit von acht Jahren abgeleistet und das 45. Lebensjahr vollendet haben (§ 195 IV S. 3, 1. Hs. Nr. 1 LBG), oder

- eine ruhegehaltsfähige Dienstzeit (§ 6 BeamtVG) von 18 Jahren erreicht haben (§ 195 IV S. 3, 1. Hs. Nr. 2 LBG), oder

- als B.a.Z. eine Gesamtdienstzeit von acht Jahren aufweisen (§ 195 IV S. 3, 1. Hs. Nr. 3 LBG).

---

139 Aber auch entgegenstehende allgemeine Interessen, wie das Interesse der Allgemeinheit am Freiwerden von Stellen wegen hoher Arbeitslosigkeit. So Battis, § 41 BBG, Rn 4.
140 OVG Koblenz, DVBl 05, 330 (331) = RiA 05, 49 (50) = NVwZ-RR 05, 52 (53). Das Gericht ließ es allerdings offen, ob die Norm dem Beamten einen subjektiv-rechtlichen Anspruch gewährt.

10. Abschnitt: Die Beendigung des Beamtenverhältnisses

Liegt keine dieser Voraussetzungen vor, treten hauptamtliche Bürgermeister/Landräte nicht in den Ruhestand, sondern sind zu entlassen (§ 195 IV S. 2, 2. Hs., S. 3, 2. Hs., X LBG). Die Entlassung führt dazu, daß sie in der gesetzlichen Rentenversicherung nachzuversichern sind. Die relativ engen normativen Voraussetzungen des § 195 IV LBG für den Eintritt in den Ruhestand mit der damit verbundenen Konsequenz, allein dann Ansprüche auf Versorgungsbezüge zu erwerben, haben in NW bewirkt, daß ganz überwiegend Personen mit entsprechenden ruhegehaltsfähigen Vordienstzeiten hauptamtlicher Bürgermeister geworden sind. Ob es rechtspolitisch sinnvoll ist, hierdurch ein Beamtenmonopol zu schaffen und weite Bevölkerungsgruppen ohne ruhegehaltsfähige Vordienstzeiten faktisch von der Übernahme eines Bürgermeisteramtes wegen des hohen Versorgungsrisikos auszuschließen, muß stark bezweifelt werden. Erschwerend kommt hinzu, daß selbst eine vollständige Wahlperiode als Bürgermeister von fünf Jahren (§ 65 I S. 1 GO) nicht ausreicht, damit er die Voraussetzungen des § 195 IV LBG erfüllt. Anders wäre es, wenn anrechenbare ruhegehaltsfähige Dienstzeiten (§§ 6 ff. BeamtVG) vorlägen. Was dazu alles zählt, wird in Rn 369 ff. dargestellt. Zu beachten ist dabei, daß durch die Anerkennung lediglich förderlicher Zeiten (§ 66 IX S. 1 BeamtVG) nicht überhaupt erst die Voraussetzungen für einen Eintritt in den Ruhestand geschaffen werden dürfen.[141] § 195 IV S. 3, 1. Hs. Nr. 1 LBG fordere eine „Ableistung" der Dienstzeit; eine als ruhegehaltsfähig „berücksichtigte" Dienstzeit (§ 66 IX S. 1 BeamtVG) stelle keine verlangte tatsächliche Diensterbringung dar.

Beim Bürgermeister/Landrat nimmt die Aufsichtsbehörde die Aufgaben der für die Ernennung zuständigen Stelle bei der Entlassung (§ 36 LBG) und der Versetzung in den Ruhestand (§ 50 LBG) wahr, soweit gesetzlich nichts anderes bestimmt ist (§ 195 VI S. 1, X LBG). Der Grund hierfür ist, daß es beim urgewählten hauptamtlichen Bürgermeister/Landrat keiner Ernennung bedarf (§ 195 III S. 1, X LBG) und es deshalb keine für die Ernennung zuständige Behörde gibt.

Eine **weitere Spezialregelung** gibt es **für die übrigen (kommunalen Wahl-) Beamten auf Zeit**. Nach ihrer Amtszeit treten sie in den Ruhestand, sofern sie insgesamt eine ruhegehaltsfähige Dienstzeit von mindestens zehn Jahren (§§ 6 ff., 66 IX BeamtVG; Rn 369 ff.) haben; sonst sind sie entlassen (§§ 196 III S. 2, 44 II S. 2 LBG). Diese Mindestzeiten müssen vorliegen; sie können nicht dadurch umgangen werden, daß man z.B. die Antragsaltersgrenze nutzt, um in den Ruhestand versetzt zu werden.

Literatur: König, Das Verbot der Altersdiskriminierung – ein Diskriminierungsverbot zweiter Klasse?, in Gaitanides/Kadelbach/Iglesias, Europa und seine Verfassung, FS für Manfred Zuleeg, 2005, 341; Nussberger, Altersgrenzen als Problem des Verfassungsrechts, JZ 02, 524; Püttner, Altersgrenzen im Beamtenrecht, DVBl 97, 259.

---

141 OVG Münster, Urt. v. 24.2.06, 1 A 3122/04, Urteilsumdruck S. 14.

3. Spezielle Voraussetzungen und Rechtsfolgen der einzelnen Beendigungstatbestände

b) Eintritt in den Ruhestand durch einseitigen gebundenen Verwaltungsakt

Hier wird das Beamtenverhältnis durch rechtsgestaltenden Verwaltungsakt beendet. Um die Anforderungen an eine Zurruhesetzungsverfügung zu prüfen, sollte man vom Grundraster in Rn 277 ff. ausgehen.

288

Diese Art der Zurruhesetzung ist bei B.a.L. oder B.a.Z. vorgesehen, wenn sie dienstunfähig werden.

Das Beamtenrecht kennt **drei Fälle von Dienstunfähigkeit**, die nachgewiesene (§§ 27 I S. 1 BeamtStG, 45 I S. 1 LBG, 42 I S. 1 BBG), die fingierte (§§ 27 I S. 2 BeamtStG, 45 I S. 2 LBG, 42 I S. 2 BBG) und die besondere für bestimmte landesrechtlich festgelegte Beamtengruppen (§§ 27 I S. 4 BeamtStG, 45 I S. 4 LBG, 42 II BBG; z.B. § 194 I LBG [Polizeidienstunfähigkeit]).

Die Voraussetzungen der **nachgewiesenen Dienstunfähigkeit** sind in § 45 I S. 1 LBG (§ 27 I S. 1 BeamtStG) legaldefiniert. Dafür muß man wegen des körperlichen Zustands oder aus gesundheitlichen Gründen zur Erfüllung der Dienstpflichten dauernd unfähig (dienstunfähig) sein. Dies kann sowohl auf körperlichen Gebrechen (z.B. Körperbehinderung, Verlust von Gliedmaßen) als auch auf Schwäche der körperlichen (z.B. Schwerhörigkeit) oder der geistigen Kräfte beruhen (z.B. Geisteskrankheit oder psychisch bedingte Leistungsminderung).

Der Beamte ist **dauernd** unfähig, seine dienstlichen Pflichten zu erfüllen, wenn der Dienstherr aufgrund der vorliegenden Erkenntnisse die Überzeugung gewinnen durfte, daß der Beamte in absehbarer Zeit (nicht lebenslänglich[142]) nicht im Stande sein wird, seine Aufgaben wahrzunehmen. Bei einer AIDS-Infektion kommt eine Versetzung in den Ruhestand deshalb grundsätzlich erst dann in Betracht, wenn die Krankheit ausgebrochen ist. Anders kann es bei Tätigkeiten mit einem erhöhten Ansteckungsrisiko weiterer Personen, wie z.B. bei einem beamteten Arzt, sein.[143]

Der **unbestimmte Rechtsbegriff „Dienstunfähigkeit"** wird mit Hilfe von **zwei Beurteilungselementen** ausgefüllt. Anhand eines (amts-)ärztlichen Gutachtens über den Gesundheitszustand trifft der Dienstherr die amtsbezogene Entscheidung, ob der Beamte nicht mehr in der Lage ist, die Dienstpflichten aus seinem abstrakt-funktionellen Amt[144] zu erfüllen.[145] Ein amtsärztliches Gutachten ist eine (regelmäßig schriftliche) Stellungnahme des Amtsarztes zur Dienst(un)fähigkeit. Er muß dabei nicht nur das Ergebnis, sondern gleichfalls die tragenden Feststellungen und Gründe mitteilen.[146] Das Gutachten muß hinreichend aktuell sein. Aus

---

142 Schütz/Maiwald, § 45 LBG, Rn 33.
143 Müssig/Pohl, RiA 92, 53 (54).
144 BVerwGE 122, 53 (55) = NVwZ 05, 458 (459); OVG Münster, ZBR 05, 101 (102) = DÖD 04, 166 (167) = OVGE 49, 222 (225).
145 BVerwG, NVwZ 91, 476 = ZBR 90, 352; Battis, § 42 BBG, Rn 4; zum Amtsbegriff s. Rn 48.
146 OVG Greifswald, LKV 03, 382 = DÖD 04, 137 (138) = ZBR 04, 327 (328).

einem einmal erstellten Gutachten, das bestimmte Therapiemaßnahmen vorschlug, darf zudem nicht gefolgert werden, man dürfe nach Fehlschlagen der Therapie ohne weiteres Gutachten von einer dauernden Dienstunfähigkeit ausgehen. Von den medizinischen Feststellungen des Gutachtens wird der Dienstherr nicht abweichen können, es sei denn, die Expertise ist selbst für Laien fehlerhaft oder widersprüchlich. Prüfungsmaßstab für die Dienstunfähigkeit eines Beamten ist das innegehabte abstrakt-funktionelle Amt ohne Beschränkung auf einen bestimmten Dienstposten. Ferner darf keine anderweitige Verwendung möglich sein (§ 27 I S. 3 BeamtStG). So kann z.B. ein körperlich leistungsfähiger Lehrer nicht schon dann als dienstunfähig anzusehen sein, wenn er aufgrund einer Erkrankung des Kehlkopfes die Sprechfähigkeit verliert. In diesem Fall kann er immer noch adäquat in der Schul- oder Ministerialverwaltung eingesetzt werden.

Bei der Entscheidung, ob Dienstunfähigkeit vorliegt, existiert keine Beurteilungsermächtigung des Dienstherrn.[147]

Im Zweifel ist der Beamte in allen drei Fällen der Dienstunfähigkeit **verpflichtet, sich ärztlich untersuchen** und ggf. beobachten **zu lassen** (§§ 45 I S. 3 LBG, 42 I S. 3 BBG). Eine entsprechende Aufforderung ist ein Verwaltungsakt.[148] Um sie anzuordnen, reichen Umstände aus, aus denen sich Zweifel an der Dienstfähigkeit oder Dienstunfähigkeit des Beamten ergeben.[149] Bedenken hinsichtlich der Dienstfähigkeit setzen nicht voraus, daß er längere Zeit krankheitsbedingt gefehlt hat.[150] Es genügt, wenn der Dienstherr aufgrund nachteiliger Auswirkungen des schlechten Gesundheitszustands auf den Dienstbetrieb den Eindruck gewinnen muß, daß der Beamte den Dienstpflichten seines konkreten Amts nicht mehr gewachsen ist.[151] Lediglich für die Anordnung psychiatrischer Untersuchungen gelten strengere Anforderungen.[152] Sollte es keine hinreichend deutlichen Anhaltspunkte für das Vorliegen einer im psychischen Bereich liegenden Erkrankung geben, verstößt eine solche Anordnung gegen den Grundsatz der Verhältnismäßigkeit.[153] Zur Anordnung einer ärztlichen Untersuchung auf Dienstunfähigkeit ist prinzipiell jedenfalls auch die oberste Dienstbehörde zuständig.[154] Dabei darf ein Dienstvorgesetzter, der ebenfalls Leiter der obersten Dienstbehörde ist, seine Aufgaben durch damit

---

147 BVerwGE 16, 285 (287); Loebel, RiA 99, 19 (20); a.A. Battis, § 42 BBG, Rn 4 m.w.N. zum Streitstand.
148 OVG Lüneburg, NVwZ 90, 1194 (1195) = DVBl 90, 882 (883 f.) = ZBR 91, 154 (154 f.); VGH Mannheim, NVwZ-RR 06, 200 = DÖD 05, 274; OVG Berlin, NVwZ-RR 02, 762 = DÖD 02, 175; Battis, § 42 BBG, Rn 7.
149 VG Düsseldorf, NVwZ-RR 02, 449.
150 OVG Münster, ZBR 86, 122; VG Düsseldorf, NVwZ-RR 02, 449 (450).
151 VG Düsseldorf, NVwZ-RR 02, 449 (450).
152 VGH Mannheim, NVwZ-RR 06, 200 (201) = DÖD 05, 274 (275); VG Düsseldorf, NVwZ-RR 02, 449 (450): wenn gewichtige Gründe für eine im geistigen, nervlichen oder seelischen Bereich liegende Dienstunfähigkeit sprechen bzw. deutliche Anhaltspunkte hierfür vorliegen.
153 VGH Mannheim, NVwZ-RR 06, 200 (201) = DÖD 05, 274 (275).
154 BVerwG, ZBR 95, 343 (344) = NVwZ-RR 96, 216.

3. Spezielle Voraussetzungen und Rechtsfolgen der einzelnen Beendigungstatbestände

beauftragte Beschäftigte seiner Behörde wahrnehmen lassen.[155] Aus der dienstrechtlichen Treuepflicht folgt, daß der Beamte verpflichtet ist, an der Klärung seines Gesundheitszustands mitzuwirken. Dazu gehört auch, die ihn behandelnden Ärzte von der Schweigepflicht zu entbinden.[156] Verhindert der Beamte durch seine ungerechtfertigte schuldhafte Weigerung die abschließende Klärung seiner Dienstunfähigkeit, darf der Dienstherr bei seiner Entscheidung über die Versetzung in den Ruhestand daraus die für den Beamten ungünstigen Schlüsse ziehen. Andernfalls hätte es der Beamte in der Hand, entgegen seiner gesetzlichen Verpflichtungen bereits die für die Vorbereitung der Feststellung seiner Dienstunfähigkeit zweckmäßige ärztliche Untersuchung erheblich zu erschweren oder zu vereiteln. Hierzu zählt auch die Weigerung, behandelnde Ärzte von der Schweigepflicht zu entbinden, wenn der Amtsarzt deswegen kein Gutachten erstellen kann. Der Beamte, der sich ohne hinreichenden Grund seiner Verpflichtung, sich ärztlich untersuchen oder beobachten zu lassen, entzieht, kann so behandelt werden, als wenn seine Dienstunfähigkeit amtsärztlich festgestellt worden wäre.[157] Das gilt selbst dann, wenn dies – wie in NW – anders als in anderen Bundesländern nicht ausdrücklich gesetzlich bestimmt ist. Von der Rechtsprechung ist eine solche Fallgestaltung bislang noch nicht entschieden worden. Die Gerichte haben sich jedoch zur umgekehrten Variante geäußert und aus der Weigerung, sich amtsärztlich untersuchen zu lassen, die Dienstfähigkeit gefolgert.[158] Man wird diese Rechtsprechung zwanglos ebenfalls hier anwenden können. Insbesondere ist die Weigerung, sich amtsärztlich untersuchen zu lassen, in Anwendung des Rechtsgedankens des § 444 ZPO ein erhebliches Indiz für die Dienstunfähigkeit.

Vermutete Dienstunfähigkeit besteht, wenn der Beamte wegen Erkrankung innerhalb der letzten sechs Monate mehr als drei Monate keinen Dienst geleistet hat und wegen eines ärztlichen Gutachtens keine Aussicht besteht, daß er innerhalb weiterer sechs Monate wieder voll dienstfähig wird (§§ 45 I S. 2 LBG, 42 I S. 2 BBG). Dies dient der Beweiserleichterung. Die Dienstunterbrechung muß nicht zeitlich zusammenhängend aufgetreten sein.[159] Vielmehr genüge es, wenn sich diverse kleinere Unterbrechungen innerhalb von sechs Monaten zu einem Zeitraum von drei Monaten und einem Tag summieren. Hier ist der Dienstherr zwar frei, einen Sechsmonatszeitraum zu wählen. Hingegen muß er die einmal konstatierte Überschreitung des Dreimonatszeitraums unverzüglich nutzen, den Beamten ärztlich untersuchen zu lassen, ob er innerhalb weiterer sechs Monate wieder voll dienstfähig wird. Dabei gebietet die Fürsorgepflicht zum Schutz des Beamten sowie die Pflicht zur Aufrechterhaltung des

---

155 BVerwG, ZBR 95, 343 (344) = NVwZ-RR 96, 216.
156 OVG Bautzen, ZBR 06, 174 (175).
157 Schütz/Maiwald, § 45 LBG, Rn. 49.
158 BVerwGE 111, 246 (249) = ZBR 00, 384 (385) = DÖD 01, 33 (34); ZBR 98, 203 = NVwZ-RR 98, 574; 76, 142 (143); OVG Münster, NWVBl 04, 62 = DÖD 03, 266 (267); OVG Lüneburg, NVwZ–RR 04, 432 (433) = NdsVBl 04, 24 (26) = RiA 04, 254 (258).
159 Schütz/Maiwald, § 45 LBG, Rn. 46.

Dienstbetriebs ein Tätigwerden ohne schuldhaftes Zögern. Die Feststellung der Dienstunfähigkeit liegt im Ermessen („kann"[160]).

Um sich hohe Kosten für die Versorgung zu ersparen, muß vor jeder Versetzung in den Ruhestand wegen Dienstunfähigkeit zunächst geprüft werden, ob keine andere Verwendung möglich ist. §§ 27 I S. 3 BeamtStG, 45 III LBG, 42 III BBG gehen von diesem Grundsatz der **„Rehabilitation und Weiterverwendung vor Versorgung"** aus. Von der Versetzung des Beamten in den Ruhestand wegen Dienstunfähigkeit soll abgesehen werden, wenn ihm ein anderes Amt derselben oder einer anderen Laufbahn übertragen werden kann (§§ 27 II S. 1 BeamtStG, 45 III S. 1 LBG, 42 III S. 1 BBG). Dies ist sogar ohne Zustimmung des Beamten zulässig, wenn das neue Amt zum Bereich desselben Dienstherrn gehört, es mindestens mit demselben Grundgehalt verbunden ist wie das bisherige Amt und zu erwarten ist, daß die gesundheitlichen Anforderungen des neuen Amts erfüllt werden (§§ 27 II S. 2 BeamtStG, 45 III S. 2 LBG, 42 III S. 2 BBG). Gleichzeitig werden **Umschulungspflichten** begründet. Hat der Beamte keine Befähigung für die andere Laufbahn, muß er an Qualifizierungsmaßnahmen für ihren Erwerb teilnehmen (§ 27 II S. 3 BeamtStG; §§ 45 III S. 3, 194 III S. 2, 3 LBG, 12 VI S. 1 LVO; §§ 42 III S. 3 BBG, 6 III BLV; Rn 279). Ihm kann zur Vermeidung seiner Versetzung in den Ruhestand unter Beibehaltung des übertragenen Amts **ohne seine Zustimmung auch** eine **geringerwertige Tätigkeit** im Bereich desselben Dienstherrn übertragen werden. Dann darf keine andere Verwendung möglich und dem Beamten muß die neue Aufgabe unter Berücksichtigung seiner bisherigen Tätigkeit zumutbar sein (§§ 27 III BeamtStG, 45 III S. 4 LBG, 42 III S. 4 BBG). Dies setzt jedoch ebenfalls voraus, daß die Dienstunfähigkeit des Beamten zuvor in einem förmlichen Verfahren (§§ 47 LBG, 44 BBG) festgestellt worden ist.[161] Keinesfalls dürfe die Möglichkeit der §§ 45 III S. 4 LBG, 42 III S. 4 BBG dazu genutzt werden, schuldhafte Verhaltensweisen des Beamten zu ahnden noch verfehlte Personalentscheidungen, die nicht auf dauernder Dienstunfähigkeit beruhen, zu korrigieren. Wie das förmliche Verfahren abzulaufen hat, wird nunmehr dargestellt:

Wenn der als dienstunfähig angesehene Beamte seine Zurruhesetzung nicht beantragt (§§ 45 II LBG, 43 BBG), ist ein **Zwangspensionierungsverfahren** (§§ 47 LBG, 44 BBG) einzuleiten. Dieses hat eine besondere Schutzfunktion für ihn, damit die Unabhängigkeit und Neutralität des Beamtentums gesichert werden.[162] Der Beamte soll vor einer voreiligen oder gar überstürzten Zurruhesetzung wegen Dienstunfähigkeit geschützt werden. Grundlage, die Dienstunfähigkeit zu beurteilen, können in diesem Verfahren ausschließlich zwei Gutachten sein: ein amtsärztliches sowie zusätzlich ein solches durch einen als Gutachter beauftragten Arzt (§§ 47 I S. 1, 45 II S. 2 LBG: „und"). Diese Neuregelung ist rechtspolitisch abzu-

---

160 Battis, § 42 BBG, Rn 6.
161 VGH Mannheim, IÖD 02, 122 (123).
162 Battis, § 44 BBG, Rn 1; VGH Mannheim, DÖD 94, 208 (209).

3. Spezielle Voraussetzungen und Rechtsfolgen der einzelnen Beendigungstatbestände

lehnen, weil sie verwaltungsaufwendig und kostenträchtig ist sowie wahrscheinlich wenig dazu beitragen wird, unbegründete, aber vom Dienstherrn und Beamten gewollte Pensionierungen wegen Dienstunfähigkeit zu verhindern. Allerdings soll das nähere Verfahren zur Ausführung von § 45 II S. 2 LBG das IM im Einvernehmen mit dem FM und dem Ministerium für Arbeit, Gesundheit und Soziales regeln (§ 45 II S. 3 LBG). Dies ist jedoch bisher unterblieben. Bis zum Inkrafttreten einer solchen Regelung sind deshalb Zurruhesetzungsverfahren weiterhin unter alleiniger Beteiligung des Amtsarztes durchzuführen (Art. 7, § 2 des 10. Dienstrechtsänderungsgesetzes).

Anders ist es beim Bund nach der zum 1.1.2002 erfolgten Gesetzesänderung. In § 44 I, 1. Hs. BBG wurde das Wort „amtsärztlich" durch „ärztlich (§ 46a)" ersetzt. Der Dienstvorgesetzte kann in den Fällen der §§ 42 bis 46 BBG nunmehr die ärztliche Untersuchung nicht nur einem Amtsarzt, sondern auch einem als Gutachter beauftragten Arzt übertragen (§ 46a I S. 1 BBG: „oder"). Die oberste Dienstbehörde bestimmt, welche Ärzte als Gutachter beauftragt werden können; diese Befugnis kann sie delegieren (§ 46a I S. 2 BBG).

Das Zwangspensionierungsverfahren läuft in folgenden **Stadien**[163] ab:

aa) Mitteilung

Hält der Dienstvorgesetzte, nachdem er ärztliche Gutachten (im Bund reicht ein Gutachten, in NW müssen es zwei sein) eingeholt hat, einen Beamten für dienstunfähig, teilt er dem Beamten oder seinem Vertreter unter Angabe von Gründen mit, daß seine Versetzung in den Ruhestand beabsichtigt sei (§§ 47 I S. 1 LBG, 44 I BBG). Die schriftliche Mitteilung ist zuzustellen (§ 181 LBG). Der Dienstvorgesetzte muß angeben, aus welchen Gründen er Dienstunfähigkeit annimmt und auf die Möglichkeit, Einwendungen zu erheben (§§ 47 I S. 2 LBG, 44 II S. 1 BBG), hinweisen[164]. Die Mitteilung enthält als unselbständiger Teil eines Zwangspensionierungsverfahrens keine Regelung und ist als vorbereitende Maßnahme mangels unmittelbarer Rechtswirkung nach außen kein Verwaltungsakt.[165] Wird sie unterlassen, kann man dies nicht heilen.[166] Die Mitteilung ist fehlerhaft, wenn sie ohne die vorgeschriebene vorherige Einholung des ärztlichen Gutachtens (bzw. der ärztlichen Gutachten) ergangen ist. Ein solcher Verfahrensmangel allein führt nunmehr zur Auf-

---

163 Durch das 10. Dienstrechtsänderungsgesetz v. 17.12.03 wurde in NW der Ablauf des Zwangspensionierungsverfahrens mit Wirkung vom 1.1.04 erheblich geändert und vereinfacht. Laufende Verfahren auf der Grundlage von § 47 III LBG der bisherigen Fassung sind nach altem Recht zu Ende zu führen (Art. 7, § 3 des 10. Dienstrechtsänderungsgesetzes); das damalige Verfahren wird in Rn 288 der 5. Aufl. geschildert.
164 BVerwG, ZBR 68, 78 (79 f.).
165 BVerwG, NVwZ 91, 477 = DVBl 90, 1232 (1233); Battis, § 44 BBG, Rn 5.
166 BVerwG, DÖV 61, 145 (147).

hebung der Verfügung über die Versetzung in den Ruhestand, weil sich im Gegensatz zum früheren Recht kein spezielles Ermittlungs- und Erörterungsverfahren mehr anschließt.

bb) **Einwendungsmöglichkeit**

Der Beamte (oder sein Vertreter) kann innerhalb eines Monats Einwendungen vortragen (§§ 47 I S. 2 LBG, 44 II S. 1 BBG), wobei auch verspätete Einwendungen wegen der Fürsorgepflicht zu beachten sind.[167] Als Einwendungen kommen lediglich solche in Betracht, die sich auf den für die Annahme der Dienstunfähigkeit und die daraus folgende Versetzung in den Ruhestand maßgeblichen Sachverhalt beziehen.[168]

cc) **Entscheidung**

Die Entscheidung über die Zurruhesetzung trifft die nach § 50 I LBG (§ 47 I BBG) zuständige Stelle (§§ 47 II S. 1 LBG, 44 II S. 2 BBG). Im Bund erfolgt die Versetzung in den Ruhestand zudem im Einvernehmen mit der obersten Dienstbehörde (§ 44 II S. 3 BBG). Wird die Dienstfähigkeit festgestellt, ist das Zurruhesetzungsverfahren einzustellen (§ 47 II S. 2 LBG). Wird die Dienstunfähigkeit festgestellt, muß der Beamte mit dem Ende des Monats, in dem ihm oder seinem Vertreter die Verfügung zugestellt worden ist, in den Ruhestand versetzt werden (§§ 47 II S. 3 LBG, 47 II BBG). Diese Verfügung ist ein Verwaltungsakt. Seine Bekanntgabe an einen Geschäfts- und Handlungsunfähigen kann dadurch wirksam werden, daß der Empfänger im Zeitpunkt der Wiedererlangung der Geschäfts- und Handlungsfähigkeit von dem maßgeblichen Verwaltungsakt Kenntnis hat oder erhält.[169] Wer daraus Rechte herleitet, daß ein Verwaltungsakt dem Empfänger wegen Geschäfts- und Handlungsfähigkeit nicht wirksam bekanntgegeben worden sei, trägt im übrigen hierfür die materielle Beweislast.[170]

Die Sachbehandlung und -entscheidung haben zeitnah zu erfolgen. Andernfalls drohen Schadenersatzansprüche seitens des Beamten, wenn – beispielsweise wegen bekannter Änderungen im Versorgungsrecht und zu beachtender Stichtagsregelungen – durch Zeitablauf absehbare Nachteile entstehen, die bei einer fürsorglichen raschen Verfahrensweise vermeidbar gewesen wären.[171]

dd) **Rechtsmittel**

In dem gegen die Zurruhesetzungsentscheidung möglichen Rechtsbehelfsverfahren werden alle Verfahrensstufen des Zwangspensionierungsverfahrens überprüft. Bei rechtskräftiger Aufhebung der Zurruhesetzungsverfügung kann der Dienstherr von der beanstandeten Verfahrensstufe

---

167 BVerwGE 47, 1 (3); DÖD 73, 135 (136).
168 BVerwG, NVwZ 91, 476 (477) = ZBR 90, 352; VGH Mannheim, DÖD 93, 87 (88).
169 BVerwG, ZBR 94, 251 = NJW 94, 2633 (2634).
170 BVerwG, ZBR 94, 251 = NJW 94, 2633 (2634).
171 OVG Koblenz, RiA 05, 258 = DÖD 05, 282.

3. Spezielle Voraussetzungen und Rechtsfolgen der einzelnen Beendigungstatbestände

an ein neues Verfahren beginnen.[172] Die Rechtmäßigkeit beurteilt sich danach, ob die zuständige Behörde im Zeitpunkt der letzten Verwaltungsentscheidung nach den ihr zur Verfügung stehenden Erkenntnissen annehmen durfte, daß der Betroffene dauernd dienstunfähig ist. Danach eingetretene wesentliche Veränderungen sind nicht zu berücksichtigen.[173]

Legt der Beamte Rechtsmittel ein, ist ihm ggf. die Führung der Dienstgeschäfte zu verbieten (§§ 40 BeamtStG, 63 LBG, 60 BBG). Die Voraussetzungen werden in Rn 238 geschildert. Aus der Fürsorgepflicht des Dienstherrn kann sich sogar die Notwendigkeit ergeben, einen arbeitswilligen Beamten vor sich selbst zu schützen und das Verbot auszusprechen, wenn die weitere Dienstausübung seinen Gesundheitszustand verschlechtern kann. Ein „zwingender dienstlicher Grund" (§§ 40 S. 1 BeamtStG, 63 I S. 1 LBG, 60 I S. 1 BBG) kann auch darin zu sehen sein, wenn das körperliche Gebrechen oder die Schwäche der körperlichen oder geistigen Kräfte eine Beeinträchtigung des Dienstbetriebs ernsthaft befürchten lassen.[174]

Behält der Beamte nach der Zurruhesetzungsentscheidung wegen des eingelegten Rechtsmittels seinen Anspruch auf Besoldung, so werden mit dem Ende des Monats, in dem ihm oder seinem Vertreter die Verfügung zugestellt worden ist, die Dienstbezüge einbehalten, die das Ruhegehalt übersteigen (§§ 47 III S. 1 LBG, 44 II S. 4 BBG). Hat die Zurruhesetzungsentscheidung rechtlich keinen Bestand, sind die einbehaltenen Beträge nachzuzahlen (§ 47 III S. 2 LBG). Erledigt sich das Zurruhesetzungsverfahren wegen Erreichens der Altersgrenze, sind die einbehaltenen Bezüge nicht nachzuzahlen, wenn die vorherige Dienstunfähigkeit festgestellt worden ist.[175]

Der B.a.P. muß in den Ruhestand versetzt werden, wenn er infolge Krankheit, Verwundung oder sonstiger Beschädigung, die er sich ohne grobes Verschulden bei Ausübung oder aus Veranlassung des Dienstes zugezogen hat, dienstunfähig geworden ist (§§ 29 I BeamtStG, 49 I LBG, 46 I BBG). Insoweit hat der Beamte einen Anspruch („muß"). Eine anderweitige Verwendung oder die begrenzte Dienstfähigkeit kommen hier nicht in Betracht, da die Normen von einer dauernden Dienstunfähigkeit ausgehen.

Ein solcher Anspruch besteht beispielsweise bei Eintritt der Dienstunfähigkeit infolge eines Dienstunfalls (§ 31 BeamtVG).[176] Für das Verfahren gelten die vorstehenden Ausführungen entsprechend (§§ 49 III LBG, 46 III BBG).

---

172 BVerwGE 19, 216 (223); 47, 1 (4).
173 BVerwGE 105, 267 (269) = ZBR 98, 176 (177) = DÖV 98, 208 (209) = NVwZ-RR 98, 572; Battis, § 45 Rn 11.
174 OVG Lüneburg, ZBR 90, 160 (161).
175 BVerwGE 105, 263 (264 ff.) = NVwZ-RR 98, 573 (573 f.).
176 BVerwGE 17, 59 (61 ff.).

10. Abschnitt: Die Beendigung des Beamtenverhältnisses

Fall: Nach Presseberichten strebt die Deutsche Telekom AG an, ihren übernommenen Altbestand an aktiven Beamten der Deutschen Bundespost Telekom, für den weiter das Beamtenrecht des Bundes gilt (Art. 143b III S. 1 GG), erheblich zu reduzieren. Hiervon hört auch Fernmeldehauptsekretärin Moni B aus M. In den praktischen Dingen des Lebens gewitzt, sieht sie für sich die große Chance, bereits mit 45 Jahren in den Ruhestand versetzt zu werden. Obwohl nicht krank, schafft sie es, daß ein Psychiater sie dienstunfähig krank schreibt. In regelmäßigen Abständen reicht sie ein entsprechendes Attest ein. Über einen Zeitraum von zwei Jahren, ohne daß B einen einzigen Tag zum Dienst erschienen ist, erfolgt keine Reaktion des Dienstherrn. B ist mit ihrer Situation sehr zufrieden, erhält sie doch 100% Gehalt für Null Leistung und steigert noch ihre ruhegehaltsfähige Dienstzeit. Ihre Bekannten sprechen teils empört, teils neidisch, teil amüsiert, teils bewundernd davon, man müsse auch „mal' einen auf Moni machen". Mitte 2000 hört B davon, daß zum Jahreswechsel das Versorgungsrecht geändert und ein erheblicher Versorgungsabschlag bei Dienstunfähigkeit eingeführt werden soll. B schreibt ihrem Dienstherrn und fragt, wann sie endlich in den Ruhestand versetzt werde. Der schickt sie daraufhin zum Vertrauensarzt der Telekom und pünktlich zum 30.12.2000 erhält Moni B ihre Zurruhesetzungsverfügung.

Was ist in diesem Fall beamtenrechtlich falsch gelaufen?

Zunächst hätte der Dienstherr von B, die Deutsche Telekom AG (Art. 143b III S. 2 GG), nicht über zwei Jahre lang untätig bleiben dürfen. Wegen der regelmäßigen Krankmeldungen hätte er bereits nach kürzerer Zeit Zweifel über die Dienstfähigkeit der B haben müssen. Der Dienstherr wäre dann verpflichtet gewesen, B anzuweisen, einen Arzt (am besten einen Amtsarzt) aufzusuchen, um sich untersuchen zu lassen (§ 42 I S. 3 BBG). Dabei wäre, ggf. nach einem Arbeitsversuch, festgestellt worden, ob die tatbestandlichen Voraussetzungen des § 42 I S. 1 BBG (nachgewiesene Dienstunfähigkeit) vorliegen. Anhand dieses (amts)ärztlichen Gutachtens über den Gesundheitszustand hätte der Dienstherr eine amtsbezogene Entscheidung ohne Beurteilungsspielraum treffen müssen, ob B nicht mehr in der Lage ist, die Dienstpflichten aus ihrem abstrakt-funktionellen Amt zu erfüllen.

Spätestens nach Ablauf von mehr als drei Monaten, in denen B keinen Dienst leistete, hätte der Dienstherr ebenfalls durch einen Arzt prüfen lassen müssen, ob keine Aussicht besteht, daß B innerhalb weiterer sechs Monate wieder voll dienstfähig wird (§ 42 I S. 2 BBG; vermutete Dienstunfähigkeit).

Sollte der Arzt zum Resultat kommen, daß B dienstfähig ist, hätte sie ihren Dienst wieder aufnehmen müssen. B wäre schuldhaft dem Dienst ferngeblieben, wenn sie trotz *amts*ärztlicher Untersuchung, die ihre Dienstfähigkeit zum Ergebnis hat, durch Vorlage privatärztlicher Bescheinigungen ihre krankheitsbedingte Dienstunfähigkeit nachzuweisen versucht hätte.[177]

Sollte der Arzt die Dienstunfähigkeit feststellen, hätte der Dienstherr zunächst prüfen müssen, ob er von der Versetzung in den Ruhestand hätte absehen sollen (§ 42 III BBG). Um sich hohe Kosten für die Versorgung zu ersparen, muß vor jeder Versetzung in den Ruhestand wegen Dienstunfähigkeit zunächst geprüft werden, ob keine andere Verwendung möglich ist. § 42 III BBG geht von diesem Grundsatz der „Rehabilitation und Weiterverwendung vor Versorgung" aus. Erst dann, wenn B kein anderes Amt derselben oder einer verwandten Laufbahn (ggf. mit Umschulungsmaßnahmen) und selbst keine geringerwertige Tätigkeit hätte übertragen werden können (§ 42 III S. 4 BBG), wäre rechtlich für den Dienstherrn der Weg, ein Zwangspensionierungsverfahren einzuleiten, eröffnet gewesen. Das Institut der begrenzten Dienstfähigkeit (§ 42a BBG), von dem grundsätzlich ebenfalls zunächst Gebrauch zu machen ist, kommt im konkreten Fall im Jahr 2000 aufgrund der damaligen Gesetzeslage wegen des geringen Alters der B (45 statt 50) nicht zum Tragen. Mittlerweile ist diese Altersgrenze richtigerweise ersatzlos entfallen.

Das Zwangspensionierungsverfahren hätte wie oben geschildert ablaufen müssen. Fehlerhaft war dabei, daß B nicht zu einem Amtsarzt, sondern zum Vertrauensarzt der Telekom geschickt wurde. Grundlage, die Dienstunfähigkeit zu beurteilen, kann in diesem Verfahren nur ein *amtsärztliches* Gutachten (§ 44 I, 1. Alt. BBG) sein (anders mittlerweile ab dem 1.1.2002: §§ 44 I, 46a I BBG gestatten nunmehr die Beurteilung durch einen Amtsarzt „oder" einen als Gutachter

---

[177] BVerwG, NVwZ-RR 03, 289 (290) = ZBR 03, 174 (175) = RiA 03, 135 (137) = DÖD 03, 105 (107); OVG Koblenz, NJW 90, 788 (789); VGH München, NVwZ-RR 02, 764 (765) = IÖD 02, 92 (93); Schütz/Maiwald, § 45 LBG, Rn 48.

3. Spezielle Voraussetzungen und Rechtsfolgen der einzelnen Beendigungstatbestände

beauftragten Arzt). Schließlich hätte die Versetzung in den Ruhestand wegen Dienstunfähigkeit im Einvernehmen mit der obersten Dienstbehörde erfolgen müssen (§ 44 II S. 3 BBG). Dies gilt entsprechend, wenn das B.a.L. wegen Dienstunfähigkeit nicht durch Versetzung in den Ruhestand sondern durch Entlassung beendet wird (§ 35 S. 2, 1. Hs. BBG), weil die Voraussetzungen des § 4 I BeamtVG nicht erfüllt sind.[178]

Die Statistik[179] belegt, daß dieser Fall die gängige Praxis bei den Postnachfolgeunternehmen (Deutsche Post, Deutsche Telekom, Deutsche Postbank) beschreibt. Danach wurden dort von 1994 bis 2001 82.373 Beamte wegen Dienstunfähigkeit in den vorzeitigen Ruhestand versetzt. Im Jahr 2001 waren dies 67,7% aller Frühpensionierungen beim Bund, obwohl der Postbeamtenanteil lediglich 52% betrug. Ein Viertel war jünger als 45, mehr als die Hälfte jünger als 50 Jahre. Die Versorgungsabschläge bei vorzeitigem Ausscheiden, aber auch die wachsende Zahl von Beamten in Altersteilzeit dürften dazu beigetragen haben, daß nach jüngsten Erhebungen der Anteil der Frühpensionierungen an den Pensionierungen im Jahr 2003 von 49% auf 25%[180], 2004 sogar auf 22%[181] zurückgegangen ist. Mittlerweile gehen 59% der Bundesbeamten mit 65 Jahren in Pension (im Jahr 2004 waren es nur 54%).[182] Allerdings überwiegen bei den Pensionierungen von Beamten der Postunternehmen und der Bahn weiterhin die Frühpensionierungen mit über 90%.[183] Die obersten Dienstbehörden der Postnachfolgebehörden können jedoch das von ihnen verlangte Einvernehmen verweigern (§ 47 I S. 1, 2. Hs. bzw. § 44 II S. 3 BBG). Sie besitzen somit die rechtliche Handhabe, dieser skandalösen Frühpensionierungspraxis zu Lasten des Steuerzahlers Einhalt zu gebieten. Tun sie dies nicht, drängt sich der Verdacht auf, daß sie die gesamtgesellschaftliche Belastung im wirtschaftlichen Interesse ihrer Unternehmen zumindest billigend in Kauf nehmen.

Literatur: Loebel, Die Dienstunfähigkeit des Beamten – Über den juristischen Begriff und den medizinischen Befund, RiA 05, 58; Heltweg/Röttgers, Kooperationsdefizite zwischen Personalstelle und Amtsarzt bei beamtenrechtlichen Entscheidungen, NdsVBl 04, 206; Stehr, Der Ermittlungsführer – Schlüsselfigur im beamtenrechtlichen Zwangspensionierungsverfahren, RiA 04, 157; Loebel, Die Dienstunfähigkeit des Beamten, RiA 99, 19; Plückhahn, Beendigung des Beamtenverhältnisses und Übertragbarkeit anderer Ämter bei Dienstunfähigkeit, Diss., Potsdam, 1999; Thom, Amtsärztliche Untersuchung öffentlich Bediensteter und vertrauensärztliche Tätigkeit der Gesundheitsämter in NRW, DÖD 99, 73.

c) Eintritt in den Ruhestand durch einseitigen fakultativen Verwaltungsakt

Diese Möglichkeit ist für den B.a.P. eingeräumt, der nicht dienstbedingt (§§ 46 I BBG, 49 I LBG), also aus anderen Gründen dienstunfähig ist (§§ 29 II BeamtStG, 46 II S. 1 BBG, 49 II S. 1 LBG). Bei dieser Entschei-

289

---

178 OVG Münster, RiA 02, 88 (89) = NVwZ-RR 02, 520.
179 BdSt, Der Steuerzahler 4/03, 66.
180 Statistisches Bundesamt, Pressemitteilung v. 30.6.04, 282/04.
181 Statistisches Bundesamt, Pressemitteilung v. 21.6.05, 266/05.
182 Statistisches Bundesamt, Pressemitteilung v. 26.4.06, 181/06.
183 Statistisches Bundesamt, Pressemitteilung v. 30.6.04, 282/04; Statistisches Bundesamt, Pressemitteilung v. 21.6.05, 266/05.

dung ist § 37a S. 2 LBG (§ 35a S. 2 BBG) zu beachten (Fall in Rn 278). Die Ermessensentscheidung, ob der B.a.P. bei Dienstunfähigkeit entlassen (§§ 31 I S. 1 Nr. 3 BBG, 34 I Nr. 3 LBG) oder in den Ruhestand versetzt wird, hängt von den Umständen des Einzelfalles ab. Bei der erforderlichen Abwägung sind Lebens- und Dienstalter, Bedürftigkeit, wirtschaftliche Lage, Bewährung und Würdigkeit zu berücksichtigen.[184] Der Dienstherr muß die anstehende Entscheidung unverzüglich treffen. Sofern er die Klärung nicht ungebührlich verzögert hat, ist sein Ermessen nicht eingeschränkt, den Beamten entweder zu entlassen oder in den Ruhestand zu versetzen.[185] Zögert der Dienstherr die Ernennung eines B.a.P. zum B.a.L. nach Ablauf der Fünf-Jahres-Frist (§§ 9 II S. 1 BBG, 9 III S. 1 LBG) und nach Vollendung des 27. Lebensjahres ungebührlich lange hinaus, kann der B.a.P. bei einer dann eintretenden Dienstunfähigkeit nicht mehr entlassen, sondern nur noch in den Ruhestand versetzt werden.[186] Die Dienstunfähigkeit darf nicht auf grobem Verschulden des Beamten beruhen. Bei Landesbeamten muß der Finanzminister zustimmen (§ 49 II S. 2 LBG).

d) Versetzung in den Ruhestand auf Antrag

290 Auf **Antrag** kann der B.a.L., B.a.Z. oder B.a.P. (§§ 49 III LBG, 46 III BBG) in den Ruhestand versetzt werden, wenn sein Dienstvorgesetzter ihn nach Einholung eines ärztlichen Gutachtens (bzw. in NW zweier Gutachten: § 45 II S. 2 LBG; Rn 288) nach pflichtgemäßem Ermessen für dienstunfähig hält[187] (§§ 45 II S. 1, 1. Hs. LBG, 43 I BBG). Die medizinischen Schlußfolgerungen des ärztlichen Gutachtens sind für den Dienstvorgesetzten regelmäßig bindend, es sei denn, die Expertise ist selbst für einen Laien fehlerhaft oder widersprüchlich. Die über die Versetzung in den Ruhestand entscheidende Behörde ist an die Erklärung des Dienstvorgesetzten nicht gebunden; sie kann andere Beweise erheben (§§ 45 II S. 1, 2. und 3. Hs. LBG, 43 II BBG). Auch in diesem Fall muß vor der Versetzung in den Ruhestand wegen Dienstunfähigkeit zunächst geprüft werden, ob keine andere Verwendung möglich ist. § 45 III LBG (§ 42 III BBG) geht von diesem Grundsatz der **„Rehabilitation und Weiterverwendung vor Versorgung"** aus. Im Bund muß schließlich die Versetzung in den Ruhestand wegen Dienstunfähigkeit (§ 42 I BBG) im Einvernehmen mit der obersten Dienstbehörde erfolgen (§ 47 I S. 1, 2. Hs. BBG).

Erreicht der B.a.L. oder der B.a.Z. die sog. **Antragsaltersgrenze**, kann der Dienstherr ihn ohne Nachweis der Dienstunfähigkeit auf eigenen Antrag pensionieren. Die Antragsaltersgrenze ist das **63. Lebensjahr** (§§ 45 IV S. 1 Nr. 1 LBG, 42 IV Nr. 2 BBG), für schwerbehinderte Men-

---

184 BVerwGE 22, 215 (219); ZBR 90, 209 (210); NVwZ 90, 770; VGH Mannheim, DÖD 75, 231 (234).
185 BVerwG, NVwZ-RR 02, 130 (131) = ZBR 02, 400 (401) = IÖD 02, 86 (87) = DÖD 02, 120; OVG Lüneburg, OVGE 48, 488 (490) = DÖD 02, 223.
186 OVG Koblenz, DÖD 90, 96 (96 f.); OVG Lüneburg, OVGE 48, 488 (490) = DÖD 02, 223.
187 Dies kann auch konkludent geschehen: BVerwG, ZBR 06, 96 (97).

3. Spezielle Voraussetzungen und Rechtsfolgen der einzelnen Beendigungstatbestände

schen (§ 2 II SGB IX) das 60. Lebensjahr (§§ 45 IV S. 1 Nr. 2 LBG, 42 IV Nr. 1 BBG). Im Bund (§ 42 IV BBG) und den meisten Ländern besteht diese Möglichkeit allein für B.a.L. und gerade nicht auch für B.a.Z. wie in NW. Die Normen gewähren dem Dienstherrn **Ermessen** („kann"). Ein Beamter hat damit lediglich einen Anspruch auf Versetzung in den Ruhestand, wenn eine sog. Ermessensreduzierung auf Null vorliegt. Dann muß jede andere Entscheidung ermessensfehlerhaft sein. Hiervon wird regelmäßig nicht auszugehen sein. Ein sachlicher Grund für die Ablehnung des Antrags kann z.B. sein, daß ansonsten die ordnungsgemäße Weiterführung des Dienstbetriebs gefährdet ist. Hingegen sollen fiskalische Gründe nicht ausreichen.[188] Diese Ansicht teile ich nicht, weil sich gerade angesichts der schlechten Haushaltslage vieler Dienstherren fiskalische Aspekte durchaus auf den ordnungsgemäßen Dienstbetrieb auswirken und somit sachlich motiviert sind.

Beim Zurruhesetzungsverfahren handelt es sich um ein Verwaltungsverfahren, so daß die Vorschriften des Verwaltungsverfahrensgesetzes anzuwenden sind. Anträge können danach im Zweifel, d.h. wenn durch Rechtsvorschrift nichts anderes bestimmt ist, bis zur Bekanntgabe der Entscheidung der Behörde darüber geändert oder zurückgenommen werden.[189] Eine spezielle Regelung fehlt in §§ 45 IV S. 1 LBG, 42 II BBG (anders als beispielsweise in §§ 33 I S. 3 LBG, 30 I S. 3 BBG). **Nach Zustellung der Verfügung über die Versetzung in den Ruhestand kann der Antrag nicht mehr zurückgenommen werden.**[190] Der Beamte hat somit die Möglichkeit, seinen Antrag, der Grundlage für das Verfahren überhaupt ist, bis zur Zustellung der Zurruhesetzungsverfügung zurückzunehmen. Dabei müssen in keinem Stadium des Verfahrens andere Beteiligte oder die Behörde zustimmen. Mit der Rechtsfrage, unter welchen Voraussetzungen ein Beamter seinen Antrag zurücknehmen kann, darf hingegen nicht die im Folgenden abgehandelte Problematik verwechselt werden, nach welchen Kriterien die Behörde einen Verwaltungsakt (wie die Zurruhesetzungsverfügung) widerrufen oder zurücknehmen darf.

3.2.1.2 Rechtsfolgen des Eintritts in den dauernden Ruhestand

Der Ruhestand beginnt grundsätzlich am Ende des Monats, in dem die 291 Zurruhesetzungsverfügung zugestellt worden ist (§§ 50 II S. 1 LBG, 47 II BBG). Diese Regelung führt – anders als die bisherige Drei-Monats-Frist – zur schnelleren Wiederbesetzbarkeit einer Stelle. Schon wegen der §§ 70 II, 58 VwGO sollte man der Zurruhesetzungsverfügung eine Rechtsbehelfsbelehrung beifügen.

Dadurch kann jedoch das Sonderproblem entstehen, daß der Ruhestand eintritt, bevor die Verfügung bestandskräftig wird. Die Zurruhesetzungs-

---

188 BVerwGE 16, 194 (196) = ZBR 63, 384 = DVBl 64, 278 (279); Battis, § 42 BBG, Rn 12; mittlerweile ebenfalls Schütz/Maiwald, § 45 LBG, Rn 84.
189 Kopp/Ramsauer, § 22 VwVfG, Rn 59 m.w.N.
190 BVerwG, ZBR 97, 20 = NVwZ 97, 581 (582).

10. Abschnitt: Die Beendigung des Beamtenverhältnisses

verfügung ist ein Verwaltungsakt, gegen den Rechtsmittel zulässig sind. Der Beamte hat die Möglichkeit, innerhalb eines Monats nach Bekanntgabe (§ 70 I S. 1 VwGO) Widerspruch gegen die Zurruhesetzungsverfügung einzulegen (§ 54 II BeamtStG). Wird beispielsweise eine Zurruhesetzungsverfügung am 15.1. zugestellt, beginnt der Ruhestand am 1.2. Die Bestandskraft tritt jedoch erst mit Ablauf des 15.2. ein. Hinzu kommt, daß der Widerspruch aufschiebende Wirkung hat (§ 80 I VwGO; argumentum e contrario aus § 54 IV BeamtStG). Die aufschiebende Wirkung führt nicht zur Unwirksamkeit eines Verwaltungsakts, sondern verhindert seinen Vollzug. Sie entsteht erst mit Einlegung des Widerspruchs, wirkt dann jedoch auf den Zeitpunkt des Erlasses der Zurruhesetzungsverfügung zurück. Die aufschiebende Wirkung entfällt, wenn der Dienstherr die sofortige Vollziehung (§ 80 II S. 1 Nr. 4 VwGO) angeordnet hat. Dabei ist zu beachten, daß das hierfür erforderliche besondere Interesse an der sofortigen Vollziehung nicht ausschließlich dasjenige sein kann, mit dem bereits der Grundverwaltungsakt, also die Zurruhesetzungsentscheidung, begründet wurde.[191] Es gibt kein allgemeines beamtenspezifisches Interesse, beispielsweise staatsorganisatorischer oder staatsfunktioneller Art, wonach bei beamtenrechtlichen Verwaltungsakten stets das besondere Interesse für eine sofortige Vollziehung des Grundverwaltungsakts vorliegt. Gegen die Anordnung der sofortigen Vollziehung kann sich der Beamte durch den Antrag nach § 80 V S. 1, 2. Alt. VwGO an das Gericht der Hauptsache mit dem Ziel wehren, die aufschiebende Wirkung wiederherzustellen. Die weiteren Rechtsfolgen sind in Rn 286 geschildert.

Wegen der Spezialbestimmung (§§ 50 I S. 2, 2. Hs. LBG, 47 I S. 2, 2. Hs. LBG) kann die Zurruhesetzungsverfügung nur bis zum Beginn des Ruhestandes zurückgenommen werden. Ein Rückgriff auf die §§ 48, 49 VwVfG ist daher ausgeschlossen.[192] Auf Antrag oder mit ausdrücklicher Zustimmung des Beamten kann von der Regel des § 50 II S. 1 LBG abgewichen und ein früherer Zeitpunkt festgesetzt werden (§ 50 II S. 2 LBG). Dabei ist allerdings eine auf einen vor den Zeitpunkt der Antragstellung zurückwirkende Ruhestandsversetzung aus der Natur der Sache wegen der Eigenschaft der Ruhestandsversetzung als statusändernde Maßnahme ausgeschlossen.[193]

Fall: Schulrektor R wird im März 63 Jahre alt. Er beantragt deshalb im Januar, ihn mit Ablauf des 31.7. in den Ruhestand zu versetzen. Inspektor I, Sachbearbeiter bei der Bezirksregierung in D, veranlaßt, daß R am 15.3. eine Verfügung zugestellt wird, in der kein Zeitpunkt für den Ruhestandsbeginn festgelegt ist. Am 31.7., dem letzten Tag des Schuljahres, wird R in einer Feierstunde vom Schulrat eine Urkunde ausgehändigt, in der es heißt: „Herr Rektor R wird auf seinen Antrag in den Ruhestand versetzt. Für seine treuen Dienste werden ihm Dank und Anerkennung ausgesprochen".

Wann beginnt der Ruhestand von R?

Im Gegensatz zur Ernennung (Rn 83) ist der Zeitpunkt der Aushändigung der (deklaratorischen) Urkunde über die Beendigung des Beamtenverhältnisses für den Eintritt der inneren

---

191 VG Halle, SächsVBl 05, 75.
192 BVerwGE 19, 284 (288 f.); OVG Münster, ZBR 61, 156.
193 VG Bayreuth, BayVBl 03, 474.

3. Spezielle Voraussetzungen und Rechtsfolgen der einzelnen Beendigungstatbestände

Wirksamkeit (Rn 277), hier der Zurruhesetzung, ohne Belang. Entscheidend ist vielmehr die Verfügung, sofern der Ruhestand nicht schon durch Gesetz eintritt (Rn 285). Hier liegt ein Fall des § 45 IV S. 1 Nr. 1 LBG vor und somit kein Ruhestand kraft Gesetzes. Deshalb beginnt der Ruhestand mit dem Ablauf des Monats, in dem die Verfügung über die Versetzung in den Ruhestand zugestellt worden ist (§ 50 II S. 1 LBG). Laut des Sachverhalts wurde sie im März zugestellt. Demgemäß trat R mit Ablauf des März in den Ruhestand. Zum Zeitpunkt der Urkundenaushändigung war R bereits Ruhestandsbeamter. Zwar hat I bei der Bearbeitung des Vorgangs § 45 IV S. 2 LBG und das gewünschte Datum im Antrag des R nicht beachtet. Auch § 50 II S. 2 LBG erlaubte keine Entlassung zum hier maßgebenden späteren, sondern allein zu einem früheren Zeitpunkt. § 50 I S. 2, 2. Hs. LBG verbietet eine Rücknahme, da der Ruhestand bereits begonnen hat.[194] Ein Rückgriff auf § 48 VwVfG ist nicht möglich (§ 1 I, letzter Satzteil VwVfG). Allerdings ist ein Verwaltungsakt dann unwirksam, wenn er nichtig ist (§ 43 III VwVfG). Im vorliegenden Fall konnte die Zurruhesetzung ausschließlich auf Antrag erfolgen. Somit handelte es sich um einen mitwirkungsbedürftigen Verwaltungsakt, bei dem die fehlende Mitwirkung zur Nichtigkeit führen könnte (dazu Rn 188). Weil jedoch ein Antrag vorlag und lediglich das gewünschte Datum nicht beachtet wurde, liegt – unabhängig vom Folgen fehlender Mitwirkung – jedenfalls kein schwerwiegender Mangel vor. Die Zurruhesetzung war demnach nicht nichtig (§ 44 I VwVfG). Folglich ist R wirksam mit Ablauf des März in den Ruhestand versetzt worden.

Die **wichtigste Rechtsfolge des Eintritts in den Ruhestand** regelt § 50 III LBG (§ 47 III BBG). **Der Beamte erhält lebenslänglich Ruhegehalt** (§ 14 BeamtVG) bzw. Unfallruhegehalt (§§ 36, 37 BeamtVG). Der Ruhestand beendet allein das aktive Beamtenverhältnis. Das allgemeine Beamtenverhältnis erlischt somit nicht und wird lediglich umgewandelt.[195] Es setzt sich als **Ruhestandsbeamtenverhältnis** mit neuen Rechten und insbesondere verringerten Pflichten fort.

Ein wegen Dienstunfähigkeit in den Ruhestand versetzter Beamter kann erneut in das Beamtenverhältnis berufen werden. Hierfür ist erforderlich, daß ihm im Dienstbereich seines früheren Dienstherrn ein Amt mit mindestens demselben Grundgehalt übertragen werden soll und zu erwarten ist, daß die gesundheitlichen Anforderungen des neuen Amts erfüllt werden (§§ 30 II S. 1 BeamtStG, 48 I S. 1, 1. Hs. LBG, 45 I S. 1, 1. Hs. BBG). Beamte, die nicht die Befähigung für die andere Laufbahn besitzen, haben an Qualifizierungsmaßnahmen für den Erwerb der neuen Befähigung teilzunehmen (§§ 30 II S. 2 BeamtStG; 48 I S. 2 LBG, 12 VI LVO; 45 I S. 2 BBG, 6 III BLV; Rn 279). Den wegen Dienstunfähigkeit in den Ruhestand versetzten Beamten kann unter Übertragung eines Amts ihrer früheren Laufbahn nach § 30 II S. 1 BeamtStG auch eine geringerwertige Tätigkeit im Bereich desselben Dienstherrn übertragen werden, wenn eine anderweitige Verwendung nicht möglich und die Wahrnehmung der neuen Aufgabe unter Berücksichtigung der früheren Tätigkeit zumutbar ist (§§ 30 II S. 3 BeamtStG, 48 I S. 3 LBG, 45 I S. 3 BBG). Die erneute Berufung in ein Beamtenverhältnis ist auch in den Fällen der begrenzten Dienstfähigkeit (§§ 28 BeamtStG, 46 LBG, 42a BBG) möglich (§§ 30 III BeamtStG, 48 II LBG, 45 III BBG). Die Normen gestatten somit eine Reaktivierung zur Teildienstfähigkeit. Bei einer erneuten Berufung gilt das frühere Beamtenverhältnis als fortgesetzt (§ 30 VI BeamtStG).

---

194 BVerwGE 19, 284 (288 f.); OVG Münster, OVGE 16, 95 (97).
195 VGH Mannheim, ZBR 05, 136 (138).

Die Aufforderung des Dienstherrn (§§ 48 I S. 1 LBG, 45 I S. 1 BBG) ist kein Verwaltungsakt, sondern eine unselbständige Verfahrenshandlung (§ 44a VwGO).[196] Dabei gelten §§ 42 S. 3 und 43 LBG entsprechend (§ 48 I S. 4 LBG). Danach ist nach Ablauf von fünf Jahren seit Beginn des Ruhestands eine erneute Berufung in das Beamtenverhältnis nur mit Zustimmung des Beamten zulässig, wenn er das 55. Lebensjahr vollendet hat (§§ 42 S. 3 LBG, 45 I S. 4 BBG). Hieraus folgt im Umkehrschluß zweierlei: Vor Ablauf von fünf Jahren seit Beginn der Versetzung in den Ruhestand und vor Vollendung des 55. Lebensjahres ist eine erneute Berufung in das Beamtenverhältnis jederzeit, also auch ohne Zustimmung des Beamten zulässig. Nach Ablauf von fünf Jahren seit Beginn des Ruhestands ist eine erneute Berufung in das Beamtenverhältnis ebenfalls ohne Zustimmung des Beamten zulässig, sofern er das 55. Lebensjahr noch nicht vollendet hat. Die Frist (§§ 42 S. 3 LBG, 45 I S. 4 BBG) ist gewahrt, wenn der Ruhestandsbeamte vor Fristablauf ordnungsgemäß aufgefordert worden ist, sich erneut in das Beamtenverhältnis berufen zu lassen.[197] Weigert er sich schuldhaft, verliert er seine Versorgungsbezüge (§ 60 S. 1 BeamtVG; Rn 392).

Beantragt der Beamte eine Entscheidung des Dienstherrn (§§ 30 II S. 1, III BeamtStG, 48 I S. 1 LBG, 45 I S. 1 BBG), hat er keinen Anspruch auf erneute Berufung in das Beamtenverhältnis und noch nicht einmal einen solchen auf ermessensfehlerfreie Entscheidung.[198] Die Norm sei nicht dazu bestimmt, zumindest auch dem Interesse des Beamten zu dienen.

Beamte, die wegen Dienstunfähigkeit in den Ruhestand versetzt worden sind, sind verpflichtet, sich geeigneten und zumutbaren Maßnahmen zur Wiederherstellung ihrer Dienstfähigkeit zu unterziehen; die zuständige Behörde kann ihnen entsprechende Weisungen erteilen (§ 30 IV BeamtStG). Die Dienstfähigkeit des Ruhestandsbeamten kann nach Maßgabe des Landesrechts untersucht werden (§ 30 V S. 1, 1. Hs. BeamtStG). Der Beamte ist verpflichtet, sich nach Weisung der zuständigen Behörde (des Dienstvorgesetzten) ärztlich (§§ 30 V S. 1, 2. Hs. BeamtStG, 45 II S. 2, 3 LBG, 46a BBG) untersuchen zu lassen (§§ 30 V S. 1, 2. Hs. BeamtStG, 45 IV S. 1 BBG, 48 IV S. 1, 3 LBG). Aufgrund der ausdrücklichen Regelung in den Normen sowie ihres Sinn und Zwecks besteht keine Pflicht, sich stationär beobachten zu lassen.[199] Im Verfahren der erneuten Berufung in das Beamtenverhältnis darf der Dienstherr die Feststellung der Dienstfähigkeit eines Beamten darauf stützen, daß dieser sich nicht – wie angeordnet – medizinisch untersuchen läßt.[200] Die Weigerung sei in Anwen-

---

196 BVerwGE 111, 246 (253) = ZBR 00, 384 (386) = DÖD 01, 33 (35); NVwZ 85, 416 (417); OVG Koblenz, DÖD 03, 173 = RiA 04, 253; OVG Bautzen, ZBR 06, 174.
197 BVerwGE 111, 246 (253) = ZBR 00, 384 (386) = DÖD 01, 33 (35); ZBR 91, 347 (348); ZBR 81, 65.
198 BVerwG, DÖV 01, 296 (296 f.).
199 VG Braunschweig, NdsVBl 01, 95 (96 f.).
200 BVerwGE 111, 246 (249) = ZBR 00, 384 (385) = DÖD 01, 33 (34); ZBR 98, 203 = NVwZ-RR 98, 574; 76, 142 (143); OVG Münster, NWVBl 04, 62 = DÖD 03, 266 (267); OVG Koblenz, DÖD 03, 173 (174) = RiA 04, 253 (254).

3. Spezielle Voraussetzungen und Rechtsfolgen der einzelnen Beendigungstatbestände

dung des Rechtsgedankens von § 444 ZPO ein erhebliches Indiz für die Dienstfähigkeit. Die an einen vorzeitig in den Ruhestand versetzten Beamten gerichtete Anordnung, sich zur Kontrolle seiner Dienst(un)fähigkeit ärztlich begutachten zu lassen, ist kein Verwaltungsakt[201] und grundsätzlich eine unselbständige Verfahrenshandlung (§ 44a VwGO)[202]. Entfaltet sie allerdings wegen eines mit der ärztlichen Untersuchung verbundenen Gesundheitsrisikos oder Eingriffs in das Persönlichkeitsrecht (z.B. psychiatrische Begutachtung) unmittelbare Rechtswirkungen zu Lasten des Beamten, gebietet Art. 19 IV GG ausnahmsweise ihre selbständige gerichtliche Überprüfung.[203] Der Dienstherr hat weiterhin in engem Umfang die Möglichkeit, den wegen Dienstunfähigkeit in den Ruhestand versetzten Beamten zu verpflichten, sich Heil- oder Rehabilitationsmaßnahmen zur Wiederherstellung seiner Gesundheit zu unterziehen.[204]

Wird nach der Versetzung in den Ruhestand wegen Dienstunfähigkeit die Dienstfähigkeit wiederhergestellt und beantragt der Ruhestandsbeamte vor Ablauf einer bestimmten Frist, spätestens zehn Jahre nach der Versetzung in den Ruhestand, eine erneute Berufung in das Beamtenverhältnis, ist diesem Antrag zu entsprechen, falls keine zwingenden dienstlichen Gründe entgegenstehen (§§ 30 I BeamtStG, 48 III LBG, 45 II BBG). Unter diesen Voraussetzungen hat der Beamte einen Anspruch auf Reaktivierung. Er kann formlos und sogar unter Bedingungen seine erneute Berufung in das Beamtenverhältnis beantragen, wenn er sich wieder für dienstfähig hält. Um seine Dienstfähigkeit festzustellen, kann er eine ärztliche Untersuchung verlangen (§§ 30 V S. 2 BeamtStG, 48 IV S. 2 LBG, 45 IV S. 2 BBG). Er hat einen Rechtsanspruch auf Reaktivierung, wenn der Antrag innerhalb von fünf Jahren seit Beginn des Ruhestands (§§ 48 III S. 2 LBG, 45 II BBG) und spätestens zwei Jahre vor Erreichen der Altersgrenze gestellt wird (§§ 48 III S. 2 LBG), er dienstfähig ist und keine zwingenden dienstlichen Gründe entgegenstehen (§§ 48 III S. 1 LBG, 45 II BBG). „Zwingende dienstliche Gründe" ist ein unbestimmter Rechtsbegriff, den die Verwaltungsgerichte voll überprüfen dürfen. Sie stehen entgegen, wenn in den Erfordernissen des Dienstbetriebs liegende Gesichtspunkte die Wiederberufung ausschließen. Dabei ist die Sach- und Rechtslage der letzten mündlichen Verhandlung im gerichtlichen Verfahren entscheidend.[205] Zwingende dienstliche Gründe können in haushaltsrechtlichen (Mangel an Planstellen[206]), personalwirtschaftlichen (Abbau von Behörden, Einstellungssperren) und solchen Aspekten in der Person

---

201 BVerwGE 111, 246 (250 ff.) = ZBR 00, 384 (385 f.) = DÖD 01, 33 (34).
202 VGH Kassel, NVwZ-RR 95, 47 (48); a.A. VG Braunschweig, NdsVBl 01, 95 (96): Verwaltungsakt; offengelassen von BVerwG, ZBR 98, 203 (204) = NVwZ-RR 98, 574 (575); VGH München, BayVBl 00, 180.
203 VGH Kassel, NVwZ-RR 95, 47 (48).
204 OVG Münster, NVwZ-RR 98, 765 (765 f.).
205 VGH München, NVwZ-RR 91, 33 (34).
206 VGH München, NVwZ-RR 91, 33 (34); a.A. VGH Kassel, ZBR 90, 223 (223 f.) = NVwZ-RR 90, 317 (318 f.), der verlangt, eine Leerstelle im Stellenplan zu schaffen.

10. Abschnitt: Die Beendigung des Beamtenverhältnisses

des Beamten (mangelnde Eignung) liegen.[207] Der Dienstherr muß die zwingenden dienstlichen Gründe nachweisen. In der Regelung für Bundesbeamte (§ 45 II BBG) fehlt die Beschränkung, daß der Antrag auf Reaktivierung spätestens zwei Jahre vor Erreichen der Altersgrenze zu stellen ist. Der VGH Mannheim[208] läßt es in diesem Zusammenhang offen, ob ein wegen Dienstunfähigkeit in den Ruhestand versetzter Beamter seine Reaktivierung selbst noch dann verlangen kann, wenn er bereits das 62. Lebensjahr vollendet hat.

Fall[209]: Dr. Werner Gierschlund (G) war Bürgermeister der Stadt B in NW. Obwohl in Besoldungsgruppe B 8, fühlte er sich nicht leistungsentsprechend besoldet und wollte endlich einmal „dick' Knete verdienen". Seine Chance sah er, als der Deutsche Bundestag § 53a BeamtVG (weitestgehende Anrechnungsfreiheit für Einkommen aus privater Tätigkeit neben der Pension) für ehemalige kommunale Wahlbeamte im Jahr 97 nicht verschlechterte. Deshalb kandidierte G nicht mehr als Bürgermeister. Nach seiner furiosen Abschiedsrede (Rn 255) läßt sich G daraufhin in B als Rechtsanwalt mit dem Tätigkeitsschwerpunkt Verwaltungsrecht nieder. Als die Stadt davon erfährt, untersagt sie G, für einen Zeitraum von fünf Jahren Mandate gegen die Stadt zu übernehmen (§ 75b II LBG). Zu Recht?

Rechtsgrundlage für die Untersagung ist § 75b II LBG. Danach ist (= gebundene Entscheidung) die Beschäftigung oder Erwerbstätigkeit zu untersagen, wenn zu befürchten ist, daß durch sie dienstliche Interessen beeinträchtigt werden.

Fraglich ist, ob die Tätigkeit des G dienstliche Interessen beeinträchtigen kann. Um dienstliche Interessen zu schützen, normiert die Bestimmung Pflichten, die aus dem aktiven Beamtenverhältnis nachwirken. Sinn und Zweck der Regelung bestehen darin, daß ein früherer Beamter das während seiner aktiven Dienstzeit erworbene „Amtswissen" nicht für private Zwecke zum Schaden des Dienstherrn nutzen soll. Schutzgedanke der Vorschrift ist letztlich die Wahrung der Funktionsfähigkeit des öffentlichen Dienstes, insbesondere des Vertrauens der Allgemeinheit in die Integrität der Administration.[210] Im Licht dieser Intention sind dienstliche Interessen dann betroffen, wenn Mitarbeiter der Verwaltung einem Loyalitätskonflikt ausgesetzt sind und das Vertrauen der Allgemeinheit in eine unvoreingenommene und unparteiische Amtsführung berührt ist. Die Übernahme von Mandaten eines Rechtsanwalts, der Behördenleiter war, gegen eben diese Behörde kann grundsätzlich dienstliche Interessen beeinträchtigen.

Zu prüfen ist somit, ob solche Bedenken gerade im konkreten Fall existieren. Die Besorgnis einer Beeinträchtigung dienstlicher Interessen darf man nicht beschränkt auf abstrakte und generelle Gesichtspunkte beurteilen. Sie ist nur berechtigt, wenn bei verständiger Würdigung der gegenwärtig erkennbaren Umstände unter Berücksichtigung der erfahrungsgemäß zu erwartenden Entwicklung eine Beeinträchtigung dienstlicher Interessen wahrscheinlich ist. Es muß also ein vernünftiger Grund für die Annahme bestehen, daß eine solche Beeinträchtigung voraussichtlich eintritt. Es ist wahrscheinlich, daß aus der Zeit des aktiven Dienstes des G als Behördenleiter eine persönliche Verbindung zum Personal herrührt, die eine objektive Entscheidungsfindung erschwert. Einzelne Bedienstete können sich verpflichtet fühlen, großzügiger mit den ihnen eröffneten Einschätzungsmöglichkeiten und Entscheidungsspielräumen umzugehen. Weiterhin existiert die Gefahr, daß bei den Einwohnern der Stadt B der Eindruck entsteht, die persönlichen Beziehungen des ehemaligen Chefs der Stadtverwaltung zu den damals ihm als Dienstvorgesetzten unterstellten Mitarbeitern könnten das Verwaltungshandeln positiv oder negativ, also in einer unsachgemäßen Weise, beeinflussen. Dies gilt um so mehr, als sich G gerade mit dem Tätigkeitsschwerpunkt Verwaltungsrecht niederläßt. Für manchen Bürger könnte es deshalb ratsam erscheinen, sich in Angelegenheiten mit der Stadt B von G wegen seiner guten Kontakte aus seiner Zeit als Behördenleiter vertreten zu lassen. Es besteht

---

207 Schütz/Maiwald, § 48 LBG, Rn 4 m.w.N.
208 VBlBW 93, 476 (477).
209 OVG Koblenz, NJW 91, 245 (245 ff.), nachgebildet.
210 OVG Koblenz, NJW 91, 245 (246).

3. Spezielle Voraussetzungen und Rechtsfolgen der einzelnen Beendigungstatbestände

somit die Besorgnis, daß durch die Übernahme von Mandaten gegen die Stadt dienstliche Interessen beeinträchtigt werden.

Die Beeinträchtigung dienstlicher Interessen muß mit der früheren dienstlichen Tätigkeit in den letzten fünf Jahren vor Beendigung des Beamtenverhältnisses im Zusammenhang stehen (§ 75b II i.V.m. I S. 1 LBG). Das ist der Fall, wenn die Betätigung des Ruhestandsbeamten gerade mit Blick auf seine konkrete frühere dienstliche Tätigkeit Bedenken hinsichtlich der Wahrung dienstlicher Interessen aufzuwerfen geeignet ist.[211] Hiervon ist wegen der herausgehobenen Funktion dieses ehemaligen Beamten im Personalkörper der Stadt auszugehen.

Die Untersagung ist auch verhältnismäßig. Zum Schutz der Integrität der öffentlichen Verwaltung und zur Vermeidung von Loyalitätskonflikten bereits von vornherein ist sie erforderlich und geeignet. Zudem gibt es kein milderes Mittel als das vollständige Mandatsübernahmeverbot. § 45 I Nr. 1 BRAO, wonach ein Rechtsanwalt u.a. nicht tätig werden darf, wenn er in derselben Rechtssache als Angehöriger des öffentlichen Dienstes bereits gehandelt hat, reicht nicht als Untersagungsnorm. Dadurch kann eine mögliche Gefährdung dienstlicher Belange immer dann nicht verhindert werden, wenn der Beamte gerade nicht in derselben Rechtssache bereits einmal aktiv geworden ist.

Im übrigen ist die Freiheit der Berufswahl (Art. 12 I S. 1 GG) nicht verletzt. G kann jederzeit den Beruf eines Rechtsanwalts ergreifen. Die wirtschaftliche Basis seiner Kanzlei ist nicht gefährdet. Mandate gegen eine einzige Kommune machen bei einem erfolgreichen Rechtsanwalt lediglich einen geringen Teil seiner Tätigkeit aus. G kann vollumfänglich sämtliche anderen Mandate, selbst gegen alle anderen öffentlich-rechtlichen Dienstherren als die Stadt B, übernehmen. Insoweit wäre allein die Berufsausübung (Art. 12 I S. 2 GG) berührt, die durch Art. 33 V GG in verfassungsrechtlich nicht zu beanstandender Weise beschränkt wird.

Die Untersagung erfolgte demnach zu Recht.

Im Fall des OVG Koblenz[212] hat das Gericht die Besorgnis einer Beeinträchtigung dienstlicher Interessen angenommen, sofern ein Rechtsanwalt, der vor seiner Niederlassung als Anwalt ständiger Vertreter eines Finanzamtsvorstehers war, im Zuständigkeitsbereich seines ehemaligen Finanzamtes steuerberatend tätig wird. In einer anderen Entscheidung[213] kam die Untersagung einer Beschäftigung oder Erwerbstätigkeit eines Ruhestandssoldaten in Betracht, wenn für diesen die konkrete Möglichkeit der Einflußnahme auf Entscheidungen von nicht unerheblichem wirtschaftlichen Gewicht für den späteren Arbeitgeber bestand.

Grundsätzlich erlöschen alle anderen Beamtenrechte und -pflichten mit folgenden Ausnahmen:

Die **Pflichten** zur Amtsverschwiegenheit (§§ 38 I BeamtStG, 61 I, 62 BBG, 64 I, 65 LBG), zur Herausgabe amtlicher Unterlagen (§§ 38 V BeamtStG, 61 III BBG, 64 III LBG) und das Verbot der Annahme von Belohnungen oder Geschenken in Bezug auf sein Amt (§§ 43 BeamtStG, 70 BBG, 76 LBG) bleiben bestehen. Hierdurch soll auch die Korruption bekämpft werden. Weiterhin wirken Auskunftspflichten fort, wenn sie vom Beamten nur höchstpersönlich erfüllt werden können (z.B. dann, wenn der Dienstherr spezielle Informationen benötigt, damit er einen Sachverhalt aus der aktiven Zeit des Beamten aufklären kann). Er kann Dienstvergehen begehen (§§ 77 II BBG, 83 II LBG), die durch Kürzung oder Aberkennung des Ruhegehalts geahndet werden können (§§ 5 II, 11, 12 LDG/BDG), und die Beamtenrechte verlieren (§§ 25 BeamtStG, 59 I BeamtVG, 48 BBG, 51 I LBG). Weiterhin hat der Ruhestandsbeamte eine Tätigkeit außerhalb des öffentlichen Dienstes anzuzeigen, die mit seiner dienstlichen Tätigkeit

---

211 OVG Koblenz, NJW 91, 245 (246).
212 NJW 91, 245 (245 ff.).
213 BVerwG, ZBR 93, 88 (89).

im Zusammenhang steht und dienstliche Interessen beeinträchtigen kann (§§ 42 S. 1 BeamtStG, 69a I BBG, 75b I LBG). Dienstliche Interessen sind die der jeweiligen Verwaltung, in der ein Beamter tätig war, nicht aber sonstige öffentliche Belange. Die neue Tätigkeit ist – verfassungsrechtlich unbedenklich[214] – unter bestimmten Voraussetzungen zu untersagen (§§ 42 S. 2 BeamtStG, 69a II BBG, 75b II LBG; vgl. den obigen Fall des Bürgermeisters Gierschlund). Das Verbot endet spätestens mit Ablauf von fünf Jahren nach Beendigung des Beamtenverhältnisses (§ 42 S. 3 BeamtStG). Die Regelung soll verhindern, daß durch die private Verwertung von Amtswissen nach Ausscheiden aus dem Amt das Vertrauen der Allgemeinheit in die Integrität des öffentlichen Dienstes leidet. Nach der Höchstdauer von fünf Jahren ist davon auszugehen, daß ein Amtswissen überholt ist. Eine inhaltlich identische Anzeigepflicht regelt im übrigen § 18 I S. 2, 1. Alt. KorrG hinsichtlich der Hauptverwaltungsbeamten. Diese Norm schließt jedoch die Anwendbarkeit von § 75b II LBG nicht aus, weil sie dazu keinerlei Regelung trifft.

Die **Rechte** auf Einsicht in seine Personalakte (§§ 90c I BBG, 102c I LBG), auf ein Dienstzeugnis (§§ 92 S. 1 BBG, 104 II S. 1 LBG) sowie auf Fürsorge (§§ 46 BeamtStG, 79 S. 1 BBG, 85 S. 1 LBG) erlöschen nicht. Zudem darf der Ruhestandsbeamte seine Amtsbezeichnung mit dem Zusatz „a.D." und die ihm im Amt verliehenen Titel weiterführen (§§ 81 III S. 1 BBG, 92 III S. 1 LBG).

Literatur: Nokiel/Jasper, Die erneute Berufung von wegen Dienstunfähigkeit in den Ruhestand versetzten Bundesbeamten gemäß § 45 BBG, ZTR 01, 193.

3.2.2 Einstweiliger Ruhestand

3.2.2.1 Voraussetzungen

292 Eine fakultative Versetzung in den einstweiligen Ruhestand ist zulässig:

– jederzeit bei Politischen Beamten (§§ 31 I BeamtStG, 38 I LBG, 36 I BBG; Fall Rn 79),

– nach wesentlichen organisatorischen Maßnahmen bei Körperschaften oder Behörden (§§ 32 I BeamtStG, 39 LBG, 36a BBG; Beispiele in Rn 198)

– verpflichtend bei abgewählten oder abberufenen kommunalen Wahlbeamten (§§ 195 V S. 1, X, 196 III S. 1 LBG; Rn 295).

3.2.2.2 Rechtsfolgen

Für den einstweiligen Ruhestand gelten die Vorschriften über den Ruhestand (§ 31 III S. 1 BeamtStG). § 30 II, VI BeamtStG gilt entsprechend (§ 31 III S. 2 BeamtStG). Der einstweilige entspricht mit folgenden Abweichungen dem endgültigen Ruhestand (Rn 287 ff.):

---

[214] Battis, § 69a BBG, Rn 2.

3. Spezielle Voraussetzungen und Rechtsfolgen der einzelnen Beendigungstatbestände

Der Beamte hat Anspruch auf Dienstbezüge für den Monat, in dem ihm die Versetzung in den einstweiligen Ruhestand mitgeteilt wurde, sowie für einen Übergangszeitraum von weiteren drei Monaten (§ 4 I S. 1 BBesG). Aufwandsentschädigungen werden ihm jedoch ausschließlich bis zum Beginn des einstweiligen Ruhestandes gezahlt (§ 4 I S. 2 BBesG). Der in den einstweiligen Ruhestand versetzte Beamte erhält danach für die Dauer der Zeit, die er das Amt, aus dem er in den einstweiligen Ruhestand versetzt worden ist, innehatte, mindestens jedoch für sechs Monate und längstens für drei Jahre 71,75 v.H. der ruhegehaltsfähigen Dienstbezüge aus der Endstufe der Besoldungsgruppe, in der sich der Beamte z.Z. seiner Versetzung in den einstweiligen Ruhestand befunden hat (§ 14 VI S. 1 BeamtVG). Höchstens erhält er jedoch die Dienstbezüge, die ihm im Zeitpunkt der Versetzung in den einstweiligen Ruhestand zugestanden haben (§ 14 VI S. 2, 1. Hs. BeamtVG). Sollte er die Voraussetzungen des § 4 I BeamtVG erfüllen, bekommt er danach ein Ruhegehalt (§ 4 II BeamtVG), dessen Höhe sich nach § 14 I BeamtVG bemißt. Wie alle anderen Beamten erhalten Politische Beamte eine dauerhafte Versorgung lediglich, wenn sie eine Dienstzeit von mindestens fünf Jahren haben. Sie sind verpflichtet, eine erneute Berufung zu befolgen (§§ 42 f. LBG, 39 f. BBG). Die Wiedereinberufung ist kein Verwaltungsakt. Sie bereitet nur einen Verwaltungsakt, die erneute Ernennung, vor (dazu und zu den Voraussetzungen dieser Maßnahmen vgl. BVerwG[215]). Der einstweilige Ruhestand endet bei erneuter Berufung in das B.a.L. oder B.a.Z. (§ 43 LBG).

Er endet ebenfalls bei erneuter Berufung in ein B.a.L. auch bei einem anderen Dienstherrn, wenn dem Beamten ein Amt verliehen wird, das derselben oder einer gleichwertigen Laufbahn angehört wie das frühere Amt und mit mindestens demselben Grundgehalt verbunden ist (§ 31 III S. 3 BeamtStG).

Literatur: Brinktrine, Prozessuale und materiell-rechtliche Fragen bei Versetzung „politischer Beamter" in den einstweiligen Ruhestand, RiA 03, 15.

3.3 Verlust der Beamtenrechte

293 Wird ein Beamter im ordentlichen Strafverfahren durch das Urteil eines deutschen Gerichts wegen bestimmter Delikte verurteilt, verliert er die Beamtenrechte (§§ 25 I BeamtStG, 30 I S. 1 Nr. 2 LBG, 48 BBG). Der Verlust der Beamtenrechte tritt kraft Gesetzes aufgrund eines rechtskräftigen Urteils ein (§§ 25 I S. 1 BeamtStG, 51 I S. 1 LBG, 48 S. 1 BBG). Der Sinn liegt darin, ein überflüssiges Disziplinarverfahren zu vermeiden, das ohnehin zur Entfernung aus dem Beamtenverhältnis führte. Dies gilt unbeschadet des § 358 StGB, der bereits dem Strafgericht die Möglichkeit gibt, die Fähigkeit zur Bekleidung öffentlicher Ämter (§ 45 II StGB) abzuerkennen.

---

215 ZBR 85, 223 (224).

10. Abschnitt: Die Beendigung des Beamtenverhältnisses

Das Gesetz regelt abschließend folgende Varianten des Verlusts der Beamtenrechte:

– Verurteilung zu einer Freiheitsstrafe von mindestens einem Jahr wegen einer Vorsatztat (§§ 25 I S. 1 Nr. 1 BeamtStG, 51 I S. 1 Nr. 1 LBG, 48 S. 1 Nr. 1 BBG).

Eine Gesamtfreiheitsstrafe von genau einem Jahr[216] wegen mehrerer Vorsatzdelikte reicht. Dabei kommt es nicht darauf an, ob das Gericht bei zumindest einem der Einzelfälle, die der Gesamtstrafe zugrunde liegen, eine Freiheitsstrafe von 12 Monaten eingesetzt hat.[217] Eine Strafaussetzung zur Bewährung ist unerheblich.[218] Die zeitliche Zuordnung der Straftat muß im Urteil selbst eindeutig und zweifelsfrei festgestellt sowie der Bestrafung zugrunde gelegt worden sein. Andere Behörden oder Verwaltungsgerichte dürfen keine ergänzenden Ermittlungen anstellen.[219] Ebenfalls muß aus dem Strafurteil hervorgehen, daß bei Verurteilung wegen vorsätzlicher in Tateinheit mit fahrlässiger Straftat die Verhängung von mindestens einem Jahr Freiheitsstrafe allein wegen der Vorsatztat erfolgte.[220] Ein Strafbefehl genügt nicht, da er kein Urteil ist.[221],

– Verurteilung wegen einer vorsätzlichen Tat, die nach den Vorschriften über Friendensverrat, Hochverrat und Gefährdung des demokratischen Rechtsstaats, Landesverrat und Gefährdung der äußeren Sicherheit oder, soweit sich die Tat auf eine Diensthandlung im Hauptamt bezieht, Bestechlichkeit, strafbar ist, zu einer Freiheitsstrafe von mindestens sechs Monaten (§§ 25 I S. 1 Nr. 2 BeamtStG, 51 I S. 1 Nr. 2 LBG, 48 S. 1 Nr. 2 BBG). Daraus folgt, daß eine Bestechlichkeit im Neben- oder Ehrenamt nicht ausreicht. Hier bleibt die Entscheidung über die Beendigung des Beamtenverhältnisses im Hauptamt weiterhin der Einzelfallprüfung im Rahmen eines Disziplinarverfahrens vorbehalten,

– Aberkennung der Fähigkeit zur Bekleidung öffentlicher Ämter (Amtsfähigkeit; §§ 25 I S. 2, 1. Alt. BeamtStG, 51 I S. 2, 1. Alt. LBG, 48 S. 2, 1. Alt. BBG i.V.m. § 45 II StGB),

– Verwirkung eines Grundrechts nach Art. 18 GG aufgrund einer Entscheidung des BVerfG (§§ 25 I S. 2, 2. Alt. BeamtStG, 51 I S. 2, 2. Alt. LBG, 48 S. 2, 2. Alt. BBG).

Zwar tritt die Rechtsgestaltung – der Verlust der Beamtenrechte – kraft Gesetzes ein. Aus den in Rn 276 genannten Gründen ist jedoch die schrift-

---

216 BVerwG, ZBR 92, 314; OVG Münster, DÖD 76, 182 (183); VG Frankfurt/M., DÖV 02, 532 (533).
217 VG Frankfurt/M., DÖV 02, 532 (533).
218 BVerwG, ZBR 81, 281; Battis, § 48 BBG, Rn 4.
219 BVerwGE 107, 34 (37 f.).
220 BVerwG, NJW 90, 1865.
221 BVerwG, NWVBl 00, 420 (421) = DÖD 01, 36 = ZBR 01, 107 (108) = PersV 01, 66 (67) = NJW 00, 3297.

3. Spezielle Voraussetzungen und Rechtsfolgen der einzelnen Beendigungstatbestände

liche Mitteilung über die Beendigung des Beamtenverhältnisses ein feststellender Verwaltungsakt.[222]

Befindet sich der Beamte zum maßgeblichen Zeitpunkt bereits im Ruhestand, gilt § 59 I BeamtVG. Danach verliert auch ein Ruhestandsbeamter in den Fällen der §§ 51 I LBG, 48 BBG seine Rechte als Ruhestandsbeamter. Stirbt er vor Eintritt der Rechtskraft, bleiben den Hinterbliebenen Versorgungsansprüche erhalten.[223]

Beispiele: Eine Lehrerin tötet in einer Lebenskrise ihr Kind und will sich selbst umbringen. Sie wird gerettet, das Kind kommt ums Leben. Für die Tat wird sie wegen Totschlags (§ 212 I StGB) mit einem Jahr Freiheitsstrafe bestraft. Ein Polizeibeamter wird wegen fahrlässiger Tötung (§ 222 StGB) zu 13 Monaten Freiheitsstrafe verurteilt, weil er im Dienst einen Jugendlichen erschossen hat. Im ersten Beispiel greift § 51 I S. 1 Nr. 1 LBG, da eine Vorsatztat vorliegt. Im zweiten Fall handelte der Beamte fahrlässig. Deshalb ist die Norm nicht erfüllt. Der Beamte muß jedoch mit einem Disziplinarverfahren rechnen.

Mit dem Eintritt der Rechtskraft des Urteils verliert der Beamte grundsätzlich den Anspruch auf Leistungen des Dienstherrn (§§ 52 S. 1 LBG, 49 S. 1 BBG); gleiches gilt für einen Ruhestandsbeamten (§ 59 I BeamtVG). Leistungen nach dem BeamtVG (bis auf § 38 BeamtVG; § 38 VII BeamtVG) können nicht gewährt werden. Man muß den Beamten jedoch nachversichern (§§ 8, 181 SGB VI), sofern dies nicht aufzuschieben ist (§ 184 SGB VI). Weiterhin darf er die Amtsbezeichnung und die im Zusammenhang mit dem Amt verliehenen Titel nicht führen (§§ 52 S. 2 LBG, 49 S. 2 BBG). Ansonsten bestehen die Rechte und Pflichten wie beim entlassenen Beamten fort (Rn 286). Die Rechtsfolgen aus § 51 LBG (§ 48 BBG) können allein durch ein Wiederaufnahmeverfahren (§§ 54 LBG, 51 BBG) oder im Gnadenwege (§§ 53 LBG, 50 BBG) aufgehoben werden.[224] Diese Möglichkeiten bestehen ebenfalls bei einem Ruhestandsbeamten (§ 59 II BeamtVG).

Durch die Gnadenentscheidung kann der Verlust der Beamtenrechte teilweise (etwa durch einen Unterhaltsbeitrag) oder vollständig beseitigt werden (§ 53 II i.V.m. § 54 LBG bzw. § 50 II i.V.m. § 51 BBG). Schließlich gilt das Beamtenverhältnis als nicht unterbrochen, wenn eine Entscheidung, die den Verlust der Beamtenrechte zur Folge hat, in einem Wiederaufnahmeverfahren aufgehoben wird (§ 25 II BeamtStG).

Literatur: Lambrecht, Der Verlust der Beamtenrechte als Folge einer Strafverurteilung, ZBR 01, 194.

---

222 BVerwGE 34, 353 (354); DÖD 70, 134 (135); Weißhaar, 192; mittlerweile auch Battis, § 48 BBG, Rn 8; a.A. Plog/Wiedow/Lemhöfer/Bayer, § 48 BBG, Rn 11; Scheerbarth/Höffken/Bauschke/Schmidt, § 20 II 1; Schütz/Maiwald, § 51 LBG, Rn 21.
223 Plog/Wiedow/Lemhöfer/Bayer, § 48 BBG, Rn 10.
224 Zu letzterem BVerwG, ZBR 83, 156 (156 ff.).

10. Abschnitt: Die Beendigung des Beamtenverhältnisses

3.4 Entfernung aus dem Beamtenverhältnis

294 Das Beamtenverhältnis endet zudem durch Entfernung aus ihm (§§ 22 Nr. 3 BeamtStG, 30 I S. 1 Nr. 3 LBG). Diese Rechtsfolge kann durch das Urteil eines Disziplinargerichts als Folge eines schweren Dienstvergehens ausgesprochen werden, wenn der Beamte nicht in der Lage ist und keine Gewähr dafür bietet, weiter an der Erfüllung öffentlicher Aufgaben mitzuwirken (§§ 5 I Nr. 5, 10, 35 I LDG, 5 I Nr. 5, 10, 34 I BDG).

Davon ist auszugehen bei

- Bestechung, Bestechlichkeit, Annahme von Geschenken[225], vorsätzlichen Aussagedelikten bei Polizisten[226],

- Eigentumsverfehlungen (Diebstahl, Unterschlagung, Veruntreuung) bei Ausübung des Dienstes[227],

- Mitgliedschaft in Organisationen mit verfassungsfeindlichen Zielen[228],

- Beteiligung an streikähnlichen Aktionen[229],

- Sittlichkeitsverbrechen, wie schweren sexuellen Belästigungen durch Vorgesetzte[230], sexuellem Mißbrauch von Kindern und Jugendlichen[231] oder Kinderpornographie[232],

- Vorsätzlichem schwerwiegenden Versagen im Kernbereich der Beamtenpflichten[233].

---

225 BVerwGE 103, 36 (41); 83, 49 (50 ff.); NVwZ 99, 658 (659); OVG Münster, IÖD 02, 186 (186 f.).
226 OVG Bautzen, LKV 05, 225 = DÖD 05, 137 (138 ff.); VGH Mannheim, ZBR 02, 370 = NVwZ-RR 02, 205.
227 BVerfG, DÖD 02, 116 (117); BVerwG, NVwZ 03, 352 = ZBR 03, 98 (99); NJW 01, 3645 (3646) = IÖD 02, 7 (9) = PersV 02, 16 (16 ff.); ZBR 05, 260 (261); ZBR 02, 267; DÖD 98, 69; ZBR 94, 81; ZBR 90, 128; E 86, 1 (2); 73, 290 (291); NVwZ 99, 662 (663); ZBR 99, 201 (202); ZBR 91, 216 (216 f.); NVwZ 90, 1082; ZBR 87, 90 (90 f.); NVwZ 06, 469 (471); OVG Lüneburg, NVwZ-RR 06, 197 (198) = KommJur 05, 182 (184).
228 BVerfGE 39, 334 (359 f.).
229 BVerwG, NJW 78, 178 (179 f.).
230 BVerwG, NVwZ 99, 659 (660 ff.); E 113, 151 (157 f.) = ZBR 98, 177 (180 f.) = PersV 99, 134 (135 f.) = NJW 98, 1656 (1658); NVwZ 06, 608 (609).
231 BVerfG, BayVBl 02, 495 = NVwZ 02, 467 = DVBl 02, 406 = DÖD 02, 97; OVG Münster, IÖD 02, 55 (55 f.) = RiA 02, 301 (302).
232 BVerwGE 111, 291 (295); ZBR 04, 267 (267 f.); OVG Lüneburg, NdsVBl 05, 189 (190); NVwZ 05, 350 (351).
233 BVerfG, NVwZ 03, 1504 (1505) = DÖD 04, 112 (113). Das OVG Koblenz, NVwZ-RR 02, 858 (859) = DÖD 02, 319 (320 f.) = IÖD 02, 166 (166 f.) = ZBR 03, 143, nahm dies bei einem längerfristig kranken Polizisten an, der ohne Nebentätigkeitsgenehmigung eine Bauträgerfirma gegründet und sich in ihr federführend betätigt hatte. Das OVG Münster, NVwZ-RR 04, 594 (596), bejahte es bei einem vorläufig des Dienstes enthobenen Beamten, der über Jahre ungenehmigt einer gewerblichen Nebentätigkeit nachging und dem Dienstherrn erhebliche Einnahmen verschwieg, die für die Bemessung des Einhaltungsbetrages relevant waren. Das OVG Lüneburg, NdsVBl 05, 274 (276) = RiA 06, 87 (88 f.), ging davon bei einem Polizisten aus, der monatelang dem Dienst ferngeblieben war, gleichzeitig eine ungenehmigte Nebentätigkeit ausübte und gegen die Vorschriften über die Aufbewahrung von Munition für Polizeiwaffen verstoßen hatte.

3. Spezielle Voraussetzungen und Rechtsfolgen der
einzelnen Beendigungstatbestände

Die näheren Einzelheiten finden sich in Teil 2, 3. Abschnitt dieses Buches (Grundzüge des Disziplinarrechts, Rn 405 ff.).

B.a.P. kann man ohne gerichtliches Disziplinarverfahren aufgrund eines Untersuchungsverfahrens bereits dann entlassen, wenn ein B.a.L. mit einer Kürzung der Dienstbezüge rechnen müßte (§§ 24 III S. 1 Nr. 1 BeamtStG, 34 I Nr. 1 LBG, 31 I S. 1 Nr. 1 BBG). Das Untersuchungsverfahren muß beschleunigt durchgeführt werden. Dabei ist der Sachverhalt entsprechend der §§ 21 bis 30 LDG aufzuklären (§§ 5 III S. 2 LDG, 34 IV S. 2 LBG). Allerdings darf der Dienstherr seine Ermittlungen auch über den Zeitpunkt des Umwandlungsanspruchs der §§ 9 II S. 1 BBG, 9 III S. 1 LBG hinaus ausdehnen, wenn es unmöglich war, bis zu diesem Zeitpunkt über die Entlassung zu entscheiden.[234] B.a.W. können jederzeit durch Widerruf entlassen werden (§§ 24 IV S. 1 BeamtStG, 35 I S. 1 LBG). Allerdings muß auch hier die soeben geschilderte Untersuchung stattfinden (§§ 35 I S. 2, 34 IV S. 2 LBG).

Die Entfernung aus dem Beamtenverhältnis tritt mit Rechtskraft des disziplinargerichtlichen Gestaltungsurteils ein (§§ 59 II S. 2 Nr. 1 LDG, 60 II S. 2 Nr. 1 BDG). Die Rechtsfolgen dieses Urteils entsprechen denen beim Verlust der Beamtenrechte (Rn 293). Dem Beamten kann jedoch ein Unterhaltsbeitrag bewilligt werden (§§ 76, 10 III LDG, 79, 10 III BDG).

Eine spätere Neueinstellung des aus dem Beamtenverhältnis entfernten Beamten ist ausnahmsweise mit Zustimmung des LPA möglich (§§ 11 VI S. 1, 2. Hs. LDG, 12 II LBG). Die Folgen des Disziplinarurteils können nur durch Wiederaufnahme (§§ 68 ff. LDG, 71 ff. BDG) oder im Gnadenwege (§§ 78 LDG, 81 BDG) ganz oder teilweise aufgehoben werden.

3.5 Abberufung kommunaler Wahlbeamter

Das Beamtenverhältnis der kommunalen Wahlbeamten endet durch Abberufung (§ 30 I S. 2 LBG). 295

Hauptamtliche Bürgermeister können von den Bürgern der Gemeinde, hauptamtliche **Landräte** von den Bürgern der kreisangehörigen Gemeinden vor Ablauf der Amtszeit abgewählt[235] werden. Voraussetzungen und Verfahren regeln §§ 66 GO, 45 KrO. Danach scheiden Bürgermeister bzw. Landrat mit dem Ablauf des Tages, an dem der Wahlausschuß die Abwahl feststellt, aus dem Amt (§§ 66 S. 7 GO, 45 S. 7 KrO). Entsprechende Möglichkeiten zur Abwahl gibt es in allen Bundesländern mit Ausnahme von Bayern und Baden-Württemberg. In Baden-Württemberg können Bürgermeister vom Regierungspräsidenten lediglich ihres Amtes enthoben werden, wenn in der Verwaltung derart erhebliche Mißstände offenkundig

---

234 BVerwG, NVwZ 90, 770 (770 f.); OVG Bremen, NVwZ-RR 02, 131 (132 f.).
235 Am Rande sei bemerkt, daß der Gesetzgeber des LBG mit der Fassung von § 195 V S. 1 LBG, wo er auf „abberufene oder abgewählte Bürgermeister" abstellt, eine entsprechende Änderung der GO (noch) nicht nachvollzogen hat. Danach kann es keine abberufenen Bürgermeister mehr geben, sondern lediglich abgewählte.

10. Abschnitt: Die Beendigung des Beamtenverhältnisses

werden, daß eine Weiterführung des Amts im öffentlichen Interesse nicht vertretbar ist.

Die **Abberufung der übrigen kommunalen Wahlbeamten** (Beigeordnete, Kreisdirektoren, Direktoren der Landschaftsverbände, Landesräte) ist ebenfalls möglich, ohne dies begründen zu müssen (§§ 71 VII GO, 47 III KrO, 20 III LVerbO). Bei ihnen genügen nach den genannten Vorschriften allein ein Antrag der Mehrheit der gesetzlichen Zahl der Mitglieder der Vertretung, eine „Abkühlfrist"[236] von 6 Wochen zwischen dem Eingang des Antrags und der Rats- bzw. Kreistags- oder Landschaftsversammlungssitzung sowie eine Mehrheit von 2/3 der gesetzlichen Mitglieder bei der Beschlußfassung. Eine solche qualifizierte Mehrheit von zwei Dritteln der gesetzlichen Mitglieder ist ebenfalls für die Entscheidung über einen etwaigen Widerspruch gegen einen auf einer Abberufungsentscheidung des Rates beruhenden Bescheid erforderlich.[237] Diese Modalitäten genügen den Kriterien des BVerfG[238] für ein verfassungsgemäßes Abberufungsverfahren.[239] Es reicht, wenn der Bürgermeister mit der Einladung zur Ratssitzung die Ratsmitglieder vom Abberufungsantrag in Kenntnis setzt. Dabei existiert keine Pflicht, sie vorzeitig zu unterrichten.[240] Im übrigen begründen die in der Geschäftsordnung eines Gemeinderates enthaltenen Regelungen zur Aufstellung der Tagesordnung für die Ratssitzungen keine subjektiven Rechte außerhalb des Vertretungsorgans Stehender.[241] Die Abberufung eines Gemeindedirektors kann nur auf Gründe gestützt werden, die in der Person des Amtsinhabers bestehen.[242] Ein oder das alleinige Abberufungskriterium kann zulässigerweise sein, einen Wahlbeamten, der das politische Vertrauen der Mehrheit genießt, auf die Stelle des Abgewählten zu berufen.[243] Der Vertrauensverlust stellt das ungeschriebene materielle Tatbestandsmerkmal der Abberufungsentscheidung dar.[244] Er liege bereits in der Abberufungsentscheidung. Deshalb komme es nicht noch auf die hierfür maßgeblichen Gründe an. Dies schließe im Einzelfall jedoch nicht die Prüfung aus, ob der Rat unsachliche Aspekte berücksichtigt habe. Rechtsmißbrauch sei gegeben, wenn der Rat den kommunalen Wahlbeamten bestrafen wolle, nur weil dieser sein Amt pflichtgemäß (etwa durch Beanstandung eines rechtswidrigen Ratsbeschlusses) ausgeübt habe.[245] Zu den Anforderun-

---

236 BVerwG, DÖV 79, 220 (221).
237 OVG Münster, MittNwStGB 87, lfd. Nr. 498.
238 E 7, 155 (170).
239 S. auch BVerwG, DVBl 93, 209; DÖV 79, 220 (221); OVG Münster, DVBl 81, 879; VG Düsseldorf, MittNWStGB 82, lfd. Nr. 358; a.A. Erichsen, DVBl 80, 723 (723 ff.).
240 OVG Münster, DÖV 90, 621 (621 f.) = DÖD 90, 194 (194 f.).
241 OVG Münster, ZBR 96, 273 = NVwZ-RR 95, 591.
242 OVG Lüneburg, DVBl 92, 982 (983); Anm Ipsen, DVBl 92, 985 (985 f.).
243 BVerfG, NVwZ 94, 473 (474); BVerwGE 81, 318 (326) = NVwZ 89, 972 (973 f.); a.A. Lichtenfeld, DVBl 82, 1021 (1024) m.w.N.
244 BVerwG, DVBl 93, 209; OVG Lüneburg, DVBl 92, 982 (983); Anm Ipsen, DVBl 92, 985 (985 f.); Rehn/Cronauge/v. Lennep, GO NW-Kommentar, § 71, Erl VIII 1.
245 BVerwG, DVBl 93, 209.

3. Spezielle Voraussetzungen und Rechtsfolgen der

gen an eine Abberufungsentscheidung äußert sich auch das OVG Münster.[246]

Selbst die an geringere Voraussetzungen geknüpften Abwahlregelungen anderer Bundesländer verstoßen nicht gegen die Verfassung. Beispielsweise stand § 49 II S. 1 der Hessischen Landkreisordnung, wonach Landräte und hauptamtliche Kreisbeigeordnete innerhalb von sechs Monaten nach Beginn der Wahlzeit des Kreistages mit lediglich der Mehrheit der gesetzlichen Zahl seiner Mitglieder abberufen werden können, mit Art. 33 V GG in Einklang.[247] Gleiches gilt für die hessischen Regelungen zur erleichterten Abwahl von hauptamtlichen Wahlbeamten des Verwaltungsausschusses des Landeswohlfahrtsverbandes.[248] Veränderte politische Mehrheitsverhältnisse im Kreistag durch die Kommunalwahl dürften sich auch bei der Besetzung der Verwaltungsspitze dergestalt niederschlagen, daß die politische Gleichgestimmtheit wieder hergestellt wird.[249] Diese Abberufungsmöglichkeiten bestehen ebenfalls in Kommunen mit mehr als 50.000 Einwohnern (§ 76 II Hess. GO).

In verfahrensmäßiger Hinsicht ist die Zustellung einer **Zurruhesetzungsverfügung** erforderlich (§§ 195 V S. 1, X, 196 III S. 1, 40 LBG). Sie muß die Kriterien des § 35 S. 1 VwVfG erfüllen[250] und sollte mit einer Rechtsbehelfsbelehrung versehen sein. Somit gilt das in Rn 277 dargestellte Prüfungsraster. Allerdings **ist** eine **Begründung entbehrlich** (§ 39 II Nr. 2 bzw. Nr. 4 VwVfG i.V.m. § 71 VII S. 4 GO).[251] Danach trage die Abberufungsentscheidung die Begründung praktisch „in sich selbst" durch die sich daraus ergebende Tatsache des Vertrauensverlustes. Auf einzelne Gesichtspunkte, die zu diesem Vertrauensverlust geführt hätten, komme es grundsätzlich nicht an. Die Zurruhesetzungsverfügung könnte z.B. hinsichtlich eines abgewählten Beigeordneten folgenden Wortlaut haben: „Der Rat der Stadt S hat Sie mit Beschluß vom … abberufen (§ 71 VII GO). Ich versetze Sie hiermit in den einstweiligen Ruhestand (§§ 196 III S. 1, 40 LBG)." Der Personalrat bestimmt ebenso wenig mit (§ 72 I S. 2, 2. Hs. Nr. 4 LPVG) wie die Gleichstellungsbeauftragte (§ 3 II S. 2 LGG). Der **einstweilige Ruhestand beginnt**, wenn nicht im Einzelfall ausdrücklich ein späterer Zeitpunkt festgesetzt wird, **mit der Zustellung der Verfügung**, spätestens mit dem Ende der drei Monate, die auf den Monat der Zustellung folgen (§ 40 S. 1 LBG). Der abberufene Beamte hat die Möglichkeit, **Widerspruch** gegen die Zurruhesetzungsverfügung einzulegen, wobei dieser **aufschiebende Wirkung** hat (§§ 54 IV BeamtStG, 80 I VwGO). Die aufschiebende Wirkung führt nicht zur Unwirksamkeit

---

246 ZBR 96, 273 = NVwZ-RR 95, 591.
247 BVerwGE 81, 318 (320 ff.) = NVwZ 89, 972; NVwZ 90, 772.
248 BVerfG, NVwZ 94, 473 (474).
249 BVerwG, NVwZ 90, 772 (773).
250 OVG Münster, DVBl 81, 879; Scheerbarth/Höffken/Bauschke/Schmidt, § 20 I 1b; Schütz/Maiwald, § 40 LBG, Rn 4.
251 OVG Münster, ZBR 96, 273 (274) = NVwZ-RR 95, 591 (592); Rehn/Cronauge/v. Lennep, GO NW-Kommentar, § 71, Erl VIII 1.

eines Verwaltungsakts, sondern verhindert seinen Vollzug.[252] Sie tritt erst mit Einlegung des Widerspruchs ein, wirkt dann jedoch auf den Zeitpunkt des Erlasses der Verfügung zurück. Die aufschiebende Wirkung entfällt, wenn der Dienstherr die **sofortige Vollziehung** (§ 80 II S. 1 Nr. 4 VwGO) angeordnet hat. Dabei muß man beachten, daß das hierfür erforderliche besondere Interesse an der sofortigen Vollziehung nicht dasjenige sein kann, mit dem bereits die Abberufungsentscheidung begründet wurde (Rn 291). Der Vertrauensverlust allein reicht also nicht. Gegen die Anordnung der sofortigen Vollziehung kann sich der Beamte mit dem **Antrag nach § 80 V S. 1, 2. Alt. VwGO** an das Gericht der Hauptsache mit dem Ziel wehren, die aufschiebende Wirkung wiederherzustellen.

Wird ein Bürgermeister durch Bürgerentscheid abberufen, tritt der Verlust der Rechtsstellung unmittelbar kraft Gesetzes ein.[253] Hierfür sprechen ebenfalls § 66 S. 7 GO (Bürgermeister) bzw. § 45 S. 7 KrO (Landrat). Auf die Bekanntgabe der Abberufungsentscheidung komme es nicht an. Dennoch muß nach meiner Ansicht zur Rechtsklarheit, an welchem Tag die Rechtswirkung genau eintritt, aber auch um dem bindenden Verweis in § 195 V S. 1, X auf § 40 LBG zu genügen, beim Bürgermeister/Landrat eine Zurruhesetzungsverfügung ergehen. Von § 40 S. 1 LBG abweichend, beginnt der einstweilige Ruhestand aufgrund der spezialgesetzlichen Normierung jedoch bereits mit dem Ablauf des Tages, an dem der Wahlausschuß die Abwahl feststellt (§§ 66 S. 7 GO, 45 S. 7 KrO). Welcher Tag dies ist, sollte in der Zurruhesetzungsverfügung genannt werden. Schließlich stellt die Abwahl eines sächsischen Landrats keinen Verwaltungsakt, sondern einen mit Feststellungsklage angreifbaren Akt kommunalverfassungsrechtlicher Selbstgestaltung dar.[254]

Dem abberufenen kommunalen Wahlbeamten muß keine Entlassungs- oder Zurruhesetzungsurkunde wegen der Verschiedenartigkeit der Beendigungstatbestände ausgehändigt werden.[255] Man darf ihm jedoch eine **(deklaratorische) Zurruhesetzungsurkunde** überreichen (Rn 277). Der Text könnte lauten: „Herr Beigeordneter B ist mit Wirkung vom (Datum der Zustellung der Zurruhesetzungsverfügung) in den einstweiligen Ruhestand versetzt worden. Für seine treuen Dienste werden ihm Dank und Anerkennung ausgesprochen." Sofern die Abberufung bloß auf dem Vertrauensverlust beruht, sollten dem kommunalen Wahlbeamten „Dank und Anerkennung" ausgesprochen werden. Ausschließlich dann kann man aus dem Fehlen einer derartigen Formulierung nicht fälschlicherweise auf gravierendere Abberufungsgründe schließen.

Die **Rechtsfolgen** der Abberufung entsprechen zunächst denen des einstweiligen Ruhestandes (§§ 195 V S. 1, X, 196 III S. 1, 40 LBG, 4 III

---

252 BVerwGE 66, 218 (222); 13, 1 (8).
253 OVG Frankfurt/Oder, LKV 97, 174 (175).
254 VG Chemnitz, LKV 97, 340 (341).
255 Anders ist es in Brandenburg, wo sogar die Anfechtung der vorzeitigen Abberufung eines Bürgermeisters keinen Hinderungsgrund für die Aushändigung der Ernennungsurkunde an den gewählten Nachfolger darstelle: VG Potsdam, LKV 03, 244.

3. Spezielle Voraussetzungen und Rechtsfolgen der

S. 1, I BBesG, 66 VIII BeamtVG; Rn 292). Danach treten die abgewählten bzw. abberufenen Wahlbeamten in den Ruhestand und erhalten Versorgung (§§ 195 V S. 2, IV, X, 196 III S. 2, 44 II LBG, 66 I BeamtVG) oder sind zu entlassen und nachzuversichern (§§ 8, 181 SGB VI). Ansonsten bestimmen sich die Rechte und Pflichten wie beim Eintritt in den Ruhestand geschildert (Rn 291).

Literatur: Frotscher/Knecht, Die vorzeitige Abberufung kommunaler Beigeordneter – Kritische Anmerkungen zu einem hessischen Sonderweg, DÖV 03, 620; Goerlich, Regelungslücke, normative Verdichtung und richterliche Normfindung – am Beispiel der Amtsenthebung eines regimebelasteten kommunalen Wahlbeamten, LKV 98, 46; Spoerr/Niewerth, Die Abberufung von Beigeordneten nach sächsischem Kommunalrecht, SächsVBl 98, 169; Priebe, Die vorzeitige Beendigung des aktiven Beamtenverhältnisses bei politischen Beamten und kommunalen Wahlbeamten, 1997; Hoffmann, Die Abwahl kommunaler Wahlbeamter als Konsequenz ihrer Einbindung in die Politik, DÖV 90, 320; Thiele, Die Abberufung kommunaler Wahlbeamter auf Zeit, DÖD 88, 49.

3.6 Verabschiedung der Ehrenbeamten

Sofern das Ehrenbeamtenverhältnis nicht schon durch Zeitablauf (z.B. Ende der Amtszeit von Mitgliedern des Kreisausschusses, §§ 62, 51 II S. 1 KrO) oder kraft Gesetzes durch Entlassung endet (z.B. nach § 32 I S. 1 Nr. 1, 2 LBG), kann der Ehrenbeamte jederzeit verabschiedet werden (§ 183 I S. 1 Nr. 1 S. 2 LBG). Er ist zu verabschieden, wenn die Anforderungen für den dauernden oder einstweiligen Ruhestand erfüllt sind, nicht jedoch bei Erreichen der Altersgrenze (§ 183 I S. 1 Nr. 1 S. 3 LBG).

296

Bei seiner Verabschiedung erhält der Ehrenbeamte eine schlichte schriftliche Mitteilung und keine Entlassungsurkunde. Die andere Wortwahl (Verabschiedung statt Entlassung) zeigt, daß kein der Entlassung entsprechendes förmliches Verfahren erforderlich ist.

Als Rechtsfolge der Verabschiedung erlöschen die Beamtenrechte und -pflichten, sofern sie nicht im gleichen Umfang wie bei der Entlassung (Rn 286) bestehen bleiben. Das gilt jedoch nur, soweit die dort genannten Vorschriften nicht durch § 183 I S. 1 Nr. 2 S. 4 LBG ausgeschlossen sind. Versorgungsansprüche hat der Ehrenbeamte lediglich unter den Voraussetzungen des § 68 BeamtVG (§ 183 II LBG).

11. Abschnitt: Beschwerdeweg und Rechtsschutz

Der Beamte hat **außergerichtliche und gerichtliche Rechtsbehelfe**, um 297
seine privaten Interessen (z.B. Art seiner Verwendung, persönliches Fortkommen) durchzusetzen. Dienstliche Belange (beispielsweise die korrekte Aufgabenerfüllung durch seine Behörde, das unwirtschaftliche Arbeiten in seiner Dienststelle) kann er allein mit außergerichtlichen formlosen Rechtsbehelfen verwirklichen, die keine Beschwer voraussetzen.

Von Rechtsbehelfen sind folgende, dem Beamten ebenfalls zur Verfügung stehende **Abwehrmöglichkeiten zu unterscheiden**.

Die **Remonstration**, die sich gegen rechtswidrige Weisungen richtet (§§ 37 II S. 1 BeamtStG, 59 II S. 1 LBG, 56 II S. 1 BBG; Rn 211), ist eine Pflicht des Beamten. Hingegen hat er bei der Einlegung von Rechtsbehelfen Ermessen. Außerdem verfolgt die Remonstration u.a. den spezifischen Zweck, den Beamten disziplinar-, straf- und haftungsrechtlich von der Befolgung rechtswidriger Weisungen zu entlasten.[1]

Bei der **Flucht in die Öffentlichkeit** (Rn 205) wendet sich der Beamte, anders als bei Rechtsbehelfen, nicht an staatliche Stellen, sondern an die Allgemeinheit. Außerdem stellt die Flucht in die Öffentlichkeit im Kern die versuchte Rechtfertigung eines Verstoßes gegen seine Amtsverschwiegenheitspflicht (§§ 38 BeamtStG, 64 LBG, 61 BBG) dar und gerade keinen Rechtsbehelf.

1. Außergerichtliche Rechtsbehelfe

Man muß **zwischen förmlichen und formlosen Rechtsbehelfen diffe-** 298
renzieren. Förmliche Rechtsbehelfe können die Ausführung der angegriffenen Maßnahmen hemmen (**Suspensiveffekt**, § 80 I VwGO) und begründen die Zuständigkeit der nächsthöheren Instanz (**Devolutiveffekt**, § 73 I VwGO). Hingegen verhindern formlose Rechtsbehelfe nicht einmal, daß die Bestandskraft der angefochtenen Maßnahme eintritt. Deshalb muß wegen Art. 19 IV GG eine Eingabe im Zweifel als förmlicher Rechtsbehelf verstanden werden.[2] Formlose und förmliche Rechtsbehelfe kann man nebeneinander einlegen. Dabei kann sich der Beamte Bevollmächtigter und Beistände bedienen (§ 14 VwVfG) oder durch Gewerkschaften vertreten lassen (§§ 103 I S. 2 LBG, 91 I S. 2 BBG).

---

1 Battis, § 56 BBG, Rn 2.
2 Ähnlich Kunig in Schmidt-Aßmann, Rn 176.

11. Abschnitt: Beschwerdeweg und Rechtsschutz

1.1 Formlose Rechtsbehelfe

299 Als formlose Rechtsbehelfe kommen in Frage:

1) Anträge und Beschwerden (§§ 179 I LBG, 171 I BBG),
2) Petition (Art. 17 GG, §§ 179 III LBG, 24 I S. 1 GO),
3) Anregungen und Beschwerden an den Personalrat (§§ 64 Nr. 5 LPVG, 68 I Nr. 3 BPersVG) oder die Gleichstellungsbeauftragte (§ 20 LGG),
4) Gnadengesuch (§§ 53 I LBG, 50 I BBG, 78 LDG, 81 BDG),
5) Anrufung des Beauftragten für Datenschutz und Informationsfreiheit (§§ 25 I DSG, 21 BDSG),
6) Antrag nach § 18 I LDG/BDG.

Zu (1) Anträge zielen auf eine noch zu erlassende Maßnahme der Behörde (z.B. eine Versetzung), während Beschwerden sich gegen bereits getroffene Anordnungen richten.

§ 179 I LBG (§ 171 I BBG) schreibt für Beschwerden weder eine Form noch eine Frist vor. Allerdings muß der Beamte den Dienstweg einhalten (§ 171 I S. 1, 1. Hs. BBG, § 179 I S. 1, 1. Hs. LBG). Beschwerden gegen den unmittelbaren Vorgesetzten (z.B. Amtsleiter) kann er jedoch beim nächsthöheren Vorgesetzten (z.B. Dezernent) direkt einlegen (§§ 179 II LBG, 171 II BBG).

Anträge und Beschwerden müssen sachbezogen sein. Sonst können sie die Pflicht des Beamten zu achtungs- und vertrauenswürdigem Verhalten (§§ 57 S. 3 LBG, 54 S. 3 BBG) verletzen und zu Disziplinarmaßnahmen führen.[3]

Als Beschwerden sind die **Gegenvorstellung** bei der Stelle, die über den beanstandeten Vorgang entschieden hat, und **Aufsichtsbeschwerden** an Aufsichtsbehörden denkbar. So kann sich beispielsweise ein Kommunalbeamter, der den Beschwerdeweg erfolglos bis zur obersten Dienstbehörde (hier der Rat, §§ 179 I S. 2, 3 I S. 1 Nr. 2 LBG, 40 II S. 1, 1. Alt. GO) beschritten hat, an den hauptamtlichen Landrat als Aufsichtsbehörde (§ 120 I, 1. Hs. GO) wenden. Aufsichtsbeschwerden können die sachliche Richtigkeit der angegriffenen Entscheidung in Frage stellen. In diesem Fall handelt es sich um **Fachaufsichtsbeschwerden** (§ 13 I LOG). Wenn sie das persönliche Verhalten des Entscheidungsträgers betreffen, spricht man von **Dienstaufsichtsbeschwerden** (§ 12 I LOG). Wie sich aus § 12 II LOG ergibt, werden Dienstaufsichtsbeschwerden grundsätzlich von der obersten Dienstbehörde entschieden. Der entsprechende Rechtsgedanke findet sich in § 179 I S. 2 LBG. Demzufolge hat der Rat/Kreistag über eine gegen den hauptamtlichen Bürgermeister/Landrat erhobene Dienstaufsichtsbeschwerde zu befinden. Soweit sich Beschwerden an Stellen außerhalb des innerdienstlichen Bereichs des Dienstherrn wen-

---

3 BDiszG, DÖD 79, 202 (203 f.).

1. Außergerichtliche Rechtsbehelfe

den, sind sie zwar nicht von § 179 I LBG (§ 171 II BBG), jedoch wie alle Beschwerden von Art. 17 GG gedeckt.

Art. 17 GG gewährt einen **formellen Bescheidungsanspruch**. Die mit der Eingabe befaßte Stelle muß diese entgegennehmen, prüfen und den Beamten in angemessener Zeit über die Art der Erledigung unterrichten.[4] Bei einem formlosen Rechtsbehelf besteht kein Anspruch auf eine inhaltliche Prüfung. Somit enthält der Petitionsbescheid keine Regelung (§ 35 S. 1 VwVfG). Deswegen kann ausschließlich mit der Leistungsklage eine Bescheidung eingeklagt bzw. überprüft werden, ob sie in dem durch Art. 17 GG erforderlichen Rahmen erfolgt ist. Es gibt keinen Anspruch auf einen positiven Bescheid.[5]

Zu (2) Neben dem Recht aus § 179 I LBG (§ 171 I BBG) steht dem Beamten das allgemeine Petitionsrecht zu. Es unterscheidet sich vom beamtenspezifischen Beschwerderecht, weil Art. 17 GG zwar die Schriftform, jedoch keinen Beschwerdeweg vorschreibt. Deshalb kann sich ein Beamter schriftlich jederzeit direkt an den Landtag wenden (§ 179 III LBG). Der Kommunalbeamte kann daneben auch unmittelbar schriftlich den Rat anrufen (§ 24 I S. 1 GO).[6]

Zu (3) Neben den genannten Rechtsbehelfen kann der Beamte formlos unmittelbar den Personalrat einschalten, der bei berechtigt erscheinenden Beschwerden durch Verhandlungen mit dem Dienststellenleiter auf ihre Erledigung hinzuwirken hat (§§ 64 Nr. 5 LPVG, 68 I Nr. 3 BPersVG), und ebenso die Gleichstellungsbeauftragte (§ 20 LGG).

Zu (4) Mit Gnadengesuchen (z.B. um die Folgen des Verlustes der Beamtenrechte abzuwenden, §§ 53 I S. 1 LBG, 50 I BBG) kann der Beamte einen Gnadenerweis anstreben. Seine Ablehnung ist allerdings mangels inhaltlicher Maßstäbe („Gnade vor Recht") für eine sinnvolle Kontrolle gerichtlich nicht überprüfbar.

Zu (5) Glaubt der Beamte, bei der Verarbeitung seiner Daten in Rechten verletzt zu werden, kann er die Beauftragten für Datenschutz und Informationsfreiheit anrufen (§§ 25 I DSG, 21 BDSG).

Zu (6) Wird der Beamte eines Dienstvergehens verdächtigt, kann er die Einleitung eines Disziplinarverfahrens gegen sich selbst beantragen (§ 18 I LDG/BDG; sog. **Selbstreinigungsverfahren**). Der Antrag darf nur abgelehnt werden, wenn keine zureichenden tatsächlichen Anhaltspunkte vorliegen, die den Verdacht eines Dienstvergehens rechtfertigen (§ 18 II S. 1 LDG/BDG). Die Entscheidung ist dem Beamten mitzuteilen (§ 18 II S. 2 LDG/BDG).

---

4 BVerfGE 2, 255 (229); Plog/Wiedow/Lemhöfer/Bayer, § 171 BBG, Rn 9; weitergehend Kunig in Schmidt-Aßmann, Rn 176, der einen Bescheid mit Gründen fordert.
5 BVerwG, NJW 77, 118; Hilg/Müller, 380.
6 Dazu BVerwG, NJW 81, 700; OVG Münster, DVBl 78, 895.

11. Abschnitt: Beschwerdeweg und Rechtsschutz

Literatur: Klaproth, Die Dienstaufsicht im Beamtenrecht, DÖD 01, 57; Thieme, Die Dienstaufsichtsbeschwerde, DÖD 01, 77; Becker-Kavan, Die Dienstaufsichtsbeschwerde, DÖD 00, 273; Czisnik, Ein Vorschlag zur Verwirklichung des verfassungsrechtlichen Ziels eines eigenverantwortlich handelnden Beamten, ZBR 00, 397.

1.2 Förmliche Rechtsbehelfe

300 Als förmlicher Rechtsbehelf steht dem Beamten der Widerspruch (§§ 54 II BeamtStG [bis zum 1.10.2008 der inhaltsgleiche § 126 BRRG], 68 ff. VwGO bzw. im Diziplinarverfahren § 41 I LDG/BDG; Rn 418) zur Verfügung. Keines Vorverfahrens bedarf es, wenn ein Landesgesetz dies bestimmt (§ 54 II S. 3 BeamtStG; beispielsweise § 41 I S. 2 LDG/BDG). Im Vergleich mit dem Widerspruchsverfahren nach allgemeinem Verwaltungsrecht muß man im Beamtenrecht eine Reihe von Besonderheiten beachten.

1.3 Besonderheiten des beamtenrechtlichen Widerspruchsverfahrens

Als Vorverfahren einer Klage vor dem Verwaltungsgericht ist der Widerspruch grundsätzlich nur zulässig, wenn die Sachurteilsvoraussetzungen einer verwaltungsgerichtlichen Klage vorliegen.

301 (1) Der **Rechtsweg** zum VG ist für alle Klagen aus dem Beamtenverhältnis eröffnet (§ 54 I BeamtStG). Sinn dieser Vorschrift ist es, den Rechtsweg in Beamtenrechtsfragen zu vereinheitlichen.[7] Nach ihrem **persönlichen Anwendungsbereich** bezieht sich diese Norm auf Beamte, Ruhestandsbeamte, frühere Beamte und Hinterbliebene sowie auf alle Dienstherren. Über den Wortlaut hinaus muß man sie sinnentsprechend anwenden, wenn es streitig ist, ob ein Beamtenverhältnis besteht sowie für die ein solches Rechtsverhältnis vorbereitenden Maßnahmen und Verabredungen[8] (sog. vorbeamtenrechtliche Streitigkeiten). Beispielsweise kann dadurch die Wirksamkeit einer Einstellungszusage[9] oder die Zulassung zu einem Auswahlverfahren[10] geklärt werden. Eine Klage aus dem Beamtenverhältnis liegt selbst dann vor, wenn kein Beamtenverhältnis zustande gekommen ist, aber von beiden Seiten gewollt und zunächst als bestehend angesehen wurde.[11] Hingegen ist der Rechtsweg zu den Arbeitsgerichten eröffnet, wenn ein Angestellter im öffentlichen Dienst verhindern will, daß sein Arbeitgeber einen Beförderungsdienstposten an einen verbeamteten Konkurrenten vergibt.[12] In diesem Fall stehe die Anwendung arbeitsrechtlicher Vorschriften im Vordergrund. Wiederum anders ist es jedoch, wenn

---

7 Ule, § 126 BRRG, Rn 1.
8 BVerwG, DÖD 06, 41 (42) = ZBR 05, 174 (175): für den Streit um die Rückzahlung eines Entgelts, das für die in einem Arbeitsvertrag enthaltene Zusicherung der Übernahme in ein Beamtenverhältnis und der Gewährung von Versorgung gezahlt wurde.
9 BVerwGE 26, 31 (33 f.).
10 BVerwG, DÖD 72, 73 (73 f.).
11 BVerwG, NJW 96, 2175 (2176).
12 OVG Koblenz, NVwZ-RR 99, 51 (51 f.) = DVBl 98, 648.

1. Außergerichtliche Rechtsbehelfe

der Konkurrentenstreit vom Beamten ausgeht und nach Beamtenrecht zu beurteilen ist, weil einem Angestellten ein höherwertiger Dienstposten übertragen werden soll.[13]

Nach seinem **sachlichen Anwendungsbereich** gilt § 54 I BeamtStG für alle Beamtenrechtsstreitigkeiten. Eine solche existiert, wenn der Streit im Beamtenverhältnis wurzelt oder aufgrund beamtenrechtlicher Vorschriften zu entscheiden ist.[14] Beamtenrechtliche Bestimmungen enthalten nicht allein die Beamtengesetze, sondern z.B. auch das Beihilfe-, Umzugskosten- und Nebentätigkeitsrecht. **§ 54 I BeamtStG ist** somit **weit auszulegen**.

Ausnahmsweise ist § 54 BeamtStG nicht für diejenigen Streitigkeiten im Innenbereich (Rn 303) heranzuziehen, bei denen lediglich remonstriert werden kann.

(2) Bei der Prüfung der **Statthaftigkeit** des Widerspruchs sind zwei beamtenrechtliche Besonderheiten zu beachten: **302**

– Der Widerspruch ist ebenfalls vor Leistungs- und Feststellungsklagen zu erheben (§ 54 II S. 1 BeamtStG). Diese Klagearten setzen gerade keinen Verwaltungsakt voraus. Der Widerspruch eines Beamten ist entgegen § 68 I S. 1, II VwGO auch dann zulässig, wenn er sich nicht gegen einen Verwaltungsakt wendet oder seinen Erlaß erstrebt. Nicht erforderlich sei hingegen, daß der Beamte vorher die begehrte Leistung bei seinem Dienstherrn hätte beantragen müssen. Ein Leistungs- oder Feststellungswiderspruch könne vielmehr unmittelbar gegen eine Amtshandlung ohne Verwaltungsaktcharakter oder gegen ein behördliches Unterlassen gerichtet werden.[15] Demnach muß der Beamte vor jeder Klage vor dem VG zunächst Widerspruch einlegen. Der Grund hierfür ist in dem zwischen Dienstherrn und Beamten bestehenden Dienst- und Treueverhältnis zu sehen. Bevor ein Rechtsstreit dem VG unterbreitet wird, soll die oberste Dienstbehörde (§ 54 III S. 1 BeamtStG) Gelegenheit zu einer abschließenden Stellungnahme und ggf. zur Korrektur des Verwaltungshandelns erhalten.[16]

– Entgegen § 68 I S. 2 Nr. 1 VwGO muß der Beamte zudem Widerspruch gegen Entscheidungen seiner obersten Dienstbehörde einlegen (§ 54 II S. 2 BeamtStG), selbst wenn diese oberste Bundes- oder Landesbehörde ist.

(3) Für die Prüfung der **Widerspruchsbefugnis** ist § 42 II VwGO analog heranzuziehen. Es kommt nicht darauf an, ob es sich um einen Widerspruch handelt, der einen Verwaltungsakt betrifft. § 42 II VwGO ist eben- **303**

---

13 OVG Koblenz, NVwZ-RR 96, 51 (51 f.) = DVBl 98, 648; OVG Hamburg, NordÖR 99, 251.
14 Plog/Wiedow/Lemhöfer/Bayer, § 172 BBG, Rn 5.
15 BVerwG, DÖV 01, 1042 (1043) = NVwZ 02, 97 (98) = IÖD 02, 4 (6) = DVBl 02, 196 (197 f.) = PersV 02, 23 (25) = ZBR 02, 93 (93 f.) = DÖD 02, 217 (218) = RiA 03, 145 (147) = BayVBl 02, 53 (54) = E 114, 350 (354).
16 Monhemius, Rn 654.

falls bei Leistungs- und Feststellungsklagen analog anzuwenden.[17] Ein Beamter muß ohnehin zunächst Widerspruch einlegen und zwar unabhängig von der Klageart in der Hauptsache. Allerdings hat § 42 II VwGO im Beamtenrecht eine weitere Bedeutung. Beim Beamtenwiderspruch muß nicht nur geprüft werden, ob der Widerspruchsführer **selbst betroffen** ist (Ausschluß von Popularwidersprüchen), sondern auch, ob überhaupt subjektive Rechte eines Beamten verletzt sein können. Das ist zweifelhaft, wenn er als Amtsträger agiert und damit als Sachwalter seines Dienstherrn auftritt.

Nach der sog. **Möglichkeitstheorie** ist die Widerspruchsbefugnis gegeben, wenn der Widerspruchsführer **subjektive Rechte** geltend machen kann, die **möglicherweise verletzt** sind. Ein subjektiv-öffentliches Recht kann dann vorliegen, wenn der Widerspruchsführer auf eine Norm abstellt, die nicht allein im Interesse der Allgemeinheit erlassen wurde, sondern zumindest auch im Interesse des Einzelnen. Durch die Vorschrift muß dessen **Schutz als Einzelner** bezweckt werden. Wer sich auf sie beruft, muß zudem zum geschützten Personenkreis gehören. Ob sich der Beamte als Widerspruchsführer auf zu seinem Schutz als Einzelner erlassene Bestimmungen beziehen kann, ist wegen seiner **Doppelstellung** problematisch. Der Beamte ist Adressat von Entscheidungen, die ihn persönlich, d.h. als **Rechtsperson**, betreffen (z.B. Einstellung, Versetzung). Andererseits kann er als **Amtswalter** für seinen Dienstherrn tätig werden, der als juristische Person selbst nicht handlungsfähig ist (z.B. beim Erlaß einer Verfügung an einen Bürger; bei der Teilnahme an einer Dienstbesprechung). Normen zur Steuerung des Verhaltens des Beamten in diesem Bereich werden grundsätzlich ausschließlich im Interesse der Allgemeinheit an der Funktionsfähigkeit der Exekutive erlassen. Hier sind ausnahmsweise subjektive Rechte des Beamten denkbar, beispielsweise wenn eine dienstliche Weisung die Grenzen der Gehorsamspflicht überschreitet (Rn 210). Ist der Beamte hingegen als Rechtsperson betroffen, ist er widerspruchsbefugt. Er muß sich nicht auf eine Remonstration oder andere formlose Rechtsbehelfe verweisen lassen. Für die Frage nach der Widerspruchsbefugnis kommt es demnach darauf an, welchem Bereich die angefochtene Maßnahme zuzuordnen ist.

Um zu ermitteln, wann Entscheidungen des Dienstherrn subjektive Rechte des Beamten berühren, wurden verschiedene Lösungsansätze entwickelt. Diese sind in den Rn 13 ff. dargestellt. Danach besteht die **Widerspruchsbefugnis des Beamten** jedenfalls **insoweit, als er sich auf Grundrechte berufen kann**. Für die Unterscheidung zwischen Rechtsschutz und Remonstration hatte das BVerwG[18] folgende Formel geprägt: Nach ihr ist entscheidend, ob sich die potentiellen Wirkungen der Anordnungen nicht auf die Stellung des Beamten als Amtsträger beschränken,

---

17 Für die Leistungsklage BVerwGE 60, 144 (150) = DVBl 80, 882 (883) = NJW 81, 67 (68); a.A. Achterberg, DVBl 81, 278 (279 f.) m.w.N.; generell Rupp, DVBl 82, 144 (145).
18 Grundlegend E 14, 84 (87).

1. Außergerichtliche Rechtsbehelfe

sondern sich – über die Konkretisierung der Gehorsamspflicht hinaus – ebenfalls auf seine Position als eine dem Dienstherrn mit selbständigen Rechten gegenüberstehende Rechtspersönlichkeit erstrecken. Im Umsetzungsurteil[19] hat das Gericht klargestellt, daß sogar Maßnahmen im Betriebsverhältnis (wie die Umsetzung) die Widerspruchsbefugnis begründen können und daß der Rechtsweg unabhängig vom Vorliegen eines Verwaltungsakts eröffnet ist. Zwar fehlt es bei ihnen in der Regel am Merkmal „Außenwirkung" (§ 35 S. 1 VwVfG). Dennoch können sie den Beamten als Rechtsperson betreffen und seine Widerspruchsbefugnis bewirken. Allerdings stellt das BVerwG keine Kriterien dafür auf, wann der eine oder andere Bereich berührt ist.

Die Entscheidungen lassen sich jedoch in folgendes **Raster** einordnen:

(a) Sind die **Außenrechtsbeziehungen** Beamter – Dienstherr tangiert, ist die **Verletzung subjektiver Rechte immer möglich** und somit die Widerspruchsbefugnis zu bejahen. Außenrechtsbeziehungen sind die Beziehungen zwischen dem Staat und Rechtssubjekten außerhalb der staatlichen Organisation. Zu diesem Bereich zählen alle Entscheidungen des Dienstherrn, die auf das Ziel gerichtet sind, Menschen für die Aufgabenerfüllung zu gewinnen (z.B. Einstellung, Versetzung), ihre Eignung zu prüfen (z.B. Laufbahnprüfung, dienstliche Beurteilung), Personal an den Dienstherrn zu binden (z.B. Beihilfe, Dienstunfallentschädigung), die Bindung zu beenden (z.B. Entlassung) oder umzugestalten (Beförderung, Zurruhesetzung). Jedenfalls gehören alle das Grundverhältnis (Rn 13) betreffenden Akte dazu.

(b) Sind die **Innenrechtsbeziehungen**, d.h. die Rechtsbeziehungen zwischen Organwalter (= Amtsträger), Organen und „Organismus" berührt, und erfolgen die Maßnahmen somit im sog. Betriebsverhältnis, wird durch die Begriffswahl Innen„rechtsbeziehungen" deutlich, daß selbst insoweit eine Rechtsbeziehung[20] und kein Gewaltverhältnis vorliegt. Allerdings darf es im Beamtenrecht keine Abweichung von der Aussage geben, daß allein die mögliche Verletzung objektiven Rechts keine Widerspruchsbefugnis begründen kann, sondern diese subjektive Rechte voraussetzt.[21]

Vor diesem Hintergrund lassen sich **im Innenbereich zwei Kategorien** von Maßnahmen unterscheiden:

– solche, die darauf abzielen, den **Beamten** an bestimmter Stelle **in die Organisation seines Dienstherrn einzugliedern** (Aufbauorganisation). Ihm wird ein Aufgabenbereich (neu) zugewiesen, wie bei der Versetzung, Abordnung, Umsetzung und Organisationsverfügung. Insoweit ist die **Verletzung subjektiver Rechte immer möglich**. Der Beamte hat zwar als Folge seiner Außenrechtsbeziehung zum Dienst-

---

19 BVerwGE 60, 144 (150) = DVBl 80, 882 (883) = NJW 81, 67 (68); Rn 183.
20 Erichsen, DVBl 82, 95 (96).
21 Weitergehend Rottmann, ZBR 83, 78 (86).

herrn keinen Anspruch auf eine bestimmte Aufgabe (d.h. Aufgabeninhalt). Er kann aber aufgrund seines statusrechtlichen Amtes eine amtsangemessene Aufgabe (also ihm wegen der Amtsqualität zustehende Aufgaben; Rn 49) verlangen[22],

– und solche zur zeitlichen, sachlichen und räumlichen **Abfolge der Arbeitsprozesse** (Ablauforganisation). Hier ist **grundsätzlich keine Verletzung subjektiver Rechte möglich**. Der Beamte hat Wahrnehmungszuständigkeiten, jedoch keine eigenen Rechte als Person (z.B. bei Weisungen, Vorgänge in bestimmter Zeit oder auf gewisse Art und Weise zu erledigen). Auch die Erklärung eines Schulleiters, eine Schulaufgabe sei ungültig und eine neue sei anzufertigen, gehört zu diesem Bereich. Diese Entscheidung berührt keine subjektiven Rechte des Lehrers, der die Schulaufgabe veranlaßt hat, sondern allenfalls solche der betroffenen Schüler.[23] Somit kann der Beamte **nur remonstrieren** (Rn 211 mit Beispielen zur Abgrenzung). Subjektive Rechte können ausnahmsweise bestehen, wenn die Grenzen des Weisungsrechts überschritten werden (dazu Rn 210), indem z.B. die Weisung in spezielle Freiheitsgrundrechte eingreift (Rn 12, 15 mit Beispielen) oder bei § 59 II S. 3 LBG (§ 56 II S. 3 BBG; § 37 II S. 4 BeamtStG). Die Widerspruchsbefugnis liegt hier vor, wenn ein Überschreiten der Grenzen des Weisungsrechts möglich ist.[24]

Fall: Dem Gewerbeamtmann G wird aufgegeben, monatlich ein näher bezeichnetes Außen- und Innendienstpensum zu erledigen. Ob er diese Pflicht erfüllt hat, soll der zuständige Gebietsleiter überprüfen. In seinem Widerspruch trägt G vor, mit dieser Anordnung werde ihm ein dauerndes dienstliches Fehlverhalten (quantitative Minderleistungen) angelastet. Außerdem werde er diskriminiert, da Kontrollmaßnahmen ausschließlich ihm gegenüber angeordnet worden seien. Ist die Verletzung subjektiver Rechte möglich?

Bei der Übertragung eines Arbeitspensums handelt es sich um eine Maßnahme der Ablauforganisation. Subjektive Rechte des Beamten können deshalb lediglich verletzt sein, wenn die Grenzen des Weisungsrechts überschritten werden. Das ist hier der Fall, weil über die Konkretisierung der Amtspflichten des G (Zuordnung des Arbeitspensums) hinaus ihm gleichzeitig der (verdeckte) Vorwurf einer Dienstpflichtverletzung gemacht und eine Sonderbelastung auferlegt wird. Deshalb liegt ein Eingriff in seine individuelle Rechtssphäre vor.[25]

Weitere **Beispiele:** Der Beamte erhält ein unangemessenes, z.B. seiner Gesundheit abträgliches Dienstzimmer: Ablauforganisation, aber Eingriff in ein spezielles Freiheitsgrundrecht (Art. 2 II S. 1 GG); in seinem Dienstzimmer wird ein Internet-Anschluß installiert: Innenrechtsbeziehungen (Ablauforganisation; die Verletzung subjektiver Rechte ist ausgeschlossen); er erhält einen neuen Dienstposten: Innenrechtsbeziehungen (Aufbauorganisation; die Verletzung subjektiver Rechte ist möglich).

304 (4) Die Anforderungen an **Form und Frist** des Widerspruchs ergeben sich grundsätzlich aus § 54 II, III BeamtStG i.V.m. § 70 I VwGO. Hinsichtlich

---

22 So im Ergebnis für Versetzung und Abordnung BVerwGE 60, 144 (146 ff.) = DVBl 80, 882 (883) = NJW 81, 67 (68); für die Umsetzung BVerwGE 60, 144 (146 ff.) = DVBl 80, 882 (884) = NJW 81, 67 (68); für die Organisationsverfügung BVerwG, DVBl 81, 495 (496); zur amtsangemessenen Verwendung auch VGH München, ZBR 97, 194; VGH Kassel, DÖD 90, 150 (150 f.).
23 VGH München, ZBR 86, 368.
24 Ähnlich OVG Bremen, ZBR 89, 23.
25 So auch OVG Lüneburg, ZBR 85, 171.

1. Außergerichtliche Rechtsbehelfe

der Frist ist zu beachten, daß der Beamte auch vor Leistungs- und Feststellungsklagen Widerspruch einlegen muß. Diese Klagearten setzen aber gerade keinen Verwaltungsakt voraus und sind ohne Einhaltung einer Frist zulässig. Zudem knüpft § 70 I S. 1 VwGO für die Fristberechnung an die Bekanntgabe an. Sie ist jedoch nur Voraussetzung für die Wirksamkeit eines Verwaltungsakts (§§ 43 I S. 1, 41 VwVfG). Deshalb muß die Verweisung in § 54 II S. 1 BeamtStG auf § 70 I S. 1 VwGO hinsichtlich der Frist wie folgt verstanden werden: Liegt ein Anfechtungs- oder Verpflichtungswiderspruch vor, gilt die Monatsfrist, während bei Leistungs- oder Feststellungswidersprüchen keine Frist zu beachten ist.[26] Allerdings kann der Widerspruch nach Zeitablauf wegen **Verwirkung** unzulässig sein. Sie kann dann eintreten, wenn der Dienstherr in Anwendung des Grundsatzes von Treu und Glauben bei vernünftiger Betrachtung den Eindruck gewinnen konnte, der Beamte habe sich mit der Entscheidung abgefunden (Umstandsaspekt, der neben dem Zeitmoment vorliegen muß).[27]

(5) Der Widerspruch hat grundsätzlich **aufschiebende Wirkung** (§ 80 I S. 1 VwGO); allerdings nicht bei den in § 54 IV BeamtStG genannten Maßnahmen Abordnung und Versetzung. Wegen der Formenstrenge des Beamtenrechts ist diese Regelung abschließend; man darf sie nicht analog auf ähnliche Personalverteilungsmaßnahmen (z.B. Umsetzung, Zuweisung) anwenden. Die Umsetzung ist kein Verwaltungsakt (Rn 183), so daß § 80 I S. 1 VwGO, der die aufschiebende Wirkung von Widerspruch und Anfechtungsklage allein bei Verwaltungsakten anordnet, bei ihr – anders als bei der Zuweisung – nicht anzuwenden ist. Falls das Widerspruchsverfahren nicht durch einen Abhilfebescheid (§ 72 VwGO) beendet wird[28], ergeht ein Widerspruchsbescheid. Die **Entscheidungszuständigkeit** liegt abweichend von § 73 I VwGO wegen § 54 III S. 1 BeamtStG bei der obersten Dienstbehörde (§§ 3 I LBG, 3 I BBG). Diese hat häufig die Delegationsermächtigung in § 54 III S. 2 BeamtStG genutzt (exemplarisch § 5 I ÜbertragungsVO IM). Eine solche Übertragung ist nicht nur generell, sondern auch im Einzelfall möglich.[29] Dann muß dem betroffenen Beamten gegenüber das Mandat offengelegt werden.

305

Hieraus folgt **für den kommunalen Bereich**, daß der **Rat/Kreistag** als oberste Dienstbehörde den Widerspruchsbescheid erläßt (§ 3 I S. 1 Nr. 2 LBG). Aufgrund der Delegationsermächtigung kann der Rat/Kreistag die Entscheidung für Fälle, in denen er den Verwaltungsakt nicht selbst erlassen hat, durch allgemeine Anordnung auf andere Behörden übertragen; die Anordnung ist zu veröffentlichen (§ 54 III S. 3 BeamtStG). Danach hat der Rat/Kreistag die Möglichkeit, durch eine Regelung in der Hauptsatzung die Kompetenz zum Erlaß von Widerspruchsbescheiden auf andere Behörden, somit auch auf den hauptamtlichen Bürgermeister/Landrat, zu

---

26 Str.; wie hier Günther, ZBR 81, 77 (82); a.A. Plog/Wiedow/Lemhöfer/Bayer, § 172 BBG, Rn 33, jedoch ohne nähere Begründung; Ule, § 126 BRRG, Rn 3.
27 BVerwG, NJW 76, 1281 (1282).
28 Schütz/Maiwald, § 180 LBG, Rn 49.
29 OVG Greifswald, NordÖR 99, 237 (238).

delegieren. Die allgemeine Zuständigkeitsnorm (§ 74 I S. 2 GO/§ 49 II S. 2 KrO) reicht nicht, um eine Delegation anzunehmen. Diese muß vielmehr ausdrücklich beschlossen und veröffentlicht werden. Ist der Dienstherr eine Körperschaft des öffentlichen Rechts, die Behörden hat, ist eine derartige Übertragung unter Beachtung von Vorschriften des jeweiligen Kommunalverfassungsrechts zulässig, wie beispielsweise vom Rat/Kreistag auf den Hauptverwaltungsbeamten.

Wurde der Widerspruchsbescheid von einer unzuständigen Stelle (z.B. Bürgermeister statt Rat) erlassen, erfolgte kein ordnungsgemäßes Widerspruchsverfahren. § 46 VwVfG erfaßt nicht die Verletzung von Vorschriften über die sachliche oder die Verbandszuständigkeit.[30] Solche Zuständigkeitsverstöße führen unabhängig von ihrer Entscheidungserheblichkeit stets zur Aufhebung. Sie können nicht dadurch geheilt werden, daß die zuständige Behörde einen neuen Widerspruchsbescheid erläßt.[31] Sollte der von einer unzuständigen Behörde erlassene Widerspruchsbescheid durch Klage angegriffen werden, ist diese allein deswegen begründet.

306 (6) Hinsichtlich der **Kosten** des Widerspruchsverfahrens ist die Sonderregelung in § 80 I S. 3, 2. Hs. Nr. 1 VwVfG zu beachten. Nach dieser Norm trägt der Beamte beim Unterliegen keine Kosten, die bei der Ausgangsbehörde anfallen könnten. Bei erfolglosem Widerspruch muß er jedoch eigene Kosten, etwa die für einen Anwalt, selbst dann tragen, wenn dessen Hinzuziehung notwendig war (§ 80 I S. 1, II VwVfG). Über den Wortlaut der Bestimmung hinaus gilt § 80 I S. 3, 2. Hs. Nr. 1 VwVfG ebenfalls für vorbeamtenrechtliche Streitigkeiten.[32]

307 (7) Bei der Prüfung der **Begründetheit** des Widerspruchs ist im Beamtenrecht bedeutsam, daß die Kontrolldichte des Widerspruchsverfahrens größer als die einer Klage ist. Im Vorverfahren sollen gerade **Recht- und Zweckmäßigkeit** des Verwaltungshandelns nachgeprüft werden (§ 68 I S. 1 VwGO). Die Widerspruchsbehörde braucht als Teil der Exekutive im Gegensatz zum VG weder Ermessensspielräume[33] noch – jedenfalls bei schriftlichen dienstlichen Beurteilungen – Beurteilungsermächtigungen zu beachten.[34]

Literatur: Leupold, Rechtsschutz bei beamtenrechtlichen Umsetzungen – Zur Bedeutung des § 126 III BRRG –, DÖD 02, 136; Baßlsperger, Verwaltungsakt und vorprozessualer Rechtsschutz im Beamtenrecht, ZBR 05, 192; Hirschenauer, Die Besonderheiten des Vorverfahrens in beamtenrechtlichen Streitigkeiten, 2001; Wind, Zum Rechtsschutz im Beamtenverhältnis – Besonderheiten des beamtenrechtlichen Widerspruchsverfahrens, ZBR 84, 167. **Fälle** zur Prüfung der Zulässigkeit von Beamtenwidersprüchen finden sich bei Wind, VR 84, 128; ders., JuS 83, 789 (mit Bescheidmuster); Müller-Uri, VR 82, 378 (mit Musterbescheid); generell zum Widerspruchsverfahren Wind, VR 82, 23 und 58.

---

30 BVerwGE 30, 138 (145); OVG Münster, OVGE 33, 274 (276).
31 Pietzner/Ronellenfitsch, § 38, Rn 12.
32 Rn 301; Stelkens/Bonk/Sachs, § 80 VwVfG, Rn 57; Kopp/Ramsauer, § 80 VwVfG, Rn 31.
33 BVerwG, DVBl 79, 424 (428 f.).
34 BVerwG, DVBl 79, 791 (792).

2. Rechtsschutz vor den Gerichten

2.1 Klagen vor den Verwaltungsgerichten

Alle Klagen aus dem Beamtenverhältnis sind den Verwaltungsgerichten zugewiesen, falls nicht ausnahmsweise der Rechtsweg zu anderen Gerichten vorgeschrieben ist (§ 54 I BeamtStG). Hat ein Gläubiger die Forderung des Schuldners gegen dessen Dienstherrn auf Zahlung von Dienst- bzw. Versorgungsbezügen pfänden und sich überweisen lassen (§§ 829, 835 ZPO), ist für den Einziehungsrechtsstreit des Gläubigers gegen den Drittschuldner ebenfalls der Verwaltungsrechtsweg gegeben.[35]

308

Für verwaltungsgerichtliche Klagen eines Beamten gelten die Charakteristika des Widerspruchsverfahrens (Rn 301 ff.) entsprechend. Folgende weitere **Besonderheiten** treten hinzu:

(1) **Beklagter** ist immer der Dienstherr (§§ 78 I VwGO, 5 II S. 2 AG VwGO). Dieser wird in der Regel durch den Dienstvorgesetzten (§ 3 II LBG; Rn 55) vertreten (§ 180 S. 1, 1. Alt. LBG).

Die obersten Dienstbehörden haben die Übertragungsmöglichkeit (§ 180 S. 2 LBG) genutzt (exemplarisch § 5 II ÜbertragungsVO IM). Bei Kommunalbeamten erfolgt die Vertretung des Dienstherrn durch den Hauptverwaltungsbeamten (§§ 63 I S. 1 GO, 42 e) KrO, 17 I d) LVerbO).

(2) Aufgrund von § 52 Nr. 4 S. 1, 1. Alt. VwGO ist grundsätzlich (s. auch § 52 Nr. 4 S. 1, 2. Alt., S. 2 VwGO) das Verwaltungsgericht **örtlich zuständig**, in dessen Bezirk der Beamte seinen dienstlichen Wohnsitz hat. Das ist der Ort, an dem seine Behörde oder ständige Dienststelle ihren Sitz hat (§ 15 I S. 1 BBesG; Ausnahmen: § 15 II S. 1 BBesG).[36] Juristische Personen des Privatrechts, die aufgrund konkreter gesetzlicher Bestimmung Beamte beschäftigen und dabei Beamtenrecht anzuwenden haben, sind Behörden (§ 1 II VwVfG bzw. § 1 IV VwVfG des Bundes). Ihre Untergliederungen sind Dienststellen.[37] Bei beamtenrechtlichen Streitigkeiten eines Beamten, der sich in der Freistellungsphase der Altersteilzeit befindet, ist hingegen das für seinen bürgerlich-rechtlichen Wohnort zuständige Gericht örtlich zuständig.[38]

(3) Ein **Vorverfahren** ist bei allen Klagearten erforderlich (§ 54 II S. 1 BeamtStG). Ausnahmen gelten für die Untätigkeitsklage[39], hinsichtlich § 6 I AG VwGO sowie für Klagen des Dienstherrn.

---

35 VGH Kassel, NJW 92, 1253 (1254).
36 OVG Lüneburg, ZBR 90, 25 (26); VG Frankfurt/M., NVwZ-RR 03, 374.
37 VG Frankfurt/M., NVwZ 95, 410, hier entschieden für die Deutsche Flugsicherungs GmbH.
38 VG München, NVwZ-RR 05, 662 = DÖD 06, 43 = BayVBl 06, 94.
39 Battis, § 172 BBG, Rn 11.

11. Abschnitt: Beschwerdeweg und Rechtsschutz

Aber auch im Beamtenrecht kann das VG wegen der Prozeßökonomie ein Vorverfahren als entbehrlich ansehen, wenn sich der Dienstherr auf die Klage einläßt und deren Abweisung beantragt[40], oder wenn der Zweck des Vorverfahrens ohnehin nicht mehr erreicht werden kann.[41]

Hat die Widerspruchsbehörde ihre Sachherrschaft ausgeübt und einen verspäteten Widerspruch sachlich beschieden, kann das VG die Klage nicht wegen Versäumung der Widerspruchsfrist als unzulässig abweisen.[42]

(4) Die **Frage, ob ein Verwaltungsakt vorliegt**, wird bei der Klagefrist relevant. Sie ist weiterhin bedeutsam für den Suspensiveffekt (§ 80 I S. 1 VwGO: grundsätzlich nur bei Anfechtungsklagen; allerdings keine aufschiebende Wirkung bei den in § 54 IV BeamtStG genannten Maßnahmen Abordnung und Versetzung), den einstweiligen Rechtsschutz (bei Anfechtungsklagen § 80 V VwGO, sonst § 123 VwGO) und die Klageart.

Bei der Prüfung, wann eine Maßnahme gegenüber einem Beamten ein Verwaltungsakt ist, müssen die Tatbestandsmerkmale von § 35 S. 1 VwVfG exakt untersucht werden. Wendet man dabei das in Rn 303 dargestellte Raster an, kann im Bereich der **Außenrechtsbeziehungen** zwar nicht das Merkmal „Außenwirkung", wohl aber die Frage nach der „Regelung" problematisch sein. Diese liegt insbesondere nicht bei vorbereitenden Maßnahmen (z.B. der dienstlichen Beurteilung[43]) oder der Wiedereinberufung (§§ 42 LBG, 39 BBG)[44] sowie bei bloßen Hinweisen auf Beamtenrechte bzw. -pflichten vor. Im Bereich der Innenrechtsbeziehungen ist die Rechtsnatur der infrage kommenden Maßnahmen höchstrichterlich geklärt (Rn 183), soweit es um Entscheidungen zur Aufbauorganisation geht. Bei Anordnungen ablauforganisatorischer Art wird § 35 S. 1 VwVfG zu verneinen sein. Es handelt sich nicht um Maßnahmen, die auf „unmittelbare Rechtswirkung nach außen gerichtet" sind. Die Intention des (Dienst-)Vorgesetzten bei solchen Anordnungen zielt vielmehr darauf ab, den Beamten als Amtsträger zu einer bestimmten Aufgabenwahrnehmung anzuhalten. Der Beamte muß die Weisung zwar persönlich befolgen, sie trifft ihn jedoch in seiner Stellung als Amtsträger.

Eine Umsetzung ist ebenfalls kein Verwaltungsakt, so daß ein Beamter gegen sie keinen einstweiligen Rechtsschutz (§ 80 V VwGO) in Anspruch nehmen kann, sondern eine einstweilige Anordnung (§ 123 VwGO) beantragen muß.[45] Zu den Anforderungen an den **Erlaß einer einstweiligen Anordnung** zur vorläufigen Sicherung eines geltend gemachten An-

---

40 BVerwGE 27, 141 (143).
41 BVerwGE 27, 183 (185); ZBR 81, 502 (503).
42 BVerwG, ZBR 83, 191 (192) m.w.N., offenlassend für den Fall einer Drittbeteiligung (ständige Rechtsprechung).
43 BVerwGE 49, 351 (353 ff.); Günther, ZBR 81, 77 (79 f.).
44 BVerwG, ZBR 85, 223 (223 f.).
45 OVG Münster, RiA 95, 200 (200 f.).

2. Rechtsschutz vor den Gerichten

spruchs äußert sich das OVG Münster.[46] Dabei sind Verwaltungsgerichte bei der Anwendung und Auslegung des § 123 I S. 1 VwGO im beamtenrechtlichen Konkurrentenstreit insbesondere gehalten, den Erfordernissen eines effektiven Rechtsschutzes speziell im Eilverfahren Rechnung zu tragen.[47]

Beispiel: Welche Klageart wäre beim Fall in Rn 303 zutreffend? Eine Anfechtungsklage (§ 42 I, 1. Alt. VwGO) scheidet aus. Die Übertragung eines Arbeitspensums ist eine Maßnahme aus den Innenrechtsbeziehungen. Sie ist nicht auf eine unmittelbare Rechtswirkung *nach außen* im Sinn der Definition des Verwaltungsakts (§ 35 S. 1 VwVfG) *gerichtet*. Richtige Klageart ist folglich die allgemeine Leistungsklage.[48]

Demgegenüber zielt die Anordnung, sich ärztlich untersuchen zu lassen, auf den Beamten als Rechtsperson und ist demnach Verwaltungsakt.[49] Klageart wäre somit die Anfechtungsklage.

(5) Das Rechtsmittel der **Berufung** erfordert, daß es vom VG oder OVG zugelassen wird (§§ 124, 124a VwGO).

(6) In beamtenrechtlichen Streitigkeiten kann die **Revision** über die Gründe des § 132 II VwGO hinaus auch auf die Abweichung von OVG-Entscheidungen und die Verletzung von Bundesrecht oder Landesrecht gestützt werden (§ 55 BeamtStG).

2.2 Zuständigkeit des Disziplinargerichts

Die Aufgaben der Disziplinargerichtsbarkeit nehmen die Verwaltungsgerichte wahr (§§ 45 I S.1 LDG, 45 S. 1 BDG). Hierzu werden bei den Verwaltungsgerichten in Düsseldorf und Münster Kammern und beim OVG Senate für Disziplinarsachen gebildet (§ 45 I S. 2 LDG). Diese sind für folgende Verfahren zuständig:

309

(1) Für die Disziplinarklage. Diese ist zu erheben, wenn gegen einen Beamten auf Zurückstufung oder auf Entfernung aus dem Beamtenverhältnis oder gegen einen Ruhestandsbeamten auf Aberkennung des Ruhegehalts erkannt werden soll (§§ 35 I LDG, 34 I BDG).

(2) Antrag auf gerichtliche Festsetzung, wenn ein behördliches Disziplinarverfahren nicht innerhalb von sechs Monaten seit der Einleitung durch Einstellung, durch Erlaß einer Disziplinarverfügung oder durch Erhebung der Disziplinarklage abgeschlossen worden ist (§ 62 I S. 1 LDG/BDG).

(3) Schließlich kann der Beamte die Aussetzung der vorläufigen Dienstenthebung und der Einbehaltung von Dienst- und Anwärterbezügen beantragen (§§ 63 I, 1. Hs. LDG, 63 I S. 1, 1. Hs. BDG). Gleiches gilt für den Ruhestandsbeamten hinsichtlich der Einbehaltung von Ruhegehalt (§§ 63 I, 2. Hs. LDG, 63 I S. 1, 2. Hs. BDG).

---

46 RiA 90, 92 (93).
47 BVerfG, DVBl 03, 1524 = ZBR 04, 45; Anm Otte, ZBR 04, 46 (46 f.).
48 OVG Lüneburg, ZBR 85, 171.
49 OVG Lüneburg, NVwZ 90, 1194 (1195) = DVBl 90, 882 (883 f.) = ZBR 91, 154 (154 f.).

2.3 Rechtsweg zu den ordentlichen Gerichten (Zivilgerichte)

310 In Beamtenrechtsstreitigkeiten sind die Zivilgerichte zuständig für Klagen über folgende Ansprüche:

– Anspruch des Beamten gegen den Dienstherrn aus Amtspflichtverletzung (Art. 34 S. 3 GG; Rn 271). Wenn der Beamte seinen Anspruch auch auf eine andere Pflichtverletzung, z.B. die Verletzung der Fürsorgepflicht stützt, über den das VG entscheidet (Rn 270), besteht Rechtswegekonkurrenz.

– Anspruch des Beamten auf Entschädigung bei Widerruf eines rechtmäßigen begünstigenden Verwaltungsakts (§ 49 VI S. 3 VwVfG).

– Anspruch des Dienstherrn gegen den Beamten auf Regreß bei Fremdschäden, die bei hoheitlicher Tätigkeit entstanden sind (Art. 34 S. 3 GG; Rn 258).

2.4 Rechtsweg zu den Sozialgerichten

311 Bei Klagen nach dem Bundeskindergeldgesetz sind die Sozialgerichte zuständig.[50] Zudem ist der Anspruch auf Nachversicherung ausgeschiedener Beamter (§ 8 SGB VI) vor den Sozialgerichten durchzusetzen.

2.5 Bundesverfassungsgericht/Europäischer Gerichtshof für Menschenrechte

312 Der Beamte kann gegen Maßnahmen des Dienstherrn das BVerfG anrufen, wenn er sich auf die Verletzung von Grundrechten oder der in Art. 33 GG enthaltenen Rechte stützt (Art. 93 I Nr. 4 a) GG, §§ 13 Nr. 8 a), 90 ff. BVerfGG). Aufgrund von **Verfassungsbeschwerde**n hat das BVerfG beispielsweise zum Anspruch auf gesetzliche Regelung des Beihilferechts[51], zur Angemessenheit der Alimentierung kinderreicher Beamtenfamilien[52], zum Recht des Beamten auf gleichen Zugang zu jedem öffentlichen Amt[53] sowie zum Kreis der in den einstweiligen Ruhestand versetzbaren Beamten[54] Stellung genommen. Hingegen wird eine Verfassungsbeschwerde gegen die Versagung vorläufigen Rechtsschutzes wegen drohender Verstöße gegen das Leistungsprinzip des Art. 33 II GG mit der Ernennung des Konkurrenten unzulässig.[55] Deshalb ist eine einstweilige Anordnung im Rahmen der Verfassungsbeschwerde zulässig, um eine Beförderungsstelle freizuhalten.[56]

---

50 VGH München, ZBR 78, 68.
51 ZBR 78, 37.
52 E 44, 249 (262 ff.) = NJW 77, 1869 (1869 ff.).
53 ZBR 06, 165 (166).
54 NVwZ 03, 1506 = DVBl 03, 1525 (1525 f.).
55 BVerfG, ZBR 01, 171.
56 BVerfG, DÖD 04, 134; NVwZ 02, 1367 = ZBR 02, 395; Anm Otte, ZBR 02, 395 (395 f.).

3. Konkurrentenklage und sonstiger Rechtsschutz in Konkurrenzfällen

Schließlich stehen Beamten als Angehörigen der nationalen öffentlichen Dienste (Art. 6 I EMRK) die Rechtsschutzgarantien und damit die **Beschwerde**möglichkeiten (Art. 25 EMRK) an den **EGMR** offen.

Literatur: Hirschenauer, Das Antragserfordernis vor beamtenrechtlichen Leistungs- oder Feststellungsklagen, ZBR 03, 373; Böck, Die örtliche Zuständigkeit der Verwaltungsgerichte in beamten-, soldaten- und richterrechtlichen Streitigkeiten, DÖD 01, 297; Bosch, Gewerkschaftspolitische Prozeßbevollmächtigte von Beamten im verwaltungsgerichtlichen Berufungs- und Beschwerdeverfahren, ZBR 99, 21; Felix/Schwarplys, Die Notwendigkeit der allgemeinen Gestaltungsklage am Beispiel der dienstlichen Weisung im Beamtenrecht, ZBR 96, 33; Günther, Vollziehbarkeit von Versetzung und Abordnung: Geltendes Recht und Reformgesetzentwurf – Skizze mit Schwerpunkt Eilrechtsschutz –, DÖD 96, 173; Schnellenbach, Die Beweislast bei beamtenrechtlichen Streitigkeiten, ZBR 95, 321; Eichler, Verwaltungsrechtsweg bei Klagen auf Ernennung zum Beamten, DÖD 94, 112; Günther, Diskurs über Aspekte objektiver Beweislast in Beförderungsprozessen, DÖD 94, 14, 55; Schnellenbach, Die Sachurteilsvoraussetzungen bei beamtenrechtlichen Streitigkeiten, ZBR 92, 257; Simianer, Antrag und Vorverfahren vor beamtenrechtlichen Leistungs- und Feststellungsklagen, ZBR 92, 71; Günther, Vorverfahren als Prozeßvoraussetzung beamtenrechtlicher Fortsetzungsfeststellungsklage, DÖD 91, 78; Schnellenbach, Das Feststellungsinteresse bei der Fortsetzungsfeststellungsklage eines Beamten, DVBl 90, 140.

3. Konkurrentenklage und sonstiger Rechtsschutz in Konkurrenzfällen

3.1 Konkurrentenklage

Im Beamtenrecht ist umstritten, ob Konkurrentenklagen zulässig sind. Gemäß der Definition des BVerwG soll mit dem Begriff Konkurrentenklage allein der Fall verstanden werden, daß der Konkurrent anstrebt, die bereits erfolgte Ernennung (vor allem Beförderung) seines Mitbewerbers gerichtlich aufheben zu lassen.[57] In der Diskussion über die rechtliche Zulässigkeit der Konkurrentenklage haben sich **drei Linien** herausgebildet[58]: 313

– Die **herrschende Auffassung**[59] betont die **Stabilität von Ernennungen**. Wie die §§ 8 III S. 1, 11 und 12 LBG (§§ 6 II S. 3, 11, 12 BBG, 8 IV, 11, 12 BeamtStG) zeigten, könne die Ernennung nur in abschließend geregelten, eng begrenzten Fällen unwirksam sein (Rn 135). Diese Vorschriften limitierten ebenfalls die Möglichkeit des Richters, rechtswirksame Ernennungen aufzuheben. In ihnen komme der Wunsch nach

---

57 BVerwGE 80, 127 (129 f.) = NVwZ 89, 158 (158 f.).
58 Den aktuellen Streitstand beschreibt Gundel, Die Verwaltung 04, 401 (402 f.).
59 ThürVerfGH, NVwZ 04, 608; VGH München, ZBR 83, 123 = DÖV 83, 391 = NVwZ 83, 755; VGH Kassel, ZBR 85, 258 (259 f.); OVG Bremen, ZBR 88, 65 (65 f.); OVG Lüneburg, DVBl 85, 1245 (1245 f.); VGH Mannheim, NVwZ 83, 41; NVwZ-RR 04, 199 (200) = RiA 04, 200 (201); VBlBW 06, 62 (63); OVG Hamburg, NVwZ-RR 92, 669; OVG Weimar, ThürVBl 02, 139 (140); VG Weimar, ThürVBl 03, 42 (43); ThürVBl 04, 15; ThürVBl 04, 47; ThürVBl 06, 47 (48); ThürVBl 06, 44; VG Berlin, ZBR 83, 100 (101), und 103; Maunz in Maunz/Dürig, Art. 33 GG, Rn 17; Scheerbarth/Höffken/Bauschke/Schmidt, § 6 V 2b; Kunig in Schmidt-Aßmann, Rn 91; Monhemius, Rn 131.

Funktionsfähigkeit der Verwaltung zum Ausdruck, zu der die Stabilität einmal erfolgter Ernennungen gehöre. Schließlich sei das Interesse des ernannten Beamten schützenswert. Demzufolge sei die Konkurrentenklage unzulässig. Der übergangene Bewerber habe allenfalls einen Schadenersatzanspruch.

- **Für die Mindermeinung**[60] ist die **Verwirklichung des Leistungsprinzips entscheidend.** Aus Art. 33 II GG folge ein subjektives Recht des am besten Geeigneten, auch ernannt zu werden. Dies sei nicht durch Schadenersatzansprüche bei rechtswidrigem Vorziehen eines weniger Geeigneten zu befriedigen. Vielmehr müsse man aus dem Gebot eines effektiven Rechtsschutzes (Art. 19 IV GG) die Möglichkeit herleiten, gerade das Erfüllungsinteresse zu realisieren. Deshalb seien die §§ 8 III S. 1, 11, 12 LBG eng auszulegen, daß sie ausschließlich eine einseitige Aufhebung durch den Dienstherrn, nicht jedoch durch das Gericht, insbesondere nicht bei einer Drittanfechtung, ausschließen sollten. Für eine wirksame Rechtskontrolle von Ernennungen, insbesondere zur Eindämmung der Ämterpatronage, müsse bei der Ernennung von Beamten eine zeitweilige Ungewißheit – wie bei jedem Rechtsstreit – hingenommen werden. Die Funktionsfähigkeit der Verwaltung sei nicht ernsthaft tangiert, da es sich um punktuelle Streitigkeiten handele. Schließlich könne der bereits ernannte Mitbewerber, wie § 50 VwVfG zeige, kein durchgreifendes Vertrauensinteresse haben. Er kenne die Anfechtung seiner Ernennung und sei über den Schwebezustand informiert. Somit sei eine Konkurrentenklage zulässig.

- Nach einer **vermittelnden Position**[61] greife das Prinzip der Ämterstabilität, soweit der Dienstherr seinen Mitteilungs- und prozessualen Pflichten genügt habe. Verstoße er dagegen, weil er beispielsweise die übergangenen Bewerber nicht von der geplanten Ernennung unterrichtet oder unter Mißachtung ergangener gerichtlicher einstweiliger Anordnungen ernennt, müsse das Prinzip der Ämterstabilität zugunsten des Prinzips effektiven Rechtsschutzes durchbrochen werden.

Die tragenden Argumente der geschilderten Ansichten sind Stabilität der Ämterorganisation versus wirksame Durchsetzung des Leistungsprinzips.

314 Der Mindermeinung, wonach eine **Konkurrentenklage zulässig** ist, muß gefolgt werden. Selbst wenn man anerkennt, daß die Anfechtung eines Ernennungsvorgangs ein Geflecht von Personalmaßnahmen, die mit

---

60 VG Hannover, DVBl 77, 584; Battis, § 8 BBG, Rn 34; Tegethoff, ZBR 04, 341 (343 ff.); v. Arnim, PersV 81, 129 (137); Allgaier, ZBR 85, 298 (299); Finkelnburg, DVBl 80, 809 (810 f.); Remmel, RiA 82, 1 (6 ff.); Schenke, in Damrau, FS für Otto Mühl, 1981, 571 (585, 592); Schmitt-Kammler, DÖV 80, 285 (286 ff.); Solte, NJW 80, 1027 (1030 ff.); Wichmann, ZBR 88, 365 (377); ders., Parteipolitische Patronage, 295 ff.; Bellgardt, Die Konkurrentenklage des Beamtenrechts, 1981, 146 f; Kloepfer, in Eberle/Ibler/Lorenz, Der Wandel des Staates vor den Herausforderungen der Gegenwart, FS für Winfried Brohm, 2002, 683 (691): „überkommene(s) Dogma der Ämterstabilität".
61 Wernsmann, DVBl 05, 276 (278 ff.).

3. Konkurrentenklage und sonstiger Rechtsschutz in Konkurrenzfällen

diesem Vorgang verbunden sind, erheblich stören kann[62], ist jedoch folgendes zu beachten. Aufgrund des Prinzips der praktischen Konkordanz zwischen den Verfassungsgütern Leistungsprinzip und Funktionsfähigkeit der Administration kann die Stabilität der Ämterorganisation dann zunächst Art. 19 IV GG nicht wirksam begrenzen, wenn das Beamtenrecht selbst nur eine instabile Rechtsstellung gewährt. Das ist der Fall, wenn ausnahmsweise einmal die §§ 8 III S. 1, 11 und 12 LBG (§§ 6 II S. 3, 11, 12 BBG, 8 IV, 11, 12 BeamtStG) anzuwenden sind. Zwar dienen diese Vorschriften nicht den Interessen des Mitbewerbers. Sie bieten allerdings eine Handhabe, Verstöße gegen das Leistungsprinzip bei der Ernennung zu korrigieren. Weiterhin ist die Rechtsstellung des Ernannten instabil, wenn es sich um ein Beamtenverhältnis handelt, das ohnehin lediglich auf Widerruf angelegt ist oder der Erprobung dient. Hier werden gerade die Voraussetzungen für ein Beamtenverhältnis geschaffen (so beim B.a.W.) oder es wird geprüft, ob dieser Beamte auf Dauer in das Ämtergefüge der öffentlichen Verwaltung eingegliedert werden darf (so beim B.a.P.). Wegen Art. 19 IV GG kann eine vorübergehende Unsicherheit über eine Ernennung kein Erfüllungsinteresse ausschließen. Der bei einer Berufung in das B.a.P. oder B.a.W. übergangene Bewerber verliert eine Existenzchance, die sich lebenslang auswirkt. Zudem wird die Dauer eines Rechtsstreites selbst bei Ausschöpfung des Rechtsweges nicht erheblich über die Zeit hinausgehen, in der ein B.a.W. und ein B.a.P. ohnehin mit der Beendigung ihres Beamtenverhältnisses rechnen müssen (§§ 34, 35 LBG, 31, 32 BBG, 24 III, IV BeamtStG). Zwar sind diese Normen bei Ernennungsmängeln nicht anwendbar. Sie zeigen jedoch die begrenzte Stabilität der B.a.W. und B.a.P. Schließlich gibt es für Ehrenbeamte, die jederzeit verabschiedet werden können (§ 183 I S. 1 Nr. 1 S. 2 LBG), keine Ämterstabilität.

Hinzu kommt folgende Überlegung: Die Konkurrentenklage kann dazu beitragen, das Leistungsprinzip durchzusetzen, das in erster Linie im Interesse des Dienstherrn an einer optimalen Personalauswahl besteht. Insbesondere beim B.a.P. ist hier die letzte Möglichkeit, eine fehlerhafte Berufung zu korrigieren (§§ 34 I Nr. 2 LBG, 31 I S. 1 Nr. 2 BBG, 24 III S. 1 Nr. 2 BeamtStG). Wird dies – unerheblich aus welchem Grund – versäumt, ist der Dienstherr prinzipiell bis zur Altersgrenze an den Beamten gebunden.

Demnach ist zunächst die Konkurrentenklage gegen die Ernennung von B.a.P., B.a.W. und Ehrenbeamten zulässig.

Aber sogar bei B.a.L. und B.a.Z. hat die Ämterstabilität keinen Vorrang. Die §§ 8 III S. 1, 11, 12 LBG hindern allein die Behörde, in anderen als den dort genannten Fällen eine Beamtenernennung zurückzunehmen oder von ihrer Nichtigkeit auszugehen. Die Kodifikation der Rücknahmevorschriften in den Beamtengesetzen sagt aber nichts darüber aus, unter welchen Voraussetzungen ein Gericht Beamtenernennungen aufheben

---

62 Worauf insbesondere Siegmund-Schultze, VerwArch 82, 137 (147 ff.), hingewiesen hat.

darf. Es muß zwischen dem materiellen behördlichen Rücknahmerecht und den prozessualen gerichtlichen Befugnissen unterschieden werden. Selbst wenn man die Bestandskraft rechtswidriger Ernennungen zu den geschützten hergebrachten Grundsätzen des Berufsbeamtentums (Art. 33 V GG) zählt, steht ihr das Prinzip des umfassenden Rechtsschutzes gegen Rechtsverletzungen durch die öffentliche Gewalt (Art. 19 IV GG) entgegen.

Wägt man zwischen den betroffenen Rechtsgütern, sowohl dem reibungslosen Personaleinsatz und der von allen Ungewißheiten befreiten Personalplanung als auch dem Rechtsschutz für einen unter Verletzung des Leistungsprinzips nicht ernannten Bewerber, ab, muß man folgendes berücksichtigen: Zum einen führt gerade die Korrektur rechtswidriger Ernennungen eher zu stabileren Verhältnissen in der Verwaltung, als die lebenslange Tätigkeit eines weniger geeigneten Beamten. Zum anderen ist es die Behörde selbst, von deren Ernennungspraxis die Stabilität der Ämterorganisation abhängt. Ernennt sie ausschließlich nach dem Leistungsgrundsatz, kann sie die Zahl der gerichtlichen Aufhebungsentscheidungen gering halten. Das schutzwürdige Interesse des Staates an der Stabilität der Ämterorganisation relativiert sich in dem Maß, in dem die Einstellungsbehörde selbst in der Lage ist, für eine Aufrechterhaltung dieses Prinzips zu sorgen. Sollte dennoch rechtswidrig ernannt werden, verletzt die Behörde die Ämterstabilität durch ihr eigenes Vorgehen und nicht das Gericht durch die Aufhebung. Deshalb muß der Gedanke der Stabilität der Staatsorganisation hinter dem Prinzip effektiven Rechtsschutzes zur Aufrechterhaltung gerade des Leistungsgrundsatzes zurückstehen. Im übrigen muß selbst der Vertrauensschutz des bereits ernannten Konkurrenten hinter die Forderung nach umfassendem Rechtsschutz zurücktreten, wie sich aus § 50 VwVfG ergibt. Schließlich rechtfertigen es praktische Schwierigkeiten nicht, den durch Art. 19 IV GG gewährleisteten Rechtsschutz einzuschränken.[63] Die gegen die Konkurrentenklage vorgebrachten Argumente vermögen nicht zu überzeugen. Der Grundsatz gleicher Chancen bei Ernennungen (Art. 33 II GG) i.V.m. dem Gedanken eines umfassenden Rechtsschutzes (Art. 19 IV GG) gebieten es, einem übergangenen Bewerber Rechtsschutzmöglichkeiten gegen schon erfolgte Ernennungen zu gewähren.

Das BVerwG hatte zunächst Sachverhalte entschieden, in denen sich der Mitbewerber gegen die Ablehnung seiner Bewerbung um ein Beförderungsamt[64] bzw. um einen Beförderungsdienstposten[65] wandte. Die Konstellation einer echten Konkurrentenklage lag dabei aber noch nicht vor. In der Entscheidung[66] hat das Gericht die Mitteilung an den Bewerber um

---

63 BVerwG, DVBl 04, 317 (318) = NJW 04, 870 (871) = BayVBl 04, 472 (473) = DÖV 04, 391 (392) = ZBR 04, 101 (102 f.) = E 118, 370 (375) = RiA 04, 37 (38); Anm Schnellenbach, ZBR 04, 104 (104 f.).
64 BVerwGE 80, 127 (129) = NVwZ 89, 158.
65 BVerwG, ZBR 89, 281 (282) = ZBR 90, 79.
66 BVerwGE 80, 127 (129) = NVwZ 89, 158.

3. Konkurrentenklage und sonstiger Rechtsschutz in Konkurrenzfällen

eine ausgeschriebene Stelle, nicht er, sondern ein anderer sei ausgewählt worden, als Verwaltungsakt qualifiziert, gegen den eine Bescheidungsklage möglich sei. Mit der endgültigen Besetzung der Position mit jemand anderem habe sich aber der Verwaltungsakt, mit dem der Kandidat abgelehnt wurde, erledigt. Wegen des numerus clausus der beamtenrechtlichen Aufhebungstatbestände könne die Ernennung der vorgezogenen Person nicht mehr rückgängig gemacht werden. Sie sei im übrigen von der ablehnenden Entscheidung rechtlich zu trennen und betreffe den Kläger nicht. Um zu verhindern, daß die Ernennung des Konkurrenten vollendete Tatsachen schafft, verweist das Gericht auf die Möglichkeiten des vorläufigen Rechtsschutzes.

Dieser Spruch ist durch das BVerfG insoweit bestätigt worden, als eine Verfassungsbeschwerde hierzu nicht angenommen wurde.[67] Wegen des vom BVerwG aufgezeigten vorläufigen Rechtsschutzes werde Art. 19 IV GG nicht verletzt. Allerdings müsse der unterlegene Kandidat innerhalb einer für seine Rechtsschutzentscheidung ausreichenden Zeitspanne vor Ernennung des Mitbewerbers durch eine Mitteilung seines Dienstherrn den Ausgang des Auswahlverfahrens erfahren.[68] Das BVerfG nimmt also ebenfalls nicht zur Zulässigkeit einer echten Konkurrentenklage Stellung und mußte dies auch nicht, da dem Sachverhalt keine derartige Konstellation zu Grunde lag. Hingegen sichert das BVerfG das Prinzip umfassenden Rechtsschutzes mittels entsprechender Verfahren bereits im Vorfeld durch die Behörde treffende Mitteilungspflichten (Rn 152, 272) ab.

In einer anderen Entscheidung wendet das BVerwG[69] die geschilderten Grundsätze auf den Fall der Dienstpostenkonkurrenz an. Wegen des aus dem statusrechtlichen Amt folgenden Rechts des Ernannten auf ein abstrakt- und konkret-funktionelles Amt (zu den Begriffen s. Rn 50) sei der ausgeschriebene Beförderungsdienstposten nach der Ernennung des Konkurrenten nicht mehr frei. Damit sei außerdem das Verfahren zur Dienstpostenbesetzung beendet und ein evtl. Rechtsstreit erledigt. Hingegen erledige weder die Beendigung der Ausschreibung noch die schlichte Übertragung des Beförderungsdienstpostens (ohne Ernennung) auf den Mitbewerber den Konkurrentenstreit.[70] Für den Rechtsschutz verweist das BVerwG auf die Möglichkeit einer Klage auf Rückumsetzung des mit dem Dienstposten betrauten Beamten vor Ernennung des Dienstpostenkonkurrenten.

Zwar war mit der genannten Rechtsprechung der Meinungsstreit um die (echte) Konkurrentenklage nicht entschieden. Die Begründung der Urteile deutete aber darauf hin, daß der unterlegene Bewerber realistisch nicht auf den Erfolg seiner Konkurrentenklage hoffen durfte.

315

---

67 BVerfG, NJW 90, 501 (501 f.) = DVBl 89, 1247 (1247 f.); Anm Hufen, JuS 90, 756 (757).
68 So auch BGH, NJW 95, 2344; OLG Celle, NVwZ 95, 413 (413 f.), als Vorinstanz; VGH Kassel, NVwZ-RR 92, 34 (35) = DÖD 92, 211 (212); NVwZ 94, 1231.
69 ZBR 89, 281 (282) = ZBR 90, 79.
70 BVerwG, DÖV 01, 1044 = DVBl 02, 132 (133) = NVwZ-RR 02, 47 (48) = DÖD 01, 279 = PersV 02, 21 = BayVBl 02, 500 = E 115, 58 (59) = ZBR 02, 207 (208) = IÖD 02, 50 (51).

11. Abschnitt: Beschwerdeweg und Rechtsschutz

Mit dem „Paukenschlag"[71] eines obiter dictums schaffte es dann das BVerwG[72], die nahezu eingeschlafene Kontroverse um die echte Konkurrentenklage zu beleben. Danach sei es für das Gericht zweifelhaft, ob an dieser Judikatur (deren Resultate immerhin vom BVerfG[73] gebilligt werden) festzuhalten sei. „Es erschein(e) mit Art. 19 Abs. 4 GG schwer vereinbar, einem Beamten den Rechtsschutz mit der Begründung zu versagen, sein Anspruch auf eine den Grundsätzen des Art. 33 Abs. 2 GG entsprechende Auswahlentscheidung sei durch den Vollzug der getroffenen, diese Grundsätze möglicherweise verletzenden Auswahlentscheidung untergegangen."

Der Verfasser begrüßt dieses laute Nachdenken, erfolgt es doch gerade auf der Linie der in diesem Buch seit langem vertretenen Argumentation, dem Rechtsschutz des Konkurrenten Vorrang vor der Ämterstabilität einzuräumen. Kein Gegenargument ist der von Schnellenbach[74] vorgebrachte Aspekt, die Verwaltung hätte Schwierigkeiten, eine solchermaßen geänderte ständige Rechtsprechung mühelos umzusetzen. Dies wäre im Licht von Art. 33 II, 19 IV GG ebenso wenig schützenswert (Rn 313 f.) wie der einstweilige Rechtsschutz (ggf. in Verbindung mit Schadenersatzansprüchen) ausreichte[75]. Die Kontrolldichte im vorläufigen Rechtsschutzverfahren ist infolge der dort angewandten summarischen Überprüfung zu gering, um vor Art. 19 IV GG bestehen zu können, wenn das von Art. 33 II GG geschützte Leistungsprinzip durchgesetzt werden soll. Im übrigen sind die Rechtsmittelmöglichkeiten durch den faktischen Ausschluß der Revision limitiert.[76] Schadenersatz ist keine hinreichende Kompensation für einen Bewerber, dem – als dem nach Eignung, Befähigung und fachlichen Leistung Besten – das Amt hätte übertragen werden müssen. Die Euphorie sollte jedoch heute noch nicht zu groß sein; die weitere Entwicklung bleibt abzuwarten. Dieser Hinweis aus der 5. Auflage sollte sich als exakte Beschreibung desjenigen erweisen, das danach in den vergangenen Jahren eintrat.[77]

Zunächst schienen die Instanzgerichte unsicher zu sein, wie sie mit dem Spruch des BVerwG umgehen sollten. Einige legten sich fest, indem sie sich nicht festlegten und es offenließen, ob dem obiter dictum des BVerwG zu folgen sei.[78] Andere waren mutiger und vertraten eine eigenständige

---

71 Battis, NJW 02, 1085 (1089).
72 DVBl 02, 203 (204) = NVwZ 02, 604 (605) = ZBR 02, 178 (179) = DÖV 02, 299 = E 115, 89 (91 f.) = RiA 03, 33 = NordÖR 02, 129 (130 f.); abl. Anm Schnellenbach, ZBR 02, 180 (180 ff.). Der Entscheidung zust. Hermanns, NordÖR 02, 108 (109 f.); Battis, § 8 BBG, Rn 35. Abl. Grundmann, NordÖR 02, 106 (106 f.). Offengelassen von Hufen, JuS 02, 1237 (1237 f.).
73 ZBR 01, 171.
74 ZBR 02, 180 (182).
75 So aber Schnellenbach, ZBR 02, 180 (181).
76 Zu weiteren Aspekten näher Gundel, Die Verwaltung 04, 401 (411 f.).
77 Korrekt zusammenfassend Battis, NJW 05, 800 (804): „Die vom BVerwG angedeutete Neukonzeption des Konkurrentenstreits ist eine Episode geblieben."
78 OVG Münster, NWVBl 03, 433 (434) = NVwZ-RR 03, 881 (882) = ZBR 04, 177 (178).

3. Konkurrentenklage und sonstiger Rechtsschutz in Konkurrenzfällen

Linie, wonach jene Ansicht abzulehnen sei.[79] Das BVerfG sprach von „der bisherigen, verfassungsrechtlich nicht beanstandeten verwaltungsgerichtlichen Rechtsprechung"[80] um sie seinerseits ebenfalls nicht zu beanstanden, obwohl dies wegen der besonderen Bedeutung von Art. 19 IV i.V.m. 33 II GG, die das BVerfG in diesen Beschlüssen ausführlich darlegte, mehr als nur nahegelegen hätte. In der Literatur gab es Zustimmung[81] und Ablehnung[82].

Und schließlich meldete sich das BVerwG[83] erneut zu Wort. Ersichtlich erstmals hat es mit diesem Urteil über eine echte Konkurrentenklage entschieden. Entgegen einer einstweiligen Anordnung, die einem bestimmten Dienstposten zugeordnete Planstelle freizuhalten, beförderte der Dienstherr einen Beamten und wies ihm diese Planstelle zu, wogegen sich ein übergangener Bewerber wehrte. Grundsätzlich erklärte das BVerwG, daß sich der um eine Beförderungsauswahl geführte Rechtsstreit mit der endgültigen Besetzung der ausgeschriebenen Stelle erledige, weil Beförderung und Besetzung der Stelle nicht mehr rückgängig gemacht werden dürften.[84] Damit kehrte der Senat zum status quo ante zurück, allerdings nicht ohne wiederum durch eine neue Volte Rechtsprechung und Praxis wahrscheinlich zu verunsichern sowie Literatur in ungläubiges Staunen über derart viel Kreativität zu versetzen. Dies solle nämlich dann nicht gelten, wenn der Dienstherr durch sein Verhalten „rechtzeitigen vorläufigen Rechtsschutz verhindert oder sich über dessen erfolgreiche Inanspruchnahme hinweggesetzt hat"[85]. Befördere der Dienstherr unter Verstoß gegen eine den Anspruch sichernde einstweilige Anordnung einen Konkurrenten, verstoße dies gegen Art. 19 IV i.V.m. Art. 33 II GG und bewirke nicht, daß der Bewerbungsverfahrensanspruch erlösche. Im übrigen könne der Dienstherr einem zu Unrecht übergangenen Bewerber nicht durchgreifend entgegenhalten, er könne dessen Bewerbungsverfahrensanspruch mangels Besetzbarkeit der unter Verstoß gegen eine einstweilige Anordnung vergebenen Planstelle nicht mehr erfüllen. Erforder-

---

79 OVG Münster, NVwZ-RR 04, 436 (436 f.) = DVBl 03, 1558 (1559 f.) = DÖD 04, 25 (25 ff.) = ZBR 04, 178 = RiA 03, 254 (255 f.); VG Hamburg, NordÖR 04, 210; VG Meiningen, ThürVBl 03, 88 (89).
80 BVerfG, DÖD 03, 17 = PersV 03, 147 = ZBR 02, 427 (428) = DVBl 02, 1633 = NVwZ 03, 200; DVBl 03, 1524 = ZBR 04, 45; Anm Otte, ZBR 04, 46 (46 f.).
81 Brinktrine, RiA 03, 15 (16 f.); Battis, NJW 02, 1085 (1089).
82 Schnellenbach, ZBR 02, 180 (180 ff.); vorsichtig abl. auch Lemhöfer, ZBR 03, 14 (16).
83 DVBl 04, 317 = NJW 04, 870 = BayVBl 04, 472 = DÖV 04, 391 = ZBR 04, 101 = E 118, 370 = RiA 04, 37; Anm Schnellenbach, ZBR 04, 104 (104 f.). Das OVG Berlin, NVwZ-RR 04, 627 (629), schließt sich an. Dem BVerwG stimmt auch Wittkowski, in Hohm/Schunder/Stahl, Verwaltungsgericht im Wandel der Zeit – 50 Jahre Verwaltungsgericht Frankfurt am Main, 2004, 234 (238), zu.
84 BVerwG, DVBl 04, 317 = NJW 04, 870 (871) = BayVBl 04, 472 (473) = DÖV 04, 391 = ZBR 04, 101 (102) = E 118, 370 (372) = RiA 04, 37 (38); Anm Schnellenbach, ZBR 04, 104 (104 f.).
85 BVerwG, DVBl 04, 317 (318) = NJW 04, 870 (871) = BayVBl 04, 472 (473) = DÖV 04, 391 (392) = ZBR 04, 101 (102 f.) = E 118, 370 (374) = RiA 04, 37 (38); Anm Schnellenbach, ZBR 04, 104 (104 f.).

lichenfalls müsse er eine benötigte weitere Planstelle schaffen.[86] Mit diesen Aussagen versucht das BVerwG eine der größten dogmatischen Schwächen seiner Position, nämlich daß bislang nicht zwischen dem materiellen behördlichen Rücknahmerecht und den prozessualen gerichtlichen Befugnissen unterschieden wurde (Rn 314), zu beseitigen.[87] Zu kritisieren bleibt jedoch folgendes: Zunächst ist bedauerlich, daß sich der Senat nicht mit seinen eigenen dogmatischen Bedenken des obiter dictums[88] auseinandergesetzt hat. Der Hinweis des BVerwG[89], das BVerfG[90] habe die Bedenken „entkräftet", liegt völlig neben der Sache, da das BVerfG in seinem Beschluß mit keinem einzigen Wort auf die Rechtsprechung des BVerwG eingegangen war.[91] Zudem wirft gerade die zu begrüßende Weiterentwicklung die Frage auf, warum Art. 19 IV GG lediglich in den beiden beschriebenen Ausnahmefällen höher als der bislang quasi in den Verfassungsrang gehobene Grundsatz der Ämterstabilität zu gewichten ist. Akzeptiert man eine bloß relative, Gerichte nicht bindende Ämterstabilität – wie das BVerwG –, müßte es quasi zwangläufig sein, das Prinzip der Ämterstabilität nicht ausschließlich zum Schutz von Art. 19 IV, 33 II GG im einstweiligen Rechtsschutzverfahren aufzuheben, sondern gerade und insbesondere, um diese Rechte im Hauptsacheverfahren zu sichern. Gibt es für Gerichte kein bindendes Prinzip der Ämterstabilität, kann man dogmatisch nicht begründen, warum es in einem Verfahren mit geringeren Rechtsschutzstandards (wie dasjenige des einstweiligen Rechtsschutzes) nicht mehr anzuwenden ist, es aber hingegen noch für sämtlichen Primärrechtsschutz im Hauptsacheverfahren ein die Zulässigkeit der Klage hinderndes Bollwerk darstellen soll. Das BVerwG spricht wörtlich davon, daß „Art. 19 Abs. 4 GG ... nicht nur das formelle Recht und die theoretische Möglichkeit (garantiert), die Gerichte anzurufen, sondern auch eine tatsächliche wirksame Kontrolle".[92] Dies gilt doch nicht bloß für den einstweiligen Rechtsschutz, sondern umso mehr für das

---

86 BVerwG, DVBl 04, 317 (319) = NJW 04, 870 (871) = BayVBl 04, 472 (473 f.) = DÖV 04, 391 (392) = ZBR 04, 101 (103) = E 118, 370 (375) = RiA 04, 37 (39); Anm Schnellenbach, ZBR 04, 104 (104 f.). Diese Aussage wirft die Frage auf, welches Schicksal die zu Unrecht erfolgte Ernennung hat. Hierzu näher Gundel, Die Verwaltung 04, 401 (408). Insbesondere bei funktionsgebundenen Ämtern (Behördenleiter, Beigeordnete etc.) ist der Hinweis des BVerwG, weitere Planstellen zu schaffen, grotesk. Kritisch hierzu auch Wernsmann, DVBl 05, 276 (284). Zustimmend hingegen OVG Münster, PersV 05, 394 (396).
87 Gundel, Die Verwaltung 04, 401 (408 f.).
88 DVBl 02, 203 (204) = NVwZ 02, 604 (605) = ZBR 02, 178 (179) = DÖV 02, 299 = E 115, 89 (91 f.) = RiA 03, 33 = NordÖR 02, 129 (130 f.); abl. Anm Schnellenbach, ZBR 02, 180 (180 ff.).
89 DVBl 04, 317 (318) = NJW 04, 870 (871) = BayVBl 04, 472 (473) = DÖV 04, 391= ZBR 04, 101 (102) = E 118, 370 (372 f.) = RiA 04, 37 (38); Anm Schnellenbach, ZBR 04, 104 (104 f.).
90 DÖD 03, 17 = PersV 03, 147 = ZBR 02, 427 (428) = DVBl 02, 1633 (1633 f.) = BayVBl 03, 240 = NVwZ 03, 200.
91 Zwar zurückhaltender, aber inhaltlich ebenfalls deutlich, formuliert Günther, DÖD 06, 6 (Fn 6): „Der vom Spruch nahegelegte Eindruck ... erschließt sich nicht allseits".
92 BVerwG, DVBl 04, 317 (318) = NJW 04, 870 (871) = BayVBl 04, 472 (473) = DÖV 04, 391 = ZBR 04, 101 (102) = E 118, 370 (373) = RiA 04, 37 (38); Anm Schnellenbach, ZBR 04, 104 (104 f.).

3. Konkurrentenklage und sonstiger Rechtsschutz in Konkurrenzfällen

Hauptsacheverfahren, zumal nach Ansicht des BVerwG der durch eine einstweilige Anordnung gesicherte Bewerbungsverfahrensanspruch „im Hauptsacheverfahren unverändert gerichtlich umfassend zu prüfen" ist. Warum man dann nicht direkt eine unter Verstoß gegen Art. 33 II GG erfolgte Ernennung mittels Primärrechtsschutzes in einem Hauptsacheverfahren angreifen darf, sondern stets (zunächst) um einweiligen Rechtsschutz nachsuchen muß, ist nicht stringent begründbar.

Der gerade nachvollzogene Streit um die Konkurrentenklage ist ein gutes Beispiel für eine verfehlte Standardsetzung durch Gerichte. Statt einem Konkurrenten die rechtliche Möglichkeit zu geben, sein grundrechtsgleiches Recht aus Art. 33 II GG im dafür vorgesehenen verwaltungsgerichtlichen Hauptsacheverfahren wahren zu können, verweigert ihm dies die Rechtsprechung unter Hinweis auf das Prinzip der Stabilität einmal erfolgter Ernennungen. Von derartiger Rigorosität erschreckt, postuliert sie gleichfalls, daß natürlich „sowohl die Behörden als auch die VGe ... dem Gebot effektiven Rechtsschutzes im beamtenrechtlichen Konkurrentenstreit sorgfältig Rechnung tragen (müssen)".[93] Zu diesem Zweck werden den Dienstherren umfangreiche verwaltungsaufwendige Hinweis- und Mitteilungspflichten an die unterlegenen Kandidaten auferlegt (Rn 152, 272). Weiterhin wird der Wettlauf zur möglichst schnellen einstweiligen Anordnung gestartet. Statusverändernde Maßnahmen entgegen einer einstweiligen Anordnung sind verboten (bzw. nunmehr durch Lockerung des Prinzips der Ämterstabilität sanktionierbar), so daß der Dienstherr – von der Verfahrensart völlig unabhängig – über längere Zeit gehindert ist, das von ihm gewünschte Personalkonzept zu verwirklichen. Und schließlich soll im Verfahren über den Antrag auf Erlaß einer einstweiligen Anordnung derselbe Maßstab wie im Hauptsacheverfahren angelegt werden.[94] Es fragt sich warum, da der einstweilige Rechtsschutz doch auf summarische Überprüfung hin angelegt ist. Verfassungsrechtlich läßt sich nach meiner Ansicht diese Position argumentativ nicht halten. Aber selbst auf der Ebene des „'einfachen' Verwaltungs- und Verwaltungsprozeßrechts" läßt sich keine schlüssige Begründung finden.[95] Haben Gerichte nicht den Mut zu einer schlüssigen Lösung (die m.E. allein in der Zulassung der echten Konkurrentenklage bestehen kann), wäre es sicherlich ehrlicher, vielleicht verfassungsrechtlich wegen des Grundsatzes des Gesetzesvorbehalts zur effektiven Durchsetzung des Leistungsprinzips sogar geboten, wenn der Gesetzgeber eine rechtspolitische Entscheidung für die Zukunft trifft.[96]

---

[93] BVerwG, DVBl 04, 317 (318) = NJW 04, 870 (871) = BayVBl 04, 472 (473) = DÖV 04, 391 (392) = ZBR 04, 101 (102) = E 118, 370 (374) = RiA 04, 37 (38); Anm Schnellenbach, ZBR 04, 104 (104 f.).
[94] BVerwG, DVBl 04, 317 (318) = NJW 04, 870 (871) = BayVBl 04, 472 (473) = DÖV 04, 391 = ZBR 04, 101 (102) = E 118, 370 (373) = RiA 04, 37 (38); Anm Schnellenbach, ZBR 04, 104 (104 f.); VG Weimar, ThürVBl 06, 44.
[95] Gundel, Die Verwaltung 04, 401 (417).
[96] In diesem Sinn auch Gundel, Die Verwaltung 04, 401 (430).

11. Abschnitt: Beschwerdeweg und Rechtsschutz

Bis es jedoch soweit ist, sollte ein übergangener Bewerber weiterhin zunächst den insbesondere von Günther[97] aufgezeigten Weg der **Nutzung seiner Verfahrensrechte** im Ernennungsverfahren (dazu Rn 150 ff.) **und des Rechtsschutzes im Vorfeld** der Ernennung beschreiten. Das Recht auf ermessensfehlerfreie Entscheidung bei der Stellenbesetzung (der Bewerbungsverfahrensanspruch) ist sicherungsfähig (§ 123 I S. 1 VwGO).[98] Dabei sind Verwaltungsgerichte bei der Anwendung und Auslegung dieser Vorschrift im beamtenrechtlichen Konkurrentenstreit insbesondere gehalten, den Erfordernissen eines effektiven Rechtsschutzes speziell im Eilverfahren Rechnung zu tragen.[99] Art. 19 IV GG garantiere nicht nur das formelle Recht und die theoretische Möglichkeit, die Gerichte anzurufen, sondern auch eine tatsächlich wirksame gerichtliche Kontrolle. Stellt der bei einer Auswahl übergangene Kandidat einen Antrag auf Erlaß einer einstweiligen Anordnung beim Verwaltungsgericht, ist der Dienstherr vor Aushändigung der Ernennungsurkunde oder Übertragung des höherwertigen Amtes an den ausgewählten Mitbewerber gehalten, den rechtskräftigen Abschluß des Gerichtsverfahrens abzuwarten.[100] Diese Verpflichtung folgt unmittelbar aus Art. 33 II, 19 II GG. Sie ist deshalb unabhängig von einer richterlichen Aufforderung bzw. einem richterlichen Hinweis zu beachten.[101] Weiterhin dürfen die Anforderungen an die Glaubhaftmachung des Anordnungsanspruchs jedenfalls nicht über das hinausgehen, was für ein Obsiegen des unterlegenen Bewerbers im Hauptsacheverfahren gefordert werden könnte.[102] Zudem macht sich der unterlegene Bewerber nicht gegenüber dem ausgewählten Konkurrenten schadenersatzpflichtig, wenn er dessen Ernennung durch einen (letztlich erfolglosen) Antrag auf einstweiligen Rechtsschutz verzögert.[103]

Zwei Gruppen sind denkbar[104]: Die erste betrifft Fälle, in denen der Ernennung als Verleihung des statusrechtlichen Amtes (Rn 49) die Übertra-

---

97 ZBR 83, 45 (49 ff.); NVwZ 86, 697 (701 ff.).
98 BVerfG, DVBl 03, 1524 = ZBR 04, 45; Anm Otte, ZBR 04, 46 (46 f.); VGH Kassel, NVwZ-RR 96, 49; NVwZ-RR 92, 34 (35) = DÖD 92, 211 (212); OVG Münster, RiA 94, 153; NWVBl 04, 60 (61) = RiA 04, 46 (47); NWVBl 04, 258 = ZBR 04, 277 = NVwZ-RR 04, 236; PersV 05, 394 (396); RiA 02, 49 = DÖD 01, 127 (128); NWVBl 02, 111 (112); DÖD 00, 137 (138) = RiA 01, 97 (98); NWVBl 04, 463 (464); OVG Hamburg, NVwZ-RR 92, 669; OVG Bautzen, ZBR 02, 62 = NVwZ-RR 02, 56 (57); VG Weimar, ThürVBl 04, 15 (15 f.).
99 BVerfG, DVBl 03, 1524 = ZBR 04, 45; Anm Otte, ZBR 04, 46 (46 f.).
100 Warum das bei der Anfechtung der vorzeitigen Abberufung eines Bürgermeisters im Bundesland Brandenburg anders sein soll, vermag ich nicht zu erkennen. So aber (fälschlicherweise) das VG Potsdam, LKV 03, 244, wonach die Anfechtung keinen Hinderungsgrund für die Aushändigung der Ernennungsurkunde an einen gewählten Nachfolger darstelle. Auch bei kommunalen Wahlbeamten verhindert doch nach h.M. gerade der Grundsatz der Ämterstabilität die echte Konkurrentenklage, so daß ebenfalls hier die Ernennungsurkunde nicht ausgehändigt werden darf, wenn der Antrag auf Erlaß einer einstweiligen Verfügung gestellt wurde.
101 VGH Kassel, NVwZ-RR 96, 49; NVwZ 94, 1231; NVwZ-RR 92, 34 (35) = DÖD 92, 211 (212).
102 OVG Berlin, NVwZ-RR 04, 627 (629); VG Weimar, ThürVBl 06, 44.
103 Hoof, DÖV 05, 234 (236 ff.).
104 Günther, NVwZ 86, 697 (698); Weiß, ZBR 89, 273 (276).

3. Konkurrentenklage und sonstiger Rechtsschutz in Konkurrenzfällen

gung eines konkret-funktionellen Amtes (Dienstposten; Rn 50) vorausgeht (Dienstpostenkonkurrenz). Dies kann ein höherbewerteter bzw. Beförderungsdienstposten sein, der zu Erprobungszwecken zugeteilt wird, oder ein vom Bewerber innegehabter Dienstposten, der offiziell höherbewertet wird.[105] Bei der Status(amt)konkurrenz ist der Stellenbesetzungsvorgang unmittelbar auf die Verleihung eines statusrechtlichen Amtes unter gleichzeitiger oder folgender Zuweisung eines Dienstpostens gerichtet. Bei Bewährung wird dem Bewerber das Statusamt ohne weiteres Besetzungsverfahren durch Ernennung übertragen.[106] Ob mit der Besetzung eines Dienstpostens unmittelbar eine Beförderung einhergeht, hängt vom inhaltlichen und nicht vom zeitlichen Zusammenhang zwischen Auswahl und Beförderung ab.[107]

3.1.1 Dienstpostenkonkurrenz

Liegt eine Dienstpostenkonkurrenz vor, kann der Unterlegene nach durchgeführtem Vorverfahren (Rn 301 ff.) mittels Klage erreichen, daß die Übertragung des konkret-funktionellen Amtes an den Mitbewerber aufgehoben und es ihm selbst zugewiesen wird. Voraussetzung hierfür ist, daß die Auswahl fehlerhaft war und allein ihm ermessensfehlerfrei die Stelle übertragen werden konnte (sonst ergeht ein Bescheidungsurteil). Das gilt nicht nur bei der Übertragung des Dienstpostens durch Umsetzung[108], sondern ebenfalls für Abordnung und Versetzung. Sie genießen nicht die für die Ernennung nach h.M. geltende Ämterstabilität. Der Beamte hat keinen Anspruch auf einen bestimmten Dienstposten (Rn 50). Zudem dürfen Abordnung und Versetzung als Verwaltungsakte (Rn 183) nach den Regeln des allgemeinen Verwaltungsrechts (§§ 48, 50 VwVfG) zurückgenommen werden.[109] Welche Klageart richtig ist, hängt von der Qualifizierung der zugrunde liegenden Maßnahmen ab. Dies kann aber hier offenbleiben, da Klageziel unabhängig von der Klageart der Entzug des rechtswidrig übertragenen Dienstpostens und zumindest die Neubescheidung des unterlegenen Mitbewerbers ist. Durch die Entscheidung in der Hauptsache öffnet der unterlegene Kandidat den Weg für eine neue Auswahl über die Besetzung des Dienstpostens.[110] Diese Möglichkeit endet erst mit einer Ernennung des Konkurrenten (z.B. Beförderung).

316

Prinzipiell ist bei einer durch Versetzung, Abordnung oder Umsetzung vorgenommenen Übertragung eines höherwertigen Dienstpostens der Erlaß einer einstweiligen Anordnung auf Antrag des konkurrierenden Bewerbers selbst nach der Besetzung der Stelle möglich.[111] Allerdings fragt

---

105 Günther, DÖD 06, 6 (8).
106 Günther, DÖD 06, 6 (8).
107 VG Weimar, ThürVBl 03, 42 (43 f.).
108 So explizit BVerwGE 75, 138 (140 f.); ZBR 89, 281 (282) = ZBR 90, 79.
109 Günther, NVwZ 86, 697 (705).
110 BVerwG, ZBR 89, 281 (282) = ZBR 90, 79.
111 OVG Schleswig, NVwZ-RR 95, 45; VGH Kassel, NVwZ 92, 195; OVG Münster, NWVBl 04, 466 (467).

11. Abschnitt: Beschwerdeweg und Rechtsschutz

es sich, ob eine einstweilige Anordnung mit dem Ziel geboten ist, schon die Übertragung des Dienstpostens zu unterbinden.[112] Dafür könnte sprechen, daß der erfolgreiche Kandidat einen Bewährungsvorsprung erhalten mag[113], oder sich bei allen Bewerbern sonstige Veränderungen hinsichtlich der Geeignetheit ergeben[114]. Dagegen steht aber, daß der Dienstherr bei der späteren Auswahl der Tatsache, daß ein Konkurrent bereits einen höherwertigen Dienstposten wahrgenommen hat, kein entscheidendes Gewicht beimessen darf.[115] Außerdem beeinträchtigte die Anordnung, einen Dienstposten bis zur Hauptsacheentscheidung über das Auswahlverfahren freizuhalten, die Funktionsfähigkeit der Verwaltung.[116] Deshalb ist der Ansicht zu folgen, daß bei einem Konkurrentenstreit zwischen Beamten, in dem es lediglich um die Übertragung eines Dienstpostens ohne konkrete Beförderungsentscheidung geht, regelmäßig kein Anordnungsgrund für den Erlaß einer einstweiligen Anordnung gegeben ist.[117] Dieser setzt eine konkrete Gefahr voraus, daß durch die Veränderung des Zustands die Verwirklichung eines Rechts vereitelt oder wesentlich erschwert werden könnte. Hiervon kann man bei einer Dienstpostenkonkurrenz gerade nicht ausgehen. Die Besetzungsentscheidung kann jederzeit rückgängig gemacht werden, beispielsweise eine Umsetzung durch eine Rückumsetzung. Dies gelte sogar bei einer Dienstpostenkonkurrenz zwischen Umsetzungs- und Beförderungsbewerbern, wenn die Umsetzung wegen

---

112 Dies bejaht das OVG Münster, RiA 05, 40 (41) = PersV 04, 376 (377), selbst in Fällen der sog. „Topfwirtschaft" (die Beförderungsämter sind keinem bestimmten Dienstposten zugeordnet), wenn in rechtlich abgesicherter Weise eine klar verbesserte, sich konkret abzeichnende Beförderungschance eröffnet wird, deren Realisierung während des Hauptsacheverfahrens zu erwarten ist.
113 OVG Münster, NWVBl 04, 466 (467 f.); VG Potsdam, ZBR 05, 62; Günther, NVwZ 86, 697 (703); ders., DÖD 06, 6 (11 f.), jeweils m.w.N. Offengelassen von BVerfG, ZBR 06, 165 (166). Zumindest ist nach diesem Urteil „die Verneinung eines Anordnungsgrundes mit dem Geboten eines effektiven Rechtsschutzes für den Fall nicht vereinbar, daß dessen Tätigkeit auf dem streitigen Dienstposten trotz der Rechtswidrigkeit der Auswahlentscheidung bei deren Wiederholung zum Nachteil des Beschwerdeführers berücksichtigt werden kann." Willkürlich wäre es zudem, aus einer nach zwei Monaten Tätigkeit erfolgten Stichtagsbeurteilung auf einen schon eingetretenen relevanten Bewährungsvorsprung zu schließen.
114 VGH München, BayVBl 06, 91 = NVwZ-RR 06, 346.
115 OVG Weimar, ThürVBl 98, 139 (140) = DÖV 98, 607; OVG Saarlouis, NVwZ 90, 687 (689); VGH Mannheim, IÖD 02, 159 (160); VG Frankfurt/M., NVwZ-RR 03, 375. A.A. mit beachtlicher Argumentation Günther, DÖD 06, 6 (10 ff.), der darauf verweist, daß das Leistungsprinzip verletzt wird, wenn man während des langjährigen Hauptsacheverfahrens entstandenes „Erkenntnismaterial" über die Bewährung nicht berücksichtige (12). Mittlerweile rückt auch der VGH München, BayVBl 06, 91 = NVwZ-RR 06, 346, von dieser Position ab und bejaht einen Anordnungsgrund, wenn die Fehlerhaftigkeit der Auswahlentscheidung bereits bei summarischer Prüfung deutlich wird.
116 OVG Weimar, ThürVBl 98, 139 (140) = DÖV 98, 607; Bracher, ZBR 89, 139 (143).
117 OVG Weimar, ThürVBl 98, 139 (140) = DÖV 98, 607; OVG Koblenz, NVwZ-RR 96, 51; OVG Münster, NVwZ-RR 04, 437 (438); NVwZ-RR 03, 50 (51); NWVBl 02, 41 (42); OVG Bremen, NordÖR 99, 248 (249): anders jedoch bei der Übertragung der herausgehobenen Stelle einer Schulleitung aufgrund der besonderen Ausgestaltung des Besetzungsverfahrens im bremischen Schulverwaltungsgesetz; VG Frankfurt/M., NVwZ-RR 03, 375; a.A. VGH Kassel, NVwZ 92, 195; VGH München, BayVBl 06, 91 = NVwZ-RR 06, 346; OVG Münster, RiA 05, 40 (41) = PersV 04, 376 (377); VG Potsdam, ZBR 05, 62.

3. Konkurrentenklage und sonstiger Rechtsschutz in Konkurrenzfällen

ausreichend vorhandener anderweitiger amtsangemessener Dienstposten jederzeit rückgängig gemacht werden könne[118] sowie bei einer Konkurrenz zwischen Versetzungs- und Beförderungsbewerber[119]. Anders ist es jedoch, wenn der **Konkurrentenstreit zwischen Beamten und Angestellten** besteht und dem Angestellten ein höherwertiger Dienstposten übertragen werden soll.[120] In diesem Fall kann man die Personalentscheidung aufgrund der Tarifautomatik (§ 22 II BAT) nicht mehr korrigieren. Ist zudem mit der Vergabe des Dienstpostens zugleich eine Ernennungsentscheidung unmittelbar verbunden, besteht ebenfalls ein Anordnungsgrund.[121] Schließlich bejaht die Rechtsprechung einen Anordnungsgrund in den Fällen, in denen die Auslese für Beförderungsämter wegen der laufbahnrechtlich notwendigen Erprobung auf die Auswahl unter den Bewerbern um den Beförderungsdienstposten vorverlagert wird.[122]

3.1.2 Status(amts)konkurrenz

Für einen effektiven Rechtsschutz kommt es darauf an, daß der Mitbewerber die Ernennung seines Konkurrenten verhindert. Die Ernennung erledigt nach h.M. sowohl den Rechtsstreit um das statusrechtliche als auch um das funktionelle Amt.[123] Insoweit hat das BVerwG auf den **einstweiligen Rechtsschutz** verwiesen. Es besteht Streit, ob dieser aufgrund von § 80 oder § 123 VwGO zu suchen ist. Das BVerwG qualifiziert die ablehnende Auswahlmitteilung an den unterlegenen Bewerber zwar als Verwaltungsakt. Dieser sei jedoch ein von der Ernennung des Konkurrenten rechtlich zu trennender, den unterlegenen Kandidaten nicht betreffender Verwaltungsakt. Deshalb komme dem Widerspruch gegen die negative Auswahlentscheidung keine aufschiebende Wirkung gegenüber der Ernennung zu. Der Weg über § 80 V VwGO sei deshalb nicht gangbar.[124] Leider begründet das Gericht nicht, warum keine Drittwirkung bestehen und die Ernennung den Konkurrenten nicht betreffen soll. Natürlich berührt die Ernennung eines Kandidaten sämtliche Mitbewerber, führt sie doch uno actu dazu, daß ihr Bewerbungsverfahrensanspruch erlischt.[125] Nach dieser Rechtsprechung ist jedoch einstweiliger Rechtsschutz lediglich **über § 123 VwGO** möglich, um eine bevorstehende Ernennung zu verhindern.[126]

317

---

118 OVG Münster, NVwZ-RR 04, 437 (438).
119 OVG Münster, NWVBl 04, 466 (468).
120 OVG Koblenz, NVwZ-RR 96, 51 (51 f.).
121 OVG Weimar, NVwZ-RR 04, 52.
122 OVG Münster, NWVBl 03, 14 = RiA 03, 45; VG Weimar, ThürVBl 06, 47 (48).
123 BVerwG, ZBR 90, 79 = ZBR 89, 281 (282).
124 Den Streitstand nennt Günther, NVwZ 86, 697 (699 f.).
125 Gundel, Die Verwaltung 04, 401 (416), bemerkt zu Recht süffisant: „Schwer verständlich ist dann allerdings, daß der unterlegene Bewerber dieselbe Maßnahme im vorbeugenden vorläufigen Rechtsschutz soll verhindern können, obwohl sie ihn doch rechtlich nicht betrifft".
126 So im Ergebnis auch OVG Münster, ZBR 89, 285. Zur Zulässigkeit und Begründetheit einer gegen einen gerichtlichen Zwischenbeschluß eingelegten Beschwerde äußert sich das OVG Bautzen, NVwZ 04, 1134.

11. Abschnitt: Beschwerdeweg und Rechtsschutz

Das Gericht kann eine einstweilige Anordnung hinsichtlich des Streitgegenstandes treffen, wenn die Gefahr besteht, daß durch eine Veränderung des bestehenden Zustands die Verwirklichung eines Rechts des Antragstellers vereitelt oder wesentlich erschwert werden könnte (§ 123 I S. 1 VwGO). Dabei sind Anordnungsanspruch und Anordnungsgrund glaubhaft zu machen (§ 123 III VwGO i.V.m. § 920 II ZPO analog). Eine Sicherungsanordnung kann demnach mit dem Ziel beantragt werden, dem Dienstherrn die Ernennung der ausgewählten Person so lange zu untersagen, bis über die Bewerbung des unterlegenen Konkurrenten ermessensfehlerfrei entschieden wurde. Ein **Anordnungsanspruch** ergibt sich aus dem Recht des Antragstellers auf ermessensfehlerfreie Entscheidung über seine Bewerbung (Bewerbungsverfahrensanspruch; Rn 131). Er ist glaubhaft gemacht, wenn nach dem gegenwärtigen Sach- und Streitstand auf der Grundlage einer summarischen Prüfung die Behörde den Bewerbungsverfahrensanspruch nicht hinreichend beachtet hat.[127] Dabei müssen die Aussichten bei einer rechtmäßig durchgeführten Zweitauswahl „offen" sein, also eine Auswahl „möglich" erscheinen.[128] Keinesfalls muß der Antragsteller glaubhaft machen, daß er derjenige ist, der zwingend auszuwählen wäre.[129] Streitgegenstand ist gerade kein möglicher Anspruch auf Beförderung (bei dem höhere Darlegungsanforderungen denkbar wären), sondern „allein das dahinter zurückbleibende Recht auf fehlerfreie Entscheidung über die Bewerbung"[130]. Mit diesem Beschluß verbessert das BVerfG die Erfolgsaussichten eines Antrags auf einstweilige Anordnung bei Konkurrentenstreitigkeiten erheblich. Dies verdient Zustimmung, gerade weil hierdurch die Grundrechte aus Art. 19 IV, 33 II GG stärker gewährleistet werden. Ein **Anordnungsgrund** folgt daraus, daß die Ernennung wegen der beamtenrechtlichen Ämterstabilität vollendete Tatsachen schafft, die im Hauptsacheverfahren nicht mehr rückgängig zu machen sind.[131] Ein Anordnungsgrund besteht sogar, wenn der Dienstherr erklärt hat, er werde für den Antragsteller einen anderen als den streitbefangenen Beförderungsdienstposten freihalten.[132] Der Antragsteller erhalte dadurch gerade nicht den verlangten effektiven Rechtsschutz hinsichtlich des gewünschten Beförderungsdienstpostens.[133] Hingegen kann es auch bei der Status(amts)konkurrenz aus den gerade

---

127 OVG Münster, NWVBl 02, 236 (237) = IÖD 02, 147 (148).
128 BVerfG, DÖD 03, 17 (18) = PersV 03, 147 (148) = ZBR 02, 427 (428) = DVBl 02, 1633 (1634) = BayVBl 03, 240 = NVwZ 03, 200 (201); zust. OVG Münster, NVwZ-RR 04, 436 (437) = DVBl 03, 1558 (1560) = DÖD 04, 25 (27) = ZBR 04, 178 (179) = RiA 03, 254 (256); RiA 05, 253 (255) = DÖD 06, 104 (106); NWVBl 03, 14 (16) = RiA 03, 45 (46); OVG Berlin, NVwZ-RR 04, 627 (629); VGH Mannheim, NVwZ-RR 05, 585 (586) = VBlBW 06, 59 (60); VBlBW 06, 62 (63); OVG Weimar, ThürVBl 02, 139 (140); VG Weimar, ThürVBl 06, 44; VG Hamburg, NordÖR 04, 210 (211).
129 OVG Münster, NWVBl 02, 236 (237) = IÖD 02, 147 (148).
130 BVerfG, DÖD 03, 17 (18) = PersV 03, 147 (148) = ZBR 02, 427 (428) = DVBl 02, 1633 (1634) = BayVBl 03, 240 = NVwZ 03, 200 (201).
131 OVG Weimar, ThürVBl 02, 139 (140); VG Weimar, ThürVBl 03, 42 (43); ThürVBl 04, 15; ThürVBl 04, 47; ThürVBl 06, 47 (48).
132 VG Weimar, ThürVBl 99, 119 (120).
133 BVerwGE 106, 129 (133) = NVwZ 98, 1082 (1083) = DVBl 98, 640 (641).

3. Konkurrentenklage und sonstiger Rechtsschutz in Konkurrenzfällen

genannten Gründen (Rn 316) keinen Bewährungsvorsprung des rechtswidrig Ausgewählten geben, so daß allein damit kein Anordnungsgrund begründet werden kann.[134]

Deutlich muß man schließlich auf folgendes hinweisen: Die einstweilige Anordnung scheidet rechtlich aus, wenn eine die Bewerbung des Antragstellers ablehnende Entscheidung dadurch unanfechtbar geworden ist, daß er gegen die Mitteilung, die streitige Stelle solle mit einem anderen Bewerber besetzt oder ein anderer Konkurrent solle befördert werden, keinen **Widerspruch** eingelegt hat.[135] Übergangenen Kandidaten ist somit zu empfehlen, neben dem einstweiligen Rechtsschutz zugleich auch immer Widerspruch gegen die ablehnende Entscheidung einzulegen. Eine einstweilige Anordnung wird ebenfalls nicht erfolgreich sein, wenn aus Rechtsgründen feststeht, daß der um vorläufigen Rechtsschutz Nachsuchende für eine Ernennung (z.B. aus laufbahnrechtlichen Gründen) nicht in Betracht kommt.[136]

3.2 Sonstiger Rechtsschutz

Mit den beschriebenen Rechtsschutzmöglichkeiten sind jedoch noch nicht alle sich in der Praxis ergebenden Probleme in Konkurrenzverhältnissen gelöst.[137] Zwar muß der Dienstherr die unterlegenen Personen rechtzeitig informieren, bevor er den erfolgreichen Mitbewerber ernennt.[138] Zudem hat er die Pflicht, die in Frage kommenden Beamten in das Auswahlverfahren einzubeziehen. Damit besteht im Einzelfall aber noch keine Gewißheit, daß dieses geschieht und der übergangene Kandidat überhaupt sowie rechtzeitig von der seine Rechtsschutzmöglichkeiten erledigenden Ernennung des ausgewählten Konkurrenten erfährt. Deshalb ist **zur Sicherung des vorläufigen Rechtsschutzes** noch folgendes **erforderlich**:

318

(1) **Einbeziehung des übergangenen Bewerbers in ein laufendes Auswahlverfahren** durch Regelungsanordnung (§ 123 I S. 2 VwGO).[139]

(2) **Klage auf Einsicht in die Besetzungsvorgänge**. Der Anspruch erstreckt sich ebenfalls auf solche Teile, welche die Konkurrenten betreffen.[140] Er stützt sich auf § 29 VwVfG. Ob richtige Klageart eine

---

134 A.A. wiederum Günther, DÖD 06, 6 (10 ff.).
135 VGH Kassel, DÖD 95, 256; OVG Münster, DÖD 93, 189 (190).
136 OVG Münster, NWVBl 03, 13 (13 f.) = NVwZ-RR 03, 135 (135 f.).
137 Dazu auch Schnellenbach, NVwZ 90, 637 (638).
138 BVerfG, NJW 90, 501 = DVBl 89, 1247 (1247 f.); Anm Hufen, JuS 90, 756 (757); BGH, NJW 95, 2344; OLG Celle, NVwZ 95, 413 (413 f.), als Vorinstanz; VGH Kassel, NVwZ-RR 92, 34 (35) = DÖD 92, 211 (212); NVwZ 94, 1231.
139 VG Berlin, ZBR 83, 100 (101); Finkelnburg, DVBl 80, 809 (812); Goerlich, ZBR 81, 120 (122); Günther, ZBR 79, 93 (111); ders., ZBR 83, 45 (50); Schmitt-Kammler, DÖV 80, 285 (291).
140 BVerwGE 49, 89 (94 f.); Battis, § 8 BBG, Rn 37.

11. Abschnitt: Beschwerdeweg und Rechtsschutz

Verpflichtungs-[141] oder allgemeine Leistungsklage[142] ist, kann dahinstehen. § 44a VwGO steht dieser Klage nicht entgegen, da es sich hier um keine Verfahrenshandlung, sondern um eine Sachentscheidung handelt.[143]

(3) Wenn der Mitbewerber die Möglichkeiten des einstweiligen Rechtsschutzes nicht nutzt und die Ernennung seines Konkurrenten durch Aushändigung der Ernennungsurkunde wirksam wurde, kann er mit einer auf Erfüllung seines Zugangsrechts gerichteten Klage nach h.M. keinen Erfolg mehr haben. In diesem Fall ist die **Fortsetzungsfeststellungsklage** möglich, falls die Voraussetzungen (§ 113 I S. 4 VwGO) vorliegen.[144] Im übrigen ist eine Schadenersatzklage aus Art. 34 S. 1 GG, § 839 BGB vor dem Zivilgericht (Art. 34 S. 3 GG) denkbar. Falls der übergangene Kandidat bereits Beamter war, ist an eine Klage auf Schadenersatz wegen schuldhafter Verletzung der Verpflichtung zur Bestenauslese (Art. 33 II GG, § 7 I LBG) vor dem VG zu denken.[145]

(4) Allerdings ist eine **Verwirkung der prozessualen Rechte durch Zeitablauf möglich**. Der in einem Auswahlverfahren um eine höherwertige Planstelle Unterlegene kann seine prozessualen Rechte aus § 123 VwGO zur Sicherung seines Bewerbungsverfahrensanspruchs verwirken, wenn er erst sechs Monate nach Erhalt der Mitteilung über seine erfolglose Bewerbung gerichtlichen Rechtsschutz ergreift.[146] Er darf dabei nicht die prozessuale Situation eines anderen Mitbewerbers, der um einstweiligen Rechtsschutz nachgesucht hatte und deshalb während des Laufs dieses Verfahrens keine Aushändigung der Ernennungsurkunde erfolgen durfte, ausnutzen.

Literatur: Günther, Etwaiger Bewährungsvorsprung des rechtswidrig ausgewählten Beförderungsbewerbers als „Anordnungsgrund"?, DÖD 06, 6; ders., Beiladung im vorläufigen Rechtsschutz der Beförderungskonkurrenz, ZBR 06, 117; Rothfuchs, Das Vorschlagsrecht zur Wahl des Beigeordneten im Land Brandenburg – (einstweiliger) Rechtsschutz des übergangenen Bewerbers und der Grundsatz der Bestenauslese, LKV 06, 114; Hoof, Schadenersatzpflicht des unterlegenen Bewerbers in beamtenrechtlichen Stellenbesetzungsverfahren nach erfolglosem Antrag auf einstweiligen Rechtsschutz, DÖV 05, 234; Wernsmann, Die beamtenrechtliche Konkurrentenklage – Zum Ausgleich von Ämterstabilität und effektivem Rechtsschutz –, DVBl 05, 276; Gundel, Neue Entwicklungen beim Konkurrentenstreit im öffentlichen Dienst: Perfektionierung des bestehenden Systems statt grundsätzlicher Überprüfung, Die Verwaltung 04, 401; Kühling, Vereinfachte Glaubhaftmachung im einstweiligen Rechtsschutz konkurrierender Beamter, NVwZ 04, 656; Scheffer, Zum Zwischenbeschluß im beamtenrechtlichen Konkurrentenverfahren, NVwZ 04, 1081; Tegethoff, Zulässigkeit und Erforderlichkeit der be-

---

141 BVerwGE 12, 296 (297).
142 So z.B. Plog/Wiedow/Lemhöfer/Bayer, § 172 BBG, Rn 72.
143 BVerwG, NJW 79, 177.
144 BVerwGE 80, 127 (129) = NVwZ 89, 158 (158 f.); ZBR 89, 281 (282) = ZBR 90, 79; VGH München, ZBR 83, 123; VG Berlin, ZBR 83, 100 (101); Günther, ZBR 83, 45 (51).
145 BVerwGE 80, 123 (124 f.) = NJW 89, 538 = DVBl 89, 199 = ZBR 89, 172 (173), ohne Rückgriff auf eine Fürsorgepflichtverletzung; OVG Koblenz, RiA 99, 153 (154); s. auch Rn 270.
146 VGH Kassel, NVwZ 94, 398 (399 f.).

3. Konkurrentenklage und sonstiger Rechtsschutz in Konkurrenzfällen

amtenrechtlichen Konkurrentenklage, ZBR 04, 341; Wittkowski, Konkurrentenverfahren von Beamten und Richtern, in Hohm/Schunder/Stahl, Verwaltungsgericht im Wandel der Zeit – 50 Jahre Verwaltungsgericht Frankfurt am Main, 2004, 234; Brinktrine, Prozessuale und materiellrechtliche Fragen bei Versetzung „politischer Beamter" in den einstweiligen Ruhestand, RiA 03, 15; Bürger, Konkurrentenklage bei der Konkurrenz um Beförderungsdienstposten, ZBR 03, 267; Lemhöfer, Rechtsschutz im Beförderungsstreit: Systematik und Praxistauglichkeit, ZBR 03, 14; Rudek, Schadensersatz für den Beigeladenen nach erfolglosem Antrag des Mitbewerbers auf einstweilige Anordnung im beamtenrechtlichen Konkurrentenverfahren?, NJW 03, 3531; Landau/Christ, Die Konkurrentenklage im Spannungsfeld der Justiz, NJW 03, 1648; Grundmann, Kehrtwendung in der Rechtsprechung zum beamtenrechtlichen Konkurrentenstreit?, NordÖR 02, 106; Hermanns, Beamtenrechtliche Konkurrentenklagen auf neuen Wegen, NordÖR 02, 108; Bertram, Konkurrentenklagen – „Bestenauslese", NJW 01, 3167; Mehde, Konkurrentenklage und Bundesrichterwahl – Zwei Entscheidungen aus Schleswig, NordÖR 01, 470; Roth, Die Obliegenheit zur Inanspruchnahme primären Rechtsschutzes insbesondere bei beamtenrechtlichen Beförderungsentscheidungen, ZBR 01, 14; Schöbener, Verwaltungsgerichtlicher Rechtsschutz in beamtenrechtlichen Konkurrenzsituationen, BayVBl 01, 321; Zimmerling, Verfahrensrechtliche Aspekte der beamtenrechtlichen Konkurrenten- und Beurteilungsklage, PersV 00, 205; Ziekow/Guckelberger, Probleme der gerichtlichen Kontrolle von Auswahlentscheidungen bei der Besetzung von leitenden Richterämtern, NordÖR 99, 218; Riecker, Können die Gerichte das „Leistungsprinzip" durchsetzen? – Bemerkungen zu einer bedenklichen Fehleinschätzung, ZBR 97, 180; Schnellenbach, Konkurrenzen um Beförderungsämter – geklärte und ungeklärte Fragen, ZBR 97, 169; Deinert, Frauenförderung beim Zugang zu Ämtern: Beamtenrechtliche Konkurrentenklage als Möglichkeit des Rechtsschutzes für nichtberücksichtigte Bewerber?, RiA 96, 5; Seitz, Die arbeitsrechtliche Konkurrentenklage, 1995; Wittkowski, Ansätze zur Lösung praktischer Probleme bei beamtenrechtlichen Konkurrentenanträgen, NVwZ 95, 345; Kernbach, Die Rechtsschutzmöglichkeiten des unterlegenen Konkurrenten im beamtenrechtlichen Ernennungsverfahren, jur. Diss., Tübingen, 1994; Wittkowski, Die Konkurrentenklage im Beamtenrecht (unter besonderer Berücksichtigung des vorläufigen Rechtsschutzes), NJW 93, 817; Martens, Wettbewerb bei Beförderungen, ZBR 92, 129; Huber, Konkurrenzschutz im Verwaltungsrecht, 1991; Ronellenfitsch, Der vorläufige Rechtsschutz im beamtenrechtlichen Konkurrentenstreit, VerwArch 91, 121; Günther, Konkurrentenstreit und kein Ende? – Bestandsaufnahme zur Personalmaßnahme Beförderung –, ZBR 90, 284; ders., Ende beamtenrechtlichen Konkurrentenstreits infolge Verwendung der Haushaltmittel für einen Angestellten?, DÖD 90, 212; Schnellenbach, Zum vorläufigen Rechtsschutz bei der Einstellungs- und Beförderungsamt-Konkurrenz, NVwZ 90, 637; ders., Konkurrentenrechtsschutz bei Stellenbesetzung im öffentlichen Dienst, DÖD 90, 153; Wörz, Konkurrentenklage bei „Dienstpostenkonkurrenz", ZBR 88, 16; Günther, Einstweiliger Rechtsschutz im Vorfeld der Beförderung, NVwZ 86, 697.

Teil II: Besoldungs-, Versorgungs- und Disziplinarrecht

Inhaltsverzeichnis

		Seite	Rn
1. Abschnitt:	**Grundzüge des Besoldungsrechts**	643–708	319-361
1.	Allgemeines	643 ff.	319
2.	Begriff der Besoldung	646	320
3.	Rechtsgrundlagen sowie Geltungsbereich des Bundes- und des Landesbesoldungsrechts	647 ff.	321 ff.
4.	Dienstbezüge	656 ff.	329 ff.
4.1	Grundgehalt und BDA	661 ff.	330 ff.
4.1.1	Grundgehalt	661 ff.	330 f.
4.1.2	Besoldungsdienstalter	669 ff.	332 ff.
4.1.2.1	Besoldungsdienstalter im Regelfall	669	333
4.1.2.2	Besoldungsdienstalter in besonderen Fällen	669 ff.	334
4.1.2.3	Mitteilung des Besoldungsdienstalters	671	335
4.2	Ortszuschlag, jetzt Familienzuschlag	671 ff.	336 ff.
4.2.1	Tarifklassen	672	337
4.2.2	Stufen des Familienzuschlages	672 ff.	338 ff.
4.2.2.1	Stufe 1	673 ff.	339
4.2.2.2	Stufe 2 und folgende Stufen	676	340
4.2.3	Konkurrenzregelung beim ehegattenbezogenen Familienzuschlag	676 ff.	341 f.
4.2.4	Konkurrenzregelung zum kinderbezogenen Familienzuschlag	679 ff.	343 f.
4.2.5	Änderung des Familienzuschlages	682 f.	345
4.3	Zulagen und Vergütungen	683 ff.	346 ff.
4.3.1	Zulagen	683 ff.	346 ff.
4.3.1.1	Amtszulagen	684 f.	347
4.3.1.2	Stellenzulagen	685 ff.	348
4.3.1.3	Erschwerniszulagen	688 f.	349
4.3.1.4	Leistungszulagen und -prämien	689 ff.	350
4.3.1.5	Andere Zulagen	694 f.	351
4.3.2	Vergütungen	695	352
4.4	Leistungsbezüge bei Professoren	696	353
4.5	Aufwandsentschädigungen	696 ff.	354
5.	Sonstige Bezüge	698 ff.	355 ff.
5.1	Anwärterbezüge	698 ff.	355 ff.
5.1.1	Anwärtergrundbetrag	700 f.	356
5.1.2	Anwärtersonderzuschläge	701	357

Teil II. Besoldungs-, Versorgungs- und Disziplinarrecht

5.1.3	Kürzung der Anwärterbezüge	701 f.	358
5.2	Jährliche Sonderzahlungen und vermögenswirksame Leistungen	702 f.	359
6.	Rückforderung von Bezügen/ Rückforderungsvereinbarungen	703 ff.	360 f.

2. Abschnitt: Grundlagen der Beamtenversorgung 709–760   362-397

1.	Allgemeines	709 f.	362
2.	Alimentationsprinzip, Versorgung im öffentlichen Dienst	710 f.	363
3.	Rechtsgrundlagen, Rechtsanspruch	711 f.	364
4.	Nachversicherung	712 f.	365
5.	Versorgungsbezüge	713 ff.	366 ff.
5.1	Ruhegehalt	715 ff.	367 ff.
5.1.1	ruhegehaltsfähige Dienstbezüge (§ 5 BeamtVG)	716 ff.	368
5.1.2	ruhegehaltsfähige Dienstzeit (§§ 6 bis 13 BeamtVG)	718 ff.	369 ff.
5.1.2.1	regelmäßige ruhegehaltsfähige Dienstzeit (§ 6 BeamtVG)	718 ff.	369
5.1.2.2	gleichstehende Dienstzeiten (§ 6 III BeamtVG)	720	370
5.1.2.3	erhöhende Dienstzeiten (§ 7 BeamtVG)	720	371
5.1.2.4	als ruhegehaltsfähig geltende Dienstzeiten (§§ 8 und 9 BeamtVG)	720	372
5.1.2.5	aufgrund von Soll- und Kannvorschriften zu berücksichtigende Dienstzeiten (§§ 10 bis 12 BeamtVG)	720 ff.	373
5.1.2.6	Zurechnungszeiten (§ 13 BeamtVG)	722 f.	374
5.1.3	Höhe des Ruhegehalts (§ 14 BeamtVG)	723 ff.	375
5.2	Hinterbliebenenversorgung	731 ff.	376 ff.
5.2.1	Bezüge für den Sterbemonat	731	377
5.2.2	Sterbegeld	731 f.	378
5.2.3	Witwengeld	732 f.	379
5.2.4	Witwenabfindung	733	380
5.2.5	Waisengeld	733 f.	381
5.2.6	Unterhaltsbeiträge	734	382
5.2.7	Witwerversorgung	734 f.	383
5.3	Unfallfürsorge	735 ff.	384 ff.
5.3.1	Erstattung von Sachschäden und besonderen Aufwendungen	737 f.	385
5.3.2	Heilverfahren	738	386
5.3.3	Unfallausgleich	739	387
5.3.4	Unfallruhegehalt oder Unterhaltsbeitrag	739 ff.	388
5.3.5	Unfall-Hinterbliebenenversorgung	741 f.	389

5.4	Zusammentreffen von Witwengeld, Waisengeld und Unterhaltsbeiträgen	742	390
5.5	Übergangsgeld	742 f.	391
6.	Rückforderung/Verlust von Versorgungsbezügen	743 ff.	392
7.	Zusammentreffen von Versorgungsbezügen mit sonstigen Einkünften	745 ff.	393 ff.
8.	Versorgungsrücklage	754 ff.	396
9.	Verteilung der Versorgungslasten	758 ff.	397

3. Abschnitt: Grundzüge des Disziplinarrechts . 761–798 398-419

1.	Unterscheidung zwischen materiellem und formellem Disziplinarrecht, Geltungsbereich von LDG/BDG	761 f.	398
2.	Zweck des Disziplinarrechts	762 f.	399
3.	Begriff des Dienstvergehens	763 f.	400
4.	Einheit des Dienstvergehens	764 f.	401
5.	Der Grundsatz ne bis in idem und § 14 LDG/BDG	765 ff.	402
6.	Disziplinarrechtsverfahren	767 ff.	403 ff.
6.1	Disziplinarverfahren	767 ff.	403 ff.
6.1.1	Legalitätsprinzip	767 f.	403
6.1.2	Opportunitätsprinzip	768	404
6.1.3	Disziplinarmaßnahmen	769 ff.	405 ff.
6.2	Disziplinarorgane	778 ff.	408
6.3	Der Ablauf des Disziplinarverfahrens	780 ff.	409 ff.
6.3.1	Behördliches Disziplinarverfahren: Ermittlungen – Abschlußentscheidung	780 ff.	409 ff.
6.3.2	Widerspruchs- und Änderungsverfahren	786	411
6.3.3	Einleitung des gerichtlichen Disziplinarverfahrens	787	412
6.3.4	Verfahren vor den Disziplinargerichten	787 ff.	413
6.3.5	Besondere Verfahren	790 ff.	414
6.3.6	Unterhaltsbeitrag/Unterhaltsleistung	792 ff.	415
7.	Kosten des Disziplinarverfahrens	794	416
8.	Rechtsschutz im Disziplinarverfahren	795 f.	417
9.	Begnadigung, Wiederaufnahme des Verfahrens	796	418
10.	Rechtspolitische Änderungen auf Bundes- und Länderebene	796 ff.	419

1. Abschnitt: Grundzüge des Besoldungsrechts

1. Allgemeines

Die Besoldung zählt zum wichtigsten vermögenswerten Recht des Beamten. Sie ist zum größten Teil im BBesG geregelt und beruht auf dem aus Art. 33 V GG hergeleiteten sog. **Alimentationsprinzip** (Rn 30). Die Besoldung ist keine Gegenleistung für den Dienst des Beamten, sondern vielmehr Teil der komplexen Rechts- und Pflichtenstellung, in der sich Beamter und Dienstherr einander gegenüberstehen.[1] Nach der Rechtsprechung des BVerfG[2] besagt der Alimentationsgrundsatz, daß der Dienstherr dem Beamten und seiner Familie in Form von Dienstbezügen einen dem Dienstrang, der Bedeutung des Amtes und der Entwicklung der allgemeinen Lebensverhältnisse angemessenen Lebensunterhalt grundsätzlich auf Lebenszeit gewähren muß. Zwar habe der Gesetzgeber auf dem Gebiet des Besoldungsrechts eine verhältnismäßig weite Gestaltungsfreiheit.[3] Dies könne nicht losgelöst von der Zahl der Kinder geschehen. Die Berücksichtigung der Kinderzahl bei der Besoldung ist somit kein Beamtenprivileg, sondern Inhalt der geschuldeten Alimentation.[4] Der auch im Zusammenhang mit Art. 6 I GG und dem Sozialstaatsprinzip der Verfassung auszulegende Art. 33 V GG verlangt, daß sich in der Lebenswirklichkeit die Beamten für ihre Familie ohne Rücksicht auf deren Größe „annähernd das gleiche leisten" können.[5] Der Besoldungsgesetzgeber hat dafür Sorge zu tragen, daß der Beamte mit mehreren Kindern neben den Grundbedürfnissen seiner Familie das Minimum an Lebenskomfort befriedigen kann, das sich unter den wirtschaftlichen Bedingungen der Gegenwart als angemessen herausgebildet hat. Sollte sich allerdings seine Familie vergrößern, wird er dies nur auf bescheidenere Art und Weise verwirklichen können.[6] Dennoch müsse man einen verfassungsrechtlich gebotenen Mindestabstand von 15% zur Sozialhilfe für das dritte

319

---

1 BVerwG, ZBR 05, 166 (167) = DVBl 05, 453 (455); DÖD 05, 223 (225).
2 DVBl 01, 1667 = IÖD 01, 188 (189) = NVwZ 01, 1393 (1394); E 99, 300 (314 f.) = NJW 99, 1013 (1014) = DÖV 99, 381, ergangen auf Vorlagebeschluß des VG Koblenz, NVwZ 98, 1101 (1102), sowie die in Rn 30 zitierte Judikatur.
3 BVerfG, DVBl 04, 1102 = NVwZ 05, 677 = ZBR 04, 391 = VR 04, 427 (429) = E 110, 353 (364); ThürVBl 04, 139 (140); BVerwG, NVwZ-RR 06, 259 (260); VGH München, BayVBl 03, 407 = DÖD 03, 144 (145).
4 BVerfGE 99, 300 (317) = NJW 99, 1013 (1016) = DÖV 99, 381 (382).
5 BVerfGE 81, 363 (375 ff.) = NVwZ 90, 1061 (1062) = DVBl 90, 817 (818) = ZBR 90, 297 (298); Anm Summer, ZBR 90, 300 (300 f.) = JZ 90, 1125; Anm Lecheler, JZ 90, 1128 (1128 f.); 44, 249 (267) = NJW 77, 1869 (1870).
6 BVerfGE 99, 300 (320) = NJW 99, 1013 (1014) = DÖV 99, 381 (383); 81, 363 (376) = NVwZ 90, 1061 (1062) = DVBl 90, 817 (818) = ZBR 90, 297 (298); Anm Summer, ZBR 90, 300 (300 f.) = JZ 90, 1125 (1125 f.); Anm Lecheler, JZ 90, 1128 (1128 f).

1. Abschnitt: Grundzüge des Besoldungsrechts

und jedes weitere Kind einhalten.[7] Die Alimentation des Beamten muß aus heute zur Verfügung stehenden Haushaltsmitteln befriedigt werden. Eine verfassungsrechtlich gebotene Besoldungskorrektur braucht sich daher prinzipiell allein auf denjenigen Zeitraum zu erstrecken, der mit dem Haushaltsjahr beginnt, in dem die Verfassungswidrigkeit der bisherigen Regelung verfassungsgerichtlich festgestellt worden ist.[8] Insoweit bestehe eine Pflicht des Beamten, auf die Belastbarkeit des Dienstherrn und dessen Gemeinwohlverpflichtung Rücksicht zu nehmen[9]. Wegen der Besonderheiten des Beamtenverhältnisses muß der Verfassungsverstoß nicht allgemein rückwirkend behoben werden. Über die Zuerkennung der dritten Stufe des Familienzuschlages nach Maßgabe der soeben geschilderten Anforderungen des BVerfG sollen die Fachgerichte auch ohne eine Vorlage an das BVerfG (Art. 100 I S. 1 GG) für die Zeit ab 1.1.2000 direkt entscheiden können.[10]

Eine Korrektur kann sich lediglich auf solche Beamte erstrecken, die ihren Anspruch auf amtsangemessene Alimentation rechtzeitig, also während des laufenden Haushaltsjahres, gerichtlich oder durch Widerspruch geltend gemacht haben.[11] Hierbei reicht es, wenn der Beamte zum Ausdruck gebracht hat, daß er die ihm gewährte Besoldung für rechtswidrig halte. Wie er seine Beanstandung bezeichnet, ob als „Antrag", „Widerspruch" oder „Einspruch", darauf komme es nicht an.[12] Es sei kein vorgeschaltetes Antragsverfahren erforderlich. Hat ein insoweit darlegungs- und beweispflichtiger Beamter bereits einmal derartige Einwände erhoben, ohne daß darüber abschließend entschieden wurde, und wechselt er den Dienstherrn, wirkt dies auch gegenüber dem neuen Dienstherrn. Er muß nicht erneut Widerspruch einlegen. Der neue Dienstherr hat allerdings Ansprüche ausschließlich für die Zeit zu erfüllen, in welcher sich der Beamte in einem Dienstverhältnis zu ihm befindet. Für den vorangegangenen Zeitraum ist dazu der frühere Dienstherr verpflichtet.

In den neuen Bundesländern beträgt die Besoldung 92,5% der West-Besoldung; weitere Angleichungen erfolgen für Bezügeempfänger bis A 9

---

7 BVerfGE 99, 300 (321 f.) = NJW 99, 1013 (1016) = DÖV 99, 381 (383).
8 BVerfGE 81, 363 (375 ff.) = NVwZ 90, 1061 (1064) = DVBl 90, 817 (818) = ZBR 90, 297 (299); Anm Summer, ZBR 90, 300 (300 f.) = JZ 90, 1125 (1128); Anm Lecheler, JZ 90, 1128 (1128 f.); VGH München, ZBR 90, 62.
9 Krit. dazu Summer, ZBR 90, 300 (301); Lecheler, JZ 90, 1128 (1129).
10 BVerwG, DVBl 04, 1416 (1416 ff.) = DÖV 05, 28 (28 ff.) = NVwZ 05, 344 (344 ff.) = DÖD 05, 107 (108 ff.) = ZBR 05, 36 (36 ff.) = E 121, 91 (92 ff.); NVwZ 06, 605 (606); VG Frankfurt/M., PersV 02, 468 (470).
11 BVerfGE 99, 300 (330 f.) = NJW 99, 1013 (1020) = DÖV 99, 381 (383); 81, 363 (385) = NVwZ 90, 1061 (1064) = DVBl 90, 817 (818) = ZBR 90, 297 (299 f.); Anm Summer, ZBR 90, 300 (300 f.) = JZ 90, 1125 (1128); Anm Lecheler, JZ 90, 1128 (1128 f.); VG Braunschweig, ZBR 00, 393.
12 BVerwG, DÖV 01, 1042 (1044) = NVwZ 02, 97 (98 f.) = DVBl 02, 196 (198) = PersV 02, 23 (26) = ZBR 02, 93 (93 f.) = DÖD 02, 217 (219) = RiA 03, 145 (147) = BayVBl 02, 53 (54) = E 114, 350 (356); a.A. zu Unrecht OVG Koblenz, IÖD 00, 232 (234), das einen förmlichen Widerspruch gegen die ablehnende Entscheidung der Besoldungsstelle fordert.

1. Allgemeines

bis spätestens zum 31.12.2007 und für die übrigen bis spätestens zum 31.12.2009. Zwei unterschiedliche Besoldungen in Ost und West aufrechtzuerhalten, ist derzeit verfassungsrechtlich (noch) zulässig.[13] Allerdings sei § 73 BBesG keine Rechtsgrundlage für dauerhafte unterschiedliche Besoldungen.[14]

Das Alimentationsprinzip sichert zwar keine summenmäßig bestimmte Besoldung und erlaubt sogar für die Zukunft, die Bezüge sachgerecht herabzusetzen[15] oder den tatsächlichen Notwendigkeiten und der fortschreitenden Entwicklung anzupassen[16]. Allerdings darf die Alimentation der Beamten nicht „greifbar" hinter der materiellen Ausstattung der sonstigen Beschäftigten im öffentlichen Dienst zurückbleiben.[17] Dies bedeute aber nicht, daß die Ergebnisse der Tarifverhandlungen stets spiegelbildlich auf die Beamten zu übertragen seien. Im übrigen ist eine nach Besoldungsgruppen zeitlich differenzierte Besoldungsanpassung zulässig.[18]

Literatur: Wahlers, Das Gesetz zur Reform der Professorenbesoldung und der Grundsatz der amtsangemessenen Alimentation, ZBR 06, 149; Gärditz, Verwaltungsgerichtliche Kompensation von Alimentationsdefiziten, ZBR 05, 288; Repkewitz, Amtsangemessene Alimentation kinderreicher Beamter – Probleme der Vollstreckungsanordnung des Bundesverfassungsgerichts, RiA 05, 273; Schaller, Kein weiterer Familienzuschlag für dritte und weitere Kinder, RiA 05, 112; Wolff, Der verfassungsrechtliche Rahmen des Alimentationsprinzips für Versorgungsabsenkungen, ZBR 05, 361; Leisner-Egensperger, Arbeitszeitverlängerung für Beamte und Alimentationsgrundsatz, ZBR 04, 333; Fassbender, Die Entscheidungen des BVerfG über die Besoldung in den neuen Ländern, NJ 03, 568; Hebeler, Beamtenbesoldung und Haushaltszwänge, RiA 03, 157; Summer, Reföderalisierung in der Besoldung – ein Schreiten in den Nebel, ZBR 03, 28; Wolff, Der Kerngehalt des Alimentationsgrundsatzes als absolute Grenze für den Besoldungsgesetzgeber, ZRP 03, 305; ders., Die Gestaltungsfreiheit des Gesetzgebers im Besoldungsrecht, DÖV 03, 494; Güntner, Beamtenbesoldung nach Leistung – Grenzen und Tendenzen, in Depenheuer/Heintzen/Jestaedt/Axer, Nomos und Ethos, Hommage an Josef Isensee zum 65. Geburtstag, 2002, 377; Leisner, Am Ende der Alimentation – Die Beamten in der Entwicklung von der Werkleistungs- zur Dienstleistungsgesellschaft –, DÖV 02, 763; Roeser, Beamtenrecht im Beitrittsgebiet – Betrachtungen zu ausgewählten Problemen, in Depenheuer/Heintzen/Jestaedt/Axer, Nomos und Ethos, Hommage an Josef Isensee zum 65. Geburtstag, 2002, 399; Sembdner, Zur Durchsetzung der familienbezogenen Gehaltsbestandteile in verfassungsrechtlich gebotenem Umfang, PersV 02, 434; Koch, Die Reichweite

---

13 BVerfG, LKV 00, 308 (309); ergangen auf Vorlagebeschluß des VG Dresden, ZBR 00, 176 = LKV 00, 217; NVwZ 03, 1364 (1367 ff.) = DVBl 03, 1148 (1151 ff.) = PersV 03, 467 (470 ff.) = RiA 03, 295 (304 ff.) = RiA 04, 172 (180 ff.) = ZBR 03, 348 (351 ff.) = SächsVBl 03, 268 (272 ff.) = E 107, 218 (243 ff.); Anm Millgramm, SächsVBl 03, 276 (276 f.); DVBl 04, 761 = NVwZ 04, 337 = ZBR 04, 169 (170); DÖD 04, 140 (141) = ZBR 04, 100.
14 BVerfG, NVwZ 03, 1364 (1370) = DVBl 03, 1148 (1155) = PersV 03, 467 (476) = RiA 03, 295 (307) = RiA 04, 172 (183 f.) = ZBR 03, 348 (353) = SächsVBl 03, 268 (275) = E 107, 218 (255 f.); Anm Millgramm, SächsVBl 03, 276 (276 f.).
15 BVerfG, NVwZ 03, 1364 (1365) = DVBl 03, 1148 (1150) = PersV 03, 467 (470) = RiA 03, 295 (301) = RiA 04, 172 (178) = ZBR 03, 348 (349) = SächsVBl 03, 268 (270) = E 107, 218 (237 f.); Anm Millgramm, SächsVBl 03, 276 (276 f.); VGH München, BayVBl 03, 407 = DÖD 03, 144 (145); ZBR 04, 209 (209 f.).
16 BVerfG, DVBl 04, 761 = NVwZ 04, 337 (338) = ZBR 04, 169 (170); ThürVBl 04, 139 (140); BVerwG, NVwZ 05, 1078 (1080) = ZBR 05, 306 (308).
17 BVerwG, NVwZ 03, 869 (871) = BayVBl 03, 408 (409) = DÖV 03, 456 (457) = ZBR 03, 212 (213) = E 117, 305 (309) = DVBl 03, 726 (728).
18 BVerfG, DVBl 01, 1667 (1667 f.) = IÖD 01, 188 (189) = NVwZ 01, 1393; OVG Koblenz, NVwZ-RR 02, 50 = RiA 02, 151 (151 f.).

1. Abschnitt: Grundzüge des Besoldungsrechts

des Anspruchs kinderreicher Beamter auf rückwirkende Erhöhung ihrer Bezüge, ZBR 01, 88; Leisner, Renten, Beamtenbesoldung und Beamtenversorgung nach Inflation? Schnelles Sparen statt Systemänderung, ZBR 00, 5; Pechstein, Familiengerechte Besoldung als Verfassungsgebot, ZBR 00, 1; Sembdner, Die Besoldung kinderreicher Beamter – endlich Verbesserung in Sicht, PersV 99, 296; Goecke, Besoldung des Beamten mit mehr als zwei Kindern verfassungswidrig?, NVwZ 98, 1036; Leisner, Beamtenbesoldung als Sparpotential?, ZBR 98, 259; Sembdner, Der Kinderreiche im öffentlichen Dienst – noch immer eindeutig und evident benachteiligt, PersV 98, 192; Summer, Neue Facetten des Alimentationsprinzips, PersV 98, 142.

2. Begriff der Besoldung

320 Grundsätzlich fallen unter den Oberbegriff Besoldung alle finanziellen Zuwendungen an Beamte, Richter und Soldaten, die kein Auslagenersatz oder reine Fürsorgeleistungen sind, und die in Bezug auf das verliehene Amt gewährt werden. Keine Besoldung sind deshalb Vergütungen im Nebentätigkeitsrecht, Umzugskosten, Reisekosten, Beihilfen sowie Dienstaufwandsentschädigungen, Jubiläumszuwendungen, Unterstützungen usw.

Der Begriff der Besoldung ist in § 1 II und III BBesG definiert. Dazu gehören Dienstbezüge und sonstige Bezüge. Diese Differenzierung ist durchaus sachlich begründet. Einerseits erstrecken sich besoldungsrechtliche Bestimmungen lediglich auf die Dienstbezüge oder nur auf die sonstigen Bezüge; andererseits sind jedoch beide Besoldungsteile unter dem weitergehenden Begriff „Besoldung" geregelt.

Zu den Dienstbezügen (§ 1 II Nr. 1 bis 6 BBesG) zählen:

Grundgehalt,
Leistungsbezüge für Professoren sowie hauptberufliche Leiter und Mitglieder von Leitungsgremien an Hochschulen,
Familienzuschlag,
Zulagen,
Vergütungen,
Auslandsdienstbezüge.

Zu den sonstigen Bezügen (§ 1 III Nr. 1 bis 3 BBesG) gehören:

Anwärterbezüge,
jährliche Sonderzahlungen,
vermögenswirksame Leistungen.

Nicht zur Besoldung zählt das Kindergeld. Es ist eine allgemeine Sozialleistung des Staates und wird durch das Bundeskindergeldgesetz geregelt.

Literatur: Leisner, Das Kindergeldverfahren im öffentlichen Dienst, ZBR 00, 217.

3. Rechtsgrundlagen sowie Geltungsbereich des Bundes- und des Landesbesoldungsrechts

Die allgemeinen **verfassungsrechtlichen Grundlagen** des Besoldungsrechts ergaben sich bisher aus Art. 33 IV und V GG, Art. 72 GG, Art.73 Nr. 8 GG, Art. 74a GG sowie Art. 75 I S. 1 Nr. 1 GG. **321**

Weiterhin ist **Art. 141 EG-Vertrag** mit seinem Gebot der Entgeltgleichheit zu beachten. Unter Entgelt sind alle Vergütungen zu verstehen, die der Arbeitgeber aufgrund des Dienstverhältnisses dem Arbeitnehmer unmittelbar oder mittelbar in bar oder in Sachleistung zahlt (Art. 141 II S. 1 EG-Vertrag). Die dem Beamten gezahlte Besoldung unterfällt ebenfalls dem Entgeltgleichheitsgebot des Art. 141 EG-Vertrag.[19] Die Rechtsprechung des EuGH[20] zeigt, daß eine mittelbare Benachteiligung von Frauen für einen Verstoß ausreichen kann. Dieser liegt vor, wenn durch die Norm erheblich mehr Frauen als Männer betroffen sind und die Bestimmung nicht durch objektive Faktoren, die nichts mit einer Diskriminierung aufgrund des Geschlechts zu tun haben, gerechtfertigt ist.[21]

Die grundlegende Besoldungsreform durch das **BBesG** vom 27.7.1957, dessen wesentliche Vorschriften mit Wirkung vom 1.4.1957 in Kraft getreten sind, hatte sich primär das Ziel gesetzt:

a) das unübersichtliche und zersplitterte Besoldungsrecht des Bundes und der Länder unter Beachtung der neuen staats- und verfassungsrechtlichen Grundlagen zusammenzufassen,

b) das Besoldungsrecht für die Verwaltung praktikabel zu gestalten,

c) die Besoldung der wirtschaftlichen Entwicklung in der Bundesrepublik Deutschland anzupassen und

d) ein – jedenfalls in den Grundzügen – einheitliches Besoldungsrecht für den Bund und die Länder zu schaffen.

Durch Nutzung der Rahmenkompetenz (Art. 75 I S. 1 Nr. 1 GG) sollte erreicht werden, daß der Bund, die Länder, die Kreise sowie Städte und Gemeinden ein aufeinander abgestimmtes Besoldungsrecht anwenden. Diese Zielsetzung des Gesetzgebers ist jedoch nicht verwirklicht worden. Das Besoldungsgefüge im Bund und in den Ländern entwickelte sich uneinheitlich. Indem sie Zwischenbesoldungsgruppen schufen und Stel-

---

19 OVG Münster, ZBR 06, 60 (61) = RiA 05, 251 (252 f.).
20 RiA 98, 94 = NVwZ 98, 721 (723); RiA 98, 97 (99); Anm Fischer, RiA 98, 99 (99 f.).
21 EuGH, RiA 98, 94 (96 f.) = NVwZ 98, 721 (723); RiA 98, 97 (99); OVG Münster, NWVBl 04, 104 (104 f.) = ZBR 04, 63 (64) = OVGE 49, 173 (175 f.); ZBR 06, 60 (62) = RiA 05, 251 (253). Anerkannte Gründe für eine Ungleichbehandlung sind beispielsweise Dienstalter, Qualifikation, Mangel an Fachkräften, Produktivität und Flexibilität, nicht jedoch haushaltspolitische Erwägungen.

lenzulagen für eine Vielzahl von Beamtengruppen einführten sowie durch Sonderregelungen für Lehrer und Richter erzielten die meisten Länder einen erheblichen Besoldungsvorsprung gegenüber dem Bund. Aus dieser unterschiedlichen Besoldungssituation ergaben sich insbesondere im Personalbereich Spannungen zum Nachteil der Funktionsfähigkeit des öffentlichen Dienstes. Damit hatte sich gezeigt, daß die Rahmenkompetenz nicht ausreichte, ein einheitliches Besoldungsrecht zu garantieren.

322 Deshalb fügte man Art. 74a GG in das Grundgesetz (28. Gesetz zur Änderung des Grundgesetzes v. 18.3.71) ein. Der **Bund** erhielt damit die **konkurrierende Gesetzgebungskompetenz** für das Besoldungsrecht. Hierdurch verhinderte man, daß sich das Besoldungsrecht im Bund und in den Ländern weiter auseinanderentwickelte. Auf dieser Basis erließ der Bund das 1. Gesetz zur Vereinheitlichung und Neuregelung des Besoldungsrechts im Bund und in den Ländern vom 18.3.1971. Das Gesetz sah grundlegende Maßnahmen zur Vereinheitlichung des Besoldungsrechts vor, insbesondere die Festschreibung des Landesbesoldungsrechts und einen Stufenplan zur Harmonisierung der Zulagen.

Mit dem 2. Gesetz zur Vereinheitlichung und Neuregelung des Besoldungsrechts im Bund und in den Ländern vom 23.5.1975, das im wesentlichen am 1.7.1975 in Kraft trat, hat der Bund seine Kompetenz (Art. 74a I GG) für den Bereich der Besoldung voll ausgeschöpft. Dadurch schuf man erstmalig ein einheitliches Besoldungsrecht für den Bund, die Länder und die Gemeinden, die Gemeindeverbände sowie für die sonstigen der Aufsicht eines Landes unterstehenden Körperschaften, Anstalten und Stiftungen des öffentlichen Rechts.

Danach haben Anspruch auf Besoldung (§ 1 I Nr. 1 bis 3 BBesG):

Bundesbeamte, Beamte der Länder, der Gemeinden, der Gemeindeverbände sowie der sonstigen der Aufsicht eines Landes unterstehenden Körperschaften, Anstalten und Stiftungen des öffentlichen Rechts, Richter des Bundes und der Länder sowie Berufssoldaten und Soldaten auf Zeit. Ausgenommen sind die Ehrenbeamten und die B.a.W., die nebenbei verwendet werden, sowie die ehrenamtlichen Richter. Für die Besoldung der Beamten, Richter und Soldaten mit dienstlichem und tatsächlichem Wohnsitz im Ausland findet das Bundesbesoldungsgesetz ebenfalls Anwendung (§§ 52 ff. BBesG). Hingegen gilt das BBesG nicht für die öffentlich-rechtlichen Religionsgesellschaften und ihre Verbände (§ 1 V BBesG).

Die Länder können besoldungsrechtliche Vorschriften nur noch erlassen, soweit dies bundesgesetzlich ausdrücklich gestattet ist (§ 1 IV BBesG). Diese Ermächtigung nutzt das Land NW in engem Umfang mit seinem Landesbesoldungsgesetz. Das BBesG enthält verschiedene **Regelungsermächtigungen an die Länder**. Beispielsweise ermächtigt § 22 BBesG die Landesregierungen, die Ämter der hauptamtlichen Vorstandsmitglieder öffentlich-rechtlicher Sparkassen und der Leiter der kommunalen Versorgungs- und Verkehrsbetriebe (Werkleiter) landesrechtlich einzustufen.

3. Rechtsgrundlagen sowie Geltungsbereich des Bundes- und des Landesbesoldungsrechts

Mit dem 2. BesVNG wurden Rechtsvorschriften der Länder, soweit sie besoldungsrechtliche Regelungen (§ 1 I BBesG) enthielten, grundsätzlich obsolet. Sie blieben lediglich insoweit in Kraft, als es im 2. BesVNG besonders bestimmt war. Somit galt das LBesG NW i.d.F. v. 1.9.1971 in wenigen Einzelvorschriften fort. Neufassungen des Landesbesoldungsgesetzes sind am 19.3.1982, 6.11.1995 und 17.2.2005 bekanntgemacht worden. Sie regeln, soweit nicht bundesrechtliche Vorschriften gelten, die Besoldung der Beamten und Richter des Landes und der Beamten der Gemeinden, der Gemeindeverbände und der sonstigen der Aufsicht des Landes unterstehenden Körperschaften, Anstalten und Stiftungen des öffentlichen Rechts (§ 1 I, 1. Hs. LBesG). Von seinem Geltungsbereich sind die Ehrenbeamten, die B.a.W., die nebenbei verwendet werden, und die ehrenamtlichen Richter ausgenommen (§ 1 I, 2. Hs. LBesG). Außerdem gilt das LBesG nicht für die öffentlich-rechtlichen Religionsgesellschaften und ihre Verbände (§ 1 II LBesG).

Trotz Art. 74a GG und der damit verbundenen Harmonisierung des Besoldungsrechts von Bund und Ländern haben diese an ihrer gemeinsamen Erklärung vom 1.7.1977/25.6.1992 (sog. **Besoldungsmoratorium**), der die fünf neuen Bundesländer beigetreten sind, festgehalten. Danach verpflichten sich die Länder, kostenwirksame Maßnahmen allein dann zu treffen, wenn diesen nicht von der Bundesregierung und vier Landesregierungen oder von der Mehrheit der Landesregierungen widersprochen wird. Das Besoldungsmoratorium hat keine Rechtsnormqualität. Es entfaltet im Außenverhältnis zum Beamten keine Wirkungen. Seine Relevanz liegt im Innenverhältnis zwischen Bund und Ländern, es gar nicht erst zu unabgestimmten kostenwirksamen Maßnahmen kommen zu lassen. Hier ist es als Verwaltungsinnenrecht äußerst bedeutsam und wird meist etwaigen kommunalen Wünschen nach besoldungsrechtlichen Verbesserungen, z.B. im Stellenobergrenzenrecht, entgegengehalten. Dabei verkennt man jedoch, daß weder der Bundestag noch die Länderparlamente an das Besoldungsmoratorium gebunden sind, weil es sich bei ihm um keinen Staatsvertrag zwischen Bund und Ländern handelt.

Zwischenzeitlich kamen Diskussionen, insbesondere in der Föderalismuskommission auf, den Ländern umfangreichere Gesetzgebungsbefugnisse bei der Besoldung zu Lasten des Bundes einzuräumen. Ende des Jahres 2004 konnte man sich jedoch hierüber nicht einigen. Erst in den Koalitionsverhandlungen von CDU/CSU und SPD im November 2005 einigte sich eine Arbeitsgruppe zur Föderalismusreform, daß die Länder die Rechtssetzungskompetenz für die Besoldung ihrer jeweiligen Landes- und Kommunalbeamten erhalten sollen. Dies beschlossen der Bundestag am 30.6.2006 und der Bundesrat am 7.7.2006. Zudem ist Art. 74a GG und damit die konkurrierende Gesetzgebungskompetenz des Bundes für die Besoldung ersatzlos entfallen. Erste Signale aus den Ländern zeigen jedoch, daß man sich damit mehrere Jahre Zeit lassen oder ohnehin weiter das Bundesrecht anwenden wird. Solange die Länder nichts Abweichendes beschließen, gilt das BBesG. Die Kompetenzverlagerung ab dem 1.1.2007 ist aus Wettbewerbsaspekten zu begrüßen. Zur Personalhoheit der Dienstherren muß auch gehören, für potentielle Bewerber (finanziell) attraktiv zu sein. In diesem Wettbewerb um qualifiziertes Personal können selbst die strukturschwächeren Bundesländer, speziell in den fünf neuen Ländern, bestehen wegen der dort erheblich geringeren Lebenshaltungskosten. Die dagegen vorgebrachte Kritik, insbesondere des DBB und von ver.di, hier werde neue Bürokratie mit 16 Einzelgesetzen produziert, überzeugt nicht. Bereits heute gibt es eigene Landesbesoldungsgesetze. Im übrigen wird es den Ländern nicht darum gehen, zukünftig 16 fein ausdifferenzierte besoldungsrechtliche Varianten in Abgrenzung zum BBesG zu erlassen. Vielmehr werden sich schwerpunktmäßig die Abweichungen auf die Höhe der gezahlten Besoldung beschränken. Der massive Widerstand der Gewerkschaften erklärt sich wohl eher aus ihrem verbandspolitischen Problem eines mit der Reform einhergehenden Bedeutungsverlusts der jeweiligen Bundesorganisationen und einer dadurch zunehmenden Relevanz der jeweiligen Landesverbände.

Literatur: Stratthaus, Länderzuständigkeit bei Besoldung und Versorgung der Beamten?, ZRP 06, 135; Jestaedt, Länderzuständigkeit bei Besoldung und Versorgung der Beamten?, ZRP 06, 135; Wolff, Öffnungsklauseln im Besoldungsrecht, ZfG 03, 130; Bülow, Kommunalklauseln ins Beamtenrecht!, StuG 02, 296.

323 Nach dem bisherigen Recht darf Werkleitern ausschließlich unter ganz bestimmten Voraussetzungen eine Aufwandsentschädigung gezahlt werden. § 7 I S. 1 der EingruppierungsVO regelt abschließend, welcher Personenkreis einen Anspruch auf Aufwandsentschädigung hat. Danach bekommen lediglich **Werkleiter**, die nach der WerkleiterbesoldungsVO des Bundes eingruppiert sind, eine solche Aufwandsentschädigung. Die Regelungen der WerkleiterbesoldungsVO des Bundes analog anzuwenden, scheidet aufgrund des eindeutigen Wortlauts von § 1 S. 2 der EingruppierungsVO aus. Danach darf „nur" den in der EingruppierungsVO genannten Beamten der Gemeinden und Gemeindeverbände eine Aufwandsentschädigung gewährt werden. Ein kommunaler Wahlbeamter ist nicht nach der WerkleiterbesoldungsVO des Bundes eingruppiert, sondern wird als Werkleiter aus dem Amt als Wahlbeamter besoldet (§ 1 IV der WerkleiterbesoldungsVO). Ihm erwachsen deshalb bei der Bestellung zum Werkleiter keine besoldungsrechtlichen Ansprüche aus der WerkleiterbesoldungsVO des Bundes. Im übrigen können Werkleiter, die nach der WerkleiterbesoldungsVO des Bundes eingruppiert sind, bei der Zuordnung artfremder Betriebszweige, die nicht von den Bemessungskriterien des § 2 der WerkleiterbesoldungsVO des Bundes erfaßt werden, nicht höher als vom Bund festgelegt eingestuft werden. Solange die Länder die Ermächtigung des § 22 BBesG nicht genutzt haben, gelten die Normierungen der WerkleiterbesoldungsVO des Bundes weiter.

324 Weiterhin stellt § 26 BBesG auch die Länder bindende Obergrenzen für Beförderungsämter (**Stellenobergrenzen**) auf. Zwar wurde die dort enthaltene Kompetenzverteilung zwischen dem Bund und den Ländern im Dienstrechtsänderungsgesetz des Bundes vom 24.2.1997 beibehalten. Allerdings hat sich die Norm erheblich geändert.

3. Rechtsgrundlagen sowie Geltungsbereich des Bundes- und des Landesbesoldungsrechts

Die für dauernd beschäftigte **Angestellte** eines Dienstherrn ausgebrachten gleichwertigen Stellen **können** nunmehr mit der Maßgabe in die Berechnung der Stellenobergrenzen **einbezogen werden**, daß eine entsprechende Anrechnung auf die jeweiligen Stellen für Beförderungsämter erfolgt (§ 26 I S. 3 BBesG). § 11 BAT bzw. der TVÜ-VKA (Schaubild 12) definiert die Gleichwertigkeit von Vergütungsgruppen der Angestellten mit den Besoldungsgruppen der Beamten. Nach einer gegenteiligen Ansicht[22] genüge der bloße Vergleich von Vergütungs- und Besoldungsgruppen nicht. Vielmehr müßten auch die für die Bewertung der Planstellen maßgebenden Vorschriften (§ 18 und §§ 23 bis 25 BBesG) beachtet werden. Demgemäß könnten allein dieselben Funktionen zur Gleichwertigkeit von Angestellten- und Beamtenplanstellen führen. Funktionen, und das heißt Tätigkeiten, die es lediglich im Angestelltenbereich gibt (z.B. Schreibkräfte), bewirkten keine Gleichwertigkeit. Diese Meinung ist abzulehnen. Sie wird von § 26 I S. 3 BBesG nicht gestützt. Die Vorschrift verlangt ausschließlich die Gleichwertigkeit der Stelle und nicht diejenige der Funktion. Sinn und Zweck der gesetzlichen Neuregelung lagen darin, die Basis für die Berechnung der Stellenobergrenzen durch die Hinzurechnung der Angestelltenstellen zu erhöhen. Diese ratio legis verkehrte sich bei einer funktionalen Betrachtungsweise in ihr Gegenteil. Im Angestelltenbereich gibt es viele Funktionen, die gerade nicht mit Beamtenstellen vergleichbar sind. Hinsichtlich der Verzahnungsämter (z.B. A 9 m.D. oder g.D. bzw. A 13 g.D. oder h.D.) muß man in Ermangelung einer abstrakten Abgrenzungsmöglichkeit von der Eingruppierung des entsprechenden Stelleninhabers ausgehen. Sollte dieser die Stelle im Bewährungsaufstieg erhalten haben, handelt es sich um eine Stelle des mittleren Dienstes bei A 9 oder des gehobenen Dienstes bei A 13. Sollte der Stelleninhaber aufgrund seiner Qualifikation direkt in die Vergütungsgruppe Vb bzw. II eingruppiert worden sein, ist es eine Stelle des gehobenen bzw. höheren Dienstes. Wenn die Prozentsätze des § 26 I S. 1 BBesG überschritten werden, bleibt es bei der dortigen Rechtsfolge, wonach die Anteile der Beförderungsämter nicht über die jeweils festgelegten Obergrenzen hinausgehen dürfen. Insofern kann das Instrument des § 26 I S. 3 BBesG nicht genutzt werden. § 26 I S. 3 BBesG bezieht sich allerdings nicht nur auf die gemäß § 26 I S. 1 BBesG zu berechnenden Stellenobergrenzen, sondern ebenfalls auf solche nach den Stellenobergrenzenverordnungen der Länder.[23] Auch hier dürfen im geschilderten Umfang Angestelltenstellen einbezogen werden, um die Bemessungsgrundlage (z.B. die Zahl der Planstellen in § 2 I StOV-Gem. NW) zu verbreitern.

Die gesetzlich vorgeschriebenen Stellenobergrenzen brauchen dort, wo die **Besoldungsaufwendungen budgetiert** sind, nicht eingehalten zu werden, sofern die Besoldungsaufwendungen in der Gesamtsumme den Betrag nicht übersteigen, der sich bei Anwendung der Stellenobergrenzenregelungen ergäbe (§ 26 II Nr. 5 BBesG). Kommunen sind somit an 325

---

22 Schwegmann/Summer, § 26 BBesG, Anm 4d.
23 Schwegmann/Summer, § 26 BBesG, Anm 4d.

die bundes- und landesrechtlichen Stellenobergrenzenregelungen dann nicht gebunden, wenn sie die Höhe der Besoldungsaufwendungen für den gesamten Bereich der Verwaltung in der Haushaltssatzung bestimmt haben. Eine Festlegung lediglich für einen oder einzelne Fachbereiche reicht hierfür nicht. Eine fachbereichsbezogene Bestimmung von Stellenobergrenzen, um dadurch die mögliche umzuverteilende Gesamtsumme der Besoldungsaufwendungen zu erhalten, ist denklogisch nicht zu leisten. Stellenobergrenzen werden immer gesamtverwaltungsbezogen ermittelt und nicht für einen einzelnen Fachbereich. Deshalb kann die Regelung des § 26 II Nr. 5 BBesG allein für die gesamte Dienststelle angewendet werden. Obergrenze der Besoldungsaufwendungen ist höchstens der Betrag, der entweder unter Anwendung von § 26 I, III, IV BBesG oder insbesondere von § 2 StOV-Gem. NW errechnet wurde. Den Begriff „Besoldungs"aufwendungen muß man untechnisch verstehen. Er umfaßt nicht nur die Aufwendungen für Beamte, sondern auch diejenigen für Angestellte, falls sie gemäß § 26 I S. 3 BBesG in die Berechnung einbezogen wurden. Innerhalb dieses Betrages sind Kommunen nicht mehr an die entsprechenden Stellenobergrenzenregelungen gebunden. Sie können die Summe ausschöpfen und Stellen einrichten. Wegen des Jährlichkeitsprinzips bei der Haushaltssatzung müssen sich Städte und Gemeinden daran ein Jahr lang halten. Hingegen ist es unzulässig, von den in einer StOV-Gem. bestimmten „höchstzulässigen Ämtern" abzuweichen (vgl. nachfolgenden Fall).

Werden Planstellen durch Rationalisierungsmaßnahmen vermindert oder verlagert, kann aus personalwirtschaftlichen Gründen die Umwandlung der die Obergrenzen überschreitenden Planstellen für einen Zeitraum von längstens fünf Jahren ausgesetzt und danach auf jede dritte freiwerdende Planstelle beschränkt werden (§ 26 IV S. 1 BBesG). Dies gilt entsprechend für die Umwandlung von Planstellen, wenn man die Obergrenzen nach einer Fußnote zur BBesO A oder zu einer LBesO A aus den gleichen Gründen überschreitet (§ 26 IV S. 2 BBesG).

Wichtig ist, und dies wird leicht übersehen, daß die bisherigen **Stellenobergrenzen für erste Beförderungsämter entfallen** sind, da § 26 VI BBesG (alt) gestrichen wurde.

Fall: Heinz-Harald S ist als Laufbahnbeamter allgemeiner Vertreter des Bürgermeisters der Gemeinde G in NW mit 11.000 Einwohnern. Er wird nach Besoldungsgruppe A 14 besoldet. Der Rat der Gemeinde G fragt die Verwaltung, welche Rechte S hinsichtlich einer Beförderung nach A 15 hat. Der Stellenplan weist keine derartige Planstelle auf. In G sind zudem die Besoldungsaufwendungen nicht budgetiert.

Hat S Ansprüche auf Beförderung, Ausweisung einer Planstelle nach A 15 oder Budgetierung? Wäre es anders, wenn in G die Besoldungsaufwendungen durch Haushaltsbestimmung budgetiert sind?

1. S hat keinen Anspruch auf Beförderung nach A 15. Der Stellenplan weist keine solche Planstelle auf. Insoweit gehört es zu den Ernennungsvoraussetzungen, daß eine Planstelle verfügbar ist. Fehlt es daran, darf G als personalbewirtschaftende Stelle mangels einer haushaltsrechtlichen Ermächtigung zur Leistung der Besoldung keine Maßnahmen ergreifen, die derartige Ausgaben verursachen können.[24]

---

24 OVG Koblenz, RiA 00, 153.

3. Rechtsgrundlagen sowie Geltungsbereich des Bundes- und des Landesbesoldungsrechts

2. S hat keinen Anspruch auf Ausweisung einer Planstelle nach A 15.

a) Ein Beamter hat keinen Anspruch, daß für ihn eine Planstelle geschaffen und der ihm übertragene Dienstposten in bestimmter Weise bewertet wird.[25] Planstellen im öffentlichen Dienst und ihre Einstufung dienen allein dem öffentlichen Interesse, die öffentlichen Aufgaben bestmöglich zu erfüllen. Dadurch nimmt der Dienstherr keine Fürsorgepflicht gegenüber seinen Beamten wahr.[26]

b) Im übrigen ist G aus Rechtsgründen gehindert, eine Planstelle nach A 15 auszuweisen. B.a.L. wie S dürfen höchstens in die Besoldungsgruppe eingestuft werden, in die der zum allgemeinen Vertreter des Hauptverwaltungsbeamten bestellte Beigeordnete in der ersten Amtszeit eingruppiert werden *kann* (§ 3 StOV-Gem. NW). Aufgrund des Wortlauts der Norm (eingruppiert „werden kann" statt „wurde") ist unerheblich, ob überhaupt ein Beigeordneter zum allgemeinen Vertreter bestellt und in welcher Besoldungsgruppe er tatsächlich eingruppiert ist. Der zum allgemeinen Vertreter des Hauptverwaltungsbeamten bestellte Beigeordnete könnte in G gemäß §§ 9 S. 1, 2 II EingruppierungsVO in der ersten Amtszeit wegen der Einwohnerzahl von 11.000 höchstens in die Besoldungsgruppe A 14 eingruppiert werden.

§ 26 II Nr. 5 BBesG rechtfertigt keine hiervon abweichende Eingruppierung. Nach dieser Norm gilt § 26 I BBesG nicht für Bereiche eines Dienstherrn, in denen durch Haushaltsbestimmung die Besoldungsaufwendungen höchstens auf den Betrag festgelegt sind, der sich bei Anwendung des Absatzes 1 und der Rechtsverordnungen zu Absatz 3 ergeben würde. Zunächst ist festzustellen, daß die tatbestandlichen Voraussetzungen nicht vorliegen. In G sind die Besoldungsaufwendungen gerade nicht durch Haushaltsbestimmung budgetiert.

Selbst wenn man die Besoldungsaufwendungen durch Haushaltsbestimmung budgetiert hätte, erlaubte § 26 II Nr. 5 BBesG nicht, von § 3 StOV-Gem. NW abzuweichen. Aufgrund des Wortlauts gilt lediglich Abs. 1 des § 26 BBesG bei der Budgetierung nicht. § 26 I BBesG regelt Obergrenzen für Beförderungsämter. Im Fall der Budgetierung darf ausschließlich von diesen in § 26 I BBesG festgelegten Obergrenzen für Beförderungsämter abgewichen werden, nicht jedoch von anderen Normierungen wie § 3 StOV-Gem. NW. Selbst wenn man mit einer Ansicht in der Literatur[27] davon ausginge, daß ebenfalls die in den Rechtsverordnungen zu § 26 III BBesG genannten Obergrenzen flexibilisiert werden könnten, rechtfertige dies kein Abweichen von § 3 StOV-Gem. NW.

Die Eingangsworte von § 26 II BBesG „Abs. 1 gilt nicht" machen deutlich, daß bei § 26 II Nr. 5 BBesG nur Obergrenzen für Beförderungsämter, wie sie § 26 I BBesG vorsieht, flexibel angewendet werden können. Das bedeutet: Soweit sich die Rechtsverordnungen zu § 26 III BBesG nicht mit Obergrenzen befassen, sondern z.B. höchstzulässige Ämter festlegen und damit eine Bewertung vorgeben, ist ein Abweichen nach § 26 II Nr. 5 BBesG unzulässig.[28] Auch bei Anwendung von § 26 II Nr. 5 BBesG hat der Grundsatz der sachgerechten Bewertung, wie er in § 26 I S. 1, III S. 1 und IV S. 1 BBesG stets betont wird, unverändert Vorrang.[29] Wenn durch Gesetz oder Verordnung konkrete Bewertungen vorgenommen worden sind, sind diese bei der Anwendung des

---

25 BVerwG, DÖV 96, 920 = NVwZ 97, 283 = ZBR 96, 310 (311) = E 101, 112 (115); Battis, § 15a BBG, Rn 4.
26 BVerwG, DÖV 01, 1044 = DVBl 02, 132 (133) = NVwZ-RR 02, 47 (48) = DÖD 01, 279 = PersV 02, 21 (22) = BayVBl 02, 500 = E 115, 58 (59) = ZBR 02, 207 (208) = IÖD 02, 50 (51); NVwZ-RR 00, 172 (173) = DVBl 00, 485 = PersV 00, 122 (123) = ZBR 00, 40 (41) = DÖD 00, 87 (88); DÖV 96, 920 = NVwZ 97, 283 = ZBR 96, 310 (311) = E 101, 112 (115); NVwZ 91, 375 = DVBl 90, 1235 = ZBR 90, 347; ZBR 85, 195 (196); E 15, 3 (7 f.) = DVBl 63, 511 (512); Anm Tietgen, DVBl 63, 513 (513 ff.); VGH Kassel, NVwZ-RR 98, 446 (447); VGH Mannheim, NJW 01, 2899 (2900) = ZBR 01, 374 (376) = VBlBW 01, 441 (442); Battis, § 15a BBG, Rn 4.
27 Schwegmann/Summer, § 26 BBesG, Anm 5f.
28 Schwegmann/Summer, BBesG, § 26 BBesG, Anm 5f.
29 Clemens/Millack/Engelking/Lantermann/Henkel, § 26 BBesG, Anm 4.1.

1. Abschnitt: Grundzüge des Besoldungsrechts

§ 26 BBesG, auch des Abs. 2 Nr. 5, zu berücksichtigen. Hierzu gehören ebenfalls die Regelungen in der Landesverordnung zu § 26 III BBesG, soweit dort höchstzulässige Ämter festgelegt sind.[30]

Bei § 3 StOV-Gem. NW handelt es sich um eine solche Regel für die Bewertung von Planstellen im Sinn von höchstzulässigen Ämtern. Diese Vorschrift beruht auf der Ermächtigungsnorm der §§ 26 III S. 1 BBesG, 238 I Nr. 1 LBG. Danach hat das Land die Kompetenz, Vorschriften über die Zahl und das Verhältnis der Beförderungsämter zueinander sowie allgemeine Regelungen über die Stellenpläne der Kommunen zu erlassen. In § 3 StOV-Gem. NW findet sich die konkrete Umsetzung des allgemeinen Prinzips der funktions- und sachgerechten Ämterbewertung des § 18 S. 1 BBesG für den speziellen Fall des am höchsten eingestuften Laufbahnbeamten einer Gemeinde im Vergleich mit dem allgemeinen Vertreter des Hauptverwaltungsbeamten, wenn er kommunaler Wahlbeamter (Beigeordneter) wäre. § 3 StOV-Gem. NW legt ein höchstzulässiges Amt für Kommunen der jeweiligen Größenklasse fest und stellt somit eine allgemein verbindliche Regel für kommunale Stellenpläne auf. Sinn und Zweck sind darin zu sehen, daß innerhalb des Stellengefüges einer Gemeinde die Stellen des Bürgermeisters und des Ersten Beigeordneten Spitzenstellen bilden, die aufgrund der Aufgabenstellung und der damit verbundenen Kompetenzen in ihrer Wertigkeit nicht von den Stellen der Lebenszeitbeamten überragt werden dürfen. Es ist unzulässig, eine solche Höchstgrenze im Wege der Budgetierung zu überschreiten. Folgte man der gegenteiligen Argumentation, gelangte man zum widersinnigen Ergebnis, daß in G der Bürgermeister in die Besoldungsgruppe B 3 eingruppiert werden muß (§ 2 I EingruppierungsVO), sein allgemeiner Vertreter als Laufbahnbeamter jedoch wegen der rechtlich schrankenlosen Budgetierung sogar in die maximal mögliche Besoldungsgruppe B 11 eingruppiert werden könnte. Clemens/Millack/Engelking/Lantermann/Henkel[31] schreiben deshalb wörtlich: „Wenn z.B. für eine bestimmte Gemeindegröße die BesGr. A 15 höchstzulässig für Laufbahnbeamte bestimmt ist, ist es nicht zulässig, aus z.B. einer A 15-Stelle und einer A 14-Stelle neu eine A 16-Stelle zu machen. Durch die Ausweisung von Größenklassen und ggf. durch die Zuordnung von höchstzulässigen Ämtern ist insoweit eine konkrete Ämterbewertung durch die Stellenobergrenzenverordnung des Landes erfolgt." Dem ist nichts hinzuzufügen.

Ist bereits – wie mit § 3 StOV-Gem. geschehen – eine Planstelle als höchstzulässiges Amt bewertet worden, darf man zudem nicht mehr auf die allgemeine Regel der funktionsgerechten Besoldung (§ 18 BBesG) abstellen. Die konkrete Umsetzung des allgemeinen Prinzips der funktions- und sachgerechten Ämterbewertung (§ 18 S. 1 BBesG) ist für diesen speziellen Fall des am höchsten eingestuften Laufbahnbeamten schon abschließend erfolgt, so daß G daran gebunden ist.

3. Weiterhin hat S keinen Anspruch darauf, daß G eine Haushaltssatzung erläßt, durch die Besoldungsaufwendungen budgetiert werden können. Der Rat ist als das hierzu berufene Organ (§§ 26 II Nr. 5 BBesG, 41 I S. 2 h) GO) in seiner Entscheidung frei, Besoldungsaufwendungen zu budgetieren oder nicht zu budgetieren. Ein einzelner Beschäftigter hat kein subjektiv-öffentliches Recht, den Rat zu zwingen, in die Haushaltssatzung bestimmte Regelungen aufzunehmen. Dies beschränkte unzulässigerweise die Satzungsautonomie des Rates, im Gesamtinteresse der Kommune und gerade nicht im Individualinteresse eines Bediensteten Normierungen zu treffen.

4. Letztlich muß G ebenfalls nicht aufgrund ihrer etwaigen Fürsorgepflicht gegenüber S die Planstelle schaffen. Das OVG Münster[32] hat entschieden, daß der Dienstherr die für die Beförderung erforderliche Planstelle allein dann einzurichten habe, wenn ihm dies ohne Rechtsverletzung möglich sei. Wie gesehen, verstieße aber die Anhebung der entsprechenden Planstelle nach A 15 gegen § 3 StOV-Gem. NW. Sie könnte somit nicht ohne Rechtsverstoß erfolgen. G ist jedoch als Teil der vollziehenden Gewalt an Gesetz und Recht gebunden (Art. 20 III GG). Der Beamte hat aus der Fürsorgepflicht keinen Anspruch, daß ein Dienstherr zu seinen Gunsten das Recht verletzt.

---

30 Clemens/Millack/Engelking/Lantermann/Henkel, § 26 BBesG, Anm 4.1.
31 § 26 BBesG, Anm 4.1.
32 DÖD 82, 178 (180).

3. Rechtsgrundlagen sowie Geltungsbereich des Bundes- und des Landesbesoldungsrechts

Schließlich ermächtigt § 26 III S. 1 BBesG die Bundesregierung und die Landesregierungen, für ihren Bereich unter Berücksichtigung der gemeinsamen Belange aller Dienstherren durch Rechtsverordnung zur sachgerechten Bewertung der Funktionen für die Zahl der Beförderungsämter ganz oder teilweise von § 26 I BBesG abweichende Obergrenzen festzulegen. Damit ist der Weg für die Länder frei, in ihrem eigenen Stellenobergrenzenrecht flexible und weniger einschränkende Stellenobergrenzen vorzusehen, allerdings immer limitiert durch die „Berücksichtigung der gemeinsamen Belange aller Dienstherren". Baden-Württemberg hat bereits sein Stellenobergrenzenrecht geändert und die Kommunen weitestgehend von Obergrenzen befreit. NW hat es mit der StOV-Gem. vom 10.5.2005 gelockert und die Stellenobergrenzen im m.D. vollständig und diejenigen im g.D. bis A 11 einschließlich entfallen lassen sowie die prozentualen Obergrenzen durch konkrete Höchstzahlen ersetzt. **326**

Die neuen Gestaltungsmöglichkeiten sind zwar zu begrüßen. Allerdings sollte man an der Forderung festhalten, sämtliche Stellenobergrenzen vollständig abzuschaffen. Flachere Hierarchien vertragen sich nicht mit dem überkommenen Stellenkegel. Stellenobergrenzen sind rationalisierungsfeindlich. Will man neue Beförderungsstellen schaffen, muß man gerade im Gegenteil den Stellensockel aufstocken. Zudem sind Stellenobergrenzen leistungsfeindlich. Sie lassen keine Chance, zahlreichen qualifizierten Bewerbern entsprechende Beförderungsmöglichkeiten zu bieten. Angesichts der größeren Verantwortung auf den unteren Funktionsebenen und wegen des Wegfalls von Zwischenebenen sollten kommunale Dienstherren zukünftig verstärkt die Stellen entsprechend der Qualifikation und Leistung der zu erledigenden Arbeit ausweisen dürfen. Sofern in den Kommunalverwaltungen eine analytische Dienstpostenbewertung erfolgt oder ein anderes geeignetes Modell angewendet wird, sind Stellenobergrenzen vollständig entbehrlich. Hierbei handelt es sich um eine langjährige rechtspolitische Forderung der kommunalen Spitzenverbände und der KOMBA-Gewerkschaft. Für verschwenderische Stellenbesetzungen, wie sie nach der Philosophie des Stellenobergrenzenrechts permanent drohen, haben kommunale Dienstherren ohnehin keine Finanzspielräume. Im übrigen sind sie durch die jährlichen Haushalts- und Stellenplanberatungen unmittelbar den Räten sowie mittelbar den Bürgern gegenüber für ihre Personalwirtschaft verantwortlich. Das Stellenobergrenzenrecht schmälert deshalb unnötigerweise den kommunalen Handlungsspielraum. Es entspricht nicht den Bedürfnissen, die sich in den Kommunen insbesondere durch die aktuellen Rationalisierungsbestrebungen infolge der neuen Führungs- und Steuerungsmodelle sowie zwangsläufig veränderter Personalstrukturen ergeben. **327**

Juristisch sind zumindest die bayerischen und baden-württembergischen Stellenobergrenzenregelungen für den Kommunalbereich verfassungsgemäß.[33] Der Verordnungsgeber verstößt ebenfalls nicht gegen Normen **328**

---

33 BayVerfGH, ZBR 93, 24 (24 f.); VGH Mannheim, VBlBW 93, 226 (227): keine Verletzung des Kernbereichs kommunaler Selbstverwaltung.

der bayerischen Verfassung und gegen das Willkürverbot, wenn er bei der StÖV-Gem. nicht zuläßt, in Gemeinden mit bis zu 5.000 Einwohnern für den gehobenen Dienst eine Planstelle der Besoldungsgruppe A 13 einzurichten.[34] Dabei sei er durch den Gleichheitssatz nicht gehalten, die bayerischen Vorschriften an mögliche günstigere Bestimmungen anderer Bundesländer anzupassen. Allerdings hat der BayVerfGH[35] Zweifel, ob die Stellenobergrenzen im Einklang mit dem Grundsatz der funktionsgerechten Besoldung (§ 18 BBesG) stehen. Diesen Bedenken mußte er im Popularklageverfahren nicht nachgehen. Nach hier vertretener Ansicht sind **Stellenobergrenzenregelungen rechtswidrig.** Sie führen dazu, daß aufgrund der in ihnen enthaltenen bindenden Quotierungen keine entsprechende Bewertung und Zuordnung von Stellen möglich ist. Das Stellenobergrenzensystem kollidiert mit dem Prinzip der funktionsgerechten Besoldung.[36] Danach sind die Funktionen der Beamten allein nach den mit ihnen verbundenen Anforderungen sachgerecht zu bewerten und nach ihrem Wert unter Berücksichtigung der gemeinsamen Belange aller Dienstherren den Besoldungsgruppen zuzuordnen. Man kann jedoch dann nicht mehr wertigkeitsentsprechend zuordnen, wenn quotierte Obergrenzen es verbieten, eine höherwertige Funktion auszuweisen.

Literatur: Siepmann/Siepmann, Stellenbewertung für Kommunalbeamte, 3. Aufl. 01; Petzold, Analytische Dienstpostenbewertung und Beförderungsverfahren, NordÖR 00, 226; Muschal, Stellenobergrenzen für Beförderungsämter, RiA 96, 114; Mrohs, Die Verwaltungsreform und das Besoldungssystem – Stellenobergrenzen vereiteln den Erfolg, PersV 95, 541; ders., Steuerungsreform und Besoldungsrecht – wie Stellenobergrenzen dem Trend entgegenwirken, VR 95, 370; Fromme, Stellenbewertungssystem muß Leistungsanreize erhalten, DÖD 91, 199.

4. Dienstbezüge

329   Während der aktiven Dienstzeit erhalten die B.a.L., B.a.Z., B.a.P., B.a.W., die weder im Vorbereitungsdienst stehen noch nebenbei verwendet werden, sowie Richter, Berufssoldaten und Soldaten auf Zeit Dienstbezüge (§§ 1 I, II BBesG). Das Grundgehalt und der Familienzuschlag sind in jedem Fall zu gewähren. Dagegen hängt der Anspruch auf die anderen Bestandteile der Dienstbezüge (Rn 320) von bestimmten Voraussetzungen ab.

Die Besoldung muß durch Gesetz geregelt werden (§ 2 I BBesG). Man darf Dienstbezüge allein nach Maßgabe der gesetzlichen Bestimmungen zahlen.[37] Die gesetzliche Festlegung der Besoldung soll die Unabhängig-

---

34   BayVerfGH, DÖV 93, 1007 = NVwZ 94, 66 (67 f.).
35   ZBR 93, 24 (25).
36   A.A. VGH Mannheim, VBlBW 93, 226 (227): gerade dadurch werde die „strukturelle Einheitlichkeit einer funktionsgerechten Besoldung" erreicht.
37   BVerfGE 8, 1 (15); 8, 28 (35); 81, 363 (386) = NVwZ 90, 1061 (1064) = DVBl 90, 817 (821) = ZBR 90, 297 (300); Anm Summer, ZBR 90, 300 (300 f.) = JZ 90, 1125; Anm Lecheler, JZ 90, 1128 f.; BVerwGE 18, 293 (295); VGH Mannheim, VBlBW 03, 472 = ZBR 05, 55 = DÖD 03, 207 = RiA 04, 41 (42).

4. Dienstbezüge

keit und Unparteilichkeit des Beamten im Innen- und Außenverhältnis sichern. Die Norm ist deshalb weit auszulegen.[38] Hierbei sind Zusicherungen, Vereinbarungen und Vergleiche, die dem Beamten, Richter oder Soldaten eine höhere als die ihm gesetzlich zustehende Besoldung verschaffen sollen, unwirksam (§ 2 II S. 1 BBesG). Das Gleiche gilt für Versicherungsverträge, die zu diesem Zweck geschlossen werden (§ 2 II S. 2 BBesG). Ein Beamter hat keinen Anspruch auf unmittelbare Auszahlung einer höheren als der gesetzlich festgelegten Besoldung, selbst wenn diese nicht (mehr) verfassungsgemäß sein sollte.[39] Er kann jedoch einen Anspruch auf verfassungsgemäße (höhere) Besoldung verwaltungsgerichtlich mit der Folge geltend machen, daß das Verwaltungsgericht die Verfassungsmäßigkeit zu prüfen und, wenn es sie verneinen sollte, die Sache dem BVerfG vorzulegen hat.[40] Die Rechtsprechung[41] geht in einem Einzelfall sogar noch einen Schritt weiter und gewährt aus einer Entscheidung des BVerfG[42] einen bereits einklagbaren Anspruch, ohne zunächst die Angelegenheit dem BVerfG vorzulegen. Grundsätzlich dürfen Besoldungs- und Versorgungsleistungen – selbst wenn sie verfassungswidrig zu niedrig bemessen sind – jedoch nur dann zugesprochen werden, wenn und soweit sie gesetzlich vorgesehen sind.[43] Somit kann der Dienstherr prinzipiell erst nach Inkrafttreten des Besoldungsgesetzes, aus dem sich ein Zahlungsanspruch ergibt, in Verzug geraten.[44]

Der Beamte kann auf die ihm gesetzlich zustehende Besoldung weder ganz noch teilweise verzichten (§ 2 III, 1. Hs. BBesG). Anders ist es hinsichtlich der vermögenswirksamen Leistungen (§ 2 III, 2. Hs. BBesG).

Beispiel: Angesichts der Tsunami-Katastrophe zum Jahreswechsel 2004/2005 in Südostasien und Afrika beschließt der Beamte B aus dem Ministerium M dem Aufruf seiner Ministeriumsleitung nachzukommen und auf 10% seiner Monatsbezüge zu verzichten, damit diese Hilfsorganisationen gespendet werden. B darf weder ganz noch teilweise freiwillig (und erst recht nicht gezwungenermaßen) auf seine ihm gesetzlich zustehende Besoldung verzichten (§ 2 III, 1. Hs. BBesG). Dennoch können Beamte helfen, indem sie sich zunächst ihr Gehalt überweisen lassen, um dann freiwillig von ihren eingenommenen Einkünften zu spenden.

---

38 BVerwG, DVBl 05, 1138 (1139) = ZBR 05, 339 (341) = RiA 05, 297 (299); OVG Bremen, NordÖR 03, 308 (309); VG Bremen, NordÖR 99, 242 (244), als Vorinstanzen.
39 BVerwG, DVBl 97, 353 (354) = ZBR 97, 16 (17) = NVwZ 98, 76 (77); Anm Hufen, JuS 98, 1052 (1053); NVwZ 06, 605.
40 BVerwG, DVBl 97, 353 (354) = ZBR 97, 16 (17) = NVwZ 98, 76 (77); Anm Hufen, JuS 98, 1052 (1053).
41 BVerwG, DVBl 04, 1416 (1416 ff.) = DÖV 05, 28 (28 ff.) = NVwZ 05, 344 (344 ff.) = DÖD 05, 107 (108 ff.) = ZBR 05, 36 (36 ff.) = E 121, 91 (92 ff.); VG Frankfurt/M., PersV 02, 468 (468 ff.).
42 E 99, 300 (320) = NJW 99, 1013 (1014) = DÖV 99, 381 (383), wegen der in diesem Beschluß enthaltenen Vollstreckungsanordnung für den Zeitraum ab 1.1.00. Keinesfalls waren Dienstherren und Verwaltungsgerichte jedoch befugt, für eine davorliegende Periode Erhöhungsbeträge ohne gesetzliche Grundlage zu berechnen und zuzusprechen. So ausdrücklich das BVerwG, NVwZ 06, 605 (606).
43 BVerwG, DVBl 05, 1520 = ZBR 06, 92 (93) = RiA 05, 294 (295).
44 BVerwG, NVwZ 06, 605 (606).

1. Abschnitt: Grundzüge des Besoldungsrechts

Der Anspruch entsteht mit dem Tag, an dem die Ernennung, Versetzung, Übernahme oder der Übertritt in den Dienst eines der in § 1 I BBesG genannten Dienstherren wirksam wird (§ 3 I S. 2 BBesG). Werden sie rückwirkend (gemäß §§ 3 I S. 2 LBesG, 49 II S. 2 BHO bis zu 3 Monaten möglich, sofern dies in Haushaltsgesetzen, in Haushaltssatzungen, aber auch in der Hauptsatzung vorher entsprechend bestimmt wurde) in eine Planstelle eingewiesen, haben sie Anspruch auf Dienstbezüge schon von dem Tag an, der in der Einweisungsverfügung bestimmt ist (§ 3 I S. 3 BBesG). Anders als § 3 I S. 1 LBesG, nach dem eine Rückwirkung auf den Monatsanfang möglich ist, bezieht sich die Drei-Monats-Frist (§§ 3 I S. 2 LBesG, 49 II S. 2 BHO) nicht auf den ersten eines Monats. Als Ausnahmevorschrift für prinzipiell unzulässige Rückwirkungen ist sie eng auszulegen, so daß lediglich eine Rückwirkung für drei Monate und nicht noch für einen längeren Zeitraum (drei Monate plus die Tage bis zum jeweiligen Monatsersten) zulässig ist. Zeitlicher Ausgangspunkt ist immer der Tag, an dem die Verleihung des Amtes mit höherem Endgrundgehalt wirksam wird.

Beispiel: Ein Beamter wird zum 7.7.2006 befördert. Eine rückwirkende Einweisung in die Planstelle wäre zum 1.7.2006 (§ 3 I S. 1 LBesG) oder maximal zum 7.4.2006 (§ 3 I S. 2 LBesG) rechtlich zulässig.

Besteht der Anspruch auf Besoldung nicht für einen vollen Kalendermonat, wird allein der Teil der Bezüge gezahlt, der auf den Anspruchszeitraum entfällt, soweit gesetzlich nichts anderes bestimmt ist (§ 3 IV BBesG). Wechseln Beamte aus einem Bundesland, das bei Einführung der Pflegeversicherung die Zahl der gesetzlichen Feiertage beibehalten hat, vor dem abgeschafften Feiertag in ein Bundesland mit verringter Zahl an Feiertagen (§ 3a I S. 2 BBesG), erhalten sie für das gesamte Kalenderjahr ungekürzte Dienstbezüge.[45]

Beispiel: Das B.a.Z. eines Bürgermeisters endet mit Amtsantritt des Nachfolgers, aber nicht vor Ablauf der Wahlzeit des Rates (§ 195 II S. 2 LBG). Endet die Wahlzeit des Rates am 30.9., tritt der Nachfolger infolge einer erforderlich gewordenen Stichwahl (§ 46c II S. 1 KWahlG) das Amt jedoch erst am 18.10. an, erhält der alte Bürgermeister für 18 Tage (nicht jedoch für den ganzen Monat) Dienstbezüge (§ 3 IV BBesG).

Bei Teilzeitbeschäftigung werden die Dienstbezüge im gleichen Verhältnis wie die Arbeitszeit[46] gekürzt (§ 6 I BBesG). Bei einer begrenzten Dienstfähigkeit (§§ 42a I BBG, 46 I LBG) werden die Dienstbezüge im gleichen Verhältnis wie die Arbeitszeit gekürzt, aber es erfolgt eine Besitzstandswahrung (§§ 72a I, 6 I BBesG). Der Beamte soll kein geringeres Gehalt haben, als wenn er wegen Dienstunfähigkeit in den Ruhestand versetzt worden wäre. Er erhält Dienstbezüge mindestens in Höhe des Ruhege-

---

45 BVerwG, RiA 02, 149 (150 f.).
46 Diese bestimmt sich generell nach den für Beamte geltenden Arbeitszeitregelungen, also bei Lehrern nach den Pflichtstundenregelungen, wobei gewährte Unterrichtsermäßigungen (z.B. Alter, Schwerbehinderung) arbeitszeitreduzierend zu berücksichtigen sind. So OVG Bremen, NordÖR 04, 252 (253).

4. Dienstbezüge

halts, das danach ihm zustehen würde (§ 72a I S. 2 BBesG). Hiergegen werden verfassungsrechtliche Bedenken geäußert.[47] Sie sollen dadurch aufgelöst werden, daß die von Art. 3 I GG geforderte Besserstellung begrenzt dienstfähiger Beamter über einen Zuschlag (§ 72a II BBesG) erfolgt.[48]

Bleibt der Beamte, Richter oder Soldat ohne Genehmigung **schuldhaft dem Dienst fern, verliert er für die Zeit des Fernbleibens seine Bezüge** (§ 9 S. 1 BBesG). Dies gilt auch bei einem Fernbleiben vom Dienst für Teile eines Tages (§ 9 S. 2 BBesG), wobei die kleinste Zeiteinheit eine Stunde ist[49]. Der Verlust der Besoldung setzt voraus, daß das Fernbleiben vom Dienst schuldhaft war. Diese Frage beantwortet sich anhand der Ausführungen in Rn 263. Der Verlust der Besoldung tritt dann kraft Gesetzes ein. Der Dienstvorgesetzte ist von Amts wegen verpflichtet, bei Vorliegen des Tatbestandes den Verlust der Bezüge festzustellen (§ 9 S. 3 BBesG). Es existiert kein Ermessensspielraum. Nach der Neufassung von LDG/BDG ist zudem kein besonderes Verfahren mehr zur Überprüfung eines Verlustfeststellungsbescheids durch die Disziplinargerichte vorgesehen. Bei Maßnahmen nach § 9 BBesG gelten die allgemeinen Grundsätze der Verwirkung.[50] Das von einem Beamten während der Dauer der Dienstunfähigkeit erzielte Einkommen kann auf die Besoldung angerechnet werden (§ 9a I S. 1 BBesG).[51]

§ 9a II BBesG gilt hinsichtlich der Bezüge, die der Beamte aus einer Verwendung nach § 21 BeamtStG (Zuweisung) erhält. Derartige anderweitigen Bezüge werden auf seine Besoldung angerechnet (§ 9a II S. 1 BBesG). Sind sie höher als die ursprünglichen Bezüge, erfolgt die Anrechnung lediglich bis zu dieser Höhe; den übersteigenden Betrag darf der Beamte behalten. In besonderen Fällen kann die oberste Dienstbehörde im Einvernehmen mit dem für das Besoldungsrecht zuständigen Ministerium (in NW im Kommunalbereich der Rat/Kreistag im Einvernehmen mit dem FM) sogar ganz oder teilweise von der Anrechnung absehen (§ 9a II S. 2 BBesG).

Die Dienstbezüge werden monatlich im voraus gezahlt (§ 3 V S. 1 BBesG). Dies gilt ebenfalls für die anderen Bezüge (Zulagen und Vergütungen), soweit nichts anderes bestimmt ist (§ 3 V S. 2 BBesG). Die monatliche Auszahlung des Gehalts ist kein Verwaltungsakt. Vielmehr wird dadurch der gesetzlich zuerkannte Besoldungsanspruch erfüllt. Die Besoldungsmitteilung ist mangels Regelungscharakters und wegen fehlender unmittelbarer Rechtswirkung nach außen ebenfalls kein Verwaltungsakt, son-

---

47 OVG Lüneburg, NVwZ-RR 06, 133 (134 f.), in einem Vorlagebeschluß an das BVerfG.
48 BVerwG, DVBl 05, 1520 (1522 f.) = ZBR 06, 92 (94 f.) = RiA 05, 294 (296 f.) = DÖV 06, 33 (34 f.).
49 BVerwG, NVwZ 98, 289 = E 113, 105 (106); E 83, 37 (38).
50 BVerwG, NVwZ 98, 289 = E 113, 105 (107).
51 BVerwG, ZBR 97, 321.

1. Abschnitt: Grundzüge des Besoldungsrechts

dern weist ausschließlich unterrichtend auf die Rechtslage hin.[52] Deshalb könnten sich Dienstherren (beispielsweise zur Kostenersparnis) darauf beschränken, Besoldungsmitteilungen nur noch dann zu verschicken, wenn sich bei der Besoldung etwas geändert hat.

Der Anspruch auf Besoldung endet mit Ablauf des Tages, an dem der Beamte aus dem Dienstverhältnis ausscheidet (§ 3 III BBesG). Er verjährt in drei Jahren (§ 195 BGB).[53] Die **Verjährung** beginnt mit dem Schluß des Jahres, in dem der Anspruch entstanden ist und der Gläubiger von den den Anspruch begründenden Umständen und der Person des Schuldners Kenntnis erlangt oder ohne grobe Fahrlässigkeit erlangen müßte (§ 199 I BGB)[54]. Hiervon ist beim Beamten auszugehen. Ihm wird zugemutet, die ihm verfügbaren Besoldungsunterlagen aufgrund seiner individuellen Kenntnisse und Fähigkeiten auf ihre Richtigkeit hin zu überprüfen und auf Unter- bzw. Überzahlungen zu achten. Im Zweifel hat er bei der auszahlenden Kasse oder der anweisenden Stelle nachzufragen.[55]

Beispiel: Ein am 1.7.03 entstandener Anspruch auf Besoldung verjährt mit Ablauf des 31.12.06.

Es handelt sich um die Einrede der Verjährung. Das bedeutet, daß der Dienstherr gemäß § 214 I BGB berechtigt ist, nach Eintritt der Verjährung die Leistung zu verweigern. Er ist allerdings nicht verpflichtet, die Einrede zu erheben.

Literatur: Summer, Probleme zu schuldhaften Fernbleiben vom Dienst, PersV 04, 416; ders., Die Verjährung besoldungsrechtlicher und versorgungsrechtlicher Ansprüche, ZBR 04, 389; Schaller, Neuregelung des Verjährungsrechts: Zahlungsansprüche auf Besoldungs- und Versorgungsbezüge, RiA 03, 23; Günther, Verspätete Urlaubsrückkehr und Besoldungsverlust, ZBR 98, 345; ders., Besoldungsrechtlich unerlaubtes, schuldhaftes Fernbleiben bei Wahrnehmung justitieller Pflichten, Obliegenheiten, Rechte?, ZBR 97, 107; ders., Bleibt der Beamte dem Dienst besoldungsrechtlich unerlaubt fern, welcher rechtswidrige Zuweisung unterwertiger Tätigkeit mißachtet?, DÖD 95, 128; ders., Zur Geschichte der Figur „schuldhaft unerlaubtes Fernbleiben vom Dienst", ZBR 95, 285; Lopacki, Feststellung des Verlustes der Dienstbezüge als Folge schuldhaft unerlaubten Fernbleibens vom Dienst, DÖD 92, 197.

---

52 Schnellenbach, Rn 691; Schwegmann/Summer, § 12 BBesG, Anm 5; Schütz/Maiwald, § 98 LBG, Rn 22; Summer, ZBR 97, 91; offengelassen von BVerwGE 13, 248 (250) = DÖD 62, 78 (78 f.); anders die Gewährung oder Ablehnung von Reisekostenvergütungen. Diese sind Verwaltungsakt: BVerwGE 24, 253 (258 f.).
53 VGH München, ZBR 93, 92; in der Entscheidung waren es wegen der damaligen Fassung von § 197 BGB noch vier Jahre.
54 Vgl. näher zu den „Auswirkungen des Schuldrechtsmodernisierungsgesetzes v. 9.11.01 (BGBl. I, 3138) auf das Besoldungs- und Versorgungsrecht" das RdSchr. BMI v. 3.9.02, D II 1-221030/3, GMBl. 02, 725.
55 BVerwG, NVwZ 87, 1082 = ZBR 87, 281 (282) = DÖD 87, 133 (134); NVwZ 83, 348; E 40, 212 (217 f.); 24, 148 (151); OVG Lüneburg, NVwZ 03, 1543 = NordÖR 03, 258 = NdsVBl 04, 20 (21) = RiA 03, 248 (249); VGH München, ZBR 97, 290 (291); ZBR 96, 348 (349).

4. Dienstbezüge

4.1 Grundgehalt und Besoldungsdienstalter

4.1.1 Grundgehalt

Der Gesetzgeber hat bei seinen Bemühungen, das Besoldungsrecht zu vereinheitlichen, den **Grundsatz** herausgestellt, daß die Höhe der Bezüge primär von der Wertigkeit der wahrgenommenen Funktion abhängen soll. Deshalb sind die **Funktionen der Beamten** nach den mit ihnen verbundenen Anforderungen **sachgerecht** zu **bewerten** und Ämtern zuzuordnen (§ 18 S. 1 BBesG). Die Ämter müssen nach ihrer Wertigkeit unter Berücksichtigung der gemeinsamen Belange aller Dienstherren den Besoldungsgruppen zugeordnet werden (§ 18 S. 2 BBesG). Ausschließlich mit dieser stärkeren Bindung der Besoldung an die Funktionen kann man der Zielsetzung einer funktionsgerechten Besoldung Rechnung tragen und eine einheitliche Bezahlung gleichwertiger Tätigkeiten bei allen Dienstherren erreichen. § 18 BBesG ist nicht allein Programmsatz, sondern als Ausfluß und Konkretisierung von Art. 3 GG unmittelbar geltendes Recht.[56] Kommunale Dienstherren sind somit zur einer entsprechenden Stellenbewertung rechtlich verpflichtet. Sie ist selbst dann erforderlich, wenn man sich lediglich innerhalb der von der Stellenobergrenzenverordnung vorgegebenen Grenzen bewegte. Es steht nicht von vornherein fest, ob nach einer ordnungsgemäßen Bewertung sämtliche im Stellenplan ausgewiesenen Stellen tatsächlich diese Wertigkeit aufweisen.

Dabei ist kein bestimmtes Bewertungsverfahren vorgeschrieben. Dienstherren können aufgrund ihrer Personal- und Organisationshoheit unter Beachtung der Besoldungsvorschriften und des Dienstrechts Systeme entwickeln und anwenden, die das in § 18 BBesG gesetzte Ziel erreichen.[57] Die im KGSt-Gutachten „Stellenplan – Stellenbewertung" dargestellte Methode ist ein solches geeignetes Verfahren.[58] Grundsätzlich muß man ermitteln, welche Dienstgeschäfte den Beamten auf ihren Dienstposten obliegen und welche dienstlichen Aufgaben sie im einzelnen haben. Sodann sind diese Dienstgeschäfte zu bewerten und die jeweiligen Dienstposten nach ihrer festgestellten Gesamtwertigkeit in das existierende Wertgefüge der Besoldungsordnung einzureihen.[59] Liegt die Einstufung eines Dienstpostens über den Richtwerten des KGSt-Gutachtens, ist regelmäßig davon auszugehen, daß sie zu hoch erfolgte; anders könne es dann sein, wenn spezielle Gründe ein Abweichen nach oben gerechtfertigt erscheinen ließen.[60] Wendet eine Kommune zur Erfüllung des Grundsatzes der funktionsgerechten Besoldung (§ 18 BBesG) ein System an, bindet sie sich hierdurch selbst. Man muß es einheitlich für sämtliche Stellenbewertungen heranziehen. Sonst verfehlte man bei der Einordnung eines bestimmten Dienstpostens das zutreffende Amt im Vergleich mit

330

---

56 OVG Münster, MittNWStGB 80, lfd. Nr. 26.
57 OVG Münster, MittNWStGB 80, lfd. Nr. 26.
58 OVG Münster, MittNWStGB 80, lfd. Nr. 26.
59 OVG Münster, MittNWStGB 80, lfd. Nr. 26.
60 OVG Münster, MittNWStGB 80, lfd. Nr. 26.

1. Abschnitt: Grundzüge des Besoldungsrechts

den anderen bereits vorgenommenen Bewertungen. Es besteht zudem keine Möglichkeit, innerhalb eines als sachgerecht anerkannten Verfahrens Wertigkeiten zu verändern oder ermittelte Wertzahlen anderen Besoldungsgruppen zuzuordnen. Ob eine Dienstpostenbewertung im Einzelfall korrekt erfolgte, dürfen die Aufsichtsbehörden und die Verwaltungsgerichte kontrollieren.[61] Unerheblich ist dabei, daß die Dienstpostenbewertung kein Verwaltungsakt ist.[62] Allerdings hat der einzelne Beamte keinen Anspruch auf eine richtige Bewertung seines Dienstpostens.[63]

Der Dienstvorgesetzte muß die Stellenbewertung vornehmen, also auf kommunaler Ebene der Bürgermeister/Landrat mit seinen Kompetenzen nach § 74 I S. 2 GO/§ 49 II S. 2 KrO. Es besteht keine Pflicht, interne (RPA; §§ 102, 103 GO) oder externe (Gemeindeprüfungsanstalt; § 105 GO) Kontrolleinrichtungen beim Stellenbewertungsverfahren zu beteiligen.

In Umsetzung des Grundsatzes der funktionsgerechten Besoldung richtet sich das Grundgehalt des Beamten, Richters oder Soldaten nach der Besoldungsgruppe des ihm verliehenen Amtes (§ 19 I S. 1 BBesG). Sollte ein Amt

– noch in keiner Besoldungsordnung enthalten,

– oder aber mehreren Besoldungsgruppen zugeordnet

sein, ist die in der Einweisungsverfügung bezeichnete Besoldungsgruppe für die Bestimmung des Grundgehalts maßgebend (§ 19 I S. 2, 1. Hs. BBesG). Die Einweisung in eine Planstelle ist ein Verwaltungsakt.[64]

Sofern einem Beamten oder Richter noch kein Amt verliehen worden ist, richtet sich das Grundgehalt

– des Beamten nach der Besoldungsgruppe seines Eingangsamtes,

– des Richters oder Staatsanwaltes nach der Besoldungsgruppe R 1 (§ 19 I S. 3, 1. Hs. BBesG).

Als Eingangsamt ist für den Beamten das Amt maßgebend, das ihm bei der Anstellung zuerst verliehen wird (§ 9 I S. 2 LVO).

Dabei sind die Eingangsämter für Beamte folgenden Besoldungsgruppen zuzuweisen:

---

[61] OVG Münster, MittNWStGB 80, lfd. Nr. 26.
[62] BVerwGE 36, 192 (194 ff.).
[63] BVerwG, PersV 00, 122 (123) = NVwZ-RR 00, 172 (173) = DVBl 00, 485 (486) = ZBR 00, 40 (42) = DÖD 00, 87 (88); DÖV 96, 920 = NVwZ 97, 283 = ZBR 96, 310 (311) = E 101, 112 (115); DÖV 92, 495 (496) = NVwZ 92, 573 (574); OVG Münster, MittNWStGB 80, lfd. Nr. 26; OVG Bremen, DÖD 95, 35 (37); VGH Kassel, NVwZ-RR 98, 446 (447); näher Rn 145.
[64] OVG Saarlouis, SKZ 04, 38 (39) = NVwZ-RR 04, 361. Zur Rechtsnatur der Einweisung in eine Besoldungsgruppe, wenn ein Amt mehreren Besoldungsgruppen zugeordnet ist, vgl. BVerfG, NVwZ-RR 04, 82 (83).

4. Dienstbezüge

In Laufbahnen

– des einfachen Dienstes der Besoldungsgruppe A2, A 3 oder A 4,
– des mittleren nichttechnischen Dienstes der Besoldungsgruppe A 6,
– des mittleren technischen Dienstes der Besoldungsgruppe A 6 oder A 7,
– des gehobenen Dienstes der Besoldungsgruppe A 9,
– des höheren Dienstes der Besoldungsgruppe A 13 (§ 23 I BBesG).

In Laufbahnen des gehobenen Dienstes, in denen für die Befähigung der Abschluß einer Fachhochschule gefordert wird, ist das Eingangsamt für Beamte, die für die Befähigung den Fachhochschulabschluß nachweisen, der Besoldungsgruppe A 10 zuzuweisen (§ 23 II BBesG). Dies gilt z.Z. lediglich für die Beamten des gehobenen technischen Dienstes (Art. 2 Nr. 1 HStruktG).

Das Grundgehalt, das den Hauptbestandteil der Dienstbezüge darstellt, ist somit der Teil der Besoldung, der die Leistung und Verantwortung des Amtes und die erforderliche Vor- und Ausbildung berücksichtigt. Seine Höhe ist demnach gestaffelt nach der Besoldungsgruppe, in der das Amt eingestuft ist, das dem Beamten verliehen wurde. Somit erhält der Beamte sein Grundgehalt entsprechend dem ihm verliehenen Amt im staatsrechtlichen Sinn. Wurde dem Beamten noch kein Amt verliehen, bekommt er das Grundgehalt der Eingangsgruppe seiner Laufbahn.

Das Grundgehalt wird nach den Grundgehaltssätzen der Besoldungsgruppen der Besoldungsordnungen A (aufsteigende Gehälter) und B (feste Gehälter) gewährt. Daneben stehen die besonderen Besoldungsordnungen R (Richter und Staatsanwälte) und W (Wissenschaft). Außerdem gibt es Landesbesoldungsordnungen, in denen ausschließlich die nicht bundeseinheitlichen Ämter aufgeführt sind (§ 20 III S. 1 BBesG).

Die **Einordnung der kommunalen Wahlbeamten** richtet sich nach der Kommunalbesoldungsordnung des Bundes, die als bundesrechtliche Rahmenregelung in NW durch die Eingruppierungsverordnung ergänzt wird. Hier hat bereits der Gesetzgeber selbst durch die abschließend vorgegebenen, sich an Einwohnerzahl und Funktion orientierenden Einstufungsmöglichkeiten den von § 18 S. 1 BBesG verlangten Bewertungsvorgang vollzogen. Für die Einreihung in die Besoldungsgruppen und die Bemessung der Aufwandsentschädigung ist die Einwohnerzahl maßgebend, die vom Statistischen Landesamt auf den 30.6. des Vorjahres fortgeschrieben wurde (§ 9 S. 1 EingruppierungsVO i.V.m. § 4 I S. 1 BKomBesV). Demzufolge muß man abwarten, bis eine solche rechtsverbindliche Mitteilung des Landesamtes für Statistik und Datenverarbeitung vorliegt. Sollte danach die Einwohnerzahl den Schwellenwert übersteigen, müssen der Bürgermeister (aufgrund von § 2 I EingruppierungsVO) bzw. die übrigen kommunalen Wahlbeamten (nach § 2 II EingruppierungsVO) mit Wirkung für die Zukunft höher eingruppiert werden. Aus der Formulierung „sind einzugruppieren" folgt ein entsprechender rechtlich nicht beschränkbarer Anspruch der kommunalen Wahlbeamten. Dabei ist eine rückwirkende Einweisung in die Planstelle von höchstens drei Monaten zulässig, sofern dies in der Haushaltssatzung bestimmt wurde und die weiteren dort genannten Voraussetzungen vorliegen (§ 3 I S. 2 LBesG). Die Rechtsstandswahrung bei Verringerung der Einwohnerzahl richtet sich nach § 5 BKomBesV (§ 9 S. 3 EingruppierungsVO). Kommt die Kommune wegen verringerter Einwohnerzahl in eine niedrigere Größenklasse, behalten die im Amt befindlichen Beamten für ihre Person und für die Dauer ihrer Amtszeit die Bezüge der bisherigen Besoldungsgruppe (§ 5 S. 1 BKomBesV). Dies gilt auch für unmittelbar folgende Amtszeiten, wenn der Beamte wiedergewählt wird (§ 5 S. 2 BKomBesV).

Zudem darf ein übriger Wahlbeamter in die Höchstbesoldungsgruppe für sein Amt eingruppiert werden, wenn er in *dasselbe* Amt wiederberufen wurde, in dem er eine *ganze* Amtszeit geleistet hat (§ 2 III, 2. Alt. EingruppierungsVO). Nach dem Wortlaut der Norm sind zwei Voraussetzungen zu erfüllen: Der Beamte muß in dasselbe Amt wiederberufen werden, und er muß in diesem Amt eine ganze Amtszeit aufweisen. Eine Wiederwahl setzt die Wahrung der Amtsidentität voraus. Verbringt beispielsweise ein Beigeordneter zunächst eine Amtszeit von vier Jahren als Technischer Beigeordneter, bevor er Erster Beigeordneter wird, hat er nicht in demselben Amt (als Erster Beigeordneter) eine ganze Amtszeit von acht Jahren. Bei seiner Wiederberufung als Erster Beigeordneter darf er somit erst nach weiteren vier Jahren Amtszeit als Erster Beigeordneter höhergruppiert werden. Hinter dieser Bestimmung stehen der Sinn und Zweck, daß erst eine Amtszeit von acht Jahren im Amt als Erster Beigeordneter besondere Erfahrungen und Kenntnisse vermittelt, die es danach ermöglichen, ihn höherzugruppieren.

Weitere Abweichungsmöglichkeiten finden sich in § 2 III, 1. Alt., IV EingruppierungsVO.

Literatur: Summer, Organisationsfreiheit – ein schrankenloses Dienstherrenrecht?, PersV 03, 14; Frank, Dienstpostenbewertung und Bestenauslese, DÖD 01, 8.

331 Das Grundgehalt wird, soweit die Besoldungsordnung keine festen Gehälter vorsieht, nach Stufen bemessen (§ 27 I S. 1 BBesG). Das Aufsteigen in den Stufen bestimmt sich nach dem BDA und der Leistung (§ 27 I S. 2 BBesG). Das Dienstrechtsänderungsgesetz des Bundes vom 24.2.1997 hat hier **gravierende Änderungen** bewirkt, die verfassungsrechtlich nicht zu beanstanden sind[65]. Nach den Grundgedanken (§ 27 I S. 2 BBesG) kann in der Besoldungsordnung A der **Stufenaufstieg** künftig auch **von** der **Leistung abhängig** sein und nicht wie bisher allein vom Zeitablauf. Zudem wurde die Zahl der Stufen von 15 auf 12 verringert. Die Steigerungsbeträge in den frühen Stufen werden erhöht. Berufsanfänger erhalten dadurch ein höheres Gehalt. Die bisherigen Dienstaltersstufen

---

65 BVerfG, DVBl 04, 1102 (1103 f.) = NVwZ 05, 677 (677 f.) = ZBR 04, 391 (392 f.) = VR 04, 427 (429 f.) = E 110, 353 (365 ff.); a.A. VGH Mannheim, ZBR 03, 427 (427 ff.), als Vorinstanz.

4. Dienstbezüge

und nunmehrigen Leistungsstufen wurden nach dem Zwei-, Drei- und Vier-Jahres-System gestreckt. Das Grundgehalt steigt bis zur fünften Stufe im Abstand von zwei Jahren, bis zur neunten Stufe im Abstand von drei Jahren und darüber hinaus im Abstand von vier Jahren (§ 27 II BBesG). Die Bundesregierung und die Landesregierungen wurden ermächtigt, jeweils für ihren Bereich zur Gewährung von Leistungsstufen und zur Hemmung des Aufstiegs in den Stufen nähere Regelungen durch Rechtsverordnungen zu treffen (§ 27 III S. 5 BBesG). Der Bund hat die „Verordnung über das leistungsabhängige Aufsteigen in den Grundgehaltsstufen" vom 1.7.1997 verabschiedet.[66]

Hier ist die **Sperrwirkung für den kommunalen Bereich** wichtig. Städte und Gemeinden dürfen solange nicht das Instrumentarium (§ 27 III BBesG) anwenden, bis die entsprechende Landesverordnung eine Ermächtigung geschaffen hat. Sollte sich der Landesgesetzgeber damit Zeit lassen, wäre dies für diejenigen Beamten mit dauerhaft herausragenden Leistungen mißlich, da sie – wie allen anderen Beamten auch – länger auf den Aufstieg in den Leistungsstufen warten müßten. Hingegen profitierten gerade leistungsschwache Beamte davon, daß ihr Fehlverhalten nicht über die Besoldung sanktioniert werden kann. Daß hierdurch dem Sinn und Zweck des Dienstrechtsänderungsgesetzes des Bundes vom 24.2.1997, den Leistungsgedanken in der öffentlichen Verwaltung zu stärken, entsprochen wird, muß stark bezweifelt werden.

In NW gibt es mit der Leistungsstufenverordnung vom 10.3.1998 **eine entsprechende Verordnung**, so daß sich in diesem Bundesland die Problematik nicht stellt. Mit Ausnahme von Bremen, Mecklenburg-Vorpommern, Niedersachsen, Saarland und Sachsen-Anhalt haben ebenfalls alle anderen Bundesländer eine Rechtsverordnung zu § 27 III BBesG erlassen. Selbst wenn eine solche Verordnung existiert, sind Dienstherren hingegen nicht verpflichtet, die dort vorgesehenen Leistungsstufen zu vergeben.[67] Zum einen dürfen Leistungsstufen ausschließlich festgesetzt werden, wenn und soweit Haushaltmittel zur Verfügung stehen (§ 2 III LStV). Zum anderen eröffnet die Formulierung „kann" (§ 27 III S. 1 BBesG) Ermessen. Es wird nicht fehlerhaft ausgeübt, wenn der Dienstherr aus sachlichen Gründen (z.B. schlechte Finanzlage) keine Leistungsstufen vergibt. Eine entsprechende Ermessensreduzierung auf Null, die Regelung anwenden zu müssen, ist unter keinem Aspekt ersichtlich.

Leistungsstufen können nach Maßgabe des Haushalts an **insgesamt höchstens 10%** der am 1.1. eines Kalenderjahres vorhandenen Beamten mit Dienstbezügen der Besoldungsordnung A, die das Endgrundgehalt noch nicht erreicht haben, gewährt werden (§ 6 S. 1 LStV). Durch das Besoldungsstrukturgesetz[68] ist mittlerweile die Vergabequote für Lei-

---

66 Nähere Einzelheiten finden sich in den Durchführungshinweisen v. 22.11.02, GMBl. 03, 38 (38 ff.).
67 A.A. sind zu Unrecht Clemens/Millack/Engelking/Lantermann/Henkel, § 27 BBesG, Anm 3.
68 V. 21.6.02, BGBl. I, 2138 (2139).

stungsstufen von bisher 10 auf 15% erweitert worden. Dabei ist die oben geschilderte Sperrwirkung besonders mißlich. Die meisten Länder – so auch NW – haben ihre Verordnungen bisher nicht an die erhöhte Quote angepaßt. Die 15%-Quote und damit § 27 III S. 2 BBesG direkt anzuwenden, scheidet aus, weil die Norm ausfüllungsbedürftig ist. Die Zahl darf 15% „nicht übersteigen"; dies bedeutet jedoch nicht, daß automatisch immer 15% festzusetzen sind. Weiterhin sollen alle Laufbahngruppen berücksichtigt werden (§ 6 S. 2 LStV). Bei Dienstherren mit weniger als zehn Beamten in Besoldungsgruppen der Besoldungsordnung A kann in jedem Kalenderjahr einem Beamten eine Leistungsstufe gewährt werden (§ 6 S. 3 LStV). Auch hier ließe dies der geänderte § 27 III S. 6 BBesG bereits bei Dienstherren mit weniger als sieben Beamten zu. Die Regelungen der LStV gelten nicht für Beamte in der laufbahnrechtlichen Probezeit, für B.a.Z. gemäß § 12b BRRG in der ersten Amtsperiode sowie für kommunale Wahlbeamte (§§ 27 IV S. 1 BBesG, 1 S. 2 LStV).

Das Aufsteigen in den Grundgehaltsstufen bestimmt sich nach dem Besoldungsdienstalter und der Leistung (§§ 27 I S. 2 BBesG, 2 I LStV NW). Die Wartezeit für den Aufstieg kann um bis zu 50% **bei dauerhaft herausragenden Gesamtleistungen** verkürzt werden, wenn zu erwarten ist, daß dies auch in Zukunft der Fall sein wird (§§ 2 II S. 1, 3 I S. 1 LStV). Diese „Halbzeitregelung" ist im Bundesrecht entfallen. Der vorzeitige Aufstieg in der Stufe ist unwiderruflich (§ 3 I S. 3 LStV). Gleichwohl ist er befristet, weil der Beamte nach der Zeit, um welche die Erhöhung des Grundgehalts durch den Stufenaufstieg vorgezogen wurde, wieder den Zeiträumen des § 27 II BBesG unterliegt (§ 3 I S. 2 LStV). Wird festgestellt, daß die Gesamtleistung des Beamten nicht den mit seinem Amt verbundenen durchschnittlichen Anforderungen genügt, bleibt er in seiner bisherigen Stufe, bis seine Leistung ein Aufsteigen in die nächsthöhere Stufe rechtfertigt (§§ 2 IV, 4 LStV). Keine Auswirkungen ergeben sich für alle Beamten, die auch nach der neuen Tabelle bereits im Endgrundgehalt sind (im einfachen Dienst ab 35/38, im mittleren Dienst ab 41/45/49, im gehobenen Dienst ab 49/53 und im höheren Dienst ab 53 Jahren). Für alle Beamten im Alter bis 38 Jahre verbessert sich zunächst das Einkommen durch die Neuregelung; das Gehalt steigt stärker, weil zugunsten der Lebensjüngeren umgeschichtet worden ist. Erst im mittleren Lebensalter (zwischen 38 und 53) wirkt sich die Streckung der Stufenintervalle mit geringeren Steigerungsbeträgen aus. Das Gehalt erhöht sich alle drei/vier Jahre mit niedrigeren Summen als bisher. Das Einkommen dieser Beamten wird aber nicht eingefroren oder gar gekürzt. Eine ruhegehaltsfähige Zulage verhindert, daß die bisherigen Bezüge sinken. Diese verfassungsgemäße[69] Überleitungszulage auf der Grundlage von Art. 14 § 1 I des Dienstrechtsänderungsgesetzes des Bundes vom 24.2.1997 schützt das erreichte Einkommen, aber keine Erwartungen auf Gehaltssteigerungen in vollem Umfang. Auf die Überleitungszulage werden Beförderungen und das Aufsteigen in den Stufen voll angerechnet; bei Erhöhungen der Dienst-

---

69 BVerfG, NVwZ 99, 1328 (1329).

4. Dienstbezüge

bezüge durch allgemeine Besoldungsanpassungen vermindert sich die Überleitungszulage um ein Drittel des Erhöhungsbetrages.

Die **Leistungsstufe wird anhand der letzten dienstlichen Beurteilung oder einer aktuellen Leistungsfeststellung**, welche die dauerhaft herausragenden Gesamtleistungen darstellt, durch die zuständige Stelle (§§ 27 IV S. 2 BBesG, 7 I, II LStV) **festgesetzt** (§ 5 I S. 1 LStV).

Die oberste Dienstbehörde ist mit Delegationsmöglichkeiten entscheidungsbefugt (§§ 27 IV S. 2 BBesG, 7 I LStV). Oberste Dienstbehörde eines Kommunalbeamten ist jedoch die Vertretung (§ 3 I S. 1 Nr. 2 LBG), also der Rat (§ 40 II S. 1 GO) oder der Kreistag (§ 25 I KrO). Um einer Politisierung der Vergabepraxis entgegenzuwirken, war es unbedingt notwendig, den Hauptverwaltungsbeamten entscheiden zu lassen. **Für den Kommunalbereich entscheidet** deshalb abweichend davon **die nach dem Kommunalverfassungsrecht für beamtenrechtliche Entscheidungen zuständige Stelle** (§ 7 II S. 1 LStV). Grundsätzlich ist der **hauptamtliche Bürgermeister/Landrat** für die beamten-, arbeits- und tarifrechtlichen Entscheidungen zuständig (§§ 74 I S. 2 GO, 49 II S. 2 KrO). Der Rat/Kreistag kann dies allerdings durch entsprechende Fassung der Hauptsatzung anders regeln (§§ 74 I S. 3 GO/49 II S. 3 KrO).

Es ist Aufgabe jedes einzelnen Dienstherrn, **sachgerecht** (Art. 33 II GG, § 7 I LBG) über das Aufsteigen/Verbleiben in den Stufen zu **entscheiden**. Basis hierfür sollte eine dienstliche Beurteilung oder aktuelle Leistungsfeststellung anhand von Beurteilungen oder Voten sein. In jedem Fall sollten die Dienstvorgesetzten **Zielvereinbarungsgespräche** führen, die auf der Basis klarer Zielvorgaben hinsichtlich der Qualität und Quantität der erwarteten Leistungen Transparenz schaffen.

Die Aufstiegs/Verbleibensentscheidung ist justitiabel. Es handelt es sich um einen Verwaltungsakt.[70] Dieser kann hinsichtlich der Verbleibensentscheidung als belastender Verwaltungsakt mittels einer Anfechtungsklage überprüft werden. Um einen unterbliebenen vorzeitigen Aufstieg zu erreichen, ist die Verpflichtungsklage die richtige Klageart, da ein begünstigender Verwaltungsakt erstrebt wird, bzw. die Bescheidungsklage[71]. Die Entscheidung muß man dem Beamten schriftlich mitteilen (§§ 27 IV S. 3 BBesG, 7 III S. 1 LStV). Widerspruch und Anfechtungsklage haben allerdings keine aufschiebende Wirkung (§§ 27 IV S. 4 BBesG, 7 III S. 2 LStV). Die Zulässigkeit verwaltungsgerichtlichen Rechtsschutzes sagt hingegen noch nichts über seine Begründetheit aus. Hier wird ein **weitestgehender Beurteilungsspielraum** der zuständigen Stelle regelmäßig dazu führen, daß derartige Klagen unbegründet sein werden, es sei denn, man hat willkürlich gehandelt. Sollte ein Dienstherr jedoch **Kriterien** aufgestellt haben, tritt dadurch eine entsprechende **Selbstbindung** ein mit der Folge, daß ihre Einhaltung kontrolliert werden kann.

---

70 Schnellenbach, Rn 557.
71 Schnellenbach, Rn 595: Hinsichtlich der Verpflichtungsklage jedoch nur „im Umfang des ihr als ‚Minus' innewohnenden Bescheidungsverlangens".

1. Abschnitt: Grundzüge des Besoldungsrechts

Beim Aufstieg/Verbleiben in den Stufen besteht im konkreten Einzelfall kein Mitbestimmungsrecht der **Personalvertretung**. Sie hat jedoch einen Informationsanspruch im vorhinein und kann verlangen, daß ihr die Namen der Beamten mitgeteilt werden.[72] Hingegen ist sie bei einer abstrakt-generellen Grundsatzentscheidung, Kriterienkataloge aufzustellen, im Wege der Mitbestimmung zu beteiligen.[73] Für NW folgt dies aus § 72 IV S. 1 Nr. 5 LPVG, für den Bund aus § 75 III Nr. 4 BPersVG. Gleiches gilt für die Gleichstellungsbeauftragte (§ 18 II S. 1 i.V.m. § 17 I, 2. Hs. Nr. 1 LGG) und die Schwerbehindertenvertretung (§ 95 II S. 1, 1. Hs. SGB IX).

Kritisch ist anzumerken, daß es kaum schlüssige Konzeptionen gibt, Leistungen festzustellen und zu bewerten. Sieht man die bisherige Beurteilungspraxis im kommunalen Bereich, muß man konstatieren, daß Führungskräfte nicht immer den hohen an sie gestellten Anforderungen gerecht werden. Dafür, daß sich dies nunmehr – bloß wegen der Einführung der Leistungsbesoldung – ändern sollte, spricht wenig. Zudem ist der Verwaltungsaufwand angesichts der geringen Empfängerzahl wegen der 10% bzw. 15%-Grenze beträchtlich. Sämtliche Beamten müssen jährlich beurteilt werden oder es muß über sie eine aktuelle Leistungsfeststellung erfolgen, obwohl lediglich an maximal 15% von ihnen ein vorzeitiger Leistungsstufenaufstieg vergeben werden darf. Unerfreuliche, langwierige und die Verwaltungskraft bindende Rechtsstreitigkeiten vor den Verwaltungsgerichten könnten die Folge sein. Es entsteht hier zudem ein ungeheurer und durch die vielversprechenden Auswirkungen von Leistungsanreizen nicht zu rechtfertigender bürokratischer Aufwand. Jährlich vorausschauend ist hinsichtlich sämtlicher Beamten in den Besoldungsgruppen der Besoldungsordnung A, die das Endgrundgehalt noch nicht erreicht haben, anhand ihrer Leistungen zu ermitteln, ob positive, negative oder keine Konsequenzen zu ziehen sind (§ 27 III BBesG).

Schließlich sind Dienstherren frei, selbst ein einmal eingeführtes System des Aufstiegs/Verbleibens in den Stufen zukünftig nicht mehr anzuwenden. Leistungsstufen dürfen ausschließlich festgesetzt werden, wenn und soweit Haushaltsmittel zur Verfügung stehen (§ 2 III LStV). Vertrauensschutzgesichtspunkte existieren allein für diejenigen Beamten, die vorzeitig in der Stufe aufgestiegen sind und zwar nur, solange dieser Aufstieg andauert (§ 3 I S. 3 i.V.m. S. 2 LStV).

Literatur: Böhm, Leistungsorientierte Besoldung im öffentlichen Dienst – tauglicher Anreiz oder Sparpaket?, in Aschke/Hase/Schmidt-De Caluwe, Selbstbestimmung und Gemeinwohl, FS für Friedrich v. Zezschwitz, 2005, 176; Matiaske/Holtmann/Weller, Leistungsvergütungssysteme in öffentlichen Verwaltungen, Der Städtetag 1/05, 27; Schur, Leistungsorientierte Besoldung und Vergütung in der Kommunalverwaltung, 2005; Krauss-Hoffmann, Monetäre Leistungsanreize im öffentlichen Dienst, VR 03, 296; Lorse, Die Beteiligung der Personalvertretung bei der Vergabe leistungsbezogener Bezahlungselemente nach dem Dienstrechtsreformgesetz 1997, PersV 03, 164; Theuvsen, Erfolgsbedingungen leistungsorientierter Entgeltsysteme, Die Verwaltung 03, 483; Güntner, Beamtenbesoldung nach Leistung – Grenzen und

---

72 BVerwG, NVwZ 95, 89.
73 Schnellenbach, Rn 558.

4. Dienstbezüge

Tendenzen, in Depenheuer/Heintzen/Jestaedt/Axer, Nomos und Ethos, Hommage an Josef Isensee zum 65. Geburtstag, 2002, 377; Slowik/Wagner, Das Besoldungsstrukturgesetz – Föderale Vielfalt versus bundesstaatliche Einheit im Dienstrecht –, ZBR 02, 409; Wagner, Überblick über die Neuregelungen im Sächsischen Beurteilungswesen unter Berücksichtigung der neuen Leistungselemente, LKV 01, 152; Lorse, Die leistungsbezogenen Bezahlungselemente des Dienstrechtsreformgesetzes, RiA 00, 219; Bönders, Neue Leistungselemente in der Besoldung – Anreiz oder Flop?, ZBR 99, 11; Schnellenbach, Rechtsschutz beim Einsatz der neuen leistungsbezogenen Besoldungselemente, ZBR 99, 53; Göser/Schlatmann, Leistungsbezahlung in der Besoldung, 1998.

4.1.2 Besoldungsdienstalter

332 Das BDA bestimmt (neben der Leistung) den Tag, von dem für das Aufsteigen in den Stufen der Besoldungsgruppen der Besoldungsordnung A auszugehen ist (§ 27 I S. 2 BBesG). Für die Besoldungsgruppen der Besoldungsordnung B ist kein BDA erforderlich. Hier handelt es sich um feste Gehälter.

4.1.2.1 Besoldungsdienstalter im Regelfall

333 Das BDA beginnt am Ersten des Monats, in dem der Beamte oder Soldat das 21. Lebensjahr vollendet hat (§ 28 I BBesG; Regel-BDA). Um den Zeitpunkt zu ermitteln, in dem ein bestimmtes Lebensalter vollendet wird, muß man den Tag der Geburt mitrechnen (§ 187 II S. 2 BGB). Der am Ersten eines Kalendermonats Geborene vollendet somit das 21. Lebensjahr mit Ablauf des letzten Tages des Vormonats. Das BDA beginnt daher am Ersten des Vormonats.

Hat der Beamte an dem Tag, von dem an er Dienstbezüge zu erhalten hat, das 21. Lebensjahr noch nicht vollendet, bekommt er das Anfangsgrundgehalt seiner Besoldungsgruppe (§ 27 I S. 3 BBesG). Auch in diesem Fall ist das BDA auf den Ersten des Monats, in dem der Beamte das 21. Lebensjahr vollendet hat, festzusetzen. Als Besonderheit findet sich hier eine Ausnahme von den Vorschriften über das Aufsteigen in den Stufen des Grundgehalts. Bereits vor der Vollendung des 21. Lebensjahres ist das Grundgehalt nach der 1. Stufe der entsprechenden Besoldungsgruppe zu zahlen. Lediglich das Aufsteigen in die 2. Stufe kann grundsätzlich erst zum Ersten des Monats, in dem der Beamte das 23. Lebensjahr vollendet, erfolgen.

Literatur: Wahlers, Die Anrechnung von Zeiten im öffentlichen Dienst eines anderen Mitgliedsstaates der EU, DÖD 00, 73.

4.1.2.2 Besoldungsdienstalter in besonderen Fällen

334 Außer dem Besoldungsdienstalter im Regelfall (§ 28 I BBesG) enthält das Bundesbesoldungsgesetz Vorschriften über die Ermittlung des Besoldungsdienstalters in speziellen Fällen (§ 28 II, III BBesG). Hiernach ist bei der Berechnung und Festsetzung des BDA in besonderen Fällen vom Regel-BDA auszugehen und dieses dann um gewisse Zeiten hinauszuschieben. Dies bedeutet, daß der Beginn des Besoldungsdienstalters um Zeiten nach Vollendung des 31. Lebensjahres, in denen kein Anspruch

1. Abschnitt: Grundzüge des Besoldungsrechts

auf Besoldung bestand, hinausgeschoben wird, und zwar um ein Viertel der Zeit bis zum vollendeten 35. Lebensjahr und um die Hälfte der weiteren Zeit (§ 28 II S. 1 BBesG).

Bei Beamten und Soldaten in Laufbahnen mit einem Eingangsamt der Besoldungsgruppe A 13 oder A 14 tritt an die Stelle des 31. Lebensjahres das 35. Lebensjahr (§ 28 II S. 2 BBesG).

Dabei ist jedoch zu beachten, daß der ermittelte Hinausschiebungszeitraum auf volle Monate abzurunden ist (§ 28 II S. 3 BBesG). Ausschließlich Zeiten von mehr als 29 Tagen wirken sich somit auf das festzusetzende BDA aus.

Die Hinausschiebung gilt allerdings nicht für Zeiten einer Kinderbetreuung bis zu drei Jahren für jedes Kind (§ 28 III Nr. 1 BBesG), für Zeiten der tatsächlichen Pflege von nach ärztlichem Gutachten pflegebedürftigen nahen Angehörigen bis zu drei Jahren für jeden nahen Angehörigen (§ 28 III Nr. 2 BBesG), für Zeiten einer Beurlaubung ohne Dienstbezüge, wenn die oberste Dienstbehörde oder die von ihr bestimmte Stelle schriftlich anerkannt hat, daß der Urlaub dienstlichen Interessen oder öffentlichen Belangen dient (§ 28 III Nr. 3 BBesG) sowie für Verfolgungszeiten nach dem Beruflichen Rehabilitierungsgesetz, sofern eine Erwerbstätigkeit, die einem Dienst bei einem öffentlich-rechtlichen Dienstherrn entspricht, nicht ausgeübt werden konnte (§ 28 III Nr. 4 BBesG). Jedes Kind ist mit höchstens drei Jahren zu berücksichtigen. Dieses Maximum vervielfältigt sich mit der Zahl der Kinder und ist durch die tatsächliche Gesamtbetreuungszeit begrenzt. Die Berücksichtigungsfähigkeit ist nicht an die ersten drei Lebensjahre geknüpft. Sie setzt aber voraus, daß sich der Bewerber anstelle der Berufsausbildung oder -ausübung ganz oder überwiegend der Betreuung gewidmet hat.[74] Wenn sich dies nachweisen läßt, kann hierzu auch eine Beurlaubung ohne Dienstbezüge zählen. Betreuungszeiten müssen nicht zusammenhängen.[75] Kinderbetreuungszeiten vor dem 31. bzw. 35 Lebensjahr werden pauschal durch § 28 I BBesG berücksichtigt und sind nicht auf die Höchstzeit von drei Jahren anzurechnen.

Bei der Frage, ob ein Anspruch auf Besoldung bestand, ist zu beachten, daß der Besoldung Bezüge aus einer hauptberuflichen Tätigkeit für öffentlich-rechtliche Dienstherren (§ 29 BBesG) oder andere Körperschaften gleichstehen (§ 28 II S. 4 BBesG). Die Problematik, ob eine im öffentlichen Dienst der früheren DDR ausgeübte Tätigkeit beamtenrechtlich eine solche im Dienst eines öffentlich-rechtlichen Dienstherrn darstellt, beurteilt sich nach den im Geltungsbereich des GG herrschenden Rechtsvorstellungen. Maßgeblich für die Anrechnung der in der früheren DDR ausgeübten Tätigkeit im öffentlichen Dienst auf das Besoldungsdienstalter ist, ob diese auch im Geltungsbereich des GG in der Regel im Dienst eines

---

74 BVerwG, NVwZ-RR 99, 132 (133) = ZBR 98, 419 (420); NVwZ-RR 97, 107 = ZBR 96, 261 (262) = DVBl 96, 1134.
75 Schwegmann/Summer, § 28 BBesG, Anm 14d.

4. Dienstbezüge

öffentlich-rechtlichen Dienstherrn wahrgenommen wurde.[76] Für die Gleichstellung von Bezügen (§ 28 II S. 4 BBesG) sind Zeiten einer Tätigkeit für das MfS oder für das Amt für nationale Sicherheit nicht zu berücksichtigen (§ 30 I S. 1 BBesG). Dies gilt auch für Zeiten, die vor einer solchen Tätigkeit zurückgelegt worden sind (§ 30 I S. 2 BBesG). Diese Norm ist verfassungsgemäß.[77] § 30 I S. 1 BBesG gilt auch für Zeiten einer Tätigkeit als Angehöriger der Grenztruppen der ehemaligen DDR (§ 30 I S. 3 BBesG). Diese Vorschrift verstößt nicht gegen Art. 3 I GG.[78] Die den Grenztruppen und dem MfS gemeinsame Funktion, „Repression gegen die Bevölkerung auch unter Begehung schwerster Menschenrechtsverletzungen zu verüben", gestattet es, die bei diesen Institutionen verbrachten Zeiten besoldungsrechtlich identisch zu behandeln.[79]

4.1.2.3 Mitteilung des Besoldungsdienstalters

Die Berechnung und Festsetzung des Besoldungsdienstalters sind dem Beamten oder Soldaten schriftlich mitzuteilen (§ 28 IV BBesG). Hierdurch kann der Beamte selbst sein BDA überprüfen und muß es auch. Somit wird er mitverantwortlich für die Richtigkeit des festgesetzten BDA. Die Mitteilung über die Berechnung und Festsetzung des BDA ist ein feststellender und begünstigender Verwaltungsakt.[80] Dieser ist im Verwaltungsrechtsweg anfechtbar. Der Feststellungsbescheid ist mit einer Rechtsbehelfsbelehrung (§ 58 I VwGO) zu versehen. **335**

Mit Wirkung vom 1.1.1990 haben sich die besoldungsrechtlichen Vorschriften hinsichtlich der Berechnung und Festsetzung des Besoldungsdienstalters geändert (§ 28 BBesG wurde neu gefaßt, §§ 30 und 31 BBesG wurden ersatzlos gestrichen). Für die am 1.1.1990 vorhandenen Beamten bleibt das nach den bisherigen Vorschriften festgesetzte Besoldungsdienstalter unverändert bestehen. Dies verstößt nicht gegen Art. 3 I und Art. 33 V GG.[81] Die seit 1990 geltende Neuregelung des BDA ist bei Beamten, die am 1.1.1990 bereits im Beamtenverhältnis standen, allein auf Zeiten ab diesem Stichtag anzuwenden.[82]

4.2 Ortszuschlag, jetzt Familienzuschlag

Der Ortszuschlag war früher dazu bestimmt, die örtlichen Unterschiede der Lebenshaltungskosten auszugleichen. Weil sich die Kosten der Lebenshaltung im Bundesgebiet weitestgehend nivelliert haben, konnte die Staffelung nach Ortsklassen entfallen. Der sonstige bisherige Ortszuschlag wurde aufgrund des Dienstrechtsänderungsgesetzes des Bundes **336**

---

76 BVerwGE 89, 203 (205 f.); bestätigt durch BVerfG, DVBl 96, 1122 = NVwZ 97, 53.
77 BVerfGE 103, 310 (317 ff.) = DÖD 02, 21 (21 ff.) = LKV 01, 505 (506 ff.).
78 BVerwG, LKV 04, 507 (508) = DÖV 04, 887 = ZBR 04, 347 (348 f.) = RiA 04, 235 (237).
79 BVerwG, LKV 04, 507 (508) = DÖV 04, 887 (888) = ZBR 04, 347 (348 f.) = RiA 04, 235 (237).
80 OVG Saarlouis, SKZ 04, 38 (39) = NVwZ-RR 04, 361.
81 BVerfG, ZBR 95, 233.
82 BVerwG, ZBR 98, 30.

vom 24.2.1997 in einen Familienzuschlag umgewandelt und in zwei Teile zerlegt. In einen Teil, der dem Grundgehalt zugeschlagen wird, weil er allen Beamten zufließt und in denjenigen, der an zusätzliche Voraussetzungen (Heirat, Kinder etc.) gebunden ist (§§ 39 ff. BBesG). Nunmehr ist der Familienzuschlag, dessen Beträge sich aus der Anlage V zum BBesG ergeben (§ 39 I S. 1 BBesG), der Höhe nach abhängig von

– der Besoldungsgruppe, und

– der Stufe, die den Familienverhältnissen des Beamten entspricht (§ 39 I S. 2 BBesG).

Für B.a.W. im Vorbereitungsdienst (Anwärter) ist die Besoldungsgruppe des Eingangsamts maßgebend, in das der Anwärter nach Abschluß des Vorbereitungsdienstes unmittelbar eintritt (§ 39 I S. 3 BBesG).

Bei ledigen Beamten oder Soldaten, die aufgrund dienstlicher Verpflichtungen in einer Gemeinschaftsunterkunft wohnen, wird der in Anlage V ausgebrachte Betrag auf das Grundgehalt angerechnet (§ 39 II S. 1 BBesG). Steht ihnen Kindergeld nach dem EStG oder nach dem BKGG zu oder würde es ihnen ohne Berücksichtigung des § 64 oder § 65 des EStG oder des § 3 oder § 4 BKGG zustehen, erhalten sie zusätzlich den Unterschiedsbetrag zwischen der Stufe 1 und der Stufe des Familienzuschlages, welcher der Anzahl der Kinder entspricht (§ 39 II S. 2 BBesG). § 40 V BBesG gilt entsprechend (§ 39 II S. 3 BBesG).

4.2.1 Tarifklassen

337 Die bisherige Einteilung des Ortszuschlags in Tarifklassen ist durch das Dienstrechtsänderungsgesetz des Bundes vom 24.2.1997 entfallen. Nunmehr richtet sich der Familienzuschlag allein nach der Besoldungsgruppe und der Stufe, die den Familienverhältnissen entspricht (§ 39 I S. 2 BBesG). Es stellt sich allerdings die Frage, ob die Differenzierung des neuen Familienzuschlages nach den Besoldungsgruppen A 2 bis A 8 einerseits und den übrigen Besoldungsgruppen andererseits tatsächlich notwendig ist. Der Unterschied beträgt nur 5,04 Euro. Wäre man einheitlich vom niedrigeren Betrag ausgegangen, hätte man Geld sparen können, ohne die Leistungen groß einzuschränken.

4.2.2 Stufen des Familienzuschlages

338 Die Stufeneinteilung des Familienzuschlages trägt dem Alimentationsprinzip am stärksten Rechnung. Zu welcher Stufe des Familienzuschlages man gehört, hängt von den Familienverhältnissen ab. Somit beinhaltet der Familienzuschlag auch eine soziale Komponente. Durch den differenzierten Familienzuschlag berücksichtigt man die Belastungen, deren Umfang wesentlich durch die Größe einer Familie bestimmt wird.[83]

---

[83] BVerwG, NVwZ-RR 06, 259 (260).

4. Dienstbezüge

4.2.2.1 Stufe 1

Der Familienzuschlag der Stufe 1 soll einen pauschalen Beitrag zur Deckung des Mehrbedarfs leisten, der bei verheirateten Beamten wegen des gemeinsamen Hausstandes mit dem Ehegatten anfällt.[84] Hierbei handelt es sich um eine Maßnahme zur Förderung der ehelichen Lebensgemeinschaft. Dies ist Ausdruck des besonderen staatlichen Schutzes, den die Ehe genießt (Art. 6 I GG). Der staatliche Schutzauftrag umfaßt die Verpflichtung, die Ehe durch geeignete Maßnahmen zu fördern.[85] Zur Stufe 1 gehören zunächst verheiratete, verwitwete sowie geschiedene Beamte oder solche, deren Ehe aufgehoben oder für nichtig erklärt ist, wenn sie aus der Ehe zum Unterhalt verpflichtet sind (§ 40 I Nr. 1 bis 3 BBesG). Geschieden, aufgehoben oder für nichtig erklärt ist eine Ehe erst, wenn die gerichtliche Entscheidung rechtskräftig ist. Unerheblich ist demzufolge, ob ein Beamter im Trennungsjahr lebt (§ 1565 II BGB). Die Stufe 1 umfaßt nicht die nach dem Lebenspartnerschaftsgesetz formell geschlossenen **Lebenspartnerschaften** („Ehe" von gleichgeschlechtlichen Paaren).[86] Das zum 1.8.2001 in Kraft getretene Lebenspartnerschaftsgesetz nimmt das Beamtenrecht ausdrücklich aus. Eine analoge Anwendung sei ausgeschlossen, da kein entsprechender Wille des Gesetzgebers erkennbar geworden sei.[87] Infolge unterschiedlicher Regelungsmaterien dürfe man auch nicht Auffassungen des BAG[88] zum BAT auf das Besoldungsrecht übertragen.[89] Ebenfalls hat ein Beamter, der in einer **eheähnlichen Lebensgemeinschaft** lebt, grundsätzlich keinen Anspruch auf Zahlung des Familienzuschlages der Stufe 1.[90] Das bloße Bestehen einer nichtehelichen Lebensgemeinschaft genügt nicht, eine Ausnahmesituation und damit eine sittliche Verpflichtung, Unterhalt zu gewähren, anzunehmen.[91] Anders könne dies zu beurteilen sein, wenn eine schwere Erkrankung vorliege oder eine durch Pflege des Beamten oder die Betreuung gemeinsamer Kinder bedingte Bedürftigkeit eines der Partner einer eheähnlichen Gemeinschaft gegeben sei. Eine unverheiratete Beamtin, die mit ihrem nichtehelichen Kind zusammenlebt, erhält ebenfalls nicht die Stufe 1 des Familienzuschlages. Dieser bezweckt allein, ehebedingte Mehraufwendungen auszugleichen, nicht jedoch den durch Kinder verursachten zusätzlichen Bedarf. Der Beamte ist „aus der Ehe" verpflichtet, wenn die Unterhaltsverpflichtung gegenüber dem früheren Ehegatten besteht. Hier

339

---

84 BVerwG, NVwZ-RR 06, 259 (260).
85 BVerwG, NVwZ-RR 06, 259 (260).
86 BVerwG, StGR 3/06, 33 (33 f.); VGH Mannheim, IÖD 05, 38 (38 ff.) = VBlBW 05, 186 (186 ff.) = DÖD 05, 87 (88 ff.); OVG Münster, IÖD 05, 67 = NWVBl 05, 274 (274 f.) = NJW 05, 1002 = DVBl 05, 458 (459) = DÖD 05, 201 (201 f.).
87 VGH Mannheim, IÖD 05, 38 = VBlBW 05, 186 = DÖD 05, 87 (88 f.).
88 MDR 04, 1241 (1241 f.).
89 VGH Mannheim, IÖD 05, 38 (39) = VBlBW 05, 186 (187) = DÖD 05, 87 (89 f.); OVG Münster, IÖD 05, 67 (67 f.) = NWVBl 05, 274 (275) = NJW 05, 1002 (1003) = DVBl 05, 458 (459) = DÖD 05, 201 (202).
90 BVerwGE 94, 253 (254 ff.) = NJW 94, 1168; a.A. OVG Schleswig, NJW 92, 258, als Vorinstanz.
91 BVerwGE 94, 253 (256) = NJW 94, 1168; ZBR 91, 87 (87 f.) = NVwZ-RR 91, 309 (310).

genügt keine lediglich gegenüber den ehelichen Kindern. Die Unterhaltsverpflichtung kann auf Gesetz oder Vertrag beruhen. Ein geschiedener Beamter hat keinen Anspruch auf Zahlung des Familienzuschlages der Stufe 1, wenn seine Pflicht zum Unterhalt aus seiner Ehe durch Kapitalabfindung erloschen ist.[92]

Weiterhin zählen zur Stufe 1 Beamte, die eine andere Person nicht nur vorübergehend in ihre Wohnung aufgenommen haben und ihr Unterhalt gewähren, weil sie gesetzlich oder sittlich dazu verpflichtet sind oder aus beruflichen oder gesundheitlichen Gründen ihrer Hilfe bedürfen (§ 40 I Nr. 4 S. 1 BBesG). Dies gilt bei gesetzlicher oder sittlicher Verpflichtung zur Unterhaltsgewährung nicht, wenn für den Unterhalt der aufgenommenen Person Mittel vorhanden sind, die, bei einem Kind einschließlich des gewährten Kindergelds und des kinderbezogenen Teils des Familienzuschlages, das Sechsfache des Brutto[93]betrages der Stufe 1 übersteigen (§ 40 I Nr. 4 S. 2 BBesG). Diese Norm steht mit höherrangigem europäischen und Verfassungsrecht in Einklang und benachteiligt alleinerziehende weibliche Beamte nicht in ungerechtfertigter Weise gegenüber verheirateten männlichen Beamten.[94] Als in die Wohnung aufgenommen gelten Kinder auch dann, wenn der Beamte sie auf seine Kosten woanders untergebracht hat, ohne daß dadurch die häusliche Verbindung mit ihnen aufgehoben werden soll (§ 40 I Nr. 4 S. 3 BBesG). Keine häusliche Verbindung ist mehr gegeben, wenn die Lebensgemeinschaft in der Wohnung des Beamten beendet worden ist, weil das Kind beispielsweise einen eigenen Hausstand gegründet hat. Sie besteht jedoch fort, wenn die aufgenommene Person ausschließlich vorübergehend (z.B. wegen Studiums, Krankenhaus- oder Internatsaufenthalts) abwesend ist. „Nicht nur vorübergehend" bedeutet nicht, daß dies zeitlich mehr als 50% sein muß.[95] Der Beamte muß die andere Person grundsätzlich in seine Wohnung aufgenommen haben. Diese Voraussetzung liegt vor, wenn die Wohnung für die andere Person Mittelpunkt ihrer Lebensführung ist und somit eine häusliche Gemeinschaft mit dem Besoldungsempfänger gebildet wird. Für den Begriff Wohnung ist es unerheblich, ob der Wohnraum mit eigenen oder fremden Möbeln ausgestattet ist und ob es sich hierbei um einen oder mehrere Räume handelt. Die gesetzliche Unterhaltspflicht beurteilt sich nach den Vorschriften des Bürgerlichen Rechts. § 5 Lebenspartnerschaftsgesetz bestimmt eine solche gesetzliche Unterhaltspflicht zwischen den Partnern einer eingetragenen Lebenspartnerschaft.[96] Ob eine sittliche Pflicht besteht, ist aufgrund der besonderen Umstände des Einzelfalles zu entscheiden. Eine sittliche Unterhaltsverpflichtung gegenüber der in die Wohnung aufgenommenen Person setzt jedoch voraus, daß zwischen dem Besoldungsempfänger und der anderen Person eine

---

92 BVerwG, NWVBl 03, 339 = ZBR 04, 54 (55) = DÖD 03, 243 (244).
93 BVerwG, NVwZ-RR 06, 259 (260).
94 BVerwG, NVwZ-RR 06, 259 (260); OVG Münster, NVwZ-RR 04, 55 (55 f.) = NWVBl 03, 437 (437 f.); VGH Mannheim, DÖD 00, 209 (210).
95 BVerwG, ZBR 91, 147.
96 BVerwG, NVwZ 04, 626 (627); StGR 3/06, 33 (34).

4. Dienstbezüge

persönliche Bindung existieren muß, aus der sich nach der Verkehrsauffassung eine Pflicht zur Hilfe ergibt (z.B. Aufnahme von hilfsbedürftigen Geschwistern). Um die gesetzlichen und auch sittlichen Unterhaltsverpflichtungen zu beurteilen, ist es von erheblicher Relevanz, ob der Unterstützte eigene Gelder für seinen Lebensunterhalt hat oder der Lebensunterhalt ganz bzw. überwiegend aus anderen Mitteln bestritten werden muß. Berufliche Gründe liegen vor, wenn die in die Wohnung aufgenommene Person bei der Haushaltsführung zur Erfüllung der beruflichen Pflichten beiträgt (z.B. bei Geistlichen). Ein etwaiges Verwandtschaftsverhältnis mit der aufgenommenen Person oder eigene Mittel dieser Person sind bedeutungslos. Gesundheitliche Gründe sind anzuerkennen, wenn der Beamte wegen Krankheit oder körperlicher Behinderung ohne fremde Hilfe nicht auskommen kann. Ein Verwandtschaftsverhältnis mit der aufgenommenen Person (Hilfskraft) oder eigene Mittel dieser Person sind ebenfalls irrelevant. Ein Kind ist nicht woanders untergebracht, wenn es dort lebt, wo es ohnehin sein Heim hat (zu Hause ist). Nicht unter diese Vorschrift fallen demnach z.B. die Fälle der bloßen Zahlvaterschaft oder solche, in denen das Kind nach Scheidung der Eltern beim anderen Elternteil lebt. Schließlich hat ein Ruhestandsbeamter keinen Anspruch auf den kindergeldbezogenen Anteil des Familienzuschlages für seinen Enkel, wenn er diesem tatsächlich Unterhalt lediglich aus Gefälligkeit und ohne sachliche Notwendigkeit gewährt.[97]

§ 40 I Nr. 4 S. 4 BBesG enthält eine Konkurrenzvorschrift für den Fall, daß mehrere Anspruchsberechtigte gemeinsam eine Wohnung bewohnen und den Familienzuschlag der Stufe 1 beanspruchen. Damit werden insbesondere Fälle einer Wohngemeinschaft von zwei Beschäftigten des öffentlichen Dienstes mit Kind gesetzlich gelöst. Hier wird der Betrag der Stufe 1 des für den Beamten maßgebenden Familienzuschlages nach der Zahl der Berechtigten anteilig gewährt. Dadurch wird sichergestellt, daß zwei Anspruchsberechtigte, wenn sie in nichtehelicher Lebensgemeinschaft zusammenwohnen, besoldungsrechtlich nicht besser gestellt sind als Ehegatten.[98] Trotz gemeinsamen Bewohnens einer Wohnung mit einer anderen Person liegt keine Anspruchskonkurrenz vor, wenn der Mitbewohner keinen Anspruch hat, weil für ihn der sechsfache Unterschiedsbetrag überschritten ist. In diesem Fall steht dem anspruchsberechtigten Beamten die volle Stufe 1 zu.[99] Der Begriff „beanspruchen" (§ 40 I Nr. 4 S. 4 BBesG) läßt die Möglichkeit zu, daß lediglich einer von z.B. zwei Berechtigten die Zahlung des Familienzuschlages der Stufe 1 verlangt und der andere sie nicht will. Hier sollte man verbindlich klären, daß die Stufe 1 nicht beansprucht wird, um sich gegen ein späteres Verlangen mit schwierigen Rückzahlungsproblemen abzusichern. Dies kann durch eine sog. „Negativerklärung" geschehen. Auf diese Weise bestätigt der nichtbeanspruchende Beamte, daß er keine Zahlung verlangt und somit die

---

97 VGH München, ZBR 94, 30.
98 Schwegmann/Summer, § 40 BBesG, Anm 9.11.
99 Schwegmann/Summer, § 40 BBesG, Anm 9.11.

Tatbestandsvoraussetzungen des Satzes 4 („beanspruchen mehrere") nicht erfüllt.[100]

Literatur: Meier/Schimmel, Die „Verbindlichkeit" des „Unverbindlichen"? – Zur besoldungsrechtlichen Bedeutung nichtehelicher Lebensgemeinschaften, NVwZ 93, 41; Rüthers, Die Verbindlichkeit des Unverbindlichen, NJW 92, 879; Schröer, Nochmals: Höherer Ortszuschlag für Verlobte?, NJW 92, 1605.

4.2.2.2 Stufe 2 und folgende Stufen

340 Der kinderbezogene Teil des Familienzuschlags soll den von Kindern verursachten Mehrbedarf des Beamten einschließlich der Mehraufwendungen für Unterkunft und Heizung decken.[101] Zur Stufe 2 und den folgenden Stufen gehören die Beamten der Stufe 1, denen Kindergeld nach dem EStG oder nach dem BKGG zusteht oder ohne Berücksichtigung des § 64 oder § 65 EStG oder der §§ 3 oder 4 BKGG zustehen würde (§ 40 II S. 1 BBesG). Die Stufen richten sich nach der Zahl der berücksichtigungsfähigen Kinder (§ 40 II S. 2 BBesG). Erfüllt der ledige oder geschiedene Beamte, Richter oder Soldat (bzw. derjenige, dessen Ehe aufgehoben oder für nichtig erklärt ist) nicht die Anspruchsvoraussetzungen des § 40 II BBesG, erhält er allein den Familienzuschlag der Stufe 1 zuzüglich des Unterschiedes zwischen Stufe 2 und einer der weiteren Stufen des Familienzuschlages entsprechend der Anzahl der kindergeldberücksichtigungsfähigen Kinder (§ 40 III S. 1 BBesG). Die Einschränkungen, die sich aus § 40 V BBesG ergeben, gelten bei der Festsetzung des Familienzuschlages nach § 40 III BBesG entsprechend (§ 40 III S. 2 BBesG).

4.2.3 Konkurrenzregelung beim ehegattenbezogenen Familienzuschlag

341 Steht allerdings der Ehegatte eines Beamten, Richters oder Soldaten als Beamter, Richter, Soldat oder Angestellter im öffentlichen Dienst oder ist er aufgrund einer Tätigkeit im öffentlichen Dienst nach beamtenrechtlichen Grundsätzen versorgungsberechtigt und stünde ihm ebenfalls der Familienzuschlag der Stufe 1 oder einer der folgenden Stufen oder eine entsprechende Leistung in Höhe von mindestens der Hälfte des Höchstbetrages der Stufe 1 des Familienzuschlages zu, erhält er den Betrag der Stufe 1 des für ihn maßgebenden Familienzuschlages zur Hälfte (§ 40 IV S. 1, 1. Hs. BBesG). Dies gilt auch für die Zeit, für die der Ehegatte Mutterschaftsgeld bezieht (§ 40 IV S. 1, 2. Hs. BBesG). Die Norm erstreckt sich nicht allein auf den Tatbestand, bei dem der Ehegatte des Besoldungsempfängers als Beamter, Richter, Soldat oder Angestellter im öffentlichen Dienst beschäftigt ist. Er erfaßt zudem, wenn der Ehegatte aufgrund einer früheren Tätigkeit im öffentlichen Dienst nach beamtenrechtlichen Grundsätzen versorgungsberechtigt ist und ihm ebenfalls der Familienzuschlag der Stufe 1 oder einer höheren Stufe oder eine entspre-

---

100 Schwegmann/Summer, § 40 BBesG, Anm 9.11.
101 BVerwG, NVwZ-RR 06, 259 (260).

4. Dienstbezüge

chende Leistung in Höhe von mindestens der Hälfte des Höchstbetrages der Stufe 1 des Familienzuschlages zustünde. Sinn und Zweck der Regelung über die Kürzung des Familienzuschlages liegen darin zu verhindern, daß derselbe Tatbestand aus öffentlichen Kassen doppelt vergütet wird.[102] Deshalb greift die Konkurrenzregelung nicht bei dem Beschäftigtenkreis, der nunmehr dem TVöD unterfällt. Der TVöD enthält keinen Familienzuschlag und auch keine dem Ehegattenbestandteil vergleichbare Leistung.

Man wird nach beamtenrechtlichen Grundsätzen versorgt, wenn aufgrund einer Tätigkeit im öffentlichen Dienst Versorgungsbezüge nach den Normen des Beamtenversorgungsgesetzes oder entsprechender Vorschriften gewährt werden. Demgegenüber sind Renten selbst aus einer zusätzlichen Alters- und Hinterbliebenenversorgung unschädlich. Eine Vergleichbarkeit und damit eine Doppelzahlung ist gegeben, wenn sich die Entgeltbestandteile einander nach Leistungszweck, Leistungsvoraussetzungen und Leistungsmodalitäten entsprechen; dabei genügt eine strukturelle Übereinstimmung.[103] § 40 IV S. 1 BBesG findet ausschließlich Anwendung, wenn sich die Konkurrenz auf den Ehegatten bezieht, nicht aber, wenn es sich um frühere Ehegatten handelt. Außerdem erfaßt er keine sog. „Insichkonkurrenz" (ein Beamter erhält mehrere Familienzuschläge bzw. dem Ehegattenbestandteil entsprechende Leistungen aufgrund mehrerer Beschäftigungen), oder wenn der Ehegatte als Arbeiter im öffentlichen Dienst beschäftigt ist.

§ 6 BBesG ist nicht heranzuziehen, wenn einer der Ehegatten vollbeschäftigt oder nach beamtenrechtlichen Grundsätzen versorgungsberechtigt ist oder beide Ehegatten mit jeweils mindestens der Hälfte der regelmäßigen Arbeitszeit beschäftigt sind (§ 40 IV S. 2 BBesG). Der hälftige Betrag gemäß § 40 IV S. 1, 1. Hs. BBesG wird hier an beide Ehegatten gezahlt. Nach dem Sinn und Zweck soll beiden Ehegatten zusammen weder ein höherer noch ein geringerer Betrag als der volle Familienzuschlag der Stufe 1 zustehen. Dies gilt wegen der Rechtsprechung des BVerwG[104] ebenfalls dann, wenn von beiderseits teilzeitbeschäftigten Ehegatten einer unterhälftig beschäftigt ist, ihre Arbeitszeit aber insgesamt die Regelarbeitszeit eines Vollzeitbeschäftigten erreicht. Die Ausnahmevorschrift des § 40 IV S. 2 BBesG ist aufgrund ihres Wortlauts („§ 6 findet auf den Betrag keine Anwendung"; gemeint ist der hälftige Familienzuschlag des § 40 IV S. 1 BBesG) sowie ihrer systematischen Stellung als dem S. 1 direkt nachfolgender S. 2 ausschließlich anzuwenden, wenn eine der Fallgestaltungen des § 40 IV S. 1 BBesG vorliegt. Sollte dies nicht gegeben sein, gilt weiterhin § 6 BBesG.

---

102 BVerwG, DÖD 02, 65 (66) = IÖD 02, 117 (119) = ZBR 03, 41 (42) = DVBl 02, 780 (780 f.).
103 BVerwG, DÖD 02, 65 (66) = IÖD 02, 117 (119) = ZBR 03, 41 (42) = DVBl 02, 780 (780 f.).
104 NVwZ 06, 349 (351) = KommJur 06, 155 (157) = DVBl 06, 319 (322) = ZBR 06, 129 (131) = RiA 06, 81 (82 f.); a.A. noch OVG Münster, DÖD 04, 257; OVG Lüneburg, RiA 05, 144 (147 f.).

1. Abschnitt: Grundzüge des Besoldungsrechts

Beispiel: Ein mit der Hälfte der regelmäßigen Arbeitszeit teilzeitbeschäftigter Beamter, dessen Ehegatte dem TVöD unterfällt, erhält zwar nunmehr dem Grunde nach 100% des Familienzuschlages, weil keine Konkurrenzsituation des § 40 IV S. 1, 1. Hs. BBesG (anders als beim BAT) vorliegt. Damit entfällt aber auch die Anwendbarkeit des § 40 IV S. 2 BBesG, so daß bei Teilzeitbeschäftigung die Dienstbezüge in gleichem Umfang wie die Arbeitszeit zu kürzen sind (§ 6 I BBesG). Er bekommt somit 50% des Familienzuschlages.

§ 40 IV BBesG findet keine Anwendung, wenn der Ehegatte des Berechtigten seine Bezüge aufgrund von § 9 BBesG verloren hat. Diese Norm wirkt sich allein auf die Ansprüche des dem Dienst Ferngebliebenen aus.[105]

Die Konkurrenzregelung wird in der allgemeinen Verwaltungsvorschrift zum Bundesbesoldungsgesetz näher erläutert.

342 Berechnungsbeispiele (§ 40 IV BBesG):

– Beide Ehegatten stehen im öffentlichen Dienst. Der Mann ist Stadtinspektor, seine Frau ist Kreissekretärin, auf die der TVöD anzuwenden ist (keine Kinder vorhanden). Es ist folgender Familienzuschlag zu gewähren:

Ehemann	Ehefrau
Stufe 1 (§ 40 IV S. 1, 1. Hs. BBesG)	Kein Familienzuschlag und auch keine dem Ehegattenbestandteil entsprechende Leistung

– Beide Ehegatten sind im öffentlichen Dienst beschäftigt. Der Mann ist Amtsrat bei der Stadt, seine Frau ist Angestellte bei einer Forschungsgesellschaft (Zuwendungsempfänger des Bundes und deshalb öffentlicher Dienst). Die Ehefrau erhält keinen Familienzuschlag, jedoch ist in ihrem Gehalt ein Haushaltszuschlag in Höhe von 42,95 Euro mtl. enthalten (Kinder sind nicht vorhanden).
Es steht folgender Familienzuschlag zu:

Ehemann	Ehefrau
Stufe 1	Kein Familienzuschlag Der Haushaltszuschlag ist zwar eine dem Ehegattenbestandteil im Familienzuschlag entsprechende Leistung. Sie erfolgt jedoch nicht in Höhe von mindestens der Hälfte des Höchstbetrages der Stufe 1 des Familienzuschlages (= 52,64 Euro), so daß der Familienzuschlag des Mannes nicht zu halbieren ist.

– Beide Ehegatten gehören dem öffentlichen Dienst an. Der Mann ist Stadtoberinspektor, seine Frau ist Arbeiterin (Lohnempfängerin) beim Land (Kinder sind nicht vorhanden). Der Familienzuschlag berechnet sich wie folgt:

Ehemann	Ehefrau
Stufe 1 volle Leistung, da kein Konkurrenzfall („Arbeiter") gegeben ist	Kein Familienzuschlag und auch keine dem Ehegattenbestandteil entsprechende Leistung

– Beide Ehegatten sind im öffentlichen Dienst. Der Mann ist Kreisinspektor, seine Frau ist als Angestellte beim Land in Verg. Gr. VII BAT beschäftigt (keine Kinder vorhanden). Es steht folgender Familienzuschlag zu:

---

105 VG Frankfurt/M., NVwZ-RR 04, 775 = ZBR 04, 284.

4. Dienstbezüge

Ehemann
Stufe 1
Der Ehegattenbestandteil des Ortszuschlags ist zwar eine dem Ehegattenbestandteil im Familienzuschlag entsprechende Leistung. Sie erfolgt jedoch nicht in Höhe von mindestens der Hälfte des Höchstbetrages der Stufe 1 des Familienzuschlages (= 52,64 Euro), so daß der Familienzuschlag des Mannes nicht zu halbieren ist.

Ehefrau
Ehegattenbestandteil des Ortszuschlags gemäß § 29 Abschnitt B Abs. 5 BAT

– Beide Ehegatten stehen im öffentlichen Dienst. Der Mann wird beim Land als teilzeitbeschäftigter Angestellter (mit 28 Wochenstunden) nach Verg. Gr. II BAT beschäftigt, seine Frau ist als teilzeitbeschäftigte Beamtin (Kreisrätin) mit 22 Wochenstunden tätig (Kinder sind nicht vorhanden).
Es ist folgender Familienzuschlag zu gewähren:

Ehemann
Betrag der Stufe 1 zur Hälfte
§ 6 BBesG findet keine Anwendung, da seine Frau nach beamtenrechtlichen Grundsätzen versorgungsberechtigt ist bzw. beide Ehegatten mit jeweils mindestens der Hälfte der regelmäßigen Arbeitszeit beschäftigt sind (§ 40 IV S. 2 BBesG).

Ehefrau
Betrag der Stufe 1 zur Hälfte

4.2.4 Konkurrenzregelung zum kinderbezogenen Familienzuschlag

Die Konkurrenzvorschrift hinsichtlich der Zahlung der kinderbezogenen Anteile des Familienzuschlages regelt § 40 V BBesG. Diese Norm ist sowohl mit dem Grundgesetz als auch mit europäischem Recht vereinbar.[106] Sie soll verhindern, daß derselbe Bedarf aus öffentlichen Kassen doppelt abgegolten wird[107], und sieht im einzelnen folgendes vor:

Stünde neben dem Beamten, Richter oder Soldaten einer anderen Person, die im öffentlichen Dienst steht oder aufgrund einer Tätigkeit im öffentlichen Dienst nach beamtenrechtlichen Grundsätzen oder nach einer Ruhelohnordnung versorgungsberechtigt ist, der Familienzuschlag nach Stufe 2 oder einer der folgenden Stufen zu, wird der auf das Kind entfallende Betrag des Familienzuschlages dem Beamten, Richter oder Soldaten gewährt, wenn und soweit ihm das Kindergeld nach dem EStG oder nach dem BKGG gewährt wird oder ohne Berücksichtigung des § 65 EStG oder des § 4 BKGG vorrangig zu gewähren wäre. (§ 40 V S. 1, 1. Hs. BBesG). Der Wortlaut („gewährt wird") knüpft daran an, wem das Kindergeld zusteht, also an den Kindergeldbescheid.[108] Dieser im Kindergeldrecht angelegte förmliche Akt ist maßgeblich. Dem Familienzuschlag nach Stufe 2 oder einer der folgenden Stufen stehen der Sozialzuschlag nach

---

106 BVerfG, NVwZ 04, 336 (336 f.) = BayVBl 04, 561 (561 f.) = DÖD 04, 207 (207 f.) = ZBR 04, 322 (322 f.).
107 BVerwG, NVwZ 06, 352 (353).
108 OVG Bremen, NordÖR 04, 402 (403); Clemens/Millack/Engelking/Lantermann/Henkel, § 40 BBesG, Anm 6.

1. Abschnitt: Grundzüge des Besoldungsrechts

den Tarifverträgen für Arbeiter des öffentlichen Dienstes, eine sonstige entsprechende Leistung oder das Mutterschaftsgeld gleich (§ 40 V S. 1, 2. Hs. BBesG). Somit erfaßt die Konkurrenzregelung zum kinderbezogenen Familienzuschlag im öffentlichen Dienst beschäftigte Arbeiter, allerdings keine nach dem TVöD Beschäftigten, aber solche nach dem BAT[109]. Außerdem erstreckt sie sich – ebenfalls im Gegensatz zur Konkurrenzbestimmung beim Ehegattenbestandteil (§ 40 IV BBesG) – hinsichtlich des kinderbezogenen Familienzuschlages nicht allein auf den Ehegatten, sondern auch auf den früheren Ehegatten und sonstige Personen. Dies kann neben dem Ehegatten oder früheren Ehegatten des Besoldungsempfängers jede im öffentlichen Dienst stehende oder versorgungsberechtigte Person sein. Eine Versorgungsberechtigung nach einer Ruhelohnordnung ist gegeben, wenn ein unmittelbarer Anspruch gegen den Arbeitgeber auf eine lebenslängliche Versorgung bei Dienstunfähigkeit oder Erreichen der Altersgrenze sowie Hinterbliebenenversorgung auf der Grundlage des Arbeitsentgelts und der Dauer der Beschäftigungszeit besteht.

Einen Konkurrenzfall löst der Bezug von Krankengeld (§§ 44 ff. SGB V) oder entsprechender Leistungen aus, sofern der Arbeitgeber zur Versicherung Beitragsanteile oder Beitragszuschüsse geleistet hat. Hierbei handelt es sich gleichfalls um eine entsprechende Leistung (§ 40 V S. 1, 2. Hs. BBesG).

Der kinderbezogene Familienzuschlag wird anders als bei der Konkurrenzregelung über den Ehegattenbestandteil nicht halbiert, sondern dem Berechtigten in voller Höhe gezahlt. Welcher Betrag jeweils auf ein Kind entfällt, ergibt sich aus der für die Anwendung des EStG oder des BKGG maßgebenden Reihenfolge der Kinder (§ 40 V S. 2 BBesG).

Wird bei Vorliegen der Konkurrenzregelung das Kindergeld einer anderen, nicht im öffentlichen Dienst stehenden oder nicht nach beamtenrechtlichen Grundsätzen versorgungsberechtigten Person gewährt, ist der auf das Kind entfallende kinderbezogene Familienzuschlag derjenigen im öffentlichen Dienst stehenden oder versorgungsberechtigten Person zu zahlen, die bei Nichtvorhandensein des Kindergeldempfängers das Kindergeld erhalten würde.[110]

Sind die Voraussetzungen des § 40 V S. 1 BBesG gegeben und wird das Kindergeld lediglich anteilig gewährt, wird der auf das Kind entfallende Betrag zwischen den Stufen des Familienzuschlages ebenfalls nur in demselben Verhältnis gezahlt wie das Kindergeld. Er wird jedoch voll gezahlt, wenn das Kindergeld nach § 65 II EStG neben einer Leistung im Sinn des § 65 I Nr. 1 und 2 EStG nicht in voller Höhe gewährt wird.

---

109 BVerwG, NVwZ 06, 352 (353): § 29 BAT entspricht nach Leistungszweck, -modalitäten und -voraussetzungen dem Familienzuschlag.
110 Schwegmann/Summer, § 40 BBesG, Anm 13.4.

4. Dienstbezüge

§ 6 BBesG findet keine Anwendung, wenn einer der Anspruchsberechtigten vollbeschäftigt oder nach beamtenrechtlichen Grundsätzen versorgungsberechtigt ist oder wenn mehrere Anspruchsberechtigte mit jeweils mindestens der Hälfte der regelmäßigen Arbeitszeit beschäftigt sind (§ 40 V S. 3 BBesG). Der kinderbezogene Familienzuschlag wird hier an den Berechtigten in voller Höhe gezahlt. Dies gilt wegen der Rechtsprechung des BVerwG[111] ebenfalls dann, wenn von beiderseits teilzeitbeschäftigten Ehegatten einer unterhälftig beschäftigt ist, ihre Arbeitszeit aber insgesamt die Regelarbeitszeit eines Vollzeitbeschäftigten erreicht. Die Ausnahmevorschrift des § 40 V S. 3 BBesG ist aufgrund ihres Wortlauts („§ 6 findet auf den Betrag keine Anwendung"; gemeint der nach § 40 V S. 1 und 2 BBesG ermittelte Betrag) sowie ihrer systematischen Stellung als den S. 1 und 2 direkt nachfolgender S. 3 ausschließlich anzuwenden, wenn eine der Fallgestaltungen des § 40 V S. 1, 2 BBesG vorliegt. Sollte dies nicht gegeben sein, gilt weiterhin § 6 BBesG.

In allen Konkurrenzfällen (§ 40 IV und V BBesG) sind unverzüglich Vergleichsmitteilungen zwischen den öffentlichen Dienstherren bzw. Arbeitgebern auszutauschen. Wer zum öffentlichen Dienst zählt, bestimmt § 40 VI BBesG.

In den Fällen, in denen mehrere Berechtigte Anspruch auf den kinderbezogenen Teil des Familienzuschlages erheben, schlägt die herrschende Kommentarliteratur[112] eine pragmatische Lösung vor: Stellt sich nachträglich heraus, daß der für den höheren Familienzuschlag anspruchsberechtigte Beamte unrichtig bestimmt war, ist eine Rückabwicklung nach allgemeinen Grundsätzen wenig befriedigend. Wegen der beschränkten Rücknehmbarkeit von Verwaltungsakten und der Möglichkeit des Wegfalls der Bereicherung besteht die Möglichkeit, daß die Leistungen an einen zwar dem Grunde nach Berechtigten, der Rangfolge aber Unberechtigten erfolgt ist, während der auch nach der kindergeldrechtlichen Rangfolge Berechtigte seinen eigenen Anspruch geltend macht, dem nur die Verjährungseinrede entgegen gehalten werden kann. Für den Zeitraum, für den die Verjährung nicht greift, wäre dann für ein und dasselbe Kind doppelt geleistet. Dies ist ein Ergebnis, das nach der ratio legis des § 40 V BBesG gerade ausgeschlossen werden soll. Eine befriedigende Lösung dieser Anspruchkonkurrenz läßt sich durch folgende Verfahrensweise finden: Man kann grundsätzlich davon ausgehen, daß die zu Unrecht, nämlich an den nach der kindergeldrechtlichen Rangfolge nicht zum Zuge Kommenden erbrachte Leistung tatsächlich dem Lebensunterhalt des Kindes zugeführt wurde. Von dieser Prämisse ausgehend ist es vertretbar, dem Berechtigten für einen Zeitraum in der Vergangenheit die Leistung nur insoweit zu gewähren, als der Nichtberechtigte zurückerstattet. Schwierigkeiten in den Beziehungen der angeblich Berechtigten untereinander dürfen nicht zu Doppelleistungen der öffentlichen Hand führen.

---

111 NVwZ 06, 349 (351) = KommJur 06, 155 (157) = DVBl 06, 319 (322) = ZBR 06, 129 (131) = RiA 06, 81 (82 f.).
112 Schwegmann/Summer, § 40 BBesG, Anm 13.9.

1. Abschnitt: Grundzüge des Besoldungsrechts

344 Beispiele zur Anwendung des § 40 V BBesG:

- Beide Ehegatten sind im öffentlichen Dienst beschäftigt. Der Mann ist Stadtinspektor, seine Frau ist als Angestellte (Verg. Gr. VII BAT) beim Land tätig.
Für die gemeinsamen ehelichen Kinder
Tochter Corinna, geb. am 31.3.89,
Sohn Thomas, geb. am 02.07.90
erhält der Ehemann das Kindergeld.
Es steht folgender Familienzuschlag zu:

Ehemann	Ehefrau
Stufe 2	Stufe 1

zuzügl. des Erhöhungsbetrages zwischen Stufen 2 und 3 für das zweite zu berücksichtigende Kind

- Ein verheirateter Kreisoberinspektor, dessen Frau nicht im öffentlichen Dienst steht, hat folgende 3 Kinder:
Tochter Karin, geb. 6.1.89 (ehelich),
Tochter Susanne, geb. 07.07.91 (nicht ehelich); die im öffentlichen Dienst stehende Kindesmutter erhält das Kindergeld und den Kinderanteil im Familienzuschlag,
Tochter Simone, geb. 05.01.92 (ehelich).
Es steht dem Kreisoberinspektor folgender Familienzuschlag zu:
Stufe 2 (verheiratet, 1 Kind = Karin). Kein Erhöhungsbetrag für die nichteheliche Tochter Susanne (aber Zählkind), zuzügl. Familienzuschlag der Stufe 4 für Tochter Simone als drittes zu berücksichtigendes Kind.

Literatur: Sembdner, Der Kinderreiche im öffentlichen Dienst, PersV 95, 157.

4.2.5 Änderung des Familienzuschlages

345 Der Familienzuschlag wird vom Ersten des Monats an gezahlt, in den das für die Erhöhung maßgebende Ereignis fällt (§ 41 S. 1 BBesG). Er wird nicht mehr gezahlt für den Monat, in dem die Anspruchsvoraussetzungen an keinem Tag vorgelegen haben (§ 41 S. 2 BBesG). Die Sätze 1 und 2 von § 41 BBesG gelten entsprechend für die Zahlung von Teilbeträgen der Stufen des Familienzuschlages (§ 41 S. 3 BBesG). § 41 BBesG ist lex specialis zu § 3 IV BBesG, der sonst die zeitanteilige Zahlung von Besoldung regelt.

Ereignisse, die nach dem Ende des Dienstverhältnisses eintreten, wirken sich nicht mehr auf die Höhe des zuletzt zustehenden Familienzuschlages aus.

Beispiel: Ein Beamter scheidet mit Ablauf des 20. eines Monats aus dem Dienst aus. Am 22. wird ein Kind geboren, für das ihm Kindergeld nach dem BKGG zusteht. Nachträglich ist somit nicht mehr der Familienzuschlag für die Zeit vom 1. bis 20. zu erhöhen.[113]

§ 41 BBesG findet keine Anwendung, wenn in den Konkurrenzfällen (§ 40 IV oder V BBesG) die Bezüge eines Ehegatten für Teile eines Kalendermonats entfallen (z.B. beim Urlaub ohne Dienstbezüge). Das gleiche gilt, wenn sich der Familienzuschlag eines Besoldungsempfängers allein des-

---

113 Schwegmann/Summer, § 41 BBesG, Anm 3.

4. Dienstbezüge

halb ändert, weil er eine Teilzeitbeschäftigung aufnimmt oder wieder ausübt bzw. weil eine Änderung im Umfang der Teilzeitbeschäftigung eingetreten ist.[114]

4.3 Zulagen und Vergütungen

4.3.1 Zulagen

Das BBesG regelt in seinen §§ 42 bis 51 Zulagen und Vergütungen. Sie werden dem Besoldungsempfänger zusätzlich zum Grundgehalt und Familienzuschlag für herausgehobene Funktionen sowie zur Abgeltung besonderer Erschwernisse und zusätzlicher Belastungen und Leistungen gezahlt. Zulagen und Vergütungen sind Bestandteil der Dienstbezüge und gehören somit zur Besoldung (§ 1 II Nr. 4, 5 BBesG). **346**

Mit dem Versorgungsreformgesetz 1998 wurde das Zulagenwesen neu geordnet und gestrafft. Das System war wegen der Vielzahl der Zulagen und der detaillierten Einzelvorschriften unüberschaubar und deshalb reformbedürftig geworden. Es ist wie folgt geändert worden: Stellenzulagen werden – mit Ausnahme der bereits in das Grundgehalt eingearbeiteten allgemeinen Stellenzulage – bei Besoldungsanpassungen nicht mehr erhöht. Die im Jahr 1990 für die meisten Stellenzulagen eingeführte Automatik wurde zurückgenommen. Anders als Amtszulagen sind sie kein Bestandteil des Grundgehalts. Sie werden lediglich solange gewährt, wie die herausgehobene Funktion wahrgenommen wird. Ferner sind Zulagen zusammengefaßt und – wie die Technikerzulage – gestrichen worden.

Das Bundesbesoldungsgesetz unterscheidet:

- Amtszulagen,
- Stellenzulagen,
- Erschwerniszulagen,
- Prämien und Zulagen für besondere Leistungen sowie
- andere Zulagen.

Daneben gibt es zur Wahrung des Besitzstandes noch Ausgleichszulagen für Beamte, die in ein anderes Amt mit geringerem Endgrundgehalt übertreten, übernommen oder versetzt werden, weil ihre Körperschaft oder Behörde ganz oder teilweise aufgelöst, umgebildet oder mit einer anderen Körperschaft oder Behörde verschmolzen oder in eine andere Körperschaft oder Behörde eingegliedert wird (§ 13 I S. 1 Nr. 1 BBesG). Hier erhält der Beamte eine ruhegehaltsfähige Ausgleichszulage, soweit sie ruhegehaltsfähige Dienstbezüge ausgleicht (§ 13 I S. 3 BBesG). Das gleiche gilt, wenn der Beamte zur Vermeidung der Versetzung in den Ruhestand wegen Dienstunfähigkeit anders verwendet wird (§ 13 I S. 1 Nr. 2 BBesG), er die durch Rechts- oder Verwaltungsvorschriften festgesetzten

---

[114] Schwegmann/Summer, § 41 BBesG, Anm 6.

besonderen gesundheitlichen Anforderungen, ohne daß er dies zu vertreten hat, nicht mehr erfüllt und deshalb anders verwendet wird (§ 13 I S. 1 Nr. 3 BBesG), oder wenn er in die nächsthöhere Laufbahn aufgestiegen ist (§ 13 I S. 1 Nr. 5 BBesG).

Haben sich durch das Sechste Besoldungsänderungsgesetz[115] die Dienstbezüge verringert, weil eine Zulage entfallen ist, wird eine Ausgleichszulage in Höhe der bisherigen Zulage gewährt, soweit und solange die bisherigen Anspruchsvoraussetzungen für die Gewährung der Zulage weiterhin erfüllt werden (§ 83 I S. 1 BBesG). Die Ausgleichszulage vermindert sich bei jeder Erhöhung der Dienstbezüge um ein Drittel des Erhöhungsbetrages (§ 83 I S. 2 BBesG). Für Ausgleichszulagen, die am 31.12.2001 nach § 13 II BBesG zugestanden haben, gelten die bisherigen Vorschriften weiter (§ 83 II BBesG).

4.3.1.1 Amtszulagen

347 Für herausgehobene Funktionen kann man Amtszulagen vorsehen (§ 42 I S. 1 BBesG). Diese dürfen 75 v.H. des Unterschiedsbetrages zwischen dem Endgrundgehalt der Besoldungsgruppe des Besoldungsempfängers und dem Endgrundgehalt der nächsthöheren Besoldungsgruppe nicht übersteigen, soweit bundesgesetzlich nichts anderes bestimmt ist (§ 42 I S. 2 BBesG). Die Amtszulagen sind unwiderruflich und ruhegehaltsfähig (§ 42 II S. 1 BBesG). Sie gelten als Bestandteil des Grundgehalts (§ 42 II S. 2 BBesG). Besoldungsempfänger, denen ein mit einer Amtszulage ausgestattetes Amt verliehen wird, erlangen durch einen solchen beförderungsgleichen Vorgang ein besonderes Amt im statusrechtlichen Sinn. Deshalb muß ein Amt, für das in der Besoldungsordnung eine Amtszulage vorgesehen ist, dem Beamten im Grundamt durch Ernennung übertragen werden, die einer Beförderung gleichsteht. Das gilt aber nur, wenn das „Zulageamt" mit anderer Amtsbezeichnung ausgestattet ist (§§ 8 I Nr. 4 LBG, 6 I Nr. 4 BBG). Sonst bedarf es keiner Ernennung, sondern einer schriftlichen Mitteilung. Zukünftig stellt sich das Problem nicht mehr, da es in jedem Fall einer Ernennung bedarf zur „Verleihung eines anderen Amts mit anderem Grundgehalt" (§ 8 I Nr. 3 BeamtStG). Auf eine etwaige andere Amtsbezeichnung kommt es dann nicht mehr an.

Die Amtszulagen sind prinzipiell in Form von Fußnoten bei den in Betracht kommenden Ämtern der einzelnen Besoldungsgruppen in den Besoldungsordnungen A, B, W und R ausgewiesen. Die jeweils maßgebenden Monatsbeträge nennt die Anlage IX zum BBesG. Sind dort Quotierungen vorgesehen, wie beispielsweise bei der Fußnote 3 zur Besoldungsgruppe A 9 beim Spitzenamt des mittleren Dienstes mit bis zu 30% oder bei der Fußnote 11 zur Besoldungsgruppe A 13 mit bis zu 20%, stellen diese keine Stellenobergrenzen dar, von denen man abweichen könnte. Vielmehr definiert der Gesetzgeber hier abschließend und damit verbindlich, in wie vielen Fällen man höchstens von einer im Vergleich zum Normalamt

---

115 V. 14.12.01, BGBl. I, 3702 (3702 ff.).

4. Dienstbezüge

herausgehobenen Funktion ausgehen darf. Insofern sind auch keine Aufrundungen bei Stellenbruchteilen zulässig. Voraussetzung ist, daß überhaupt herausgehobene Funktionen bestehen. Unter Funktion ist die Summe der übertragenen Dienstaufgaben zu verstehen, also das Amt im funktionellen Sinn. Dieses muß sich gegenüber den Funktionen des Amtes der jeweiligen gleichen Besoldungsgruppe im statusrechtlichen Sinn herausheben. Ein Vergleich der Funktionen muß die Höherwertigkeit der mit der Zulage bedachten Funktion nach vorausgesetzten Kenntnissen, Schwierigkeit der Dienstverrichtung sowie Verantwortung ergeben. Will man dies sachgerecht beurteilen, darf man sich ausschließlich auf Laufbahngruppen derselben Fachrichtung beziehen. Lediglich innerhalb derselben Fachrichtung ist ein sachgerechter Vergleich hinsichtlich der vorausgesetzten Kenntnisse, der Schwierigkeit der Dienstverrichtung sowie der Verantwortung möglich. Deshalb muß man bei der Berechnung des prozentualen Anteils der Stellen zwischen denjenigen des nichttechnischen und denen des technischen Verwaltungsdienstes trennen.

4.3.1.2 Stellenzulagen

Für herausgehobene Funktionen können auch Stellenzulagen vergeben werden (§ 42 I S. 1 BBesG). Herausgehoben sind Funktionen wegen der für ihre Wahrnehmung zusätzlich zu erfüllenden Anforderungen, die nicht von der allgemeinen Ämterbewertung erfaßt werden.[116] Ihrer Höhe nach unterliegen Stellenzulagen der gleichen Begrenzung wie Amtszulagen. Soweit bundesgesetzlich nichts anderes bestimmt ist, dürfen sie ebenfalls 75 v.H. des Unterschiedsbetrages zwischen dem Endgrundgehalt der jeweiligen Besoldungsgruppe des Besoldungsempfängers und dem Endgrundgehalt der nächsthöheren Besoldungsgruppe nicht übersteigen (§ 42 I S. 2 BBesG). Sie dürfen grundsätzlich nur für die Dauer der Wahrnehmung der herausgehobenen Funktion gewährt werden (§ 42 III S. 1 BBesG). Stehen rechtliche Hindernisse entgegen, wie z.B. für den Zeitraum des Verbots der Führung der Dienstgeschäfte, nimmt ein Beamter keine herausgehobene Funktion wahr, so daß er keinen Anspruch auf die Stellenzulage hat.[117] Anders sei es hingegen bei tatsächlichen Hinderungsgründen, wie kurzer Krankheit oder Erholungsurlaub. Im Gegensatz zu den Amtszulagen sind die Stellenzulagen nicht an konkret bezeichnete Ämter gebunden. Sie dienen der Bewertung von herausgehobenen Funktionen, die von Angehörigen verschiedener Besoldungsgruppen wahrgenommen werden können (z.B. Stellenzulage für diverse Feldwebeldienstgrade der Besoldungsgruppe A 7, A 8 und A 9 als Kompaniefeldwebel; Vorbem. Nr. 4a zu den BBesO A und B, Anlage I) oder bei einer Tätigkeit, die in einem bestimmten Verwendungsbereich oder Verwaltungsbereich ausgeübt wird (z.B. Stellenzulage für Beamte und Soldaten bei Sicherheitsdiensten; Vorbem. Nr. 8 zu den BBesO A und B, Anlage I).

348

---

116 BVerwG, ZBR 04, 173 (174) = RiA 04, 286 (287).
117 BVerwG, DVBl 91, 1199 (1200) = NVwZ-RR 92, 88 (88 f.).

1. Abschnitt: Grundzüge des Besoldungsrechts

Die sog. **Ministerialzulage** ist eine Stellenzulage.[118] Sie hat ihre Rechtsgrundlage in Vorbem. 7 zu den BBesO A und B, Anlage I (Zulage für Beamte und Soldaten bei obersten Behörden sowie bei obersten Gerichtshöfen des Bundes). In NW regelte das Haushaltsstrukturgesetz vom 17.12.1998, die Ministerialzulage im Landesbereich abzubauen. Für am 31.12.1998 vorhandene Empfänger verringert sie sich um jeweils 20% des den Beamten zustehenden Erhöhungsbetrages aufgrund linearer Besoldungserhöhungen. Es wird ungefähr 14 Jahre dauern, sie ganz abzubauen. Für Personen, die ab dem 1.1.2003 in die Ministerialverwaltung eingetreten sind, entfällt die Ministerialzulage vollständig. Das „Einfrieren" der Ministerialzulage im Bund auf den Besoldungsstand vom 30.6.1975 ist verfassungsgemäß.[119] Außer dem Bund zahlt noch das Bundesland Bayern die Ministerialzulage und zwar nach den für den Bund geltenden Regeln (12,5% der auf das Jahr 1975 festgeschriebenen Besoldungssätze). Alle anderen Bundesländer haben sie entweder bereits vollständig abgeschafft oder die Zahlungen laufen aufgrund von Übergangsregelungen aus.

Stellenzulagen sind widerruflich und allein dann ruhegehaltsfähig, wenn dies gesetzlich bestimmt ist (§ 42 IV BBesG). Ihre Voraussetzungen, die an die Dauer der Wahrnehmung einer herausgehobenen Funktion geknüpft sind, können wegen einer längeren Erkrankung entfallen.[120] Die Vergabe einer Stellenzulage erfordert zudem, daß der Beamte in vollem Umfang in der zulageberechtigenden Funktion verwendet wird.[121] Der Dienstposten muß durch die zulageberechtigende Funktion geprägt sein.[122] Einsatzdienst der Feuerwehr, der zur Zahlung der sog. **Feuerwehrzulage** führt (Nr. 10 I S. 1 der Vorbem. zu den BBesO A und B, Anlage I) leisten ausschließlich solche Beamte des Feuerwehrdienstes, die laufbahnentsprechend unmittelbar im Brandbekämpfungs- und Hilfeleistungsdienst eingesetzt werden.[123] In der Leitstelle oder in der Werkstatt sowie im Innendienst tätiges Personal erfüllt nicht diese Voraussetzungen, selbst wenn es als Personalreserve für den Einsatzdienst fungiert.[124]

Mit Stellenzulagen kann man auch hauptamtliche Lehrtätigkeit in der Verwaltung berücksichtigen (§ 44 BBesG). Weiterhin gibt es **Zulagen für die Wahrnehmung befristeter Funktionen oder eines höherwertigen Amtes**. Werden einem Beamten die Aufgaben eines höherwertigen Amtes vorübergehend vertretungsweise übertragen, erhält er nach 18 Monaten ihrer ununterbrochenen Wahrnehmung eine Zulage (§ 46 I S. 1 BBesG). Dies muß nicht durch Verwaltungsakt geschehen; ein Realakt reicht aus.[125] Die Norm erfaßt zudem Fälle, in denen die höherwertigen Aufga-

---

118 BVerfG, ZBR 01, 204.
119 BVerfG, ZBR 01, 204.
120 OVG Münster, RiA 97, 151 = NVwZ-RR 98, 384 (385) = PersV 99, 129 (130).
121 BVerwGE 98, 192 (194) = DVBl 95, 1242 = NVwZ-RR 96, 48.
122 BVerwG, ZBR 98, 423; OVG Münster, DÖD 98, 263 (264).
123 BVerwG, DÖD 91, 282 (283).
124 OVG Münster, DÖD 98, 263 (264).
125 OVG Berlin, NVwZ-RR 02, 593 = DÖD 02, 151 (152); VG Göttingen, NVwZ-RR 03, 140.

4. Dienstbezüge

ben bereits vor dem Inkrafttreten der Vorschrift übertragen wurden.[126] Allerdings müssen im Vergabezeitpunkt die haushalts- und laufbahnrechtlichen Voraussetzungen für die Übertragung dieses Amtes vorliegen (Beförderungsreife, Planstelle[127], kein Verstoß gegen Stellenobergrenzenregelungen etc.). Hierzu zählen nur gesetzliche Vorgaben, nicht jedoch solche durch Erlaß.[128] Sollte der vertretungsweise übertragene Dienstposten mehreren Besoldungsgruppen (z.B. A 13/14) zugeordnet sein und der Beamte ein Statusamt der niedrigeren Besoldungsgruppe innehaben, ist es kein höherwertiges Amt.[129] „Vorübergehend vertretungsweise" erfolgt die Übertragung selbst dann, wenn der Beamte später einmal befördert werden soll.[130] Die Zulage wird in Höhe des Unterschiedsbetrages zwischen dem Grundgehalt der Besoldungsgruppe des Beamten und dem Grundgehalt gewährt, der das höherwertige Amt zugeordnet ist (§ 46 II S. 1 BBesG). Sollte wegen der einschränkenden Voraussetzungen keine Zulage gezahlt werden dürfen, obwohl Beamte die Aufgabe bestens erfüllen, verstößt dies nicht gegen die Verfassung. Das Leistungsprinzip fordert nicht, daß jegliche Aufgabenerfüllung, die über die amtsgemäße Beschäftigung hinausgeht, finanziell honoriert werden muß.[131]

Außerdem erhält ein Beamter, dem aufgrund spezieller landesrechtlicher Bestimmung ein höherwertiges Amt mit zeitlicher Begrenzung übertragen worden ist, für die Dauer der Wahrnehmung eine Zulage, wenn er das höherwertige Amt auf dem übertragenen Dienstposten wegen der besonderen Rechtsvorschrift nicht durch Beförderung erreichen kann (§ 46 I S. 2 BBesG). Die Zulage kann bis zur Höhe des Unterschiedsbetrages zwischen dem Grundgehalt der Besoldungsgruppe des Beamten und dem Grundgehalt gewährt werden, der das höherwertige Amt zugeordnet ist (§ 46 II S. 1 BBesG).

Schließlich kann ein Beamter eine Zulage erhalten, wenn ihm außer in den Fällen des § 46 BBesG eine herausgehobene Funktion befristet übertragen wird (§ 45 I S. 1 BBesG). Dadurch wird es möglich, die nur zeitweise Übertragung von Aufgaben, die mit Managementstrukturen verbunden sind (z.B. Projektarbeit), finanziell zu honorieren. Entscheidend ist, daß die Aufgabe außerhalb der regelmäßigen Verwaltungsstrukturen und damit außerhalb der in der Verwaltung sonst bestehenden Hierarchie erledigt wird.[132] Dies gilt entsprechend für die Übertragung einer herausgehobenen Dauerfunktion, die man üblicherweise nur befristet wahrnimmt (§ 45 I S. 2 BBesG). Hierdurch kann man die besonderen Belastungen durch Aufgaben, die üblicherweise lediglich befristet wahrgenommen,

---

126 BVerwG, ZBR 05, 304 (305); OVG Berlin, NVwZ-RR 02, 593 = DÖD 02, 151 (152).
127 Die Zulage für die Wahrnehmung eines höherwertigen Amtes setzt voraus, daß die dem Dienstposten zugeordnete Planstelle (und nicht irgendeine im Haushaltsplan vorhandene) vakant ist. So BVerwG, NVwZ 05, 1078 (1079) = ZBR 05, 306 (307) = DÖV 06, 32.
128 VG Göttingen, NVwZ-RR 03, 140 (141).
129 BVerwG, DÖV 06, 37 (38) = RiA 06, 37.
130 OVG Berlin, NVwZ-RR 02, 593 (594) = DÖD 02, 151 (152).
131 BVerwG, NVwZ 05, 1078 (1079) = ZBR 05, 306 (307) = DÖV 06, 32.
132 Schwegmann/Summer, § 45 BBesG, Anm 2; Battis, § 24a BBG, Rn 3.

1. Abschnitt: Grundzüge des Besoldungsrechts

obwohl sie unbefristet übertragen werden, berücksichtigen.[133] Die Zulage kann ab dem siebten Monat der ununterbrochenen Wahrnehmung bis zur Dauer von höchstens fünf Jahren gezahlt werden (§ 45 I S. 3 BBesG). Die Zulage kann bis zur Höhe des Unterschiedsbetrages zwischen dem Grundgehalt der Besoldungsgruppe des Beamten und dem Grundgehalt gewährt werden, das der Wertigkeit der wahrgenommenen Funktion entspricht, höchstens jedoch der dritten folgenden Besoldungsgruppe (§ 45 II S. 1 BBesG). Sie vermindert sich bei jeder Beförderung um den jeweiligen Erhöhungsbetrag (§ 45 II S. 2 BBesG). Zuständig ist die oberste Dienstbehörde (§ 45 III BBesG).

Fall: Beamter B wird von seinem Dienstherrn, der kreisangehörigen Kommune A, auf der Grundlage von § 21 BeamtStG für fünf Jahre einer Arbeitsgemeinschaft nach Hartz IV (gemeinsam von der Bundesagentur für Arbeit und den Kreisen bzw. kreisfreien Städten getragene Job-Center; § 44b SGB II) zugewiesen. Dort nimmt er eine höherwertige Funktion wahr und beantragt bei A eine Zulage (§ 45 I S. 1 BBesG). Muß A ihm diese Zulage zahlen?
§ 45 I S. 1 BBesG setzt die Übertragung einer befristet angelegten, herausgehobenen Funktion voraus. Die Tätigkeit eines befristet zugewiesenen Beamten an die Arbeitsgemeinschaft nach Hartz IV ist jedoch keine solche von dieser Norm verlangte Funktion. Dabei ist entscheidend, daß die Funktion bei der Arbeitsgemeinschaft nach Hartz IV, einer von der Kommune A rechtlich getrennten Einrichtung, und gerade nicht bei A selbst wahrgenommen wird. Daß sich die Funktion beim selben Dienstherrn befinden muß, ist aus dem Wortlaut von § 45 I S. 1, 2 BBesG zu folgern. Danach ist erforderlich, daß die herausgehobene Funktion befristet „übertragen" wird. Eine solche Übertragungsmöglichkeit hat der Dienstherr nur hinsichtlich seines Personals bei eigenen Funktionen. Hier wird hingegen gerade nicht die herausgehobene Funktion durch A übertragen. Vielmehr wird B der Arbeitsgemeinschaft nach Hartz IV zugewiesen (§ 21 BeamtStG). Sowohl nach Abs. 1 als auch nach Abs. 2 dieser Vorschrift darf man den Beamten lediglich zu einer seinem Amt entsprechenden Tätigkeit und gerade nicht zu einer höherwertigen Tätigkeit zuweisen. Die höherwertige Tätigkeit wird dem Beamten allein durch die Arbeitsgemeinschaft nach Hartz IV übertragen. Somit muß diese in eigener Regie prüfen, ob sie überhaupt und ggf. unter welchen rechtlichen Voraussetzungen eine höherwertige Tätigkeit finanziell honorieren kann. A muß demnach B keine Zulage zahlen.

Von den Stellenzulagen (§ 42 III BBesG) sind die „unechten" Stellenzulagen zu unterscheiden, die an Beamte bestimmter Laufbahngruppen gezahlt werden und somit im Ergebnis nicht mehr funktionsgebunden, sondern laufbahnbezogen sind. Hierzu gehören folgende in den Vorbem. zu den BBesO A und B, Anlage I aufgeführten Zulagen: Vorbem. Nr. 10 = Zulage für Beamte der Feuerwehr; Vorbem. Nr. 25 = Beamte mit Meisterprüfung oder Abschlußprüfung als staatlich geprüfter Techniker; Vorbem. 26 = Beamte der Steuerverwaltung und der Zollverwaltung; Vorbem. Nr. 27 = Allgemeine Stellenzulage; Vorbem. 30 = Flugsicherungslotsen.

Literatur: Köhler, Die Zulage für flugzeugtechnisches Personal im Spiegel der Rechtsprechung zum Besoldungsrecht, RiA 05, 8.

4.3.1.3 Erschwerniszulagen

349 Die Bundesregierung ist ermächtigt, durch Rechtsverordnung die Gewährung von Zulagen zur Abgeltung besonderer, bei der Bewertung des Amtes

---

133 Schwegmann/Summer, § 45 BBesG, Anm 2.

4. Dienstbezüge

oder bei der Regelung der Anwärterbezüge nicht berücksichtigter Erschwernisse (Erschwerniszulagen) zu regeln (§ 47 S. 1 BBesG). Diese Erschwerniszulagen sind in der EZulVO, welche die Bundesregierung mit Zustimmung des Bundesrates erlassen hat, aufgeführt (z.b. Dienst zu ungünstigen Zeiten, äußerst schlechte örtliche Arbeitsbedingungen, extreme Klimaumstände, gefährliche Arbeiten, besondere Schwierigkeiten im Umgang mit zu betreuenden Personen). Dabei kann auch Dienst, den Beamte unter gegenseitiger Ablösung in 24-Stundenschichten leisten, Dienst in Wechselschichten sein.[134] Das BVerwG[135] ist der Ansicht, daß Arbeitszeit i.S.d. EZulVO sowohl Volldienst als auch Bereitschaftsdienst sind. In der EZulVO ist bestimmt, inwieweit durch die Zahlung von Erschwerniszulagen ein spezieller Aufwand des Besoldungsempfängers mit abgegolten wird (§ 47 S. 3 BBesG). Die Erschwerniszulagen sind widerruflich und nicht ruhegehaltsfähig (§ 47 S. 2 BBesG). § 6 I BBesG ist anwendbar.[136] Dies verstoße weder gegen Art. 3 I GG noch gegen den in Art. 141 EG-Vertrag enthaltenen Grundsatz der Entgeltgleichheit von Männern und Frauen bei gleicher oder gleichwertiger Arbeit.

4.3.1.4 Leistungszulagen und -prämien

Aufgrund der Neuregelungen im Dienstrechtsänderungsgesetz des Bundes vom 24.2.1997 kann man herausragende Leistungen durch ergänzende leistungsbezogene Gehaltsbestandteile belohnen. Hierzu dienen Leistungsprämien und Leistungszulagen. Unterhalb der Schwelle der Beförderung wird ein Honorierungssystem festgelegt, daß das statusrechtliche Amt unberührt läßt. Indem die Empfängerzahl begrenzt ist, vermeidet man einen „Gießkanneneffekt". Die Haushaltsmittel für die Vergabe von Leistungszulagen und -prämien sollen aus dem mit der Dienstrechts„reform" erfolgten Neuzuschnitt der Besoldungstabellen gewonnen werden.[137] Beamte finanzieren somit ihre eigenen leistungsbezogenen Besoldungskomponenten. Deshalb ist es besonders bedauerlich, daß trotz dieser erbrachten Vorleistungen bisher nur wenige Leistungszulagen und -prämien vergeben worden sind. Im Kommunalbereich sind bundesweit in 63 von 559 Kommunen, die dazu landesrechtlich die Möglichkeit haben, Leistungszulagen und in 59 Leistungsprämien gezahlt worden. 350

Die Bundesregierung und die Landesregierungen sind ermächtigt, jeweils für ihren Bereich zur Abgeltung von herausragenden besonderen Leistungen durch Rechtsverordnung die Gewährung von **Leistungsprämien (Einmalzahlungen) und Leistungszulagen** an Beamte in Besoldungsgruppen der Besoldungsordnung A zu regeln (§ 42a I S. 1 BBesG). Leistungsprämien und Leistungszulagen dürfen in einem Kalenderjahr bis zu 15% der Beamten und Soldaten eines Dienstherrn in Besoldungsgruppen der Besoldungsordnung A erhalten (§ 42a II S. 1 BBesG). In der

---

134 VGH Mannheim, RiA 98, 42; OVG Münster, RiA 92, 209.
135 PersV 99, 133.
136 OVG Münster, ZBR 06, 60 (60 ff.) = RiA 05, 251 (251 ff.).
137 Erfahrungsbericht der Bundesregierung zur Dienstrechtsreform v. 20.6.01, 18.

Rechtsverordnung kann zugelassen werden, daß bei Dienstherren mit weniger als sieben Beamten abweichend hiervon einem Beamten eine Leistungsprämie oder eine Leistungszulage gezahlt werden kann (§ 42a II S. 3 BBesG). Weitere Aufrundungen (beispielsweise bei 38 Beamten sechs Leistungsprämien zu vergeben) sind unzulässig. Außerdem dürfen Dienstherren, die keine Leistungsstufen verteilen, die dafür vorgesehene Quote von 15% einsetzen, um zusätzliche Leistungsprämien oder -zulagen zu vergeben (sog. Transferklausel; § 42a II S. 2 BBesG). Somit könnten maximal 30% der Beamten bedacht werden. Leistungsprämien und -zulagen sind nicht ruhegehaltsfähig (§ 42a II S. 4, 1. Hs. BBesG). Erneute Bewilligungen sind möglich (§ 42a II S. 4, 2. Hs. BBesG). Die Zahlung von Leistungszulagen ist zu befristen (§ 42a II S. 5, 1. Hs. BBesG); bei Leistungsabfall sind sie zu widerrufen (§ 42a II S. 5, 2. Hs. BBesG). Leistungsprämien dürfen das Anfangsgrundgehalt der Besoldungsgruppe des Beamten (§ 42a II S. 6, 1. Alt. BBesG), Leistungszulagen dürfen monatlich 7% des Anfangsgrundgehalts nicht übersteigen (§ 42a II S. 6, 2. Alt. BBesG). Leistungsprämien und Leistungszulagen können nur gemäß besonderer haushaltsrechtlicher Regelungen vergeben werden (§ 42a III S. 1 BBesG). Mit der entsprechenden Problematik in Kommunen mit vorläufiger Haushaltsführung (§ 82 I Nr. 1 GO) beschäftigt sich der Fall in Rn 132. In den Rechtsverordnungen des Bundes und der Länder sind Anrechnungs- oder Ausschlußvorschriften zu Zahlungen vorzusehen, die aus demselben Anlaß geleistet werden (§ 42a III S. 2 BBesG). Weiterhin kann in den Rechtsverordnungen vorgesehen werden, Teamleistungen zu honorieren (§ 42a III S. 3, 4 BBesG). Bei Beförderungen oder bei einer gewährten Amtszulage darf man Anrechnungs- oder Ausschlußvorschriften zu Leistungszulagen einführen (§ 42a III S. 5 BBesG). Die Entscheidung über die Bewilligung von Leistungsprämien und -zulagen trifft die oberste Dienstbehörde oder die von ihr bestimmte Stelle (§ 42a II S. 7 BBesG).

Der Bund hat die „Verordnung über die Gewährung von Prämien und Zulagen für besondere Leistungen" vom 1.7.1997 verabschiedet.[138] Deutlich ist mit Blick auf den kommunalen Bereich zu betonen, daß eine **Sperrwirkung** besteht. Städte und Gemeinden dürfen solange keine Leistungsprämien und -zulagen vergeben, bis die entsprechende Landesverordnung eine Ermächtigung hierfür geschaffen hat. Mit Ausnahme von Mecklenburg-Vorpommern, Saarland, Sachsen-Anhalt und Thüringen haben alle anderen Bundesländer eine Rechtsverordnung zu § 42a BBesG erlassen. In NW gibt es eine solche Verordnung in Form der LPZV vom 10.3.1998, so daß sich in diesem Bundesland die Problematik nicht ergibt. Kommunen können auf dieser Grundlage die Instrumente „Leistungsprämie und -zulage" einsetzen, wenn sie entsprechende Mittel hierfür im Haushalt bereitstellen (§ 2 III S. 1 LPZV). Eine Leistungsprämie oder Leistungszulage kann gewährt werden, wenn der Beamte eine **her-**

---

[138] Nähere Einzelheiten finden sich in den Durchführungshinweisen v. 22.11.02, GMBl. 03, 41 (41 ff.).

4. Dienstbezüge

ausragende besondere Leistung erbringt oder erbracht hat (§ 2 I S. 1 LPZV). Eine Vergabe von Leistungsprämien oder -zulagen an Arbeitsgruppen ist zulässig (§ 2 I S. 2 LPZV). Entscheidungsbefugt ist die oberste Dienstbehörde (§ 6 I S. 1 LPZV), die dies allerdings delegieren kann (§ 6 I S. 2 LPZV). Oberste Dienstbehörde eines Kommunalbeamten ist jedoch die Vertretung (§ 3 I S. 1 Nr. 2 LBG), also der Rat (§ 40 II S. 1 GO) oder der Kreistag (§ 25 I KrO). Um einer Politisierung der Vergabepraxis entgegenzuwirken, war es unbedingt notwendig, den Hauptverwaltungsbeamten entscheiden zu lassen. **Für den Kommunalbereich entscheidet** deshalb abweichend davon **die nach dem Kommunalverfassungsrecht für beamtenrechtliche Entscheidungen zuständige Stelle** (§ 6 II S. 1 LPZV). Grundsätzlich ist der **hauptamtliche Bürgermeister/Landrat** für die beamten-, arbeits- und tarifrechtlichen Entscheidungen zuständig (§§ 74 I S. 2 GO, 49 II S. 2 KrO). Der Rat/Kreistag kann dies allerdings durch entsprechende Fassung der Hauptsatzung anders regeln (§§ 74 I S. 3 GO/49 II S. 3 KrO).

Als Entscheidungsbasis dient eine **aktuelle Leistungsfeststellung** außerhalb eines Beurteilungsverfahrens durch die nach § 6 LPZV zuständige Stelle (§ 2 IV S. 2 LPZV). Es ist Aufgabe jedes einzelnen Dienstherrn, eine **sachgerechte Entscheidung** bei der Vergabe von Leistungsanreizen zu treffen (Art. 33 II GG, § 7 I LBG). Grundlage hierfür sollte eine aktuelle Leistungsfeststellung anhand von Beurteilungen oder Voten sein. In jedem Fall sollten die Dienstvorgesetzten **Zielvereinbarungsgespräche** führen, in denen auf der Basis klarer Zielvorgaben hinsichtlich der Qualität und Quantität der erwarteten Leistungen Transparenz geschaffen wird.

Leistungsprämien und -zulagen dürfen in einem Kalenderjahr an **insgesamt höchstens 10%** der am 1.1. eines Jahres vorhandenen Beamten mit Dienstbezügen des jeweiligen Dienstherrn in Besoldungsgruppen der Besoldungsordnung A gewährt werden (§ 5 S. 1 LPZV). Dabei sollen alle Laufbahngruppen berücksichtigt werden (§ 5 S. 2 LPZV). Bei Dienstherren mit weniger als zehn (sieben; § 42a II S. 3 BBesG) Beamten in Besoldungsgruppen der Besoldungsordnung A kann in jedem Kalenderjahr einem Beamten eine Leistungsprämie oder Leistungszulage gewährt werden (§ 5 S. 3 LPZV). „Gewähren" bedeutet, eine positive Entscheidung über die Vergabe zu treffen. Entscheidend ist somit der Zeitpunkt der Vergabeentscheidung und nicht derjenige der Auszahlung. Durch das Besoldungsstrukturgesetz[139] ist mittlerweile die gemeinsame Vergabequote für Leistungsprämien und -zulagen von bisher 10 auf 15% erweitert worden. Dabei ist die oben geschilderte Sperrwirkung besonders mißlich. Die meisten Länder – so auch NW – haben ihre Verordnungen bisher nicht an die erhöhte Quote angepaßt. Die 15%-Quote und damit § 42a II S. 1 BBesG direkt anzuwenden, scheidet aus, weil die Norm ausfüllungsbe-

---

[139] V. 21.6.02, BGBl. I, 2138 (2139).

dürftig ist. Die Zahl darf 15% „nicht übersteigen"; dies bedeutet jedoch nicht, daß automatisch immer 15% festzusetzen sind.

Die **Vergabe ist justitiabel**. Die Entscheidung hierüber oder ihr Widerruf ist dem Beamten schriftlich mitzuteilen (§ 6 III LPZV). Bei der Gewährung an einen bestimmten Beamten handelt es sich wegen der Quotenbegrenzung oder limitierter Haushaltsmittel um einen drittbelastenden Verwaltungsakt hinsichtlich aller anderen Beamten. Dieser kann mittels einer Anfechtungsklage überprüft werden. Regelmäßig dürfte jedoch die Zahlung an sich selbst erstrebt werden, so daß die Verpflichtungs- bzw. Feststellungsklage die richtigen Klagearten sind. Die Vergabeentscheidung ist zu begründen. Die Zulässigkeit verwaltungsgerichtlichen Rechtsschutzes sagt hingegen noch nichts über seine Begründetheit aus. Hier wird ein **weitestgehender Beurteilungsspielraum** der zuständigen Stelle dazu führen, daß derartige Klagen regelmäßig unbegründet sind, es sei denn, man hat willkürlich gehandelt. Sollte ein Dienstherr allerdings **Kriterien** aufgestellt haben, tritt hierdurch eine entsprechende **Selbstbindung** ein mit der Folge, daß man die Einhaltung der Vergabegrundsätze kontrollieren kann.

Werden Leistungsprämien und -zulagen im konkreten Einzelfall gewährt, besteht kein Mitbestimmungsrecht der **Personalvertretung**.[140] Sie hat jedoch einen Informationsanspruch im vorhinein bezüglich Namen der Empfänger und der Zulagenhöhe.[141] Hingegen ist sie bei einer abstrakt-generellen Grundsatzentscheidung, das Instrument einzusetzen und Kriterienkataloge aufzustellen, im Wege der Mitbestimmung zu beteiligen.[142] Für NW folgt dies aus § 72 IV Nr. 5 LPVG, für den Bund aus § 75 III Nr. 4 BPersVG. Gleiches gilt für die Gleichstellungsbeauftragte (§ 18 II S. 1 i.V.m. § 17 I, 2. Hs. Nr. 1 LGG) und die Schwerbehindertenvertretung (§ 95 II S. 1, 1. Hs. SGB IX).

Fall: Auf Drängen des Bürgermeisters Dr. Werner Gierschlund (G) beschloß der Rat der Stadt B die Vergabe von Sonderprämien an alle kommunalen Bediensteten in Höhe von 100.– DM zum 1.1.97. Von den 856 Bediensteten der Stadt sind 140 Beamte. Bis auf die Mitarbeiter im RPA nahmen alle die Zahlung an. Zusätzlich hatte G es durch geschickte Überzeugungsarbeit bei seinen Parteifreunden in der Mehrheitsfraktion geschafft, daß ihm, obwohl nachwievor in B 8, „für herausragende Verdienste" eine entsprechende Sonderprämie von 10.000.– DM gewährt wird. Durften die Gelder gezahlt werden?

Sie hätten dann vergeben werden dürfen, wenn es hierfür eine entsprechende Rechtsgrundlage gibt. Die Besoldung der Beamten wird durch Gesetz geregelt (§ 2 I BBesG). Außerdem ist eine Vereinbarung, die dem Beamten eine höhere als die ihm gesetzlich zustehende Besoldung verschaffen soll, unwirksam (§ 2 II S. 1 BBesG). Zur Besoldung zählen ebenfalls Zulagen und Prämien (§ 1 II Nr. 4 BBesG). Am 1.1.97, dem Vergabezeitpunkt, waren jedoch weder das Dienstrechtsänderungsgesetz des Bundes vom 24.2.1997 noch die darauf fußende Landesverordnung NW über die Gewährung von Prämien und Zulagen für besondere Leistungen erlassen worden. Demgemäß gab es für die Vergabe am 1.1.97 keine Rechtsgrundlage. Somit war sie unwirksam. Die gezahlten Prämien können zurückgefordert werden. Der Mangel

---

140 OVG Münster, PersV 03, 178 (180).
141 BVerwG, NVwZ 95, 89, zur PostleistungszulagenVO; OVG Münster, PersV 03, 178 (179).
142 OVG Münster, PersV 03, 178 (180); Schnellenbach, Rn 575.

4. Dienstbezüge

des rechtlichen Grundes war derart offensichtlich, daß die Empfänger ihn hätten erkennen müssen (§ 12 II S. 2 BBesG).

Zum entsprechenden Ergebnis gelangt man, wenn man § 74 II S. 2 GO i.V.m. § 6 LBesG anwendet. Die Rechtsverhältnisse der Beamten bestimmen sich nach dem allgemeinen Beamtenrecht (§ 74 II S. 2 GO). Hierzu zählt ebenfalls § 6 LBesG. Neben der Besoldung einschließlich der Aufwandsentschädigung dürfen sonstige Geldzuwendungen an Beamte der Gemeinden nur insoweit gewährt werden, als sie nicht die Geldzuwendungen nach den für die Beamten des Landes geltenden Regelungen übersteigen (§ 6 I S. 1 LBesG). Sonstige Geldzuwendungen sind Geld- und geldwerte Leistungen, welche die Beamten unmittelbar oder mittelbar von ihrem Dienstherrn erhalten (§ 6 I S. 2 LBesG). Sinn dieser Normierung ist, eine einheitliche Struktur von Geld- und geldwerten Zuwendungen zu erzielen, damit ein finanzieller Verdrängungswettbewerb zwischen Kommunen und Land oder innerhalb der kommunalen Familie ausgeschlossen wird. Landesbeamte erhielten jedoch am 1.1.97 mangels entsprechender Rechtsgrundlage gerade keine Prämien, so daß auch eine solche Zahlung an Kommunalbeamte unzulässig ist.

Fallvariante: Wie wäre es, wenn die Vergabe im obigen Fall am 1.9.00 stattgefunden hätte? Eine Rechtsgrundlage besteht in der LPZV vom 10.3.98.

Fraglich ist in **formeller Hinsicht**, ob der Rat für die Vergabe zuständig war. Für den Kommunalbereich entscheidet die nach dem Kommunalverfassungsrecht für beamtenrechtliche Entscheidungen zuständige Stelle (§ 6 II S. 1 LPZV). Dies ist der hauptamtliche Bürgermeister (§ 74 I S. 2 GO). Allerdings kann die Hauptsatzung eine andere Regelung treffen (§ 74 I S. 3 GO), wofür der Sachverhalt nichts hergibt. Demzufolge war der Rat nicht für die Vergabe zuständig, so daß sie formell rechtswidrig erfolgt ist.

Hilfsweise ist die materiell-rechtliche Seite zu prüfen.

Selbst wenn man **materiell-rechtlich** unterstellt, daß alle Beamten einer aktuellen Leistungsfeststellung (§ 2 IV S. 2 LPZV) unterzogen wurden, wofür der Fall keine Anhaltspunkte liefert, könnte die Vergabe unter anderen Gesichtspunkten zu beanstanden sein.

Hinsichtlich G durfte keine Prämienzahlung erfolgen, da er sich in Besoldungsgruppe B 8 und gerade nicht – wie in § 1 S. 1 LPZV gefordert – in einer Besoldungsgruppe der BesO A befindet. Begehrlichkeiten von kommunalen Wahlbeamten in einer Besoldungsgruppe der BesO A hat im übrigen der Verordnungsgeber einen Riegel vorgeschoben, wenn er anordnet, daß die Regelungen nicht für kommunale Wahlbeamte gelten (§ 1 S. 2 LPZV).

Bei den übrigen Beamten wurde gegen die 10%-Grenze (§ 5 S. 1 LPZV) verstoßen. Eine Leistungsprämie hätte an maximal 14 Beamte und nicht an alle 140 gezahlt werden dürfen.

Die Gewährung ist somit auch materiell rechtswidrig.

Literatur: Böhm, Leistungsorientierte Besoldung im öffentlichen Dienst – tauglicher Anreiz oder Sparpaket?, in Aschke/Hase/Schmidt-De Caluwe, Selbstbestimmung und Gemeinwohl, FS für Friedrich v. Zezschwitz, 2005, 176; Matiaske/Holtmann/Weller, Leistungsvergütungssysteme in öffentlichen Verwaltungen, Der Städtetag 1/05, 27; Schur, Leistungsorientierte Besoldung und Vergütung in der Kommunalverwaltung, 2005; Siedentopf, Bewertungssysteme für den öffentlichen Dienst, 2004; Kettiger, Leistungsbesoldung und Leistungsbeurteilung, 2003; Krauss-Hoffmann, Monetäre Leistungsanreize im öffentlichen Dienst, VR 03, 296; Lorse, Die Beteiligung der Personalvertretung bei der Vergabe leistungsbezogener Bezahlungselemente nach dem Dienstrechtsreformgesetz 1997, PersV 03, 164; Theuvsen, Erfolgsbedingungen leistungsorientierter Entgeltsysteme, Die Verwaltung 03, 483; Güntner, Beamtenbesoldung nach Leistung – Grenzen und Tendenzen, in Depenheuer/Heintzen/Jestaedt/Axer, Nomos und Ethos, Hommage an Josef Isensee zum 65. Geburtstag, 2002, 377; Schwidden, Zur Zulässigkeit der Gewährung einer Leistungsprämie und -zulage neben der in der Ausgleichszulage enthaltenen Ministerialzulage, RiA 01, 233; Burkhart, Motivationsreserven durch immaterielle Anreize, BWGZ 00, 726; Kettiger, Leistungsgehalt und Leistungsbeurteilung im Kanton Bern, StuG 00, 438; Lorse, Die leistungsbezogenen Bezahlungselemente des Dienstrechtsreformgesetzes, RiA 00, 219; Schlatmann, Leistungsbezahlung im öffentlichen Dienst, PersV 99, 109; Schnellenbach, Rechtsschutz beim Einsatz der neuen leistungsbezogenen Besoldungselemente, ZBR 99, 53; Göser/Schlatmann, Leistungsbezahlung in der Besoldung, 1998; Böhm, Leistungsanreize im öffentlichen Dienst im internationalen Vergleich, ZBR 97, 101; Dulisch, Leistungsprämien als Motivationsanreiz im öffentlichen Dienst, VR 96, 50; Gan-

1. Abschnitt: Grundzüge des Besoldungsrechts

ßer, Mitarbeitermotivation – Förderung durch nicht-monetäre Faktoren, ZBR 96, 304; Oechsler, Ist Leistung objektiv meßbar? Anforderungen an die Leistungsbeurteilung als Voraussetzung für die Einführung von Leistungsanreizen, ZBR 96, 202; Stoermer, Funktions- und leistungsgerechte Besoldung im öffentlichen Dienst, PersV 96, 394; Vesper, Leistungsanreizsystem und andere (auch nicht-monetäre) Möglichkeiten der Mitarbeitermotivation, StGR 96, 94; Schnellenbach, Leistungsprämien und Leistungszulagen im öffentlichen Dienst, DVBl 95, 1153; Summer, Leistungsanreize/Unleistungssanktionen, ZBR 95, 125; Wenger, Leistungsanreize für Beamte, jur. Diss., Tübingen, 1995; Thiele, Leistungszulagen für Beamte der Bundespost – neue Einkommensformen im Beamtenrecht und Schaffung von Sonderstellungen für Teile des öffentlichen Dienstes, DÖD 90, 77.

4.3.1.5 Andere Zulagen

351 Andere Zulagen dürfen ausschließlich gewährt werden, soweit dies bundesgesetzlich bestimmt ist (§ 51 S. 1 BBesG).

Hierzu zählen **Sonderzuschläge**. Die Regelungen über Sonderzuschläge zur Sicherung der Funktions- und Wettbewerbsfähigkeit wurden durch das Dienstrechtsänderungsgesetz des Bundes vom 24.2.1997 sowie durch das Sechste Besoldungsänderungsgesetz[143] neu gefaßt. Durch Art. 11, § 1 des Sechsten Besoldungsänderungsgesetzes[144] ist die SonderzuschlagsVO des Bundes mit Wirkung vom 1.1.2002 ersatzlos aufgehoben worden. Nichtruhegehaltsfähige Sonderzuschläge zu Dienstbezügen nach der BBesO A dürfen nunmehr allein dann gewährt werden, wenn ein bestimmter Dienstposten andernfalls insbesondere im Hinblick auf die fachliche Qualifikation sowie die Bedarfs- und Bewerberlage nicht anforderungsgerecht besetzt werden kann und die Deckung des Personalbedarfs dies im konkreten Fall erfordert (§ 72 I BBesG). Dadurch will man die Funktions- und Wettbewerbsfähigkeit des öffentlichen Dienstes in Bereichen mit Nachwuchsmangel und Abwanderungstendenzen wirksam sichern.[145] Der Sonderzuschlag darf monatlich maximal 10% des Anfangsgrundgehalts der Besoldungsgruppe des Beamten betragen (§ 72 II S. 1, 1. Hs. BBesG). Er wird nach einem bestimmten Modus jährlich verringert (§ 72 II S. 2 BBesG). Über die Vergabe von Sonderzuschlägen entscheidet die oberste Dienstbehörde im Einvernehmen mit dem für das Besoldungsrecht zuständigen Ministerium oder der von ihm bestimmten Stelle (§ 72 IV BBesG). Dabei unterliegen die Dienstherren einer finanziellen Deckelung. Die Ausgaben für Sonderzuschläge dürfen 0,1% der im jeweiligen Haushaltsplan des Dienstherrn veranschlagten jährlichen Besoldungsausgaben, zuzüglich der bei einer flexibilisierten Haushaltsführung für diesen Zweck erwirtschafteten Mittel, nicht überschreiten (§ 72 III S. 1 BBesG). Durch Landesrecht kann bei Dienstherrn mit kleinem Personalkörper davon abweichend der Vomhundertsatz für die Ausgaben für Sonderzuschläge auf bis zu 0,2% erhöht werden (§ 72 III S. 2 BBesG).

Hingegen gibt es außer den Regelungen der MVergVO keine Bestimmung, wonach Zulagen oder Vergütungen für Beamte gezahlt werden

---

143 V. 14.12.01, BGBl. I, 3702 (3704).
144 BGBl. I, 3702 (3711).
145 BVerwG, PersV 99, 271 (272).

4. Dienstbezüge

dürfen, die an Samstagen ihre Dienstpflichten erfüllen (z.B. Standesbeamte nehmen Trauungen an diesem Tag vor).

Ebenfalls ist die **Prämierung von Verbesserungsvorschlägen** bei Beamten in Ermangelung entsprechender rechtlicher Grundlagen unzulässig. Vergütungsansprüche von Beamten für Verbesserungsvorschläge fallen materiell unter § 51 S. 1 BBesG.[146] Die Prämien haben als inneren Grund die spezielle Erfindungs- und Erneuerungsleistung im Dienstverhältnis und sind daher ein zusätzliches Leistungsentgelt. Sie sind deshalb lediglich zulässig, sofern dies bundesgesetzlich bestimmt ist. Derartige Leistungen können nur nach dem Gesetz über Arbeitnehmererfindungen prämiert werden, wenn die dortigen Voraussetzungen vorliegen (Diensterfindungen, technische Verbesserungsvorschläge). Dieses Ergebnis ist nicht unbillig. Von einem Beamten wird innerhalb seines Dienst- und Treueverhältnisses verlangt, daß er ohne zusätzliche Prämierung Verbesserungsvorschläge macht. Hingegen darf der besondere Einsatz bei der Suche nach Verbesserungen durchaus als ein Kriterium für fachliche Leistungen (Art. 33 II GG, §§ 8 IV S. 1, 25 VI S. 1, 7 I LBG) bei Ernennungsentscheidungen oder bei der Vergabe von Leistungsprämien oder -zulagen herangezogen werden.

Schließlich gibt es im Hochschulbereich die Möglichkeit, **Forschungs- und Lehrzulagen** zu vergeben (§ 35 BBesG). Voraussetzung für die nicht ruhegehaltsfähige Zulage ist, daß Professoren Mittel privater Dritter für Forschungs- oder Lehrvorhaben der Hochschule einwerben und diese Vorhaben durchführen.

Literatur: Beaucamp, Aufhebung des „Hochschullehrerprivilegs" im Gesetz über Arbeitnehmererfindungen, DÖD 03, 99; Taeger, Behördliches Vorschlagswesen, PersV 00, 338; Klein, Zum Vorschlagswesen beim Bund und in der Privatwirtschaft, ZBR 92, 234.

4.3.2 Vergütungen

Das BBesG sieht Vergütungen vor, um zusätzliche oder besondere Dienstleistungen abzugelten. Sie sind Bestandteil der Dienstbezüge (§ 1 II Nr. 5 BBesG) und gehören damit zur Besoldung. Obgleich Dienstbezüge grundsätzlich monatlich im voraus gezahlt werden, sind Vergütungen von dieser Regelung ausgenommen (§ 3 V S. 1 i.V.m. § 1 II BBesG). Das BBesG enthält bloß die maßgebenden Ermächtigungsnormen. Die einzelnen Vergütungsbestimmungen werden durch Rechtsverordnungen konkretisiert und ausgestaltet. Das BBesG kennt folgende Vergütungen: 352

– Mehrarbeitsvergütungen (§ 48 I BBesG),
– Vergütung für die Teilnahme an Sitzungen kommunaler Vertretungskörperschaften und ihrer Ausschüsse (§ 48 II BBesG),
– Vergütung für Beamte im Vollstreckungsdienst (§ 49 BBesG),
– Vergütung für Soldaten mit besonderer zeitlicher Belastung (§ 50a BBesG).

---

146 Schwegmann/Summer, § 51 BBesG, Anm 9.

4.4 Leistungsbezüge bei Professoren

353 In den Besoldungsgruppen W 2 und W 3 werden neben dem als Mindestbezug gewährten Grundgehalt variable Leistungsbezüge vergeben (§ 33 I S. 1 BBesG) und zwar

- aus Anlaß von Berufungs- und Bleibeverhandlungen (Nr. 1),
- für besondere Leistungen in Forschung, Lehre, Kunst, Weiterbildung und Nachwuchsförderung (Nr. 2) sowie
- für die Wahrnehmung von Funktionen oder besonderen Aufgaben bei der Hochschulselbstverwaltung oder der Hochschulleitung (Nr. 3).

Die näheren Kriterien finden sich in §§ 33, 34 BBesG, 12 ff. LBesG. Über die gravierenden Neuregelungen informiert Rn 80.

Literatur: Kempen, Die W-Besoldung der Professoren: Vorgeschmack auf den Besoldungspartikularismus, ZBR 06, 145; Lindner, Der ernennungsähnliche Verwaltungsakt im Beamtenrecht – Ein praxisbedeutsamer Aspekt der Professorenbesoldungsreform, NVwZ 06, 543; Wahlers, Das Gesetz zur Reform der Professorenbesoldung und der Grundsatz der amtsangemessenen Alimentation, ZBR 06, 149; Queva, Die Besoldung der Universitätsprofessoren – Eine Betrachtung der Besoldung in amerikanischen Hochschulen vor dem Hintergrund der Besoldungsreform in Deutschland, 2005; Waldeyer, Die Einschränkung der Freiheitsrechte der Professoren im neueren Hochschulrecht, in Baumann/v. Dickhuth-Harrach/Marotzke, Gesetz – Recht – Rechtsgeschichte, FS für Gerhard Otte zum 70. Geburtstag, 2005, 427; Knopp, Neue Personalstrukturen an den Hochschulen und neue Professorenbesoldung – Hochschulrecht im Umbruch –, ZBR 03, 149; Battis, Leistungsorientierte Besoldung von Professoren, ZBR 00, 253; Böhm, Monetäre Leistungsanreize im Hochschulbereich im internationalen Vergleich, ZBR 00, 154; Hartmer, Zur leistungsorientierten Besoldung der Professoren – Wünsche, Pläne und Grenzen, ZBR 99, 217; Haug, Das Kolleggeld – die Geschichte eines Leistungselements in der Hochschullehrerbesoldung, ZBR 99, 113.

4.5 Aufwandsentschädigungen

354 Aufwandsentschädigungen sind Kostenerstattungen, die nicht zum Zweck der Alimentation erfolgen.[147] Sie dürfen nur gewährt werden, wenn aus dienstlicher Veranlassung Aufwendungen entstehen, deren Übernahme dem Beamten, Richter oder Soldaten nicht zugemutet werden kann, und der Haushaltsplan Mittel dafür zur Verfügung stellt (§§ 17 S. 1 BBesG, 5 I S. 1 LBesG). Unzumutbar wäre allein, wenn ohne die zusätzliche Leistung des Dienstherrn der amtsangemessene Lebensunterhalt durch die zusätzlichen Aufwendungen spürbar berührt oder die Besoldung faktisch deutlich verkürzt würde.[148] Aufwandsentschädigungen in festen Beträgen sind ausschließlich zulässig, wenn aufgrund tatsächlicher Anhaltspunkte oder tatsächlicher Erhebungen nachvollziehbar ist, daß und in welcher Höhe dienstbezogene finanzielle Aufwendungen typischerweise entstehen (§§ 17 S. 2, 1. Hs. BBesG, 5 I S. 2 LBesG). Bloße Mutmaßungen genügen nicht.[149] Der Dienstherr muß somit nachvollziehbar ermitteln und

---

147 OVG Bautzen, DÖD 02, 129 (130).
148 OVG Bautzen, DÖD 02, 129 (130).
149 BVerwG, ZBR 94, 342 = DVBl 95, 196; ZBR 95, 238 (239).

4. Dienstbezüge

tatsächlich belegen, ob überhaupt und wenn ja, in welcher Höhe ein konkreter dienstbezogener finanzieller Aufwand existiert.

Aufwandsentschädigungen fallen nicht unter den Begriff der im 4. Abschnitt des BBesG geregelten Zulagen. Sie gehören weder zu den Bestandteilen der Dienstbezüge (§ 1 II BBesG) noch werden sie von den sonstigen Bezügen (§ 1 III BBesG) erfaßt. Deshalb können sie nicht der Besoldung zugeordnet werden. Das Verbot, auf die Besoldung ganz oder teilweise zu verzichten (§ 2 III, 1. Hs. BBesG) gilt somit nicht für Aufwandsentschädigungen. Sollten sich jedoch in den speziellen Rechtsnormen, in denen die Gewährung von Aufwandsentschädigungen geregelt ist, keine Bestimmungen über den Zeitpunkt des Entstehens und der Beendigung des Anspruchs finden, ist die allgemeine Vorschrift des § 3 BBesG sinnentsprechend heranzuziehen.

Beispiel: Ein Beamter A scheidet am 19.11. aus einem Amt, in dem er einen Anspruch auf Aufwandsentschädigung hatte; sein Nachfolger B tritt seinen Dienst am 19.11. an. A erhält die Aufwandsentschädigung vom 1. bis zum 19.11., B vom 19.11. an (§§ 3 I S. 2, 3 III, 3 IV BBesG analog).

§ 17 BBesG erstreckt sich als unmittelbares Bundesrecht auch auf den Bereich der Länder, Gemeinden und sonstigen Körperschaften mit Dienstherrneigenschaft. Er bindet die Zahlung von Aufwandsentschädigungen ausdrücklich daran, daß der Haushaltsplan entsprechende Mittel ausweist.

Fall: Der Bürgermeister der Stadt B (140.000 Einwohner), Dr. Werner Gierschlund (G), erhält eine im Haushaltsplan ausgewiesene Aufwandsentschädigung von monatlich 306,78 Euro. Dies hatte der Stadtrat von B beim Amtsantritt von G wegen dessen immenser zeitlicher Belastung als Bürgermeister beschlossen. P ist Leiter des RPA in B und hat Bedenken. P fragt sich, ob und ggf. unter welchen Voraussetzungen G eine Aufwandsentschädigung erhalten darf.
Rechtsgrundlage für die Zahlung einer Aufwandsentschädigung ist § 5 I EingruppierungsVO. Dabei handelt es sich um eine Aufwandsentschädigung i.S.v. § 17 BBesG. Sie ist somit keine Zulage und soll auch nicht die zeitliche Mehrbelastung abgelten. Dienstaufwandsentschädigungen dürfen nicht dem Zweck dienen, Mehrarbeit, Dienst zu ungünstigen Zeiten oder ähnliches abzugelten, einen besonderen Anreiz zu bieten oder die besoldungsrechtliche Stellung des Amtsinhabers mittelbar zu verbessern.[150] Demnach ist die allein wegen der zeitlichen Belastung des G als Bürgermeister gezahlte Aufwandsentschädigung rechtswidrig.
Fraglich bleibt, unter welchen Voraussetzungen G rechtmäßig eine Aufwandsentschädigung erhalten könnte. Aufwandsentschädigungen dürfen nur gewährt werden, wenn aus dienstlicher Veranlassung Aufwendungen entstehen, deren Übernahme dem Beamten nicht zugemutet werden kann (§ 17 S. 1 BBesG). Aufwandsentschädigungen in festen Beträgen sind ausschließlich zulässig, wenn aufgrund tatsächlicher Anhaltspunkte oder tatsächlicher Erhebungen nachvollziehbar ist, daß und in welcher Höhe dienstbezogene finanzielle Aufwendungen typischerweise entstehen (§ 17 S. 2, 1. Hs. BBesG). § 5 I EingruppierungsVO bestimmt demgemäß, daß die Aufwandsentschädigung bei 140.000 Einwohnern 306,78 Euro monatlich „nicht übersteigen darf". Damit sagt die im Licht des § 17 BBesG auszulegende Norm jedoch keinesfalls aus, daß die Aufwandsentschädigung stets gezahlt werden muß, in welcher Höhe sie zu zahlen ist und erst recht nicht, daß sie immer 306,78 Euro beträgt. Vielmehr muß aufgrund hinreichender tatsächlicher Anhaltspunkte oder tatsächlicher Erhebungen nachvollziehbar er-

---

150 Schwegmann/Summer, § 17 BBesG, Anm 1a.

mittelt werden, ob überhaupt und wenn ja, in welcher Höhe ein konkreter dienstbezogener finanzieller Aufwand entsteht. An das Merkmal „dienstbezogener Aufwand" ist ein strenger Maßstab anzulegen.[151] Dabei muß es sich grundsätzlich um Sachaufwendungen handeln, die sich aus der Art der Dienstaufgabe zwangsläufig ergeben und nicht bereits durch die Dienstbezüge aus dem übertragenen Amt oder durch Entschädigungen aufgrund besonderer Vorschriften abgegolten werden.[152] Keinesfalls kann man als dienstbezogenen Aufwand eine allgemein aufwendigere Lebensführung akzeptieren.[153] Hingegen kann im Einzelfall beispielsweise bei einer Vielzahl an Repräsentationsverpflichtungen ein zu pauschalierender Aufwand anerkannt werden sowie wenn sich der Beamte auf eigene Kosten eine spezielle Schutz- oder Berufskleidung anschaffen muß.[154] G hat als Bürgermeister ein Amt inne, das mit einem großen Maß an politischer Repräsentation bei einer Vielzahl von Veranstaltungen jeglicher Art verbunden ist. Demgemäß erscheint es nicht beurteilungsfehlerhaft, beim Bürgermeister den verlangten dienstbezogenen finanziellen Aufwand (§ 17 S. 2, 1. Hs. BBesG) anzunehmen (anders dürfte es wohl beim Personenkreis des § 6 EingruppierungsVO sein). Wie hoch dieser Aufwand ist, muß jedoch im Einzelfall des G noch nachvollziehbar tatsächlich ermittelt werden. Zuständig hierfür ist wegen der Eigenschaft dieses Geschäfts als ein solches der laufenden Verwaltung der allgemeine Vertreter, ggf. der Verwaltungsvorstand.[155] Auf der Basis dieser Erhebung muß der Rat dann über die Ausweisung entsprechender Mittel im Haushaltsplan beschließen (§ 41 I S. 2 h) GO).

5. Sonstige Bezüge

Die sonstigen Besoldungsbezüge (§ 1 III BBesG) zählen wegen ihrer besonderen Zweckbestimmung nicht zu den Dienstbezügen. Sie sind aber Besoldungsbestandteile, da sie fortlaufend gewährt werden.

Folgende sonstigen Bezüge gehören zur Besoldung:

– Anwärterbezüge,

– jährliche Sonderzahlungen,

– vermögenswirksame Leistungen.

5.1 Anwärterbezüge

355 Die §§ 59 bis 66 BBesG regeln die Anwärterbezüge. B.a.W. im Vorbereitungsdienst (Anwärter) erhalten Anwärterbezüge (§ 59 I BBesG). Diese setzen sich zusammen aus dem Anwärtergrundbetrag sowie den Anwärtersonderzuschlägen (§ 59 II S. 1 BBesG). Sie werden wie die Dienstbezüge monatlich im voraus gezahlt. Daneben bekommen Anwärter den Familienzuschlag und die vermögenswirksamen Leistungen (§ 59 II S. 2, 1. Hs. BBesG); die jährliche Sonderzahlung kann nach den jeweiligen bundes- oder landesgesetzlichen Vorschriften gewährt werden (§ 59 II S. 2, 2. Hs. BBesG). Die Anwärterbezüge unterfallen nicht dem verfas-

---

151 OVG Münster, DÖD 01, 158.
152 OVG Münster, DÖD 01, 158; Schwegmann/Summer, § 17 BBesG, Anm 2.
153 BVerwG, ZBR 94, 342 = DVBl 95, 196; ZBR 95, 238 (239); OVG Münster, DÖD 01, 158; Schwegmann/Summer, § 17 BBesG, Anm 3.
154 Schwegmann/Summer, § 17 BBesG, Anm 3.
155 Wichmann, in Schneider, Handbuch Kommunalpolitik NW, 2004, 71.

5. Sonstige Bezüge

sungsrechtlich verankerten Alimentationsprinzip und sind auch nicht auf Vollalimentation angelegt[156], da der Anwärter kein statusrechtliches Amt inne hat.

An Anwärter, die während des Vorbereitungsdienstes im Ausland ausgebildet werden und dort einen dienstlichen Wohnsitz begründet haben, werden zusätzlich Bezüge entsprechend den Auslandsdienstbezügen gezahlt (§ 59 III S. 1 BBesG). Sofern jedoch ein Anwärter auf eigenen Wunsch bei einer von ihm selbst gewählten Stelle im Ausland ausgebildet wird, erhält er keine Auslandsbezüge (§ 59 IV S. 1 BBesG); ihm wird lediglich ein Kaufkraftausgleich nach § 7 BBesG gewährt (§ 59 IV S. 2 BBesG).

Art. 11 der Verordnung (EWG) Nr. 1612/68 des Rates über die Freizügigkeit der Arbeitnehmer innerhalb der Gemeinschaft i.V.m. Art. 48 EWGV gibt der einem Drittstaat angehörenden Ausländerin im juristischen Vorbereitungsdienst außerhalb eines Beamtenverhältnisses, die mit einem im Inland lebenden und arbeitenden Deutschen verheiratet ist, keinen Anspruch auf gleiche Bezüge wie deutsche Referendare.[157]

Anwärterbezüge können bei Anwärtern, die in ihrem Vorbereitungsdienst studieren, **von Auflagen abhängig** gemacht werden (§ 59 V BBesG). Sie richten sich nach der allgemeinen Verwaltungsvorschrift zum Bundesbesoldungsgesetz. Eine solche „Auflage" stellt keinen Verwaltungsakt und auch keine Nebenbestimmung zum Verwaltungsakt, sondern eine Zweckbestimmung der Bezüge dar.[158] Sie ist verfassungsrechtlich nicht zu beanstanden[159], kann nur durch allgemeine Entscheidung und nicht durch individuelle Ermessensentscheidung ergehen und wird mit der Unterrichtung des (künftigen) Anwärters diesem gegenüber wirksam[160]. Die Regelung ist für die Anwärter des gehobenen Dienstes relevant, die im B.a.W. ein Studium an einer verwaltungsinternen Fachhochschule absolvieren. Eine Rückforderung der Anwärterbezüge bei Verstoß gegen Auflagen richtet sich nach § 12 II BBesG.[161] Sollten die Mindestdienstzeiten nicht erfüllt sein, erfaßt die Rückforderung die Bezüge für die Zeit des gesamten Vorbereitungsdienstes einschließlich der berufspraktischen Studienzeiten.[162] Die miteinander wechselnden fachwissenschaftlichen und fach-

---

156 BVerwG, NVwZ 93, 372 (375) = DVBl 92, 914 (917).
157 BVerwGE 90, 147 (149 ff.) = NVwZ 92, 1208 (1208 ff.); OVG Münster, NVwZ 90, 889 (889 f.), als Vorinstanz.
158 BVerwG, NVwZ 93, 372 (374) = DVBl 92, 914 (915); ZBR 00, 272 = PersV 01, 377 (378) = DÖD 02, 121 (122); ZBR 03, 43 = RiA 03, 96; OVG Koblenz, ZBR 93, 213 (214); VGH Mannheim, ZBR 92, 183; anders noch OVG Koblenz, NVwZ-RR 90, 40: Verwaltungsakt.
159 BVerwG, ZBR 00, 272 = PersV 01, 377 (378) = DÖD 02, 121 (122); ZBR 03, 43 = RiA 03, 96.
160 VGH Mannheim, ZBR 92, 183.
161 OVG Münster, NWVBl 00, 185 = ZBR 00, 357 (358); OVG Koblenz, NVwZ-RR 90, 40; a.A. VGH Kassel, ZBR 90, 219: direkt aus der Verpflichtungserklärung.
162 BVerwG, NVwZ 93, 372 (374) = DVBl 92, 914 (916); ZBR 00, 272 = PersV 01, 377 (378) = DÖD 02, 121 (122); ZBR 03, 43 = RiA 03, 96; OVG Koblenz, ZBR 93, 213 (214); Beckmann, DÖD 95, 105 (106); a.A. Schwegmann/Summer, § 59 BBesG, Anm 14.

praktischen Studienzeiten bilden eine Ausbildungseinheit. Soweit in den berufspraktischen Studienzeiten verwertbare Arbeiten erbracht wurden, schließt dies keine vollständige Rückforderung aus, weil selbst solche Dienstleistungen wesentlich bei der und zur Ausbildung erfolgt sind.

Die Ausbildung darf nicht aus einem vom Anwärter zu vertretenden Grund enden (VV 59.5.2 zu § 59 BBesG). Wird der Vorbereitungsdienst dadurch vorzeitig beendet, daß der Beamte um seine Entlassung nachsucht, ist dies dennoch von ihm nicht zu vertreten, wenn er aus gesundheitlichen Gründen für die Laufbahn ungeeignet ist.[163] Auf die Rückforderung soll u.a. verzichtet werden, wenn ein Beamter ausscheidet, um durch ein Studium an einer wissenschaftlichen Hochschule die Befähigung zum Richteramt oder für den höheren Dienst bzw. an einer externen Fachhochschule diejenige für den gehobenen Dienst zu erlangen (VV 59.5.5d).

Endet das Beamtenverhältnis eines Anwärters wegen einer Rechtsvorschrift oder allgemeiner Verwaltungsanordnung mit dem Bestehen oder endgültigen Nichtbestehen der Laufbahnprüfung, werden die Anwärterbezüge und der Familienzuschlag für die Zeit nach Ablegung der Prüfung bis zum Ende des laufenden Monats weitergewährt (§ 60 S. 1 BBesG). Dies gilt allerdings dann nicht, wenn bereits vor Ende des Monats ein Anspruch auf Bezüge aus einer hauptberuflichen Tätigkeit bei einem öffentlich-rechtlichen Dienstherrn oder bei einer Ersatzschule erworben wird. In diesem Fall werden die Anwärterbezüge und der Familienzuschlag bis zum Tag vor Beginn dieses Anspruchs belassen (§ 60 S. 2 BBesG). Sofern das Bestehen oder endgültige Nichtbestehen der Laufbahnprüfung jedoch zu keiner Beendigung des Beamtenverhältnisses führt, werden die Anwärterbezüge und der Familienzuschlag bis zur Beendigung des B.a.W. weitergezahlt.

In Monopolausbildungsgängen (Juristen, Lehrer) kann nunmehr grundsätzlich der Vorbereitungsdienst außerhalb eines Beamtenverhältnisses in einem öffentlich-rechtlichen Ausbildungsverhältnis eigener Art geleistet werden. Für die Juristenausbildung ist dies bereits umgesetzt worden (§ 30 I S. 1 JAG). Deutlichste Konsequenz dieser Neuregelung besteht darin, daß den Rechtsreferendaren keine Anwärterbezüge mehr sondern **Unterhaltsbeihilfen** gewährt werden (§ 32 III S. 1 JAG). Damit wurden die Referendarbezüge um ca. 20% gesenkt. Außerdem entfällt die Beihilfe in Krankheitsfällen.

Literatur: Beckmann, Die Grundzüge der Rückzahlung von Ausbildungskosten im öffentlichen Dienst, DÖD 95, 105.

5.1.1 Anwärtergrundbetrag

356 Anspruch auf die Zahlung des Anwärtergrundbetrages hat jeder Anwärter. Seine Höhe richtet sich gemäß der Anlage VIII zum BBesG nach dem

---

163 OVG Münster, NWVBl 00, 185 = ZBR 00, 357 (358).

5. Sonstige Bezüge

Eingangsamt, in das der Anwärter nach Abschluß seines Vorbereitungsdienstes unmittelbar eintritt.

5.1.2 Anwärtersonderzuschläge

Das für das Besoldungsrecht zuständige Ministerium oder die von ihm bestimmte Stelle kann Anwärtersonderzuschläge vergeben, wenn ein erheblicher Mangel an qualifizierten Bewerbern besteht (§ 63 I S. 1 BBesG). Anwärtersonderzuschläge sollen 70% des Anwärtergrundbetrages nicht übersteigen; sie dürfen höchstens 100% des Anwärtergrundbetrages ausmachen (§ 63 I S. 2 BBesG). § 63 II BBesG regelt die näheren Einzelheiten für die Gewährung, § 63 III BBesG für die Rückforderung, wenn die Voraussetzungen nicht eingehalten werden. Die Details fanden sich bisher in der AnwärtersonderzuschlagsVO des Bundes. Durch Art. 9, § 1 des Sechsten Besoldungsänderungsgesetzes[164] ist die AnwärtersonderzuschlagsVO des Bundes mit Wirkung vom 1.1.2002 ersatzlos aufgehoben worden. Für bereits gewährte Anwärtersonderzuschläge gilt die Übergangsregelung des Art. 9, § 2, wonach diese im dort aufgezeigten Umfang weitergewährt werden dürfen. Zusagen für Anwärtersonderzuschläge ab dem 1.1.2002 sind hingegen unwirksam (§ 2 II S. 1 BBesG). 357

5.1.3 Kürzung der Anwärterbezüge

Der Anwärtergrundbetrag kann bis auf 30 v.H. des Grundgehalts, das einem Beamten der entsprechenden Laufbahn in der ersten Stufe zusteht, herabgesetzt werden, wenn der Anwärter 358

– nicht die vorgeschriebene Laufbahnprüfung bestanden hat oder
– sich die Ausbildung aus einem vom Anwärter zu vertretenden Grunde verzögert (§ 66 I BBesG).

Dies entscheidet die oberste Dienstbehörde oder die von ihr bestimmte Stelle. Auf die Möglichkeit der Kürzung der Anwärterbezüge muß man die Anwärter spätestens bei Beginn des Vorbereitungsdienstes hinweisen.

Von einer Kürzung ist abzusehen (§ 66 II BBesG)

– bei Verlängerung des Vorbereitungsdienstes wegen genehmigten Fernbleibens oder Rücktritts von der Prüfung (Nr. 1),
– in besonderen Härtefällen (Nr. 2).

§ 66 III BBesG unterwirft auch die Fälle einer Kürzung, in denen eine Zwischenprüfung nicht bestanden oder ein sonstiger Leistungsnachweis nicht erbracht wurde. Im übrigen richtet sie sich nach der allgemeinen Verwaltungsvorschrift zum Bundesbesoldungsgesetz.

Die Kürzung der Anwärterbezüge wegen einer nicht bestandenen Laufbahnprüfung ist vom rechtlichen Bestand der Prüfungsentscheidung unabhängig. Voraussetzung dafür ist lediglich, daß der Anwärter nicht die

---

164 V. 14.12.01, BGBl. I, 3702 (3711).

Prüfung bestanden hat.[165] Anwärterbezüge werden unter dem gesetzlichen Vorbehalt gezahlt, daß sich die Ausbildung des Anwärters aus keinem von ihm zu vertretenden Grund verzögert und der Anwärtergrundbetrag deshalb zu kürzen ist.[166] Hier unterliegt der Anwärter hinsichtlich einer Rückforderung der verschärften Haftung der §§ 820 I S. 2, 818 IV BGB. Er kann sich nicht erfolgreich auf den Wegfall seiner Bereicherung berufen.

5.2 Jährliche Sonderzahlungen und vermögenswirksame Leistungen

359 Die Länder dürfen mittlerweile selbst entscheiden, ob und ggf. in welcher Höhe sie eine jährliche Sonderzahlung (früher Sonderzuwendung, „Weihnachtsgeld") leisten. Dies kann verfassungsrechtlich nicht erfolgreich mit dem Argument angegriffen werden, dadurch entstünden Ungleichheiten zwischen den Ländern.[167] Eine Länderzuständigkeit wäre sinnlos, umfaßte sie nicht das Recht zu verschiedenartigen, verglichen mit anderen Ländern ungleichen Regelungen. Einige Länder (Baden-Württemberg, Hessen, Rheinland-Pfalz, Thüringen) zahlen monatlich einen bestimmten prozentualen Anteil der Monatsbezüge, andere Länder (Bayern, Bremen, Hamburg, Mecklenburg-Vorpommern, Nordrhein-Westfalen, Saarland, Schleswig-Holstein) zahlen nach Besoldungsgruppen gestaffelt einmal im Jahr einen solchen prozentualen Anteil eines Monatsbezuges. Schließlich zahlen manche Länder (Berlin, Brandenburg, Sachsen, Sachsen-Anhalt) einmal im Jahr einen (u.U. nach Besoldungsgruppen gestaffelt) festen Betrag. Der Bund zahlt jährlich einmal 2,5% der Jahresbezüge. Niedersachsen strich das Weihnachtsgeld ganz. Das Land NW hat von der Kompetenz durch § 4a LBesG i.V.m. dem Gesetz über die Gewährung einer Sonderzahlung an Beamte, Richter und Versorgungsempfänger[168] Gebrauch gemacht. Die erfolgten Senkungen der Sonderzahlung verstoßen weder gegen das Alimentationsprinzip noch gegen die Fürsorgepflicht.[169] Soweit der Bund oder die Länder durch Gesetz jährliche Sonderzahlungen gewähren, dürfen diese im Kalenderjahr die Bezüge eines Monats nicht übersteigen (§ 67 I S. 1 BBesG). Die näheren Einzelheiten folgen aus § 67 BBesG.

Vermögenswirksame Leistungen erhalten die Beamten, Richter und Soldaten nach besonderer bundesgesetzlicher Regelung (§ 68 BBesG).[170]

---

165 BVerwGE 81, 298 (300) = NVwZ 89, 874.
166 OVG Münster, NVwZ-RR 93, 208.
167 BerlVerfGH, NVwZ-RR 04, 625 (626) = DÖD 04, 253 (255) = ZBR 04, 275 (276).
168 V. 20.11.2003.
169 VGH Mannheim, NVwZ-RR 05, 195 (196).
170 Gesetz über vermögenswirksame Leistungen für Beamte, Richter, Berufssoldaten und Soldaten auf Zeit v. 23.5.75, BGBl. I, 1173 (1237 f.) i.d.F. d. Bek. v. 16.5.02, BGBl. I, 1778 (1779).

6. Rückforderung von Bezügen/ Rückforderungsvereinbarungen

Das bislang gewährte Urlaubsgeld ist ersatzlos entfallen. Lediglich wenige Länder (Hamburg, Hessen) zahlen es noch für untere Besoldungsgruppen bis A 8 einschließlich und Thüringen sogar bis A 10 einschließlich.

Literatur: Meier, Die Sonderzahlungsgesetze in Bund und Ländern, ZBR 05, 408; Wolff, Das Sächsische Gesetz über die Gewährung einer jährlichen Sonderzuwendung und das Alimentationsprinzip, SächsVBl 04, 273.

6. Rückforderung von Bezügen/ Rückforderungsvereinbarungen

Zunächst gilt der Grundsatz, daß ein Beamter, der durch eine gesetzliche Änderung seiner Bezüge einschließlich der Einreihung seines Amtes in die Besoldungsgruppen der Besoldungsordnungen mit rückwirkender Kraft schlechter gestellt wird, keine Unterschiedsbeträge zu erstatten hat (§ 12 I BBesG). **360**

Die Rückforderung von aus anderen Gründen (Fehler in der Berechnung oder der Berechnungsgrundlage etc.) zuviel gezahlten Bezügen richtet sich nach den Vorschriften des Bürgerlichen Gesetzbuchs über die Herausgabe einer ungerechtfertigten Bereicherung (§§ 812 ff. BGB), soweit gesetzlich nichts anderes bestimmt ist (§ 12 II S. 1 BBesG). Der Beamte, der unrechtmäßig zuviel gezahlte Bezüge erhält, ist der sog. **Leistungskondiktion** (§ 812 I S. 1, 1. Alt. BGB) ausgesetzt. Danach hat er durch Leistung des Dienstherrn (Überweisung) etwas erlangt (Bezüge) und zwar ohne rechtlichen Grund, da ihm Bezüge allein im gesetzlichen Umfang (§ 2 I, II BBesG) zustehen. Grundsätzlich muß der Beamte in diesem Fall das Erlangte herausgeben. Zurückzuzahlen sind die Bruttobezüge.[171] Diese Verpflichtung besteht nicht, soweit der Empfänger nicht mehr bereichert ist (§ 818 III BGB). Der Wegfall der Bereicherung ist nicht von Amts wegen, sondern ausschließlich auf Einrede des Beamten zu berücksichtigen.[172] Nach der Rechtsprechung kann eine Überzahlung von bis zu 10% als verbraucht angesehen werden.[173] Kein Fortfall der Bereicherung ist beim Verbrauch von Geld gegeben, wenn der Beamte hierfür ein Surrogat bzw. Nutzungen oder einen Ersatzwert erhalten und noch in Händen hat (z.B. wertmäßig noch vorhandene Anschaffungen) oder es zur Schuldentilgung benutzte.[174] Dürr/Dürr[175] weisen zu Recht darauf hin, daß die „regelmäßige Behauptung schwäbischer Beamter, sie hätten den Betrag auf ein Bausparkonto eingezahlt, … gänzlich ungeeignet (ist), dem Erstattungsanspruch des Dienstherrn zu entgehen". Gleichfalls liegt keine Entreicherung vor, wenn er durch Verwendung des Erlangten Aufwendungen erspart, die er notwendigerweise auch sonst gehabt hätte. Anders

---

171 BVerwG, ZBR 02, 53 (54) = RiA 02, 237 (238); E 109, 365 (371).
172 OVG Greifswald, NordÖR 03, 256 (257).
173 BVerwGE 13, 107 (111); DVBl 86, 472.
174 BVerwG, DVBl 93, 947 (948).
175 104.

ist es, wenn das Geld für außergewöhnliche Dinge ausgegeben wurde (**Luxusausgaben**), die sich der Beamte sonst nicht geleistet hätte. Dann entfällt regelmäßig die Bereicherung.[176]

Der Leistungsempfänger kann sich in Abweichung von § 818 III BGB und über die Normierung des § 819 I BGB (**positive Kenntnis**) i.V.m. § 818 IV BGB hinausgehend ebenfalls nicht auf einen Wegfall der Bereicherung berufen, wenn **§ 12 II S. 2 BBesG** eingreift. Danach steht es der Kenntnis des Mangels des rechtlichen Grundes der Zahlung gleich, wenn der **Mangel** so **offensichtlich** war, daß der Empfänger ihn hätte erkennen müssen. Bei der **verschärften Haftung** muß die im Verkehr erforderliche Sorgfalt in ungewöhnlich hohem Maße mißachtet worden sein.[177] Dem Beamten wird zugemutet, die ihm verfügbaren Besoldungsunterlagen aufgrund seiner individuellen Kenntnisse und Fähigkeiten auf ihre Richtigkeit hin zu überprüfen und auf Überzahlungen zu achten. Davon befreien ihn selbst hohe dienstliche Belastungen nicht. Im Zweifel hat er bei der auszahlenden Kasse oder der anweisenden Stelle nachzufragen.[178] Ebenfalls muß es für einen Beamten des gehobenen Dienstes offensichtlich sein, daß ihm keine Dienstbezüge mehr zustehen, nachdem er zu einer mehrjährigen Freiheitsstrafe rechtskräftig verurteilt wurde.[179] Eine grob fahrlässige Unkenntnis entfalle nicht dadurch, daß sich der inhaftierte Besoldungsempfänger nicht um sein Gehaltskonto gekümmert und deshalb vom Eingang der Zahlungen nichts gewußt habe. Allerdings kann einer verschärften Haftung entgegenstehen, wenn ein Beamter qualifiziert bestreitet, ein Informationsblatt über besoldungsrechtliche Auswirkungen einer Gesetzesänderung erhalten zu haben und er dienstlich nicht mit Besoldungsfragen befaßt ist.[180] Grundsätzlich spricht jedoch der Beweis des ersten Anscheins dafür, daß ein Beamter ein von der Besoldungsstelle allgemein verschicktes Merkblatt über Besoldungsänderungen auch bekommen hat.[181] Eine verschärfte Haftung kann ebenfalls ausscheiden, wenn sich ein Beamter im mittleren Dienst seit fast 20 Jahren im Ruhestand befindet (also von der Kommunikation mit aktiven Kollegen ausgeschlossen und deshalb über Rechtsänderungen nicht unmittelbar informiert ist), und zudem von einer anderen behördenähnlichen Organisation eine falsche Auskunft erhält.[182] Hier bestehe keine Veranlassung, außerdem noch bei der für ihn zuständigen Stelle zu fragen.

---

176 Sprau, in Palandt, BGB, § 818, Rn 34 f.
177 BVerwG, ZBR 02, 53 (54) = RiA 02, 237 (238); NVwZ 90, 670 (671); NVwZ 87, 1082 = ZBR 87, 281 (282) = DÖD 87, 133 (134); NVwZ 85, 907 = ZBR 85, 196; VG München, ZBR 99, 30 (31).
178 BVerwG, NVwZ 87, 1082 = ZBR 87, 281 (282) = DÖD 87, 133 (134); NVwZ 83, 348; E 40, 212 (217 f.); 24, 148 (151); OVG Hamburg, NordÖR 02, 330; OVG Lüneburg, NVwZ 03, 1543 = NordÖR 03, 258 = NdsVBl 04, 20 (21) = RiA 03, 248 (249); VGH München, ZBR 97, 290 (291); ZBR 96, 348 (349); VG München, ZBR 99, 30 (31).
179 BVerwG, ZBR 02, 53 (54) = RiA 02, 237 (238).
180 OVG Lüneburg, NVwZ 03, 1543 (1543 f.) = NordÖR 03, 258 (259) = NdsVBl 04, 20 (21) = RiA 03, 248 (249).
181 OVG Koblenz, IÖD 02, 269 (270).
182 OVG Hamburg, NordÖR 02, 330 (331).

6. Rückforderung von Bezügen/ Rückforderungsvereinbarungen

Im übrigen kann sich der Beamte bei **Leistungen unter Vorbehalt** nicht auf den Wegfall der Bereicherung berufen (§ 820 I BGB). Hierfür muß der Vorbehalt nicht ausdrücklich vereinbart worden sein. Er wird vielmehr im Beamtenrecht auch akzeptiert, wenn der Beamte erkennen mußte, daß der Dienstherr die Leistung noch nicht als endgültig betrachtet. Legt ein Beamter gegen seine Entlassung Widerspruch ein, so erhält er wegen der aufschiebenden Wirkung des Widerspruchs (und der Klage) weiter seine Dienstbezüge, allerdings unter Vorbehalt.[183] Der Anspruch auf Dienstbezüge steht unter dem gesetzlichen Vorbehalt der Feststellung ihres Verlusts wegen ungenehmigten schuldhaften Fernbleibens vom Dienst mit der Folge, daß der Beamte hinsichtlich der Rückforderung überzahlter Bezüge verschärft haftet.[184] Dienstbezüge, die einem entlassenen Beamten aufgrund der aufschiebenden Wirkung seiner Anfechtungsklage vorläufig fortgezahlt werden, sind nach rechtskräftiger Abweisung der Klage zurückzufordern. Dabei haftet der Empfänger verschärft.[185] In diesem Zusammenhang muß nicht geklärt werden, ob und ggf. unter welchen Umständen der Beamte ohne die Fortzahlung der Bezüge Arbeitslosenhilfe hätte beziehen können.[186]

Grundsätzlich hat der Dienstherr mangels entsprechender Rechtsgrundlage keine Möglichkeit, mit dem Rückforderungsanspruch ebenfalls **Verzugszinsen** geltend zu machen.[187] Anders ist es bei einer Leistungsklage. Dort kann man Prozeßzinsen vom Eintritt der Rechtshängigkeit an verlangen (§ 291 S. 1, 1. Hs. BGB). Ein Leistungsbescheid genügt hierfür nicht. Allerdings kann die Zahlung von Verzugszinsen Bestandteil einer Rückzahlungs- oder Stundungsvereinbarung sein.

Von der Rückforderung kann billigerweise mit Zustimmung der obersten Dienstbehörde oder der von ihr bestimmten Stelle ganz oder teilweise abgesehen werden (§ 12 II S. 3 BBesG). Zu den Anforderungen an eine Billigkeitsentscheidung äußert sich die Rechtsprechung.[188] Eine mögliche Billigkeitsentscheidung hängt stets von den Umständen des Einzelfalls ab.[189] Maßgeblich können Alter, Leistungsfähigkeit und sonstige Lebensverhältnisse des Herausgabepflichtigen sein.[190] Dabei genügt grundsätzlich kein bloßes Inaussichtstellen von Ratenzahlungen, es sei denn, der

---

183 BVerwG, ZBR 98, 281 (282) = DVBl 98, 647 (648); DÖV 83, 898 (899) = ZBR 83, 192.
184 BVerwGE 95, 94 (96) = NVwZ 95, 389 (390) = DVBl 94, 1075.
185 BVerwG, ZBR 98, 281 (282) = DVBl 98, 647 (647 f.).
186 BVerwG, ZBR 98, 281 (282) = DVBl 98, 647.
187 Clemens/Millack/Engelking/Lantermann/Henkel, § 12 BBesG, Anm 4.5.
188 BVerwG, DVBl 02, 1221 (1222) = BayVBl 03, 182 = NVwVBl 02, 424 (424 f.) = E 116, 74 (77 f.) = ZBR 03, 44 (45) = DÖD 02, 171 (172) = RiA 03, 246 (248) = IÖD 02, 127 (128 f.) = NVwZ 02, 854 (855); ZBR 02, 53 (54) = RiA 02, 237 (239); E 109, 357 (362); E 95, 94 (96 f.) = NVwZ 95, 389 (390) = DVBl 94, 1075; E 66, 251 (255 f.); OVG Münster, NWVBl 03, 16 (19 f.) = RiA 03, 150 (154 f.) = NVwZ-RR 03, 130 (132 f.).
189 BVerwG, ZBR 98, 281 (282) = DVBl 98, 647 (648).
190 OVG Münster, NWVBl 03, 16 (19) = RiA 03, 150 (154) = NVwZ-RR 03, 130 (132).

Rückzahlungsverpflichtete gibt trotz einer entsprechenden Aufforderung nicht die für die Billigkeitsentscheidung erforderlichen Auskünfte.[191]

Die **Rückzahlungsverpflichtung gilt** auch **gegenüber Erben** eines verstorbenen Beamten. Öffentlich-rechtliche Ansprüche und Verbindlichkeiten zählen zu den Nachlaßverbindlichkeiten, für die ein Erbe haftet (§§ 1922 I, 1967 BGB). Sollte beispielsweise ein Beamter zuviel Gehalt erhalten haben, haftet der Erbe (§§ 12 II S. 1 BBesG i.V.m. 812 BGB). Problematisch ist jedoch, auf welche Art und Weise der Dienstherr seinen Rückforderungsanspruch durchsetzen kann. Dabei muß man differenzieren. War bereits zu Lebzeiten des Beamten eine Überzahlung erfolgt, darf der durch Erbfolge übergegangene Rückforderungsanspruch hoheitlich durch Leistungsbescheid geltend gemacht werden. Hier stellt das Erstattungsverhältnis lediglich das Spiegelbild des Leistungsverhältnisses dar, in das der Erbe eingetreten ist, so wie es zum Todeszeitpunkt bestand.[192] Sollte erst nach dem Tod überzahlt worden sein, darf der Dienstherr keinen Leistungsbescheid erlassen.[193] Vielmehr muß er eine Leistungsklage erheben, für die das Verwaltungsgericht zuständig ist. Der auf die Erben übergegangene Rückzahlungsanspruch bleibt weiterhin ein beamtenrechtlicher Anspruch.[194] Die Rechtsgrundlage für den Leistungsbescheid, das öffentlich-rechtliche Über- und Unterordnungsverhältnis, besteht gerade nicht mehr gegenüber dem Beamten und damit auch nicht mehr gegenüber den Erben.

Keine Rückforderung ist die Saldierung (Verrechnung) einer Überzahlung mit einer Nachzahlung. Sie ist rechtlich zulässig, soweit beide Zahlungen einen im weiteren Sinn einheitlichen Dienstbezug haben.[195]

Geldleistungen, die für die Zeit nach dem Tod des Beamten auf ein Konto bei einem Geldinstitut überwiesen wurden, gelten als unter dem Vorbehalt der Rückforderung erbracht (§ 12 III S. 1 BBesG). Das Geldinstitut hat sie der überweisenden Stelle zurückzuüberweisen, wenn diese sie als zu Unrecht erbracht zurückfordert (§ 12 III S. 2 BBesG). Soweit Geldleistungen für die Zeit nach dem Tod des Beamten zu Unrecht erbracht worden sind, haben die Personen, welche die Geldleistung in Empfang genommen oder über den entsprechenden Betrag verfügt haben, diesen Betrag der überweisenden Stelle zu erstatten, sofern er nicht nach § 12 III BBesG vom Geldinstitut zurücküberwiesen wird (§ 12 IV S. 1 BBesG).

Literatur: Heimburger, Rückforderung von Überzahlungen an Soldaten, Beamte und Arbeitnehmer des Bundes, RiA 03, 57; Quambusch, Rückforderung von Dienstbezügen nach bewilligter Altersteilzeit, PersV 01, 489; Grundmann, Rückforderung überzahlter Beamtenbezüge – Anmerkungen zur Rechtslage und zum Reformbedarf –, ZBR 99, 154.

---

191 VGH Kassel, NVwZ 91, 94 (95); zu Recht a.A. OVG Münster, NWVBl 03, 16 (19) = RiA 03, 150 (154) = NVwZ-RR 03, 130 (132).
192 BVerwGE 37, 314 (319); VGH Mannheim, NVwZ 89, 892 (893).
193 VGH Mannheim, NVwZ 89, 892 (893); OVG Münster, ZBR 85, 229 (229 f.) = NJW 85, 2438 (2438 f.) = RiA 85, 143 (144).
194 BVerwG, ZBR 90, 265.
195 OVG Münster, DÖD 98, 263 (264).

6. Rückforderung von Bezügen/ Rückforderungsvereinbarungen

Neben der gesetzlichen Rückforderung von Bezügen kann unter gewissen **361** Voraussetzungen eine **Rückforderungsvereinbarung auf vertraglicher Basis** geschlossen werden. Nimmt der Beamte an **Fortbildungsveranstaltungen** teil, die eine Stelle außerhalb der öffentlichen Verwaltung ausrichtet und durch die er eine – wirtschaftlich verwertbare – Zusatzausbildung erlangt, ist eine vertragliche Rückzahlungsvereinbarung rechtlich zulässig. Die Teilnahme muß allerdings freigestellt gewesen sein und die Rückforderungsvereinbarung darf sich nur auf die dem Dienstherrn erwachsenen Ausbildungskosten erstrecken.[196] Handelt es sich hingegen bei der Schulung um eine vom Dienstherrn angeordnete Dienstausübung, darf dieser die Kosten auf der Grundlage der Entscheidung des BVerwG[197] weder von vornherein noch bedingt für den Fall des vorzeitigen Ausscheidens auf den Beamten abwälzen. Beim Abschluß einer Rückzahlungsvereinbarung muß die Personalvertretung nicht mitbestimmen. Der Katalog der mitbestimmungspflichtigen Angelegenheiten (§ 72 LPVG) ist abschließend. Der Abschluß von öffentlich-rechtlichen Vereinbarungen, und um solche handelt es sich bei einer Rückzahlungsvereinbarung, fehlt dort.

Ob Rückforderungsvereinbarungen **bei Aufstiegslehrgängen**, welche die Laufbahnbefähigung vermitteln, zulässig sind, muß man differenziert beurteilen. Das BVerwG[198] hat zur damaligen Rechtslage entschieden, daß der Dienstherr nicht bei vorzeitigem Ausscheiden aus dem Dienst die während des Vorbereitungsdienstes im B.a.W. entstandenen allgemeinen Ausbildungskosten zurückfordern könne. Rückzahlungsvereinbarungen dieser Art seien mangels einer dafür notwendigen Ermächtigung unwirksam. Mittlerweile gibt es eine solche Kompetenznorm lediglich für diejenigen Anwärter, die im Vorbereitungsdienst studieren (§ 59 V BBesG). Für alle anderen Beamten fehlt sie, so daß Rückzahlungsvereinbarungen unwirksam sind.[199]

Literatur: Braun, Rückzahlung von Fortbildungskosten, DÖD 03, 177; Koch, Die Vertragsstrafe im öffentlich-rechtlichen Vertrag am Beispiel von Ausbildungsförderungsverträgen, DÖV 98, 141; Berger-Delhey, Die Rückforderung überzahlten Arbeitsentgelts im öffentlichen Dienst, PersV 92, 475; Baßlsperger, Rückzahlungsvereinbarungen mit Beamten bei externer Zusatzausbildung, ZBR 86, 260.

Den Rückforderungsanspruch kann man durch Rückforderungsbescheid, durch Leistungsklage oder durch Aufrechnung geltend machen. Ein Leistungsbescheid ist sogar zulässig, wenn er zu einem Zeitpunkt ergeht und einen Zeitraum betrifft, in dem die Person nicht mehr Beamter war.[200] Aufrechnungen sind selbst bei noch nicht bestandskräftigem Rückforde-

---

196 Baßlsperger, ZBR 86, 260 (265 f.).
197 ZBR 93, 126 (127).
198 ZBR 77, 158 (159 f.).
199 BVerwG, ZBR 93, 124 (126).
200 BVerwG, ZBR 02, 53 (54) = RiA 02, 237 (238).

rungsbescheid gestattet.[201] Bei Rückforderungsvereinbarungen auf vertraglicher Basis kann zudem aus der Vereinbarung vorgegangen werden. Der Anspruch auf Rückstände von zuviel gezahlter Besoldung **verjährt** in 30 Jahren (§ 195 BGB a.F. bis zum 31.12.2001).[202] Angesichts der Neufassung von § 197 BGB, der die Fälle der 30jährigen Verjährungsfrist enumerativ aufzählt, wird sich diese Ansicht ab dem 1.1.2002 nicht mehr vertreten lassen. Vielmehr dürfte von der regelmäßigen dreijährigen Verjährungsfrist (§ 195 BGB n.F.) auszugehen sein.[203]

Schließlich besteht in den Bundesländern Bayern und Hessen die Besonderheit, daß beim Dienstherrnwechsel vom Beginn des Vorbereitungsdienstes bis zum Ablauf von sechs Jahren (in Hessen fünf) nach Ernennung zum B.a.P. der bisherige Dienstherr unter den dortigen Voraussetzungen (Art. 144b I S. 1 BayBG, § 30a I S. 1 HessBG) einen öffentlich-rechtlichen Anspruch auf Erstattung der Ausbildungskosten gegen den neuen Dienstherrn hat. Hier existiert ein Wahlrecht, den Anspruch durch Leistungsklage oder durch Leistungsbescheid geltend zu machen.[204] Entsprechendes fordern Landkreistag und StGB ebenfalls für NW.

Literatur: Stober, Situation der Ingenieure im öffentlichen Dienst – Zur Konnexität zwischen Aufgaben- und Bezahlungsverantwortung –, ZBR 05, 181; Meier, Das Bundesbesoldungs- und -versorgungsanpassungsgesetz 2003/2004, ZBR 04, 29; Stober, Ingenieure und Naturwissenschaftler im Konflikt des öffentlichen Bezahlungssystems, ZBR 02, 373; Franke, Dienstbezüge (Versorgungsbezüge) und Steuerrecht, ZBR 01, 86; Lorse, Das Gesetz zur Modernisierung der Besoldungsstruktur – Baustein für ein zukunftsorientiertes Personalmanagement?, ZBR 01, 73; Thiele, Grundlagen der Besoldung kommunaler Wahlbeamter in Niedersachsen, KommunalPraxis N 01, 4; Summer, Modernisierung der Besoldungstechniken? – Gedanken zum Entwurf eines Besoldungsstrukturgesetzes –, ZBR 00, 298; Stoermer, Eigenleistungen zur Altersversorgung im öffentlichen Dienst, PersV 98, 435; Günther, Stationen der Ministerialzulage, DÖD 97, 213; Meier, Das Bundesbesoldungs- und -versorgungsanpassungsgesetz 1996/97, ZBR 97, 249; Stoermer, Das Verhältnis von Leistung und Besoldung im öffentlichen Dienst zwingt zu Reformen, PersV 97, 102; Schwidden, Die Ministerialzulage, RiA 96, 267; Bull, Umsteuern im Beamtenrecht – aber wie? – Thesen zur Reform der Beamtenbesoldung und -versorgung –, DÖV 95, 592; Pohl, Alimentation und Leistungsprinzip in der künftigen Beamtenbesoldung, RiA 95, 261; Stoermer, Leistungsmotivation im öffentlichen Dienst, PersV 95, 481; Thiele, Beamtenbesoldung – rechtspolitisch betrachtet, DÖD 93, 271; Ziegler, Grundlagen des Besoldungsrechts der Beamten, RiA 91, 105; Keller, Die Zentralisierung des föderalistischen Besoldungsrechts, PersV 90, 306; Lecheler, Vertrauensschutz bei der Beamtenbesoldung und Beamtenversorgung, ZBR 90, 1.

---

201 VG Oldenburg, NVwZ-RR 06, 135 (136).
202 BVerwG, DVBl 83, 504 (504 f.); NVwZ 83, 348 (349); ZBR 03, 43 (44) = RiA 03, 96 (97).
203 RdSchr. BMI v. 3.9.02, D II 1-221030/3, GMBl. 02, 725, Nr. 2.1.
204 VGH München, BayVBl 93, 374.

2. Abschnitt: Grundlagen der Beamtenversorgung

1. Allgemeines

Die Beamtenversorgung auf der Basis der ruhegehaltsfähigen Dienstbezüge und der ruhegehaltsfähigen Dienstzeit fand sich bereits im Preußischen Gesetz, betreffend die Pensionierung unmittelbarer Staatsbeamter, und im Reichsbeamtengesetz. Das Beamtenrechtsänderungsgesetz vom 30.6.1933 war dann der erste Schritt zur Vereinheitlichung des Versorgungsrechts zwischen Reich und Ländern. Vollendet wurde sie durch das Deutsche Beamtengesetz, das bis zum 8.5.1945 für ganz Deutschland galt. Nach dem Zusammenbruch war das Beamtenrecht und somit auch das Beamtenversorgungsrecht in den drei Besatzungszonen der Westmächte und damit in den Ländern der Bundesrepublik unterschiedlich normiert. Die Auseinanderentwicklung des Beamtenversorgungsrechts ist durch das BRRG gebremst worden. Es regelte jedoch nicht alle versorgungsrechtlichen Probleme verbindlich. Somit bestand für die Länder ein gewisser Spielraum, der zu unterschiedlichen Bestimmungen führte. Der 1971 in das Grundgesetz eingefügte Art. 74a I hat dem **Bund** die **konkurrierende Gesetzgebungszuständigkeit für Versorgung** auch in den Ländern zugewiesen. Damit sollte das Versorgungsrecht im Bundesgebiet vereinheitlicht werden. Der Bund hat seine Gesetzgebungskompetenz genutzt. Das BeamtVG vom 24.8.1976, das am 1.1.1977 in Kraft getreten ist, harmonisierte die Versorgung der Beamten beim Bund, bei den Ländern, Gemeinden, Gemeindeverbänden sowie bei den sonstigen der Aufsicht eines Landes unterstehenden Körperschaften, Anstalten und Stiftungen des öffentlichen Rechts einschließlich der Richter des Bundes und der Länder. Eine Ausnahme besteht lediglich hinsichtlich der fünf neuen Bundesländer (Beitrittsgebiet). Die Bundesregierung wurde ermächtigt, durch eine mit Zustimmung des Bundesrats zu erlassende Rechtsverordnung für die Beamtenversorgung Übergangsregelungen zu bestimmen, die den besonderen Verhältnissen in dem im Art. 3 des Einigungsvertrages genannten Gebiet Rechnung tragen (§ 107a I S. 1 BeamtVG). Hiervon hat die Bundesregierung mit der BeamtenversorgungsübergangsVO Gebrauch gemacht. Die Verordnungsermächtigung erstreckt sich insbesondere auf vom BeamtVG abweichende Berechnungsgrundlagen, Höhe von Versorgungsleistungen und Ruhensregelungen (§ 107a I S. 2 BeamtVG).

362

Zwischenzeitlich kamen Diskussionen, insbesondere in der Föderalismuskommission auf, den Ländern umfangreichere Gesetzgebungsbefugnisse bei der Versorgung zu Lasten des Bundes einzuräumen. Ende des Jahres 2004 konnte man sich jedoch hierüber nicht einigen. Erst in den Koalitionsverhandlungen von CDU/CSU und SPD im November 2005 einigte sich eine Arbeitsgruppe zur Föderalismusreform, daß die Länder die Rechtssetzungskompetenz für die Versorgung ihrer jeweiligen Landes- und Kommunalbeamten erhalten sollen. Dies beschlossen der Bundestag am 30.6.2006 und der Bundesrat am 7.7.2006. Zudem ist Art. 74a GG und damit die konkurrierende Gesetzgebungskompetenz des Bundes für die Versorgung ersatzlos entfallen. Erste Signale aus den Ländern zeigen jedoch, daß man sich damit mehrere Jahre Zeit lassen oder ohnehin weiter das Bundesrecht anwenden wird. Solange die Länder nichts Abweichendes beschließen, gilt das BeamtVG.

Literatur: Stratthaus, Länderzuständigkeit bei Besoldung und Versorgung der Beamten?, ZRP 06, 135; Jestaedt, Länderzuständigkeit bei Besoldung und Versorgung der Beamten?, ZRP 06, 135; Roeser, Beamtenrecht im Beitrittsgebiet – Betrachtungen zu ausgewählten Problemen, in Depenheuer/Heintzen/Jestaedt/Axer, Nomos und Ethos, Hommage an Josef Isensee zum 65. Geburtstag, 2002, 399.

2. Alimentationsprinzip, Versorgung im öffentlichen Dienst

363 Unter Versorgung sind grundsätzlich solche Leistungen zu verstehen, die den Lebensunterhalt des Beamten und seiner Familie für das Ausscheiden aus dem aktiven Dienst wegen Erreichens der gesetzlichen Altersgrenze oder des Eintritts in den Ruhestand wegen Dienstunfähigkeit sichern. Der Dienstherr muß also für das Wohl des Beamten und seiner Familie ebenfalls nach Beendigung des aktiven Beamtenverhältnisses sorgen. Diese Verpflichtung, seine Beamten lebenslang standesgemäß zu unterhalten, folgt aus dem **Alimentationsprinzip** und ist verfassungsrechtlich in **Art. 33 V GG** geschützt (Rn 30). Den Beamten ist ein nach ihrem Dienstrang, nach der mit ihrem Amt verbundenen Verantwortung und gemäß der Bedeutung des Berufsbeamtentums für die Allgemeinheit entsprechend der Entwicklung der allgemeinen wirtschaftlichen und finanziellen Verhältnisse sowie des allgemeinen Lebensstandards angemessener (standesgemäßer) Unterhalt zu gewähren.[1] Somit gehört der Versorgungsanspruch zu den gesetzlichen Fürsorge- und Schutzansprüchen des Beamten. Der Dienstherr muß selbst für die Alterssicherung seiner Beamten aufkommen und darf sich hinsichtlich keiner bedeutsamen Alimentationsleistung durch einen Dritten entlasten.[2] Die Beamtenversorgung in die gesetzliche Rentenversicherung zu überführen, verstieße deshalb gegen diesen Grundsatz.[3] Zudem ist anerkannt, daß die strukturellen Unterschiede zwischen dem Recht der gesetzlichen Rentenversicherung (Zahlungen der Versicherten) und dem Beamtenversorgungsrecht (Ver-

---

1 BVerfGE 8, 1 (16), und die weitere in Rn 30 zitierte Judikatur.
2 BVerfGE 44, 249 (269 f.) = NJW 77, 1869 (1870); 70, 69 (81) = NVwZ 85, 894 (895).
3 BVerfGE 44, 249 (269) = NJW 77, 1869 (1870); 76, 256 (319 f.) = NVwZ 88, 329 (335) = ZBR 88, 23 (32) = DVBl 88, 191 (193).

sorgungsprinzip) verschiedenartige Regelungen rechtfertigen, also keine verfassungsrechtlich relevante Ungleichbehandlung (Art. 3 I GG) darstellen.[4] Allerdings ist eine bestimmte Höhe der Versorgung (z.Z. 71,75% der ruhegehaltsfähigen Dienstbezüge; § 14 I S. 1, 2. Hs. BeamtVG) ebenso wenig verfassungsrechtlich geschützt[5] wie die 13. Monatspension („Weihnachtsgeld") oder das Urlaubsgeld[6]. Jedoch müssen wesentliche und grundlegende Änderungen, die zu einer erheblichen Verschlechterung zu Lasten der Beamten führen, durch gewichtige und bedeutende Gründe gerechtfertigt sein.[7] Des weiteren verlangt Art. 33 V GG, daß das Ruhegehalt regelmäßig auf der Grundlage der Dienstbezüge des letzten vom Beamten bekleideten Amtes berechnet wird.[8] Politische Überlegungen, die Versorgung – wie in der gesetzlichen Rentenversicherung – auf der Basis des Lebenseinkommens zu bestimmen, wären somit verfassungswidrig. Ganz wichtig ist zudem, daß „die Bruttobezüge der aktiven Beamten von vornherein – unter Berücksichtigung ihrer künftigen Pensionsansprüche – niedriger festgesetzt sind".[9] Schon durch das Besoldungsreformgesetz von 1957 waren die Beamtengehälter um sieben Prozent mit der Maßgabe gekürzt worden, dies zur Pensionssicherung zu verwenden. Beamte haben somit durch ihre geringeren Aktivenbezüge zu ihrer eigenen amtsangemessenen Versorgung bereits finanziell beigetragen. Dies wird in der öffentlichen Diskussion vielfach unterschlagen.

Literatur: Ellerich/Lickfett, Die Abbildung von beamtenrechtlichen Versorgungsverpflichtungen im Jahresabschluß einer Gebietskörperschaft, GemH 05, 121; Bayer, Beamtenversorgung und Verfassungsrecht, DVBl 02, 73.

3. Rechtsgrundlagen, Rechtsanspruch

Das **BeamtVG regelt bundeseinheitlich** die **Versorgung** der Bundesbeamten, der Beamten der Länder, der Gemeinden, der Gemeindeverbände sowie der sonstigen der Aufsicht eines Landes unterstehenden Körperschaften, Anstalten und Stiftungen des öffentlichen Rechts (§ 1 I BeamtVG) sowie der Richter des Bundes und der Länder (§ 1 II BeamtVG).

364

---

4 EGMR, DÖD 06, 22 (24); BVerfG, ZBR 03, 247 (248). Mittlerweile relativierend BVerfG, NVwZ 05, 1294 (1296 ff.) = DVBl 05, 1441 (1443 ff.) = ZBR 05, 378 (384 ff.) = DÖD 06, 24 (25 ff.); vgl. meine Kritik Rn 30.
5 BVerfGE 76, 256 (310) = NVwZ 88, 329 (333) = DVBl 88, 191 (193) = ZBR 88, 23 (32); 3, 288 (336 f.); 11, 203 (210, 214); 44, 249 (263) = NJW 77, 1869; BVerfG, NVwZ 05, 1294 (1297) = DVBl 05, 1441 (1444) = ZBR 05, 378 (386) = DÖD 06, 24 (25); BVerwGE 8, 230 (232); 24, 235 (240); a. A. VG Frankfurt/M., ZBR 06, 99 (99 f.); Rn 30.
6 BVerfGE 44, 249 (263) = NJW 77, 1869.
7 BVerwG, NVwZ 03, 869 (871) = BayVBl 03, 408 (410) = DÖV 03, 456 (459) = ZBR 03, 212 (213) = E 117, 305 (312) = DVBl 03, 726 (729).
8 BVerfG, NVwZ 01, 669; NVwZ 05, 1294 (1297) = DVBl 05, 1441 (1444) = ZBR 05, 378 (386).
9 BVerfG, NVwZ 05, 1294 (1300) = DVBl 05, 1441 (1448) = ZBR 05, 378 (389) = DÖD 06, 24 (29). Ähnlich BT-Drucks. 1/2846 v. 19.11.51, 35; BR-Drucks. 562/51, 60; BVerfGE 54, 11 (31 f.); 105, 73 (115).

2. Abschnitt: Grundlagen der Beamtenversorgung

Auf dem Gebiet der Beamtenversorgung hatten die Länder – anders als für die Besoldung (§ 1 IV BBesG) – seit Inkrafttreten des BeamtVG keine Gesetzgebungskompetenzen mehr. Dies hat sich durch die Föderalismusreform geändert. Ab dem 1.1.2007 ist die konkurrierende Gesetzgebungskompetenz des Bundes für die Versorgung entfallen. Hier steht den Ländern nunmehr die alleinige Gesetzgebungskompetenz zu (Rn 362). Die Verwaltungsvorschriften des Bundes waren ebenfalls für die Länder, Gemeinden usw. verbindlich. Das BeamtVG gilt nicht für die öffentlich-rechtlichen Religionsgesellschaften und ihre Verbände (§ 1 III BeamtVG). Im Gegensatz zum BBesG erfaßt das BeamtVG keine Soldaten. Für sie gibt es das Soldatenversorgungsgesetz.

Hauptinhalt ist, daß der Ruhestandsbeamte lebenslänglich einen Rechtsanspruch auf Ruhegehalt nach den Normen des BeamtVG hat (§§ 50 III LBG, 47 III BBG). Der Anspruch auf Versorgung verjährt in drei Jahren (§ 195 BGB).[10] Die **Verjährung** beginnt mit dem Schluß des Jahres, in dem der Anspruch entstanden ist und der Gläubiger von den den Anspruch begründenden Umständen und der Person des Schuldners Kenntnis erlangt oder ohne grobe Fahrlässigkeit erlangen müßte (§ 199 I BGB).[11]

Beispiel: Ein am 1.7.03 entstandener Anspruch auf Versorgung verjährt mit Ablauf des 31.12.06.

Es handelt sich um die Einrede der Verjährung. Das bedeutet, daß der Dienstherr berechtigt ist, nach Eintritt der Verjährung die Leistung zu verweigern (§ 214 I BGB). Er ist allerdings nicht verpflichtet, die Einrede zu erheben.

Literatur: Summer, Die Verjährung besoldungsrechtlicher und versorgungsrechtlicher Ansprüche, ZBR 04, 389; Schaller, Neuregelung des Verjährungsrechts: Zahlungsansprüche auf Besoldungs- und Versorgungsbezüge, RiA 03, 23.

4. Nachversicherung

365 Der Beamte, der aus dem Beamtenverhältnis ohne Anspruch auf Versorgungsbezüge ausscheidet, ist **in der gesetzlichen Rentenversicherung nachzuversichern** (§ 8 II S. 1 Nr. 1 SGB VI). Das gilt selbst dann, wenn das Beamtenverhältnis durch Verlust der Beamtenrechte oder Entfernung aus dem Beamtenverhältnis endet. Nachzuversichern sind auch Personen, die zum Beamten ernannt worden sind, deren Ernennung aber nichtig oder zurückgenommen worden ist. Der Dienstherr hat den ausscheidenden Beamten zu seinen Lasten für die Zeit nachzuversichern, in der er

---

[10] VGH München, ZBR 93, 92; in der Entscheidung waren es wegen der damaligen Fassung von § 197 BGB noch vier Jahre.
[11] Vgl. näher zu den „Auswirkungen des Schuldrechtsmodernisierungsgesetzes v. 9.11.01 (BGBl. I, 3138) auf das Besoldungs- und Versorgungsrecht" das RdSchr. BMI v. 3.9.02, D II 1-221030/3, GMBl. 02, 725.

sonst in der gesetzlichen Rentenversicherung versicherungspflichtig gewesen wäre. Das kommt nicht in Betracht, wenn eine lebenslängliche Versorgung nach beamtenrechtlichen Grundsätzen oder an deren Stelle eine Abfindung gewährt wird. Die gesetzliche Versagung einer zusätzlichen Altersversorgung für antragsgemäß vorzeitig aus dem Dienst geschiedene Beamte ist verfassungsgemäß.[12]

Die Beiträge sind bis zur Höhe der jeweiligen Beitragsbemessungsgrenze nachzuentrichten. Der Dienstherr hat die gesamten Beiträge zu zahlen, d.h. neben dem Arbeitgeber- auch den Arbeitnehmeranteil. Die Nachentrichtung wird aber aufgeschoben, wenn ein Ausschlußgrund vorliegt. Der frühere Beamte erhält dann eine Bescheinigung über die Nachversicherungszeiten und über die für die Nachversicherung maßgebenden Entgelte.

Die Nachentrichtung von Versicherungsbeiträgen ist aufzuschieben, wenn der ausscheidende Beamte sofort oder aber spätestens zwei Jahre nach dem Ausscheiden wiederum in eine versicherungsfreie Beschäftigung übertritt (§ 184 II S. 1 Nr. 2 SGB VI). Ein Wahlbeamter, der mit Ablauf seiner Wahlzeit vor Erreichen einer Altersgrenze in den Ruhestand versetzt worden ist und Versorgungsbezüge erhält, genießt hinsichtlich einer anschließend ausgeübten Beschäftigung keine Versicherungsfreiheit in der gesetzlichen Rentenversicherung (§ 5 IV Nr. 2 SGB VI).[13]

Die Nachversicherung ausgeschiedener Beamter in der gesetzlichen Rentenversicherung allein bewirkt keine der Beamtenversorgung gleichwertige soziale Sicherung. Man erreichte sie ausschließlich bei entsprechender Nachversicherung in einer Zusatzversorgungsanstalt für Arbeitnehmer des öffentlichen Dienstes. Diese Möglichkeit existiert jedoch nicht. Somit sind ausgeschiedene Beamte von den Leistungen aus den tarifvertraglich vereinbarten Zusatzversorgungseinrichtungen ausgeschlossen.

Literatur: Glombik, Die Zusatzversorgung des Öffentlichen Dienstes am Beispiel der Versorgungsanstalt des Bundes und der Länder, VR 03, 232; Geisler, Die Nachversicherung im Sechsten Buch Sozialgesetzbuch – Neuregelungen des Rentenreformgesetzes 1992 und des Rentenüberleitungsgesetzes, ZBR 92, 172; Thivessen, Nachversicherung in der gesetzlichen Rentenversicherung für die Zeit ab 1.1.1992, ZBR 92, 169.

5. Versorgungsbezüge

§ 2 I BeamtVG unterscheidet zwischen folgenden Versorgungsbezügen: **366**
- Ruhegehalt oder Unterhaltsbeitrag (§§ 4 bis 15a BeamtVG),
- Hinterbliebenenversorgung (§§ 16 bis 28 BeamtVG),
- Bezüge bei Verschollenheit (§ 29 BeamtVG),

---

12 BVerfG, PersV 00, 322 (323).
13 BSGE 84, 115 (116 f.) = ZBR 00, 68 (68 ff.).

2. Abschnitt: Grundlagen der Beamtenversorgung

- Unfallfürsorge (§§ 30 bis 46a BeamtVG),
- Übergangsgeld (§§ 47, 47a BeamtVG),
- Ausgleich bei besonderen Altersgrenzen (§ 48 BeamtVG),
- Erhöhungsbetrag (§ 14 IV S. 3, 1. Hs. BeamtVG),
- Unterschiedsbetrag (§ 50 I S. 2 BeamtVG),
- Leistungen (§§ 50a bis 50e BeamtVG),
- Ausgleichsbetrag (§ 50 III BeamtVG),
- Anpassungszuschlag (§ 69b II S. 5 BeamtVG).

Zur Versorgung gehört auch die jährliche Sonderzahlung (Weihnachtsgeld), die sich nach § 50 IV und V BeamtVG richtet (§ 2 II BeamtVG).

Nicht zu den Versorgungsbezügen zählt hingegen das Kindergeld.

Bei der **Beamtenversorgung** handelt es sich um einen öffentlich-rechtlichen Anspruch gegen den Dienstherrn, der **nur durch Gesetz geregelt** werden kann (§ 3 I BeamtVG). Ein Versorgungsanspruch besteht allein nach Maßgabe eines verfassungsmäßigen Gesetzes im formellen oder materiellen Sinn.[14] Wegen dieses hergebrachten Grundsatzes (Art. 33 V GG)[15] können Ansprüche auf höhere Versorgungsbezüge weder aus der allgemeinen Fürsorgepflicht noch aus dem Gleichheitssatz (Art. 3 I GG) hergeleitet werden[16]. Somit hat der einzelne Dienstherr **keine Gestaltungsmöglichkeit für eigenständige abweichende Vereinbarungen**. Vermögensrechtliche Zusicherungen, Vereinbarungen und Vergleiche, die eine höhere Versorgung vorsehen, als sie dem Beamten nach dem BeamtVG zusteht, sind deshalb unwirksam (§ 3 II S. 1 BeamtVG). Ein Vertrag, der einem auf eigenen Antrag ausscheidenden Beamten Versorgung gewährt, ist somit nichtig.[17] Ebenso unwirksam sind Versicherungsverträge, die man zu diesem Zweck schließt (§ 3 II S. 2 BeamtVG). Schließlich darf man auf die gesetzlich zustehende Versorgung weder ganz noch teilweise verzichten (§ 3 III BeamtVG).

Die gesetzliche Festlegung von Besoldung und Versorgung soll die Unabhängigkeit und Unparteilichkeit des Beamten im Innen- und Außenverhältnis sichern. § 3 II BeamtVG ist weit auszulegen und umfaßt nicht nur im aktiven Dienst stehende Beamte und Ruhestandsbeamte, sondern auch frühere Beamte und frühere Ruhestandsbeamte.[18]

---

14 BVerfGE 8, 1 (15); 8, 28 (35); 81, 363 (386) = NVwZ 90, 1061 (1064) = DVBl 90, 817 (821) = ZBR 90, 297 (300); Anm Summer, ZBR 90, 300 (300 f.) = JZ 90, 1125; Anm Lecheler, JZ 90, 1128 f.; BVerwGE 18, 293 (295); VGH Mannheim, VBlBW 03, 472 = ZBR 05, 55 = DÖD 03, 207 = RiA 04, 41 (42).
15 BVerwG, ZBR 05, 40 (41).
16 VGH Mannheim, VBlBW 03, 472 = ZBR 05, 55 (56) = DÖD 03, 207 = RiA 04, 41 (42).
17 BVerwG, DVBl 05, 1138 (1139) = ZBR 05, 339 (341) = RiA 05, 297 (299); OVG Bremen, NordÖR 03, 308 (309); VG Bremen, NordÖR 99, 242 (243 f.), als Vorinstanzen.
18 BVerwG, DVBl 05, 1138 (1139) = ZBR 05, 339 (341) = RiA 05, 297 (299); OVG Bremen, NordÖR 03, 308 (309); VG Bremen, NordÖR 99, 242 (244), als Vorinstanzen.

5. Versorgungsbezüge

Versorgungsmitteilungen haben denselben Rechtscharakter wie Besoldungsmitteilungen (Rn 329).

5.1 Ruhegehalt

Der **Kernbestandteil der Versorgung** ist das **Ruhegehalt**. Der Ruhestandsbeamte erhält lebenslänglich Ruhegehalt nach den Vorschriften des BeamtVG (§§ 50 III LBG, 47 III BBG). Allerdings setzt die Versetzung in den Ruhestand die Erfüllung einer versorgungsrechtlichen Wartezeit voraus (§ 33 BeamtStG). Das Ruhegehalt hängt davon ab, daß der Beamte eine Dienstzeit von mindestens fünf Jahren hat (§ 4 I S. 1 Nr. 1 BeamtVG). Diese Mindestzeit wird nicht gefordert, wenn der Beamte wegen Krankheit, Verwundung oder sonstiger Beschädigung, die er ohne grobes Verschulden bei Ausübung oder aus Veranlassung des Dienstes erlitten hat, dienstunfähig geworden ist (§ 4 I S. 1 Nr. 2 BeamtVG). Welche Dienst- und Vordienstzeiten für die fünfjährige Wartezeit zählen, regelt § 4 I S. 2 bis 4 BeamtVG abschließend. Bei den hauptamtlichen Bürgermeistern/Landräten in NW geht allerdings § 195 IV LBG als die speziellere Norm vor. Sie haben deshalb allein einen Anspruch auf Ruhegehalt, wenn die dort genannten Voraussetzungen (dazu näher Rn 287, 375) vorliegen.

367

Hat ein Beamter bei Erreichen der Altersgrenze noch nicht die Wartezeit von fünf Jahren erfüllt, endet das Beamtenverhältnis statt durch Eintritt in den Ruhestand durch Entlassung (§ 37a S. 2 LBG). Für die Wartezeit werden Zeiten ab der ersten Berufung in das Beamtenverhältnis berücksichtigt, soweit sie ruhegehaltsfähig sind (§ 4 I S. 2 BeamtVG). Zeiten, die nach gesetzlicher Vorschrift als ruhegehaltsfähig gelten oder aufgrund von § 10 BeamtVG als ruhegehaltsfähige Dienstzeit berücksichtigt werden, sind einzurechnen (§ 4 I S. 3 BeamtVG). Hierunter fallen keine Zeiten nach § 66 IX S. 1 BeamtVG.[19] Diese Regelung gilt nicht für Zeiten, die der Beamte vor dem 3.10.1990 in dem in Art. 3 des Einigungsvertrages genannten Gebiet zurückgelegt hat (§ 4 I S. 4 BeamtVG).

Beamte, die ohne eine Dienstzeit von fünf Jahren ausscheiden, können einen Unterhaltsbeitrag bis zur Höhe des Ruhegehalts erhalten (§ 15 I BeamtVG). Dieser unterscheidet sich vom Ruhegehalt durch seine Flexibilität (bestimmtes sonstiges Einkommen kann z.B. berücksichtigt werden). Somit ist der Unterhaltsbeitrag ein veränderlicher Versorgungsbezug. Man kann ihn ausschließlich auf Antrag bewilligen.

Das Ruhegehalt wird auf der Grundlage der ruhegehaltsfähigen Dienstbezüge und der ruhegehaltsfähigen Dienstzeit berechnet (§ 4 III BeamtVG).

---

19 OVG Münster, Urt. v. 24.2.06, 1 A 3122/04, Urteilsumdruck S. 14.

2. Abschnitt: Grundlagen der Beamtenversorgung

5.1.1 ruhegehaltsfähige Dienstbezüge (§ 5 BeamtVG)

368 Ruhegehaltsfähige Dienstbezüge (§ 5 I S. 1 BeamtVG) sind
- das **Grundgehalt** (Nr. 1),
- der Familienzuschlag (§ 50 I BeamtVG) der Stufe 1 (Nr. 2),
- sonstige Dienstbezüge, die im Besoldungsrecht als ruhegehaltsfähig bezeichnet sind (Nr. 3),
- Leistungsbezüge (§ 33 I BBesG), soweit sie nach § 33 III BBesG ruhegehaltsfähig sind (Nr. 4).

Bei einer Teilzeitbeschäftigung und einem Urlaub ohne Dienstbezüge (Freistellung) gelten als ruhegehaltsfähige Dienstbezüge die dem letzten Amt entsprechenden vollen ruhegehaltsfähigen Dienstbezüge (§ 5 I S. 2 BeamtVG). Entsprechendes gilt bei eingeschränkter Verwendung eines Beamten wegen begrenzter Dienstfähigkeit (§ 42a BBG) oder entsprechendem Landesrecht (§ 5 I S. 3 BeamtVG).

Trat der Beamte wegen Dienstunfähigkeit aufgrund eines Dienstunfalls (§ 31 BeamtVG) in den Ruhestand, ist das Grundgehalt der gemäß § 5 I S. 1 Nr. 1, III oder V BeamtVG maßgebenden Besoldungsgruppe nach der Dienstaltersstufe zugrundezulegen, die der Beamte bis zum Eintritt in den Ruhestand wegen Erreichens der Altersgrenze hätte erreichen können (§ 5 II BeamtVG). Bei Frühpensionierungen wegen Dienstunfähigkeit, die hingegen nicht auf einem Dienstunfall beruhen, wird die Versorgung allein aus der erreichten Dienstaltersstufe und nicht mehr fiktiv aus dem Endgrundgehalt berechnet.

Es werden nicht immer die zuletzt bezogenen Dienstbezüge der Berechnung des Ruhegehalts zugrundegelegt (§ 5 III bis V BeamtVG). Diese Bestimmungen sollen verhindern, daß Beförderungen, die kurz vor dem Eintritt oder der Versetzung in den Ruhestand ausgesprochen werden, den Versorgungshaushalt zusätzlich belasten. § 5 III S. 1 BeamtVG verlängert die **Wartefrist für die Versorgung aus einem Beförderungsamt** von bisher zwei Jahren um ein Jahr auf **drei Jahre**. Dadurch sollen solche Beförderungen, die kurz vor Erreichen der Altersgrenze erfolgen, nicht mehr versorgungswirksam werden.

Allerdings widerspricht diese Konzeption der Rechtsprechung des BVerfG[20]. Das Gericht sah eine Wartefrist von zwei Jahren als noch verfassungsgemäß an. Die Versorgung aus dem vorher bekleideten Amt dürfe lediglich dann, wenn der Bedienstete das Beförderungsamt weniger als zwei Jahre und damit kurz verwaltet habe, erfolgen. Dabei sei zu berücksichtigen, daß die Arbeitsergebnisse des Beamten in seinem neuen Amtsbereich nicht zuletzt durch die Notwendigkeit einer gewissen Einarbeitungszeit beeinflußt und begrenzt würden. Wörtlich führt das BVerfG jedoch weiter aus, daß „eine Erstreckung der Frist über zwei Jahre hinaus ... sich im Blick darauf, daß dem Beamten aufgrund hergebrachter Struk-

---

20 E 61, 43 (61 f.) = NVwZ 83, 217 (219).

5. Versorgungsbezüge

turprinzipien, insbesondere aufgrund des in diesem Bereich zu beachtenden Leistungsgrundsatzes, Versorgung aus dem letzten Amt verfassungsrechtlich gewährleistet ist, nicht mehr rechtfertigen" lasse.

Die Wartezeit um ein weiteres Jahr (und damit um immerhin 50 Prozent) zu steigern, kann man nicht mit fiskalischen Gesichtspunkten wegen der Kosten der deutschen Einheit und steigender Versorgungslasten juristisch rechtfertigen. Derartige Finanzargumente, so verständlich sie tatsächlich sind, vermögen rechtlich nicht den mit Verfassungsrang ausgestatteten hergebrachten Grundsatz der Versorgung aus dem letzten Amt (Art. 33 V GG) wirksam einzuschränken.

§ 5 III S. 1 BeamtVG erfaßt nunmehr auch Beamte, die – wie die kommunalen Wahlbeamten – aus einem **Amt** in den Ruhestand treten, **das keiner Laufbahn angehört**. Die nach der Kommunalbesoldungsverordnung des Bundes und dem ergänzenden Landesrecht mögliche Einstufung der kommunalen Wahlbeamten in bestimmte Besoldungsgruppen stellt keine Laufbahn dar. Besoldungsveränderungen im Amt, die in den letzten drei Jahren vor Erreichen der Altersgrenze durch eine individuelle Maßnahme (Beförderung, beförderungsgleiche Maßnahme oder unmittelbare Anstellung im neuen Amt) erfolgt sind, werden danach nicht versorgungsrelevant. Anders ist es, wenn dasselbe Amt des kommunalen Wahlbeamten durch den Gesetz- oder Verordnungsgeber generell oder weil sich die Einwohnerzahl geändert hat (§ 2 II EingruppierungsVO) bzw. wegen § 2 III EingruppierungsVO individuell höher eingestuft wird. Die Drei-Jahres-Frist (§ 5 III S. 1 BeamtVG) ist hier nicht einschlägig. Es liegt kein Wechsel im Amt vor, sondern es handelt sich weiter um die „Dienstbezüge *dieses* Amtes".[21]

Hat der Beamte vorher überhaupt kein Amt bekleidet, muß die oberste Dienstbehörde die Höhe der Versorgungsbezüge festsetzen (§ 5 III S. 2, 1. Hs. BeamtVG). Sie hat dabei kein Ermessen.[22]

Der **Familienzuschlag der Stufe 1** gehört zu den ruhegehaltsfähigen Dienstbezügen. Er nimmt somit bei der Berechnung des Ruhegehalts an der prozentualen Angleichung teil und ist in Höhe des erdienten Ruhegehaltssatzes (§ 14 I BeamtVG) zu berücksichtigen. Der kinderbezogene Teil des Familienzuschlages (Unterschiedsbetrag zwischen der Stufe 1 und der nach dem Besoldungsrecht in Betracht kommenden Stufe) wird neben dem Ruhegehalt gezahlt (§ 50 I S. 2 BeamtVG). Bei der Ermittlung der ruhegehaltsfähigen Dienstbezüge sind im übrigen die Konkurrenzregelungen (§ 40 IV und V BBesG) zu berücksichtigen.

Zu den **sonstigen ruhegehaltsfähigen Dienstbezügen** zählen insbesondere die nach dem BBesG zu zahlenden Zulagen und Vergütungen, soweit sie dort für ruhegehaltsfähig erklärt worden sind. Das Versorgungsreformgesetz 1998 hat das Zulagenwesen neu geordnet und gestrafft. Stellen-

---

21 Stegmüller/Schmalhofer/Bauer, § 5 BeamtVG, Erl 8.
22 BVerwG, DVBl 02, 198 (199).

2. Abschnitt: Grundlagen der Beamtenversorgung

zulagen gehören künftig grundsätzlich nicht mehr zu den ruhegehaltsfähigen Dienstbezügen. Diese Neuregelungen sind sinnvoll. Es ist nicht einzusehen, warum Stellenzulagen ruhegehaltsfähig sein sollen. Nach allgemeiner Definition berücksichtigen Stellenzulagen primär die besonderen Arbeitsschwierigkeiten und gleichen diese in Geld aus. Wer sich im Ruhestand befindet, ist nicht mehr Erschwernissen, die sich aus der konkreten Stelle ergeben, ausgesetzt. Damit entfällt die Basis für einen finanziellen Ausgleich. Die allgemeine Stellenzulage (Nr. 27 der Vorbem. zu den BBesO A und B) ist hingegen ruhegehaltsfähig. Im übrigen wird nicht gegen den allgemeinen Gleichheitssatz verstoßen, wenn der Gesetzgeber für aktive Beamte eine Zulage für ruhegehaltsfähig erklärt, und dabei Beamte unberücksichtigt läßt, die sich im Zeitpunkt des Inkrafttretens der Neuregelung bereits im Ruhestand befinden.[23]

Schließlich können **Leistungsbezüge** neuerdings an Professoren in den Besoldungsgruppen W 2 und W 3 vergeben werden (§§ 33 I BBesG, 12 LBesG).

5.1.2 ruhegehaltsfähige Dienstzeit (§§ 6 bis 13 BeamtVG)

Die ruhegehaltsfähige Dienstzeit geht im Regelfall über die im Beamtenverhältnis verbrachte Dienstzeit hinaus. Sie dient – ähnlich wie das Besoldungsdienstalter für die Berechnung der Dienstbezüge – dazu, die Versorgungsbezüge zu ermitteln. Vorschriften, welche die Anerkennung von Vordienstzeiten als ruhegehaltsfähig teils bindend vorschreiben, teils in das Ermessen der Dienstherren stellen, sind nebeneinander anwendbar.[24] Anders sei es jedoch, wenn eine Norm zur Anerkennung verpflichtet. Dann sei eine nochmalige Berücksichtigung desselben Zeitraums aufgrund einer Kann-Bestimmung ausgeschlossen. Das BeamtVG unterscheidet:

5.1.2.1 regelmäßige ruhegehaltsfähige Dienstzeit (§ 6 BeamtVG)

369 Hierzu rechnet die Dienstzeit, die der Beamte vom Tag seiner ersten Berufung in das Beamtenverhältnis nach Vollendung des 17. Lebensjahres an im Dienst eines öffentlich-rechtlichen Dienstherrn zurückgelegt hat (§ 6 I S. 1 BeamtVG). § 6 I und II BeamtVG zählt abschließend die Ausnahmefälle auf. Zeiten einer Teilzeitbeschäftigung sind nur zu dem Teil ruhegehaltsfähig, der dem Verhältnis der ermäßigten zur regelmäßigen Arbeitszeit entspricht (§ 6 I S. 3, 1. Hs. BeamtVG). Zeiten einer Altersteilzeit sind zu neun Zehnteln der Arbeitszeit ruhegehaltsfähig, die der Bemessung der ermäßigten Arbeitszeit während der Altersteilzeit zugrundegelegt worden ist (§ 6 I S. 3, 2. Hs. BeamtVG). War der Beamte insgesamt länger als zwölf Monate freigestellt (Urlaub ohne Bezüge und Teilzeitbeschäftigung), werden Ausbildungszeiten im B.a.W. ausschließlich in dem

---

23 BVerfG, NVwZ 91, 662 (663).
24 BVerwG, NVwZ-RR 04, 509 = DÖV 04, 882 = DÖD 04, 226 (227) = ZBR 04, 359 = KommJur 04, 308 (309) = RiA 04, 285.

5. Versorgungsbezüge

Umfang berücksichtigt, der dem Verhältnis der tatsächlichen ruhegehaltsfähigen Dienstzeit zur ruhegehaltsfähigen Dienstzeit entspricht, die ohne die Freistellung erreicht worden wäre (§ 6 I S. 4 BeamtVG). Eine Ausnahme besteht bei Freistellungszeiten wegen Kindererziehung von maximal drei Jahren für jedes Kind. Hier erfolgt keine Quotelung von Ausbildungszeiten (§ 6 I S. 5 BeamtVG). Die entsprechende Stichtagsregelung (§ 85 VII BeamtVG) ist verfassungsgemäß.[25] § 6 I S. 4, 5 BeamtVG gilt für Ausbildungszeiten (§ 12 I bis IV BeamtVG) entsprechend (§ 12 V BeamtVG), § 6 I S. 4 BeamtVG nach § 13 I S. 3 BeamtVG für die dortigen Zurechnungszeiten.

Diese Regelungen könnten den Gleichheitssatz (Art. 3 II S. 1, III S. 1 GG) verletzen. Durch sie werden überwiegend weibliche Beamte betroffen sein, wenngleich dies kein ausdrücklicher Wille des Gesetzgebers sein mag. Die Rechtsprechung des EuGH[26] zeigt, daß eine mittelbare Benachteiligung von Frauen für einen Verstoß gegen den Gleichheitssatz ausreichen kann. Dieser liegt vor, wenn durch die Norm erheblich mehr Frauen als Männer betroffen sind und die Bestimmung nicht durch objektive Faktoren, die nichts mit einer Diskriminierung aufgrund des Geschlechts zu tun haben, gerechtfertigt ist.[27] Ob dies so ist, hat der EuGH in Form eines Prüfauftrags an das nationale Gericht zurückgegeben.[28] **Art. 119 des EWG-Vertrages (jetzt Art. 141 I, II)**, der den Grundsatz des gleichen Entgelts für Männer und Frauen bei gleicher Arbeit aufstellt, ist **auf öffentlich-rechtliche Dienstverhältnisse anwendbar**.[29]

Zeiten der eingeschränkten Verwendung eines Beamten wegen begrenzter Dienstfähigkeit (§ 42a BBG oder entsprechendes Landesrecht) sind allein zu dem Teil ruhegehaltsfähig, der dem Verhältnis der ermäßigten zur regelmäßigen Arbeitszeit entspricht, mindestens im Umfang des § 13 I S. 1 BeamtVG (§ 6 I S. 6 BeamtVG).

Bleibt ein Beamter lediglich wegen langer Freistellungszeiten (Teilzeit, Urlaub) mit dem erdienten Ruhegehalt hinter der Mindestversorgung zurück, wird bloß das erdiente Ruhegehalt gezahlt (§ 14 IV S. 4, 1. Hs. BeamtVG). Das gilt nicht, wenn er wegen Dienstunfähigkeit in den Ruhestand trat (§ 14 IV S. 4, 2. Hs. BeamtVG).

Bei einem Urlaub ohne Dienstbezüge kann diese Zeit berücksichtigt werden, wenn er öffentlichen Belangen oder dienstlichen Interessen dient (§ 6 I S. 2 Nr. 5, 2. Hs. BeamtVG). Wird eine Beamtin zur Aufnahme der

---

25 BVerfG, ZBR 03, 247 (248).
26 RiA 98, 94 = NVwZ 98, 721 (723); RiA 98, 97 (99); Anm Fischer, RiA 98, 99 (99 f.); ZBR 04, 246 (248 f.) = DVBl 04, 188 (189 f.).
27 EuGH, RiA 98, 94 (96 f.) = NVwZ 98, 721 (723); RiA 98, 97 (99); ZBR 04, 246 (249) = DVBl 04, 188 (189 f.); OVG Münster, NWVBl 04, 104 (104 f.) = ZBR 04, 63 (64) = OVGE 49, 173 (175 f.); ZBR 06, 60 (62) = RiA 05, 251 (253). Anerkannte Gründe für eine Ungleichbehandlung sind beispielsweise Dienstalter, Qualifikation, Mangel an Fachkräften, Produktivität und Flexibilität, nicht jedoch haushaltspolitische Erwägungen.
28 EuGH, ZBR 04, 246 (249) = DVBl 04, 188 (190).
29 EuGH, RiA 98, 94 (95) = NVwZ 98, 721 (722); ZBR 04, 246 (248) = DVBl 04, 188 (189).

2. Abschnitt: Grundlagen der Beamtenversorgung

Tätigkeit als Bildungsreferentin bei der DBB-Jugend beurlaubt, dient dies derartigen am Gemeinwohl orientierten öffentlichen Belangen.[30]

Literatur: Hellfeier, Zur Problematik der Ruhegehaltsfähigkeit ausländischer Beschäftigungszeiten – Ein Mobilitätshindernis dargestellt am Beispiel des Hochschulbereiches, DÖD 05, 31; Stürmer/Biller, Die Einbeziehung der Beamten in den Anwendungsbereich der Verordnung (EWG) Nr. 1408/71, DÖD 01, 105; Wahlers, Die Anrechnung von Zeiten im öffentlichen Dienst eines anderen Mitgliedsstaates der EU, DÖD 00, 73.

5.1.2.2 gleichstehende Dienstzeiten (§ 6 III BeamtVG)

370 Der im Beamtenverhältnis zurückgelegten Dienstzeit stehen gleich:
- Dienstzeiten im Richterverhältnis (Nr. 1),
- Zeiten als Mitglied der Bundesregierung oder einer Landesregierung nach dem 8.5.1945 (Nr. 2),
- Zeiten der Bekleidung eines Amtes eines parlamentarischen Staatssekretärs bei einem Mitglied der Bundesregierung nach dem 14.12.1972 oder bei einem Mitglied einer Landesregierung, soweit entsprechende Voraussetzungen vorliegen (Nr. 3),
- Zeiten im öffentlichen Dienst einer zwischenstaatlichen oder überstaatlichen Einrichtung (Nr. 4, 1. Hs.).

5.1.2.3 erhöhende Dienstzeiten (§ 7 BeamtVG)

371 Die ruhegehaltsfähige Dienstzeit (§ 6 BeamtVG) erhöht sich um Wiederbeschäftigungszeiten von Ruhestandsbeamten.

5.1.2.4 als ruhegehaltsfähig geltende Dienstzeiten (§§ 8 und 9 BeamtVG)

372 Hier handelt es sich um Dienstzeiten des berufsmäßigen und nicht berufsmäßigen Wehrdienstes sowie um vergleichbare Zeiten. Der Zivildienst, der nach ZDG geleistet wurde, steht dem nicht berufsmäßigen Wehrdienst (§ 9 I Nr. 1 BeamtVG) gleich (§ 78 II ZDG).

5.1.2.5 aufgrund von Soll- und Kannvorschriften zu berücksichtigende Dienstzeiten (§§ 10 bis 12 BeamtVG)

373 Dies sind insbesondere solche Zeiten, die der Beamte vor der Berufung in das Beamtenverhältnis in einem privatrechtlichen Arbeitsverhältnis im öffentlichen Dienst zurückgelegt hat, Zeiten, die für die Laufbahn des Beamten förderlich waren, sonstige Zeiten sowie Mindestzeiten der außer der allgemeinen Schulbildung vorgeschriebenen Ausbildung. Letztere Zeiten (§ 12 I S. 1 Nr. 1 BeamtVG) wollen die Benachteiligung derjenigen Beamten, bei denen über die allgemeine Schulbildung hinaus eine zusätzliche Vorbildung oder praktische Tätigkeit als Eingangsvoraussetzung gefordert ist, gegenüber den Beamten ausgleichen, die unmittelbar nach

---

30 VG Köln, ZBR 94, 90 (90 f.).

5. Versorgungsbezüge

dem Schulabschluß in das Beamtenverhältnis eintreten und dadurch von einem früheren Zeitpunkt an ruhegehaltsfähige Dienstzeiten erwerben.[31] Eine Tätigkeit ist „förderlich", wenn sie für die Dienstausübung des Beamten nützlich ist. Diese muß also entweder erst aufgrund der früher gewonnenen Fähigkeiten und Erfahrungen ermöglicht oder jedenfalls erleichtert und verbessert werden.[32] Ob eine Ausbildung „vorgeschrieben" ist, bestimmt sich nicht nach dem ersten Amt sondern demjenigen, das zur Versorgung führt.[33] Die Berücksichtigung von Zeiten einer Fachhochschul- oder Hochschulausbildung einschließlich der Prüfungszeit wird auf höchstens drei Jahre begrenzt (§ 12 I S. 1, 2. Alt. BeamtVG).

Als ruhegehaltsfähig sollen Zeiten berücksichtigt werden, in denen ein Beamter nach Vollendung des 17. Lebensjahres vor der Berufung in das Beamtenverhältnis im privatrechtlichen Arbeitsverhältnis ohne vom Beamten zu vertretende Unterbrechung im Dienst eines öffentlich-rechtlichen Dienstherrn stand (§ 10 S. 1 BeamtVG). Dienstherren sind die juristischen Personen des öffentlichen Rechts mit Ausnahme der Kirchen.[34] Diese Tätigkeit muß allerdings zu seiner Ernennung geführt haben. Danach sind nur Vordienstzeiten zu berücksichtigen, während denen der Beamte hauptberuflich[35] eine Tätigkeit ausgeübt hat, die einen inneren Zusammenhang mit der Ernennung zum Beamten aufwies. Der Zusammenhang muß in funktioneller und zeitlicher Hinsicht bestanden haben. Funktionell liegt er vor, wenn die förderliche Tätigkeit Fähigkeiten und Erfahrungen vermittelt hat, die Grund für die Ernennung waren. Es muß zwar nicht der ausschlaggebende, aber dennoch ein wesentlicher Grund gewesen sein.[36]

Zeiten, die nicht für das Besoldungsdienstalter akzeptiert werden (§ 30 BBesG), sind nicht ruhegehaltsfähig (§ 12a BeamtVG). Hingegen können bestimmte Zeiten in dem in Art. 3 des Einigungsvertrages genannten Gebiet berücksichtigt werden (§ 12b BeamtVG). § 12b I BeamtVG ist verfassungsgemäß.[37]

Weiterhin kann man **bei kommunalen Wahlbeamten** nach § 66 IX S. 1 BeamtVG – über die §§ 66 I, 10 bis 12 BeamtVG hinaus – gewisse **förderliche Zeiten** anrechnen (näher Rn 375).

Die oberste Dienstbehörde (in Kommunen also der Rat; § 3 I S. 1 Nr. 2 LBG) entscheidet durch Verwaltungsakt über die Bewilligung von Versor-

---

31 BVerwG, NVwZ 06, 216 (217).
32 BVerwG, NVwZ-RR 02, 667 (668) = ZBR 03, 47 (48) = RiA 03, 189 (190) = DÖV 02, 828 (829) = IÖD 02, 210 (212).
33 Stegmüller/Schmalhofer/Bauer, § 12 BeamtVG, Erl 3.
34 BVerwG, DÖD 05, 279 (280).
35 Eine hauptberufliche Tätigkeit kann auch dann vorliegen, wenn ihr Umfang weniger als die Hälfte der regelmäßigen Arbeitszeit ausmacht, aber den Tätigkeitsschwerpunkt bildet: BVerwG, RiA 06, 40 (41 f.).
36 Stegmüller/Schmalhofer/Bauer, § 10 BeamtVG, Erl 8.
37 BVerfG, DVBl 03, 1157 (1157 f.) = LKV 03, 469.

gungsbezügen aufgrund von Kann-Vorschriften (§ 49 I S. 1 BeamtVG).[38] Dies gilt auch hinsichtlich des hauptamtlichen Bürgermeisters. Der Rat muß dabei sein Ermessen sachgerecht und fehlerfrei ausüben. Bei den anzustellenden und zu dokumentierenden Ermessenserwägungen dürfte er beispielsweise berücksichtigen, welche finanziellen Auswirkungen die Anerkennung für die Kommune hat oder ob der Beamte bereits über anderweitige Ansprüche auf eine hinreichende Altersversorgung verfügt (näher Rn 375). Ob Zeiten nach §§ 10 bis 12, 66 IX S. 1 BeamtVG als ruhegehaltsfähige Dienstzeit zu berücksichtigen sind, soll grundsätzlich bei der Berufung in das Beamtenverhältnis entschieden werden. Diese Entscheidung steht unter dem Vorbehalt, daß die Rechtslage, die ihr zugrundeliegt, gleichbleibt (§§ 66 IX S. 2, 49 II S. 2 BeamtVG). Selbst wenn ein Dienstherr bereits Dienstzeiten anerkannt hat, wirkt sich dies allein im Verhältnis des Beamten zum entscheidenden Dienstherrn aus. Wechselt der Beamte nach getroffener Anerkennung den Dienstherrn, ist der neue Dienstherr an die Entscheidung nicht gebunden.[39]

5.1.2.6 Zurechnungszeiten (§ 13 BeamtVG)

374 Sofern der Beamte vor Vollendung des 60. Lebensjahres wegen Dienstunfähigkeit in den Ruhestand getreten ist, wird die Zeit vom Eintritt in den Ruhestand bis zum Ablauf des Monats der Vollendung des 60. Lebensjahres, soweit diese nicht nach anderen Vorschriften als ruhegehaltsfähig berücksichtigt wird, für die Berechnung des Ruhegehalts der ruhegehaltsfähigen Dienstzeit zu zwei Dritteln hinzugerechnet (§ 13 I S. 1 BeamtVG). Allerdings verweist § 13 I S. 3 BeamtVG auf § 6 I S. 4 BeamtVG. War der Beamte insgesamt länger als zwölf Monate freigestellt (§ 5 I S. 2 BeamtVG), werden Ausbildungszeiten im B.a.W. nur in dem Umfang berücksichtigt, der dem Verhältnis der tatsächlichen ruhegehaltsfähigen Dienstzeit zur ruhegehaltsfähigen Dienstzeit entspricht, die ohne die Freistellung erreicht worden wäre. Dies ist allerdings nicht relevant für Freistellungen wegen Kindererziehung bis zu einer Dauer von drei Jahren für jedes Kind (§ 6 I S. 5 BeamtVG). Außerdem kann die Zeit der Verwendung eines Beamten in Ländern, in denen er gesundheitsschädigenden klimatischen Einflüssen ausgesetzt ist, bis zum Doppelten als ruhegehaltsfähige Dienstzeit berücksichtigt werden, wenn sie ununterbrochen mindestens ein Jahr gedauert hat (§ 13 II S. 1 BeamtVG). Entsprechendes gilt für einen beurlaubten Beamten, dessen Tätigkeit in den genannten Gebieten öffentlichen Belangen oder dienstlichen Interessen diente, wenn dies spätestens bei der Beendigung des Urlaubs anerkannt worden ist (§ 13 II S. 2 BeamtVG). Schließlich muß man die umfangreichen Übergangsregelun-

---

[38] Diese Kompetenz kann auf die Versorgungskassen in NW übertragen werden (§ 2 II S. 2, 1. Hs VKZVKG). Insoweit handeln die kommunalen Versorgungskassen im eigenen Namen und in Vertretung ihrer Mitglieder (§ 2 II S. 2, 2. Hs VKZVKG). Klagen gegen Bescheide der Versorgungskassen sind jedoch gegen den jeweiligen Dienstherrn zu richten; vgl. OVG Münster, Urt. v. 18.8.05, 1 A 5012/04, Urteilsumdruck S. 2.
[39] Stegmüller/Schmalhofer/Bauer, § 49 BeamtVG, Erl 5.2.

5. Versorgungsbezüge

gen (§ 69d BeamtVG) beachten. Für Wahlbeamte auf Zeit ist § 13 I S. 1 BeamtVG in der bis zum 31.12.2000 geltenden Fassung (Zurechnungszeit von einem Drittel) anzuwenden (§ 66 VI S. 2 BeamtVG).

5.1.3 Höhe des Ruhegehalts (§ 14 BeamtVG)

Das **Ruhegehalt beträgt für jedes Jahr ruhegehaltsfähiger Dienstzeit 375 1,79375 v.H. der ruhegehaltsfähigen Dienstbezüge** (§ 5 BeamtVG) bis zum nach 40 Jahren erreichten Höchstsatz von 71,75 v.H. (§ 14 I S. 1 BeamtVG). Aufgrund des Versorgungsänderungsgesetzes 2001[40] verringerte sich ab dem 1.1.2003 der Versorgungshöchstsatz von 75% auf 71,75%. Entsprechend sank der jährliche Steigerungssatz (früher 1,875%). Der Verfasser hält die Neuregelung für verfassungsgemäß.[41] Kein Beamter kann eine bestimmte Höhe der Versorgung beanspruchen und auch nicht, nach denselben rechtlichen Regelungen versorgt zu werden, unter denen er in das Beamtenverhältnis eingetreten ist (Rn 363, 396, 30, 39). Verfassungsrechtliche Grenze für Kürzungen ist die amtsangemessene standesgemäße Alimentation. Sie wird wegen des weiten Ermessens bei einer Verringerung von 75% auf 71,75% noch nicht überschritten. Mindestens werden 35 v.H. der ruhegehaltsfähigen Dienstbezüge gewährt (§ 14 IV S. 1 BeamtVG). An die Stelle dieses Ruhegehalts treten, wenn dies günstiger ist, 65 v.H. der jeweils ruhegehaltsfähigen Dienstbezüge aus der Endstufe der Besoldungsgruppe A 4 (§ 14 IV S. 2 BeamtVG). Bleibt ein Beamter allein wegen langer Freistellungszeiten (§ 5 I S. 2 BeamtVG) hinter der gerade geschilderten Mindestversorgung zurück, wird lediglich das erdiente Ruhegehalt gezahlt (§ 14 IV S. 4, 1. Hs. BeamtVG); dies gilt nicht, wenn ein Beamter wegen Dienstunfähigkeit in den Ruhestand getreten ist (§ 14 IV S. 4, 2. Hs. BeamtVG).

Der Ruhegehaltssatz ist auf zwei Dezimalstellen auszurechnen (§ 14 I S. 2 BeamtVG). Dabei ist die zweite Dezimalstelle um eins zu erhöhen, wenn in der dritten Stelle eine der Ziffern fünf bis neun verbliebe (§ 14 I S. 3 BeamtVG). Die ruhegehaltsfähige Dienstzeit ist, soweit sie keine vollen Jahre umfaßt, nach der kalendermäßigen Zahl der Tage zu berechnen. Dabei zählen je 365 Tage (ohne Rücksicht darauf, ob die einzelnen Dienstzeiten Schalttage enthalten) als ein Jahr (§ 14 I S. 4, 1. Hs. BeamtVG).

Mit der Neuregelung im Versorgungsänderungsgesetz 2001 wird ab dem 1.1.2003 die Erhöhung der Versorgungsbezüge zwischen 2003 und 2010 um insgesamt 4,33% abgeflacht, so daß sich der Versorgungshöchstsatz von 75% auf 71,75% vermindert. Entsprechend sinkt der jährliche Steigerungssatz (1,79375% statt 1,875%). Hiervon sind sämtliche zukünftigen

---

[40] V. 20.12.01, BGBl. I, 3926 (3927).
[41] So im Ergebnis auch BVerfG, NVwZ 05, 1294 (1296 ff.) = DVBl 05, 1441 (1443 ff.) = ZBR 05, 378 (384 ff.) = DÖD 06, 24 (25 ff.). A. A. VG Frankfurt/M., ZBR 04, 398 (399 f.); ZBR 06, 99 (99 ff.). Allerdings überzeugt die Begründung des BVerfG nicht, wie in Rn 30 kritisch ausgeführt wird.

2. Abschnitt: Grundlagen der Beamtenversorgung

Versorgungsempfänger betroffen. Bei den vorhandenen Versorgungsempfängern werden jedoch weder die Versorgungsbezüge noch der Ruhegehaltssatz gekürzt, wohl auch um Verfassungswidrigkeiten aus Bestandsschutzgründen zu vermeiden. Vielmehr wird bei den acht ab 2003 folgenden Versorgungsanpassungen die Erhöhung der Versorgungsbezüge in gleichmäßigen Schritten durch Anpassungsfaktoren abgeflacht. Dies begegnet keinen verfassungsrechtlichen Bedenken, da kein Beamter einen Anspruch auf Versorgungssteigerungen in bestimmter Höhe hat. Wie dies erfolgt, normiert § 69e III BeamtVG. § 69e IV BeamtVG regelt das Verfahren, wenn der Versorgungsfall im Zeitraum vor der achten auf den 31.12.2002 folgenden Anpassung eingetreten ist.

Weiterhin ist der verfassungsrechtlich nicht zu beanstandende[42] sog. **Versorgungsabschlag** zu beachten. Beamte besäßen keinen Anspruch, daß der rechnerisch erreichte Ruhegehaltssatz gewahrt bleibe. Vielmehr bestehe bloß eine Anwartschaft auf amtsangemessene Versorgung nach den zum Zeitpunkt des Versorgungsfalls geltenden (verfassungsgemäßen) Regelungen. Der rechtsstaatliche Grundsatz des Vertrauensschutzes, der im Beamtenversorgungsrecht durch Art. 33 V GG seine besondere Ausprägung erfahren habe, garantiere kein Fortbestehen der Rechtslage, die für den Beamten bei seinem Eintritt in das Beamtenverhältnis gegolten habe. Änderungen seien sowohl zugunsten als auch zu Lasten der Beamten zulässig.[43]

Das Ruhegehalt vermindert sich um 3,6 v.H. für jedes Jahr, um das der Beamte

- vor Ablauf des Monats, in dem er das 63. Lebensjahr vollendet, nach § 42 IV Nr. 1 BBG oder entsprechendem Landesrecht (**Schwerbehinderte**) in den Ruhestand versetzt wird (§ 14 III S. 1, 1. Hs. Nr. 1 BeamtVG),
- vor Ablauf des Monats, in dem er die für ihn geltende gesetzliche Altersgrenze erreicht (grundsätzlich das 65. Lebensjahr), nach § 42 IV Nr. 2 BBG oder entsprechenden landesrechtlichen Vorschriften (sog. **Antragsaltersgrenze**) in den Ruhestand versetzt wird (§ 14 III S. 1, 1. Hs. Nr. 2 BeamtVG),
- vor Ablauf des Monats, in dem er das 63. Lebensjahr vollendet, wegen **Dienstunfähigkeit**, die nicht auf einem Dienstunfall beruht, in den Ruhestand versetzt wird (§ 14 III S. 1, 1. Hs. Nr. 3 BeamtVG). Diese Regelung gilt nicht für einen wegen Dienstunfähigkeit in den Ruhestand

---

42 BVerfG, Beschl. v. 20.6.06, 2 BvR 361/03; BVerwG, DVBl 04, 773 (775) = DÖV 04, 883 (884) = ZBR 04, 250 (251 f.) = E 120, 154 (160 ff.) = RiA 04, 231 (233 f.); ZBR 04, 253 (254) = RiA 04, 282 (283 f.); NVwZ 05, 1082 (1083) = DÖV 05, 781 (783) = DÖD 06, 30 (32) = RiA 05, 189 (190 f.) = ZBR 06, 166 (167 f.): selbst wenn die individuelle Lebensdienstzeit länger ist als die für den Höchstruhegehaltssatz erforderliche Dienstzeit; OVG Lüneburg, NJW 03, 2042 = NdsVBl 03, 328.
43 BVerwG, DVBl 04, 773 (776) = DÖV 04, 883 (885 f.) = ZBR 04, 250 (252) = E 120, 154 (162) = RiA 04, 231 (234); ZBR 04, 253 (255) = RiA 04, 282 (284); NVwZ 05, 1082 (1082 f.) = DÖV 05, 781 (782 f.) = DÖD 06, 30 (33) = RiA 05, 189 (191) = ZBR 06, 166 (168).

5. Versorgungsbezüge

versetzten Wahlbeamten auf Zeit, wenn er nach Ablauf seiner Amtszeit das Amt weitergeführt hat, obwohl er nicht gesetzlich dazu verpflichtet war und mit Ablauf seiner Amtszeit bereits eine Versorgungsanwartschaft erworben hatte (§ 66 VI S. 1 BeamtVG).
Allerdings darf die Minderung 10,8% nicht übersteigen (§ 14 III S. 1, 2. Hs. BeamtVG). Eine nach früherem Recht gebotene zeitanteilige Kürzung des Ruhegehalts bei Teilzeitbeschäftigung und Urlaub ohne Dienstbezüge verstößt gegen das gemeinschaftsrechtliche Diskriminierungsverbot und ist deshalb für Zeiten ab dem 17.5.1990 nicht mehr anzuwenden.[44] Gilt für den Beamten eine vor Vollendung des 63. Lebensjahres liegende Altersgrenze, tritt sie in den Fällen des § 14 III S. 1, 1. Hs. Nr. 1 und 3 BeamtVG an die Stelle des 63. Lebensjahres (§ 14 III S. 3 BeamtVG). Gilt für den Beamten eine nach Vollendung des 65. Lebensjahres liegende Altersgrenze, wird bei § 14 III S. 1, 1. Hs. Nr. 2 BeamtVG nur die Zeit bis zum Ablauf des Monats berücksichtigt, in dem der Beamte das 65. Lebensjahr vollendet (§ 14 III S. 4 BeamtVG). Diese Bestimmungen haben besondere Bedeutung bei Polizei-, Feuerwehrbeamten, Bürgermeistern sowie Beamten im Vollzugsdienst. Ansonsten entfällt der Versorgungsabschlag nicht, sobald man die regelmäßige Altersgrenze erreicht hat. Er mindert vielmehr zeitlebens das Ruhegehalt und die Hinterbliebenenversorgung. Für diesen Personenkreis finden sich umfangreiche Übergangsregelungen (§ 69d BeamtVG).

Die im Laufe der Geltung des BeamtVG erfolgten Änderungen im Berechnungsmodus des Ruhegehalts haben zu differenzierten **Besitzstandsregelungen** hinsichtlich der zum jeweiligen Zeitpunkt vorhandenen Beamten geführt (§§ 85, 85a BeamtVG). Für Bürgermeister und Landräte gilt bei Anwendung des § 85 BeamtVG ein am 30.9.1999 bestehendes B.a.Z. als ein unmittelbar vorangehendes öffentlich-rechtliches Dienstverhältnis (§ 195 VIII LBG).

Der in den **einstweiligen Ruhestand** versetzte Beamte erhält für den Monat, in dem ihm die Versetzung in den einstweiligen Ruhestand mitgeteilt worden ist, und für die folgenden drei Monate noch die Bezüge weiter, die ihm am Tag vor der Versetzung zustanden (§ 4 I S. 1, 1. Hs. BBesG); Änderungen beim Familienzuschlag sind zu berücksichtigen (§ 4 I S. 1, 2. Hs. BBesG). Danach bekommt er für die Dauer der Zeit, die er das Amt, aus dem er in den einstweiligen Ruhestand versetzt worden ist, innehatte – mindestens jedoch für sechs Monate und längstens für drei Jahre –, 71,75 v.H. der ruhegehaltsfähigen Dienstbezüge aus der Endstufe der Besoldungsgruppe, in der er sich z.Z. seiner Versetzung in den einstweiligen Ruhestand befand (§ 14 VI S. 1 BeamtVG). Das erhöhte Ruhegehalt darf die Dienstbezüge, die dem Beamten in diesem Zeitpunkt zustanden, nicht übersteigen (§ 14 VI S. 2, 1. Hs. BeamtVG); das nach sonstigen Vorschriften ermittelte Ruhegehalt darf nicht unterschritten werden (§ 14 VI S. 2, 2. Hs. BeamtVG). Zweck der Regelung sei, den in den einstwei-

---

44 BVerwG, NVwZ 05, 1080 (1081) = RiA 06, 84 (85); a.A. noch DVBl 98, 1079 (1080) = DÖD 98, 258 (259); DÖD 00, 110 (110 f.).

2. Abschnitt: Grundlagen der Beamtenversorgung

ligen Ruhestand versetzten Beamten durch die Versorgungsbezüge nicht besser zu stellen als durch seine Dienstbezüge als Aktiver. Diese Vorschrift verstößt nicht gegen höherrangiges Recht.[45] Bei dem in der Norm angesprochenen Personenkreis handelt es sich grundsätzlich um den sog. **Politischen Beamten**. Sollte er die Voraussetzungen (§ 4 I BeamtVG) erfüllen, bekommt er ein Ruhegehalt, dessen Höhe sich nach § 14 I BeamtVG bemißt (§ 4 II BeamtVG). Politische Beamte erhalten demnach eine dauerhafte Versorgung wie alle anderen Beamten ausschließlich bei einer Dienstzeit von mindestens fünf Jahren.

Hauptamtliche Bürgermeister und Landräte stehen ebenso wie Stadtdirektoren/Oberkreisdirektoren und Beigeordnete in einem B.a.Z. Für ihre Versorgung und die ihrer Hinterbliebenen gelten die Vorschriften über die Versorgung der B.a.L. entsprechend, sofern nicht das BeamtVG etwas anderes bestimmt (§ 66 I BeamtVG). Für B.a.Z. gibt es folgende Regelungen: Wird ein **Wahlbeamter auf Zeit abgewählt**, erhält er zunächst für den **Monat**, in dem ihm die **Abwahl** mitgeteilt worden ist, **sowie** für die **folgenden drei Monate** noch die **Bezüge** aus dem ihm verliehenen alten Amt (§ 4 III S. 1, 1. Hs., I S. 1, 1. Hs. BBesG). **Danach** bekommt er **bis zum Ablauf seiner Amtszeit**, bei einem vorherigen Eintritt in den Ruhestand oder bei der Entlassung längstens bis zu diesem Zeitpunkt, **maximal jedoch für fünf Jahre Versorgung in Höhe von 71,75%** (§ 66 VIII S. 1 BeamtVG). Diese Norm legt fest, daß das Ruhegehalt von 71,75% (bei Vorliegen der Bezugsvoraussetzungen im übrigen) längstens während der ersten fünf Jahre gezahlt wird. Im Gegensatz zum Politischen Beamten ist es beim kommunalen Wahlbeamten nicht entscheidend, für welchen Zeitraum das kommunale Wahlamt im Zeitpunkt der Abwahl bereits wahrgenommen worden war. Sollte er die Voraussetzungen (§ 4 I BeamtVG) erfüllen, gibt es **nach Ablauf** der Zahlung des erhöhten Ruhegehalts ein Ruhegehalt, dessen Höhe sich nach § 14 I BeamtVG bemißt (§ 4 II BeamtVG). Kommunale Wahlbeamte erhalten somit eine dauerhafte Versorgung wie alle anderen Beamten nur, wenn sie eine Dienstzeit von mindestens fünf Jahren haben. § 195 IV S. 3, 1. Hs., X LBG erhöht diese Zeit hinsichtlich der hauptamtlichen Bürgermeister und Landräte (mindestens ruhegehaltsfähige Dienstzeit von acht Jahren und Vollendung des 45. Lebensjahres bzw. ruhegehaltsfähige Dienstzeit [§ 6 BeamtVG] von 18 Jahren oder als B.a.Z. eine Gesamtdienstzeit von acht Jahren), §§ 196 III S. 2, 44 II S. 2, 1. Hs., 2. Alt. LBG hinsichtlich der übrigen kommunalen Wahlbeamten (mindestens ruhegehaltsfähige Dienstzeit von zehn Jahren). Rechtlich nicht vertretbar wäre somit die Argumentation, beim B.a.Z. reiche eine Gesamtdienstzeit (verstanden als Addition aller irgendwann einmal geleisteter Dienstzeiten) aus. Aufgrund des eindeutigen Wortlauts bezieht sich § 195 IV S. 3, 1. Hs. Nr. 3, X LBG ausschließlich auf Zeiten als B.a.Z. Zu beachten ist weiterhin, daß durch die Anerkennung förderlicher Zeiten nicht überhaupt erst die Voraussetzungen für einen Eintritt in den Ruhestand geschaffen werden dürfen.[46]

---

45 BVerwG, NVwZ-RR 99, 767 (768).
46 OVG Münster, Urt. v. 24.2.06, 1 A 3122/04, Urteilsumdruck S. 14.

5. Versorgungsbezüge

§ 195 IV S. 3, 1. Hs. Nr. 1 LBG fordere eine „Ableistung" der „Dienst"zeit; eine als ruhegehaltsfähig „berücksichtigte Zeit" (§ 66 IX S. 1 BeamtVG) sei gerade keine Dienstzeit und stelle zudem nicht die verlangte tatsächliche Diensterbringung dar. Die Entscheidung des OVG Münster ist zu begrüßen, verhindert man damit nämlich Frühpensionäre mit erheblichen Kostenfolgen.

Die **Versorgung nach allgemeinen Grundsätzen** ist **von ruhegehaltsfähiger Dienstzeit und ruhegehaltsfähigen Dienstbezügen abhängig** (§§ 4 III, 14 I oder 66 II BeamtVG). § 66 VIII S. 2, 1. Hs. BeamtVG enthält eine redaktionelle Folgeänderung. Die Zeit, während der ein Wahlbeamter auf Zeit nach seiner Abwahl Versorgung wie ein in den einstweiligen Ruhestand versetzter Beamter erhält, erhöht um maximal bis zu fünf Jahre die ruhegehaltsfähige Dienstzeit (§ 6 BeamtVG). Sie selbst gilt nicht als ruhegehaltsfähige Dienstzeit, sondern erhöht lediglich eine vorhandene ruhegehaltsfähige Dienstzeit. Somit kann diese Zeit nicht dazu dienen, die Wartezeit (§ 4 I BeamtVG) zu erfüllen.

Vordienstzeiten von kommunalen Wahlbeamten müssen nach §§ 66 I, 6 ff. BeamtVG ermittelt werden (Rn 369–374). Folgende **Besonderheiten** sind dabei **hinsichtlich der hauptamtlichen Bürgermeister/Landräte** zu beachten:

– Bei ihnen ist es ausgeschlossen, hauptberufliche **Zeiten als Angestellter** im öffentlichen Dienst (§ 10 BeamtVG) anzuerkennen. Diese Tätigkeit hat nicht zu ihrer Ernennung zum B.a.Z. geführt. Vielmehr ist hierfür ausschließlich die Wahl durch das Volk entscheidend.

– **Vordienstzeiten** aufgrund § 11 BeamtVG können herangezogen werden, wenn es einen inneren Zusammenhang mit dem Wahlamt gibt, wie bei Zeiten einer Rechtsanwaltstätigkeit oder einer Beschäftigung bei den kommunalen Spitzenverbänden.

– **Ausbildungszeiten** (§ 12 I S. 1 BeamtVG) darf man allein dann berücksichtigen, wenn die Ausbildung vorgeschrieben war. Ob eine Ausbildung vorgeschrieben ist, bestimmt sich nicht nach dem ersten Amt sondern demjenigen, das zur Versorgung führt.[47] Führt das Amt des hauptamtlichen Bürgermeisters/Landrats zur Versorgung, scheidet eine Anrechnung von Ausbildungszeiten aus. Die kommunalverfassungsrechtlichen Wählbarkeitsvoraussetzungen erfordern keinerlei Aus- oder Vorbildung bzw. Berufspraxis (§ 65 I, V GO; § 44 I, V KrO).

– **Geht** dem B.a.Z. als hauptamtlicher Bürgermeister/Landrat ein **anderes Beamtenverhältnis voraus**, sind Ausbildungszeiten, die für dieses Beamtenverhältnis vorgeschrieben sind, nur nach § 12 BeamtVG relevant, wenn zwischen den beiden Beamtenverhältnissen **Kontinuität** besteht.[48] Sie gebietet einen zeitlichen und funktionellen Zusammenhang. Der zeitliche Zusammenhang dürfte regelmäßig gegeben sein, wenn sich das neue Beamtenverhältnis direkt an das alte anschließt,

---

47 Stegmüller/Schmalhofer/Bauer, § 12 BeamtVG, Erl 3.
48 Stegmüller/Schmalhofer/Bauer, § 12 BeamtVG, Erl 3.

nicht jedoch der funktionelle. Zwischen einem bisherigen Laufbahnbeamtenverhältnis, aber auch einem solchen als B.a.Z. (z.B. Beigeordneter), und dem neuen Beamtenverhältnis als hauptamtlicher Bürgermeister/Landrat bestehen grundlegende Unterschiede. Dieses ist laufbahnfrei, hat andere Amtsinhalte, wird durch Wahlakt und gerade nicht durch Ernennung begründet.

– Schließlich enthält **§ 66 IX S. 1 BeamtVG** eine über die §§ 66 I, 10 bis 12 BeamtVG hinausgehende **Sonderregelung**, wann bei kommunalen Wahlbeamten **förderliche Zeiten** angerechnet werden dürfen. Zu beachten ist dabei, daß durch die Anerkennung förderlicher Zeiten nicht überhaupt erst die Voraussetzungen für einen Eintritt in den Ruhestand (z.B. § 195 IV S. 3, 1. Hs. Nr. 1 LBG) geschaffen werden dürfen.[49] § 66 IX S. 1 BeamtVG schließt die Anwendbarkeit der §§ 10 bis 12 BeamtVG nicht aus, sondern erweitert die Anrechnungsmöglichkeiten mit ihren geringeren Voraussetzungen. Die „Förderlichkeit" ist weiter als beispielsweise der von § 11 BeamtVG verlangte innere Zusammenhang. Hingegen darf man Zeiten nach §§ 10 bis 12 BeamtVG einerseits und § 66 IX S. 1 BeamtVG andererseits weder zeitlich noch inhaltlich doppelt berücksichtigen.[50] Zeiten, in denen förderliche Fachkenntnisse (Ausbildung, Studium oder hauptberufliche Tätigkeiten außerhalb des Beamtenverhältnisses) erworben wurden, können bis zu den genannten zeitlichen Höchstgrenzen (vier bzw. drei Jahre) akzeptiert werden (§ 66 IX S. 1 BeamtVG). Ob eine Zeit förderlich ist, muß man im jeweiligen Einzelfall beurteilen. § 66 IX S. 1 BeamtVG mit der dort verlangten „Förderlichkeit" darf nicht schrankenlos weit interpretiert werden. Vielmehr müssen nach dem Wortlaut der Norm Fachkenntnisse bestehen und diese konkret für das dem B.a.Z. übertragene Amt („Wahrnehmung des Amtes") förderlich sein. Dabei verlangt man keine speziellen Fachkenntnisse für ein Einzelamt. Es reicht vielmehr, wenn es sich um Fachkenntnisse handelt, die allgemein für die Wahrnehmung des Amtes als Bürgermeister/Landrat förderlich sind.[51] Hier ist entscheidend, vom wahrgenommenen Amt und seinen inhaltlichen Anforderungen auszugehen. Man muß sie ermitteln, um rechtlich korrekt beurteilen zu können, welche Fachkenntnisse im Einzelfall gerade für die Wahrnehmung dieses Amtes förderlich sind. Das Amt eines Bürgermeisters/Landrats verlangt neben Repräsentationsaufgaben insbesondere die Leitung der Verwaltung. Der Bürgermeister/Landrat ist Dienstvorgesetzter der Beamten, Angestellten und Arbeiter (§ 73 II GO/§ 49 I KrO). Er trifft die beamten-, arbeits- und tarifrechtlichen Entscheidungen (§ 74 I S. 2 GO/ § 49 II S. 2 KrO). Er ist verantwortlich für die Leitung und Beaufsichtigung des Geschäftsgangs der gesamten Verwaltung (§ 62 I S. 2 GO). Wegen seiner Organisationshoheit leitet und verteilt er die Geschäfte (§ 62 I S. 3 GO/§ 42 g) KrO). Dieses Aufgabenspektrum des konkret

---

49 OVG Münster, Urt. v. 24.2.06, 1 A 3122/04, Urteilsumdruck S. 14.
50 Stegmüller/Schmalhofer/Bauer, § 66 BeamtVG, Erl 7.
51 Stegmüller/Schmalhofer/Bauer, § 66 BeamtVG, Erl. 7.

5. Versorgungsbezüge

wahrgenommenen Amtes als Bürgermeister/Landrat ist ein stark juristisch geprägtes und erfordert zusätzlich Managementfähigkeiten sowie Personalführungskompetenzen. Dabei dürften ein rechts-, betriebs- oder finanzwissenschaftliches Studium sowie eine auf die Verwaltung speziell zugeschnittene Ausbildung (z.B. Verwaltungslehre) und Zeiten im oberen Management privater Firmen prinzipiell förderlich sein. Hingegen ist dies für einen Steuerberater abzulehnen. Er erwirbt bei seiner Ausbildung und Tätigkeit keine für das Amt des Bürgermeisters/Landrats förderlichen Kenntnisse im Umgang mit Rechtsvorschriften, Verfahrensabläufen, Verwaltungsaufbau und Verwaltungsstruktur. Die Tätigkeit als Steuerberater vermittelt ein Fachwissen in einem schmalen Bereich juristischer Qualifikation, nämlich des Steuerrechts und damit zusammenhängender juristischer Nebengebiete, deren Kenntnisse zur steuerrechtlichen Gestaltung – wie beispielsweise beim Erbrecht – zweckmäßig sind. Dieses partielle Fachwissen genügt jedoch nicht, um hinsichtlich der weiten Aufgabenstellung des Bürgermeisters/Landrats eine entsprechende Förderlichkeit anzunehmen. Dabei ist zu berücksichtigen, daß es hier um das Amt des Bürgermeisters/Landrats und gerade nicht um dasjenige des Kämmerers geht, der sich bei dieser Tätigkeit auch mit steuerrechtlichen Fragestellungen zu beschäftigen hat. Die Qualifikation als Steuerberater ist ebenfalls nicht vergleichbar mit der Qualifikation eines Juristen. Diese ist wesentlich weiter angelegt und berührt sämtliche juristischen Handlungsfelder und vor allem die für die öffentliche Verwaltung wichtigen Bereiche des öffentlichen Rechts und des Zivilrechts. Eine Tätigkeit als Steuerberater ist sicherlich nicht hinderlich für die Wahrnehmung der Aufgaben als Bürgermeister/Landrat. Sie ist jedoch nicht förderlich im Rechtssinn. Zur Frage, welche Dienstzeiten als ruhegehaltsfähig berücksichtigt werden können, äußert sich ein Erlaß des IM[52]. Ob eine „Förderlichkeit" vorliegt, entscheidet die oberste Dienstbehörde (§ 49 I S. 1 BeamtVG), also der Rat/Kreistag beim hauptamtlichen Bürgermeister/Landrat. Sie hat Ermessen (§ 66 IX S. 1 BeamtVG: „können ... berücksichtigt werden"), das sachgerecht auszuüben ist. Dabei darf man als Gesichtspunkte heranziehen, ob der Beamte einen Anspruch auf anderweitige Altersversorgung (z.B. Rente) erworben hat, die finanziellen Belastungen des Dienstherrn sowie Aspekte der Wirtschaftlichkeit und Sparsamkeit.[53] Inwieweit Fachkenntnisse später in die Amtsausübung eingeflossen seien, spiele hingegen ebenso wenig eine

---

52 MittNWStGB 96, lfd. Nr. 102.
53 VG Aachen, Urt. v. 29.4.04, 1 K 1638/03, Urteilsumdruck S. 12 f., hinsichtlich des ehemaligen Bürgermeisters der Stadt Geilenkirchen, eines Steuerberaters. Das OVG Münster, Urt. v. 24.2.06, 1 A 3122/04, hat die Berufung zurückgewiesen (Urteilsumdruck S. 9 ff.), allerdings die Revision zum BVerwG wegen grundsätzlicher Bedeutung zugelassen (Urteilsumdruck S. 20). Es bedürfe der Klärung, ob die sog. förderlichen Zeiten (§ 66 IX S. 1 BeamtVG) bei der Berechnung der Dienstzeiten (§ 195 IV S. 3 LBG) zu berücksichtigen seien und somit zu den Voraussetzungen für den Eintritt in den Ruhestand von Bürgermeistern beitragen könnten. Der Kläger hat zunächst Revision eingelegt, dann jedoch die Klage zurückgenommen.

2. Abschnitt: Grundlagen der Beamtenversorgung

Rolle[54], wie die Verwaltungspraxis anderer Kommunen. Diese gelte stets behördenbezogen.[55] Rechtstatsächlich sind nach der Kommunalwahl 2004 in NW insgesamt sechs Bürgermeister ohne Versorgungsanspruch aus dem Amt geschieden, weil keine förderlichen Zeiten anerkannt wurden.

Unter bestimmten Voraussetzungen erhöht sich der Ruhegehaltssatz vorübergehend, wenn der Beamte vor Vollendung des 65. Lebensjahres in den Ruhestand getreten ist (§ 14a BeamtVG). Nach dieser Norm darf selbst der Mindestruhegehaltssatz von 35 v.H. vorübergehend erhöht werden.[56] Dies erfolgt aber nur auf Antrag (§ 14a IV S. 1 BeamtVG). Anträge, die innerhalb von drei Monaten nach Eintritt des Beamten in den Ruhestand gestellt werden, gelten als zum Zeitpunkt des Ruhestandseintritts gestellt (§ 14a IV S. 2 BeamtVG). Sofern sie zu einem späteren Zeitpunkt gestellt werden, tritt die Erhöhung vom Beginn des Antragsmonats ein (§ 14a IV S. 3 BeamtVG).

Einem B.a.L., der vor Ableistung einer Dienstzeit von fünf Jahren (§ 4 I Nr. 1 BeamtVG) wegen Dienstunfähigkeit oder Erreichens der Altersgrenze nach § 35 S. 2 BBG bzw. § 37a S. 2 LBG entlassen wurde, kann ein Unterhaltsbeitrag bis zur Höhe des Ruhegehalts bewilligt werden (§ 15 I BeamtVG). Gleiches gilt für einen B.a.P., der wegen Dienstunfähigkeit oder wegen Erreichens der Altersgrenze gemäß § 31 I S. 1 Nr. 3, V BBG bzw. § 34 I Nr. 3, V LBG entlassen wurde (§ 15 II BeamtVG).

Inhaber der neuen Ämter auf Probe und auf Zeit haben keinen selbständigen Anspruch auf Versorgung aus diesen Beamtenverhältnissen (§ 15a II, 1. Hs. BeamtVG). Sie erhalten aus diesen Ämtern ausschließlich Versorgungsansprüche bei der Unfallfürsorge (§ 15a II, 2. Hs. BeamtVG).

Tritt ein B.a.Z. in leitender Funktion nach der ersten Amtszeit wieder in sein vorheriges Amt im B.a.L. ein, berechnen sich die ruhegehaltsfähigen Dienstbezüge aus dem B.a.L. zuzüglich eines Unterschiedsbetrages zwischen diesen und den Dienstbezügen, die im B.a.Z. ruhegehaltsfähig wären (§ 15a III S. 1 BeamtVG). Beamte in leitender Funktion auf Zeit erhalten lediglich Anwartschaften auf teilweise Versorgung aus dem Zeitbeamtenverhältnis nach der ersten Amtszeit (1/4 des Unterschiedsbetrages zwischen seinem vorherigen und dem höherwertigen Amt mit leitender Funktion nach mindestens fünf Jahren; die Hälfte, wenn zwei Amtsperioden und mindestens fünf Jahre Übertragung vorliegen, § 15a III S. 2 BeamtVG). Tritt der B.a.Z. wegen Erreichens der gesetzlichen Altersgrenze oder infolge Dienstunfähigkeit in den Ruhestand, berechnen sich die ruhegehaltsfähigen Dienstbezüge aus dem B.a.Z., wenn dem Beamten das Amt mindestens fünf Jahre übertragen war (§ 15a IV, V BeamtVG).

---

54 VG Aachen, Urt. v. 29.4.04, 1 K 1638/03, Urteilsumdruck S. 11.
55 VG Aachen, Urt. v. 29.4.04, 1 K 1638/03, Urteilsumdruck S. 8.
56 BVerwG, DÖV 06, 38 (38 f.) = RiA 06, 38 (38 ff.) = NVwZ-RR 06, 131 (131 ff.) = ZBR 06, 170 (171 ff.).

5. Versorgungsbezüge

§§ 50a bis 50e BeamtVG erhöhen das Ruhegehalt durch dort näher geregelte **Kindererziehungs- und Kinderergänzungszuschläge** sowie **Kinderzuschläge zum Witwengeld** und **Pflege- und Kinderpflegeergänzungszuschläge**.

Literatur: Wahlers, Widerspricht die zeitanteilige Kürzung des Ruhegehalts für ehemals teilzeitbeschäftigte Beamtinnen/Richterinnen („Versorgungsabschlag") dem gemeinschaftsrechtlichen Lohngleichheitsgebot (Art. 140 EG)?, ZBR 05, 73; Oebbecke/Diemert, Die ruhegehaltsfähige Dienstzeit der kommunalen Wahlbeamten, DVBl 03, 1294; Hillgruber, Der Versorgungsabschlag für teilzeitbeschäftigte Beamte auf dem Prüfstand des Verfassungs- und Gemeinschaftsrechts, ZBR 98, 367.

5.2 Hinterbliebenenversorgung

§ 16 BeamtVG zählt die Arten der Hinterbliebenenversorgung abschließend auf: 376

– Bezüge für den Sterbemonat (§ 17 BeamtVG),

– Sterbegeld (§ 18 BeamtVG),

– Witwengeld (§§ 19, 20 BeamtVG),

– Witwenabfindung (§ 21 BeamtVG),

– Waisengeld (§§ 23 bis 25; § 50 III BeamtVG),

– Unterhaltsbeiträge (§§ 22, 26 BeamtVG),

– Witwerversorgung (§ 28 BeamtVG).

5.2.1 Bezüge für den Sterbemonat

Die für den Sterbemonat gezahlten Bezüge einschließlich der Aufwandsentschädigung eines verstorbenen Beamten, Ruhestandsbeamten oder früheren Beamten dürfen die Erben behalten (§ 17 I BeamtVG). Soweit diese Bezüge noch nicht an den Verstorbenen gezahlt sind, können sie ebenfalls an die Hinterbliebenen oder Erben gezahlt werden (§ 17 II BeamtVG). 377

5.2.2 Sterbegeld

Beim Tod eines Beamten mit Dienstbezügen oder eines B.a.W. im Vorbereitungsdienst erhalten der überlebende Ehegatte und die leiblichen Abkömmlinge des Beamten Sterbegeld (§ 18 I S. 1 BeamtVG). 378

Wenn keine Anspruchsberechtigten in diesem Sinn vorhanden sind, ist das Sterbegeld auf Antrag auch anderen Personen zu zahlen (§ 18 II BeamtVG). Sofern mehrere gleichberechtigte Personen existieren, wird der Zahlungsempfänger anhand der Rangfolge des § 18 I, II BeamtVG bestimmt (§ 18 IV, 1. Hs. BeamtVG). Liegt ein wichtiger Grund vor, kann man hiervon abweichen oder das Sterbegeld aufteilen (§ 18 IV, 2. Hs. BeamtVG).

2. Abschnitt: Grundlagen der Beamtenversorgung

Das Sterbegeld beträgt das Zweifache der Dienstbezüge oder der Anwärterbezüge ausschließlich des Auslandskinderzuschlages und der Vergütungen (§ 18 I S. 2, 1. Hs. BeamtVG). Entsprechendes gilt beim Tod eines Ruhestandsbeamten oder eines entlassenen Beamten, der im Sterbemonat einen Unterhaltsbeitrag erhalten hat (§ 18 I S. 3, 1. Hs. BeamtVG). An die Stelle der Dienstbezüge tritt das Ruhegehalt oder der Unterhaltsbeitrag zuzüglich des Unterschiedsbetrages nach § 50 I BeamtVG (§ 18 I S. 3, 2. Hs. BeamtVG). Diese Beträge werden den Anspruchsberechtigten in einer Summe gezahlt.

5.2.3 Witwengeld

379 Die Witwe eines B.a.L., der die Voraussetzungen des § 4 I BeamtVG erfüllt hat, eines Ruhestandsbeamten oder eines B.a.P., der an den Folgen einer Dienstbeschädigung starb, erhält grundsätzlich Witwengeld (§ 19 I S. 1, II BeamtVG).

Kein Witwengeld wird gezahlt (§ 19 I S. 2 BeamtVG), wenn

– die Ehe mit dem Verstorbenen nicht mindestens ein Jahr gedauert hat; es wird doch gewährt, wenn nicht anzunehmen ist, daß der alleinige oder überwiegende Zweck der Heirat nur gewesen ist, der Witwe eine Versorgung zu beschaffen (Nr. 1; sog. Versorgungsehe)[57],

– die Ehe erst nach dem Eintritt des Beamten in den Ruhestand geschlossen worden ist und der Ruhestandsbeamte z.Z. der Eheschließung bereits das 65. Lebensjahr vollendet hatte (Nr. 2).

Die Höhe des Witwengeldes beträgt 55 v.H. des Ruhegehalts, das der Verstorbene erhalten hat oder hätte erhalten können, wenn er am Todestag in den Ruhestand versetzt worden wäre (§ 20 I S. 1 BeamtVG). Ein Kinderzuschlag zum Witwengeld kann hinzutreten (§ 50c BeamtVG). Dann beträgt das Witwengeld mindestens 60% des Ruhegehalts nach § 14 IV S. 2 BeamtVG (§ 20 I S. 2, 1. Hs. BeamtVG). § 14 VI und § 14a BeamtVG gelten nicht (§ 20 I S. 3 BeamtVG). Mit dem Versorgungsänderungsgesetz 2001 wurde das Witwengeld von 60% auf 55% reduziert. Das alte Recht gilt weiter für Ehen, die vor dem 1.1.2002 geschlossen wurden, wenn zumindest ein Ehegatte vor dem 2.1.1962 geboren ist (§ 69e V S. 2 BeamtVG).

Sofern die Witwe zwanzig Jahre jünger als der Verstorbene war, wird das Witwengeld gekürzt (§ 20 II BeamtVG). Dies entfällt, wenn aus der Ehe ein Kind hervorgegangen ist.

Die Zahlung des Witwengeldes beginnt dem Ablauf des Sterbemonats des Beamten (§ 27 I S. 1 BeamtVG). Der Anspruch erlischt mit dem Ende des Monats, in dem die Witwe heiratet oder stirbt (§ 61 I S. 1 Nr. 1, 2

---

[57] Um die Vermutung für eine Versorgungsehe zu widerlegen, muß man die besonderen Umstände des Einzelfalls würdigen: OVG Hamburg, NVwZ-RR 06, 196 = DÖD 05, 202 (202 f.).

5. Versorgungsbezüge

BeamtVG). Außerdem erlischt er mit der Rechtskraft des Urteils eines deutschen Gerichts im Geltungsbereich des BeamtVG, durch das sie wegen eines Verbrechens zu einer Freiheitsstrafe von mindestens zwei Jahren oder wegen vorsätzlichen Hochverrats, Friedenverrats, Gefährdung des demokratischen Rechtsstaats, Landesverrats bzw. Gefährdung der äußeren Sicherheit zu mindestens sechs Monaten Freiheitsstrafe verurteilt worden ist (§ 61 I S. 1 Nr. 4 BeamtVG) sowie mit der Verwirkung eines Grundrechts aufgrund einer Entscheidung des BVerfG (§ 61 I S. 2 BeamtVG).

Sofern eine Witwe wieder heiratet und die Ehe dann aufgelöst oder für nichtig erklärt wird, lebt der Anspruch auf Witwengeld auf. Hierbei ist jedoch ein neu erworbener Versorgungs-, Unterhalts- oder Rentenanspruch auf das Witwengeld anzurechnen (§ 61 III S. 1, 3 BeamtVG).

Literatur: Hellfeier, Die „Spätehe" des Beamten, DÖD 05, 237.

5.2.4 Witwenabfindung

Eine Witwe, die Anspruch auf Witwengeld oder auf einen Unterhaltsbeitrag hat, bekommt bei einer **Wiederverheiratung** eine Witwenabfindung (§ 21 I BeamtVG). Diese beträgt das 24-fache des Witwengeldes, das ihr im Heiratsmonat unter Berücksichtigung der Anrechnungs-, Kürzungs- und Ruhensvorschriften zustand (§ 21 II S. 1, 1. Hs. BeamtVG). Sofern der Anspruch auf Witwengeld wieder auflebt (§ 61 III S. 1 BeamtVG), bleibt der Witwe nur das durch die Witwenabfindung abgegoltene Witwengeld, das rechnerisch der Dauer der Ehe vom Ersten des auf die Wiederverheiratung folgenden Monats bis zum Wiederaufleben des Witwengeldes entspricht. Soweit die Witwenabfindung für eine Zeit gewährt worden ist, die nach dem Wiederaufleben des Witwengeldes liegt, ist diese in angemessenen Teilbeträgen von dem neuen Witwengeld einzubehalten (§ 21 III BeamtVG). 380

5.2.5 Waisengeld

Waisengeld erhalten die Kinder eines verstorbenen B.a.L., eines verstorbenen Ruhestandsbeamten oder eines B.a.P., der an den Folgen einer Dienstbeschädigung verstorben ist, wenn der Beamte die Voraussetzungen (§ 4 I BeamtVG) erfüllt hat (§ 23 I BeamtVG). Ausgenommen sind Kinder eines verstorbenen Ruhestandsbeamten, wenn das Kindschaftsverhältnis durch Annahme als Kind begründet wurde, der Ruhestandsbeamte in diesem Zeitpunkt bereits im Ruhestand war und das 65. Lebensjahr vollendet hatte (§ 23 II S. 1 BeamtVG). Dann kann ihnen jedoch ein Unterhaltsbeitrag bis zur Höhe des Waisengeldes bewilligt werden (§ 23 II S. 2 BeamtVG). 381

Das Waisengeld beträgt für Halbwaisen 12 v.H. und für Vollwaisen 20 v.H. des Ruhegehalts, das der verstorbene Beamte erhalten hat oder erhalten hätte, wenn er am Todestag in den Ruhestand getreten wäre (§ 24 I S. 1 BeamtVG). Sofern die Mutter des Kindes des Verstorbenen kein Witwengeld und auch keinen Unterhaltsbeitrag in Höhe des Witwengeldes bekommt, wird das Waisengeld nach dem Satz für Vollwaisen gezahlt (§ 24 II, 1. Hs. BeamtVG). Es darf jedoch zuzüglich des Unterhaltsbeitrags den Betrag des Witwengeldes und des Waisengeldes nach dem Satz für Halbwaisen nicht übersteigen (§ 24 II, 2. Hs. BeamtVG).

Neben dem Waisengeld wird ein Ausgleichsbeitrag gewährt, der dem Betrag für das erste Kind (§ 66 I EStG) entspricht, wenn in der Person der Waise die Voraussetzungen (§ 32 I bis V EStG) erfüllt sind, Ausschlußgründe (§ 65 EStG) nicht vorliegen, keine Person vorhanden ist, die aufgrund von § 62 EStG oder nach § 1 BKGG anspruchsberechtigt ist, und die Waise keinen Anspruch auf Kindergeld (§ 1 II BKGG) hat (§ 50 III S. 1 BeamtVG).

Wann der Anspruch auf Waisengeld erlischt, richtet sich nach § 61 BeamtVG. Dies ist insbesondere der Fall, wenn der Waise das 18. Lebensjahr vollendet (§ 61 I S. 1 Nr. 3 BeamtVG).

Wenn und solange Witwen- und Waisengeld einzeln oder zusammen den Betrag des ihrer Berechnung zugrundeliegenden Ruhegehalts übersteigen, sind die einzelnen Bezüge im gleichen Verhältnis zu kürzen (§ 25 I BeamtVG). Diese Bestimmung gilt auch, wenn neben Witwen- oder Waisengeld ein Unterhaltsbeitrag (§§ 22 II, III oder 86 I BeamtVG) gezahlt wird (§ 25 III BeamtVG).

5.2.6 Unterhaltsbeiträge

382 § 22 BeamtVG regelt Unterhaltsbeiträge für nicht witwengeldberechtigte Witwen und frühere Ehefrauen. In den Fällen des § 19 I S. 2 Nr. 2 BeamtVG ist, sofern die besonderen Umstände des Falls keine volle oder teilweise Versagung rechtfertigen, ein Unterhaltsbeitrag in Höhe des Witwengeldes zu gewähren (§ 22 I S. 1 BeamtVG). Erwerbseinkommen und Erwerbsersatzeinkommen sind in angemessenem Umfang anzurechnen (§ 22 I S. 2 BeamtVG). Wird ein Erwerbsersatzeinkommen nicht beantragt oder wird auf ein Erwerbs- oder Erwerbsersatzeinkommen verzichtet oder wird an deren Stelle eine Kapitalleistung, Abfindung oder Beitragserstattung gezahlt, ist der Betrag zu berücksichtigen, der ansonsten zu zahlen wäre (§ 22 I S. 3 BeamtVG). Auch die geschiedene Ehefrau eines verstorbenen Beamten kann einen Unterhaltsbeitrag erhalten (§ 22 II BeamtVG). Schließlich regelt § 26 BeamtVG Unterhaltsbeiträge für Hinterbliebene von B.a.L. und B.a.P.

5.2.7 Witwerversorgung

383 Der Witwer oder der geschiedene Ehemann einer verstorbenen Beamtin oder Ruhestandsbeamtin hat die gleichen Ansprüche wie die Witwe oder die geschiedene Ehefrau eines verstorbenen Beamten oder Ruhestandsbeamten (§ 28 S. 1 BeamtVG). Die Anspruchsvoraussetzungen, die Einschränkung von Ansprüchen, die Höhe und die Begrenzung von Leistun-

5. Versorgungsbezüge

gen sind in gleicher Weise wie bei der Witwe und der geschiedenen Ehefrau zu beachten.

Literatur: Pechstein, Die Verfassungsmäßigkeit einer „wirkungsgleichen Übertragung" der Reform des Hinterbliebenenrentenrechts durch das AVmEG auf die Beamtenversorgung, ZBR 01, 318.

5.3 Unfallfürsorge

Der durch einen Dienstunfall verletzte Beamte und seine Hinterbliebenen **384** haben gegenüber dem Dienstherrn Anspruch auf Unfallfürsorge. Keine Unfallfürsorge gibt es, wenn der verletzte Beamte den Dienstunfall vorsätzlich herbeigeführt hat (§ 44 I BeamtVG).

Ein **Dienstunfall** ist ein auf äußerer Einwirkung beruhendes, plötzliches, örtlich und zeitlich bestimmbares, einen Körperschaden verursachendes Ereignis, das in Ausübung oder wegen des Dienstes eingetreten ist (§ 31 I S. 1 BeamtVG). Zum Dienst gehören ebenfalls Dienstreisen, Dienstgänge sowie die dienstliche Tätigkeit am Bestimmungsort (§ 31 I S. 2 Nr. 1 BeamtVG) und die Teilnahme an dienstlichen Veranstaltungen (§ 31 I S. 2 Nr. 2 BeamtVG). Gleichfalls zählen hierzu bestimmte Nebentätigkeiten im öffentlichen Dienst (§ 31 I S. 2 Nr. 3 BeamtVG). Als Dienst gilt auch das Zurücklegen des mit dem Dienst zusammenhängenden Weges nach und von der Dienststelle (§ 31 II S. 1, 1. Hs. BeamtVG), also der unmittelbare Weg von der Wohnung zur Dienststelle und zurück unabhängig von der Entfernung[58], nicht jedoch Umwege und erhebliche Unterbrechungen.[59] Wird die Heimfahrt unerheblich unterbrochen, ist dies unschädlich.[60] Der dienstunfallrechtlich geschützte Weg beginnt an der Außentür des Gebäudes, in dem der Beamte wohnt, und nicht bereits an seiner Wohnungstür.[61] Ein Unfall in einer privaten Garage des Beamten ist selbst dann kein Dienstunfall, wenn er auf dem Weg von der oder zur Dienststelle geschieht.[62] Ob ein Ereignis „in Ausübung oder wegen des Dienstes" eingetreten ist, muß im Einzelfall sorgfältig geprüft werden. Dafür muß sich der Beamte gewissermaßen „im Banne des Dienstes" befunden haben.[63] Kollegensport in der Freizeit zählt als private Aktivität nicht hierzu. Anders ist es, wenn der Sport auf dem Dienstplan steht, wie z.B. bei Polizisten oder Soldaten[64], oder auf andere Weise seine entscheidende Prägung

---

58 Dies soll jedoch nicht gelten, wenn die Wohnung in Relation zur Dauer der Mittagspause unverhältnismäßig weit entfernt ist (11 km bei 30 Minuten Mittagspause): VG München, BayVBl 03, 441 (442).
59 BVerwG, BayVBl 05, 215 (216) = DVBl 04, 1377 (1379) = NVwZ-RR 04, 865 (866) = zfS 05, 103 (105) = ZBR 04, 433 (434) = DÖD 05, 39 (40) = E 121, 67 (71) = RiA 05, 25 (26 f.) = RiA 05, 101 (103).
60 BVerwG, NJW 83, 642 (643).
61 VG München, DÖD 06, 85 (86 f.).
62 BVerwG, NVwZ-RR 05, 421 = E 122, 360 (361) = BayVBl 05, 764 = DÖD 06, 57 = RiA 05, 191 (192).
63 OVG Koblenz, KommJur 05, 111 (112) = NVwZ-RR 06, 199.
64 Burk, SchulVerwaltung NW 01, 54 (57).

2. Abschnitt: Grundlagen der Beamtenversorgung

durch die dienstliche Sphäre erhält[65]. Der Dienstunfall muß speziell durch dienstliche Verrichtungen geprägt sein.[66] Dies wäre allerdings anzunehmen, wenn ein sportlicher Wettkampf im Einverständnis mit dem Dienstvorgesetzten zumindest auch der Verbesserung des Betriebsklimas und der Kontaktpflege mit anderen Behörden dient.[67] § 31 BeamtVG enthält eine Legaldefinition des Begriffes „Dienstunfall" und zählt abschließend die rechtlich relevanten Tatbestandsmerkmale auf, die erfüllt sein müssen.[68] Wichtig ist insbesondere die Ursächlichkeit und zwar sowohl zwischen Ereignis und Schaden als auch (meist problematischer) zwischen Ereignis und Ausübung des Dienstes. Dabei ist der Zusammenhang des Unfalls mit dem Beamtendienst das entscheidende Kriterium.[69] Ursächlich sind allein solche Bedingungen, die wegen ihrer besonderen Beziehung zum Erfolg nach natürlicher Betrachtungsweise an dessen Eintritt mitgewirkt haben.[70] Keine Ursache im Rechtssinn seien Gelegenheitsursachen, also solche, bei denen zwischen dem Dienst und dem eingetretenen Schaden eine rein zufällige Beziehung bestehe (beispielsweise wenn wegen krankhafter Veranlagung jedes alltäglich vorkommende Ereignis denselben Erfolg bewirkt hätte). Der Beamte muß den vollen Beweis („mit an Sicherheit grenzender Wahrscheinlichkeit") für das Vorliegen eines Dienstunfalls führen; ein Nachweis mit überwiegender Wahrscheinlichkeit genügt nicht.[71]

Dienstunfälle sind innerhalb zweier Jahre nach dem Unfall dem Dienstvorgesetzten zu melden (Ausschlußfrist; § 45 I S. 1 BeamtVG). § 32 S. 2 BeamtVG bleibt unberührt (§ 45 I S. 2 BeamtVG). Wird die Frist nicht eingehalten, erlöschen die Ansprüche, wenn mit der Möglichkeit einer den Anspruch auf Unfallfürsorge begründenden Folge des Unfalls nicht habe gerechnet werden können oder die Meldung wegen außerhalb des Willens liegender Umstände unterblieb. Spätestens erlöschen die Ansprüche nach zehn Jahren (§ 45 II S. 1 BeamtVG). Die Meldung muß, nachdem mit der Möglichkeit einer den Anspruch auf Unfallfürsorge begründenden Folge des Unfalls gerechnet werden konnte oder das Hindernis für die Meldung weggefallen ist, innerhalb dreier Monate erfolgen (§ 45 II S. 2 BeamtVG). Bemerkbar wird eine Unfallfolge, wenn der verletzte Beamte bei sorgfältiger Prüfung nach seinem Urteilsvermögen zur Überzeugung kommt oder kommen mußte, daß sein Leiden durch den Unfall verursacht wurde.[72] Die Unfallfürsorge wird hier vom Tag der Meldung an gewährt (§ 45 II S. 3, 1. Hs. BeamtVG). Um Härtefälle zu vermeiden, kann dies

---

65 BVerwG, NVwZ-RR 05, 422 (423) = DÖD 05, 198 (200).
66 BVerwG, ZBR 74, 23 (24 f.).
67 BVerwG, NVwZ-RR 05, 422 (423) = DÖD 05, 198 (200 f.).
68 Stegmüller/Schmalhofer/Bauer, § 31 BeamtVG, Erl 1.
69 BVerwG, NVwZ-RR 05, 422 (423) = DÖD 05, 198 (201).
70 BVerwG, DVBl 02, 1642 (1643) = DÖD 02, 314 = RiA 03, 245 (246) = IÖD 02, 260 (261) = NVwZ-RR 02, 761.
71 OVG Lüneburg, NdsVBl 05, 301, zu den Voraussetzungen, unter denen ein Zeckenbiß als Dienstunfall anzuerkennen ist.
72 BVerwG, IÖD 02, 200 (201) = RiA 03, 187 (188).

5. Versorgungsbezüge

auch von einem früheren Zeitpunkt an geschehen (§ 45 II S. 3, 2. Hs. BeamtVG). Die Anerkennung eines schädigenden Ereignisses als Dienstunfall bedarf der Schriftform.[73]

§ 30 II S. 1 Nr. 1 bis 8 BeamtVG führt die bei einem Dienstunfall in Betracht kommenden Unfallfürsorgeleistungen auf:

- Erstattung von Sachschäden und besonderen Aufwendungen (§ 32 BeamtVG),
- Heilverfahren (§§ 33, 34 BeamtVG),
- Unfallausgleich (§ 35 BeamtVG),
- Unfallruhegehalt oder Unterhaltsbeitrag (§§ 36 bis 38a BeamtVG),
- Unfall-Hinterbliebenenversorgung (§§ 39 bis 42 BeamtVG),
- einmalige Unfallentschädigung (§ 43 BeamtVG),
- Schadenausgleich in besonderen Fällen (§ 43a BeamtVG),
- Versorgung bei gefährlichen Dienstgeschäften im Ausland (§ 46a BeamtVG).

Die Vorschriften über die Unfallfürsorge sind abschließend (§ 46 I S. 1 BeamtVG). Sie dürfen nicht über das Rechtsinstitut der Fürsorgepflicht des Dienstherrn erweitert werden.[74] Zudem gibt es keinen hergebrachten beamtenrechtlichen Grundsatz, daß man Beamte unfallrechtlich in jeder Beziehung Arbeitnehmern gleichstellen muß.[75] Andererseits gebietet Art. 33 V GG nicht, daß die Dienstunfallfürsorge stets vom Dienstherrn gewährt werden muß. Vielmehr wäre es verfassungsrechtlich zulässig, die konkrete Durchführung der Unfallfürsorge auf Dritte, beispielsweise auf die Unfallversicherungsträger, zu übertragen.

5.3.1 Erstattung von Sachschäden und besonderen Aufwendungen

Sind bei einem Dienstunfall Kleidungsstücke oder sonstige Gegenstände, die der Beamte mit sich geführt hat, beschädigt, zerstört worden oder abhanden gekommen, kann dafür Ersatz geleistet werden (§ 32 S. 1 BeamtVG). Anträge auf die Gewährung von Sachschadenersatz sind innerhalb einer Ausschlußfrist von drei Monaten zu stellen (§ 32 S. 2 BeamtVG). Sofern durch die Erste-Hilfe-Leistung nach dem Unfall dem Beamten spezielle Kosten entstanden sind, ist ihm der nachweisbar notwendige Aufwand zu ersetzen (§ 32 S. 3 BeamtVG).

385

Die Regelung über den **Sachschadenersatz** ist eine **Kannvorschrift**. Auf die Leistungen besteht somit kein Rechtsanspruch. Die Anwendung ist vielmehr in das pflichtgemäße Ermessen der Behörde gestellt. Sie ist dabei an Verwaltungsvorschriften und an eine evtl. Entscheidungspraxis

---

73 BVerwG, NVwZ-RR 05, 422 = DÖD 05, 198 (199).
74 OVG Bremen, NordÖR 04, 78 (79); Burk, SchulVerwaltung NW 01, 54.
75 BVerwGE 40, 220 (223); NVwZ-RR 05, 421 = E 122, 360 (363) = BayVBl 05, 764 (765) = DÖD 06, 57 (58) = RiA 05, 191 (193).

2. Abschnitt: Grundlagen der Beamtenversorgung

(zur Gleichbehandlung nötigende Selbstbindung) gebunden. Ob das Ermessen korrekt ausgeübt wurde, unterliegt der verwaltungsgerichtlichen Kontrolle. Im Gegensatz hierzu besteht auf die Erstattung der durch die **Erste-Hilfe-Leistung** entstandenen Kosten ein **Rechtsanspruch**. Diese Kosten, die ebenfalls im Zusammenhang mit einem Dienstunfall stehen müssen, sind dem Beamten in dem von ihm nachgewiesenen Umfang auszugleichen. Eine Begrenzung ergibt sich dadurch, daß die Aufwendungen für die Erste-Hilfe-Leistung notwendig gewesen sein mußten.

§ 109 BPersVG gilt für die Länder unmittelbar. Danach sind die beamtenrechtlichen Vorschriften über die Unfallfürsorge entsprechend für alle Beamten anzuwenden, die bei der Wahrnehmung von Rechten oder Erfüllung von Pflichten nach dem Personalvertretungsrecht einen Unfall erleiden, der im Sinn der beamtenrechtlichen Unfallvorschriften ein Dienstunfall wäre. Schließlich kann den Ehrenbeamten der Ersatz von Sachschäden bewilligt werden (§ 68 S. 2, 1. Alt. BeamtVG).

5.3.2 Heilverfahren

386 Anspruch auf Heilverfahren haben alle B.a.L., B.a.Z., B.a.P. und B.a.W., die durch einen Dienstunfall (§ 31 BeamtVG) verletzt worden sind oder bei denen eine Erkrankung als Dienstunfall gilt (§ 31 III BeamtVG) sowie Ehrenbeamte (§ 68 S. 1 BeamtVG). Voraussetzung hierfür ist weder die Gewährung von Besoldung noch die Zahlung von Ruhegehalt. Der Anspruch steht dem Beamten demnach neben Dienstbezügen, Anwärterbezügen und Ruhegehalt zu. Er erlischt auch nicht mit der Beendigung des Beamtenverhältnisses durch Eintritt in den Ruhestand.

Seine Abwicklung richtet sich nach der Verordnung zur Durchführung des § 33 BeamtVG[76].

Das Heilverfahren umfaßt im wesentlichen (§ 33 I Nr. 1 bis 3 BeamtVG):

- die notwendige ärztliche Behandlung,
- die notwendige Versorgung mit Arznei- und anderen Heil- und Hilfsmitteln,
- die notwendige Pflege (§ 34 BeamtVG).

Im Zusammenhang mit einem Heilverfahren ist der Verletzte verpflichtet, sich einer Krankenhausbehandlung oder Heilanstaltspflege zu unterziehen, wenn sie nach einer Stellungnahme eines durch die Dienstbehörde bestimmten Arztes notwendig ist, um den Heilerfolg zu sichern (§ 33 II S. 2 BeamtVG). Gleiches gilt für eine ärztliche Behandlung, es sei denn, daß sie mit einer erheblichen Gefahr für sein Leben oder seine Gesundheit verbunden ist (§ 33 III S. 1 BeamtVG). Schließlich muß sich der Verletzte sogar einer Operation unterziehen, wenn sie keinen erheblichen Eingriff in seine körperliche Unversehrtheit bedeutet (§ 33 III S. 2 BeamtVG).

---

[76] Heilverfahrensverordnung v. 25.4.79, BGBl. I, 502 (502 ff.).

5.3.3 Unfallausgleich

Der Unfallausgleich wird unabhängig davon gewährt, ob dem Beamten 387
oder Ruhestandsbeamten aus derselben Ursache ein Anspruch auf Versorgung nach dem Bundesversorgungsgesetz zusteht. Er wird neben den Dienstbezügen, den Anwärterbezügen oder dem Ruhegehalt (auch Unfallruhegehalt), nicht aber neben einem Unterhaltsbeitrag gezahlt, wenn die auf einem Dienstunfall oder mehreren Dienstunfällen beruhende wesentliche Minderung der Erwerbstätigkeit länger als sechs Monate dauert (§ 35 I S. 1 BeamtVG). Die Höhe des Unfallausgleichs richtet sich nach der Grundrente gemäß § 31 I bis IV des Bundesversorgungsgesetzes (§ 35 I S. 2 BeamtVG).

5.3.4 Unfallruhegehalt oder Unterhaltsbeitrag

Anspruch auf Unfallruhegehalt haben B.a.L., B.a.Z. und B.a.P., die infolge 388
eines Dienstunfalls dienstunfähig geworden und deswegen in den Ruhestand getreten sind (§ 36 I BeamtVG). Dabei muß selbst bei unfallbedingter Polizeidienstunfähigkeit ein ursächlicher Zusammenhang zwischen Dienstunfall und Zurruhesetzung vorliegen.[77] In dieser Entscheidung äußert sich das BVerwG ebenfalls zum Ursachenbegriff im Dienstunfallrecht.

Das Unfallruhegehalt tritt an die Stelle des normalen Ruhegehalts. Es wird anhand der ruhegehaltsfähigen Dienstzeit und der ruhegehaltsfähigen Dienstbezüge errechnet. Vom Unfallruhegehalt ist auch bei der Unfallhinterbliebenenversorgung auszugehen.

§ 4 I S. 1 Nr. 1 BeamtVG mit seiner Wartezeit von fünf Jahren gilt nicht („oder") für die Entstehung des Anspruchs auf Unfallruhegehalt.

Nicht erforderlich für die Zuerkennung des Unfallruhegehalts aus einem Beförderungsamt ist es, daß der Beamte die für die Normalversorgung (§ 5 III BeamtVG) vorgeschriebene Dienstzeit von drei Jahren in dem Beförderungsamt hat (§ 5 IV BeamtVG). Der Umfang des Unfallruhegehalts richtet sich nach § 36 III BeamtVG. Danach erhöht sich der errechnete Ruhegehaltssatz für die Normalversorgung (§ 14 I BeamtVG) um 20 v.H. (§ 36 III S. 1 BeamtVG). Das Unfallruhegehalt beträgt mindestens 66 2/3 v.H. der ruhegehaltsfähigen Dienstbezüge und darf nicht 75 v.H. der ruhegehaltsfähigen Dienstbezüge übersteigen (§ 36 III S. 2 BeamtVG). In jedem Fall werden aber 75 v.H. der jeweils ruhegehaltsfähigen Dienstbezüge aus der Endstufe der Besoldungsgruppe A 4 als Unfallruhegehalt gezahlt (§ 36 III S. 3, 1. Hs. BeamtVG). Bei der Berechnung des Unfallruhegehalts eines vor Vollendung des 60. Lebensjahres in den Ruhestand getretenen Beamten wird der ruhegehaltsfähigen Dienstzeit nur die Hälfte der Zurechnungszeit nach § 13 I BeamtVG hinzugerechnet (§ 36 II, 1. Hs. BeamtVG).

---

77 BVerwG, NVwZ 96, 183 (184).

2. Abschnitt: Grundlagen der Beamtenversorgung

Setzt sich ein Beamter bei Ausübung einer Diensthandlung einer damit verbundenen besonderen Lebensgefahr aus (z.B. Polizei-, Feuerwehrbeamter) und **erleidet er infolge dieser Gefährdung einen Dienstunfall**, erhält er ein **erhöhtes Unfallruhegehalt**. Er muß wegen dieses Dienstunfalls dienstunfähig geworden und in den Ruhestand getreten sein und im Zeitpunkt des Eintritts in den Ruhestand wegen des Dienstunfalls in seiner Erwerbsfähigkeit um mindestens 50 v.H. beschränkt sein (§ 37 I S. 1 BeamtVG).

Folgende Voraussetzungen müssen aber für die erhöhte Unfallversorgung erfüllt sein:

– die Ausübung der Diensthandlung muß (objektiv) mit einer besonderen Lebensgefahr verbunden gewesen sein,

– der Unfall muß auf die Gefahrenlage zurückzuführen sein und

– der Unfall muß eine Minderung der Erwerbsfähigkeit um mindestens 50 v.H. (im Zeitpunkt des Eintritts in den Ruhestand) herbeigeführt haben.

Der Berechnung des erhöhten Unfallruhegehalts sind – unabhängig von der im Zeitpunkt des Eintritts des Versorgungsfalles geleisteten ruhegehaltsfähigen Dienstzeit (§ 14 BeamtVG) – 80 v.H. der ruhegehaltsfähigen Dienstbezüge aus der Endstufe der übernächsten Besoldungsgruppe zugrundezulegen (§ 37 I S. 1 BeamtVG). Die ruhegehaltsfähigen Dienstbezüge aus der jeweiligen Endstufe sind mindestens wie folgt zu bemessen (§ 37 I S. 2, 1. Hs. BeamtVG):

a) für Beamte der Laufbahngruppe des einfachen Dienstes aus BesGr. A 6,

b) für Beamte der Laufbahngruppe des mittleren Dienstes aus BesGr. A 9,

c) für Beamte der Laufbahngruppe des gehobenen Dienstes aus BesGr. A 12,

d) für Beamte der Laufbahngruppe des höheren Dienstes aus BesGr. A 16.

Beispiel: Ein Stadtoberinspektor ist im Alter von 40 Jahren an den Folgen eines qualifizierten Dienstunfalls (§ 37 I S. 1 BeamtVG) dienstunfähig geworden. Bei Eintritt des Versorgungsfalles hatte der Beamte die achte Stufe der BesGr. A 10 erreicht.

Seine erhöhte Unfallversorgung bemißt sich nach §§ 37 I, 5 I S. 1 BeamtVG:

ruhegehaltsfähige Dienstbezüge aus der Endstufe der BesGr. A 12 (§ 37 I S. 2, 1. Hs. BeamtVG, Grundgehalt),

Familienzuschlag der Stufe 1,

ruhegehaltsfähige Stellenzulage.

Hiervon 80 v.H. (= erhöhtes Unfallruhegehalt).

Ein erhöhtes Unfallruhegehalt wird zudem gewährt, wenn der Beamte in Ausübung des Dienstes durch einen rechtswidrigen Angriff oder außerhalb des Dienstes durch einen Angriff i.S.v. § 31 IV BeamtVG einen Dienstunfall mit den in § 37 I BeamtVG genannten Folgen erleidet (§ 37 II Be-

5. Versorgungsbezüge

amtVG). Ein solcher Angriff setzt eine zielgerichtete Verletzungshandlung voraus.[78]

§ 38 I BeamtVG regelt die Unfallfürsorgeleistungen für alle früheren Beamten, deren Beamtenverhältnis nicht durch Eintritt in den Ruhestand geendet hat. Voraussetzung ist, daß der Beamte während des Beamtenverhältnisses einen Dienstunfall erlitten hat und nach seiner Entlassung wegen der Folgen des Dienstunfalls der Fürsorge seines ehemaligen Dienstherrn bedarf.

Als Unfallfürsorgeleistungen werden gewährt:

– Heilverfahren und Erstattung der Pflegekosten bei Hilflosigkeit (§§ 38 I, III S. 2, 34, 35 BeamtVG),
– Unterhaltsbeitrag (§ 38 I, II BeamtVG),
– Arbeitslosigkeitszuschlag als Kannleistung (§ 38 III S. 1 BeamtVG).

Der Unterhaltsbeitrag beträgt bei völliger Erwerbsunfähigkeit 66 2/3 v.H. der ruhegehaltsfähigen Dienstbezüge nach § 5 I BeamtVG (§ 38 II Nr. 1, IV S. 1 BeamtVG). Ist die Erwerbsfähigkeit um wenigstens 20 v.H. gemindert, macht der Unterhaltsbeitrag den der Minderung entsprechenden Teil des bei völliger Erwerbsunfähigkeit zustehenden Unterhaltsbeitrages aus (§ 38 II Nr. 2 BeamtVG). Unter den Voraussetzungen des § 38a BeamtVG wird schließlich ein Unterhaltsbeitrag bei Schädigung eines ungeborenen Kindes gewährt.

5.3.5 Unfall-Hinterbliebenenversorgung

Unfall-Hinterbliebenenversorgung wird gewährt, wenn der Beamte, der Unfallruhegehalt erhalten hätte, oder der Ruhestandsbeamte, der bereits Unfallruhegehalt bezog, an den Folgen eines Dienstunfalls verstorben ist (§ 39 I S. 1 BeamtVG). Ist ein Ruhestandsbeamter, der Unfallruhegehalt bezog, nicht an den Folgen des Dienstunfalls verstorben, steht den Hinterbliebenen nur Versorgung nach den allgemeinen Bestimmungen über die Hinterbliebenenversorgung zu. Sie ist jedoch aus dem Unfallruhegehalt zu berechnen (§ 39 II BeamtVG).

389

Das Unfallwitwengeld ist 60 v.H. des Unfallruhegehalts (§ 39 I S. 2 Nr. 1 BeamtVG). Das gilt allerdings nicht, wenn die Ehe des Ruhestandsbeamten erst nach Vollendung des 65. Lebensjahres geschlossen worden ist (§ 44 III i.V.m. § 22 I und § 19 I S. 2 Nr. 2 BeamtVG). Unerheblich ist, ob die Ehe vor oder nach dem Dienstunfall eingegangen wurde.

Das Unfallwaisengeld beträgt für jedes waisengeldberechtigte Kind, gleichgültig ob Voll- oder Halbwaise, 30 v.H. des Unfallruhegehalts (§ 39 I S. 2 Nr. 2 S. 1 BeamtVG). Ist die Ehe erst nach Vollendung des 65. Lebensjahres geschlossen worden, steht kein Unfallwaisengeld zu (§ 44 III i.V.m. § 22 I und § 19 I S. 2 Nr. 2 BeamtVG). Unfallwaisengeld wird

---

78 BVerwG, PersV 99, 375 (376) = DÖD 99, 62.

auch elternlosen Enkeln gezahlt, deren Unterhalt z.Z. des Dienstunfalls ganz oder überwiegend durch den Verstorbenen bestritten wurde (§ 39 I S. 2 Nr. 2 S. 2 BeamtVG).

Der Beamte oder seine Hinterbliebenen erhalten eine einmalige Unfallentschädigung in Höhe von 76.700 Euro, wenn der Beamte einen qualifizierten Dienstunfall (§ 37 BeamtVG) erlitten hat und er wegen des Unfalls in seiner Erwerbsfähigkeit in diesem Zeitpunkt um wenigstens 80 v.H. beeinträchtigt ist (§ 43 I BeamtVG). Die einmalige Entschädigung wird neben dem allgemeinen Unfallruhegehalt gezahlt.

Literatur: Burk, Dienstunfallrecht – ein Überblick, SchulVerwaltung NW 01, 54; Dikow, Kurze Replik auf „Sportliche Betätigung von Beamten und Dienstunfallschutz" von Professor Meinrad Fleig, ZBR 94, 49; Birkle, Die Versorgung der Beamten bei Dienstunfähigkeit, DÖD 93, 59; Fleig, Sportliche Betätigung von Beamten und Dienstunfallschutz, ZBR 93, 142.

5.4 Zusammentreffen von Witwengeld, Waisengeld und Unterhaltsbeiträgen

390 Witwen- und Waisengeld sowie ggf. Unterhaltsbeitrag dürfen weder einzeln noch zusammen den Betrag des ihrer Berechnung zugrundezulegenden Ruhegehalts übersteigen (§ 25 I S. 1, III BeamtVG). Ergibt sich an Witwen- und Waisengeld oder Unterhaltsbeitrag zusammen eine höhere Summe, werden die einzelnen Beträge im gleichen Verhältnis gekürzt (§ 25 I S. 2, III BeamtVG). Scheidet ein Witwen- oder Waisengeldberechtigter bzw. Unterhaltsbeitragsberechtigter aus, kann sich das Witwen- oder Waisengeld der verbleibenden Berechtigten vom Beginn des folgenden Monats an erhöhen (§ 25 II BeamtVG).

5.5 Übergangsgeld

391 Ein Beamter mit Dienstbezügen, der nicht auf eigenen Antrag entlassen wird, erhält ein Übergangsgeld (§ 47 I S. 1 BeamtVG). Nicht unter diese Vorschrift fallen B.a.W. im Vorbereitungsdienst mit Anspruch auf Anwärterbezüge.[79] Weitere Ausschließungsgründe zählt § 47 III BeamtVG abschließend auf.

Voraussetzung für das Übergangsgeld ist, daß man bei demselben Dienstherrn oder seinem Rechtsvorgänger mindestens ein Jahr beschäftigt war. Das Übergangsgeld beträgt nach vollendeter einjähriger Beschäftigungszeit das Einfache und bei längerer Beschäftigungszeit für jedes weitere volle Jahr ihrer Dauer jeweils zusätzlich die Hälfte der Dienstbezüge, jedoch höchstens das Sechsfache der Dienstbezüge (§ 1 II Nr. 1 bis 4 BBesG) des letzten Monats (§ 47 I S. 1 BeamtVG). § 5 I S. 2 BeamtVG gilt entsprechend (§ 47 I S. 2 BeamtVG), so daß bei einer Teilzeitbeschäftigung und einem Urlaub ohne Dienstbezüge (Freistellung) als Dienstbe-

---

[79] Stegmüller/Schmalhofer/Bauer, § 47 BeamtVG, Erl 1a.

züge die dem letzten Amt entsprechenden vollen Dienstbezüge gelten. War der Beamte im Zeitpunkt der Entlassung ohne Dienstbezüge beurlaubt, sind die Dienstbezüge zugrundezulegen, die er im Zeitpunkt der Entlassung erhalten hätte (§ 47 I S. 3, 4 BeamtVG).

§ 47 II S. 1 BeamtVG spricht nicht von „Dienstzeit" im Sinn der „ruhegehaltsfähigen Dienstzeit", sondern übernimmt den Begriff der „Beschäftigungszeit" (§ 19 BAT) bei demselben Dienstherrn oder der Verwaltung bzw. des Rechtsvorgängers. Als Beschäftigungszeit gilt somit jede Tätigkeit als Beamter, Angestellter oder Arbeiter im öffentlichen Dienst. Entscheidend kommt es darauf an, daß zwischen dem Wechsel vom privatrechtlichen Vertragsverhältnis in das Beamtenverhältnis keine Unterbrechung vorliegt. Eine weitere Voraussetzung ist, daß die Beschäftigung hauptberuflich ausgeübt wurde. Wird man zum Wehrdienst einberufen, tritt keine Unterbrechung ein. Allerdings wirkt sich hier eine Teilzeitbeschäftigung negativ aus. Zeiten mit einer Ermäßigung der regelmäßigen Arbeitszeit sind nur zu dem Teil anzurechnen, der dem Verhältnis der ermäßigten zur regelmäßigen Arbeitszeit entspricht (§ 47 II S. 2 BeamtVG).

Es steht nicht fest, ob und wann der entlassene Beamte wieder beschäftigt wird. Deshalb darf das Übergangsgeld lediglich in monatlichen Teilbeträgen in den auf die Entlassung folgenden Monaten wie Dienstbezüge gezahlt werden (§ 47 IV S. 1 BeamtVG). Man darf es nicht über das Ende des Monats hinaus gewähren, in dem der Beamte die Altersgrenze seiner Laufbahn erreicht (§ 47 IV S. 2 BeamtVG). Beim Tod des Beamten ist das Übergangsgeld an die Hinterbliebenen in einer Summe zu zahlen, und zwar in Höhe des noch nicht ausgezahlten Betrages (§ 47 IV S. 3 BeamtVG).

Bezieht der entlassene Beamte Erwerbs- oder Erwerbsersatzeinkommen (§ 53 VII BeamtVG), verringert sich das Übergangsgeld um diese Einkünfte (§ 47 V BeamtVG).

Der mit dem Versorgungsreformgesetz 1998 neu eingefügte § 47a BeamtVG regelt die Voraussetzungen des Übergangsgeldes für entlassene Politische Beamte.

6. Rückforderung/Verlust von Versorgungsbezügen

Wird ein Versorgungsberechtigter durch eine gesetzliche Änderung seiner Versorgungsbezüge mit rückwirkender Kraft schlechter gestellt, sind keine Unterschiedsbeträge zu erstatten (§ 52 I BeamtVG). 392

Die **Rückforderung** von aus anderen Gründen (Fehler in der Berechnung oder der Berechnungsgrundlage etc.) zuviel gezahlten Versorgungsbezügen richtet sich nach den Vorschriften des Bürgerlichen Gesetzbuchs

2. Abschnitt: Grundlagen der Beamtenversorgung

über die Herausgabe einer ungerechtfertigten Bereicherung (§§ 812 ff. BGB), soweit gesetzlich nichts anderes bestimmt ist (§ 52 II S. 1 BeamtVG). Der Beamte, der zu Unrecht überzahlte Versorgungsbezüge erhält, ist der sog. **Leistungskondiktion** ausgesetzt (§ 812 I S. 1, 1. Alt. BGB). Danach hat er durch Leistung des Dienstherrn (Überweisung) etwas erlangt (Versorgungsbezüge) und zwar ohne rechtlichen Grund, da ihm Versorgungsbezüge nur im gesetzlichen Rahmen (§ 3 I, II BeamtVG) zustehen. Grundsätzlich muß der Beamte das Erlangte herausgeben. Diese Verpflichtung besteht dann nicht, soweit der Empfänger nicht mehr bereichert ist (§ 818 III BGB). Die näheren Einzelheiten finden sich in Rn 360. Der Leistungsempfänger kann sich abweichend von § 818 III BGB und über die Normierung des § 819 I BGB (positive Kenntnis) i.V.m. § 818 IV BGB hinausgehend ebenfalls auf keinen Wegfall der Bereicherung berufen, wenn § 52 II S. 2 BeamtVG eingreift. Dies setzt voraus, daß der Mangel so offensichtlich war, daß der Empfänger ihn hätte erkennen müssen.

Geldleistungen, die für die Zeit nach dem Tod des Versorgungsberechtigten auf ein Konto bei einem Geldinstitut überwiesen wurden, gelten als unter dem Vorbehalt der Rückforderung erbracht (§ 52 IV S. 1 BeamtVG). Das Geldinstitut hat sie der überweisenden Stelle zurückzuüberweisen, wenn diese sie als zu Unrecht erbracht zurückfordert (§ 52 IV S. 2 BeamtVG). Soweit Geldleistungen für die Zeit nach dem Tod des Versorgungsberechtigten zu Unrecht erbracht worden sind, haben die Personen, die die Geldleistung in Empfang genommen oder über den entsprechenden Betrag verfügt haben, diesen Betrag der überweisenden Stelle zu erstatten, sofern er nicht nach § 52 IV BeamtVG vom Geldinstitut zurücküberwiesen wird (§ 52 V S. 1 BeamtVG).

Von der Rückforderung kann der Billigkeit halber mit Zustimmung der obersten Dienstbehörde oder der von ihr bestimmten Stelle ganz oder teilweise abgesehen werden (§ 52 II S. 3 BBesG).[80]

Die Rückforderung unterbleibt, wenn der Betrag weniger als fünf Euro ausmacht (§ 52 III S. 1 BeamtVG). Treffen mehrere Einzelbeträge zusammen, gilt die Grenze für die Gesamtrückforderung (§ 52 III S. 2 BeamtVG).

Im übrigen kann der Dienstherr unter den Voraussetzungen des § 51 II S. 1 BeamtVG gegenüber Ansprüchen auf Versorgungsbezüge aufrechnen. Diese Norm kann ebenfalls für die Aufrechnung mit einer Forderung des Dienstherrn aus § 12 II S. 1 BBesG i.V.m. § 9 BBesG gegen den Ruhegehaltsanspruch eines Ruhestandsbeamten angewendet werden.[81] Der Eintritt in den Ruhestand läßt die Rechtsgrundlage einer zuvor ergangenen Einbehaltungsanordnung unberührt. Das Verbot der unbeschränkten Aufrechnung gegen den Anspruch auf Übergangsgeld gilt nicht, wenn der Dienstherr mit einem Anspruch auf Rückgewähr überzahlter Dienst-

---

80 Näher OVG Münster, NWVBl 03, 16 (19) = RiA 03, 150 (154 f.) = NVwZ-RR 03, 130 (132 f.), und Rn 360.
81 BVerwG, ZBR 92, 86 (87).

bezüge für die Monate aufrechnet, für die dem entlassenen Beamten das Übergangsgeld zusteht.[82]

Schließlich findet sich in § 57 BeamtVG ein gesetzlicher Rückforderungsvorbehalt, wenn hinsichtlich der Durchführung eines Versorgungsausgleichs nach einer Ehescheidung die Versorgungsbezüge zu kürzen sind. Dies kann zu hohen Rückforderungen führen. Zuständig ist der Dienstherr, aus dessen Dienst der Beamte in den Ruhestand tritt, selbst wenn er bei Durchführung des Versorgungsausgleichs im Dienst eines anderen Dienstherrn stand.[83]

Kommt ein Ruhestandsbeamter entgegen der §§ 39, 45 I BBG oder der Vorschriften des entsprechenden Landesrechts (z.B. §§ 42, 48 I LBG) einer erneuten Berufung in das Beamtenverhältnis schuldhaft[84] nicht nach, obwohl er auf die Folgen eines solchen Verhaltens schriftlich hingewiesen worden ist, verliert er für diese Zeit seine Versorgungsbezüge (§ 60 S. 1 BeamtVG). Die oberste Dienstbehörde stellt den Verlust der Versorgungsbezüge fest (§ 60 S. 2 BeamtVG). Ein schuldhaftes Handeln mit der Rechtsfolge des **Verlustes der Versorgungsbezüge** liegt auch dann vor, wenn der Beamte in Verkennung dieser Verpflichtung bis zum Abschluß eines darüber geführten Rechtsstreits der erneuten Berufung keine Folge leistet.[85]

Literatur: Heimburger, Rückforderung von Überzahlungen an Soldaten, Beamte und Arbeitnehmer des Bundes, RiA 03, 57; Jedamzik, Rückforderung von Versorgungsbezügen, DÖD 96, 84.

7. Zusammentreffen von Versorgungsbezügen mit sonstigen Einkünften

Die §§ 53 ff. BeamtVG enthalten Bestimmungen über das Zusammentreffen von Versorgungsbezügen mit sonstigen Einkünften. Das Versorgungsreformgesetz 1998 regelte diesen Komplex überwiegend neu. Nunmehr werden durch entsprechende Änderung von § 53 BeamtVG **Einkommen eines Versorgungsempfängers aus einer weiteren Verwendung im öffentlichen Dienst und Einkommen aus privatwirtschaftlicher Tätigkeit gleichermaßen auf die Versorgung angerechnet**. Bezieht ein Versorgungsberechtigter Erwerbs- oder Erwerbsersatzeinkommen (legaldefiniert in § 53 VII S. 1 bis 3 BeamtVG), erhält er daneben seine Versorgungsbezüge allein bis zum Erreichen einer näher bezeichneten Höchstgrenze (§ 53 I BeamtVG). Als Höchstgrenze gelten für Ruhestandsbeamte und Witwen die ruhegehaltsfähigen Dienstbezüge aus der Endstufe der

393

---

82 BVerwG, IÖD 02, 57 (58) = NVwZ-RR 02, 287 (287 f.) = DÖD 02, 121.
83 BVerwGE 122, 301 (304) = RiA 05, 241 (242) = ZBR 05, 246 (247).
84 Kein Verschulden liegt vor, wenn ein Beamter auf sein privatärztliches Attest vertraut und deshalb die Reaktivierung ablehnt: OVG Münster, ZBR 04, 214 (216) = DÖD 04, 180 (182).
85 BVerwG, DVBl 91, 1206 (1207).

2. Abschnitt: Grundlagen der Beamtenversorgung

Besoldungsgruppe, aus der sich das Ruhegehalt berechnet, mindestens ein Betrag in Höhe des Eineinhalbfachen der jeweils ruhegehaltsfähigen Dienstbezüge aus der Endstufe der Besoldungsgruppe A 4, zuzüglich des jeweils zustehenden Unterschiedsbetrages nach § 50 I BeamtVG (§ 53 II Nr. 1 BeamtVG). Bei Waisen gilt als Höchstgrenze 40% des Betrages, der sich nach § 53 II Nr. 1 BeamtVG unter Berücksichtigung des ihnen zustehenden Unterschiedsbetrages (§ 50 I BeamtVG) ergibt (§ 53 II Nr. 2 BeamtVG). Besondere Höchstgrenzen gelten für Ruhestandsbeamte, die wegen Dienstunfähigkeit, die nicht auf einem Dienstunfall beruht, und wegen Schwerbehinderung in den Ruhestand getreten sind. Hier beträgt die Höchstgrenze bis zum Ablauf des Monats, in dem das 65. Lebensjahr vollendet wird, 71,75% der ruhegehaltsfähigen Dienstbezüge aus der Endstufe der Besoldungsgruppe, aus der sich das Ruhegehalt berechnet, mindestens ein Betrag in Höhe des Eineinhalbfachen der jeweils ruhegehaltsfähigen Dienstbezüge aus der Endstufe der Besoldungsgruppe A 4, zuzüglich des jeweils zustehenden Unterschiedsbetrages (§ 50 I BeamtVG) sowie 325.– Euro (§ 53 II Nr. 3 BeamtVG).

Bei der Anrechnung entsprechender Einkommen auf das Ruhegehalt müssen dem Versorgungsberechtigten mindestens 20% seines jeweiligen Versorgungsbezugs belassen werden (sog. Mindestbelassung; § 53 V S. 1 BeamtVG); diese Regelung verstößt nicht gegen die Verfassung[86]. § 53 V S. 1 BeamtVG gilt nicht beim Bezug von Verwendungseinkommen, das mindestens aus derselben Besoldungsgruppe oder einer vergleichbaren Vergütungsgruppe berechnet wird, aus der sich auch die ruhegehaltsfähigen Dienstbezüge bestimmen (§ 53 V S. 2 BeamtVG). Dieser vollständige Wegfall des vermögensrechtlichen Mindestbelassungsbetrages ist selbst dann mit höherrangigem Recht vereinbar, wenn ein versorgungsberechtigter Hinterbliebener des Beamten Verwendungseinkommen aus einer Tätigkeit als Angestellter einer juristischen Person des öffentlichen Rechts bezieht.[87] Für sonstiges in der Höhe vergleichbares Verwendungseinkommen sind §§ 53 V S. 2, 53 VII S. 5 BeamtVG entsprechend heranzuziehen (§ 53 V S. 3 BeamtVG). Nach Ablauf des Monats, in dem der Versorgungsberechtigte sein 65. Lebensjahr vollendet, wird nur noch Erwerbseinkommen aus einer Verwendung im öffentlichen Dienst (Verwendungseinkommen) angerechnet (§ 53 VIII S. 1 BeamtVG).

Die Gesetzesnovelle beruht auf der rechtspolitischen Überlegung, daß die bisherigen Anrechnungsvorschriften unzureichend und geeignet waren, Frühpensionierungen zu begünstigen. Insbesondere wollte man die bisherige Unterscheidung zwischen Einkommen innerhalb und außerhalb des öffentlichen Dienstes, die oftmals zu nicht nachvollziehbaren Ergebnissen geführt hatte, nicht länger aufrechterhalten. Nicht einzusehen war, daß lediglich Einkünfte aus dem öffentlichen Dienst angerechnet

---

86 BVerwG, NVwZ-RR 05, 488 (489) = DÖD 06, 61 (62); OVG Münster, Urt. v. 18.8.05, 1 A 5012/04, Urteilsumdruck S. 18.
87 BVerwG, DVBl 06, 313 (314 f.) = DÖV 06, 267 (268) = ZBR 06, 133 (134 f.) = RiA 06, 85 (86 f.) = NVwZ 06, 606 (607 f.).

7. Zusammentreffen von Versorgungsbezügen mit sonstigen Einkünften

wurden. Vielmehr sind nunmehr ebenfalls solche aus privatwirtschaftlicher Tätigkeit, d.h. selbständiger oder nichtselbständiger Tätigkeit einschließlich Abfindungen, aus Gewerbebetrieb sowie aus Land- und Forstwirtschaft in gleicher Weise anzurechnen (§ 53 VII S. 1 BeamtVG). Eine Ausnahme bilden Aufwandsentschädigungen, ein Unfallausgleich sowie Einkünfte aus Tätigkeiten, die nach Art und Umfang einer zulässigen Nebentätigkeit eines aktiven Beamten entsprechen (§ 53 VII S. 2 BeamtVG). Für eine Verschärfung der Hinzuverdienstgrenzen spricht zudem, daß angesichts knapper Finanzmittel und defizitärer Haushalte nicht ausschließlich bei den aktiven Beamten gespart werden muß, sondern ebenfalls bei den Versorgungsempfängern.

Die rechtspolitisch sinnvolle Norm des **§ 53 BeamtVG begegnet** jedoch **394 starken verfassungsrechtlichen Bedenken**.[88] Der Versorgungsanspruch eines Beamten unterliegt dem Schutz des Art. 33 V GG. Danach bleibt dem Gesetzgeber ein weiter Spielraum des politischen Ermessens, innerhalb dessen er die Versorgung der Beamten den besonderen Gegebenheiten, den tatsächlichen Notwendigkeiten sowie der fortschreitenden Entwicklung anpassen und verschiedenartige Gesichtspunkte berücksichtigen kann.[89] Jede gesetzliche Bestimmung des Versorgungsrechts muß generalisieren und enthält daher unvermeidbare Härten; sie mag für die Betroffenen insofern fragwürdig erscheinen. Sich daraus ergebende Unebenheiten, Friktionen und Mängel müssen in Kauf genommen werden, solange sich für die Gesamtregelung ein plausibler und sachlich vertretbarer Grund anführen läßt.[90]

Ein hergebrachter und zu beachtender Grundsatz des Berufsbeamtentums ist das Alimentationsprinzip, das den Dienstherrn verpflichtet, den Beamten und seine Familie lebenslang angemessen zu alimentieren. Das Alimentationsprinzip gilt auch für B.a.Z.[91] Es begrenzt die Regelungsfreiheit des Gesetzgebers.[92] Die angemessene Alimentation ist unabhängig davon zu leisten, ob und inwieweit der Versorgungsempfänger seinen Unterhalt aus eigenen Mitteln, wie insbesondere aufgrund privatrechtlicher Ansprüche oder aus privatem Vermögen, bestreiten kann.[93]

Besoldung und Versorgung müssen als solche und nicht erst durch Hinzutreten privater Einkünfte oder Leistungen Anderer einen nach Dienst-

---

[88] Von der Verfassungsgemäßheit geht das OVG Münster, Urt. v. 18.8.05, 1 A 5012/04, Urteilsumdruck S. 8 ff., aus.
[89] BVerfGE 55, 372 (392); 76, 256 (295, 310) = NVwZ 88, 329 (333) = DVBl 88, 191 (193) = ZBR 88, 23 (32); BVerwG, DVBl 06, 313 (314) = ZBR 06, 133 (134) = RiA 06, 85 (86) = NVwZ 06, 606 (607); OVG Münster, Urt. v. 18.8.05, 1 A 5012/04, Urteilsumdruck S. 10 f.
[90] BVerfGE 56, 146 (163 ff.); 76, 256 (295) = NVwZ 88, 329 (335) = DVBl 88, 191 (193) = ZBR 88, 23 (32); OVG Münster, IÖD 97, 151; VGH Mannheim, VBlBW 96, 231.
[91] OVG Münster, Urt. v. 18.8.05, 1 A 5012/04, Urteilsumdruck S. 14, hier verstanden als hergebrachter Grundsatz eines Mindestmaßes von Unabhängigkeit durch wirtschaftliche Sicherung.
[92] BVerfGE 44, 249 (263, 266 f.) = NJW 77, 1869 (1870).
[93] BVerfGE 76, 256 (298) = NVwZ 88, 329 (335) = DVBl 88, 191 (193) = ZBR 88, 23 (32); BVerwG, DVBl 04, 768 (770) = NVwZ-RR 04, 510 (511) = ZBR 05, 45 (47) = RiA 04, 184 (186); OVG Münster, IÖD 97, 151 (152); VGH Mannheim, VBlBW 96, 231.

2. Abschnitt: Grundlagen der Beamtenversorgung

rang und Amt angemessenen Lebensunterhalt des Beamten und seiner Familie sichern. Die prinzipielle Nichtanrechenbarkeit privaten Vermögens und privater Einkünfte ist deshalb ein überkommener und anerkannter Grundsatz, der die Alimentationspflicht prägt. Die beamtenrechtliche Alimentation ist von daher grundsätzlich immer eine „Vollalimentation – auch für den Versorgungsfall –"[94].

Das schließt jedoch nicht aus, daß der Gesetzgeber bei der ihm eröffneten Gestaltungsfreiheit ein außerhalb des öffentlichen Dienstes erzieltes Erwerbseinkommen anrechnet, wenn die Versorgung eines vor dem Erreichen der allgemeinen Altersgrenze in den Ruhestand getretenen Beamten nicht „erdient" ist.[95] Die Pflicht zur Alimentierung besteht nicht völlig losgelöst von der Dienstverpflichtung und der effektiven Dienstleistung des Beamten.[96] Erdient sind diejenigen Teile der Versorgung, die ein Beamter bis zum Erreichen der Regelaltersgrenze aufgrund seiner lebenslangen Dienste individuell erworben hat; nicht erdient sind hingegen solche, die wegen des vorgezogenen Ruhestandes gewährt werden.[97] Der in § 53a I S. 1 BeamtVG (alt) im einzelnen beschriebene Anrechnungshöchstbetrag, bis zu dem Erwerbseinkommen auf das Ruhegehalt angerechnet werden durfte, diente dazu, den erdienten und damit besonders geschützten Teil des Ruhegehalts von zusätzlichen Elementen zu unterscheiden.[98] Eine Anrechnung ist zudem dadurch gerechtfertigt, daß gerade die vorzeitige Zurruhesetzung dem Beamten die Möglichkeit eröffnet, sich mit der ihm gebliebenen Arbeitskraft in vollem Umfang einem privaten Gelderwerb zuzuwenden.[99]

Die Literatur[100] stellt ebenfalls darauf ab, daß die nicht erdienten Teile der Versorgung grundsätzlich anzurechnen sind; dies sei zulässig, wenn sie an der Grenzlinie zum erdienten Teil der Versorgung als Kernbestand ende.

Nicht gegen Verfassungsrecht verstießen bisher die begrenzte Anrechnung eines nur aufgrund der nicht mehr bestehenden Dienstleistungspflicht erzielten und erzielbaren privaten Erwerbseinkommens bei einem vorzeitig in den Ruhestand versetzten Beamten[101] sowie die Anrechnung

---

94 BVerfGE 76, 256 (341) = NVwZ 88, 329 (335) = DVBl 88, 191 (193) = ZBR 88, 23 (32).
95 OVG Münster, IÖD 97, 151 (152); VGH Mannheim, VBlBW 96, 231.
96 BVerwGE 105, 226 (230) = DÖV 98, 206 (207) = ZBR 98, 207 (208) = NVwZ 98, 402 (403) = DVBl 98, 198 (199).
97 Schwidden, RiA 98, 209 (210).
98 OVG Münster, IÖD 97, 151 (152); VGH Mannheim, VBlBW 96, 231. Mittlerweile vertritt das OVG Münster, Urt. v. 18.8.05, 1 A 5012/04, Urteilsumdruck S. 17, die Position, der Gedanke des Vorteilsausgleichs verlange keine Differenzierung nach erdienten und nicht erdienten Bestandteilen.
99 BVerwGE 105, 226 (230) = DÖV 98, 206 (207) = ZBR 98, 207 (208) = NVwZ 98, 402 (403) = DVBl 98, 198 (199); VGH Mannheim, VBlBW 96, 231; OVG Münster, Urt. v. 18.8.05, 1 A 5012/04, Urteilsumdruck S. 15 f.
100 Merten, ZBR 96, 353 (359); Dietrich, RiA 91, 119 (120); Fürst, ZBR 85, 1 (12 ff., 19 f.); Stegmüller/Schmalhofer/Bauer, § 53a BeamtVG, Erl 1.4.
101 BVerwGE 105, 226 (229 ff.) = DÖV 98, 206 (207) = ZBR 98, 207 (208) = NVwZ 98, 402 (403) = DVBl 98, 198 (199); DVBl 04, 762 (763); ZBR 04, 255; NVwZ-RR 05, 488 (489) = DÖD 06, 61 (62).

7. Zusammentreffen von Versorgungsbezügen mit sonstigen Einkünften

von Erwerbseinkommen auch auf das Witwengeld[102]. Die Freistellung vom Dienst beziehe sich allein darauf, daß der Beamte die geschuldete Dienstleistung nicht mehr erbringen könne. Dies dürfe ihm keine Gelegenheit geben, „an Stelle des Dienstes einer anderweitigen Erwerbstätigkeit nachzugehen und sich dadurch wirtschaftlich besser zu stellen, als er im Falle der Dienstleistung stünde".[103] Dabei ist der Grund für den Eintritt in den Ruhestand unerheblich.[104] Indem jedoch gerade diese von Rechtsprechung und Literatur als verfassungsgemäß angesehene Norm des § 53a BeamtVG (alt) nunmehr für alle Beamten ersatzlos gestrichen worden ist und § 53 BeamtVG (neu) nicht auf einen erdienten und damit besonders geschützten Teil des Ruhegehalts abstellt, entstehen hierdurch erhebliche verfassungsrechtliche Risiken.

Die verfassungsrechtliche Problematik nicht zu entschärfen vermag die Konzeption des § 53 V S. 1 BeamtVG, wonach 20 v.H. des jeweiligen Versorgungsbezuges anrechnungsfrei bleiben sollen. Der Freibetrag von 20 v.H. entstammt dem Gesetzentwurf des Bundesrates vom 24.2.84[105]. Gegen das Vorhaben, das niemals Gesetz wurde, brachte man erhebliche verfassungsrechtliche Bedenken vor.[106] Die erdienten Teile der Versorgung dürften regelmäßig höher als diese 20-Prozent-Grenze sein, so daß **trotz des Freibetrages faktisch in den verfassungsrechtlich geschützten Kernbestand des erdienten Teils der Versorgung eingegriffen** wird.[107]

Kein rechtlich beachtenswertes Argument ergibt sich hingegen aus dem Gedanken des Vertrauensschutzes der betroffenen Versorgungsempfänger. Zunächst erfüllen die hergebrachten Grundsätze des Berufsbeamtentums nach der Rechtsprechung[108] für das Beamtenrecht die Funktion des Vertrauensschutzes. Daneben habe der allgemeine rechtsstaatliche

---

102 BVerwG, DVBl 04, 773 (777) = DÖV 04, 883 (886) = ZBR 04, 250 (252 f.) = E 120, 154 (163) = RiA 04, 231 (234 f.).
103 BVerwG, NVwZ-RR 05, 488 (489) = DÖD 06, 61 (62); ähnlich OVG Münster, Urt. v. 18.8.05, 1 A 5012/04, Urteilsumdruck S. 15 f.
104 OVG Münster, Urt. v. 18.8.05, 1 A 5012/04, Urteilsumdruck S. 16.
105 BR-Drucks. 382/83 -Beschluß- v. 24.2.84, 1; BT-Drucks. 10/1478 v. 22.5.84, 3.
106 Fürst, ZBR 85, 1 (12 ff.).
107 So mittlerweile auch Oebbecke/Wacker, DVBl 99, 426 (431), die darin ebenfalls einen Verstoß gegen Art. 33 V GG sehen; zweifelnd Schwidden, RiA 98, 209 (215). A.A. BVerwG, NVwZ-RR 05, 488 (489) = DÖD 06, 61 (62): die geleistete Dienstzeit wird hierdurch „nicht völlig entwertet"; OVG Münster, Urt. v. 18.8.05, 1 A 5012/04, Urteilsumdruck S. 18.
108 BVerfGE 76, 256 (347) = NVwZ 88, 329 (335) = DVBl 88, 191 (200) = ZBR 88, 23 (43); 55, 372 (396); 37, 303 (345); NVwZ 03, 1370 (1372) = ZBR 03, 353 (355) = E 107, 257 (274) = RiA 04, 84 (89); DVBl 03, 1157 (1157 f.) = LKV 03, 469; BVerwG, DVBl 04, 773 (776) = DÖV 04, 883 (886) = ZBR 04, 250 (252) = E 120, 154 (162) = RiA 04, 231 (234); ZBR 04, 253 (255) = RiA 04, 282 (284); DVBl 04, 768 (771) = NVwZ-RR 04, 510 (512) = ZBR 05, 45 (48) = RiA 04, 184 (187); NVwZ-RR 05, 488 (489) = DÖD 06, 61 (63); NVwZ 05, 1082 (1082 f.) = DÖV 05, 781 (782 f.) = DÖD 06, 30 (33) = RiA 05, 189 (191) = ZBR 06, 166 (168); NJW 04, 308 (310) = DVBl 03, 1554 (1557 f.) = BayVBl 04, 88 (91) = ZBR 04, 49 (51) = PersV 04, 112 (116) = E 118, 277 (286); DÖD 04, 82 (86); OVG Münster, NWVBl 03, 396 (397) = ZBR 04, 176 (177) = DÖD 03, 298 (299); NWVBl 04, 145 (146).

Vertrauensschutz keine selbständige Bedeutung. Selbst wenn man sich nicht dieser Position anzuschließen vermag, verletzt der konkrete Fall nicht das rechtsstaatliche Prinzip des Vertrauensschutzes (Art. 20 III GG). Nach der jüngeren Rechtsprechung des BVerfG[109] ist im Gegensatz zur früheren Terminologie, die von „echter" und „unechter" Rückwirkung sprach, nunmehr zwischen der rückwirkenden normativen Herbeiführung von Rechtsfolgen (Rückbewirkung von Rechtsfolgen = Rückwirkung) und der tatbestandlichen Rückanknüpfung zu unterscheiden. Danach entfaltet eine Regelung Rückwirkung im Sinn der Rückbewirkung von Rechtsfolgen, wenn der Beginn ihres zeitlichen Anwendungsbereichs normativ auf einen Zeitpunkt festgelegt ist, der vor demjenigen liegt, zu dem die Bestimmung rechtlich existent, d.h. gültig geworden ist. Eine tatbestandliche Rückanknüpfung hingegen betrifft nicht den zeitlichen, sondern den sachlichen Anwendungsbereich. Sie ist dann anzunehmen, wenn die Vorschrift nach ihrem Tatbestand den Eintritt ihrer (künftigen) Rechtsfolgen von Gegebenheiten aus der Zeit vor ihrer Verkündung abhängig macht. Die Rückbewirkung von Rechtsfolgen ist nach rechtsstaatlichen Grundsätzen des Vertrauensschutzes und der Rechtssicherheit an engere Voraussetzungen geknüpft als die tatbestandliche Rückanknüpfung. Prinzipiell können allein zwingende Gründe des Gemeinwohls oder ein nicht oder nicht mehr schutzbedürftiges Vertrauen des Einzelnen eine Durchbrechung des rechtsstaatlichen Rückwirkungsverbots zugunsten der Gestaltungsfreiheit des Normgebers rechtfertigen. Dagegen ist es ihm nicht verwehrt, aus sachlichen Gründen über tatbestandliche Rückanknüpfungen die künftigen Folgen dieser Tatbestände zu ändern. Anders ist es, wenn die Novellierung, obwohl von sachlichen Gründen getragen, ausnahmsweise hinter ein überwiegendes schutzwürdiges Vertrauen des Betroffenen zurücktreten muß, das auf die Bewahrung der nach der ursprünglich maßgeblichen Rechtslage günstigeren Rechtsfolge gerichtet ist.[110]

Beurteilt man die Verschärfung der Hinzuverdienstgrenzen nach den Grundsätzen dieser Rechtsprechung, dann handelt es sich lediglich um eine tatbestandliche Rückanknüpfung. Sie hat im Gegensatz zur Rückbewirkung von Rechtsfolgen wesentlich geringere Voraussetzungen. Die Reform unterwirft zwar auch privatrechtliche Einkünfte, deren vertragliche Grundlage vor dem Existentwerden der geänderten Vorschrift begründet wurde, sowie die bereits erworbenen Ansprüche auf eine dauerhafte, lebenslange Altersvorsorge für die Zukunft den verschärften Hinzuverdienstgrenzen. Ein Beamter hat jedoch grundsätzlich kein schützenswertes Vertrauen darauf, daß die Rechtslage jemals zu seinen Ungunsten geändert wird. Es existiert kein Anspruch, daß das Versorgungsrecht,

---

109 E 72, 200 (241 ff.); NVwZ 05, 1294 (1301) = DVBl 05, 1441 (1449) = ZBR 05, 378 (389) = DÖD 06, 24 (29).
110 BVerfGE 72, 200 (253 f., 257 f.).

7. Zusammentreffen von Versorgungsbezügen mit sonstigen Einkünften

unter dem er in das Beamten- und Ruhestandsverhältnis eingetreten ist, ihm unverändert erhalten bleibt.[111]

Die geforderten sachlichen Gründe liegen vor. Private Einkünfte und solche aus öffentlichen Kassen werden gleich behandelt und die Versorgungslasten gesenkt. Dabei betont die Judikatur[112], daß die Änderung eines „in der Öffentlichkeit als nicht mehr berechtigte Privilegierung der Beamten" verstandenen Zustands sowie der Erhalt der Handlungsfähigkeit des Staates hinsichtlich der „Konjunktur-, Sozial-, Bildungs- und Gesellschaftspolitik" sachgerechte Aspekte darstellen, damit die Rechtsordnung angepaßt wird und kein Vertrauensschutz entsteht. Staatsfinanzen zu sanieren, indem man unter anderem auf der Ausgabenseite der öffentlichen Haushalte spart, ist eine legitime Maßnahme des Gesetzgebers zugunsten des Staatsganzen. Demzufolge konstatiert das OVG Münster[113] zu Recht, „die Adressaten der Regelung des § 53a BeamtVG konnten nicht darauf vertrauen, das Erwerbseinkommen außerhalb des öffentlichen Dienstes werde anrechnungsfrei bleiben". Wenn sich schon kein Vertrauensschutz bilden kann, daß das gesamte Erwerbseinkommen außerhalb des öffentlichen Dienstes anrechnungsfrei bleibt, dann gibt es erst recht keinen Vertrauensschutz, daß eine Anrechnungsnorm nicht verschärft wird. Im übrigen tragen die Übergangsregelungen einem Vertrauen auf die bisherige Rechtslage Rechnung.[114] Etwaige günstigere alte rechtliche Regelungen gelten befristet für sieben Jahre weiter, solange ein über den Tag des Inkrafttretens des Versorgungsreformgesetzes 1998 hinaus bestehendes Beschäftigungsverhältnis andauert (§§ 69 I Nr. 5 S. 3, 69a Nr. 2, 69c IV S. 1 BeamtVG). Das ist allerdings nicht der Fall, wenn ein privatrechtliches Angestellten- durch ein Beamtenverhältnis ersetzt wird, selbst wenn die Aufgaben übereinstimmen.[115]

§ 53 IX S. 1 BeamtVG enthält eine weitere Neuerung. Erhält ein Wahlbeamter auf Zeit im Ruhestand neben seinen Versorgungsbezügen Verwendungseinkommen (§ 53 VIII BeamtVG), findet § 53 BeamtVG in der bisherigen Fassung Anwendung. Bezieht ein Beamter im einstweiligen Ruhestand (oder ein Wahlbeamter auf Zeit im Ruhestand; § 66 VII BeamtVG) Erwerbs- oder Erwerbsersatzeinkommen (§ 53 VII BeamtVG), das nicht Verwendungseinkommen (§ 53 VIII BeamtVG) ist, ruhen die Versor-

395

---

111 BVerfGE 76, 256 (310) = NVwZ 88, 329 (335) = DVBl 88, 191 (200) = ZBR 88, 23 (43); BVerwGE 105, 226 (231) = DÖV 98, 206 (207) = ZBR 98, 207 (208) = NVwZ 98, 402 (403) = DVBl 98, 198 (199); DVBl 04, 773 (776) = DÖV 04, 883 (885 f.) = ZBR 04, 250 (252) = E 120, 154 (162) = RiA 04, 231 (234); NVwZ-RR 05, 488 (489) = DÖD 06, 61 (63); NVwZ 05, 1294 (1298) = DVBl 05, 1441 (1445) = ZBR 05, 378 (386) = DÖD 06, 24 (25); BVerwG, DVBl 06, 313 (315) = ZBR 06, 133 (134) = NVwZ 06, 606 (607); OVG Münster, Urt. v. 18.8.05, 1 A 5012/04, Urteilsumdruck S. 18; VG Aachen, NWVBl 01, 437 (439).
112 BVerfGE 76, 256 (347 f., 357 f.) = NVwZ 88, 329 (335) = DVBl 88, 191 (200) = ZBR 88, 23 (43); OVG Münster, IÖD 97, 151 (152); ähnlich OVG Münster, Urt. v. 18.8.05, 1 A 5012/04, Urteilsumdruck S. 30 f.
113 IÖD 97, 151 (152).
114 BVerwG, NVwZ-RR 05, 488 (489) = DÖD 06, 61 (63).
115 BVerwG, DÖV 98, 207 (208).

2. Abschnitt: Grundlagen der Beamtenversorgung

gungsbezüge um 50% des Betrages, um den sie und das Einkommen die Höchstgrenze übersteigen (§ 53 X BeamtVG). Dies verstößt nicht gegen Verfassungsrecht.[116] Wegen der abschließenden[117] Übergangsvorschrift (§ 69d II S. 1 BeamtVG) gilt bei Wahlbeamten auf Zeit im Ruhestand § 53a BeamtVG für vor dem 1.1.2001 eingetretene Versorgungsfälle in der bis zum 31.12.2000 geltenden Fassung nur noch bis zum 31.12.2007, wenn das Beschäftigungsverhältnis[118] über den 1.1.2001 andauert und wenn dies für den Versorgungsempfänger günstiger ist als die Anwendung des § 53 X BeamtVG. Wechselt ein kommunaler Wahlbeamter a.D. nach dem 1.1.2001 das Beschäftigungsverhältnis, kommt ihm die Übergangsvorschrift nicht zugute. Für vor dem 1.1.1999 eingetretene Versorgungsfälle findet sich eine Übergangsvorschrift in § 69c IV S. 1 BeamtVG.

Beispiel: Einem 58jährigen ledigen kinderlosen Bürgermeister a.D. (Besoldungsgruppe B 5) stehen im Monat Mai 2005 an Versorgungsbezügen 71,75% von B 5 zu. Als Rechtsanwalt verdient er im Mai 2005 10.000.– Euro. In welcher Höhe erhält er im Mai 2005 Versorgungsbezüge?

Versorgungsbezüge: 71,75% von B 5 (6.820,95 Euro) = 4.894,03 Euro plus

Erwerbseinkommen als Rechtsanwalt = 10.000,00 Euro

Gesamtbetrag Erwerbseinkommen plus Versorgungsbezüge = 14.894,03 Euro

Höchstgrenze (§ 53 II Nr. 1 BeamtVG = ruhegehaltsfähige Dienstbezüge aus der Endstufe der Besoldungsgruppe, aus der sich das Ruhegehalt berechnet; hier B 5) = 6.820,95 Euro.

Ruhensbetrag (§§ 66 VII, 53 X BeamtVG): 50% des Betrages, um den der Gesamtbetrag von Erwerbseinkommen und Versorgungsbezügen die Höchstgrenze überschreitet; hier 14.894,03 Euro minus 6.820,95 Euro gleich 8.073,08 Euro, davon 50% = 4.036,54 Euro.

Der Ruhensbetrag ist somit 4.036,54 Euro. Dem Beamten stehen 4.894,03 Euro an Versorgungsbezügen zu, von denen der Ruhensbetrag abgezogen werden muß. Er bekäme danach Versorgungsbezüge in Höhe von 857,49 Euro. Mindestens ist ihm jedoch ein Betrag von 20% seines Versorgungsbezuges zu belassen (§§ 66 I, 53 V S. 1 BeamtVG; hier 20% von 4.894,03 Euro), also 978,81 Euro. Er ist höher als die zu zahlenden Versorgungsbezüge, so daß in diesem Fall die Mindestbelassung zum Tragen kommt.

Der Bürgermeister a.D. erhält demnach im Mai 2005 978,81 Euro an Versorgungsbezügen.

Verfassungsrechtlich stellen sich die entsprechenden Probleme, wie sie bereits in Rn 394 erörtert wurden. Das gerade geschilderte Beispiel zeigt, daß auch hier nach Ansicht des Verfassers trotz des Freibetrags in den rechtlich geschützten Kernbestand des erdienten Teils der Versorgung eingegriffen wird. Obwohl der Beamte mindestens vierzig Jahre ruhegehaltsfähiger Dienstzeit (§ 14 I S. 1 BeamtVG) aufweist (andernfalls käme er nicht auf einen Ruhegehaltssatz von 71,75%), erhält er lediglich 20% seiner von ihm zeitlich erdienten Versorgungsbezüge. Ein derart starker Eingriff in den erdienten Kernbestand kann nicht damit gerechtfertigt werden, die Verpflichtung zur Dienstleistung sei vorzeitig (vor Erreichen der

---

116 OVG Münster, Urt. v. 18.8.05, 1 A 5012/04, Urteilsumdruck S. 18.
117 OVG Münster, NWVBl 04, 432 = DÖD 04, 281 (282) = RiA 05, 47 = ZBR 05, 135.
118 Zur Definition vgl. OVG Münster, NWVBl 04, 432 (433) = DÖD 04, 281 (282 f.) = RiA 05, 47 (48) = ZBR 05, 135 (136): „Beschäftigung oder Tätigkeit"; OVG Münster, Urt. v. 18.8.05, 1 A 5012/04, Urteilsumdruck S. 4: nicht nur unselbständige, sondern auch selbständige Tätigkeiten.

7. Zusammentreffen von Versorgungsbezügen mit sonstigen Einkünften

allgemeinen Altersgrenze) entfallen und eröffne gerade deswegen die Möglichkeit, anderweitige Einkünfte zu erzielen. Dies mag stimmen, wenn das vom Gesetzgeber als angemessen erachtete zeitliche Verhältnis zwischen Dienstleistung und Ruhestand – anders als hier – nicht erreicht wird.[119] Oebbecke/Wacker[120] konstatieren weiterhin einen Verstoß gegen Art. 12 I GG. Das ist abzulehnen. Der Schutzbereich des Art. 12 I GG ist nicht berührt. Der kommunale Wahlbeamte im Ruhestand kann jeden Beruf ausüben, den er will. Die Anrechnungsvorschriften tangieren weder die Berufswahl- noch die Berufsausübungsfreiheit und haben somit keine berufsregelnde Tendenz.[121] Sie beziehen sich nicht auf das Einkommen, das durch den im Ruhestand ausgeübten Beruf erzielt wird, sondern ausschließlich auf die Versorgungsbezüge. Man muß sie deshalb allein an Art. 33 V GG messen. Allerdings war die nach alter Rechtslage getroffene Regelung, die Wahlbeamte bei der Anrechnung von Renten auf Versorgungsbezüge besserstellte als andere Beamtengruppen, mit dem Grundgesetz vereinbar.[122] Insbesondere durch eine umfassende Wahrung des bisherigen Versorgungsstands könne man den Besonderheiten des Wahlbeamtenverhältnisses Rechnung tragen. Diese seien durch das öffentliche Interesse, kommunale Ämter auf Zeit mit entsprechend qualifizierten Lebenszeitbeamten zu besetzen sowie durch ein erhöhtes berufliches Ab- oder Nichtwiederwahlrisiko infolge wechselnder politischer Mehrheiten gekennzeichnet. Im übrigen könnten rechtliche Unterschiede zwischen B.a.L. und Wahlbeamten es rechtfertigen, das Recht der Anrechnung von Erwerbseinkommen auf Versorgungsbezüge differenzierend zu regeln.[123]

Weitere Anrechnungsregelungen finden sich, wenn mehrere Versorgungsbezüge (§ 54 BeamtVG) und Versorgungsbezüge mit Renten (§ 55 BeamtVG) zusammentreffen. Als Renten gelten auch Leistungen aus einer befreienden Lebensversicherung, zu denen der Arbeitgeber aufgrund eines Beschäftigungsverhältnisses im öffentlichen Dienst mindestens die Hälfte der Beiträge oder Zuschüsse in dieser Höhe geleistet hat (§ 55 I S. 2 Nr. 4 BeamtVG). Hier setzt jedoch die Anrechnung der Versicherungsleistungen dem Grunde nach nicht voraus, daß der Arbeitgeber

---

119 Darauf stellt OVG Münster, Urt. v. 18.8.05, 1 A 5012/04, Urteilsumdruck S. 16, ab. Ob dies vom BVerfG ebenso gesehen würde, ist mehr als zweifelhaft. In einem obiter dictum räsoniert BVerfG, NVwZ 05, 440 (441), darüber, daß es hinsichtlich der Wahlbeamten keine Erwartung der Dienstherren geben dürfe, daß ihnen die Arbeitskraft des Amtsträgers bis zu dessen 65. Lebensjahr erhalten bleibe. Es spricht also verfassungsrechtlich viel dafür, bei der Anrechnung von Erwerbseinkommen auf Versorgungsbezüge juristisch zwischen B.a.L. und Wahlbeamten zu differenzieren.
120 DVBl 99, 426 (431 ff.). A.A. zu Recht OVG Münster, Urt. v. 18.8.05, 1 A 5012/04, Urteilsumdruck S. 26 ff.
121 OVG Münster, Urt. v. 18.8.05, 1 A 5012/04, Urteilsumdruck S. 27 f.
122 BVerfG, NVwZ-RR 04, 1 (2).
123 Zu derartigen Unterschieden äußert sich das BVerfG, NVwZ 05, 440 (440 f.), in seiner Abweisung eines Vorlagebeschlusses des VG Frankfurt/M, ZBR 03, 394 (394 f.). Das VG Frankfurt/M. war gegenteiliger Ansicht, daß es für „die erhebliche Besserstellung der Wahlbeamten" keine sachlichen Gründe gebe. Vielmehr hätten die „gleichen restriktiven Anrechnungsbestimmungen wie für andere Versorgungsempfänger auch getroffen werden müssen" (394).

mindestens die Hälfte der Versicherungsbeiträge finanziert hat.[124] Es genüge, daß eine befreiende Lebensversicherung geschlossen worden sei und daß der Arbeitgeber aufgrund eines Beschäftigungsverhältnisses im öffentlichen Dienst einen Finanzierungsanteil zu den Versicherungsprämien geleistet habe. Seine Dauer und Höhe wirkten sich hingegen erst aus, wenn der Umfang der auf die Versorgungsbezüge anzurechnenden Versicherungsleistungen zu ermitteln sei. Die befreiende Lebensversicherung sei eine Sonderform der vom Arbeitgeber mitfinanzierten Alterssicherung, die ebenso wie die Rente zu einer Überversorgung führen könne. Dabei ist verfassungsrechtlich nicht zu beanstanden, daß Leistungen aus solchen Lebensversicherungen auf Versorgungsbezüge angerechnet werden, wenn die Lebensversicherung bereits im Zeitpunkt des Inkrafttretens der Ruhensregelung bestand.[125] Ein Ruhestandsbeamter, der neben seinen Versorgungsbezügen eine Erwerbsunfähigkeitsrente aus einer gesetzlichen Rentenversicherung erhält, hat selbst dann keinen Anspruch über § 55 IV S. 1 BeamtVG hinaus, daß die Rente außer Ansatz bleibt, wenn er zum Erhalt der Anwartschaft auf diese Rente Eigenleistungen erbracht hat.[126]

Literatur: Oebbecke/Wacker, Verfassungsfragen der Änderung des Beamtenversorgungsgesetzes, DVBl 99, 426; Schwidden, Möglichkeiten und Grenzen zur Änderung der Versorgung der Beamten im Spiegel der bisherigen Diskussion, RiA 99, 178; ders., Zur Problematik der erweiterten Anrechnung eines Erwerbseinkommens auf die Versorgung des Beamten, RiA 98, 209; Jedamzik, Ruhensregelung beim Zusammentreffen von Versorgungsbezügen mit Renten (§ 55 BeamtVG), DÖD 96, 194; Dietrich, Die Anrechnung von außerhalb des öffentlichen Dienstes erzieltem Erwerbseinkommen auf die Beamtenversorgung, RiA 91, 119.

8. Versorgungsrücklage

396 Um die Versorgungsleistungen angesichts der demographischen Veränderungen und des Anstiegs der Zahl der Versorgungsempfänger sicherzustellen, bilden Bund und Länder Versorgungsrücklagen als Sondervermögen aus der Verminderung der Besoldungs- und Versorgungsanpassungen (§ 14a I S. 1 BBesG). Damit soll zugleich das Besoldungs- und Versorgungsniveau in gleichmäßigen Schritten von durchschnittlich 0,2 v.H. um 3 v.H. gesenkt werden (§ 14a I S. 2 BBesG). In der Zeit vom 1.1.1999 bis zum 31.12.2017 werden die Anpassungen der Besoldung nach § 14 BBesG auf diese Weise vermindert (§ 14a II S. 1 BBesG). Der Unterschiedsbetrag gegenüber der nicht nach § 14a II S. 1 BBesG verminderten Anpassung wird den Sondervermögen zugeführt (§ 14a II S. 2 BBesG). Die Mittel der Sondervermögen darf man nur zur

---

124 BVerwG, DVBl 04, 768 (769) = NVwZ-RR 04, 510 (510 f.) = ZBR 05, 45 (47) = RiA 04, 184 (185 f.).
125 BVerwG, DVBl 04, 768 (771) = NVwZ-RR 04, 510 (512) = ZBR 05, 45 (48) = RiA 04, 184 (185 f.).
126 OVG Münster, NWVBl 03, 16 (17 ff.) = RiA 03, 150 (151 ff.) = NVwZ-RR 03, 130 (130 ff.).

8. Versorgungsrücklage

Finanzierung künftiger Versorgungsausgaben verwenden (§ 14a II S. 3 BBesG). Das Nähere regeln der Bund und die Länder jeweils für ihren Bereich durch Gesetz (§ 14a IV S. 1 BBesG). Dabei können insbesondere Bestimmungen über Verwaltung und Anlage der Sondervermögen getroffen werden (§ 14a IV S. 2 BBesG). Dies ist im Land NW durch das „Gesetz zur Errichtung von Fonds für die Versorgung" (Versorgungsfondsgesetz) vom 20.4.1999 erfolgt. Pflichtmitglieder der kommunalen Versorgungskassen (kreisangehörige Kommunen, die nicht Stadt sind) müssen die Rücklage von diesen verwalten lassen. Freiwillige Mitglieder der kommunalen Versorgungskassen und alle übrigen Städte können dies dort tun. Soweit in einem Land eine Versorgungsrücklage, ein Versorgungsfonds oder eine ähnliche Einrichtung besteht, können die Bestimmungen den für diese Einrichtung geltenden angepaßt werden (§ 14a IV S. 3 BBesG).

In letzter Zeit traten im Kommunalbereich Unsicherheiten auf, ob Eigenbetriebe und eigenbetriebsähnliche Einrichtungen Pensionsrückstellungen für dort beschäftigte Beamte bilden müssen. Das IM vertritt die – nicht unbestrittene – Auffassung, daß Eigenbetriebe nach §§ 21, 22 EigenbetriebsVO i.V.m. § 249 I S. 1 HGB dazu verpflichtet seien. Unabhängig von der Richtigkeit einer derartigen Ansicht ist hier festzustellen, daß sie jedenfalls für die Anstalt des öffentlichen Rechts nicht einschlägig ist. Bei ihr handelt es sich weder um einen Eigenbetrieb noch um eine eigenbetriebsähnliche Einrichtung. Sie hat vielmehr eine eigene Rechtspersönlichkeit und ist damit ausschließlich den für sie geltenden Regelungen unterworfen. Das Versorgungsfondsgesetz gilt auch für die Beamten der sonstigen der Aufsicht des Landes unterstehenden Anstalten des öffentlichen Rechts (§ 1 I S. 1 Versorgungsfondsgesetz). Sie müssen somit nach diesen Vorschriften eine Versorgungsrücklage für ihre Beamten bilden. Das gilt nicht, wenn die Anstalt des öffentlichen Rechts unabhängig von einer rechtlichen Verpflichtung beim Jahresabschluß freiwillig Rückstellungen in Höhe ihrer künftigen Pensionsverpflichtungen bildet (§ 1 II S. 1, 2. Alt. Versorgungsfondsgesetz).

Durch das Versorgungsänderungsgesetz 2001[127] wurde entschieden, daß die Versorgungsrücklage bei den auf den 31.12.2002 folgenden acht allgemeinen Anpassungen der Besoldung nicht vermindert und damit ausgesetzt wird (§ 14a IIa S. 1 BBesG). Sie soll erst wieder von 2011 bis 2017 in Höhe von 0,2 Prozentpunkten erhoben werden. Die auf vorangegangenen Besoldungsanpassungen beruhenden Zuführungen an die Versorgungsrücklage bleiben hiervon unberührt (§ 14a IIa S. 2 BBesG). Hingegen werden den Versorgungsrücklagen beim Bund und bei den Ländern bis 2017 zusätzlich 50% der Verminderung der Versorgungsausgaben durch das Versorgungsänderungsgesetz 2001 zugeführt (§ 14a III BBesG). Schließlich müssen die Wirkungen der Versorgungsrücklagen unter Berücksichtigung der allgemeinen Entwicklung der Alterssicherungssysteme und der Situation in den öffentlich-rechtlichen Versorgungs-

---

[127] V. 20.12.01, BGBl. I, 3926 (3948).

systemen sowie der Entwicklung der allgemeinen wirtschaftlichen und finanziellen Verhältnisse vor Ablauf des Jahres 2017 geprüft werden (§ 14a V BBesG).

Die **Versorgungsrücklage ist zu kritisieren.** Man entlastete die Haushalte des Bundes, der Länder und der Gemeinden mehr, wenn keine Rücklage gebildet, sondern die Nettokreditaufnahme gesenkt oder gar Schulden getilgt würden. Im Zweifel sind Kreditzinsen immer höher als die Erträge aus der Pensionsrücklage. Das Bild der treusorgenden Mütter und Väter, die für ihre Kinder Altersvorsorge betreiben wollen, zu diesem Zweck (weil sie hierfür in ihrem Familienhaushaltsbudget kein freies Geld mehr haben) einen Kredit aufnehmen, damit er dann auf dem Sparbuch angelegt wird, drängt sich auf. Gut gemeint ist auch in diesem Fall alles andere als gut. Wäre es anders, müßte man sich unwillkürlich fragen, warum nicht Finanzminister Peer Steinbrück eine solche Idee genutzt und bereits erfolgreich den Bundeshaushalt saniert hat. Zu diesem Zweck müßte er sich Geld von der Deutschen Bundesbank zu einem niedrigeren Zinssatz leihen, um es dann zu einem höheren Zinssatz anzulegen. Je nach Höhe der Beträge wäre der Staatshaushalt innerhalb kürzester Frist durch den Zinsgewinn ausgeglichen. Vielmehr müssen verantwortungsbewußte Politiker heute durch Ausgabenverzicht sowie geringere Besoldungserhöhungen sparen, die Nettokreditaufnahme senken und Schulden tilgen, statt kreditfinanzierte Gelder in Sondertöpfen mit Wertverlusten anzulegen oder kreditfinanziert an starken Schwankungen unterliegenden Aktienmärkten zu spekulieren.

Zudem werden die Beamten erstmalig direkt an den Kosten ihrer eigenen Altersvorsorge beteiligt.[128] Man gleicht den Sonderstatus Beamtenverhältnis den für die übrigen Arbeitnehmer geltenden Rechtsgrundsätzen an. Eine unmittelbare Eigenbeteiligung der Beamten widerspricht jedoch dem Prinzip, daß allein der Dienstherr die Versorgung zu tragen hat.[129] Dies ist Kernbestandteil seiner Alimentationspflicht, verstanden als Gegenleistung für die vom Beamten innerhalb seines Dienst- und Treueverhältnisses grundsätzlich auf Lebenszeit geleisteten Dienste.[130] Juristisch verstoße ein solches Vorhaben nach einer Ansicht gegen die hergebrachten, zu beachtenden Grundsätze des Berufsbeamtentums (Art. 33 V

---

128 A. A. BVerwG, NVwZ 03, 869 (871) = BayVBl 03, 408 (409) = DÖV 03, 456 (458) = ZBR 03, 212 (214) = E 117, 305 (311) = DVBl 03, 726 (728 f.), wonach die dem Sondervermögen zugeführten Beträge nicht auf Beitragspflichten im Rechtssinn beruhen oder auf sonstigen selbständigen Abgabenpflichten der Beamten. Juristisch stimmt dies zwar; faktisch entspricht es in seinen Wirkungen jedoch einer Eigenbeteiligung.
129 BVerfGE 44, 249 (269 f.) = NJW 77, 1869 (1870); 70, 69 (81) = NVwZ 85, 894 (895); BGH, MDR 94, 485 (486).
130 BVerfGE 81, 363 (375, 384 f.) = NVwZ 90, 1061 (1062) = DVBl 90, 817 (818) = ZBR 90, 297 (298) = JZ 90, 1125; Anm Summer, ZBR 90, 300 (300 f.); Anm Lecheler, JZ 90, 1128 (1128 f.); 76, 256 (319 f.) = NVwZ 88, 329 (335) = DVBl 88, 191 (193) = ZBR 88, 23 (32); 55, 207 (237) = DVBl 81, 450 (453 f.) = NJW 81, 971 (975); 37, 303 (330); BVerwGE 54, 177 (181 f.); VGH Mannheim, VBlBW 96, 231; VGH München, ZBR 94, 159 (160); Merten, ZBR 96, 353 (373 f.).

8. Versorgungsrücklage

GG).[131] Dem muß man allerdings folgendes entgegnen: Es besteht kein konkreter Anspruch auf Besoldung und Versorgung in bestimmter Höhe, sondern nur auf amtsangemessene Bezüge.[132] Dabei ist es juristisch unerheblich, ob vom Bruttogehalt Beträge für eine Versorgungsrücklage abgezogen werden oder ob die Besoldungsanpassung gleich geringer ausfällt, solange der Beamte eine amtsangemessene Nettobesoldung und -versorgung erhält. Das BVerfG hat es bereits anläßlich einer vergleichbaren Fallgestaltung als verfassungsrechtlich unproblematisch erachtet, wenn Beamte zu ihrer Altersversorgung allenfalls fiktive Beiträge leisteten, die der Dienstherr durch eine entsprechend geringere Bemessung der Bezüge von vornherein einbehalte.[133] Hinsichtlich der Frage der Amtsangemessenheit hat der Gesetzgeber einen weiten Spielraum.[134] Zieht man 0,2 Prozentpunkte bei etwaigen Besoldungs- und Versorgungserhöhungen ab, führt dies nicht dazu, daß die Grenze des amtsangemessenen Unterhalts unterschritten wird.[135] Die **Versorgungsrücklage** ist wegen dieser weitgehenden Gestaltungsfreiheit **verfassungsrechtlich nicht zu beanstanden**.[136] Als problematisch könnte sich hingegen erweisen, daß man es nicht verhindern kann, das zweckgebundene Sondervermögen (§ 14a II S. 3 BBesG) für andere politische Vorhaben zu verwenden. Die zulässigerweise zurückgelegten Beträge berühren nicht das Minimum amtsangemessener Besoldung, so daß sie auch nicht durch die eingriffsfeste Mindestgarantie (Art. 33 V GG) geschützt werden.[137]

Um aussagekräftige statistische Grundlagen für künftige Versorgungsberichte der Bundesregierung und damit für etwaige Änderungen des Beamtenversorgungsrechts zu erhalten, sind die Dienstherren zu entsprechenden Mitteilungen verpflichtet (§ 62a BeamtVG).

Literatur: Battis/Kersten, Die Bildung von Versorgungsrücklagen für die Alterssicherung von Beamten, NVwZ 00, 1337; Lemhöfer, Versorgungsreformgesetz 1998 vor der verfassungsrechtlichen Bewährung: Zustimmung, Fragen, Einwendungen, ZBR 00, 335; Gundlach, Die Versorgungsrücklagen in Sachsen-Anhalt, LKV 99, 263; Schumacher, Finanzierung der Altersversorgung für Kommunalbeamte, Eildienst LKT NW Nr. 2-3/99, 43; Battis, Das Versorgungsreformgesetz 1998, NJW 98, 2653; Graf/Puskás, Versorgungsrücklagen – auch eine Pflicht der Städte, Der Städtetag 98, 358; Lecheler/Determann, Verfassungswidrigkeit einer Beitragspflicht zur Beamtenversorgung – Anmerkung zum Entwurf eines Versorgungsreformgesetzes 1998, ZBR 98, 1; v. Zezschwitz, Versorgungsbeiträge der Beamtenschaft – Verfas-

---

131 Merten, ZBR 96, 353 (373 ff.).
132 BVerfGE 81, 363 (375 f.) = NVwZ 90, 1061 (1062) = DVBl 90, 817 (818) = ZBR 90, 297 (298) = JZ 90, 1125; Anm Summer, ZBR 90, 300 (300 f.); Anm Lecheler, JZ 90, 1128 (1128 f.); 61, 43 (57) = NVwZ 83, 217; 55, 372 (392); 8, 1 (16 f., 22 f.); VG Oldenburg, NdsVBl 02, 165 (166); Battis, NJW 98, 2653 (2653 f.); so auch Merten, ZBR 96, 353 (377).
133 BVerfGE 54, 11 (31 f.); 86, 369 (371 f.); ähnlich VG Oldenburg, NdsVBl 02, 165 (167).
134 BVerfGE 55, 372 (392); 76, 256 (295, 310) = NVwZ 88, 329 (335) = DVBl 88, 191 (193) = ZBR 88, 23 (32).
135 So auch VG Aachen, NWVBl 01, 437 (440); Battis, NJW 98, 2653 (2654); Graf/Puskás, Der Städtetag 98, 358 (359 f.).
136 BVerwG, NVwZ 03, 869 (870 ff.) = BayVBl 03, 408 (408 ff.) = DÖV 03, 456 (457 ff.) = ZBR 03, 212 (213 f.) = E 117, 305 (309 ff.) = DVBl 03, 726 (728 f.); VG Aachen, NWVBl 01, 437 (440); VG Ansbach, NVwZ 04, 501 (501 ff.); VG Oldenburg, NdsVBl 02, 165 (166).
137 Battis, NJW 98, 2653 (2654).

2. Abschnitt: Grundlagen der Beamtenversorgung

sungswidrigkeit des geplanten § 14a Bundesbesoldungsgesetz?, ZBR 98, 115; ders., Kritische Bemerkungen zum geplanten Sonderfonds für die Beamtenversorgung, Beilage zur ZBR 3/98, 109; v. Zwehl, Versorgungsrücklagen zur Sicherung der Beamtenversorgung, ZBR 98, 403; Weidmann, Beteiligung der Beamten an ihrer Versorgung, DÖD 98, 227; Bader, Die zwangsweise Bildung von Versorgungsrücklagen bei den Ländern und Gemeinden – ein Verstoß gegen das kommunale Selbstverwaltungsrecht?, StuG 97, 329; Merten, Alimentationsprinzip und Beamtengesetzgebung – Versorgungsbericht und Gesetzentwurf zur Begrenzung der Bezügefortzahlung bei Krankheit im Licht des Beamtenverfassungsrechts, ZBR 96, 353.

9. Verteilung der Versorgungslasten

397 Die §§ 107b, c BeamtVG regeln die Verteilung von Versorgungslasten. Dadurch will man die Mobilität im öffentlichen Dienst erhöhen.[138] Voraussetzung ist, daß ein Beamter von einem anderen Dienstherrn übernommen wird und beide Dienstherren der Übernahme vorher zustimmen. Dies gilt ebenfalls bei zweimaligem Dienstherrenwechsel, wobei hier an der Verteilung der Versorgungslasten die drei betroffenen Dienstherren teilnehmen.[139] Sämtliche Dienstherren tragen anteilig nach näherer Bestimmung die Versorgungsbezüge, wenn der Versorgungsfall eintritt (§ 107b I, 1. Hs. BeamtVG). Die versorgungsrechtlichen Folgen einer Übernahme dürfen zwar rechtlich nicht als Ablehnungsgrund dienen, da sie gesetzlich bestimmt sind.[140] Allerdings läßt sich tatsächlich wahrscheinlich nie ermitteln, aus welchem wirklichen Grund ein Dienstherr seine Zustimmung verweigert hat. Ausreichend wäre nämlich, wenn der abgebende Dienstherr eine personelle Mangelsituation vortrüge. Fehlerhaft wäre es hingegen, auf zu erwartende höhere Beihilfekosten abzustellen.[141] Hat der bisherige Dienstherr die erforderliche Zustimmung zum Dienstherrnwechsel verweigert, sind lediglich die gesetzlich bestimmten Voraussetzungen für die Verteilung der Versorgungslasten nicht erfüllt. Hingegen ist ein Dienstherrnwechsel ohne Versorgungslastenverteilung weiterhin möglich, beispielsweise indem die Zustimmungserklärung allein auf die Übernahme beschränkt wird[142], oder der neue Dienstherr den wechselwilligen Beamten ernennt und dadurch das ursprüngliche Beamtenverhältnis automatisch erlischt (§ 32 I S. 1 Nr. 2, 1. Hs. LBG; vgl. Rn 285). Ebenfalls könnte sich der Beamte entlassen und neu einstellen lassen (§ 33 I S. 1 LBG), ohne daß dann Versorgungslasten verteilt werden müßten. Ist einem Dienstherrn der Wechsel eines Beamten derart wichtig, daß er bereit ist, selbst und allein sämtliche Kosten für die Versorgung zu tragen, läßt er sich auf den geschilderten Wegen verwirklichen.

---

138 OVG Greifswald, NVwZ-RR 01, 454 (455 f.) = RiA 03, 99 (101) = NordÖR 01, 364 (366).
139 OVG Greifswald, NVwZ-RR 01, 454 (455 f.) = RiA 03, 99 (101) = NordÖR 01, 364 (366).
140 Stegmüller/Schmalhofer/Bauer, § 107b BeamtVG, Erl 4.
141 OVG Greifswald, NVwZ-RR 01, 454 (457) = RiA 03, 99 (102 f.) = NordÖR 01, 364 (367).
142 OVG Greifswald, NVwZ-RR 01, 454 (456) = RiA 03, 99 (101) = NordÖR 01, 364 (366).

9. Verteilung der Versorgungslasten

Die Normen gelten nicht für B.a.Z. sowie nicht für solche, die beim aufnehmenden Dienstherrn in ein B.a.Z. berufen werden (§ 107b I, 2. Hs. BeamtVG). Allerdings gibt es **abweichende Regelungen**, in denen ausdrücklich angeordnet wird, daß die Ausschlußbestimmung des § 107b I BeamtVG für B.a.Z. und das Zustimmungserfordernis entfallen (§ 195 VII, IX LBG). Hierdurch erreicht man **in NW**, daß sich die öffentlich-rechtlichen Dienstherrn im Land NW an den teilweise erheblichen kommunalen Kosten bei der Versorgung ausgeschiedener Bürgermeister beteiligen müssen. Wird ein Beamter oder Richter in ein B.a.Z. als Bürgermeister berufen, sind die Versorgungslasten nach Maßgabe des § 195 VII S. 1 LBG zu verteilen. Gleiches gilt für den Fall, daß ein Bürgermeister im B.a.Z. in ein Beamtenverhältnis zu einem anderen Dienstherrn oder in ein Richterverhältnis berufen wird (§ 195 IX LBG).

Wechselt hingegen ein Bundesbeamter oder ein Beamter eines anderen Bundeslandes als Bürgermeister in eine nw Kommune (bzw. umgekehrt), darf man mangels entsprechender rechtlicher Grundlage keine Versorgungslasten verteilen.[143] Als Landesrecht vermag § 195 VII, IX LBG ausschließlich Dienstherren im Land NW zu binden, die dem LBG unterfallen, nicht jedoch Dienstherren anderer Bundesländer und auch nicht den Bund. Um den länderübergreifenden Dienstherrenwechsel ebenfalls in diesem Bereich zu ermöglichen, sollte man rechtspolitisch eine entsprechende Norm in das sämtliche Länder und den Bund bindende BeamtVG aufnehmen[144], zumal einige Bundesländer derartige Verteilungsregelungen bereits für ihr eigenes Land geschaffen haben.

Literatur: Meier, Das Bundesbesoldungs- und -versorgungsanpassungsgesetz 2003/2004, ZBR 04, 29; Pechstein, Die Verfassungsmäßigkeit des Entwurfs für das Versorgungsänderungsgesetz 2001, ZBR 02, 1; Ruland, Noch einmal davongekommen – Zur Reform der Beamtenversorgung, NJW 02, 948; Strötz/Stadler/Wilhelm, Versorgungsänderungsgesetz 2001 – Die Neuerungen des Beamtenversorgungsgesetzes aus der Sicht der Praxis, ZBR 02, 149; Franke, Dienstbezüge (Versorgungsbezüge) und Steuerrecht, ZBR 01, 86; Pechstein, Die Abhängigkeit der linearen Versorgungsanpassung von der Entwicklung der Aktivenbesoldung im Lichte der aktuellen Rentenreformdiskussion, ZBR 00, 289; Merten, Aktuelle Probleme des Beamtenversorgungsrechts, NVwZ 99, 809; Petrasch, Die Alterssicherung der Beamten, Diss., Würzburg, 1999; Kesseler, Minder-Versorgung Kommunaler Wahlbeamter Ost, LKV 98, 258; Wichmann, Aktuelle Entwicklungen im Beamtenversorgungsrecht aus kommunaler Sicht, StuG 97, 242; ders., Beamtenversorgung – Die Länder trifft es am schlimmsten, StGR 97, 160; Bull, Umsteuern im Beamtenrecht – aber wie? – Thesen zur Reform der Beamtenbesoldung und -versorgung –, DÖV 95, 592; Jakob, Personalkosten senken durch weniger Beamte?, StuG 95, 182; Merten, Die Sonderrolle der Beamtenversorgung bei der Harmonisierung der Alterssicherungssysteme, ZBR 95, 353; Strötz, Beamtenversorgung und Rentenversicherung – Unterschiede – Gemeinsamkeiten – Berührungspunkte, ZBR 93, 65; Murmann, Grundlagen des Beamtenversorgungsrechts, RiA 91, 231; Strötz, Beamtenversorgungsreform '92 – Eine systematische Darstellung der zum 1.1.1992 eintretenden wesentlichen Änderungen des Beamtenversorgungsgesetzes, ZBR 91, 230; Finger, Ist § 14 Abs. 3 BeamtVG i.d.F. des BeamtVGÄndG verfassungskonform?, ZBR 90, 295; Lecheler, Vertrauensschutz bei der Beamtenbesoldung und Beamtenversorgung, ZBR 90, 1.

---

143 Stegmüller/Schmalhofer/Bauer, § 107b BeamtVG, Erl 11.
144 Wichmann, in Schneider, Handbuch Kommunalpolitik NW, 2004, 85.

3. Abschnitt: Grundzüge des Disziplinarrechts

1. Unterscheidung zwischen materiellem und formellem Disziplinarrecht, Geltungsbereich von LDG/BDG

398 Das Disziplinarrecht gliedert sich in das materielle und formelle Disziplinarrecht. Das **materielle Disziplinarrecht** beschäftigt sich mit der **Frage, ob ein Dienstvergehen vorliegt**. Es ist überwiegend in den Beamtengesetzen geregelt. Das **formelle Disziplinarrecht**, in dem es um die Verfolgung (**Verfahren, Sanktion**) von Dienstvergehen geht, normieren die jeweiligen Disziplinargesetze. § 83 III LBG verweist ausdrücklich auf das Disziplinargesetz des Landes NW (§ 77 III BBG verweist auf das BDG), wo das Nähere über die Verfolgung von Dienstvergehen bestimmt ist (vgl. auch § 48 III BeamtStG). Das LDG (BDG) gilt für Beamte und Ruhestandsbeamte, auf die das LBG (BBG) Anwendung findet, sowie für frühere Beamte, die Unterhaltsbeiträge nach BeamtVG oder nach altem Recht beziehen (§ 1 LDG/BDG). Das Bundesdisziplinarrecht ist zudem auf die bei der Deutschen Telekom AG oder Deutschen Post AG eingesetzten Beamten anzuwenden.[1] Für Beamte, die Wehrdienst im Rahmen einer Wehrübung oder einer besonderen Auslandsverwendung leisten, gilt das LDG/BDG ebenfalls wegen solcher Dienstvergehen, die während des Wehrdienstes begangen wurden, wenn das Verhalten sowohl soldaten- als auch beamtenrechtlich ein Dienstvergehen darstellt (§ 2 III LDG/BDG).

Literatur: Kiesgen-Millgramm, Die Rechte des Beamten im Disziplinarverfahren, SächsVBl 05, 1; Sieben, Der Schutz des Beamten im Disziplinarverfahren, VBlBW 05, 340; Dau, Die Ahndung eines Dienstvergehens im Doppelstatus von Beamter und Soldat, ZBR 04, 190; Eckstein, Aktuelle Entwicklungen im Disziplinarrecht gegen (Polizei-) Beamte, VBlBW 04, 14; Weiß, Fortentwicklungen des Beamtendisziplinarrechts, PersV 04, 444; Raap, Zur Neuordnung des Wehrdisziplinarrechts, DÖD 03, 55; Vogelgesang, Die neue Wehrdisziplinarordnung (Teil 1), ZBR 03, 158; ders., Die neue Wehrdisziplinarordnung (Teil 2), ZBR 03, 198; Schwandt, Ahndung von Dienstvergehen im Wehrdisziplinarverfahren – Teil IV, ZBR 02, 297; ders., Ahndung von Dienstvergehen im Wehrdisziplinarverfahren – Teil V, ZBR 02, 382; Wendt/Elicker, Die Prüfung disziplinarrechtlicher Maßnahmen im Bereich der Nachfolgeunternehmen der Deutschen Bundespost durch die Bundesanstalt für Post und Telekommunikation, ZBR 02, 73; Widmaier, Zum Grundrecht des Soldaten auf freie Meinungsäußerung aus disziplinarrechtlicher Sicht unter Einbeziehung allgemeiner Aspekte des Europäischen Gerichtshofs für Menschenrechte und des Gerichtshofs der Europäischen Gemeinschaften, in Franke/Summer/Weiß, Öffentliches Dienstrecht im Wandel, FS für Walther Fürst, 2002, 407; Schwandt, Die unantastbare Würde des Menschen im Dienst- und Disziplinarrecht der Soldaten, in Franke/Summer/Weiß, Öffentliches Dienstrecht im Wandel, FS für Walther Fürst, 2002, 289; ders., Ahndung von Dienstvergehen im Wehrdisziplinarverfahren – Teil III, ZBR 01, 269; ders., Be-

---

1 BVerfG, PersV 02, 473 (475) = DÖD 03, 37 (38) = ZBR 02, 353.

amten-Disziplinarrecht – Eine Übersicht des Verfahrens- und des materiellen Rechts, DÖD 01, 237; Weiß, Bundesbeamtendisziplinarrecht, ZBR 00, 21; Becker-Kavan, Pflichtverletzungen von Beamten und anderen Mitarbeitern des öffentlichen Dienstes, DÖD 99, 249; Schwandt, Ahndung von Dienstvergehen im Wehrdisziplinarverfahren – Teil II, ZBR 99, 77; Weiß, Disziplinarrecht bei den privaten Bahn- und Postunternehmen, ZBR 96, 225.

2. Zweck des Disziplinarrechts

399 Das Disziplinarrecht ist **kein besonderes Straf(prozeß)recht**, sondern ein **Teil des Beamtenrechts**. Es erfüllt eine **Ordnungsfunktion**. Das Disziplinarverfahren ist kein Strafverfahren; es hat aber mit diesem Gemeinsamkeiten sachlicher Art.[2] Seine Aufgabe ist es, einer durch ein Dienstvergehen verursachten Störung des Dienstverhältnisses und der Dienstordnung mit dem Ziel zu begegnen, die Leistungsfähigkeit und das Ansehen des Beamtentums sowie einer „gesetzmäßigen, geordneten und glaubwürdigen Verwaltung"[3] zu erhalten. Diesem Zweck dienen Disziplinarmaßnahmen von unterschiedlichem Gewicht. Sie sollen den Beamten entweder zur künftigen Einhaltung seiner Pflichten mahnen („Ordnungsfunktion") oder ihn – weil wegen der Schwere seines Dienstvergehens als Beamter untragbar – aus dem Beamtenverhältnis entfernen („Lösungsfunktion" als Korrelat zur arbeitsrechtlichen Kündigung[4]). Disziplinarmaßnahmen gegenüber Beamten im Ruhestand verfolgen neben der Pflichtenmahnung Zwecke der Generalprävention, der Gleichbehandlung und der Wahrung des Ansehens des Dienstherrn.[5] Ob der Dienstvorgesetzte bei Dienstvergehen, die zugleich Straftatbestände erfüllen, zusätzlich noch eine Strafanzeige gegen den Beamten erstattet, liegt in seinem Ermessen.[6]

Über leichtere Verfehlungen entscheidet der Dienstvorgesetzte im sog. behördlichen Disziplinarverfahren. Hingegen müssen schwere Dienstvergehen im gerichtlichen Disziplinarverfahren der disziplinargerichtlichen Entscheidung zugeführt werden. Somit weist das Disziplinarrecht eine **Schutzfunktion** für den Beamten auf, indem festgelegte Verfahrensabläufe und umfassender Rechtsschutz (Art. 19 IV GG) willkürliche Entlassungen oder Maßregelungen verhindern sollen. Im übrigen schützt ihn das sog. **Selbstreinigungsverfahren** (§ 18 LDG/BDG) gegen unberechtigte Angriffe seiner Vorgesetzten. Hierdurch kann der Beamte die Einleitung eines Disziplinarverfahrens gegen sich selbst beantragen, um sich vom Verdacht eines Dienstvergehens zu entlasten (§ 18 I LDG/BDG). Neu ist, daß der Beamte seinen Antrag auch beim höheren Dienstvorgesetzten und nicht nur beim für die Verfahrenseinleitung zuständigen Dienstvorgesetzten stellen darf.

---

2 Müller-Eising, ZBR 99, 145 (147).
3 OVG Koblenz, ZBR 05, 430 (431) = DÖD 06, 89 (91) = RiA 05, 206 (207).
4 Schwandt, DÖD 03, 1 (2).
5 BVerwG, NVwZ 03, 352 (354) = ZBR 03, 98 (100).
6 BVerwG, PersV 06, 115 (117) = NVwZ-RR 06, 53 (54) = ZBR 05, 252 (254).

Will man eine Disziplinarmaßnahme zusätzlich zu einer bereits erfolgten strafgerichtlichen Verurteilung verhängen, verstößt dies nicht gegen das Verbot der Doppelbestrafung. Art. 103 III GG erklärt die Mehrfachbestrafung wegen derselben Tat aufgrund der allgemeinen Strafgesetze für unzulässig. Zu diesen allgemeinen Strafgesetzen gehört jedoch nicht das Disziplinarrecht. Disziplinarmaßnahmen unterscheiden sich von Kriminalstrafen nach Grund, Zweck und Wirkung.[7] Ebenfalls hindert eine Selbstanzeige (§ 371 AO) allein die strafrechtliche Ahndung von Steuerhinterziehungen, jedoch keine disziplinare Verfolgung.[8] Sie kann jedoch zu einer Milderung der Disziplinarmaßnahme führen.

Mit der Neufassung des BDG und verschiedener LDG orientiert sich das formelle Disziplinarrecht mittlerweile stärker am Verwaltungsverfahren, wobei die Bestimmungen des VwVfG und der VwGO ergänzend anzuwenden sind (§§ 3 I LDG, 3 BDG). Das Disziplinarrecht gehört zudem zu den hergebrachten Grundsätzen des Berufsbeamtentums (Art. 33 V GG).[9]

Literatur: Drüen, Disziplinarverfahren und Steuergeheimnis, ZBR 02, 115; Nissen, Schützt das Steuergeheimnis Beamte vor Disziplinarverfahren?, ZBR 01, 292; Schwandt, Die Schutzfunktion des Beamtendisziplinarrechts, DÖD 98, 1; Gansen, Disziplinarrecht in Bund und Ländern, Loseblattsammlung.

3. Begriff des Dienstvergehens

Das Beamtenrecht kennt – im Gegensatz zum Strafrecht – keinen für bestimmte Verstöße festgelegten Sanktionsrahmen und keine festumrissenen Einzeltatbestände. Das kann schon deshalb nicht anders sein, weil sich nicht einmal alle Beamtenpflichten, geschweige denn alle denkbaren Verfehlungen erfassen lassen. **Der Beamte begeht ein Dienstvergehen, wenn er schuldhaft die ihm obliegenden Pflichten verletzt** (§§ 83 I S. 1 LBG, 48 I S. 1 BeamtStG, 77 I S. 1 BBG). Ein Verhalten des Beamten außerhalb des Dienstes ist allerdings nur dann ein Dienstvergehen, wenn es nach den Umständen des Einzelfalls in besonderem Maße geeignet ist, das Vertrauen in einer für sein Amt bedeutsamen Weise zu beeinträchtigen (§§ 83 I S. 2 LBG, 48 I S. 2 BeamtStG, 77 I S. 2 BBG).

400

Auch der Ruhestandsbeamte oder frühere Beamte mit Versorgungsbezügen hat noch bestimmte Pflichten, deren Mißachtung nach § 83 II LBG (§§ 48 II S. 1 BeamtStG, 77 II BBG) als Dienstvergehen gilt, wenn er

– sich gegen die freiheitliche demokratische Grundordnung i.S. des Grundgesetzes betätigt (Nr. 1), oder

---

[7] BVerfG, NJW 67, 1654 (1655); BVerwGE 111, 291 (295); OVG Lüneburg, NVwZ 05, 350 (352).
[8] OVG Koblenz, ZBR 05, 430 (431) = DÖD 06, 89 (90) = RiA 05, 206 (207); OVG Münster, DÖD 02, 258 (259).
[9] BVerfG, BayVBl 02, 495 = NVwZ 02, 467 = DVBl 02, 406 = DÖD 02, 97.

- an Bestrebungen teilnimmt, die darauf zielen, den Bestand oder die Sicherheit der Bundesrepublik zu beeinträchtigen (Nr. 2), oder
- gegen § 64 LBG (§§ 38 I, II S. 1 BeamtStG, 61 BBG; Verletzung der Amtsverschwiegenheit), gegen § 75b LBG (§§ 42 BeamtStG, 69a BBG; Anzeigepflicht und Verbot einer Tätigkeit) oder gegen § 76 LBG (§§ 43 BeamtStG, 70 BBG; Verbot der Annahme von Belohnungen oder Geschenken) verstößt (Nr. 3), oder
- entgegen § 42 LBG oder § 48 I LBG (§§ 39 oder 45 I BBG) einer erneuten Berufung in das Beamtenverhältnis schuldhaft nicht nachkommt (Nr. 4). Diese Variante fehlt in § 48 II S. 1 BeamtStG. Allerdings können (durch die Landesgesetzgeber) weitere Handlungen festgelegt werden, die bei Ruhestandsbeamten oder früheren Beamten mit Versorgungsbezügen als Dienstvergehen gelten (§ 48 II S. 2 BeamtStG). Die bundesgesetzlichen Vorgaben sind insoweit nicht abschließend.

§ 2 LDG/BDG erweitert den Geltungsbereich. Hiernach können auch Dienstvergehen in einem früheren öffentlich-rechtlichen Dienstverhältnis sowie (nach Ausscheiden aus einem solchen Dienstverhältnis) als Dienstvergehen geltende Handlungen verfolgt werden. Ein Dienstherrenwechsel steht der disziplinarrechtlichen Verfolgung nicht entgegen (§ 2 II S. 2 BDG).

4. Einheit des Dienstvergehens

401 Die Einheit des Dienstvergehens, die ausschließlich dem persönlichkeitsbezogenen Wesen des Disziplinarrechts gerecht wird, kann man aus der Fassung von § 83 I S. 1 LBG (§§ 43 I S. 1 BeamtStG, 77 I S. 1 BBG) ableiten. Danach begeht der Beamte ein Dienstvergehen, wenn er schuldhaft die ihm obliegenden Pflichten verletzt. Verstößt ein Beamter zu verschiedenen Zeiten durch mehrere Handlungen gegen seine Dienstpflicht oder verletzt er durch eine Handlung mehrere Dienstpflichten, enthält zwar die einzelne Dienstpflichtverletzung alle Merkmale eines Dienstvergehens. Sie könnte als solche für sich allein geahndet werden, wenn die weiteren Pflichtverletzungen nicht zum Gegenstand des Disziplinarverfahrens gemacht worden sind. Sobald man aber einem Beamten in einem Disziplinarverfahren eine Mehrzahl von Dienstpflichtverletzungen vorwirft, liegen nicht mehrere Dienstvergehen vor. Vielmehr handelt es sich um ein einheitliches, aus mehreren Dienstpflichtverletzungen zusammengesetztes Dienstvergehen. Dabei kann jeder einzelne Vorgang in mehrfacher Beziehung eine Dienstpflichtverletzung darstellen. Ausnahmsweise ist es anders, wenn die das Dienstvergehen ausmachenden einzelnen Verfehlungen in keinem inneren oder äußeren Zusammenhang stehen und somit in gewisser Weise selbständig sind.[10]

---

10 BVerwG, DÖD 05, 203 (204) = NVwZ-RR 06, 45 = ZBR 05, 91 (94).

Nach dem Grundsatz von der Einheit des Dienstvergehens **dürfen** somit **mehrere bekanntgewordene Dienstpflichtverletzungen ausschließlich zusammen geahndet werden**. Setzt sich das Dienstvergehen aus mehreren Dienstpflichtverletzungen zusammen, bestimmt sich die zu verhängende Disziplinarmaßnahme nach der schwersten Verfehlung.[11] Sofern die Disziplinarbefugnis hierfür nicht ausreicht, muß der höhere Dienstvorgesetzte entscheiden. Das Prinzip erlaubt dem Dienstvorgesetzten allerdings nicht, aus dem Gesichtspunkt der Arbeitsökonomie zu warten, bis bei einem Beamten mehrere Dienstvergehen vorgefallen sind, damit diese dann in einem Arbeitsgang disziplinarisch geahndet werden.[12] Vielmehr muß er unverzüglich handeln, wenn er Tatsachen erfährt, die den Verdacht eines Dienstvergehens nahelegen. **Disziplinarverfahren sind** nämlich **beschleunigt durchzuführen** (§§ 4 I LDG, 4 BDG). Setzt sich das Dienstvergehen aus mehreren Einzelverfehlungen zusammen, beginnt das Disziplinarmaßnahmeverbot wegen Zeitablaufs mit Vollendung der letzten Pflichtverletzung. Einzelne Pflichtverletzungen darf man grundsätzlich nicht aus der Gesamtbewertung ausscheiden.[13] Anders ist es, wenn eine Verfehlung mit den übrigen Verstößen in keinem inneren oder äußeren Zusammenhang steht, sich also verselbständigen läßt.

5. Der Grundsatz ne bis in idem und § 14 LDG/BDG

Das **Verbot der Doppelbestrafung (Art. 103 III GG; ne bis in idem)** **402** **schließt** zwar **keine Disziplinarmaßnahmen wegen eines Verhaltens, das Gegenstand strafgerichtlicher Verurteilungen war, aus**.[14] Bei strafgerichtlicher Verurteilung wegen einer Tat, die zugleich ein Dienstvergehen darstellt, fehlt es aber häufig an der Notwendigkeit, noch disziplinarrechtlich einzuschreiten. Dabei muß man insbesondere das Verhältnismäßigkeitsprinzip beachten.[15]

Nach dem Grundgedanken in § 14 I LDG/BDG[16] sind Disziplinarmaßnahmen unzulässig, wenn bei leichteren und mittleren Dienstvergehen dem Ziel des Disziplinarrechts schon durch die vorangegangene Strafe, Geldbuße oder Ordnungsmaßnahme Genüge getan ist. Eine zusätzliche Disziplinarmaßnahme kommt somit ausschließlich in Betracht, wenn die Strafe, Geldbuße oder Ordnungsmaßnahme nicht ausreichen, damit eine erzieherische Wirkung auf den Beamten ausgeübt und das durch sein

---

11 BVerwG, DÖD 05, 203 (204) = NVwZ-RR 06, 45 (46) = ZBR 05, 91 (94).
12 Monhemius, Rn 573.
13 Schwandt, DÖD 03, 1 (16).
14 BVerfG, NJW 67, 1651 (1652 ff.) = E 21, 378 (384 ff.).
15 BVerfGE 27, 180 (188).
16 § 14 LDG/BDG ist wegen der darin enthaltenen Besserstellung eines angeschuldigten Beamten auch auf sog. Altfälle anzuwenden, die nach der LDO/BDO fortgeführt werden: BVerwG, DÖV 04, 746 (746 ff.).

Verhalten beeinträchtigte Ansehen des Berufsbeamtentums gewahrt wird. Ein Verweis, eine Geldbuße oder eine Kürzung des Ruhegehalts werden bei vorangegangener strafgerichtlicher Verurteilung oder bei einer Einstellung des Verfahrens wegen erfüllter Auflagen und Weisungen in keinem Fall mehr für erforderlich gehalten (§ 14 I Nr. 1 LDG/BDG). Eine Kürzung der Dienstbezüge oder eine Zurückstufung dürfen lediglich ausgesprochen werden, wenn dies zusätzlich erforderlich ist, damit der Beamte zur Erfüllung seiner Pflichten angehalten wird (§ 14 I Nr. 2 LDG/BDG). Ist der Beamte im Straf- oder Bußgeldverfahren rechtskräftig freigesprochen worden, darf wegen des Sachverhalts, der Gegenstand der gerichtlichen Entscheidung gewesen ist, eine Disziplinarmaßnahme nur ausgesprochen werden, wenn dieser Sachverhalt ein Dienstvergehen darstellt, ohne den Tatbestand einer Straf- oder Bußgeldvorschrift zu erfüllen (§ 14 II LDG/BDG). „Sachverhalt" ist der historische Geschehensablauf (Tathergang), nicht die straf- oder disziplinarrechtliche Würdigung des Tatverhaltens.[17] Grundsätzlich sind bei Freisprüchen Disziplinarmaßnahmen allein zulässig, wenn der Beamte mit seinem Verhalten zwar gegen keine Strafrechtsnorm oder Bußgeldvorschrift, aber gegen eine spezifisch beamtenrechtliche Pflicht verstoßen hat.[18]

Ob eine Disziplinarmaßnahme zusätzlich notwendig ist, den Beamten zur Erfüllung seiner Pflichten anzuhalten, hängt von einer Prognose ab. Aufgrund der Bewertung seiner Gesamtpersönlichkeit und der konkreten Umstände des Einzelfalls muß die konkrete[19] Befürchtung gerechtfertigt sein, er werde sich nicht bloß durch die strafgerichtliche Maßnahme dazu bewegen lassen, künftig seine beamtenrechtlichen Pflichten zu erfüllen (Wiederholungsgefahr).[20] Danach sei zum Beispiel bei der erstmaligen außerdienstlichen Trunkenheitsfahrt eines Polizeibeamten ohne Vorliegen besonderer Anhaltspunkte eine zusätzliche Disziplinarmaßnahme entbehrlich.[21] Die Notwendigkeit einer zusätzlichen Ahndung darf man nicht ausschließlich mit generalpräventiven Erwägungen, dem Hinweis auf die Schwere der Tat oder auf die durch sie eingetretenen Folgen begründen.[22] Eine Disziplinarmaßnahme ist zusätzlich erforderlich, wenn der Beamte sein Handeln bagatellisiert und damit eine fortbestehende Uneinsichtigkeit zeigt.[23] Dies kann hingegen nicht daraus gefolgert werden, daß sich der Beamte nicht persönlich entschuldigt oder Schadenersatz angeboten hat.[24]

---

17 BVerwGE 114, 50 (53); VG Meiningen, NVwZ-RR 03, 444.
18 Dürr/Dürr, 111.
19 BVerwGE 114, 50 (55).
20 BVerwG, NVwZ 94, 1219 (1220); PersV 06, 115 (117) = NVwZ-RR 06, 53 (54) = ZBR 05, 252 (254); VGH München, ZBR 93, 220 (221); OVG Greifswald, DÖD 05, 67 (68); Schwandt, DÖD 03, 1 (16).
21 BVerwGE 112, 19 (26 ff.) = IÖD 01, 63 (64 ff.) = ZBR 01, 39 (40 ff.) = DÖD 01, 147 (148 ff.) = NJW 01, 1080 (1080 ff.); Anm Weiß, ZBR 01, 42; IÖD 02, 80 (81 f.) = ZBR 02, 212 (213); Monhemius, Rn 576. Vgl. hierzu meine Kritik in Rn 406.
22 Schwandt, DÖD 03, 1 (16).
23 OVG Schleswig, NordÖR 05, 135 (136).
24 OVG Greifswald, DÖD 05, 67 (68).

Die Einschränkung des § 14 I LDG/BDG gilt nicht für Dienstvergehen, die mit den schwersten Disziplinarmaßnahmen

– Entfernung aus dem Beamtenverhältnis,
– Aberkennung des Ruhegehalts,

zu ahnden sind. Bei Dienstvergehen, die diese schwersten Maßnahmen rechtfertigen, erscheint die Verhängung einer Strafe oder Ordnungsmaßnahme allein nicht geeignet, den speziellen Zwecken des Disziplinarrechts zu genügen.

Ergeht nach dem Eintritt der Unanfechtbarkeit der Disziplinarverfügung in einem Straf- oder Bußgeldverfahren, das wegen desselben Sachverhalts eingeleitet worden ist, unanfechtbar eine Entscheidung, nach der die Disziplinarmaßnahme nicht zulässig wäre (§ 14 LDG/BDG), ist die Disziplinarverfügung auf Antrag des Beamten aufzuheben und das Disziplinarverfahren einzustellen (§ 36 I LDG/BDG). Die Antragsfrist beträgt drei Monate (§ 36 II S. 1 LDG/BDG). Sie beginnt mit dem Tag, an dem der Beamte von der Entscheidung Kenntnis erhält (§ 36 II S. 2 LDG/BDG).

Literatur: Mayer, Zur Anwendung neuen materiellen Rechts im Bundesdisziplinargesetz auf Altverfahren, insbesondere zur Anwendung des § 14 BDG, ZBR 05, 80; Fleig, Der Strafbefehl im Beamtenrecht und im Disziplinarrecht, ZBR 00, 121.

6. Disziplinarrechtsverfahren

6.1 Disziplinarverfahren

Das Verfahren (das formelle Disziplinarrecht) regelt ausschließlich das LDG/BDG. Es wird vom Legalitätsprinzip hinsichtlich der Ermittlung und vom Opportunitätsprinzip hinsichtlich der Ahndung eines Dienstvergehens beherrscht.

6.1.1 Legalitätsprinzip

Liegen zureichende tatsächliche Anhaltspunkte vor, die den **Verdacht eines Dienstvergehens** rechtfertigen, hat der Dienstvorgesetzte ein Disziplinarverfahren einzuleiten (§ 17 I S. 1 LDG/BDG). In dieser Norm ist das **Legalitätsprinzip** i.S. eines Verfolgungszwangs[25] niedergelegt. Sobald derartige Fakten, beispielsweise durch Hinweise Dritter durch staatsanwaltschaftliche Ermittlungen wegen dienstrechtlich relevanter Straftaten oder durch Übermittlungen bei Strafverfahren gegen Beamte (§ 50 BeamtStG), offenbar werden, **muß** der Dienstvorgesetzte **ein Disziplinarverfahren einleiten**. Dies ist sogar seine Dienstpflicht (§ 17 I S. 1 BDG). Er hat somit keinen Beurteilungs- oder Ermessensspielraum.[26]

403

---

25 Schwandt, DÖD 03, 1 (3).
26 Monhemius, Rn 587; Schwandt, DÖD 03, 1 (3).

3. Abschnitt: Grundzüge des Disziplinarrechts

Diese Funktion des § 17 I S. 1 LDG/BDG wird in der kommunalen Praxis, aber auch in der Literatur[27] vielfach verkannt. Auf ein behördliches Disziplinarverfahren darf der Dienstvorgesetzte selbst dann nicht verzichten, wenn von vornherein sein Entschluß feststeht, keine Disziplinarmaßnahme zu verhängen.[28] Ansonsten bliebe der Vorwurf eines Dienstvergehens unaufgeklärt und man griffe in schutzwürdige Rechte des Beamten, aber auch in zu wahrende Strukturprinzipien der Verwaltung ein. Bleibt der unmittelbare Dienstvorgesetzte untätig, müssen der höhere Dienstvorgesetzte oder die oberste Dienstbehörde einschreiten (§ 17 I S. 2 LDG/BDG).

Wer im dienstlichen Bereich beispielsweise durch Alkoholmißbrauch auffällt, begründet stets den Verdacht eines Dienstvergehens. Wegen des Legalitätsprinzips (§ 17 I S. 1 LDG/BDG) ist der Dienstvorgesetzte verpflichtet, die erforderlichen Ermittlungen durchzuführen, um den Verdacht zu klären. Dem kann er sich nicht mit dem Hinweis auf eine mögliche Alkoholabhängigkeit des Beamten entziehen. Das „Ob" der Anwendung zwingender gesetzlicher Vorschriften steht nicht zur Disposition des Dienstvorgesetzten.[29]

6.1.2 Opportunitätsprinzip

404 Bei der Abschlußentscheidung nach einem durchgeführten Disziplinarverfahren kommt das Opportunitätsprinzip zur Geltung. Hier bestimmt die Behörde nach pflichtgemäßem Ermessen, ob und ggf. wie wegen eines Dienstvergehens einzuschreiten ist (§§ 13 I LDG, 13 I S. 1 BDG). Die Disziplinarmaßnahme ist insbesondere nach der Schwere des Dienstvergehens zu bemessen (§§ 13 II S. 1 LDG, 13 I S. 2 BDG). Das Persönlichkeitsbild des Beamten ist angemessen zu berücksichtigen (§§ 13 II S. 2 LDG, 13 I S. 3 BDG). Ferner soll bedacht werden, in welchem Umfang das Vertrauen des Dienstherrn oder der Allgemeinheit beeinträchtigt worden ist (§§ 13 II S. 3 LDG, 13 I S. 4 BDG). Bei der Bestimmung der Höhe der Geldbuße und der Kürzung der Dienstbezüge ist die finanzielle Leistungsfähigkeit zu berücksichtigen (§ 13 II S. 4 LDG). Im Gegensatz zum Strafrecht, wo das Legalitätsprinzip gilt, wird im Disziplinarrecht die Ahndung von Dienstvergehen vom Opportunitätsprinzip beherrscht.

Wer allerdings durch ein Dienstvergehen das Vertrauen des Dienstherrn und der Allgemeinheit endgültig verloren hat, ist aus dem Beamtenverhältnis zu entfernen (§§ 13 III S. 1 LDG, 13 II S. 1 BDG). Das Ruhegehalt muß man aberkennen, wenn der Beamte als noch im Dienst befindlicher Beamter aus dem Beamtenverhältnis hätte entfernt werden müssen (§§ 13 III S. 2 LDG, 13 II S. 2 BDG).

---

27 Vgl. noch die 3. Auflage dieses Buches.
28 Schwandt, DÖD 03, 1 (3).
29 Claussen/Czapski, Alkoholmißbrauch im öffentlichen Dienst, Rn 60.

6.1.3 Disziplinarmaßnahmen

Je nachdem, ob es sich um eine leichtere oder schwerere Verfehlung handelt, gibt es folgende unterschiedliche Disziplinarmaßnahmen: 405

– Verweis (§ 6 LDG/BDG),
– Geldbuße (§ 7 LDG/BDG),
– Kürzung der Dienstbezüge (§ 8 LDG/BDG),
– Zurückstufung (§ 9 LDG/BDG),
– Entfernung aus dem Beamtenverhältnis (§ 10 LDG/BDG),
– Kürzung des Ruhegehalts (§ 11 LDG/BDG),
– Aberkennung des Ruhegehalts (§ 12 LDG/BDG).

Bei Ruhestandsbeamten sind **nur Kürzung und Aberkennung des Ruhegehalts** zulässig (§ 5 II LDG/BDG). Ist bei einem aktiven Beamten der durch das Gewicht des Dienstvergehens eingetretene Vertrauensverlust derart erheblich, daß er aus dem Beamtenverhältnis zu entfernen ist, erweist sich bei einem Ruhestandsbeamten hier die Aberkennung des Ruhegehalts als geeignete und erforderliche Disziplinarmaßnahme.[30] Dies ist bei einem außerdienstlichen Diebstahl eines Polizeibeamten, selbst wenn es die erste Wiederholungstat ist, noch nicht der Fall.[31] Gegenüber **B.a.P.** und **B.a.W.** können lediglich **Verweise** erteilt und **Geldbußen** auferlegt werden (§ 5 III S. 1 LDG/BDG). Für ihre Entlassung wegen eines Dienstvergehens gelten §§ 34 I Nr. 1, IV, 35 LBG/31 I S. 1 Nr. 1, IV, 32 BBG (§ 5 III S. 2 LDG/BDG; Rn. 282, 294).

Bei der Entfernung aus dem Beamtenverhältnis oder bei der Aberkennung des Ruhegehalts kann die zuletzt zuständige oberste Dienstbehörde eine **Kronzeugenregelung** nutzen und eine monatliche Unterhaltsleistung zusagen, wenn der Beamte bestimmte zur Verhinderung oder Aufklärung von Straftaten hilfreiche Tatsachen offenbart (§§ 77 LDG, 80 I BDG).

Das Schuldprinzip sowie der Grundsatz der Verhältnismäßigkeit (Übermaßverbot) gelten auch und gerade im Disziplinarverfahren.[32] Dies bedeutet, daß die Disziplinarmaßnahme als strafähnliche Sanktion die Schuld des Täters voraussetzt und zudem unter Berücksichtigung aller belastenden und entlastenden Umstände des Einzelfalls in einem gerechten Verhältnis zur Schwere der Tat und dem Verschulden des Täters stehen muß.[33] Danach käme eine Weiterverwendung im öffentlichen 406

---

30 BVerwG, NVwZ 03, 352 (354) = ZBR 03, 98 (100); OVG Lüneburg, NVwZ-RR 06, 265 (266).
31 VG Meiningen, NVwZ-RR 03, 444.
32 BVerfG, NVwZ 03, 1504 = DÖD 04, 112; BVerwG, ZBR 04, 256 (260); NVwZ-RR 02, 285 (286) = IÖD 02, 78 (79 f.) = DÖD 02, 277 (279) = ZBR 02, 271 (274); OVG Münster, NVwZ-RR 04, 594 (597).
33 BVerfG, NVwZ 03, 1504 = DÖD 04, 112; BVerwG, ZBR 04, 256 (260); NVwZ-RR 02, 285 (287) = IÖD 02, 78 (79 f.) = DÖD 02, 277 (279) = ZBR 02, 271 (274); NVwZ 06, 469 (471); OVG Münster, NVwZ-RR 04, 594 (597).

3. Abschnitt: Grundzüge des Disziplinarrechts

Dienst aus Gründen der Funktionssicherung nicht mehr in Betracht, wenn das Dienstvergehen das Vertrauensverhältnis endgültig zerstört oder einen derart großen Ansehensverlust bewirkt hat, daß eine Weiterverwendung die Integrität des Beamtentums unzumutbar belastet.[34] Wann von einem solchen endgültigen Ansehens- oder Vertrauensverlust auszugehen ist, beurteilt sich nach den Umständen des Einzelfalls, speziell der Schwere der Verfehlung, dem Ausmaß der Gefährdung dienstlicher Belange bei einer Weiterverwendung und – zur Beurteilung der Vertrauensbeeinträchtigung – dem Persönlichkeitsbild des Beamten.[35] Keine Unverhältnismäßigkeit folgt hingegen daraus, daß bei einer Entfernung aus dem Beamtenverhältnis der gesetzliche Rentenanspruch wesentlich geringer als der beamtenrechtliche Versorgungsanspruch ist.[36] Dabei kann das disziplinare Gewicht eines einzelnen Dienstvergehens durchaus davon abhängen, inwieweit der Beamte bereits straf- oder disziplinarrechtlich in Erscheinung getreten ist.[37] Als Milderungsgründe sind besondere Konfliktsituationen (Handeln in einer wirtschaftlichen Notlage, in einer psychischen Ausnahmesituation oder wegen einer besonderen Versuchung) und Verhaltensweisen mit günstigen Persönlichkeitsprognosen (freiwillige Wiedergutmachung des Schadens, Offenbarung des Fehlverhaltens vor Tatentdeckung, Zugriff auf geringwertige Gelder oder Güter) anerkannt.[38]

Zur Frage, welche Disziplinarmaßnahme im Licht des Grundsatzes der Verhältnismäßigkeit angemessen ist, gibt es eine Unmenge einzelfallbezogener Judikatur:

Nach ständiger Rechtsprechung[39] zerstört ein **Beamter, der** ihm **amtlich anvertraute oder dienstlich zugängliche Gelder bzw. Gegenstände veruntreut, sie unterschlägt oder stiehlt**, grundsätzlich das ihn mit seinem Dienstherrn verbindende Vertrauensverhältnis derart nachhaltig, daß er **nicht im Dienst belassen** werden kann. Uneingeschränktes Vertrauen in die Ehrlichkeit und Zuverlässigkeit eines jeden Beamten sei Voraussetzung eines ordnungsgemäßen Dienstbetriebs, der auf Effektivität und Sparsamkeit ausgerichtet sei und daher notwendigerweise auf die Möglichkeit ständiger und lückenloser Kontrollen verzichten müsse. Eigentumsverfehlungen bei Ausübung des Dienstes erfordern somit in

---

34 BVerfG, NVwZ 03, 1504 = DÖD 04, 112; BVerwG, ZBR 04, 256 (260); OVG Koblenz, NVwZ-RR 02, 858 (859) = DÖD 02, 319 (321) = IÖD 02, 166 (168) = ZBR 03, 143; OVG Bautzen, LKV 05, 225 = DÖD 05, 137 (139); OVG Lüneburg, NdsVBl 05, 274 (276).
35 BVerfG, NVwZ 03, 1504 = DÖD 04, 112 (112 f.).
36 BVerwG, NVwZ-RR 02, 285 (287) = IÖD 02, 78 (79 f.) = DÖD 02, 277 (279) = ZBR 02, 271 (274).
37 OVG Saarlouis, ZBR 03, 283 (284).
38 BVerwG, NVwZ 06, 469 (472).
39 BVerfG, DÖD 02, 116 (117); BVerwG, NVwZ 03, 352 = ZBR 03, 98 (99); NJW 01, 3645 (3646) = IÖD 02, 7 (9) = PersV 02, 16 (16 ff.); ZBR 05, 260 (261); ZBR 02, 267; DÖD 98, 69; ZBR 94, 81; ZBR 90, 128; E 86, 1 (2); 73, 290 (291); NVwZ 99, 662 (663); ZBR 99, 201 (202); ZBR 91, 216 (216 f.); NVwZ 90, 1082; ZBR 87, 90 (90 f.); NVwZ 06, 469 (471); OVG Lüneburg, NVwZ-RR 06, 197 (198) = KommJur 05, 182 (184).

6. Disziplinarrechtsverfahren

aller Regel die Dienstentfernung.[40] Dies muß auch für den Fall gelten, daß es sich um einen Gegenstand von nicht unerheblichem Wert handelt, der in Händen Unbefugter eine erhebliche Gefahr für die öffentliche Sicherheit bedeutet.[41]

Eine **mildere Bewertung** des Fehlverhaltens ist möglich, wenn es Folge einer schockartig ausgelösten psychischen Ausnahmesituation ist.[42] Entsprechendes gilt, wenn ein bisher unbescholtener Beamter vor Entdeckung der Tat den angerichteten Schaden aufgrund eigenen Antriebs ohne Furcht vor Entdeckung wiedergutgemacht hat.[43] Der Milderungsgrund der freiwilligen Wiedergutmachung des Schadens vor Entdeckung der Tat ist ebenfalls anwendbar, wenn bis zu diesem Zeitpunkt keine vollständige Wiedergutmachung des Schadens erfolgt, der Beamte jedoch hiervon aus nachvollziehbaren Gründen irrtümlich ausgegangen ist.[44] Im konkreten Fall erfolgte lediglich eine Versetzung des Beamten in ein Amt derselben Laufbahn mit geringerem Endgrundgehalt. Für den bei Zugriff auf Kassenbestände geltenden Milderungsgrund der freiwilligen Offenbarung der Tat vor deren Entdeckung ist nicht erforderlich, daß der Beamte sein Verhalten gegenüber Vorgesetzten offenlegt.[45] Freiwillig sind die Offenbarung eines Fehlverhaltens oder die Wiedergutmachung eines Schadens, wenn sie ohne äußeren oder inneren zwingenden Anlaß erfolgten und wenn das Verhalten von Einsicht oder Reue bestimmt ist. Hiervon kann bei „Angst vor der drohenden Aufdeckung seiner Unterschlagung und vor dem Knast" nicht ausgegangen werden.[46] Der Milderungsgrund der Geringwertigkeit gestattet es zudem, von der Entfernung aus dem Beamtenverhältnis abzusehen, wenn der Wert des Zugriffsobjekts gering ist und durch das Dienstvergehen keine weiteren wichtigen öffentlichen oder privaten Interessen verletzt sind. Die obere Wertgrenze liegt bei etwa 50 €.[47]

Der **Zugriff auf Eigentum oder Vermögen** von Kameraden stellt bei Soldaten ein schwerwiegendes Versagen dar, das grundsätzlich eine Zurückstufung und bei Erschwerungsgründen sogar eine Entfernung aus dem Beamtenverhältnis gebieten kann.[48] Hingegen ist beim Zugriff auf das Vermögen des Dienstherrn in Form unrichtiger oder unvollständiger

---

40 BVerfG, NVwZ 03, 1504 (1504 f.) = DÖD 04, 112 (112 f.); BVerwG, NVwZ 06, 469 (471); ZBR 05, 260 (261); ZBR 02, 267 (267 f.).
41 OVG Münster, ZBR 00, 104: Unbefugtes Überlassen einer Maschinenpistole durch einen Polizisten.
42 BVerwG, ZBR 02, 267 (268).
43 BVerfG, DÖD 02, 116 (117); BVerwG, NJW 01, 3645 (3646) = IÖD 02, 7 (9); DÖD 98, 69; ZBR 94, 81.
44 BVerwG, DÖD 98, 69 (70).
45 BVerwG, ZBR 94, 81.
46 BVerwG, ZBR 95, 244.
47 BVerwG, DÖD 03, 38 (40) = IÖD 02, 256 (257).
48 BVerwG, ZBR 02, 143 (144).

3. Abschnitt: Grundzüge des Disziplinarrechts

Reisekostenabrechnungen eine Differenzierung nach der Schwere geboten, und zwar nicht nur nach „oben", sondern auch nach „unten".[49]

Zur disziplinaren Bewertung eines **Beihilfebetrug**es nehmen das BVerwG[50], der BGH[51] sowie das OVG Münster[52] Stellung. Ein Richter, der seinen Dienstherrn in betrügerischer Weise erheblich schädigt, belastet das Vertrauensverhältnis regelmäßig derart nachhaltig, daß es naheliegt, ihn aus dem Beamtenverhältnis zu entfernen.[53]

Die Gemeinschaftsschädlichkeit von **außerdienstlichen Trunkenheitsfahrten im Straßenverkehr** und das dabei zutage tretende Maß von Verantwortungslosigkeit legten prinzipiell die Disziplinarmaßnahme der **Kürzung der Dienstbezüge** nahe. Sie war selbst bei Ersttätern bisher anzuwenden[54], sofern nicht § 14 I LDG/BDG eingriff. Die Rechtsprechungsgrundsätze zur disziplinaren Ahndung von außerdienstlichen alkoholbedingten Verkehrsdelikten galten auch für Beamte der Deutschen Telekom AG.[55] Nach Ansicht des BVerwG habe es allgemeiner Auffassung entsprochen, daß wegen der Gefahren, die von betrunkenen Kraftfahrern für Leib und Leben anderer Verkehrsteilnehmer und für oft bedeutende Sachwerte ausgingen, Trunkenheit am Steuer nicht habe bagatellisiert werden dürfen. Sie sei vielmehr als Ausdruck verantwortungsloser, sozialschädlicher Einstellung eine Straftat von kriminellem Gehalt. Diese führte bei einem Beamten als Täter zwangsläufig einen Achtungsverlust herbei, der geeignet gewesen sei, das Ansehen des betreffenden Beamten selbst und dasjenige des Berufsbeamtentums in besonderem Maße zu beeinträchtigen.[56] Das BVerwG[57] hat seine Position mittlerweile aufgegeben. Danach bedeute eine einmalige außerdienstliche Trunkenheitsfahrt (§ 316 StGB) bei einem Beamten, der dienstlich nicht mit dem Führen von Kraftfahrzeugen betraut sei, keine Dienstpflichtverletzung. Der Verfasser folgt wegen der soeben in der früheren Judikatur des BVerwG eindringlich geschilderten Relevanz einer Trunkenheitsfahrt für überragend wichtige Gemeingüter nicht dieser Ansicht. Für mich wird bereits durch eine einzige Trunkenheitsfahrt die dienstliche Vertrauenswürdigkeit des Beamten, Strafgesetze oder ihm anvertraute (wichtige) Rechtsgüter nicht zu mißachten, nachhaltig beeinträchtigt. Hingegen verletze eine zweite außerdienstliche Trunkenheitsfahrt infolge alkohol-

---

49 BVerwGE 121, 1 (3 ff.) = ZBR 04, 174 (175); ZBR 03, 139 (140): Beförderungssperre von vier Jahren und Gehaltskürzung um ein Zehntel für drei Jahre.
50 NVwZ 94, 1219 (1219 f.).
51 NJW 04, 2910 (2910 ff.).
52 NVwZ-RR 04, 119 (119 f.) = ZBR 04, 396 (396 f.).
53 BGH, NJW 04, 2910 (2911).
54 BVerwG, DÖD 98, 233; NVwZ 94, 785; VGH München, ZBR 93, 220 (221).
55 BVerfG, PersV 02, 473 (475) = DÖD 03, 37 (38); BVerwG, ZBR 97, 50 (50 f.) = NVwZ 97, 584 (585) = DÖD 97, 191.
56 BVerwG, DÖD 98, 233; ZBR 97, 50 = NVwZ 97, 584 (585) = DÖD 97, 191; NVwZ 94, 785.
57 E 112, 19 (26 ff.) = IÖD 01, 63 (64 ff.) = ZBR 01, 39 (40 ff.) = DÖD 01, 147 (148 ff.) = NJW 01, 1080 (1080 ff.); Anm Weiß, ZBR 01, 42; IÖD 02, 80 (81 f.) = ZBR 02, 212 (213). Zustimmend OVG Münster, DÖD 01, 155 (155 f.).

bedingter Fahruntüchtigkeit die außerdienstliche Wohlverhaltenspflicht, wenn die vorhergehende, ebenfalls zum Schaden führende Trunkenheitsfahrt vor noch nicht langer Zeit strafrechtlich und disziplinar geahndet worden sei.[58] **Bei Wiederholungstätern** sind regelmäßig ein **Beförderungsverbot**[59] oder bei Ruhestandsbeamten eine **Kürzung des Ruhegehalts**[60] angemessene Disziplinarmaßnahmen.

Bei **innerdienstlichen Verstößen gegen absolute Alkoholverbote** stellt die Rechtsprechung auf die Bedeutung und die Funktion der Verbotsregelung für die jeweilige Dienstverrichtung ab. Wenn sie speziell zum Schutz von Leben, Gesundheit und Eigentum Dritter (z.B. bei Lokführern) angeordnet wurden, sind innerdienstliche Alkoholverfehlungen schwerwiegende Pflichtverletzungen.[61]

In schweren Fällen innerdienstlicher **sexueller Belästigung** von Mitarbeiterinnen oder Mitarbeitern, insbesondere wenn ein Täter in Ausnutzung seiner Vorgesetzteneigenschaft versagt, muß sich sogar die Frage stellen, ob er weiter im öffentlichen Dienst bleiben darf.[62] Gleiches gilt für einen Soldaten mit Vorgesetzteneigenschaft, der sich kinderpornographisches Material beschafft, bei sich vorrätig hält oder an Dritte weitergibt[63], für einen Lehrer, der sich kinderpornographische Bilddateien verschafft, sie besitzt oder gar versendet[64] sowie beim sexuellen Mißbrauch von Kindern und Jugendlichen durch einen Beamten[65]. Sittlichkeitsverbrechen, vor allem an Kindern und Abhängigen, führen zu einem derart großen Ansehensverlust, daß der Täter nicht mehr Beamter bleiben darf.[66]

Normale **sexuelle Beziehungen** zwischen Beamten und Beamtinnen sowie umgekehrt sind nicht stets ein disziplinar zu würdigendes Dienstvergehen. Angesichts gewandelter gesellschaftlicher Anschauungen und wegen der besonderen Schwere der Tat, die für eine Entfernung aus dem Beamtenverhältnis verlangt wird, ist nach meiner Auffassung dieser Position zumindest dann zuzustimmen, wenn Freiwilligkeit und gerade kein Zwang im Vordergrund der sexuellen Annäherung stehen. Anders ist es hingegen bei Soldaten, weil der Zusammenhalt der Truppe empfindlich gestört werden würde, wenn man (hetero- und homo)sexuelle Beziehun-

---

58 BVerwG, IÖD 02, 16 (17) = NJW 01, 3565 (3566 ff.) = E 114, 212 (215).
59 BVerwG, NVwZ 94, 785.
60 BVerwG, IÖD 02, 16 (21) = NJW 01, 3565 (3568) = E 114, 212 (225).
61 BVerwG, IÖD 02, 67 (68) = ZBR 03, 277 (278).
62 BVerwGE 113, 151 (157 f.) = ZBR 98, 177 (180 f.) = PersV 99, 134 (135 f.) = NJW 98, 1656 (1658); NVwZ 99, 659 (660 ff.); NVwZ 06, 608 (609).
63 BVerwGE 111, 291 (295); ZBR 04, 267 (267 f.); OVG Lüneburg, NVwZ 05, 350 (351). Zur Maßnahmebemessung bei einem minderschweren Fall äußert sich das BVerwG, ZBR 04, 205 (205 ff.).
64 OVG Lüneburg, NdsVBl 05, 189 (190).
65 BVerfG, BayVBl 02, 495 = NVwZ 02, 467 = DVBl 02, 406 = DÖD 02, 97; OVG Münster, IÖD 02, 55 (55 f.) = RiA 02, 301 (302).
66 BVerfG, NVwZ 03, 1504 (1505) = DÖD 04, 112 (112 f.); OVG Münster, IÖD 02, 55 (55 f.) = RiA 02, 301 (303).

3. Abschnitt: Grundzüge des Disziplinarrechts

gen mit all ihren emotionalen Implikationen duldete.[67] Zugunsten des Soldaten kann dabei allerdings berücksichtigt werden, wenn die Initiative zu intimen Beziehungen von der Ehefrau eines Kameraden ausgeht, die selbst Soldatin und Untergebene ist.[68] Weiterhin stellt das einmalige außerdienstliche „Busengrapschen" kein disziplinar zu ahndendes außerdienstliches Dienstvergehen dar.[69]

Zur disziplinaren Bewertung einer **ungenehmigten Annahme von Geschenken**, die ein Untergebener seinem Vorgesetzten in Bezug auf dessen Amt gemacht hat[70], sowie zur sonstigen ungenehmigten Geschenkannahme[71] äußert sich das BVerwG. Ein Beamter, der in Bezug auf sein Amt Belohnungen oder Geschenke annimmt, setzt das Ansehen der Beamtenschaft herab. Er gefährdet das Vertrauen seiner Behörde und der Allgemeinheit in seine Zuverlässigkeit. Zudem erweckt er hierdurch den Verdacht, für Amtshandlungen allgemein käuflich zu sein und sich bei seinen Dienstgeschäften nicht an sachlichen Erwägungen zu orientieren, sondern sich auch von der Rücksicht auf den ihm zugesagten, gewährten oder geforderten Vorteil leiten zu lassen.[72] Entsprechendes gilt bei **Bestechung und Korruption**[73] sowie bei **unbefugter Hilfeleistung in Steuersachen** durch einen Finanzbeamten[74]. Verwirklicht ein Beamter den Straftatbestand der **Bestechlichkeit**, erfordert dies prinzipiell, ihn aus dem Beamtenverhältnis zu entfernen[75], ebenso wie einen kommunalen Ehrenbeamten, der Straftaten nach § 331 I StGB (**Vorteilsannahme**) begeht.[76]

Ein Polizeibeamter, der sich wiederholt des unerlaubten Erwerbs von **Betäubungsmittel**n schuldig macht, verliert das Vertrauen seines Dienstherrn sowie der Allgemeinheit in eine an Gesetz und Recht orientierte unvoreingenommene Amtsführung und ist deshalb aus dem Beamtenverhältnis zu entfernen.[77] Gleiches gilt bei einer **Vollstreckungsvereitelung im Amt**[78] oder einem vorsätzlichen **Aussagedelikt**[79] seitens eines Polizeivollzugsbeamten, weil er hier etwas tut, was er kraft seines Amtes gerade verhindern muß. Hingegen gibt es bei einer **vorsätzlichen Steuer-**

---

67 BVerwGE 115, 174 (176) = ZBR 03, 170 (171); NJW 02, 3722 = DÖV 02, 868 (869).
68 BVerwG, NJW 02, 3722 (3723) = DÖV 02, 868 (869 f.).
69 BVerwG, NVwZ-RR 04, 867 (868) = ZBR 05, 53 (53 f.) = RiA 05, 96 (97); Anm Stehr, RiA 05, 98 (98 f.).
70 NVwZ 97, 589 = ZBR 97, 48; NVwZ 02, 1515 (1516 f.) = ZBR 03, 176 (177 ff.) = DÖD 02, 280 (280 ff.) = RiA 03, 180 (181 ff.) = IÖD 02, 176 (177 f.).
71 E 103, 36 (39 ff.).
72 BVerwG, NVwZ 02, 1515 (1517) = ZBR 03, 176 (178) = DÖD 02, 280 (281) = RiA 03, 180 (184) = IÖD 02, 176 (177); ähnlich OVG Münster, IÖD 02, 186 (188).
73 BVerwGE 83, 49 (50 ff.); NVwZ 99, 658 (659).
74 OVG Koblenz, NVwZ-RR 03, 875 (876) = DÖD 04, 65 (66 f.) = RiA 03, 259.
75 BVerfG, NVwZ 03, 1504 (1505) = DÖD 04, 112 (113).
76 OVG Greifswald, LKV 04, 574 = DÖD 05, 233 (233 f.).
77 OVG Koblenz, NVwZ-RR 03, 877 (878) = RiA 04, 154.
78 BVerwG, ZBR 04, 256 (258).
79 OVG Bautzen, LKV 05, 225 = DÖD 05, 137 (139); VGH Mannheim, ZBR 02, 370 = NVwZ-RR 02, 205.

6. Disziplinarrechtsverfahren

hinterziehung durch einen Beamten – selbst wenn er ein Finanzbeamter ist – keine alle denkbaren Fallgestaltungen erfassende Regelmaßnahme.[80] Vielmehr sei die zu verhängende Disziplinarmaßnahme anhand einer Gesamtwürdigung unter Beachtung der Umstände des Einzelfalls zu bestimmen. Selbst die Abgabe einer Selbstanzeige (§ 371 AO) führe nicht automatisch zu einer Maßnahmemilderung oder gar zum Absehen von der disziplinaren Höchstmaßnahme.[81]

Die **Inhaftierung eines Beamten** liefert einen Rechtfertigungsgrund für sein Fernbleiben und stellt somit kein Dienstvergehen dar.[82] Anders ist es, wenn der Beamte diesen Rechtfertigungsgrund schuldhaft (zumindest bedingt vorsätzlich) herbeigeführt hat, etwa dadurch, daß er den Widerruf einer Strafaussetzung zur Bewährung bewirkt.[83] Sollte es ihm möglich und zumutbar gewesen sein, die Verbüßung der Freiheitsstrafe zu vermeiden, liegt darin ein Dienstvergehen wegen ungenehmigten Fernbleibens vom Dienst. Täuscht ein Beamter seinen Dienstherrn, indem er durch **Vorlage wahrheitswidriger Atteste** sein Fernbleiben vom Dienst über einen Zeitraum von zehn Wochen zu rechtfertigen versucht, handelt es sich um ein schwerwiegendes Dienstvergehen, das mit einer Entfernung aus dem Beamtenverhältnis zu ahnden ist.[84] Ein unerlaubtes Fernbleiben vom Dienst kann milder bewertet werden (hier Kürzung der Dienstbezüge für drei Jahre), wenn der Dienstherr (hier Deutsche Telekom) bereit war, auf die Dienstleistung des Beamten (vorübergehend) zu verzichten.[85]

Mit dem gleichen Disziplinarmaß ist eine **Mitgliedschaft in Organisationen mit verfassungsfeindlichen Zielen**[86] und eine **Beteiligung an streikähnlichen Aktionen**[87] zu bewerten.

Hingegen ist ein **Einstellungsbetrug** kein Dienstvergehen, da dies die Beamteneigenschaft (§§ 83 I S. 1 LBG, 77 I S. 1 BBG: „der *Beamte* begeht ein Dienstvergehen") voraussetzt. Betrügt man gerade, um Beamter zu werden, liegt die deliktsbegründende Beamteneigenschaft zum Zeitpunkt der Tat denknotwendig nicht vor.[88]

Außerhalb der genannten besonders gravierenden Delikte kann es insbesondere dann in Betracht kommen, die Höchstmaßnahme zu verhängen, wenn der Beamte vorsätzlich schwerwiegend im Kernbereich seiner

---

80 OVG Münster, DÖD 03, 40 (41) = IÖD 02, 114 (115); OVG Koblenz, ZBR 05, 430 = DÖD 06, 89 = RiA 05, 206 (206 f.): Zurückstufung um zwei Besoldungsgruppen.
81 OVG Münster, DÖD 03, 40 (42) = IÖD 02, 114 (116).
82 BVerwG, NVwZ-RR 95, 96 (97) = ZBR 94, 383 (384).
83 BVerwG, NVwZ-RR 95, 96 (97) = ZBR 94, 383 (384).
84 OVG Lüneburg, NVwZ-RR 04, 432 (434) = NdsVBl 04, 24 (26 f.) = RiA 04, 254 (259).
85 BVerwG, ZBR 00, 347 (349).
86 BVerfGE 39, 334 (359 f.).
87 BVerwG, NJW 78, 178 (179 f.).
88 VG Meiningen, LKV 98, 286.

3. Abschnitt: Grundzüge des Disziplinarrechts

Pflichten versagt hat.[89] Allerdings dürfen unterhalb der Entfernung aus dem Beamtenverhältnis zu verhängende Disziplinarmaßnahmen milder ausfallen, wenn das Straf- oder Disziplinarverfahren übermäßig lange gedauert und der Beamte dies nicht zu vertreten hat.[90] Hingegen ist eine Dienstpflichtverletzung durch Unterlassen nur dann milder zu beurteilen, wenn die gebotene Handlung vom Beamten mehr verlangt als den normalen Einsatz rechtstreuen Willens.[91]

Literatur: Fiebig/Junker, Korruption und Untreue im öffentlichen Dienst, 2. Aufl. 05; Schaller, Maßnahmen zur Verhütung und Bekämpfung von Korruption, RiA 04, 267; Lingens, Entfernung aus dem Dienstverhältnis oder Beförderungsverbot?, ZBR 03, 89; Rixen, Unschuldsvermutung im Beamtenrecht, ZBR 03, 239; Claussen/Ostendorf, Korruption im öffentlichen Dienst, 2. Aufl. 02; Müller-Eising, Disziplinare Konsequenzen von Korruption, StGR 1-2/02, 12; Vogelgesang, Klassische Milderungsgründe im Disziplinarrecht, in Franke/Summer/Weiß, Öffentliches Dienstrecht im Wandel, FS für Walther Fürst, 2002, 369; Braun, Der neue § 28 Abs. 2 BDO (= § 28 Abs. 3 LDO Ba-Wü) – Wirkungsvolles Mittel oder stumpfe Waffe gegen „faule Beamte"?, RiA 99, 270; Weiß, „Korruptives Fehlverhalten" als Dienstvergehen, PersV 99, 434; Schaller, Neue Vorschriften zur Korruptionsbekämpfung, RiA 98, 9; Sembdner, Die Korruption und ihre Bekämpfung, PersV 97, 454; Kube/Vahlenkamp, Korruption – hinnehmen oder handeln?, VerwArch 94, 432.

407 Ob und wann einem Beamten, der wegen einer **Alkoholabhängigkeit** zeitweise oder dauernd dienstunfähig wird oder seine Leistungsfähigkeit beeinträchtigt, ein **disziplinarer Vorwurf** gemacht werden kann, ist **im Einzelfall zu beurteilen**. Das BVerwG[92] hat zu dieser Problematik mehrmals Stellung genommen. Daraus lassen sich folgende Aussagen ableiten:

---

89 BVerfG, NVwZ 03, 1504 (1505) = DÖD 04, 112 (113). Das OVG Koblenz, NVwZ-RR 02, 858 (859) = DÖD 02, 319 (320 f.) = IÖD 02, 166 (166 f.) = ZBR 03, 143, nahm dies bei einem längerfristig kranken Polizisten an, der ohne Nebentätigkeitsgenehmigung eine Bauträgerfirma gegründet und sich in ihr federführend betätigt hatte. Ähnlich sieht es das OVG Koblenz, DÖD 05, 91 (92 ff.), bei einem an der Polizeischule eingesetzten Verhaltenstrainer, der über mehrere Jahre eine ungenehmigte Nebentätigkeit als Moderator und Organisator von privaten Veranstaltungen ausübte, obwohl er krankheitsbedingt keinen Dienst verrichtete. Entsprechendes judizierte das OVG Koblenz, NVwZ-RR 06, 270 (270 f.), hinsichtlich eines Polizisten, der mehrere Jahre lang während krankheitsbedingter Dienstunfähigkeit einem ungenehmigten Gebrauchtwagenhandel in Form eines Zweitberufs nachging. Das OVG Münster, NVwZ-RR 04, 594 (596), bejahte es bei einem vorläufig des Dienstes enthobenen Beamten, der über Jahre ungenehmigt einer gewerblichen Nebentätigkeit nachging und dem Dienstherrn erhebliche Einnahmen verschwieg, die für die Bemessung des Einhaltungsbetrages relevant waren. Das OVG Lüneburg, NdsVBl 05, 274 (276) = RiA 06, 87 (88 f.), ging davon bei einem Polizisten aus, der monatelang dem Dienst ferngeblieben war, gleichzeitig eine ungenehmigte Nebentätigkeit ausübte und gegen die Vorschriften über die Aufbewahrung von Munition für Polizeiwaffen verstoßen hatte. Das BVerwG, ZBR 00, 47 (47 ff.), erkannte einem Beamten, der während einer längeren krankheitsbedingten Dienstunfähigkeit einen eigenen Gewerbebetrieb aufbaute, das Ruhegehalt ab. Zur Maßnahmebemessung bei einer ungenehmigten entgeltlichen Nebentätigkeit durch einen Bundeswehrarzt in herausgehobener Stellung vgl. BVerwG, ZBR 04, 358 (358 f.).

90 BVerwG, DÖD 05, 203 (205) = NVwZ-RR 06, 45 (46) = ZBR 05, 91 (95): im konkreten Fall waren es sechseinhalb Jahre.

91 BVerwG, NVwZ-RR 02, 285 (286) = IÖD 02, 78 (79 f.) = DÖD 02, 277 (279) = ZBR 02, 271 (273).

92 NJW 92, 1249 (1249 f.); NJW 80, 1347 (1347 f.); ZBR 80, 347 (347 f.).

6. Disziplinarrechtsverfahren

Alkoholsucht als solche ist disziplinar grundsätzlich irrelevant. Kein Beamter schuldet seinem Dienstherrn, frei von Alkoholabhängigkeit und „trocken" zu sein.[93] Allerdings obliegt ihm die Pflicht, seine Arbeitskraft zu erhalten und eine beschränkte oder verlorene Arbeitskraft bestmöglich wieder herzustellen. Hiermit ist unvereinbar, daß ein Beamter schuldhaft

– die Ursache für eine Erkrankung setzt,

– beim Bestehen einer Erkrankung die zur Heilung erforderlichen Schritte unterläßt, z.B. eine Alkoholentziehungskur ablehnt oder vorzeitig abbricht,

– nach einer erfolgreichen Alkoholentziehungskur entgegen ärztlicher Anweisung oder Auflagen den Heilerfolg zunichte macht, durch erneuten Alkoholgenuß den Rückfall einleitet und dieser sich negativ auf den dienstlichen Betrieb auswirkt[94],

– mehrere einschlägige straf- und disziplinargerichtliche Verurteilungen und Urteilshinweise auf die Folgen weiteren Alkoholgenusses außer acht läßt. Hier bedarf es keiner ausdrücklichen Abmahnung durch den Dienstherrn und/oder keiner vorangegangenen erfolgreichen Alkoholentziehungskur.

Zum Tatbestand gehört, daß sich das Verhalten dienstlich ausgewirkt hat. Bei der Feststellung des Verschuldens gelten die allgemeinen Grundsätze. Aus der Tatsache allein, daß eine Trunksucht entstanden ist, kann man allerdings nicht ohne weiteres oder regelmäßig auf ein schuldhaftes Verhalten schließen.[95] Es besteht kein Erfahrungssatz des Inhalts, daß eine Trunksucht regelmäßig selbst verschuldet ist, weil sie übermäßigen Alkoholgenuß über einen längeren Zeitraum voraussetzt und jeder verständige Mensch dessen Folgen kennt. Die Alkoholkrankheit entwickelt sich zumeist schleichend, ohne daß sich die meisten Menschen des Risikos, trunksüchtig zu werden, bewußt sind. In aller Regel wird man deshalb klären müssen, ob der Beamte (in welcher Form, durch wen, wie oft, in welcher Eindringlichkeit) zu der Zeit, in der er noch beherrscht trinken konnte, auf die gesundheitlichen und dienstlichen Folgen des weiteren Alkoholmißbrauchs hingewiesen worden ist. In Betracht kommen insbesondere die Vernehmung der behandelnden Ärzte, der Vorgesetzten oder anderer Personen, die mit dem Alkoholmißbrauch des Beamten befaßt waren, ferner die Beiziehung von Unterlagen der Betriebsärzte.[96] Sollte sich danach herausstellen, daß der Beamte im Zeitraum, in dem er noch kontrolliert trinken konnte, nicht auf die gesundheitlichen und dienstlichen Folgen des weiteren Alkoholgenusses hingewiesen worden ist, dürfte kein Verschulden bei der Entstehung einer Alkoholabhängigkeit vorliegen. Dann wäre auch die Schlechterfüllung von Dienstpflichten als kausale Folge einer nicht schuldhaft entstandenen Alkoholabhängigkeit ebenfalls

---

93 BVerwG, NJW 92, 1249.
94 OVG Lüneburg, NdsVBl 05, 190 (191) = NVwZ-RR 05, 553 (554 f.).
95 Claussen/Czapski, Alkoholmißbrauch im öffentlichen Dienst, Rn 72.
96 Claussen/Czapski, Alkoholmißbrauch im öffentlichen Dienst, Rn 92.

kein schuldhaftes Verhalten. In einem derartigen Fall würde ein Dienstvergehen und damit eine disziplinare Würdigung ausscheiden. Die Entscheidung des Dienstvorgesetzten, einen Beamten, den er wegen Alkoholismus für dauernd dienstunfähig hält, in den Ruhestand zu versetzen, ist in ihrer Begründung für die Disziplinargerichte nicht bindend.[97]

Literatur: Honsa, Alkohol- und Drogenmißbrauch im öffentlichen Dienst, 2. Aufl. 06; ders., Alkohol- und Drogenmißbrauch im öffentlichen Dienst, DÖD 02, 167; Eckstein, Beamten- und dienstrechtliche Konsequenzen von Alkoholmißbrauch, VBlBW 99, 452; Claussen/Czapski, Alkoholmißbrauch im öffentlichen Dienst, 1992.

6.2 Disziplinarorgane

408 Das LDG/BDG regelt abschließend die Zuständigkeiten der Disziplinarorgane.

Disziplinarorgane sind:

– der unmittelbare Dienstvorgesetzte,

– der höhere Dienstvorgesetzte,

– die oberste Dienstbehörde,

– die Kammer für Disziplinarsachen beim VG,

– der Senat für Disziplinarsachen beim OVG,

– das Bundesverwaltungsgericht.

Die Disziplinarbefugnisse werden von den zuständigen Behörden, **Dienstvorgesetzte**n und Disziplinargerichten ausgeübt. Bei einem Ruhestandsbeamten werden die Disziplinarbefugnisse durch die zum Zeitpunkt des Eintritts in den Ruhestand zuletzt zuständige oberste Dienstbehörde ausgeübt (§§ 81 S. 1 LDG, 84 S. 1 BDG). Diese kann ihre Befugnisse ganz oder teilweise auf nachgeordnete dienstvorgesetzte Stellen übertragen (§§ 81 S. 2 LDG, 84 S. 2, 1. Hs. BDG). Die Aufgaben des Dienstvorgesetzten auszuüben, zählt zu seinen Pflichten, denen er sich nicht grundlos verweigern kann. Eine Delegation dieser Kompetenzen ist deshalb unzulässig. Lediglich dann, wenn der Dienstvorgesetzte rechtlich (Befangenheit; §§ 62 LBG, 59 BBG, 20, 21 VwVfG) oder tatsächlich (Urlaub, Erkrankung) verhindert ist, darf der allgemeine Vertreter entscheiden.

Der Hauptverwaltungsbeamte einer Gemeinde oder eines Gemeindeverbandes ist Disziplinarvorgesetzter der ihm nachgeordneten Beamten (§ 79 I S. 1 LDG). Für Gemeindebeamte gilt hinsichtlich des Disziplinarverfahrens als höherer Dienstvorgesetzter die Aufsichtsbehörde (Landrat als untere staatliche Verwaltungsbehörde für kreisangehörige Gemeinden [§ 120 I GO] bzw. Bezirksregierung für kreisfreie Städte [§ 120 II GO] sowie Kreise [§ 57 I S. 1, 1. Alt. KrO]) und als **oberste Dienstbehörde** das IM (§ 79 II S. 2, 1. Hs. LDG). Obwohl der hauptamtliche Bürgermei-

---

97 BVerwG, DÖV 92, 580.

6. Disziplinarrechtsverfahren

ster/Landrat keinen Dienstvorgesetzten hat, handelt die Aufsichtsbehörde als sein Disziplinarvorgesetzter (§ 79 I S. 2 LDG). Als höherer Dienstvorgesetzter gilt bei ihm die Aufsichtsbehörde (§ 79 II S. 1 LDG) und als oberste Dienstbehörde das IM (§ 79 II S. 2, 1. Hs. LDG).

Disziplinargerichte sind die **Kammern für Disziplinarsachen** der Verwaltungsgerichte in Düsseldorf und Münster und der Senat für Disziplinarsachen des Oberverwaltungsgerichts in Münster (§ 45 I S. 2 LDG).

Das VG Düsseldorf ist zuständig, wenn der Beamte im Zeitpunkt der Zustellung der Abschlußentscheidung oder der Erhebung der Disziplinarklage seinen dienstlichen Wohnsitz im Bereich der Regierungsbezirke Düsseldorf oder Köln oder außerhalb des Landes hat (§ 45 II S. 1 LDG). Im übrigen ist das VG Münster zuständig (§ 45 II S. 2 LDG). Bei Ruhestandsbeamten ist der Wohnsitz oder, wenn dieser außerhalb des Landes liegt, der letzte inländische dienstliche Wohnsitz maßgeblich (§ 45 II S. 3 LDG).

Mitglieder der Kammer für Disziplinarsachen sind der Vorsitzende, seine Stellvertreter, weitere Berufsrichter sowie Beamtenbeisitzer als ehrenamtliche Richter (§ 46 I LDG). Sie müssen B.a.L. sein, die das 35. Lebensjahr vollendet haben (§ 46 II, III S. 1 LDG). Bei ihrer Ernennung müssen die Beamtenbeisitzer den dienstlichen Wohnsitz im Kammerbezirk haben. Der Beamtenbeisitzer soll der Laufbahngruppe des betroffenen Beamten angehören (§ 47 III, 1. Hs. LDG). Bei beschuldigten Beamtinnen soll möglichst eine Frau Beamtenbeisitzer sein (§ 47 III, 2. Hs. LDG). Bei Beschlüssen außerhalb der mündlichen Verhandlung und bei Gerichtsbescheiden wirken die Beamtenbeisitzer nicht mit (§ 47 II LDG).

Der **Disziplinarsenat** des OVG Münster ist für die Berufung gegen Urteile der Kammern für Disziplinarsachen der beiden Verwaltungsgerichte über eine Disziplinarklage (§ 64 I S. 1 LDG) sowie für Beschwerden gegen Beschlüsse der Verwaltungsgerichte (§ 66 LDG) zuständig. Der Senat entscheidet mit drei Richtern und zwei Beamtenbeisitzern (§ 51 II S. 1 LDG). Die Beamtenbeisitzer sollen der Laufbahngruppe des betroffenen Beamten angehören (§§ 51 II S. 2, 47 III, 1. Hs. LDG). Auch hier soll bei beschuldigten Beamtinnen möglichst eine Frau als Beamtenbeisitzer mitwirken (§§ 51 II S. 2, 47 III, 2. Hs. LDG). Bei Beschlüssen außerhalb der mündlichen Verhandlung und bei Gerichtsbescheiden wirken die Beamtenbeisitzer nicht mit (§§ 51 II S. 2, 47 II LDG).

Schließlich ist gegen Urteile des OVG die Revision an das Bundesverwaltungsgericht zulässig, wenn sie das OVG oder auf Beschwerde gegen die Nichtzulassung das BVerwG zugelassen hat (§ 67 S. 1 LDG). Die Sprungrevision (§ 134 VwGO) ist ausgeschlossen (§ 67 S. 2 LDG).

Bestimmte Kompetenzen im Disziplinarrecht hat ebenfalls der **Vertreter des öffentlichen Interesses in Disziplinarsachen**, ohne Disziplinarorgan zu sein. Er wird von der Landesregierung zur Mitwirkung bei der Ermittlung und Verfolgung von Dienstvergehen bestellt (§ 43 I S. 1 LDG). Dieser ist bei der Ausübung seiner Befugnisse an die Weisungen der

3. Abschnitt: Grundzüge des Disziplinarrechts

Landesregierung gebunden und im übrigen der allgemeinen Dienstaufsicht des IM unterstellt (§ 43 I S. 3, 4 LDG). Er soll in erster Linie eine koordinierende und anregende Tätigkeit entfalten, um die einheitliche Ausübung der Disziplinargewalt zu sichern und das Interesse des öffentlichen Dienstes und der Allgemeinheit in jeder Lage des Verfahrens wahrzunehmen (§ 43 I S. 2 LDG). Seine Befugnisse sind erschöpfend in § 44 LDG aufgezählt.

In Schleswig-Holstein gibt es zur einheitlichen Ausübung der Disziplinarbefugnis bei schweren Dienstvergehen für Landesbeamte eine **Zentrale Disziplinarbehörde** (§ 21 I S. 1 LDG SH). Darüber hinaus hat sie beratende Funktion für alle Dienstvorgesetzten und obersten Dienstbehörden (§ 21 III S. 1 LDG SH), und kann auf Antrag der zuständigen obersten Dienstbehörde bestimmte[98], bereits eingeleitete Disziplinarverfahren gegen Landesbeamte durchführen (§ 21 II S. 1, IV S. 2 LDG SH). Zentrale Disziplinarbehörde ist das Innenministerium (§ 21 IV S. 1 LDG SH).

6.3 Der Ablauf des Disziplinarverfahrens

6.3.1 Behördliches Disziplinarverfahren: Ermittlungen – Abschlußentscheidung

409 Liegen zureichende tatsächliche Anhaltspunkte vor, die den **Verdacht eines Dienstvergehens** rechtfertigen, **muß der Dienstvorgesetzte** ein **Disziplinarverfahren einleiten** (§§ 17 I S. 1, 1. Alt. LDG, 17 I S. 1 BDG). Weiterhin muß er die höhere dienstvorgesetzte Stelle hierüber unverzüglich unterrichten (§ 17 I S. 1, 2. Alt. LDG) und die Einleitung aktenkundig machen (§ 17 I S. 3 LDG/BDG). Das Disziplinarverfahren ist dabei beschleunigt durchzuführen (§§ 4 I LDG, 4 BDG). Allerdings gilt Art. 6 I S. 1 EMRK (Anspruch auf Entscheidung innerhalb einer angemessenen Frist) nicht im Disziplinarverfahren.[99] Die höhere dienstvorgesetzte Stelle und die oberste Dienstbehörde stellen im Rahmen ihrer Aufsicht die Erfüllung der Einleitungspflicht sicher; sie können das Disziplinarverfahren jederzeit an sich ziehen oder sich dies allgemein vorbehalten (§ 17 I S. 2 LDG/BDG). Nach nw Recht sind die für die Durchführung von Ermittlungen betrauten Beamten im Hauptamt so weit zu entlasten, daß die Ermittlungen ohne Verzögerung geführt werden können (§ 4 II LDG).

Das **Disziplinarverfahren muß man aussetzen**, wenn wegen eines Sachverhalts, der dem Disziplinarverfahren zugrundeliegt, im Strafverfahren die öffentliche Klage erhoben worden ist (§ 22 I S. 1 LDG/BDG). Spätestens mit rechtskräftigem Abschluß des Strafverfahrens ist es fortzusetzen (§§ 22 I S. 3, 2. Alt. LDG, 22 II, 2. Alt. BDG). Das Disziplinarverfahren **kann ausgesetzt werden**, wenn in einem anderen gesetzlich geordneten Verfahren über eine Frage zu befinden ist, die für die Entscheidung im

---

98 Bei voraussichtlicher Zurückstufung, Entfernung aus dem Beamtenverhältnis oder Aberkennung des Ruhegehalts (§ 21 II S. 1 LDG SH).
99 OVG Münster, ZBR 00, 104.

6. Disziplinarrechtsverfahren

Disziplinarverfahren wesentlich ist (§§ 22 II S. 1 LDG, 22 III S. 1 BDG). Hierzu zählen zivil-, verwaltungs- und finanzgerichtliche Verfahren, in denen entscheidungserhebliche Vorfragen geklärt werden können.[100] Hingegen darf ein Disziplinarverfahren nicht bereits dann ausgesetzt werden, wenn lediglich staatsanwaltschaftliche Ermittlungen erfolgen. Dagegen sprechen Sinn und Zweck, das Disziplinarverfahren auch zum Schutz des Beamten vor langandauernden belastenden Situationen beschleunigt durchzuführen. Das Fiskalinteresse, möglichst schnell Klarheit zu erhalten, um einem vom Dienst suspendierten Beamten nicht weiter Gehalt zahlen zu müssen, kann hinzukommen. Weiterhin kann das Disziplinarverfahren unter bestimmten Voraussetzungen ausgedehnt (§ 19 I LDG/BDG) oder beschränkt werden (§ 19 II LDG/BDG).

Die behördlichen Ermittlungen muß grundsätzlich ein Beamter durchführen.[101] Keine tragfähige Begründung ist, daß „Kenntnisse im Beamtenrecht für eine ordnungsgemäße Aufgabenerfüllung notwendig sind"[102]. Nicht nur Beamte können Ahnung vom Beamtenrecht haben. Der rechtfertigende Grund ist vielmehr darin zu sehen, daß man durch die behördlichen Ermittlungen hoheitsrechtliche Befugnisse ausübt. Diese sind als ständige Aufgabe in der Regel Angehörigen des öffentlichen Dienstes zu übertragen, die in einem öffentlich-rechtlichen Treueverhältnis stehen (Art. 33 IV GG, § 4 II LBG). Aus der Formulierung „als ständige Aufgabe in der Regel" in den genannten Vorschriften folgt aber, daß Ausnahmen zulässig sind, wie der folgende Fall zeigt.

Um den Sachverhalt aufzuklären, müssen die erforderlichen **Ermittlungen** erfolgen (§ 21 I S. 1 LDG/BDG). Dabei sind die belastenden, die entlastenden und die Umstände zu ermitteln, die für die Bemessung einer Disziplinarmaßnahme bedeutsam sind (§ 21 I S. 2 LDG/BDG). Das Ermittlungsergebnis ist aktenkundig zu machen (§ 21 I S. 3 LDG). Von Ermittlungen ist abzusehen, soweit der Sachverhalt aufgrund der tatsächlichen Feststellungen eines rechtskräftigen Urteils im Straf- oder Bußgeldverfahren oder im verwaltungsgerichtlichen Verfahren, durch das nach § 9 BBesG über den Verlust der Besoldung bei schuldhaftem Fernbleiben vom Dienst entschieden worden ist, feststeht (§ 21 II S. 1 LDG/BDG). Die dortigen tatsächlichen Feststellungen sind bindend (§ 23 I LDG/BDG), hingegen nicht die rechtlichen Bewertungen und auch nicht diejenigen zur Schuldfähigkeit[103]. Hierzu zählt nicht das Strafbefehlsverfahren.[104] Seine Feststellungen beruhen auf einer summarischen, verfahrensbeschleunigenden und damit weniger verläßlichen Prüfung. Von Ermittlungen kann ebenfalls abgesehen werden, soweit der Sachverhalt

---

100 Schütz, § 17 DO, Rn 11.
101 Schütz, § 26 DO, Rn 12; Claussen/Benneke/Schwandt, Rn 119; Braun, RiA 98, 228 (229); a.A. Schwandt, RiA 00, 265 (265 f.); ders., DÖD 03, 1 (6): lediglich Gehilfe; Battis/Kersten, ZBR 01, 309 (313), für die eine Weisungsgebundenheit entscheidend ist.
102 So aber Claussen/Benneke/Schwandt, Rn 119.
103 BVerwG, ZBR 04, 144 (145); OVG Koblenz, NVwZ-RR 06, 270 (271).
104 Schwandt, DÖD 03, 1 (4).

3. Abschnitt: Grundzüge des Disziplinarrechts

auf sonstige Weise aufgeklärt ist, insbesondere nachdem ein anderes gesetzlich geordnetes Verfahren durchgeführt wurde (§ 21 II S. 2 LDG/ BDG). Dies sind andere als in S. 1 genannte gerichtliche und behördliche Verfahren, deren Ablauf durch förmliches Gesetz oder Rechtsverordnung geregelt ist, wie andere Disziplinarverfahren oder staatsanwaltliche, polizeiliche und finanzamtliche Ermittlungsverfahren. Hier dürfte man auch ein Strafbefehlsverfahren berücksichtigen. Im Disziplinarverfahren ist grundsätzlich nicht zu prüfen, ob (auch) die Voraussetzungen für die Rücknahme einer Ernennung vorlagen.[105]

Der Beamte muß über die Einleitung des Disziplinarverfahrens **unverzüglich unterrichtet werden**, sobald dies ohne Gefährdung der Aufklärung des Sachverhalts möglich ist (§ 20 I S. 1 LDG/BDG). Dabei muß ihm eröffnet werden, welches Dienstvergehen ihm zur Last gelegt wird (§ 20 I S. 2 LDG/BDG). Gleichzeitig ist er darauf hinzuweisen, daß es ihm freisteht, sich mündlich oder schriftlich zu äußern oder nicht zur Sache auszusagen und sich jederzeit eines Bevollmächtigten oder Beistands zu bedienen (§ 20 I S. 3 LDG/BDG). Dem Beamten ist eine Ausschlußfrist von einem Monat zur schriftlichen Äußerung und für die Abgabe der Erklärung, er wolle sich mündlich äußern, von zwei Wochen zu setzen (§ 20 II S. 1 LDG/BDG). Hat er rechtzeitig erklärt, daß er sich mündlich äußern will, soll die Anhörung innerhalb von drei Wochen nach Eingang der Erklärung durchgeführt werden (§§ 20 II S. 3 LDG, 20 II S. 2 BDG). Hier zeige sich die Mitwirkungspflicht des Beamten als Korrelat zur Fürsorgepflicht des Dienstvorgesetzten.[106] Der Beamte hat das Recht, Beweisanträge zu stellen (§ 24 III S. 1 LDG/BDG). Ihnen ist stattzugeben, wenn sie für die Tat- oder Schuldfrage oder für die Bemessung der Art und Höhe einer Disziplinarmaßnahme von Bedeutung sein können (§ 24 III S. 2 LDG/BDG). Nach Beendigung der Ermittlungen ist dem Beamten deren Ergebnis mitzuteilen und ihm Gelegenheit zur abschließenden Äußerung zu geben (**abschließende Anhörung**; §§ 31 S. 1, 1. Hs. LDG, 30 S. 1, 1. Hs. BDG). Hierfür gelten wiederum die Fristen des § 20 II LDG/BDG (§§ 31 S. 1, 2. Hs. LDG, 30 S. 1, 1. Hs. BDG). Die Personalvertretung ist nicht zu beteiligen.

Fall: Der Bürgermeister der Stadt B, Dr. Werner Gierschlund (G), erhält davon Kenntnis, daß in seiner Stadtverwaltung Akten vernichtet und gespeicherte Dateien gelöscht worden sind. Weil er die Detailarbeit scheut und um sich nicht selbst bei seinem Personal unbeliebt zu machen, beauftragt G den ehemaligen NW-Innenminister und jetzigen Rechtsanwalt Dr. Burkhard H, entsprechende behördliche Ermittlungen durchzuführen. G rechnet damit, daß diese in Kürze abgeschlossen sein werden, und befristet deshalb die Tätigkeit des H auf einen Monat. Durfte H von G zum Ermittlungsführer bestellt werden?

Der Dienstvorgesetzte veranlaßt die zur Aufklärung des Sachverhalts erforderlichen Ermittlungen (§§ 17 I S. 1, 1. Alt., 21 I S. 1 LDG). G ist als Bürgermeister Dienstvorgesetzter der Beamten, Angestellten und Arbeiter (§ 73 II GO). Er muß die behördlichen Ermittlungen nicht selbst durchführen, sondern kann eine andere Person damit beauftragen.[107] Fraglich ist aller-

---

105 BVerwG, ZBR 04, 356 (357).
106 Schwandt, DÖD 03, 1 (6).
107 Claussen/Benneke/Schwandt, Rn 114; Schütz, § 26 DO, Rn 12.

6. Disziplinarrechtsverfahren

dings, ob jedermann hierzu bestellt werden kann oder ob dieser bestimmte Qualifikationen oder Eigenschaften aufweisen muß. Der Wortlaut der Ermächtigungsnorm (§ 21 I S. 1 LDG) äußert sich nicht zu dieser Frage. Deshalb ist nach dem Sinn und Zweck von behördlichen Ermittlungen zu forschen. Durch sie ist der Sachverhalt aufzuklären und die belastenden, die entlastenden sowie die für die Bemessung der Disziplinarmaßnahme bedeutsamen Umstände sind zu ermitteln. Dies geschieht durch Beweiserhebungen, beispielsweise im Wege der Akten- oder Urkundenbeiziehung, durch Vernehmungen, durch Inaugenscheinnahme oder durch Einholung schriftlicher dienstlicher Auskünfte (§ 24 I S. 2 LDG). Derartige Vorgänge sind der Eingriffsverwaltung zuzuordnen. Dadurch werden hoheitsrechtliche Befugnisse ausgeübt, die prinzipiell Beamten zu übertragen sind (Art. 33 IV GG, § 4 II LBG). H ist aber als Rechtsanwalt kein Beamter, sondern er übt einen freien Beruf aus (§ 2 I BRAO). Die Formulierung „als ständige Aufgabe in der Regel" in Art. 33 IV GG, § 4 II LBG zeigt allerdings, daß sinnvolle Ausnahmen zulässig sein müssen, sofern hierfür ein sachlicher Grund gegeben ist.[108] Dies ist anzunehmen, wenn die Behörde selbst keinen geeigneten Beamten hat, der Ermittlungsführer werden könnte. Die Bestellung eines Privaten (oder eines Angestellten bzw. Arbeiters) scheidet aber im konkreten Fall aus, weil in der Stadtverwaltung noch ein entsprechender berufsfähiger Beamter – zumindest der G (§ 195 II S. 1 LBG) – vorhanden ist. Seine generelle Unlust („weil er die Detailarbeit scheut") oder die Furcht, sich unbeliebt zu machen, sind keine sachlich gerechtfertigten Aspekte, um vom grundsätzlichen Gebot des Art. 33 IV GG, § 4 II LBG abzuweichen. Zudem führt die zeitliche Befristung der Tätigkeit nicht dazu, keine ständige Aufgabe anzunehmen. Unabhängig davon, wie lange H für seine Ermittlungen braucht, ist die *Funktion* Ermittlungsführer eine ständige Aufgabe der Behörde. Das Grundgesetz versteht unter nicht ständigen Aufgaben allein solche, deren Ende abzusehen ist und für die man deshalb keinen eigenen Beamtenstab ständig vorhalten möchte.[109] H durfte somit nicht mit der Aufgabe betraut werden. Etwaige von ihm ermittelten Umstände unterliegen von Verfassungs wegen einem Verwertungsverbot.

Literatur: Vetter, Zur Auskunftspflicht eines Beamten vor einem parlamentarischen Untersuchungsausschuß bei drohender disziplinarrechtlicher Verfolgung, ZBR 91, 225; Pickuth, Zum Auskunftsverweigerungsrecht eines Beamten bei Gefahr disziplinarer Verfolgung, PersV 90, 517.

410 Nach durchgeführten behördlichen Ermittlungen muß der Dienstvorgesetzte eine **Abschlußentscheidung** treffen. Sie muß entweder vom Dienstvorgesetzten oder seinem allgemeinen Vertreter oder dem Leiter der für Personalangelegenheiten zuständigen Abteilung oder in Gemeinden und Gemeindeverbänden vom Leiter des für Personalangelegenheiten zuständigen Dezernates oder Amtes unterzeichnet werden (§ 32 IV S. 1 LDG). Die höhere dienstvorgesetzte Stelle ist über die Abschlußentscheidung unverzüglich zu unterrichten (§§ 32 IV S. 3 LDG, 35 I S. 1 BDG). Inhaltlich sind mehrere Möglichkeiten denkbar:

Ist kein Dienstvergehen erwiesen, oder erwiesen, jedoch keine Disziplinarmaßnahme angezeigt, bzw. ist eine Disziplinarmaßnahme unzulässig, wird das **Disziplinarverfahren eingestellt** (§§ 33 I LDG, 32 I BDG). Es wird ferner eingestellt, wenn der Beamte gestorben ist oder das Beamtenverhältnis durch Entlassung, Verlust der Beamtenrechte oder Abberufung endet (§§ 33 II Nr. 1, 2 LDG, 32 II Nr. 1, 2 BDG). Man muß die Einstellungsverfügung begründen und dem Beamten zustellen (§§ 32 IV S. 2 LDG, 32 III BDG) sowie mit einer Rechtsbehelfsbelehrung versehen. Ausgeschlossen ist, das Verfahren allein mit dem Argument, eine Fort-

---

108 Maunz/Dürig, Art. 33 GG, Rn 42.
109 Maunz/Dürig, Art. 33 GG, Rn 42.

setzung des Dienstvergehens sei nicht mehr möglich, zu beenden. Dies läßt außer acht, daß bereits ein Dienstvergehen begangen wurde.

Wird das Disziplinarverfahren nicht eingestellt, verhängt entweder der Dienstvorgesetzte durch **Disziplinarverfügung** eine Disziplinarmaßnahme, zu der seine Disziplinargewalt ausreicht, oder er führt die Entscheidung des nächsthöheren Dienstvorgesetzten bzw. der obersten Dienstbehörde herbei (§§ 32 I, II LDG, 33 BDG). Die Disziplinarverfügung ist zu begründen, zuzustellen (§§ 32 IV S. 2 LDG, 33 VI BDG) sowie mit einer Rechtsbehelfsbelehrung zu versehen. Ist ein Bevollmächtigter bestellt und hat er eine schriftliche Vollmacht vorgelegt, muß die Zustellung an ihn erfolgen (§§ 3 II S. 1 LDG, 7 I S. 2 LZG).[110] Dabei muß sich der Beamte ein Verschulden seines Bevollmächtigten, das zu einer Fristversäumnis führt, zurechnen lassen.[111]

Zur Ahndung der **leichteren Verfehlungen** gibt § 32 I LDG (§ 33 II BDG) dem **Dienstvorgesetzten** das Recht, die Disziplinarmaßnahmen **Verweis** und **Geldbuße** gegen die ihm unterstellten Beamten zu verhängen. Die **schwerwiegendere Disziplinarmaßnahme** der **Kürzung der Dienstbezüge/des Ruhegehalts** muß von der **obersten Dienstbehörde** gegen Beamte ihres Geschäftsbereichs, für die sie die dienstrechtlichen Befugnisse besitzt (§ 32 II S. 1 Nr. 1 LDG; anders im Bund für Kürzungen der Dienstbezüge: die oberste Dienstbehörde bis zum Höchstmaß [§ 33 III Nr. 1 BDG]), und von den der obersten Dienstbehörde unmittelbar nachgeordneten **dienstvorgesetzten Stellen** gegen die übrigen Beamten verhängt werden (§ 32 II S. 1 Nr. 2 LDG; anders im Bund für Kürzungen der Dienstbezüge bis um ein Fünftel auf zwei Jahre: die der obersten Dienstbehörde unmittelbar nachgeordneten Dienstvorgesetzten [§ 33 III Nr. 2 BDG]). Bei Bundesbeamten darf der nach § 84 BDG zur Ausübung der Disziplinarbefugnisse zuständige Dienstvorgesetzte Kürzungen des Ruhegehalts bis zum Höchstmaß festsetzen (§ 33 IV BDG).

Allerdings sind die **Disziplinarmaßnahmeverbote wegen Zeitablaufs** zu beachten. So darf kein Verweis mehr erteilt werden, wenn seit der Vollendung des Dienstvergehens mehr als zwei Jahre vergangen sind (§ 15 I LDG/BDG), bei Geldbußen oder Kürzung der Dienstbezüge bzw. des Ruhegehalts mehr als drei Jahre (§ 15 II LDG/BDG) sowie bei einer Zurückstufung mehr als sieben Jahre (§ 15 III LDG/BDG). Das Maßnahmeverbot wegen Zeitablaufs ist nicht auf Altfälle, die verfahrensrechtlich nach der BDO/DO abgewickelt werden, anzuwenden.[112] Bei schwersten Pflichtverletzungen, die zur Entfernung aus dem Beamtenverhältnis oder zur Aberkennung des Ruhegehalts führen können, gibt es keine Maßnahmeverjährung. § 15 III, IV LDG/BDG regelt Fälle der Unterbrechung und Hemmung.

---

110 Weitere Einzelheiten zur Zustellung an Beamte finden sich in Rn 285.
111 VGH Mannheim, DÖV 04, 800.
112 BVerwG, NVwZ-RR 06, 47 (53) = ZBR 05, 315 (317).

6. Disziplinarrechtsverfahren

Beispiel: Im Kommunalbereich verhängt der Bürgermeister als Dienstvorgesetzter Verweise oder Geldbußen (§ 79 I S. 1 LDG). Gegen den Hauptverwaltungsbeamten handelt die Aufsichtsbehörde als dienstvorgesetzte Stelle und übt die in § 32 LDG genannten Kompetenzen aus (§ 79 I S. 2 LDG). Sollte gegen einen Kommunalbeamten eine Kürzung der Dienstbezüge oder des Ruhegehalts festgesetzt werden, wäre hierfür das IM als oberste Dienstbehörde zuständig (§ 32 II S. 2 LDG).

Fall: Der Landrat K des Kreises M gelangt nach Prüfung einer Dienstaufsichtsbeschwerde gegen X, den Bürgermeister der kreisangehörigen Stadt O, zum Ergebnis, X habe rechtmäßig gehandelt. Dies teilt er X schriftlich mit, fügt aber gleichzeitig hinzu, daß das Verhalten des X für ihn „nicht nachvollziehbar" sei und er sich – abgesehen von der rechtlichen Beurteilung der Angelegenheit – „durchaus eine andere Lösung hätte vorstellen können". Gibt das LDG dem K die Kompetenz für sein Vorgehen?

Die Kompetenz des K könnte aus § 79 I S. 2 LDG hergeleitet werden. Danach hat die Aufsichtsbehörde (der Landrat als untere staatliche Verwaltungsbehörde [§ 120 I, 1. Hs. GO]) gegenüber den Hauptverwaltungsbeamten die Zuständigkeiten aus § 32 LDG. Eine Disziplinarmaßnahme erfordert jedoch immer ein Dienstvergehen. Der Beamte begeht ein Dienstvergehen, wenn er schuldhaft die ihm obliegenden Pflichten verletzt (§ 83 I S. 1 LBG). Mit der Feststellung des K, daß X rechtmäßig gehandelt habe, sagt er denknotwendig aus, daß X keine Dienstpflichten verletzt hat. Ein Beamter, der im Einklang mit dem Recht handelt, verletzt nicht schuldhaft seine Dienstpflichten. Mit diesem Resultat endete die Zuständigkeit des K. Die Aufsichtsbehörde darf lediglich die Disziplinarmaßnahmen Verweis und Geldbuße aussprechen (§§ 79 I S. 2, 32 I LDG). Die Normen gewähren der Aufsichtsbehörde gerade keine weitere Rügebefugnis. Mißbilligende Äußerungen (Zurechtweisungen, Ermahnungen, Rügen und dergleichen), die nicht ausdrücklich als Verweis bezeichnet werden, sind hingegen keine Disziplinarmaßnahmen (§ 6 I S. 2 LDG). Indem K persönliche Wertungen und Ausführungen zur Zweckmäßigkeit des Handelns von X macht, obwohl dieser unstreitig rechtmäßig agiert hatte, überschreitet er seine Kompetenzen aus § 79 I S. 2 LDG.

Unterläßt es der Dienstvorgesetzte disziplinarisch vorzugehen, obwohl ein nachgeordneter Beamter eines Dienstvergehens dringend verdächtig ist, können die höhere dienstvorgesetzte Stelle und die oberste Dienstbehörde das Verfahren jederzeit an sich ziehen (§ 17 I S. 2, 2. Hs. LDG/BDG). Entsprechendes gilt, wenn der höhere Dienstvorgesetzte oder die oberste Dienstbehörde eine Einstellungsverfügung des Dienstvorgesetzten (§§ 33 III S. 1 LDG, 35 II S. 1 BDG) oder eine Disziplinarverfügung (§§ 34 II S. 1, 2 LDG, 35 III S. 1, 2 BDG) für ungeeignet halten. Hier dürfen sie selbst eine Disziplinarverfügung erlassen, eine getroffene Disziplinarverfügung aufheben und in der Sache neu entscheiden oder die Disziplinarklage erheben.

Schwerere Disziplinarmaßnahmen als Verweis, Geldbuße und Kürzung der Dienstbezüge/des Ruhegehalts darf allein das Disziplinargericht im gerichtlichen Disziplinarverfahren aussprechen. Sie stehen unter dem Richtervorbehalt. Soll somit gegen einen Beamten auf Zurückstufung[113], auf Entfernung aus dem Beamtenverhältnis oder gegen einen Ruhestandsbeamten auf Aberkennung des Ruhegehalts erkannt werden, muß man ein gerichtliches Disziplinarverfahren einleiten. Hierfür ist eine Disziplinarklage zu erheben (§§ 35 I, 52 I LDG, 34 I, 52 I S. 1 BDG).

---

[113] Anders ist es in Schleswig-Holstein, wo auch die Zurückstufung noch unter das behördliche Disziplinarverfahren fällt (§ 33 I S. 1 LDG SH).

3. Abschnitt: Grundzüge des Disziplinarrechts

Literatur: Kiesgen-Millgramm, Die Rechte des Beamten im Disziplinarverfahren, SächsVBl 05, 1; Claussen/Benneke/Schwandt, Das Disziplinarverfahren, 5. Aufl. 03; Zängl, Verwaltungsakt statt Disziplinarurteil, in Franke/Summer/Weiß, Öffentliches Dienstrecht im Wandel, FS für Walther Fürst, 2002, 447; Battis/Kersten, Rechtliche Grenzen der Bestellung eines privaten „Sonderermittlers" im Disziplinarverfahren, ZBR 01, 309; Röder, „Verfahrensrechtliche Fragen bei vordisziplinaren Verwaltungsermittlungen", RiA 01, 131; Bieler/Lukat, Vorermittlung und Untersuchungsverfahren im Disziplinarrecht, 3. Aufl. 00; Schwandt, Der Ermittlungsführer in den Vorermittlungen, RiA 00, 265; Allgaier, Rechtsprobleme bei Untersuchungs-, Ermittlungsverfahren nach §§ 56, 126 BDO, 44 BBG, DÖD 98, 271; Braun, Ablauf und Probleme des Disziplinarverfahrens, RiA 98, 228; Eckstein, Rechte und Pflichten des Beamten im Vorstadium eines Disziplinarverfahrens, DÖD 97, 237; Bieler, Die außergewöhnlichen Milderungsgründe bei der Maßnahmezumessung, ZBR 96, 252; Gerards, Die Aufgaben eines Disziplinarverteidigers, insbesondere im Vorermittlungsverfahren, PersV 95, 435.

6.3.2 Widerspruchs- und Änderungsverfahren

411 **Will der Beamte gegen eine Disziplinarverfügung oder gegen eine ihn belastende Einstellungsverfügung des Dienstvorgesetzten klagen,** muß er zunächst **Widerspruch** einlegen (§ 41 I S. 1 LDG/BDG).[114] Die erfolglose Durchführung des Vorverfahrens ist Sachurteilsvoraussetzung für jegliche Klagen von Beamten. Das Widerspruchsverfahren findet nicht statt, wenn die angefochtene Entscheidung durch die oberste Dienstbehörde erlassen worden ist (§ 41 I S. 2 LDG/BDG). Die Einführung des Widerspruchsverfahrens zeigt, daß sich LDG/BDG vom Straf(prozeß)recht gelöst und zum Verwaltungsrecht hin orientiert haben.

Im Widerspruchsbescheid darf man die angefochtene Entscheidung nicht zum Nachteil des Beamten ändern (§ 42 II S. 1 BDG). Hiergegen verstößt auch, einen in der Disziplinarverfügung nicht angeschuldigten Vorgang in die Widerspruchsentscheidung einzubeziehen.[115] Hingegen bleibt die Befugnis des höheren Dienstvorgesetzten oder der obersten Dienstbehörde, eine abweichende Entscheidung (§§ 34 II LDG, 35 III BDG) zu treffen, vom Widerspruchsverfahren unberührt (§§ 41 II LDG, 42 II S. 2 BDG; **Änderungsverfahren**). Der nächsthöhere Dienstvorgesetzte oder die oberste Dienstbehörde dürfen jederzeit (also auch unabhängig vom Widerspruch) die Entscheidung eines nachgeordneten Dienstvorgesetzten (die oberste Dienstbehörde sogar ihre eigene) aufheben (§§ 34 II S. 1 LDG, 35 III S. 1 BDG) und in der Sache neu entscheiden (§§ 34 II S. 2 LDG, 35 III S. 2 BDG). Die Disziplinarmaßnahme darf allerdings nur innerhalb von drei Monaten nach der Zustellung der Disziplinarverfügung verschärft oder die Disziplinarklage erhoben werden (§§ 34 II S. 3, 1. Alt. LDG, 35 III S. 3, 1. Alt. BDG). Zugunsten des Beamten darf man Disziplinarentscheidungen unbefristet ändern. Die Änderungsentscheidung ist eine eigenständige Disziplinarverfügung, die zu begründen, zuzustellen (§§ 32 IV S. 2 LDG, 33 VI BDG) sowie mit einer Rechtsbehelfsbelehrung zu versehen ist.

---

114 Das LDG SH sieht im Gegensatz dazu kein Widerspruchsverfahren mehr vor.
115 OVG Saarlouis, DÖD 06, 67 (68).

6. Disziplinarrechtsverfahren

6.3.3 Einleitung des gerichtlichen Disziplinarverfahrens

Die schweren Disziplinarmaßnahmen Zurückstufung, Entfernung aus dem Beamtenverhältnis und Aberkennung des Ruhegehalts können ausschließlich im gerichtlichen Disziplinarverfahren verhängt werden (§§ 35 I LDG, 34 I BDG). Hierfür muß man die Disziplinarklage schriftlich erheben (§§ 52 I LDG, 52 I S. 1 BDG). Zuständig sind die obersten Dienstbehörden bei Beamten ihres Geschäftsbereichs, für die sie die dienstrechtlichen Befugnisse besitzen (§ 32 III, II S. 1 Nr. 1 LDG), und die den obersten Dienstbehörden unmittelbar nachgeordneten dienstvorgesetzten Stellen bei den übrigen Beamten (§ 32 III, II S. 1 Nr. 2 LDG). Die höhere dienstvorgesetzte Stelle sowie die oberste Dienstbehörde können jederzeit die Befugnis einer nachgeordneten dienstvorgesetzten Stelle an sich ziehen (§ 35 II, 1. Hs. LDG). Im Bund wird die Disziplinarklage durch die oberste Dienstbehörde, bei Ruhestandsbeamten durch den nach § 84 BDG zur Ausübung der Disziplinarbefugnisse zuständigen Dienstvorgesetzten erhoben (§ 34 II S. 1 BDG). Delegationen sind unter bestimmten Voraussetzungen möglich (§ 34 II S. 2 BDG). Die Disziplinarklage kann zurückgenommen werden (§§ 3 I LDG, 3 BDG, 92 VwGO). Bei einer nach Erhebung der Klage veränderten Sachverhaltsbeurteilung kann man somit den Rechtsstreit verfahrensökonomisch beenden.[116]

412

Ein gerichtliches Disziplinarverfahren findet lediglich gegen B.a.L. und B.a.Z. sowie gegen Ehren- und Ruhestandsbeamte statt. Gegen B.a.W. und B.a.P. gibt es kein gerichtliches Disziplinarverfahren, da man ihnen gegenüber allein Verweise und Geldbußen verhängen darf (§ 5 III S. 1 LDG/BDG; zum behördlichen Untersuchungsverfahren zur Entlassung vgl. Rn. 277, 282, 294).

Die Personalvertretung ist vor Erhebung der Disziplinarklage auf Antrag des Beamten zu beteiligen (§ 78 I Nr. 3, II BPersVG). Die Mitwirkung bezieht sich nur auf die diziplinarbehördliche Abschlußentscheidung, nicht auf den Inhalt der Klageschrift und insbesondere nicht auf den Klageantrag.[117] Wird die Disziplinarklage erhoben, ohne einen Beamten über das Recht zu belehren, die Mitwirkung des Personalrats zu beantragen, handelt es sich um einen Verfahrensmangel des behördlichen Disziplinarverfahrens, der überwunden werden kann (§ 55 BDG).[118]

6.3.4 Verfahren vor den Disziplinargerichten

Die Disziplinarklage ist eine dem System der VwGO fremde Klageart. Deshalb wird sie ausführlich im LDG/BDG geregelt (§§ 52 ff. LDG/BDG).[119] Die Disziplinarklage ist schriftlich zu erheben (§§ 52 I LDG, 52 I S. 1 BDG). An die Stelle der bisherigen Anschuldigungsschrift tritt die **Klageschrift**. Als gesetzlich vorgegebenen, notwendigen Inhalt muß die

413

---

116 Schwandt, DÖD 03, 1 (12).
117 BVerwG, NVwZ 06, 469 (470).
118 OVG Münster, NVwZ-RR 06, 268.
119 Für das gerichtliche Disziplinarverfahren verweist § 41 I LDG SH auf das BDG.

3. Abschnitt: Grundzüge des Disziplinarrechts

Klageschrift den persönlichen und beruflichen Werdegang des Beamten, den bisherigen Gang des Disziplinarverfahrens, die Tatsachen, in denen ein Dienstvergehen gesehen wird, und die anderen Tatsachen und Beweismittel, die für die Entscheidung bedeutsam sind, geordnet darstellen (§§ 52 II S. 1 LDG, 52 I S. 2 BDG). Sie muß erkennen lassen, daß die Verhängung einer Maßnahme angestrebt wird, die allein mit einer Disziplinarklage verfolgt werden kann (§ 52 II S. 2 LDG).

Neue Handlungen, die nicht Gegenstand einer anhängigen Disziplinarklage sind, können nur durch Erhebung einer **Nachtragsdisziplinarklage** in das Disziplinarverfahren einbezogen werden (§ 53 I LDG/BDG). Die Nachtragsdisziplinarklage tritt an die Stelle des Nachtrags zur Anschuldigungsschrift. Sie hat die Bedeutung einer selbständigen Disziplinarklage und erweitert den Gegenstand des Verfahrens.

Mit Blick auf die mit dem LDG/BDG verfolgte Intention der Verfahrensbeschleunigung und -straffung werden **Rügeobliegenheiten** des Beamten bei wesentlichen Mängeln des behördlichen Disziplinarverfahrens oder der Klageschrift (§§ 54 I S. 1 LDG, 55 I BDG) mit der Rechtsfolge einer möglichen Präklusion im Säumnisfall (§§ 54 II LDG, 55 II BDG) begründet. Hierdurch will man der Gefahr, das Verfahren durch möglichst späte Rügen in die Länge zu ziehen und damit eine verfahrensabschließende Entscheidung hinauszuzögern, entgegenwirken.

Das VG kann – und zwar ohne Zustimmung der Verfahrensbeteiligten – das Disziplinarverfahren beschränken, indem es einzelne Handlungen ausscheidet, wenn sie für Art und Höhe der zu erwartenden Disziplinarmaßnahme nicht oder voraussichtlich nicht ins Gewicht fallen (§§ 55 I S. 1 LDG, 56 S. 1 BDG; „**Konzentrationsmaxime**").[120] Außerdem ist das Disziplinargericht an tatsächliche Feststellungen eines rechtskräftigen Urteils im Straf- oder Bußgeldverfahren oder im verwaltungsgerichtlichen Verfahren, durch das nach § 9 BBesG über den Verlust der Besoldung bei schuldhaftem Fernbleiben vom Dienst entschieden worden ist, gebunden (§§ 56 I S. 1 LDG, 57 I S. 1 BDG). Derartige Feststellungen dürfen jedoch überprüft werden, wenn sie offenkundig unrichtig sind (§§ 56 I S. 2, 1. Hs. LDG, 57 I S. 2 BDG).

Das Verfahren vor dem Disziplinargericht ist dadurch geprägt, daß das Gericht die erforderlichen Beweise selbst erhebt (§§ 57 I S. 1 LDG, 58 I BDG). Hiermit löst sich das Disziplinarrecht vom bisher geltenden Mittelbarkeitsprinzip und sieht nunmehr eine **unmittelbare Beweisaufnahme** vor. Danach hat das Gericht grundsätzlich selbst diejenigen Tatsachen festzustellen, die für den Nachweis des Dienstvergehens und die Bemessung der Disziplinarmaßnahme von Bedeutung sind.[121] Beweisangebote dürfe es nicht schon deshalb übergehen, weil es die Wahrscheinlichkeit als gering einschätzt, durch die Beweiserhebung neue Erkenntnisse zu gewinnen. Im nw Recht gilt der **Grundsatz der Nichtöffentlichkeit** der

---

120 Schwandt, DÖD 03, 1 (13 f.).
121 BVerwG, BayVBl 06, 53 (54).

6. Disziplinarrechtsverfahren

Hauptverhandlung einschließlich der Verkündung der Urteile und Beschlüsse (§ 58 S. 1 LDG). Allerdings ist auf Antrag des Beamten die Öffentlichkeit herzustellen (§ 58 S. 4 LDG). Anders ist es im BDG geregelt, das eine öffentliche Verhandlung gebietet (§§ 3 BDG, 55 VwGO, 169 S. 1 GVG). Der Ausschluß der Öffentlichkeit wird mit dem vom verwaltungsgerichtlichen Verfahren abweichenden Wesen des Disziplinarverfahrens gerechtfertigt. Hierzu zählten die Pflicht zur Geheimhaltung dienstlicher Angelegenheiten, der Schutz des Inhalts von Personalakten, sowie der Aspekt, daß Pflichtverletzungen im Dienst- und Treueverhältnis zwischen Dienstherrn und Beamten nicht im Interesse der Öffentlichkeit stehen (dürfen). Dies überzeugt mich nicht. Auch Kündigungsschutzprozesse im Arbeitsrecht, bei denen ähnliche sensible Bereiche berührt sein können, sind öffentlich.

Das **Gericht entscheidet aufgrund mündlicher Verhandlung durch Urteil**, soweit das Disziplinarverfahren nicht auf andere Weise abgeschlossen wird (§§ 59 I S. 1 LDG, 60 I S. 1 BDG). Bei einer **Disziplinarklage** darf man allein diejenigen Handlungen zum Gegenstand der Urteilsfindung machen, die dem Beamten in der Klage oder der Nachtragsdisziplinarklage als Dienstvergehen zur Last gelegt werden (§§ 59 II S. 1 LDG, 60 II S. 1 BDG). Sie beschreibt und begrenzt den Prozeßstoff. Das **Urteil** kann nur auf die **erforderliche Disziplinarmaßnahme oder** auf **Abweisung** der Disziplinarklage lauten (§§ 59 II S. 2 LDG, 60 II S. 2 BDG). Ein Freispruch ist hier ebenso wenig vorgesehen wie die Einstellung des Verfahrens. Bei der Beantwortung der Frage, welche Disziplinarmaßnahme erforderlich ist (§§ 59 II S. 2 Nr. 1 LDG, 60 II S. 2 Nr. 1 BDG) hat das Gericht einen eigenen Entscheidungsspielraum, der lediglich durch das Gebot der Erforderlichkeit der zu verhängenden Maßnahme begrenzt wird. Das Gericht ist somit an das in der Klageschrift zum Ausdruck gebrachte Begehren (anders als nach § 88 VwGO) nicht gebunden.

Bei der **Klage gegen eine Disziplinarverfügung** prüft das Gericht neben der Rechtmäßigkeit auch die Zweckmäßigkeit der angefochtenen Entscheidung (§§ 59 III S. 1 LDG, 60 III BDG). Hier darf es das Disziplinarverfahren auch einstellen, wenn ein Dienstvergehen zwar erwiesen ist, die Verhängung einer Disziplinarmaßnahme jedoch nicht angezeigt erscheint (§ 59 III S. 2 LDG).

Kommt das VG zur Ansicht, es sei lediglich eine Disziplinarmaßnahme angezeigt, die auch der Dienstvorgesetzte hätte verhängen dürfen (Verweis, Geldbuße, Kürzung der Dienstbezüge/des Ruhegehalts) oder die Disziplinarklage sei abzuweisen, kann das Gericht vorschlagen, durch **Beschluß ohne mündliche Verhandlung** zu entscheiden (§§ 60 I S. 1 LDG, 59 I S. 1 BDG). Allerdings müssen die Beteiligten hierfür zustimmen. Dies bietet die Möglichkeit, das Verfahren bei Disziplinarklagen beschleunigt zu beenden.

Literatur: Weiß, Revisibilität des Beamtendisziplinarrechts, in Franke/Summer/ders., Öffentliches Dienstrecht im Wandel, FS für Walther Fürst, 2002, 385.

6.3.5 Besondere Verfahren

414 Der Dienstvorgesetzte bzw. die oberste Dienstbehörde kann gleichzeitig mit oder nach der Einleitung eines Disziplinarverfahrens einen Beamten **vorläufig des Dienstes entheben**, wenn im Disziplinarverfahren voraussichtlich auf Entfernung aus dem Beamtenverhältnis erkannt werden oder wenn bei einer Person im B.a.P. oder B.a.W. voraussichtlich eine Entlassung nach § 34 I Nr. 1 und IV LBG (§ 31 I Nr. 1 BBG) sowie § 35 LBG (§ 32 BBG) erfolgen wird (§ 38 I S. 1 LDG/BDG; im Bund sogar, wenn voraussichtlich auf Aberkennung des Ruhegehalts erkannt werden wird). Außerdem darf man einen Beamten vorläufig des Dienstes entheben, wenn durch sein Verbleiben im Dienst der Dienstbetrieb oder die Ermittlungen wesentlich beeinträchtigt würden und die vorläufige Dienstenthebung zur Bedeutung der Sache und der zu erwartenden Disziplinarmaßnahme nicht außer Verhältnis steht (§ 38 I S. 2 LDG/BDG). Sinn und Zweck der vorläufigen Dienstenthebung liegen darin, den Beamten in seinem eigenen Interesse, dem seiner Mitarbeiter und Vorgesetzten, aber auch im Interesse der Öffentlichkeit alsbald aus dem dienstlichen Bereich zu lösen.[122] Bloß die Kandidatur für eine Partei (hier die Republikaner), die durch den Verfassungsschutz beobachtet wird, gerichtlicherseits jedoch (noch) nicht als verfassungsfeindlich deklariert wurde, stellt für sich allein gesehen noch kein solches Dienstvergehen dar.[123] Anders ist es bei einem Lehrer, der im Unterricht nationalsozialistische Verbrechen verharmlost haben soll.[124] Kommt die Disziplinarmaßnahme der Entfernung aus dem Beamtenverhältnis in einem eingeleiteten gerichtlichen Disziplinarverfahren erkennbar nicht in Betracht, bedarf es für die Anordnung der vorläufigen Dienstenthebung wegen des damit verbundenen schwerwiegenden Eingriffs aufgrund des Verhältnismäßigkeitsprinzips eines besonderen rechtfertigenden Grundes.[125] Dies ist mittlerweile positivrechtlich in § 38 I S. 2 LDG/BDG geregelt. Gefordert wird der hinreichende Verdacht eines schweren Dienstvergehens, wobei der Verdacht so stark sein muß, daß die Verurteilung wahrscheinlich ist.[126] Dafür reicht es, wenn die Staatsanwaltschaft einen Strafbefehl beantragt.[127] Als zulässig wird anerkannt, ein schwer gestörtes Betriebsklima zu verhindern.[128] Kein Rechtsschutzinteresse für Rechtsmittel gegen eine vorläufige Dienstenthebung besteht, wenn der Beamte in den Ruhestand versetzt worden ist.[129]

Der Dienstvorgesetzte bzw. die oberste Dienstbehörde kann gleichzeitig mit oder nach der vorläufigen Dienstenthebung anordnen, daß dem Be-

---

122 VGH Mannheim, VBlBW 93, 477 (478).
123 VG Münster, DVBl 95, 630 (631).
124 VGH Mannheim, VBlBW 93, 477 (478).
125 BVerwGE 103, 116 (120) = NVwZ-RR 94, 594 = DÖD 95, 61 (62) = ZBR 94, 284 (285); NVwZ-RR 98, 47 (47, 49).
126 OVG Greifswald, LKV 04, 574 = DÖD 05, 233; NordÖR 00, 252 (253).
127 OVG Greifswald, LKV 04, 574 = DÖD 05, 233.
128 Schwandt, DÖD 03, 1 (5).
129 BVerwG, NVwZ-RR 97, 180.

6. Disziplinarrechtsverfahren

amten bis zu 50% der **monatlichen Dienst- oder Anwärterbezüge einbehalten** werden, wenn im Disziplinarverfahren voraussichtlich auf Entfernung aus dem Beamtenverhältnis erkannt werden wird (§ 38 II LDG/BDG). In NW[130] gilt dies ebenfalls, wenn bei einer Person im B.a.P. oder B.a.W. voraussichtlich eine Entlassung nach § 34 I Nr. 1 und IV LBG sowie § 35 LBG erfolgen wird. Schließlich kann man gleichzeitig mit oder nach der vorläufigen Dienstenthebung anordnen, daß bis zu 30% des Ruhegehalts einbehalten werden, wenn im Disziplinarverfahren voraussichtlich auf Aberkennung des Ruhegehalts erkannt werden wird (§ 38 III LDG/BDG). In allen Fällen ist eine summarische Prüfung erforderlich, ob die Entfernung aus dem Beamtenverhältnis bzw. die Aberkennung des Ruhegehalts überwiegend wahrscheinlich sind.[131]

Entscheidungen nach § 38 I bis III LDG/BDG sind zuzustellen (§§ 38 IV LDG, 39 I S. 1 BDG).

Es handelt sich bei diesen in das Ermessen der Behörde gestellten Möglichkeiten um **verfahrensrechtliche Entscheidungen**, nicht um Disziplinarmaßnahmen. Die vorläufige Dienstenthebung wird mit der Zustellung, die Einbehaltung von Bezügen mit dem auf die Zustellung folgenden Fälligkeitstag wirksam und vollziehbar (§ 39 I S. 1 LDG/BDG).

Der Beamte kann die Rechtmäßigkeit der getroffenen Maßnahmen überprüfen lassen und die **Aussetzung** der vorläufigen Dienstenthebung sowie der Einbehaltung von Dienst- oder Anwärterbezügen beim Gericht der Hauptsache beantragen (§ 63 I, 1. Hs. LDG/BDG). Gleiches gilt für den Ruhestandsbeamten hinsichtlich der Einbehaltung von Ruhegehalt (§ 63 I, 2. Hs. LDG/BDG). Dies ist ein besonderer Rechtsbehelf des Beamten gegen Anordnungen nach § 38 LDG/BDG. Es handelt sich um ein disziplinarrechtliches Sonderverfahren des einstweiligen Rechtsschutzes, bei dem durch das Gericht lediglich eine summarische Prüfung der Rechtmäßigkeit der Anordnungen erfolgt. Anders als bei § 80 V VwGO ist die vorherige Erhebung eines Widerspruchs bzw. einer Klage keine Voraussetzung. Die vorläufige Dienstenthebung und die Einbehaltung von Bezügen sind auszusetzen, wenn ernstliche Zweifel an ihrer Rechtmäßigkeit bestehen (§ 63 II LDG/BDG). Die Einbehaltung eines Teils der Dienst- oder Ruhegehaltsbezüge kann zudem nicht mehr mit dem Verhältnismäßigkeitsgrundsatz vereinbar sein, wenn das Disziplinarverfahren unverhältnismäßig lange dauert.[132] Gegen Beschlüsse des VG über eine Aussetzung steht den Beteiligten die Beschwerde nur zu, wenn sie vom OVG zugelassen worden ist (§ 63 IV LDG).

---

130 In anderen Bundesländern, die – wie Rheinland-Pfalz – keine derartige Regelung in ihrem LDG haben, soll eine entsprechende Anwendung der Vorschriften über die vorläufige Dienstenthebung und die Einbehaltung der Dienstbezüge bei B.a.W. und B.a.P. ebenfalls erlaubt sein: OVG Koblenz, DÖD 05, 69 (70).
131 OVG Münster, NVwZ-RR 04, 119 = ZBR 04, 396 (397).
132 BVerfG, ZBR 93, 369 (370).

3. Abschnitt: Grundzüge des Disziplinarrechts

Sollte ein behördliches Disziplinarverfahren nicht innerhalb von sechs Monaten seit seiner Einleitung durch Einstellung, Erlaß einer Disziplinarverfügung oder durch Erhebung der Disziplinarklage abgeschlossen worden sein, kann der Beamte beim VG einen **Antrag auf gerichtliche Fristsetzung** zum Abschluß des Disziplinarverfahrens stellen (§ 62 I S. 1 LDG/BDG). Liegt ein zureichender Grund für den fehlenden Abschluß des behördlichen Disziplinarverfahrens innerhalb von sechs Monaten nicht vor, bestimmt das Gericht eine Frist, in der es abzuschließen ist (§ 62 II S. 1 LDG/BDG). Andernfalls lehnt es den Antrag ab (§ 62 II S. 2 LDG/BDG). Wird das behördliche Disziplinarverfahren innerhalb der vom Gericht bestimmten Frist nicht abgeschlossen, ist es durch Beschluß des Gerichts einzustellen (§ 62 III LDG/BDG). Dieser Beschluß steht einem rechtskräftigen Urteil gleich (§ 62 IV LDG/BDG). Der Antrag auf gerichtliche Fristsetzung sichert das Gebot, das Disziplinarverfahren auch zum Schutz des Beamten vor langandauernden belastenden Situationen beschleunigt durchzuführen (§§ 4 I LDG, 4 BDG).

Schließlich dürfen Disziplinarmaßnahmen nach Ablauf im einzelnen festgelegter Zeiten bei weiteren Disziplinarmaßnahmen und bei sonstigen Personalmaßnahmen nicht mehr berücksichtigt werden (**Verwertungsverbot**; §§ 16 I LDG, 16 I S. 1 BDG); **Eintragungen in der Personalakte sind** von Amts wegen **zu entfernen** und zu vernichten (§ 16 III S. 1 LDG/BDG). Für Verweise gilt dies nach zwei Jahren, für Geldbußen und Kürzungen der Dienstbezüge nach drei Jahren und für Zurückstufungen nach sieben Jahren (§§ 16 I LDG, 16 I S. 1 BDG). Diese nach der Relevanz der Disziplinarmaßnahmen gestuften Zeiten und das dann eintretende Verwertungsverbot sowie die Pflicht zur Beseitigung aus der Personalakte dienen dem Schutz des Beamten. Er kann allerdings darauf verzichten und den Antrag stellen, daß die Entfernung unterbleiben möge (§§ 16 III S. 3 LDG, 16 III S. 2 BDG). Das Verwertungsverbot gilt wegen seiner materiell-rechtlichen Besserstellung der angeschuldigten Beamten auch in den noch nach der BDO/DO abzuwickelnden Altfällen.[133]

Literatur: Gerards, Einschränkungen bei der Dienstausübung von Beamten, insbesondere sofortige „Suspendierung" nach besonderen Vorkommnissen, PersV 97, 56.

6.3.6 Unterhaltsbeitrag/Unterhaltsleistung

415 Grundsätzlich endet zwar das Dienstverhältnis mit der Entfernung aus dem Beamtenverhältnis (§ 10 I S. 1 LDG/BDG). Der Beamte verliert deshalb seinen Anspruch auf Dienstbezüge und Versorgung (§ 10 I S. 2, 1. Alt. LDG/BDG). Die Zahlung der Dienstbezüge wird mit dem Ende des Monats eingestellt, in dem die gerichtliche Entscheidung unanfechtbar wird (§ 10 II S. 1 LDG/BDG). Um die dadurch entstehende schwierige finanzielle Situation zu überbrücken, wird jedoch als Nachwirkung der Fürsorgepflicht[134] für die Dauer von sechs Monaten ein **Unterhaltsbeitrag**

---

133 BVerwG, PersV 06, 115 (116) = NVwZ-RR 06, 53 (54) = ZBR 05, 252 (254).
134 BVerwG, IÖD 02, 52 (53) = ZBR 02, 269 (270) = RiA 03, 141 (142 f.).

6. Disziplinarrechtsverfahren

von 70% des Ruhegehalts (im Bund und in Schleswig-Holstein: 50% der Dienstbezüge) geleistet, das der Beamte im Zeitpunkt der Entlassungsentscheidung erdient hätte (§ 10 III S. 1, 1. Hs. LDG/BDG). Entsprechendes gilt bei der Aberkennung des Ruhegehalts (§ 12 II S. 1 LDG/BDG). Der Beamte muß dies nicht beantragen, da bei Rechtskraft der Entscheidung der Unterhaltsbeitrag automatisch zu zahlen ist. Allerdings kann die Gewährung des Unterhaltsbeitrags in der Entscheidung ganz oder teilweise ausgeschlossen werden, soweit der Beamte ihrer nicht würdig oder den erkennbaren Umständen nach nicht bedürftig ist (§ 10 III S. 2 LDG/ BDG). Sollte sich die finanzielle Situation bessern, darf er sogar rückwirkend entzogen werden.[135] Prinzipiell wird der Unterhaltsbeitrag lediglich für sechs Monate gezahlt. Dies kann jedoch das Gericht verlängern, soweit es notwendig ist, um eine unbillige Härte zu vermeiden (§ 10 III S. 3, 1. Hs. LDG/BDG). Dies setzt jedoch voraus, daß sich der frühere Beamte ausreichend darum bemüht hat, eine andere Erwerbstätigkeit zu finden[136], und darüber belehrt wurde[137]. Eine Verlängerung der Bewilligung scheidet aus, wenn der Lebensunterhalt aus eigenem Vermögen sichergestellt werden kann. Dabei müssen beispielsweise Lebensversicherungen eingesetzt, Bausparverträge und Sparkonten gekündigt sowie Wertpapiere verkauft werden.[138] Die Neubewilligung des Unterhaltsbeitrags richtet sich auch nach Inkrafttreten des BDG nach dem bisher geltenden Recht (§§ 110, 77 BDO), wenn die Erstbewilligung auf § 77 BDO beruhte.[139] Das Verfahren für die Zahlung des Unterhaltsbeitrags ergibt sich aus § 76 LDG/ § 79 BDG (§ 10 III S. 4 LDG/BDG). Die Vorbehaltsregelung in § 76 II S. 1 LDG (§ 79 II S. 1 BDG) ermöglicht die Rückforderung des zur Überbrückung des zwischen Nachversicherung und Rentengewährung liegenden Zeitraums geleisteten Unterhaltsbeitrags im Fall einer Rentennachzahlung. § 76 IV S. 1 LDG (§ 79 IV S. 1 BDG) gleicht das Unterhaltsbeitragsrecht an die allgemeine Systematik des BeamtVG an, gemäß der Erwerbs- und Erwerbsersatzeinkommen auf Unterhaltsbeiträge unmittelbar und ohne Anwendung von Mindestbelassungsvorschriften anrechenbar sind.

Weiterhin ermöglicht § 77 I S. 1 LDG (§ 80 I S. 1 BDG) eine **Unterhaltsleistung**. Im Fall der Entfernung aus dem Beamtenverhältnis oder der Aberkennung des Ruhegehalts kann die zuletzt zuständige oberste Dienstbehörde dem ehemaligen Beamten oder Ruhestandsbeamten, der gegen das Verbot der Annahme von Belohnungen oder Geschenken verstoßen hat, eine monatliche Unterhaltsleistung zusagen. Voraussetzung dafür ist, daß er Wissen über Tatsachen offenbart hat, deren Kenntnis dazu beigetragen hat, Straftaten (insbesondere nach §§ 331 bis 335 StGB) zu verhindern oder über den eigenen Tatbeitrag hinaus aufzuklären.

---

135 BVerwG, IÖD 02, 52 (53) = ZBR 02, 269 (270 f.) = RiA 03, 141 (143 f.).
136 OVG Lüneburg, NVwZ-RR 04, 118 (119).
137 OVG Münster, RiA 05, 43 (44) = DÖD 05, 259 (260) = NVwZ-RR 05, 197.
138 OVG Münster, NVwZ-RR 02, 519.
139 BVerwG, DÖD 02, 97 (99) = IÖD 02, 174 (175 f.) = IÖD 02, 152 (153 f.).

Diese Regelung stellt eine sog. „kleine Kronzeugenregelung" dar. Neu ist dabei, daß eine Unterhaltsleistung auch ehemaligen Ruhestandsbeamten gewährt werden darf.

7. Kosten des Disziplinarverfahrens

416 Die Kostenregelungen lehnen sich – unter Berücksichtigung disziplinarrechtlicher Besonderheiten – an die verwaltungsverfahrensrechtlichen und verwaltungsprozessualen Kostenvorschriften an. Dabei ist zu unterscheiden:

Das **behördliche Disziplinarverfahren** ist gebührenfrei (§ 37 V LDG/BDG). Dem Beamten, gegen den eine Disziplinarmaßnahme verhängt wird, können allerdings die entstandenen Auslagen auferlegt werden (§ 37 I S. 1 LDG/BDG). Wird das Disziplinarverfahren eingestellt, trägt der Dienstherr die entstandenen Auslagen (§ 37 II S. 1 LDG/BDG). Erfolgt die Einstellung trotz Vorliegens eines Dienstvergehens, kann man dem Beamten die Auslagen auferlegen oder sie verhältnismäßig teilen (§ 37 II S. 2 LDG/BDG). Soweit der Dienstherr die entstandenen Auslagen trägt, hat er dem Beamten auch die Aufwendungen zu erstatten, die zur zweckentsprechenden Rechtsverfolgung notwendig waren (§ 37 IV S. 1 LDG/BDG).

Im **Widerspruchsverfahren** trägt der unterliegende Teil die entstandenen Auslagen (§§ 42 I S. 1 LDG, 44 I S. 1 BDG). Hat der Widerspruch teilweise Erfolg, sind die Auslagen im Verhältnis zu teilen (§§ 42 I S. 2 LDG, 44 I S. 2 BDG). Wird eine Disziplinarverfügung trotz des Vorliegens eines Dienstvergehens aufgehoben, können die Auslagen ganz oder teilweise dem Beamten auferlegt werden (§§ 42 I S. 3 LDG, 44 I S. 3 BDG). Nimmt der Beamte den Widerspruch zurück, trägt er die entstandenen Auslagen (§§ 42 II LDG, 44 II BDG).

Das **gerichtliche Disziplinarverfahren** ist gebührenfrei (§§ 75 I S. 1 LDG, 78 I S. 1 BDG). Der Beamte, gegen den im Verfahren der Disziplinarklage auf eine Disziplinarmaßnahme erkannt wird, trägt die Kosten des Verfahrens (§§ 74 I S. 1 LDG, 77 I S. 1 BDG). Die Verhängung jeglicher Disziplinarmaßnahme im Rahmen einer Disziplinarklage bedeutet somit eine Niederlage des Beamten. Wird eine Disziplinarverfügung trotz Vorliegens eines Dienstvergehens aufgehoben, können die Kosten ganz oder teilweise den Beamten treffen (§§ 74 II LDG, 77 II BDG). Wird das Disziplinarverfahren nach § 62 III LDG/BDG eingestellt, trägt der Dienstherr die Kosten des Verfahrens (§§ 74 III LDG, 77 III BDG); ebenso wenn die Disziplinarklage abgewiesen wird (§§ 74 IV LDG, 77 IV BDG, 154 I VwGO).

8. Rechtsschutz im Disziplinarverfahren

§ 41 I LDG/BDG regelt den Rechtsschutz des Beamten **im behördlichen** 417
Disziplinarverfahren. Danach muß er vor Erhebung einer Klage ein **Widerspruchsverfahren** durchführen (§ 41 I S. 1 LDG/BDG; Rn. 411). Das Widerspruchsverfahren findet nicht statt, wenn die angefochtene Entscheidung durch die oberste Dienstbehörde erlassen worden ist (§ 41 I S. 2 LDG/BDG). Gegen die Widerspruchsentscheidung bzw. gegen die Disziplinarverfügung der obersten Dienstbehörde kann der Beamte innerhalb eines Monats die normale verwaltungsgerichtliche **Anfechtungsklage** erheben (§§ 3 I LDG, 3 BDG, 42, 74 f. VwGO).

Die **Rechtsmittel im gerichtlichen Disziplinarverfahren** finden sich in den §§ 64 ff. LDG/BDG. Zu unterscheiden ist hiernach das Rechtsmittel der **Beschwerde** (§§ 66 LDG, 67 BDG) und dasjenige der **Berufung** (§§ 64 f. LDG, 64 ff. BDG).

Gegen Beschlüsse des VG ist für die Beteiligten die **Beschwerde an das OVG** zulässig (§§ 66 LDG, 67 I BDG). Hier gelten §§ 3 LDG, 146 f. VwGO.

Gegen das **Urteil des VG über eine Disziplinarklage** können die Beteiligten die **Berufung an das OVG** einlegen (§ 64 I S. 1 LDG/BDG). Sie ist beim VG innerhalb eines Monats nach Zustellung des vollständigen Urteils schriftlich einzulegen und zu begründen (§ 64 I S. 2 LDG/BDG). Die Begründung muß einen bestimmten Antrag sowie die im einzelnen anzuführenden Gründe der Anfechtung (Berufungsgründe) enthalten (§ 64 I S. 4 LDG/BDG). Fehlt eines dieser Erfordernisse, ist die Berufung unzulässig (§ 64 I S. 5 LDG/BDG).

Im übrigen (also **bei allen anderen Klagen der Beteiligten**, die keine Disziplinarklagen sind) steht den Beteiligten die Berufung gegen das Urteil des VG ausschließlich dann zu, **wenn** sie **vom OVG zugelassen** wird (§§ 64 II LDG, 64 II S. 1 BDG). Hauptanwendungsfall dürfte die Klage des Beamten gegen eine Disziplinarverfügung des Dienstvorgesetzten sein, die nicht Disziplinarklage ist. Die Zulassungsbedürftigkeit ist zweckmäßig, da hier die Disziplinarverfügung bereits zweimal (im Widerspruchsverfahren und vom VG) überprüft wurde.

Gegen das Urteil des OVG steht den Beteiligten die **Revision an das BVerwG** zu, wenn das OVG oder auf Beschwerde gegen die Nichtzulassung das BVerwG sie zugelassen hat (§§ 67 S. 1 LDG, 69 BDG). Hiermit wird erstmals auf der Grundlage von § 187 I VwGO in Disziplinarverfahren eine Revision gegen Berufungsentscheidungen ermöglicht. Ziel ist, eine unter den Ländern rechtsvereinheitlichend wirkende Rechtsprechung des BVerwG zu erreichen. Hingegen ist die Sprungrevision ausgeschlossen (§§ 67 S. 2 LDG, 69 BDG, der ausdrücklich nicht auf § 134 VwGO verweist). Hierdurch soll verhindert werden, das für die Bildung einer landeseinheitlichen Rechtsprechung und Rechtsanwendung wichtige

OVG zu übergehen. Hingegen verstößt es nicht gegen Verfassungsrecht, wenn ein Landesgesetzgeber (hier Bremen) bei der Angleichung des Landesdisziplinarrechts an das BDG in den Übergangsregelungen für Berufungsurteile, die nach altem Recht ergehen, im Gegensatz zum neuen Recht keine Revisionsinstanz vorsieht.[140]

9. Begnadigung, Wiederaufnahme des Verfahrens

418 Das **Gnadenrecht** in Disziplinarsachen steht dem Ministerpräsidenten zu (§ 78 I S. 1 LDG). Er kann es allerdings auf andere Stellen übertragen (§ 78 I S. 2 LDG). Im Bund steht es dem Bundespräsidenten zu (§ 81 I S. 1 BDG), der es ebenfalls übertragen darf (§ 81 I S. 2 BDG).

Die **Wiederaufnahme** eines durch rechtskräftiges Urteil abgeschlossenen gerichtlichen Disziplinarverfahrens ist unter bestimmten ähnlich strengen Voraussetzungen wie im Strafprozeßrecht möglich (§§ 68 ff. LDG, 71 ff. BDG). Dabei rechtfertigt die in einem ähnlichen Fall einen Konventionsverstoß feststellende Entscheidung des Europäischen Gerichtshofs für Menschenrechte keine Wiederaufnahme eines rechtskräftig abgeschlossenen anderen Disziplinarverfahrens.[141]

10. Rechtspolitische Änderungen auf Bundes- und Länderebene

419 Auf **Bundesebene** ist das **Disziplinarrecht** durch das Gesetz zur Neuordnung des Bundesdisziplinarrechts vom 9.7.2001 **erheblich geändert** worden. Das Bundesdisziplinargericht ist zum 31.12.2003 aufgelöst und die gerichtlichen Disziplinarverfahren sind auf die Verwaltungsgerichte übertragen worden. Verfahrensrechtliches Ziel ist die Loslösung vom Strafprozeß. Die Unterscheidung zwischen Vorermittlungs- und Untersuchungsverfahren wurde aufgehoben. Vielmehr umfaßt das behördliche Disziplinarverfahren jetzt die Verfahrensschritte „Einleitung, Ermittlung, Abschlußentscheidung und Widerspruchsverfahren". Die Disziplinarbefugnisse des Dienstvorgesetzten sind um die Kürzung der Bezüge erweitert worden. Das gerichtliche Disziplinarverfahren wird mit der Disziplinarklage eingeleitet. Die Gerichtsorganisation sieht nunmehr einen Instanzenzug über drei Gerichte (VG, OVG, BVerwG als Revisionsinstanz) vor. Schließlich ist der Bundesdisziplinaranwalt in seiner Funktion, die einheitliche Ausübung der Disziplinargewalt zu sichern und das Inter-

---

140 BVerwG, ZBR 03, 322.
141 BVerwG, ZBR 98, 425 (426 f.).

10. Rechtspolitische Änderungen auf Bundes- und Länderebene

esse des öffentlichen Dienstes und der Allgemeinheit in jeder Lage des Verfahrens wahrzunehmen (§ 37 S. 1 BDO [alt]), zum 31.12.2003 abgeschafft worden. Es bleibt lediglich seine Beratungsaufgabe in Form einer „Service-Stelle". Hiergegen richtete sich starke Kritik in der Literatur[142]. Statt dessen wurde vorgeschlagen, den Bundesdisziplinaranwalt als „Garant für eine einheitliche Ausübung der Disziplinargewalt des Bundes" zu erhalten.[143] Dem ist einschränkungslos zuzustimmen. Gerade zur Bekämpfung der Korruption bietet sich eine unabhängige Stelle wie die des Bundesdisziplinaranwalts an, die ein Disziplinarverfahren erzwingen kann. Hierdurch wird verhindert, daß Dienstvorgesetzte aus falsch verstandenem Korpsgeist, aber auch um sich nicht selbst mangelnde Dienstaufsicht und Führungsqualitäten vorwerfen zu lassen, in derartigen Fällen gerade bei höheren Beamten kein Disziplinarverfahren einleiten.

Die **Länder** Brandenburg, Bremen, NW, Rheinland-Pfalz, Sachsen, Schleswig- Holstein und Thüringen **haben** die geschilderten erheblichen **Änderungen nahezu inhaltsgleich nachvollzogen** und eigene Landesdisziplinargesetze verabschiedet. Weitere Bundesländer werden folgen.

Literatur: Becker, Das neue Disziplinarrecht in Thüringen unter besonderer Berücksichtigung der Verfahren gegen kommunale (Wahl-)Beamte, ThürVBl 05, 121; Reinstein, Der Wandel des Disziplinarrechts in der modernen Verwaltung, 2004; Weiß, Fortentwicklungen des Beamtendisziplinarrechts, PersV 04, 444; Bauschke/Weber, Bundesdisziplinargesetz, 2003; Schwandt, Das neue Beamten-Disziplinarrecht – Eine Übersicht in Ergänzung zu DÖD 2001, 237-255, DÖD 03, 1; Lemhöfer, Das neue Disziplinarrecht des Bundes: Licht und Schatten, RiA 02, 53; Weiß, Das neue Bundesdisziplinargesetz, ZBR 02, 17; ders., Das neue Bundesdisziplinarneuordnungsgesetz (BDiszNOG) 2001, PersV 02, 2; Zeisig, Jahresbericht 2001 zur Disziplinarpraxis in den Bundesverwaltungen, ZBR 02, 343; Müller-Eising, Paradigmenwechsel im deutschen Disziplinarrecht, NJW 01, 3587; Schwandt, Das neue Bundesdisziplinargesetz, RiA 01, 157; Urban, Die Neuordnung des Bundesdisziplinarrechts, NVwZ 01, 1335; Schwandt, Warum nur eine halbe Reform? – Zur Neuordnung des Disziplinarrechts, DÖD 00, 80; Zeisig, Jahresbericht 1999 über die Aufgaben des Bundesdisziplinaranwalts und die Disziplinarpraxis, ZBR 00, 372; Müller-Eising, Neuordnung des Bundesdisziplinarrechts, ZBR 99, 145; Schwandt, Entwicklungen und Tendenzen im Beamten-Disziplinarrecht seit 1993, DÖD 99, 169; ders., Neuer Ansatz für das Disziplinarrecht, neues Landesdisziplinargesetz in Rheinland-Pfalz, Disziplinarordnung für Mecklenburg-Vorpommern, DÖD 98, 221; Gansen, Disziplinarrecht in Bund und Ländern, Loseblattsammlung.

---

142 Müller-Eising, ZBR 99, 145; dies., NJW 01, 3587 (3588).
143 Müller-Eising, ZBR 99, 145 (149 f.).

Teil III: Arbeitsrecht

Inhaltsverzeichnis

		Seite	Rn
1. Abschnitt: Einführung in das Arbeitsrecht		805–810	420–423
1.	Allgemeines	805 f.	420 f.
2.	Arbeitsrecht und Öffentlicher Dienst	806 ff.	421
3.	Überblick über die Tarifverträge des Öffentlichen Dienstes	808 ff.	422 f.
3.1	TVöD	809	
3.2	Ersetzende Tarifverträge (Spartentarifverträge)	809 f.	423
4.	Rechtslage nach Inkrafttreten des TVöD	810	424
2. Abschnitt: Rechtsquellen des Arbeitsrechts		811–824	425–441
1.	Grundsätzliches	811 ff.	426 ff.
1.1	Grundgesetz	811 ff.	427 ff.
1.2	EU-Recht/Völkerrecht	814 f.	429 ff.
1.3	Formelle Gesetze	815 f.	432
1.4	Rechtsverordnungen	816	433
1.5	Tarifverträge	816 f.	434
1.6	Betriebsvereinbarungen/ Dienstvereinbarungen	817 f.	435 f.
1.7	Arbeitsverträge	818	437
1.8	Betriebliche Übung	819 ff.	438 f.
1.9	Direktionsrecht des Arbeitgebers	822 ff.	440 f.
3. Abschnitt: Kollektives Arbeitsrecht (Tarifrecht)		825–838	442–458
1.	Einführung	825	442 f.
2.	Tarifverträge	826–834	443–451
2.1	Tarifvertragsparteien	828 f.	446
2.2	Tarifbindung	830 f.	447
2.3	Räumlicher Geltungsbereich von Tarifverträgen	831 f.	448
2.4	Persönlicher Geltungsbereich von Tarifverträgen	832	449
2.5	Beginn und Ende von Tarifverträgen/ Nachwirkung	832 ff.	450 f.
3.	Arbeitskampfrecht	834–838	452–456
3.1	Grundlagen des Arbeitskampfrechts	834 f.	452 f.
3.2	Rechtmäßige Arbeitskampfmaßnahmen	835 ff.	454 f.
3.3	Rechtswidrige Arbeitskampfmaßnahmen	837 f.	456

Teil III. Arbeitsrecht

4. Abschnitt: Individualarbeitsrecht		839–968	459–620
1.	Arbeitsverhältnis	839–848	459–471
1.1	Bedeutung	839	459
1.2	Gestaltung durch die Vertragsparteien/ Abgrenzungskriterien	840 f.	458 f.
1.3	Weisungsgebundenheit in zeitlicher, örtlicher und fachlicher Hinsicht	842 f.	460 ff.
1.4	Eingliederung in den Betrieb	843 ff.	464
1.5	Ausmaß und Dauer der Beschäftigung	845	465
1.6	Vergleich mit anderen Mitarbeitern	845	466
1.7	Unternehmerrisiko	846	467
1.8	Formalien	846 f.	468
1.9	Einzelfälle	847	469
1.10	Scheinselbständigkeit	847	470
1.11	Arbeitnehmerähnliche Selbständige	848	471
2.	Zustandekommen des Arbeitsvertrages	849–887	472–529
2.1	Stellenausschreibung	849 ff.	473 f.
2.2	Anbahnungsverhältnis	852 ff.	475 f.
2.2.1	Allgemeine Pflichten aus dem Anbahnungsverhältnis	852 f.	477
2.2.2	Einstellung und Fragerecht des Arbeitgebers	853 ff.	478 ff.
2.3	Form und Inhalt des Arbeitsvertrages	858 ff.	490 ff.
2.3.1	Form des Arbeitsvertrages	858 ff.	490 ff.
2.3.2	Inhalt des Arbeitsvertrages	862 f.	493
2.3.3	Mehrere Arbeitsverträge	863 f.	494
2.3.4	Änderung von Arbeitsverträgen	864 f.	495
2.4	Mängel des Arbeitsvertrages	865 ff.	496 ff.
2.4.1	Nichtigkeit des Arbeitsvertrages	865 f.	497
2.4.2	Anfechtbarkeit des Arbeitsvertrages	866	498
2.4.2.1	Irrtum	866	499
2.4.2.2	Täuschung und Drohung	866	500
2.4.3	Folgen der Nichtigkeit und Anfechtbarkeit	867	501
2.5	Exkurs: Arbeitsrechtliche Konkurrentenklage	867 f.	502
2.5.1	Anspruch auf Zugang zu einem öffentlichen Amt	868	503
2.5.2	Gerichtliches Verfahren	868 ff.	504
2.5.3	Anspruch auf Neubescheidung	870	505
2.6	Befristete und bedingte Arbeitsverträge	870 f.	506
2.6.1	Befristungen mit Sachgrund	871	507
2.6.1.1	Vorübergehender Bedarf an der Arbeitsleistung	871 f.	508
2.6.1.2	Beschäftigung im Anschluß an eine Ausbildung	872 f.	509
2.6.1.3	Beschäftigung zur Vertretung eines anderen Arbeitnehmers	873 f.	510

Teil III. Arbeitsrecht

2.6.1.4	Eigenart der Arbeitsleistung............	874	511
2.6.1.5	Befristung zu Erprobungszwecken.......	875	512
2.6.1.6	In der Person des Arbeitnehmers liegende Gründe............................	875	513
2.6.1.7	Befristete Haushaltsmittel..............	875 f.	514
2.6.1.8	Gerichtlicher Vergleich................	876	515
2.6.1.9	Spezialgesetzliche Befristungstatbestände	877	516
2.6.1.10	Mehrfachbefristungen.................	877 f.	517
2.6.2	Befristungen ohne Sachgrund..........	878	518
2.6.2.1	Befristungshöchstdauer...............	878 f.	519
2.6.2.2	Anschlußverbot.....................	879 ff.	520
2.6.2.3	Altersbefristung.....................	881 f.	521
2.6.3	Schriftformerfordernis.................	882 f.	522
2.6.4	Die besonderen Regelungen des § 30 Abs. 2–4 TVöD..................	883 f.	523
2.6.5	Bedingte Arbeitsverträge..............	884 f.	524
2.6.6	Ende des befristeten/bedingten Arbeitsverhältnisses..................	885 ff.	525 ff.
2.6.6.1	Beendigung durch Fristablauf/Eintritt der Bedingung.....................	885	525
2.6.6.2	Verlängerungsfiktion bei Fortsetzung der Tätigkeit......................	885 f.	526
2.6.6.3	Beendigung durch Kündigung..........	886	527
2.6.6.4	Folgen unwirksamer Befristung/ Bedingungen......................	886	528
2.6.6.5	Anrufung des Arbeitsgerichts...........	887	529
3.	Teilzeitarbeitsverhältnisse.............	887–900	530–546
3.1	Teilzeitarbeitsverhältnisse nach dem TzBfG............................	887 ff.	530 ff.
3.1.1	Definition der Teilzeitarbeit.............	888	531
3.1.2	Verbot der Diskriminierung............	888 f.	532
3.1.3	Anspruch auf Teilzeitarbeit............	889 ff.	533
3.1.4	Entgegenstehende betriebliche Belange..	891 ff.	534
3.1.5	Verlängerung der Arbeitszeit...........	893	535
3.1.6	Arbeit auf Abruf.....................	893 f.	536
3.2	Altersteilzeit.......................	894	537
3.2.1	Voraussetzungen der Altersteilzeit.......	894 f.	538
3.2.2	Ablehnung der Altersteilzeit............	895 f.	539
3.2.3	Reduzierung und Verteilung der Arbeitszeit......................	896	540
3.2.4	Höhe der Bezüge...................	897	541
3.2.5	Aufstockungsleistungen...............	897 f.	542
3.2.6	Nebentätigkeiten....................	898 f.	543
3.2.7	Urlaub...........................	899	544
3.2.8	Ende des Altersteilzeitarbeits- verhältnisses......................	899 f.	545
3.2.9	Mitwirkungspflichten.................	900 f.	546

Teil III. Arbeitsrecht

4.	Pflichten des Arbeitnehmers aus dem Arbeitsvertrag	901–916	547–563
4.1	Arbeitspflicht	901 ff.	547 f.
4.1.1	Träger der Arbeitspflicht	901	548
4.1.2	Inhalte der Arbeitspflicht	901 ff.	549
4.1.3	Arbeitszeit	903 ff.	550
4.1.4	Arbeitsort	905 f.	551
4.1.5	Vorübergehende Befreiung von der Arbeitspflicht	906 f.	552
4.1.6	Verletzung der Arbeitspflichten	907	553
4.1.6.1	Verzug des Arbeitnehmers	907 ff.	554
4.1.6.2	Schlechterfüllung des Arbeitsvertrages	909	555
4.1.6.3	Schadensersatzpflicht des Arbeitnehmers	910 ff.	556 ff.
4.1.7	Treuepflicht	912 ff.	
4.1.7.1	Wesen und Umfang der Treuepflicht	912 f.	561
4.1.7.2	Handlungspflichten	913	562
4.1.7.3	Unterlassungspflichten	914 ff.	563
5.	Pflichten des Arbeitgebers	917–940	564–583
5.1	Beschäftigungspflicht	917	564
5.2	Rechtsgrundlagen der Lohnzahlungspflicht	917 ff.	565
5.2.1	Geldlohn und Naturallohn	919	566
5.2.2	Zeitlohn und leistungsspezifischer Lohn	919 f.	567
5.2.3	Besondere Lohnformen	920 ff.	568
5.2.4	Lohnzahlungspflicht bei Nichtleistung der Arbeit	923 ff.	569
5.2.5	Lohnsicherung	926 ff.	570
5.2.5.1	Insolvenz	926 f.	571
5.2.5.2	Pfändungsschutz	927 f.	572
5.2.6	Berechnung und Zahlung des Lohns	928 f.	573
5.2.7	Vergütung für Arbeitnehmererfindungen	929 f.	574
5.3	Fürsorgepflicht	930 ff.	
5.3.1	Wesen und Umfang der Fürsorgepflicht	930 f.	575
5.3.2	Personenfürsorge	931 f.	576
5.3.3	Sachfürsorge	932 f.	577
5.3.4	Gleichbehandlungspflicht	933 f.	578
5.3.5	Erholungsurlaub	934 ff.	579 ff.
5.3.6	Sonderurlaub	938	582
5.3.7	Zeugnis und Auskunfterteilung	938 f.	583
6.	Beendigung und Änderung des Inhalts von Arbeitsverhältnissen	940–968	584–620
6.1	Allgemeines	940	584
6.2	Kündigungsarten	940	585
6.2.1	Ordentliche Kündigung	941	586
6.2.2	Außerordentliche Kündigung	941	587
6.2.3	Änderungskündigung	941 f.	588
6.2.4	Teilkündigung	942	589

6.2.5	Bedingte Kündigung	942	590
6.2.6	Verdachtskündigung	942 f.	591
6.2.7	Druckkündigung	942 f.	592
6.3	Kündigungserklärung	943 f.	593
6.4	Kündigungsfristen	944 f.	594
6.5	Besonderer Kündigungsschutz	945	595
6.6	Allgemeiner Kündigungsschutz	945 f.	596
6.7	Personenbedingte Kündigung	947 ff.	597
6.8	Verhaltensbedingte Kündigung	950	598
6.8.1	Pflichtverletzung	950 f.	599
6.8.2	Abmahnung	951 f.	600
6.8.3	Interessenabwägung	952	601
6.9	Betriebsbedingte Kündigung	952 f.	602
6.9.1	Betriebsbedingte Gründe	953	603
6.9.2	Unternehmerische Entscheidung	953 f.	604
6.9.3	Wegfall des Arbeitsplatzes	954 f.	605
6.9.4	Sozialauswahl	955 ff.	606
6.9.5	Betriebsbedingte Kündigung bei Ausschluß der ordentlichen Kündbarkeit	957 f.	607
6.10	Außerordentliche Kündigung	958 f.	608
6.11	Änderungskündigung	959 f.	609
6.12	Auflösungs- und Abwicklungsverträge	961 ff.	610
6.12.1	Inhalt und Rechtsgrundlage	961	611
6.12.2	Form	961	612
6.12.3	Anwendungsbereich	962	613
6.12.4	Ausgleichsquittung	962 f.	614
6.12.5	Beweislast	963	615
6.12.6	Anfechtung	964	616
6.12.6.1	Anfechtung wegen Drohung	964 f.	617
6.12.6.2	Anfechtung wegen Überrumpelung	965	618
6.12.7	Aufklärungspflichten	965 ff.	619
6.12.8	Abwicklungsvertrag	967	620

**5. Abschnitt: Grundlagen des Betriebs-
verfassungs- und Personal-
vertretungsrechts** 969–1000 621–655

1.	Betriebsverfassung und Unternehmensverfassung	969–985	621–645
1.1	Wesen und Bedeutung der Betriebsverfassung	969 f.	621
1.2	Grundlagen der Betriebsverfassung	970 f.	622
1.3	Betriebsrat	971 ff.	623 ff.
1.3.1	Stellung und Aufgaben des Betriebsrats	973 f.	623 f.
1.3.2	Gesamtbetriebsrat und Konzernbetriebsrat	974 ff.	627 ff.
1.3.3	Sondervertretungen	976	629
1.4	Umfang der Betriebsverfassung	976 ff.	632 ff.

Teil III. Arbeitsrecht

1.4.1	Betriebsverfassungsrechtliche Individualrechte...................	976	632
1.4.2	Kollektivbeteiligungen................	976 ff.	633 ff.
1.5	Betriebsvereinbarungen..............	982 f.	637 ff.
1.5.1	Wesen der Betriebsvereinbarung........	982 f.	637 ff.
1.5.2	Arten der Betriebsvereinbarung.........	983	640 ff.
1.5.3	Zeitliche Geltung der Betriebsvereinbarung.................	984	643
1.6	Grundlagen der Unternehmensverfassung.	984 f.	644 f.
2.	Grundlagen der Personalvertretungsrechts.............................	985–998	646–655
2.1	Personalrat........................	986 ff.	647
2.2	Zusammensetzung..................	988 ff.	648
2.3	Organisation.......................	991 f.	649
2.4	Rechte der Personalvertretungen........	992 f.	650 ff.
2.5	Verfahrensfehler....................	995 ff.	655

1. Abschnitt: Einführung in das Arbeitsrecht

1. Allgemeines

Arbeitsrecht wird im allgemeinen definiert als die Summe der Rechtsregeln, die sich mit der in abhängiger Tätigkeit geleisteten Arbeit beschäftigen[1]. Es bezieht sich also auf das Verhältnis zwischen Arbeitgebern und Arbeitnehmern, aber auch auf das Verhältnis zu den im gleichen Betrieb zusammengeschlossenen Mitarbeitern, auf die Verhältnisse der Arbeitnehmer- und Arbeitgebervereinigungen und ihre Rechtsbeziehungen zueinander sowie auf das Verhältnis der Arbeitsvertragsparteien und ihrer Verbände zum Staat.

420

Das Arbeitsrecht enthält sowohl privatrechtliche wie öffentlich-rechtliche Regelungen. Zum Privatrecht zählen vor allen Dingen die Regelungen, die das Arbeitsvertragsrecht inhaltlich bestimmen, also z.B. das BGB, HGB usw. Dem öffentlichen Recht zuzurechnen sind insbesondere alle Normen des sog. Arbeitsschutzrechts, wie z.B. das ArbZG oder das ArbSchG. Ebenfalls zum öffentlichrechtlichen Bereich des Arbeitsrechts gehört das kollektive Arbeitsrecht wie es z.B. im TVG, BetrVG oder in den Personalvertretungsgesetzen der Länder kodifiziert ist.

Das deutsche Arbeitsrecht ist seit dem späteren 19. Jahrhundert zunächst langsam, nach dem 1. Weltkrieg umfassender über die seitdem verstrichenen Jahrzehnte entwickelt worden.

Das Arbeitsrecht gehört zu den am meist zersplitterten und unübersichtlichsten Rechtsgebieten, weil es völlig unsystematisch in einer Fülle von Gesetzen geregelt ist. Anders als in der früheren DDR gibt es in Deutschland kein Arbeitsgesetzbuch, in dem – etwa in der Art des BGB – die arbeitsrechtlichen „Grundregeln" kodifiziert wären. Zwar enthält der Einigungsvertrag in Art. 30 die Verpflichtung, das Arbeitsrecht möglichst bald zu kodifizieren, dieser Verpflichtung ist allerdings bislang niemand nachgekommen. Im Gegenteil hat die Anzahl der Einzelgesetze, die punktuell in das Arbeitsleben eingreifen noch zugenommen. Zwar wurden veraltete Gesetze, wie z.B. die AZO abgeschafft, aber es fehlt eine übergreifende Rechtskonzeption. Nach wie vor sind weite Bereiche des Arbeitsrechts gesetzlich überhaupt nicht geregelt, wie z.B. das Recht der Arbeitnehmerhaftung[2], vor allem aber das Arbeitskampfrecht[3].

---

1 Vgl. z.B. Schaub, S. 1.
2 Rn 561 ff.
3 Rn 454 ff.

1. Abschnitt: Einführung in das Arbeitsrecht

Das deutsche Arbeitsrecht ist deshalb weitestgehend Richterrecht, d.h. die rechtlichen Grundlagen werden von den Arbeitsgerichten, in erster Linie natürlich vom BAG, im Wege der richterlichen Rechtsfortbildung geschaffen. Dies ist unbefriedigend, weil der Richter an sich nicht die Aufgabe hat, Recht zu schaffen, sondern Recht anzuwenden. Bei unzureichenden gesetzlichen Vorgaben ist er darauf beschränkt, mit den anerkannten Methoden der Rechtsfindung das materielle Recht aus den Rechtsgrundlagen abzuleiten, die für das betreffende Rechtsverhältnis maßgeblich sind[4].

Richterrecht unterliegt darüber hinaus viel häufigeren Schwankungen und kann sich gleichsam von heute auf morgen ändern. Beispielhaft sei hierzu auf die Rechtsprechung des BAG zur Herausnahme der geringfügig Beschäftigten aus dem Geltungsbereich des BAT und damit u. a. auch aus der Zusatzversorgung verwiesen. Nachdem die Rechtsprechung über Jahrzehnte hinweg Differenzierungen zwischen Voll- und Teilzeitbeschäftigten akzeptiert hatte, hat das BAG im Jahre 1992[5] entschieden, daß diese Differenzierung gegen den arbeitsrechtlichen Gleichbehandlungsgrundsatz verstoße, und daß die teilzeitbeschäftigten Mitarbeiter und Mitarbeiterinnen des öffentlichen Dienstes einen Anspruch auf Verschaffung einer Zusatzversorgung rückwirkend auf den Zeitpunkt des Beginns des Arbeitsverhältnisses (im entschiedenen Fall war dies der 01.09.1972!) haben.

2. Arbeitsrecht und Öffentlicher Dienst

421 Für die Beschäftigten des Öffentlichen Dienstes gelten generell die Grundsätze des oben skizzierten Arbeitsrecht genauso wie für die Angestellten und Arbeitnehmer des gewerblichen Bereichs.

Die bisherigen Tarifverträge des Öffentlichen Dienstes enthielten indes eine Reihe von spezifischen Regelungen, die in dieser Form und mit diesen Inhalten keine Entsprechung in den Tarifverträgen der gewerblichen Wirtschaft fanden.

Dies war historisch dadurch zu erklären, daß die Tarifvertragsparteien des Öffentlichen Dienstes sich zunächst um möglichst große Nähe zum Beamtenrecht bemüht haben. So finden sich z.B. in der Urfassung des BAT aus dem Jahr 1961 neben vielen Verweisungen auf das Beamtenrecht an verschiedenen Stellen dem Beamtenrecht nachempfundene Regelungen. Dies hat seine Ursache darin, daß die Tarifvertragsparteien zunächst sehr an einer Gleichstellung der Beschäftigtengruppen Beamte einerseits und Angestellte/Arbeiter andererseits interessiert waren.

---

4 Vgl BverfG, Urteil vom 26.06.1991, BVerfGE 84, 212 (226 f.).
5 BAG, Urteil vom 28.07.1992 – 3AZR 173/92, NZA 1993, S. 215 ff.

2. Arbeitsrecht und Öffentlicher Dienst

Diese beamtenrechtlichen Bezugnahmen fanden sich im BAT/BMT-G bis in die jüngste Vergangenheit. So verwies z.B. § 11 BAT (Nebentätigkeiten) auf das Nebentätigkeitsrecht der Beamtengesetze. Gleiches alt etwa für die Haftung (14 BAT) von Angestellten.

Erst die vor einiger Zeit vereinbarten sog. Spartentarifverträge[6] enthalten solche Bezugnahmen nicht mehr. Diese haben auch die Vergütung der Angestellten und Arbeiter in den entsprechenden Branchen grundsätzlich neu geregelt und die im BAT noch enthalten gewesenen „Beamtenzöpfe" beseitigt.

Zum 01.10.2005 sind die für den Öffentlichen Dienst geltenden tarifvertraglichen Regelungen auf eine völlig neue Grundlage gestellt worden. Zu diesem Zeitpunkt ist nämlich der „Tarifvertrag für den öffentlichen Dienst (TVöD) vom 13.09.2005" in Kraft getreten. Mit dem TVöD ist es gelungen, die bisherigen unübersichtlichen und komplizierten Regelungen des BAT/BMT-G für fast alle Bereiche (Sparten) des Öffentlichen Dienstes zu ersetzen. Der TVöD zeichnet sich dadurch aus, daß er einerseits die Unterscheidung zwischen Angestellten und Arbeitern aufgibt und andererseits nur in den Bereichen Regelungen trifft, in denen nicht bereits durch ohnehin bestehende arbeitsrechtliche gesetzliche Bestimmungen der Inhalt der Arbeitsverhältnisse vorgegeben ist oder zu Gunsten der Beschäftigten des Öffentlichen Dienstes günstigere Regelungen geschaffen werden sollten (z.B. Mindesturlaub). Gleichwohl enthält der TVöD für bestimmte Bereiche nach wie vor Bezugnahmen auf beamtenrechtliche Regelungen (z.B. Haftung der Beschäftigten gegenüber dem Arbeitgeber für von ihnen verursachte Schäden). Einzelheiten des neuen Tarifvertrages werden unter 3. (= Rn. 422) dargestellt.

Neben den Tarifverträgen des Öffentlichen Dienstes gelten für die Beschäftigten selbstverständlich auch die gesetzlichen Vorschriften, die in das Arbeitsverhältnis eingreifen. Soweit diese Gesetze keine sog. Tariföffnungsklauseln enthalten, gehen sie dem TVöD vor, weil sie in der Normenhierarchie[7] eine höhere Rangstelle einnehmen als Tarifverträge. Soweit also z.B. das ArbZG vorschreibt, daß die tägliche Arbeitszeit 10 Stunden auf keinen Fall überschreiten darf, können die Tarifvertragsparteien keine hiervon nach oben abweichenden Regelungen vereinbaren. Möglich ist natürlich eine tarifvertragliche Vereinbarung, die eine niedrigere tägliche Arbeitszeit beinhaltet.

Im Ergebnis ist daher festzuhalten daß die Arbeiter und Angestellten des Öffentlichen Dienstes innerhalb des geltenden Arbeitsrechts keine Sonderstellung einnehmen, sondern für sie die gleichen allgemeinen arbeitsrechtlichen Rechte aber auch Pflichten gelten wie für gewerbliche Arbeitnehmer.

---

6 Rn 424.
7 Rn 426.

1. Abschnitt: Einführung in das Arbeitsrecht

3. Überblick über die Tarifverträge des Öffentlichen Dienstes

422 Das individuelle Arbeitsrecht der Beschäftigten im öffentlichen Dienst, also das Arbeitsrecht, das die Rechtsbeziehungen zwischen dem einzelnen Arbeitnehmer und dem Arbeitgeber regelt, wird weitestgehend durch die Tarifverträge des öffentlichen Dienstes, insbesondere durch den TVöD, aber auch durch die sog. Spartentarifverträge bestimmt. Dies beruht darauf, daß diese Tarifverträge einerseits durch beidseitige Tarifgebundenheit[8] auf das einzelne Arbeitverhältnis zur Anwendung kommen. Andererseits wird in den Einzelarbeitsverträgen des öffentlichen Dienstes regelmäßig festgelegt, daß diese Tarifverträge auf das Arbeitsverhältnis Anwendung finden und damit für das einzelne Arbeitsverhältnis gelten.

Die Haupttarifverträge des öffentlichen Dienstes für den kommunalen Bereich sind nunmehr:

– der TVöD mit den Besonderen Teilen Verwaltung, Krankenhäuser, Sparkassen, Flughäfen und Entsorgung,

– der Tarifvertrag für Auszubildende des öffentlichen Dienstes (TVAöD)

– Allgemeiner Teil und Besondere Teile BBiG sowie Pflege

Diese Haupttarifverträge werden jeweils durch weitere Tarifverträge ergänzt, die z.B. die Höhe der Vergütungen bzw. Löhne festlegen, oder in denen besondere Leistungen (z.B. das sog. Weihnachtsgeld) festgeschrieben sind.

Hinzu kommen die sog. Spartentarifverträge, die den TVöD ersetzen, wie z.B. der TV-V oder der TV-N. Diese Tarifverträge werden Spartentarifverträge genannt, da ihr Geltungsbereich auf einzelne Sparten des öffentlichen Dienstes beschränkt ist und sie speziell auf die Bedürfnisse dieser Sparten zugeschnittene Regelungen enthalten.

Die Struktur der für die Beschäftigten im öffentlichen Dienst geltenden tarifvertraglichen Regelungen stellt sich unter Berücksichtigung der ergänzenden/ersetzenden Tarifverträge danach wie folgt dar:

---

8   Rn 449 ff.

3. Überblick über die Tarifverträge des Öffentlichen Dienstes

3.1 TVöD

I. **Manteltarifbestimmungen – Allgemeiner Teil (§§ 1 – 39 TVöD)**
II. Besonderer Teil Verwaltung – BT-V – (§§ 40 ff. TVöD)
III. Besonderer Teil Krankenhäuser – BT-K – (§§ 40 ff. TVöD)
IV. Besonderer Teil Sparkassen – BT-S – (§§ 40 ff. TVöD)
V. Besonderer Teil Flughäfen – BT-F – (§§ 40 ff. TVöD)
VI. Besonderer Teil Entsorgung – BT-E – (§§ 40 ff. TVöD)

3.2 Ersetzende Tarifverträge (Spartentarifverträge)

TV – V
TV – N NW

Manteltarifbestimmungen (§§ 1–24)
Mantelbestimmungen (§§ 1–26)
Anlage 1: Eingruppierung
Anlage 1: Eingruppierung
Anlagen 2–3: Entgelttabellen
Anlage 2: Monatsentgelttabellen
Anlage 3: Besondere Bestimmungen
Anlage 4: Muster-Anwendungsvereinbarung

Die jeweiligen sog. Manteltarifbestimmungen (besser: der Allgemeine Teil) des TVöD enthalten die Regelungen, die für alle Arbeitsverhältnisse der Beschäftigten, die unter den jeweiligen Tarifvertrag fallen also z.B. Bestimmungen über den Jahresurlaub, die Entgeltfortzahlung, die Kündigungsfristen usw.

Die zum TVöD vereinbarten Besonderen Teile enthalten spezifische Regelungen für die jeweiligen Sparten des öffentlichen Dienstes, um deren Besonderheiten Rechnung zu tragen.

Die ergänzenden Tarifverträge, zu denen insbesondere auch die Vergütungstarifverträge (bei TV-V und TV-N als Anlagen bezeichnet) gehören, enthalten Festlegungen, die die Regelungen des TVöD ergänzen, wie etwa die Höhe der Vergütungen/Löhne/Entgelte. Zu diesen Tarifverträgen gehört aber z.B. auch der TV-ATZ.

Die in der obigen Darstellung erwähnten ersetzenden Tarifverträge (TV-N NW/TV-V) sind solche, die für ihren jeweiligen Anwendungsbereich die

Regelungen des TVöD in vollem Umfang ersetzen. So galt etwa für die Mitarbeiter in den Versorgungsbetrieben (Stadtwerke usw.) schon ab dem 01.04.2002 nicht mehr der BAT bzw. der BMT-G, sondern ausschließlich der TV-V[9].

Für die Mitarbeiter in den Nahverkehrsunternehmen des Landes NRW gilt ausschließlich der TV-N NW[10].

4. Rechtslage nach Inkrafttreten des TVöD

424 Das Tarifrecht des öffentlichen Dienstes befindet sich nach wie vor in einer Phase des Umbruchs.

Zwar ist der grundlegende Tarifvertrag, der TVöD mit seinen Besonderen Teilen, inzwischen in Kraft getreten. Die Verhandlungen zwischen den Tarifvertragsparteien auf Bundesebene über einzelne Aspekte werden indes unvermindert weiter fortgeführt. Insoweit sind noch weitere neue tarifvertragliche Bestimmungen zu erwarten.

Die Rechtslage ist darüber hinaus noch dadurch komplizierter geworden, weil die Bundesländer den für den kommunalen Bereich und für die Beschäftigten des Bundes abgeschlossenen TVöD nicht mit unterzeichnet haben. Die Länder (mit Ausnahme von Hessen) haben inzwischen allerdings einen eigenen Tarifvertrag (TV-L) für ihre Beschäftigten abgeschlossen, der sich in seinen wesentlichen Strukturelementen nicht vom TVöD unterscheidet.

Des weiteren haben sich die Verhandlungen ungemein verkompliziert, weil sich der Marburger Bund (die „Gewerkschaft" der angestellten Ärzte) sozusagen in letzter Minute geweigert hat, den TVöD zu unterschreiben. Der TVöD mit dem Besonderen Teil Krankenhäuser gilt daher nicht für die Mitglieder des Marburger Bundes. Für diese wird z.Zt. über einen besonderen Tarifvertrag verhandelt.

---

9 Vgl. hierzu: Hoffmann, Der Tarifvertrag Versorgungsbetriebe (TV-V), ZTR 2001, S. 54 ff.
10 Vgl. hierzu: Schart, Spartentarifvertrag für den Öffentlichen Personennahverkehr, ZTR 2002, S. 13 ff.

2. Abschnitt: Rechtsquellen des Arbeitsrechts

Im Arbeitsrecht ist – wie bereits oben kurz angedeutet – eine Fülle unterschiedlichster Vorschriften zu beachten, die von verschiedenen Gesetzinstitutionen geschaffen wurden (z.B. Bundestag, Landtag, EU, Tarifpartner, Betriebspartner, Arbeitsvertragspartner) und inhaltlich häufig nicht aufeinander abgestimmt sind. Damit man aber überhaupt erkennen kann, welche sich unter Umständen widersprechende Regelungen im Einzelfall gelten, muß eine Reihenfolge der unterschiedlichen Regelungen gebildet werden. Dies ist die Aufgabe der Lehre von den Rechtsquellen des Arbeitsrechts. 425

1. Grundsätzliches

In der Literatur sind viele Versuche gemacht worden, die unterschiedlichen Rechtsquellen des Arbeitsrechts zu ordnen[1]. 426

Grob gesehen kann unterschieden werden zwischen staatlichem Recht, internationalem Recht, kollektivem Recht, Richterrecht und dem individuell vereinbarten Recht (Arbeitsvertrag) sowie dem Direktionsrecht und Weisungsrecht des Arbeitgebers.

Die nachfolgende Darstellung der einzelnen Rechtsquellen ist hierarchisch aufgebaut, d.h. die in der Gliederung mit der jeweils niedrigeren Gliederungsziffer versehene Rechtsquelle ist gleichzeitig die höherrangige gegenüber der mit der nächsthöheren Gliederungsziffer gekennzeichneten Rechtsquelle. Höherrangig bedeutet, daß z.B. im Arbeitsvertrag keine Regelungen getroffen werden können, die dem Grundgesetz oder dem einfachen materiellen Recht zum Nachteil des Arbeitnehmers widersprechen.

1.1 Grundgesetz

Das Grundgesetz, also die Verfassung der Bundesrepublik Deutschland, enthält die für das bestehende Rechtssystem wichtigsten Vorschriften. Im Arbeitrecht spielen die im Grundgesetz zum Zeichen ihrer ganz herausragenden Bedeutung vorangestellten Grundrechte (Artikel 1 bis 19, 33 GG) eine herausragende Rolle[2]. 427

---

1 Vgl. z.B. Schaub, § 3, Rn 1 ff.
2 Vgl. hierzu Gamillscheg, Die Grundrechte im Arbeitsrecht, 1989.

2. Abschnitt: Rechtsquellen des Arbeitsrechts

Die Grundrechte binden unmittelbar allerdings im allgemeinen nur die Exekutive und die Rechtsprechung. Lediglich Artikel 9 Abs. 3 (Koalitionsfreiheit) und Artikel 33 GG (Zugang zu öffentlichen Ämtern) weichen von diesem System ab und gelten für das Arbeitsrecht unmittelbar.

428 Allerdings finden die anderen Grundrechte Anwendung über die Lehre von der mittelbaren Drittwirkung der Grundrechte[3]. Dies bedeutet, daß im bürgerlichen Recht und damit auch im Arbeitsrecht nur der Rechtsgehalt der Grundrechte durch die privatrechtlichen Vorschriften, der besonders in den sog. Generalklauseln (z.B. § 138 BGB [Sittenwidrigkeit], § 226 BGB [Schikaneverbot], § 242 BGB [Treu und Glauben] sowie § 315 BGB [Ausübung des Direktionsrechts]) zur Anwendung kommen.

Beispielhaft sei insoweit auf die Entscheidung des Bundesverfassungsgerichts vom 27.01.1998 – 1 BVL 15/87 –, BVerfGE 97, 169 verwiesen. In diesem Urteil hat das Bundesverfassungsgericht für Recht erkannt, daß bei Kleinbetrieben, auf die an sich das Kündigungsschutzgesetz keine Anwendung findet, ein durch Artikel 12 GG gebotenes Mindestmaß an sozialer Rücksichtnahme bei einer Kündigung zu wahren ist. Eine Kündigung, die dieser Anforderung nicht entspricht, verstößt gegen Treu und Glauben (§ 242 BGB) und ist deshalb unwirksam.

Das BAG hat sich dieser Entscheidung inzwischen durch Urteil vom 21.02.2001 – 2 AZR 15/00 – angeschlossen.

Aber auch andere Grundrechte wirken unmittelbar in das Arbeitsrecht hinein:

So verbietet z.B. Artikel 2 (Recht auf freie Entfaltung der Persönlichkeit) schikanierende Weisungen im Arbeitsverhältnis. Ebenso ist die heimliche Video- oder Tonbandüberwachung von Arbeitnehmern unzulässig. Dadurch gewonnene Erkenntnisse dürfen nicht verwertet werden. Der Arbeitgeber darf nicht untätig zusehen, wenn einzelne Arbeitnehmer „gemobbt" werden. Der an sich ebenfalls aus Artikel 2 GG herrührende Schutz vor sexueller Belästigung am Arbeitsplatz ist mittlerweile in §§ 2 ff. Beschäftigtenschutzgesetz geregelt.

Das elementare Grundrecht des Artikel 3 GG (Recht auf Gleichbehandlung) spielt im Arbeitsrecht eine überragende Rolle. Gestützt auf Artikel 3 GG hat das BAG die gesamte Lehre der speziellen und allgemeinen Gleichbehandlung im Arbeitsrecht entwickelt[4].

Der Gleichheitsgedanke des Artikel 3 GG ist auch vielfach spezialgesetzlich geregelt und damit weiter ausgebaut worden. Beispielhaft sei hier nur auf die Vorschriften der §§ 611a, 611b, 612 Abs. 3 BGB, Artikel 119 Abs. 1 EWG-Vertrag sowie auf § 4 TzBfG verwiesen.

---

[3] Grundlegend: Bundesverfassungsgericht, Urteil vom 15.01.1958 (Lüth-Urteil), BVerfGE 7, 198.
[4] Vgl. hierzu im einzelnen unten Seite 933.

1. Grundsätzliches

Eine völlig neue Dimension des Verbots der Ungleichbehandlung ist durch das „Allgemeine Gleichbehandlungsgesetz (AGG)", das am 01.08.2006 in Kraft getreten ist, eröffnet worden. Dieses hat zum Ziel, jegliche Benachteiligung wegen der Rasse, der ethnischen Herkunft, des Geschlechts, der Religion oder Weltanschauung, einer Behinderung, des Alters oder der sexuellen Identität zu verhindern oder zu beseitigen (§ 1 AGG). Die besondere Problematik des Gesetzes ergibt sich dabei daraus, daß es zunächst genügt, eine Benachteiligung wegen der o.g. Merkmale zu behaupten. Dem Arbeitgeber obliegt dann der Nachweis, daß eine Benachteiligung nicht vorgelegen hat bzw. vorliegt.

Artikel 4 GG, also die Garantie der Glaubens- und Gewissensfreiheit wirkt sich im Arbeitsrecht dahingehend aus, daß der Arbeitgeber bei Ausübung seines Direktionsrechts einen ihm offenbaren Gewissenskonflikt des Arbeitnehmers berücksichtigen muß. Maßgebend ist dabei der sog. subjektive Gewissensbegriff, d.h. der Arbeitnehmer muß darlegen, daß es ihm aus einer spezifischen Gewissensnot heraus nicht zuzumuten ist, die arbeitsvertraglich geschuldete Leistung zu erbringen.

Jeder Arbeitnehmer – auch die Arbeitnehmer des öffentlichen Dienstes – hat das Recht, am Arbeitsplatz seine Meinung frei zu äußern (Artikel 5 GG). Allerdings darf er den Arbeitgeber nicht beleidigen oder gar in der Öffentlichkeit herabwürdigen. Auch muß der Arbeitgeber eine durch eine Meinungsäußerung hervorgerufene Betriebsstörung nicht hinnehmen.

Der Schutz der Ehe und der Familie (Artikel 6 GG) spielt insbesondere bei der Sozialauswahl im Rahmen einer betriebsbedingten Kündigung eine große Rolle.

Artikel 12 GG (freie Berufswahl und Berufsausübung) ist der Grund dafür, daß Kündigungen im Arbeitsverhältnis immer nur als letztes Mittel in Betracht kommen (sog. Ultima-ratio-Prinzip).

Darüber hinaus berechtigt die Vorschrift den Arbeitnehmer grundsätzlich aber auch, eine zweite Tätigkeit aufzunehmen, sofern diese nicht dazu führt, daß die Arbeitsleistung nicht oder nur vermindert erbracht werden kann. Auch unerlaubte Konkurrenz zum eigenen Arbeitgeber ist in diesem Falle nicht durch Artikel 12 GG gedeckt.

Darüber hinaus schützt Artikel 12 GG den Arbeitnehmer vor einer unangemessenen Bindung an den aktuellen Arbeitsplatz. So sind z.B. Arbeitsvertragsklauseln, die eine Kündigungsmöglichkeit des Arbeitnehmers ausschließen unwirksam. Unangemessene Bindungen könne aber auch Vereinbarungen über Rückzahlungen von Ausbildungskosten oder Gratifikationen enthalten, wenn – im Verhältnis zur finanziellen Aufwendung des Arbeitgebers – eine übermäßig lange Bindung des Arbeitnehmers vereinbart worden ist.

1.2 EU-Recht/Völkerrecht

429 Die arbeitsrechtliche Rechtssetzung durch die Organe der EU auf dem Gebiet des Arbeitsrechts hat in den letzten Jahren enorm zugenommen. Dementsprechend wirkt sich die Rechtssetzung der EU auch immer stärker im innerdeutschen Recht aus.

430 Letzteres geschieht einerseits dadurch, daß der bundesdeutsche Gesetzgeber aufgrund des Erlasses einer Richtlinie verpflichtet ist, diese Richtlinie innerhalb einer bestimmten Zeit in innerdeutsches Recht umzusetzen. So ist z.b. das Arbeitszeitgesetz vom 06.06.1994 eine Umsetzung der Richtlinie 93/104/EG des Rates vom 23.11.1993 über bestimmte Aspekte der Arbeitszeitgestaltung.

Die EU-Gesetzgebung kann sich aber auch noch auf eine andere Art und Weise auf das innerdeutsche Recht auswirken. Unterläßt nämlich der deutsche Gesetzgeber die Umsetzung einer Richtlinie durch Erlaß eines entsprechenden Gesetzes in vollem Umfang oder teilweise oder unzureichend, so gilt nach der Rechtsprechung des EUGH die nicht oder nicht hinreichend umgesetzte Richtlinie unmittelbar. Beispielhaft kann hier auf die derzeitige Diskussion über die Anrechnung von Bereitschaftsdiensten als Arbeitszeit verwiesen werden. Hier wird vertreten, daß die oben genannte Richtlinie 93/104/EG im Hinblick auf die Definition der Arbeitszeit durch das ArbZG nicht hinreichend umgesetzt worden sei und deshalb die europarechtliche Definition der Arbeitszeit, die angeblich auch den Bereitschaftsdienst erfaßt, unmittelbar gelte.

Die wichtigsten europäischen arbeitsrechtlichen Grundsätze sind die Garantie der Freizügigkeit der Arbeitnehmer (Artikel 48 ff. EGV) für die Garantie der Lohngleichheit von Männern und Frauen (Artikel 199 EGV). Hier wird bereits jeder Mitgliedsstaat der EU verpflichtet, den Grundsatz des gleichen Entgelts für Männer und Frauen bei gleicher Arbeit anzuwenden und beizubehalten. Unter Entgelt sind die üblichen Grund- oder Mindestlöhne und Gehälter sowie alle sonstigen Vergütungen zu verstehen, die der Arbeitgeber aufgrund des Dienstverhältnisses dem Arbeitnehmer mittelbar oder unmittelbar in Bar- oder in Sachleistungen zahlt. Hierzu gehört vor allen Dingen also auch die betriebliche Altersversorgung.

Neben den beiden genannten Vorschriften befinden sich im EGV selbst keine arbeitsrechtlichen Regelungen.

Es gibt aber inzwischen eine Fülle von EG-Richtlinien, die den Inhalt von Arbeitsverhältnissen festlegen. Einige weitere dienen dem Bestandsschutz von Arbeitsverhältnissen bei Massenentlassungen oder beim Betriebsübergang (so z.B. die sog. Betriebsübergangsrichtlinie). Die weitaus überwiegende Zahl von Richtlinien ist allerdings auf dem Gebiet des sog. technischen Arbeitsschutzes ergangen[5].

---

5 Vgl. die Zusammenstellung von Oetker/Preis in: Europäischen Arbeits- und Sozialrecht, EAS.

1. Grundsätzliches

Gegenüber den unmittelbaren Auswirkungen des EU-Rechts auf das nationale Arbeitsrecht können die zum Arbeitsrecht abgeschlossenen internationalen Verträge keine unmittelbare Wirkung entfalten, weil diese nach Artikel 59 Abs. 2 GG der Zustimmung oder Mitwirkung der jeweils für die Bundesgesetzgebung zuständigen Körperschaften in Form eines Bundesgesetzes bedürfen (sog. Ratifikationsgesetz).

Als wichtigste Rechtsquelle sind dabei die Übereinkommen der internationalen Arbeitskonferenz zu nennen. Die Bundesrepublik Deutschland ist seit dem Jahre 1951 wieder Mitglied der internationalen Arbeitsorganisation (IAO) und von daher völkerrechtlich an diese Übereinkommen gebunden. Zuletzt ist im Jahre 1993 das Übereinkommen Nr. 148 über den Schutz der Arbeitnehmer gegen Berufsgefahren infolge von Luftverunreinigung, Lärm, Vibration an den Arbeitsplätzen vom 20.06.1977 gratifiziert worden. **431**

1.3 Formelle Gesetze

Unter formellen Gesetzen versteht man solche Gesetze, die in einem förmlichen Gesetzgebungsverfahren durch den Gesetzgeber Bundestag oder den Gesetzgeber Landtag für die einzelnen Länder zustande kommen. **432**

Da das Arbeitsrecht nach Artikel 74 Abs. 1 Nr. 12 GG zur sog. konkurrierenden Gesetzgebung gehört, gibt es nur wenige Landesgesetze, die unmittelbare Auswirkungen auf das Arbeitsrecht haben.

Im Wesentlichen sind dies die Arbeitnehmerweiterbildungsgesetze der Länder, die Personalvertretungsgesetze der Länder und – soweit vorhanden – die Landesgleichstellungsgesetze.

Bei den formellen Gesetzen auf Bundesebene kann man unterscheiden nach solchen Gesetzen, die das privatrechtliche Arbeitsverhältnis regeln und solchen, die öffentlich-rechtliche Arbeitsschutzgesetze darstellen.

Zur ersteren Gruppe gehören z.B. das Entgeltfortzahlungsgesetz, das Kündigungsschutzgesetz oder die Regelung des Bürgerlichen Gesetzbuches über Dienstverträge (§§ 611 ff.).

Zur zweiten Gruppe, also der öffentlich-rechtlichen Arbeitsschutzgesetze, gehören insbesondere das Arbeitssicherheitsgesetz, das Arbeitszeitgesetz, das Mutterschutzgesetz, das Bundeserziehungsgeldgesetz, das Jugendarbeitsschutzgesetz und das Schwerbehindertengesetz.

Neben diesen beispielhaft genannten Gesetzen gibt es eine Fülle weiterer bundesrechtlicher Vorschriften, die an dieser Stelle aus Platzgründen nicht alle genannt werden können.

Die vom Bundes- oder Landesgesetzgeber erlassenen Gesetze enthalten in der Regel zwingende Rechtsvorschriften, d.h. von ihnen kann zum Nachteil der Arbeitnehmer nicht abgewichen werden.

2. Abschnitt: Rechtsquellen des Arbeitsrechts

Eine Ausnahme bilden insoweit solche Gesetze, die tarifdispositiv sind, d.h. von denen oder jedenfalls von einzelnen Vorschriften dieser Gesetze kann durch den Abschluß eines Tarifvertrages abgewichen werden. Typisches Beispiel hierfür ist die Regelung des § 7 ArbZG. Hiernach kann von verschiedenen an sich zwingenden Bestimmungen des Arbeitszeitgesetzes aufgrund eines Tarifvertrages oder sogar einer Betriebsvereinbarung zum Nachteil der Arbeitnehmer abgewichen werden. Eine solche Regelung enthält jetzt § 45 TVöD BT-K.

Die formellen Gesetze selbst dürfen ihrerseits wiederum nicht gegen höherrangige Rechtsvorschriften verstoßen. Landesgesetze dürfen also keine von Bundesgesetzen abweichende Regelungen enthalten (Bundesrecht bricht Landesrecht, Artikel 31 GG). Die auf der Bundesebene ergehenden Gesetze dürfen ihrerseits nicht gegen EU-Vorschriften, nicht gegen das Völkerrecht und vor allem nicht gegen das Grundgesetz verstoßen.

1.4 Rechtsverordnungen

433 Rechtsverordnungen unterscheiden sich von formellen Gesetzen dadurch, daß sie nicht vom Gesetzgeber erlassen werden, sondern zumeist von dem zuständigen Minister oder der Bundes- bzw. einer Landesregierung, allerdings jeweils aufgrund einer ausdrücklichen gesetzlichen Ermächtigung. Meist geht es in diesen Rechtsverordnungen, die sich auf das Arbeitsverhältnis auswirken, um Arbeitssicherheit. Typisches Beispiel für eine solche Rechtsverordnung ist die Arbeitsstättenverordnung, die aufgrund der Ermächtigung des § 14 Arbeitssicherheitsgesetz ergangen ist.

Rechtsverordnungen stehen im Rang unter den formellen Gesetzen und dürfen demzufolge aufgrund der Normenhierarchie nicht gegen formelle Gesetze verstoßen.

1.5 Tarifverträge

434 Eine wichtige Rechtsquelle im Arbeitsrecht sind natürlich die Tarifverträge, da sie zu großen Teilen die Inhalte der einzelnen Arbeitsverhältnisse bestimmen.

Die grundsätzlichen Regelungen über den Abschluß und die Inhalte von Tarifverträgen enthält das Tarifvertragsgesetz (TVG). § 1 TVG bestimmt insoweit, daß der Tarifvertrag die Rechte und Pflichten der Tarifvertragsparteien regelt und Rechtsnormen enthält, die den Inhalt, den Abschluß und die Beendigung von Arbeitsverhältnissen sowie betriebliche und betriebsverfassungsrechtliche Fragen ordnen können[6].

---

6   Vgl. im einzelnen unten Rn 443 ff.

1. Grundsätzliches

Da Tarifverträge denen in der Hierarchie übergeordneten Rechtsbestimmungen untergeordnet sind, dürfen sie nicht gegen formelle Gesetze verstoßen. Ist ein solcher Verstoß dennoch festzustellen, so sind die Tarifverträge unwirksam bzw. nichtig. An ihre Stelle treten dann, soweit vorhanden, die gesetzlichen Regelungen.

Ein Beispiel für eine solche gegen formelle verstoßende Regelung war bis zum 31.12.2001 der § 3n BAT. Dieser nahm geringfügig Beschäftigte vom Anwendungsbereich des BAT und damit von dessen Vergünstigungen aus. Für eine solche Regelung bestand kein sachlicher Grund. Die Regelung verstieß insbesondere gegen die Vorschrift des § 4 TzBfG, weshalb sie mit Wirkung zum 01.01.2002 ersatzlos aus dem BAT – ebenso aus dem BMT-G – gestrichen worden ist.

1.6 Betriebsvereinbarungen/Dienstvereinbarungen

Betriebs- und Dienstvereinbarungen sind von ihrem Rechtscharakter her Verträge zwischen dem Arbeitgeber und dem jeweiligen Betriebsrat bzw. dem Dienststellenleiter und dem Personalrat über bestimmte betrieblich zu regelnde und betriebliche regelbare Fragen der Arbeitsverhältnisse der Arbeitnehmer. **435**

Ihre Rechtsgrundlage finden sie in § 87 BetrVG bzw. § 75 BPersVG und den entsprechenden Regelungen der Landespersonalvertretungsgesetze.

Gegenstand von Betriebs- und Dienstvereinbarungen sind sehr häufig Fragen von Beginn und Ende der Arbeitszeit, Benutzung von Zeiterfassungsgeräten, Gleitzeitregelungen usw. Sie können aber auch über alle anderen betrieblichen Angelegenheiten abgeschlossen werden, sofern nicht abschließende gesetzliche oder tarifvertragliche Regelungen bestehen.

Rechtsquellen des Arbeitsrecht sind Betriebs- und Dienstvereinbarungen insoweit, als die in ihnen enthaltenen zulässigen Vereinbarungen unmittelbar auf die jeweiligen Einzelarbeitsverhältnisse einwirken. Soweit also z.B. in einer Dienstvereinbarung geregelt wird, daß bei gleitender Arbeitszeit die Kernarbeitszeit im Zeitraum von 09.00 Uhr bis 12.00 Uhr liegt, so ist jeder in der Dienststelle beschäftigte Mitarbeiter verpflichtet, die Kernarbeitszeit einzuhalten, obwohl er nicht „Vertragspartner" der Dienstvereinbarung ist.

Bei den Betriebsvereinbarungen nach dem Betriebsverfassungsgesetz unterscheidet man im allgemeinen zwischen den sog. erzwingbaren Betriebsvereinbarungen und den freiwilligen Betriebsvereinbarungen. Der Unterschied besteht darin, daß bei den Betriebsvereinbarungen, die Mitbestimmungsrechte nach § 87 BetrVG betreffen, bei mangelnder Einigung über eine der in dieser Vorschrift genannten Angelegenheiten die Einigungsstelle entscheidet und der Spruch der Einigungsstelle die Einigung **436**

2. Abschnitt: Rechtsquellen des Arbeitsrechts

zwischen Arbeitgeber und Betriebsrat ersetzt[7]. Die in § 88 BetrVG erwähnten freiwilligen Betriebsvereinbarungen zeichnen sich hingegen dadurch aus, daß sie nicht abgeschlossen werden müssen und auch nicht durch einen Spruch der Einigungsstelle erzwungen werden können.

Dienstvereinbarungen nach dem Bundespersonalvertretungsgesetz bzw. nach den Landespersonalvertretungsgesetzen sind demgegenüber nur dann zulässig, wenn das Bundespersonalvertretungsgesetz bzw. das jeweilige Landespersonalvertretungsgesetz deren Zulässigkeit ausdrücklich vorsieht[8].

Wenn auch das BetrVG Betriebsvereinbarungen in größerem Umfang zuläßt als das BpersVG dies für Dienstvereinbarungen tut, so gilt einheitlich für beide Bereiche, daß Betriebs- und Dienstvereinbarungen über Arbeitsentgelte und sonstige Arbeitsbedingungen, die durch Tarifvertrag geregelt sind oder üblicherweise geregelt werden, nicht Gegenstand einer Betriebs- oder Dienstvereinbarung sein können[9].

Eine Ausnahme gilt insoweit nur dann, wenn ein Tarifvertrag den Abschluß ergänzender Betriebs- und Dienstvereinbarungen ausdrücklich zuläßt.

Da Betriebs- und Dienstvereinbarungen in der Normenhierarchie des Arbeitsrechts unter den Rechtsverordnungen, den formellen Gesetzen usw. stehen, dürfen ihre Inhalte nicht gegen die jeweils höherrangigen Normen verstoßen.

1.7 Arbeitsverträge

437 Arbeitsverträge sind deshalb als Rechtsquellen anzusehen, weil sie – soweit eine Regelungsmacht des Arbeitgebers und des Arbeitnehmers besteht – selbständig Rechte und Pflichten im Arbeitsverhältnis festlegen können[10].

Dies gilt insbesondere dann, wenn im Arbeitsvertrag zwar von übergeordneten Rechtsquellen abweichende, aber zugunsten des Arbeitnehmers veränderte Vereinbarungen getroffen werden. Dann gelten im jeweiligen Arbeitsverhältnis ausschließlich die individuell vereinbarten günstigeren Regelungen. In diesen Fällen kommt es dann nicht mehr darauf an, welche Regelungen etwa der Tarifvertrag oder ein formelles Gesetz vorsieht.

In Arbeitsverträgen kann natürlich nicht von Bestimmungen abgewichen werden, die in höherrangigen Rechtsnormen, also insbesondere in Tarifverträgen, in formellen Gesetzen usw. festgelegt worden sind.

---

7 Vgl. § 87 Abs. 2 BetrVG.
8 Vgl. § 73 Abs. 1 BPersVG.
9 Vgl. § 77 Abs. 3 BetrVG, § 75 Abs. 5 BPersVG und die entsprechenden Vorschriften der Personalvertretungsgesetze der Länder.
10 Vgl. im Einzelnen zum Arbeitsvertrag unten Rn 476 ff.

1. Grundsätzliches

1.8 Betriebliche Übung

Eine betriebliche Übung entsteht aus einem fortgesetzten, die Arbeitnehmer begünstigenden Verhalten des Arbeitgebers, das bei den begünstigten Arbeitnehmern unter Berücksichtigung von Treu und Glauben (§ 242 BGB) den verständlichen Eindruck vermittelt, der Arbeitgeber wolle sich durch diese günstigere und vorbehaltslose Verhaltensweise oder Leistung auch in Zukunft an ein derartiges Verhalten binden.

438

Umstritten ist in Literatur und Rechtsprechung die rechtliche Begründung des Eintritts dieser Bindung.

Die Rechtsprechung ist insoweit der Auffassung, daß eine Ergänzung oder Änderung des Arbeitsvertrages durch Willenserklärungen in der Form des eindeutigen schlüssigen Verhaltens erfolge[11]. Demgegenüber meint die Lehre ganz überwiegend, daß die Bindungswirkung aufgrund von Treu und Glauben eintrete, weil eben das Vertrauen in die Fortdauer der Handhabung erweckt worden sei. Die Bindungswirkung ergänze oder ändere insoweit den Arbeitsvertrag[12].

Im Ergebnis kann die dogmatische Begründung letztlich dahingestellt bleiben, weil es jedenfalls nach beiden Auffassungen zu einer Ergänzung oder Änderung des Arbeitsvertrages kommt.

Beispiele für Ansprüche aufgrund betrieblicher Übung sind z.B. die vorbehaltlose Zahlung von Weihnachtsgratifikationen, Gewährung von Sonderurlaub, Gewährung einer pauschalen Überstunde für bestimmte Vorbereitungshandlungen vor Aufnahme der Arbeit usw.

Ob aus der gleichmäßigen, sich über einen bestimmten Zeitraum erstreckenden Gewährung freiwilliger Leistungen eine betriebliche Übung entsteht, richtet sich im wesentlichen danach, ob diese Leistung

– freiwillig,

– Vorbehaltslos,

– mehrmals hintereinander (wobei 3 mal normalerweise genügen),

– gewährt wurde

– und die Arbeitnehmer deshalb darauf vertrauen konnten, diese Leistung auch künftig zu erhalten

und

– damit, wenn auch nur stillschweigend, einverstanden waren.

Bei den Arbeitsverhältnissen des öffentlichen Dienstes sind allerdings zwei Besonderheiten zu beachten:

---

11   Vgl. BAG, Urteil vom 12.01.1994 – 5 AZR 41/93.
12   Vgl. zum Streitstand: Schaub, a.a.O., § 111 Rn 5.

439 Zunächst sind gem. § 3 Abs. 3 TVöD Nebenabreden nur wirksam, wenn sie schriftlich vereinbart werden. Hierbei handelt es sich um eine tariflich festgeschriebene Schriftform, so daß eine entgegen der Formvorschrift getroffene Nebenabrede gem. § 126 BGB nichtig ist. Im Schrifttum wird daher die Auffassung vertreten, daß das Entstehen einer betrieblichen Übung im öffentlichen Dienst gänzlich ausgeschlossen sei[13]. Dieser Auffassung kann in dieser allgemeinen Haltung nicht gefolgt werden.

Nebenabreden im Sinne des § 3 Abs. 3 TVöD sind nach der ständigen Rechtsprechung des BAG solche Vereinbarungen der Arbeitsvertragsparteien, die weder die Arbeitsleistung des Arbeitnehmers noch die Gegenleistung des Arbeitgebers unmittelbar betreffen[14]. In einer weiteren Entscheidung hat das BAG davon gesprochen, daß § 4 Abs. 1 BAT den „Kern des Arbeitsverhältnisses, d.h. die beiderseitigen Hauptrechte und Hauptpflichten aus dem Arbeitsvertrag nach § 611 BGB" betreffe, also insbesondere Fragen der Arbeitsleistung und des Arbeitsentgelts beträfen, während für „Gegenstände, die hierzu nicht gehören, § 3 Abs. 3 TVöD" gelte. Solche Gegenstände seien für ein Arbeitsverhältnis weder wesensnotwendig noch von besonderer Bedeutung, sie hätten sekundären, außergewöhnlichen Charakter[15].

Im Ergebnis bedeutet dies, daß wenn es sich um eine vertragliche Hauptpflicht, also insbesondere die Arbeitsleistung und die Vergütung als Gegenleistung hierfür handelt, § 3 Abs. 3 TVöD nicht eingreift. Wenn also z.B. für eine bestimmte Tätigkeit eine höhere Vergütung vereinbart wird, dann steht § 3 Abs. 3 TVöD dem Entstehen einer betrieblichen Übung nicht entgegen.

Handelt es sich hingegen um eine zusätzliche Nebenleistung (z.B. Fahrtkostenersatz, Zuschuß zur Verpflegung, Reinigung von Arbeitskleidung, Trennungsentschädigung u.ä.) so steht § 3 Abs. 3 TVöD dem Entstehen einer betrieblichen Übung jedenfalls dann entgegen, wenn der TVöD kollektiv-rechtlich, d.h. aufgrund beiderseitiger Tarifgebundenheit von Arbeitnehmer und Arbeitgeber Anwendung findet.

Findet der TVöD lediglich durch einzelvertragliche Bezugnahme Anwendung, so kommt durchaus in Betracht, daß die Nichteinhaltung der Formvorschrift sich im Ergebnis als einvernehmliche Aufhebung der Schriftformklausel darstellt. Die Nichteinhaltung der durch Rechtsgeschäft bestimmten Form hat nämlich nur im Zweifel die Nichtigkeitsfolge. Ein rechtsgeschäftlicher Formzwang kann jederzeit wieder formlos und stillschweigend aufgehoben werden. So kann die vereinbarte Schriftform durch eine betriebliche Übung formlos abbedungen werden. Durch die ständige formfreie Gewährung einer Zulage kann durchaus die einver-

---

13 Vgl. Schaub, a.a.O., Rn 9.
14 BAG, Urteil vom 26.01.1989 – 6 AZR 566/86.
15 Vgl. BAG, Urteil vom 07.05.1986 – 4 AZR 556/83.

1. Grundsätzliches

nehmliche Aufhebung der Formvorschrift des § 3 Abs. 3 TVöD gesehen werden[16].

Als weitere Besonderheit des öffentlichen Dienstes kommt hinzu, daß nach ständiger Rechtsprechung des BAG[17] der Arbeitnehmer des öffentlichen Dienstes in aller Regel davon ausgehen muß, daß sein Arbeitgeber nur die Leistungen gewähren wolle, zu denen er rechtlich verpflichtet sei. der Arbeitnehmer müsse bei vielen anderweitigen Anhaltspunkten davon ausgehen, daß der an die Grundsätze des Haushaltsrechts gebundene öffentliche Arbeitgeber sich im Zweifel gesetzes- und tarifvertragsgemäß verhalten wolle. Dies – so das BAG – stehe grundsätzlich der Annahme einer betrieblichen Übung im öffentlichen Dienst entgegen.

Mit Urteil vom 11.10.1995 – 5 AZR 229/94 – (n.v.) hat das BAG diese Grundsätze noch einmal wie folgt bekräftigt:

„Für Arbeitsverhältnisse des öffentlichen Dienstes gelten diese Grundsätze allerdings nicht uneingeschränkt. Die durch Anweisungen vorgesetzter Dienststellen, Verwaltungsrichtlinien, Verordnungen und gesetzlicher Regelungen, vor allem aber durch die Festlegungen des Haushaltsplanes gebundene öffentlichen Arbeitgeber sind anders als private Arbeitgeber gehalten, die Mindestbedingungen des Tarifrechts und die Haushaltsvorgaben bei der Gestaltung von Arbeitsverhältnissen zu beachten. Im Zweifel gilt Normvollzug. Ein Arbeitnehmer des öffentlichen Dienstes muß grundsätzlich davon ausgehen, daß ihm sein Arbeitgeber nur die Leistungen gewähren will, zu denen er rechtlich verpflichtet ist. Ohne besondere Anhaltspunkte darf der Arbeitnehmer im öffentlichen Dienst deshalb auch bei langjähriger Gewährung von Vergünstigungen, die den Rahmen rechtlicher Verpflichtungen überschreiten, nicht darauf vertrauen, die Übung sei Vertragsinhalt geworden und werde unbefristet weitergewährt. Der Arbeitnehmer muß damit rechnen, daß eine fehlerhafte Rechtsanwendung korrigiert wird."

An dieser Auffassung hat das BAG bis zum heutigen Tage festgehalten. So hat es z.B. die Gewährung eines bezahlten freien Tages, die bei der Beklagten seit über 40 Jahren unter bestimmten Voraussetzungen gewährt worden war, als nicht mit dem zugrunde liegenden Tarifvertrag vereinbar angesehen. Es hat dabei gleichzeitig für Recht erkannt, daß der Arbeitgeber des öffentlichen Dienstes selbst in diesen Fällen jederzeit die bisherige Praxis korrigieren kann, daß insbesondere bei einem Arbeitgeber, der ausschließlich die Tarifverträge des öffentlichen Dienstes anwendet, insoweit keine betriebliche Übung entsteht[18].

Ob diese Grundsätze auf kommunale Gesellschaften, sog. 100 %-ige Töchter der Städte, Kreise und Gemeinden uneingeschränkt anwendbar sind, wird zunehmend bezweifelt. So hat z.B. das LAG Düsseldorf (Urteil

---

16 Vgl. BAG, Urteil vom 26.05.1993 – 4 AZR 130/93.
17 Vgl. z.B. Urteil vom 26.05.1993 – 4 AZR 130/93.
18 Vgl. BAG, Urteil vom 20.09.2000 – 5 AZR 20/99.

2. Abschnitt: Rechtsquellen des Arbeitsrechts

vom 19.06.2001 – 16 Sa 418/01) für Recht erkannt, daß die vom BAG aufgestellten Grundsätze auf die Eigengesellschaften der Kommunen nicht anwendbar seien. Denn insoweit gelte nicht die strikte Haushalts- und Tarifbindung, wie sie bei der Kommune selbst aufgrund kommunalverfassungsrechtlicher Vorschriften anzunehmen sei.

Gegen das oben genannte Urteil des LAG Köln ist Revision zum BAG eingelegt worden. Ob das BAG auch im Hinblick auf die sog. Eigengesellschaften bei seiner Rechtsprechung bleibt, ist derzeit nicht sicher absehbar.

Literatur: Bolck, Überblick zur betrieblichen Übung insbesondere im öffentlichen Dienst, ZTR 90,229.

1.9 Direktionsrecht des Arbeitgebers

440 Das Direktions- oder Weisungsrecht gestattet es dem Arbeitgeber, gegenüber dem Arbeitnehmer verhaltenslenkende Anordnungen zu treffen, die sich auf die Tätigkeit selbst oder damit zusammenhängende Verhaltensweisen beziehen. Insbesondere kann der Arbeitgeber nach diesen Grundsätzen die Arbeitsleistung nach Art, Ort und Zeit näher bestimmen[19].

Wie weit das Direktionsrecht des Arbeitgebers geht, hängt in erster Linie von dem zwischen den Parteien abgeschlossenen Arbeitsvertrag ab.

Je genauer die geschuldete Tätigkeit im Arbeitsvertrag beschrieben ist, desto schwächer ist das Direktionsrecht. Wenn also ein Angestellter des öffentlichen Dienstes nach seinem Arbeitsvertrag als „Angestellter im Sozialamt" beschäftigt wird, so ist eine anderweitige Beschäftigung in einem anderen Fachbereich nur durch einvernehmliche Änderung des Arbeitsvertrages oder durch den Ausspruch einer Änderungskündigung möglich.

Es empfiehlt sich daher dringend, insbesondere bei Mitarbeitern im allgemeinen Verwaltungsdienst, in den Arbeitsverträgen lediglich festzulegen, daß der Mitarbeiter oder die Mitarbeiterin als Angestellter (Angestellte) beschäftigt wird.

Maßnahmen, die den Direktionsrechten des Arbeitsgebers unterliegen, können von den Arbeitsgerichten im Streitfall nur im Rahmen des § 315 BGB überprüft werden. D.h. sie müssen billigem Ermessen genügen. Insbesondere muß ein sachlicher Grund für die Durchführung einer solchen Maßnahmen (z.B. einer Umsetzung) bestehen und die Maßnahme darf sich nicht als Willkür gegenüber dem betroffenen Arbeitnehmer oder eine Art „Strafaktion" darstellen.

Darüber hinaus sind natürlich – soweit einschlägig – die Beteiligungsrechte des Betriebsrats zu beachten[20].

---

19 Vgl. BAG, Urteil vom 12.12.1984, Betriebsberater 1985, Seite 731.
20 Vgl. z.B. bei einer Umsetzung: § 99 BetrVG, § 76 Abs. 1 Nr. 4 BPersVG und die entsprechenden Vorschriften der Landespersonalvertretungsgesetze.

1. Grundsätzliches

Im Ergebnis ist festzuhalten, daß als Ausfluß des Direktionsrechts des Arbeitgebers den Arbeitnehmern des öffentlichen Dienstes jede Tätigkeit übertragen werden kann, die ihrer Vergütungs-/Lohngruppe und ihrer Berufsausbildung entspricht[21].

Selbst die langjährige, möglicherweise über Jahrzehnte andauernde Beschäftigung auf einem bestimmten Arbeitsplatz steht einer Umsetzung oder der Übertragung anderer Tätigkeiten arbeitsrechtlich nicht entgegen.

Eine Ausnahme gilt nur in den Fällen, in denen eine sog. „Konkretisierung" der geschuldeten Tätigkeit eingetreten ist. Dies ist indes nur dann der Fall, wenn einerseits die Tätigkeit bereits über eine sehr lange Zeitspanne ausgeübt worden ist und der Arbeitgeber durch ein weiteres Verhalten ein entsprechendes Vertrauen des Arbeitnehmers darin geschaffen hat, daß er nur noch diese Tätigkeit verrichten muß. **441**

Literatur: Wolber, Der Umfang des Direktionsrechts des öffentlichen Arbeitgebers, ZfPR 1998, S. 175.

---

21   Vgl. z.B. die ausdrückliche Regelung im § 9 Abs. 2 BMT-G.

3. Abschnitt: Kollektives Arbeitsrecht (Tarifrecht)

1. Einführung

Wie oben (Rn 423) bereits dargelegt, werden die Einzelarbeitsverhältnisse im öffentlichen Dienst in hohem Maße determiniert von den tarifvertraglichen Regelungen der Tarifverträge des öffentlichen Dienstes. **442**

Schon von daher erscheint es für das Verständnis des individuellen Arbeitsrechts des öffentlichen Dienstes unerläßlich, die rechtliche Bedeutung der Tarifverträge, ihren Wirkungsbereich, ihren Rechtscharakter – in der gebotenen Kürze – vorab darzustellen.

Darüber hinaus erscheint dies aber auch angesichts der Diskussion über Sinn und Unsinn sog. Flächentarifverträge und der damit einhergehenden Kritik insbesondere an den Tarifverträgen des öffentlichen Dienstes notwendig. Denn viele Erschwernisse bei dem Bemühen um eine flexiblere Gestaltung der Arbeitsverhältnisse des öffentlichen Dienstes beruhen gerade eben nicht auf den einschlägigen Tarifverträgen, sondern auf anderen Faktoren, insbesondere den vielfältigen gesetzlichen Vorgaben, der Rechtsprechung der Arbeitsgerichte und den Beteiligungsnotwendigkeiten der Personalräte und Betriebsräte.

Der Begriff des „kollektiven Arbeitsrechts" umfaßt mehrere Regelungsbereiche. Unter diesen Begriff werden im allgemeinen zusammengefaßt:

– das Koalitionsrecht (= Recht der Vereinigungen, sich zu bilden und zu betätigen)

– das Tarifvertragsrecht (= Recht, Tarifverträge abzuschließen, Geltung und Auswirkung der Tarifverträge)

– das Arbeitskampfrecht (Regelungen über die Erzwingung von Tarifverträgen)

und

– das Personalvertretungs- und Betriebsverfassungsrecht.

In den folgenden Kapiteln wird in erster Linie das Koalitionsrecht, das Tarifvertragsrecht und das Arbeitskampfrecht behandelt.

Das Personalvertretungs- und Betriebsverfassungsrecht wird aus systematischen Gründen im 5. Abschnitt dargestellt.

3. Abschnitt: Kollektives Arbeitsrecht (Tarifrecht)

2. Tarifverträge

443 Die grundsätzlichen Regelungen über Inhalt, Form sowie Wirkungen von Tarifverträgen finden sich im Tarifvertragsgesetz (TVG).

§ 1 TVG enthält eine sog. Legaldefinition des Tarifvertrages. Danach regelt der Tarifvertrag Rechte und Pflichten der Tarifvertragsparteien und enthält Rechtsnormen, die den Inhalt, den Abschluß und die Beendigung von Arbeitsverhältnissen sowie betriebliche und betriebsverfassungsrechtliche Fragen ordnen können.

Nach § 1 Abs. 2 TVG bedürfen Tarifverträge in jedem Fall der Schriftform.

Der Tarifvertrag ist nach der gesetzlichen Definition somit nichts anderes als ein Vertrag zwischen Gewerkschaften und Arbeitgeberverbänden oder einzelnen Arbeitgebern im Rahmen ihrer Zuständigkeit zur gemeinsamen Festsetzung von Rechtsnormen für die Arbeitsverhältnisse und für die Betriebsverfassung (normativer Teil); er enthält darüber hinaus auch Rechte und Pflichten der vertragsschließenden Parteien selbst (sog. schuldrechtlicher Teil).

Bei Tarifverträgen unterscheidet man somit zwischen dem normativen Teil, d.h. dem Teil, der unmittelbar Vorschriften für die Ausgestaltung der einzelnen Arbeitsverhältnisse enthält und dem sog. schuldrechtlichen Teil, in dem schuldrechtliche Vertragsabreden im Sinne des Bürgerlichen Gesetzbuches zwischen den Tarifvertragsparteien selbst verabredet werden.

Typisches Beispiel für den normativen Teil z.B. des TVöD sind etwa die Regelungen des § 34 TVöD über die Kündigung, die einzuhaltenden Fristen und die Voraussetzungen unter denen eine Kündigung ausgesprochen werden kann.

Eine typische schuldrechtliche Vereinbarung im öffentlichen ist die Vereinbarung über die Durchführung eines Schlichtungsverfahrens nach Scheitern von Tarifverhandlungen vor Durchführung von Streikmaßnahmen (siehe unten Rn 455).

444 Aufgrund der Tatsache, daß der Tarifvertrag ein Vertrag zwischen den Tarifvertragsparteien ist, gelten im Grunde genommen die Vorschriften des bürgerlichen Gesetzbuches, sofern diese nicht dem TVG oder im Charakter als Kollektivvertrag entgegen stehen. Deshalb ist z.B. die Anfechtung eines Tarifvertrags nach §§ 145 ff. BGB sowie nach den §§ 119, 123 BGB durchaus möglich. Eine begründete Anfechtung kann den Tarifvertrag jedoch nicht rückwirkend vernichten, da die Rechtsnormen des Tarifvertrages in der Vergangenheit schon auf die Arbeitsverhältnisse eingewirkt haben.

445 Bei der Auslegung von Tarifverträgen, d.h. bei der Frage, welche unterschiedlichen Fallgestaltungen der einzelnen, vielleicht unklaren tarifvertraglichen Regelung unterfallen und welche nicht, spielt die Unterscheidung zwischen dem schuldrechtlichen und normativen Inhalt der

2. Tarifverträge

Tarifverträge eine wichtige Rolle. Die normativen Bestimmungen eines Tarifvertrages sind nämlich nach der Rechtsprechung des BAG wie Gesetze auszulegen: Auszugehen ist jedoch zunächst vom Wortlaut des Tarifvertrages, wobei der allgemeine Sprachgebrauch zunächst ausschlaggebend ist. Dieser wird dann verdrängt, wenn die Tarifvertragsparteien eine eigenständige Definition der verwandten Rechtsbegriffe geben. In vielen Fällen ergibt sich der Wortsinn erst aus dem Gesamtzusammenhang eines Tarifvertrages. Für die Auslegung des Tarifvertrages ist darüber hinaus von hervorragender Bedeutung die tarifvertragliche Zwecksetzung, wie sie sich aus dem Gesamtzusammenhang des Tarifvertrages erschließt. Darüber hinaus ist die Tarifgeschichte, die frühere Tarifauslegung und die tarifliche Übung von Bedeutung.

Tarifverträge sind schließlich verfassungs- und gesetzeskonform auszulegen.

Ein besonderes Problem entsteht dann, wenn in der Rechtsprechung festgestellt wird, daß eine bewußte oder unbewußte Regelungslücke vorhanden ist. Befindet sich eine solche Regelungslücke in Gesetzen, so sind die Gerichte berechtigt und verpflichtet, eine solche Lücke zu schließen, wenn sich denn feststellen läßt, welche Regelungen der Gesetzgeber getroffen hätte, hätte er die Lücke erkannt.

Bei Tarifverträgen ist eine solche Lückenfüllung besonders problematisch, weil mit ihr praktisch in die Tarifautonomie[1] der Tarifvertragsparteien eingegriffen würde. Aus diesem Grunde unterscheidet das BAG zwischen einer bewußten Regelungslücke, bei der eine Fortbildung ausscheidet[2] und einer unbewußten Regelungslücke, bei der die Gerichte zur Rechtsfortbildung berechtigt sind[3].

Die Ausfüllung einer unbewußten Tariflücke nach Treu und Glauben hat unter Berücksichtigung dessen zu erfolgen, „wie die Tarifvertragsparteien die betreffende Frage bei objektiver Betrachtung der wirtschaftlichen und sozialen Zusammenhänge im Zeitpunkt des Tarifvertragsabschlusses voraussichtlich geregelt hätten, falls sie an den nicht geregelten Fall gedacht hätten"[4].

Die Anwendung des für Gesetze geltenden Regelungen auf den normativen Teil von Tarifverträgen führt darüber hinaus dazu, daß auch folgende Grundsätze bei der Ausübung von Tarifverträgen zu beachten sind:

Eine spätere tarifliche Regelung löst die frühere grundsätzlich ohne Nachwirkung ab, auch wenn die spätere die Arbeitsbedingungen verschlechtert (lex posterior derogat legi priori). Ebenso verdrängt eine speziellere tarifvertragliche Regelung die allgemeinere (lex spezialis derogat lex generalis).

---
1 Vgl. Art. 9 Abs. 3 GG.
2 Vgl. BAG, Urteil vom 23.09.1981, AP Nr. 19 zu § 611 BGB – Lehrer und Dozenten.
3 Vgl. BAG, Urteil vom 29.08.1984, AP Nr. 2 zu § 1 TVG – Tarifverträge: Schuhindustrie.
4 Vgl. BAG, Urteil vom 23.09.1981, AP Nr. 19 zu § 611 BGB – Lehrer und Dozenten.

3. Abschnitt: Kollektives Arbeitsrecht (Tarifrecht)

Im Bereich des öffentlichen Dienstes bedeutet die zuletzt genannte Regelung die über die Verdrängung allgemeiner Bestimmungen durch spezielle z.B., daß auf die Mitarbeiter der Versorgungsbetriebe nach Inkrafttreten des TV-V nicht länger die allgemeinen Regeln des TVöD angewandt werden können, da der TV-V eben insoweit die spezielleren Regelungen für die Versorgungsbetriebe enthält. Soweit § 2 Abs. 2 BAT in der Fassung des 75. Änderungs-Tarifvertrages zum BAT vom 05.10.2000 ausdrücklich bestimmte, daß der TV-V den BAT ersetzt, so handelte es sich hierbei um eine klarstellende Regelung, die jeden Zweifel darüber beseitigen sollte, ob der TV-V gegenüber dem BAT eine speziellere Regelung war.

§ 1 TVöD geht insoweit einen anderen Weg, indem die Mitarbeiter, die unter den TV-V fallen, aus dem Geltungsbereich des TVöD ausgenommen sind (vgl. § 1 Abs. 2 Buchst. d TVöD).

2.1 Tarifvertragsparteien

446 § 2 Abs. 1 TVG bestimmt, daß Tarifvertragsparteien Gewerkschaften, Einzelarbeitgeber sowie Vereinigungen von Arbeitgebern sind.

§ 2 Abs. 2 TVG bestimmt darüber hinaus, daß Zusammenschlüsse von Gewerkschaften und von Vereinigungen von Arbeitgebern (Spitzenorganisationen) im Namen der ihnen angeschlossenen Verbände Tarifverträge abschließen können, wenn sie eine entsprechende Vollmacht haben.

Im öffentlichen Dienst werden die den Arbeitsverhältnissen zugrunde liegenden Tarifverträge in aller Regel zwischen der Vereinigung der kommunalen Arbeitgeberverbände (VKA) sowie den Gewerkschaften des öffentlichen Dienstes (insbesondere ver.di und dbb-tarifunion) abgeschlossen.

Mitglieder der VKA sind die kommunalen Arbeitgeberverbände der 16 Bundesländer der Bundesrepublik Deutschland. Nach § 2 der Satzung der VKA ist diese eine Spitzenorganisation im Sinne des Tarifvertragsgesetzes und hat den Zweck, die gemeinsamen Angelegenheiten ihrer Mitglieder und der diesen angeschlossenen Arbeitgeber auf tarif-, arbeits- und sozialrechtlichem Gebiet gegenüber Gewerkschaften, staatlichen Stellen und anderen Organisationen zu vertreten, insbesondere hat sie Tarifverträge abzuschließen.

Die VKA ist daher aufgrund ihrer Satzung und der korrespondierenden Satzungsregelungen der einzelnen kommunalen Arbeitgeberverbände eine sog. Spitzenorganisation im Sinne des § 2 Abs. 2 TVG und damit dem Grunde nach berechtigt, Tarifverträge auf Bundesebene für die Beschäftigten des öffentlichen Dienstes abzuschließen.

Unzweifelhaft gilt dies ebenso aufgrund der entsprechenden satzungsrechtlichen Regelungen der oben genannten Gewerkschaften.

Indes ist nicht jeder Arbeitgeberverband und nicht jede „Gewerkschaft" Tarifvertragspartei im Sinne des § 2 TVG. Die in Art. 9 Abs. 3 GG enthal-

2. Tarifverträge

tene Begriffsbestimmung zum Begriff der Koalition, nämlich „Vereinigung zur Wahrung und Förderung der Arbeits- und Wirtschaftsbedingungen", wird von der Rechtsprechung und der Lehre nämlich nicht für ausreichend gehalten, um damit bestimmen zu können, ob eine Vereinigung Gewerkschaft oder Arbeitgeberverband ist. Insoweit wird vielmehr einhellig die Auffassung vertreten, daß diese Begriffsbestimmung zu weit gefaßt ist und diejenigen Merkmale nicht enthält, die aufgrund der geschichtlichen Entwicklung des Koalitionswesens und wegen des Zweckes der Koalitionen vorhanden sein müssen.

Es werden deshalb weitere Mindestvoraussetzungen gefordert, die gesetzlich nicht geregelt sind, aber erfüllt sein müssen, damit einer Vereinigung die Eigenschaft zuerkannt werden kann, Gewerkschaft oder Arbeitgeberverband zu sein. Neben der körperschaftlichen Organisation und dem Willen, Tarifverträge abzuschließen, ist eine Arbeitnehmervereinigung nur dann fähig, Tarifverträge abzuschließen, wenn sie über eine gewisse Durchsetzungskraft gegenüber dem Gegenspieler verfügt („Mächtigkeit"). Ein angestrebter Interessensausgleich durch einen Tarifvertrag kann nämlich nur dann zustande kommen, wenn die Vereinigung so leistungsfähig ist, daß sich die andere Seite dazu veranlaßt sieht, auf Verhandlungen über tarifliche Regelungen einzugehen und zum Abschluß eines Tarifvertrages zu kommen. Andernfalls kann die Vereinigung ihre satzungsmäßige Aufgabe nicht erfüllen. Leistungsfähigkeit im Sinne von Durchsetzungskraft ist dann gegeben, wenn zu erwarten ist, daß die Vereinigung vom Gegner überhaupt ernst genommen wird, so daß die Regelung der Arbeitsbedingungen nicht einem Diktat der einen Seite entspringt, sondern ausgehandelt wird. Wann dies der Fall ist, muß allerdings bei jeder Vereinigung im Einzelfall nach ihrer konkreten Situation beurteilt werden. Kriterien zur Beurteilung sind insoweit insbesondere Organisationsstärke und Ausstattung.

Gemessen an diesen Kriterien hat das BAG mit Beschluß vom 06.06.2000 – 1 ABR 10/99 – z.B. entschieden, daß der Interessenverband „Bedienstete der technischen Überwachung" (BTÜ) diese Voraussetzungen nicht erfüllt und daher keine Gewerkschaft ist. Das BAG hat dies insbesondere deshalb verneint, weil BTÜ einen relativ geringen Organisationsgrad hat. Zum anderen – so das BAG – ließen die begrenzten sachlichen und personellen Mittel des BTÜ den Schluß auch eine entsprechende Leistungsfähigkeit nicht zu. Es sei nicht ersichtlich, wie der BTÜ mit seiner infrastrukturellen Ausstattung ernsthaft und eindrucksvoll Tarifverhandlungen führen wolle.

Umgekehrt hat das BAG mit Beschluß vom 28.03.2006 –1 ABR 58/04 – entschieden, daß die „Christliche Gewerkschaft Metall (CGM)" eine Gewerkschaft i.S.d. Art. 9 GG ist.

2.2 Tarifbindung

447 § 3 TVG definiert Tarifgebundenheit (oder Tarifbindung) dahingehend, daß tarifgebunden sind die Mitglieder der Tarifvertragsparteien und der Arbeitgeber, der selbst Partei des Tarifvertrages ist.

Die Feststellung der Tarifgebundenheit im Sinne des § 3 Abs. 1 TVG ist deshalb von besonderer Bedeutung, weil nach § 4 Abs. 1 TVG die normativen Regelungen des Tarifvertrages unmittelbar und zwingend zwischen den beiderseits tarifgebundenen, die unter den Geltungsbereich des Tarifvertrages fallen, gelten. Dies bedeutet für die Anwendung der Tarifverträge des öffentlichen Dienstes, daß diese unmittelbar, d.h. insbesondere ohne arbeitsvertragliche Vereinbarung, zwischen den Arbeitsvertragsparteien nur dann zur Anwendung kommen, wenn einerseits der Arbeitgeber entweder selbst Partei des Tarifvertrages ist oder Mitglied der Tarifvertragspartei und andererseits der Arbeitnehmer seinerseits Mitglied der vertragsschließenden Gewerkschaften ist. Da die meisten Arbeitgeber im öffentlichen Dienst Mitglied des für sie zuständigen kommunalen Arbeitgeberverbandes und damit mittelbar auch Mitglied der Vereinigung der kommunalen Arbeitgeberverbände ist, sind diese unmittelbar selbst tarifgebunden. Für die Arbeitnehmer des öffentlichen Dienstes ergibt sich eine unmittelbare Tarifgebundenheit indes nur dann, wenn sie Mitglied der Gewerkschaften sind, die üblicherweise die Tarifverträge des öffentlichen Dienstes unterzeichnen, also insbesondere der Gewerkschaft ver.di (bzw. früher der ÖTV, der DAG usw.) und der dbb-tarifunion sind. Soweit die Arbeitnehmer des öffentlichen Dienstes nicht selbst Gewerkschaftsmitglieder sind, gelten der BAT und die anderen Tarifverträge des öffentlichen Dienstes für diese nicht unmittelbar. Da aber im öffentlichen Dienst im allgemeinen in den Einzelarbeitsverträgen die Geltung der Tarifverträge des öffentlichen Dienstes sowie die Geltung der diese ergänzenden und ersetzenden Tarifverträge vereinbart wird, gelten diese über diese einzelvertragliche Vereinbarung für das jeweilige Arbeitsverhältnis mittelbar.

Die Unterscheidung zwischen den unmittelbar tarifgebundenen Arbeitnehmern des öffentlichen Dienstes und denjenigen, die „nur" aufgrund einer einzelvertraglichen Vereinbarung an den BAT und die anderen Tarifverträge des öffentlichen Dienstes gebunden sind, mag zwar zunächst akademisch erscheinen. Sie hat indes gravierende Auswirkungen, wenn z.B. ein Arbeitgeber des öffentlichen Dienstes den Arbeitgeberverband wechselt oder ein Betriebsübergang auf einen Arbeitgeber stattfindet, der nicht tarifgebunden ist.

§ 5 TVG sieht die Möglichkeit vor, daß der Bundesminister für Arbeit und Sozialordnung Tarifverträge für allgemeinverbindlich erklären kann. Eine solche Allgemeinverbindlichkeitserklärung bedeutet, daß die einbezogenen Tarifverträge unmittelbar geltendes Recht sind, ohne daß es darauf ankommt, ob Arbeitgeber oder Arbeitnehmer der jeweiligen Branche ihrerseits durch Mitgliedschaft im Arbeitgeberverband oder in der vertragsschließenden Gewerkschaft tarifgebunden sind.

2. Tarifverträge

Diese Möglichkeit der Herbeiführung der Tarifbindung spielt im öffentlichen Dienst keine Rolle. Denn kein einziger der für den öffentlichen Dienst geltenden Tarifverträge ist bislang für allgemeinverbindlich erklärt worden.

2.3 Räumlicher Geltungsbereich von Tarifverträgen

Der räumliche Geltungsbereich des Tarifvertrages kann sich auf das ganze Bundesgebiet, auf einzelne Länder, Landesteile, Kreise oder auch einzelne Orte erstrecken. In der Regel deckt er sich mit dem Zuständigkeitsbereich der den Tarifvertrag abschließenden Tarifvertragsparteien oder deren Unterorganisationen. **448**

So gilt der TVöD, der – wie oben dargelegt – von der VKA u.a. mit dem Hauptvorstand der Gewerkschaft ver.di abgeschlossen worden ist, für die gesamten alten Bundesländer einschließlich Berlin (West). Der oben bereits genannte TV-N NW, der zwischen dem KAV NW und dem (damaligen) Bezirk Nordrhein-Westfalen I und Bezirk Nordrhein-Westfalen II der ÖTV abgeschlossen worden ist, ausschließlich für das Land Nordrhein-Westfalen.

Er erfaßt somit alle Betriebe, die ihren Sitz im ordentlichen Geltungsbereich dieses Tarifvertrages, d.h. in Nordrhein-Westfalen, haben. Bezogen auf diese sog. bezirklichen Tarifverträge kann es daher durchaus vorkommen, daß auf mehrere Betriebe eines Arbeitgebers unterschiedliche Tarifverträge Anwendung finden können. Wenn also ein in Nordrhein-Westfalen ansässiger Betrieb des öffentlichen Dienstes in anderen Bundesländern weitere Betriebe unterhält, so finden auf die Betriebe in den anderen Bundesländern die – eventuell – bestehenden dortigen bezirklichen Tarifverträge für das jeweilige Bundesland Anwendung.

Besondere Bedeutung hat die Frage des räumlichen Geltungsbereiches im Zusammenhang mit der Wiedervereinigung Deutschlands gewonnen. Für das sog. Beitrittsgebiet, also das Gebiet der ehemaligen DDR, war nämlich ein besonderer BAT-O bzw. BMT-G-O usw. vereinbart worden. Nach § 1 Abs. 1 BAT-O findet dieser Tarifvertrag auf Arbeitsverhältnisse Anwendung, die im sog. Beitrittsgebiet begründet wurden. Zu vielfachen Streitigkeiten ist es in den Fällen gekommen, in denen zwar ein Arbeitsvertrag im Beitrittsgebiet abgeschlossen worden, der tatsächliche Einsatz des Arbeitnehmers jedoch in Berlin (West) oder im Bundesgebiet stattgefunden hat. In einer viel beachteten Entscheidung hat das BAG insoweit festgestellt, daß auch bei einem kurzfristigen Einsatz im „Westen" der BAT anzuwenden war. Nach Rückkehr in das Beitrittsgebiet finde jedoch der BAT-O wieder Anwendung[5].

Mit dem Inkrafttreten des TVöD gibt es im Hinblick auf die allgemeinen tariflichen Regelungen keine Unterschiede mehr zwischen dem Beitritts-

---

5 Vgl. im einzelnen hierzu: Böhm/Spiertz/Spohner/Steinherr, Kommentar zum BAT, Vorbemerkungen zu Abschnitt I mit weiteren Nachweisen.

gebiet und den „alten" Bundesländern. Beibehalten worden ist aber eine geringere Vergütung für die Beschäftigten im Beitrittsgebiet (derzeit 95,5 v.H.).

2.4 Persönlicher Geltungsbereich von Tarifverträgen

449 Unter dem Begriff des persönlichen Geltungsbereichs eines Tarifvertrages versteht man die Fälle, daß sich ein Tarifvertrag Geltung nur für die Arbeitsverhältnisse bestimmter Arbeitnehmer zulegt. So galt z.b. der BAT eben nur für die Arbeitsverhältnisse der Angestellten im öffentlichen Dienst, der BMT-G nur für Arbeitsverhältnisse der Arbeiter usw.

Der persönliche Geltungsbereich eines Tarifvertrages gibt insbesondere Aufschluß darüber, ob bestimmte Arbeitnehmer, leitende Angestellte, Prokuristen, aber auch Hausmeister, Putzfrauen oder Teilzeitkräfte von den Regelungen des Tarifvertrages ausgenommen sind.

Angestellte, besonders in gehobenen Stellungen, die nicht vom Tarifvertrag erfaßt werden, nennt man außertarifliche Angestellte.

Für den Bereich des öffentlichen Dienstes enthält z.B. § 1 TVöD eine Reihe von Ausnahmen des Geltungsbereiches des TVöD für bestimmte Arbeitnehmergruppen. So sind z.B. Angestellte, die eine über die höchste Vergütungsgruppe dieses Tarifvertrages hinaus gehende Vergütung erhalten (§ 1 Abs. 2 TVöD) vom Geltungsbereich des Tarifvertrages ausgenommen.

2.5 Beginn und Ende von Tarifverträgen/Nachwirkung

450 Der zeitliche Geltungsbereich eines Tarifvertrages wird durch seine Laufdauer bestimmt. Er beginnt regelmäßig mit dem Tage seines Inkrafttretens und endet mit Ende des Tarifvertrages. Dieses ist entweder datumsmäßig festgelegt, oder der Tarifvertrag kann entsprechend der vereinbarten Regelung gekündigt werden. Die zeitliche Geltung endet dann mit dem Wirksamwerden der Kündigung. Tarifverträge können aber von den Tarifvertragsparteien auch jederzeit durch Vereinbarung aufgehoben, d.h. einvernehmlich beendet werden.

Zulässig ist es darüber hinaus, daß die Tarifvertragsparteien einen Tarifvertrag rückwirkend in Kraft setzen, wobei dies allerdings nur für die Inhaltsnormen eines Tarifvertrages gilt[6].

Von diesem so definierten zeitlichen Geltungsbereich eines Tarifvertrages werden alle Arbeitsverhältnisse erfaßt, die bei seinem Inkrafttreten bereits bestanden haben oder während seiner Laufdauer begründet werden. Rückwirkend abgeschlossene Tarifverträge erfassen auch diejenigen Arbeitsverhältnisse, die im Zeitpunkt des Inkrafttretens noch bestanden

---

6 Vgl. z.B. BAG, Urteil vom 19.06.1962, AP Nr. 5 zu § 1 TVG – Rückwirkung.

2. Tarifverträge

haben, auch wenn sie vor Abschluß des Tarifvertrages beendet worden sind. Die Tarifvertragsparteien können jedoch bereits beendete Arbeitsverhältnisse von der Rückwirkung des Tarifvertrages ausnehmen.

Beispiel für die rückwirkende Inkraftsetzung eines Tarifvertrages ist im öffentlichen Dienst die zum 01.01.2001 in kraft getretene Neuregelung der Zusatzversorgung....

Ein lediglich befristeter Tarifvertrag war z.B. die SR 2 y zum BAT, die mit Wirkung vom 01.01.2002 für die Dauer von 4 Jahren abgeschlossen worden war.

Endet der zeitliche Geltungsbereich eines Tarifvertrages, so hat dies allerdings nicht zur Folge, daß nunmehr seine Normen die Arbeitsverhältnisse nicht mehr gestalten. Vielmehr wirken die Normen des abgelaufenen Tarifvertrages nach § 4 Abs. 5 TVG nach. Dies bedeutet, daß die nachwirkenden Tarifnormen nach wie vor den Inhalt der Arbeitsverhältnisse regeln, allerdings mit nicht mehr zwingender Wirkung. Sie können in diesem Stadium vielmehr durch andere einzelvertragliche Regelungen – in mitbestimmungspflichtigen Angelegenheiten auch durch eine Betriebsvereinbarung – auch zu ungunsten der Arbeitnehmer abgeändert werden.

Erst mit einer solchen neuen Vereinbarung oder mit dem Abschluß eines neuen Tarifvertrages endet die Nachwirkung der Tarifnormen des abgelaufenen Tarifvertrages.

Diese Nachwirkung eines Tarifvertrages tritt auch ein, wenn die Tarifbindung einer Arbeitsvertragspartei durch Austritt aus der Tarifvertragspartei endet. Die Nachwirkung nach § 4 Abs. 5 TVG erfaßt indes nur solche Arbeitsverhältnisse, die zum Zeitpunkt des außer Krafttretens eines Tarifvertrages bestanden haben. Danach abgeschlossene Arbeitsverträge unterliegen nicht mehr den Bindungen des Tarifvertrages.

Dies bedeutet gleichzeitig, daß insoweit auch Mitbestimmungsrechte des Betriebsrates oder Personalrates nicht mehr ausgeschlossen sind.

Waren die Normen des Tarifvertrages nur durch den Arbeitsvertrag in Bezug genommen, so bleiben sie weiter Inhalt des Arbeitsvertrages bis sie durch eine neue Vereinbarung, notfalls durch Ausspruch einer Änderungskündigung, ersetzt werden.

Die im öffentlichen Dienst bei Abschluß von Arbeitsverträgen übliche Bezugnahme auf die Regelungen des TVöD gelten somit auch dann weiter, wenn ein Wechsel des Arbeitgeberverbandes des öffentlichen Arbeitgebers stattfindet. Denn das BAG hat insoweit mit Urteil vom 30.08.2000 – 4 AZR 581/99 – entschieden, daß eine Bezugnahmeklausel in einem Arbeitsvertrag, mit der die Anwendbarkeit oder Geltung eines bestimmten, dort benannten Tarifvertrages vereinbart worden ist, über ihren Wortlaut hinaus nur dann als Bezugnahme auf die jeweils für den Betrieb geltenden Tarifverträge (sog. große dynamische Verweisungsklausel) ausgelegt werden kann, wenn sich dies aus besonderen Umständen ergibt. Im Ergebnis bedeutet dies, daß auch dann, wenn ein Arbeitgeber des öffentlichen Dienstes aus dem Arbeitgeberverband austritt und einem anderen Arbeitgeberverband beitritt, nicht automatisch die Tarifverträge dieses neuen Arbeitgeberverbandes gelten. Die Anpassung der Arbeitsverträge hat dann vielmehr über den Ausspruch einer Änderungskündigung zu erfolgen.

451 Die Nachwirkung eines Tarifvertrages kann durch die Tarifvertragsparteien im Tarifvertrag selbst durch ausdrückliche Vereinbarung ausgeschlossen werden.

Literatur: Wiedemann, Tarifvertragsgesetz, 6. Auflage 1999; Löwisch/Rieble, Tarifvertragsgesetz, 1992.

3. Arbeitskampfrecht

452 3.1 Grundlagen des Arbeitskampfrechts

453 Das Arbeitskampfrecht, also insbesondere die Durchführung von Streiks, ist gesetzlich nicht geregelt.

Das gesamte Arbeitskampfrecht hat daher seine nähere Ausgestaltung durch die Rechtsprechung, insbesondere natürlich die des BAG, erfahren. Die Rechtsprechung hat dabei angeknüpft an die den Tarifvertragsparteien durch Art. 9 Abs. 3 GG garantierte Tarifautonomie, die den Verbänden des Arbeitslebens die Befugnis verleiht, die Arbeits- und Wirtschaftsbedingungen autonom zu regeln. Das dafür von der Rechtsordnung gegenwärtig vorgegebene Mittel ist der Tarifvertrag. Ihrer Aufgabe, die Arbeits- und Wirtschaftsbedingungen durch Tarifverträge zu regeln, können die Tarifvertragsparteien letztlich jedoch nur dann voll nachkommen, wenn ihnen ein Zwangsmittel zur Verfügung steht, mit dessen Hilfe sie den sozialen Gegenspieler zum Abschluß eines Tarifvertrages belegen können. Dieses Zwangsmittel ist der Arbeitskampf in seinen einzelnen Formen des Streiks und der Aussperrung sowie des Boykotts.

Arbeitskämpfe greifen nicht nur in die Rechtsbeziehungen der Tarifvertragsparteien und der Parteien des Einzelarbeitsverhältnisses ein, sondern berühren auch die Interessen und Rechte unbeteiligter Dritter und der Allgemeinheit. Dies gilt für Arbeitskämpfe im öffentlichen Dienst im besonderen Maße. Denn Arbeitskampfmaßnahmen im öffentlichen Dienst wirken sich in aller erster Linie und unmittelbar auf den Bürger aus. Denn wenn Stadtverwaltungen, städtische Energieversorgungsunternehmen oder städtische Abfallentsorgungsbetriebe bestreikt werden, ist Leidtragender solcher Streiks nicht in erster Linie der Arbeitgeber, sondern eben der Einwohner der betroffenen Stadt, der nicht mehr davon ausgehen kann, daß ihm die üblicherweise erbrachten Dienstleistungen der Abfallentsorgung, der Energieversorgung usw. für die Zeit des Arbeitskampfes zur Verfügung stehen.

3. Arbeitskampfrecht

Schon mit Rücksicht hierauf können Arbeitskämpfe, insbesondere im öffentlichen Dienst, nicht schrankenlos zulässig sein. Das BAG hat daher in zwei grundlegenden Entscheidungen des Großen Senats generelle Grundsätze für die Zulässigkeit von Arbeitskampfmaßnahmen aufgestellt[7].

Für alle Arbeitskampfmaßnahmen gilt daher zunächst:
– Arbeitskampfmaßnahmen stehen unter dem Gebot der Verhältnismäßigkeit,
– Arbeitskämpfe dürfen nur insoweit eingeleitet und durchgeführt werden, als sie zur Erreichung rechtmäßiger Kampfziele und des nachfolgenden Arbeitsfriedens geeignet und sachlich erforderlich sind,
– jede Arbeitskampfmaßnahme – sei es Streik, sei es Aussperrung – darf nur nach Ausschöpfung aller Verständigungsmöglichkeiten ergriffen werden; der Arbeitskampf muß das letzte mögliche Mittel (ultima ratio) sein,
– auch bei der Durchführung des Arbeitskampfes selbst, und zwar sowohl beim Streik als auch bei der Aussperrung ist der Grundsatz der Verhältnismäßigkeit zu beachten,
– nach beendetem Arbeitskampf müssen wegen des Grundsatzes der Verhältnismäßigkeit beide Parteien jeweils dazu beitragen, daß sobald wie möglich und im größtmöglichen Umfang der Arbeitsfrieden wieder hergestellt wird.

Verletzen Arbeitskampfmaßnahmen diese Grundsätze, so sind sie rechtswidrig. Neben diesen allgemeinen Grundsätzen ist es zunächst Aufgabe der Tarifvertragsparteien, die Voraussetzungen, unter denen ein Arbeitskampf geführt werden darf, in sog. Schlichtungsabkommen selbst zu regeln.

Für den Bereich des öffentlichen Dienstes besteht insoweit eine Vereinbarung über ein Schlichtungsverfahren, zuletzt geltend in der Fassung vom 09.04.2002. Danach kann jede Tarifvertragspartei innerhalb einer Frist von 24 Stunden nach der förmlichen Erklärung des Scheiterns der Verhandlungen das Schlichtungsverfahren einleiten.

3.2 Rechtmäßige Arbeitskampfmaßnahmen

454 Arbeitskampfmaßnahmen sind unter Beachtung der oben genannten Grundsätze dann rechtmäßig, wenn sie von einer zuständigen Gewerkschaft nach Ablauf der Friedenspflicht und nach Ausschöpfung aller Verständigungsmöglichkeiten unter Beachtung des Grundsatzes der Verhältnismäßigkeit der Mittel als kollektive Maßnahme mit dem Ziel eingeleitet und durchgeführt werden, das Arbeitsentgelt oder sonstige Arbeitsbedin-

---

7 Vgl. BAG GS vom 28.01.1955, AP Nr. 1 zu Art. 9 GG – Arbeitskampf –, BAG GS vom 21.04.1971, AP Nr. 43 zu Art. 9 GG – Arbeitskampf.

3. Abschnitt: Kollektives Arbeitsrecht (Tarifrecht)

gungen der Mitglieder zu verbessern oder Verschlechterungen zu verhindern. Rechtmäßig sind unter diesen Voraussetzungen auch Arbeitskampfmaßnahmen, die zwar nicht von der Gewerkschaft eingeleitet, von dieser aber nach Beginn der Streiks übernommen werden.

Arbeitskampfmaßnahmen können rechtmäßig erst dann eingeleitet werden, wenn alle Verständigungsmöglichkeiten, einschließlich der Durchführung eines eventuellen Schlichtungsverfahrens, ausgeschöpft sind.

Nach der Rechtsprechung des BAG[8] können Arbeitskampfmaßnahmen nach dem Ende der Friedenspflicht nach Durchführung von Verhandlungen über die erhobenen Forderungen zulässig sein, ohne daß die Tarifverhandlungen, wie es für die Einleitung des Schlichtungsverfahrens erforderlich ist, förmlich für gescheitert erklärt werden müssen. Die Arbeitskampfmaßnahmen müssen jedoch von der Gewerkschaft getragen werden. Hierfür genügt indes jede Erklärung der Gewerkschaft, die zur Arbeitsniederlegung führen soll. In solchen Fällen liegt in der Durchführung von Arbeitskampfmaßnahmen zugleich die Erklärung, daß die Gewerkschaft die Verständigungsmöglichkeiten für ausgeschöpft hält und damit die – nicht förmliche – Erklärung des Scheiterns der Verhandlungen.

Mit der genannten Entscheidung vom 21.06.1988 hat das BAG insbesondere die frühere Unterscheidung zwischen sog. „Warnstreiks" und „Erzwingungsstreiks" aufgegeben. Nunmehr ist jede Arbeitskampfmaßnahme, wie immer die Gewerkschaft sie bezeichnet, als Erzwingungsstreik anzusehen.

Sind nach den oben aufgezeigten Grundsätzen Arbeitskampfmaßnahmen rechtswidrig, so handeln die die Arbeit niederlegenden Arbeitnehmer nicht arbeitsvertragswidrig. Durch die kollektive Arbeitsniederlegung wird das Arbeitsverhältnis nicht aufgelöst. Die Rechte und Pflichten aus dem Arbeitsvertrag ruhen für die Dauer der Beteiligung an einer Arbeitskampfmaßnahme. Dies gilt unabhängig davon, ob der die Arbeit niederlegende Arbeitnehmer Mitglied einer Gewerkschaft ist oder nicht.

455 Dem selbst vom Arbeitskampf betroffenen Arbeitgeber steht es frei, wie er auf die kampfbedingte Lage reagiert. Er kann die Verwaltung/den Betrieb bzw. den Verwaltungsteil/den Betriebsteil, die/der unmittelbar vom Arbeitskampf betroffen ist, stilllegen. In diesem Fall muß er selbst arbeitswillige Arbeitnehmer nicht weiterbeschäftigen[9].

Die die Arbeitsverhältnisse suspendierende Stilllegung bedarf einer Erklärung des Arbeitgebers. Diese Erklärung muß sich an die betroffenen Arbeitnehmer richten, während eine Erklärung gegenüber der Gewerkschaft weder erforderlich noch ausreichend ist. An einer Stilllegungserklärung fehlt es, solange sich der Arbeitgeber nicht festlegt, sondern die rechtliche Möglichkeit offen hält, die Arbeitsleistung jederzeit in Anspruch

---

8 Vgl. BAG, Urteil vom 21.06.1988 – 1 AZR 651/86 –.
9 Vgl. BAG, Urteil vom 22.03.1994 – 1 AZR 622/93 –, NZA 1994, S. 512.

3. Arbeitskampfrecht

zu nehmen. Die (Weiter-) Beschäftigung von Beamten steht einer solchen Stilllegungserklärung indes nicht entgegen. Legt der Arbeitgeber des öffentlichen Dienstes die Verwaltung/den Betrieb bzw. den Verwaltungsteil/den Betriebsteil nicht still, hat er arbeitswillige Arbeitnehmer grundsätzlich weiterzubeschäftigen. Diese Verpflichtung entfällt jedoch, wenn wegen der Auswirkungen der Arbeitskampfmaßnahme eine Weiterbeschäftigung im Rahmen der Aufgabenstellung der Verwaltung/des Betriebs bzw. des Verwaltungsteils/des Betriebsteils nicht mehr zumutbar ist[10].

Nach Beendigung der Arbeitskampfmaßnahmen besteht für den Arbeitnehmer ein Anspruch auf Weiterbeschäftigung, es sei denn, daß das Arbeitsverhältnis ist im Einzelfall wirksam gekündigt oder auf andere Weise beendet worden ist.

Für die wegen der Beteiligung an Arbeitskampfmaßnahmen ausfallende Arbeitszeit besteht kein Anspruch auf Arbeitsentgelt. Dies gilt insbesondere auch für arbeitswillige Arbeitnehmer, die wegen der Arbeitskampfmaßnahmen in ihrer Verwaltung oder in ihrem Betrieb nicht beschäftigt werden[11].

3.3 Rechtswidrige Arbeitskampfmaßnahmen

Zunächst rechtmäßige Arbeitskampfmaßnahmen können rechtswidrig werden, wenn Art und Umfang der Maßnahmen dazu führen, daß die Voraussetzungen nicht mehr vorliegen, die für eine rechtmäßige Arbeitskampfmaßnahme maßgebend sind.

456

Rechtswidrig sind insbesondere sog. Sympathie- oder Solidaritätsarbeitskampfmaßnahmen, mit denen eine Gewerkschaft die Arbeitskampfmaßnahmen einer anderen Gewerkschaft unterstützen will. Entsprechendes gilt für Arbeitskampfmaßnahmen einer Gewerkschaft in einem Tarifbereich mit Friedenspflicht zur Unterstützung von Arbeitskampfmaßnahmen derselben Gewerkschaft in einem Tarifbereich, in dem die Friedenspflicht abgelaufen ist.

Rechtswidrig ist z.B. im Rahmen eines Arbeitskampfes auch die eigenmächtige Benutzung von Räumlichkeiten und Gegenständen (z.B. Fahrzeuge und Geräte) des Arbeitgebers im Zusammenhang mit Arbeitskampfmaßnahmen. Die eigenmächtige Benutzung von Kraftfahrzeugen des Arbeitgebers stellt sich darüber hinaus als unbefugter Gebrauch von Fahrzeugen im Sinne des § 248b StGB dar.

Rechtswidrig sind darüber hinaus Streikausschreitungen, z.B. die Blockade der Zugangs-/Zufahrtswege durch Menschenketten, Fahrzeuge usw., die Behinderung von arbeitswilligen Arbeitnehmern oder Besuchern

---

10 Vgl. BAG, Urteil vom 14.12.1993 – 1 AZR 550/93, NZA 1994, S. 331.
11 Vgl. hierzu im Einzelnen: Arbeitskampfrichtlinien der VKA, abgedruckt bei KAV NW LBS für Arbeiter bzw. Angestellte, Heft 3, Teil IV, Nr. 18.

3. Abschnitt: Kollektives Arbeitsrecht (Tarifrecht)

sowie tätliche Übergriffe oder Angriffe auf arbeitswillige Arbeitnehmer oder Besucher und die Beschädigung von betrieblichen Einrichtungen.

Arbeitnehmer, die an rechtswidrigen Arbeitskampfmaßnahmen teilnehmen, müssen damit rechnen, daß gegen sie die in der Rechtsordnung vorgesehenen Maßnahmen ergriffen werden. Hinzuweisen ist hier insbesondere auf das Recht des Arbeitgebers, das Arbeitsverhältnis fristlos zu kündigen. Darüber hinaus kann der Arbeitgeber ggf. Ersatz des ihm entstandenen Schadens verlangen.

Ein solcher Schadensersatzanspruch steht dem Arbeitgeber im Fall eines rechtswidrigen Arbeitskampfes allerdings nicht nur gegenüber dem Arbeitnehmer zu, sondern insbesondere auch gegenüber der den Streik tragenden Gewerkschaft.

Literatur: Berger-Delhey, Der Streik im öffentlichen Dienst – Probleme, Wechselwirkungen und Fragen, ZTR 1993, S. 3; Löwisch u.a. Arbeitskampf und Schlichtungsrecht, 1997; Pfohl, Arbeitskampf im öffentlichen Dienst, PersV 1993, S. 193.

4. Abschnitt: Individualarbeitsrecht

1. Arbeitsverhältnis

1.1 Bedeutung

Ob der zwischen einem Arbeitnehmer und einem Arbeitgeber abgeschlossene „Arbeitsvertrag" in rechtlicher Hinsicht wirklich ein Arbeitsvertrag ist, also ein Arbeitsverhältnis und nicht ein sonstiges Beschäftigungsverhältnis, insbesondere ein freies Mitarbeiterverhältnis besteht, ist von ausschlaggebender Bedeutung. 457

So finden alle Arbeitsschutzgesetze, angefangen beim ArbZG bis hin zum KSchG nur auf Arbeitsverhältnisse bzw. auf Arbeitnehmer Anwendung.

Ein freier Mitarbeiter genießt z.B. weder Kündigungsschutz noch finden die Grundsätze über die Befristung von Arbeitsverhältnissen Anwendung. Für ihn sind auch keine Sozialabgaben (Rentenversicherung, Arbeitslosenversicherung, Pflegeversicherung) zu leisten. Für die Versteuerung seines Einkommens ist der freie Mitarbeiter selbst verantwortlich.

Insofern überrascht es nicht, daß auch im Öffentlichen Dienst der Wunsch der Arbeitgeber immer größer wird, für bestimmte Tätigkeiten „nur" freie Mitarbeiter zu beschäftigen und nicht Arbeitnehmer.

So ist zu beobachten, daß in großem Umfang versucht wird, Mitarbeiter in – wie die Gewerkschaften dies nennen – ungeschützten Arbeitsverhältnissen zu beschäftigen. Dies betrifft namentlich vor allen Dingen Tätigkeiten in freiwilligen Einrichtungen (Musikschulen, Theater, Jugendarbeit).

Angesichts der zentralen Bedeutung der Begriffe „Arbeitnehmer", „Arbeitgeber" und „Arbeitsverhältnis" erstaunt es natürlich, daß es keinerlei gesetzliche Definition für diese Begriffe gibt. Auch hier gilt also in erster Linie wieder Richterrecht, wobei erschwerend hinzukommt, daß bei dieser Frage nicht nur die Arbeitsgerichte Maßstäbe setzen, sondern auch die Sozialgerichte, nämlich dann, wenn es um die Frage der Sozialversicherungspflichtigkeit eines Beschäftigungsverhältnisses geht.

Führt man sich dann noch vor Augen, daß die Entscheidung eines Sozialgerichts keinerlei Bindungswirkung für ein Arbeitsgericht – und umgekehrt – entfaltet, ist es ohne weiteres vorstellbar, daß – je nach Gerichtszweig – ein und dieselbe Tätigkeit einmal als sozialversicherungspflichtiges Arbeitsverhältnis und arbeitsrechtlich als freies Mitarbeiterverhältnis angesehen wird.

4. Abschnitt: Individualarbeitsrecht

1.2 Gestaltung durch die Vertragsparteien/ Abgrenzungskriterien

458 Ob ein Arbeitsverhältnis besteht oder nicht, richtet sich nicht danach, wie die Vertragsparteien das Beschäftigungsverhältnis „etikettiert" haben.

Entscheidend ist vielmehr, wie das Beschäftigungsverhältnis in der Praxis gestaltet worden ist[1].

Ob hiernach ein Arbeitsverhältnis oder ein freies Mitarbeiterverhältnis vorliegt, richtet sich insbesondere nach dem Grad der persönlichen Abhängigkeit, wobei eine wirtschaftliche Abhängigkeit weder erforderlich noch ausreichend ist. Der Dozent an der VHS, der seinen Lebensunterhalt ausschließlich aus seiner Dozententätigkeit an der VHS bestreitet, kann also durchaus freier Mitarbeiter sein, während der Musikschullehrer, der an sich an der Musikschule X in einem Angestelltenverhältnis beschäftigt ist und einige wenige Stunden an der Musikschule Y unterrichtet, durchaus in einem Arbeitsverhältnis auch an dieser Musikschule stehen kann.

459 Arbeitnehmer ist nach der Rechtsprechung des BAG derjenige, der seine Dienstleistung im Rahmen einer von Dritten bestimmten Arbeitsorganisation erbringt. Insoweit enthält § 84 Abs. 1 Satz 2 HGB ein typisches Abgrenzungsmerkmal[2]. Nach dieser Bestimmung ist selbständig, wer im Wesentlichen frei seine Tätigkeit gestalten und seine Arbeitszeit bestimmen kann, also nicht in die fremde Arbeitsorganisation eingegliedert ist. Die Eingliederung in die fremde Arbeitsorganisation zeigt sich insbesondere darin, daß der Beschäftigte einem Weisungsrecht des Auftraggebers unterliegt. Dieses Weisungsrecht kann Inhalt, Durchführung, Zeit, Dauer und Ort der Tätigkeit betreffen.

Wesentliches Kriterium für die Abgrenzung von Arbeitnehmern und freien Mitarbeitern ist somit die Weisungsgebundenheit.

Von daher gibt es im Öffentlichen Dienst bestimmte Aufgabenbereiche, bei denen von vornherein eine Beschäftigung als freier Mitarbeiter denknotwendig nicht möglich ist. Hierzu gehören insbesondere alle Aufgaben im sog. hoheitlichen Bereich, die mit Eingriffsbefugnissen in die Rechte der Bürger verbunden sind. So kann z.B. die Überwachung des ruhenden Verkehrs nicht durch freie Mitarbeiter erfolgen, weil die Mitarbeiter eben nicht frei entscheiden können, in welcher Höhe „Knöllchen" zu verhängen sind. Aber auch die sog. „Übermittags-Betreuung" an Grund- und Hauptschulen kann nicht durch freie Mitarbeiter erfolgen, weil diese bereits nach den bestehenden gesetzlichen Regelungen der Weisungsbefugnis der Schulleitungen unterliegen[3].

Mit der Feststellung einer evtl. Weisungsgebundenheit ist es allerdings nicht getan: Auch in einem Dienst- oder Werkvertragsverhältnis besteht

---

1 Vgl. BAG, Urteil vom 20. 7.1994 – 5 AZR 627/93.
2 Vgl. BAG a.a.O.
3 Vgl. z.B. § 11 ASchO NW.

1. Arbeitsverhältnis

selbstverständlich ein Weisungsrecht des Auftraggebers hinsichtlich bestimmter Modalitäten der Arbeitsausführung, ohne daß damit z.B. der Handwerker gleich zum Arbeitnehmer des Auftraggebers wird. Umgekehrt gibt es Arbeitsverhältnisse, in denen eine gewisse Lockerung des Weisungsrechts besteht, etwa bei höherwertigen Diensten, ohne daß damit generell das Vorliegen eines Arbeitsverhältnisses verneint werden könnte. Man denke insoweit nur an die Lockerung des Weisungsrechts hinsichtlich der Zeit der Arbeitserbringung bei Gleitender Arbeitszeit oder gar bei Vertrauensarbeitszeit.

Entscheidend ist vielmehr, ob der Umfang des Weisungsrechts soweit geht, daß der Dienstgeber durch das Arbeitsrecht geschützt werden muß. Dies meint die Rechtsprechung, wenn sie auf den „Grad der persönlichen Abhängigkeit" abstellt. Ist dieser Grad der persönlichen Abhängigkeit so groß, daß nicht wenigstens ein Mitbestimmungsrecht hinsichtlich des Umfanges, des Inhaltes und der organisatorischen Einbindung der Arbeitsleistung besteht, ist von einem Arbeitsverhältnis auszugehen, d.h. dann besteht die Notwendigkeit des Schutzes des Vertragspartners durch das Arbeitsrecht. Besteht dagegen das Weisungsrecht nur deshalb, um die ordnungsgemäße Erbringung der vereinbarten Leistung zu ermöglichen, ist der Vertragspartner aber im übrigen in der Leistungserbringung frei, so liegt kein Arbeitsverhältnis vor. Gleiches gilt, wenn das Weisungsrecht nur erforderlich ist, um gesetzliche Vorgaben zu erfüllen[4].

Das Merkmal „Weisungsrecht" ist somit sehr vielgestaltig. Es wird in der Rechtsprechung in verschiedene Felder aufgeteilt, in denen Weisungen erteilt werden können, die bei der Feststellung, ob ein Arbeitsverhältnis oder ein sonstiges Beschäftigungsverhältnis vorliegt, unterschiedlich gewichtet werden können. Sie müssen sich jedoch in aller Regel den Merkmalen „Arbeitszeit und Gestaltung der Arbeitsleistung" aus § 84 Abs. 1 HGB zuordnen lassen.

Die Weisungsgebundenheit kann daher in zeitlicher, örtlicher oder fachlicher Hinsicht bestehen.

Neben der Weisungsgebundenheit werden als weitere Kriterien zur Abgrenzung herangezogen:

– Eingliederung in den Betrieb,

– Ausmaß und Dauer der Beschäftigung,

– Vergleich mit anderen Mitarbeitern,

– Unternehmerrisiko,

– Art der Vergütung,

– Formalien.

---

[4] Vgl. BAG, Urteil vom 19.11.1997 – 5 AZR 653/96.

1.3 Weisungsgebundenheit in zeitlicher, örtlicher und fachlicher Hinsicht

460 Die Weisungsgebundenheit in zeitlicher, örtlicher und fachlicher Hinsicht ist eines der wesentlichsten und gewichtigsten Abgrenzungskriterien.

461 Unter zeitlicher Weisungsgebundenheit versteht man die Befugnisse des Leistungsempfängers, den leistenden hinsichtlich der Dauer und der zeitlichen Lage der zu erbringenden Leistung im Rahmen der vorgegebenen arbeits- und tarifvertraglichen Regelungen anweisen zu können[5].

Ein starkes Indiz für das Vorliegen eines Arbeitsverhältnisses ist es insoweit insbesondere, wenn der Leistungsempfänger die Dauer einzelner Arbeitsinhalte bestimmen oder zumindest mitgestalten kann.

Wird die zeitliche Lage der Erbringung der Arbeitsleistung dagegen mit dem Leistenden abgestimmt, so spricht dies gegen die Annahme eines Arbeitsverhältnisses.

Wenn also mit dem VHS-Dozenten der Stundenplan vor Abschluß des Vertrages abgestimmt und ihm zudem die Möglichkeit eingeräumt wird, einvernehmlich mit den Teilnehmern des VHS-Kurses die zeitliche Lage auch abändern zu können, so spricht dies eindeutig gegen die Annahme eines Arbeitsverhältnisses.

462 Eine Weisungsgebundenheit in örtlicher Hinsicht liegt dann vor, wenn jeweils vom Leistungsnehmer bestimmt werden kann, an welchem Ort die Leistung zu erbringen ist. Wenn also z.B. bei Mitarbeitern im Außendienst jeden Morgen bei Beginn der Arbeit festgelegt wird, an welchem Ort sie tätig sein müssen, so stellt dies ein gewichtiges Kriterium für die Annahme einer Arbeitnehmereigenschaft dar.

Anders ist dies bei Beschäftigten, die aus der Natur der Sache heraus ihre Leistung nur an einem bestimmten Ort erbringen können. So ist es selbstverständlich, daß der Musikschullehrer an einer Musikschule den Unterricht nur in dem Gebäude der Musikschule erteilen kann. In diesem Verhältnis ist dann das Kriterium der örtlichen Weisungsgebundenheit für die Abgrenzung untauglich.

Wie wenig hilfreich insgesamt das Kriterium der örtlichen Weisungsgebundenheit in der heutigen modernen Arbeitsorganisation ist, zeigt z.B. die vielfach bereits vereinbarte Telearbeit. Bei der Telearbeit spielt der Ort der Arbeitsleistung z.B. dann keine entscheidende Rolle, wenn es für die Erbringung der Leistung ausreicht, daß von irgendeinem Ort aus per Datenübertragung ein EDV-gestützter Kontakt zum Unternehmen oder zur Verwaltung aufrecht erhalten wird.

---

5 Vgl. BAG, Urteil vom 13.11.1991 – 7 AZR 31/91.

1. Arbeitsverhältnis

Die fachliche Weisungsgebundenheit dokumentiert sich darin, daß der Leistungsempfänger die Möglichkeit hat, unmittelbar auf die Art und Weise der Leistungserbringung einzuwirken.

463

Greift man insoweit wieder auf das Beispiel des VHS-Dozenten zurück, so wäre eine fachliche Weisungsgebundenheit dann zu bejahen, wenn die Leitung der VHS z.B. im Hinblick auf die didaktische Gestaltung des Unterrichts Einfluß nehmen würde. Eine fachliche Weisungsgebundenheit ist dann zu bejahen, wenn aufgrund bestimmter inhaltlicher Vorgaben die didaktische Gestaltungsfreiheit weitgehend eingeschränkt ist. So hat z.B. das BAG in den Fällen, in denen VHS-Dozenten in sog. Hauptschulabschlußkursen unterrichteten, entschieden, daß aufgrund der Vorgaben durch die Lehrpläne usw. ein freies Mitarbeiterverhältnis nicht mehr vorliegt[6].

Untauglich ist das Kriterium der fachlichen Weisungsgebundenheit hingegen bei den sog. höheren Diensten. So kommen z.B. bei Chefärzten oder bei angestellten Rechtsanwälten fachliche Weisungen kaum in Betracht, da dem Weisungsberechtigten in der Regel die notwendigen Kenntnisse fehlen.

Gegen eine fachliche Weisungsgebundenheit spricht es dagegen nicht, wenn aufgrund moderner Organisationen Lockerungen des Weisungsrechts bestehen, um das Ergebnis der Arbeitsleistung zu fördern. Insoweit geht die Rechtsprechung vielmehr zutreffend im Ergebnis davon aus, daß solche Konstellationen für die Feststellung, ob ein Arbeitsverhältnis vorliegt nur von untergeordneter Bedeutung sind. Zu untersuchen ist in diesen Fällen vielmehr, ob darüber hinaus Weisungsrechte bestehen, die die Annahme eines Arbeitsverhältnisses begründen.

Wird nach den oben genannten Kriterien die fachliche Weisungsgebundenheit festgestellt, so ist dies ein sehr wichtiger Anhaltspunkt dafür, daß ein Arbeitsverhältnis vorliegt.

1.4 Eingliederung in den Betrieb

Besondere Bedeutung für die Feststellung eines Arbeitsverhältnisses wird in der Rechtsprechung der Eingliederung des Leistenden in den Betrieb des Leistungsempfängers beigemessen[7].

464

Der überkommene Begriff der Eingliederung in die Organisation des Arbeitgebers scheint allerdings aus heutiger Sicht wenig hilfreich. Denn angesichts der Vielfalt moderner Formen des Arbeitseinsatzes hat dieses Merkmal an Bedeutung verloren. So können freie Mitarbeiter im Dienstverhältnis regelmäßig in der betrieblichen Organisation ihre Arbeit erbringen, Mitarbeiter in Arbeitsverhältnissen – z.B. im Außendienst oder bei Telearbeit – völlig von der betrieblichen Organisation abgekoppelt sein.

---

6   Vgl. BAG, Urteil vom 26.07.1995 – 5 AZR 22/94, NZA 1996, S. 477.
7   Vgl. BAG, Urteil vom 16.07.1997 – 5 AZR 312/96.

4. Abschnitt: Individualarbeitsrecht

Der Begriff der Eingliederung in den Betrieb als Abgrenzungskriterium zwischen der Arbeitnehmereigenschaft und der Tätigkeit als freier Mitarbeiter macht daher nur Sinn, wenn man ihn – wie es das BAG in aller Regel tut – in unmittelbaren Zusammenhang mit dem Weisungsrecht bringt. Das BAG hat dies wie folgt formuliert: „Abhängig beschäftigt ist danach derjenige, der in eine fremde Arbeitsorganisation eingegliedert ist, weil er hinsichtlich Ort, Zeit und Ausführung seiner Tätigkeit einem umfassenden Weisungsrecht seines Vertragspartners (Arbeitgebers) unterliegt"[8].

Kann also der Leistungsempfänger den Leistenden durch sein Weisungsrecht in eine bestehende betriebliche Organisation eingliedern, so ist dies ein gewichtiges Merkmal für das Bestehen eines Arbeitsverhältnisses. Im Ergebnis bedeutet dies nichts anderes, als daß der Leistungsempfänger berechtigt ist, neben der örtlichen und zeitlichen Erbringung der Leistung ihr organisatorisches Zusammenwirken mit den bestehenden betrieblichen Gegebenheiten zu bestimmen.

Dies ist z.B. der Fall, wenn der Arbeitgeber

– die Erbringung der Leistung in einer bestimmten Abteilung,

– die Erbringung der Leistung mit bestimmten anderen Mitarbeitern,

– die Einhaltung einer betrieblichen Ordnung,

– die Einhaltung von Dienstplänen,

anordnen kann.

Wenn also z.B. ein „freier Mitarbeiter" im Hinblick auf diese Kriterien vollkommen in den Betrieb des „Arbeitgebers" integriert wird, so spricht vieles dafür, daß in Wahrheit kein freies Mitarbeiterverhältnis, sondern eben ein Arbeitsverhältnis vorliegt.

In welchem Umfang ein „freier Mitarbeiter" in den Betrieb eingegliedert ist, kann darüber hinaus indizielle Bedeutung für die Beantwortung der Frage haben, ob nicht in Wirklichkeit ein Arbeitnehmerverhältnis vorliegt. Solche tatsächlichen Umstände, die für ein weitgehendes Weisungsrecht sprechen, können z.B. sein:

– Die Erbringung der Leistung an einem Ort im Betrieb, an dem andere die gleiche Leistung in einem Arbeitsverhältnis erbringen oder üblicherweise die Arbeit in einem Arbeitsverhältnis erbracht wird,

– die Erbringung der Leistung zu einer Zeit, zu der andere vergleichbare Leistungen in einem Arbeitsverhältnis tatsächlich oder üblicherweise erbringen,

– das zur Verfügung stellen von Arbeitsmaterialien durch den Leistungsempfänger,

---

8   BAG, Urteil vom 09.11.1994 – 7 AZR 217/96.

1. Arbeitsverhältnis

- die Unterwerfung unter die betriebliche Ordnung,
- die Gewährung von verbilligtem Kantinenessen,
- die Bereitstellung eines Mitarbeiterparkplatzes,
- keine eigene Betriebsstätte des Leistenden.

Selbst wenn aber alle Gesichtspunkte für die Eingliederung in den Betrieb sprechen, so folgt hieraus nicht zwingend, daß ein Arbeitsverhältnis besteht. Insoweit sei z.B. auf den Chefarzt einer Klinik oder das Vorstandsmitglied einer juristischen Person hingewiesen. In beiden Fällen kann eine tatsächliche Eingliederung in den Betrieb vorliegen, ohne daß sich zwingend auf ein Weisungsrecht des Trägers bzw. Unternehmens schließen ließe, daß ein Arbeitsverhältnis begründete.

1.5 Ausmaß und Dauer der Beschäftigung

Wie bereits angedeutet, haben Ausmaß und Dauer der Beschäftigung, die je nach Umfang zur wirtschaftlichen Abhängigkeit des freien Mitarbeiters von seinem Auftraggeber führen können, nur geringe Indizwirkung. **465**

Allerdings neigen insbesondere die Sozialgerichte dazu, bei einer ausschließlich für einen Arbeitgeber geleisteten Tätigkeit eher ein abhängiges Arbeitsverhältnis anzunehmen, als dies die Arbeitsgerichte tun.

1.6 Vergleich mit anderen Mitarbeitern

Im Einzelfall kann die Ausgestaltung der Rechtsverhältnisse anderer Leistungserbringer, die vergleichbare Tätigkeiten ausführen, ein Indiz sein[9]. **466**

Werden Leistungserbringer, die vergleichbare Arbeiten durchführen, in einem Arbeitsverhältnis beschäftigt, so ist im Zweifel davon auszugehen, daß auch das in Rede stehende Vertragsverhältnis ein Arbeitsverhältnis ist, wenn keine maßgeblichen anderen Aspekte einen anderen Schluß zulassen. Handelt es sich also bei den vergleichbaren Vertragspartnern um freie Mitarbeiter, kann daraus gefolgert werden, daß auch das in Rede stehende Rechtsverhältnis ein selbständiges Rechtsverhältnis ist.

Die Vergleichbarkeit ist nur zwischen solchen Mitarbeitern gegeben, die vergleichbare Tätigkeiten ausüben. Dies bedeutet, daß z.B. der Fachbereichsleiter einer Musikschule als Arbeitnehmer tätig sein kann, während der lediglich unterrichtende Musikschullehrer als freier Mitarbeiter beschäftigt wird. Die Arbeitnehmereigenschaft des Fachbereichsleiters wird sich dabei in aller Regel daraus ergeben, daß dieser verpflichtet ist, z.B. an Konferenzen und Veranstaltungen außerhalb der eigentlichen Unterrichtstätigkeit teilzunehmen.

---

[9] Vgl. z.B. BAG, Urteil vom 27.03.1991 – 5 AZR 194/90.

1.7 Unternehmerrisiko

467 Insbesondere die Sozialgerichte wenden als wesentliches Kriterium für die Abgrenzung zwischen Arbeitnehmern und freien Mitarbeitern das sog. Unternehmerrisiko an[10]. Dabei sieht es das BSG als Unternehmerrisiko an, wenn einem VHS-Dozenten eine Vergütung nur für tatsächlich erbrachte Leistungen gewährt wird und ausgefallene Stunden – egal aus welchen Gründen – eben nicht bezahlt werden. Daneben kann eine Rolle spielen, ob der Mitarbeiter eigene „Produktionsmittel" einsetzt. Bei reinen Dienstleistungsbetrieben bzw. Einrichtungen dürfte allerdings der Einsatz eigener Produktionsmittel kaum je zu bejahen sein. Hier ist in der Praxis dann besonders darauf zu achten, daß nicht eine Art „Entgeltfortzahlung" vereinbart wird.

1.8 Formalien

468 Die Bezeichnung eines Rechtsverhältnisses ist – wie oben bereits angedeutet – grundsätzlich als Abgrenzungsmerkmal unbeachtlich[11].

Dies gilt uneingeschränkt für alle Vertragsverhältnisse, die nicht als Arbeitsverhältnis gekennzeichnet sind, bei denen sich aber die Frage stellt, ob nach der Handhabung nicht ein Arbeitsverhältnis anzunehmen ist.

Im Bereich des Arbeitsrechts gilt für ein als Arbeitsverhältnis bezeichnetes Rechtsverhältnis eine tatsächliche Vermutung dahingehend, daß es sich um ein Arbeitsverhältnis handelt[12]. Gleiches wird man dann annehmen müssen, wenn das Vertragsverhältnis tatsächlich wie ein Arbeitsverhältnis durchgeführt wird, z.B. wenn Sozialversicherungsabgaben und Steuern abgeführt werden sowie typische Arbeitgeberleistungen – festes Gehalt, Überstundenvergütung, Urlaubsanspruch usw. in einem Arbeitsverhältnis erbracht werden.

Zusammenfassend ist festzustellen, daß die Abgrenzung zwischen freier Mitarbeit und Arbeitnehmerstatus rechtlich im Einzelfall sehr schwierig sein kann.

Erschwerend kommt hinzu, daß es letztlich für die Frage nicht darauf ankommt, welche Vertragsform die Vertragsparteien gewählt haben, sondern eben auf die tatsächliche Durchführung. Wenn bei der tatsächlichen Durchführung trotz Vorliegen wesentlicher Kriterien, die für eine freie Mitarbeit sprechen, Weisungen erteilt worden sind, so ist das Beschäftigungsverhältnis damit gleichsam automatisch ein Arbeitsverhältnis.

Der Abschluß von Verträgen über eine freie Mitarbeit beinhaltet demnach ein sehr großes rechtliches Risiko, weil bei der tatsächlichen Durchführung

---

10 Vgl. z.B. Bundessozialgericht (BSG), Urteil vom 26.01.1993 – 2 BU 106/92.
11 Vgl. BAG, Urteil vom 16.07.1997 – 5 AZR 312/96.
12 Vgl. BAG, Urteil vom 20.02.1986 – 2 AZR 212/85.

1. Arbeitsverhältnis

es immer wieder vorkommen kann, daß insbesondere inhaltliche Weisungen erteilt werden.

1.9 Einzelfälle

Für dem Bereich des öffentlichen Dienstes kann man anhand der Rechtsprechung des BAG eine Reihe von Einzelfällen benennen, bei denen unzweifelhaft eine Arbeitnehmereigenschaft bzw. ebenso unzweifelhaft ein freies Mitarbeiterverhältnis gegeben ist. **469**

Die Arbeitnehmereigenschaft ist von der Rechtsprechung unter anderem bejaht worden für

- Chefärzte,
- DRK-Schwestern,
- Familienhelferinnen,
- Fleischbeschau-Tierärzte,
- Lehrer (sie stehen dann in einem freien Mitarbeiterverhältnis, wenn Inhalt und Zeit ihrer Arbeitsleistung vertraglich geregelt und damit dem Weisungsrecht des Trägers der Bildungseinrichtung entzogen sind[13], Lehrkräfte an allgemeinbildenden Schulen oder an Abendgymnasien sind in aller Regel Arbeitnehmer[14].

Dabei wurde die Arbeitnehmereigenschaft verneint bei

- Dozenten an Volkshochschulen, wobei jedoch die Umstände des Einzelfalles entscheidend sind. Wenn Inhalt der Dienstleistung und Unterrichtungszeiten vertraglich geregelt werden, indiziert dies ein freies Mitarbeiterverhältnis. Dagegen spricht für ein Arbeitsverhältnis, wenn methodische und didaktische Anweisungen gegeben werden und z.B. die Pflicht besteht, an Konferenzen außerhalb der eigentlichen Arbeitszeit teilzunehmen.

1.10 Scheinselbständigkeit

Von Scheinselbständigkeit wird dann gesprochen, wenn Erwerbstätige nach Ausgestaltung ihrer Rechtsbeziehungen wie Selbständige behandelt werden, tatsächlich jedoch wie abhängig Beschäftigte arbeiten und sich auch wegen ihrer sozialen Schutzbedürftigkeit nicht von diesen unterscheiden. Nach dem jeweils zugrunde gelegten Arbeitnehmerbegriff ist der Kreis der Scheinselbständigen im Arbeitsrecht größer oder kleiner[15]. **470**

Für das Sozialversicherungsrecht ist die Abgrenzung von Beschäftigten und Scheinselbständigen in den §§ 7 ff. SGB IV geregelt.

---

13 Vgl. BAG, Urteil vom 30.10.1991 – 7 AZR 19/91.
14 Vgl. BAG, Urteil vom 12.09.1996 – 5 AZR 104/9.
15 Vgl. Schaub, § 8, Rn 6 mit weiteren Nachweisen.

4. Abschnitt: Individualarbeitsrecht

Nach § 7 Abs. 1 SGB IV ist Beschäftigung die nichtselbständige Arbeit, insbesondere in einem Arbeitsverhältnis. Mit dieser Definition wird an den arbeitsrechtlichen Begriff des Arbeitnehmers angeknüpft. Insoweit obliegt es den Sozialversicherungsträgern nach dem Amtsermittlungsprinzip die Beschäftigung aufzuklären.

Ist eine solche Aufklärung nicht möglich, weil die Beteiligten ihre Mitwirkungspflichten nach § 196 Abs. 1 SGB VI oder nach § 206 SGB V nicht erfüllen, so greift die Vorschrift des § 7 Abs. 4 SGB IV ein. Hiernach wird vermutet, daß ein abhängiges Beschäftigungsverhältnis im sozialversicherungsrechtlichen Sinne vorliegt, wenn mindestens 3 der in § 7 Abs. 4 SGB IV genannten Kriterien erfüllt sind.

Können die Beteiligten anhand der vorliegenden Ausgestaltung des Beschäftigungsverhältnisses nicht beurteilen, ob ein sozialversicherungspflichtiges Beschäftigungsverhältnis besteht oder nicht, so haben sie nach § 7 a SGB IV die Möglichkeit, das sog. Statusermittlungsverfahren einzuleiten. Hierzu ist es notwendig, bei der Bundesversicherungsanstalt für Angestellte (jetzt: Deutsche Rentenversicherung) einen entsprechenden Antrag zu stellen. Dies kann von Seiten des Arbeitgebers aber auch von Seiten des Arbeitnehmers erfolgen.

Die Bundesversicherungsanstalt für Angestellte (jetzt: Deutsche Rentenversicherung) erläßt also dann nach Durchführung der notwendigen Ermittlungen einen vor den Sozialgerichten anfechtbaren Bescheid. Widerspruch und Klage gegen die Entscheidung der Bundesanstalt für Angestellte haben nach § 7a Abs. 7 SGB IV aufschiebende Wirkung.

1.11 Arbeitnehmerähnliche Selbständige

471 Durch § 2 Nr. 9 SGB VI wurde die Versicherungspflicht von arbeitnehmerähnlichen Selbständigen in der gesetzlichen Rentenversicherung eingeführt. Rentenversicherungspflichtig sind danach Personen, die im Zusammenhang mit ihrer selbständigen Tätigkeit keinen versicherungspflichtigen Arbeitnehmer beschäftigen, dessen Arbeitsentgelt aus diesem Beschäftigungsverhältnis regelmäßig 350,00 € im Monat übersteigt und auf Dauer und im wesentlichen nur für einen Auftraggeber tätig sind.

Als Arbeitnehmer gelten auch Personen, die berufliche Kenntnisse erwerben, dagegen nicht Personen, die als geringfügig Beschäftigte nach § 5 Abs. 2 Satz 2 SGB VI auf die Versicherungsfreiheit verzichtet haben.

Existenzgründer werden nach § 6 SGB VI befristet von der Versicherungspflicht befreit.

2. Zustandekommen des Arbeitsvertrages

Bevor ein Arbeitsvertrag endgültig unterschrieben wird, werden in der Regel mehrere Phasen der Personalbeschaffung durchlaufen. 472

Dies beginnt bei der – internen oder externen – Ausschreibung der freien zu besetzenden Stelle. Es folgen Vorstellungsgespräche mit dem oder den Bewerbern. Schließlich kommt es zur Unterzeichnung eines Arbeitsvertrages. Nach Unterzeichnung kann sich die Frage stellen, ob der abgeschlossene Arbeitsvertrag aufrecht erhalten bleiben soll oder wieder aufgehoben bzw. angefochten werden kann.

2.1 Stellenausschreibung

Nach allgemeinem Arbeitsrecht ist es nicht erforderlich, freie Stellen auszuschreiben und sie damit zur Wahrung der Chancengleichheit oder aus anderen Gründen jedermann zugänglich zu machen. 473

Vorbehaltlich der Mitwirkungsrechte des Personal- bzw. Betriebsrates ist es daher ausschließlich Angelegenheit des Arbeitgebers, ob er vor einer Einstellung eine freie Stelle auf dem Stellenmarkt anbietet.

Oftmals werden jedoch Vereinbarungen zwischen Betriebs-/Personalräten und den Arbeitgebern dahingehend getroffen, daß freie Stellen zumindest intern – gelegentlich auch extern – auszuschreiben sind.

Im Geltungsbereich des Betriebsverfassungsgesetzes kann der Betriebsrat darüber hinaus nach § 93 BetrVG verlangen, daß Arbeitsplätze allgemein oder für bestimmte Arten von Tätigkeiten innerhalb des Betriebes vor ihrer Besetzung ausgeschrieben werden.

Eine vergleichbare Befugnis steht den Personalräten weder nach dem BPersVG noch nach den Personalvertretungsgesetzen der Länder zu. In aller Regel ist jedoch in den Personalvertretungsgesetzen der Länder[16] vorgesehen, daß der Personalrat bei der Stellenausschreibung mitwirkt.

Besonderheiten können sich insoweit aber auch aus anderen Landesgesetzen ergeben. So bestimmt z.B. § 8 des Gesetzes zur Gleichstellung von Frauen und Männern für das Land Nordrhein-Westfalen (Landesgleichstellungsgesetz – LGG) vom 09.11.1999, daß in Bereichen, in denen Frauen unterrepräsentiert sind, zu besetzende Stellen in allen Dienststellen des Dienstherrn oder Arbeitgebers auszuschreiben sind.

Abgesehen von diesen Besonderheiten verbleibt es indes bei dem Grundsatz, daß ausschließlich der Arbeitgeber darüber entscheidet, ob eine Stelle extern oder intern ausgeschrieben wird.

---

16   Vgl. z.B. § 73 LPVG NW.

Entscheidet sich der Arbeitgeber allerdings für eine externe oder interne Ausschreibung, so hat er eine Reihe von Verpflichtungen zu beachten, die sich jetzt insbesondere aus dem AGG ergeben:

474 Der Anwendungsbereich des AGG erstreckt sich auch auf das sog. Vertragsanbahnungsverhältnis, also den Zeitraum vor Abschluß des Arbeitsvertrages zwischen Ausschreibung und evtl. Einstellung, so daß Stellenausschreibung und Bewerberauswahl frei von Diskriminierungen sein müssen.

In Bezug auf die daraus folgende Pflicht zur neutralen Stellenausschreibung sollte sich aufgrund der bislang schon bestehenden Pflicht zur geschlechtsneutralen Stellenausschreibung (§ 611a BGB) bereits eine gewisse Routine eingestellt haben. Generell gilt, daß eine Stellenausschreibung ausschließlich an die Tätigkeit anknüpfen sollte und nicht an persönliche Merkmale des Bewerbers.

Zu achten ist insbesondere auf:

– Fehlen einer Altersvorgabe,
– Geschlechtsneutralität,
– Verzicht auf ein Lichtbild,
– Fehlen von Nationalitätsaussagen,
– Behindertenneutralität,
– Fehlen einer Bindung an bestimmte ethnische Vorgaben,
– Fehlen von rassistischen Vorgaben.

Hinsichtlich der Vorlage von Bewerbungsunterlagen erscheint die Formulierung „unter Übersendung der üblichen Bewerbungsunterlagen" ohne weitere Spezifizierung am ehesten geeignet, den Verdacht von Diskriminierungen von vornherein auszuschließen. Es ist dann dem Bewerber selbst überlassen, welche Unterlagen er zur Verfügung stellt.

Verstößt eine Stellenausschreibung gegen das AGG, kann dies nach § 15 AGG einen Schadensersatzanpruch des Bewerbers auslösen.

Keinen Anspruch auf Entschädigung haben nach der bisherigen Rechtsprechung unqualifizierte Bewerberinnen und Bewerber, die objektiv von vornherein für die Stelle nicht in Betracht gekommen wären und Personen, die sich nur beworben haben, um die Entschädigung zu beanspruchen.

Letzteres ist vom BAG[17] z.B. bejaht worden für den Fall, daß sich ein männlicher Bewerber auf die Ausschreibung der Stelle einer Gleichstellungsbeauftragten beworben hatte, bei dem allerdings aufgrund mangelnder Übersendung von Bewerbungsunterlagen erkennbar war, daß er dies nur getan hatte, um die Entschädigung nach § 611a Abs. 2 BGB zu erlangen. Es ist zu hoffen, daß das BAG auch nach Inkrafttreten des AGG

---

17 Urteil vom 12.11.1998 – 8 AZR 365/97.

2. Zustandekommen des Arbeitsvertrages

diese Linie beibehält, um den sog. Trittbrettfahrern wirksam entgegen treten zu können.

Nach § 15 Abs. 4 AGG muß der Schadensersatz innerhalb einer Frist von zwei Monaten geltend gemacht werden.

Eine Klage auf Zahlung von Schadensersatz bzw. Entschädigung muß nach § 61 b ArbGG innerhalb einer Frist von drei Monaten nachdem der Anspruch schriftlich geltend gemacht worden ist, erhoben werden.

Als äußerst problematisch ist in diesem Zusammenhang die Regelung des § 22 AGG anzusehen:

Sie enthält eine gesetzliche Beweislastregel. Wenn im Streitfall derjenige, der sich auf eine nicht gerechtfertigte Diskriminierung beruft, Indizien beweist, die eine Benachteiligung wegen eines in § 1 AGG genannten Grundes vermuten lassen, trägt die andere Partei, d.h. der Arbeitgeber, die Beweislast dafür, daß kein Verstoß gegen die Bestimmungen zum Schutz vor Benachteiligungen vorgelegen hat.

Dies bedeutet zwar keine Beweislastumkehr, aber jedenfalls eine erhebliche Beweiserleichterung für denjenigen, der sich diskriminiert fühlt.

Indizien sind sog. Hilfstatsachen, die den Schluß auf das Vorliegen einer Benachteiligung nahe legen. Trägt im Streitfall der sich benachteiligt Fühlende solche Hilfstatsachen vor, muß das Arbeitsgericht feststellen, ob solche Tatsachen wirklich vorgelegen haben. Trifft die Behauptung zu, muß der Arbeitgeber darlegen und beweisen, daß trotz der Indizien keine Benachteiligung im Hinblick auf die Tatbestände des § 1 AGG stattgefunden hat.

Beispiel:

In einer Stellenausschreibung findet sich folgender Text: „Mitarbeiter für unser junges, aktives Team gesucht. Erwartet werden sehr gute deutsche Sprachkenntnisse. Der Bewerber sollte aus dem deutschsprachigen Raum stammen."

Dieser Text enthält gleich mehrere Indizien für eine Diskriminierung: „jung", „sehr gute deutsche Sprachkenntnisse", „deutschsprachiger Raum".

Der abgelehnte Bewerber muß nunmehr zunächst beweisen, daß die Stellenanzeige in dieser Art und Weise und mit diesem Text auf Veranlassung des Arbeitgebers veröffentlicht worden ist. Dieser Beweis kann relativ einfach anhand der Veröffentlichung der Stellenanzeige geführt werden.

Der Arbeitgeber muß sodann darlegen und beweisen, daß die konkrete Personalauswahl trotz der Indizien nicht unter Verstoß gegen § 1 AGG erfolgt ist. Dies kann z.B. durch das Anbieten von Zeugenbeweis oder durch die Vorlage entsprechender Dokumentationen gelingen, aus denen sich ergibt, daß die Auswahl tatsächlich anhand von anerkannten Lei-

4. Abschnitt: Individualarbeitsrecht

stungskriterien erfolgt ist oder die Benachteiligung nach § 8 AGG gerechtfertigt ist.

2.2 Anbahnungsverhältnis

475 Unter Anbahnungsverhältnis versteht man die Rechtsbeziehungen zwischen künftigem Arbeitnehmer und Arbeitgeber, die daraus erwachsen, daß tatsächlich Vertragsverhandlungen über den Abschluß eines Arbeitsvertrages aufgenommen worden sind. Mit der Aufnahme solcher Verhandlungen entsteht zwischen den Verhandlungspartnern ein gesetzliches Schuldverhältnis, aus dem zwar keine einklagbaren primären Leistungspflichten sondern sog. Sekundärpflichten, also Verhaltenspflichten zur gegenseitigen Sorgfalt und Rücksichtnahme entstehen. Bei Verletzung dieser Sekundärpflichten können Schadensersatzansprüche erwachsen, die auf das „negative Interesse" gerichtet sind[18].

Abgeleitet werden diese Ansprüche nach herrschender Auffassung aus dem Grundsatz von Treu und Glauben, aus dem der Rechtsgrundsatz folgt, daß derjenige, der sich zum Zwecke der Aufnahme von Vertragsverhandlungen in den Einflußbereich eines anderen begibt, in angemessenem Umfang die Berücksichtigung seiner Interessen verlangen kann[19].

476 Diese bislang neben den geschriebenen Gesetzen und insbesondere neben dem BGB in Rechtsprechung und Literatur entwickelten Grundsätze sind nunmehr durch das Schuldrechtsreformgesetz[20] ausdrücklich geregelt worden. Nach dieser Vorschrift entsteht ein Schuldverhältnis mit Pflichten nach § 241 Abs. 2 BGB auch durch

1. die Aufnahme von Vertragsverhandlungen,
2. die Anbahnung eines Vertrages, bei welcher der eine Teil im Hinblick auf eine etwaige rechtsgeschäftliche Beziehung dem anderen Teil die Möglichkeit zur Einwirkung auf seine Rechte, Rechtsgüter und Interessen gewährt oder ihm diese anvertraut, oder ähnliche geschäftliche Kontakte.

2.2.1 Allgemeine Pflichten aus dem Anbahnungsverhältnis

477 Der grundlose Abbruch von Vertragsverhandlungen begründet regelmäßig auch dann keine Schadensersatzpflichten, wenn der Abbrechende weiß, daß der andere in Erwartung des Vertrages bereits Aufwendungen gemacht hat. Ein Anspruch kann jedoch dann entstehen, wenn der Abbrechende schuldhaft das Vertrauen auf das Zustandekommen des Vertrages erweckt hat, wenn also z.B. der Arbeitgeber den Arbeitnehmer veranlaßt hat, eine sichere Stelle zu kündigen, wenn über den Inhalt des

---

18 Vgl. Schaub, § 25 Rn 1.
19 MünchKO/Richardi, § 45, Rn 11 ff.
20 Gesetz zur Modernisierung des Schuldrechts vom 26.11.2001, BGBl. I, Seite 3138.

2. Zustandekommen des Arbeitsvertrages

abzuschließenden Vertrages Einigkeit bestand und der Abschluß nur noch bloße Formsache war[21].

Die Verhandlungspartner treffen darüber hinaus Mitteilungspflichten, deren Verletzung einen Schadensersatzanspruch nach sich ziehen kann, wenn die Parteien sich nicht hinreichend über die von der Norm abweichenden Leistungsansprüche oder Leistungsmöglichkeiten unterrichten. Insbesondere ist der Arbeitgeber gehalten, ohne besondere Frage den Arbeitgeber darüber zu unterrichten, daß er wegen einer bereits vorliegenden Krankheit außerstande ist, die Arbeit zum vereinbarten Arbeitsbeginn aufzunehmen[22].

Die gleiche Verpflichtung trifft z.B. einen Arbeitnehmer, dem bekannt ist, daß er zum vereinbarten Zeitpunkt des Arbeitsbeginns eine mehrmonatige Freiheitsstrafe antreten muß[23].

Schließlich gehört zu den allgemeinen Pflichten des Anbahnungsverhältnisses insbesondere die Obhutspflicht hinsichtlich der sorgfältigen Aufbewahrung und Behandlung der Bewerbungsunterlagen des Arbeitnehmers. Diese Pflicht beinhaltet zum einen, daß die Bewerbungsunterlagen nicht verschmutzt werden oder gar verloren gehen. Zum anderen müssen selbstverständlich über die im Rahmen der Vertragsverhandlungen bekannt gewordenen Geheimnisse Stillschweigen bewahrt werden. Hierzu zählen z.B. der Gesundheitszustand des Arbeitnehmers, die Wettbewerbsverhältnisse des Arbeitgebers usw.

Eine Ausnahme gilt insoweit im öffentlichen Dienst für die Weiterleitung von Fragebögen zur Sicherheitsüberprüfung.

Letztendlich entstehen aus den Vertragsverhandlungen auch gewisse Schutzpflichten, die insbesondere beinhalten, daß die Gesundheit, das Eigentum, die Persönlichkeit oder andere Rechtsgüter des jeweils anderen Teils nicht verletzt werden. Insbesondere ist hierzu die allgemeine Verkehrssicherungspflicht zu rechnen.

Zu beachten sind auch beim Anbahnungsverhältnis wiederum die Vorschriften des AGG.

2.2.2 Einstellung und Fragerecht des Arbeitgebers

Der Arbeitgeber hat im Rahmen des Anbahnungsverhältnisses selbstverständlich ein Interesse daran, möglichst viel über seinen zukünftigen Arbeitnehmer, insbesondere über dessen persönliche und fachliche Eignung zu erfahren. Aus diesem Grunde ist der Arbeitnehmer verpflichtet, Fragen des Arbeitgebers, an deren Beantwortung der Arbeitgeber wegen des zu begründenden Arbeitsverhältnisses ein berechtigtes, billigenswertes und schutzwürdiges Interesse hat, wahrheitsgemäß zu beantworten. Das In-

478

---

21 Vgl. Schaub, Rand-Nr. 13, mit weiteren Nachweisen.
22 BAG, Urteil vom 27.03.1991, NZA 1991, Seite 895 f.
23 Vgl. LAG Frankfurt, Urteil vom 07.08.1986 – 12 Sa 361/86, NZA 1987, Seite 352.

teresse des Arbeitgebers muß dabei objektiv so stark sein, daß dahinter das Interesse des Arbeitnehmers am Schutz seines Persönlichkeitsrechts und an der Unverletzlichkeit seiner Individualsphäre zurücktreten muß[24].

Hieraus folgt, daß der Arbeitgeber – wiederum unter Beachtung des AGG – Fragen stellen darf, die für den in Aussicht genommenen Arbeitsplatz von Bedeutung sind. Dies sind insbesondere Fragen nach den beruflichen und fachlichen Fähigkeiten, Kenntnissen und Erfahrungen des Bewerbers, die grundsätzlich uneingeschränkt gestellt werden dürfen.

Solche zulässigen Fragen hat der Bewerber auch wahrheitsgemäß zu beantworten.

Soweit der Arbeitgeber unzulässige Fragen stellt, kann der Bewerber die Beantwortung solcher Fragen ablehnen. In der Praxis ist eine solche Ablehnung jedoch kein geeignetes Mittel, denn aus der Nichtbeantwortung einer Frage könnte der zukünftige Arbeitgeber bereits gewisse Schlüsse ziehen. Es ist daher anerkannt, daß eine unzulässige Frage von Seiten des Arbeitgebers wahrheitswidrig beantwortet werden kann, ohne daß hierdurch irgendwelche negativen rechtlichen Konsequenzen eintreten[25]. Die unrichtige Beantwortung stellt insbesondere keine arglistige Täuschung im Sinne des § 123 BGB dar, so daß der Arbeitgeber einen eventuell zustande gekommenen Arbeitsvertrag nicht wegen der unrichtigen Beantwortung der unzulässigen Frage anfechten kann[26]. Beim Einsatz eines Personalfragebogens gelten die gleichen Grundsätze wie im Fragerecht. Hinzukommt hier das formelle Erfordernis der Zustimmung des Betriebsrates bzw. Personalrates zur Erstellung solcher Fragebögen. Die Zustimmung der Personalvertretung ändert allerdings nichts an den inhaltlichen Grenzen des Fragerechts. Unzulässige Fragen in einem Personalfragebogen bleiben also trotz einer eventuell vorliegenden Zustimmung des Personalrats oder Betriebsrats unzulässig.

Ausgehend von diesen Grundsätzen darf der Arbeitgeber im Rahmen des Anbahnungsverhältnisses nach folgenden Umständen/Tatsachen fragen, die der Bewerber wahrheitsgemäß zu beantworten hat:

479 – Stasitätigkeit

Bei einer Einstellung in den öffentlichen Dienst darf im Einstellungsgespräch nach einer früheren Tätigkeit für das Ministerium für Staatssicherheit gefragt werden[27]. Das BAG hat in dieser Entscheidung ausgeführt, daß nach Art. 33 Abs. 2 GG jeder Deutsche nach seiner Eignung, Befähigung und fachlicher Leistung gleichen Zugang zu jedem öffentlichen Amt habe. Zur Eignung in diesem Sinne gehöre auch die Fähigkeit und die innere Bereitschaft, die dienstliche Aufgabe nach den Grundsätzen

---

24 Vgl. BAG, Urteil vom 07.06.1984 – 2 AZR 270/89, NZA 1985, Seite 57 f.
25 Vgl. BAG, Urteil vom 07.06.1984, a.a.O.
26 Vgl. hierzu unten Rn 503 ff.
27 Vgl. BAG, Urteil vom 28.05.1998, EZA § 123 BGB Nr. 49.

2. Zustandekommen des Arbeitsvertrages

der Verfassung wahrzunehmen, insbesondere die Freiheitsrechte der Bürger zu wahren und rechtsstaatliche Regeln einzuhalten. Die frühere Mitarbeit für das MfS kann jedenfalls bei der Beurteilung der Eignung eine Rolle spielen. Danach ist es grundsätzlich nicht zu beanstanden, wenn bei der Einstellung in den öffentlichen Dienst als Kriterium auch eine etwaige frühere Stasi-Mitarbeit herangezogen wird.

– Schwerbehinderung und Behinderung 480

Die Frage nach einer vorliegenden Schwerbehinderung ist uneingeschränkt zulässig. Angesichts der vielfältigen Verpflichtungen, die aufgrund einer Schwerbehinderung den Arbeitgeber treffen[28] wird ihm ohne weiteres das Recht zuerkannt, nach einer Schwerbehinderung zu fragen[29].

Das Fragerecht nach der Schwerbehinderung besteht im übrigen unabhängig davon, ob sich die Schwerbehinderteneigenschaft auf die angestrebte Tätigkeit auswirken kann.

Von der Schwerbehinderung zu unterscheiden ist die Behinderung. Die Frage nach der Behinderung ist nur dann zulässig, wenn die Behinderung erfahrungsgemäß die Eignung des Stellenbewerbers für die vorgesehene Tätigkeit beeinträchtigt[30].

– Schwangerschaft 481

Die Frage nach der Schwangerschaft einer Bewerberin ist grundsätzlich unzulässig, weil sie eine unzulässige Benachteiligung auf Grund des Geschlechts enthält und damit gegen das Diskriminierungsverbot des § 611a BGB verstößt.

Das BAG hat allerdings ausnahmsweise bei Eingreifen eines Beschäftigungsverbotes wegen der besonderen Umstände des Falles die Frage nach der Schwangerschaft für zulässig erachtet, weil in diesen Fällen die Frage zumindest auch dem Schutz der Arbeitnehmerin und ihres ungeborenen Kindes diene[31].

Die vom BAG in dieser Entscheidung gegebene Begründung ist allerdings mit der Auffassung des EuGH nicht vereinbar[32]. Nach dieser Entscheidung verbietet es die Richtlinie 96/207 zur Verwirklichung des Grundsatzes der Gleichbehandlung von Männern und Frauen, eine Schwangere deshalb nicht auf eine unbefristete Stelle einzustellen, weil sie für die Dauer der Schwangerschaft wegen eines aus ihrem Zustand folgenden gesetzlichen Beschäftigungsverbots auf dieser Stelle von Anfang an nicht beschäftigt werden darf. Da hiernach das Vorliegen einer Schwangerschaft und ein daraus resultierendes unmittelbar eingreifendes Beschäftigungsverbot

---

28 Vgl. SGB IX.
29 Vgl. z.B. BAG, Urteil vom 03.12.1998 – 2 AZR 754/97 –, NZA 1999, Seite 584.
30 BAG, Urteil vom 05.10.1995 – 2 AZR 923/94, NZA 1996, Seite 371 ff.
31 BAG, Urteil vom 01.07.1993 – 2 AZR 25/93, NZA 1993, Seite 933 ff.
32 Vgl. EUGH, Urteil vom 03.02.2000 – C 207/98.

nicht berechtigt, die Einstellung abzulehnen, darf auch in solchen Fällen nach Auffassung des EUGH nicht nach dem Bestehen einer Schwangerschaft gefragt werden.

Mit Urteil vom 04.10.2001 – C 109/00 – hat der EUGH seine Auffassung sogar noch verschärft. In diesem Urteil hat er nämlich sogar die Kündigung eines befristet abgeschlossenen Arbeitsvertrages für unzulässig angesehen, obwohl die Mitarbeiterin wegen der Schwangerschaft den weitaus größten Zeitraum des befristeten Arbeitsverhältnisses überhaupt nicht zur Verfügung gestanden hätte. Die Entscheidung wirkt sich zwar auf die Bundesrepublik Deutschland nicht unmittelbar aus, da nach § 9 MuschG bei Vorliegen einer Schwangerschaft ohnehin nicht gekündigt werden darf. Da der EUGH aber auch in diesen Fällen die Frage nach der Schwangerschaft als unzulässig ansieht, dürfte eine Bewerberin, die weiß, daß sie schwanger ist, beim Einstellungsgespräch für eine befristete Tätigkeit die Unwahrheit sagen. Dies hätte nach der Entscheidung des EUGH selbst dann keine rechtlichen Konsequenzen, wenn die Beschäftigte aufgrund eines mutterschutzrechtlichen Beschäftigungsverbots während der gesamten Dauer des befristeten Arbeitsverhältnisses nicht verfügbar ist. Der Arbeitgeber bliebe in jedem Fall zur Entgeltzahlung verpflichtet.

– Familienstand

482 Zulässig ist die Frage, ob ein Bewerber bzw. eine Bewerberin ledig, verheiratet oder verwitwet ist. Auch nach dem Namen und Geburtstag des Ehegatten und der Kinder darf gefragt werden.

Unzulässig ist dagegen die Frage, ob eine Heirat beabsichtigt ist, ob der Arbeitnehmer getrennt lebt und – jedenfalls im allgemeinen – welche Einkünfte der Ehegatte erzielt. Im öffentlichen Dienst gilt insoweit eine Ausnahme, als im Hinblick auf den Familienzuschlag nach einer Beschäftigung des Ehegatten im öffentlichen Dienstes gefragt werden darf.

– Berufsweg

483 Fragen nach dem schulischen und beruflichen Werdegang, nach Zeugnis und Prüfungsnoten, Diplomen und Studienschwerpunkten müssen korrekt beantwortet werden. Ebenso besteht eine wahrheitsgemäße Auskunftspflicht über Wehrdienstzeiten oder darüber, ob eine Einberufung zum Wehrdienst alsbald bevorsteht.

– Vermögensverhältnisse

484 Grundsätzlich besteht keine Verpflichtung, über Vermögensverhältnisse Auskunft zu geben. Ausgenommen hiervon sind leitende Angestellte und solche Mitarbeiter, die besondere Vertrauensstellungen einnehmen sollen (z.B. Tätigkeit im Finanz- und Rechnungswesen oder bei Sparkassen).

2. Zustandekommen des Arbeitsvertrages

– Lohn- und Gehaltspfändungen

Die Frage nach Lohn- und Gehaltspfändungen wird überwiegend als rechtens angesehen, da hiermit beträchtliche Verwaltungsarbeit sowohl mit haftungsrechtlichen Risiken für den Arbeitgeber verbunden sind. **485**

– Krankheiten

Die Frage nach gesundheitlichen Beeinträchtigungen des künftigen Arbeitnehmers ist nur insoweit zulässig, wie sie die Einsatzfähigkeit des Arbeitnehmers auf den vorgesehenen Arbeitsplatz betrifft. Dies bedeutet, daß sich der Umfang der zulässigen Fragen und der Inhalt solcher Fragen danach richtet, auf welchem Arbeitsplatz der Bewerber oder die Bewerberin eingesetzt werden soll. **486**

Im öffentlichen Dienst hatte der Arbeitgeber nach § 7 BAT/§ 10 BMT-G das Recht, sich über die gesundheitliche Eignung des Bewerbers oder der Bewerberin durch eine Einstellungsuntersuchung Klarheit zu verschaffen. Die auf diesen tariflichen Vorschriften beruhende Praxis, bei jeder Einstellung im öffentlichen Dienst eine amtsärztliche Untersuchung vornehmen zu lassen, war mit den oben dargelegten Grundsätzen zum Fragerecht des Arbeitgebers kaum vereinbar.

Der TVöD sieht solche generellen Einstellungsuntersuchungen folgerichtig nicht mehr vor. Hier besteht nur die Möglichkeit, bei gegebener Veranlassung den Arbeitnehmer durch einen Vertrauensarzt untersuchen zu lassen (§ 3 Abs. 4 TVöD).

– Vorstrafen

Nach Vorstrafen darf gefragt werden, wenn und soweit es die Art des zu besetzenden Arbeitsplatzes erfordert. So können einschlägige Vorstrafen wegen Vermögensdelikten bei einer zu besetzenden Kassiererstelle in einer Sparkasse und ähnlichen Tätigkeiten sowie Verurteilungen wegen Verkehrsdelikten bei Einstellungen als Kraftfahrer von Bedeutung sein. **487**

Eine Vorstrafe braucht allerdings auch bei zulässiger ausdrücklicher Nachfrage vom Bewerber nicht mehr angegeben zu werden, wenn sie im Bundeszentralregister getilgt oder zu tilgen ist oder nur noch der beschränkten Auskunft aus dem Bundeszentralregister unterliegt.

Die insoweit ebenfalls im öffentlichen Dienst durchweg anzutreffende Praxis, ein Führungszeugnis zu verlangen, erscheint hiernach auch nicht gänzlich ohne Bedenken.

– Religionszugehörigkeit **488**

Die Frage nach der Religionszugehörigkeit ist grundsätzlich unzulässig, da der Arbeitgeber in der Regel kein Informationsbedürfnis dafür begründen kann, daß die Religionszugehörigkeit in ursächlichem Zusammenhang mit der Tätigkeit steht.

Zulässig ist dagegen die Frage nach der Mitgliedschaft in der Scientology-Sekte. Denn zum einen hat das BAG mit Beschluß vom 23.03.1995[33] für Recht erkannt, daß es sich bei dieser Organisation nicht um eine verfas-

4. Abschnitt: Individualarbeitsrecht

sungsrechtlich durch Art. 4 Abs. 1 und 2 GG geschützte Religionsgemeinschaft handelt. Andererseits hat das BAG festgestellt, daß das Selbstverständnis des Scientologen dahingeht, Menschen in ihrer Umgebung zu indoktrinieren und Mitglieder, die sich von der Sekte lösen wollen, unter Druck zu setzen. Dies kann – wie jedenfalls bei höherwertigen Beschäftigungen – erheblichen Unfrieden am Arbeitsplatz stiften, denn die Einflußmöglichkeiten dort sind sehr groß. Im öffentlichen Dienst fällt zudem die besondere Bedeutung der freiheitlich-demokratischen Grundordnung ins Gewicht, was für die Zulässigkeit solcher Fragen bei Anbahnung eines Arbeitsverhältnisses dort spricht[34].

Bei bestehenden Arbeitsverhältnissen kann die Mitgliedschaft in der Scientology-Sekte sogar eine Kündigung des Arbeitsverhältnisses rechtfertigen. Insoweit hat das LAG Berlin mit Urteil vom 11.06.1997 – 13 Sa 19/97 – entschieden, daß bei innerbetrieblichen Aktivitäten für Scientology ein wichtiger Grund zu außerordentlichen Kündigung jedenfalls dann vorliegt, wenn der Arbeitnehmer Personen psychologisch zu betreuen hat, die zu ihm hierdurch in einem besonderen Abhängigkeitsverhältnis stehen.

489 – Partei-, Gewerkschaftszugehörigkeit

Zulässig ist die Frage nach der Mitgliedschaft in einer vom Bundesverfassungsgericht für verfassungswidrig erklärten Partei. Ebenso ist die Frage nach der Gewerkschaftszugehörigkeit dann zulässig, wenn der Arbeitgeber aufgrund des Tarifverbundes infolge des anzuwendenden Tarifvertrages diese Auskunft benötigt. Letzteres darf jedoch erst nach der Einstellung gefragt werden.

Eine Ausnahme wird sicherlich dann anzuerkennen sein, wenn es um die Tätigkeit bei einem Arbeitgeberverband oder einer Gewerkschaft geht. Denn in diesen Fällen dient die Frage dazu, den tendenzbezogenen Schutz bzw. die Gegnerunabhängigkeit sicherzustellen.

Literatur: Schaub, §§ 24, 25; Conze, Fragerecht des öffentlichen Arbeitgebers und Offenbarungspflicht des Bewerbers bei Vertragsanbahnung, ZTR 1991, S. 99.

2.3 Form und Inhalt des Arbeitsvertrages

2.3.1 Form des Arbeitsvertrages

490 Nach § 2 Abs. 1 TVöD ist für Arbeitsverträge im öffentlichen Dienst die Schriftform vorgeschrieben.

Hierbei handelt es sich um eine durch Gesetz vorgeschriebene Form im Sinne des § 326 BGB, weil nach § 2 EGBGB unter dem Begriff „Gesetz" jede Rechtsnorm und damit auch Bestimmungen im normativen Teil von Tarifverträgen fallen. Dies bedeutet, daß der Arbeitsvertrag sowie auch

---

33 Az: – 5 AZB 21/94, NJW 1996, Seite 143.
34 Vgl. Berger/Delhai, Scientology und öffentlicher Dienst, ZTR 99, Seite 116 f.

2. Zustandekommen des Arbeitsvertrages

etwaige Nebenabreden von beiden Arbeitsvertragsparteien eigenhändig zu unterzeichnen sind. Werden – wie üblich – zwei Ausfertigungen des Vertrages gefertigt, so genügt es nach § 126 Abs. 2 BGB, wenn jede Partei die für die andere bestimmte Urkunde unterzeichnet.

§ 2 TVöD differenziert zwischen Vereinbarungen über die Hauptrechte und Hauptpflichten (Abs. 1) und über Nebenabreden (Abs. 3). Dieser Abgrenzung kommt erhebliche praktische Bedeutung zu, weil das Schriftformerfordernis bezüglich der Hauptrechte und Hauptpflichten lediglich deklaratorischer Natur ist. Dies bedeutet, daß insofern auch mündliche Vereinbarungen wirksam sind. Für das Zustandekommen eines Arbeitsverhältnisses genügt es z.B. auch, wenn der Arbeitnehmer tatsächlich seine Arbeit aufnimmt und der Arbeitgeber seiner Hauptleistungspflicht, nämlich der Beschäftigungs- und der Vergütungspflicht nachkommt. Das Fehlen eines schriftlichen Arbeitsvertrages hat somit keinerlei materiellrechtlichen Auswirkungen. Aufgrund des Fehlens einer schriftlichen Urkunde ist allerdings die Beweisführung darüber erschwert, welche Arbeitsbedingungen von Seiten der Arbeitsvertragsparteien dem Arbeitsverhältnis zugrunde gelegt werden sollten.

Anders ist dies bei den Nebenabreden. Hier belegt bereits der Wortlaut des § 2 Abs. 3 TVöD, wonach Nebenabreden nur wirksam sind, wenn sie schriftlich vereinbart werden, daß in diesen Fällen die Schriftform konstitutiv ist. Eine entgegen dieser Formvorschrift getroffene Abrede ist gem. § 134 BGB nichtig. Dies gilt nach der Rechtsprechung des BAG auch dann, wenn die Geltung des BAT bzw. des TVöD mangels Tarifbindung des Beschäftigten nur arbeitsvertraglich vereinbart ist, da auch insoweit der Arbeitsvertrag nur widerspiegeln soll, was sonst Kraft Tarifbindung Gültigkeit hat. Andernfalls würden auch nicht tarifgebundene Arbeitnehmer gegenüber Gewerkschaftsangehörigen begünstigt, was durch die vertragliche Übernahme der Tarifbestimmungen nicht gewollt ist[35].

Die Berufung des Arbeitnehmers oder Arbeitgebers auf eine fehlende Schriftform kann gegen den Grundsatz von Treu und Glauben verstoßen und eine unzulässige Rechtsausübung darstellen. Die fehlende Schriftform ist dann unbeachtlich. Das BAG hat insoweit mit Urteil vom 09.12.1981 – 4 AZR 312/79 – (AP Nr. 8 zu § 4 BAT) dies im Fall der Zahlung eines Essenszuschusses auf freiwilliger Basis als nicht treuwidrig angesehen. Die Berufung auf die fehlende Schriftform wäre nämlich nur dann treuwidrig gewesen, wenn der Arbeitgeber den Eindruck erweckt hätte, er halte sich zur Zahlung des Essenszuschusses ohne Rücksicht auf eine schriftliche Vereinbarung für verpflichtet. Dagegen kann sich die Berufung einer Arbeitsvertragspartei auf die bei einer Vereinbarung nicht eingehaltene tarifliche Schriftform als Verstoß gegen Treu und Glauben, oder als arglistige bzw. unzulässige Rechtsausübung darstellen, wenn der sich auf die Nichtigkeit Berufende den Vertragspartner davon abgehalten hat, den Abschluß einer schriftlichen Vereinbarung zu verlangen,

---

35 BAG, Urteil vom 09.02.1981 – 4 AZR 312/79, AP Nr. 8 zu § 4 BAT.

4. Abschnitt: Individualarbeitsrecht

insbesondere wenn ein öffentlicher Arbeitgeber eine bestimmte Leistung nur deswegen einseitig gewährt, um sich später, falls es in seinem Interesse liegen sollte, auf die Formnichtigkeit berufen zu können, bzw. wenn nach den Erklärungen und Zusicherungen sowie dem sonstigen Verhalten der Partei, die sich auf die Verletzung der Formvorschrift beruft, der Eindruck erzeugt worden ist, als solle auch ohne Einhaltung der Schriftform erfüllt oder von der Einhaltung der Schriftform überhaupt abgesehen werden[36]. In dem entschiedenen Fall war eine versprochene, aber schriftlich nicht fixierte Zulage über mehr als 5 Jahre vorbehaltlos und unter mehrfacher mündlicher Bestätigung gezahlt worden. Unter diesen Umständen hat das BAG die Berufung auf die fehlende Schriftform als arglistig angesehen.

491 Welche Vereinbarungen Nebenabreden im Sinne des § 2 Abs. 3 TVöD sind, richtet sich danach, ob mit der Vereinbarung Regelungen im Hinblick auf die Hauptpflichten des Arbeitsvertrages, also insbesondere im Hinblick auf Arbeitsleistung und Arbeitsentgelt getroffen werden. Vereinbarungen über sonstige Gegenstände, die entweder Sekundärcharakter oder jedenfalls nicht unmittelbar mit den Hauptrechten und Hauptpflichten aus dem Arbeitsvertrag zu tun haben, sind Nebenabreden im Sinne der Tarifvorschrift[37].

– Nebenabreden sind also insbesondere

– Pauschalierung von Stundenvergütungen und Zeitzuschlägen (§ 35 Abs. 4 BAT bzw. nach den Sonderregelungen),

– Verzicht auf Probezeit oder Abgrenzung der Probezeit (§ 5 BAT),

– Anrechnung von Vordienstzeiten als Beschäftigungszeit (§ 19 Abs. 4 BAT),

– Vereinbarung von außertariflichen Zulagen,

– Verpflichtung zur Rückzahlung von Ausbildungskosten für den Fall vorzeitigen Ausscheidens aus dem Arbeitsverhältnis,

– Gewährung von Fahrtkostenersatz,

§ 2 Abs. 3 TVöD bestimmt, daß Nebenabreden „gesondert gekündigt" werden können, wenn dies einzelvertraglich vereinbart ist.

Trotz dieser Formulierung handelt es sich bei der „Kündigung" von Nebenabreden in Wirklichkeit nicht um eine – unzulässige – Teilkündigung des Arbeitsverhältnisses, sondern vielmehr um einen Widerrufsvorbehalt, dessen Ausübung nach billigem Ermessen zu erfolgen hat[38]. Die Vereinbarung eines Widerrufsvorbehalts ist grundsätzlich zulässig, soweit er nicht zur Umgehung des Kündigungsschutzes nach dem Kündigungsschutzgesetz führt. Dies bedeutet, daß ein eventueller Widerruf sich auch

---

36 BAG, Urteil vom 07.05.1986 – 4 AZR 556/83, AP Nr. 12 zu § 4 BAT.
37 Vgl. BAG, Urteil vom 07.05.1986 – 4 AZR 556/83, AP Nr. 12 zu § 4 BAT.
38 BAG, Urteil vom 07.10.1982 – 2 AZR 455/80, AP Nr. 5 zu § 620 BGB Teilkündigung.

2. Zustandekommen des Arbeitsvertrages

für das Arbeitsverhältnis auf nicht wesentliche Zusatzbestimmungen beschränken muß, die den Kernbestand des Arbeitsverhältnisses nicht berühren. Der Begriff der Nebenabrede erfüllt diese Voraussetzung. Die Ausübung des Widerrufsvorbehaltes unterliegt nach der oben genannten Entscheidung des BAG einer an § 315 BGB ausgerichteten, d.h. auf billiges Ermessen hin, gerichtlichen Kontrolle. Dies soll den Arbeitnehmer vor willkürlichen einseitigen Änderungen der Arbeitsbedingungen schützen.

Neben den Formvorschriften des TVöD bzw. der sonstigen Tarifverträge des öffentlichen Dienstes sind auch die Bestimmungen des Nachweisgesetzes vom 20.07.1995, BGBl. I Seite 946, zu beachten. **492**

Ziel des Nachweisgesetzes war es, mehr Informationen für den einzelnen Arbeitnehmer über seine wesentlichen Vertragsbedingungen durch stärkere Formalisierung zu bewirken. Es soll dabei eine größere Rechtssicherheit im Arbeitsverhältnis für die beiderseitigen vertraglichen Rechte und Pflichten bewirkt werden, insbesondere für Arbeitnehmer, die keinen schriftlichen Arbeitsvertrag besitzen.

Dementsprechend bestimmt § 2 Nachweisgesetz, daß der Arbeitgeber spätestens einen Monat nach dem vereinbarten Beginn des Arbeitsverhältnisses die wesentlichen Vertragsbedingungen schriftlich niederzulegen hat, die Niederschrift zu unterzeichnen und dem Arbeitnehmer auszuhändigen hat. In dieser Niederschrift sind nach dem Nachweisgesetz bestimmte Angaben zwingend aufzunehmen. Dies sind z.B. der Name und die Anschrift der Vertragsparteien, der Zeitpunkt des Beginns des Arbeitsverhältnisses, bei befristeten Arbeitsverhältnissen die Dauer des Arbeitsverhältnisses, der Arbeitsort, eine kurze Charakterisierung oder Beschreibung der zu leistenden Tätigkeit, Zusammensetzung und Höhe des Arbeitsentgelts, vereinbarte Arbeitszeit, Dauer des jährlichen Erholungsurlaubs, Fristen für die Kündigung des Arbeitsverhältnisses und ein allgemeiner Hinweis auf geltende Tarifverträge, Betriebs- und Dienstvereinbarungen.

Nach § 2 Abs. 4 entfällt die Verpflichtung der Anfertigung einer Niederschrift dann, wenn dem Arbeitnehmer ein schriftlicher Arbeitsvertrag ausgehändigt wird, der die oben genannten Angaben enthält.

Die von den Arbeitgebern des öffentlichen Dienstes herausgegebenen Vertragsmuster enthalten weitestgehend die vom Nachweisgesetz geforderten Angaben. Da diese Muster dann in den meisten Fällen bei Arbeitsverhältnissen im öffentlichen Dienst zugrunde gelegt werden, ist an sich ein zusätzlicher Nachweis nach § 2 NachwG nicht erforderlich. Insoweit ist allerdings darauf hinzuweisen, daß z.B. die Aufnahme des Arbeitsortes oder eine allgemeine Beschreibung der zu leistenden Tätigkeit im Arbeitsvertrag selbst das Direktionsrecht des Arbeitgebers einschränken kann. Insoweit empfiehlt es sich unter Umständen zu diesen beiden Punkten lediglich die Niederschrift nach § 2 Abs. 1 zu fertigen, die ausschließlich vom Arbeitgeber unterzeichnet wird.

4. Abschnitt: Individualarbeitsrecht

Eine Verletzung der Nachweispflicht berührt jedoch die Wirksamkeit des Arbeitsvertrages nicht.

Bei befristeten Arbeitsverträgen ist neben den tariflichen Vorschriften und dem Nachweisgesetz § 14 Abs. 4 TzBfG zu beachten. Hiernach bedarf die Befristung eines Arbeitsvertrages zu ihrer Wirksamkeit der Schriftform (vgl. im einzelnen unten Seite 612).

2.3.2 Inhalt des Arbeitsvertrages

493 Bei Arbeitsverträgen, im TVöD-Arbeitsverhältnis bedürfen aufgrund der Geltung des TVöD nur einige wenige Punkte einer Regelung im Arbeitsvertrag. Insbesondere sind dies Beginn und (ggf.) Ende des Arbeitsverhältnisses, die Namen der Vertragsparteien, der Umfang der Arbeitszeit, die Bezugnahme auf den TVöD, die Vergütungsgruppe sowie eventuell die Vereinbarung einer Probezeit und von Nebenabreden.

Nach dem von den Arbeitgeberverbänden des öffentlichen Dienstes herausgegebenen Vertragsmustern kann ein Arbeitsvertrag beispielsweise folgende Regelungen enthalten:

Zwischen
(Arbeitgeber, Anschrift)
vertreten durch ....
und
Herrn/Frau
wohnhaft in (Angestellte/r) geboren am:
wird folgender
Arbeitsvertrag
geschlossen:

§ 1
Herr/Frau
wird ab
in der Tätigkeit als
☐ als vollbeschäftigte/r Angestellte/r
☐ als nicht vollbeschäftigte/r Angestellte/r
☐ mit der Hälfte der durchschnittlichen regelmäßigen wöchentlichen Arbeitszeit eines entsprechenden vollbeschäftigten Angestellten 3)
☐ mit der durchschnittlichen regelmäßigen wöchentlichen Arbeitszeit eines entsprechenden vollbeschäftigten Angestellten 3) 4)
☐ mit einer durchschnittlichen regelmäßigen wöchentlichen Arbeitszeit von .... Stunden
auf unbestimmte Zeit eingestellt.
Die Übertragung anderer Tätigkeiten bleibt vorbehalten.
Die Beschäftigung erfolgt in .... (Arbeitsort)
oder
an verschiedenen Orten .
Die tariflichen Vorschriften über die Versetzung, Abordnung, Zuweisung und Personalgestellung (§ 4 TVöD) bleiben unberührt.

2. Zustandekommen des Arbeitsvertrages

§ 2
Das Arbeitsverhältnis bestimmt sich nach dem Tarifvertrag für den öffentlichen Dienst (TVöD) und den diesen ergänzenden, ändernden oder ersetzenden Tarifverträgen in der für den Bereich der Vereinigung der kommunalen Arbeitgeberverbände (VKA) jeweils geltenden Fassung. Außerdem finden die für den Arbeitgeber jeweils geltenden sonstigen einschlägigen Tarifverträge Anwendung.

§ 3
Die Probezeit nach § 2 Abs. 4 TVöD beträgt sechs Monate.

§ 4
Der/Die Angestellte ist in der Vergütungsgruppe der Anlage 1a /1b zum BAT eingruppiert (§ 22 Abs. 3 BAT).

§ 5
Es wird folgende Nebenabrede vereinbart:
Die Nebenabrede kann mit einer Frist von zwei Wochen zum Monatsschluß schriftlich gekündigt werden.

§ 6
Änderungen und Ergänzungen des Arbeitsvertrages einschließlich von Nebenabreden sowie Vereinbarungen weiterer Nebenabreden sind nur wirksam, wenn sie schriftlich vereinbart werden.
(Für den Arbeitgeber) (Beschätigte/r)

Neben diesen notwendigen Bestandteilen des Arbeitsvertrages können noch weitere Vereinbarungen getroffen werden. So finden sich gerade in jüngster Zeit in vielen Verträgen Abtretungsverbote, weil die Bearbeitung von Drittschuldnererklärungen u.ä. einen hohen Zeitaufwand verursachen kann und zudem die – wenn auch geringe – Möglichkeit des Arbeitgebers besteht, seinen Arbeitnehmer vor übermäßiger Verschuldung zu schützen. Die Vereinbarung eines Abtretungsverbots ist unter Beachtung der §§ 399, 400 BGB ohne weiteres zulässig. Insbesondere sind Pfändungsfreigrenzen bei der Vereinbarung solcher Abtretungsverbote zu beachten.

Sinnvoll kann es sein, in einem Arbeitsvertrag den Ausschluß der Kündigung vor Arbeitsantritt zu vereinbaren.

2.3.3 Mehrere Arbeitsverträge

494 Wie § 2 Abs. 2 TVöD zeigt, ist es auch im öffentlichen Dienst möglich, zu ein und demselben Arbeitgeber mehrere Arbeitsverhältnisse zu begründen. Gerade mit der Zunahme der Teilzeitbeschäftigung in jüngster Zeit hat die Möglichkeit von mehreren Arbeitsverhältnissen an Bedeutung gewonnen. Zwingende Voraussetzung für die Annahme, daß mehrere Arbeitsverhältnisse zu demselben Arbeitgeber bestehen, ist jedoch nach der oben genannten Tarifvorschrift, daß die jeweils übertragenen Tätigkeiten nicht in einem unmittelbaren Sachzusammenhang stehen. Andernfalls gelten sie als ein Arbeitsverhältnis.

Sinn dieser im Jahre 1991 in den BAT eingefügten Regelung war nach dem Willen der Tarifvertragsparteien die Absicht, den Abschluß von Arbeitsverträgen mit den im Sinne des § 8 SGB IV als geringfügig beschäftigt geltenden Arbeitnehmern einzuschränken. Darüber hinaus geschah die Einbeziehung unter Berücksichtigung der Tatsache, daß ebenfalls im Jahre 1991 zum ersten Mal ein Teil der teilzeitbeschäftigten Angestellten in den Geltungsbereich des BAT einbezogen wurden.

Die Vorschrift erfaßt nicht Arbeitsverhältnisse mit unterschiedlichen Arbeitgebern, auch nicht mit solchen des öffentlichen Dienstes.

Mehrere rechtlich selbständige Arbeitsverhältnisse zu demselben Arbeitgeber sind möglich, wenn die jeweils übertragenen Tätigkeiten nicht in einem unmittelbaren Sachzusammenhang stehen. Ein solcher unmittelbarer Sachzusammenhang ist z.b. nicht gegeben, wenn der Angestellte aufgrund mehrerer Arbeitsverträge

- bei mehreren organisatorisch getrennten Dienststellen/Betrieben desselben Arbeitgebers tätig ist (z.B. bei der Stadtverwaltung und bei einem nicht in eigener Rechtspersönlichkeit betriebenen Versorgungsbetrieb, auch wenn der Angestellte die gleiche Beschäftigung ausübt),
- in einer Dienststelle/einem Betrieb desselben Arbeitgebers zwei unterschiedliche, organisatorisch getrennte Tätigkeiten ausübt[39].

Die Begründung mehrerer in einem unmittelbaren Sachzusammenhang stehende Arbeitsverhältnisse zum selben Arbeitgeber führt nicht etwa zur Nichtigkeit dieser Arbeitsverhältnisse bzw. des zweiten Arbeitsverhältnisses. Vielmehr gelten sie trotz formaler vertraglicher Trennung als ein Arbeitsverhältnis. Dies bedeutet, daß sich Eingruppierung und Vergütung nach den Vorschriften der § 22 ff. BAT richten, d.h. die Vergütung ist anhand der Gesamtbeschäftigung zu ermitteln.

2.3.4 Änderung von Arbeitsverträgen

495 Der Inhalt von Arbeitsverträgen kann aufgrund der beiderseitigen Gebundenheit an die einmal vereinbarten Regelungen nicht einseitig abgeändert werden.

Eine Änderung des Arbeitsvertrages ist danach nur möglich durch

- Änderungsvertrag,
- Änderungskündigung[40],
- Eintritt zwingender Rechtsfolgen Kraft Gesetzes (z.B. Änderung der Eingruppierung durch Zeit- oder Bewährungsaufstieg oder gem. § 23 BAT).

Der Änderungsvertrag kann auch mündlich oder stillschweigend, z.B. durch konkludentes Handeln abgeschlossen werden, soweit sich die Änderung nicht auf Nebenabreden im Sinne des § 4 Abs. 2 BAT beziehen.

---

39 Vgl. Clemens/Scheuring/Steingen/Liese, BAT-Kommentar, § 4 Erl. 7c.
40 Vgl. hierzu unten Rn 622.

2. Zustandekommen des Arbeitsvertrages

Wie beim Abschluß des Arbeitsvertrages allgemein, so ist indes auch bei Änderungen des Arbeitsvertrages eine schriftliche Fixierung zu empfehlen.

Soll ein Arbeitsvertrag geändert werden, so ist es nicht erforderlich, eine völlig neue Vertragsurkunde zu erstellen. Es genügt vielmehr, wenn eine schriftliche Änderungsvereinbarung hinsichtlich des Teils des Arbeitsvertrages abgeschlossen wird, der einen anderen Inhalt erhalten soll.

Formlose Mitteilungen des Arbeitgebers, mit denen der Arbeitnehmer lediglich nur über den bestehenden Rechtsstatus informiert werden soll, führen indes nie zu einer Änderung des Arbeitsvertrages, auch wenn sie vom Angestellten widerspruchslos entgegengenommen werden. Bei solchen Mitteilungen fehlt es bereits am Erklärungsbewußtsein des Arbeitgebers, dem Angestellten eine Vertragsänderung anzubieten. Daher können derartige Mitteilungen (z.B. über Beschäftigungs- und Dienstzeit, Bewährungsaufstieg, Vergütungshöhe und ihre Bestandteile) später – im Allgemeinen – jederzeit korrigiert werden, wenn sich ihre Unrichtigkeit herausstellt.

2.4 Mängel des Arbeitsvertrages

Als schuldrechtlicher privater Vertrag unterliegt der Arbeitsvertrag den Rechtsvorschriften des Bürgerlichen Gesetzbuches. Dies bedeutet, daß er unter den gleichen Voraussetzungen wie z.B. Kaufverträge nichtig oder anfechtbar sein kann.   496

2.4.1 Nichtigkeit des Arbeitsvertrages

Die Nichtigkeit von Arbeitsverträgen ist eine in der Praxis nicht sehr häufig anzutreffende Fallgestaltung. Die Nichtigkeit auch eines Arbeitsvertrages richtet sich dabei nach § 134 BGB, der bestimmt, daß ein Rechtsgeschäft, das gegen ein gesetzliches Verbot verstößt, nichtig ist. Solche gesetzlichen Verbote ergeben sich insbesondere aus den Arbeitsschutzgesetzen, wie z.B. aus dem Arbeitszeitgesetz u.ä. Wird also z.B. in einem Arbeitsvertrag eine tägliche Arbeitszeit von mehr als 10 Stunden vereinbart, so liegt ein Verstoß gegen § 3 Abs. 1 ArbZG vor, der zur Nichtigkeit der Vereinbarung über die Arbeitszeit führt. Die Nichtigkeit einzelner Bestimmungen eines Arbeitsvertrages führt nicht zur Nichtigkeit des Arbeitsvertrages insgesamt[41], sondern lediglich zur Nichtigkeit der einzelnen nichtigen Bestimmung. Die entstehende Vertragslücke in solchen Fällen wird durch Anwendung der gesetzlichen Regelung geschlossen, gegen die verstoßen worden ist. Haben z.B. die tarifunterworfenen Parteien im Arbeitsvertrag ein unter dem Tarif liegendes Arbeitsentgelt vereinbart, dann hat der Arbeitnehmer Anspruch auf Zahlung der tariflichen Vergütung.   497

---

41 Vgl. § 139 BGB.

Einer ausdrücklichen Änderung oder Ergänzung des förmlichen Arbeitsvertrages bedarf es in diesen Fällen nicht.

2.4.2 Anfechtbarkeit des Arbeitsvertrages

498 Bei vorliegen eines Anfechtungsgrundes wegen Irrtums über den Inhalt der Erklärung oder über die Person des Vertragspartners (§ 119 BGB) sowie wegen arglistiger Täuschung oder Drohung (§ 123 BGB) kann der anfechtungsberechtigte Arbeitgeber oder Arbeitnehmer seinen zum Vertragsschluß führende Willenserklärung anfechten.

2.4.2.1 Irrtum

499 Die Anfechtung wegen Irrtums über eine verkehrswesentliche, persönliche Eigenschaft des Vertragspartners nach § 119 Abs. 2 BGB ist nur zulässig, wenn sie für das Arbeitsverhältnis, insbesondere für die betreffende im Betrieb auszuübende Position von maßgeblicher Bedeutung ist. So kann z.B. in entsprechenden schwergewichtigen Fällen ein Irrtum des Arbeitnehmer über die Zahlungsfähigkeit des Arbeitgebers diesen zur Anfechtung berechtigen. Ebenso kann, allerdings auch nur bei ganz schwerwiegenden Fällen, der Arbeitgeber den Arbeitsvertrag anfechten, weil er sich im Irrtum über die Kenntnisse, Fähigkeiten und Fertigkeiten des Arbeitnehmers bei Abschluß des Arbeitsvertrages befunden hat.

2.4.2.2 Täuschung/Drohung

500 Die Anfechtung wegen arglistiger Täuschung nach § 123 BGB setzt voraus, daß man beim Getäuschten wissentlich aktiv durch unrichtige Erklärungen oder passiv durch Verschweigen falsche Vorstellungen erweckt wurden, die für die Abgabe der zum Vertragsschluß führenden Willenserklärung von wesentlicher Bedeutung waren.

Solche Sachverhalte sind gegeben, wenn z.B. trotz entsprechender Nachfrage die Schwerbehinderteneigenschaft verneint worden ist. Die Anfechtung kann auch darauf gestützt werden, daß der Bewerber nach dem Grundsatz von Treu und Glauben verpflichtet gewesen wäre, eine Tatsache von sich aus zu offenbaren und dies nicht getan hat. In jedem Fall muß jedoch das Verschweigen oder die unrichtige Beantwortung ursächlich für die Begründung des Arbeitsverhältnisses gewesen sein, d.h. es muß feststehen, daß der Arbeitsvertrag bei entsprechender Kenntnis des Arbeitgebers nicht abgeschlossen worden wäre.

Ein Fall der widerrechtlichen Drohung beim Abschluß von Arbeitsverträgen mit der Folge der Anfechtbarkeit nach § 123 Abs. 1 BGB dürfte kaum je vorkommen.

Anders kann dies beim Abschluß von Aufhebungsverträgen sein.

2. Zustandekommen des Arbeitsvertrages

2.4.3 Folgen der Nichtigkeit und Anfechtbarkeit

Bis zur Aufnahme der Tätigkeit gelten im Falle der Nichtigkeit und Anfechtbarkeit des Arbeitsvertrages die allgemeinen Rechtsfolgen auch für den Arbeitsvertrag. Die Nichtigkeit der Willenserklärung hat die Unwirksamkeit des Vertrages zur Folge. Ist die zum Vertragsschluß führende Willenserklärung nach §§ 119, 123 BGB wirksam angefochten, so ist sie gem. § 142 Abs. 1 BGB als von Anfang nichtig anzusehen. 501

Nach Aufnahme der Tätigkeit ändert sich die Rechtslage allerdings. Es ist zu beachten, daß vor Erkennen der Nichtigkeits- oder Anfechtungsgründe gegenseitige Leistungen erbracht worden sind, die weder nach Bereicherungs- noch nach Rückabwicklungsgrundsätzen des allgemeinen Schuldrechts rückabgewickelt werden können. Aufgrund der Anfechtung entsteht vielmehr ein sog. faktisches Arbeitsverhältnis, dessen Wirkungen nicht mehr rückwirkend, sondern nur noch in die Zukunft bezogen beseitigt werden. Das faktische Arbeitsverhältnis ist für die Vergangenheit wie ein fehlerfreies zu behandeln. Aus ihm entstehen quasi vertragliche Ansprüche. Dem Arbeitnehmer werden folglich nicht rückwirkend Lohnansprüche entzogen.

Der Grundsatz, daß die Anfechtung eines Arbeitsvertrages nur in die Zukunft wirkt, gilt allerdings dann nicht, wenn das Arbeitsverhältnis zu einem bestimmten Zeitpunkt außer Funktion gesetzt worden ist oder erst gar nicht begonnen worden ist. Denn dann gibt es insbesondere keine Rückabwicklungsschwierigkeiten, so daß einer Rückwirkung der Abwicklung nichts entgegensteht. Dies ist insbesondere dann denkbar, wenn bei einer Einstellung die Frage nach der Schwerbehinderung unrichtig beantwortet wird und die Schwerbehinderung gleichzeitig dazu führt, daß das Arbeitsverhältnis erst gar nicht begonnen wird[42].

Literatur: Schaub, § 35; MünchKo/Richardi, § 44.

2.5 Exkurs: Arbeitsrechtliche Konkurrentenklage

In den vergangen Jahren hat die Anzahl der sog. arbeitsrechtlichen Konkurrentenklagen angesichts der knapper werdenden Stellen im öffentlichen Dienst stark zugenommen. 502

Die Konkurrentenklage wurde im Beamtenrecht entwickelt, wo schon seit vielen Jahren aus der Konkurrenzsituation heraus gerichtliche Auseinandersetzungen stattgefunden haben.

Mit der Konkurrentenklage wird eine vermeintlich fehlerhafte Auswahlentscheidung des Arbeitgebers zugunsten eines Mitbewerbers zur gerichtlichen Überprüfung gestellt. Ziel der Konkurrentenklage ist es, die Auswahlentscheidung des Arbeitgebers zu eigenen Gunsten zu korrigieren oder zumindest die Auswahlentscheidung wiederholen zu lassen. Unter Um-

---

[42] Vgl. BAG, Urteil vom 03.12.1998 – 2 AZR 754/97, NZA 1999, Seite 584 ff.

ständen kann es auch darum gehen, überhaupt erst in das Auswahlverfahren einbezogen zu werden[43].

2.5.1 Anspruch auf Zugang zu einem öffentlichen Amt

503 Rechtlicher Ansatzpunkt für die Anerkennung des Instituts der Konkurrentenklage ist Artikel 33 Abs. 2 GG. Die Vorschrift gewährt jedem Deutschen ein grundrechtsgleiches Recht auf gleichen Zugang zu jedem öffentlichen Amt nach Eignung, Befähigung und fachlicher Leistung. Die Vorschrift stellt nicht nur etwa einen Programmsatz dar, sondern aus ihr ergeben sich für den einzelnen Bewerber unmittelbar geltende subjektive Rechte. D.h., daß jeder verlangen kann, bei einer Bewerbung nach den in Art. 33 Abs. 2 GG genannten Kriterien beurteilt zu werden. Dies gilt sowohl für Einstellungen, aber auch für Beförderungen. Ein unmittelbarer Anspruch auf Einstellung oder Beförderung kommt indes nur ausnahmsweise in Betracht. Voraussetzung hierfür ist, daß nach den Verhältnissen im Einzelfall jede andere Entscheidung als rechtswidrig oder ermessensfehlerhaft erschiene und mithin die Berücksichtigung eines Bewerbers die einzig rechtmäßige Entscheidung ist, weil er absolut und im Verhältnis zu den Mitbewerbern in jeder Hinsicht der am besten Geeignete ist[44].

2.5.2 Gerichtliches Verfahren

504 Der Konkurrent um die Besetzung einer Stelle oder um die Beförderung in ein höherwertiges Amt kann nach der inzwischen gefestigten Rechtsprechung des BAG arbeitsgerichtlichen Rechtschutz durch Erhebung einer Klage auf Neubescheidung in Anspruch nehmen[45].

Eine solche Klage ist indes nur dann sinnvoll, wenn die Stelle nicht bereits endgültig besetzt ist. Denn dann ist die Stelle nicht mehr verfügbar und eine nochmalige Vergabe des Amtes mit der ihm zugeordneten Planstelle und den Dienstposten ist nicht möglich.

Es stellt sich daher – ebenso wie im Beamtenrecht – die Frage, ob ein Arbeitnehmer wie ein Beamter gegen seinen Arbeitgeber wegen Ablehnung seiner Beförderung um eine Stelle Klage erheben und durch die Inanspruchnahme vorläufigen Rechtsschutzes die endgültige Stellenbesetzung verhindern kann.

Diese Frage war zunächst umstritten. So vertrat etwa das LAG Hamm[46] die Auffassung, daß der im Beamtenrecht anerkannte vorläufige Rechtsschutz auch im Arbeitsrecht zur Anwendung kommen müsse. Das LAG Berlin hielt es dagegen nicht für möglich, die von der Rechtsprechung des

---

43 Vgl. z.B. BAG, Urteil vom 18.09.2001 – 9 AZR 410/00.
44 Vgl. BAG, Urteil vom 05.03.1996 – 1 AZR 590/92, NZA 1996, Seite 751.
45 Vgl. BAG, Urteil vom 02.12.1997 – 9 AZR 445/96.
46 Urteil vom 13.05.1993 – 17 Sa 1598/92, ZTR 1993, Seite 339.

2. Zustandekommen des Arbeitsvertrages

Bundesverwaltungsgerichts entwickelten Grundsätze zur Konkurrentenklage im Beamtenrecht zu übertragen[47].

Das BAG hat mit dem oben bereits zitierten Urteil vom 02.12.1997 klargestellt, daß die für das Beamtenrecht aufgestellten Grundsätze uneingeschränkt auch auf die arbeitsrechtliche Konkurrentenklage anzuwenden sind. Der Angestellte oder Arbeiter, der sich zu Unrecht bei der Einstellungs- oder Beförderungsentscheidung übergangen sieht, kann also die Besetzung der Stelle durch Beantragung einer einstweiligen Verfügung beim Arbeitsgericht zu verhindern suchen.

Damit dem übergangenen Bewerber eine solche Verfahrensmöglichkeit überhaupt eröffnet wird, ist es unerläßlich, ihn rechtzeitig über die ergangene Auswahlentscheidung zu informieren[48].

Dabei genügt nicht die lediglich negative Mitteilung, daß die Wahl auf einen anderen Bewerber gefallen ist. Es müssen vielmehr zumindest in groben Zügen die Gründe für die Endentscheidung dargelegt werden[49]. Nach Auffassung des BGH muß die Mitteilung an den nicht zum Zuge gekommenen Bewerber jedenfalls so gehaltvoll sein, daß der abgelehnte Bewerber in die Lage versetzt wird, die Erfolgsaussichten eines Rechtsbehelfs abschätzen zu können. Des weiteren ist nach Auffassung des BGH ab Zugang der Mitteilung eine Frist von mindestens 2 Wochen bis zur Ernennung des Mitkonkurrenten zu wahren, um dem abgelehnten Bewerber eine sachgemäße Rechtsschutzentscheidung zu ermöglichen.

Geschieht dies nicht, so stehen dem verfahrensfehlerhaft zurückgewiesenen Bewerber Schadensersatzansprüche zu, wenn ihm richtigerweise die Stelle hätte übertragen werden müssen. Spätestens hierbei taucht insbesondere die praktisch relevante Frage der Darlegungs- und Beweislast auf. Grundsätzlich trägt der unterlegene Bewerber die Darlegungs- und Beweislast sowohl für das Vorliegen eines Fehlers bei der Auswahlentscheidung als auch dafür, daß ihm die Stelle bei richtiger Entscheidung hätte übertragen werden müssen. Wenn aber dem unterlegenen Bewerber die einzelnen Kriterien, die der Arbeitgeber in seiner Auswahlentscheidung zugrunde gelegt hat und die ihn in Ausübung seines Beurteilungsermessens dazu bewogen haben, einen anderen Mitbewerber auszuwählen, im Rahmen des Auswahlverfahrens nicht mitgeteilt werden, dann ist der Arbeitgeber zu einer solchen Mitteilung spätestens im Verfahren des vorläufigen Rechtsschutzes verpflichtet[50]. Kommt der Arbeitgeber auch in diesem Verfahren seiner Mitteilungspflicht nicht nach, so ist der Vortrag des Arbeitnehmers im Hinblick auf die Fehlerhaftigkeit der Auswahlentscheidung in analoger Anwendung der zu § 1 Abs. 3 KSchG

---

47 Urteil vom 12.07.1993 – 9 Sa 67/93, ZTR 1994, Seite 33.
48 BVG, 3. Kammer des 2. Senats, Beschluß vom 19.09.1989 – 2 BVR 1576/88, NJW 1990, Seite 501.
49 Vgl. BGH, Urteil vom 06.04.1995 – III ZR 183/94, NJW 1995, Seite 2344.
50 Vgl. LAG Thüringen, Urteil vom 13.01.1997 – 8 Sa 232/96.

von der Rechtsprechung des BAG entwickelten abgestuften Darlegungs- und Beweislast gem. § 138 Abs. 2 ZPO als unstreitig anzusehen[51].

2.5.3 Anspruch auf Neubescheidung

505 Die Entscheidung über die Einstellung oder die Beförderung eines Bewerbers hat sich – wie oben bereits dargelegt – an den Kriterien des Art. 33 Abs. 2 GG zu orientieren.

Darüber hinaus sind die in vielen Bundesländern ergangenen Gleichstellungsgesetze zu beachten, die in der Regel eine bevorzugte Beförderung oder Einstellung von weiblichen Bewerberinnen vorschreiben, wenn weibliche Beschäftigte in dem betreffenden Bereich unterrepräsentiert sind und eine gleiche Eignung, Befähigung oder fachliche Leistung zwischen einem männlichen und einer weiblichen Bewerberin bestehen[52]. Nach Auffassung des BAG sind derartige Quotenregelungen wirksam[53].

Wenn sich im arbeitsgerichtlichen Verfahren die Auswahlentscheidung des Arbeitgebers als rechtsfehlerhaft erweist, so hat der unterlegene Bewerber einen Anspruch auf Neubescheidung.

Bei dieser Neubescheidung ist der Arbeitgeber verpflichtet, die vom Gericht festgestellten Auswahlfehler zu unterlassen. Keineswegs muß der Arbeitgeber den bislang übergangenen und im arbeitsgerichtlichen Verfahren erfolgreichen Bewerber einstellen und befördern. Er muß lediglich unter Beachtung der Vorgaben des Gerichts eine erneute Auswahlentscheidung treffen.

Literatur: Günther, „Konkurrenzklage" von Angestellten im öffentlichen Dienst um höherbewertete Tätigkeit; Seitz, Die arbeitsrechtliche Konkurrentenklage, 1995.

2.6 Befristete und bedingte Arbeitsverträge

506 Die Befristung von Arbeitsverhältnissen ist – gerade auch im öffentlichen Dienst – ein wichtiges personalwirtschaftliches Instrument, um insbesondere in Vertretungsfällen oder bei außergewöhnlichem Arbeitsanfall für bestimmte Zeit Personal feststellen zu können, ohne daß ein Dauerarbeitsverhältnis eingegangen wird und ohne daß eine Beendigung des Arbeitsverhältnisses durch den Ausspruch von Kündigungen und damit verbundenen rechtlichen Problemen erreicht werden kann.

Bis zum Jahre 2000 waren die Voraussetzungen, unter denen ein befristetes Arbeitsverhältnis abgeschlossen werden durfte, von wenigen Ausnahmen abgesehen, reines Richterrecht.

---

51 LAG Thüringen, Urteil vom 13.01.1997, a.a.O.
52 Vgl. z.B. § 7 Abs. 2 LGG NW.
53 Urteil vom 02.12.1997 – 9 AZR 668/96 – NZA 1998, Seite 882 ff.

2. Zustandekommen des Arbeitsvertrages

Zum 01.01.2001 ist das Teilzeit- und Befristungsgesetz (TzBfG) in Kraft getreten, das die Rechtsprechung des BAG zur sachlichen Rechtfertigung von Befristungen in vollem Umfang aufgegriffen hat.

Nach § 3 Abs. 1 liegt ein befristeter Arbeitsvertrag dann vor, wenn er auf bestimmte Zeit abgeschlossen worden ist. Hierbei ist zu unterscheiden, ob die Dauer des Arbeitsvertrages kalendermäßig bestimmt ist oder sich aus Art, Zweck oder Beschaffenheit der Arbeitsleistung ergibt. Im ersteren Fall spricht das TzBfG von einem „kalendermäßig befristeten Arbeitsvertrag" im zweiten Fall von einem „zweckbefristeten Arbeitsvertrag".

Eine Verschärfung gegenüber der bisherigen Rechtsprechung des BAG enthält das TzBfG deshalb, weil nach dem Wortlaut des § 14 TzBfG alle Befristungen, soweit sie nicht unter die erleichterten Befristungsmöglichkeiten nach § 14 Abs. 2 TzBfG fallen, eines sachlichen Grundes bedürfen. Nach bisherigem Recht bedurfte eine Befristung nur dann eines sachlichen Grundes, wenn durch die Befristung Bestandsschutznormen zugunsten des Arbeitnehmers umgangen wurden, wie z.B. das Kündigungsschutzgesetz. Von daher war eine Befristung für die Dauer von 3 Monaten ohne weiteres zulässig, da eben die Bestimmungen des Kündigungsschutzgesetzes erst nach einer Wartezeit von 6 Monaten eingreifen.

Künftig bedürfen hingegen auch Befristungen mit einer Dauer von weniger als 6 Monaten ebenso eines sachlichen Grundes wie Befristungen in Kleinbetrieben mit 5 oder weniger Arbeitnehmern.

2.6.1 Befristungen mit Sachgrund

Gemäß § 4 Abs. 1 Satz 1 TzBfG ist Befristung eines Arbeitsvertrages **507** zulässig, wenn sie durch einen sachlichen Grund gerechtfertigt ist.

In § 14 Abs. 1 Satz 2 sind beispielhaft („insbesondere") Gründe genannt, die die Befristung eines Arbeitsverhältnisses sachlich rechtfertigen.

Diese beispielhaft genannten Gründe sind genau die Gründe, die das BAG in seiner bisherigen ständigen Rechtsprechung ebenfalls als sachliche Gründe für eine zulässige Befristung des Arbeitsvertrages angesehen hat.

Da es sich lediglich um einen beispielhaften Katalog von Sachgründen handelt, können sich in der Praxis durchaus weitere sachliche Gründe ergeben, die in dem Katalog des § 14 Abs. 1 Satz 3 nicht ausdrücklich aufgeführt sind.

2.6.1.1 Vorübergehender Bedarf an der Arbeitsleistung

Nach § 14 Abs. 1 Satz 2 Nr. 1 TzBfG liegt ein fachlicher und anerkennens- **508** werter Grund für die Befristung eines Arbeitsvertrages vor, wenn der betriebliche Bedarf an der Arbeitsleistung nur vorübergehend besteht.

Soll die Befristung eines Arbeitsvertrages auf diesen Tatbestand gestützt werden, so ist es erforderlich, daß bei Vertragsschluß aufgrund konkreter Tatsachen mit hinreichender Sicherheit zu erwarten ist, daß für die Beschäftigung des befristet eingestellten Arbeitnehmers über das vorgesehene Vertragsende hinaus kein Bedarf besteht[54]. Zur zeitlichen Begrenztheit des Arbeitsanfalls hat der Arbeitgeber eine Prognose zu erstellen, die sich auf Umfang und Dauer des Mehrbedarfs zu erstrecken hat. Die darauf bezogen ist, daß im Zeitpunkt des Ablaufs der Befristung mit hinreichender Wahrscheinlichkeit kein Bedarf mehr an der Arbeitsleistung des befristet eingestellten Arbeitnehmers besteht. Die Grundlagen der Prognose hat der Arbeitgeber im Fall eines Prozesses darzulegen, damit der Arbeitnehmer seinerseits die Möglichkeit enthält, die Richtigkeit der Prognose zum Zeitpunkt der Vertragsabschlusses aufgrund konkreter Tatsachen zu überprüfen.

Erweist sich die Prognose im Ergebnis als richtig, d.h. fällt die Aufgabe zum prognostizierten Zeitpunkt tatsächlich weg, so besteht eine ausreichende, vom Arbeitnehmer zu widerlegende Vermutung dafür, daß die Prognose richtig erstellt worden war.

Rechtlich problematisch wird diese Art der Befristung dann, wenn das Projekt nicht innerhalb des prognostizierten Zeitraums beendet werden konnte. Wenn sich also die „Verlängerung" des Arbeitsverhältnisses als notwendig erweist, so kann dies angesichts des erhöhten Bestandsschutzinteresses des Arbeitnehmers die Anforderungen an den sachlichen Grund erhöhen. Daher kann bei Abschluß des letzten Vertrages im Einzelfall die Prognose, das Projekt werde mit Ablauf dieser Befristung tatsächlich enden, nicht mehr ausreichen.

Nicht ausreichend für die Vereinbarung einer Befristung wegen eines vorübergehenden betrieblichen Bedarfs ist es allerdings, wenn sich die Befristung im Ergebnis als Verlagerung des wirtschaftlichen Risikos auf den Arbeitnehmer darstellt. Dies ist insbesondere dann der Fall, wenn nicht durch konkrete Umstände belegt werden kann, daß der Beschäftigungsbedarf nach Ablauf des befristeten Arbeitsvertrages entfallen wird, sondern lediglich allgemeine wirtschaftliche Erwägungen und Entwicklungen zur Begründung der Befristung herangezogen werden[55].

2.6.1.2 Beschäftigung im Anschluß an eine Ausbildung

509 Der im § 14 Abs. 1 Satz 2 Nr. 2 TzBfG geregelte Befristungsgrund war bislang in der Nomenklatur des BAG nicht vorhanden. Allerdings hatte das BAG schon immer anerkannt, das eine Befristung aus sozialen Gründen zulässig ist, wenn diese etwa der Überbrückung bis zum Beginn des neuen Arbeitsverhältnisses oder dem Erwerb von Berufserfahrung dienen sollte. Voraussetzung war dabei jedoch, daß ohne die soziale Motivation ein Arbeitsverhältnis überhaupt nicht zustande gekommen wäre[56].

---

54 BAG, Urteil vom 12.05.1999 – 7 AZR 1/98 – n.V.
55 BAG, Urteil vom 11.12.1991 – 7 AZR 170/91, AP Nr. 145 zu § 620 BGB befristeter Arbeitsvertrag.
56 BAG, Urteil vom 07.07.1999 – 7 AZR 232/98, NZA 1999, Seite 1335 f.

2. Zustandekommen des Arbeitsvertrages

Nach der **gesetzlichen Neuregelung** soll nunmehr die Vereinbarung eines befristeten Arbeitsverhältnisses im Anschluß an eine Ausbildung oder ein Studium zulässig sein, um den Übergang in eine Anschlußbeschäftigung zu erleichtern.

Völlig offen läßt das Gesetz, für welche Dauer die Befristung im Anschluß an die Ausbildung zulässigerweise vereinbart werden kann. Auszugehen ist dabei von der Zielsetzung des Gesetzes, nämlich den Übergang in ein Dauerarbeitsverhältnis zu erleichtern. Dies bedeutet auf der einen Seite, daß jedenfalls Langzeitbefristungen auf diesen Sachgrund nicht gestützt werden können. Andererseits sehen die oben bereits erwähnten Tarifverträge in der Regel vor, daß eine befristete Weiterbeschäftigung nach der Ausbildung von bis zu einem Jahr möglich ist. Andererseits kann im Hinblick auf die **zeitliche Höchstgrenze** des § 14 Abs. 2 TzBfG vertreten werden, daß auch eine Befristung von max. 2 Jahren noch zulässig erscheint.

Die in dem Befristungsgrund enthaltene subjektive Komponente (Erleichterung des Übergangs in eine Anschlußbeschäftigung) ist ebenfalls noch völlig ungeklärt. Soweit stellt sich insbesondere die Frage, ob es ausreichend ist, daß der Arbeitnehmer die allgemeinen Anforderungen des Berufslebens kennen lernt oder ob in diesem Zeitraum berufsspezifische Kenntnisse vermittelt werden müssen. Da die Intention des Gesetzgebers ganz offensichtlich dahin ging, möglichst Anschlußbeschäftigungen zu fördern, sollten die Anforderungen jetzt hier nicht als zu hoch angesetzt werden. Jedenfalls kann nicht verlangt werden, daß ein Folgearbeitsplatz bei demselben Arbeitgeber vorhanden sein muß.

2.6.1.3 Beschäftigung zur Vertretung eines anderen Arbeitnehmers

Der in der Praxis wohl bedeutsamste sachliche Grund für die befristete Beschäftigung von Mitarbeitern ist nunmehr in § 14 Abs. 1 Satz 2 Nr. 3 TzBfG ausdrücklich gesetzlich geregelt. Da auch insoweit die Rechtsprechung des BAG vom Gesetzgeber übernommen worden ist, kann auch zur Auslegung dieses Tatbestandsmerkmals auf die bisherige Rechtsprechung zurückgegriffen werden.

510

Aus diesem Grunde ist es nicht erforderlich, daß eine volle Kongruenz zwischen dem **Aufgabenbereich** der **Vertretungskraft** und der des vertretenen Mitarbeiters besteht. Entscheidend ist vielmehr, daß durch die befristete Einstellung der zeitweilige Ausfall des Vertretenen kompensiert wird. Nicht erforderlich ist auch, daß die Vertretungskraft die Aufgaben des vertretenen Mitarbeiters exakt wahrnimmt. Vielmehr kann der Arbeitgeber durch interne Umorganisationen die Aufgabe des vertretenen Mitarbeiters anders verteilen und die Vertretungskraft in einem anderen Bereich einsetzen, solange nur ein ursächlicher Zusammenhang zwischen dem Vertretungsbedarf und der befristeten Einstellung besteht[57].

---

57 BAG, Urteil vom 13.06.1990 – 7 AZR 309/89, n.V.

Ebenso ist nicht Voraussetzung für die sachliche Rechtfertigung der befristeten Beschäftigung einer Vertretungskraft, daß der **Vertretungsbedarf** in vollem **Umfang** durch den befristet beschäftigten Arbeitnehmer ausgeglichen wird. Denn es ist grundsätzlich Sache des Arbeitgebers, wie er auf einen Vertretungsbedarf reagiert. Es ist daher unschädlich, wenn der befristet eingestellte Mitarbeiter mit einer geringeren Stundenzahl beschäftigt oder nicht für die gesamte Dauer der Abwesenheit des vertretenen Angestellten eingestellt wird.[58]

Der wiederholte Abschluß befristeter Arbeitsverträge zur Vertretung verhinderter Mitarbeiter ist möglich. Allerdings steigen nach der Rechtsprechung des BAG die Anforderungen an die Prognose, daß der vertretene Mitarbeiter seine Arbeit wieder aufnehmen wird, mit der zunehmenden Dauer der Beschäftigung[59].

Nicht zulässig ist auch eine sog. **Dauervertretung**, d.h. die Beschäftigung immer desselben Aushilfsarbeitnehmers für einen bei Vertragsschluß ersichtlich bereits ausgelaufenen Vertretungsbedarf. Bei dieser Sachlage muß der Arbeitgeber einen Arbeitnehmer einstellen, der als sog. Springer die ständige Aufgabe hat, vorübergehend ausfallende Mitarbeiter zu vertreten[60]. Schwierig kann die vom BAG geforderte Prognose dann werden, wenn Vertretungsbedarf für sog. langzeiterkrankte Mitarbeiter besteht, bei denen nicht sicher vorhergesagt werden kann, wann sie wieder arbeitsfähig sein werden. In diesen Fällen empfiehlt es sich, eine sog. Zweckbefristung zu vereinbaren, wonach das Arbeitsverhältnis an dem Tag endet, an dem der vertretene Arbeitnehmer an seinen Arbeitsplatz zurückkehrt bzw. ausscheidet, ohne daß es einer Kündigung bedarf.

2.6.1.4 Eigenart der Arbeitsleistung

511 Ein Befristungsgrund ist gem. § 14 Abs. 1 Satz 2 Nr. 4 TzBfG weiterhin auch dann gegeben, wenn die Eigenart der Arbeitsleistung die Befristung rechtfertigt.

Dieser Sachgrund ist im Grunde genommen zugeschnitten auf die Bedürfnisse in bestimmten Branchen, in denen wegen des Publikumsgeschmacks oder der Aktualität ein Abwechslungsbedürfnis besteht. Dies betrifft somit insbesondere Künstler im Unterhaltungsgewerbe, Musiker, Schauspieler, Sänger, Regisseure sowie u.U. Redakteure bei Funk und Fernsehen.

Aber auch die befristete Beschäftigung von Fußballspielern, Trainern u.ä. Beschäftigten fällt unter diesen Tatbestand.

---

58 Ständige Rechtsprechung, vgl. BAG, Urteil vom 06.12.2000 – 7 AZR 262/99, NZA 2001, Seite 721 ff.
59 BAG, Urteil vom 11.12.1991, a.a.O.
60 BAG, Urteil vom 07.05.1980 – 5 AZR 592/78, AP Nr. 36 zu § 611 BGB – Abhängigkeit.

2. Zustandekommen des Arbeitsvertrages

2.6.1.5 Befristung zu Erprobungszwecken

In der Rechtsprechung des BAG war schon immer anerkannt, daß die Befristung eines Arbeitsvertrages zur Erprobung sachlich gerechtfertigt ist.   512

In der Regel ist dabei von einem **Zeitraum** von 6 Monaten auszugehen. Ausnahmen können etwa in künstlerischen oder wissenschaftlichen Bereichen vorliegen und unter Umständen eine Befristung auf 9, 12 oder sogar 18 Monate rechtfertigen[61].

2.6.1.6 In der Person des Arbeitnehmers liegende Gründe

Dieser Tatbestand erfaßt personenbedingte Befristungsgründe. In erster Linie ist dabei zu denken an die vorübergehende Beschäftigung eines Arbeitnehmers aus sozialen Gründen, z.B. zur Überbrückung bis zum Beginn einer feststehenden Beschäftigung.   513

Aber auch z.B. die Befristung eines ausländischen Mitarbeiters für die Dauer der **Aufenthaltserlaubnis**[62].

Liegt auch der Wunsch des Arbeitnehmers vor, lediglich befristet beschäftigt zu werden, ist unter diesen Tatbestand zu subsumieren. Dabei ist allerdings zu dokumentieren, daß die Befristung des Arbeitsvertrages tatsächlich auf den alleinigen Wunsch des Arbeitnehmers zurückging und er ansonsten einen Arbeitsvertrag gar nicht abgeschlossen hätte[63].

2.6.1.7 Befristete Haushaltsmittel

Der Tatbestand des § 14 Abs. 1 Satz 2 Nr. 7 TzBfG ist für die Arbeitgeber des öffentlichen Dienstes von besonderer Bedeutung.   514

Allerdings hat das BAG im Zusammenhang mit Haushaltsbefristungen immer wieder deutlich gemacht, daß das Haushaltsrecht des öffentlichen Dienstes allein noch keine unmittelbare Auswirkung auf die rechtliche Beurteilung von Arbeitsverhältnissen hat. Die bloße Tatsache, daß die Vergütung des Arbeitnehmers aus Haushaltsmitteln bezahlt wird, rechtfertigt daher noch nicht die Befristung des Arbeitsverhältnisses. Eine Befristung wegen begrenzter haushaltsrechtlicher Mittel kann eine Befristung vielmehr nur dann rechtfertigen, wenn die Vergütung des Arbeitnehmers aus einer konkret bestimmten Planstelle erfolgt, die im Haushalt nur befristet bewilligt wurde[64].

Ausgehend von der Rechtsprechung des BAG ist es insbesondere nicht ausreichend, daß – wie z.B. bei der Zuweisung von Landesmitteln – die Mittel aus haushaltstechnischen Gründen immer nur für ein Jahr bewilligt

---

61 BAG, Urteil vom 12.09.1996 – 7 AZR 31/96, NZA 1997, Seite 841 f.
62 Vgl. hierzu: BAG, Urteil vom 12.01.2000 – 7 AZR 863/98, NZA 2000, Seite 722 f.
63 BAG, Urteil vom 12.01.2000, a.a.O.
64 BAG, Urteil vom 24.09.1997 – 7 AZR 654/96 – n.V., Urteil vom 06.08.1997 – 7 AZR 619/96, n.V.

werden. Vielmehr muß zum Zeitpunkt des Abschlusses des Arbeitsvertrages eine hinreichend sichere **Prognose** dafür bestehen, daß die Mittel im nächsten Haushaltsjahr tatsächlich nicht mehr bewilligt werden.

Insgesamt lassen sich aus der Rechtsprechung des BAG folgende Fallgruppen benennen, bei denen eine Befristung aus haushaltsrechtlichen Gründen gerechtfertigt ist:

- Bestimmte Planstellen werden vom Haushaltsgeber von vornherein als nur befristet finanziert im Haushaltsplan ausgewiesen und sollen danach wegfallen (befristete Planstellen),
- Bestimmte Planstellen werden allein durch befristete Zuwendungen Dritter finanziert und sind entsprechend befristet im Haushaltsplan ausgewiesen (Drittmittelfinanzierung);
- Arbeitnehmer werden auf vorübergehend freigewordenen dauerhaft finanzierten Planstellen solange beschäftigt, bis die Planstelle wieder vom Stelleninhaber besetzt wird (Vertretungsmittel aus vorübergehend frei gewordenen Stellen);
- An bestimmten Planstellen werden vom Haushaltsgeber genau datierte KW-Vermerke angebracht. Der Zeitpunkt des Wegfalls liegt noch in dem vom Haushaltsplan erfaßten Haushaltsjahr. Nach diesem Zeitpunkt stehen für die Planstellen keine Haushaltsmittel mehr zur Verfügung (genau datierte KW-Vermerke des Haushaltsgesetzgebers für das laufende Haushaltsjahr).

2.6.1.8 Gerichtlicher Vergleich

515 Auch mit diesem Tatbestand hat der Gesetzgeber ein bislang schon in der Rechtsprechung des BAG anerkannten Grund für die sachliche Rechtfertigung der Befristung eines Arbeitsvertrages übernommen. Die Begründung für die Annahme, daß ein gerichtlicher Vergleich einen sachlichen Grund für die Befristung des Arbeitsverhältnisses darstellt, ist der, daß unter Beteiligung des Arbeitsgerichts ein angemessener Ausgleich der wechselseitigen, grundrechtsgeschützten Interessen der Parteien vorgenommen wird. Damit – so das BAG – seien die **Schutzinteresse**n des Arbeitnehmers hinlänglich gewahrt[65].

Denkbar ist ein solcher gerichtlicher Vergleich insbesondere dann, wenn über die Beendigung eines Arbeitsverhältnisses vor den Arbeitsgerichten gestritten wird und im Wege des Vergleichs vereinbart wird, daß das Arbeitsverhältnis noch für eine bestimmte Zeit fortgesetzt und erst danach als beendet angesehen werden soll.

---

65 BAG, Urteil vom 02.12.1998 – 7 AZR 644/97, NZA 1999, Seite 480 f.

2. Zustandekommen des Arbeitsvertrages

2.6.1.9 Spezialgesetzliche Befristungstatbestände

Trotz der an sich beabsichtigten Konzentration der Bestimmungen über befristete Arbeitsverträge im TzBfG hat der Gesetzgeber davon abgesehen, die bereits zahlreich existierenden spezialgesetzlichen Befristungsregelungen in das TzBfG mit aufzunehmen. Diese bleiben vielmehr gem. § 23 TzBfG unberührt.   **516**

Zu diesen spezialgesetzlichen Befristungstatbeständen gehören insbesondere:

– Vertretung während der Elternzeit (§ 21 Abs. 1 BErzGG),

– befristete Arbeitsverträge für Arbeitnehmer an Hochschulen und Forschungseinrichtungen nach § 57 a ff. HRG,

– Arbeitsverträge, nach dem Gesetz über befristete Arbeitsverträge mit Ärzten in der Weiterbildung.

2.6.1.10 Mehrfachbefristungen

Mit den oben unter 1.3 dargestellten Einschränkungen sind Mehrfachbefristungen unproblematisch möglich, solange ein sachlicher Grund für die Befristung des Arbeitsverhältnisses besteht.   **517**

Dies beruht darauf, daß das BAG seine frühere Rechtsprechung zu sog. „**Kettenarbeitsverträge**n" aufgegeben hat. Nach der früheren Auffassung des BAG konnte, auch wenn die zuletzt vereinbarte Befristung von einem hinreichenden Sachgrund getragen war, aufgrund einer früheren unwirksamen Befristung ein unbefristetes Arbeitsverhältnis begründet worden sein, welches auch durch die neue Befristungsvereinbarung nicht beseitigt wurde. Diese Rechtsprechung ist vom BAG in der Folgezeit aufgegeben worden. Seither geht das BAG in ständiger Rechtsprechung einheitlich davon aus, daß die Beendigung des Arbeitsverhältnisses bei mehrfachen Befristungen allein davon abhängt, ob der letzte Arbeitsvertrag wirksam befristet war. Das BAG begründet diese Auffassung damit, daß die Parteien des Arbeitsvertrages mit Abschluß der späteren Vereinbarung ihre vertraglichen Beziehungen auf eine völlig neue Grundlage stellen und dadurch die bislang gültigen Vereinbarungen aufheben wollen[66].

Der vorangegangene Arbeitsvertrag ist nur dann ausnahmsweise in die Wirksamkeitsbeurteilung mit einzubeziehen wenn der letzte Vertrag lediglich einen unselbständigen **Annex** des vorangegangenen Vertrages darstellt[67].

Will der Mitarbeiter die eventuelle Geltendmachung einer Unwirksamkeit der Befristung des vorangegangenen Arbeitsvertrages sich vorbehalten, so muß er bei Abschluß des erneuten Vertrages seinen Vorbehalt dahin-

---

66 Vgl. z.B. BAG, Urteil vom 09.06.1999 – 7 AZR 684/97, n.v.
67 BAG, Urteil vom 15.02.1995, NZA 1995, Seite 987.

4. Abschnitt: Individualarbeitsrecht

gehend erklären, daß der neue, befristete Vertrag nur dann gelten soll, wenn nicht bereits ein unbefristetes Arbeitsverhältnis bestanden hat[68].

2.6.2 Befristungen ohne Sachgrund

518 Nach § 14 Abs. 2 TzBfG ist der Abschluß von befristeten Arbeitsverträgen ohne sachlichen Grund für die Befristung bis zur Dauer von 2 Jahren möglich, wobei bis zu dieser Höchstdauer auch die dreimalige Verlängerung eines kalendermäßig befristeten Arbeitsvertrages zulässig ist.

Diese erleichterte sachgrundlose Befristung gilt nach dem Gesetzeswortlaut ausschließlich für kalendermäßige Befristungen. Zweckbefristungen oder auflösende Bedingungen können auf der Grundlage des § 14 Abs. 2 TzBfG nicht wirksam vereinbart werden.

2.6.2.1 Befristungshöchstdauer

519 Wie schon nach bisherigem Recht ist eine befristete Anstellung ohne sachlichen Grund bis zu einer Höchstdauer von insgesamt 2 Jahren zulässig. Innerhalb dieser zeitlichen Grenze kann auch ein kürzerer Vertrag bis zu 3 mal verlängert werden.

Die in § 14 Abs. 2 Satz 3 TzBfG vorgesehene Möglichkeit durch den Tarifvertrag die Anzahl der Verlängerungen oder die Höchstdauer der Befristung abweichend von der oben genannten Grundregel festzulegen, ist bisher – soweit ersichtlich – in keinen Tarifbereich umgesetzt worden.

Innerhalb des 2-Jahres-Zeitraums ist – wie ausgeführt – eine **Verlängerung** des befristeten Arbeitsvertrages möglich. Die Verlängerung eines befristeten Vertrages ist nach überwiegender, höchstrichterlich bestätigter Auffassung nur dann gegeben, wenn der ursprünglich vereinbarte Endtermin einvernehmlich in die Zukunft verschoben wird, ohne daß das Arbeitsverhältnis zeitlich unterbrochen oder der Vertragsinhalt im übrigen verändert wird. In aller Regel muß daher die Verlängerungsabrede vor Ablauf der Befristung geschlossen werden. Insbesondere ist eine nachträgliche, rückwirkende Verlängerungsvereinbarung schon begrifflich ausgeschlossen[69].

Wenn die „Verlängerung" des befristeten Vertrages die oben aufgezeigten Voraussetzungen nicht erfüllt, dann handelt es sich um einen neuen Vertragsabschluß. Dieser kann dann dem Anschlußverbot des § 14 Abs. 2 Satz 2 TzBfG widersprechen, mit der Folge, daß die vereinbarte Befristung unwirksam ist.

Nach dem Text des § 14 Abs. 2 Satz 1 2. Halbsatz TzBfG hängt die Verlängerungsmöglichkeit nicht ausdrücklich davon ab, daß es sich um einen befristeten Arbeitsvertrag nach § 14 Abs. 2 TzBfG handelt. Nach

---

68 BAG, Urteil vom 26.07.2000 – 7 AZR 546/99 –, NZA 2001, Seite 264.
69 Vgl. BAG, Urteil vom 26.07.2000 – 7 AZR 51/99, EZA § 1 BeschFG 1985, Nr. 19.

2. Zustandekommen des Arbeitsvertrages

Sinn und Zweck sowie aufgrund der Systematik des Gesetzes dürfte es indes eindeutig sein, daß sich die Verlängerungsmöglichkeit ausschließlich auf Arbeitsverträge beziehen soll, die unter den erleichterten gesetzlichen Vorschriften ohne Sachgrund befristet wurden.

Die Feststellung, ob ein Arbeitsvertrag aufgrund der Regelung des § 14 Abs. 2 TzBfG befristet worden ist, kann Schwierigkeiten bereiten, wenn in dem Arbeitsvertrag selbst die Rechtsgrundlage für die Befristung nicht genannt ist. Die mangelnde Nennung der Rechtsgrundlage für die Befristung des Arbeitsvertrages ist unschädlich, weil das TzBfG – ebenso wie bereits das BeschFG – kein sog. Zitiergebot enthält[70].

Das BAG hat es daher genügen lassen, wenn sich zumindest konkludent aus den Vereinbarungen der Arbeitsvertragsparteien ergibt, daß sie die Befristung auf § 14 Abs. 2 TzBfG stützen wollten[71].

Für die Beschäftigungsverhältnisse der Angestellten im öffentlichen Dienst gilt insoweit eine Besonderheit aufgrund der Bestimmungen des § 30 Abs. 2–4 TVöD (vgl. i.E. unten Rn 523).

Haben die Arbeitsvertragsparteien danach die Befristung zumindest konkludent auf § 14 Abs. 2 TzBfG gestützt, so ist eine Verlängerungsmöglichkeit ohne weiteres zu bejahen.

Handelt es sich hingegen um einen Vertrag, dessen Befristung auf einen Sachgrund gestützt wurde, kann eine Verlängerung nicht nach § 14 Abs. 2 Satz 1 TzBfG erfolgen.

2.6.2.2 Anschlußverbot

Eine erhebliche Verschärfung gegenüber dem bisherigen Rechtszustand enthält § 14 Abs. 2 Satz 2 TzBfG. Während nach bisherigem Recht ohne weiteres die Möglichkeit bestand, an einen mit Sachgrund befristeten Arbeitsvertrag einen solchen ohne Sachgrund anzuschließen, so bestimmt die oben genannte Vorschrift nunmehr, daß eine Befristung ohne Sachgrund nicht zulässig ist, wenn mit demselben Arbeitgeber bereits zuvor ein befristetes oder unbefristetes Arbeitsverhältnis bestanden hat. Nach der Gesetzesbegründung soll durch diese Regelung der Abschluß von **Kettenarbeitsverträge**n ohne Sachgrund verhindert werden.

520

Nach der jetzigen Gesetzeslage ist daher eine sachgrundlose Befristung im Anschluß an einen mit Sachgründen befristeten Arbeitsvertrag nicht möglich.

Eine irgendwie geartete zeitliche Komponente hinsichtlich des Begriffs der Neueinstellung enthält das Gesetz nicht. Dies führt dazu, daß selbst bei einer Beschäftigung, die viele Jahre zurückliegt, dem Wortlaut nach

---

70 Vgl. BAG, Urteil vom 25.10.2001 – 7 AZR 686/00, EZA § 1 BeschFG 1985, Nr. 27.
71 Vgl. BAG, Urteil vom 22.03.2000 – 7 AZR 561/98, NZA 2000, Seite 884.

das Anschlußverbot des § 14 Abs. 2 Satz 2 TzBfG greift. Diese im Ergebnis unbefriedigende Regelung entspricht auch nicht dem Gesetzeszweck bzw. übersteigt diesen. Ausweislich der Begründung des Regierungsentwurfs wollte der Gesetzgeber mit der Vorschrift „Befristungsketten" verhindern, die durch einen mehrfachen Wechsel zwischen Befristungen mit und ohne Sachgrund entstehen. Immer aber geht es um die Verhinderung eines Fehlgebrauchs des früher in § 1 Abs. 1 BeschFG und heute in § 14 Abs. 2 Satz 1 TzBfG enthaltenen Befristungstatbestandes. Die gesetzliche Regelung will eine Austarierung der gegenläufigen Interessen von Arbeitgeber auf der einen und Arbeitnehmer auf der anderen Seite erreichen. Einerseits soll dem Arbeitgeber in einer Situation der Unsicherheit über seinen künftigen Arbeitsplatzkräftebedarf die Entscheidung für die Beschäftigung dadurch erleichtert werden, daß er sicher sein kann, daß nach Ablauf der vertraglich vorgesehenen Zeit kein Kündigungsschutzprozeß stattfindet. Andererseits soll diese Möglichkeit ein und demselben Arbeitnehmer gegenüber auch nur für einen maximalen Zeitraum von 2 Jahren bestehen. Will der Arbeitgeber den Arbeitnehmer länger beschäftigen, so soll er ihn in ein Normalarbeitsverhältnis auf unbestimmte Zeit oder in ein aus einem besonderen sachlichen Grund befristeten Arbeitsverhältnis übernehmen. Diese an sich ausgewogene Regelung wird in der Tat verfehlt, wenn derselbe Arbeitnehmer nach kurzfristiger Unterbrechung für dieselbe oder eine ähnliche Beschäftigung erneut eingestellt wird. Deshalb macht es Sinn, eine solche erneute Befristung für unzulässig zu erklären. Wo aber kein Zusammenhang zwischen dem neu abzuschließenden befristeten Arbeitsvertrag und einem vorhergehenden befristeten oder unbefristeten Arbeitsvertrag besteht, wird durch den Abschluß des letzteren die Ausgewogenheit der Regelung nicht infrage gestellt. Es geht dann nicht um eine den 2-Jahres-Zeitraum überschreitende Fortsetzung der früheren Beschäftigung, sondern um eine Neue[72].

Die über den Gesetzeszweck hinausschießende Interpretation des § 14 Abs. 2 Satz 2 TzBfG verstößt auch gegen Artikel 12 Abs. 1 GG und Artikel 3 Abs. 1 GG[73].

Löwisch schlägt deshalb vor, eine teleologische Reduktion der Vorschrift vorzunehmen und den zeitlichen Zusammenhang dann zu verneinen, wenn zwischen den Beschäftigungen ein Zeitraum von mehr als 2 Jahren liegt.

Obergerichtliche Entscheidungen zu dieser Problematik liegen bis zum heutigen Tage nicht vor.

Das Anschlußverbot greift im übrigen nur dann, wenn der Arbeitnehmer bei demselben Arbeitgeber beschäftigt wird. Anknüpfungspunkt ist dem-

---

[72] Vgl. Löwisch, „Zuvor" bedeutet nicht: „In aller Vergangenheit", Betriebsberater 2001, Seite 254 ff.
[73] Vgl. Löwisch, a.a.O.

nach grundsätzlich die natürliche oder juristische Person des Arbeitgebers. Dies bedeutet, daß die Beschäftigung bei demselben Arbeitgeber dann gegeben ist, wenn z.B. der Arbeitnehmer in einem anderen Betrieb desselben Arbeitgebers eingesetzt werden soll. Zu verneinen ist diese dann, wenn der Arbeitnehmer innerhalb eines **Konzernverbund**es in einem anderen Unternehmen desselben Konzerns beschäftigt werden soll.

Für den öffentlichen Dienst bedeutet dies z.B., daß ein Mitarbeiter, der bei der Stadtverwaltung ohne Sachgrund befristet beschäftigt war, bei einer Eigengesellschaft erneut ohne Sachgrund befristet beschäftigt werden kann, ohne daß das Anschlußverbot greift.

Voraussetzung für das Eingreifen des Anschlußverbotes ist darüber hinaus, daß die vorherige Beschäftigung in einem Arbeitsverhältnis stattgefunden hat.

Demnach ist es z.B. unschädlich, wenn im Anschluß an ein Berufsausbildungsverhältnis ein sachgrundlos befristeter Arbeitsvertrag abgeschlossen wird.

2.6.2.3 Altersbefristung

Nach § 14 Abs. 3 TzBfG kann mit Arbeitnehmer, die bei Beginn des befristeten Arbeitsverhältnisses das **58. Lebensjahr (bis 31.12.2006: 52. Lebensjahr)** vollendet haben, ohne Sachgrund ein befristeter Arbeitsvertrag abgeschlossen werden. Nach dem Willen des Gesetzgebers sollen dadurch die Einstellungschancen älterer Arbeitnehmer erhöht werden, die sonst auf dem heutigen Arbeitsmarkt nur geringe Aussichten hätten, eine neue Anstellung zu finden.

521

Die vereinfachte sog. Altersbefristung ist jedoch dann nach § 14 Abs. 3 Satz 2 TzBfG unzulässig, wenn ein zu einem vorhergehenden unbefristeten Arbeitsverhältnis mit demselben Arbeitgeber ein enger sachlicher Zusammenhang besteht. Durch diese Regelung soll verhindert werden, daß Arbeitgeber mißbräuchlich unbefristete Arbeitsverhältnisse mit älteren Arbeitnehmern in Befristete umwandeln.

Denn das Anschlußverbot besteht nicht nur gegenüber dem unmittelbar vorangegangenen Vertrag. Sofern ein sachlicher Zusammenhang besteht, ist eine weitere Befristung auch dann unzulässig, wenn zwischen den zusammenhängenden Verträgen ein oder mehrere Verträge mit Sachgrundbefristung lagen.

Der notwendige sachliche Zusammenhang wird gem. § 14 Abs. 3 Satz 3 TzBfG unwiderleglich vermutet, wenn zwischen den Arbeitsverhältnissen ein Zeitraum von weniger als 6 Monaten liegt.

Ansonsten kommt es für die Frage des sachlichen Zusammenhangs maßgeblich auf die Umstände des Einzelfalles an. Von Bedeutung kann dabei insbesondere sein, auf welche Partei die Beendigung des Vertragsverhältnisses zurückzuführen und aus welchen Gründen sie erfolgt ist, welche

Beweggründe zur Begründung des neuen Arbeitsverhältnisses geführt haben und welche Tätigkeit der Arbeitnehmer künftig ausüben soll[74].

Nach der Rechtsprechung des BAG zum Beschäftigungsförderungsgesetz konnte ein enger sachlicher Zusammenhang allenfalls beim Vorliegen besonderer Umstände angenommen werden, wenn der zeitliche Abstand zwischen den befristeten Arbeitsverträgen mehr als das doppelte des im Gesetz vorgesehenen Mindestzeitraum betrug[75].

Darüber hinaus ist darauf hinzuweisen, daß der EuGH mit Urteil vom 22.05.2005 – C 144/04 – die im deutschen Recht vorgesehene Altersbefristung ohne Sachgrund als nichtig, weil mit Europarecht nicht vereinbar, angesehen hat. Wesentliche Begründung des EuGH ist, daß die Altersbefristung eine Diskriminierung wegen des Alters darstelle. Sachliche Gründe für diese Ungleichbehandlung seien nicht gegeben.

Das BAG hat sich dieser Auffassung angeschlossen und mit Urteil vom 26.04.2006 – 7 AZR 500/04 – für Recht erkannt, daß § 14 Abs. 3 S. 4 TzBfG nicht anwendbar ist.

Beide Entscheidungen beziehen sich zwar auf die Fassung des § 14 Abs. 3 TzBfG, die bis zum 31.12.2006 galt. Ob die Heraufsetzung des Mindestalters auf das 58. Lebensjahr eine andere Beurteilung durch die Gerichte nach sich ziehen wird, bleibt allerdings abzuwarten.

2.6.3 Schriftformerfordernis

522 § 14 Abs. 4 TzBfG bestimmt, daß die Befristung eines Arbeitsvertrages zu ihrer Wirksamkeit der Schriftform bedarf.

Schriftform bedeutet nach § 126 Abs. 2 BGB bei einem Vertrag, daß die Unterzeichnung der Vertragsparteien auf derselben Urkunde erfolgen muß. Nicht ausreichend ist daher insbesondere die einseitige Erstellung einer Vertragsniederschrift durch den Arbeitgeber. Besonders wichtig ist die Beachtung des Schriftformerfordernisses bei der Verlängerung von befristeten Arbeitsverträgen. Hier genügt es keinesfalls, daß Arbeitnehmer und Arbeitgeber sich darauf einigen, daß der Arbeitnehmer weiterarbeiten soll. Auch eine solche Verlängerung muß unter Beachtung des § 126 Abs. 2 BGB schriftlich abgeschlossen werden.

Die nach § 126 Abs. 2 BGB notwendige eigenhändige **Namensunterschrift** der Vertragsparteien kann auch nicht durch Stempel, Faksimiles oder gar digital erstellte Signaturen[76] ersetzt werden. Auch die Übermittlung des unterzeichneten Vertragsformulars per Telefax dürfte nicht ausreichend sein.

Werden die oben dargelegten Formvorschriften nicht beachtet, so führt dies nach § 125 Satz 1 BGB zur Nichtigkeit der Befristungsabrede. § 16

---

74 Vgl. BAG, Urteil vom 06.12.1989 – 7 AZR 441/89, NZA 1990, Seite 741 ff.
75 Vgl. BAG, Urteil vom 25.10.2000 – 7 AZR 537/99, NZA 2001, Seite 609 ff.
76 Vgl. §§ 126a, 126b BGB.

2. Zustandekommen des Arbeitsvertrages

TzBfG bestimmt darüber hinaus, daß in diesem Fall der befristete Arbeitsvertrag als auf unbestimmte Zeit abgeschlossen gilt. Ist die Befristungsabrede wegen eines Verstoßes gegen die Formvorschriften unwirksam, so kann nach § 16 Satz 2 TzBfG der Arbeitsvertrag allerdings auch vor dem vereinbarten Ende ordentlich gekündigt werden.

2.6.4 Die besonderen Regelung des § 30 Abs. 2–4 TVöD

Beim Abschluß von befristeten Arbeitsverträgen mit Angestellten im Geltungsbereich des früheren BAT waren neben den oben dargestellten gesetzlichen Regelungen die SR 2 y BAT zu beachten. 523
Der Versuch der Arbeitgeber, die SR 2 y im Zuge der Reform des Tarifrechts des öffentlichen Dienstes zu streichen, war leider wegen der Haltung der Gewerkschaften nicht von Erfolg gekrönt.
Die SR 2 y sind zwar formal gestrichen worden; ihre inhaltlichen Regelungen finden sich indes nunmehr weitgehend in § 30 Abs. 2–4 TVöD. Allerdings ist die in den SR 2 y enthalten gewesene Unterscheidung zwischen Zeitangestellten, Angestellten für Aufgaben von begrenzter Dauer gestrichen worden.
Nach § 30 Abs. 1 Satz 2 TVöD gelten die Absätze 2–4 für solche Mitarbeiter, auf die die Regelung des Tarifgebiets West Anwendung gefunden hätten und die bei einer Einstellung vor dem 01.01.2005 der Angestelltenrentenversicherung zuzuordnen gewesen wären.

Wie früher die SR 2 y enthalten auch die Abs. 2–4 des § 30 TVöD Einschränkungen des Befristungsrechts zugunsten der Arbeitnehmer, die auch bei Vorliegen eines Sachgrundes eine Befristung des Arbeitsverhältnisses ausschließen. Dies betrifft im Wesentlichen zeitliche Höchstgrenzen für eine befristete Beschäftigung.

§ 30 Abs. 2 TVöD bestimmt nämlich, daß der Abschluß von Zeitverträgen für die Dauer von mehr als 5 Jahren unzulässig ist. Klargestellt worden ist insoweit, daß diese Einschränkung sich nur auf den einzelnen Arbeitsvertrag bezieht.
Die Höchstdauer begrenzt also nur den jeweils einzelnen, befristet abgeschlossenen Arbeitsvertrag[77]. Es ist also insbesondere nicht ausgeschlossen, daß mehrere befristete Arbeitsverträge abgeschlossen werden, die insgesamt die Höchstdauer von 5 Jahren überschreiten.

Nach § 30 Abs. 2 TVöD sind befristet beschäftigte Angestellte bei der Besetzung von Dauerarbeitsplätzen bevorzugt zu berücksichtigen, wenn die sachlichen und persönlichen Voraussetzungen erfüllt sind. Bei dieser Regelung handelt es sich lediglich um eine Aufforderung an den Arbeitgeber. Einklagbare Ansprüche befristet beschäftigter Mitarbeiter sind hieraus nicht ableitbar.

§ 30 Abs. 3 TVöD enthält Regelungen für den Abschluß von befristeten Arbeitsverträgen nach § 14 Abs. 2 TzBfG, also ohne Sachgrund. In diesen

---

77 BAG, Urteil vom 21.04.1993 – 7 AZR 376/92, NZA 1994, Seite 258 ff.

4. Abschnitt: Individualarbeitsrecht

Fällen soll die Laufzeit des Vertrages zwölf Monate nicht unterschreiten und mindestens sechs Monate betragen.

Besondere Bestimmungen zur Probezeit und zur Probezeitkündigung enthält § 30 Abs. 3 TVöD: Bei Befristungen ohne Sachgrund gelten die ersten sechs Wochen, bei Befristungen ohne Sachgrund die ersten sechs Monate als Probezeit.

In beiden Fällen kann der Vertrag mit einer Frist von zwei Wochen zum Monatsschluß gekündigt werden.

Hinsichtlich der ordentlichen Kündigung nach Ablauf der Probezeit bestimmt § 30 Abs. 5 TVöD folgendes: Eine Kündigung kommt nur in Betracht, wenn das Arbeitsverhältnis Mindestens für die Dauer von 12 Monaten abgeschlossen war.

Die Kündigungsfristen betragen dann vier Wochen, sechs Wochen sowie drei Monate bzw. vier Monate je nach der Dauer der Beschäftigung (mehr als sechs Monate/ mehr als ein Jahr/mehr als zwei Jahre/mehr als drei Jahre).

Eine Unterbrechung des Arbeitsverhältnisses von weniger als drei Monaten ist dabei unschädlich, führt mithin nicht zu einer Verkürzung der Kündigungsfristen (§ 30 Abs.5 TVöD).

2.6.5 Bedingte Arbeitsverträge

524 § 21 TzBfG bestimmt, daß die wesentlichen Vorschriften des TzBfG auch für solche Arbeitsverträge gelten, die unter einer auflösenden Bedingung abgeschlossen worden sind.

Insbesondere bedarf es in jedem Fall eines sachlichen Grundes für die Bedingung eines Arbeitsvertrages. Bedingungen ohne Sachgrund nach § 14 Abs. 2 sind mangels entsprechender Bezugnahme in § 21 TzBfG nicht möglich.

Diese gesetzliche Regelung entspricht der Rechtsprechung des BAG, daß auflösende Bedingungen in ständiger Rechtsprechung nach den für die Befristungskontrolle geltenden Grundsätze beurteilt. Das die Bedingung ihrer Natur nach darauf angelegt ist, eine Vertragsbeendigung in den Fällen herbeizuführen, in denen eine Kündigung an sich nicht möglich wäre, werden an die sachliche Rechtfertigung einer auflösenden Bedingung besonders strenge Anforderungen gestellt[78].

Eine nähere Definition dieser an die Bedingung zu stellenden besonderen Anforderungen hat das BAG bislang nicht aufgestellt. Aber auch für Bedingungen gilt der Grundsatz, daß sie in jedem Fall unzulässig sind, wenn durch die Bedingung wirtschaftliche oder finanzielle Unsicherheiten der unternehmerischen Tätigkeit auf den Arbeitnehmer abgewälzt werden sollen, also eine unzulässige Verlagerung des Unternehmerrisikos vorliegt.

---

78 BAG, Urteil vom 15.03.1991 – 2 AZR 516/90, NZA 1992, Seite 452 f.

2. Zustandekommen des Arbeitsvertrages

Unzulässig dürften wohl auch solche Bedingungen sein, die dem Verhaltensbereich des Arbeitnehmers zuzurechnen sind.

Eine insbesondere im öffentlichen Dienst typische Bedingung für das Zustandekommen eines Arbeitsvertrages ist die in vielen Fällen geforderte gesundheitliche Eignung.

2.6.6 Ende des befristeten/bedingten Arbeitsverhältnisses

2.6.6.1 Beendigung durch Fristablauf/Eintritt der Bedingung

Der kalendermäßig befristete Arbeitsvertrag endet nach § 15 Abs. 1 mit Ablauf der vereinbarten Zeit. Nach § 15 Abs. 2 TzBfG endet ein zweckbefristeter Arbeitsvertrag mit Erreichen des Zwecks, frühestens jedoch 2 Wochen nach Zugang der schriftlichen Unterrichtung des Arbeitnehmers durch den Arbeitgeber über den Zeitpunkt der Zweckerreichung. 525

Das bedingte Arbeitsverhältnis endet automatisch mit Eintritt der vereinbarten Bedingung.

2.6.6.2 Verlängerungsfiktion bei Fortsetzung der Tätigkeit

§ 15 Abs. 5 TzBfG bestimmt, daß das Arbeitsverhältnis als auf unbestimmte Zeit verlängert gilt, wenn es nach Ablauf der Zeit für die es eingegangen ist, oder nach Zweckerreichung mit Wissen des Arbeitgebers fortgesetzt wird, wenn der Arbeitgeber nicht unverzüglich widerspricht oder dem Arbeitnehmer die Zweckerreichung nicht unverzüglich mitteilt. 526

Die gesetzliche Fiktion des § 15 Abs. 5 TzBfG setzt auf der einen Seite voraus, daß das Arbeitsverhältnis fortgesetzt wird. Um dies annehmen zu können ist zwingend erforderlich, daß der Arbeitnehmer tatsächlich weitere Arbeitsleistungen erbringt. Insbesondere ist es nicht ausreichend, wenn der Arbeitnehmer über den Beendigungszeitpunkt hinaus arbeitsunfähig erkrankt ist.

Neben der tatsächlichen Fortführung des Arbeitsverhältnisses ist zweite Voraussetzung für den Eintritt der Fiktion, daß dies mit Wissen des Arbeitgebers geschieht. Erforderlich ist danach zumindest die Kenntnis einer Person, die zur Vertretung des Arbeitgebers in rechtsgeschäftlicher Hinsicht berechtigt ist. Denn nur dann kann eine Wissenszurechnung über § 166 BGB in Betracht kommen. Insbesondere reicht es danach nicht aus, wenn lediglich Kollegen oder Fachvorgesetzte Kenntnis davon erhalten, daß der Mitarbeiter trotz Ablauf des befristeten Arbeitsvertrages weitere Arbeitsleistungen erbringt.

Die Fortsetzung des Arbeitsverhältnisses kann der Arbeitgeber nur dadurch verhindern, daß er der Weiterarbeit des Arbeitnehmers unverzüglich widerspricht bzw. die Zweckerreichung unverzüglich anzeigt.

§ 121 BGB definiert den Begriff „unverzüglich" dahingehend, daß die notwendige Handlung ohne schuldhaftes Zögern erfolgen muß. Regelmäßig muß der Widerspruch daher sofort dann erfolgen, wenn der Arbeitgeber davon erfährt, daß die Arbeitsleistung weiterhin erbracht wird. Zwar kann unter bestimmten Umständen eine gewisse Bedenkzeit in Anspruch genommen werden[79]. Mehr als 1 bis 2 Tage dürfen aber auf keinen Fall vergehen. In jedem Fall ist eine Woche nach der entsprechenden Feststellung zu lang.

2.6.6.3 Beendigung durch Kündigung

527 Schon nach bisheriger Rechtslage war die ordentliche Kündigung eines befristet abgeschlossenen Arbeitsvertrages nur möglich, wenn eine solche Kündigungsmöglichkeit ausdrücklich vereinbart worden war.

§ 15 Abs. 3 TzBfG schreibt diese Rechtslage nunmehr ausdrücklich fest.

Nach § 15 Abs. 4 TzBfG kann das Arbeitsverhältnis, das für die Lebenszeit einer Person oder für längere Zeit als 5 Jahre eingegangen ist, vom Arbeitnehmer nach Ablauf von 5 Jahren gekündigt werden. Die Kündigungsfrist beträgt in diesem Fall 6 Monate. In allen Fällen bleibt selbstverständlich das Recht zur außerordentlichen Kündigung des Arbeitsvertrages nach den entsprechenden gesetzlichen oder tariflichen Bestimmungen unberührt.

2.6.6.4 Folgen unwirksamer Befristungen/Bedingungen

528 Entsprechend der bisherigen Rechtslage bestimmt § 16 TzBfG daß bei einer rechtsunwirksamen Befristung bzw. Bedingung der befristete oder bedingte Arbeitsvertrag als auf unbestimmte Zeit geschlossen gilt.

Als Mindestbindung schreibt § 16 TzBfG darüber hinaus vor, daß dieser Vertrag vom Arbeitgeber frühestens zum vereinbarten Ende ordentlich gekündigt werden kann.

Lediglich für den Fall, daß die Befristung ausschließlich wegen eines Mangels der Schriftform unwirksam ist, kann der Arbeitsvertrag vor dem vereinbarten Ende ordentlich gekündigt werden.

Die Vorschrift führt eindringlich vor Augen, wie wichtig es ist, einerseits die Formalitäten, die zum Abschluß eines befristeten Arbeitsvertrages notwendig sind, einzuhalten. Und andererseits im Einzelfall jeweils sorgfältig zu prüfen, ob ein sachlicher Grund für eine Befristung bzw. ob die Voraussetzungen für eine Befristung ohne Sachgrund gegeben sind.

Ist nämlich die Befristung erst einmal als unwirksam erkannt, so greifen sämtliche Kündigungsschutzvorschriften zugunsten des Arbeitnehmers ein. Insbesondere muß eine ausgesprochene Kündigung den Anforderungen des § 1 ff. KSchG genügen.

---

79 Vgl. BAG, Urteil vom 13.08.1987 – 2 AZR 122/87, n.v.

2.6.6.5 Anrufung des Arbeitsgerichts

Wenn der Arbeitnehmer geltend machen will, daß die Befristung eines Arbeitsvertrages rechtsunwirksam war, so muß er gemäß § 17 TzBfG innerhalb von 3 Wochen nach dem vereinbarten Ende des befristeten Arbeitsvertrages Klage beim Arbeitsgericht erheben. **529**

Läßt der Arbeitnehmer die Klagefrist verstreichen, so gilt die vereinbarte Befristung als von Anfang an rechtswirksam. Wird eine bereits erhobene Entfristungsklage zurückgenommen, so tritt diese Rechtsfolge rückwirkend ein.

Die in § 17 TzBfG normierte Klagefrist bzw. die Rechtsfolge, die eintritt, wenn die Klagefrist versäumt wird, hat Bedeutung für das gesamte Befristungsrecht. Sie greift insbesondere auch dann ein, wenn der Arbeitnehmer andere Unwirksamkeitsgründe für die Befristung geltend macht, als sie im TzBfG normiert sind.

Die Klagefrist beginnt nach § 17 Satz 1 TzBfG mit dem vereinbarten Ende des Arbeitsverhältnisses, wobei die Fristberechnung nach §§ 187 Abs. 1, 188 Abs. 2 BGB erfolgt.

Die Unwirksamkeit der Befristung kann durch Einreichung einer entsprechenden Klage allerdings auch schon vor dem Ende des befristeten Arbeitsverhältnisses gerichtlich geltend gemacht werden.

Bei sog. **Kettenbefristung**en beginnt die Frist des § 17 Satz 1 TzBfG mit jedem vereinbarten Fristablauf, unabhängig davon, ob das Arbeitsverhältnis beendet wird oder auf der Basis einer neuen Befristungsabrede zunächst weitergeführt wird[80].

Nichts anderes gilt, wenn sich der Arbeitnehmer die Rechte aus einem früheren Arbeitsverhältnis bei Abschluß des Folgevertrages vorbehalten hat.

Literatur: Meinel/Heyn/Herms, TzBfG, 2002; Oberthür/Lenze, Das neue Gesetz über Teilzeitarbeit und befristete Arbeitsverträge (Als e-book unter: www.pfa-arbeitsrecht.de);Bauer, Neue Spielregeln für Teilzeitarbeit und befristete Arbeitsverträge, NZA 2000, S. 1039; Zur SR 2 y: Clemens/Scheuring/Steingen/Wiese, Teil I SR 2 y.

3. Teilzeitarbeitsverhältnisse

3.1 Teilzeitarbeitsverhältnisse nach dem TzBfG

Mit Inkrafttreten des TzBfG am 01.01.2000 sind die rechtlichen Rahmenbedingungen für die Beschäftigung von Teilzeitkräften auf völlig neue Füße gestellt worden. **530**

---

[80] BAG, Urteil vom 22.03.2000 – 7 AZR 561/98, n.v.

4. Abschnitt: Individualarbeitsrecht

Der Gesetzgeber hat sich mit der Neuregelung zum Ziel gesetzt, die Teilzeitarbeit auszuweiten, um bestehende Arbeitsplätze zu sichern und neue Arbeitsplätze zu schaffen. Die auf die Teilzeitbeschäftigung bezogenen Vorschriften des TzBfG basieren auf der Richtlinie des Europäischen Rates 97/81/EG über Teilzeitarbeit, die ihrerseits die Rahmenvereinbarung der europäischen Sozialpartner über Teilzeitarbeit umsetzt. Deren vorrangiges Ziel ist es, insbesondere die Diskriminierung von teilzeitbeschäftigten Arbeitnehmern zu verhindern und den Wechsel zwischen Voll- und Teilzeitarbeit zu erleichtern.

Mittelpunkt der neuen Teilzeitregelungen ist § 8 TzBfG, wonach ein Anspruch auf Verringerung der Arbeitszeit und – unter bestimmten Umständen – auch ein Anspruch auf eine bestimmte Lage der verringerten Arbeitszeit besteht.

3.1.1 Definition der Teilzeitarbeit

531 Teilzeitbeschäftigt ist nach § 2 Abs. 1 TzBfG derjenige Arbeitnehmer, dessen regelmäßige Wochenarbeitszeit kürzer ist als die eines vergleichbaren vollzeitbeschäftigten Arbeitnehmers. Wenn eine regelmäßige Wochenarbeitszeit nicht vereinbart ist, so ist ein Arbeitnehmer gem. § 2 Abs. 1 Satz 2 TzBfG teilzeitbeschäftigt, wenn seine regelmäßige Arbeitszeit im Durchschnitt eines bis zu einem Jahr reichenden Beschäftigungszeitraums unter der eines vergleichbaren teilzeitbeschäftigten Arbeitnehmers liegt.

Wenn es im Betrieb keine vergleichbaren teilzeitbeschäftigten Arbeitnehmer gibt, kann die Arbeitszeit eines Tarifvertrages, der auf das Arbeitsverhältnis Kraft beidseitiger Tarifbindung, Allgemeinverbindlichkeit oder vertraglicher Inbezugnahme Anwendung findet, herangezogen werden. Ist auch dies nicht möglich, so ist nach § 2 Abs. 1 Satz 3 2. Halbsatz TzBfG ersatzweise darauf abzustellen, wer im jeweiligen Wirtschaftszweig üblicherweise als vergleichbarer Vollzeitbeschäftigter Arbeitnehmer anzusehen ist. Grundlage dieses Vergleichs ist stets der im Betrieb hypothetisch anwendbare Tarifvertrag.

Klarstellend bestimmt § 2 Abs. 2 TzBfG darüber hinaus, daß teilzeitbeschäftigt auch ein Arbeitnehmer ist, der eine geringfügigere Beschäftigung nach § 8 Abs. 1 Nr. 1 SGB IV ausübt.

Nicht unter den Anwendungsbereich des Gesetzes fallen demnach solche Mitarbeiter, die nicht Arbeitnehmer sind, also sich z.B. in einer Berufsausbildung befinden oder als freie Mitarbeiter beschäftigt werden. Ebenso fallen Beamte nicht unter das TzBfG.

3.1.2 Verbot der Diskriminierung

532 Unterschiedliche Arbeitszeitregelungen dürfen nach der Bestimmung des § 4 TzBfG nicht zu einer Schlechterstellung der Teilzeitbeschäftigten führen. Dies bedeutet, daß die Gründe für eine unterschiedliche Behandlung von vollzeit- und teilzeitbeschäftigten Arbeitnehmern nicht in der verkürz-

3. Teilzeitarbeitsverhältnisse

ten Arbeitszeit selbst liegen dürfen, vielmehr kommen allein sachliche Gründe für eine Ungleichbehandlung wie z.B. Arbeitsleistung, Qualifikation usw. in Frage.

§ 4 Abs. 1 Satz 2 TzBfG bestimmt, daß einem teilzeitbeschäftigten Arbeitnehmer das Arbeitsentgelt oder eine andere teilbare geldwerte Leistung mindestens in dem Umfang zu gewähren ist, der dem Anteil an der Arbeitszeit eines vergleichbaren vollzeitbeschäftigten Arbeitnehmers entspricht. Mit dieser Regelung werden die Grundsätze des Diskriminierungsverbotes wie sie in der Rechtsprechung des Europäischen Gerichtshofes, des Bundesarbeitsgerichts usw. entwickelt worden sind, ausdrücklich normiert.

Das Diskriminierungsverbot ist darüber hinaus zwingend, richtet sich an Arbeitgeber, Betriebspartner und Tarifvertragsparteien. Insbesondere die Tarifvertragsparteien sind nicht mehr befugt, durch Tarifvertrag andere Regelungen zu treffen.

Das seit dem 01.01.2000 gesetzlich normierte Diskriminierungsverbot hat im öffentlichen Dienst dazu geführt, daß die Vorschriften, die bislang Teilzeitbeschäftigte aus dem Geltungsbereich der Manteltarifverträge des öffentlichen Dienstes herausgenommen haben, ersatzlos gestrichen worden sind.

Dementsprechend haben Teilzeitbeschäftigte im öffentlichen Dienst seit dem 01.01.2002 Anspruch auf anteilige Arbeitsvergütung, anteilige Jubiläumszuwendung, anteiliges Urlaubsgeld, anteiliges Weihnachtsgeld sowie auf anteiligen Versorgungsanspruch usw. Nach wie vor zulässig ist es dagegen, geringfügig Beschäftigte von der Zusatzversorgung des öffentlichen Dienstes auszuschließen, weil diese grundsätzlich nicht rentenversicherungspflichtig sind und die Zusatzversorgung des öffentlichen Dienstes der Ergänzung der gesetzlichen Rente dient[81].

Allerdings erscheint insoweit eine Änderung der Rechtsprechung wegen der Neuregelung der geringfügigen Beschäftigungsverhältnisse in naher Zukunft denkbar.

3.1.3 Anspruch auf Teilzeitarbeit

Im Mittelpunkt des TzBfG steht zweifelsohne die Regelung des § 8 TzBfG. Dieser beinhaltet erstmals einen generellen Anspruch auch der Arbeitnehmer auf eine Reduzierung der Arbeitszeit.

533

Anspruchsberechtigt sind nach der gesetzlichen Regelung alle Mitarbeiter, die nach den Grundsätzen der Rechtsprechung des BAG als Arbeitnehmer anzusehen sind, also persönlich abhängig und den Weisungen des Arbeitgebers unterworfen sind. Wie sich aus § 6 TzBfG ergibt, besteht der Anspruch insbesondere auch für Arbeitnehmer in leitenden Positionen.

---

81 BAG, Urteil vom 22.02.2000 – 3 AZR 845/98, EZA § 1 BetrAVG Gleichbehandlung Nr. 18.

4. Abschnitt: Individualarbeitsrecht

Der Anspruch nach § 8 TzBfG ist nicht an eine Verminderung der Vollarbeitszeit gerichtet. Vielmehr können auch Arbeitnehmer, die bereits Teilzeitarbeit leisten, eine weitere Verkürzung ihrer Arbeitszeit verlangen.

Unerheblich für die Anspruchsberechtigung ist auch, ob der Arbeitnehmer befristet oder unbefristet beschäftigt ist.

Weitere Voraussetzung ist, daß das Arbeitsverhältnis länger als 6 Monate besteht.

§ 8 Abs. 7 TzBfG enthält eine sog. **„Kleinunternehmerklausel"**, d.h. nur Arbeitnehmer, deren Arbeitgeber ohne die zur Berufsausbildung beschäftigten Personen in der Regel mehr als 15 Arbeitnehmer beschäftigt, können den Anspruch auf Verringerung der Arbeitszeit geltend machen.

§ 8 TzBfG enthält für die Geltendmachung des Änderungsverlangens folgende Systematik:

Der Arbeitnehmer muß den Umfang der Verringerung seiner Arbeitszeit spätestens 3 Monate vor dem beabsichtigten Beginn geltend machen und soll dabei die gewünschte Verteilung der Arbeitszeit angeben. Eine Schriftform für dieses Verlangen ist nicht vorgeschrieben.

Es soll dann nach dem Gesetz zunächst eine Erörterung zwischen den Parteien stattfinden mit dem Ziel einer einvernehmlichen Regelung sowohl über den Umfang der Verringerung als auch über die Verteilung der Arbeitszeit.

Von welcher Bedeutung diese Erörterung ist, zeigt ein Urteil des LAG Düsseldorf[82]. Das LAG Düsseldorf hat mit diesem Urteil zu der Frage Stellung genommen, welche Konsequenzen den Arbeitgeber treffen, der diese Verhandlungsobliegenheiten verletzt. Es hat ausgeführt, daß auch Sinn und Zweck der gesetzlichen Stufenregelung über den Ablauf des Verfahrens zur Verringerung der Arbeitszeit in § 8 Abs. 3 und 5 TzBfG ergebe, daß der Arbeitgeber den Reduzierungswunsch des Arbeitnehmers erst dann ablehnen darf, wenn feststeht, daß eine Einigung nicht in Betracht kommt bzw. eine Einigung nicht rechtzeitig, d.h. vor Ablauf der Monatsfrist, erreicht werden kann. Lehnt der Arbeitgeber die gewünschte Arbeitszeitverringerung ab, bevor die Erörterungen darüber abgeschlossen sind, so verstößt er nach Auffassung des LAG Düsseldorf gegen den Grundsatz von Treu und Glauben unter dem Gesichtspunkt der unzulässigen Rechtsausübung. Dies hat zur Folge, daß diese Ablehnung rechtsunwirksam ist und die Zustimmungsfiktion des § 8 Abs. 5 Satz 2 und 3 TzBfG eintritt. Diese Entscheidung zeigt, daß von der Rechtsprechung beträchtliche formelle Anforderungen an die Ablehnung eines Arbeitszeitverringerungswunsches nach § 8 TzBfG gestellt werden. Der Arbeitgeber muß insbesondere darauf achten, daß er dem Arbeitnehmer seine ablehnende Entscheidung erst dann schriftlich mitteilt, wenn die Einigungsver-

---

82 Urteil vom 01.03.2002 – 18 (4) Sa 1269/01.

3. Teilzeitarbeitsverhältnisse

handlungen durchgeführt und ohne Ergebnis abgeschlossen worden sind.

Kommt eine Einigung zwischen Arbeitgeber und Arbeitnehmer nicht zustande, so regelt § 8 Abs. 4 und 5 TzBfG das weitere Verfahren:

Will der Arbeitgeber die Verringerung der Arbeitszeit und ihre Verteilung, wie sie vom Arbeitnehmer gewünscht wird, nicht akzeptieren, hat er dies spätestens einen Monat vor dem gewünschten Beginn der Verringerung schriftlich mitzuteilen. Unterbleibt diese Mitteilung oder erfolgt sie nicht rechtzeitig, tritt aufgrund des Gesetzes eine Fiktion ein: Die Arbeitszeit verringert sich in dem vom Arbeitnehmer gewünschten Umfang und auch die Verteilung der Arbeitszeit gilt entsprechend den Wünschen des Arbeitnehmers als festgelegt. Bei dieser Monatsfrist handelt es sich also um eine Ausschlußfrist, bei deren Nichteinhaltung ohne weiteres der vom Arbeitnehmer gewünschte Umfang der regelmäßigen Arbeitszeit zum Inhalt des Arbeitsvertrages wird und die gewünschte Verteilung der Arbeitszeit beansprucht werden kann. Allerdings verbleibt dem Arbeitgeber das Recht, die Verteilung der Arbeitszeit einseitig wieder zu verändern, wenn das betriebliche Interesse daran das Interesse des Arbeitnehmers an der Beibehaltung erheblich überwiegt und der Arbeitgeber die Änderung spätestens einen Monat vorher angekündigt hat (§ 8 Abs. 5 Satz 3 TzBfG).

Hieraus folgt, daß die Verteilung der Arbeitszeit weiter im **Direktionsrecht** des Arbeitgebers bleibt, allerdings mit der Einschränkung, daß das Direktionsrecht nur dann ausgeübt werden kann, wenn ein erheblich überwiegendes Interesse des Arbeitgebers an der beabsichtigten Änderung der Verteilung der Arbeitszeit dargelegt werden kann.

3.1.4 Entgegenstehende betriebliche Belange

In materiell-rechtlicher Hinsicht kann der Arbeitgeber den Anspruch auf Verringerung der Arbeitszeit dann ablehnen, wenn betriebliche Gründe entgegenstehen. Das Vorliegen betrieblicher Gründe hat der Arbeitgeber im Rahmen einer gerichtlichen Auseinandersetzung darzulegen und notfalls zu beweisen. Die entscheidende Frage ist daher, wann ein betrieblicher Grund besteht, mit dem der Arbeitgeber eine Reduzierung der Arbeitszeit ablehnen kann. Im Gesetz selbst sind beispielhaft folgende betriebliche Gründe benannt: **534**

- wesentliche Beeinträchtigung der Organisation,
- wesentliche Beeinträchtigung des Arbeitsablaufs im Betrieb,
- wesentliche Beeinträchtigung der Sicherheit im Betrieb,
- Entstehen unverhältnismäßiger Kosten.

Der Begriff des betrieblichen Grundes ist ein sog. unbestimmter Rechtsbegriff, der der Ausfüllung durch die Rechtsprechung in Verbindung mit der entsprechenden Literatur bedarf. Ebenso bedürfen die im Gesetz genannten Beispiele einer entsprechenden Konkretisierung, denn sie können dem Arbeitgeber Anhaltspunkte dafür geben, wie er den betrieblichen Grund bestimmen kann.

Eine sichere Prognose darüber, ob der vom Arbeitgeber genannte betriebliche Grund ausreichend ist, um den Teilzeitwunsch des Mitarbeiters abzulehnen, wird sich daher erst dann treffen lassen, wenn das BAG den unbestimmten Rechtsbegriff ausgefüllt hat.

Auf der Basis der bislang vorliegenden Rechtsprechung läßt sich aber jedenfalls feststellen, daß an das Vorbringen des Arbeitgebers im Hinblick auf das Vorliegen betrieblicher Gründe erhebliche Anforderungen gestellt werden.

So hat das LAG Köln[83] zwar anerkannt, daß der Arbeitgeber zur Begründung der Ablehnung einer Arbeitszeitreduzierung nur rationale, nachvollziehbare – keine dringenden oder schwerwiegenden – Gründe vorbringen muß. Der Hinweis des Arbeitgebers darauf, daß in einem Kindergarten eine Arbeitszeitreduzierung nicht möglich sei, weil eine kontinuierliche Betreuung der Kinder durch feste Bezugspersonen nicht mehr gewährleistet sei, könne ein solcher Grund sein. Vom Gericht sei insoweit allerdings auch zu überprüfen, ob das Konzept konsequent umgesetzt wird, was im konkreten Fall verneint worden ist. Das LAG Berlin[84] hat anerkannt, daß eine Betriebsvereinbarung, die die Verteilung der Arbeitszeit auf 5 Tage in der Woche festlegt, ein betrieblicher Grund im Sinne des § 8 Abs. 4 Satz 1 TzBfG ist, um der Verteilung der Arbeitszeit auf weniger oder mehr Tage in der Woche zu widersprechen.

Das Arbeitsgericht Freiburg[85] hat anerkannt, daß ein Organisationskonzept des Arbeitgebers, das vorsieht, daß ausschließlich Vollzeitkräfte beschäftigt werden, ein dem Anspruch auf Verringerung und Veränderung der Frage der Arbeitszeit entgegenstehender betrieblicher Grund im Sinne des § 8 Abs. 4 Satz 1 TzBfG sein kann, sofern die Entscheidung auf nachvollziehbaren Gründen beruht.

Lehnt der Arbeitgeber den Arbeitszeitwunsch fristgemäß einen Monat vor dem gewünschten Beginn ab, ist der Arbeitnehmer auf den Klageweg zu den Arbeitsgerichten verwiesen. Eine eigenmächtige Reduzierung der Arbeitszeit ist entsprechend den Grundsätzen der Rechtsprechung zur Selbstbeurlaubung[86] ausgeschlossen.

Bis der Arbeitnehmer ein rechtskräftiges Urteil erlangt hat, mit dem die gewünschte Verteilung als festgelegt gilt, darf der Arbeitgeber die Verteilung vorerst aufgrund seines Direktionsrechts nach billigem Ermessen festlegen. Der Arbeitnehmer hat die vom Arbeitgeber angeordnete Verteilung solange zu akzeptieren, bis die von ihm gewünschte Verteilung durch Urteil als erteilt gilt.

---

83 Aktenzeichen 9 Sa 726/01.
84 Urteil vom 18.01.2002 – 19 Sa 1982/01.
85 Urteil vom 04.09.2001 – 7 Ca 143/01.
86 Vgl. z.B. BAG, Urteil vom 20.01.1994 – 2 AZR 521/93, ZTR 1994, Seite 300.

3. Teilzeitarbeitsverhältnisse

Wie oben bereits angedeutet, kann der Arbeitgeber nach § 8 Abs. 5 Satz 4 TzBfG die Verteilung der Arbeitszeit unter bestimmten Voraussetzungen durch Direktionsrecht wieder ändern. Ob dies auch dann gilt, wenn der Arbeitnehmer eine für ihn günstige arbeitsgerichtliche rechtskräftige Entscheidung erstritten hat, ist dem Gesetz nicht zu entnehmen. Da insoweit offensichtlich eine planwidrige Lücke des Gesetzes vorliegt, ist eine analoge Anwendung des § 8 Abs. 5 Satz 4 TzBfG gerechtfertigt. Denn nach einer gerichtlichen Festlegung der Arbeitszeit ist die Interessenlage keine andere als nach einer tatsächlichen oder fingierten Verteilung. Es ist jeweils ein Änderungsvertrag zustande gekommen, dessen Bedingungen sich hinsichtlich der Verteilung nicht mehr mit den betrieblichen Interessen des Arbeitgebers vereinbaren lassen[87].

3.1.5 Verlängerung der Arbeitszeit

Gemäß § 9 TzBfG hat der Arbeitgeber einen Teilzeitbeschäftigten Arbeitnehmer bei der Besetzung von Vollzeitarbeitsplätzen bei gleicher Eignung bevorzugt zu berücksichtigen. Dieses **Bevorzugungsgebot** entfällt nur, wenn dringende betriebliche Gründe oder Arbeitszeitwünsche anderer teilzeitbeschäftigter Arbeitnehmer entgegenstehen. In diesem Fall kann der Arbeitgeber nach billigem Ermessen die Auswahl unter den konkurrierenden teilzeitbeschäftigten Arbeitnehmern treffen. 535

Zur der Frage, wann eine gleiche Eignung im Sinne des Gesetzes vorliegt, kann im öffentlichen Dienst auf die Rechtsprechung des BAG zum Artikel 33 Abs. 2 GG (Konkurrentenklage) zurückgegriffen werden: Im Verhältnis zur Berücksichtigung der Kriterien des Artikel 33 Abs. 2 GG auf der Grundlage der durch die Ausschreibung festgelegten oder anderweitig vom Arbeitgeber vorgegebenen Kriterien kann die Besetzungsregelung des § 9 TzBfG nur dann einen Ausschlag geben, wenn im übrigen identische Qualifikationen der Bewerber vorliegen.

3.1.6 Arbeit auf Abruf

§ 12 TzBfG regelt die Arbeit auf Abruf und entspricht im wesentlichen den aus § 4 BeschFG bekannten Vorschriften. 536

Von Bedeutung ist jedoch, daß die Möglichkeit, durch Tarifvertrag von diesen Regelungen abzuweichen, durch die Schaffung von Mindestvoraussetzungen eingeschränkt wird. Der Tarifvertrag muß zukünftig Regelungen über die tägliche und wöchentliche Arbeitszeit und die **Vorankündigungsfrist** vorsehen.

Arbeit auf Abruf im Sinne des § 12 TzBfG liegt allerdings nur dann vor, wenn der Arbeitnehmer verpflichtet ist, die Arbeit aufzunehmen. Kann der Arbeitnehmer hingegen ablehnen und auf andere Arbeitnehmer verweisen, wie dies häufig bei sog. Abrufkräften im öffentlichen Dienst der Fall

---

[87] Ebenso Oberthür/Lenze, Das neue Gesetz über Teilzeitarbeit und befristete Arbeitsverträge, Seite 56.

4. Abschnitt: Individualarbeitsrecht

ist, liegt kein Fall der Teilzeitarbeit vor. Dementsprechend muß in diesen Fällen in der Vereinbarung auch nicht die bestimmte Dauer der wöchentlichen und täglichen Arbeitszeit festgelegt werden. Auch die Ankündigungsfrist des § 12 Abs. 2 TzBfG von 4 Tagen ist in diesen Fällen nicht erforderlich.

Literatur: siehe Literatur zur Befristung.

3.2 Altersteilzeit

537 Ein echtes Teilzeitbeschäftigungsverhältnis stellt auch die Altersteilzeit dar, die seit dem Inkrafttreten des entsprechenden Tarifvertrages (TV ATZ) am 01.05.1998 auch für Mitarbeiter des öffentlichen Dienstes möglich ist.

Altersteilzeitarbeitsverhältnisse fallen indes nicht unter den Geltungsbereich des TzBfG. Denn § 23 TzBfG bestimmt insoweit, daß besondere Regelungen über Teilzeitarbeit und über die Befristung von Arbeitsverträgen nach anderen gesetzlichen Vorschriften unberührt bleiben.

Die Bestimmungen des TV ATZ sind im Zusammenhang mit dem Inkrafttreten des Altersteilzeitgesetzes (ATG) vom 23.07.1996 zu sehen. Durch dieses Gesetz sollte die Altersteilzeit und damit für ältere Arbeitnehmer der gleitende Übergang vom Erwerbsleben in die Altersrente ermöglicht werden. Dies sollte dadurch erreicht werden, daß die Bundesanstalt für Arbeit unter bestimmten, im Gesetz geregelten Voraussetzungen einen Zuschuß zu den Kosten des Altersteilzeitarbeitsverhältnisses gewährt. Das Gesetz regelt also nicht die Voraussetzungen unter denen ein Altersteilzeitarbeitsverhältnis vereinbart werden kann oder darf, sondern nur, unter welchen Voraussetzungen dem Arbeitgeber einen Teil der von ihm erbrachten Leistungen erstattet werden.

3.2.1 Voraussetzungen der Altersteilzeit

538 Nach § 1 TV ATZ können alle Mitarbeiter des öffentlichen Dienstes, auf die die Tarifverträge des öffentlichen Dienstes, also insbesondere der BAT und BMT-G Anwendung finden, ein Altersteilzeitarbeitsverhältnis vereinbaren. Ausgenommen vom Geltungsbereich des TV ATZ sind damit namentlich solche Beschäftigte, die nach § 3 BAT bzw. § 3 BMT-G aus dem Geltungsbereich dieser Tarifverträge ausgenommen sind. Dies sind insbesondere AB-Kräfte, Mitarbeiter in ASS-Maßnahmen, leitende Angestellte, aber auch Angestellte in öffentlichen bzw. außerhalb öffentlicher Schlachthöfe sowie Auszubildende, Volontäre und Praktikanten.

Die Voraussetzungen für den Zugang zur Altersteilzeit in § 2 Abs. 1 TV ATZ sind eng an das ATG angelehnt.

Altersteilzeitarbeitsverträge können danach mit solchen Arbeitnehmern abgeschlossen werden, die

– das 55. Lebensjahr vollendet haben,

3. Teilzeitarbeitsverhältnisse

– eine Beschäftigungszeit von 5 Jahren vollendet haben,

und

– in den letzten 5 Jahren mindestens an 1.080 Kalendertage in einer versicherungspflichtigen Beschäftigung nach dem III. Buch Sozialgesetzbuch gestanden haben.

Im Gegensatz zur Ursprungsfassung des TV ATZ ist nicht mehr Voraussetzung, daß die Beschäftigung eine Vollzeitbeschäftigung war.

Nach dem Wortlaut des § 2 Abs. 1 TV ATZ kann mit vollbeschäftigten Arbeitnehmern, die die oben genannten Voraussetzungen erfüllen, ein Altersteilzeitarbeitsverhältnis begründet werden.

Im Gegensatz hierzu bestimmt § 2 Abs. 2 TV ATZ, daß Arbeitnehmer, die das 60. Lebensjahr vollendet haben und die übrigen Voraussetzungen des Abs. 1 erfüllen, einen Anspruch auf Vereinbarung eines Altersteilzeitarbeitsverhältnisses haben.

3.2.2 Ablehnung der Altersteilzeit

Nach § 2 Abs. 1 TV ATZ kann – wie ausgeführt – mit Mitarbeitern, die das 55. aber noch nicht das 60. Lebensjahr vollendet haben, Altersteilzeit vereinbart werden. **539**

§ 2 Abs. 3 TV ATZ, wonach für eine Ablehnung dringende dienstliche bzw. betriebliche Gründe vorausgesetzt werden, bezieht sich nur auf die nach Abs. 2 anspruchsberechtigten mindestens 60-jährigen **Arbeitnehmer**[88].

Die **Ermessensentscheidung** des **Arbeitgebers** hat sich an den Kriterien des § 315 BGB zu orientieren, d.h. sie darf weder willkürlich sein noch auf sachfremden Erwägungen beruhen. Es müssen vielmehr sachliche Gründe für eine Ablehnung vorliegen. Hierzu gehören z.B. finanzielle Mehraufwendungen, weil keine Förderung durch das Arbeitsamt erfolgt oder auch personalwirtschaftliche Probleme, wie z.B. das Vorhandensein einer Einstellungssperre, die im Zusammenhang mit der Altersteilzeit auftreten können[89].

Mitarbeiter, die bereits das **60. Lebensjahr** vollendet haben, haben nach § 2 Abs. 2 Satz 1 TV ATZ einen Anspruch auf Abschluß eines Altersteilzeitarbeitsvertrages.

Bei solchen Mitarbeitern kann aber Altersteilzeit nur abgelehnt werden, wenn dringende dienstliche bzw. betriebliche Gründe im Sinne des § 2 Abs. 3 TV ATZ vorliegen.

Gerichtsurteile, die eine derartige Fallkonstellation zum Gegenstand hatten, liegen bislang nicht vor.

---

88 Vgl. BAG, Urteil vom 12.12.2000 – 9 AZR 706/99, Der Betrieb 2001, Seite 1995.
89 Vgl. im Einzelnen: Drespa/Meier/Slawik, Altersteilzeitkommentar § 2 TV ATZ, Rn 20 ff.

4. Abschnitt: Individualarbeitsrecht

Im Ergebnis wird man wohl festhalten müssen, daß es nur ganz besondere Ausnahmesituationen im finanziellen Bereich oder auch im personalwirtschaftlichen Bereich sein dürften, die einen Arbeitgeber berechtigen können, die Vereinbarung von Altersteilzeit bei über 60-jährigen Mitarbeitern abzulehnen. Ein solcher dringender betrieblicher Grund dürfte sicherlich dann erfüllt sein, wenn die **Überforderungsklausel** des § 3 Abs. 1 Nr. 3 ATG eingreift. Hiernach besteht ein Anspruch auf Leistungen der Bundesagentur für Arbeit nur unter der Voraussetzung, daß die freie Entscheidung des Arbeitgebers bei einer über 5 von 100 der Arbeitnehmer des Betriebes hinausgehenden Inanspruchnahme sichergestellt ist oder eine Ausgleichskasse der Arbeitgeber oder eine gemeinsame Einrichtung der Tarifvertragsparteien besteht.

Die Ablehnung von Altersteilzeitanträgen unterliegt in einigen Bundesländern (so z.B. in Nordrhein-Westfalen, vgl. § 72 Abs. 1 Satz 1 Nr. 13 LPVG NW) der Mitbestimmung durch den Personalrat.

3.2.3 Reduzierung und Verteilung der Arbeitszeit

540 Die durchschnittliche wöchentliche Arbeitszeit während der Gesamtdauer der Altersteilzeit muß nach § 3 Abs. 1 TV ATZ die Hälfte der regelmäßigen tariflichen Arbeitszeit betragen.

Für die Verteilung dieser Arbeitszeit auf den Gesamtzeitraum gibt es zwei Modelle: Zum einen kann vereinbart werden, daß die gesamte zu erbringende Arbeit in der ersten Hälfte des Altersteilzeitarbeitsverhältnisses als Vollzeit erbracht wird und der Arbeitnehmer anschließend von der Arbeit freigestellt wird (sog. Blockmodell). Die Bezahlung erfolgt dann über die Gesamtdauer nach den Regeln der Altersteilzeit, d.h. auch während der Phase der vollen Arbeitsleistung wird der Beschäftigte nur als Teilzeitkraft bezahlt.

Zum anderen kann vereinbart werden, daß die reduzierte Arbeitszeit durchgehend erbracht wird.

Da der TV ATZ darüber hinaus keinen zeitlichen Rahmen vorgibt, kann das Altersteilzeitarbeitsverhältnis bis zur gesetzlichen Höchstdauer von 10 Jahren vereinbart werden.

Einen bestimmten Anspruch auf eine Verteilung der Arbeitszeit gibt es nach dem TV ATZ nicht. Dies gilt insbesondere auch für solche Mitarbeiter, die das 60. Lebensjahr vollendet haben. § 3 Abs. 3 TV ATZ sieht insoweit lediglich vor, daß der Arbeitnehmer vom Arbeitgeber verlangen kann, daß sein Wunsch nach einer bestimmten Teilung der Arbeitszeit mit dem Ziel einer einvernehmlichen Regelung erörtert wird. Kommt eine Einigung trotz einer entsprechenden Erörterung nicht zustande, so kann ein Altersteilzeitarbeitsvertrag nicht abgeschlossen werden, weil dieser eben die Einigung über die Verteilung der Altersteilzeitarbeit voraussetzt.

§ 8 TzBfG spielt in diesem Zusammenhang keine Rolle, da das TzBfG auf Altersteilzeitarbeitsverhältnisse insgesamt keine Anwendung findet.

3. Teilzeitarbeitsverhältnisse

3.2.4 Höhe der Bezüge

Die Höhe der zu zahlenden Bezüge regelt § 4 TV ATZ. Im Grundsatz gilt 541
hiernach, daß die Bezüge im Altersteilzeitarbeitsverhältnis nach den Beträgen zu bemessen sind, die sich für entsprechende Teilzeitkräfte mit der Hälfte der durchschnittlichen regelmäßigen wöchentlichen Arbeitszeit ergeben. Dies bedeutet, daß der Mitarbeiter, der sich in Alterteilzeitarbeit befindet, im Grundsatz 50 % der Bezüge erhält, die ihm als Vollzeitbeschäftigten zustehen würden.

Abweichend von dem Grundsatz der Halbierung der Bezüge sind diejenigen Bezügebestandteile, die üblicherweise in die Berechnung des Aufschlags zur Urlaubsvergütung/Zuschlag zum Urlaubslohn einfließen, entsprechend dem Umfang der tatsächlich geleisteten Tätigkeiten zu berücksichtigen. Leistet ein Arbeitnehmer also z.B. Tätigkeiten, für die ihm ein Erschwerniszuschlag zusteht oder leistet er Überstunden, so werden ihm die hierfür zustehenden Entgelte nicht nur zur Hälfte gezahlt, sondern entsprechend dem Umfang der tatsächlichen Tätigkeit.

Besonderheiten bestehen bei der Behandlung von Wechselschicht- und Schichtzulagen. Diese können aufgrund der Rechtsprechung des BAG im Teilzeitmodell nicht halbiert werden, weil nach dieser Rechtsprechung die Zulagen auch Teilzeitbeschäftigten in voller Höhe zustehen. Im Blockmodell stehen in der Arbeitsphase die Zulagen bei Erfüllung der Anspruchsvoraussetzungen in voller Höhe zu, während in der Freistellungsphase eine Wechselschicht- und Schichtzulage bei der Berechnung der Bezüge nicht mehr zu berücksichtigen ist, weil der Umfang der tatsächlich geleisteten Tätigkeit in dieser Phase gleich Null ist.

3.2.5 Aufstockungsleistungen

Nach § 5 TV ATZ stehen dem Arbeitnehmer, mit dem Altersteilzeitarbeit 542
vereinbart worden ist, Aufstockungsleistungen zu. Nach § 5 Abs. 2 muß der Aufstockungsbetrag so hoch sein, daß der Arbeitnehmer 83 v.H. des Nettobetrages des bisherigen Arbeitsentgelts erhält.

§ 5 Abs. 2 TV ATZ enthält eine Fülle von Sonderregelungen, die hier nur stichwortartig genannt werden können. Dies sind insbesondere Regelungen zur Behandlung von

– Urlaubs- oder Krankheitstagen,

– Bereitschaftsdienst und Rufbereitschaft,

– Überstundenpauschalen,

– Pauschallöhne bei Kraftfahrern.

– Sonderregelungen für das Feuerwehr- und Wachpersonal bei der Bundeswehr.

Die Protokollerklärung zu § 5 Abs. 2 sieht vor, daß im Zeitpunkt des Übergangs von der Arbeitsphase zur Freistellungsphase ein Durchschnittsbetrag aus den in der Arbeitsphase zugestandenen unregelmäßigen Bezügen Bestandteilen gebildet werden kann, der für die Freistellungsphase maßgebend bleibt.

Nach § 5 Abs. 4 TV ATZ hat der Arbeitgeber neben der Aufstockung der Vergütung auf 83 % zusätzliche Rentenversicherungsbeiträge zu entrichten. Der Höhe nach belaufen sich diese Beiträge auf den Unterschiedsbetrag zwischen 90 v.H. des auf die Beitragsbemessungsgrenze begrenzten fiktiven Vollzeitarbeitsentgelt und dem nach § 4 tatsächlich erzielten Arbeitsentgelt für die Altersteilzeitarbeit. Diesen zusätzlichen Gesamtbeitrag trägt der Arbeitgeber allein.

Neben den Aufstockungsbeiträgen und den zusätzlichen Leistungen zur Rentenversicherung ist darüber hinaus in § 5 Abs. 7 TV ATZ eine Abfindungszahlung für den Fall vereinbart worden, daß aufgrund der Regelungen in der gesetzlichen Rentenversicherung das bei vorzeitiger Inanspruchnahme von Altersrente zu Rentenabschlägen kommt. Diese Abfindung ist linear gestaffelt und beträgt 5 % des Monatsgehaltes pro 0,3 % Rentenminderung.

Nach der Regelung des § 8 TV ATZ ruht der Anspruch auf Aufstockungsleistung, solange die Voraussetzungen des § 2c Abs. 2 ATG erfüllt sind.

Hat der Arbeitnehmer danach Anspruch auf

– Krankengeld,

– Versorgungskrankengeld,

– Verletztengeld,

oder

– Übergangsgeld,

besteht für den Zeitraum des Bezugs dieser Leistung kein Anspruch auf den Aufstockungsbetrag nach § 5 TV ATZ.

3.2.6 Nebentätigkeit

543 § 6 Satz 1 TV ATZ verpflichtet die Arbeitnehmer, auf die Ausübung von Beschäftigungen oder selbständigen Tätigkeiten zu verzichten, die die Geringfügigkeitsgrenze des § 8 SGB IV überschreiten. Eine Ausnahme gilt insoweit nur dann, wenn diese Tätigkeiten innerhalb der letzten 5 Jahre vor Beginn des Altersteilzeitarbeitsverhältnisses ständig ausgeübt worden sind. Diese Regelung knüpft an § 5 Abs. 3 ATG, wonach der Anspruch auf Erstattungsleistung nach § 4 ATG während der Zeit ruht, in der ein Arbeitnehmer neben seiner Altersteilzeit eine sozialversicherungspflichtige Nebentätigkeit ausübt.

Nach § 8 Abs. 3 TV ATZ ruht darüber hinaus der Anspruch auf die Aufstockungsleistungen während der Zeit, in der der Arbeitnehmer eine unzulässige Beschäftigung oder selbständige Tätigkeit im Sinne des § 6 TV ATZ ausübt oder über die Altersteilzeitarbeit hinaus Mehrarbeit an Überstunden leistet, die den Umfang der Geringfügigkeitsgrenze des § 8 SGB

IV überschreiten. Hat der Anspruch auf die Aufstockungsleistungen mindestens 150 Tage geruht, erlischt er.

Das Ruhen des Anspruches auf die Aufstockungsleistungen führt darüber hinaus dazu, daß während des Zeitraumes einer unzulässigen Nebentätigkeit keine Altersteilzeitarbeit vorliegt, weil es an einer Grundvoraussetzung, nämlich der Zahlung von Aufstockungsleistungen fehlt.

3.2.7 Urlaub

Im Altersteilzeitarbeitsverhältnis richtet sich der Urlaubsanspruch grundsätzlich nach den allgemeinen gesetzlichen bzw. tariflichen Bestimmungen. **544**

Für den Fall der Durchführung der Altersteilzeit im Rahmen eines Blockmodells besteht während der Freistellungsphase kein Anspruch auf Urlaub, weil auch keine Arbeitsleistung erbracht wird. In dem Kalenderjahr, in dem der Arbeitnehmer von der Arbeits- in die Freistellungsphase wechselt, hat er für jeden vollen Beschäftigungsmonat Anspruch auf 1/12 des Jahresurlaubs.

3.2.8 Ende des Altersteilzeitarbeitsverhältnisses

§ 9 TV ATZ regelt, wann das Altersteilzeitarbeitsverhältnis endet. **545**

Danach endet das Arbeitsverhältnis grundsätzlich zu dem von den Arbeitsvertragsparteien in der Altersteilzeitvereinbarung festgelegten Zeitpunkt. Dies wird in der Regel in dem Zeitraum zwischen der Vollendung des 60. und 65. Lebensjahres sein.

Darüber hinaus endet das Arbeitsverhältnis bereits vor Erreichen dieses Zeitpunktes, wenn der Arbeitnehmer eine der im § 9 Abs. 2 aufgeführten Renten wegen Alter oder eine der dort aufgeführten sonstigen Leistungen tatsächlich bezieht.

Darüber hinaus endet das Altersteilzeitarbeitsverhältnis zu dem Zeitpunkt, zu dem der Arbeitnehmer eine Altersrente oder eine der dort aufgeführten vergleichbaren Leistungen ohne Inkaufnahme von Rentenabschlägen beanspruchen könnte. Für die Feststellung dieses Zeitpunktes, ab dem der Arbeitnehmer eine Altersrente ohne Inkaufnahme von Rentenabschlägen beanspruchen könnte, kommt es auf die Art der in Betracht kommenden Altersrente und auf den Geburtsmonat des Arbeitnehmers an.

§ 9 Abs. 3 TV ATZ enthält eine spezielle Regelung für den Fall, daß das Arbeitsverhältnis eines Arbeitnehmers, der im Rahmen der Altersteilzeit nach dem Blockmodell beschäftigt wird, vorzeitig endet. In diesen Fällen erfolgt eine Nachzahlung in der Weise, daß der Arbeitnehmer den Unterschiedsbetrag erhält zwischen den Bezügen nach § 4 TV ATZ und § 5 TV ATZ denjenigen Bezügen, die er für den Zeitraum seiner tatsächlichen Beschäftigung erhalten hätte, wenn kein Altersteilzeitarbeitsverhältnis begründet worden wäre.

4. Abschnitt: Individualarbeitsrecht

Im Fall des Todes des Arbeitnehmers steht dieser Anspruch seinen Erben zu.

Der TV ATZ enthält keine Regelung über die Bedingungen, unter denen aus sonstigen Gründen (z.B. soziale Notlage des Arbeitnehmers, betriebliche Notwendigkeiten) eine vorzeitige Beendigung des Altersteilzeitarbeitsverhältnisses möglich sein kann.

Soweit darüber einzelvertragliche Vereinbarungen nicht getroffen worden sind, kann sich durchaus das Problem stellen, daß ein in Altersteilzeit befindlicher Mitarbeiter unter Umständen einen Anspruch gegen seinen Arbeitgeber darauf haben kann, wieder in das Vollzeitarbeitsverhältnis übernommen zu werden.

3.2.9 Mitwirkungspflichten

546 § 10 TV ATZ enthält besondere Regelungen zu den Mitwirkungspflichten und den Folgen der Verletzung dieser Pflichten durch den Arbeitnehmer. Hiernach trifft den Arbeitnehmer insbesondere die Verpflichtung, ihn betreffende Verhältnisse, die für den Anspruch auf Aufstockungsleistungen erheblich sind, dem Arbeitgeber unverzüglich mitzuteilen.

Dies gilt in besonderem Maße natürlich während der Freistellungsphase im Blockmodell, da der Arbeitnehmer in dieser Phase nicht mehr im Betrieb oder in der Verwaltung beschäftigt wird und daher Änderungen in den persönlichen Umständen dem Arbeitgeber weitestgehend verborgen bleiben. Die Regelungen des § 10 TV ATZ knüpfen insoweit an die Bestimmungen des § 11 ATG über die Mitwirkungspflichten des Arbeitnehmers an.

Verletzt der Arbeitnehmer seine Pflichten zur Mitwirkung, so hat er diejenigen Leistungen zu erstatten, die ihm zu Unrecht wegen der Verletzung dieser Mitwirkungspflichten zugeflossen sind.

Hat z.B. ein Arbeitnehmer, der sich in der Freistellungsphase befindet, seinem Arbeitgeber nicht mitgeteilt, daß er eine sozialversicherungspflichtige Nebentätigkeit aufgenommen hat, so hat er sämtliche Aufstockungsleistungen dem Arbeitgeber zu erstatten.

Dies gilt wegen der in § 2 Abs. 2 gewählten Formulierung schon dann, wenn dem Arbeitnehmer auch nur leichte Fahrlässigkeit vorzuwerfen ist.

Literatur: Drespa/Meyer/Slawik, Altersteilzeit von Arbeitnehmern in öffentlichen Verwaltungen, Einrichtungen und Unternehmen und Sparkassen, Loseblattkommentar, März 2002; Görgens, Altersteilzeit für Angestellte und Arbeiter im öffentlichen Dienst, 2000; Langenbrinck/Litzka, Altersteilzeit im öffentlichen Dienst für Angestellte und Arbeiter, 2. Auflage 2000.

4. Pflichten des Arbeitnehmers aus dem Arbeitsvertrag

4.1 Arbeitspflicht

Die Verpflichtung zur Arbeitsleistung ergibt sich in erster Linie aus dem geschlossenen Arbeitsvertrag i.V.m. § 611 BGB. Die Pflicht zur Arbeitsleistung steht als Hauptpflicht im **Gegenseitigkeitsverhältnis** zur Pflicht des Arbeitgebers zur Entgeltzahlung.

547

Darüber hinaus wird die Verpflichtung zur Arbeitsleistung durch zahlreiche Rechtsquellen und nicht nur allein durch den Arbeitsvertrag konkretisiert. Insbesondere kommen als Rechtsquellen für die Konkretisierung der Arbeitspflicht die Tarifverträge, Betriebsvereinbarungen sowie allgemeine, vom Arbeitgeber vorformulierte Arbeitsbedingungen in Betracht. Auf vertraglicher Ebene können sich insbesondere durch das Institut der betrieblichen Übung und durch das arbeitgeberseitige Direktionsrecht Konkretisierungen ergeben.

4.1.1 Träger der Arbeitspflicht

Der Arbeitnehmer ist in erster Linie zur Leistung von Arbeit verpflichtet. Diese hat der Arbeitnehmer grundsätzlich persönlich zu erbringen[90]. Im Verhinderungsfall braucht der Arbeitnehmer deshalb keinen Ersatzmann zu stellen. Vertraglich kann insoweit natürlich etwas anderes vereinbart werden.

548

Ebenso wenig ist regelmäßig der Anspruch des Arbeitgebers auf Arbeitsleistung auf einen anderen Arbeitgeber übertragbar (§ 613 Satz 2 BGB). Besonderheiten können sich insoweit ergeben, wenn ein Betriebsinhaberwechsel nach § 613 a BGB vorliegt. Aufgrund vertraglicher Vereinbarungen kann der Arbeitgeber jedoch im Einzelfall berechtigt sein, den Arbeitnehmer für dauernd oder zeitweilig anderen Arbeitgebern zu überlassen. So kann z.B. ein **Leiharbeitsverhältnis** vereinbart werden oder ein **Arbeitnehmerüberlassungsvertrag** abgeschlossen werden.

Die Arbeitspflicht des Arbeitnehmers löst andererseits einen Anspruch auf Beschäftigung aus, dem nur ein berechtigtes Interesse des Arbeitgebers entgegenstehen kann. So kann z.B. ein betriebsbedingt fristgemäß gekündigter Arbeitnehmer – vor allem bei längeren Kündigungsfristen – von der Arbeit freigestellt werden.

4.1.2 Inhalte der Arbeitspflicht

Da der Arbeitnehmer anders als beim Werkvertrag keinen bestimmten Erfolg schuldet, sondern lediglich die vorgesehene Tätigkeit ist nicht der Erfolg, sondern die Zeit das wesentliche Maß für die Arbeitsleistung. Die

549

---

90 Vgl. § 613 Satz 1 BGB.

zeitliche Fixierung der Arbeitspflicht ist kennzeichnend für das Arbeitsverhältnis[91].

Dem Arbeitgeber steht die Arbeitskraft nicht unbegrenzt, sondern nur im Rahmen des vereinbarten Zeitrahmens zur Verfügung. Deshalb wird die Leistungspflicht in aller Regel nach Zeiteinheiten bemessen. Hieran ändert sich auch nichts durch das Interesse des Arbeitgebers am Erfolg der geschuldeten Tätigkeit. Auch bei Leistungslohnsystemen ist die Arbeitszeit die entscheidende Maßeinheit der arbeitnehmerseitig geschuldeten Leistung. So ist z.B. bei Akkordarbeit Lage und Dauer der festgelegten Arbeitszeit für den Umfang der Arbeitspflicht des Arbeitnehmers maßgeblich. Lediglich die Höhe der Vergütung richtet sich nach dem in der geschuldeten Zeit erzielten Arbeitsergebnis.

Die Art der zu leistenden Arbeit ergibt sich aus dem Einzelarbeitsvertrag oder aus dem zugrunde liegenden Tarifvertrag, eventuell auch aus der Gesamtheit der Umstände des Vertragsschlusses. Bei unklaren vertraglichen Verhältnissen kann der Arbeitgeber im Rahmen seiner Weisungsbefugnis die Arbeitsleistung nach § 315 BGB bestimmen. Hiernach hat der Arbeitgeber im Rahmen eventuell bestehender Mitbestimmungsrechte des Betriebs-/Personalrates das Recht, sowohl allgemeine Anordnungen über das Verhalten der Arbeitnehmer im Betrieb zu erlassen (sog. Arbeitsordnungen, Dienstordnungen, Werkordnungen oder Betriebsordnungen), als auch für das Einzelarbeitsverhältnis bestimmte besondere Weisungen im Rahmen der geltenden Gesetze zu erteilen, die vom Arbeitnehmer zu beachten und zu befolgen sind. Dazu gehören z.B. angeordnete Torkontrollen, Rauchverbote oder auch Bestimmungen über Verhaltensweisen außerhalb des Betriebes.

Die Arbeitspflicht kann weisungsgemäß auch die Übernahme von Nebenarbeiten erfassen, wenn dies nach besonderen Umständen wie Art und Umfang des Beschäftigungsverhältnisses oder nach der Verkehrssitte fach-, orts- oder betriebsüblich gerechtfertigt ist. Von dieser sog. **Nebenarbeit** ist die **Nebenbeschäftigung (Nebentätigkeit)** zu unterscheiden. Grundsätzlich hat der Arbeitnehmer das Recht, außerhalb der Arbeitszeit einer anderen Beschäftigung nachzugehen, wenn diese nicht einen solchen Umfang annimmt, daß der Arbeitnehmer wegen herabgesetzter Leistungsfähigkeit nicht in der Lage ist, seine Arbeitspflicht in vollem Umfang nachzukommen. Das Recht auf Ausübung einer Nebentätigkeit ist regelmäßig einzel- oder kollektivvertraglich eingeschränkt. So bestimmt z.B. § 11 BAT, daß das für die Nebentätigkeit der Angestellten des öffentlichen Dienstes die für die Beamten des Arbeitgebers jeweils geltenden Bestimmungen sinngemäß Anwendung finden.

In den im öffentlichen Dienst neuerdings abgeschlossenen ergänzenden Tarifverträgen finden sich solche Bezugnahmen nicht mehr. So bestimmt z.B. § 3 Abs. 2 TV-V lediglich, daß jede entgeltliche Nebenbeschäftigung

---

91 Vgl. BAG, Urteil vom 17.03.1988, AP § 626 BGB Nr. 99.

dem Arbeitgeber rechtzeitig vor Ausübung schriftlich angezeigt werden muß. Der Arbeitgeber kann die Ausübung einer Nebenbeschäftigung untersagen, wenn sie geeignet ist, die Erfüllung der arbeitsvertraglichen Pflichten des Arbeitnehmers oder berechtigte Interesse des Arbeitgebers zu beeinträchtigen. Zu den letztgenannten Interessen können insbesondere Tätigkeiten des Arbeitnehmers zählen, die für Konkurrenzunternehmen des eigenen Arbeitgebers erbracht werden.

Aus der Weisungsbefugnis ist auch das Recht des Arbeitgebers herzuleiten, den Arbeitnehmer umzusetzen oder zu versetzen. So bestimmt z.B. § 12 BAT, daß der Angestellte aus dienstlichen oder betrieblichen Gründen versetzt oder abgeordnet werden kann.

Eine **Versetzung** oder **Umsetzung** ist nicht zulässig, wenn sie mit der Zuordnung eines geringer bewerteten Arbeitsplatzes und deshalb mit Lohneinbußen verbunden ist. Solche Eingriffe in die gegenseitigen Hauptleistungspflichten können nur im Wege der Änderungskündigung erreicht werden. Bei Gleichheit oder Gleichartigkeit der Tätigkeitsmerkmale des neuen Arbeitsplatzes kann in Ausnahmefällen die Versetzung oder Umsetzung gerechtfertigt sein und der Arbeitgeber mithin ein entsprechendes Weisungsrecht ausüben.

Ebenfalls von der Weisungsbefugnis mitumfaßt ist die vorübergehende Versetzung bzw. Abordnung von Arbeitnehmern zur Durchführung sog. **Not- oder Notstandsarbeit**en bei Katastrophen. In solchen Fällen ist der Arbeitnehmer verpflichtet, auch eine andere als die vertraglich geschuldete Arbeitsleistung zu erbringen. Gleiches gilt für den Fall eines Streiks, wenn Notstandsarbeiten zur Erhaltung der Arbeitsplätze notwendig sind.

Im übrigen darf **direkte Streikarbeit** abgelehnt werden, da dem Arbeitnehmer grundsätzlich nicht zuzumuten ist, andere als die vertraglich vereinbarten Arbeiten zu verrichten, die sich letzten Endes als wirtschaftlicher Ausgleich für den durch Streik entfallenen Leistungserfolg des Betriebes herausstellen[92]. Zur Leistung indirekter Streikarbeiten ist der Arbeitnehmer hingegen verpflichtet.

4.1.3 Arbeitszeit

In welchem zeitlichen Umfang der Arbeitnehmer für die Zwecke des Arbeitgebers eingesetzt werden darf, richtet sich in erster Linie nach dem Arbeitszeitgesetz vom 06.06.1994 (ArbZG), das im einzelnen bestimmt, welche Höchstarbeitszeiten zulässig sind und in welchem Umfang arbeitsfreie Zeiten vorhanden sein müssen[93].

550

Ergänzend zum **ArbZG** enthalten die Tarifverträge des öffentlichen Dienstes Arbeitszeitregelungen[94].

---

92 Vgl. BAG, AP Nr. 3 zu § 615 BGB, Betriebsrsisiko.
93 Vgl. §§ 3 ff. ArbZG.
94 Vgl. z.B. §§ 6 ff. TVöD.

4. Abschnitt: Individualarbeitsrecht

Darüber hinaus gibt es in vielen Fällen Betriebs- oder Dienstvereinbarungen, die Einzelheiten der Arbeitszeit, so z.B. bei gleitender Arbeitszeit, regeln.

Das ArbZG enthält zum größten Teil öffentlich-rechtliches Arbeitszeitrecht. Der Arbeitsschutz für jugendliche Arbeitnehmer ist darüber hinaus sondergesetzlich im **Jugendarbeitsschutzgesetz** geregelt. Ausgehend vom Begriff der Arbeitszeit als der Zeit vom Beginn bis zum Ende der Arbeitszeit ausschließlich der Ruhepausen[95] liegt die Bedeutung des Arbeitszeitgesetzes als typisches arbeitsrechtliches Schutzgesetz in der Festlegung der Höchstarbeitszeit. Die regelmäßige werktägliche Arbeitszeit beträgt 8 Stunden. Sie darf nach § 3 ArbZG bis auf 10 Stunden ausgedehnt werden.

Umstritten ist, wie besondere Arten der Arbeitserbringung arbeitszeitrechtlich zu bewerten sind. Dies betrifft insbesondere die Frage, ob Rufbereitschaft oder Bereitschaftsdienst insgesamt oder nur im Umfang als Arbeitszeit zu bewerten sind, in denen der Arbeitnehmer zur Arbeit herangezogen wird.

Bei der **Rufbereitschaft**[96] ist der Angestellte verpflichtet, sich auf Anordnung des Arbeitgebers außerhalb der regelmäßigen Arbeitszeit an einer dem Arbeitgeber anzuzeigenden Stelle aufzuhalten, um auf Abruf die Arbeit aufzunehmen. Eine solche Rufbereitschaft zählt nur in dem Umfang zur Arbeitszeit, wie der Arbeitnehmer zur Arbeit herangezogen wird.

Beim **Bereitschaftsdienst**, der dadurch gekennzeichnet ist, daß der Arbeitnehmer sich auf Anordnung des Arbeitgebers außerhalb der regelmäßigen Arbeitszeit an einer vom Arbeitgeber bestimmten Stelle aufzuhalten hat, um im Bedarfsfall die Arbeit aufzunehmen[97] war dies höchst umstritten. Dies beruht auf einer Entscheidung des EUGH vom 03.10.2000[98]. In diesem Urteil hat der EUGH aufgrund eines Vorabentscheidungsersuchens eines spanischen Gerichts zur Auslegung des Begriffs Arbeitszeit im Sinne der Richtlinie 93/104 vom 23.11.1993 Stellung genommen. Im Streit war die Beurteilung der Dienste von **Ärzten**, die Teils von der Gesundheitseinrichtung, in der sie tätig waren, und teils von zu Hause aus wahrzunehmen waren. Der EUGH hat den Bereitschaftsdienst, den die Ärzte „in Form persönlicher Anwesenheit in der Gesundheitseinrichtung" leisten, insgesamt als Arbeitszeit und ggf. als Überstunden angesehen.

Das BAG hat sich der Auffassung des EuGH mittlerweile in mehreren Entscheidungen angeschlossen[99], so daß für die Zukunft davon auszugehen ist, daß die wöchentliche Arbeitszeit einschließlich eines evtl. Bereitschaftsdienstes 48 Stunden nicht überschreiten darf.

---

95 Vgl. § 2 Abs. 1 ArbZG.
96 Vgl. § 7 Abs. 4 TVöD.
97 Vgl. § 7 Abs. 3 TVöD.
98 Aktenzeichen RS C–303/98, NZA 2000, Seite 1227 ff.
99 Grundlegend : Beschluß vom 18.02.2003 –1 ABR 2/02.

4. Pflichten des Arbeitnehmers aus dem Arbeitsvertrag

Um die durch den entstehenden Personalmehrbedarf ausgelösten Mehrkosten insbesondere in den Krankenhäusern jedenfalls teilweise auszugleichen, haben die Tarifvertragsparteien für den Bereich der Krankenhäuser von der Möglichkeit des § 7 Abs. 2 a ArbZG Gebrauch gemacht. Nach § 45 Abs. 4 BT-K kann die wöchentliche Arbeitszeit durch Betriebs- oder Dienstvereinbarung auf bis zu 58 Stunden verlängert werden, wenn der Beschäftigte der Verlängerung zustimmt (sog. Opt-Out-Regelung).

Mit der Regelung des § 9 TVöD haben die Tarifvertragsparteien eine neue Arbeitszeitform, nämlich die sog. Bereitschaftszeiten geschaffen. Diese ersetzen den alten Begriff der Arbeitsbereitschaft. Bereitschaftszeiten fallen dann an, wenn der Beschäftigte sich an seinem Arbeitsplatz oder an einem anderen Ort zur Verfügung halten muß, um im Bedarfsfall die Arbeit aufzunehmen. Voraussetzung für die Bewertung solcher Arbeitszeiten als Bereitschaftsdienst ist das weiteren, daß die Zeiten ohne Arbeitsleistung überwiegen. Solche Bereitschaftszeiten werden zu 50 % als Arbeitszeit gewertet (faktorisiert). Insgesamt darf die Arbeitszeit einschließlich der Bereitschaftszeiten ebenfalls 48 Stunden pro Woche nicht überschreiten.

Wird die regelmäßig vereinbarte vertragliche Arbeitszeit überschritten, so leistet der Arbeitnehmer Überstunden, die aufgrund einzelarbeitsvertraglicher oder kollektivvertraglicher Regelungen besonders und mit einem entsprechenden Zuschlag vergütet werden[100].

Überstunden fallen nach § 7 Abs. 7 TVöD allerdings nur dann an, wenn die regelmäßige wöchentliche Arbeitszeit von 38,5 Stunden im Berechnungszeitraum des § 6 Abs. 2 TVöD, d.h. im Rahmen von einem Jahr, insgesamt überschritten werden.

Hinzukommen muß, daß Überstunden nur solche Mehrarbeit ist, die nicht bis zum Ende der folgenden Kalenderwoche ausgeglichen werden können.

Nicht zur Arbeitszeit gehören Ruhezeiten und Ruhepausen im Sinne der §§ 4, 5 ArbZG. Ruhezeiten sind arbeitsfreie Zeiten von der Beendigung der täglichen Arbeitszeit bis zum Beginn des nächsten regelmäßigen Arbeitszeitabschnittes. Bei Ruhepausen handelt es sich um Arbeitsunterbrechungen während der regelmäßigen Arbeitszeit. In dieser Zeit braucht sich der Arbeitnehmer auch nicht arbeitsbereit zu halten.

4.1.4 Arbeitsort

Der Ort der Arbeitsleistung bestimmt sich in erster Linie nach dem Arbeitsvertrag. Fehlt eine ausdrückliche Regelung, so ist im Wege der Auslegung unter Berücksichtigung der näheren Umstände zu ermitteln, für welchen Arbeitsort der Arbeitnehmer eingestellt wurde.

551

---

100 Vgl. z.B. § 8 Abs. 1 TVöD.

4. Abschnitt: Individualarbeitsrecht

Im Zweifel hat der Arbeitnehmer die für ihn vorgesehene Tätigkeit unabhängig von einem bestimmten Arbeitsplatz innerhalb des Betriebes, eines Betriebsteils oder einer Betriebsabteilung zu erbringen.

Die im öffentlichen Dienst verwandten Musterarbeitsverträge sehen alternativ die Angabe eines bestimmten Ortes oder die Angabe „an verschiedenen Orten" vor. Dies beruht auf § 2 Abs. 1 Satz 2 Nr. 4 Nachweisgesetz, wonach der Arbeitsort, oder falls der Arbeitnehmer nicht an einen bestimmten Arbeitsort tätig werden soll, ein entsprechender Hinweis im Arbeitsvertrag aufzunehmen ist. Im öffentlichen Dienst ist der Arbeitsort in der Regel die **politische Gemeinde**, in der der Arbeitgeber seinen Sitz hat (also z.B. der Sitz der Stadtverwaltung; Sitz der Kreisverwaltung; Sitz des Unternehmens). Wird der Arbeitnehmer an einem anderen Ort als dem Sitz des Arbeitgebers beschäftigt (z.B. in einer Außenstelle der Kreisverwaltung oder an einem von mehreren Betriebshöfen eines Verkehrsunternehmens), so ist dieser Ort als Arbeitsort anzugeben. Wenn der Arbeitnehmer an verschiedenen Orten beschäftigt werden soll (z.B. in einzelnen Geschäftsstellen einer Kreissparkasse), so ist im Arbeitsvertrag hierauf hinzuweisen.

Ist arbeitsvertraglich der Einsatz der Mitarbeiter an mehreren Orten vereinbart, so bedarf es zu einer räumlichen Umsetzung des Arbeitnehmers keiner Änderungskündigung. Eine solche Umsetzung ist dann vielmehr vom Direktionsrecht des Arbeitgebers gedeckt. Dies gilt z.B. auch dann, wenn aufgrund von Fusionen oder bestimmte Formen kommunaler Zusammenarbeit Mitarbeiter in einer anderen politischen Gemeinde eingesetzt werden sollen.

4.1.5 Vorübergehende Befreiung von der Arbeitspflicht

552 Der Arbeitnehmer kann aus verschiedensten Gründen von den Arbeitspflichten befreit sein. So ist denkbar, daß die Arbeitsleistung infolge eines Umstandes unterbleibt, den der Arbeitnehmer nicht zu vertreten hat[101].

Einer solchen objektiven **Unmöglichkeit** steht es gleich, wenn dem Arbeitnehmer die Arbeitsleistung aus persönlichen Gründen nicht zugemutet werden kann oder wenn er vorrangigen öffentlichen Pflichten nachkommen muß. So ist z.B. in § 52 BAT ausdrücklich geregelt, daß bei Erfüllung allgemeiner **staatsbürgerlicher Pflicht**en ein Anspruch auf Fortzahlung der Vergütung besteht, soweit der Angestellte nicht Ansprüche auf Ersatz dieser Bezüge geltend machen kann.

Das Arbeitsverhältnis – und damit auch die Arbeitspflicht – ruht z.B. auch bei der Ableistung des Wehrdienstes (§§ 1, 11 Arbeitsplatzschutzgesetz) und des Zivildienstes (§ 78 Abs. 1 Zivildienstgesetz).

Ebenso entfällt die Arbeitspflicht bei **Annahmeverzug** des Arbeitgebers (§§ 615, 293 BGB). Der Arbeitgeber haftet insoweit auch für unverschul-

---

101 Vgl. z.B. § 275 BGB.

4. Pflichten des Arbeitnehmers aus dem Arbeitsvertrag

deten Annahmeverzug, z.B. bei Betriebsstörungen infolge Stromausfall oder Gründen des von ihm zu tragenden Betriebs-/Unternehmerrisikos. Zur Nachleistung der Arbeit ist der Arbeitnehmer nicht verpflichtet. Diese gesetzlichen Regelungen sind durch Einzelarbeitsvertrag oder Betriebsvereinbarungen abdingbar, was sich insbesondere bei besonders störungsanfälligen Betrieben, Betriebsteilen oder Verwaltungen oder bei der Einführung noch nicht hinreichend erprobter Technologien empfiehlt.

Die Arbeitspflicht entfällt auch dann, wenn der Arbeitnehmer ein **Leistungsverweigerungsrecht** (Zurückbehaltungsrecht nach § 273 BGB) hat, wenn der Arbeitgeber Arbeitnehmerschutzbestimmungen[102] mißachtet oder sonst seine Fürsorgepflicht nicht erfüllt. Das **Zurückbehaltungsrecht** ist aus § 320 BGB (Einrede des nicht erfüllten Vertrages) abzuleiten, solange der Arbeitgeber seiner Lohn- und Gehaltszahlungspflicht nicht nachkommt. Vorschriften über den Wegfall der Arbeitspflicht sind darüber hinaus in speziellen Arbeitnehmerschutzbestimmungen[103] enthalten.

Die Arbeitspflicht ist darüber hinaus suspendiert im Fall der Beteiligung des Arbeitnehmers an rechtmäßigen **Arbeitskampfmaßnahmen** (Streiks). Entsprechendes gilt auch dann, wenn der Arbeitgeber die **Suspendierung** der Arbeitsverhältnisse erklärt hat (vgl. oben Rn 455).

Der Wegfall der Arbeitspflicht kann darüber hinaus auch vertraglich vereinbart werden, so z.B. bei sog. unbezahltem Urlaub, Freistellung nach Kündigung oder durch Betriebsvereinbarungen über Kurzarbeit oder Werksurlaub.

4.1.6 Verletzung der Arbeitspflichten

Kommt der Arbeitnehmer seiner Arbeitspflicht schuldhaft[104] nicht nach, so bestimmen sich die Rechte des Arbeitgebers nach den Regeln über die **Nichterfüllung** oder **Schlechterfüllung** des Arbeitsvertrages. 553

4.1.6.1 Verzug des Arbeitnehmers

Befindet sich der Arbeitnehmer in Verzug, d.h. bietet er die ihm obliegende Arbeitsleistung nicht zu dem vertraglich vereinbarten Zeitpunkt an, wird ihm in aller Regel gleichzeitig auch die Arbeitsleistung unmöglich. Denn mit der Nichtleistung der Arbeit tritt Unmöglichkeit ein, denn grundsätzlich kann verstrichene Arbeitszeit wegen ihrer Zeitbezogenheit nicht nachgeholt werden. Nach der **Neuregelung** des **§ 275 Abs. 1 BGB** tritt insoweit eine Befreiung von der Arbeitspflicht kraft Gesetzes ein. 554

Die Fälle der schuldhaften Pflichterfüllung oder (auch teilweisen) Schlechtleistung sind mannigfaltig. Erwähnenswert ist das sog. **Übernahmeverschulden**: Der Arbeitnehmer übernimmt Arbeitspflichten, von denen er

---

102 Vgl. z.B. § 618 BGB.
103 Vgl. z.B. §§ 3, 4, 6 Mutterschutzgesetz, § 7 Berufsbildungsgesetz, § 43 Jugendarbeitsschutzgesetz.
104 Vgl. § 276 BGB.

weiß oder den Umständen nach annehmen muß, daß er ihnen nach Ausbildungs- oder Leistungsfähigkeit nicht genügen kann. Dabei ist zu unterscheiden, ob es sich um eine Neueinstellung handelt oder der Arbeitnehmer den Betrieb oder die von ihm erwartete Leistung kennt. Bei Neueinstellungen ist die Haftung auf Vorsatz und grobe Fahrlässigkeit zu beschränken, da der Arbeitnehmer häufig nicht wissen wird, welche Anforderungen insgesamt an ihn gestellt werden. Anders ist dies dann, wenn der Arbeitnehmer den Betrieb oder die von ihm erwartete Leistung kennt. Unter Umständen ist in diesen Fällen auch ein Mitverschulden des Arbeitgebers nach § 254 BGB zu berücksichtigen.

Die **Beweislast** für das Vorliegen verzögerlicher Nicht- oder Schlechtleistung trägt in jedem Fall der Arbeitgeber. Dagegen hat der Arbeitnehmer zu beweisen, daß die Unmöglichkeit der Arbeitsleistung nicht auf sein Verschulden zurückzuführen ist[105].

Bei schuldhafter Nichterfüllung der Arbeitspflicht und dadurch begründeter Unmöglichkeit nach § 275 Abs. 1 BGB ergeben sich folgende rechtliche Konsequenzen:

Der Arbeitgeber kann nach § 326 Abs. 1 Satz 1 BGB die Vergütungszahlung verweigern, denn nach dieser Vorschrift geht der Vergütungsanspruch des Arbeitnehmers bei Vorliegen der Voraussetzungen des § 275 Abs. 1 BGB unter.

Hat der Arbeitnehmer ein Leistungsverweigerungsrecht gem. § 275 Abs. 3 BGB entfällt der Vergütungsanspruch allerdings erst dann, wenn sich der Arbeitnehmer auf das Leistungsverweigerungsrecht beruft. Wird in diesem Fall eine unzureichende Leistung erbracht, bleibt ggf. die Möglichkeit der Kündigung sowie ggf. ein Schadensersatzanspruch nach §§ 280 Abs. 1, 281 BGB.

Der Arbeitgeber kann den Arbeitnehmer auch auf Erfüllung verklagen. Da indes infolge des **persönlichen Charakters** des **Arbeitsverhältnisses** ein auf Arbeitsleistung lautendes Urteil nicht vollstreckbar ist[106], kann der Arbeitgeber im gleichen Verfahren nach § 61 Abs. 2 ArbGG beantragen, daß der Arbeitnehmer zur Zahlung einer vom Arbeitsgericht nach freiem Ermessen festzusetzenden Entschädigung zu verurteilen ist, wenn der Arbeitnehmer die Arbeiten nicht binnen einer bestimmten Frist wieder aufnimmt. Schließlich kann der Arbeitgeber unbeschadet der Geltendmachung von Schadensersatzansprüchen das Arbeitsverhältnis nach § 626 BGB fristlos kündigen, wenn der Arbeitnehmer die Arbeitsaufnahme beharrlich verweigert.

Der **Schadensersatzanspruch** des Arbeitgebers kann sich durchaus auch gegen den anderen Arbeitgeber richten, der einen Arbeitnehmer zum Vertragsbruch verleitet hat und ihn beschäftigt[107] oder den Arbeit-

---

105 Vgl. BAG, AP Nr. 5 zu § 282 BGB.
106 Vgl. § 888 Abs. 2 ZPO.
107 Sittenwidrige Abwerbung: Vgl. §§ 826 BGB; 1 UWG, 125 Abs. 1 Satz 1 Gewerbeordnung.

4. Pflichten des Arbeitnehmers aus dem Arbeitsvertrag

nehmer in bloßer Kenntnis des Vertragsbruchs einstellt (§§ 826 BGB, 125 Abs. 1 Satz 2 Gewerbeordnung).

4.1.6.2 Schlechterfüllung des Arbeitsvertrages

Die schuldhafte **Schlechterfüllung** der Arbeitspflicht kann in einer mangelhaften, regelmäßig nachlässigen oder zu langsamen Arbeitsleistung bestehen. In solchen Fällen steht dem Arbeitgeber grundsätzlich nicht das Recht zu, die Lohnzahlung zu verweigern, da der Lohn unabhängig von der Güte der Arbeitsleistung oder einem bestimmten Arbeitserfolg zu zahlen ist[108].

555

Der Arbeitgeber kann jedoch aus dem Gesichtspunkt der positiven Forderungsverletzung Schadensersatz wegen Schlechterfüllung (§§ 325, 326 BGB) analog oder unter Umständen Schadensersatz wegen **unerlaubter** Handlung (§ 823 BGB) verlangen und mit seinen Schadensersatzansprüchen gegen die Lohnforderung des Arbeitnehmers aufrechnen[109].

Nach dem Inkrafttreten der **Schuldrechtsreform** zum 01.01.2002 bedarf es insofern keines Rückgriffs mehr auf das Rechtsinstitut der positiven Forderungsverletzung. Denn § 280 BGB in der seit dem 01.01.2002 geltenden Fassung umfaßt jedwede Pflichtverletzung aus dem Schuldverhältnis.

Unbeschadet der Geltendmachung von Schadensersatzforderungen ist der Arbeitgeber zur fristgemäßen **Kündigung** berechtigt. Die Kündigung kann als in der Person des Arbeitnehmers liegend oder verhaltensbedingt gerechtfertigt sein. Der Arbeitgeber hat dem Arbeitnehmer vorher durch Abmahnung die Gelegenheit zu geben, seine Leistung oder sein Verhalten zu verbessern. Ausnahmsweise kann das Verhalten des Arbeitnehmers zur fristlosen Kündigung berechtigen (Arbeitnehmer verstößt trotz wiederholter Abmahnung gegen Treuepflicht, indem er laufend den Betrieb oder den Arbeitgeber in der Öffentlichkeit unberechtigt kritisiert).

Das vertragswidrige Verhalten des Arbeitnehmers kann auch durch **Betriebsbußen** geahndet werden, die häufig kollektivrechtlich in sog. Arbeits-, Dienst- oder Betriebsordnungen durch Abschluß einer entsprechenden Betriebsvereinbarung geregelt sind. Der übliche Maßregelungskatalog im Rahmen eines solchen betrieblichen Disziplinarrechts reicht von einer mündlichen Verwarnung über den schriftlichen Verweis (mit Eintragung in die Personalakten), der Verhängung von Geldbußen oder des Ausspruchs einer (Straf-)Versetzung bis zur Entlassung. Die kollektive Aufstellung und Handhabung betrieblicher Ordnungsstrafen unterliegt dem Mitbestimmungsrecht des Betriebsrats bzw. des Personalrats.

---

108 BAG, AP Nr. 71 zu § 611 BGB Haftung des Arbeitnehmers.
109 § 387 BGB; vgl. auch BAG, AP Nr. 33 zu § 133 BGB, Nr. 5, 9 zu § 394 BGB.

4. Abschnitt: Individualarbeitsrecht

4.1.6.3 Schadensersatzpflicht des Arbeitnehmers

556 Verletzt der Arbeitnehmer eine Haupt- oder Nebenpflicht seines Arbeitsvertrages, so kommt ein Schadensersatzanspruch entweder des Arbeitgebers oder auch eines Geschädigten Dritten in Betracht, wenn die Arbeitsvertragsverletzung kausal für den Eintritt des Schadens war und der Arbeitnehmer schuldhaft gehandelt hat. Die Arbeitnehmerhaftung für einen eingetretenen Schaden beim Arbeitgeber oder bei einem Dritten orientiert sich an den allgemeinen haftungsrechtlichen Bestimmungen des BGB, d.h. der Arbeitnehmer haftet an sich für eingetretene Sach- oder Personenschäden, wenn die Voraussetzungen des § 280 BGB erfüllt sind. Diese relativ strenge Haftung des Arbeitnehmers ist in der Arbeitsgerichtsbarkeit schon frühzeitig als ungeeignet angesehen worden, da es den Arbeitnehmer mit unverhältnismäßig großen Haftungsrisiken belasten würde. Aus diesem Grund hat das BAG in seiner früheren Rechtsprechung eine Haftungsprivilegierung des Arbeitnehmers immer dann anerkannt, wenn eine sog. gefahrgeneigte Arbeit vorlag.

Diese Rechtsprechung des BAG ist in der Literatur und z.T. auch vom BAG selbst kritisiert worden, wobei überwiegend ein Wegfall des Merkmals der Gefahrneigung und eine generelle Haftungsfreistellung bei mittlerer Fahrlässigkeit gefordert wurde[110].

557 Im Jahr 1989 hat das BAG[111] die Auffassung vertreten, daß die Grundsätze über die Beschränkung der Arbeitnehmerhaftung auch für nicht gefahrgeneigte Arbeiten gelten müßten, die durch den Betrieb veranlaßt sind und aufgrund des Arbeitsverhältnisses geleistet werden. Die Rechtsfrage wurde dem Großen Senat des BAG vorgelegt. Da dieser beabsichtigte, sich der Auffassung des 8. Senats anzuschließen, mußte die Frage durch den Gemeinsamen Senat der obersten Gerichtshöfe des Bundes entschieden werden, da der Wegfall der Tatbestandsvoraussetzung „gefahrgeneigte Arbeit" von der Rechtsprechung des Bundesgerichtshof abgewichen wäre. Einer Entscheidung des Gemeinsamen Senats der obersten Gerichtshöfe des Bundes bedurfte es nicht, weil der 6. Zivilsenat des BGH am 21.09.1993[112] beschlossen hatte, seine bisherige Rechtsprechung nicht mehr aufrecht zu erhalten und sich der vom Großen Senat des BAG vertretenen Ansicht anzuschließen. Dies bedeutet, daß die Beschränkungen der Arbeitnehmerhaftung für alle Arbeiten, die durch den Betrieb veranlaßt sind und aufgrund des Arbeitsverhältnisses geleistet werden, bestehen, auch wenn die Arbeiten nicht gefahrgeneigt sind. Der Arbeitnehmer hat demnach bei Vorsatz und auch grundsätzlich bei grober Fahrlässigkeit voll zu haften. In Ausnahmefällen wird im Rahmen der groben Fahrlässigkeit eine anteilige Haftung dann anerkannt, wenn die Höhe des dem Arbeitgeber zuzurechnenden Schadensrisikos eine Haftung des Ar-

---

110 Vgl. z.B. BAG, Urteil vom 23.03.1983 – 7 AZR 391/79, EZA § 611 BGB Gefahrgeneigte Arbeiten Nr. 14.
111 Urteil vom 12.10.1989 – 8 AZR 741/87, EZA § 611 BGB Arbeitnehmerhaftung Nr. 53.
112 NJW 1994, Seite 856.

4. Pflichten des Arbeitnehmers aus dem Arbeitsvertrag

beitnehmers unzumutbar erscheinen läßt, weil z.B. der Verdienst in krassem Mißverhältnis zum Schadensrisiko steht.

Bei mittlerer Fahrlässigkeit ist der Schaden je nach den Umständen des Einzelfalles zwischen Arbeitgeber und Arbeitnehmer zu quoteln. Liegt leichte Fahrlässigkeit vor, haftet der Arbeitnehmer überhaupt nicht[113].

Diese grundsätzliche Haftungsverteilung hat das BAG mit Urteil vom 18.04.2002 – 8 AZR 348/01 – nochmals variiert. Es hat entschieden, daß im Rahmen der Arbeitnehmerhaftung der vorsätzliche Verstoß gegen eine generelle Anweisung des Arbeitgebers allein noch nicht die volle Haftung rechtfertigt. Hält der Auszubildende/Arbeitnehmer bei einem solchen Verstoß gegen die arbeitsvertraglichen Pflichten einen Schadenseintritt zwar für möglich, vertraut er aber darauf, der Schaden werde nicht eintreten, sind – so das BAG – die **Grundsätze der Haftungserleichterung** bei grober Fahrlässigkeit anzuwenden.

Für Arbeitnehmer des öffentlichen Dienstes gelten die dargestellten Haftungsgrundsätze nur eingeschränkt, da in den Tarifverträgen des öffentlichen Dienstes[114] hinsichtlich der Haftung auf die beamtenrechtlichen Vorschriften verwiesen wird. Soweit Mitarbeiter des öffentlichen Dienstes also unter diese Tarifverträge fallen, haften sie in aller Regel nur bei grober Fahrlässigkeit. 558

Die den TVöD ersetzenden Tarifverträge, wie z.B. der TV-V oder TV-N, enthalten solche beamtenrechtlichen Bezugnahmen nicht mehr. Hier greifen also in vollem Umfang die in der Rechtsprechung entwickelten Kriterien zur Arbeitnehmerhaftung.

Durch die Schuldrechtsreform hat sich in materiell-rechtlicher Hinsicht an der Haftung der Arbeitnehmer nichts geändert. § 619a BGB stellt lediglich klar, das abweichend vom allgemeinen Haftungstatbestand des § 280 BGB eine Schadensersatzpflicht des Arbeitnehmers nur dann eintritt, wenn er die Pflichtverletzung zu vertreten hat. Eine materielle Änderung sollte hierdurch nicht herbeigeführt werden[115]. 559

§ 619a BGB gilt uneingeschränkt auch bei der sog. **Mankohaftung**, also der Haftung für Fehlbestände in Kassen, Warenbeständen usw. die früher vertretene Auffassung, daß bei einem alleinigen Zugang des Arbeitnehmers zur Kasse bzw. zu den Warenbeständen eine Umkehr der Beweislast eintrete, so daß der Arbeitgeber nicht mehr beweisen müsse, daß den Arbeitnehmer ein Verschulden trifft, ist bereits im Jahre 1998 vom BAG aufgegeben worden[116]. 560

---

113 Vgl. im Einzelnen: Preis, Erfurter Kommentar, § 611 BGB, Rand-Nr. 1041 ff.
114 Vgl. § 14 BAT, § 9a BMT-G.
115 Bundestagsdrucksache 14/6857, Seite 48.
116 Vgl. BAG; Urteil vom 17.09.1998 – 8 AZR 175/97 – EZA § 611 BGB Arbeitnehmerhaftung Nr. 64.

Wenn arbeitsvertraglich oder gar auf tariflicher Grundlage sog. Mankogelder oder Kassenverlustentschädigungen gezahlt werden[117], so hat der Arbeitnehmer auch ohne Verschulden für einen objektiv festgestellten Fehlbetrag oder Bestand zu haften. Solche Mankovereinbarungen unterliegen allerdings der richterlichen Inhaltskontrolle und können darüber hinaus gem. §§ 305 ff. BGB als allgemeine Geschäftsbedingungen von den Gerichten überprüft werden.

Das BAG hat insoweit bereits im Jahr 1956[118] entschieden, daß eine Haftung des Arbeitnehmers für unverschuldete Fehlbestände nur dann zulässigerweise vereinbart werden darf, wenn dem erhöhten Haftungsrisiko auch ein wirtschaftlicher Ausgleich in Form eines Mankogeldes gegenüber steht und die Fehlbeträge ausschließlich dem Kontrollbereich des Arbeitnehmers entstammen, also andere Mitarbeiter keinen Zugang zu einer Kasse oder Warenbestand haben. Die Mankoentgelte oder Kassenverlustentschädigungen würden dann als angemessen angesehen, wenn ihre Höhe mindestens dem Durchschnitt der erfahrungsgemäß zu erwartenden Fehlbeträge entsprechen[119].

In jedem Fall obliegt dem Arbeitgeber auch in den Fällen der Mankohaftung die Beweislast dafür, daß tatsächlich ein Schaden eingetreten ist und das der Arbeitnehmer über den Kassen- bzw. Warenbestand allein verfügen konnte, so daß der Arbeitnehmer das Manko auch allein verursacht hat.

Literatur: Schaub, §§ 45 ff. mit zahlreichen weiteren Nachweisen.

4.1.7 Treuepflicht

4.1.7.1 Wesen und Umfang der Treuepflicht

561 Ausgangspunkt für die Begründung der Treuepflicht ist die Tatsache, daß sich das Arbeitsverhältnis nicht in der vermögensrechtlichen Austauschbeziehung (Zahlung von Lohn gegen das Zurverfügungstellen von Arbeitskraft) erschöpft, sondern daß wegen seines personenrechtlichen Charakters ein besonders darauf ausgerichteter synallagmatischer Pflichtenkreis hinzukommt, der auf dem gegenseitigen Vertrauen der Beteiligten aufbaut. Dabei beinhaltet die eigentliche Treuepflicht die Treue, die der Arbeitnehmer dem Arbeitgeber schuldet, während die Fürsorgepflicht als die Treue zu charakterisieren ist, die der Arbeitgeber gegenüber dem Arbeitnehmer aufzubringen hat. Die sich aus dem allgemeinen Treuegedanken ergebenden beiderseitigen Pflichten sind wie die Lohnzahlungs- und Arbeitsleistungspflicht Hauptpflichten, die sich eben aus den personenrechtlichen Besonderheiten des Arbeitsverhältnisses ergeben, und nicht abqualifizierte Nebenpflichten. So ist der Arbeitnehmer nicht nur nach besten Kräften zur Leistung von Arbeit gehalten, sondern er hat sich

---

117 Vgl. z.B. die frühere in Nr. 7 SR 2 s vereinbarte Kassenverlustentschädigung bei Beschäftigten der Sparkassen.
118 Urteil vom 17.04.1956, AP Nr. 8 zu § 626 BGB.
119 Vgl. BAG, Urteil vom 17.09.1998 – 8 AZR 175/97 – EZA § 611 BGB Arbeitnehmerhaftung Nr. 64.

4. Pflichten des Arbeitnehmers aus dem Arbeitsvertrag

darüberhinaus in eben solcher Weise für die Interessen des Arbeitgebers und des Betriebs einzusetzen und alle Maßnahmen zu unterlassen, die den Arbeitgeber und den Betrieb schädigen könnten (BGH AP Nr. 1 zu § 611 BGB Treuepflicht). Auf der anderen Seite ist der Arbeitgeber nicht nur zur Lohnzahlung verpflichtet, sondern er hat zusätzlich den Arbeitnehmer nach der Natur der von ihm abverlangten Arbeit angemessen Schutz und Fürsorge angedeihen zu lassen und seine berechtigten Interessen zu wahren.

Die Treuepflicht des Arbeitnehmers gilt nicht uneingeschränkt. Sie findet ihre Grenzen an den berechtigten eigenen Interessen und Belangen des Arbeitnehmers. Ihr Umfang bewegt sich im Rahmen der Grundsätze der Zumutbarkeit und von Treu und Glauben (§ 242 BGB). Dabei spielen eine Rolle die Stellung des Arbeitnehmers in der Hierarchie des Betriebes oder die persönlichen Beziehungen zum Arbeitgeber. An das treueverpflichtende Verhalten eines leitenden Angestellten, der Chefsekretärin oder des Cheffahrers sind höhere Anforderungen zu stellen als an das eines Hilfsarbeiters oder eines Aushilfsfahrers.

Über die besondere Treuepflicht im öffentl. Dienst vgl. §§ 6 i.Verb. mit 8 BAT.

Die Treuepflicht endet regelmäßig mit der Beendigung des Arbeitsverhältnisses (Ausnahmen: Verschwiegenheitspflicht, vgl. dazu § 9 Abs. 4 BAT, §§ 11 Abs. 4 MTArb; vertragliches Wettbewerbsverbot und dazu BAG AP Nr. 7 zu § 611 BGB Treuepflicht).

4.1.7.2 Handlungspflichten

Die Treuepflicht kann sich äußern in einer Verpflichtung zu einem aktiven Tun, um den Arbeitgeber und den Betrieb vor drohenden Schäden zu bewahren oder eintretende Schäden so gering wie möglich zu halten. Insofern handelt es sich um eine Anzeige-, Mitteilungs- oder sonstige Handlungspflicht. In diesem Zusammenhang hat der Arbeitnehmer den Arbeitgeber auf Störungen, Mißstände und offensichtliche Unregelmäßigkeiten im Betrieb aufmerksam zu machen (vgl. auch §§ 8 Abs. 7 MTArb, 9 Abs. 7 BMT-GII). Der Arbeitnehmer kann je nach Art und Inhalt des Arbeitsverhältnisses selbst zur Überwachung und Kontrolle von Arbeitskollegen verpflichtet sein (BAG AP Nr. 5 zu § 611 BGB Treuepflicht). Schließlich kann sich die Treuepflicht auch unmittelbar auf die Arbeitspflicht insofern auswirken, als der Arbeitgeber innerhalb seiner Weisungsbefugnis vom Arbeitnehmer in Notfällen oder Ausnahmesituationen die Übernahme anderer als der vertraglich vereinbarten oder üblichen Arbeit verlangen kann, sofern sie nicht mit Lohnkürzungen verbunden ist (über Notarbeiten im öffentl. Dienst vgl. §§ 8 Abs. 8 MTArb und 9 Abs. 2 S. 3 BMT-GII).

562

4. Abschnitt: Individualarbeitsrecht

4.1.7.3 Unterlassungspflichten

563 Ausgeprägter ist die Treuepflicht als Unterlassungspflicht. Danach hat der Arbeitnehmer unter Berücksichtigung eigener berechtigter Interessen und des Schutzes höherwertiger Rechtsgüter alles zu unterlassen, was den Arbeitgeber oder den Betrieb schädigen könnte. Er hat sich nicht nur selbst vertragsgemäß zu verhalten, sondern er darf auch Arbeitskollegen nicht zu einem pflichtwidrigen Verhalten veranlassen.

Die Übernahme von **Nebentätigkeit**en oder **Nebenbeschäftigung**en ist grundsätzlich zulässig, wenn sie nicht gegen gesetzliche (vgl. § 1 SchwArbG) oder tarifvertragliche (vgl. § 11 BAT) Bestimmungen verstößt oder einen solchen Umfang annimmt, daß dadurch die Leistungsfähigkeit des Arbeitnehmers in einem so starken Maße herabgesetzt ist, daß er seiner vertraglichen Arbeitspflicht nicht mehr nachkommen kann. Häufig ist die Nebenbeschäftigung – vornehmlich bei qualifiziertem Personal – einzelvertraglich geregelt. So findet sich folgende Klausel: „Der Arbeitnehmer ist verpflichtet, die gesamte Arbeitskraft in den Dienst des Betriebs zu stellen. Jedwede auf Erwerb gerichtete Nebentätigkeit bedarf der vorherigen schriftlichen Zustimmung durch die Betriebsleitung. Das bezieht sich auch auf Veröffentlichungen in Fachzeitschriften, wenn darin Betriebsergebnisse verwertet oder ausgewertet werden" (letztere Formulierung auch hinsichtlich der Verschwiegenheitspflicht gewählt).

Der einzelvertraglich unbegründete vollständige Ausschluß einer Nebenbeschäftigung (als absolutes Verbot) stellt sich gegen die Grundrechte der Artikel 2 Abs. 1 GG (freie Entfaltung der Persönlichkeit) und 12 Abs. 2 Satz 1 GG (Freiheit der Berufsausübung) verstoßend als unzulässig dar.

Nicht gegen das Grundrecht der Meinungsäußerungsfreiheit (Art. 5 GG) verstößt die Verpflichtung zur Verschwiegenheit (BAG AP Nr. 4 zu § 611 BGB Schweigepflicht). § 17 UWG beinhaltet ein umfassendes allgemeines öffentlich-rechtliches Verbot des Verrats von Geschäfts- und Betriebsgeheimnissen. Danach wird der Arbeitnehmer bestraft, der solche Geheimnisse, die ihm vermöge des Dienstverhältnisses anvertraut oder zugänglich geworden sind oder deren Kenntnis er durch eine gegen das Gesetz oder gegen die guten Sitten verstoßenden eigenen Handlung erlangt hat, einem Dritten zu Wettbewerbszwecken, aus Eigennutz oder in der Absicht, den Arbeitgeber zu schädigen, zur Verwertung im Inland oder Ausland mitteilt.

Geschäftsgeheimnisse sind in betriebsexternem Sinne zu verstehen (Forschungs- und Entwicklungsergebnisse, Bezugsquellen, Absatzorganisation einschl. Kundenkartei, Preiskalkulationen o.ä.). Betriebsgeheimnisse beinhalten betriebsinterne geheimzuhaltende Tatsachen (Forschungs- und Entwicklungsverfahren, Konstruktionen, Produktionsverfahren und Produktionstechniken, Betriebsorganisation u.a.). Die sich aus der Treuepflicht ergebende privatrechtliche Verschwiegenheitspflicht ist weitergehend und umfaßt auch Mitteilungen, deren sich der Arbeitnehmer fahrlässig und ohne Schädigungsabsicht entäußert, sowie Angaben

4. Pflichten des Arbeitnehmers aus dem Arbeitsvertrag

über die persönlichen oder finanziellen Verhältnisse des Arbeitgebers. Ihre zeitliche Grenze findet die Verschwiegenheitspflicht regelmäßig in der Beendigung des Arbeitsverhältnisses, wenn eine Nachwirkung nicht vertraglich vereinbart sein sollte (vgl. auch BAG AP Nr. 3 zu § 611 BGB Schweigepflicht hinsichtlich eines individuellen Freistellungsanspruchs des Arbeitnehmers vom Schweigegebot). Häufig findet sich eine allgemeine, rechtlich an sich nicht viel hergebende Klausel in Dienstverträgen, Arbeitsordnungen oder Tarifverträgen: „Die Pflicht zur Verschwiegenheit erstreckt sich in rechtlich zulässigem Maße auch auf die Zeit nach Beendigung des Dienstverhältnisses" (vgl. auch § 9 Abs. 4 BAT, § 11 MTArb; BAG AP Nr. 2 zu § 611 BGB Schweigepflicht).

Unerlaubt ist die Annahme von **Schmiergeld**ern (vgl. auch §§ 10 BAT, 12 MTArb). Danach ist ein Angestellter oder Beauftragter eines geschäftlichen Betriebes zur Rechenschaft zu ziehen, der im geschäftlichen Verkehr einen Vorteil als Gegenleistung dafür fordert, sich versprechen läßt oder annimmt, daß er einen anderen bei dem Bezug von Waren oder gewerblichen Leistungen im Wettbewerb in unlauterer Weise bevorzugt. Davon sind dem Inhalte nach nicht nur „Schmiergelder", sondern geldwerte Leistungen schlechthin erfaßt. Was die Menge oder den Wert der Leistung betrifft, ist eine Grenze schwer zu ziehen. Sittenwidrig vermögen schon Geschenke anläßlich von Jubiläen oder Festtagen sein (z.B. Frühstückskorb oder Kiste Wein zu Weihnachten; Trinkgelder üblicherweise nicht) oder wertvolle als Werbegabe deklarierte Geschenke, mit denen sich der Leistende wohl mehr als nur in Erinnerung zu bringen gedenkt. Auch kann es auf die Person des Leistungsempfängers und seine Stellung und Aufgaben im Betrieb ankommen (Mitarbeiter in Einkaufsabteilungen mit entsprechenden Vorschlags- oder Entscheidungsbefugnissen).

Der Leistungsempfänger ist unabhängig von arbeitsrechtlichen Sanktionen (Abmahnung, Kündigung) dem Arbeitgeber nach § 687 Abs. 2 BGB zur Herausgabe verpflichtet (BAG AP Nr. 1 zu § 611 BGB Erfinder, Nr. 1, 2, 4, 5 zu § 687 BGB, Nr. 1, 3, zu § 12 UWG).

Schließlich ist der Angestellte verpflichtet, sich während der Dauer des Arbeitsverhältnisses jeden **Wettbewerb**s zu seinem Arbeitgeber zu enthalten (vgl. §§ 60, 61 HGB). Dabei ist es gleichgültig, ob der Arbeitnehmer selbständig auftritt (auch Eintritt als Gesellschafter in eine konkurrierende GmbH: BAG AP Nr. 1 zu § 61 HGB; zulässig sind Vorbereitungshandlungen für ein zukünftiges eigenes Handelsgewerbe: BAG AP Nr. 1 bis 3, 7 zu § 60 HGB; BGH AP Nr. 3 zu § 611 BGB Treuepflicht) oder sich in abhängiger Position einem in Wettbewerb stehenden anderen Arbeitgeber in einem Nebenbeschäftigungsverhältnis anbietet. Obgleich eine gesetzliche Regelung fehlt, ist aus der Treuepflicht zu schließen und zu fordern, daß das **Wettbewerbsverbot** sich nicht nur auf den kaufmännischen, sondern auch auf den technischen Angestellten erstreckt. Die Wettbewerbshandlung des technischen Angestellten könnte auch nach dem Schutzgedanken des UWG als gegen die guten Sitten verstoßend und deshalb als unzulässig anzusehen sein. In Dienstverträgen mit qualifizier-

4. Abschnitt: Individualarbeitsrecht

ten Mitarbeitern pflegt das Wettbewerbsverbot ohnehin einzelvertraglich geregelt zu sein. Verstöße gegen das Wettbewerbsverbot berechtigen nach § 61 HGB den Arbeitgeber, Schadensersatz zu verlangen bzw. wird ihm ein Eintrittsrecht in die verbotswidrig geschlossenen Verträge verschafft (das BAG bejaht eine zusätzliche Auskunfts- und Rechnungslegungspflicht des Arbeitnehmers: AP Nr. 13 zu § 242 BGB Auskunftspflicht, Nr. 6 zu § 60 HGB, Nr. 24 zu § 74 HGB, Nr. 6 zu § 74c HGB).

Das vertragliche Wettbewerbsverbot für kaufmännische Angestellte nach §§ 74 ff. HGB, das auch auf technische Angestellte anwendbar ist (dazu insbersondere BAG AP Nr. 18 bis 20 zu § 133 GewO, Nr. 18 zu § 74 HGB; wegen der Erweiterung auf alle anderen Arbeitnehmergruppen, soweit überhaupt das Bedürfnis für ein vertragliches Wettbewerbsverbot besteht vgl. BAG AP Nr. 24 zu § 611 BGB Konkurrenzklausel), regelt die Bedingungen für die Zeit nach Beendigung des Arbeitsverhältnisses (sogenannte Karenzklausel). Im einzelnen ist folgendes zu beachten:

Die einzelvertragliche Vereinbarung bedarf der Schriftform und der Aushändigung einer vom Arbeitgeber unterzeichneten Urkunde an den Arbeitnehmer (§ 74 Abs. 1 HGB). Es ist eine **Karenzentschädigung** als Entgelt für die Wettbewerbsenthaltung zu zahlen (aus der umfangreichen Rechtsprechung vgl. BAG AP Nr. 1, 24 zu § 611 BGB Konkurrenzklausel, Nr. 1, 21 bis 38 zu § 74 HGB, Nr. 1, 8 zu § 74c HGB, Nr. 4, 23 zu § 133 GewO), deren Höhe für die Verbotszeit mindestens die Hälfte der bisherigen Bezüge beträgt (§ 74 Abs. 2 HGB). Das **Konkurrenzverbot** muß dem Schutz eines berechtigten geschäftlichen Interesses des Arbeitgebers dienen (§ 74 a Abs. 1 Satz 1 HGB). Es darf sich nicht als unbillige Erschwernis des beruflichen und wirtschaftlichen Fortkommens des Arbeitnehmers darstellen (§ 74a Abs. 1 Satz 2 HGB). Es darf längstens für die Zeit von zwei Jahren vereinbart sein (§ 74a Abs. 1 Satz 3 HGB). Die Verletzung des Wettbewerbsverbots durch den Arbeitnehmer berechtigt den Arbeitgeber, auf Unterlassung zu klagen (wegen der Zwangsvollstreckung vgl. § 890 ZPO) oder in dringenden Fällen eine einstweilige Verfügung zu erwirken (§§ 935, 940 ZPO). In beiden Fällen kann der Arbeitgeber die gezahlte Karenzentschädigung zurückfordern (§§ 325 Abs. 1 Satz 3 BGB) oder die zu zahlenden Leistungen zurückhalten (§ 273 BGB). Außerdem kann der Arbeitgeber Schadensersatz wegen Nichterfüllung verlangen oder vom Vertrag zurücktreten (§§ 325 Abs. 1 Satz 1, 327, 346 BGB). Verletzt der Arbeitgeber die Abrede, indem er seiner Zahlungspflicht nicht nachkommt, so kann der Arbeitnehmer Schadensersatz wegen Verzuges verlangen (§§ 286, 288, 284 Abs. 2 BGB) oder mit Nachfristsetzung vom Vertrag zurücktreten (§§ 326, 327, 346 BGB; hinsichtlich des Rücktrittsrechts vgl. auch BAG AP Nr. 21 zu § 74 HGB, Nr. 5 zu § 75 HGB).

Literatur: Böker, Das Weisungsrecht des Arbeitgebers, 1971. Fabricius, Leistungsstörungen im Arbeitsverhältnis, 1970. Herschel, Haupt- und Nebenpflichten im Arbeitsverhältnis, BB 1978, 569. Hueck, Der Treuegedanke im modernen Privatrecht, 1947. Molkenbur, Pflicht zur Geheimniswahrung nach Ende des Arbeitsverhältnisses? BB 1990, 1196. Söllner, Einseitige Leistungsbestimmung im Arbeitsverhältnis, 1966.

5. Pflichten des Arbeitgebers

5.1 Beschäftigungspflicht

Die prinzipielle Verpflichtung des Arbeitgebers, den Arbeitnehmer vertragsgemäß zu beschäftigen, ist aus der grundgesetzlichen Garantie der freien Entfaltung der Persönlichkeit (Art. 1 Abs. 1 GG) und der Menschenwürde (Art. 2 Abs. 1 GG) abzuleiten (vgl. BAG AP Nr. 2, 3, 8 zu § 611 BGB Beschäftigungspflicht, Nr. 12 zu § 611 BGB Direktionsrecht). In der Entgegennahme einer Zahlung für eine nicht erbrachte Gegenleistung kann ein herabwürdigendes und persönlich abwertendes Moment gesehen werden (vgl. auch die Probleme der Eingliederung Schwerbehinderter in den Arbeitsprozeß). Das war zunächst nur für Berufe anerkannt, bei denen die tatsächliche Ausübung einer Tätigkeit aus Gründen der Übung oder der Bekanntheit (Musiker, Sänger, Schauspieler), der Vertiefung von Kenntnissen (Wissenschaftler) und Fertigkeiten (Graphiker und Texter) geboten war.

564

Was den Umfang der Beschäftigungspflicht, d.h. Zeit und Art der übertragenen Arbeiten anlangt, hat der Arbeitgeber gerade wegen der Leistungsfähigkeit des Arbeitnehmers dessen Alter, Geschlecht, Gesundheitszustand und Ausbildungsstand zu berücksichtigen. Verliert der Arbeitnehmer im Verlauf des Arbeitslebens im Betrieb einen Teil seiner Arbeitskraft (Unfall, Verschleißerscheinungen), so hat ihn der Arbeitgeber möglichst mit der Übernahme angemessener leichterer Arbeiten zu betrauen. Die Beschäftigungspflicht besteht regelmäßig zeitlich gesehen bei arbeitgeberseitig ausgesprochener oder veranlaßter Kündigung zu unveränderten Arbeitsbedingungen bis zum Ablauf der Kündigungsfrist sowie darüberhinaus bis zum rechtskräftigen Abschluß des Kündigungsschutzprozesses, wenn der Betriebsrat einer ordentlichen Kündigung widersprochen hat (vgl. § 102 Abs. 5 BetrVG; im übrigen BAG AP Nr. 4, 5, 7 zu § 611 BGB Beschäftigungspflicht).

Der Arbeitgeber hat jedoch das Recht, den Arbeitnehmer unter Lohnfortzahlung freizustellen, wenn ihm eine Weiterbeschäftigung nicht zuzumuten ist (Freistellung des Arbeitnehmers bei Vereinbarung einer überlangen Kündigungsfrist, wenn die Vertrauensgrundlage für eine Weiterbeschäftigung entzogen ist; Freistellung wegen erheblicher Störung des Betriebsfriedens durch den Arbeitnehmer oder wegen eines staatsanwaltschaftlichen Ermittlungsverfahrens z.B. wegen Verstoßes gegen § 17 UWG oder Betriebsspionage).

5.2 Rechtsgrundlagen der Lohnzahlungspflicht

Die Rechtsgrundlagen der Lohnzahlungspflicht finden sich weniger in Gesetz und Betriebs- oder Dienstvereinbarungen als im Arbeitsvertrag oder in Tarifverträgen (im Bereich des öffentl. Dienstes ausführlich geregelt in Grund- und Sondertatbeständen; die einschlägigen Tarifverträge ent-

565

4. Abschnitt: Individualarbeitsrecht

halten umfangreiche Bestimmungen über Grundlagen, Bestandteile und Höhe der Vergütungen; vgl. §§ 22 ff. BAT, 21 ff. MTArb, 20 ff. BMT-GII).

Zunächst ist bei Fehlen einer ausdrücklich vertraglichen Lohnregelung nach § 611 BGB vorgesehen, daß die Entrichtung einer Vergütung dem Grunde nach als stillschweigend vereinbart gilt, wenn die Dienstleistung den Umständen nach nur gegen eine Vergütung zu erwarten ist. Was die Höhe der Vergütung betrifft, so ist nach § 612 Abs. 2 BGB bei Bestehen einer Taxe die taxmäßige Vergütung (d.h. bei Bestehen eines Tarifvertrages und Tarifgebundenheit die tarifliche Vergütung) ansonsten die übliche Vergütung, bei kaufmännischen Angestellten nach § 59 HGB die dem Ortsgebrauch entsprechenden bzw. in Ermangelung des Ortsgebrauchs eine angemessene Vergütung (das kann trotz fehlender Tarifgebundenheit Tariflohn sein: BAG AP Nr. 21 zu § 611 BGB Gehaltsansprüche) als vereinbart anzusehen (bei Fehlen von Anhaltspunkten auch für eine übliche Vergütung vgl. §§ 316, 319 BGB und dazu BAG AP Nr. 20 zu § 72 ArbGG Streitwertrevision). Der Anspruch aus § 612 BGB kann sich als zusätzlicher Vergütungsanspruch zu einem tariflichen herausstellen, wenn der Arbeitnehmer laufend höherwertigere Dienstleistungen als vertraglich vorgesehen verrichtet (BAG AP Nr. 2 zu § 24 BAT). Hinsichtlich der Vergütungshöhe enthält § 612 Abs. 3 BGB erstmals eine gesetzliche Regelung der **Lohngleichheit** bei Mann und Frau (eingefügt durch das Gesetz über die Gleichbehandlung von Männern und Frauen am Arbeitsplatz vom 12.8.1980; wegen der übrigen Gleichbehandlungsbedingungen vgl. § 611 a und b BGB). Eine ausführlichere gesetzliche Lohnregelung widerspricht der in Artikel 9 Abs. 3 GG enthaltenen autonomen Rechtsetzungsbefugnis durch die Tarifvertragsparteien (Grundsatz der Tarifautonomie). Dieser Vorrang der tariflichen Regelungsbefugnis hat zur Folge, daß für die Festlegung von Löhnen durch die Partner des Betriebslebens in Betriebsvereinbarungen und Dienstvereinbarungen wenig Raum ist, soweit nicht sogenannte tarifliche Öffnungsklauseln den Abschluß von ergänzenden Lohnvereinbarungen ausdrücklich vorsehen (§ 77 Abs. 3 BetrVG, §§ 75 Abs. 5 BPersVG, 72 Abs. 3, letzter Satz LPersVG NW).

Soweit für ein Arbeitsverhältnis kein Tarifrecht gilt, pflegen die Vertragsparteien eingehende und unmißverständliche Abmachungen über die Lohnzahlungspflicht im Arbeitsvertrag zu treffen. Insgesamt sind folgende arbeitsvertragliche Lohnregelungen denkbar:

1. Fall: In einem Betrieb gilt kein Tarifvertrag. Die Vertragspartner können dann die Löhne frei aushandeln. Sie können auch die Geltung von Tarifnormen (tunlichst des einschlägigen Branchenbereichs) vereinbaren.

2. Fall: In einem Betrieb gilt ein Tarifvertrag.
   1. Variante:
   Ist der Arbeitnehmer nicht gewerkschaftlich organisiert, dann können die Vertragspartner die Löhne frei aushandeln. Häufig wird aber aus Gründen der Einheitlichkeit des Lohngefüges oder der Administrationsvereinfachung die Geltung der einschlägigen Tarifnormen vereinbart.
   2. Variante:
   Ist der Arbeitnehmer gewerkschaftlich organisiert, dann gilt Tarifrecht. Es können aber freivertraglich übertarifliche Leistungen vereinbart werden, die noch nicht einmal als solche ausdrücklich ausgewiesen sein müssen (z.B. Arbeitsvertrag enthält mit der

5. Pflichten des Arbeitgebers

Eingruppierung in eine bestimmte Tarifgruppe die Vereinbarung eines monatlichen Gehalts in Höhe von 1500,– € und den Hinweis, daß im übrigen die einschlägigen Tarifverträge in ihrer jeweils gültigen Fassung gelten. Sieht die bestimmte Tarifgruppe ein Gehalt in Höhe von 1400,– € vor, dann beträgt die übertarifliche Zulage 100,– €.

3. Fall: Mit dem Mitarbeiter – gleich ob gewerkschaftlich organisiert oder nicht – wird ein sogenanntes außertarifliches Beschäftigungsverhältnis vereinbart (bei qualifizierten Angestellten). Dann gelten die arbeitsvertraglichen Abmachungen und kein Tarifrecht.

5.2.1 Geldlohn und Naturrallohn

Regelmäßig schuldet der Arbeitgeber dem Arbeitnehmer die Entlohnung in Geld, wobei sich die bargeldlose Lohn- bzw. Gehaltszahlung durchgesetzt hat (Überweisung auf ein vom Arbeitnehmer bestimmtes Gehalts- oder Girokonto). Bei bestimmten Arbeitsverhältnissen kann ein Teil der Entlohnung in der Gewährung von geldwerten Leistungen erfolgen (sogenannter Naturrallohn). Dazu gehören sowohl der Höhe nach mit ihrem Geldwert zu ermittelnde Sachbezüge (verbilligte Werkswohnungen, Unterkunft und Verpflegung bei Aufnahme in häuslicher Gemeinschaft, Dienstwagen für private Nutzung) als auch sogenannte Deputate (Kohle im Bergbau, Erzeugnisse der Landwirtschaft). Heute wird teilweise das Deputat entsprechend den tatsächlichen Bedürfnissen abgegolten 566

(z.B. Lieferung von Heizöl für auf Ölheizung umgestellte Bergarbeiterwohnungen, Belieferung mit Brot anstelle von Getreide bei landwirtschaftlichen Arbeitsverhältnissen; unter Umständen erfolgt auch Barabgeltung, d.h. vollständige Entlohnung in Geld).

5.2.2 Zeitlohn und leistungsspezifischer Lohn

Regelmäßig bemißt sich die vom Arbeitgeber zu zahlende Vergütung nach Zeitabschnitten (Stundenlohn, Monatsgehalt) ohne Rücksicht auf den Arbeitserfolg (Arbeitsergebnis). Eine Berechnung nach reinen Zeitabläufen (Tagelöhner, Wochenlöhner) ist heute unüblich (Ausnahme: kurzfristiges Aushilfsarbeitsverhältnis). 567

Orientiert sich die Lohnberechnung nach einem Leistungserfolg, ist sie also in gewisser Weise vom Arbeitsergebnis abhängig, ist von leistungsspezifischem Lohn (Leistungslohn, Akkordlohn) zu sprechen (zu Zeitlohn-Akkordlohn vgl. BAG AP Nr. 8, 17 zu § 611 BGB Akkordlohn). Hierbei sind verschiedene Modalitäten der Ausgestaltung denkbar. Je nachdem ob sich das Akkordergebnis für einen einzelnen Arbeitnehmer oder für eine Mehrzahl von Arbeitnehmern niederschlägt, ist zunächst zwischen Einzel- und Gruppenakkord (BAG AP Nr. 14 zu § 611 BGB Akkordlohn) zu unterscheiden. Während beim Einzelakkord der leistungsspezifisch errechnete Lohn aufgrund der individuell erbrachten Arbeitsleistung dem einzelnen Arbeitnehmer für sich zusteht, wird beim Gruppenakkord das auf die Gruppe entfallende Entgelt nach einem festgelegten Verteilungsschlüssel auf die Gruppenmitglieder aus dem Akkordfonds (auch „Pott" genannt) aufgeteilt. Was die Arten der leistungsspezifischen Entlohnung betrifft, kann weiterhin zwischen Zeitakkord und Geldakkord unterschieden werden. Zeitakkord liegt vor, wenn dem Arbeitnehmer für die von ihm zu erbringende Arbeitsleistung durch ein bestimmtes Zeitermittlungssystem (z.B. Refa-System) eine bestimmte Zeit vorgegeben ist und sich die Entlohnung nach der innerhalb dieser sogenannten Vorgabezeit (Zeitfaktor) fertiggestellten Stückzahlen (Stückfaktor) nach dem festgelegten Geldbetrag (Geldfaktor) richtet. Von Geldakkord ist zu sprechen, wenn sich die Entlohnung auch ohne Berücksichtigung eines Zeitmomentes nach der Anzahl der fertiggestellten Stücke errechnet (Stückakkord).

Häufig werden leistungsspezifische Entlohnungsformen kombiniert. Bekannteste Mischform ist der Akkordlohn mit Mindestlohngarantie. Dabei wird im Akkordvertrag eine Mindestverdienstsicherungsklausel dergestalt vereinbart, daß dem Arbeitnehmer ein Grundlohn (meist der Zeitlohn) zugesichert wird, wenn das Akkordergebnis, aus welchen Gründen auch immer, mißlingt. Im übrigen erhält der Arbeitnehmer den Anspruch auf den Akkordlohn, wenn das Ergebnis aus von ihm nicht zu vertretenden Gründen nicht erreicht wird (Maschinenschäden, Nachschubmangel). Entscheidend ist festzuhalten, daß auch der Akkordvertrag seinem Wesen nach Arbeitsvertrag und nicht Werkvertrag ist, da der Arbeitnehmer nicht einen Arbeitserfolg garantiert.

Literatur: Hoffmann, Die Gruppenakkordarbeit, 1981.

5.2.3 Besondere Lohnformen

568 Als besondere Lohnformen sind Ertragsbeteiligungen wie Provisionen, Gewinn- und Umsatzbeteiligungen und Prämien sowie Gratifikationen und sonstige Zulagen (z.B. Leistungen nach dem VermBG) zu nennen.

Als **Provision**en kommen die Abschluß-, Vermittlungs- und Umsatzprovisionen in Betracht. Sie sind vom Arbeitserfolg abhängig und richten sich in der Höhe prozentual nach dem Wert der vom Arbeitnehmer getätigten Geschäfte. Provisionen werden häufig mit kaufmännischen Angestellten (Verkaufspersonal, Einfirmenvertreter) vereinbart (vgl. §§ 65, 87 Abs. 1 und 3, 87 a bis c HGB) und zwar zusätzlich zu einem festen Grundgehalt, dem sogenannten Fixum (ähnlich dem Akkord mit Mindestlohngarantie; vgl. im übrigen BAG AP Nr. 7, 8 zu § 65 HGB, Nr. 1 zu § 89 b HGB, Nr. 1 zu § 87 BetrVG 1972 Provision).

Die **Gewinnbeteiligung** ist eine zusätzliche Entlohnung ausgerichtet am erwirtschafteten Gewinn des Unternehmens. Sie wird häufig als sogenannte Tantieme an leitende oder sonst besonders qualifizierte Angestellte gezahlt (BAG AP Nr. 14 zu § 611 BGB Lohnanspruch). Eine besondere Form der Gewinnbeteiligung ist die Kapitalbeteiligung durch Ausgabe von Belegschaftsaktien an alle oder einzelne Arbeitnehmer des Unternehmens (häufig auch anläßlich des Ausscheidens aus dem Unternehmen).

Um eine **Umsatzbeteiligung** handelt es sich, wenn eine Sonderentlohnung erfolgt, die sich nach dem Absatz von Waren oder nach der Vornahme von Dienstleistungen bemißt. Solche Leistungen werden mit leitendem Verkaufspersonal vereinbart (Filialleiter). Die Umsatzbeteiligung wird der Höhe nach teilweise an die Erzielung eines Gewinns geknüpft

5. Pflichten des Arbeitgebers

und erstreckt sich auf alle (z.B. in einem Filialbetrieb) getätigten Umsätze (im Gegensatz zur Umsatzprovision, die auf die einzelnen vom Vertreter getätigten Geschäfte abstellt).

Prämien sind **Sondervergütung**en, die neben Lohn und Gehalt für das Erzielen eines bestimmten Arbeitsergebnisses gezahlt werden (z.B. Materialeinsparungen, Ausschußminderungen) oder als Treueprämien bei längerer Betriebszugehörigkeit vorkommen.

Gratifikationen (**Remuneration**en) sind zusätzliche, grundsätzlich freiwillige Vergütungen aus besonderen Anlässen (Weihnachten, Dienst- oder Firmenjubiläum). Es handelt sich um Arbeitsentgelt, nicht etwa um eine Schenkung (BAG AP Nr. 1 zu § 611 BGB Gratifikation), da sie im Hinblick auf geleistete und in Zukunft erwartete Dienste gewährt werden. Rechtsgrundlage für die Zahlung einer Gratifikation kann sein

– eine ausdrückliche Vereinbarung als Einzelvereinbarung (Arbeitsvertrag, Dienstvertrag, Zusatzschreiben), in einer Betriebsvereinbarung oder einem Tarifvertrag sowie Betriebsüblichkeit,

– die dreimalige vorbehaltlose (dazu BAG AP Nr. 21, 34 zu § 611 BGB Gratifikation) Zahlung, wodurch insbesondere ein Anspruch auf zukünftige Leistungen erwächst (BAG AP Nr. 1 bis 6 zu § 611 BGB Gratifikation).

Die Höhe der Gratifikation richtet sich nach dem Inhalt der getroffenen Vereinbarung. Meist wird ein dreizehntes Monatsgehalt gezahlt (im Bank- und Versicherungsgewerbe teilweise vierzehn Monatsgehälter und mehr), wobei die Fälligkeit unterschiedlich gestaltet sein kann (ein halbes Gehalt zur Jahresmitte als Urlaubsgeld, ein halbes Gehalt vor Weihnachten). Regelmäßig sind Gratifikationszahlungen für den Fall, daß ein Arbeitnehmer im Folgejahr durch Eigenkündigung aus dem Dienst ausscheidet mit Rückzahlungsklauseln verbunden. Solche Klauseln sind vom BAG (AP Nr. 22, 25, 36, 56, 69, 72, 73, 99, 101, 106, 123 zu § 611 BGB Gratifikation) – wenn auch in bestimmter Weise modifiziert – wie folgt als zulässig anerkannt:

Leistungen bis 50,– €	keine Rückzahlungen
Leistungen ab 50,– € bis unter ein Monatsgehalt	Ausscheiden bis zum 31.3. des Folgejahres
Leistungen ab ein Monatsgehalt bis zu zwei Monatsgehältern	bis zum nächstzulässigen Kündigungstermin nach dem 31.3. des Folgejahres (für Angestellte regelmäßig 30.6.).
Leistung von zwei Monatsgehältern und mehr	Rückzahlung von eineinhalb Monatsgehältern bei Ausscheiden bis zum 31.3. des Folgejahres, von einem Monatsgehalt bei Ausscheiden bis zum 30.6. des Folgejahres, ein halbes Monatsgehalt bei Ausscheiden bis zum 30.9. des Folgejahres.

Bei den Rückzahlungsklauseln handelt es sich durchweg um Kannbestimmungen. Der Arbeitnehmer muß aber damit rechnen, daß bei Eigenkündigung der Arbeitgeber vom Einbehaltungsrecht Gebrauch macht. Eine Einbehaltung ist unzulässig, wenn der Arbeitnehmer zwar das Beschäftigungsverhältnis selbst gekündigt hat, die Kündigung jedoch arbeitgeberseitig veranlaßt ist. Zulässig sind tarifliche Klauseln, die den Anspruch auf die Sonderzuwendung vom Bestehen eines ungekündigten Arbeitsverhältnisses abhängig machen. Ist betriebsbedingt gekündigt, besteht auch für diesen Fall ein Rückforderungsrecht (BAG AP Nr. 123 zu § 611 BGB Gratifikation mit Aufgabe der bisherigen Rspr.: BAG AP Nr. 98 zu § 611 BGB Gratifikation). Fälle von Treupflichtverletzungen und Betriebsnotstände sowie erforderliche Aufwendungen zum Erhalt von Arbeitsplätzen können Kürzungen, Wegfall und die Pflicht zum Verzicht auf Gratifikationszahlungen auslösen (BAG AP Nr. 51 zu § 611 BGB Gratifikation, Nr. 7 zu § 322 ZPO).

Im öffentlichen Dienstrecht ist für Angestellte tariflich gesondert geregelt, daß diese in jedem Kalenderjahr eine gratifikationsähnliche Zuwendung erhalten (vgl. z.B. TV über eine Zuwendung für Angestellte; für Arbeiter im Bereich der Vereinigung der Kommunalen Arbeitgeberverbände: TV über eine Zuwendung für Arbeiter).

An **sonstigen Zulagen** sind zu erwähnen die auf staatlichen Förderungsmaßnahmen beruhenden anteiligen Leistungen des Arbeitgebers zur Vermögensbildung nach dem VermBG. Je nach der vom Arbeitnehmer gewählten Anlageart ist der Arbeitgeber verpflichtet, einen entsprechenden Vertrag über die vermögenswirksame Anlage von Teilen des Lohnes zu schließen. Der Arbeitgeberanteil zu den Aufwendungen ist zusätzliches Arbeitsentgelt. Die Verpflichtung zur Gewährung vermögenswirksamer Leistung kann sich aus Einzelvertrag, Betriebsvereinbarungen oder Tarifvertrag (überwiegend) ergeben. Der Arbeitnehmer hat das freie Wahlrecht hinsichtlich der Anlageart und kann diese wechseln (rechtzeitige Mitteilung an den Arbeitgeber).

Um eine sonstige Zulage handelt es sich auch bei einem einzel- oder tarifvertraglich festgelegten Urlaubsgeld, das zur Jahresmitte oder bei Antritt des Jahresurlaubs zu zahlen ist (oft auch Bestandteil einer Gratifikationsregelung über die Gewährung eines dreizehnten Gehaltes, das zu unterschiedlichen Zeiten fällig wird; dann ist das Urlaubsgeld Gratifikation). Nicht zu verwechseln ist das Urlaubsgeld mit dem nach § 11 BUrlG auszuzahlenden Urlaubsentgelt, das allgemein als Gehaltsbestandteil anzusehen ist (Weiterlaufen des Gehaltes während des Urlaubs).

Als zusätzliches Arbeitsentgelt mit vergütungsähnlichem Charakter ist das im Rahmen einer betrieblichen Altersversorgung gewährte **Ruhegeld** (Ruhegehalt, Pension) anzusehen, das dem Arbeitnehmer eine zur gesetzlichen Rente oder privaten Altersvorsorge zusätzliche Alterssicherung gewährleisten soll. Das Gesetz zur Verbesserung der betrieblichen Altersversorgung regelt insgesamt die Versorgung, wenn eine Ruhegeldvereinbarung zwischen Arbeitnehmer und Arbeitgeber zustandegekom-

5. Pflichten des Arbeitgebers

men ist. Der Abschluß der entsprechenden grundlegenden (Betriebs-) Vereinbarung ist freiwillig.

Nicht um besonderes Entgelt oder um Zulagen handelt es sich bei Leistungen, die sich ihrer Natur nach nicht gegen den Arbeitgeber, sondern als öffentlich-rechtliche Ansprüche gegen den Staat richten (z.B. Ansprüche gegen die Bundesanstalt für Arbeit aus der Arbeitslosenversicherung, Kurzarbeitergeld nach dem AFG, Ansprüche nach dem Bundeskindergeldgesetz).

5.2.4 Lohnzahlungspflicht bei Nichtleistung der Arbeit

Von dem Grundsatz „Kein Lohn ohne Arbeit" gibt es eine Vielzahl von Ausnahmen. **569**

Die Gründe für die Nichterbringung der Arbeitsleistungen können in der Person oder Sphäre des Arbeitgebers oder des Arbeitnehmers liegen. Bei **Annahmeverzug** des Arbeitgebers besteht nach § 615 Satz 1 BGB der Lohnzahlungsanspruch grundsätzlich fort. Voraussetzung ist zunächst, daß der Arbeitnehmer die Arbeitsleistung ordentlich anbietet (§§ 294 f. BGB). Daran fehlt es, wenn der Arbeitnehmer selbst nicht in der Lage ist, seine Arbeitsleistung rechtzeitig und ordentlich zu erbringen (§ 297 BGB: z.B. Beendigung des Arbeitsverhältnisses, gleichzeitige Arbeitsversäumnis des Arbeitnehmers, beispielsweise wegen einer von ihm zu vertretenden Unmöglichkeit; vgl. auch BAG AP Nr. 20 zu § 615 BGB, Nr. 5 zu § 9 MuSchG). Weiter muß der Arbeitgeber die angebotenen Arbeitsleistungen nicht annehmen (§ 293 BGB), d.h. ablehnen oder es verabsäumen, Obliegenheiten wahrzunehmen, ohne die dem Arbeitnehmer seine vertragsgemäße Erfüllung nicht zuzumuten ist (z.B. Fehlen von Vorrichtungen nach § 618 BGB). Auch für den Fall einer unrechtmäßigen Kündigung durch den Arbeitgeber gerät dieser nur in Annahmeverzug, wenn der Arbeitnehmer klar und unmißverständlich seine Dienste auch weiterhin anbietet. Dazu ist nicht erforderlich das Erscheinen des gekündigten Arbeitnehmers am Arbeitsplatz. Vielmehr genügt das schriftliche Anerbieten der Arbeitsleistung oder die unverzügliche Erhebung einer Kündigungsschutzklage (BAG AP Nr. 18, 23, 26 zu § 615 BGB). Der Umfang des Lohnzahlungsanspruchs erstreckt sich auf alle Bezüge einschl. der Zulagen. Er wird sich durchweg nach dem Durchschnittseinkommen berechnen lassen (BAG AP Nr. 6, 22 zu § 615 BGB, Nr. 6 zu § 419 BGB Betriebsnachfolge). Der Arbeitnehmer muß sich jedoch nach § 615 Satz 2 BGB anrechnen lassen, was er erspart oder durch anderweitige Verwertung seine Arbeitskraft erwirbt (BAG AP Nr. 24, 25 zu § 615 BGB, Nr. 15 zu § 242 BGB Auskunftspflicht) oder böswillig zu erwerben unterläßt (BAG AP Nr. 1, 2 zu § 615 BGB Böswilligkeit).

Häufig gründet sich der Umstand, daß der Arbeitgeber die angebotenen Dienste nicht annehmen kann, auf **Betriebsstörung**en wirtschaftlicher Art (Beschaffungs- oder Absatzschwierigkeiten), technischer Art (Energieausfall, Maschinenschäden, Brand- und Wasserschäden) oder behördlicher Art (staatliches Herstellungsverbot, angeordnete Landestrauer).

4. Abschnitt: Individualarbeitsrecht

Dieses **Betriebsrisiko** trägt grundsätzlich der Arbeitgeber mit der Maßgabe, daß er dem Arbeitnehmer den vollen Lohn zahlen muß, wenn die Arbeit aus solchen typischerweise im Betrieb liegenden Gründen nicht geleistet werden kann (Sphärentheorie: begründet vom RG am 6.2. 1923 = RGZ 106, 272 und vom RAG am 20.6. 1928 = RAG 3, 116, fortgeführt vom BAG in ständiger Rechtsprechung: AP Nr. 2, 3, 4, 13, 14, 15 zu § 615 BGB Betriebsrisiko). Die Haftung des Arbeitgebers erfolgt jedoch nicht uneingeschränkt (wegen zeitlicher Beschränkung vgl. §§ 35 MTBII und MTL II 31 BMT-GII). Sollte durch die Lohnzahlung der Bestand des Betriebes wesentlich gefährdet sein, haben die Arbeitnehmer aus Gründen der Treuepflicht zumindestens angemessene Lohnkürzungen zu gewärtigen. Näheres kann durch eine Vereinbarung des Arbeitgebers mit dem Betriebsrat geregelt werden. Der Lohnanspruch kann auch vollständig entfallen (BAG AP Nr. 15 zu § 615 BGB Betriebsrisiko).

Das gilt insbesondere dann, wenn die Betriebsstörung der Sphäre des Arbeitnehmers zuzurechnen ist. So haben beispielsweise bei einem Teilstreik aus dem Grundsatz der Solidarität die nichtstreikenden, evtl. sogar arbeitswilligen Arbeitnehmer keinen Lohnzahlungsanspruch (BAG AP Nr. 27 zu § 615 BGB Betriebsrisiko, Nr. 39 zu Art. 9 GG Arbeitskampf). Der Anspruch entfällt selbst dann, wenn in einem Zulieferunternehmen gestreikt wird und deshalb nicht mehr gearbeitet werden kann. Dieser Umstand fällt in die Risikosphäre der Arbeitnehmer (vgl. BAG AP Nr. 2 bis 4 zu § 615 BGB Betriebsrisiko; in neuester Zeit nicht unstreitig [Metall- und Druckerstreik um die 35-Stunden-Woche]).

Gemäß § 275 BGB entfällt die Arbeitspflicht, wenn der Arbeitnehmer an der Erfüllung gehindert ist. Nach allgemeinen Grundsätzen (§ 326 BGB) entfiele dann auch die Lohnzahlungspflicht. Das Arbeitsrecht enthält jedoch für solche Fälle eine Reihe von abweichenden, den Arbeitnehmer begünstigenden Regelungen:

Die **Arbeitsunfähigkeit** der Arbeiter und Angestellten infolge Krankheit ist im Entgeltfortzahlungsgesetz (§§ 3 ff.) geregelt (für die Arbeitnehmer des öffentlichen Dienstes vgl. § 22 TVöD). Danach behält der Arbeitnehmer grundsätzlich für 6 Wochen seinen Lohnanspruch, wenn er nach Beginn der Arbeitsaufnahme durch Krankheit ohne sein Verschulden arbeitsunfähig und deshalb an der Arbeitsleistung verhindert ist (sogenanntes Lohnausfallprinzip, dazu BAG AP Nr. 10 zu § 2 LohnFG). Zu berücksichtigen ist jedoch, daß im Gegensatz zum insoweit außer Kraft gesetzten Lohnfortzahlungsgesetz die Höhe der Entgeltfortzahlung nur noch 80% des dem Arbeitnehmer bei der für ihn maßgebenden regelmäßigen Arbeitszeit zustehenden Arbeitsentgelts beträgt (§ 4 Abs. 1 Satz 1). Eine Sonderregelung findet sich in § 4a, wonach der Arbeitnehmer vom Arbeitgeber spätestens bis zum dritten Arbeitstag nach Ende der krankheitsbedingten Arbeitsunfähigkeit verlangen kann, daß ihm von je fünf Tagen, an denen er an der Arbeitsleistung verhindert war, der erste Tag auf den Erholungsurlaub angerechnet wird.

5. Pflichten des Arbeitgebers

Es ist gleichgültig, worauf die Krankheit (oder der Unfall) zurückzuführen ist (BAG AP Nr. 38 zu § 1 LohnFG). Unverschuldet ist die Arbeitsunfähigkeit, wenn sie nicht auf einen groben Verstoß gegen das von einem verständigen Menschen im eigenen Interesse gebotene Verhalten zurückzuführen ist (BAG AP Nr. 8, 26, 30, 31, 37 zu § 1 LohnFG, vgl. für Angestellte: BAG AP Nr. 28 zu § 63 HGB). Mehrere Erkrankungen aus verschiedenen Ursachen berühren den Lohnfortzahlungsanspruch nicht. Sogenannte Wiederholungserkrankungen können den Anspruch beschränken (vgl. BAG AP Nr. 67 zu § 1 LohnFG).

Der Arbeitnehmer behält bei **Dienstunfähigkeit** infolge Krankheit seinen Gehaltsfortzahlungsanspruch, wenn die Krankheit unverschuldet ist (zu den Verschuldensgründen vgl. BAG AP Nr. 26, 31 zu § 1 LohnFG = Trunksucht, Drogensucht, Nr. 25, 34 zu § 1 LohnFG = erfolgloser Selbstmordversuch, Nr. 5 zu § 63 HGB = Sportunfall und dort Eishockey). Durch die Gehaltsfortzahlung soll der Arbeitnehmer nach dem Lohnausfallprinzip so gestellt werden, wie er ohne Arbeitsunfähigkeit stünde (BAG AP Nr. 4, 13 zu § 63 HGB). Der Arbeitnehmer hat den Arbeitgeber unverzüglich (vgl. § 121 BGB) von der Arbeitsunfähigkeit zu benachrichtigen (BAG AP Nr. 12 zu § 63 HGB, Nr. 2 zu § 626 BGB Krankheit) und erforderlichenfalls den entsprechenden Nachweis durch Vorlage eines ärztlichen Attestes zu führen (vgl. § 3 EntFortzG). Der Anspruch darf durch Vertrag nicht ausgeschlossen oder sonstwie verschlechtert, aber erweitert werden. Das erfolgt regelmäßig durch Tarifvertrag (vgl. z.B. die zeitlichen Verbesserungen nach § 37 Abs. 2–9 BAT), bei qualifizierten und leitenden Angestellten auch im Dienstvertrag.

Andere Arbeitsverhinderungen sind in § 616 Abs. 1 BGB geregelt. Danach behält der Arbeitnehmer seinen Lohnanspruch, wenn er für eine verhältnismäßig unerhebliche Zeit durch einen in seiner Person liegenden Grund ohne sein Verschulden an der Dienstleistung verhindert wird. Auch solche Ereignisse hat der Arbeitnehmer dem Arbeitgeber unverzüglich mitzuteilen (BAG AP Nr. 30 zu § 616 BGB). Der Anspruch aus § 616 BGB ist abdingbar auch zu Ungunsten der Arbeitnehmer, d.h. er kann beschränkt oder ganz ausgeschlossen werden etwa durch die Klausel, daß nur die tatsächliche Arbeit bezahlt werden soll (unüblich!). Die Zulässigkeit einer solchen Ausschlußregelung ergibt sich aus § 619 BGB, der auf §§ 617, 618 BGB und nicht auf § 616 BGB verweist, sowie aus dem Umkehrschluß nach § 616 BGB. Die Frage ist aber nicht mehr problematisch, da sich die Tarifvertragsparteien eingehend mit der Konkretisierung der nach § 616 BGB zu behandelnden Einzelansprüche beschäftigt haben, indem sie umfangreiche Regelungen über Freistellungsfälle und deren Behandlung getroffen haben. Im Bereich des öffentlichen Dienstrechts regelt z.B. § 52 BAT detailliert die Freistellungsansprüche unter Gehaltsfortzahlung (Beachte die Unterteilung der Freistellungsfälle nach Abs. 1, 2 und 4 und bei Abs. 1 die Einschränkung, daß der Gehaltsanspruch nur besteht, wenn der Angestellte nicht anderweit Ansprüche auf Ersatz der Vergütung geltend machen kann).

4. Abschnitt: Individualarbeitsrecht

Der Vergütungsanspruch bleibt regelmäßig auch bei **Freistellung** des Arbeitnehmers durch den Arbeitgeber bestehen (Arbeitgeber erteilt nach Kündigung Dienstbefreiung bei längerer Kündigungsfrist; inwieweit es sich im einzelnen um einen Verstoß gegen die Beschäftigungspflicht handeln kann, vgl. BAG AP Nr. 2 zu § 611 BGB Beschäftigungspflicht). Die Lohnzahlungspflicht bei anderen Fällen der Beurlaubung (angeordneter Werksurlaub, Feierschichten, Kurzarbeit) sind meist tarifvertraglich, betrieblich oder einzelvertraglich geregelt (vgl. BAG AP Nr. 13 zu § 615 BGB Betriebsrisiko).

Sonderurlaub außerhalb des Erholungsurlaubs (z.B. nach Verbrauch des Jahresurlaubs) setzt eine (meist einzelvertraglich getroffene) Vereinbarung des Arbeitnehmers mit dem Arbeitgeber voraus.

(Im öffentlichen Dienstrecht tarifvertraglich geregelt: vgl. § 29 TVöD). Lohnzahlungsansprüche bestehen in solchen Fällen nicht.

5.2.5 Lohnsicherung

570 Da das Arbeitseinkommen für die überwiegende Mehrzahl der Arbeitnehmer im Regelfall die einzige materielle Grundlage für die Bestreitung ihres Lebensunterhalts ist bedarf es einer besonderen angemessenen Sicherung insbesondere bei Insolvenzen des Arbeitgebers und gegen Zugriffe Dritter.

5.2.5.1 Insolvenz

571 Durch die am 01.01.1999 in Kraft getretene Insolvenzordnung (InsO), die sowohl die Konkursordnung (KO) als auch die Vergleichsordnung (VglO) sowie die Gesamtvollstreckungsordnung der (ehemaligen) DDR abgelöst hat, sind die Arbeitnehmeransprüche in der Insolvenz entscheidend verändert worden:

Abgeschafft wurde die Privilegierung der Ansprüche auf rückständiges Arbeitsentgelt aus der Zeit vor Eröffnung des Konkursverfahrens. Dies betrifft zum einen die Einordnung der Entgeltansprüche für die letzten sechs Monate vor Konkurseröffnung und Masseschulden gem. § 59 Abs. 1 Nr. 3a KO und zum anderen die Einordnung der Entgeltansprüche für das letzte Jahr vor Konkurseröffnung als bevorrechtigte Konkursforderungen gem. § 61 Abs 1 Nr. 1a KO.

Sämtliche Forderungen auf rückständiges Arbeitsentgelt sind nunmehr einfache Insolvenzforderungen iSd § 38 InsO. Lohn- und Gehaltsansprüche für die Zeit nach Verfahrenseröffnung sind dagegen Masseverbindlichkeiten gem. § 55 Abs. 1 Nr. 2 InsO, und zwar auch dann, wenn der Insolvenzverwalter die Arbeitsleistung nicht mehr in Anspruch nehmen will und die Arbeitnehmer nach einer Kündigung bis zum Wirksamwerden der Kündigung freigestellt werden.

5. Pflichten des Arbeitgebers

Die freigestellten Arbeitnehmer stehen allerdings gem. § 209 InsO rangmäßig schlechter im Fall der Masseunzulänglichkeit. Ebenfalls als Masseverbindlichkeiten einzustufen sind Entgeltansprüche, die auf Grund der Weiterbeschäftigung der Arbeitnehmer durch einen vorläufigen Insolvenzverwalter mit Verfügungsbefugnis vor Eröffnung des Insolvenzverfahrens entstanden sind (BAG, Urteil vom 3.4.2001 – 9 AZR 301/00, NZA 2002, 90); nicht aber die wegen Zahlung von Insolvenzgeld auf die Bundesanstalt für Arbeit übergegangenen Entgeltansprüche; insofern ist § 55 Abs. 2 InsO einschränkend auszulegen (BAG 3.4.2001 – 9 AZR 301/00; Betriebsberater 2001, 2530).

Für die Weichenstellung, ob es sich um einen Anspruch vor oder nach Insolvenzeröffnung handelt, ist nicht auf die Fälligkeit, sondern auf den Zeitpunkt des Entstehens der Forderung abzustellen. Zur Zuordnung nicht monatlicher Leistungen wie Urlaubsentgelt, Gratifikationen, Sonderzuwendungen vgl. Lakies NZA 2001, 521 ff.

Die durch die Abschaffung der Konkursvorrechte bedingte Schlechterstellung der Arbeitnehmer wird in zweifacher Hinsicht mehr als kompensiert: einmal wird Insolvenzausfallgeld, welches an die Stelle des bisherigen KAUG tritt, für die letzten drei Monate vor Eröffnung des Insolvenzverfahrens auch dann gezahlt, wenn es sich um eine Insolvenz mit anschließender Sanierung handelt. Zum anderen sind Sozialplanansprüche, soweit der Sozialplan nach Eröffnung des Insolvenzverfahrens oder nicht früher als drei Monate vor dem Eröffnungsantrag aufgestellt worden ist, anders als nach altem Recht (§ 4 SozPlG) Masseforderungen.

Literatur: Eisenbeis/Mues, Arbeitsrecht in der Insolvenz, 2000.

5.2.5.2 Pfändungsschutz

Gegen Zugriffe Dritter ist das Arbeitseinkommen durch die Vorschriften über den Pfändungsschutz gesichert. Grundsätzlich unterliegen Forderungen nach §§ 828 ff. ZPO dem Zugriffsrecht des aufgrund eines vollstreckbaren Titels (§§ 704, 794 ZPO) die Zwangsvollstreckung betreibenden Gläubigers. Dazu zählen auch Lohn- und Gehaltsforderungen (§§ 832, 833 ZPO). Jedoch erfordert es das allgemeine Verbot der sogenannten Kahlpfändung, dem Arbeitnehmer und seiner Familie zur Bestreitung des Lebensunterhaltes angemessene Teile des Einkommens zu belassen (§§ 850 bis 850k ZPO). Das drückt sich darin aus, daß einmal gewisse Bezüge überhaupt unpfändbar sind (§§ 850a, 850b ZPO), anderes Arbeitseinkommen nur beschränkt pfändbar ist (§§ 850c bis 850k ZPO und dazu BAG AP Nr. 4 § 850c ZPO).

Soweit Lohnforderungen unpfändbar sind, können sie weder abgetreten (§ 400 BGB) oder verpfändet werden (§ 1274 Abs. 2 BGB), noch können sie Gegenstand einer Aufrechnung (§ 394 BGB) oder der Ausübung eines Zurückbehaltungsrechtes nach § 273 BGB sein (BAG AP Nr. 1, 2 zu § 392 BGB, Nr. 11 zu § 394 BGB, Nr. 1 zu § 399 BGB; vgl. aber Nr. 8 zu § 399 BGB, wonach sich das Abtretungsverbot nicht gegenüber dem Sozialversicherungsträger auswirkt; zum Abtretungsverbot durch Dienstvereinbarung vgl. BAG AP Nr. 1 zu § 75 LPVG Rhl-Pfalz, Nr. 5 zu § 850c ZPO).

5.2.6 Berechnung und Zahlung des Lohnes

573 Bemessungszeitraum für die Lohnberechnung ist bei Angestellten regelmäßig der Monat, bei Arbeitern die Stunde (monatliches Gehalt, Stundenlohn). Lohnzahlungszeitraum (Abrechnungszeitraum) ist vornehmlich der Kalendermonat. Regelmäßig erfolgt die Lohnzahlung zum Monatsende, d.h., der Arbeitnehmer ist vorleistungspflichtig (§§ 614 BGB, 64 HGB). Kollektivvertraglich kann eine andere Fälligkeit vereinbart werden.

Da sich die bargeldlose Lohnzahlung durchgesetzt hat, wandelte sich die Verpflichtung des Arbeitnehmers, den Lohn beim Arbeitgeber abzuholen (Holschuld: § 295 BGB) in eine solche des Arbeitgebers, den Lohn spätestens am Fälligkeitstag dem Arbeitnehmer auf ein zu benennendes Gehaltskonto zur Verfügung zu stellen (Bringschuld: § 270 BGB).

Der Arbeitgeber schuldet dem Arbeitnehmer nur den Nettolohn. Steuerpflichtiger (Steuerschuldner) und Sozialversicherungspflichtiger zur Renten-, Kranken- und Arbeitslosenversicherung ist zwar der Arbeitnehmer, Abführungspflichtiger ist jedoch der Arbeitgeber. Der Arbeitnehmer hat dem Arbeitgeber deshalb die Lohnsteuerkarte und die Versicherungspapiere (Versicherungsnachweisheft) auszuhändigen. Übergibt der Arbeitnehmer die Lohnsteuerkarte verspätet, ist der Arbeitgeber berechtigt, die Steuer nach der für den Arbeitnehmer ungünstigen Steuerklasse abzuführen. Der Arbeitnehmer ist dann wegen seiner Ansprüche infolge zuviel entrichteter Steuern (Lohnsteuer, Kirchensteuer) an das Finanzamt verwiesen (Jahresausgleich oder Einkommensteuererklärung). Im übrigen ist der Arbeitgeber aufgrund der ihm obliegenden Fürsorgepflicht zur richtigen Berechnung und Abführung der Steuern (vgl. BAG AP Nr. 1, 8 zu § 670 BGB), zur Anmeldung des Arbeitnehmers zur Sozialversicherung, zur Einbehaltung und Abführung der Beiträge (einschl. des Arbeitgeberanteils), zur Erstattung bestimmter Anzeigen und zur Ausstellung bestimmter Bescheinigungen an und für den Sozialversicherungsträger, die Krankenkassen oder das Arbeitsamt verpflichtet (BAG AP Nr. 56 zu § 611 BGB Fürsorgepflicht). Die Verletzung dieser Pflichten macht den Arbeitgeber erstattungspflichtig (vgl. BAG AP Nr. 1 zu §§ 394, 395 RVO) bzw. schadensersatzpflichtig (vgl. BAG AP Nr. 8 zu § 670 BGB, Nr. 41 zu § 256 ZPO).

Der Arbeitgeber ist zur Lohnrückforderung aus den Gründen einer ungerechtfertigten Bereicherung (§ 812 BGB) berechtigt, wenn er irrtümlich zuviel Lohn gezahlt hat (vgl. aber § 814 BGB). Der Arbeitnehmer vermag sich jedoch regelmäßig auf den Wegfall der Bereicherung zu berufen (§ 818 Abs. 3 BGB). Dies gilt nicht, wenn ihm die Überzahlung bekannt war (§ 819 Abs. 1 BGB; vgl. auch BAG AP Nr. 15 zu § 394 BGB) oder wenn die Auszahlung unter Vorbehalt erfolgt ist.

5. Pflichten des Arbeitgebers

Lohnansprüche können – meist im nachhinein – entfallen. Im allgemeinen erlischt zwar nach § 362 BGB ein Schuldverhältnis erst durch Bewirkung der geschuldeten Leistung (bei Dauerschuldverhältnissen durch sukzessive Erfüllung), jedoch kann auf Forderungen auch einseitig oder gegenseitig (Erlaßvertrag) verzichtet werden. Es kann ein sogenanntes negatives Schuldanerkenntnis (§ 397 Abs. 2 BGB) abgegeben oder ein Vergleich (§ 779 BGB) geschlossen werden. Schließlich können Ansprüche durch Verwirkung untergehen (§ 242 BGB) und unterliegen der Verjährung (§§ 194 ff. BGB). Das gilt ebenso für Ansprüche aus dem Arbeitsverhältnis, wenn auch mit Besonderheiten:

Ein Verzicht ist ausgeschlossen, wenn die Ansprüche unabdingbar sind (vgl. §§ 13 Abs. 1 Satz 3, 7 Abs. 4, 11 BUrlG, § 4 Abs. 4 Satz 1 TVG).

Die Verwirkung ist ausgeschlossen für tarifvertragliche Rechte (§ 4 Abs. 4 Satz 2 TVG). Es können aber tarifvertraglich Ausschlußfristen vereinbart werden, innerhalb der die Ansprüche geltend zu machen sind (vgl. § 70 BAT, beachte: Schriftform; siehe auch §§ 72 MTBII und MTLII: Schriftform nicht vorgesehen), wenn sie nicht erlöschen sollen (BAG AP Nr. 3 zu § 390 BGB, BGH AP Nr. 5 zu § 390 BGB, BAG AP Nr. 33, 55 zu § 4 TVG Ausschlußfristen). Bestehende tarifliche Ausschlußfristen sind von Amts wegen zu beachten.

Schließlich unterliegen Lohnansprüche gem. § 195 BGB der dreijährigen Verjährung (andere Ansprüche aus dem Arbeitsverhältnis verjähren nach § 197 Abs. 1 BGB in 30 Jahren: z.B. auch Zeugniserteilungsanspruch, der regelmäßig aber verwirkt sein dürfte). Zu beachten ist, daß die Verjährung nicht von Amts wegen berücksichtigt wird, sondern daß der Schuldner die erforderliche Einrede erheben muß.

5.2.7 Vergütung für Arbeitnehmererfindungen

Nicht um eigentliches Arbeitsentgelt im beschriebenen Sinne handelt es **574** sich bei der Arbeitnehmererfindungsvergütung. Rechtsgrundlage sind die Richtlinien für die Vergütung von Arbeitnehmererfindungen im privaten Dienst vom 20.7.1959 (Beilage zum Bundesanzeiger 1959 Nr. 156), die nach den Richtlinien für die Vergütung von Arbeitnehmererfindungen im öffentlichen Dienst vom 1.12.1960 (Bundesanzeiger 1960 Nr. 237, 7) auf diesen entsprechend anwendbar sind. Danach ist allgemein nach der Feststellung des Erfindungswertes unter Einbeziehung des Anteilsfaktors des Arbeitnehmers die Vergütung rechnerisch zu ermitteln und zu zahlen.

Das setzt jedoch voraus, daß der Arbeitnehmer nach dem Gesetz über Arbeitnehmererfindungen (s.a. Durchführungsverordnungen) schützenswerte Erfindungen oder technische Verbesserungsvorschläge erbracht hat (§§ 1 bis 3 ANErfG). Dabei ist zwischen Diensterfindungen (gebundene Erfindungen) und freien Erfindungen (dazu BAG AP Nr. 1 zu § 5 ANErfG, Nr. 1 zu § 43 ANErfG) zu unterscheiden (§ 4 ANErfG). Diensterfindungen unterliegen der Meldepflicht durch den Arbeitnehmer an den

Arbeitgeber (§ 5 ANErfG) und der beiderseitigen Geheimhaltungspflicht (24 ANErfG). Der Arbeitgeber hat das Wahlrecht, die Erfindung unbeschränkt oder beschränkt in Anspruch zu nehmen oder freizugeben (§§ 6, 7, 8 ANErfG) und die Pflicht, den Arbeitnehmer alsbald über seine Entscheidung schriftlich zu bescheiden (§ 6 Abs. 2 ANErfG). Bei unbeschränkter Inanspruchnahme gehen alle Rechte auf den Arbeitgeber über (§ 7 Abs. 1 ANErfG) bei beschränkter Inanspruchnahme erwirbt er ein nichtausschießliches (sogenanntes einfaches) Benutzungsrecht. Der Arbeitnehmer hat das Recht, in der Patentschrift als Erfinder genannt zu werden (§ 36 BPatG: Erfinderehre) und eine angemessene Vergütung zu verlangen (§ 9 ANErfG); für das einfache Benutzungsrecht: § 10 ANErfG). Über eine freigewordene Diensterfindung kann der Arbeitnehmer verfügen (§ 8 ANErfG). Im vorhinein freie Erfindungen (§ 4 Abs. 3 ANErfG), stehen dem Arbeitnehmer zu, jedoch besteht auch dann eine Mitteilungspflicht (§ 18 ANErfG) und die Anbietungspflicht betr. des Erwerbs eines einfachen Benutzungsrechts durch den Arbeitgeber, wenn die Erfindung im Zeitpunkt des Angebots in den vorhandenen oder vorbereiteten Arbeitsbereich des Betriebs oder des Arbeitgebers fällt (§ 19 ANErfG). Bei technischen Verbesserungsvorschlägen hat der Arbeitnehmer den Anspruch auf eine angemessene Verwertungsvergütung (§ 20 ANErfG und dazu BAG AP Nr. 1, 2 zu § 20 ANErfG).

Nichttechnische Neuerungsvorschläge sind gesetzlich nicht geregelt. Sie werden im allgemeinen zusammen mit den technischen Verbesserungsvorschlägen im Rahmen des betrieblichen Vorschlagswesens durch Betriebsvereinbarung behandelt (§ 87 Abs. 1 Ziff. 12 BetrVG). Dabei bedient man sich häufig wegen der Honorierung der analogen Anwendung der Vergütungsrichtlinien für technische Neuerungsvorschläge.

Literatur: Gaul, Die Arbeitnehmer-Erfindung, 2. Aufl., 1990, Volmer/Gaul, Arbeitnehmererfindergesetz (Komm.), 2. Aufl., 1983.

5.3 Fürsorgepflicht

5.3.1 Wesen und Umfang der Fürsorgepflicht

575 Bei der Fürsorgepflicht handelt es sich wie bei der Treuepflicht um personenrechtliches Element des Arbeitsverhältnisses. Fürsorge ist die Treue, die der Arbeitgeber dem Arbeitnehmer schuldet. Die Fürsorgepflicht enthält ein Bündel an Schutz- und Förderungspflichten des Arbeitgebers, die nicht neben, sondern zusätzlich und gleichrangig zur Lohnzahlungspflicht geschuldet werden.

Die Fürsorgepflicht verpflichtet den Arbeitgeber allgemein, bei den von ihm zu treffenden Entscheidungen seine Interessen und die der Arbeitnehmer gegenseitig abzuwägen. Es ist also von Interessenwahrungspflichten zu sprechen, wenn man unzeitgemäß überkommene Begriffsinhalte in Zusammenhang mit der Darstellung des Arbeitsverhältnisses als ein personenrechtliches Gemeinschaftsverhältnis vermeiden will, an

5. Pflichten des Arbeitgebers

dem der Treue- und Fürsorgegedanke sich ausrichtet. Die Interessenwahrungspflichten stellen sich als Handlungs- und Unterlassungspflichten dar. Dem Umfang nach bestimmt sich die Fürsorgepflicht nach dem Grundsatz von Treu und Glauben (§ 242) und ist einzelgesetzlich in den §§ 617, 618, 619 BGB, 62 HGB, sowie zusätzlich in einer Reihe von Sondergesetzen des Arbeitsschutzrechtes festgelegt, die großteils Schutzpflichten öffentlich-rechtlichen Charakters beinhalten (Arbeitszeitschutz, Betriebsschutz, Arbeitsplatzschutz, Jugendarbeitsschutz, Frauen- und Schwerbehindertenschutz). Im einzelnen erstrecken sich die Fürsorgemaßnahmen des Arbeitgebers auf die Einhaltung von Schutz- und Obhutspflichten, Mitteilungs- und Erkundigungspflichten, Anzeige- und Auskunftspflichten. Im Falle der Pflichtverletzung durch den Arbeitgeber hat der Arbeitnehmer einen Erfüllungsanspruch sowie einen sich als Zurückbehaltungsrecht (§ 273 BGB) darstellenden Anspruch auf Arbeitsverweigerung. Er kann weiterhin Schadensersatzansprüche aus dem Gedanken einer positiven Forderungsverletzung (§§ 280, 286 BGB, § 278 BGB) oder gegebenenfalls aus unerlaubter Handlung (§§ 823 ff., insbesondere 842 bis 846 i.V. mit § 618 Abs. 3 BGB; vgl. BAG AP Nr. 9 zu § 611 BGB, öffentlicher Dienst: kein Schmerzensgeldanspruch nach § 847 BGB) geltend machen.

Literatur: Schimana, Tarifmacht und Fürsorgepflicht, 1965. Schwerdtner, Fürsorgetheorie und Entgelttheorie im Recht der Arbeitsbedingungen, 1980.

5.3.2 Personenfürsorge

Der Arbeitgeber hat Person und Persönlichkeit des Arbeitnehmers zu achten und zu schützen (z.B. **Personaldatenschutz**), soweit dies nach dem Inhalt des Arbeitsverhältnisses gerechtfertigt ist (Interessenabwägung). Was den Personenschutz betrifft, ist durch § 619 BGB unabdingbar festgelegt, daß der Arbeitgeber die Arbeitsstätte einschließlich ihrer Ausstattung mit Arbeitsmaterialien und Gerätschaften so einzurichten hat, daß der Arbeitnehmer gegen Gefahren für Leben und Gesundheit soweit geschützt ist, als die Natur des Arbeitsverhältnisses es gestattet (§§ 618 BGB, 62 HGB). Im Rahmen dieser Pflicht hat der Arbeitgeber zur Wahrung des Persönlichkeitsschutzes des Arbeitnehmers (auch die Beschäftigungspflicht ist aus dem Persönlichkeitsschutz abzuleiten: Art. 1, 2, GG) Einrichtungen zu treffen und zu unterhalten, die der Sicherung der Aufrechterhaltung der guten Sitten und des Anstandes dienen (vgl. § 120 b und c GewO). Erforderlichenfalls ist **Schutz- und/oder Dienstkleidung** (BAG AP Nr. 1 bis 3 zu § 611 BGB Gefährdungshaftung des Arbeitgebers) zur Verfügung zu stellen (für den öffentlichen Dienst siehe §§ 66, 67 BAT, §§ 70, 71 MTBII und MTLII). Besondere Gruppen von Arbeitnehmern sind zusätzlich gesondert geschützt (vgl. §§ 2, 3, 4 MuSchG, §§ 22 ff., 28 f. JugArbSchG, § 11 Abs. 3 SchwBG). Der **Gesundheitsschutz** ist zudem öffentlich-rechtlich festgelegt z.B. durch die Arbeitsstättenverordnung, durch StrahlenschutzVO, die ArbeitsstoffVO und das Gesetz über Betriebsärzte, Sicherheitsingenieure und andere Fachkräfte für Arbeitssicherheit.

576

4. Abschnitt: Individualarbeitsrecht

Bei Arbeitsunfällen, die durch den Arbeitgeber als Unternehmer bei Verstößen gegen Personenschutzpflichten oder durch Arbeitskollegen im Betrieb verursacht worden sind, tritt eine Schadenersatzpflicht nur dann ein, wenn der Unfall vorsätzlich herbeigeführt oder bei der Teilnahme am allgemeinen Verkehr eingetreten ist. Im allgemeinen wird die zuständige **Berufsgenossenschaft** als Träger der Unfallversicherung auch für fahrlässiges Verhalten eintreten müssen; aber ohne Schmerzensgeldanspruch nach § 847 BGB, dazu BAG AP Nr. 1, 4 zu § 636 RVO. Wegen der versicherungsrechtlichen Unausgewogenheiten (Haftung des Arbeitgebers nur für Vorsatz, Haftungserleichterungsmöglichkeiten bei Teilnahme am allgemeinen Verkehr) vor allem für den Wegeunfall (dazu insbesondere BSG AP Nr. 1 bis 38 zu § 543 RVO) ist bei der Verabredung zu sog. Fahrgemeinschaften die notwendige Sorgfalt geboten.

Literatur: Borrmann, Jugendarbeitsschutzrecht, 2. Aufl., 1985. Buchner/Becker, Mutterschutzgesetz (Komm.), 6. Aufl., 1998. Molitor/Vollmer/Germelmann, Jugendarbeitsschutzgesetz (Komm.), 3. Aufl., 1986. Niels, Die Novelle zum Schwerbehindertengesetz, DB 1986, 1673. Neumann/Pahlen, Schwerbehindertengesetz (Komm.), 9. Aufl., 1998. Zmarzlik, Jugendarbeitsschutzgesetz (Komm.), 3. Aufl., 1985. Zmarzlik/Zipperer/Viethen, Mutterschutzgesetz, Mutterschaftshilfe, Erziehungsgeld, Erziehungsurlaub, 5. Aufl., 1986.

5.3.3 Sachfürsorge

577 Eine Obhutspflicht im Rahmen einer allgemeinen **Verwahrungspflicht** besteht für den Arbeitgeber im Hinblick auf die vom Arbeitnehmer berechtigterweise in den Betrieb mitgebrachten (eingebrachten) Gegenstände. Selbst ohne ausdrückliche oder stillschweigende Vereinbarung hat der Arbeitgeber die Pflicht, Sicherungsmaßnahmen für solche Sachen zu treffen, die der Arbeitnehmer notwendigerweise (z.B. Kleidung) oder üblicherweise (z.B. Uhren, auch teilweise Arbeitsgerät, Fahrräder) mitbringt (vgl. BAG AP Nr. 75 zu § 611 BGB Fürsorgepflicht). Voraussetzung ist jedoch, daß der Arbeitgeber entweder Kenntnis von der Einbringung hat und ihm die Aufbürdung einer solchen Sorgfaltspflicht auch zumutbar ist. Letzteres kann wieder von äußeren (Raumfragen) oder betrieblichen Umständen (Kosten-, Bedürftigkeitsfrage) abhängen (vgl. BAG AP Nr. 26 zu § 611 BGB Fürsorgepflicht).

Vom Arbeitgeber ist zumindest zu erwarten, daß er verschließbare Schränke oder beispielsweise Abstellmöglichkeiten (LAG Hamm, DB 1990, 1467) für vom Arbeitnehmer selbst zu sichernde Fahrräder oder Krafträder zur Verfügung stellt. Dagegen ist der Arbeitgeber regelmäßig nicht verpflichtet, **Parkplätze** für Personenkraftwagen einzurichten (BAG AP Nr. 1 zu § 611 BGB Parkplatz). Wird aber ein Parkplatz bereitgestellt, trifft den Arbeitgeber die Verkehrssicherungspflicht (BAG AP Nr. 58 zu § 611 BGB Fürsorgepflicht). Eine Versicherungspflicht ist nicht eingeschlossen, da der Arbeitnehmer selbst durch entsprechende Maßnahmen dafür zu sorgen hat, daß möglichst ein Sachschaden vermieden wird. Der Arbeitgeber muß den Arbeitnehmer nicht von allen Schäden freistellen, insbesondere dann nicht, wenn sie bei der Teilnahme am allgemeinen Straßenverkehr eintreten können (BAG AP Nr. 4 zu § 611 BGB Parkplatz).

5. Pflichten des Arbeitgebers

Der Arbeitgeber haftet selbst dann nicht, wenn er den Arbeitnehmer gegen Erstattung eines Unkostenbeitrages einen Parkplatz zur Verfügung stellt. Was die Versicherungspflicht beim Befahren des Betriebsgeländes betrifft, kann der Arbeitgeber auf die Geltung der Vorschriften der Straßenverkehrsordnung verweisen. Ein genereller Haftungsausschluß (z.B. Befahren des Betriebsgeländes auf eigene Gefahr) ist bei Einrichtung einer Parkmöglichkeit ausgeschlossen. Mitwirkendes Verschulden des Arbeitnehmers (§ 254 BGB) wird in aller Regel zu prüfen sein.

Für sogenannte Sonderschäden, d.h. in den Fällen, in denen der Arbeitnehmer anläßlich einer gefahrvollen Arbeit einen nicht vorhersehbaren Sachschaden erleidet, haftet der Arbeitgeber nach den Grundsätzen der Gefährdungshaftung auch ohne Verschulden (BAG AP Nr. 2 zu § 611 BGB Gefährdungshaftung des Arbeitgebers).

Sachen, die nicht im Eigentum des Arbeitnehmers stehen, sind ebenfalls geschützt, wenn sie nur berechtigterweise mitgebracht (z.B. Kraftfahrzeug der Ehefrau) werden. Es ist deshalb nicht zutreffend, allgemein von der Haftung des Arbeitgebers für eingebrachtes Arbeitnehmereigentum zu sprechen.

Bei schuldhaftem Verstoß gegen die Obhutspflicht haftet der Arbeitgeber auf Schadensersatz nach den Grundsätzen einer positiven Forderungsverletzung (§§ 280, 286 BGB analog, 278 BGB) bzw. bei Verletzung der allgemeinen Verkehrssicherungspflicht aus unerlaubter Handlung (§ 823 Abs. 1 und 2 BGB).

Literatur: Monjau, Die Sorgepflicht des Arbeitgebers für das Eigentum des Arbeitnehmers, DB 1972, 1435.

5.3.4 Gleichbehandlungspflicht

Die Fürsorgepflicht gebietet dem Arbeitgeber, sich jeder willkürlichen und sachfremden Maßnahme zu enthalten, die zu einer unterschiedlichen Behandlung und mithin zu einer Diskriminierung des Arbeitnehmers führt. Die Gleichbehandlungspflicht wird allgemein aus dem Gleichheitsgrundsatz des Art. 3 GG abgeleitet. Sie ist als gemeinsame Überwachungspflicht in § 75 BetrVG für Arbeitgeber und Betriebsrat besonders ausgestaltet (vgl. auch § 67 Abs. 1 BPersVG, § 62 LPersVG NW). Damit kann aber nur gemeint sein, daß vom Arbeitgeber unter gleichen Voraussetzungen gleiche Entscheidungen zu treffen sind. Ungleiche Maßnahmen sind nicht pflichtwidrig, wenn gleiche Voraussetzungen eben nicht vorliegen. Das gilt bei der Regelung eines individuellen Einzelfalles ebenso wie bei Maßnahmen, die sich kollektiv für eine Mehrzahl von Arbeitnehmern auswirken können. Es ist nur die willkürliche Schlechterstellung, nicht aber eine Besserstellung verboten. Wird eine Mehrzahl von Arbeitnehmern besser behandelt, kann umgekehrt eine ungerechtfertigte Schlechterbehandlung Einzelner vorliegen. 578

Der Abschluß von unterschiedlich ausgestalteten Arbeitsverträgen ist grundsätzlich kein Verstoß gegen das Gleichbehandlungsgebot und damit zulässig (vgl. BAG AP Nr. 31, 34, 37, 38 zu § 242 BGB Gleichbehandlung), auch was unterschiedliche Regelungen über das Arbeitsentgelt betrifft. Die Gleichbehandlungspflicht führt nicht zur allgemeinen Lohngleichheit (BAG AP Nr. 4, 5, 31, 32, 40, 42 zu § 242 BGB Gleichbehandlung). Aus Gründen der Administrationsvereinfachung (dazu insbesondere BAG AP Nr. 32 zu § 242 BGB Gleichbehandlung) und wegen eines möglicherweise gefährdeten Betriebsklimas wird praktisch einer einheitlichen betrieblichen Lohnpolitik das Wort zu reden sein, wenn dazu der Arbeitgeber nicht schon durch Tarifvertrag gezwungen ist. Dennoch dürfen nicht tarifgebundene Arbeitnehmer anders, nicht notwendigerweise schlechter entlohnt werden. Allgemeine tarifliche Lohnerhöhungen sind auch allgemein weiterzugeben. Die Beschränkung oder gar der Ausschluß einzelner Arbeitnehmer an solche Lohnbewegungen bedarf eines sachlich rechtfertigenden Grundes (BAG AP Nr. 15 zu § 242 BGB Gleichbehandlung). Ein solcher liegt vor, wenn beispielsweise der Arbeitgeber im übertariflichen Bereich (dazu BAG AP Nr. 13 zu § 4 TVG) nach dem Absorptionsprinzip die Zulagen vermindern will. Allerdings gebietet dann die Fürsorgepflicht, daß der Arbeitgeber den betroffenen Arbeitnehmern seine Absicht rechtzeitig mitteilt, damit diese sich darauf einrichten können. Die Gleichbehandlung erstreckt sich im Einzelfall ebenfalls – wenn auch eingeschränkt – auf andere vom Arbeitnehmer verlangte Leistungen (z.B. unbequemer Arbeitsbeginn, besondere Arbeitsbereitschaft, jederzeitige Abruffähigkeit). Für solche Fälle ist der Arbeitgeber nicht gehindert, beispielsweise bei Einstellungsverhandlungen die für sich günstigen Vereinbarungen auszuhandeln, da insofern der Gleichbehandlungsgrundsatz den privatautonomen Grundsatz der Vertragsfreiheit nicht ersetzt (BAG AP Nr. 31 zu § 242 BGB Gleichbehandlung). Im übrigen ist die Gleichbehandlungspflicht bedeutsam bei freiwilligen sozialen Leistungen des Arbeitgebers wie bei der Gewährung von Gratifikationen, Tantiemen, Ruhegehaltszusagen oder bei der Ausübung des Weisungsrechts in bezug auf die Durchführung von Torkontrollen, die Anordnung von Rauchverboten oder von Mehrarbeit (über die Gleichbehandlungspflicht von Männern und Frauen bei Einstellungen BAG, NJW 1990, 65 und 67).

Literatur: Marhold/Beckers, Gleichbehandlung im Arbeitsverhältnis, AR-Blattei SD 800.1; Mante, Gleichbehandlung von Arbeitnehmern, 1993 Schaub, § 112.

5.3.5 Erholungsurlaub

579 Erholungsurlaub ist die Freizeitgewährung bei Entgeltfortzahlung zum Zwecke der Wiederherstellung verbrauchter Arbeitskraft. Gesetzliche Grundlagen für das Urlaubsrecht finden sich in den allgemeinen Bestimmungen des Bundesurlaubsgesetzes, in den einen zusätzlichen Urlaub regelnden Bestimmungen der §§ 44 SchwBG, 19 JugArbSchG und in § 4 APISchG (Urlaubskürzungen).

580 Nach dem Bundesurlaubsgesetz gilt zunächst der Grundsatz, daß alle Arbeitnehmer, das sind Arbeiter, Angestellte, die zur Berufsausbildung Beschäftigten und die wegen ihrer wirtschaftlichen Unselbständigkeit als

5. Pflichten des Arbeitgebers

arbeitnehmerähnliche Personen anzusehenden Beschäftigten, in jedem Kalenderjahr Anspruch auf bezahlten Erholungsurlaub haben (§§ 1, 2, 12 BUrlG). Dazu zählen auch Personen, die eine Tätigkeit nicht berufsmäßig ausüben (Werkstudenten), ebenso die nur kurzfristig oder mit verkürzter Arbeitszeit Beschäftigten (Aushilfsarbeitnehmer, Raumpflegerinnen), da auch sie insoweit Arbeitnehmer sind.

Der Urlaubsanspruch ist ein höchstpersönlicher und deshalb unvererblich sowie nicht abtretbar und aufrechenbar, wohl aber pfändbar (vgl. BAG AP Nr. 3, 7 zu § 611 BGB Urlaubsrecht, Nr. 5 zu § 850 ZPO, LAG Bremen AP Nr. 17 zu § 611 BGB Urlaubsrecht). Der Anspruch ist unabdingbar (§ 13 BUrlG), d.h. er darf nicht vertraglich unterschritten werden. Den Arbeitnehmer begünstigende Regelungen einzelvertraglicher oder kollektivvertraglicher Art sowie nach Betriebsübung sind zulässig (Günstigkeitsprinzip).

Der gesetzliche **Mindesturlaub** (tarifliches Urlaubsrecht im öffentlichen Dienst: vgl. §§ 26 TVöD) beträgt 24 Werktage, wobei unter Werktagen alle Kalendertage zu verstehen sind, die nicht Sonntage oder gesetzliche Feiertage sind (§ 3 BUrlG). Zu den Werktagen zählen mithin auch die arbeitsfreien Samstage oder andere innerhalb der Fünf-Tage-Woche gewährte freie Tage (vgl. BAG AP Nr. 2 zu § 611 BGB Urlaub und Fünf-Tage-Woche), wenn nichts anderes vereinbart ist.

Der volle **Jahresurlaub** wird erstmalig nach 6-monatigem Bestehen des Arbeitsverhältnisses erworben (Wartezeit: § 4 BUrlG). Dabei ist es unerheblich, ob tatsächlich gearbeitet worden ist oder beispielsweise wegen Krankheit nicht. Bei längerer Krankheit oder sonstigen Arbeitsunterbrechungen kann die Geltendmachung des Urlaubsanspruchs rechtsmißbräuchlich sein (vgl. BAG AP Nr. 82, 87, 88, 93 zu § 611 BGB Urlaubsrecht, Nr. 2, 4 zu § 3 BUrlG, Nr. 5, 6, 9, 17 zu § 3 BUrlG Rechtsmißbrauch).

Teilurlaub ist nach § 5 BUrlG dergestalt zu gewähren, daß für jeden vollen Monat des Bestehens des Beschäftigungsverhältnisses Anspruch auf $1/12$ des Jahresurlaubs entsteht, wobei Bruchteile von Urlaubstagen auf volle Urlaubstage aufzurunden sind, wenn sie mindestens einen $1/2$ Tag ausmachen. Das gilt sowohl für den Fall, daß der Arbeitnehmer während des Urlaubsjahres den Arbeitgeber wechselt hinsichtlich des Jahresresturlaubs (wenn ihm nicht schon vom früheren Arbeitgeber Urlaub gewährt worden ist; vgl. § 6 BUrlG: Ausschluß von Doppelansprüchen) als auch für den Urlaubsanspruch des laufenden Kalenderjahres. Was in diesem Zusammenhang das Urlaubsentgelt angeht, besteht kein Rückforderungsanspruch, wenn der Arbeitgeber Urlaub über den vorstehenden Umfang hinaus gewährt hat.

Der Fürsorgecharakter des Urlaubsrechts drückt sich besonders in § 7 BUrlG aus, der Fragen der Urlaubszeit, der Übertragbarkeit und der Abgeltung des Urlaubs regelt. So hat der von seinem Weisungsrecht Gebrauch machende Arbeitgeber (BAG AP Nr. 84 zu § 611 BGB Urlaubs-

4. Abschnitt: Individualarbeitsrecht

recht) bei der zeitlichen Festlegung des Urlaubs in erster Linie die **Urlaubswünsche** der Arbeitnehmer zu berücksichtigen. Das gilt nicht uneingeschränkt.

Dringende betriebliche Gründe (unerwartet anfallende Mehrarbeit) oder unter Berücksichtigung sozialer Gesichtspunkte vorrangige Urlaubswünsche anderer Arbeitnehmer (mit schulpflichtigen und deshalb an Schulferien gebundenen Kindern) können dem entgegenstehen. Bei Betrieben mit starken saisonal bedingten Schwankungen kann sich das Bedürfnis nach der Festsetzung eines Werksurlaubs ergeben (mitbestimmungspflichtig nach § 87 Abs. 1 Ziff.5 BetrVG; vgl. auch § 75 Abs. 3 Ziff.3 BPersVG, § 73 Abs. 3 Ziff.4 LPersVG NW). Der gesamte Jahresurlaubsanspruch darf jedoch durch die Anordnung von Werksurlaub nicht verbraucht werden (BAG AP Nr. 5 zu § 611 BGB Urlaubsrecht). Dem Arbeitnehmer ist Gelegenheit zu geben, einen Teil seines Urlaubs selbst zu verplanen.

Im übrigen entspricht es dem **Erholungsgedanken**, daß der Arbeitnehmer während des Urlaubs keine zweckwidrige Erwerbstätigkeit ausübt (§ 8 BUrlG) und daß der Urlaub grundsätzlich zusammenhängend gewährt und genommen werden muß. Bei Teilung des Urlaubs muß ein Urlaubsteil mindestens 12 aufeinanderfolgende Werktage umfassen. Das ist praktisch unproblematisch, da die (kollektiv-) vertraglichen Urlaubsansprüche häufig vier und mehr Wochen betragen.

Eine Übertragung des Urlaubs oder des Resturlaubs auf das nächste Urlaubsjahr ist nur gestattet, wenn dringende betriebliche oder in der Person des Arbeitnehmers liegende Gründe es rechtfertigen (BAG AP Nr. 89 zu § 611 BGB Urlaubsrecht, Nr. 1 bis 3 zu § 7 BUrlG Übertragung, Nr. 1 zu § 7 BUrlG Urlaubsjahr). Die an sich zwingende Regelung des Gesetzgebers, daß dann der Urlaub in den ersten drei Monaten des folgenden Kalenderjahres zu gewähren und zu nehmen ist, wird häufig durchbrochen. Es wird genügen, wenn der Urlaub bzw. Resturlaub vor dem 31.3. des Folgejahres (Verfalltag) angetreten ist. Der Urlaubsanspruch verfällt auch nicht, wenn unvorhergesehene zwingende betriebliche Gründe es erfordern, daß der Urlaub im ersten Jahresdrittel des Folgejahres nicht gewährt werden kann. Das gilt auch, wenn eine entsprechende Vereinbarung zwischen Arbeitgeber und Arbeitnehmer getroffen wird (z.B. Gewährung von Resturlaub während der Osterferien, die mehrheitlich im April liegen). Um gleichsam ein Horten von Resturlaubsansprüchen mit weiteren Übertragungen zu vermeiden (BAG AP Nr. 2, 3 zu § 7 BUrlG Übertragung, LAG Düsseldorf AP Nr. 1 zu § 7 BUrlG Übertragung), wird häufig (z.B. durch Betriebsvereinbarung nach §§ 79 Abs. 2, 87 Abs. 1 Ziff.5 BetrVG) geregelt, daß Urlaubsreste aus dem Vorjahr spätestens zur Jahresmitte verfallen. Der Urlaubsanspruch ist dann auch nicht mehr abzugelten. Eine Abgeltung kommt nur in Betracht, wenn der Urlaub wegen der Beendigung des Arbeitsverhältnisses ganz oder teilweise nicht gewährt werden kann (siehe auch BAG AP Nr. 3 zu § 7 BUrlG). Ein Abkaufen (auch Verkaufen) von Urlaubsansprüchen ist unzulässig. Nur so

5. Pflichten des Arbeitgebers

kann der Arbeitnehmer veranlaßt werden, den ihm zustehenden Urlaub auch zu nehmen.

Bei **Erkrankung** des Arbeitnehmers während des Urlaubs werden die durch ärztliches Zeugnis nachgewiesenen Tage der Arbeitsunfähigkeit auf den Jahresurlaub nicht angerechnet (§ 9 BUrlG). Das gilt auch für Kuren und Schonungszeiten (§ 10 BUrlG), soweit ein Anspruch auf Fortzahlung des Arbeitsentgelts nach den gesetzlichen Vorschriften über die Entgeltfortzahlung im Krankheitsfall besteht. Bei längerer Krankheit kann die Geltendmachung des Urlaubsanspruchs rechtsmißbräuchlich sein (ständige Rechtsprechung: BAG AP Nr. 1, 10 zu § 3 BUrlG Rechtsmißbrauch).

Für die Dauer des Jahresurlaubs hat der Arbeitgeber dem Arbeitnehmer Lohn bzw. Gehalt weiterzuzahlen. Das wird als Urlaubsentgelt bezeichnet (§ 11 BUrlG) und ist nicht zu verwechseln mit dem Urlaubsgeld, das fast regelmäßig zusätzlich tariflich, aufgrund einer Betriebsvereinbarung oder einer Einzelabrede gewährt und das in gewisser Weise als Ausgleich für typischerweise im Urlaub anfallende Mehraufwendungen des Arbeitnehmers gezahlt wird. Das vor Urlaubsantritt auszuzahlende Urlaubsentgelt bemißt sich nach dem durchschnittlichen Arbeitsverdienst des Arbeitnehmers in den letzten 13 Wochen vor Beginn des Urlaubs. Von dem erhöhten Verdienst ist auszugehen, wenn beispielsweise tarifliche Lohn- oder Gehaltserhöhungen während des Berechnungszeitraums oder des Urlaubs eintreten (vgl. auch § 47 Abs. 2 Unterabsatz 5 BAT). Verdienstkürzungen während des Berechnungszeitraums infolge von Kurzarbeit oder Arbeitsausfall bleiben bei der Entgeltberechnung außer Betracht (BAG AP Nr. 15 zu § 11 BUrlG, Nr. 1 zu § 11 BUrlG Teilzeitarbeit). Nicht für die Dauer des Urlaubs gewährte aber zum Arbeitsentgelt zählende Naturalbezüge sind angemessen in bar abzugelten.

Das gesetzliche Urlaubsrecht erfährt durch die nach § 13 BUrlG zulässigen tariflichen Regelungen (tarifliches Vorrangprinzip) häufig eingehende Ausgestaltungen und Verbesserungen (durch Betriebs- bzw. Dienstvereinbarungen wegen des Mitbestimmungsrechts des Betriebsrates nach § 87 Abs. 1 Ziff.5 BetrVG und des Personalrats nach §§ 75 Abs. 3 Ziff.3 BPersVG, 72 Abs. 3 Ziff.4 LPersVG NW für Fälle des Aufstellens allgemeiner Urlaubsgrundsätze und des Urlaubsplanes sowie für die Festsetzung der zeitlichen Lage des Urlaubs). Im Bereich des öffentlichen Dienstes sind für die Angestellten die allgemeinen Urlaubsgrundsätze in § 47 BAT eingehend geregelt (vgl. für die Arbeiter des Bundes §§ 48 Abs. 1 bis 6, 50 bis 54 MTBII; für die Arbeiter der Länder §§ 48 Abs. 1 bis 6, 49 bis 54 a MTLII). Die Dauer des Erholungsurlaubs bemißt sich nach § 26 TVöD. Abweichend vom Bundesurlaubsgesetz und spezifisch sind insbesondere geregelt Fragen der Urlaubsübertragung, der Bemessung des Urlaubsentgelts, der Urlaubsabgeltung (§ 26 Abs. 2 TVöD) und der Gewährung eines Zusatzurlaubes (§ 27 TVöD) und eines Sonderurlaubs (§ 28 TVöD).

581

4. Abschnitt: Individualarbeitsrecht

5.3.6 Sonderurlaub

582 Der Arbeitgeber kann aus dem Gesichtspunkt der Fürsorgepflicht gehalten sein, aus besonderen Anlässen Sonderurlaub zu gewähren, wozu auch die Freizeitgewährung zum Aufsuchen einer neuen Stelle bei Arbeitsplatzwechsel gehört (§ 629 BGB; wegen Entgeltfortzahlung vgl. BAG AP Nr. 1 zu § 629 BGB). Sonderurlaub ist vielfach tarifvertraglich geregelt. Teilweise besteht ein tarifvertraglicher Entgeltzahlungsanspruch (§ 29 TVöD), teilweise nicht (§ 28 TVöD).

Nicht zum Erholungsurlaub gehört, aber aus der Fürsorgepflicht abzuleiten ist der in einzelnen Ländervorschriften geregelte **Bildungsurlaub** (Berlin, Bremen, Hamburg, Hessen, Niedersachsen, Nordrhein-Westfalen). Ansonsten steht Bildungsurlaub gesetzlich nur Mitgliedern des Betriebsrates und des Perosnalrates zu (§ 37 Abs. 2, 6, 7 BetrVG, 46 Abs. 6, 7 BPersVG, 42 Abs. 5 LPersVG NW).

Literatur: Dersch/Neumann, Bundesurlaubsgesetz (Komm.), 8. Aufl., 1997. Stahlhacke/Bachmann/Bleistein, GK zum BUrlG, 5. Aufl., 1992.

5.3.7 Zeugnis und Auskunfterteilung

583 Der Fürsorgepflicht zuzurechnen ist die Verpflichtung des Arbeitgebers, dem Arbeitnehmer anläßlich der Beendigung des Arbeitsverhältnisses auf dessen Verlangen ein Zeugnis auszustellen (§§ 630 BGB, 73 HGB, 8 BBiG; vgl. auch § 35 TVöD). Hierbei ist zu unterscheiden zwischen dem einfachen Zeugnis, aus dem nur Art und Dauer der Beschäftigung hervorgeht, und dem qualifizierten Zeugnis, das sich auf Führung und Leistung erstreckt. Das Fürsorgemoment drückt sich in der Förderung des wirtschaftlichen Fortkommens des Arbeitnehmers aus. Deshalb darf das Zeugnis keine Formulierungen beinhalten, die sich als durchweg den Arbeitnehmer benachteiligend herausstellen, d.h. Führungs- und Leistungsverhalten des Arbeitnehmers im Betrieb sind wohlmeinend zu beurteilen. Das bedeutet nicht, daß der Arbeitgeber sich jeder ungünstigen Beurteilung zu enthalten hat. Die Angaben müssen der Wahrheit entsprechen und Führung und Leistung des Arbeitnehmers charakteristisch widergeben. Bummelei (häufiges Zuspätkommen, permanentes Langsamarbeiten) darf ebenso attestiert werden wie Schwierigkeiten im Umgang mit Arbeitskollegen (Vorgesetzten, Gleichgestellten und Untergebenen) oder Dritten (Kunden). Ausführungen über einmalige Entgleisungen des Arbeitnehmers, die nicht dessen Charakterbild entsprechen, haben in einem Zeugnis nichts zu suchen (BAG AP Nr. 1 zu § 73 HGB, allgemein über Inhalt von Zeugnissen vgl. BAG AP Nr. 11, 12, zu § 630 BGB).

Im übrigen ist der Arbeitgeber im Rahmen der gebotenen Sorgfalt frei, welche Leistungen und Eigenschaften des Arbeitnehmers er mehr hervorheben oder zurücktreten lassen will. Das Zeugnis muß nur wahr sein und dort keine Auslassungen enthalten, wo der Leser eine positive Hervorhebung erwartet (z.B. Ehrlichkeit eines sich bewerbenden Kassierers; sorgfältige, aber doch zügige Fahrweise eines Cheffahrers; vgl. auch BAG AP Nr. 6 zu § 630 BGB). Untersagt ist dem Arbeitgeber, das

5. Pflichten des Arbeitgebers

Zeugnis mit internen Merkmalen zu versehen, die den Zweck haben, den Arbeitnehmer in einer aus dem Wortlaut des Zeugnisses nicht ersichtlichen Weise zu kennzeichnen (so ausdrücklich § 113 Abs. 3 GewO).

Bei unrichtiger Erteilung eines Zeugnisses (verspätetes Ausstellen; falscher, den Arbeitnehmer beungünstigender Inhalt) kann der Arbeitnehmer die Berichtigung, d.h. das Ausstellen eines neuen, richtigen Zeugnisses verlangen. Im Weigerungsfall kann der Arbeitnehmer auf Erteilung des Zeugnisses beim Arbeitsgericht klagen (über die Befugnisse des Arbeitsgerichts vgl. BAG AP Nr. 1 zu § 630 BGB, aber auch AP Nr. 10 zu § 70 BAT). Entsteht dem Arbeitnehmer wegen des falschen Zeugnisses ein Schaden, so kann er diesen vom Arbeitgeber ersetzt verlangen (wegen Verzuges bzw. positiver Forderungsverletzung aus dem Gedanken der nachwirkenden Fürsorgepflicht nach Beendigung des Arbeitsverhältnisses sowie aus unerlaubter Handlung; der Arbeitgeber haftet auch für Erfüllungs- und Verrichtungsgehilfen: BAG AP Nr. 13 zu § 630 BGB, Nr. 10, 16 zu § 826 BGB). Die Darlegungs- und Beweislast, daß die Nichterteilung, verspätete oder unrichtige Erteilung des Zeugnisses einen Schaden verursacht hat, liegt beim Arbeitnehmer (BAG AP Nr. 6 zu § 630 BGB).

Der Arbeitgeber kann sich auch dem neuen Arbeitgeber gegenüber schadensersatzpflichtig machen, wenn er den Arbeitnehmer zu gut beurteilt und damit vorsätzlich (bedingter Vorsatz genügt) und sittenwidrig einen Schaden herbeiführen will oder damit rechnen muß, daß ein Schaden entsteht (§ 826 BGB). So hat der Arbeitgeber beispielsweise darauf hinzuweisen, daß der ausscheidende Arbeitnehmer im Betrieb strafbare Handlungen begangen hat. Unterläßt er dies, so ist er dem neuen Arbeitgeber gegenüber zum Schadensersatz verpflichtet, wenn der Arbeitnehmer bei diesem wieder straffällig wird (vgl. BAG AP Nr. 1 zu § 630 BGB).

Der Arbeitnehmer hat auch Anspruch auf Erteilung eines vorläufigen Zeugnisses (**Zwischenzeugnis**). Der Anspruch entsteht nicht nur bei bevorstehender oder schon erfolgter Kündigung oder bei Abschluß eines Aufhebungsvertrages, sondern auch bei einem Wechsel im Betrieb, z.B. in der betreffenden Betriebsabteilung oder bei Versetzung des Arbeitnehmers in eine andere Abteilung oder in ein anderes Konzernunternehmen; im Bereich des öffentlichen Dienstes bei der Versetzung von einer Behörde bzw. Dienststelle zu einer anderen oder bei einer Abordnung u.ä.

Aufgrund der nachwirkenden Fürsorgepflicht ist der Arbeitgeber im Interesse des ausscheidenden oder ausgeschiedenen Arbeitnehmers gehalten, den Personen oder Firmen, mit denen der Arbeitnehmer über die Eingehung eines neuen Arbeitsverhältnisses verhandelt, auf Verlangen des Arbeitnehmers Auskunft zu erteilen. Über den Inhalt der Auskunft gelten dieselben Grundsätze wie bei der Zeugniserteilung (vgl. BAG AP Nr. 1 zu § 630 BGB, Nr. 1 zu Art. 35 GG).

Literatur: Schleßmann, Das Arbeitszeugnis, 17. Aufl., 2004. Für den öffentl. Dienst vgl. insb.: Berger-Delney/Lütke, Dienstl. Beurteilung von Beamten, ZTR 95, 500; Bruse, Grenzen des Beurteilungsrechts für Angestellte und Arbeiter des öffentl. Dienstes, ZTR 87,6.

4. Abschnitt: Individualarbeitsrecht

6. Beendigung und Änderung des Inhalts von Arbeitsverhältnissen

6.1 Allgemeines

584 Die Beendigung von Arbeitsverhältnissen erfolgt bei befristeten Arbeitsverhältnissen dadurch, daß die Zeit, für die ein Arbeitsverhältnis abgeschlossen worden ist, abgelaufen ist. Bei bedingten Arbeitsverhältnissen endet das Arbeitsverhältnis mit Eintritt der Bedingung. Symptomatisch für diese beiden Beendigungstatbestände ist, daß es keiner weiteren Handlungen weder des Arbeitgebers noch des Arbeitnehmers bedarf, um das Arbeitsverhältnis endgültig zu beenden.

Liegen solche Arbeitsverhältnisse nicht vor, so kann ein Arbeitsverhältnis nur dadurch beendet werden, daß eine Kündigung ausgesprochen oder ein Aufhebungs- oder Abwicklungsvertrag abgeschlossen wird.

Soweit Änderungen des Arbeitsvertragsinhaltes angestrebt werden, kommt eine Änderungskündigung in Betracht.

6.2 Kündigungsarten

585 Hinsichtlich der in einem Arbeitsverhältnis möglichen Kündigungen unterscheidet man zunächst zwischen der ordentlichen Kündigung, die an die Einhaltung bestimmter Fristen gebunden ist und der außerordentlichen, fristlosen Kündigung.

Neben diesen beiden Grundkündigungsarten gibt es weitere spezifische Kündigungsarten, die je nach den Verhältnissen im Einzelfall ausgesprochen werden können.

So gibt es insbesondere auch die Änderungskündigung, Teilkündigung, die bedingte bzw. vorsorgliche Kündigung, die Verdachtskündigung und die sog. Druckkündigung.

6.2.1 Ordentliche Kündigung

586 Die ordentliche oder auch fristgemäße Kündigung beendet das auf unbestimmte Zeit eingegangene Arbeitsverhältnis durch einseitige empfangsbedürftige Willenserklärung. Arbeitgeber wie Arbeitnehmer sind an die Einhaltung der Kündigungsfristen gebunden. Während der Arbeitnehmer für die Kündigung keines Grundes bedarf, bedarf die Kündigung durch den Arbeitgeber nach 6-monatigem Bestand des Arbeitsverhältnisses einer besonderen Rechtfertigung nach § 1 Abs. 2 KSchG.

Bei befristeten Arbeitsverhältnissen, die nach SR 2 y BAT bzw. § 30 TVöD abgeschlossen worden sind, ist eine ordentliche Kündigung unter den oben genannten Voraussetzungen möglich. Sind Arbeitgeber oder Arbeitnehmer jedoch nicht tarifgebunden und haben sie eine Befristung außerhalb der SR 2 y/des TVöD vereinbart, ist eine ordentliche Kündigung des befristeten Arbeitsverhältnisses regelmäßig ausgeschlossen, es sei denn, daß eine ordentliche Kündigung im Vertrag ausdrücklich vorgesehen ist.

6.2.2 Außerordentliche Kündigung

Mit der außerordentlichen oder fristlosen Kündigung gem. § 626 BGB kann ein Arbeitsverhältnis beendet werden, selbst wenn eine ordentliche Kündigung ausgeschlossen ist. Bei **Berufsausbildungsverhältnis**sen ist dies nach Ablauf der Probezeit, bei Mitgliedern der Personalvertretung bzw. des Betriebsrates sowie häufig bei befristeten Arbeitsverhältnissen der Fall. Des weiteren kann einem nach § 34 Abs. 2 TVöD ordentlich unkündbaren Beschäftigten nur noch außerordentlich gekündigt werden. 587

Voraussetzung ist in jedem Fall das Vorliegen eines wichtigen Grundes. Dieser muß der Gestalt sein, daß unter Berücksichtigung aller Umstände des Einzelfalles und unter Abwägung der Interessen beider Vertragsteile die fristgemäße Beendigung des Arbeitsverhältnisses nicht abgewartet werden kann bzw. dem Arbeitgeber unzumutbar ist. Die außerordentliche Kündigung beendet im Regelfall das Arbeitsverhältnis sofort. Es ist aber zulässig, eine Auslauffrist zu vereinbaren, die der an sich geltenden Kündigungsfrist entsprechen kann.

6.2.3 Änderungskündigung

Die Änderungskündigung zielt auf eine Änderung der Arbeitsbedingungen wie z.B. der Vergütung, der Tätigkeit oder des Einsatzortes ab, die durch Ausübung des Direktionsrechts oder mangels Zustimmung des Arbeitnehmers zu einer einvernehmlichen Vertragsänderung nicht erreicht werden kann. 588

Die Änderungskündigung besteht im Grunde genommen aus zwei Bestandteilen. Sie ist eine Beendigungskündigung verbunden mit dem Angebot, daß Arbeitsverhältnis unter geänderten Bedingungen fortzusetzen[120]. Die Änderungskündigung ist eine echte Kündigung und unterliegt allen für eine Kündigung geltenden Grundsätzen. Sie kann als ordentliche oder als außerordentliche Kündigung ausgesprochen werden.

Nimmt der Arbeitnehmer die Kündigung an, wird das Arbeitsverhältnis zu den geänderten Bedingungen ab dem im Änderungsangebot angeführten Zeitpunkt fortgeführt.

Lehnt der Arbeitnehmer das Angebot ab, endet das Arbeitsverhältnis mit Ablauf der Kündigungsfrist. Erhebt der Arbeitnehmer Kündigungsschutzklage und unterliegt im Prozeß, verliert er den Arbeitsplatz. Nach § 2 KSchG hat der Arbeitnehmer aber auch die Möglichkeit, die Änderungskündigung unter Vorbehalt anzunehmen und die Zulässigkeit der Ände-

---

120   Vgl. § 2 KSchG.

rungskündigung gerichtlich durch Änderungsschutzklage überprüfen zu lassen.

6.2.4 Teilkündigung

589 Eine Teilkündigung bezweckt die Aufhebung einzelner Vertragsabreden. Sie ist indes grundsätzlich unzulässig, es sei denn, daß im Arbeitsvertrag oder im einschlägigen Tarifvertrag die Kündigung einzelner Vertragsbestimmungen ausdrücklich vorgesehen ist.

6.2.5 Bedingte Kündigung

590 Eine Kündigung unter Bedingungen ist grundsätzlich unwirksam. So wäre z.B. unzulässig zu kündigen unter der Bedingung, daß keine weiteren Aufträge eingehen.

Etwas anderes gilt indes dann, wenn der Eintritt der Bedingung allein vom Willen des Kündigungsempfängers abhängt. So wäre z.B. eine Kündigung zulässig, die unter der Bedingung ausgesprochen wird, daß der Arbeitnehmer am nächsten Tag wieder zur Arbeit erscheint.

Hiervon zu unterscheiden ist die vorsorgliche Kündigung. Bei einer vorsorglichen Kündigung behält sich der Kündigende vor, eine Kündigung später wieder zurückzunehmen.

Ebenso zulässig ist der Ausspruch einer außerordentlichen Kündigung und einer vorsorglichen ordentlichen Kündigung. Denn hier hängt die Kündigung nicht von einem zukünftigen tatsächlichen ungewissen Ereignis ab. Vielmehr handelt es sich um eine sog. Rechtsbedingung, nämlich der Rechtsfrage, ob die außerordentliche Kündigung bei einer gerichtlichen Überprüfung bestand haben wird.

6.2.6 Verdachtskündigung

591 Von einer Verdachtskündigung wird dann gesprochen, wenn gegen einen Arbeitnehmer ein dringender **Verdacht** einer **Straftat** oder einer **schweren** arbeitsrechtlichen **Pflichtverletzung** besteht. In diesen Fällen kann bereits der Verdacht eine Kündigung rechtfertigen, wenn es gerade dieser ist, der das zur Fortsetzung des Arbeitsverhältnisses notwendige Vertrauen des Arbeitgebers in die Redlichkeit des Arbeitnehmers zerstört zu einer unerträglichen Belastung des Arbeitsverhältnisses geführt hat. Eine solche Kündigung kann im öffentlichen Dienst insbesondere dann geboten sein, wenn es um den Vorwurf der Bestechlichkeit geht.

6.2.7 Druckkündigung

592 Von einer sog. Druckkündigung spricht man, wenn von dritter Seite, also z.B. von der Belegschaft, einem Kunden, dem Betriebs- oder Personalrat nachdrücklich unter Androhung von gravierenden Nachteilen die Entlassung eines Arbeitnehmers gefordert wird. Für den Ausspruch einer solchen Kündigung genügt es allerdings nicht, wenn lediglich Beschwerden

über einen bestimmten Arbeitnehmer oder eine bestimmte Arbeitnehmerin an den Arbeitgeber herangetragen werden. Die Situation muß sich vielmehr so darstellen, daß ohne den Ausspruch der Kündigung andere Mitarbeiter ernsthaft die Beendigung des Arbeitsverhältnisses erwägen oder sonstige schwere Nachteile für den Betrieb oder die Verwaltung drohen.

6.3 Kündigungserklärung

Die Kündigung bedarf nach § 623 BGB zur ihrer Wirksamkeit der Schriftform. **Schriftform** bedeutet nach § 126 BGB, daß die Kündigung von dem Aussteller eigenhändig durch Namensunterschrift oder mit notariell beglaubigtem Handzeichen unterzeichnet worden ist. Die elektronische Form ist dabei gem. § 623 BGB ausgeschlossen.   593

§ 623 BGB erfaßt die arbeitgeberseitige und auch die arbeitnehmerseitige, die ordentliche wie auch die außerordentliche Kündigung. Dem Formerfordernis des § 623 BGB unterliegt auch die Änderungskündigung. Diese ist nämlich eine Beendigungskündigung, verbunden mit einem Angebot auf Fortsetzung des Arbeitsverhältnisses zu geänderten Bedingungen.

Die Kündigungserklärung muß den Beendigungswillen eindeutig und zweifelsfrei zum Ausdruck bringen. Dabei ist es allerdings nicht zwingend geboten das Wort „Kündigung" zu verwenden, indessen dringend zu empfehlen, um jegliches Mißverständnis zu vermeiden.

Der Kündigende muß auch deutlich machen, ob das Arbeitsverhältnis ordentlich oder außerordentlich aufgelöst werden soll. Dies kann z.B. mit den Worten „fristgerecht zum ..." oder „fristlos" klargestellt werden.

Die Kündigung darf grundsätzlich an jedem Ort und zu jeder Zeit erfolgen, auch während einer Erkrankung, an einem Samstag, Sonntag oder gar einem Feiertag. Unwirksam ist lediglich eine Kündigung zur **Unzeit**, wenn der Kündigungsempfänger die Kündigung unverzüglich zurückweist.

Wenn der Abschluß des Arbeitsvertrages und Arbeitsantritt auseinanderfallen, ist auch eine Kündigung vor dem Arbeitsantritt zulässig.

Obwohl die Kündigung eine höchstpersönliche Erklärung ist, kann sie auch von einem rechtsgeschäftlich bevollmächtigten Vertreter ausgesprochen werden.

Im öffentlichen Dienst tauchen hier häufig Probleme auf, weil Beschäftigte behaupten, von der Kündigungsbefugnis des Fachbereichsleiters oder Amtsleiters oder Dezernenten nichts gewußt zu haben und daher die Kündigung nach § 174 BGB zurückweisen. Eine solche Zurückweisung ist indes nicht möglich, wenn dem Arbeitnehmer die Vollmacht bekannt ist. Im Bereich des öffentlichen Dienstes sind die Zuständigkeiten für Personalentscheidungen in der Regel den einschlägigen Rechtsvorschriften oder Verwaltungszustimmungen zu entnehmen. Insoweit liegt eine Inkenntnissetzung im Sinne des § 174 BGB vor. Unabhängig davon ist bei

4. Abschnitt: Individualarbeitsrecht

einer Kündigung durch den Leiter der Personalabteilung eine Vollmachtsvorlage entbehrlich[121].

In jedem Fall sollte zur Vermeidung von Unklarheiten durch Aushang oder Betriebs- oder Dienstordnung bekannt gemacht werden, welche Personen zur Kündigungserklärung oder zur Entgegennahme von Kündigungen berechtigt sind.

Die Kündigungserklärung muß dem Arbeitnehmer zugehen, wenn sie wirksam werden soll. Dies setzt voraus, daß die Kündigungserklärung entweder dem Arbeitnehmer persönlich gegen Empfangsbekenntnis ausgehändigt wird. Ist der Arbeitnehmer nicht in der Verwaltung oder im Betrieb anwesend, so sollte die Kündigungserklärung unter Anwesenheit von Zeugen in den Briefkasten des Arbeitnehmers eingeworfen werden. Alle anderen Arten der Zustellung einer Kündigung beinhalten Unsicherheiten, die im Interesse einer wirksamen Kündigung nicht eingegangen werden sollten. Auch die Zustellung per Postzustellungsurkunde, die im Bereich der öffentlichen Verwaltung häufig anzutreffen ist, beinhaltet Unsicherheiten, weil diese Art der Zustellung für privatrechtliche Erklärungen auch des öffentlichen Arbeitgebers an sich nicht vorgesehen ist.

Literatur: Schaub, § 123 mit zahlreichen Nachweisen.

6.4 Kündigungsfristen

594 Die Kündigungsfristen des § 34 TVöD gelten sowohl für Arbeitgeber wie Arbeitnehmer. Sie binden auch tarifungebundene Arbeitsvertragsparteien, sofern die Geltung des TVöD vertraglich vereinbart wurde.

Ein Verzicht des Arbeitnehmers auf die tariflichen Kündigungsfristen ist nicht möglich. Für tarifgebundene Arbeitnehmer ergibt sich dies aus § 4 TVG, für nicht tarifgebundene Arbeitnehmer aus § 622 Abs. 4 BGB.

Die Berechnung der Fristen richtet sich nach den §§ 186 ff. BGB, d.h. die Kündigung muß dem Arbeitnehmer vor Beginn der Kündigungsfrist zugegangen sein. Der Tag des Zugangs ist in die Frist nicht einzubeziehen.

Für die Länge der Kündigungsfrist ist der Status des Angestellten oder Arbeiters bei Zugang der Kündigung maßgebend. Würde er am folgenden Tag das 18. Lebensjahr vollenden, aufgrund einer längeren Beschäftigungszeit eine längere Kündigungsfrist erhalten, oder wäre seine Probezeit abgelaufen, wäre dies unerheblich. So ist es auch bei einer Kündigung zum Ablauf der ersten 6 Monate ausreichend, wenn die Kündigung am letzten Werktag des Monats zugeht, um die Geltung des Kündigungsschutzgesetzes zu vermeiden. Das Arbeitsverhältnis endet dann zwar erst mit Ablauf des 7. Monats, die Kündigung bedarf aber keiner sozialen Rechtfertigung.

---

121 Vgl. BAG, Urteil vom 29.06.1989 – 2 AZR 482/88.

6. Beendigung und Änderung des Inhalts von Arbeitsverhältnissen

Wird die Kündigungsfrist nicht gewahrt, verschiebt sich das Ende der Kündigungsfrist auf den nächsten zulässigen Termin, da in der Regel die baldmöglichste Beendigung des Arbeitsverhältnisses gewollt ist.

Literatur: Schaub, § 124 mit zahlreichen Nachweisen.

6.5 Besonderer Kündigungsschutz

Bei dem Ausspruch von Kündigungen ist zu beachten, daß eine Reihe von Personengruppen vom Gesetzgeber als besonders schützwürdig angesehen worden sind und deshalb einen besonderen Kündigungsschutz in der Weise genießen, daß sie entweder überhaupt nicht kündbar sind oder die Zustimmung einer besonderen Verwaltungsbehörde vorliegen muß. 595

Zu diesem Personenkreis gehören insbesondere

– Mütter von Beginn der **Schwangerschaft** an bis zum Ablauf von 4 Monaten nach der Entbindung (§ 9 Mutterschutzgesetz);

– Personen, die sich in der **Elternzeit** befinden (§ 18 Bundeserziehungsgeldgesetz);

– **Schwerbehinderte** Menschen im Sinne des SGB IX. Hier bedarf es einer Zustimmung des Integrationsamtes;

– Mitglieder der **Betriebsverfasssungsorgane** (§ 15 Kündigungsschutzgesetz);

– Mitarbeiter die **Wehrdienst** oder **Zivildienst** leisten (§ 1 Abs. 1 Arbeitsplatzschutzgesetz, § 78 Zivildienstgesetz);

– **Betriebsbeauftragte** (§ 9 Abs. 3 Satz 1 Arbeitssicherheitsgesetz, § 22 Abs. 3 SGB, § 58 Abs. 2 Bundesemissionsschutzgesetz, § 36 Abs. 2 Satz 4 Bundesdatenschutzgesetz).

Literatur: Schaub, § 126 mit zahlreichen Nachweisen.

6.6 Allgemeiner Kündigungsschutz

Neben dem oben aufgezeigten besonderen Kündigungsschutz für besondere Personengruppen greift zugunsten der Arbeitnehmer bei jeder Kündigung die Möglichkeit, nach den Vorschriften des KSchG durch die Arbeitsgerichte im Wege der Kündigungsschutzklage feststellen zu lassen, daß die ordentliche Kündigung eines Arbeitsverhältnisses sozial ungerechtfertigt ist (§ 1, 4 KSchG). Das KSchG gilt für alle Arbeitnehmer, deren Arbeitsverhältnis im Zeitpunkt des Zugangs der Kündigung länger als 6 Monate besteht, gleich ob sie Betrieben oder Verwaltungen des privaten Rechts oder des öffentlichen Rechts angehören (§ 23 KSchG). 596

4. Abschnitt: Individualarbeitsrecht

Voraussetzung für die Anwendung des KSchG war nach § 23 KSchG bis zum 31.12.2003 darüber hinaus, daß in der Regel 5 oder mehr Arbeitnehmer ausschließlich der zu ihrer Berufsausbildung Beschäftigten beschäftigt werden.

Zum 1.1.2004 wurde der Schwellenwert für die Anwendbarkeit des Kündigungsschutzgesetzes von fünf auf zehn Arbeitnehmer angehoben. Wegen der Besitzstandsregelung für Arbeitnehmer, deren Arbeitsverhältnis am 31.12.2003 bereits bestand, ist der bisherige Schwellenwert von fünf allerdings neben dem neuen Schwellenwert zu berücksichtigen.

Bei der Ermittlung der neuen Schwelle sind wie auch bisher Teilzeitbeschäftigte anteilig zu berücksichtigen. Beschäftigte mit einer regelmäßigen wöchentlichen Arbeitszeit von nicht mehr als 20 Wochenstunden werden mit dem Faktor 0,5, Beschäftigte mit nicht mehr als 30 Wochenstunden mit 0,75 und Beschäftigte über 30 Wochenstunden werden voll berücksichtigt. Auszubildende zählen nicht mit.

Wenn das KSchG nach den oben dargelegten Voraussetzungen gilt, ist die Kündigung des Arbeitsverhältnisses rechtsunwirksam, wenn sie sozial ungerechtfertigt ist (§ 1 Abs. 1 KSchG).

Nach § 1 Abs. 2 Satz 1 KSchG ist eine solche ordentliche Kündigung sozialwidrig, wenn sie nicht durch Gründe, die in

– in der Person des Arbeitnehmers (personenbedingte Kündigung),
– in dem Verhalten des Arbeitnehmers (verhaltensbedingte Kündigung),
– durch dringende betriebliche Erfordernisse, die einer Weiterbeschäftigung des Arbeitnehmers entgegenstehen (betriebsbedingte Kündigung),

bedingt ist.

Nach § 1 Abs. 1 Satz 2 KSchG ist die Kündigung auch dann sozial ungerechtfertigt, wenn sie gegen bestimmte Vorschriften des Betriebsverfassungs- bzw. Personalvertretungsrechts verstößt und der Betriebs- bzw. Personalrat aus einem dieser Gründe der Kündigung fristgerecht schriftlich widersprochen hat. Unabhängig von der Art der ausgesprochenen Kündigung und von der Art des Kündigungsgrundes gilt im Kündigungsschutzrecht allgemein der Grundsatz der Verhältnismäßigkeit. Dies bedeutet, daß eine Kündigung nur als äußerstes Mittel dann in Betracht kommt, wenn eine weniger einschneidende Maßnahme wie z.B. eine Abmahnung, eine Versetzung oder eine Änderungskündigung nicht möglich oder unzumutbar ist. Vor Ausspruch z.B. einer Beendigungskündigung hat der Arbeitgeber danach zu prüfen, ob sich die Kündigung durch eine anderweitige Beschäftigung unter Umständen auch zu schlechteren Arbeitsbedingungen vermeiden läßt. Eine anderweitige Beschäftigung ist dabei dem Arbeitgeber nur dann zumutbar, wenn der Arbeitnehmer die erforderlichen Kenntnisse und Fähigkeiten für die neue Tätigkeit aufweist oder sie zumindest in angemessener Zeit durch Umschulung oder Fortbildung erwerben kann. Soweit der Kündigungsgrund

6. Beendigung und Änderung des Inhalts von Arbeitsverhältnissen

im Verhalten des Arbeitnehmers liegt, braucht eine anderweitige Beschäftigung nur dann angeboten zu werden, wenn der Arbeitgeber davon ausgehen kann, daß am neuen Arbeitsplatz die bisherigen Störungen und Belastungen des Arbeitsverhältnisses vermieden werden. Denkbar ist dies insbesondere dann, wenn die Kündigung letztlich darauf zurückgeht, daß der Kündigungsgegner mit den Arbeitskollegen Probleme hatte. Wenn die verhaltensbedingte Kündigung wegen erheblicher Pflichtverstöße ausgesprochen wird, kann vom Arbeitgeber in aller Regel nicht verlangt werden, den Arbeitnehmer an einem anderen Arbeitsplatz weiterzubeschäftigen.

Voraussetzung für derartige Umsetzungen oder Versetzungen ist aber in jedem Fall, daß ein anderer freier Arbeitsplatz zur Verfügung steht. Der Arbeitgeber braucht nicht etwa einen anderen Arbeitsplatz neu zu schaffen oder einen Arbeitsplatz auf einer unteren Ebene durch Kündigung eines anderen, vielleicht weniger sozial schutzbedürftigen Arbeitnehmers freizumachen.

Kommt es zu einem Kündigungsschutzprozeß genügt zunächst der Hinweis des Arbeitgebers, daß eine anderweitige Beschäftigung nicht möglich oder zumutbar war. Es ist dann Sache des Arbeitnehmers, substantiiert vorzutragen, wie er sich eine anderweitige Beschäftigung vorstellt.

Nach einem solchen Vortrag muß dann wiederum der Arbeitgeber vortragen und beweisen, weshalb eine derartige Beschäftigung, wie sie dem Arbeitnehmer vorschwebt, nicht möglich oder nicht zumutbar gewesen ist.

Literatur: KR-Etzel, § 1 KSchG; APS/ Dörner, § 1 KSchG.

6.7 Personenbedingte Kündigung

Nach § 1 Abs. 2 KSchG ist eine ordentliche Kündigung unter anderem dann sozial gerechtfertigt, wenn sie durch Gründe, die in der Person des Arbeitnehmers liegen, bedingt ist. Das Gesetz enthält aber weder eine Definition noch zählt es einzelne Tatsachen auf, die als Gründe für eine personenbedingte Kündigung herangezogen werden können. Es handelt sich somit um einen unbestimmten Rechtsbegriff, der im Laufe der Zeit allerdings durch die Rechtsprechung weitgehend konkretisiert worden ist. 597

Unter die personenbedingten Gründe sind insbesondere mangelnde Kenntnisse und unzureichende Fähigkeiten, allgemein schlechter Gesundheitszustand oder erheblich beeinträchtigende oder gefährdende Beziehungen des Arbeitnehmers, die die Interessen des Betriebes unzumutbar belasten, zu verstehen.

Die personenbedingte Kündigung ist dann sozial gerechtfertigt im Sinne des § 1 Abs. 2 KSchG, wenn vom Arbeitgeber Umstände dargelegt und bewiesen werden können, die unter Abwägung der beiderseitigen Interessen die Kündigung als angemessen erscheinen lassen.

4. Abschnitt: Individualarbeitsrecht

Aus personenbedingten Gründen kann auch einem sog. unkündbaren Angestellten im öffentlichen Dienst außerordentlich gekündigt werden. Zu beachten ist dabei, daß eine solche außerordentliche Kündigung aus personenbedingten Gründen nur in Ausnahmefällen möglich sein wird und daß sie nur unter Einhaltung einer sozialen Auslauffrist in Höhe der längstmöglichen Kündigungsfristen zulässig ist[122].

Im Gegensatz zu den verhaltensbedingten Kündigungsgründen kommt es bei einer personenbedingten Kündigung nicht darauf an, ob dem Arbeitnehmer für das Fehlen seiner Fähigkeit und Eignung zur Erbringung der Arbeitsleistung ein Verschulden trifft. Dementsprechend entfällt bei der personenbedingten Kündigung grundsätzlich auch das Erfordernis einer Abmahnung, da die vom Arbeitnehmer verursachten Störungen nicht an sein subjektives Wollen gebunden sind, sondern aus der Person des Arbeitnehmers resultieren.

Den häufigsten und wichtigsten Unterfall der personenbedingten Kündigung stellt die krankheitsbedingte Kündigung dar.

Bei der krankheitsbedingten Kündigung kann man 4 Untergruppen unterscheiden, nämlich

– häufige Kurzerkrankungen,

– andauernde Langzeiterkrankung,

– dauernde Leistungsunfähigkeit,

und

– krankheitsbedingte dauernde Leistungsminderung.

Völlig unabhängig davon, welche der 4 Untergruppen Anlaß für den Ausspruch einer krankheitsbedingten Kündigung gibt, hat die Prüfung der sozialen Rechtfertigung immer auf der Grundlage des sog. 3-Stufen-Modells zu erfolgen. Dies bedeutet, daß im Zeitpunkt des Ausspruchs der Kündigung Tatsachen gegeben sein müssen, die

– eine negative Prognoseentscheidung für die Zukunft rechtfertigen,

– zur erheblichen Beeinträchtigung der betrieblichen Interessen führen,

und

– eine Interessenabwägung dazu führt, daß unter Berücksichtigung der Besonderheiten des Einzelfalles die Weiterbeschäftigung des Arbeitnehmers nicht mehr zumutbar ist.

Die negative Gesundheitsprognose kann auf häufige Kurzerkrankungen in der Vergangenheit oder auf lang andauernde Erkrankungen gestützt werden. Dem Arbeitgeber ist es dabei unbenommen, die Prognose selbst aufgrund der Krankheitsgeschichte in der Vergangenheit anzustellen. Sicherer ist es aber in jedem Fall, das Gutachten eines Amtsarztes oder des arbeitsmedizinischen Dienstes einzuholen.

---

122 Vgl. BAG, Urteil vom 16.09.1999, NZA 2000, Seite 141.

6. Beendigung und Änderung des Inhalts von Arbeitsverhältnissen

Die negative Prognose muß zum Zeitpunkt des Ausspruchs der Kündigung vorliegen. Die spätere Entwicklung des Krankheitsbildes spielt keine Rolle und führt insbesondere auch nicht zu einem Wiedereinstellungsanspruch des Arbeitnehmers[123].

Die erhebliche Beeinträchtigung der betrieblichen Interessen kann sich insbesondere aus Betriebsablaufstörungen sowie aus wirtschaftlichen Belastungen aufgrund der Vergabe der Arbeiten an Drittfirmen, der Bezahlung von Mehrarbeitsvergütung, dem Einsatz von Leiharbeitnehmern usw. ergeben. Aber auch außergewöhnlich hohe Lohnfortzahlungskosten, die jährlich jeweils über einen Zeitraum von mehr als 6 Wochen aufzuwenden sind, können eine krankheitsbedingte Kündigung rechtfertigen[124].

Auf der 3. Stufe ist im Rahmen einer umfassenden Interessensabwägung zu prüfen, ob die Beeinträchtigungen aufgrund der Besonderheiten des Einzelfalles vom Arbeitgeber noch hinzunehmen sind oder ein solches Ausmaß erreicht haben, daß sie ihm nicht mehr zuzumuten sind.

Dabei sind auf Seiten des Arbeitgebers insbesondere das Ausmaß der Auswirkungen der Fehlzeiten auf den Betrieb, die Stellung des Arbeitnehmers im Betrieb, Größe und wirtschaftliche Lage des Unternehmens usw. zu berücksichtigen.

Beim Arbeitnehmer ist insbesondere die Ursache der Erkrankung zu berücksichtigen. Geht die Erkrankung auf betriebliche Ursachen zurück, steigert sich das Ausmaß der Zumutbarkeit erheblich. Hinzukommt, ob und wie lange das Arbeitsverhältnis zunächst ungestört verlaufen ist, das Alter und der Familienstand des Arbeitnehmers. Zu prüfen ist auch, ob trotz der vorliegenden Erkrankung der Arbeitnehmer auf einem anderen Arbeitsplatz – ggf. nach Umschulung – weiterbeschäftigt werden kann.

Als weitere Tatbestände, die eine personenbedingte Kündigung rechtfertigen können, sind zu nennen:

– Alkohol- und Drogensucht,
– Fehlen einer Arbeitserlaubnis[125],
– fehlende Eignung, insbesondere mangelnde Berufskenntnisse, aber auch Schlechtleistungen[126],
– Arbeitsverweigerung aus Gewissenskonflikt[127].

Literatur: KR-Etzel, § 1 KSchG, Rn 265 ff.

---

123 Vgl. BAG, Urteil vom 17.06.1999 – 2 AZR 639/98, NZA 1999, Seite 1328.
124 Vgl. BAG, Urteil vom 16.02.1989 – 2 AZR 299/88.
125 Vgl. BAG, Urteil vom 07.02.1990 – 2 AZR 359/89.
126 Vgl. LAG Hamm, Urteil vom 11.11.1990 – 17 Sa 1272/89.
127 Vgl. z.B. BAG, Urteil vom 24.05.1989 – 2 AZR 285/88.

6.8 Verhaltensbedingte Kündigung

598 Ebenso wie die personenbedingte Kündigung ist die verhaltensbedingte Kündigung „arbeitnehmerbezogen". Das heißt der Kündigungsgrund kommt aus der Sphäre des Arbeitnehmers und nicht, wie bei der betriebsbedingten Kündigung, aus der Sphäre des Arbeitgebers.

Die soziale Rechtfertigung einer auf verhaltensbedingte Gründe gestützten arbeitgeberseitigen Kündigung ist in 3 Stufen zu prüfen: Es muß zunächst eine Pflichtverletzung vorliegen, d.h. der Arbeitnehmer muß durch sein Verhalten einen Kündigungsgrund an sich gesetzt haben, dann ist zu prüfen, ob der betroffene Arbeitnehmer zuvor einschlägig abgemahnt worden ist oder ob ausnahmsweise eine Abmahnung entbehrlich erscheint. Schließlich hat – wie bei jeder Kündigung – eine umfassende Interessensabwägung stattzufinden.

6.8.1 Pflichtverletzung

599 Verhaltensbedingte Kündigungsgründe können Vertragspflichtverletzungen im Hinblick auf ein dienstliches oder außerdienstliches Verhalten, Umstände aus dem Verhältnis des Arbeitnehmers zu betrieblichen und überbetrieblichen Einrichtungen, Organisationen oder Behörden sein. Dabei ist entscheidend, ob dem Arbeitnehmer ein Fehlverhalten vorzuwerfen ist, das in einer Verletzung arbeitsvertraglicher Haupt- oder Nebenpflichten liegen kann.

Die Rechtsprechung verlangt im Allgemeinen, daß die Pflichtverletzung von Seiten des Arbeitnehmers schuldhaft begangen worden ist. Nicht erforderlich ist dabei, daß der Arbeitnehmer vorsätzlich gehandelt hat. Es genügt vielmehr Fahrlässigkeit. In Ausnahmefällen können sogar unverschuldete Pflichtwidrigkeiten eine verhaltensbedingte Kündigung rechtfertigen, wenn aus der pflichtwidrigen Verhaltensweise des Arbeitnehmers ein erheblicher Schaden beim Arbeitgeber entstanden ist, das Vertrauensverhältnis zerstört wurde, der Betriebsfrieden erheblich beeinträchtigt ist oder aufgrund objektiver Umstände mit Wiederholungen zu rechnen ist[128].

Einer Anhörung des Arbeitnehmers bedarf es – abgesehen vom Ausnahmefall der Verdachtskündigung – nicht.

Ebenso wie bei der personenbedingten Kündigung obliegt dem Arbeitgeber im Streitfall die Beweislast dafür, daß die verhaltensbedingten Kündigungsgründe auf Seiten des Arbeitnehmers tatsächlich vorgelegen haben.

Abgesehen von dem Fall der außerordentlichen Kündigung, die innerhalb einer Frist von 2 Wochen auszusprechen ist[129] ist der Ausspruch einer ordentlichen Kündigung nicht an Fristen gebunden. Sie sollte jedoch alsbald nach Feststellung des pflichtwidrigen Verhaltens erfolgen, da anson-

---

128 Vgl. z.B. BAG, Urteil vom 21.01.1999 – 2 AZR 665/98, EZA § 626 n.F. BGB Nr. 178.
129 Vgl. § 626 BGB, § 54 BAT.

6. Beendigung und Änderung des Inhalts von Arbeitsverhältnissen

sten die Gefahr droht, daß sich der Arbeitnehmer auf Verwirkung berufen kann.

Welche Pflichtwidrigkeiten eine verhaltensbedingte Kündigung des Arbeitnehmers rechtfertigen können, kann naturgemäß nur in jedem Einzelfall entschieden werden. Es gibt aber typische Pflichtwidrigkeiten, die in jedem Fall eine verhaltensbedingte Kündigung rechtfertigen. Dazu gehören insbesondere die Arbeitsverweigerung, Ausländerfeindlichkeit, Beleidigungen des Arbeitgebers, Verstöße gegen eine Betriebsordnung, Gleitzeitmanipulationen, Privattelefonate/private E-Mail oder Internetnutzung.

6.8.2 Abmahnung

Wie bereits oben angedeutet ist, wird nach der neueren Rechtsprechung des BAG sowohl bei Störungen im allgemeinen Verhaltens- und Leistungsbereich als auch bei Störungen im Vertrauensbereich für den Ausspruch einer verhaltensbedingten Kündigung verlangt, daß eine einschlägige Abmahnung vorliegt. **600**

Bei Pflichtverletzungen im Vertrauensbereich hat das BAG klargestellt, daß auch in diesen Fällen das Abmahnungserfordernis stets zu prüfen sei. Eine Abmahnung sei jedenfalls dann vor Ausspruch der Kündigung erforderlich, wenn ein steuerbares Verhalten des Arbeitnehmers in Rede stehe und der Arbeitgeber erwarten könne, daß das Vertrauen wieder hergestellt werde. Hiervon sei insbesondere dann auszugehen, wenn der Arbeitnehmer mit vertretbaren Gründen annehmen könne, sein Verhalten sei nicht vertragswidrig oder werde vom Arbeitgeber nicht als ein erhebliches, den Bestand des Arbeitsverhältnisses gefährdendes Fehlverhalten angesehen[130].

Die Abmahnung hat **Hinweis- und Warnfunktion**. Sie soll dem Arbeitnehmer zeigen, welches Verhalten vom Arbeitgeber als vertragswidrig gerügt wird und welche Konsequenzen im Wiederholungsfalle drohen. Der Arbeitgeber muß demnach in einer für den Arbeitnehmer hinreichend deutlich erkennbaren Art und Weise Vertragspflichtverletzungen beanstanden und damit den Hinweis verbinden, daß im Wiederholungsfall der Inhalt oder der Bestand des Arbeitsverhältnisses gefährdet ist[131].

Hieraus resultiert, daß das von der Rechtsprechung insbesondere an die **Konkretheit** der Darstellung der vorgeworfenen Pflichtverletzungen hohe Anforderungen gestellt werden. Insbesondere genügt es nicht, allgemein in einer Abmahnung darauf hinzuweisen, daß Schlechtleistungen vorlägen, daß „eine Vielzahl von Arbeitszeitverstößen" begangen worden seien.

Hinsichtlich der Form der Abmahnung gibt es keinerlei Regelungen. Es empfiehlt sich aber dringend, die Abmahnung schriftlich zu verfassen und gegen Nachweis dem Arbeitnehmer zuzuleiten.

---

130   Vgl. BAG, Urteil vom 01.10.1999 – 2 AZR 676/98, EZA § 15 Berufsbildungsgesetz Nr. 13.
131   Vgl. BAG, Urteil vom 30.05.1996 – 6 AZR 537/95, Betriebsberater 1996, Seite 1892.

4. Abschnitt: Individualarbeitsrecht

Abmahnungsberechtigt sind alle Mitarbeiter, die aufgrund ihrer Aufgabenstellung befugt sind, verbindliche Anweisungen bezüglich des Ortes, der Zeit sowie der Art und Weise der vertraglich geschuldeten Arbeitsleistung zu erteilen[132].

Abmahnungsberechtigt ist damit in jedem Fall derjenige, der nach der internen Aufgabenverteilung eine Kündigung aussprechen könnte. Die Befugnis zur Erteilung von Abmahnungen kann aber auch auf den direkten Dienstvorgesetzten oder auf andere Personen delegiert werden.

Im Bereich des öffentlichen Dienstes ist zu beachten, daß der Arbeitnehmer nach § 13 Abs. 2 Satz 1 BAT vor Ausspruch der Abmahnung anzuhören ist. Eine solche Anhörung ist auch dann nicht entbehrlich, wenn zuvor im Rahmen des Verdachts einer Arbeitsvertragsverletzung bereits eine mündliche Anhörung des Mitarbeiters stattgefunden hat.

6.8.3 Interessenabwägung

601 Aufgrund des das gesamte Kündigungsrecht durchziehenden Verhältnismäßigkeitsgrundsatzes bedarf es auch bei einer verhaltensbedingten Kündigung einer umfassenden Interessenabwägung als Teil des ultima-ratio-Prinzips.

Zwar sind bei einer verhaltensbedingten Kündigung nicht so strenge Anforderungen zu stellen, wie bei einer personenbedingten Kündigung. Die Interessensabwägung muß aber im Ergebnis die Kündigung als billigenswert und angemessen erscheinen lassen. Hierbei gilt ein objektiver Maßstab. Maßgebend ist, ob ein ruhig und verständig urteilender Arbeitgeber das Verhalten als Kündigungsgrund ansehen würde[133].

Dabei ist herauszustellen, daß es keine absoluten Kündigungsgründe gibt. Vielmehr ist jedes Fehlverhalten daraufhin zu überprüfen, wie schwer es wiegt, welche Auswirkungen auf den Betrieb vorliegen, wie das bisherige Verhalten des Mitarbeiters war, ob ein Mitverschulden des Arbeitgebers vorliegt, die Dauer der Betriebszugehörigkeit, das Lebensalter, die bestehenden Unterhaltspflichten und – schließlich – ob ein Mitverschulden des Arbeitgebers vorliegt.

Literatur: Tschöpe, Verhaltensbedingte Kündigung – eine systematische Darstellung im Lichte der BAG-Rechtsprechung, Betriebsberater 2002, Seite 778 ff.; Ernst, Der Arbeitgeber, die E-Mail und das Internet.

6.9 Betriebsbedingte Kündigung

602 Aufgrund von Stelleneinsparungen, Leistungsverdichtungen, Umorganisationen oder Privatisierungen spielt die betriebsbedingte Kündigung auch im öffentlichen Dienst eine immer größere Rolle.

---

132 Vgl. BAG, Urteil vom 18.01.1980 – 7 AZR 75/78, AP Nr. 3 zu § 1 KSchG Verhaltensbedingte Kündigung.
133 Vgl. BAG, Urteil vom 13.03.1987 – 7 AZR 601/85.

6. Beendigung und Änderung des Inhalts von Arbeitsverhältnissen

Schlagwortartig ist eine betriebsbedingte Kündigung dann zulässig, wenn

- betriebsbedingte Gründe vorliegen,
- eine unternehmerische Entscheidung zum Abbau von Arbeitsplätzen getroffen worden ist,
- der konkrete Arbeitsplatz aufgrund der Unternehmerentscheidung tatsächlich weggefallen ist oder wegfallen wird,
- die Kündigung dringlich erscheint, insbesondere keine milderen Mittel zur Verfügung stehen,
- eine betriebsbezogene Sozialauswahl erfolgt ist.

6.9.1 Betriebsbedingte Gründe

Betriebsbedingte Gründe können auf außer- oder innerbetrieblichen Ursachen beruhen. Unter außerbetrieblichen Ursachen versteht man dabei solche, die ohne Zutun des Arbeitgebers eintreten, und die die Fortsetzung des Betriebs im bisherigen Umfang nicht möglich erscheinen lassen. Im öffentlichen Dienst können sich solche Gründe insbesondere aus dem Wegfall von Drittmitteln zur Stellenfinanzierung ergeben, aber auch z.B. durch gesetzgeberische Maßnahmen, die zu einer Veränderung der Organisationsstruktur und zu einer Reduzierung der bisherigen Aufgaben führen. **603**

Innerbetriebliche Ursachen können insbesondere Rationalisierungsmaßnahmen, Stellenstreichungen, Stillegung von Betriebs- oder Verwaltungsabteilungen sowie Verlegung oder Verlagerung von betrieblichen Aufgaben sein.

Aber auch für die Liquiditätsprobleme oder die Streichung von Hierarchieebenen sind innerbetriebliche Gründe, die eine betriebsbedingte Kündigung rechtfertigen können.

6.9.2 Unternehmerische Entscheidung

Das Vorliegen außer- oder innerbetrieblicher Gründe reicht nicht für den Ausspruch einer betriebsbedingten Kündigung. Hinzukommen muß vielmehr eine sog. Unternehmerische Entscheidung, die kausal zu einem Wegfall des Beschäftigungsbedürfnisses führt. **604**

Solche unternehmerischen Entscheidungen werden von der Rechtsprechung nur daraufhin überprüft, ob sie mißbräuchlich erfolgt sind. Dies ist insbesondere dann der Fall, wenn die unternehmerischen Entscheidungen offenbar unsachlich, unvernünftig oder willkürlich erscheinen[134].

Als unternehmerische Entscheidungen kommen insbesondere in Betracht:

---

134 Vgl. BAG, Urteil vom 17.06.1999 – 2 AZR 522/98, NZA 1999, Seite 1095.

4. Abschnitt: Individualarbeitsrecht

– Stelleneinsparungen

Dabei ist zu beachten, daß die Anbringung eines sog. „KW-Vermerks" an einer Stelle im Stellenplan nicht ausreichend ist, wenn nicht zugleich eine bestimmte oder jedenfalls bestimmbare Frist für den Wegfall der Stelle angegeben wird[135]. Gleiches gilt, wenn bei Anbringung des „KW-Vermerks" die innerbetriebliche Entscheidung für den Wegfall der konkreten Stelle noch nicht abschließend getroffen worden war.[136]

– Personalkostensenkung durch Leistungsverdichtung

Zu diesem Problemkreis hat das BAG mit Urteil vom 24.04.1997 – 2 AZR 352/96 –, ausführlich dargelegt, daß es zur Organisation und Gestaltung des Betriebes gehöre, neben der Anschaffung von Maschinen, Gerätschaften sowie Vorrichtungen und der Gestaltung der Arbeitsabläufe die Stärke der Belegschaft festzulegen, mit der das Betriebsziel erreicht werden soll. Hierzu gehöre insbesondere auch die Entscheidung über die Kapazität an Arbeitskräften und an Arbeitszeit und wie diese Kapazität verteilt werden soll. Dabei – so das BAG – kann die Unternehmerentscheidung auch darin liegen, künftig auf Dauer mit weniger Personal zu arbeiten. Soweit hierdurch eine Leistungsverdichtung eintritt, werde sie als Konzept gewollt und dadurch notwendige Änderungen in Kauf genommen. Der rationale Einsatz des Personals sei Sache der Unternehmerentscheidung.

– Privatisierung von Dienstleistungen

Die Privatisierung von Dienstleistungen, d.h. die Übertragung der bisher selbst durchgeführten Arbeiten auf einen Drittunternehmer stellt grundsätzlich eine unternehmerische Entscheidung dar, deren Zweckmäßigkeit gerichtlich nicht nachprüfbar ist[137].

– Kürzung oder Streichung von Drittmitteln

Der Entzug von Drittmitteln stellt für sich allein noch keinen Kündigungsgrund dar[138]. Der Drittmittelempfänger muß vielmehr entscheiden, ob der den subventionierten Bereich fortführen will. Stellt er ihn ein oder schränkt er den geförderten Aufgabenbereich ein, kann er betriebsbedingt kündigen.

6.9.3 Wegfall des Arbeitsplatzes

605 Die Umsetzung der auf außerbetrieblichen oder innerbetrieblichen Ursachen beruhenden Unternehmerentscheidung muß zum Wegfall des konkreten Arbeitsplatzes führen. Nur dann ist eine Kündigung nach § 1 Abs. 2 KSchG „dringend". Betriebliche Erfordernisse sind dringend, wenn für den Arbeitgeber eine Zwangslage besteht, die die Kündigung unvermeidbar

---

135 BAG, Urteil vom 06.09.1978 – 4 AZR 84/77, Der Betrieb 1979, Seite 118.
136 BAG, Urteil vom 19.03.1998 – 8 AZR 626/96, NZA 1999, Seite 90.
137 BAG, Urteil vom 29.03.1990 – 2 AZR 369/89.
138 BAG, Urteil vom 20.02.1986 – 2 AZR 212/85, Der Betrieb 1986, Seite 2236.

6. Beendigung und Änderung des Inhalts von Arbeitsverhältnissen

macht[139]. Aus dem Grundsatz der Verhältnismäßigkeit folgt, daß eine betriebsbedingte Kündigung nur zulässig ist, wenn keine aus Sicht der Arbeitnehmer milderen Mittel zur Verfügung stehen, um den verfolgten Zweck zu erreichen. Ein dringendes betriebliches Erfordernis fehlt daher, wenn der Arbeitnehmer auf einen anderen freien, vergleichbaren, gleichwertigen Arbeitsplatz im Unternehmen bzw. in der Verwaltung versetzt werden kann. Vergleichbar ist ein Arbeitsplatz, auf dem der Arbeitgeber den Arbeitnehmer aufgrund seines Weisungsrechts ohne Änderung seines Arbeitsvertrages weiterbeschäftigen kann[140].

Die Versetzungsmöglichkeit ist dabei nicht nur innerhalb des Betriebs, sondern nach § 1 Abs. 2 Satz 2 Ziffer 1 b, Satz 3 KSchG im ganzen Unternehmen zu prüfen.

Nach § 1 Abs. 1 Satz 3 KSchG besteht die Verpflichtung zur Weiterbeschäftigung auf einem freien Arbeitsplatz auch dann, wenn sie erst nach zumutbarer Fortbildung oder Umschulung möglich ist. Umschulung und Fortbildung sind dann nicht zumutbar, wenn sie angesichts der Dauer der Beschäftigung nicht in vertretbarer Zeit mit vertretbarem Aufwand möglich sind. Sie setzen voraus, daß der Arbeitnehmer umschulungswillig und -fähig ist.

6.9.4 Sozialauswahl

Nach § 1 Abs. 3 KSchG ist bei bestehenden dringenden betrieblichen Erfordernissen die Kündigung trotzdem sozial ungerechtfertigt, wenn der Arbeitgeber bei der Auswahl des Arbeitnehmers soziale Gesichtspunkte nicht oder nicht ausreichend berücksichtigt hat.

606

Das Kündigungsschutzgesetz verlangt somit bei betriebsbedingten Gründen die Durchführung einer Sozialauswahl unter den betroffenen Arbeitnehmern. Die Sozialauswahl erfolgt dabei grundsätzlich in 3 Stufen:

– Feststellung der in die Auswahl einzubeziehenden Arbeitnehmer,

– Herausnahme aus der Sozialauswahl bei berechtigten betrieblichen Bedürfnissen,

– Auswahl nach sozialen Merkmalen.

Bei der Durchführung der Sozialauswahl können sich erhebliche Probleme bei der Feststellung der in die Auswahl einzubeziehenden Arbeitnehmer ergeben. Im Grundsatz gilt, daß bezogen auf den Betrieb – nicht auf das Unternehmen – alle austauschbaren vergleichbaren Arbeitnehmer des Betriebes/der Dienststelle einzubeziehen sind. Eine Beschränkung auf eine Betriebsabteilung oder einen Teilbereich einer Dienststelle ist unzulässig.

---

139 BAG, Urteil vom 17.06.1999 – 2 AZR 522/98, NZA 1999, Seite 1095.
140 BAG, Urteil vom 29.03.1990, Der Betrieb 1991, Seite 173.

4. Abschnitt: Individualarbeitsrecht

Nicht einzubeziehen sind solche Arbeitnehmer, deren Kündigung das Gesetz verbietet. Dazu gehören alle Arbeitnehmer, die einem Sonderkündigungsschutz unterliegen. Nicht einzubeziehen sind ebenfalls Mitarbeiter, die tariflich z.B. nach § 34 TVöD unkündbar sind.

Aus der Sozialauswahl können Arbeitnehmer herausgenommen werden, wenn berechtigte betriebliche Bedürfnisse die Weiterbeschäftigung eines oder mehrerer bestimmter Arbeitnehmer bedingen und damit der Auswahl nach sozialen Gesichtspunkten entgegenstehen[141].

Als berechtigte betriebliche Bedürfnisse kommen unter anderem in Betracht das Interesse an der Weiterbeschäftigung von Mitarbeitern mit besonderen Leistungen und Fähigkeiten. Daneben können als berechtigte betriebliche Bedürfnisse berücksichtigt werden: Die Einplanung eines Arbeitnehmers für künftige Führungsaufgaben, persönliche Verbindungen zu Kunden und Lieferanten aber auch das Interesse des Arbeitgebers an einer ausgewogenen Altersstruktur der Belegschaft[142].

Aus dem so festgelegten Arbeitnehmerkreis ist sodann eine Auswahl nach sozialen Merkmalen vorzunehmen.

Zu diesen sozialen Merkmalen gehören insbesondere die Kriterien:

– Dauer der Betriebszugehörigkeit,

– Lebensalter,

– Unterhaltspflichten,

– Schwerbehinderung.

Dabei sind umfassend alle sozial beachtenswerten Umstände in die Prüfung einzubeziehen. Neben den oben genannten unerläßlichen Auswahlgesichtspunkten ist insbesondere zu berücksichtigen, das Vorliegen einer etwaigen Schwerbehinderung, ein Arbeitsunfall, eine Berufskrankheit, Pflege von Angehörigen, Alleinerziehung von Kindern, aber auch die Chancen auf dem Arbeitsmarkt. Vermögensverhältnisse und Schulden des Mitarbeiters können ebenfalls eine Rolle spielen.

Sind dem Arbeitgeber bei Ausspruch der Kündigung Sozialdaten, auf die sich der Mitarbeiter später beruft, nicht bekannt, so können diese der Kündigung nur entgegengehalten werden, wenn der Arbeitgeber sie hätte kennen müssen. Er darf sich daher z.B. auf die Eintragungen in der Lohnsteuerkarte verlassen, solange ihm nicht aus anderen Umständen bekannt ist oder bekannt sein müßte, daß sie unzutreffend sind.

Jedenfalls ist der Arbeitgeber nicht verpflichtet, im Vorfeld betriebsbedingter Kündigungen Erkundigungen einzuziehen, um sich ein möglichst genaues Bild der sozialen Daten zu verschaffen.

---

141 Vgl. § 1 Abs. 3 Satz 2 KSchG.
142 BAG, Urteil vom 07.12.1993 – 2 Ca 1160/93.

6. Beendigung und Änderung des Inhalts von Arbeitsverhältnissen

Bei der Auswahl nach sozialen Merkmalen gibt es keinen allgemein verbindlichen Bewertungsmaßstab, in welcher Form die einzelnen Sozialdaten miteinander in ein Verhältnis zu setzen sind. Aus diesem Grund ist in § 1 Abs. 3 Satz 1 KSchG geregelt, daß eine betriebsbedingte Kündigung auch dann wirksam ist, wenn der Arbeitgeber soziale Gesichtspunkte nur „ausreichend" berücksichtigt hat. Dem Arbeitgeber kommt bei der Gewichtung der Sozialdaten ein **Beurteilungsspielraum** zu. Die soziale Auswahl ist insbesondere dann gewahrt, wenn einem objektiven Dritten auch eine andere Entscheidung zutreffend erscheinen kann. Tendenziell erscheint in der Rechtsprechung nach wie vor der Dauer der Betriebszugehörigkeit ein stärkeres Gewicht eingeräumt zu werden, als dem Lebensalter[143]. Jedenfalls ist aber in jedem Einzelfall eine wertende Gesamtbetrachtung unerläßlich.

Nach § 1 Abs. 4 KSchG besteht die Möglichkeit in einem Tarifvertrag oder in einer Betriebsvereinbarung oder Dienstvereinbarung festzulegen, welche sozialen Gesichtspunkte zu berücksichtigen sind und wie diese Gesichtspunkte im Verhältnis zueinander zu bewerten sind. Diese von den Betriebsparteien vorgenommene soziale Auswahl kann von den Arbeitsgerichten dann nur noch auf grobe Fehlerhaftigkeit hin überprüft werden.

6.9.5 Betriebsbedingte Kündigung bei Ausschluß der ordentlichen Kündbarkeit

Grundsätzlich können dringende betriebliche Gründe nur eine ordentliche Kündigung rechtfertigen.

607

Eine außerordentliche Kündigungsmöglichkeit hat das BAG bei tariflicher Unkündbarkeit nur in dem Fall zugelassen, daß der Arbeitsplatz dauerhaft weggefallen ist und trotz aller zumutbaren Anstrengungen eine anderweitige Beschäftigungsmöglichkeit nicht besteht[144].

Im Wirkungsbereich des TVöD ist nach dem Wortlaut des § 55 Abs. 2 BAT, der auch nach Inkrafttreten des TVöD auf Beschäftigte zur Anwendung kommt, die vor dem 01.10.2005 bereits unkündbar waren, nicht nur die ordentliche Kündigung aus betriebsbedingten Gründen sondern auch die außerordentliche Kündigung offenbar ausgeschlossen.

Ein so weit gehender Ausschluß erscheint verfassungsrechtlich nicht unbedenklich. Dies zeigt z.B. der Fall, daß eine Stadt beschließt, ihre Musikschule zu schließen. Den in der Musikschule beschäftigten tariflich unkündbaren Musikschullehrern könnte in diesem Fall nicht gekündigt werden, obwohl eine Beschäftigungsmöglichkeit objektiv nicht mehr gegeben ist.

---

143 Vgl. BAG, Urteil vom 18.01.1990 – 2 AZR 357/89.
144 BAG, Urteil vom 05.02.1998 – 2 AZR 227/97, NZA 1998, S. 771 ff.

Das BAG hat zu dieser Problematik am 26.06.2002[145] nunmehr eine lang erwartete Entscheidung getroffen. Es hat ausgeführt, daß § 55 BAT zwar seinem Wortlaut nach auch die außerordentliche betriebsbedingte Kündigung aus wichtigem Grund ausschließe und den Arbeitgeber auf die Änderungskündigung verweise. Die Möglichkeit zur außerordentlichen Kündigung aus wichtigem Grund könne jedoch bei einem Dauerschuldverhältnis nicht völlig beseitigt werden. Es seien daher Extremfälle denkbar, in denen auch im Rahmen des § 55 BAT eine außerordentliche betriebsbedingte Kündigung mit sozialer Auslauffrist in Betracht kommen kann. Dies bedeute jedoch nicht, daß jede Umorganisation oder Schließung einer Teileinrichtung mit dem Wegfall von Arbeitsplätzen im öffentlichen Dienst zu einer außerordentlichen Kündigung führen könne. Dies sei insbesondere dann der Fall, wenn der Arbeitgeber vor Ausspruch der Kündigung nicht alle Möglichkeiten ausgeschöpft habe, eine Weiterbeschäftigung des Arbeitnehmers in der eigenen oder (Grundsatz der Einheit des öffentlichen Dienstes) auch in einer fremden Verwaltung zu versuchen. Dies gelte erst recht, wenn der Arbeitgeber nicht einmal die Maßnahmen zur Vermeidung einer Beendigungskündigung ergriffen habe, zu denen er in dem vergleichbaren Fall einer Rationalisierungsmaßnahme tarifvertraglich verpflichtet sei.

Literatur: Lingemann/Grothe, Betriebsbedingte Kündigung im Öffentlichen Dienst, NZA 1999, S. 1072 ff.; Tschöpe, Betriebsbedingte Kündigung, Betriebsberater 2001, S. 2110.

6.10 Außerordentliche Kündigung

608 Eine außerordentliche Kündigung des Arbeitsverhältnisses, d.h. eine Kündigung ohne Einhaltung der gesetzlichen bzw. tariflichen Kündigungsfristen, wird nur im Ausnahmefall in Betracht kommen.

Am ehesten werden sich solche Kündigungen im Bereich der verhaltensbedingten Kündigungen finden, wenn die Verletzung der arbeitsvertraglichen Pflichten derart schwerwiegend ist, daß dem Arbeitgeber die Weiterbeschäftigung bis zum Ablauf der Kündigungsfrist nicht zumutbar erscheint.

In der Rechtsprechung sind die Voraussetzungen für den Ausspruch einer außerordentlichen Kündigung insbesondere dann bejaht worden, wenn der Arbeitnehmer z.B. Eigentum seines Arbeitgebers unrechtmäßig verkauft[146] oder einen Diebstahl begangen hat.

Die außerordentliche Kündigung führt in der Regel zur sofortigen Beendigung des Arbeitsverhältnisses. Allerdings verlangt die Rechtsprechung in den Fällen, in denen ein Mitarbeiter ordentlich nicht mehr kündbar ist[147]

---

145 2 AZR 267/01.
146 BAG, Beschluß vom 10.02.1999 – 2 ABR 31/98, NZA 1999, S 708 ff.
147 § 55 Abs. 1 BAT.

6. Beendigung und Änderung des Inhalts von Arbeitsverhältnissen

und gleichwohl eine personenbedingte Kündigung wegen Krankheit ausgesprochen werden soll, die Einhaltung einer sozialen Auslauffrist in Höhe der längstmöglichen Kündigungsfrist[148].

Besondere Probleme bei der außerordentlichen Kündigung wirft die Einhaltung der Frist des § 626 Abs. 2 BGB auf.

Nach dieser Bestimmung muß eine außerordentliche Kündigung innerhalb von 2 Wochen nach dem Zeitpunkt ausgesprochen werden, in dem der Kündigungsberechtigte von den für die Kündigung maßgebenden Tatsachen Kenntnis erlangt.

Dem Arbeitgeber steht es frei, zunächst Ermittlungen anzustellen, die ihm erst die Entscheidung ermöglichen, ob eine außerordentliche Kündigung auszusprechen ist. Er muß hierbei allerdings alle ihm nach pflichtgemäßem Ermessen notwendig erscheinenden Maßnahmen zur Ermittlung des Sachverhalts mit der gebotenen Eile betreiben[149]. Wird die gebotene Eile bei der Aufklärung nicht gewahrt, beginnt die Ausschlußfrist in dem Zeitpunkt zu laufen, in dem die Ermittlungen hätten abgeschlossen werden können.

Hinsichtlich der Beteiligung des Personalrates hat das BAG mit Urteil vom 08.06.2000 entschieden, daß es nicht genügt, wenn der Arbeitgeber kurz vor Ablauf der 2-Wochen-Frist beim Personalrat die Zustimmung zur Kündigung beantragt und nach Ablauf der Frist bei verweigerter Zustimmung das weitere Mitbestimmungsverfahren einleitet. Nach Ansicht des BAG ist der Arbeitgeber vielmehr verpflichtet, innerhalb der Frist des § 626 Abs. 2 BGB[150], sowohl die erforderliche Zustimmung des Personalrats zu beantragen, als auch bei verweigerter Zustimmung das weitere Mitbestimmungsverfahren einzuleiten. Nur dann, wenn der Arbeitgeber dieses Verfahren rechtzeitig eingeleitet hat, darf die Kündigung auch nach Ablauf der 2-Wochen-Frist erfolgen. Sie ist dann unverzüglich nach Erteilung der Zustimmung zu erklären[151].

Literatur: KR-Fischermeier, § 626 BGB mit zahlreichen Nachweisen.

6.11 Änderungskündigung

Die in § 2 KSchG geregelte Änderungskündigung stellt eine besondere Form der Kündigung dar, die nicht in erster Linie zum Ziel hat, das Arbeitsverhältnis endgültig zu beenden. Ziel der Änderungskündigung ist es vielmehr, bestimmte Arbeitsbedingungen, die arbeitsvertraglich vereinbart worden waren, zu ändern.

Technisch geschieht dies nach der Vorgabe des § 2 KSchG dadurch, daß zwar die Beendigung des Arbeitsverhältnisses (z.B. aus betriebsbeding-

---
148 BAG, Urteil vom 11.03.1999 – 2 AZR 427/98, NZA 1999, 818 ff.
149 BAG, Urteil vom 31.03.1993 – 2 AZR 492/92.
150 § 54 Abs. 2 BAT.
151 BAG, Urteil vom 08.06.2000 – 2 AZR 375/99, NZA 2001, S. 212 ff.

ten Gründen) erklärt wird. Gleichzeitig wird dem Arbeitnehmer aber angeboten, das Arbeitsverhältnis zu geänderten Arbeitsbedingungen fortzusetzen.

Der Arbeitnehmer kann sich dann nach Ausspruch einer solchen Änderungskündigung entscheiden, ob er das Angebot vorbehaltlos annimmt. Dies führt dazu, daß das Arbeitsverhältnis unter den abgeänderten Bedingungen fortgeführt wird. Eine solche vorbehaltlose Annahme kann auch durch widerspruchslose Fortsetzung der Tätigkeit unter den geänderten Arbeitsbedingungen liegen[152].

Neben der vorbehaltlosen Annahme kann der Arbeitnehmer aber auch erklären, daß er das Änderungsangebot unter dem Vorbehalt annehme, daß die Änderung der Arbeitsbedingungen sozial gerechtfertigt ist. Dieser Vorbehalt muß der Arbeitnehmer nach § 2 Satz 2 KSchG dem Arbeitgeber innerhalb der Kündigungsfrist, spätestens jedoch innerhalb von 3 Wochen nach Zugang der Kündigung erklären.

Neben der Erklärung des Vorbehalts muß der Arbeitnehmer innerhalb der 3-Wochen-Frist des § 4 KSchG Änderungsschutzklage beim Arbeitsgericht erheben. Versäumt er die Klagefrist, erlischt sein Vorbehalt gem. § 7 KSchG mit der Folge, daß das Arbeitsverhältnis nunmehr zu den geänderten Arbeitsbedingungen fortgesetzt wird.

Schließlich hat der Arbeitnehmer noch die Möglichkeit, das Änderungsangebot des Arbeitgebers ohne Erklärung eines Vorbehalts abzulehnen. Er kann dann gleichwohl die Sozialwidrigkeit der Kündigung im Wege der Kündigungsschutzklage geltend machen. Hat diese jedoch keinen Erfolg, so greift die in der Änderungskündigung erklärte Beendigungskündigung, so daß das Arbeitsverhältnis beendet ist. Von dieser Möglichkeit der vorbehaltlosen Ablehnung des Angebotes wird in der Praxis wegen des hohen Risikos für den Arbeitnehmer praktisch keinen Gebrauch gemacht.

Wenn das Arbeitsgericht die Änderungsschutzklage des Arbeitnehmers abweist, gilt der mit der Änderungskündigung hergestellte neue Inhalt des Arbeitsvertrages vom Zeitpunkt der Wirksamkeit der Kündigung an.

Wenn der Arbeitnehmer andererseits mit seiner Kündigungsschutzklage durchdringt, so ist das Arbeitsverhältnis inhaltlich nicht geändert worden. Der Arbeitnehmer ist dann zu den bisherigen Arbeitsbedingungen weiterzubeschäftigen.

Änderungskündigungen kommen sowohl als personen-, verhaltens- wie auch als betriebsbedingte Kündigungen in Betracht. Je nach Art der ausgesprochenen Kündigung richtet sich die Sozialwidrigkeit nach den oben dargestellten Grundsätzen.

Literatur: Schaub, § 137 mit zahlreichen Nachweisen.

---

152 BAG, Urteil vom 19.06.86 – 2 AZR 565/85.

6. Beendigung und Änderung des Inhalts von Arbeitsverhältnissen

6.12 Auflösungs- und Abwicklungsverträge

Ein Arbeitsverhältnis kann bei Einverständnis beider Vertragsparteien jederzeit durch einen schriftlichen Aufhebungsvertrag beendet werden[153]. Gesetzliche Einschränkungen bestehen hierfür nicht, insbesondere das Kündigungsschutzrecht muß nicht beachtet werden.

610

Die Vereinbarung einer **Abfindung** unterliegt dabei keinerlei Beschränkungen. Die Höhe einer eventuell vereinbarten Abfindung kann sich jedoch auf den Bezug des Arbeitslosengeldes und auch auf die Verpflichtung des Arbeitgebers, das Arbeitslosengeld zu übernehmen, auswirken.

Der Auflösungsvertrag, auch Aufhebungsvertrag genannt, gibt die Möglichkeit, das Arbeitsverhältnis ohne Rücksicht auf Kündigungsfristen (aus der Sicht des Arbeitnehmers) und Kündigungsschutzgesetz (aus der Sicht des Arbeitgebers) zu beenden.

Er beruht auf der **Vertragsfreiheit**[154]. Häufig ist er Ergebnis eines Vergleichs im Kündigungsschutzprozeß.

6.12.1 Inhalt und Rechtsgrundlage

Der Auflösungsvertrag enthält die klare Vereinbarung über die Beendigung des Arbeitsverhältnisses zu einem bestimmten Zeitpunkt.

611

Er kann darüber hinaus auch eine Begründung für die Beendigung enthalten. Daran ist der Arbeitnehmer u.U. wegen des Erhalts von Arbeitslosengeld interessiert.

Der Auflösungsvertrag ist im Bürgerlichen Gesetzbuch nicht speziell geregelt. Für den Anwendungsbereich des BAT sieht dessen § 58 ausdrücklich die Möglichkeit der Beendigung des Arbeitsverhältnisses durch eine Vereinbarung, also einen Vertrag vor.

Der Begriff „Vertrag" weist darauf hin, daß zwei übereinstimmende Willenserklärungen vorliegen müssen, also Arbeitnehmer und Arbeitgeber sich einig sein müssen.

6.12.2 Form

Ebenso wie bei der Kündigung ist auch für den Auflösungsvertrag nach § 623 BGB die Schriftform vorgeschrieben, wobei die elektronische Form ausgeschlossen ist.

612

Für einen Auflösungsvertrag gilt daher – ebenso wie für den Abschluß des Arbeitsvertrages – § 126 Abs. 2 BGB.

Hinsichtlich der Bedeutung der Anwendbarkeit des § 126 BGB kann auf die Ausführungen zum Abschluß des Arbeitsvertrages[155] verwiesen werden.

---

153 Vgl. die ausdrückliche Regelung in § 58 BAT.
154 §§ 145, 305 BGB.
155 S.o. Rn 494.

6.12.3 Anwendungsbereich

613 Der Vorteil eines Auflösungsvertrages besteht für den Arbeitgeber darin, daß er sofort Klarheit über die Beendigung des Arbeitsverhältnisses erhält, und das Risiko einer Kündigungsschutzklage vermeidet.

Deshalb bietet sich für den Arbeitgeber ein Auflösungsvertrag gerade in den Fällen an, in denen die soziale Rechtfertigung einer Kündigung nicht ganz eindeutig ist, wie z.B. häufig bei einer krankheitsbedingten Kündigung oder bei unsicherer Beweislage.

Zu beachten ist allerdings, daß in einigen Bundesländern der Personalrat (nicht der Betriebsrat) zu beteiligen ist[156].

6.12.4 Ausgleichsquittung

614 Im Zusammenhang mit dem Auflösungsvertrag empfiehlt es sich nicht nur die Beendigung selbst, sondern darüber hinaus auch die gesamte Rechtsbeziehung zwischen Arbeitnehmer und Arbeitgeber anläßlich der Beendigung geklärt werden. Es empfiehlt sich daher eine sog. Ausgleichsquittung.

Hierbei handelt es sich um eine Bestätigung des Arbeitnehmers, daß aufgrund des Arbeitsverhältnisses keine Ansprüche mehr bestehen.

In der Praxis finden sich insoweit häufig Formulierungen wie „ damit sind alle Ansprüche aus dem Arbeitsverhältnis erledigt" o.ä. Solche sehr allgemeinen Formulierungen tragen das Risiko in sich, daß sie bei einem eventuellen Gerichtsverfahren von den Gerichten nicht anerkannt werden. Es ist daher erforderlich, möglichst alle Ansprüche zu erwähnen, die abgegolten sein sollen.

Eine vollständige Ausgleichsquittung könnte wie folgt aussehen[157]:

A. Empfangsbestätigung:

Folgende Papiere habe ich ordnungsgemäß ausgefüllt erhalten:

1. Lohnsteuerkarte für das Jahr . . . .
2. Sozialversicherungsnachweisheft und Versicherungskarte
3. Arbeitsbescheinigung nach § 133 AFG
4. Einfaches/Qualifiziertes Zeugnis
5. Urlaubsbescheinigung
6. Lohnabrechnung zum . . . .
7. Sonstiges

Ich bestätige, daß die Lohnabrechnung inklusive der Urlaubsabgeltung zutreffend erfolgt ist. Diese Bescheinigung habe ich sorgfältig und in Ruhe gelesen. Sie ist mir in meine Landessprache übersetzt worden.

Datum   Unterschrift

---

156 Vgl. z.B. § 72a Abs. 2 LPVG NW.
157 Vgl. Küttner, Personalhandbuch 2002, Nr. 75, Rn 16.

6. Beendigung und Änderung des Inhalts von Arbeitsverhältnissen

B. Ausgleichsklausel:
Aus dem Arbeitsverhältnis stehen mir noch folgende Ansprüche zu:
1. Restliches Arbeitsentgelt inklusive Lohnfortzahlung .... €
2. Urlaubsentgelt/zusätzliches Urlaubsgeld .... €
3. Vermögenswirksame Leistungen .... €
4. Abfindung aus dem Sozialplan vom .... €
5. Sonstiges .... €.

Das Arbeitsverhältnis endet(e) mit Ablauf des .... Eine Kündigungsschutzklage werde ich nicht erheben. Eine schon erhobene Klage werde ich zurücknehmen.

Mit der Erfüllung der sich aus den Ziffern 1–5 ergebenden Forderungen sind alle bekannten und unbekannten gegenseitigen Ansprüche aus und in Verbindung mit dem Arbeitsverhältnis und seiner Beendigung abgegolten. Es besteht Einigkeit, daß keine Tatsachen vorliegen, aus denen weitere Ansprüche hergeleitet werden können. Dies gilt auch für die Lohnfortzahlung, den Zeugnisanspruch, Ansprüche auf Karenzentschädigung oder Arbeitnehmererfindervergütung. Insbesondere gilt dies für etwaige Ansprüche aus betrieblicher Altersversorgung; hierauf bin ich vor Unterzeichnung der Ausgleichsklausel ausdrücklich hingewiesen worden und habe dem zugestimmt.

Diese Ausgleichsklausel habe ich sorgfältig und in Ruhe gelesen. Ich wurde darauf hingewiesen, daß ich nicht verpflichtet bin, die Ausgleichsklausel zu unterzeichnen. Sie ist mir in meine Landessprache übersetzt und auf meinen Wunsch erläutert worden.

Datum   Unterschrift

Diese Ausgleichsquittung kann als separate Urkunde erstellt werden oder in den Auflösungsvertrag selbst integriert werden.

6.12.5 Beweislast

Der Arbeitgeber trägt die Beweislast für den Abschluß eines Aufhebungs- oder Auflösungsvertrages. Er muß nach den allgemeinen Grundsätzen des Prozeßrechts die ihm günstigen Tatsachen vortragen (darlegen) und im Bestreitensfalle beweisen. Im Falle des Aufhebungs- und Auflösungsvertrages vernichtet dieser Einwand des beklagten Arbeitgebers den vom Arbeitnehmer unter Bezug auf das KSchG behaupteten Kündigungsschutz. Der Beweis läßt sich bei schriftlicher Vereinbarung sehr einfach durch die Vorlage des unterzeichneten Vertrages führen.

Will der Arbeitnehmer etwas gegen diese Urkunde einwenden, so trägt er hierfür die Darlegungs- und Beweislast[158]. Einwendungen könnten die Fälschung oder Verfälschung der Urkunde sein. Diese Fälle sind in der Praxis des öffentlichen Dienstes kaum zu erwarten. Praktisch relevant könnte dagegen der Einwand des Arbeitnehmers sein, er sei zum Zeitpunkt des Vertragsschlusses z.B. wegen Krankheit nicht geschäftsfähig gewesen.

---

158 BAG, Urteil v. 14.02.1996 – 2 AZR 234/95.

6.12.6 Anfechtung

616 Der Auflösungsvertrag ist das Ergebnis zweier übereinstimmender Willenserklärungen nach den allgemeinen Grundsätzen des BGB. Solche Willenserklärungen sind aber nach §§ 119 ff. BGB dem Grunde nach anfechtbar.

Der Arbeitnehmer könnte behaupten, er sei über die rechtliche Grundlage getäuscht oder zum Abschluß durch Drohung, z.B. mit Kündigung, genötigt worden[159].

Dann muß er konkret darlegen, daß er entweder durch die Drohung zum Abschluß des Vertrages veranlaßt wurde oder er sich infolge einer Täuschung im Irrtum über Inhalt und Tragweite der Aufhebung befand.

Die **Beweislast** trägt der Arbeitnehmer.

So müßte bspw. der Arbeitnehmer beweisen, daß er sich durch die angedrohte Kündigung in einem Zustand befand, den er als bedrohlich empfand, und er sich dadurch zur Unterschriftsleistung gezwungen sah.

Zeuge für den Arbeitnehmer kann nur der Gesprächspartner sein, mit dem der Vertrag geschlossen worden ist.

6.12.6.1 Anfechtung wegen Drohung

617 Der Arbeitgeber darf nur dann die Möglichkeit einer Kündigung andeuten, wenn er diese ernstlich in Erwägung ziehen durfte[160]. Dies ist immer dann der Fall, wenn ein „vernünftiger und besonnener" Arbeitgeber in vergleichbarer Situation ernsthaft eine Kündigung in Betracht gezogen hätte[161], also insbesondere dann nicht, wenn ein erster Fall einer Fehlleistung des Arbeitnehmers im Leistungsbereich vorliegt.

In einer neueren Entscheidung hat das BAG[162] den „verständigen" Arbeitgeber als Vergleich herangezogen. Dieser Arbeitgeber ist nicht „ideal" im Sinne eines besonders hohen sozialen Engagements oder mit ganz hervorragenden Arbeitsrechtskenntnissen ausgestattet. Er hat die Grundprinzipien des Kündigungsrechts zu beachten. Er muß den Kündigungsschutz, den der Arbeitnehmer im Einzelfall genießt[163], und die Beteiligung der Personalvertretung berücksichtigen. Ob die Kündigung im Falle ihres Ausspruchs letztlich beim Arbeitsgericht Bestand hätte, ist nicht in Betracht zu ziehen. Der Arbeitgeber muß aber die ihm erreichbaren Erkenntnisquellen nutzen und sich ernsthaft mit der Frage der Berechtigung einer eventuellen Kündigung befassen.

---

159 §§ 123, 124 BGB.
160 BAG, Urteil v. 16.01.1992 – 2 AZR 412/91.
161 BAG Urt. v. 30.9.1993 – 2 AZR 268/93.
162 BAG, Urteil v. 21.3.1996 – 2 AZR 543/95.
163 § 53 Abs. 3 BAT, § 34 TVöD, § 85 SGB IX etc.

6. Beendigung und Änderung des Inhalts von Arbeitsverhältnissen

Eine erhebliche Verwirrung des Arbeitnehmers durch die Androhung einer Kündigung reicht nicht aus, um den Widerruf zuzulassen. Es muß eine Treuwidrigkeit des Arbeitgebers hinzukommen, die dann nicht vorliegt, wenn der Arbeitnehmer aufgrund seines vorangegangenen Verhaltens mit einer Kündigung rechnen mußte[164].

Weiter noch hat das LAG Hamm[165] verlangt, daß auf das Arbeitsverhältnis das KSchG Anwendung findet oder die angedrohte Kündigung aus sonstigen Gründen unwirksam wäre.

Die Aufforderung an den Arbeitnehmer, selbst zu kündigen oder einen Auflösungsvertrag zu schließen, ist jedoch nur bei Hinzutreten weiterer Elemente geeignet, eine Nötigung darzustellen[166]. Ein solches weiteres Element wäre die Androhung der Kündigung in einem Fall, in dem diese offensichtlich unwirksam ist.

6.12.6.2 Anfechtung wegen Überrumpelung

Kein Widerrufsrecht folgt aus dem Umstand, daß der Arbeitnehmer für ihn überraschend zu einem Gespräch über den Auflösungsvertrag gebeten und nicht vorab auf dieses Thema vorbereitet wurde[167]. In der gleichen Entscheidung hat das BAG auch das Erfordernis einer Bedenkzeit verneint. Dies ist besonders bedeutsam, weil dieser Entscheidung ein allgemein verbindlicher Tarifvertrag (MTV Einzelhandel Nordrhein-Westfalen) zugrunde lag, der vorsah, daß eine Bedenkzeit von drei Tagen gefordert werden kann. Der Verzicht auf diese Bedenkzeit war im schriftlichen Aufhebungsvertrag aufgenommen. **618**

Dennoch werden diese Fragen von den Gerichten jeweils im Einzelfall gesondert geprüft. Dabei kommt der Stellung, das heißt der Ausbildung, der beruflichen Kompetenz und dem Lebensalter des Arbeitnehmers eine gewisse Bedeutung zu. Im Falle der Schreibkraft und des Auszubildenden wird dies anders zu beurteilen sein als bei einem Sachgebietsleiter.

6.12.7 Aufklärungspflichten

Beim Abschluß von Aufhebungsverträgen treffen den Arbeitgeber gewisse Aufklärungspflichten als gesetzliche und vertragliche Nebenpflichten. **619**

Bereits seit dem 1.1.2003 soll der Arbeitgeber gem. § 2 Abs. 2 Satz 2 Nr. 3 SGB III Arbeitnehmer „... frühzeitig vor Beendigung des Arbeitsverhältnisses über die Notwendigkeit eigener Aktivitäten bei der Suche nach einer anderen Beschäftigung sowie über die Verpflichtung unverzüglicher Meldung bei der Agentur für Arbeit" informieren.

---

164 ArbG Köln, Urteil v. 25.5.1993 – 16 Ca 9583/92.
165 LAG Hamm Urteil v. 21.10.1993 – 17 Sa 437/93.
166 LAG München, Urteil v. 28.01.1988 – 4 Sa 1056/87.
167 BAG, Urteil v. 30.09.1993 – 2 AZR 268/93.

Trotz der Formulierung als „Sollvorschrift" ist bislang zumindest im Schrifttum ein möglicher Schadensersatzanspruch des Arbeitnehmers gegen den Arbeitgeber für den Fall diskutiert worden, daß der Hinweis unterbleibt.

Das Bundesarbeitsgericht hat dieser Ansicht jedoch eine klare Absage erteilt. Wie schon die Vorinstanzen hat es einen Schadensersatzanspruch des Arbeitnehmers wegen eines unterlassenen Hinweises des Arbeitgebers nach § 2 Abs. 2 Satz 2 Nr. 3 SGB III abgelehnt[168].

Bei der Frage nach dem Umfang dieser Aufklärungspflichten sind das erkennbare Informationsbedürfnis des Arbeitnehmers und die Beratungsmöglichkeiten des Arbeitgebers gegeneinander abzuwägen.

Im Grundsatz gilt, daß der Arbeitnehmer sich vor Abschluß eines Aufhebungsvertrages über dessen Auswirkungen selbst informieren muß. In Einzelfällen kann dies jedoch anders sein. Dies ist zum einen der Fall, wenn der Arbeitnehmer aufgrund besonderer Umstände darauf vertrauen durfte, daß der Arbeitgeber ihn vor schädlichen Auswirkungen des vorzeitigen Ausscheidens bewahren werde[169]. Zum anderen treffen den Arbeitgeber gesteigerte Aufklärungspflichten, wenn er im betrieblichen Interesse den Abschluß eines Aufhebungsvertrages vorschlägt, der Arbeitgeber offensichtlich mit den Besonderheiten der ihm zugesagten Zusatzversorgung des öffentlichen Dienstes nicht vertraut ist, sich der baldige Eintritt eines Versorgungsfalles bereits abzeichnet und durch die vorzeitige Beendigung des Arbeitsverhältnisses außergewöhnlich hohe Versorgungseinbußen drohen[170]. Unter diesen Umständen reicht es nicht, wenn der Arbeitgeber einen allgemeinen Hinweis auf Verluste bei der Zusatzversorgung gibt und im übrigen an den zuständigen Rentenversicherungsträger zur Einholung von Auskünften verweist.

Geht beim Abschluß eines Aufhebungsvertrags ein evtl. bestehender Sonderkündigungsschutz verloren, soll der Arbeitgeber hierauf aufmerksam machen[171]. Er muß darauf hinweisen, daß der Abschluß eines Aufhebungsvertrages zu einer Sperrfrist beim Arbeitslosengeld nach § 144 SGB III führen kann. Dies gilt jedenfalls dann, wenn er selber den Abschluß des Aufhebungsvertrages veranlaßt hat oder erkennt, daß der Arbeitnehmer sich über die Folgen und die Tragweite seines Handelns im Unklaren ist[172].

Unterläßt er diese Aufklärung, kann er verpflichtet sein, dem Arbeitnehmer das entgangene Arbeitslosengeld zu ersetzen.

Dies läßt sich vermeiden, wenn statt eines Aufhebungsvertrages eine Kündigung mit anschließendem Klageverzicht ausgesprochen wird. Diese ist arbeitsrechtlich problemlos und sozialrechtlich unschädlich, solange

---

168 BAG, Urteil vom 26.09.2005 – 8 AZR 571/04.
169 BAG, Urteil vom 23.05.1989, Der Betrieb 1989, S. 2492.
170 BAG, Urteil vom 17.10.2000 – 3 AZR 605/99, NZA 2001, S. 472.
171 MüKo/Schwerdtner Vor § 620 Rz 15.
172 BAG 10.3.88, DB 88, 2006.

der Arbeitgeber für den Klageverzicht nicht zusätzliche Leistungen gewährt[173].

Fragen des Arbeitnehmers bei Abschluß des Aufhebungsvertrages nach den rechtlichen Auswirkungen auf Altersversorgung oder Arbeitslosengeld muß der Arbeitgeber vollständig und richtig beantworten. Ist er dazu nicht in der Lage, muß er sie an die zuständige Stelle weiterleiten. Für unzutreffende eigene Beantwortung haftet der Arbeitgeber auf Schadensersatz[174].

6.12.8 Abwicklungsvertrag

Der Abschluß eines Aufhebungsvertrages kann mannigfache sozialrechtliche Folgen nach sich ziehen. So kann eine Sperrzeit beim Arbeitslosengeld und ein Ruhen des Anspruchs nach § 143a SGB III eintreten. **620**

Auf der Seite des Arbeitgebers kann eine Erstattungspflicht gezahlten Arbeitslosengeldes nach § 147a SGB III in Betracht kommen.

Um diese sozialversicherungsrechtlichen Nachteile aufzufangen, ist der sog. Abwicklungsvertrag entwickelt worden.

Im Gegensatz zum Aufhebungsvertrag beschränkt sich der Abwicklungsvertrag auf die Regelungen der Rechtsfolgen eines beendeten Beschäftigungsverhältnisses und setzt insbesondere eine vorhergehende arbeitgeberseitige betriebs- oder verhaltensbedingte Kündigung voraus.

Ob ein Abwicklungsvertrag wirklich empfohlen werden kann, erscheint indes fraglich. So hat z.B. das BSG bereits entschieden, daß eine Sperrzeit nach § 144 SGB III auch beim Abschluß eines Abwicklungsvertrages eintritt, wenn dieser sich faktisch als Aufhebungsvertrag darstellt[175]. Es hat ausgeführt, daß für die Bewertung des Verhaltens der Arbeitsvertragsparteien die kündigungsrechtliche Stellung des Arbeitnehmers, die Modalitäten des Ausscheidens und die gesamte Interessenlage der Beteiligten entscheidend ist. Eine auf die Beendigung des Beschäftigungsverhältnisses gerichtete Willenserklärung des Arbeitnehmers sei insbesondere dann anzunehmen, wenn die ordentliche Kündigung des Arbeitsverhältnisses tariflich ausgeschlossen sei, der Arbeitnehmer aber gleichwohl vertraglich auf die Erhebung der Kündigungsschutzklage verzichte. Wenn in diesem Zusammenhang finanzielle Zuwendungen flössen (sog. Entlassungsentschädigungen gewährt würden), stelle sich dies als Zustimmung des Arbeitnehmers zur Auflösung des Arbeitsverhältnisses dar.

Literatur: Schaub, § 122 mit zahlreichen Nachweisen.

---

173 S.u. Rn 633.
174 BAG 3.7.90, DB 90, 2431.
175 BSG, Urteil vom 09.11.1995 – 11 Rar 27/95, Betriebsberater 1996, S. 1510.

5. Abschnitt: Grundzüge des Betriebsverfassungs- und Personalvertretungsrechts

1. Betriebsverfassung und Unternehmensverfassung

1.1 Wesen und Bedeutung der Betriebsverfassung

Die Einbettung des Arbeitsverhältnisses in einen Betrieb und seine dadurch zwangsläufig bedingte und beeinflußte Ausgestaltung durch den Ablauf des vielfältigen allgemeinen und besonderen Betriebsgeschehens erfordern es, die Arbeitnehmer an den Entscheidungen des Arbeitgebers in sozialen, personellen und wirtschaftlichen Angelegenheiten zu beteiligen, ohne daß allerdings durch einseitige Handlungen in die Leitung oder in Geschäfte des Betriebes eingegriffen werden darf[1]. Die Betriebsverfassung beruht auf dem Grundsatz der **Partnerschaft** zwischen Arbeitgeber und Arbeitnehmerschaft des Betriebs. Der Betriebsbegriff ist dabei im Hinblick auf seine Funktion als die organisatorische Einheit zu definieren, innerhalb der ein Arbeitgeber regelmäßig mit betriebsangehörigen Arbeitnehmern unter Zuhilfenahme von technischen, materiellen und immateriellen Mitteln bestimmte arbeitstechnische und betriebstechnische Zwecke fortgesetzt verfolgt, die sich nicht in der Befriedigung des Eigenbedarfs erschöpfen[2].

621

Der in der Betriebsverfassung enthaltene **Mitwirkungs- und Beteiligungsgedanke** ist auf einer Zusammenarbeit der Partner des Betriebslebens zum Wohle der Arbeitnehmer und des Betriebs ausgerichtet[3]. Arbeitgeber und Betriebsrat als Interessenvertreter der Belegschaft regeln die betrieblichen Angelegenheiten, weil innerhalb dieses Rahmens die Arbeitnehmer ihren arbeitsvertraglichen Pflichten weisungsgebunden nachzukommen haben. Durch die betriebsverfassungsrechtliche Beteiligung der Arbeitnehmer wird das Direktionsrecht des Arbeitgebers je nach dem Umfang der gesetzlichen Einwirkungsmöglichkeiten innerhalb der Palette der Beteiligungsrechte mehr oder weniger beschränkt. Dies be-

---

1 § 77 Abs. 1 Satz 2 BetrVG.
2 Vgl. BAG AP Nr. 1, 4 bis 9 zu § 3 BetrVG 1952, Nr. 1 zu § 88 BetrVG 1952, Nr. 1 zu § 1 BetrVG 1972, Nr. 1 zu § 4 BetrVG 1972.
3 § 2 Abs. 1 BetrVG.

5. Abschnitt: Grundzüge des Betriebsverfassungs- und Personalvertretungsrechts

zieht sich sowohl auf die personen-(arbeitsplatz)-bezogenen individuellen Rechte[4] als auch auf Maßnahmen kollektiver Mitwirkung[5].

1.2 Grundlagen der Betriebsverfassung

622 Grundlage der Betriebsverfassung ist das BetrVG i.d.F. der Bekanntmachung vom 25.09.2001[6], die mit Wirkung zum 28.07.2001 gilt und die erste Durchführungsverordnung zum Betriebsverfassungsgesetz vom 11.12.2001, BGBl I, S. 3494 (sogenannte Wahlordnung).

Durch die Neufassungen ist es entgegen den Ankündigungen des Bundesarbeitsministeriums nicht zu der großen Reform der Betriebsverfassung gekommen. Insbesondere sind die Mitbestimmungstatbestände nicht ausgeweitet worden. Neu sind lediglich die Regelungen über die Größe der Betriebsräte[7], die Staffelung bei der Freistellung[8] sowie die erleichterte Möglichkeit von Betriebsratswahlen in sog. Kleinbetrieben[9].

Wesentliche Änderungen haben sich darüber hinaus bei der Wahl des Betriebsrats dadurch ergeben, daß es keine Gruppenwahl mehr gibt[10] und durch die Einführung einer zwingenden Geschlechterquote[11].

BetrVG und WahlO beinhalten die zwingenden und mithin zu Recht als Verfassung bezeichneten und festgelegten Inhalte der zwischen Arbeitgeber und Arbeitnehmern zu regelnden betrieblichen Beziehungen, obgleich es sich dabei wohl um privates Recht handelt. Dem durch Gesetz geregelten Betriebsverfassungsrecht kommt jedoch die gleiche arbeitsrechtliche Schutzfunktion zu wie staatlichen Arbeitsschutzvorschriften, so daß es auch – obwohl als Privatrecht charakterisiert – eine der Bedeutung des Arbeitslebens gerecht werdende andere Privatrechtsnormen überragende Stellung einnimmt. Das drückt sich insbesondere darin aus, daß die betriebsverfassungsrechtlichen Normen die Bestimmungen des Einzelarbeitsvertrags zwingend dergestalt beeinflussen, daß individualrechtlich keine für den Arbeitnehmer ungünstigere Regelungen vereinbart werden dürfen und damit zumindest eine betriebliche Gleichstellung der Arbeitnehmer erreicht wird[12]. Sowohl in diesem Sinne als auch die Beteiligung der Arbeitnehmer an den betrieblichen Entscheidungsprozessen

---

4 §§ 81 bis 86 BetrVG: Mitwirkungs- und Beschwerderecht des einzelnen Arbeitnehmers.
5 §§ 87 bis 91 BetrVG: Mitbestimmung in sozialen Angelegenheiten einschließlich des Arbeitsschutzes und der Gestaltung von Arbeitsplatz, Arbeitsablauf und Arbeitsumgebung; §§ 92 bis 105: Mitbestimmung in allgemeinen personellen Angelegenheiten einschließlich der Berufsbildung und personeller Einzelmaßnahmen; §§ 106 bis 113: Mitbestimmung in wirtschaftlichen Angelegenheiten.
6 BGBL I, S. 2518.
7 § 9 BetrVG.
8 § 38 BetrVG.
9 § 14a BetrVG.
10 § 14 BetrVG.
11 § 15 Abs.2 BetrVG.
12 Vgl. insbesondere § 75 BetrVG.

betreffend dient das BetrVG der Demokratisierung im Betrieb. Dem entspricht es, wenn man das BetrVG als die Sozialstaatsklausel für den betrieblichen Bereich konkretisierend ansieht[13].

Zu diesem Zweck enthält das BetrVG außer den materiell-rechtlichen Vorschriften über Inhalt und Gehalt der genannten Beteiligungsrechte und solchen über den fachlich-sachlichen[14] und persönlichen[15] Geltungsbereich Regelungen über die Mitbestimmungsgremien selbst[16]. Die besondere Bedeutung der Betriebsverfassung wird dadurch unterstrichen – und insofern ist ihr eben mehr als nur ein rein privatrechtlicher Charakter beizumessen –, daß ihr Sinn und Zweck als auch ihr Funktionieren strafrechtlich besonders geschützt ist[17].

Die Wahlordnung enthält formale Vorschriften über Vorbereitung und Durchführung der Wahl des Betriebsrates und der Jugendvertretung.

BetrVG und Wahlordnung finden keine Anwendung auf Verwaltungen und Betriebe des Bundes, der Länder, der Gemeinden und sonstige Körperschaften, Anstalten und Stiftungen des öffentlichen Rechts[18]. Für diese gelten die besonderen Regelungen des Personalvertretungsrechts des Bundes und der Länder, wobei auf die formelle Rechtsform des Betriebes oder der Verwaltung abzustellen ist[19].

Literatur: Dietz/Richardi, Betriebsverfassungsgesetz (Komm.), 7. Aufl., 1998. Fabricius/Kraft u.a., GK zum Betriebsverfassungsgesetz, 5. Aufl., 1994. Fitting/Auffahrth/Kaiser/Heither, Betriebsverfassungsgesetz (Komm.), 20. Aufl., 2000. Heß/Schlochauer/Glaubitz, Komm zum BetrVG, 5. Aufl., 1997.

1.3 Betriebsrat

1.3.1 Stellung und Aufgaben des Betriebsrats

Der Betriebsrat ist Organ der Belegschaft, deren Interessen er in Ausübung seiner Beteiligungsrechte im eigenen Namen kraft seines Amtes zu vertreten hat[20]. Er ist damit weder ein gesetzlicher[21], von Gesetzes wegen vorgesehener[22] noch rechtsgeschäftlich bestellter (z.B. beauftragter) Vertreter. Er ist als eigenständiges Organ in seinem Auftreten gegenüber dem Arbeitgeber, den Behörden und den im Betrieb vertretenen Gewerkschaften weisungsunabhängig, wenn er auch verpflichtet ist, mit

623

---

13 Vgl. Art. 20, 28, 79 Abs. 3 GG.
14 §§ 1, 4, 114 bis 118 BetrVG.
15 §§ 5, 6 BetrVG.
16 §§ 7 bis 73: Betriebsrat, Betriebsversammlungen, Gesamtbetriebsrat, Konzernbetriebsrat, Jugendvertretung.
17 §§ 119 bis 121 BetrVG.
18 § 130 BetrVG.
19 BAG AP Nr.1 zu § 130 BetrVG 1972.
20 Vgl. BAG AP Nr. 1 zu § 77 BetrVG 1972.
21 Vgl. Vormund.
22 Vgl. Vorstand einer Aktiengesellschaft, Geschäftsführer einer GmbH.

5. Abschnitt: Grundzüge des Betriebsverfassungs- und Personalvertretungsrechts

dem Arbeitgeber und den im Betrieb vertretenen Gewerkschaften[23] und Arbeitgebervereinigungen unter Beachtung der geltenden Tarifverträge vertrauensvoll zum Wohl der Arbeitnehmer und des Betriebs zusammenzuarbeiten[24]. Das einzelne Mitglied des Betriebsrates – auch der Vorsitzende[25] – handelt als Mitglied des Organs und nicht als Bevollmächtigter, wenn es im betriebsverfassungsrechtlichen Aufgabenbereich tätig wird[26] auf Wunsch des Arbeitnehmers[27].

624 Nicht zum Betriebsrat gehören die sogenannten Sprecherausschüsse der leitenden Angestellten, die grundsätzlich nicht dem persönlichen Geltungsbereich des Betriebsverfassungsgesetzes unterliegen[28].

Die Bildung von **Sprecherausschüsse**n ist aber zulässig: Vgl. nunmehr Gesetz über die Sprecherausschüsse für leitende Angestellte.

625 Der Betriebsrat hat außer Organisations- und Geschäftsführungsaufgaben im Rahmen der §§ 26 bis 46 BetrVG eine Reihe von umfangreichen allgemeinen Aufgaben zu erfüllen. Insbesondere hat er nach § 80 Abs. 1 BetrVG

(1) die Durchführung der zu Gunsten der Arbeitnehmer geltenden Gesetze, Verordnungen, Unfallverhütungsvorschriften, Tarifverträge und Betriebsvereinbarungen zu überwachen,

(2) beim Arbeitgeber die dem Betrieb und der Belegschaft dienenden Maßnahmen zu beantragen,

(2a) die Durchsetzung der tatsächlichen Gleichstellung von Frauen und Männern ... zu fördern,

(2b) die Vereinbarkeit von Familie und Erwerbstätigkeit zu fördern.

(3) Anregungen von Arbeitnehmern und der Jugendvertretung entgegenzunehmen, erforderlichenfalls auf ihre Erledigung beim Arbeitgeber hinzuwirken und die Anreger über Verhandlungs- und Ergebnisstand zu unterrichten,

(4) die Eingliederung Schwerbehinderter und schutzbedürftiger Personen zu fördern,

(5) die Wahl einer Jugendvertretung vorzubereiten und durchzuführen und mit ihr eng zusammenzuarbeiten,

---

23 Über deren Zutrittsrecht vgl. BAG AP Nr. 1, 2 zu § 2 BetrVG 1972.
24 § 2 BetrVG.
25 Vgl. BAG DB 1981, 803,1414.
26 § 83 Abs. 1 Satz 2 BetrVG.
27 §§ 26 Abs. 2, Satz 3, 28 Abs.3 BetrVG, kraft Delegation.
28 § 5 Abs. 3 BetrVG; zum Begriff des leitenden Angestellten vgl. BAG AP Nr. 1 bis 4,7 bis 28 zu § 5 BetrVG 1972 sowie § 14 KSchG.

1. Betriebsverfassung und Unternehmensverfassung

(6) die Beschäftigung älterer Arbeitnehmer im Betrieb zu fördern,

(7) die Eingliederung ausländischer Arbeitnehmer und das Verständnis mit deutschen Arbeitnehmern zu fördern.

Innerhalb seines Aufgabenbereichs ist der Betriebsrat des weiteren verpflichtet, zusammen mit dem Arbeitgeber die Gleichbehandlung aller im Betrieb tätigen Personen zu überwachen und ihre Persönlichkeitsrechte zu schützen und zu fördern[29] sowie Betriebsvereinbarungen zu beschließen und schriftlich niederzulegen[30]. Weiterhin ist er verpflichtet, als geheimhaltungsbedürftig bezeichnete Geschäfts- und Betriebsgeheimnisse weder zu offenbaren noch zu verwerten[31]. Zur Durchführung seiner Aufgaben hat der Betriebsrat mit dem Arbeitgeber nach Maßgabe des § 74 BetrVG zusammenzuarbeiten. Gegen Benachteiligungen aus Anlaß ihrer Tätigkeiten sind die Betriebsratsmitglieder insofern allgemein geschützt, als sie in der Ausübung und wegen ihrer Tätigkeit nicht gestört oder gehindert und nicht benachteiligt oder begünstigt werden dürfen. Das gilt auch im Hinblick auf ihre berufliche Entwicklung[32] und ihr sonstiges wirtschaftliches und soziales Weiterkommen[33].

Im übrigen hat der Arbeitgeber die Betriebsratsmitglieder ohne Minderung ihres Arbeitsentgeltes[34] von der Arbeitsleistung freizustellen, wenn dies der Betrieb zur ordnungsgemäßen Durchführung der erforderlichen Aufgaben gestattet[35]. Schließlich hat der Arbeitgeber auch für die Kosten des Betriebsrats einschließlich des Sachaufwandes aufzukommen[36]. **626**

1.3.2 Gesamtbetriebsrat und Konzernbetriebsrat

Die Errichtung eines Gesamtbetriebsrates ist zwingend vorgeschrieben, wenn in einem Unternehmen mehrere Betriebsräte bestehen[37]. Der Gesamtbetriebsrat ist, ohne den einzelnen Betriebsräten übergeordnet zu sein, für die Behandlung der Angelegenheiten zuständig, die das Gesamtunternehmen oder mehrere Betriebe betreffen und die nicht durch die einzelnen Betriebsräte in ihren Betrieben geregelt werden können (originäre Zuständigkeit). Ein einzelner Betriebsrat kann den Gesamtbetriebsrat auch beauftragen, eine Angelegenheit für ihn zu behandeln[38]. Die Aufgaben des Gesamtbetriebsrats sind regelmäßig unternehmensbezo- **627**

---

29 § 75 BetrVG.
30 § 77 Abs. 2 Satz 1 BetrVG.
31 § 79 BetrVG.
32 BAG AP Nr. 1 zu § 78 BetrVG 1972.
33 § 78 BetrVG.
34 Gilt nicht uneingeschränkt: vgl. BAG AP Nr. 37 zu § 37 BetrVG 1972.
35 Vgl. den umfangreichen speziellen Schutz der Betriebsratstätigkeiten einschließlich der Schulungs- und Bildungsveranstaltungen: § 37 BetrVG.
36 § 40 BetrVG und dazu BAG AP Nr. 2,5, 7, 14, 17 zu § 40 BetrVG 1972, BVerfG AP Nr. 13 zu § 40 BetrVG 1972; zum öffentlichen Dienstrecht: OVG Münster AP Nr. 1 zu § 42 LPVG NW, BVerwG AP Nr.2 zu § 44 BPersVG.
37 § 47 Abs. 1 BetrVG; wegen der Zusammensetzung des Gesamtbetriebsrates und des Stimmengewichts vgl. § 47 Abs. 2 bis 8 BetrVG.
38 Derivative Zuständigkeit; vgl. § 50 BetrVG.

5. Abschnitt: Grundzüge des Betriebsverfassungs- und Personalvertretungsrechts

gen[39] im Interesse einer einheitlichen Regelung im Unternehmen oder mehreren Betrieben (z.B. Abschluß einer Gesamtbetriebsvereinbarung über einheitliche personelle Auswahlrichtlinien, Aufstellen eines Interessenausgleichs- oder Sozialplanes für Betriebsstillegungen, Mitwirkung bei Sozialeinrichtungen des Unternehmens). Aufgaben, die im Betrieb selbst geregelt werden können, gehören nicht in die Zuständigkeit des Gesamtbetriebsrats (z.B. Aufstellen eines Urlaubsplanes nach § 8i Abs. 1 Ziff.5 BetrVG).

628 Nur fakultativ ist nach wie vor die Bildung eines den einzelnen Gesamtbetriebsräten oder Betriebsräten nicht übergeordneten Konzernbetriebsrats vorgesehen[40], der für die Behandlung von Angelegenheiten zuständig ist, die den Konzern[41] oder mehrere Konzernunternehmen betreffen und die nicht durch die einzelnen Gesamtbetriebsräte innerhalb des Unternehmens geregelt werden können[42]. Der Konzernbetriebsrat nimmt typisch konzernbezogene Aufgaben wahr (z.B. Aufstellen von Konzernrichtlinien für die Vergabe von Werkswohnungen, Abschluß einer Konzernbetriebsvereinbarung über eine zentrale Altersversorgung oder über das betriebliche Vorschlagswesen, wobei die Vereinbarungen häufig Rahmenbedingungen beinhalten, die von den einzelnen Gesamtbetriebsräten oder Betriebsräten mit dem Arbeitgeber betriebsspezifisch auszugestalten sind; insofern ist schon durch die Konzernrahmenvereinbarung ein Einlassungszwang für die Arbeitgeber der einzelnen konzernangehörigen Betriebe begründet).

1.3.3 Sondervertretungen

629 **1.3.3.1** Die jugendlichen Arbeitnehmer und die Auszubildenden eines Betriebes wählen nach Maßgabe des § 60 Abs. 1 BetrVG eine Vertretung, die ihre besonderen Belange im Rahmen des Aufgabenkatalogs nach § 70 Abs. 1 BetrVG wahrnimmt. Dazu hat der Betriebsrat die Jugendvertretung rechtzeitig und umfassend zu unterrichten[43]. Der **Jugendvertretung** steht ein qualifiziertes Teilnahmerecht in Form eines Stimm- und Vorschlagsrechts an allen Betriebsratssitzungen zu[44]. Die Jugendvertretung kann zu allen Betriebsratssitzungen einen Vertreter entsenden. Ein Teilnahmerecht für die gesamte Jugendvertretung besteht für die Abhandlung von Tagesordnungspunkten, bei denen besondere die jugendliche Arbeitnehmer betreffenden Angelegenheiten behandelt werden. Im übrigen nimmt die Jugendvertretung ihre betriebsverfassungsrechtlichen Aufgaben über den Betriebsrat wahr. Ein Recht, selbständig Betriebsvereinbarungen abzuschließen, steht ihr nicht zu. Die Jugendvertretung ist

---

39 Vgl. BAG AP Nr. 1, 3 zu § 50 BetrVG 1972.
40 § 54 BetrVG.
41 Vgl. § 18 Abs. 1 AktG.
42 § 58 BetrVG.
43 § 70 Abs. 2 BetrVG.
44 § 67 BetrVG; für die Jugendvertretung im öffentlichen Dienst vgl. § 40 BPersVG, aber § 61 Abs. 4 LPVG NW.

1. Betriebsverfassung und Unternehmensverfassung

jedoch bei Verhandlungen zwischen Arbeitgeber und Betriebsrat, soweit es Fragen jugendlicher Arbeitnehmer angeht, hinzuziehen.

Zwingend ist die Bildung einer **Gesamtjugend- und Auszubildendenvertretung** vorgesehen, wenn in einem Unternehmen, mehrere Vertretungen bestehen[45]. Diese ist zuständig für die Angelegenheiten jugendlicher Arbeitnehmer, die das Gesamtunternehmen oder mehrere Betriebe betreffen[46]. Die Gesamtvertretung nimmt ihre Aufgaben in Zusammenarbeit mit dem Gesamtbetriebsrat wahr[47].

1.3.3.2 Eine Sonderstellung nimmt die **Vertrauensperson** der **Schwerbehinderte**n[48] ein.   630

Im Rahmen der Verpflichtung, die Eingliederung Schwerbehinderter zu fördern, haben Betriebs-, Personal-, Richter- und Präsidialräte u.a. die Verpflichtung, in Betrieben und Dienststellen auf die Wahl des Vertrauensmannes hinzuwirken[49], dessen Aufgaben, sowie Rechte und Pflichten sich nach §§ 94, 95 SGB IX richten. Seine Tätigkeit ist auf die Interessenwahrung schwerbehinderter Arbeitnehmer ausgerichtet. Er ist berechtigt, an allen Sitzungen des Betriebsrats[50] oder Personalrats[51] beratend teilzunehmen. Gleiches gilt nach § 97 SGB IX für den nach Maßgabe dieser Vorschrift zu wählenden Gesamt-, Haupt- oder Bezirksvertrauensmann.

Die sogenannten **nichtständig Beschäftigten** sind nur im Bereich des öffentlichen Dienstes von Gesetzes wegen im Rahmen der Personalvertretung beteiligt[52].

Zur Wahrnehmung ihrer besonders gelagerten Probleme in den Betrieben können nach § 3 Abs. 1 BetrVG durch zustimmungspflichtige Tarifverträge[53] entsprechende Sondervertretungen gebildet werden, die über den Betriebsrat ihre Angelegenheiten mit dem Arbeitgeber regeln.

Eine Sonderstellung außerhalb des BetrVG nehmen im Hinblick auf ihre Interessenvertretung gegenüber dem Arbeitgeber die leitenden Angestellten ein. Nach dem Gesetz über die **Sprecherausschüsse** für leitende Angestellte nehmen sie ihre eigenen Rechte selbständig und losgelöst vom Betriebsrat wahr[54].   631

---

45 § 72 Abs. 1 BetrVG.
46 Vgl. die Zuständigkeitsregelung § 73 Abs. 2 BetrVG.
47 Wegen Bildung und Zuständigkeit von Jugendvertretungen im öffentlichen Dienst vgl. für das BPersVG die Jugendvertretung nach §§ 57 ff. sowie die Bezirksjugendvertretung und die Hauptjugendvertretung nach § 64; für das LPVG NW die Jugendvertretung nach §§ 54 ff. und die Stufenvertretungen nach § 60.
48 § 94 SGB IX.
49 § 93 SGB IX.
50 § 32 BetrVG.
51 § 40 BPersVG, § 36 LPVG NW.
52 Vgl. § 65 BPersVG.
53 Vgl. § 3 Abs. 2 BetrVG.
54 Zur Interessenvertretung für leitende Angestellte im öffentl. Dienst vgl. §§ 7, 13, 14 Abs. 2 BPersVG.

5. Abschnitt: Grundzüge des Betriebsverfassungs- und Personalvertretungsrechts

Literatur: Bauer, Sprecherausschußgesetz, 2. Aufl., 1990. Borgward-Fischer, Gesetz über Sprecherausschüsse tür leitende Angestellte (Komm.), 1989. Dänzer-Vanotti, Rechte und Pflichten des Sprecherausschusses, DB 1990, 41. Däubler, Die gewerkschaftliche Betätigung im Betrieb, 2. Aufl., 1980. Richardi, Betriebsratsamt und Gewerkschaft, RdA 1972, 8. Schaub, Der Betriebsrat, 6. Aufl., 1995. Wiese, Das Initiativrecht nach dem Betriebsverfassungsgesetz, 1977.

1.4 Umfang der Betriebsverfassung

1.4.1 Betriebsverfassungsrechtliche Individualrechte

632 Das BetrVG enthält eine Reihe von Individualrechten mit kollektivem Bezug. Zunächst hat der Arbeitgeber vor Begründung des Arbeitsverhältnisses oder bei anstehenden Veränderungen im Arbeitsbereich den Arbeitnehmer umfassend über wesentliche Umstände zu unterrichten, die Arbeitsplatz, Arbeitsablauf und Arbeitsumwelt betreffen[55]. Dieses allgemeine **Unterrichtungsrecht** wird durch ein **Anhörungs- und Erörterungsrecht** ergänzt, das dem Arbeitnehmer ermöglicht, von sich aus in seine Person betreffenden betrieblichen Angelegenheiten initiativ tätig zu werden und Vorschläge zu unterbreiten[56]. Das Recht ist gekoppelt mit dem Anspruch auf Erläuterung der Berechnung und Zusammensetzung des Arbeitsentgeltes und die Erörterung der beruflichen Entwicklungsmöglichkeiten[57]. Bei der Geltendmachung dieser Ansprüche kann der Arbeitnehmer – ebenso wie bei der Ausübung seiner Rechte auf Einsichtnahme in die Personalakten[58] – ein Mitglied des Betriebsrats zu seiner Unterstützung hinzuziehen, das im übrigen zum Stillschweigen verpflichtet ist[59], wenn es vom Arbeitnehmer nicht im Einzelfall davon entbunden ist. Schließlich steht dem Arbeitnehmer wegen jedweder' rechtlichen oder tatsächlichen Beschwerde ein sowohl individuell als auch kollektiv ausgestaltetes Beschwerderecht zu[60], wenn er sich vom Arbeitgeber oder von Arbeitnehmern des Betriebs benachteiligt, ungerecht behandelt oder in sonstiger Weise beeinträchtigt fühlt. Wegen der Ausübung des Rechts dürfen dem Arbeitnehmer keine Nachteile erwachsen. Was die Durchführung von Beschwerdeverfahren betrifft, kann sich die Einrichtung einer betrieblichen Beschwerdestelle empfehlen[61].

1.4.2 Kollektivbeteiligungen

633 Umfangreich geregelt ist die Beteiligung des Betriebsrats in sozialen, personellen und wirtschaftlichen Angelegenheiten[62].

---

55 § 81 BetrVG.
56 § 82 Abs. 1 BetrVG; vgl. Anregungsbefugnis des Betriebsrats nach § 80 Abs. 1 Ziff.3 BetrVG.
57 § 82 Abs.2 BetrVG.
58 § 83 BetrVG.
59 §§ 79 Abs. 1, 120 Abs. 1 Ziff. 1 BetrVG.
60 Vgl. §§ 84, 85 BetrVG.
61 § 86 BetrVG.
62 §§ 87 ff., 92 ff., 106 ff. BetrVG.

1. Betriebsverfassung und Unternehmensverfassung

1.4.2.1 Das zentrale Mitbestimmungsrecht des Betriebsrats überhaupt liegt bei der umfassenden Regelung der **Sozialtatbestände** des § 87 Abs. 1 Ziff. 1–12 BetrVG. Innerhalb dieser im Übrigen erschöpfenden Aufzählung äußert sich das Mitbestimmungsrecht im Abschluß entsprechender Betriebsvereinbarungen, soweit eine gesetzliche oder tarifliche Regelung nicht besteht. Kommt eine Einigung zwischen Arbeitgeber und Betriebsrat nicht zustande, dann entscheidet die Einigungsstelle verbindlich[63].

Die absolut mitbestimmungspflichtigen Sozialtatbestände beziehen sich im einzelnen auf

(1) Fragen der Ordnung des Betriebs (Sauberkeit am Arbeitsplatz, Torkontrollen, Verkehrs- und Parkplatzordnung, eingebrachte Sachen, Rauch- und Alkoholverbot, Verbot von Fotografieren und Filmen im Betrieb u.ä.) und des Verhaltens der Arbeitnehmer im Betrieb[64],

(2) Regelung der täglichen und wöchentlichen Arbeitszeit[65],

(3) Kurz- und Mehrarbeit[66],

(4) Modalitäten der Auszahlung des Arbeitsentgeltes (Arbeitsentgelt: Lohn, Urlaubsvergütung, Gratifikationen, Naturalleistungen; Zahlungszeitpunkt: Abrechnungszeitraum entweder wöchentlich, monatlich, Abschlagszahlungen; Zahlungsort und Zahlungsart: z.B. bargeldlose Lohnzahlung),

(5) Lage des Urlaubs[67],

(6) Leistungs- und Verhaltenskontrolle (Einführung und Anwendung technischer Überwachungseinrichtungen, nicht Kontrolle maschineller Arbeitsabläufe durch außenstehende Dritte; zur technischen Überwachung[68],

(7) Arbeitssicherheit und Gesundheitsschutz[69],

---

63 Vgl. §§ 76, 87 Abs. 2 BetrVG.
64 Einschließlich der Fragen von Sanktionen: Betriebsstrafen und dazu BA~ AP Nr. 1 bis 3 zu § 87 BetrVG 1972 Ordnung des Betriebes.
65 Beginn und Ende der Arbeitszeit, Schichtarbeit, gleitende Arbeitszeit, Pausen- und Erholzeiten, 5-Tage-Woche, Teilzeitarbeit, sogenannte Brückentagsregelung; dazu BAG Nr. 1 bis 5 zu § 87 BetrVG 1972 Arbeitszeit, Beginn und Ende der Arbeitszeit BVerfG DB 1986, 486.
66 Nicht die Kurzarbeit nach §§ 169ft. SGB III, aber die verkürzte oder verlängerte Arbeitszeit an einzelnen Arbeitstagen, einzelne Ausfalltage, Überstunden; dazu BAG AP Nr. 1, 2 zu § 87 BetrVG 1972 Kurzarbeit).
67 Allgemeine Urlaubsgrundsätze, Urlaubsplan, Werksurlaub, Url.aubsregelung für einzelne Arbeitnehmer; vgl. BAG AP Nr. 1 zu § 87 BetrVG 1972 Urlaub
68 Vgl. BAG AuR 1986, 60 mit Anm. Küpferle.
69 Verhütung von Arbeitsunfällen und Berufskrankheiten: vgl. auch § 88 Nr. 2 BetrVG; Maßnahmen nach dem Arbeitssicherheitsgesetz; Überwachungsfunktionen: vgl. § 80 Abs. 1 Nr.1 BetrVG; Zusammenarbeit mit den Arbeitsschutzbehörden und Trägern der gesetzlichen Unfallversicherung; § 89 BetrVG einschließlich. des Vorfeldes des betrieblichen Arbeitsschutzes nach §§ 90,91 BetrVG; als Sachbereiche kommen in Betracht: Arbeitsstätten, Arbeitsmittel, Arbeitsstoffe, personen- und organisationsbezogene Maßnahmen; dazu BAG AP Nr. 1, 2 zu § 87 BetrVG 1972 Arbeitssicherheit.

(8) soziale Einrichtungen[70],

(9) betriebliches Wohnungswesen[71],

(10) betriebliche Lohngestaltung[72].

(11) Festsetzung leistungsbezogener Entgelte[73]

(12) Grundsätze des betrieblichen Vorschlagswesens[74]. Relativ mitbestimmungspflichtige Sozialtatbestände und durch freiwilligen Abschluß von Betriebsvereinbarungen regelbar sind zusätzliche Maßnahmen zur Verhütung von Arbeitsunfällen und Gesundheitsbeschädigungen, die Errichtung von im Wirkungsbereich auf Betrieb, Unternehmen oder Konzern beschränkten Sozialeinrichtungen sowie Maßnahmen zur Förderung der Vermögensbildung[75].

Für den Bereich des öffentlichen Dienstes übt der Personalrat das Mitbestimmungsrecht in sozialen Angelegenheiten uneingeschränkt bei der Gewährung von Unterstützungen, Vorschüssen, Darlehen und sozialen Zuwendungen, bei der Zuweisung, Kündigung und Festsetzung der Nutzungsvergütung von Dienstwohnungen und bei Zuweisung und Festsetzung der Nutzungsvergütung von Dienst- und Pachtland aus[76]. Durch die Neufassung der einschlägigen Vorschriften des LPVG NW sind die Mitbestimmungsrechte in Sozialangelegenheiten wesentlich verstärkt und erweitert worden[77]. Auf dem Gebiet des Arbeitsschutzes, der Unfallverhütung und Unfalluntersuchung ist regelmäßig nur ein Hinzuziehungs- und Unterrichtungsrecht vorgesehen[78].

---

70 Pensions- und Unterstützungskassen, Kantinen, Werkskindergärten, Werksbüchereien, Urlaubs- und Freizeiteinrichtungen; nicht aber Betriebskrankenkassen, individuelle Altersversorgungszusagen; nicht unter den Zuständigkeitsbereich des Betriebsrats gehören die Ruhegehaltsempfänger, da sie nicht mehr Arbeitnehmer sind: dazu auch BAG AP Nr. 1 bis 5 zu § 87 BetrVG 1972 Altersversorgung, Nr. 1, 2 zu § 87 BetrVG 1972 Sozialeinrichtungen.
71 Dienstmietwohnungen nach §§ 565 b bis e BGB; vgl. BAG AP Nr. 1 bis 4 zu § 87 BetrVG 1972 Werkmietwohnungen.
72 Soweit überhaupt tariffreier Raum vorhanden; allgemeine Richtlinien, (dazu BAG AP Nr. 4 zu § 87 BetrVG 1972 Lohngestaltung), Aufstellung von Entlohnungsgrundsätzen: Zeitlohn, Leistungslohn, Arbeitsplatzbewertung, Erschwernislohn; bei Einführung, Anwendung und Änderung von Entlohnungsmethoden: Bewerbungsmethoden; auch Darlehensgewährung, (dazu BAG AP Nr. 1, 5 zu § 87 BetrVG 1972 Lohngestaltung; Leistungszulagen BAG DB 1986, 544).
73 Akkordsätze und Prämien löhne und vergleichbare Entgelte; nicht aber erfolgsabhängige Provisionen; vgl. auch BAG AP Nr.2 zu § 87 BetrVG 1972 Provision.
74 Ausgestaltung und Verwaltung, Ermittlung von Vorschlagswerten, Vergütungsregelung bei Verwertung oder Nichtverwertung; vgl. auch BAG AP Nr. 1 zu § 87 BetrVG 1972 Vorschlagswesen.
75 § 88 Ziff. 1 bis 3 BetrVG.
76 § 75 Abs.2 BPersVG.
77 Vgl. § 72 Abs. 2–4 LPVG NW.
78 Vgl. § 81 BPersVG, § 77 LPVG NW.

1. Betriebsverfassung und Unternehmensverfassung

1.4.2.2 Die Beteiligungsrechte des Betriebsrats in personellen Angelegenheiten sind aufgegliedert in solche für allgemeine personelle Maßnahmen[79], Berufsbildungsmaßnahmen[80] und personelle Einzelmaßnahmen[81].

In allgemeinen personellen Angelegenheiten stehen dem Betriebsrat folgende Beteiligungsrechte zu:

(1) Informationsrecht, Beratungs- und Vorschlagsrecht bei der Personalplanung

nach § 92 BetrVG (Ausweitung und Verminderung der Belegschaft einschließlich der leitenden Angestellten, geplante Veränderungen in der Personalstruktur; nicht Unternehmungsplanung),

(2) Mitwirkungsrecht bei der Ausschreibung von Arbeitsplätzen nach § 93 BetrVG (auch innerbetriebliche Stellenausschreibung),

(3) Zustimmungsrecht und korrigierendes Mitbestimmungsrecht bei der Erstellung von Personalfragebogen, Formularverträgen und allgemeinen Beurteilungsgrundsätzen nach § 94 BetrVG (Inhalt, Art und Weise der Befragung und Beurteilung; nicht für die Erteilung des Zeugnisses nach § 630 BGB),

(4) abgestufte Beteiligung bei der Erstellung personeller Auswahlrichtlinien nach § 95 BetrVG (im Hinblick auf Auswirkungen auf den innerbetrieblichen Arbeitsmarkt), betriebliche Mindestvoraussetzungen.

Bei der Förderung der beruflichen Bildung nach §§ 96 bis 97 BetrVG ist der Betriebsrat durch Informationsrechte und Beratungsrechte beteiligt. Ein detailliertes Mitbestimmungsrecht steht ihm bei der eigentlichen Durchführung von Bildungsmaßnahmen zu (§ 98 BetrVG).

Innerhalb der personellen Einzelmaßnahmen (Einstellung, Eingruppierung, Umgruppierung, Versetzung und Kündigung) ist das Mitbestimmungsrecht des Betriebsrates unterschiedlich ausgeprägt[82]. Vom Arbeitgeber vorzunehmende Maßnahmen bedingen zunächst ein Informationsrecht des Betriebsrats[83]. Je nach der Entscheidung des Arbeitgebers hat der Betriebsrat dann ein Zustimmungsrecht (mündliche oder schriftliche Zustimmung, schlüssiges Verhalten genügt) oder ein Verweigerungsrecht[84]. Führt der Arbeitgeber trotz der Verweigerung der Zustim-

634

---

79 §§ 92 bis 95 BetrVG.
80 §§ 96 bis 98 BetrVG.
81 §§ 99 bis 105 BetrVG.
82 §§ 99 bis 105 BetrVG; BAG AP Nr. 1 bis 11 zu § 99 BetrVG 1972, Nr. 1 zu § 100 BetrVG 1972.
83 § 99 Abs. 1 BetrVG: Auskunft über Bewerber, Vorlage von Bewerbungsunterlagen, Auswirkungen bei Umgruppierungen und Versetzungen und dazu BAG AP Nr. 36 zu § 99 BetrVG, BAG BB 1986, 876.
84 § 99 Abs.2 bis 4 BetrVG: schriftförmliche und begründete Verweigerung binnen Wochenfrist.

5. Abschnitt: Grundzüge des Betriebsverfassungs- und Personalvertretungsrechts

mung[85] die Maßnahme dennoch durch, so hat er den Betriebsrat unverzüglich darüber zu unterrichten[86]. Vor dem Ausspruch jeder Kündigung (ordentliche und außerordentliche Kündigung, Kündigung durch Konkursverwalter, Mitteilung der Nichtverlängerung bei zulässigen Kettenarbeitsverträgen, Änderungskündigung; nicht aber Anfechtung des Arbeitsvertrages, Ablauf von befristeten oder zweckbestimmten Arbeitsverhältnissen, Aufhebungsvertrag) steht dem Betriebsrat ein Anhörungsrecht zu. [87]. Dem hat zunächst eine umfassende Information durch den Arbeitgeber vorauszugehen. Der Betriebrat kann Bedenken äußern[88] und weiterhin schriftförmlich binnen Wochenfrist aus den in § 102 Abs. 3 BetrVG enumerierten Gründen von dem Widerspruchsrecht Gebrauch machen. Zustimmungsbedürftig ist die außerordentliche Kündigung in besonderen Fällen[89]. Ein eigenes **Initiativrecht** steht dem Betriebsrat zu, als er vom Arbeitgeber die Entlassung oder Versetzung betriebsstörender Arbeitnehmer verlangen kann[90]. Eine bloße **Mitteilungspflicht** trifft den Arbeitgeber bei beabsichtigter Einstellung oder personeller Veränderung eines leitenden Angestellten[91].

Im öffentlichen Dienst richtet sich das Mitbestimmungsrecht des Personalrates im personellen Bereich nur entfernt nach ähnlichen Kriterien. Nach dem BPersVG ist zunächst zwischen mitwirkungspflichtigen Personalangelegenheiten der Angestellten und Arbeiter[92] und der Beamten[93] zu unterscheiden, wobei sich die Mitbestimmung auf Einstellungs- und Anstellungsvorgänge und maßgeblich auf personelle Veränderungen während der Dienstzeit beschränkt. Sodann ist in bestimmten Fällen die Mitbestimmung abhängig von einem Antrag der durch die personellen Maßnahmen betroffenen Personen[94]. Von einem qualifizierten Mitwirkungsrecht des Personalrats umfaßt sind die ordentlichen Kündigungen[95] sowie die eine Dienststelle betreffenden sich auf persönliche Angelegenheiten auswirkenden Vorhaben[96] und beabsichtigte Disziplinarmaßnahmen, Entlassungen bestimmter Beamten und Versetzung in den vorzeitigen Ruhestand[97]. Darüber hinaus bestehen bestimmte Anhörungsrechte und Beratungsrechte[98]. Nach der Qualität der Beteiligungsrechte des Personalrats in Personalfragen ergibt sich eine Abstufung nach ähnlichen

---

85 Für Privatwirtschaft und öffentlichen Dienst vgl. BAG AP Nr. 9 zu Art. 33 Abs. 2 GG.
86 § 101 BetrVG.
87 § 102 Abs. 1 BetrVG.
88 § 102 Abs. 2 BetrVG.
89 § 103 BetrVG.
90 § 104 BetrVG.
91 § 105 BetrVG.
92 § 75 Abs. 1 BPersVG.
93 § 76 Abs. 1 BPersVG.
94 § 77 BPersVG.
95 § 79 BPersVG.
96 § 78 Abs. 1 Ziff. 1 und 2 BPersVG.
97 § 78 Abs. 1 Ziff.3 bis 5 BPersVG.
98 §§ 78 Abs. 2 bis 5, 80 BPersVG.

1. Betriebsverfassung und Unternehmensverfassung

Kriterien nach dem LPVG NW, wo zwischen Mitbestimmungsangelegenheiten[99] und Mitwirkungsangelegenheiten[100] sowie Anhörungs-[101] und Teilnahmerechten[102] zu unterscheiden ist.

1.4.2.3 Zur Mitwirkung in wirtschaftlichen Angelegenheiten bei privatwirtschaftlichen Unternehmen mit regelmäßig mehr als 100 Beschäftigten sieht das BetrVG die Bildung eines **Wirtschaftsausschuß**es vor mit der Aufgabe, wirtschaftliche Probleme[103] mit dem Unternehmer zu beraten und den Betriebsrat zu unterrichten[104]. Der Wirtschaftsausschuß soll sich aus sachverständigen Personen des Unternehmens zusammensetzen, die vom Betriebsrat zu bestimmen sind[105]. 635

Darüber hinaus ist der Unternehmer verpflichtet, in regelmäßigen – mindestens kalendervierteljährlichen Abständen nach Abstimmung mit dem Wirtschaftsausschuß und dem Betriebsrat die Arbeitnehmer schriftlich (z.B. in Werkszeitschriften) oder mündlich über die wirtschaftliche Lage und Entwicklung des Unternehmens zu unterrichten[106]. 636

Ein weiteres **Informations- und Beratungsrecht** in Wirtschaftsfragen steht dem Betriebsrat zu bei geplanten Betriebsänderungen, die nachteilige Folgen für die Belegschaft oder einen erheblichen Teil derselben haben können[107]. Unternehmer und Betriebsrat haben über die geplante Betriebsänderung einen Interessenausgleich herbeizuführen und erforderlichenfalls einen Sozialplan aufzustellen, der den Ausgleich oder die Milderung der wirtschaftlichen Nachteile der betroffenen Arbeitnehmer vornehmlich durch Gewährung einer Abfindung regeln soll[108]. Kommt eine Einigung zwischen Unternehmer und Betriebsrat über den Sozialplan nicht zustande, so kann die Einigungsstelle einen Sozialplan beschließen. Ein besonderer Abfindungs- oder sonstiger Nachteilsausgleichsanspruch steht den Arbeitnehmern insbesondere zu, wenn der Unternehmer von dem vereinbarten Interessenausgleich ohne zwingenden Grund abweicht[109] oder eine Vereinbarung mit dem Betriebsrat überhaupt nicht versucht.

---

99 § 72 Abs. 1 LPVG NW.
100 § 73 LPVG NW.
101 §§ 74,75 LPVG NW.
102 § 76 LPVG NW.
103 Vgl. § 106 Abs. 3 BetrVG.
104 § 106 Abs. 1 BetrVG.
105 § 107 BetrVG; über Hinzuziehung eines Gewerkschaftsbeauftragten vgl. BAG AP Nr. 2 zu § 108 BetrVG 1972; Teilnahme von außenstehenden Sachverständigen: BAG AP Nr. 1 zu § 108 BetrVG 1972; Teilnahme des Unternehmers: BAG AP Nr. 3 zu § 108 BetrVG 1972.
106 § 110 BetrVG.
107 Vgl. die Fälle des § 111 BetrVG.
108 § 112 BetrVG; vgl. auch Gesetz über den Sozialplan im Konkurs- und Vergleichsverfahren v. 20.2.1985, BGBlI, 369.
109 BAG AP Nr. 12 zu § 112 BetrVG 1972.

5. Abschnitt: Grundzüge des Betriebsverfassungs- und Personalvertretungsrechts

Im Personalvertretungsrecht gibt es keine ausdrückliche Beteiligung des Personalrats in wirtschaftlichen Angelegenheiten. Jedoch ist bei Mitwirkungsangelegenheiten mit personellem Einschlag die Rede von Auflösung, Einschränkung, Verlegung und Zusammenlegung von Dienststellen sowie von grundlegenden Änderungen von Arbeitsverfahren und Arbeitsabläufen bei Wirtschaftsbetrieben, denen entschieden wirtschaftliche Bedeutung zukommt[110].

Literatur: von Hoyningen-Hühne, Die wirtschaftliche Vertretbarkeit von Sozialplänen, RdA 1986, 102. Rumpf, Mitbestimmung in wirtschaftlichen Angelegenheiten, 2. Aufl., 1978. Schimana/Frauenkron, Arbeitsrechtliche Aspekte einer betrieblichen Regelung der Vermögensbildung durch Gewinn- und Kapitalbeteiligung, DB 1980, 445.

1.4.2.4 Die Mitbestimmungsrechte des Personalrats nach dem BPersVG und dem folgend nach dem LPVG NW sind in Ausmaß und Bedeutung weit geringer als die Rechte des Betriebsrats nach dem BetrVG anzusehen. Zumindest was die Regiebetriebe anlangt, stellt sich die Frage nach einer Erweiterung des Mitbestimmungskatalogs und einer Verstärkung bestehender Rechte. (S.u. unter 2).

Literatur: Altvater/Bacher u.a., Bundespersonalvertretungsgesetz (Komm.), 1990. Cecior/Dietz/Vallendar, Das Personalvertretungsrecht in Nordrhein-Westfalen (Komm.). Dietz/Richardi, Bundespersonalvertretungsgesetz (Komm.), 7. Auflage 1998 Havers, Personalvertretungsgesetz für das Land Nordhrein-Westfalen (Komm.), 9. Aufl., 1995.

1.5 Betriebsvereinbarung

1.5.1 Wesen der Betriebsvereinbarung

637 Die Betriebsvereinbarung ist eine kollektive **Normenvereinbarung** und als solche das wichtigste Instrument der Mitbestimmungsausübung durch den Betriebsrat. Parteien sind der Arbeitgeber und der Betriebsrat. Sie haben die Vereinbarung gemeinsam zu beschließen und schriftlich niederzulegen[111]. Die Betriebsvereinbarung enthält Rechtsnormen, die im wesentlichen einseitig, nämlich den Arbeitgeber verpflichtend und belastend sind, und unmittelbar und zwingend für die Arbeitsverhältnisse gelten[112]. Bei den Normen der Betriebsvereinbarung handelt es sich um Mindestarbeitsbedingungen, von denen nur zu Gunsten des Arbeitnehmers durch Einzelabrede abgewichen werden darf. Die Rechte aus der Betriebsvereinbarung sind grundsätzlich unverzichtbar. Ausschlußfristen können nur geltend gemacht und Verjährungsfristen nur abgekürzt werden, wenn es tarifvertraglich oder in einer Betriebsvereinbarung vorgesehen ist[113]. Für die Durchführung der Betriebsvereinbarung ist der Arbeitgeber verantwortlich[114].

---

110 Vgl. §§ 78 Abs. 1 Zift. 2 BPersVG, 73 Zift. 2 und 3 LPVG NW.
111 § 77 Abs. 1 Satz 2 BetrVG.
112 § 77 Abs. 4 Satz 1 BetrVG.
113 § 77 Abs. 4 BetrVG.
114 § 77 Abs. 1 BetrVG.

1. Betriebsverfassung und Unternehmensverfassung

Für die Zulässigkeit einer Betriebsvereinbarung ist das tarifliche Vorrangprinzip zu beachten (sogenannte Sperrwirkung der Tarifverträge). Danach können Arbeitsentgelte und sonstige Arbeitsbedingungen, die durch Tarifvertrag geregelt sind oder üblicherweise geregelt werden, nicht Gegenstand einer Betriebsvereinbarung sein (§ 77 Abs. 3 Satz 1 BetrVG). Die Sperrwirkung ist absolut (vgl. im einzelnen BAG AP Nr. 1, 7 bis 9, 23 bis 28 zu § 59 BetrVG 1952), d.h. Betriebsvereinbarungen sind auch dann unzulässig, wenn sich die Regelung insgesamt oder im Einzelfalle günstiger als die tarifliche herausstellen sollte. Das gilt nicht für einen Sozialplan (§ 112 Abs. 1 Satz 4 BetrVG) sowie für den Fall, daß ein Tarifvertrag den Abschluß ergänzender Betriebsvereinbarungen ausdrücklich zuläßt (sog. Öffnungsklausel). **638**

Nicht um eine Betriebsvereinbarung handelt es sich bei der sog. **Regelungsabrede**, die formlos gültig ist. Zwischen Arbeitgeber und Betriebsrat können Vereinbarungen getroffen werden, die nicht als Betriebsvereinbarungen bezeichnet sind (§ 77 Abs.1 BetrVG). Solche Vereinbarungen sind kollektive Regelungsabreden (z.B. Betriebs- oder Werksordnungen) ohne normativen Charakter. Damit sie unmittelbar Bestandteil des Arbeitsverhältnisses werden können, bedarf es einer Einzelabmachung zwischen Arbeitgeber und Arbeitnehmer. Von der Regelungsabrede ist die Einzelfallabrede zu unterscheiden, die zwischen Arbeitgeber und Betriebsrat getroffen wird und nur ein einzelnes Arbeitsverhältnis betrifft. **639**

1.5.2 Arten der Betriebsvereinbarungen

Zu unterscheiden ist nach dem materiellen Geltungsbereich zwischen **erzwingbaren** und freiwilligen **Betriebsvereinbarung**en. Erstere regeln vornehmlich soziale und personelle Tatbestände, die der „echten" Mitbestimmung durch den Betriebsrat unterliegen, für die also Einigungszwang besteht. Dabei ersetzt der Spruch der Einigungsstelle die zwischen Arbeitgeber und Betriebsrat nicht erzielte Einigung (vgl. §§ 76 Abs. 3, 87, 91, 95 Abs. 1und 2, § 112 Abs. 2–4 BetrVG). **640**

Freiwillige Betriebsvereinbarungen kommen häufig im sozialen Bereich vor und können formelle und materielle Arbeitsbedingungen regeln (vgl. § 88 Nr. 1–3 BetrVG). Sie sind nicht erzwingbar. Der Weg zur Einigungsstelle ist jedoch nicht versperrt, wenn Arbeitgeber und Betriebsrat das Tätigwerden der Einigungsstelle beantragen oder damit einverstanden sind (vgl. § 76 Abs.6 BetrVG). **641**

Nach dem örtlichen und betrieblichen Geltungsbereich kann weiter zwischen für einen Betrieb oder Nebenbetrieb und Betriebsteile (vgl. § 4 BetrVG) geltenden Betriebsvereinbarungen sowie Gesamt- und Konzernbetriebsvereinbarungen erzwingbaren oder freiwilligen Charakters unterschieden werden. **642**

Über die Ausübung und Durchführung der Mitbestimmung im öffentlichen Dienst durch den Abschluß von Dienstvereinbarungen vgl. unten 2. sowie insbes. §§ 69, 70, 73, 74 BPersVG, §§ 66, 70, 71 LPVG NW; über das Tätigwerden der Einigungsstelle vgl. §§ 71 BPersVG, 67 LPVG NW; über die Herbeiführung gerichtlicher Entscheidungen vgl. §§ 83 Abs. 1 Ziff. 4 BPersVG, 79 Abs. 1 Ziff. 5 und 6 LPVG NW.

1.5.3 Zeitliche Geltung der Betriebsvereinbarung

643 Betriebsvereinbarungen werden regelmäßig unbefristet abgeschlossen. Die Regelungen können aber auch für eine bestimmte Zeit oder für einen bestimmten Zweck getroffen werden. Dann endet die Betriebsvereinbarung durch Zeitablauf bzw. Zweckeintritt. Wenn anderes zwischen den Vertragspartnern nicht vereinbart ist, können Betriebsvereinbarungen mit einer Frist von drei Monaten gekündigt werden[115]. Weitere Beendigungsgründe sind Betriebsstillegung, Fusion[116], Aufhebungsvertrag, Abschluß einer neuen nicht notwendigerweise auch für die Arbeitnehmer verbesserten Betriebsvereinbarung oder Regelung durch Tarifvertrag[117].

Das gilt auch für die erzwungenen, d.h. auf den Spruch der Einigungsstelle beruhenden Betriebsvereinbarungen.

Der **Wegfall** des **Betriebsrat**s durch seine Auflösung, erfolgreiche Wahlanfechtung oder Neuwahl läßt die normativen Bestimmungen der Betriebsvereinbarung bestehen. Gleiches gilt für die Kündigung einer erzwingbaren Betriebsvereinbarung. Die Normen der gekündigten Betriebsvereinbarung wirken nach, bis sie durch eine andere Abmachung ersetzt werden. Ein auf eine freiwillige Betriebsvereinbarung gegründeter Anspruch der Arbeitnehmer endet regelmäßig mit der Betriebsvereinbarung selbst (z.B. Weihnachts- oder Urlaubsgeld).

1.6 Grundlagen der Unternehmensverfassung

644 Während die Arbeitnehmerschaft im Rahmen der Betriebsverfassung durch eigene, ausschließlich von ihrem Vertrauen getragene Gremien (Betriebsrat, Gesamtbetriebsrat, Konzernbetriebsrat) repräsentiert wird, ist das Mitbestimmungsorgan der Unternehmensmitbestimmung (z.B. Aufsichtsrat) auf der „Arbeitnehmerbank" teilweise mit Vertretern besetzt, die zwar von den Arbeitnehmern des Unternehmens gewählt sind, diesen aber nicht angehören müssen (Angehörige der im Unternehmen vertretenen Gewerkschaften oder von deren Vertrauen getragenen Personen). Der Arbeitsdirektor als Mitglied des geschäftsführenden Organs des Unternehmens (Vorstands- oder Geschäftsführungsmitglied), in dessen Mindestressortzuständigkeit die Personal- und Sozialangelegenheiten fallen, wird im Regelfall nicht einmal durch die Arbeitnehmerschaft des Unternehmens bestellt.

645 Die Unternehmensmitbestimmung ist in folgenden Gesetzen geregelt:

---

115 § 77 Abs. 5 BetrVG.
116 Vgl. § 613a BGB.
117 Vgl. § 77 Abs. 3 BetrVG.

- Montanmitbestimmungsgesetz
(Gesetz über die Mitbestimmung der Arbeitnehmer in den Aufsichtsräten und Vorständen der Unternehmen des Bergbaues und der eisen- und stahlerzeugenden Industrie)
- Mitbestimmungsergänzungsgesetz
(Gesetz zur Ergänzung des Gesetzes über die Mitbestimmung der Arbeitnehmer in den Aufsichtsräten und Vorständen der Unternehmen des Bergbaus und der eisen- und stahlerzeugenden Industrie – auch Holdingnovelle genannt)
- Mitbestimmung nach dem Betriebsverfassungsgesetz vom 11.10.1952; dessen §§ 76, 77a, 81, 85 und 87 über die Beteiligung der Arbeitnehmer im Aufsichtsrat nach § 129 Abs. 1 BetrVG 1972 in Kraft bleiben.
- Mitbestimmungsneuregelungsgesetz
(Gesetz über die Mitbestimmung der Arbeitnehmer)

Literatur: Badura, Paritätische Mitbestimmung und Verfasssung, 1985. Fabricius (Hrsg.). GK zum Mitbestimmungsgesetz, 1976. Fitting/Wlotzke/Wißmann, Mitbestimmungsgesetz (Komm.), 2. Aufl., 1978. Hanau/Ulmer, Mitbestimmungsgesetz (Komm.), 1981. Martens, Die Gruppenabgrenzung der leitenden Angestellten nach dem Mitbestimmungsgesetz, 1979.

2. Grundlagen des Personalvertretungsrechts

Die Personalvertretung der Bediensteten der öffentlichen Verwaltung im Lande Nordhrein-Westfalen ist durch das Personalvertretungsgesetz für das Land Nordrhein-Westfalen (LPVG NW). Es lehnt sich an das Bundespersonalvertretungsgesetz an, das in seinem zweiten Teil Rahmenvorschriften für die Landesgesetzgebung enthält (BPersVG). 646

Das LPVG NW gilt für Dienststellen des Landes, der Gemeinden, der Gemeindeverbände und der sonstigen der Aufsicht des Landes unterstehenden Körperschaften, Anstalten und Stiftungen des öffentlichen Rechts sowie für Hochschulen und Gerichte des Landes. Zu den Verwaltungen gehören auch die Eigenbetriebe[118]. Geregelt wird die Personalvertretung für Beamte, Angestellte und Arbeiter einschließlich der zur Berufsausbildung Beschäftigten. Gem. § 5 Abs. 5 LPVG NW gehören mit Rücksicht auf die besondere Rechtsstellung nicht zu den Beschäftigten Richter und Ehrenbeamte sowie weitere verschiedene Personengruppen[119].

Nicht unter Personalvertretungsrecht, sondern unter Betriebsverfassungsrecht fallen in sog. Regiebetrieben Fragen der Mitbestimmung der Arbeitnehmer. Das sind Betriebe, deren Kapitalanteile sich in öffentlicher Hand befinden (z.B. Ver- oder Entsorgungsunternehmen in der Rechtsform einer AG oder GmbH).

---

118 Vgl. BAG AP Nr. 1, 3 zu § 130 BetrVG 1972.
119 S. § 4 BPersVG.

5. Abschnitt: Grundzüge des Betriebsverfassungs- und Personalvertretungsrechts

Neben dem LPVG NW gelten in Nordrhein-Westfalen noch folgende personalvertretungsrechtliche Vorschriften:
- die Wahlordnung zum Personalvertretungsgesetz (WO-LPVG),
- die Verordnung über die Höhe der Aufwandsdeckung für Personalvertretungen (Aufwandsdeckungsverordnung).

In verschiedenen Verwaltungsbereichen sind den Bediensteten durch sondergesetzliche Vorschriften über die Personalvertretungsgesetze hinaus und unabhängig von ihnen weitere Teilhaberechte in Angelegenheiten der Verwaltung eingeräumt.

Das Personalvertretungsrecht ist eine vom Arbeitsrecht losgelöste Materie des Verwaltungsrechts, obwohl zahlreiche Parallelen zum Betriebsverfassungsgesetz bestehen: §§ 73, 74 BPersVG, §§ 66, 70, 71 LPVG NW; über das Tätigwerden der Einigungsstelle vgl. § 71 BPersVG, 67 LPVG NW; über die Herbeiführung gerichtlicher Entscheidungen vgl. §§ 83 Abs. 1 Ziff.4 BPersVG, 79 Abs. 1 Ziff.5 und 6 LPVG NW.

Diese Gemeinsamkeiten betreffen aber weniger den Inhalt der Bestimmungen als deren äußere Form. Der verwaltungsrechtliche Charakter bedingt es, daß Streitigkeiten aus diesem Gesetz vor den Verwaltungsgerichten auszutragen sind[120].

2.1 Personalrat

647 Die Personalvertretung ist eine Institution des öffentlichen Rechts. Sie ist innerhalb der Dienststelle das Repräsentativorgan der Beschäftigten und hat die Aufgabe, die Beteiligung an der Regelung des Dienstes und der Dienst- und Arbeitsverhältnisse zu verwirklichen und die Interessen der Bediensteten zu vertreten, soweit sie von der Tätigkeit in der Dienststelle berührt werden. Die Personalvertretung ist jedoch reine Interessenvertretung, denn sie hat mit der Dienststelle zum Wohle der Bediensteten und zur Erfüllung der dienstlichen Aufgaben zusammenzuarbeiten[121]. Die Wahrnehmung einseitiger Interessen scheidet daher aus. Die Aufgabenzuweisung erfolgt durch Gesetz unmittelbar an die Personalvertretung. Sie ist – im Gegensatz zur Gemeinschaft der Bediensteten – allein in der Lage, die ihr zugewiesenen Aufgaben mit Wirkung für, aber auch gegen die Bediensteten zu übernehmen und zu verwirklichen. Der Personalrat handelt bei der Wahrnehmung seiner Aufgaben weder als gesetzliche noch als privatrechtliche Vertretung im Sinne der §§ 164 ff. BGB, sondern übt gleichsam ein Amt aus.

Die Personalvertretungen haben beim Zustandekommen bestimmter behördlicher Akte nur die Stellung eines mitwirkenden Organs. Es ist ihnen daher versagt, durch einseitiges Handeln in den Dienstbetrieb einzugreifen. Die der Mitbestimmung oder der Mitwirkung unterliegenden Maßnah-

---

120 § LPVG NW, §§ 83, 84 BPersVG.
121 § 2 Abs. 1 LPVG NW, § 2 BPersVG.

men bleiben immer Entscheidungen der Dienststelle. Sie allein führt Entscheidungen aus, bei denen der Personalrat beteiligt war, es sei denn, daß die Dienststelle mit dem Personalrat etwas anderes vereinbart hat[122]. Die Personalvertretungen treffen ihre Entscheidungen durch Beschlüsse, die in verschiedenen Abstimmungsformen herbeigeführt werden können. Die Beschlüsse werden mit **einfacher Mehrheit** gefaßt. **Stimmenthaltung**en bleiben bei der Ermittlung der Mehrheit außer Betracht[123]. Bei **Stimmgleichheit** ist ein Antrag abgelehnt. Beschlußfähig ist der Personalrat, wenn mindestens die Hälfte der Mitglieder anwesend ist, wobei die Stellvertretung durch Ersatzmitglieder zulässig ist[124]. Über Angelegenheiten, die lediglich die Angehörigen einer Gruppe betreffen, wird nach gemeinsamer Beratung vom Personalrat beschlossen, sofern die Mehrheit der Vertreter der betreffenden Gruppe nicht widerspricht; bei Widerspruch beschließen nur die Vertreter der Gruppe; das gilt nicht für eine Gruppe, die im Personalrat nicht vertreten ist. Diese Regelung gilt entsprechend für Angelegenheiten, die lediglich die Angehörigen von zwei Gruppen betreffen. Der Vollzug eines Beschlusses ist aufzuschieben und nochmals zur Entscheidung zu stellen, wenn die in § 35 LPVG NW[125] genannten Voraussetzungen gegeben sind und die Mehrheit der Vertreter einer Gruppe, die Jugendvertretung oder der Vertrauensmann der Schwerbehinderten dies beantragen.

Die Personalvertretungen sind unabhängige Organe. Ihnen gegenüber sind weder der Dienststellenleiter noch die Personalversammlung weisungsberechtigt[126].

Die Mitglieder des Personalrates führen ihr Amt unentgeltlich und ehrenamtlich[127]. Mitglieder des Personalrates sind zur Erfüllung ihrer Aufgaben bei unverändertem Entgelt in dem erforderlichen Umfang von ihrer dienstlichen Tätigkeit freizustellen, unter bestimmten Voraussetzungen auch vollständig freizustellen[128]. Ferner sind sie unter Fortzahlung der Bezüge für die Teilnahme an Schulungs- und Bildungsveranstaltungen freizustellen, wenn diese erforderliche Kenntnisse für ihre Personalratstätigkeit vermitteln[129]. In der Ausübung ihrer Befugnisse dürfen sie nicht behindert und wegen ihrer Tätigkeit im Personalrat weder begünstigt noch benachteiligt werden[130].

Soweit Mitglieder des Personalrates im Arbeitsverhältnis stehen, genießen sie gem. § 15 Abs. 2 des Kündigungsschutzgesetzes einen beson-

---

122 § 71 LPVG NW, § 74 BPersVG.
123 §33 Abs.1 LPVG NW, § 37 BPersVG.
124 § 33 Abs. 2 L PVGNW, § 37 Abs. 2 BPersVG.
125 § 39 BPersVG.
126 § 48 LPVG NW, § 51 BPersVG.
127 § 42 Abs. 1 LVG NW, § 46 Abs. 1 BPersVG.
128 § 42 Abs. 3, 4 LPVG NW, § 46 Abs. 3, 4 BPersVG.
129 § 42 Abs. 5 LPVG NW, § 46 Abs. 6 BPersVG.
130 § 107 BPersVG.

5. Abschnitt: Grundzüge des Betriebsverfassungs- und Personalvertretungsrechts

deren Kündigungsschutz. Weitere Schutzvorschriften sind im § 43 LPVG NW, § 47 BPersVG aufgeführt.

Die Bildung von Personalvertretungen ist für alle Dienststellen vorgeschrieben, die in der Regel mindestens 5 Wahlberechtigte beschäftigen, von denen 3 wählbar sein müssen[131]. Der Bereich, für den ein Personalrat zu wählen ist, ist die Dienststelle[132]. In Gemeinden usw. bilden grundsätzlich Verwaltungen, Eigenbetriebe und Schulen gemeinsam eine Dienststelle, jedoch kann die oberste Dienstbehörde Nebenstellen oder Teile von Dienststellen zu selbständigen Dienststellen im Sinne des LPVG NW erklären, für die dann besondere Personalräte zu wählen sind. In diesem Falle ist aber für die gesamte Dienststelle ein Gesamtpersonalrat einzurichten. Die Lehrer bilden für den Bereich der Schulen besondere Personalvertretungen. Die der Dienststelle obliegenden Aufgaben hat der Leiter wahrzunehmen. Er kann sich bei der Verhinderung durch seinen ständigen Vertreter oder durch den Leiter der Personalabteilung vertreten lassen[133].

2.2 Zusammensetzung

648 Der Personalrat wird in geheimer und unmittelbarer Wahl gewählt[134].

Wahlberechtigt sind alle Beschäftigten, die am Wahltag das 18. Lebensjahr vollendet haben. Beschäftigte sind nicht wahlberechtigt, wenn sie

– das öffentliche Wahl- oder Stimmrecht nicht besitzen oder

– am Wahltag seit mehr als 6 Monaten unter Wegfall der Bezüge beurlaubt sind,

– wenn sie voraussichtlich nur für einen Zeitraum von höchstens 6 Monaten beschäftigt werden,

– zu den in § 8 Abs. 1–3 LPVG NW genannten Personen gehören.

Abgeordnete Beamte werden nach 6-monatiger Abordnung wahlberechtigt[135].

Wählbar sind alle Wahlberechtigten, die am Wahltag seit 6 Monaten dem Geschäftsbereich derselben obersten Dienstbehörde angehören und seit einem Jahr in öffentlichen Verwaltungen oder in von diesen geführten Betrieben beschäftigt sind[136].

Nicht wählbar sind:

---

131 § 13 Abs. 1 LPVG NW, § 12 Abs. 1 BPersVG.
132 § 1 LPVG NW.
133 § 8 LPVG NW, § 7 BPersVG.
134 § 16 Abs. 1 LPVG NW, § 19 BPersVG.
135 § 10 LPVG NW, § 13 BPersVG.
136 § 11 Abs. 1 LPVG NW, § 14 Abs. 1 BPersVG.

2. Grundlagen des Personalvertretungsrechts

- der Dienststellenleiter und sein ständiger Vertreter, der Leiter der Personalabteilung sowie die zu selbständigen Entscheidungen in Personalangelegenheiten befugten Bediensteten,
- Beschäftigte mit einer wöchentlichen Arbeitszeit von weniger als 2/5 der regelmäßigen wöchentlichen Arbeitszeit,
- Beschäftigte, die infolge Richterspruchs die Fähigkeit, Rechte aus öffentlichen Wahlen zu erlangen, nicht besitzen,
- Arbeiter der Gemeinden, die dem Rat angehören[137].

Die Mitgliederzahl des Personalrats richtet sich nach der Anzahl der in der Regel in der Dienststelle beschäftigten wahlberechtigten Beschäftigten, wobei der Personalrat in Dienststellen mit 5 bis 20 wahlberechtigten Beschäftigten aus einer Person, dem Personalobmann, besteht[138].

Sofern sich der Personalrat aus drei und mehr Mitgliedern zusammensetzt, muß bei Vorhandensein von Angehörigen verschiedener Gruppen (Beamte, Angestellte oder Arbeiter) in der Dienststelle grundsätzlich jede Gruppe entsprechend ihrer Stärke im Personalrat vertreten sein[139]. Für die Zahl der Mitglieder von Stufenvertretungen und Sondervertretungen gelten hinsichtlich der Zahl der Mitglieder Sonderregelungen.

Die Grundsätze des Wahlverfahrens ergeben sich aus den §§ 18–22 LPVG NW, §§ 19–25 BPersVG. Der Personalrat wird entweder nach Wahlvorschlägen der wahlberechtigten Bediensteten oder unter bestimmten Voraussetzungen der in der Dienststelle vertretenen Gewerkschaften gewählt[140]. Die Wahl wird sowohl bei der Gruppenwahl als auch bei gemeinsamer Wahl nach den Grundsätzen der Verhältniswahl durchgeführt, wenn mehr als ein Wahlvorschlag eingereicht worden ist. Anderenfalls wird die Wahl als Personenwahl durchgeführt[141]. Die Verhältniswahl vollzieht sich als Listenwahl nach dem d'Hondtschen-Höchstzahl-Verfahren.

Verantwortlich für die Durchführung der Wahl ist der Wahlvorstand[142]. Maßnahmen, welche die Wahl behindern oder in einer gegen die guten Sitten verstoßenden Weise beeinflussen, sind unzulässig, gleich von wem sie ausgehen[143]. Die Kosten der Wahl trägt die Dienststelle[144].

Die Wahl kann bei Verletzung wesentlicher Vorschriften über das Wahlrecht, die Wählbarkeit oder das Wahlverfahren binnen einer Frist von 2 Wochen seit der Bekanntgabe des Wahlergebnisses durch einen Antrag bei dem zuständigen Verwaltungsgericht angefochten werden. Antragsberechtigt sind mindestens drei Wahlberechtigte, eine in der Dienststelle

---

137 § 11 Abs.2, 3 LPVG NW, § 14 Abs. 2,3 BPersVG.
138 § 13 Abs. 3 LPVG NW, § 16 BPersVG.
139 § 14 LPVG NW, § 17 BPersVG.
140 § 16 LPVG NW, § 19 BPersVG.
141 § 16 Abs. 3 LPVG NW, § 19 Abs. 3 BPersVG.
142 § 20 LPVG NW, § 23 BPersVG.
143 § 21 Abs. 1 LPVG NW, § 24 Abs. 1 BPersVG.
144 § 21 Abs. 2 LPVG NW, § 24 Abs. 2 BPersVG.

vertretene Gewerkschaft oder der Dienststellenleiter[145]. Bei begründeter Wahlanfechtung stellt das Verwaltungsgericht in der Regel die Ungültigkeit der Wahl mit der Folge fest, daß die Rechte und Pflichten der bereits im Amt befindlichen Mitglieder mit der Rechtskraft der Entscheidung endet. Eine fehlerhafte Wahl wird unanfechtbar, wenn ein Anfechtungsantrag innerhalb der Frist nicht gestellt oder ein Anfechtungsantrag durch das Verwaltungsgericht zurückgewiesen wird.

Der Personalrat wählt aus seiner Mitte den Vorsitzenden und zwei Stellvertreter. Die Reihenfolge der Stellvertreter bestimmt der Personalrat. Sofern im Personalrat Beamte, Angestellte und Arbeiter vertreten sind, dürfen die beiden Stellvertreter nicht der Gruppe des Vorsitzenden angehören und müssen selbst unterschiedlichen Gruppen angehören. Sind zwei Gruppen vertreten, darf der erste Stellvertreter nicht derselben Gruppe angehören wie der Vorsitzende.

Nähere Einzelheiten der Befugnisse des Wahlvorstandes und des Vorsitzenden sowie die Geschäftsführung regeln die §§ 29 ff. LPVG NW[146].

In Dienststellen mit in der Regel mindestens fünf zur Jugend- und Auszubildendenvertretung wahlberechtigten Beschäftigten werden Jugend- und Auszubildendenvertretungen gebildet, die nach Anzahl der in der Dienststelle beschäftigten wahlberechtigten Jugendlichen bis zu 15 Mitglieder haben dürfen. Wahlberechtigt sind alle jugendlichen Beschäftigten, die das 18. Lebensjahr noch nicht vollendet haben, sowie Auszubildende, Beamtenanwärter und Praktikanten, die das 20. Lebensjahr noch nicht vollendet haben, soweit sie nach § 10 Abs. 2–4 LPVG NW (wie bei der Wahl zur Personalvertretung) nicht ausgeschlossen sind. Wählbar sind die Beschäftigten, die am Wahltag noch nicht das 24. Lebensjahr (BPersVG = 26. Lj.) vollendet haben und seit 6 Monaten dem Geschäftsbereich derselben obersten Dienstbehörde angehören, es sei denn, daß die Behörde noch keine 6 Monate besteht. Nicht wählbar sind (wie bei der Wahl zur Personalvertretung) die in §§ 11 Abs. 2–3 LPVG NW und § 12 LPVG NW[147] aufgeführten Personen.

Die Jugend- und Auszubildendenvertretung ist keine selbständige Personalvertretung. Sie besitzt kein eigenes Mitwirkungs- und Mitbestimmungsrecht. Sie nimmt deshalb an den Verhandlungen des Personalrates über Fragen, welche die Interessen der Jugendlichen wesentlich berühren, mit beratender Stimme teil und hat lediglich ein Stimmrecht in Fällen, die die von ihr repräsentierten Beschäftigten überwiegend betreffen[148]. Nähere Einzelheiten der Jugend- und Auszubildendenvertretung sind in den §§ 54 bis 61 LPVG NW geregelt.

---

145 § 22 Abs. 1 LPVG NW, § 25 BPersVG.
146 §§32ff. BPersVG.
147 § 14 BPersVG.
148 § 36 Abs. 2 LPVG NW.

2. Grundlagen des Personalvertretungsrechts

Die Amtszeit des Personalrates beträgt gem. § 23 Abs. 1 LPVG NW, § 26 BPersVG 3 Jahre. Die Amtszeit der Jugendvertretung beträgt gem. § 57 Abs. 2 LPVG NW, § 60 Abs. 2 BPersVG 2 Jahre.

Hinsichtlich der Neuwahl bzw. der Beendigung der Mitgliedschaft enthalten die §§ 24–28 LPVG NW, §§ 27–31 BPersVG besondere Regelungen.

2.3 Organisation

Die Organisation bzw. der Aufbau der Personalvertretungen ist im Landes- und im Bundespersonalvertretungsgesetz abschließend geregelt. Hiernach ist zu unterscheiden zwischen den Personalräten, den Bezirks- und Hauptpersonalräten als Stufenvertretungen sowie den Gesamtpersonalräten. 649

Personalräte sind bei allen Dienststellen zu bilden, sofern mindestens 5 Wahlberechtigte beschäftigt werden, von denen 3 wählbar sind[149].

Bezirks- und Hauptpersonalräte werden in der Bundes- und Landesverwaltung NW in Bereichen mit mehrstufigem Verwaltungsaufbau bei den Mittelbehörden und bei den obersten Dienstbehörden als Stufenvertretung eingerichtet[150]. Die Stufenvertretungen bestehen als dienststellenübergreifende Vertretungsorgane neben den bei den Mittelbehörden und den obersten Dienstbehörden gebildeten Personalräten. Die Zuständigkeitsabgrenzung zwischen den Stufenvertretungen und den örtlichen Personalräten ist für das Land NW in § 78 LPVG NW und für den Bund in § 82 BPersVG geregelt. Sie sollen gewährleisten, daß auch für Beteiligungsangelegenheiten, die von einer obersten Dienstbehörde oder Mittelbehörde für eine Mehrzahl von Dienststellen geregelt werden, eine zuständige Personalverwaltung vorhanden ist. Gehören zum Geschäftsbereich einer obersten Dienstbehörde keine Mittelbehörden, so werden nur örtliche Personalräte bei den nachgeordneten Dienststellen und ein Hauptpersonalrat bei der obersten Dienstbehörde gebildet.

Gesamtpersonalräte sind in der Bundes-, Landes-, Kommunal- und Körperschaftsverwaltung zu bilden, wenn eine Dienststelle Nebenstellen oder von ihr räumlich weit entfernt liegende Teilstellen hat[151]. Ein Gesamtpersonalrat besteht häufig in größeren Kommunal- und Körperschaftsverwaltungen. Nach Bildung eines Gesamtpersonalrats erstreckt sich der Wirkungskreis der örtlichen Personalräte bei den Neben- oder Teildienststellen lediglich auf solche Angelegenheiten, die in die Entscheidungskompetenz der Leiter der Neben- oder Teildienststellen fallen.

Nach den Personalvertretungsgesetzen wird für jede Dienststelle nur ein Personalrat für alle Bediensteten gebildet. In mehrstufigen Verwaltungen demzufolge nur ein Bezirkspersonalrat bzw. ein Hauptpersonalrat. Der

---

149 § 13 Abs.1 LPVG NW, § 12 Abs. 1 BPersVG.
150 §§ 50 ff. LPVG NW, §§ 53ff. BPersVG.
151 § 52 LPVG NW, § 56 BPersVG.

5. Abschnitt: Grundzüge des Betriebsverfassungs- und Personalvertretungsrechts

Grundsatz, daß die Bediensteten einer Dienststelle bzw. eines Geschäftsbereichs nur durch eine Personalvertretung repräsentiert werden, wird in Nordrhein-Westfalen in einzelnen Bereichen durch die Bildung von besonderen Personalvertretungen für bestimmte Bereiche oder Bedienstete durchbrochen. Die besonderen Personalvertretungen bestehen neben den allgemeinen Personalvertretungen. In NW sind besondere Personalvertretungen gebildet für

- die Beschäftigten der Polizei[152],
- für die im Landesdienst beschäftigten Lehrer, und zwar getrennt nach Schulformen[153],
- für die vom LPVG NW erfaßten wissenschaftlichen und künstlerischen Mitarbeiter sowie Lehrkräfte für besondere Aufgaben[154],
- für Staatsanwälte[155],
- für Referendare im juristischen Vorbereitungsdienst[156],
- für Bedienstete der Forstverwaltung[157].

(Für den Bund s. §§ 85–93 BPersVG).

Die in § 45 LPVG NW, § 48 BPersVG geregelte Personalversammlung ist kein Organ der Personalvertretung und kann insbesondere keinerlei nach diesem Gesetz vorgesehenen Beteiligungsrechte ausüben. Der Personalrat hat lediglich in jedem Kalenderjahr mindestens einmal in einer Personalversammlung über seine Tätigkeit zu berichten. Weitere Personalversammlungen sind zulässig. Die nicht öffentliche Personalversammlung wird vom Personalratsvorsitzenden geleitet und besteht aus den Beschäftigten der Dienststelle[158]. Sie hat nur das Recht, dem Personalrat Anträge zu unterbreiten und zu seinen Beschlüssen Stellung zu nehmen. Sie darf alle Angelegenheiten behandeln, die die Dienststelle oder ihre Beschäftigten unmittelbar betreffen, insbesondere Tarif-, Besoldungs- und Sozialangelegenheiten[159].

2.4 Rechte der Personalvertretungen

650 Das LPVG NW unterscheidet bei den beteiligungspflichtigen Angelegenheiten die eigentliche Mitbestimmung[160], die Mitwirkung[161] und das Anhörrecht des Personalrates[162]. Die Beteiligung des Personalrates

---

152 § 84 Abs. 1 und 2 LPVG NW.
153 §§ 87–95 LPVG NW.
154 §§ 110, 111 LPVG NW.
155 § 97 LPVG NW.
156 §§ 98–106 LPVG NW.
157 §§ 107–109 LPVG NW.
158 §§ 45, 46 LPVG NW, §§ 48, 49 BPersVG.
159 § 48 LPVG NW, § 51 BPersVG.
160 § 72 LPVG NW, §§ 75–77 BPersVG.
161 § 73 LPVG NW, §§ 78, 79 BPersVG.
162 §§ 74, 75 LPVG NW, § 79 Abs. 3 BPersVG.

2. Grundlagen des Personalvertretungsrechts

erstreckt sich weiter auf gewisse Beratungs-, Antrags- und Informationsrechte[163] sowie auf Überwachungspflichten.

Die Mitbestimmung ist die stärkste Form der Beteiligung. Eine Maßnahme, die der Mitbestimmung des Personalrats unterliegt, kann nur mit seiner Zustimmung getroffen werden[164]. Es bedarf also einer Einigung zwischen dem Leiter der Dienststelle und dem Personalrat. Kommt die erforderliche Einigung nicht zustande, so kann sowohl der Dienststellenleiter als auch der Personalrat die übergeordnete Dienststelle, bei der eine Stufenvertretung gebildet ist, innerhalb der gesetzlichen Frist gem. § 66 Abs. 5 LPVG NW, § 69 Abs. 3 BPersVG anrufen. Ergibt sich auch zwischen der obersten Dienstbehörde und der bei ihr bestimmten Personalvertretung keine Einigung, so können beide die Entscheidung der Einigungsstelle beantragen[165]. Die Einigungsstelle entscheidet dann (sog. volle Mitbestimmung) grundsätzlich endgültig. In Personalangelegenheiten der Beamten tritt jedoch eine Einschränkung des Mitbestimmungsrechts insofern ein, als die Einigungsstelle, wenn sie sich nicht der Auffassung der obersten Dienstbehörde anschließt, nur eine Empfehlung an diese beschließen kann[166]. Die endgültige Entscheidung liegt in diesen Fällen bei der obersten Dienstbehörde.

Duldet eine Maßnahme keinen Aufschub, so kann der Dienststellenleiter bis zur endgültigen Entscheidung vorläufige Regelungen treffen. Die vorläufige Regelung ist dem Personalrat mit einer Begründung mitzuteilen. Das Mitbestimmungsverfahren ist unverzüglich einzuleiten oder fortzusetzen[167]. Vorläufige Regelungen dürfen einer endgültigen Entscheidung nicht in der Weise vorgreifen, daß diese unwiderruflich festgelegt ist. Maßnahmen, die nicht wieder rückgängig gemacht werden können (z.B. Einstellung, Beförderung, Entlassung), sind daher unzulässig.

Die Mitwirkung ist die schwächere Form der Beteiligung. Mitwirkung bedeutet, daß der Personalvertretung vor Durchführung einer beabsichtigten Maßnahme in den im LPVG NW (BPersVG) abschließend aufgezählten Fällen ein Mitspracherecht gewährt werden muß. Der Dienststellenleiter hat die beabsichtigte Maßnahme vor einer Durchführung mit der Personalvertretung mit dem Ziel der Verständigung rechtzeitig und eingehend zu erörtern[168]. Die Regelung ist zwingend. Die Personalvertretung kann die Entscheidung der nächsthöheren Dienststelle herbeiführen, wenn ihre Bedenken durch die Dienststelle nicht berücksichtigt werden. In der Landesverwaltung NW entscheidet endgültig der Leiter der nächsthöheren Dienststelle nach Verhandlung mit der Stufenvertretung und ohne Einschaltung der Einigungsstelle. Bei den der Aufsicht des Landes NW unterstehenden juristischen Personen des öffentlichen Rechts trifft die

---

163 §§ 64, 76, 77 LPVG NW, §§ 68, 80, 81 BPersVG.
164 § 66 Abs. 1 LPVG NW, § 69 Abs. 1 BPersVG.
165 § 66 Abs. 7, § 67 LPVG NW, § 69 Abs. 4, § 71 BPersVG.
166 § 67 Abs. 6 LPVG NW, § 69 Abs. 4 Satz 4 BPersVG.
167 § 66 Abs. 8 LPVG NW, § 69 Abs. 5 BPersVG.
168 § 69 LPVG NW, § 72 BPersVG.

5. Abschnitt: Grundzüge des Betriebsverfassungs- und Personalvertretungsrechts

endgültige Entscheidung das verfassungsmäßig zuständige oberste Organ, also die Vertretungskörperschaft oder der von ihr bestimmte Ausschuß. Der Dienststellenleiter kann auch in Angelegenheiten, die der Mitwirkung des Personalrats unterliegen, die der Natur der Sache nach keinen Aufschub dulden, bis zur endgültigen Entscheidung vorläufige Regelungen treffen[169].

651 Die **Anhörung** bzw. **Stellungnahme** ist für Maßnahmen vorgeschrieben, die nicht der Mitbestimmung oder der Mitwirkung des Personalrates unterliegen. Es handelt sich um atypische Situationen (fristlose Entlassung von Beamten, fristlose Kündigung von Arbeitnehmern, Beendigung des Arbeitsverhältnisses vor Ablauf der Probezeit) zur Beendigung eines Dienst- oder Arbeitsverhältnisses. Wegen der Eilbedürftigkeit der Entscheidung ist hier ein anderes Verfahren unerläßlich. Der Personalrat ist hier vor der durchzuführenden Maßnahme nur anzuhören. Der Dienststellenleiter hat die beabsichtigte Maßnahme dem Personalrat gegenüber zu begründen. Sofern der Personalrat Bedenken gegen die beabsichtigte Maßnahme hat, hat er sie unter Angabe der Gründe dem Leiter der Dienststelle unverzüglich, spätestens jedoch innerhalb von 3 Arbeitstagen nach der Anhörung, schriftlich mitzuteilen[170].

Die Zusammenarbeit von Dienststellen und Personalvertretung im Rahmen der Beteiligung vollzieht sich in vielfältigen Formen. Die Formen der Zusammenarbeit sind dabei je nach Gegenstand der Beteiligung sehr unterschiedlich ausgestaltet.

Die Beteiligungsformen der Mitbestimmung, Mitwirkung und Anhörung gehen grundsätzlich davon aus, daß die Initiative zur Durchführung von Maßnahmen von der Dienststelle ausgeht. Die Tätigkeit der Personalvertretung erschöpft sich jedoch nicht in der Beteiligung an beabsichtigten Maßnahmen der Dienststelle. Das Personalvertretungsgesetz räumt den Personalvertretungen vielmehr ausdrücklich Initiativ-, Antrags- und Beratungsrechte in bestimmten Angelegenheiten ein.

652 **Initiativrecht** besitzen die Personalvertretungen in allen mitbestimmungspflichtigen Angelegenheiten[171]. Das Initiativrecht ist verfahrensmäßig besonders ausgestaltet. Entspricht der Dienststellenleiter einem Vorschlag des Personalrates in einer mitbestimmungspflichtigen Angelegenheit nicht, so können die übergeordneten Dienststellen, bei denen Stufenvertretungen bestehen, angerufen werden. Handelt es sich um eine der Mitbestimmung unterliegende bestimmte soziale oder organisatorische Angelegenheit[172], und kommt es auch zwischen der obersten Dienstbehörde und dem Hauptpersonalrat nicht zu einer Einigung, so kann in

---

169 § 69 Abs. 5 in Verbindung mit § 66 Abs. 8 LPVG NW, § 72 Abs. 6 i.V.m. § 69 Abs. 5 BPersVG.
170 § 74 LPVG NW, § 79 Abs. 3 BPersVG.
171 § 66 Abs. 4 LPVG NW, § 70 BPersVG.
172 § 72 Abs. 3 Satz 1 Nr. 1–7, 9, 10, 12–17 LPVG NW, § 75 Abs. 3 Nr. 1–6 und 11–17 BPersVG.

2. Grundlagen des Personalvertretungsrechts

diesen mitbestimmungspflichtigen Angelegenheiten die Einigungsstelle eingeschaltet werden. In anderen der Mitbestimmung unterliegenden Angelegenheiten entscheidet dagegen die oberste Dienstbehörde endgültig[173].

Antragsrechte stehen außerdem in einer Vielzahl weiterer Angelegenheiten[174] den Personalvertretungen zu, das jedoch nicht verfahrensmäßig ausgestaltet ist. Das Antragsrecht soll den Personalrat in die Lage versetzen, auch außerhalb seiner förmlichen Beteiligung im Mitbestimmungs- bzw. Mitwirkungsverfahren von sich aus mit Anregungen und Wünschen an den Dienststellenleiter heranzutreten und diese ggf. mit ihm zu erörtern. Entspricht der Dienststellenleiter einem Antrag nicht, so können übergeordnete Dienststellen und die Stufenvertretung nicht eingeschaltet werden. Das Antragsrecht ist insoweit schwächer als das Initiativrecht ausgestaltet.   653

Das Beratungsrecht ist eine weitere Form der Beteiligung der Personalvertretung und ist in den §§ 76, 77 LPVG NW, §§ 80, 81 BPersVG geregelt. Es handelt sich hier um die beratende Tätigkeit beim Ablegen von Prüfungen eines Mitgliedes des für den Bereich zuständigen Personalrats und um die beratende Tätigkeit in Fragen des Arbeitsschutzes und der Unfallverhütung. Nach diesen Vorschriften ist die betreffende Dienststelle verpflichtet, der Personalvertretung die jeweiligen Prüfungstermine rechtzeitig bekannt zugeben und dem Personalrat die Besprechungstermine des Dienststellenleiters mit den Sicherheitsbeauftragten mitzuteilen.   654

2.5 Verfahrensfehler

Vorschriften des Mitbestimmungsverfahrens können dadurch verletzt sein, daß der Personalrat zwar beteiligt worden ist, jedoch von seinem Mitbestimmungsrecht durch fehlerhaften Beschluß Gebrauch gemacht hat. Eine Verletzung des Mitbestimmungsrechts – und damit des Mitbestimmungsverfahrens – ist vor allem dann gegeben, wenn der Personalrat (oder seine zuständige Stufenvertretung) vorsätzlich oder versehentlich von der Dienststelle nicht beteiligt worden ist oder eine Maßnahme durchgeführt wird, obwohl der Personalrat seine Zustimmung ordnungsgemäß verweigert hat und eine Entscheidung der Einigungsstelle nicht eingeholt wurde. In beiden Fällen sind die aus derartigen Verletzungen herzuleitenden Folgen dieselben.   655

Hinsichtlich der Rechtsfolgen ist zu unterscheiden, ob die Maßnahme

– durch Verwaltungsakt,

– als innerdienstliche Anordnung oder

– durch privatrechtliches Rechtsgeschäft ausgeführt wird.

---

173 § 66 Abs. 7 Satz 4 LPVG NW, § 70 Abs. 2 BPersVG.
174 Vgl. § 64 LPVG NW, § 68 Abs. 1 BPersVG.

5. Abschnitt: Grundzüge des Betriebsverfassungs- und Personalvertretungsrechts

Der Begriff des **Verwaltungsakt**s ist in § 35 VwVfG NW näher definiert. Unterläßt eine Personalvertretung die Beteiligung einer anderen Personalvertretung, so ist dieser Fehler innerhalb des Innenverhältnisses zwischen den beiden Vertretungen für die Rechtmäßigkeit der Maßnahme des Dienststellenleiters ohne Bedeutung[175].

Für den Verwaltungsakt bewirkt ein Fehler im Mitwirkungsverfahren Anfechtbarkeit, jedoch keinesfalls Nichtigkeit[176]. Der fehlerhafte Verwaltungsakt gilt solange als wirksam, wie seine Rechtswidrigkeit nicht mit Erfolg durch eine fristgerechte Anfechtungsklage vor dem Verwaltungsgericht geltend gemacht worden ist[177]. Entsprechendes gilt bei Fehlern im Mitbestimmungsverfahren. Die Anfechtungsklage kann nach § 42 VwGO nur von der Person erhoben werden, die durch den Verwaltungsakt unmittelbar in ihren Rechten verletzt ist. Das ist nur der von der Maßnahme betroffene Beschäftigte, nicht dagegen der Personalrat, da dieser nicht durch die Maßnahme selbst in seinem Mitbestimmungsrecht verletzt ist, sondern nur durch die Art und Weise ihres Zustandekommens. Die Anfechtbarkeit scheidet daher bei allen beamtenrechtlichen Urkundsakten (Ernennungen) aus, weil die Gründe für die Nichtigkeit und die Rücknahme der Ernennung in den Beamtengesetzen abschließend aufgezählt sind, die fehlerhafte Beteiligung aber keinen gesetzlichen Nichtigkeits- oder Rücknahmetatbestand darstellt.

Innerdienstliche Anordnungen sind nach § 58 Satz 2 LBG NW[178] von den Beamten zu befolgen, sofern nicht die besonderen Voraussetzungen des § 59 LBG NW[179] vorliegen. Einer gerichtlichen Nachprüfbarkeit unterliegen sie nicht, es sei denn, daß sie für den Beamten unmittelbar Rechte und Pflichten begründen, d.h. in das Grundverhältnis des Beamten eingreifen.

Sofern das der Fall ist, sind sie wie Verwaltungsakte zu behandeln.

In der Regel werden innerdienstliche Anordnungen wegen Verletzung des Beteiligungsrechts daher nicht vernichtbar (anfechtbar) sein. Das gleiche gilt für Arbeitnehmer (Angestellte und Arbeiter) im Hinblick auf das Direktions- und Weisungsrecht des öffentlich-rechtlichen Arbeitgebers.

Rechtsgeschäfte (z.B. der Abschluß eines Arbeitsvertrages) sind, wenn die Zustimmung des Personalrats nicht erteilt ist, nach §§ 182 ff. BGB solange schwebend unwirksam, wie der Verfahrensfehler nicht behoben und die Zustimmung des Personalrats nicht wirksam erteilt ist. Stimmt der Personalrat nicht zu, so ist das Rechtsgeschäft nichtig.

Rechtsgestaltende, einseitige Willenserklärungen des Dienstherrn (z.B. die Kündigung eines Arbeitnehmers), die ohne Zustimmung des Perso-

---

175 BVerwG, ZBR 1963, 213.
176 Zur Nichtigkeit von VAen vgl. § 44 VwVfG NW.
177 Vgl. § 43 VwVfg NW; zur Anfechtungsklage vgl. §§ 68 ff. VwGO.
178 § 37 BRRG.
179 § 38 BRRG.

2. Grundlagen des Personalvertretungsrechts

nalrates ausgesprochen wird, ist nicht nur anfechtbar, sondern von vornherein nichtig, da „schwebende Unwirksamkeit" bei solchen Rechtsgeschäften nicht möglich ist[180].

Hat der Personalrat selbst durch einen fehlerhaften Beschluß in mitbestimmungsbedürftigen Angelegenheiten die Vorschriften des Mitbestimmungsverfahrens gröblich mißachtet, so kann er im Beschlußverfahren[181] aufgelöst werden.

Sind die Rechte des Personalrates durch den Dienststellenleiter schuldhaft verletzt worden, so kann ein Dienstvergehen des Dienststellenleiters i.S. des § 83 Abs. 1 LPVG NW[182] vorliegen. Der Personalrat ist dann berechtigt, Dienstaufsichtsbeschwerde zu erheben.

Für Rechtsstreitigkeiten, insbesondere über Wahlberechtigung und Wählbarkeit, Zusammensetzung und Amtszeit der Personalvertretungen, ihre Rechtsstellung, ihre Zuständigkeit und die Geschäftsführung ist der Rechtsweg zu den Verwaltungsgerichten gem. § 79 Abs. 1 LPVG NW, § 83 Abs. 1 BPersVG eröffnet. Für die Entscheidung sind besondere Fachkammern (Fachsenate) zuständig. Das Verfahren richtet sich gem. § 79 Abs. 2 LPVG NW, § 83 Abs. 2 BPersVG nach den Vorschriften des Arbeitsgerichtsgesetzes über das Beschlußverfahren.

Literatur: Cecior/Dietz/Vallendar/Lechtermann/Klein, Das Personalvertretungsrecht in Nordrhein-Westfalen, Kommentar, Stand: Oktober 2001; Havers, Landespersonalvertretungsgesetz, 9. Auflage 1995.

---

180 Vgl. § 66 LPVG NW, § 108 Abs. 2 BPersVG, § 79 Abs. 4 BPersVG.
181 Vgl. § 79 LPVG NW, § 83 BPersVG nach § 25 LPVG NW, § 28 BPersVG.
182 § 45 BRRG.

Sachwortverzeichnis

Die Zahlen verweisen auf die Randnummern

A

Abberufung 275, 295
Abbruch des Auswahlverfahrens 75, 94, **121**, 132, **145**
Abfindung 380
Abführungspflicht bei Nebentätigkeit 223
Abgesenkte Ostbesoldung 319
Abmahnung 604
Abordnung 180, **192 ff.**
Absetzbare Zeiten 334
Abstieg 172
Abstrakt-funktionelles Amt 50, 179
Abwahl von kommunalen Wahlbeamten 295, 375
Achtungs- und vertrauenswürdiges Verhalten **206**, 208
Adäquanztheorie beim Schaden 259
Ämterbeamter **71**, 193, 196
Ämter in leitender Funktion im Beamtenverhältnis auf Probe 65
Ämterpatronage **18**, 57, 63, 113
Änderung des Umfangs der Teilzeitbeschäftigung von Beamten 246, 248
Änderungen des funktionellen Amtes 178 ff.
Änderungen im Beamtenrecht aufgrund der Föderalismusreform 10, 23, 39, 157, 322, 362, 364
Änderungskündigung **609**
Annex 517
Ärztliche Untersuchung 204 f., 263, 291, 386, 597
Äußere Einwirkung beim Dienstunfall 384
AIDS-Test 113
Akademische Grade 239
Akkordlohn 570
Akteneinsichtsrecht 229
Aktualität dienstlicher Beurteilungen 231, 233
Alimentationsprinzip 17, **30**, 267, 319, 363, 394, 396
Alkoholgenuß
– Dienstvergehen 208, 407
– Disziplinarrecht 403, 407
– Pflicht zur ärztlichen Untersuchung 204
Allgemeine Handlungsfreiheit 12, 15, 153, 199, 207 f., 210, 221 ff., 253, 284
Allgemeiner Vertreter 21, 43, 55, 196, 223, 237, 325, 408
Allgemeines Dienstalter 122, 132, 289
Allgemeines Gleichbehandlungsgesetz (AGG) **474,** 477
Allgemeinverbindlicherklärung eines Tarifvertrages 447
Altersgrenzen 117, 287
Altersteilzeit Angestellte 530 ff.
– Ablehnung 534
– Aufstockungsleistungen 542
– Bezüge 541
– Ende 545
– Mitwirkungspflichten 546
– Nebentätigkeit 543
– Urlaub 544
– Verteilung der Arbeitszeit 540
– Voraussetzungen 531 ff
Altersteilzeit Beamte 126, 131, **246**, 308
Amt
– funktionelles 50, 178 ff.
– im beamtenrechtlichen Sinn 49 f.
– im Sprachgebrauch 48
– mit leitender Funktion 63, 65

Sachwortverzeichnis

– statusrechtliches 49
Amtliche Weisung 210
Amtsärztliches Gutachten 113, 204, 263, 280, 288, 290 f.
Amtsärztliche Untersuchung 263, 279
Amtsangemessene Beschäftigung 37, 49, 238
Amtsausübung, Recht auf 238
Amtsbeamter **71**, 193, 196, 222
Amtsbezeichnung 37, 49, 54, 64, 87, 133, 137, 167, 186, 188, 191, 196, 198, 203, 208, **239**, 268, 286, 291, 293, 347
Amtsbonus 208
Amtsdelikte 47
Amtsenthebung, vorläufige 264, 414
Amtsfähigkeit 115
Amtshaftung 46, 144, 210, 228, 233, 257, 271 f.
Amtsleiter 196
Amtsstelle 50
Amtsträger 50, 210, 303
– i.S. des StGB 47
Amtsverschwiegenheit 205
Amtswalter 15, 48, 50, 52, 55 f., 303
Amtswürdigkeit 116
Amtszulagen 347
Analytische Dienstpostenbewertung 30, 52, 327
Andere Bewerber 109, **164**, 176
Anderweitige Unterbringung 339
Anforderungsprofil 113, 125, 131 f., 150
Anhörungspflichten 28, 75, 79, 96, 120 f., 124 f., 131, 133 f., 151, 175, 186, 192, 195, 197, 215, 221, 231, 245 f., 248, **251**, 277, 282, 409
Anlaßbeurteilung 131, 230 f.
Annahmeverzug 572
Annahme von Geschenken 203, 218, 286, 291, 400, 406, 412
Anordnung der sofortigen Vollziehung 204, 211, 282, **291**, 295
Anordnungsanspruch 317

Anordnungsgrund 196, 316 f.
Anpassung der
– Besoldung 329
– Versorgungsbezüge 363
Anpassungsfortbildung 249
Anrechenbarkeit von Privateinkünften 393 ff.
Anrechnung von Renten auf Versorgungsbezüge bei Wahlbeamten 395
Anscheinsbeweis 262, 360
Anspruch auf Ernennung, Übertragung eines höherwertigen Dienstpostens 121, 145 f., 171
Anstalt des öffentlichen Rechts 42, 53, 63, 65, 185, 198, 322, 326, 362, 364, 396
Anstellung 86, 124
Anti-Atomkraft-Plakette 202
Antrag auf gerichtliche Fristsetzung im Disziplinarverfahren 414
Antragsaltersgrenze 290, 375
Antragsteilzeit 68, 246
Antragstellung als Klagevoraussetzung 270
Anwärter (Dienstbezeichnung) 165
Anwärterbezüge 355 ff.
– Grundbetrag 356
– Kürzung 358
– Rückforderung 355, 360 f.
– Sonderzuschläge 357
– Zahlung unter Auflagen 355
Anwesenheitspflicht 204
Arbeitnehmer
– Begriff 459
– Nebentätigkeiten des AN 549
– Pflichten des AN 547 ff.
– Schadenersatz bei Pflichtverletzungen 556
– Schutz im Betrieb und Betriebsablauf 579 ff.
– Treuepflicht 562
– Verschwiegenheitspflicht 564
– Wesen 562
Arbeitnehmerähnliche Selbständige 471
Arbeitnehmererfindungen 577

Sachwortverzeichnis

Arbeitsgemeinschaften nach Hartz IV **185**, 348
Arbeitskampf 452 ff.
– Grundlagen 453
– Rechtmäßige Arbeitskampfmaßnahmen 454
– Rechtswidrige Arbeitskampfmaßnahmen 456
– Suspendierung der Arbeitspflicht 455
Arbeitspflicht 547
– Arbeitsverhinderung 552
– Arbeitszeit 550
– Befreiung 552
– Direktionsrecht (Weisungsrecht) 440, 549
– Freistellung 552
– Nebenarbeiten 549
– Nebentätigkeiten 549
– Persönliche Natur der Arbeit 548
– Umfang 549
– Unmöglichkeit 554
– Verletzung 553 ff.
Arbeitsrecht
– Begriff 421
– EU-Recht/Völkerrecht 429
– Geschichtliche Entwicklung 421
– Gesetzliche Regelungen 432 ff.
– Grundgesetz 427
– Rechtsquellen 425 ff.
Arbeitsschutz bei Beamten 250
Arbeitsverhältnis
– Anbahnung 475
– Arbeitgeberpflichten 565 ff.
– Arbeitnehmerpflichten 547 ff.
– Beendigung des Arbeitsverhältnisses, s. Kündigung
– Befristetes Arbeitsverhältnis, s. Arbeitsvertrag
Arbeitsversuch bei Beamten 279
Arbeitsvertrag 472 ff.
– Änderung 495
– Anbahnungsverhältnis 475
– Anfechtbarkeit 498
– Bedingung 514
– Befristung 506 ff.
– Befristung mit Sachgrund 507 ff.

– Befristung ohne Sachgrund 518 ff.
– Begriff 472 ff.
– Benachteiligungsverbot 474
– Drohung 500
– Form 490
– Fragerecht des AG bei Einstellungen 478 ff.
– Inhalt 493
– Irrtum 499
– Nachweisgesetz 492
– Nebenabreden 491
– Mängel 496 ff.
– Mehrere Arbeitsverträge 494
– Mehrfachbefristung 517
– Nichtigkeit 497
– Stellenausschreibung 473 ff.
– Täuschung 500
– Verlängerungsfiktion 525
– Zustandekommen 472
Arbeitszeit bei Beamten 204
– Flexibilisierung 9, 68, 242
Arbeitszeitkonto 204
Arbeitszeitschutz 550
Arten der Beamtenverhältnisse 61 ff.
Unterscheidung
– nach dem Dienstherrn 61
– nach dem Haushaltsrecht 72
– nach dem Umfang der Bindung 67 ff.
– nach dem wahrzunehmenden Amt 71
– nach der Dauer der Bindung 62 ff.
– nach der Laufbahn 70
Assessment-Center 9, 132
Aufbau der Personalvertretungen 652
Aufhebungsvertrag (Auflösungsvertrag) 614 ff.
Auflösung von
– Behörden 198
– Körperschaften 198
Aufnahme in der Wohnung 339
Aufrechnung 261, 360, 392
Aufschub der Nachversicherung 365

1001

Sachwortverzeichnis

Aufsichtsbehörden 96
Aufsichtsbeschwerde 299
Aufsteigende Gehälter 330
Aufstieg 88, 134, **171**
Aufstiegsprüfung 171
Aufwandsentschädigung 354
Ausbildung 165
Ausbildungsmonopol 146
Ausbildungsstätte i.S.v. Art. 12 GG 146
Ausbildungs- und Prüfungsordnungen 166
Ausbildungsverhältnis, öffentlich-rechtliches 66, 108, 146, 161, 165, 174, 285, 355
Ausgleichsbetrag von Vollwaisen 381
Ausgleichsquittung 618
Aushändigung von Ernennungsurkunden 83, 97
Auskunftsanspruch des Beamten 153
Auskunftspflicht der Bewerber 140
Auslandsdienstbezüge 320
Auslesefaktoren 17, 113, 121, 131 f.
Auslesezweck der dienstlichen Beurteilung 230
Aussagegenehmigung 205
Ausschärfung, qualitative 132
Ausschluß von Amtshandlungen 203
Ausschreibung 94, 125, 131, 155
Außenbewerber 131
Außenrechtsbeziehungen 303, 308
Außergerichtliche Rechtsbehelfe 298 ff.
Außerplanmäßige Beamte 72
Aussetzung des behördlichen Disziplinarverfahrens 409
Ausübung öffentlicher Gewalt, Haftung 46, 258 f.
Auswahlentscheidung 17, 63, 73, 76, **113, 121**, 125, **131 f.**, 134, 145, 153, 231, 234, 271 f., **315 ff.**
Auswahlermessen 121, 132

Auswahlgespräch 9, 94, 113, 132, 154

B
Beamte
– Arten 61 ff.
– besonderer Fachrichtungen 162
– der Gemeinden 61
– der Rechnungshöfe 82
– des feuerwehrtechnischen Dienstes 82, 177
– des Landtages NW 79, 82
– des Polizeivollzugsdienstes **81**, 177, 278, 287
– mit besonderer Rechtsstellung 73 ff., 82, 119
– Politische 63, 65, **79**, 189, 277, 292, 375, 391
Beamtenbegriffe 44 ff.
– haftungsrechtlicher 46
– staatsrechtlicher 45
– strafrechtlicher 47
Beamtenbesoldung 319 ff.
Beamtenbild 1, 22, 203
Beamten-Bundesrecht 41, 61
Beamtenpflichten 200 ff.
Beamtenrechte 236 ff.
– Verlust der 293
Beamtenrechtliches Beförderungsverbot 126
Beamtenverhältnis 58 ff.
– Arten 61 ff.
– Beendigung 276 ff.
– Begründung 83 ff.
– Typenzwang 58, 61 ff.
– Umwandlung 85, 123 f., 294
Beamtenversorgung, Arten 362 ff.
Beamter
– im haftungsrechtlichen Sinn 46
– im statusrechtlichen Sinn **45**, 258
– im strafrechtlichen Sinn 47
– mittelbarer, unmittelbarer 61
Beamter auf Lebenszeit 62, 110
Beamter auf Probe 64 f., 109, 282
Beamter auf Widerruf 66, 108, 282
Beamter auf Zeit 63, 111
Bedarfsbeurteilung 131, 230 f.

Sachwortverzeichnis

Bedeutung der hergebrachten Grundsätze des Berufsbeamtentums 39
Bedürfnis, dienstliches 188 f., 193, 238, 363
Beendigung des
- Anspruchs auf Dienstbezüge 329
- Auswahlverfahrens 75, 94, 121, 132, 145
- Beamtenverhältnisses 275 ff.
  - Formen 275
  - Voraussetzungen 276 ff.
Befähigung 113, 163
Befangenheit 203
Beförderung 87, 125 ff.
- und Fürsorgepflicht 145
- und vorläufige Haushaltsführung 132
Beförderungsämter 158
Beförderungsanwartschaft 145, 252
Beförderungsbewerber 17, 132, 190
Beförderungsgleiche Maßnahmen 87, **125 ff.**, 347, 368
Beförderungsgrundsätze 131
Beförderungsverbote 126 ff., 406
- aufgrund von Verwaltungsvorschriften 129
- beamtenrechtliche 126
- disziplinarrechtliche 128, 406
- haushaltsrechtliche 130
- laufbahnrechtliche 127
Beförderungswartezeiten 129
Befristung –sh. unter Arbeitsvertrag –
Begleitverfügung zur Ernennungsurkunde 92, 124
Begnadigung 418
Begrenzte Dienstfähigkeit 280
Begründung der Auswahl 121, 131 f., 152
Begründung des Beamtenverhältnisses 84, **90 ff.**
Behördenumbildung 198
Beigeordnete 73 ff., s. auch kommunale Wahlbeamte

Beigeordneter, erster 56, 196, 325, 330
Beihilfe
- akten 224
- anspruch in der Elternzeit 244
- bearbeitung durch Andere 237
- gewährung 38, **237**, 245
- kostendämpfungspauschale 237
- versicherung 237
Beistand in Einstellungsgesprächen 154
Beitrittsgebiet 11, 319, 362, 367, 373
Bekämpfung der Korruption 203, 205, 222 f., 253, 286, 291, 406, 419
Belästigung, sexuelle 206, 249, 406
Belange
- arbeitsmarktpolitische 68, 222 f., 245, 247
- dienstliche 68, 164, 190, 199, 207, 210, **244 ff.**, 297
- dringende dienstliche 245 f., 248
- zwingende dienstliche 68, 204, 238, 241, 244 ff., **248**
Belehrungspflicht 236, 245, 248, 251
Benutzung von Mobiltelefonen (Handys) 204
Beratung
- der Beamten 251
- des Bürgers 216
Beratungspflicht gegenüber Vorgesetzten 210
Beratungs- und Auskunftspflicht des Beamten 210, 216, 251, 257
Bereicherungswegfall 286, 358, **360**, **392**
Bereitschaftsdienst 204, 209, 263
Berichtigung der Personalakten 229
Berufsbeamte 67
Berufsbeamtentum 19 ff.
Berufsbezeichnung 239
Berufsfreiheit 12, 66, 102, 146, 222 f., 284, 291, 395

1003

Sachwortverzeichnis

Beschäftigungsschutzgesetz 206, 249
Beschwerderecht 299, 417
Beschwerdeweg 297 ff.
Besetzungsberichte 132, 227, 318
Besoldung 319 ff.
– Anspruch 329
– Bestandteile 320
– Ost 319
– Rechtsgrundlagen 321 ff.
– Rückforderung 360 f.
– Verlust bei schuldhaftem Fernbleiben vom Dienst 329
Besoldungsdienstalter 332 ff.
– Berechnung 333 f.
– im Regelfall 333
– in besonderen Fällen 334
– Mitteilung 335
Besoldungskorridor 30
Besoldungsmitteilung 329
Besoldungsmoratorium 322
Besoldungsordnungen 330
Besonderes Gewaltverhältnis 59 f.
Bestenauslese 17, 113, 121, 132, 272, 318
Bestimmung des Geschäftskreises von Beigeordneten 75
Beteiligung der Personalvertretungen 653 ff.
Betriebsausflug, Teilnahme eines Beamten am 204
Betriebliche Übung **438 ff**
Betriebsrat 627 ff.
Betriebssport 258, 384
Betriebsvereinbarungen 640
– Arten 643
– Zeitlicher Geltungsbereich 647
Betriebsverfassung 625 ff.
– Begriff 625
– Beschwerderecht des Arbeitnehmers 636
– Grundlagen 626
– Individualrechte 636
– Mitbestimmungsrechte 637
– Personelle Mitbestimmungsrechte 637
– Rechtsnatur der Betriebsverfassung und Normen 625

– Soziale Mitbestimmungsrechte 637
– Umfang 636
– Wirtschaftliche Mitbestimmungsrechte 638
Beurlaubung 79, 126, 168, 185, 222 f., 236, 241 ff., **245 ff.**, 264, 290
Beurteilung, dienstliche 121, 131, **230 ff.**
Beurteilungsermächtigung 121, 150, 188, **232**
– gerichtliche Überprüfbarkeit 233
Beurteilungsspielraum 132, 188, 350
Bewährungsbeamtenverhältnis 64
Bewährungszeit beim Aufstieg 171
Beweislast 113, 145, 257, 260, 271 f., 288
Bewerber besonderer Fachrichtung 162
Bewerbungsverfahrensanspruch 18, 76, 125, **131**, 153, 272, 315, 317 f.
Bezüge für den Sterbemonat 377
Billigkeitsentscheidung 236, 286, **360**, 392
Bindungswille bei der Zusicherung 149
Bindungswirkung von Strafurteilen im Disziplinarverfahren 409, 413
Binnendifferenzierungen (bei Beurteilungen) 131
Body-Mass-Index 113, 282
Bonus für einheimische Bewerber 18
Budgetierung der Besoldungsaufwendungen 325
Bürgermeister, s. kommunale Wahlbeamte
Bull-Kommission 1, **10**
Bundesbeamtenrecht 40
Bundespersonalausschuß 57
Bundesverfassungsgericht, Rechtsschutz durch das 312

Sachwortverzeichnis

C
Chancengleichheit 18, 94, 131, 166, 231, 233
Charakterliche Nichtgeeignetheit 113, 171, 283

D
Detektivkosten 259
Deutsche Bahn 49, 185, 203
Deutsche Post 49, 185, 288
Deutsche Postbank 288
Deutsche Staatsangehörigkeit 101, 285
Deutsche Telekom 49, 185, 288, 406
Dienstaltersstufen 30, 331
Dienstaufsichtsbeschwerde 299
Dienstbefreiung 199, 204, 243
Dienstbehörde, oberste 54
Dienstbereitschaft 204, 209, 263
Dienstbeschädigung 379, 381
Dienstbezeichnung 239
Dienstbezogenheit eines Unfalls 384
Dienstbezüge 329 ff.
– bei rückwirkender Einweisung in eine Planstelle 329
– Verlust der 263, 329
Diensteid 98, 264, 283
Dienstenthebung 414
Diensterfindungen 351
Dienstfähigkeit, begrenzte 280
Dienstherr 53, 99
Dienstherrnfähigkeit 53, 99
Dienstherrnwechsel 171, 186 ff.
Dienstjubiläum 237
Dienstkleidung 207
Dienstliche Belange 68, 164, 190, 199, 207, 210, **244 ff.**, 248, 297
Dienstliche Beurteilung 121, 132, **230 ff.**
– Begriffsbestimmungen 230
– Binnendifferenzierungen 131
– qualitative Ausschärfung 132
– Rechte des Beamten 234
– Rechtmäßigkeitsanforderungen 231 ff.
Dienstliche Erklärung 210
Dienstliche Veranstaltung 384
Dienstliche Verwendung 222, 226, 231, 233, 270, 393, 395
Dienstliche Weisung 210
Dienstlicher Wohnsitz **308**, 322, 355, 408
Dienstliches Bedürfnis 188 f., 193, 238, 363
Dienst nach Vorschrift, Verbot von 204
Dienstort 133, 190, 195 f., 208, **209**, 222
Dienstpflichtverletzung, s. Pflichtverletzung
Dienstposten 50, 145
Dienstpostenbewertung 52, 145, 227, 252, 330
Dienstpostenkonkurrenz 316
Dienstraum 204, 253, 274
Dienstrechtsänderungsgesetz 2
Dienstrechts„reform" 2
Dienstreise 55, 180, 204, 210, 236, 253, 259, 270, 384
Dienststelle 180
Dienst- und Treueverhältnis, öffentlich-rechtliches 22, 58, 199
Dienstunfähigkeit 288
Dienstunfall 384
Dienstunfallfürsorge 38, **384 ff.**
Dienstvereinbarungen 204
Dienstvergehen
– Begriff 264, 400
– Einheit 401
Dienstvorgesetzter 55
– des hauptamtlichen Bürgermeisters/Landrats 55, 223, 237
Dienstweg 56
Dienstwohnung 209, 237
Dienstzeugnis 235
Differenzierungsverbot 17, 103, 122, 132, 140
DIN 33429 150
Direktor beim Landtag 79
Diskriminierungsverbot 122, 207, 369
Disziplinargericht 309, 408, 413
Disziplinargewalt 410
Disziplinarmaßnahmen 405 f.

Sachwortverzeichnis

- Alkoholabhängigkeit 407
- Annahme von Geschenken 400, 406, 415
- Betrug 406
- Diebstahl 406
- Einstellungsbetrug 406
- Entfernung aus Personalakten 414
- Korruption 406
- Mißbilligungen 410
- sexuelle Belästigung 406
- Trunkenheitsdelikte 406
- Untreue 406

Disziplinarorgane 408
Disziplinarrecht 398 ff.
- Unterscheidung zwischen materiellem und formellem Disziplinarrecht 398
- Zweck 399

Disziplinarrechtliches Beförderungsverbot 128, 406
Disziplinarverfahren 403 ff.
- Ablauf 409 ff.
- Änderungsverfahren 411
- Antrag auf gerichtliche Fristsetzung 414
- Aussetzung des behördlichen Disziplinarverfahrens 409
- Behördliches 399, 419
- Bestellung zum Ermittlungsführer 409
- Disziplinarklage 408, 410 ff., **413**, 416 f., 419
- Disziplinarverfügung 409 ff.
- Ermittlungen 409 ff.
- Gerichtliches 399, 412, 419
- Grundsatz der Nichtöffentlichkeit 413
- Klageschrift 413
- Konzentrationsmaxime 413
- Kosten des Disziplinarverfahrens 416
- Nachtragsdisziplinarklage 413
- rechtspolitische Änderungen 419
- Verfahren vor den Disziplinargerichten 413

- Vertreter des öffentlichen Interesses in Disziplinarsachen 408
- Vollstreckung, Begnadigung, Wiederaufnahme des Verfahrens 418
- Widerspruchsverfahren 411, 416 f.

Disziplinarvorgesetzter 410
Doppelbeamtenverhältnis 69, 176, 285
Doppelbestrafung 399, 402
Dringende dienstliche Belange 245 f., 248
Drittanfechtung 308, 313
Drittschäden 259, 556

E
Eckpunktepapier „Neue Wege im öffentlichen Dienst" 10
Edeka-Effekt 211
Eheähnliche Lebensgemeinschaft 131, 190, 339
Ehegattenanteil 341 ff.
Ehe und Familie, Schutz von 12, 18, 246, 319
Ehrenbeamte 45, 61, **69**, 72, 84 f., 91, 112, 189, 219, 245, 285, **296**, 314, 322, 385 f., 406
Ehrverletzung 255
Eid 98, 264, 283
Eigenhaftung 46, 259
Eigenschäden 258
Eigentumsfreiheit 12, 36, 273
Eignung 113
Einbehaltung der Dienstbezüge beim Zurruhesetzungsverfahren 288
Einfacher Dienst 158
Einführung in das Beamtenrecht 1 ff.
Einführungszeit 171
Eingangsamt 158
Eingetragene Lebenspartnerschaft 12, 229, 237, 243, 339
Eingriffsverwaltung 19
Einheimischenquote 18
Einheitslaufbahn 81
Einigungsvertrag 11, 362, 367, 373

Sachwortverzeichnis

Einleitung eines gerichtlichen Disziplinarverfahrens 412
Einleitungsbehörde 412
Einsatzzweck der dienstlichen Beurteilung 230
Einsicht in Personalakten 228 f.
Einstellung 84, 90 ff.
Einstellung des gerichtlichen Disziplinarverfahrens 415
Einstellungsbetrag 406
Einstellungsgespräch 9, 113, 132, 154
Einstweilige Anordnung 121, 145, 156, 274, 308, 315 ff.
Einstweiliger Rechtsschutz 121, 145, 156, 274, 308, 315 ff.
Einstweiliger Ruhestand 292, 375
Eintritt in den Ruhestand 275, **287 ff.**
– durch einseitigen fakultativen Verwaltungsakt 289
Einweisung in eine Planstelle 51, 93, 124, 329
Einweisungsverfügung 65, 329 f.
Elektronische Form 97, 198, 277, 284
Elternzeit 124, 126, **244**
E-Mail-Verkehr 204
Endamt 158
Entbindung von der ärztlichen Schweigepflicht 204 f., 288
Entfernung
– aus dem Beamtenverhältnis 116, 294
– von Inhalten der Personalakten 229
Entlassung 282 ff.
– auf Verlangen 284
– durch einseitigen gebundenen Verwaltungsakt 283
– durch einseitigen Verwaltungsakt aufgrund von Kann-Vorschriften 282
– durch mitwirkungsbedürftigen Verwaltungsakt 284
– kraft Gesetzes 285
– Rechtsfolgen 286

Entzug der Funktion beim allgemeinen Vertreter 196
Erben 377
Ereignis, plötzliches 384
Erfindungen 351
Erfüllungsansprüche 267 f.
– auf nicht vermögenswerte Rechte 268
– auf vermögenswerte Rechte 267
Erhöhung des Umfangs der Teilzeitbeschäftigung von Beamten 246, 248
Erholungsurlaub 240
Erledigung der Hauptsache 314, 316 f.
Ermessen 132, 145, 193, 197, 281
Ermessensreduzierung auf Null 145, 169, 190
Ermittlungen im Disziplinarverfahren 409 ff.
Ermittlungsführer, Bestellung zum 409
Ernennung 83 ff., 145 ff.
– Akteneinsichtsrecht 153
– Ansprüche auf 145 ff.
– Bedingungsfeindlichkeit 95
– Begründungspflicht 152
– eingeschränkte gerichtliche Kontrolle 145, 150
– in elektronischer Form 97
– Mitteilung der entscheidenden Wertungsfaktoren 76, 152, 272, 314
– Nennung des Namens des erfolgreichen Bewerbers 76, 152, 272, 314
– rechtzeitige Information 156, 272, 314
– und Verfahrensrechte 150 ff., 315, 318
– Voraussetzungen 89 ff.
Ernennungsermessen 83, 121, 132, 145
Ernennungsfälle 84 ff.
Ernennungsfehler 136 ff.
Ernennungsurkunde 45, **83**, 91, 97, 123
Erprobungszeit 126

1007

Erschwerniszulagen 349
Erstattungsansprüche 262
Erster Beigeordneter 56, 196, 325, 330
Erziehungsurlaub 126, 244

F
Fachaufsichtsbeschwerde 299
Fachhochschulen 162, 165, 189, 198, 355
Fachliche Eignung 113
Fachliche Leistung 113
Fachliche Weisung 210
Fachrichtung
– Beamte besonderer 162
– Begriff 159
Fähigkeit zur Bekleidung öffentlicher Ämter 115
Faktisches öffentlich-rechtliches Dienstverhältnis 143
Familienversicherung 245
Familienzuschlag 336 ff., 368
– Änderung 345
– Konkurrenz 341 ff.
– Stufen 338 ff.
– Tarifklassen 337
– und nichteheliche Lebensgemeinschaft 339
Fernbleiben vom Dienst 263, 329, 360, 406
Feste Gehälter 330
Festsetzung des BDA 335
Feuerwehrzulage 348
Fliegende Stellenausschreibung 131
Flucht in die Öffentlichkeit 205, 297
Föderalismusreform 10, 23, 39, 157, 322, 362, 364
Förderungsfortbildung 249
Förderungspflicht 252
Förderungszweck der dienstlichen Beurteilung 230
Förmliche Rechtsbehelfe 300 ff.
Folgenbeseitigungsanspruch 269
Folgen von Ernennungsfehlern 142 ff.
– Maßnahmen des Dienstherrn 142

– Rechtsfolgen im Außenverhältnis 144
– Rechtsfolgen im Innenverhältnis 143
Folgen von Pflichtverletzungen
– durch Beamte 256 ff.
– durch den Dienstherrn 266 ff.
Folgepflicht bei Dienststellenverlegung 209
Formeller Personalaktenbegriff 224
Formenstrenge
– im Beamtenrecht 58
– im Besoldungsrecht 329
– im Ernennungsrecht 83 ff.
– im Versorgungsrecht 366
Formlose Rechtsbehelfe 299
Forschungs- und Lehrzulage 351
Forschung und Lehre 12, 80
Fortbildung **249**, 361
Fortsetzungsfeststellungsklage 318
Frage
nach der Parteizugehörigkeit 104
nach einer Schwangerschaft 18, 94
Frauen
– beauftragte, s. Gleichstellungsbeauftragte
– förderplan 122, 130
– förderung (-quote) 122, 132
Freie Entfaltung der Persönlichkeit 15, 104, 210, 221 f.
Freie Heilfürsorge 38, 237
Freie Meinungsäußerung 12, 102, 199, 202, 205, 207 f., 210
Freier Mitarbeiter 458
– Begriff 459
– Weisungsungebundenheit 460 ff.
Freiheit der ungestörten Religionsausübung 12, 107, 199, 204, 207 f., 281
Freiheitlich-demokratische Grundordnung 104, 107
Freiheit von Wissenschaft, Forschung und Lehre 12, 80
Freistellung 242 f., 368 f., 375, 391

Sachwortverzeichnis

Freizeit 15, 204, 206, 208, 210, 218, 221 ff., 243, 274, 384
Freizügigkeit 12, 39, 101, 209, 355
Fremdschäden 258
Führung der Dienstgeschäfte, Verbot der 142, 144, 238, 241, 264, 288, 348
Führungsfunktionen auf Zeit 63
Führungsfunktionen auf Probe 65
Fürsorgepflicht 28 f., 38 f., 50, 60, 97, 125, 132, **145**, 149, 153, 155, 169, 171, 190, **195 f.**, 204, 210, 231, **236 f.**, 245 f., 248, **251 ff.**, 260, 266 ff., **270 ff.**, 282, 284, 288, 310, 325, 366, 384, 409
– des Arbeitgebers 578
– Gleichbehandlung 582
– Personenfürsorge 580
– Sachfürsorge 581
– und Beförderungsanspruch 145
Funktionelles Amt 50, 178 ff.
Funktionsbeförderung 130
Funktionsbezeichnung 239
Funktionsgerechte Besoldung 328, 330
Funktionsvorbehalt **19 ff.**, 45
– allgemeiner Vertreter des Hauptverwaltungsbeamten 21
– für das Finanzwesen zuständiger Beamter 20
– Lehrer 19

G
Garantie, institutionelle des Beamtentums 19, 22
Gefährdungshaftung 46
Gegenvorstellung 234, 299
Gehälter, aufsteigende und feste 330
Gehobener Dienst 158
Gehorsamspflicht 210
Geldlohn 569
Geltungsbereich des BBesG 321 f.
Gerichtliche Rechtsbehelfe 308 ff.
Gerichtliches Disziplinarverfahren 412 ff.
Gesamtschuldnerische Haftung 257, 260

Geschäftsfähigkeit 83, 114
Geschäftskreis von Beigeordneten 75
Geschäftsplanänderung 182, **197**
Geschenke 203, 286, 291, 400, 406, 415
Gesetzesvorbehalt 16, 38, 43, 59, 66, 207, 236, 269, 315
Gesetzgebungszuständigkeiten für das Beamtenrecht 40 ff., 321 ff., 362
Gesetzliche Überleitung 87
Gesetzmäßigkeitsgebot 22, 95, 104, 107, 148, 222, 237, 262, 275
Gesetz zur Reform der Strukturen des öffentlichen Dienstrechts 10
Gesundheitliche Eignung 74, 83, 113, 233, 282
Gewaltenteilungsgrundsatz 47, 104, 107
Gewaltverhältnis, besonderes 59 f.
Gewerkschafts- und Berufsverbandstätigkeit 33, 202, 208, 221, 237
Gewinnbeteiligung 571
Glaubens-, Bekenntnis- und Gewissensfreiheit 12, 18, 99, 199, 204, 207 f., 210, 281
Gleichberechtigung von Frau und Mann 122
Gleichgeeignetheit 121, 132
Gleichheitsprinzip 12, 17, 102, 122, 146, 151, 203, 207, 243, 335, 369, 395
Gleichstellungsbeauftragte 71, 75, 79, 96, 120, 123 ff., 133 f., 154, 175, 186, 189, 192, 195, 197, 205, 222, 228, 231, 234, 246, 249, 277, 287, 295, 299, 331, 350
Gleichwertige Laufbahnen 176
Gleitzeit 204, 282
Gnadenrecht in Disziplinarverfahren 418
Gratifikation 571
Gründe
– dringende dienstliche 245 f., 248

1009

– zwingende dienstliche 68, 204, 238, 241, 244 ff., **248**
Grundamtsbezeichnungen 158
Grundbegriffe des Beamtenrechts 44 ff.
Grundgehalt 330 f.
Grundrechte im Arbeitsverhältnis 428 ff.
Grundrechte im Beamtenverhältnis 12 ff., 199, 204, 207, 236
Grundrechtsschranken 16, 39
Grund- und Betriebsverhältnis 13, 59
Gutachter 288

H
Haarfärbungen 210
Haftungsprivileg 35, 259
Haftungsrechtlicher Beamtenbegriff 46
Haftungssystem 256
– Haftung im Außenverhältnis 257
– Haftung im Innenverhältnis 258
Handlungsfreiheit, allgemeine 12, 15, 153, 199, 207 f., 210, 221 ff., 253, 284
Handy 204, 270
Harte Quote 122
Hartz IV **185**, 348
Hauptamt 218
Hauptberufliche Bindung 25
Hauptsache, Vorwegnahme der 245
Hauptverwaltungsbeamte 43, **73 ff.**, 111, 295
Haushaltsgesetz 237, 329
Haushaltsrechtliches Beförderungsverbot 130
Haushaltssicherungskonzept 132
Heilbehandlung 204, 386
Heilverfahren 224, 233, **386**, 388
Heimarbeit 204
Hemmung des Aufstiegs in den Leistungsstufen 331
Herausgabe von Schmiergeld 203
Hergebrachte Grundsätze des Berufsbeamtentums **23 ff.**, 39, 157, 199, 394

– Bedeutung 39
– Definition 23
– Inhalte 24 ff.
Hilfskriterien 122, 131 f., 152, 272
Hinausschieben des BDA 334
Hingabe an den Beruf, Pflicht zur vollen 204
Hinsetzung 196
Hinterbliebenenversorgung 376 ff.
HIV-Test 113
Hochschullehrer 80, 189, 278, 287, 351, 353
Höchstalter 117
Höherer Dienst 158
Hoheitliches Handeln 19 ff., 46, 100
Hoheitsaufgaben 19 ff., 46, 100
Honorarvereinbarung 255

I
Informationelle Selbstbestimmung 153, 229
Initiativrecht der Personalvertretungen 655
Inkompatibilität 118
Innenrechtsbeziehungen 303, 308
Innere Kündigung 204
Inoffizielle Tätigkeit für das MfS 140
Insichkonkurrenz 341
Institutionelle Garantie des Berufsbeamtentums 19, 22
Integrationsamt 277
Interessenkollision 203
Internet-Anschluß 303
Internet-Nutzung 204
Irokesen-Schnitt 210
Islamisches Kopftuch 16, 39, 60, 204, **207**

J
Jährliche Sonderzahlung (Weihnachtsgeld) 30, 36, 41, 244, 246, 355, **359**, 363, 568
Job-Ticket 254
Jubiläumszuwendung 237
Jugendarbeitsschutz bei Beamten 250
Jugendvertretung 633

Sachwortverzeichnis

Juniorprofessur 80

K
Kämmerer 20, 43, 71, 77, 218, 375
Kettenarbeitsverträge 517, 520
KGSt-Gutachten „Stellenplan-Stellenbewertung" 330
Kindergeld 311, 320, 336, 339 ff., 343, 345, 366, 378, 381
Kindergeldakten 226
Klagearten 234, 275, 302 ff., 308, 316, 318, 331, 350
Klagen 308 ff.
Koalitionsrecht 12, 33, 204, 208, 221
Körperschaden 384
Körperschaftsbeamte **54**, 61, 90
Körperschaftsumbildung 198
Kollegialgerichtliche Bewertung eines Verhaltens 259
Kommunalbeamte **43**, 54, 61
Kommunales Beamtenrecht 43
Kommunale Wahlbeamte 63, **73 ff.**, 101, 117, 177, 295, 368
– Abberufung 295, 375
– Abführungspflichten bei Nebentätigkeiten und beim Hauptamt 218
– Altersteilzeit 246
– Amtsantritt 93
– Aufwandsentschädigungen 354
– Besoldung 330
– Beteiligung der Aufsichtsbehörde bei der Ernennung 75, 96
– Bewerbungsverfahrensanspruch 76
– Dienstvorgesetzter 55, 223, 237
– Einordnung in Besoldungsgruppen 330
– Entlassung auf Verlangen 284
– Gesundheitsprüfung 74
– Hinzuverdienstgrenzen im Ruhestand 395
– Höchstalter 117
– Mitteilungspflichten bei der Stellenbesetzung 76, 152, 272, 314
– Neutralitätspflicht 203
– Qualifikation 78

– Rechtsstellung 77
– Ruhestand 287
– Stellenausschreibung **75**, 94
– Totalentzug personalpolitischer Kompetenzen 43
– Urlaub zur Vorbereitung der Wahl 241
– Versorgung 375
– Zusammentreffen von Versorgungsbezügen mit sonstigen Einkünften 393
Konkret-funktionelles Amt 50, 178 ff.
Konkurrentenklage 313 ff., 502 ff.
Konkurrenzregelungen 341 ff., 390, 393 ff.
– beim ehegattenbezogenen Familienzuschlag 341 f.
– beim kinderbezogenen Familienzuschlag 343 f.
Kontoführungsgebühren 236
Kontrolldichte 307
Konzernbetriebsrat 632
Kopftuch 16, 39, 60, 204, **207**
Korruptionsbekämpfung 203, 205, 222 f., 253, 286, 291, 406, 419
– Nennung des Namens eines Denunzianten 253
Kostendämpfungspauschale im Beihilferecht 237
Kosten der Rechtsverteidigung 255
Kosten des Disziplinarverfahrens 416
Krankheit des Arbeitnehmers 572
Kreisdirektor 73, 75 f., 78, 94, 96, 109, 138, 164, 171, 257, 295
Kronzeugenregelung 405
Kündigung
– Änderungskündigung 609
– Arten 585 ff.
– Außerordentliche Kündigung 608
– Betriebsbedingte 602 ff.
– Krankheitsbedingte 598 ff.
– Kündigungsbeschränkungen 595
– Kündigungsverbote 595
– Ordentliche Kündigung 586

1011

- Personenbedingte 597 ff.
- Verhaltensbedingte 598 ff.

Kündigungserklärung 593
Kündigungsschutz
- Allgemeiner 595
- Besonderer 597

Künstlerische Tätigkeit als Nebentätigkeit 221
Kürzung der
- Anwärterbezüge 358
- Dienstbezüge 36, 57, 128, 282, 294, 402, 405 f.
- Versorgungsbezüge 375, 392 ff., 405

L
Lagerfeld-Zopf 210
Landesbeamte 54, 61, 90
Landesbeamtenrecht 42
Landespersonalausschuß **57**, 96, 109, 138, 176
Landesrat 73, 76, 78, 94, 295
Landschaftsverband 53 f., 61, 73, 76, 78, 90, 277, 295
Landtag, Direktor beim 79
Laufbahn 158
- befähigung 160 ff.
- Bestimmungsfaktoren der 158 f.
- bewerber 161 ff.
- freier Bewerber 177
- gruppe 70, 158
- gruppensystem 27, 70, **158**
- prinzip 17, 27, 157
- prüfung 166
- recht 157 ff.
- rechtliches Beförderungsverbot 127
- wechsel 170 ff.
  - mit Wechsel der Laufbahngruppe 171 f.
  - ohne Wechsel der Laufbahngruppe 173
  - Wechsel in eine entsprechende Laufbahn 175
  - Wechsel in eine gleichwertige Laufbahn 176

Lebenspartnerschaft 12, 229, 237, 243, 339
Lebensunterhalt 28, 30, 218, 236, 247, 319, 339, 362, 394
Lebenszeitprinzip 24, 62
Leben und körperliche Unversehrtheit 12, 15, 204, 303
Legalitätsgrundsatz 31, 403
Legitimation durch Verfahren 150
Lehre vom Grund- und Betriebsverhältnis 13, 59
Lehre von der umfassenden Grundrechtsgeltung 14
Leistungsabfall 65, 350
Leistungsbescheid 261, 361
Leistungsbeurteilungen 230
Leistungsbezüge bei Professoren 353
Leistungsklage 234, 261, 299, 302 f., 308, 318, 360 f.
Leistungslohn 570
Leistungsprämien 30, 350
Leistungsprinzip **17**, 26, 94, 121 f., 131 f., 196, 272, 313
Leistungsstufen 331
Leistungsverwaltung 21
Leistungszulagen 30, 350
Leiter des Rechnungsprüfungsamts 21, 43, 65, 196, 205, 354
Leitungsämter auf Zeit 63
Lohnarten 569 ff.
Lohnberechnung 576
Lohnforderungen und Verjährung 576
Lohnsicherung 573 ff.
- Insolvenz des Arbeitgebers 574
- Pfändungsschutz 575

Lohnzahlungspflicht, allgemein 567
Luxusausgaben 360

M
Mängel der Ernennung 135 ff.
Mäßigung bei politischer Betätigung 202
Mankohaftung 560
Manteltarifverträge für Arbeitnehmer im öffentlichen Dienst, s. Tarifverträge

Sachwortverzeichnis

Materieller Personalaktenbegriff 225
Mehrarbeit 204
Meinungsäußerungsfreiheit 12, 102, 199, 202, 205, 207 f., 210
Menschenwürde 210 f.
Mindestalter 117
Mindestbewährungszeiten 131
Mindestprobezeit 168
Mindestruhegehalt 375
Ministerialzulage 30, 348
Mißbilligung 264, 410
Mitbestimmung 653
Mitgliedschaft in politischen Parteien/Organisationen 106 f.
– Republikaner 106, 412
– Scientology 107, 210, 488
Mitteilung des BDA 335
Mitteilungspflichten bei der Auswahl von Bewerbern 76, 152, 156, 272, 314, 317 f.
Mittelbare Staatshaftung 258
Mittlerer Dienst 157
Mitwirkung 653
Mobbing 210, 233
Monopolausbildungen 66, 146, 161, 355
Mutterschutz 18, 168, 189, **250**

N
Nachversicherung 286, 293, 365, 415
Nachweisgesetz 492
Namentliche Benennung des erfolgreichen Bewerbers 76, 152, 272, 314
Nationalitätserfordernis 95, 101, 138, 285
Naturallohn 569
Nebenabreden 491
Nebenamt 219
Nebenbeschäftigung 219
Nebenerwerbslandwirt 219, 222
Nebentätigkeit 203 f., 208, **218 ff.**
– Abführungspflicht von Einkünften 223
– Anzeigepflicht 221

– arbeitsmarktpolitische Belange 222
– Auskunftspflicht 223
– Begriffsbestimmungen 218 f.
– freiwillige 221
– genehmigungsfreie 221
– genehmigungspflichtige 221
– künstlerische Tätigkeit 221
– Nachweispflicht 223
– Nebenerwerbslandwirt 219, 222
– pflichtige 220
– Rechte und Pflichten 223
– schriftstellerische Tätigkeit 221
– Untersagung 55, 221 f.
– Urproduktion 219, 222
– Versagungsgründe 222
– Voraussetzungen zur Übernahme 220 ff.
– Vortragstätigkeit 221
– wissenschaftliche Tätigkeit 221
Nebentätigkeitsgenehmigung 221
ne bis in idem 402
Neujährchen 203
Neutralitätsprinzip 32, 203
Nichtakt 137
Nichteinigung, Verfahren bei
– Mitbestimmungsangelegenheiten 653
– Mitwirkungsangelegenheiten 653
Nichterfüllung dienstlicher Pflichten 256 ff.
Nichternennung 137
Nichtgebrauch eines Rechtsmittels 257, 270
Nichtigkeit der Ernennung 138
Nichtplanmäßige Beamte 72
Nichtraucherschutz 206, 253
Nichtvermögenswerte Rechte des Beamten 238 ff.
non liquet 121
Normativer Schadensbegriff 259
Normen für Personalauswahlverfahren 150
Normen im Arbeitsrecht (Rechtsquellen) 425 ff.

O

Oberste Dienstbehörde 54
Öffentlich-rechtliches Ausbildungsverhältnis 66, 108, 146, 161, 165, 174, 285, 355
Öffentlich-rechtliches Rechtsverhältnis, Beamtenverhältnis als 58
Örtliche Zuständigkeit 138, 176, 210, 308 f., 412 f.
Ohrschmuck 207
Operation, Dulden einer medizinischen 204, 386
Opportunitätsprinzip im Disziplinarrecht 404
Ordentlicher Rechtsweg 310
Ordnung der Laufbahnen 158
Organe des Dienstherrn 54 ff.
Organisationsrechtliche Versetzung 179, 188
Organisationsverfügung 183, 197
Organwalter 15, 48, 50, 52, 55 f., 303
Ortszuschlag, s. Familienzuschlag
Ostbesoldung 319

P

Parkmöglichkeiten für Kraftfahrzeuge 254
Parteipolitische Patronage **18**, 57, 63, 113
Pension, s. Versorgung
Persönlichkeitsrecht 224, 228, 271, 291
Personalakten 224 ff.
− Auskünfte aus 228
− Einsicht in 228 f.
− Grundsätze bei der Führung 228
− Rechte des Beamten 229
Personalauswahlverfahren 150
Personaldatenschutz 224, 237
Personalentwicklung 9, 54
Personalgestellungsvertrag 185, 237
Personalhoheit 43, 55, 57, 186, 282
Personalrat 650 ff.
− Aufbau 652
− Aufgaben 653
− Beschwerden an den 653
− Beteiligungsverfahren 653
− Rechtsnatur 650
− Rechtsstellung der Mitglieder 650
− Verfahrensfehler (Rechtsfolgen) 671
− Wahl 651
Personalüberleitung zu Arbeitsgemeinschaften nach Hartz IV 185
Personalwirtschaft 9, 51, 65, 132, 188, 225, 228, 244 ff., 248, 291, 325, 327
Petitionsrecht 12, 299
Pfändungsschutz für Arbeitseinkommen 575
Pflegeversicherung 30, 236
Pflichten 200 ff.
− allgemeine Umgangspflicht 217
− Beratungs- und Auskunftpflicht 216, 257
− der aktiven Beamten 200 ff.
− der entlassenen Beamten 286
− der Ruhestandsbeamten 291
− eine bestimmte Dienstkleidung zu tragen 207
− gegenüber dem Bürger 212 ff.
− gegenüber Vorgesetzten, Mitarbeitern und Kollegen 210 f.
− Gehorsams-, Beratungs- und Unterstützungspflicht 210
− Mäßigungs- und Zurückhaltungspflicht bei politischer Betätigung 202
− mit Amtsbezug 203 ff.
− ohne Amtsbezug 208 f.
− Remonstrationspflicht 211
− Residenzpflicht 209
− staatspolitische 201 f.
− unparteiisch und gerecht zu handeln 214
− Verfahrensvorschriften zu beachten 215
− Verschwiegenheitspflicht 205
− zu achtungswürdigem Verhalten 206, 208
− zum gesetzmäßigen Handeln 213

Sachwortverzeichnis

- zur ärztlichen Untersuchung 205
- zur Höflichkeit 217
- zur Neutralität und Uneigennützigkeit **203**, 207
- zur Verfassungstreue 201
- zur vollen Hingabe im Beruf 204
- zu vertrauensvollem Zusammenwirken 210

Pflichtverletzung 256 ff., 266 ff.
- beamtenrechtliche Folgen 264
- strafrechtliche Folgen 265
- vermögensrechtliche Folgen 256 ff.

Piercing 207
Planmäßige Beamte 72, 120
Planstelle **51**, 72, 92, 120, 124, 130, **145**, 325, 329
Politische Beamte 63, 65, **79**, 189, 277, 292, 375, 391
Politische Betätigung 202 f., 208
Polizeidienstunfähigkeit 278, 388
Polizeivollzugsbeamte **81**, 278, 287, 402
Praktische Konkordanz 94, 199, 281, 314
Praxisgebühr 237
Prinzip der Vorsorgefreiheit 38
Privatärztliches Gutachten 204, 263, 288, 291
Privatgespräche (-telefonate) während der Dienstzeit 204
Privatisierung von Bahn und Post 185
Probezeit 64, 124, **167 ff.**, 282
Professoren, s. Hochschullehrer
Prüfungs-
- akten 226
- freier Aufstieg 81, 134
- verfahren der Laufbahnprüfung 166

Q
Qualitative Ausschärfung 132
Quote 18, 122, 132
- Frauen- 122, 132

R
Rabattverlust in der Kraftfahrzeugversicherung 270
Rahmenrecht 41
Rangherabsetzung 87, 133
Rauchverbot 206, 253
Reaktivierung von Ruhestandsbeamten 110, **291**
Rechnungsprüfungsamt 43, 65, 196, 205, 330, 354
Recht am Amt 37, 49, 196
Recht auf freie Meinungsäußerung 12, 102, 199, 202, 205, 207 f., 210
Rechte aus dem Amt 238 ff.
Rechte des Beamten 236 ff.
Rechtsanwalt im Rahmen einer Nebentätigkeit 222
Rechtsbehelfe 297 ff.
- außergerichtliche 298 ff.
- förmliche 300 ff.
- formlose 299
- gerichtliche 308 ff.
Rechtsbehelfsbelehrung 166, 186, 277, 291, 295, 335, 410 f.
Rechtsfolgen von Ernennungsfehlern 142 ff.
Rechtsnatur des Beamtenverhältnisses 58 ff.
Rechtsquellen des Beamtenrechts 11 ff., 40 ff.
Rechtsschutz 297 ff.
Rechtsschutz durch das BVerfG 312
Rechtsschutz in Disziplinarverfahren 309, 417
Rechtsschutzinteresse 234, 261, 412
Rechtsschutzkosten 255
Rechtsstellung des Beamten 199 ff.
Rechtsverteidigungskosten 255
Rechtsweg bei
- Klagen aus dem Beamtenverhältnis 308 ff.
- Streitigkeiten nach den Personalvertretungsgesetzen 671
Rechtsweggarantie 34

1015

Sachwortverzeichnis

Rechtsweg zum
- Sozialgericht 311
- Verwaltungsgericht 308
- Zivilgericht 310

Referendar 30, 49, 66, 161, 165, 168, 225, 285, 355
Reform des öffentlichen Dienstrechts 2
Regel-BDA 333
Regelbeurteilung 131, 230 f.
Regellaufbahn 158
Regellaufbahnbewerber 158, 161
Regelmäßig zu durchlaufende Ämter 126
Regelprobezeit 168
Regierungskommission NW „Zukunft des öffentlichen Dienstes – öffentlicher Dienst der Zukunft" 1, **10**
Registrierung dienstlicher Telefongespräche 254
Regreß 256 ff.
Rehabilitation und Weiterverwendung vor Versorgung 280, 288
Reise- und Umzugskostenrecht 55, 180, 196, 237, 270, 301, 320, 329
Religionsausübung 12, 107, 199, 204, 207 f., 281
Remonstration 205, **211**, 297
Residenzpflicht 209
Richterwahl 17, 150, 272
Rotation 9
Rückforderung
- von Besoldung 360
- von Versorgung 392

Rückforderungsvereinbarung 361
Rückgriffsanspruch 258 ff.
Rücknahme der Ernennung 139 ff., 409
- obligatorisch 140
- Soll 141

Rücknahme einer Zusicherung 149
Rückwirkende Einweisung in eine Planstelle 93, 329
Rückwirkungsverbot 31
Rückzahlungsvereinbarung 361
Rufbereitschaft 209

Ruhegehalt 367 ff.
- Höhe 375

Ruhegehaltsfähige
- Dienstbezüge 368
- Dienstzeiten 369 ff.
- als ruhegehaltsfähig geltende 372
- aufgrund von Soll- und Kannvorschriften zu berücksichtigende 373
- erhöhende 371
- gleichstehende 370
- regelmäßige 369
- Zurechnungszeiten 374

Ruhensberechnung 393 ff.
Ruhestand
- dauernder 287 ff.
- einstweiliger 292
- hauptamtlicher Bürgermeister und Landräte 287
- Vorruhestand, „58er-Regelung" 241

Ruhestandsbeamte 291

S

Sabbatjahr 246
Sachakten 226
Sachleistungen 28, 236 f.
Sachschadenersatz 385
Schadenabwendungspflicht 28, 253
Schadenersatz 256 ff., 270 ff.
- Anerkenntnis 270
- aus Art. 34 GG i.V.m. § 839 BGB 271
- bei Pflichtverletzungen des Beamten 256 ff.
- bei Pflichtverletzungen des Dienstherrn 270 ff.
- bei zerstörten Handys 270
- Detektivkosten 259
- wegen Verletzung der Fürsorgepflicht 270
- wegen Verletzung von Verfahrensrechten bei der Stellenbesetzung 272, 318

Schadenersatzanspruch des Dienstherrn 258 ff.

Sachwortverzeichnis

- Anspruchsvoraussetzungen 259
- Beweisfragen 260
- Geltendmachung 261
- Umfang der Ersatzpflicht 260

Schadenfreiheitsrabatt 270
Schadensbegriff, normativer 259
Schlüsselverlust 259
Schmiergeld 203
Schriftliche Mitteilung des BDA 355
Schriftstellerische Tätigkeit als Nebentätigkeit 221
Schuldentilgung 360
Schuldhaftes Fernbleiben vom Dienst 263, 329, 360, 406
Schutz von Ehe und Familie 12, 18, 246, 319
Schutz von Leben und körperlicher Unversehrtheit 12, 15, 204, 303
Schutzvorschriften 250
Schwangerschaft
- Entlassungsschutz 278
- Frage nach einer 18, 94, 481

Schwerbehinderte 17, 132, 210, 231, 250, 277 f., 282, 290, 331, 350, 375
Schwerbehindertenvertretung 96, 123 ff., 133 f., 186, 195, 231, 277, 331, 350
Selbständige Tätigkeit als Nebenerwerbslandwirt 219, 222
Selbsthilfeeinrichtungen 221
Sexuelle Belästigung 206, 249, 406
Sicherheitsakten 226
Sicherungsanordnung 145, 274, 308, 315, 317
Sofortige Vollziehung 204, 211, 282, **291**, 295
Sonderbelastungen 28, 237
Sondergesetzlicher Urlaub 241 ff.
Sonderurlaub 199, **241 ff.**, **246**, 582
Sonderzahlungen (frühere Sonderzuwendungen) 30, 36, 41, 244, 246, 355, **359**, 363
Sonderzuschläge 351
Sonstige Bezüge 355 ff.
Sozialauswahl 610

Sozialgericht, Rechtsweg zum 311
Sozialhilfe im Beamtenverhältnis 236
Sozialstaatsprinzip 17
Spannungen als Grund für Personalmaßnahmen 132, 188, 190, 196, 264
Spartentarifverträge 423
Spitzenamt 158
Spitzenpositionen auf Zeit 63
Sprecherausschüsse 635
Sprungbeförderung, Verbot der 57, 63, **126**, 171
Staatsangehörigkeit **101**, 108, 113, 138, 285
Staatshaftung 46, 256, 266, 273
Staatspolitische Pflichten 190 ff., 201 f.
Staatsrechtlicher Beamtenbegriff 45
Stammdienststelle 194
Status(amts)konkurrenz 317
Statusrechtliches Amt 49
Stellenausschreibung 94, 125, 131, 155
Stellenbewertungsverfahren 30, 52, 327, 330
Stellenobergrenzen 30, 130, 324 ff.
- Budgetierung 325
- Einbeziehung von Angestellten 324
- für erste Beförderungsämter 325

Stellenplan **72**, 131, 171, 246, 291, 325, 330
Stellenübersichten 72
Stellenwiederbesetzungssperre 72
Stellenzulagen 348
Sterbegeld 378
Sterbemonat, Bezüge für den 377
Stillzeit 250
Strafantragsrecht 253
Strafrechtlicher Beamtenbegriff 47
Straftaten 113, 116, 205 f., 210, 238, 241, 255, 265, 293, 406
Streik 33, 204
- Beamteneinsatz 204
- Streikrecht und Angestellte sowie Arbeiter, s. Arbeitskampf

1017

Sachwortverzeichnis

– Streikrecht und Beamte 12, 33, 204, 208, 221
Streikverbot für Beamte 33, 204
Strukturreformgesetz 10
Stufen des Familienzuschlages 338 ff.
Stufenvertretungen 652
Stundung 360
Subjektiv-öffentliche Rechte 17, 76
Summarische Dienstpostenbewertung 30, 52, 327

T
Tariffähigkeit 446
Tarifgebundenheit 447
Tarifklassen beim Familienzuschlag 337
Tarifverträge im öffentlichen Dienst 422
– Spartentarifverträge 423
Tarifvertrag 443
– Auslegung 445
– Begriff 443
– Geltungsbereich 448, 449
– Inhalt 443
– Nachwirkung 450
– Normative Bestimmungen des Tarifvertrages 443
– Parteien des Tarifvertrages 446
– Rechtsnatur und Normen des Tarifvertrages 443
– Schuldrechtliche Bestimmungen des Tarifvertrages 443
– Tariffähigkeit 446
– Tarifgebundenheit 447
– Wirkung der Normen 443
Tattooes 207
Technische Verbesserungsvorschläge 577
Teildienstfähigkeit 280
Teilzeitarbeit 530 ff.
– Ablehnung eines Antrages auf Teilzeitarbeit 534
– Anspruch auf Teilzeitarbeit 533
– Definition 531
– Diskriminierungsverbot 532
Teilzeitbeamte 68, 246 ff.

Teilzeitbeschäftigung im Beamtenverhältnis 25, 68, **246 ff.**, 290, 308, 329, 345, 368 f., 391
Telearbeit 204
Telefonate während der Dienstzeit 204, 254
Tilgung von Eintragungen in den Personalakten 229
Titel 239
Totalentzug personalpolitischer Kompetenzen des Hauptverwaltungsbeamten 43
Tragen von Schmuckgegenständen 207
Treuepflicht 29, 200
– des Arbeitnehmers 561
Treu und Glauben 204, 223, 236, 270, 304
Trunkenheitsfahrt 402

U
Übergangsgeld 391
Überlassung von Dienstleistungen 185
Überleitung, gesetzliche 87
Übernahme
– durch einen anderen Dienstherrn 198
– von Rechtsanwaltskosten 255
Überstundenvergütung, s. Mehrarbeit
Überweisung 184
Überwertige Tätigkeit 49
Umbildung von
– Behörden 198
– Körperschaften 198
Umkehr der Beweislast 113, 145, 257, 260, 271 f.
Umsatzbeteiligung 571
Umschulungsverpflichtung 188, 279, 288
Umsetzung 181, 183, **195 f.**
Umwandlung des Beamtenverhältnisses 85, 123 f., 294
Unabhängige Stelle (Landespersonalausschuß) **57**, 96, 109, 138, 176
Uneigennützigkeit 203

Sachwortverzeichnis

Unfall 580
- ausgleich 387
- Erstattung von Sachschäden und besonderen Aufwendungen 385
- fürsorge 38, **384 ff.**
- Heilverfahren 386
- hinterbliebenenversorgung 389
- ruhegehalt 388
Ungestörte Religionsausübung 12, 107, 199, 204, 207 f., 281
Unionsbürger 95, 101, 113, 138
Unkündbarkeit 611
Unparteilichkeit des Beamten 214
Untätigkeitsklage 308
Unterbesetzung einer Planstelle 51, 130
Unterhaltsbeihilfen für Referendare 355
Unterhaltsbeiträge 294, 366, 375, 382, 388, 415
Unterhaltsleistung 405, **415**
Unterlassungsanspruch 274
Unternehmensverfassung 648
Untersagung einer Nebentätigkeit 55, **221 f.**
Unterstützungen 238, 320
Unterstützungspflicht 210
Untersuchung
- Pflicht zur ärztlichen 205
Untersuchungsverfahren zur Entlassung von B.a.P./B.a.W. 277, 282, 294, 412
Unterweisungszeit bei Laufbahnwechsel 174, 177
Unterwertige Beschäftigung 49, 188, 193, 196
Unvereinbarkeit von Ämtern, s. Inkompatibilität
Urkunde 45, **83**, 91, 97, 123
Urlaub 79, 126, 168, 185, 222 f., 236, 241 ff., **245 ff.**, 264, 290, **579 ff**
- Erholungsurlaub 240, 583 ff.
- Erziehungsurlaub (Elternzeit) 124, 126, **244**
- für kommunalpolitische Tätigkeit 242
- für Niederkunft der Lebensgefährtin 243
- für Sanatoriumsaufenthalt 243
- für Wahlkampfzwecke 241
- sondergesetzlicher Urlaub 241 ff.
- Sonderurlaub 241 ff., 585
- Urlaubsabgeltung 240
- Urlaubsentgelt 585
- Urlaubsgeld 30, 36, 41, 246, 355, **359**, 363
Urproduktion 219, 222

V

Verabschiedung von Ehrenbeamten 296
Verbesserungsvorschläge 351
Verbot der Führung der Dienstgeschäfte 142, 144, 238, 241, 264, 288, 348
Verbot der Sprungbeförderung 57, 63, **126**, 171
Vereinbarung, Verbot von Vereinbarungen über
- Dienstbezüge 60, 240, 329
- Versorgungsbezüge 366
Vereinigungsfreiheit 12, 107, 204, 208
Verfahren vor den Disziplinargerichten 413
Verfassungsbeschwerde 312
Verfassungsrechtliche Grundlagen des Beamtenrechts 11 ff.
Verfassungstreue **102 ff.**, 201, 282
- Anfrage beim Staatsschutz 105
Vergütungen 352
Vergütung für Mehrarbeit 352
Verhältnismäßigkeitsprinzip 193, 233, 279
Verjährung 203, 223, 257, 259, 270, 329, 361, 364, 410
Verlängerung der Probezeit 168
Verlegung einer Dienststelle 209
Verleihung
- eines Amtes mit höherem Endgrundgehalt, s. Beförderung

Sachwortverzeichnis

- eines Amtes mit niedrigerem Endgrundgehalt, s. Rangherabsetzung
- erste Verleihung eines Amtes, s. Anstellung

Verlust der
- Beamtenrechte 275, 293
- Dienstbezüge 263, **329**
- Versorgungsbezüge 392

Verlust des Schadenfreiheitsrabatts 270

Vermittlung von Versicherungsverträgen 204

Vermögenswerte Rechte des Beamten 237, 267

Vermögenswirksame Leistungen 359

Verpflichtete nach dem StGB 47

Verpflichtungsgesetz 47

Versagung von
- Unfallfürsorgeleistungen 384
- Unterhaltsbeiträgen 293, 367, 375, 382, 388, 415

Versammlungsfreiheit 12, 199, 204

Verschärfte Haftung 358, 360

Verschwiegenheitspflicht 205

Versetzung 179, **186 ff.**
- in den Ruhestand 275, **287 ff.**
- in ein Amt mit niedrigerem Endgrundgehalt 188, 193, 198
- Rechtsfolgen 191
- statusberührende 179
- zu einem anderen Dienstherrn 188
- zustimmungsfreie 188

Versetzungsbewerber 17, 132, 190

Versetzungsermessen 190

Versetzungsgleiche Abordnung 193

Versorgung
- Gesetzgebungszuständigkeiten 362
- Nachversicherung 365
- Rechtsgrundlagen 364

Versorgungsabschlag 375

Versorgungsberichte 3

Versorgungsbezüge 366 ff.

Versorgungsehe 379

Versorgungsempfänger 366 ff.

Versorgungsfonds 396

Versorgungsmitteilung 366

Versorgungsquote 3

Versorgungsrecht der Beamten 362 ff.

Versorgungsreformgesetze 4

Versorgungsrücklage 396

Versorgungs-Steuer-Quote 3

Verteilung der Versorgungslasten 397

Vertragsstrafe 60, 361

Vertrauensmann der Schwerbehinderten 186, 196, 277

Vertreter, allgemeiner 21, 43, 55, 196, 223, 237, 325, 408

Vertreter des öffentlichen Interesses in Disziplinarsachen 408

Verwaltungsakt **83**, 282 ff., **302 ff.**

Verwaltungsgericht, Rechtsweg zum 308

Verwaltungsmodernisierung 5 ff.
- Forderungen an den Gesetzgeber 10
- Inhalte 6
- Maßnahmen der Personalwirtschaft 9
- Personalbeteiligung 8
- rechtliche Hindernisse 7

Verwendungsbeurteilung 230

Verwendungseinkommen 393, 395

Verwertungsverbot 116, 409, 414

Verwirkung 270, 318

Verzahnungsamt 158

Verzugszinsen 360

Vivento 188

Vollziehungsanordnung 204, 211, 282, **291**, 295

Voraussetzungslose Antragsteilzeit 68, 246

Vorbehalt des Gesetzes 16, 38, 43, 59, 66, 207, 236, 269, 315

Vorbereitungsdienst 108, **165**

Vorbildungsvoraussetzungen 108

Vordienstzeiten 287, 367, 373, 375

Vorgesetzter 55

Vorläufige Dienstenthebung 264, 414

Sachwortverzeichnis

Vorläufige Haushaltsführung 132, 350
Vorläufiger Rechtsschutz 76, 131, 196, 272, 308, 312, 314, 318
Vorruhestand
– „58er-Regelung" 241
Vorschußrichtlinien 237
Vorsorgefreiheit 38
Vorstellungsgespräch **94**, 104, 132
Vorwegnahme der Hauptsache 245
Vortragstätigkeit als Nebentätigkeit 221
Vorverfahren, s. Widerspruchsverfahren

W

Wählbarkeit
– als Mitglied der Personalvertretung 651
– in eine Volksvertretung, s. Inkompatibilität
– Wahlberechtigung 651
Wahlbeamte, kommunale 63, **73 ff.**, 101, 117, 177, 295, 368
Wahlkampf, Urlaub für 241
Waisengeld 381
Wartezeiten 127, 129, 171, 176, 331, 367 f., 375, 388
Wechsel
– in eine entsprechende Laufbahn 175
– in eine gleichwertige Laufbahn 176
Wegeunfall 384
Wegfall der Bereicherung 286, 358, **360**, 392
Wegsetzung 196
Wehrdienst, Ausgleich von Verzögerungen 124
Weiche Quote 122
Weihnachtsgeld 30, 36, 41, 244, 246, 355, **359**, 363
Weisung 210
Weisungsbefugnis 210
Weisungsgebundenheit 210
Werbung für eine Religionsgemeinschaft 208

Werkleiterbesoldung 323
Werturteil 231 ff., 253
Wesentlichkeitstheorie 15, **60**, 196, 200, 204, 207, 246
Wettbewerbsverbot 564
Widerruf der Bestellung beim allgemeinen Vertreter 196
Widerruf einer Zusicherung 149
Widerspruchsverfahren 301 ff.
– Begründetheit 307
– Entscheidungszuständigkeit 305
– Form und Frist 304
– im Disziplinarrecht 411, 416 f.
– Kosten 306
– Rechtsweg 301
– Statthaftigkeit 302
– Widerspruchsbefugnis 303
Widerstandsrecht 211
Wiederaufnahme des Verfahrens im Disziplinarverfahren 418
Wiederbesetzungssperre 72
Wiederherstellung der aufschiebenden Wirkung 204, 211, 282, **291**, 295
Wirkungsurkunde 97
Wirtschaftliche Angelegenheiten 638
Wirtschaftsausschuss 639
Wissenschaftliche Tätigkeit als Nebentätigkeit 221
Witwenabfindung 380
Witwengeld 379
Witwerversorgung 383
Wohnsitz, dienstlicher **308**, 322, 355, 408
Würdigkeit als Einstellungsvoraussetzung 116

Z

Zahlung von Bezügen 229
Zeiterfassung 204, 206, 262, 282
Zeitlohn 570
Zeugnis 235, 586
Zinsen 259, 360
Zivildienst
– Ausgleich von Verzögerungen 124

1021

Sachwortverzeichnis

– ruhegehaltsfähige Zeiten 372
Zivilgericht, Rechtsweg zum 310
Zulagen 198, 346 ff.
– Amtszulagen 347
– andere 351
– Erschwerniszulagen 349
– für die Tätigkeit in einer Arbeitsgemeinschaft nach Hartz IV 348
– Leistungszulagen und -prämien 350
– Ministerialzulage 30, 348
– Stellenzulagen 348
Zulassung
– zum Aufstieg 134
– zur Rechtsanwaltschaft im Rahmen einer Nebentätigkeit 222
Zurechnungszeit 374
Zurruhesetzung 49, 81, **275 ff., 288 ff.**

Zurückhaltungspflicht 202
Zurückstufung 402, 405
Zusammentreffen
– von Versorgungsbezügen mit sonstigen Einkünften 393 ff.
– von Witwengeld, Waisengeld und Unterhaltsbeiträgen 390
Zusicherung im
– Besoldungsrecht 329
– Ernennungsrecht 147 ff.
– Versorgungsrecht 366
Zustellung an Beamte 97, 144, 198, 277, **285**, 290, 295, 408, **410 f.**, 414, 417
Zuweisung 185, 329
Zwangsbeurlaubung 264
Zwangspensionierung 288
Zwangsteilzeit 68, 247
Zwingende dienstliche Belange 68, 204, 238, 241, 244 ff., **248**

Brox/Rüthers/Henssler
Arbeitsrecht

16. Auflage 2004
XXVI, 380 Seiten. Kart.
€ 22,80,–
ISBN 978-3-17-018272-1

Kohlhammer Studienbücher

Das Buch wendet sich an alle, die knapp, klar, zuverlässig und in einfacher Sprache in die Grundzüge des deutschen Arbeitsrechts eingeführt werden wollen, also nicht nur an Studierende und Rechtsreferendare, sondern ebenso an Wirtschafts- und Sozialwissenschaftler, Personalleiter und -mitarbeiter sowie Führungskräfte in allen Bereichen von Wirtschaft und Verwaltung.

Der Stoff ist klar und übersichtlich gegliedert. Zahlreiche Fallbeispiele leiten den Leser zur sachgerechten Lösung praxisrelevanter Probleme an. Der Leser wird anschaulich und lebensnah in den Sinn und Zweck arbeitsrechtlicher Regelungen, in ihre historisch-politischen Hintergründe sowie in die ganz besondere, dominante Rolle des Richterrechts im Arbeitsrecht eingeführt. Behandelt werden alle für Prüfung und Praxis wichtigen Bereiche.

Die Autoren:
Richter am BVerfG a.D. **Prof. Dr. Hans Brox,** Münster, **Prof. Dr. Bernd Rüthers,** Konstanz, **Prof. Dr. Martin Henssler,** Köln

W. Kohlhammer GmbH · 70549 Stuttgart
Tel. 0711/7863 - 7280 · Fax 0711/7863 - 8430

Ilbertz/Widmaier

Bundespersonalvertretungsgesetz

unter Einbeziehung der Landespersonalvertretungsgesetze und Wahlordnung

10. Auflage 2004
XIV, 1.519 Seiten. Fester Einband
€ 148,–
ISBN 978-3-17-018270-7

Kommentare

Das Personalvertretungsrecht steht seit Jahren unter erhöhtem Änderungsdruck: Die vom Bundesverfassungsgericht eingeleitete neue Mitbestimmungssicht hat die Rechtsprechung der vergangenen Jahre wesentlich geprägt. Diesen Entwicklungen trägt der praxisnahe und zuverlässige Kommentar Rechnung. Die prägnanten und klaren Erläuterungen berücksichtigen alle einschlägigen Entscheidungen des Bundesverwaltungsgerichts, aber auch die wichtigsten Entscheidungen der erst- und zweitinstanzlichen Gerichte ebenso wie die umfangreiche Literatur.

Die Kommentierung wird durch die ausführliche Berücksichtigung besonderer Verwaltungszweige sowie durch die Einbeziehung anderer, für die Personalratsarbeit wichtiger Gesetze unter Berücksichtigung der jüngsten Änderungen vor allem der Arbeits- und Sozialgesetzgebung abgerundet.

Die Autoren:
Dr. Wilhelm Ilbertz war mehr als drei Jahrzehnte beim dbb beamtenbund und tarifunion für den Bereich des Personalvertretungsrechts verantwortlich. **Prof. Dr. Ulrich Widmaier** ist Richter am Bundesverwaltungsgericht und Honorarprofessor der Universität der Bundeswehr, München.

W. Kohlhammer GmbH · 70549 Stuttgart
Tel. 0711/7863 - 7280 · Fax 0711/7863 - 8430